REGIERUNGSPRÄSIDIUM STUTTGART
LANDESAMT FÜR DENKMALPFLEGE

FUNDBERICHTE AUS BADEN-WÜRTTEMBERG

BAND 29

2007
KONRAD THEISS VERLAG · STUTTGART

Redaktion:
Gerhard Wesselkamp

unter Mitarbeit von
Marcus G. Meyer

Die Deutsche Bibliothek – CIP-Einheitsaufnahme
Ein Titeldatensatz für diese Publikation
ist bei Der Deutschen Bibliothek erhältlich.

© Regierungspräsidium Stuttgart, Landesamt für Denkmalpflege, Esslingen 2007

Alle Rechte, auch das der Übersetzung, vorbehalten. Jegliche Vervielfältigung einschließlich fotomechanischer Wiedergabe nur mit ausdrücklicher Genehmigung des Landesamtes für Denkmalpflege Baden-Württemberg.

Gesamtherstellung: *folio* · 79415 Hertingen · http://www.wesselkamp.de

Printed in Germany

ISBN 978-3-8062-2119-0 · ISSN 0071-9897

Herrn Prof. Dr. phil. Hartmann Reim
zum 65. Geburtstag gewidmet

Am 1. März 2007 feiert Herr Prof. Dr. Reim seinen 65. Geburtstag und scheidet damit aus dem aktiven Dienst der Archäologischen Denkmalpflege des Landes Baden-Württemberg aus. Die Landesarchäologie widmet ihm zu diesem Anlass den 29. Band der Fundberichte aus Baden-Württemberg als Zeichen des Dankes für seine langjährige denkmalpflegerische Tätigkeit im Regierungsbezirk Tübingen und seine herausragenden wissenschaftlichen Verdienste um die Erforschung der Vor- und Frühgeschichte.

Hartmann Reim wurde am 1. März 1942 in Stuttgart-Bad Cannstatt geboren, wuchs in Esslingen auf und erhielt hier seine schulische Ausbildung an der Volksschule und am Georgii Gymnasium. 1957 wechselte er von dort an das evangelisch-theologische Seminar in Maulbronn, dann nach Blaubeuren, wo er am 9. März 1961 das Abitur ablegte.

Die humanistische Ausbildung an dieser traditionsreichen württembergischen Institution hat sicherlich den weiteren Lebensweg von Hartmann Reim stark mitgeprägt. In seiner Heimatstadt Esslingen nahm er als wissenschaftliche Hilfskraft für längere Zeit an den Ausgrabungen unter der Stadtkirche St. Dionys teil. Diese erste systematische Großgrabung der Mittelalterarchäologie in Baden-Württemberg unter der damaligen Leitung von Günther P. Fehring prägte eine ganze Generation der Mittelalterarchäologen. So hat Hartmann Reim 1961 an der Eberhard-Karls-Universität in Tübingen das Studium der klassischen Archäologie und der Vor- und Frühgeschichte aufgenommen, wechselte aber bald im Hauptfach zur Vor- und Frühgeschichte. Wohl angeregt durch seine Schulausbildung, verbrachte er ein Auslandssemester an der Universitá Italiana per stranieri in Perugia, wo er sich vor allem mit der Etruskologie unter Massimo Pallotino beschäftigte. Dieser Auslandsaufenthalt hat seine spätere wissenschaftliche Tätigkeit in der Eisenzeitforschung nachhaltig beeinflusst. Im Tübinger Institut für Vor- und Frühgeschichte unter Wolfgang Kimmig stand neben einer gründlichen Ausbildung in der Europäischen Archäologie damals die Heuneburg im Mittelpunkt des Interesses. Hartmann Reim nahm von 1963 bis 1965 an den Sommergrabungskampagnen auf der Heuneburg teil. Unter der Leitung von Egon Gersbach wurde hier neben dem Handwerk der komplizierten Schichtgrabung und deren Dokumentation unter den damaligen technischen Voraussetzungen vor allem auch der Umgang mit komplizierten Befunden vermittelt. Zahlreiche weitere Grabungen im Auftrag des Tübinger Amtes schlossen sich an. Hartmann Reim beendete sein Studium mit einer Dissertation zum Thema „Die Griffplattenschwerter vom Typus Rixheim – Beiträge zur Chronologie der Späten Bronzezeit (Bronzezeit D) im nordwestlichen Voralpenraum" im Jahr 1969. Für diese Arbeit führte er zur Materialaufnahme umfangreiche Museumsreisen in Mitteleuropa, neben Deutschland vor allem in Frankreich und der Schweiz durch, was seiner überregionalen Materialkenntnis natürlich zu Gute kam. Die Dissertation wurde 1974 in der Reihe ‚Prähistorische Bronzefunde' gedruckt.

Nach seiner Promotion erhielt er am 1. Juni 1969 eine Anstellung beim damaligen Staatlichen Amt für Denkmalpflege in Tübingen als Gebietsreferent in Südwürttemberg/Hohenzollern. 1972 wurde er zum Konservator im 1972 gegründeten Landesdenkmalamt Baden-Württemberg ernannt, 1981 übernahm er die Referatsleitung für die Archäologische Denkmalpflege im Regierungsbezirk Tübingen von seinem Vorgänger Siegwalt Schiek. Nach der Verwaltungsstrukturreform der Denkmalpflege wurde er 2005 Leiter des Referates 25 Denkmalpflege im Regierungspräsidium Tübingen.

Ab dem Wintersemester 1974 hatte Hartmann Reim einen Lehrauftrag an der Pädagogischen Hochschule Reutlingen, ab 1989 beim Institut für Vor- und Frühgeschichte der Eberhard-Karls-Universität Tübingen, die ihm 1992 den Professorentitel verlieh. Seinen zahlreichen Studentinnen und Studenten vermittelte er neben archäologischen Kenntnissen vor allem auch solche aus der praktischen Arbeit der Archäologischen Denkmalpflege. Darüber hinaus regte er zahlreiche Examensarbeiten aus seinem Arbeitsbereich an, unterstützte und betreute sie.

In seiner fast 40-jährigen Tätigkeit im Tübinger Amt konnte Hartmann Reim herausragende wissenschaftliche Ausgrabungen durchführen, wobei ein Schwerpunkt seiner Tätigkeit sicherlich in den vorrömischen Metallzeiten lag. Doch auch der Erforschung von Siedlungsräumen hat sich Hartmann Reim intensiv gewidmet. Besonders in Rottenburg konnten Grabungen aus verschiedenen Epochen durchgeführt oder initiiert werden, die neue Ansätze schufen. So seien die umfangreichen Grabungen in der mesolithischen Fundstelle Siebenlinden erwähnt, die sich aus denkmalpflegerischen Maßnahmen ergaben. Die Untersuchung der großen Gräberfeldes im ‚Lindele' von 1984 bis 1989 hat große Bedeutung für die hallstattzeitliche Gräberkunde und die Chronologie. Zusammen mit verschiedenen Siedlungsgrabungen in Rottenburg ergeben sich jedoch auch Aufschlüsse für die eisenzeitliche Besiedlung dieser Gegend. Zahlreiche Grabungen im römischen Rottenburg haben zur Erforschung der Stadtgeschichte Wesentliches beigetragen. Das Sumelocenna-Museum am Stadtgraben, das über den vorzüglich erhaltenen Ruinen einer römischen Latrine errichtet wurde, die 1987 von Hartmann Reim ergraben wurde, präsentiert diese Ergebnisse der breiten Öffentlichkeit.

Für die Erforschung der Hallstattzeit brachten auch umfangreiche Ausgrabungen in Nekropolen des Kleinen Heubergs, die seit 1976 durchgeführt wurden, überregional interessante Erkenntnisse. Genannt seien hier die Nekropolen von Dautmergen, Dotternhausen und Geislingen. Auch die Nachuntersuchung des großen Grabhügelfeldes am Burrenhof in der Nähe des Heidengrabens bis 1990 erlaubte in dieser völlig überpflügten Nekropole noch wesentliche neue Beobachtungen zum Grabbrauch. Wir hatten diese Untersuchungen als gemeinsame Lehrgrabung an der Grenze beider Regierungsbezirke 1983 begonnen.

Im Jahr 1978 wurden die Untersuchungen im römischen Gutshof bei Hechingen-Stein aufgenommen, zunächst als Lehrgrabungen, dann vom örtlichen Förderverein bis heute weitergeführt. Die außergewöhnlich gut erhaltenen und eindrucksvollen Ruinen haben zum Bau des römischen Freilichtmuseums Hechingen-Stein geführt, ein viel besuchter Ort, der mit lebendigen Veranstaltungen vor allem der Jugend das römische Landleben vermittelt. Schließlich seien noch die Ausgrabungen im Vorfeld der frühkeltischen Heuneburg erwähnt. Sie ergaben unter anderem deutliche Hinweise, dass die mächtigen Außenbefestigungen dieser Anlage an der Oberen Donau nicht in das Mittelalter, sondern in die frühkeltische Zeit zu datieren sind. Zusammen mit den Untersuchungen durch Siegfried Kurz gaben diese Erkenntnisse wesentliche Impulse zu der Einrichtung des derzeit laufenden Schwerpunktprogrammes der Deutschen Forschungsgemeinschaft und waren Grundlage für die überraschenden Neuentdeckungen der letzten Jahre.

Hartmann Reim hat seine wissenschaftlichen Ergebnisse in zahlreichen Publikationen veröffentlicht. Ein großes Anliegen war ihm hierbei auch die Öffentlichkeitsarbeit mit der Einrichtung und Betreuung zahlreicher Heimatmuseen, archäologischer Lehrpfade und entsprechender Druckschriften.

Hartmann Reim hat mit seiner langjährigen Tätigkeit in Tübingen die Archäologie im Regierungsbezirk Tübingen außerordentlich stark geprägt und ihre Belange immer mit Nachdruck vertreten. In der Archäologischen Denkmalpflege war er immer ein kompetenter Partner mit großer Fachkenntnis und Erfahrung. So wünschen wir ihm für seinen neuen Lebensabschnitt vor allem gute Gesundheit und die Möglichkeit, angefangenes zu Ende zu führen.

Esslingen, im Januar 2007   Dieter Planck

Schriftenverzeichnis von Hartmann Reim

Monographien

Die Griffplattenschwerter vom Typus Rixheim. Beiträge zur Chronologie der Späten Bronzezeit (Bronzezeit D) im nordwestlichen Voralpenraum. Phil.-Dissertation (Tübingen 1969).

Die spätbronzezeitlichen Griffplatten-, Griffdorn- und Griffangelschwerter in Ostfrankreich. PBF IV 3 (München 1974).

Der römische Gutshof bei Hechingen-Stein. Ergebnisse der Ausgrabungskampagne 1978. Förderverein zur Erforschung und Erhaltung der Kulturdenkmale in Stein e. V. Jahresbericht 1978 (Hechingen 1978).

Der römische Gutshof bei Hechingen-Stein. Die Funde der Ausgrabungskampagnen 1978 und 1979. Förderverein zur Erforschung und Erhaltung der Kulturdenkmale in Stein e.V. Jahresbericht 1979 (Hechingen 1979).

Der römische Gutshof bei Hechingen-Stein (Hechingen 1982).

Das keltische Gräberfeld bei Rottenburg am Neckar. Grabungen 1984–1987. Arch. Inf. Baden-Württemberg 3 (Stuttgart 1988).

Die römische Wasserleitung von Obernau nach Rottenburg (Rottenburg am Neckar 1996).

Aufsätze

1968

Zur Henkelplatte eines attischen Kolonettenkraters vom Uetliberg (Zürich). Germania 46, 1968, 274–285.

1971

Ein römischer Gutshof bei Inzigkofen. Hohenzollerische Heimat 21, 1971, 116–118.

1972

Ein alamannischer Friedhof bei Fridingen/Donau, Kreis Tuttlingen. Denkmalpfl. Baden-Württemberg. Nachrichtenbl. Landesdenkmalamt 1/4, 1972, 12–17.

Ein alamannischer Friedhof bei Fridingen/Donau, Kreis Tuttlingen (Baden-Württemberg). Arch. Korrbl. 2, 1972, 333–336.

Ein alamannischer Friedhof in der Fridinger Flur „Spital". In: Fridingen. Lebenskreise einer Stadt an der oberen Donau (Sigmaringen 1972) 40–53.

Ein Fridinger Depotfund aus der Späturnenfelderzeit. In: Fridingen. Lebenskreise einer Stadt an der oberen Donau (Sigmaringen 1972) 27–31.

Ein römischer Gutshof bei Inzigkofen, Kreis Sigmaringen. Denkmalpfl. Baden-Württemberg. Nachrichtenbl. Landesdenkmalamt 1/2, 1972, 38–40.

Eine Siedlungsgrube der Späthallstattzeit in Fridingen. In: Fridingen. Lebenskreise einer Stadt an der oberen Donau (Sigmaringen 1972) 31–35.

1974

Ausgrabungen im römischen Sumelocenna (Rottenburg), Kreis Tübingen. Denkmalpfl. Baden-Württemberg. Nachrichtenbl. Landesdenkmalamt 3, 1974, 40–45.

Bronze- und urnenfelderzeitliche Griffangelschwerter im nordwestlichen Voralpenraum und in Oberitalien. Arch. Korrbl. 4, 1974, 17–26.

Fundstellen der Merowingerzeit auf Markung Fridingen/Donau, Kreis Tuttlingen. Fundber. Baden-Württemberg 1, 1974, 628–641.

Probegrabungen in der Burghöhle von Dietfurt im Oberen Donautal. Fundber. Baden-Württemberg 1, 1974, 1–25 (zusammen mit H.-W. Dämmer und W. Taute).

1975

Ausgrabungen am Heidengraben bei Hülben, Kreis Reutlingen. Arch. Ausgr. 1974 (1975) 21–25.

Ausgrabungen im römischen Kastell bei Burladingen-Hausen, Zollernalbkreis. Arch. Ausgr. 1974 (1975) 30–33.

Ausgrabungen im römischen Rottenburg, Kreis Tübingen. Arch. Ausgr. 1974 (1975) 35–37.

Ein bronzezeitlicher Grabhügel bei Langenau, Alb-Donau-Kreis. Arch. Ausgr. 1974 (1975) 10.

Eine frühmittelalterliche Siedlung bei Urspring, Alb-Donau-Kreis. Arch. Ausgr. 1974 (1975) 52–54.

1976

Archäologische Denkmalpflege und ehrenamtliche Mitarbeiter. Denkmalpflege in Baden-Württemberg. Denkmalpfl. Baden-Württemberg. Nachrichtenbl. Landesdenkmalamt 5, 1976, 148–151.

Die Burghöhle bei Dietfurt, Gde. Inzigkofen-Vilsingen, Krs. Sigmaringen. Zur nachmesolithischen Besiedlung von Höhlen im Donautal zwischen Tuttlingen und Sigmaringen. Mitt. Verb. Deutscher Höhlen- und Karstforscher 22, 1976, 85–95.

Ein spätbronzezeitliches Brandgrab von Ammerbuch-Altingen. Arch. Ausgr. 1975 (1976) 16–19.

Grabungen in einer bronzezeitlichen Moorsiedlung bei Bad Buchau, Kreis Biberach. Arch. Ausgr. 1975 (1976) 13–16.

Hallstattzeitliche Grabhügel bei Dotternhausen und Geislingen im Zollernalbkreis. Arch. Ausgr. 1975 (1976) 24–31.

Neues zum römischen Rottenburg. Der Sülchgau 20, 1976, 45–49.

In: Ph. Filtzinger/D. Planck/B. Cämmerer, Die Römer in Baden-Württemberg (Stuttgart, Aalen 1986) (kleine Beiträge im topographischen Teil).

1977

Ausgrabungen im römischen Gutshof „Altstadt" bei Meßkirch, Kreis Sigmaringen. Archäologische Denkmalpflege und Straßenbau. Denkmalpfl. Baden-Württemberg. Nachrichtenbl. Landesdenkmalamt 6, 1977, 147–152.

Ausgrabungen in einem Grabhügelfeld der Hallstattkultur bei Dautmergen, Zollernalbkreis. Arch. Ausgr. 1976 (1977) 18–21.

Ausgrabungen in einem Gräberfeld der Merowingerzeit in Tübingen-Unterjesingen. Arch. Ausgr. 1976 (1977) 60–64.

Ein Gräberfeld der Hallstattkultur bei Geislingen, Zollernalbkreis. Arch. Ausgr. 1976 (1977) 11–14.

Ein römischer Gutshof bei Inzigkofen, Kreis Sigmaringen. Fundber. Baden-Württemberg 3, 1977, 402–442.

Ein Wallschnitt durch den Heidengraben bei Hülben, Kreis Reutlingen. Fundber. Baden-Württemberg 3, 1977, 223–230.

Neue Ausgrabungen im römischen Rottenburg, Kreis Tübingen. Arch. Ausgr. 1976 (1977) 25–29.

1978

Ausgrabungen im römischen Gutshof „Altstadt" bei Meßkirch, Kreis Sigmaringen. Arch. Ausgr. 1977 (1978) 51–55.

Ein frühalamannischer Bestattungsplatz in der Sontheimer Höhle bei Heroldstatt-Sontheim, Alb-Donau-Kreis. Arch. Ausgr. 1977 (1978) 79–83.

Ein Grabhügelfeld der Urnenfelder- und Hallstattkultur bei Dautmergen, Zollernalbkreis. Arch. Ausgr. 1977 (1978) 27–31.

Ein römisches Kastell bei Gomadingen, Kreis Reutlingen. Arch. Ausgr. 1977 (1978) 45–48.

Kelten, Römer, Alamannen. Zur frühgeschichtlichen Besiedlung des Tübinger Raumes. Tübinger Bl. 65, 1978, 90–94.

1979

Eine römische Gutsanlage bei Stein, Gemeinde Hechingen, Zollernalbkreis. Arch. Ausgr. 1978 (1979) 61–65.

Ein frühalamannischer Bestattungsplatz in der Sontheimer Höhle bei Heroldstatt-Sontheim, Alb-Donau-Kreis. Karst und Höhle 1978/79, 46–53.

Ein römisches Tempelgebäude bei Meßkirch, Kreis Sigmaringen. Arch. Ausgr. 1978 (1979) 66–68.

Grabungen im römischen Sumelocenna (Rottenburg, Kreis Tübingen). Der Sülchgau 23, 1979, 56–67.

Grabungen in einem Friedhof der Merowingerzeit bei Truchtelfingen, Gemeinde Albstadt-Tailfingen, Zollernalbkreis. Arch. Ausgr. 1978 (1979) 92–95.

Grabungen in einem römischen Gutshof bei Langenau-Göttingen, Alb-Donau-Kreis. Arch. Ausgr. 1978 (1979) 69–72.

Grabungen in einer römischen Gutsanlage bei Stein, Gemeinde Hechingen, Zollernalbkreis. Denkmalpfl. Baden-Württemberg. Nachrichtenbl. Landesdenkmalamt 8, 1979, 149–154.

Gräber der Merowingerzeit in Unteropfingen, Gemeinde Kirchdorf a. d. Iller, Kreis Biberach. Arch. Ausgr. 1978 (1979) 96 f.

Neue Ausgrabungen im römischen Sumelocenna (Rottenburg) Kreis Tübingen. Arch. Ausgr. 1978 (1979) 73–76.

Vor- und Frühgeschichte. In: G. Pfeiffer (Hrsg.), Der Kreis Calw (Stuttgart, Aalen 1979) 57–69.

Vor- und Frühgeschichte. In: E. Lazi (Hrsg.), Der Zollernalbkreis (Stuttgart, Aalen 1979) 59–78.

1980

Ein Kultplatz der Urnenfelder- und Hallstattkultur bei Berghülen-Treffensbuch, Alb-Donau-Kreis. Arch. Ausgr. 1979 (1980) 33–38.

Ein römischer Gutshof bei Langenau-Göttingen, Alb-Donau-Kreis. Arch. Ausgr. 1979 (1980) 60–63.

Ein Versteckfund von Münzen und Fibeln aus der Spätlatènezeit bei Langenau, Alb-Donau-Kreis. Arch. Ausgr. 1979 (1980) 50–54.

Grabungen in einem römischen Gutshof bei Hechingen-Stein, Zollernalbkreis. Arch. Ausgr. 1979 (1980) 78–83.

Grabungen in einem römischen Gutshof bei Langenau, Alb-Donau-Kreis. Arch. Ausgr. 1979 (1980) 54–59.

1981

Die Grabungen in den Zentralgebäuden des römischen Gutshofes bei Hechingen-Stein, Zollernalbkreis. Arch. Ausgr. 1980 (1981) 82–86.

Ein Brandgrab der älteren Urnenfelderkultur von Gammertingen, Kr. Sigmaringen. Fundber. Baden-Württemberg 6, 1981, 121–140.

Ein Grabhügel mit merowingerzeitlichen Nachbestattungen bei Schömberg, Zollernalbkreis. Arch. Ausgr. 1980 (1981) 118–123.

Ein römischer Gutshof bei Sigmaringen-Laiz. Arch. Ausgr. 1980 (1981) 87–90.

Grabungen in einem Friedhof der Merowingerzeit in Schelklingen, Alb-Donau-Kreis. Arch. Ausgr. 1980 (1981) 113–117.

Handwerk und Technik. In: K. BITTEL/W. KIMMIG/S. SCHIEK, Die Kelten in Baden-Württemberg (Stuttgart 1981) 204–227 (hier auch kleinere Beiträge im topographischen Teil).

1982

Baukultur vor 2000 Jahren. Ausgrabungen in einer römischen Gutsanlage bei Stein, Gemeinde Hechingen, Zollernalbkreis. Tübinger Bl. 69, 1982, 37–41.

Nachuntersuchungen in einem Grabhügel der Hallstattkultur bei Dautmergen, Zollernalbkreis. Arch. Ausgr. Baden-Württemberg 1981 (1982) 62–67.

Zum Abschluß der Ausgrabungen in der römischen Gutsanlage bei Hechingen-Stein, Zollernalbkreis. Arch. Ausgr. Baden-Württemberg 1981 (1982) 137–140.

Zur Besiedlung der Münsinger Alb in vor- und frühgeschichtlicher Zeit. In: Stadt Münsingen (Hrsg.), Münsingen. Geschichte, Landschaft, Kultur [Festschr. zum Jubiläum des württembergischen Landesvereinigungsvertrags von 1482] (Sigmaringen 1982) 464–475.

1983

Ein frühmittelalterlicher Bestattungsplatz in Inneringen, Gde. Hettingen, Kreis Sigmaringen. Arch. Ausgr. Baden-Württemberg 1982 (1983) 183–185.

Ein Grab der Merowingerzeit bei Kalkweil, Stadt Rottenburg. Arch. Ausgr. Baden-Württemberg 1982 (1983) 177–179.

Ein Grab der Merowingerzeit bei Kalkweil, Stadt Rottenburg. Der Sülchgau 27, 1983, 60–62.

Ein urnenfelderzeitliches Flachgräberfeld bei Dautmergen, Zollernalbkreis. Arch. Ausgr. Baden-Württemberg 1982 (1983) 69–73.

Grabhügelgruppe bei Nehren. In: Tübingen und das Obere Gäu. Führer Arch. Denkmäler Deutschland 3 (Stuttgart 1983) 175–178.

Vor- und Frühgeschichte. In: Tübingen und das Obere Gäu. Führer Arch. Denkmäler Deutschland 3 (Stuttgart 1983) 232–239.

Zur Neuaufstellung des Sülchgau-Museums in der Rottenburger Zehntscheuer. Der Sülchgau 27, 1983, 4–7.

1984

Ein Brandgrab der älteren Urnenfelderzeit von Oberstetten, Gemeinde Hohenstein, Kreis Reutlingen. Arch. Ausgr. Baden-Württemberg 1983 (1984) 52 f.

Die vor- und frühgeschichtliche Besiedlung. In: W. Rössler, Naturpark Obere Donau (Stuttgart, Aalen 1984) 55–64.

Siedlungsreste der älteren und jüngeren Eisenzeit bei Stetten u. H., Stadt Burladingen, Zollernalbkreis. Arch. Ausgr. Baden-Württemberg 1983 (1984) 81–84.

Zum Fortgang der Grabungen in einer Nekropole der Urnenfelder- und Hallstattkultur bei Dautmergen, Zollernalbkreis. Arch. Ausgr. Baden-Württemberg 1983 (1984) 79–81.

1985

Ein Gräberfeld der Urnenfelderkultur von Burladingen, Zollernalbkreis. Arch. Ausgr. Baden-Württemberg 1984 (1985) 58–60.

Ein Gräberfeld der Urnenfelder- und Hallstattkultur bei Dautmergen, Zollernalbkreis. Arch. Ausgr. Baden-Württemberg 1984 (1985) 61–64.

Ein keltisches Gräberfeld im „Lindele" bei Rottenburg, Kreis Tübingen. Arch. Ausgr. Baden-Württemberg 1984 (1985) 64–67.

Sumelocenna – das römische Rottenburg. Baden-Württemberg 32, 1985, 28 f.

1986

Das keltische Gräberfeld bei Rottenburg, Kreis Tübingen. Arch. Ausgr. Baden-Württemberg 1985 (1986) 86–89.

Das keltische Gräberfeld im „Lindele" bei Rottenburg. Der Sülchgau 29/30, 1985/86, 111–144.

Der frühkeltische Grabhügel von Kilchberg. In: Kilchberg. Ein Streifzug durch acht Jahrhunderte (Tübingen 1986) 162–167.

Eine frühbronzezeitliche Stele von Tübingen-Weilheim. Arch. Ausgr. Baden-Württemberg 1985 (1986) 81–84.

Ein keltisches Gräberfeld bei Rottenburg a. N., Kreis Tübingen. Denkmalpfl. Baden-Württemberg. Nachrichtenbl. Landesdenkmalamt 15, 1986, 152–157.

Neue Untersuchungen in keltischen Grabhügelfeldern auf der Schwäbischen Alb. Archäologische Denkmalpflege und Volkshochschulen. Denkmalpfl. Baden-Wüttemberg. Nachrichtenbl. Landesdenkmalamt 15, 1986, 25–29.

Vor- und Frühgeschichte. In: H. Zerr (Hrsg.), Der Kreis Calw (²Stuttgart 1986) 57–69.

In: Ph. Filtzinger/D. Planck/B. Cämmerer, Die Römer in Baden-Württemberg (³Stuttgart 1986) (kleine Beiträge im topographischen Teil).

1987

Neue Ausgrabungen im römischen Rottenburg am Neckar. Denkmalpfl. Baden-Württemberg. Nachrichtenbl. Landesdenkmalamt 16, 1987, 173–179.

Zur Fortsetzung der Ausgrabungen im keltischen Gräberfeld bei Rottenburg, Kreis Tübingen. Arch. Ausgr. Baden-Württemberg 1986 (1987) 68–72.

1988

Die mittlere Bronzezeit in Württemberg. Geschichte und Ergebnisse der Forschungen zu den Stufen Bronzezeit B und C. In: D. Planck (Hrsg.), Archäologie in Württemberg (Stuttgart 1988) 141–169.

Neue Ausgrabungen im römischen Sumelocenna, Rottenburg a. N., Kreis Tübingen. Arch. Ausgr. Baden-Württemberg 1987 (1988) 128–133.

Die Grabung im Kastellvicus beim Häsenbühl, Gemeinde Geislingen, Zollernalbkreis. Arch. Ausgr. Baden-Württemberg 1987 (1988) 96–98.

Neue Stelenfunde aus dem keltischen Grabhügelfeld von Rottenburg a. N., Kreis Tübingen. Arch. Ausgr. Baden-Württemberg 1987 (1988) 69–72.

1989

Auf der Suche nach dem keltischen „Rottenburg". Archäologische Forschungen im Neckartal: Das keltische Gräberfeld im „Lindele" bei Rottenburg. Tübinger Bl. 76, 1989, 41–44.

Die Ausgrabung im Kernbereich des römischen Sumelocenna, Rottenburg a. N., Kreis Tübingen. Arch. Ausgr. Baden-Württemberg 1988 (1989) 99–102.

Das keltische Gräberfeld von Rottenburg a. N., Kreis Tübingen. Arch. Ausgr. Baden-Württemberg 1988 (1989) 77–82.

Sumelocenna. Stadtkernarchäologie in Rottenburg am Neckar. Archäologie in Deutschland 1989/1, 34–39.

Zur frühen Geschichte von Derendingen. In: 900 Jahre Derendingen 1089–1989 mit Abhandlungen, Berichten und zahlreichen Abbildungen von früher und heute (Tübingen-Derendingen 1989) 27–32.

1990

Die keltische Nekropole im „Lindele" bei Rottenburg a. N., Kreis Tübingen. Arch. Ausgr. Baden-Württemberg 1989 (1990) 109–112.

Hallstattforschungen im Vorland der Schwäbischen Alb bei Balingen, Zollernalbkreis (Baden-Württemberg). Kölner Jahrb. Vor- u. Frühgesch. 23, 1990, 721–735.

Zur Fortsetzung der archäologischen Ausgrabung im römischen Rottenburg a. N., Kreis Tübingen. Arch. Ausgr. Baden-Württemberg 1989 (1990) 135–139.

1991

Archäologische Forschungen im Neckartal bei Rottenburg a. N., Kreis Tübingen: die Ausgrabungen in den Neubaugebieten „Lindele-Ost" und „Siebenlinden". Denkmalpfl. Baden-Württemberg. Nachrichtenbl. Landesdenkmalamt 20, 1991, 162–170.

Archäologische Forschungen im römischen Rottenburg a. N. (Sumelocenna), Kreis Tübingen. Arch. Ausgr. Baden-Württemberg 1990 (1991) 130–136 (zusammen mit K. Batsch).

Der frühbronzezeitliche Menhir von Weilheim, Stadt Tübingen. In: J. Reichmann (Hrsg.), 900 Jahre Weilheim. Ein Heimatbuch (Tübingen 1991) 55–61.

Eine Siedlung der ältesten Bandkeramik im Baugebiet „Lindele-Ost" in Rottenburg a. N., Kreis Tübingen. Arch. Ausgr. Baden-Württemberg 1990 (1991) 29–31.

Eine Siedlung der Hallstatt- und Frühlatènezeit im Industriegebiet „Siebenlinden" in Rottenburg a. N., Kreis Tübingen. Arch. Ausgr. Baden-Württemberg 1990 (1991) 79–84.

Grabungen im Randbereich der römischen Zivilsiedlung bei Burladingen, Zollernalbkreis. Arch. Ausgr. Baden-Württemberg 1990 (1991) 137–139.

Untersuchungen in einem neolithischen Siedlungsareal bei Ammerbuch-Reusten, Kreis Tübingen. Arch. Ausgr. Baden-Württemberg 1990 (1991) 31–33.

1992

Ein frühbronzezeitliches Gräberfeld in Rottenburg a. N., Kr. Tübingen. Arch. Deutschland 1992/4, 42 f.

Der frühbronzezeitliche Menhir von Weilheim, Stadt Tübingen. Arch. Deutschland 1992/1, 44 f.

1993

Ein Hausgrundriß in der ältestbandkeramischen Siedlung von Rottenburg a. N., Kreis Tübingen. Arch. Ausgr. Baden-Württemberg 1992 (1993) 56–60.

1994

Archäologische Ausgrabungen im römischen Kastellvicus bei Burladingen, Zollernalbkreis. Arch. Ausgr. Baden-Württemberg 1993 (1994) 154–158.

Archäologische Untersuchungen zum Übergang von der Bronze- zur Eisenzeit in Baden-Württemberg. In: Archäologische Untersuchungen zum Übergang von der Bronze- zur Eisenzeit zwischen Nordsee und Kaukasus. Ergebnisse eines Kolloquiums in Regensburg, 28.–30. Oktober 1992. Regensburger Beitr. Prähist. Arch. 1 (Regensburg 1994) 99–125.

Die ersten 14-C-Daten aus der ältestbandkeramischen Siedlung in Rottenburg a. N., Kreis Tübingen. Arch. Ausgr. Baden-Württemberg 1993 (1994) 31–33.

Dr. Siegwalt Schiek 1924–1993. Denkmalpfl. Baden-Württemberg. Nachrichtenbl. Landesdenkmalamt 23, 1994, 43.

Kulturelle Kontakte über die Alpen nach Oberitalien. Die Frühe Bronzezeit im Neckartal zwischen Rottenburg und Tübingen im Licht neuer archäologischer Ausgrabungen und Funde. Tübinger Bl. 1993/94, 32–36.

Neues zur Stadtmauer von Sumelocenna, Rottenburg a. N., Kreis Tübingen. Arch. Ausgr. Baden-Württemberg 1993 (1994) 147–150.

1995

Archäologie und Sedimentation in der Talaue des Neckars bei Rottenburg, Kr. Tübingen. Die ältestbandkeramische Siedlung im „Lindele". In: J. Biel (Hrsg.), Anthropogene Landschaftsveränderungen. Kolloquium Bruchsal 1994 (Stuttgart 1995) 54–59.

Ausgrabungen im Ostteil des römischen Sumelocenna, Rottenburg a. N., Kreis Tübingen. Arch. Ausgr. Baden-Württemberg 1994 (1995) 134–139.

Ausgrabungen im Randbereich des römischen Vicus bei Burladingen, Zollernalbkreis. Arch. Ausgr. Baden-Württemberg 1994 (1995) 141–146.

Ein Brandgrab mit Schlangenfibel S 5 und Alb-Hegau-Keramik im Gräberfeld „Lindele" in Rottenburg a. N., Kr. Tübingen (Baden-Württemberg). In: B. Schmid-Sikimić (Hrsg.), Trans Europam [Festschr. Margarita Primas]. Antiquitas 3,34 (Bonn 1995) 147–155.

Ein Halskragen aus Kupfer von Dormettingen, Zollernalbkreis (Baden-Württemberg). In: A. Jockenhövel (Hrsg.), Festschrift für Hermann Müller-Karpe (Bonn 1995) 237–248.

Neue Ausgrabungen in der keltischen Nekropole im „Lindele" in Rottenburg a. N., Kreis Tübingen. Arch. Ausgr. Baden-Württemberg 1994 (1995) 83–87.

Neue Baubefunde in der ältestbandkeramischen Siedlung von Rottenburg a. N., Kreis Tübingen. Arch. Ausgr. Baden-Württemberg 1994 (1995) 34–37.

Siedlungen der Hallstattzeit in Rottenburg a. N., Kreis Tübingen. In: Fürstensitze, Höhenburgen, Talsiedlungen. Arch. Inf. Baden-Württemberg 28 (Stuttgart 1995) 38–46.

1996

Ein Brandgräberfriedhof an der römischen „Alblimesstraße" beim Kastellvicus von Burladingen, Zollernalbkreis. Arch. Ausgr. Baden-Württemberg 1995 (1996) 234–238.

Zum Abschluß der archäologischen Ausgrabungen in der keltischen Nekropole im „Lindele" in Rottenburg a. N., Kreis Tübingen. Arch. Ausgr. Baden-Württemberg 1995 (1996) 90–96.

1997

Abbilder einer anderen Welt: Flussfunde und Stelen. In: Goldene Jahrhunderte. Die Bronzezeit in Südwestdeutschland. ALManach 2 (Stuttgart 1997) 115–122.

Archäologie und Geschichte einer Tallandschaft: Die Ausgrabungen in Rottenburg a. N., Kreis Tübingen. In: T. Bader (Hrsg.), Die Welt der Kelten. Dia-Vortragsreihe in Hochdorf/Enz 1991–97. Schriftenr. Keltenmus. Hochdorf 2 (Eberdingen 1997) 43–47.

Ein Gräberfeld der Urnenfelder- und Hallstattkultur bei Burladingen, Zollernalbkreis. Arch. Ausgr. Baden-Württemberg 1996 (1997) 67–70.

Frühbronzezeitliche Gräber und Funde im Neckartal um Rottenburg. In: Goldene Jahrhunderte. Die Bronzezeit in Südwestdeutschland. ALManach 2 (Stuttgart 1997) 98–101.

Höhensiedlungen der Bronze- und Urnenfelderzeit. In: Goldene Jahrhunderte. Die Bronzezeit in Südwestdeutschland. ALManach 2 (Stuttgart 1997) 77–85.

1998

Sonnenräder und Schwäne. Zu einem figuralverzierten Bronzegürtel aus einem Brandgrab der älteren Hallstattzeit von Rottenburg a. N., Kr. Tübingen (Baden-Württemberg). In: H. Küster et al. (Hrsg.), Archäologische Forschungen in urgeschichtlichen Siedlungslandschaften [Festschr. G. Kossack zum 75. Geburtstag]. Regensburger Beitr. Prähist. Arch. 5 (Regensburg 1998) 465–491.

Zum Abschluss der Ausgrabungen im Gewerbegebiet „Kleineschle" bei Burladingen, Zollernalbkreis. Arch. Ausgr. Baden-Württemberg 1997 (1998) 55–58.

1999

Der Tempelbezirk des römischen Sumelocenna, Rottenburg a. N., Kreis Tübingen. Arch. Ausgr. Baden-Württemberg 1998 (1999) 173–178.

Die spätbronzezeitliche Höhenburg auf dem „Berg" über Ennetach. Anmerkungen zur bronzezeitlichen Besiedlung der Donauregion zwischen Mengen und Riedlingen. In: Archäologie im Umland der Heuneburg. Neue Ausgrabungen und Funde an der oberen Donau zwischen Mengen und Riedlingen. Arch. Inf. Baden-Württemberg 40 (Stuttgart 1999) 23–35.

Eine Nekropole der frühkeltischen Eisenzeit im Ablachtal bei Mengen. In: Archäologie im Umland der Heuneburg. Neue Ausgrabungen und Funde an der oberen Donau zwischen Mengen und Riedlingen. Arch. Inf. Baden-Württemberg 40 (Stuttgart 1999) 36–45.

Eine Nekropole der frühkeltischen Eisenzeit im Ablachtal bei Mengen, Kreis Sigmaringen. Arch. Ausgr. Baden-Württemberg 1998 (1999) 87–91 (zusammen mit H. v. d. Osten-Woldenburg und J. Wahl).

Spätbronzezeitliche und frührömische Wehranlagen auf dem „Berg" über Ennetach, Stadt Mengen, Kreis Sigmaringen. Arch. Ausgr. Baden-Württemberg 1998 (1999) 133–138 (zusammen mit M. Kemkes, H. v. d. Osten-Woldenburg).

2000

Ausgrabungen im römischen Kastell auf dem „Berg" bei Ennetach, Stadt Mengen, Kreis Sigmaringen. Arch. Ausgr. Baden-Württemberg 1999 (2000) 87–90.

Siedlungsgrabungen im Vorfeld der Heuneburg bei Hundersingen, Gde. Herbertingen, Kreis Sigmaringen. Arch. Ausgr. Baden-Württemberg 1999 (2000) 53–57.

2001

Archäologische Ausgrabungen im römischen Ennetach, Stadt Mengen, Kreis Sigmaringen. Arch. Ausgr. Baden-Württemberg 2000 (2001) 94–97.

Grabungen im befestigten Vorwerk der frühkeltischen Heuneburg bei Herbertingen-Hundersingen, Kreis Sigmaringen. Arch. Ausgr. Baden-Württemberg 2000 (2001) 63–67.

2002

Das „Freilichtmuseum Heuneburg" an der Oberen Donau. Rekonstruierte Geschichte. Denkmalpfl. Baden-Württemberg. Nachrichtenbl. Landesdenkmalamt 31/3, 2002, 122–129.

Frühkeltische Grabstelen im südlichen Württemberg. Arch. Deutschland 2002/2, 28–31.

Siedlungsarchäologische Forschungen im Umland der frühkeltischen Heuneburg bei Hundersingen, Gemeinde Herbertingen, Kreis Sigmaringen. Jahrb. Heimat- u. Altver. Heidenheim 9, 2001/2002, 12–33.

Spätbronzezeitliche Gräber und frühkeltische Siedlungsreste im Vorfeld der Heuneburg bei Herbertingen-Hundersingen, Kreis Sigmaringen. Arch. Ausgr. Baden-Württemberg 2001 (2002) 57–60.

2003

Die Außenbefestigungen der Heuneburg bei Hundersingen, Gde. Herbertingen, Kreis Sigmaringen. Arch. Ausgr. Baden-Württemberg 2002 (2003) 72–76.

Die Wehranlagen auf dem „Berg" über Mengen-Ennetach, Kreis Sigmaringen, von der Spätbronzezeit bis zu den Römern. Arch. Ausgr. Baden-Württemberg 2002 (2003) 105–108.

2004

Eine befestigte Siedlung der jüngeren Späthallstattzeit im Vorfeld der Heuneburg bei Hundersingen, Gde. Herbertingen, Kreis Sigmaringen. Arch. Ausgr. Baden-Württemberg 2003 (2004) 56–61.

Neue römische Kastelle auf dem „Berg" bei Ennetach, Stadt Mengen, Kreis Sigmaringen. Arch. Ausgr. Baden-Württemberg 2003 (2004) 88–92.

2005

Alamannische Gräber beim Kaplaneihaus in Hirrlingen, Kreis Tübingen. Arch. Ausgr. Baden-Württemberg 2004 (2005) 203–206.

Die römischen Militärlager auf dem „Berg" bei Ennetach, Stadt Mengen, Kreis Sigmaringen. Arch. Ausgr. Baden-Württemberg 2004 (2005) 122–125.

Ein spätbronzezeitlicher Opferplatz über der Donau bei Inzigkofen, Kreis Sigmaringen. Arch. Ausgr. Baden-Württemberg 2004 (2005) 62–65.

In: D. Planck (Hrsg.), Die Römer in Baden-Württemberg. Römerstätten und Museen von Aalen bis Zwiefalten (Stuttgart 2005) (kleine Beiträge).

2006

Der Menhir von Weilheim – Zu neolithischen und frühbronzezeitlichen Steinbildwerken im Neckartal zwischen Rottenburg und Tübingen. In: H.-P. Wotzka (Hrsg.), Grundlegungen. Beiträge zur europäischen und afrikanischen Archäologie für Manfred K. H. Eggert (Tübingen 2006) 445–460.

Ein Tuffsteinkeller im Handwerkerquartier des römischen Sumelocenna in Rottenburg am Neckar, Kreis Tübingen. Arch. Ausgr. Baden-Württemberg 2005 (2006) 146–150.

Spätbronzezeitliche Opferfunde und frühmittelalterliche Gräber – Zur Archäologie eines naturheiligen Platzes über der Donau bei Inzigkofen, Kreis Sigmaringen. Arch. Ausgr. Baden-Württemberg 2005 (2006) 61–65.

Vorgeschichtliche Höhensiedlungen und frührömische Kastelle auf dem „Berg" bei Ennetach, Stadt Mengen, Kreis Sigmaringen. Arch. Ausgr. Baden-Württemberg 2005 (2006) 114–117.

Rezensionen

R. Dehn, Die Urnenfelderkultur in Nordwürttemberg. Forschungen und Berichte zur Vor- und Frühgeschichte in Baden-Württemberg 1 (1972). Denkmalpfl. Baden-Württemberg. Nachrichtenbl. Landesdenkmalamt 1/1, 1972, 45.

U. Fischer, Aus Frankfurts Vorgeschichte (1971). Das historisch-politische Buch 20, 1972.

P. Novák, Die Schwerter in der Tschechoslowakei I. PBF IV 4 (1975). Jahrb. RGZM 28, 1981, 224–229.

Ausstellungsführer, Führungsblätter

Vor- und Frühgeschichte. In: Kunst- und kulturgeschichtlicher Überblick in einer Ausstellung zur 600-Jahrfeier der Stadt Fridingen (1972).

Ein römischer Gutshof bei Inzigkofen, Kreis Sigmaringen. Römischer Weinkeller Oberriexingen 2, 1974.

Die spätkeltische Viereckschanze von Mössingen-Belsen, Kreis Tübingen. Kulturdenkmale in Baden-Württemberg. Kleine Führer Bl. 23 (Stuttgart 1976).

Ein Grabhügel der Hallstattkultur bei Neuhausen o. E., Kreis Tuttlingen. Kulturdenkmale in Baden-Württemberg. Kleine Führer Bl. 43 (Stuttgart 1978).

Kelten, Römer, Alamannen. Zur Vor- und Frühgeschichte Tübingens und seiner Umgebung. Tübinger Kat. 19 (Tübingen 1983) (zusammen mit S. ALBERT).

Die Stele von Tübingen-Weilheim aus dem frühen 2. Jahrtausend v. Chr. Führungsblatt Württembergisches Landesmuseum Stuttgart, 1986.

Der römische Gutshof „Altstadt" bei Meßkirch, Kreis Sigmaringen. Kulturdenkmale in Baden-Württemberg. Kleine Führer Bl. 57 (Stuttgart 1989).

Das Grabhügelfeld der frühkeltischen Hallstattzeit bei Gomaringen-Stockach, Kreis Tübingen. Kulturdenkmale in Baden-Württemberg. Kleine Führer Bl. 62 (Stuttgart 1990).

Der frühbronzezeitliche Menhir von Weilheim, Stadt Tübingen. Kulturdenkmale in Baden-Württemberg. Kleine Führer Bl. 66 (Stuttgart 1993).

Die römische Wasserleitung bei Obernau, Stadt Rottenburg am Neckar, Kreis Tübingen. Kulturdenkmale in Baden-Württemberg. Kleine Führer Bl. 67 (Stuttgart 1993).

Inhaltsverzeichnis

Aufsätze

Peter König	Eine Schachtgrube für den Totenkult? Zu einem außergewöhnlichen späturnenfelderzeitlichen Befund von Ladenburg, Rhein-Neckar-Kreis	23
Stefan Flohr, Michael Schultz	Die menschlichen Schädelteile aus einer späturnenfelderzeitlichen Schachtgrube von Ladenburg, Rhein-Neckar-Kreis – Anthropologie und Paläopathologie	77
Ursula Tegtmeier	Holunder-Holzkohlen aus einer späturnenfelderzeitlichen Schachtgrube von Ladenburg, Rhein-Neckar-Kreis	85
Peter König	Eine jungurnenfelderzeitliche Siedlungsgrube von Heidelberg-Bergheim	89
Elisabeth Stephan	Tierknochenfunde aus einer urnenfelderzeitlichen Grube in Heidelberg-Bergheim	107
Markus Wild	Hallstattzeitliche Grabhügel von Reichenau ‚Ochsenbergle‘, Lkr. Konstanz	117
Jörg Biel	‚Fürstensitze‘. Das Modell Wolfgang Kimmigs vor dem Hintergrund neuer Ausgrabungs- und Forschungsergebnisse	235
Manfred K. H. Eggert	Wirtschaft und Gesellschaft im früheisenzeitlichen Mitteleuropa: Überlegungen zum ‚Fürstenphänomen‘	255
Frank Kolb	Zur Bedeutung von Begriffsdefinitionen für die Interpretation am Beispiel des Stadtbegriffes	303
Franz Fischer	Frühe Germanen an Rhein und Neckar – Altes und Neues zur antiken Überlieferung	311
Petra Mayer-Reppert	Fundmaterial aus dem Mithrasheiligtum von Riegel am Kaiserstuhl (mit Vorbemerkungen von Gerhard Fingerlin)	327
Hans-Peter Kuhnen	Schauplätze der spätrömischen Landschafts- und Umweltgeschichte am Oberrhein	533
Zuzana Obertová, Joachim Wahl	Anthropologische Untersuchungen zur Bevölkerungsstruktur und Lebensweise der frühmerowingerzeitlichen Population von Horb-Altheim (450–510 n. Chr.)	559
Helga Schach-Dörges	Zum frühmerowingerzeitlichen Begräbnisplatz bei Stetten auf den Fildern, Lkr. Esslingen	603
Joachim Wahl	Anthropologische Untersuchung einer frühmerowingerzeitlichen Gräbergruppe aus Stetten auf den Fildern, Stadt Leinfelden-Echterdingen, Lkr. Esslingen	643

Elisabeth Stephan	Die frühmittelalterliche Pferdebestattung von Stetten auf den Fildern, Stadt Leinfelden-Echterdingen, Lkr. Esslingen	657
Britt Nowak-Böck	Untersuchung der mineralisierten Textilien an den Metallfunden aus Grab 2 von Stetten auf den Fildern, Stadt Leinfelden-Echterdingen, Lkr. Esslingen	665
Timo Hembach	Eine Riemenzunge mit Tierornamentik im Tassilokelchstil aus dem ehemaligen spätantiken Kastell von Konstanz	669
Uwe Gross	Frühmittelalterliche Keramik aus der Wüstung Muffenheim, Gemarkungen Ottersdorf und Plittersdorf, Stadt Rastatt	683
Dieter Quast	Ein Pilgerzeichen des 16. Jahrhunderts aus Santiago de Compostela vom Runden Berg bei Urach (Lkr. Reutlingen)	721
Peter Schmidt-Thomé, Simone Krais, Joachim Wahl	Die ehemalige Beinhauskapelle St. Andreas auf dem Freiburger Münsterplatz und Reste von frühneuzeitlichen Anatomieskeletten	731
Michael Francken, Joachim Wahl	Die Zahnzementannulation im Vergleich zu konventionellen Methoden der Sterbealtersbestimmung an den bandkeramischen Skelettresten aus dem Gräberfeld von Schwetzingen	745

Buchbesprechungen

Joachim Wahl	Johannes Müller (Hrsg.), Alter und Geschlecht in ur- und frühgeschichtlichen Gesellschaften	763
Claus Oeftiger	Markus Egg und Diether Kramer, Krieger – Feste – Totenopfer. Der letzte Hallstattfürst von Kleinklein in der Steiermark	777
Martin Luik	Heinrich Ricken (†), Die Dekorationsserien der Rheinzaberner Reliefsigillata. Katalog VI der Ausgrabungen von Wilhelm Ludowici in Rheinzabern 1901–1914	786
Rainer Schreg	Beate Schmid, Die Ausgrabung Mainz-Tritonplatz 1993. Teil I: Die hochmittelalterliche bis neuzeitliche Geschirrkeramik	789
Claus Oeftiger	Kurt Bittel, Reisen und Ausgrabungen in Ägypten, Kleinasien, Bulgarien und Griechenland 1930–1934	792

Fundschau

Altsteinzeit	797
Mittelsteinzeit	798
Jungsteinzeit	799
Bronzezeit	838
Urnenfelderzeit	839
Hallstattzeit	843
Latènezeit	845
Römische Zeit	852
Alamannisch-fränkische Zeit	863
Mittelalter – Neuzeit	866
Fundstellen und Funde unbestimmten Alters	879
Register zur Fundortkarte	888
Fundortverzeichnis	890
Verzeichnis der Abkürzungen	891
Literatur	891
Abbildungsnachweis	891
Verzeichnis der Mitarbeiter an der Fundschau	892
Tafeln 1–46	895
Fundortkarte (als Beilage)	

Aufsätze

Eine Schachtgrube für den Totenkult?

Zu einem außergewöhnlichen späturnenfelderzeitlichen Befund von Ladenburg, Rhein-Neckar-Kreis

Peter König

Einleitung

In einem kürzlich erschienenen Bericht über das Gräberfeld von Mannheim-Sandhofen beklagte U. Koch den lückenhaften Forschungsstand zur untermainisch-schwäbischen Gruppe des westlichen Urnenfelderkreises und das Fehlen eines eigenständigen Chronologiegerüsts.[1] Tatsächlich bilden die aus dem Jahre 1940 stammende Abhandlung W. Kimmigs über die Urnenfelderkultur in Baden sowie die im Jahre 1959 von H. Müller-Karpe unternommene Einteilung des südwestdeutschen Fundstoffs immer noch die Grundlagen, um sich einen Überblick über den Formenbestand und seine zeitliche Ordnung zu verschaffen.[2] Hierbei ist aus den Arbeiten Kimmigs und Müller-Karpes zu ersehen, welche Bedeutung dem einst dicht besiedelten Neckarmündungsgebiet als Teilregion der untermainisch-schwäbischen Gruppe zukommt. Es kann durchaus als Ausgangspunkt genommen werden, um das von Koch geforderte Chronologiesystem zu erstellen. Dieser Aufgabe widmete sich denn auch W. Struck in seiner 1978 abgeschlossenen, aber unveröffentlicht gebliebenen Dissertation, die eine urnenfelderzeitliche Besiedlungsgeschichte des Neckarmündungsgebiets enthält.[3] Seitdem wurde nicht mehr der Versuch unternommen, die bislang bekannten sowie die neu hinzugekommenen Funde zusammenfassend auszuwerten.[4] Immerhin liegen für die Stufen Bz D, Ha A 1 und Ha B 1–3[5] einige neuere Arbeiten vor, die Funde des Neckarmündungsgebiets

---

1 U. Koch, Gräber der Urnenfelder- und der Frühlatènezeit in Mannheim-Sandhofen, Scharhof. Arch. Ausgr. Baden-Württemberg 2003 (2004) 53.
2 Kimmig, Urnenfelderkultur; Müller-Karpe, Chronologie 170 ff. Eine Einteilung des Abschnitts Ha B in drei Stufen nahm Müller-Karpe ebd. 177 ff. vorrangig anhand von Grabfunden von Ilvesheim sowie einem Keramikdepot von Mannheim-Wallstadt vor. Zur Kritik an dieser Einteilung s. E. Gersbach, Siedlungserzeugnisse der Urnenfelderkultur aus dem Limburger Becken und ihre Bedeutung für die Untergliederung der jüngeren Urnenfelderzeit in Süddeutschland. Fundber. Hessen 1, 1961, 58.
3 W. Struck, Funde der Urnenfelderkultur aus dem Neckarmündungsgebiet. Ein Beitrag zur Besiedlungsgeschichte der nordbadischen Oberrheinebene während der Hügelgräber- und Urnenfelderzeit (ungedr. Diss. Marburg/Lahn). Struck konnte allerdings nicht alles bis dahin bekannte Material aufnehmen. In seiner Vorlage fehlen z. B. die in diesem Aufsatz vorgestellten Befunde und die wichtige Siedlung von Heidelberg-Neuenheim (Tiergartenstraße), die 1952 beim Bau des Städtischen Schwimmbades entdeckt wurde.
4 Einen Überblick bot zuletzt R. Baumeister, Urnenfelder- und Hallstattkultur. In: Heidelberg, Mannheim und der Rhein-Neckar-Raum. Führer Arch. Denkmäler Deutschland 36 (Stuttgart 1999) 51 ff. Diesem notwendigerweise allgemein gehaltenen Überblick liegt ein nur grobmaschiges Zeitgerüst zugrunde. Zudem sind viele der dort genannten Funde aufgrund der spärlichen Literaturangaben nicht zu erschließen.
5 Diese Termini erfordern einige Erläuterungen. In vielen Arbeiten zur Bronze- und Urnenfelderzeit Baden-Württembergs werden die Stufe Bz D zur Spätbronzezeit und die Stufen Ha A und B zur Urnenfelderzeit gerechnet. Daneben finden sich Konzepte, die diese Stufen zusammenfassend als Urnenfelder- oder als Spätbronzezeit bezeichnen. Sachlich lässt sich das eine so schlecht begründen wie das andere, entscheidend ist der überall festzustellende kontinuierliche Kultur- und Formenwandel. Wenn hier die Stufe Bz D zur Urnenfelderzeit gerechnet wird, soll also zunächst einmal nur terminologische Klarheit geschaffen sein. Was nun die weitere Gliederung der Stufe Ha B in zwei oder drei Unterstufen betrifft, so ist diese bekanntlich umstritten. Verf. geht jedoch davon aus, dass eine Dreiteilung von Ha B prinzipiell möglich ist. Die Termini Ha B 1–3 werden demnach bewusst so gebraucht. Siehe hierzu auch Anm. 12.

mit einbeziehen und brauchbare Anregungen für ein eigenständiges Chronologiesystem geben. In der 2003 [2004] veröffentlichten Arbeit von I. Görner über die Mittel- und Spätbronzezeit des nördlichen Oberrheingebiets wurden aus dem Neckarmündungsgebiet stammende Grab- und Siedlungsfunde der Stufe Bz D vorgelegt bzw. im Katalog erfasst.[6] In seiner 1987 erschienenen Studie zur Chronologie der Urnenfelderzeit im nördlichen Alpenvorland von der Schweiz bis Oberösterreich beschäftigte sich L. Sperber u. a. mit der Genese des untermainisch-schwäbischen Keramikstils und nannte für die Stufen SB I b (Bz D 2) und SB II a (Ha A 1) auch Grabfunde aus dem Neckarmündungsgebiet.[7] Ferner wurden einige dieser Grabfunde für die Chronologie der rheinisch-schweizerischen Gruppe herangezogen.[8] Für seine Stufe SB II c (Ha B 1) führte Sperber ein Flachbrandgrab von Mannheim-Seckenheim auf.[9] Die in den Jahren 1987–91 in Wiesloch („Weinäcker"), Rhein-Neckar-Kreis, durchgeführten Ausgrabungen erbrachten wichtige Befunde und ein umfangreiches Material, das R. Baumeister in seiner Arbeit zur Urnenfelder- und Hallstattkultur im Kraichgau vorlegte.[10] Es datiert zur Hauptsache in die Stufe Ha B, die Baumeister in ein Ha B 1 und ein Ha B 2/3 aufteilte. Besondere Bedeutung kommt schließlich einem im Jahre 1959 aufgefundenen Brandgrab von Heidelberg-Neuenheim[11] zu, das E. Gersbach und W. Brestrich mit einiger Berechtigung einer Mittelstufe von Ha B zuwiesen.[12] Allein der Bestand des Neckarmündungsgebiets scheint also offensichtlich auszureichen, um für die Urnenfelderzeit ein eigenständiges und auch

---

6 I. Görner, Die Mittel- und Spätbronzezeit zwischen Mannheim und Karlsruhe. Fundber. Baden-Württemberg 27, 2003, 79 ff. Leider ist dem Text nicht immer zu entnehmen, welcher Zeitansatz für den einen oder anderen Fund bevorzugt wird. Um ein Beispiel zu nennen: während das Grab 15 von Ladenburg bei Besprechung der Nadeln vom Typ Büchelberg ebd. 103 nicht eindeutig datierbar sein soll, wurde es in den Kapiteln zu den Armringen und zur Keramik ebd. 112 u. 137 in die Stufe Bz D gestellt. Es sei hier deshalb nur auf besonders aussagekräftige bzw. formenreiche Grab- und Siedlungsfunde hingewiesen: ebd. 218 ff. Abb. 79,12–18; 80,17–24; 81,1–8; 82,1–8 (Ladenburg, Gr. 10, 15–17, 19); 227 Abb. 85,6–12; 86,1–3 (Lützelsachsen, Fundpunkt 1); 208 Nr. 58 (Ilvesheim, Gr. 1); 187 Nr. 18 (Mannheim-Käfertal, Siedlungsgruben). Mit diesen Funden wird ein früher Abschnitt der Stufe Bz D (SB I a bzw. Bz D 1) erfasst, vgl. ebd. Abb. 79,15; 80,23; 81,4.8; 85,12; 86,2.3 mit Sperber, Chronologie 32 f. 35 Taf. 1 (Typ 1, Variante A); 2 (Typ 5); 3 (Typ 12). Zu Mannheim-Käfertal s. auch Anm. 8.

7 Sperber, Chronologie 186 f.; 343 f. Listen 14–17. Stufe SB I b (Bz D 2): Wiesloch, Gr. 1 und 4; Mannheim-Seckenheim, Steinkistengrab. Stufe SB II a (Ha A 1): Wiesloch, Gr. 2; Heidelberg, Städtischer Grubenhof; Mannheim-Wallstadt, ‚Elkersberg' und Gr. 3, 5, 10; Mannheim-Sandhofen, Gr. 2–4; Mannheim-Seckenheim, zwei Grabfunde.

8 Ebd. 316 f. Liste 1 zu Beil. 5 (Kombinationstab. 1): Nr. 65, 76, 110, 113. Die Siedlungsgruben von Mannheim-Käfertal datierte Sperber ebd. 98 f. in seine Stufe SB I a (Bz D 1).

9 Ebd. 322 Liste 1 zu Beil. 5 (Kombinationstab. 1): Nr. 306; Kimmig, Urnenfelderkultur 151 Taf. 11 B 1. Hierzu auch Brestrich, Singen 220 Anm. 713. Sperber wies dieses Grab aufgrund nur eines Gefäßes, das drei Typmerkmale besitzt, der Stufe SB II c zu. Über den weiteren Formenschatz unterrichtet es demnach nur wenig.

10 Baumeister, Kraichgau I 133 ff. 284 f.; ebd. II 61 ff. mit Tafeln. Diese von Baumeister 1997 eingereichte, 2002 als Mikrofiche erschienene Dissertation ist nicht leicht zu handhaben und weist die typischen Mängel eines unglücklich redigierten Textes auf. Er kann somit nur vorläufigen Charakter haben. Es bleibt zu hoffen, dass diese Arbeit einmal zum Druck kommt, um die dort gewonnenen Ergebnisse und das Material ansprechender zu präsentieren.

11 B. Heukemes in: Fundber. Baden-Württemberg 2, 1975, 77 f. Taf. 189.

12 E. Gersbach, Zwei Nadelformen aus der Ufersiedlung Zug ‚Sumpf'. Helvetia Arch. 15, 1984, 49; Brestrich, Singen 193; 223 f. – Vergleicht man einige Grabfunde als klassische Vertreter der Stufen Ha B 1 und Ha B 3, die in Ilvesheim (Flur ‚Atzelberg') und Mannheim-Wallstadt aufgefunden wurden, sind die markanten Unterschiede in den dort jeweils vertretenen Keramikspektren unschwer zu erkennen: Kimmig, Urnenfelderkultur 149 f. Taf. 15 B; 152 Taf. 18 F (Ha B 1); 148 f. Taf. 14 A–C; 15 A (Ha B 3). Das Grab von Heidelberg-Neuenheim lässt sich keiner dieser beiden Stufen zuweisen, es nimmt eine Zwischenstellung ein. Vielleicht lässt sich hier ein weiteres, in Ilvesheim (‚Atzelbuckel') im Jahre 1989 entdecktes Grab hinzufügen: Fundber. Baden-Württemberg 17/2, 1992, 49 f. Taf. 16; 17. Sein Geschirrsatz ist jenem von Heidelberg-Neuenheim recht ähnlich. Das große Trichterrandgefäß (ebd. Taf. 16,13) besitzt eine geriefte Schulter, einen gerundet doppelkonischen Körper und ein einziehendes Unterteil mit einem relativ kleinen Omphalosboden. Das sind deutlich zur Stufe Ha B 3 überleitende Merkmale. Auffällig sind ferner die Fingerringe, die dieses Grab enthielt (ebd. Taf. 17,1–5). Sie sind wesentlich breiter und z. T. anders verziert als die Stücke, die in Mannheim-Wallstadt aus Grabfunden der Stufe Ha B 1 stammen: Kimmig, Urnenfelderkultur 152 Taf. 18 A 5. F 6–8. Bei den Fingerringen von Ilvesheim dürfte es sich um weiter entwickelte Formen handeln. Vgl. dagegen die von Baumeister vorgenommene Datierung in die Stufe Ha B 1: R. Baumeister, Bronzeschmuck – selten in Gräbern der Urnenfelderkultur. In: E. Sangmeister (Hrsg.), Zeitspuren: Archäologisches aus Baden. Arch. Nachr. Baden 50, 1993, 86 f. mit Abb.

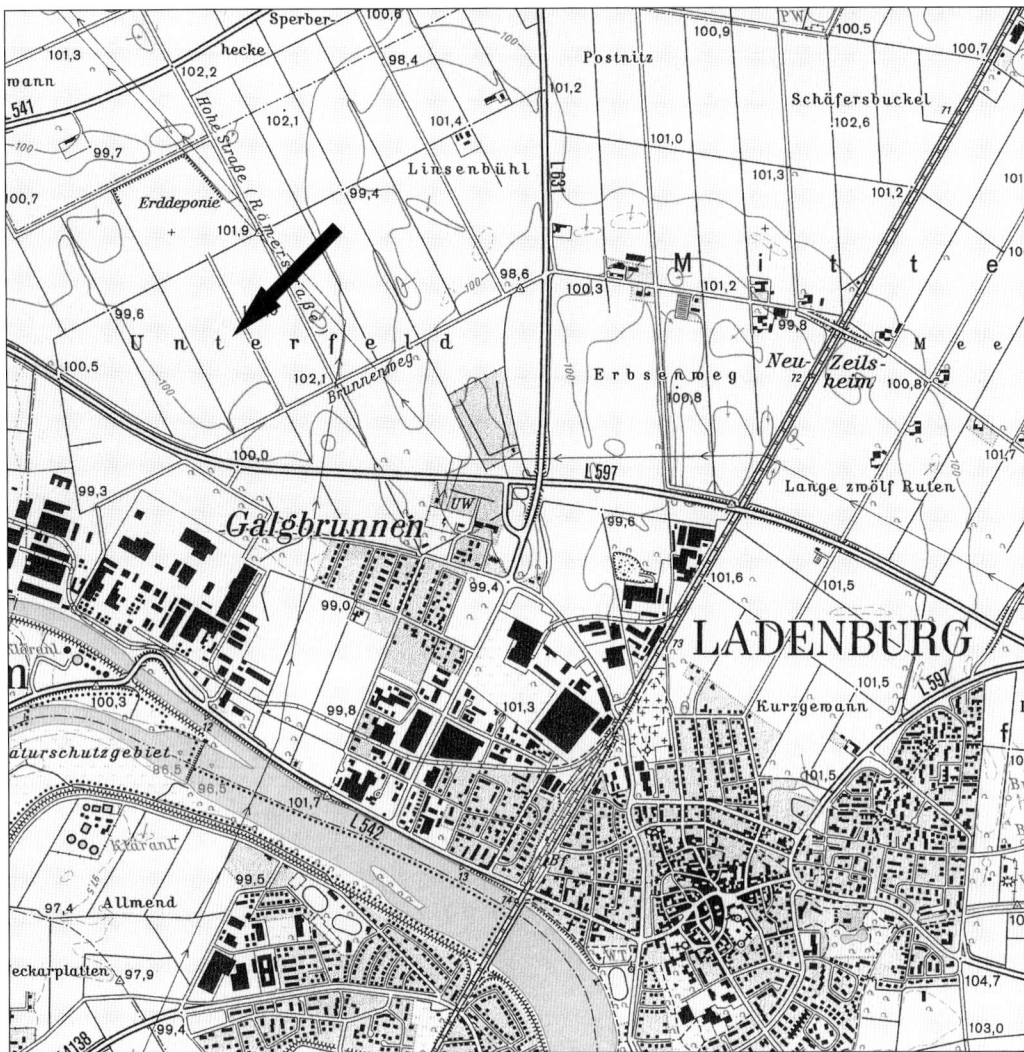

Abb. 1 Ladenburg, Rhein-Neckar-Kreis (Kiesgrube ‚Ludwig'). Lage des Brandgrabes vom 29.05.1968. Kartengrundlage: Topographische Karte 1:25 000. Ausschnitt aus Blatt 6517. © Landesvermessungsamt Baden-Württemberg (http://www.lv-bw. de), Az.: 2851.3-A/218.

feingliedriges Chronologiesystem zu entwerfen. Eine Schlüsselrolle dürfte hierbei das große Gräberfeld von Mannheim-Sandhofen einnehmen. Ferner wären nicht wenige noch unveröffentlichte Siedlungsfunde hinzuzuziehen und in einen solchen Entwurf einzuarbeiten.

Im Folgenden werden drei Befunde vorgestellt, die in den Jahren 1964 und 1968 bei Ladenburg entdeckt worden sind.[13] Ihr Inventar ergänzt den aus dem Neckarmündungsgebiet bislang veröf-

---

13 Für die Erlaubnis, die Funde bearbeiten und in die Grabungstagebücher Einsicht nehmen zu können, sowie die vielen mündlichen und schriftlichen Auskünfte danke ich zunächst dem Ausgräber, Herrn Dr. B. Heukemes (Lobdengau-Museum, Ladenburg), ferner seinen Mitarbeitern Frau E. Duske und Herrn H. Hain für die vielfältige praktische Unterstützung während der Materialaufnahme. – Der vorliegende Aufsatz wird durch Beiträge aus anderen Fachdisziplinen wesentlich bereichert. Frau Dr. U. Tegtmeier (Univ. Köln) sowie den Herren St. Flohr M. A. (Univ. Frankfurt a. M.) und Prof. Dr. Dr. M. Schultz (Univ. Göttingen) sei für die Erstellung der Gutachten zur Holzkohle und zu dem menschlichen Stirnbein aus Grube 2 gedankt. Mein besonderer Dank gilt Herrn Prof.
Fortsetzung nächste Seite

fentlichten Formenbestand der späturnenfelderzeitlichen Stufe Ha B 3 und liefert Hinweise zu ihrer absolutchronologischen Stellung. Darüber hinaus können Fragen zu einem Totenbrauchtum aufgeworfen werden, das nicht nur in ‚gewöhnlichen' Grabfunden zum Ausdruck kommt, sondern auch in solchen Befunden, die auf den ersten Blick schwer einzuordnen sind und zu Fehldeutungen verleiten können.

Fundgeschichte

Die Fundstelle befindet sich 2,5 km nordwestlich von Ladenburg inmitten der alten, den Neckarschwemmkegel durchquerenden Talaue auf einer inselartigen Erhebung, an der östlich, südlich und westlich verlandete Altarme des Neckars vorbeiführen (Abb. 1).[14] Hier im Gewann Unterfeld wurde im Jahre 1920 eine städtische Kiesgrube angelegt, die durch die Entdeckung zahlreicher vorgeschichtlicher Funde sowie einer Villa rustica bekannt geworden ist.[15] In der östlich anschließenden Parzelle wurde im Jahre 1964 eine weitere, nunmehr privat betriebene Kiesgrube eröffnet (Kiesgrube ‚Ludwig'). Da zu erwarten stand, dass der Kiesabbau auch hier archäologische Funde zu Tage fördern würde, übernahm B. Heukemes, damals Oberkonservator am Kurpfälzischen Museum in Heidelberg, die baubegleitende Beobachtung. Sie konnte allerdings nicht systematisch erfolgen, da Heukemes in diesen Jahren von der Ausgrabung des großen römischen Gräberfeldes von Heidelberg-Neuenheim sehr in Anspruch genommen wurde und somit auf Fundmeldungen von Helfern und Arbeitern angewiesen war. Erschwerend kam hinzu, dass der Kiesabbau nicht mehr von Hand betrieben wurde, sondern maschinell erfolgte und die an der Fundbergung Beteiligten – wie aus den Tagebucheinträgen von Heukemes und einigen Zeitungsberichten klar hervorgeht – unter erheblichem Zeitdruck standen. Der erste gemeldete Befund (Grube 1) kam jedenfalls am 4. Juli 1964 zutage. Zu dieser Grube existiert weder eine Beschreibung noch wurde sie zeichnerisch oder fotografisch dokumentiert. Am 10. August 1964 wurde eine weitere Grube (Grube 2) gemeldet und zwei Tage später ausgegraben. Auch zu dieser Grube existiert keine zeichnerische oder fotografische Dokumentation, wohl aber eine Beschreibung. Danach besaß sie einen runden Umriss mit einem Durchmesser von 2,50 m. Ihre Tiefe betrug 2,80 m, wobei die Grubenwand zur Grubensohle hin

---

Fortsetzung Anm. 13
    Dr. V. Schweizer (Univ. Heidelberg), der die Anfertigung von Dünnschliffen ausgewählter Keramiken ermöglichte und die Entstehung der betreffenden Textpassagen (s. S. 30 ff.) mit vielen Gesprächen und Hinweisen kritisch begleitete, sowie Herrn M. Thiel (Dünnschlifftechnik) für die Aufbereitung der Proben. Herrn M. Ritter (Univ. Frankfurt a. M.) schließlich verdanke ich die Reinzeichnung der Abb. 15,1.

14 Zur Lage und zum Verlauf dieser Altarme s. E. Wahle, Die prähistorische Grundlegung der Kulturlandschaft am unteren Neckar. In: G. Pfeifer/H. Graul/H. Overbeck (Hrsg.), Heidelberg und die Rhein-Neckar-Lande [Festschr. zum 34. Deutschen Geographentag vom 4. bis 7. Juni 1963 in Heidelberg] (Heidelberg, München 1963) 48 ff. Abb. 2; A. Zienert, Oberflächenformen. In: Die Stadt- und Landkreise Heidelberg und Mannheim. Amtliche Kreisbeschreibung I (Karlsruhe 1966) 31 f. mit Karte; Bodenkarte von Baden-Württemberg 1:25 000, Bl. 6517 Mannheim Südost. Hrsg. Geol. Landesamt Baden-Württemberg (Freiburg i. Br. 1997); P. Jaschke, Die Kulturlandschaft um Ladenburg. In: H. Probst (Hrsg.), Ladenburg. Aus 1900 Jahren Stadtgeschichte (Ubstadt-Weiher 1998) 8 f. Abb. 2.

15 A. Dauber/E. Gropengiesser/B. Heukemes/M. Schaab, Archäologische Karte der Stadt- und Landkreise Heidelberg und Mannheim. Bad. Fundber., Sonderh. 10, 1967, 30 f. („Rechts des Wallstadter Weges, 1. Gewann": Funde aus dem Neolithikum, der Bronze-, Urnenfelder-, Hallstatt-, La Tène- und neckarswebischen Zeit). – Zu der dort aufgeführten Literatur s. noch die später erschienenen Beiträge von H. Spatz, Beiträge zum Kulturenkomplex Hinkelstein – Großgartach – Rössen. Materialh. Arch. Baden-Württemberg 37 (Stuttgart 1996) 419 (zu einer spätrössener Siedlung und einer Bischheimer Doppelbestattung); S. Lindig, Das Früh- und Mittelneolithikum im Neckarmündungsgebiet. Univforsch. Prähist. Arch. 85 (Bonn 2002) 223 Taf. 1–8 A; Görner (Anm. 6) 154 Abb. 26 (Nr. 88 mit vertauschter Signatur!); 170 Abb. 31; 215 ff. (Nr. 88, 89, 96–99) Abb. 78,1–4.7–11.13; 79–83,1–7; 84,11; 85,1–4 (Grabfunde der Stufen Bz C 1–D 1); B. Heukemes in: Fundber. Baden-Württemberg 2, 1975, 82 (urnenfelderzeitliche Siedlungsgrube); H.-E. Nelissen, Hallstattzeitliche Funde aus Nordbaden (Bonn 1975) 204 f. Taf. 17 B; 18 A (hallstattzeitliche Grabfunde); G. Lenz-Bernhard, Die Neckarsweben in der Gemarkung Ladenburg. In: Probst (Anm. 14) 60 f. Abb. 18 (Fundstelle 3: Villa rustica).

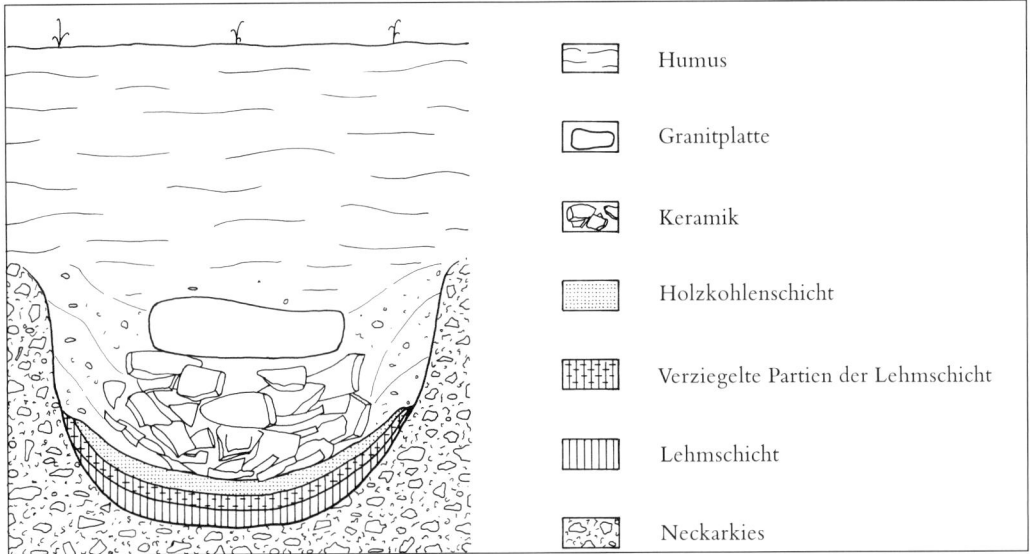

Abb. 2　Ladenburg, Rhein-Neckar-Kreis (Kiesgrube ‚Ludwig'). Profil des Brandgrabes vom 29.05.1968.
M ca. 1:20. Nach einer Zeichnung von B. Heukemes.

steil trichterförmig, also schachtförmig verlief. Auf der Grubensohle lagen ein gut erhaltenes Griffdornmesser, die Fragmente von mindestens drei Feuerböcken sowie ein menschliches Stirnbein. Die Grubenverfüllung bestand aus einer beachtlichen Menge zerschlagener Gefäße, verschiedener tierischer Überreste, Holzkohle und einem menschlichen, verbrannten Scheitelbeinfragment. Diese Funde waren im unteren Grubendrittel deutlich dichter gepackt, um nach oben, womöglich mit dem Aushub vermischt, auszudünnen. Nach Ansicht des Ausgräbers kann die Grube nicht lange offen gestanden sein, da die steile Wand und der anstehende Neckarkies[16] zum baldigen Einsturz geführt hätten. Noch am Tag der Bergung der Grube 2 wurde eine dritte Grube (Grube 3) aufgefunden. Sie soll ähnliches keramisches Material enthalten haben. Mehr lässt sich jedoch nicht sagen, da es zu keiner weiteren Untersuchung und Dokumentation kam.

Es vergingen fast vier Jahre bis zur nächsten Fundmeldung, einem Brandgrab, das vom 29. bis 31. Mai 1968 geborgen wurde. Für diesen Befund liegt eine Beschreibung und eine Profilzeichnung vor (Abb. 2). Die im Durchmesser 1,20 m große Grabgrube wurde ca. 0,50 m unterhalb der Geländeoberkante erfasst und reichte von dort 0,70 m tief in den anstehenden Kies. Die Wand der unteren Grubenhälfte war mit einer ca. 7 cm starken Lehmschicht ausgeschmiert worden, deren Innenseite

---

16　Ein Vergleich von drei geologischen Profilen, die im Bereich des Brandgrabes und der Grube 2, in der ehemaligen städtischen sowie in der nördlich anschließenden und noch heute betriebenen Kiesgrube ‚Grimmig' gewonnen wurden, zeigt, dass die dort jeweils erkannten Abfolgen nicht großflächig übertragen werden dürfen: H. Thürach, Geologische Specialkarte des Grossherzogthums Baden 1:25 000. Hrsg. Grossherzogl. Bad. Geol. Landesanstalt, Bl. Mannheim Südost (²1895); H. Stemmer, Bodenentstehung und Mineralbildung im Neckarschwemmlehm der Rheinebene. Abandl. Hess. Landesamt Bodenforsch. H. 11 (Wiesbaden 1955) 13 f. (Profil 325); M. Löscher, Die geologischen Vorgänge auf der Gemarkung Ladenburg in den letzten 35 000 Jahren. Der Lobdengau, Sonderausg. 1987, 10 f. Abb. 1. Im Bereich unserer Befunde beschreibt Thürach eine bis zu ca. 70 cm starke, aus verschiedenen Lehmen bestehende Deckschicht, die auf dem anstehenden Neckarkies aufliegt. Damit stimmen die von Heukemes im Tagebuch und vor allem in der Profilzeichnung des Brandgrabes (s. u.) gemachten Angaben überein. Hinzu kommt, dass zusammen mit den Funden aus der Grube 2 einige wohl aus dem Aushub stammende Gerölle aus Buntsandstein geborgen wurden, die nur aus dem Neckarkies stammen können. Dagegen erfasste Stemmer in der städtischen Kiesgrube eine auf Neckarkies und -sanden aufliegende, 2,80 m mächtige Deckschicht aus verschiedenen Lehmen. Das von Löscher in der Kiesgrube ‚Grimmig' dokumentierte Profil wiederum belegt die Abfolge Neckarkies, fluviatile Sandschicht von unterschiedlicher Mächtigkeit (1–3 m) und Schwemmlöss.

verziegelt war. Auf diese Lehmschicht folgte eine ca. 3 cm starke Holzkohlenschicht, auf der sich ein großes, zusammengedrücktes Trichterandgefäß befand, in das die übrigen Beigaben hineingegeben worden waren. Den Abschluss bildete eine aufgrund von Hitzeeinwirkung porös gewordene Granitplatte, die bei der Bergung zerfiel. Keines der Gefäße enthielt Leichenbrand. Er wurde auch nicht außerhalb der Gefäße in der Grabgrube oder in der Holzkohlenschicht angetroffen. Bei diesem ungewöhnlichen Befund kann es sich also nicht um ein Urnen- oder Brandschüttungsgrab handeln, da sonst die Lehmschicht als baulicher Bestandteil der Grabgrube sowie ihre starke Verziegelung nicht zu erklären wären. Der Ausgräber vermutet eine Verbrennung innerhalb der Grabgrube. Denkbar wäre auch eine Brandbestattung ähnlich in der Form, wie sie durch provinzialrömische *busta* überliefert ist.[17] Das Brandgrab von Ladenburg steht jedenfalls nicht völlig isoliert da, denn die Kremation über Gruben erfolgte vermutlich auch in dem jungurnenfelderzeitlichen Gräberfeld von Lausanne-Vidy in der Westschweiz.[18] Für das Fehlen des Leichenbrandes ließen sich verschiedene Erklärungen finden, die jedoch allesamt Spekulation blieben. Strenggenommen dürfte also von einem Brandgrab gar nicht gesprochen werden. Wenn diese Bezeichnung hier trotzdem beibehalten wird, so deshalb, weil der Befund einige wichtige Merkmale aufweist, die er mit Brandgräbern teilt. Hierzu gehören der Geschirrsatz, dessen Niederlegung in einem großen Gefäß, die Fleischbeigabe sowie die Abdeckung mit einer Steinplatte.

Was nun die Lage der Gruben und des Brandgrabes betrifft, so wurde lediglich das Brandgrab genau eingemessen. Für die Gruben 1–3 existiert eine Lageskizze, auf der auch das Brandgrab verzeichnet ist. Von dieser Skizze und weiteren Angaben des Ausgräbers ausgehend lagen die Grube 1 ca. 35 m südöstlich, die Grube 2 4–5 m und die Grube 3 ca. 40 m westsüdwestlich des Brandgrabes.

Außer diesen geschlossenen Funden sind noch einige Lesefunde zu erwähnen. Am 16. April 1969 wurde im Ostteil der Kiesgrube in der abgeräumten Humusschicht eine Geweihhacke gefunden (Begehung Heukemes).[19] Im Westteil entdeckten Arbeiter am 17. Juli desselben Jahres ein frühbronzezeitliches „Sächsisches" Randleistenbeil.[20] Schließlich wurde dem Lobdengau-Museum im Jahre 1979 eine sehr wahrscheinlich aus der Kiesgrube ‚Ludwig' stammende Geweihaxt übergeben.[21]

Vergleicht man diese verschiedenen Befunde und ihre Auffindungszeiten, so steht zu vermuten, dass hier nur ein Teil des tatsächlichen Bestands gesichert werden konnte. Auch ist die Diskrepanz zur Menge der aus der städtischen Kiesgrube stammenden Befunde offenkundig.[22] Wie hoch die Verluste waren, kann freilich nicht angegeben werden. Als Hauptursache dürfte der maschinell betriebene Kiesabbau zu nennen sein, der ein rechtzeitiges Erkennen der Befunde sehr erschwerte oder gar unmöglich machte.

---

17 Vgl. T. Bechert, Zur Terminologie provinzialrömischer Brandgräber. Arch. Korrbl. 10, 1980, 254 Taf. 39.
18 G. Kaenel/M. Klausener, Quelques tombes à incinération du Bronze final (Xe siècle av. J.-C.) à Vidy (Lausanne VD). Jahrb. SGUF 73, 1990, 64; P. Moinat/M. David-Elbiali, Défunts, bûchers et céramiques: la nécropole de Lausanne-Vidy (VD) et les pratiques funéraires sur le Plateau suisse du XIe au VIIIe s. av. J.-C. Cahiers Arch. Romande 93 (Lausanne 2003) 88. Zu weiteren und womöglich bis zum Ende der Frühbronzezeit zurückreichenden Belegen s. Mäder, Elgg I 125 f.
19 Mus. Ladenburg (unveröffentlicht).
20 Mus. Ladenburg (unveröffentlicht). Das Stück vereinigt verschiedene Merkmale des von B.-U. Abels in mehrere Varianten gegliederten Typs Salez und hat dort keine wirklich gute Parallele: B.-U. Abels, Die Randleistenbeile in Baden-Württemberg, dem Elsaß, der Franche Comté und der Schweiz. PBF IX 4 (München 1972) 4 ff. Unbefriedigend bleibt auch der Vergleich mit der von K. Kibbert herausgestellten Variante Halle der „Sächsischen" Randleistenbeile und nahestehender Formen: K. Kibbert, Die Äxte und Beile im mittleren Westdeutschland I. PBF IX 10 (München 1980) 159 ff. Ganz ähnliche Exemplare, wenn auch kleiner und mit höher liegendem Bahnknick, enthielt dagegen der Hortfund I von Dederstedt, Kr. Mansfelder Land (Sachsen-Anhalt): W. A. v. Brunn, Die Hortfunde der frühen Bronzezeit aus Sachsen-Anhalt, Sachsen und Thüringen. Deutsche Akad. Wiss. Berlin. Schr. Sektion Vor- u. Frühgesch. 7 (Berlin 1959) 55 Taf. 8,12 a.13 a; 9,12 b. 13 b.
21 Mus. Ladenburg (unveröffentlicht). Für dieses Stück vermutet Heukemes eine bronze- oder urnenfelderzeitliche Datierung, da das exakt gearbeitete Schaftloch wohl nur mit einem Metallwerkzeug hergestellt worden sein kann.
22 Vgl. S. 26 Anm. 15.

Charakteristik der Keramik und technische Aspekte

Den keramischen Formenbestand bilden im Wesentlichen zwei Gruppen: Schalen und Trichterrandgefäße. Hinzu kommen einige Becher und eine oder zwei Tassen (Abb. 15,2–5), wobei die Becher ihrer Randform nach – soweit erhalten – ebenfalls zu den Trichterrandgefäßen gerechnet werden können, ferner das Fragment wohl eines Füßchengefäßes (Abb. 29,117) sowie die Überreste von mindestens drei Feuerböcken (Abb. 30; 31 A). Das Gefäßspektrum beinhaltet also lediglich G. Schöbels Grundformen 1 und 2.[23] Die Grundform 3, Gefäße mit abgesetztem Halsfeld, fehlt und ließ sich auch unter den zahlreichen Wandscherben nicht nachweisen. Von den Gemeinsamkeiten, die sich insgesamt nennen ließen, sei besonders auf sechs Gefäße hingewiesen, die zwischen den drei Befunden eine enge Klammer bilden. Aus Grube 2 und dem Brandgrab stammen zwei kleine Schälchen (Abb. 15,9; 33,1), deren jeweilige Wanddicke und Ausformung des Randes so ähnlich sind, dass man sie ein und derselben Töpferwerkstatt zuweisen möchte.[24] Die Gruben 1 und 2 lieferten je eine gewölbte Schale mit randständiger Griffknubbe, eine seltene Form (Abb. 15,11; 31 B 2). Aus diesen beiden Befunden kommen ferner zwei Trichterrandgefäße, die sich durch ihre geringe Wanddicke, die stark abbiegenden und lang ausgezogenen Ränder, die sorgfältige Oberflächenbehandlung und eine feine Magerung auszeichnen (Abb. 25,94; 32,6).

Das Schalenmaterial wirkt insgesamt sehr einheitlich. Die Oberflächen der überwiegend reduzierend gebrannten Ware sind in der Regel geglättet, wobei das Spektrum von einer noch leicht spürbaren Rauung (z. B. Abb. 15,12) bis zur Politur (z. B. Abb. 15,13) reicht. Dies sind jedoch Ausnahmen, ebenso ein recht grob gearbeitetes Schälchen aus Grube 2 (Abb. 15,8) sowie einige Schalen, deren Innenseiten zwar geglättet, die Außenseiten aber mehr oder weniger grob verstrichen oder unregelmäßig sind (Abb. 18,37.38; 20,54.55; 21,59; 22,65; 33,2). Die Randlippen der meisten Schalen enden gerundet bis spitz gerundet. Nur einige Stücke besitzen abgestrichene Randlippen, wobei diese Abstriche mit Ausnahme einer geschweiften Schale aus Grube 2 (Abb. 19,48) unsorgfältig erfolgten und hierbei eine leichte Kehlung der Randaußenseite entstand oder überhängendes Material nicht entfernt wurde (Abb. 18,40.41; 33,3.4). Der Randdurchmesser des Großteils der gewölbten Schalen (27 Exemplare) beträgt 16–22 cm, wobei sich Häufungen bei 16 (fünf Exemplare), 18 (sieben Exemplare), 20 (sechs Exemplare) und 22 cm (fünf Exemplare) beobachten lassen. Es ist denkbar, dass diesen Werten Normgrößen zugrunde liegen. Jedenfalls tendieren die geschweiften Schalen – soweit diese als solche zweifelsfrei zu bestimmen sind – und die Knickwandschalen mit Werten von 21–28 cm und 20–30 cm zu größeren Randdurchmessern.

Im Gegensatz zu den Schalen sind die Trichterrandgefäße mehrheitlich oxydierend gebrannt und zeigen hinsichtlich ihrer Oberflächenbehandlung eine größere Bandbreite. In der Regel sind die Oberflächen verstrichen, wobei das Spektrum von einer sehr sorgfältigen bis zu einer sehr groben Ausführung reicht und bezogen auf die Gefäßgrößen kein rechtes System zu erkennen gibt. Schlickung konnte nur an zwei Wandscherben festgestellt werden, die zudem durch einen harten Brand und Politur der Innenseite auffallen. Vielleicht handelt es sich hierbei um Importware. Die Trichterränder können stark verflaut (z. B. Abb. 22,70) oder deutlich von der Schulter abgesetzt sein (z. B. Abb. 25,93). Einige zeigen im Bereich des Knicks eine merkliche Zunahme der Wanddicke (Abb. 25,97; 26,98.99; 31 B 5). Die Randlippen enden gewöhnlich gerundet, nur wenige sind spitz gerundet (z. B. Abb. 33,7) oder kantig geformt (z. B. Abb. 27,104). Auch deutlich abgestrichene Randlippen sind die Ausnahme (Abb. 23,73–74 A; 25,91). Gelegentlich weisen die Außenseiten der Ränder unmittelbar unterhalb der Randlippe eine leichte Kehlung auf, was bereits bei einigen Schalen beobachtet werden konnte (Abb. 22,72; 23,78; 25,89.90.92; 34,8). Wie ein Gefäß aus Grube 2 (Abb. 23,76) zeigt, konnte dies durch den Gegendruck der Finger verursacht werden, der bei Formung des Randes und der Randlippe notwendig war.[25] Hinsichtlich der Randdurchmesser lassen sich bei

---
23 Zu diesen Grundformen Schöbel, Bodensee 87 ff.
24 Die Abbildungen können dies nicht richtig wiedergeben, maßgeblich ist die Autopsie.
25 Vgl. Nagy, Ürschhausen-Horn 55.

den Trichterrandgefäßen Regelmäßigkeiten schwer ausmachen. Mögliche Schwerpunkte der von 12 bis mindestens 58 cm reichenden Werte liegen bei 18 (vier Exemplare), 20 (fünf Exemplare), 22 (sieben Exemplare) und 24 cm (vier Exemplare).[26] Dies würde sich z. T. mit den bei den Schalen ermittelten Häufungen decken.

Die Fingerabdrücke auf der Randaußenseite eines Trichterrandgefäßes wurden schon genannt (Abb. 23,76). Daneben finden sich diese Arbeitsspuren bei den Trichterrandgefäßen noch besonders ausgeprägt im Bereich kurz oberhalb des Bodens (Abb. 27,106; 28,109; 29,114.116; 33,7).[27] Im Schalenmaterial sind sie kaum vorhanden. Anzuführen ist nur ein Exemplar, das die beim Modellieren der Griffknubbe entstandenen Fingereindrücke zeigt (Abb. 31 B 2). Ob die im Randknick gezogene Rille eines Trichterrandgefäßes aus Grube 1 (Abb. 31 B 5) primär der Verzierung diente, ist nicht sicher. Sie könnte auch bei Ausformung des kräftigen Randes entstanden sein, indem man ein Instrument zu Hilfe nahm.[28] Eine fast gleiche Rille befindet sich auf der Innenseite einer Knickwandschale aus Grube 2 (Abb. 21,61) und dürfte im Zusammenhang mit der sicherlich nicht einfachen Herstellung dieser Schalenform stehen. Überhaupt sind einige Arbeitsspuren nachzuweisen, die auf den ersten Blick wie Verzierungen wirken. Die Eindrücke im Randknick eines Bechers und einer Knickwandschale sowie entsprechende Spuren unterhalb der Randlippe eines Trichterrandgefäßes aus Grube 2 (Abb. 15,4; 20,55; 25,91) dürften von Instrumenten herrühren, die bei Ausformung der Ränder bzw. der Randlippe benutzt wurden. Auch die feine Rille auf der Randaußenseite eines Trichterrandgefäßes aus Grube 1 ist keine Verzierung (Abb. 32,7). Solche z. T. recht gerade gezogenen Rillen finden sich noch in Grube 1 ca. in Mitte der Innenseite eines Trichterrandes (Abb. 32,6) sowie in Grube 2 auf den Randinnenseiten von drei Schalen, dort jeweils nahe der Randlippen (Abb. 17,34; 20,51; 21,58). Vielleicht handelt es sich hier um die Arbeitsspuren von Führungshilfen, um einen möglichst geraden Rand oder einen gleichmäßigen Randdurchmesser zu erzeugen. Im Material der nordostschweizerischen Seeufersiedlung von Ürschhausen-Horn konnte G. Nagy die Techniken des Überdrehens und des Ansetzens des Randes nach Ansteifen des Gefäßkörpers nachweisen.[29] Es ist denkbar, dass diese Verfahren auch in Ladenburg Anwendung fanden, denn sehr gut vergleichbare Arbeitsspuren zeigen ein Becher sowie ein großes und aufgrund seines profilierten Randes ohnehin auffälliges Trichterrandgefäß aus Grube 2 (Abb. 15,3; 28,109).

Das Repertoire und die Qualität der Verzierungen fallen sehr bescheiden aus. Nur einige Gefäße aus Grube 2 sind graphitiert (Abb. 15,11.13; 16,19; 17,31), entsprechend gering ist die Menge graphitierter Wandscherben. Eine Schale aus dem Brandgrab hatte auf der Außenseite einen schwarzen Überzug (Abb. 33,5). Die Oberfläche ist etwas verwittert, weshalb über die verwendete Substanz Unklarheit herrscht. Gleiches betrifft ein Trichterrandgefäß aus Grube 1 (Abb. 31 B 5). Ansonsten sind neben der Kerbleiste des Großgefäßes aus dem Brandgrab (Abb. 34,9) nur noch die im Randknick angebrachten und insgesamt flüchtig ausgeführten Kerbreihen zu nennen (Abb. 19,44; 22,70–24,83; 33,6.7). Sie wurden z. T. bis zu einer Tiefe von vier Millimetern eingestochen. In den meisten Fällen wurde ein Instrument verwendet. Dass es aus Holz bestand, belegen die Abdrücke einer Faserstruktur auf einem Trichterrandgefäß aus Grube 2 (Abb. 22,71).

Hauptmagerungsmittel ist Material der Feinsand- (<0,6 mm)[30] und Grobsandfraktion (0,6–2 mm), überwiegend aus Quarz und Keramikbruch bestehend. Danach folgen Quarzkörner (>2 mm), Kalk und Glimmer. In einigen wenigen Fällen konnten vegetabilische Einschlüsse beobachtet werden (Abb. 16,20; 17,30; 28,108; 32,9). Es wird sich aber hierbei um kein beabsichtigtes Magerungsmittel handeln, sondern zufällig während des Herstellungsprozesses in den Ton geratenes Material. Um über die Zusammensetzung der Keramik nähere Informationen zu erhalten, wurden von ausgewähl-

---

26 Nicht berücksichtigt werden hier die Becher Abb. 15,3.4.
27 Vgl. Nagy, Ürschhausen-Horn 54.
28 Vgl. ebd. 55.
29 Ebd. 55 ff. Abb. 72 u. 73.
30 Die unterschiedlichen Korngrößen von Fein- (0,02–0,2 mm) und Mittelsand (0,2–0,6 mm) wurden bei Aufnahme der Keramik nicht unterschieden und im Katalog unter dem Begriff ‚Feinsand' zusammengefasst. Wie die Dünnschliffe ergaben (s. u.), spielen Mittelsandkomponenten eine untergeordnete Rolle.

ten Keramiken der Ladenburger Befunde am Geologisch-Paläontologischen Institut der Universität Heidelberg insgesamt neun Dünnschliffe angefertigt (Abb. 3–12). Ferner wurden zwei Dünnschliffe von zwei grobkeramischen Wandscherben aus einer mittelurnenfelderzeitlichen Siedlungsgrube von Bad Homburg-Ober-Erlenbach, Hochtaunuskreis, angefertigt, um einen Kontrollvergleich zur Homogenität der Tone und dem Magerungsmittel Keramikbruch zu ermöglichen (Abb. 13 u. 14).[31] Die Dünnschliffe der Ladenburger Keramiken zeigen zunächst, dass die insgesamt inhomo-

Abb. 3 (links)   Ladenburg, Rhein-Neckar-Kreis (Kiesgrube ‚Ludwig'), Grube 2. Dünnschliff von Gefäß Nr. 6. M ca. 12 : 1. Pfeile oben und unten: Magerungsmittel Keramikbruch; Pfeil Mitte: Schwundriss in der Grundmasse.
Abb. 4 (rechts)   Ladenburg, Rhein-Neckar-Kreis (Kiesgrube ‚Ludwig'), Grube 2. Dünnschliff von Gefäß Nr. 21. M ca. 12 : 1. Pfeile: Magerungsmittel Keramikbruch mit deutlich geringerem Feinsandanteil als die Grundmasse.

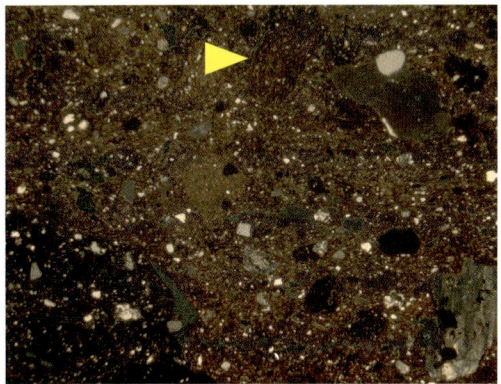
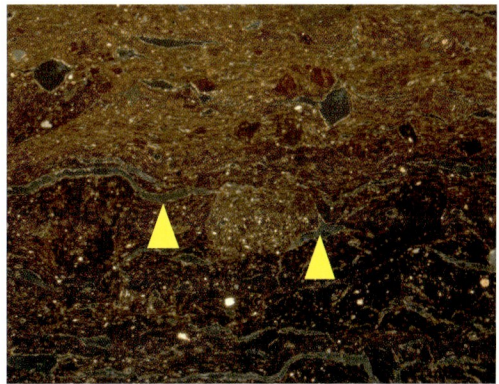

Abb. 5 (links)   Ladenburg, Rhein-Neckar-Kreis (Kiesgrube ‚Ludwig'), Grube 2. Dünnschliff von Gefäß Nr. 56. M ca. 12 : 1. Pfeil: Magerungsmittel Keramikbruch mit kleinem Schwundriss am linken Rand und deutlich geringerem Feinsandanteil als die Grundmasse.
Abb. 6 (rechts)   Ladenburg, Rhein-Neckar-Kreis (Kiesgrube ‚Ludwig'), Grube 2. Dünnschliff von Gefäß Nr. 76. M ca. 12 : 1. Pfeil oben: ausgeprägter Schwundriss in der Grundmasse; Pfeil unten: Magerungsmittel Keramikbruch mit kleinem Schwundriss am rechten Rand.

gen wirkenden und manchmal Schwundrisse aufweisenden Tone neben wenigem Mittelsand zur Hauptsache Feinsand enthalten, der kaum gerundet ist. Mit großer Wahrscheinlichkeit handelt es sich um Material, das aus dem Einzugsgebiet des Neckars stammt. Was nun den Feinsandanteil der verschiedenen Gefäßformen betrifft, ist zu sehen, dass in den drei Befunden die Trichterrandgefäße einen tendenziell höheren Feinsandanteil besitzen als die Schalenformen. Auch bei Letzteren sind Unterschiede zu verzeichnen: die Kleinform Nr. 6 aus Grube 2 hat einen deutlich geringeren Fein-

---

31   Herrn J. Ch. Breitwieser M. A. danke ich für die Bereitstellung der Scherben.

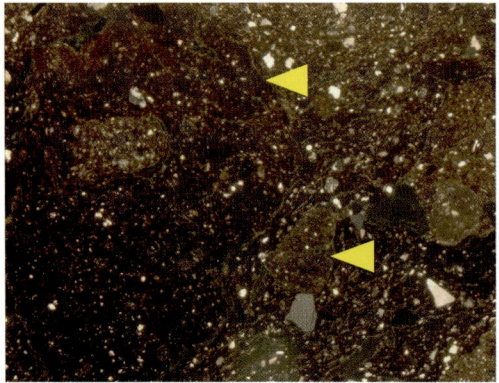 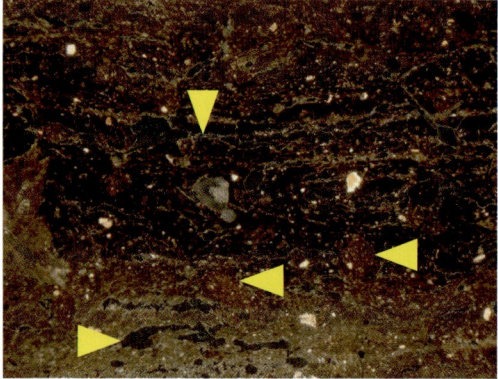

Abb. 7 (links)   Ladenburg, Rhein-Neckar-Kreis (Kiesgrube ‚Ludwig'), Grube 2. Dünnschliff von Gefäß Nr. 106. M ca. 12 : 1. Pfeil oben: Magerungsmittel Keramikbruch, großes polyphasiges Korn; Pfeil unten: Keramikbruch mit deutlich geringerem Feinsandanteil als die Grundmasse.
Abb. 8 (rechts)   Ladenburg, Rhein-Neckar-Kreis (Kiesgrube ‚Ludwig'), Grube 1. Dünnschliff von Gefäß Nr. 2. M ca. 12 : 1. Pfeile oben und unten: ausgeprägte Schwundrisse in der Grundmasse; Pfeile Mitte: Magerungsmittel Keramikbruch.

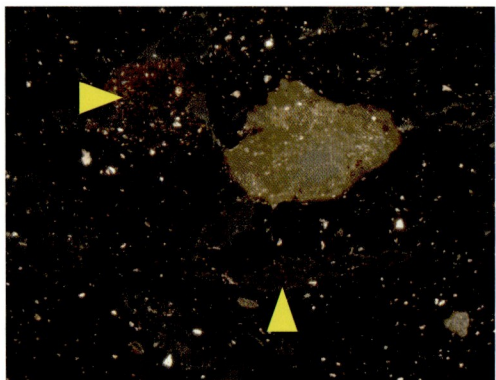 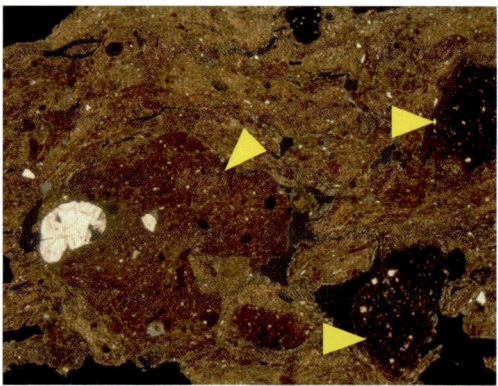

Abb. 9 (links)   Ladenburg, Rhein-Neckar-Kreis (Kiesgrube ‚Ludwig'), Grube 1. Dünnschliff von Gefäß Nr. 3. M ca. 12 : 1. Pfeil oben: Magerungsmittel Keramikbruch; Pfeil unten: ausgeprägter Schwundriss in der Grundmasse.
Abb. 10 (rechts)   Ladenburg, Rhein-Neckar-Kreis (Kiesgrube ‚Ludwig'), Brandgrab. Dünnschliff von Gefäß Nr. 2. M ca. 12 : 1. Pfeile: Magerungsmittel Keramikbruch, Korn rechts unten mit ausgeprägten randlichen Schwundrissen.

sandanteil als die größeren Schalenformen Nr. 21 und 56. Was den Keramikbruch anbelangt, so setzt sich dieser von der Grundmasse farblich zumeist deutlich ab, wobei die Ränder von Schwundrissen begleitet sein können.[32] Die Körner sind wenig gerundet bis eckig. Das erlaubt den Schluss, dass man dieses Magerungsmittel entsprechend aufbereitet hatte, bevor es der Grundmasse zugesetzt wurde. Weiterhin fällt auf, dass der im Keramikbruch enthaltene Feinsand in der Regel geringere Korngrößen aufweist als der Feinsand der Grundmasse, und dass nur ein Korn festgestellt werden konnte, das seinerseits mit Keramikbruch gemagert ist (Nr. 106 aus Grube 2).[33] Dies könnte auf eine gezielte Auswahl des Ausgangsmaterials, also besonders fein gemagerte Keramik, hindeuten. Die Korngrößen des Keramikbruchs sind jedenfalls unterschiedlich und streuen zur Hauptsache im Rahmen der Grobsandfraktion (0,6–2 mm). Ein Vergleich der Schalen mit den Trichterrandgefäßen

---

32   Vgl. M. Maggetti, Mineralogisch-petrographische Untersuchung des Scherbenmaterials der urnenfelderzeitlichen Siedlung Elchinger Kreuz, Ldkr. Neu-Ulm/Donau. In: E. Pressmar, Elchinger Kreuz, Ldkr. Neu-Ulm. Siedlungsgrabung mit urnenfelderzeitlichem Töpferofen. Kat. Prähist. Staatsslg. 19 (Kallmünz 1979) 149 f.
33   Vgl. ebd. 150 Abb. 10 („polyphasige Schamotte").

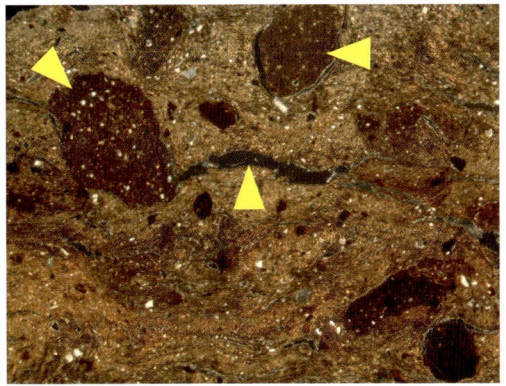 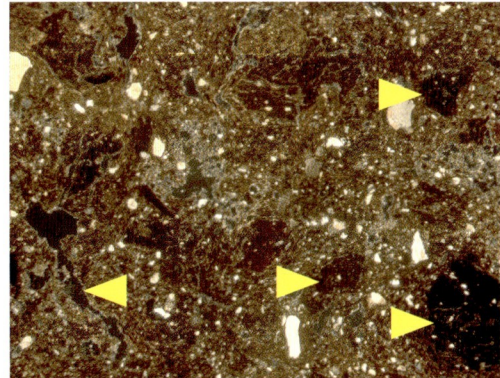

Abb. 11 (links)   Ladenburg, Rhein-Neckar-Kreis (Kiesgrube ‚Ludwig'), Brandgrab. Dünnschliff von Gefäß Nr. 2. M ca. 12 : 1. Pfeile oben: Magerungsmittel Keramikbruch, Korn rechts mit feinem randlichem Schwundriss; Pfeil unten: ausgeprägter Schwundriss in der Grundmasse.

Abb. 12 (rechts)   Ladenburg, Rhein-Neckar-Kreis (Kiesgrube ‚Ludwig'), Brandgrab. Dünnschliff von Gefäß Nr. 7. M ca. 12 : 1. Pfeile rechts: Magerungsmittel Keramikbruch mit deutlich geringerem Feinsandanteil als die Grundmasse; Pfeil links: ausgeprägter Schwundriss in der Grundmasse.

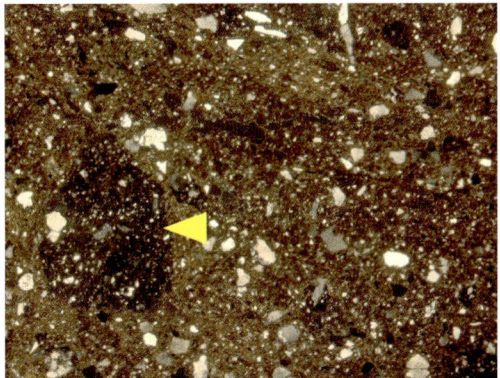 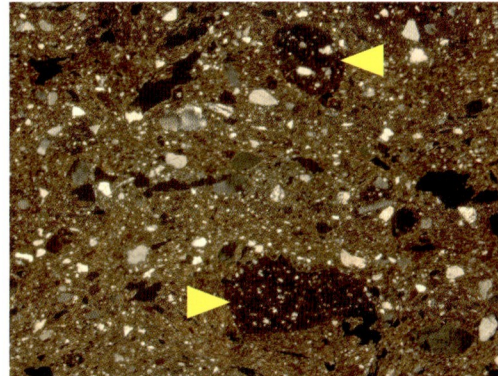

Abb. 13 (links)   Bad Homburg-Ober-Erlenbach, Hochtaunuskreis, Siedlungsgrube. Dünnschliff einer grobkeramischen Wandscherbe. M ca. 12 : 1. Pfeil: Magerungsmittel Keramikbruch.

Abb. 14 (rechts)   Bad Homburg-Ober-Erlenbach, Hochtaunuskreis, Siedlungsgrube. Dünnschliff einer grobkeramischen Wandscherbe. M ca. 12 : 1. Pfeile: Magerungsmittel Keramikbruch.

aus den Gruben 1 und 2 ergibt, dass größere Körner des Keramikbruchs bei den Trichterrandgefäßen häufiger sind.[34] Bei der Schale und dem Trichterrandgefäß aus dem Brandgrab verhält es sich genau umgekehrt. Dies überrascht aber insofern nicht, als dass die Schale ohnehin recht unsorgfältig gearbeitet ist. Die Hauptmagerungsmittel Feinsand und Keramikbruch wurden also für die verschiedenen Gefäßformen und -größen hinsichtlich der Menge und der Korngrößen unterschiedlich eingesetzt, was auch nicht anders zu erwarten ist.

Übereinstimmend mit Ladenburg zeigen die Dünnschliffe der Proben aus der Siedlungsgrube von Bad Homburg-Ober-Erlenbach wenig gerundete Fein- und Mittelsande. Keramikbruch als Magerungsmittel fand ebenfalls Verwendung, mit gerundet bis eckigen Körnern; es sind unterschiedliche Korngrößen vertreten, und der darin enthaltene Feinsand enthält im Vergleich zum Feinsand der Grundmasse kaum gröbere Komponenten. Die Unterschiede bestehen darin, dass der Ton homogener wirkt und Mittelsande häufiger vertreten sind.

---

34 Zu ähnlichen Ergebnissen gelangte M. Reichel, Das urnenfelderzeitliche Gräberfeld von Gemmrigheim, Kreis Ludwigsburg. Fundber. Baden-Württemberg 24, 2000, 244.

Schließlich erbrachten die Dünnschliffe als weiteres Ergebnis, dass die Gefäße bei einer Temperatur unter 900° gebrannt wurden, da eine höhere Temperatur die Umwandlung von Calciumcarbonat in Calciumoxid zur Folge gehabt hätte.

Chronologie

Das aus Grube 2 stammende Griffdornmesser (Abb. 15,1) besitzt als wesentliche Merkmale eine gestreckte Form, einen mittels eines Ringwulstes deutlich abgesetzten Griffdorn, ein feingeripptes Zwischenstück sowie einen vom Zwischenstück aus nur mäßig ansteigenden Klingenrücken, der zunächst gerade verläuft, im letzten Klingendrittel aber zur Spitze hin leicht abfällt. Ein weiteres Charakteristikum ist, dass auch die Schneide im Wesentlichen gerade verläuft, am Zwischenstück jedoch in einen spitz ausgezogenen Absatz endet. Etwas ungewöhnlich am Ladenburger Messer ist lediglich der kräftig profilierte Klingenrücken, da die Vergleichsfunde in der Regel einen keilförmigen Klingenquerschnitt aufweisen.[35] Bei dieser späten Ausprägung der Griffdornmesser, die eine längere Entwicklung hatten, handelt es sich jedenfalls um einen Leittyp der Stufe Ha B 3 nach H. Müller-Karpe bzw. der Stufe SB III b nach L. Sperber.[36] Die dendrochronologisch in das 10. und 9. Jahrhundert v. Chr. datierten Siedlungsinventare der Schweiz und des nordwestlichen Bodensees[37] ermöglichen es zudem, Griffdornmesser wie Ladenburg absolutchronologisch mit dem 9. Jahrhundert v. Chr. zu verbinden, wobei die westschweizerische Station von Auvernier-Nord (878–850 v. Chr.) die stratigraphisch am besten abgesicherten Belege erbracht hat.[38] Aus Schichten des 10. Jahrhunderts v. Chr.

---

35 Ein weiteres Griffdornmesser mit profiliertem Klingenquerschnitt stammt aus dem Hortfund von Weinheim-Nächstenbach, Rhein-Neckar-Kreis: P. H. Stemmermann, Das Bronzedepot von Weinheim-Nächstenbach. Bad. Fundber. 3, 1933–36, 5 Taf. 2,28. Eine Zeichnung von diesem dort nicht sehr deutlich abgebildeten Stück verdankt Verf. Herrn Dr. M. Hohlbein (Univ. Münster).

36 Müller-Karpe, Chronologie 168; 179; 225 Abb. 62,14; Sperber, Chronologie 62; 82 Taf. 39 A a–d (Typ 191). – Zur Forschungsgeschichte s. P. Prüssing, Die Messer im nördlichen Westdeutschland. PBF VII 3 (München 1982) 127 f.; 131 ff. („Typ Baumgarten").

37 Zur Abfolge dieser Siedlungen einschließlich einiger Grabfunde s. die Übersichten bei E. Gross, Die Stratigraphie von Vinelz und ihre Ergebnisse für die Chronologie der westschweizerischen Spätbronzezeit. Jahrb. SGUF 67, 1984, 68 ff. Abb. 8; ders., Vinelz-Ländti. Grabung 1979 (Bern 1986) 81 Abb. 52; V. Rychner, Stand und Aufgaben dendrochronologischer Forschung zur Urnenfelderzeit (in Zusammenarbeit mit A. Billamboz, A. Bocquet, P. Gassmann, L. Gebus, Th. Klag, A. Marguet, G. Schöbel). In: Beiträge zur Urnenfelderzeit nördlich und südlich der Alpen. Monogr. RGZM 35 (Bonn 1995) 468 ff.; M. Seifert, Die spätbronzezeitlichen Ufersiedlungen von Zug-Sumpf 2/1 (Zug 1997) 122 ff. Abb. 103; V. Rychner, Westschweiz. In: Die Schweiz vom Paläolithikum bis zum frühen Mittelalter III. Bronzezeit (Basel 1998) 73; 76 f.; S. Bolliger-Schreyer/M. Seifert, Zentral- und Ostschweiz. Ebd. 82 ff.; Sperber, Chronologie 123 ff. 254 Tab.; ders. in: Bayer. Vorgeschbl. 56, 1991, 231 ff.; ders., Zur Bedeutung des nördlichen Alpenraumes für die spätbronzezeitliche Kupferversorgung in Mitteleuropa. In: G. Weisgerber/G. Goldenberg (Hrsg.), Alpenkupfer – Rame delle Alpi. Anschnitt Beih. 17 (Bochum 2004) 305 f. Abb. 1.

38 Hierzu zuletzt M. Trachsel, Untersuchungen zur absoluten Chronologie der Hallstattzeit. Univforsch. Prähist. Arch. 104 (Bonn 2004) 27 ff. Abb. 11; 13 (Typ M 6 b). – Auvernier-Nord (878–850 v. Chr.): V. Rychner, Auvernier 1986–1975: le mobilier métallique du Bronze final. Cahiers Arch. Romande 37 (Lausanne 1987) 146 f. Taf. 19,4. – Grandson-Corcelettes: Y. Mottier, Musée Cantonal Vaudois (Lausanne): Antiquités Lacustres (Rennes 1984) Taf. 17,6 (Rippen mit größerem Abstand). – Mörigen: Bernatzky-Goetze, Mörigen 82 ff. Taf. 123,1–9; 124,1; 117 f. Tab. 12 (Gruppe 1). – Zug-Sumpf (wohl jüngere Siedlung): I. Bauer/B. Ruckstuhl/J. Speck u. a., Die spätbronzezeitlichen Ufersiedlungen von Zug-Sumpf 3. Die Funde 1923–37 (Zug 2004) 67 Abb. 68 (Nr. 443: Formengruppe 5). – Zürich-Alpenquai (wohl oberes Schichtpaket): A. Mäder, Zürich-Alpenquai I: Die Metallfunde. Zürcher Arch. 3 (Zürich, Egg 2001) 36 Taf. 27,1–4; 28,1–3 (Gruppe 12). – Unteruhldingen-Stollenwiesen (dritte Hauptschlagphase: 863–850 v. Chr.): Schöbel, Bodensee 107; 174 Taf. 45,15; 46,3 (Form 2, Variante 3). Auch wenn Schöbel ebd. 85 die Funde von Unteruhldingen-Stollenwiesen aufgrund ihres Lesefundcharakters mit keiner Belegzeit gleichsetzen will, dürften doch die dortigen Griffdornmesser seiner Variante 3 der Form 2 mit der dritten Hauptschlagphase zu verbinden sein. Dafür spricht übrigens auch, dass sie wie in Mörigen und Zürich-Alpenquai in umfangreicher Serie vorliegen.

39 Die Typbezeichnung stammt von J. Říhovský, Die Messer in Mähren und im Ostalpengebiet. PBF VII 1 (München 1972) 67 ff.

liegen bislang keine Nachweise vor. Wichtig ist, es bei einer präzisen typographischen Ansprache des Typs zu belassen, da sonst die Entwicklung nicht mehr klar aufzuzeigen ist. So werden z. B. im Rahmen der PBF-Edition nicht nur Griffdornmesser wie Ladenburg, sondern auch andere Formen als „Typ Baumgarten" geführt.[39] Bei Vorlage der böhmischen Messer – im jüngsten dieser Geräteform gewidmeten Band – bezeichnete L. JIRÁŇ den Typ Baumgarten zwar als eine Leitform der Stufe Ha B 3, bestritt aber die Möglichkeit einer chronologischen Abgrenzung von eindeutig älteren Vorformen („Typ Wien-Leopoldsberg") und nannte als Belege u. a. zwei Grabfunde von Obereching (Land Salzburg) und Künzing (Niederbayern).[40] Das Messer aus Grab 2 von Künzing ist jedoch von etwas anderer Formgebung als Stücke wie Ladenburg, zudem ist die Keramik dieses Grabes nach F. SCHOPPER nur allgemein in die Stufe Ha B einzuordnen.[41] Das Griffdornmesser aus Grab 59 von Obereching wiederum besitzt zwar ein feingeripptes Zwischenstück, aber eine verzierte Klinge mit hochgewölbtem Rücken und ist mit Exemplaren zu vergleichen, die z. B. aus Schicht 03 (990–980 v. Chr.) der Zone C–D von Hauterive-Champréveyres überliefert sind.[42]

Das keramische Fundgut bestätigt den über das Griffdornmesser gewonnenen Zeitansatz. Die folgenden Formen bzw. Merkmale gehören in L. SPERBERS Stufe SB III b der rheinisch-schweizerischen Gruppe, in die von G. SCHÖBEL erarbeitete Belegzeit c der Seeufersiedlungen des nordwestlichen Bodensees, in die von W. BRESTRICH erstellte Stufe Si. III b des Singener Gräberfeldes und in die von J. STADELMANN über viele Vergleichsfunde definierte Spätphase der Urnenfelderzeit auf dem Runden Berg bei Urach: kleine, kalottenförmige und unverzierte Schalen mit oder ohne Omphalosboden (Abb. 15,6),[43] Schalen mit sehr großem Boden (Abb. 18,35),[44] Schalen mit gewölbter Wandung, ausladendem Rand und rundlicher Randlippe (Abb. 19,43–45),[45] Schalen mit geschweifter Wandung (Abb. 19,46–20,51),[46] Schalen mit breitem, innen in spitzem Winkel zur Schalenwand abgestrichenem Rand (Abb. 20,54),[47] Knickwandschalen verschiedener Formgebung (Abb. 20,55–21,63),[48] Trichterrandgefäße mit abgesetzter Schulter (Abb. 32,7),[49] große Trichterrandgefäße mit breitem

---

40 L. JIRÁŇ, Die Messer in Böhmen. PBF VII 5 (Stuttgart 2002) 13; 58 f. mit Anm. 76 u. 77.

41 F. SCHOPPER, Das urnenfelder- und hallstattzeitliche Gräberfeld von Künzing, Lkr. Deggendorf (Niederbayern). Mat. Bronzezeit Bayern 1 (Regensburg 1995) 25; 41 Taf. 2,6.

42 Vgl. P. HÖGLINGER, Das urnenfelder- und hallstattzeitliche Gräberfeld von Obereching. Arch. Salzburg 2 (Salzburg 1993) 45 Taf. 28,8 mit A.-M. RYCHNER–FARAGGI, Hauterive-Champréveyres 9. Métal et parure au Bronze final. Arch. Neuchâteloise 17 (Neuchâtel 1993) 41 Taf. 33, 2 C 4; 80 f. Abb. 78. Zur Kritik an der mit dem Zeitraum von 990–980 v. Chr. womöglich zu eng gefassten Datierung der Schicht 03 s. SPERBER, Spätbronzezeitliche Kupferversorgung (Anm. 37) 309; 337 Anm. 22.

43 SPERBER, Chronologie 62 Taf. 39 (Typ 186).

44 Ebd. 61 Taf. 38 (Typ 183).

45 SCHÖBEL, Bodensee 89; 97 f. Abb. 72; 187 Taf. 90,7 (Form 1 B b). – STADELMANN, Urach IV 63 ff. Abb. 5 (Form V C c); Taf. 76,4.

46 SPERBER, Chronologie 61 Taf. 38 (Typ 184). – SCHÖBEL, Bodensee 88; 97 f. Abb. 72; 187 Taf. 88,1–4 (Form 1 A c). – BRESTRICH, Singen 90 f. Abb. 11; 174; 176; 178 Abb. 34 (Form S V). Die Form setzt jedoch bereits – allerdings mit nur einem Vertreter – in BRESTRICHS Stufe Si. III a ein: vgl. ebd. 167; 170; 172 Abb. 30. Dieser Befund überrascht insofern, als dass Schalen mit geschweifter Wandung aus Schichten der Belegzeiten a und b des nordwestlichen Bodensees nicht nachgewiesen sind. Sie sind m. W. nach auch nicht aus entsprechend frühen Siedlungsschichten der Seeufersiedlungen der Schweiz überliefert. Gleiches betrifft die Graphitierung (s. Anm. 52). – STADELMANN, Urach IV 69 ff. Abb. 6 (Form VI A c mit Randbildungen 1 und 2); Taf. 80,5.7.8; 81,5.7.

47 SPERBER, Chronologie 61 Taf. 37 (Typ 179). – STADELMANN, Urach IV 63 ff. Abb. 5 (Form V A c) Taf. 73,2.

48 Die hier unter dem Begriff ‚Knickwandschalen' zusammengefassten Stücke wurden so angeordnet, um die fließenden Übergänge zwischen den einzelnen Profilen zu zeigen. Auf eine weitere Untergliederung wurde deshalb verzichtet. Es bestehen jedenfalls folgende Vergleichsmöglichkeiten: SPERBER, Chronologie 61 Taf. 39 (Typ 185). – SCHÖBEL, Bodensee 89; 97 ff. Abb. 72; 187 Taf. 90,10 (Form 1 B c). – BRESTRICH, Singen 86 ff. Abb. 10; 174; 176 ff. Abb. 33 (Form S I c rechts); Abb. 34 (Form S III a links). – STADELMANN, Urach IV 57 ff. Abb. 4 (Formen IV c 1 und 2); Taf. 69,7; 70,3–5; Abb. 5 (Formen V A c und V C c); Taf. 73,1.5; 76,3.

49 SPERBER, Chronologie 61 Taf. 37 (Typ 178). – STADELMANN, Urach IV 52 f. Taf. 67,3. – SCHÖBEL, Bodensee 188 Taf. 96,7. Dieses Gefäß von Hagnau-Burg ist zwar keiner Kulturschicht mehr zuzuweisen, doch erlauben Randbildung und Machart, eine Verbindung zu weiteren auf dieser Tafel abgebildeten und aus der Kulturschicht D stammenden Gefäßen herzustellen.

Körper, hoch ansetzender Schulter und einziehendem Gefäßunterteil (Abb. 34,9),[50] Feuerböcke mit hochgezogenen „Hörnern" (Abb. 30,118)[51] sowie die Graphitierung (z. B. Abb. 15,11).[52]
Natürlich stellt sich die Frage, inwieweit diese zunächst allgemeine Datierung in die Stufe Ha B 3 absolutchronologisch präzisiert werden kann. Zwar ist das Griffdornmesser im 9. Jahrhundert v. Chr. fest zu verankern, Anfang und Ende seiner Laufzeit können aber beim derzeitigen Forschungsstand nicht angegeben werden. Hinzu kommt, dass es trotz seines guten Erhaltungszustandes deutliche Gebrauchsspuren aufweist und zwischen Herstellung und Deponierung eine gewisse Zeitspanne zu veranschlagen ist. Was jedoch die Keramik betrifft, so lässt schon eine flüchtige Einsicht in verschiedene Arbeiten zur Urnenfelderzeit Südwestdeutschlands und der Schweiz vermuten, dass die Ladenburger Befunde in ein fortgeschrittenes Stadium der Stufe Ha B 3 zu stellen sind. Doch wie soll dies begründet werden? Die von Sperber und Brestrich jeweils in ihre Stufen SB III b und Si. III b datierten Grabinventare können hier keine Auskunft geben. Zum einen bilden die dort in den Kombinationstabellen angeordneten Grabfunde keine zeitliche Abfolge innerhalb einer Stufe.[53] Zum anderen ist zu bedenken, dass Sperber und Brestrich ihre Spätstufen hinsichtlich ihrer relativchronologischen Stellung zu den Schweizer Seeufersiedlungen unterschiedlich bewerteten. Sperber stellte Grabfunde wie Ihringen, Gündlingen, Liptingen usw. in eine fortgeschrittene Phase seiner Stufe SB III b und rückte sie in die zeitliche Nähe von Siedlungsinventaren wie Zürich-Alpenquai (oberes Schichtpaket) und Roc de Corroux (unterer Hüttenplatz).[54] Auch Brestrich bezog die genannten Grabfunde in seine Stufe Si. III b mit ein, verknüpfte sie aber auch noch mit dem Siedlungsinventar von Auvernier-Nord (878–850 v. Chr.), das jenem von Zürich-Alpenquai (oberes Schichtpaket) zeitlich vorausgeht.[55] So besehen ist Brestrichs Annahme, die Synchronisierung seiner nur anhand von Grabfunden erstellten Stufe Si. III b mit Sperbers Stufe SB III b bereite keinerlei Schwierigkeiten, nicht ganz korrekt.[56] Man muss genau unterscheiden, ob von Siedlungsinventaren oder Grabfunden die Rede ist. Sperbers Stufe SB III b setzt sich sowohl aus Siedlungsinventaren als auch aus Grabfunden zusammen, wobei im Rahmen dieser Stufe zeitliche Abfolgen postuliert wurden.[57] Diesem Unterfangen begegnete Brestrich mit Skepsis, obwohl er selbst eine Zweiteilung seiner Stufe Si. III b andeutete.[58] Andere methodische Schwierigkeiten stellen sich in den Weg, wenn man für die Datierung der Ladenburger Keramik solche Befunde zum Vergleich heranzieht, die von den jeweiligen Bearbeitern an das „Ende der Urnenfelderzeit" oder in einen „Endabschnitt der Stufe Ha B" datiert werden. Solche Beispiele sind Hügel 1 von Illingen, Enzkreis, Grab 6 aus Hügel 3 von Dautmergen, Zollernalbkreis oder die Grube 84/60 vom Burgberg bei Burkheim, Lkr. Breisgau-Hochschwarzwald.[59] Diese Inventare bieten zu Ladenburg durchaus Vergleichsmöglichkeiten, so dass der chronologische Anschluss berechtigt wäre. Ihrem Inhalt nach sind jedoch Begriffe wie

---

50 Sperber, Chronologie 60 Taf. 36 (Typ 171).
51 Ebd. 125 ff. mit Anm. 852; 861; 880. Vgl. hierzu Bernatzky-Goetze, Mörigen 102 Taf. 172,1 (Gruppe 3); Nagy, Ürschhausen-Horn 76 Taf. 161,1463; 162,1464–1466 (Typ 2).
52 Sperber, Chronologie 62 (Typ 187). – Schöbel, Bodensee 97 ff. Abb. 73. – Brestrich, Singen 176. Wie die Schalen mit geschweifer Wandung (s. Anm. 46) setzt auch die Graphitierung bereits in der Stufe Si. III a ein: Brestrich, Singen 167.
53 Sperber, Chronologie 9 f. Beil. 5 (Kombinationstab. 1); Brestrich, Singen 140; 147 Beil. 4 (Kombinationstab.).
54 Sperber, Chronologie 129 f.
55 Brestrich, Singen 227 f.; 237 f.
56 Ebd. 228.
57 Sperber, Chronologie 123 ff.; 254 Tab. Zu späteren von Sperber vorgenommenen Präzisierungen s. die in Anm. 37 aufgeführte Literatur.
58 Brestrich, Singen 237 f.
59 Illingen: D. Quast, Zwei Grabhügel der späten Urnenfelderzeit aus Illingen, Enzkreis. Fundber. Baden-Württemberg 17/1, 1992, 307 ff. Abb. 7–11. – Dautmergen: H. Reim, Untersuchungen zum Übergang von der Bronze- zur Eisenzeit in Baden-Württemberg. In: P. Schauer (Hrsg.), Archäologische Untersuchungen zum Übergang von der Bronze- zur Eisenzeit zwischen Nordsee und Kaukasus. Regensburger Beitr. Prähist. Arch. 1 (Bonn 1994) 99 ff. Abb. 4. – Burkheim: R. Dehn/B. Grimmer-Dehn, Die Grube 84/60 der urnenfelderzeitlichen Siedlung auf dem Burgberg bei Burkheim, Gem. Vogtsburg, Kr. Breisgau-Hochschwarzwald. In: B. Schmid-Sikimić/Ph. Della Casa (Hrsg.), Trans Europam [Festschr. M. Primas] (Bonn 1995) 119 ff. Abb. 1–6.

‚Ende', ‚Endabschnitt', ‚Übergang' usw. dehnbar. Sie stehen zudem in einer gewissen Abhängigkeit von den jeweils verwendeten Chronologiesystemen, denn ein in zwei Stufen aufgeteiltes Ha B erlaubt eine großzügigere Auslegung als ein System, das von drei Stufen ausgeht. Ein weiterer Weg bestünde schließlich darin, aus Süddeutschland stammende Grabinventare zu berücksichtigen, die Schwerter vom Typ Gündlingen führen und von Ch. Pare in die beginnende ältere Hallstattzeit datiert wurden.[60] Doch kommt man auch hier kaum weiter, denn die in diesen Gräbern vorkommenden Geschirrsätze wurden oftmals oder vielleicht ausschließlich eigens für die Grablegung hergestellt und sind mit der Keramik der Ladenburger Befunde schlecht vergleichbar.[61]

Um nun deren Datierung in ein fortgeschrittenes Stadium der Stufe Ha B 3 näher zu begründen, werden zunächst für Baden-Württemberg und die Pfalz hallstattzeitliche Siedlungsbefunde herangezogen. Dabei wird es nicht darum gehen, die schon vielfach genannten Verbindungen zwischen später Urnenfelderzeit und früher Hallstattzeit zu wiederholen.[62] Vielmehr sollen Hinweise aufgrund konkreter Einzelvergleiche z. T. selten vertretener Formen und Merkmale gesammelt werden. Siedlungsbefunde eignen sich hierfür besonders gut, da ihr keramisches Material ein größeres Formenspektrum als das der Grabfunde umfasst. Erst dann kann ein erneuter Rückgriff auf die z. T. dendrochronologisch datierten Siedlungsinventare besonders der Schweiz erfolgen, um hier weitere Anhaltspunkte zur absoluten Chronologie zu gewinnen.

In seiner Untersuchung zur bronze- und eisenzeitlichen Besiedlungsgeschichte des Taubergrunds stellte M. Hoppe einige Siedlungsgruben zusammen, die er als Formengruppe III der spätesten Urnenfelderzeit bzw. einem Übergangshorizont von Ha B 3 nach Ha C zuwies.[63] Insgesamt fügt sich das Ladenburger Material in diese Formengruppe ohne Widersprüche ein.[64] Ein Vergleich mit dem Fundgut aus den frühhallstattzeitlichen Gruben (Formengruppe IV) ergibt einige weitere Gemeinsamkeiten. Zu einem ähnlichen Ergebnis gelangt man bei Betrachtung der frühhallstattzeitlichen Siedlungsfunde des mittleren Neckarlandes, die P. Menzel vorgelegt und von späturnenfelder- und späthallstattzeitlichem Fundgut abzusetzen versucht hat.[65] Die aus dem Breisgau stammenden Grab- und Siedlungsfunde der Stufen Ha C und D 1 verteilte Ch. Maise auf zwei Horizonte, wobei er auch das Verhältnis der späten Urnenfelderzeit zum nachfolgenden frühen Horizont (Ha C) untersuchte.[66] Einige Befunde dieses frühen Horizontes enthalten Formen, die mit Stücken von Ladenburg vergleichbar sind. Um den frühhallstattzeitlichen Fundstoff der Pfalz von einer späturnenfelderzeitlichen Materialschicht abgrenzen zu können, sonderte A. Sehnert-Seibel einige Grabfunde aus, die sie der Endphase der Urnenfelderzeit zuwies.[67] Sie enthalten nicht viele Gefäße, und die

---

60 Ch. Pare, Swords, Wagon-Graves, and the Beginning of the Early Iron Age in Central Europe. Kl. Schr. Vorgesch. Seminar Marburg 37 (Marburg 1991) 16 f.; s. ferner den von Hennig zu dieser Frühphase und ihrer absoluten Chronologie gegebenen Überblick: S. Hennig, Gräber der Hallstattzeit in Bayerisch-Schwaben. Monogr. Arch. Staatsslg. München 2 (Stuttgart 2001) 85 ff. Tab. 1.
61 Schirndorf, Gr. 200 und 202: R. Hughes, Archäologische Untersuchungen zum Übergang von der Bronze- zur Eisenzeit in Schirndorf, Lkr. Regensburg. In: Schauer (Anm. 59) 141 ff. Abb. 11–13 (Gr. 202); 14; 15 (Gr. 200). – Muschenheim, Hgl. 35: H. Polenz, Gerät oder Waffe? Bemerkungen zu einem hallstattzeitlichem Fund aus Muschenheim. Fundber. Hessen 15, 1975 (1977) 229 ff. Abb. 2; 3. – Demmelsdorf, Erstbestattung und kleine Nachbestattung: B.-U. Abels, Ein hallstattzeitliches Wagengrab bei Demmelsdorf, Ldkr. Bamberg. Arch. Korrbl. 15, 1985, 71 ff. Abb. 9–14. – Wehringen I ‚Hexenbergle', Hgl. 8: Hennig (Anm. 60) 259 ff. Abb. 134–143 Taf. 107–114. – Wehringen I ‚Hexenbergle', Hgl. 7: G. Kossack, Südbayern während der Hallstattzeit. Röm.-Germ. Forsch. 24 (Berlin 1959) 184 Taf. 58,5–7 (‚Bobingen, Hgl. 1'; hierzu Hennig [Anm. 60] 258). – Weichering, Hgl. 2: Kossack a. a. O. 178 Taf. 43,1–6. – Steinkirchen, Brandgrab in Hgl.: ebd. 250 Taf. 132,4–7.
62 Zu den stufenübergreifenden Typen s. Sperber, Chronologie 81.
63 Hoppe, Siedlungsfunde 92 f.; 98.
64 Vgl. ebd. 99 f.; 146 f. Abb. 34 B (Schönfeld, Tauberbischofsheimer Weg, Grube 3); 100; 184 ff. Abb. 55; 56 A (Tauberbischofsheim, Milchzentrale, Fundstelle 1 [1968]); 188 ff. Abb. 57 C (Fundstelle 8 [1968]); Fundber. Baden-Württemberg 2, 1975, 76 Taf. 186 (Gamburg, Objekt 8); A. Dauber, Zur Besiedlungsgeschichte im Stadtgebiet von Tauberbischofsheim. Bad. Fundber. 22, 1962, 190 ff. Taf. 52,1–16; 53–56,1–16 (Tauberbischofsheim, Milchzentrale, Fundpunkte 1, 3, 11, 14 und 16 [1959/60]).
65 Menzel, Siedlungsfunde 225 ff.
66 Maise, Breisgau 389 ff.
67 Sehnert-Seibel, Hallstattzeit I 85 f.

Vergleichsmöglichkeiten zu Ladenburg sind so allgemeiner Natur, dass sie kaum weiterführen. Das reichhaltige und auf drei Phasen verteilte Siedlungsmaterial der Hallstattzeit[68] enthält jedoch manche Formen, die sich in Ladenburg wiederfinden, wobei die Vergleichsfunde aus Siedlungen der älteren und mittleren Phase stammen, die die Stufe Ha C und vielleicht einen Teil der Stufe Ha D repräsentieren. Zusammen mit den von J. Biel in verschiedenen Arbeiten genannten und von ihm in die Stufe Ha C datierten Siedlungsinventaren[69] liegt somit ein umfangreiches Material vor. Bei den zu vergleichenden Formen und Merkmalen handelt sich um schlanke Trichterrandbecher (Abb. 15,3),[70] große flache Schalen mit leicht ausladendem Rand (Abb. 18,36)[71] und Schalen mit gewölbter Wandung und ausladendem Rand (Abb. 19,43–45).[72] Trichterrandgefäße haben oft ein verflautes Profil oder einen verrundeten Randknick (Abb. 22,70; 23,74).[73] Hinzu treten flau profilierte Trichterrandgefäße mit spitz gerundeter Randlippe (Abb. 24,84.85),[74] Exemplare mit betonter Verdickung im Randknick (Abb. 24,79; 26,98),[75] weitere mit z. T. dünnwandigen und weit ausgelegten Rändern (Abb. 25,93; 27,105; 32,6.8.9),[76] ferner solche mit niedrigem, fast steilem (Abb. 29,110)[77] oder nur leicht abbiegendem Rand (Abb. 31 B 3).[78] Als Einzelstücke sind schließlich eine Schale mit randständigen Griffknubben (Abb. 31 B 2)[79] sowie ein Trichterrandgefäß mit abgesetzter Schulter (Abb. 32,7)[80] anzuführen. Auffällige Unterschiede zeigen sich z. B. im Schalenmaterial. Eine in den hier zum Vergleich herangezogenen Siedlungsfunden häufig anzutreffende Form zeichnet sich durch

---

68 Ebd. I 95 ff. Zu einer ebd. II 19 f. aufgeführten Siedlungsstelle von Kirchheimbolanden (‚Stelle 15') ist zusätzlich zu berücksichtigen: Kriesel, Kirchheimbolanden I 41 f.; ebd. II 123 f. Taf. 64–68 A.

69 J. Biel, Vorgeschichtliche Höhensiedlungen in Südwürttemberg-Hohenzollern. Forsch. u. Ber. Vor- u. Frühgesch. Baden-Württemberg 24 (Stuttgart 1987) 93 mit Anm. 26; ders., Die Hallstattkultur in Württemberg. In: D. Planck (Hrsg.), Archäologie in Württemberg (Stuttgart 1988) 201.

70 Hoppe, Siedlungsfunde 98 ff.; 178 ff. Abb. 52,15 (Tauberbischofsheim, ‚Heimbergflur', Grube 4). – Maise, Breisgau 426 Abb. 13,16; 428 (Riegel ‚Romansbuck'). Das Stück stimmt hinsichtlich seiner Ausmaße gut überein, besitzt jedoch eine in der oberen Gefäßhälfte ausgebauchte Wandung. – Sehnert-Seibel, Hallstattzeit I 65; ebd. II 12 Taf. 17,8 (Meckenheim, Grube 1 [1956]); 62 Taf. 76 A 1 (Mörzheim, Fundstelle 8); 60 Taf. 76 C 7 (Godramstein, Grube 76).

71 Menzel, Siedlungsfunde 262 Abb. 13,4–6 (Kornwestheim, ‚Kirchle II', Grube 1). – Maise, Breisgau 423; 425 Abb. 12,1.3.5 (Riegel ‚Romansbuck'); 430 f. Abb. 19,4 (Forchheim ‚Boden'). – Sehnert-Seibel, Hallstattzeit I 65 f.; ebd. II 12 Taf. 17,17 (Meckenheim, Grube 1 [1956]); 61 Taf. 79 C 3.4 (Godramstein, Grube 94). – Kriesel, Kirchheimbolanden II 123 Taf. 65,6 (Kirchheimbolanden, Siedlungsstelle).

72 Sehnert-Seibel, Hallstattzeit I 65 f.; ebd. II 76 Taf. 104 F 2.4 (Mutterstadt, Grube 1952). – Kriesel, Kirchheimbolanden II 123 Taf. 66,12; 67,28 (Kirchheimbolanden, Siedlungsstelle).

73 Zum Beispiel Menzel, Siedlungsfunde 262 Abb. 12 A 1 (Gemmrigheim, Grube 2); 265 Abb. 22,12 (Kornwestheim ‚Kirchle II', Grube 9). Das zweitgenannte Stück wies Menzel im Katalog versehentlich seiner Form T III zu, die deutlich abweicht und in dem von ihm vorgelegten Material nur einmal vertreten ist: ebd. 232; 250; 266 Abb. 26 A 3 (Remseck-Aldingen, Flur ‚Halden', Grube 18).

74 Maise, Breisgau 406; 432 Abb. 20,10; 436 (Forchheim ‚Boden'); 445 Abb. 33,6 (Jechtingen ‚Schanzäcker'). – Sehnert-Seibel, Hallstattzeit I 63; ebd. II 11 Taf. 16,7 (Meckenheim, Grube 2 [1954]); 17,6 (Grube 1 [1956]); 20 Taf. 23 B 4 (Marnheim, Fundstelle 4).

75 G. Kraft, Siedlungen der mittleren Hallstattzeit auf der Schwäbischen Alb. Prähist. Zeitschr. 17, 1926, 230 Abb. 5, Randprofile II. 2. und 3. Profil von links (Trochtelfingen, ‚Schöne Hülb'; Siedlung?).

76 Menzel, Siedlungsfunde 261 ff. Abb. 6,1–4 (Lauffen a. N., Flur ‚Hohfeld'); Abb. 9,15 (Gemmrigheim, ‚KKW', Grube 1); Abb. 14 A 1 (Kornwestheim, ‚Kirchle II', Grube 1); Abb. 17,7 (Grube 4); 267 Abb. 28 B 3 (Fellbach-Oeffingen, ‚Hofener Straße'). – Kriesel, Kirchheimbolanden II 123 Taf. 64,22; 67,12 (Kirchheimbolanden, Siedlungsstelle).

77 Fundber. Baden-Württemberg 5, 1980, 73 Taf. 94,12 (Aulendorf, aus einer Kulturschicht). – Hoppe, Siedlungsfunde 158 f. Abb. 41,3 (Tauberbischofsheim-Impfingen, Flur ‚Rüdig', Fundstelle 4). – Menzel, Siedlungsfunde 263 Abb. 14 B 4 (Kornwestheim, ‚Kirchle II', Grube 2; im Unterschied zu Ladenburg ist dieses Stück verziert); 266 Abb. 27 B 9 (Remseck-Aldingen, Flur ‚Halden', Grube 89). – Maise, Breisgau 454 Abb. 44,8; 457 (Mengen ‚Löchleacker', Grube 74/51).

78 Fundber. Baden-Württemberg 8, 1983, 203 Taf. 108 A 17 (Neustetten, aus angepflügten Gruben). – Hoppe, Siedlungsfunde 173 f. Abb. 49,17 (Tauberbischofsheim, ‚Heimbergflur', Grube 1). – Sehnert-Seibel, Hallstattzeit II 106 Taf. 143 A 1 (Insheim, Fundstelle 0). – Kriesel, Kirchheimbolanden II 123 Taf. 65,9 (Kirchheimbolanden, Siedlungsstelle).

79 Menzel, Siedlungsfunde 262 Abb. 13,8 (Kornwestheim, ‚Kirchle II', Grube 1).

80 Hoppe, Siedlungsfunde 186 f. Abb. 56 B 1 (Tauberbischofsheim, Milchzentrale, Fundstelle 2 [1968]).

eine steile Wandung mit leicht S-förmigem Profil aus.[81] Hinzu kommen Schalen mit kurzer ausgezogener Randlippe.[82] Diese Typen gibt es in den Ladenburger Befunden nicht. Hierbei können aber regionale Unterschiede nicht geltend gemacht werden, da sie auch in Nordbaden belegt sind.[83] Es sind also insbesondere die Schalen, die die zeitliche Distanz zur darauffolgenden Hallstattzeit anzeigen, die jedoch – dies legen die genannten Vergleichsfunde nahe – nicht allzu groß sein kann.
Weitere Anhaltspunkte bieten nun die im Rahmen des 9. Jahrhunderts v. Chr. schärfer datierbaren Inventare der Seeufersiedlungen. Aus dem von G. Nagy in die zweite Hälfte des 9. Jahrhunderts v. Chr. datierten Siedlungsinventar von Ürschhausen-Horn[84] (Nordostschweiz) liegen außer schon oben genannten Formen[85] weitere gute Vergleichsfunde vor, so zu dem Becher mit Omphalosboden (Abb. 15,2),[86] den kleinen flachen Schalen mit breitem Boden (Abb. 15,7.8),[87] den Schalen mit randständigen Griffknubben (Abb. 15,11; 31 B 2),[88] der steilwandigen Schale mit trichterförmigem Rand (Abb. 33,5),[89] den flau profilierten Trichterrandgefäßen (Abb. 22,70–23,73),[90] den weitmündigen Trichterrandgefäßen (Abb. 33,7; 34,8)[91] sowie den Gefäßen mit dünnwandigen, weit ausgelegten Trichterrändern (Abb. 25,93.94; 32,6).[92] Das von G. Bernatzky-Goetze im Verhältnis zu Auvernier-Nord (878–850 v. Chr.) jünger eingestufte Siedlungsinventar von Mörigen[93] (Westschweiz) lieferte schlanke Trichterrandbecher (Abb. 15,3),[94] Schälchen mit Omphalosboden und flach ansteigender Wandung (Abb. 33,1)[95] sowie flau profilierte Trichterrandgefäße (Abb. 22,70–23,73).[96] Vergleicht man dagegen die Keramikspektren älterer Stationen, ergeben sich weniger Gemeinsamkeiten. Aus der in das zweite Viertel des 9. Jahrhunderts v. Chr. datierten Kulturschicht D von Hagnau-Burg[97]

---

81 Ebd. 81 f. Abb. 1 (Form S 5 b); z. B. ebd. 158 f. Abb. 41,9 (Tauberbischofsheim-Impfingen, Flur ‚Rüdig', Fundstelle 4); 172 f. Abb. 49,1 (Tauberbischofsheim, ‚Heimbergflur', Grube 1); 178 f. Abb. 52,5 (Grube 4). – Kriesel, Kirchheimbolanden II 123 Taf. 67,2 (Kirchheimbolanden, Siedlungsstelle). – Menzel, Siedlungsfunde 229 f. Abb. 1 (Form S II b); 260 Abb. 5,4.8.15 (Lauffen a. N., Flur ‚Hohfeld'); 267 Abb. 28 B 4 (Fellbach-Oeffingen, ‚Hofener Straße'). Zu den ebd. 249 genannten Vergleichen aus späturnenfelderzeitlichen Befunden s. noch Kimmig, Urnenfelderkultur 141 Taf. 26,12 (Ihringen, Hgl. C, Fundgruppe 4). – Maise, Breisgau 402; 423 f. Abb. 11,9.10.12.15.19 (Riegel ‚Romansbuck'); 445 Abb. 33,1.5 (Jechtingen ‚Schanzäcker').
82 Hoppe, Siedlungsfunde 158 f. Abb. 41,6 (Tauberbischofsheim-Impfingen, Flur ‚Rüdig', Fundstelle 4). – Menzel, Siedlungsfunde 229 f. Abb. 1 (Form S III); 249; 260 f. Abb. 5,14 (Lauffen a. N., Flur ‚Hohfeld'); Abb. 11,1.2 (Gemmrigheim, Grube 2).
83 Mit steiler Wandung und S-förmigem Profil: Nelissen (Anm. 15) 127; 206 f. Taf. 19 A 5 (Lützelsachsen, wohl Siedlung); 235 Taf. 47 B 2 (Wiesloch, Grabfund). – Mit kurzer ausgezogener Randlippe (jedoch an einer Tasse): ebd. 121; 205 Taf. 17 B 4 (Ladenburg, Grabfund).
84 Nagy, Ürschhausen-Horn 47; 127.
85 Vgl. S. 35 f. mit Anm. 43–52.
86 Nagy, Ürschhausen-Horn 25 Taf. 29,301 (nur Innenseite des Bodens gewölbt); 32 Taf. 44,484.
87 Ebd. 22 Taf. 17,192.
88 Ebd. 25 Taf. 26,270.
89 Ebd. 28 Taf. 38,400.
90 Ebd. 39 ff. Taf. 84,757; 87,782; 89,796.798; 93,828; 103,887.888; 104,904; 113,962.
91 Ebd. 41 Taf. 105–109 (Typ 5). Vgl. hiervon besonders die Randausbildung der Nr. 920, die den Stücken von Ladenburg recht nahe kommt. Ein weiteres ganz ähnliches Randprofil stammt aus Grube 5 von Nieder-Olm, Kr. Mainz-Bingen: M. K. H. Eggert, Die Urnenfelderkultur in Rheinhessen. Gesch. Lkde. 13 (Wiesbaden 1976) 212 Taf. 35 B 3. Weitere Vergleichsfunde zur Gefäßform: U. Ruoff, Zur Frage der Kontinuität zwischen Bronze- und Eisenzeit in der Schweiz (Bern 1974) Taf. 5,24; 7,5 (Ossingen-Im Speck, Hgl. 12); Taf. 32,5 (Möriken-Kestenberg, zweite Siedlung); Brestrich, Singen 80 Taf. 34,14 (Singen, Gr. 164); Kimmig, Urnenfelderkultur 141 f. Taf. 27 B 9 (Ihringen, Hgl. M, Fundgruppe 3); R. Dehn, Die Urnenfelderkultur in Nordwürttemberg. Forsch. u. Ber. Vor- u. Frühgesch. Baden-Württemberg 1 (Stuttgart 1972) 55; 89 Taf. 12 B 2 (Hermaringen). Diese Siedlungs- und Grabfunde stellte Sperber, Chronologie 128 ff. in ein fortgeschrittenes Stadium seiner Stufe SB III b (außer dem im Verbreitungsgebiet der untermainisch-schwäbischen Gruppe gelegenen Grabfund von Hermaringen).
92 Nagy, Ürschhausen-Horn 28 Taf. 38,395.408 (Schalen); 37 Taf. 61,625; 62,629. Damit sind nur Beispiele genannt.
93 Bernatzky-Goetze, Mörigen 119 ff.; s. hierzu L. Sperber in: Bayer. Vorgeschbl. 56, 1991, 231 ff.
94 Bernatzky-Goetze, Mörigen 39 f. Taf. 23,5; 35,5.
95 Ebd. 53 Taf. 81,1.8.
96 Ebd. 40 Taf. 23,2; 31,3.
97 Schöbel, Bodensee 83 ff.

(nördliches Bodenseeufer) sind zu nennen: eine gewölbte Schale mit randständiger Griffknubbe (Abb. 15,11; 31 B 2),[98] dünnwandige, weit ausgelegte Trichterränder (Abb. 25,93.94)[99] sowie jeweils ein Vertreter der flau profilierten, verzierten und unverzierten Trichterrandgefäße (Abb. 22,72; 23,73; 25,91).[100] Die Inventare der westschweizerischen Siedlungen von Auvernier-Nord[101] (878–850 v. Chr.) und Vinelz, Schicht 1[102] (um 920 v. Chr. post quem) lassen die Unterschiede klar zu Tage treten. Dort sind dünnwandige, weit ausgelegte Trichterränder sowie verflaute und rundliche Profile zwar durchaus vertreten. Diese Stücke brauchen jedoch nicht mehr im Einzelnen zitiert zu werden, denn die Durchsicht des ganzen Materials zeigt, dass die Funde von Ladenburg insgesamt weitaus besser Siedlungsinventaren wie Ürschhausen-Horn und Mörigen anzuschließen sind. So dürfte es berechtigt sein, das Brandgrab und die Gruben 1 und 2 in das fortgeschrittene 9. Jahrhundert v. Chr., also in die Mitte oder eher in seine zweite Hälfte, zu datieren.

Was die Frage der Gruppenzugehörigkeit betrifft, wurde schon verschiedentlich vermerkt, dass die untermainisch-schwäbische Gruppe im Laufe der Stufe Ha B unter verstärktem Einfluß der rheinisch-schweizerischen Gruppe geriet bzw. Auflösungen und Umformungen stattfanden, die für Ha B 3 eine klare Unterscheidung dieser beiden großen Keramikprovinzen nicht mehr zulassen.[103] Th. Ruppel nahm sich des Problems der Gruppengliederung der späturnenfelderzeitlichen Keramik erneut an und unterschied anhand einer Auswahl von 76 geschlossenen Fundkomplexen Südwestdeutschlands, der Schweiz und Ostfrankreichs insgesamt vier Gruppen, von denen hier die „zwischen Neckarmündung und Nordostschweiz" gelegene von Interesse ist.[104] Als gruppendefinierende Formen und Merkmale nannte Ruppel geschweifte Schalen mit weit ausladendem Rand, birnenförmige Trichterrandgefäße (oft mit abgesetzter Standfläche und langem Rand) und die Verzierung mit vertikalen Riefenbündeln.[105] Knickwandschalen, Trichterhalsgefäße und einfache konische Schälchen gesellen sich hinzu, sind aber darüber hinaus z. T. bis nach Hessen, z. T. bis in die Westschweiz verbreitet. Nun haben gerade die hier vorgestellten Gruben und das Brandgrab von Ladenburg keine der gruppendefinierenden Formen und Merkmale eindeutig geliefert. Dass sie dennoch der von Ruppel umschriebenen Gruppe zwischen Neckarmündung und Nordostschweiz angehören, ergibt sich nicht nur aufgrund der geographischen Lage, sondern erhellt sich aus einem weiteren Fund, der auf der Gemarkung gemacht worden ist. So wurde im Jahre 1951 im Norden Ladenburgs ein Brandgrab entdeckt, das ein Gefäß mit langem Trichterrand, stark gebauchtem Körper, leicht angehobener Schulter und leicht einziehendem Unterteil enthielt.[106] Es ist auf der Schulter mit vertikalen Riefenbündeln, die an zwei horizontalen Riefen hängen, verziert, und lässt sich somit der von Ruppel erstellten Liste mit entsprechenden Vergleichsfunden hinzufügen.[107] Diese nach Süden bis in die Nordostschweiz zu verfolgenden Verbindungen treten in Funden der Stufe SB III b (Ha B 3) klar zu Tage, lassen sich aber auch schon zuvor feststellen. So hob Brestrich unter Verweis auf eine sich andeutende Süd-Nord-Achse die enge Verwandschaft von zwei Trichterhalsbechern hervor, die aus den SB-III-a-zeitlichen Grabfunden von Singen und Heidelberg-Neuenheim stammen.[108] Das

---

98 Ebd. 186 Taf. 86,11.
99 Zum Beispiel ebd. 187 f. Taf. 90,11; 96,6.
100 Ebd. 187 f. Taf. 91,13; 62,6.
101 V. Rychner, L'âge du bronze final à Auvernier NE. Notes préliminaires sur le matériel des fouilles de 1969 à 1973. Jahrb. SGUF 58, 1974/75, 43 ff. Abb. 1–7; ders. (Anm. 38) Abb. 52; ders., Stand und Aufgaben (Anm. 37) 479 ff. Abb. 21; 22; ders., Westschweiz (Anm. 37) 73; 78 Abb. 25,14–26.
102 E. Gross, Vinelz-Ländti. Grabung 1979 (Bern 1986) 33; 56 ff. Taf. 12–21; 28,24–51; 42–57.
103 R. Kreutle, Eine Fundstelle der Urnenfelderkultur von Ammerbuch-Reusten, Flur ‚Stützbrunnen'. Der Sülchgau 29–30, 1985–86, 110; ders., Spätbronzezeit und Urnenfelderzeit in Württemberg. In: Planck (Anm. 69) 190 f.; Sperber, Chronologie 22 mit Anm. 155; ders., Zu den Schwertträgern im westlichen Kreis der Urnenfelderkultur: profane und religiöse Aspekte. In: Eliten in der Bronzezeit. Ergebnisse zweier Kolloquien in Mainz und Athen. Monogr. RGZM (Mainz 1999) 657 mit Anm. 106; Schöbel, Bodensee 100; Brestrich, Singen 193 ff.
104 Th. Ruppel, Die Urnenfelderzeit in der niederrheinischen Bucht. Rheinische Ausgr. 30 (Köln 1990) 40 ff.
105 Ebd. 42; 53; 55 f. Abb. 24 b 24–36.
106 Mus. Ladenburg (unveröffentlicht). Zur Lage der Fundstelle s. Lenz-Bernhard (Anm. 15) 62 Abb. 19 (Gärtnerei Ernst, Erbsenweg 7).
107 Ruppel (Anm. 104) 48 Abb. 17; 55 Abb. 24 b 35; 192 Liste 27.

Grab von Heidelberg-Neuenheim enthielt noch ein Zylinderhalsgefäß,[109] das Gersbach zu Recht mit einem Exemplar aus Grab 1 von Elgg-Ettenbühl (Nordostschweiz) verglich.[110] Man wird das Grab 152 von Singen anschließen dürfen, auch wenn Brestrich dem betreffenden Gefäß einen eher lokal geprägten Charakter zuschrieb.[111]

Deutung

Grube 2 von Ladenburg kann nicht als gewöhnliche Abfall- oder Siedlungsgrube angesprochen werden. Dagegen steht zum einen, dass die schachtförmig angelegte Grube nicht lange offen gestanden sein kann und bald nach ihrem Aushub wieder verfüllt worden sein muss. Zum anderen entsorgt niemand ein zwar gebrauchtes, aber noch gut erhaltenes Messer, indem es offensichtlich ganz bewusst zusammen mit Teilen von Feuerböcken und einem menschlichen Stirnbein auf der Grubensohle deponiert wird, um danach eine stattliche Anzahl an Gefäßresten und Tierknochen hinterherzuwerfen. So verwundert es nicht, dass S. Hansen in seiner 1991 erschienenen Studie zu den urnenfelderzeitlichen Metalldeponierungen im Rhein-Main-Gebiet die Grube 2 von Ladenburg in einen Opferkontext stellte und diesen sogar für unabweisbar hielt.[112] Die Begründung freilich blieb Hansen schuldig. Auch Baumeister ließ jegliche Begründung vermissen, indem er Hansens Deutung eines unabweisbaren Opferkontextes aufgriff und die Grube 2 als Brand- und Vernichtungsopfer dramatisierte.[113] Man machte es sich deshalb zu leicht, wollte man diese Ad-hoc-Erklärungen einfach übernehmen und weiterhin von einem Opferbefund sprechen. Dieses Problem bleibt auch bestehen, wenn die Kriterien berücksichtigt werden, die A. Stapel für die Bestimmung von Opfergruben/-befunden nannte und die eine Abgrenzung von Keramikdepositionen und Siedlungsbestattungen erlauben sollen.[114] Hierzu gehören u. a. die absichtliche Anordnung der

---

108 Brestrich, Singen 193; 223. Vgl. ebd. Taf. 36,3 (Gr. 160) mit B. Heukemes in: Fundber. Baden-Württemberg 2, 1975, 77 Taf. 189,4.
109 Ebd. Taf. 189,2.
110 Gersbach (Anm. 12) 46 f.; 49 Abb. 3,29 (= Sperber, Chronologie 58 Taf. 32 [Typ 150]). Neuvorlage des Grabes 1 von Elgg-Ettenbühl bei Mäder, Elgg I 109 ff.; 116 f.; ebd. II 13 f.; 24 Taf. 24; 57,710–60,736.
111 Vgl. Brestrich, Singen 170; 193 Taf. 26,6.
112 S. Hansen, Studien zu den Metalldeponierungen während der Urnenfelderzeit im Rhein-Main-Gebiet. Univforsch. Prähist. Arch. 5 (Bonn 1991) 72.
113 Baumeister, Kraichgau I 98 mit Anm. 334.
114 A. Stapel, Bronzezeitliche Deponierungen im Siedlungsbereich. Tübinger Schr. Ur- u. Frühgesch. Arch. 3 (Münster 1999) 158 ff.; 264 f. Aus der ebd. 337 ff. gegebenen Liste geht hervor, wie außerordentlich selten aus Süddeutschland stammende, urnenfelderzeitliche Grubenbefunde mit menschlichen Schädelteilen sind (Nr. 4, 8 und 24). Gleiches betrifft die Siedlungsbestattungen: ebd. 384 (Nr. 83); 391 f. (Nr. 104, 106, 109, 112, 113). Hinzuzufügen ist jedenfalls die in den Übergang von später Urnenfelder- zu früher Hallstattzeit datierende Grube 2 von Oberickelsheim in Mittelfranken: W. Gebert/M. Nadler, Eine urnenfelderzeitliche Kultgrube aus Oberickelsheim, Lkr. Neustadt a. d. Aisch-Bad Windsheim. Beitr. Arch. Mittelfranken 4, 1998, 69 ff. Gebert/Nadler interpretierten diesen Befund als einen „der wenigen sicheren Belege für ein Menschenopfer ... in Verbindung mit der Opferung verschiedener kleiner, und z. T. sehr junger, Haustiere" und betonten, dass im süddeutschen Bereich der Urnenfelderkultur nichts annähernd Vergleichbares bekannt sei (ebd. 79 f.). Dies mag man sehen, wie man will. Tatsache ist, dass weder die von Gebert/Nadler angeführten Argumente noch das nachfolgende anthropologische Gutachten von P. Schröter (ebd. 81 f.) eine Deutung als Menschenopfer erzwingen, zumal wenn weitere Befunde berücksichtigt werden. In der von Oberickelsheim nicht weit entfernten oberfränkischen Nekropole von Grundfeld, Kr. Lichtenfels, enthielten die dortigen, Ha-A-zeitlichen Gräber 26 und 28 Kopfbestattungen, wobei die Beigaben (jeweils Armring und Tasse) wie bei einer Körperbestattung angeordnet lagen: K. Radunz, Urnenfelderzeitliche Bestattungssitten im Gräberfeld von Grundfeld (Reundorf), Ldkr. Staffelstein/Ofr. Bayer. Vorgeschbl. 31, 1966, 60 f. Der Grube 2 von Oberickelsheim und dem Grab 26 von Grundfeld ist gemeinsam, dass die Schädel aufrecht stehend angetroffen wurden. Zu weiteren urnenfelder- und hallstattzeitlichen Kopfbestattungen oder Bestattungen mit fehlendem Kopf aus Nordbayern s. H. Hennig, Die Grab- und Hortfunde der Urnenfelderkultur aus Ober- und Mittelfranken. Materialh. Bayer. Vorgesch. A 23 (Kallmünz 1970) 22; dies., Urnenfelderzeitliche Grabfunde aus dem Obermaingebiet. In: K. Spindler (Hrsg.), Vorzeit zwischen Main und Donau. Erlanger Forsch. A 26 (Erlangen 1980) 134; W. Torbrügge, Die Hallstattzeit in der Oberpfalz I. Materialh. Bayer. Vorgesch. A 39 (Kallmünz 1979) 48 Tab. 2; 51.

gemeinsam deponierten Gegenstände und Reste, die Kombination ungewöhnlicher Fundobjekte und -materialien, das absichtliche Unbrauchbarmachen durch Zerschlagen oder Verbrennen sowie die Anlage von Gruben mit primärer, ritueller Zweckbestimmung.[115] Die Grube 2 von Ladenburg erfüllt diese Kriterien. Das Griffdornmesser böte einen weiteren Beleg für eine Bestimmung als Opfergrube/-befund, denn zusammen mit den unverbrannten Tierknochen ließe es sich mit der Vorbereitung eines rituellen Festmahls in Verbindung bringen.[116] Hierzu würden wiederum die Wildtiere (Wildschwein, Reh, Hase, Fisch, eventuell Ente) passen, die Stapel zufolge in Opfergruben/-befunden häufig anzutreffen sind und die Bedeutung des Opfers erhöhen können, da Wildbret schließlich nicht leicht zu beschaffen ist.[117] Alles in allem ließe sich ein eindrucksvolles Szenario entwerfen, das bei oberflächlicher Betrachtung mit dem Befund übereinstimmte, ein Szenario vielleicht sogar eines Menschenopfers, das von gemeinschaftlichen Riten und einem kultischen Festmahl begleitet war, das mit der rituellen Zerstörung der bei diesen Feierlichkeiten verwendeten Gegenstände und ihrer Deponierung (sakraler Abfall) endete. Den ersten Stolperstein liefert indessen die anthropologische Begutachtung, die ein Abtrennen des Stirnbeins vom bereits vollständig skelettierten Schädel vermuten lässt. Weitere Zweifel kommen auf, greift man auf Werke zurück, die anhand eines reichen ethnographischen und historischen Materials die vielfältigen Deutungsmöglichkeiten aufzeigen, die besonders solche archäologischen Befunde betreffen, die scheinbar klar anzusprechen sind. So konnte H. Peter-Röcher begründet darlegen, dass Befunde wie Ladenburg durchaus nicht nur als Opfer gedeutet werden müssen, sondern auch in den Rahmen von Bestattungssitten und des Totenrituals gestellt werden können.[118] Nach R. Meyer-Orlac ist der archäologisch fassbare Grabbefund eine „Grabsituation als Endpunkt von Handlungen".[119] Ausführlich beschrieb sie die vielen möglichen Erscheinungsformen dieser Grabsituationen sowie die Fülle der Ereignisse und Handlungen, die ihnen vorausgehen können.[120] So eröffnen die Arbeiten von Peter-Röcher und Meyer-Orlac Perspektiven, die man sich bei der Deutung der Grube 2 von Ladenburg zunutze machen kann.

Da ist zunächst das Griffdornmesser, das die Quelle der Grabfunde in Erinnerung ruft. Messer erscheinen zwar auch in anderen Fundzusammenhängen, als Einzeldeponierungen, in Hortfunden oder Siedlungen. Sie sind jedoch in überwiegendem Maße aus Grabfunden überliefert. Dies belegen so gut wie alle Regionalarbeiten zur süddeutschen Urnenfelderkultur. Es seien hier deshalb nur drei dem Neckarmündungsgebiet nahegelegene Fundprovinzen aufgeführt. Aus Nordwürttemberg nannte R. Dehn 37 Messer, wovon 20 Exemplare aus 18 Grabfunden stammen.[121] Für das Rhein-Main-Gebiet trug Hansen 241 Messer zusammen, wovon ca. 130 Exemplare zu Grabfunden gehören.[122] Hierbei wies Hansen wohl zu Recht darauf hin, dass sie trotz ihres häufigen Auftretens als Grabbeigabe nicht zum alltäglichen Besitz gehört haben dürften. Es sei vielmehr davon auszugehen, dass Messer auch einen bestimmten sozialen Status anzeigten. Aus dem Kraichgau schließlich zählte Baumeister 14 Messer, wovon allein elf Exemplare in Gräbern aufgefunden wurden.[123] Die Rede von Messern als typischen Grabbronzen ist also durchaus berechtigt. Betrachtet man sich nun den Geschirrsatz der Grube 2, fällt der hohe Anteil des Schalenmaterials auf. Er ist größer als der Anteil

---

115 Stapel (Anm. 114) 265.
116 So im Zusammenhang mit Brandopferplätzen: ebd. 187; 190; dies., Spätbronzezeitliche Keramik aus Eching-Viecht, Lkr. Landshut – Überlegungen zur Deutung eines Grubeninhaltes. Ber. Bayer. Bodendenkmalpfl. 38, 1997, 132. Im gleichen Sinne äußerte sich M. Schefzik, Ein urnenfelderzeitlicher Brunnen mit Opferfunden aus Germering. Arch. Jahr Bayern 1998, 32.
117 Stapel (Anm. 114) 177 ff. Tab. 13.
118 H. Peter-Röcher, Kannibalismus in der prähistorischen Forschung. Univforsch. Prähist. Arch. 20 (Bonn 1994) 32 ff.; 69 ff; dies., Menschliche Skelettreste in Siedlungen und Höhlen. Kritische Anmerkungen zu herkömmlichen Deutungen. Ethnogr.-Arch. Zeitschr. 38, 1997, 318.
119 Meyer-Orlac, Mensch und Tod 36.
120 Für die folgenden Ausführungen sind besonders die Kapitel zur Hochbestattung (ebd. 103 ff.), zur mehrstufigen Bestattung (ebd. 123 ff.) und zu den Alternativspekulationen (ebd. 165 ff.) heranzuziehen.
121 Dehn (Anm. 91) 31.
122 Hansen (Anm. 112) 68 ff. Abb. 15; 240 ff. (Liste 6).
123 Baumeister, Kraichgau I 70 ff.; 112 ff. Abb. 42.

der Trichterrandgefäße und beträgt etwas mehr als die Hälfte des Gesamtbestands.[124] Weiterhin fällt auf, dass Becher und Tasse(n) nur sehr schwach verteten sind. Es scheint, dass diese Zusammensetzung Regeln widerspiegelt, die auch in Geschirrsätzen von Grabfunden zum Ausdruck kommen können. Sofern vollständige Überlieferung gewährleistet ist, zeigen dies z.B. sehr schön einige Flachbrandgräber von Ilvesheim (Flur ‚Atzelberg'), Rhein-Neckar-Kreis.[125] Sie enthielten jeweils eine oder zwei Tassen, ferner Trichterrandgefäße und Schalen, wobei letztere zahlenmäßig überwiegen. Diese Flachbrandgräber bieten also im Kleinen das, womit die Grube 2 von Ladenburg im Großen aufwartet. Weitere Beispiele wären die Doppelkörperbestattung von Ihringen, Lkr. Breisgau-Hochschwarzwald,[126] oder die Brandgräber 163 und 176 von Singen, Lkr. Konstanz.[127] Diese Beispiele sollen genügen, auch ist klar, dass die vielfachen und selbst auf kleinstem Raum festzustellenden Variationen späturnenfelderzeitlicher Grabservices keine starren Regeln zu erkennen geben.[128] Hier ist nur die Einsicht entscheidend, dass dem Ladenburger Geschirrsatz und solchen aus Grabfunden stammenden gleiche oder zumindest ähnliche Motivationen zugrunde liegen können. Auch die Feuerböcke können im Rahmen des Totenrituals Verwendung gefunden haben. Es muss sehr nachdenklich stimmen, wenn gerade im unweit entfernt gelegenen Wiesloch (‚Weinäcker'), Rhein-Neckar-Kreis, ein Feuerbock zusammen mit Schalenfragmenten und einer tönernen Vogelbarke im Eingangsbereich eines Gebäudes aufgefunden wurde, das sich im Zentrum eines Gräberfeldes befand.[129] BAUMEISTER brachte dieses Gebäude überzeugend mit dem Totenbrauchtum in Zusammenhang. Außerdem vermochten BAUMEISTER und I. HÄGG aufgrund weiträumiger Vergleiche darzulegen, dass Feuerböcke über ihre rein praktische Verwendungsmöglichkeit hinaus auch im Totenritual eine Rolle gespielt haben können.[130] In Wiesloch befand sich ein Gebäude im Zentrum eines Gräberfeldes, in Ladenburg eine Schachtgrube in unmittelbarer Nähe eines Brandgrabes. Man wird davon ausgehen dürfen, dass Schachtgrube und Brandgrab aufgrund ihrer Lage inhaltlich in wie auch immer gearteter Weise aufeinander bezogen waren. Ganz unabhängig geben also Griffdornmesser, Geschirrsatz und Position der Schachtgrube den Bezug auf die Quelle der Grabfunde zu erkennen. Nimmt man alle diese Beobachtungen zusammen, bleibt eigentlich nur noch der Schluss, die Grube 2 von Ladenburg als eine Grabsituation anzusprechen, die den Endpunkt einer mehrstufigen Bestattung darstellt.[131] Wie diese im Einzelnen vonstatten ging und über welchen Zeitraum sie sich hinzog, lässt sich natürlich nicht sagen. Sollten das Scheitelbeinfragment und das Stirnbein zu ein und demselben Individuum gehören, müsste u. a. Teilverbrennung in Betracht gezogen werden. Ferner steht zu vermuten, dass der hier endbestattete Mann eine gewisse Wertschätzung erfahren hatte. Hierfür sprechen die Größe der ausgehobenen Grube, die Anzahl und Qualität der Funde, das Spektrum der Haus- und Wildtiere sowie die wohl berechtigte Annahme, dass an den Totenriten ein größerer Personenkreis teilgenommen haben muss. So besehen ist es denkbar, dass das Stirnbein

---

124 Exakte Zahlen lassen sich nicht nennen, weil einige Randfragmente nicht sicher zuzuweisen sind (s. Nr. 64; 121). Darauf kommt es aber in diesem Zusammenhang nicht an.
125 KIMMIG, Urnenfelderkultur 148 f. Taf. 14 A–C; 15 A.
126 Ebd. 140 f. Taf. 25; 26 (Hgl. C, Fundgruppe 4).
127 BRESTRICH, Singen 264 ff. Tab. 13; 356 f. Taf. 31; 32 (Gr. 163); 370 ff. Taf. 49–54 (Gr. 176).
128 Vgl. hierzu die Übersicht von H. J. BEHNKE, Untersuchungen zu Bestattungssitten der Urnenfelderzeit und der älteren Eisenzeit am Hochrhein (Leipzig 2000) 324 ff.
129 R. BAUMEISTER, Außergewöhnliche Funde der Urnenfelderzeit aus Knittlingen, Enzkreis. Fundber. Baden-Württemberg 20, 1995, 404 ff. Abb. 17; 18; ders., Kraichgau I 99 f. Abb. 40; ebd. II 70 (Bef. 1130) mit Taf.; R. BAUMEISTER/A. HENSEN, Archäologie im Wieslocher ‚Dörndl'. Denkmalpfl. Baden-Württemberg 28, 1999, 56 f. Abb. 3; 4. Im Text seiner Dissertation erwähnte BAUMEISTER weitere Feuerbockfragmente, die „auf dem Verbrennungsplatz derselben Nekropole (Bef. 1183)" gelegen haben sollen: ders., Kraichgau I 98 Anm. 331. Dies wäre natürlich von besonderem Interesse gewesen. Im Katalog ebd. II 70 f. wird jedoch der Befund 1183 zunächst als ein von Pfostensetzungen eingegrenzter Laufhorizont angesprochen, die Funktion als Verbrennungsplatz wird an zweiter Stelle nur erwogen. Auch werden die Feuerbockfragmente nicht mehr aufgeführt.
130 BAUMEISTER (Anm. 129) 396 ff.; ders., Kraichgau I 97 ff.; I. HÄGG, Kultgebräuche im Alpenraum und in der Ägäis – Zur Frage der Funktion der Feuerböcke aus Eschenz. In: SCHMID-SIKIMIĆ/DELLA CASA (Anm. 59) 211 ff.
131 Zum Begriff und den möglichen archäologischen Erscheinungsformen MEYER-ORLAC, Mensch und Tod 123 ff.

auch eine Rolle im Ahnen- oder Reliquienkult gespielt hatte.[132] Ähnliches kann für urnenfelderzeitliche Schädelrondeln[133] und Schädelanhänger[134] Süddeutschlands und der Schweiz vermutet werden. Diese vornehmlich aus Grabfunden überlieferten Gegenstände sind jedoch in auffälliger Weise – soweit anthropologische Analysen vorliegen – an die weibliche Sphäre gebunden.

Wenn die hier vorgetragene Deutung der Grube 2 von Ladenburg zutrifft, ist festzustellen, dass dieser Befund einer mehrstufigen Bestattung im Neckarmündungsgebiet nicht alleine dasteht. So wurde im anfangs erwähnten Gräberfeld von Mannheim-Sandhofen ein Grab aufgefunden, das u. a. aus dem Verband gelöste Knochen enthielt.[135] Dem Bericht Kochs zufolge handelt es sich bei dem Gräberfeld von Mannheim-Sandhofen ausschließlich um ein Urnengräberfeld.[136] Es ist demnach nicht damit zu rechnen, dass diese Knochen aus einem Körpergrab stammen, also umgebettet wurden. Eher ist davon auszugehen, dass die oder der Tote in irgendeiner Form so lange aufgebahrt wurde, bis der Zustand der Skelettierung eingetreten war. Nun befanden sich im Süden des Gräberfeldes Ost-West ausgerichtete, z. T. parallel verlaufende Pfostenreihen und eine tiefe Grube mit Dachkonstruktion, die als Kultbau angesprochen wurde.[137] Anordnung und Abstände der in Reihen stehenden Pfosten erinnern an Pfostensetzungen, die hin und wieder in den Plana urnenfelderzeitlicher Grabfunde Süddeutschlands und der Schweiz beobachtet und in den meisten Fällen als die Reste von Einhegungen,[138] Dach tragenden Konstruktionen,[139] Einbauten,[140] Totenhäuschen[141] oder Grabzeichen[142] gedeutet wurden. St. Winghart erwog für das Wagengrab von Poing, Kr. Ebersberg,

---

132 Meyer-Orlac, Mensch und Tod 281 zum Schädel oder seinen Teilen als „Medium in der Ahnenverehrung" und als Reliquie.

133 O. Röhrer-Ertl, Über urnenfelderzeitliche Schädel-Rondelle aus Bayern. Versuch einer Interpretation auf interdisziplinärem Wege. In: M. Kokabi/J. Wahl, Beiträge zur Archäozoologie und Prähistorischen Anthropologie. Forsch. u. Ber. Vor- u. Frühgesch. Baden-Württemberg 53 (Stuttgart 1994) 269 ff.; Schopper (Anm. 41) 67 ff.; P. Schauer, Naturheilige Plätze, Opferstätten, Deponierungsfunde und Symbolgut der jüngeren Bronzezeit Süddeutschlands. In: ders. (Hrsg.), Archäologische Forschungen zum Kultgeschehen in der jüngeren Bronzezeit und frühen Eisenzeit Alteuropas. Regensburger Beitr. Prähist. Arch. 2 (Regensburg 1996) 398 f.

134 H.-P. Kraft, Vier außergewöhnliche vor- und frühgeschichtliche Grabbefunde. Arch. Nachr. Baden 7, 1971, 8; 10 f. Abb. 2; 3 (Mannheim-Vogelstang, Brandgr.); A. Kolling, Späte Bronzezeit an Saar und Mosel. Saarbrücker Beitr. Altkde. 6 (Saarbrücken 1968) 154 Taf. 17,4 (Ballern-Rech, Gr. 16); Rychner–Faraggi (Anm. 42) 68 Taf. 127,11–13 (Hauterive-Champréveyres, Schichten 5+3 und 03); St. Wirth, Grabfunde der späten Bronzezeit und der Urnenfelderzeit von Augsburg-Haunstetten und Friedberg in Bayern. Augsburger Beitr. Arch. 1 (Augsburg 1998) 106 mit Taf. (Friedberg, Gr. 5). Für die Zeitstellung des Grabes von Mannheim-Vogelstang sei hier nachgetragen, dass es den von Sperber, Chronologie 187 in die Stufe Ha A 1 datierten Inventaren des Neckarmündungsgebiets angeschlossen werden darf.

135 Koch (Anm. 1) 54.

136 Nach mündlicher Auskunft von Dr. H.-P. Kraft (Mannheim) ist ein im Vorbericht des Jahres 1994 erwähntes Körpergrab (H.-P. Kraft/A. Wieczorek/R.-H. Behrends, Ein Gräberfeld der Urnenfelderzeit in Mannheim-Sandhofen. Arch. Ausgr. Baden-Württemberg 1993, 85) wohl nicht urnenfelderzeitlich. Es war ohne Beigaben und dürfte frühlatènezeitlich sein.

137 Koch (Anm. 1) 53 Abb. 27; 55.

138 Augsburg-Haunstetten III: Wirth (Anm. 134) 25; 27; 168 ff. mit Abb.; Beil. 6 (Gr. 2 und 4).

139 Elgg-Ettenbühl, Kanton Zürich: Mäder, Elgg I 110 ff. Abb. 110; ebd. II 13 f. Taf. 23 (Gr. 1). – Domat: M. Seifert, Das spätbronzezeitliche Grab von Domat/Ems – Eine Frau aus dem Süden? Arch. Schweiz 23, 2000, 76 ff. Abb. 4; 12.

140 Saulheim, Kr. Alzey-Worms: B. Stümpel, Bericht des Staatlichen Amtes für Vor- und Frühgeschichte Mainz für die Zeit vom 1. Januar 1974 bis 31. Januar 1975. Mainzer Zeitschr. 71/72, 1976/77, 256 f. Taf. 67 a.b (Zentralgrab in einem Kreisgraben). – Undenheim, Kr. Mainz-Bingen: D. Zylmann, Ein Bestattungsplatz der Urnenfelderkultur von Undenheim, Landkreis Mainz-Bingen. Ebd. 82, 1987, 200 Abb. 1 (Gr. 1); 202 Abb. 2 (Gr. 3); 205. Als weitere Deutungsmöglichkeit nannte Zylmann die oberirdische Kenntlichmachung des Grabes.

141 Behringersdorf, Kr. Nürnberger Land: H. Hennig, Spätbronzezeitliche Gräber aus dem Behringersdorfer Forst, Landkreis Lauf a. d. Pegnitz. Jahresber. Bayer. Bodendenkmalpfl. 11/12, 1970/71, 25 f. Abb. 5; 38 f. (Gr. 12); H.-J. Hundt, Ein spätbronzezeitliches Adelsgrab von Behringersdorf, Landkreis Lauf a. d. Pegnitz. Ebd. 15/16, 1974/75 (1977) 53 f. – Vollmarshausen, Kr. Kassel: J. Bergmann, Ein Gräberfeld der jüngeren Bronze- und älteren Eisenzeit bei Vollmarshausen, Kr. Kassel. Kasseler Beitr. Vor- u. Frühgesch. 5 (Marburg 1982) 129; 270 f. Taf. 90 (Fundstelle 135); 195 ff.; 318 Taf. 164 (Fundstelle 144); 320 f. Taf. 166 (Fundstelle 150); 361 Taf. 248 (Fundstelle 261).

142 Schwabmünchen, Kr. Augsburg: G. Krahe, Spätbronzezeitliche Gräber von Schwabmünchen, Landkreis Augsburg, Schwaben. Arch. Jahr Bayern 1985 (1986) 55 ff. Abb. 22 (Gr. 13).

neben der Existenz eines bei Schließung des Grabes entfernten Totenhäuschens auch die einer Bühne oder eines Podestes und schilderte damit – ohne es direkt auszusprechen – den möglichen Fall einer mehrstufigen Bestattung, die eine besondere Form der Hochbestattung mit einschloss.[143] Vermutlich hat man mit auf Pfosten ruhenden Plattformen vermehrt zu rechnen, denn es fällt auf, dass bei den betreffenden Grabfunden immer nur die Pfostensetzungen, aber keine weiteren Reste von Einbauten oder Totenhäuschen beobachtet werden konnten. Könnte es sich also bei den in Mannheim-Sandhofen aufgefundenen Pfostenreihen um die Reste von Gerüsten handeln, die Plattformen trugen und der Hochbestattung dienten? Wenn die Auswertung des dortigen Gräberfeldes ergibt, dass das von Koch angeführte Grab kein Einzelfall ist, wird man jedenfalls der Frage nachzugehen haben, auf welche Weise aus dem Verband gelöste Knochen oder Skelettteile ‚gewonnen' wurden, um danach in die Gräber zu gelangen.

Einen weiteren interessanten Befund lieferte das schon genannte Gräberfeld von Wiesloch, Rhein-Neckar-Kreis. Hier wurde eine NW–SO ausgerichtete und trapezförmige Grabgrube mit abgerundeten Ecken aufgefunden, die das unvollständige Skelett eines 30–40 Jahre alten Mannes in Rückenlage enthielt.[144] Erhalten waren Reste des Beckens, Ober- und Unterschenkel, der rechte Fuß und Teile des linken. Zwischen den Oberschenkeln lagen noch ein Rippenfragment und nahe der Beckenreste Fragmente des Hinterhaupts.[145] Der Gesichtsschädel, die oberen Extremitäten und der Thorax fehlten. Als Beigabe fand sich eine Henkelschale, die im NW der Grabgrube am rechten Fußgelenk niedergelegt worden war und in die Stufe Bz D datieren soll.[146] Es ist den Berichten von R.-H. Behrends und R. Baumeister nicht zu entnehmen, ob das Individuum bereits unvollständig in die Grabgrube gelegt wurde oder ob die Knochen erst bei Wiederöffnen des Grabes entnommen wurden. Behrends sprach von einer „rituellen Bestattung", einer „Teilbestattung", Baumeister dagegen von einem „(rituellen?) Eingriff", der die Grabsituation weitgehend verändert hätte.[147] Auf diese unterschiedlichen Lesarten kommt es aber nicht so sehr an, entscheidend ist, dass der Befund als mehrstufige Bestattung angesprochen werden kann, deren wesentliches Charakteristikum der Gebrauch wichtiger Körperteile zu rituellen Zwecken ist.[148]

---

143 St. Winghart, Ein Wagengrab der späten Bronzezeit von Poing, Landkreis Ebersberg, Oberbayern. Arch. Jahr Bayern 1989, 74; ders., Die Wagengräber von Poing und Hart a. d. Alz. Evidenz und Ursachen spätbronzezeitlicher Elitenbildung in der Zone nordwärts der Alpen. In: Eliten in der Bronzezeit. Ergebnisse zweier Kolloquien in Mainz und Athen. Monogr. RGZM 43 (Mainz 1999) 515 ff. Abb. 1 B. Siehe hierzu auch Schauer (Anm. 133) 394. – Zu den verschiedenen ethnographisch dokumentierten Formen der Hochbestattung s. Meyer-Orlac, Mensch und Tod 103 ff.
144 R.-H. Behrends, Untersuchungen im Gewann ‚Weinäcker' in Wiesloch, Rhein-Neckar-Kreis. Arch. Ausgr. Baden-Württemberg 1990 (1991) 126 Abb. 76; Baumeister, Kraichgau II 67 (Bef. 722) mit Taf.
145 Die Berichte von Behrends und Baumeister (Anm. 144) sind hier etwas widersprüchlich. So wurde das Rippenfragment von Behrends nicht erwähnt. Was die Position der Schädelfragmente betrifft, verzeichnete sie Behrends südöstlich der Beckenreste, Baumeister dagegen nördlich.
146 Baumeister, Kraichgau I 84. Dort wird zwar nicht das Körpergrab besprochen, sondern ein Brandschüttungsgrab (Bef. 728), das eine Henkelschale gleichen Typs sowie zwei verzierte Armringe enthielt. Für die Henkelschale gab Baumeister als Zeitstellung die „späte Bronzezeit" an, womit nur die Stufe Bz D gemeint sein kann. In einer für das Gräberfeld von Wiesloch erstellten Kombinationstabelle (ebd. 138 Abb. 47) wird das Brandschüttungsgrab aber in die Stufe Ha A gestellt. Weitere Ungereimtheiten betreffen die typographische und chronologische Ansprache der verzierten Armringe. Baumeister ordnete sie „einem östlichen donauländischen Typus" zu und nannte als (westlichste Ausläufer) Vergleichsfunde von Staufen, Lkr. Breisgau-Hochschwarzwald, und aus einem Grab von Gammertingen, Lkr. Sigmaringen (ebd. 84 mit Anm. 247 u. 248). Nun lässt sich die Verzierung der Armringe aufgrund der Abbildungen ohnehin nicht richtig beurteilen. Das Stück von Staufen jedenfalls gehört tatsächlich einem zur Hauptsache im Karpatenbecken beheimateten Typ an und ist eine Leitform der Stufe Rohod-Szentes (Ha B 1) nach W. A. v. Brunn, Mitteldeutsche Hortfunde der jüngeren Bronzezeit. Röm.-Germ. Forsch. 29 (Berlin 1968) 52 f. Abb. 4,36; 100; 105 Abb. 13,53; 274 f. (Liste 33; dort auch Staufen!). Damit kann die Datierung der Wieslocher Henkelschalen nicht in Einklang gebracht werden. Im Grab von Gammertingen wiederum ist dieser Typ nicht vertreten.
147 Vgl. Anm. 144.
148 Meyer-Orlac, Mensch und Tod 128.

Abschließend sei auf einen merkwürdigen Befund eingegangen, nicht weil hier der Nachweis einer mehrstufigen Bestattung möglich wäre, sondern weil er zeigt, mit welch einem Spektrum an Grabsituationen als „Endpunkte von Handlungen" ganz grundsätzlich zu rechnen ist. Das in Mannheim-Wallstadt (Atzelbuckelstraße) entdeckte Grab wurde von E. Gropengiesser im Jahre 1976 in kurzer Notiz bekanntgegeben.[149] Es handelte sich um ein Körpergrab, wobei der Tote – das Individuum wurde als männlich bestimmt – in eine runde Grube regelrecht hineingezwängt worden sein muss und sich in einer auffälligen Lage befand: die Beine waren angezogen, die rechte Hand erhoben und der Kopf lag tiefer als der übrige Körper. Als Beigabe fand sich ein großes Trichterrandgefäß. Letzteres wurde von Gropengiesser chronologisch nicht angesprochen, aufgrund seines bauchigen Profils und seiner oberhalb des Bodens leicht einziehenden Wandung dürfte aber eine Datierung in die jüngere Urnenfelderzeit (Ha B) in Frage kommen. Dieses Körpergrab steht somit in einem deutlichen Kontrast zu der in Mannheim-Wallstadt bislang nur als Flachbrandgrab bekannten Grabform.[150]

In seiner 1995 vorgelegten Übersicht zur Urnenfelderzeit in Süddeutschland sah P. Schauer es als eine der vordringlichen Aufgaben an, eine nach Fundlandschaften gegliederte Gräberkunde zu erstellen.[151] Diese Gräberkunde sollte aber nicht nur die klassischen Grabformen mit all ihren dokumentierten Variationen beinhalten. Denn es ist offensichtlich, dass sie nur einen Ausschnitt der urnenfelderzeitlichen Bestattungssitten und des Totenbrauchtums wiedergeben. Mit einbezogen werden müssen auch archäologische Hinterlassenschaften, die zunächst aus dem Rahmen zu fallen scheinen und dann gerne in die Kategorien ‚Opfer' oder ‚rituelle Handlung' eingeordnet werden. Wie oben gezeigt, wurde mit der Grube 2 von Ladenburg in der Literatur eben so verfahren. Wird jedoch der Rahmen möglicher Deutungen mit begründeten Argumenten erweitert, können solche Befunde in einem anderen Licht erscheinen und eine künftige Gräberkunde bereichern.

Verzeichnis der abgekürzt zitierten Literatur

Vorbemerkung: Sind Text und Katalog eines Werkes separat paginiert, werden sie in der Abkürzung mit römischen Ziffern gekennzeichnet.

Baumeister, Kraichgau I. II	R. Baumeister, Die Urnenfelder- und Hallstattkultur im Kraichgau. Freiburger Diss. 9 (Freiburg im Breisgau 2002).
Bernatzky-Goetze, Mörigen	M. Bernatzky-Goetze, Mörigen. Die spätbronzezeitlichen Funde (Basel 1987).
Brestrich, Singen	W. Brestrich, Die mittel- und spätbronzezeitlichen Grabfunde auf der Nordstadtterasse von Singen am Hohentwiel. Forsch. u. Ber. Vor- u. Frühgesch. Baden-Württemberg 67 (Stuttgart 1998).
Hoppe, Siedlungsfunde	M. Hoppe, Neue Siedlungsfunde der Bronze- und Eisenzeit aus dem Taubergrund. Fundber. Baden-Württemberg 7, 1982, 73 ff.
Kimmig, Urnenfelderkultur	W. Kimmig, Die Urnenfelderkultur in Baden. Röm.-Germ. Forsch. 14 (Berlin 1940).
Kriesel, Kirchheimbolanden I. II	O. Kriesel, Zur vorgeschichtlichen Besiedlung des Kreises Kirchheimbolanden (Pfalz). Veröff. Pfälz. Ges. Förderung Wiss. Speyer 66 (Speyer 1978).
Mäder, Elgg I. II	A. Mäder, Die spätbronzezeitlichen und spätlatènezeitlichen Brandstellen und Brandbestattungen in Elgg (Kanton Zürich). Zürcher Arch. 8–9 (Zürich, Egg 2002).

---

149 E. Gropengiesser, Neue Ausgrabungen und Funde im Mannheimer Raum 1961–1975 (Mannheim 1976) 24; 31 Taf. 11.
150 Kimmig, Urnenfelderkultur 152 f. Taf. 16 B; 18 A–C.E.F; Bad. Fundber. 19, 1951, 149 ff. Taf. 25 A; 26; 27; ebd. 20, 1956, 208 f. Taf. 44 B.
151 P. Schauer, Stand und Aufgaben der Urnenfelderforschung in Süddeutschland. In: Beiträge zur Urnenfelderzeit nördlich und südlich der Alpen [Festschr. H. Müller-Karpe]. Monogr. RGZM 35 (Bonn 1995) 130 Anm. 14; 199.

Maise, Breisgau	Ch. Maise, Zur Untergliederung der Stufe Ha C/D 1 im Breisgau. Fundber. Baden-Württemberg 25, 2001, 389 ff.
Menzel, Siedlungsfunde	P. Menzel, Siedlungsfunde der frühen Eisenzeit (Ha C/D 1) im mittleren Neckarland. Fundber. Baden-Württemberg 21, 1996, 225 ff.
Meyer-Orlac, Mensch und Tod	R. Meyer-Orlac, Mensch und Tod: Archäologischer Befund – Grenzen der Interpretation (Hohenschäftlarn 1982).
Müller-Karpe, Chronologie	H. Müller-Karpe, Beiträge zur Chronologie der Urnenfelderzeit nördlich und südlich der Alpen. Röm.-Germ. Forsch. 22 (Berlin 1959).
Nagy, Ürschhausen-Horn	G. Nagy, Ürschhausen-Horn. Keramik und Kleinfunde der spätestbronzezeitlichen Siedlung. Forsch. Seebachtal 2 (Thurgau 1999).
Schöbel, Bodensee	G. Schöbel, Die Spätbronzezeit am nordwestlichen Bodensee: taucharchäologische Untersuchungen in Hagnau und Unteruhldingen 1982–1989. Siedlungsarchäologie im Alpenvorland IV. Forsch. u. Ber. Vor- und Frühgesch. Baden-Württemberg 47 (Stuttgart 1996).
Sehnert-Seibel, Hallstattzeit I. II	A. Sehnert-Seibel, Hallstattzeit in der Pfalz. Univforsch. Prähist. Arch. 10 (Bonn 1993).
Sperber, Chronologie	L. Sperber, Untersuchungen zur Chronologie der Urnenfelderkultur im nördlichen Alpenvorland von der Schweiz bis Oberösterreich. Antiquitas 3/29 (Bonn 1987).
Stadelmann, Urach IV	J. Stadelmann, Der Runde Berg bei Urach IV: Funde der vorgeschichtlichen Perioden aus den Plangrabungen 1967–1974. Heidelberger Akad. Wiss. Komm. Alamannische Altkde. 7 (Sigmaringen 1981).

Schlagwortverzeichnis

Ahnen- und Reliquienkult; Auvernier-Nord; Griffdornmesser mit feingerripptem Zwischenstück (9. Jh. v. Chr.); Feuerböcke; Gruppe zwischen Neckarmündung und Nordostschweiz; Hochbestattung; Ladenburg; mehrstufige Bestattung; menschliches Stirnbein; Schädelanhänger; Schädelrondeln; Stufe Ha B 3; Ürschhausen-Horn; Wiesloch.

Anschrift des Verfassers

Dr. Peter König
Furtwänglerstr. 11
69121 Heidelberg

E-Mail: pekoepbf@web.de

Katalog der Funde

Vorbemerkung: Die Katalognummern entsprechen den Nummern auf den Abbildungen 15–34 und wurden für jeden Befund von Neuem vergeben. Es werden folgende Abkürzungen verwendet:
AS = Außenseite; Bdm. = Bodendurchmesser; Br. = Bruch; D. = Dicke; Dm. = Durchmesser; erh. = erhaltene(r); Gew. = Gewicht; gr. = größte(r); H. = Höhe; IS = Innenseite; Kbr. = Keramikbruch; L. = Länge; OF = Oberfläche; Rdm. = Randdurchmesser; RS = Rückseite; Verz. = Verzierung; VS = Vorderseite.

Grube 2 (10. 8. 1964)

Abb. 15

Metall

1. Bronzenes Griffdornmesser mit feingerripptem Zwischenstück; benutzt, aber guter Erhaltungszustand; Klinge mit zwei leichten Verbiegungen; Spitze und Schneide noch leicht scharf; Schneide und Klinge mit feinen, alten Scharten und Kratzern; Klingenrücken nahe Rippenzier und Rippen des Zwischenstücks abgegriffen; Rippen des Zwischenstücks auf VS deutlich abgegriffener als auf RS (Rechtshänder bzw. Rechtshänderin!); Patina glatt, dunkelolivgrün, stellenweise Bronzeglanz sowie hell- bis mittelgrüne Wucherpatina; L. 19,4 cm, Klingenl. 14 cm, Dornl. 3,82 cm, gr. D. des Zwischenstücks 0,92 cm, Gew. 56,9 g.

Keramik

Becher und Tasse

2. Mit Omphalosboden; Bdm. 3,2 cm, erh. H. 6,1 cm; OF und Br. dunkel-, graubraun und schwarz gefleckt; feintonig; OF gut geglättet.
3. Mit Trichterrand; Rdm. ca. 8 cm, erh. H. 6,2 cm; OF und Br. braun; Magerung mit Kbr., Feinsand und etwas Glimmer; auf IS in unterer Hälfte waagerecht verlaufende „Riefen" (Verstrich?); OF mäßig geglättet.
4. Mit Trichterrand; im Randknick sehr unsauber ausgeführte, rundliche Eindrücke (Verz.?); Rdm. ca. 9 cm, erh. H. 4,4 cm; OF hell-, dunkel- und schwarzbraun gefleckt, Br. dunkelbraun; Magerung mit etwas Glimmer und Quarzkörnchen; OF geglättet. Zugehörigkeit von zwei Wandscherben unsicher.
5. Mit Bandhenkel; erh. H. 6 cm; OF rötlich, Br. schwarz; Magerung mit Kbr. (?), Quarzkörnchen und etwas Glimmer; AS geglättet, IS nachlässig verstrichen.

Schalen mit gewölbter Wandung und rundlicher Randlippe

6. Rdm. 10 cm; OF braun, Br. teils braun, teils schwarz; feintonig; OF geglättet. Zugehörig fünf Wandscherben (hiervon ein Dünnschliff).
7. Rdm. ca. 10 cm, Bdm. ca. 6 cm, H. 5,2 cm; OF und Br. dunkel- bis schwarzbraun; feintonig (mit wenig Kbr. und Glimmer gemagert); OF sehr gut geglättet.
8. Rdm. ca. 11 cm; Bdm. ca. 6,6 cm; H. 4,8 cm; OF und Br. braun; Magerung mit Kbr. und Quarzkörnchen; auf IS kurz oberhalb des Bodens unregelmäßige Rillen (Formholz?); OF etwas rau und unregelmäßig. Zugehörig eine Scherbe mit Rand und Bodenansatz.
9. Rdm. ca 12 cm; OF und Br. dunkelbraun; feintonig (mit etwas Glimmer gemagert); OF sehr gut geglättet.
10. Rdm. ca. 14 cm (Neigungswinkel unsicher); OF und Br. dunkel- bis schwarzgrau; feintonig (mit etwas Glimmer gemagert); OF gut geglättet.
11. Mit Griffknubbe; Rdm. ca. 16 cm; OF schwarz (graphitiert), Br. grau; feintonig; OF gut geglättet.
12. Rdm. ca. 16 cm (Neigungswinkel unsicher); OF und Br. fast schwarz; Magerung mit Quarzkörnchen und etwas Glimmer; OF mäßig geglättet.
13. Rdm. ca. 16 cm; OF braunschwarz (graphitiert), Br. z. T. auch schwarz; Magerung mit Glimmer; OF sehr gut geglättet.
14. Rdm. ca. 16 cm (Neigungswinkel unsicher); OF rötlich braun, Br. grau; Magerung mit Glimmer und Quarzkörnchen; OF geglättet.

Abb. 16

15. Rdm. ca. 16 cm; OF und Br. braun- bis dunkelbraun gefleckt; Magerung mit Glimmer und Kalk; OF geglättet.
16. Rdm. ca. 17 cm; OF und Br. schwarzbraun; Magerung mit etwas Glimmer und mineralischen Einschlüssen; OF geglättet. Zugehörig zwei Randfragmente.

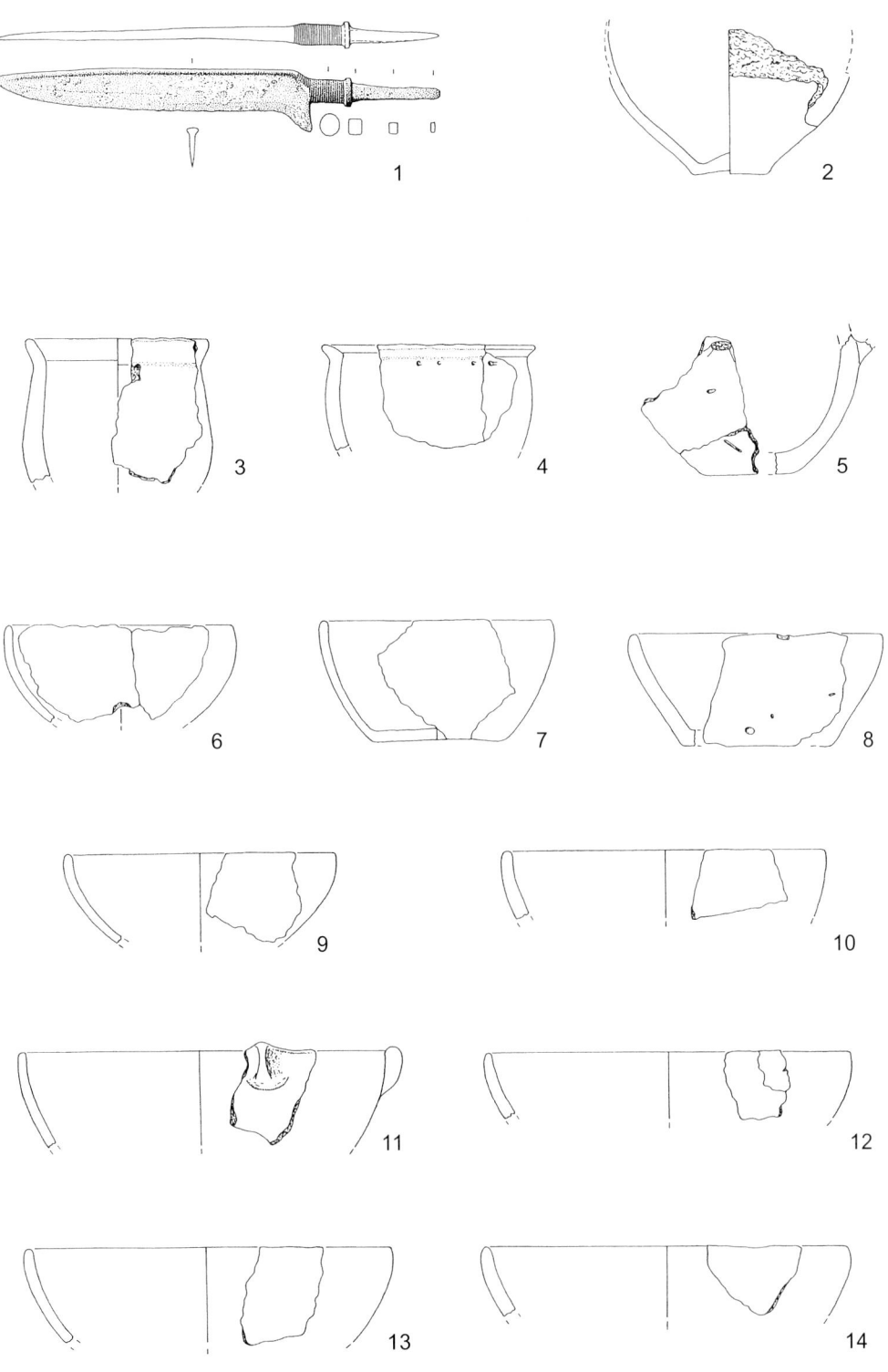

Abb. 15   Ladenburg, Rhein-Neckar-Kreis (Kiesgrube ‚Ludwig'), Grube 2. M 1:3.

17. Rdm. ca. 18 cm; OF dunkelbraun, Br. teils braun, teils schwarz; Magerung mit etwas Glimmer und Quarzkörnchen; OF geglättet.
18. Rdm. ca. 18 cm; Randlippe auf IS leicht abgestrichen; OF und Br. schwarzbraun bis schwarz; feintonig; OF gut geglättet.
19. Rdm. ca. 18 cm; OF und Br. schwarzbraun; feintonig, graphitiert; OF sehr gut geglättet.
20. Rdm. ca. 18 cm; OF und Br. rötlich braun bis ockerfarben; Magerung mit Glimmer, Quarzkörnchen und wohl Kbr.; mit vegetabilischen Einschlüssen; OF geglättet.
21. Rdm. ca. 18 cm; Scherbend. recht unregelmäßig; OF und Br. hell- bis schwarzbraun gefleckt; Magerung mit etwas Glimmer, Quarzkörnchen und Kalk; OF teils rau, teils gut geglättet. Zugehörig fünf Randscherben (hiervon ein Dünnschliff).
22. Rdm. ca. 18 cm; OF und Br. dunkelbraun bis braunschwarz; Magerung mit Kbr. und Kalk; OF geglättet.
23. Rdm. ca. 20 cm; OF rötlich, Br. teils rötlich braun, teils schwarz; Magerung mit etwas Glimmer und Quarzkörnchen; OF gut geglättet. Zugehörig zwei Wandscherben.
24. Rdm. ca. 20 cm; OF und Br. hellbraun; ein größerer Einschluss von Kbr., Magerungbestandteile sonst nicht erkennbar; OF geglättet.
25. Rdm. ca. 20 cm (Neigungswinkel unsicher); OF und Br. braun; Magerung mit etwas Glimmer, Quarzkörnchen und Kalk; OF geglättet.
26. Rdm. ca. 20 cm; OF und Br. braunschwarz; feintonig (mit sehr wenigen Quarzkörnchen gemagert); OF gut geglättet.

Abb. 17

27. Rdm. ca. 20 cm; auf AS verkratzt; OF und Br. schwarzbraun, im Randbereich auf AS stellenweise rötlich; Magerung mit etwas Glimmer und Kalk; OF geglättet.
28. Rdm. ca. 21 cm; OF braun bis schwarzbraun gefleckt, Br. graubraun; Magerung mit Glimmer und Quarzkörnchen; OF geglättet.
29. Rdm. ca. 21 cm; OF und Br. braunschwarz; feintonig (mit etwas Glimmer und Quarzkörnchen gemagert); OF gut geglättet. Fast gleiche Machart wie Nr. 46.
30. Rdm. ca. 21 cm; OF und Br. dunkelgrau bis schwarzbraun, Br. auch z. T. schwarz; AS verkratzt und mit vegetabilischen Einschlüssen; Rand auf IS leicht gekehlt; Magerung mit Glimmer, Quarzkörnchen und Kalk; OF geglättet.
31. Rdm. ca. 22 cm (leicht verzogen); OF braunschwarz, Br. dunkelgrau; IS graphitiert; Magerung mit etwas Glimmer und Quarzkörnchen; OF gut geglättet.
32. Rdm. ca. 22 cm (Neigungswinkel unsicher); OF rötlich braun bis schwarzbraun gefleckt, Br. schwarzbraun bis schwarz; Magerung mit Quarzkörnchen und Kalk; OF geglättet.
33. Rdm. ca. 22 cm; OF und Br. schwarzbraun; Magerung mit Glimmer, Kalk und wohl Kbr.; OF geglättet. Zugehörig eine Randscherbe.
34. Rdm. ca. 24 cm; auf IS der Randlippe Rille (Instrument; Rand sehr gerade!); OF und Br. hellbraun; feintonig (mit etwas Glimmer und Kalk gemagert); OF geglättet.

Abb. 18

35. Mit großem flachem Boden; Rdm. ca. 35 cm; OF und Br. teils rötlich, teils dunkel- bis schwazbraun gefleckt; Magerung mit etwas Glimmer, Quarzkörnchen und Kalk; OF geglättet. Zugehörig ein Randfragment.
36. Mit leicht ausladendem Rand; Rdm. ca. 44 cm; OF im Randbereich hell- bis rötlich braun, sonst braunschwarz, Br. dunkelbraun bis schwarz; Magerung mit Feinsand und Quarzkörnchen; OF geglättet.
37. Rdm. ca. 46 cm; OF und Br. dunkelgraubraun; Magerung mit Feinsand, Kbr. und etwas Glimmer; IS glatt gestrichen, AS grob verstrichen. Ähnliche Machart wie Nr. 38.
38. Rdm. wohl ca. 50 cm; OF auf AS rötlich braun und dunkelbraun, auf IS grau, Br. schwarz; Magerung mit Feinsand, Kbr. und etwas Glimmer; OF auf IS und AS des Randes glatt gestrichen, sonst rau.

Schalen mit gewölbter Wandung und unterschiedlich profilierter Randlippe

39. Rdm. ca. 20 cm; OF und Br. schwarz; feintonig; OF sehr gut geglättet.
40. Rdm. ca. 22 cm; Randlippe auf AS unregelmäßig abgestrichen; Scherbend. unregelmäßig; OF und Br. schwarzbraun; feintonig, Magerung mit feinem Glimmer und einigen mineralischen Einschlüssen; OF geglättet.
41. Rdm. ca. 24 cm; Randlippe auf AS etwas unregelmäßig abgestrichen; OF und Br. dunkelbraun; Magerung mit wenigen Kalkeinschlüssen und Kbr.; OF gut geglättet.
42. Rdm. ca. 24 cm; OF und Br. braun bis dunkelbraun; feintonig, Magerung mit wenigen Kalkeinschlüssen, Kbr. und Glimmer; OF gut geglättet. Zugehörig eine Randscherbe.

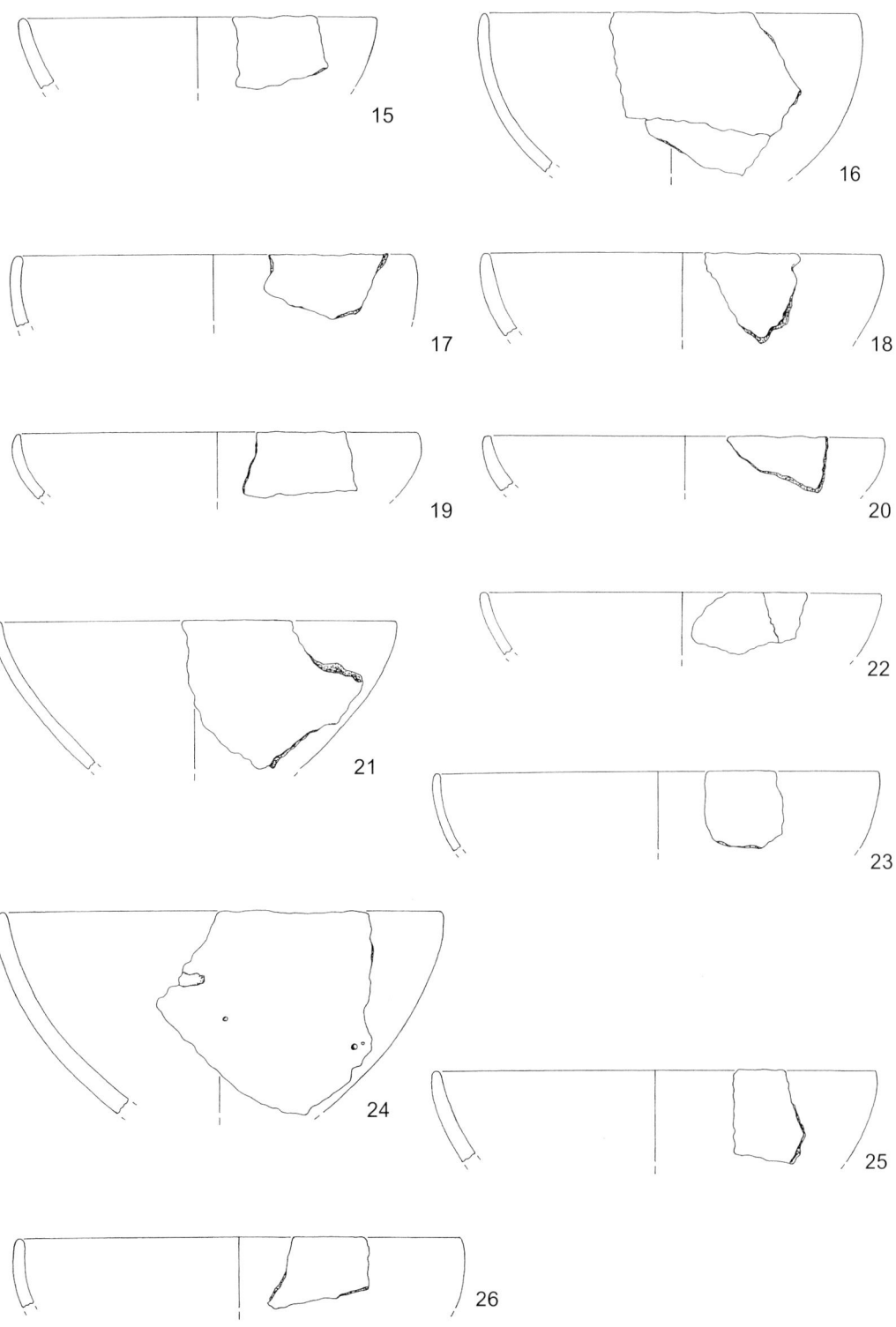

Abb. 16 Ladenburg, Rhein-Neckar-Kreis (Kiesgrube ‚Ludwig'), Grube 2. M 1:3.

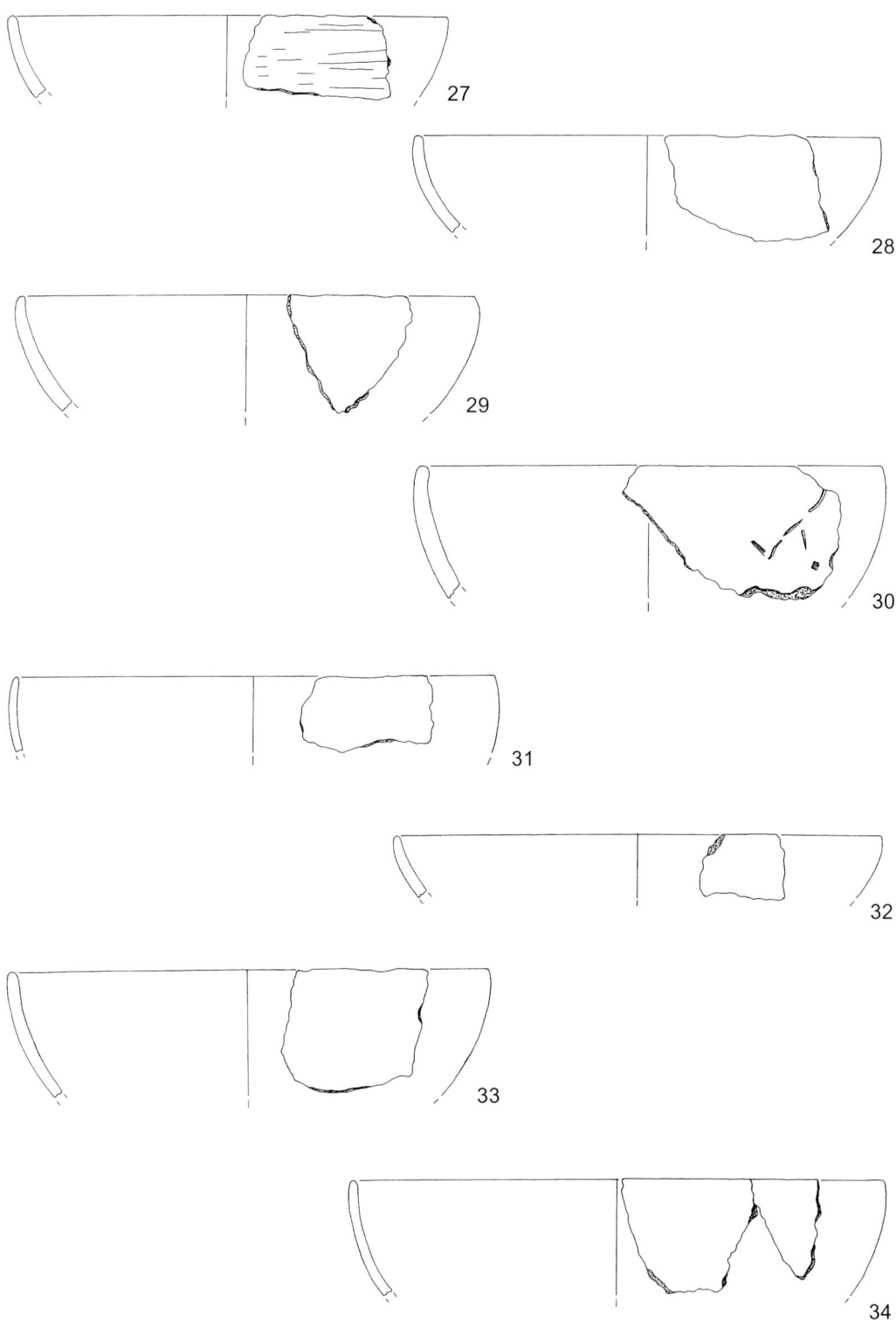

Abb. 17 Ladenburg, Rhein-Neckar-Kreis (Kiesgrube ‚Ludwig'), Grube 2. M 1:3.

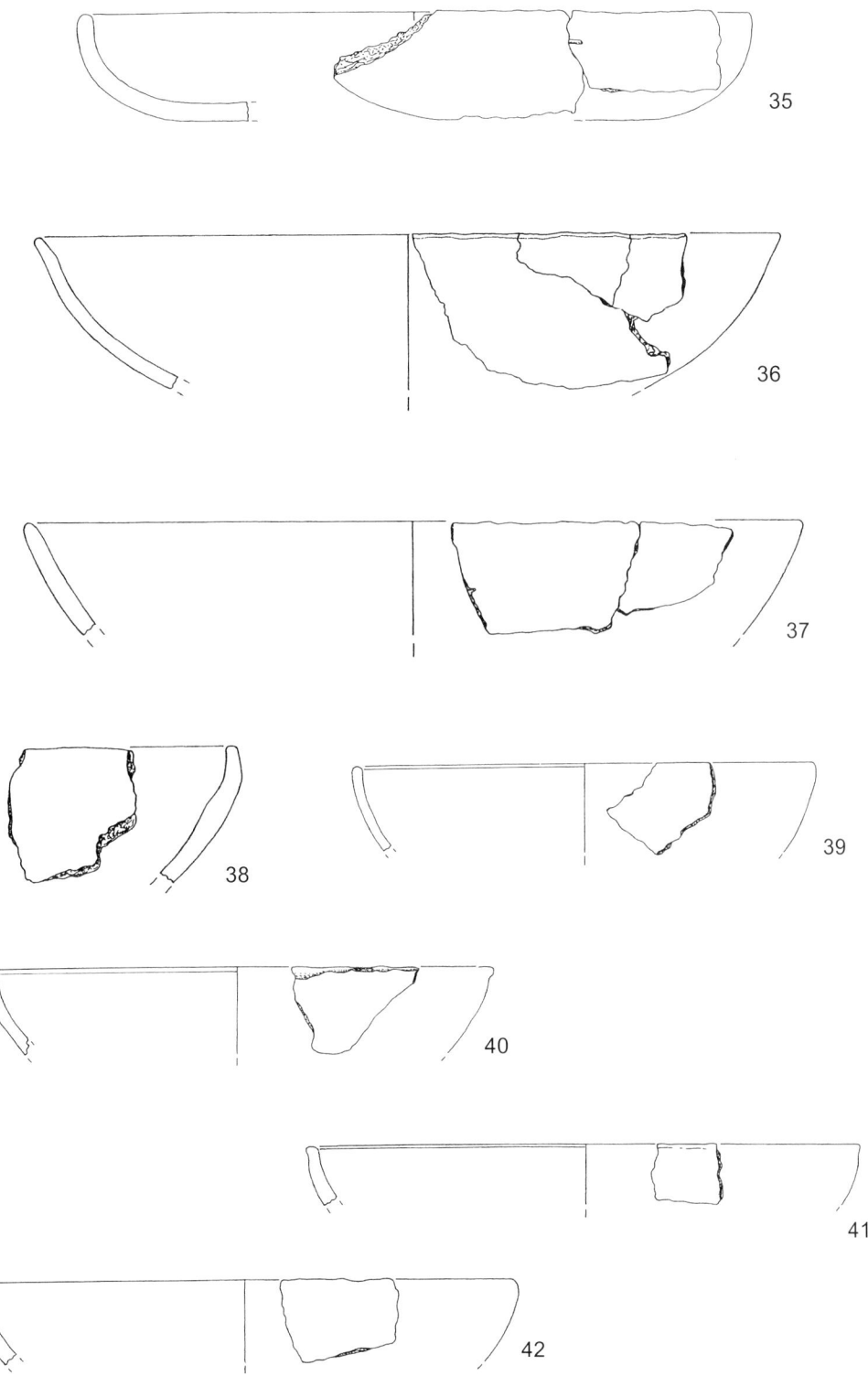

Abb. 18 Ladenburg, Rhein-Neckar-Kreis (Kiesgrube ‚Ludwig'), Grube 2. 36–38 M 1:4, sonst M 1:3.

Abb. 19

Schalen mit gewölbter Wandung, ausladendem Rand und rundlicher Randlippe

43. Rdm. ca. 13 cm; OF und Br. braunschwarz; feintonig, Magerung mit feinem Glimmer und wenigen mineralischen Einschlüssen; OF geglättet.
44. Rdm. ca. 14 cm; Verz. wohl mit Instrument; OF und Br. dunkelgraubraun; Magerung mit feinem Glimmer und Quarzkörnchen; OF geglättet. Zugehörig eine Randscherbe.
45. Rdm. 20 cm; OF und Br. braun bis dunkelbraun; Magerung mit Feinsand, etwas Glimmer und Partikeln von Kbr.; OF etwas rau. Zugehörig eine Randscherbe.
46. Rdm. ca. 21 cm; Rand auf IS ca. 8 mm unterhalb der Lippe leicht eingedrückt; OF und Br. braunschwarz; feintonig (mit etwas Glimmer und Quarzkörnchen gemagert); OF geglättet. Fast gleiche Machart wie Nr. 29.
47. Rdm. ca. 22 cm; OF rötlich braun bis braun, Br. braun bis schwarz; Magerung mit etwas Kalk und Quarzkörnchen; OF geglättet.
48. Rdm. ca. 24 cm; Randlippe auf IS abgestrichen, OF darunter unsauber verstrichen; OF und Br. hellbraun bis braun, stellenweise schwarzbraun; feintonig, nur wenige mineralische Einschlüsse; OF leicht rau. Zugehörig eine Randscherbe.
49. Rdm. ca. 24 cm; OF braunschwarz, Br. dunkelgrau bis schwarz; feintonig (mit etwas Glimmer und Quarzkörnchen gemagert); OF gut geglättet.

Abb. 20

50. Rdm. ca. 25 cm; OF und Br. dunkel- bis graubraun; feintonig (nur wenige mineralische Einschlüsse und Partikel von Kbr.); OF gut geglättet. Zugehörig drei Randscherben.
51. Rdm. ca. 28 cm, Bdm. ca. 11 cm; auf IS ca. 7 mm unterhalb der Randlippe eingedrückte Linie (Instrument?); Boden sehr unregelmäßig gearbeitet; OF und Br. braunschwarz; Magerung mit wenig Kbr.; OF unregelmäßig geglättet.

Knickwandschalen

52. Rdm. ca. 20 cm; OF und Br. graubraun; feintonig (mit wenigen Kalkeinschlüssen); OF geglättet. Zugehörig ein Randlippenfragment.
53. Rdm. ca. 30 cm; OF und Br. braun; Magerung mit etwas Glimmer, Feinsand, Quarzkörnchen und Partikeln von Kbr.; OF gut verstrichen und etwas rau.
54. Rdm. ca. 28 cm; Wandung im unteren Drittel verzogen; OF und Br. braun; Magerung mit Feinsand; OF auf AS verstrichen, auf IS geglättet. Zugehörig ein Randfragment.
55. Rdm. ca. 30 cm; OF und Br. braun; Dellen im Randknick keine Verz., sondern herstellungstechnisch bedingt; Magerung mit etwas Glimmer, Feinsand, Quarzkörnchen und Kbr.; OF auf IS mäßig geglättet, auf AS sehr unregelmäßig.

Abb. 21

56. Rdm. ca. 30 cm; OF und Br. schwarzbraun; Magerung mit etwas Glimmer, Feinsand, Quarzkörnchen und Kbr.; OF gut geglättet. Hiervon ein Dünnschliff.
57. Rdm. ca. 30 cm; OF und Br. braun bis dunkelbraun; Magerung mit Feinsand, Quarzkörnchen und wenigem Kbr.; OF geglättet, aber unregelmäßig.
58. Rdm. ca. 27 cm; auf IS nahe der Randlippe Rille (Instrument); OF dunkelbraun, Br. z. T. schwarzbraun; Magerung mit Feinsand und Quarzkörnchen; OF geglättet.
59. Rdm. ca. 21 cm; OF hell- bis dunkelbraun gefleckt, Br. z. T. schwarz; Magerung mit Quarzkörnchen und Kbr.; AS etwas grob verstrichen, IS geglättet.
60. Rdm. ca. 22 cm; OF und Br. schwarzbraun; feintonig; OF gut geglättet.
61. Rdm. ca. 27 cm; auf IS im Wandungsknick Rille (Instrument); OF braun, Br. schwarz; Magerung mit etwas Glimmer, Feinsand, Quarzkörnchen und Kbr.; OF geglättet.
62. Rdm. ca. 20 cm; OF hellbraun bis braun, Br. mit schwarzem Kern; Magerung mit Feinsand und Quarzkörnchen; OF geglättet.
63. Rdm. ca. 30 cm; OF dunkelbraun, Br. z. T. schwarz; Magerung mit Feinsand, Quarzkörnchen und wohl Kbr.; OF mäßig geglättet.

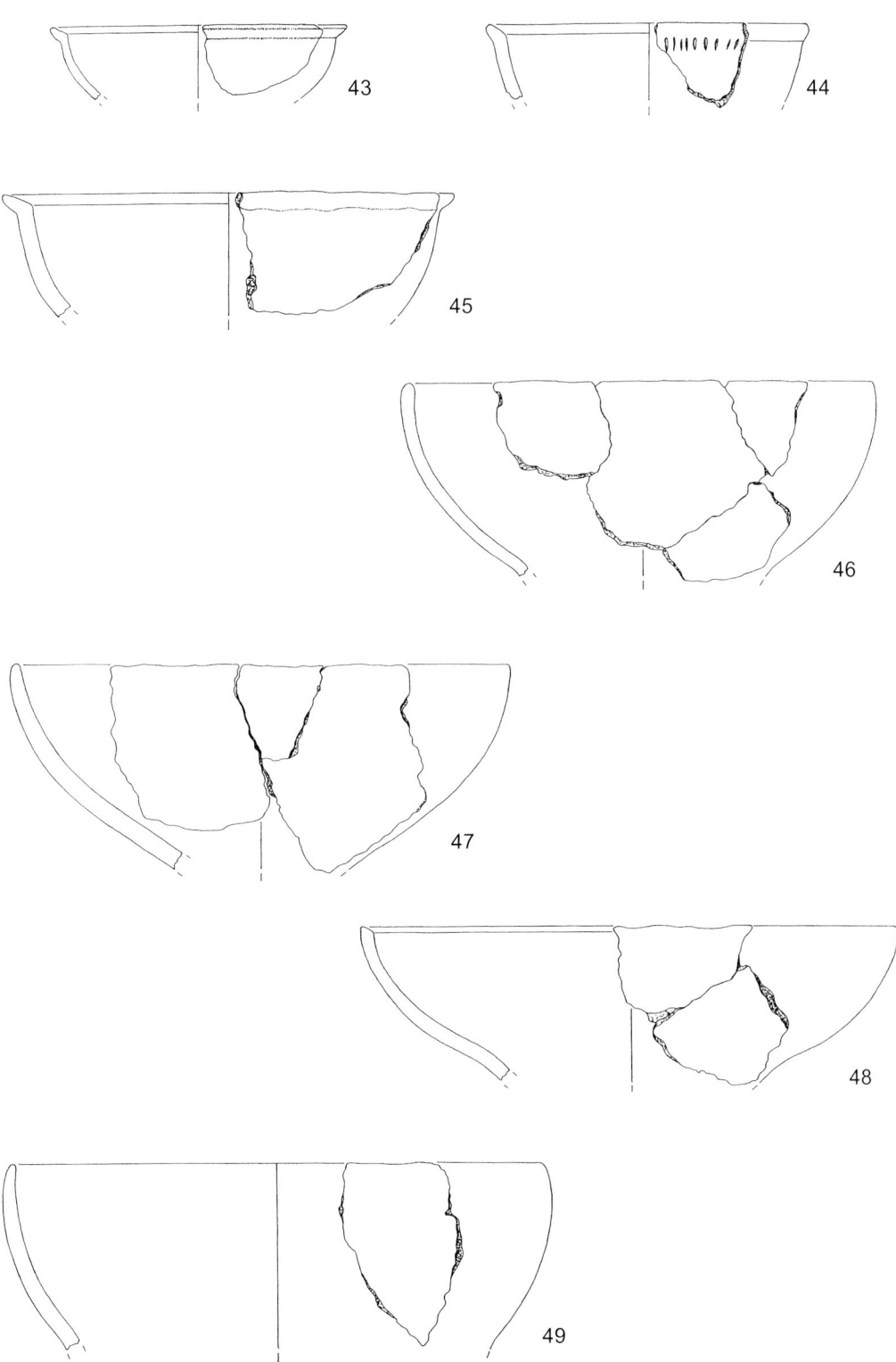

Abb. 19 Ladenburg, Rhein-Neckar-Kreis (Kiesgrube ‚Ludwig'), Grube 2. M 1:3.

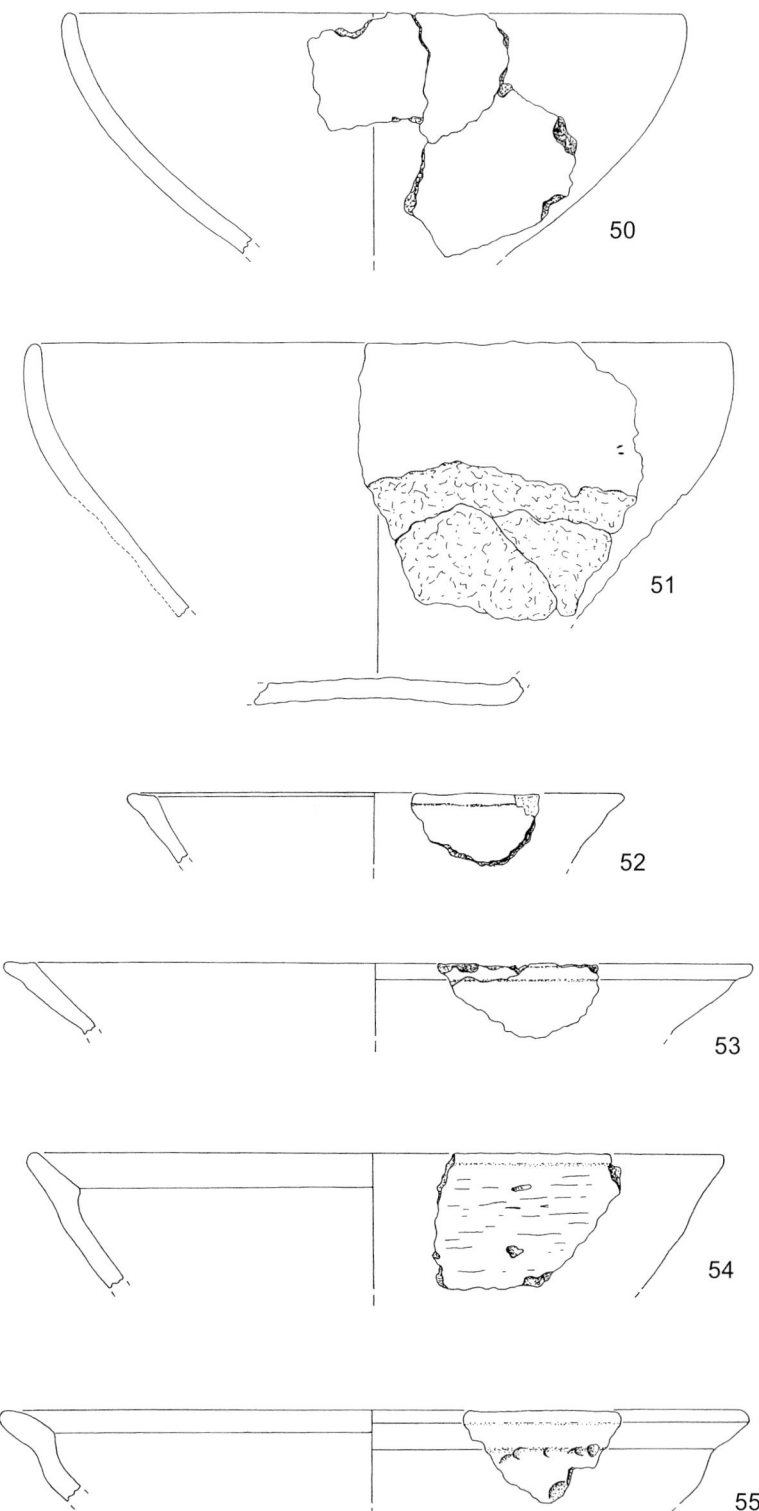

Abb. 20 Ladenburg, Rhein-Neckar-Kreis (Kiesgrube ‚Ludwig'), Grube 2. M 1:3.

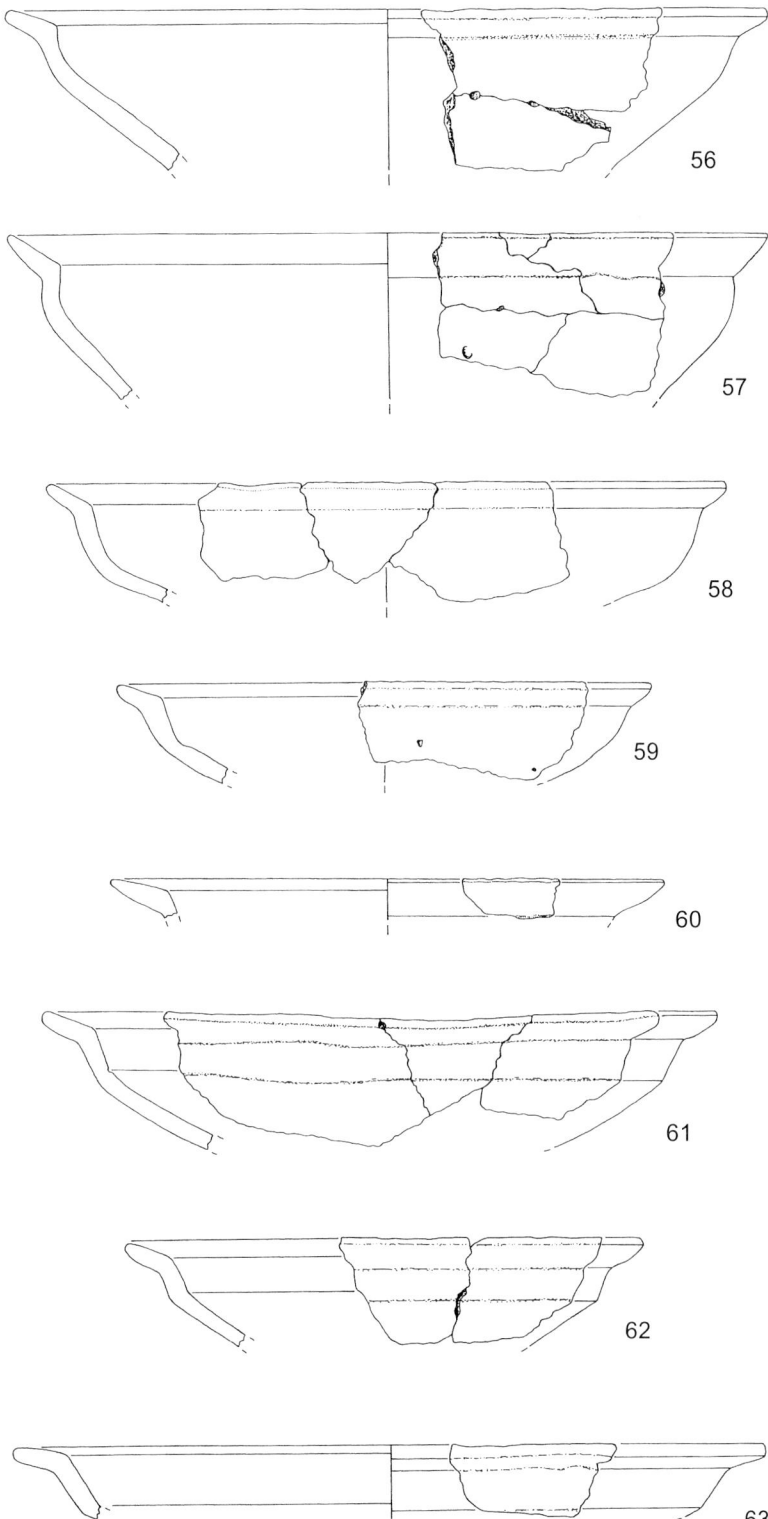

Abb. 21 Ladenburg, Rhein-Neckar-Kreis (Kiesgrube ‚Ludwig'), Grube 2. M 1:3.

Abb. 22

Schalenfragmente (Zugehörigkeit z. T. unsicher; s. Nr. 64)

64. Vielleicht auch Fragment eines Trichterrandgefäßes; Rdm. ca. 22 cm; AS dunkel-, IS rötlich braun, Br. schwarz; Magerung mit Feinsand und Kbr.; OF geglättet. Sehr wahrscheinlich zugehörig fünf Wandscherben.
65. Bdm. 8 cm, erh. H. 6,9 cm; auf IS des Bodens weiteres, aber weniger konturiertes Kreuz; AS hell- bis rötlich braun, IS dunkelbraun, Br. braun bis grau; Magerung mit etwas Glimmer, Quarzkörnchen und Kbr.; OF auf IS geglättet, auf AS etwas rau.
66. OF hell- bis dunkelbraun gefleckt, Br. mit schwarzem Kern; Magerung mit etwas Glimmer und Quarzkörnchen; OF geglättet.
67. OF hellbraun, Br. z. T. hellbraun, z. T. schwarz; Magerung mit etwas Glimmer, Feinsand; Kalk und feinem Kbr.; OF gut geglättet. Wohl zugehörig eine Wandscherbe gleicher Machart; IS rötlich, Br. hellgrau.
68. Bdm. ca. 16 cm; AS braunschwarz, IS grau, Br. schwarz; Magerung mit Feinsand und Kbr.; OF geglättet.

Bauchiges Gefäß

69. Mit Halsansatz (Neigungswinkel etwas unsicher); AS braunschwarz, IS dunkelgrau, Br. dunkelgrau bis schwarz; Magerung mit etwas Glimmer, Quarzkörnchen und Partikeln von Kbr.; OF auf IS etwas rau, auf AS geglättet.

Verzierte Trichterrandgefäße

70. Neigungswinkel etwas unsicher; Rdm. ca. 16 cm; Verz. mit Instrument; OF und Br. dunkelbraun; Magerung mit etwas Glimmer und Feinsand; OF etwas rau.
71. Neigungswinkel etwas unsicher; Rdm. ca. 40 cm; Verz. mit Instrument; OF grau- und schwarzbraun, Br. grau; Magerung mit etwas Glimmer, Feinsand, Kalk und Kbr.; OF etwas rau und sehr unregelmäßig.
72. Neigungswinkel etwas unsicher; Rdm. ca. 22 cm; Verz. mit Instrument; OF rötlich, Br. schwarz; Magerung mit etwas Glimmer, Feinsand und Kbr.; OF etwas rau.

Abb. 23

73. Rdm. ca. 22 cm; Randlippe auf AS abgestrichen; Verz. mit Instrument; OF rötlich, Br. schwarz; Magerung mit etwas Glimmer, Feinsand und Kbr.; OF mäßig geglättet.
74. Rdm. 18 cm; Randlippe auf AS abgestrichen; Verz. mit Instrument; OF rötlich braun und graubraun gefleckt, Br. graubraun; Magerung mit Feinsand und Kbr.; OF rau.
74 A. Restauriert; H. 18 cm, Rdm. 19 cm, Bdm. 7,5 cm; Randlippe auf AS abgestrichen; Verz. mit Instrument; OF rotbraun und mäßig geglättet. Nach Zeichnung Mus. Ladenburg.
75. Rdm. 18 cm; Verz. mit Instrument; AS leicht rötlich braun, IS dunkelbraun, Br. dunkelgraubraun; Magerung mit etwas Glimmer, Feinsand und Kbr.; OF etwas rau.
76. Rdm. 20 cm, Bdm. 9,3 cm; Verz. mit Instrument; OF hellbraun, Br. dunkelgrau bis schwarz; Magerung mit Feinsand und Kbr.; OF grob verstrichen. Zugehörig elf Wandscherben (hiervon ein Dünnschliff), ein Rand- und ein Bodenfragment.
77. Rdm. ca. 18 cm; Verz. mit Instrument; OF und Br. hellbraun bis braun; Magerung mit Feinsand und Kbr.; OF nur am Rand geglättet, sonst rau.
78. Rdm. ca. 22 cm; Verz. mit Instrument; AS braun, IS rötlich, Br. mit schwarzem Kern; Magerung mit etwas Glimmer und Feinsand; OF geglättet.

Abb. 24

79. Rdm. ca. 24 cm; Rand auf AS grob verstrichen; Verz. mit Instrument; OF hell- bis rötlich braun, Br. grau; Magerung mit etwas Glimmer, Feinsand, Quarzkörnchen und Kbr.; AS grob, IS (bes. Rand) sorgfältiger verstrichen.
80. Neigungswinkel unsicher; Verz. wohl mit Fingernagel; AS rötlich braun, IS graubraun, Br. dunkelgrau und schwarz; Magerung mit etwas Glimmer, Feinsand, Quarzkörnchen und Kbr.; OF rau.
81. Neigungswinkel unsicher; Verz. wohl mit Fingernagel; AS hellbraun, IS rötlich, Br. mit schwarzem Kern; Magerung mit etwas Glimmer, Feinsand und Kbr.; AS grob, IS sehr grob verstrichen und unregelmäßig (Fingereindrücke). Zugehörig fünf Wandscherben.
82. Neigungswinkel unsicher; Verz. mit Instrument; OF braun, Br. mit zartem grauem Kern; Magerung mit etwas Glimmer, Feinsand und Kbr.; OF glatt verstrichen. Zugehörig fünf Wandscherben (D. max. 1,7 cm).
83. Neigungswinkel unsicher; Verz. wohl mit Fingernagel; OF hellbraun, Br. dunkelgrau; Magerung mit etwas Glimmer, Feinsand und Kbr.; OF mäßig geglättet. Zugehörig ein Randfragment.

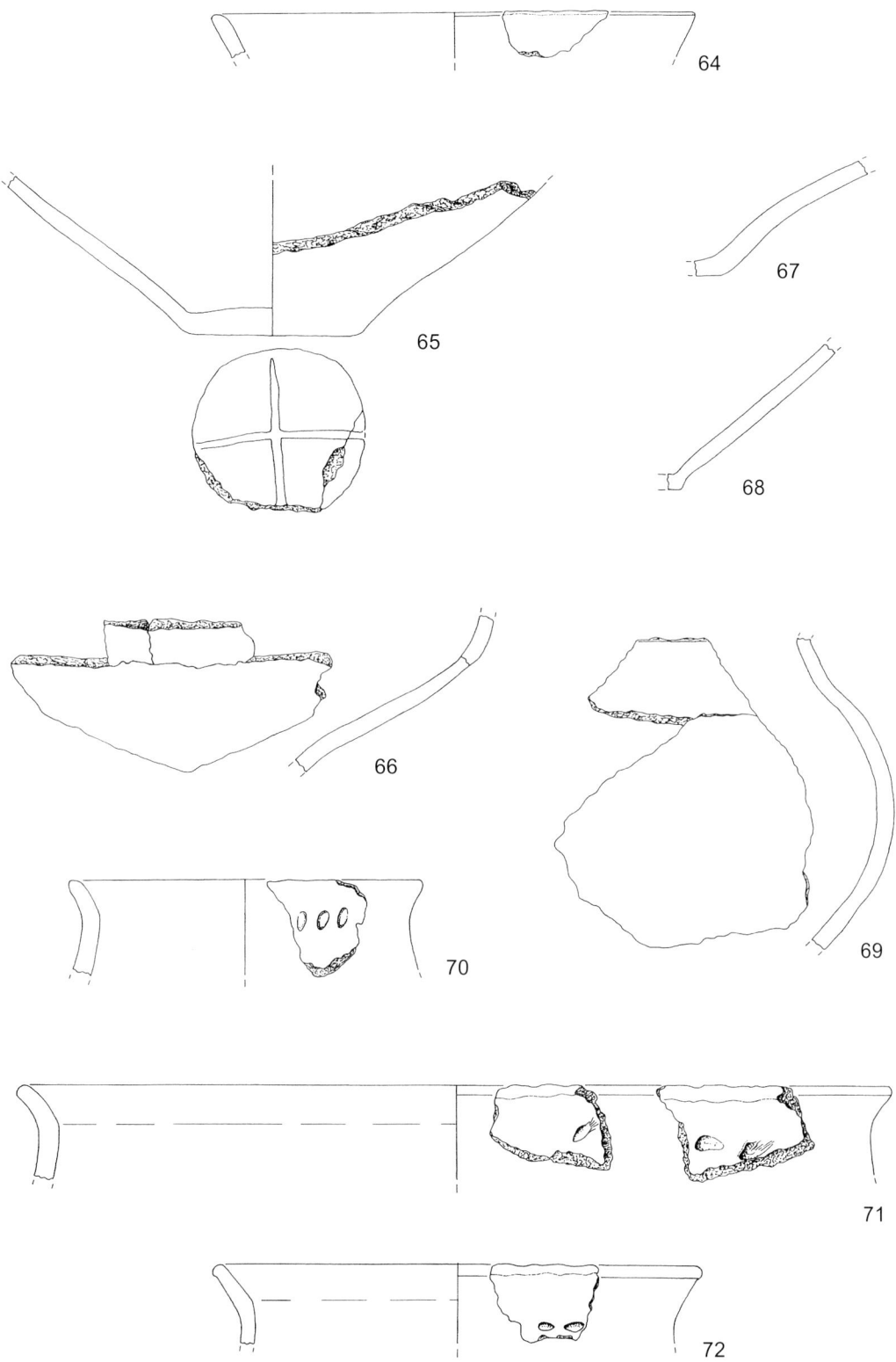

Abb. 22 Ladenburg, Rhein-Neckar-Kreis (Kiesgrube ‚Ludwig'), Grube 2. M 1:3.

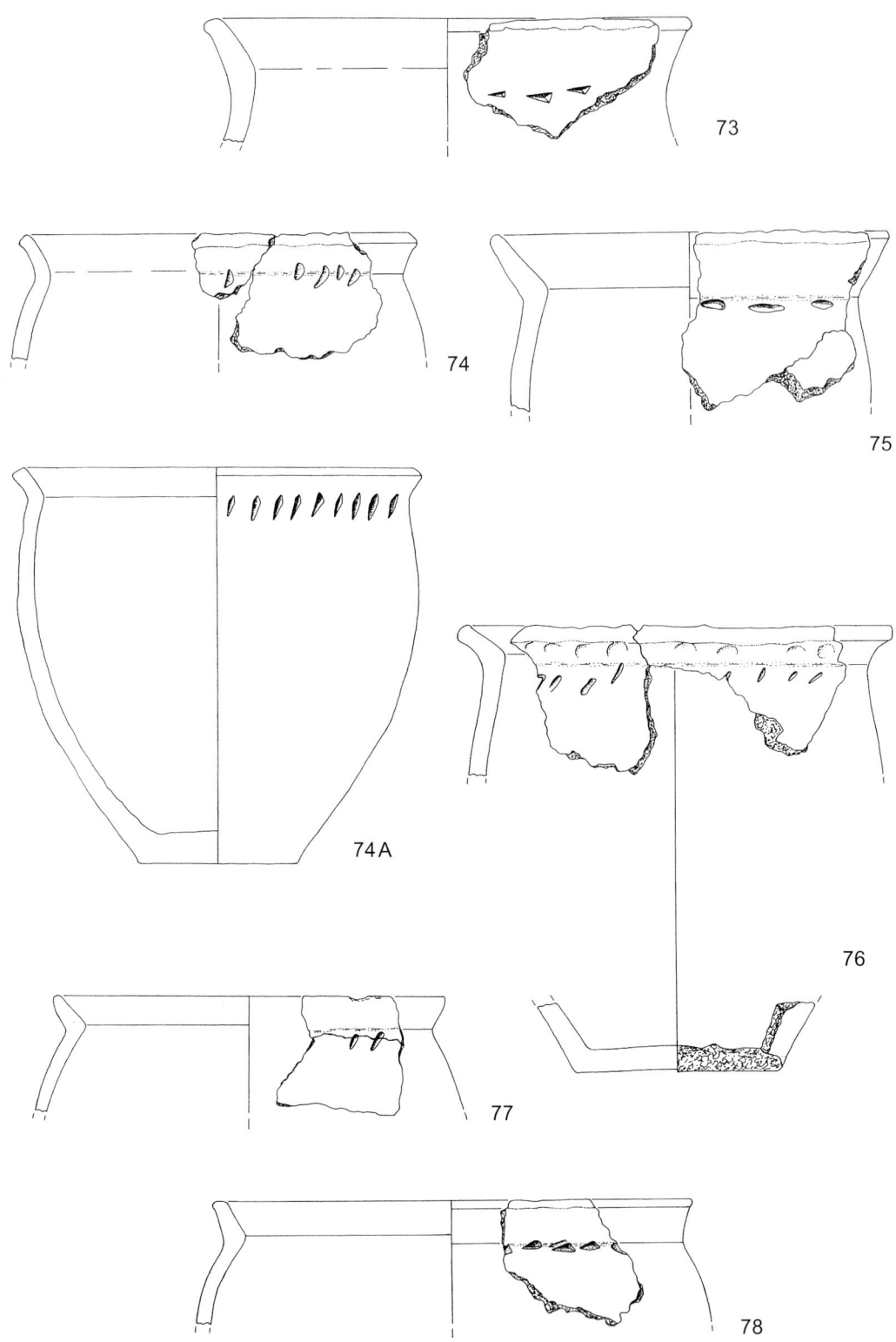

Abb. 23 Ladenburg, Rhein-Neckar-Kreis (Kiesgrube ‚Ludwig'), Grube 2. M 1:3.

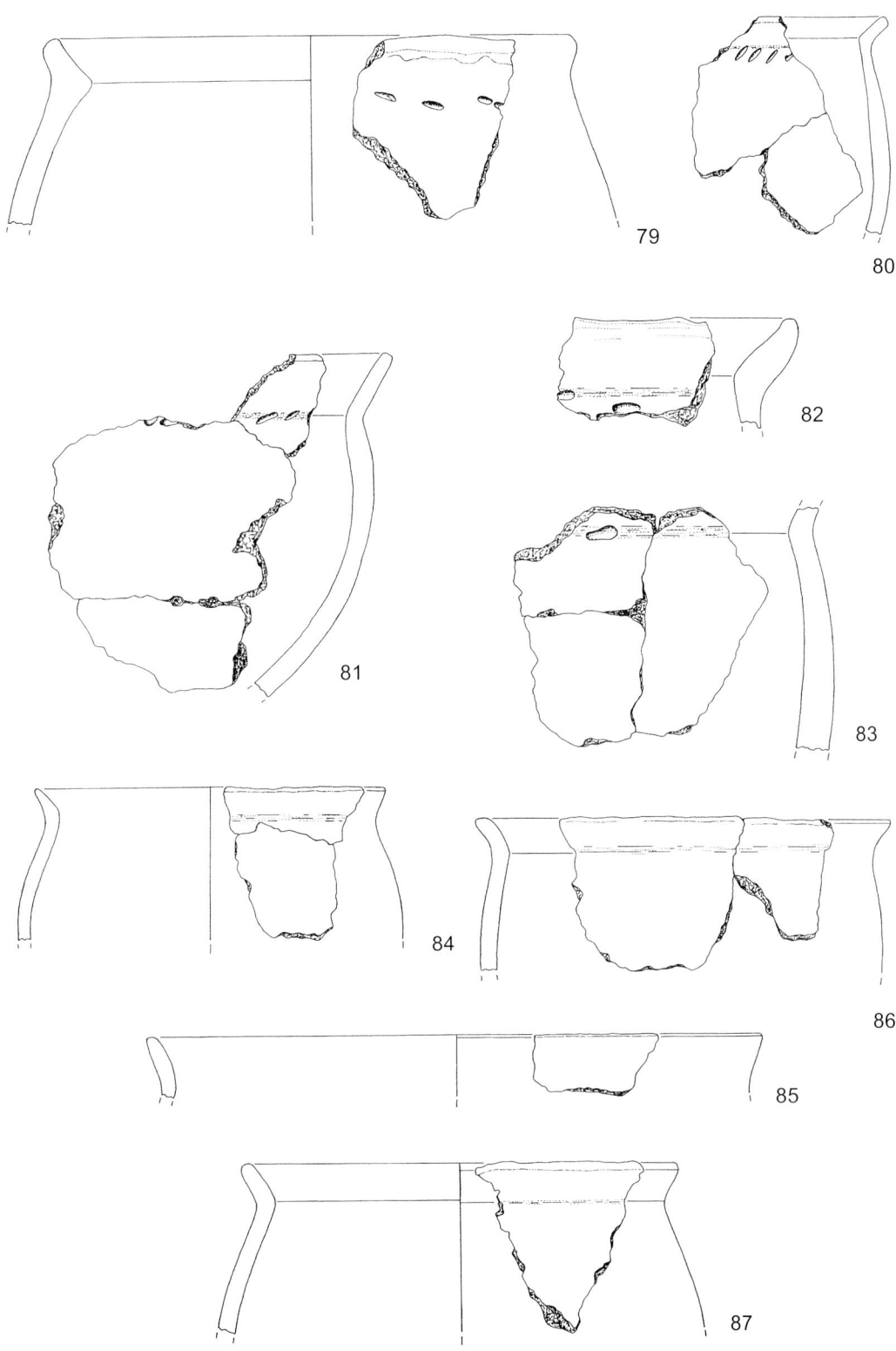

Abb. 24 Ladenburg, Rhein-Neckar-Kreis (Kiesgrube ‚Ludwig'), Grube 2. M 1:3.

Unverzierte Trichterrandgefäße

84. Rdm. ca. 16 cm; OF braun, Br. dunkelgrau; Magerung mit etwas Glimmer und Feinsand; OF unregelmäßig geglättet.
85. Rdm. ca. 28 cm; OF und Br. dunkelbraun; Magerung mit Quarzkörnchen und Kbr.; OF verstrichen; gleiche Machart wie Bodenfragment Nr. 112.
86. Rdm. 19 cm; OF und Br. rötlich braun und graubraun gefleckt; Magerung mit etwas Glimmer, Feinsand und Kbr.; OF etwas rau.
87. Rdm. ca. 20 cm; AS dunkel-, IS rötlich braun, Br. großteils grau; Magerung mit etwas Glimmer, Feinsand und Kbr.; OF unregelmäßig geglättet.

Abb. 25

88. Rdm. ca. 22 cm; OF und Br. dunkelgrau- bis schwarzbraun; Magerung mit Glimmer, Feinsand und Kbr.; OF bes. auf AS unregelmäßig geglättet. Wohl zugehörig vier Wandscherben.
89. Rdm. ca. 22 cm; AS rötlich braun, IS dunkelgraubraun, Br. dunkelgrau; Magerung mit etwas Glimmer, Feinsand und Kbr.; OF geglättet, auf AS verstrichen.
90. Neigungswinkel etwas unsicher; OF dunkelrot, Br. grau; Magerung mit etwas Glimmer, Feinsand und Kbr.; OF auf IS rau, auf AS grob verstrichen. Zugehörig eine Wandscherbe.
91. Rdm. ca. 20 cm; Randlippe auf AS abgestrichen, kurz unterhalb der Randlippe kleine Eindrücke (herstellungstechnisch bedingt); OF und Br. braun; Magerung mit etwas Glimmer, Quarzkörnchen und Kbr.; OF glatt, aber unregelmäßig (dünner Schlickauftrag?).
92. Rdm. ca. 22 cm; AS rötlich braun, IS hellbraun, Br. z. T. schwarz; Magerung mit etwas Glimmer, Feinsand, kleinen Kieseln (Dm. max. 8 mm) und Kbr.; OF bes. auf AS grob verstrichen. Zugehörig sieben Wandscherben.
93. Rdm. ca. 28 cm; OF und Br. hellbraun; Magerung mit Quarzkörnchen und Partikeln von Kbr.; OF geglättet.
94. Rdm. ca. 24 cm; Neigungswinkel etwas unsicher; OF und Br. braun bis dunkelbraun; feintonig, Magerung mit Glimmer; OF poliert.
95. Rdm. ca. 18 cm; AS braun bis rotbraun, IS rötlich, Br. schwarz; feintonig; OF geglättet. Zugehörig eine Wandscherbe.
96. Neigungswinkel etwas unsicher; Rdm. ca. 24 cm; OF und Br. braun; Magerung mit Quarzkörnchen und Kbr.; OF geglättet.
97. Rdm. 20 cm; OF und Br. braunschwarz; Magerung mit Feinsand und Kbr.; OF geglättet, auf AS verstrichen.

Abb. 26

98. Neigungswinkel etwas unsicher; Rdm. ca. 22 cm; OF rötlich, Br. grau; Magerung mit etwas Glimmer, Feinsand und Kbr.; OF geglättet, auf AS im Randbereich verstrichen.
99. Neigungswinkel etwas unsicher; Rdm. ca. 28 cm; AS dunkel- und rötlich braun, IS dunkelbraun gefleckt, Br. dunkelgraubraun; Magerung mit etwas Glimmer, Feinsand und Kbr.; OF verstrichen.
100. Rdm. ca. 34 cm; OF und Br. schwarzbraun; Magerung mit etwas Glimmer, Feinsand, Quarzkörnchen und Kbr.; OF geglättet.
101. Rdm. ca. 40 cm; OF hell- bis dunkelbraun, Br. grau bis schwarz; Magerung mit Feinsand, Quarzkörnchen und Kbr.; OF etwas rau. Zugehörig eine Wandscherbe und ein Randlippenfragment.
102. Rdm. ca. 38 cm; OF dunkelgraubraun, Br. z. T. schwarz; Magerung mit etwas Glimmer, Feinsand und Quarzkörnchen; OF verstrichen.
103. Rdm. ca. 44 cm; AS dunkel-, IS rotbraun, Br. dunkelgrau; Magerung mit Feinsand, Kalk und Kbr.; OF geglättet.

Abb. 27

104. Rdm. ca. 38 cm; OF hellbraun, Br. schwarz; Magerung mit Feinsand und Kbr.; OF sorgfältig verstrichen. Zugehörig zwei Wandscherben.
105. Rdm. ca. 44 cm; OF teils rötlich braun, teils hell- und mittelbraun, Br. z. T. schwarz; Magerung mit etwas Glimmer, Feinsand und Kbr.; OF etwas rau, am Rand auf AS grob verstrichen.
106. Rdm. ca. 46 cm, Bdm. ca. 18 cm; OF rötlich, Br. schwarz; Magerung mit Feinsand, Kalk und Kbr.; OF sehr grob verstrichen. Zugehörig zwei Rand- sowie 19 Wandscherben (hiervon ein Dünnschliff).

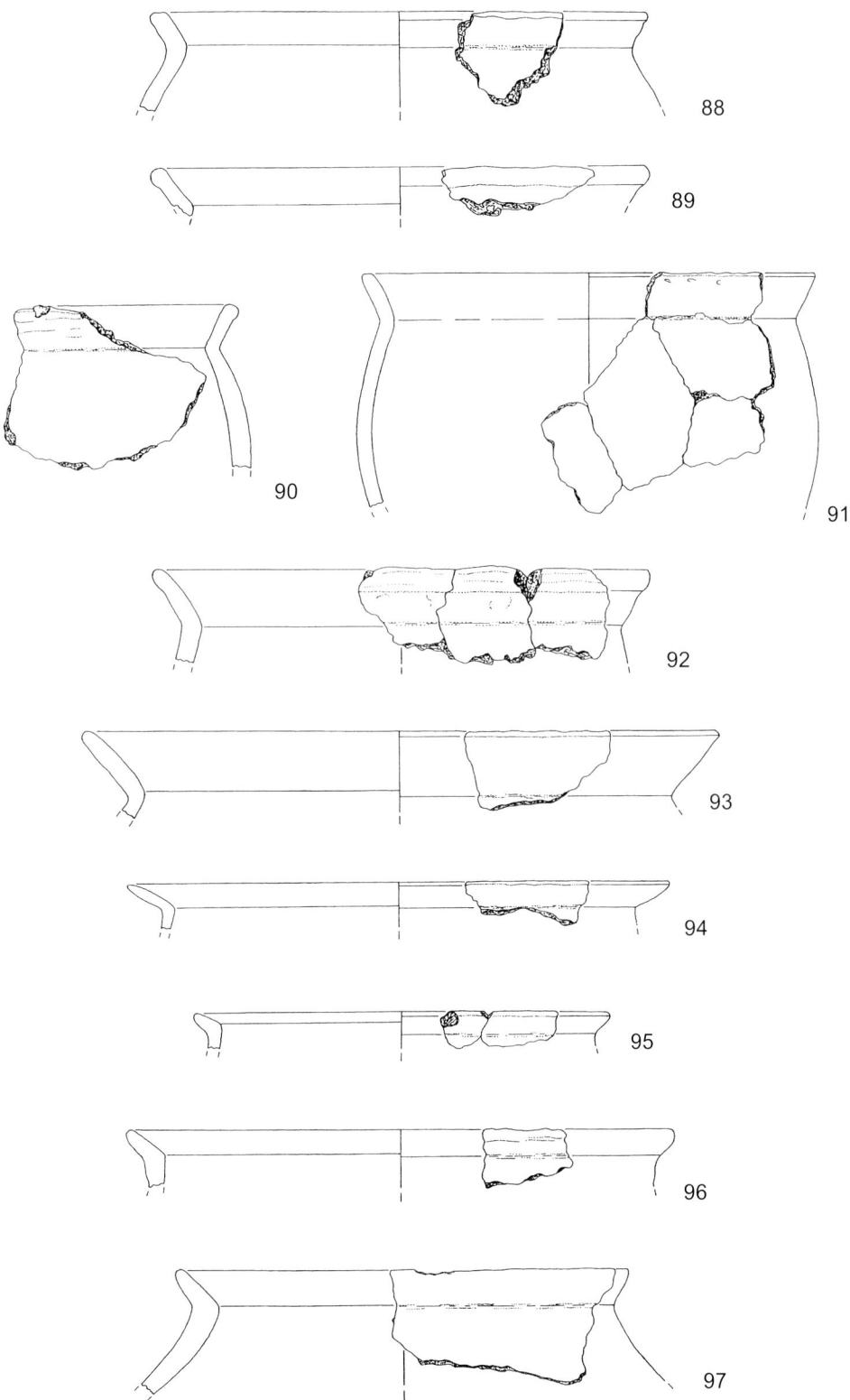

Abb. 25　Ladenburg, Rhein-Neckar-Kreis (Kiesgrube ‚Ludwig'), Grube 2. M 1:3.

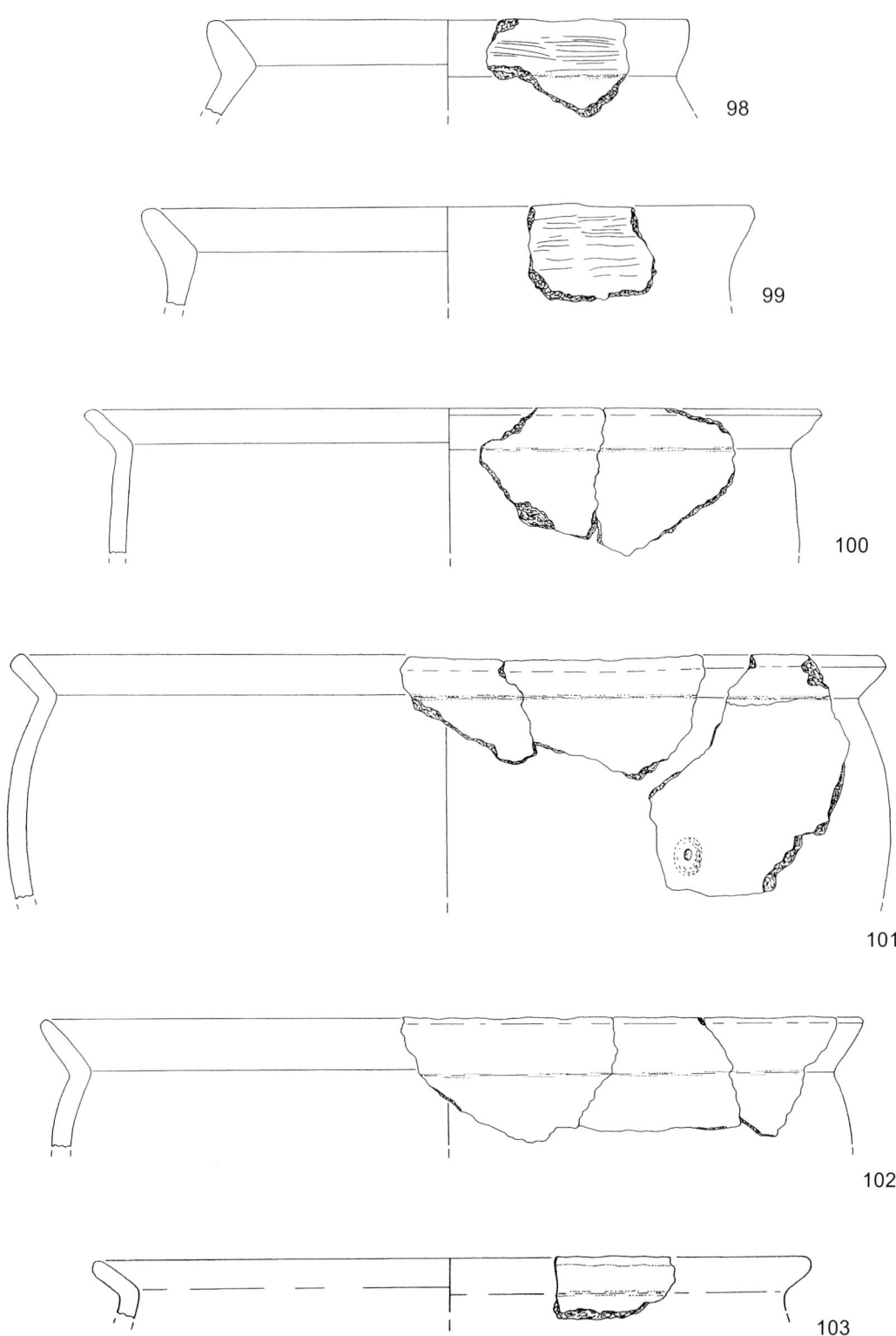

Abb. 26　Ladenburg, Rhein-Neckar-Kreis (Kiesgrube ‚Ludwig'), Grube 2. 103 M 1:4, sonst M 1:3.

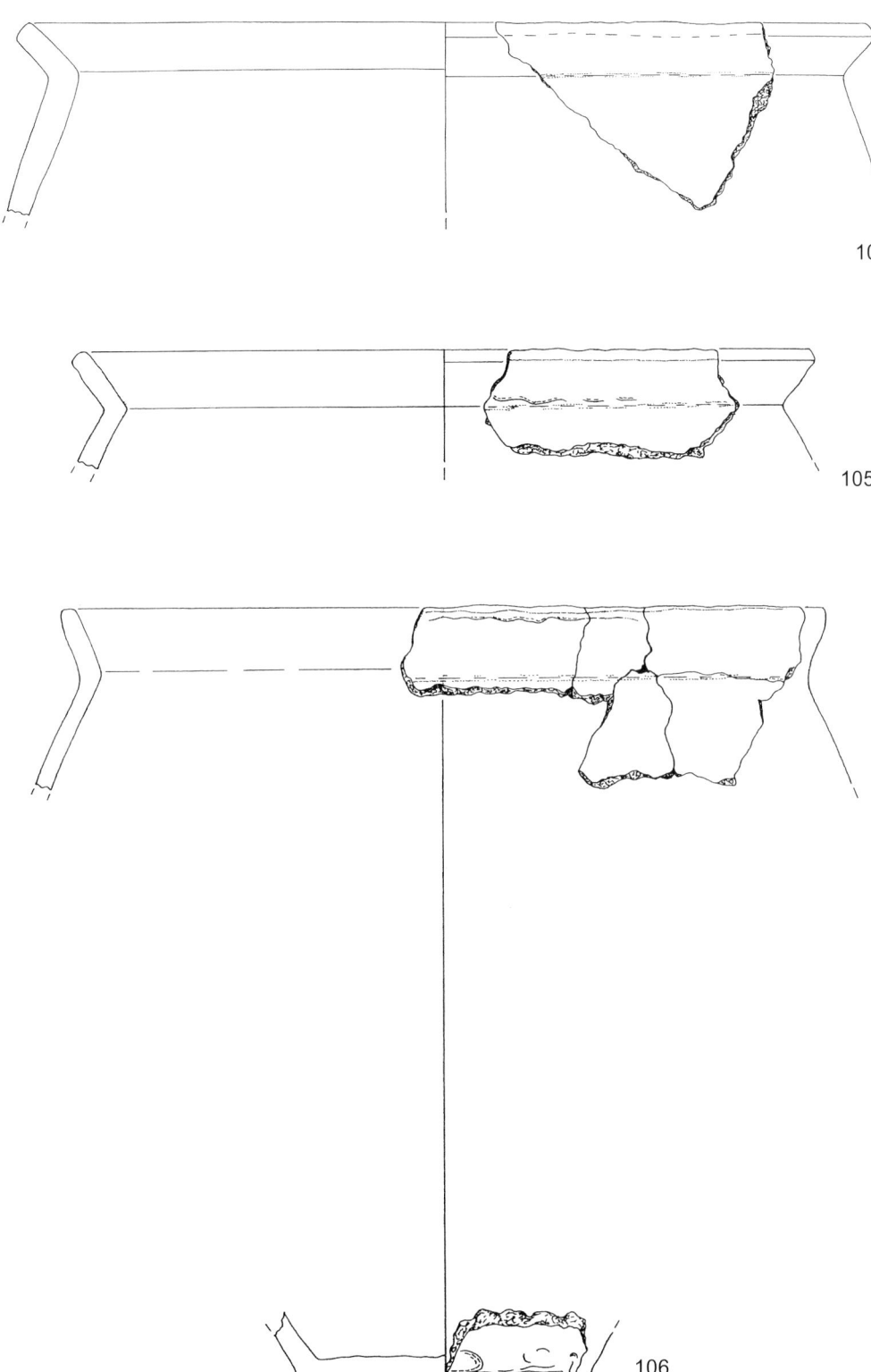

Abb. 27 Ladenburg, Rhein-Neckar-Kreis (Kiesgrube ‚Ludwig'), Grube 2. 104 M 1:3, sonst M 1:4.

Abb. 28

107. Rdm. ca. 30 cm; OF rötlich braun bis hellbraun, Br. schwarz; Magerung mit Glimmer, Feinsand und Kbr.; OF unsorgfältig verstrichen (bes. AS der Randlippe).
108. Rdm. ca. 34 cm; OF ziegelrot bis rötlich braun, Br. dunkelgrau; Magerung mit etwas Glimmer, Feinsand und Kbr.; mit vegetabilischen Einschlüssen; AS geglättet, IS rau. Zugehörig fünf Wandscherben und ein Randlippenfragment.
109. Rdm. ca. 30 cm, Bdm. ca. 10 cm; OF rotbraun und z. T. grau gefleckt, Br. schwarz; Magerung mit etwas Glimmer, Feinsand, Kalk und Kbr.; OF grob verstrichen. Zugehörig drei Wandscherben.

Abb. 29

110. Rdm. ca. 46 cm; AS rötlich braun, IS braunschwarz, Br. schwarz; Magerung mit etwas Glimmer, Feinsand und Kbr.; OF bes. auf AS grob verstrichen. Zugehörig eine Wandscherbe und ein Randlippenfragment.

Bodenfragmente

111. Bdm. 11 cm; AS graubraun, IS rötlich, Br. dunkelgrau; Magerung mit Feinsand und feinem Kbr.; OF geglättet. Zugehörig drei Wandscherben.
112. Bdm. ca. 12 cm; AS hellbraun mit leichtem Rotstich, IS grau, Br. dunkelgrau bis schwarz; Magerung mit Feinsand, Kbr. und etwas Glimmer; OF verstrichen; gleiche Machart wie Nr. 85. Zugehörig eine Wandscherbe.
113. Bdm. ca. 14 cm; AS hell-, IS rötlich braun, Br. schwarzgrau; Magerung mit Feinsand, Glimmer und Kbr.; OF grob geglättet. Zugehörig drei Wandscherben (davon eine mit Bodenansatz).
114. Bdm. 11,5 cm; OF hell- bis rötlich braun, Br. grau; Magerung mit Feinsand und Kbr.; OF mäßig geglättet.
115. Bdm. nicht bestimmbar; OF rötlich (auf IS mit dunkelgrauen Flecken), Br. schwarz; Magerung mit Feinsand, Kbr. und wenig Glimmer; OF auf IS grob geglättet, auf AS grob verstrichen. Zugehörig neun Wandscherben.
116. Bdm. ca. 20 cm; OF rötlich, Br. hellgrau; Magerung mit Feinsand und Kbr.; OF grob verstrichen. Zugehörig vier Wandscherben.

Fußfragment (?)

117. OF und Br. rötlich; Magerung mit Feinsand, Kalk, Kbr. und etwas Glimmer; OF etwas rau.

Abb. 30

Feuerböcke

118. Aus vier Fragmenten rekonstruiert; H. ca. 30 cm, L. ca. 45 cm; auf AS und RS des linken Endes Schmauchspuren; Ton braun, fein gemagert; OF geglättet.
119. Sechs Fragmente sehr wahrscheinlich eines Exemplars; OF hellbraun und rötlich braun, Br. rötlich; Magerung mit Feinsand, Quarzgrus und Kbr.; OF gut geglättet.

Abb. 31 A

120. Acht Fragmente sehr wahrscheinlich eines Exemplars (davon vier klein und amorph); OF hellbraun, Br. hellbraun und rötlich; Magerung mit Feinsand, feinem Kbr. und etwas Glimmer; OF verwittert.

Weitere Gefäßfragmente (nicht abgebildet)

121. Ca. 40 Randfragmente vermutlich von einer Tasse, von Schalen und Trichterrandgefäßen (Schalen und Trichterrandgefäße etwa zu gleichen Anteilen vertreten), z. T. mit dazugehörigen Wandfragmenten. Rdm. jeweils nicht bestimmbar und Neigungswinkel unsicher, zur Hauptsache von größeren Gefäßen stammend. Ein Fragment mit Randbildung ähnlich F.-R. Herrmann, Die Funde der Urnenfelderkultur in Mittel- und Südhessen. Röm.-Germ. Forsch. 27 (Berlin 1966) 144 Taf. 134, 16. 18 („Horizontalrand"; in Ladenburg nur ein Mal vertreten).
122. Ca. 45 Bodenfragmente (z. T. mit dazugehörigen Wandfragmenten) aus dem gesamten Spektrum der feinen (dort auch Omphalosböden) bis groben Keramik. Einige Bodenfragmente der Feinkeramik sind von gleicher Machart.
123. Ca. 630 Wandscherben unterschiedlicher Größe aus dem gesamten Spektrum der feinen bis groben Keramik, die sich auf max. 95 Gefäßeinheiten aufteilen lassen. Erwähnenswert ist eine Scherbe mit angekohlten Resten auf der IS und ein Fragment mit einer weißgrauen Schicht auf der IS.

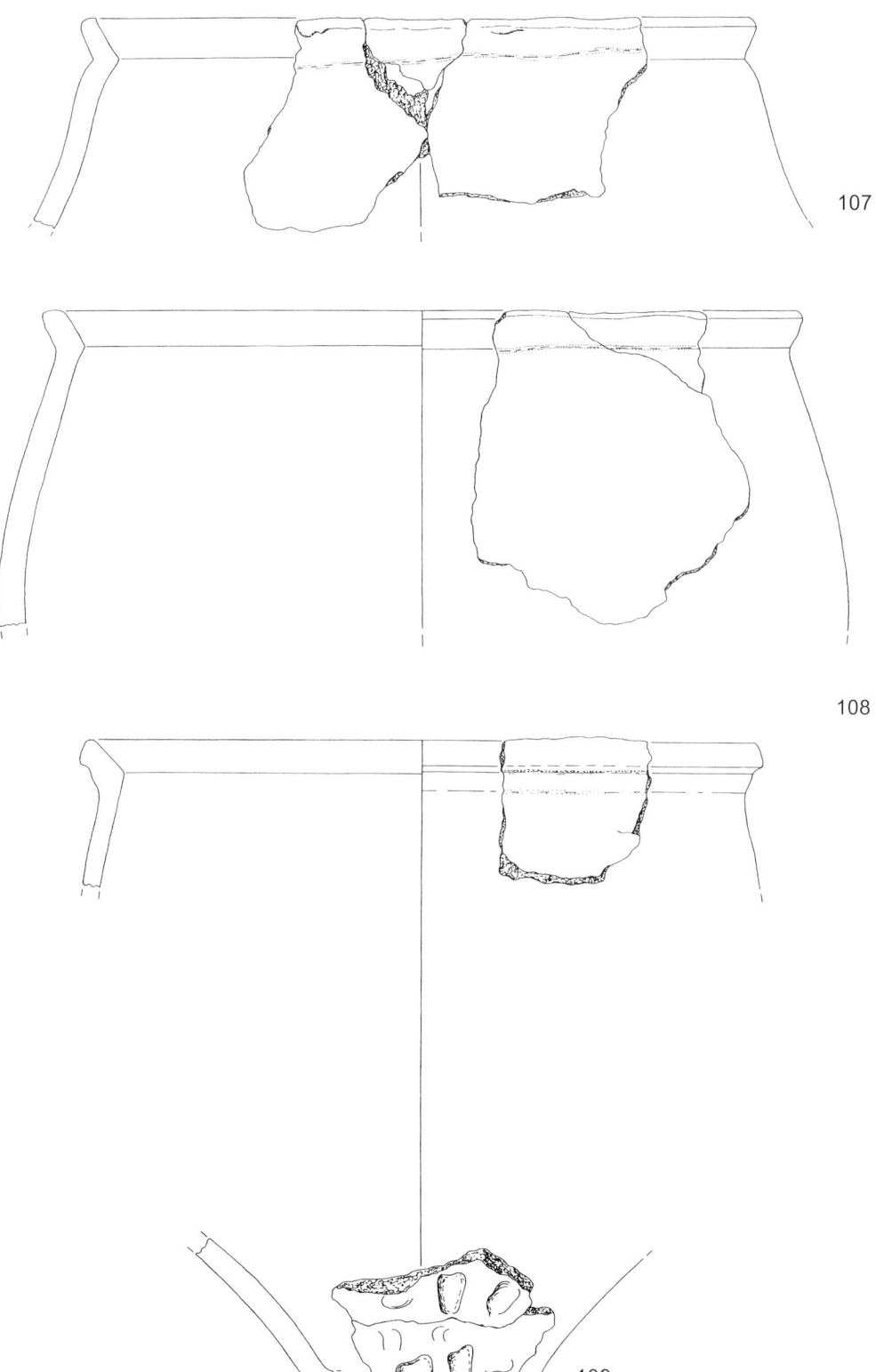

Abb. 28 Ladenburg, Rhein-Neckar-Kreis (Kiesgrube ‚Ludwig'), Grube 2. M 1:3.

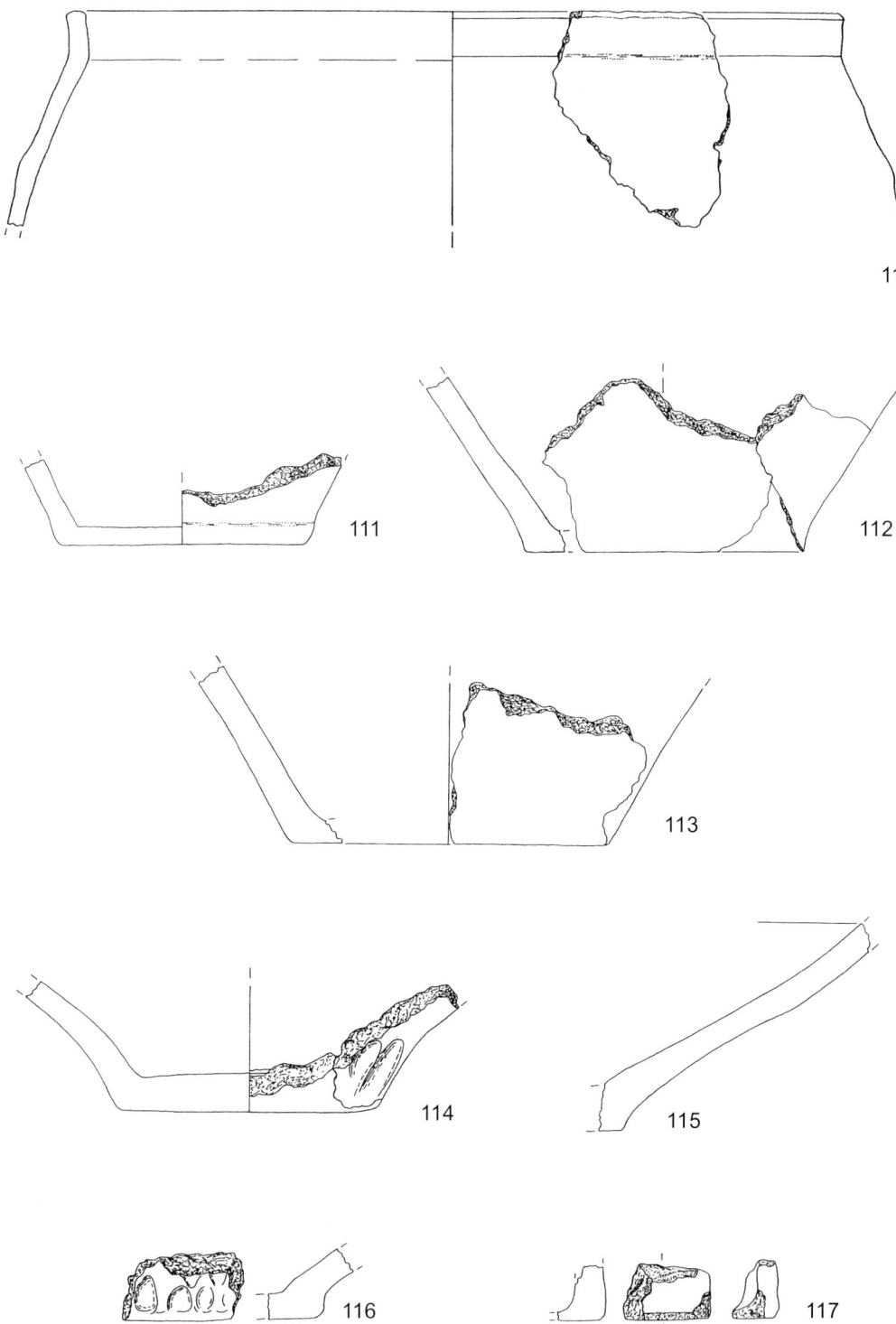

Abb. 29 Ladenburg, Rhein-Neckar-Kreis (Kiesgrube ‚Ludwig'), Grube 2. 110 M 1:4, sonst M 1:3.

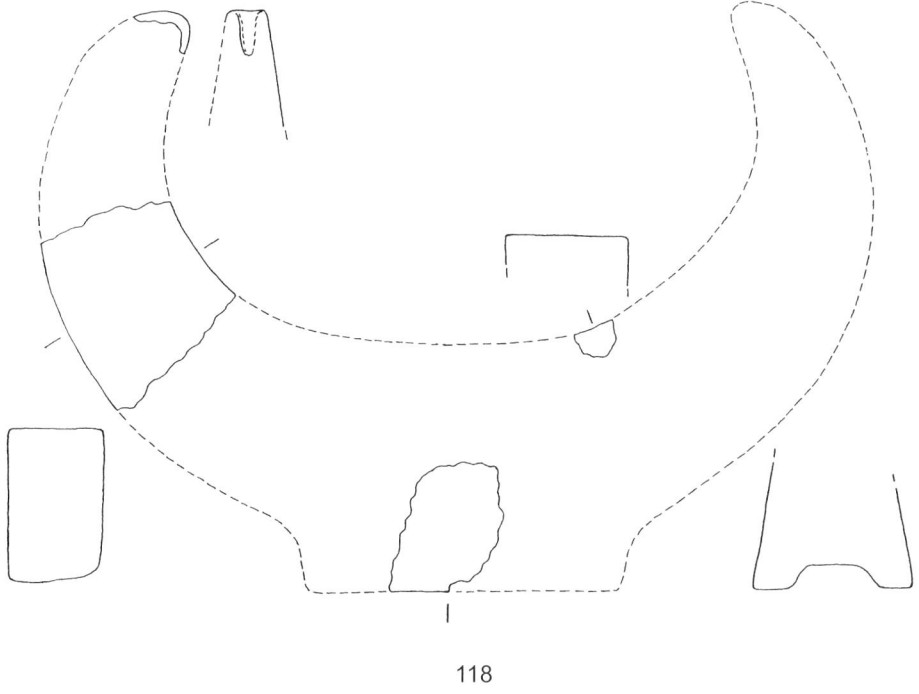

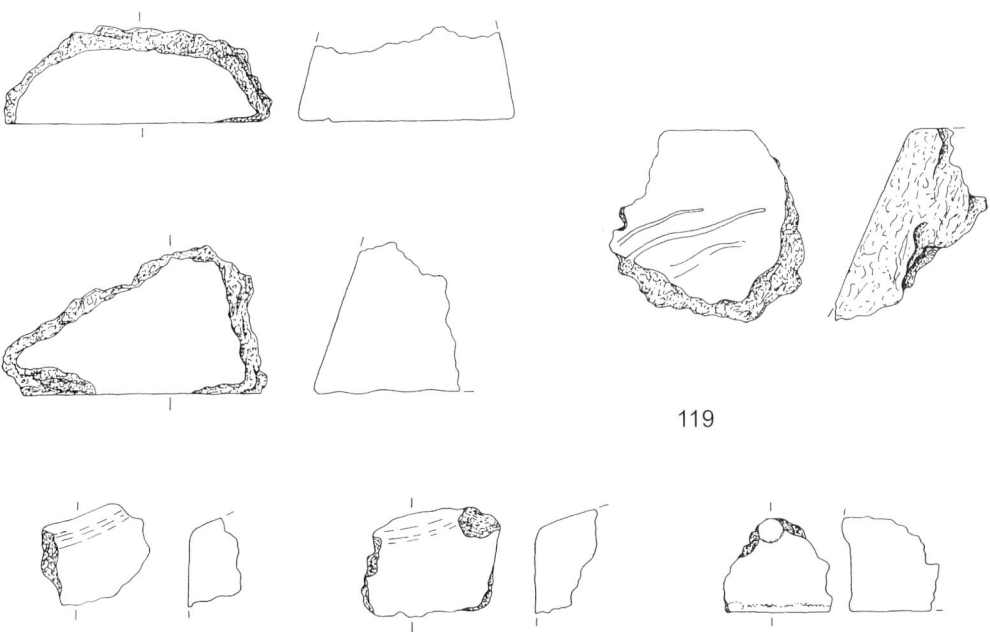

Abb. 30   Ladenburg, Rhein-Neckar-Kreis (Kiesgrube ‚Ludwig'), Grube 2. 118 M 1:4, sonst M 1:3.

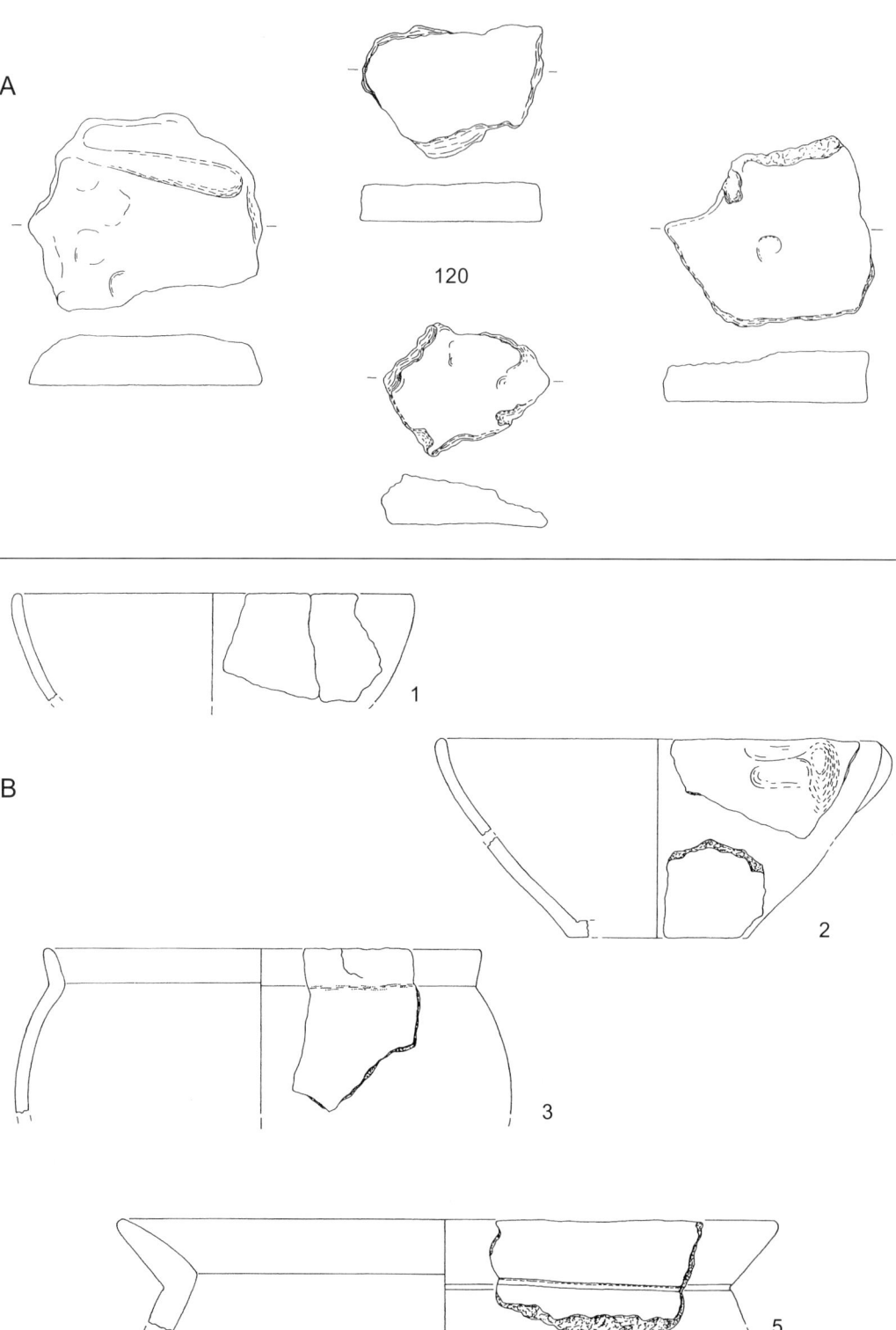

Abb. 31 Ladenburg, Rhein-Neckar-Kreis (Kiesgrube ‚Ludwig'), A Grube 2. – B Grube 1. M 1:3.

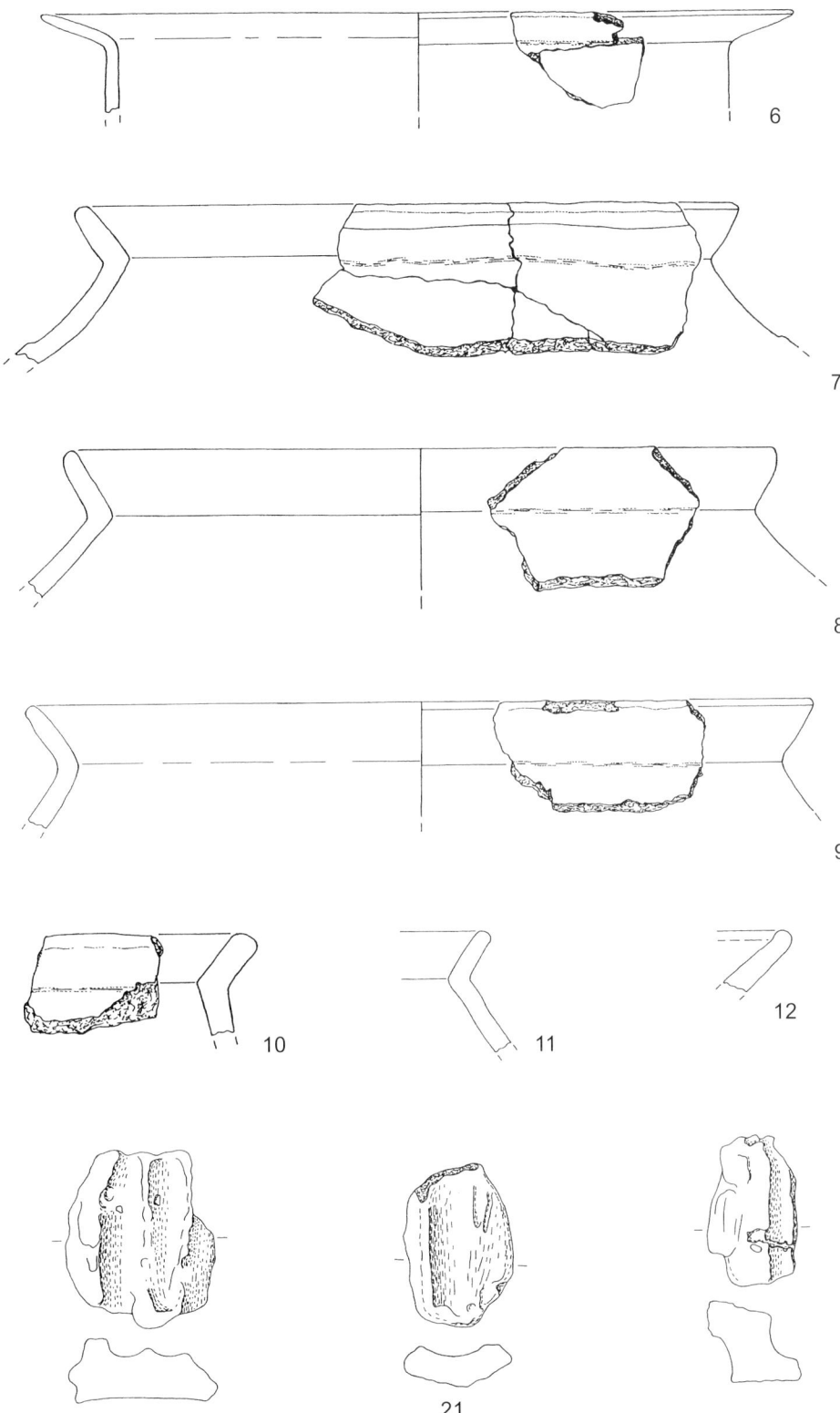

Abb. 32 Ladenburg, Rhein-Neckar-Kreis (Kiesgrube ‚Ludwig'), Grube 1. 6–8.10 M 1:4, 9 M 1:5, 11.12.21 M 1:3.

Menschenknochen *(o. Abb.)*

124. Stirnbein und verbranntes Scheitelbeinfragment (s. Beitrag St. Flohr/M. Schultz in diesem Band).

Tierknochen (Bestimmung J. Lüttschwager, Heidelberg, 1964; *o. Abb.*)

125. Schaf oder Ziege: ein Zahn, drei Fragmente von Speiche und beiden, z. T. aufgeschlagenen Oberarmen, ein Kiefergelenk, zwei Schulterblattfragmente mit Brandspuren, mehrere Rippenfragmente.
126. Rind (von nur einem kleinen, aber kräftigen Tier): ein Gelenk, ein Mittelteil des Fußes (mit Fraßspuren wohl vom Hund), vier Kopffragmente, ein Beckenfragment, vier Rippenfragmente, ein Rücken- und ein Lendenwirbelfragment.
127. Haushund (von einem kräftigen Tier mittlerer Größe): Teile von Ober- und Unterkiefer, zwei Rippenfragmente, ein Mittelfußknochen, ein Penisknochen.
128. Wildschwein: ein Zahnfragment, vier Fragmente von Ober- und Unterkiefer, ein Mittelfußknochen.
129. Reh: ein Unterkiefer, ein Vorderlauffragment (mit Fraßspuren).
130. Hase: ein Mittelfußknochen.
131. Ente (Wildform ?): zwei Laufknochen.
132. Fisch: ein Kopffragment, Zugehörigkeit eines weiteren Fragments unsicher.
133. Flussmuschel (Gattung Unio): Fragmente.
134. Zerbrochene Rippenfragmente von kleinen Wiederkäuern (wahrscheinlich Schaf), 15 Fragmente von zerschlagenen Beinknochen, ca. 20 Fragmente verbrannter Knochen.

Holzkohle *(o. Abb.)*

135. Holunder, z. T. mit Bearbeitungsspuren (s. Beitrag U. Tegtmeier).

Grube 1 (4.7.1964)

Vorbemerkung: Das Tagebuch von B. Heukemes vermerkt zum Inhalt der Grube 1 lediglich „Scherben", nicht jedoch den Lehmbewurf Nr. 21. Ein solcher wird aber bei Aufzählung des Inhalts einer im Jahre 1970 im Bereich der städtischen Kiesgrube aufgefundenen, urnenfelderzeitlichen Siedlungsgrube genannt (s. Anm. 15). Es ist also möglich, dass der Lehmbewurf zu dieser Grube gehört, zumal die Fundschachtel keine Beschriftung hat.

Abb. 31 B

Schalen mit gewölbter Wandung und rundlicher Randlippe

1. Rdm. ca. 18 cm; OF hellbraun (Überzug?), Br. z. T. hellbraun. z. T. grau; Magerung mit etwas Glimmer, Kalk, Feinsand und Kbr.; OF etwas rau. Zugehörig ein Randfragment.
2. Mit weich profilierter Griffknubbe. Rdm. ca. 20 cm, Bdm. ca. 8 cm; OF hell- bis rötlich braun, Br. schwarz; Magerung mit etwas Glimmer, Feinsand, Quarzkörnchen und Kbr.; OF geglättet. Zugehörig zwei Randfragmente und 15 Wandfragmente (z. T. mit rezenten Brüchen), hiervon ein Dünnschliff.

Trichterrandgefäße

3. Rdm. ca. 20 cm; OF rötlich, Br. z. T. rötlich, z. T. schwarz; Magerung mit Feinsand, Kalk, Quarzkörnchen und Kbr.; OF rau. Zugehörig eine Wandscherbe mit Bodenansatz, Wandung zum Boden hin einziehend (hiervon ein Dünnschliff).
4. Randfragment eines mittelgroßen Trichterrandgefäßes. OF hell- bis rötlich braun, Br. z. T. schwarz; Magerung mit Feinsand, Kalk, Quarzkörnchen und Kbr.; OF rau.
5. Rdm. 30 cm; im Randknick auf AS Rille (Instrument); OF hell-, rötlich braun und dunkelbraun gefleckt (ehemals schwarzer Überzug?); Magerung mit Feinsand, etwas Glimmer, Kalk, Quarzkörnchen und Kbr.; OF geglättet. Zugehörig ein Randfragment.

Abb. 32

6. Rdm. ca. 44 cm; auf IS des Randes stellenweise Rille (Instrument); OF auf AS rötlich braun, auf IS hell- bis mittelbraun, Br. großteils schwarz; Magerung mit etwas Glimmer und Feinsand; OF geglättet. Zugehörig ein Randfragment.

7. Mit abgesetzter Schulter; Rdm. 39 cm; auf AS des Randes feine Rille (Instrument); OF auf AS rötlich braun, auf IS braun bis braunschwarz, Br. braun bis braunschwarz; Magerung mit Glimmer, Feinsand und Quarzkörnchen; OF mäßig geglättet.
8. Rdm. ca. 42 cm; OF hell- bis rötlich braun, Br. großteils schwarz; Magerung mit etwas Glimmer, Feinsand, Kalk, Quarzkörnchen und Kbr.; OF mäßig geglättet.
9. Rdm. ca. 58 cm; OF rötlich, Br. schwarz; Magerung mit Feinsand, Kalk, Quarzkörnchen und Kbr.; mit vegetabilischen Einschlüssen; OF mäßig geglättet.
10. Rdm. nicht bestimmbar (wohl über 50 cm); OF auf AS rötlich, auf IS dunkelbraun bis schwarz, im Br. z. T. rötlich braun und dunkelbraun, z. T. schwarz; Magerung mit Feinsand, Kalk, Quarzkörnchen und Kbr.; OF rau.
11. Randfragment; D. im Randknick 1,1 cm, dort auf AS Rille (Instrument); OF hell- bis rötlich braun, Br. z. T. schwarz; Magerung mit etwas Glimmer, Feinsand, Kalk und Kbr.; OF geglättet.
12. Randfragment; D. am Randknick (nur Ansatz erhalten) 1,1 cm; OF braun, Br. z. T. schwarz; Magerung mit Kalk und Quarzkörnchen; OF rau.

Bodenfragmente (o. Abb.)

13.–17. Fünf Bodenfragmente, hiervon drei mit zum Boden hin einziehender Wandung, zwei mit leicht nach außen gewölbter Wandung; ein Fragment sehr wahrscheinlich zu Nr. 9 gehörig, die übrigen wohl zu Nr. 5–8.

Wandfragmente (o. Abb.)

18. 23 Wandfragmente von unterschiedlicher Größe, vermutlich zu Nr. 3 (hiervon ein Dünnschliff) und zu drei weiteren kleinen bis mittelgroßen Trichterrandgefäßen gehörig; oxydierend gebrannt.
19. Wandfragment mit Schulterabsatz; oxydierend gebrannt.
20. Ca. 180 Wandfragmente grobtoniger großer Gefäße und von unterschiedlicher Größe, wohl zu Nr. 7–10 gehörig; oxydierend gebrannt.

Lehmbewurf (Zugehörigkeit unsicher)

21. Neun Fragmente mit Rutenabdrücken und/oder flachen Seiten; OF hellbraun; weiche Konsistenz (nur ein Fragment verziegelt), mit etwas Glimmer, Feinsand, Quarzkörnchen und Vegetabilien.

Brandgrab (29. 5. 1968)

Abb. 33

Schalen

1. Mit gewölbter Wandung (oberhalb des Bodens z. T. einziehend), Omphalosboden und rundlicher Randlippe; Rdm. 13 cm, Bdm. 2,3 cm; OF z. T. schwarz, z. T. hellbraun, Br. schwarz; Magerung mit Feinsand, Kalk und Partikeln von Kbr.; OF gut geglättet. Brüche frisch. Das Stück ist hinsichtlich der Ausformung der Randlippe, der leicht einziehenden Randpartie und der Wandstärke mit der Nr. 9 aus Grube 2 fast identisch.
2. Mit geschweifter Wandung und rundlicher Randlippe; Rdm. ca. 24 cm; OF und Br. rötlich braun; Magerung mit Feinsand, Kbr., ein graues Flusskieselchen; OF verstrichen (auf AS unregelmäßig). Zugehörig zwei Wandfragmente (hiervon ein Dünnschliff). Brüche z. T. frisch.
3. Mit gewölbter Wandung und abgestrichener Randlippe; Rdm. ca. 28 cm; OF rötlich, Br. z. T. mit grauem Kern; Magerung mit Kbr.; OF grob geglättet (z. T. verstrichen). Zugehörig zwei Wandfragmente. Brüche z. T. frisch.
4. Mit abgestrichener Randlippe; Neigungswinkel unsicher; OF und Br. schwarzbraun; Magerung mit Feinsand und Kbr.; OF geglättet. Zugehörig ein Randfragment.
5. Mit trichterförmigen Rand; Rdm. ca. 24 cm; AS mit schwarzem Überzug (Graphit?), IS dunkelgraubraun, Br. graubraun; Magerung mit Feinsand und feinem Kbr; OF geglättet.

Trichterrandgefäße

6. Rdm. 12 cm; Verz. wohl mit Fingernagel; AS hellbraun, IS dunkelgrau bis schwarz, Br. hell- bis dunkelbraun; Magerung mit Feinsand und Kbr.; OF mäßig geglättet.
7. Rdm. 25 cm, Bdm. 10,6 cm; Verz. mit Instrument; OF rötlich, Br. teils rötlich, teils graubraun, teils schwarz; Magerung mit Feinsand, Kbr. und etwas Kalk, im Bodenfragment grauer Flusskiesel und weiterer Stein; AS rau, IS mäßig verstrichen. Zugehörig ein Randlippenfragment und zehn Wandscherben (hiervon ein Dünnschliff). Brüche z. T. frisch.

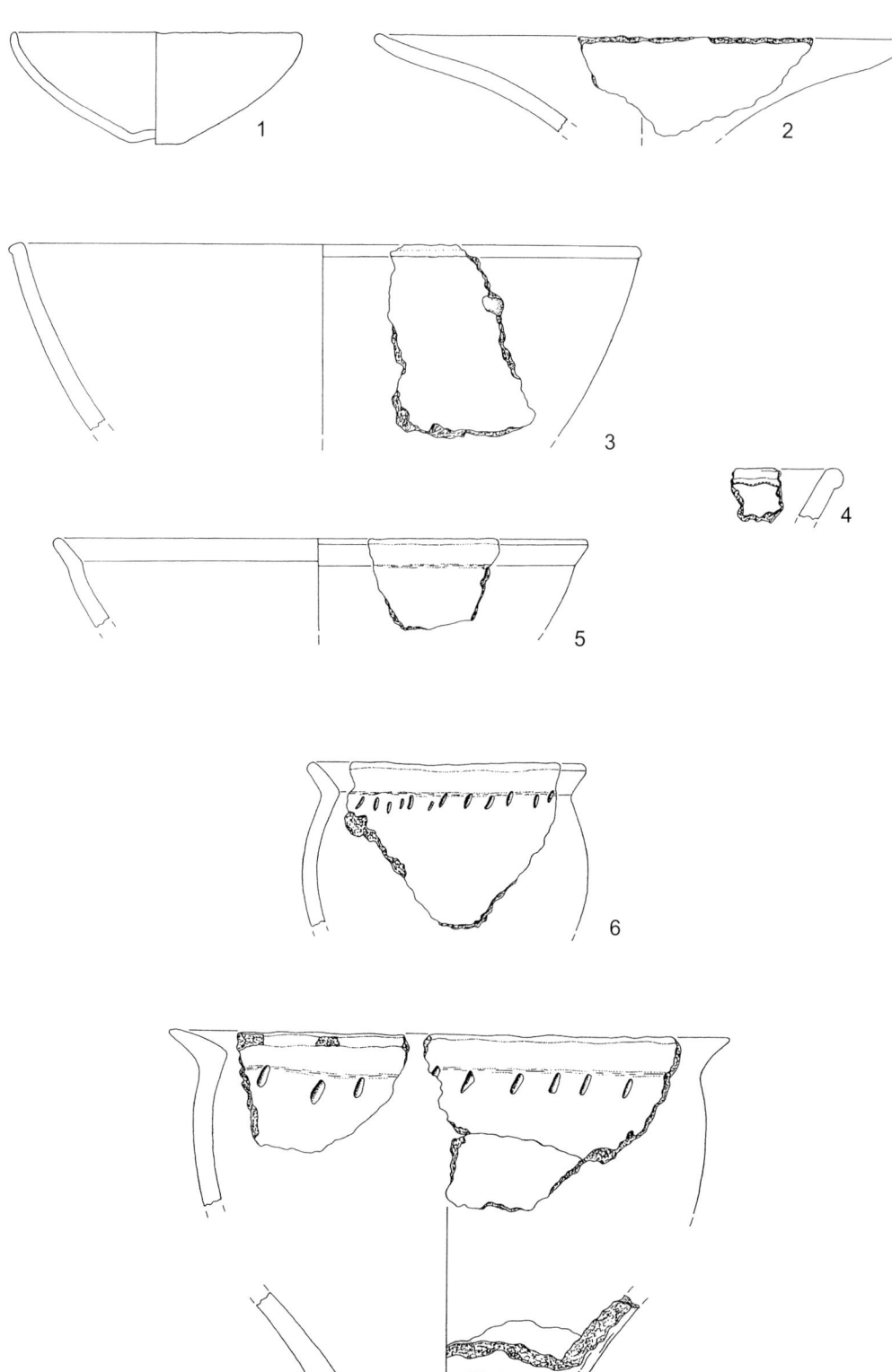

Abb. 33   Ladenburg, Rhein-Neckar-Kreis (Kiesgrube ‚Ludwig'), Brandgrab. M 1:3.

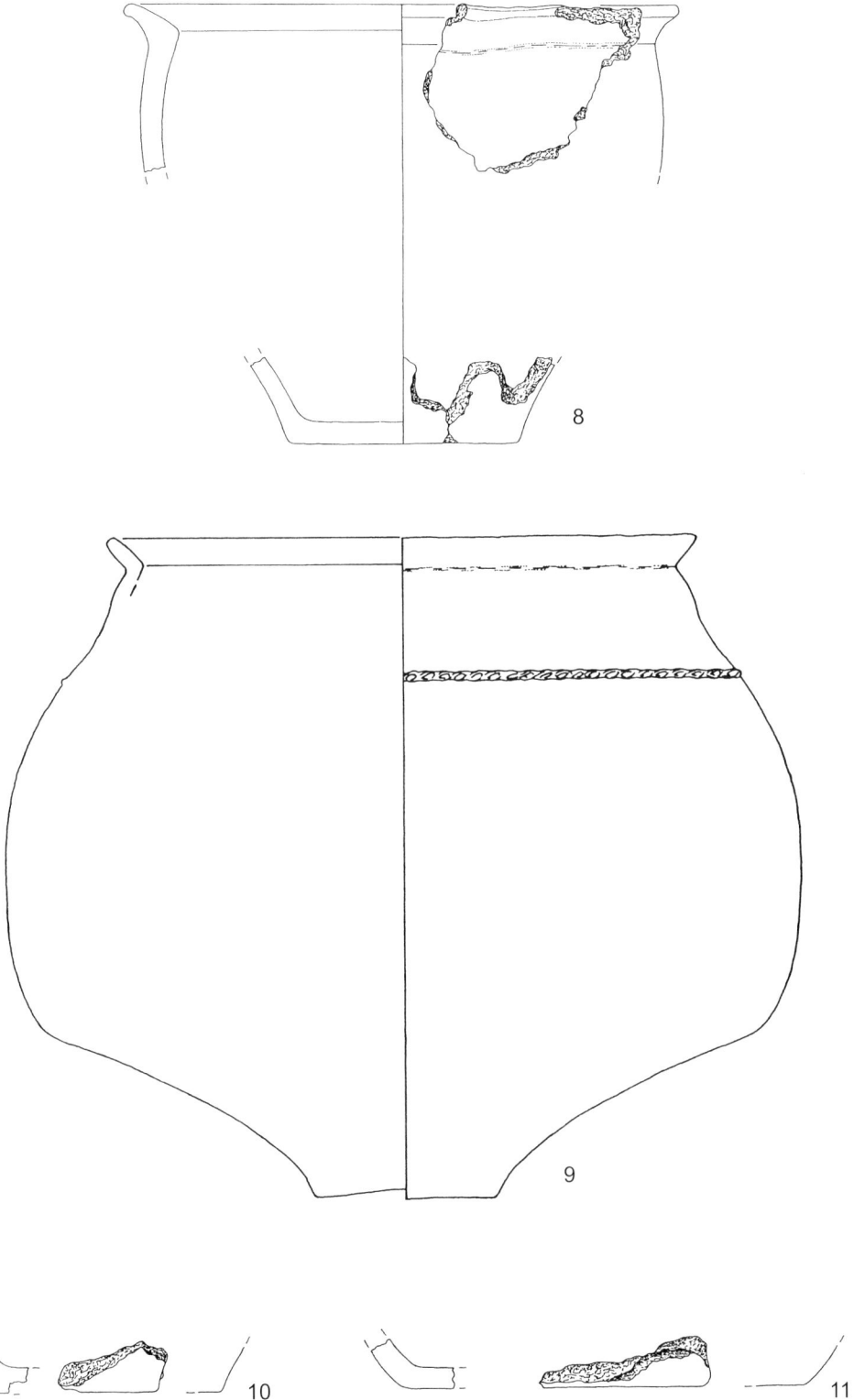

Abb. 34　Ladenburg, Rhein-Neckar-Kreis (Kiesgrube ‚Ludwig'), Brandgrab. 9 M 1:6, sonst M 1:3.

Abb. 34

8. Rdm. ca. 24 cm, Bdm. 10 cm; OF hellbraun und rötlich, Br. rötlich und z. T. mit grauem Kern; Magerung mit Kbr.; OF geglättet. Zugehörig ein Bodenfragment. Gleiche Machart wie Nr. 11. Brüche z. T. frisch.
9. Restauriert. H. ca. 58 cm, Rdm. ca. 52 cm, Bdm. ca. 16 cm, D. der mit einem Instrument gekerbten Leiste 5 mm; Magerung mit Kbr.; OF z. T. braun, z. T. schwarz und rau (mit Schmauchspuren). Zum Teil nach Zeichnung Mus. Ladenburg.

Bodenfragmente

10. Bdm. ca. 10 cm; OF hellbraun und rötlich, Br. z. T. grau; Magerung mit Feinsand und Kbr.; OF gut geglättet.
11. Bdm. ca. 18 cm; OF hellbraun und rötlich, Br. z. T. mit grauem Kern; Magerung mit Feinsand und Kbr.; OF geglättet. Zugehörig ein Bodenfragment. Gleiche Machart wie Nr. 8.

Wandfragmente (o. Abb.)

12. Womöglich zu Randfragment Nr. 4 gehörig, mit sanftem Umbruch; Dm. 12,7 x 10 cm, D. 1,1 cm; AS und Br. schwarzbraun, IS dunkelbraun; Magerung mit Feinsand und feinem Kbr.; OF geglättet, auf IS feine Verstrichspuren. Brüche alt.
13. Mit unsorgfältig ausgeführter, unverzierter Leiste; Dm. 21 x 14,8 cm, D. 1,05–1,35 cm; AS rötlich (z. T. geschwärzt), IS und Br. hell- und rotbraun; Magerung mit Feinsand, Quarzkörnchen und Kbr.; OF grob geglättet. Brüche alt.
14. 19 kleinere Fragmente (darunter ein Fragment mit Teil der Randlippe), wohl zu Nr. 9 gehörig; D. max. 1,5 cm; OF rötlich, Br. z. T. mit schwarzem Kern; Magerung mit Feinsand und Kbr; OF geglättet.

Tierknochen (Bestimmung J. Lüttschwager, Heidelberg, 1968; *o. Abb.*)

15. Rechter Oberkiefer und 1. Rippe rechts von einem kleinen, aber erwachsenen Hausschaf oder einer Ziege.

Die menschlichen Schädelteile aus einer späturnenfelderzeitlichen Schachtgrube von Ladenburg, Rhein-Neckar-Kreis* – Anthropologie und Paläopathologie

Stefan Flohr und Michael Schultz

Fundstück 1

Allgemeine Beschreibung

Bei dem Fundstück handelt es sich um ein nahezu vollständig erhaltenes menschliches Os frontale (Abb. 1). Es ist in einem äußerlich sehr guten Erhaltungszustand und zeigt die typische hellbräunliche Färbung bodengelagerter Knochen. Eine kleine Knochenabsplitterung befindet sich am lateralen Rand der rechten Orbita, wenige Millimeter oberhalb des Processus zygomaticus. Weitere kleinere Teile sind im Bereich der Orbitadächer abgebrochen. Am rechten Orbitadach deutet die helle Farbe der Bruchkante auf einen rezenten Bruch hin, der eventuell bei der Bergung oder dem Transport des Knochens entstand. Gleiches gilt für ein kleines Stück, das am linken Orbitadach im Bereich der Sutura frontozygomatica abgebrochen ist. Reste der Ossa nasalia sind erhalten. Bilateral sind zwei Incisurae supraorbitales deutlich ausgeprägt.

Das Fragment fällt durch seine große Robustheit auf. Die Arcus superciliares und die Glabella sind sehr kräftig und markant ausgebildet. Ebenso sind die Lineae temporales stark betont und breit. Auffällig ist auch die große Dicke des Knochens, die jedoch im Bereich der normalen Variationsbreite liegt. Des Weiteren fällt eine leichte Kielung des Os frontale in der Mediansagittalebene auf, die als epigenetisches Merkmal zu bewerten ist und in keinem Zusammenhang mit einem pathologischen Geschehen steht.

Die Suturen sind gut erhalten. Oberhalb des Nasion ist bis etwa zur Glabella ein supranasaler Nahtrest (metopische Fissur) vorhanden. Sowohl die Sutura coronalis als auch die Sutura frontozygomatica waren offen. Eine Lösung des Os frontale von den angrenzenden Knochen war ohne nennenswerte Beschädigungen möglich. Da keine Hinweise auf eine Entfleischung im Sinne von Schnitt- oder Kratzspuren zu sehen sind, kann eine Lösung des Knochens vom restlichen Schädel im vollständig skelettierten Zustand angenommen werden.

Anthropologische Analyse

Grundsätzlich kann die Geschlechtsbestimmung an einzelnen Knochen oder Knochenfragmenten problematisch und mit einem systematischen Fehler behaftet sein. In diesem Fall deuten allerdings verschiedene Merkmale recht überzeugend auf ein männliches Individuum hin. Neben der generellen großen Robustizität sprechen insbesondere die sehr deutlich modellierten Arcus superciliares und die prominente Glabella für eine solche Diagnose. Die Margo supraorbitalis ist stumpf, was ebenfalls auf ein männliches Individuum hindeutet. Hinzu kommt die am lateralen Os frontale liegende, sehr betonte Muskelinsertionslinie für den Musculus temporalis. Die Diagnose eines männlichen Individuums kann als zuverlässig angesehen werden.

---

* Vgl. Beitrag Peter König, in diesem Band S. 23–76.

Sehr viel problematischer als die Geschlechtsbestimmung ist die Schätzung des individuellen Sterbealters. Hierfür steht in erster Linie das allerdings stark variable Merkmal des Suturenschlusses zur Verfügung. Wie bereits erwähnt, war die Sutura coronalis offensichtlich erst zu einem sehr geringen Grad verwachsen, da kaum Bruchkanten zu erkennen sind. Ein spätmatures oder gar seniles Alter kann somit bei diesem Individuum nicht angenommen werden. Gegen ein juveniles Alter spricht dagegen die starke Betonung der Lineae temporales, die auf eine längere, starke Zugbelastung aufgrund der mastikatorischen Tätigkeit durch den Musculus temporalis hindeutet.[1] Ein Alter im Bereich Adultus 1 bis Adultus 2 (21–40 Jahre) erscheint makroskopisch somit am wahrscheinlichsten. Im histologischen Präparat deuten die Merkmale der eher kleinen Diploeräume und der Dicke der verbleibenden äußeren Generallamelle auf ein Alter von etwa 30–40 Jahren hin.

Paläopathologische Analyse

Bei der oberflächigen Beurteilung des Os frontale fallen zunächst an beiden Orbitadächern ovale, querlängliche Areale auf, die sich durch ihre feinporöse Struktur von der umgebenden Knochenoberfläche abheben (Abb. 2). Die Verrundungen der Poren deuten auf ein intravitales Geschehen hin, so dass das morphologische Bild einer Cribra orbitalia vorliegt, die in diesem Fall schwach bis mittelstark ausgeprägt ist.[2] Die Form der kleinen Poren, die teilweise einen spaltförmigen Charakter haben, spricht für einen Zustand im Ausheilungsstadium. Das makroskopische Bild der Cribra orbitalia spricht durch das Fehlen plattenartiger Auflagerungen oder streifiger Strukturen eher für ein entzündliches Geschehen. Eine verheilte Rachitis oder eine Osteomyelitis scheiden mit großer Wahrscheinlichkeit aus. In der lichtmikroskopischen Betrachtung (Abb. 3) zeigen sich im Bereich der knöchernen Auflagerung Gefäßimpressionen an der Knochenoberfläche sowie in das Orbitadach eindringende Gefäßkanäle. Auffällige Veränderungen in den Markräumen und der Spongiosa – wie etwa auffällige Erweiterungen der Markräume oder Resorptionslakunen – sind nicht vorhanden. Das Dünnschliffpräparat zeigt, dass die Entzündung nicht das Knocheninnere betraf, sondern dass sie vom Weichteilgewebe der Augenhöhle ausgehend zu den beobachteten Veränderungen auf der Knochenoberfläche führte. Ein hämorrhagischer Prozess, verursacht zum Beispiel durch einen Skorbut, kann nicht ausgeschlossen werden, ist auf Grund des Gesamtbefundes jedoch eher unwahrscheinlich (fehlende Spuren eines hämorrhagischen Prozesses am übrigen Knochen). Gestützt wird die Diagnose einer entzündlichen Ursache der Cribra orbitalia durch die Befunde der Sinus frontales. Diese zeigen bei endoskopischer Untersuchung auf beiden Seiten Zeichen eines chronisch-entzündlichen Prozesses (Abb. 4). Wulstige Verdickungen des Knochens und flache Grübchen belegen einen noch aktiven Entzündungsprozess im Rahmen der chronischen Erkrankung zum Zeitpunkt des Todes. Des Weiteren befinden sich auf den Arcus superciliares eine Vielzahl kleiner Löcher, die in Häufung und Größe etwas über der normalen Variationsbreite liegen dürften. Sie können als Ausdruck einer verstärkten Vaskularisation in diesem Bereich und somit ebenfalls als Folge eines entzündlichen Prozesses interpretiert werden.

Über die gesamte Squama frontalis verteilt imponieren auf der Lamina interna zahlreiche nur wenige Millimeter große längliche, glatte und streifige plattenartige Auflagerungen, die klar intravitalen Ursprungs sind. Die Neubildungen sind alle annähernd in der Zugrichtung der Dura mater ausgerichtet. Als Ursache für die Neubildungen müssen entzündliche meningeale Reaktionen angenommen werden (Pachymeningitis). Eine Hyperostosis frontalis interna (HFI) kann aufgrund der spezifischen Morphologie der Veränderungen ausgeschlossen werden. Feine Gefäßimpressionen in unmittelbarer Nähe einiger der Auflagerungen unterstützen die Diagnose eines entzündlichen Geschehens. Die fortgeschrittenen Verrundungen und der zum Teil fließende Übergang dieser Auflagerungen in die reguläre Umgebung lassen darauf schließen, dass zum Zeitpunkt des Todes keine

---

1 Weiss 2003.
2 Grad I–II nach Schultz 1988.

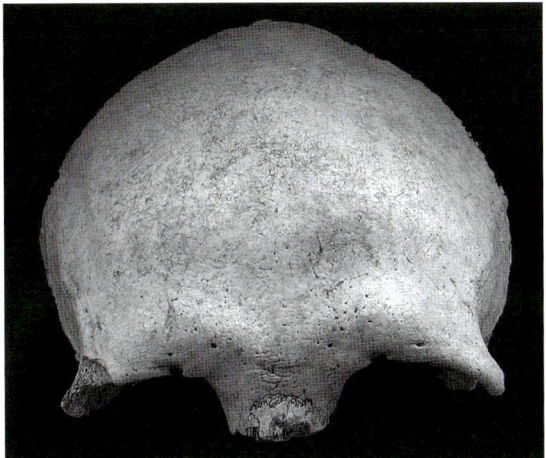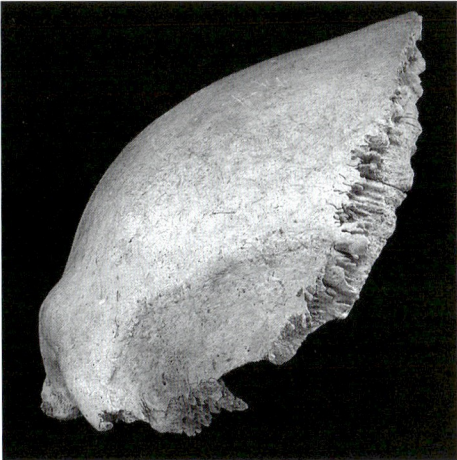

Abb. 1 Das menschliche Os frontale in Frontal- und Lateralansicht.

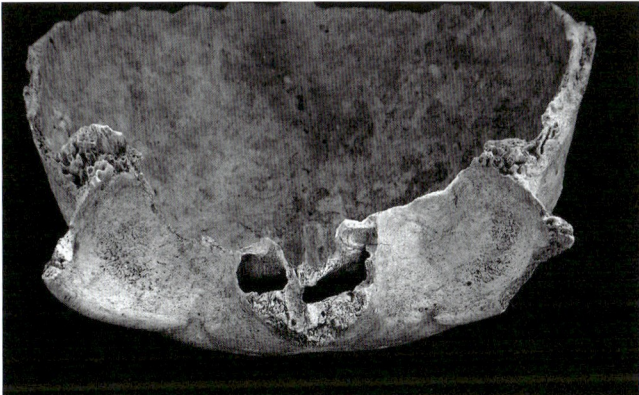

Abb. 2 Cribra orbitalia Grad I–II nach SCHULTZ (1988) beidseitig.

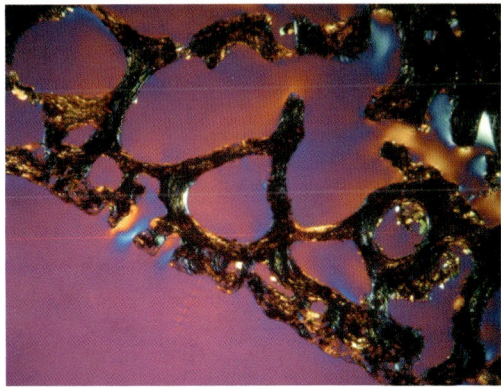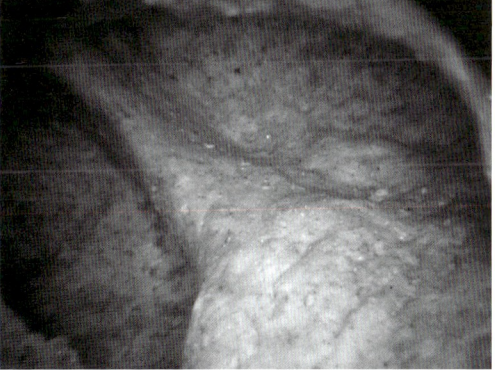

Abb. 3 (links) Dünnschliffpräparat vom linken Orbitadach (25fache Vergrößerung unter polarisiertem Durchlicht mit Hilfsobjekt Rot 1. Ordnung; Schliffdicke 70 μm). Es zeigen sich Strukturen, die als Reste einer knöchernen Auflagerung auf der ehemaligen Knochenoberfläche interpretiert werden können. Auf der Auflagerung befinden sich Impressionen von Blutgefäßen, die zum Teil in das Knocheninnere eindringen.
Abb. 4 (rechts) Endoskopische Aufnahme aus dem linken Sinus frontalis. Die Oberfläche ist wulstig verdickt und mit kleinen, flachen Grübchen besetzt. Ursache der Veränderungen war eine chronische Sinusitis.

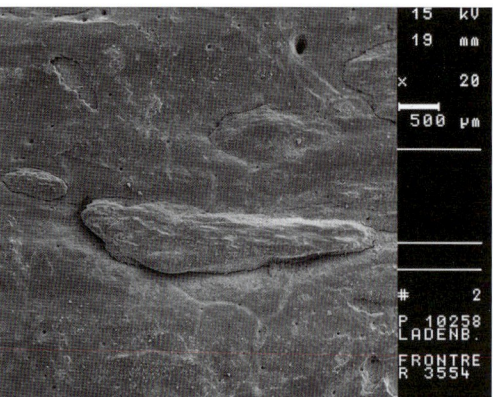 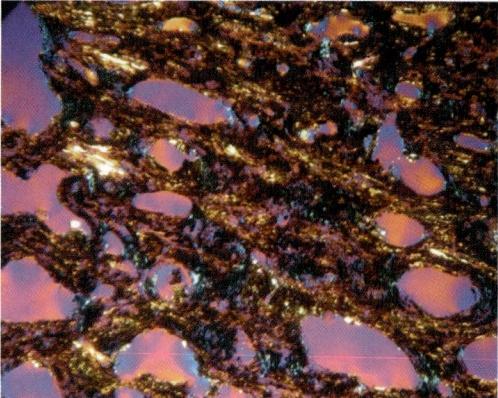

Abb. 5 (links)   Rasterelektronenmikroskopische Aufnahme einer zungenförmigen, plattenartigen Auflagerung auf der Lamina interna infolge einer verheilten Pachymeningitis (20fache Vergrößerung).
Abb. 7 (rechts)   Dünnschliffpräparat der Squama frontalis der linken Seite (25fache Vergrößerung unter polarisiertem Durchlicht mit Hilfsobjekt Rot 1. Ordnung; Schliffdicke 70μm). In der Diploe sind starke Verdichtungen vorhanden, die offenbar Vernarbungen nach einem entzündlichen Prozess darstellen.

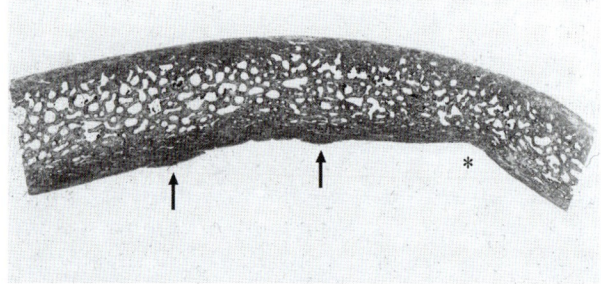

Abb. 6   Dünnschliffpräparat (Schliffdicke 70 μm) aus der Squama frontalis der rechten Seite. Die plattenartigen Neubildungen (Pfeile) sind teilweise in die Knochenoberfläche integriert, aber noch teilweise unterschnitten. Eine möglicherweise als so genanntes Duranest zu interpretierende Eintiefung ist auf der rechten Seite zu sehen (*).

akute Entzündung vorlag. Vielmehr ist eine Glättung und Integrierung der aufgelagerten Strukturen im Rahmen der physiologischen Umbauprozesse zu beobachten. Unregelmäßig geformte und leicht über die normale Variation hinaus vergrößerte Impressiones digitatae sind besonders im Bereich von Auflagerungen und Gefäßimpressionen zu sehen, was eine häufig anzutreffende Kombination bei derartigen Erkrankungen darstellt.[3] Sie dürften daher Ausdruck einer Hirndrucksymptomatik im Zuge der meningealen Reizung sein. Möglicherweise ist auch die starke Ausprägung der Crista frontalis in kausalem Zusammenhang mit einem gesteigerten Hirndruck zu sehen. Im rasterelektronenmikroskopischen Bild (Abb. 5) zeigt sich ebenso wie im Dünnschliffpräparat (Abb. 6), dass die Neubildungen die Oberfläche der Lamina interna nur geringgradig überragen. Die ehemals pilzförmigen Neubildungen scheinen in die Oberfläche ‚eingesenkt' zu sein. Offenbar kam es also zu einer Verdickung des Schädelknochens nach innen. Die Dicke von 7–7,5 mm liegt zwar im Bereich der normalen Variationsbreite, scheint in diesem Fall jedoch durch einen pathologischen Prozess verursacht zu sein. Eine scheinbare ‚Einziehung' der Schädelinnenseite im histologischen Präparat (Abb. 6), an der die Dicke lediglich 5 mm beträgt, dürfte die ursprüngliche Schädeldicke in dieser Region repräsentieren. Es ist anzunehmen, dass ein so genanntes Duranest in diesem Bereich ein Dickenwachstum, wie es in der unmittelbaren Umgebung stattfand, verhinderte. Eine Dickenzunahme der Lamina interna selbst scheint nicht vorzuliegen, da das Verhältnis der Dicke zwischen Lamina

---

3   Schultz 2001.

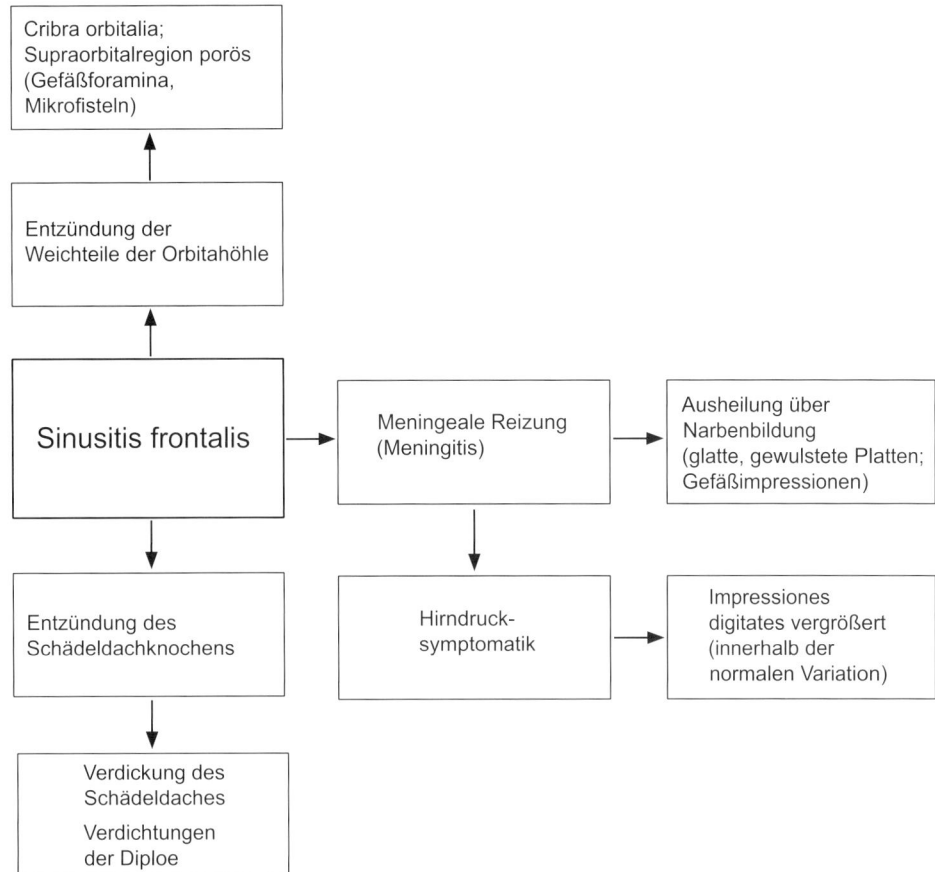

Abb. 8 Die schematische Darstellung veranschaulicht die wahrscheinlichen Beziehungen zwischen den entzündlichen Veränderungen.

interna und externa recht ausgeglichen ist. Vielmehr ist es offenbar zu einer Hypertrophie der Module des roten Knochenmarks in der Diploe gekommen. Hierdurch kam es zu osteoklastischen Aktivitäten in Richtung Lamina interna und konsekutiv zu einer reaktiven Knochenneubildung an der Lamina interna. Ursächlich kommt wiederum ein entzündliches Geschehen in Frage. Eine Anämie scheidet zum einen auf Grund der normal konfigurierten Diploeräume aus, zum anderen aufgrund der Tatsache, dass eine Dickenzunahme des Schädeldaches in Richtung Schädelinneres gegen den Druck des Gehirns bei einer Anämie nicht plausibel, jedoch bei einem entzündlichen Prozess durchaus denkbar ist. Zudem sind im lichtmikroskopischen Bild an mehreren Stellen narbige Verwachsungen in der Diploe vorhanden (Abb. 7), die zum Teil mit Blutgefäßen durchsetzt sind und ebenfalls als das Produkt einer ausgeheilten Entzündung zu interpretieren sind.

Zusammenfassend kann die Sinusitis frontalis als primärer Entzündungsherd angenommen werden, die ursächlich für die weiteren beschriebenen Veränderungen am Orbitadach (Cribra orbitalia), den Arcus superciliares (Porosierung), der Diploeräume der Squama frontalis (Verdickung des Schädeldaches und Verdichtungen in der Diploe) und der Lamina interna (Pachymeningitis) zu sein scheint (Abb. 8). Die Ursachen der Sinusitis sind wiederum nicht erkennbar. Einen Hinweis liefert möglicherweise die Röntgendarstellung des Os frontale (Abb. 9). Hier zeigt sich, dass die Sinus frontales verhältnismäßig klein ausgeprägt sind, was auf eine minderwertige Schleimhautqualität schließen lässt. Eine erhöhte Infektanfälligkeit wäre die Konsequenz und könnte sich in den hier beschriebenen Veränderungen darstellen.

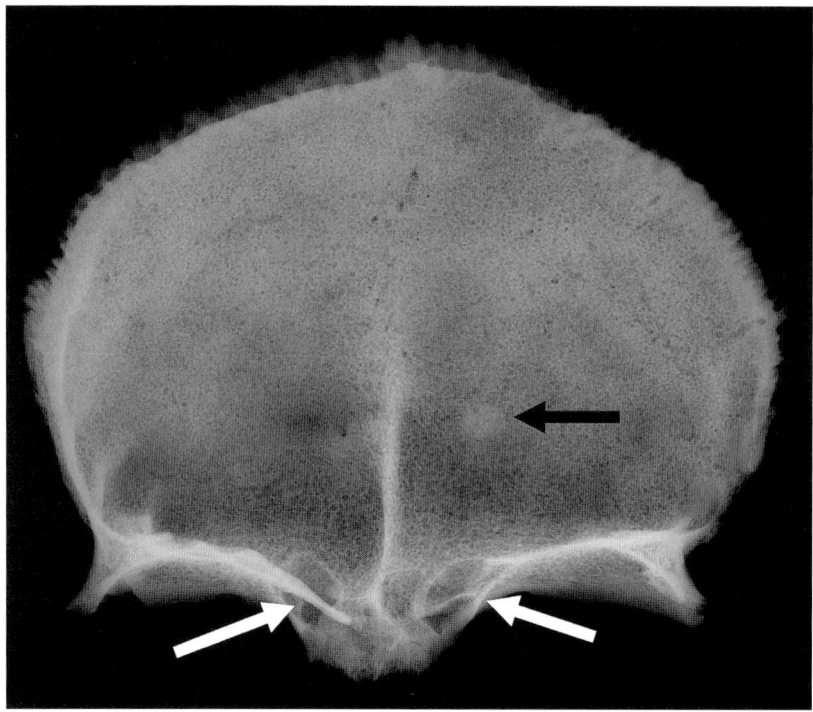

Abb. 9 Röntgendarstellung des Stirnbeins. Zu sehen sind die klein ausgebildeten Stirnbeinhöhlen (helle Pfeile) sowie eine strahlendichte Stelle in der Squama (dunkler Pfeil), die gut zu den mikroskopischen Befunden von knöchernen Verdichtungen in der Diploe passt.

Metrische Befunde

Sehnenmaße (nach Martin 1957) in cm			Bogenmaße	
9.	ft–ft	9,1	n–b	12,7
10.	co–co	11,6	g–b	12,1
10b.	st–st	11,5		
	n–g	0,4	Lotmaße	
	n–sg	1,9		
	n–m	4,1		
	n–b	11,3	Lot auf n–b	2,4
	g–m	3,6	Lot auf g–b	2,1
	g–b	10,9		
	m–b	8,2		

Fundstück 2

Das zweite menschliche Knochenfragment ist ein etwa 5 auf 5 cm großes Teil eines rechten hinteren Os parietale. Kleine Abschnitte der Sutura sagittalis und lambdoidea sind vorhanden. Die Suturen zeigen ungefähr den gleichen Obliterationsgrad wie die Koronalnaht des Os frontale. Die Knochenoberfläche ist auch bei diesem Fundstück in einem sehr guten Erhaltungszustand. Allerdings weist es im Gegensatz zum Stirnbein eine dunkle Verfärbung auf, die auf eine Hitzeeinwirkung durch Feuer schließen lässt. Oberflächig kam es durch die Hitzeeinwirkung jedoch zu keinen sichtbaren Zerstörungen des Knochens. Aussagen hinsichtlich Geschlecht und Sterbealter sind visuell-makroskopisch nicht zu treffen.

Die Zugehörigkeit des Parietalfragments zu dem Os frontale kann nicht eindeutig geklärt werden. Oberflächenbeschaffenheit und Grad der Suturenobliteration können bestenfalls als Indizien hierfür gewertet werden.

Literatur

MARTIN 1957	R. MARTIN, Lehrbuch der Anthropologie I. 3. völlig umgearbeitete und erweiterte Auflage von K. SALLER (Stuttgart 1957).
SCHULTZ 1988	M. SCHULTZ, Paläopathologische Diagnostik. In: R. KNUSSMANN (Hrsg.), Anthropologie. Handbuch der vergleichenden Biologie des Menschen I (Stuttgart, New York 1988) 480–496.
SCHULTZ 2001	M. SCHULTZ, Mikroskopische Identifikation von Krankheiten an mazerierten Skelettfunden. In: M. OEHMICHEN/G. GESERICK (Hrsg.), Osteologische Identifikation und Altersschätzung. Research in Legal Medicine 26, 2001, 197–220.
WEISS 2003	E. WEISS, Understanding Muscle Markers: Aggregation and Construct Validity. American Journal of Physical Anthropology 121, 2003, 230–240.

Schlagwortverzeichnis

Cribra orbitalia; Pachymeningitis; Paläopathologie; Urnenfelderzeit.

Anschriften der Verfasser

STEFAN FLOHR M.A
Fachbereich Biowissenschaften, Universität Frankfurt
Siesmayerstraße 70
60323 Frankfurt am Main

E-Mail: Stefan_Flohr@gmx.de

Prof. Dr. Dr. MICHAEL SCHULTZ
Zentrum Anatomie, Universität Göttingen
Kreuzbergring 36
37075 Göttingen

E-Mail: mschult1@gwdg.de

Holunder-Holzkohlen aus einer späturnenfelderzeitlichen Schachtgrube von Ladenburg, Rhein-Neckar-Kreis*

Ursula Tegtmeier

Im Jahre 1964 wurde bei Auskiesungsarbeiten im Bereich der Kiesgrube ‚Ludwig' nordwestlich von Ladenburg eine schachtförmige, etwa 2,80 m tiefe Grube mit einem Durchmesser von 2,50 m aufgedeckt. Die obere Verfüllung war vermischt mit Keramik, Tierknochen und Holzkohlen, auf der Grubensohle kamen ein bronzenes Griffdornmesser, Fragmente von Feuerböcken sowie ein menschliches Stirnbein zu Tage. Die Funde datieren in das 9. Jahrhundert v. Chr., der gesamte Befund scheint in den Kontext einer Bestattungssitte zu gehören.[1] Unter dem Fundgut fand sich bei der archäologischen Bearbeitung eine kleine Pappschachtel mit Holzkohlen, welche zur anthrakologischen Untersuchung in das Labor für Archäobotanik des Instituts für Ur- und Frühgeschichte der Universität zu Köln eingereicht wurden.

Die Holzkohlen wiegen insgesamt 15,11 g. Sie sind fest und zum Teil relativ groß, wobei das größte Stück 4,5 cm lang, maximal 2 cm breit und etwa 1 cm dick ist (Abb. 1,1). Makroskopisch ist sowohl an den größeren als auch an den kleineren Holzkohlen eine schwache Krümmung erkennbar; hier liegen äußere Bereiche von Zweigen oder dünneren Ästen vor, die zum Teil auch – wohl entlang der Jahrringgrenzen – schalenartig abgeplatzt sind. An wenigen breiteren Stücken lässt sich trotz der geringen Krümmung ein Durchmesser von etwa 3 cm ermitteln. Bei der Holzartbestimmung, bei der mit Hilfe eines Auflichtmikroskops auf frisch hergestellten Brüchen von den Quer-, Tangential- und Radialflächen bestimmte, diagnostisch relevante, holzanatomische Merkmale gesucht werden, stellte sich heraus, dass die 30 ausgewählten Stücke unterschiedlicher Größen durchweg zum *Sambucus*-Holztyp (Holunder) gehören.[2] Die mit dem bloßen Auge erfolgte Durchmusterung der mikroskopisch nicht untersuchten Holzkohlen (5,09 g Gewicht) zeigt, dass auch die restlichen Stücke alle wohl vom *Sambucus*-Holztyp stammen.[3]

Bei den Holunderstücken fielen mehrere Fragmente auf, die offensichtlich Bearbeitungsspuren besitzen: es handelt sich um abgerundet gearbeitete Kanten und abgeschrägte Stellen (Abb. 1,1–6). Da bei der Holzartbestimmung zwei Zweigstücke aneinandergepasst werden konnten und da Bearbeitungsspuren Hinweise auf Reste eines hölzernen Gegenstandes i. w. S. geben, wurde intensiv versucht, weitere Bruchstücke zusammenzupassen und auf diese Weise dem ‚Gegenstand' näher zu kommen; leider war die Zusammenpassrate gering (die wenigen Stücke sind mit Ponal geklebt worden) und erlaubt keine weiteren Angaben zu einem in Erwägung zu ziehenden Gegenstand, der hier Feuer ausgesetzt war und dabei verkohlte – und deshalb letztlich (wohl in Resten) erhalten blieb. In den Grabungsunterlagen gibt es keinerlei Notizen oder Skizzen zu den 1964 geborgenen Holzkohlen in Hinblick auf deren Fundposition innerhalb des Grubenbefundes,[4] doch aufgrund lediglich einer

---

* Vgl. Beitrag Peter König, in diesem Band S. 23–76.
1 Für Informationen zu diesem Befund danke ich herzlich Dr. Peter König (Heidelberg).
2 Die Bestimmung folgte den in Schweingruber 1978 veröffentlichten Kriterien.
3 Bei der Durchmusterung der Holzkohlen sind zwei kleine Knochensplitter aufgefallen, die der Archäozoologe Dr. Hubert Berke (Köln) freundlicherweise begutachtete: Es handelt sich um „Tierknochen", in Frage kommt „am ehesten Schulterblatt".
4 Hätten die zwei Knochensplitter (vgl. Anm. 3) zum Schädelbereich eines Menschen gehört, dann hätte eine Fundlage auf der Grubensohle bei den Schädelknochen in Erwägung gezogen werden können.

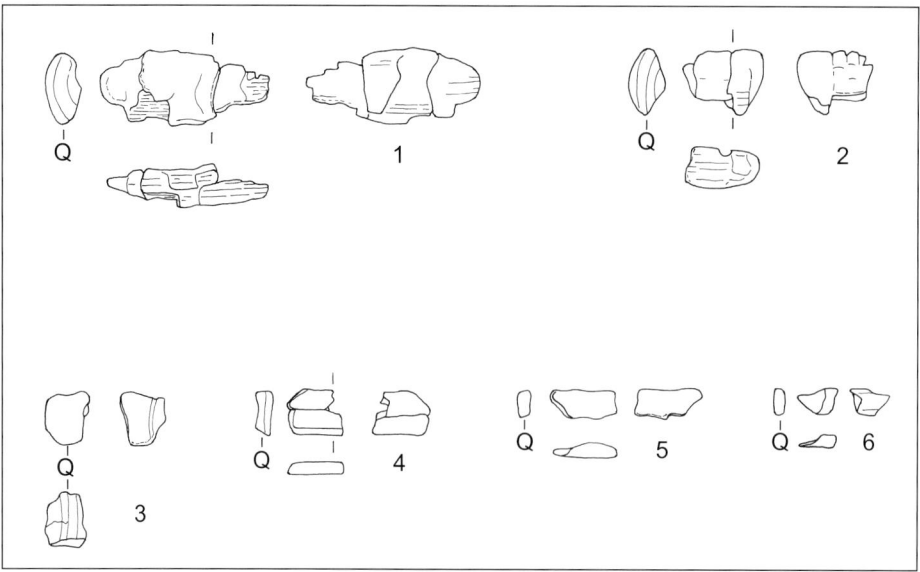

Abb. 1   Holunder-Holzkohlen aus Grube 2 von Ladenburg, Rhein-Neckar-Kr. (Kiesgrube ‚Ludwig'). Q = holzanatomische Querfläche. M 1:2.

einzigen belegten Holzart kann vielleicht der Schluss gezogen werden, dass die Ausgräber damals auf diese Holzkohlen aufmerksam wurden, weil sie gehäuft, also eine Art Konzentration bildend, vorlagen. Das könnte dann als weiteres Indiz in Betracht gezogen werden für die Zusammengehörigkeit aller Holunder-Holzkohlen und damit für die Zugehörigkeit zu einem ‚Gegenstand'.

Doch um welchen Gegenstand aus Holunderholz, das kein typisches Geräteholz ist, kann es sich gehandelt haben? Holunderholz ist mäßig hart, gut zu spalten und von geringer Dauer; seine Verwendung beschränkt sich auf untergeordnete Drechsler- und Holzschnitzarbeiten.[5] Erwähnenswert ist das leicht zu entfernende, weiche Mark. An den Holunder-Holzkohlen aus dem Ladenburger Grubenbefund der späten Urnenfelderzeit liegt nur der verholzte Teil vor, es ist kein Mark vorhanden, auch sind keine Markreste zu erkennen. Offenbar wurde das Mark absichtlich entfernt, weil es für den vorgesehenen Zweck nicht gebraucht wurde oder störte; generell erhält sich Holundermark auch in verkohltem Zustand, was ein entsprechendes Stück aus der rezenten Vergleichssammlung belegt. Geht man davon aus, dass das Holundermark absichtlich entfernt wurde, dann wollte man damals ein röhrenförmiges ‚Objekt' herstellen. Hierzu fallen einem unmittelbar die einfach herzustellenden Blasrohre ein. Aus einem archäologischem Kontext kenne ich nur eine Holunderholz-‚Röhre': sie kam im Winter 1986 bei taucharchäologischen Untersuchungen in der Seeufersiedlung Hagnau-Burg (Kulturschicht A) am nordwestlichen Bodensee zu Tage und ist eine in die Zeit um etwa 1050 v. Chr. zu datierende und mit Ritz- und Kerbmustern verzierte Flöte aus Holunderholz.[6] Diese Holunderholzflöte ist relativ vollständig erhalten, misst mehr als 15 cm in der Länge und hat an seinem proximalen Ende einen Außendurchmesser von 2,1 cm; sie ist an einem Ende gerade und am anderen, dem Mundstück, zweifach schräg abgeschnitten; ein Griffloch von 1,2 cm Durchmesser ist ebenfalls vorhanden.

Bei aller gebotenen Vorsicht in Hinblick auf eine Interpretation der Ladenburger Fragmente ist nicht auszuschließen, dass es sich bei den erhaltenen Holunder-Holzkohlen ebenfalls um die Reste einer Flöte handeln könnte. Diese Überlegung würde nicht der von archäologischer Seite aufgestellten Hypothese widersprechen, dass der Grubenbefund im Zusammenhang mit einer Bestattungssitte stehen kann.

---

5   Gayer 1954, 136 f.
6   Schöbel 1987; ders. 1996, 113 Abb. 76 Taf. 73,21.

Literatur

Gayer 1954   S. Gayer, Die Holzarten und ihre Verwendung in der Technik (⁷Leipzig 1954).

Schöbel 1987   G. Schöbel, Ein Flötenfragment aus der spätbronzezeitlichen Siedlung Hagnau-Burg, Bodenseekreis. Arch. Nachr. Baden 38–39, 1987, 84–87.

Schöbel 1996   G. Schöbel, Siedlungsarchäologie im Alpenvorland IV. Die Spätbronzezeit am nordwestlichen Bodensee: taucharchäologische Untersuchungen in Hagnau und Unteruhldingen 1982–1989. Forsch. u. Ber. Vor- u. Frühgesch. Baden-Württemberg 47 (Stuttgart 1996).

Schweingruber 1978 F. H. Schweingruber, Mikroskopische Holzanatomie (Zug 1978).

Schlagwortverzeichnis

Holzkohlen; Holzartbestimmung; Holunder; Holzflöte; Späte Urnenfelderzeit; Ladenburg.

Anschrift der Verfasserin

Dr. Ursula Tegtmeier
Labor für Archäobotanik
Institut für Ur- und Frühgeschichte
Universität zu Köln
Weyertal 125
50923 Köln

E-Mail: u.tegtmeier@uni-koeln.de

Eine jungurnenfelderzeitliche Siedlungsgrube von Heidelberg-Bergheim

Peter König

Obgleich urnenfelderzeitliche Siedlungszeugnisse des Heidelberger Stadtgebiets bereits zu Beginn des letzten Jahrhunderts von K. Pfaff[1] systematisch beobachtet worden sind, ist über sie bis heute so gut wie nichts bekannt. Denn abgesehen von einer in den Jahren 1966–67 erstmalig erfolgten Auflistung und Kartierung[2] blieben nicht nur die von Pfaff erfassten, sondern auch die danach bis in jüngste Zeit entdeckten Siedlungen zur Hauptsache unveröffentlicht. Ausnahmen sind einige allgemein als späturnenfelderzeitlich (Ha B3) angesprochene Siedlungsfunde vom Heiligenberg[3] sowie eine Siedlungsgrube von Heidelberg-Bergheim,[4] deren Inhalt im Folgenden vorgestellt werden soll.[5]

---

1 Pfaffs früher Tod im Jahre 1908 – er wurde nur 52 Jahre alt – verhinderte, dass er seine Feldbeobachtungen zusammenfassend auswerten konnte. Ein kurzer Abriss über die archäologischen Entdeckungen findet sich in der zweiten Auflage seines grundlegenden Buches: Pfaff, Heidelberg und Umgebung (²Heidelberg 1902) 5 ff. bes. 392 Anm. 3. Zur Würdigung seines Lebenswerkes s. E. Wagner, Fundstätten und Funde aus vorgeschichtlicher, römischer und alamanisch-fränkischer Zeit im Grossherzogtum Baden II. Das badische Unterland (Tübingen 1911) 266; E. Wahle, Die Vor- und Frühgeschichte des unteren Neckarlandes (Heidelberg 1925) V ff. – Zu der von Pfaff 1905 in Heidelberg-Bergheim westlich des ehemaligen Städtischen Grubenhofs aufgefundenen Siedlung der Urnenfelderzeit siehe hier S. 24 mit Anm. 10.
2 A. Dauber, Ur- und Frühgeschichte. Die Bodenfunde. In: Die Stadt- und Landkreise Heidelberg und Mannheim. Amtliche Kreisbeschreibung I (Karlsruhe 1966) 143 f. mit Karte; A. Dauber/E. Gropengiesser/B. Heukemes/ M. Schaab, Archäologische Karte der Stadt- und Landkreise Heidelberg und Mannheim. Bad. Fundber. Sonderh. 10, 1967, 21 ff. Den für die Urnenfelderzeit praktisch unveränderten Forschungsstand zeigt eine weitere im Jahre 1990 veröffentlichte Karte: H.-P. Kuhnen, Neue vorgeschichtliche Siedlungsreste von Heidelberg-Wieblingen. Arch. Ausgr. Baden-Württemberg 1989, 123 Abb. 80.
3 Die Publikation des von F. Klein bereits fertiggestellten Manuskripts zu den vor- und frühgeschichtlichen Funden des Heiligenbergs steht noch aus. Ansonsten ist die Zahl der über diesen Fundort handelnden Arbeiten Legion. An bislang veröffentlichten Fundvorlagen zur Urnenfelderzeit (mit z. T. den gleichen Abbildungen) seien genannt: P. H. Stemmermann, Der heilige Berg in der Frühgeschichte. Bad. Fundber. 16, 1940, 65 f. Abb. 7 a.c; 8; P. Marzolff, Neue Grabungen auf dem Heiligenberg bei Heidelberg. Arch. Korrbl. 12, 1982, 411 Taf. 45,1; ders., Die neuen Grabungen in St. Michael auf dem Heiligenberg. Forsch. u. Ber. Arch. Mittelalter Baden-Württemberg 8 (Stuttgart 1983) 68 f. Abb. 19 a; 21 c; M. Hein, Ein Scheidenbeschlag vom Heiligenberg bei Heidelberg. Zur Typologie endbronzezeitlicher und ältereisenzeitlicher Ortbänder (Ha B2/3–Ha C). Jahrb. RGZM 36, 1989, 301 ff. Abb. 1 Taf. 10; R. Ludwig, Von den ältesten Siedlungsspuren bis zum Ende der Römerzeit. In: R. Ludwig/P. Marzolff, Der Heiligenberg bei Heidelberg. Führer Arch. Denkmäler Baden-Württemberg 20 (Stuttgart 1999) 28 f. Abb. 10; 11. Zur Befundsituation zuletzt R.-H. Behrends/D. Müller, Die Befestigungen auf dem Heiligenberg bei Heidelberg. Atlas archäologischer Geländedenkmäler in Baden-Württemberg 2. Vor- und frühgeschichtliche Befestigungen H. 5 (Stuttgart 2002) 26.
4 E. Kemmet/H.-P. Kuhnen, Mondidol und Lackprofil aus einer Siedlung der Urnenfelderzeit in Heidelberg-Bergheim. Arch. Ausgr. Baden-Württemberg 1990, 67 ff. Abb. 36; 37. In diesem Bericht wurden außer den Fragmenten eines Feuerbocks keine weiteren Funde abgebildet. Die Fundstelle und die Befunde wurden dagegen so ausführlich beschrieben, dass hier nur noch eine Zusammenfassung gegeben werden soll (s. u.).
5 Frau Dr. R. Ludwig und Herrn E. Kemmet (Kurpfälzisches Museum Heidelberg) danke ich für die Erlaubnis, die Funde aufnehmen und in alle Unterlagen (Tagebücher, Inventarlisten, Ortsakten und Fundstellenverzeichnis) Einsicht nehmen zu können. Frau I. Grunert M. A. (Heidelberg) fertigte die Zeichnungen des Grubenprofils (Abb. 2) sowie der im Lackprofil befindlichen Knickwandschale (Abb. 4,20) an. Hierfür sei ebenfalls gedankt. Für die

Fortsetzung nächste Seite

Die Fundstelle befindet sich in siedlungstopographisch bevorzugter Lage auf dem südlichen Neckarhochufer in dem Bereich, wo der den Schwemmkegel durchbrechende Fluss seinen Ost-West-Verlauf ändert und in nördliche Richtung abbiegt (Abb. 1). Im Spätwinter und Frühjahr des Jahres 1990 wurde hier – in der Mannheimer Straße 21 – auf einer noch weitgehend unbebauten und ca. 30 x 20 m großen Fläche mit der Errichtung eines Erweiterungsbaus der Johannes-Gutenberg-Gewerbeschule begonnen. Die Bauarbeiten wurden von Anfang an archäologisch begleitet, da die unmittelbar östlich und westlich anschließenden Hochuferbereiche immer wieder zahlreiche Befunde aus verschiedenen Perioden ergeben hatten und weitere zu erwarten waren. Nach Abhub der oberen, rezent mit Schutt und Abfall durchmischten Humusschicht kamen am 19. März die unter einem Versorgungskanal gelegenen Reste einer trichterförmigen Grube (,Fundpunkt 1') zutage. Sie befand sich am südlichen Rand der Baugrube. Hierbei zeigt eine noch an diesem Tag angefertigte Profilskizze, dass nicht nur der obere Teil der Grube durch den Versorgungskanal gekappt worden war, sondern auch ihre Südhälfte beim Bau der Gewerbeschule (1969–1973) zerstört worden sein muss. So konnten nur noch ein Rand- und elf Wandfragmente von verschiedenen Gefäßen, fünf Hüttenlehmfragmente, das Fragment eines Röhrenknochens und drei Steine (Buntsandstein und Muschelkalk) geborgen werden.[6] Am 21. März wurde eine weitere, ebenfalls trichterförmige Grube (,Fundpunkt 2') am nordwestlichen Rand der Baugrube gesichert (Abb. 2). Nach Ansicht der Ausgräber könnte diese Grube ursprünglich zum Zwecke der Vorratshaltung angelegt worden sein, ohne dass der anstehende Lösslehm die hierfür notwendige Stabilität geboten hätte. Dem Grabungsbefund zufolge wurde sie jedenfalls bald nach ihrer Anlage schichtweise verfüllt. Ihr Inhalt ergab die Reste zahlreicher Gefäße und eines Feuerbocks (Abb. 3–7), drei Randfragmente der Rössener Kultur,[7] Hüttenlehmfragmente, Tierknochen,[8] Holzkohlen, Flussgerölle[9] und Konkretionen.

Inwieweit die beiden Befunde chronologisch zusammenhängen, kann nicht sicher beurteilt werden. Das Randfragment von ,Fundpunkt 1' besitzt eine abgestrichene Randlippe und gehört zu einem größeren Trichterrandgefäß, dessen Formgebung nicht mehr bestimmt werden kann. Vergleichbare Ränder hat ,Fundpunkt 2' jedenfalls nicht geliefert. Ferner befindet sich unter den Wandscherben ein kleines Fragment, das mit Rillen verziert ist. Sie weisen den gleichen U-förmigen Querschnitt auf, den ein Fragment von ,Fundpunkt 2' besitzt (Abb. 5,26), sind aber breiter (1–2 mm). So mag ein Siedlungszusammenhang bestehen, strikt erweisen lässt er sich jedoch nicht. Gleiches betrifft ein konisches Schälchen mit ausgelegtem Rand (ähnlich Abb. 5,34), das im Jahre 1905 von Pfaff westlich des ehemaligen Städtischen Grubenhofs aufgefunden wurde und aus einer „Hüttenstelle"

Fortsetzung Anm. 5

    archäozoologische Auswertung des Faunenmaterials (,Fundpunkt 2') danke ich Frau Dr. E. Stephan (Landesamt f. Denkmalpfl. Konstanz), für die Bestimmung der Gesteinsarten (,Fundpunkt 1' und ,Fundpunkt 2') und weitere Hinweise Herrn Prof. Dr. V. Schweizer (Geol.-Paläontol. Inst. Univ. Heidelberg). – Die Funde einschließlich des Lackprofils befinden sich im Kurpfälzischen Museum der Stadt Heidelberg und sind dort mit den Inv.Nr. HD-Ber 1990/40–57 erfasst.

6 Kurpfälzisches Museum der Stadt Heidelberg, Inv.Nr. HD-Ber 1990/38–39.

7 Die Scherben fügen sich gut in das Material ein, das aus einem unmittelbar westlich – in der Mannheimer Str. 27 – im Jahre 1973 angeschnittenen und umfangreichen Grubenkomplex der Rössener Kultur stammt: S. Alföldy-Thomas/H. Spatz, Die „Große Grube" der Rössener Kultur in Heidelberg-Neuenheim. Materialh. Vor- u. Frühgesch. Baden-Württemberg 11 (Stuttgart 1988) 64 ff. Abb. 13–15.

8 Siehe Beitrag E. Stephan in diesem Band S. 107–116.

9 Vgl. Kemmet/Kuhnen (Anm. 4) 70. Einige dieser Flussgerölle wurden als Reibsteine und -platten angesprochen, wofür sie ihrer Form nach auch durchaus in Frage kommen würden. Sie zeigen jedoch keinerlei Spuren eines Abriebs. Hinzu kommt, dass sich auf ihren Oberflächen winzige Wohnröhren von im Wasser lebenden Organismen befinden. Artifizielle Einwirkung könnte lediglich ein großes Flussgeröll aus Buntsandstein belegen, das offensichtlich im Feuer gelegen war und Hitzerisse aufweist.

10 Wahle (Anm. 1) 16. Es ist letztlich unklar, wer der Urheber dieser Angabe ist. In den Heidelberger Ortsakten befindet sich eine von Wahle 1919 handschriftlich erstellte Liste, die alle Befunde aufführt, die Pfaff 1905 anlässlich des Baues der von Heidelberg nach Weinheim führenden Bahnlinie beobachtet hat. Was nun die „Hüttenstelle" anbelangt, konnte sich Wahle offensichtlich nur auf einen in dem Schälchen liegenden Zettel stützen, der „aus bronzezeitlicher Hüttenstelle 1905 neben städtischem Grubenhof bei III. Brücke" vermerkte. Eine Dokumentation des Befundes lag Wahle nicht vor.

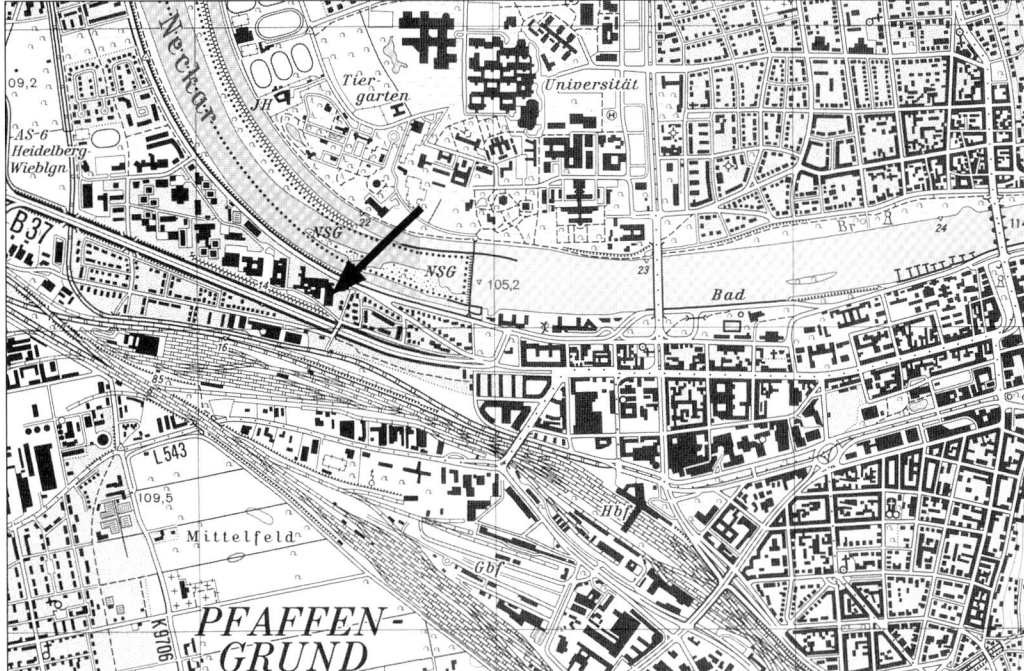

Abb. 1 Heidelberg-Bergheim. Lage der jungurnenfelderzeitlichen Siedlungsgruben vom 19.3.1990 ('Fundpunkt 1') und vom 21.3.1990 ('Fundpunkt 2'). Topographische Karte 1:25 000. Ausschnitte aus den Blättern 6517 und 6518. © Landesvermessungsamt Baden-Württemberg (http://www.lv-bw.de), Az.: 2851.3-A/218.

stammen soll.[10] Die Fundstelle ist zwar nicht mehr genau zu lokalisieren, sie muss aber unweit östlich der Mannheimer Straße 21 gelegen haben. Sollten also diese drei Befunde zu ein und derselben Siedlung gehören, dann müsste sie von beträchtlichem Ausmaß gewesen sein. Anfang und Ende dieser Siedlung können freilich nicht beschrieben werden, zudem steht zu befürchten, dass viele zugehörige Befunde durch die nachfolgende Bebauung zerstört worden sind.
Obgleich die Siedlungsgrube von Heidelberg-Bergheim keine allzu große Keramikmenge überliefert hat, ist das Formenspektrum vielfältig. So begegnen im gut vertretenen Schalenmaterial gewölbte und konische Formen mit einfachem Rand (Abb. 3,1–11; 4,12), konische Schalen mit leicht ausgelegtem Rand (Abb. 5,34–36), eine oder zwei Schalen mit getreppter Innenseite (Abb. 4,13.14) und Knickwandschalen (Abb. 4,15–22; 5,23). Die Becher umfassen einen verflauten Schulterbecher (Abb. 5,39) sowie drei Schräg- bzw. Trichterrandbecher mit gewölbter Wandung (Abb. 5,38.40.41). Einmal ist ein Gefäß mit abgesetztem Halsfeld vertreten (Abb. 5,37). Vermutlich besaß es nicht einen doppelkonischen, sondern einen gerundeten Bauch, denn unter den Wandfragmenten sind solche mit markanten Bauchumbrüchen nicht zu finden. Soweit ansprechbar, handelt es sich bei den übrigen Gefäßen um unterschiedlich große Schräg- oder Trichterrandgefäße (Abb. 5,42.43; 6,44–48.50.51). Sie zeigen z. T. eine Tendenz zum Steil- oder Kragenrand (Abb. 6,47), der bei einem Gefäß (Abb. 6,44) sowie womöglich bei zwei weiteren (Abb. 7,55.56) vorhanden ist. Unabhängig von der Gefäßform wurde die Mehrheit der Randlippen entweder gerade (z. B. Abb. 3,9; 5,37; 6,46) oder auf der Innenseite (z. B. Abb. 3,7; 4,19; 7,55–57) abgestrichen. In einigen Fällen (z. B. Abb. 4,15) wurden Innen- und Außenseite abgestrichen, so dass ein dachförmiges Profil entstand. Gerundete bis spitz gerundete Randlippen treten demgegenüber deutlich zurück (z. B. Abb. 3,1.11; 5,41).
An Verzierungen begegnen schraffierte und ehemals inkrustierte Dreiecke (Abb. 4,13–15), eingestempelte Kreismuster (Abb. 5,24), Kornstichreihen (Abb. 5,25), Horizontalrillen (Abb. 5,39), einreihig oder in Form von Fischgräten angeordnete Schrägkerben (Abb. 5,40.41; 6,45; 7,53.54) und unregelmäßig ovale, eingedrückte Muster (Abb. 6,46). Hinzu kommen ein Gefäß mit gekerbter

Randlippe (Abb. 5,42) und ein weiteres mit einer Fingertupfenleiste (Abb. 7,52). Es bleibt festzuhalten, dass ‚echter' Kammstrich fehlt.[11] Denn die feinen und einen U-förmigen Querschnitt aufweisenden Rillen einiger Schalen und des Schulterbechers (Abb. 4,13–15; 5,39) wurden eindeutig einzeln gezogen. Gleiches dürfte das kleine Wandfragment betreffen (Abb. 5,26). Sämtliche in den Randknicken befindlichen Schrägkerben (Abb. 5,40.41.43; 6,44.45; 7,53.54) wurden mit einem Instrument hergestellt. Dabei blieb auf der Innenfläche der Kerbe eines Gefäßes (Abb. 5,43) eine Faserstruktur erhalten, die die Verwendung eines Holzinstruments belegt. Eines der Trichterrandgefäße (Abb. 6,45) fällt durch seine nach oben gezogene Leiste auf, die die Randpartie vom übrigen Gefäßkörper absetzt. Bei dieser Leiste muss es sich nicht um ein beabsichtigtes Zierelement handeln. Sie kann auch herstellungstechnisch entstanden sein, indem z. B. die im Außendurchmesser kleinere Randpartie gesondert modelliert und auf den Gefäßkörper gesetzt wurde.

Hinsichtlich ihrer Machart lassen die verschiedenen Gefäßgattungen deutliche Unterschiede erkennen. Die gewölbten, konischen und innen getreppten Schalen (Abb. 3,1–11; 4,12–14; 5,34–36) sind fast alle reduzierend gebrannt und besitzen eine sorgfältig geglättete Oberfläche. Nur drei Exemplare (Abb. 3,2; 4,12.13) weisen mit Mittel- und Grobsanden größere und von der Grundmasse gut zu unterscheidende Magerungspartikel auf, die übrigen Stücke sind durchweg feintonig. Auch die Knickwandschalen (Abb. 4,16–22; 5,23) sind alle reduzierend gebrannt und sorgfältig geglättet. Im Gegensatz zu den anderen Schalenformen jedoch enthält die Grundmasse regelmäßig Mittel- und Grobsande sowie Glimmer, in zwei Fällen kommt als Magerungsmittel Keramikbruch hinzu. Die Becher (Abb. 5,38–41) zeigen unterschiedliche Macharten. Es sei hier deshalb nur auf den unverzierten Schrägrandbecher (Abb. 5,38) hingewiesen, der insofern auffällt, als dass Rand und Wandung sorgfältig geformt wurden und die Oberfläche geglättet ist, die Grundmasse jedoch Mittel- und Grobsande, Glimmer und Keramikbruch enthält. Dies wirkt für eine keramische Kleinform etwas ungewöhnlich. Es ist jedenfalls die Machart, die diesen Becher mit dem Gefäß mit abgesetztem Halsfeld (Abb. 5,37) verbindet, und zwar so sehr, dass man an ein und dieselbe Produktionsstätte denken möchte. Die großen Trichter- und Steilrandgefäße (Abb. 6,44–48.50.51) schließlich setzen sich von den vorgenannten Formen deutlich ab. Sie sind in der Hauptsache oxydierend gebrannt, die Oberflächen zumeist rau oder verstrichen. Als Magerungsmittel sind in jeweils unterschiedlichen Anteilen besonders Mittel- und Grobsande sowie Keramikbruch vertreten, in einem Falle (Abb. 6,51) zusätzlich Feinkies.

Was nun die Datierung betrifft, so wurde bereits von den Ausgräbern angedeutet, dass die Siedlungsgrube von Heidelberg-Bergheim der jüngeren Urnenfelderzeit (Ha B) angehört.[12] Man kann sie der Stufe II b nach B. GRIMMER-DEHN bzw. der Stufe SB III a nach L. SPERBER zuweisen.[13] Charakterisierende und in Heidelberg-Bergheim vorkommende Merkmale und Typen sind kantig abgestrichene Randlippen (z. B. Abb. 3,9; 4,12.15; 6,45; 7,55),[14] der steil aufgerichtete Schräg- oder Trichterrand mit geschwungener Außenkontur und Innenknick (Abb. 6,47),[15] innen schwach getreppte Schalen mit Rillendekor (Abb. 4,13.14),[16] Fischgrätmuster (Abb. 5,40.41; 6,45; 7,53)[17] sowie langgezogene und dreieckige Kerben im Randknick von Schräg- oder Trichterrandgefäßen (Abb. 6,45; 7,53).[18] Auch der riefenverzierte Feuerbock mit niedrigen „Hörnern" (Abb. 7,59) fügt sich gut in den Kontext geschlossener und entsprechend zu datierender Funde ein.[19]

---

11 Zur Beschreibung der Technik s. KIMMIG, Urnenfelderkultur 33 f.; SPERBER, Chronologie 51 (Typ 97 A); RUPPEL, Niederrheinische Bucht 71 Abb. 32; BRESTRICH, Singen 46.
12 KEMMET/KUHNEN (Anm. 4) 70.
13 GRIMMER-DEHN, Oberrheingraben 54 ff. (zu Siedlungsfunden); 72 (zu auswärtigen Vergleichen); SPERBER, Chronologie 79 ff. (zu Grabfunden); 115 ff. (zu Siedlungsfunden).
14 GRIMMER-DEHN, Oberrheingraben 24 f. (Randform c); 54 ff.; SPERBER, Chronologie 118 mit Anm. 731; 119 f.
15 Ebd. 119 f.
16 GRIMMER-DEHN, Oberrheingraben 54 ff. Tab. 2; vgl. ebd. 38; 107 Taf. 54,14.16 (Jechtingen, Grube 1961/1); SPERBER, Chronologie 58 Taf. 32 (Typ 154).
17 GRIMMER-DEHN, Oberrheingraben 56 ff. Tab. 3; SPERBER, Chronologie 57 Taf. 30 (Typ 143); 119 ff.
18 Ebd. 109 mit Anm. 645; 115; 123.

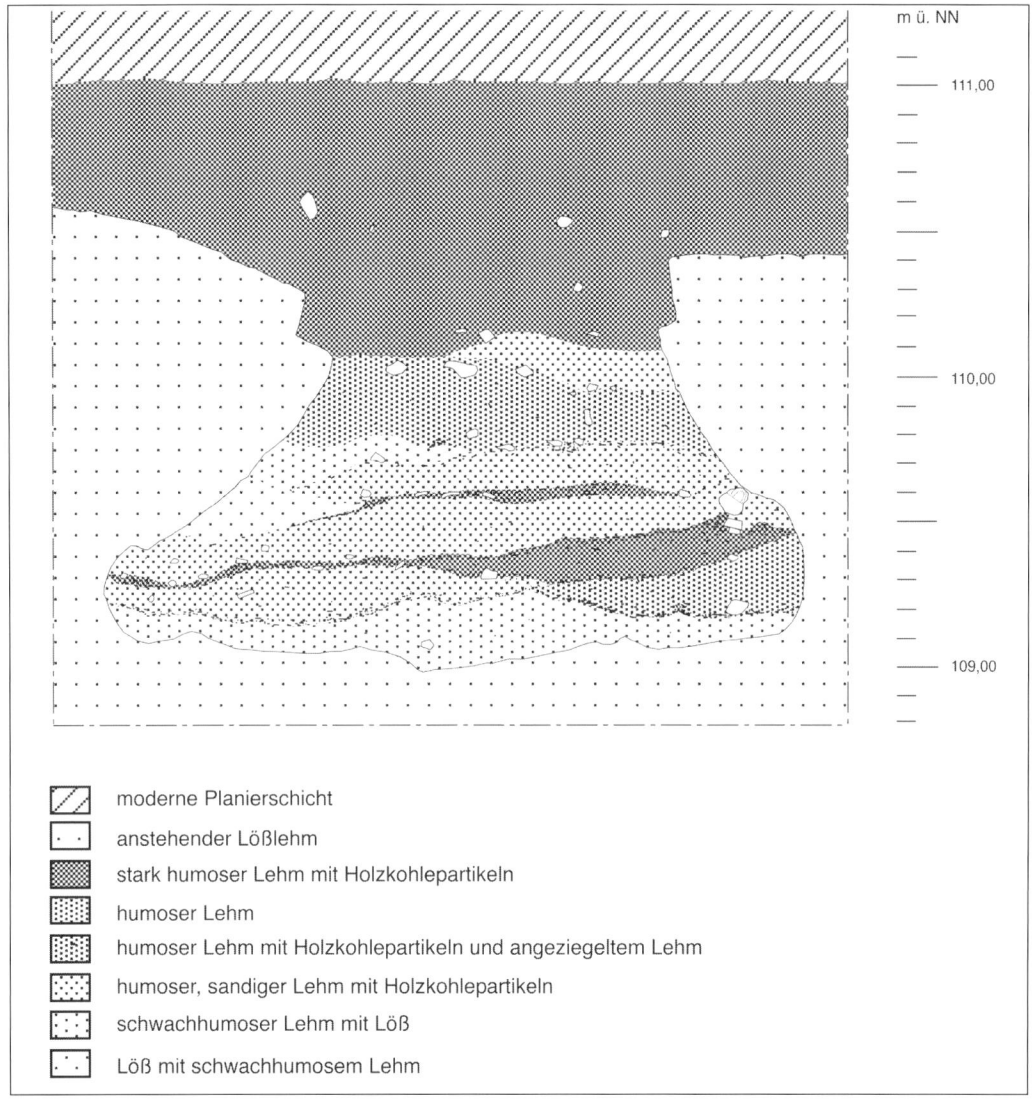

Abb. 2   Heidelberg-Bergheim. Profil der Siedlungsgrube vom 21. 3. 1990 (,Fundpunkt 2').

Absolutchronologisch setzte SPERBER seine Stufe SB III a um 1020–880 v. Chr. an.[20] Hierbei dürfte die Grube von Heidelberg-Bergheim in ein deutlich fortgeschrittenes Stadium dieser Stufe zu datieren sein. Anzuführen sind zunächst Gefäße mit Steil- bzw. Kragenrand (Abb. 6,44), die wohl erst in einer fortgeschrittenen Phase der Stufe II b nach GRIMMER-DEHN aufkommen und zusammen mit solchen aus der nachfolgenden Stufe III als Vorläufer der hallstattzeitlichen Kragenrandgefäße

---

19   Vgl. z. B. G. BEHRENS, Bodenurkunden aus Rheinhessen I. Die vorrömische Zeit (Mainz 1927) 37 Abb. 135,11 (Partenheim, Kr. Alzey-Worms); B. STÜMPEL, Bericht des Staatlichen Amtes für Vor- und Frühgeschichte Mainz für die Zeit vom 1. Januar bis 31. Dezember 1976. Mainzer Zeitschr. 73/74, 1978/79, 318; 324 Abb. 13,11.13 (Ober-Olm, Kr. Mainz-Bingen); K. KAISER/L. KILIAN, Fundberichte aus der Pfalz für die Jahre 1956–1960. Mitt. Hist. Ver. Pfalz 66, 1968, 45 Abb. 40,3.4 (Landau-Arzheim); R. DEHN, Eine Siedlungsgrube der Urnenfelderkultur bei Efringen-Kirchen, Ldkrs. Lörrach. Bad. Fundber. 23, 1967, 60 Taf. 21,15–17. Zu diesen Fundkomplexen s. SPERBER, Chronologie 120 ff.

20   SPERBER, Chronologie 132 ff.; 253 ff.

gelten können.²¹ Ein weiteres Indiz liefern Gefäße mit leicht einziehender Wandung oberhalb des Bodens (Abb. 5,23.31.32) und solche mit gerundeten Bauchumbrüchen (Abb. 5,40; 6,51), die am nordwestlichen Bodensee erst in Schichten ab dem 10. Jahrhundert v. Chr. nachgewiesen werden konnten.²² Wie schon erwähnt, enthielt die Siedlungsgrube von Heidelberg-Bergheim keine Wandscherben mit markanten Bauchumbrüchen. Die genannten Fragmente sind also deutlich Teil der Entwicklung zu den rundlichen und bauchigen Formen der späten Urnenfelderzeit (Ha B 3).²³ Besonders hervorzuheben sind schließlich der Schulterbecher (Abb. 5,39) und das Trichterrandgefäß mit gerade abgestrichener Randlippe und abgesetzter Randpartie (Abb. 6,45). Die noch vorhandenen Merkmale des Schulterbechers sind ein breit proportionierter Gefäßkörper, eine nur leicht ausgebildete und zart facettierte Schulter, ein einschwingender und mit mindestens drei horizontalen Doppelrillen verzierter Hals sowie ein Randdurchmesser, der dem Bauchdurchmesser gleichkommt oder ihn sogar übersteigt. Mit diesem Fragment überaus gut zu vergleichende Exemplare stammen aus der westschweizerischen Seeufersiedlung von Cortaillod-Ost²⁴ (1010–955 v. Chr.). Angeschlossen werden dürfte das Fragment eines Schulterbechers, das aus der ebenfalls am Neuenburger See gelegenen Siedlung von Hauterive-Champréveyres vorliegt und hinsichtlich seiner Kontur dem Fragment von Heidelberg-Bergheim sehr ähnlich zu sein scheint.²⁵ Es wurde in der Zone D aufgefunden, die in die erste Hälfte des 10. Jahrhunderts v. Chr. datiert.²⁶ Auch das Trichterrandgefäß mit gerade abgestrichener Randlippe und abgesetzter Randpartie (Abb. 6,45) findet in Cortaillod-Ost gute Vergleiche.²⁷ In Hauterive-Champréveyres ist diese Form bereits in der dortigen Schicht 3 der Zone B (1054–1037 v. Chr.) belegt, doch offenbar mit nur einem Exemplar.²⁸ Übereinstimmend mit Cortaillod-Ost begegnen sie aber wieder gehäuft in der Zone D.²⁹ Weitere Anknüpfungspunkte zu Cortaillod-Ost ergeben sich über die gewölbten Tasse(n) und Schalen mit innen oder gerade abgestrichener Randlippe (Abb. 3,2.4.7.9),³⁰ die konische Schale mit außen abgestrichener Randlippe (Abb. 4,12),³¹ die konischen Schalen mit leicht ausgelegtem Rand (Abb. 5,34.35)³² sowie über das Trichterrandgefäß mit gerade abgestrichenem Rand und unregelmäßig ovalen, eingedrückten Mustern im Randknick (Abb. 6,46).³³ Die dendrochronologischen Daten dieser beiden westschweizerischen Siedlungen liefern also einen brauchbaren Richtwert für die absolutchronologische Datierung der Siedlungsgrube von Heidelberg-Bergheim in das 10. Jahrhundert v. Chr.

Gleichzeitig darf die Frage aufgeworfen werden, inwieweit die hier gezogenen Vergleiche auf direkte Kontakte zwischen dem Neckarmündungsgebiet und der Westschweiz verweisen. Denn östlich des Französischen und Schweizer Jura lassen sich noch einige Schulterbecher anschließen, die einen Verbreitungsschwerpunkt in der Westschweiz zu erkennen geben.³⁴ Ein weiteres Stück stammt vom

---

21 GRIMMER-DEHN, Oberrheingraben 30 Abb. 8 (Form IV d); 53 Tab. 1. Stufe II b: ebd. 94 Taf. 7,22 (Bischoffingen, Siedlungsgrube 71/1); 99 Taf. 29,10 (Burkheim 1932/33, Grube A2). Übergang Stufe II b/III: ebd. 104 Taf. 45,4 (Gündlingen 1955). Stufe III: ebd. 97 Taf. 21 A 10 (Burkheim 1932/33, Grube IV/5); 102 Taf. 37,11 (Endingen, Grube 72/10); 103 Taf. 42 A 4 (Gündlingen, Grube 70/4); 117 Taf. 81,13 (Sasbach, Grube 66/1). Vgl. ferner den von SPERBER, Chronologie 122 f. in die jüngere Hälfte der Stufe SB IIIa datierten Siedlungsfund von Landau-Arzheim: KAISER/KILIAN (Anm. 19) 45 Abb. 37,6.11.14.
22 SCHÖBEL, Bodensee 95; 98 (Belegzeit b).
23 Zu diesen Stilprinzipien s. SPERBER, Chronologie 79 ff.; BRESTRICH, Singen 56 ff.; 167 ff. (Formschema B).
24 BORRELLO, Cortaillod-Est 28 Taf. 53,2.13; 58,10.
25 Dies., Hauterive-Champréveyres 6. La céramique du Bronze final, zones D et E. Arch. Neuchâteloise 14 (Saint Blaise 1992) 37 Taf. 29,8.
26 Ebd. 23; 43.
27 BORRELLO, Cortaillod-Est 30 Taf. 67,8.10. Zu weiteren Stücken mit abweichender Randlippenbildung s. ebd. Taf. 65,6.7; 66,2.7.8; 68,11.12; 69,6.7; 70,1; 72,9.10; 73,9.10; 74,1–3; 76,4; 77,2.4.
28 Dies., Hauterive-Champréveyres 7. La céramique du Bronze final, zones A et B. Arch. Neuchâteloise 15 (Neuchâtel 1993) 47; 49 Taf. 134,7.
29 Dies. (Anm. 25) 23; 32 ff.; 43 Taf. 32,8.9; 33,7; 34,2.9; 35,2; 36,3; 37,1.5.6; 38,1.2.4.8; 39,1.4; 40,9; 41,1; 43,1.2.
30 BORRELLO, Cortaillod-Est 25 Taf. 34,7; 35,13.14; 37,12.
31 Ebd. Taf. 35,7.
32 Ebd. 20 Taf. Taf. 6,6–9.
33 Ebd. Taf. 67,12.

elsässischen Hohlandsberg bei Wintzenheim[35] und könnte darauf hindeuten, dass diese Kontakte entlang des Rheins verliefen. In diesem Zusammenhang verdient ein mit Heidelberg-Bergheim vergleichbares Schulterbecherfragment von Kettenheim, Kr. Alzey-Worms, Aufmerksamkeit, da es im Spektrum der rheinhessischen Schulterbecher isoliert wirkt.[36] Das Trichterrandgefäß mit gerade abgestrichener Randlippe und abgesetzter Randpartie unterstützt diese Vermutung. Es scheint eine Eigentümlichkeit der Siedlungen von Cortaillod-Ost und Hauterive-Champréveyres zu sein, dass diese Gefäße dort so gehäuft auftreten. Aus der nicht weit entfernten Seeufersiedlung von Auvernier liegen dagegen nur wenige Belege vor,[37] und auch vom Bieler See und aus der Ostschweiz lassen sich nicht viele nennen.[38] Im reichhaltigen Siedlungsmaterial des südlichen Oberrheins fehlen sie fast ganz.[39] Angesichts dieser Fundlücken mutet das Auftauchen von zwei Gefäßen ‚westschweizerischer' Prägung in Heidelberg-Bergheim zu abrupt an, um nicht von direkten Einflüssen zu sprechen. Dass Verbindungen zur Nordostschweiz und dem nordwestlichen Bodenseegebiet bestanden haben, zeigt eindrucksvoll das ebenfalls in die Stufe SB III a (nach SPERBER) datierende Brandgrab von Heidelberg-Neuenheim.[40] Sein Geschirrsatz enthielt ein großes Zylinderhalsgefäß und einen Trichterhalsbecher,[41] die – wie E. GERSBACH und W. BRESTRICH feststellten – beste Vergleiche in Grab 1 von Elgg-Ettenbühl und in Grab 160 von Singen besitzen.[42] Hierbei sprach BRESTRICH von einer sich während der Stufe SB III a erstmals abzeichnenden Süd-Nord-Achse, entlang der rheinisch-schweizerische Keramiktraditionen in ehemals von der untermainisch-schwäbischen Gruppe besetzte Gebiete gelangten, ein Prozess, der schließlich in der darauffolgenden Stufe SB III b zu

---

34 Vgl. zu Cortaillod-Ost (Anm. 24) und Hauterive-Champréveyres (Anm. 25) Auvernier (unstratifiziert): V. RYCHNER, L'âge du Bronze final à Auvernier (Lac de Neuchâtel, Suisse). Typologie et chronologie des anciennes collections conservées en Suisse. Cahiers Arch. Romande 15/16 (Lausanne 1979) 28 f. Taf. 62,8; 63,23.25; 64,14; 67,10. – Auvernier-Brena (Siedlung): ders., L'âge du bronze final à Auvernier NE. Notes préliminaires sur le matériel des fouilles de 1969 à 1973. Jahrb. SGUF 58, 1974/75, 59 Abb. 14,8 (mit schärfer profilierter Schulter). – Vinelz (Schicht 1, um 920 v. Chr. post quem): E. GROSS, Vinelz-Ländti. Grabung 1979 (Bern 1986) 33; 58 Taf. 44,6. – Lausanne-Vidy (‚Structure' 38): P. MOINAT/M. DAVID-ELBIALI, Défunts, bûchers et céramiques: la nécropole de Lausanne-Vidy (VD) et les pratiques funéraires sur le Plateau suisse du XI^c au VIIIe s. av. J.-C. Cahiers Arch. Romande 93 (Lausanne 2003) 106 f. Abb. 73,161; 145 ff. Abb. 103. – Saint-Prex (Grab 2/2003): M. DAVID-ELBIALI/P. MOINAT, Saint-Prex (Vaud) : le cas d'une commune lémanique. Jahrb. SGUF 88, 2005, 139 f. Abb. 20,1. – Möhlin-Niederriburg (Grab [?] 6/6B): F. R. MAIER, Die urnenfelderzeitlichen Brandgräber von Möhlin-Niederriburg AG. Ebd. 69, 1986, 112 f. Abb. 6, 53. – Einige der hier zitierten Schulterbecher besitzen Merkmale (spitzer Boden, konkav geschwungener oder trichterförmig ausladender Rand), von denen GROSS a. a. O. 75 annahm, dass sie im Bereich der westschweizerischen Seeufersiedlungen fremd wirkten und auf Einflüsse aus dem ostfranzösischen Raum hinweisen könnten. Das lässt sich nicht von der Hand weisen, vergleicht man z. B. einige Schulterbecher aus dem Horizont D 1 der Grotte des Planches-près-Arbois: A. BARBIER et al., La grotte des Planches-près-Arbois (Jura). Gallia Préhist. 24/1, 1981, 173 f. Abb. 19,1–3.6; 20,1.2. Somit kann auch grundsätzlich nicht ausgeschlossen werden, dass der Schulterbecher von Heidelberg-Bergheim und weitere Stücke (s. u. mit Anm. 35 und 36) auf ostfranzösische Einflüsse zurückgehen. Andererseits ist nicht zu übersehen, dass sich das gesamte Material von Heidelberg-Bergheim besser mit Stationen wie Cortaillod-Ost vergleichen lässt.

35 CH. BONNET/S. PLOUIN/F. LAMBACH, Linsenbrunnen II, un nouveau secteur de la station d'altitude de Hohlandsberg (Commune de Wintzenheim, Haut-Rhin). Bull. Soc. Préhist. Française 82, 1985, 474 Abb. 15,91 (Haus 02).

36 EGGERT, Urnenfelderkultur 126 Taf. 43,3 (Grube 1). EGGERT vermutete für dieses Stück bereits hallstattzeitliches Alter. Man wird aber RUPPEL, Niederrheinische Bucht 29 Recht geben dürfen, wenn er von einem Schulterbecherderivat sprach und die Grube 1 von Kettenheim in die „Phase Ha B 1" – sie ist in Teilen mit SPERBERS Stufe SB III a identisch – datierte.

37 RYCHNER, Anciennes collections (Anm. 34) 27 Taf. 49,2; Taf. 51,2 (unstratifiziert).

38 Mörigen (unstratifiziert): M. BERNATZKY-GOETZE, Mörigen. Die spätbronzezeitlichen Funde (Basel 1987) 39 ff. Taf. 31,5. – Zug-Sumpf (jüngere Schicht): M. SEIFERT, Die spätbronzezeitlichen Ufersiedlungen von Zug-Sumpf 2/1–2 (Zug 1997) 22 Taf. 152,2477. – Zürich Wollishofen-Haumesser (unstratifiziert): S. BOLLIGER, Zürich Wollishofen-Haumesser: Spätbronzezeitliche Keramik. Zürcher Arch. 2 (Zürich, Egg 2001) 30 Taf. 13,6.

39 GRIMMER-DEHN, Oberrheingraben 92 Taf. 3 B 4 (Achkarren 1955).

40 B. HEUKEMES, in: Fundber. Baden-Württemberg 2, 1975, 77 f. Taf. 189. Zur Datierung s. E. GERSBACH, Zwei Nadelformen aus der Ufersiedlung Zug ‚Sumpf'. Helvetia Arch. 57/60, 1984, 49; BRESTRICH, Singen 193; 223 f.

41 HEUKEMES (Anm. 40) Taf. 189,2.4.

42 Elgg-Ettenbühl: GERSBACH (Anm. 40) 46 f.; 49 Abb. 3,29; Neuvorlage bei A. MÄDER, Die spätbronzezeitlichen und spätlatènezeitlichen Brandstellen in Elgg (Kanton Zürich). Zürcher Arch. 8–9 (Zürich, Egg 2002) 116 f. Taf. 57,712. – Singen: BRESTRICH, Singen 193; 223 Taf. 36,3.

einer Auflösung der beiden klassischen Keramikprovinzen führte.[43] Die von BRESTRICH genannten SB-IIIb-zeitlichen Grabfunde zeigen, dass diese Süd-Nord-Achse im Wesentlichen vom Verlauf des Neckars bestimmt wurde.[44] Das Material von Heidelberg-Bergheim veranschaulicht, dass daneben weitere, entlang des Rheins bestehende Verbindungswege existiert haben dürften, über die das Neckarmündungsgebiet zunehmend unter den Einfluss der rheinisch-schweizerischen Gruppe geriet.

Wenn der hier für die Siedlungsgrube von Heidelberg-Bergheim vorgetragene Zeitansatz zutrifft und ein Chronologiesystem wie jenes von SPERBER vorgeschlagene akzeptiert wird, wäre für das Neckarmündungsgebiet der erstmalige Nachweis einer (neu zu definierenden) Mittelstufe von Ha B anhand eines Siedlungsfundes gelungen. Es darf deshalb abschließend kurz skizziert werden, in welcher chronologischen Abfolge die wenigen geschlossenen, ansprechbaren und in die jüngere Urnenfelderzeit (Ha B) datierenden Funde des Neckarmündungsgebiets stehen.[45]

Die Frühstufe von Ha B (Ha B 1) lässt sich vorerst nur anhand weniger Brandgräber von Mannheim-Seckenheim,[46] Ilvesheim[47] und Mannheim-Wallstadt[48] umschreiben.[49] Was die Gräber von Ilvesheim und Mannheim-Wallstadt betrifft, ist ihre absolutchronologische Stellung und ihr zeitliches Verhältnis zu den nachfolgenden Funden etwas problematisch. Sie führen unterschiedlich verzierte Ei-/Zwiebelkopfnadeln, die im Bereich der dendrochronologisch datierten Seeufersiedlungen der Schweiz bereits in der zweiten Hälfte des 11. Jahrhunderts v. Chr. einsetzen, aber auch noch in der ersten Hälfte des 10. Jahrhunderts v. Chr. vorkommen.[50] Entsprechend laufen diese Nadeln im Chronologiesystem SPERBERS erst in der älteren Hälfte der Stufe SB IIIa aus.[51] Da hier die dendrochronologischen Daten von Cortaillod-Ost und Hauterive-Champréveyres (Zone D) als Richtwert für die Datierung der Siedlungsgrube von Heidelberg-Bergheim genannt wurden, können Überschneidungen zunächst einmal nicht ausgeschlossen werden. Die keramischen Inventare der Gräber von Ilvesheim und Mannheim-Wallstadt sind insgesamt gesehen nicht sehr aussagekräftig. Sie enthielten jedoch zwei Trichterhalsflaschen,[52] zu denen gute Vergleichsfunde aus südhessischen Brandgräbern von Dotzheim und Weiterstadt-Gräfenhausen vorliegen.[53] Das Grab von Weiterstadt-Gräfenhausen lieferte zudem eine verzierte Kugelkopfnadel, die ein vergleichbares Gegenstück in dem schon vieldiskutierten Brandgrab von Worms-Pfeddersheim besitzt.[54] Es wurde von SPERBER in seine Stufe SB II c eingereiht.[55] So mag man den Brandgräbern von Ilvesheim und Mannheim-Wallstadt eine frühe Zeitstellung zubilligen, die Unsicherheiten aber bleiben bestehen. Es werden eben künftig vor allem die noch aufzufindenden Siedlungsfunde sein, die über den Vergleich mit dendrochronologisch datierten Seeufersiedlungen Klarheit schaffen werden. Hinsichtlich

---

43 BRESTRICH, Singen 193 f. Vgl. hierzu das Gräberfeld von Gemmrigheim, das Einflüsse der rheinisch-schweizerischen Gruppe bis in das mittlere Neckarland bereits während der Stufe Ha A aufzeigt: M. REICHEL, Das urnenfelderzeitliche Gräberfeld von Gemmrigheim, Kr. Ludwigsburg. Fundber. Baden-Württemberg 24, 2000, 268 f.
44 BRESTRICH, Singen Ebd. 194 (Buchheim, Liptingen, Harthausen, Burladingen, Dautmergen, Bad Friedrichshall-Kochendorf).
45 Vgl. hierzu den von H. MÜLLER-KARPE, Beiträge zur Chronologie der Urnenfelderzeit nördlich und südlich der Alpen. Röm.-Germ. Forsch. 22 (Berlin 1959) 170 ff. unternommenen Gliederungsversuch und die daran geübte Kritik von E. GERSBACH, Siedlungserzeugnisse der Urnenfelderkultur aus dem Limburger Becken und ihre Bedeutung für die Untergliederung der jüngeren Urnenfelderzeit in Südwestdeutschland. Fundber. Hessen 1, 1961, 58.
46 KIMMIG, Urnenfelderkultur 151 Taf. 11 B; SPERBER, Chronologie 322 Nr. 306 (Stufe IIc).
47 KIMMIG, Urnenfelderkultur 149 f. Taf. 15 B (Flur ‚Atzelberg').
48 Ebd. 152 Taf. 18 A.B.F.
49 Zu diesen Funden (außer Mannheim-Seckenheim) s. auch RUPPEL, Niederrheinische Bucht 32.
50 M. TRACHSEL, Untersuchungen zur relativen und absoluten Chronologie der Hallstattzeit. Univforsch. Prähist. Arch. 104 (Bonn 2004) 32 ff. Abb. 14; 15 (Typen N 5 c und d).
51 SPERBER, Chronologie 56; 78; 158 f. Taf. 27 (Typ 134); Beil. 6. Zu den Funden der Stufe SB IIIa ebd. 121 (Ober-Olm); 322 f. Nr. 320, 332, 334 (Obrigheim-Heidesheim, Worms-Westendschule, Lingolsheim).
52 KIMMIG, Urnenfelderkultur Taf. 15 B 8; 18 F 3.
53 F.-R. HERRMANN, Die Funde der Urnenfelderkultur in Mittel- und Südhessen. Röm.-Germ. Forsch. 27 (Berlin 1966) 34; 100 Taf. 98 A 3; 159 Taf. 152 A 4 („Ha B 1").
54 Ebd. 30 f. Abb. 5,36; Taf. 152 A 8; EGGERT, Urnenfelderkultur 48; 117; 327 Taf. 30,21 („Ha A").
55 SPERBER, Chronologie 154 f.; 320 Nr. 245.

der Gruppenzugehörigkeit zeigen jedenfalls das doppelkonische, im Randknick mit Fischgrätmuster verzierte Trichterrandgefäß von Mannheim-Seckenheim und die außenverzierte gewölbte Schale von Ilvesheim die Einflüsse der rheinisch-schweizerischen Gruppe.[56] Die Knickwandschale und die mit breiten Riefen verzierten Trichterhalsflaschen von Ilvesheim und Mannheim-Wallstadt – im letzteren Fall gesellt sich das Girlandenmotiv hinzu – gehören dagegen zur untermainisch-schwäbischen Gruppe.[57]

Der mittleren Stufe von Ha B (Ha B 2) sind die Siedlungsgrube von Heidelberg-Bergheim und das schon erwähnte Brandgrab von Heidelberg-Neuenheim zuzuweisen. Angeschlossen werden dürfte ein weiteres Brandgrab, das im Jahre 1989 in Ilvesheim („Atzelbuckel") entdeckt wurde.[58] Auch für die Höhensiedlung vom Heiligenberg müsste es möglich sein, einen der Stufe Ha B 3 unmittelbar vorangehenden Zeithorizont auszusondern.[59] Als Einzelfund darf ein in den sechziger Jahren bei Ladenburg aus dem Neckarbett gebaggertes Halbvollgriffschwert vom Typ Kirschgartshausen genannt werden, insofern bestimmte Merkmale der Formgebung und Legierung auf Beziehungen zur Ostschweiz verweisen.[60] Im Hinblick auf die Keramik sind die zunehmenden Einflüsse der rheinisch-schweizerischen Gruppe evident. Dies belegen der Schulterbecher, verschiedene Schräg- und Trichterrandgefäße mit Fischgrätmuster im Randknick, die Innenverzierung von Schalen, Rillenornamentik, Inkrustation und der Mäanderdekor.[61] Die Knickwandschalen der geschlossenen Funde und die feine Schulterriefung des Trichterhalsbechers aus dem Brandgrab von Heidelberg-Neuenheim bezeugen das Festhalten an überkommenen Traditionen.[62] Ansonsten sind charakteristische Züge der untermainisch-schwäbischen Gruppe nicht mehr auszumachen.

Die Spätstufe von Ha B (Ha B 3) umschreiben hinreichend einige Fundkomplexe von Ilvesheim, Mannheim-Wallstadt und Ladenburg. Es handelt sich hierbei um fünf oder sechs Brandgräber von Ilvesheim und Mannheim-Wallstadt,[63] einen Hortfund und eine unmittelbar darüber aufgefundene Keramikansammlung von Mannheim-Wallstadt[64] sowie um zwei Gruben und ein Brandgrab von Ladenburg.[65] Die in dieser Spätstufe noch auftretenden Knickwandschalen mag man als Reminiszenzen der untermainisch-schwäbischen Gruppe werten. Vormals gültige Verbreitungsgrenzen gibt es aber jetzt nicht mehr, das Neckarmündungsgebiet ist Teil einer sich neu formierenden, von hier bis in die nordöstliche Schweiz reichenden Keramikprovinz.[66]

---

56 KIMMIG, Urnenfelderkultur 33; 54. Zu den außenverzierten gewölbten Schalen s. SPERBER, Chronologie 59; 80; 109 Taf. 33 (Typ 158).

57 Ebd. 32 f.; 57 f. Taf. 48; 66 f.; 194 Taf. 46. Für die Verbreitung der Knickwandschalen ist der seit den Untersuchungen KIMMIGS veränderte Forschungsstand zu berücksichtigen: GRIMMER-DEHN, Oberrheingraben 38 f.

58 Fundber. Baden-Württemberg 17/2, 1992, 49 f. Taf. 16; 17; R. BAUMEISTER, Bronzeschmuck – selten in Gräbern der Urnenfelderkultur. In: E. SANGMEISTER (Hrsg.), Zeitspuren: Archäologisches aus Baden. Arch. Nachr. Baden 50, 1993, 86 f. mit Abb. („Ha B 1").

59 Vgl. STEMMERMANN (Anm. 3) 66 Abb. 8 c (Fischgrätmuster mit unten anschließender Reihe aus eingestempelten Kreismustern) mit GRIMMER-DEHN, Oberrheingraben 99 Taf. 27,17; 30,1.2 (Burkheim 1932/33, Grube A 2; Stufe II b); EGGERT, Urnenfelderkultur 289 Taf. 21,13 (Siefersheim, Kr. Alzey-Worms; Stufe SB III a nach SPERBER, Chronologie 153; 323); STÜMPEL (Anm. 19) 318; 325 Abb. 14,19.19 a (Ober-Olm, Kr. Mainz-Bingen; Stufe SB III a nach SPERBER, Chronologie 121 f.); GERSBACH (Anm. 45) 47; 56 Taf. 20,18 (Runkel-Schadeck, Kr. Limburg-Weilburg; zu diesem Stück SPERBER, Chronologie 126). Auch zwei weitere von STEMMERMANN (Anm. 3) 66 Abb. 8 h.i abgebildete Scherben mit Mäanderdekor und einfachem Fischgrätmuster sind nicht unbedingt typisch für die Stufe Ha B 3. Zu Letzterem siehe hier S. 92 mit Anm. 17, zum Mäanderdekor SPERBER, Chronologie 58 Taf. 33 (Typ 155; Stufe SB III a); SCHÖBEL, Bodensee 98 Abb. 73 (Belegzeit b).

60 P. KÖNIG, Ein jungurnenfelderzeitliches Halbvollgriffschwert von Ladenburg, Baden-Württemberg. Arch. Korrbl. 32, 2002, 389 ff.

61 KIMMIG, Urnenfelderkultur 33; 35 ff.; 76 ff.

62 Ebd. 32.

63 Ilvesheim: ebd. 148 f. Taf. 14 A–C; 15 A (Flur „Atzelberg"); 151 Taf. 16 A (Kiesgrube „Wolf"; nach KIMMIG bereits Stufe Ha C). Mannheim-Wallstadt: ebd. 153 Taf. 18 C.

64 MÜLLER-KARPE (Anm. 45) 179 f. Taf. 176. Bessere Wiedergabe der Keramiken bei KIMMIG, Das Bronzedepot von Wallstadt. Germania 19, 1935, 116 ff. Abb. 3.

65 KÖNIG, Eine Schachtgrube für den Totenkult? Zu einem außergewöhnlichen späturnenfelderzeitlichen Befund von Ladenburg, Rhein-Neckar-Kreis. In diesem Band S. 23–76.

66 RUPPEL, Niederrheinische Bucht 40 ff.

Katalog der Funde

Vorbemerkung

Die Katalognummern entsprechen den Nummern auf den Abbildungen 3–7. Abkürzungen: AS = Außenseite; Bdm. = Bodendurchmesser; Br. = Bruch; FK = Feinkies (2–6 mm); FS = Feinsand (0,02–0,2 mm); GS = Grobsand 0,6–2 mm); IS = Innenseite; Kbr. = Keramikbruch; M = Magerung; MS = Mittelsand (0,2–0,6 mm); NW = Neigungswinkel; OF = Oberfläche; Rdm. = Randdurchmesser; RL = Randlippe; T. = Tiefe; Verz. = Verzierung.

Gewölbte Schalen und Tasse(n)

1. NW etwas unsicher; Rdm. ca. 14 cm; OF und Br. schwarz; feintonig; OF sehr gut geglättet. Zugehörig weiteres Randfragment.
2. NW unsicher; mit Bandhenkel; RL auf IS abgestrichen; Rdm. ca. 16 cm; OF und Br. hellbraun; überwiegend feintonig, etwas GS; OF geglättet.
3. NW etwas unsicher; RL auf IS leicht abgestrichen; Rdm. ca. 16 cm; OF und Br. braunschwarz; feintonig; OF gut geglättet. Zugehörig vier oder fünf Randfragmente.
4. RL gerade abgestrichen, auf IS leicht gestaucht; Rdm. 18 cm; OF und Br. schwarz; feintonig; OF sehr gut geglättet. Zugehörig weiteres Randfragment.
5. NW etwas unsicher; RL gerade abgestrichen, auf IS leicht gestaucht; Rdm. 22 cm; OF und Br. schwarz; feintonig; OF sehr gut geglättet.
6. RL gerade abgestrichen; Rdm. 22 cm; OF und Br. schwarz; feintonig; OF sehr gut geglättet. Zugehörig weiteres Randfragment.
7. Mit Henkel oder Griffknubbe; RL auf IS abgestrichen; Rdm. ca. 22 cm; OF und Br. dunkelbraun bis schwarz; feintonig; OF gut geglättet. Zugehörig drei Randfragmente (hiervon eines mit gekrümmterem Wandungsverlauf).
8. Rdm. 22 cm; OF und Br. schwarz; feintonig; OF geglättet.
9. NW unsicher; RL gerade abgestrichen; Rdm. ca. 24 cm; OF und Br. schwarz; feintonig; OF geglättet. Zugehörig weiteres Randfragment (mit steilerem Wandungsverlauf).

Konische Schalen mit einfachem Rand

10. NW unsicher; Wandstärke z. T. sehr unregelmäßig; Rdm. ca. 18 cm; OF auf AS hell- bis rötlich braun, auf IS grau, Br. z. T. schwarz; feintonig; OF etwas rau.
11. NW sehr unsicher; Rdm. ca. 22 cm; OF und Br. schwarz; feintonig; OF geglättet. Zugehörig weiteres Randfragment.
12. NW unsicher; RL auf AS abgestrichen; Rdm. ca. 20 cm; OF und Br. dunkel- bis schwarzbraun; M mit FS, MS, etwas Glimmer; OF geglättet.

Konische, innen getreppte Schalen (Zugehörigkeit von Nr. 14 unsicher)

13. Randfragment und Wandfragmente wohl zusammengehörig; NW der Wandfragmente unsicher; RL auf AS (und wohl auch auf IS) abgestrichen; Verz. mit Resten weißer Inkrustation; Rillenbreite max. 1 mm, Querschnitt U-förmig; OF dunkel- bis schwarzbraun, Br. z. T. schwarz; M mit MS, GS, etwas Glimmer und womöglich feinem Kbr.; OF mäßig geglättet.
14. Rillenbreite max. 1 mm, Querschnitt U-förmig; OF und Br. schwarzbraun; feintonig; OF gut geglättet.

Knickwandschalen

15. NW unsicher; RL auf AS und IS abgestrichen; Rillenbreite max. 1 mm, Querschnitt U-förmig; OF hell- bis rötlich braun, Br. schwarz; feintonig; OF geglättet.
16 u. 17. Zwei Randfragmente unterschiedlicher Formgebung, doch von gleicher Machart und wahrscheinlich zu einer Schale gehörig; RL auf IS abgestrichen; OF und Br. schwarz; M mit FS (überwiegend), etwas MS und Glimmer; OF gut geglättet.
18. RL auf IS abgestrichen; Rdm. ca. 30 cm; OF und Br. schwarz; M mit FS, MS, wenig GS und Glimmer; OF geglättet. Zugehörig weiteres Randfragment.
19. RL auf IS abgestrichen; Rdm. ca. 30 cm; OF und Br. schwarz; M mit FS, MS, wenig GS und Glimmer, auf AS Abdruck eines organischen Einschlusses; OF geglättet.

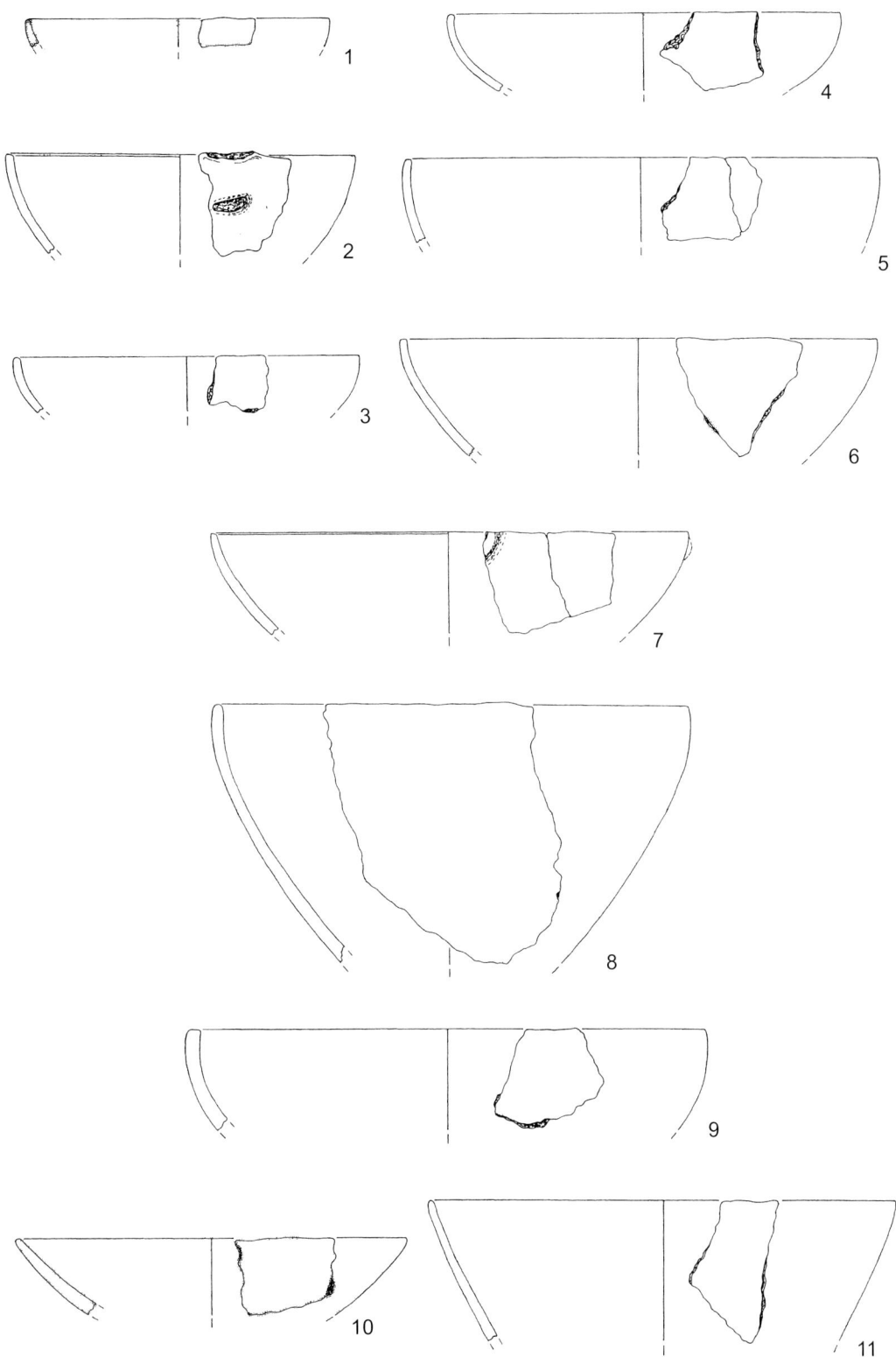

Abb. 3 Heidelberg-Bergheim, Siedlungsgrube vom 21.3.1990 (‚Fundpunkt 2'). M 1:3.

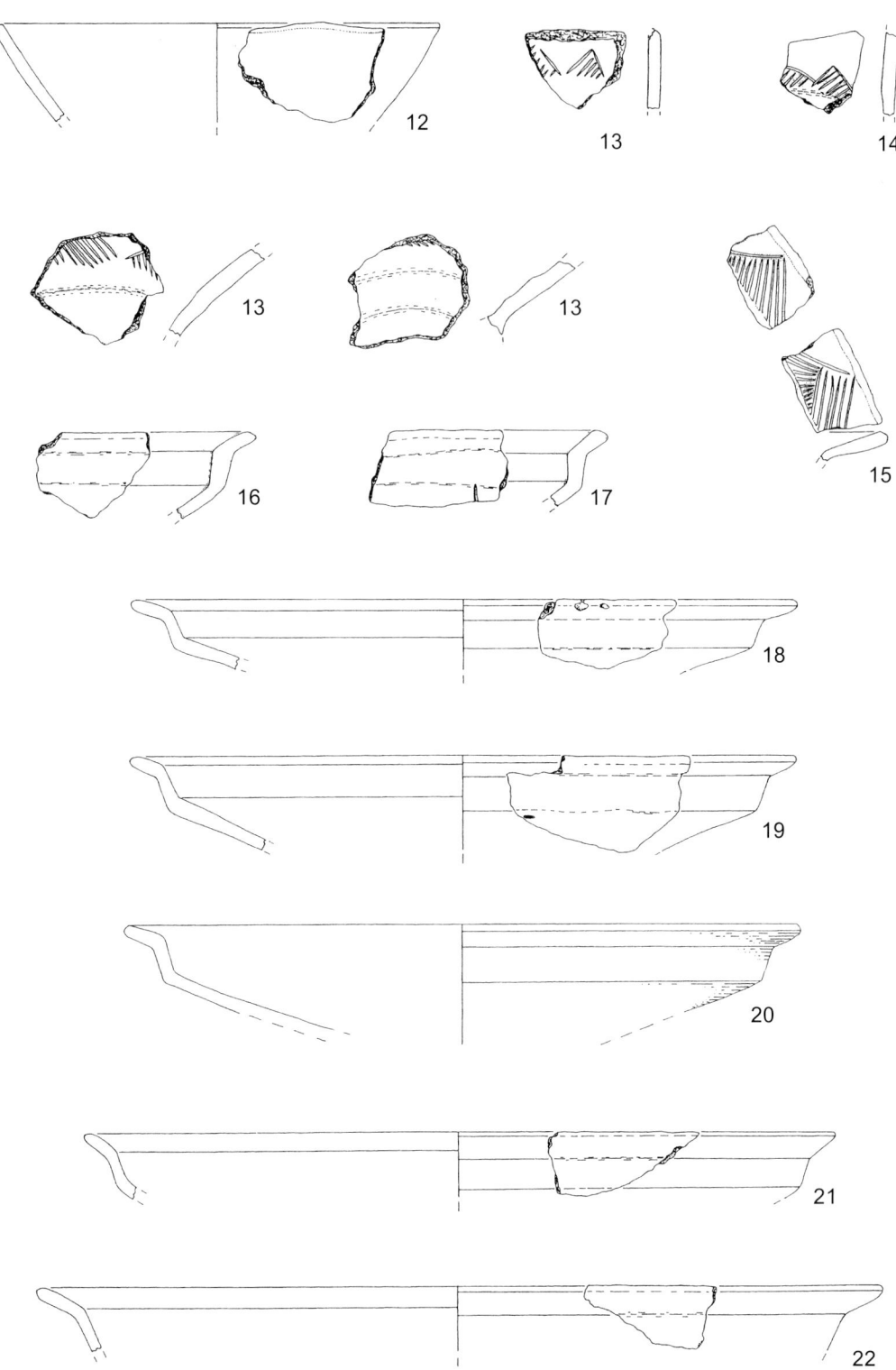

Abb. 4 Heidelberg-Bergheim, Siedlungsgrube vom 21.3.1990 ('Fundpunkt 2'). M 1:3.

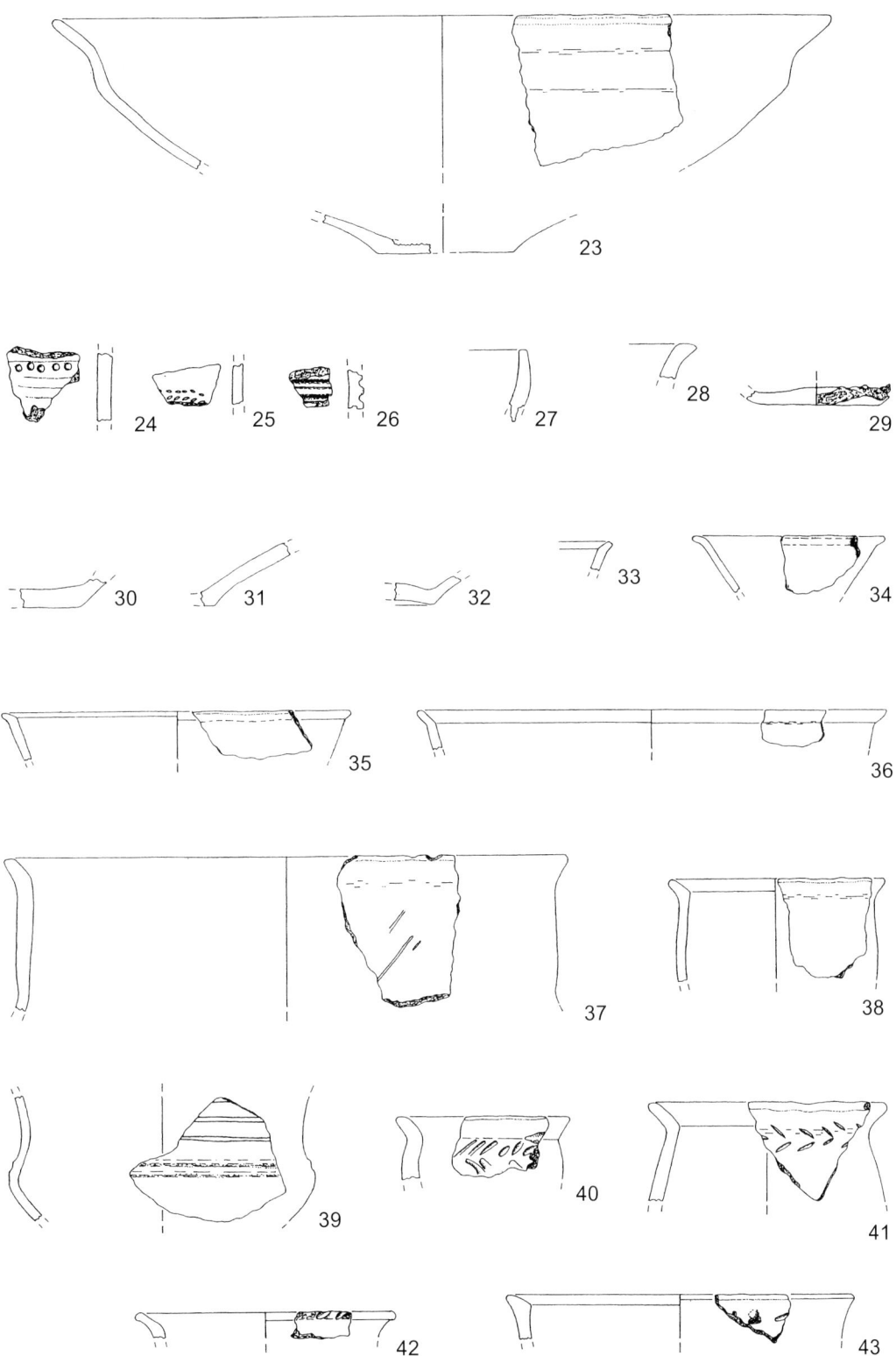

Abb. 5 Heidelberg-Bergheim, Siedlungsgrube vom 21.3.1990 (,Fundpunkt 2'). 23 M 1:5, sonst M 1:3.

20. Rdm. ca. 30 cm.
21. Rdm. ca. 34 cm; OF und Br. schwarz; feintonig, mit etwas Kbr. und Glimmer; OF geglättet, auf AS Glättstreifen.
22. RL auf IS abgestrichen; Rdm. ca. 38 cm; OF und Br. schwarz; M mit FS, wenig MS und Glimmer; OF gut geglättet, auf AS sehr feine Glättstreifen.
23. RL auf IS abgestrichen; Rdm. 60 cm, Bdm. 11 cm; OF und Br. schwarz; M mit Kbr., etwas MS und Glimmer; OF geglättet. Zugehörig zwei weitere Rand- (hiervon eines mit flauerem Profil) und zwei Wandfragmente.

Feinkeramische Wand-, Rand- und Bodenfragmente

24. Einstiche nur leicht eingetieft; OF auf AS rötlich braun, auf IS hellbraun, Br. braun; feintonig; OF geglättet.
25. OF und Br. schwarz; feintonig; OF gut geglättet.
26. OF und Br. braun; feintonig; OF geglättet.
27. NW unsicher; OF und Br. hell-, dunkelbraun und schwarz gefleckt; feintonig; OF geglättet.
28. NW unsicher; OF und Br. hellbraun; feintonig; OF geglättet.
29. Bdm. 6 cm; OF und Br. schwarz; feintonig; OF leicht rau.
30. Bdm. ca. 14 cm; AS hellbraun, IS und Br. schwarz; feintonig; OF geglättet.
31. Auf IS oberhalb des Bodens drei Riefen (Spurenbild des Überdrehens?); Bdm. ca. 10 cm; OF und Br. hellbraun; feintonig; OF geglättet. Wohl zugehörig zwölf Wandfragmente.
32. Bdm. ca. 4 cm; OF hellbraun, Br. z. T. mit schwarzem Kern; feintonig; OF geglättet. Wohl zugehörig zwölf Wandfragmente.
33. NW unsicher; OF und Br. schwarz; feintonig; OF poliert.

Konische Schalen mit leicht ausgelegtem Rand

34. Rdm. 9 cm; OF und Br. rötlich; feintonig; OF geglättet.
35. Rdm. 16 cm; OF schwarz, Br. dunkelgraubraun; feintonig, mit etwas Glimmer; OF gut geglättet. Zugehörig weiteres Randfragment.
36. Rdm. ca. 22 cm; OF und Br. hellbraun; feintonig; OF gut geglättet.

Gefäß mit abgesetztem Halsfeld

37. Rdm. 26 cm; RL auf IS abgestrichen; OF und Br. schwarz; M mit FS, MS, feinem Kbr. (?), wenig GS und Glimmer; OF geglättet, auf AS feine Glättstreifen. Wohl zugehörig ein Bodenfragment.

Becher

38. Rdm. 10 cm; OF und Br. dunkel- bis schwarzbraun, im Bereich der RL braun; OF und Br. schwarz; M mit FS, MS, feinem Kbr., wenig GS und Glimmer; OF geglättet.
39. Schulterfazetten nur schwach konturiert; Bauchdm. 14 cm; Rillen im Halsfeld nur leicht eingetieft, Breite 0,5 mm, Querschnitt U-förmig; OF und Br. schwarz; feintonig; OF geglättet.
40. Rdm. ca. 8 cm; Verz. unregelmäßig und nachlässig mit Instrument ausgeführt, T. bis 1 mm; OF auf AS rötlich braun und dunkelbraun gefleckt, auf IS rötlich, Br. mit schwarzem Kern; M mit Kbr.; OF grob geglättet.
41. Rdm. 11 cm; RL auf AS leicht gestaucht; Verz. mit Instrument ausgeführt, T. ca. 1 mm; OF auf AS hell- bis rötlich braun, auf IS schwarzbraun; feintonig, mit etwas Glimmer und vielleicht sehr feinem Kbr.; OF geglättet.

Schräg-, Trichter- und Steilrandgefäße

42. NW unsicher; Rdm. ca. 12 cm; OF und Br. dunkelbraun; feintonig; OF gut geglättet. Wohl zugehörig ein Wandfragment mit Resten einer Verz. (nicht rekonstruierbar).
43. Rdm. ca 16 cm; Verz. mit Holzinstrument ausgeführt (Faserstruktur in mittlerer Kerbe), T. bis 4 mm; OF auf AS rotbraun, auf IS schwarzbraun (Br. entsprechend); feintonig, mit etwas Glimmer; OF geglättet, auf IS des Randes feine Glättstreifen.
44. Rdm. ca. 30 cm; RL gerade abgestrichen, auf AS gestaucht; Verz. mit Instrument ausgeführt, T. noch 2,6 mm; OF rötlich braun, Br. braunschwarz; M mit MS, GS; OF geglättet, aber leicht rau. Zugehörig zwei weitere Randfragmente, wohl einige Wandfragmente und ein Bodenfragment.
45. Rdm. ca. 42 cm; RL gerade abgestrichen, auf AS gestaucht; Verz. mit Instrument ausgeführt, T. 1–3 mm; OF auf AS rötlich, auf IS graubraun, Br. schwarz; M mit Kbr., MS, GS; OF grob verstrichen. Zugehörig ein Wandfragment und womöglich drei Bodenfragmente (Bdm. 18 cm).

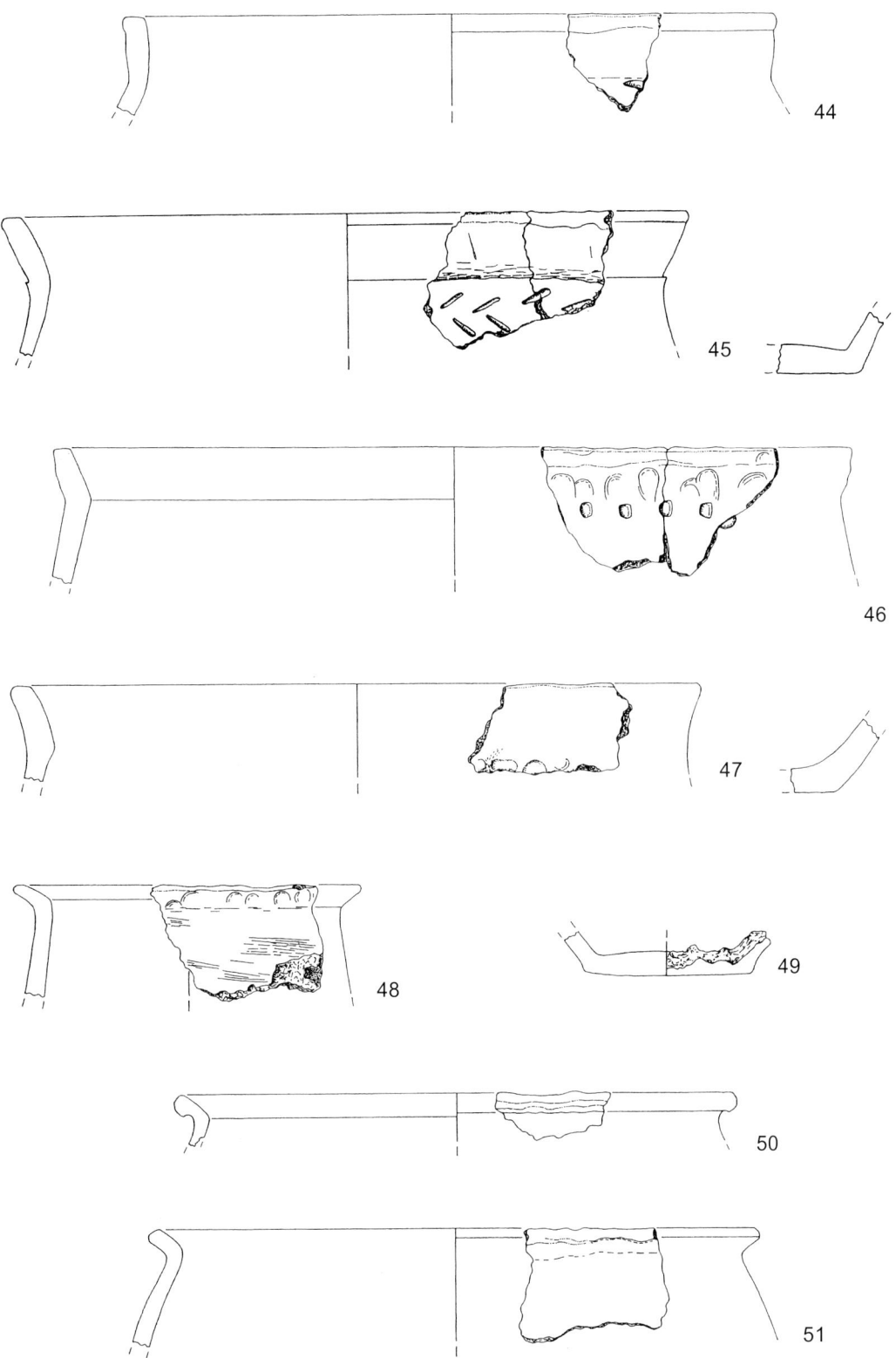

Abb. 6　Heidelberg-Bergheim, Siedlungsgrube vom 21.3.1990 („Fundpunkt 2'). 45 M 1:4, sonst M 1:3.

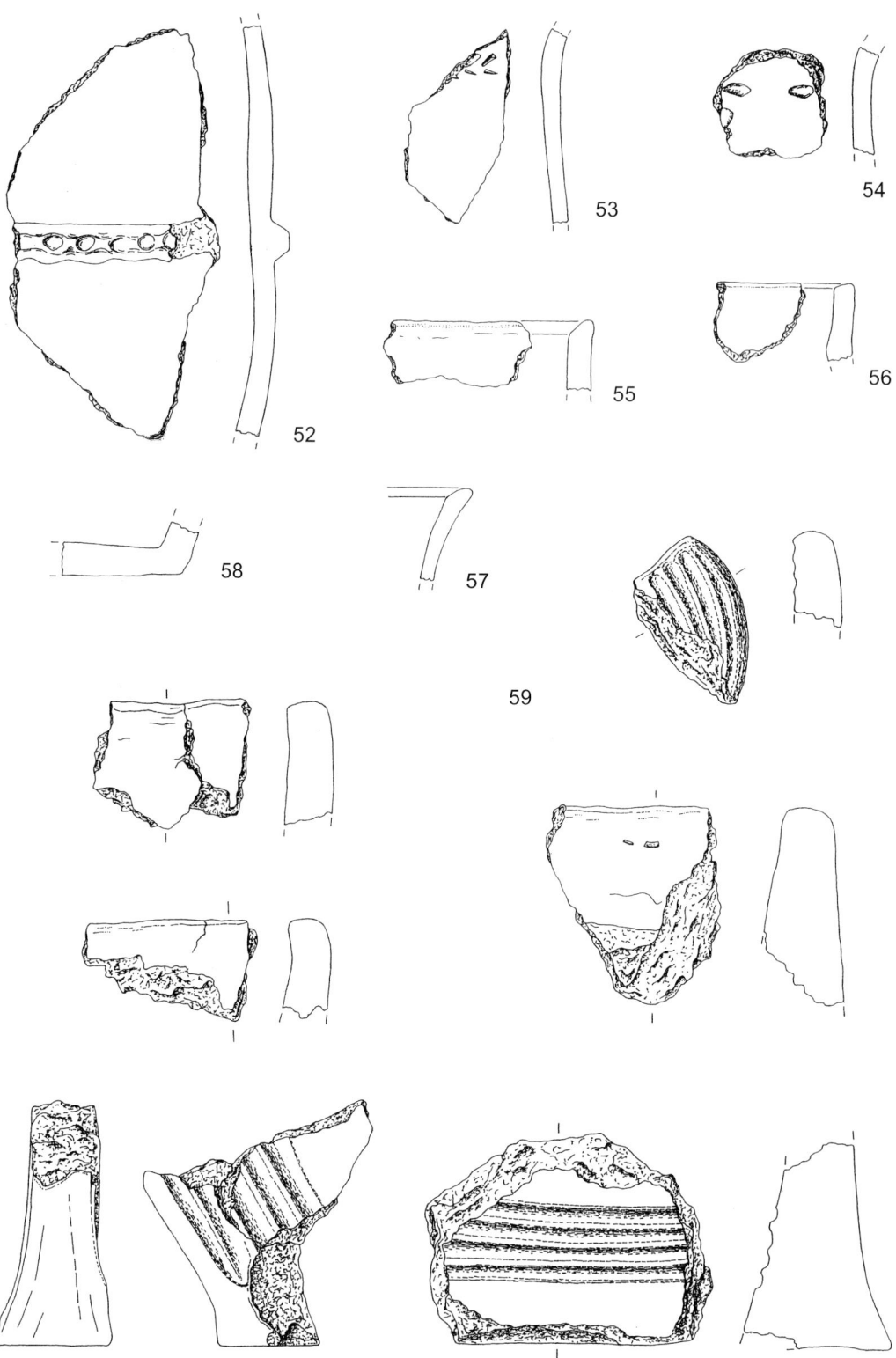

Abb. 7 Heidelberg-Bergheim, Siedlungsgrube vom 21.3.1990 („Fundpunkt 2'). M 1:3.

46. Rdm. 37 cm; Bdm. ca. 14 cm; RL gerade abgestrichen, auf AS gestaucht, unterhalb davon Fingerabdrücke; Verz. mit Instrument ausgeführt, T. 2,5–3 mm; OF rötlich, Br. schwarz; M mit Kbr, MS, GS, Glimmer, ein Mittelkies-Korn; OF rauh.
47. Rdm. ca. 32 cm; RL gerade abgestrichen; Verz. Rest einer Fingertupfenreihe (?); OF und Br. dunkelbraun, auf IS z. T. rötlich; M mit Kbr., MS, GS (überwiegend), Glimmer; OF auf AS rau, auf IS grob geglättet. Zugehörig sieben Wandfragmente und ein Bodenfragment.
48. Rdm. ca. 16 cm; auf AS des Randes Fingerabdrücke; OF auf AS braun und rötlich braun, auf IS schwarz und rötlich, Br. z. T. schwarz; M mit Kbr., FS (überwiegend), MS, GS, etwas Glimmer; OF auf AS verstrichen, auf IS grob geglättet.
49. Bdm. ca. 8 cm; OF auf AS rötlich braun, auf IS schwarz (Br. entsprechend); M mit Kbr., FS (überwiegend), etwas GS und Glimmer; OF grob verstrichen.
50. NW etwas unsicher; Rdm. ca. 26 cm; Rand auf AS zweimal abgestrichen, überhängendes Material nicht entfernt; OF braun, Br. z. T. schwarz; M mit FS, MS, Glimmer und vielleicht feinem Kbr.; OF auf AS grob, auf IS gut verstrichen.
51. Rdm. ca. 28 cm; RL auf AS abgestrichen; OF auf AS dunkelbraun, auf IS rötlich, Br. schwarz; M mit Kbr., MS, GS (stark vertreten), FK; OF auf AS verstrichen, auf IS grob geglättet. Vielleicht zugehörig ein Wandfragment.

Grobkeramische Wand-, Rand- und Bodenfragmente

52. NW unsicher; Leiste gesondert modelliert und auf die Gefäßwand gedrückt; OF auf AS rötlich, auf IS dunkelbraun, Br. z. T. schwarz; M. mit Kbr., GS, FK; OF grob geglättet.
53. NW unsicher; Verz. mit Instrument ausgeführt, T. max. 3 mm; OF rötlich, Br. schwarz; M mit Kbr., MS, GS, etwas Glimmer; OF mäßig geglättet.
54. NW unsicher; Verz. mit Instrument ausgeführt, T. 3 mm; OF braun, Br. z. T. mit schwarzem Kern; M mit Kbr., GS, etwas Glimmer; OF verstrichen.
55. NW unsicher; RL auf IS abgestrichen; OF rötlich, Br. schwarz; M mit Kbr., MS, GS, etwas Glimmer; OF mäßig geglättet. Zugehörig ein Wandfragment.
56. NW unsicher; RL auf IS abgestrichen; Rdm. um 60 cm; OF braun, Br. z. T. mit schwarzem Kern; M mit Kbr., GS, etwas Glimmer; OF verstrichen. Zugehörig weiteres Randfragment.
57. NW unsicher; RL auf IS abgestrichen; OF und Br. schwarz; M mit Kbr., MS, GS (überwiegend), etwas FK; OF geglättet. Zugehörig weiteres Randfragment.
58. OF auf AS rötlich braun, auf IS braun; M mit Kbr., GS; OF grob verstrichen.

Feuerbock

59. Sechs nicht anpassende Fragmente eines Feuerbocks, dazu ein weiteres amorphes Fragment (nicht abgebildet); OF und Br. hellbraun; M mit Kbr., MS, GS, FK; weich gebrannt.

Weitere Gefäßfragmente *(o. Abb.)*

60. 15 Rand-, drei Boden- und 315 Wandfragmente der feinen bis groben Ware.
61. Drei Randfragmente der Rössener Kultur, hiervon zwei verziert.

Sonstiges *(o. Abb.)*

62 u. 59 Hüttenlehmfragmente, davon viele mit vollkommen flachen Seiten, die in einigen Fällen weiß getüncht sind.
63. Tierknochen, z. T. mit Verbiss- und Bearbeitungsspuren (s. Beitrag E. Stephan).
64. Bodenproben (Holzkohlen).
65. 56 Flussgerölle unterschiedlicher Größe (Buntsandstein, Muschelkalk, Quarzkies), davon ein großes Exemplar (Buntsandstein) mit glatten aber unregelmäßigen Flächen und durch Hitzeeinwirkung entstandenen Rissen.
66. Elf Konkretionen.

Abgekürzt zitierte Literatur

Borrello, Cortaillod-Est	M. A. Borrello, Cortaillod-Est, un village du Bronze final, 2. La céramique. Arch. Neuchâteloise 2 (Saint-Blaise 1986).
Brestrich, Singen	W. Brestrich, Die mittel- und spätbronzezeitlichen Grabfunde auf der Nordstadtterrasse von Singen am Hohentwiel. Forsch. u. Ber. Vor- und Frühgesch. Baden-Württemberg 67 (Stuttgart 1998).
Eggert, Urnenfelderkultur	M. K. H. Eggert, Die Urnenfelderkultur in Rheinhessen. Gesch. Lkde. 13 (Wiesbaden 1976).
Grimmer-Dehn, Oberrheingraben	B. Grimmer-Dehn, Die Urnenfelderkultur im südöstlichen Oberrheingraben. Materialh. Vor- u. Frühgesch. Baden-Württemberg 15 (Stuttgart 1991).
Kimmig, Urnenfelderkultur	W. Kimmig, Die Urnenfelderkultur in Baden. Röm.-Germ. Forsch. 14 (Berlin 1940).
Ruppel, Niederrheinische Bucht	Th. Ruppel, Die Urnenfelderzeit in der niederrheinischen Bucht. Rheinische Ausgr. 30 (Köln 1990).
Schöbel, Bodensee	G. Schöbel, Die Spätbronzezeit am nordwestlichen Bodensee: taucharchäologische Untersuchungen in Hagnau und Unteruhldingen 1982–1989. Siedlungsarchäologie im Alpenvorland IV. Forsch. u. Ber. Vor- u. Frühgesch. Baden-Württemberg 47 (Stuttgart 1996).
Sperber, Chronologie	L. Sperber, Untersuchungen zur Chronologie der Urnenfelderkultur im nördlichen Alpenvorland von der Schweiz bis Oberösterreich. Antiquitas 3/29 (Bonn 1987).

Schlagwortverzeichnis

Cortaillod-Est (1010–955 v. Chr.); Hauterive-Champréveyres; Heidelberg-Bergheim; Neckarmündungsgebiet; jüngere und späte Urnenfelderzeit (Ha B 1–3); Westschweiz.

Anschrift des Verfassers

Dr. Peter König
Furtwänglerstr. 11
69121 Heidelberg
E-Mail: pekoepbf@web.de

Tierknochenfunde aus einer urnenfelderzeitlichen Grube in Heidelberg-Bergheim

Elisabeth Stephan

Das Faunenmaterial stammt aus einer urnenfelderzeitlichen Grube in der Mannheimer Straße in Heidelberg-Bergheim, die 1990 im Rahmen von Bauarbeiten entdeckt und anschließend archäologisch bearbeitet wurde.[1] Die archäozoologische Analyse soll einen Beitrag zur Interpretation der Funde und Befunde des Fundplatzes leisten. Sie ist aber auch von Interesse, da bisher nur wenige Untersuchungen urnenfelderzeitlicher Tierknochenkomplexe vorliegen und auch die Untersuchung eines Knochenkomplexes von geringem Umfang die Kenntnisse der Haustierhaltung und Jagd während der späten Bronzezeit ergänzen und erweitern kann.

Methode

Die archäozoologischen Daten wurden in einem Datenbank-Programm in codierter Form aufgenommen.[2] Zusätzlich zur Bestimmung der Anzahl der Knochenfragmente (KNZ) wurde das Gewicht jedes Fragments in Gramm (KNG) mit einer Genauigkeit von 0,1 g gemessen. Die Einschätzung des Individualalters erfolgte an Zähnen nach Zahndurchbruch und Zahnabrieb sowie an Extremitätenknochen nach dem Verwachsungsgrad der Epiphysen.[3] Für Zahndurchbruch und Abkauung wurden die Symbole – (nicht durchgebrochen), + (geringgradig-), ++ (mittelgradig-) und +++ (hochgradig-abgekaut) verwendet. Entsprechend symbolisieren – (nicht verwachsen) und + (vollständig verknöchert) kombiniert mit der Angabe p (proximal) und d (distal) den Stand der Epiphysenfugen. Da nicht sicher entschieden werden kann, ob die Wachstums- und Alterungsprozesse bei prähistorischen Haustierformen zeitlich ebenso verliefen wie bei rezenten (auch spätreifen) Rassen, wurde auf genaue Jahresaltersangaben verzichtet und eine Zuordnung zu Alterskategorien vorgenommen. Soweit möglich wurden an Knochenfragmenten ohne Gelenkenden das Grobalter anhand von Größe und Knochenstruktur bestimmt. Die Erfassung der Messstrecken erfolgte nach A. v. d. Driesch[4] mittels einer Digital-Schieblehre mit einer Genauigkeit von 0,1 mm.

Allgemeine Charakterisierung des Faunenmaterials und Artenverteilung

Abgesehen von den wenigen noch im Lackprofil befindlichen Fragmenten wurden insgesamt 92 Knochen- und Zahnfunde von Tieren sowie neun Muscheln mit einem Gesamtgewicht von 600 g untersucht (Tab. 1). Der Erhaltungszustand der Knochen ist gut. Die Oberflächen sind glatt und die

---

[1] E. Kemmet/H.-P. Kuhnen, Mondidol und Lackprofil aus einer Siedlung der Urnenfelderzeit in Heidelberg-Bergheim. Arch. Ausgr. Baden-Württemberg 1990, 67–70. – Siehe Beitrag P. König, in diesem Band S. 89–106.
[2] H.-P. Uerpmann, The „Knocod" system for processing data on animal bones from archaeological sites. Bull. Mus. Peabody 2, 1978, 149–167.
[3] K. H. Habermehl, Altersbestimmung bei Haus- und Labortieren (²Hamburg, Berlin 1975). – Ders., Altersbestimmung bei Wild- und Pelztieren (²Hamburg, Berlin 1985). – L. Briedermann, Schwarzwild (Berlin 1990).
[4] A. v. d. Driesch, Das Vermessen von Tierknochen aus vor- und frühgeschichtlichen Siedlungen (²München 1982).

	KNZ	%	KNG	%	Verbiss
Unbestimmte					
Hausrind	8	27,6	21,9	36,3	1
Wildschwein–Rothirsch	10	34,5	23,3	38,6	4
Schaf/Ziege/Reh–Hausschwein	11	37,9	15,2	25,2	1
Unbestimmte gesamt	**29**	**100,0**	**60,4**	**100,0**	**6**
Bestimmte					
Hausrind, *Bos taurus**	5	6,9	71,4	13,2	1
Schaf/Ziege, *Ovis aries/Capra hircus*	14	19,4	74,9	13,9	2
Hausschwein, *Sus domesticus*	29	40,3	234,6	43,5	7
Haustiere gesamt	**48**	**66,7**	**380,9**	**70,6**	**10**
Rothirsch, *Cervus elaphus*	6	8,3	137,5	25,5	2
Feldhase, *Lepus europaeus*	2	2,8	1,4	0,3	
Erdkröte, *Bufo bufo*	7	9,7	1,0	0,2	
Flussmuschel, *Unio crassus*	9	12,5	18,9	3,5	
Wildtiere gesamt	**24**	**33,3**	**158,8**	**29,4**	**2**
Bestimmte gesamt	**72**	**100,0**	**539,7**	**100,0**	**18**
Gesamtanteil der Bestimmten	**72**	**71,3**	**539,7**	**89,9**	
Gesamtanteil der Unbestimmten	**29**	**28,7**	**60,4**	**10,1**	
Gesamte Fundmenge	**101**	**100,0**	**600,1**	**100,0**	

Tabelle 1   Heidelberg-Bergheim. Tierknochen. Fundübersicht, Artenverteilung und Bissspuren. – * Die Nomenklatur der Haustierarten folgt dem Vorschlag von A. Gentry/J. Clutton-Brock/C. P. Groves, The naming of wild animal species and their domestic derivates. Journal Arch. Scien. 31, 2004, 645–651.

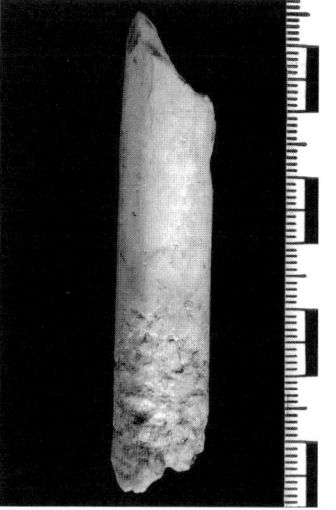 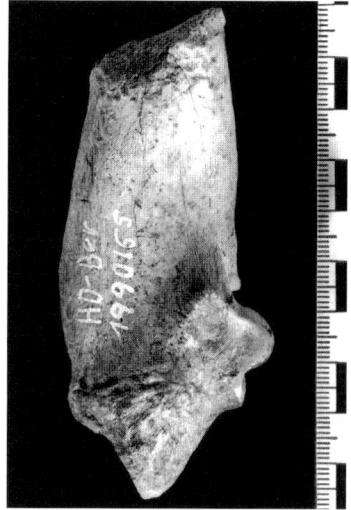

Abb. 1 (links)   Heidelberg-Bergheim. Schaf/Ziege, Tibiaschaft mit Carnivorenverbiss. –
Abb. 2 (rechts)   Heidelberg-Bergheim. Hausrind, Calcaneus, proximales Gelenk durch Carnivorenverbiss entfernt.

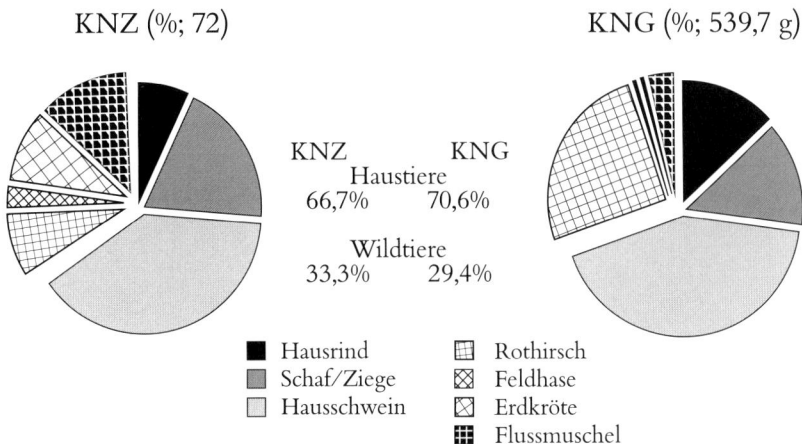

Abb. 3 Heidelberg-Bergheim. Tierknochen. Artenverteilung.

Konsistenz fest. Das durchschnittliche Fragmentgewicht beträgt 6 g (bestimmte Fragmente 7,5 g; unbestimmte Fragmente 2,1 g). 18% der Knochenfragmente weisen Bissspuren von Carnivoren, wahrscheinlich Hunden, auf (Tab. 1). Die Bissmarken befinden sich überwiegend in den gelenknahen Schaftbereichen von Langknochen, d. h. es wurden die Gelenkenden abgekaut (Abb. 1 u. 2).
Brandspuren wurden an fünf Knochenfragmenten beobachtet. Ein Metapodium von Schaf oder Ziege ist an einem Ende etwas angekohlt. Drei unbestimmte Knochenfragmente großer Säugetiere sind grau verfärbt. Sie waren Temperaturen von 400–500 °C ausgesetzt und die organische Substanz ist noch nicht vollständig verbrannt. Ein kleines Knochenstück eines mittelgroßen Säugetiers hat Temperaturen über 600 °C erfahren. Der organische Knochenanteil ist vollständig entfernt und der Knochen weiß und kreidig.
Bei 29 Knochenfunden konnte die Art nicht mehr eindeutig bestimmt werden. Diese Funde wurden den Größenkategorien Hausrind, Wildschwein – Rothirsch und Schaf/Ziege/Reh – Hausschwein zugeordnet (Tab. 1). Bei den bestimmten Knochenfunden handelt es sich zu zwei Dritteln um Reste von Haustieren (Tab. 1, Abb. 3). Gut 40% stammen vom Schwein. Kleine Hauswiederkäuer und Rind sind nur mit wenigen Stücken bzw. geringem Gewichtsanteil vertreten. Der Wildtieranteil ist mit 33% sehr hoch. Bezogen auf das Fundgewicht stammen 87% der Wildreste vom Rothirsch.

Wirbeltiere

Skelettelementverteilung (Tab. 2)

Vom Rind sind nur ein Oberkieferprämolar, drei kleinere Fragmente vom Schienbein und eines vom Kreuzbein überliefert. Bei den kleinen Hauswiederkäuern Schaf und/oder Ziege sind die verschiedenen Skelettregionen relativ gut vertreten. Der hohe Anteil an Fragmenten des Schienbeins (Tibia) ist wahrscheinlich auf die gute Erhaltungsfähigkeit und Bestimmbarkeit dieses Skelettelements zurückzuführen. Vom Schwein liegen Reste des Schädels, des Rumpfes und der Hinterextremität vor. Die Hälfte der Funde stammt von Oberschädel und Unterkiefer. Die hohe Knochenanzahl wird durch mehrere kleine Fragmente des Gesichts- und Hirnschädels sowie lose Zähne verursacht. Das hohe Gewicht basiert auf drei großen Hirnschädelfragmenten, die wahrscheinlich zu einem Individuum gehören. Diese wiegen zusammen 120 g, was 50% des Gewichts aller Schweinefunde entspricht. Vom Rothirsch sind mit Ausnahme eines Ulnafragments nur Elemente der Hinterextremität überliefert. Belege vom Schädel oder Geweih fehlen. Vom Feldhasen sind ein Ulnafragment und ein Metacarpus II erhalten. Die Erdkröte ist mit sieben unterschiedlichen Skelettelementen der

Vorder- und Hinterextremität vertreten. Ein Metapodium belegt ein relativ kleines Individuum. Die sechs restlichen Skelettelemente stammen von einem zweiten größeren Tier.

Altersverteilung, Maße und Nutzung

Von Rind, Rothirsch und Feldhase liegen ausschließlich Reste subadult–adulter Individuen vor (Tab. 3). Von Schaf/Ziege und Schwein existieren sowohl Belege für ausgewachsene als auch für infantile(–juvenile) Tiere. Für das Hausschwein ist ein neonates Ferkel nachgewiesen. Ein Fragment eines Unterkiefereckzahns stammt von einem Eber. Maße konnten an fünf Funden ermittelt werden.[5] Konkrete Aussagen zu Größe und Wuchsform sowie die Berechnung von Widerristhöhen waren auf der Basis dieser Messungen nicht möglich.

Fünf Knochenfunde tragen Hack- oder Sägespuren. Das Hirnschädelfragment eines adulten Schweines wurde oberhalb der Hinterhauptcondylen abgehackt. Die Condylen weisen leichte Spuren von Carnivorenverbiss auf. Die Zerlegung von Wildsäugern zeigen Hackspuren und Aussplitterungen an einem Tibiafragment vom Rothirsch. Der Knochen wurde unterhalb des proximalen Schaftendes abgeschlagen (Abb. 4); das Gelenk selbst ist durch Carnivorenverbiss entfernt. Die gleiche Art der

Abb. 4 Heidelberg-Bergheim. Rothirsch, Tibia, proximales Gelenk durch Carnivorenverbiss entfernt; Hackspur unterhalb des proximalen Gelenks.

Zerlegung wurde an einer Rindertibia beobachtet; auch hier finden sich Bissspuren am proximalen Schaftende. Ein kleines Fragment einer weiteren Rindertibia besitzt an zwei Enden regelmäßige Sägespuren, d.h. es wurde quer zur Knochenlängsachse ein ca. 2,5 cm breites Schaftstück aus dem Knochen herausgesägt. Der Schaft ist nicht über den gesamten Querschnitt erhalten. Da die seitlichen Brüche des Fragments aber relativ frisch sind, wurde ursprünglich wahrscheinlich eine Knochenhülse aus dem Schaft herausgetrennt, um sie als Rohmaterial zu verwenden.

---

5 Schaf/Ziege, Maxilla M3 rechts: Länge: 15,4 mm; Breite: 12,5 mm. – Hausschwein, Maxilla rechts: Länge der Molarenreihe (Alveolenmaß): 67,2 mm. – Rothirsch, Calcaneus rechts: Größte Breite: 36,0 mm; Größte Tiefe: 41,0 mm. – Feldhase, Ulna links: Breite über die Proc. coronarii: 9,2 mm; Tiefe über den Proc. anconeus: 13,0 mm; Kleinste Tiefe des Olecranon: 12,5 mm. Metacarpus II links: Breite proximal: 4,6 mm; Kleinste Breite der Diaphyse: 3,2 mm.

Skelettelemente	Hausrind KNZ	Hausrind KNG	Schaf/Ziege KNZ	Schaf/Ziege KNG	Hausschwein KNZ	Hausschwein KNG	Rothirsch KNZ	Rothirsch KNG	Feldhase KNZ	Feldhase KNG	Erdkröte KNZ	Erdkröte KNG
Cranium					8	130,5						
Mandibula			1	1,0	2	20,9						
Dentes lose	1	5,9	1	3,9	4	4,7						
Scapula												
Humerus											1	0,4
Radius + Ulna			1	4,6			1	5,9	1	1,0		
Ossa carpi									1	0,4		
Metacarpus												
Pelvis			1	9,6	4	27,3	1	7,6			3	0,4
Femur							1	15,0			1	0,1
Tibia, Patella, Fibula	3	54,5	5	43,5	8	38,7	2	63,0			1	0,1
Ossa tarsi							1	46,0				
Metatarsus												
Metapodien			1	1,8							1	0,0
Phalangen												
Vertebrae + Sacrum	1	11,0	1	0,7								
Costae + Sternum			3	9,8	3	12,5						
Gesamt	**5**	**71,4**	**14**	**74,9**	**29**	**234,6**	**6**	**137,5**	**2**	**1,4**	**7**	**1,0**

Tabelle 2   Heidelberg-Bergheim. Tierknochen. Skelettelementverteilung.

Epiphysenschluss und Zahnalter	KNZ	Grobalter
Hausrind		
Maxilla P2 +++	1	subadult–adult
Knochenfragmente ohne Gelenkenden	1	subadult–adult
Schaf/Ziege		
Maxilla M3 +	1	subadult–adult
Pelvis Acetabularfuge -	1	infantil(–juvenil)
Knochenfragmente ohne Gelenkenden	5	subadult–adult
Hausschwein		
Maxilla Pd3 +	1	infantil(–juvenil)
Mandibula Id -	2	neonat
Mandibula M2 +	1	subadult–adult
Maxilla M1 +++, M2 ++(+), M3 +	1	adult
Knochenfragmente ohne Gelenkenden	3	infantil–juvenil
Knochenfragmente ohne Gelenkenden	8	subadult-adult
Rothirsch		
Knochenfragmente ohne Gelenkenden	6	subadult–adult
Feldhase		
Ulna p+	1	subadult–adult
Knochenfragmente ohne Gelenkenden	1	subadult–adult

Tabelle 3   Heidelberg-Bergheim. Tierknochen. Altersbestimmung.

Aufgrund der geringen Fundmenge liegen nur wenige Angaben zu Alter, Geschlecht, Größe und Wuchsform sowie zur Skelettelementverteilung und Zerlegung der jeweiligen Tierart vor. Differenzierte Aussagen zur Nutzung der Haus- und Wildtiere sind deshalb nicht möglich. Bei den Säugetierresten handelt es sich aber sicher um Nahrungs- bzw. Schlachtabfälle. Deutlich wird auch, dass – wie in vielen prähistorischen Siedlungen – Schweine in jüngerem Alter getötet wurden als die restlichen Nutztiere. Dies weist auf die Nutzung der Allesfresser überwiegend als Fleischressource hin. Neben den Haustieren Rind, Schaf/Ziege und Schwein wurden Rothirsch und wohl auch der Feldhase als Nahrungsressource genutzt. Die Erdkröten gelangten wahrscheinlich ohne menschliches Zutun in die Grube.

Flussmuscheln

Von *Unio crassus*, der kleinen Fluss- oder Bachmuschel, wurden fünf vollständige oder nahezu vollständige Klappen sowie vier kleinere Schalenfragmente geborgen. Zwei der nahezu vollständigen Klappen passen aneinander, d. h. es liegen Reste von mindestens vier Individuen vor. Es handelt sich wahrscheinlich um die kleinwüchsige Bachform *Unio crassus nanus*, die im Rhein und seinen Zuflüssen des Neckar- und Maingebiets nachgewiesen ist.[6]

---

6   Die Maße können aufgrund der unvollständigen Erhaltung folgendermaßen rekonstruiert werden: Länge ca. 34 bis 48 mm, Breite ca. 20 bis 26 mm, Durchmesser ca. 16 bis 20 mm. – Vgl. G. FALKNER, Mollusken. In: M. KOKABI, Arae Flaviae II. Viehhaltung und Jagd im römischen Rottweil. Forsch. u. Ber. Vor- u. Frühgesch. Baden-Württemberg 13 (Stuttgart 1982) 118–124. – Ders., Die Muscheln aus der ‚Großen Grube' von Heidelberg-Neuenheim. In: S. ALFÖLDY-THOMAS/H. SPATZ, Die „Große Grube" der Rössener Kultur in Heidelberg-Neuenheim. Materialh. Vor- u. Frühgesch. Baden-Württemberg 11 (Stuttgart 1988) 109–116. – Ders., Bemerkungen zu den Molluskenfunden. Anhang zu: K. SCHATZ, Die Knochenfunde aus der späthallstatt- bis spätlatènezeitlichen Fundstelle »Nonnenbuckel« bei Heilbronn-Neckargartach. In: M. KOKABI/J. WAHL, Beiträge zur Archäozoologie und Prähistorischen Anthropologie. Forsch. u. Ber. Vor- u. Frühgesch. Baden-Württemberg 53 (Stuttgart 1994) 350 f.

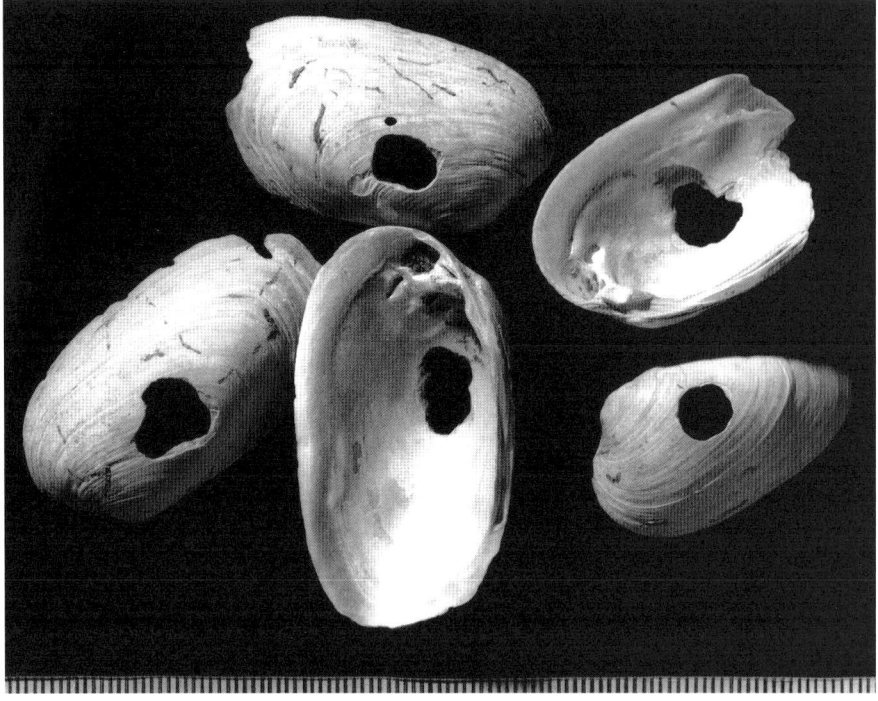

Abb. 5   Heidelberg-Bergheim. Flussmuschelhälften mit Durchbruch.

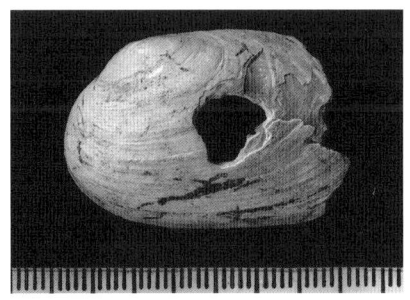 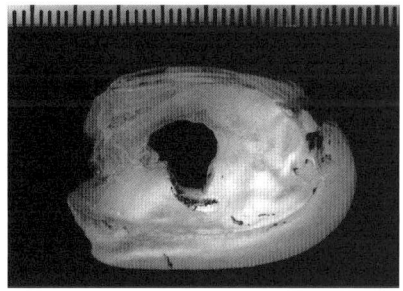

Abb. 6   Heidelberg-Bergheim. Flussmuschel mit Aussplitterungen an Durchbruch. a Außenseite, b Innenseite.

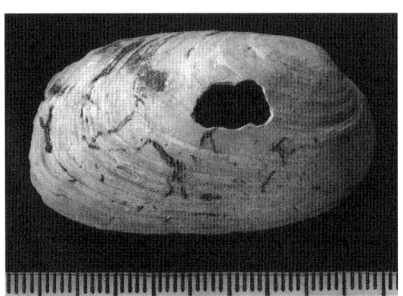 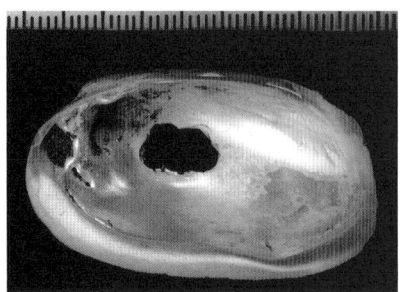

Abb. 7   Heidelberg-Bergheim. Flussmuschel ohne Aussplitterungen an Durchbruch. a Außenseite, b Innenseite.

Die Flussmuschel ist ein ausgesprochener Fließwasserbewohner und findet in den rasch fließenden Bereichen im Mittellauf von Bächen und Flüssen gute Lebensbedingungen. Sie kann leicht beim Waten im knietiefen Wasser gesammelt werden.[7] In früheren Zeiten und noch bis zum Beginn des 20. Jahrhunderts war *Unio crassus* eine der häufigsten und bekanntesten Muscheln der heimischen Fließgewässer. D. Geyer nannte sie 1927 „unsere häufigste Unio".[8] Aufgrund von Gewässerverschmutzung und Lebensraumzerstörung ging diese Art in ihrem Vorkommen jedoch stark zurück und bildet teilweise nur noch dünne, überalterte Restbestände. Da sie hohe Ansprüche an die Wasserqualität stellt, ist sie heute in ihrem gesamten Verbreitungsgebiet vom Aussterben bedroht.[9] Zur Zeit der Urnenfelderkultur war sie aber im Neckar bei Heidelberg sicher zu finden.

Auffallend ist, dass alle Schalenklappen aus Heidelberg-Bergheim am Hinterrand mehr oder weniger stark beschädigt sind (Abb. 5). Zwei Klappen weisen eine Verletzung des oberen Randes im Bereich des vorderen Schließmuskels auf. Nach G. Falkner[10] deutet diese Verletzung auf eine stets wiederkehrende Technik bei der Öffnung des frischen Tieres hin. Bei toten Tieren wäre eine solche Prozedur nicht erforderlich, da dann das Ligament erschlafft und die Klappen offen stehen. Eine Öffnung der frischen Muscheln scheint also auch in Heidelberg-Bergheim vorgenommen worden zu sein. Da die rohen Flussmuscheln – wenn sie aus schlammigen Böden stammen – kaum genießbar sind,[11] haben sie aber vermutlich für die Ernährung der Bevölkerung keine Rolle gespielt.

Flussmuschelfunde aus der mittelneolithischen ‚Großen Grube' von Heidelberg-Neuenheim, der jungsteinzeitlichen Siedlung Ehrenstein und römischen Gräbern in Stettfeld besitzen Abnutzungsspuren und Ritzungen, die auf die Verwendung als Löffel, Schaber oder Rohmaterial für Schmuckplättchen hinweisen.[12] Entsprechende Abnutzungs- oder Bearbeitungsspuren sind an den Stücken von Heidelberg-Bergheim nicht vorhanden. Alle nahezu vollständigen Hälften besitzen aber an der Stelle ihres größten Durchmessers einen Durchbruch (Abb. 5). Bei zwei Exemplaren ist ausgehend von dieser Durchlochung sowohl auf der Außenseite als auch auf der Innenseite Material abgesplittert (Abb. 6a.b). Die anderen drei Hälften zeigen keine Defekte (Abb. 7a.b). Die Ränder der Löcher sind unregelmäßig und nicht geglättet. Eine Entstehung durch fluviatilen Transport scheidet deshalb aus. Möglicherweise sind diese Löcher bei der Öffnung der frischen Muscheln entstanden. Eindeutige Hinweise auf eine anthropogene Herstellung der Durchbrüche, der Weiterverarbeitung der Schalen oder der Verwendung z. B. als Schmuck sind aber nicht zu erkennen. Zu welchem Zweck die Flussmuscheln in die Siedlung eingebracht wurden, kann deshalb zurzeit nicht geklärt werden.

Urnenfelderzeitliche Wirtschaftsweise und Bedeutung der Jagd

Im Vergleich zu Faunenkomplexen aus anderen urnenfelderzeitlichen Siedlungen ist der Anteil von Schwein in Heidelberg-Bergheim sowohl bei Betrachtung der Knochenanzahlen als auch der Knochengewichte hoch. Im Fauneninventar aus sechs urnenfelderzeitlichen Gruben von Ladenburg ‚Ziegelscheuer' nahe bei Heidelberg überwiegt das Rind, gefolgt von Schwein und Schaf/Ziege.[13]

---

7 Falkner, Heidelberg-Neuenheim (Anm. 6).
8 D. Geyer, Unsere Land- und Süßwassermollusken (³Stuttgart 1927).
9 z. B. http://www.xfaweb.baden-württemberg.de/nafaweb/berichte/pabl_02/pabl20015.html.
10 Falkner, Heidelberg-Neuenheim (Anm. 6) Abb. 18; 20.
11 Ebd.
12 G. Falkner, Weichtiere. In: K. Scheck, Die Tierknochen aus dem jungsteinzeitlichen Dorf Ehrenstein (Gemeinde Blaustein, Alb-Donau-Kreis). Ausgrabung 1960. Forsch. u. Ber. Vor- u. Frühgesch. Baden-Württemberg 9 (Stuttgart 1977) 30–40. – Ders., Heidelberg-Neuenheim (Anm. 6). – Ders., Molluskenfunde. In: J. Wahl/M. Kokabi, Das römische Gräberfeld von Stettfeld I. Osteologische Untersuchung der Knochenreste aus dem Gräberfeld. Forsch. u. Ber. Vor- u. Frühgesch. Baden-Württemberg 29 (Stuttgart 1988) 283–297.
13 A. M. Feller, Untersuchungen an Knochenfunden aus dem Siedlungsplatz Ladenburg „Ziegelscheuer". In: G. Lenz-Bernhard, Lopodunum III. Die neckarswebische Siedlung und Villa rustica im Gewann „Ziegelscheuer". Eine Untersuchung zur Besiedlungsgeschichte der Oberrheingermanen. Forsch. u. Ber. Vor- u. Frühgesch. Baden-Württemberg 77 (Stuttgart 2002) 497–589 bes. 573–576.

Der kleine urnenfelderzeitliche Knochenkomplex aus der Fundstelle ‚St. Laurentiusheim' vom Breisacher Münsterberg besteht hauptsächlich aus Rinder- und Schweineknochen.[14] Kleine Hauswiederkäuer sind hier nur mit wenigen Funden vertreten. In der ‚Wasserburg Buchau' am Federsee dominiert das Rind.[15] Schwein und die kleinen Hauswiederkäuer scheinen hier eine geringere Rolle gespielt zu haben. In Hagnau-Burg am Bodensee sind die Anteile der drei Hauptnutztiere Rind, Schwein und Schaf/Ziege relativ ausgeglichen, wobei bei der Betrachtung der Gewichtsanteile auch hier das Rind ein deutliches Übergewicht hat.[16] In nord- und ostdeutschen Siedlungsplätzen der späten Bronzezeit gleicht die Artenverteilung der Zusammensetzung der Fauna aus der ‚Wasserburg Buchau'.[17] Anders sieht es in der Westschweiz aus. Hier dominieren Schaf und Ziege vor Rind und sehr wenig Schwein.[18]

Der Wildtieranteil ist in Heidelberg-Bergheim auffallend hoch. Allgemein ist die wirtschaftliche Bedeutung der Jagd für die Ernährungswirtschaft in Mitteleuropa während der Bronzezeit geringer als während des (Spät-)Neolithikums. Besonders niedrig sind die Wildtieranteile in Westfriesland (<1%), da das Marschland relativ arm an jagdbarem Wild war.[19] Etwas mehr Wildreste gibt es in Fauneninventaren aus spätbronzezeitlichen Fundstellen in Brandenburg (ca. 3%).[20] In anderen Fundplätzen wie z.B. Walkemühle bei Göttingen in Niedersachsen oder ‚Auf der Lach' im Mainmündungsgebiet scheint die Nahrung stärker durch Wildtiere ergänzt worden zu sein (8,5 bzw. 11,5%).[21] In Süddeutschland hält sich die Jagd während der Bronzezeit z.T. auf einem hohen Niveau. So beträgt der Wildtieranteil in den Siedlungen ‚Wasserburg Buchau' und Hagnau-Burg ca. 23%.[22] In den urnenfelderzeitlichen Gruben von Ladenburg ‚Ziegelscheuer'[23] fanden sich dagegen nur 3,5% Wildtierreste. In der Schweiz liegt der Wildanteil eher niedriger als in Süddeutschland (0,6 bis 9,7%).[24]

In allen Siedlungen herrschte die Jagd auf Rothirsch vor. In größeren Mengen sind i.d.R. auch Wildschwein und Reh vertreten. In Hagnau-Burg und der ‚Wasserburg Buchau' ist nicht nur der hohe Wildtieranteil, sondern auch die große Artenvielfalt bei den Wildtieren bemerkenswert.[25] Die meisten Wildsäugerarten weisen auf eine überwiegend halboffene Landschaft mit aufgelockertem

---

14 H. Arbinger-Vogt, Vorgeschichtliche Tierknochenfunde aus Breisach am Rhein (Diss. München 1978).
15 M. Kokabi, Ergebnisse der osteologischen Untersuchungen an den Knochenfunden von Hornstaad im Vergleich zu anderen Feuchtbodenfundkomplexen Südwestdeutschlands. Ber. RGK 71, 1990, 145–160.
16 Ebd.
17 z.B. L. Teichert, Die Tierreste aus den Siedlungen der späten Lausitzer Kultur bei Lübbenau und Lübben-Steinkirchen, Kr. Calau. Veröff. Mus. Ur- u. Frühgesch. Potsdam 10, 1976, 107–130. – Ders., Tierknochenuntersuchung der spätbronzezeitlichen Siedlung Zitz, Lkr. Brandenburg, im Vergleich zu Ergebnissen einiger zeitgleicher Fundorte. Ebd. 20, 1986, 163–173. – E. May, Tierknochenfunde aus der jungbronzezeitlichen Siedlung an der Walkemühle bei Göttingen. Die Kunde N.F. 47, 1996, 71–110.
18 z.B. L. Chaix, La faune. In: Cortaillod-Est, un village du Bronze final 4. Arch. Neuchâteloise 4, 1986, 47–73. – Ders., La faune de Vex-le-Château (Valais, Suisse; du Néolithique moyen au Bronze final). Jahrb. SGUF 73, 1990, 47–50. – Ders., Ayent-le-Château (Valais, Suisse; du Néolithique moyen au Bronze final). Ebd. 73, 1990, 44–46. – J. Schibler, Knochen. In: B. Eberschweiler/P. Riethmann/U. Ruoff, Greifensee-Böschen ZH. Ein spätbronzezeitliches Dorf. Ein Vorbericht. Ebd. 70, 1987, 88 f.
19 G. F. Ijzereef, Bronze Age animal bones from Bovenkarspel. The excavation at Het Valkje. Nederlandse Oudheden 10 (Amersfoort 1981). – N. Benecke, Archäozoologische Studien zur Entwicklung der Haustierhaltung in Mitteleuropa und Südskandinavien von den Anfängen bis zum ausgehenden Mittelalter. Schr. Ur- u. Frühgesch. 46 (Berlin 1994) 113–122 Tab. 31.
20 Teichert, Lübbenau (Anm. 17). – Ders., Zitz (Anm. 17). – Benecke (Anm. 19) Abb. 73; 74.
21 S. Flettner, Wirtschaftsarchäologische Bemerkungen zu linienbandkeramischen und urnenfelderzeitlichen Faunenresten des Mainmündungsgebietes. Germania 68/2, 1990, 587–592. – May (Anm. 17).
22 Kokabi (Anm. 15).
23 Feller (Anm. 13).
24 Chaix, Cortaillod-Est (Anm. 18). – Ders., Vex-le-Château (Anm. 18). – Ders., Ayent-le-Château (Anm. 18). – Benecke (Anm. 19) 120 Abb. 73; 74 Tab. 31.
25 Kokabi (Anm. 15).

Baumbestand hin.[26] Nur Braunbär, Baummarder und Wildkatze zeigen waldreichere Gebiete an.[27] Der Feldhase tritt in Heidelberg-Bergheim, Ladenburg ‚Ziegelscheuer' und Hagnau-Burg auf.[28] Als Kulturfolger belegt er eine anthropogen verursachte Öffnung der Landschaft.

Der Vergleich urnenfelderzeitlicher Faunenkomplexe macht deutlich, dass es in dieser Zeit keine einheitliche Wirtschaftsweise gegeben hat. Sowohl die Hauswirtschaftstiere als auch die Wildtiere variieren in ihrer Zusammensetzung von Siedlung zu Siedlung relativ stark. Der Umfang der Jagdtätigkeit und die Bedeutung der Jagd wurden offenbar in starkem Maße von der Beschaffenheit der (näheren) Umgebung des jeweiligen Fundorts und vom Wildreichtum bestimmt.

Abbildungsnachweis

Abb. 1; 2; 4–7 (alle Fotos): Manuela Schreiner, Archäologisches Landesmuseum Konstanz.

Schlagwortverzeichnis

Tierknochen; Flussmuscheln; Urnenfelderzeit; Südwestdeutschland.

Anschrift der Verfasserin

Dr. Elisabeth Stephan
Regierungspräsidium Stuttgart
Landesamt für Denkmalpflege
Arbeitsstelle Konstanz, Osteologie
Stromeyersdorfstrasse 3
78467 Konstanz

E-Mail: elisabeth.stephan@rps.bwl.de

---

26 z.B. E. Wagenknecht, Rotwild (^{4}Berlin 1981) 196–200; 244–245. – W. Herre, Sus scrofa – Wildschwein. In: J. Niethammer/F. Krapp (Hrsg.), Handbuch der Säugetiere Europas 2/II. Paarhufer (Wiesbaden 1986) 36–66. – E. v. Lehmann/H. Sägesser, Capreolus capreolus (Linnaeus, 1758) – Reh. Ebd. 233–268. – J. Beninde, Zur Naturgeschichte des Rothirsches (Hamburg, Berlin 1988). – C. Stubbe, Rehwild (^{3}Berlin 1990) 26–29.
27 z.B. R. Piechocki, Die Wildkatze: Felis sylvestris. Die Neue Brehm-Bücherei 189 (Wittenberg 1990). – M. Stubbe, Martes martes (Linné, 1758) – Baum-, Edelmarder. In: Niethammer/Krapp (Hrsg.), Handbuch der Säugetiere Europas. 5/I. Raubsäuger (Wiesbaden 1993) 374–426.
28 Feller (Anm. 13). – Kokabi (Anm. 15).

Hallstattzeitliche Grabhügel von Reichenau ‚Ochsenbergle‘, Lkr. Konstanz

Markus Wild

Inhaltsverzeichnis

1. Die Fundstelle Reichenau ‚Ochsenbergle‘ — 118
   1.1 Lage und Situation der Fundstelle — 118
   1.2 Forschungsgeschichte — 119
2. Die Grabung von 1960/61 — 122
3. Die Befunde — 123
   3.1 Hügel A — 123
   3.2 Hügel B — 127
   3.3 Hügel C — 128
   3.4 Hügel D — 129
   3.5 Hügel E — 131
   3.6 Hügel F — 132
   3.7 Hügel G — 137
   3.8 Hügel H — 140
4. Aufbau der Grabhügel — 143
5. Die Gräber — 145
   5.1 Erhaltungszustand der Grabanlagen — 145
   5.2 Lage und Orientierung der Gräber — 146
   5.3 Grabbau — 147
   5.4 Grabausstattung und Beigabensitte — 148
6. Die Funde — 150
   6.1 Bronzezeitliche Funde — 151
   6.2 Hallstattzeitliche Funde — 151
7. Chronologische Einordnung — 192
   7.1 Relative Chronologie — 192
   7.2 Absolute Chronologie — 196
8. Die Befunde von Reichenau ‚Ochsenbergle‘ in ihrem regionalen Kontext — 197
   8.1 Gräberfelder in der Region — 197
   8.2 Siedlungsstellen in der Region — 199
9. Zusammenfassung — 201

Liste der hallstattzeitlichen Fundstellen im Landkreis Konstanz — 202

Abgekürzt zitierte Literatur — 204

Abbildungsnachweise, Abkürzungen — 207

Vorbemerkungen zum Katalog — 208

Katalog — 208

1. Die Fundstelle Reichenau ‚Ochsenbergle'

1.1 Lage und Situation der Fundstelle

Der vorliegende Beitrag ist die gekürzte und überarbeitete Fassung meiner Magisterarbeit, die im September 2004 an der Ludwig-Maximilians-Universität München eingereicht wurde. Die Arbeit wurde von Frau Prof. Dr. Amei Lang in München betreut, das Material wurde mir von Frau Dr. Andrea Bräuning und Herrn Dr. Rolf Dehn vom damaligen Landesdenkmalamt Baden-Württemberg in Freiburg zur Verfügung gestellt. Die Analyse der menschlichen Skelettreste wurde von Herrn Dr. Joachim Wahl vom LAD Baden-Württemberg in Konstanz durchgeführt.

Das hallstattzeitliche Gräberfeld von Reichenau ‚Ochsenbergle', bestehend aus zwei großen und sechs kleineren Grabhügeln, lag am Südufer der Halbinsel Bodanrück auf dem Gebiet der Gemeinde Reichenau im Landkreis Konstanz, etwa 500 m westlich von Allensbach (Abb. 1). Die Gemarkungsgrenze zwischen den Gemeinden Reichenau und Allensbach verläuft nur wenige Meter südlich der Fundstelle. In der älteren Literatur findet sich die Grabhügelgruppe daher auch unter der Ortsbezeichnung Allensbach.

Die Fundstelle liegt im Naturraum der eiszeitlich geprägten Landschaft des Bodanrück. Der Rückzug des würmeiszeitlichen Gletschers im Becken des Untersees hatte hier Hügel aus kiesigem Geschiebematerial, die sogenannten Drumlins geformt, die sich zwischen 10 und 130 m über der mittleren Wasserhöhe des Bodensees erheben. Beim Abschmelzen des teilweise überdeckten Eises entstand am Südufer der Halbinsel außerdem eine unregelmäßige Kiesfläche zwischen den Drumlins und dem Seeufer, die von einer Schicht aus feinem sandig-humosen Sediment überlagert wird. Diese unregelmäßig dicke, mehr oder weniger humose Sanddecke, die mancherorts bis zu zwei Meter mächtig sein kann, stellenweise aber auch nur sehr dünn aufliegt oder gar gänzlich fehlt, bildet auch im Bereich der Grabhügel die oberste Bodenschicht.[1]

Die Grabhügelgruppe lag am südlichen Fuß des ‚Ochsenbergle', eines bewaldeten, die Umgebung um etwa 15 m überragenden Drumlins der Würmeiszeit (Abb. 2). Die acht Grabhügel waren in unregelmäßigen Abständen auf einer Länge von etwa 220 m am Waldrand entlang des Hügelfußes in ost-westlicher Richtung aufgereiht. Die Hügel A, B und G bilden möglicherweise eine eigene Gruppe am Westrand des Gräberfelds, die Hügel E, F und H könnten eine östliche Gruppe bilden. Da die Hügel F und H aber wohl bronzezeitlichen Ursprungs sind, wurden diese zunächst abseits gelegenen Hügel möglicherweise erst später in das Gräberfeld integriert und erscheinen so als eigene Gruppe. Eine Bezugnahme der Hügel zueinander war nur bei den Hügeln C und D sowie den Hügeln F und H erkennbar, die jeweils unmittelbar nebeneinander lagen. Die Lücke zwischen den Hügeln D und E mag auf die topographischen Gegebenheiten des Ortes zurückzuführen sein, die leider nicht mehr rekonstruierbar sind.

Die beiden westlichsten Hügel A und B hatten noch erhaltene Durchmesser von 23 und 28 m, und waren damit mehr als doppelt so groß wie die anderen sechs Hügel, die zwischen 10 und 15 m maßen.

Die Fundstelle war vor dem Bau der Ortsumgehung Allensbach von niederem Laubmischwald bedeckt, die Hügel waren teilweise mit jungen Bäumen und Gestrüpp bewachsen. Südlich an die Fundstelle schließt die oben genannte Schotterfläche an, die sich als flache, leicht wellige Ebene mit Wiesen und Feldern bis zum etwa 500 m entfernten Seeufer hinzieht. Ein in nord-südlicher Richtung verlaufender Feldweg folgte an dieser Stelle ehemals dem Waldrand am Fuß des Drumlins und führte in etwa 10–30 m Abstand an den Grabhügeln vorbei. Dem ehemaligen Verlauf dieses Weges folgt heute noch die Gemarkungsgrenze zwischen Reichenau und Allensbach. Es ist häufig zu beobachten, dass die mittelalterlichen Flurgrenzen und Wirtschaftswege Bezug auf vorgeschichtliche Grabhügelgruppen im Sinne markanter Geländemerkmale nehmen; ein Rückschluss auf vorgeschichtliche Altwege und Nutzflächen ergibt sich daraus jedoch nicht.

---

1 Werner, Geologischer Bericht. OA LAD Freiburg.

Abb. 1   Lage der Fundstelle Reichenau ‚Ochsenbergle'. M ca. 1:70 000. Grundlage: L 8320 Bl. Konstanz, © Landesvermessungsamt Baden-Württemberg (http://www.lv-bw.de), Az.: 2851.3-A/218.

1.2 Forschungsgeschichte

Das Grabhügelfeld von Reichenau ‚Ochsenbergle' wird zum ersten Mal vom großherzoglich- badischen Grenzkontrolleur K. Dehoff in einem unpublizierten Manuskript aus dem Jahr 1864 erwähnt, in dem dieser die Ergebnisse seiner Untersuchungen mehrerer Grabhügel der Konstanzer Gegend, darunter der des ‚Heidenbühls' bei Kaltbrunn, niedergeschrieben hatte. Dehoff nennt für die Nekropole von Reichenau ‚Ochsenbergle' 15 Grabhügel, von denen ihm zwei Hügel mit etwa 30 m Durchmesser und 6 m Höhe besonders auffielen. Der kleinste der Hügel mit etwa 9 m Durchmesser und 1,20 m Höhe wurde von Dehoff 1864 während der Tagung der deutschen Geschichts- und Altertumsvereine in Konstanz geöffnet und vollständig abgetragen. Dabei fanden sich etwa 0,30 m über dem gewachsenen Boden Asche, Holzkohle und Leichenbrand sowie die Reste von drei großen Gefäßen. Eines der Gefäße war verziert, und in einem fand sich ein kleines, vermutlich graphitiertes Schälchen.[2] Das Grab enthielt offenbar keine Metallfunde. Die Keramikfunde sind heute verschollen.

E. Wagner übernahm 1885 die bis dahin unveröffentlichten Angaben Dehoffs in seine Arbeit über die „Hügelgräber und Urnenfriedhöfe in Baden",[3] und abermals in seine 1908 erschienene Zusammenstellung der „Fundstätten und Funde aus vorgeschichtlicher, römischer und alamannisch-fränkischer Zeit im Großherzogtum Baden".[4] Dort findet sich auch eine kurze Mitteilung des Domänenverwalters A. Walter in Konstanz vom 23.4.1863 über die Öffnung eines „kleinen" Grabhügels

---

2   Aufzeichnungen von K. Dehoff. OA LAD Freiburg.
3   Wagner 1885, 12.
4   Wagner 1908, 16 f.

bei Allensbach zum Zwecke der Kiesgewinnung.[5] Dabei seien einige Bronzeringe, ein nicht näher benanntes Bronzefragment und eine grüne Steinperle gefunden worden. Über die genaue Lage des Grabhügels und den Verbleib der Funde ist nichts bekannt.

Wagner führt das Grabhügelfeld am Ochsenbergle in beiden genannten Werken unter der Ortsbezeichnung „Allensbach, Gemeindewald Reichenau", in seiner 1908 erschienenen Arbeit nennt er jedoch auch unter der Ortsbezeichnung Reichenau ein Gräberfeld aus fünf Hügeln im Gemeindewald Reichenau, Distrikt ‚Schlafbach', Abteilung 10. Diese Fundstelle war 1881 durch einen Fragebogen des Forstamts Konstanz, in dem die Bevölkerung aufgefordert wurde, Fundstellen zu melden, bekannt geworden.[6] Dieses Gräberfeld ist aufgrund der genauen Ortsangabe sicher identisch mit der bei Wagner in derselben Arbeit unter der Gemeinde Allensbach genannten Nekropole am Ochsenbergle. Auffällig ist die geringe Zahl von Hügeln, die im Gelände erkannt wurden, im Gegensatz zu der nicht einmal 20 Jahre älteren Angabe Dehoffs, der 1864 noch 15 Hügel nennt. Einer Skizze Wagners ist zu entnehmen, dass nur die Hügel A, B, D, E und H als solche erkannt wurden. Die Hügel C und F lagen so nah an den Hügeln D bzw. H, dass sie vermutlich deshalb nicht als eigenständige Befunde aufgefasst wurden. Der Hügel G wurde offenbar bis zum Zeitpunkt der Grabung 1960/61 nicht erkannt.[7]

In dem 1887 erschienenen ersten Band der „Kunstdenkmäler des Großherzogtums Baden", der sich mit den Denkmälern des Kreises Konstanz beschäftigt, berichtet der Herausgeber F. X. Kraus von der Ausgrabung eines Grabhügels in der Nähe von Allensbach an der Straße von Konstanz nach Radolfzell.[8] Dabei seien unter einer Steinpackung schwarze Keramikscherben mit teilweise roter Außenseite, Tierknochen in den Gefäßen und darunter ein menschliches Skelett gefunden worden. Aus einem Grab in der Nähe dieses Hügels sollen Wagenteile stammen, die aufgrund der Beschaffenheit des Metalls in das frühe Mittelalter datiert wurden.[9] Diese Angaben sind heute nicht mehr nachzuprüfen, da weder der genaue Fundort noch der Verbleib der Funde bekannt ist. Es ist unklar, ob die beschriebenen Gräber zum Gräberfeld am Ochsenbergle, zu einem der anderen Grabhügelfelder um Allensbach (Allensbach-Tafelholz, Hegne-Schwarzenberg, Reichenau-Geissbühl) oder gar zu einer heute nicht mehr auffindbaren Nekropole gehörten. In den beiden genannten Publikationen Wagners taucht diese Meldung allerdings nicht auf, möglicherweise waren die Angaben für Wagner zu ungenau. Erst in einer Beschreibung der Gemeinden des Amtbezirks Konstanz aus dem Jahr 1935 werden die Informationen von Kraus noch einmal, nahezu wörtlich, wiedergegeben.[10]

Eine Notiz des Forstamts Konstanz aus dem Jahr 1925 berichtet von einer Gefährdung und wohl teilweisen Zerstörung der Grabhügel durch den Betrieb einer Kiesgrube in unmittelbarer Nähe. Die genaue Lage der Kiesgrube und das Ausmaß der Zerstörung sind heute nicht mehr feststellbar, etwaige Spuren wurden vermutlich beim Neubau der B 33 beseitigt.

Auf die unterschiedlichen Ortsbezeichnungen Wagners für das gleiche Gräberfeld sind vermutlich zwei Meldungen in den Badischen Fundberichten III, 1933–36, zurückzuführen; eine unter der Bezeichnung „Reichenau" im Jahresbericht für das Jahr 1932 nennt sieben Hügel im Gemeindewald ‚Schlafbach' nordwestlich von Allensbach,[11] eine andere unter der Bezeichnung „Allensbach" in der Fundschau für die Jahre 1934/35 weist auf Raubgrabungen im Frühjahr 1935 „in dem Grabhügelfeld der Kiesgrube Keller westlich von Allensbach", unter anderem „am größten der Hügel" hin.[12] In beiden Fällen dürfte es sich um die Nekropole am Ochsenbergle handeln. Die sieben Hügel wurden in der ersten Notiz von 1933 als identisch mit den fünf bei Wagner 1908 genannten Hügeln im

---

5 Wagner 1908, 17.
6 Ebd. 31.
7 Originalaufzeichnungen Wagner. OA LAD Freiburg.
8 F. X. Kraus (Hrsg.), Die Kunstdenkmäler des Großherzogtums Baden. Band I: Die Kunstdenkmäler des Kreises Konstanz (Konstanz 1887) 57.
9 Ebd. 57.
10 L. Heizmann, Die Gemeinden des Amtsbezirkes Konstanz (München, Kolbermoor 1935) 39.
11 Bad. Fundber. III, 1933–36, 66.
12 Ebd. 370.

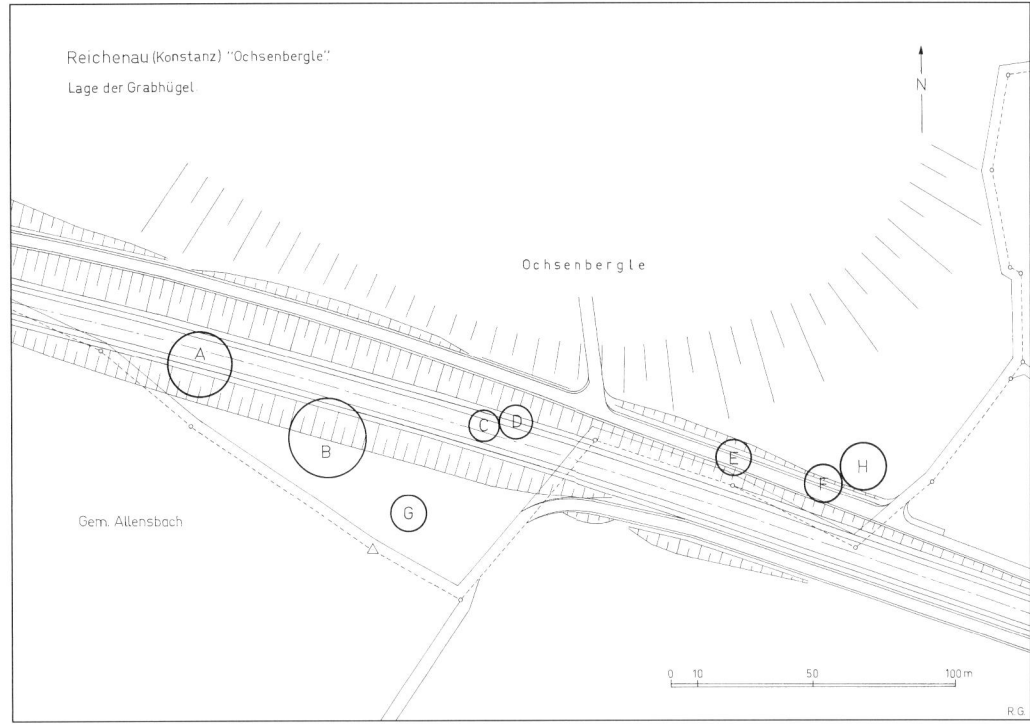

Abb. 2   Reichenau ‚Ochsenbergle'. Lageplan der Grabhügel.

Gemeindewald Reichenau erkannt, der Hinweis auf die Kiesgrube in der zweiten Notiz von 1936 bestätigt den oben genannten Bericht des Forstamts Konstanz aus dem Jahr 1925.

Eine Aufnahme aus dem Jahr 1951 in einem Allensbacher Heimatbuch[13] zeigt die beiden Hügel A und B ohne Baumbewuchs. Auf einem Katasterblatt aus dem Jahr 1849 ist an der Fundstelle jedoch Wald eingezeichnet. Es konnte nicht festgestellt werden, wann die Rodung stattfand bzw. über welchen Zeitraum die Hügel offen lagen. Auf der Fotografie sind allerdings nur junge Bäume und lockeres Buschwerk zu sehen, so dass wohl davon ausgegangen werden kann, dass die Rodung beim Zeitpunkt der Aufnahme noch nicht lange zurückgelegen hatte. Die Bildunterschrift des Autors J. Boltze besagt, dass die Fundstelle 1956 wieder aufgeforstet wurde. Über Störungen der Hügel im Zuge dieser Arbeiten ist nichts bekannt.

Über die Ausgrabungen von 1960/61 wird im folgenden Kapitel berichtet, deshalb soll hier im Weiteren der Publikationsstand zu Reichenau ‚Ochsenbergle' dargestellt werden. Die Grabungsergebnisse wurden erstmals von J. Aufdermauer in seiner 1966 in Freiburg eingereichten Dissertation über die „Hallstattkultur in Südbaden" vorgelegt, die jedoch nie publiziert wurde.

Das Gräberfeld von Reichenau ‚Ochsenbergle' taucht 1981 als kurze Notiz in dem Überblickswerk „Die Kelten in Baden-Württemberg"[14] auf. Darin wird Hügel B als jüngerhallstattzeitlich, die übrigen Hügel als älterhallstattzeitlich bezeichnet, und es ist die Rede von drei Nachbestattungen. Die Gefäße 1 und 3 aus Grab A I sind in Fotografien abgebildet.

In einem kurzen Aufsatz in der Zeitschrift „Archäologische Nachrichten aus Baden" stellte R. Dehn 1982 die Befunde von Hügel A Grab I vor.[15] Auch er geht von einer Datierung der Brandgräber in

---

13   J. Boltze, Altes und immer junges Allensbach am Bodensee (Konstanz 1975).
14   Bittel et al. 1981, 450 Abb. 88; 89.
15   Dehn 1982, 27–36.

die ältere Hallstattzeit und des Körpergrabs B in die jüngere Hallstattzeit aus, ein Argument, das in dieser Ausschließlichkeit heute nicht mehr gültig ist. Von den Funden sind die Urne Gefäß 1 und die zugehörige Deckschale Gefäß 2 abgebildet. Unter den Abbildungen befindet sich auch eine Fotografie der Grabkammer von Grab A I und eine Kartierung der hallstattzeitlichen Fundstellen auf dem Bodanrück.

In ihrer Untersuchung zum Verzierungsprinzip der Alb-Salem-Keramik bildet I. Bauer 1988 vier Gefäße aus Reichenau ‚Ochsenbergle' ab und ordnet sie in eine späte Phase dieser Keramikform ein, ohne diese Einordnung jedoch näher auszuführen oder zu begründen.[16]

Das Wagengrab in Hügel B wurde 1992 in die Arbeit von C. Pare über die Wagengräber der Hallstattzeit in Mitteleuropa aufgenommen.[17] Er konnte zwar nicht alle Funde einsehen, erstellte jedoch einen Katalog der Funde und einen Grabplan auf der Grundlage der Grabungsdokumentation. Pare datiert das Grab allgemein in die Stufe Ha C.[18]

Im Zuge seiner Bearbeitung der Grabfunde von Ewattingen und Lembach im Landkreis Waldshut verweist H.-J. Behnke mehrmals auf die Befunde von Reichenau ‚Ochsenbergle' in der unveröffentlichten Dissertation von J. Aufdermauer und bildet auch die Gefäße aus Hügel A Grab I ab.[19]

2. Die Grabung von 1960/61

Das Gräberfeld von Reichenau ‚Ochsenbergle' wurde in zwei Kampagnen 1960 und 1961 im Rahmen einer Lehrgrabung vom Institut für Ur- und Frühgeschichte der Universität Freiburg im Auftrag des damaligen Staatlichen Amtes für Ur- und Frühgeschichte Freiburg ausgegraben. Die Grabungsleitung hatte Prof. Dr. E. Sangmeister, die Leitung vor Ort hatte J. Aufdermauer. Die Grabung war notwendig geworden, da die geplante Trasse der Ortsumgehung Allensbach der B 33 durch das Gräberfeld verlaufen sollte, wodurch mindestens sechs der acht Grabhügel zerstört worden wären (Abb. 2).

Die Hügel wurden bei der Ausgrabung jeweils in vier Sektoren unterteilt, die durch 0,40 bis 1,00 m breite Profilstege voneinander getrennt waren. Eine Ausnahme stellt der stark verschliffene Hügel C dar, der in zwei Hälften entlang der West-Ost-Achse geschnitten wurde. Die Sektoren wurden soweit wie möglich in Schichten abgetragen und je nach Befundlage in mehreren Plana dokumentiert. Der Mittelblock mit der Zentralbestattung wurde in der Regel stehengelassen bis die Profile gezeichnet waren, und dann zusammen mit den Stegen abgebaut. Die Vorgehensweise bei der Ausgrabung der Bestattungen variierte je nach Lage der Befunde. Einzelheiten zur Bergung und Dokumentation finden sich deshalb bei den Befundbeschreibungen in Kapitel 3.

Die Einmessung der Hügel erfolgte von der wenige Meter entfernten Gemarkungsgrenze zwischen den Gemeinden Allensbach und Reichenau (Abb. 2). Die in etwa westnordwest–ostsüdöstlich verlaufende Verbindung zwischen den Gemarkungsgrenzsteinen 22 und 23 wurde als Grabungsmesslinie definiert, zu der die Hügelschnitte im rechten Winkel eingemessen wurden. Als Grabungsnullpunkt diente der Gemarkungsgrenzstein 22, dessen Oberfläche als Höhe 0 definiert wurde. Alle Höhenangaben in Katalog und Text beziehen sich auf diesen Grenzstein, dessen absolute Höhe bei etwa 417 m NN liegt.

Die Fläche zwischen den Hügeln wurde nicht untersucht; es wurden jedoch offenbar auch im Zuge des späteren Straßenbaus keine weiteren, nicht überhügelten Bestattungen mehr entdeckt. Da der Umfang der damaligen Baumaßnahmen nicht mehr zu klären ist, kann aber nicht mit Sicherheit ausgeschlossen werden, dass sich in der Umgebung noch weitere Gräber befanden.

---

16 Bauer 1988, 111 mit Anm. 21; Taf. 7,34–37.
17 Pare 1992, 264–266 mit Abb. 173.
18 Ebd. 152.
19 Behnke 2000, 372 f.; 541.

Abb. 3   Hügel A während der Ausgrabung 1960 (Foto: LAD Freiburg).

3. Die Befunde

3.1 Hügel A

Hügel A hatte zum Zeitpunkt der Ausgrabung noch einen Durchmesser von etwa 23 m; die Höhe über dem alten Bodenniveau betrug noch ca. 2,50 m (Abb. 3); der Hügelmittelpunkt lag bei 3,44 m über dem Grabungsnullpunkt (s. o.). In der Hügelschüttung aus sandig-kiesigem Material konnten keine einzelnen Aufschüttungshorizonte unterschieden werden.

Im Bereich der Hügelmitte fand sich ein moderner Raubgrabungsschacht, der jedoch keine Bestattung gestört hatte. Der Hügel enthielt ein zentrales Brandgrab, eine Körpernachbestattung und mehrere Streufunde in der Aufschüttung (Abb. 4), darunter einige Wandscherben (Kat.Nr. III.2 und III.3), ein kleines Bechergefäß (Kat.Nr. III.1), ein möglicherweise zugehöriges Häufchen mit gereinigtem Leichenbrand (Kat.Nr. III.4) sowie einen kleinen kreisrunden Holzkohlefleck (Kat.Nr. III.5). Die Scherben aus der Hügelaufschüttung lagen offenbar in einem größeren Raum verstreut und weisen allesamt keinen direkten Bezug zu den Gräbern I und II auf. Der kreisrunde Holzkohlefleck in Sektor III könnte ebenfalls zu einer nicht mehr aufgefundenen Bestattung gehören oder aber ganz profanen Ursprung haben.

Grab I

Lage: Südöstlich der Hügelmitte, im Profilblock zwischen Sektor I und II; der Boden der Grabkammer befand sich ca. 1 m über dem Grabungsnullpunkt.
Befund: Urnengrab ohne Steinpackung mit stellenweise leicht in den anstehenden Boden eingetieftem hölzernen Einbau (Abb. 5–7). Etwa in der Mitte der Grabkammer fand sich ein ein schmales, im Durchmesser ca. 10 cm breites, leicht schräges Pfostenloch bis 0,50 m unter den Kammerboden.

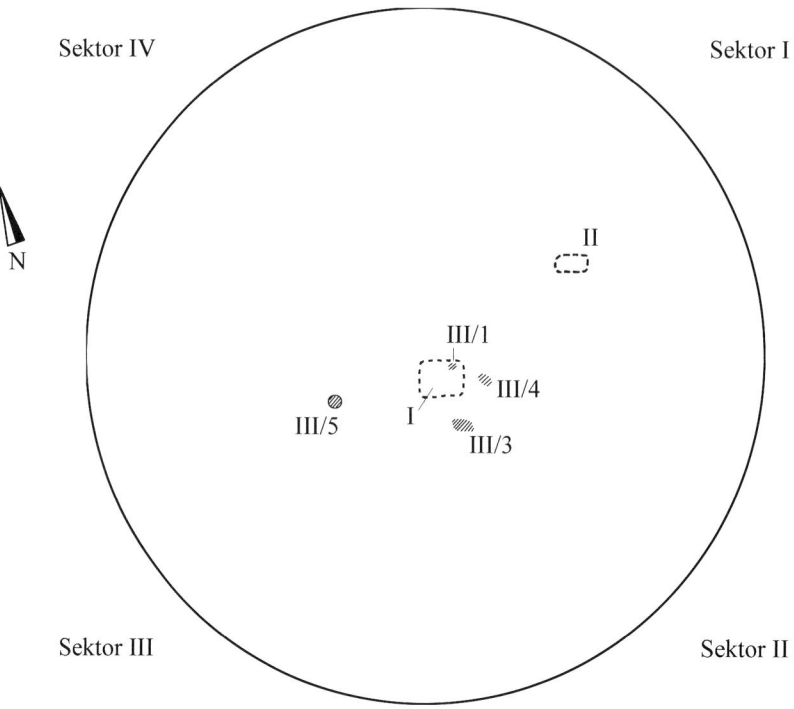

Abb. 4   Hügel A. M 1:250.

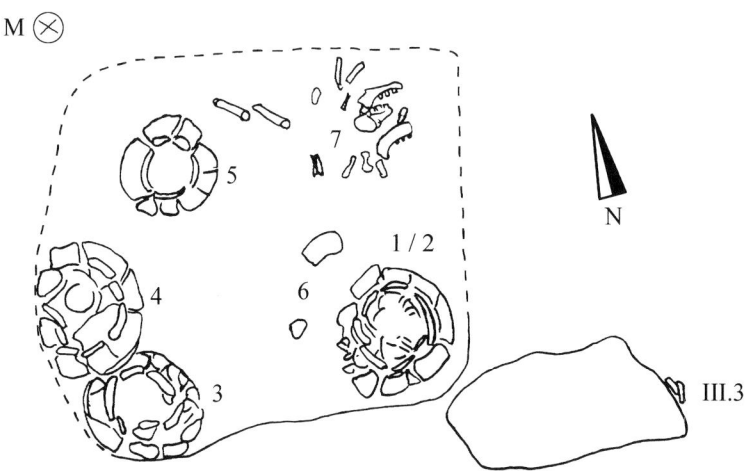

Abb. 5   Hügel A Grab I. M 1:25.

Größe und Form des hölzernen Einbaus sind nicht mehr genau zu rekonstruieren, Erdverfärbungen an der Südseite der Grabkammer und Bildung von Haar-Calcit östlich der Urne, wohl in einem Hohlraum von vergangenen Hölzern, deuten jedoch auf eine rechteckige, ost-west-orientierte Holzkammer mit Mittelpfosten.

Vier Gefäße, darunter die Urne mit Deckschale, standen auf einem Raum von etwa 1,00 x 1,40 m zusammen, zwischen den Gefäßen lagen einzelne Wandscherben eines weiteren Gefäßes, auf dem Boden der Kammer eine 3–4 cm starke Holzkohleschicht, die außerhalb der Kammer ausdünnte.

Abb. 6 Die Zentralbestattung von Hügel A (Grab A I) während der Ausgrabung 1960 (Foto: LAD Freiburg).

Abb. 7 Hügel A Grab I (Foto: LAD Freiburg).

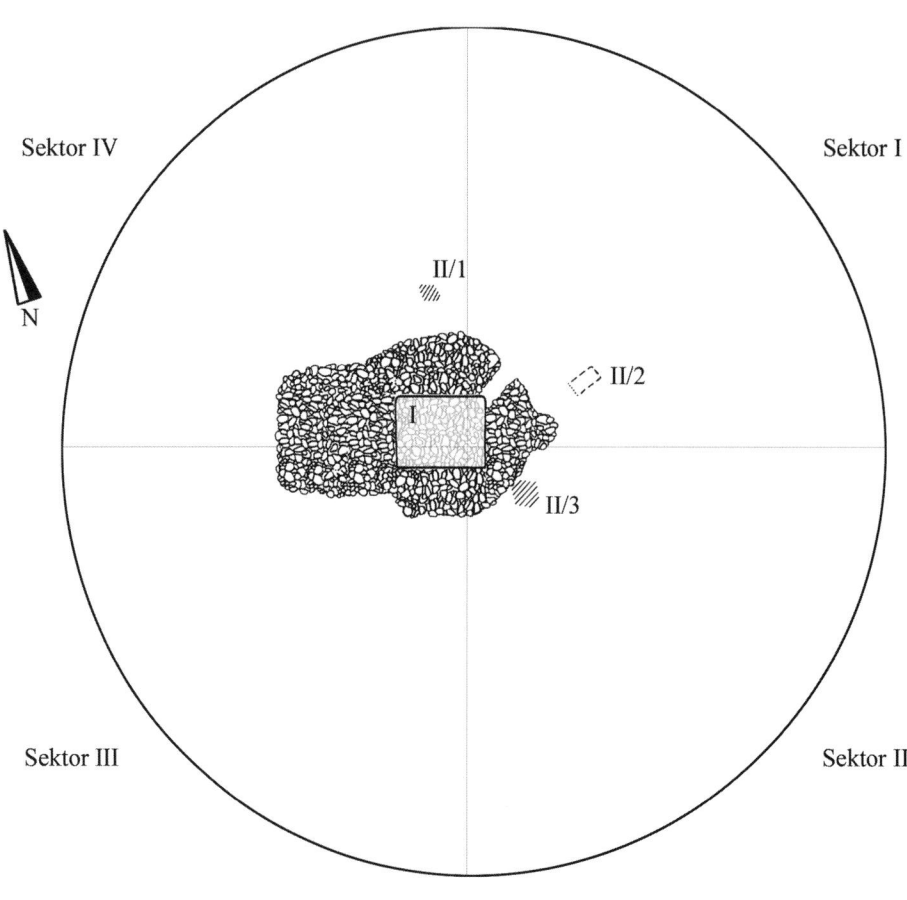

Abb. 8   Hügel B. M 1:250.

Unter der Holzkohle fand sich eine durchschnittlich 1 cm starke Brandtenne, die im Durchmesser ca. 2,5 m maß. Auf der Holzkohle innerhalb der Kammer standen in der Südostecke die Urne mit Deckschale und drei weitere Gefäße auf der Westseite (Abb. 5–7). Am Nordostrand der Grabkammer fanden sich die Reste eines kleinen Schweineskeletts in Rückenlage, der Schädel war gespalten und aufgeklappt.

Grab II

Lage: Nordöstlich der Hügelmitte, in Sektor I; Höhe ca. 1,20 m über dem Grabungsnullpunkt (Abb. 4).
Befund: Körpergrab, in den Sand der Hügelschüttung eingetieft, wohl gestört. Eine Grabgrube war nicht mehr erkennbar, die Bestattung dürfte jedoch ost-west-ausgerichtet gewesen sein. Der gesamte Befund befand sich in einem schlechten Erhaltungszustand, das Skelett war nahezu vergangen. Neben den Knochen, jedoch in keinem erkennbaren Zusammenhang, lagen eine Fußzierfibel und zwei bronzene Armringe. Von den Beigaben war möglicherweise nur der Bronzehohlring Kat.Nr. II.3 zusammen mit einem Langknochen in situ. Die Ursache der Störung konnte nicht ermittelt werden. Da von diesem Grab nur eine mangelhafte und wenig aussagekräftige Zeichnung in den Grabungsunterlagen vorhanden war, wurde auf eine Digitalisierung derselben verzichtet.

3.2 Hügel B

Hügel B hatte bei der Ausgrabung noch einen Durchmesser von etwa 28 m; die erhaltene Höhe über dem alten Bodenniveau betrug etwa 3 m; der Hügelmittelpunkt lag bei 3,80 m über dem Grabungsnullpunkt. Es konnten keine verschiedenen Bauphasen erkannt werden.

Die vier Sektoren wurden alle bis 0,30–0,60 m über dem gewachsenen Boden abgetragen. Die Sektoren I-III wurden danach in 1,00–1,50 m breiten Schnitten, u. a. entlang der Profile, untersucht, nur Sektor IV, in dem sich die Zentralbestattung befand, wurde flächig bis auf den gewachsenen Boden abgetieft.

Der Hügel enthielt eine zentrale Körperbestattung mit Wagen- und Pferdegeschirrteilen. In der Aufschüttung fanden sich drei Brandstellen unklarer Funktion (Abb. 8,II.1–3). Etwa 0,20 m außerhalb der Grabkammer lag in einer Höhe von ca. 0,80 m über der Grabsohle ein massiver Bronzering mit rhombischem Querschnitt, der in der Form identisch mit zwölf Ringen aus dem Grab ist (Abb. 9,14).

Ein nordöstlich der Hügelmitte angelegter Schützengraben hatte Teile der Zentralbestattung und einen großen Bereich der Aufschüttung gestört. Ein den Hügelfuß umlaufender Kreisgraben konnte nicht nachgewiesen werden.

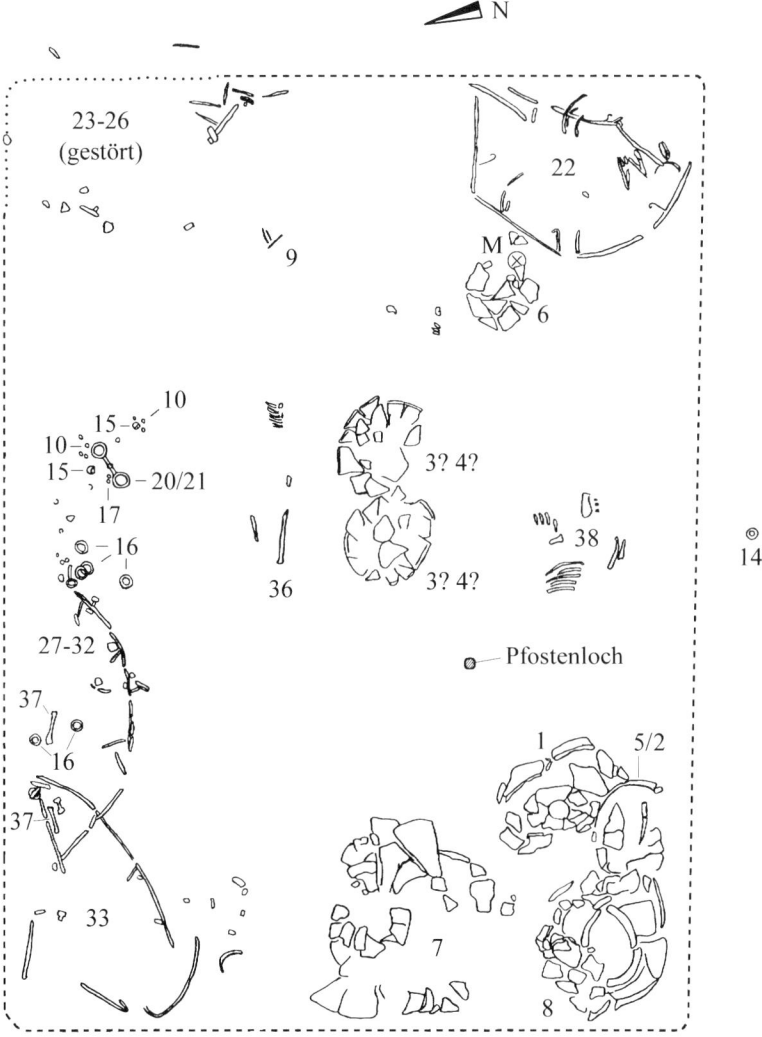

Abb. 9 Hügel B Grab I. M 1:25.

Grab I

Lage: Annähernd unter der Hügelmitte, die Mitte der Grabkammer war ca. 1 m nach Norden versetzt (Abb. 8). Der Boden der Grabkammer befand sich bei 1,14 m über dem Grabungsnullpunkt.
Befund: Körpergrab mit Wagen- und Pferdegeschirrteilen in einer etwa 2,20 x 3,00 m großen, vermutlich hölzernen Grabkammer unter einer etwa 9 x 5 m großen, bis zu 1,30 m dicken Steinpackung, die im Bereich der Grabkammer durchschnittlich 0,60 m nach unten abgesackt war. Südwestlich des Zentrums der Kammer fand sich ein flaches Pfostenloch von 0,15 m Durchmesser (Abb. 9).
Hölzerne Kammerwände werden durch Funde von Haarcalcit in der Südwest- und Nordwest-Ecke angedeutet, das schmale Pfostenloch weist auf eine Holzdecke, über der die Steinpackung aufgeschüttet wurde.
Entlang der nördlichen und östlichen Kammerwände fanden sich die Reste von vier ehemals hölzernen Wagenrädern mit eisernen Reifen und Beschlägen. An der Nordwand lagen zahlreiche bronzene und eiserne Pferdegeschirrteile, darunter zwei eiserne Trensen und zahlreiche bronzene und eiserne Ringe und Riemenbesätze, die in Lederreste eingebettet waren. In der Südwest-Ecke befanden sich fünf zerdrückte Keramikgefäße (Kat.Nr. I.1, I.2, I.5, I.7, I.8). In der Kammermitte lag ein stark vergangenes menschliches Skelett, wohl in gestreckter Rückenlage, annähernd ost-west-orientiert, der nicht vorhandene Kopf im Osten. Oberhalb des Bereiches, wo der Schädel zu erwarten wäre, lag eine in drei Teile zerbrochene Bronzenadel in organischem Material. Südwestlich des Skeletts standen drei Keramikschalen (Kat.Nr. I.3, I.4, I.6), südwestlich davon lagen die Knochen eines kleinen Schweins.

3.3 Hügel C

Die Abmessungen des unregelmäßigen und stark verflachten Hügels betrugen bei der Ausgrabung ca. 10 m O–W x 7 m N–S. Die alte Bodenoberfläche war nicht mehr erkennbar, die erhaltene Höhe über dem anstehenden Kies betrug ca. 0,90 m, die Höhe über der heutigen Bodenoberfläche ca. 0,50 m. Die höchste Stelle des Hügels lag bei 1,35 m über dem Grabungsnullpunkt. Die Hügelschüttung bestand aus Sand mit wenig Geröll, der wohl der unmittelbaren Umgebung entnommen worden war.
Der Hügel wurde in zwei Sektoren vollständig ausgegraben, die durch einen 0,60 m breiten, W-O verlaufenden Profilsteg unterteilt waren. Südlich entlang des Profilstegs wurde ein 0,60 m breiter Graben ausgehoben, der bis unter die Oberkante des gewachsenen Bodens reichte. Außer der Höhe des anstehenden Kieses konnten dabei aber keine Erkenntnisse über den Hügelaufbau gewonnen werden.
Etwa 1,20 m nordwestlich des Hügelmittelpunkts fand sich eine vermutlich durch Wurzelwerk gestörte Brandbestattung (Abb. 10).

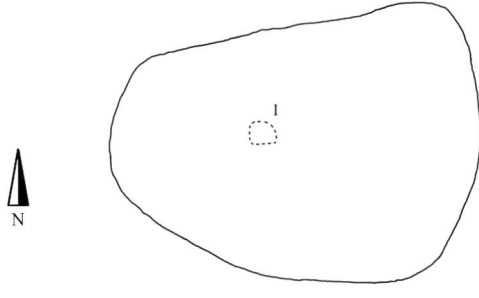

Abb. 10   Hügel C. M 1:200.

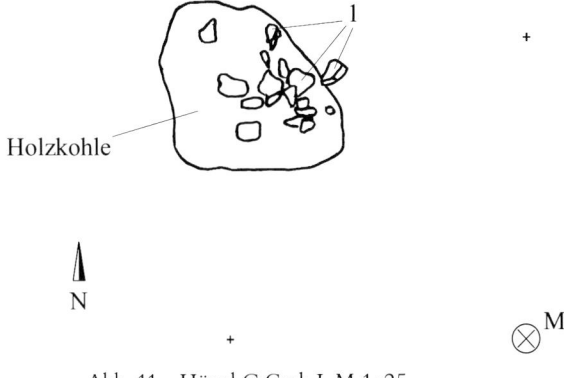

Abb. 11   Hügel C Grab I. M 1 : 25.

Grab I

Lage: Nordwestlich der Hügelmitte, die Grabsohle lag ca. 0,90 m über dem Grabungsnullpunkt, ca. 0,30 m unter der heutigen Bodenoberfläche (Abb. 11).

Befund: vermutlich gestörte Brandbestattung; die Grabgrube war noch als dunkle Verfärbung erkennbar. Zwei annähernd geradlinige Befundgrenzen an der West- und Südseite deuten eine wohl ehemals quadratische Grube mit einem Durchmesser von ca. 0,60 x 0,60 m an (Abb. 11). In der Grabgrube fanden sich Fragmente eines größeren Gefäßes sowie Holzkohle und stark vergangene Leichenbrandreste. Die Bestattung dürfte wegen ihrer geringen Tiefe durch Baumwurzeln gestört worden sein, Anzeichen für eine Beraubung konnten nicht festgestellt werden, doch kann diese Möglichkeit nicht gänzlich ausgeschlossen werden. Auffällig ist das Fehlen von Rand- oder Bodenscherben unter den Überresten der Grabkeramik.

3.4 Hügel D

Der Durchmesser von Hügel D betrug bei der Ausgrabung noch etwa 10 m, die Höhe über der heutigen Bodenoberfläche noch ca. 0,60–0,70 m, die Höhe über dem anstehenden Kies ca. 1,10 m, die Höhe der alten Bodenoberfläche konnte nicht mehr ermittelt werden. Die Aufschüttung bestand aus gelbbraunem, lehmigen Sand, z. T. mit Kies vermischt.

Bei der Ausgrabung wurden alle Sektoren flächig abgetieft, südlich des W–O-Profils wurde ein 0,60 m breiter Graben gezogen, der unter die Oberkante des gewachsenen Bodens reichte. Dabei wurde ca. 3,10 m westlich und ca. 5 m östlich der Hügelmitte jeweils ein 0,80–1,00 m breites und 0,10–0,20 m tiefes Gräbchen entdeckt (Entfernungen gemessen am jeweiligen Fußpunkt des Grabens). Die Interpretation des Befunds als umlaufender Kreisgraben kann jedoch nicht mit Sicherheit bewiesen werden, da keine weiteren Untersuchungen am Nord- und Südende des Hügels unternommen wurden und darüber hinaus der umgebende Moränenkies von vielerlei Gräben und Rinnen natürlichen Ursprungs durchzogen ist.

Der Hügel enthielt eine zentrale Brandbestattung mit Holzeinfassung östlich der Hügelmitte (Abb. 12).

Grab I

Lage: In der Hügelmitte, leicht nach Osten verschoben. Die Ausdehnung des Grabes war nicht genau zu ermitteln, nach dem Befund der Holzeinfassung betrug die Größe der Grabgrube etwa 2,00 x 2,60 m; die Grabsohle lag bei etwa 0,90 m über dem Grabungsnullpunkt (Abb. 12).

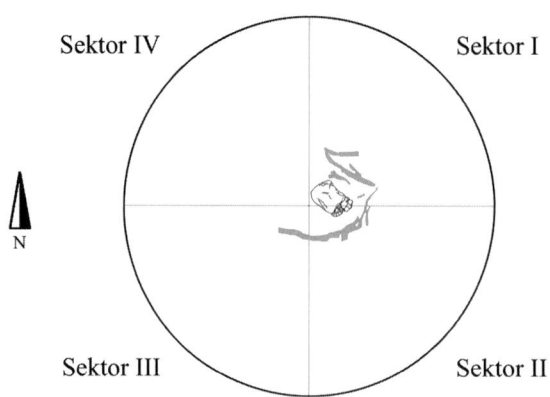

Abb. 12   Hügel D. M 1:200.

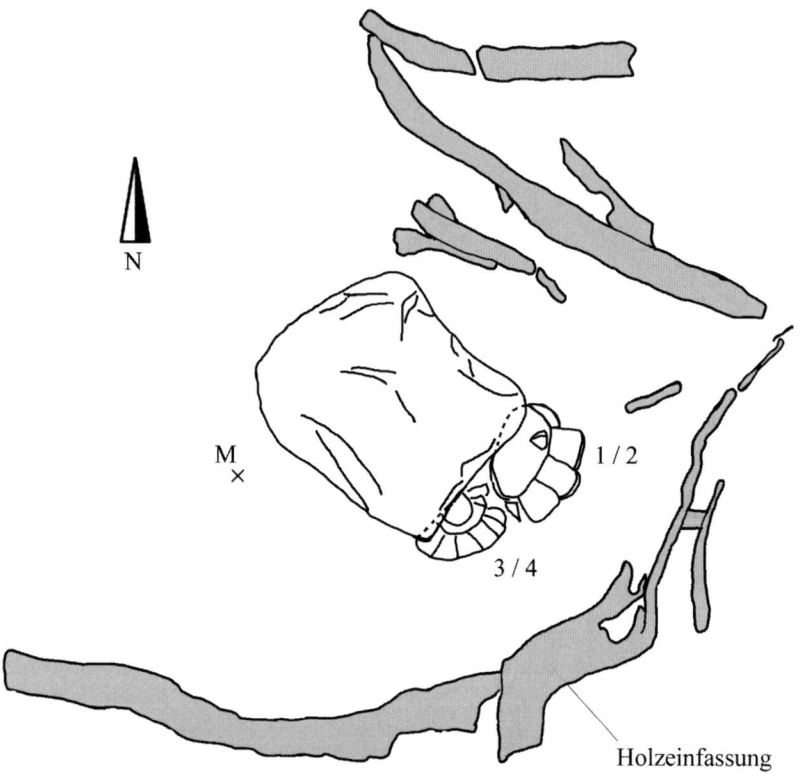

Abb. 13   Hügel D Grab I. M 1:25.

Befund: In den Sektoren I, II und III fanden sich in einem Raum nahe der Hügelmitte mehrere zusammenhängende, verkohlte Holzbalken in einer Höhe von 0,90–1,00 m über Grabungsnull, die vermutlich als Grabeinfassung dienten. In diesem an drei Seiten durch 0,10–0,15 m starke Holzbalken begrenzten Areal war eine annähernd rechteckige, 0,60 x 0,80 m messende, 0,40 m dicke Steinplatte (Abb. 13); die nordwestliche Schmalseite ruhte auf einem künstlichen Erdsockel, die südöstliche Schmalseite lag möglicherweise auf der alten Bodenoberfläche auf. Unter der südöstlichen Schmalseite des Steins fanden sich eine Urne mit wenig Leichenbrand und einer Deckschale, unmittelbar daneben ein weiteres großes Gefäß, in dem ein kleines Schälchen stand. Die Grabgefäße lagen etwa 0,30 m nördlich und 0,25 m südlich der W–O-Achse, in einer Höhe von ca. 0,95 m. Es wurde keine Brandtenne oder Holzkohle gefunden, so dass die Ursache für die Verkohlung der das Grab einfassenden Holzbalken unklar bleibt. Möglicherweise wurden sie als einzige Reste des an anderer Stelle errichteten Scheiterhaufens in das Grab eingebracht, wahrscheinlicher jedoch inkohlten sie erst im Hügel unter Luftabschluss.

3.5 Hügel E

Hügel E hatte zum Zeitpunkt der Ausgrabung noch einen Durchmesser von etwa 9 m; die Höhe über dem anstehenden Kies betrug noch etwa 1 m; der Hügelmittelpunkt lag bei ca. 1,90 m über dem Grabungsnullpunkt (Abb. 14). Der Hügel wurde in einem Zug errichtet, die Aufschüttung bestand aus sandig-kiesigem Material.

Bereits 0,20 m unter der Oberfläche wurden die ersten Steine einer nach Westen zunächst offenen, rechteckigen Steinsetzung sichtbar, die vermutlich von einer ursprünglichen Einfassung des Grabes

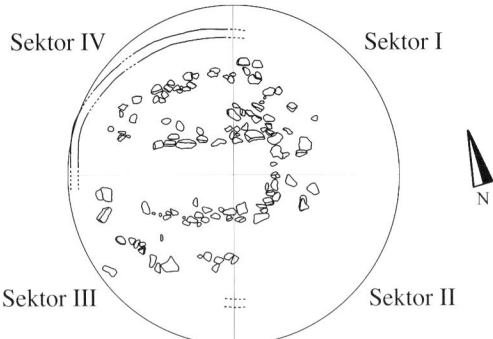

Abb. 14 Hügel E. M 1 : 200.

stammt. Der Innenraum der Einfassung war in den oberen Lagen weitgehend steinfrei. Etwa 0,80–1,00 m außerhalb der rechteckigen Einfriedung, durchschnittlich etwa 0,20 m tiefer, fanden sich mittelgroße Steine eines umlaufenden Steinkranzes, der jedoch vielfach durch Wurzelwerk stark gestört war. Etwa 0,50–0,70 m außerhalb dieses Steinkranzes stieß man schließlich in drei Sektoren auf ein umlaufendes Gräbchen von ca. 0,20 m Breite und durchschnittlich 0,20 m Tiefe. Der von dem Gräbchen umschlossene Raum betrug im Durchmesser etwa 7 m.

Der Hügel enthielt eine zentrale Brandbestattung innerhalb einer Ost–West orientierten Steineinfriedung; Anzeichen für Nachbestattungen wurden keine gefunden.

Grab I

Lage: In der Hügelmitte, leicht nach Westen verschoben; die Mitte der rechteckigen Steineinfassung befand sich ca. 0,80 m westlich der Hügelmitte (Abb. 14); eine Grabkammer konnte nicht dokumentiert werden.

Der freie Innenraum der rechteckigen Steinsetzung hatte eine Größe von ca. 3,30 x 1,50 m, der Bereich mit der Holzkohleschüttung und den Beigaben nimmt darin jedoch nur einen Raum von ca. 1,00 x 1,20 m ein.

Befund: Die rechteckige Steinsetzung bestand aus nur einer Lage mittelgroßer Steine, es handelte sich dabei demnach nicht um eine steinerne Grabkammer oder die Reste einer Steinpackung, sondern lediglich um eine Markierung des Grabes durch einen rechteckigen Steinkranz (Abb. 14). Möglicherweise diente die Steineinfassung aber auch als Auflage einer Holzdecke. Holzreste waren allerdings keine zu erkennen. Im Innenraum fanden sich nur vereinzelt Steine, die durchschnittlich etwa 0,10–0,20 m tiefer lagen. In dieser Tiefe konnte im Westteil schließlich ein Abschluss der Steinsetzung erkannt werden. In einer Höhe von 1,15 m über Grabungsnull waren die ersten Holz-

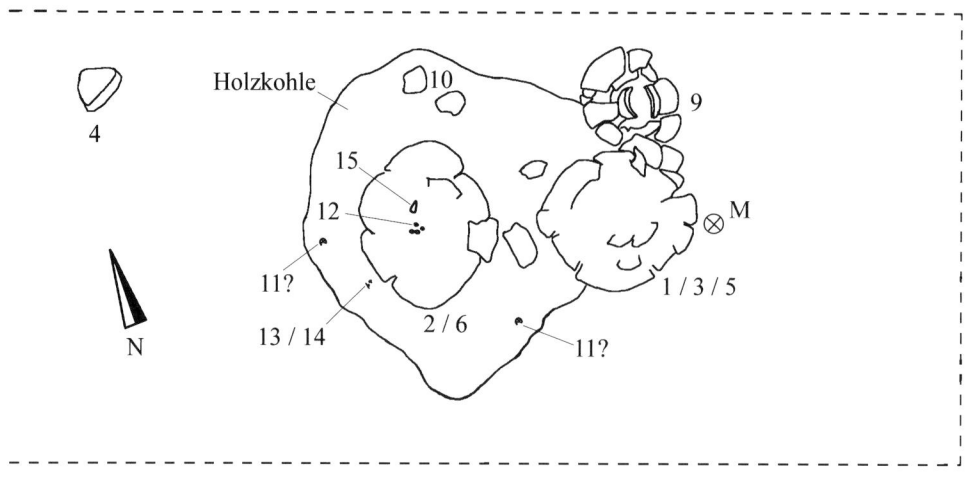

Abb. 15   Hügel E Grab I. M 1 : 25.

kohlespuren sichtbar, bei 1,10 m wurden die Ausdehnung einer Holzkohleschüttung erfasst und ein Planum angelegt (Planum 1). Die Schüttung bestand aus fetter, tiefschwarzer Erde mit Holzkohle, einigen wenigen Brocken verziegelten Lehms und etwas Leichenbrand am Westrand der Verfärbung. Unter einigen großen Steinen am Ostrand der 1,00 x 1,20 m großen Verfärbung fanden sich erste Reste der Grabkeramik. Etwa 0,60 m westlich der Brandschüttung lag das unvollständige Gefäß I.4 umgekippt im hellen Boden der Hügelschüttung (Abb. 15). Es gehört daher nicht zur unmittelbaren Grabausstattung.

Bei 1,00 m über Null wurde Planum 2 angelegt, um die Lage der Grabgefäße zu dokumentieren (Abb. 15). Auf der Brandschicht standen am Ostrand zwei große Kegelhalsgefäße (Kat.Nr. I.3, I.9) mit Beigefäßen und am Westrand die Urne (Kat.Nr. I.6), darin Leichenbrand, ein Beigefäß (Kat.Nr. I.2), stark verschmolzene Bronzereste und ein flaches Eisenstück mit anhaftenden Textilresten (Kat. Nr. I.15). In der Brandschicht fanden sich weitere Keramikfragmente (Kat.Nr. I.10) sowie diverse Bronze- und Eisenreste (Kat.Nr. I.11, I.13, I.14). Da die Brandschicht auch über der Keramik lag, ist davon auszugehen, dass die Gefäße mit den Resten des Scheiterhaufens überdeckt wurden. Bei 0,90 m über Null war die Grabsohle erreicht. Die Brandschicht saß unmittelbar auf dem gewachsenen Boden auf, eine Brandtenne unter dem Grab ließ sich nicht nachweisen. Die wenigen in Planum 1 dokumentierten Brandlehmbrocken sind wohl mit den Scheiterhaufenresten ins Grab gelangt.

3.6 Hügel F

Hügel F hatte noch einen Durchmesser von etwa 11 m und eine erhaltene Höhe über dem anstehenden Kies von etwa 0,90–1,00 m; der Hügelmittelpunkt lag bei 2,18 m über dem Grabungsnullpunkt (Abb. 16). Die Hügelschüttung bestand aus einheitlich gelbem, lehmigen Sand mit wenig Geröll; es konnten keine Anzeichen für einen älteren Hügelkern oder nachträgliche Aufschüttungen und Eingriffe erkannt werden. Der zentrale Bereich des Hügels war stark von Baumwurzeln gestört. Bereits nach ca. 0,20–0,30 m unter der Oberfläche stießen die Ausgräber auf erste Steinsetzungen von verschiedenen Komplexen. Der Hügel entpuppte sich als mehrphasige Anlage; er enthielt zwei sicher bronzezeitliche Bestattungen und ein hallstattzeitliches Grab, das nachträglich in die Hügelmitte eingesetzt wurde und dabei wohl ältere Befunde gestört hat. Insgesamt konnten acht verschiedene Anlagen unterschieden werden, die sich jedoch nicht alle zweifelsfrei als Gräber identifizieren ließen. Deshalb wurden die verschiedenen Komplexe durchnummeriert und wertungsfrei als Fundstellen I–VIII bezeichnet. Eine zeitliche Abgrenzung ist aufgrund der Störungen im zentralen Bereich nicht für alle Anlagen möglich.

Die bronzezeitlichen Befunde wurden bereits von G. Wesselkamp im Zuge seiner Arbeit über die Grabhügel von Oberlauchringen, Kreis Waldshut, vorgestellt.[20]

Fundstelle I

Lage: Im Profilsteg zwischen den Sektoren I und IV; Ausrichtung in etwa Nordwest–Südost, die Unterkante des Befunds lag bei ca. 1,75–1,80 m über dem Grabungsnullpunkt (Abb. 16).
Befund: Grob rechteckige Steineinfassung von ca. 0,60 x 0,80 m Seitenlänge; im Inneren eine humose, mit Holzkohle durchsetzte Einfüllung. Unter dem östlichen Eckstein der Einfassung fanden sich Wand- und Bodenscherben von vermutlich zwei Gefäßen. Leichenbrand konnte nicht festgestellt werden.
Es ist denkbar, dass die Steinsetzung nicht oder nur zum Teil zur Keramik gehört, sondern vielmehr ein Teil der Steinpackung des hallstattzeitlichen Grabes (Fundstelle VIII) ist oder zumindest bei dessen Anlage verlagert wurde. Die beiden Komplexe liegen mit ihrer Oberkante in etwa auf gleicher Höhe und können weder räumlich noch zeitlich sicher voneinander getrennt werden. Die hallstattzeitliche Bestattung wies jedoch keine Anzeichen für eine Störung auf; es erscheint daher plausibler, dass diese die Fundstelle I geschnitten hat.

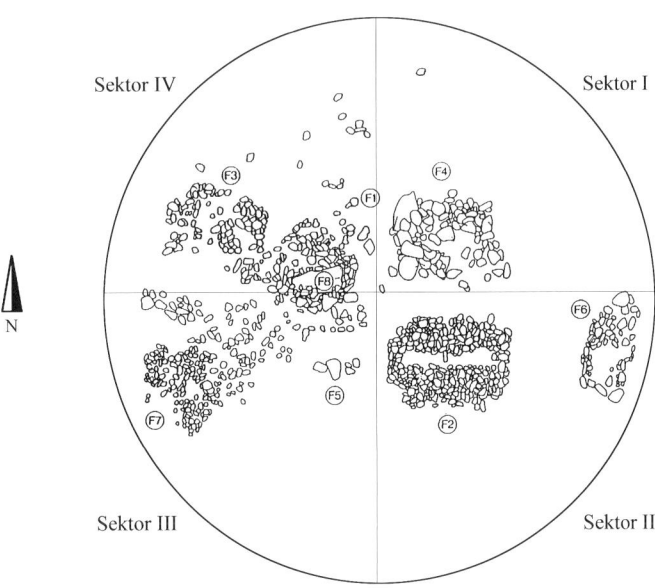

Abb. 16   Hügel F. M 1:150.

Fundstelle II

Lage: Zwischen den Sektoren I und II, mit der südwestlichen Ecke unter dem Profilsteg; Ausrichtung Ost–West; die Mitte der Steinpackung befand sich ca. 3,30 m südöstlich der Hügelmitte. Die Unterkante des Befunds lag bei ca. 1,25 m über Null; die Höhe der Steinpackung betrug ca. 0,50–0,60 m (Abb. 16).
Befund: Regelmäßige rechteckige Steinpackung aus mehreren Lagen mittelgroßer Steine, z.T. stufenweise gesetzt; Seitenlänge 2,40 x 1,70 m. In der Mitte der Steinpackung fand sich eine 0,30–0,40 m breite und 1,80–1,90 m lange Einsenkung von ca. 0,30–0,40 m Tiefe, in der nur wenige

---

20   Wesselkamp 1993, 69–71; 104 f.

Steine lagen. Möglicherweise handelt es sich dabei um eine Störung, da keine Spuren von vermoderten Holzeinbauten als mögliche Ursache der Einsenkung gefunden wurden. In der Mitte der Einsenkung fand sich bei 1,40 m über Null ein rechteckiger Haufen mit Leichenbrand und nicht genauer identifizierten Bronzeresten, außerdem lagen Leichenbrand und einzelne Scherben über die gesamte Länge der Senke verstreut; es wurde allerdings keine Holzkohle gefunden. Es handelte sich bei diesem Befund offenbar um eine Grabanlage, die möglicherweise gestört war. Zwar konnten in der Hügelaufschüttung keine Spuren eines Eingriffs erkannt werden, doch lassen die längliche Einsenkung in der Steinpackung und die Fundstreuung eine Beraubung möglich erscheinen. Der umgebende Steinkranz dagegen blieb sicher ungestört, was beweist, dass ein möglicher Grabraub sehr präzise und zielgerichtet vonstatten ging, wozu eine große Fläche des Hügels offenstehen musste. Diese Bedingung war möglicherweise bei der Anlage der hallstattzeitlichen Bestattung erfüllt gewesen. Es ist denkbar, dass dabei die Hügelkuppe abgetragen wurde und die älteren Bestattungen freigelegt, beraubt und teilweise zerstört wurden. Eindeutige Störungen durch Beraubung konnten jedoch an keiner der Fundstellen nachgewiesen werden.

Fundstelle III

Lage: Zwischen den Sektoren III und IV; Ausrichtung Ost–West (Abb. 16). Die Mitte der Steinpackung befand sich ca. 2 m nordwestlich der Hügelmitte; die Unterkante des Befunds lag unter 1,27 m über dem Grabungsnullpunkt, die Oberkante bei ca. 1,80 m. Die Dicke der Steinpackung betrug durchschnittlich 0,40 m.
Befund: Eine an der Süd- und Ostseite im Verlauf unregelmäßige, annähernd rechteckige Anlage aus mittelgroßen Steinen mit ca. 2,00 x 1,40 m Seitenlänge. Die Steinpackung war locker gesetzt und mit humosem Material vermischt, nur die südöstliche Ecke war kompakter. Beim Abtrag der Steine wurde entlang der Nord- und Westseite Leichenbrand gefunden. An der Südseite des Befunds kam in einer Höhe von ca. 1,30 m eine etwa 1,20 x 0,50 m große dunkle, stark mit Holzkohle durchsetzte Verfärbung zutage. An ihrem südöstlichen Ende lag ein Bronzedolch, laut Grabungsbericht vermutlich nicht mehr in situ, und daneben etwas Leichenbrand. An die Verfärbung schloss sich im Norden eine annähernd runde, etwa 0,50–0,60 m große Fläche aus gebranntem Lehm mit Holzkohle an, die scheinbar unter die dunkle Schicht lief. Die Befunde waren von gelbem, lehmigem Sand mit einzelnen Holzkohlestücken umgeben. Die Zusammengehörigkeit der Befunde ist indes nicht sicher, da der Dolch außerhalb der eigentlichen Steinpackung lag und sich die Ausrichtung von Brandstelle und Steinpackung nicht deckte. Zudem waren alle Befunde in diesem Bereich stark durch Baumwurzeln gestört, so dass weder ein natürlicher noch ein künstlicher Eingriff auszuschließen ist, durch den das Fundbild verändert wurde.

Fundstelle IV

Lage: In Sektor I; Ausrichtung Ost–West. Die Ausdehnung der Steinpackung betrug ca. 2,00 x 1,60 m, der Mittelpunkt lag ca. 3 m östlich der Hügelmitte (Abb. 16).
Befund: Locker gesetzte, rechteckige Steinpackung; im Westteil aus z. T. sehr großen Steinen (bis zu 0,80 x 0,50 x 0,50 m Seitenlänge) aufgebaut. Die Dicke der Steinpackung betrug etwa 0,60–0,70 m; die Oberkante des Befunds lag bei 1,88 m über Null.
Die SO-Ecke und der Innenraum waren vermutlich gestört, während sich die westliche Schmalseite in unberührtem Zustand befand. Nach dem Abtragen der Steine kamen an der Nordwest-Seite der Anlage in 1,50–1,60 m Höhe die Reste von zwei verbrannten Balken oder Ästen zutage. Der lehmige Sand darunter war bis in eine Höhe von ca. 1,20 m rötlich gebrannt. In der NO-Ecke lag Leichenbrand auf einer Fläche von 0,70 x 0,30 m. Die Unterkante dieses Befunds lag etwa 0,15 m über dem gewachsenen Kies, vermutlich auf der nicht mehr feststellbaren alten Bodenoberfläche oder leicht in diese eingetieft.

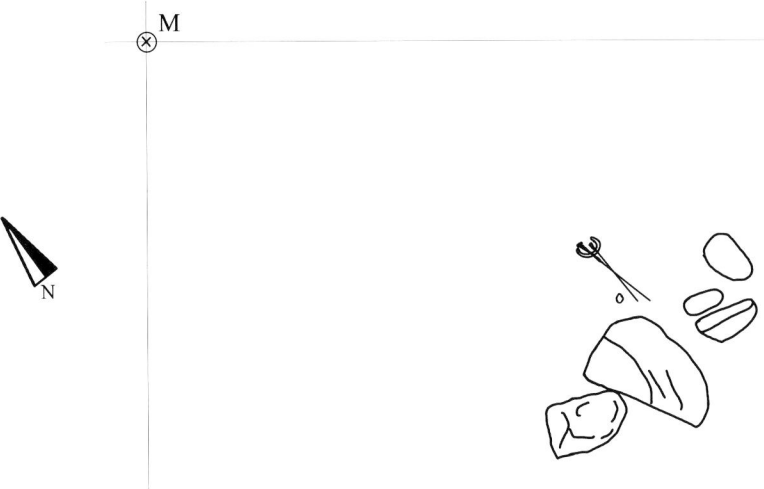

Abb. 17   Hügel F Fundstelle V. M 1 : 25.

Fundstelle V

Lage: In Sektor II; ca. 1,80 m südlich der Hügelmitte; die Unterkante lag in 1,38 m Höhe über dem Grabungsnullpunkt, ca. 0,35 m über dem anstehenden Kies (Abb. 16).
Befund: Vermutlich der Rest einer bronzezeitlichen Körperbestattung; außer menschlichen Zahnresten mit Bronzepatina waren keine Skelettteile erhalten; eine Grabgrube war nicht zu erkennen (Abb. 17).
Unmittelbar nördlich von fünf möglicherweise mit dem Grab in Zusammenhang stehenden Steinen lagen parallel nebeneinander zwei bronzene Gewandnadeln in Nord–Süd-Richtung (Kopf im Norden); unter den Nadelköpfen steckte ein Bronzearmring senkrecht im Boden, ein weiteres unbestimmbares Bronzefragment fand sich westlich der Nadelspitzen. Die Funde zeigten keine Anzeichen einer Verlagerung. Es wurden keine Knochen mehr gefunden, möglicherweise war das Skelett bereits vollständig vergangen.
Sollte die Steinreihe südlich der Bronzefunde der zugehörige Rest einer Grabeinfassung sein, wäre die Bestattung Ost–West orientiert gewesen.

Fundstelle VI

Lage: In Sektor I; Ausrichtung Nord–Süd. Die Ausdehnung der Steinpackung betrug etwa 2,10 x 1,00 m; der Mittelpunkt lag ca. 6,20 m ostsüdöstlich der Hügelmitte (Abb. 16).
Befund: Locker gesetzte Steinpackung aus kleinen bis mittelgroßen Steinen; am südlichen Ende ein rechteckiger Abschluss mit hochkant aufgestellten Steinplatten, das nördliche Ende war spitzoval abgerundet; die Dicke der Steinpackung betrug durchschnittlich 0,40 m, die Oberkante des Befunds lag bei etwa 1,40 m über Null, die Unterkante knapp über dem anstehenden Kies. Die Steine waren am Nordende dichter geschichtet; nach unten wurde die Steinpackung kompakter. Die Anlage war fundleer aber es wurden keine Anzeichen für eine Störung gefunden.

Fundstelle VII

Lage: In Sektor III, mit dem südöstlichen Abschluss im Profilsteg zu Sektor II (Abb. 16).
Befund: Lockere Steinsetzung südwestlich der Hügelmitte; in der Form unregelmäßig trapezförmig und zur Hügelmitte hin ansteigend und schmäler werdend; die Seitenlängen lagen etwa zwischen 1,00 m und 2,80 m; die Dicke der Steinpackung betrug im Durchschnitt 0,25 m. Dieser Befund ist

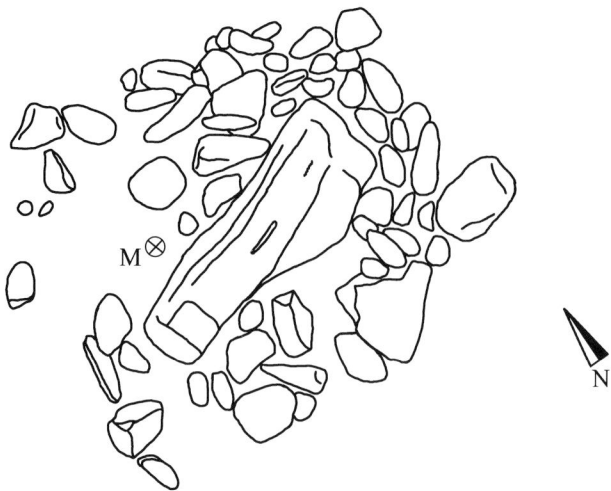

Abb. 18 Hügel F Fundstelle VIII. Steinlage über dem Grab. M 1:25.

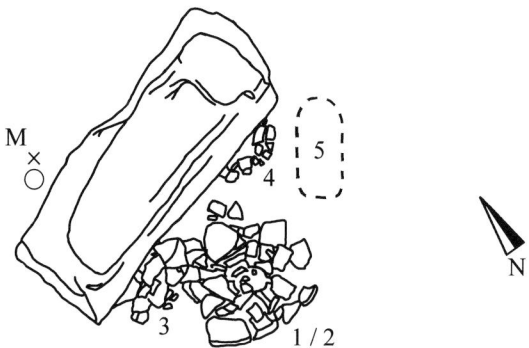

Abb. 19 Hügel F Fundstelle VIII. Lage der Beigaben. M 1:25.

daher eher als Pflaster denn als Steinpackung anzusprechen. Die Höhe der Steinsetzung differiert zwischen 1,30 m über dem Grabungsnullpunkt am Südwestrand und 1,93 m nahe der Hügelmitte. Die äußeren Steine lagen etwa 0,25 m über dem anstehenden Kies. Zwischen den Steinen, vor allem im südwestlichen Teil, fanden sich Spuren von Holzkohle, ansonsten war der Befund fundleer.
Das Steinpflaster lässt sich nach Osten nicht sicher vom Befund des hallstattzeitlichen Grabes (Fundstelle VIII) abgrenzen; es gehört möglicherweise zur Steinpackung dieser Bestattung.

Fundstelle VIII (hallstattzeitliche Bestattung)

Lage: Unter der Hügelmitte, leicht nach Osten verschoben (Abb. 16).
Befund: Bereits knapp unter der Hügeloberfläche stießen die Ausgräber auf eine unregelmäßige, in der Form möglicherweise ursprünglich sechseckige Steineinfassung aus locker gesetzten mittelgroßen Steinen. Im Westteil der Steineinfriedung war auch der Innenraum mit Steinen bedeckt. Die Seitenlängen der Steinsetzung betrugen ca. 2,20–2,40 m, die Dicke der Steinpackung durchschnittlich 0,30 m, die Höhe des Steinkranzes lag zwischen 1,80 und 2,00 m über Null.
Nach dem Abtragen der Steine fand sich im Zentrum des Befunds, ca. 0,50 m östlich der Hügelmitte, eine 1,00 m lange, 0,40 m breite und 0,35 m starke rechteckige Sandsteinplatte, die von einem 1,30 x 1,50 m großen, rechteckigen Kranz aus mehreren Lagen mittelgroßer Steine eingefasst war (Abb. 18). Die Steinplatte war in Ost-West-Richtung orientiert und leicht nach Norden verkippt, die Oberkan-

te bei 1,81 m über Null. Vor der südlichen Längskante der Steinplatte und teilweise unter ihr lagen auf einem Raum zwischen 0,50 und 1,10 m südlich der Hügelmitte vier Gefäße und ein Häufchen Leichenbrand in einer Höhe von durchschnittlich 1,50 m über Null (Abb. 19).

Die Unterkante des Befunds lag ca. 0,20 m über dem anstehenden Kies. Die Bestattung wurde nachträglich in die Mitte eines bereits bestehenden Hügels eingebracht, möglicherweise wurde der Hügel dabei zu einem großen Teil abgetragen. Es war nach dem Grabungsbefund jedoch nicht zu erkennen, welche Befunde dadurch gestört wurden. An den Profilen lässt sich diese Mehrphasigkeit des Hügels nicht ablesen. Es gibt außerdem keine Anzeichen, dass die Bestattung eine ältere Anlage in der Hügelmitte zerstört hat.

3.7 Hügel G

Der Durchmesser dieses Hügels betrug zum Zeitpunkt der Ausgrabung noch etwa 11 m und die erhaltene Höhe über dem modernen Bodenniveau 1,00–1,10 m, etwa 1,20–1,30 m über dem anstehenden Kies; der Hügelmittelpunkt lag bei 1,85 m über dem Grabungsnullpunkt.

Die Hügelschüttung bestand überwiegend aus kiesig-sandigem Material, das wohl zu großen Teilen der in den Kies eingetieften Grabgrube des zuerst angelegten zentralen Brandgrabs (Grab G I, Abb. 20) entnommen wurde. In einem etwa 2 m durchmessenden Bereich der Hügelmitte bestanden die oberen 0,40 m der Aufschüttung aus nahezu steinfreiem, gelben Sand. Dabei handelt es sich um die Verfüllung der Grabgrube der nachträglich eingebrachten Körperbestattung (Grab G II, Abb. 22).

Bereits beim Abschälen der Humuslage fanden sich um die Hügelmitte die ersten Steine einer Steinpackung. Die Steine wurden im Erdblock stehen gelassen, und es wurden zunächst die vier Sektoren abgetieft, bis in einer Höhe von 0,64–0,74 m in allen Quadranten eine Holzkohleschicht von etwa 6 m Durchmesser erreicht war, die von der Hügelmitte zum Rand hin ausstrich. In Sektor III außerdem an einer Stelle rot gebrannter Lehm nachgewiesen. Es handelte sich dabei um die Brandtenne der Erstbestattung (Grab G I), die wohl auf der alten Bodenoberfläche lag. Etwa 0,10–0,25 m darunter begann der gewachsene Kies. Nach der Dokumentation dieser Befunde wurden entlang der Profile sowie radial zum Hügelmittelpunkt Suchschnitte angelegt, doch ergaben diese keine Hinweise auf einen umlaufenden Graben oder weitere peripher liegende Grabanlagen.

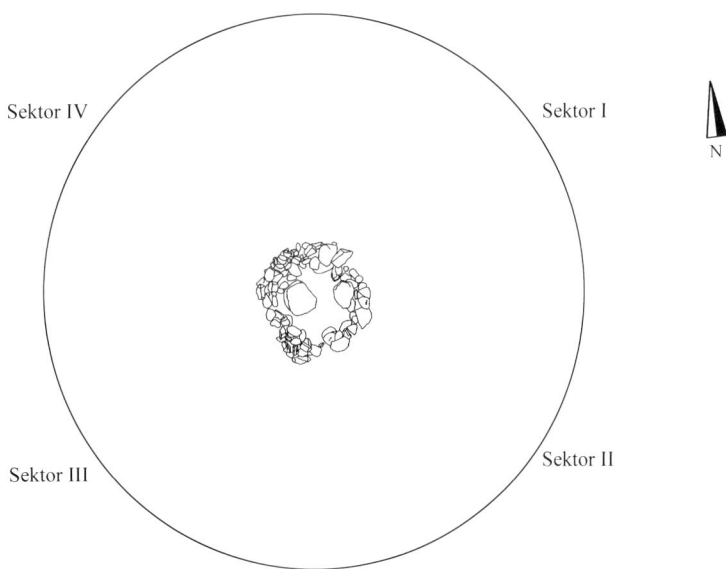

Abb. 20   Hügel G. Lage von Grab I. M 1 : 150.

Abb. 21   Hügel G Grab I. M 1:25.

Im Profilblock unter der Hügelmitte fanden sich zwei Bestattungen übereinander, ein in den Kies eingetieftes Brandgrab (Grab G I, Abb. 20), und darüber eine offenbar gestörte Körperbestattung (Grab G II, Abb. 22).

Grab I

Lage: Unter der Hügelmitte, bis in eine Entfernung von max. 1,40 m vom Mittelpunkt. Die maximale Höhe der Steinpackung war aufgrund der darüberliegenden und ebenfalls mit Steinen bedeckten Nachbestattung nicht mehr genau zu ermitteln, sie lag wohl nur wenig, vermutlich nur eine Steinreihe höher als die Brandschicht, d. h. ca. 0,70–0,80 m über dem Grabungsnullpunkt.
Befund: Durchschnittlich etwa 0,10–0,20 m unter der Steinpackung der Nachbestattung fanden sich Steine in und unter einer bis zu 3 cm dicken schwarzen Schicht aus Asche und Holzkohle. Diese Schicht war vorher bereits in allen Sektoren dokumentiert worden.
Die Bestattung G I war, im Gegensatz zu den Gräbern aller anderen Hügel, in den gewachsenen Boden eingetieft; dabei wurde die durch die Verbrennung der Leiche vor Ort entstandene Brandschicht in einem Bereich von ca. 2,50–2,90 m Durchmesser von der Grabgrube geschnitten. Zwischen den Steinen am oberen Ende der Grubeneinfüllung fand sich ca. 0,20 m nordöstlich des Hügelmittelpunkts in einer Höhe von 0,69 m ein Häufchen mit ausgelesenem Leichenbrand. Dabei handelt es sich möglicherweise um die Überreste eines zweiten Individuums, das bei der osteologischen Untersuchung durch J. Wahl aus dem Leichenbrand von Grab G I ausgesondert werden konnte.
Nach unten wurde die Grube schmäler, in Höhe der Grabsohle betrug der Durchmesser noch ca. 1,50 m. Die Grabgrube war von der Brandtenne, d. h. dem angenommenen alten Bodenniveau aus, 0,80 m in den Kies eingetieft; die Grabsohle lag ca. 0,10–0,15 m unter dem Grabungsnullpunkt.
Die Grubenwand war mit einer dichten Steinpackung aus mittelgroßen bis großen Steinen ausgekleidet (Abb. 20; 21). Nach dem Abtragen der obersten Steine in Höhe der Brandtenne ergab sich

eine grob rechteckige, ca. 2,30 x 2,10 m messende Steineinfassung, die bis auf den gewachsenen Boden reichte und sich nach unten verjüngte. Der Innenraum dieser Einfassung blieb bis auf zwei große Steine unbedeckt. Die Steine und der Grabboden waren z. T. dick mit schwarzer, stark holzkohlehaltiger Erde bedeckt, darüber lag als Verfüllung brauner Sand mit wenigen Steinen. In der Brandschicht auf den Steinen fanden in etwa 0,40 m Höhe zwei große Wandscherben eines unverzierten Gefäßes (Kat.Nr. I.7).

In der Grabkammer lagen die Reste von sechs Gefäßen, darunter die Urne mit dem Leichenbrand (Kat.Nr. I.1) an der Nordseite sowie ein kleiner rechteckiger Bronzering (Kat.Nr. I.8). Zwei der Gefäße konnten nahezu unversehrt geborgen werden (Kat.Nr. I.3, I.5). Die Keramik befand sich teilweise auf der Holzkohleschicht, teilweise auf dem braun-sandigen Material der Grubenverfüllung. Unmittelbar westlich der Gefäße lagen Schien- und Wadenbein vermutlich eines jungen Schweins (Abb. 21).

Der Kies unter der Grabsohle war in einer dünnen Schicht weiß versintert, möglicherweise ein Indiz für einen vergangenen hölzernen Grabboden, der Hohlräume zurückgelassen hatte, in denen sich Haar-Calcit bilden konnte (vgl. Gräber A I und B I). Die Grubenwände waren offenbar nur mit Steinen verschalt.

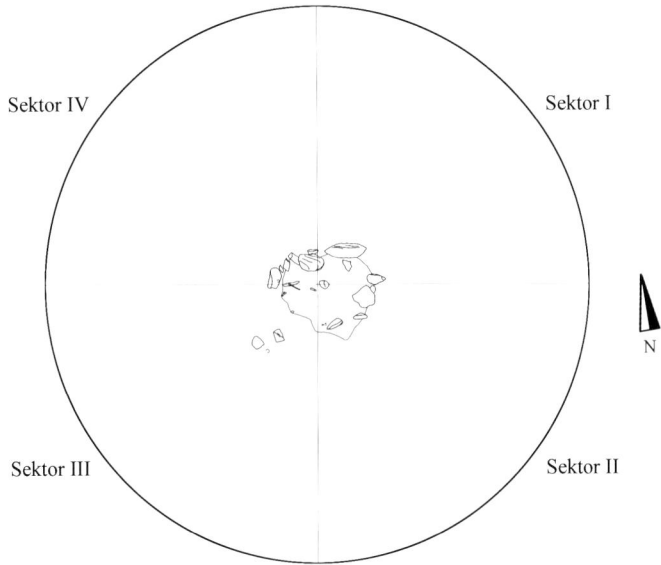

Abb. 22   Hügel G. Lage von Grab II. M 1:200.

Grab II

Lage: In der Hügelmitte, über Grab I; die Größe des Grabes war nicht mehr genau zu ermitteln, die darüberliegende Steinpackung hatte vermutlich eine Ausdehnung von etwa 3,40 m OW x 2,00 m NS (Abb. 22); dieser Befund wird durch die Größe der sandigen Verfüllung über dem Grab von ca. 3 x 2 m bestätigt. Die Bestattung war vermutlich ost-west-ausgerichtet. Die höchsten Steine der Steinpackung lagen bereits knapp unter der Hügeloberfläche in ca. 1,60 m Höhe über dem Grabungsnullpunkt; die Grabsohle ist nicht genau zu bestimmen, sie dürfte etwa 0,10–0,20 m über dem Niveau der Brandtenne zwischen 0,70 und 0,90 m über Null gelegen haben. Diese Deutung erscheint plausibel, da in dieser Höhe die Steinpackung der Nachbestattung endete und eine der verstreut liegenden Beigaben von Grab II in einer Höhe von 0,86 m lag. Die mit Asche bedeckte Steinsetzung des Brandgrabs beginnt etwa 0,10–0,20 m darunter, dazwischen befand sich an manchen Stellen steinfreier Boden, der eine Trennung der beiden Befunde in dem Raum zwischen 0,70–0,85 m über Null bestätigt.

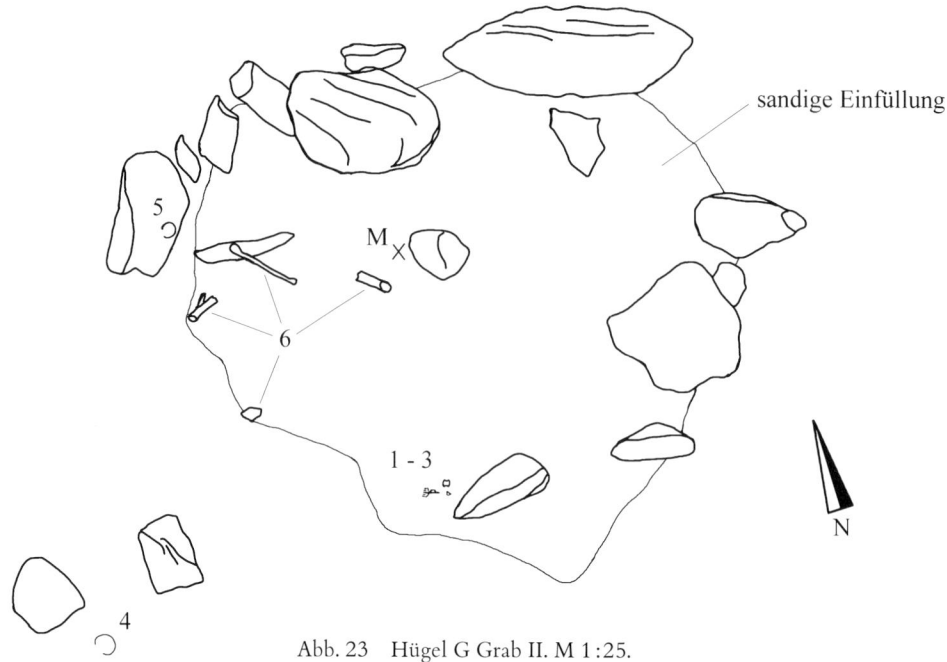

Abb. 23   Hügel G Grab II. M 1:25.

Befund: Knapp unter der Oberfläche fand sich eine lockere, unregelmäßige Steinpackung aus überwiegend größeren Steinen (Abb. 23); die Dicke der Steinpackung betrug bis zu 0,80 m; Spuren eines nachträglichen Bodeneingriffs konnten zwar weder im Planum noch im Profil nachgewiesen werden, doch spricht bereits die lockere und formlose Anordnung der Steine für eine Störung dieses Grabs. Diese Annahme wird durch die in der Fläche und in der Höhe verstreute Lage der Beigaben und der Skelettreste gestützt: In 1,28 m Höhe fand sich zwischen den Steinen etwa 0,80 m nordwestlich der Hügelmitte ein Bronzearmring (vermutlich Kat.Nr. II.5). Etwa 0,80 m südlich der Hügelmitte bei 1,17 m über dem Grabungsnullpunkt lagen das Fragment einer Fibel mit Armbrustkonstruktion (Kat.Nr. II.1) und daneben zwei Bronzebleche ungeklärter Funktion (Kat.Nr. II.2, II.3). In einem Raum bis etwa 0,80 m westlich und südwestlich des Mittelpunkts zwischen 1,09 und 1,20 m Höhe fanden sich wenige menschliche Skelettreste, stark vergangen und, soweit feststellbar, nicht mehr in situ. Etwa 1,60 m südwestlich der Hügelmitte bei 0,86 m Höhe lag ein weiterer Bronzearmring (vermutlich Kat.Nr. II.4). Dieser Fund könnte als einziger noch in situ gelegen haben und markiert wohl die tiefste Stelle von Grab 2, da sich nur wenige Zentimeter darunter die mit Asche bedeckten Steine und der Brandhorizont der Erstbestattung befanden, die offenbar unberührt blieben.

3.8 Hügel H

Hügel H hatte noch einen erhaltenen Durchmesser von etwa 15 m; die Höhe über dem anstehenden Kies betrug ca. 1,50 m; der Hügelmittelpunkt lag bei 2,85 m über dem Grabungsnullpunkt. Die Hügelaufschüttung bestand aus meist geröllarmem Sand der unmittelbaren Umgebung. Unter dem Hügel fiel das Gelände von Nord nach Süd ab. Der südliche Hügelfuß lag etwa 0,60 m tiefer als der nördliche.

Der Hügel enthielt eine Brandbestattung mit Steinpackung etwa 3,50 m südöstlich der Hügelmitte sowie eine unbekannte Zahl von untereinander nicht abgrenzbaren Steinsetzungen mit unklarer zeitlicher Zugehörigkeit (Abb. 24).

Der Hügel war von Dachsbauten und von Menschenhand stark durchwühlt, so dass nur Teile der Befunde noch ungestört angetroffen wurden, darunter die Brandbestattung H I. Die Dachsgänge und -höhlen waren z. T. eingestürzt und hatten zu einem stellenweisen Absacken der Befunde um bis zu 0,40 m geführt. Menschliche Eingriffe konnten anhand von Gruben und Schächten nachgewiesen werden.

Südlich der Hügelmitte wurde ein humusdurchsetzter Laufhorizont, möglicherweise die zu Grab H I gehörende Bodenoberfläche, in einer Höhe von maximal 1,70 m über Null dokumentiert; etwa 0,20–0,40 m darunter folgte der gewachsene Kies. Unter der bis zu 0,60 m dicken Kiesschicht lagen tonig-sandige Schichten, in denen ein Großteil der Dachsgänge verlief.

In weiten Teilen der Aufschüttung wurden mehr oder weniger dichte, unregelmäßige Steinlagen vorgefunden, zwischen denen sich größere steinfreie Flächen befanden. Aufgrund der vielfachen Störungen ist nicht zu entscheiden, ob es sich um eine große Steinpackung über Grab H I oder um verschiedene selbständige Anlagen, ähnlich denen des Hügels F, handelte. Für die Annahme mehrerer Anlagen spricht die abseitige Lage des Brandgrabs im südöstlichen Teil der Steinpackung ca. 3,50 m südöstlich der Hügelmitte. Einen weiteren Hinweis auf, möglicherweise von Grab H I gestörte, ältere Bestattungen gibt der Streufund eines bronzezeitlichen Armrings aus der steinfreien Aufschüttung in Sektor III, ca. 4 m südlich der Mitte. Die genaue Lage dieses Schmuckstücks ist unklar, da es nicht in Fundlage dokumentiert, sondern erst auf dem Abraum entdeckt wurde. Allerdings gab es auch im weiteren Umkreis um die vermutliche Fundstelle keine Anzeichen einer Grabanlage, so dass angenommen werden muss, dass der Armring bei der Ausgrabung bereits nicht mehr in situ vorgefunden wurde und daher schon zu einem früheren Zeitpunkt, möglicherweise bei der Anlage von Grab H I, umgelagert worden war.

Etwa 7,60 m östlich der Hügelmitte wurde im Profil ein vermeintliches Gräbchen von ca. 0,20 m Tiefe dokumentiert, doch blieb dieser Befund nur auf dieses Profil beschränkt, so dass ein den Hügelfuß umlaufender Graben nicht bewiesen werden kann; möglicherweise handelt es sich dabei um eine der im abschüssigen Moränenkies nicht seltenen Wasserrinnen.

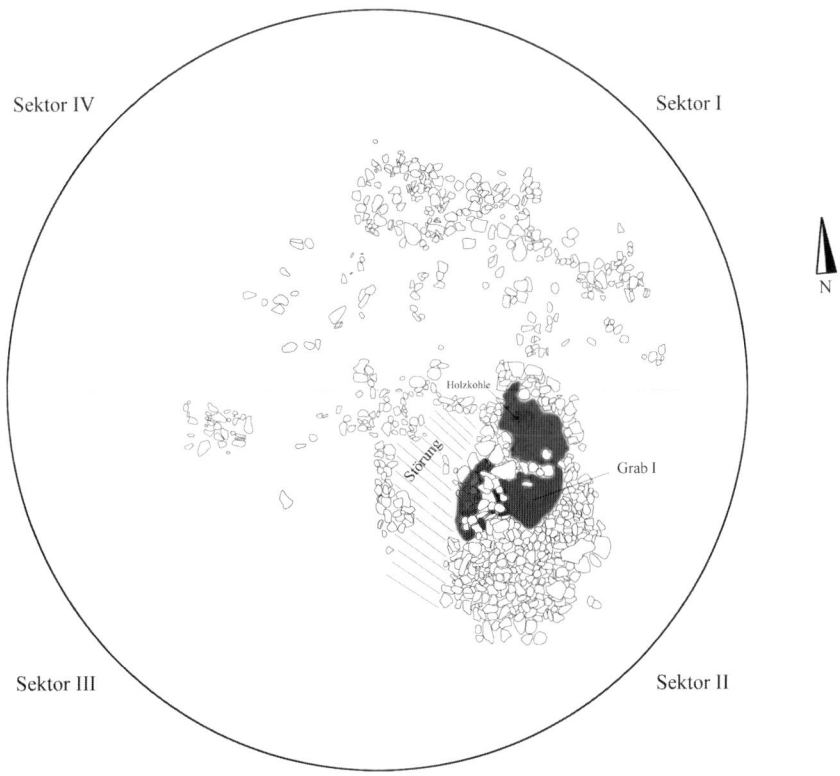

Abb. 24   Hügel H. M 1 : 150.

Grab I

Lage: In Sektor II, bedeckt von einer grob rechteckigen Steinpackung von ca. 4,50 m x 5,50 m Durchmesser (Abb. 24). Die obersten Steine fanden sich knapp unter der Hügeloberfläche bei 2,60 m über dem Grabungsnullpunkt; die Unterkante der Steinsetzung lag im Bereich der Grabsohle bei ca. 1,80 m Höhe.

Befund: Im Westteil und im Bereich der Hügelmitte war die Steinpackung durch Dachsgänge stark gestört und teilweise abgesackt, die Südwest-Ecke fehlte ganz (Abb. 24). Im südöstlichen Teil lagen die Steine ungestört und kompakt geschichtet. Im Nordostteil fand sich ein etwa 3,00 x 1,20 m großer steinfreier Raum, der offenbar ungestört war, da der Innenraum auch nach unten steinfrei blieb und am Boden eine ungestörte, gleichmäßig 6–8 cm dicke Brandschicht lag, auf der die ebenfalls ungestörte Bestattung aufgesetzt war. Die Holzkohle und Asche reichte auf drei Seiten bis an die umgebende Steinpackung heran, lief jedoch nicht darüber hinaus. Nur an der Westseite zog die Brandschicht über die unterste Steinlage hinweg bis zu der durch den Dachsbau gestörten Fläche und konnte auch jenseits der Störung über den untersten Steinen dokumentiert werden; die darüberliegenden Steinlagen waren dagegen frei von Holzkohlespuren.

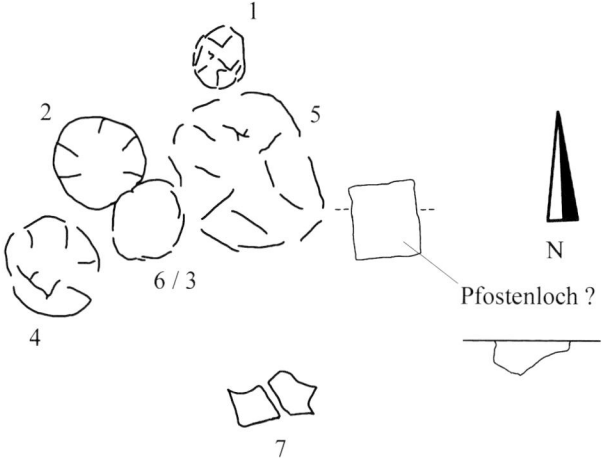

Abb. 25   Hügel H Grab I. M 1:25.

Auf der Holzkohleschicht standen auf engem Raum von 1,10 m x 1,30 m vermutlich sieben Gefäße, darunter die Urne mit dem Leichenbrand an der Nordseite (Abb. 25). Östlich der Gefäße befand sich vermutlich ein flaches, im Planum annähernd quadratisches Pfostenloch. Die Gefäße nahmen den südlichen Teil der steinfreien Fläche im Nordost-Teil der Steinpackung ein. Eine Grabgrube war nicht zu erkennen, da das Grab vermutlich zu ebener Erde errichtet worden oder nur minimal eingetieft war. Die Oberkante der Gefäße lag bei 1,85 m über Null, bei ca. 1,70 m war die Grabsohle erreicht; darunter befand sich ein vermeintlicher Laufhorizont aus mit Humus durchsetztem, tonigsandigen Material, der nur vom Hügelmittelpunkt bis etwa 6 m in südlicher Richtung gefunden wurde. Da aufgrund der weitverstreuten Steinsetzungen und des bronzezeitlichen Fundes davon auszugehen ist, dass Grab I in einen bereits bestehenden, weit älteren Hügel eingebracht worden war (vgl. Hügel F), liegt der Gedanke nahe, dass der Hügel nur im südöstlichen Teil (Sektor II) bis in eine Höhe von 1,50–1,70 m über dem Grabungsnullpunkt abgetragen wurde, da die Steinsetzungen in den anderen Sektoren noch bis in 2,45 m Höhe erhalten waren. Dieser Gedanke hat natürlich nur unter der Annahme Gültigkeit, dass die Steinsetzungen nördlich von Grab H I eigenständige ältere Anlagen sind, die zwar von den hallstattzeitlichen Erbauern der Hügel möglicherweise beraubt, aber nicht abgetragen und zerstört wurden. Ein solcher partieller Eingriff erscheint plausibel, zumal Hügel H mit 15 m Durchmesser der größte der sechs ‚kleinen' Grabhügel war, doch ließ sich eine solche Baumaßnahme in den Profilen leider nicht nachweisen.

4. Aufbau der Grabhügel

Zum Zeitpunkt der Ausgrabung lagen die Grabhügel unter niederem Wald und waren im Gelände deutlich sichtbar obertägig erhalten. Die beiden großen Hügel A und B waren zum Zeitpunkt der Ausgrabung noch 2,30 bzw. 2,80 m hoch, während die anderen sechs Hügel zwischen 0,50 und 1,20 m über dem heutigen Bodenniveau erhalten waren.

Dem Hügelaufbau und den verwendeten Baumaterialien wurde bei der Ausgrabung besondere Aufmerksamkeit zuteil. Bei beiden Grabungskampagnen zog man den Geologen Dr. J. WERNER vom Geologischen Landesamt in Baden-Württemberg als bodenkundlichen Berater hinzu. Seine Aufgaben waren, soweit möglich die Herkunft des Hügelmaterials zu klären, die Grenzen zwischen unberührtem Boden und künstlichen Aufschüttungen zu ermitteln und während der Grabung als Berater vor Ort zu sein.[21]

Zur Klärung der Frage nach der Herkunft des Hügelmaterials wurden umfangreiche Bohrungen in der näheren und weiteren Umgebung der Grabhügel durchgeführt. Die oben bereits genannten Unregelmäßigkeiten im Profilaufbau der natürlichen Böden im Umkreis der Fundstelle erschwerten genaue Aussagen zur Herkunft der Hügelschüttungen und ließen nur in günstigen Fällen eine Planierung der alten Oberfläche vor dem Bau des Hügels erkennen.

Nach den Ergebnissen von WERNER waren alle Grabhügel bis auf Hügel G aus dem Oberbodenmaterial der unmittelbaren Umgebung aufgebaut.[22] Bei den Hügeln A, B und E fand sich in der Aufschüttung außerdem Material, das bei der Planierung des Bodens unterhalb der Grabkammer angefallen war. Hügel G stellt in dieser Hinsicht eine Ausnahme dar, da bei diesem Hügel die Zentralbestattung 0,80 m in den anstehenden Boden eingetieft war und dementsprechend der Großteil der Hügelaufschüttung aus dem Aushub der Grabgrube bestand. Daneben wurde aber offenbar auch Oberbodenmaterial der Umgebung abgetragen und für die Aufschüttung verwendet.

Durch die hohe Konzentration fossiler Pflanzenopalkörner im gesamten Hügel B konnte WERNER nachweisen, dass für die Aufschüttung nur die obersten 0,20 bis 0,40 m des umgebenden Bodens verwendet worden waren,[23] da diese von Pflanzen gebildeten Kiesel nur in der humosen obersten Bodenschicht vorkommen. Aufgrund dieser geringen Tiefe hätte die Materialentnahme nur kaum merkliche Spuren in Form einer Verkürzung des Bodenprofils hinterlassen und wäre dadurch zum Zeitpunkt der Grabung aufgrund der genannten Schwankungen in der Mächtigkeit des Oberbodens nicht mehr nachweisbar gewesen. Für Hügel B gibt WERNER eine geschätzte benötigte Materialmenge von etwa 500 m³ Boden an. Bei einer mittleren Entnahmetiefe von 0,25 m würde sich diese Masse auf eine den Hügel umgebende Ringfläche von nur etwa 15 m Breite verteilen.[24]

Die Hügel A, B und G lagen auf einer dem Ochsenberg vorgelagerten flachen Geländewelle, die im Fall der Hügel A und B im Bereich der zentralen Grabkammer leicht eingeebnet wurde.

Hügel E lag an der nach Süden abfallenden Kante einer schmalen, dem Ochsenberg vorgelagerten Terrasse. Auch bei diesem Hügel wurde der Boden vor der Anlage der Grabkammer planiert; die Hügelaufschüttung entstammt zum Teil dieser Planierung, zum Teil dem Oberboden der Umgebung.

Die Hügel C, D, F und H waren alle aus dem geröllarmen Sand der unmittelbaren Umgebung aufgeschichtet. Nennenswerte Bodeneingriffe vor der Aufschüttung der Hügel konnten nicht nachgewiesen werden, einzig die Bestattungen der Hügel C und D wurden möglicherweise geringfügig in die alte Bodenoberfläche eingetieft.

Die Kalksteine für die Steinsetzungen in den Hügeln waren vom Gletscher transportierte Findlinge alpiner Herkunft, die in großer Zahl im würmeiszeitlichen Moränenmaterial vorkommen, aus dem auch der Ochsenberg aufgebaut ist.[25] Sie standen den Erbauern der Grabhügel also ebenfalls in der nahen Umgebung der Fundstelle zur Verfügung.

---

21 WERNER, Geologischer Bericht 1.
22 Ebd. 6–11.
23 Ebd. 7.
24 Ebd. 8.
25 Ebd. 9 f.

Ein weiteres Ergebnis der geologisch-bodenkundlichen Untersuchung ist der Nachweis von Haar-Calcit, das sich in den ehemals von Holz ausgefüllten Hohlräumen der Grabkammern gebildet hatte. Es handelt sich dabei um weiße, watteartige Gespinste aus feinen, haarförmigen Kalkspat-Kristallen, die an den Rändern der Grabkammern der Hügel A und B sowie am Boden der eingetieften Grabkammer von Hügel G gefunden wurden. Auch an den Holzresten an der Innenseite eines der eisernen Wagenräder von Hügel B konnte Haar-Calcit entdeckt und damit als verläßlicher Indikator für ehemals vorhandenes organisches Material bestätigt werden.

Die archäologischen Befunde lieferten dagegen vergleichsweise wenige Informationen. Nur im Fall von Hügel G konnte im Grabungsbefund ein späterer Eingriff anhand der andersartigen Verfüllung der Grabgrube der Nachbestattung G II nachgewiesen werden. Die Grabgruben der Nachbestattungen in Hügel A waren dagegen wohl mit dem Aushubmaterial verfüllt worden und waren daher nicht erkennbar.

Hügel E wurde von einem Kreisgraben umgeben, der eine Fläche von ca. 7 m Durchmesser umschloss. Das Gräbchen war etwa 0,20 m tief und etwa genauso breit. Im Randbereich der Hügel D und H fanden sich ebenfalls Anzeichen für Kreisgräben, doch konnten diese nicht in allen Sektoren nachgewiesen werden, so dass der Befund unsicher bleibt. In dem abschüssigen Moränenkies am Fuß des Drumlins ist ein künstlicher Graben von einem natürlichen Wasserlauf oft nicht zu unterscheiden.

Hügel F und vermutlich auch Hügel H waren seit der Mittelbronzezeit bestehende Grabhügel, in die man in der Hallstattzeit noch jeweils eine Bestattung eingebracht hatte.[26] Diese Mehrphasigkeit schlug sich jedoch in den Profilen nicht in getrennten Bauhorizonten nieder, so dass unklar bleibt, wie groß die bronzezeitlichen Hügel gewesen waren und wie viel davon abgetragen und zerstört wurde, um die hallstattzeitliche Bestattung einzubringen.

Die Ausgräber konnten in Hügel F mindestens fünf eigenständige Anlagen unterscheiden, von denen zwei sicher als bronzezeitliche Gräber anzusprechen sind (Fundstellen III und V). Drei weitere Befunde sind vermutlich bronzezeitlich (Fundstellen I, II und IV).

Die Steinpackungen der bronzezeitlichen Gräber in Hügel F, die nicht im Bereich der in die Hügelmitte eingebrachten Nachbestattung lagen, waren weitgehend erhalten. Eine Störung konnte bei keiner der Anlagen eindeutig nachgewiesen oder mit Sicherheit ausgeschlossen werden. Das wenige und verstreut liegende Fundmaterial aus den bronzezeitlichen Gräbern spricht für eine Beraubung, die allerdings auch schon vor der Anlage der hallstattzeitlichen Bestattung erfolgt sein kann.

Es ist denkbar, dass die hallstattzeitlichen Erbauer entweder den bestehenden Hügel bis auf die Höhe der Steinlage abtrugen um ihn dann zu erhöhen oder dass sie die Bestattung in einer Grube anlegten und den Rest des alten Hügelkörpers mehr oder weniger unverändert ließen. Gegen letzteres und für die Planierung des Hügels sprechen die Anzeichen für Beraubung, die möglicherweise zielgerichtet und großflächig vonstatten ging, wie der Befund von Fundstelle II zeigt, wo die Steinpackung einen schmalen Streifen offenließ, der genau der Grabgrube entsprach. Möglicherweise war die Steinpackung hier auf einer Länge von etwa 2 m abgetragen worden. Für einen derartigen Eingriff hätte eine große Fläche des Hügels offen gestanden haben müssen.

Demnach ist es denkbar, doch durch den Grabungsbefund nicht zweifelsfrei beweisbar, dass die Beraubung der bronzezeitlichen Gräber im Zuge der hallstattzeitlichen Baumaßnahmen erfolgte. Der Umfang dieser Eingriffe ist aus dem Grabungsbefund jedoch nicht zu ermitteln.

Eine ähnliche Situation liegt bei dem unmittelbar benachbarten Hügel H vor, der ebenfalls eine hallstattzeitliche Brandbestattung und einen bronzezeitlichen Fund, allerdings keine sicher dazu gehörenden Grabanlagen erbrachte. Hier liegt aufgrund vielfältiger und in ihrem Ausmaß nicht feststellbarer Störungen durch Tiergänge und menschliche Eingriffe eine noch unklarere Befundsituation vor, die keine Rückschlüsse auf Größe und Anzahl der bronzezeitlichen Anlagen zulässt. Der einzige Hinweis auf eine mittelbronzezeitliche Vorgängeranlage ist der Streufund eines Arm-

---

26 Vgl. WESSELKAMP 1993, 61–71.

rings, der keiner Grabanlage zugeordnet werden konnte. Die Steinpackungen im nördlichen Teil des Hügels könnten zu älteren Anlagen gehören, die abseitige Lage des hallstattzeitlichen Grabes spräche ebenfalls für einen bereits bestehenden Hügel, der möglicherweise nur im südlichen Teil abgetragen worden war, um die Nachbestattung einzubringen. Auch hier geben die Profile leider keinen Aufschluss über das Ausmaß der hallstattzeitlichen Bautätigkeiten.

5. Die Gräber

5.1 Erhaltungszustand der Grabanlagen

Die Zentralbestattungen wurden fast alle ungestört und unberaubt vorgefunden. Einzig Hügel B war durch einen modernen Schützengraben gestört worden, der die nordöstliche Ecke der Grabkammer zerstört hatte. Dabei wurde das an dieser Stelle sich befindende Rad 2 zerstört und die Funde wurden in einem nicht mehr feststellbaren Umfang verlagert.
Hügel C war durch Pflanzenbewuchs bereits besonders stark aberodiert, nur noch etwa 0,50 m hoch über dem heutigen Bodenniveau erhalten und in der Ausdehnung nicht mehr genau zu erkennen. Die Bestattung lag nur knapp unter der Hügeloberfläche und war daher von dichtem Wurzelwerk durchzogen. Es ist nicht feststellbar, ob die Brandbestattung nur durch die Wurzeln gestört wurde oder auch durch eine Beraubung.
Die Nachbestattungen wurden aufgrund ihrer geringen Tiefe alle mehr oder weniger stark in Mitleidenschaft gezogen. Es kann nicht ausgeschlossen werden, dass einige Hügel sehr flache Nachbestattungen enthalten hatten, die zum Zeitpunkt der Grabung bereits vollständig zerstört waren. In diesem Sinne könnten auch einzelne Steinsetzungen oder Keramikfunde knapp unter der Hügeloberfläche als Reste von peripher gelegenen Nachbestattungen interpretiert werden, die durch Erosion oder Beraubung zerstört wurden. Die beiden sicheren hallstattzeitlichen Nachbestattungen in Hügel A und Hügel G waren stark gestört und offenbar beide beraubt. Das Grab G II lag direkt über der Erstbestattung G I in der Mitte des relativ kleinen Hügels und war vermutlich deshalb nicht vollständig aberodiert. Die Grabgrube war zwar in der Ausdehnung noch einigermaßen erkennbar, doch die Knochen und die Beigaben streuen in der Höhe und in der Fläche so weit, dass von einer Beraubung ausgegangen werden muss.
Trotz der grundsätzlich besseren Erhaltungsbedingungen in einem großen Hügel war die Nachbestattung von Hügel A in einem sehr schlechten Zustand. Es konnte keine Grabgrube mehr festgestellt werden, und die Knochen und Beigaben waren deutlich umgelagert. Die Ursache dieser Störung konnte nicht sicher ermittelt werden, denkbar ist eine Beraubung bereits kurz nach der Bestattung, aber auch eine Störung des Befunds durch Tiere kann nicht ausgeschlossen werden. Hügel A und Hügel B könnten außerdem noch weitere Nachbestattungen enthalten haben, von denen sich nur noch undeutliche Spuren erhalten hatten.
Hügel F war im Bereich der Hügelmitte stark von Wurzelwerk gestört, doch scheint die in der Hügelmitte angelegte hallstattzeitliche Nachbestattung (Fundstelle VIII) davon nicht betroffen gewesen zu sein. Die vermutlich bronzezeitlichen Anlagen I und III wurden durch die hallstattzeitliche Bestattung VIII in nicht genau erkennbarem Maße gestört. Unklar ist auch, ob durch diese eine bronzezeitliche Bestattung in der Hügelmitte zerstört worden war. Die Fundstellen II, IV, V und VI wurden möglicherweise durch den hallstattzeitlichen Hügelumbau gestört und beraubt.
Bei der Ausgrabung von Hügel H wurden verschiedene Störungen durch Dachs- und/oder Fuchsbauten und menschliche Eingriffe erkannt. Das Ausmaß der Störungen konnte jedoch nicht immer sicher ermittelt werden, so dass nicht klar ist, wie stark manche Befunde verlagert waren. Die Steinsetzungen im nördlichen Teil des Hügels lassen sich nicht sicher zur hallstattzeitlichen Bestattung rechnen, sie sind aber auch nicht eindeutig als ältere Anlagen zu identifizieren. Sicher durch einen Tiergang gestört war der westliche Teil der Steinpackung des Hallstattgrabes, doch wurde die Grabkammer selbst nicht davon betroffen.

5.2 Lage und Orientierung der Gräber

Brandgräber

Die Brandbestattungen der Hügel A, C, D, E und G wurden mit geringen Abweichungen in der Hügelmitte angelegt, die hallstattzeitliche Brandbestattung in Hügel F wurde in die Mitte eines bereits seit der Mittelbronzezeit bestehenden Grabhügels eingebracht. Das hallstattzeitliche Brandgrab in dem vermutlich ebenfalls bronzezeitlichen Hügel H befand sich etwa 3,50 m südöstlich der Hügelmitte. Bei den Brandbestattungen kann nur im Fall von Hügel E eine Ausrichtung der Grabgrube festgestellt werden: Das Grab war nach oben hin von einer rechteckigen, ca. 3,50 x 2,00 m großen, Ost–West orientierten Steineinfassung umgeben. Bei der hallstattzeitlichen Bestattung in Hügel F beschreiben die Ausgräber einen sechseckigen Steinkranz um das Grab, doch ist dieser Befund auf den Zeichnungen nur schwer nachzuvollziehen. Das Sechseck sollte demnach mit einer Spitze nach Westen zeigen, während die Basis im Osten lag. Da aber die Zuordnung der Steine zu den einzelnen Bestattungen nicht immer klar ist, muss dieser Befund als unsicher gelten.

Die anderen Brandgräber hatten, soweit dies feststellbar ist, annähernd quadratische Grabgruben, die keine Aussagen über eine Ausrichtung zulassen. Auch die Anordnung der Gefäße im Grab und vor allem die Lage der Urne zeigen keine Regelhaftigkeit und bringen daher keine Erkenntnisse bezüglich der Graborientierung.

Die Fundstelle A.III.1, von der ein kleines Becherfragment stammt, ist vermutlich ebenfalls als Grab zu interpretieren. Dieses hätte sich, wenn das Fundstück nicht verlagert war, in der Hügelmitte direkt über der Primärbestattung befunden.

Körpergräber

Hügel B barg eine ca. 3,20 x 2,40 m große, Ost–West orientierte Grabkammer in der Hügelmitte (Abb. 8; 9). Das Skelett befand sich leicht nördlich der Kammermitte und war ebenso wie die Grabkammer Ost–West orientiert, der Kopf lag im Osten. Um das Skelett gruppierten sich entlang der Nord- und Ostwand der Kammer die Wagen- und Pferdegeschirrteile, südlich des Skeletts befanden sich drei Schalen, vermutlich für Speisebeigaben, und die Reste eines Schweins. In der südwestlichen Kammerecke standen fünf Keramikgefäße, die möglicherweise als Bestandteile des Trinkgeschirrs zu interpretieren sind.

Über die Ausrichtung der beiden Nachbestattungen A II und G II können nur ungenaue Angaben gemacht werden, da beide Bestattungen stark gestört vorgefunden wurden (G II siehe Abb. 23). Die Reste der Steinpackung oder -einfassung von Grab G II deuten eine Ost–West orientierte Bestattung an, für Grab A II kann aufgrund der Lage eines Unterarmknochens, der sich vermutlich noch in situ befand, ebenfalls eine Ost-West-Orientierung angegeben werden. Grab G II lag direkt über der Brandbestattung G I, was bei der geringen Größe des Hügels auch kaum anders möglich gewesen wäre. Grab A II befand sich etwa 6 m nordöstlich der Hügelmitte.

Der überregionale Vergleich von S. Kurz zeigt, dass Körperbestattungen zwar mehrheitlich nord-südlich ausgerichtet sind, Ost–West orientierte Gräber jedoch ebenfalls belegt sind.[27] Aufgrund der wenigen komplett gegrabenen und gut dokumentierten hallstattzeitlichen Gräberfelder ist eine einheitliche Graborientierung innerhalb eines Gräberfelds nicht für alle Nekropolen nachzuweisen,[28] im Fall von Reichenau ‚Ochsenbergle' ist jedoch eine verbindliche Ausrichtung in Ost-West-Richtung zumindest für die Körpergräber sehr wahrscheinlich.

---

[27] Kurz 1997, 95 f.
[28] Ebd. 96.

5.3 Grabbau

Einen Überblick über die verschiedenen Grabbauten und Bestattungssitten innerhalb des Gräberfelds von Reichenau ‚Ochsenbergle' gibt Tabelle 1.

Die Gräber waren bis auf Grab G I alle zu ebener Erde errichtet worden bzw. nur leicht in den anstehenden Kies eingetieft. Letzteres ist dabei weniger als Eintiefung denn als Planierung des unebenen Untergrunds zu verstehen. Die Grabgrube von Grab G I war als einzige 0,80 m tief in den anstehenden Kies gesetzt und hatte möglicherweise einen Holzboden. Die Gründe für die Errichtung eines ‚Schachtgrabes' sind unbekannt, eine chronologische Aussage ist daraus nicht abzuleiten.

Von den acht hallstattzeitlichen Primärbestattungen (Hügel F und H mitgerechnet) hatten drei eine Holzeinfassung bzw. eine Holzkammer. Letzteres ist für die Hügel A und B anzunehmen, bei denen die Holzkammer einerseits durch Bodenverfärbungen und Zersetzungsprodukte der Hölzer, andererseits durch Pfostengruben in der Kammermitte nachgewiesen ist (Abb. 5; 9). Hügel D hatte vermutlich an drei Seiten eine Einfassung aus lose verlegten Holzbalken, die wohl unter Luftabschluss inkohlt waren, eine hölzerne Kammer ist hier nicht anzunehmen (Abb. 13). Möglicherweise mit einem hölzernen Boden war die Grabammer von G I ausgestattet. Grab C war stark gestört, weshalb keine sicheren Erkenntnisse über den Grabbau gewonnen werden können. Der an zwei Seiten annähernd gerade Abschluss der Holzkohleschicht deutet jedoch auch hier eine hölzerne Konstruktion an (Abb. 11). Der Leichenbrand war offenbar mit Holzkohle und Asche vermischt, was ein Ergebnis der Störungen sein könnte. Wahrscheinlicher ist jedoch, dass die Bestattung C als Brandschüttungsgrab in einer Holzkiste angelegt wurde und auch die Keramik zu den Resten des Scheiterhaufens zu rechnen ist. Warum sich darunter nur Wandscherben fanden, kann aufgrund fehlender Vergleichsbefunde nicht erklärt werden. Der Frage nach der selektiven Beigabe von bestimmten Gefäßteilen wird in Kapitel 6.2.11 nachgegangen.

Die Bestattung in Hügel E war von einem rechteckigen, nur eine Steinreihe hohen Steinkranz umgeben, so dass nicht von einer Steinkiste oder -kammer, sondern nur von einer Steineinfassung

	Holzkammer/-einfassung	Steinkranz	Steinverschalung	Steinpackung	Kreisgraben	ebenerdig/leicht eingetieft	eingetieft	Brandtenne	Scheiterhaufenreste	Bestattungsart
Hügel A	x	–	–	–	–	x	–	x	x	b
Hügel B	x	–	–	x	–	x	–	–	–	k
Hügel C	?	–	–	–	–	x	–	–	x	b
Hügel D	x	–	–	–	?	x	–	–	–	b
Hügel E	–	x	–	–	x	x	–	–	x	b
Hügel F	–	?	–	x	–	x	–	–	–	b
Hügel G	–	–	x	x	–	–	x	x	x	b
Hügel H	–	–	x	x	?	x	–	–	x	b

Tabelle 1 Reichenau ‚Ochsenbergle', Grabbau und Bestattungsart der Zentralgräber (b = Brand-, k = Körperbestattung).

gesprochen werden kann, die möglicherweise als Auflage einer Holzdecke diente (Abb. 14). Als Einfassung ist bei diesem Hügel vermutlich auch ein umlaufender Kranz aus Bruchsteinen außerhalb der rechteckigen Steinsetzung zu werten. Ob dieser Steinkreis der Stabilisierung des Hügelkörpers diente oder eine von außen sichtbare Verkleidung desselben darstellte, ist nicht zu klären.

Mit einer Steinverkleidung war die in den anstehenden Boden eingetiefte Grabkammer von Grab G I versehen (Abb. 20; 21). Die Steine bildeten die Grubenwand und waren offenbar ohne hölzerne Einbauten aufgerichtet worden. Hügel H enthielt ebenfalls eine Steinsetzung um die Grabgrube, doch ist hier nicht zu entscheiden, ob es sich dabei um abgesunkene Steine der Steinpackung, um Reste von bronzezeitlichen Grabanlagen oder tatsächlich um eine Kammer aus mehreren übereinander liegenden Steinreihen handelt (Abb. 24).

Die Gräber B I, F VIII, G I und H I waren von einer Steinpackung abgedeckt, die in der Mächtigkeit zwischen 0,30 m (Hügel F) und 1,30 m (Hügel B) schwankt. In den Grabgruben der Gräber D und F VIII befanden sich jeweils große rechteckige Steinplatten, die ebenfalls als Abdeckungen zu interpretieren sind. Unklar ist dagegen die Funktion eines großen Felsblocks, der unmittelbar neben der Grabgrube von Grab A I gefunden wurde.

Bei den Brandbestattungen A I und G I befand sich der Verbrennungsplatz am gleichen Ort wie die Bestattung, bei beiden Gräbern wurden auch die Scheiterhaufenreste nach der Errichtung der Kammer wieder in die Grabgrube gefüllt. Im Fall von Grab G I hatte man die Brandtenne durchstoßen, um die Bestattung in den anstehenden Kies einzutiefen, Grab A I wurde direkt auf der Brandtenne errichtet. Die Brandgräber C, E und H enthielten zwar ebenfalls Scheiterhaufenreste in der Grabgrube, doch konnte hier kein Verbrennungsplatz nachgewiesen werden. In allen Fällen war jedoch der Leichenbrand aussortiert und gereinigt worden und wurde separat in einer Urne aus Keramik beigesetzt. Die Bestattungen D und F VIII enthielten ausschließlich ausgelesenen Leichenbrand, in Grab D befand sich dieser in einer Urne, in Grab F VIII auf einem rechteckigen Häufchen an der Ostseite der Kammer. Da der Leichenbrand auf einem streng abgegrenzten Fleck lag, dürfte es sich hier um eine Beisetzung in einem Behältnis aus organischem Material gehandelt haben.

5.4 Grabausstattung und Beigabensitte

Von insgesamt zehn sicher hallstattzeitlichen Bestattungen enthielten nur die beiden Nachbestattungen in den Hügeln A und G keine keramischen Beigaben. Die Zentralbestattungen der Hügel A, D, F und H enthielten ausschließlich Keramik, in den Gräbern E I und G I befanden sich nur sehr wenige Metallfunde: Die auf Abbildung 41 A dargestellten Bronze- und Eisenobjekte aus der Grabgrube und der Urne von Hügel E sind sicher bereits als Fragmente in das Grab gekommen, möglicherweise als *pars-pro-toto*-Beigaben anstelle einer vollständigen Wagenausstattung. Mit Ausnahme einiger verschmolzener und in der Form nicht mehr ansprechbarer Bronzereste aus der Urne zeigen sie keine Spuren von Feuereinwirkung. Der kleine rechteckige Bronzering aus Grab G I (Abb. 43 A 7) ist ebenfalls unverbrannt, doch lässt sich hier die Absicht der Niederlegung nicht erkennen.

Die Zentralbestattung von Hügel B erbrachte als einzige eine größere Zahl von Keramikgefäßen und Metallfunden, in der Hauptsache Wagen- und Pferdegeschirrteile. Es ist außerdem auffällig, dass die reich verzierte Alb-Hegau-Keramik nur in den Zentralgräbern der Hügel A, B und G vorkommt. Diese drei Grabhügel heben sich in Lage, Größe und Grabbau von den übrigen Hügeln ab. Das Wagengrab B I ist in jeder Hinsicht herausragend und im Gräberfeld als singulär zu betrachten, aber die Gräber A I und G I unterscheiden sich qualitativ außer in der reicher verzierten Keramik und der Beigabe von Schweinefleisch im Fundstoff nicht von den anderen Gräbern .

Die Zusammenstellung der keramischen Beigaben auf Tabelle 2 zeigt keine genormten Geschirrsätze mit immer gleicher Typenauswahl. Die Beigabe von mindestens einer Schale oder Schüssel scheint zwar auf den ersten Blick regelhaft zu sein, doch wurde diese in zwei Fällen (A I und D I) als Deckschale der Urne verwendet und taucht daher in völlig anderer Funktion auf als die übrigen Schalen, die wohl zur Aufbewahrung von Speisebeigaben dienten. Auch wenn in Grab H I die feh-

	Kegelhalsgefäß	Kragengefäß	Schale	Kleingefäß	Gesamtzahl	Streuscherben
Hügel A	1	3	1	–	5	x
Hügel B	3	1	3	1	8	–
Hügel C	?	?	–	–	1	–
Hügel D	1	1	1	1	4	–
Hügel E	2	1	3	2	8	x
Hügel F	2	–	1	1	4	–
Hügel G	–	3	1	2	6	x
Hügel H	4	1	–	1	6	x

Tabelle 2   Art und Anzahl der Keramikgefäße in den Gräbern von Reichenau ‚Ochsenbergle'.

lende Schale durch ein schüsselartiges Kragengefäß (Abb. 44 A 4) zu ersetzen sein dürfte, kann die Beigabe einer Schale als Essgeschirr nicht als verbindliches Ausstattungsmuster gelten.
Regelhaft scheint die Ausstattung mit mindestens einem Kleingefäß zu sein. Soweit dies aus dem Grabungsbefund ersichtlich ist, fand sich in fast jedem Grab mindestens ein Kleingefäß als Trink- oder Schöpfgefäß in einem mutmaßlichen Getränkebehälter.
Als Erklärung für das Fehlen eines Kleingefäßes in Grab A I kann das gleichzeitige Fehlen eines Getränkebehälters heran gezogen werden, wenn man annimmt, dass Kegelhalsgefäße zum Trinkgeschirr, Kragengefäße dagegen zum Essgeschirr zu zählen sind.[29] Dass diese strenge funktionale Trennung der Gefäßformen aber keineswegs der Realität entspricht, konnte Kurz an zahlreichen Beispielen belegen.[30] In den Gräbern D I und G I von Reichenau ‚Ochsenbergle' befanden sich kleine Schälchen in Kragengefäßen. Nun ist daraus entweder zu folgern, dass Getränke durchaus in Kragengefäßen aufbewahrt oder dass auch flüssige Speisen mit ins Grab gegeben wurden, für deren Verzehr man ebenfalls Schälchen verwendete. Dass diese Schälchen nicht immer als Trinkgeschirr beigegeben wurden, zeigt außerdem der Befund von Grab E I, wo sich eines der Kleingefäße in der Urne befand. All diese Befunde zeigen, dass es scheinbar weder eine funktionale Trennung der Gefäßformen noch eine festgelegte Speise- und Getränkausstattung gab. Solche Aussagen sind natürlich immer nur unter dem Vorbehalt gültig, dass keine weiteren Geschirrteile aus organischen Materialien ins Grab gelangten. Platz genug für hölzerne Teller, Schüsseln oder Körbe wäre in jedem Grab gewesen.
Nur bei der Körperbestattung in Hügel B ist eine mögliche räumliche Trennung zwischen Speise- und Trinkgeschirr anzunehmen; drei wohl zum Essgeschirr zu zählende Schalen befanden sich zusammen mit den Resten eines Schweines zur Linken des/der Toten, drei Kegelhalsgefäße, von denen eines ein Kleingefäß enthielt, standen in der südwestlichen Kammerecke zu Füßen des/der Toten (Abb. 9). Die Funktion des ebenfalls dort niedergelegten Kragengefäßes 1 ist unklar. Wie Kurz zeigen konnte, ist die Platzierung der Gefäße in den großen Kammergräbern Südwestdeutschlands allerdings keiner Regel unterworfen, sondern wurde je nach dem vorhandenem Raum ausgeübt.[31]

---

29 So z. B. Kossack 1970, 130.
30 Kurz 1997, 105 f.
31 Ebd. 104.

Das Keramikensemble von Grab B I ist mit acht Gefäßen nicht übermäßig reich ausgestattet, dazu kommt, dass die Gefäße, mit Ausnahme von Gefäß 1, bei weitem nicht so stark verziert sind wie beispielsweise die Keramik der Gräber A I oder G I. In Grab B I lässt sich allerdings ein im überregionalen Vergleich wiederkehrendes Muster feststellen: Im Bereich der Alb-Hegau-Keramik sind paarig beigegebene Teller oder Schalen ein häufig zu beobachtendes Merkmal der Grabausstattung.[32] In Grab B I sind dies die beiden gewölbten Schalen 3 und 4 (Abb. 32,3.4).

Das einzige Stück, das möglicherweise als Bestandteil der Kleidung des/der Toten anzusehen ist, ist eine bronzene Nadel, deren Kopf leider nicht mehr vorhanden war (Abb. 34,5). Ob die Nadel bereits fragmentiert ins Grab gelangte oder bei der Ausgrabung nur in Teilen aufgefunden wurde, ist nicht mehr feststellbar. Da die Bestattung B I bei starkem Regen unter einer Plane geborgen werden musste, ist der Verlust eines Nadelkopfes aber durchaus denkbar.

Die Lage der Gefäße in den Brandgräbern zeigt keine Regelhaftigkeiten, hier wurde offenbar einfach der bestehende Platz im Grabraum ausgenutzt, ohne ein bestimmtes Muster in der Anordnung zu befolgen.

Auch die Wahl der Urne war scheinbar keiner Regel unterworfen. In den Gräbern A I, D I und H I wurden Kegelhalsgefäße, in den Gräbern E I und G I Kragengefäße als Urnen verwendet. In Grab F VIII fand sich keine Urne, sondern nur Leichenbrand auf einer streng abgegrenzten Fläche, so dass möglicherweise von einem organischen Behälter auszugehen ist.

Die Position der Urne bzw. der Leichenbrandreste scheint ebenfalls keiner Regel zu folgen, sie kann am östlichen Ende der Grabgrube liegen (A I, F VIII), an der Nordseite (D I, G I, H I), oder im Westen (E I). Obwohl in allen Gräbern genügend Platz vorhanden gewesen wäre, um die Urne räumlich von den anderen Gefäßen abzusetzen, ist dies nur bei den Gräbern A I und E I geschehen.

Die Nachbestattungen der Hügel A und G enthielten nur Schmuck bzw. Bestandteile der Kleidung: In den Gräbern fanden sich je eine Fibel und zwei bronzene Armringe (Abb. 31 B; 43 B). Obwohl beide Bestattungen Anzeichen für Störungen aufweisen, kann sicher ausgeschlossen werden, dass diese ursprünglich Keramik enthalten hatten; denkbar ist jedoch, dass sich nur noch ein Teil der Metallbeigaben im Grab befand. Da die Ursache der Störung in keinem Fall sicher ermittelt werden konnte, sind Aussagen zur Beigabensitte bei den Nachbestattungen nur sehr eingeschränkt möglich. Ein ähnlicher Fall ist die Bestattung in Hügel C, die ebenfalls gestört vorgefunden wurde. Hier fanden sich nur noch wenige Reste der Grabkeramik, ausschließlich Wandscherben, die sich zu keinem Gefäß mehr rekonstruieren ließen. Aufgrund der Störung kann allerdings das ursprüngliche Vorhandensein von Metallbeigaben im Grab nicht ausgeschlossen werden.

6. Die Funde

Im Folgenden werden die Funde nach typologischen und chronologischen Gesichtspunkten ausgewertet. Dabei wird das Material für jedes Grab gesondert abgehandelt und nur innerhalb eines Grabkomplexes nach Fundgattungen geordnet, um die Zusammenhänge, vor allem zwischen den verschiedenen Keramikgefäßen aus einem Grab, nicht durch Trennung unkenntlich zu machen. Trotz des zahlenmäßig relativ geringen Fundstoffs wäre die Übersichtlichkeit desselben durch ein Auseinanderreißen der Funde eines Grabes unnötig erschwert. Eine Ausnahme bilden die bronzezeitlichen Funde aus den Hügeln F und H, die in einem gesonderten Unterpunkt behandelt werden, sowie die menschlichen und tierischen Knochenreste und die keinem Grab zuweisbaren Streufunde aus den Hügeln A und B. Die Streufunde aus den Grabgruben der Zentralbestattungen der Hügel A, E, G und H werden ebenfalls gesondert behandelt, da es sich dabei um ein Phänomen des ganzen Gräberfelds handelt.

---

32 Kurz 1997, 106 f.

6.1 Bronzezeitliche Funde

Die bereits von G. Wesselkamp publizierten bronzezeitlichen Funde aus den Hügeln F und H werden hier gesondert und in aller Kürze behandelt.[33]

Der zweinietige Dolch mit runder Griffplatte und Mittelrippe von Fundstelle III (Abb. 42 A 1) datiert in die entwickelte Mittelbronzezeit. Die Form schließt zeitlich an die Dolche des Horizonts ‚Lochham' an, sie ist jedoch innerhalb der darauffolgenden Bronzezeitstufen B2 bis C2 nicht genauer datierbar.[34]

Von Fundstelle V stammen zwei Bronzenadeln mit umgekehrt konischem, oben abgerundeten Kopf mit umlaufender Rillenzier. Die mit einer Länge von 31,5 cm größere Nadel (Abb. 42 B 3) hat einen verdickten Hals, der mit Tannenzweigmuster und oben und unten mit je drei umlaufenden Rillen verziert ist. Die andere Nadel mit einer Länge von 26,2 cm (Abb. 42 B 2) hat einen unverdickten Hals, der mit starken umlaufenden Rillen verziert ist. Beide Nadeln lassen sich nur allgemein in die entwickelte Mittelbronzezeit datieren.[35] Der ebenfalls von Fundstelle V stammende tordierte Armring (Abb. 42 B 1) ist eine während der gesamten Mittelbronzezeit geläufige Form, die chronologisch nicht näher eingegrenzt werden kann.[36]

Vermutlich ebenfalls zur bronzezeitlichen Nutzung des Hügels F gehören die Fragmente von zwei Gefäßen aus Fundstelle I, von denen jedoch nur noch der Boden und nur in einem Fall der Wandungsansatz vorhanden ist (Abb. 41 B 1). Für eine Datierung in die Bronzezeit spricht einerseits die Tonbeschaffenheit, die mit keinem der hallstattzeitlichen Gefäße vergleichbar ist, sowie die stratigraphische Situation der Fundstelle I, die vermutlich durch die hallstattzeitliche Bestattung Fundstelle VIII gestört wurde.

Die übrigen Fundstellen von Hügel F erbrachten keine archäologisch auswertbaren Funde; Fundstelle II enthielt Leichenbrand, uncharakteristische Streuscherben und nicht näher beschriebene Bronzereste, Fundstelle IV nur Leichenbrand; die Fundstellen VI und VII waren fundleer.

Aus dem Abraum von Hügel H stammt der Streufund eines rundstabigen, offenen Bronzearmrings mit verjüngten Enden und Ritzverzierung (Abb. 44 B 1). Auf der Schauseite trägt er sieben Gruppen aus senkrechten Rillenbändern, zwischen den mittleren fünf Gruppen sind vier Segmente mit einem Muster aus je zwei gegenüberstehenden Halbbogenmotiven eingeritzt. Die chronologische Stellung dieses Armrings läßt sich nicht eindeutig ermitteln, Vergleichsbeispiele sind von der frühen bis in die entwickelte Mittelbronzezeit bekannt.[37]

Aufgrund der Störungen durch die hallstattzeitliche Nutzung der Hügel F und H und wegen der chronologischen Unempfindlichkeit des Fundmaterials lassen sich die bronzezeitlichen Befunde innerhalb der Hügelgräberbronzezeit nicht näher einordnen, es deutet sich lediglich für Hügel F eine Tendenz in Richtung der späteren Horizonte dieser Epoche an.

6.2 Hallstattzeitliche Funde

Für die Hälfte der sicher hallstattzeitlichen Gräber kann alleine die Keramik zur Datierung herangezogen werden, da metallene Beifunde gänzlich fehlen. Die Gräber E und G I enthielten nur sehr wenige, meist uncharakteristische Metallfunde, weshalb auch hier die Einordnung nur über die Keramik erfolgt, bei Grab E erschwert durch die Verzierungsarmut der Gefäße, die sich ausschließlich auf flächige Graphitierung beschränkt. Die Nachbestattungen A II und G II enthielten nur Bronzefunde, darunter je eine Fibel, deren chronologische Ansprache keine größeren Schwierigkei-

---

33 Wesselkamp 1993, 69–71; 104 f.
34 Ebd. 54; 69.
35 Ebd. 55; 70.
36 Ebd. 70.
37 Ebd. 70 f.

ten verursacht. Einzig Hügel B enthielt in größerer Zahl Keramik und Metall und bietet daher die Möglichkeit, die Keramik vom Alb-Hegau-Typ in die auf Metallfunden basierende Hallstatt-Chronologie Baden-Württembergs einzubinden. Da die genaue zeitliche Fixierung dieser Keramikform nach wie vor mit vielen Unsicherheiten behaftet ist, soll im Folgenden der Forschungsstand zur Alb-Hegau-Keramik im Gebiet zwischen Schwäbischer Alb und Bodensee skizziert werden. Dabei beschränkt sich die Darstellung auf solche Arbeiten, die sich mit der Chronologie und/oder der Nomenklatur auseinandersetzen.

Exkurs: Zum Forschungsstand der Alb-Hegau-Keramik

Die ältereisenzeitliche Keramik Baden-Württembergs mit ihrer geometrischen Verzierung in Ritz-, Kerb-, und Stempeltechnik zusammen mit roter und schwarzer Bemalung erregte bereits im 19. Jahrhundert, ausgelöst durch die Öffnung vieler vorgeschichtlicher Grabhügel, das Interesse der archäologischen Forschung. Leider wurden die Grabungen nach heutigen Gesichtspunkten meist unzureichend dokumentiert, so dass Informationen über den Aufbau der Hügel und die Zusammengehörigkeit der Fundstücke oftmals nicht mehr nachprüfbar sind. Bei der Datierung besteht die grundsätzliche Schwierigkeit auch heute noch darin, dass nur wenige der älterhallstattzeitlichen Grabinventare eng datierbare Metallbeigaben enthalten, die eine sichere Einordnung in die allgemeine Hallstattchronologie ermöglichen.

Die Arbeiten des Großherzoglich Badischen Konservators E. Wagner verschafften erstmals einen Überblick über die Grabungstätigkeit des 19. Jahrhunderts in den Grabhügelfeldern in Baden.[38] Die Vorlage des Gräberfelds von Salem, Amt Überlingen (heute Bodenseekreis) durch Wagner 1899[39] bescherte der reich verzierten hallstattzeitlichen Keramik in Südwestdeutschland einen namengebenden Fundort für die folgende Forschung. Der Begriff wurde zuerst von K. Schumacher eingeführt, der in seiner 1921 erschienenen „Siedelungs- und Kulturgeschichte der Rheinlande" die Keramik des „Alb-Salem-Typus" von der des „Koberstadter Typus" geographisch abgrenzte.[40] Der Terminus Schumachers wurde in der Folgezeit von der Forschung übernommen, so z.B. von G. Kraft, der 1930 einen ersten Versuch unternahm, die Keramik vom „Alb-Salem-Typus" chronologisch zu gliedern und die Herkunft der dahinterstehenden Kulturerscheinung zu erörtern.[41] Den Ansatz Krafts, die frühesten Formen der Alb-Salem-Keramik bereits in Ha B nach Reinecke beginnen zu lassen,[42] lehnte die nachfolgende Forschung zwar ab, doch die von ihm erarbeitete Zweiteilung des Fundstoffs in eine frühe, schwarz-weiße und eine entwickelte, polychrome Phase bildete die Grundlage für spätere chronologische Ansätze.

Ausgehend von einer Untersuchung der ältereisenzeitlichen Keramikfunde auf der Alb und im Hegau prägte J. Keller 1939 den weiter gefassten Begriff der „Alb-Hegau-Keramik", als deren Merkmale er Rillen, Ritzlinien, Kerbschnitt, Stempelung, Inkrustation, Färbung und Bemalung definierte.[43] Keller bezog in seine Analyse neben Funden aus dem heutigen Baden-Württemberg auch Keramik aus Hessen, Bayern, der Schweiz und Ostfrankreich ein und konnte so regionale Stilprovinzen herausarbeiten, darunter die „Koberstadter Gruppe", die „Bayerische Gruppe nördlich der Donau" sowie die „Fränkische Gruppe", die er von der Alb-Hegau-Gruppe mehr oder weniger

---

38 Wagner 1885 u. 1908. Für die Schwäbische Alb und Hohenzollern sind außerdem an frühen Überblickswerken zu nennen: L. Lindenschmit, Die vaterländischen Alterthümer der Fürstlich Hohenzoller'schen Sammlungen zu Sigmaringen (Mainz 1860) sowie J. v. Föhr/L. Mayer, Hügelgräber auf der Schwäbischen Alb (Stuttgart 1892). Ebenfalls für die nachfolgende Forschung wichtig: Geyr/Goessler 1910.
39 Wagner 1899, 55–74.
40 K. Schumacher, Siedelungs- und Kulturgeschichte der Rheinlande von der Urzeit bis in das Mittelalter. Bd. I: Die vorrömische Zeit (Mainz 1921).
41 Kraft 1930, 21–75.
42 Ebd. 68.
43 Keller 1939, 29; 42.

scharf abgrenzte.⁴⁴ Auch innerhalb der Alb-Hegau-Keramik konnte Keller regionale Unterschiede feststellen; zum einen erkannte er eine östliche, verstärkt mit Bemalung arbeitende Gruppe auf der östlichen Alb, im Ries und in Bayerisch-Schwaben, und eine westliche Gruppe auf der mittleren und westlichen Alb und im Hegau, bei der die Eintiefung des Ornaments durch Ritzung und Stempelung mehr im Vordergrund steht.⁴⁵ Auf der Basis umfangreicher Stilanalysen erarbeitete Keller eine Dreiteilung des Fundstoffs in Frühzeit, Blütezeit und Spätzeit, die er mit Metallfunden korrelierte und das Material auf diese Weise relativchronologischen Stufen zuwies. Die Frühzeit und die Blütezeit gehören demnach in die Stufe Ha C nach Reinecke, während die Spätzeit bereits mehrheitlich in die Stufe Ha D datiert. Die Kriterien für Kellers Stufen beruhen zum Großteil auf stilistischen Erwägungen:⁴⁶ Merkmale für die frühe Keramik sind demnach, wie schon bei Kraft 1930, einfarbig schwarze Gefäße mit weißer Inkrustation und einer einfachen Flächenfüllung aus wenigen verschiedenen Zierelementen, meist Dreieckstempeln, ohne Unterbrechung durch senkrechte Rahmenfiguren. Die zweifarbige Bemalung in rot und schwarz deutet sich in dieser Stufe an, gehört aber bereits in einen Übergangshorizont zur entwickelten Phase. Die Blütezeit ist definiert durch Gefäße, die vielfache Musterkombinationen aus Ritzlinien, Stempeln und Kerbschnitt tragen; das flächige Muster wird durch Rahmenmotive und schmale senkrechte Figuren unterteilt und dadurch im Gesamtbild aufgelockert. Die zweifarbige Bemalung hat sich in dieser Stufe vollends durchgesetzt. Ebenfalls in die Blütezeit nach Keller gehören der verstärkte Gebrauch von Ritzlinien und Gitterschraffur. Für die Spätzeit sind schließlich Gefäße charakteristisch, die keine oder kaum noch eingetiefte Verzierungen tragen, sondern überwiegend bemalt sind. Die abwechselnde Rot-Schwarz-Bemalung tritt dabei in den Hintergrund zugunsten von reinen Graphitmustern auf rotem oder unbemaltem Grund, neu hinzu kommt Bemalung mit roter Farbe auf weißem Grund. Die Spätphase ist ebenfalls definiert durch das erstmalige Auftreten des für die Späthallstattzeit charakteristischen Hochhalsgefäßes. Die Arbeit Kellers blieb bisher in diesem Umfang einzigartig und kann daher nach wie vor als das Standardwerk zur älterhallstattzeitlichen Keramik Südwestdeutschlands gelten.

Bei der Untersuchung des mit 36 geschlossenen Fundkomplexen etwa zur Hälfte ausgegrabenen Gräberfelds von Zainingen, Lkr. Reutlingen auf der mittleren Alb, konnte H. Zürn 1957 zwei Stufen der Keramik unterscheiden, eine ältere, von Stempelmotiven dominierte Ware, die bereits von Kraft und Keller erkannt worden war, und eine jüngere, durch vermehrte Verwendung von Ritzverzierung charakterisierte Gruppe.⁴⁷ Als besonders auffällig für die jüngere Keramik nennt er schraffierte und kreuzschraffierte Dreiecke als Zwickelfüllung der Winkelbänder. Zürn lehnt die jüngste Phase Kellers als nicht mehr zur eigenständigen Entwicklung der älterhallstattzeitlichen Keramik gehörend ab; für ihn sind die Gefäßtypen der jüngsten Phase Kellers bereits eindeutige Vertreter der Späthallstattzeit, deren Formen nicht aus dem Gefäßbestand der älterhallstattzeitlichen Keramik stammen. Um Verwechslungen mit dem wesentlich weiter gefassten Begriff der „Alb-Hegau-Keramik" Kellers zu vermeiden, benutzt Zürn den älteren Terminus der „Alb-Salem-Keramik".⁴⁸ Er konnte anhand von späthallstattzeitlichen Gefäßtypen, die mit klassischer bzw. entwickelter Alb-Salem-Keramik vergesellschaftet sind, nachweisen, dass das Vorkommen dieser Keramik nicht auf Ha C beschränkt ist, sondern bis nach Ha D1 reicht und in einem chronologisch nicht näher fassbaren Bereich mit den frühen Phasen des Hohmichele und der Heuneburg parallel läuft.⁴⁹

Mit dem Katalog der hallstattzeitlichen Grabfunde aus Württemberg und Hohenzollern legte Zürn 1987 die bislang für diesen Raum einzige umfassende Materialsammlung vor.⁵⁰ Die Funde aus den zahlreichen Altgrabungen Südbadens liegen dagegen noch nicht im Überblick vor, unter anderem

---

44 Keller 1939, 46.
45 Ebd. 47–53.
46 Ebd. 54–87.
47 Zürn 1957a, 6 f; 1957b, 225–229.
48 Zürn 1957b, 224.
49 Ebd. 225; 228.
50 Zürn 1987.

deshalb, weil viele Arbeiten zu diesem Raum unpubliziert blieben, z.B. die Dissertationen von W. Rest,[51] J. Aufdermauer[52] und L. Wamser.[53] Für diesen Raum ist das einzige Überblickswerk nach wie die Zusammenstellung der Funde aus dem Grossherzogtum Baden von Wagner aus dem Jahr 1908.[54] Das von Wamser bearbeitete Gräberfeld von Mauenheim ist bis heute, neben Reichenau ‚Ochsenbergle', die einzige komplett ergrabene Nekropole im Raum Hegau-Bodensee. Neuere Grabungen seit den 1980er Jahren in Gräberfeldern auf der mittleren Alb sind bisher nur in Vorberichten bzw. in Auszügen publiziert.[55] Von diesen modern und komplett ausgegrabenen Fundplätzen sind in der Zukunft vor allem neue Impulse zur Feindatierung der Keramik und ihrer Einbindung in die allgemeine Hallstattchronologie zu erwarten.

Mit dem Verzierungsprinzip der Keramik beschäftigte sich I. Bauer 1988, die in Anlehnung an die Terminologie Zürns und zur Abgrenzung gegenüber Kellers räumlich wie zeitlich weit gefasster Alb-Hegau-Gruppe den Begriff „Alb-Salem-Keramik" wählte.[56] Klassische Alb-Salem-Ware ist nach Bauers Definition charakterisiert durch das gleichzeitige Vorhandensein von glatten, ein- oder zweifarbig bemalten Flächen und tongrundigen, eingetieft verzierten Feldern mit Inkrustation. Gefäße, die nur eingetiefte Verzierung ohne Bemalung zeigen, benennt sie mit dem Begriff „hallstattzeitliche Keramik mit Stempel- und Ritzverzierung" und grenzt sie rein stilistisch von der klassischen Alb-Salem-Keramik ab. Chronologische Aussagen sind daraus allerdings nicht abzuleiten, Bauer geht vielmehr davon aus, dass diese Stilgruppen mindestens für einen gewissen Zeitraum nebeneinander existieren, wie auch die einfach verzierte Keramik, die zu allen Zeiten neben klassischer Alb-Salem-Ware vorkommt.[57]

Im Zuge ihrer Bearbeitung der Nekropole von Unterlunkhofen, Kt. Aargau, untersuchte G. Lüscher 1993 die hallstattzeitliche Grabkeramik der Schweiz nach typologischen und chronologischen Gesichtspunkten und verglich ihre Ergebnisse schließlich in großräumigem Kontext mit ausgewählten Fundkomplexen aus Ostfrankreich und Südwestdeutschland.[58] Für Zainingen nennt sie den allgemeinen Rückgang der plastischen Verzierung (Ritz- *und* Stempelzier) als charakteristisch für einen jüngeren Horizont, ohne jedoch die Untergliederung Zürns in Frage zu stellen, dessen Analyse sich ja auf die von ihm streng eingegrenzte Alb-Salem-Keramik bezog. Die eingetiefte Verzierung hält sich nach Lüscher auf den Tellern am längsten, bei den Kegelhals- und Kragengefäßen sind in der jüngeren Phase vor allem Graphitstreifen, einfache Graphitierung und unverzierte Gefäße vorherrschend.[59] Das letzte Kriterium muss allerdings differenziert betrachtet werden, da m.E. bei unverzierten Gefäßen nicht das Fehlen von Verzierungen, sondern höchstens die Gefäßform als chronologisches Indiz gewertet werden kann. Eine allgemeine Tendenz zur Verzierungsarmut und zum Rückgang der Gefäßzahlen, wie sie Lüscher für die Spätphase der hallstattzeitlichen Grabkeramik der Schweiz herausstellt,[60] ist zwar nicht zu leugnen, doch kann ärmliche oder gänzlich fehlende Verzierung kein allgemeingültiges chronologisches Merkmal sein; unverzierte Gefäße gibt es in allen Zeitstufen. Darüber hinaus sind soziale und regionale Unterschiede bislang zu wenig erforscht.

---

51 W. Rest, Die hallstattzeitlichen Grabfunde Oberbadens (unveröff. Diss. Marburg 1939).
52 J. Aufdermauer, Die Hallstattkultur in Südbaden (unveröff. Diss. Freiburg 1966). Dem Autor wurde in Freiburg nur Einblick in den Katalog dieser Arbeit gewährt.
53 L. Wamser, Mauenheim und Bargen – Zwei Gräberfelder der Hallstatt- und Frühlatènezeit aus dem nördlichen Hegau (unveröff. Diss. Freiburg 1972). Trotz wiederholter Anfragen war es dem Autor nicht möglich, die Arbeit Wamsers einzusehen.
54 Wagner 1908.
55 Es sind dies die Gräberfelder von Rottenburg-Lindele, Dautmergen-Heuberg, Erkenbrechtsweiler-Burrenhof und Albstadt/Truchtelfingen-Degerfeld. Vorberichte finden sich in: Arch. Ausgr. Baden-Württemberg 1977, 1981, 1983–1990, 1994, 1995. Ausführlichere Beiträge, jedoch ohne umfassende Materialvorlage, sind zu den Befunden aus Dautmergen und Rottenburg erschienen: Reim 1990, 1994 und 1995.
56 Bauer 1988, 119 Anm. 1.
57 Ebd. 111.
58 Lüscher 1993.
59 Ebd. 132.
60 Ebd. 90.

In ihrer jüngst erschienenen Arbeit über die „Ornamentik hallstattzeitlicher Keramik zwischen Rhônetal und Karpatenbecken"[61] beschäftigte sich U. BROSSEDER unter anderem sehr detailliert mit Verzierung und Chronologie der Keramik Südwestdeutschlands. Sie wählte aufgrund des weitgesteckten Arbeitsgebiets den weiträumigeren Begriff der „Alb-Hegau-Keramik", unter dem sie die verzierte Keramik der zentralen Schwäbischen Alb und des Hegaus versteht.[62] BROSSEDER trug die über Metallfunde datierbaren Grabinventare Baden-Württembergs zusammen und konnte so die Änderung der Keramikverzierung in einem gesicherten zeitlichen Rahmen untersuchen. Mittels einer Seriation chronologisch relevanter Verzierungsmerkmale konnte sie vier Gruppen unterscheiden, die sie durch Vergesellschaftungen mit Metallfunden in die allgemeine Hallstattchronologie einordnet. BROSSEDER kann dadurch die von H. ZÜRN[63] erarbeitete zeitliche Abfolge bestätigen und präzisieren. Die Gruppe A ist demnach definiert durch einfarbig schwarze Gefäße mit dichtem Stempelkerbschnitt in bronzezeitlicher Tradition, die bereits KRAFT und KELLER als älteste Form erkannt hatten.[64] Das gleichzeitige Auftreten von bronzenen Gündlingen-Schwertern datiert diese Gruppe in die früheste Hallstattzeit bzw. Ha C 1a.[65] In der Gruppe B befinden sich Gefäße mit vielen verschiedenen Motiven, häufiger Verwendung von Kreisaugenstempeln, Einstichen, breiten schraffierten Dreiecken, schrägzeiliger Ornamentfüllung und breiten farbigen Bändern, die von Ritzlinien eingefasst werden. In der Gruppe C kommen alle diese Merkmale weiterhin vor; neu dazu kommen kreuzschraffierte Dreiecke, Kannelur, Leiterbänder und Gefäße mit ausschließlicher Ritzverzierung. Merkmale der Gruppe A sind hingegen nicht mehr vorhanden. Die Gruppe B wird von BROSSEDER aufgrund des Grabfunds aus Hügel 1 von Gomadingen, Kr. Reutlingen,[66] mit einem eisernen Schwert vom Typ Mindelheim und einer tordierten eisernen Trense aus Hügel 3 von Buchheim, Lkr. Tuttlingen,[67] in die Stufe Ha C 1 datiert. Bei dem Fund von Gomadingen ist jedoch auf eine Ungenauigkeit in BROSSEDERS Arbeit hinzuweisen: Sie bildet aus dem Grab zwei Gefäße nicht ab, von denen eines ausschließlich mit Kannelur verziert ist, stattdessen sind auf ihrer Abbildung 22 des Schwertgrabes aus Hügel 1 zwei Gefäße aus Hügel 4 zu sehen, die mehrheitlich stempelverziert sind.[68] Das Aufkommen von Riefenzier auf Keramik der Schwäbischen Alb ist daher entweder bereits in ihrer Gruppe B anzusetzen, oder das Grab aus Gomadingen ist in ihre Gruppe C einzuteilen. Die übrige Keramik dieses Inventars mit ihrer dominanten Stempelzier spricht zwar gegen eine Einteilung in Gruppe C, da jedoch in dieser Gruppe noch alle Merkmale der Gruppe B vorkommen, kann das kein stichhaltiges Argument sein. Auch das Schwert muss nicht zwingend in einen früheren Abschnitt von Ha C datiert werden, wie bereits G. KOSSACK erkannte, der die Schwertbeigabe in Bayern noch in Ha C 2 nachwies und daher die eisernen Schwerter nur allgemein in die Stufe Ha C datierte.[69] In Bayern kommen auch riefenverzierte Gefäße bereits in KOSSACKS älterer Gruppe von Ha C vor, beispielsweise in dem Ha C 1-zeitlichen Grab aus Hügel 11 von Mindelheim.[70] Da die Gruppeneinteilung BROSSEDERS explizit nur für die Schwäbische Alb erstellt wurde und daher nur hier Gültigkeit beanspruchen darf, ist ein Auftreten kannelierter Keramik am Bodensee bereits in der älteren Phase von Ha C durchaus denkbar, zumal die Keramik von Reichenau ‚Ochsenbergle', wie zu zeigen sein wird, zahlreiche Einflüsse aus dem mittelbayerisch-ostschwäbischen Donauraum aufweist. In seiner unveröffentlichten Dissertation über die Grabfunde aus Mauenheim führt WAMSER riefenverzierte Gefäße bereits in seinem Belegungsabschnitt Mauenheim 1, der noch der älteren Phase von Ha C angehört.[71]

---

61 BROSSEDER 2004, 47–73; 159–216.
62 Ebd. 48.
63 ZÜRN 1957b, 225–229.
64 KRAFT 1930, 53 f.; KELLER 1939, 54.
65 BROSSEDER 2004, 68; H. HENNIG bezeichnet diese Stufe, die dem Horizont Wehringen entspricht, als Ha C 0. HENNIG 2001, 88 f.
66 ZÜRN 1987, Taf. 223–228 A.
67 ZÜRN/SCHIEK 1969, Taf. 15 C; 16; 17.
68 BROSSEDER 2004, 53 f.; Abb. 22. – Vgl. ZÜRN 1987, Taf. 229; siehe auch hier S. 184.
69 KOSSACK 1959, 17–24.
70 Ebd. 36 Taf. 27.
71 BEHNKE 2000, 123.

Brosseders Gruppe C entspricht einem fortgeschrittenen Abschnitt von Ha C (Ha C2), eine Überschneidung mit der Frühphase von Ha D 1 lässt sich nicht sicher nachweisen. In dieser Gruppe befindet sich das auf 667 ± 10 v. Chr. dendrodatierte Zentralgrab aus Hügel 1 von Dautmergen, Zollernalbkreis,[72] in dem sich auch eine unverzierte eiserne Trense befand; eine Form, die in Bayern in Gräbern der Stufe Ha C2 vorkommt.[73]

Die Gruppe D ist schließlich definiert durch das Fehlen von Merkmalen der Gruppe B, so dass in dieser Gruppe nur noch rein ritzverzierte Gefäße mit geringer Motivintensität, Kreuzschraffur, Leiterbändern und Kannelur vorkommen. Da sich mit Fibeln ausgestattete Gräber in dieser Gruppe finden und außerdem die Gräber des Magdalenenbergs sowie die ritzverzierte Keramik der Heuneburg-Periode IVb dieser Gruppe angehören, deutet Brosseder eine Datierung ihrer Gruppe D in die Stufe Ha D 1 an, wobei der Übergang zwischen Ha C2 und Ha D 1 ebenso wie der Übergang zwischen den Keramikgruppen C und D fließend ist und ein breiter Überlappungshorizont von verzierter Keramik und frühen Fibeln festgestellt werden kann.[74] Ein weiteres interessantes Ergebnis zeigt die Korrespondenzanalyse des verwendeten Materials:[75] Während die Entwicklung der Gruppen A und B weitgehend linear entlang der x-Achse verläuft, spalten sich die Merkmale der Gruppen C und D in zwei deutlich unterscheidbare Gruppen auf, einerseits kannelierte Gefäße mit einfachen Mustern, andererseits ausschließlich ritzverzierte Gefäße mit kreuzschraffierten Dreiecken und Leiterbandmotiven. Hier scheinen sich zwei zeitlich nebeneinander existierende Verzierungsprinzipien zu manifestieren.

Die Datierung stempelverzierter Alb-Hegau-Ware in die Stufe Ha C wurde jüngst durch eine Untersuchung von G. Stegmaier bestätigt.[76] Er konnte zeigen, dass in Baden-Württemberg außer dem als Sonderfall zu betrachtenden Grab IX des Hohmichele kein Grabinventar mit stempelverzierter Keramik sichere Beifunde der Stufe Ha D1 enthält. Aufgrund identischer Stempelabdrücke auf Gefäßen aus Grab IX des Hohmichele und einem Gefäß aus der Ha-C-zeitlichen Zentralbestattung in Hügel 1 von Hohenheim-Oberstetten ist das Brandgrab IX in eine Frühphase von Ha D 1 zu datieren.[77]

Die Gefäßform bei den Kegelhalsgefäßen zeigt im Verlauf der Hallstattzeit einen stetigen Wandel, doch lassen sich hier keine Stufen erkennen, sondern lediglich eine Veränderung von rundbauchigen, gedrückten Formen hin zu schlankeren, gestreckten Formen.[78] Der Schwerpunkt des Gefäßes, d.h. der Punkt des maximalen Durchmessers, wandert im Lauf der Zeit nach oben, so dass die Schulterpartie bei den späteren Gefäßen im oberen Drittel liegt.[79] Die Schulterumbrüche werden kantiger, gleichzeitig ist eine Verrundung des Hals-Rand-Umbruchs zu verzeichnen. Diese Veränderungen gelten nur für die Kegelhalsgefäße und können nur bedingt zur Datierung eingesetzt werden, da die Gefäßform wesentlich ungenauer und um ein Vielfaches subjektiver in der Ansprache ist als die Ornamentik.

Bei der folgenden Untersuchung der Funde von Reichenau ‚Ochsenbergle' wird immer wieder auf die Keramikgruppen Brosseders verwiesen. Zwar beschränkte sie ihre Analyse aufgrund der starken regionalen Eigenheiten der Keramik auf die mittlere Schwäbische Alb, doch ist der Fundstoff im Hegau und am Bodensee, wie ihre Korrelation mit den Gräberfeldern von Mauenheim und Nenzingen zeigt,[80] mit der Keramik auf der Alb durchaus vergleichbar. In Anlehnung an Keller und Brosseder, und weil sich der Begriff, obwohl er nicht hinreichend definiert ist, mittlerweile

---

72 Reim 1990, 726 f. gibt ein Datum von 671 ± 10 an. Neueste Datierung nach Hennig 2001, 86.
73 Brosseder 2004, 68, Anm. 106. – Dies. 2002, 26–29.
74 Brosseder 2004, 68; 72 f.
75 Ebd. 68; 70 Abb. 43.
76 Stegmaier 2005, 81–90.
77 Ebd. 89 f.
78 Hoppe 1986, 78; Lüscher 1993, 102; 115. Ettel 1996, 64–67 Abb. 14. Dietrich 1998, 109; 149; Hennig 2001, 46.
79 Hennig 2001, 46.
80 Brosseder 2004, 70 f.

eingebürgert hat, wird hier im Folgenden der Terminus „Alb-Hegau-Keramik" für die geometrisch verzierte Keramik verwendet.

Die grundsätzliche Schwierigkeit, aber in gewisser Weise auch der Reiz dieser Keramikform liegt darin, dass kein Gefäß dem anderen gleicht und Muster vielfach untereinander kombiniert werden. Daher können sowohl Musterkombinationen als auch einzelne Verzierungselemente miteinander verglichen werden. Welcher Weg erfolgversprechender ist, muss dabei für jedes Gefäß neu entschieden werden. Grundsätzlich ist davon auszugehen, dass sich die Verzierungstechnik schneller verändert als der Ornamentschatz und diese daher besser für chronologische Analysen geeignet ist.[81]

6.2.1 Hügel A Grab I

Die bereits mehrfach in der Literatur abgebildete Urne Gefäß 1[82] (Abb. 26; 27; 30,1) ist selbst innerhalb der so individuell gestalteten Alb-Hegau-Keramik einzigartig und im Gräberfeld möglicherweise das einzige mit echter Kerbschnitt-Verzierung. Da es jedoch zum Zeitpunkt der Bearbeitung in der Dauerausstellung des MUFG Freiburg stand, war dies nicht sicher nachzuprüfen. Im Folgenden wird die Verzierung daher weiterhin als Stempelung angesprochen.

Die Aufteilung der Schulterverzierung in schmale senkrechte Zierfelder mit abwechselnd bemalten Riefen und Ritz- und Stempelbändern begegnet in ähnlicher Form auf Fragmenten eines Gefäßes aus dem Grab von 1873 von Inzigkofen-Vilsingen, Lkr. Sigmaringen,[83] doch ist hier die Zugehörigkeit zu einem geschlossenen Fundkomplex unsicher. Zwar sind bei diesen Fragmenten die dreieckigen Stempel nicht mit Ritzlinien umrandet und auch die Kannelur fehlt bzw. wird nur durch breite senkrechte Ritzlinien angedeutet, doch bleibt dieses Gefäß das einzige mit einer ähnlichen Raumaufteilung der Zierfelder. Das kombinierte Ritzlinien- und Stempelband, wie es auch die Gefäße 2 und 3 zeigen, tritt auch auf einem anderen Gefäß aus Inzigkofen-Vilsingen Grab von 1873 auf,[84] dort allerdings auf einem aus ineinandergeschachtelten Quadraten und Rechtecken gebildeten umlaufenden Band, das mehrheitlich aus Stempelzier aufgebaut ist. In Zainingen liegen einige Parallelen für das kombinierte Ritzlinien-Stempelband aus geschlossenen Fundkomplexen vor, z.B. aus den Hügeln 8, 9, 17 und 19.[85] In allen Fällen handelt es sich um Kragengefäße oder geschweifte Schalen, die fast ausschließlich Ritzverzierung, z. T. auch Kreuz- bzw. Gitterschraffur tragen und die mit ebensolchen Gefäßen vergesellschaftet sind. Daneben kommen in diesen Gräbern auch Gefäße mit senkrechter und schräger Kannelur und einem sehr geringen Motivschatz vor. Aus diesen Befunden ergibt sich nach ZÜRN[86] eine späte Datierung innerhalb der klassischen Alb-Salem-Ware, bzw. eine Zuweisung zur Keramikgruppe C nach BROSSEDER.[87] Weitere Beispiele dieses Motivs aus geschlossenen Funden sind dünn gesät: Aus Hügel 3 von Tuttlingen[88] stammt ein Kragengefäß, welches das beschriebene Motiv als Zwickelfüllung eines in starken Ritzlinien ausgeführten Winkelbandes trägt. Dieses Exemplar ist mit zwei ausschließlich kannelierten Gefäßen vergesellschaftet. Auf einem getreppten Teller mit mehrheitlicher Ritzverzierung aus Albstadt-Tailfingen, Hügel 1 von 1884,[89] wurde das Motiv wiederum als Flächenfüllung verwendet, hier vergesellschaftet mit Gefäßen in fast ausschließlicher Ritzverzierung; Stempel tauchen auch hier nur noch vereinzelt als Zwickelfüllung der geritzten Winkelbänder auf. Auf zwei Tellern eines Wagengrabes aus Alb-

---

81 In diesem Sinne vgl. BROSSEDER 2004, 73; DÄMMER 1978, 41.
82 BITTEL u. a. (Anm. 14). – DEHN 1982; BAUER 1988; BEHNKE 2000.
83 OBERRATH 2001, Abb. 21,2.
84 Ebd. Abb. 18,1–6.
85 ZÜRN 1957a, Taf. 7; 8 C; 14 C; 15; 16 B.
86 ZÜRN 1957b, 225.
87 BROSSEDER 2004, 68.
88 ZÜRN 1987, Taf. 441.
89 Ebd. Taf. 461 B 2.
90 Ebd. Taf. 444,1; 445 A.

stadt-Ebingen, Zollernalbkreis,[90] ist das Motiv als lineares Muster zu sehen. Dieses Inventar wird durch zwei Fibelfragmente[91] in die Stufe Ha D datiert, enthält aber sowohl die erwähnten ritz- und stempelverzierten Teller als auch ein ausschließlich mit Ritzlinien und kreuzschraffierten Dreiecken verziertes Kragengefäß.[92]

Zu erwähnen sind neben den genannten, fast ausschließlich auf der mittleren Alb verbreiteten Vergleichsstücken auch drei Fragmente aus der Grabung DEHOFFS im Heidenbühl bei Kaltbrunn auf dem Bodanrück, die alle das kombinierte Ritz- und Stempelband zeigen.[93] Es handelt sich dabei um die einzigen erhaltenen Keramikscherben aus dieser Grabung, die allerdings bereits WAGNER 1885 keinem Inventar mehr zuteilen konnte. Mit diesen Fundstücken stehen die drei Gefäße aus Hügel A schließlich nicht so isoliert im Raum Bodensee, vielmehr wird dadurch klar, dass Verbreitungsgebiete von Motiven auch auf dem unterschiedlichen Forschungsstand von Württemberg und Baden beruhen können.

Für die vermutlich mit Hilfe eines langen, kammartigen Stempels quergerippten Ritzlinien innerhalb des Zierbands gibt es keine Vergleichsstücke; tatsächlich scheint die nochmalige Verzierung einer Ritzlinie eine singuläre Erscheinung auf Gefäß 1 zu sein, die sich auch innerhalb des Gräberfelds nicht wiederholt.

Gefäß 2 (Abb. 28; 30,2) ist die Deckschale der Urne, eine bauchige, konvex geschweifte Schale mit einer ausschließlich inneren Verzierung aus sternförmigen Graphitlinien auf rotem Grund. Der ausbiegende Rand trägt auf der Innenseite ein geritztes Muster aus gegenständigen Dreiecken, von denen die inneren abwechselnd rot und schwarz bemalt und die äußeren, unbemalten mit kleinen Dreieckstempeln gefüllt sind. Die Verzierung mit graphitierten Winkellinien auf der Innenseite von Schalen und Tellern ist ein häufiges Motiv auf hallstattzeitlicher Keramik und kommt nicht nur in Baden-Württemberg vor. Vergleiche sind aus der Schweiz,[94] aus Südbayern,[95] Mittelfranken[96] und der Oberpfalz[97] bekannt, jedoch ist hier selten der Rand ausgestellt und verziert. Außerhalb Baden-Württembergs lassen sich dazu zwei Gefäße aus Unterlunkhofen, Kt. Aargau,[98] und eines aus Pullach bei München[99] anführen. Die Verzierung mit Dreieckreihen am Rand von Schalen und Graphitwinkelmuster auf der Innenseite kommt mehrheitlich auf der zentralen Schwäbischen Alb vor.[100]

Die große Mehrheit der Gefäße ist am Rand mit Kreuzschraffur oder nur mit Ritzlinien verziert, weshalb BROSSEDER für diese Verzierungsvariante eine Zeitstellung in die Stufe Ha C2 angibt.[101] Ein Stück mit einer vergleichbaren Stempelzier am Rand wie bei Gefäß 2 stammt aus Neresheim-Schweindorf im Ostalbkreis.[102] Die Keramik in diesem Grab ist fast ausschließlich mit einfachen Streifen bemalt, drei Gefäße tragen Kannelur; eine späte Zeitstellung in Ha C ist nach der Gruppeneinteilung von BROSSEDER wahrscheinlich.[103]

Die Gefäße 3 und 4 tragen auf Schulter und Bauch ein umlaufendes Band aus ineinandergeschachtelten rot und schwarz bemalten Rauten; bei Gefäß 3 (Abb. 30,3) sind die bemalten Rauten als breite, flache Riefen eingetieft, die Zwickel sind rot bemalt; Gefäß 4 (Abb. 31 A 1) trägt keine Kannelur, doch sind die Zwickel oben und unten, wie auch die innersten Rauten, mit Kreuzschraffur versehen.

---

91 ZÜRN 1987, Taf. 446,21.22.
92 Ebd. Taf. 444,2.
93 WAGNER 1885, Taf. II.
94 LÜSCHER 1993, Taf. 10,86.87; 12,103; 16,144.147; 34,313; Beil. 5,43.46.
95 z.B. KOSSACK 1959, Taf. 52,14.16; 73,1; 84,5.7; 87,1; 91,26. – HENNIG 2001, Taf. 8,11; 9,15; 38,2; 39,1.2; 43,7.8; 119,1.
96 HOPPE 1986, zahlreiche Vergleiche.
97 TORBRÜGGE 1979; STROH 1979, 1988, 2000a und 2000b mit zahlreichen Vergleichsbeispielen.
98 LÜSCHER 1993, Taf. 16,144.147.
99 KOSSACK 1959, Taf. 84,5.
100 BROSSEDER 2004, 207–209 Abb. 137; Liste 134 mit weiterer Literatur.
101 Ebd. 209.
102 ZÜRN 1987, Taf. 178 A 1.
103 BROSSEDER 2004, 68.

Abb. 26 Hügel A Grab I. Gefäß A.I.1 (Foto: LAD Freiburg).

Abb. 27 (links) Hügel A Grab I. Detailaufnahme der Verzierung von Gefäß A.I.1. –
Abb. 28 (rechts) Hügel A Grab I. Gefäß A.I.2 (Fotos: LAD Freiburg).

Beiden Gefäßen ist gemeinsam, dass die Rauten fast nur in Ritztechnik ausgeführt sind, bei Gefäß 3 sind die äußersten Rauten von zwei kräftigen parallelen Ritzlinien eingefasst. Bei Gefäß 3 ist jeweils eine Raute als kombiniertes Ritz- und Stempelband ausgeführt, bei Gefäß 4 findet sich das Motiv je zweimal innerhalb eines Abschnitts des umlaufenden Rautenbands. Die Verbreitung und Zeitstellung dieses Motivs wurde bei Gefäß 1 ausführlich dargestellt, anzumerken bleibt hier nur, dass das Motiv bei den Gefäßen 3 und 4 noch größere Ähnlichkeit mit den oben genannten Vergleichsbeispielen aufweist. Die Datierung in eine fortgeschrittene Phase von Ha C ist demnach auch für diese Gefäße anzunehmen. Das Motiv des kombinierten Ritz- und Stempelbands ist innerhalb des Gräberfelds auf Hügel A beschränkt.

Das breite umlaufende Band aus ineinandergeschachtelten Rauten ist ein häufiges Ziermotiv der Alb-Hegau-Keramik, das mehrheitlich in diesem Raum vorkommt, in seinem gesamten Verbreitungsgebiet allerdings nicht auf Baden-Württemberg beschränkt bleibt. BROSSEDER sieht das Motiv des Rautenbands mit einfassenden Ritzlinien als eher westliche Form und grenzt die mehrheitlich im östlichen Hallstattkreis verbreiteten Gefäße mit Rautenbändern in ausschließlicher Graphitbemalung auf rotem Grund davon ab. Während sie die östliche Variante eher nach Ha C 1 datiert, gibt sie für die Rautenbänder aus Ritzlinien und abwechselnd rot und schwarz bemalten Rauten, wie für das Rautenmuster in Baden-Württemberg allgemein, eine spätere Zeitstellung, mehrheitlich in die Stufe Ha C2, an.[104] Diese Datierung wird durch die Gefäße 3 und 4 gestützt, die mit kreuzschraffierten Dreiecken und Rauten (Gefäß 4) und eingetieften (kannelierten) Rauten (Gefäß 3) in BROSSEDERS Keramikgruppe C gehören, für die sie eine Datierung in Ha C2 angibt.[105] Direkte Vergleichsstücke zu den Gefäßen 3 und 4 sind nicht bekannt; aus Mauenheim Hügel B Grab 1 und Hügel F Grab 2[106] liegen zwei Gefäße vor, deren Rautenmuster ausschließlich in Riefen ausgebildet ist, doch zeigen diese sonst kaum Ähnlichkeit mit Gefäß 3. Die genannte Keramik aus Mauenheim ist allerdings ebenfalls mit Gefäßen mit Kreuzschraffur und Riefenzier vergesellschaftet und gehört damit in einen späteren Abschnitt von Ha C. Aus Grab IX des Hohmichele stammt ein Kragengefäß mit umlaufendem Rautenband in Stempelzier und zweifarbiger Bemalung,[107] das bereits in die Stufe Ha D 1 datiert, obwohl die Keramik deutliche Züge der älteren Hallstattzeit aufweist. Das Grab IX des Hohmichele ist allerdings ein Ausnahmefall, da es stempelverzierte Alb-Hegau-Keramik enthält, aber das Fibeln führende Körpergrab VI nachweislich schneidet. STEGMAIER gibt für Grab IX eine frühe Zeitstellung in Ha D 1 an.[108] Unabhängig von der stratigraphischen Situation des Grabes trägt die Keramik Merkmale der späteren Phase von Ha C und wird daher von BROSSEDER in ihrer Keramikgruppe C geführt.[109] Für die Musterkombination des Ritz- und Stempelbands im Rahmen eines umlaufenden Rautenbands findet sich jedoch weder im Bereich der Heuneburg noch auf der zentralen Alb ein Vergleich.

Das Kragengefäß 5 (Abb. 31 A 2) ist innen am Rand und außen bis unter den Bauch rot grundiert, darauf ein komplexes Graphitlinienmuster, bestehend aus vertikalen Linien und Winkellinien, die sich zu einem Andreaskreuz zusammenfügen. Auf den steilen Rand sind innen und außen ovale Punkte aufgemalt. Die aufgemalten Graphitpunkte haben ein relativ begrenztes Verbreitungsgebiet auf der östlichen Alb (Landkreise Heidenheim und Ostalbkreis),[110] in den angrenzenden bayerischen Landkreisen Dillingen, Donau-Ries und dem nördlichen Landkreis Augsburg[111] sowie in Mittelfranken.[112]

---

104 BROSSEDER 2004, 160; 182–184.
105 Ebd. 68.
106 AUFDERMAUER 1963, Taf. 1,14; 7,5.
107 RIEK/HUNDT 1962, Abb. 16; Taf. 14–17.
108 STEGMAIER 2005, 89 f.
109 BROSSEDER 2004, 72.
110 ZÜRN 1987, Taf. 103 B; 111,4; 114,2; 118,1; 121 B 2; 169,7; 182,4. – DIETRICH 1998 mit zahlreichen Beispielen.
111 HENNIG 2001, Taf. 9,12; 40,6; 41,5; 101,6.
112 HOPPE 1986, Taf. 6,9; 75,10; 94,3; 151,20; 152,2.

Als direkte Vergleichsstücke sind zwei Kragengefäße aus Hügel 16 Grab 3 von Heidenheim-Schnaitheim[113] anzuführen, die beide mit metopiertem Andreaskreuzmotiv und Punktreihen auf dem Rand innen und außen nahezu identisch zu Gefäß 5 verziert sind. H. Dietrich führt dieses Grabinventar in seiner Formengruppe A, die innerhalb der Ha-C-zeitlichen Gruppen A–C dem ältesten Horizont entspricht.[114]

Außer auf den genannten Exemplaren aus Heidenheim-Schnaitheim ist auf keinem der Gefäße mit graphitierten Punktreihen das Andreaskreuz-Motiv im Rahmen einer metopierten Schulterzier aus quadratischen oder rechteckigen Feldern und schmalen, vertikalen Unterteilungen zu sehen, die als Ornament eher in den Bereich der Alb-Hegau-Ware der mittleren Schwäbischen Alb gehört. Vergleichsbeispiele sind demnach vor allem auf der zentralen Alb zu finden, in den Gräberfeldern von Engstingen-Großengstingen, Gruorn und Münsingen-Böttingen, alle im Landkreis Reutlingen.[115] Hier ist das Motiv jedoch immer als Riefenornament mit schwarzer und z. T. auch roter Bemalung ausgebildet. Mit einem einfachen Andraskreuz in graphitierten Riefen ist auch ein Kragengefäß aus Hügel 5 von Hemishofen, Kt. Schaffhausen, verziert, das Lüscher in eine frühe Phase der Stufe Ha C datiert.[116] Die Ausführung des Motivs in ausschließlicher Graphitbemalung auf rotem Grund ist vor allem in Niederösterreich verbreitet,[117] kommt jedoch auch weiter im Westen vor: Vergleichbar mit Gefäß 5 sind zwei Kegelhalsgefäße aus den Gräbern 2 und 13 aus Tannheim im Illertal,[118] die beide nur bemalt bzw. in einem Fall mit einfassenden Ritzlinien verziert sind. Gefäß 3 aus Grab 13 von Tannheim ist mit einer Kanne vergesellschaftet, die ein ähnliches Muster aus kombinierten Ritz- und Stempelbändern wie die Gefäße 1, 3 und 4 aus Grab A I vom Ochsenbergle zeigt.[119] Des Weiteren fand sich in Grab 13 von Tannheim Pferdegeschirr, das eine Datierung in die ältere Phase von Ha C nahelegt.[120] Aus Salem Hügel F stammt ein Kegelhalsgefäß mit einfachem Andreaskreuz aus Graphitlinien auf rotem Grund und ein Dolch der Variante Magdalenenberg, für den S. Sievers eine Datierung in Ha D 1 angibt, doch ist hier die Geschlossenheit des Inventars nicht gesichert.[121] Aus Wiedergeltingen, Kr. Unterallgäu, ist bei Kossack 1959 ein Gefäß mit gemaltem Andreaskreuz abgebildet, das er allgemein in die Stufe Ha C einordnet.[122] Aus Hügel J Grab 1 von Mauenheim ist ein Kragengefäß mit diesem Motiv bei Aufdermauer 1963[123] abgebildet, das mit einem, allgemein nach Ha C/D 1 datierenden, eisernen Rasiermesser mit halbmondförmiger Schneide und Keramik der Gruppe C nach Brosseder vergesellschaftet ist. Auch die Gefäße mit Andreaskreuz in Riefentechnik auf der mittleren Alb können in ihre Gruppen C und D eingeordnet werden, was relativchronologisch den Stufen Ha C2 und Ha D 1 entspricht. Weder die Kegelhalsgefäße aus Tannheim und Wiedergeltingen noch das Kragengefäß aus Mauenheim tragen allerdings die Verzierung aus graphitierten Punkten, diese Art der Verzierung ist eine Eigenart auf der Ostalb, im Donauried und in Mittelfranken; das Gefäß 5 aus Reichenau Hügel A steht mit diesem Motiv isoliert im westlichen Bodenseeraum. Die Verzierung mit gemaltem Andreaskreuz und senkrechten Graphitstreifen zeigt eine lange Laufzeit von Ha C 1 bis in die Späthallstattzeit, die Mehrzahl der Vergleichsbeispiele wird jedoch in Ha C2 datiert.

Zusammenfassend lässt sich die Keramik aus Hügel A Grab 1 in eine fortgeschrittene Phase der älteren Hallstattzeit einordnen, charakterisiert durch noch vorhandene Stempelzier, Kannelur, Kreuzschraffur und die Verwendung von Ritzlinien als eigenständigem Zierelement. Dies entspricht der

---

113 Dietrich 1998, Taf. 22 A 3.4.
114 Ebd. 109.
115 Zürn 1987, Taf. 197,1; 234 B; 252,2; 258 B 3.
116 Guyan 1951, Abb. 12,17. – Lüscher 1993, 74.
117 Brosseder 2004, 195 f; Abb. 129.
118 Geyr/Goessler 1910, Taf. II 1; VI 3.
119 Ebd. Taf. VI 7.
120 Ebd. – Brosseder 2004, 189 Anm. 317; 195 Anm. 327.
121 Wagner 1899, Taf. 8,21.28. – Sievers 1982, 26. – Stegmaier 2005, Anm. 42.
122 Kossack 1959, 172 f.; Taf. 30,4.
123 Aufdermauer 1963, Taf. 12,6.

Keramikgruppe C nach BROSSEDER, die sie in Ha C2 datiert. Da die Stufe Ha C2 von KOSSACK allerdings nur für Südbayern ausgearbeitet wurde[124] und außerdem innerhalb der klassischen Alb-Hegau-Keramik (darunter verstehe ich die Keramikgruppen B und C nach BROSSEDER[125] bzw. die Blütezeit nach KELLER[126]) fließende Übergänge von frühen zu späten Ausprägungen vorherrschen, kann Grab I aus Hügel A gesichert lediglich in eine spätere Phase von Ha C datiert werden.

6.2.2 Hügel A Grab II

Die Nachbestattung in Hügel A war gestört; die Ursache der Störung konnte allerdings nicht festgestellt werden. Möglicherweise noch in situ zusammen mit einem Unterarmknochen befand sich ein bronzener Hohlring (Abb. 31 B 2).
Die Fibel (Abb. 31 B 3) gehört wahrscheinlich in die Gruppe der Fußzierfibeln F1 nach G. MANSFELD mit einer Fußzier in der Form eines Schälchens (Typ B 1 nach Mansfeld).[127] Es handelt sich dabei um eine gegossene Fibel mit halbrundem Bügel und Armbrustspirale. Die Sehne und eine Doppelspirale der Form dS1 nach MANSFELD[128] wird von AUFDERMAUER noch im Grabungsbericht beschrieben; beide sind mittlerweile jedoch nicht mehr erhalten. Die Fußzier war offenbar abgebrochen und wurde bei der Restaurierung schräg wieder angesetzt, was vermutlich nicht der originalen Form der Fibel entspricht. Der Fibelfuß ist unter der Ergänzungsmasse nicht mehr erkennbar, so dass die Anbringung der Fußzier genauso wenig untersucht werden kann wie die Form der Nadelrast. An der Datierung dieses Fibeltyps in die Stufe Ha D 3 besteht kein Zweifel.[129]
Diese Datierung wird durch den Drahtarmring bestätigt (Abb. 31 B 1). Der massive, offene Armring mit Steckverschluss ist an jedem Ende mit Strichgruppen aus je drei parallelen Ritzlinien verziert. Dünne rundstabige Armringe mit Strichgruppenzier an den Enden können in Baden-Württemberg innerhalb der Späthallstattzeit nicht genauer datiert werden, da sie hier mit Pauken-, Fußzier- und Doppelzierfibeln auftreten,[130] gleichermaßen aber auch in den Nachbestattungen des Magdalenenbergs vorkommen.[131] Keiner dieser Armringe hat jedoch einen Steckverschluss, was bei einigen Stücken daher kommen kann, dass der Verschlusszapfen abgebrochen ist; dass dies jedoch bei allen der Fall ist, erscheint höchst unwahrscheinlich. Obwohl es selten explizit beschrieben wird, ist wohl davon auszugehen, dass alle diese Armringe glatte Enden haben. Der Steckverschluss könnte ein chronologisches oder aber ein regionales Unterscheidungskriterium sein.
Unverzierte oder ritzverzierte Drahtarmringe mit Steckverschluss werden in der Schweiz in die Stufe Ha D 3, Varianten mit ausgeprägter Rippenzier bereits in die Stufe Lt A datiert,[132] während Ringe mit Strichgruppenzier und glatten Enden innerhalb von Ha D auch hier nicht genauer zu datieren sind.[133] In Baden-Württemberg sind nur wenige Vergleichsstücke bekannt: In seiner Zusammenstellung der Ha-D-3-Gräber Württembergs nennt ZÜRN drei Inventare in denen sich Armringe mit Steckverschluss befanden.[134] Anzuschließen ist hier ein Inventar der Nachbestattung 16 aus Hügel 1

---

124 KOSSACK 1957, 207–223.
125 BROSSEDER 2004, 68 f; Abb. 42.
126 KELLER 1939, 65–77.
127 MANSFELD 1973, 37 f.
128 Ebd. 39 Abb. 23.
129 SIEVERS 1984, 29 f.
130 PARZINGER 1986, 236–240.
131 SPINDLER 1971, Taf. 19; 29; ders. 1976, Taf. 8 (hier zusammen mit Bz-Hohlringen mit ineinandergesteckten Enden). Weitere Vergleiche bei ZÜRN 1987; BAITINGER 1999; H. ZÜRN, Grabhügel bei Böblingen. Fundber. Baden-Württemberg 4, 1979, 54–117; J. HALD, Das Gräberfeld im Böblinger Stadtwald ‚Brand'. Materialh. Arch. Baden-Württemberg 35 (Stuttgart 1996).
132 SCHMID-SIKIMIĆ 1996, 135 f.
133 Ebd. 118–121.
134 ZÜRN 1970, Taf. M,B (u. a. mit Bz-Hohlringen); O,B; Q.

der Gießübel/Talhau-Gruppe, das neben drei unverzierten Ringen mit Steckverschluss eine Fußzier- und eine Fußpaukenfibel enthielt, deren Zeitstellung in Ha D 3 unstritig ist.[135]
Der Bronzehohlring mit ineinandergesteckten Enden (Abb. 31 B 2) ist eine geläufige Form der Späthallstattzeit, die auf der Heuneburg von Periode IVb/3 bis in die jüngste Phase vorkommt.[136] H. Parzinger führt unverzierte Hohlringe mit ineinandergesteckten Enden als typische Form ab der Stufe SHa IV, welche die Spätphase von Ha D 2 umfasst.[137] In der Schweiz sind Bronzehohlringe nur als Beinschmuck belegt und werden dort den Stufen Ha D 2 und Ha D 3 zugeordnet.[138]
Die Nachbestattung Grab II in Hügel A ist nach der Auswertung der Funde unzweifelhaft in die Stufe Ha D3 zu datieren.

6.2.3 Hügel B

Keramik

Die Keramik aus Hügel B ist nicht so reich verziert wie die Keramik aus Hügel A Grab 1, die Gefäßanzahl liegt mit acht Exemplaren jedoch deutlich höher. Mit Ausnahme des Kragengefäßes 1 ist die Keramik ausschließlich bemalt, z. T. in Graphit auf rotem Grund wie die Schalen 3 und 4 und das große Kegelhalsgefäß 7, oder aber nur graphitiert auf dunklem Tongrund wie die Gefäße 2, 6 und 8.

Gefäß 1 (Abb. 32,1) ist ein typischer Vertreter der Alb-Hegau-Keramik mit Stempelzier und Schwarz-Rot-Bemalung. Ritzlinien spielen nur eine untergeordnete Rolle als Mustereinfassung, Kreuzschraffur oder Kannelur sind nicht vorhanden. Diese Charakteristiken ordnen das Gefäß 1 der Keramikgruppe B nach Brosseder zu, für die sie eine Zeitstellung in die Stufe Ha C1 angibt.[139]

Die Verzierung auf dem Gefäßkörper ist in rechteckige Metopen unterteilt, die abwechselnd eine zentrale Raute mit Schachbrettfüllung, die von sechs Dreiecken umgeben ist, und ein Feld mit großflächigem Rautenschachbrett-Muster zeigen. Die Füllung des Schachbretts besteht aus schwarz oder rot bemalten Rauten und tongrundigen Rauten mit kleinen Dreieckstempeln. Das Schachbrettmotiv ist zwar von Frankreich bis in den Ostalpenraum verbreitet,[140] die Einbindung des Motivs in einzelne Zierfelder stellt jedoch eine Eigenart der Alb-Hegau-Keramik dar. Das Motiv des Rautenschachbretts ist in seiner Verbreitung fast ausschließlich auf die mittlere Schwäbische Alb beschränkt[141] und kommt dort vor allem in der Ausführung mit kreuzschraffierten Feldern vor. Die Füllung des Schachbrettmusters mit Stempelung ist äußerst selten, sie findet sich z. B. auf einem Kragengefäß in dem bereits erwähnten Ha-C 1-zeitlichen Grab 13 von Tannheim,[142] das ebenfalls eine Aufteilung in Felder mit Schachbrettmuster und Felder mit einzelnen Rauten oder Andreaskreuzen zeigt. Aus Grab IX des Hohmichele stammt ein Kragengefäß mit gestempeltem Rautenschachbrett, jedoch sind die unteren Zwickel bei diesem Stück kreuzschraffiert.[143] Darüber hinaus ist bei diesem Gefäß unklar, ob sich das Schachbrettmuster nicht durch das Übereinanderlegen zweier Rautenbänder ergeben hat und somit gar nicht in der Intention des Töpfers lag. Auf die Problematik dieses Grabes wurde bei den Gefäßen 3 und 4 aus Grab A I bereits hingewiesen. Auch nach nochmaliger Prüfung der Grabungsdokumentation durch S. Kurz[144] änderte sich nichts an der Überschneidung des Fibeln

---

135 Kurz/Schiek 2002, Taf. 21.
136 Sievers 1984, 11.
137 Parzinger 1986, 238 f.
138 Schmid-Sikimić 1996, 158–160.
139 Brosseder 2004, 68.
140 Ebd. Abb. 117.
141 Ebd. 190 Abb. 126.
142 Geyr/Goessler 1910, Taf. VI 6. – Brosseder 2004, 189 Anm. 317.
143 Riek/Hundt 1962, Taf. 15,257.
144 Kurz/Schiek 2002, 37–39; 81 f.

führenden Körpergrabs VI durch die Brandbestattung IX, wodurch sich für Grab IX eine Zuweisung in die jüngere Hallstattzeit, wohl in eine Frühphase von Ha D1,[145] ergibt. Das in diesem Grab singuläre Auftreten von Ha-C-zeitlicher Keramik mit Stempelverzierung in Ha-D-zeitlichem Kontext kann bisher nicht hinreichend erklärt werden, weshalb das Grab als Sonderfall betrachtet und nicht für gesicherte Datierungen herangezogen werden soll. Brosseder ordnet die Keramik ungeachtet der stratigraphischen Situation ihrer Gruppe C (Ha C2) zu.[146]

Aus Hügel B Grab 4 von Mauenheim stammt ein Kragengefäß mit abwechselnden Zierfeldern aus gestempeltem Schachbrettmuster und geritzten Winkelbändern.[147] Die Zierfelder werden von schmalen senkrechten Streifen abgetrennt, die mit geritzten Zickzacklinien verziert sind. In diesem Grab fand sich auch ein eisernes Toilettebesteck mit einem Löffelchen mit tordiertem Griff, das eine Zuweisung in die Stufe Ha C erlaubt.[148] Hügel C von Mauenheim enthielt ein Kragengefäß mit breiten stempelverzierten Feldern mit Andreaskreuz und schmalen Zierfeldern, die mit Dreieckstempeln wie bei den senkrechten Zierstreifen von Gefäß 1 verziert sind.[149] Das gestempelte Schachbrettmuster findet sich auch auf einem Kegelhalsgefäß in Grab 2 von Hügel F aus Mauenheim wieder, hier jedoch innerhalb eines umlaufenden Rautenbands.[150] Alle genannten Gefäße aus Mauenheim sind mit riefenverzierter Keramik vergesellschaftet, die jedoch dort bereits in der älteren Phase von Ha C vorkommt und bis in die Stufe Ha D 1 weiterläuft.[151]

Aus Südwürttemberg sind vier Gefäße mit gestempeltem Schachbrett bei Zürn abgebildet. Es handelt sich um zwei getreppte, mehrheitlich stempelverzierte Schalen ohne Fundzusammenhang von Erbach-Ringingen, Alb-Donau-Kreis,[152] und ein Kegelhalsgefäß aus einem geschlossenen Fund von Zwiefalten-Mörsingen, Lkr. Reutlingen.[153] Letzteres fand sich unter anderem zusammen mit bronzenem Toilettebesteck, bestehend aus einer Pinzette und einem Kratzer mit tordiertem Griff, der in die Stufe Ha C datiert werden kann.[154] Ein weiterer getreppter Teller mit gestempeltem Rautenschachbrett und kreuzschraffierten Dreiecken stammt aus Burladingen, Zollernalbkreis.[155] Zu diesem Teller gehört vermutlich das Fragment eines ritzverzierten Bronzeblecharmbandes mit Stempelenden.[156] Zwar handelt es sich dabei um einen Altfund mit unklarer Befundlage,[157] doch die Zusammengehörigkeit von Teller und Armband kann wohl als gesichert gelten. Die Datierung dieses Armringtyps in die Stufe Ha C konnte durch die jüngere Forschung belegt werden.[158]

Die genannten Vergleichsstücke von der Schwäbischen Alb sind alle in die Keramikgruppen B und C nach Brosseder einzuordnen, was der Stufe Ha C entspricht.[159] Merkmale der Frühphase fehlen ebenso wie die reine Ritz- und Riefenzier der Gruppe D. Die ausschließlich stempelverzierten Gefäße werden innerhalb der Alb-Hegau-Keramik der älteren Gruppe B (Ha C1) zugeteilt, während sie die Gefäße, deren Schachbrettmuster mit Ritzlinien und Kreuzschraffur gefüllt ist, in die Stufen Ha C2 und Ha D 1 datiert.[160]

Gefäß 2 (Abb. 32,2), ein kleines Schälchen mit Omphalosboden aus Gefäß 5 ist innen flächig, außen nur im oberen Teil graphitiert. Der Rand ist nach innen gezogen und leicht gekehlt. Die zahl-

---

145 Stegmaier 2005, 89 f.
146 Brosseder 2004, 189.
147 Aufdermauer 1963, Taf. 3,3.
148 Sievers 1984, 47 f. – Lüscher 1993, 67 f.
149 Aufdermauer 1963, Taf. 4,12.
150 Ebd. Taf. 7,8.
151 Behrens 2000, 123.
152 Zürn 1987, Taf. 30 A 1.4.
153 Ebd. Taf. 323 A 2.
154 Sievers 1984, 47 f. – Lüscher 1993, 67 f.
155 Zürn 1987, Taf. 483,1.
156 Ebd. Taf. 481 B 1.
157 Ebd. Kat. 221.
158 Reim 1994, 120–122. – W. Löhlein, Früheisenzeitliche Gräber von Andelfingen, Gde. Langenenslingen, Kr. Biberach. Fundber. Baden-Württemberg 20, 1995, 489–492 mit Fundkatalog und Verbreitungskarte.
159 Brosseder 2004, 68.
160 Ebd. 68; 189.

reichsten Parallelen für die teilweise Bemalung auf der Außenseite stammen aus Mauenheim[161] und Nenzingen[162] im Hegau und aus Hemishofen im Kanton Schaffhausen.[163] Von der Schwäbischen Alb sind einige wenige Stücke bei ZÜRN abgebildet,[164] die überwiegende Mehrzahl der bemalten Schälchen ist dagegen außen ebenfalls flächig graphitiert. Die Gefäßformen sind für eine chronologische Untersuchung zu ungenau, da im Verlauf der Stufen Ha C und D zwar die Anzahl der Kleingefäße in den Gräbern abnimmt, die Variationsbreite der Gefäßformen jedoch gleich bleibt.[165] Vergleichsstücke zu Gefäß 2 stammen aus dem bereits erwähnten Grab 2 aus Hügel F von Mauenheim,[166] das ein Kegelhalsgefäß mit gestempeltem Rautenschachbrett und zwei riefenverzierte Gefäße enthielt, und aus dem Brandgrab 2[167] und dem Körpergrab 3[168] von Nenzingen. Die beiden letzteren Gräber enthielten Keramik mit reiner Ritzverzierung, Graphitbemalung und Rädchenmuster, Grab 3 auch ein Gefäß mit Riefenzier. Die Nenzinger Brandgräber 1 und 2 werden von LÜSCHER in eine spätere Phase von Ha C, das Körpergrab 3 „etwas jünger", jedoch noch nicht in Ha D 1 datiert.[169]

Die beiden Schalen 3 und 4 (Abb. 32,3;4) sind innen rot grundiert und mit hängenden Graphitwinkellinien und Punkten bemalt. Die kleine Schale Gefäß 6 (Abb. 32,6) ist vom Ornament an die Schalen 3 und 4 anzuschließen, sie ist jedoch innen nicht rot grundiert und trägt keine Punktzier. Auf die weite Verbreitung des Graphitwinkelmotivs im gesamten Raum nördlich der Alpen wurde bereits bei der Schale 2 aus Grab A I hingewiesen.[170] In Baden-Württemberg sind Schalen mit hängenden Graphitwinkellinien ohne zusätzliche Randverzierung auf der östlichen Alb verbreitet.[171] Die mit diesen Funden vergesellschaftete Keramik ist fast ausschließlich bemalt und kann innerhalb von Ha C nicht genauer datiert werden; es fehlen in diesen Inventaren jedoch Formen der Stufe Ha D 1 wie Hochhalsgefäße oder situlenartige Töpfe mit scharfem Schulterumbruch. Die Graphitbemalung mit Winkellinien auf rotem Grund ist bereits aus den späturnenfelderzeitlichen Seeufersiedlungen der Schweiz bekannt,[172] und kommt im Ostalpenraum[173] wie auch in den bayerischen Gräberfeldern von Mindelheim[174] und Schirndorf[175] in den ältesten hallstattzeitlichen Gräbern vor, reicht jedoch auch weit bis in die entwickelte Stufe Ha C hinein.

Die Verzierung mit Graphitpunkten wurde bereits bei dem Kragengefäß 5 aus Grab A I besprochen. Dabei wurde für dieses Motiv ein begrenztes Verbreitungsgebiet in Mittelfranken, dem nördlichen Bayerisch-Schwaben und auf der östlichen Alb festgestellt.[176] Mit Ausnahme dreier Schalen aus Buttenwiesen,[177] Donauwörth-Riegelholz[178] und Heidenheim-Schnaitheim[179] findet sich die Punktzier allerdings ausschließlich auf der Außenseite von Kegelhalsgefäßen oder Kragengefäßen der Stufe Ha C. Die Schale aus Donauwörth-Riegelholz stammt aus einem Grab der Stufe Ha C2,[180] die

---

161 AUFDERMAUER 1963, Taf. 1,1.2.4.5; 7,6; 11,2; 12,8; 13,1.
162 AUFDERMAUER 1982, Abb. 7,2.4; 8,2.3.
163 GUYAN 1951 ungenaue Abbildungen. – LÜSCHER 1993, Taf. 52,472; 54,484; 55,497; 59,541.
164 ZÜRN 1987, Taf. 121 B 3; 176,2; 206,4.
165 Für die Schweiz detailliert dargestellt bei LÜSCHER 1993, 63–91 Beil. 5–7.
166 AUFDERMAUER 1963, Taf. 7,6.
167 AUFDERMAUER 1982, Abb. 7,2.4.
168 Ebd. Abb. 8,2;3.
169 LÜSCHER 1993, 137; 141 Tab 38. Dieser Datierungsansatz klingt bei AUFDERMAUER bereits an: AUFDERMAUER 1982, 19 f.; 25 f.
170 Zahlreiche Beispiele bei KOSSACK 1959; TORBRÜGGE 1979; HOPPE 1986; LÜSCHER 1993; STROH 1979, 1988, 2000a, 2000b; HENNIG 2001.
171 ZÜRN 1987, Taf. 99 C 1; 108 B 1; 174,5; 175 A 4; DIETRICH 1998, Taf. 18,8.10; 21 A 7; 21 B 6.7; 33 B 5.
172 BROSSEDER 2004, 163 f.
173 Ebd. 163 f.
174 KOSSACK 1959, 171.
175 HUGHES 1994, 155.
176 ZÜRN 1987, Taf. 103 B; 111,4; 114,2; 118,1; 121 B 2; 169,7; 182,4. – HENNIG 2001, Taf. 9,12; 40,6; 41,5; 101,6. – HOPPE 1986, Taf. 6,9; 75,10; 94,3; 151,20; 152,2.
177 HENNIG 2001, Taf. 8,11.
178 Ebd. Taf. 42,5.
179 DIETRICH 1998, Taf. 18,8.
180 HENNIG 2001, 91.

Schale aus Buttenwiesen kann innerhalb von Ha C nicht genauer eingeordnet werden. Die Schale aus Heidenheim-Schnaitheim wird von DIETRICH in der Formengruppe C aufgeführt, für die eine spätere Zeitstellung in Ha C, möglicherweise auch schon früh in Ha D angenommen wird.[181] Das Grab enthielt außerdem eine Schale mit zweireihiger Dreieckverzierung mit Kreuzschraffur auf dem Rand, für die BROSSEDER eine Datierung nach Ha C2 angibt.[182]

Gefäß 5 (Abb. 32,5) ist ein bauchiges Kegelhalsgefäß mit einem tief heruntergezogenen, umlaufenden Muster aus versetzt angeordneten Graphitlinien auf dunklem Tongrund. Das Gefäß kann in BROSSEDERS Ornamenttyp des dichten Wolfszahnmusters aus Winkeln eingeordnet werden.[183] Die ältesten Belege dieses Ornaments sind aus der spätumenfelderzeitlichen Seeufersiedlung Zürich-Alpenquai und aus Ossingen, Kt. Zürich, bekannt.[184] Der Verbreitungsschwerpunkt des Musters liegt allerdings in Niederösterreich, der Südwestslowakei und Nordwestungarn. Die Funde aus der Schweiz sind davon wohl unabhängig zu betrachten. BROSSEDER konnte eine Entwicklung des Ornaments im Osthallstattkreis von vielen, dicht gesetzten Winkeln in der frühesten Hallstattzeit hin zu wenigen, lockeren Winkellinien im weiteren Verlauf der Stufe Ha C aufzeigen.[185] Mit einem sehr lockeren Band aus nur zwei übereinander gelegten Graphitwinkeln wäre das Gefäß von Reichenau demnach in einen späten Abschnitt dieser Entwicklung einzuordnen.

Aus Südbayern sind Vergleiche aus zwei Grabhügeln von Pullach bei München bekannt, die KOSSACK in einen späteren Abschnitt von Ha C datiert.[186] Die Funde aus Aschering und Gauting im Landkreis Starnberg können nur allgemein in die Stufe Ha C datiert werden.[187] Während das Gefäß aus Aschering mit einem sehr dichten Winkelband aus Riefen nicht direkt vergleichbar mit Gefäß 5 ist, zeigen die Funde aus Hügel 2 von Gauting[188] und Pullach-Süd Hügel 4[189] große Ähnlichkeit in der Ausführung des Musters.

Ein weiterer Vergleichsfund stammt aus Hügel 7 von Hemishofen, Kt. Schaffhausen.[190] Es handelt sich um ein Kegelhalsgefäß mit dichtem Winkelband in Graphit auf rotem Grund, das mit einer Vasenkopfnadel vergesellschaftet ist. Das Inventar wird von LÜSCHER innerhalb der Stufe Ha C nicht genauer datiert.[191]

Die bei ZÜRN 1987 abgebildeten Gefäße aus Münsingen-Böttingen, Lkr. Reutlingen,[192] und Sigmaringen[193] sind ohne Fundzusammenhang. Aus einem anderen Grab von Münsingen-Böttingen stammt ein Kegelhalsgefäß mit lockerem Winkelband auf der Schulter, das vermutlich mit einem unverzierten Gürtelblech vom Typ Bitz nach I. KILIAN-DIRLMEIER vergesellschaftet ist.[194] Diese Gürtelbleche gehören zum Fundstoff der Späthallstattzeit, sind jedoch innerhalb der Stufe Ha D nicht genauer zu datieren.[195]

Gefäß 7 (Abb. 33,1) ist ein großes, gedrückt bauchiges Kegelhalsgefäß mit senkrechten Graphitstreifen auf roter Grundierung. Die Dreiergruppen aus Graphitstreifen auf der Schulter werden von

---

181 DIETRICH 1998, 109–112.
182 BROSSEDER 2004, 209.
183 Ebd. 164; 166.
184 U. RUOFF, Zur Frage der Kontinuität zwischen Bronze- und Eisenzeit in der Schweiz (Bern 1974) Taf. 21,14; 4,15. – BROSSEDER 2004, Abb. 111; Liste 187.
185 BROSSEDER 2004, 164; 166.
186 KOSSACK 1959, 216 Taf. 81,3; 83,8.
187 Ebd. 221 f. Taf. 90,4; 88,14.
188 Ebd. Taf. 88,4.
189 Ebd. Taf. 81,3.
190 GUYAN 1951, Abb. 13,10. Der Hügel ist hier mit dem Buchstaben X bezeichnet. LÜSCHER führt das gleiche Inventar unter „Hügel 7": LÜSCHER 1993, Taf. 57,524.
191 LÜSCHER 1993, 70 f.
192 ZÜRN 1987, Taf. 254,1; 255,4; Abb. 44; 45.
193 Ebd. Taf. 381,2.
194 Ebd. Taf. 264 A; 261,1. Die Zusammengehörigkeit der Funde wird von MAIER 1958 noch angezweifelt, nach ZÜRN 1987, Kat. 141 scheint es sich allerdings um einen geschlossenen Fund zu handeln. Abbildung des Gürtelblechs bei MAIER 1958, Taf. 37,3. KILIAN-DIRLMEIER 1972, 13 Nr. 22; Taf. 3,22.
195 KILIAN-DIRLMEIER 1972, 13. – MAIER 1958, 173.

unsauber gezogenen Ritzlinien eingefasst, die Streifen am Hals sind ohne Einfassung. Diese Art der Verzierung scheint in ihrer Verbreitung auf die Ostalb und das Ries beschränkt zu sein: Ein Grab aus Heidenheim-Großkuchen[196] enthielt neben einem vergleichbaren Gefäß nur wenig aussagekräftige Keramik. Aus Hügel 1 und Hügel 7 von Heidenheim-Mergelstetten[197] stammen zwei Kegelhalsgefäße mit paarweisen senkrechten Graphitstreifen auf der Schulter. Das Gefäß aus Hügel 7 ist ein Einzelfund, die Keramik aus Hügel 1 ist bis auf das genannte Kegelhalsgefäß weitgehend unverziert. Aus Hügel 2 von 1921/22 und Hügel 2 von 1926 aus Neresheim-Schweindorf im Ostalbkreis[198] stammen zwei reiche Keramikinventare, in denen sich auch zwei Kegelhalsgefäße mit senkrechten Graphitstreifengruppen fanden.[199] In dem Grab von 1921/22 lag eine Schale mit geritzten Winkelbändern und stempelgefüllten Dreiecken auf der Außenseite und einem Graphitstern auf der Innenseite,[200] die in die Keramikgruppe B nach Brosseder,[201] und damit in einen älteren Abschnitt von Ha C gehört. Die übrige Keramik ist ausschließlich bemalt und bietet keine sicheren chronologischen Anhaltspunkte, die rundbauchigen Formen der Kegelhalsgefäße wertet Brosseder allerdings ebenso wie die stempelverzierte Schale als Hinweis für eine frühe Datierung in Ha C.[202] Die Graphitstreifen auf den Gefäßen aus dem Grab von 1926 sind als Kanneluren ausgebildet; hier scheint sich die technische Ausführung zu verändern, während das Ornament im Wesentlichen unverändert bleibt. In diesem Grab fand sich auch die Schale mit Dreieckreihe am Rand und hängenden Winkeln auf der Innenseite, die bereits als Vergleichsstück zu Gefäß 2 aus Grab A I genannt wurde.[203]
Ein weiteres Vergleichsstück zu Gefäß 7 stammt aus dem Wagengrab von Harburg, Lkr. Donau-Ries.[204] Der Wagen steht zwischen den Wagentypen 4 und 5 nach Pare, der das Grab in eine Spätphase von Ha C datiert.[205] Die kannelierten und kreuzschraffierten keramischen Beifunde teilen das Grab eindeutig in die Gruppe C nach Brosseder ein.[206] Die beiden Kegelhalsgefäße aus Wemding, Lkr. Donau-Ries,[207] zeigen eine dem Gefäß 7 sehr ähnliche Streifenzier auf rotbemaltem Grund. Das Grab ist innerhalb von Ha C nicht näher datierbar, die bauchigen Gefäßformen und die scharfe Rand-Hals-Profilierung sprechen allerdings für einen frühen Datierungsansatz in Ha C.
Aus Grab 10b von Tannheim[208] stammt ein Kegelhalsgefäß mit versetzt angeordneten Dreiergruppen aus senkrechten Graphitstreifen auf Hals und Schulter, wie es auch Gefäß 7 zeigt. Die keramischen Beifunde sind hauptsächlich stempelverziert, darunter eine Schale mit Randverzierung in Stempeltechnik, für die Brosseder einen frühen Datierungsansatz in Ha C angibt.[209]
Bemalte oder unbemalte senkrechte Riefenbündel kommen einzeln oder in Verbindung mit anderen Ornamenten im Rahmen einer Aufteilung des Musters in Metopen häufig im ganzen Raum nördlich der Alpen vor,[210] die Ausführung des Ornaments in reiner Graphitbemalung scheint jedoch eine Eigenart der Ostalbkeramik zu sein, die während der gesamten Stufe Ha C vorkommt. Gefäß 7 ist das einzige mit Ritzlinien als Einfassung der Graphitstreifen. Die Ausführung des Ornaments ist am ehesten mit den Funden von der Ostalb zu vergleichen. Das einzige Vergleichsstück aus dem Hegau stammt aus Hügel B Grab 4 von Mauenheim.[211] Das Kegelhalsgefäß ist abwechselnd mit je

---

196 Zürn 1987, Taf. 92 C 1.
197 Ebd. Taf. 98,1; 101.
198 Ebd. Taf. 173 B; 174; 175 A.B; 176; 177; 178 A.
199 Ebd. Taf. 175 A 1; 176,4.
200 Ebd. Taf. 174,4.
201 Brosseder 2004, 68.
202 Ebd. 163 mit Anm. 272.
203 Zürn 1987, Taf. 178 A 1.
204 Hennig 2001, Taf. 54,7.
205 Pare 1992, 118; 152.
206 Brosseder 2004, 68.
207 Hennig 2001, Taf. 59,3.6.
208 Geyr/Goessler 1910, Taf. IV 13.
209 Brosseder 2004, 206; Liste 131.
210 Kossack 1959; Zürn 1987; Hennig 2001 mit zahlreichen Beispielen.
211 Aufdermauer 1963, Taf. 3,7.

drei Graphitstreifen und drei kräftigen Ritzlinien oder Riefen verziert. Zu den Beifunden gehört ein mit gestempeltem Rautenschachbrett verziertes Kragengefäß, das bereits als Parallele zu Gefäß 1 genannt wurde.[212] Ein weiteres Kegelhalsgefäß aus diesem Grab ist mit einem umlaufenden Winkelband aus graphitierten Riefen verziert. Auf eine frühe Datierung riefenverzierter Keramik in Mauenheim wurde bereits hingewiesen.

Das Kegelhalsgefäß 8 (Abb. 33,2) ist auf der Schulter mit stehenden Dreiecken in Graphit auf dunklem Tongrund bemalt. Für diese Art der Verzierung sind keine Vergleichsbeispiele aus dem näheren Umfeld der Fundstelle im südlichen Baden-Württemberg und der Nordschweiz bekannt. Stehende Dreiecke finden sich auf einigen Gefäßen aus den mittelfränkischen Landkreisen Ansbach und Weißenburg-Gunzenhausen, doch sind hier die Gefäße meist rot grundiert.[213] M. Hoppe zählt die großflächig gemalten Dreiecke zum frühen Stil der Keramik vom Ost-Alb-Typus im westlichen Mittelfranken, für den er eine Zeitstellung in Ha C, möglicherweise auch bis in die beginnende Stufe Ha D, angibt.[214] Ein Fundstück aus dem Hegau zeigt zumindest gewisse Ähnlichkeit mit Gefäß 8: Das Kegelhalsgefäß aus Mauenheim Hügel H Grab 2[215] ist mit hängenden Dreiecken auf dunklem Tongrund bemalt. Unter den Beifunden ist ein Kragengefäß mit einem Winkelmuster aus graphitierten Riefen, das nach unten von zwei umlaufenden waagrechten Riefen abgeschlossen wird. Riefenzier kommt in Mauenheim in beiden Belegungsphasen vor.[216] Hoppe zählt graphitbemalte Riefen in Franken zum Formengut seines frühen Stils der Ost-Alb-Keramik.[217] Dagegen werden komplexe Ritzlinienornamente und kreuzschraffierte Dreiecke im Ornamentschatz des späten Stils geführt.[218]

Zusammenfassend kann die Keramik aus Grab B als sicher Ha-C-zeitlich angesprochen werden. In der Gesamtheit kann die Keramik in die Gruppen B und C nach Brosseder eingeordnet werden, wobei keines der Ornamente zwingend der Gruppe C zugewiesen werden muss. Das typologisch aussagekräftigste Gefäß ist das Kragengefäß 1 (Abb. 32,1), das alle Merkmale der entwickelten Alb-Hegau-Keramik[219] bzw. der Blütezeit nach Keller[220] zeigt und innerhalb des gesamten Gräberfelds möglicherweise als das älteste Gefäß gelten kann. Relativchronologisch gehört das Keramikensemble daher in den älteren Abschnitt der Stufe Ha C bzw. an den Übergang zur jüngeren Phase dieser Stufe.

Metallfunde

Die Metallfunde aus Hügel B bestehen aus Wagen- und Pferdegeschirrteilen und einer in drei Teile zerbrochenen Bronzenadel.

Kleidungszubehör
Die Bronzenadel (Abb. 34 A 5) ist möglicherweise als Kleidungsbestandteil anzusprechen, obwohl sie nicht am Körper gefunden wurde, sondern ein Stück weit oberhalb der vermutlichen Position des Schädels, eingebettet in organisches Material, das vom Ausgräber Aufdermauer als mutmaßlicher Haarfilz angesprochen wird. Die durch Rippen und Langknochen annähernd zu rekonstruierende Größe des Skeletts zeigt, dass die Fundstelle zu weit vom Schädel entfernt liegt, um das organische Material als Haarreste des/der Bestatteten zu interpretieren. Möglicherweise wurde die Nadel zusammen mit einem Kleidungsstück, etwa einem Mantel, den sie verschloss oder als Teil

---

212 Aufdermauer 1963, Taf. 3,3.
213 Hoppe 1986, Taf. 6,9; 125,15; 126,5; 127,1; 143,6.
214 Ebd. 68.
215 Aufdermauer 1963, Taf. 11,9.
216 Behnke 2000, 123.
217 Hoppe 1986, 68.
218 Ebd. 69.
219 Entspricht den Gruppen B und C nach Brosseder 2004, 68.
220 Keller 1939, 65–77.

einer Kopfbedeckung separat beigegeben. Denkbar ist aber auch eine Niederlegung von Tier- oder Menschenhaar, etwa einem Pferdeschweif oder einem Zopf, der von der Nadel gehalten wurde. Man hätte darin möglicherweise eine symbolische Pferdebestattung oder eine symbolische Form des Menschenopfers oder der Totenfolge zu sehen. In diesem Sinne interpretiert G. RIEK die Funde von Menschen- und Pferdehaar aus dem Zentralgrab des Hohmichele und bringt zahlreiche Beispiele für Haaropfer aus dem mediterranen Raum.[221] Weitere vergleichbare Befunde aus der Hallstattkultur führt RIEK nicht an, was bei der meist unzureichenden Befunddokumentation von Altgrabungen nicht überrascht, doch auch neuere Grabungen erbrachten keine Funde von Pferde- oder Menschenhaar, welche die Interpretation von RIEK untermauern würden. Es ist daher derzeit nicht zulässig, von einer, möglicherweise aus dem Mittelmeerraum beeinflussten Sitte des Haaropfers in der westlichen Hallstattkultur zu sprechen, auch wenn die Befunde des Hohmichele und von Reichenau Hügel B eine solche Deutung implizieren.

Da die Nadel nur in Fragmenten ohne Kopf vorhanden war oder bei der Grabung nur noch fragmentiert geborgen werden konnte, ist keine typologische Ansprache möglich.

Pferdegeschirr
Das Grab enthielt zwei Pferdegeschirrsätze, von denen nur die beiden Trensen und die vier Ringfußknöpfe chronologisch auswertbar sind. Die Ausstattung mit zwei Gebissen, vier Ringfußknöpfen, bronzenen Riemenbesätzen und zahlreichen eisernen und bronzenen Ringen schließt das Pferdegeschirr aus Grab B den Wagengräbern mit einfachem Pferdegeschirr aus Bayern an, die als Gräbergruppe 2 nach KOSSACK allgemein der Stufe Ha C und dem Beginn der Stufe Ha D zugeordnet werden.[222]
Die zwölf geschlossenen Bronzeringe mit rhombischem Querschnitt (Abb. 35,1–8; 36,1–4), die drei schmalen rundstabigen Bronzeringe (Abb. 34 A 2–4) und die beiden eisernen Ringe (Abb. 36,7.8) sind chronologisch nicht aussagekräftig.
Bronzeringe mit rhombischem oder rundem Querschnitt kommen in Baden-Württemberg zuweilen in Gräbern vor, in denen sonst kein Pferdegeschirr, z.B. Trensen oder Riemenbesätze, beigegeben war,[223] so dass ihre Ansprache als Bestandteile des Zaumzeugs nicht gesichert ist. Es ist allerdings denkbar, dass sie als *pars-pro-toto*-Beigaben anstelle von Pferdegeschirr zu werten sind. Unklar ist die Interpretation eines einzelnen Bronzerings mit rhombischem Querschnitt (Abb. 34 A 6), der identisch zu den oben genannten zwölf Stücken aus dem Grab ist. Er fand sich etwa in der Mitte der südlichen Längsseite des Grabes, aber außerhalb der Grabkammer und ca. 0,80 m über der Grabsohle. Die 12 bronzenen Ringe können wohl zum Schirrungszubehör des Wagens gezählt werden, da ihre Anzahl für ein einfaches Kopfgeschirr mit Gebiss und Zügeln übertrieben scheint. Die beiden eisernen Ringe fanden sich dagegen vermutlich zusammen mit den Trensen, was für eine Zugehörigkeit zum Kopfgeschirr spricht. Gebisse mit einem eingehängten Ring und einem sogenannten ‚Stielknopf' oder Zügelhaken an jedem Ende fanden sich z.B. in den Gräbern von Großeibstadt, Lkr. Rhön-Grabfeld, in Unterfranken.[224] In Hügel B von Reichenau waren die Eisenartefakte leider sehr schlecht erhalten, so dass nicht für alle Fragmente zu entscheiden ist, ob sie zu den Trensen gehörten und welche Funktion sie dort hatten. In Baden-Württemberg sind Gräber mit Wagen, Jochgeschirr und reichem Zaumzeug (Gruppe 4 nach KOSSACK)[225] in der älteren Hallstattzeit relativ selten, während in der jüngeren Hallstattzeit zwar häufig Wagenbeigabe vorkommt, aber Pferdegeschirrteile mit Ausnahme der besonders reichen Bestattungen selten sind.[226]

---

221 RIEK/HUNDT 1962, 129–131.
222 KOSSACK 1954, 122–124; ders. 1959, 19–24.
223 ZÜRN 1987, Taf. 133 B; 134; 238 B; 242 A; 295 B; 413 B.
224 KOSSACK 1970, 112; 122–124 Taf. 48; 54; 63; 81.
225 KOSSACK 1954, 122.
226 Ebd. 124. – PARE 1992, Taf. 26–54. – KURZ 1997, 109 f. – BAITINGER 1999, 37. – J. BIEL, Die Ausstattung des Toten. In: Der Keltenfürst von Hochdorf. Methoden und Ergebnisse der Landesarchäologie (Stuttgart 1985) 95–98.

Die paarig beigegebenen eisernen Trensen (Abb. 36,11.12) waren nur noch in kleinen Fragmenten erhalten und so stark korrodiert, dass ihre Form und vor allem die chronologisch aussagekräftigen Querschnitte der einzelnen Teile nicht in befriedigendem Maße zu ermitteln war. Es scheint sich um glatte, unverzierte Gebissstangen mit vermutlich rundem oder gerundet viereckigem Querschnitt und rechteckigen bis bandförmigen Ringenden gehandelt zu haben. Die großen Ringe auf beiden Seiten dienten zum Einhängen der Zügel und hatten vermutlich runde Querschnitte.

Die Entwicklung der Trensen wurde bereits von Kossack bei seiner Auswertung des Gräberfelds von Großeibstadt in Grundzügen skizziert,[227] wobei nur die bronzene Trense aus Grab 1 eindeutig dem älteren Abschnitt von Ha C angehört. Die unverzierten Eisentrensen aus den Gräbern 2, 3, 4, 5 und 7 haben meist eckige bis bandförmige Ringenden und sind in Großeibstadt von der jüngeren Phase von Ha C 1 (Grab 3) bis an das Ende von Ha C 2 bzw. den Beginn von Ha D (Grab 4) belegt.[228]

In einem kürzlich erschienen Aufsatz zur zeitlichen Gliederung des älterhallstattzeitlichen Fundstoffs in Nordostbayern untersucht U. Brosseder u. a. die Entwicklung der Trensen.[229] Sie kommt bei ihrer Seriation der Funde aus der Oberpfalz und Mittelfrankens zu einer zeitlichen Abfolge von tordierten eisernen Gebissstangen mit runden Ringenden (Gruppe II) hin zu unverzierten oder ritzverzierten Trensen mit flachem Ringende und häufig viereckigen Gebissstangen (Gruppe III).[230] In den Gräbern der Gruppe II finden sich die Bestattungen mit reichem Pferdegeschirr nach Kossack wieder, die dieser in die Stufe Ha C 1 datiert.[231] Die Gräber der Gruppe III gehören nach den Metallfunden und den Keramikverzierungen in die Stufen Ha C 2 und Ha D 1, wobei sich hier keine genauere Unterteilung mehr vornehmen lässt.[232] Zwar konnte Brosseder durch Einbeziehung der Gräber von Großeibstadt in Unterfranken die Gültigkeit ihrer zeitlichen Abfolge für ganz Nordbayern belegen, doch sind diese Ergebnisse natürlich nur mit Unsicherheiten auf den Raum des westlichen Bodensees übertragbar. Eine Einordnung der Trensen aus Hügel B von Reichenau in die Gruppe III nach Brosseder, die in Bayern den Stufen Ha C 2 und Ha D 1 entspricht, kann daher nur unter Vorbehalten geschehen.

Die Ringfußknöpfe mit glattem, kalottenförmigem Oberteil (Abb. 34 A 7) wurden von Kossack zu den Leitformen der Stufe Ha C gerechnet.[233] Sie treten häufig zusammen mit kleinen Bronzeziernieten auf, wie sie auch Hügel B von Reichenau ‚Ochsenbergle' enthielt (Abb. 34 A 1; 36,5.6). Diese sind wohl als Riemenbesätze zu interpretieren, doch lassen sich zu ihrer genauen Verwendung keine gesicherten Aussagen machen, da die Lage des Pferdegeschirrs im Grab nur unzureichend dokumentiert werden konnte weil der eingegipste Block mit dem Zaumzeug bei der Bergung zerbrochen war. Gleiches gilt für die beiden Reste von Lederriemen (Abb. 36,9.10), von denen einer mit zwei eingehängten Bronzeringen versehen war.

In Grosseibstadt finden sich Ringfußknöpfe nur im ältesten Grab 1, das als einziges ein reiches Pferdegeschirrensemble mit Jochbeschlägen und -aufsätzen und vielfältigem Schirrungszubehör enthielt.[234] Die anderen Gräber dieses Fundorts enthielten dagegen nur ein unverziertes eisernes Trensenpaar und wenige Schirrungsteile, vornehmlich Ringe.[235] In Südbayern kommen Ringfußknöpfe zusammen mit bronzenen und eisernen Trensen vor.[236] Die Vergleichsfunde finden sich sowohl in den reich mit Pferdegeschirrteilen ausgestatteten Ha-C 1-Bestattungen mit tordierten

---

227 Kossack 1970, 116 f.
228 Ebd. 116 f.; 119.
229 Brosseder 2002, 17–41.
230 Ebd. 25 f. Abb. 4.
231 Kossack 1959, 18–24.
232 Brosseder 2002, 26–30.
233 Kossack 1959, Taf. 13,10.
234 Kossack 1970, Taf. 38 B; 39.
235 Ebd. Taf. 48; 54; 63; 73; 81.
236 Kossack 1959, Taf. 22,6–10; 23,6.8.10; 59,19–21; 60,14–16; 88,3; 119,44.45.

Trensen wie z. B. Maisach-Gernlinden, Lkr. Fürstenfeldbruck[237] als auch in Gräbern mit einfachen glatten Trensen und wenig bis gar keinem weiteren Schirrungszubehör wie Mindelheim Hügel 2.[238] Die Ringfußknöpfe werden von Kossack dementsprechend nicht als charakteristisch für die reichen Ensembles angesehen, sondern kommen auch noch in der Kombinationsgruppe der Gräber mit einfachem Pferdegeschirr vor. Sie lassen sich dadurch nicht auf die Stufe Ha C 1 beschränken, sondern werden auch in der Stufe Ha C 2 in die Gräber gegeben,[239] wo sie oftmals die einzigen Geschirrteile außer den Trensen darstellen. Im Kontext mit eindeutig späthallstattzeitlichem Material sind bisher keine Ringfußknöpfe bekannt.

Die Ergebnisse Kossacks zu dieser Fundgruppe werden durch die bereits bei den Trensen zitierte Arbeit von Brosseder gestützt: In ihrer Untersuchung finden sich Ringfußknöpfe in den Gruppen II und III und lassen sich daher innerhalb der älteren Hallstattzeit nicht genauer datieren.[240]

Aus Baden-Württemberg sind nur wenige Vergleichsstücke bekannt. Eine Kartierung der Funde ist der Arbeit von Pare über die hallstattzeitlichen Wagengräber Mitteleuropas zu entnehmen.[241] Die Ringfußknöpfe in Baden-Württemberg sind, wie in Bayern, innerhalb der älteren Hallstattzeit nicht auf die Früh- oder Spätphase beschränkt.

Zusammenfassend ist das Pferdegeschirr aus Hügel B wohl trotz aller chronologischer Unschärfen in die spätere Phase von Ha C zu datieren, dies vor allem durch die unverzierten eisernen Trensen mit eckigen Ringenden.

Wagenteile

Hügel B enthielt die Reste von vier Wagenrädern, von denen sich Teile der Radreifen, der eisernen Nabenbeschläge sowie vier I-förmige Felgenklammern erhalten hatten (Abb. 37; 38; 39 A). Von den Radreifen waren nur die Reste der Räder 2 und 3 auswertbar, die im LAD Freiburg aufbewahrt werden. Rad 4 befindet sich fest montiert in eine Rekonstruktionszeichnung im MUFG Freiburg, das angeblich am besten erhaltene Rad 1 ging 1964 verloren. Aus dem Grabplan (Abb. 9) geht unzweifelhaft hervor, dass die Räder nicht an einen Wagen montiert waren sondern aufrecht an die nördliche und östliche Kammerwand gelehnt waren. Spuren eines Wagenkastens konnten bei der Ausgrabung nicht festgestellt werden, obwohl die Kammer genug Platz geboten hätte. Selbst ein komplett aus Holz gefertigter Wagen hätte sich als Verfärbung mit organischen Resten nachweisen lassen müssen, so dass nach dem Grabungsbericht wohl davon ausgegangen werden kann, dass kein Wagenkasten vorhanden gewesen war.

Das Wagengrab in Hügel B wurde bereits von Pare vorgestellt.[242] Er konnte damals allerdings nur einen Teil der Funde einsehen. Die Radreifenbeschläge (Abb. 37,1; 38,1) sind im Querschnitt bogenförmig gewölbt mit überstehenden Randlippen (Typ IV nach Pare[243]), die Breite beträgt 18–20 mm. Die Felgenklammern sind etwa 8 cm lang und haben eine schmale I-Form (Abb. 37,2.3; 38,2.3). Klammern dieser Art kommen nur auf Doppelfelgen vom Typ Großeibstadt[244] vor, die aus zwei hölzernen Felgenkränzen bestehen, die durch T- oder I-förmige Klammern und umgeschlagene Blechstreifen, sogenannte U-förmige Klammern, gehalten werden. Im Querschnitt U-förmige Felgenklammern fanden sich in Grab B I nicht, doch könnten sich unter den nicht mehr rekonstruierbaren Eisenfragmenten durchaus Teile dieser Klammern befinden. Aus dem Befund von Großeibstadt Grab 1 und anderen Wagen mit dieser Felgenkonstruktion[245] ergibt sich zudem, dass jedes Rad nur mit einer solchen Klammer aus einem einfachen Blechstreifen ausgestattet war, die in fragmentari-

---

237 Kossack 1959, Taf. 60.
238 Ebd. Taf. 22.
239 Ebd. 23 f.
240 Brosseder 2002, 23 Abb. 4.
241 Pare 1992, Abb. 101 b.
242 Ebd. 264–266 Abb. 173; Taf. 46 B.
243 Ebd. 45.
244 Kossack 1970, 124–130 Taf. 37. – Nachfolgend Pare 1992, 52–63.
245 Pare 1992, 57.

schem Zustand schwer zu erkennen sein dürfte. Die I-förmigen Klammern lassen sich schließlich auch nur durch ihre charakteristische profilierte Form von den kleinteiligen Fragmenten der Nabenbeschläge unterscheiden.

Eine Doppelfelgenkonstruktion belegen auch die bis zu 8 cm langen, im Querschnitt rechteckigen Nägel, mit denen der eiserne Radreifen befestigt war. Die Nagelköpfe waren vermutlich rechteckig und in die Radreifen eingelassen (Nageltyp G nach Pare[246]), doch ist hier aufgrund der starken Korrosion keine sichere Aussage möglich. Aus der Felgenkonstruktion ergibt sich ein erster Datierungsansatz, da Felgen vom Typ Großeibstadt auf die Stufe Ha C beschränkt sind.[247]

Die Rekonstruktion der Radreifenfragmente ergab einen ungefähren Raddurchmesser von 0,90–1,00 m.

Die Form der Naben ist nur schwer zu rekonstruieren, sie dürften zu großen Teilen aus nicht mit Metall ummanteltem Holz bestanden haben. Wie die Funde von Rad 3 (Abb. 38,4; 39 A 1.2) belegen, waren die wenigen Beschlagteile in der Form nicht konisch, sondern zylindrisch. Diese Merkmale deuten eine typologische Verwandtschaft zu den Naben vom Typ Breitenbronn nach Pare an, doch fehlen in Reichenau die für diesen Typ charakteristischen Nabenkappen.[248] Die mit etwa 3,5–4,0 cm breiteren Bleche (Abb. 39 A 1.2), von denen, entsprechend dem Befund von Rad 3, auf jeder Nabe zwei montiert waren, hatten einen Durchmesser von 12–13 cm. Es ist denkbar, dass diese Bleche auf dem Nabenhals angebracht waren, obwohl Pare sie dafür zu schmal und ihren Durchmesser für zu groß hält.[249] Von den dünneren Blechen (B. ca. 1,8 cm) mit einem Durchmesser von ca. 17 cm war für Rad 2 und 3 nur jeweils eines rekonstruierbar (Abb. 37,4; 38,4), doch deuten die zahlreichen nicht mehr zuzuordnenden Blechfragmente darauf hin, dass sich wohl auf jeder Nabe zwei der Bleche befanden. Diese könnten auf dem Nabenkopf montiert gewesen sein und eine einfachere Variante des profilierten Kopfringes der Naben vom Typ Breitenbronn darstellen, sie könnten jedoch auch als Beschläge der Nabenbrust gedient haben, also dem Teil der Nabe, in den die Speichen eingezapft sind. Eine ähnliche Konstruktion scheint bei den Naben aus Grab 4 des Gräberfelds von Großeibstadt I, aus Grab 24 von Hradenín und aus Grab VI von Tannheim vorzuliegen,[250] doch ist bei diesen Naben der Durchmesser der Nabenhalsbleche mit 7–11 cm tatsächlich kleiner, so dass Pare die Naben aus Reichenau nicht mit diesen zusammennimmt und keinen gesicherten Rekonstruktionsvorschlag geben kann.[251]

Die Wagenteile sind, Pare nachfolgend, seinem Wagentyp 3 anzuschließen, der durch Naben vom Typ Breitenbronn bzw. damit verwandte Typen, Radreifen der Typen I bis IV und fehlende Wagenkastenbeschläge, definiert ist.[252] Dieser Typ ist in der Verbreitung auf Süddeutschland und Böhmen beschränkt, mit relativ wenigen Beispielen in Baden-Württemberg und völliger Fundleere auf der Schwäbischen Alb.[253]

Der Wagentyp 3 ist während der gesamten älteren Hallstattzeit in Gebrauch, einzelne Exemplare, allerdings mit deutlich entwickelteren Nabenformen, datieren noch in die frühe Phase von Ha D 1.[254] Die Wagenteile aus Hügel B von Reichenau werden von Pare keiner bestimmten Phase von Ha C zugeordnet.[255]

---

246 Pare 1992, 44.
247 Ebd. 63.
248 Ebd. 65. Nomenklatur der Wagenteile nach Pare 1992, Abb. 1 bzw. M. Egg, Hallstattzeitliche Wagen (Mainz 1989) Abb. 27.
249 Ebd. 72.
250 Ebd. 72 Taf. 51 A; 74 A; 109. Die Wagengräber von Großeibstadt I/4 und Tannheim VI werden von Pare (1992, 152) in die spätere Phase von Ha C gestellt, Hradenín Grab 24 datiert in Ha C1.
251 Ebd. 72.
252 Ebd. 113 f.
253 Ebd. Abb. 88.
254 Ebd. 139–154 Abb. 107.
255 Ebd. 152.

Auch aus der Zusammenschau aller Funde in Hügel B lässt sich kein Datierungsansatz herausarbeiten, der das Grab sicher in eine frühe oder späte Phase von Ha C einteilen würde. Die Keramik scheint innerhalb des Gräberfelds den ältesten Horizont zu repräsentieren, doch gelingt es nicht, sie im überregionalen Vergleich zeitlich genau zu erfassen. Ein regionaler Vergleich ist aufgrund der zu geringen Materialbasis in Südbaden nicht möglich bzw. der Versuch einer Korrelation mit den veröffentlichten Gräbern von Mauenheim und Nenzingen ergab nur wenige Gemeinsamkeiten. Auffällig ist die deutliche Beziehung einiger Gefäße dieses Grabes zur Keramik der Ostalb, Bayerisch-Schwabens und Mittelfrankens. Hier deutet sich eine frühere Datierung in Ha C an, doch ist nicht gesagt, dass diese Datierung auf die räumlich doch relativ weit entfernten Funde aus Reichenau direkt übertragbar ist. Das im entwickelten Alb-Hegau-Stil verzierte Gefäß 1 zeigt wiederum Beziehungen zur zentralen Schwäbischen Alb, auch wenn hier direkte Vergleichsstücke fehlen. Nach der chronologischen Untersuchung zur Ornamentik der Keramik der Schwäbischen Alb von Brosseder wäre das Gefäß in ihre Keramikgruppe B einzuteilen, die der Stufe Ha C 1 entspricht.[256] Die Abwesenheit von späteren Ornamenten, wie der bereits von Zürn als spät definierten Kreuzschraffur[257] würde diese Datierung stützen, doch einerseits ist eine Einteilung des Grabes B beruhend auf nur einem Gefäß und der Abwesenheit bestimmter Ornamente B äußerst unsicher und methodisch bedenklich, andererseits ist Brosseders Chronologie der Alb-Hegau-Keramik nicht unangreifbar, wie das Beispiel des Schwertgrabes von Gomadingen zeigt. Darüber hinaus ist natürlich fraglich, ob ihre Ergebnisse auf den Bodensee-Raum vorbehaltlos übertragbar sind. Gleiches gilt für das Pferdegeschirr, das in Bayern als „einfaches Pferdegeschirr" zwar in der gesamten älteren Hallstattzeit vorkommt, im Zusammenhang mit einem Wagen aber eher später datiert.[258] In Baden-Württemberg, wo Pferdegeschirr in den Gräbern ohnehin selten ist, wäre Grab B I jedoch als äußerst reich ausgestattet zu bezeichnen. Die Trensen würden in Bayern einem späteren Horizont angehören, der dort Ha C2 und Ha D1 entspricht.[259] Danach ließe sich ein Datierungsansatz für Hügel B in die spätere Phase von Ha C angeben.

6.2.4 Hügel C

Hügel C enthielt eine gestörte Brandbestattung, von der nur Leichenbrand und die Reste eines unverzierten Gefäßes geborgen werden konnten. Vermutlich handelt es sich bei dem Grab um ein Brandschüttungsgrab. Die Keramik besteht ausschließlich aus Wandscherben, aus denen sich kein Gefäßprofil mehr rekonstruieren ließ. Hügel C ist daher nicht datierbar.

6.2.5 Hügel D

Keramik

Hügel D enthielt vier Keramikgefäße, von denen Gefäß 2 als Deckschale der Urne 1 diente; das Kleingefäß 3 befand sich in dem Kragengefäß 4, das als einziges in größerem Umfang verziert ist. Die Urne Gefäß 1 (Abb. 39 B 1) ist auf der Schulter mit unregelmäßig und flüchtig eingeritzten schrägen Bändern und unvollständigen Winkelbändern verziert, die mit eingestochenen Punkten gefüllt sind. Möglicherweise handelt es sich dabei um die Imitation eines Rädchenmusters, wie es auf Gefäß 4 zu sehen ist. Die Anordnung des Musters weist Parallelen zu einem Kegelhalsgefäß aus Grab 1 von Nenzingen, Lkr. Konstanz auf, doch ist das Ornament auf diesem Gefäß in echter

---

256 Brosseder 2004, 68.
257 Zürn 1957b, 225.
258 Kossack 1959, 24.
259 Brosseder 2002, 26–30.

Rädchentechnik ausgeführt und es fehlen die begleitenden Ritzlinien.[260] Die Datierung des Grabes von Nenzingen wird von Aufdermauer und Lüscher als spät in Ha C angegeben.[261]
Die randlose Schale 2 (Abb. 39 B 2) und das kleine Omphalosschälchen 3 (Abb. 39 B 3) mit leicht ausziehendem Rand sind beide unverziert und entziehen sich damit einer detaillierten chronologischen Analyse. Die Form der Schale 2 tritt in Mittelfranken im Fundstoff der nordostbayerischen Keramik erstmals in Gruppe II auf, die Hoppe einem späteren Abschnitt von Ha C zuweist, kommt jedoch bis in die Stufe Ha D 2 vor.[262]

Das Kragengefäß 4 (Abb. 39 B 4) ist ganzflächig rot grundiert und mit hängenden Graphitdreiecken bemalt, die von zwei Reihen mit Rädchenzier eingefasst werden. Auf der Schulter finden sich im obersten Bereich zwei bis drei umlaufende Reihen mit dem gleichen Rädchenmuster und zwei flache umlaufende Riefen. Für dieses Gefäß gibt es im Hegau und auf der Schwäbischen Alb keine direkten Vergleichsstücke, die Verzierung mit hängenden Dreiecken ist jedoch im mittel- und ostbayerischen Raum gut belegt[263] und taucht hier meist in der Ausführung in Ritzlinien- oder Rädchentechnik auf. Auch aus Südbayern sind einige Vergleichsstücke, meist in Ritzlinientechnik mit begleitenden Punktreihen bei Kossack abgebildet.[264] Hängende Dreiecke mit flächiger Graphitbemalung sind aus diesem Raum allerdings nicht bekannt. Das Motiv selbst taucht bei Kossack in allen Zeitstufen auf, hat also keine chronologische Aussagekraft.[265] Da zudem die Verzierungstechnik meist genauer einzuordnen ist als das Ornament,[266] muss zunächst die auf der Alb äußerst seltene Technik der Rädchenzier in ihrem zeitlichen Rahmen untersucht werden. Die Technik der Verzierung mit Rollstempel- oder Rädchenabdrücken ist vor allem im nord- und ostbayerischen Raum, in Niederbayern sowie in geringerer Zahl im östlichen Teil Oberbayerns verbreitet.[267] Die Technik kommt hier jedoch nicht nur als Mustereinfassung, sondern auch als musterbildendes und flächenfüllendes Zierelement vor. Der Beginn der Rollrädchenzier wird von G. Kossack, R. Hughes, P. Ettel und zuletzt von U. Brosseder, welche die unterschiedlichen Datierungssysteme korrelierte, übereinstimmend in die entwickelte Stufe Ha C und den Beginn von Ha D gesetzt.[268] In allen genannten Untersuchungen, mit Ausnahme der Arbeit von M. Hoppe,[269] fehlt diese Art der Verzierung in den ältesten hallstattzeitlichen Gräbern; sie läuft jedoch überall bis in einen nicht genauer umgrenzten Zeitraum der jüngeren Hallstattzeit weiter, der im wesentlichen Ha D 1 entsprechen dürfte.[270]

Sucht man nach Belegen für Rädchenzier im südlichen Baden-Württemberg, so sind zuvorderst drei Gräber von Nenzingen, Lkr. Konstanz, zu nennen, die Aufdermauer 1982 vorlegte.[271] Er datiert die Gräber von Nenzingen in Anlehnung an die Ergebnisse der unveröffentlichten Dissertation L. Wamsers über das Gräberfeld von Mauenheim in einen späten Abschnitt von Ha C, unter anderem deshalb, weil nach Wamser auch in Mauenheim die Rädchentechnik in einer späteren Phase vorkommt.[272] Diese Herleitung ist nicht nachprüfbar, da in dem veröffentlichten Teil der Mauen-

---

260 Aufdermauer 1982, Abb. 4,1.
261 Ebd. 22–26. – Lüscher 1993, 135 f.
262 Hoppe 1986, 78 f.
263 Torbrügge 1979; Hoppe 1986 mit zahlreichen Beispielen.
264 Kossack 1959 mit zahlreichen Beispielen vom Allgäu bis in den Raum Regensburg.
265 Ebd. Taf. 15–17.
266 Vgl. auch Brosseder 2004, 164.
267 Torbrügge 1979; Hoppe 1986 mit zahlreichen Beispielen. – Ettel 1996 mit Verbreitungskarte Taf. 224. – Kossack 1959, Abb. 7; Taf. 153 D. – Aus Impfingen/Nordostwürttemberg sind ebenfalls wenige Beispiele bekannt: Baitinger 1999, 103.
268 G. Kossack datiert Rädchenzier in die Stufen Ha C2 und Ha D: Kossack 1959, 36 f. Abb. 7. – Hughes 1994, 164. – Ettel 1996, 75 f. Abb. 17. – Brosseder 2004, 81.
269 Bei M. Hoppe ist Rollrädchenzier bereits in der Kombinationsgruppe I vertreten, die vermutlich die ältere Phase von Ha C repräsentiert: Hoppe 1986, 78 und Beilage.
270 Ebd. 79. Rollrädchenzier verschwindet mit seiner Kombinationsgruppe V, die durch Bogen-, Kahn-, und Schlangenfibeln in die Stufe Ha D 1 zu datieren ist. Andere Autoren halten sich bedeckt, was das Ende der Rollrädchenzier angeht: Kossack 1959, 36 f.; Ettel 1996, 49–82.
271 Aufdermauer 1982, 12–26.
272 Ebd. 24–26.

heimer Gräber keine Rädchenverzierung vorkommt.²⁷³ Im Vergleich mit anderen hallstattzeitlichen Gräbern der Schweiz und Südwestdeutschlands bestätigte Lüscher Aufdermauers Datierung der Nenzinger Gräber.²⁷⁴ Weitere Funde mit Rädchenzier aus dem westlichen Bodenseeraum sind aus der Nekropole von Wahlwies, Lkr. Konstanz, bekannt: In Hügel I wurden drei Gefäße mit hängenden Winkeln in Rädchentechnik zusammen mit einem eisernen Schwert gefunden, was eine Datierung dieses Inventars in die Stufe Ha C erlaubt.²⁷⁵ Aus einem vermeintlichen Grab (Befundlage unklar) von Stockach-Haidach, Lkr. Konstanz, stammen zwei Kegelhalsgefäße mit Winkelmuster in Rädchentechnik, die zusammen mit einer scharfprofilierten Situla aus Keramik gefunden wurden.²⁷⁶ Die keramische Situla taucht in Süddeutschland in einer jüngeren Phase von Ha C auf und kommt bis in die Späthallstattzeit vor.²⁷⁷ Aus Hügel 9 der Nekropole von Dettingen-Ameisenberg auf dem Bodanrück wenige Kilometer nordöstlich von Reichenau sind drei Gefäßfragmente mit Rädchenzier bekannt.²⁷⁸ Die Beifunde sind Gefäße im Alb-Hegau-Stil mit Stempeln, Ritzlinien und Riefen, die dadurch wohl in die spätere Phase von Ha C zu datieren sind.²⁷⁹

Aus der Schweiz sind drei Inventare mit Gefäßen mit Rädchenzier anzuschließen: Das Grab 1 von Wangen-Wieslistein, Kt. Zürich,²⁸⁰ enthielt neben einem Hochhalsgefäß und einem bauchigen Kragengefäß mit Rädchenzier ein Gürtelblech der Stufe Ha D 2. Aufgrund der ähnlichen Zierweise mit Rollrädchen datiert Lüscher das Grab aus Hügel 1 von Grüningen-Stangenholz, Kt. Zürich, in dem sich vier Kragengefäße mit Rädchenzier fanden, ebenfalls in diese Zeitstufe.²⁸¹ Hügel 8 von Hemishofen, Kt. Schaffhausen, der unter anderem ein Kegelhalsgefäß mit Rädchenzier enthielt, wird von Lüscher dagegen aufgrund einer Schale mit geritzter Randverzierung aus Kreuzfeldern in die Stufe Ha C eingeordnet.²⁸² Brosseder führt dieses Gefäß ebenfalls auf und datiert den Ornamenttyp in einen späten Abschnitt von Ha C.²⁸³

Auf der Schwäbischen Alb ist Rädchenzier äußerst selten; bei Zürn sind drei Gefäße, eines aus Gammertingen, Lkr. Sigmaringen,²⁸⁴ und zwei aus Burladingen-Salmendingen, Zollernalbkreis,²⁸⁵ abgebildet, alle aus Altgrabungen ohne Fundzusammenhang. Auf dem Gefäß aus Gammertingen ist ein Gittermuster in Rädchentechnik dargestellt, für das Brosseder eine lange Laufzeit annimmt.²⁸⁶ Sie datiert das Gefäß aufgrund der Form allerdings in die Stufe Ha C oder sogar Ha C 2.²⁸⁷

Für die Bemalung von Gefäß 4 mit großen hängenden Graphitdreiecken kann ein Vergleichsfund aus Grab 22 von Tannheim genannt werden, doch trägt dieses Gefäß einerseits keine Rädchenzier, andererseits ist es durch die Vergesellschaftung mit einem bronzenen Gündlingen-Schwert und Keramik mit reichem Kerbschnitt zweifellos in die früheste Hallstattzeit zu datieren.²⁸⁸ Das Motiv der hängenden Dreiecke ist also nicht chronologisch relevant. Möglicherweise für die Datierung herangezogen werden kann die waagrechte Riefenverzierung auf der Schulter, die das Gefäß 4 den Keramikgruppen C und D nach Brosseder zuweist, die einem späten Ha C und Ha D 1 entspre-

---

273 Aufdermauer 1963.
274 Lüscher 1993, 135–137. Die Brandgräber 1 und 2 werden in Ha C datiert, das Körpergrab 3 ist „etwas jünger", jedoch noch nicht späthallstattzeitlich: Ebd. 137; 141 Tab. 38.
275 Wagner 1908, 70 f. Zeichnungen im Katalog der Dissertation von J. Aufdermauer in den OA des LAD Freiburg.
276 Bad. Fundber. 13, 1937, 14 f. Zeichnungen im Katalog der Dissertation von J. Aufdermauer in den OA des LAD Freiburg.
277 Oeftiger 1984, 73.
278 Wagner 1908, 18. Zeichnungen im Katalog der Dissertation von J. Aufdermauer in den OA des LAD Freiburg.
279 Vgl. Brosseder 2004, 68.
280 Lüscher 1993, 104 Taf. 47,431.432.
281 Ebd. 104 Taf. 44,388–391.
282 Ebd. 106 Taf. 58,532.
283 Brosseder 2004, 206; Liste 125.
284 Zürn 1987, Taf. 347 A 1.
285 Ebd. Taf. 488 A 1.2.
286 Brosseder 2004, 176.
287 Ebd. 176.
288 Geyr/Goessler 1910 Taf. VIII 7.

chen.²⁸⁹ Auch in Mauenheim scheinen waagrechte Riefen unter dem Rand zur späteren Phase (Ha C2/D1) zu gehören.²⁹⁰

Die Bestattung von Hügel D ist nach der Keramik in eine spätere Phase von Ha C oder an den Beginn der Stufe Ha D1 zu stellen, eine genauere Zuweisung nur auf der Basis von Vergleichsfunden kann nicht erfolgen. Der Umstand, dass die Rädchenzier in Reichenau nur in diesem Grab vorkommt, ist möglicherweise als Beleg für eine sehr kurze Laufzeit dieser Verzierungsart im Raum Bodensee – Hegau zu werten. In diesem Fall wäre Grab D den Gräbern von Nenzingen zeitlich annähernd gleich zu setzen.

6.2.6 Hügel E

Keramik

Das Grab in Hügel E enthielt mit neun Gefäßen das umfangreichste Keramik-Inventar des Gräberfelds. Die beiden Schalen 7 und 8 (Abb. 40,7.8) sind innen flächig und außen im oberen Teil graphitiert, das Kegelhalsgefäß 3 und die Urne, Kragengefäß 6 (Abb. 40,3.6), nur im oberen Teil außen graphitbemalt. Die übrige Keramik des Grabes ist unverziert, darunter zwei bauchige Kegelhalsgefäße mit scharfer Profilierung (Gefäße 4 und 9, Abb. 40,4.9), eine steilwandige Schüssel (Gefäß 5, Abb. 40,5) und zwei Kleingefäße, eines ein Miniatur-Kragengefäß (Gefäß 2, Abb. 40,2) und das andere ein randloses Schälchen (Gefäß 1, Abb. 40,1). Gefäß 4 kann allerdings nicht zur unmittelbaren Grabausstattung gezählt werden, da es abseits von den anderen Gefäßen außerhalb der Brandschüttung gefunden wurde und wohl bereits bei der Niederlegung nicht mehr vollständig war. Die Keramik ist anhand ihrer Verzierung nicht zu datieren, einen Hinweis gibt lediglich die Untersuchung der Gefäßformen.

Die Veränderung der Gefäßformen kann am besten an den Kegelhalsgefäßen untersucht werden, da diese über einen langen Zeitraum in den Gräbern vorkommen. Für die gesamte Hallstattkultur nördlich der Alpen ist bei diesen Gefäßen eine Tendenz von rundbauchigen, scharf profilierten Formen hin zu schlanken Gefäßen mit hoher Schulter und S-förmigem Randprofil zu beobachten.²⁹¹ Der Absatz zwischen Schulter und Hals verflacht zunehmend, so dass der Kegelhals im Lauf der Zeit verschwindet. In der Ostschweiz ist außerdem ein allgemeiner Rückgang der Verzierungsintensität zu verzeichnen.²⁹² Die genannten Veränderungen zeigen jedoch nur eine allgemeine Entwicklung, die keineswegs in allen Regionen mit gleicher Geschwindigkeit verlaufen sein dürfte. Es verbieten sich also allzu weiträumige Vergleiche.

Die Kegelhalsgefäße von Hügel E (Abb. 40,3.4.9) zeigen alle einen scharfen Hals-Rand-Umbruch, die Gefäßform ist gedrückt bauchig mit ausgeprägter Schulter, sie ist jedoch nicht so regelmäßig rund wie beispielsweise die Gefäße der Frühphase von Ha C.²⁹³ Die Form der beiden graphitierten Schalen 7 und 8 (Abb. 40,7.8) findet sich am ehesten im Typenschatz der Stufe Ha C2 nach KOSSACK.²⁹⁴ Aus Hügel 3 von Lembach, Kr. Waldshut stammen zwei steilwandige Schalen wie Gefäß 5 (Abb. 40,5), die BEHNKE in die ältere Hallstattzeit einordnet.²⁹⁵ Einen weiteren Hinweis zur zeitlichen Eingrenzung von Hügel E liefert LÜSCHER, die bemerkt, dass graphitierte und S-förmig profilierte Schalen in der Schweiz in Ha D nicht mehr vorkommen.²⁹⁶ Die Urne Gefäß 6 (Abb.

---

289 BROSSEDER 2004, 68.
290 BEHNKE 2000, 123.
291 HOPPE 1986, 78. – LÜSCHER 1993, 102; 115. – ETTEL 1996, 64; 66 f. – DIETRICH 1998, 109; 149. – HENNIG 2001, 46.
292 LÜSCHER 1993, 116.
293 Vgl. KRAFT 1930, 53–61. – KELLER 1939, 54–65. – ZÜRN 1957b, 225. – HENNIG 2001, 88 f.
294 KOSSACK 1959, 37–39 Taf. 16.
295 BEHNKE 2000, 292.
296 LÜSCHER 1993, 118.

40,6) und die beiden Kleingefäße 1 und 2 (Abb. 40,1.2) sind in der Form nicht charakteristisch für eine bestimmte Phase. Mit acht bis neun Gefäßen wäre das Grab in der älteren Hallstattzeit wohl mittelmäßig, in der jüngeren Hallstattzeit jedoch überdurchschnittlich ausgestattet gewesen.[297] Die allgemein beobachtete Abnahme der Gefäßzahlen im Verlauf der Hallstattzeit ist jedoch nur eine Tendenz, die sich zeitlich nicht gliedern lässt. Darüber hinaus liegen bisher nur ungenügende Informationen darüber vor, inwieweit sich in den Gefäßzahlen nicht nur zeitliche, sondern auch regionale, soziale und geschlechtsspezifische Unterschiede manifestieren. Für Südbaden gibt es hierzu keine Untersuchungen. Aufgrund der Gefäßformen ist das Grab E I wohl tendenziell früher zu datieren als die hallstattzeitliche Bestattung in Hügel F, die vier unverzierte Gefäße enthalten hatte, darunter zwei Kegelhalsgefäße mit weicher Profilierung (Abb. 41 C 2.3). Unklar ist, wie sich die Bestattung in Hügel E zeitlich zu den mit fünf bzw. sechs reich verzierten Gefäßen der Gräber A I, G I und H I sowie zu dem mit ebenfalls acht Gefäßen ausgestatteten Grab B I verhält.

Metallfunde

Die Metallfunde aus der Urne und der Grabgrube von Grab E sind nur in Fragmenten erhalten. Mit Ausnahme weniger verschmolzener Bronzereste aus der Urne sind die Metallfunde unverbrannt und wurden offenbar bereits in fragmentarischem Zustand in das Grab gegeben. Die Funde sind als *pars-pro-toto*-Beigaben zu werten und stellen wohl eine symbolische Wagenbeigabe dar.

Das Radsymbol ist in hallstattzeitlichem Kontext in Süddeutschland äußerst selten, kommt jedoch vereinzelt in Gräbern und Horten vor.[298] Das bronzene Radfragment aus Grab E (Abb. 41 A 1) ist zu einem acht- bis zehn-speichigen Radanhänger vom Schema G nach U. Wels-Weyrauch zu vervollständigen,[299] wobei unklar bleibt, ob es ursprünglich eine Aufhängeöse besaß. Die Vergleichsstücke zu diesem Typ datieren hauptsächlich in die entwickelte Mittelbronzezeit, sind jedoch auch noch in der jüngeren Urnenfelderzeit belegt.[300] Bei dem Exemplar aus Hügel E handelt es sich daher sicher um ein Altstück.

Die drei Eisenartefakte sind in ihrer Funktion nur schwer zu bestimmen: Ein zu einer Öse gebogener Eisenstab (Abb. 41 A 2) könnte das Mittelteil eines Trensenknebels sein, mit dem dieser in den Trensenring eingehängt war, doch erscheint die Öffnung dafür ein wenig klein. Eine andere Interpretation ist, dass es sich dabei um ein Fragment eines böhmischen Achsnagels handelt, genauer um die Öse auf der Vorderseite, in den zusätzliche Ringe und anderes Klappergerät eingehängt wurden.[301] Böhmische Achsnägel sind mit Naben der Typen Breitenbronn und Erkenbrechtsweiler nach Pare vergesellschaftet, datieren also in die gesamte ältere und an den Beginn der jüngeren Hallstattzeit.[302] Als symbolische Beigabe müssen die Achsnägel zwar nicht zwingend die gleiche Zeitstellung haben, dürften aber doch zeitlich nicht allzu weit entfernt liegen. Das knopfähnliche Eisenartefakt (Abb. 41 A 3) könnte zum Besatz eines Wagenkastens gehört haben. Es ist aufgrund der Korrosion nicht mit Sicherheit zu klären, ob der Schaft abgebrochen ist oder das stumpfe Ende eines Ziernietes darstellt.[303] Das flache Eisenstück mit Textilresten (Abb. 41 A 4) fand sich in der Urne und wurde vom Ausgräber Aufdermauer als Schwert- oder Dolchfragment angesprochen,[304] doch ist diese Deutung keineswegs beweisbar. Eine Bestimmung von Grab E als Männergrab ist auf dieser Materialbasis nicht zulässig.

---

297 Hennig 2001, 43 gibt für Ha C etwa 10–30 Gefäße pro Grab an, Lüscher 1993, 90 kommt für die Ostschweiz auf eine durchschnittliche Gefäßzahl von 7,3 für Ha C und 4,7 für Ha D.
298 G. Kossack, Studien zum Symbolgut der Urnenfelder- und Hallstattzeit Mitteleuropas. Röm.-Germ. Forsch. 20 (Berlin 1954) 40 f.; 77.
299 Wels-Weyrauch 1978, 74; dies. 1991, 58 f.
300 Wels-Weyrauch 1978, 76; dies. 1991, 59.
301 Zahlreiche Abbildungen vor allem aus dem Gräberfeld von Hradenín bei Pare 1992, Taf. 108–121.
302 Pare 1992, 91.
303 Vgl. Pare 1992, Taf. 36,30.31; 122 A 2–5.
304 Grabungsbericht in den OA des LAD Freiburg.

6.2.7 Hügel F Fundstelle VIII

Die hallstattzeitliche Nachbestattung in Hügel F enthielt ausschließlich Keramik, zwei unverzierte Kegelhalsgefäße mit weicher Randprofilierung (Abb. 41 C 2.3), eine unverzierte Schale mit leicht einziehender Mündung (Abb. 41 C 4) und ein S-förmig profiliertes Schälchen mit kleinem Omphalosboden und flächiger Graphitierung innen und außen (Abb. 41 C 1). Die Kegelhalsgefäße 2 und 3 sind von gänzlich anderer Form als diejenigen aus Hügel E. Sie erscheinen deutlich schlanker und eleganter in der Profilführung, der Kegelhals ist nur schwach abgesetzt und der Umbruch zum kurzen Rand ist weich ausgeführt. Diese Unterschiede dürften chronologisch begründet sein und führen nach der allgemein beobachteten Entwicklung der Gefäßformen[305] zu dem Schluss, die Keramik aus Grab F VIII tendenziell jünger zu datieren als diejenige aus Hügel E. Die Schalen 1 und 4 sind chronologisch nicht genauer einzuordnen. Die genannten Datierungsansätze reichen nicht aus, um das Grab einer der beiden Hallstattstufen zuzuordnen. Das Fehlen von Metallbeigaben und die Brandbestattung müssen nicht zwingend für die ältere Hallstattzeit sprechen.

6.2.8 Hügel G Grab I

Die Primärbestattung von Hügel G enthielt sechs Gefäße, darunter die Urne mit Verzierung im Alb-Hegau-Stil (Abb. 43 A 1) und zwei situlenartige Gefäße mit zweifarbiger Bemalung bis zum Boden (Abb. 43 A 4.5). Des Weiteren fanden sich zwei Kleingefäße (Abb. 43 A 2.3), eine Schale mit Schlickauftrag (Abb. 43 A 6), Wandscherben eines weiteren Gefäßes (Kat.Nr. G.I.7) und ein kleiner, rechteckig gebogener Bronzering (Abb. 43 A 7).
Das Kragengefäß 1 ist mit einem umlaufenden Winkelband aus mehrfachen parallelen Ritzlinien und zweifarbig bemalten Winkeln verziert. Die unteren Zwickel sind mit kreuzschraffierten Dreiecken gefüllt, die oberen mit Schachbrettmuster aus abwechselnd rot bemalten und punktgefüllten Rauten. Die oberen Zwickel tragen außerdem an der Basis eine waagrechte Zickzacklinie, die beiderseits von kleinen eingestempelten Dreiecken begleitet wird. Die Ornamente vereinen alle Zierelemente und Techniken, die für die entwickelte Alb-Hegau-Keramik typisch sind. Das gleichzeitige Vorkommen von Kreuzschraffur und Stempelzier ordnet das Gefäß in die Keramikgruppe C nach Brosseder ein, die sie nach Ha C2 datiert.[306] Für das Ornament des stempelgefüllten Rautenschachbrettmusters konnte eine Datierung in die Stufe Ha C bereits bei Gefäß 1 aus Grab B angegeben werden. Die kreuzschraffierten Dreiecke und die mehrfachen Ritzlinien sind nach Zürn[307] Merkmale der späten, bis Ha D 1 reichenden Alb-Salem-Keramik, weshalb eine zeitliche Eingrenzung für Gefäß 1 in die Spätphase der Stufe Ha C wahrscheinlich ist. Die Verzierung der Gefäßschulter mit einem breiten umlaufenden Winkel- oder Wolfszahnband ist von Ostfrankreich bis Niederösterreich verbreitet,[308] die Füllung der Zwickeldreiecke mit Stempeleindrücken, Kerbschnitt oder Kreuzschraffur ist jedoch im Wesentlichen auf den südwestdeutschen Raum und die Nordostschweiz beschränkt.[309] Die Technik der Kreuzschraffur kommt darüber hinaus noch auf wenigen Exemplaren in Oberbayern, Mittelfranken und der Oberpfalz vor.[310] Für die Gefäße mit Stempelzier gibt Brosseder eine frühe Zeitstellung in Ha C 1 (Keramikgruppe B) an, während Gefäße mit kreuzschraffierten Dreiecken in die Stufen Ha C 2 und Ha D 1 (Keramikgruppen C und D) eingeteilt werden. Der Vergleich mit Fundmaterial der Ostschweiz zeigt einige Gemeinsamkeiten in der Entwicklung der Ornamentik,

---

305 Hoppe 1986, 78. – Lüscher 1993, 102; 115. – Ettel 1996, 64; 66 f. – Dietrich 1998, 109; 149. – Hennig 2001, 46.
306 Brosseder 2004, 68.
307 Zürn 1957b, 225.
308 Brosseder 2004, 184 f. Abb. 123.
309 Ebd. 184 f. Abb. 124; 125.
310 Ebd. 188 Abb. 125.

weshalb Brosseder die Anwendung ihrer für die Schwäbische Alb erarbeiteten Gruppeneinteilung auf diesen Raum vorschlägt.[311]

Es gibt im Bereich der Alb-Hegau-Keramik keine Vergleichsstücke mit komplexem Winkelmuster, auf denen sowohl Dreieckstempelzier als auch Kreuzschraffur vertreten ist. Das Gefäß 1 aus Hügel G liegt demnach zwischen diesen beiden chronologisch abgrenzbaren Verzierungsarten, wobei die Ritzlinienzier zumindest optisch deutlich überwiegt. Aus Hügel 4 des Gräberfelds von Dautmergen stammt ein Kragengefäß mit Winkelband, dessen untere Zwickel mit Kreuzschraffur, die oberen Zwickel dagegen mit gestempelten Kreisaugen verziert sind;[312] dieses Gefäß ist demnach das einzige Vergleichsstück, auf dem Stempelzier und Kreuzschraffur zusammen vorkommen, wobei die Kreisaugenverzierung nicht unbedingt zeitgleich zu den auf Gefäß 1 vorhandenen Dreieckstempeln sein muss. Das Inventar von Dautmergen Hügel 4 enthielt außerdem ein eisernes Schwert und ein situlenartiges Gefäß, das in der Form Ähnlichkeit mit den Gefäßen 4 und 6 aus Grab G I zeigt. H. Reim gibt für Hügel 4 von Dautmergen eine Datierung in Ha C an,[313] wobei das zeitliche Verhältnis zu dem auf 667 ± 10 dendrodatierten Zentralgrab aus Hügel 1 bislang nicht zu ermitteln ist.

Die beiden Kleingefäße 2 und 3 (Abb. 43 A 2.3) sind chronologisch nicht näher einzuordnen, ebenso die mit schräg verstrichenem Schlickauftrag auf der Außenseite und Stäbchenabdrücken auf der Randlippe versehene Schale 6 (Abb. 43 A 6).

Die beiden Gefäße 4 und 5 (Abb. 43 A 4.5) sind in der Verzierung den Tonsitulen ähnlich, die C. Oeftiger für Südwestdeutschland zusammengestellt hat,[314] jedoch ist der Schulterumbruch weniger scharf profiliert als z. B. bei den Gefäßen aus Deißlingen, Lkr. Rottweil,[315] oder aus Dautmergen, Zollernalbkreis.[316] Die Gefäßform ist an sich nicht charakteristisch und erlaubt keine Bezeichnung als Situla, die Verzierung mit rotschwarzen Bändern, Mäandermuster und waagrechter Riefung bis zum Boden schließt die Gefäße 4 und 5 jedoch an die verzierten Tonsitulen an, für die Oeftiger eine Zeitstellung von der späteren Phase von Ha C bis in die Stufe Ha D1 angibt.[317] Für die wenigen Situlen auf der Heuneburg werden von H. W. Dämmer Einflüsse aus dem Este-Kulturkreis in Oberitalien angenommen,[318] doch sind diese Stücke durch einen hohen Zylinderhals charakterisiert, der sowohl den Gefäßen 4 und 5 von Reichenau Grab G I als auch den bei Oeftiger zusammengestellten Funden fehlt. Die Datierung der Situlen von der Heuneburg ist nicht genau fassbar, Dämmer deutet das früheste Auftreten in den Perioden IVb und IVa an.[319] Die Verbreitung der bei Oeftiger beschriebenen Situlen beschränkt sich auf die zentrale Schwäbische Alb und den Hegau, darüber hinaus sind einzelne Nachweise aus Bayerisch-Schwaben und der Nordostschweiz bekannt.[320] Durch den Katalog von Zürn sind noch weitere Funde dazu gekommen, die den Verbreitungsschwerpunkt auf der zentralen Alb noch klarer herausstellen.[321]

Die Gefäße 4 und 5 sind in einer für das Gräberfeld von Reichenau ‚Ochsenbergle' einzigartigen Weise bis zum Boden verziert, entweder mit schwarz und rot bemalten, schrägen und waagrechten Riefen (Gefäß 4) oder mit graphitierten Zickzacklinien und mäanderähnlichem Muster auf rotem Grund (Gefäß 5). Die rote Farbe ist von einem kräftigen dunkelroten Ton, der im übrigen Gräberfeld nur noch auf Gefäß 2 in Hügel H vorkommt.

Als Vergleichsstücke für die in Riefen ausgebildeten, rot und schwarz bemalten Bänder von Gefäß 4 sind zwei Situlen aus Deißlingen, Lkr. Rottweil,[322] und Engstingen-Großengstingen, Lkr. Reutlin-

---

311 Brosseder 2004, 188.
312 Reim 1994, Abb. 7,3.
313 Ebd. 112.
314 Oeftiger 1984, 71–73 mit Verbreitungskarte Abb. 30.
315 Ebd. Abb. 9,5.
316 Reim 1984, Abb. 46; ders. 1990, Abb. 6,2.
317 Oeftiger 1984, 73.
318 Dämmer 1978, 45 Taf. 107.
319 Ebd. 45.
320 Oeftiger 1984, Abb. 30.
321 Zürn 1987, Taf. 219,7; 316,4; 456 B; 463,5.
322 Oeftiger 1984, Abb. 9,5.

gen,³²³ anzuführen. Das Stück aus Engstingen ist ohne Fundzusammenhang, das Gefäß aus Deißlingen wird von OEFTIGER in die Stufe Ha D1 datiert, da er die Horizontalkannelur und den „zonalen Malstil" auf Anregungen aus dem Kulturkreis von Este in Oberitalien zurückführt, der erst in der Späthallstattzeit als Einflussraum für die nordalpine Hallstattkultur an Bedeutung gewinnt.³²⁴ Die schwarz-rot gebänderte Bemalung ist jedoch nicht allein auf italische Einflüsse zurückzuführen, wie z.B. ein Gefäß aus dem frühesthallstattzeitlichen Grab 22 von Tannheim im Illertal zeigt.³²⁵ Aus Hügel 10 von Dettingen-Ameisenberg stammen zwei situlenartige Gefäße mit rot-schwarz gebänderter Bemalung bis zum Boden und in spitzem Winkel angeordneten, ebenfalls zweifarbig bemalten Streifen auf der Schulter. Die beiden Gefäße sind in der Form gut mit den Gefäßen 4 und 5 von Reichenau zu vergleichen, die Beifunde, zwei geschweifte Schalen mit Felderverzierung aus Kreisaugenstempeln und Ritzlinien am Rand, gehören möglicherweise noch in einen früheren Abschnitt von Ha C.³²⁶ Da Kreisaugenstempel auf Keramik der mittleren Alb jedoch auch noch zusammen mit Ornamenten der Gruppen C und D nach BROSSEDER, beispielsweise Leiterbändern oder kreuzschraffierten Dreiecken, vorkommen, ist eine frühe Datierung innerhalb von Ha C für Hügel 10 von Dettingen nicht zwingend.³²⁷

Die schrägen Riefenbündel auf der Schulter von Gefäß 4 finden sich nicht auf den Tonsitulen Südwestdeutschlands. Vergleiche auf anderen Gefäßtypen sind vor allem auf der mittleren Schwäbischen Alb verbreitet: Ein Kegelhalsgefäß mit schrägen graphitierten Riefenbündeln stammt aus einem Kindergrab von Albstadt-Ebingen, Zollernalbkreis.³²⁸ Die stratigraphische Situation der drei Bestattungen des Hügels ist nicht klar; vermutlich ist das Ha-D 1-zeitliche Männergrab die Primärbestattung, das Kindergrab und eine weitere Männerbestattung mit Fußzierfibel sind wohl als Nachbestattungen zu interpretieren.³²⁹ Das Kindergrab mit dem riefenverzierten Gefäß wäre demnach frühestens in Ha D 1 zu datieren. Eine flächig graphitierte Kragenrandschüssel mit Winkeldekor aus je drei parallelen Schrägriefen stammt aus Hügel 1 von Lembach und wird von BEHNKE in die ältere Hallstattzeit datiert.³³⁰

Das Gefäß 5 ist ausschließlich mit Graphit auf roter Grundierung bemalt. Im oberen Teil sind zwei umlaufende Bänder mit mäanderähnlichem Muster aus gegenüberstehenden Graphitwinkeln zu sehen, der untere Gefäßteil ist mit zwei umlaufenden Zickzacklinien bemalt, die von stehenden und hängenden Dreiecken eingefasst werden. Diese Dreiecke gehören nicht zum Mäandermuster, obwohl sie direkt daran anschließen und den Eindruck erwecken, das Mäandermuster wäre nach unten hin mit Pfeilen versehen. Tatsächlich ist das Gefäß wohl von oben nach unten bemalt worden, weshalb die Dreiecke zwar durchaus Bezug auf die Mäanderornamentik nehmen, aber nur eine durch den Arbeitsprozess bedingte Fortsetzung desselben darstellen. Die darunter liegenden Zickzacklinien sind in ihrer Anordnung wiederum durch die oberen Dreiecke determiniert.

Mäandermuster ist als Ornament im Bereich der Alb-Hegau-Keramik nahezu unbekannt. Es ist in Gräbern in Baden-Württemberg auf die Gefäßform der Situlen beschränkt, die keine autochthone Entwicklung der süddeutschen Hallstattkultur sind. Bei den mäanderähnlichen Mustern auf zwei Gefäßen des Alb-Hegau-Gebiets handelt es sich allerdings nicht um fortlaufende Mäanderornamente, wie sie im Ostalpenraum und in Italien belegt sind,³³¹ sondern entweder um unterbrochene Mäander wie bei Gefäß 5 von Reichenau Grab G I oder um falsch ausgeführten fortlaufenden Mäander

---

323 ZÜRN 1987, Taf. 219,7.
324 OEFTIGER 1984, 73. Dazu der Aufsatz von W. KIMMIG, Zum Fragment eines Este-Gefäßes von der Heuneburg an der oberen Donau. Hamburger Beitr. Arch. 4, 1974, 47 f.
325 GEYR/GOESSLER 1910, Taf. 9,11.
326 Vgl. BROSSEDER 2004, 206 Abb. 136.
327 Vgl. ZÜRN 1987. Zahlreiche Beispiele vor allem im Landkreis Reutlingen.
328 Ebd. Taf. 447 A.
329 Ebd. 211.
330 BEHNKE 2000, 282 f. Taf. 50,5.
331 BROSSEDER 2004, 298–305.

wie bei der Situla aus dem Zentralgrab von Hügel 1 von Dautmergen.[332] Dieses Grab ist dendrodatiert auf 667 ± 10 v. Chr.[333] und gehört in die Keramikgruppe C (Ha C 2) nach BROSSEDER.[334]
Häufiger belegt sind die mit dem Mäandermuster zumindest optisch verwandten Zinnenbänder, mit denen einige Situlen, aber auch Schalen und Kegelhalsgefäße verziert sind.[335] Dieser Ornamenttyp kommt in Südfrankreich, in Baden-Württemberg und gelegentlich in Nordbayern vor. In Süddeutschland ist ein Auftreten des Motivs ab der späteren Phase von Ha C wahrscheinlich, da die Gefäße dort meist mehrheitlich ritzverziert und mit Keramik der Gruppen C und D nach BROSSEDER vergesellschaftet sind.[336]
Von der Heuneburg stammen einige Gefäßfragmente mit fortlaufendem Mäander, die von DÄMMER in die Stufe Ha D1 datiert werden.[337] Hier handelt es sich jedoch um ‚echten' fortlaufenden Mäander, wie er aus dem Südostalpenraum bekannt ist. Die etwas dilettantische Ausführung des Mäanders auf den Gefäßen von Reichenau und Dautmergen könnte ein Gefälle bei der Kenntnis fremder Zierstile zwischen den Töpfern des Zentralortes Heuneburg und denen des Umlands manifestieren. Aus der Heuneburg-Außensiedlung ist ein bemalter Becher mit reicher geometrischer Verzierung, darunter fortlaufendem Mäandermuster, bekannt, der in der Form dem Gefäß 5 aus Grab G I entspricht. S. KURZ gibt für dieses Gefäß eine frühe Zeitstellung in Ha D 1 an, betont aber die Herkunft der Verzierungstechnik aus der älteren Hallstattzeit Baden-Württembergs.[338] Die Ornamentik des fortlaufenden Mäanders lässt sich dagegen aus dem südostalpinen Raum herleiten, wo diese bereits in der frühen Hallstattzeit aufkommt und bis in die Stufe Ha D 1 belegt ist.[339] In Este ist das Motiv des fortlaufenden Mäanders in eine fortgeschrittene Phase von Ha C zu datieren.[340]
Das einzige Gefäß mit fortlaufendem Mäander aus einem Grabzusammenhang stammt aus Hügel 42 des Gräberfelds von Schirndorf.[341] BROSSEDER gibt für diesen Fund eine Datierung in Ha C 1 an, doch stammt das Gefäß aus keinem geschlossenen Grabinventar, so dass diese Datierung nicht als gesichert gelten darf.[342]
Aus Hügel 1 Grab 5 des Gräberfelds von Bonstetten, Kt. Zürich, stammt ein Kegelhalsgefäß mit Mäanderhaken, das vermutlich mit einer Schlangenfibel der Form S5 nach MANSFELD vergesellschaftet war und von LÜSCHER in die Stufe Ha-D 1-spät eingeteilt wird.[343] Unterhalb des Bandes mit Mäanderhaken findet sich auf diesem Gefäß eine geritzte und rot und schwarz bemalte Zickzacklinie. Die Verzierung des Gefäßfußes mit umlaufenden Zickzack- oder Winkelbändern ist im Ostalpenraum bereits in der frühesten Hallstattzeit belegt und kommt in Bayern und Baden-Württemberg in Ha C und vereinzelt noch in Ha D vor.[344]
Die beiden situlenähnlichen Gefäße 4 und 5 aus Grab G I sind zusammenfassend wohl an das Ende von Ha C bzw. den Beginn von Ha D zu datieren; es fehlen jedoch eindeutige Hinweise für eine sichere Zuordnung zu einer der beiden Stufen. Das Grab G I könnte noch in die Spätphase von Ha C gehören, da das Kragengefäß 1 mit der teilweisen Stempelzier noch ein Element der entwickelten Alb-Hegau-Keramik trägt.

---

332 REIM 1990, Abb. 6,2.
333 HENNIG 2001, 86.
334 BROSSEDER 2004, 68.
335 Ebd. Abb. 103 mit Liste 197.
336 Ebd. 146.
337 DÄMMER 1978, 51. Zahlreiche Abbildungen. Ebenfalls Keramik mit Mäandermuster erbrachten die Grabungen in der Heuneburg-Außensiedlung: KURZ 2000. Zahlreiche Abbildungen.
338 KURZ 2000, 122 Taf. 88,1135.
339 DÄMMER 1978, 51. – BROSSEDER 2004, 303–305 mit weiterer Literatur.
340 BROSSEDER 2004, 300. – PARZINGER 1989, 112.
341 STROH 1979, Taf. 128,8.
342 BROSSEDER 2004, 298. – STROH 1979, 156–165.
343 W. DRACK, Drei hallstattzeitliche Grabhügel bei Bonstetten, Kanton Zürich. Jahrb. SGUF 68, 1985, 123–172. – LÜSCHER 1993, 84 Abb. 40.
344 BROSSEDER 2004, 162 f.; 166.

Der kleine rechteckig gebogene Bronzering (Abb. 43 A 7) ist unverbrannt und chronologisch nicht aussagekräftig. Es könnte sich der Größe nach um einen Ohr- oder Fingerring handeln, der Form nach auch um eine Klammer; doch sind mir keine Vergleichsstücke dazu bekannt.

6.2.9 Hügel G Grab II

Die Nachbestattung lag in der Hügelmitte direkt über der in den anstehenden Kies eingetieften Primärbestattung; der Befund des Grabes erwies sich als gestört.
Die Fibel (Abb. 43 B 1) konnte entweder nicht mehr vollständig geborgen werden oder war bereits fragmentiert beigegeben worden. Es handelt sich um eine kleine Fibel mit Armbrustspirale, einem dünnen, bandförmigen Bügel und einer offenen Nadelrast. Der Fuß ist im äußeren Teil der Nadelrast gebrochen, so dass keine Aussage über eine eventuelle Fußzier mehr möglich ist. Es handelt sich zwar aller Wahrscheinlichkeit nach um eine Fußzierfibel, doch kann eine Ansprache als Bogenfibel der Form B1 nach MANSFELD nicht gänzlich ausgeschlossen werden.[345] Dagegen spricht allerdings die mit einer erhaltenen Länge von 1,7 cm äußerst geringe Größe der Fibel. Die Bogenfibeln sind in der Regel zwischen 5 und 8 cm lang und haben einen geschwungenen Bügel, die Fußzierfibeln dagegen sind mit einer Länge von 2,5 bis 4 cm deutlich kleiner und der Bügel ist in der Form eher gedrückt.
Zusammen mit der Fibel fanden sich zwei dünne Bronzeblechfragmente mit eingeritzter Strichgruppenverzierung (Abb. 43 B 2.3), die zu einer Fußzier bzw. einem Bügelaufsatz mit Ton-, Harz- oder Holzkern gehört haben könnten, doch erscheint eine Zusammengehörigkeit mit der Fibel aufgrund des enormen Größenunterschieds eher unwahrscheinlich. Eines der Bleche (Abb. 43 B 2) ist im Querschnitt doppelkonisch und hat auf einer Seite eine runde Öffnung, die andeutet, dass das Blech tatsächlich auf einen runden Gegenstand aufgesteckt war, doch könnte dies ebenso gut eine Nadel, eine größere Fibel, der Verschluss eines Armrings oder ein wie auch immer gearteter Anhänger gewesen sein. Direkte Vergleichsstücke zur Form wie zur Verzierung der beiden Bleche können nicht angegeben werden. Das andere, kleinere Blech hat in etwa den gleichen Durchmesser, ist jedoch im Querschnitt wie ein Schälchen geformt, mit einem geraden Abschluss mit kaum erkennbarem Innenwulst auf einer Seite. Die beiden Bleche sind nicht anpassend, doch ihre gleichartige Verzierung deutet zumindest auf eine ähnliche Funktion, möglicherweise zusammen auf einem Artefakt hin. Eine Interpretation als Fuß- und/oder Bügelzier auf der Fibel II.1 ist aber wohl auszuschließen. Wären beide Bleche auf dem Fuß der Fibel montiert gewesen, hätte die Fußzier die Fibel um mindestens das Dreifache überragt, was selbst mit einem Holz- oder Tonkern zu einer sehr instabilen Konstruktion geführt hätte, bedenkt man die mit unter 1 mm äußerst geringe Stärke der Bleche. Auf dem Bügel der Fibel fanden sich keine Anzeichen für einen Aufsatz, so dass auch eine Doppelzier nicht wahrscheinlich ist, zumal sich dadurch die gleichen Stabilitätsprobleme ergeben hätten. Eine gesicherte funktionale Ansprache der Bleche ist somit nicht möglich. Da das Grab G II gestört war, könnten die Bleche zu einem Gegenstand gehört haben, der bei der Beraubung entnommen wurde.
Der dünne unverzierte Bronzedrahtarmring (Abb. 43 B 4) wird in der Schweiz in die Stufe Ha D1 datiert, wobei B. SCHMID-SIKIMIĆ bemerkt, dass diese Form nicht auf die ältere Phase der jüngeren Hallstattzeit beschränkt sein muss.[346] Generell sind unverzierte Drahtarmringe wohl nicht charakteristisch genug, um sie einer feinchronologischen Stufe zuzuweisen.
Der dünne rundstabige Armring mit Strichgruppenzier und glattem Abschluss am unversehrten Ende (Abb. 43 B 5) kann in Baden-Württemberg innerhalb der Späthallstattzeit nicht genauer datiert werden, da diese Form hier mit Pauken-, Fußzier- und Doppelzierfibeln auftritt,[347] gleichermaßen

---

345 MANSFELD 1973, 14; 37.
346 SCHMID-SIKIMIĆ 1996, 114 f.
347 PARZINGER 1986, 236–240.

aber auch in den Nachbestattungen des Magdalenenbergs vorkommt.[348] Anders als bei dem Armring mit Ritzverzierung aus Grab A II (Abb. 31 B 1) ist kein Verschlussmechanismus erkennbar, der eine genauere Datierung erlauben würde.

Grab G II ist, vorausgesetzt es handelt sich bei dem Fibelfragment um die Reste einer Fußzierfibel, in die Stufe Ha D 3 zu datieren. Dieser Datierung widersprechen die beiden Armringe nicht, doch bleibt eine gewisse Unsicherheit bestehen, da die typologische Ansprache der Fibel nicht zweifelsfrei gesichert ist.

6.2.10 Hügel H

Die hallstattzeitliche Bestattung von Hügel H lag etwa 3,50 m südöstlich der Hügelmitte und enthielt sechs Keramikgefäße. Die Urne Gefäß 1 (Abb. 44 A 1) und das Kegelhalsgefäß 2 (Abb. 44 A 2) sind rot und schwarz bemalt und mit senkrechten Riefenbündeln verziert. Gefäß 2 trägt außerdem drei waagrechte Kanneluren am Hals, auf der Schulter abwechselnd je drei breite, zweifarbig bemalte und drei schmale, ausschließlich graphitierte Riefen. Bei Gefäß 1 ist der Zwischenraum zwischen den schmalen Riefenbündeln einfarbig rot bemalt, die Riefen selbst sind graphitiert. Die rote Farbe auf Gefäß 2 zeigt in der Farbintensität Ähnlichkeit mit der Farbe auf den situlenähnlichen Gefäßen 4 und 5 aus Hügel G Grab I.

Vertikale Riefenbündel kommen im südlichen Baden-Württemberg, in Westbayern und der Nordostschweiz sowohl als alleinstehendes Ornament als auch im Rahmen einer in Metopen unterteilten Zierweise zusammen mit gerieften Andreaskreuzmotiven und Winkelbändern vor. Als Vergleichsstücke für die zeitliche Eingrenzung der Gefäße 1 und 2 aus Hügel H wurden nur solche Funde herangezogen, die zweifarbig bemalt sind und deren senkrechte Riefenbündel alleine, ohne zusätzliche Ornamente wie Winkel- oder Kreuzmotive vorkommen. Außer Acht gelassen wurden weiterhin Gefäße mit flächiger senkrechter Riefenzier auf der Schulter.

In Hügel B Grab 1 von Mauenheim fand sich ein Kegelhalsgefäß mit Vertikalriefen und zweifarbiger Bemalung zusammen mit einer Kragenrandschüssel mit kreuzschraffiertem Rautenschachbrettmuster,[349] was eine Datierung in die jüngere Stilphase der Alb-Salem-Keramik nach Zürn[350] nahelegt. Aufdermauer datiert dieses Grab in die Stufe Ha C.[351] Nicht genauer datierbar ist das Brandgrab 1 aus Hügel F von Mauenheim, das ein bemaltes und riefenverziertes Kragengefäß enthielt.[352] Die übrige Keramik dieses Grabes ist wenig charakteristisch, nur ein weiteres Gefäß trägt ein einfaches kanneliertes Winkelband, die anderen Gefäße sind bis auf flächige Graphitierung unverziert. Die Ansicht Aufdermauers, der das Grab, wie alle Brandgräber, in Ha C, die Körpergräber dagegen in Ha D datiert, kann nach heutigem Forschungsstand nicht übernommen werden.[353]

In Hügel 2 des Gräberfelds von Lembach, Lkr. Waldshut, fanden sich zwei rot und schwarz bemalte Kragenrandschüsseln mit Vertikalriefen, die Behnke in die Stufe Ha C datiert.[354]

Aus den Grabhügeln F und M von Salem, Bodenseekreis, sind Gefäße mit Vertikalkanneluren bekannt, von denen mindestens jenes aus der Primärbestattung von Hügel M zweifarbig bemalt ist.[355]

---

348 Spindler 1971, Taf. 19; 29; ders. 1976, Taf. 8 (hier zusammen mit Bz-Hohlringen mit ineinandergesteckten Enden). Weitere Vergleiche bei Zürn 1987; Baitinger 1999; H. Zürn, Grabhügel bei Böblingen. Fundber. Baden-Württemberg 4, 1979, 54–117; J. Hald, Das Gräberfeld im Böblinger Stadtwald ‚Brand'. Materialh. Arch. Baden-Württemberg 35 (Stuttgart 1996).
349 Aufdermauer 1963, Taf. 1,8.
350 Zürn 1957b, 225.
351 Aufdermauer 1963, 41 f.
352 Ebd. Taf. 7,4.
353 Ebd. 41.
354 Behnke 2000, 282 f.
355 Wagner 1899 Taf. VIII 20; IX 18.

Hügel F enthielt einen Dolch der Variante Magdalenenberg (Ha D 1), ist aber vermutlich aus keinem geschlossenen Inventar.[356] Die Erstbestattung in Hügel M enthielt ein eisernes Schwert, das eine Datierung in die Stufe Ha C erlaubt.

Ein mit Gefäß 1 gut vergleichbarer Fund stammt aus Hügel 1 von Gomadingen, Lkr. Reutlingen.[357] Dieses Grab enthielt ein eisernes Schwert mit Pilzknauf und fast ausschließlich stempelverzierte Keramik. Eine Datierung in die Stufe Ha C kann damit als gesichert angenommen werden,[358] aufgrund der stempelverzierten Keramik ist möglicherweise sogar an einen früheren Abschnitt dieser Stufe zu denken.[359] Brosseder weist dieses Grab ihrer Keramikgruppe B zu, die sie u.a. aufgrund des Eisenschwerts von Gomadingen in die Stufe Ha C 1 datiert.[360] Bei der Abbildung und in der Folge bei der Besprechung des Grabinventars unterlief ihr jedoch ein Fehler:[361] Unter den Nummern 4 und 5 auf ihrer Abbildung 22 finden sich zwei Gefäße aus Hügel 4 von Gomadingen, die bei Zürn neben den Funden aus Hügel 1 abgebildet sind.[362] Aus Hügel 1 bildet sie dagegen zwei Gefäße nicht ab, darunter das hier interessierende Kegelhalsgefäß mit Riefenzier. Aufgrund dieses Fehlers weist sie das Inventar ihrer Keramikgruppe B zu, in der keine Riefenzier vorkommt, und hängt die Datierung der ganzen Gruppe darin ein. Die Datierung in den älteren Abschnitt von Ha C ist nach Ausweis der stempelverzierten Keramik und des Eisenschwerts möglicherweise richtig, falsch ist aber dementsprechend das späte Auftreten der Riefenzier erst in Ha C 2. Darüber hinaus müssen Schwertgräber nicht unbedingt früh in Ha C sein, wie bereits Kossack bemerkte.[363]

Was bei den Befunden von Mauenheim weiter oben bereits anklang, scheint sich in Gomadingen zu bestätigen, nämlich dass die Verzierung mit Kanneluren nicht für eine Zuweisung der Keramik in den jüngeren Abschnitt von Ha C herangezogen werden darf. Diese Überlegung wird durch Befunde aus Oberbayern und Bayerisch-Schwaben gestützt, wo riefenverzierte Keramik durchaus bereits in der Stufe Ha C 1 vorkommt.[364]

Das Grabinventar von Hügel 2 von 1926 aus Neresheim-Schweindorf, Ostalbkreis,[365] enthielt ein Kegelhalsgefäß mit zweifarbig bemalten senkrechten Riefenbündeln. Neben ausschließlich bemalten Gefäßen fanden sich in diesem Grab noch zwei ritzverzierte Schalen, eine davon mit gestempelten Dreiecksreihen auf dem ausgezogenen Rand. Nach Zürn[366] wäre dieses Inventar daher spät innerhalb von Ha C oder bereits in Ha D 1 zu datieren bzw. nach Brosseder ihrer Keramikgruppe C zuzuweisen, die der Stufe Ha C 2 entspricht.[367]

Aus einem Grabhügel von Hohenstein-Meidelstetten, Lkr. Reutlingen, stammt ein Gefäß mit senkrechten Riefenbündeln auf der Schulter und Horizontalriefen auf dem Hals.[368] Zu diesem Inventar gehört ferner ein eisernes Rasiermesser mit halbmondförmiger Schneide, ein Eisenmesser, bronzene und eiserne Ringe vom Pferdegeschirr, Teile von eisernen Radreifen und ritzverzierte Keramik mit Kreuzschraffur. Die Rasiermesser mit halbmondförmiger Schneide sind innerhalb von Ha C nicht genauer datierbar, sie können sogar noch in Ha D 1 vorkommen.[369] Die ritzverzierte Keramik deutet auf eine fortgeschrittene Zeitstellung innerhalb der Alb-Salem-Keramik,[370] eine sichere Zuweisung zu spätem Ha C oder Ha D 1 lässt sich jedoch nicht angeben.

---

356 Sievers 1982, 26. – Stegmaier 2005, 89 Anm. 42.
357 Zürn 1987, Taf. 228 A 3.
358 Kossack 1959, 17–24.
359 Zürn 1957b, 225.
360 Brosseder 2004, 68.
361 Ebd. 54 Abb. 22.
362 Zürn 1987, Taf. 228; 229.
363 Kossack 1959, 18; 24.
364 Ebd. 36. – Hennig 2001, 90.
365 Zürn 1987, Taf. 175 C; 176; 177; 178 A.
366 Zürn 1957b, 225.
367 Brosseder 2004, 68.
368 Zürn 1987, Taf. 240 A 1.
369 Lüscher 1993, 67.
370 Zürn 1957b, 225.

Aus einer hallstattzeitlichen Nachbestattung in einem bronzezeitlichen Hügel aus Albstadt-Tailfingen, Zollernalbkreis, stammen zwei Kegelhalsgefäße mit Vertikalkanneluren, eines davon zweifarbig bemalt.[371] Zusammen mit diesen Gefäßen wurde ein getreppter Teller mit reicher Ritz- und Stempelzier und geritztem Zinnenband gefunden. Die Zinnenbänder werden von BROSSEDER in die späte Phase von Ha C und Ha D 1 datiert, da sie zum überwiegenden Teil mit ritzverzierter Keramik der Gruppen C und D vorkommen.[372]

Ein weiterer gut vergleichbarer Fund ist aus Hügel 8 von Zaidingen, Kr. Reutlingen, bekannt.[373] Das Gefäß ist abwechselnd mit breiten und schmalen zweifarbigen Kanneluren verziert und stellt damit die einzige Parallele zur Verzierung von Gefäß 2 dar. An datierbaren Beifunden sind zwei geschweifte Schalen zu nennen,[374] eine mit reiner Ritzverzierung, die andere mit Ritzverzierung und dem kombinierten Ritzlinien-Stempel-Band, das bereits bei den Gefäßen A.I.1 und A.I.3 erwähnt wurde. Beide Schalen aus Zaidingen tragen außerdem kreuzschraffierte Dreiecke. Nach ZÜRN ist dieses Inventar in die Spätphase der Alb-Salem-Keramik zu datieren,[375] also spät in Ha C bzw. schon in Ha D 1.

Nach diesen Befunden scheinen Gefäße mit vertikalen Riefenbündeln auf der mittleren Schwäbischen Alb erst in einer fortgeschrittenen Phase von Ha C einzusetzen und kommen möglicherweise bis in die Späthallstattzeit vor.

Aus dem Gräberfeld von Heidenheim-Schnaitheim auf der Ostalb liegen sechs Vergleichsstücke vor, die von DIETRICH in seinen Kombinationsgruppen A, B und C geführt werden, die in die Stufe Ha C datiert werden können, wobei unklar ist, inwieweit sich die Gruppen B und C bereits mit Ha D 1 überschneiden.[376] Die Gefäße aus Hügel 17 Grab 3[377] und Hügel 32 Grab 1[378] sind in der ältesten Gruppe A zu finden, bemerkenswert dabei ist, dass beide Gefäße bis auf den unteren waagrechten Graphitstreifen sehr große Ähnlichkeit zu Gefäß 1 aus Hügel H von Reichenau zeigen. Das Grab in Hügel 17 enthielt neben einem mindestens 18-teiligen Geschirrsatz eine möglicherweise in urnenfelderzeitlicher Tradition stehende Nadel mit gerippem doppelkonischem Kopf[379] und eine bronzene Pinzette, Grab 1 in Hügel 32 enthielt ebenfalls einen mit 16 Gefäßen sehr umfangreichen Geschirrsatz sowie ein bronzenes Toilettebesteck mit tordiertem Kratzer, eine bronzene Nadelbüchse und eine eiserne Nadel mit Schaftschleife und Achterschleifen am Kopf. Die Metallfunde dieses Grabes sind in die Stufe Ha C zu datieren, wenn auch keine genauere Unterscheidung innerhalb dieser Stufe möglich ist.[380] Die Zuweisung zur Gruppe A nach DIETRICH beruht auf der Seriation der Gefäßformen und datierbarer Metallfunde. Für die Gruppe A ist eine Zeitstellung in die frühe Phase der Stufe Ha C anzunehmen. In DIETRICHS Gruppe B findet sich das Inventar aus Hügel 24 Grab 2, das einen 12-teiligen Geschirrsatz und ein reiches Bronzeschmuckensemble, darunter zwei getriebene Hohlwulstringe, eine Bronzerassel und eine Zierscheibe mit eingehängten Klapperblechen enthält. Die Funde sind innerhalb von Ha C/D 1 nicht genauer zu datieren.[381] Aus Hügel 15 Grab 2[382] und Hügel 16 Grab 5[383] sind drei Gefäße bekannt, die zwar ebenfalls senkrechte Riefenbündel tragen, in Form und Verzierung aber nicht so eng mit den Gefäßen aus Reichenau verwandt sind; die Gefäßform ist entweder schlank mit hoch sitzender Schulter (Hügel 15) oder doppelkonisch bauchig mit hohem Hals und weicher Randprofilierung (Hügel 16), die senkrechten Riefenbündel sind in

---

371 ZÜRN 1987, Taf. 473,1.2.
372 BROSSEDER 2004, 146.
373 ZÜRN 1957a, Taf. 7,3.
374 Ebd. Taf. 7,1.2.
375 Ebd. 6 f.; ders. 1957b, 225.
376 DIETRICH 1998, 109–112.
377 Ebd. Taf. 24 B 1.
378 Ebd. Taf. 35 B 3.
379 Ebd. Taf. 57 f.
380 Ebd. 58.
381 Ebd. 63–65.
382 Ebd. Taf. 19 C 3.
383 Ebd. Taf. 23 A 1.2.

der Anordnung und in der Ausführung den Gefäßen aus Reichenau Hügel H bei weitem nicht so ähnlich wie die vorher genannten Vergleichsfunde aus den Hügeln 17, 24 und 32 von Heidenheim-Schnaitheim. Das Inventar von Hügel 15 Grab 2 enthielt neben einem 10-teiligen Geschirrsatz zwei geschlossene, gerippte Bronzehohlringe des Übergangs von Ha C zu Ha D 1,[384] Hügel 16 Grab 5 war ausschließlich mit sechs Keramikgefäßen ausgestattet. Beide Inventare werden von Dietrich seiner Kombinationsgruppe C zugewiesen, die am Übergang zur Späthallstattzeit steht.[385]

Ein Vergleichsstück aus Oberschwaben stammt aus Grab 18 der Nekropole von Tannheim, Lkr. Biberach.[386] Das Grab enthielt zwei Gefäße, von denen nur das eine mit senkrechter Riefenzier rekonstruierbar war, und ein Pferdegeschirrensemble, bestehend aus zwei eisernen Trensen, vier bronzenen Stangenknebeln, zwei Bronzeringen mit rhombischem Querschnitt, zahlreichen kleinen Zierknöpfen und sechs Ringfußknöpfen.[387] Die Metallfunde lassen sich den Gräbern mit einfachem Zaumzeug nach Kossack anschließen, die von ihm überwiegend nach Ha C datiert werden.[388]

In Bayern kommen Gefäße mit senkrechten Riefenbündeln und zweifarbiger Bemalung in den Regierungsbezirken Schwaben und Oberbayern vor, in letzterem allerdings nur im westlichen Teil bis zur Amper. In Hügel 11 von Mindelheim, Lkr. Unterallgäu,[389] und in Gernlinden, Lkr. Fürstenfeldbruck,[390] kommen die Gefäße jeweils mit reichem Pferdegeschirr aus Zaumzeug und Jochbeschlägen vor, für das Kossack eine Zeitstellung in Ha C1 angibt.[391] Ein Gefäßfragment mit Vertikalriefen aus der Nekropole von Grafrath-Staatswald Mühlhart, Lkr. Fürstenfeldbruck, ist mit einem rädchenverzierten Gefäß vergesellschaftet, das aufgrund dieser Verzierungstechnik in die spätere Phase von Ha C oder in Ha D 1 zu datieren ist.[392] Aus dem Regierungsbezirk Schwaben sind weitere Vergleichsfunde durch die Arbeit von H. Hennig dazu gekommen: Ein Gefäß stammt aus der Erstbestattung von Hügel 10 der Nekropole von Donauwörth-Riegelholz, Lkr. Donau-Ries, die von Hennig in die Stufe Ha C 1 datiert wird.[393] In Harburg, Lkr. Donau-Ries, fand sich ein Kegelhalsgefäß mit Vertikalriefen zusammen mit einem Wagen, der aufgrund der Nabenform an den Übergang zwischen Ha C 1 und Ha C 2 datiert wird.[394] Hügel 9 von Augsburg-Kriegshaber enthielt neben einem Kegelhalsgefäß mit Vertikelriefen und zweifarbiger Bemalung zwei offene, gerippte Bronzearmringe mit D-förmigem Querschnitt und Stollenenden.[395] Die Datierung dieser Armringtypen ist umstritten, Hennig setzt sie, dabei Kossack folgend, in die Stufe Ha C, Dietrich und H. Baitinger legen sich nicht auf eine Differenzierung zwischen Ha C und Ha D fest.[396]

Aus Treuchtlingen-Auernheim in Mittelfranken ist ein Vergleichsstück bei Hoppe aufgeführt, das mit einer Schale mit linearem Stempelmuster, kreuzschraffierten Dreiecken und Kreisaugenstempeln vergesellschaftet war.[397] Die Verzierung der Schale wird von Hoppe dem späten Stil der Ost-Alb-Keramik zugerechnet, für den eine Zeitstellung in die spätere Stufe Ha C oder Ha D 1 wahrscheinlich ist.[398]

Zuletzt ist noch ein Fund aus Grab 1 von Wangen-Wieslistein, Kt. Zürich, anzuführen, in dem sich ein Hochhalsgefäß mit Rädchenzier, rot-schwarzer Bemalung und senkrechten Riefenbündeln zusammen mit einem verzierten Gürtelblech und einem Spiraldrahtarmring befand.[399] Dieses Inventar wird von Lüscher in die Stufe Ha D 2 datiert.[400]

---

[384] Dietrich 1998, 62 f.
[385] Ebd. 107–112.
[386] Geyr/Goessler 1910, Taf. V 5.
[387] Bronzen teilweise abgebildet auf Taf. XII 10.11; Geyr/Goessler 1910.
[388] Kossack 1959, 17–24.
[389] Ebd. Taf. 27,7.
[390] Ebd. Taf. 60,27.
[391] Ebd. 18–24; 171; 199 f.
[392] Ebd. Taf. 69,18; S. 36 f.
[393] Hennig 2001, Taf. 42,7; S. 90; 196.
[394] Ebd. Taf. 54,7; S. 90. – Pare 1992, 73; 152.
[395] Ebd. Taf. 93,5.9.12.
[396] Ebd. 56. – Kossack 1959, 32. – Dietrich 1998, 62. – Baitinger 1999, 55–57.
[397] Hoppe 1986, Taf. 154,2.

Die vorangegangenen Befunde zeigen deutlich, dass das Motiv der rot und schwarz bemalten Vertikalkanneluren in Bayern und auf der Ostalb bereits in der älteren Hallstattzeit geläufig ist, aber durchaus noch bis zum Beginn der jüngeren Hallstattzeit vorkommen kann. Auf der mittleren Schwäbischen Alb setzt diese Verzierung offenbar erst in einem späteren Abschnitt von Ha C ein, kommt aber wohl auch dort bis in die Späthallstattzeit vor. Eine Ausnahme bildet das Schwertgrab von Gomadingen, doch auch dieses muss nicht zwingend in die Frühphase von Ha C datiert werden. Die Keramik der anderen Hügel von Reichenau ‚Ochsenbergle' zeigte wiederholt starke Parallelen zur Keramik der Ostalb und Bayerns, weshalb die Gefäße 1 und 2 von Hügel H nicht an die Keramikentwicklung der zentralen Schwäbischen Alb angehängt werden müssen, und dementsprechend auch die dortige Datierung nicht übernommen werden muss.

Die übrige Keramik aus Hügel H ist nicht genauer einzuordnen; das kleine Omphalosschälchen 3 (Abb. 44 A 3) und das Kegelhalsgefäß 5 (Abb. 44 A 5) bieten keine ausreichenden Ansatzpunkte für feinchronologische Aussagen, Gefäß 5 könnte durch seine schlanke, aber doppelkonisch-bauchige Form und die scharfe Profilierung der Hals-Rand-Partie eine frühere Datierung als z.B. die Gefäße aus Hügel F Fundstelle VIII (Abb. 41 C 2.3) andeuten, am ehesten vergleichbar ist die Gefäßform mit den Gefäßen 5 und 8 aus Hügel B (Abb. 32,5; 33,2). Für das Kragengefäß 4 (Abb. 44 A 4) mit zwei parallelen geritzten Winkellinien im oberen Schulterbereich gibt es keine direkten Vergleiche, die Verzierung ist in sich selbst nicht charakteristisch und bietet keine chronologischen Anhaltspunkte. Die sehr bauchige Gefäßform mit schmalem Standring findet innerhalb des Gräberfelds keine Entsprechung und lässt sich auch überregional nicht direkt vergleichen. Die Verzierung des verschollenen Kegelhalsgefäßes 6 (Abb. 44 A 6) ist leider nicht mehr nachvollziehbar, auf der Zeichnung ist vermutlich ein umlaufendes Rautenband dargestellt. Rautenbänder in reiner Graphitbemalung sind bisher aus Süddeutschland und der Schweiz nur sehr vereinzelt bekannt. Zwei Exemplare stammen aus dem bereits bei den Gefäßen 1 und 2 von Grab H I als Vergleich herangezogenen Ha-C1-zeitlichen Hügel 11 von Mindelheim, Lkr. Unterallgäu,[401] und aus dem 1908 gegrabenen, möglicherweise bereits in Ha D zu datierenden Hügel von Gufflham, Lkr. Altötting.[402] Beide Gefäße zeigen allerdings ein ineinandergeschachteltes Rautenband, das mit der zu erahnenden Bemalung auf Gefäß 6 nur entfernt vergleichbar ist. Die Rautenbänder in der Form mit Ritz- und Stempeltechnik sind hauptsächlich im südlichen Baden-Württemberg verbreitet und datieren dort mehrheitlich in die fortgeschrittene Phase von Ha C.[403] Diese Datierung mag auch für das Gefäß 6 mit Rautenband in Graphitbemalung anzunehmen sein, beweisen lässt sich dies jedoch aufgrund der zu geringen Materialbasis nicht.

6.2.11 Streuscherben in den Gräbern

Neben ganzen Gefäßen fanden sich in den Grabgruben von vier Brandgräbern einzelne, zum Teil anpassende Scherben, die in keinem Fall zu einem vollständigen Gefäß rekonstruiert werden konnten. Die vermutlich bereits fragmentiert niedergelegte Keramik in den Zentralgräbern der Hügel A, E, G und H bestand ausschließlich aus unverzierten Wandscherben, die auch keine zeichnerische Rekonstruktion erlaubten. Dabei handelt es sich nicht um eigentliche Streufunde, sondern wohl um Keramik, die mit den Resten des Scheiterhaufens ins Grab gelangten oder um Gefäße, die beim Begräbnis zerschert wurden. Als Reste der Scheiterhaufenkeramik interpretiert REIM beispielsweise Funde von grobkeramischen Scherben in Gräbern der Nekropolen von Rottenburg-Lindele und

---

398 Hoppe 1986, 68 f.
399 Lüscher 1993, Taf. 47,431.
400 Ebd. 86 f.
401 Kossack 1959, Taf. 27,8; S. 18; 24.
402 Ebd. Taf. 117,9; S. 21 f.
403 Brosseder 2004, 175 f.

Geislingen.[404] Es handelt sich dabei um Siedlungskeramik, darunter auch Rand- und Bodenscherben, die meist Spuren von Feuereinwirkung zeigt. Eine Deutung als Reste von rituell zerstörten Gefäßen des Totenmahls bzw. der Begräbnisfeiern ist unwahrscheinlich, da in diesem Fall vollständige Gefäße in unverbranntem Zustand in den Gräbern zu finden sein müssten. In einigen Fällen, vor allem bei Altfunden, mag es sich zwar um nicht erkannte Siedlungsreste unter den Hügeln handeln, die Funde von einzelnen, meist sekundär gebrannten Gefäßscherben in den Gräbern von Rottenburg und Geislingen sind nach logischen Gesichtspunkten aber nicht anders zu erklären denn als Scheiterhaufenkeramik. In Reichenau ‚Ochsenbergle' finden sich einzelne Scherben tatsächlich nur in den Gräbern, in denen Scheiterhaufenreste in Form von großen Mengen Holzkohle in die Grabgrube gefüllt wurden. Die Scherben lagen, wo der Befund dies erkennen ließ, unter oder in der Holzkohle- und Ascheschicht, die über die Beigaben gestreut war. Anders als bei den Befunden aus Rottenburg-Lindele handelt es sich aber ausschließlich um Wandscherben ohne sekundäre Brandeinwirkung. Dass Rand- und Bodenscherben bei der Ausgrabung übersehen wurden oder bereits vergangen waren, ist nicht anzunehmen. Ebenso unwahrscheinlich ist, dass bei allen vier Gräbern mit Streukeramik nur die Wandscherben auf dem Scheiterhaufen liegen geblieben waren. Die logische Konsequenz ist eine Selektion bestimmter Gefäßteile, genauer der Rand- und Bodenstücke, für die mir allerdings keine vergleichbaren Befunde bekannt sind. Über den Zweck einer solchen Selektion kann nur spekuliert werden, denkbar wäre etwa eine Verwahrung der aussortierten Scherben durch die Hinterbliebenen zum Zwecke des Totengedenkens.

In Hügel C fanden sich ebenfalls nur noch Wandscherben eines größeren Gefäßes. Zwar war die Bestattung durch Baumwurzeln und möglicherweise auch andere Eingriffe gestört, das Fehlen von Rand- und Bodenscherben ist aber durch keine Störung plausibel erklärbar. Es scheint sich bei Bestattung C um ein Brandschüttungsgrab zu handeln. Die Keramik könnte mit den Resten des Scheiterhaufens ins Grab gelangt sein, sie zeigt aber ebenfalls keine Anzeichen sekundärer Brandeinwirkung.

6.2.12 Streufunde und Brandstellen in den Hügelschüttungen

Die beiden großen Hügel A und B erbrachten verschiedene Komplexe oder Einzelfunde, die teilweise Streufunde bei der Aufschüttung in den Hügelkörper gelangten, teilweise aber auch als Reste zerstörter Bestattungen angesehen werden können. Die verschiedenen Komplexe mit Keramik- oder Metallfunden in Hügel F sind vermutlich Reste der bronzezeitlichen Bestattungen und werden, ebenso wie der Armreif aus der Aufschüttung von Hügel H unter den bronzezeitlichen Funden in Kapitel 6.1 behandelt.

In Hügel A fanden sich an mehreren Stellen kleine Wandscherben, die z. T. stark verrollt waren und sicherlich von verschiedenen Gefäßen stammen. In diesem Hügel lag jedoch auch ein Becherfragment, das wohl nicht als echter Streufund zu werten ist, sondern zu einer Bestattung gehört haben dürfte.

Unter der Katalognummer A.III.2 werden vier unverzierte Scherben geführt, die vermutlich an verschiedenen Stellen in einem 4 x 4 m großen, ungestörten Areal in Sektor I gefunden wurden. Diese Scherben stammen sicher von verschiedenen Gefäßen und sind stark verrollt, so dass davon auszugehen ist, dass sie bereits bei der Anlage des Hügels mit dem Schüttungsmaterial in den Hügelkörper gelangten und somit als ‚echte' Streufunde zu bezeichnen sind. Die Deutung dreier Scherben (Kat. Nr. A.III.3) aus der Umgebung der Holzkohleschicht von Grab A.I ist unklar. Aus der Grabungsdokumentation geht nicht eindeutig hervor, ob die Scherben *auf* oder *über* der Holzkohleschicht des Scheiterhaufens von Grab I gefunden wurden, sicher ist jedoch, dass sie nicht innerhalb der zentralen Grabkammer lagen. Es ist denkbar, dass die Scherben zur Scheiterhaufenkeramik gehörten, doch

---

404 Reim 1994, 125.

konnte keine Brandeinwirkung festgestellt werden. Andererseits scheinen sie von verschiedenen Gefäßen zu stammen und mit den in der Grabgrube gefundenen Scherben (Kat.Nr. A.I.6) nicht zusammen zu gehören. Aufgrund der ungenauen Grabungsdokumentation ist dieser Befund nicht sicher zu interpretieren.

Das Becherfragment A.III.1 (Abb. 31 C 1) fand sich nahe der Hügelmitte nur 0,30 m unter der Hügeloberfläche. Zu diesem Fund gehört möglicherweise ein Häufchen gereinigten Leichenbrands (Kat.Nr. A.III.4), das in ca. 1,5 m Entfernung in der gleichen Höhe von 0,30 m unter der Oberfläche gefunden wurde. Der Becher ist zu über 50% ergänzt, rauwandig, aus grob gemagertem Ton und sehr unregelmäßig gearbeitet. Gefäße dieses Typs tauchen in Gräbern der Späthallstattzeit in der Schweiz und vor allem im Magdalenenberg bei Villingen häufig als einzige Keramikbeigabe auf.[405] Eine Datierung des Becherfragments aus Hügel A in die Belegungszeit des Magdalenenbergs ist damit allerdings nicht zwingend zu folgern, dafür sind einerseits die Gefäßformen zu indifferent, andererseits zeigen die Funde aus den schweizerischen Gräberfeldern von Subingen, Kt. Solothurn, und Thunstetten, Kt. Bern, einen zeitlichen Schwerpunkt bei den Becherformen als einziger Gefäßbeigabe in den Stufen Ha D 2 und Ha D 3.[406] Diese Vergleichsfunde und auch der Leichenbrand in unmittelbarer Nähe der Fundstelle lassen eine zerstörte Nachbestattung plausibel erscheinen, doch konnten bei der Grabung weder Spuren einer Grabgrube noch Hinweise auf eine Beraubung oder anderweitige Störung des Befunds erkannt werden. Aufgrund der geringen Tiefe von nur 0,30 m unter der damaligen Hügeloberfläche kann dies jedoch nicht verwundern. Es ist durchaus denkbar, dass noch mehr Nachbestattungen, auch ohne Keramikbeigaben, im Bereich der Hügeloberfläche gelegen hatten, die zum Zeitpunkt der Ausgrabung entweder bereits seit langem beraubt und bis zur Unkenntlichkeit zerstört oder durch natürliche Erosion vollständig vernichtet waren.

In Sektor III von Hügel A fand sich ein kreisrunder Holzkohlefleck (Kat.Nr. A.III.5) von ca. 0,30 m Durchmesser, der keine Funde enthielt. Dabei dürfte es sich um eine kleine Feuerstelle handeln, die möglicherweise mit dem Bau des Hügels in Verbindung steht.

In Hügel B befanden sich drei Brandstellen in der Hügelschüttung außerhalb der Steinpackung des Zentralgrabs, von denen eine (Brandstelle 1) Keramikfragmente enthielt. Auf einer Fläche von ca. 0,60 x 0,60 m war der Boden verziegelt, darauf lag eine Holzkohleschicht und 11 anpassende Wandscherben eines größeren, steilwandigen Gefäßes, davon eine mit Bodenansatz, so dass zumindest der untere Gefäßteil zeichnerisch rekonstruiert werden konnte (Kat.Nr. B.II.1, Abb. 34 B 1). Da bei diesem Befund kein Leichenbrand angetroffen wurde, bleibt unklar, ob es sich dabei um ein zerstörtes Grab bzw. den Verbrennungsplatz einer Brandbestattung handelt, ob die Brandstelle mit den Begräbnisfeierlichkeiten in Verbindung steht, oder ob sie gänzlich profanen Ursprungs ist und beispielsweise als Feuerstelle beim Bau des Hügels benutzt wurde.

Die Brandstelle 2 in Sektor I, ca. 4 m östlich des Hügelmittelpunkts enthielt keine Funde außer einer Holzkohleschicht mit verziegelter Erde. Durch einen modernen Schützengraben wurde der südwestliche Teil des Befunds gestört, es ließ sich jedoch noch eine etwa 1,00 x 0,40 m große, Nordost–Südwest orientierte Einfassung nachweisen, möglicherweise eine Holzkiste, welche die Holzkohleschicht begrenzte. Die Ausrichtung des Befunds und das vollständige Fehlen von Leichenbrand spricht zwar gegen eine Interpretation als Grab, jedoch könnten sich die menschlichen Überreste im Bereich der Störung befunden haben und wären dann bei der Anlage des Schützengrabens verloren gegangen, wodurch zumindest die rechteckige Einfassung erklärbar wäre. Demgegenüber müsste man aber annehmen, dass bei einem derartigen Eingriff Reste der Funde am Ort verbleiben, wie es beispielsweise im gestörten Bereich des Zentralgrabs der Fall war, wo das Wagenrad 2 zwar umgelagert, aber zumindest in Resten erhalten war. Der archäologische Befund reicht hier nicht aus, um eine Bestattung zu postulieren, es lässt sich aber auch keine andere sinnvolle Erklärung für diesen Befund anführen.

---

406 Lüscher 1993, Abb. 41; 42.
405 Ebd. 80–89 Abb. 38–42. – Spindler 1971; ders. 1972; ders. 1973; ders. 1976 mit zahlreichen Abb.

Die Brandstelle 3 lag in Sektor II, ca. 1,50 m südöstlich der Hügelmitte und enthielt keine Funde außer einem Holzkohlefleck von 15 cm Durchmesser und rot verziegelter Erde. Hier möchte man eher an eine profane Nutzung als Feuerstelle beim Hügelbau denken, doch lässt sich letztlich eine Verbindung zum Begräbnisritual nicht ausschließen.

6.2.13 Tierknochen

In den Zentralbestattungen der Hügel A, B und G fanden sich Reste der Speisebeigaben in Form von Tierknochen. Die Bestimmung dieser Knochen erfolgte auf der Grabung durch den Ausgräber AUFDERMAUER und fand dadurch Eingang in die Grabungsberichte in den Ortsakten des LAD Freiburg. Da der Verbleib der Tierknochen unbekannt ist, sind die Angaben AUFDERMAUERS nicht zu überprüfen.

In den Gräbern A I und B lagen offenbar ganze Skelette von jungen Schweinen, wobei nicht beschrieben wird, ob die Tiere wirklich vollständig beigegeben waren. Die Grabzeichnungen der Gräber A I und B lassen nicht erkennen, welche Teile des Tiers vorhanden waren. In Grab G I fanden sich Unterarm bzw. Unterschenkelknochen, die AUFDERMAUER ebenfalls als Reste eines jungen Schweins beschreibt. Bezüglich der Lage der Tierknochen im Grab ist keine Regelhaftigkeit zu erkennen. Nicht gesichert zur Speisebeigabe können zwei Röhrenknochen aus Grab B gerechnet werden, die sich zwischen den Rädern 3 und 4 an der Nordwand der Grabkammer in einer Höhe von 0,30–0,40 m über der Grabsohle fanden. AUFDERMAUER spricht sie als Reste eines „kleineren Tieres" an, vermutlich eines Säugetieres. Diese Knochen könnten auch zu einem späteren Zeitpunkt in das Grab gelangt sein, obwohl keine Störung durch Tierbauten nachgewiesen werden konnte.

Die Beigabe von Schweineknochen in Reichenau ‚Ochsenbergle' fügt sich in Befunde aus Gräberfeldern in Bayern und Baden-Württemberg ein, in denen Schwein und Schaf/Ziege als Speisebeigaben bei weitem am häufigsten vorkommen.[407] Dabei werden von Schweinen meist Jungtiere sowohl in einzelnen Teilen als auch als ganze Tiere beigegeben. Es ist auffällig, dass Tierknochen in Reichenau ‚Ochsenbergle' nur in den Gräbern vorkommen, die sich in Grabbau und Beigabenausstattung von den übrigen Gräbern abheben und eine eigene Gruppe am Westrand des Gräberfelds bilden. Darauf eine Interpretation von Schweinefleisch als exklusiver Beigabe einer gehobenen Bevölkerungsschicht aufzubauen erscheint mir aber nicht zulässig.

6.2.14 Menschliche Skelettreste

Die menschlichen Skelettreste aus Reichenau ‚Ochsenbergle' wurden im Herbst/Winter 2004 von Dr. J. WAHL in Konstanz untersucht. Insgesamt liegen aus der Grabung elf Komplexe mit verbranntem und vier mit unverbranntem Skelettmaterial vor (Tab. 3). Von 17 einzelnen Individuen gehören fünf zu den bronzezeitlichen Bestattungen in Hügel F, zwölf sind sicher hallstattzeitlich. In zwei Fällen konnten in einem Befund jeweils zwei Individuen festgestellt werden. Grab F II ist eine sichere Doppelbestattung, Grab G I wohl nicht, da sich in der Grabungsdokumentation zwei Fundstellen von Leichenbrand erkennen lassen, eine in der Urne auf der Grabsohle und eine am oberen Rand der Grabgrube. Vermutlich wurden hier die Funde der Primärbestattung mit denen einer Nachbestattung eines etwa fünfjährigen Kindes unter einer Nummer zusammengefasst, da das Kindergrab nicht als eigener Befund erkannt worden war.

Von den zwölf hallstattzeitlichen Skelettfunden konnte nur bei einem das Geschlecht sicher bestimmt werden (Grab G I). Bei sechs weiteren war die Geschlechtsbestimmung nur unter Vorbehalten möglich, fünf waren gänzlich unbestimmbar, darunter die Knochenreste aus dem Wagengrab B I.

---

407 Vgl. DIETRICH 1998, 55. – BAITINGER 1999, 132. – TORBRÜGGE 1979, 189. – HENNIG 2001, 42 f. – K.-H. RÖHRIG, Das hallstattzeitliche Gräberfeld von Dietfurt an der Altmühl. Archäologie am Main-Donau-Kanal 1 (Buch a. Erlbach 1994) 92–94.

Bei der hohen Zahl unbestimmbarer Knochen bleibt die Geschlechterverteilung im Gräberfeld ungeklärt, ebenso die Frage nach geschlechtsspezifischer Beigabenausstattung. Die beiden in Grabbau und Beigaben herausragenden Gräber A I und G I wurden aller Wahrscheinlichkeit nach für etwa 30-jährige Männer angelegt, doch hilft diese Erkenntnis wenig ohne eine sichere Bestimmung der Person aus Grab B I. Eine hervorragende Rolle der waffenfähigen Männer lässt sich daraus sicher nicht ableiten. Die Größe der Hügel (Hügel A und B) bzw. Abweichungen im Grabbau (Hügel G) und ihre Absonderung innerhalb des Gräberfelds sprechen zwar für eine gehobene soziale Stellung der Bestatteten, aber diese kann, ebensowenig wie die auf die Hügel A, B und G beschränkte Beigabe von Alb-Hegau-Keramik, Schweinefleisch, Wagenteilen und Pferdegeschirr, mit einem bestimmten Geschlecht oder Lebensalter verbunden werden. Einen kleinen Anhaltspunkt bietet allerdings die Zusammenschau der Knochen aller Primärbestattungen, von denen drei im Geschlecht unbestimmbar waren, die anderen fünf aber alle als eher männlich bestimmt wurden. Keine der Primärbestattungen kann sicher oder auch nur unter Vorbehalt einer Frau zugeordnet werden.

Fundstelle	Fundart: LB (Leichenbrand) UV (unverbr. Skelettreste)	Geschlecht	Alter
Hügel A Grab I	LB: 860 g	eher männlich?	um 30 Jahre
Hügel A Grab II	UV: 1 Knochenfragment	eher weiblich?	erwachsen
Hügel A Fundstelle A III/4	LB: 140 g	unbestimmbar	25–40 Jahre
Hügel B Grab I	UV: 7 Knochenfragmente	unbestimmbar	erwachsen
Hügel C Grab I	LB: 9 g	unbestimmbar	erwachsen
Hügel D Grab I	LB: 260 g	unbestimmbar	30–50 Jahre
Hügel E Grab I	LB: 620 g	eher männlich?	matur
Hügel F Fundstelle II (BZ)	LB: 520 g (2 Individuen)	eher weiblich eher männlich?	um 30 Jahre (6/7)–14 Jahre
Hügel F Fundstelle III (BZ)	LB: 45 g	eher männlich	(spät)juvenil
Hügel F Fundstelle IV (BZ)	LB: 150 g	weiblich	spätadult
Hügel F Fundstelle V (BZ)	UV: Zahnreste	unbestimmbar	adult
Hügel F Fundstelle VIII	LB	eher männlich	erwachsen
Hügel G Grab I	LB: 1205 g (2 Individuen, wohl von verschiedenen Fundstellen)	männlich unbestimmbar	um 30 Jahre um 5 Jahre
Hügel G Grab II	UV: diverse Knochenreste	eher weiblich	erwachsen
Hügel H Grab I	LB: 370 g	eher männlich	spätadult

Tabelle 3   Reichenau ‚Ochsenbergle', Ergebnisse der Untersuchung der menschlichen Skelettreste.

Die Altersverteilung im Gräberfeld zeigt, dass fast ausschließlich erwachsene Menschen zwischen 25 und 50 Jahren bestattet sind. Kinder wurden möglicherweise außerhalb der Hügel in Flachgräbern bestattet, oder ihre Gräber lagen knapp unter der Hügeloberfläche, wo sie nicht erhalten blieben. Das Grab eines fünfjährigen Kindes aus Hügel G blieb wohl nur deshalb erhalten, weil es direkt oberhalb der Erstbestattung lag und von der Nachbestattung G II überdeckt wurde. Es wurde jedoch bei der Ausgrabung nicht als eigenes Grab erkannt. Ungeachtet möglicher weiterer Verluste bei der Grabung kann der osteologische Befund nicht als repräsentativ für die lebende Bevölkerung gesehen werden. Es fehlen zuverlässig als weiblich bestimmte Individuen, genauso wie Kinder und alte Menschen. Dies, wie auch die zeitliche Distanz zwischen den Erstbestattungen der Stufe Ha C/D 1 und den Ha-D 3-zeitlichen Nachbestattungen lässt nur den Schluss zu, dass sich noch weitere, nicht überhügelte Gräber in der Nähe befanden. Diese könnten auch ein wenig abseits der Grabhügel gelegen haben und wären dann beim Straßenbau nicht entdeckt worden.

7. Chronologische Einordnung

7.1 Relative Chronologie

Die Abfolge der Gräber kann nur zu einem gewissen Grad aus dem Fundmaterial selbst ermittelt werden. Tabelle 4 zeigt eine kombinationsstatistische Untersuchung der Verzierungsmerkmale auf Keramik, die entstand, bevor die Literaturrecherche für die Funddatierungen begonnen wurde. Für die Analyse konnten selbstverständlich nur mehrfach verzierte Gefäße herangezogen werden. Daher sind die Hügel E und F nicht in der Untersuchung vertreten. Die Verzierungsmerkmale wurden dabei bezüglich der Technik, des Ornaments und seiner Anwendung aufgeschlüsselt, um die Verzierung so genau wie möglich anzusprechen und gleichzeitig eine möglichst große Zahl von vergleichbaren Merkmalen zu erhalten. Das Ergebnis zeigt eine denkbare Abfolge der eingetieften Verzierung von reiner Stempelzier über Ritzlinien und kreuzschraffierte Felder hin zu Kannelur, Rädchenmuster und flächiger Bemalung der Gefäßaußenseiten. In den zwei lose durch die Keramik aus Grab A I verbundenen Gruppen muss jedoch nicht unbedingt eine zeitliche Abfolge zu sehen sein. Sie könnten auch nur die Trennung zwischen unterschiedlichen Zierstilen aufzeigen, auf der einen Seite die reich verzierte Alb-Hegau-Keramik mit vielfachen Musterkombinationen und auf der anderen Seite die rein bemalte und kannelierte Keramik mit wenigen Musterkombinationen. Letztere ist mit der Alb-Hegau-Ware wohl zu wenig vergleichbar, um chronologische Schlüsse daraus zu ziehen. Da die Keramik aus sich selbst heraus nicht zu gliedern ist, kann die innere Chronologie der Gräber nur aus dem Vergleich der im vorherigen Kapitel ermittelten Datierung der einzelnen Fundkomplexe erarbeitet werden. Untereinander vergleichbar sind nur die Grabkomplexe mit Keramik im Alb-Hegau-Stil. In die überregionale Hallstatt-Chronologie ist nur das Grab B I mit einiger Sicherheit einzuhängen.

Das Wagengrab in Hügel B kann als einziges Grab durch die Metallfunde sicher der Stufe Ha C zugewiesen werden. Es stellt innerhalb des Gräberfelds vermutlich die älteste Bestattung dar, da das Gefäß B.I.1 als einziges zur älteren, Alb-Hegau- bzw. Alb-Salem-Ware nach Zürn[408] zu zählen ist. Die für Baden-Württemberg reiche Pferdegeschirrbeigabe gehört in Bayern in den älteren Abschnitt von Ha C.[409] Die unverzierten Trensen dagegen werden in Bayern bereits in einen jüngeren Abschnitt von Ha C datiert.[410] Die übrige Keramik aus diesem Grab ist durchweg in Ha C zu datieren, doch innerhalb der Stufe nicht genauer einzuordnen. Im gesamten Fundmaterial fehlen allerdings eindeutige Hinweise auf eine Datierung an den Beginn von Ha D. Das Grab B ist demnach in die entwickelte Stufe Ha C zu datieren, möglicherweise an den Übergang von der früheren zur späteren Phase dieser Stufe, die sich in der Keramik durch reine Ritzlinienzier und Kreuzschraffur zeigt.

Die Keramik aus Grab A I mit Riefenzier und Kreuzschraffur ist im Vergleich zu Gefäß B.I.1 jünger einzustufen, doch auch hier fehlen zwingende Gründe für eine Datierung an den Beginn von Ha D. Die auf den Gefäßen dieses Grabes noch häufige Stempelverzierung, ein Merkmal der älteren Alb-Hegau-Ware, kommt, von Ausnahmen abgesehen, nur auf Keramik der Stufe Ha C vor. In Verbindung mit vielfachen Ritzlinien und Kreuzschraffur ist die Verzierung in eine fortgeschrittene Phase von Ha C zu datieren.[411] Das Grab A I ist daher tendenziell jünger als Grab B einzustufen, wenn auch zeitlich nicht allzuweit davon entfernt.

Auf dem ebenfalls zur Keramik im Alb-Hegau-Stil zählenden Gefäß 1 von Grab G I herrscht die Verzierung mit Ritzlinien vor, die Stempelzier ist dagegen deutlich unterrepräsentiert. Die Verwandtschaft zu den ausschließlich ritzverzierten Gefäßen aus den Gräbern 40, 68 und 78 des Magdalenenbergs[412] und der Heuneburg[413] ist bei diesem Gefäß enger als bei den Gefäßen der Gräber A I und B I.

---

[408] Zürn 1957b, 225.
[409] Kossack 1959, 17–24.
[410] Brosseder 2002, 26–29.
[411] Zürn 1957b, 225. – Brosseder 2004, 68.

Die beiden situlenähnlichen Gefäße G.I.4 und G.I.5 sind der späteren Phase von Ha C und dem Beginn von Ha D zuzuordnen, sie können jedoch in keine der beiden Stufen sicher eingeteilt werden. Die Keramik von Grab G I ist im Vergleich zu den Funden aus den Gräbern A I und B I jünger und zeitlich vermutlich an den Übergang zu Ha D zu setzen.

In den gleichen Zeitraum gehört wohl die hallstattzeitliche Bestattung in Hügel H. Aufgrund der ähnlichen Verzierung mit feinen, rot-schwarz bemalten Riefen auf Gefäß G.I.4 und den Gefäßen 1 und 2 von Grab H dürfte zwischen beiden Gräbern keine zu große zeitliche Differenz bestehen. Die Vergleichsfunde für die Gefäße H.I.1 und H.I.2 datieren ebenfalls mehrheitlich in die Übergangsphase von Ha C zu Ha D 1.

Die Bestattung in Hügel D ist nur ungenau in einen Zeitraum zwischen der späteren Phase von Ha C und der beginnenden Stufe Ha D zu datieren. Als chronologisch relevantes Merkmal kann nur die Rädchenzier auf Gefäß 4 dieses Grabes angesehen werden. Diese Ziertechnik tritt in Bayern ab der Phase Ha C 2 auf,[414] kommt jedoch auch noch in der beginnenden jüngeren Hallstattzeit vor. Die waagrechten Riefen auf dem Hals deuten ebenfalls in einen späteren Abschnitt von Ha C, die rote Bemalung bis zum Gefäßboden schließt das Gefäß 4 an die beiden situlenähnlichen Töpfe aus Grab G I an. Da die Keramik aus Hügel D insgesamt zu wenige vergleichbare Verzierungsmerkmale zeigt, ist die zeitliche Relation zu den Gräbern A I und G I nicht zu klären.

Die unverzierte Keramik aus Hügel E erlaubt ebenfalls keine Einordnung des Grabes in die zeitliche Abfolge des Gräberfelds. Die eher rundbauchigen, aber im Rand-Hals-Übergang scharf profilierten Gefäßformen sprechen tendenziell für eine Datierung in die Stufe Ha C. Bemerkenswert ist die Beigabe eines Altstücks, des mittel- bis spätbronzezeitlichen Radanhängers E.I.11, dessen symbolischer Wert offenbar über die Epochen hinweg Gültigkeit besaß.

Die Keramik der hallstattzeitlichen Bestattung in Hügel F ist ebenfalls unverziert, zeigt jedoch im Vergleich zu Grab E I eher schlanke Gefäßformen mit weicher Rand-Hals-Profilierung und schwach abgesetztem Kegelhals. Die Funde aus Grab F VIII sind daher tendenziell jünger einzustufen als diejenigen aus Hügel E, möglicherweise gehört das Grab bereits in die Späthallstattzeit. Für eine sichere Einordnung in die innere Chronologie des Gräberfelds fehlen hier jedoch die Vergleichsmerkmale. Nicht datierbar ist die Bestattung in Hügel C, vermutlich ein Brandschüttungsgrab, das in nicht feststellbarem Maße gestört war.

Eine gesicherte Datierung ist schließlich für die Nachbestattung A II anzugeben. Die Fußzierfibel und der Armring mit Steckverschluss lassen keinen Zweifel an einer Einteilung in die Stufe Ha D 3. Die vermeintliche Bestattung mit dem Becherfragment A.III.1 könnte nach vergleichbaren Befunden des Magdalenenbergs in die Stufe Ha D 1 gehören, aber auch eine jüngere Datierung kann nicht ausgeschlossen werden.

Die Nachbestattung G II in Hügel G ist dem Grab A II wohl zeitlich annähernd gleichzusetzen, wenn es sich bei dem Fibelfragment G.II.1 um den Rest einer Fußzierfibel handelt. Die restlichen Beigaben sind innerhalb von Ha D nicht genauer zu datieren.

Selbst wenn man die unsicher zuweisbaren Gräber D I, E I und H I in die Stufe Ha D 1 und das Grab F VIII in die Stufe Ha D 2 oder sogar Ha D 3 datiert, und die diversen Fundstellen in den Aufschüttungen der Hügel A und B als zerstörte Gräber interpretiert, ist die jüngere Hallstattzeit nur schwach repräsentiert. Es stellt sich die Frage, ob zwischen den Zentralbestattungen und den Nachbestattungen A II und G II überhaupt eine Kontinuität besteht, anhand des Fundmaterials ist dies zumindest nicht sicher zu beweisen. Es können folgende Schlüsse angeführt werden: Denkbar ist einerseits, dass die Beigabe von verzierter Keramik in Alb-Hegau-Tradition am Bodensee noch weit bis in die jüngere Hallstattzeit praktiziert wird, doch dagegen sprechen die Vergleichsfunde zu den Gefäßen, die allesamt nicht über die Stufe Ha D 1 hinausreichen. Andererseits ist es durchaus möglich, dass einige Nachbestattungen der Stufen Ha D 1 bis Ha D 3 nur knapp unter der Hügeloberfläche lagen

---

412 Spindler 1972, Taf. 20; ders. 1973, Taf. 22; 43; 44; ders. 1976, Taf. 72.
413 Dämmer 1978, Taf. 1–5. – Kurz 2000, Taf. 49–56.
414 Kossack 1959, 36 f.

	Anwendung: Stempelzier auf der Randinnenseite	Ornament: stempelgefüllte Dreiecke	Anwendung: Rautenschachbrett mit Stempelfüllung in Zierfeldern	Ornament: stempelgefüllte Rhomben	Ornament: begrenzende Ritzlinien	Anwendung: bemalte Rhomben auf Schulter und Bauch	Ornament: mehrfach untergliederte Zierfelder	Ornament: bemalte Rhomben	Verzierungstechnik: Stempel	Anwendung: Stempelzier auf Schulter und Bauch	Anwendung: schräge kombinierte Ritz- u. Stempelverz. a. Schulter u. Bauch	Ornament: kombinierte Ritz- u. Stempelverzierung	Ornament: stempelgefüllte senkrechte Streifen	Ornament: ineinandergeschachtelte Rhomben	Verzierungstechnik: Ritzlinie	Ornament: bemalte senkrechte Streifen	Anwendung: bemalte senkrechte Streifen auf Schulter und Bauch	Anwendung: bemalte Winkelbänder auf Schulter und Bauch	Ornament: bemalte Winkelbänder
A.I.2	x	x			x				x						x				
B.I.1		x	x	x	x	x	x	x	x			x	x	x	x	x	x	x	x
B.I.7					x										x	x	x		
G.I.1		x		x	x	x	x	x		x					x			x	x
A.I.4				x	x	x	x	x	x	x			x		x			x	x
A.I.3				x	x	x	x	x	x	x			x	x	x				
A.I.1					x		x	x		x	x				x	x			
D.I.1				x											x				
H.I.1													x	x					
H.I.2													x	x					
D.I.4																			
G.I.5																		x	x
G.I.6																			
G.I.3																			

Tabelle 4   Reichenau ‚Ochsenbergle', Kombinationsstatistische Untersuchung der Keramikverzierungen.

Hallstattzeitliche Grabhügel von Reichenau ‚Ochsenbergle', Lkr. Konstanz

	Ornament: bemalte Dreiecke	Ornament: Kreuzschraffur in dreieckigen Zierfeldern	Anwendung: Kreuzschraffur in dreieckigen Zierfeldern auf Schulter und Bauch	Anwendung: senkrechte kombinierte Ritz- u. Stempelverz. a. Schulter u. Bauch	Anwendung: waagrechte kombinierte Ritz- u. Stempelverzierung auf dem Hals	Ornament: schräge Riefen	Anwendung: schräge Riefen auf Schulter und Bauch	Verzierungstechnik: Riefen	Ornament: waagrechte Riefen	Anwendung: waagrechte Riefen auf dem Hals	Anwendung: senkrechte Riefen auf Schulter und Bauch	Ornament: senkrechte Riefen	Ornament: bemalte waagrechte Streifen	Anwendung: bemalte Dreiecke auf Schulter und Bauch	Anwendung: bemalte waagrechte Streifen auf Bauch und/oder Fuß	Ornament: flächige rote Grundierung außen	Verzierungstechnik: Rädchen	Ornament: zweifarbige Bemalung außen bis zum Boden	Anwendung: waagrechte Riefen auf Schulter und Bauch
A.I.2	x																		
B.I.1																			
B.I.7																			
G.I.1		x	x																
A.I.4		x	x																
A.I.3	x				x	x	x					x							
A.I.1				x	x		x	x	x	x	x								
D.I.1																			
H.I.1					x	x		x		x			x	x					
H.I.2					x	x	x	x	x	x									
D.I.4	x					x	x							x		x	x	x	
G.I.5	x													x		x		x	
G.I.6				x	x	x													
G.I.3					x	x	x	x				x		x	x		x	x	

siehe linke Seite

und durch Beraubung oder Erosion vollständig zerstört wurden. Dies wird durch den Befund A.III.1 gestützt, der wohl ein zerstörtes Grab darstellt. Es kann außerdem nicht ausgeschlossen werden, dass sich in der Umgebung der Grabhügel noch weitere, nicht überhügelte Bestattungen befunden haben, die beim Bau der Bundesstraße 33 nicht mehr erkennbar waren oder unerkannt zerstört wurden. Solche Flachgräber in der Nähe der Grabhügel sind z. B. aus Mauenheim bekannt. Ein völlig anderer Interpretationsansatz könnte sein, dass die Grabhügel in der Zeit zwischen dem Beginn der jüngeren Phase von Ha C und dem Beginn von Ha D 1 errichtet und am Ende der Späthallstattzeit noch einmal wiederbenutzt wurden.

7.2 Absolute Chronologie

Die absolutchronologische Einordnung der Funde von Reichenau ‚Ochsenbergle' ist nicht durch naturwissenschaftliche Daten aus dem Gräberfeld selbst zu ermitteln, da während der Ausgrabung keine organischen Proben zur Bestimmung entnommen wurden. Der Vergleich mit einigen durch dendrochronologische Untersuchungen sicher datierten Fundkomplexen erlaubt nur eine ungefähre Einordnung in das Gerüst der absoluten Daten der Hallstattzeit.

Als Eckdaten für die ältere Hallstattzeit sind die letzten Fälldaten der Pfähle aus der urnenfelderzeitlichen Seeufersiedlung Unteruhldingen-Stollenwiesen um 850 v. Chr.[415] sowie der Hölzer aus dem auf 778 ± 5 v. Chr. datierten, frühesthallstattzeitlichen Wagengrab aus Hügel 8 von Wehringen-Hexenbergle anzuführen.[416] Ein weiterer Fixpunkt ist das um 667 ± 10 v. Chr. angelegte Zentralgrab in Hügel 1 von Dautmergen, dessen Funde bereits dem späteren Abschnitt von Ha C zuzuordnen sind. Das Zentralgrab des Magdalenenbergs markiert schließlich mit dem Absolutdatum 622 bzw. 616 v. Chr. den Beginn der jüngeren Hallstattzeit. Für die Spätphase steht mit 520 ± 10 v. Chr. ein absolutes Datum von der Toranlage der jüngsten Periode Ia der Heuneburg zur Verfügung, das mit der Stufe Ha D 3 zu verbinden ist und die letzte Phase der hallstattzeitlichen Besiedlung auf der Heuneburg markiert.

Die Gräber von Reichenau ‚Ochsenbergle' sind in diesen zeitlichen Rahmen wie folgt einzuteilen: Die Keramik von Hügel B ist älter einzustufen als die Keramik aus dem Grab von Dautmergen, die an Verzierungen bereits Kannelur und Kreuzschraffur enthält und mit situlenähnlichen Gefäßformen einen jüngeren Abschnitt von Ha C repräsentiert. Direkt mit Funden aus dem Grab von Dautmergen sind jedoch die Pferdegeschirrteile aus Hügel B zu vergleichen. Die unverzierte eiserne Trense taucht in beiden Gräbern auf, ebenso wie Ringfußknöpfe und Schirrungszubehör. Das Wagengrab in Hügel B ist demnach in den gleichen Zeithorizont wie das Zentralgrab aus Hügel 1 von Dautmergen einzuordnen. Dies ergäbe eine Datierung des Grabes B I in das erste Drittel des 7. Jahrhunderts.

Etwa in die gleiche Zeit wie das Grab von Dautmergen ist das Grab A I aufgrund der vergleichbaren Keramik zu datieren. Allgemein ist eine Datierung von Grab A I in das zweite Viertel des 7. Jahrhunderts und bis um 650 v. Chr. anzugeben.

Die Keramik von Grab G I ist bereits in die Nähe der Funde aus den Gräbern mit verzierter Keramik aus dem Magdalenenberg zu stellen, die wohl alle relativ bald nach 622/616 v. Chr. angelegt wurden. Für die Erstbestattung in Hügel G lässt sich daher eine Datierung in das letzte Drittel des 7. Jahrhunderts bzw. bis um 600 v. Chr. wahrscheinlich machen. An diese Datierung ist aufgrund der ähnlichen Keramikverzierung möglicherweise die hallstattzeitliche Bestattung in Hügel H anzuschließen.

Die Zentralbestattungen der Hügel D und E und die Bestattung F VIII können nicht absolutchronologisch eingegrenzt werden. Nach der vermuteten relativen Abfolge innerhalb des Gräberfelds

---

415 Schöbel 1996, 83–85.
416 Dieses und alle folgenden Absolutdaten zur Hallstattzeit nach: M. Friedrich/H. Hennig, Dendrochronologische Untersuchung der Hölzer des hallstattzeitlichen Wagengrabes 8 aus Wehringen, Lkr. Augsburg und andere Absolutdaten zur Hallstattzeit. Bayer. Vorgeschbl. 60, 1995, 289–300.

sind die Gräber D I und F VIII möglicherweise bereits in das 6. Jahrhundert zu datieren, doch lässt sich dies nicht beweisen.

Die beiden Nachbestattungen A II und G II sind durch die Fibeln einigermaßen sicher in die Stufe Ha D 3 zu datieren, die nach dem Befund der Toranlage der Heuneburg-Periode Ia dem Ende des 6. und dem Beginn des 5. Jahrhunderts entspricht. Da die Fußzierfibeln auf der Heuneburg bereits in Periode II beginnen und bis zur Periode Ia belegt sind, lässt sich für die Gräber A II und G II und damit für das Ende der Belegung von Reichenau ‚Ochsenbergle' nur eine ungefähre Zeitstellung in die fortgeschrittene zweite Hälfte des 6. Jahrhunderts oder den Beginn des 5. Jahrhunderts angeben. Dadurch bleibt eine zeitliche Differenz von zwei bis drei Generationen zwischen der jüngsten datierbaren Primärbestattung G I und den beiden Nachbestattungen A II und G II bestehen, die durch keine sicher datierbaren Funde zu überbrücken ist.

8. Die Befunde von Reichenau ‚Ochsenbergle' in ihrem regionalen Kontext

8.1 Gräberfelder in der Region

Eine Einordnung der Befunde von Reichenau ‚Ochsenbergle' in die Besiedlungsgeschichte der Region Bodanrück – Hegau – westlicher Bodensee kann nur auf wenige Funde aus meist alt gegrabenen Grabhügelfeldern zurückgreifen. Da diese Gräberfelder in keinem Fall komplett ausgegraben wurden, sind Aussagen zum Beginn der hallstattzeitlichen Siedlungstätigkeit in diesem Raum nur sehr eingeschränkt möglich. Das Ende der urnenfelderzeitlichen Seeufersiedlungen am Bodensee wird nach den dendrochronologischen Daten allgemein in die zweite Hälfte des 9. Jahrhunderts v. Chr. datiert.[417] Diese Zahl bezieht sich jedoch auf die am Nordufer des Überlinger Sees gelegenen Stationen Unteruhldingen-Stollenwiesen und Hagnau-Burg, die letzte Schlagdaten von 874 bzw. 850 v. Chr. ergaben. Die Pfähle der beprobten Siedlungen von Konstanz-Frauenpfahl und Wollmatingen-Langenrain ergaben letzte Schlagdaten von 939 bzw. 934 v. Chr.,[418] wobei jüngere Bauphasen nicht ausgeschlossen werden können, da es sich bei den Untersuchungen lediglich um Sondagen handelte. Für eine Siedlung auf der Insel Reichenau wurde ein Weiterbestehen bis über die Mitte des 9. Jahrhunderts vermutet.[419]

Eine Kontinuität von der spätesten Urnenfelder- zur frühesten Hallstattzeit konnte in Gräberfeldern in diesem Raum bislang nicht nachgewiesen werden; das in der Nähe zum Ochsenbergle gelegene urnenfelderzeitliche Gräberfeld von Reichenau-Pfaffenmoos reicht über die Stufe Ha A 2 nicht hinaus.[420]

Der Befund aus dem Gräberfeld von Singen-Nordstadtterrasse, wo spätbronze- und hallstattzeitliche Gräber in unmittelbarer Nachbarschaft lagen, lässt derzeit noch keine Schlussfolgerungen zu, da die hallstattzeitlichen Gräber noch nicht vorgelegt wurden.[421] Immerhin ist zu erkennen, dass die im Überschneidungsbereich beider Gräberfeldareale liegenden Bestattungen allesamt der Späthallstattzeit angehören.[422]

Zum Beginn der hallstattzeitlichen Siedlungstätigkeit im Raum Hegau – westlicher Bodensee (heute in etwa identisch mit dem Gebiet des Landkreises Konstanz) lassen die wenigen Grabfunde nur

---

[417] Schöbel 1996, 83–85.
[418] Ebd. 82; 213 Abb. 67.
[419] H. Schlichtherle, Bemerkungen zur vorgeschichtlichen Besiedlung des Klosterplatzes. In: A. Zettler, Die frühen Klosterbauten der Reichenau, Ausgrabungen, Schriftquellen, St. Galler Klosterplan, Archäologie und Geschichte. Freiburger Forsch. 1. Jt. Südwestdeutschland 3 (Freiburg 1988) 321.
[420] W. Hübener, Gräber der Urnenfelderzeit von Reichenau, Ldkrs. Konstanz. Bad. Fundber. 22, 1962, 25–36.
[421] Brestrich 1998, 228 und Anm. 787. Die hallstattzeitlichen Funde werden im Rahmen einer Magisterarbeit behandelt und sind bislang nicht vorgelegt.
[422] Brestrich 1998, 228.

ungenaue Angaben zu. Allein aus dem Landkreis Konstanz sind etwa 70 Fundstellen von Grabhügeln bekannt, von denen knapp die Hälfte relativ sicher der Hallstattzeit zugewiesen werden kann (Abb. 29 mit Liste der Fundstellen). Auffällig ist, dass nicht alle hallstattzeitlichen Grabfunde aus Hügelgräbern stammen. In mindestens zwei Fällen (Gottmadingen-Riedbuck und Mahlspüren-Grubenäcker) konnten ausgedehnte Flachgräberfelder mit Urnenbestattungen der älteren und jüngeren Hallstattzeit aufgedeckt werden.[423] Das Urnenfeld von Gottmadingen-Riedbuck liegt dabei in unmittelbarer Nähe zu einem Grabhügelfeld der gleichen Zeitstellung.

Die Gräberfelder bestehen in der Regel aus etwa acht bis 14 Hügeln, wobei anzunehmen ist, dass die ursprüngliche Anzahl manchmal größer war und viele Hügel heute nicht mehr zu erkennen sind. Bei einzelnen Hügeln ist oft nicht klar, ob sich noch weitere, mittlerweile verebnete Hügel in der Umgebung befunden hatten. Die Anordnung der Hügel lässt keine Regelhaftigkeiten erkennen. Die meisten Gräbergruppen sind in unregelmäßigen Haufen angeordnet, es kommen aber auch langgestreckte Anordnungen wie in Reichenau ‚Ochsenbergle' vor. Eine Trennung in bestimmte Grabhügelgruppen ist nur selten möglich. Dies mag durch die topographische Situation begründet sein, die nur in wenigen Fällen nachgeprüft werden konnte. Wo die Lage im Gelände klar ist, liegen die Gräber oft an erhöhten Punkten und in der Nähe von natürlichen Wegeverbindungen. Dies entspricht dem allgemeinen Bild von der Anlage hallstattzeitlicher Grabhügel.

Gräberfelder mit mehr als 20 Hügeln sind in diesem Raum selten. Aus Singen-Großtannenwald ist eine Nekropole mit mindesten 82 z.T. alt gegrabenen Hügeln bekannt, von denen jedoch keine Funde publiziert sind. Da die Gegend um den Hohentwiel und das heutige Stadtgebiet von Singen bereits in der Bronzezeit ein Zentrum der Siedlungstätigkeit im Hegau war, ist wohl auch von einer größeren hallstattzeitlichen Ansiedlung auszugehen, über deren Lage und Zeitstellung jedoch derzeit keine Aussagen gemacht werden können.

Auf dem Bodanrück liegen die zwei Gräberfelder von Allensbach-Tafelholz und Dettingen-Ameisenberg, die mit 36 und 39 Hügeln größere bzw. über einen längeren Zeitraum bewohnte Siedlungen andeuten. Die einsehbaren Funde der Ausgrabung der Hügel 1, 9 und 10 von Dettingen-Ameisenberg[424] bestehen ausschließlich aus Keramikgefäßen mit mehrheitlicher Ritz-, Rädchen- und Riefenzier. Stempelverzierung tritt nur auf zwei Tellern auf, einmal in Verbindung mit Rollrädchenzier. Da von dieser Nekropole keine weiteren Hügel ausgegraben wurden, lassen sich zur zeitlichen Tiefe der Belegung keine Aussagen machen. Die Grabhügel von Allensbach-Tafelholz sind mittlerweile verebnet. Nach Angaben in den Ortsakten wurden fünf Hügel alt gegraben, die Funde aus diesen Grabungen sind jedoch verschollen.

Für die übrigen Fundstellen im Landkreis Konstanz sind neben den Arbeiten WAGNERS[425] lediglich kurze Passagen in den Fundschauen der Badischen Fundberichte[426] und der Fundberichte aus Baden-Württemberg[427] heranzuziehen. Es finden sich zwar einige Kurzberichte zu neueren Grabungen durch den Kreisarchäologen AUFDERMAUER und seinen Nachfolger J. HALD,[428] jedoch ohne vollständige Vorlage der Funde. Der einzige Bericht mit vollständiger Fundvorlage aus dem Landkreis Konstanz ist die bereits mehrfach zitierte Arbeit von AUFDERMAUER über drei Gräber aus Nenzingen.[429] In derselben Ausgabe dieser Zeitschrift findet sich ein Artikel von R. DEHN über hallstattzeitliche Fundstellen auf dem Bodanrück, in dem er die Grabung DEHOFFS im Heidenbühl bei Kaltbrunn 1864 und die Befunde von Hügel A Grab I von Reichenau ‚Ochsenbergle' vorstellt.[430]

---

[423] WAGNER 1908, 20 f.; 59–61.
[424] Katalog der Dissertation von J. AUFDERMAUER. OA LAD Freiburg.
[425] WAGNER 1885 und 1908.
[426] Bad. Fundber. 13, 1937; 15, 1939; 19, 1951; 20, 1956; 21, 1958; 22, 1962.
[427] Fundber. Baden-Württemberg 10, 1985; 22/2, 1999.
[428] J. AUFDERMAUER, Urnenfelder- und hallstattzeitliche Gräber in Hilzingen-Binningen, Kreis Konstanz. Arch. Ausgr. Baden-Württemberg 1982, 73–75; ders., Zwei Gräber der Hallstattkultur in Gottmadingen, Kreis Konstanz. Ebd. 1986, 74–76. – J. HALD, Gräber der Hallstattzeit bei Engen-Welschingen, Kreis Konstanz. Ebd. 2001, 66–68.
[429] AUFDERMAUER 1982.
[430] DEHN 1982 mit Kartierung der Fundstellen auf Abb. 1.

Das aus den genannten Quellen zusammengetragene Fundmaterial aus den Gräberfeldern im Landkreis Konstanz deckt die Stufen Ha C und Ha D ab. Da keines der Gräberfelder komplett gegraben ist, lassen sich keine Gewichtungen in einem bestimmten Zeitabschnitt feststellen. Auffällig ist allerdings, dass sich unter den Funden keine Keramik der ältesten Alb-Hegau-Ware nach Keller[431] und Zürn[432] findet. Dies wird durch die Kartierung Kellers zu seiner Frühphase gestützt, die tatsächlich einen fundleeren Raum am westlichen Bodensee und im Hegau zeigt.[433] An diesem Bild hat sich bis heute nichts geändert, was wohl vor allem daran liegt, dass seit der Arbeit Kellers fast keine Neufunde gemacht wurden. Es wäre aber auch denkbar, dass in der durch schwarze Keramik mit weißer Inkrustation und flächiger Stempelzier charakterisierten frühesten Hallstattzeit in diesem Raum keine oder nur wenige Siedlungen bestehen. Dass die Verzierungstechnik im Alb-Hegau-Stil am westlichen Bodensee erst in einer jüngeren Phase von Ha C übernommen wurde, ist unwahrscheinlich, da die älteste Alb-Hegau-Ware in allen angrenzenden Räumen von der Nordschweiz über das Rheintal und die zentrale Alb bis Oberschwaben vorkommt. Da kein komplett ergrabenes Gräberfeld vorliegt, ist aber eine Siedlungslücke in dieser Zeit nicht zu beweisen. Die Fundleere für diesen ältesten Abschnitt von Ha C könnte auch rein durch den Forschungsstand bedingt sein. Die älteste hallstattzeitliche Keramik aus dem Landkreis Konstanz lässt sich innerhalb der Stufe Ha C nicht näher datieren. Man könnte die seltene Verwendung von Stempel- und Kerbschnittzier, wie sie für die ältere entwickelte Alb-Hegau-Ware auf der Alb belegt ist, als ein Indiz für eine spätere Zeitstellung der Gräber in Ha C heranziehen, doch lässt die geringe Materialbasis bisher weder sichere Datierungen noch Rückschlüsse auf regionale Eigenheiten und Einflüsse aus südlich und östlich benachbarten Räumen zu.

8.2 Siedlungsstellen in der Region

Aus dem Landkreis Konstanz sind neun Siedlungsstellen der Hallstattzeit bekannt, darunter mindestens drei Höhensiedlungen (Abb. 29, Sternsignaturen). Der Fundstoff ist oftmals auf reine Lesefunde beschränkt, so dass zum Aufbau der Siedlungen nichts ausgesagt werden kann. Da nur wenige Funde publiziert sind und nur für drei Siedlungsstellen chronologische Analysen durchgeführt wurden, ist die zeitliche Einordnung der Fundstellen oft unsicher. Gerade bei der Siedlungskeramik sind oftmals Zweifel an der genauen Datierbarkeit des Materials angebracht.
Die Höhensiedlung auf dem ‚Großen Felsen' bei Orsingen-Nenzingen, Lkr. Konstanz, wurde 1984 von P. Schuck als Magisterarbeit in Frankfurt vorgelegt. Eine Kopie des unpublizierten Manuskripts wird im LAD Freiburg aufbewahrt, durfte jedoch von mir nicht eingesehen werden, so dass zur Zeitstellung der Höhensiedlung keine Angaben gemacht werden können.
Auf den Vulkankegeln des Hegaus finden sich zahlreiche vorgeschichtliche Höhensiedlungen, von denen meist nur Lesefunde bekannt sind. Auf dem Hohenhewen bei Anselfingen[434] und dem Hohenstoffeln bei Binningen[435] sind wenige Lesefunde der älteren und der jüngeren Hallstattzeit bekannt, die freilich keine Aussage zur Dauer der Siedlungen zulassen.
Am Fuß des Mägdeberges bei Mühlhausen stieß man 1934/35 auf Siedlungsgruben und Hausgrundrisse der Hallstatt- und Latènezeit.[436] Das hallstattzeitliche Fundmaterial deckt angeblich die beiden Stufen Ha C und Ha D ab. Ob sich auch auf dem Plateau des Mägdeberges eine Siedlung der Hallstattzeit befunden hatte, ist aufgrund der mittelalterlichen Bebauung nicht festzustellen.

---

431 Keller 1939, 54–65; 86 Abb. 30.
432 Zürn 1957b, 225.
433 Keller 1939, 86 Abb. 30.
434 Wagner 1908, 9.
435 Bad. Fundber. III, 1933–36, 363 f.
436 F. Garscha/W. Rest, Eine Hallstatt- und Latène-Siedlung am Mägdeberg (Hegau). In: Marburger Studien [Festschr. Gero Merhart von Bernegg] (Darmstadt 1938) 54–69.

Die Fundstelle von Singen ‚Mühlenzelge' lag auf einer Niederterrasse am Ostfuß des Hohentwiel im heutigen Stadtgebiet von Singen und erbrachte Befunde aus nahezu allen vorgeschichtlichen Zeitstufen vom Mittelneolithikum bis zur Frühlatènezeit.[437] Die hallstattzeitlichen Funde gehören alle der Späthallstattzeit an, wobei die Stufe Ha D 3 deutlich stärker vertreten ist als die vorausgegangenen Stufen.[438]

In einer Kiesgrube im Gewann ‚Unter Sand' bei Binningen wurden bei Erweiterungsarbeiten 1957 und 1985 Gruben und Kulturschichtreste der Hallstattzeit aufgedeckt.[439] Unter den Funden ist eine Vasenkopfnadel mit Strichgruppenzier am Hals, die in die späte Urnenfelderzeit und die ältere Hallstattzeit zu datieren ist.[440] Die Keramik trägt teilweise Ritzverzierung sowie rote und schwarze Bemalung und lässt sich nach J. Biel in seine Gruppe II der Siedlungskeramik einteilen, die der Stufe Ha C und dem Beginn von Ha D entspricht.[441]

Von drei weiteren, vermeintlich hallstattzeitlichen Siedlungsplätzen im Landkreis Konstanz sind keine Funde veröffentlicht, so dass hierzu keine Angaben möglich sind. Es handelt sich um die Fundstellen Anselfingen-Eulenloch/Im Sand, Engen-Emmet und Orsingen, die allesamt in der Ebene liegen.

Im Jahre 1939 wurde im ‚Weiherried' bei Dettingen auf dem Bodanrück eine Siedlung der Hallstattzeit entdeckt und 1940 in Sondageschnitten untersucht.[442] Die geborgene Keramik zeigt deutliche Parallelen zur Keramik aus der Siedlung am Mägdeberg und datiert wie diese in die gesamte Hallstattzeit und bis an den Beginn der Frühlatènezeit.[443] An Verzierungen finden sich viele Elemente der Alb-Hegau-Keramik wie Stempelung, Kerbschnitt, Ritzlinien- und Rädchenzier sowie flächige Rotfärbung und Graphitbemalung. Die offensichtlichen Parallelen zur entwickelten Alb-Hegau-Ware lassen keinen Zweifel an einer Datierung dieser Stücke in die Stufe Ha C. Die Spätphase der Siedlung ist durch ein Hohlfußfragment vertreten, das W. Kimmig an den Beginn der Frühlatènezeit datiert.[444] In Dettingen lässt sich der Siedlung mindestens ein Friedhof zuordnen, nämlich das oben bereits genannte, nur etwa 800 m entfernte Gräberfeld am Ameisenberg, das mit 39 Gräbern zu den größten im Landkreis Konstanz zählt. Die wenigen bekannten Funde können an die Keramik aus der Siedlung angeschlossen werden, ohne jedoch deren Zeitstellung zu präzisieren. Auch mit den Funden aus Reichenau ‚Ochsenbergle' sind die Funde aus dem Weiherried gut vergleichbar. Eine Scherbe[445] zeigt eine kombinierte Ritzlinien-Stempel-Verzierung wie auf den Gefäßen aus Hügel A Grab I. Es ist wohl anzunehmen, dass die Siedlung im Weiherried zumindest teilweise zeitgleich mit den Bestattungen in Reichenau ‚Ochsenbergle' ist. Aufgrund der großen Nekropole am Ameisenberg erscheint es jedoch unwahrscheinlich, dass die am Ochsenbergle bestattenden Personen Bewohner der Siedlung im Weiherried waren. Wo die Siedlung zum Gräberfeld am Ochsenbergle lag ist nicht festzustellen.

Die Keramik von Reichenau ‚Ochsenbergle' ist mit den genannten Funden aus dem Landkreis Konstanz nicht näher verwandt als mit der Keramik von der Alb oder der Nordostschweiz. Es lässt sich kein regionaler Stil abgrenzen, und außer der hier häufig vorkommenden, auf der Alb dagegen nahezu unbekannten Verwendung von Rädchenzier, sind keine bestimmten Vorlieben bei der Verzierung zu erkennen. Die Verwandtschaft einiger Gefäße zur Keramik der Ostalb und Bayerisch-Schwabens zeigt sich bei den übrigen Funden aus dem Landkreis Konstanz nicht.

---

[437] S. Hopert, Die vorgeschichtlichen Siedlungen im Gewann ‚Mühlenzelge' in Singen am Hohentwiel. Materialh. Arch. Baden-Württemberg 32 (Stuttgart 1995).
[438] Ebd. 86 f.
[439] Berichte in: Bad. Fundber. 22, 1962, 263–265 Taf. 93; 94. – Fundber. Baden-Württemberg 10, 1985, 499 Taf. 40.
[440] Baitinger 1999, 32. – Hennig 2001, 58.
[441] J. Biel, Vorgeschichtliche Höhensiedlungen in Südwürttemberg-Hohenzollern. Forsch. u. Ber. Vor- u. Frühgesch. Baden-Württemberg 24 (Stuttgart 1987) 101 f.
[442] A. Beck, Eine Siedlung der Spätbronzezeit im Weiherried bei Dettingen am Bodensee. Mannus 34, 1942, 195–205. Korrektur der Datierung in: Bad. Fundber. 17, 1941–1947, 291–293 Taf. 76.
[443] Bad. Fundber. 17, 1941–1947, 292.
[444] Ebd. 293.
[445] Ebd. Taf. 76,6.

Das Wagengrab aus Hügel B dürfte nach der Durchsicht der publizierten Funde aus dem Landkreis Konstanz zu den ältesten Inventaren in diesem Raum gehören. Die Menge des publizierten Fundmaterials ist jedoch nicht repräsentativ genug, um den Beginn der hallstattzeitlichen Besiedlung im Landkreis Konstanz definitiv festzulegen.

9. Zusammenfassung

Das Gräberfeld von Reichenau ‚Ochsenbergle' lag am Südufer der Halbinsel Bodanrück unweit der Ortschaft Allensbach im Landkreis Konstanz. Durch den Bau einer Umgehungsstraße wurde 1960/61 die Ausgrabung der Grabhügel nötig. In zwei Kampagnen wurden acht Hügel mit insgesamt mindestens zehn hallstattzeitlichen Bestattungen freigelegt. Die Hügel F und H enthielten außerdem mittelbronzezeitliche Befunde, die durch Nachbelegungen der Hallstattzeit teilweise gestört waren. In Hügel B fand sich eine Körperbestattung mit Wagen- und Pferdegeschirrbeigabe, die Primärbestattungen der übrigen Hügel waren Brandgräber mit fast ausschließlich keramischen Beigaben. Die Grabkammern waren meist zu ebener Erde errichtet worden, nur die zentrale Grabkammer von Hügel G hatte man in den anstehenden Boden eingetieft. Es gibt unter den Brandgräbern solche, bei denen sich der Verbrennungsplatz am Bestattungsplatz befand und die Reste des Scheiterhaufens beigegeben wurden, aber auch solche, bei denen kein Verbrennungsplatz nachgewiesen wurde, die Scheiterhaufenreste aber trotzdem ins Grab gelangten. Bei zwei Hügeln fand sich schließlich nur gereinigter Leichenbrand im Grab. Die Gräber waren nur teilweise mit Steinen abgedeckt oder eingefasst, die großen Hügeln A und B hatten auch Spuren von hölzernen Kammereinbauten.

Nur in den Hügeln A und G wurden Nachbestattungen angetroffen, die eine Zeitstellung in die Stufe Ha D 3 ergaben. Die chronologische Untersuchung des Fundmaterials der Zentralbestattungen ließ dagegen einen ungefähren Belegungszeitraum von einem fortgeschrittenen Abschnitt von Ha C bis zum Beginn oder bis in die Frühphase der Stufe Ha D 1 erkennen. Die tatsächliche Belegungsdauer ist nicht sicher anzugeben, weil die Gräber D I, E I, F VIII und H I innerhalb von Ha C/D 1 nicht genau eingeteilt werden können. Die Keramik der älteren Hallstattzeit in Baden-Württemberg ist nach wie vor nicht hinreichend eng datierbar, weshalb die chronologische Einordnung der Funde und damit die Abfolge der einzelnen Bestattungen nicht mit letzter Sicherheit angegeben werden kann. Die Datierungen sind daher als tendenzielle Bewertungen zu verstehen, die, soweit es möglich war, durch Vergleichsfunde gestützt werden.

Das Wagengrab B I ist innerhalb des Gräberfelds das älteste Grab und absolutchronologisch vermutlich in das erste Drittel des 7. Jahrhunderts zu datieren. Vielleicht ist es das Grab des Gründers oder der Gründerin der zugehörigen Siedlung; doch ist die Lage dieser Siedlung bislang nicht zu ermitteln.

Die keramischen Funde der Gräber A I, B I und G I gehören zum Teil in den Komplex der Keramik im Alb-Hegau-Stil und zeigen eine gewisse Ähnlichkeit zur Keramik in Südwürttemberg, doch sind direkte Vergleichsstücke auf der zentralen Schwäbischen Alb selten. In den Keramikinventaren der beiden ältesten Gräber B I und A I ist dagegen neben dieser eher losen Verwandtschaft zur Keramik der zentralen Alb ein starker Einfluss der Keramik der Ostalb, des westlichen Mittelfrankens und Bayerisch-Schwabens auszumachen. Diese Hinwendung nach Osten, in das Ries und in den westlichen bayerischen Donauraum bis zum Mittellauf von Iller, Lech und Amper lässt sich auch im weiteren Verlauf der Belegung an der Keramik der Hügel G und H nachvollziehen.

Die Gräber A I und G I können aufgrund der Keramikverzierungen noch der älteren Hallstattzeit zugeteilt werden, die Gräber D I, E I und H I sind nicht eindeutig in die Stufe Ha C oder Ha D 1 zu datieren. Die hallstattzeitliche Bestattung F VIII ist möglicherweise noch jünger einzustufen, doch lässt sich dies anhand des unverzierten Keramikmaterials nicht beweisen. Das vermeintliche Brandschüttungsgrab in Hügel C war aufgrund der chronologisch indifferenten Keramik und der in der Ursache nicht mehr zu ermittelnden Störungen nicht datierbar.

Die Untersuchung der Skelettreste durch J. WAHL ergab keine Rückschlüsse auf Größe und soziale Stellung der Bevölkerung, da fast die Hälfte der Bestatteten im Geschlecht nicht bestimmbar war, darunter der/die Tote aus dem Wagengrab B I. Durch das Fehlen sicher bestimmter Frauen, Kinder und alter Menschen entsteht der Eindruck, dass das Gräberfeld nicht vollständig erfasst wurde, obwohl offenbar alle erkennbaren Grabhügel ausgegraben wurden. Es ist möglicherweise mit einer nicht geringen Zahl an erodierten Nachbestattungen oder nicht entdeckten Flachgräbern im Umkreis zu rechnen. Dies würde auch die zeitliche Lücke zwischen den Ha-C/D 1-zeitlichen Zentralgräbern und den beiden Ha-D 3-zeitlichen Nachbestattungen erklären.

In einem abschließenden Kapitel wurde versucht, die Befunde von Reichenau ‚Ochsenbergle' in die Besiedlungsgeschichte der Region Hegau – westlicher Bodensee – heute in etwa identisch mit dem Landkreis Konstanz – einzugliedern. Da eine siedlungsarchäologische Übersicht über diesen Raum bislang ebenso wenig existiert wie eine Zusammenstellung der Grabfunde, wurden die Fundstellen im Landkreis Konstanz auf der Basis der Ortsakten im LAD Freiburg kartiert und publizierte Funde chronologisch ausgewertet (Abb. 29 mit Liste der Fundstellen). Von den über 80 Fundstellen machen Grabhügelfelder mehr als drei Viertel aus. Knapp die Hälfte der Grabhügelfelder sind sicher hallstattzeitlich. Desweiteren sind mindestens zwei zeitgleiche Flachgräberfelder und zehn Siedlungsstellen, darunter drei Höhensiedlungen bekannt. Die Grabhügel und die Siedlungen liegen im Hinterland des Sees, bevorzugt auf höhergelegenem Terrain, die Seeufer und die Flussniederungen der Stockacher und der Radolfzeller Aach sind nahezu fundleer.

Die Grabhügelgruppen zählen selten mehr als 20 Hügel, die meisten bestehen aus etwa acht bis 14 Hügeln. Dies lässt für das Siedlungsbild auf eine lockere Struktur von Einzelgehöften oder kleinen Weilern schließen, selbst wenn zu den Grabhügeln noch einmal die doppelte Zahl an Flachgräbern zu rechnen ist. Diese Siedlungsform kann man wohl auch für die im Gräberfeld von Reichenau ‚Ochsenbergle' bestattende Bevölkerung annehmen. Im Verlauf der Hallstattzeit scheinen sich auch hier Zentralorte herauszubilden, wie etwa die Gegend um den Hohentwiel, um den sich zahlreiche Grabhügelfelder gruppieren, darunter das Gräberfeld von Singen-Großtannenwald mit 83 Hügeln. Zu einer Anlage von Großgrabhügeln kommt es hier jedoch nicht.

Die chronologische Auswertung der publizierten Keramik aus dem Landkreis Konstanz zeigt bislang einen Beginn der hallstattzeitlichen Besiedlung in einem fortgeschrittenen Abschnitt von Ha C, d.h. der Phase der entwickelten Alb-Hegau-Keramik; die schwarz-weiße, rein stempelverzierte Ware der frühesten Hallstattzeit ist in diesem Raum bisher nicht belegt. Ob dieses eher unscharfe Bild der hallstattzeitlichen Besiedlung im Hegau auch der historischen Realität entspricht, ist anhand der bisher vorgelegten Materialmenge nicht zu klären.

Liste der hallstattzeitlichen Fundstellen im Landkreis Konstanz

Hallstattzeitliche Grabhügel

1. Allensbach ‚Tafelholz'
2. Anselfingen ‚Hasenbühl'
3. Bargen ‚Zimmerplatz'
4. Binningen ‚Dümpfle'
5. Bittelbrunn ‚Bubenholz'
6. Bittelbrunn ‚Ziegelhau'
7. Blumenfeld ‚Langholz'
8. Bodman ‚Fraasen'
9. Dettingen ‚Ameisenberg'
10. Gottmadingen ‚Spießwald'
11. Hegne ‚Schwarzenberg'
12. Kaltbrunn ‚Heidenbühl'
13. Konstanz/Litzelstetten ‚Eggenhalden'
14. Mahlspüren ‚Hagenbühl'/‚Oberholz'
15. Mauenheim (Lkr. Tuttlingen)
16. Nenzingen ‚Eckenwasen'
17. Nenzingen ‚Martinshalde'
18. Rielasingen ‚Schließäcker'
19. Rielasingen ‚Schnaidholz'
20. Reichenau ‚Ochsenbergle'
21. Rorgenwies ‚Frauenhau'
22. Schienen ‚Am Brandhof'
23. Schienen ‚Brand'
24. Singen, Beim Bahnbau
25. Singen ‚Großtannenwald'
26. Stockach ‚Haidach'/‚Rißtorf'
27. Wahlwies ‚Bogental'
28. Wahlwies ‚Hafenäcker'
29. Wahlwies ‚Hardt'
30. Welschingen ‚Ertenhag'
31. Welschingen ‚Siechenwies'/‚Hackenäcker'

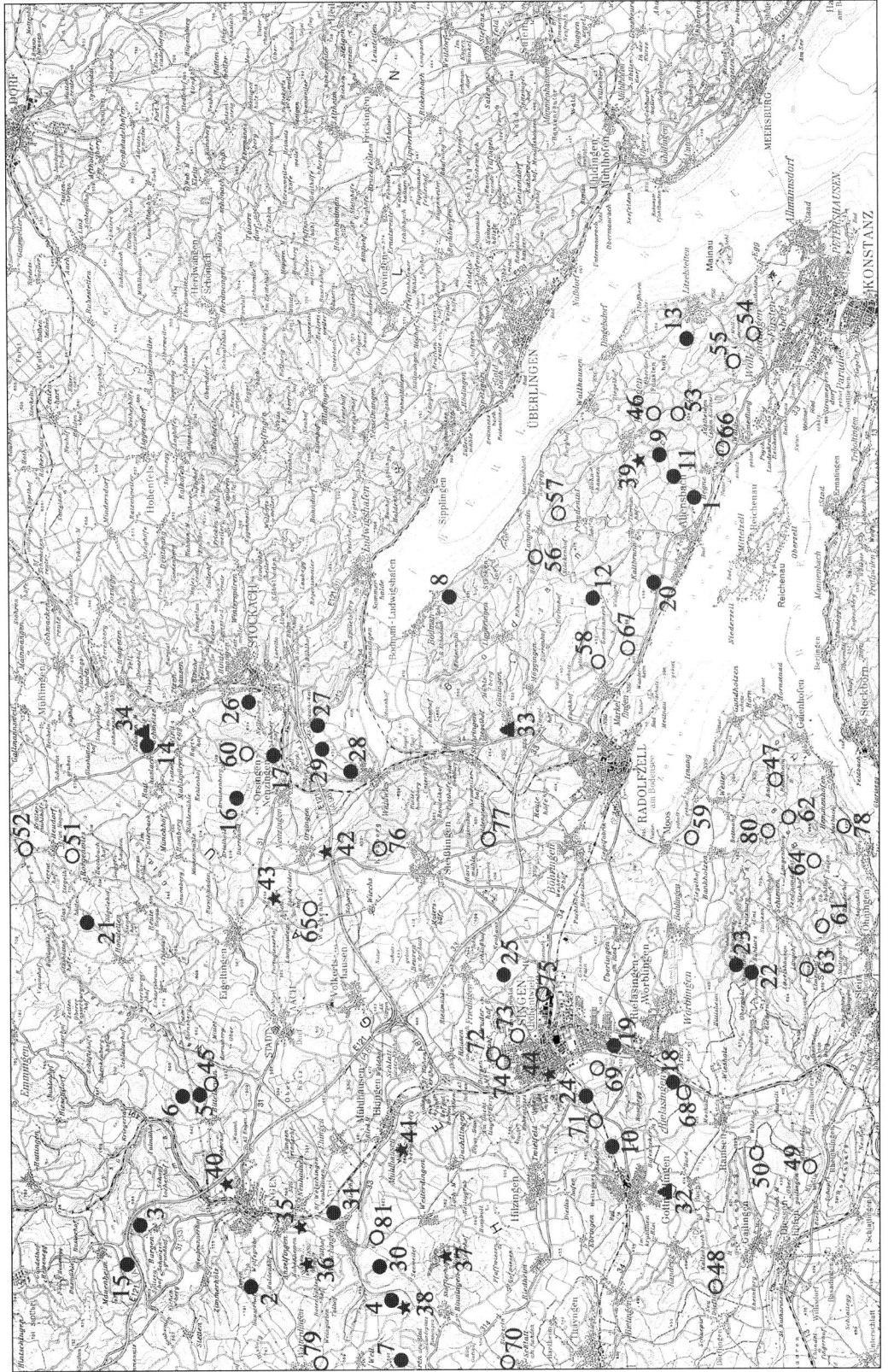

Abb. 29 Fundstellen der Hallstattzeit im Landkreis Konstanz. Punkte: Grabhügel; Dreiecke: Flachgräber; Kreise: Grabhügel unbekannter Zeitstellung. Verzeichnis der Fundstellen im Katalog. Ausschnitt aus TK C 8318 1:100000 (Maßstab verkleinert). © Landesvermessungsamt Baden-Württemberg (http://www.lv-bw.de), Az.: 2851.3-A/218.

Hallstattzeitliche Flachgräber

32. Gottmadingen ‚Riedbuck'
33. Güttingen ‚Kirchental' (Befund unsicher)
34. Mahlspüren ‚Grubenäcker'

Hallstattzeitliche Siedlungsstellen

35. Anselfingen ‚Eulenloch/Im Sand'
36. Anselfingen ‚Hohenhewen' (Höhensiedlung)
37. Binningen ‚Hohenstoffeln' (Höhensiedlung)
38. Binningen ‚Unter Sand'
39. Dettingen ‚Weiherried'
40. Engen ‚Emmet'
41. Mühlhausen ‚Mägdeberg'
42. Orsingen, Beim Autobahnbau
43. Orsingen ‚Großer Felsen' (Höhensiedlung)
44. Singen ‚Mühlenzelgle'

Grabhügel unbekannter Zeitstellung

45. Bittelbrunn ‚Neubruch'
46. Dettingen ‚Brandberg'
47. Gaienhofen ‚Brandmösle'
48. Gailingen ‚Holzwies'
49. Gailingen ‚Staffelwald'
50. Gailingen ‚Winkel'
51. Heudorf ‚Hochbuch'
52. Heudorf ‚Homburg/Brand'
53. Konstanz/Dingelsdorf ‚Homberg'
54. Konstanz ‚Langert'
55. Konstanz ‚Schwallert'
56. Langenrain ‚Schnepfenstoß'
57. Langenrain ‚Zimmermannshau'
58. Markelfingen ‚Hornhalde'
59. Moos ‚Mooswald'
60. Nenzingen ‚Rennehau'
61. Öhningen ‚Bannholz'
62. Öhningen ‚Burghalden'
63. Öhningen ‚Eichen'
64. Öhningen ‚Salenhof'
65. Orsingen ‚Wachenholz'
66. Reichenau ‚Geißbühl'
67. Reichenau ‚Stalläcker/Lochwiese'
68. Rielasingen/Arlen ‚Buttelen'
69. Rielasingen ‚Münchried'
70. Schlatt a. Randen ‚Bahnholz'
71. Singen ‚Katzentalerhölzle'
72. Singen ‚Kleintannenwald'
73. Singen ‚Posthalterswäldle'
74. Singen ‚Rußäcker'
75. Singen ‚Vordere Gehren'
76. Steißlingen ‚Kirnberg'
77. Steißlingen ‚Zellerweg'
78. Wangen ‚Hardt'
79. Watterdingen ‚Oberholz'
80. Weiler ‚Beim Bildstöckle'
81. Welschingen ‚Störle'

Abgekürzt zitierte Literatur

AUFDERMAUER 1963	J. AUFDERMAUER, Ein Grabhügelfeld der Hallstattzeit bei Mauenheim, Lkr. Donaueschingen. Bad. Fundber. Sonderh. 3 (Freiburg 1963).
AUFDERMAUER 1982	J. AUFDERMAUER, Drei hallstattzeitliche Gräber von Nenzingen, Lkr. Konstanz. Arch. Nachr. Baden 28, 1982, 12–26.
BAITINGER 1999	H. BAITINGER, Die Hallstattzeit im Nordosten Baden-Württembergs. Materialh. Arch. Baden-Württemberg 46 (Stuttgart 1999).
BAUER 1988	I. BAUER, Das Verzierungsprinzip der Alb-Salem-Keramik. Jahrb. SGUF 71, 1988, 107–121.
BEHNKE 2000	H. J. BEHNKE, Untersuchungen zu Bestattungssitten der Urnenfelderzeit und der älteren Eisenzeit am Hochrhein. Die hallstattzeitlichen Grabhügel von Ewattingen und Lembach und die urnenfelderzeitliche Siedlung von Ewattingen im Landkreis Waldshut (Leipzig 2000).
BITTEL et al. 1981	K. BITTEL/W. KIMMIG/S. SCHIEK (Hrsg.), Die Kelten in Baden-Württemberg (Stuttgart 1981).
BRESTRICH 1998	W. BRESTRICH, Die mittel- und spätbronzezeitlichen Grabfunde auf der Nordstadtterrasse von Singen am Hohentwiel. Forsch. u. Ber. Vor- u. Frühgesch. Baden-Württemberg 67 (Stuttgart 1998).
BROSSEDER 2002	U. BROSSEDER, Zur zeitlichen Gliederung des älterhallstattzeitlichen Fundstoffes in Nordostbayern. Bayer. Vorgeschbl. 67, 2002, 17–41.
BROSSEDER 2004	U. BROSSEDER, Studien zur Ornamentik hallstattzeitlicher Keramik zwischen Rhônetal und Karpatenbecken. Univforsch. Prähist. Arch. 106 (Bonn 2004).
DÄMMER 1978	H.-W. DÄMMER, Die bemalte Keramik der Heuneburg. Röm.-Germ. Forsch. 37 (Mainz 1978).

Dehn 1982	R. Dehn, Grabhügellandschaft Bodanrück. Arch. Nachr. Baden 28, 1982, 27–36.
Dietrich 1998	H. Dietrich, Die hallstattzeitlichen Grabfunde aus den Seewiesen von Heidenheim-Schnaitheim. Forsch. Ber. Vor- u. Frühgesch. Baden-Württemberg 66 (Stuttgart 1998).
Ettel 1996	P. Ettel, Gräberfelder der Hallstattzeit aus Oberfranken. Materialh. Bayer. Vorgesch. A 72 (Kallmünz/Opf. 1996).
Geyr/Goessler 1910	M. Geyr von Schweppenburg/P. Goessler, Hügelgräber im Illertal bei Tannheim (Esslingen 1910).
Guyan 1951	W. Guyan, Das Grabhügelfeld Im Sankert bei Hemishofen. Schr. Inst. Ur- u. Frühgesch. Schweiz 8 (Basel 1951).
Hennig 2001	H. Hennig, Gräber der Hallstattzeit in Bayerisch-Schwaben. Monogr. Arch. Staatsslg. 2 (Stuttgart 2001).
Hoppe 1986	M. Hoppe, Die Grabfunde der Hallstattzeit in Mittelfranken. Materialh. Bayer. Vorgesch. A 55 (Kallmünz/Opf. 1986).
Hughes 1994	R. Hughes, Archäologische Untersuchungen zum Übergang von der Bronze- zur Eisenzeit in Schirndorf, Lkr. Regensburg. In: P. Schauer (Hrsg.), Archäologische Untersuchungen zum Übergang von der Bronze- zur Eisenzeit zwischen Nordsee und Kaukasus. Regensburger Beitr. Prähist. Arch. 1 (Regensburg 1994) 141–164.
Keller 1939	J. Keller, Die Alb-Hegau-Keramik der älteren Eisenzeit. Tübinger Forsch. Arch. u. Kunstgesch. 18 (Reutlingen 1939).
Kilian-Dirlmeier 1972	I. Kilian-Dirlmeier, Die hallstattzeitlichen Gürtelbleche und Blechgürtel Mitteleuropas. PBF XII/1 (München 1972).
Kossack 1954	G. Kossack, Pferdegeschirr aus Gräbern der älteren Hallstattzeit Südbayerns. Jahrb. RGZM 1, 1954, 111–178.
Kossack 1957	G. Kossack, Zur Chronologie der älteren Hallstattzeit (Ha C) im bayerischen Alpenvorland. Germania 35, 1957, 207–223.
Kossack 1959	G. Kossack, Südbayern während der Hallstattzeit. Röm.-Germ. Forsch. 24 (Berlin 1959).
Kossack 1970	G. Kossack, Gräberfelder der Hallstattzeit an Main und Fränkischer Saale. Materialh. Bayer. Vorgesch. 24 (Kallmünz/Opf. 1970).
Kraft 1930	G. Kraft, Über die Herkunft der Hallstattkultur der Schwäbischen Alb. Prähist. Zeitschr. 21, 1930, 21–75.
Kurz 1997	S. Kurz, Bestattungsbrauch in der westlichen Hallstattkultur. Tübinger Schr. Ur- u. Frühgesch. Arch. 2 (Münster 1997).
Kurz 2000	S. Kurz, Die Heuneburg-Außensiedlung: Befunde und Funde. Forsch. Ber. Vor- u. Frühgesch. Baden-Württemberg 72 (Stuttgart 2000).
Kurz/Schiek 2002	S. Kurz/S. Schiek, Bestattungsplätze im Umfeld der Heuneburg. Forsch. u. Ber. Vor- u. Frühgesch. Baden-Württemberg 87 (Stuttgart 2002).
Lüscher 1993	G. Lüscher, Unterlunkhofen und die hallstattzeitliche Grabkeramik in der Schweiz. Antiqua 24 (Basel 1993).
Maier 1958	F. Maier, Zur Herstellungstechnik und Zierweise der späthallstättischen Gürtelbleche. 39. Ber. RGK 1958, 131–249.
Mansfeld 1973	G. Mansfeld, Die Fibeln der 1950–1966. Ein Beitrag zur Geschichte der Späthallstattfibel. Heuneburgstud. II = Röm.-Germ. Forsch. 33 (Berlin 1973).
Oberrath 2001	S. Oberrath, Der Hügel mit bronzener Schnabelkanne von Inzigkofen-Vilsingen, Kr. Sigmaringen, und die hallstattzeitlichen Grabhügel der Umgebung. Fundber. Baden-Württemberg 25, 2001, 329–387.
Oeftiger 1984	C. Oeftiger, Hallstattzeitliche Grabhügel bei Deißlingen, Kreis Rottweil. Fundber. Baden-Württemberg 9, 1984, 41–79.

Pare 1992	C. Pare, Wagons and wagon-graves of the Early Iron Age in Central Europe. Oxford Univ. Committee Arch. Monogr. 35 (Oxford 1992).
Parzinger 1986	H. Parzinger, Zur Belegungsabfolge auf dem Magdalenenberg bei Villingen. Germania 64, 1986, 391–407.
Parzinger 1989	H. Parzinger, Chronologie der Späthallstatt- und Frühlatènezeit. Studien zu Fundgruppen zwischen Mosel und Save. Quellen u. Forsch. Prähist. u. Provinzialröm. Arch. 4 (Weinheim 1989).
Reim 1990	H. Reim, Hallstattforschungen im Vorland der Schwäbischen Alb bei Balingen, Zollernalbkreis. Kölner Jahrb. Vor- u. Frühgesch. 23, 1990, 721–735.
Reim 1994	H. Reim, Archäologische Untersuchungen zum Übergang von der Bronze- zur Eisenzeit in Baden-Württemberg. In: Archäologische Untersuchungen zum Übergang von der Bronze- zur Eisenzeit zwischen Nordsee und Kaukasus. Regensburger Beitr. Prähist. Arch. 1 (Regensburg 1994) 99–125.
Reim 1995	H. Reim, Ein Brandgrab mit Schlangenfibel S5 und Alb-Hegau-Keramik im Gräberfeld ‚Lindele' in Rottenburg a. N., Kr. Tübingen. In: B. Schmid-Sikimić/Ph. Della Casa (Hrsg.), Trans Europam. Beiträge zur Bronze- und Eisezeit zwischen Atlantik und Altai [Festschr. M. Primas] (Bonn 1995) 147–155.
Riek/Hundt 1962	G. Riek/H.-J. Hundt, Der Hohmichele. Ein Fürstengrabhügel der späten Hallstattzeit bei der Heuneburg. Heuneburgstud. I = Röm.-Germ. Forsch. 25 (Berlin 1962).
Schmid-Sikimić 1996	B. Schmid-Sikimić, Der Arm- und Beinschmuck der Hallstattzeit in der Schweiz. PBF X 5 (Stuttgart 1996).
Schöbel 1996	G. Schöbel, Die Spätbronzezeit am nordwestlichen Bodensee. Taucharchäologische Untersuchungen in Hagnau und Unteruhldingen 1982–1989. Siedlungsarchäologie im Alpenvorland IV. Forsch. u. Ber. Vor- u. Frühgesch. Baden-Württemberg 47 (Stuttgart 1996).
Sievers 1982	S. Sievers, Die mitteleuropäischen Hallstattdolche. PBF VI 6 (München 1982).
Sievers 1984	S. Sievers, Die Kleinfunde der Heuneburg. Die Funde aus den Grabungen von 1950–1979. Heuneburgstud. V = Röm.-Germ. Forsch. 42 (Mainz 1984).
Spindler 1971	K. Spindler, Magdalenenberg I. Der hallstattzeitliche Fürstengrabhügel bei Villingen im Schwarzwald I (Villingen 1971).
Spindler 1972	K. Spindler, Magdalenenberg II. Der hallstattzeitliche Fürstengrabhügel bei Villingen im Schwarzwald II (Villingen 1972).
Spindler 1973	K. Spindler, Magdalenenberg III. Der hallstattzeitliche Fürstengrabhügel bei Villingen im Schwarzwald III (Villingen 1973).
Spindler 1976	K. Spindler, Magdalenenberg IV. Der hallstattzeitliche Fürstengrabhügel bei Villingen im Schwarzwald IV (Villingen-Schwenningen 1976).
Stegmaier 2005	G. Stegmaier, Zur chronologischen Stellung von Brandgrab IX aus dem Hohmichele und zur Datierung stempelverzierter Alb-Hegau-Keramik. Fundber. Baden-Württemberg 28/1, 2005, 81–90.
Stroh 1979	A. Stroh, Das hallstattzeitliche Gräberfeld von Schirndorf, Lkr. Regensburg I. Materialh. Bayer. Vorgesch. A 35 (Kallmünz/Opf. 1979).
Stroh 1988	A. Stroh, Das hallstattzeitliche Gräberfeld von Schirndorf, Lkr. Regensburg II. Materialh. Bayer. Vorgesch. A 36 (Kallmünz/Opf. 1988).
Stroh 2000a	A. Stroh, Das hallstattzeitliche Gräberfeld von Schirndorf, Lkr. Regensburg III. Materialh. Bayer. Vorgesch. A 37 (Kallmünz/Opf. 2000).
Stroh 2000b	A. Stroh, Das hallstattzeitliche Gräberfeld von Schirndorf, Lkr. Regensburg IV. Materialh. Bayer. Vorgesch. A 38 (Kallmünz/Opf. 2000).
Torbrügge 1979	W. Torbrügge, Die Hallstattzeit in der Oberpfalz I. Auswertung und Gesamtkatalog. Materialh. Bayer. Vorgesch. A 39 (Kallmünz/Opf. 1979).
Wagner 1885	E. Wagner, Hügelgräber und Urnenfriedhöfe in Baden (Karlsruhe 1885).

Wagner 1899	E. Wagner, Die Grabhügelgruppe bei Salem (Amt Überlingen). Veröffentlichungen der Grossherzoglich Badischen Sammlungen für Altertums- und Völkerkunde in Karlsruhe und des Karlsruher Altertumsvereins 2, 1899, 55–74.
Wagner 1908	E. Wagner, Fundstätten und Funde aus vorgeschichtlicher, römischer und alamannisch-fränkischer Zeit im Grossherzogtum Baden. Teil I: Das badische Oberland (Tübingen 1908).
Wels-Weyrauch 1978	U. Wels-Weyrauch, Die Anhänger und Halsringe in Südwestdeutschland und Nordbayern. PBF XI 1 (München 1978).
Wels-Weyrauch 1991	U. Wels-Weyrauch, Die Anhänger in Südbayern. PBF XI 5 (München 1991).
Werner, Geologischer Bericht	Bericht des Geologen J. Werner in der Grabungsdokumentation zu Reichenau ‚Ochsenbergle' in den Ortsakten des LAD Freiburg.
Wesselkamp 1993	G. Wesselkamp, Die bronze- und hallstattzeitlichen Grabfunde von Oberlauchringen, Kr. Waldshut. Mit einem Exkurs über Steingrabhügel am Hochrhein. Materialh. Vor- u. Frühgesch. Baden-Württemberg 17 (Stuttgart 1993).
Zürn 1957a	H. Zürn, Katalog Zainingen. Ein hallstattzeitliches Grabhügelfeld. Veröff. Staatl. Amt Denkmalpfl. Stuttgart A 4 (Stuttgart 1957).
Zürn 1957b	H. Zürn, Zur Chronologie der Alb-Salem-Keramik. Germania 35, 1957, 224–229.
Zürn 1970	H. Zürn, Hallstattforschungen in Nordwürttemberg. Die Grabhügel von Asperg (Kr. Ludwigsburg), Hirschlanden (Kr. Leonberg) und Mühlacker (Kr. Vaihingen). Veröff. Staatl. Amt Denkmalpfl. Stuttgart A 16 (Stuttgart 1970).
Zürn 1987	H. Zürn, Hallstattzeitliche Grabfunde in Württemberg und Hohenzollern. Forsch. u. Ber. Vor- u. Frühgesch. Baden-Württemberg 25 (Stuttgart 1987).
Zürn/Schiek 1969	H. Zürn/S. Schiek, Die Sammlung Edelmann im Britischen Museum zu London. Urkunden Vor- u. Frühgesch. Südwürttemberg-Hohenzollern 3 (Stuttgart 1969).

Abbildungsnachweise

Die Hügelgrundrisse und Grabpläne wurden auf der Grundlage der originalen Grabungszeichnungen vom Autor digital erstellt, den Grundriss des bereits publizierten Hügels F fertigte der Zeichner des LAD Freiburg C. Urbans an. Die Metallfunde auf den Tafeln wurden vom Autor gezeichnet, ebenso die gesamte unverzierte bzw. einfach verzierte Keramik. Die reichverzierten Gefäße A.I.1–5, B.I.1, B.I.3–6, D.I.4, G.I.1, G.I.3, G.I.5, H.I.1 und H.I.2 zeichnete St. Unser vom ehem. LDA Freiburg. Für das verschollenen Gefäß H.I.6 und Gefäß B.I.7 wurde auf ältere Zeichnungen von B. Wehner (Freiburg) aus der Dissertation von Aufdermauer zurückgegriffen.
Die Tabellen 1 bis 4 wurden vom Autor erstellt. Folgende Abbildungen wurden aus anderen Quellen übernommen und z. T. verändert:
Abb. 1: siehe dort. – Abb. 2: Lageplan der Grabhügel im Ber. des Geologen J. Werner (verkleinert). – Abb. 3, 6, 7, 26–28: OA LAD Freiburg. – Abb. 16, 42, 44 B: Wesselkamp 1993. Zeichner: C. Urbans. – Abb. 29: siehe dort.

Verzeichnis der verwendeten Abkürzungen

B.	Breite
Bdm.	Bodendurchmesser (außen)
D.	Dicke, Materialstärke
Dm.	Durchmesser (immer Außendurchmesser)
H.	Höhe
Inv.Nr.	Inventarnummer im Magazin des LAD Freiburg
Kat.Nr.	Katalognummer
L.	Länge
LAD	Landesamt für Denkmalpflege, ehem. LDA, Landesdenkmalamt
M	Mittelpunkt der Hügeleinmessungen
MUFG Freiburg	Museum für Ur- und Frühgeschichte Freiburg
OA LAD Freiburg	Ortsakten des LAD, Außenstelle Freiburg im Breisgau
Rastatt	Zentrales Fundarchiv des LAD in Rastatt
Rdm.	Randdurchmesser (außen)

Vorbemerkungen zum Katalog

Die Fundstücke wurden im Katalog nach Materialgruppen geordnet und für jedes Grab fortlaufend durchnummeriert. Um jedem Fundstück eine eindeutige Katalognummer zuzuordnen, wurde ein aus drei Zeichen bestehendes System gewählt, das Hügelnummer (Großbuchstaben), Grabnummer/Fundstellennummer (römische Zahlen) und Fundnummer (arabische Zahlen) enthält. Beispiel: Fundstück A.I.1 steht für Hügel A, Grab I, Fundstück 1. Der Eindeutigkeit halber wurden auch die Gräber in Hügeln mit nur einer Bestattung mit einer Grabnummer versehen; im Text können diese Gräber auch nur mit Buchstaben ohne Nummer bezeichnet sein; in diesem Fall ist immer Grab I gemeint. Die Zentralbestattung eines Hügels wurde grundsätzlich mit der Grabnummer I bezeichnet, ungeachtet der Nomenklatur in der Grabungsdokumentation.

Streufunde sind, wenn sie keinem Befund zuweisbar waren, unter einer eigenen Fundstellennummer im Anschluss an die Grabfunde beschrieben. Ebenso wurde mit unklaren oder nicht zuweisbaren Befunden in den Hügelaufschüttungen verfahren. Die Nummern der Fundstücke auf den Grabplänen sind identisch mit den Katalognummern. Auf den Abbildungen der Funde konnte leider die Nummerierung wie im Katalog nicht immer durchgehalten werden.

Die Größe der Keramikgefäße ist, da es sich um von Hand aufgebaute Gefäße handelt, naturgemäß nicht eindeutig anzugeben. Da die Keramik auf den Abbildungen jedoch von allen Zeichnern genormt wiedergegeben ist, wurden die tatsächlichen Gefäßmaße im Katalog nicht in Durchschnittswerten, sondern in Minimal- und Maximalwerten angegeben.

Katalog

Hügel A

A I. Brandbestattung (Grab I)

Keramik:
1. Urne; breites, gedrungenes Kegelhalsgefäß; Rand innen und außen graphitiert, oberste Halspartie außen Teil graphitiert, untere Halspartie durch zwei horizontale, rotbemalte Riefen von der Schulter abgetrennt. Auf Schulter und Bauch Dreierbündel aus kräftigen vertikalen Riefen, jeweils schwarz-rot-schwarz bemalt. Auf der mittleren Halspartie sowie zwischen den Vertikalriefen auf Schulter und Bauch Stempel- oder Kerbschnitt-Dreiecke, auf den Stegen dazwischen zwei bis drei durch Stempelzier quergerippte Bänder. Brand außen rötlich-hellbraun; innen regelmäßig dunkelbraun bis schwarz. Boden aufgewölbt. H. 17,0–18,5 cm; Rdm. 23,0–23,5 cm; Bdm. 8,0–8,3 cm.
Verbleib: MUFG Freiburg (Inv.Nr. Ko 61/7:2; *Abb. 26; 27; 30,1*).
Lit.: Bittel et al. 1981, Abb. 89; Dehn 1982, 32 Abb. 9 u. 10; Bauer 1988, Taf. 7,35; Behnke 2000, Abb. 126.
2. Deckschale der Urne; bauchige Schale mit ausbiegendem Rand; Außenseite unverziert, geglättet, fleckig hellbraun bis dunkelbraun gebrannt; Innenseite flächig rot grundiert mit sternförmigem Graphitlinienmuster; Randoberseite durch Ritzlinien in dreieckige Felder unterteilt, die inneren, stehenden Dreiecke abwechselnd rot und schwarz bemalt; äußere, hängende Dreiecke unbemalt mit dreieckiger Stempelzier; Randlippe graphitiert. Boden außen flach, innen leicht abgesetzt und aufgewölbt. H. 8,0–8,3 cm; Rdm. 23,0–23,3 cm; Bdm. 6,6–7,0 cm (Inv. Nr. Ko 61/8:2; *Abb. 28; 30,2*).
Lit.: Dehn 1982, 33 Abb. 11; Behnke 2000, Abb. 126.
3. Bauchiges Kragengefäß; Rand innen und außen graphitiert. Auf Schulter und Bauch umlaufendes Muster aus ineinandergeschachtelten roten, schwarzen und mit Ritzlinien und eingestempelten Dreiecken gefüllten Rauten. Die äußeren schwarzbemalten und die rotbemalten Rauten durch Kannelur leicht eingetieft. Innerste Rauten und Zwickel oben und unten durch starke doppelte Ritzlinien abgetrennt. Innerste Rauten schwarz, Zwickel oben und unten rot bemalt. Unterer Gefäßteil unverziert, geglättet; außen fleckig hellbraun bis schwarz, innen regelmäßig graubraun gebrannt; Stempel und Kannelur nach innen durchgedrückt. Boden leicht aufgewölbt. H. 16,8–17,3 cm; Rdm. 22,0–23,0 cm; Bdm. 8,0 cm (Inv.Nr. Ko 61/9:2; *Abb. 30,3*).
Lit.: Bauer 1988, Taf. 7,36; Behnke 2000, Abb. 126.
4. Gedrungenes, breitschultriges Kragengefäß; Rand innen und außen graphitiert. Auf Schulter und Bauch umlaufendes Muster aus ineinandergeschachtelten roten, schwarzen und mit Ritzlinien und dreieckiger Stempelzier

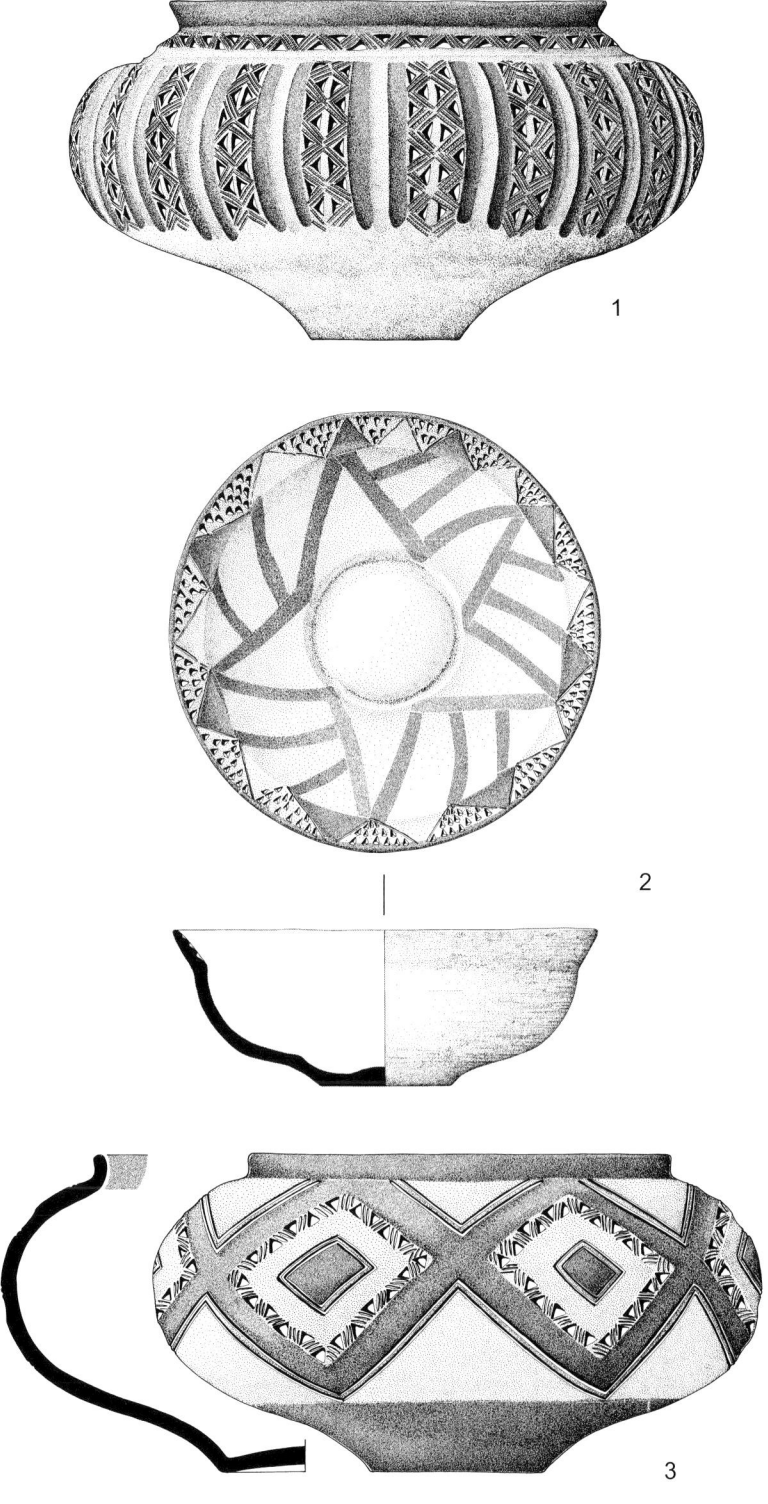

Abb. 30 Hügel A Grab I. M 1:4.

gefüllten Rauten, die durch ausgeprägte Ritzlinien voneinander abgetrennt werden; innerste Rauten mit Kreuzschraffur verziert. In den Zwickeln stehende und hängende Dreiecke aus rotbemalten Bändern und Kreuzschraffur wie bei den innersten Rauten. Unterer Gefäßteil unverziert, geglättet; Brand außen unregelmäßig hellbraun bis dunkelbraun, innen regelmäßig rötlich-hellbraun. Boden leicht aufgewölbt. H. 22,5–23,6 cm; Rdm. 29,7–30,5 cm; Bdm. 10,0–10,3 cm (Inv.Nr. Ko 61/10:2; *Abb. 31A1*).
Lit.: Bittel et al. 1981, Abb. 88; Bauer 1988, Taf. 7,37; Behnke 2000, Abb. 127.
5. Kragengefäß mit steilem Rand; Außenseite bis unter den Gefäßbauch, Rand auch auf der Innenseite flächig rot grundiert; auf Schulter und Bauch komplexes Graphitlinienmuster aus vertikalen Linien und Winkellinien, die sich zu einem Kreuz zusammenfügen; auf dem Rand innen und außen ovale Punkte aus Graphit; Graphitmuster teilweise abgewaschen. Unterer Gefäßteil unverziert, geglättet; Brand außen fleckig hellbraun bis dunkelbraun, innen fleckig hellbraun bis rot. Boden leicht aufgewölbt. H. 14,9–15,4 cm; Rdm. 20,5–21,0 cm; Bdm. 6,6–6,9 cm (Inv.Nr. Ko 61/11:2; *Abb. 31A2*).
Lit.: Behnke 2000, Abb. 127.
6. 17 Scherben aus der Holzkohleschicht; teilweise anpassende Wandscherben eines großen Gefäßes, Außenseite unverziert, geglättet; Brand regelmäßig rötlich-braun, im Kern dunkelbraun; grob gemagert (Inv.Nr. Ko 61/12:2; *o. Abb.*).

Knochen:
7. Schweineskelett; in Rückenlage am NO-Rand der Grabkammer neben Gefäß I.4, Orientierung etwa O–W, Kopf im Osten, Schädel gespalten und aufgeklappt.
Verbleib: unbekannt (o. Inv.Nr.).
8. Leichenbrand aus der Urne (Gefäß I.1) sowie aus der Holzkohleschicht unter den Gefäßen I.3 und I.4.
Verbleib: Rastatt (o. Inv.Nr.).

Verbleib der Funde (wo nicht anders angegeben): LAD Freiburg.

A II. Körperbestattung (Grab II)

Bronze:
1. Fußzierfibel mit mitgegossenem Fußschälchen und breiter Armbrustspirale auf Eisenkern. Bügel zur Spirale hin nur wenig verdickt; halbrunder Bügelquerschnitt. L. 2,9 cm; H. 1,2 cm; B. der Spirale 3,6 cm; Dm. der Fußzier max. 0,9 cm (Inv.Nr. Ko 61/1:1; *Abb. 31B3*).
2. Massiver rundstabiger Armring, offen, mit Kerbzier aus je drei senkrechten, nicht ganz umlaufenden Ritzlinien an jedem Ende, und Steckverschluss; wohl in sekundärer Lage neben den Resten eines Langknochens. Dm. 6,3–6,7 cm; D. 0,3–0,4 cm (Inv.Nr. Ko 61/3:1; *Abb. 31B1*).
3. Bronzehohlring mit Steckverschluss, möglicherweise in situ bei den Resten eines Langknochens. Dm 6,0–6,7 cm; D. 0,4–0,5 cm (Inv.Nr. Ko 61/2:1; *Abb. 31B2*).
Verbleib der Funde 1–3: LAD Freiburg.

Knochen:
4. Reste zweier Langknochen, stark vergangen.
Verbleib: Rastatt

A III. Funde aus der Hügelschüttung

Keramik:
1. Kleiner unverzierter Becher; im Profilblock zwischen den Sektoren I und II, bei 1,00 m SO/0,30 m SW; ca. 0,30 m unter der Hügeloberfläche *(Abb. 4)*. Sehr unregelmäßig und flüchtig gearbeitetes Gefäß, rauwandig und grob gemagert; Brand rötlich-hellbraun, weich gebrannt. Boden flach. Mehr als die Hälfte des Gefäßes ergänzt. H. ca. 7,0 cm; Rdm. ca. 6,2 cm; Bdm. ca. 4,6 cm.
Verbleib: LAD Freiburg (Inv.Nr. Ko 61/4; *Abb. 31C1*).
2. Vier unverzierte Wandscherben, wohl einzeln liegende Streufunde von verschiedenen Gefäßen, z.T. stark verrollt; in Sektor I, nach S und O bis 4 m von der Hügelmitte entfernt *(Abb. 4)*. Verbleib: LAD Freiburg (Identifizierung nicht eindeutig, vermutlich Inv.Nr. Ko 61/5; *o. Abb.*).
3. Drei kleine unverzierte Wandscherben, wohl von verschiedenen Gefäßen; in Sektor II, ca. 2,50 m südsüdöstlich der Hügelmitte, über der Holzkohleschicht von Grab 1, aber außerhalb der zentralen Grabkammer *(Abb. 4; 5)*. Verbleib: LAD Freiburg (Identifizierung nicht eindeutig, vermutlich Inv.Nr. Ko 61/6; *o. Abb.*).

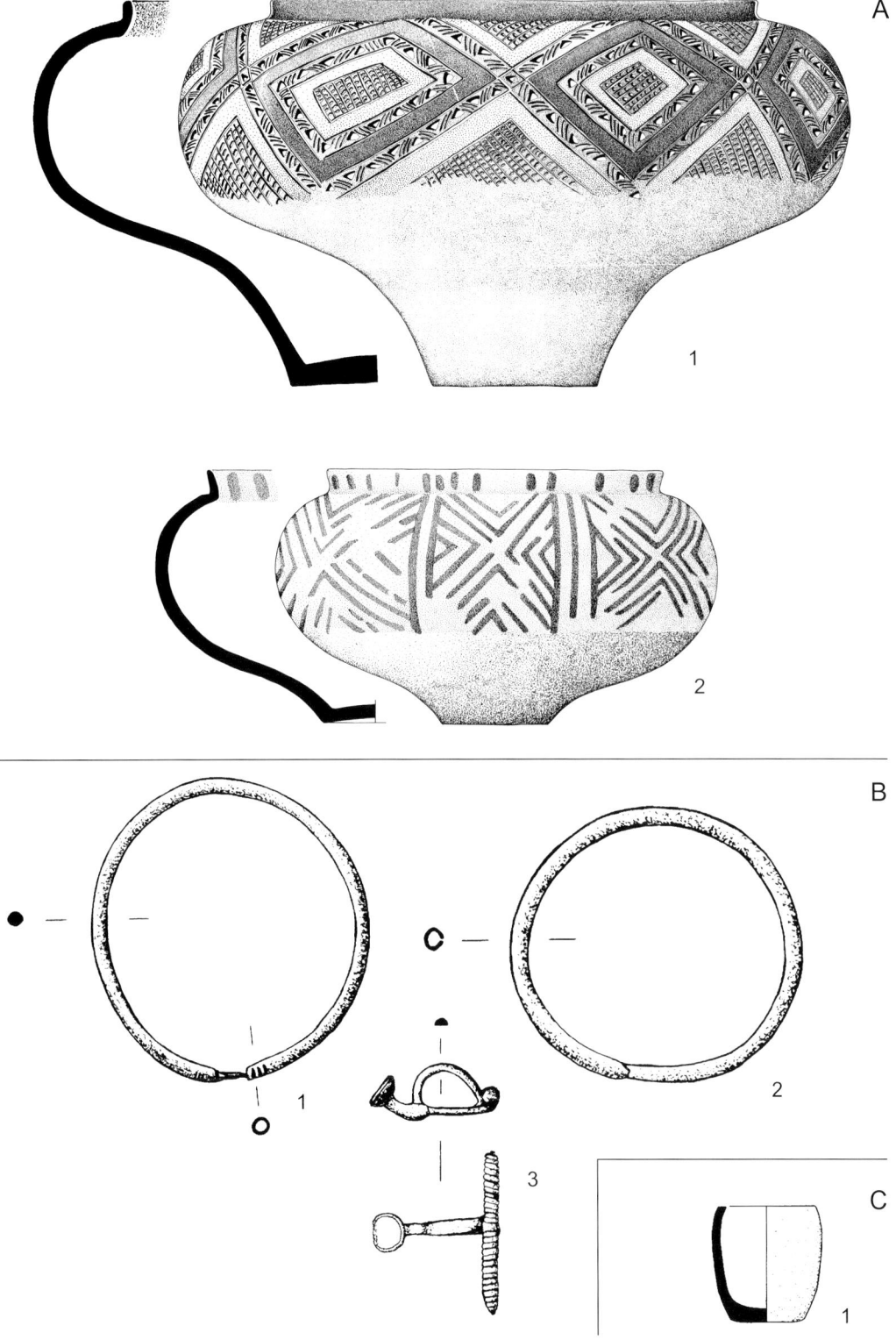

Abb. 31   A) Hügel A Grab I. M 1:4; B) Hügel A Grab II. M 2:3; C) Hügel A Streufund. M 1:4.

Knochen:
4. Leichenbrand, gereinigt; Profilblock zwischen den Sektoren I und II, bei 2,00 m SO / 0,70 m SW; ca. 0,30 m unter der Hügeloberfläche, möglicherweise besteht ein stratigraphischer Zusammenhang mit Gefäß III.1 *(Abb. 4)*. Verbleib: Rastatt (o. Inv.Nr.).

Sonstige Befunde:
5. Kreisrunder Holzkohlefleck (Dm. 0,30 m); in Sektor III, bei 3,00 m NW / 1,50 m SW; ohne Funde *(Abb. 4)*.

Hügel B

B I. Körperbestattung mit Wagen- und Pferdegeschirrteilen (Grab I)

Keramik:
1. Kragengefäß mit weiter Mündung; Rand innen und außen graphitiert, auf Schulter und Bauch sechs rechteckige Zierfelder, die durch senkrechte Bänder mit gestempelten Dreiecken und Streifen mit schwarzer Bemalung voneinander abgetrennt sind. Je drei Zierfelder mit zwei Reihen rot und einer Reihe schwarz bemalter Rauten, die Rauten dazwischen unbemalt und mit kleinen eingestempelten Dreiecken gefüllt. Je drei Zierfelder mit einer zentralen Raute, die mit neun kleinen Rauten mit abwechselnd roter Bemalung und eingestempelten Dreiecken gefüllt ist. Links und rechts der zentralen Raute je ein rechtwinkliges Dreieck (= halbe Raute) mit roter Umrandung, in den Zwickeln oben und unten je zwei Dreiecke mit schwarzer Umrandung. Alle Dreiecke sind durch je drei parallele Ritzlinien voneinander abgegrenzt und besitzen eine innere unbemalte Zone aus kleinen eingestempelten Dreiecken. Unterer Gefäßteil unverziert, Brand innen und außen rötlich-hellbraun mit einzelnen dunklen Flecken. Boden innen aufgewölbt, außen flach. H. 17,2–17,5 cm; Rdm. 28,7–29,3 cm; Bdm. 10,0–10,6 cm (Inv.Nr. Ko 61/16; *Abb. 32,1*).
2. Kleines Schälchen mit Standring aus Gefäß I.5; innen flächig, außen bis in Bodennähe graphitiert. H. 4,5–4,7 cm; Rdm. 8,2–8,5 cm; Bdm. 2,2–2,4 cm (Inv.Nr. Ko 61/15; *Abb. 32,2*).
3. Schale mit ausbiegendem Rand; innen flächig rot grundiert und mit Graphitwinkelmuster bemalt. Boden aufgewölbt und innen flächig graphitiert; Rand außen und Randlippe graphitiert. Gefäßunterseite außen unverziert, geglättet; Brand rötlich-hellbraun mit einzelnen dunklen Flecken. Boden aufgewölbt. H. 8,6–9,2 cm; Rdm. 26,4–26,9 cm; Bdm. 5,6–5,7 cm (Inv.Nr. Ko 61/18; *Abb. 32,3*).
4. Schale mit ausbiegendem Rand, Form und Verzierung wie Gefäß I.3; innen flächig rot grundiert und mit Graphitwinkelmuster bemalt. Boden aufgewölbt und innen flächig graphitiert; Rand außen und Randlippe graphitiert. Gefäßunterseite außen unverziert, geglättet; Brand mehrheitlich hellbraun mit rötlichen Flecken. Boden aufgewölbt. H. 9,3–9,5 cm; Rdm. 26,2–26,5 cm; Bdm. 5,5–5,6 cm (Inv.Nr. Ko 61/19; *Abb. 32,4*).
5. Kegelhalsgefäß mit schwach abgesetztem Hals; Rand innen und außen graphitiert; auf Schulter, Hals und Bauch Graphitwinkelmuster, das sich vom dunkelbraun gebrannten Gefäßkörper nur schwach abhebt. Innenseite regelmäßig dunkelbraun bis grau gebrannt. Boden leicht aufgewölbt. H. 20,4–20,9 cm; Rdm. 14,1–14,3 cm; Bdm. 9,5–10,0 cm (Inv.Nr. Ko 61/14; *Abb. 32,5*).
6. Schale mit ausgeprägtem Standring; leicht ausbiegender, verrundeter Rand; Außenseite bis unter den Bauchumbruch flächig graphitiert, Innenseite mit breitem Graphitwinkelmuster bemalt; Bodenansatz innen umlaufend graphitiert. Brand hellbraun bis grau mit einzelnen dunklen Flecken. Boden stark aufgewölbt. H. 6,6–7,7 cm; Rdm. 18,1–18,4 cm; Bdm. 5,5–5,8 cm (Inv.Nr. Ko 61/20; *Abb. 32,6*).
7. Großes, bauchiges Kegelhalsgefäß; Rand innen und außen graphitiert. Hals, Schulter und Bauch flächig rot bemalt; von Ritzlinien eingefasste Dreiergruppen aus senkrechten Graphitstreifen auf Schulter und Bauch, auf dem Hals Viererguppen senkrechter Graphitstreifen ohne Einfassung; Graphitauftrag und Ritzlinien unsorgfältig gearbeitet. Unterer Gefäßteil unverziert, geglättet; Brand außen und innen regelmäßig hellbraun. Boden leicht aufgewölbt. H. 34,9–37,5 cm; Rdm. 26,5–27,6 cm; Bdm. 12,5–13,1 cm (Inv.Nr. Ko 61/17; *Abb. 33,1*).
8. Hohes, schlankes Kegelhalsgefäß; Rand und Hals innen und außen graphitiert. Auf der Schulter stehende Graphitdreiecke, die sich kaum von der dunklen Gefäßwand abheben. Unterer Gefäßteil unverziert, Brand außen unregelmäßig hellbraun bis grau, innen regelmäßig hellbraun. Boden leicht aufgewölbt. H. 35,0–35,5 cm; Rdm. 23,1–23,5 cm; Bdm. 13,0–13,4 cm (Inv.Nr. Ko 61/13; *Abb. 33,2*).

Bronze:
9. Nadel; unverziert; aus drei Fragmenten ergänzt, Oberteil mit Kopf fehlt. Die Fragmente lagen oberhalb des Schädels und waren in organischer Substanz eingebettet. L. 13,8 cm (Inv.Nr. Ko 61/21; *Abb. 34 A 5*).
10. 49 kleine Zierniete; halbkugelig, innen hohl, mit je zwei seitlichen Zwingen. Form und Größe variiert leicht. Lage: Auf dem Boden der Grabkammer vor der nördlichen Kammerwand, Niete in Lederreste eingebettet. Mittl. Dm. 0,7 cm (Inv.Nr. Ko 61/26; *Abb. 34 A 1*).
11. Kleiner, rundstabiger Ring. Lage: Auf dem Boden der Grabkammer vor der nördlichen Kammerwand. Dm. 1,8 cm; D. max. 0,3 cm (Inv.Nr. Ko 61/25; *Abb. 34 A 2*).

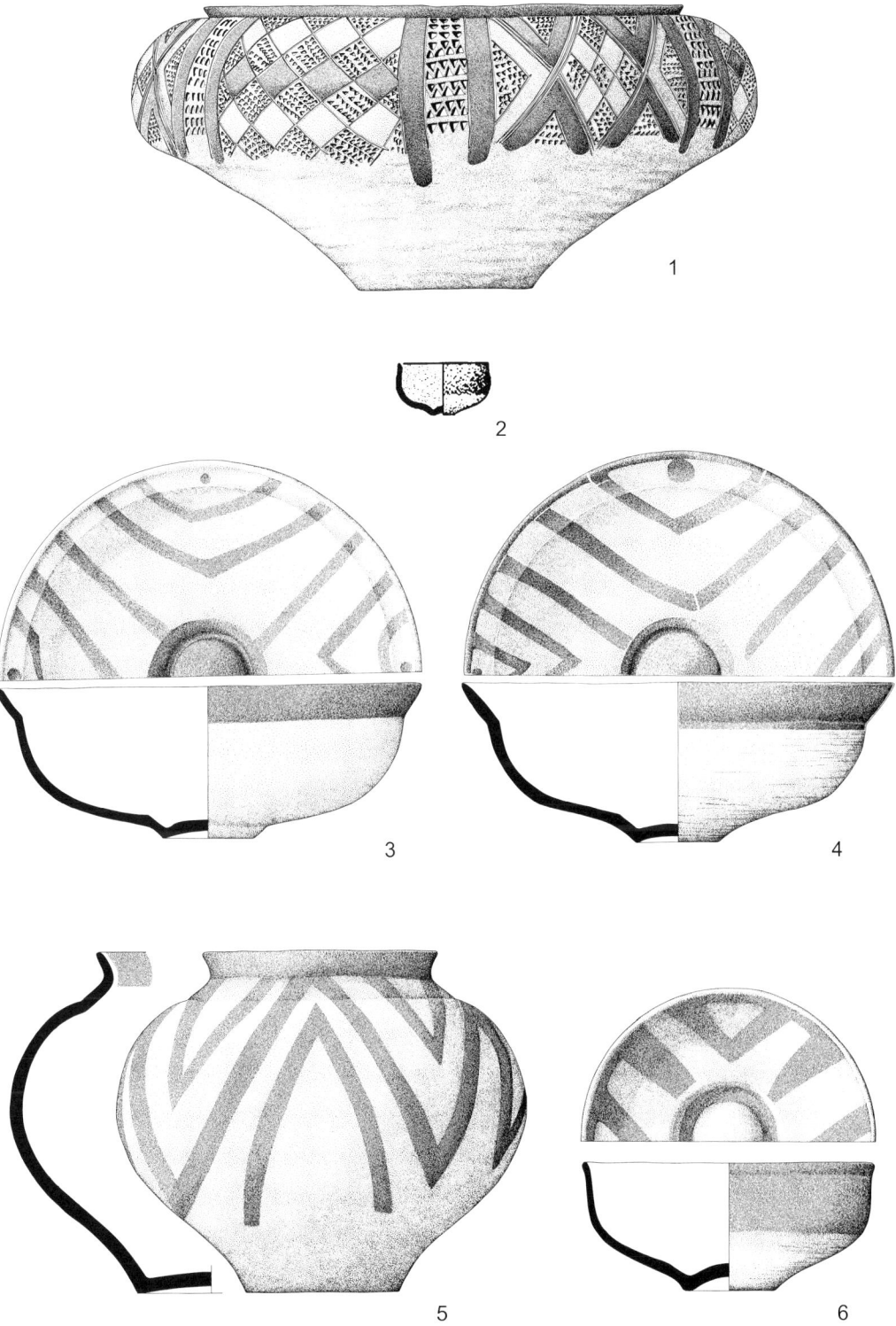

Abb. 32 Hügel B Grab I. M 1:4.

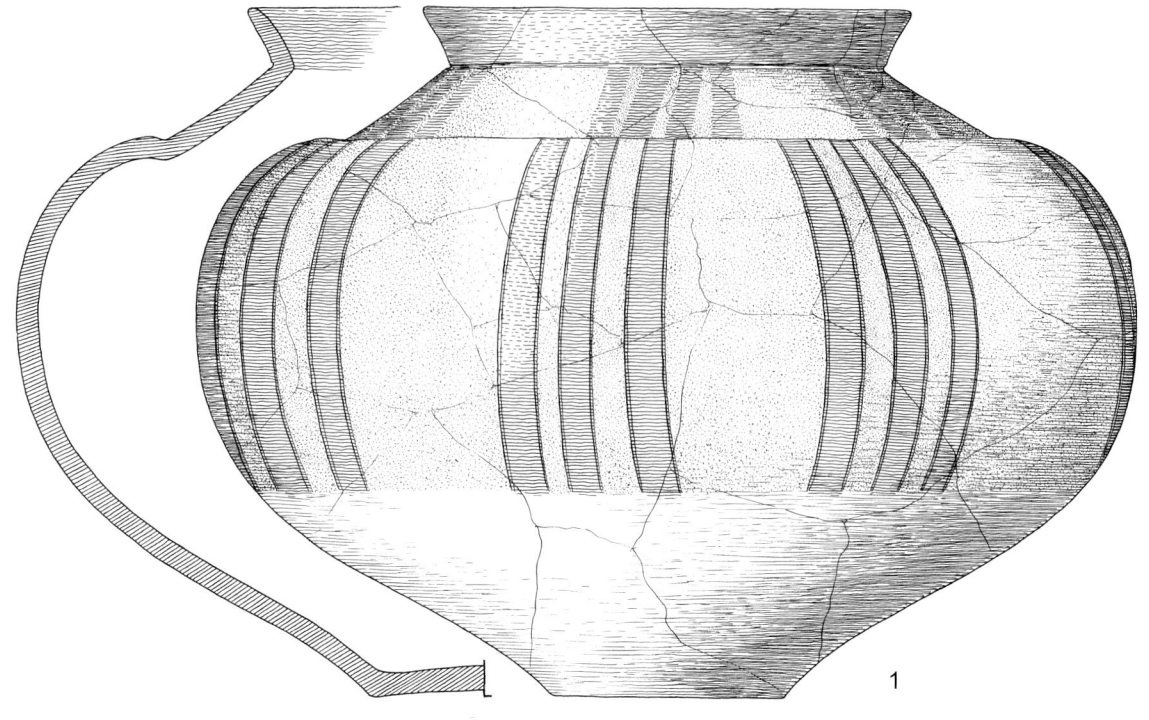
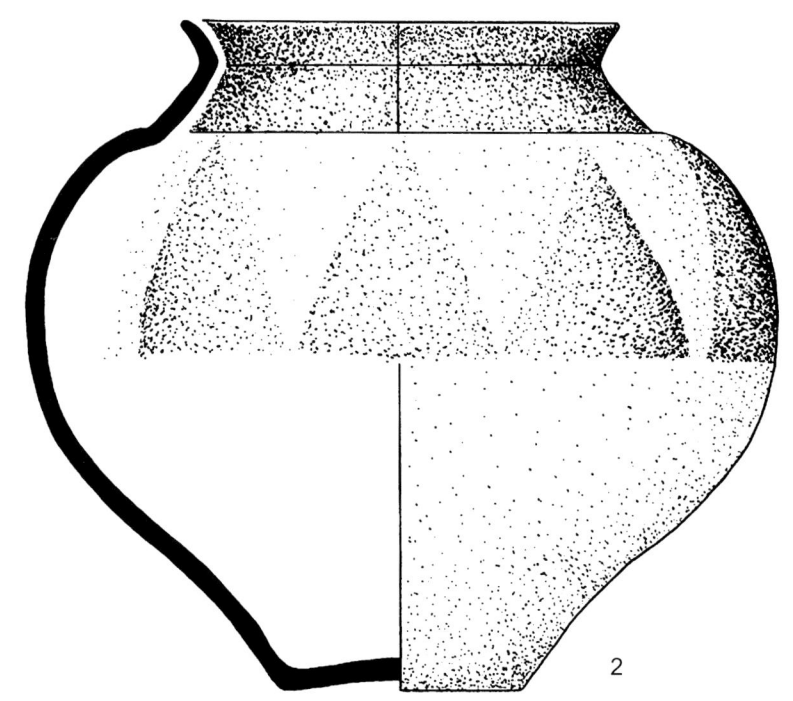

Abb. 33 Hügel B Grab I. M 1:4.

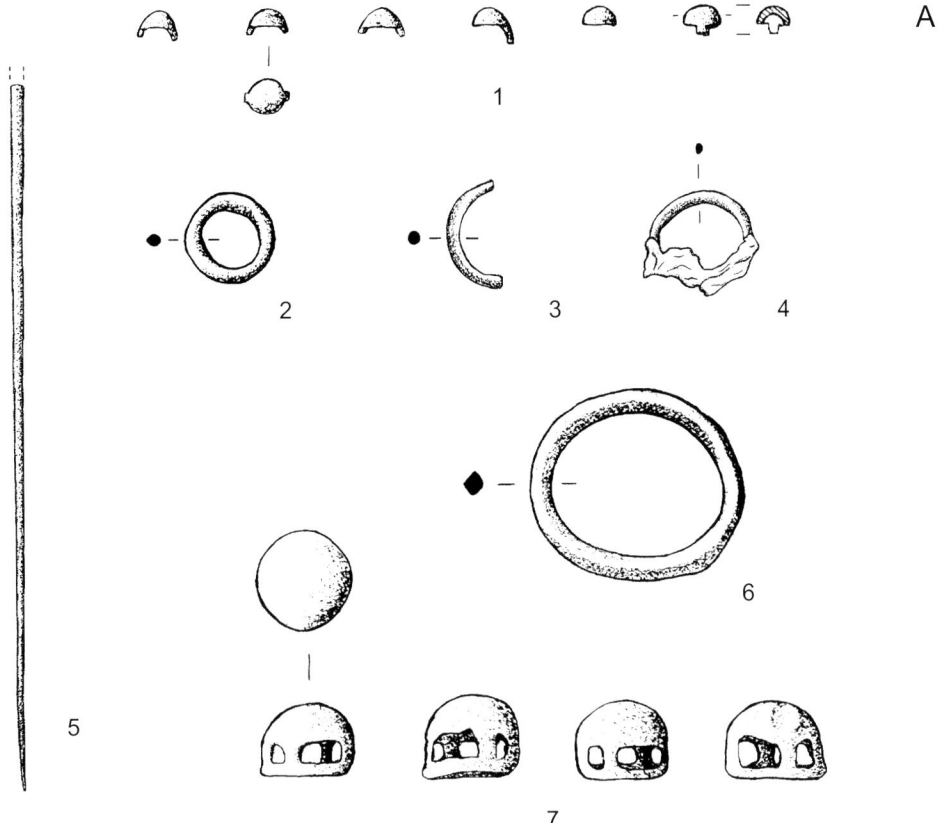
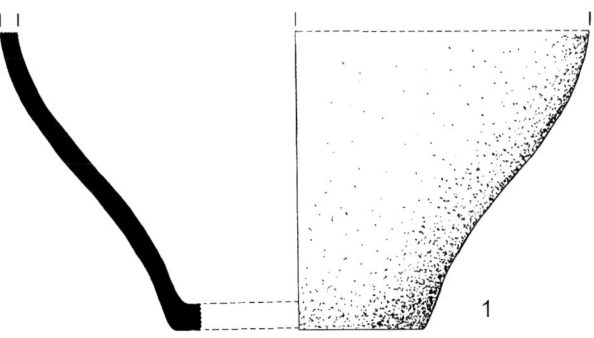

Abb. 34 A) Hügel B Grab I. M 2:3; B) Hügel B Streufund aus Brandstelle 1. M 1:4.

12. Fragment eines dünnen Rings, etwa zur Hälfte erhalten; im Querschnitt rund bis oval. Abnutzungsspuren erkennbar. Lage: Auf dem Boden der Grabkammer vor der nördlichen Kammerwand. Dm. ca. 2,1 cm; D. max. 0,3 cm (Inv.Nr. Ko 61/25; *Abb. 34 A 3*).
13. Dünner Ring mit anhaftenden organischen Resten, wohl Leder; im Querschnitt oval bis keilförmig; Form und Größe entsprechen Kat.Nr. I.12. Ebenfalls Abnutzungsspuren erkennbar. Lage: Auf dem Boden der Grabkammer vor der nördlichen Kammerwand. Dm. ca. 2,1 cm; D. max. 0,3 cm (Inv.Nr. Ko 61/25; *Abb. 34 A 4*).
14. Massiver Ring; im Querschnitt rhombisch. Aus der Steinpackung am südwestlichen Rand der Grabkammer, ca. über 0,80 m über der Grabsohle. Dm. 3,7–4,4 cm; D. 0,4–0,6 cm (Inv.Nr. Ko 61/24, *Abb. 34 A 6*).
15. Vier Ringfußknöpfe; Form und Größe variieren leicht. Lage: Auf dem Boden der Grabkammer vor der nördlichen Kammerwand. H. 1,4–1,6 cm; Dm. 1,8–2,0 cm (Inv.Nr. Ko 61/22; *Abb. 34 A 7*).
16. 12 massive Ringe; im Querschnitt rhombisch. Form und Größe variieren leicht, entsprechen aber weitgehend Kat.Nr. I.14. An manchen Ringen Abnutzungsspuren erkennbar, rhombische Form mehr oder weniger verschliffen. Lage: Auf dem Boden der Grabkammer vor der nördlichen Kammerwand. Dm. max. 4,4 cm; D. max. 0,6 cm. Verbleib: MUFG Freiburg (Inv.Nr. Ko 61/23; *Abb. 35,1–8; 36,1–4*).
17. Zwei kleine Zierniete; Form und Größe entsprechen Kat.Nr. I.10. Lage: Auf dem Boden der Grabkammer vor der nördlichen Kammerwand, vermutlich in der Nähe der eisernen Trensen. Dm. 0,7 cm (Inv.Nr. Ko 61/27; *Abb. 36,5.6*).

Eisen:

18. Fragment eines rundstabigen Rings, etwa zur Hälfte erhalten. Lage: Auf dem Boden der Grabkammer vor der nördlichen Kammerwand, vermutlich in der Nähe der eisernen Trensen. Dm. 3,2 cm; D. ca. 0,5 cm (Inv.Nr. Ko 61/27; *Abb. 36,7*).
19. Fragment eines rundstabigen Rings, etwa zur Hälfte erhalten; größer als Kat.Nr. I.18. Lage: Auf dem Boden der Grabkammer vor der nördlichen Kammerwand, vermutlich in der Nähe der eisernen Trensen. Dm. 5,0 cm; D. ca. 0,6–0,7 cm (Inv.Nr. Ko 61/27; *Abb. 36,8*).
20. Trense; in Fragmenten erhalten; rundstabige Gebissstange mit Gelenk und zwei großen rundstabigen Ringen ohne Knebel als Riemendurchzug. Lage: Auf dem Boden der Grabkammer vor der nördlichen Kammerwand. L. der Gebissstange ca. 18–19 cm; D. ca. 1,0 cm; Dm. der Ringe 6,0–6,5 cm; D. ca. 0,6 cm (Inv.Nr. Ko 61/27; *Abb. 36,11*).
21. Trense; in Fragmenten erhalten; Form und Größe entsprechen exakt Kat.Nr. I.20, etwas schlechter erhalten. Lage: Auf dem Boden der Grabkammer vor der nördlichen Kammerwand. L. der Gebissstange ca. 18–19 cm; D. ca. 1,0 cm; Dm. der Ringe 6,2–6,5 cm; D. ca. 0,6 cm (Inv.Nr. Ko 61/27; *Abb. 36,12*).
22. Rad 1 (verloren); unbekannte Anzahl von Fragmenten eines Radreifens, dazu drei bandförmige, rundgebogene Bleche (Nabenbeschläge), und zwei I-förmige Felgenklammern, eine davon vollständig erhalten (Angaben nach einer Zeichnung von B. Wehner). Lage: In der südöstlichen Ecke der Grabkammer, offenbar gegen die Kammerwand gelehnt. Angeblich das am besten erhaltene Wagenrad. Verbleib: unbekannt (1964 verlorengegangen) (Inv.Nr. Ko 61/28; *o. Abb.*).
23. Rad 2; sieben Fragmente eines Radreifens mit Nägeln, z. T. auch mit anhaftenden Holzresten. Weniger als die Hälfte des Reifens erhalten. Lage: In der Nordostecke der Grabkammer; Befund im oberen Bereich durch Schützengraben gestört, Funde dabei teilweise verlagert. Radreifen im Querschnitt annähernd halbbogenförmig, Länge der Beschlagnägel ca. 8,0 cm; im Querschnitt rechteckig, Form der Nagelköpfe nicht zu ermitteln (vgl. dazu Rad 3). Raddurchmesser ca. 1,00 m. Zusammen mit den Radreifen wurden Fragmente von zwei I-förmigen Felgenklammern und einem bandförmigen Nabenbeschlag gefunden (Kat.Nr. I.24–26) (Inv.Nr. Ko 61/29; *Abb. 37,1*).
24. Rad 2; zwei Fragmente einer I-förmigen Felgenklammer mit anhaftenden Holzresten; Mittelteil nicht erhalten. Ursprünglich mit vier runden Nägeln an der Felge befestigt, nicht alle erhalten. L. nicht zu ermitteln, wohl 8,0 cm (rekonstruiert nach Kat.Nr. I.28); Blechstärke ca. 0,2 cm; L. der Nägel mind. 2,5 cm; Dm. der Nägel ca. 0,3 cm (Inv.Nr. Ko 61/29; *Abb. 37,2*).
25. Rad 2; zwei Fragmente einer I-förmigen Felgenklammer mit anhaftenden Holzresten; Erhaltungszustand, Form und Größe entsprechen Kat.Nr. I.24 (Inv.Nr. Ko 61/29; *Abb. 37,3*).
26. Rad 2; sechs Fragmente eines Nabenbeschlags; Zusammengehörigkeit aufgrund der Materialbeschaffenheit sehr wahrscheinlich. An allen Fragmenten anhaftende Holzreste, ein Fragment mit rundem Nagel. B. 1,7–2,0 cm; Dm. ca. 18,0 cm; Blechstärke ca. 0,2 cm; L. des Nagels mind. 1,5 cm (Inv.Nr. Ko 61/29; *Abb. 37,4*).
27. Rad 3; 11 Fragmente eines Radreifens mit Beschlagnägeln und z.T. anhaftenden Holzresten. Mehr als die Hälfte des Reifens erhalten. Lage: An der Nordwand der Grabkammer, zusammen mit Teilen des Pferdegeschirrs. Querschnitt der Radreifen sowie Länge und Querschnitt der Nägel entsprechen Rad 2; Form der Nagelköpfe vermutlich langrechteckig. Raddurchmesser ca. 1,00 m. Zusammen mit den Radreifen wurden zwei I-förmige Felgenklammern und Fragmente von mindestens drei bandförmigen Nabenbeschlägen gefunden (Inv.Nr. Ko 61/30; *Abb. 38,1*).
28. Rad 3; I-förmige Felgenklammer mit anhaftenden Holzresten, vollständig erhalten. Zwei von ursprünglich vier Nägeln erhalten, runder Nagelquerschnitt. Form entspricht Kat.Nr. I.24 u. I.25. L. 8,0 cm; B. 1,8–2,8 cm; Blechstärke ca. 0,2 cm; L. der Nägel min. 3,0 cm (Inv.Nr. Ko 61/30; *Abb. 38,2*).
29. Rad 3; Fragment einer I-förmigen Felgenklammer mit anhaftenden Holzresten, mehr als die Hälfte erhalten. Ein runder Beschlagnagel vorhanden. Form und Größe der Felgenklammern entsprechen wohl Kat.Nr. I.24, I.25 u.

I.28. L. nicht zu ermitteln, wohl 8,0 cm; B. 2,0–2,6 cm; Blechstärke ca. 0,2 cm; L. des Nagels nicht zu ermitteln (Inv.Nr. Ko 61/30; *Abb. 38,3*).
30. Rad 3; drei Fragmente eines Nabenbeschlags, z. T. mit anhaftenden Holzresten. B. 1,6–1,9 cm; Dm. ca. 18,0 cm; Blechstärke ca. 0,2 cm (Inv.Nr. Ko 61/30; *Abb. 38,4*).
31. Rad 3; Fragment eines breiten Nabenbeschlags, z. T. mit anhaftenden Holzresten. Zu etwa ¼ erhalten. B. nicht genau zu ermitteln, min. 4,0 cm; Dm. unsicher, ca. 14,0 cm; Blechstärke ca. 0,2 cm (Inv.Nr. Ko 61/30; *Abb. 39 A 1*).
32. Rad 3; fünf anpassende Fragmente eines breiten Nabenbeschlags, z. T. mit anhaftenden Holzresten. Zu etwa ¾ erhalten. B. 3,7–4,0 cm; Dm. ca. 12,0 cm; Blechstärke ca. 0,2 cm (Inv.Nr. Ko 61/30; *Abb. 39 A 2*).
33. Rad 4; vier Fragmente eines Radreifens mit Beschlagnägeln. Reifen vollständig erhalten. Lage: in der NW-Ecke der Grabkammer, vermutlich ursprünglich aufrecht stehend gegen die Kammerwand gelehnt. Querschnitt der Radreifen sowie Form und Querschnitt der Nägel entsprechen Rad 2 und 3. Zusammen mit den Radreifen wurde eine unbekannte Anzahl an Naben- und Felgenbeschlägen gefunden. Das Rad ist zusammen mit einem Nabenbeschlag im MUFG Freiburg ausgestellt. Verbleib: Mehr als ¾ im MUFG Freiburg, Rest im LAD Freiburg (Inv.Nr. Ko 61/31; *o. Abb.*).

Organische Reste:
34. Rest eines Lederriemens des Pferdegeschirrs; darin eingehängt zwei kleine Bronzeringe. Lage: Auf dem Boden der Grabkammer vor der nördlichen Kammerwand. L. 3,5 cm; B. max. 1,0 cm; D. ca. 0,5 cm; D. der Ringe ca. 0,1 cm (o. Inv.Nr.; *Abb. 36,9*).
35. Rest eines Lederriemens des Pferdegeschirrs; vermutlich aus zwei Lagen zusammengenähter Riemen, an einem Ende eine Schlaufe. Lage: Auf dem Boden der Grabkammer vor der nördlichen Kammerwand. L. 1,5 cm; B. max. 0,7 cm; D. ca. 0,5 cm; Dm. der Schlaufe ca. 0,3 cm (o. Inv.Nr.; *Abb. 36,10*).

Knochen:
36. Reste eines menschlichen Skeletts; stark vergangene Fragmente der Oberschenkelknochen, Reste der Rippen im Block geborgen, Schädel nicht erhalten. Lage: wohl in situ nordöstlich der Kammermitte, zwischen den Gefäßen I.3 und I.4 und den Resten des Pferdegeschirrs.
Verbleib: Rastatt (o. Inv.Nr.).
37. Zwei Röhrenknochen eines „kleineren Tieres". Lage: zwischen den Resten der Räder 3 und 4, ca. 0,30–0,40 m über dem Kammerboden. Weitere kleine Knochenfragmente im Erdklumpen geborgen. Tierart unbekannt. Verbleib: unbekannt (o. Inv.Nr.).
38. Skelettreste eines kleinen Schweins. Lage: nahe der südlichen Kammerwand. Verbleib: unbekannt (o. Inv. Nr.).

Verbleib der Funde (wo nicht anders angegeben): LAD Freiburg.
Lit.: Pare 1992, 264–266 Abb. 173; Gefäß B.I.1 außerdem bei Bauer 1988, Taf 7,34.

B II. Fundstellen in der Hügelschüttung

Brandstelle 1

Rot gebrannte Erde, darauf eine Holzkohleschicht und Keramikfragmente. Lage: in Sektor IV, etwa 5 m nördlich der Hügelmitte, 1 m außerhalb der Steinpackung, auf der alten Bodenoberfläche aufliegend. Der Durchmesser der Holzkohleschicht betrug ca. 0,60 x 0,60 m.

Keramik:
1. 11 anpassende Wandscherben, davon eine mit Bodenansatz eines größeren, steilwandigen Gefäßes. Rand fehlt. Außenseite unverziert, geglättet; feine Magerung; Brand regelmäßig rötlich-hellbraun. H. und Rdm. nicht zu ermitteln cm; Bdm. ca. 13,0 cm.
Verbleib: LAD Freiburg (Inv.Nr. Ko 61/32; *Abb. 34 B 1*).

Brandstelle 2

Holzkohleschicht auf teilweise gebranntem Boden in einer rechteckigen Einfassung, vermutlich einer Holzkiste. Lage: in Sektor I, 2 m außerhalb der Steinpackung, bei ca. 4 m SO / 2 m NO; 2 m ü. Grabungsnull. Der Befund war direkt über der Brandstelle und an der südwestlichen Schmalseite durch einen modernen Schützengraben gestört. Länge noch ca. 1 m; Breite 0,40 m; Stärke der Holzkohleschicht 2–8 cm; Orientierung etwa Nordost–Südwest. Keine Funde.

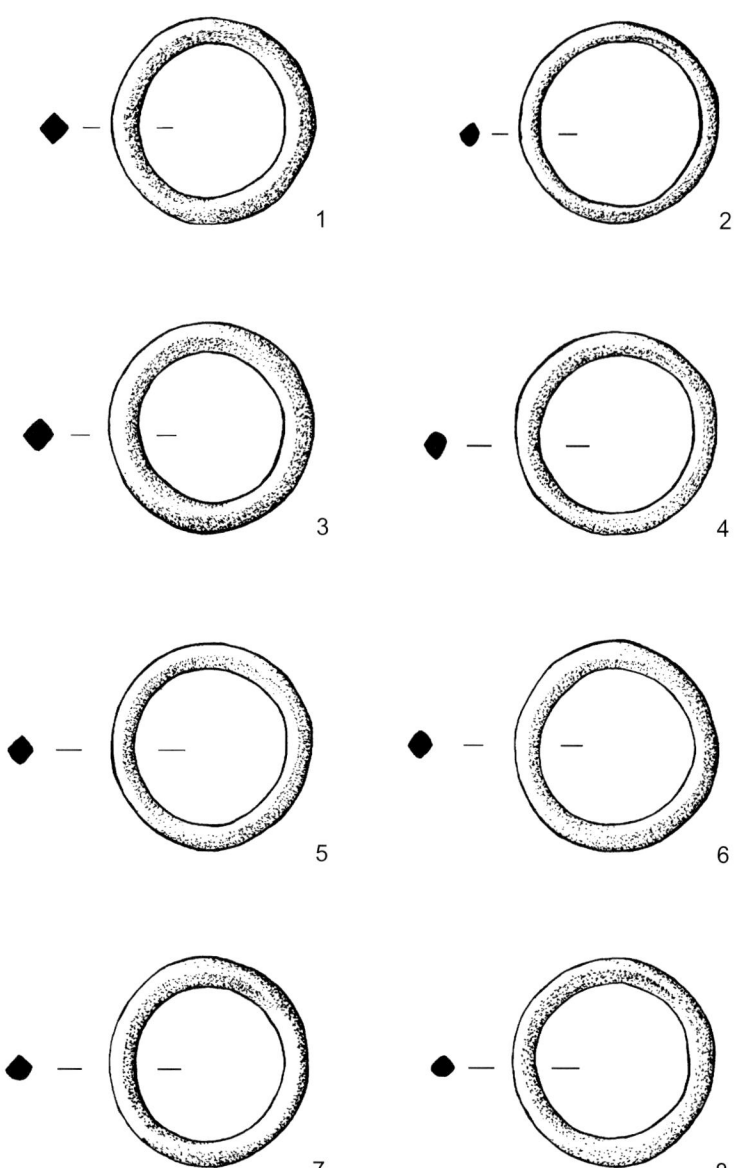

Abb. 35 Hügel B Grab I. M 2:3.

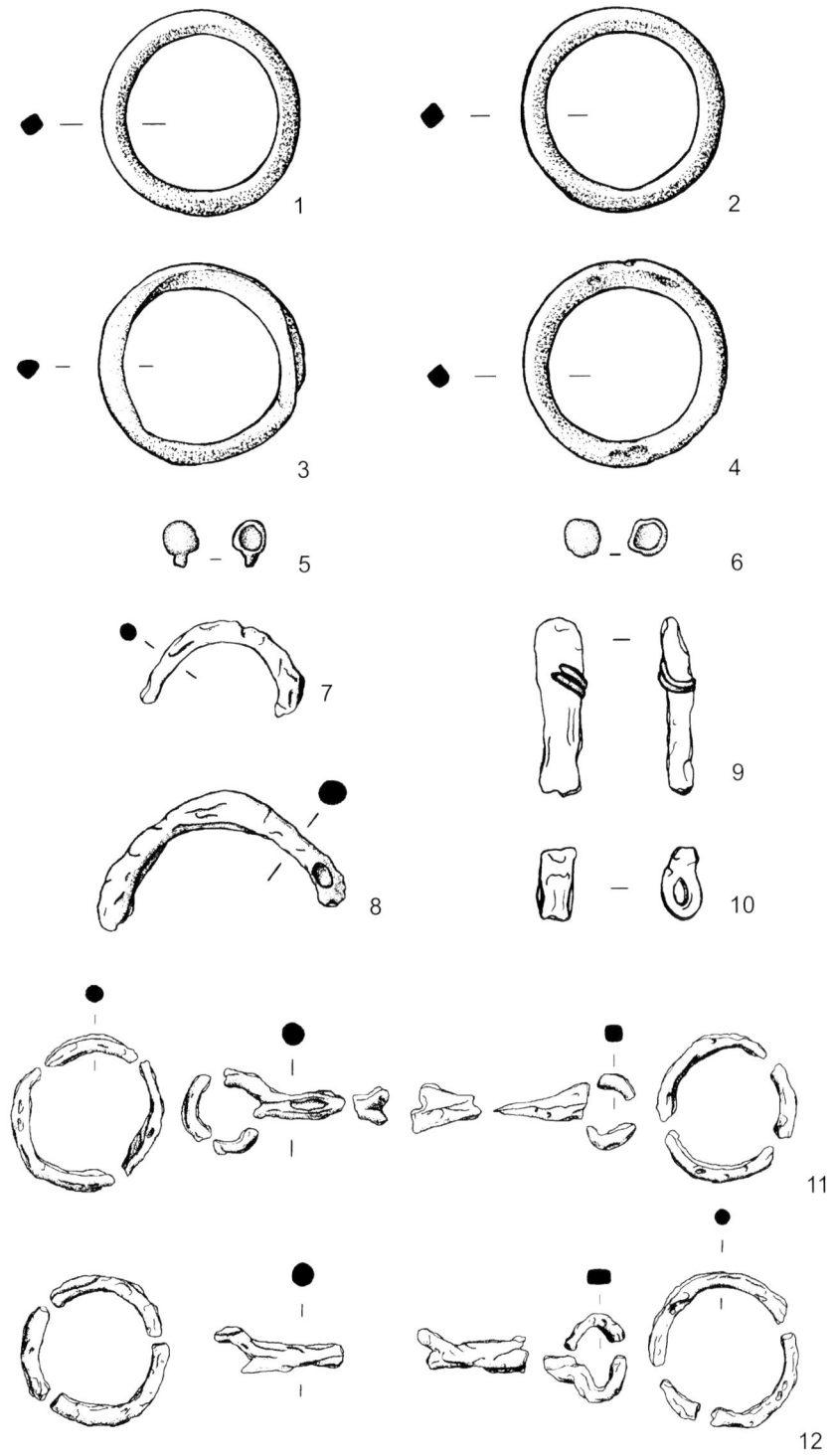

Abb. 36 Hügel B Grab I. 1–10 M 2:3, 11.12 M 1:2.

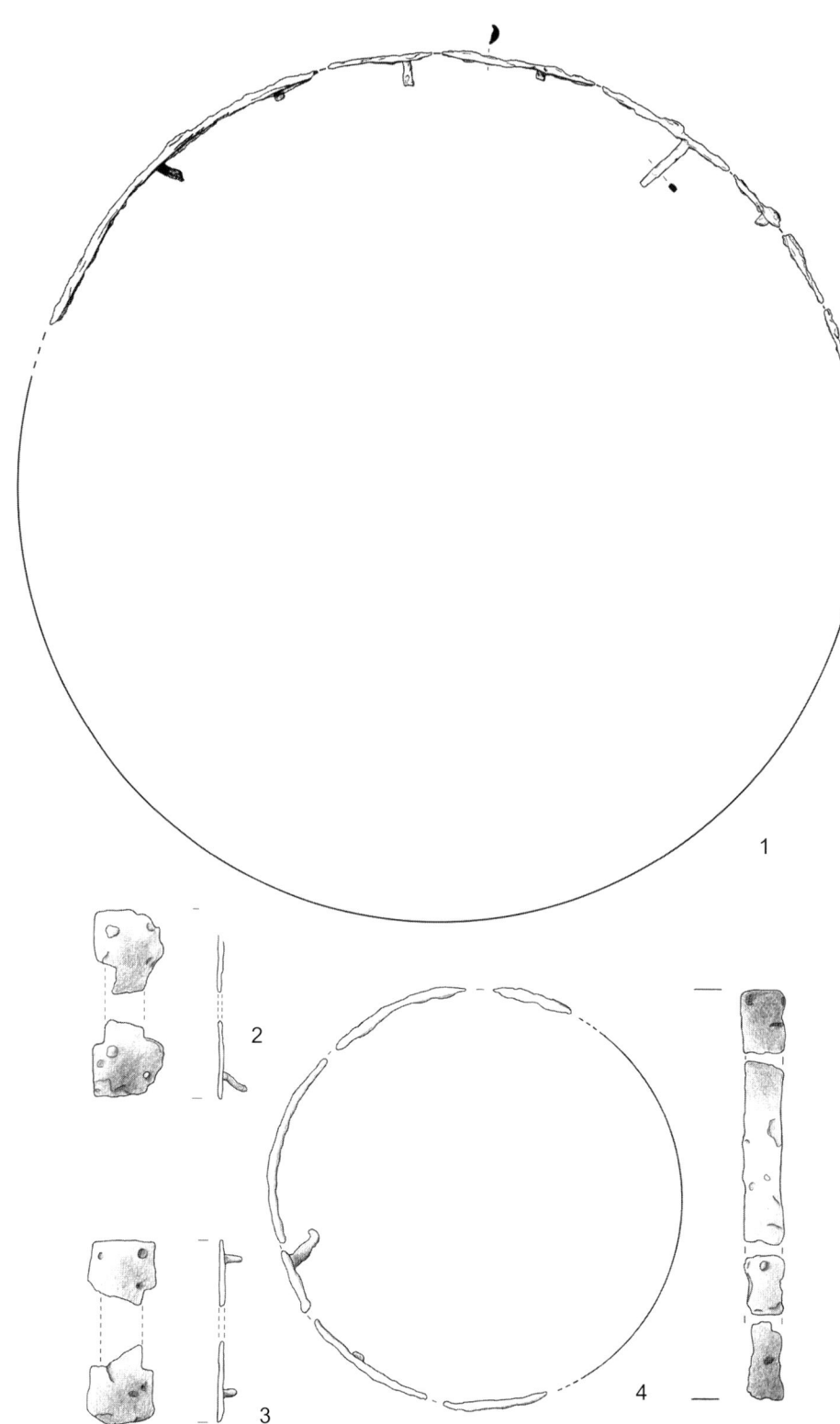

Abb. 37 Hügel B Grab I Rad 2. 1 M 1:8; 2–4 M 1:3.

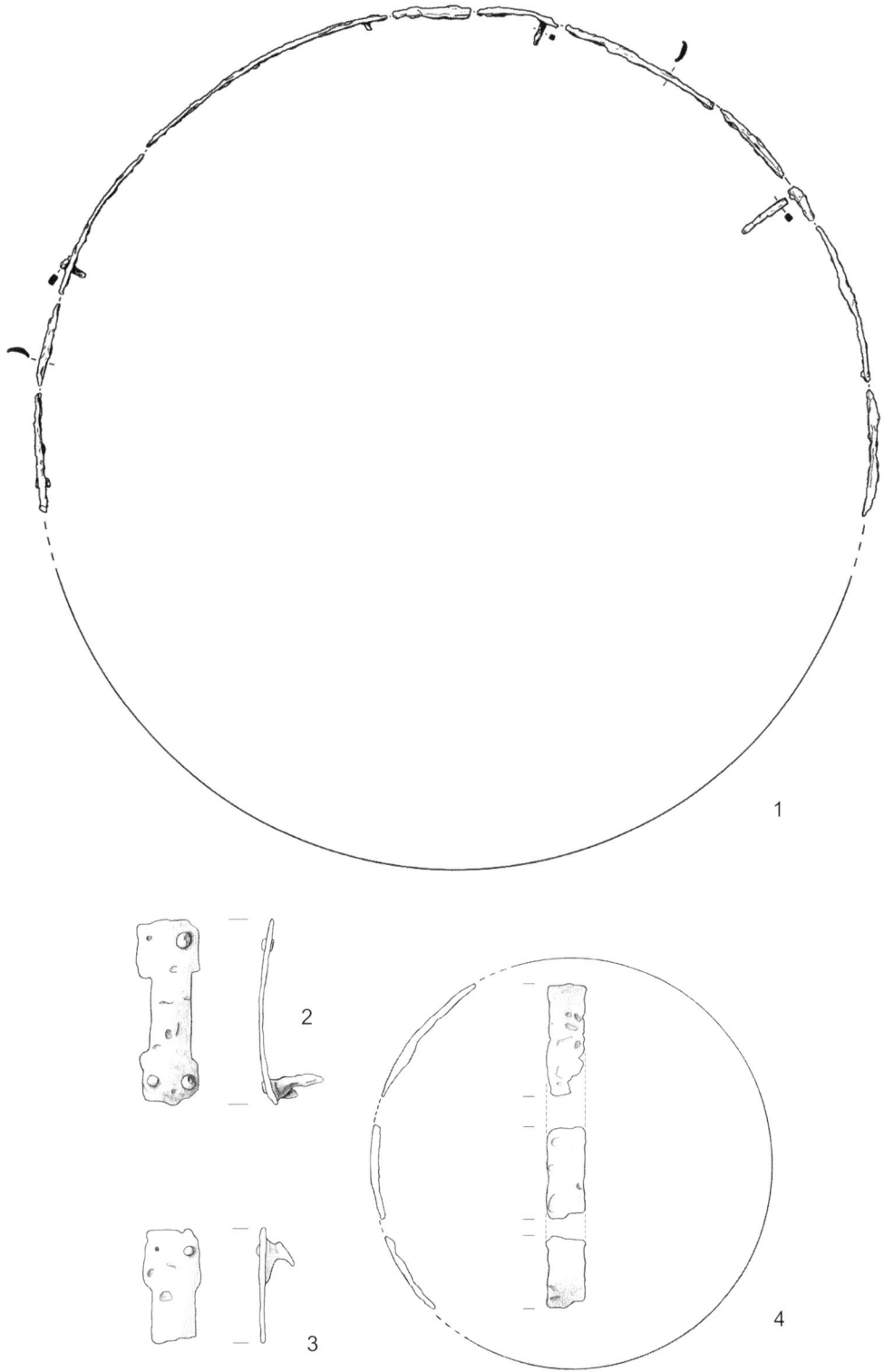

Abb. 38 Hügel B Grab I Rad 3. 1 M 1:8; 2–4 M 1:3.

Brandstelle 3

Holzkohle mit rot gebrannter Erde. Lage: in Sektor II, knapp außerhalb der Steinpackung, bei 1,40 m SO / 1,07 m SW; 3,35 m ü. Grabungsnull. Durchmesser der Brandstelle 0,15 m. Keine Funde.

Hügel C

C I. Brandbestattung (Grab I)

Keramik:
1. Mehrere, z. T. anpassende Wandscherben eines größeren, unverzierten Gefäßes, wohl der Urne. Außenseite geglättet, Magerung fein, dünnwandig; Brand außen regelmäßig rot, innen rot mit schwarzen Flecken. Keine Boden- oder Randscherben vorhanden, daher keine sichere Rekonstruktion der Gefäßform möglich, wohl ein großes Kragen- oder Kegelhalsgefäß (Inv.Nr. Ko 61/40; *o. Abb.*).

Knochen:
2. Wenige stark vergangene Leichenbrandreste, mit Holzkohlestückchen vermischt (o.Inv.Nr.).

Verbleib der Funde: LAD Freiburg.

Hügel D

D I. Brandbestattung (Grab I)

Keramik:
1. Urne; Kegelhalsgefäß mit schwachem Absatz zwischen Hals und Schulter; auf der Schulter flüchtig eingeritzte vertikale Bänder und Winkelbänder mit unregelmäßig eingestochenen Punkten. Außenseite geglättet, Brand außen rötlich-hellbraun mit einzelnen schwarzen Flecken, innen regelmäßig hellbraun und dunkelbraun. Boden schwach aufgewölbt. H. 22,3–23,2 cm; Rdm. 15,1–15,6 cm; Bdm. 8,0–8,3 cm (Inv.Nr. Ko 61/41; *Abb. 39 B 1*).
2. Deckschale zur Urne; randlose, unverzierte Schale, geglättet; Brand außen regelmäßig rötlich-hellbraun, innen fleckig hell- bis dunkelbraun. Boden flach. H. 8,7–9,5 cm; Rdm. 24,1–24,4 cm; Bdm. 10,0–10,3 cm (Inv.Nr. Ko 61/42; *Abb. 39 B 2*).
3. Schälchen aus Gefäß I.4; steilwandiges, flüchtig gearbeitetes Schälchen mit schwach ausgeprägtem Omphalos-Boden; unverziert, geglättet, fast zur Hälfte ergänzt. Brand graubraun bis schwarz. H. 4,8–5,5 cm; Rdm. 9,2–9,5 cm; Omph. Dm. 1,5 cm (Inv.Nr. Ko 61/44; *Abb. 39 B 3*).
4. Kragengefäß; Rand innen und außen graphitiert, Schulter außen im obersten Bereich graphitiert, darin zwei bis drei Reihen mit schwach ausgeprägter, umlaufender Rädchenzier; darunter zwei flache, waagrechte Riefen. Im zentralen Schulterbereich bis unter den Bauchumbruch hängende Graphitdreiecke, von zwei Reihen tief eingedrückter Rädchenzier eingefasst. Das Rädchen hinterließ kleine, quadratische Einstiche und eine ausgeprägte Zugspur. Im Umbruch zwischen Rand und Schulter eine kleine, waagrecht durchbohrte Knubbe, auf der Gegenseite wohl ursprünglich ebenfalls vorhanden, jedoch nicht mehr erhalten. Gefäßaußenseite unterhalb der hängenden Dreiecke bis zum Boden flächig rot bemalt. Innenseite regelmäßig hellrot gebrannt. Boden schwach aufgewölbt. H. 14,8–15,8 cm; Rdm. 18,0–18,9 cm; Bdm. 6,0 cm (Inv.Nr. Ko 61/43; *Abb. 39 B 4*).
Verbleib der Funde: LAD Freiburg.

Knochen:
5. Wenige Leichenbrandreste aus der Urne.
Verbleib: Rastatt (o. Inv.Nr.).

Hügel E

E I. Brandbestattung (Grab I)

Keramik:
1. Kleines Schälchen aus Gefäß I.3; unverziert, geglättet; mehr als die Hälfte ergänzt; Brand fleckig hell- bis dunkelbraun; Boden außen flach, innen stark aufgewölbt. H. 3,8–4,7 cm; Rdm. 9,3–9,5 cm; Bdm. 2,5–2,8 cm (Inv. Nr Ko 61/53; *Abb. 40,1*).

2. Kleines Töpfchen mit Kragenrand aus der Urne I.6; unverziert, geglättet; dünnwandig; Brand regelmäßig rötlich-braun; Boden aufgewölbt. H. 5,5–6,0 cm; Rdm. 6,2–6,4 cm; Bdm. 2,8–3,0 cm (Inv.Nr. Ko 61/48; *Abb. 40,2*).
3. Großes bauchiges Kegelhalsgefäß; Rand innen und außen graphitiert; obere Gefäßhälfte bis unter den Bauchumbruch graphitiert; Gefäßunterseite außen unregelmäßig rötlich-braun gebrannt mit schwarzen Flecken, Brand innen regelmäßig rot; Boden schwach aufgewölbt. H. 28,7–29,3 cm; Rdm. 21,5–22,3 cm; Bdm. 10,3–10,4 cm (Inv. Nr. Ko 61/52; *Abb. 40,3*).
4. Kleines Kegelhalsgefäß; unverziert, geglättet; zwischen Schulter und Hals schwacher Absatz, dagegen scharfer Umbruch zwischen Hals und Rand; Brand fleckig rot und schwarz; Boden flach. Lage: innerhalb der Grabkammer, aber 0,60 m westlich der Brandschicht im unverfärbten Material der Hügelschüttung, ca. 5–10 cm über dem Kammerboden; das Gefäß lag zur Seite gekippt und war nur etwa zur Hälfte vorhanden. H. 10,9–11,4 cm; Rdm. 8,6–8,7 cm; Bdm. 5,2 cm (Inv.Nr. Ko 61/45; *Abb. 40,4*).
5. Steilwandiger Napf; unverziert, geglättet; Brand fleckig hell- bis dunkelbraun; Boden außen flach, innen stark aufgewölbt. Lage: entweder in oder neben Gefäß I.3. H. 6,6–7,3 cm; Rdm. 12,6–13,2 cm; Bdm. 6,1–6,3 cm (Inv. Nr. Ko 61/54; *Abb. 40,5*).
6. Urne; Kragengefäß mit weichem Übergang zwischen Schulter und Rand; Rand innen und außen graphitiert; obere Gefäßhälfte außen bis unter den Bauchumbruch graphitiert; untere Gefäßhälfte unverziert, geglättet; Brand innen und außen regelmäßig braun mit einzelnen rötlichen Flecken. Boden flach. Das Gefäß enthielt Leichenbrand, ein Kleingefäß (Kat.Nr. I.2), ein Eisenfragment mit anhaftenden Textilresten (Kat.Nr. I.15) sowie diverse nicht mehr bestimmbare, verschmolzene Bronzereste (Kat.Nr. I.12). H. 16,6–17,8 cm; Rdm. 23,3–23,8 cm; Bdm. 9,2–10,0 cm (Inv.Nr. Ko 61/47; *Abb. 40,6*).
7. Kleine bauchige Schale mit leicht einbiegendem Rand; innen flächig, außen bis in Bodennähe graphitiert; Außenseite im unteren Drittel unverziert, geglättet; Brand fleckig hell- bis dunkelbraun. Boden schwach aufgewölbt. H. 5,8–6,3 cm; Rdm. 14,7–15,0 cm; Bdm. 3,7–4,0 cm (Inv.Nr. Ko 61/55; *Abb. 40,7*).
8. Kleine Schale mit leicht ausbiegendem Rand; innen flächig, außen bis in Bodennähe graphitiert; Außenseite im unteren Drittel unverziert, geglättet; Brand fleckig hell- bis dunkelbraun. Boden schwach aufgewölbt. H. 7,6–8,6 cm; Rdm. 19,8–20,3 cm; Bdm. 4,6 cm (Inv.Nr. Ko 61/56; *Abb. 40,8*).
9. Unverziertes Kegelhalsgefäß; unregelmäßig geglättet, grob gemagert; Brand innen und außen regelmäßig rötlich-braun. Boden flach. H. 18,9–19,5 cm; Rdm. 15,3–16,0 cm; Bdm. 9,3–9,5 cm (Inv.Nr. Ko 61/46; *Abb. 40,9*).
10. Neun Wandscherben eines größeren, dickwandigen Gefäßes; unverziert, geglättet, grob gemagert; Brand unregelmäßig rot und schwarz; aus der Brandschüttung nördlich der Urne (Inv.Nr. Ko 61/51; *o. Abb.*).

Bronze:
11. Fragment eines Speichenrädchens, unverbrannt, etwa zur Hälfte erhalten; halbrunder Querschnitt; aus der Brandschüttung, genaue Lage unsicher, entweder westlich oder südöstlich der Urne. Dm. ca. 3,5 cm; D. 0,2–0,3 cm (Inv.Nr. Ko 61/57; *Abb. 41 A 1*).
12. Wenige unbestimmbare Bronzereste aus der Urne; verschmolzen (Inv.Nr. Ko 61/50; *o. Abb.*).

Eisen:
13. Rundstabiges Eisenfragment, zu einer Schleife gebogen, möglicherweise Rest eines Trensenknebels oder Achsnagels; aus der Brandschüttung am südwestlichen Rand der Urne, zusammen mit Kat.Nr. I.14. L. 3,0 cm; D. 0,5 cm (Inv.Nr. Ko 61/58; *Abb. 41 A 2*).
14. Eisenfragment, möglicherweise Rest eines Nagels oder eines Knopfes; flacher, annähernd runder Kopf mit Anfang des Schafts; Kopf im Querschnitt halbkugelig, Schaft rundstabig; aus der Brandschüttung am südwestlichen Rand der Urne, zusammen mit Kat.Nr. I.13. Dm. des Kopfes 1,6–1,9 cm; H. mit Schaft ca. 1,9 cm; L. des Schafts noch ca. 1,0 cm; D. max. des Schafts 0,4 cm (Inv.Nr. Ko 61/59; *Abb. 41 A 3*).
15. Flaches Eisenfragment mit angerosteten Textilresten; aus der Urne, aber unverbrannt; Bestimmung unsicher, möglicherweise Fragment einer Messer- oder Schwertklinge. L. max. 5,3 cm; B. max. 3,4 cm; D. max. (o. org. Rest) 0,2 cm (Inv.Nr. Ko 61/49; *Abb. 41 A 4*).

Knochen:
16. Leichenbrand aus der Urne und aus der Brandschüttung oberhalb der Urne (o. Inv.Nr.).

Verbleib der Funde: LAD Freiburg.

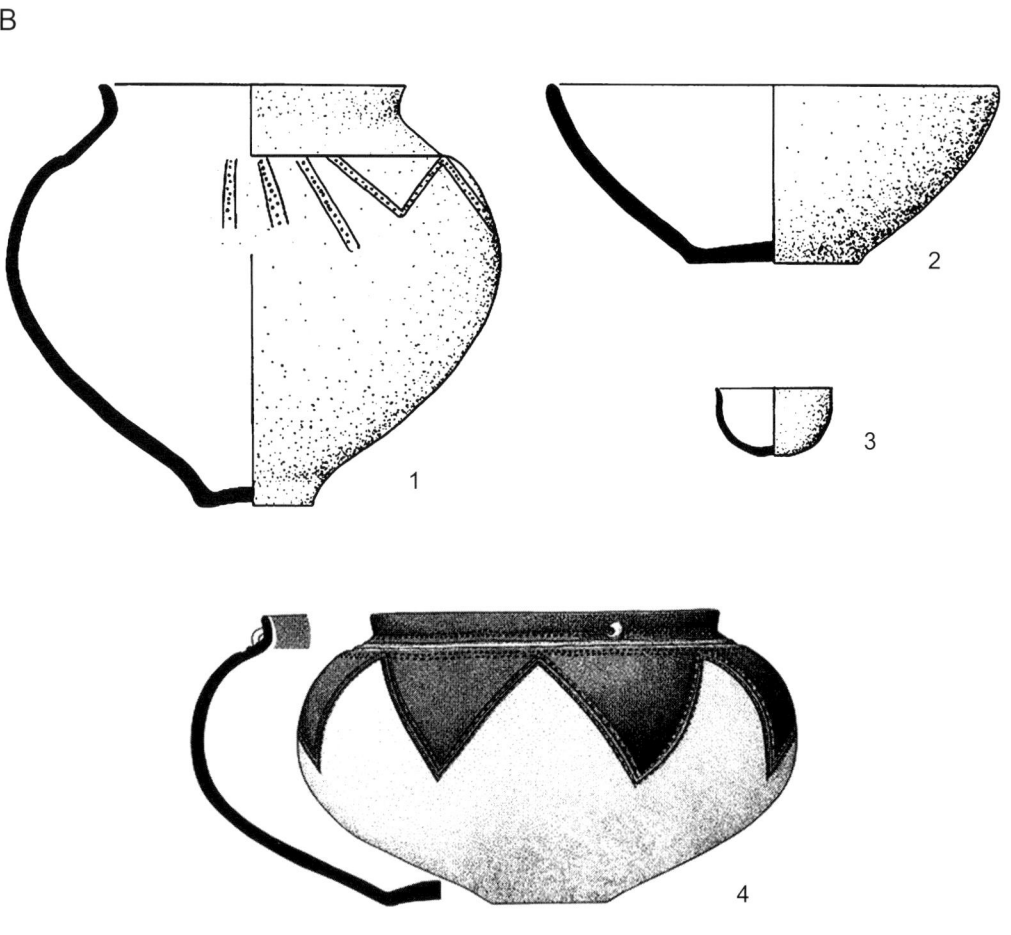

Abb. 39 A) Hügel B Grab I Rad 3. M 1:3; B) Hügel D Grab I. M 1:4.

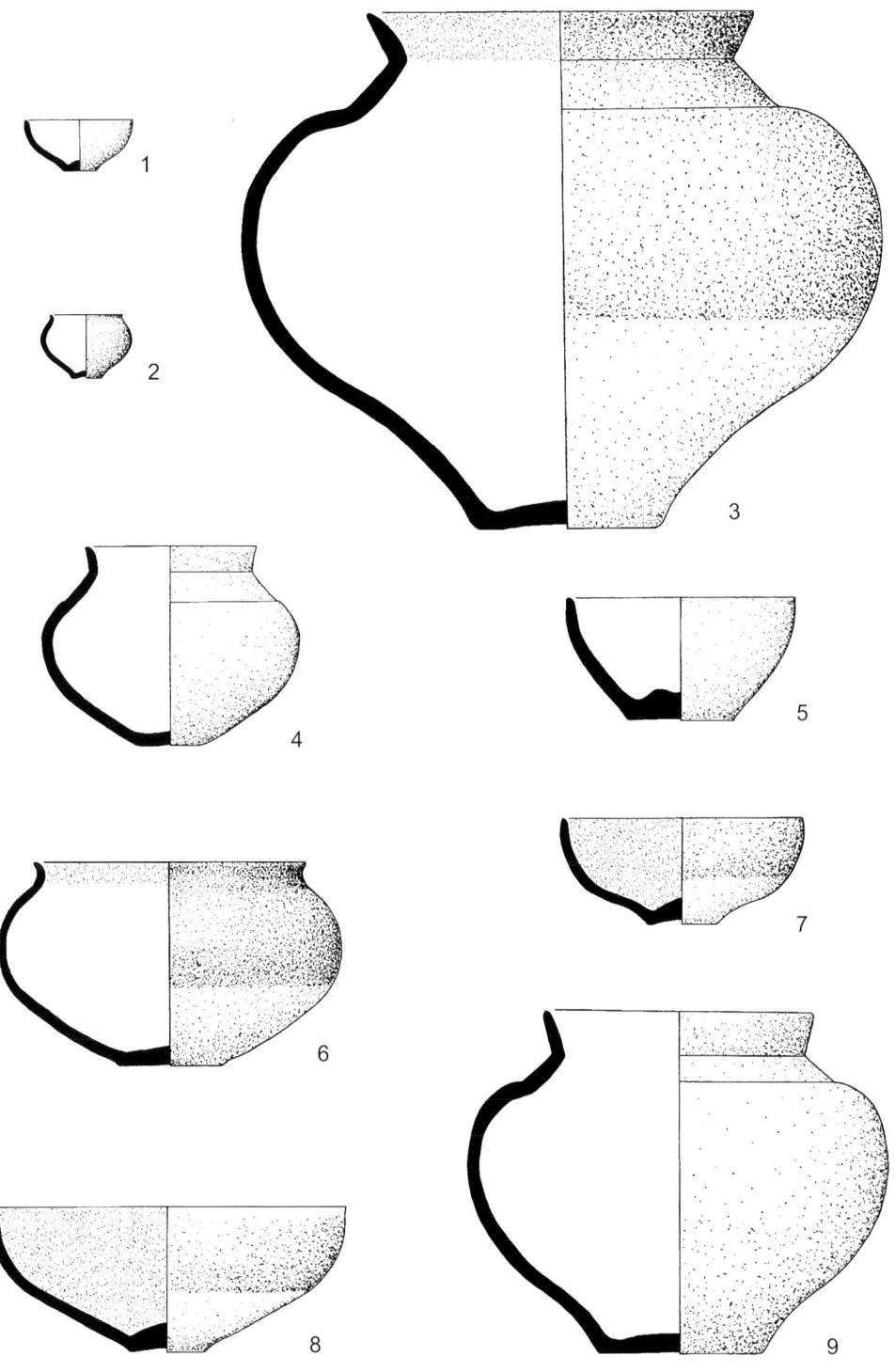

Abb. 40 Hügel E Grab I. M 1:4.

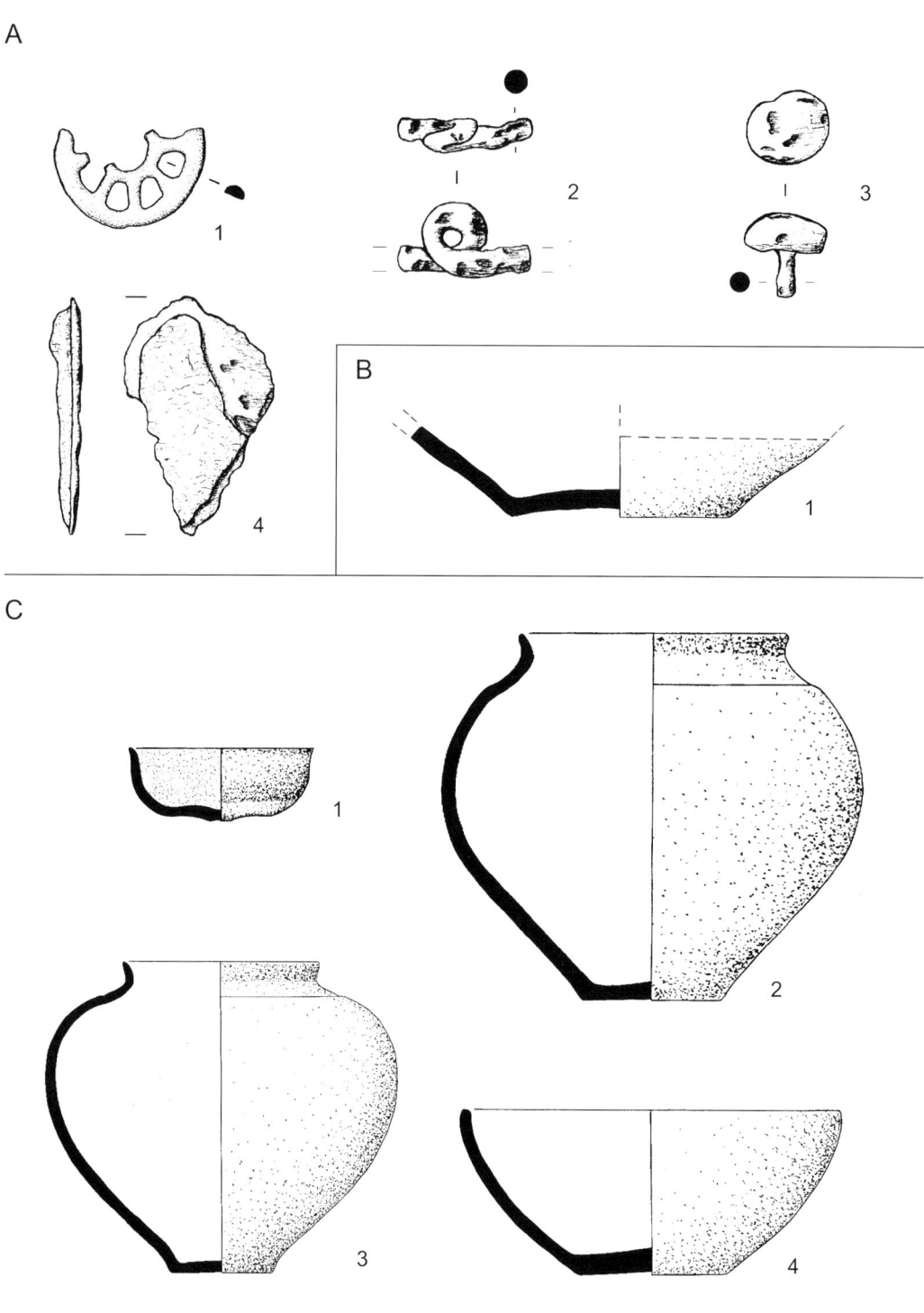

Abb. 41 A) Hügel E Grab I. M 2:3; B) Hügel F Fundstelle I. M 1:4; C) Hügel F Fundstelle VIII. M 1:4.

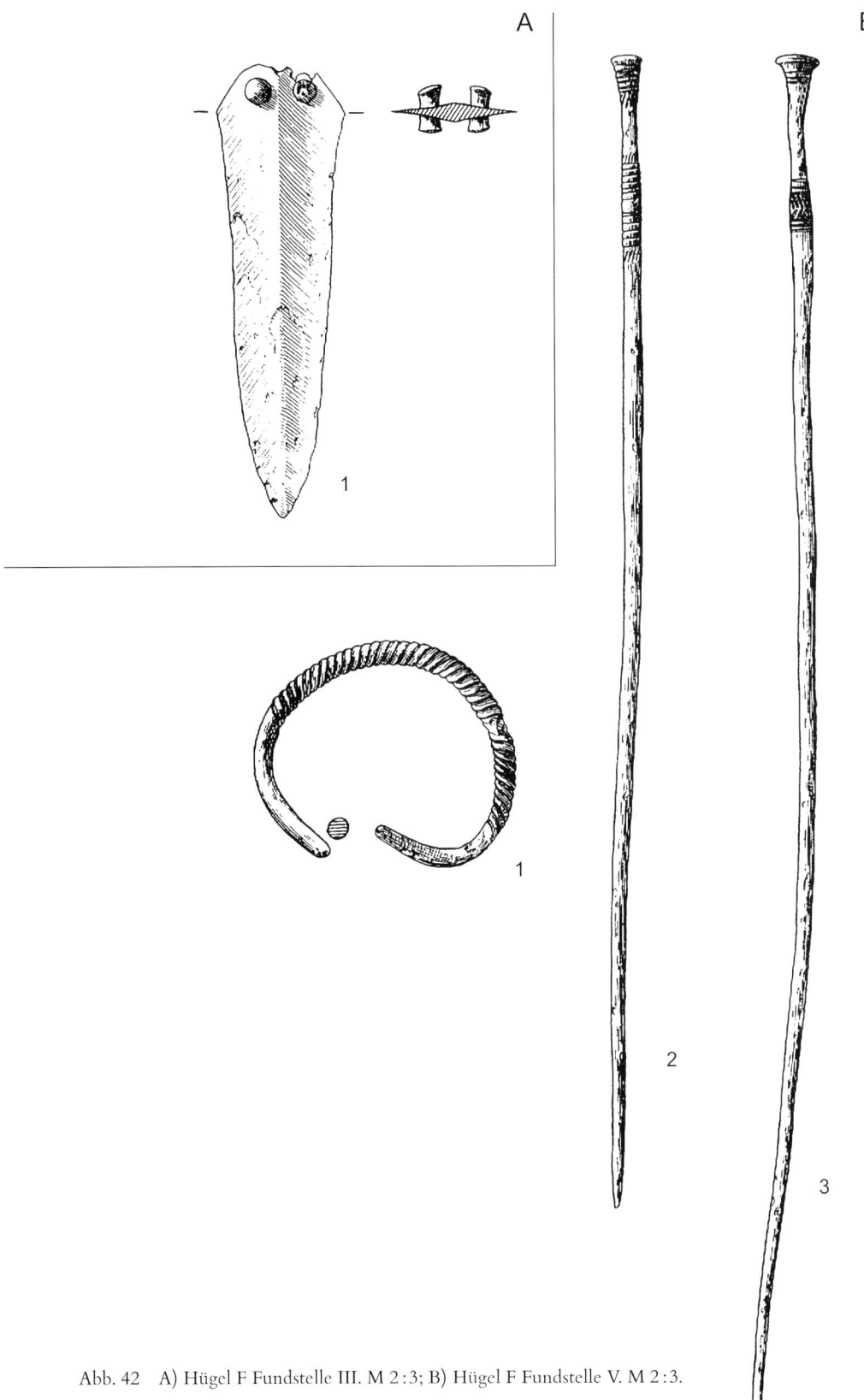

Abb. 42　A) Hügel F Fundstelle III. M 2:3; B) Hügel F Fundstelle V. M 2:3.

Hügel F

F I. Fundstelle I

Keramik:
1. Wand- und Bodenscherben eines größeren, unverzierten Gefäßes, möglicherweise einer Schale oder Schüssel, anpassend; sehr flüchtig geglättet, grob gemagert, dickwandig; Brand sehr weich, unregelmäßig hellgrau bis rötlich-braun. H. noch ca. 5,5 cm; Bdm. ca. 13,0 cm (Inv.Nr. Ko 61/64; *Abb. 41 B 1*).
2. Bodenscherben ohne Wandansatz, anpassend; Tonbeschaffenheit wie Kat.Nr. I.1, Gefäßform nicht zu ermitteln, Wandneigung nicht festzustellen; der erhaltene Bdm. von mind. 12 cm deutet auf ein ähnliches Gefäß wie I.1 (Inv. Nr. Ko 61/64; *o. Abb.*).
Verbleib: LAD Freiburg.

F II. Fundstelle II

Keramik:
1. Drei kleine Wandscherben, möglicherweise von einem Gefäß; unverziert, grob gemagert, Brand außen und innen rot, im Kern schwarz.
Verbleib: LAD Freiburg (Inv.Nr. Ko 61/65; *o. Abb.*).

Bronze:
2. Bronzereste, nicht genauer beschrieben.
Verbleib: unbekannt (o. Inv.Nr.).

Knochen:
3. Leichenbrand; zu einem in der Aufsicht rechteckigen Fleck in der Mitte der Senke aufgehäuft, einige Stücke verstreut über die gesamte Vertiefung.
Verbleib: Rastatt (o. Inv.Nr.).

F III. Fundstelle III

Bronze:
1. Dolchblatt mit Mittelrippe und trapezförmiger Heftplatte mit zwei Nieten; Schneiden zum Heft hin nach innen geschwungen. L. 10,4 cm; B. max. 2,8 cm; D. 0,3–0,4 cm.
Verbleib: LAD Freiburg (Inv.Nr. Ko 61/66; *Abb. 42 A 1*).

Knochen:
2. Leichenbrand; unter den Steinen an der Nord- und Westseite des Befunds und dicht neben der Dolchklinge.
Verbleib: Rastatt (o. Inv.Nr.).

F IV. Fundstelle IV

Knochen:
1. Leichenbrand; zu einem Haufen aufgeschichtet in der NO-Ecke der Anlage.
Verbleib: Rastatt (o. Inv.Nr.).

F V. Fundstelle V

Bronze:
1. Nadel mit umgekehrt konischem Kopf und verdicktem Hals; Kopf oben abgerundet, vom Schaft deutlich abgesetzt und mit drei umlaufenden Rillen verziert; der leicht verdickte Hals ist mit Tannenzweigmuster verziert, das oben und unten von je drei umlaufenden Rillen eingefasst wird. L. 31,5 cm.
Verbleib: LAD Freiburg (Inv.Nr. Ko 61/67; *Abb. 42 B 3*).
2. Nadel mit umgekehrt konischem Kopf und geripptem Hals; Kopf oben abgerundet, vom Schaft schwach abgesetzt und mit umlaufenden Rillen verziert, die zum Hals hin von einem Band mit kurzen, schrägen Ritzlinien begrenzt werden. Der unverdickte Hals ist durch starke umlaufende Rillen quergerippt und wird oben und unten von einem schrägen Ritzlinienband abgeschlossen. L. 26,2 cm.
Verbleib: LAD Freiburg (Inv.Nr. Ko 61/68; *Abb. 42 B 2*).
3. Offener Armring; rundstabig, tw. tordiert. Dm. 5,3–6,0 cm; D. max. 0,5 cm.
Verbleib: LAD Freiburg (Inv.Nr. Ko 61/69; *Abb. 42 B 1*).

Zahnreste:
4. Reste von einem oder mehreren menschlichen Zähnen mit Bronzepatina.
Verbleib: Rastatt (o. Inv.Nr.).

F VIII. Fundstelle VIII (hallstattzeitliche Brandbestattung)

Keramik:
1. Kleines Schälchen mit schmalem Standring; innen flächig, außen bis in Bodennähe graphitiert; Brand hellbraun mit dunklen Flecken. H. 4,0–4,6 cm; Rdm. 11,0–11,3 cm; Bdm. 1,4–1,6 cm.
Verbleib: LAD Freiburg (Inv.Nr. Ko 61/63; *Abb. 42 C 1*).
2. Unverziertes, bauchiges Kegelhalsgefäß, unregelmäßig geglättet; Hals schwach abgesetzt; Brand außen fleckig hellbraun bis dunkelbraun, innen regelmäßig dunkelbraun. Boden flach. H. 27,2–27,6 cm; Rdm. 16,9–17,4 cm; Bdm. 10,6–11,2 cm.
Verbleib: LAD Freiburg (Inv.Nr. Ko 61/61; *Abb. 42 C 2*).
3. Unverziertes, steiles Kegelhalsgefäß mit flacher Schulter, unregelmäßig geglättet; Hals schwach abgesetzt; Brand außen dunkelbraun mit hellen Flecken, innen regelmäßig schwarz. Boden flach. H. 21,0–21,9 cm; Rdm. 15,5 cm; Bdm. 9,0 cm.
Verbleib: LAD Freiburg (Inv.Nr. Ko 61/60; *Abb. 42 C 3*).
4. Unverzierte Schale mit leicht einbiegendem Rand; geglättet, Rand unregelmäßig nach innen abgestrichen; Brand außen fleckig rot bis braun, innen regelmäßig schwarz. Boden flach. H. 9,6–9,9 cm; Rdm. 23,0–23,4 cm; Bdm. 8,6 cm.
Verbleib: LAD Freiburg (Inv.Nr. Ko 61/62; *Abb. 42 C 4*).

Knochen:
5. Leichenbrand, nicht in einer Urne beigegeben, sondern zu einem rechteckigen Haufen ca. 0,20–0,30 m südöstlich der Gefäße aufgeschichtet.
Verbleib: unbekannt (o. Inv.Nr.).

Hügel G

G I. Brandbestattung (Grab I)

Keramik:
1. Urne; bauchiges Kragengefäß; Rand innen und außen graphitiert; auf Schulter und Bauch ineinandergeschachteltes Winkelmuster aus vier kräftigen dreifachen Ritzlinien sowie rot und schwarz bemalten Bändern. Die in den Zwickeln oben und unten entstehenden Dreiecke sind an allen Seiten mit dreifachen Ritzlinien eingefasst. In den unteren Zwickeln stehende Dreiecke mit Kreuzschraffur. In den oberen Zwickeln hängende Dreiecke, an der Basis je ein waagrechtes Band mit eingeritzter Zick-Zack-Linie, die oben und unten von kleinen eingestempelten Dreiecken begleitet wird. Der untere Teil der hängenden Dreiecke ist mit einem Muster aus abwechselnden Reihen rotbemalter und punktgefüllter Rauten gefüllt. In den einfassenden Ritzlinien, den kleinen eingestempelten Dreiecken und den eingestochenen Punkten des Rautenmusters möglicherweise Spuren von weißer Inkrustation. Gefäßunterseite unverziert, geglättet; Brand außen fleckig rötlich-braun bis schwarz, innen regelmäßig rötlich-hellbraun mit einzelnen dunklen Flecken. Boden flach. H. 18,5–19,4 cm; Rdm. 24,1–24,5 cm; Bdm. 7,7–8,0 cm.
Verbleib: LAD Freiburg (Inv.Nr. Ko 61/70:1; *Abb. 43 A 1*).
2. Kleines Schälchen mit ausgeprägtem Omphalos-Boden; innen flächig, außen bis in Bodennähe graphitiert; Rand leicht ausgezogen; Brand im unteren Gefäßteil regelmäßig dunkelbraun. Boden stark aufgewölbt. H. 4,6–5,0 cm; Rdm. 9,8–10,1 cm; Dm. Omph. 3,0–3,4 cm.
Verbleib: LAD Freiburg (Inv.Nr. Ko 61/74:1; *Abb. 43 A 2*).
3. Kleines randloses Schälchen aus Gefäß I.4; fast unversehrt erhalten; regelmäßig gearbeitet und sorgfältig geglättet. Ton innen und außen oberflächlich schwarz gebrannt und poliert, mit stellenweise durchschimmerndem roten Kern. Dünnwandig, Boden schwach aufgewölbt. H. 4,0 cm; Rdm. 9,5 cm; Bdm. 6,0 cm.
Verbleib: LAD Freiburg (Inv.Nr. Ko 61/73:1; *Abb. 43 A 3*).
4. Steiles Kragengefäß; Rand von der Schulter scharf abgesetzt und leicht nach innen gebogen, Rand innen und außen graphitiert; auf der Schulter spitzwinklig angeordnete Gruppen von schmalen, schrägen Riefen, die durch rote und schwarze Bemalung zu Bündeln mit jeweils drei bis fünf Riefen einer Farbe zusammengefasst sind. Zwickel oben und unten rot bemalt. Auf der Gefäßunterseite bis zum Boden breite, abwechselnd rot und schwarz bemalte, waagrecht umlaufende Riefen. Die rot bemalten Flächen auf diesem Gefäß sowie auf Gefäß I.5 zeigen einen von den Gefäßen der Hügel A bis F völlig verschiedenen, kräftig dunkelroten Farbton, der sonst nur noch bei Gefäß I.2 von Hügel H Grab 1 vorkommt. Brand auf der Innenseite regelmäßig rötlich-dunkelbraun. Dünnwandig, Boden leicht aufgewölbt. H. 10,8–11,7 cm; Rdm. 14,3–14,6 cm; Bdm. 6,0–6,3 cm.
Verbleib: LAD Freiburg (Inv.Nr. Ko 61/72:1; *Abb. 43 A 4*).

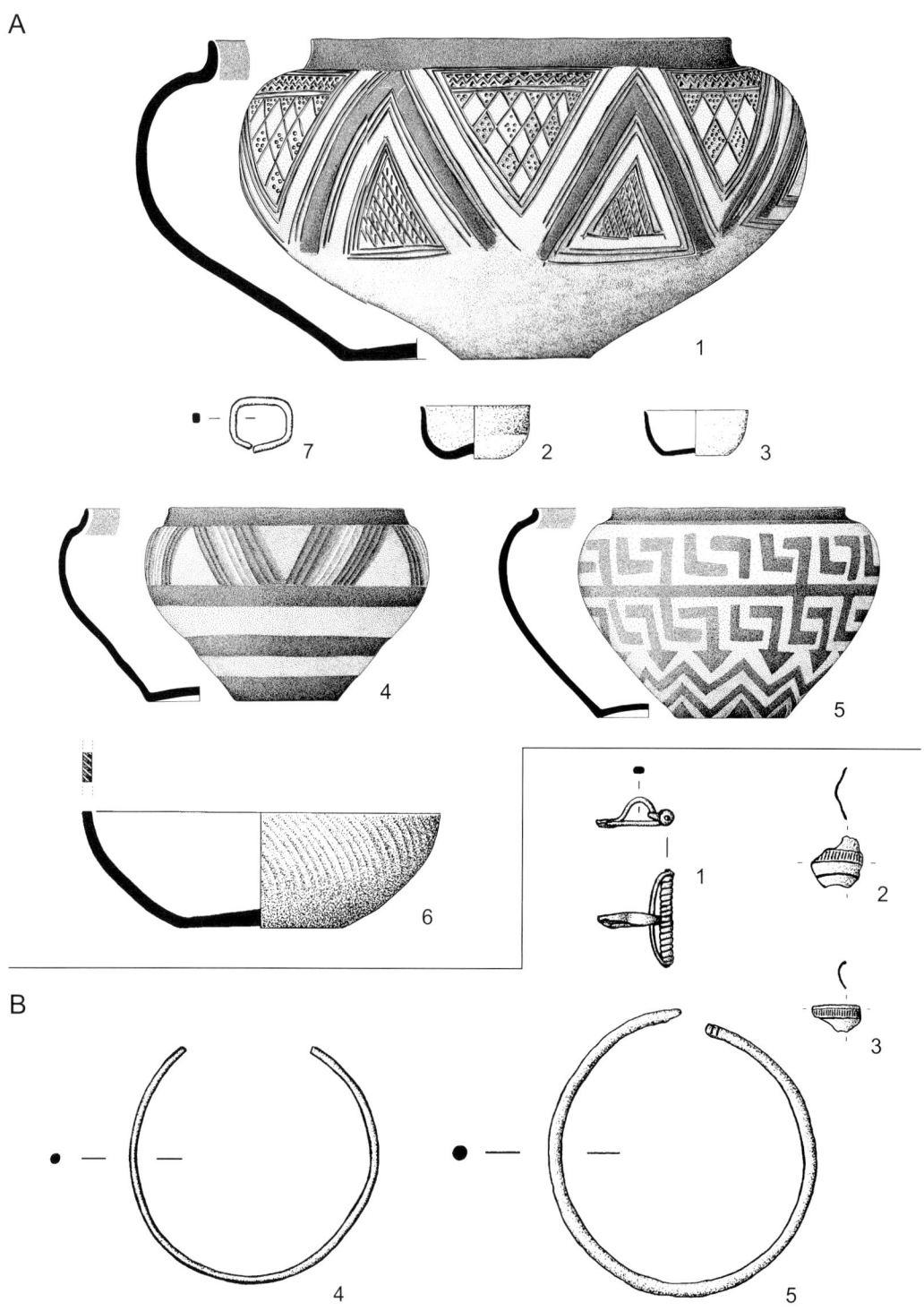

Abb. 43 A) Hügel G Grab I. 1–6 M 1:4; 7 M 2:3; B) Hügel G Grab II. M 2:3.

5. Steiles Kragengefäß; fast unversehrt erhalten; Rand innen und außen graphitiert; Rand von der Schulter schwach abgesetzt, dagegen leichter Ansatz eines Halses erkennbar; Gefäßform am Übergang zwischen Kragen- und Kegelhalsgefäß. Gesamte Gefäßaußenseite kräftig rot grundiert (vgl. Bemerkung zu Gefäß I.4), darauf bis zum Boden ein ausgefallenes Graphitlinienmuster. Im oberen Teil ein komplexes, mäanderähnliches Muster aus zwei Reihen gegenständig angeordneter, rechtwinkliger Haken; nach unten abgetrennt durch einen Kranz hängender Dreiecke. Im unteren Gefäßdrittel zwei waagrecht umlaufende Zickzacklinien; am Bodenumbruch ein Kranz aus stehenden Dreiecken. Die Graphitlinien sind an manchen Stellen bereits stark verwaschen, die kräftig dunkelrote Farbe dagegen ist in einem sehr guten Erhaltungszustand. Gefäßinnenseite sorgfältig geglättet, Brand regelmäßig rötlich-hellbraun. Dünnwandig, Boden aufgewölbt. H. 13,6–13,7 cm; Rdm. 13,4–14,0 cm; Bdm. 6,5 cm.
Verbleib: LAD Freiburg (Inv.Nr. Ko 61/71:1; *Abb. 43 A 5*).
6. Randlose Schale; auf der waagrecht abgestrichenen Mündung schräg angeordnete, parallele Abdrücke eines dünnen runden Gegenstands, wohl eines Stäbchens; auf der rauen Oberfläche außen unregelmäßige schräge Verstrichspuren, auf der sorgfältiger geglätteten Innenseite horizontale Verstrichspuren. Brand außen fleckig hell- bis dunkelbraun, innen regelmäßig dunkelbraun. Boden flach. H. 6,4–7,0 cm; Rdm. 21,4–22,0 cm; Bdm. 10,3–11,0 cm.
Verbleib: LAD Freiburg (Inv.Nr. Ko 61/75:1; *Abb. 43 A 6*).
7. 2 Wandscherben eines größeren, dickwandigen Gefäßes; unverziert, geglättet, grob gemagert; Brand unregelmäßig rot bis braun, Kern dunkel.
Verbleib: LAD Freiburg (Inv.Nr. Ko 61/77:1; *o. Abb.*).

Bronze:
8. Kleiner, offener, rechteckig gebogener Ring oder Klammer; im Querschnitt abgerundet rechteckig bis quadratisch. Lage: auf dem Grabboden, offenbar nicht in einem Gefäß. Dm. 1,5 cm; D. ca. 0,2 cm.
Verbleib: LAD Freiburg (Inv.Nr. Ko 61/76:1; *Abb. 43 A 7*).

Knochen:
9. Tierknochen; vermutlich Unterarm/Unterschenkel eines jungen Schweins. Lage: auf dem Grabboden, unmittelbar neben den Gefäßen I.3 und I.5.
Verbleib: unbekannt (o. Inv.Nr.).
10. Leichenbrand aus der Urne (Gefäß I.1); offenbar gereinigt.
Verbleib: Rastatt (o. Inv.Nr.).
11. Leichenbrand; gereinigt; Lage: zwischen den Steinen am oberen Ende der Grabgrubenverfüllung, etwa auf Höhe der Brandtenne.
Verbleib: wohl zusammen mit den Leichenbrandresten aus der Urne Kat.Nr. G.I.10 (o. Inv.Nr.).

G II. Körperbestattung (Grab II)

Bronze:
1. Fragment einer kleinen Fibel mit breiter Armbrustspirale auf Eisenkern; Fibelfuß wohl nicht vollständig erhalten; dort könnte eine Fußzier aufgesetzt gewesen sein. Bügel steil aufgewölbt, im Querschnitt flach rechteckig. L. noch 1,7 cm; B. 2,2 cm; H. 0,6 cm.
Verbleib: LAD Freiburg (Inv.Nr. Ko 61/79:2; *Abb. 43 B 1*).
2. Dünnes Bronzeblechfragment; rundgebogen; im Querschnitt profiliert, vermutlich grob doppelkonische Wölbung; auf der Außenseite ein waagrechtes Band aus feinen, senkrecht eingeritzten Strichen. B. max. 1,1 cm; H. max. 1,1 cm; Blechstärke unter 0,1 cm.
Verbleib: LAD Freiburg (Inv.Nr. Ko 61/79:2; *Abb. 43 B 2*).
3. Dünnes Bronzeblechfragment; rundgebogen; bauchiger Querschnitt; an einer Seite unversehrter Abschluss mit leicht nach innen vorstehendem Absatz oder Wulst. Knapp unterhalb des Abschlusses außen ein gleichartiges Zierband aus senkrechten Strichen wie bei Kat.Nr. II.2. B. max. 1,1 cm; H. max. 0,6 cm; Blechstärke unter 0,1 cm.
Verbleib: LAD Freiburg (Inv.Nr. Ko 61/79:2; *Abb. 43 B 3*).
4. Dünner, rundstabiger Armring; unverziert, Enden abgebrochen. Dm. 5,6–5,7 cm; D. ca. 0,2 cm.
Verbleib: LAD Freiburg (Inv.Nr. Ko 61/80:2; *Abb. 43 B 4*).
5. Rundstabiger Armring; vermutlich offen, ein Ende abgebrochen, auf dem anderen Ende zwei nicht ganz umlaufende Querkerben; am unversehrten Ende ist der Ring etwa 1–2 mm nach innen ausgehöhlt, möglicherweise ist dies Teil eines Steckverschlusses (vgl. Hügel A Kat.Nr. II/2). Dm. 6,1–6,3 cm; D. ca. 0,3 cm.
Verbleib: LAD Freiburg (Inv.Nr. Ko 61/78:2; *Abb. 43 B 5*).

Knochen:
6. Wenige, stark vergangene Reste eines menschlichen Skeletts.
Verbleib: Rastatt (o. Inv.Nr.).

Hügel H

H I. Brandbestattung (Grab I)

Keramik:
1. Urne; Kegelhalsgefäß mit schwach abgesetztem Hals; Rand innen und außen, Hals außen graphitiert; Schulter flächig rot bemalt mit paarweise angeordneten senkrechten Riefenbündeln aus je drei schwach ausgeprägten, graphitierten Kanneluren. Knapp unterhalb der Bauchwölbung wird die Verzierung von einer waagrecht umlaufenden Graphitlinie nach unten begrenzt. Gefäßunterseite außen unverziert, geglättet; Brand außen fleckig hell- bis dunkelbraun, innen fleckig grau bis schwarz. Boden schwach aufgewölbt. H. 20,7–21,4 cm; Rdm. 16,4–17,1 cm; Bdm. 7,9–8,1 cm.
Verbleib: LAD Freiburg (Inv.Nr. Ko 61/81; *Abb. 44 A 1*).
2. Gedrungenes Kegelhalsgefäß mit kurzem Rand; Gefäß vor allem im oberen Bereich stark ergänzt; Rand innen und außen, obere Halspartie außen graphitiert; auf der unteren Halspartie drei waagrecht umlaufende Riefen, die beiden oberen rot, die untere, zugleich der Schulterumbruch, schwarz bemalt. Auf Schulter und Bauch ein Muster aus abwechselnd je drei breiten und drei schmalen senkrechten Riefenbündeln; die breiten Riefen sind abwechselnd schwarz-rot-schwarz bemalt, die schmalen einfarbig rot. Die rot bemalten Flächen zeigen einen kräftig dunkelroten Farbton, der sonst nur bei den Gefäßen I.4 und I.5 von Hügel G Grab I vorkommt. Gefäßunterseite unverziert, geglättet; Brand außen regelmäßig rot mit einzelnen dunklen Flecken, innen regelmäßig dunkelbraun mit einzelnen hellbraunen Flecken. Boden aufgewölbt. H. 17,5–17,8 cm; Rdm. 18,6–19,0 cm; Bdm. 6,5–6,7 cm.
Verbleib: LAD Freiburg (Inv.Nr. Ko 61/83; *Abb. 44 A 2*).
3. Kleines Schälchen mit schwach ausgeprägtem, sehr schmalen Omphalos-Boden aus Gefäß I.5; unverziert, geglättet; Rand schwach ausbiegend; Brand außen regelmäßig hellbraun, innen hellbraun mit schwarzen Flecken. Sehr unregelmäßig gearbeitet. H. 3,4–4,1 cm; Rdm. 8,9–9,2 cm; Dm. Omph. 0,8 cm.
Verbleib: LAD Freiburg (Inv.Nr. Ko 61/85; *Abb. 44 A 3*).
4. Bauchiges Kragengefäß mit schmalem Boden; unterhalb der Randkehle zwei parallele, waagrecht umlaufende Zickzacklinien, unregelmäßig und flüchtig eingeritzt; Gefäß zu etwa zwei Dritteln ergänzt, Rand fast vollständig ergänzt. Oberfläche geglättet und bis auf die Ritzlinien unverziert; Brand außen unregelmäßig rotbraun bis dunkelbraun, innen rötlich-hellbraun mit einzelnen dunklen Flecken. Boden stark aufgewölbt, schmaler Standring. H. 13,4–14,0 cm; Rdm. 20,8–21,2 cm; Bdm. 6,3–6,5 cm.
Verbleib: LAD Freiburg (Inv.Nr. Ko 61/86; *Abb. 44 A 4*).
5. Hohes schlankes Kegelhalsgefäß; schwache Reste von Graphitbemalung auf der Innen- und Außenseite von Rand und Hals sowie auf der Außenseite der Gefäßschulter etwa bis zur Bauchwölbung. Untere Gefäßhälfte unverziert, geglättet; Brand außen regelmäßig rötlich-braun, innen regelmäßig grauschwarz. Boden flach. H. 33,5–34,0 cm; Rdm. 19,5–19,8 cm; Bdm. 12,0–12,5 cm.
Verbleib: LAD Freiburg (Inv.Nr. Ko 61/82; *Abb. 44 A 5*).
6. Kegelhalsgefäß; verschollen, Informationen nach Zeichnung von B. Wehner im Katalog von J. Aufdermauer; Rand innen und außen, Hals außen graphitiert; auf Schulter und Bauch Reste eines Graphitlinienmusters, nicht mehr genauer zu erfassen, möglicherweise ein umlaufendes Rautenband; Brand außen rotbraun bis dunkelbraun, innen rötlich. Boden flach. H. ca. 21,0 cm; Rdm. ca. 15,4 cm; Bdm. ca. 9,3 cm.
Verbleib: unbekannt (verschollen) (Inv.Nr. Ko 61/84; *Abb. 44 A 6*).
7. 10 teilweise anpassende Wandscherben eines großen, bauchigen Gefäßes; fein gemagert, Außenseite unverziert, geglättet; Brand regelmäßig hell- bis dunkelgrau, außen stellenweise leicht rötlich.
Verbleib: LAD Freiburg (Inv.Nr. Ko 61/87; *o. Abb.*).

Knochen:
8. Leichenbrand aus der Urne (Gefäß I.1).
Verbleib: Rastatt (o. Inv.Nr.).

H II. Streufund aus der Hügelschüttung

Bronze:
1. Offener Armring mit verjüngten Enden und Ritzverzierung; Abschlüsse der Enden nicht erhalten. Auf der Oberfläche sieben Gruppen von senkrechten Rillenbändern, zwischen den mittleren fünf Gruppen liegen vier Segmente mit einem Muster aus je zwei gegenüberstehenden Halbbogenmotiven. Der Fund lag nicht mehr in situ; die genaue Fundstelle und ihre Höhe waren nicht mehr zu ermitteln, da der Ring aus dem Abraum geborgen wurde; nach Angaben Aufdermauers lag er „etwa 4 m südlich des Hügelmittelpunkts, in einem steinfreien Raum, in unteren Hügelschichten." Dm. 6,4 cm; D. max. 0,6 cm.
Verbleib: LAD Freiburg (Inv.Nr. Ko 61/88; *Abb. 44 B 1*).

Abb. 44 A) Hügel H Grab I. M 1 : 4; B) Hügel H Streufund. M 2 : 3.

Schlagwortverzeichnis

Reichenau ‚Ochsenbergle'; Lkr. Konstanz; Südbaden; Hallstattzeit; Frühe Eisenzeit; Gräber; Grabhügel; Grabfunde; Wagengrab; Keramik; Alb-Hegau-Keramik.

Anschrift des Verfassers

Markus Wild M.A.
Am Pechhölzl 6
82284 Grafrath

E-Mail: markuswild@gmx.net

‚Fürstensitze'. Das Modell Wolfgang Kimmigs vor dem Hintergrund neuer Ausgrabungs- und Forschungsergebnisse*

Jörg Biel

Im Mittelpunkt meiner Ausführungen steht der 1969 erschienene Aufsatz von Wolfgang Kimmig „Zum Problem späthallstättischer Adelssitze".[1] Es ist bemerkenswert, dass dieser sehr unmarxistische Beitrag gerade im Staatsorgan der damaligen DDR-Archäologie abgedruckt wurde. Kimmig geht es in seinem Beitrag darum, die damals als Fürstensitze bezeichneten Siedlungen gegenüber Höhensiedlungen oder Wallanlagen anderer Zeitstellung und anderen Charakters abzugrenzen, ihre Eigenarten zu definieren und sie in einen historischen Zusammenhang zu stellen. Um diese Sonderstellung gegenüber anderen Zentralorten, wie wir sie heute nennen, deutlich zu machen, wählt er die Bezeichnung Adelssitz.

Es scheint unstrittig zu sein, dass der Begriff ‚Fürstengrab' in Zusammenhang mit ‚Fürstensitz' auf den württembergischen Landeskonservator Eduard Paulus d. Jüngeren zurückgeht. 1878 benutzt er diese Bezeichnung und sieht einen Zusammenhang zwischen der Heuneburg und den gerade entdeckten Gräbern im Gießübel/Talhau ebenso wie zwischen dem Hohenasperg und den 1877 ausgegrabenen Gräbern im Hügel ‚Belle Remise' später ‚Römerhügel' bei Ludwigsburg.[2] Damit hatte sich vor allem der Begriff ‚Fürstengrab' eingebürgert und wurde von der weiteren Forschung angenommen. Ich verzichte hier auf die einzelnen Nachweise. Auch in Frankreich und der Schweiz werden beide Begriffe bis heute benutzt: „La Princesse de Vix",[3] „Trésors des princes celtes"[4] oder „site princier" im Titel der Dissertation von Bruno Chaume für den Mont Lassois.[5] Eine Definition im engeren Sinne für beide Termini fehlte jedoch lange Zeit. Diese versuchte Kimmig seinerzeit in seinem Aufsatz, wobei er sicherlich auf knappe Ausführungen von Hartwig Zürn zurückgegriffen hat. Im Vorbericht zum Grafenbühl 1966[6] hatte Zürn in der ihm eigenen prägnanten Diktion den Hohenasperg als Dynastensitz, sein mögliches Herrschaftsgebiet und die dahinter liegende Sozialstruktur beschrieben. Fürstensitze besitzen danach eine markante Lage im Gelände, eine Befestigung und Importfunde aus dem Mittelmeergebiet. Dazu kommen die „um sie gescharten Begräbnisstätten der Fürsten selbst, ihre Größe und ihr Inhalt". In Württemberg bezeichnet er nur

---

* Druckfassung eines Vortrages, gehalten im Rahmen des 4. Teilkolloquiums des Schwerpunktprojektes SPP 1171 „Frühe Zentralisierungs- und Urbanisierungsprozesse – Zur Genese und Entwicklung ‚frühkeltischer Fürstensitze' und ihres territorialen Umlandes" der Deutschen Forschungsgemeinschaft. Das Kolloquium zum Thema „Fürstensitz, Stadt, komplexes Zentrum. Terminologie und archäologischer Nachweis von Zentralität" fand vom 23. bis 24. März 2006 in Bad Herrenalb statt.
1 W. Kimmig, Zum Problem späthallstättischer Adelssitze. In: Siedlung, Burg und Stadt. Studien zu ihren Anfängen [Festschr. Paul Grimm]. Schr. Deutsche Akad. Wiss. Berlin, Sektion Vor- u. Frühgesch. 25 (Berlin 1969) 95–113.
2 E. Paulus, Ausgrabungen, Entdeckungen und Restaurationen in den Jahren 1876 und 1877. Württ. Vierteljahresh. Landesgesch. 1, 1878, 35–43.
3 R. Joffroy, Le trésor de Vix. Fondation Eugène Poit – Monuments et Mémoires 48 (Paris 1954).
4 Trésors des princes celtes. Ausstellungskat. Galerie Nationale du Grand Palais 1987 (Paris 1987).
5 B. Chaume, Vix et son territoire à l'Age du Fer. Fouilles du Mont Lassois et environmens du site princier (Montagnac 2001).
6 H. Zürn/H. V. Herrmann, Der „Grafenbühl" auf der Markung Asperg, Kr. Ludwigsburg. Ein Fürstengrabhügel der späten Hallstattzeit. Germania 44, 1966, 74 ff. bes. 80 ff.

die Heuneburg und den Hohenasperg als derartige Fürstensitze, entsprechend groß seien ihre jeweiligen Territorien. Die beiden Grabhügel mit Goldhalsringen von Baisingen und Dußlingen, die sich topographisch keinem der beiden Fürstensitze zuordnen lassen, weist er einem niederen Adel zu. In seiner Monographie zur Hallstattzeit in Nordwürttemberg, die 1970 erschienen ist, führt Zürn diese Gedankengänge weiter aus.[7] Kimmig präzisiert in seinem Aufsatz diese Überlegungen, vor allem die einzelnen Kriterien der Definition, und geht sie an konkreten Fundplätzen durch.

Zunächst beschäftigt er sich mit dem Begriff ‚Fürstensitz', der „romantisierenden Vorstellungen des 19. Jahrhunderts entwachsen ist". Den von Georg Kossack ins Spiel gebrachten Begriff ‚Häuptlingssitz' lehnt er als unangemessen ab[8] und verweist dabei kurz auf die spätkeltischen Adeligen wie Vercingetorix und andere bei Caesar genannte, die man schlecht als Häuptlinge bezeichnen könne. Auch der neutrale Begriff ‚Herrensitz' erscheint ihm für diese besonderen Adelsburgen nicht angebracht.

Kimmig stellt zunächst einen Schwerpunkt des Wehrbaus in der Hallstatt-/Frühlatènezeit und dann in der Spätlatènezeit fest; eine Kontinuität bestünde in keinem Fall. Er konstatiert den damaligen Mangel an Grabungserkenntnissen zur Innenbesiedlung solcher Anlagen – damals lagen solche nur für den Goldberg, das Wittnauer Horn und die Heuneburg vor – und beklagt die fehlende Schichterhaltung bei vielen Bergfestungen, besonders aber beim Mont Lassois, übernimmt also die Annahme René Joffroys, dass auf dem Plateau dieses Berges nichts mehr zu finden sei. Den Bau der Adelssitze bringt er in Verbindung mit der griechischen Tyrannis, die in Verbindung mit der griechischen Pflanzstadt Massilia die „Adelsschicht als eine barbarische Reaktion mediterraner Lebensform erweist". Auf die Südbeziehungen im weitesten Sinn ist ja Kimmig vielfach, vor allem in seiner 1983 publizierten Mommsen-Vorlesung eingegangen.[9]

In den Anlagen der Osthallstattkultur bzw. der Ostalpen sieht er gewisse Vorläufer zu den späteren im Westen. Er nennt dann „Indizien, die es gestatten sollen, innerhalb unserer Hallstattburgen eine gewisse Typisierung vorzunehmen", weist jedoch darauf hin, dass „die anzuführenden Argumente vielfach spekulativ sind".

Die Technik des Mauerbaus sieht er als ungeeignet für eine solche Typisierung an, ja selbst die Lehmziegelmauer der Heuneburg wäre – für sich allein genommen – für ihn noch kein Kriterium. Ein solches sei vielmehr die Binnengliederung der Anlage mit Arx oder Akropolis als befestigtem Wohnbereich und die befestigte Unterstadt, die Polis; als Beispiel führt er Athen an. Eine derartige Gliederung sieht er nach Caesar auch in den Oppida – eine Feststellung, die sich wohl nicht halten lässt. In der Arx der Oppida sah er das Stammesheiligtum, eine Art Forum mit Ladenstraßen und das Verwaltungszentrum, möglicherweise auch das Hauptquartier des Stammesführers.

Eine solche Binnengliederung war 1969 im Bereich der Späthallstattzeit noch nicht nachgewiesen. So diskutiert Kimmig länger den von Gerhard Bersu ergrabenen Befund auf dem Goldberg, den er zu Recht als problematisch ansah.[10] Er verweist auf die mangelnden Datierungsmöglichkeiten und stellt die wenigen Grubenhäuser gemäß der damals von Egon Gersbach zementierten Tübinger Lehrmeinung in die frühmittelalterliche Zeit. Auch die Grabungsergebnisse Bersus von 1921 an der Großen Heuneburg, wo jener in der Südostecke die palastartige Wohnung der Herren der Burganlage sehen wollte,[11] bezeichnet er als fragwürdig. Dagegen stellt er bei der Heuneburg bei Hundersingen eine Vorburg mit „ständig besiedelten Arealen von nicht unbeträchtlicher Ausdehnung" fest. Er bezieht sich dabei vor allem auf die Grabungen Siegwalt Schieks im Hügel 4 vom Gießübel/Talhau. Dass sich diese Feststellung inzwischen bestätigt und erweitert hat, braucht hier nicht erläutert zu werden.[12] Bei der Heuneburg sind also – nach derzeitigem Kenntnisstand zumin-

---

7 H. Zürn, Hallstattforschungen in Nordwürttemberg. Veröff. Staatl. Amt Denkmalpfl. Stuttgart A 16 (Stuttgart 1970).
8 G. Kossack, Südbayern während der Hallstattzeit. Röm.-Germ. Forsch. 24 (Berlin 1959) 114 ff.
9 W. Kimmig, Die griechische Kolonisation im westlichen Mittelmeergebiet und ihre Wirkung auf die Landschaften des westlichen Mitteleuropa. Jahrb. RGZM 30, 1983, 5–78.
10 Hierzu jetzt: H. Parzinger, Der Goldberg. Die metallzeitliche Besiedlung (Berlin 1998).
11 G. Bersu in: Fundber. Schwaben N.F. 1, 1917–1922, 46–60 mit Taf. 1 u. 2.

dest während der Frühzeit der Besiedlung – das Burgareal selbst als Arx (im weitesten Sinne) und ein Suburbium nachgewiesen.

Ein Suburbium postuliert Kimmig auch für den Mont Lassois, nach damaliger Kenntnis allerdings nur auf Vermutungen beruhend. Da die Befestigungssysteme des Mont Lassois bis an die Seine herunterreichen und sie mit einschließen, seien hier Siedlungen, also das Suburbium zu vermuten. Konkret führt er mächtige, von Joffroy ergrabene Siedlungsschichten an, die allerdings in Schnitt III, also im so genannten Champ des fosses, an dem von der Seine abgewandten Osthang des Berges, ergraben wurden.[13] Soweit ich sehe, fehlen bisher klare Siedlungsnachweise der Hallstattzeit in dem von Kimmig beschriebenen Areal, was allerdings am Forschungsstand liegen mag.[14] Soweit die beiden von Kimmig beschriebenen Beispiele zum Kriterium von Arx – Suburbium.

Als weiteres Kriterium führt er das Fundgut an: „griechische Vasen, graeco-provençalische Weinamphoren, provençalisches Importgeschirr, hoch entwickelte fremde Einflüsse verratende lokale Töpferware – hier ist wohl Drehscheibenkeramik gemeint – Edelmetall, kostbare Materialien wie Bernstein und Koralle, die nördlich der Alpen eine besonders kaufkräftige Schicht von Bewohnern voraussetzen." Zur Verbreitung verweist er auf seine Karte von 1964[15] und die von Hartmann Reim 1968 publizierte.[16] Das Fehlen der beschriebenen Güter etwa auf dem Wittnauer Horn oder dem Goldberg unterstreicht seiner Meinung nach die Differenzierung der Siedlungen.

Betrachtet man die beiden zitierten Verbreitungskarten, so wird deutlich, dass inzwischen einige Neufunde hinzugekommen sind. Hierbei handelt es sich vor allem um rotfigurige Keramik aus Flachlandsiedlungen wie den Herrenhöfen beim Ipf, der Siedlung Hochdorf ‚Reps', Sévaz im Schweizer Mittelland oder Bragny mit italischen Importen.[17] Zudem deckt die attische Keramik von den Fürstensitzen selbst kaum die gesamte Besiedlungszeit ab, sondern konzentriert sich im Wesentlichen auf die Zeit zwischen 530 und 500.[18] Überspitzt könnte man also argumentieren, dass nach den Kimmigschen Kriterien die Heuneburg oder der Mont Lassois erst ab 530 als Fürstensitz bezeichnet werden können. Im Gegenzug können die neuen Funde jedoch nicht dazu benutzt werden, die Kimmigsche Gesamtdeutung als obsolet zu bezeichnen.

Als weiteres Indiz führt Kimmig die in mehr oder weniger großem Abstand die Fürstensitze umgebenden Großgrabhügel mit reicher Ausstattung an. Auch hier verweist er wieder auf die Heuneburg, wo er auch eine deutliche Zeittiefe in der Anlage der Gräber feststellt, die das Bestehen einer Dynastie innerhalb der Adelsschicht belegen soll. Das gleiche Muster zeigen der Hohenasperg und der Mont Lassois.

An diesen drei Beispielen macht Kimmig einen „festen Burgentypus mit zugehöriger Dynasten-Nekropole" fest, wobei beim Hohenasperg wegen der späteren Überbauung das Suburbium nicht mehr nachzuweisen sei. Diesen drei sicheren Vertretern des beschriebenen Burgentypus versucht er nun weitere hinzuzufügen, und geht dabei zahlreiche Beispiele durch.

---

12 S. Kurz, Die Heuneburg-Außensiedlung. Forsch. u. Ber. Vor- u. Frühgesch. Baden-Württemberg 72 (Stuttgart 2001); ders., Befestigungsanlagen im Vorfeld der Heuneburg. Grundlegungen. Beiträge zur europäischen und afrikanischen Archäologie für Manfred K. H. Eggert (Tübingen 2006) 563–579.

13 Chaume (Anm. 5) 31 Abb. 27.

14 Geringe Siedlungsnachweise sind in der Nähe des Fürstengrabhügels ergaben worden. Freundl. Mitt. Dr. Walter Reinhard, Saarbrücken.

15 W. Kimmig, Ein attisch schwarzfiguriges Fragment mit szenischer Darstellung von der Heuneburg a. d. Donau. Arch. Anz. 1964, 467–475.

16 H. Reim, Zur Henkelplatte eines attischen Kolonettenkraters vom Üetliberg (Zürich). Germania 46, 1968, 274–285.

17 Zum Ipf: R. Krause/E. Böhr/M. Guggisberg, Neue Forschungen zum frühkeltischen Fürstensitz auf dem Ipf bei Bopfingen, Ostalbkreis (Baden-Württemberg). Prähist. Zeitschr. 80, 2005, 190–235. – Zu Hochdorf: Luxusgeschirr keltischer Fürsten. Griechische Keramik nördlich der Alpen. Ausstellungskat. Mainfränkische Hefte [94] (Würzburg 1995) 142 f. – Zu Sévaz: M. Mauvilly/M. Ruffieux, Sévaz et les artisans du feu à l'âge du Fer. A–Z. Balade archéologique en terre fribourgeoise (Fribourg 2006) 152–161. – Zu Bragny: Ch. Duchauvelle, Les céramiques d'importation méditerranéenne sur le site de Bragny sur Saône. Assoc. Française pour l'étude de l'âge du fer Bulletin 12, 1994, 59 f.

18 Eine gute Übersicht in dem Ausstellungskatalog: Luxusgeschirr keltischer Fürsten (Anm. 17).

Die Anlagen der Osthallstattkultur (Sticna, Kleinklein) sind älter. Der Kyberg bei Unterhaching, von JOHANNES PÄTZOLD als Herrensitz bezeichnet, scheidet wegen des Fehlens reicher Funde und reich ausgestatteter Einzeltumuli aus.[19] Allerdings wird der Kyberg von KIMMIG später immer wieder ohne weiteren Kommentar als Fürstensitz kartiert.[20]

Den Goldberg und auch den Ipf sondert er wegen des damaligen Fehlens beider Kriterien als Fürstensitze ebenfalls aus und verweist darauf, dass Fürstengrabhügel wegen der guten Erhaltungsbedingungen gerade um den Ipf erhalten sein müssten; im Grabhügelfeld im Meisterstall am Fuße des Ipf mit einigermaßen „normalen" Funden seien die Bewohner des Ipfs bestattet. Beim Goldberg hat sich die Situation bis heute nicht verändert, beim Ipf jedoch wohl, doch fehlen auch hier immer noch die klassischen Fürstengrabhügel bzw. -gräber und sind wohl auch nicht zu erwarten. Später, als die kleine griechische Scherbe von Ipf publiziert wurde,[21] taucht der Ipf dann in den meisten Verbreitungskarten – auch denen KIMMIGS – als Fürstensitz auf.

Beim Marienberg von Würzburg mit seinen schwarzfigurigen Scherben fehlen die Einzeltumuli der Burgherren – erklärlicherweise, wie KIMMIG schreibt, und im Übrigen bis heute.

Vom Üetliberg war seinerzeit das schon genannte Fragment eines schwarzfigurigen Kolonettenkraters bekannt, inzwischen gibt es weitere griechische Keramik;[22] und auch der damals noch nicht untersuchte Hügel am Sonnenbühl hat sich als goldführender Grabfund der Frühlatènezeit herausgestellt, der durchaus als Fürstengrab bezeichnet werden kann.[23]

Die Importfunde vom Camp de Château[24] sieht KIMMIG eher in Verbindung zu der Nähe dieses Fundpunktes zu Massilia, also einer gegenüber den weiter nördlich gelegenen Anlagen günstigeren Handelssituation. So erklärt er auch den höheren Anfall griechischer Keramik auf dem Mont Lassois gegenüber dem der Heuneburg.

Eine Reihe von topographisch herausragenden Punkten zeichnet sich durch die Zahl der umgebenden Großgrabhügel oder reicher Grabfunde aus, wobei von den betreffenden Bergen selbst noch keine charakteristischen Importfunde vorliegen. Hier nur kurz angeführt seien Gray mit nahe gelegenen Fürstengräbern wie Apremont oder Mentoche – hier hat sich die Forschungssituation nicht verändert[25] – und der Breisacher Münsterberg mit den zugehörigen Fürstengräbern, wobei damals nur Keramik vom Typ Vix bekannt war; heute sind durch neuere Grabungen attische Keramik oder ein osthallstättisches Dolium einheimischer Produktion nachgewiesen.[26] Auch ein neues Grab, Grab 1993/1, mit einer wohl persischen Glasschale aus Ihringen-Gündlingen ist hinzugekommen.[27]

Bei weiter entfernt liegenden Hügeln, wie etwa den Gräbern von Kappel,[28] stellt KIMMIG die Frage nach eventuellen Territorien, innerhalb der solche Gräber liegen könnten – eine Frage, die damals wie heute kaum zu beantworten ist.

Dies betrifft auch das Problem der Großgrabhügel ohne erkennbare Burganlage, zum Beispiel etwa den Magdalenenberg bei Villingen, an den er doch recht spekulative Überlegungen anschließt. Al-

---

19 J. PÄTZOLD/K. SCHWARZ, Ein späthallstattzeitlicher Herrensitz am Kyberg bei Oberhaching im Landkreis München. Jahresber. Bayer. Bodendenkmalpfl. 2, 1961, 5 ff.
20 Vgl. KIMMIG (Anm. 9) 53 Abb. 45 – dort aber unter „Herrensitze".
21 F. SCHULTZE-NAMBURG, Eine griechische Scherbe vom Ipf bei Bopfingen/Württemberg. In: Marburger Beiträge zur Archäologie der Kelten [Festschr. Wolfgang Dehn]. Fundber. Hessen Beih. 1 (Bonn 1969) 210–212.
22 I. BAUER/L. FRASCOLI/H. PANTLI, Üetliberg, Uto-Kulm. Ausgrabungen 1980–1998. Ber. Zürcher Denkmalpfl., Arch. Monogr. 9 (Zürich 1991).
23 W. DRACK, Der frühlatènezeitliche Fürstengrabhügel auf dem Üetliberg (Gem. Uitikon, Kanton Zürich). Zeitschr. Schweizer. Arch. u. Kunstgesch. 38, 1981, 1–28.
24 M. PIROUTET, La Citadelle Hallstattienne à Poteries Hélleniques de Château sur Salins (Jura). In: 5. Congrès Internat. Arch. Algier 1930 (Paris 1933) 47 ff.
25 KIMMIG (Anm. 1) 105 mit Abb. 5.
26 I. BALZER, Chronologisch-chorologische Untersuchung des späthallstatt- und frühlatènezeitlichen „Fürstensitzes" auf dem Münsterberg von Breisach (Grabungen 1980–1986) (Diss. Tübingen 2004).
27 R. DEHN, Ein späthallstattzeitliches Fürstengrab von Ihringen, Kreis Breisach-Hochschwarzwald. Arch. Ausgr. Baden-Württemberg 1993, 109–112.
28 R. DEHN/M. EGG/R. LEHNERT, Das hallstattzeitliche Fürstengrab im Hügel 3 von Kappel am Rhein in Baden. Monogr. RGZM 63 (Mainz 2005).

lerdings bleibt festzustellen, dass dieser Hügel, ähnlich wie der Hohmichele, zwar außerordentlich voluminös und groß ist, das Inventar seiner Hauptbestattung wegen Komplettberaubung jedoch nicht beurteilt werden kann.

Kimmig geht dann auf weitere mögliche Punkte in Ostfrankreich und der Mittelschweiz ein und streift schließlich kurz die Verhältnisse zwischen Saar, Mosel und Rhein. Hier gibt es zwar eine große Zahl reicher Gräber mit Südimporten – allerdings im Wesentlichen aus der Frühlatènezeit –, jedoch fehlen die Bergsiedlungen mit entsprechenden Funden – ein Zustand, der sich übrigens bis heute nicht geändert hat.[29] Kimmig vermutet deshalb die befestigten „Herrensitze" dieser Toten im flachen Land und fügt hinzu: „... nichts hindert im Übrigen daran, ähnliches für den Späthallstattbereich des nordwestlichen Voralpenraumes anzunehmen."

Am Ende seiner Ausführungen wendet sich Kimmig nochmals den Schwierigkeiten der Begriffsfindung am Beispiel des Adelsgrabes bzw. der Tombe princière zu: Hier wäre es kaum möglich, zu einer klaren Definition zu gelangen, zumal noch grabungstechnische Probleme sowie die oft festzustellende antike Beraubung solcher Gräber die Beurteilung erschweren oder unmöglich machten. Eine stringente Definition ist im Übrigen bis heute nicht gefunden.

Soweit der damalige Aufsatz Kimmigs, der, 1969 geschrieben, ja auch vor dem Hintergrund der Ausgrabung des Grafenbühls oder der Stele von Hirschlanden in den Jahren 1964/65 durch Hartwig Zürn zu sehen ist, die viel zu der Kimmigschen Interpretation beigetragen haben.

Damit möchte ich zur Gegenwart überleiten und hier eine, natürlich recht persönlich geprägte Wertung vornehmen.

Aus heutiger Sicht halte ich den Aufsatz Kimmigs für eine geniale und richtungweisende Interpretation verschiedenster archäologischer Beobachtungen, die sich in der Folge durch neue Funde und Befunde in glänzender Weise bestätigt hat. Auf seiner Grundlage haben zahlreiche Forschungen aufgebaut, sie wurden modifiziert, differenziert aber vor allem weitergeführt.

Der Kimmigsche Aufsatz ist aus gegenwärtiger Perspektive natürlich mit zahlreichen Mängeln behaftet. Dies beginnt schon mit der Begrifflichkeit. Ganz auffällig ist, dass Kimmig die Begriffe Fürstensitz oder Fürstengrab vermeidet. Worauf dies zurückzuführen ist, wird nicht recht klar. Dahinter mag stehen, dass er in seinem Aufsatz immer wieder großen Wert auf das Vorhandensein von Dynastien legt, die mit dem Begriff Adel wohl besser umrissen sind als mit dem Begriff Fürst. Erst 1988 benutzt er die Ausdrücke Fürstengrab und Fürstensitz ohne Anführungszeichen in der Publikation des Kleinaspergles, wo er sogar das recht unspektakuläre Frühlatènegrab von Schwieberdingen als Fürstengrab bezeichnet.[30] Er verwendet die Begriffe Adelssitz, Herrensitz oder Dynastensitz fast nach Gutdünken, ohne sie gegeneinander abzugrenzen. Auch der Begriff Handel wurde sicherlich benutzt, ohne soziethnologische Definitionen zu hinterfragen. Auf die Schwierigkeit, den Begriff Adels-, Fürsten oder Dynastengrab gegenüber weniger reichen Bestattungen abzugrenzen, wurde schon hingewiesen. Zum Begriff ‚Fürst' gab es in jüngster Vergangenheit etymologische Studien etwa von Raimund Karl,[31] der hierzu die einschlägigen irischen Schriftquellen heranzieht und meines Erachtens in seiner Einschätzung vollkommen fehlgeht; allerdings führen die verschiedenen Hinweise Kimmigs auf mittelalterliche Verhältnisse hier natürlich zu Irritationen. Ich möchte diesen Punkt hier nicht weiter ausführen; aus meiner Sicht führen diese Begriffsdiskussionen etwas am Thema vorbei und sind ‚Nebenkriegsschauplätze'.[32]

Georg Kossack hat hierzu einmal geschrieben: „In der Fachsprache des Archäologen steckt eine Fülle gleichnishafter Bezeichnungen, ein sicheres Zeichen dafür, daß man nur ahnt, wovon man

---

29 H. Nortmann, Siedlungskundliche Ansätze zur Eisenzeit in einer traditionell erforschten Mittelgebirgslandschaft: Das südwestliche Rheinland. Prähist. Zeitschr. 77, 2002, 180–188.

30 W. Kimmig, Das Kleinaspergle. Forsch. u. Ber. Vor- u. Frühgesch. Baden-Württemberg 30 (Stuttgart 1988) 278 mit Anm. 52.

31 R. Karl, Warum nennen wir ihn nicht einfach Dietrich? Zum Streit um des dorfältesten Hochdorfer Sakralkönigs Bart. Stud. Kulturgesch. Oberösterreich 18 (Linz 2005) 191–200.

32 Beachtenswert jedoch: F. Fischer, Zum Fürstensitz Heuneburg. In: W. Kimmig (Hrsg.), Importe und mediterrane Einflüsse auf der Heuneburg. Röm.-Germ. Forsch. 59 (= Heuneburgstud. XI) (Berlin 2000) 215–227.

spricht".[33] Die in der Archäologie benutzten Termini mit denen von Nachbarwissenschaften abzugleichen und in Übereinstimmung zu bringen, ist ein weites Feld, auf dem sich viele versucht haben. Zunächst sollten diese Begriffe ein Mittel der Kommunikation sein, bei dem jeder Insider weiß, mit welchen Mängeln sie behaftet sind. Sehr neutrale Begriffe zu verwenden, wie etwa den Begriff ‚Zentralort', geht meines Erachtens am Problem vorbei. Zentralorte gibt es vielleicht schon in der Bandkeramik.[34] Schwierig wird es natürlich, wenn wir mit Nachbarwissenschaften kommunizieren, bei denen solche Begriffe mit anderen Inhalten belegt sind, sowie im Umgang mit der Öffentlichkeit. Um es nochmals festzuhalten: KIMMIG ging es vor allem darum, die historische Sonderstellung der Adelssitze gegenüber anderen Höhenburgen klar herauszustellen. Dies setzt eine deutlich differenzierte Sozialgliederung mit an der Spitze stehenden Dynastien voraus, wobei es sich nicht um ein kurzfristiges Phänomen, sondern um eine nachweislich über Generationen dauernde Erscheinung handelt. Die historische Anbindung erfolgt vor allem über die ausgeprägten Südbeziehungen, die erst in der Folge einer Machtkonzentration plausibel und nicht als Ursache für eine solche anzusehen sind. Dies scheint mir der Kern der Aussage zu sein, und diese Frage steht letztlich auch im Mittelpunkt des derzeit laufenden Schwerpunktprogrammes 1171 der Deutschen Forschungsgemeinschaft, „Frühe Zentralisierungs- und Urbanisierungsprozesse – Zur Genese und Entwicklung frühkeltischer Fürstensitze und ihres territorialen Umlandes".

Ich möchte im Folgenden ganz kursorisch die Neuentdeckungen und neuen Forschungsergebnisse seit 1969 durchstreifen, die die Interpretation KIMMIGS untermauert haben.

Sehr wichtig zur Zeittiefe des Phänomens ist die aktuelle Publikation von MARKUS EGG und anderen zum Ha-D1-zeitlichen Fürstengrab von Kappel am Rhein.[35] EGG stellt an diesem Grab sehr eindringlich heraus, dass auch schon die frühen Gräber, die nicht mit Goldhalsringen ausgestattet sind, den klassischen Fürstengräbern zuzurechnen sind, und belegt dies für den gesamten betroffenen Raum. Wichtig sind hierzu unter anderem auch noch die weitergehenden Betrachtungen zu den Funden in Ha D1 aus dem ost- und südostalpinen Raum und aus Oberitalien, die auch schon andere Autoren behandelt haben. Meist handelt es sich um Kleinfunde, besonders Fibeln, die dann in Ha D2 durch griechische Importe ersetzt oder ergänzt werden. Auch EGG spricht sich ganz klar für die Existenz von Dynastien über mehrere Generationen aus. Letztlich könnte diese Frage jedoch nur durch DNA-Analysen eindeutig geklärt werden.

Des Weiteren seien einige neuere Ergebnisse zu dem von KIMMIG herausgearbeiteten Kriterium von Arx und Suburbium vorgestellt.

An der Heuneburg haben sich die Erkenntnisse durch die laufenden Arbeiten sowohl im Bereich der so genannten Außensiedlung als auch im Vorfeld der Burg soweit verdichtet, dass nunmehr während der gesamten Belegungszeit der Heuneburg eine Außensiedlung nachgewiesen ist. Ihre Ausdehnung ändert sich im Laufe ihres Bestehens, sicherlich auch die Funktion beider Siedlungsbereiche, doch sind weitere Ergebnisse und die Auswertung abzuwarten. Hier wird auch die genaue Datierung und Benutzungszeit des neu entdeckten Steintores in der Außenbefestigung eine wichtige Rolle spielen.[36] Beim Mont Lassois haben sich zur Frage des Suburbiums durch die Untersuchung des Grabenquadrates ‚Les Herbues' neue Gesichtspunkte ergeben. Diese Anlage mit den beiden zugehörigen Stelen ist sicher als Heiligtum zu verstehen, seine Integration in die – zugegeben nicht datierte – zur Seine herunterreichende Befestigung bringt neue Gesichtspunkte ins Spiel.[37] Diese finden sich auch am Glauberg wieder, den KIMMIG 1969 noch nicht erwähnen konnte, 1990 vermu-

---

33 G. KOSSACK, Prunkgräber. Bemerkungen zu Eigenschaften und Aussagewert. In: G. KOSSACK/G. ULBERT (Hrsg.), Festschr. Joachim Werner. Münchener Beitr. Vor- u. Frühgesch. Ergbd. 1 (München 1974) 32.
34 J. PETRASCH, Zentralorte in der Bandkeramik? Archäologische Perspektiven [Festschr. Jens Lüning]. Internat. Arch. Studia Honoraria 20 (Rahden/Westf. 2003) 505–513.
35 DEHN et al. (Anm. 28).
36 Hierzu http://www.fuerstensitze.de; J. BOFINGER, Stein für Stein… Überraschende Befunde in Bereich der Befestigungssysteme der Heuneburg-Vorburg., Gde. Herbertingen-Hundersingen, Kreis Sigmaringen. Arch. Ausgr. Baden-Württemberg 2005, 73–78.
37 CHAUME (Anm. 5) 254 ff.

tete er jedoch auch hier einen Fürstensitz anlässlich der Publikation des etruskischen Bronzehenkels von Borsdorf.³⁸ Dieser Einzelfund könnte auf ein Prunkgrab der Frühlatènezeit hinweisen, das dem Glauberg zugeordnet werden kann. Das Kriterium Arx – Suburbium ist beim Glauberg klar gegeben, wobei allerdings noch offen ist, mit welchen Funktionen die beiden Areale ausgestattet waren. Die Bandbreite reicht von einem „Olympia des Nordens" bis zu einer Außensiedlung mit nicht fertig gestellter Befestigung, um nur die beiden Antipoden zu nennen. Jedenfalls ist am Glauberg, ähnlich wie bei Vix, ein Heiligtum mit vier Stelen im umfriedeten Außenbezirk belegt.³⁹

Arx und Suburbium sind auch auf dem Üetliberg bei Zürich durch die Untersuchungen von WALTER DRACK in den 1980er Jahren nachgewiesen, innerhalb des befestigten Suburbiums liegt der reiche goldführende Frühlatènehügel Sonnenbühl.⁴⁰

Hinsichtlich der Innenbebauung der Arx haben uns die geophysikalischen Messungen auf dem Mont Lassois und dem Ipf entscheidend weitergebracht. Die vom Eingang wegführenden Zaun- oder Palisadenstrukturen mit abgetrennten Arealen, in denen auf dem Mont Lassois der Großbau mit von der Innenfläche abgewandtem Eingang mit Apsis steht, zeigen nicht das Grobmuster einer öffentlichen Nutzung, sondern eher die Wohnquartiere sozial hoch stehender Einheiten oder Familien und im befestigten Areal liegender Lager- bzw. Vorratsgebäude. Bei beiden Bergen scheint eine Datierung in die späte Hallstattzeit durch die Grabungsergebnisse gesichert. Solche abgetrennten Areale finden wir auch ab der Periode III auf der Heuneburg wieder.

Weitere Grabungen, wie zum Beispiel diejenigen am Fuße des Britzgyberges, vermag man derzeit noch nicht in einen Zusammenhang Arx – Suburbium zu stellen.⁴¹

Schließlich ist hier noch die ungewöhnliche Situation am Ipf anzuführen, an dessen Fuß bei Kirchheim a. R.-Osterholz ein Rechteckhof mit ungewöhnlichen Steinbefunden und Importkeramik sowie weitere Rechteckhöfe mit auffallend qualitätsvoller Frühlatèneware in Zusammenhang mit attischer Keramik und einem Dolium aufgedeckt wurden. Dieser für unsere Fragestellung außerordentlich wichtige Befund kann jedoch zurzeit noch nicht im Sinne eines Vorhandenseins von Arx und Suburbium interpretiert werden. Soweit zu den Siedlungen; im Folgenden wollen wir uns den Gräbern zuwenden.

Seit 1969 hat sich die Zahl der bekannten Fürstengräber in erstaunlichem Maß vergrößert. Insgesamt ist anzumerken, dass nach dem Fund von Hochdorf die Untersuchung von Großgrabhügeln einen gewissen ‚Boom' erlebt hat. Erinnert sei an die Untersuchung des Fuchsbühls bei Würzburg, die in einem mächtigen Hügel ein Wagengrab, aber kein Fürstengrab ergab,⁴² oder die des Großen Bühls bei Aislingen im Jahr 1982, eines Hügels von 70 Metern Durchmesser, der den Rest eines Wagenreifens erbrachte.⁴³ Zahlreiche andere könnten genannt werden.

Am wenigsten hat sich der Kenntnisstand im Umfeld der Heuneburg verändert. Immerhin bleibt hier die wohl allgemein gültige Beobachtung bestehen, dass die älteren Gräber eher von der Siedlung entfernt, die jüngeren in ihrem Weichbild liegen. Der Neufund vom November 2005 aus einem völlig verflachten Hügel im Donautal, das Grab eines mit reichem Goldschmuck ausgestatteten zwei- bis vierjährigen Kindes, zeigt einerseits, mit welchen Überraschungen hier noch gerechnet werden muss, zum anderen aber auch die soziale Schichtung, auf die gleich noch weiter einzugehen ist.⁴⁴

---

38 W. KIMMIG, Zu einem etruskischen Beckengriff aus Borsdorf in Oberhessen. Arch. Korrbl. 20, 1990, 75–85.
39 Zum Glauberg umfassend: H. BAITINGER/B. PINSKER (Red.), Das Rätsel der Kelten vom Glauberg. Ausstellungskat. (Stuttgart 2002).
40 Vgl. Anm. 21.
41 Grabungen MURIEL ZEHNER 2005.
42 L. WAMSER, Wagengräber der Hallstattzeit in Franken. Frankenland. Zeitschr. Fränkische Landeskde. u. Kulturpfl. N. F. 33, 1981, 225–261.
43 H. HENNIG, Gräber der Hallstattzeit in Bayerisch-Schwaben. Monogr. Arch. Staatsslg. München 2 (Stuttgart 2001) 163–166.
44 http://www.fuerstensitze.de – Heuneburg-Außensiedlung; S. KURZ, Zur Fortsetzung der Grabungen in der Heuneburg-Außensiedlung auf Markung Ertingen-Binzwangen, Kreis Biberach. Arch. Ausgr. Baden-Württemberg 2005, 78–82.

Um den Hohenasperg hat sich die Zahl der Großgrabhügel oder Fürstengräber vor allem durch den systematischen Einsatz der Luftbildarchäologie entscheidend vermehrt und durch das Grab von Hochdorf auch qualitativ verändert (Abb. 1).⁴⁵ Dabei hat sich auch hier wieder bestätigt, dass ältere Gräber entfernt, jüngere näher bei der Burg liegen, eine Beobachtung, die im Übrigen gegen einen Dynastienwechsel spricht. Hierbei stellt sich natürlich die Frage nach eventuellen. Zirkelschlüssen, d. h. konkret, ob und wo auch anderweitig Großgrabhügel existieren, eine Frage, mit der sich vor allem H. Zürn beschäftigt hat – die von ihm so bezeichnete „zweite Fürstengarnitur" – und auf die ich noch kurz zurückkomme. Natürlich gibt es auch große Grabhügel außerhalb dieses Kartenbildes und dort, wo sie keiner Höhensiedlungen zugeordnet werden können. Aber Hügel und Gräber wie hier kartiert, d. h. Hügel mit Kreisgräben zwischen 50 und 60 Metern im Durchmesser und mit reichster Grabausstattung fehlen außerhalb der Fürstensitzterritorien. Es gibt zwar auffällige Reihungen von Großgrabhügeln, etwa entlang des Neckars, doch haben diese eine deutlich andere Qualität als die hier kartierten.

Um den Breisacher Münsterberg ist vor allem das schon genannte Grab von Ihringen-Gündlingen hinzugekommen;⁴⁶ dagegen werden die schon angesprochenen Gräber von Kappel nördlich des Kaierstuhls allgemein einem anderen noch nicht bekannten Zentrum zugeordnet.⁴⁷

Zuletzt wurde am Fuße des Ipfs durch Luftbildarchäologie und Geophysik ein Großgrabhügel mit Kreisgraben entdeckt, der etwa 50 Meter Durchmesser besitzt, ein zweiter, kleiner Hügel enthielt ein Frauengrab mit 16 Tongefäßen,⁴⁸ ein in dieser Gegend nicht ungewöhnlicher Befund; das Grab von Unterriffingen enthielt 32 Gefäße.⁴⁹ Schließlich wird der Einzelfund eines campanischen Bronzehenkels mit einem möglichen Prunkgrab in Verbindung gebracht.⁵⁰

Abschließend sei noch kurz auf Neufunde attischer Keramik oder anderer Importkeramik eingegangen.

Bei der Heuneburg handelt es sich nun um solche Funde aus dem Vorburgareal,⁵¹ aus chronologischen Gründen jedoch nicht aus der Außensiedlung. Auch von anderen ‚klassischen' Fürstensitzen, etwa vom Breisacher Münsterberg⁵² oder dem Ipf,⁵³ sind weitere Scherben hinzugekommen.

Zudem gibt es eine ganze Reihe von Neufunden im flachen Land, wie etwa aus der Siedlung ‚Reps' von Hochdorf, von Sévaz im Schweizer Mittelland oder im weitesten Sinne auch vom Fuße des Ipfs. In der Regel handelt es sich um rotfiguriges, also frühlatènezeitliches Material.⁵⁴

Die Scherben aus den Herrenhöfen am Ipf wurden schon erwähnt, die Funde von Sévaz im Schweizer Mittelland sind wohl einer Handwerkersiedlung zuzuordnen. Die Siedlung in Flur ‚Reps' in Hochdorf hatte ich zunächst falsch datiert.⁵⁵ Anhand von einigen Schlangenfibeln vom Typ S5, wie

---

45 Die Karten bei J. Biel, Der Keltenfürst von Hochdorf (Stuttgart 1985) 25 Abb. 14 sowie S. 27 Abb. 17 sind zu revidieren. Hier sind Luftbildbefunde kartiert, die sich nach bodenkundlichen Untersuchungen als nicht archäologisch herausgestellt haben. Den aktuellen Stand zeigt die Karte hier Abb. 1.
46 Vgl. Anm. 25.
47 Vgl. Anm. 32.
48 R. Krause, Ein Urahn der keltischen Fürsten auf dem Ipf – Ein hallstattzeitlicher Grabhügel bei Osterholz, Gde. Kirchheim am Ries, Ostalbkreis. Arch. Ausgr. Baden-Württemberg 2003, 66–70.
49 H. Zürn, Hallstattzeitliche Grabfunde in Württemberg und Hohenzollern. Forsch. u. Ber. Vor- u. Frühgesch. Baden-Württemberg 25 (Stuttgart 1987) 106 f.
50 Krause et al. (Anm. 17). – Zu solchen Funden aus Frankreich: B. Bouloumié, Remarques sur la diffusion d'objets grecs et étrusques en Europe centrale et nord-occidentale. Savaria 16, 1982, 181–192.
51 J. Bofinger, Archäologische Untersuchungen in der Vorburg der Heuneburg – Siedlung und Befestigungssysteme am frühkeltischen Fürstensitz an der oberen Donau, Gde. Herbertingen-Hundersingen, Kreis Sigmaringen. Arch. Ausgr. Baden-Württemberg 2003, 84 (attische Keramik); 86 (Amphore).
52 Vgl. Anm. 26.
53 R. Krause, Archäologische Sondagen und Prospektionen auf dem Ipf bei Bopfingen, Ostalbkreis. Arch. Ausgr. Baden-Württemberg 2004, 97–102 mit Abb. 78.
54 Vgl. Anm. 17. Dazu: J. Basta/J. Bastova/J. Bouzek, Nachahmung einer attisch rotfigurigen Kylix aus Pilsen-Roudná. Germania 67, 1989, 463–476.
55 J. Biel, Polynesische Schweinebratereien in Hochdorf. In: S. Hansen/V. Pingel (Hrsg.), Archäologie in Hessen. Neue Funde und Befunde [Festschr. Fritz-Rudolf Herrmann zum 65. Geburtstag]. Internat. Arch. Studia Honoraria 13 (Rahden/Westf. 2001) 113–117.

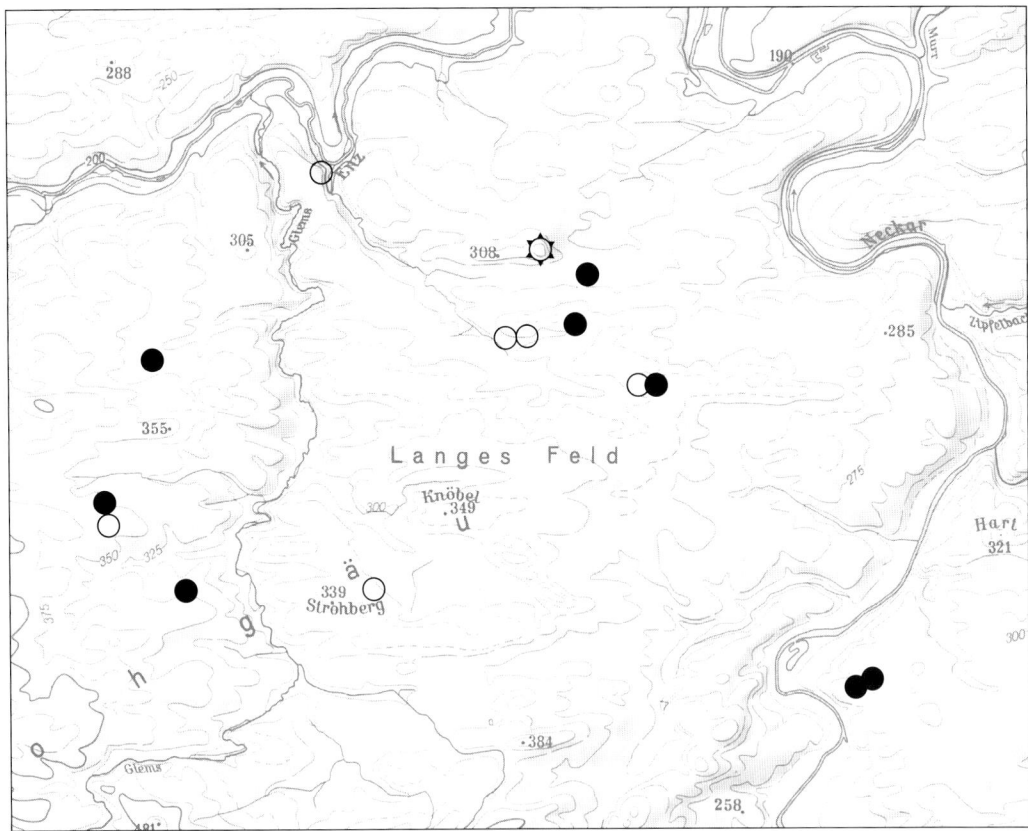

Abb. 1 Karte der Fürstengrabhügel um den Hohenasperg, Stand 2006.
● ausgegrabene Hügel, ○ nicht gegraben. Ohne Maßstab.

sie auch aus dem Fürstengrab vorliegen, hatte ich eine Besiedlungsphase dieser Zeit vermutet, dann einen Hiatus und eine Wiederbesiedlung in der Frühlatènezeit. Jene frühe Siedlungsphase, die mich auch zur Bezeichnung „Landsitz eines Fürsten" geführt hatte, muss inzwischen aufgegeben werden, sie existiert nicht. Trotzdem handelt es sich bei der Hochdorfer Siedlung um etwas Besonderes, nicht nur wegen der sechs rotfigurigen attischen Scherben und der Feinwaage aus Bronze, auch die einheimischen Funde unterscheiden sich deutlich von denen anderer Siedlungen der Gegend. Ich halte die ursprünglich von mir gewählte Bezeichnung für gar nicht so abwegig, möchte dies in diesem Zusammenhang jedoch nicht weiter ausführen.

Seit Kimmigs Aufsatz neu entdeckt worden sind auch Siedlungen wie Bragny am Zusammenfluss von Saône und Doubs – wohl eine Handelsstation –, vor allem aber Großsiedlungen wie Bourges und Lyon, die seinerzeit noch nicht bekannt waren und die für unsere Fragestellung von größter Bedeutung sind. Lyon ist auf der Grundlage des derzeitigen Publikationsstandes nur schwer zu beurteilen, doch scheint es sich um eine außerordentlich großflächige Anlage mit zahlreichen Importfunden, Amphoren und griechischer Keramik zu handeln. Ob Prunkgräber zugeordnet werden können, entzieht sich meiner Kenntnis.[56]

In Bourges sind von Ha C (mit zahlreichen Schwertern) bis zur Frühlatènezeit Prunkgräber bekannt, die Siedlungen mit Importfunden und Handwerksbelegen erstrecken sich über weite Areale, die

---

56 Vorberichte: Découvertes protohistoriques récentes à Lyon. Assoc. Française pour l'étude de l'Âge du Fer. Bulletin 3, 1985, 9 f.; C. Bellon et al., ebd. Bulletin 5, 1985, 16 f.

wohl im Wesentlichen unbefestigt sind. Hier scheint sich ein neuer Siedlungstyp abzuzeichnen, der bisher weder in Südwestdeutschland noch der Mittelschweiz bekannt und zu erwarten ist. Ob es sich um Vorläufer der an beiden Orten belegten spätkeltischen Oppida handelt, ist derzeit wohl schwer zu beantworten.[57]

Zum Schluss seien noch einige Bemerkungen zur Kritik an der KIMMIGschen Interpretation gestattet, vor allem derjenigen aus München. G. KOSSACK hat in seinem bemerkenswerten Aufsatz zu Prunkgräbern dieses Phänomen überregional und umfassend behandelt.[58] Er beobachtet das Auftreten dieser reichen Bestattungen vor allem in Kontaktzonen zwischen Hochkulturen und Nachbarkulturen vorwiegend in Krisenzeiten. Bei historisch belegten Herrscherabfolgen ist ein entsprechender Nachweis bei den Gräbern kaum zu erbringen, so dass er das Phänomen als eher punktuell und hinsichtlich der historischen Aussagekraft als unerheblich ansieht. Jedenfalls kann er keine historische Kontinuität bei diesen Gräbern erkennen und sieht sie als kurzfristige Erscheinungen an. Die späthallstattzeitlichen Prunkgräber spart er bei seinen Betrachtungen aus, obwohl er kursorisch auf die Prunkgräber der Frühlatènezeit im Mosel-Saar-Gebiet eingeht. Eine schriftliche Kritik von KOSSACK am KIMMIGschen Modell ist mir nicht bekannt, diese erfolgte dann vor allem von HERMANN PARZINGER[59] und vor allem von WOLFRAM SCHIER[60], auf die ich zum Schluss noch kurz eingehen möchte, da es sich um einen der wenigen konstruktiven Ansätze handelt.

SCHIER setzt sich in seinem Beitrag ausführlich mit dem KIMMIGschen Aufsatz von 1969 und seinen darauf folgenden Publikationen auseinander. Er beschäftigt sich zunächst im Wesentlichen mit den Kritikpunkten, die ich schon kurz geschildert habe, natürlich aus anderer Sicht. Vor allem bemängelt er, dass „die von der Mehrzahl der Eisenzeitspezialisten bereitwillig akzeptierte historisierende Deutung eine Eigendynamik entwickelte, die quellenkritische Sorgfalt und Stringenz der Argumentation immer entbehrlicher werden ließ". Dies ist übrigens ein Kritikpunkt, der bei MANFRED K. H. EGGERT auch immer wieder deutlich wird, den man aber keinesfalls generell so stehen lassen kann. Auch die Argumentation KIMMIGs ist im Einzelnen quellenkritisch oft rein spekulativ, im Gesamten aus meiner Sicht jedoch genial oder genialisch, während es manchen seiner Kritiker doch etwas an Sachkenntnis zu fehlen scheint.[61]

Dies trifft auf den Aufsatz von SCHIER allerdings nicht zu. Im zweiten Teil seiner Ausführungen beschäftigt er sich kurz aber prägnant mit dem archaischen Staat und den hierzu diskutierten Modellen und stellt diese den KIMMIGschen Überlegungen oder Vergleichen zu mittelalterlichen Verhältnissen gegenüber – ein Kritikpunkt, der aus heutiger Sicht unbedingt vertieft und weiter bearbeitet werden sollte. Allerdings wird man SCHIER, wie oben gezeigt, nicht zustimmen können, wenn er das Phänomen Fürstensitz im Sinne KOSSACKs als kurzlebig, die Südkontakte als kurzfristige Erscheinungen ohne besondere Rezeption bezeichnet. Vielleicht kann der Ansatz des Projekts „Erforschung der Siedlungsdynamik im Umfeld des frühkeltischen Fürstensitzes Hohenasperg, Kr. Ludwigsburg, auf archäologischen und naturwissenschaftlichen Grundlagen" hier weiter führen, das versucht, neue Gesichtspunkte in die Diskussion einzubringen, um auf der Analyse einer Gesamtregion zu neuen Beurteilungskriterien zu gelangen.[62]

---

57 Letzte Zusammenfasssung in: O. BUCHSENSCHUTZ/I. RALSTON (dir.), L'occupation de l'âge du Fer dans la vallée de l'Auron à Bourges. Bituriga, Monogr. 2001–2 (Bourges, Tours 2001) 181–185. Dazu ausführlich: P.-Y. MILECENT, Le premier âge du Fer en France centrale. Soc. Préhist. Française. Mémoire 34 (Paris 2004) bes. 288 ff.
58 KOSSACK (Anm. 33) 3–33.
59 H. PARZINGER, Zwischen „Fürsten" und „Bauern" – Bemerkungen zu Siedlungsform und Sozialstruktur unter besonderer Berücksichtigung der älteren Eisenzeit. Mitt. Berliner Ges. Anthr. 13, 1992, 77–89.
60 W. SCHIER, Fürsten, Herren, Händler? Bemerkungen zu Wirtschaft und Gesellschaft der westlichen Hallstattkultur. In: H. KÜSTER/A. LANG/P. SCHAUER (Hrsg.), Archäologische Forschungen in urgeschichtlichen Siedlungslandschaften [Festschr. Georg Kossack]. Regensburger Beitr. Prähist. Arch. 5 (Regensburg 1998) 493–514.
61 z.B. S. BURMEISTER, Geschlecht, Alter und Herrschaft in der Späthallstattzeit Württembergs. Tübinger Schr. Ur- u. Frühgesch. Arch. 4 (Münster 2000). Dazu Rezension in: Bonner Jahrb. 201, 2001, 505–508 (J. BIEL u. J. WAHL).
62 Projekt DFG BI 525/5-1 im Rahmen des SPP 1171: Erforschung der Siedlungsdynamik im Umfeld des Hohenasperg, Kr. Ludwigsburg.

Die Kartierung der Fürstensitze einerseits sowie der Herrenhöfe andererseits scheint mir in die richtige Richtung zu weisen.[63] Beide Siedlungsformen – die Fürstensitze im Westen, die Herrenhöfe im Osten – schließen einander aus. Unterschiedliche Siedlungsmuster spiegeln unterschiedliche Sozialstrukturen wider, an deren Spitze im Westen die stadtähnlichen Anlagen stehen, deren Bedeutung auch heute noch oft unterschätzt wird.

Wolfgang Kimmig konnte bei der Konzeption seines Fürstensitz-Modells auf eine profunde Kenntnis der Fundstellen und Funde in Frankreich sowie auf enge und freundschaftliche Kontakte zu den dort tätigen Kollegen zurückgreifen. Diese gehen vor allem auf seine Tätigkeit als Beauftragter für Kunstschutz im Referat für Vorgeschichte und Archäologie von 1941 bis 1943 in Frankreich zurück. Mit dieser Tätigkeit hat sich vor allem Laurent Olivier in verschiedenen Publikationen kritisch auseinandergesetzt.[64] In seiner letzten Arbeit bezieht er sich dabei auf einen „Dozentenvortrag von W. Kimmig im Februar 1945".[65] Dazu muss man wissen, dass Kimmig von seiner Position beim Kunstschutz in Frankreich wieder im Rang eines Gefreiten in seine alte Einheit an die Ostfront zurückversetzt wurde, was einem anerkannten Parteigenossen sicherlich nicht passiert wäre. An der Front wurde Kimmig schwer verletzt. Vor dem Hintergrund des völligen Zusammenbruches des Dritten Reiches und seiner persönlichen Situation ist der Vortrag Kimmigs im Februar 1945 zu sehen. Da die auszugsweise Übersetzung, die Olivier publiziert, äußerst missverständlich und zum Teil auch fehlerhaft ist, drucken wir den vollen Vortragstext hier ab, da er einen wesentlichen Beitrag zur wissenschaftlichen Leistung Wolfgang Kimmigs darstellt und die von Olivier gestellte Frage „Wolfgang Kimmig: un archéologue nazi?" wohl von selbst beantwortet. Die Wertschätzung Kimmigs bei den französischen Kollegen hat ihren literarischen Niederschlag in zahlreichen Publikationen Kimmigs in französischen Zeitschriften gefunden,[66] seinen Zeitgenossen ist sie in lebendiger Erinnerung. Sein Interesse am Mont Lassois, dessen Bedeutung ihm schon während seiner Tätigkeit in Frankreich klar wurde, an dessen Erforschung vor Ort er jedoch nie beteiligt war, hat seine Fortsetzung in einem internationalen Forschungsvorhaben an diesem Berg gefunden.

Schlagwortverzeichnis

‚Fürstensitze'; Wolfgang Kimmig; späte Hallstattzeit; frühe Latènezeit; Archäologie in Frankreich vor 1945; Heuneburg; Ipf; Hochdorf; Mont Lassois; Begriffsdefinitionen.

Anschrift des Verfassers

Dr. Jörg Biel
Landesamt für Denkmalpflege
im Regierungspräsidium Stuttgart
Archäologische Denkmalpflege
Berliner Str. 12
73728 Esslingen

E-Mail: joerg.biel@rps.bwl.de

---

63 Zuletzt H. Hennig (Anm. 38) 115 Abb. 40 u. 41. – Im Westen sind nun zwei Herrenhöfe zu ergänzen: Heidenheim (M. Scholz, Offiziersquartiere und andere Befunde im Alenkastell Heidenheim. Arch. Ausgr. Baden-Württemberg 2002, 97 ff. bes. 98 mit Abb. 72) sowie Steinheim-Sontheim i. S. (freundl. Mitteilung S. Spors-Gröger).

64 Zuletzt: L. Olivier, Wolfgang Kimmig et l'archéologie allemande en France occupée. Antiquités Nationales 36, 2004, 261–279.

65 Herrn Prof. Dr. H. Weber, Bundesarchiv Koblenz, danken wir für die Übersendung einer Kopie des Manuskriptes. Er schreibt dazu: „Es stammt aus unserem Bestand B 120 Institut für Besatzungsfragen, das 1948 in Tübingen eingerichtet wurde und dort bis 1960 bestand. Der Vortrag findet sich in Band 560. Leider ist er aus dem Kontext nicht näher datierbar." W. Kimmig wurde im März 1945 als Dozent an die Universität Freiburg berufen.

66 Literaturverzeichnis: Fundber. Baden-Württemberg 24, 2001, 737–749. Eine Darstellung seines Lebenswerkes durch F. Fischer in einer Sonderveröffentlichung der Gesellschaft für Vor- und Frühgeschichte in Württemberg und Hohenzollern. Wolfgang Kimmig, Leben und Lebenswerk (Stuttgart 2002).

Dozenturvortrag von Prof. Wolfgang Kimmig im Februar 1945

Aufgaben und Ergebnisse vorgeschichtlicher Forschung in Frankreich

Es ist eine ungemein fesselnde und zugleich lohnende Aufgabe, sich mit der Entwicklung der Urgeschichtsforschung in den europäischen Ländern während der letzten hundert Jahre zu befassen, es ist besonders aufschlußreich zu verfolgen, welch verschlungene und oft absonderliche Wege die jüngere Schwester der klassischen Archäologie zurückzulegen hatte, ehe es gelang, die Urgeschichte aus ihrer Verstrickung mit einem dilettantischen Raritätensammlertum zu lösen und sie als gleichberechtigtes Glied in die Reihe der historischen Disziplinen einzureihen. Gleichwohl möchte ich das Thema, das ich mir heute gestellt habe, nicht in Form einer Rückschau behandelt wissen; ich möchte vielmehr versuchen, Ihnen einige, uns Deutsche besonders interessierende Probleme aus dem Bereich der französischen Urgeschichtsforschung aufzuzeigen und Ihnen gleichzeitig erstmalig darüber zu berichten, wie sich das während der Besatzungszeit in Frankreich auf Betreiben des Archäologischen Instituts des Deutschen Reichs und des Beauftragten für Kunstschutz in den besetzten Gebieten eingerichtete Referat für Vorgeschichte und Archäologie um die Lösung dieser Fragen bemüht hat.

Zum Verständnis der hier zu behandelnden Dinge ist es notwendig, einen kurzen Blick auf den Aufbau der vorgeschichtlichen Denkmalpflege in Deutschland und Frankreich zu werfen. In Deutschland erscheint diese in einer straff organisierten Form, die ihren juristischen Rückhalt in dem Ausgrabungsgesetz von 1914 und den Ausführungsbestimmungen von 1920 findet. Staatlich beauftragte Fachleute an Museen und Landesämtern, unterstützt durch ein engmaschiges Netz von Vertrauensleuten auf dem flachen Lande, sind ihre ausführenden Organe. Sie unternehmen alle notwendig erscheinenden Ausgrabungen, betreuen die anfallenden Funde und bereiten ihre Bekanntgabe auf wissenschaftlicher Grundlage vor.

Zahlreiche, an fast allen deutschen Universitäten eingerichtete Lehrstühle für Vor- und Frühgeschichte sorgen für fachlich geschulten Nachwuchs. Darüber hinaus ist die Forschung als solche in zwei großen Zentralinstituten organisiert, dem Archäologischen Institut des Deutschen Reichs und dem Reichsbund für Deutsche Vorgeschichte, deren gegenseitige Kompetenzabgrenzung allerdings noch einer genauen Fixierung bedarf.

Diesem zentralistischen, dabei landschaftlichen Besonderheiten durchaus Rechnung tragenden Aufbau der deutschen vorgeschichtlichen Denkmalpflege steht in Frankreich bis zum Erscheinen des von deutscher Seite maßgeblich beeinflußten Ausgrabungsgesetzes von 1941/42 das genaue Gegenteil gegenüber. Das tragende Fundament jeder wissenschaftlichen Forschung, der Universitätslehrstuhl, war in Frankreich bis auf einen unbekannt. Dieser eine, der dazu noch politischen Überlegungen seine Gründung verdankte, befand sich in Straßburg und wurde erst 1940 nach der Rückgliederung des Elsasses an die Sorbonne nach Paris verlegt. Die gesamte Denkmalpflege aber, deren aufopferungsvollen Tätigkeit jede urgeschichtliche Forschung ihr Arbeitsmaterial verdankt, liegt bis auf verschwindende Ausnahmen in den Händen von Autodidakten und interessierten Laien, vornehmlich von Abbés, Ärzten, Lehrern und bürgerlichen Berufen aller Art, die sich ihre fachlichen Kenntnisse mühsam selbst erarbeiten müssen und denen jede planmäßige Förderung von einem zentral gelenkten wissenschaftlichen Institut versagt bleibt. Das Musée des antiquités nationales in St. Germain-en-Laye, das seiner Stellung nach etwa dem Zentralmuseum für Deutsche Vor- und Frühgeschichte in Mainz vergleichbar ist, hätte für Frankreich diese Aufgabe übernehmen können, war ihr jedoch aus Mangel an Fachleuten und staatlichen Mitteln nicht gewachsen. Dazu kommt weiter, daß der französische Begriff der ‚Archéologie‘ auch die gesamte mittelalterliche Denkmalpflege umfaßt, was eine erhebliche Ausweitung der Forschung zum Nachteil der Urgeschichte zur Folge hat. Die archäologisch interessierten Laien finden sich zumeist in den örtlichen sociétés archéologiques zusammen, von denen es in jedem Département mindestens eine gibt. Fast alle Gesellschaften geben nicht nur eine eigene Zeitschrift heraus, sondern unterhalten auch ein

eigenes Museum. Daneben gibt es zahllose Privatsammlungen, die oft von größerer Bedeutung sind wie die öffentlichen Sammlungen selbst.
Wohl sind neben diesen landschaftlich gebundenen Gesellschaften auch noch archäologisch interessierte Vereinigungen vorhanden, die sich größere Teile oder etwa ganz Frankreich zum Aufgabenbereich erkoren haben, so z.B. die Société préhistorique française, oder die sich der Erforschung bestimmter Spezialgebiete widmen, wie z.B. das Institut paléontologique humain, das sich das Studium des in Frankreich seit je sehr geschätzten Paläolithikums ausgesucht hat; aber auch diese Gesellschaften haben die Lage der Dinge wenig ändern können. Das Fehlen groß aufgezogener, staatlich geförderter Ausgrabungscampagnen auf dem Boden Fankreichs, wie sie in Deutschland seit je im Gange sind und hier auch immer als Lehrgrabungen par exellence gedacht waren, führte zu einem weitgehenden Erlahmen auch der privaten Forschungsinitiative.
Nichts kennzeichnet diesen Zustand besser als der Fall des bekannten elsäßischen Prähistorikers Claude F. A. Schaeffer, der, nach einer auch im deutschen Sinne mustergültigen Arbeit über die Grabhügel des Hagenauer Waldes, als Assistent an das Musée des antiquités nationales nach St. Germain berufen, sein Können nicht etwa in den Dienst der heimischen Forschung stellte, um diese aus ihrer Lethargie zu lösen, sondern bald darauf als Repräsentant französischer Urgeschichtsforschung zu staatlichen Unternehmungen nach Syrien geschickt wurde.
Es ist unter den geschilderten Umständen leicht verständlich, daß die französische Vor- und Frühgeschichtsforschung nicht entfernt den Aufschwung nehmen konnte wie in Deutschland, wo besonders nach der Machtübernahme außerordentlich viel für die Entwicklung dieses Forschungszweiges getan wurde in der klaren Erkenntnis, daß es sich bei den in steigendem Umfang anfallenden Bodenfunden nicht um Raritäten oder Museumscuriosa, sondern um historische Urkunden ersten Ranges handelte. So wurde Frankreich trotz vielfacher erfolgversprechender Anläufe – gedacht sei hier nur des wahrhaft genialen Manuel d'Archéologie préhistorique, celtique et gallo-romain von Joseph Déchelette, einem auch heute noch unentbehrlichen Wegweiser von wahrhaft europäischem Format – mehr und mehr zum weißen Fleck auf der archäologischen Landkarte Europas. Den deutschen Versuchen nach dem 1. Weltkrieg auf gut nachbarlicher Grundlage eine Belebung der Forschung etwa durch Studienreisen, Zeitschriftenaustausch, Teilnahme französischer Gelehrter an deutschen Ausgrabungen u. dergl. mehr herbeizuführen, begegnete man höflich, aber kühl.
Nach 1933 wurde die Sorge, wir könnten – ähnlich dem polnischen Beispiel – Ergebnisse der Vorgeschichte im westlichen Grenzgebiet als Unterlagen für die Anmeldung politischer Forderungen benutzen, zur vollkommenen Manie. 1938 wurde ich in Paris anläßlich der Diskussion eines vorgeschichtlichen Problems ernsthaft gefragt, ob meine Ansicht auf selbst erarbeiteten wissenschaftlichen Ergebnissen beruhe, oder ob es sich um eine gewissermaßen offizielle Meinung mit politischem Hintergrund handele. Durfte man trotz alledem von einem eindeutigen germanisch-romanischen Wissenschaftsgegensatz nicht sprechen, so spielen andererseits doch die Gegensätze der volkstumsgebundenen Überzeugungen in die Entwicklung der Meinungen hinein. Besonders deutlich wird dies bei einer Betrachtung der fränkischen Landnahme und der Herausbildung der deutsch-französischen Sprachgrenze. Der Franzose, der die Kultur seines Landes allein auf das Erbe der Antike und auf die national-gallische Überlieferung zu gründen sucht, ist im allgemeinen nicht geneigt, den germanischen Grundlagen seines Volkes und seiner Kultur stärkere Beachtung widerfahren zu lassen, obwohl Frankreich jahrhundertelang Mittelpunkt des fränkischen Reiches gewesen ist und seinen Namen nach den Franken trägt und obwohl noch im Mittelalter die französische Krone unter Berufung auf ihre angebliche Rechtsnachfolge der Frankenkönige damit einen der wichtigsten Rechtstitel für ihre Ausdehnungspolitik zu besitzen glaubte.
Als im Sommer 1940 Frankreich zusammenbrach und die Sorge um das französische Land in deutsche Hände gelegt war, schien die Möglichkeit gekommen, über Hemmungen und Vorurteile hinweg, auch auf dem Gebiet der Archäologie zu einer nutzbringenden Zusammenarbeit zu gelangen. Schon vor Beginn des Westfeldzuges war durch das OKH die Stelle eines Beauftragten für Kunstschutz in den besetzten Gebieten geschaffen worden unter bewußter Anknüpfung an die im besten Sinne europäische Kulturarbeit, die im 1. Weltkrieg der Altmeister der rheinischen Kunst-

geschichte, PAUL CLEMEN, in Belgien und Nordfrankreich geleistet hatte. CLEMENS Nachfolger im Amt, dem rheinischen Provinzialkonservator Professor Dr. GRAF WOLFF-METTERNICH, wurde diese neue, gegenüber früher vielfach erweiterte Aufgabe übertragen. Schon bald nach der Einrichtung seiner Dienststelle beim Militärbefehlshaber von Frankreich in Paris stellte er in enger Zusammenarbeit mit dem Archäologischen Institut des Deutschen Reiches den Antrag auf Angliederung eines archäologischen Dienstes, dem im Herbst 1940 stattgegeben wurde. So kam es zur Einrichtung des Referates „Vorgeschichte und Archäologie", das sich aus sechs, vorwiegend rheinischen, mit westeuropäischen Verhältnissen vertrauten Fachleuten für Vor- und Frühgeschichte sowie für provinzialrömische und klassische Archäologie zusammensetzte. Da sämtliche Sachbearbeiter als Beamte einer Militärverwaltung eingegliedert waren, konnte es nicht ihre Aufgabe sein, wissenschaftliche Forschungen durchzuführen, vielmehr hatten sie sich auf Verwaltungsmaßnahmen zu beschränken. Trotzdem hätten sie keine Gelehrten sein müssen, hätten sie sich nicht nebenher auch mit der Lösung wissenschaftlicher Probleme beschäftigt.

In einer Denkschrift wurde folgendes Programm als vordringlich herausgestellt:

1. Schutzmaßnahmen bezüglich der öffentlichen und privaten Sammlungen durchzuführen und diese laufend zu beaufsichtigen.
2. Für die Erhaltung der ortsfesten Denkmäler und etwa neu zu Tage kommender Funde zu sorgen.
3. Die Voraussetzungen für die wissenschaftliche Arbeit deutscher Vor- und Frühgeschichtler und Archäologen im besetzten Frankreich zu schaffen.

Zur Durchführung des 1. Programmpunktes erwies sich zunächst eine möglichst vollständige Erfassung aller Museen und Privatsammlungen als vordringlich. Dies war vor allem bei letzteren eine schwierige Aufgabe, die langwierige Nachforschungen in den Départementszeitschriften zur Voraussetzung hatte. Anschließend wurden die festgestellten Sammlungen planmäßig bereist, ihr Zustand überprüft, eine historisch geordnete Übersicht über die Fundbestände aufgenommen sowie alle wissenswerten Unterlagen wie Angaben über Inventare, Veröffentlichungen, Sammlungsleiter, Öffnungszeiten u. a. m. gesammelt. Die Ergebnisse der Bereisung wurden in einer Kartei festgehalten, die bei Abschluß der Arbeiten etwa 450 durchgearbeitete Museen und Privatsammlungen enthielt. Mit dieser Aktion wurde ein Mehrfaches erreicht: 1. Wurde eine Übersicht über diejenigen Sammlungen gewonnen, die durch die Kriegsereignisse zerstört wurden, wie etwa Amiens oder Toul, oder deren Bestände verschleppt bzw. durcheinander gebracht worden waren, wie etwa das reiche Museum von Nancy; 2. Konnten die notwendigen Bergungs- und Sicherungsmaßnahmen für unmittelbar gefährdete oder aber bei kommenden Kampfhandlungen bedrohte Sammlungen eingeleitet werden, wie z. B. für die von ihrem Besitzer verlassene, außerordentlich wichtige Privatsammlung Chenet in le Claon in den Argonnen oder aber für die Museen innerhalb der befestigten Küstenzone. Als Beispiel sei hier das Musée Masséna in Nizza genannt, das die Ortsbehörden bis auf die kleine, aber sehr beachtliche Sammlung vorgeschichtlicher und antiker Gegenstände geräumt hatten. Hier griff das Referat ein und sorgte auch für die Sicherstellung dieser Bestände, von deren Wesen und Wert die verantwortlichen Stellen keine Vorstellung hatten. 3. Konnte durch eine genaue Aufnahme der Sammlungsbestände etwaigen französischen Forderungen oder Beschuldigungen in der Nachkriegszeit vorgebeugt werden und 4. wurden die für die einzuleitende deutsche Wissenschaftsaktion unerlässlichen Arbeitsunterlagen beigebracht, da ja außer St. Germain von keinem französischen Museum ein auch nur einigermaßen befriedigender Katalog existiert.

Die besondere Aufmerksamkeit des Referates galt auch dem 2. Programmpunkt, nämlich dem Schutz der ortsfesten Denkmäler und den zu Tage gebrachten Neufunden. Der französische Boden ist dank seiner klimatisch günstigen Bedingungen besonders reich an noch vorhandenen geschichtlichen Denkmälern. Sie der Nachwelt unversehrt zu erhalten und sie vor Beschädigungen zu schützen, war eine Ehrenpflicht. Es war natürlich, daß sich die Aufmerksamkeit besonders den Gebieten zuwandte, die auf Grund ihrer Lage bei der zu erwartenden Invasion in hohem Maße gefährdet erschienen.

Dies traf vornehmlich bei der Bretagne und der Provence zu, also Landschaften, die wie wenige Gebiete Europas durch noch aufrechtstehende antike Denkmäler berühmt waren. In der Bretagne waren es vor allem die ungewöhnlich zahlreichen stein- und bronzezeitlichen Megalithbauten, auf die später noch einzugehen sein wird, in der Provence, der alten provincia Narbonnensis, die Reste der römischen Kolonien, die weithin im Lande verstreut sind. Beide Denkmälergruppen lagen zudem oft in unmittelbarer Nähe der Küste und liefen aufs höchste Gefahr in die entstehenden Befestigungen einbezogen, wenn nicht sogar abgetragen zu werden. Wenn hier größeres Unheil verhütet werden konnte, so wird dies dereinst als besonderes Ruhmesblatt der deutschen Kriegsführung zu verzeichnen sein, das sich würdig dem deutschen Verhalten gegenüber den klassischen Stätten Griechenlands oder den italienischen Kunstzentren Rom, Siena und Florenz an die Seite stellen läßt. An Einzelheiten sei hier lediglich vermerkt, daß der berühmte Tumulus St. Michel bei Carnac im Département Morbihan vor Einbau eines Bunkers bewahrt blieb und daß die bekannten Römerbauten von Fréjus in der Provence durch mündliche Belehrung nicht nur unbeschädigt blieben, sondern daß sogar die dort eingesetzten Pionierstäbe Pläne und Zeichnungen neu aufgedeckter Baureste einlieferten. Von den im Landesinnern gelegenen Denkmälergruppen wurden die weltberühmten Höhlen des Dordognetales mit ihren altsteinzeitlichen Malereien und Skulpturen besucht und ihre Unversehrtheit und ordnungsgemäße Überwachung festgestellt.

Konnten auf dem Gebiet des Denkmalschutzes auch beachtliche Erfolge erzielt werden, so blieb der Aufruf an sämtliche Wehrmachtsdienststellen zur sofortigen Meldung aller neu zu Tage tretenden Bodenfunde merkwürdigerweise ohne größere Resonanz. Immerhin gingen auch hier einige wichtige Meldungen ein, von denen zwei genannt sein mögen. In St. Aubin-sur-Mer an der Küste der Normandie nördlich Caen konnte durch einen Obergefreiten der Luftwaffe auf einer steil gegen das Meer zu abfallenden Hochfläche, die den bezeichnenden Namen ‚camp Romain' führte, ein keltischer Umgangstempel, eine römerzeitliche Villa und ein frühgeschichtliches Gräberfeld teilweise freigelegt und vermessen werden. In einem zu den Bauten gehörigen Brunnen wurden in 2.50 bis 3.40 m Tiefe fünf Stücke einer Kalksteinfigur gefunden, die ins Museum der société des Antiquaires de Normandie in Caen verbracht und dort zusammengesetzt wurden. Es handelt sich um eine etwa lebensgroße, ursprünglich bemalte Göttin von matronalem Aussehen, die auf einem einfachen Thron sitzt und in der wir ohne Zweifel eine einheimisch-gallische Muttergottheit erblicken dürfen. Sie trägt ein klassisch anmutendes, aber doch provinzielle Absonderlichkeiten aufweisendes Gewand, über der Stirn ein Diadem und um den Hals einen ungeheuren Torques mit dicken Pufferenden. Die Hände sind abgebrochen, doch läßt sich noch erkennen, daß sie in der einen Hand eine Schale, in der anderen wahrscheinlich ein Füllhorn trug.

Links und rechts von der Göttin lehnen zwei kleine Gestalten, deren Köpfe leider abgebrochen sind, in denen wir wohl die Kinder erblicken dürfen, die zu ihrer Mutter aufsehen. Mit der Göttin, die dem 2. Jahrhundert nach der Zw. ihre Entstehung verdankt, erhalten wir zum ersten Mal ein monumentales Kultbild der keltischen Muttergottheit aus Nordfrankreich. Ihr Schicksal ist, da sie in Caen verblieb, mehr wie ungewiss, eine ausführliche Publikation jedoch in Vorbereitung.

Der andere bedeutende Fund stammt von einem gallischen Oppidum in der Nähe von Aix-en-Provence, dem alten Aquae Sextiae. Hier kamen bei militärischen Erdarbeiten vier Köpfe, zwei Torsen, mehrere Fragmente von Armen und Beinen, ein Relief mit zwei Halbfiguren und ein mit Ornamenten bedeckter Kugelknauf zum Vorschein, alles Stücke, die der graeco-keltischen Kunst des 2. Jahrhunderts v. d. Zw. angehören. Die Funde wurden im Museum von Aix sichergestellt, eine Vermessung des oppidums vorgenommen und eine Publikation vorbereitet. Eine planmäßige Ausgrabung scheiterte leider an den Kriegsverhältnissen.

Bezogen sich alle diese Maßnahmen des Referates mehr auf denkmalpflegerische Tätigkeit, so galt die dritte und letzte Forderung der Denkschrift der Ingangsetzung eines umfangreichen wissenschaftlichen Forschungsprogramms. Die Fülle der Probleme, die eine Kenntnis der französischen Verhältnisse voraussetzten, war groß, der Drang der Deutschen Forschung, sie einer Lösung näher zu führen, beträchtlich. So wurde das Referat neben seinen anderen vielfältigen Aufgaben so etwas wie das Konsulat der deutschen Archäologie in Frankreich, das all die verwaltungsmäßigen Vor-

aussetzungen für die Einreise und für den Aufenthalt deutscher Prähistoriker und Archäologen in Frankreich zu schaffen hatte.
Es kann hier natürlich nur ein Querschnitt der vielfältigen wissenschaftlichen Arbeiten gegeben werden, die während der Besetzung Frankreichs in Angriff genommen wurden, aber er genügt, um den Erfolg der einzelnen Aktionen, die oft unter schwierigsten Umständen durchgeführt wurden, zu zeigen.

Frankreich ist das klassische Land des Paläolithikums, der Altsteinzeit, deren erste und noch heute gültige, wenn auch inzwischen vielfach modifizierte Gliederung von dem Franzosen DE MORTILLET gegeben worden ist. Der Reichtum des Landes an paläolithischen Funden ist so groß, das Interesse der französischen Forschung so stark nach diesem Abschnitt der Urgeschichte hin verlagert, daß demgegenüber die anderen Epochen der Vorgeschichte allzu sehr in den Hintergrund traten. Die Überprüfung der deutschen Funde an den ‚klassischen' französischen Stationen, ihre Eingliederung in das geltende Chronologiesystem, aber auch wieder die auffallende Verschiedenheit des deutschen Formenablaufs gegenüber dem französischen, all dies hat die deutsche Altsteinzeitforschung seit je sehr stark beschäftigt. So führte Professor ANDREE, Halle, geologisch-stratigraphische Untersuchungen an den bekannten Flußterrassen der Somme in der Gegend von Amiens zwecks Gewinnung genauerer Zeitansätze für besonders frühe paläolithische Kulturen durch. Der Erforscher deutscher paläolithischer Kunst, Postamtmann RICHTER, Pößneck, bereiste die berühmten Höhlen Frankreichs und nahm Zeichnungen und Malereien mit den modernsten Mitteln der Farbphotographie auf. Besondere Aufmerksamkeit wurde den, September 1940 neu entdeckten, überwältigend großartigen Malereien der Höhle von Lascaut (sic) gewidmet.
Eine ungewöhnlich starke Anziehungskraft für die deutsche Vorgeschichtsforschung übten schon immer die kyklopischen Grabbauten der Megalithkultur in der Bretagne aus, die vor allem in den Départements von Morbihan und Finisterre eine so eindrucksvolle Ausprägung erfahren haben. War doch das Megalithproblem aufs engste mit der Volkwerdung des nordischen Germanentums verknüpft, an dessen Ausbildung der norddeutsche Ableger der Megalithkultur in Verbindung mit der Schnurkeramik gleichermaßen entscheidenden Anteil zu haben schien.
Umso weniger durfte die Tatsache übersehen werden, daß der Gedanke der Großsteingräber an den gesamten atlantischen Küsten Europas lebendig war, daß Gräber der nordischen Art auch in Portugal und Westfrankreich, Holland und England, Dänemark und Schweden zu finden waren. Um hier nicht zu überreilten Schlüssen zu gelangen, war zunächst eine genaue Vorlage des gesamten Denkmälerbestandes notwendig. Nach den präzisen Vermessungen SPROCKHOFFS in Norddeutschland, nach den sorgfältigen Veröffentlichungen von Engländern und Holländern und endlich nach der umfassenden Vorlage der portugiesischen Gräber in den Römisch-germanischen Forschungen galt es, nun mit der Erfassung auch der bretonischen Megalithbauten eine Lücke zu schließen. Dieser Aufgabe widmete sich der Reichsbund für Deutsche Vorgeschichte, der zahlreiche Grabbauten, ferner vor allem die großen Steinalleen und Cromlechs in der Umgebung von Carnac vermaß und zahlreiche Farbfilme von ihnen herstellte. Im Zusammenhang damit stand eine genaue Durcharbeitung der wichtigsten bretonischen Museen, vor allem der reichen Bestände von Vannes und Carnac, ferner die Ausgrabung eines Langhügels bei Kerlescan. Ein erster Niederschlag dieser Arbeiten ist in der anregenden Broschüre von HÜLLE, Berlin, über die „Steine von Carnac" zu sehen, auf die geplante umfassende Vorlage des bretonischen Fundbestandes, der wesentliche neue Erkenntnisse vermitteln wird, darf man mit Recht gespannt sein.
Nicht minder wichtig für die deutsche Vorgeschichtswissenschaft war das Problem der illyrischen Wanderungen zu Beginn des letzten Jahrtausends v. d. Zw., das für uns aufs engste mit dem Auftreten der sogenannten Urnenfelderkulturen verknüpft ist. Die Bedeutung dieser Völkerwanderung, die sich den keltischen Wanderungen des 5. Jahrhunderts und der germanischen Expansion des frühen Mittelalters ohne Bedenken an die Seite stellen läßt, erhellt aus den gewaltigen Umwälzungen, die diese Völkerverschiebung im Gefolge hatte. Wir dürfen sie in dem Auftreten der Hettither in Kleinasien, im Auswandern der Etrusker, in dem Kampf der ägyptischen Pharaonen gegen die

‚Nordvölker' ebenso erblicken wie in der Dorischen Wanderung, die zur Ausbildung des klassischen Griechentums führte. Die Neueinwanderungen in Italien aus dem balkanischen Raum stehen ebenso mit diesen Verschiebungen im Zusammenhang wie das Auftreten kennzeichnender Urnenfelder in der Schweiz, in Südwestdeutschland und sogar in Spanien, wo sie mit dem sehr frühzeitigen Eindringen der Kelten in Verbindung gebracht wurden. Es ist dem Referenten gelungen, nun auch in Frankreich, das für diese Fragen bislang nur wenig ausgab, die hierhergehörigen Kulturgruppen zu entdecken und damit eine Forschungslücke zu schließen. Es konnten vollständig unbekannte Brandgräbergruppen aus dem äußersten Südwesten Frankreichs, der Gascogne, beigebracht werden, die bei noch sehr altertümlichem Aussehen von erstaunlicher Langlebigkeit waren und die das Problem der Keltisierung Spaniens, aber auch das der sagenhaften Ligurer in neuem Lichte erscheinen lassen. Die Drucklegung dieser Arbeit ist schon weitgehend vorbereitet.

Die provinzialrömische Forschung wurde durch eine Reihe von Unternehmungen gefördert. So untersuchte Dr. NIERHAUS, Freiburg, die römischen Straßen und Befestigungen um Vermand bei St. Quentin. Professor KOETHE, Straßburg, der März 1944 an der Ostfront fiel, grub an der Porta Martis in Reims, um eine genauere Zeitbestimmung zu gewinnen, Dr. SCHLEIERMACHER, Frankfurt, sammelte Material für die Besiedlungsgeschichte Nordwestfrankreichs in römischer Zeit und Professor WERNER, Straßburg, bemühte sich um die Grabfunde des 4. Jahrhunderts und im Zusammenhang damit um das Problem der germanischen Laeten.
Mit besonderem Nachdruck betrieben wurde das so genannte ‚Frankenunternehmen'. Nach den eingehenden Untersuchungen FRANZ PETRIS über das germanische Volkserbe in Wallonien und Nordfrankreich und der Herausbildung der deutsch-französischen Sprachgrenze sowie im Anschluß an die Katalogisierung der fränkischen Funde im Rheinland, die, seit Jahren von den rheinischen Landesmuseen in Bonn und Trier betrieben, nahezu abgeschlossen war, bot sich nun eine glückliche Gelegenheit, auch das einschlägige französische Fundmaterial an Ort und Stelle zu überprüfen. Dieser Aufgabe widmete sich der in Rumänien vermißte Professor ZEISS, München. An Hand von Literaturstudien in Paris und München konnten etwa 700 Grabfelder festgelegt werden. Auf mehreren Reisen wurde zunächst das Gebiet zwischen Seine und Loire bearbeitet, wobei die Museumskartei des Referates unschätzbare Dienste leistete. Die zum Teil überraschenden Ergebnisse und Aussagen der 245 verwertbaren Fundorte dieses Raumes sind bereits im 31. Bericht der Römisch-Germanischen Kommission veröffentlicht. Die schon vorbereitete Materialaufnahme des burgundischen Gebietes konnte wegen Einberufung des Sachbearbeiters nicht mehr durchgeführt werden.

Abschließend muß noch zweier Unternehmungen gedacht werden, die durch das Archäologische Institut in ganz besonderer Weise gefördert wurden. Schon immer hatte das Problem der Wallanlagen, die zumeist als Ring- oder Abschnittwälle auf beherrschenden Höhen lagen, die Forschung beschäftigt. Allerdings war sie dabei weitgehend zu falschen Schlüssen gelangt. Dies lag einmal daran, daß solche Wallanlagen, die häufig als Fluchtburgen in Notzeiten gedient haben, im allgemeinen nicht gerade ergiebig an zeitbestimmenden Funden sind und zum andern, dass infolge Mangels an gesicherten Unterlagen wie Plänen, Vermessungen u. dergl. mehr Arbeitshypothesen aufgestellt wurden, die nur zu oft, als nicht stichhaltig, wieder fallen gelassen werden mußten. Es war beispielsweise eine verbreitete Lehrmeinung, daß der Kranz der Wallanlagen, der sich von Luxemburg über Hunsrück und Westerwald, Taunus und Mitteldeutschland bis hinüber zu den böhmischen Randgebirgen zog, einem wohldurchdachten Abwehrsystem zuzurechnen sei, das das Keltentum gegen die von Norden nach Süden drängenden Germanen errichtet habe. Dieser Glaube erhielt einen heftigen Stoß, als die rheinische Forschung daran ging, die Anlagen in Hunsrück und Westerwald zu untersuchen und festgestellt werden mußte, daß sie nicht nur ganz verschiedenen Zeiten und Kulturgruppen angehörten, sondern daß auch der von Cäsar als typisch spätkeltisch beschriebene murus gallicus, also eine Mauer in einer Doppelverbindung von Stein und Holz, nicht nur im Grundprinzip Jahrhunderte alt war, sondern auch anscheinend bei Stämmen nicht gallischen Charakters seit je in Gebrauch stand. Die unmittelbare Folge all dieses war, für Deutschland ein corpus der Wallanlagen zu schaffen, damit der Forschung zunächst einmal brauchbare Arbeitsunterlagen an die Hand gegeben werden konnten. Unter dem Einfluß der Engländer, die schon lange vor dem Krieg das Luftbild mit größtem Erfolg in den Dienst der Wallforschung gestellt hatten, wurden auch bei uns mit besonderer Genehmigung des Herrn Reichsministers der Luftfahrt die bildtechnischen Einrichtungen der Luftwaffe der deutschen Vorgeschichtsforschung dienstbar gemacht. Es lag nun nahe, das corpus der Wallanlagen, das im Rheinland bereits weit gediehen war, auch auf Frankreich auszudehnen. Dieses Projekt erforderte erhebliche Vorarbeiten, denn es galt zunächst einmal in der Pariser Nationalbibliothek aus unzähligen Zeitschriften die meist durchweg laienhaft behandelten und nur selten von brauchbaren Abbildungen begleiteten, wirklich wichtigen Wallanlagen herauszufinden. Im Anschluß daran wurden die Anlagen im Gelände besichtigt und auf ihre Eignung für Luftaufnahmen überprüft. Dann erst konnten Luftbilder von der Luftwaffe angefertigt werden und zwar sowohl Senkrechtaufnahmen, die unter Verwendung von Katasterkarten eine planimetrische Auswertung ermöglichten, wie auch Schrägaufnahmen, die zusammen mit den ersteren ein unübertreffliches Anschauungsmaterial ergaben. Es war verständlich, daß bei der Schwierigkeit der Vorarbeiten auch dieses Unternehmen ein Torso bleiben mußte, trotzdem gelang es aber in Nord- und Ostfrankreich, also in den die deutsche Forschung unmittelbar berührenden Gebieten, etwa 300 wichtige Anlagen zu erfassen und von diesen 75 Luftaufnahmen herzustellen. So lückenhaft dieser große Plan auch blieb – Mittel- und Westfrankreich konnten beispielsweise überhaupt nicht berücksichtigt werden –, so bedeutend war doch der mitten im Kriege errungene Erfolg. Es wird Aufgabe späterer Zeiten sein und vor allem der französischen Forschung vorbehalten bleiben, das begonnene Werk auszubauen und zu einem guten Abschluß zu führen.

Das zweite noch zu erwähnende Unternehmen trägt mehr literarischen Charakter. Es wurde schon auf die zahlreichen archäologischen Gesellschaften hingewiesen, deren jede eine eigene Zeitschrift herausgibt. Daß das Gros aller französischen Funde in diesen Zeitschriften, wenn auch meist in laienhafter Form, veröffentlicht wird, da es andererseits keiner deutschen Fachbibliothek möglich ist, all diese Zeitschriften laufend zu halten, entschloß sich das Archäologische Institut, die in der Pariser Nationalbibliothek vorhandenen und laufend ergänzten Zeitschriftenserien durchzusehen und alle vor- und frühgeschichtlich wichtigen Aufsätze photokopieren zu lassen. Über 6 000 Jahrgänge konnten so durchgearbeitet und über 50 000 Aufnahmen hergestellt werden.

Es sind hier absichtlich nur die Arbeiten des Referates auf vor- und frühgeschichtlichem Gebiet erwähnt worden, doch möge angemerkt werden, daß auch auf klassisch-archäologischem Bedeutsames geleistet wurde. So wurden im Rahmen der vom Preußischen Forschungsinstitut für Kunstgeschichte in Marburg organisierten Fotocampagne u.a. die zahlreichen römischen Sarkophage des Louvre, die römischen Mosaiken, die in Paris aufbewahrten Ornamente der Tempel von Didyma und Magnesia, die Bronzebüsten der Galerien Mollien und Denon sowie sämtliche antiken Plastiken des Musée Rodin in zahlreichen Detailaufnahmen durchphotograhiert.

Wie verhielt sich all dem gegenüber die französische Forschung? Es darf und muss hier ganz klar ausgesprochen werden, dass sie sich nicht nur loyal und in jeder Weise entgegenkommend zeigte, sondern dass im Laufe der Zeit sogar eine ausgesprochen herzliche und verständnisvolle Zusammenarbeit entstand. Es ging wie meist in solchen Fällen: Die persönliche Fühlungnahme, der offene und anregende Meinungsaustausch zwischen den einzelnen Fachgelehrten, die gegenseitige Hilfeleistung im Dienst einer großen und schönen Sache, all dies zerbrach die künstlich aufgebauten Schranken und Vorurteile, die eine jahrzehntelang fehlgeleitete Politik zwischen beiden Nationen aufgerichtet hatte. Es ist hier nicht der Platz angesichts der militärischen und politischen Ereignisse in Frankreich die Namen einzelner Personen oder Institute zu nennen, die uns mit Rat und Tat zur Seite standen, mit denen in Schriftenaustausch getreten werden konnte und die sich auf dem Boden der Wissenschaft zur ehrlichen und großzügigen Zusammenarbeit bereitfanden. Eine spätere Zeit mag diese Würdigung vornehmen. Wir sind zutiefst davon überzeugt, daß die Krise, die Frankreich heute durchmacht, eine zeitgebundene und deshalb eine vorübergehende sein wird und daß vor allem weiteste Kreise der französischen Wissenschaft den augenblicklichen Kurs nicht mitsteuern. Auch die Wogen dieses Krieges werden sich einst glätten, und es wird sich dann zeigen, ob das Band, das zwischen der deutschen und der französischen Vorgeschichtsforschung allen drückenden Begleitumständen zum Trotz geknüpft worden ist, ein dauerhaftes sein wird. Wir möchten unter allen Umständen daran glauben. Daß es aber mitten im furchtbarsten aller Kriege und oft unter wahrhaft schwierigen Umständen der deutschen Geisteswissenschaft gelungen ist, zu so weittragenden Ergebnissen zu gelangen, dies wird, so meinen wir, für immer ein Ruhmesblatt der deutschen Nation sein.

Wirtschaft und Gesellschaft im früheisenzeitlichen Mitteleuropa: Überlegungen zum ‚Fürstenphänomen'*

Manfred K. H. Eggert

Hartmann Reim für seine Verdienste als akademischer Lehrer zum 1. März 2007

Einleitung:
‚Fürst' und ‚Häuptling', ‚Adliger' und ‚Herr'

In der Einleitung seines grundlegenden Aufsatzes „Zum Problem späthallstättischer Adelssitze" von 1969 hat Wolfgang Kimmig betont, dass seine Fragestellung noch immer einer terminologischen wie archäologischen Klärung bedürfe. Er setzte sich daher knapp mit mehreren in der Literatur vorkommenden Begriffen auseinander und prüfte ihre Anwendbarkeit. Dabei handelte es sich um ‚Fürstensitz', ‚Häuptlingssitz', ‚Herrensitz' und ‚Adelssitz'. Der erste Terminus, ‚Fürstensitz', entstammt „romantisierenden Vorstellungen" des 19. Jahrhunderts und geht, wie Kimmig ausführt, in der südwestdeutschen Ur- und Frühgeschichtsforschung auf Eduard Paulus den Jüngeren zurück.[1] Paulus hat ihn und den Terminus ‚Fürstengrab', inspiriert von Heinrich Schliemanns Entdeckungen in Mykene, 1876 für die Heuneburg und die reich ausgestatteten Gräber in ihrem Umfeld verwendet.[2] Obwohl beide Begriffe in der Literatur benutzt wurden, wollte Kimmig sie nicht übernehmen.

Auch die von Georg Kossack für die „Adelsburgen der späten Hallstattzeit"[3] eingeführte Benennung ‚Häuptlingssitz'[4] sagte ihm nicht zu. Für Kimmig repräsentierten die „Fürstengeschlechter"[5] der Späten Hallstatt- und Frühen Latènezeit die Vorfahren des von Caesar geschilderten „spätkeltischen Adels", dessen „große Herren"[6] wie Vercingetorix, Dumnorix und Indutiomar man seiner Ansicht nach schlecht als ‚Häuptlinge' bezeichnen konnte. Für angemessen hielt er hingegen den Begriff ‚Adelssitz'. Etwaige Bedenken, diese Bezeichnung könne zu sehr mit der germanisch-frühdeutschen Zeit verknüpft sein, teilte er nicht. Aber selbst dann könne man immer noch die unverbindliche Bezeichnung ‚Herrensitz' verwenden, die indirekt bereits bei Paul Jacobsthal präsent gewesen

---

* Der folgende Text ist die erweiterte Fassung eines Vortrages mit dem Titel „Fürstensitze': Das Modell Wolfgang Kimmigs aus historisch-kulturwissenschaftlicher Sicht", den ich auf dem 4. Teilkolloquium – „Fürstensitz, Stadt, komplexes Zentrum: Terminologie und archäologischer Nachweis von Zentralität und Zentralisierung" – des Schwerpunktprogrammes 1171 der Deutschen Forschungsgemeinschaft am 24. März 2006 in Bad Herrenalb gehalten habe. – Folgenden Kolleginnen und Kollegen, die eine frühere Version dieses Beitrages gelesen haben, schulde ich großen Dank für förderliche Kritik: Angela Kreuz, Siegfried Kurz, Nils Müller-Scheessel, Manfred Rösch, Stefanie Samida, Kristine Schatz, Beat Schweizer, Elisabeth Stephan, Astrid Stobbe und Ulrich Veit. Ich war bemüht, ihre Anregungen soweit wie möglich zu berücksichtigen. Für die Anfertigung und elektronische Umsetzung der Abbildungsvorlagen danke ich S. Samida (Abb. 1–6) und H. J. Frey (Abb. 7 und 8).

1 In den folgenden Ausführungen habe ich um der besseren Lesbarkeit willen bei der Wiedergabe der Meinung Dritter häufig dann auf den Konjunktiv der indirekten Rede verzichtet, wenn aus dem Kontext ohne weiteres deutlich wird, dass ich referiere.
2 Kimmig 1969, 95.
3 Ebd. Anm. 2.
4 Kossack 1959, 114 ff.
5 Dieser Terminus steht bei Kimmig 1969, 95 in Anführungszeichen.
6 Auch diese Bezeichnung steht bei Kimmig ebd. in Anführungszeichen.

sei. Jacobsthal habe viele Jahre zuvor von den in reichen frühlatènezeitlichen Gräbern bestatteten Toten als vom „Herrn von Rodenbach" und so weiter gesprochen.[7]

Wenn ich richtig sehe, hat Kimmig nach dieser terminologischen Klärung im gesamten Aufsatz auf die Begriffe ‚Fürstensitz' und ‚Fürstengrab' verzichtet. Das Gleiche gilt für ‚Häuptlingssitz'; von ‚Häuptlingsgrab' war im früheisenzeitlichen Kontext ohnehin niemals die Rede. Er verwendete statt dessen durchgehend ‚Adelssitz' und ‚Adelsgrab'.[8] Diese klare begriffliche Differenzierung zwischen ‚Fürst' und ‚Adliger' gab er erst in späteren Arbeiten auf, da sich der von ihm bevorzugte Begriff ‚Adelssitz' nicht durchgesetzt hatte.[9]

Es stellt sich heute die Frage, ob die Differenzierung zwischen ‚Fürst' und ‚Adliger' für Kimmig überhaupt relevant gewesen ist und ob er auf ‚Fürst' lediglich wegen der „romantisierenden Vorstellungen" verzichtet hat. Ich meine, dass ihm die Bezeichnung letztlich wohl gleichgültig war. Wichtig dürfte ihm der Unterschied zu ‚Häuptling' gewesen sein, und es bedarf keiner großen Phantasie, um sich vorzustellen, warum das so war. Seine Ausführungen sind eindeutig: Es erschien ihm offenkundig nicht angemessen, eine ethnologische Kategorie auf Sozialverhältnisse der europäischen Frühen Eisenzeit zu übertragen. In diesem Sinne wies er den Begriff ‚Häuptlingssitz' zurück, da er „modernen ethnologischen Überlegungen" entnommen sei.[10] Heute lässt sich wohl sagen, dass solche dem genuin vergleichenden Charakter der Kulturwissenschaft entgegenstehenden Vorbehalte zunehmend seltener werden. Dies gilt natürlich nicht nur für die Archäologie, sondern für historische Fächer schlechthin.[11] Aber auch bevor Kimmig seinen Aufsatz schrieb, gab es – wie von ihm selbst erwähnt – gelegentlich andere Stimmen. Hier sei erneut auf Kossack verwiesen, der 1959 in einem Atemzuge von „Herren- oder Häuptlingssitzen" sprach und dabei ausdrücklich die Heuneburg nannte.[12]

Das Kimmig und uns interessierende Problem lässt sich in der Archäologie nicht mehr, wie das ihm noch ohne weiteres möglich war, aus einem beinah ausschließlich archäologischen Blickwinkel betrachten. Sieht man einmal von den wenigen oben angesprochenen Verweisen auf gallische Verhältnisse der Mitte des ersten vorchristlichen Jahrhunderts ab, gab es daneben nur wenige beiläufige Erwähnungen nicht-archäologischer Gegebenheiten, die von Kimmig interpretatorisch genutzt wurden. Hierzu zählen das von der Mitte des 7. Jahrhunderts v. Chr. bis in die zweite Hälfte des 6. Jahrhunderts andauernde „Zeitalter der griechischen Tyrannis", die „Etablierung griechischer Pflanzstädte wie Massalia" sowie der „polis-Gedanke". Er hielt es für denkbar, dass diese mediterranen Phänomene das nördliche Voralpenland beeinflusst haben und die Haltung der „hallstättischen Adelsschicht" daher eine „barbarische Reaktion" auf mediterrane Lebensformen darstellte.[13] Zusam-

---

7 Ebd. 95 f. – Kimmig (ebd. 97) verwendet den Begriff ‚Häuptling' später lediglich ein einziges Mal, und zwar in Anführungszeichen. Es geht dabei um den „leitenden und planenden Kopf" komplexerer späthallstättischer Wehranlagen, und er möchte sich nicht festlegen, „ob wir uns diesen als gewählten primus inter pares, als einen aus eigener Initiative zur Macht gelangten ‚Häuptling' oder als einen auf Grund allmählich gewachsener Vorrechte eingesetzten Angehörigen alter Familien, als ‚Adligen' vorzustellen haben".

8 Lediglich je ein einziges Mal war im Text von „Fürstengräbern" und „Herrensitzen" die Rede, wobei beide Begriffe jedoch in Anführungszeichen gesetzt wurden (ebd. 109).

9 Zusammenfassend zum Begriff ‚Fürstensitz' Fischer 1996 sowie ausführlich ders. 2000.

10 Kimmig 1969, 95. – Ganz entsprechend argumentierte J. Biel (1985, 20). Er sah einerseits Begriffe wie „Adels- oder Häuptlingsgrab und Dynastensitz" als „dem mittelalterlichen Recht bzw. der Völkerkunde zu stark verhaftet" an und wies zudem darauf hin, dass „Familienzugehörigkeiten bisher archäologisch nicht belegbar" seien. Dennoch verwendete er den – wie er selbst einräumte – „ebenfalls der mittelalterlichen Terminologie" entnommenen Begriff ‚Fürst', fügte jedoch einschränkend hinzu, er müsse in „frühkeltischem Zusammenhang natürlich ohne Prämissen" benutzt werden. Andererseits aber bediente er sich auch recht vager ethnologischer Kategorien, wie sie sich etwa in der Bezeichnung „Stammesorganisationen mit zentraler Führung" spiegeln (ebd. 166). Auch Begriffe wie „Oberschicht" und „sozial niedriger stehende Nachbestattungen" (ebd. 20) verweisen darauf, dass er von einer stratifizierten Gesellschaft ausging, wie immer auch sich deren Organisation konkret vorgestellt haben mag. – Differenzierter zum Begriff ‚Häuptling' Fischer 2000, 226 mit Anm. 89.

11 Hierzu zusammenfassend Eggert 2001, 14 ff.; 2006, 241 ff. – Siehe auch unten: Ulf 1990.

12 Kossack 1959, 114. – Zur Geschichte und Analyse der in unserem Zusammenhang wichtigen Begriffe in der Hallstattforschung siehe Schweizer 2006; dort auch zu ‚Häuptling' (ebd. 84 f.). Zu einer entsprechenden kritischen Anmerkung von Kossack im Zusammenhang mit der Heuneburg siehe ebd. 89.

menfassend geurteilt, fehlt Kimmigs Ausführungen ein vergleichender, die Archäologie überschreitender Ansatz.

In der Rückschau muss es überraschen, wie sehr Kimmig für die Lösung seines terminologischen und inhaltlichen Problems auf die Archäologie gesetzt hat. Eigentlich war doch offenkundig, dass Fragen nach der sozialen und politischen Struktur jener Gesellschaft, die die späthallstattzeitlichen ‚Fürstensitze' und ‚Fürstengräber' hervorgebracht hat, nicht auf der Grundlage der zugehörigen archäologischen Befunde und Funde beantwortet werden konnten. Bis auf den heutigen Tag wird jedoch bei der Zurückweisung kritischer Stimmen zur überkommenen Interpretation immer wieder unterstellt, es handele sich ja letztlich nur um ein terminologisches Problem.[14] Diese Behauptung ist – wie bereits aus Kimmigs Aufsatz von 1969 hervorgeht – unzutreffend.[15]

Sieht man sich Kimmigs Argumentation näher an, wird deutlich, in welch hohem Maße seine interpretatorischen Vorstellungen von Annahmen geleitet waren, deren Angemessenheit für die Frühe Eisenzeit nicht kritisch erwogen, sondern vorausgesetzt wurde. In diesem Sinne unterstellte er für die Späte Hallstattzeit eine „ausgeprägte Feudalstruktur",[16] für die Heuneburg „eine Art von Dynastie" und davon ausgehend für das gesamte ‚Adelssitz-Phänomen' „einen festen Burgentypus mit zugehöriger Dynasten-Nekropole".[17] Dies führte ihn schließlich zu einer „Asperg-" und „Breisacher Dynastie"[18] und zu der Überlegung, ob sich hinter den „Ballungsgebieten von reichen Adelsgräbern" nicht vielleicht „adlige Territorien" abzeichneten. Eine solche Annahme würde – so meinte er – im nordwestlichen Hallstattraum einen Verbreitungsbefund zur Folge haben, der „nur mit einer entsprechenden Karte deutscher Kleinfürstentümer aus der Zeit nach dem Dreißigjährigen Kriege zu vergleichen wäre". All dies, so einschränkend, seien aber „reine Spekulationen", die „gründlicher Nachprüfung, vor allem durch Ausgrabungen" bedürften.[19] Schließlich gilt es festzuhalten, dass Kimmig mit seinem Aufsatz nach eigenen Worten in erster Linie das Ziel verfolgte, „überhaupt eine Diskussion in Gang zu bringen".[20]

Allerdings war er, wie noch einmal betont werden muss, grundsätzlich davon überzeugt, die archäologische Empirie verfüge über genügend materielle Indizien, um die einstige Wirklichkeit ohne große, theoretisch abgesicherte Bemühungen und einen entsprechenden interpretatorischen Aufwand erfassen und deuten zu können. Diese Auffassung trügt: Im Gegensatz zum Freiherrn von Münchhausen vermag sich der Archäologe nicht an seinem eigenen Schopfe aus dem Sumpf zu ziehen.

Fragestellung und Ziel

Das Anliegen dieses Beitrages ergibt sich aus den einleitenden Bemerkungen zum Modell von W. Kimmig. Wenn ich es verschiedentlich kritisiert habe,[21] dann geschah das, weil Kimmig gleichsam impressionistisch vorging, in seiner Deutung Elemente der hochmittelalterlichen Gesellschaft mit solchen des Absolutismus kombinierte und eine tiefergehende theoretische Durchdringung und Grundlegung seiner Fragestellung nicht für notwendig hielt. Heute kann es daher nicht mehr darum gehen, das früheisenzeitliche ‚Fürstenphänomen'[22] des nordwestlichen Voralpenraumes in seinem Sinne ausschließlich archäologisch zu umschreiben. Darüber hinaus erscheint es mir nicht sinnvoll, den inzwischen erheblich verbesserten Quellenstand zur Stützung eines Konzeptes heranziehen, das aufgrund innerer Unstimmigkeiten und unzureichender theoretischer Stringenz gescheitert ist.

---

13 Kimmig 1969, 97.
14 So etwa Krausse 1996, 353.
15 Hierzu auch Schier 1998, 513.
16 Kimmig 1969, 98.
17 Ebd. 102.
18 Ebd. 106 f.
19 Ebd. 108.
20 Ebd. 97.
21 Eggert 1988; 1989; 1991a; 1991b; 1999; 2001, 330 ff.; 2003.
22 Zum Begriff *phénomène princier* siehe Brun 1987, 96; Table Ronde 1993.

Seit Kimmigs letzter umfassender Gesamtpräsentation vor knapp 25 Jahren – der ersten *Mommsen-Vorlesung* des Römisch-Germanischen Zentralmuseums in Mainz[23] – hat es zwar eine Reihe außerordentlich wichtiger neuer archäologischer Entdeckungen, aber auffälligerweise nur geringe Fortschritte im Bereich der überkommenen Deutung gegeben. In diesem Beitrag soll es nicht um den zweifellos beachtlichen materiellen Fortschritt der Forschung gehen. Dieser Aufgabe hat sich Jörg Biel anhand wichtiger Beispiele gewidmet.[24] Das hier verfolgte Ziel liegt vielmehr auf der kultur- bzw. sozialwissenschaftlich-vergleichenden Ebene[25] und ihren Implikationen, also in einem Bereich, der bisher in einem hohen Maße von den scheinbar selbstevidenten Ergebnissen der feldarchäologischen Forschung und den damit verknüpften typo-chronologischen Studien überlagert worden ist. Jedoch ist es nicht meine Absicht, in diesen Ausführungen jene Argumente zu wiederholen, die ich bereits früher gegen die traditionelle Deutung des ‚Fürstenphänomens' vorgetragen habe.[26] Darauf wird gar nicht, auf einen kritischen Aufsatz von Wolfgang Schier, der sich mit vielen meiner Ansichten deckt, nur gelegentlich verwiesen.[27] Auch die weitere, seit Ende der neunziger Jahre erfolgte deutschsprachige sozialarchäologische Diskussion bleibt weitestgehend unerwähnt; dies gilt insbesondere für eine so wichtige Untersuchung wie die von Stefan Burmeister.[28] Es handelt sich bei dem vorliegenden Beitrag daher nicht um eine kritische Auseinandersetzung mit all jenen Thesen, die im Zusammenhang mit dem ‚Fürstenphänomen' bereits vorgetragen worden sind. Mein Anliegen geht in eine andere Richtung.

Die folgenden Darlegungen resultieren aus einer gewissen Unzufriedenheit mit der bisher in der Erforschung der Frühen Eisenzeit praktizierten Vorgehensweise. Ich habe vergeblich nach Arbeiten gesucht, deren Ziel es war, die im engeren Sinne archäologisch-kulturhistorischen und die archäologisch-naturwissenschaftlichen Daten statt säuberlich getrennt in ihrer inhaltlichen Verflechtung zu betrachten und auszuwerten. Die Suche nach kulturwissenschaftlich-historischen Synthesen, die zwar auf den konkreten empirischen Zeugnissen aufbauen, aber vergleichend-theoretisch über sie hinausführen, erwies sich ebenfalls als weitgehend erfolglos. Dabei ist doch gerade diese notwendigerweise generalisierende Ebene das Alpha und Omega der historischen Deutung jener Phänomene, um die es beim sogenannten ‚Fürstenphänomen' geht.

Dieser Beitrag stellt somit einen Versuch dar, verschiedene wichtige Stränge unserer Thematik zusammenzuführen. Aus einsichtigen Gründen kann das hier nur in relativ knapper Form geschehen. Folglich ist weder in Bezug auf die zentrale Fragestellung noch für die unten erörterten späthallstatt-/frühlatènezeitlichen Wirtschaftsdaten Vollständigkeit angestrebt. Ich musste vielmehr teilweise recht selektiv vorgehen, habe mich aber bemüht, die jeweilige Grundtendenz zu erfassen.[29] Daher bin ich optimistisch, dass das hier gezeichnete Bild auch einer theoretischen und materiellen Vertiefung standhalten würde. Wenn ich von einem ‚Versuch' spreche, dann möchte ich damit auf den vorläufigen Charakter und das durchaus nicht unerwartete Ergebnis meiner Ausführungen hinweisen: sie vermögen die bisherige Sicht der behandelten Thematik keineswegs grundlegend zu verändern. Eine gewisse Originalität beansprucht dieser Beitrag nur insofern, als darin, wenn ich richtig sehe, erstmals jene Aspekte aus einheitlicher Perspektive behandelt werden, die man in der deutschen Früheisenzeitforschung bisher weitestgehend im Sinne einer ‚Buchbindersynthese' nebeneinandergestellt hat.

---

23 Kimmig 1983a.
24 Biel 2006 (in diesem Band S. 235–253).
25 In diesem Zusammenhang möchte ich auf einen soeben erschienenen Beitrag von A. Theel (2006) verweisen, die das ‚Fürstengrab' von Hochdorf zum Ausgangspunkt einer grundsätzlichen Erörterung der Rolle ethnologischer Modelle in der Archäologie nimmt. Ihre kritische Bewertung neoevolutionistischer Stufenmodelle teile ich im Grundsatz, jedoch nicht im Detail.
26 Siehe Anm. 21.
27 Schier 1998.
28 Burmeister 2000.
29 Der Titelanmerkung sowie einer Reihe der folgenden Anmerkungen ist zu entnehmen, dass ich dabei sehr viel den dort genannten Kolleginnen und Kollegen verdanke.

Sozialgeschichtlich-kulturanthropologische Vorbemerkungen

Der auf Macht, Herrschaft und das Politische bezogenen historisch-kulturwissenschaftlich ausgerichteten Sozialanalyse wurden in den letzten Jahrzehnten zahlreiche Untersuchungen gewidmet. Uns geht es um die Frage, mit welcher soziopolitischen Organisationsform wir in der Frühen Eisenzeit des nordwestlichen Voralpenlandes zu rechnen haben.[30] Diese Frage lässt sich, soviel dürfte heute feststehen, nur mit Hilfe eines komparativen Ansatzes beantworten. Er sollte in theoretischer Hinsicht auf den Sozial- bzw. den Historischen Kulturwissenschaften fußen.[31]

Mit dem Phänomen der sozialen Vielfalt, ihrer Kategorisierung in unterschiedlich komplexe Typen sowie ihrer Herleitung und sozialgeschichtlichen Deutung hat sich bereits der Klassische Evolutionismus des ausgehenden 19. Jahrhunderts auseinandergesetzt. In die deutschsprachige Literatur wurde er gegen Ende des 19. Jahrhunderts vor allem durch Friedrich Engels' Popularisierung von Lewis Henry Morgans *Ancient Society* eingeführt.[32] Morgan hatte drei Stufen (*stages*) unterschieden, und zwar „Wildheit" (*Savagery*; Jäger und Sammler), „Barbarei" (*Barbarism*; Feld- bzw. Ackerbauern und Viehhalter) und „Zivilisation" (*Civilization*; komplexe, spezialisierte Gesellschaften), wobei er seine beiden ersten Stufen jeweils in drei Phasen (*Lower, Middle, Upper*) unterteilte.[33] Durch Engels lebte der Evolutionismus im marxistischen Schrifttum auch nach seinem allgemeinen Niedergang weiter.

In der nicht-marxistischen Wissenschaft hingegen geriet der Klassische Evolutionismus seit der Wende vom 19. zum 20. Jahrhundert zunehmend in Misskredit. Damit wurden auch Fragen nach den Bedingungen und der Struktur sozialer und kultureller Evolution in den Hintergrund gedrängt. In Europa vertrat seit den dreißiger Jahren des 20. Jahrhunderts nur noch V. Gordon Childe nachdrücklich einen evolutionistischen Ansatz.[34] Wenngleich er in Großbritannien lebte und arbeitete, stand er dem Marxismus sehr nahe. Für die deutsche Ur- und Frühgeschichtswissenschaft lässt sich ohne Einschränkung feststellen, dass sie insgesamt gesehen immer allen übergreifenden kulturvergleichenden Entwürfen abgeneigt war.[35]

Die von Mitte 1945 an in Westdeutschland vorherrschende Ur- und Frühgeschichtskonzeption unterschied sich nicht wesentlich von der anderer nicht-marxistischer europäischer Länder. Sie lässt sich am besten mit dem Begriff ‚historisch' umschreiben. Er wird hier im Sinne einer das Individuelle jeder geschichtlichen Situation betonenden, nicht auf Generalisierung zielenden Auffassung verstanden. Dass auch bei einer solchen Konzeption der Vergleich und die Analogie – obwohl meist recht unsystematisch und oft auch in wenig expliziter Form – präsent sind, bedarf keiner besonderen Betonung. Kimmigs Aufsatz bietet dafür, wie bereits angedeutet, genügend Anschauungsmaterial.

In den USA. thematisierten Leslie White und Julian H. Steward die Frage sozialer und kultureller Evolution[36] insbesondere seit Mitte der vierziger Jahre des 20. Jahrhunderts erneut. Sie betrachteten sie im Vergleich zum unilinearen Klassischen Evolutionismus unter veränderten Blickwinkeln. Neben diesen beiden Neoevolutionisten mit ihrem allerdings je spezifischen Konzept kultureller Evolution und zeitlich auf sie folgend sind im Zusammenhang mit Fragen der Evolution der sozialen

---

30 Im Folgenden verwende ich die Begriffe ‚sozial', ‚kulturell' und ‚politisch' sowie ‚soziokulturell' und ‚soziopolitisch' nicht exklusiv, sondern im Sinne einer mehr oder weniger ausgeprägten inhaltlichen Überschneidung. Somit ist beim einen das andere immer mitzudenken.

31 Wenn ich von ‚Historischen Kulturwissenschaften' rede, schließe ich darin auch die verschiedenen Spezialisierungen der Geschichtswissenschaft – z. B. die Alte und die Mittlere Geschichte – ein; siehe Eggert 2006.

32 Engels 1884/1990.

33 Morgan 1877.

34 Childe 1936; 1951.

35 Die Ur- und Frühgeschichtsauffassung von Gustaf Kossinna darf trotz ihrer germanomanischen und chauvinistisch-rassistischen Voraussetzungen zweifellos als ein über die empirische archäologische Quellenbasis hinausreichendes historisches Anliegen verstanden werden (dazu zuletzt Eggert 2006, 42 ff.; 46 ff. *et passim*). Das macht sie allerdings nicht zu einem übergreifenden kulturvergleichenden Forschungsansatz im Sinne unserer Fragestellung.

36 Fortan entspricht meine Verwendung der Begriffe ‚soziale', ‚kulturelle', ‚soziokulturelle' und ‚soziopolitische Evolution' dem in Anm. 30 festgelegten Modus.

und kulturellen Verhältnisse vornehmlich die amerikanischen Kulturanthropologen MARSHALL D. SAHLINS,[37] MORTON H. FRIED[38] und ELMAN R. SERVICE[39] zu nennen. Ihre einflussreichen Untersuchungen galten der Herausarbeitung und Analyse von Organisationstypen wachsender soziopolitischer Komplexität;[40] sie bilden bis heute die Grundlage aller weiteren Diskussionen.

Angesichts unserer Fragestellung ist es notwendig, den Stand der von den genannten Kulturanthropologen geprägten Erörterung knapp zu umreißen. Dabei sollen in einem ersten Schritt zunächst einmal die Grundzüge der gängigen soziopolitischen Klassifikation vorgestellt werden, bevor dann in einem zweiten Schritt eine kritische Einschätzung bestimmter, in unserem Zusammenhang wichtiger Aspekte versucht wird.

Grundzüge soziopolitischer Typisierung

SERVICE unterschied vier Grundformen soziopolitischer Differenzierung: ‚Horde' (*band*) – ‚Stamm' (*tribe*) – ‚Häuptlingstum' (*chiefdom*) – ‚Staat' (*state*) bzw. ‚Archaische Zivilisation' (*archaic civilization*).[41] Anders sieht die Konzeption von FRIED aus. Sie besteht ebenfalls aus vier Typen, die er als ‚Egalitäre Gesellschaft' (*egalitarian society*), ‚Ranggesellschaft' (*rank society*), ‚Stratifizierte Gesellschaft' (*stratified society*) und ‚Staat' (*state*) bezeichnete.[42] Diese vier Kategorien sind, sieht man vom ‚Staat' ab, mit denen von Service nicht deckungsgleich. Natürlich gibt es auch andere Klassifikationen; sie modifizieren diese beiden Konzepte mehr oder minder stark. Ich lege meiner Kurzcharakteristik eine Synthese des amerikanischen Archäologen TIMOTHY K. EARLE zugrunde.[43]

EARLE stellte ein vergleichendes Schema der gängigen Typisierungen auf, das hier in veränderter Form wiedergegeben wird (Abb. 1). Darin berücksichtigte er nicht nur die Auffassung von CHILDE, SERVICE, FRIED und SAHLINS, sondern auch einige seiner eigenen Arbeiten zu diesem Thema.[44] In seinem Schema fällt besonders die Differenzierung des ‚Häuptlingstums' in *simple* und *complex chiefdoms* ins Auge. Sie geht auf eine gemeinsame Arbeit mit ALLEN W. JOHNSON zurück, in der sie speziell die Bevölkerungsgröße und damit verbunden den Grad der sozialen Differenzierung hervorheben.[45] Demzufolge sind Einfache Häuptlingstümer verhältnismäßig gering stratifiziert und umfassen höchstens einige wenige tausend Individuen. Für Komplexe Häuptlingstümer sollen hingegen eine ausgeprägte soziale Schichtung und eine Bevölkerung bis in die Zehntausende kennzeichnend sein.[46]

Als einflussreich erwies sich eine vergleichende Studie über Typen soziopolitischer Organisation in Melanesien und Polynesien von SAHLINS.[47] Darin arbeitete er die wesentlichen strukturellen Unterschiede der Gesellschaften dieser beiden Regionen heraus. Nach SAHLINS sind in Melanesien Stammesgemeinschaften, in Polynesien indessen Häuptlingstümer typisch.[48] Wie er in einer anderen

---

37 SAHLINS 1958; 1960; 1963; 1968.
38 FRIED 1960; 1967.
39 SERVICE 1971; 1977.
40 Zum Evolutionismus in der amerikanischen *Cultural Anthropology* und Archäologie siehe EGGERT 1978, 106 ff. Eine grundlegende Erörterung des Evolutionismus in den Sozial- und Kulturwissenschaften seit dem ausgehenden 18. Jh. bis heute bietet B. G. TRIGGER (1998).
41 SERVICE 1971; 1977.
42 FRIED 1967.
43 EARLE 1994.
44 EARLE 1978; JOHNSON/EARLE 1987.
45 JOHNSON/EARLE 1987, 207 ff.; EARLE 1987, 288; 1991, 3; 1994, 945. – Diese Differenzierung findet sich beiläufig bereits bei SAHLINS 1963; sie ist auch im Titel von EARLE 1978 enthalten, wird jedoch im Text nicht thematisiert.
46 Für Hawaii spricht SAHLINS (1963, 299) sogar von einer annähernd 100 000 Individuen umfassenden Bevölkerung, die zeitweise in ein einziges, zeitweise aber auch in zwei bis sechs unabhängige Häuptlingstümer organisiert war (mit Verweis auf Details in ders. 1958, 132 f.).
47 SAHLINS 1963.
48 Die auf F. TÖNNIES zurückgehende Differenzierung zwischen ‚Gemeinschaft' und ‚Gesellschaft' bleibt hier nach dem gängigen Modus in der Ethnologie unberücksichtigt; siehe W. MÜLLER 2005.

Wirtschaft	Service (1962) Johnson und Earle (1987)	Sahlins (1963; 1968) Earle (1978)	Fried (1967)
Jäger/Fischer und Sammler	Horde (band; family level)	Ältester (head man)	Egalitäre Gesellschaft (egalitarian society)
Bauern	Stamm (tribe; local group)	'Big Man'	Ranggesellschaft (rank society)
Bauern/ Differenzierte Wirtschaft	Häuptlingstum (chiefdom)	Einfaches Häuptlingstum (simple chiefdom)	
		Komplexes Häuptlingstum (complex chiefdom)	Stratifizierte Gesellschaft (stratified society)
	Staat (state/civilization)	Staat (state)	Staat (state)

Abb. 1 Vergleich sozioevolutionistischer Konzepte (verändert nach EARLE 1994, 941 Tab. 1).

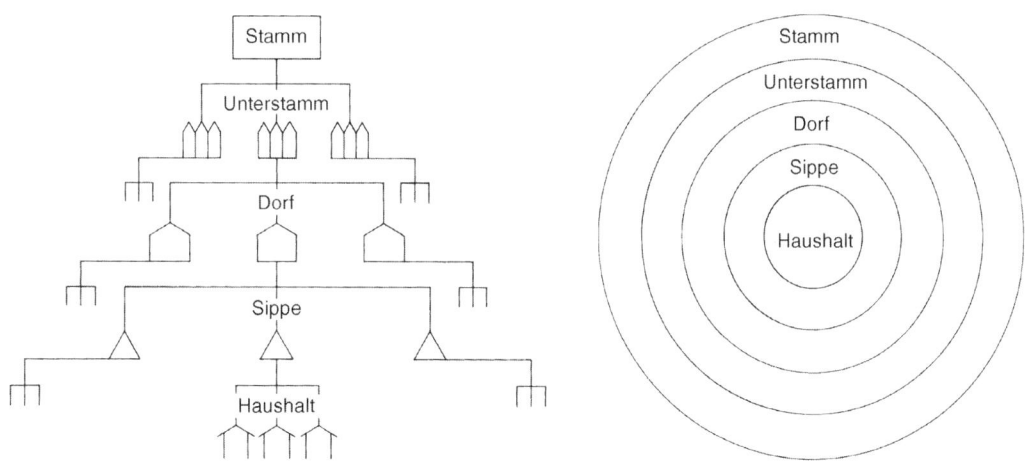

Abb. 2 Generalisiertes Schema einer Stammesgesellschaft (nach SAHLINS 1968, 16 Abb. 2.1).

Arbeit dargelegte, bestehen die wichtigsten Einheiten eines Stammes – nicht nur in Melanesien – aus selbständigen und damit unabhängigen, auf Verwandtschaft beruhenden Lokalgruppen, konkret aus meist kleinen Dörfern oder mehreren Weilern.[49] Jede dieser Lokalgruppen, so sagt er treffend, ist in Bezug auf die innere Struktur „eine Kopie der anderen".[50] Die entsprechende Bevölkerung gliedert sich folglich in strukturell ähnliche und gleichrangige Einzelgebilde, die wiederum in größere Einheiten zusammengefasst bzw. in kleinere differenziert sind. So gibt es oberhalb der Ebene des einzelnen Dorfes etwa den Stamm oder Unterstamm und auf der Dorfebene die einzelnen Abstammungsgruppen, die *lineages*,[51] die ihrerseits verschiedene Haushalte bilden (Abb. 2). Aus der Tatsache dieser nicht unter einer einheitlichen, übergreifenden Führung stehenden Teilgebilde oder Segmente leitet sich die Bezeichnung ‚segmentäres Lineagesystem' oder ‚segmentäre Gesellschaft' ab.[52] Die

---

49 SAHLINS 1968.
50 SAHLINS 1963, 287.
51 Siehe E. W. MÜLLER 2005b. – Ohne Berücksichtigung der differenzierten ethnologischen Diskussion zum Begriff ‚Sippe' (ders. 2005c) verwende ich ihn in Abbildung 2 für ‚Lineage'.
52 Zu Stammesgesellschaften im einzelnen SAHLINS 1968.

einzelnen Lineages oder Segmente werden im Englischen bisweilen als *minimal segments* bezeichnet; sie können gelegentlich weit über tausend Individuen umfassen.[53] Insgesamt gleicht die Struktur einer segmentären Gesellschaft (Abb. 3) zwar grundsätzlich der Klanstruktur des Häuptlingstumes (Abb. 4), aber das segmentäre Lineagesystem ist eben, wie Sahlins es ausdrückt,[54] aufgrund mangelnder Integration „politisch unterentwickelt". Flüchtig betrachtet, siedeln die einzelnen Deszendenzgruppen durchaus innerhalb eines geschlossenen Territoriums. Bei näherem Hinsehen zeigt sich aber eine innere Differenzierung nach dem Prinzip der genealogischen Zusammengehörigkeit (Abb. 3). Dabei handelt es sich im Vergleich zu Häuptlingstümern (Abb. 4) um alles in allem eher kleine Segmente, die gewissermaßen auch territorial autonom sind.

Von besonderer Bedeutung in den tribalen Gesellschaften Melanesiens ist die Führungsposition des *big-man*, die sich von der eines Häuptlings grundsätzlich unterscheidet. Die mit ihr verbundene Autorität resultiert allein aus der Persönlichkeit des Big Man.[55] Er führt kraft seiner persönlichen Anlagen, seines politischen Geschickes, seiner Tapferkeit im Krieg usw.[56] Anders als ein Häuptling, der sein Amt einer Erbregel verdankt, beruht die Position des Big Man auf erworbenem Status. Er muss daher ständig um Erhalt seiner Führungsposition bemüht sein, eine Notwendigkeit, der er unter anderem durch regelmäßiges Ausrichten von großen Festen ('Verdienstfesten'[57]) nachzukommen sucht. Festzuhalten bleibt deswegen, dass die Position eines Big Man im Gegensatz zu der eines Häuptlings außerordentlich instabil ist. Hat sich ein Big Man in einer Verwandtschaftgruppe etablieren können, bleibt die sehr lockere Stammesstruktur als solche davon im Wesentlichen unangetastet. Es handelt sich zunächst einmal nur um die soziopolitische Hervorhebung eines Segmentes, die aufgrund der Statusverpflichtungen 'ihres' Big Man tendenziell zunehmend bedeutender wird. Das gilt insbesondere dann, wenn es in den verschiedenen Verwandtschaftsgruppen mehrere solcher Big Man gibt, die untereinander um Einfluss und Anerkennung rivalisieren. Dennoch scheinen im System zu viele strukturelle Beschränkungen angelegt, als das selbst ein über die anderen herausragender und damit überaus erfolgreicher Big Man in der Lage wäre, seinen eigenen Status in eine formale, vererbbare Führungsposition umzuwandeln.[58]

Im Gegensatz zu Stammesgesellschaften sind Häuptlingstümer nicht segmentär, sondern – wie Sahlins es nennt – „pyramidal" aufgebaut.[59] Für sie ist das Konzept des ‚Klanes' zentral, mit dem meist eine größere, aus Lineages zusammengesetzte Verwandtschaftsgruppe bezeichnet wird.[60] Zwischen den einzelnen Lineages besteht eine Rangordnung, die durch den genealogischen Abstand zum – bei Patrilinearität – Klangründer bestimmt wird. Ihr steht jeweils ein Häuptling vor, bei dem es sich um das genealogisch älteste Gruppenmitglied handelt. Den Klan als Gesamteinheit repräsentiert ein Oberhäuptling *(paramount chief)*, der sich nach dem gleichen Prinzip rekrutiert (Abb. 4). Durch die innere Rangordnung stellt die gesamte Verwandtschaftsgruppe ein hierarchisch gegliedertes Gebilde dar, das entsprechend dieser Ordnung von kleineren und größeren Häuptlingen bis hin zum Paramount Chief repräsentiert wird. Der Oberhäuptling und jene Chefs, die größere Teile eines Häuptlingstums kontrollieren, sind Amtsinhaber mit einer bestimmten Titulatur; dementsprechend werden sie auch offiziell in diese Ämter eingeführt.[61]

---

53 Sahlins 1968, 50 ff.
54 Ebd. 50.
55 Ich folge der in der deutschen Ethnologie üblichen Schreibweise ohne Bindestrich; siehe etwa Helbling 2005.
56 In den Worten von Sahlins (1963, 289): "[...] the indicative quality of big-man authority is everywhere the same: it is *personal power*. Big-men do not come to office; they do not succeed to, nor are they installed in, existing positions of leadership over political groups. The attainment of big-man status is rather the outcome of a series of acts which elevate a person above the common herd and attract about him a coterie of loyal, lesser men." (Hervorhebung im Original).
57 Siehe Haberland 2005.
58 Hierzu im Einzelnen Sahlins 1963, 291 ff.
59 Sahlins 1963, 287.
60 Siehe E. W. Müller 2005a.
61 Hierzu im Einzelnen Sahlins 1963, 294 ff. – Ein kurzes Zitat (ebd. 294; 295) möge den Unterschied zum Big-Man-System verdeutlichen: "So the nexus of the Polynesian chiefdom became an extensive set of offices, a pyramid

Fortsetzung übernächste Seite

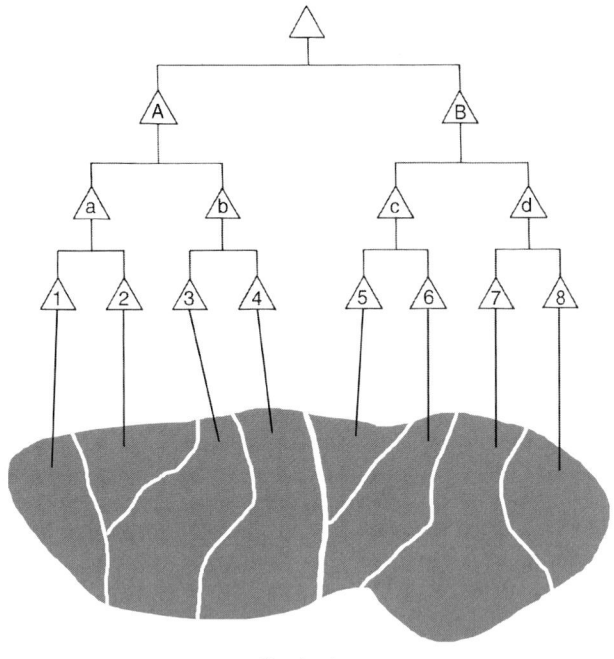

Abb. 3 Schema eines segmentären Lineagesystems. A, B Lineage-Ahnen; a–d Lineages der aufsteigenden Ebene; 1–8 Gegenwärtige Lineages (*minimal segments*) (verändert nach Sahlins 1968, 51 Abb. 4.1).

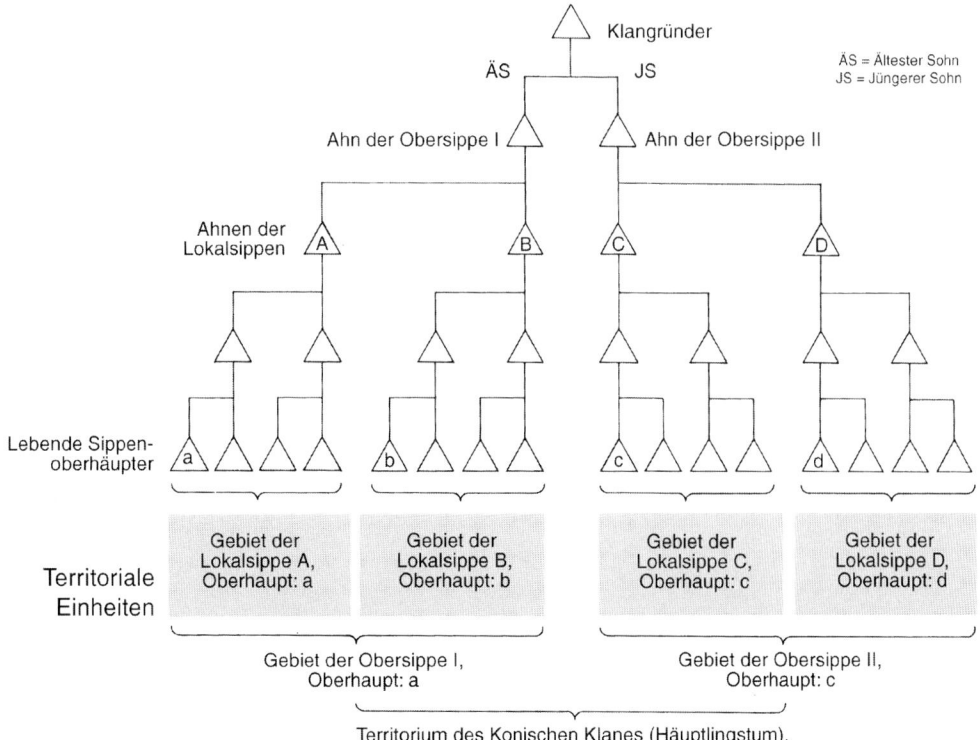

Abb. 4 Schema eines Häuptlingstums (nach Sahlins 1968, 25 Abb. 2.2).

Es versteht sich, dass es sich bei der ‚Big Man / Häuptling'-Dichotomie von Sahlins um – wie er formuliert – „abstrahierte soziologische Typen" handelt.[62] In beiden Regionen lassen sich Varianten dieser Kategorien finden, und es gibt auch Ausnahmen, die sich nicht mit diesem Schema in Einklang bringen lassen.

Bevor wir uns den wesentlichsten Kriterien von Staaten zuwenden, erscheinen noch einige Bemerkungen zur *rank* und *stratified society* von Fried angebracht. Eine Ranggesellschaft[63] weist nach seiner klassischen Definition im Gegensatz zur Egalitären Gesellschaft weniger Statuspositionen als Gruppenmitglieder auf, die solche Positionen ausfüllen könnten.[64] Um den Zugang zu solchen Positionen zu begrenzen, greift man in aller Regel auf der Verwandtschaft innewohnende Prinzipien wie der Geburtsfolge zurück. Sie werden dann im Einzelnen so ausgestaltet, dass nur jeweils ein Individuum in Frage kommt, z. B. der älteste Sohn der ältesten Lineage. Mit Blick auf die Statuspositionen stellt die Ranggesellschaft ein Dreieck dar, dessen Spitze die oberste Position repräsentiert. Da diese Gesellschaften nach Fried in wirtschaftlicher Hinsicht gegenüber jenen mit egalitärer Grundstruktur nicht durch das Prinzip der Reziprozität, sondern der Redistribution gekennzeichnet sind, hat der Inhaber der höchsten Statusposition im Wesentlichen redistributive Aufgaben. Er sammelt die vorgeschriebenen Abgaben ein und hat für deren Verteilung zu sorgen; allerdings wächst ihm daraus keine wirkliche politische Macht zu. Da diese Personen somit keine institutionalisierte politische Autorität besitzen, vermögen sie ihren Willen auch nicht durch einen irgendwie gearteten Machtapparat, sondern nur durch persönliche Leistungen wie Überzeugungskraft, vorbildliches Verhalten und Großzügigkeit durchzusetzen. Das Fehlen institutionalisierter Machtbefugnisse steht in bemerkenswertem Gegensatz zu den materiellen Attributen, die oft mit den Statuspositionen verknüpft sind.[65]

Im Vergleich mit der Ranggesellschaft ist die nach Fried nächste Ebene soziopolitischer Evolution, die Stratifizierte Gesellschaft, in der empirischen Wirklichkeit erheblich schwieriger zu fassen.[66] Die für Fried entscheidende strukturelle Differenz zwischen beiden liegt im unterschiedlichen Zugang von Gruppenmitgliedern gleichen Geschlechtes und äquivalenten ‚sozialen' Alters zu den „strategischen Ressourcen".[67] Während er in der Ranggesellschaft für alle Mitglieder uneingeschränkt gilt, setzt er in der Stratifizierten Gesellschaft eine privilegierte Position voraus. Im Übrigen sieht Fried mit der wachsenden Stratifizierung eine Tendenz verbunden, in die Verwandtschaftsgruppen auch Fremde einzuschließen, die dann oft das wirtschaftliche und politische System aufrechterhalten. Diese Gruppen würden schließlich nicht mehr nach dem Prinzip der Verwandtschaft funktionieren und so den Übergang zu Staaten markieren.[68]

Fortsetzung Anm. 61
    of higher and lower chiefs holding sway over larger and smaller sections ot the polity. [...] The pivotal paramount chief as well as the chieftains controlling parts of a chiefdom were true office holder and title holders. [...] And these Polynesian chiefs did not make their positions in society – they were installed in societal positions. [...] Power resided in the office; it was not made by the demonstration of personal superiority."

62 Sahlins 1963, 285 Anm. mit Stern. Die beiden Typen entsprechen damit, wie er selbst feststellt, ‚Modellen' oder ‚Idealtypen' (ebd.). Dieser Tatsache steht nicht entgegen, dass er sie an anderer Stelle als *distinct sociological types* bezeichnet (ebd. 288).

63 Fried 1960, 716 ff.; 1967, 109 ff.

64 Ebd. 1960, 717; 1967, 109; das Folgende nach der knappen Zusammenfassung ebd. 1960, 717 f.

65 In den Worten von Fried (1960, 719): "[...] it must be stated in fairness that the central redistributive statuses *are* associated with fuss, feathers, and other trappings of office. These people sit on stools, have big houses, and are consulted by their neighbors. Their redistributive roles place them automatically to the fore in the religious life of the community, but they are also in that position because of their central kinship status as lineage, clan, [...] or kindred heads." (Hervorhebung im Original.)

66 Fried 1967, 185.

67 Fried 1960, 721; 722; 1967, 186 *et passim*. Er definiert wie folgt: "Strategic resources are those things which, given the technological base and environmental setting of the culture, maintain subsistence" (Fried 1960, 731 Anm. 5). Später hat Fried (1967, 186 mit Anm. 2 *et passim*) dafür den Begriff *basic resources* vorgezogen.

68 Fried 1960, 722; 1967, 225 f.; 229 f.

Fried verhehlt bei seiner Erörterung der Stratifizierten Gesellschaft nicht den ausgeprägten Übergangscharakter, den dieser Typus für ihn verkörpert. Er weist darüber hinaus ausdrücklich darauf hin, dass die Ethnographie keine Gesellschaften kennt, die in seinem Sinne stratifiziert und zugleich bar jedweder für Staaten typischen Institutionen sind.[69] Natürlich muss man sich angesichts dieser Feststellung fragen, ob und inwieweit die von ihm genannten Kriterien zur Unterscheidung von Stratifizierten Gesellschaften und Staaten eine solche Differenzierung überhaupt sinnvoll erscheinen lassen.[70] Hier sind meines Erachtens durchaus gewisse Zweifel angebracht.

Die Organisation von Herrschaft und Macht auf einer über das Verwandtschaftsprinzip hinaus gehenden Grundlage ist schließlich eines der von Fried herausgestellen Kennzeichen von Staaten.[71] Hinzu kommen andere, die er in *primary* und *secondary functions* gliedert. Zu den primären Funktionen rechnet er die Aufrechterhaltung allgemeiner Ordnung und damit auch der Stratifizierung mit besonderer Betonung der höchsten Statuspositionen. Dies schließt die Garantie der grundlegenden Organisationsprinzipien, z. B. des Konzeptes einer soziopolitischen Hierarchie, des Eigentums und der verbindlichen Geltung von Gesetzen ein. Aus den primären ergeben sich für ihn sekundäre Funktionen, die mit einer oder mehreren spezifischen Institutionen verbunden sind und allesamt einen Verwaltungs- und Erzwingungsapparat erfordern. Zu diesen sekundären Funktionen rechnet er eine Bevölkerungskontrolle im Sinne der Festlegung von Grenzen und der Definition der entsprechenden Einheit, der Bestimmung unterschiedlicher Kategorien von Mitgliedern und der Durchführung von Bevölkerungszählungen. Ferner nennt er die Etablierung von Rechtsnormen und ihre Durchsetzung mit Hilfe gesetzlich festgelegter Prozeduren sowie den Schutz der eigenen Souveränität durch Militär und Polizei und – damit all das möglich wird – die Einführung eines Steuersystems und einer allgemeinen Wehr- und Dienstpflicht.[72] Insgesamt beurteilt Fried den Unterschied der Sozialstruktur von Staaten gegenüber allen anderen Strukturtypen als einen „Quantensprung".[73]

Die wesentlichen bis in die späten achtziger Jahre erschienenen englischsprachigen neoevolutionistischen Arbeiten und ihre kritische Erörterung hat der Soziologe Stefan Breuer zusammenfassend gewürdigt. Auf dieser Grundlage entwarf er sodann eine eigene Theorie der Entstehung des *archaischen Staates*.[74] Neuerdings bezieht man sich bei der Erörterung des ‚Fürstenphänomens' bisweilen auf diese Monographie,[75] die inzwischen durch eine umfassendere Untersuchung ergänzt worden ist.[76] Da in Zukunft durchaus mit einer größeren Rezeption dieser Arbeiten zu rechnen ist, möchte ich darauf eingehen.

Die von Breuer übernommene und leicht ergänzte Kritik der Schwächen des Neoevolutionismus sucht er mit Hilfe des so genannten „epigenetischen Modelles" der Evolution von Zivilisationen zu überwinden, die der amerikanische Ethnologe Jonathan Friedman teils allein, teils gemeinsam mit dem englischen Archäologen Michael J. Rowlands entwickelt hat.[77] Ihnen ging es darum, die verschiedenen Typen der soziokulturellen Evolution aus einem stark neomarxistisch inspirierten

---

69 Fried 1967, 224.
70 Hierzu ein Zitat von Fried (ebd. 225 f.): "The state forms in embryo in the stratified society, which, by this reasoning, must be one of the least stable models of organization that has ever existed. The stratified society is torn between two possibilities: It builds within itself great pressures for its own dissolution and for a return to a simpler kind of organization, either of ranking or egalitarian kind, [...] On the other side, the stratified community, to maintain itself, must evolve more powerful institutions of political control than ever were called upon to maintain a system of differential ranking."
71 Fried 1960, 728; 1967, 229.
72 Fried 1960, 721; 722; 728; 1967, 229 ff.
73 Fried 1967, 239.
74 Breuer 1990.
75 Schier 1998, 504 *et passim*; Kurz 2001, 204 f.
76 Breuer 1998.
77 Friedman 1975; ders./Rowlands 1977. – Das Adjektiv im Begriff *epigenetic model* ist von dem Substantiv *epigenesis*, dt. Epigenese, abgeleitet. In der Evolutionstheorie von Friedman und Rowlands steht es für eine gerichtete Entwicklung, in der die vorherrschenden Formen der sozialen Reproduktion eines gegebenen Stadiums die des folgenden bedingen (siehe z. B. Friedman/Rowlands 1977, 267 f.). Damit ist das wesentliche Merkmal der Epigenese, die auf jeweils bestehenden Voraussetzungen erfolgende schrittweise Weiter- und Neubildung, erfüllt.

„System sozialer Reproduktion" abzuleiten.[78] Dabei maßen sie der Beziehung, die die handelnden Akteure zwischen ihrer Gegenwart und dem „Übernatürlichen" herstellten, besondere evolutionäre Bedeutung zu.[79] Insofern mag man BREUER zustimmen, wenn er meint, FRIEDMAN und ROWLAND wollten „die Institutionalisierung von Herrschaft" aus einer „Monopolisierung der symbolischen Bedingungen der Reproduktion" ableiten.[80]

FRIEDMAN und ROWLANDS erörterten im Rahmen ihrer Theorie unter anderem ein Modell des *prestige good system*, das die schwedische Ethnologin KAJSA EKHOLM anhand zentralafrikanischer Sozialsysteme formuliert hat.[81] Es wurde wenig später von SUSAN FRANKENSTEIN und ROWLANDS ihrer bekannten Analyse des ‚Fürstenphänomens' der Späten Hallstattzeit zugrunde gelegt.[82]

BREUER versucht in seiner eigenen Theorie die Bedingungen der gesellschaftlichen Reproduktion mit MAX WEBERS Charismakonzept[83] zu deuten und damit anders als FRIEDMAN und ROWLANDS den theoretischen Fixpunkt von MARX zu WEBER zu verschieben.[84] Leider vermischt er dabei aufgrund einer nicht hinreichend konsequenten Analyse eine Reihe wichtiger, in ihren Grundzügen allgemein akzeptierter Generalisierungen. Dies gilt etwa für die ungerechtfertigte Behauptung, Häuptlingstümer seien von den Neoevolutionisten den egalitären Gesellschaften zugerechnet worden,[85] und es gilt ebenso für seine Analyse des *archaischen* bzw. *charismatischen Staates*. Letzteren differenziert er in zwei Typen, die er als *konischen Klanstaat* und *archaisches Prestigegüter-System* bezeichnet. Was die Interpretation Konischer Klane als Archaische Staaten angeht,[86] bezieht er sich auf eine These von FRIEDMAN und ROWLANDS.[87] Sie besagt, dass mit der Monopolisierung des Charismas im Sinne der Kommunikation mit dem Übernatürlichen durch die genealogisch älteste Lineage – und damit durch den Repräsentanten dieser Lineage – der Schritt vom Häuptlingstum zum Staat vollzogen worden sei.[88] Auch BREUERS Archaisches Prestigegüter-System – er hält es für eine evolutionär fortgeschrittene Erscheinungsform des Archaischen bzw. Charismatischen Staates – geht auf die Konzeption von FRIEDMAN und ROWLANDS zurück.[89]

Den Konischen Klanstaat beschreibt BREUER überraschenderweise als Ranggesellschaft, in der sich die Position der einzelnen Familienverbände nach der genealogischen Nähe zum Gründerahnen bestimmt. Davon unterscheidet er das Archaische Prestigegüter-System, das besonders durch eine verstärkte, vom Zentrum unterstützte Bildung nachgeordneter und von diesem abhängiger Zentren charakterisiert werde. Diese Zentren garantieren, so meint er, die Realisierung der dem Konischen Klanstaat innewohnenden expansiven Tendenz. Mit der Expansion würden zugleich die Ansprüche verdienter Würdenträger und Angehöriger der führenden Verwandtschaftsgruppen befriedigt.

---

78 Mit „sozialer Reproduktion" sind jene sozialen Strukturen gemeint, die den Prozess der Güterproduktion und des Güterumlaufes und damit die Reproduktion der Bevölkerung als ökonomische Einheit beherrschen. In den Worten von FRIEDMAN und ROWLANDS: "In the approach adopted here, an attempt is made to reconstruct the structures of reproduction of particular social forms. These are the social structures that dominate the processes of production and circulation and which therefore constitute the socially determined form by which polulations reproduce themselves as economic entities. A system of social reproduction is characterised by a *socially determined* set of productive relations [...] that distribute the total labour input and output of a population and organise immediate work processes and the exploitation of the environment within limits established by a given level of technological development." (ebd. 203; Hervorhebung im Original).
79 Ebd. 207; 268.
80 BREUER 1990, 42.
81 FRIEDMAN/ROWLANDS 1977, 224 ff.; EKHOLM 1972; 1977. Siehe ferner dies. 1985.
82 FRANKENSTEIN/ROWLANDS 1978.
83 Der Begriff ‚Charisma', griech. ‚Gnadengabe', wurde von WEBER in die Sozialwissenschaften eingeführt. Er bezeichnete damit eine Persönlichkeit, die von ihren Anhängern „als mit übernatürlichen oder übermenschlichen oder mindestens außeralltäglichen, nicht jedem andern zugänglichen Kräften oder Eigenschaften" ausgestattet angesehen wird (WEBER 1972, 140).
84 BREUER 1990, 42; 45.
85 Ebd. 51.
86 Ebd. 55 ff.
87 FRIEDMAN/ROWLANDS 1977, 218. – Siehe BREUER 1990, 63 ff.; 1998, 51 ff.
88 FRIEDMAN und ROWLANDS sprechen vom *conical clan-state* bzw. mit K. MARX vom ‚asiatic' state (FRIEDMAN/ROWLANDS 1977, 216 ff.).

Aus diesem Prozess resultieren nach Breuer mehrstufige Siedlungshierarchien mit zentrifugalen Tendenzen und einer allmählichen Trennung von religiösen und säkularen Aufgaben. Die rituelle Vorrangstellung des übergeordneten Zentrums müsse dann aber durch die Ausweitung der Produktion und Beschaffung von Prestigegütern abgesichert werden, da die Eliten gerade durch die Distribution solcher Güter an das Zentrum gebunden würden. Damit stellt das Archaische Prestigegüter-System für Breuer gewissermaßen die natürliche Weiterentwicklung des Konischen Klanstaates dar. Breuer bezieht sich in seinen einleitenden Bemerkungen zum Konzept ‚Staat' wesentlich auf Weber.[90] Um so erstaunlicher ist es, dass die beiden von ihm unterschiedenen Typen nicht den Kriterien Webers für einen Staat entsprechen. Nach Weber wird ein Staat durch drei Faktoren bestimmt, und zwar erstens durch Macht, zweitens durch Herrschaft und drittens durch das Politische.[91] Als ein relationales Konzept bezeichnet ‚Macht' ein Verhältnis zwischen Subjekten in dem Sinne, dass der Machtbesitzende – so die klassische Definition von Weber – „den eigenen Willen auch gegen Widerstreben durchzusetzen" vermag.[92] ‚Herrschaft' wiederum ist institutionalisierte Macht. Wenn sie sich auf ein Gefüge sozialer Beziehungen richtet, sprechen wir von einem ‚Herrschaftsverband'. Institutionalisierte Macht im Sinne eines Herrschaftsverbandes ist zwar eine notwendige, aber keine hinreichende Bedingung des Staates. Dafür müssen zwei weitere Voraussetzungen erfüllt sein. Ein solcher Verband muss zum einen eine politische Dimension haben, also einen politischen Verband repräsentieren, und somit auch für ein bestimmtes Territorium durchgesetzt werden. Zum anderen aber hat die Herrschaft ausübende Instanz – wie Weber formulierte – „das Monopol *legitimen* physischen Zwanges für die Durchführung der Ordnungen" wahrzunehmen und durchzusetzen.[93] Daher bedürfen Staaten nach Weber eines durchsetzungsfähigen „Verwaltung-" und „Erzwingungsstabes".[94] Beides ist jedoch sowohl in Konischen Klanstrukturen als auch in Prestigegüter-Systemen bestenfalls in Ansätzen vorhanden. Wir sind daher gut beraten, wenn wir die von Breuer unterschiedenen Typen des Konischen Klanstaates und des Archaischen Prestigegüter-Systems unter das Konzept des Häuptlingstums im Sinne von Sahlins einreihen.[95]

Über Breuers Staatsthese lässt sich zusammenfassend sagen, dass er die neomarxistisch inspirierte Konzeption von Friedman und Rowlands in eine unheilige Allianz mit klassisch neoevolutionistischen Ansichten und der Auffassung von Weber gebracht hat. Als Resultat liegt eine aus heterogenen Quellen gespeiste, nicht hinreichend integrierte Gesamtkonzeption vor. Das wird besonders deutlich, wenn man die von Breuer rezipierten Weberschen Staatskriterien jenen von Friedman und Rowlands gegenüberstellt. Lediglich der ‚charismatische' Aspekt der „Monopolisierung des Übernatürlichen" im Modell von Friedman und Rowlands erinnert an Weber, übrigens ein Aspekt, den sie als determinierenden Faktor der Klassenverhältnisse deuten.[96]

Im Gegensatz zur zeitgenössischen anglophonen Fachdiskussion spricht Breuer etwaige archäologische Nachweismöglichkeiten einstiger soziopolitischer Verhältnisse an.[97] Auch hier ist er im Allgemeinen wie im Besonderen in hohem Maße den Ausführungen von Friedman und Row-

---

89 Friedman/Rowlands 1977, 224 ff. – Breuer 1990, 63 ff.; 1998, 51 ff.
90 Weber 1972.
91 Ebd. 28 ff.; Breuer 1998, 17 f.
92 Weber 1972, 28; Breuer 1998, 15.
93 Weber 1972, 29 (Hervorhebung von Weber); Breuer 1998, 18.
94 Bei Weber (1972, 18; 26 *et pass.*) taucht, soweit ich sehe, der Begriff ‚Erzwingungsstab' im Gegensatz zu dem des ‚Verwaltungsstabes' nicht wörtlich, sondern nur in Umschreibungen auf (z. B.: es fehle „der speziell auf die Erzwingung eingestellte Menschenstab" – ebd. 18).
95 Sahlins 1963, 294 ff.; 1968, 20 ff.
96 Hierzu wörtlich: "We feel this [„Marx's notion of the ‚asiatic' mode of production"] a better notion than that of the 'theocratic state' or 'segmentary state' because it stresses the dominant *economic* function of the monopolisation of the supernatural. It is this control or imaginary function, religious in cultural content, which determines the nature of the class relation and is the means by which surplus is appropriated." (Friedman/Rowlands 1977, 218; Hervorhebung im Original.)
97 Etwa Breuer 1990, 61 ff.; 1998, 41 ff.

lands verpflichtet.⁹⁸ Es empfiehlt sich folglich, die entsprechenden Ausführungen von Friedman und Rowlands zu erörtern. Ich beschränke mich dabei auf die von ihnen unterschiedenen drei Typen erstens des Häuptlingstums, zweitens des Konischen Klanstaates (des ‚Asiatischen' Staates) und drittens des Prestigegüter-Systems.

Friedman und Rowlands bleiben bei ihren Angaben zu möglichen archäologischen Anzeigern früher Sozialstruktur insgesamt sehr unverbindlich. Bei Häuptlingstümern hatten sie bereits für den Prozess ihrer Herausbildung eine wachsende soziale Differenzierung, eine wirtschaftliche Intensivierung sowie gegenüber einfachen Stammesgesellschaften weitergespannte und elaboriertere Tauschsysteme angenommen. Über diese von den Oberhäuptlingen kontrollierten Tauschsysteme würden Luxus- bzw. exotische Güter erworben, die man schließlich in den Gräbern hochrangiger Individuen deponiere. Häuptlingstümer seien durch zentrale Plätze im Siedlungsmuster sowie durch Zeremonialzentren gekennzeichnet.⁹⁹

Wie Häuptlingstümer verfügt der Konische Klanstaat nach Friedman und Rowlands nur über ziemlich kleine Territorien; überhaupt würden viele der wichtigsten Züge der Häuptlingstümer auch für ihn gelten. Dennoch zeichne er sich durch einen erheblichen Ausbau der Zeremonialzentren, große politisch-religiöse Bauwerke, Bevölkerungswachstum sowie entwickelte Handwerksspezialisierung im Bereich des Zentrums aus. Das Siedlungssystem selbst weise ein zweistufiges Schema auf: Siedlungen aus Dörfern und Weilern gruppierten sich um die großen Zentren.¹⁰⁰ Diese „großen Zeremonialzentren-Staaten" würden die Stammesgesellschaften in ihrem Einzugsbereich dominieren und als Reservoir für Fronarbeit nutzen. Die für Häuptlingstümer charakteristischen Tauschsysteme würden insofern erweitert werden, als der Fernhandel nunmehr eine wichtigere Rolle spiele. Die Tauschbeziehungen zwischen einzelnen Zentren beruhten vor allem auf Luxusgütern, deren Produktion in diesem Stadium intensiviert werde. Sie seien offenbar ausschließlich für die höchsten Ränge der Aristokratie bestimmt gewesen, die sie in rituellem, sozioreligiösem (Tempelbau) und sepulkralem Kontext verwendet hätten.¹⁰¹

Friedman und Rowlands beschränken die archäologischen und schriftlichen Indizien für Prestigegüter-Systeme fast völlig auf konkrete Beispiele; daher fällt ihre zusammenfassende, generalisierende Einschätzung knapper als zuvor aus. So erfahren wir lediglich von einer politisch-territorialen Ausweitung beachtlichen Ausmaßes, hervorgerufen nicht etwa durch Gründung neuer Siedlungen, sondern durch Vereinigung bisher unabhängiger Zentren.¹⁰² Andererseits ist aber auch von einem drei- bis vierstufigen Siedlungssystem die Rede, das mit einer erheblichen Ausweitung der territorialen Kontrolle durch die Zeremonialzentren einhergehen soll.¹⁰³ Hinzu komme eine noch größere Zunahme von Handelsaktivitäten und ein paralleles Wachstum spezialisierter Produktion. Bestimmte Bereiche dieser Produktions- und Handelsaktivitäten würden von einer „zentralen Gruppe" monopolisiert, die daraus wiederum Vorteile für ihre Stellung in der Gesamtregion ziehe. In einem solchen System würde man auch eine Art Massenproduktion bestimmter Güter in den Zentren und ihre Verteilung über große Gebiete erwarten. Im Übrigen nähmen nicht nur die entscheidenden Zentren an Größe zu, sondern auch die Bevölkerung, vermutlich durch die wachsende Anzahl importierter Sklaven.¹⁰⁴

Man wird trotz aller Einwände nur sehr wenige Arbeiten finden, in denen so bewusst mögliche archäologische Implikationen der soziopolitischen Generalisierung mitbedacht worden sind. Den-

---

98 Es ist in unserem Zusammenhang irrelevant, dass Breuer durchaus auch einzelne Auffassungen von Friedman bzw. Friedman und Rowlands zurückweist – so etwa die These, dass mit dem Konischen Klanstaat die Entstehung eines Klassensystems verbunden sei (Breuer 1998, 43). – Friedman/Rowlands (1977, 216) verknüpfen die Entwicklung einer Klassenstruktur bereits mit dem sich herausbildenden Häuptlingstum.
99 Friedman/Rowlands ebd.
100 Ebd. 222.
101 Ebd. 223.
102 Ebd. 229.
103 Ebd. 222.
104 Ebd. 224; 229.

noch ist das Ergebnis unbefriedigend. Sieht man genauer hin, wird deutlich, wie wenig tragfähig die Grundlage in einem konkreten Fall sein wird, wenn innerhalb der hier präsentierten Hierarchie vom Häuptlingstum bis zum Prestigegüter-System eine Auswahl getroffen werden muss. Dafür sind die Kriterien viel zu vage, und zwar selbst dann, wenn man einmal von der üblicherweise vorliegenden, wenig differenzierten archäologischen Quellenlage absieht. Wo ist denn, so könnte man fragen, die siedlungsarchäologische Quellenlage einer Landschaft ausreichend, um zwischen Konischen Klanstaaten und Prestigegüter-Systemen im Sinne von Friedman und Rowlands zu unterscheiden? Ähnliche Fragen ließen sich für Tausch- und Handelsbeziehungen sowie für die wirtschaftliche Produktion stellen. Auch bei Zeremonialzentren sieht es in Mitteleuropa während der Frühen Eisenzeit alles andere als gut aus. Im Übrigen dürfen wir nie vergessen, dass wir die Sozialstruktur als solche überhaupt nicht zu fassen vermögen – in dieser Hinsicht verfügen wir bestenfalls über nach Qualität und Quantität unterschiedliche Gräber und Siedlungen bzw. Gebäudestrukturen. Insofern helfen die von Friedman und Rowlands angeführten Beispiele aus der Alten und Neuen Welt für die von ihnen herausgearbeiteten Sozialtypen nicht wirklich weiter; sie wären ausnahmslos kritisch zu analysieren. Dieses Gesamtergebnis ist alles in allem nicht dazu angetan, sich allzugroße Hoffnungen auf die von ihnen angestrebte soziopolitische Feindifferenzierung zu machen. Dennoch bleibt natürlich in jedem Einzelfalle die konkrete Quellenlage entscheidend. Sie wird in alle Richtungen hin zu erörtern und dann mit Augenmaß zu deuten sein.

Zusammenfassende Einschätzung soziopolitischer Typisierung

Bei Generalisierungen der hier erörterten Art ist es selbstverständlich, dass die empirische Wirklichkeit darin nicht in ihrer historischen Besonderheit abgebildet werden kann und soll. Es geht schließlich um den Wald und nicht um die Bäume. Die meisten Sozialethnologen stimmen darin überein, die weltweit beobachtete Vielfalt soziopolitischer Organisation generalisieren und nach dem Grade ihrer inneren Differenzierung hierarchisch ordnen zu können. Das wird auch allgemein als sinnvoll angesehen. Uneins ist man hingegen darüber, welche Kriterien dabei zugrunde zu legen und welche Differenzierungen auf den einzelnen Ebenen dieser Abfolge sinnvoll bzw. noch zu tolerieren sind. Unter Sozialethnologen und an früher Sozialorganisation interessierten Archäologen ist bis zu einem gewissen Grade auch umstritten, welchen erkenntnistheoretischen Status die herausgearbeiteten Einheiten repräsentieren: Sollte man sie als empirische Generalisierungen mit einem hohen substantiellen Gehalt oder eher als Idealtypen verstehen, die einige kennzeichnende Merkmale des empirischen Kontinuums der Wirklichkeit hervorheben? Ein anderer wichtiger Aspekt ist mit der erkenntnistheoretischen Frage nach dem strukturellen Verhältnis von Gegenwart und Vergangenheit verbunden. Wie lässt sich, um es anders zu formulieren, die relative zeitliche ‚Statik' von in erster Linie rezenten bzw. subrezenten ethnographischen Befunden sozialer und politischer Organisation in historische ‚Dynamik' umsetzen? Da diese Befunde aufgrund der fachspezifischen Quellenlage eine meist nur außerordentlich geringe zeitliche Tiefe aufweisen, ist zu fragen, ob bzw. inwieweit sie überhaupt zur Erarbeitung von Sequenzen soziokultureller Evolution geeignet sind.

Norman Yoffee hat diese Frage nachdrücklich negativ beantwortet: es sei unmöglich, Prozesse langfristiger soziopolitischer Veränderungen in der ur- und frühgeschichtlichen Vergangenheit auf der Grundlage kurzfristiger Beobachtungen in der Gegenwart zu modellieren.[105] Allerdings ging es ihm zunächst nicht um die Möglichkeit der Generalisierung ethnographischer Befunde, sondern um das Problem, daraus eine historische Sequenz soziopolitischer Typen abzuleiten.[106] Seine Kritik richtete sich gegen die der neoevolutionistischen Auffassung unterstellte Zwangsläufigkeit soziopolitischer Evolution im Sinne der vorherrschenden, im Wesentlichen auf Sahlins, Fried und Ser-

---

105 Yoffee (1993, 63) schreibt wörtlich: "No processes of long-term changes in the past can be adequately modeled on the basis of short-term observations in the present."
106 Ebd. 64 f.

vice zurückgehenden Entwürfe. Daher suchte er für das gegenseitige Verhältnis der ihn besonders interessierenden Stadien des Häuptlingstumes und des Staates in seinem eigenen Arbeitsbereich Mesopotamien eine alternative Vorstellung zu entwickeln;[107] sie muss hier jedoch nicht näher erörtert werden.

Es sei nicht verschwiegen, dass es in der anglophonen archäologischen Literatur seit rund eineinhalb Jahrzehnten immer mehr Autoren gibt, die den Kulturevolutionismus ablehnen – eine Entwicklung, die in der Kulturanthropologie[108] schon früher eingesetzt hat. Einige anglophone Archäologen stehen sogar der Sozialtypisierung als solcher skeptisch gegenüber. Zu ihnen gehört auch Yoffee, der insbesondere ethnographisch bestimmte Typen wie ‚Häuptlingstum' ablehnt.[109] Letztendlich plädiert er sogar dafür, jeglichen „taxonomischen Versuch, Gesellschaften zu ‚typisieren'", aufzugeben[110] – ein Appell, der von ihm selbst durch sein Insistieren auf das Konzept des Staates, nicht zuletzt für Gebilde des Alten Mesopotamiens, konterkariert wird.[111]

In unserem Zusammenhang steht weder die evolutionäre Abfolge einzelner Stadien noch deren etwaige inhärente Zwangsläufigkeit zur Diskussion. Statt genereller Fragen der Herausbildung und historischen Entwicklung von Gesellschaftsformationen interessiert hier die nähere Bestimmung jener früheisenzeitlichen Sozialverhältnisse, die wir im Sinne Kimmigs und seiner Schule als ‚Fürstenphänomen' bezeichnen. Ungeachtet dieser eingeschränkten Zielsetzung stellen sowohl die Genese als auch das Verschwinden entsprechender konkreter Gesellschaften ein bedeutendes historisch-archäologisches Problem dar. Ohne näher darauf eingehen zu können, sei betont, dass die von mir verwendete sozial- bzw. kulturevolutionistische Begrifflichkeit keineswegs eine Zustimmung zu welchem ethnologischen Evolutionsprinzip auch immer beinhaltet. Insofern und um jedes Missverständnis von vornherein auszuschließen, wäre es vielleicht besser, anstelle von sozialer oder kultureller ‚Evolution' von sozialem oder kulturellem ‚Wandel' zu sprechen. Wenn die aus der evolutionistischen Diskussion stammenden Begriffe hier dennoch verwendet werden, so dient das lediglich der Bezeichnung soziopolitischer Organisationen unterschiedlicher Komplexität, deren Entstehung und Niedergang nicht mit einer evolutionistischen Zwangsläufigkeit verknüpft wird.[112] Inwieweit die mit solchen Gesellschaftstypen verbundenen Prozesse bestimmte strukturelle Übereinstimmungen aufweisen, wäre in vergleichenden Untersuchungen zu klären. Eine solche Annahme liegt jedenfalls nahe.

Eine andere wichtige Frage bezieht sich auf die bereits oben angesprochene Verknüpfung von kulturanthropologisch herausgearbeiteten Typen soziopolitischer Organisation und archäologischem Befund. Es war von vornherein klar, dass es zur ‚Identifizierung' eines bestimmten Typus solcher diagnostischer Kriterien bedarf, die überhaupt einen materiellen Niederschlag finden und damit archäologisch erkannt werden können. Dieser doch offenbar alternativlose Ansatz ist bereits in den achtziger Jahren kritisiert und als *check-list archaeology* ironisiert worden.[113] Yoffee gehört heute zu den schärfsten Kritikern dieses Ansatzes, ohne aber eine überzeugende Antwort zu haben, wie die soziopolitische Struktur urgeschichtlicher Gemeinschaften sonst bestimmt werden sollte.[114] Natürlich bedarf die doppelte Frage, welche Kriterien für die verschiedenen Typen sozialer Organisation

---

107 Yoffee 1993, 65 ff.
108 Die Begriffe ‚Kulturanthropologie' (*cultural anthropology*) und ‚Ethnologie' verwende ich synonym.
109 Yoffee 1993, 63; 64 f.; 67; 2005, 6; 12; 20 *et passim*.
110 Yoffee 1993, 72.
111 Siehe vor allem Yoffee (2005, 15 ff.), der neben *ancient states* auch *civilizations* analytisch unterscheidet, wenngleich sie in der Realität untrennbar zusammenhängen: "Since [...] most early states are territorially small, indeed can be called city-states (or micro-states), and a number of such city-states share an ideology of government, *I refer to the larger social order and set of shared values in which states are culturally embedded as a 'civilization'*. Within a civilization the state serves as the focus and ideal of authority and maintains the offices that can be competed for by members of the social corporations that constitute the larger, civilizational order." (Ebd. 17; Hervorhebung im Original).
112 Entsprechend Yoffee 2005, 4 f.
113 Earle (1987, 280) gibt dazu eine knappe Literaturübersicht; der von ihm angeführte, von mir zitierte Terminus wurde in diesem Zusammenhang von K. Kristiansen verwendet.

als diagnostisch angesehen werden sollten und welche davon überhaupt ‚materialisierbar' sind, fortwährender intensiver Erörterung. Wie man allerdings glauben kann, auf gut dokumentierte historisch-kulturanthropologische Befunde und ihre vergleichend gegründete Verallgemeinerung bei der Herausarbeitung der Strukturen längst entschwundener Gesellschaften verzichten zu können, bleibt mir ein Rätsel. Das aber ist beispielsweise die Auffassung von YOFFEE, der meint, der analogische Forschungsansatz habe nichts Neues zur Sozialtheorie beizutragen und sei, so implizit, schon allein deswegen abzulehnen.[115] Letzten Endes liegt also bei ihm eine doppelte Ablehnung vor: er wendet sich nicht nur gegen die Typisierung von Gesellschaften an sich, sondern er weist im gleichen Atemzuge auch das Verfahren des Analogischen Deutens zurück.[116] Er übersieht dabei, dass eine Kategorie wie „Ideologie", der von ihm favorisierte *deus ex machina* der Staatsbildung, ebenfalls dem Analogisieren entspringt und zudem erhebliche Probleme ihres archäologischen Nachweises mit sich bringt. Wie sich bei genauerem Hinsehen zeigt, legt auch er letztlich die altbekannten Kriterien (z. B. Grabbauten, Grabausstattungen, Siedlungsgröße, Siedlungsmuster, Niederschlag wirtschaftlicher Aktivitäten, Hausstrukturen, Monumentalarchitektur) zugrunde, um sich seinem Forschungsgegenstand ‚Staat' überhaupt archäologisch nähern zu können. Es dürfte im Übrigen schwerfallen, dafür einen anderen Weg zu finden.

Jedweder Versuch, ur- und frühgeschichtliche Sozialverhältnisse zu erschließen, hat von der archäologischen Empirie auszugehen. Wirtschaft und Gesellschaft sind zwei Grundgegebenheiten, die untrennbar aufeinander bezogen sind. Da das auch für die Ur- und Frühgeschichte gilt, verfügt die Archäologie mit den in ihren Befunden und Funden überlieferten Informationen über ein reiches Reservoir an Informationen nicht nur zur frühen Wirtschaft, sondern auch zur frühen Gesellschaft.

Wirtschaftliche Kernindikatoren

Für das ‚Fürstenphänomen' der Späten Hallstatt- und Frühen Latènezeit jenes Raumes, den ich hier der Einfachheit halber zusammenfassend und nicht ganz korrekt ‚Westlicher Hallstattkreis' nenne,[117] gab es bis vor wenigen Jahren in der deutschen Archäologie kaum Arbeiten, die eine Integration der kultur- und naturwissenschaftlich erfassten Aspekte der Quellenbasis anstreben. Bisher steht man sogar bei der systematischen Erhebung der entsprechenden Daten zur Siedlungs- und Besiedlungsstruktur sowie zur Wirtschaft noch ziemlich am Anfang. Auch die theoretische Erörterung der wichtigsten Aspekte der soziopolitischen Struktur, wie sie hier im Umriss versucht wurde, steht recht isoliert da. Will man den überkommenen Stand der Untersuchungen zusammenfassend charakterisieren, darf man getrost von multi- statt von inter- oder transdisziplinären Forschungen sprechen.[118] Diese generelle Einschätzung wird im Verlaufe dieser Ausführungen zu differenzieren sein.

Im Folgenden sollen einige grundlegende Wirtschaftsdaten, die ich mit dem Stichwort ‚wirtschaftliche Kernindikatoren' bezeichne, zusammengestellt und kommentiert werden. Eigentlich bzw. letztlich geht es aber um die sozialen und politischen Organisationsformen im genannten Raum während der Späthallstatt- und Frühlatènezeit. Besonders wichtig erscheint mir die Frage, inwieweit die für

---

114 YOFFEE 1993, 61; 62; 2005, 19 f. – Für die Herausarbeitung früher Staaten setzt YOFFEE (2005, 17, 32 ff., 38 ff. *et passim*) auf die bereits oben angesprochene „Ideologie" und ihren (meines Erachtens fragwürdigen) materiellen Niederschlag.
115 YOFFEE 2005, 20.
116 YOFFEE (ebd. 31) schreibt: "Ethnographic and prehistoric chiefdoms may not precede the development of the earliest states but represent alternative trajectories to it. In social evolutionary terms, the basis for cross-cultural comparison is trajectories of social change in societies that did become states […], not the projection into the archaeological record of (questionable) ethnographic analogies that have been snatched out of time, place, and developmental sequence."
117 Hierzu im Einzelnen kritisch MÜLLER-SCHEESSEL 2000.
118 Diese Charakterisierung geht von H. STEUERS (1997/98) Analyse der Archäologie des Mittelalters aus; siehe zusammenfassend EGGERT 2006, 184 ff.

die Frühe Eisenzeit zur Verfügung stehenden Wirtschaftszeugnisse die anhand der herausragenden archäologischen Befunde und Funde dieser Zeit allgemein unterstellte soziopolitische Gliederung zu unterstützen vermögen.

Die Binsenweisheit, dass der Grad der sozialen und politischen Differenzierung einer Gesellschaft unmittelbar mit ihren wirtschaftlichen Grundlagen und darüber hinaus mit ihrem wirtschaftlichen Potential zusammenhängt, ist bereits oben angeklungen. Es bedarf keiner ausführlichen Darlegung, dass die Wirtschaftsdaten zur Späten Hallstatt- und zur Frühen Latènezeit erst seit einigen wenigen Jahren sowohl quantitativ als auch qualitativ besser werden. Insofern hat sich zum Beispiel unsere Einsicht in die Wirtschaftsstruktur der Hallstattzeit seit Kossacks grundlegender Untersuchung für Südbayern von 1959 zwar eindeutig zum Besseren gewendet, aber es fehlen immer noch hinreichend detaillierte, flächendeckende Analysen. Punktuell lassen herausragende, meist sehr kleinräumige Untersuchungen erahnen, wie differenziert Wirtschaft und Technik unter bestimmten Umständen gewesen sind bzw. gewesen sein können. Inwieweit sich derartige Befunde verallgemeinern lassen, ist eine andere Frage.

Übersichtswerke zur Landwirtschaft

Für die Geschichte der Nutzpflanzen vorzugsweise in Deutschland, aber auch darüber hinaus, ist immer noch das Standardwerk von Udelgard Körber-Grohne eine hervorragende Quelle.[119] Darin bietet der Abschnitt über die Vorrömische Eisenzeit einen schnellen, wenngleich nur sehr knappen Zugang zu den zeitgenössischen Nutzpflanzen.[120] Wir erfahren, dass in Südwestdeutschland stellenweise einerseits Dinkel stark bevorzugt wird, andererseits jedoch auch Einkorn und Gerste, wobei Letztere meist in bespelzter Form auftritt. Roggen findet sich in geringen Mengen, noch seltener sind Emmer und Weizen. Erstmals werden Hanf und Färberwaid nachgewiesen, und zu den bereits bekannten Feldfrüchten wie Lein, Erbse, Linse und Ackerbohne tritt die Ölfrucht Leindotter neu hinzu. Solche Informationen sind wichtig und im pflanzenspezifischen Teil detailliert dargelegt, aber sie vermögen für unsere Fragestellung doch kaum mehr als eine sehr allgemeine Orientierung über Vorkommen und Abwesenheit zu bieten.

Dies gilt auch für die nützliche zusammenfassende Übersicht von Albrecht Jockenhövel, die der Agrargeschichte der Bronze- und Vorrömischen Eisenzeit Deutschlands aus archäologischer Sicht gewidmet ist.[121] In dieser Abhandlung geht es nicht nur um Nutzpflanzen, sondern auch um Haustiere sowie um Jagd und Fischfang. Hinzu treten längere Darlegungen zu Siedlungen und Gebäuden sowie zu „Betriebsformen" der Landwirtschaft. Drei Anhänge von Frank Verse zu Fundstellen mit entsprechenden Pflanzen- und Faunenresten sowie einer Faunenliste von vier ausgewählten Fundorten der Bronze- und Eisenzeit ergänzen den Text. Angesichts der vorhandenen Quellen zur früheisenzeitlichen Landwirtschaft im südwest- und süddeutschen Gebiet bleibt die vorherrschende Aussage notgedrungen allgemein. In Bezug auf unsere Fragestellung sind lediglich die Heuneburg und das ‚Fürstengrab' von Hochdorf von Belang.[122]

Aus Jöckenhövels Synthese ergibt sich mit aller wünschenswerten Klarheit, wie wenig wir von den Betriebsformen des hallstatt- und frühlatènezeitlichen Südwest- und Süddeutschlands wissen.[123] Außer drei beiläufigen Verweisen auf den Magdalenenberg bei Villingen[124] und einem weiteren auf das Grab von Hochdorf gibt es nichts, das unser Anliegen betrifft. Dem muss hier nicht weiter nachgegangen werden.

---

119 Körber-Grohne 1988.
120 Ebd. 453.
121 Jockenhövel 1997.
122 Siehe dazu unten.
123 Jockenhövel 1997, 188 ff.
124 Ebd. 193 (mutmaßliche Ackerschleppe aus Fichtenholz); 206 u. 207 (vegetationsgeschichtliche Anzeiger mit möglichen Hinweisen auf das Vorherrschen von Viehhaltung).

Auch andere speziell den Haustieren gewidmete zusammenfassende Untersuchungen sind für unser Thema nur wenig gewinnbringend. So informiert Norbert Benecke in seiner Behandlung der „jahrtausendealten Beziehung" zwischen Mensch und Haustier zwar eingehend über alle wesentlichen Aspekte seiner Fragestellung, aber sein Raster ist entschieden zu weitmaschig, als dass er unser Anliegen wesentlich voranbringen könnte.[125] Für die Vorrömische Eisenzeit stellt er etwa fest, dass die Ernährung der Bevölkerung in weiten Teilen Mitteleuropas auf der Tierhaltung beruht – ein Befund, der sich bereits in der Bronzezeit abzuzeichnen beginnt. Allerdings spielt die Jagd in der Eisenzeit eine geringere Rolle als zuvor, denn in rund 85% der ausgewerteten Fundplätze liegt der Wildtieranteil unter 10%, während er in der Bronzezeit deutlich höher ist.[126] Zwischen der Zusammensetzung des Haustierbestandes der Bronze- und jener der Vorrömischen Eisenzeit besteht nach Benecke eine weitgehende Konstanz. Dem Rind als wirtschaftlich wichtigstem Haustier folgen das Schwein und schließlich die Kleinwiederkäuer (Schaf/Ziege). Gegenüber der Bronzezeit hat die Bedeutung des Pferdes als Fleischlieferant noch etwas zugenommen. Die Geflügelhaltung (Hühner und Gänse) stellt in der Vorrömischen Eisenzeit etwas gänzlich Neues dar, ist aber nach Ausweis der Faunenfunde lediglich von untergeordneter Bedeutung gewesen.[127]

Der Ertrag solcher Untersuchungen zur Entwicklungsgeschichte der Haustierhaltung ist also relativ gering. Noch weit allgemeinere und zudem sehr knapp gehaltene Gesamtübersichten können daher kaum mehr als eine Grundorientierung bieten. Das trifft z. B. für eine Erörterung der Grundlagen der landwirtschaftlichen Erzeugung von Nahrungsmitteln und Rohstoffen aus der Feder von Ulrich Willerding zu.[128]

Wenn wir zu einer halbwegs angemessenen Einschätzung der Wirtschaft der Späten Hallstatt- und Frühen Latènezeit kommen wollen, müssen wir uns den entsprechenden Spezialuntersuchungen zuwenden. Wie bereits festgestellt, gibt es hier immer noch zu wenige zeitlich und räumlich ausgerichtete zusammenfassende Untersuchungen. Selbstverständlich sind die Archäobotaniker und Archäozoologen seit langem bemüht, den Kenntnisstand auf regionaler Ebene zu verbessern. So wurde z. B. ein grundlegender archäobotanischer Fortschritt mit dem ‚Romanisierungs'-Schwerpunktprogramm der Deutschen Forschungsgemeinschaft (DFG-SPP 190)[129] erzielt.[130] Die Gesamtlage verändert sich zur Zeit mit den archäobotanischen und archäozoologischen Untersuchungen im Rahmen des laufenden Schwerpunktprogrammes über „Frühe Zentralisierungs- und Urbanisierungsprozesse" (DFG-SPP 1171) weiterhin zum Positiven.

Bodenbau und Viehhaltung

Als ein Meilenstein der archäobotanischen Erforschung der Umwelt der späthallstattzeitlichen ‚Fürsten' kann die von U. Körber-Grohne geleitete Untersuchung der Makroreste und Pollen aus dem Grab von Hochdorf gelten.[131] Dabei ließen sich eine Reihe wichtiger Erkenntnisse gewinnen, auf die später zurückzukommen sein wird. Aufgrund des stark kalkhaltigen Lößbodens fanden sich unter der Hügelschüttung keine organischen Reste. Es konnten aber Abdrücke von Gräsern und anderen krautigen Pflanzen sowie Blattabdrücke von Bäumen nachgewiesen werden. Demnach hat es sich im Bereich des Grabhügels um eine niedere Krautvegetation mit vereinzelten Bäumen gehandelt. Aus der auf den Hügel konzentrierten Ausgrabung haben sich keine weiterführenden

---

125 Benecke 1994a; 1994b.
126 Benecke 1994a, 122.
127 Ebd. 128.
128 Willerding 2003.
129 Der vollständige Titel lautet: „Kelten, Germanen, Römer im Mittelgebirgsraum zwischen Luxemburg und Thüringen: Archäologische und naturwissenschaftliche Forschungen zum Kulturwandel unter der Einwirkung Roms in den Jahrhunderten um Christi Geburt".
130 Siehe Kreuz 2004.
131 Körber-Grohne 1985.

Informationen zu Fragen des hallstattzeitlichen Wirtschaftens ergeben. Auch über das Verhältnis landwirtschaftlicher Nutzflächen zu Waldformationen im weiteren Umfeld des Grabes lässt sich natürlich nichts sagen.[132]

Allgemein betrachtet, wissen wir bis heute nicht, unter welchen technischen Voraussetzungen und in welchem Umfang der Pflugbau in der Früheisenzeit betrieben worden ist. Zwar sind aus der Frühen und Mittleren Latènezeit durchaus einige eiserne Pflugschare überliefert,[133] aber aus unserem Arbeitsgebiet gibt es keinerlei entsprechende Funde. Es liegt lediglich ein Befund aus Groß-Gerau vor, bei dem es sich um Pflugspuren handelt. Sie sind offenbar älter als frührömisch und datieren wohl in die Latènezeit.[134]

Aufschlussreich sind archäobotanische Untersuchungen, die MANFRED RÖSCH an Honigresten im Inneren der Schnabelkanne des frühlatènezeitlichen ‚Fürstengrabes' 1 vom Glauberg durchgeführt hat. Die in diesem Honig vertretenen Pollenarten lassen nach seiner Meinung auf eine fortgeschrittene Zurückdrängung von Wäldern und Feuchtgebieten schließen. Für ihn ergibt sich daraus eine Kulturlandschaft mit intensivem Ackerbau und extensiver Weidewirtschaft.[135]

Die von RÖSCH aus dem Pollenspektrum der Schnabel- und Röhrenkanne aus den beiden Gräbern vom Glauberg abgeleiteten Erkenntnisse sieht er auf recht breiter Grundlage durch archäobotanische Analysen abgesichert, die ANGELA KREUZ, MONIKA SCHÄFER sowie ASTRID STOBBE und ARIS J. KALIS im näheren und weiteren Umfeld des Glauberges vorgenommen haben.[136] So hat SCHÄFER durch pollenanalytische Untersuchungen von Mooren des Hohen Vogelsberges eine extensive eisenzeitliche Waldnutzung nachgewiesen, die sie mit Waldweidewirtschaft in Verbindung bringt.[137] Aus den Pollenuntersuchungen in der östlichen Wetterau folgt, dass seit dem Beginn des 7. Jahrhunderts v. Chr. der Wald deutlich zurückgegangen ist und Bodenbau und Viehhaltung zugenommen haben. Auch STOBBE und KALIS bringen die starke Auflichtung mit einer beträchtlichen Intensivierung der Waldweidewirtschaft in Zusammenhang. Zugleich deutet das Anwachsen des Spektrums der Nichtbaumpollen auf eine erhebliche Ausweitung der Siedlungs- und Ackerflächen hin. Die für das 7. Jahrhundert festgestellte Tendenz besteht im 6. Jahrhundert fort. Dagegen zeigt sich im 5. Jahrhundert – also in jenem Zeitraum, in den die beiden Gräber vom Glauberg zu datieren sind – ein ausgeprägter Anstieg der Baumpollen, vornehmlich der Buche, im Bereich nordöstlich des Glauberges zwischen 14 und 17 Kilometern Entfernung. Das Gebiet der zentralen Wetterau ist davon jedoch nicht betroffen. Auch neue noch unveröffentlichte Untersuchungen im unmittelbaren Umfeld des Glauberges haben gegenüber der vorangehenden zwei Jahrhunderte keinerlei Hinweis auf deutliche Vegetationsveränderungen geliefert.[138] Dennoch muss aufgrund der Werte der siedlungsanzeigenden Pollen auch weiterhin mit einer beträchtlichen landwirtschaftlichen Nutzung der Wetterau gerechnet werden.[139]

Nach KREUZ[140] wird das Getreide in der Vorrömischen Eisenzeit vor allem durch Vierzeilige Spelzgerste und Echte Hirse sowie die Weizenarten Emmer, Dinkel, Einkorn und Nacktweizen charakterisiert. Hinzu kommen Hülsenfrüchte, insbesondere Erbse, Linse und Ackerbohne. An kultivierten Ölpflanzen finden sich Leindotter, Lein und Mohn.

Vielversprechend ist die von KREUZ durchgeführte Untersuchung von archäobotanischen Großresten vom Fuße des Glauberges.[141] Sie stammen aus frühlatènezeitlichen Siedlungen, die in den

---

132 KÖRBER-GROHNE 1985, 144.
133 Siehe FRIES 1995, 46 mit Kat.-Nr. 148 (England), 300 u. 306 (beide Tschechien).
134 KREUZ 2004, 194 mit Verweis auf HANEL 1992.
135 RÖSCH 1997, 549 f.; 1999, 110; 2002, 120.
136 KREUZ 1992/93; 1994/95; 2002; SCHÄFER 1996; STOBBE 1996; 2000; STOBBE/KALIS 2001; 2002.
137 Siehe dazu auch KREUZ 2004, 196.
138 Ich danke A. STOBBE für diese Informationen (E-Mail vom 16.11.2006). – Bei den jahrhundertbezogenen Zeitansätzen ist allerdings die insgesamt unbefriedigende Datierungslage zu berücksichtigen.
139 Zusammenfassend STOBBE/KALIS 2002, 125 ff.
140 Zusammenfassend KREUZ 2002, 77 ff.
141 KREUZ 2006.

Jahren 2004 und 2005 im Bereich der sogenannten ‚Annexwälle' ausgegraben wurden. Unter den elf Kulturpflanzenarten wurden sechs Getreide – Emmer, Dinkel, Gerste, Nacktweizen, Echte Hirse und Einkorn – nachgewiesen. Außerdem konnten Hülsenfrüchte (Erbse, Linse, Linsenwicke und Ackerbohne) sowie eine Ölpflanze (Leindotter) festgestellt werden. Kreuz zufolge ist dieses Gesamtspektrum der Kulturpflanzenarten erstaunlich reich. Andererseits betont sie die ungewöhnlich geringe Anzahl dieser Arten je archäologischem Befund in Kombination mit einer entsprechend geringen Pflanzenrestdichte. Sie deutet diese Tatsache als Hinweis auf eine „Konsumenten-Fundstelle". Für sie liegt daher der Schluss nahe, dass wir es bei diesem Siedlungsbereich am Glauberg nicht mit einer „normalen landwirtschaftlichen Produzenten-Siedlung" zu tun haben.[142]

Die inzwischen erzielten Ergebnisse zu Umwelt und Landwirtschaft im früheisenzeitlichen Hessen stimmen folglich sehr optimistisch.

Für das unmittelbare Umfeld der späthallstattzeitlichen Heuneburg sind die Ergebnisse der Bearbeitung von pflanzlichen Abdrücken in Hüttenlehmbrocken durch Sabine Karg wichtig. Diese Hüttenlehmbrocken stammen aus der Außensiedlung im Bereich der Gießübel-/Talhau-Grabhügel.[143] Dabei konnte sie Gerste und Hafer[144] sowie die beiden Spelzweizenarten Dinkel und Emmer und auch die Ackerbohne nachweisen.

Von zunehmender Bedeutung für den nationalen und internationalen Austausch archäobotanischer Informationen erweisen sich entsprechende Datenbanken. Hier ist als erstes die von Kreuz und Eva Schäfer 1997 in Hessen eingerichtete archäobotanische Großreste-Datenbank *ArboDat* zu nennen. Inzwischen liegt auch eine vollständige französische Übersetzung dieses Datenbankprogrammes vor.[145] Sehr wichtig ist ferner eine auf das gesamte südliche Mitteleuropa bezogene Pollen-Datenbank, die im Rahmen des DFG-Schwerpunktprogrammes „Zentralisierung und Urbanisierung" unter Berücksichtigung älterer Datensätze von einer Arbeitsgruppe um Rösch aufgebaut wird.[146] Sie umfasst derzeit über 1300 Pollenprofile, die sich bei Zugrundelegung hinreichend sicherer Datierung allerdings auf nur dreißig Profile reduzieren. Beschränkt man sich ausschließlich auf Seesedimente, die für die Erforschung der einstigen Landnutzung am besten geeignet sind, verbleiben sechs Profile. Nur drei von ihnen sind laminiert, d. h. jahreszeitlich geschichtet (Meerfelder Maar in der Eifel, Steißlinger See im westlichen Bodenseegebiet, Stadtsee von Bad Waldsee in Oberschwaben). Letztere besitzen aufgrund der für die Frühe Eisenzeit nur bedingt erfolgreichen Radiokarbonmethode eine besondere Bedeutung.[147] Natürlich wäre es abwegig, bei der empirischen Forschung all jene Daten beiseite zu lassen, die nicht idealen Anforderungen entsprechen. Im Gegenteil, wir würden uns damit offenkundig eines wenn auch nicht optimalen, so doch immerhin sehr wichtigen Quellenmaterials berauben.

Was die Untersuchung von Großresten angeht, so ist die Arbeitsgruppe um Rösch unter anderem auch an der Heuneburg tätig. Dort konnte sie im Feuchtbodenmilieu eines Grabens der sogenannten ‚Vorburg' Dinkel, Echte Hirse, Gerste, Emmer und unbestimmtes Getreide nachweisen; an Öl- und Faserpflanzen fanden sich Mohn, Leindotter und Lein.[148] Auf den überregionalen Rahmen bezogen meint die Arbeitsgruppe gewisse Indizien für eine „Vereinfachung und Vereinheitlichung des Artspektrums beim Getreide" erkennen zu können, wobei an den mutmaßlich zentralen Plätzen ein deutliches Übergewicht der Hauptarten herrsche. Für die Heuneburg sind das neben Gerste nur noch Dinkel und Emmer. Ein analoges Bild sei für die Veränderung des Getreideartenspektrums vom Frühmittelalter (einschließlich Römischer Kaiserzeit) zum Hochmittelalter festzustellen. In

---

142 Kreuz 2006, 33.
143 Karg 2000.
144 Während bei unbespelzten Körnern des Hafers nicht zu entscheiden ist, ob es sich um Wild- oder um Saathafer handelt, lassen sich drei bespelzte Körner nach Karg als Saathafer ansprechen (ebd. 307).
145 Kreuz et al. 2006.
146 Biel et al. 2006a.
147 Ebd. 2 ff.
148 Ebd. 7 Abb. 10.

den ländlichen Siedlungen hingegen fänden sich neben der Gerste mehrere andere Getreidearten mit solcher Stetigkeit, dass man daraus auf eine wirtschaftliche Bedeutung schließen könne. In der Beschränkung auf wenige, leistungsfähige Kulturpflanzen sehen RÖSCH und Mitarbeiterinnen eine Möglichkeit zur Steigerung der Nahrungsmittelerzeugung.[149] Sie weisen aber zugleich einschränkend darauf hin, dass solche Ergebnisse „erst dann etwas zur Frage der Zentralisierung in der Eisenzeit beitragen, wenn sie in einen größeren räumlichen und zeitlichen Kontext gestellt werden können".[150] Diesem Plädoyer für eine erhebliche Ausweitung der archäobotanischen Forschungen wird man sich ohne Vorbehalt anschließen wollen.[151]

Wie sehr die archäobotanische Forschung gegenwärtig in Bewegung ist, zeigt eine vergleichende Untersuchung zur eisenzeitlichen Landwirtschaft auf der Schwäbischen Alb, die soeben von RÖSCH vorgelegt wurde. Er behandelt darin das Ergebnis seiner Bearbeitung der Pflanzenreste aus dem Oppidum Heidengraben bei Grabenstetten und vergleicht es im überregionalen südwestdeutschen Kontext.[152] Uns geht es nur um seine Ergebnisse zur Späten Hallstatt- und Frühen Latènezeit. Bei der entsprechenden Analyse wurden insgesamt 24 Fundorte berücksichtigt. Demzufolge besteht das am häufigsten angebaute Getreide aus Mehrzeiliger Spelzgerste, wobei aufgrund unzureichender Erhaltung oft nicht zwischen Mehrzeiliger Spelzgerste und Mehrzeiliger Nacktgerste unterschieden werden konnte.[153] Mehrzeilige Gerste tritt in allen ausgewerteten Siedlungen auf, wobei sie an beinah einem Drittel der Plätze mehr als 50% der Kulturpflanzen stellt. Soweit differenziert werden konnte, bildete die Mehrzeilige Spelzgerste die wichtigste Körnerfrucht in der Frühen Eisenzeit, während die Mehrzeilige Nacktgerste nur vergleichsweise selten nachgewiesen werden konnte.

Wie Gerste kommt auch Dinkel in allen früheisenzeitlichen Siedlungen vor. An vier Plätzen ist er das häufigste Getreide. Zweimal beträgt sein Anteil mehr als 50% und neunmal mehr als 10% an den Kulturpflanzen.[154] Einkorn wurden mit Ausnahme der Heuneburg-Außensiedlung in allen Siedlungen gefunden. Allerdings betrug sein Anteil lediglich in drei Fällen mehr als 10%. Ähnlich wie Weizen war auch Emmer offenbar von eher geringer Bedeutung in der Landwirtschaft der Frühen Eisenzeit. Hafer (vermutlich Wildhafer) ist in den Siedlungen in der Regel nur gering vertreten; er kommt an etwas mehr als der Hälfte der Plätze vor. Ähnliches gilt für die Rispenhirse, die nur wenig seltener nachgewiesen wurde, jedoch in zwei Siedlungen mehr als 10% der Kulturpflanzen stellt.[155]

Wenngleich Hülsenfrüchte weniger gut vertreten sind als die genannten Getreidearten, dürften sie in der früheisenzeitlichen Landwirtschaft aufgrund ihres hohen Eiweißgehaltes eine wichtige Rolle gespielt haben.[156] Wie der Nachweis von Hülsenfrüchten wird auch der von Öl- und Faserpflanzen, z. B. Lein, Leindotter und Schlafmohn, durch die ihnen eigene relativ geringe Verkohlungsfähigkeit ihrer Samen beeinträchtigt. Dennoch finden sie sich hinreichend häufig an den Siedlungsplätzen. Das spricht für ihre einstige Wertschätzung als Lieferant pflanzlicher Fette.[157]

Schließlich muss noch kurz eine umfangreiche Abhandlung von KREUZ angesprochen werden, in der die Ergebnisse archäobotanischer Untersuchungen zu den Jahrhunderten um Christi Geburt in Hessen und Mainfranken vorgelegt werden. Sie basiert insbesondere auf Forschungen, die im Rahmen des ‚Romanisierung'-Schwerpunktprogrammes der Deutschen Forschungsgemeinschaft durchgeführt wurden. KREUZ hat darin vier Zeitphasen bzw. „archäologische Gruppen" unterschieden:

---

149 BIEL et al. 2006a, 7 f. – Ich danke M. RÖSCH für die ergänzende Erläuterung einiger wichtiger Aspekte (E-Mail vom 5.11.2006).
150 Ebd. 8 f.
151 Hier ist zu erwähnen, dass KREUZ (2006, 33) für die hessischen Siedlungen bei den Kulturpflanzen eine gegenteilige Tendenz feststellt.
152 RÖSCH 2006, 239 ff.
153 Ebd. 239 (auch zu den folgenden Angaben).
154 Ebd. 239 f.
155 Ebd. 240.
156 Ebd. 240 f.
157 Ebd. 241.

(1) Hallstatt- bis Latènezeit (keltisch bzw. keltisch geprägt), (2) Übergangsphase der Jahrzehnte vor Christi Geburt (germanische Einflüsse), (3) Römische Kaiserzeit (germanisch) und (4) Frühe und Mittlere Römische Kaiserzeit (römisch).[158]

Diese Abhandlung ist für unser Anliegen aus streng chronologischem Blickwinkel marginal, da sich unter den 16 Fundplätzen der ersten Gruppe lediglich zwei der Späten Hallstatt- und Frühen Latènezeit befinden.[159] Ich werde daher nicht weiter darauf eingehen. Dennoch möchte ich die kaum zu überschätzende grundsätzliche Bedeutung dieser Arbeit hervorheben. Zum einen belegt KREUZ, in welch hohem Maße gezielte Forschungsprojekte unseren Kenntnisstand zu verändern vermögen. Zum andern und vor allem aber demonstriert sie darin das Potential einer systematisch diachron angelegten Untersuchung. Diese Tatsache ist nicht nur für die Frage der ‚Romanisierung' wichtig gewesen, sondern für unsere Thematik geradezu zukunftsweisend: erst wenn wir die Zeitspanne von der Stufe Frühe Hallstattzeit (Ha C) bis einschließlich der Mittleren Latènezeit (Lt C) hinsichtlich Bodenbau und Viehhaltung einigermaßen gut einschätzen können, werden wir in der Lage sein, einen grundlegenden Beitrag zur Verflechtung von Wirtschaft und Gesellschaft zu leisten.

Darüber hinaus hat KREUZ in dieser Arbeit alle wesentlichen Komponenten des Bodenbaues von der Düngung über das Viehfutter und die Holznutzung bis zum ‚bäuerlichen Jahr' und den technischen Möglichkeiten aus einem vergleichend-historischen Blickwinkel erörtert und zu einem Teil in Modellrechnungen umgesetzt. Auch in dieser Hinsicht erscheint mir diese Arbeit richtungsweisend.

Fasst man den hier behandelten archäobotanischen Kenntnisstand zur Frühen Eisenzeit zusammen, dann ist festzuhalten, dass wir über die pflanzenbezogene Subsistenzbasis der Frühen Eisenzeit kontinuierlich besser unterrichtet werden. Das trifft auch für den unmittelbaren Einzugsbereich der ‚Fürstensitze' zu. Dabei müssen wir uns der Grenzen bewusst bleiben, die der Archäologie und der Archäobotanik gezogen sind. Fragen nach der konkreten Organisation des Bodenbaues, nach der Größe der dafür gleichzeitig genutzten Flächen, nach dem Verhältnis zwischen genutzten und brachliegenden Arealen, nach Ernteertrag und Erntezusammensetzung – um nur einige zu nennen – müssen wohl nicht nur vorerst, sondern vielleicht für immer unbeantwortet bleiben.

G. KOSSACK meinte, die Landwirtschaft sei vielleicht in Form von „Familienwirtschaften" organisiert gewesen.[160] Aber was heißt in unserem Zusammenhang ‚Familie'? Und wie steht es mit der für das ‚Fürstenphänomen' außerordentlich wichtigen Frage einer landwirtschaftlichen Überschussproduktion? Wenn wir solche Fragen immer wieder stellen, dann nicht zuletzt in der Absicht, auf diesem zentralen Felde zu einer systematischen Erörterung des Quellenpotentials in Relation zur soziopolitischen Fragestellung vorzustoßen. Auch das sollte im Rahmen des DFG-Schwerpunktprogrammes 1171 diskutiert werden. Entsprechendes gilt für Modellrechnungen und historisch-ethnographische Vergleiche, wie sie KREUZ im Rahmen des Romanisierungsprojektes durchgeführt hat.[161]

Insgesamt lässt sich folglich im Augenblick trotz aller noch vorhandenen Kenntnislücken in der Erforschung der Ernährungsgrundlagen der Späthallstatt- und Frühlatènezeit bereits eine recht positive Bilanz ziehen. Wir sind mit dem laufenden Schwerpunktprogramm in Bezug auf den Bodenbau dabei, jene wirtschaftlichen Indikatoren empirisch zu erforschen, die wir bei komplexen soziopolitischen Gebilden der hier zur Diskussion stehenden Art – *vulgo* ‚Fürstensitzen' – voraussetzen müssen.

Für den Kenntnisstand der früheisenzeitlichen Fauna und ihre Bearbeitung gilt grundsätzlich das Gleiche wie für die Kultur- und Nutzpflanzen. Trotz der alles in allem ebenfalls nicht wirklich befriedigenden Gesamtsituation ist eine beträchtliche Reihe wichtiger Beiträge hervorzuheben. Zu den neueren Arbeiten gehört beispielsweise der Aufsatz von MOSTEFA KOKABI und KRISTINE SCHATZ über Tierknochen aus der Heuneburg-Außensiedlung unter den Grabhügeln 1, 2 und 4 der ‚Gieß-

---

158 KREUZ 2004, 109.
159 Ebd.
160 Kossack 1959, 115.
161 KREUZ 2004, 188 ff.; 191 ff. *et passim*.

übel-/Talhau'-Gruppe.¹⁶² Dabei erwies sich das Material aus den Siedlungsschichten unter Hügel 1 als besonders aussagekräftig. Gut 46% aller bestimmbaren Knochen unter diesem Hügel entfallen auf das Rind, knapp 46% auf das Hausschwein, 0,7% auf das Schaf und 4,6% auf Schaf/Ziege.¹⁶³ Die von Siegfried Kurz unter den Hügeln unterschiedenen Siedlungsschichten können mit den Phasen der Heuneburg parallelisiert werden.¹⁶⁴ Demnach wurde die Außensiedlung während der Heuneburg-Periode IIIb aufgegeben. Aufgrund der Differenzierung der Außensiedlung unter den Hügeln durch Kurz nahmen Kokabi und Schatz eine auf die Stratigraphie gestützte Auswertung der Tierknochen unter Hügel 1 vor.¹⁶⁵ Hierbei offenbart sich eine im Laufe der Zeit sehr deutliche Abnahme des Anteiles der Schweine gegenüber den Rindern, eine Tendenz, die sich auch auf der Heuneburg für die Perioden IV und III zeigt.¹⁶⁶

Inzwischen liegt auch eine erste Auswertung der Tierknochen aus dem mehrphasigen späthallstatt- bis frühlatènezeitlichen Rechteckhof zu Füßen des Ipfes im Gewann ‚Zaunäcker' von Osterholz, Gde. Kirchheim am Ries, durch Schatz und Elisabeth Stephan vor.¹⁶⁷ Von den insgesamt 16 075 Faunenresten stammen gut drei Viertel (nach Gewicht über 96%) aus einem als Zisterne gedeuteten frühlatènezeitlichen Befund. Sie bilden den Gegenstand des Vorberichtes. Das Artenspektrum wird mit gut 69% der Gesamtknochenzahl vom Rind dominiert; daneben ist das Schwein mit rund 17% nur sehr schwach repräsentiert. Der Anteil von Schaf/Ziege beträgt 9,4%. Interessant ist der Vergleich mit der frühlatènezeitlichen Siedlung im Gewann ‚Reps' in Hochdorf. Auch dort überwiegt das Rind mit 31,8%, dicht gefolgt von Schaf/Ziege mit 31,5% und Schwein mit 28,5%.¹⁶⁸ Aufgrund der in Osterholz und Hochdorf vorhandenen Rinderknochen schließen Schatz und Stephan auf eine unterschiedliche Nutzung: die bei weitem überrepräsentierten hochwertigen, fleischreichen Skeletteile in Osterholz sprächen bei gleichzeitiger Unterrepräsentanz der minderwertigen, fleischlosen Knochen für eine Schlachtung an einem anderen Ort und ein Verbringen der besten Skeletteile in die Rechteckanlage, wo das hochwertige Fleisch dann verzehrt worden sei. In der Hochdorfer Siedlung ‚Reps' hingegen sei eine ausgewogene Verteilung der Skelettreste festzustellen, so dass man von einer Schlachtung und anschließenden Weiterverarbeitung am Ort ausgehen könne.¹⁶⁹ Die sich aus den Rinderknochen ergebende Altersverteilung ist ebenfalls aufschlussreich: offenbar hat man in Hochdorf im Gegensatz zu Osterholz Nachzucht betrieben und die Arbeitskraft der Rinder genutzt.¹⁷⁰

Stephan und Schatz haben auch eine knappe Zusammenfassung ihrer vorläufigen Auswertung der Tierknochen aus zwei Grabungsarealen der Heuneburg-Vorburg vorgelegt. Der Rinderanteil beträgt dort rund 50%, gefolgt von Schwein mit knapp 25% und Schaf/Ziege mit gut 14%.¹⁷¹ Von den bisher besprochenen Fundorten weicht das Verhältnis von Rind, Schwein und Schaf/Ziege bei der

---

162 Kokabi/Schatz 2000 (mit älterer Literatur). – Die Ergebnisse der von Kokabi und Schatz genannten unveröffentlichten Dissertationen über Tierknochen der Heuneburg am Institut für Paläoanatomie, Domestikationsforschung und Geschichte der Tiermedizin der Universität München sind von von den Driesch/Boessneck 1989 zusammengefasst worden.
163 Ebd. 317 mit Tab. 1.
164 Kurz 2000, 33 Abb. 12; 157 ff.
165 Kokabi/Schatz 2000, 317 f. mit Abb. 1. – In dieser stratigraphisch differenzierten Auflistung steckt insofern ein Problem, als dort unter Hügel 1 auch Periode 1 genannt wird, die es nach Kurz (ebd. 61 ff.) nicht gibt. K. Schatz informierte mich freundlicherweise über eine bevorstehende, in Abstimmung mit Kurz erarbeitete Korrektur dieser Ergebnisse; sie wird im Rahmen der Veröffentlichung des 3. Plenarkolloquiums des DFG-Schwerpunktprogrammes 1171 erfolgen, das vom 9. bis 11.10.2006 in Blaubeuren stattgefunden hat (E-Mail vom 11.11.2006).
166 Ebd. 327 mit Abb. 8. – Für die Prozentzahlen für Periode 1 in Abb. 8 siehe die vorangehende Anm.
167 Schatz/Stephan 2005. – Zum Stand der archäologischen Erforschung des Ipfes und seines Umfeldes siehe Krause et al. 2005.
168 Schatz/Stephan 2005, 6 Abb. 2.
169 Ebd. 9 f.; siehe auch Biel et al. 2006b, 4 ff.
170 Schatz/Stephan 2005, 8 ff.; Biel et al. 2006b 3 f. – Die bisher vorgenommenen Analysen der Strontiumisotopenverhältnisse in Tierzähnen aus Hochdorf und Osterholz erscheinen mir derzeit noch zu gering, als dass ihre Ergebnisse mehr als erste Hinweise auf bevorzugte Weidegebiete liefern könnten: Biel et al. ebd. 6 ff.
171 Biel et al. 2006b, 2 mit Abb. 1.

allerdings recht begrenzten Zahl der Tierknochen von der befestigten späthallstatt- bis frühlatènezeitlichen Siedlung auf der Göllersreuther Platte der Südlichen Frankenalb stark ab. Dort führt
Schaf/Ziege mit gut 36%, gefolgt von Schwein mit rund 30% und Rind mit knapp 29%.[172]
Zum Abschluss der Übersicht über den Stand der archäozoologischen Forschung möchte ich knapp
auf eine überregionale Untersuchung von Nils Müller-Scheessel und Peter Trebsche eingehen, die in Kürze erscheinen wird.[173] Sie basiert auf Tierknochenanalysen mit mehr als jeweils 100
bestimmbaren Knochen aus 62 Siedlungen der Hallstatt- und Frühlatènezeit sowie aus zahlreichen
Gräbern mit Haustierknochen. Das Arbeitsgebiet umfasst das Elsass, Süddeutschland (Bayern und
Baden-Württemberg), die Schweiz, Österreich, Tschechien, Slowenien und Südtirol. Im Mittelpunkt ihres Aufsatzes stehen Schwein, Rind und Schaf bzw. Ziege.[174]
Ein für uns aufschlussreiches Ergebnis liegt darin, dass ‚Fürstensitze' in Bezug auf die Quantität der
untersuchten Knochen deutlich überrepräsentiert sind, während kleinere, unbefestigte Siedlungen
in der Regel keine umfangreichen Knochenkomplexe erbracht haben und zudem nur selten archäozoologisch analysiert wurden. Ihrer Ansicht nach sollte man „benachbarte Siedlungen unterschiedlichen Typs (Fürstensitz, Gewerbesiedlung, Herrenhof, Gehöft, offene Siedlung) in einem
einheitlichen Naturraum" archäozoologisch untersuchen, um Unterschiede in der wirtschaftlichen
Ausrichtung oder im Fleischkonsum erkennen zu können. Man wird dieser Forderung sicherlich
zustimmen, wobei sie ohnehin schon in wachsendem Maße beherzigt wird. Das trifft auch für die
Archäobotanik zu.
Wichtig für uns ist ferner ihre Erkenntnis, dass der Anteil von Schweineknochen an den Haustierresten in ‚Fürstensitzen' und ‚Herrenhöfen' überdurchschnittlich hoch ist. Da diese Knochen
über das gesamte Siedlungsareal verteilt auftreten, möchten die beiden Autoren den Verzehr von
Schweinefleisch nicht mit dem Status einer sozial privilegierten Gesellschaftsschicht erklären. Sie
schlagen vielmehr eine Deutung vor, die sich aus den Vorteilen einer bevorzugten Nutzung von
Schweinen herleitet. Zum einen seien sie relativ einfach zu halten und ermöglichten zugleich eine
schnellere Fleischproduktion im Vergleich zu anderen Haustieren. Damit erfüllten sie eine wesentliche Voraussetzung für die Fleischversorgung einer größeren Menge von Menschen. Andererseits sei
eine Konzentration auf Schweinehaltung nur in solchen Siedlungen sinnvoll, bei denen die sonstige
Landwirtschaft eine nachgeordnete Rolle spiele. Müller-Scheessel und Trebsche verbinden diese
Annahme mit dem Argument, dass Schweine, etwa im Gegensatz zu Rindern, keinerlei Sekundärnutzen in Form von Milch und Arbeitsleistung brächten.[175] Auf den ‚Fürstensitzen' und ‚Herrenhöfen', so meinen sie schließlich, hätten „Handwerk und Handel" eine viel größere Bedeutung gehabt
als in den offenen Siedlungen. Im Übrigen sei die Einwohnerzahl der ‚Fürstensitze' nach Größe der

---

172 Biel et al. 2006b; hierzu im Einzelnen Schatz 2006.
173 Müller-Scheessel/Trebsche in Dr. – Ich bin den beiden Autoren sehr dankbar, dass sie mir gestattet haben, aus ihrer Untersuchung vorab zu zitieren.
174 K. Schatz hat mir zu den von mir referierten Punkten dieser Untersuchung eine Reihe kritischer Bemerkungen übermittelt, dabei allerdings ausdrücklich betont, dass sie das Manuskript nicht kenne und ihre Hinweise daher mit einem gewissen Vorbehalt zu betrachten seien (E-Mail vom 11.11.2006). Ich begnüge mich hier mit der Wieder-gabe dreier mir besonders wesentlich erscheinender Punkte. Zum einen schränke die (m. E. durch die Datenlage vorgegebene) mangelnde zeitliche Feinauflösung die auf den prozentualen Anteil der verschiedenen Nutztiere bezogenen Aussagen deutlich ein. Es habe sich ergeben, dass sich dieser Anteil in einzelnen Phasen „dramatisch verschieben" könne. Damit erscheint ihr auch die weiter unten von mir referierte Aussage zu pauschal, dass der Anteil von Schweineknochen an den Haustierresten in ‚Fürstensitzen' und ‚Herrenhöfen' überdurchschnittlich hoch sei. Sie treffe im überprüfbaren Fall der Heuneburg nur auf die Phase der Lehmziegelmauer zu. Darüber hinaus sieht sie den von Müller-Scheessel und Trebsche zugrunde gelegten Wert von mindestens 100 Knochen für eine verlässliche Beurteilung von Nutztieranteilen als zu niedrig an: je weniger Knochen vorlägen, desto ein-seitiger präsentierten sich in der Regel die Artanteile. Schließlich steht sie der Einbeziehung von Tierknochen aus Gräbern in überregionale quantitative Analysen zur Viehwirtschaft aufgrund der bei dieser Quellengattung durch die Bestattungsgemeinschaft praktizierten Selektion skeptisch gegenüber.
175 Das bedeutet natürlich nicht, dass mit Schweinen keinerlei Sekundärnutzen verbunden ist – man denke nur an die Verwendung von Borsten und die Verarbeitung der Schwarte zu Leder.

Siedlungsfläche und Anzahl der Baustrukturen sicherlich bedeutend höher als die der ‚Herrenhöfe' gewesen, wobei Letztere wiederum die offenen Siedlungen an Einwohnerzahl übertroffen hätten. Müller-Scheessel und Trebsche verknüpfen ihre empirischen Erhebungen mit ähnlichen Befunden in anderen Regionen, z. B. dem früheisenzeitlichen Etrurien und Latium sowie den frühstädtischen Zentren und mittelalterlichen Städten Mitteleuropas. Sie sprechen in diesem Zusammenhang explizit von „Urbanisierung" und „demographischem Wachstum". Natürlich wäre der Begriff ‚Urbanisierung' hier – wie übrigens auch im DFG-Schwerpunktprogramm 1171[176] – zu präzisieren; ich nehme ihn bis auf weiteres einfach im Sinne einer Tendenz zur Zentrenbildung. Alles in allem bleibt jedenfalls festzuhalten, dass die Ergebnisse der beiden Autoren mit der von ihnen festgestellten Hinwendung von Rinder- zur Schweinehaltung in eine Richtung weisen, die sehr deutlich in den oben referierten Einzeluntersuchungen zu fassen ist.

Bei der Viehhaltung scheint sich mithin eine gewisse Tendenz abzuzeichnen, die möglicherweise als Konsequenz einer Bevölkerungskonzentration an bestimmten Plätzen zu deuten ist. Betrachtet man die derzeitige Datenbasis genauer, wird indes deutlich, dass es für ein klares Urteil noch bei weitem zu früh ist. Wir benötigen möglichst viele weitere Siedlungen unterschiedlichen Typs mit Knochenerhaltung, um die empirische Grundlage zu verbreitern. Dennoch stimmen die schon erzielten Ergebnisse durchaus optimistisch.

Zu der wachsenden Zahl archäozoologisch untersuchter Siedlungen zählt auch das Oppidum Heidengraben bei Grabenstetten auf der Schwäbischen Alb.[177] Dabei geht es uns nicht um das spätlatènezeitliche Knochenmaterial aus dieser Anlage, sondern um jenes der Späten Hallstatt- und Frühen Latènezeit. Es ist im übrigen deutlich umfangreicher als der Tierknochenbestand aus der Blütezeit des Oppidums.

Wie Margarethe und Hans-Peter Uerpmann bei ihrer Auswertung der späthallstatt- und frühlatènezeitlichen Tierknochen aus dem Heidengraben betonen, war die Haustierhaltung die „tragende Säule der Tierwirtschaft".[178] Der Haustieranteil an den Tierknochen beträgt sowohl nach Fundzahl als auch nach Gewicht über 90%. Der Gewichtsanteil der Knochen von Wildtieren beläuft sich lediglich auf gut 6%.[179] Gemessen an der Fundzahl war das Schwein das wichtigste Haustier, darauf folgten Schaf und Ziege und an dritter Stelle das Rind.[180] Sucht man den Beitrag dieser Tiere zur Fleischnahrung im späthallstatt- und frühlatènezeitlichen Heidengraben zu bestimmen, ist das Knochengewicht zu betrachten, da es in einer direkten Beziehung zum Fleischgewicht steht. Demzufolge war das Rind der wichtigste Fleischlieferant; es stellte knapp die Hälfte des verzehrten Fleisches. Auf das Schwein entfiel fast ein Drittel, darauf folgten die kleinen Wiederkäuer Schaf und Ziege – soweit die beiden unterschieden werden konnten – an dritter und vierter Stelle. Wie auch die Uerpmanns betonen, liegt die Bedeutung des Schweines in seiner Rolle als Fleischlieferant. Die Analyse des Schlachtalters entspreche dieser Tatsache, denn die Schweine seien im zweiten oder dritten Lebensjahr geschlachtet worden.

Fischfang

Wenn hier noch einige Überlegungen zum Fischfang in der Frühen Eisenzeit folgen, dann nicht, weil sich im Brustbereich des Toten von Hochdorf drei recht große eiserne Angelhaken mit gedrehten Schnurresten – nach U. Körber-Grohne wahrscheinlich vom Schweif eines Pferdes[181] – gefunden

---

176 Leider geht Kolb 2006 (in diesem Band S. 303–310) darauf nicht ein.
177 Uerpmann/Uerpmann 2006a.
178 Ebd. 263.
179 Ebd. mit Tab. 1.
180 Ebd. 264 (auch zu den folgenden Angaben).
181 Körber-Grohne 1985, 115.

haben, die sich einstmals wohl in einem Beutel aus organischem Material befanden.[182] Der Ausgräber nimmt an, dass das Angeln für den Hochdorfer „eine echte Passion" bedeutete.[183] Uns interessiert stattdessen die Entdeckung und Ausgrabung einer mutmaßlichen Fischfanganlage der Hallstattzeit im ‚Bruckgraben' von Oggelshausen im südlichen Federseemoor. Joachim Köninger hat über den Fortgang der Ausgrabungen laufend berichtet.[184] Diese aus Holz bestehende Struktur schien auf den Fang von Hechten ausgerichtet gewesen zu sein.[185] Die dendrochronologische Bestimmung einiger Hölzer zeigt, dass die entsprechenden Bäume zwischen 730 und 621 v. Chr. gefällt worden sind.[186] Die mutmaßliche Spezialisierung auf bestimmte Nahrungsmittelressourcen in Oggelshausen führte seinerzeit ganz im Sinne der gängigen Deutung des ‚Fürstenphänomens' sogar zu einem Titel wie „Hechte für den Fürsten der Heuneburg?", dessen Suggestivkraft lediglich durch das Fragezeichen etwas relativiert wurde.[187] Soeben haben M. und H.-P. Uerpmann eine eingehende Analyse der Fischreste aus den Grabungen unter Berücksichtigung taphonomischer und fischkundlicher Erwägungen vorgelegt. Folgt man ihnen, so ist es – trotz des außerordentlich hohen Anteiles von Hechtresten unter den geborgenen Fischknochen (97,5%)[188] – aufgrund der Anordnung der Anlagen von Oggelshausen fraglich, ob „laichbereite Hechte sie auf ihren uferwärts gerichteten Laichwanderungen" passieren mussten.[189] Allerdings bleibt unstrittig, dass in Oggelshausen Hechte gefangen und nicht am Ort verzehrt worden sind. Vielmehr wurden die Köpfe abgeschnitten und die Körper vermutlich konserviert und abtransportiert. Von einer ‚Spezialisierung' auf Hechte kann dennoch keine Rede sein, denn unter den Fischresten wurde auch Weißfisch nachgewiesen. Es ist folglich mit einer unbekannten Menge solcher Fische zu rechnen, die ebenfalls konserviert und abtransportiert wurde. Da die Köpfe des Weißfisches, so die Uerpmanns, in der Regel so klein sind, dass sie im Gegensatz zum Hecht den Konservierungsvorgang nicht beeinträchtigen, wurden sie auch nicht abgeschnitten und blieben daher nicht am Fangort zurück.[190]

Man wird den Uerpmanns zustimmen, wenn sie in diesem Zusammenhang abschließend darauf hinweisen, es lasse sich heute noch kein „einigermaßen verläßliches Bild der Subsistenzwirtschaft der Frühen Eisenzeit in Süddeutschland" zeichnen. Es ist ihnen auch beizupflichten, dass es bestenfalls punktuelle Hinweise auf Besiedlungsdichte und Siedlungsgrößen gibt. Von Hechten für den „Fürsten der Heuneburg" kann also entgegen der zitierten Überschrift nicht die Rede sein. Vielmehr meinen die Uerpmanns, „potentielle Abnehmer der Fischkonserven vom Federsee" müssten erst noch gefunden werden – das setze eine Grabungstechnik voraus, die Fischwirbel von 5 mm Durchmesser erfasse.[191] Und schließlich kommt ihrem Appell, man möge sich der Sozial- und Wirtschaftsgeschichte der Hallstattzeit „nicht überwiegend aus der Sicht der Fürstengräber und Fürstensitze nähern",[192] besondere Bedeutung zu. Erst wenn wir also unseren Blickwinkel mehr als bisher erweitern, der kombinierten kultur- und naturwissenschaftlichen empirischen Forschung eine breitere inhaltliche Basis geben und unseren kulturwissenschaftlichen Forschungsansatz im Bereich der Theorie ausbauen, wird es uns gelingen, den Forschungsstand entscheidend zu verbessern.

---

182 Biel 1985, 65 f. mit Abb. 40.
183 Ebd. 66.
184 Köninger 1997; 1998; 1999; 2000.
185 Köninger 1999, 62 f.
186 Uerpmann/Uerpmann 2006b, 541.
187 Anonymus 1999.
188 Uerpmann/Uerpmann 2006b, 542 Tab. 1.
189 Ebd. 546.
190 Ebd. 547.
191 Ebd. 548.
192 Ebd.

Handwerk und Handwerker

Nach der zusammenfassenden Erörterung der wirtschaftlichen Subsistenzgrundlage ist noch der Bereich etwaiger früheisenzeitlicher handwerklicher Spezialisierung zu behandeln.[193] ERHARD SCHLESIER hat die komplexen Implikationen der Begriffe ‚Handwerk' und ‚Handwerker' aus ethnologischem Blickwinkel eingehend erörtert.[194] Er unterscheidet zwischen „Hauswerk", „Subsistenzhandwerk" und „Berufshandwerk". Hauswerk und Subsistenzhandwerk ordnet er im Wesentlichen der Subsistenzwirtschaft zu, während Berufshandwerker in erster Linie an eine Überschusswirtschaft gebunden seien (Abb. 5).[195]

Betrachtet man bestimmte Hervorbringungen des Metallhandwerkes im späthallstattzeitlichen Mitteleuropa – ich denke zum Beispiel an Ringschmuck, Gerät und Waffen (etwa einfache Dolche) –, so dürfte es im Einzelfall schwer sein, die ohnehin fließende Grenze zwischen Subsistenz- und Berufshandwerk im Sinne SCHLESIERS präzis den von ihm herausgestellten wirtschaftlichen Korrelaten zuzuordnen.[196] Wählt man aber ein Beispiel wie den späthallstattzeitlichen Wagenbau,[197] so fällt es schwer, hier nicht von vornherein Berufshandwerker und damit eine hinreichend entwickelte Überschusswirtschaft vorauszusetzen.

Analysiert man die Handwerkszeugnisse aus fundplatzspezifischer Perspektive, liegen die besten Informationen hierzu von der Heuneburg und der Heuneburg-Außensiedlung[198] vor. Dieser Platz soll daher in paradigmatischer Absicht etwas näher betrachtet werden.

Die Funde aus der Außensiedlung geben gewisse Hinweise auf metallverarbeitende und mit Weberei befasste Werkstätten. S. KURZ verdanken wir eine kritische Erörterung der Quellenlage. Er meint, dass die Webgewichte aus Hügel 1 der Gießübel-/Talhau-Gruppe womöglich nur einen einzigen Webstuhl anzeigen.[199] Wie vorsichtig man bei der Interpretation sein muss, zeigt auch ein Fundkomplex von über tausend Gussformfragmenten. Bei näherer Betrachtung stellen sie nach KURZ jedoch nicht mehr als den Produktionsabfall von ungefähr 12 Hals- und 30–40 Armringen dar.[200] Die dafür zu veranschlagende Arbeitsleistung dürfte nach HANS DRESCHER[201] und KURZ für ein oder zwei Personen höchstens wenige Wochen betragen haben. Damit lässt sich keine Massenproduktion begründen.[202] Dennoch überschreiten solche Mengen von Bronzeringen den Bedarf einer einzigen Hausgemeinschaft.[203] Ähnliches ist auch für den Nachweis von Weberei anzunehmen. Geht man mit KURZ von einem einzigen, aufgrund der Anzahl der Webgewichte allerdings sehr großen Webstuhl unter Hügel 1 aus, dann hat die Dimension des darauf hergestellten Tuches hauswirtschaftliche Bedürfnisse bei weitem überschritten. Er hält deswegen den Gedanken an eine Manufaktur – analog zur Ringherstellung – nicht für völlig aus der Luft gegriffen.[204]

Was die gesamte Metallverarbeitung auf der Heuneburg und in der Außensiedlung im Bereich der Gießübel-/Talhau-Grabhügel angeht, sind die entsprechenden Hinterlassenschaften von DRESCHER

---

193 Siehe hierzu die Übersichtsarbeiten von KIMMIG 1983b und DRIEHAUS 1983.
194 SCHLESIER 1981.
195 Das in den ur- und frühgeschichtlichen Metallzeiten seit rund acht Jahrzehnten eine beträchtliche Rolle spielende ‚Wanderhandwerk' findet bei SCHLESIER so gut wie keine Erwähnung. Kritisch zu diesem Konzept aus archäologisch-ethnographischer Sicht NEIPERT 2006.
196 Dies war von SCHLESIER im Übrigen auch nicht beabsichtigt; angesichts der komplexen Quellenlage ging es ihm um eine „mittlere Linie", um eine „idealtypische Kontrastierung" (SCHLESIER 1981, 31).
197 BARTH et al. 1987.
198 *Sensu* KURZ 2000.
199 Ebd. 155.
200 Ebd. 152.
201 DRESCHER 2000, 206; 245.
202 Zur Aussagekraft von Funden und Befunden von Handwerkstätigkeit hat sich auch TH. KNOPF (2006, 47) am Beispiel der Flur ‚Strangenhecke' auf dem Heidengraben bei Grabenstetten unter Bezug auf KURZ (2000, 152 ff.) geäußert.
203 KURZ 2000, 155.
204 Ebd.

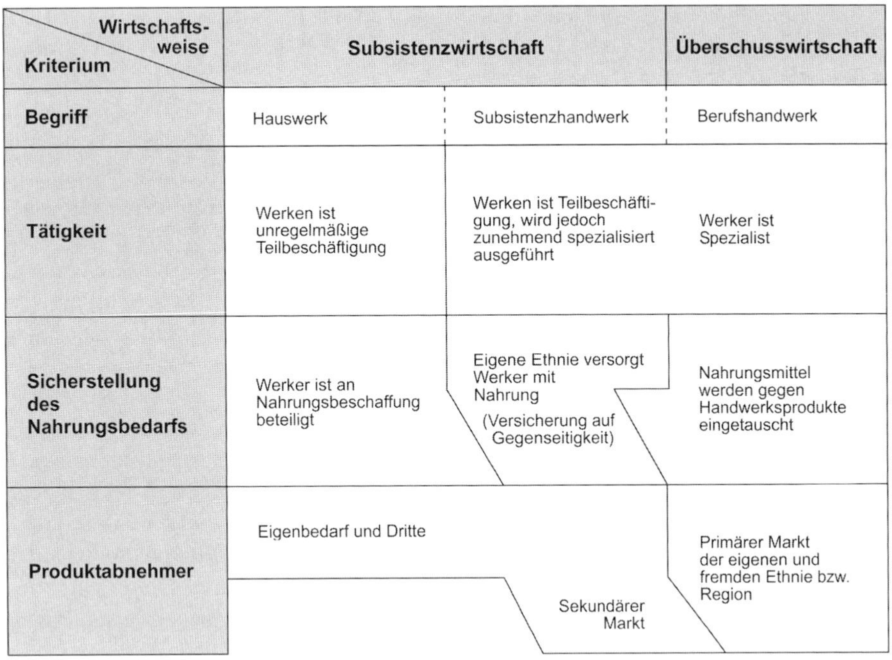

Kriterium \ Wirtschaftsweise	Subsistenzwirtschaft		Überschusswirtschaft
Begriff	Hauswerk	Subsistenzhandwerk	Berufshandwerk
Tätigkeit	Werken ist unregelmäßige Teilbeschäftigung	Werken ist Teilbeschäftigung, wird jedoch zunehmend spezialisiert ausgeführt	Werker ist Spezialist
Sicherstellung des Nahrungsbedarfs	Werker ist an Nahrungsbeschaffung beteiligt	Eigene Ethnie versorgt Werker mit Nahrung (Versicherung auf Gegenseitigkeit)	Nahrungsmittel werden gegen Handwerksprodukte eingetauscht
Produktabnehmer	Eigenbedarf und Dritte	Sekundärer Markt	Primärer Markt der eigenen und fremden Ethnie bzw. Region

Abb. 5   Hauswerk und Handwerk (verändert nach SCHLESIER 1981, 32).

eingehend untersucht worden.[205] Seinem zusammenfassenden Urteil, das auf uns gekommene Material sei im Vergleich mit dem aus Römerlagern und der frühmittelalterlichen Siedlung Haithabu überaus dürftig, kommt erhebliches Gewicht zu. Er schätzt, dass die gesamten einschlägigen Zeugnisse – Fibeln, Ringe und anderes Kleingerät einschließlich der Gussformen und des Schmiedeabfalles – von der Heuneburg selbst und aus dem genannten Areal der Außensiedlung auf eine höchstens einjährige Arbeitszeit von zwei Handwerkern mit einem Gehilfen schließen lassen.[206] Wenngleich das bekannte Fundmaterial durch die neuen Grabungen im Bereich der westlichen Vorburg nicht unerheblich erweitert worden ist,[207] vermag das doch nichts an der Gesamteinschätzung zu ändern: selbst an einem so herausragenden Platz wie der Heuneburg lässt sich anhand der archäologischen Quellenlage bisher keinerlei handwerkliche Spezialisierung jenes Niveaus erkennen, wie wir sie für einen Zentralort jener politischen, sozialen und wirtschaftlichen Dimension, die den sogenannten ‚Fürstensitzen' gemeinhin zugeschrieben wird, zu erwarten hätten.[208]
Vor einem Jahrzehnt äußerte EGON GERSBACH die Hypothese, die Grundlage der Wirtschaftskraft der „Burgherren" der Heuneburg habe höchstwahrscheinlich in der Eisenerzeugung gelegen.[209] Das entsprechende Rohmaterial steht in einer Entfernung von rund 7,5 Kilometern Luftlinie auf der Hochfläche der Schwäbischen Alb in Form von Bohnerz an. Dieses Erz hat einen Eisengehalt von 30 bis gut 40%; es wurde für die Verhüttung vom Mittelalter bis in die Neuzeit sowohl geschürft als auch im Untertagebau gewonnen. Sein Vorhandensein auf der Heuneburg lässt sich nicht nur durch unzählige kleine Partikel in den Lehmziegeln der Lehmziegelmauer, sondern auch als Magerungsmittel in Tongefäßen und anderen keramischen Produkten nachweisen. Auch Schmiedeschlacken und, wie GERSBACH formuliert, „Luppen" sind auf der Heuneburg vorhanden.[210] Leider ist es aber

---

205 DRESCHER 1984; 1995; 2000.
206 DRESCHER 2000, 249. Hierzu auch ders. 1995, 351 f.
207 BOFINGER 2004.
208 Anders hingegen KURZ 2001, 189 f.
209 GERSBACH 1996.
210 Ebd. 43.

bisher nicht gelungen, konkrete Installationen für die Verhüttung von Eisenerz auf der Heuneburg oder in ihrem Umfeld nachzuweisen. Solange das nicht der Fall ist, erscheint es nicht sinnvoll, eine derartige wirtschaftliche Aktivität anzunehmen.

Der Versuch, eine Verbindung des ‚Fürstenphänomens' mit Eisengewinnung herzustellen, ist nicht neu. Jürgen Driehaus hat vor gut vierzig Jahren einen entsprechenden Versuch für die frühlatènezeitlichen ‚Fürstengräber' zwischen Mittelrhein, Mosel und Saar veröffentlicht.[211] Dabei nahm er eine entsprechende Überlegung von W. Kimmig auf.[212] Driehaus' Ausführungen mussten jedoch spekulativ bleiben, da aus dem gesamten von ihm behandelten Raum keinerlei direkter Nachweis frühlatènezeitlicher Eisenerzverhüttung vorlag.[213] Auch Reinhard Schindler gelang es in seinen mehrjährigen Geländeforschungen nicht, dieses Quellenbild für den saarländischen Raum zu verändern.[214] Dabei galt diesem Problem im Rahmen eines in den Jahren 1963–1966 von der Deutschen Forschungsgemeinschaft geförderten Schwerpunktprogrammes zum vor- und frühgeschichtlichen Siedlungs- und Befestigungswesen durchaus seine Aufmerksamkeit.[215] Hans Nortmann ist kürzlich auf diese Hypothese zurückgekommen, wenngleich er ihr negativ gegenübersteht.[216] Seine Ablehnung resultiert aber nicht aus den auch heute immer noch fehlenden Belegen für eine frühlatènezeitliche Eisenerzverhüttung im Trierer Land, sondern unter anderem aus dem zeitlich begrenzten Auftreten der ‚Fürstengräber' dieses Raumes und der ihnen fehlenden lokalen Kontinuität. Er plädiert mit G. Kossack[217] für eine sozialpsychologische Deutung des Gesamtphänomens und weist „Erklärungsversuche auf der Basis gleichsam objektiver Faktoren" zurück.[218] Dieser einseitigen Festlegung mag man durchaus skeptisch gegenüberstehen, aber es geht hier allein um die empirische Basis: alle Versuche, eine Verknüpfung zwischen dem ‚Fürstenphänomen' und Eisengewinnung herzustellen, sind bisher aus Mangel an einschlägigen Befunden gescheitert.

Wirtschaftszeugnisse und Gesellschaft

Die Übersicht über die Wirtschaftsdaten zur Frühen Eisenzeit hat den erheblichen Fortschritt, den die Forschung im letzten Jahrzehnt vollzogen hat, unter Beweis gestellt. Natürlich würde man aus archäologischer Sicht gern noch sehr viel mehr wissen. Der Forschungsstand ist immer noch nicht so dicht und differenziert, wie es für eine Verknüpfung mit soziopolitischen Grundfragen wünschenswert wäre. Allerdings muss noch einmal der große Schub erwähnt werden, den die Erforschung der Wirtschaft durch die beiden DFG-Schwerpunktprogramme 190 und 1171 in den neunziger Jahren erfahren hat bzw. gegenwärtig erfährt.

Betrachtet man das erörterte Verhältnis von Wirtschaft und Gesellschaft in der Frühen Eisenzeit aus einem übergeordneten Blickwinkel, wird das Dilemma deutlich, in dem sich die Erforschung des ‚Fürstenphänomens' befindet. Letztendlich lässt sich aus den zur Verfügung stehenden Wirtschaftszeugnissen nur sehr wenig für jene Sozialverfassung ableiten, die für die früheisenzeitliche Bevölkerung meist zugrundegelegt wird. Das wird sich indes, soviel darf man getrost annehmen, mit fortschreitender archäologischer, archäobotanischer und archäozoologischer Forschung zum Positiven hin verändern. Wie aber bereits einleitend ausgeführt, bedarf es noch anderer Bemühungen. Solange die augenblickliche Quellenlage ist, wie sie ist, sollten wir bei der Verwendung interpretierender Konzepte vorsichtig sein. In jedem Falle müssen wir versuchen, ihr theoretisches Umfeld auszuleuchten. Beat Schweizer hat nachdrücklich gezeigt, dass Forschungsbegriffe nicht nur eine

---

211 Driehaus 1965.
212 Ebd. 33; Kimmig 1962/63, 105.
213 Driehaus 1965, 41; 46.
214 Schindler 1968, 89; 136 ff.
215 Ebd. 89 ff.; Driehaus 1965, 33 mit Anm. 6.
216 Nortmann 2002a, 182; 2002b, 46.
217 Kossack 1974.
218 Nortmann 2002b, 46.

eigene Geschichte und eine die Deutung der Quellen nur allzuoft bestimmende, unbewusst vorhandene, in Kauf genommene, oder gar bewusst einkalkulierte Wirkung haben.[219] Kann man beispielsweise die Ansicht, es habe früheisenzeitliche ‚Priesterkönige' und ‚Sakralkönigtümer' gegeben, auf die bekannten, nach dem Vorbild von Ludwig Pauli als Utensilien ritueller Schlachtung gedeuteten Geräte im Hochdorfer Grab gründen?[220]

Bisher ‚sprechen', wie hinlänglich bekannt, vor allem die Gräber. Es wäre mehr als naiv, die nachhaltige Wirkung ihrer Botschaft in Abrede zu stellen. Hier wie auf den meisten Feldern der Ur- und Frühgeschichtsforschung mangelt es indessen an einer umfassend verstandenen Siedlungsarchäologie als notwendige Ergänzung der Archäologie der Gräber. Was Siedlungen der Früheisenzeit betrifft, ist es ja kein Zufall, dass die Heuneburg und ihr unmittelbares Umfeld in diesem Beitrag eine so wichtige Rolle spielen.[221] Erst wenn wir erstklassige Informationen auch von möglichst vielen anderen Plätzen haben, können wir einer systematischen Verknüpfung von Wirtschaft und Gesellschaft mit noch größerem Optimismus entgegensehen.

Nicht zuletzt auch auf dem Feld der Theorie gilt es einiges zu vertiefen. Ich denke dabei z. B. an den Grad, der bei einer derartigen Verknüpfung überhaupt möglich erscheint. Anders ausgedrückt ist zu fragen, ob und inwieweit bestimmte soziopolitische Grundtypen mit einer besonderen Art und Weise des Wirtschaftens korreliert sind. Diese Frage ist offenkundig nicht mit der archäologischen Empirie, sondern nur vergleichend-kulturwissenschaftlich zu beantworten. Im positiven Fall wäre darüber hinaus zu untersuchen, ob eine solche Verknüpfung in jedem Falle archäologisch erkennbar sein muss. Der archäologische Niederschlag mag unter Umständen so amorph sein, dass er sich eben nicht mit einem bestimmten Sozialtypus verbinden lässt.[222]

Selbst wenn sich solche Verknüpfungen von Wirtschaft und Gesellschaft vielleicht nicht bis ins Einzelne realisieren lassen, müssen wir doch wenigstens den Rahmen bestimmen, in dem diese beiden Grundgegebenheiten vermutlich auch zu jener Zeit aufeinander bezogen waren, mit der wir uns in diesem Beitrag beschäftigen. In der deutschsprachigen Literatur zum ‚Fürstenphänomen' finden wir zu diesen grundsätzlichen Fragen nur sehr wenig. Hier liegt ohne Frage ein Desiderat, dem wir uns anzunehmen haben.[223]

Sozialorganisation, Herrschaft und Territorien

G. Kossack kam 1959 in der abschließenden Betrachtung seiner Südbayern-Monographie zu einer recht negativen Einschätzung der von ihm erzielten Ergebnisse. Das „innere Gefüge" der Hallstattkultur in Südbayern sei letztlich unbekannt, denn „so wesentliche Lebensbereiche wie das Siedlungswesen, der Feldbau, der Güteraustausch, der Rohstofferwerb, die wirtschaftliche Ordnung und die gesellschaftliche Verfassung, nicht zuletzt auch die politische Organisation" würden sich bestenfalls in Umrissen abzeichnen, ganz zu schweigen von ihrem Wirkungszusammenhang.[224] In den seither vergangenen viereinhalb Jahrzehnten sind auf manchen Feldern erhebliche Fortschritte erzielt worden – einige, z. B. Grundfragen des Wirtschaftens, wurden bereits knapp umrissen. Fragen des Güteraustausches und des Rohstofferwerbes sollen hier nicht erörtert werden.[225] Notwendig ist es hingegen, abschließend noch einmal auf jene wesentlichen Merkmale der späthallstatt- und

---

219 Schweizer 2006.
220 Pauli 1988/89; Krausse 1996, 306; 308; 320; 1999, 353 f. – Siehe dazu unten (S. 287).
221 In diesem Zusammenhang sei auf einen knappen Beitrag von N. Müller-Scheessel (2006) hingewiesen, der dem ‚relationalen', vom Konzept ‚Fürstengrab' abhängigen ‚Fürstensitz'-Konzept „keinerlei heuristische oder gar historische Signifikanz" zubilligt (ebd. 106).
222 Ich danke B. Schweizer, der mich u. a. auch auf diesen grundsätzlichen Aspekt hingewiesen hat (E-Mail vom 17.11.2006).
223 Siehe auch unten (S. 294).
224 Kossack 1959, 130.
225 Zum Güteraustausch siehe etwa Fischer 1973; Kossack 1982; Eggert 1991a; 2003.

frühlatènezeitlichen Lebenswirklichkeit zurückzukommen, die in den drei Stichworten der Überschrift dieses Abschnittes enthalten sind. Wenden wir uns zunächst wiederum der bereits oben angesprochenen Frage nach der möglichen sozialen und politischen Gliederung der früheisenzeitlichen Bevölkerung zu.

WOLFRAM SCHIER bietet in seinem 1998 erschienenen Beitrag zum ‚Fürstenphänomen' ebenfalls eine knappe Übersicht über wesentliche, meist außerhalb der deutschen Archäologie diskutierte sozialethnologische Ansätze zur Deutung ur- und frühgeschichtlicher Gesellschaften.[226] Wenngleich sich unsere Zusammenfassung im Einzelnen unterscheidet, sind wir uns doch im Ergebnis insofern einig, als weder er noch ich die mitteleuropäische Späthallstattgesellschaft als Archaischen Staat im Sinne S. BREUERS interpretieren möchten.[227] Als ebenso abwegig erscheint mir – und vermutlich auch ihm – eine entsprechende Deutung der Frühlatènegesellschaft. Gerade nach Sichtung der wirtschaftlichen Kernindikatoren fehlt für eine derartige Interpretation zur Zeit jeder Anhaltspunkt.

Daher bleiben im Sinne der neoevolutionistischen Sozialklassifikation nur noch die Stammesgesellschaft und das Häuptlingstum als mögliche Kategorien übrig. Das Entscheidende am Typus der Stammesgesellschaft ist, wie oben ausgeführt, der segmentäre Charakter solcher Gesellschaften. Die sich von jeweils einem bekannten Vorfahren ableitenden Sippen oder Lineages bilden Lokalgruppen, das heißt einen in mehreren kleinen Weilern oder in einem Dorf zusammensiedelnden Verwandtschaftsverband. Sie sind – zumindest der vorherrschenden Tendenz nach – sozial, ökonomisch und politisch autonom. Aufgrund dieser Tatsache ist ein ‚Stammesbewusstsein' trotz gemeinsamer Abkunft, gemeinsamen Territoriums und sippenübergreifender Heiratsbeziehungen nur wenig ausgeprägt. Die Sippen schließen sich, wenn überhaupt, zu meist nur kurzlebigen Verteidigungsbündnissen und Ähnlichem zusammen.

Die Annahme, dass die Toten, die in vielen über das normale Maß herausragenden früheisenzeitlichen Gräbern bestattet wurden, die Oberhäupter solcher mehr oder weniger potenter Sippen einer tribalen Gesellschaft waren, erscheint durchaus nicht abwegig. Dies gilt es im Auge zu behalten, auch wenn wir diesen Sozialtypus nicht grundsätzlich für die gesamte früheisenzeitliche Gesellschaft in Anspruch nehmen wollen. Doch selbst für die herausragenden ‚Fürstengräber' und ‚Fürstensitze' im engeren Sinne – etwa für Hochdorf und die Heuneburg – ist eine tribale Verfassung keineswegs von vornherein von der Hand zu weisen. Wenn sie sich, wie in diesen beiden Fällen, nach Funden und Befunden so grundlegend selbst von aufwendig gestalteten und überdurchschnittlich ausgestatteten Gräbern sowie entsprechenden Siedlungen unterscheiden, dann heißt das nicht, dass wir es hier notwendigerweise mit dem Typus des Häuptlingstumes zu tun haben. Es ist durchaus nicht abwegig, die archäologischen Zeugnisse mit Big Men im Sinne von M. D. SAHLINS zu verknüpfen, also mit charismatischen Einzelpersönlichkeiten höchst unterschiedlicher Prägung in tendenziell instabilen politischen Verhältnissen.

Eine analoge Verknüpfung hat CHRISTOPH ULF für die ‚homerische Gesellschaft' hergestellt.[228] Das tragende Element dieser Gesellschaft war der Oikos, eine auf Verwandtschaft gegründete Produktions- und Konsumeinheit, die eine und mehr oder weniger große Klientel einschloss.[229] Neben dem Oikosherrn spielt der Basileus in den homerischen Epen eine beträchtliche Rolle. Obgleich auch er in seinem Oikos verankert ist und damit wie alle Oikosherren der „Figur des arbeitenden Grundbesitzers" entspricht,[230] zeigt ULF, dass seine Position darüber hinausgeht.[231] In der deutschen

---

226 SCHIER 1998.
227 Ebd. 506. Dass ich darüber hinaus grundsätzliche Kritik an der Auffassung BREUERS habe, ist oben ausgeführt worden.
228 ULF 1990.
229 ULF (ebd. 187 ff.) spricht sich mit guten Argumenten gegen die traditionelle These der völligen wirtschaftlichen Autarkie der Oikoi aus.
230 Ebd. 178.
231 ULF (ebd. 208 f.) schreibt wörtlich: „Der Basileus ist eindeutig mehr und anderes als ein überdimensionierter Oikosherr. Er ist Integrationsfigur für den ganzen Demos und repräsentiert somit eine Ebene von Gemeinschaftsempfinden, die sich nicht als eine bloße Addition von Oikoi darstellen läßt. [...] Im Gegensatz zum Oikosherrn trägt der Basileus tatsächlich ‚politische' Züge."

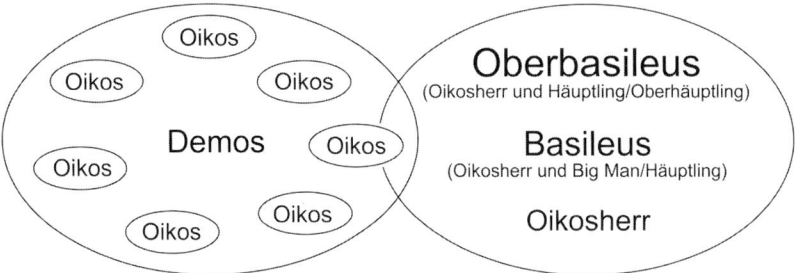

Abb. 6 Die Homerische Gesellschaft nach C. Ulf (1990).

Altertumswissenschaft meist als ‚König' apostrophiert, charakterisiert er ihn in expliziter Zugrundelegung der einschlägigen sozialethnologischen Literatur als Big Man mit allen Unwägbarkeiten, die für diese Position kennzeichnend sind.[232] Ein erhebliches Problem, das von Ulf indes nicht thematisiert und wohl auch nicht gesehen wurde, stellt die Existenz einer mehr oder weniger großen Zahl gleichzeitig agierender Basileis dar, die aber in ihrer Machtbefugnis einem „Oberbasileus" nachgeordnet sein sollen (Abb. 6). Obwohl die Position dieses Oberbasileus letztlich unbestimmt bleibt, bezeichnet Ulf ihn als *chief* im Sinne des Häuptlingstums und verquickt so zwei Sozialtypen in direkter evolutionistischer Absicht: die „politische Einheit" werde damit „auf den Weg zum ‚chiefdom' gebracht".[233]

Im Gegensatz zu Ulf macht Schier, der auf Ulfs Ausführungen verweist,[234] von der Kategorie des Big Man keinen expliziten Gebrauch. Wenn er den Toten von Hochdorf mit dem sozialethnologischen Begriff ‚Häuptling' belegt, dann spielen dabei die von Dirk Krausse[235] als Geräte zur rituellen Tierschlachtung gedeuteten Objekte in der Beigabenausstattung des Grabes eine Rolle: sie seien als Indizien für eine priesterliche Funktion zu werten.[236] Diese Argumentation übersieht, dass normalerweise jedwedes Haupt einer Verwandtschaftsgruppe solche Funktionen ausübt; sie vermögen folglich nichts darüber Hinausgehendes auszusagen. Unabhängig davon hat die „eisenzeitliche Ranggesellschaft" nach Schier „partiell und regional gewissermaßen ruckartig Merkmale eines komplexen Häuptlingstums" angenommen und lässt damit „ansatzweise Züge einer beginnenden Stratifizierung erkennen".[237]

Auch bei Schier verwundert die inhaltliche Umschreibung: sie passt jedenfalls nicht zu den kategorialen Bestimmungen der von ihm zitierten sozialethnologischen Gewährsleute. Das trifft im übrigen auch für seine Einschätzung der Stabilität der soziopolitischen Führungspositionen zu: es liege „noch kein *dynastisch* legitimierter Machtanspruch" vor, vielmehr habe die politische Führungsschicht „unter starkem Druck der Konkurrenz und Selbstbehauptung" gestanden, der „individuelle Rang" habe „ständiger Bestätigung durch verschwenderische Großzügigkeit gegenüber konkurrierenden Statusträgern" bedurft.[238] Mit anderen Worten: Schier umreißt mit breiten Pinselstrichen, ohne diesen Tatbestand explizit zu benennen, das Szenario einer typischen Big-Man-Gesellschaft.[239]

---

232 Ulf 1990, 213 ff. – Es sei nicht verschwiegen, dass die Argumentation von Ulf nicht in jedem Falle zu überzeugen vermag bzw. nicht immer widerspruchsfrei ist. So setzt er etwa gewisse Qualitäten eines ‚guten' Basileus mit denen „einfacher Häuptlinge" gleich (ebd. 224 Anm. 25). Auch vertritt er die Meinung, die Macht eines Basileus reiche über eine „einzelne Deszendenzgruppe" bzw. über „ihre eigene Abstammungsgruppe" hinaus (ebd. 224), eine Aussage, die in ihrer Unverbindlichkeit fragwürdig bzw. leer ist (siehe auch ebd. 219 Anm. 14 *et passim*).
233 Ebd. 229.
234 Schier 1998, 507 ff.
235 Krausse 1996, 296 ff.; 1999, 353 f. – Siehe auch oben (S. 285).
236 Schier 1998, 512 f.
237 Schier 1998, 514.
238 Ebd.; Hervorhebung von Schier.
239 Entsprechend auch Veit 2000, 558.

Somit bleibt bei ihm die soziopolitische Charakterisierung der zu deutenden Gesellschaftsformation in einer Art ‚Schwebezustand', der seiner eigenen, deutlich ausgeprägten evolutionistischen Grundüberzeugung nicht gerecht zu werden vermag. Unnötig zu betonen, dass gleiches für ULF gilt. Beider Kronzeugen, soviel ist sicher, haben mit dieser Art des ‚Sowohl – als auch' nichts zu tun.

Wenn für das späthallstattzeitliche Mitteleuropa und das homerische Griechenland derart nachdrücklich – wie immer die Wortwahl konkret sein mag – im Sinne von Big-Man-Systemen plädiert wird, dann deckt sich das durchaus mit der in der Einleitung dieses Abschnittes vertretenen Auffassung. Dennoch bleibt als weitere Möglichkeit die Deutung des ‚Fürstenphänomens' als Häuptlingstum, und zwar nicht nur dem Namen nach, sondern auch hinsichtlich der soziopolitischen Struktur.[240] Es wird schwerfallen, aufgrund des zur Verfügung stehenden archäologischen Materials eine eindeutige Entscheidung zu fällen, aber das ist beim derzeitigen Stand der Erkenntnis vielleicht gar nicht notwendig. Unterstellen wir aber einmal, die Toten in den herausragenden ‚Fürstengräbern' hätten dem Sozialtypus des ‚Oberhäuptlings', die betreffende Gesellschaft damit dem ‚Häuptlingstum' entsprochen. Dann müssten wir versuchen, diese Gesellschaftsformation zu den empirischen Daten in Beziehung zu setzen. Wir hätten es also mit einem Oberhäuptling und einer Reihe von Häuptlingen minderen Ranges zu tun. Letztere könnten natürlich vorwiegend in solchen Gräbern bestattet sein, deren Ausstattung zwar alles andere als ärmlich, aber eben auch nicht exzeptionell ist. In diesem Sinne hatten SUSAN FRANKENSTEIN und M. ROWLANDS vor knapp dreißig Jahren die Frühe Eisenzeit Südwestdeutschlands interpretiert.[241] Dies führt uns gleichsam automatisch zur Frage der Größe des zu einem Häuptlingstum gehörigen Gesamtterritoriums – oder, wie man nach der vorherrschenden Sprachregelung zu sagen pflegt, zur Größe des ‚Machtbereiches eines Fürsten'.[242]

KOSSACK hat zu dieser Frage in der ihm eigenen kritischen Grundhaltung seinerzeit lakonisch festgestellt, dass wir „die Machtbereiche der Häuptlinge" nicht kennen.[243] Daran hat sich bis heute nichts geändert. Allerdings ist man seitdem bemüht gewesen, diesem Problem auf durchaus unkonventionellem Wege beizukommen. Dabei schien beispielsweise der Nachweis von Fichtennadeln in Dachsfellen, mit denen die Kline von Hochdorf belegt war, aufschlussreich.[244] U. KÖRBER-GROHNE zufolge ist die Fichte für die damalige Zeit lediglich im Südschwarzwald, in der Baar und in den östlich von Hochdorf gelegenen Ellwanger Bergen nachgewiesen (Abb. 7).[245] Für den Südschwarzwald und die Baar ergibt sich eine Entfernung von gut 100 Kilometern, für die Ellwanger Berge von rund 80 Kilometern Luftlinie. Indes ist durchaus nicht sicher, ob nicht auch für den Nordschwarzwald, für das Neckarland sowie für den Welzheimer und Mainhardter Wald, das heißt in erheblich geringerer Distanz, eine gewisse Fichtenbestockung angenommen werden kann.[246] Man wird bei der Deutung

---

240 So etwa KURZ 2001, 206. – S. KURZ weist mich in diesem Zusammenhang auf das von H. VON DER OSTEN-WOLDENBURG erstellte Magnetogramm von der Hochfläche des Mont Lassois hin, auf dem sehr regelmäßig angeordnete Pfostengruben erkennbar seien. Dieser Befund könnte, so meint er, den Gedanken „an große Speicherbauten" nahelegen. Sollten diese Pfostengruben tatsächlich der Hallstattzeit angehören, so KURZ weiter, dann hätten wir „auf dem Mont Lassois (anders als auf der Heuneburg mit kleinen, jeweils zu einer Gebäudegruppe gehörenden Vier- oder Sechs-Pfosten-Speichern) große Magazine. Sie belegten dann eine zentralisierte Vorratshaltung und Wiederverteilung von Subsistenzgütern und rückten den Mont Lassois näher an ein Häuptlingstum heran" (briefl. Mitt. vom 5. 11. 2006).
241 FRANKENSTEIN/ROWLANDS 1978. – An dieser Stelle interessiert nicht, dass sie die als Häuptlingstum gedeutete späthallstattzeitliche Gesellschaft als Peripheriephänomen eines mediterranen ‚Weltsystems' im Sinne von I. WALLERSTEIN deuten. Zur Gesamtproblematik im einzelnen KÜMMEL 2001.
242 Hierbei handelt es sich, gewissermaßen als *self-fulfilling prophecy* – geradezu um einen Topos des ‚Fürstenphänomens'; siehe etwa jüngst M. EGG (DEHN et al. 2005, 306 ff.).
243 KOSSACK 1959, 115.
244 KÖRBER-GROHNE 1985, 109 f. mit Tab. 3; 121 mit Abb. 15. – KÖRBER-GROHNE erörtert auch die Frage, welche Argumente für ihre These sprechen, die Fichtennadeln seien zu Lebzeiten der Dachse in deren Haarkleid hängengeblieben.
245 Ebd. 111.
246 Ebd. 91. – M. RÖSCH weist mich darauf hin, dass man seines Wissens für den Nordschwarzwald und wohl auch für das Neckarland und den Schwäbisch-Fränkischen Wald (siehe folgende Anm.) mit einer Einführung bzw. Einschleppung der Fichte durch den Menschen ab dem Mittelalter rechnet (E-Mail vom 5. 11. 2006).

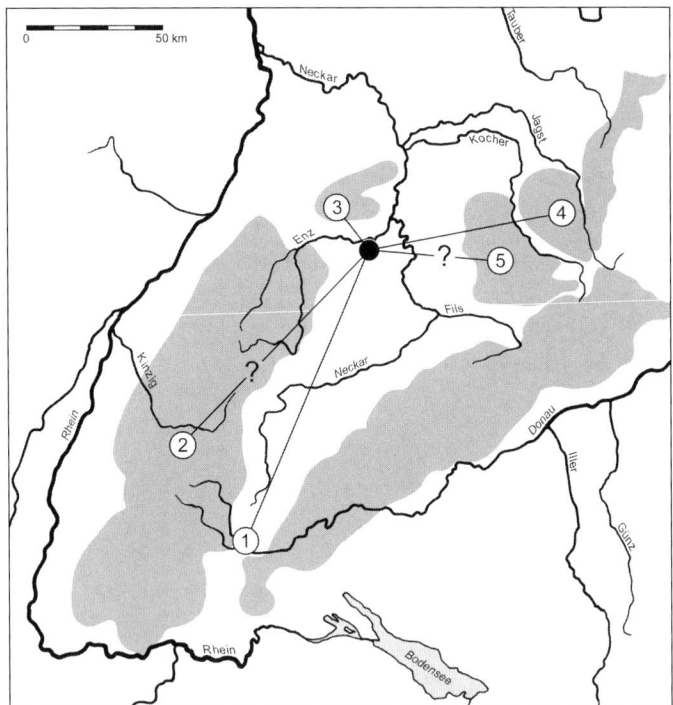

Abb. 7 Herkunftsgebiete der Fichtennadeln in Dachsfellen und Sandknöpfchenpollen (Nr. 3) aus Hochdorf. 1 Baar; 2 Nordschwarzwald; 3 Stromberg; 4 Ellwanger Berge; 5 Welzheimer und Mainhardter Wald (verändert nach KÖRBER-GROHNE 1985, 90 Abb. 2).

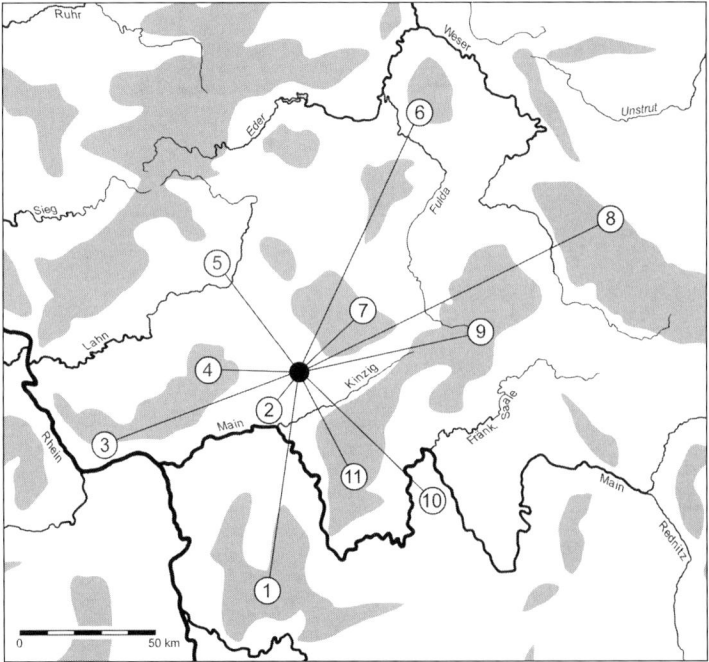

Abb. 8 Herkunftsgebiete für ‚exotische' Pollen im Honig der Schnabelkanne vom Glauberg. 1 Odenwald; 2 Untermaingebiet; 3 Rheingau; 4 Taunus; 5 Lahntal; 6 Fulda-Werra-Bergland; 7 Vogelsberg; 8 Thüringer Wald; 9 Rhön; 10 Marktheidenfelder Platte; 11 Spessart (verändert nach RÖSCH 2002, 119 Abb. 81).

dieses Dachsfellbefundes folglich in jedem Falle zurückhaltend sein müssen. J. Biel hingegen erwägt mit Verweis auf den „Schwäbischen Wald"[247] und die Baar, dass die Dachse demnach nicht nur in der Umgebung von Hochdorf, sondern „in einem viel größeren Gebiet" gejagt wurden; dieses Gebiet, so meint er, stecke „wahrscheinlich auch den Herrschaftsbereich" des ‚Fürsten' von Hochdorf ab.[248] Aufschlussreich war auch die pollenanalytische Untersuchung jener Rückstände, die sich als 1–10 mm starke Ablagerung an der Innenwandung des großen Kessels im Grab von Hochdorf fanden. Danach handelt es um eine sehr pollenhaltige Kruste, die wesentlich durch einstmals vorhandenen Honig gebildet worden ist. Aufgrund der Analysen muss davon ausgegangen werden, dass sich in dem Kessel ursprünglich Honigmet befand,[249] dessen Menge aufgrund von Flüssigkeitsringen rund 350 Liter betragen hat.[250] Angesichts der annäherungsweise ermittelten Menge des Honigs – sie dürfte zwischen den Extremwerten von 73 und 292 Kilogramm anzusetzen sein – und der verschiedenen Standorte der darin nachgewiesenen Pflanzen liegt es auf der Hand, dass dieser Honig von vielen Bienenvölkern stammen muss.[251] Die erwähnten Pflanzenarten mit „Zeigerwert" verweisen auf Biotope im Bereich von Lößflächen sowie von Bergland mit Kalk- und Sandsteinformationen. Legt man die räumliche Distanz von Sandsteinverwitterungsböden zugrunde, die unter anderem vom Sandknöpfchen (*Jasione montana*) benötigt werden, erfüllt der rund 13 Kilometer von Hochdorf entfernte Stromberg diese Bedingung.[252] Alle anderen im Hochdorfer Honig vertretenen Zeigerpflanzen können von Standorten stammen, die weniger weit entfernt sind.[253]

Der Honig von Hochdorf dürfte daher von Bienenvölkern im unmittelbaren Einzugsbereich des Fundortes zusammengetragen worden sein. Anders soll es sich mit jenem Honig verhalten, der in der Schnabelkanne des frühlatènezeitlichen ‚Fürstengrabes' 1 vom Glauberg nachgewiesen werden konnte. Der Bearbeiter M. Rösch kommt zu dem Ergebnis, dass von den in diesem Gefäß identifizierten rund 250 Pollenarten 23 heute nicht am Glauberg und in dessen unmittelbarer Umgebung vorkommen.[254] Zieht man jene ab, die dort in den letzten zweihundert Jahren bezeugt sind, bleiben immer noch zehn ‚fremde' Taxa übrig. Die entsprechenden Pflanzen, die allerdings nur durch außerordentlich wenige Pollenkörner vertreten sind, würden sich heute erst in einer Entfernung von rund 20 bis 90 Kilometern Luftlinie finden (Abb. 8).[255] Rösch schließt aus diesem Befund auf eine Honigmischung, deren Bestandteile aus einer sehr weiten Region zusammengekommen und in einem „Zentrum zum Sammeln und Weiterverarbeiten von Honig" vermutlich zur Metherstellung gemischt worden sind.[256] Bei diesem Zentrum denkt er an den Glauberg.[257]

---

247 Zum ‚Schwäbisch-Fränkischen Wald' werden u. a. der Murrhardter, Mainhardter und Welzheimer Wald sowie die Löwensteiner und die Waldenburger Berge gerechnet. Er wird im Nordosten durch die Ellwanger Berge begrenzt.

248 Biel 1985, 103. Biel hebt allerdings ausdrücklich die isolierte Stellung solcher Einzelbeobachtungen hervor, die „kulturhistorisch noch kaum auszuwerten" seien (ebd.).

249 Aufgrund der Tatsache, dass Met nach der Gärung üblicherweise von der Hefe getrennt wird und die Hefe mit den darin enthaltenen Pollen in dem Gärgefäß verbleiben, wird es sich bei dem Kessel zugleich auch um das Gärgefäß gehandelt haben; siehe hierzu die Ausführungen von Rösch (2002, 120) zu den beiden Kannen vom Glauberg. – An dieser Stelle sei der Vollständigkeit halber auf den Nachweis von Hanf (*Cannabis*) im Hochdorfer Grab hingewiesen. Es handelt sich nach Körber-Grohne (1985, 102 ff.) neben einem Seilstück aus Hanfbast in Hallein um den bisher einzigen Nachweis aus der Hallstattzeit. Sie hält die Hanfbasttextilien aus Hochdorf für einheimische Produkte, wobei die Aufbereitung des Hanfes offenbar ohne Kenntnis der sogenannten ‚Hanfröste' erfolgt ist. Für eine Verwendung von Hanf als Rauschmittel im mediterranen Bereich gibt es nach Körber-Grohne (ebd. 107) im Gegensatz zu den Skythen keinerlei Anhaltspunkte. Das gilt natürlich auch für Hochdorf.

250 Körber-Grohne 1985, 93 ff.

251 Ebd. 126 ff. (G. Vorwohl); siehe auch ebd. 98 f.

252 Wie mir M. Rösch (E-Mail vom 5.11.2006) mitteilt, tritt *Jasione montana* tatsächlich im Bereich des Stromberges auf.

253 Ebd. 96 f.

254 Rösch 1997, 550.

255 Rösch 2002, 119 Abb. 81; siehe auch 1999, 111 mit Abb. 1.

256 Rösch 1997, 548.

257 Rösch 2002, 120.

Obwohl Rösch sich bei der Deutung seines Befundes zurückhält, ist doch unübersehbar, in welche Richtung er denkt. Für ihn liefert das Ergebnis seiner Untersuchung „gewisse Anhaltspunkte auf das wirtschaftlich-politische Einflußgebiet des keltischen Machtzentrums am Glauberg",[258] und er verweist in diesem Zusammenhang sogar auf eine Durchschnittsentfernung von rund 100 Kilometern, die angeblich zwischen den „bekannten keltischen Zentren" bestanden haben soll.[259]

Für den Nichtbotaniker stellt sich bei solchen Erwägungen die Frage, ob die rezente und subrezente Vegetation um rund 2000 bis 2500 Jahre rückprojiziert werden darf. Auch die auffallend geringe Zahl der ‚exotischen' Pollenkörner erscheint problematisch. Mit anderen Worten, was bedeutet es, wenn 13 Pollenkörner der Weißtanne (*Abies alba*) nachgewiesen sind, deren heutiger Standort sich im Thüringer Wald in einer Entfernung von gut 80 Kilometern befindet?[260] Diese Fragen und Bedenken sind von Rösch leider nicht angesprochen worden; sie bedürfen für den botanischen Laien dringend der Klärung.[261]

Selbst wenn wir einmal voraussetzen, dass die Fichtennadeln in einigen der Hochdorfer Dachsfelle und ein Teil des Glauberger Honigs aus weit entfernt liegenden Regionen stammen, wäre damit noch keineswegs der ‚Machtbereich' der in den entsprechenden Gräbern Bestatteten nachgewiesen. Diese Deutung träfe doch nur dann zu, wenn man sicher sein könnte, dass sowohl die Dachsfelle als auch der Honig auf der Grundlage von Mechanismen direkter soziopolitischer Abhängigkeit, etwa Tributleistungen, nach Hochdorf bzw. auf den Glauberg gelangt sind. Natürlich ist das nicht von vornherein auszuschließen, aber diese Produkte könnten von ihrem Ursprungsort genausogut auf dem gängigen Wege des Gütertausches vermittelt worden sein.

Die bisher angestellten Versuche, den ‚Herrschaftsbereich' der in den ‚Fürstengräbern' Bestatteten einzugrenzen, vermögen daher nicht zu überzeugen. Ihnen stehen sowohl praktische als auch methodische Erwägungen entgegen. Die referierten Schlussfolgerungen gehen in einem erheblichen Maße von der impliziten Voraussetzung dessen aus, was erst zu beweisen wäre. Es gibt derzeit keine überzeugende Möglichkeit, die sogenannten „adligen Territorien" – um Kimmigs oben zitierten Begriff aufzunehmen – nachzuweisen.

Im Zusammenhang mit der Sozialstruktur und der politischen Organisation ist abschließend der Themenbereich ‚Besiedlung und Siedlungsstruktur' anzusprechen. Während mit ‚Besiedlung' das Gesamtgefüge des Siedlungswesens einer mehr oder weniger großen Region gemeint ist, zielt der Begriff ‚Siedlungsstruktur' auf die einzelne Siedlung und ihren unmittelbaren Einzugsbereich. Hier ist es um unseren Kenntnisstand ziemlich schlecht bestellt. Wir sind *nolens volens* gezwungen, uns an die Heuneburg zu halten. Die in den letzten Jahren in deren Umfeld vorgenommenen Ausgrabungen zeigen, wie groß das bisher noch nicht erschlossene archäologische Potential ist. Die bisherigen Grabungsergebnisse und geomagnetischen Messungen haben unsere Erwartungen in jeder Hinsicht übertroffen.

S. Kurz konnte seit Ende der neunziger Jahre durch intensive Begehungen, Sondagen und Ausgrabungen im Umfeld der Heuneburg unsere Kenntnis der sogenannten ‚Außensiedlung' entscheidend erweitern.[262] Ursprünglich auf den Bereich der Grabhügel in den Gewannen ‚Gießübel' und ‚Talhau'

---

[258] Rösch 1997, 550.
[259] Rösch 1999, 105.
[260] Ebd. 111 Tab. 3.
[261] Hierzu hat M. Rösch in einem ausführlichen Kommentar Stellung genommen (E-Mail vom 5.11.2006). Zunächst einmal sei festzuhalten, dass sich die 13 Pollenkörner der Weißtanne auf die ausgezählte Stichprobe beziehen – hochgerechnet auf den Gesamtpollengehalt der Schnabelkanne wären es einige Tausend. Das ist sicherlich richtig, vermag aber nicht die festgestellten Relationen zu verändern. Inwieweit Pollenkörner der Weißtanne durch Fernflug über eine größere Entfernung vom Wuchsgebiet dieser Tannenart abgelagert worden sein könnten, bleibt – wie Rösch unmissverständlich klarstellt – eine offene Frage. Das Gleiche gelte für eine entsprechende Auflese solcher Fernflugpollen durch Bienen und/oder durch einen etwaigen „Lufteintrag in offene Honigtöpfe oder Metkannen". Rösch ist in dieser Hinsicht skeptisch, betont aber, dass dazu derzeit keine eindeutige Entscheidung möglich ist.
[262] Kurz in Dr.; 2006.

beschränkt,²⁶³ gelang es ihm, entsprechende Siedlungsspuren in einem weit darüber hinausreichenden Areal festzustellen.²⁶⁴ Dabei haben die großen, im Rahmen des DFG-Schwerpunktprogramms 1171 durchgeführten Flächengrabungen im Gewann ‚Großer Brand' der Gemeinde Ertingen-Binzwangen nördlich des Gießübel-/Talhaubereiches zahlreiche zeitgleiche Befunde erbracht.²⁶⁵ Sie entsprachen jener Quellenlage, die seit Mitte der neunziger Jahre aus der flächenmäßig sehr kleinen sogenannten ‚Südsiedlung' südwestlich der Heuneburg bekannt war.²⁶⁶ Im Jahre 2006 konnten die Flächengrabungen auf dieses Areal ausgedehnt werden. Sie erbrachten ebenfalls eine insgesamt dichte Befundsituation, die dem bisher bekannten Bild von der Außensiedlung entspricht.

Beim gegenwärtigen Forschungsstand müssen wir für das im unmittelbaren Umfeld der Heuneburg besiedelte Areal eine Mindestgröße von 50 Hektar zugrunde legen. Es sei nicht verschwiegen, dass die chronologische Feinauflösung der anhand von Stratifizierungen nachgewiesenen sechs bis acht ‚Phasen' durchaus noch gewisse Schwierigkeiten bereitet. Insofern mag man den bisher vorgeschlagenen Entwürfen zur möglichen Zahl gleichzeitig bestehender Hofstellen, ihrer räumlichen Anordnung und der Verteilung von Verwandtschaftsgruppen mit einer gewissen Skepsis begegnen.²⁶⁷ Sicher ist jedoch, dass Kurz uns durch seine systematischen Untersuchungen mit einer Reihe überzeugender Argumente für eine zunehmende Siedlungskonzentration im Umfeld der Heuneburg versehen hat.

Von besonderem Interesse im vorliegenden Zusammenhang ist Kurzens systematische Analyse der Befestigungsanlagen im Vorfeld der Heuneburg.²⁶⁸ Er kommt dabei zu dem Ergebnis, dass die verschiedenen Grabensysteme sich nur schwer oder gar nicht mit der Hypothese einer fortifikatorischen Funktion vereinbaren lassen.²⁶⁹ Er deutet sie vielmehr als eine Art ‚soziales' Abgrenzungszeichen von Siedlergruppen, die in der Frühphase der Späthallstattzeit aus dem näheren oder weiteren Umfeld der Heuneburg zuzogen und sich im Bereich der heutigen ‚Außensiedlung' niederließen. Diese verschiedenen Bevölkerungsgruppen hätten sich je „nach ihrer gemeinsam Herkunft" auch am neuen Siedlungsplatz zusammengefunden und „ihre Siedlungsfläche gegen ihre Nachbarn mit Wall und Graben abgegrenzt". In diesem Sinne, so Kurz weiter, habe die Außensiedlung dann „im Grunde immer noch die gleiche ursprünglich segmentäre Gruppenstruktur" bewahrt.²⁷⁰

Kurz erwägt einen empirischen Test seiner Deutung und denkt dabei daran, für die durch Wall und Graben abgegrenzten Areale jeweils einen öffentlichen Platz, kommunale Bauten oder „*ein* besonders repräsentatives Gebäude als Wohnsitz eines Aristokraten, der seine frühere Rolle als Dorfoberhaupt bei der Verlegung seines Anwesens in die Außensiedlung mit eingebracht" habe, nachzuweisen.²⁷¹ Selbst wenn man seine soziopolitischen Typisierungen – „Aristokrat", „Dorfoberhaupt" – nicht teilt und dem erwogenen Test als solchem eher skeptisch gegenübersteht, ist doch die Übereinstimmung seiner Interpretation mit dem oben umrissenen ‚territorialen Niederschlag' von tribalen Gesellschaften (Abb. 3) und Häuptlingstümern (Abb. 4) bemerkenswert. Akzeptiert man seine Hypothese – sie ist zur Zeit ohne Alternative –, dann wird man die von Wall und Graben umgebenen Areale der Außensiedlung als ‚geschlossene' Siedlungseinheiten von Lineages deuten. Führt man sich die Größe der Außensiedlung vor Augen, spricht vieles für das Wohngebiet einer Stammesgesellschaft.

---

263 Kurz 2000.
264 Kurz 2001.
265 Kurz 2005; ders./Wahl 2005.
266 Kurz 2005, 10 Abb. 5; ders./Wahl 2005, 79 Abb. 63.
267 Kurz 2005, 24 ff. mit Abb. 12.
268 Kurz 2006.
269 Ebd. 576 ff.
270 Ebd. 578.
271 Ebd.; Hervorhebung im Original.

Ausblick:
Archäologische Feldforschung und kulturanthropologische Deutung

Dieser Beitrag sollte erstmals eine Zusammenschau der kultur- und naturwissenschaftlichen Komponenten der Erforschung des ‚Fürstenphänomens' aus einer Feder bieten. So bescheiden der Ertrag für die Gesamtfragestellung auch sein mag, er legt doch immerhin einige grundsätzliche Einsichten nahe. In Bezug auf die Ausgangsbasis ist festzuhalten, dass die Archäologie lange Zeit überwiegend als scheinbar freischwebende, sich selbst erklärende historische Wissenschaft betrieben worden ist. Wenngleich diese Phase noch immer nicht völlig überwunden ist, lässt sich seit rund zwei Jahrzehnten doch ein deutlicher Wandel des Archäologieverständnisses feststellen. Leider ist man aber offenkundig noch weit davon entfernt – und zudem zu einem beträchtlichen Maße auch keineswegs geneigt –, die archäologische Empirie systematisch mit ihren kulturanthropologischen Implikationen zu konfrontieren und zu diskutieren.

Die fehlende Konfrontation und Diskussion betrifft aber nicht nur das Verhältnis von Archäologie und Kulturanthropologie. Der vorliegende Beitrag wurde ja nicht zuletzt auch deswegen verfasst, weil eine systematische Einbeziehung der archäobotanischen und archäozoologischen Erkenntnisse in die historische Fragestellung inzwischen zwar allerorten praktiziert wird, im Sinne einer inter- bzw. transdisziplinär betriebenen Forschung aber erheblich verbesserungsbedürftig ist. Die gegenwärtige Zusammenarbeit leidet meines Erachtens immer noch an den wissenschaftsgeschichtlich gewachsenen und sachlich gegebenen Fächer- bzw. Disziplingrenzen. So bestehen Veröffentlichungen ‚interdisziplinär' oder zumindest ‚bi-' bzw. ‚tridisziplinär' angelegter archäologischer Projekte nach wir vor zu einem beträchtlichen Teile aus den eingangs erwähnten ‚Buchbindersynthesen'. Diese Praxis zu überwinden, sollte eines der vordringlichsten Ziele sein.

Aus den hier präsentierten Ausführungen geht hervor, dass der in den letzten Jahrzehnten erzielte bedeutende Fortschritt in der Erforschung des ‚Fürstenphänomens' trotz aller naturwissenschaftlichen Bemühungen zu einseitig auf die im engeren Sinne archäologischen Funde und Befunde ausgerichtet war. Mit dem DFG-Schwerpunktprogramm 1171 ist nunmehr das Potential vorhanden, zu einer wirklichen Synthese von Archäologie, Archäobotanik und Archäozoologie zu gelangen. Selbstverständlich wäre es unangemessen, von der zu Ende gehenden ersten Zweijahresphase des Schwerpunktprogrammes bereits eine fundamentale Veränderung der Quellenbasis zu erwarten, wenngleich einige archäologische Teilprojekte schon jetzt durchaus unerwartete Ergebnisse erbracht haben. Das Gleiche trifft für die archäo-naturwissenschaftlichen Teilprojekte zu, wo ebenfalls ein erheblicher Erkenntnisfortschritt festzustellen ist. Dennoch sind wir, wie deutlich geworden sein dürfte, immer noch ziemlich weit von jener empirischen Grundlage entfernt, die wir gern hätten. Es besteht allerdings kein Zweifel, dass – entsprechende Erhaltungsbedingungen vorausgesetzt – sowohl die Archäobotanik als auch die Archäozoologie die derzeitige Quellenlage in den nächsten Jahreskampagnen erheblich verbessern werden.

Ich möchte nachdrücklich betonen, dass der Ausbau der archäobotanischen und archäozoologischen Quellenbasis für mich höchste Priorität genießt. Erst wenn der Bereich der Wirtschaft mit seinen mannigfachen Facetten hinreichend gut erforscht ist, ist jene Grundlage geschaffen, ohne die alle Erörterung von Macht, Herrschaft und Gesellschaft nicht viel mehr als ein Glasperlenspiel bleibt. Aber mit der umfassenden Verbesserung der archäobotanischen und archäozoologischen Quellenlage allein ist es nicht getan. Wie bei der Archäologie im engeren Sinne gibt es auch hier eine weitere, tieferreichende Dimension der Forschung. Hervorragende archäo-naturwissenschaftliche Ergebnisse allein sind ebensowenig mit historischer Erkenntnis gleichzusetzen wie archäologische Resultate *sensu strictu*. So wie Letztere in einen kulturwissenschaftlichen Kontext integriert und in diesem Rahmen gedeutet werden müssen, sind auch archäobotanische und archäozoologische Daten nur in ihrer Verknüpfung mit kulturanthropologisch-wirtschaftlichen Einsichten historisch interpretierbar. Und gerade mit dieser Verknüpfung ist es derzeit immer noch schlecht bestellt.[272] Ich sehe weder

---

272 Auch hier bildet die bereits mehrfach angesprochene Abhandlung von A. Kreuz (2004) eine rühmliche Ausnahme.

in der deutschen noch in der internationalen archäologischen Debatte irgendeinen tiefergehenden Versuch, den gegenwärtigen wirtschaftsethnologischen Diskussionsstand auch nur zur Kenntnis zu nehmen, geschweige denn kritisch zu rezipieren. Hier liegt ein beträchtliches Problem. Nach den hitzigen ethnologischen Erörterungen über Substantivismus und Formalismus, über Neomarxismus und Kapitalismus,[273] die an der deutschen Ur- und Frühgeschichtswissenschaft gleichsam spurlos vorübergegangen sind, erscheint es nun an der Zeit, sich auch in der Archäologie mit Grundfragen des Zusammenhanges von Wirtschaft und Gesellschaft und *vice versa* zu beschäftigen.

Die Archäologie als Archäologie ist damit natürlich überfordert. Wie bei allen lebenspraktischen Fragen gilt es auch hier, aus dem Reich der Toten in das der Lebenden zu schauen. Der wechselseitige Zusammenhang von Wirtschaft und Gesellschaft in nicht-industrialisierten Gesellschaften erschließt sich allein über die Ethnologie.[274] Das gilt allemal für solche Gesellschaften, deren Kenntnis ausschließlich oder überwiegend auf archäologischer Überlieferung beruht. Für das in diesem Beitrag verfolgte Anliegen eröffnet sich damit eine wesentliche Folgerung: Soll die Erforschung des ‚Fürstenphänomens' weitere Fortschritte machen, erscheint eine eingehende Auseinandersetzung mit wirtschaftsethnologischen Grundfragen unter dem Aspekt ihres Zusammenhanges mit soziopolitischen Kernkonstellationen unumgänglich.[275] Die Archäologie vermag auf diesem Felde – der vorherrschenden Tendenz nach – lediglich eine kritisch rezipierende Rolle zu spielen. Den Erkenntnisgewinn wird sie, gemessen und gewogen, in die Analyse und die Deutung ihrer Phänomene einzubringen haben. Ist sie nicht gewillt, ein solches Engagement einzugehen, bleibt ihr nichts anderes übrig, als sich mit selbstgenügsamem Historisieren zu bescheiden und Vorurteile als feste Überzeugung an die Stelle vergleichend gewonnener Einsicht zu setzen.

Die mit dem Historisieren einhergehende Fixierung auf den historischen Einzelfall ist bis zu einem gewissen Grade, beurteilt man es aus internationaler Perspektive, vielleicht eine spezifisch deutsche Besonderheit der Archäologie. Jedenfalls ist hierzulande immer noch ein sehr starker Vorbehalt gegen ‚Modelle' festzustellen. Dabei stehen Modelle doch nur für die in jeder Wissenschaft geläufige Notwendigkeit, die Probleme ständig aus einer vergleichenden Perspektive zu betrachten und in einen theoretisch fundierten Kontext einzuordnen.[276] Wer diese Tatsache akzeptiert, wird selbstverständlich nicht annehmen, dass die wie immer gestalteten Modelle der komplexen historischen Wirklichkeit entsprechen. Sie sind vielmehr Abstraktionen und Generalisierungen, mithin Orientierungshilfen, um die Fülle der Erscheinungen überhaupt fassbar und historisch aussagefähig machen zu können. Vielleicht liegt es am Wesen der Archäologie, an der ihr eigenen Qualität, aus einem oft gänzlich unscheinbaren Terrain Ungeahntes, gar Gleißendes ans Tageslicht zu bringen, dass ihre Praktiker darüber so oft all das vergessen, was sich nicht unmittelbar erfassen lässt. Wie dem auch sei, wir sollten bei allen Erfolgen unserer Geländeforschung – und die entsprechende Bilanz ist alles andere als schlecht – nicht aus den Augen verlieren, dass man uns am Ende, sozusagen bei der ‚Rechnungslegung', nicht nur das, sondern auch die Integration der mannigfachen und vielgestaltigen empirischen Gegebenheiten in eine kohärente, theoretisch fundierte historisch-kulturwissenschaftliche Deutung abverlangen wird.

---

273 Hierzu die Übersicht bei Rössler 2005.

274 Selbstverständlich vermögen dazu auch solche Gesellschaften beizutragen, die über eine hinreichend differenzierte schriftliche Überlieferung verfügen Dass dabei in der Regel erst die vergleichend angelegten Kategorien der Ethnologie die Generalisierung des jeweiligen historischen Einzelfalles ermöglichen, sei angemerkt, aber nicht vertieft.

275 Siehe auch oben (S. 285).

276 M. Eggs Ausführungen im abschließenden Kapitel der Monographie über das späthallstattzeitliche ‚Fürstengrab' des Hügels 3 von Kappel am Rhein (Dehn et al. 2005, 299 ff.) stellen mit ihrer analogisch intendierten Hinwendung zu historisch und ethnographisch dokumentierten Beispielen aus Zentral- und Ostafrika einen in der deutschen Ur- und Frühgeschichtsforschung raren Fall dar. Es ist daher um so bedauerlicher, dass sich der Autor dabei auf das anekdotisch Illustrative beschränkt hat.

Schlagwortverzeichnis

Späthallstattzeit; Frühlatène; ‚Fürstenphänomen'; Wirtschaft; Gesellschaft; Heuneburg.

Anschrift des Verfassers

Prof. Dr. Manfred K. H. Eggert
Institut für Ur- und Frühgeschichte
und Archäologie des Mittelalters
Eberhard-Karls-Universität Tübingen
Schloss Hohentübingen
72070 Tübingen

E-Mail: manfred.eggert@uni-tuebingen.de

Literatur

Anonymus 1999	Anonymus, Hechte für den Fürsten der Heuneburg? Keltische Fischfanganlagen im Oggelshauser Ried. In: Archäologie und Naturschutz im Federseemoor: Begleitheft zur Ausstellung im Europarat Straßburg (Stuttgart 1999) 27.
Barth et al. 1987	F. E. Barth/J. Biel/M. Egg/A. France-Lanord/H.-E. Joachim/C. F. E. Pare/P. Schauer/H.-P. Uenze, Vierrädrige Wagen der Hallstattzeit: Untersuchungen zu Geschichte und Technik. Monogr. RGZM 12 (Mainz 1987).
Benecke 1994a	N. Benecke, Archäozoologische Studien zur Entwicklung der Haustierhaltung in Mitteleuropa und Südskandinavien von den Anfängen bis zum ausgehenden Mittelalter. Schr. Ur- u. Frügesch. 46 (Berlin 1994).
Benecke 1994b	N. Benecke, Der Mensch und seine Haustiere: Die Geschichte einer jahrtausendealten Beziehung (Stuttgart 1994).
Biel 1985	J. Biel, Der Keltenfürst von Hochdorf (Stuttgart 1985).
Biel 2006	J. Biel, ‚Fürstensitze'. Das Modell Wolfgang Kimmigs vor dem Hintergrund neuer Ausgrabungs- und Forschungsergebnisse. In diesem Band S. 235–253.
Biel et al. 2006a	J. Biel/M. Rösch/E. Fischer/M. Sillmann, Vegetationsgeschichtliche Untersuchungen zu eisenzeitlichen Zentralisierungsprozessen im südlichen Mitteleuropa. <http://fuerstensitze.de/dna_media/Roesch+Fis444772383b53e.pdf> [pdf-Datei] [Stand: 6.10.2006].
Biel et al. 2006b	J. Biel/E. Stephan/K. Schatz, Archäozoologische Untersuchung der Faunenfunde aus hallstatt- und frühlatènezeitlichen Siedlungen und Gräbern – Studien zur Wirtschaftsgeschichte im Umfeld frühkeltischer Fürstensitze. <http://fuerstensitze.de/dna_media/www3-Biel+445f0383a228c.pdf> [pdf-Datei] [Stand: 5.10.2006].
Bofinger 2004	J. Bofinger, Archäologische Untersuchungen in der Vorburg der Heuneburg – Siedlung und Befestigungssysteme am frühkeltischen Fürstensitz an der oberen Donau, Gde. Herbertingen-Hundersingen, Kreis Sigmaringen. Arch. Ausgr. Baden-Württemberg 2004, 82–86.
Breuer 1990	S. Breuer, Der archaische Staat: Zur Soziologie charismatischer Herrschaft (Berlin 1990).
Breuer 1998	S. Breuer, Der Staat: Entstehung, Typen, Organisationsstadien (Reinbek bei Hamburg 1998).
Brun 1987	P. Brun, Princes et princesses de la Celtique: Le premier âge du Fer en Europe 850–450 av. J.-C. Collection des Hespérides (Paris 1987).
Burmeister 2000	S. Burmeister, Geschlecht, Alter und Herrschaft in der Späthallstattzeit Württembergs. Tübinger Schr. Ur- u. Frühgesch. Arch. 4 (Münster, New York, München u. a. 2000).

Childe 1936	V. G. Childe, Man Makes Himself (London 1936).
Childe 1951	V. G. Childe, Social Evolution (London 1951).
Dehn et al. 2005	R. Dehn/M. Egg/R. Lehnert, Das hallstattzeitliche Fürstengrab im Hügel 3 von Kappel am Rhein in Baden. Monogr. RGZM 63 (Mainz 2005).
Drescher 1984	H. Drescher, Bemerkungen zur Metallverarbeitung auf der Heuneburg und zu einigen besonderen Fundstücken. In: S. Sievers, Die Kleinfunde der Heuneburg: Die Funde aus den Grabungen von 1950–1979. Heuneburgstud. V (= Röm.-Germ. Forsch. 42) (Mainz am Rhein 1984) 95–136.
Drescher 1995	H. Drescher, Die Verarbeitung von Buntmetall auf der Heuneburg. In: E. Gersbach, Baubefunde der Perioden IVc – IVa der Heuneburg. Heuneburgstud. IX (= Röm.-Germ. Forsch. 53) (Mainz am Rhein 1995) 255–364.
Drescher 2000	H. Drescher, Der Gießereifund unter Fürstengrabhügel 4 und die Verarbeitung von Buntmetall in der Heuneburg-Außensiedlung. In: S. Kurz, Die Heuneburg-Außensiedlung: Befunde und Funde. Forsch. u. Ber. Vor- u. Frühgesch. Baden-Württemberg 72 (Stuttgart 2000) 189–275.
Driehaus 1965	J. Driehaus, „Fürstengräber" und Eisenerze zwischen Mittelrhein, Mosel und Saar. Germania 32, 1965, 32–49.
Driehaus 1983	J. Driehaus, Gerätespuren und Handwerksgerät: Ein Beitrag zur Metallbearbeitung der späten Hallstattzeit- und frühen Latènezeit. In: H. Jankuhn/W. Janssen/R. Schmidt-Wiegand/H. Tiefenbach (Hrsg.), Das Handwerk in vor- und frühgeschichtlicher Zeit II: Archäologische und philologischen Beiträge. Bericht über die Kolloquien der Kommission für die Altertumskunde Mittel- und Nordeuropas in den Jahren 1977 bis 1980. Abh. Akad. Wiss. Göttingen, Philol.-Hist. Kl. 3. Folge Nr. 123 (Göttingen 1983) 50–66.
von den Driesch/Boessneck 1989	A. von den Driesch/J. Boessneck, Abschlußbericht über die zooarchäologischen Untersuchungen an Tierknochenfunden von der Heuneburg. In: E. Gersbach, Ausgrabungsmethodik und Stratigraphie der Heuneburg. Heuneburgstud. VI (= Röm.-Germ. Forsch. 45) (Mainz am Rhein 1989) 131–157.
Earle 1978	T. [K.] Earle, Economic and Social Organization of a Complex Chiefdom: The Halelea District, Kaua'i, Hawaii. Museum of Anthropology, University of Michigan, Anthr. Papers 63 (Ann Arbor, Mich. 1978).
Earle 1987	T. K. Earle, Chiefdoms in Archaeological and Ethnohistorical Perspective. Ann. Rev. Anthr. 16, 1987, 279–308.
Earle 1991	T. K. Earle, The Evolution of Chiefdoms. In: Ders. (Hrsg.), Chiefdoms: Power, Economy, and Ideology. School of American Research Advanced Seminar Series (Cambridge, New York, Port Chester u. a. 1991) 1–15.
Earle 1994	T. K. Earle, Political Domination and Social Evolution. In: T. Ingold (Hrsg.), Companion Encyclopedia of Anthropology (London, New York 1994) 940–961.
Eggert 1978	M. K. H. Eggert, Prähistorische Archäologie und Ethnologie: Studien zur amerikanischen New Archaeology. Praehist. Zeitschr. 53, 1978, 6–164.
Eggert 1988	M. K. H. Eggert, Riesentumuli und Sozialorganisation: Vergleichende Betrachtungen zu den sogenannten „Fürstenhügeln" der Späten Hallstattzeit. Arch. Korrbl. 18, 1988, 263–274.
Eggert 1989	M. K. H. Eggert, Die „Fürstensitze" der Späthallstattzeit: Bemerkungen zu einem archäologischen Konstrukt. In: H. Lüdtke/F. Lüth/F. Laux (Hrsg.), Archäologischer Befund und historische Deutung [Festschr. W. Hübener]. Hammaburg N. F. 9, 1989, 53–66.
Eggert 1991a	M. K. H. Eggert, Prestigegüter und Sozialstruktur in der Späthallstattzeit: Eine kulturanthropologische Perspektive. In: Urgeschichte als Kulturanthropologie: Beiträge zum 70. Geburtstag von Karl J. Narr. Saeculum 42/1, 1991, 1–28.
Eggert 1991b	M. K. H. Eggert, Die konstruierte Wirklichkeit: Bemerkungen zum Problem der archäologischen Interpretation am Beispiel der späten Hallstattzeit. Hephaistos 10, 1991, 5–20.

Eggert 1999	M. K. H. Eggert, Der Tote von Hochdorf: Bemerkungen zum Modus archäologischer Interpretation. Arch. Korrbl. 29, 1999, 211–222.
Eggert 2001	M. K. H. Eggert, Prähistorische Archäologie: Konzepte und Methoden. UTB Wiss.: Uni-Taschenbücher 2092 (Tübingen, Basel 2001; 2. Aufl. 2005).
Eggert 2003	M. K. H. Eggert, Über Zimelien und Analogien: Epistemologisches zum sogenannten Südimport der späten Hallstatt- und frühen Latènekultur. In: M. Heinz/Ders./U. Veit (Hrsg.), Zwischen Erklären und Verstehen? Beiträge zu den erkenntnistheoretischen Grundlagen archäologischer Interpretation. Tübinger Arch. Taschenbücher 2 (Münster – New York – München u. a. 2003) 175–194.
Eggert 2006	M. K. H. Eggert, Archäologie: Grundzüge einer Historischen Kulturwissenschaft. UTB-Wiss.: Uni-Taschenbücher 2728 (Tübingen, Basel 2006).
Ekholm 1972	K. Ekholm, Power and Prestige: The Rise and Fall of the Kongo Kingdom (Uppsala 1972).
Ekholm 1977	K. Ekholm, External Exchange and the Transformation of Central African Societies. In: J. Friedman/M. J. Rowlands (Hrsg.), The Evolution of Social Systems (London 1977) 115–136.
Ekholm 1985	K. Ekholm, „... Sad Stories of the Death of Kings": The Involution of Divine Kingship. Ethnos 50, 1985, 248–272.
Engels 1884/1990	F. Engels, Der Ursprung der Familie, des Privateigentums und des Staats: Im Anschluß an Lewis H. Morgans Forschungen. MEGA (Karl Marx/Friedrich Engels-Gesamtausgabe) 1/29,1 (Berlin 1990) [Erstausgabe 1884].
Fischer 1973	F. Fischer, ΚΕΙΜΗΛΙΑ: Bemerkungen zur kulturgeschichtlichen Interpretation des sogenannten Südimports in der späten Hallstatt- und frühen Latène-Kultur des westlichen Mitteleuropa. Germania 51, 1973, 436–459.
Fischer 1996	RGA² X (1996) 221–225 s. v. *Fürstensitze*: § 2. Jüngere Hallstattzeit und Frühlatènezeit (F. Fischer).
Fischer 2000	F. Fischer, Zum „Fürstensitz" Heuneburg. In: W. Kimmig (Hrsg.), Importe und mediterrane Einflüsse auf der Heuneburg. Heuneburgstud. XI (= Röm.-Germ. Forsch. 59 (Mainz am Rhein 2000) 215–227.
Frankenstein/Rowlands 1978	S. Frankenstein/M. J. Rowlands, The Internal Structure and Regional Context of Early Iron Age Society in South-West Germany. Bull. Inst. Arch. London 15, 1978, 73–112.
Fried 1960	M. H. Fried, On the Evolution of Social Stratification and the State. In: S. Diamond (Hrsg.), Culture in History: Essays in Honor of Paul Radin (New York 1960) 713–731.
Fried 1967	M. H. Fried, The Evolution of Political Society: An Essay in Political Anthropology. Stud. Anthr. 7 (New York 1967).
Friedman 1975	J. Friedman, Tribes, States, and Transformations. In: M. Bloch (Hrsg.), Marxist Analyses and Social Anthroplogy. ASA Stud. 2 (London 1975) 161–202.
Friedman/Rowlands 1977	J. Friedman/M. J. Rowlands, Notes Towards an Epigenetic Model of the Evolution of ‚Civilisation'. In: Dies. (Hrsg.), The Evolution of Social Systems (London 1977) 201–276.
Fries 1995	J. C. Fries, Vor- und frühgeschichtliche Agrartechnik auf den Britischen Inseln und dem Kontinent: Eine vergleichende Studie. Internat. Arch. 26 (Espelkamp 1995).
Gersbach 1996	E. Gersbach, Die Heuneburg bei Hundersingen an der oberen Donau: Ein bohnerzständiger „Fürstensitz" der Älteren Eisenzeit? In: M. Lodewijckx (Hrsg.), Archaeological and Historical Aspects of West-European Societies: Album Amicorum André Van Doorselaer. Acta Arch. Lovaniensia Monogr. 8 (Leuven 1996) 41–46.
Haberland 2005	W. Müller, Wörterbuch der Völkerkunde (²Berlin 2005) 394–395 s. v. *Verdienstfest* (E. Haberland).

Hanel 1992	N. Hanel, Neue Ergebnisse zur römischen Besiedlung bei Groß-Gerau. Denkmalpfl. u. Kulturgesch. Hessen 1992/2, 24–29.
Helbling 2005	W. Müller, Wörterbuch der Völkerkunde (²Berlin 2005) 50 f. s. v. *Big Man* (J. Helbling).
Jockenhövel 1997	A. Jockenhövel, Agrargeschichte der Bronzezeit und vorrömischen Eisenzeit (von ca. 2200 v. Chr. bis Christi Geburt). Mit drei Anhängen nach Entwürfen von F. Verse. In: J. Lüning/A. Jockenhövel/H. Bender/T. Capelle, Deutsche Agrargeschichte: Vor- und Frühgeschichte (Stuttgart 1997) 141–261.
Johnson/Earle 1987	A. W. Johnson/T. K. Earle, The Evolution of Human Society: From Foraging Group to Agrarian State (Stanford 1987).
Karg 2000	S. Karg, Pflanzliche Abdrücke in Hüttenlehm aus der hallstattzeitlichen Heuneburg-Außensiedlung. In: Kurz 2000, 305–310.
Kimmig 1962/63	W. Kimmig, Bronzesitulen aus dem Rheinischen Gebirge: Hunsrück – Eifel – Westerwald. Ber. RGK 43/44, 1962/63, 31–106.
Kimmig 1969	W. Kimmig, Zum Problem späthallstättischer Adelssitze. In: K. H. Otto/J. Herrmann (Hrsg.), Siedlung, Burg und Stadt: Studien zu ihren Anfängen [Festschr. P. Grimm]. Dt. Akad. Wiss. Berlin. Schr. Sekt. Vor- u. Frühgesch. 25 (Berlin 1969) 95–113.
Kimmig 1983a	W. Kimmig, Die griechische Kolonisation im westlichen Mittelmeer und ihre Wirkung auf die Landschaften des westlichen Mitteleuropa. Jahrb. RGZM 30, 1983, 5–78.
Kimmig 1983b	W. Kimmig, Zum Handwerk der späten Hallstattzeit. In: H. Jankuhn/W. Janssen/R. Schmidt-Wiegand/H. Tiefenbach (Hrsg.), Das Handwerk in vor- und frühgeschichtlicher Zeit II: Archäologische und philologischen Beiträge. Bericht über die Kolloquien der Kommission für die Altertumskunde Mittel- und Nordeuropas in den Jahren 1977 bis 1980. Abh. Akad. Wiss. Göttingen, Philol.-Hist. Kl. 3. Folge Nr. 123 (Göttingen 1983) 13–33.
Knopf 2006	Th. Knopf, Der Heidengraben bei Grabenstetten: Archäologische Untersuchungen zur Besiedlungsgeschichte. Universitätsforsch. Prähist. Arch. 141 (Bonn 2006).
Köninger 1997	J. Köninger, Oggelshausen „Bruckgraben" – eine hallstattzeitliche Siedlung im südlichen Federseemoor, Gemeinde Oggelshausen, Kreis Biberach. Arch. Ausgr. Baden-Württemberg 1997, 59–61.
Köninger 1998	J. Köninger, Zum Fortgang der Untersuchungen in den hallstattzeitlichen Fundstellen im „Bruckgraben", Gemeinde Oggelshausen, Kreis Biberach, im südlichen Federseeried. Arch. Ausgr. Baden-Württemberg 1998, 95–99.
Köninger 1999	J. Köninger, Von Fischen, Fallen und Fachinen. Neues aus den hallstattzeitlichen Fundstellen von Oggelshausen-Bruckgraben, Kreis Biberach. Arch. Ausgr. Baden-Württemberg 1999, 59–64.
Köninger 2000	J. Köninger, Zum vorläufigen Abschluss der Sondagen in der eisenzeitlichen Fischfanganlage bei Oggelshausen-Bruckgraben, Kreis Biberach. Arch. Ausgr. Baden-Württemberg 2000, 59–62.
Körber-Grohne 1985	U. Körber-Grohne, Die biologischen Reste aus dem hallstattzeitlichen Fürstengrab von Hochdorf, Gemeinde Eberdingen (Kreis Ludwigsburg). In: Dies./H. Küster, Hochdorf I. Forsch. u. Ber. Vor- u. Frühgesch. Baden-Württemberg 19 (Stuttgart 1985) 85–265.
Körber-Grohne 1988	U. Körber-Grohne, Nutzpflanzen in Deutschland: Kulturgeschichte und Biologie (²Stuttgart 1988).
Kokabi/Schatz 2000	M. Kokabi/K. Schatz, Die Tierknochenfunde aus der Heuneburg-Außensiedlung. In: Kurz 2000, 315–329.
Kolb 2006	F. Kolb, Zur Bedeutung von Begriffsdefinitionen für die Interpretation am Beispiel des Stadtbegriffes. In diesem Band S. 303–310.
Kossack 1959	G. Kossack, Südbayern während der Hallstattzeit. Röm.-Germ. Forsch. 24 (Berlin 1959).

Kossack 1974	G. Kossack, Prunkgräber: Bemerkungen zu Eigenschaften und Aussagewert. In: Ders./G. Ulbert (Hrsg.), Studien zur Vor- und Frühgeschichtlichen Archäologie: Festschrift für Joachim Werner I. Allgemeines, Vorgeschichte, Römerzeit. Münchner Beitr. Vor- u. Frühgesch., Erg.-Bd. 1/I (München 1974) 3–33.
Kossack 1982	G. Kossack, Früheisenzeitlicher Gütertausch. Savaria 16, 1982, 95–112.
Krause et al. 2005	R. Krause/E. Böhr/M. Guggisberg, Neue Forschungen zum frühkeltischen Fürstensitz auf dem Ipf bei Bopfingen, Ostalbkreis (Baden-Württemberg). Praehist. Zeitschr. 80, 2005, 190–235.
Krausse 1996	D. Krausse, Hochdorf III: Das Trink- und Speiseservice aus dem späthallstattzeitlichen Fürstengrab von Eberdingen-Hochdorf (Kr. Ludwigsburg). Forsch. u. Ber. Vor- u. Frühgesch. Baden-Württemberg 64 (Stuttgart 1996).
Krausse 1999	D. Krausse, Der „Keltenfürst" von Hochdorf: Dorfältester oder Sakralkönig? Anspruch und Wirklichkeit der sog. kulturanthropologischen Hallstatt-Archäologie. Arch. Korrbl. 29, 1999, 339–358.
Kreuz 1992/93	A. Kreuz, Frühlatènezeitliche Pflanzenfunde aus Hessen als Spiegel landwirtschaftlicher Gegebenheiten des 5.–4. Jhs. v. Chr. Ber. Komm. Arch. Landesforsch. Hessen 2, 1992/93, 147–170.
Kreuz 1994/95	A. Kreuz, Landwirtschaft und ihre ökologischen Grundlagen in den Jahrhunderten um Christi Geburt: Zum Stand der naturwissenschaftlichen Untersuchungen in Hessen. Ber. Komm. Arch. Landesforsch. Hessen 3, 1994/95, 59–91.
Kreuz 2002	A. Kreuz, Landwirtschaft und Umwelt im keltischen Hessen. In: H. Baitinger/B. Pinsker (Red.), Das Rätsel der Kelten vom Glauberg: Glaube – Mythos – Wirklichkeit (Stuttgart 2002) 75–81.
Kreuz 2004	A. Kreuz, Landwirtschaft im Umbruch? Archäobotanische Untersuchungen in Hessen zu den Jahrhunderten um Christi Geburt in Hessen und Mainfranken. Ber. RGK 85, 2004, 97–292.
Kreuz 2006	A. Kreuz, Fürsten, Priester oder Bauern? Archäobotanischen Untersuchungen zur Funktion des Glauberges im Bereich der Annexwälle. Denkmalpfl. & Kulturgesch. Hessen 2006/3, 32 f.
Kreuz et al. 2006	A. Kreuz/M.-P. Ruas/E. Schäfer/S. Thiébault, Französische Übersetzung des archäobotanischen Datenbankprogramms *ArboDat* – ein weiterer Schritt zu einem umweltarchäologischen Datenaustausch in Europa. Denkmalpfl. & Kulturgesch. Hessen 2006/3, 42 f.
Kümmel 2001	C. Kümmel, Frühe Weltsysteme: Zentrum und Peripherie-Modelle in der Archäologie. Tübinger Texte: Mat. Ur- u. Frühgesch. Arch. 4 (Rahden/Westf. 2001).
Kurz 2000	S. Kurz, Die Heuneburg-Außensiedlung: Befunde und Funde. Forsch. u. Ber. Vor- u. Frühgesch. Baden-Württemberg 72 (Stuttgart 2000).
Kurz 2001	S. Kurz, Siedlungsforschungen im Umland der Heuneburg: Fragestellung und erste Ergebnisse. In: P. Schauer (Hrsg.), DFG-Graduiertenkolleg 462: „Paläoökosystemforschung und Geschichte". Beiträge zur Siedlungsarchäologie und zum Landschaftswandel. Ergebnisse zweiter Kolloquien in Regensburg, 9.–10. Oktober 2000, 2.–3. November 2000. Regensburger Beitr. Prähist. Arch. 7 (Regensburg 2001) 187–226.
Kurz 2005	S. Kurz, Zentralort und Umland: Untersuchungen zur Struktur der Heuneburg-Außensiedlung und zum Verhältnis der Heuneburg zu den umgebenden Höhensiedlungen: Resümee. <http://w210.ub.uni-tuebingen.de/dbt/volltexte/2005/2076/pdf/Aussensiedlung.pdf> [pdf-Datei] [Stand: 20.10.2006].
Kurz 2006	S. Kurz, Befestigungsanlagen im Vorfeld der Heuneburg. In: H.-P. Wotzka (Hrsg.), Grundlegungen: Beiträge zur europäischen und afrikanischen Archäologie für Manfred K. H. Eggert (Tübingen 2006) 563–597.
Kurz in Dr.	S. Kurz, Untersuchungen zur Entstehung der Heuneburg in der Späten Hallstattzeit (in Dr.).
Kurz/Wahl 2005	S. Kurz/J. Wahl, Zur Fortsetzung der Grabungen in der Heuneburg-Außensiedlung auf Markung Ertingen-Binzwangen, Kreis Biberach. Arch. Ausgr. Baden-Württemberg 2005, 78–82.

Morgan 1877	L. H. Morgan, Ancient Society (New York 1877).
E. W. Müller 2005a	E. W. Müller, Stichwort ‚Klan'. In: W. Müller, Wörterbuch der Völkerkunde (²Berlin 2005) 205 f.
E. W. Müller 2005b	E. W. Müller, Stichwort ‚Lineage'. In: W. Müller, Wörterbuch der Völkerkunde (²Berlin 2005) 234 f.
E. W. Müller 2005c	E. W. Müller, Stichwort ‚Sippe'. In: W. Müller, Wörterbuch der Völkerkunde (²Berlin 2005) 342.
W. Müller 2005	W. Müller, Stichwort ‚Gemeinschaft'. In: W. Müller, Wörterbuch der Völkerkunde (²Berlin 2005) 146.
Müller-Scheessel 2000	N. Müller-Scheessel, Die Hallstattkultur und ihre räumliche Gliederung: Der West- und Osthallstattkreis aus forschungsgeschichtlich-methodologischer Sicht. Tübinger Texte: Mat. Ur- u. Frühgesch. Arch. 3 (Rahden/Westf. 2000).
Müller-Scheessel 2006	N. Müller-Scheessel, Die ‚Fürstensitze' der jüngeren Hallstattzeit: Ergänzende Bemerkungen zu einem archäologischen Konstrukt. In: H.-P. Wotzka (Hrsg.), Grundlegungen: Beiträge zur europäischen und afrikanischen Archäologie für Manfred K. H. Eggert (Tübingen 2006) 101–108.
Müller-Scheessel/Trebsche in Dr.	N. Müller-Scheessel/P. Trebsche, Das Schwein und andere Haustiere in Siedlungen und Gräbern der Hallstattzeit Mitteleuropas. Germania (in Dr.).
Neipert 2006	M. Neipert, Der ‚Wanderhandwerker': Archäologisch-ethnographische Untersuchungen. Tübinger Texte: Mat. Ur- u. Frühgesch. Arch. 6 (Rahden/Westf. 2006).
Nortmann 2002a	H. Nortmann, Siedlungskundliche Ansätze zur Eisenzeit in einer traditionell erforschten Mittelgebirgslandschaft: Das südwestliche Rheinland. Praehist. Zeitschr. 77, 2002, 180–188.
Nortmann 2002b	H. Nortmann, Modell eines Herrschaftssystems: Frühkeltische Prunkgräber der Hunsrück-Eifel-Kultur. In: H. Baitinger/B. Pinsker (Red.), Das Rätsel der Kelten vom Glauberg: Glaube – Mythos – Wirklichkeit (Stuttgart 2002) 33–46.
Pauli 1988/89	L. Pauli, Zu Gast bei einem keltischen Fürsten. Mitt. Anthr. Ges. Wien 118/119, 1988/89 [Festschr. Wilhelm Angeli] 291–303.
Rösch 1997	M. Rösch, Pollenanalysen an einem eisenzeitlichen Gefäßinhalt aus einem keltischen Fürstengrab am Glauberg in Hessen. In: F.-R. Herrmann/O.-H. Frey/A. Bartel/A. Kreuz, Ein frühkeltischer Fürstengrabhügel am Glauberg im Wetteraukreis, Hessen: Bericht über die Forschungen 1994–1996. Germania 75, 1997, 459–550; 543–550.
Rösch 1999	M. Rösch, Evaluation of Honey Residues from Iron Age Hill-Top Sites in South-Western Germany: Implications for Local and Regional Land Use and Vegetation Dynamics. Vegetation History and Archaeobotany 8, 1999, 105–112.
Rösch 2002	M. Rösch, Der Inhalt der beiden Bronzekannen. In: H. Baitinger/B. Pinsker (Red.), Das Rätsel der Kelten vom Glauberg: Glaube – Mythos – Wirklichkeit (Stuttgart 2002) 119–120.
Rösch 2006	M. Rösch, Eisenzeitliche Pflanzenreste aus dem keltischen Oppidum Heidengraben bei Grabenstetten, Kreis Reutlingen. In: Knopf 2006, 233–261.
Rössler 2005	M. Rössler, Wirtschaftethnologie: Eine Einführung. Ethnologische Paperbacks (²Berlin 2005).
Sahlins 1958	M. D. Sahlins, Social Stratification in Polynesia. American Ethnological Society, Monogr. 29 (Seattle, London 1958).
Sahlins 1960	M. D. Sahlins, Evolution: Specific and General. In: Ders./E. R. Service (Hrsg.), Evolution and Culture (Ann Arbor 1960) 12–44.
Sahlins 1963	M. D. Sahlins, Poor Man, Rich Man, Big-Man, Chief: Political Types in Melanesia and Polynesia. Comparative Stud. Soc. and Hist. 5, 1963, 285–303.
Sahlins 1968	M. D. Sahlins, Tribesmen. Found. Mod. Anthr. Ser. (Englewood Cliffs, New Jersey 1968).

Schäfer 1996	M. Schäfer, Pollenanalysen an Mooren des Hohen Vogelsberges (Hessen) – Beiträge zur Vegetationsgeschichte und anthropogenen Nutzung eines Mittelgebirges. Diss. Bot. 265 (Berlin, Stuttgart 1996).
Schatz 2006	K. Schatz, Die Tierknochenfunde aus der späthallstattzeitlichen Höhensiedlung „Göllersreuther Platte", südliche Frankenalb – Zwischenbericht zum Abschluss der Grabungen 2004 und 2005. <http://w210.ub.uni-tuebingen.de/dbt/volltexte/2006/2334/pdf/Schatz_Goellersreuth.pdf> [pdf-Datei] [Stand: 20.10.2006].
Schatz/Stephan 2005	K. Schatz/E. Stephan, Die Tierknochenfunde aus den Rechteckhöfen im Gewann „Zaunäcker" bei Osterholz. Gde. Kirchheim am Ries. <http://w210.ub.uni-tuebingen.de/dbt/volltexte/2005/1911/pdf/Tierknochen_Osterholz.pdf> [pdf-Datei] [Stand: 5.10.2006].
Schier 1998	W. Schier, Fürsten, Herren, Händler? Bemerkungen zu Wirtschaft und Gesellschaft der westlichen Hallstattkultur. In: H. Küster/A. Lang/P. Schauer (Hrsg.), Archäologische Forschungen in urgeschichtlichen Siedlungslandschaften [Festschr. Georg Kossack zum 75. Geburtstag]. Regensburger Beitr. Ur- u. Frühgesch. Arch. 5 (Regensburg 1998) 493–514.
Schindler 1968	R. Schindler, Studien zum vorgeschichtlichen Siedlungs- und Befestigungswesen des Saarlandes (Trier 1968).
Schlesier 1981	E. Schlesier, Ethnologische Aspekte zu den Begriffen ‚Handwerk' und ‚Handwerker'. In: H. Jankuhn/W. Jansen/R. Schmidt-Wiegand/H. Tiefenbach (Hrsg.), Das Handwerk in vor- und frühgeschichtlicher Zeit I: Historische und rechtshistorische Beiträge und Untersuchungen zur Frühgeschichte der Gilde. Bericht über die Kolloquien der Kommission für die Altertumskunde Mittel- und Nordeuropas in den Jahren 1977 bis 1980. Abh. Akad. Wiss. Göttingen, Philol.-Hist. Kl. 3. Folge Nr. 122 (Göttingen 1981) 9–35.
Schweizer 2006	B. Schweizer, Fürstengrab und Fürstensitz: Zur Frühgeschichte zweier Begriffe in der Westhallstatt-Archäologie. In: H.-P. Wotzka (Hrsg.), Grundlegungen: Beiträge zur europäischen und afrikanischen Archäologie für Manfred K. H. Eggert (Tübingen 2006) 81–100.
Service 1971	E. R. Service, Primitive Social Organization. Stud. Anthr. 3 (²New York 1971) [Erstveröffentlichung 1962].
Service 1977	E. R. Service, Ursprünge des Staates und der Zivilisation: Der Prozeß der kulturellen Evolution (Frankfurt/M. 1977) [Engl. Originalausgabe unter dem Titel "Origins of the State and Civilization: The Process of Cultural Evolution" (New York 1975)].
Steuer 1997/98	H. Steuer, Entstehung und Enwicklung der Archäologie des Mittelalters und der Neuzeit in Mitteleuropa – Auf dem Weg zu einer eigenständigen Mittelalterkunde. Zeitschr. Arch. Mittelalter 25/26, 1997/98, 19–38.
Stobbe 1996	A. Stobbe, Die holozäne Vegetationsgeschichte der nördlichen Wetterau – Paläoökologische Untersuchungen unter besonderer Berücksichtigung anthropogener Einflüsse. Diss. Bot. 260 (Berlin, Stuttgart 1996).
Stobbe 2000	A. Stobbe, Die Vegetationsentwicklung in der Wetterau und im Lahntal (Hessen) in den Jahrhunderten um Christi Geburt: Ein Vergleich der palynologischen Ergebnisse. In: A. Haffner/S. von Schnurbein (Hrsg.), Kelten, Germanen, Römer im Mittelgebirgsraum zwischen Luxemburg und Thüringen. Akten des Internat. Koll. zum DFG-Schwerpunktprogramm „Romanisierung" vom 28. bis 30. September 1998 in Trier. Koll. Vor- u. Frühgesch. 5 (Bonn 2000) 201–219.
Stobbe/Kalis 2001	A. Stobbe/A. J. Kalis, Vegetation und Landschaft der Wetterau zu Lebzeiten des Glaubergfürsten. In: S. Hansen/V. Pingel (Hrsg.), Archäologie in Hessen: Neue Funde und Befunde]Festschr. Fritz-Rudolf Herrmann]. Internat. Arch. Stud. Honoraria 13 (Rahden/Westf. 2001) 119–125.
Stobbe/Kalis 2002	A. Stobbe/A. J. Kalis, Wandel einer Landschaft: Ergebnisse der Pollenuntersuchungen in der östlichen Wetterau. In: H. Baitinger/B. Pinsker (Red.), Das Rätsel der Kelten vom Glauberg: Glaube – Mythos – Wirklichkeit (Stuttgart 2002) 121–129.

Table Ronde 1993	Table Ronde organisée par l'Unité Mixte de Recherche 9934 du C.N.R.S. («Archéologie de la Bourgogne: Le premier millénaire avant J.-C.»), «Vix et le phénomène princier». Châtillon-sur-Seine (17–29 octobre 1993): Fiches documentaires de sites (o. O. 1993).
Theel 2006	A. Theel, Die Rekonstruktion von Sozialstrukturen am Beispiel des so genannten Fürstengrabes von Hochdorf (Baden-Württemberg): Ein Beitrag zur Anwendung ethnologischer Modelle in der archäologischen Theoriediskussion. Leipziger *online*-Beitr. Ur- u. Frühgesch. Arch. 20 <http://www.uni-leipzig.de/%7Eufg/reihe/files/l20.pdf> [pdf-Datei] [Stand: 25.09.2006].
Trigger 1998	B. G. Trigger, Sociocultural Evolution: Calculation and Contingency. New Perspectives on the Past (Oxford 1998).
Uerpmann/Uerpmann 2006a	M. Uerpmann/H.-P. Uerpmann, Tierknochenfunde aus dem Oppidum Heidengraben bei Grabenstetten (Lkr. Reutlingen). In: Knopf 2006, 263–290.
Uerpmann/Uerpmann 2006b	M. Uerpmann/H.-P. Uerpmann, Hallstattzeitliche Berufsfischer am Federsee? In: H.-P. Wotzka (Hrsg.), Grundlegungen: Beiträge zur europäischen und afrikanischen Archäologie für Manfred K. H. Eggert (Tübingen 2006) 541–549.
Ulf 1990	C. Ulf, Die homerische Gesellschaft: Materialien zur analytischen Beschreibung und historischen Lokalisierung. Vestigia 43 (München 1990).
Veit 2000	U. Veit, König und Hohepriester? Zur These einer sakralen Gründung der Herrschaft in der Hallstattzeit. Arch. Korrbl. 30, 2000, 549–568.
Weber 1972	M. Weber, Wirtschaft und Gesellschaft: Grundriß der verstehenden Soziologie (^{5}Tübingen 1972).
Willerding 2003	U. Willerding, Grundlagen der landwirtschaftlichen Produktion. In: N. Benecke/P. Donat/E. Gringmuth-Dallmer/U. Willerding (Hrsg.), Frühgeschichte der Landwirtschaft in Deutschland. Beitr. Ur- u. Frühgesch. Mitteleuropas 14 (Langenweißbach 2003) 3–33.
Yoffee 1993	N. Yoffee, Too Many Chiefs? (or, Safe Texts for the '90s). In: Ders./A. Sherratt (Hrsg.), Archaeological Theory: Who Sets the Agenda? New Directions in Archaeology (Cambridge 1993) 60–78.
Yoffee 2005	N. Yoffee, Myths of the Archaic State: Evolution of the Earliest Cities, States, and Civilizations (Cambridge 2005).

Zur Bedeutung von Begriffsdefinitionen für die Interpretation am Beispiel des Stadtbegriffes*

Frank Kolb

„Alle Begriffe, in denen sich ein ganzer Prozeß semiotisch zusammenfaßt, entziehn sich der Definition; definierbar ist nur das, was keine Geschichte hat."[1] Historische Begriffe versuchen, eine komplexe Wirklichkeit wiederzugeben. Sie können geradezu „als Diskurse verstanden werden", die sich „chiffrenartig" in einem Wort verdichten. Es gibt dabei stets eine „Differenz zwischen dem, was in der Geschichte sagbar ist, und dem, was tatsächlich in ihr geschieht."[2] Unsere Begriffe sind nicht imstande, die historische Wirklichkeit in allen ihren Nuancen zu erfassen; wir können sie der Wirklichkeit stets nur annähern. Wir können uns auch nicht nur auf die Begrifflichkeit der jeweils zeitgenössischen Quellen stützen, sondern wir bedürfen, um zu eigenen weiterführenden Erkenntnissen zu gelangen, einer Beschreibung vergangener Wirklichkeiten, die über deren zeitgenössische Selbstbeschreibung hinausgeht. Die Wirklichkeit ist nicht nur das, was eine bestimmte Zeit als solche wahrnimmt. Anders gesagt: Eine Sache ist nicht erst bzw. nicht nur dann historisch gegeben, wenn sie von den damaligen Zeitgenossen als vorhanden begriffen und der entsprechende Begriff geprägt worden ist. Das heißt, wir müssen die Begriffe, mit denen wir eine vergangene Zeit begreifen wollen, zumindest teilweise selbst schaffen.

Die historische Begriffsgeschichte lehrt ferner, dass nicht wenige grundlegende Begriffe, die wir in der Geschichtswissenschaft verwenden, erst seit dem 18. Jahrhundert in dieser Bedeutung entstanden sind. Vor dem 18. Jahrhundert verfügte die europäische Gesellschaft z.B. noch nicht über die Begriffe ‚Staat' oder ‚Revolution', und erst seit dem Ende des 18. Jahrhunderts, seit der Französischen Revolution, werden Revolutionen als Fortschritte auf dem Weg zu einem Endziel in der Geschichte begriffen und nicht mehr wie zuvor als Rückwärtsbewegung, als Rückkehr zu einem besseren ursprünglichen Zustand der Menschheit. Auch der Begriff der Geschichte schlechthin als Kollektivsingular ist erst Mitte des 18. Jahrhunderts entstanden, als Summe aller denkbaren Geschichten im Sinne einzelner Ereignisabfolgen, als einheitsstiftende Bezeichnung für die geschichtliche Welt insgesamt.[3]

Begriffe haben mithin eine Geschichte, und über längere Zeiträume durchgehend verwendete Worte sind kein hinreichendes Indiz für gleichbleibende Sachverhalte. Der Inhalt von Begriffen ändert sich nicht selten. Bei der diskursiven Definition von Begriffen ist folglich die diachrone Tiefengliederung notwendig, um langfristige Strukturveränderungen eines Begriffes zu erschließen, um zwischen alten Wortbedeutungen, die auf einen entschwundenen oder entschwindenden Sachverhalt zielen, und neuen Gehalten desselben Wortes zu unterscheiden.

---

* Druckfassung eines Vortrages, gehalten im Rahmen des 4. Teilkolloquiums des Schwerpunktprojektes SPP 1171 „Frühe Zentralisierungs- und Urbanisierungsprozesse – Zur Genese und Entwicklung ‚frühkeltischer Fürstensitze' und ihres territorialen Umlandes" der Deutschen Forschungsgemeinschaft. Das Kolloquium zum Thema „Fürstensitz, Stadt, komplexes Zentrum. Terminologie und archäologischer Nachweis von Zentralität" fand vom 23. bis 24. März 2006 in Bad Herrenalb statt.
1 Angeblich eine Formulierung von Friedrich Nietzsche, zitiert bei R. Koselleck, Einleitung zum Lexikon ‚Geschichtliche Grundbegriffe', Bd. 1, 1972, XXIII, aber ohne Quellenangabe.
2 L. Hölscher, Begriffsgeschichte als Kulturgeschichte. Akademie-Journal 1, 2000, 10 u. 11 f.
3 Vgl. dazu R. Koselleck u. a. (Hrsg.), Geschichtliche Grundbegriffe, 8 Bde., 1972–97, jeweils s. v.

Ein historischer Begriff ist zudem stets vieldeutig. Ein Wort wird dann zu einem historischen Begriff, wenn die Fülle eines politisch-sozialen Bedeutungszusammenhanges in dieses Wort eingeht. So etwa beim Begriff ‚Staat‘. Er umfasst eine reiche Palette an Komponenten: Herrschaft, Territorium, Gesetzgebung, Verwaltung usw. Ein historischer Begriff ist mithin Konzentrat vieler Bedeutungsinhalte. Er bündelt eine Vielfalt geschichtlicher Erfahrungen mit zahlreichen Nuancen, und deshalb kann er nicht wirklich definiert, sondern nur beschrieben und interpretiert werden. Wir kommen zwar nicht umhin, uns Rechenschaft über den Inhalt eines Begriffes zu geben und uns seinem Gehalt über den Versuch einer Definition anzunähern, aber dies kann immer nur unvollkommen gelingen. Das ist es, was Nietzsche mit seiner vorhin zitierten Formulierung meint.

Es gibt aber nicht nur diachrone Bedeutungsunterschiede von Begriffen, sondern auch eine diachrone Problematik ihrer *Verwendung*. Diese lässt sich wiederum an jener des Begriffes ‚Staat‘ erläutern. Er ist ein neuzeitlicher Begriff, und als Bezeichnung für den modernen Staat setzt er u. a. bürokratische Institutionen sowie die Dichotomie von Staat und Gesellschaft voraus, die zumindest über weite Zeiträume der Antike und jedenfalls im Mittelalter nicht existierten. Dennoch wird z. B. von einem ‚Staat im Hohen Mittelalter‘ geredet, was einerseits eine sorgfältige begriffsgeschichtliche Absicherung einer definitorischen Ausweitung oder eher inhaltlichen Reduzierung voraussetzt, andererseits selbstverständlich bestimmte Gemeinsamkeiten im Gegenstandsbereich. Eine Leistung Max Webers war es, aus dem empirisch vorliegenden Reservoir möglicher Bedeutungen *Wissenschaftsbegriffe* herauszuarbeiten, die formal und allgemein genug waren, um langfristige und dauerhafte, aber auch wechselnde Erscheinungsweisen beschreiben zu können, welche die historischen Individualitäten auf die ihnen innewohnenden Strukturen hin aufschlüsselten.

Wir können diesen Problemen, die historische Begriffe bieten, nicht ausweichen, denn Geschichte wird nur zur Geschichte, indem sie begriffen, d. h. in Begriffe gefasst wird. *Wie* wir Begriffe mit Inhalt füllen, ist ausschlaggebend für unser *Begreifen* von Geschichte, aber auch für unsere *Vermittlung* von Geschichte, und zwar Vermittlung nicht nur an ein Fachpublikum, sondern auch an eine breite Öffentlichkeit. Gerade dieser gegenüber tragen wir eine besondere Verantwortung, denn wir produzieren diejenigen Geschichtsbilder oder sollten sie produzieren, die in der Universität, den Schulen, den Medien usw. rezipiert werden. Jede Generation schreibt bekanntlich die Geschichte der Vergangenheit neu, und dies muss und kann sie nur in der jeweils gültigen Sprachform in verständlicher Weise leisten. Als Theodor Mommsen seine später mit dem Nobelpreis für Literatur bedachte ‚Römische Geschichte‘ mit modernisierender Terminologie, wie etwa der Bezeichnung der Konsuln als Bürgermeister, verfasst hatte, zog er sich deswegen herbe Kritik zu. Er gestand, dass diese teilweise berechtigt sei, verteidigte aber im Prinzip die zugrunde liegende Absicht, den Zeitgenossen um die Mitte des 19. Jahrhunderts römische Geschichte verständlich zu machen.

Welche Vorstellung erwecken wir bei fachfremden Lesern, wenn wir in unseren Publikationen im Hinblick auf Siedlungen der Vergangenheit von ‚Stadt‘ reden? Nun: die Vorstellung, die man *heute* von einer Stadt hat. *Stat* als Begriff für eine Siedlung erscheint jedoch erstmals in hochmittelalterlichen Quellen.[4] Dies bedeutet zum einen, dass die Anwendung dieses Begriffes auf Siedlungsphänomene in Epochen, die dem Hochmittelalter vorausgingen und in welchen es diesen Begriff *stat* folglich noch nicht gab, sorgfältiger Begründung bedarf. Zum anderen stellt sich die Frage, ob die heutige Verwendung des Begriffes ‚Stadt‘ und damit die moderne Vorstellung von ‚Stadt‘ der hochmittelalterlichen noch entspricht. Bekanntlich ist dies nicht der Fall. Die für die mittelalterliche Stadt definitorisch maßgeblichen Institutionen einer Stadtbürgergemeinde und eines spezifischen Stadtbürgerrechtes existieren in dieser Form nicht mehr. Die heutige Stadt ist Amts- und Verwaltungsstadt im institutionellen Flächenstaat geworden. Wir sind keine Stadtbürger mehr, sondern Staatsbürger, die sich über ein Staatsbürgerrecht definieren, auch wenn es noch städtische Selbstverwaltung und kommunales Wahlrecht gibt. Hoch- und spätmittelalterliche Orte konnten ferner Stadtrecht besitzen, auch wenn sie weniger als 500 Einwohner und eine großenteils bäuerliche Bevölkerung aufwiesen. Diese Orte würde kein heutiger Besucher als Städte identifizieren, und sie

---

4 Vgl. F. Kolb, Die Stadt im Altertum (München 1984) 12.

hätten auch keine Chance, verwaltungsrechtlich als solche anerkannt zu werden. Die heute übliche Definition von Stadt bieten die Konversationslexika, wie etwa Meyers Enzyklopädisches Lexikon:[5] „Siedlung mit meist nicht landwirtschaftlichen Funktionen ... , gekennzeichnet u. a. durch eine gewisse Größe, Geschlossenheit der Ortsform, höhere Bebauungsdichte, überwiegende Mehrstöckigkeit der Häuser (zumindest im Ortskern), Arbeitsteiligkeit der Bevölkerung und zentrale Funktionen in Handel, Kultur und Verwaltung." Solche Artikel fußen auf maßgeblichen Abhandlungen zur Siedlungsforschung. Von einem Stadtrecht ist in diesen Definitionen keine Rede mehr.

Der zitierte Lexikon-Artikel bietet vielmehr eine siedlungsgeographische Definition von Stadt, und nur eine solche ist in der Tat allgemein genug, um auf alle Epochen der Geschichte zweckdienlich angewandt zu werden. Stadtrecht hingegen war nicht einmal frühmittelalterlichen Orten eigen, prähistorischen und frühgeschichtlichen ohnehin nicht und desgleichen der Antike unbekannt, in der Polis und Civitas jeweils den Rechtsstatus eines aus Zentralort und seinem gesamten Landgebiet bestehenden Gemeinwesens kennzeichneten, nicht aber denjenigen einer Siedlung und ihrer Bewohner.[6] Wir müssen folglich einerseits antike Städte, die es zweifelsfrei gab, über andere Kriterien definieren, und es ist andererseits berechtigt zu fragen, ob man hoch- und spätmittelalterlichen Orten die Bezeichnung als Stadt zubilligen darf, nur weil sie das mittelalterliche *Stat*-Recht besaßen. Ein Rechtshistoriker[7] hat treffend bemerkt: „Das Bemühen um Quellennähe des Begriffsapparates darf uns nicht dazu verführen, einfach das als Stadt zu bezeichnen, was eine Zeit selber so genannt hat".

Welche Probleme bzw. erkenntnistheoretischen Hemmnisse eine Quellennähe des Begriffsapparates erzeugen kann, mag die Forschungsdiskussion um die Charakterisierung des frühen Rom verdeutlichen. Der Prähistoriker H. MÜLLER-KARPE[8] wollte bereits das Rom des 8. Jahrhunderts v.Chr. als Stadt bezeichnen, und zwar auf der Grundlage siedlungsgeographischer Kriterien. Dies war ein im Prinzip richtiger Ansatz, aber die Befundlage in Gestalt von über ein größeres Gebiet verstreuten Hüttenresten und Gräbern sowie einer nur rudimentären wirtschaftlichen und sozialen Differenzierung reicht in diesem Fall nicht aus, um die Bedingungen des siedlungsgeographischen Stadtbegriffes zu erfüllen. Aus anderen Gründen lehnte aber der italienische Altertumswissenschaftler C. AMPOLO[9] MÜLLER-KARPES frühe Stadt Rom ab. Er kritisierte grundsätzlich die Anwendung eines siedlungsgeographischen Stadtbegriffes als „modern", d.h. anachronistisch, und forderte, die in der Forschung in der Tat übliche Gleichsetzung von ‚Stadt' mit dem lateinischen Begriff *civitas*[10] auch auf das frühe Rom anzuwenden, entsprechend der Definition Ciceros:[11] „Was anderes ist nämlich eine *civitas* als eine Rechtsgemeinschaft von Bürgern?" Von einer Stadt, einer *città*, so AMPOLO, könne man erst reden, sobald Indizien eines für die antike *civitas* typischen politischen und religiösen Lebens erkennbar seien. Dies sei im Falle Roms seit der zweiten Hälfte des 7. Jahrhunderts der Fall. Nimmt man jene Definition von *città* als bloße Rechtsgemeinschaft von Bürgern ernst, so benötigt AMPOLOS Stadt im Grunde keine Gebäude, und zwar weder solide gebaute Wohnhäuser, geschweige denn mehrstöckige, noch Tempel, weder Abwasserkanäle noch Straßen, weder berufliche Spezialisierung und Arbeitsteiligkeit noch wirtschaftliche Zentralortfunktionen. Sie braucht nur – architektonisch nicht weiter gestaltete – Kultorte und Versammlungsstätten für Bürger. Das Problem ist freilich, dass wir für die zweite Hälfte des 7. Jahrhunderts in Rom zwar eine rudimentäre Gestaltung des Forum-Platzes fassen können, aber keineswegs die von Cicero geforderte „Rechtsgemeinschaft von

---

5 Band 22, 1978, 412 ff. Ganz ähnlich, nur ausführlicher lautet die Stadtdefinition im Brockhaus, s. v. *Stadt*.
6 Vgl. KOLB (Anm. 4) 58–61; 169–175.
7 G. DILCHER, Rechtshistorische Aspekte des Stadtbegriffs, in: H. JANKUHN/W. SCHLESINGER/H. STEUER (Hrsg.), Vor- und Frühformen der europäischen Stadt im Mittelalter 1 (Göttingen 1973) 12–32.
8 H. MÜLLER-KARPE, Zur Stadtwerdung Roms (Heidelberg 1962).
9 C. AMPOLO, Die endgültige Stadtwerdung Roms im 7. und 6. Jh. v. Chr. Wann entstand die Civitas? In: D. PAPENFUSS/V. M. STROCKA (Hrsg.), Palast und Hütte (Mainz 1982) 319–324.
10 Vgl. z.B. J. MARTIN, Die griechische und römische Stadt in der Antike. In: P. FELDBAUER/M. MITTERAUER/W. SCHWENTKER (Hrsg.), Die vormoderne Stadt. Asien und Europa im Vergleich (Wien 2002) 10–31.
11 Cic., *rep*. I 32,49. Vgl. Thuk. VII 77,7.

Bürgern".¹² Die für einen Italiener naheliegende Anknüpfung von *città* an *civitas* versagt mithin schon im Hinblick auf das frühe Rom; wir können auch das Rom des 7. Jahrhunderts noch nicht über den Begriff der *civitas* definieren.

Ein nicht weniger gravierendes Problem besteht jedoch darin, dass man mit der Anwendung der Kriterien für eine *civitas* auf eine Siedlung eben nur eine *civitas* erfassen kann. Ein antiken Denkkategorien verhafteter Begriff eröffnet keine Erklärungsperspektiven und Erkenntnisse, die über den Horizont der antiken Sichtweise hinausgehen. Wer, wie Ampolo, die Anwendung moderner Begriffe auf die Antike ablehnt – was er im Übrigen im Falle anderer Begriffe keineswegs tut und auch gar nicht durchhalten könnte –, der kann nicht zu Ergebnissen gelangen, die aus modernen Fragestellungen und Sichtweisen resultieren. Mit anderen Worten: Es fehlt einer solchen quellennahen Begrifflichkeit der heuristische Wert. Wir stellen aus heutiger Sicht zurecht die Frage, ob es in früheren Zeiten Siedlungen gab, die man auch nach heutigen siedlungsgeographischen Kriterien als Städte bezeichnen könnte, und wir wollen wissen, wie sie entstanden sind und wie sie aussahen. Wir wollen und können mit solchen Fragestellungen entscheidende Antriebskräfte zivilisatorischer Entwicklung freilegen. Dies ist keineswegs ahistorisch und anachronistisch, schon gar nicht im Hinblick auf die Antike.

Denn damals unterschied man durchaus bereits zwischen der Civitas oder Polis als ganzer und ihrem Siedlungsmittelpunkt, den man *asty*, *urbs* oder *oppidum* nannte. Man kannte auch den *asteios* bzw. *urbanus*, den Menschen mit verfeinerter, eben städtischer Lebensweise. Pausanias¹³ zögert im 2. Jahrhundert n. Chr., das mittelgriechische Panopeus als eine Polis im vollen Sinne des Wortes zu betrachten, da ihrem Siedlungszentrum die damals übliche bauliche Ausstattung fehle. Als Konstantin der Große dem im kleinasiatischen Phrygien gelegenen Orkistos das *civitas*-Recht verleiht, nennt er als Begründung, dass der Ort über ein Forum, öffentliche Gebäude, eine hinreichende Bevölkerung, eine verkehrsgünstige Lage und zahlreiche Wassermühlen, mithin eine gewisse wirtschaftliche Zentralortfunktion, verfüge.¹⁴ Tacitus¹⁵ berichtet, wie die Gründung britannischer Civitates im 1. Jahrhundert n. Chr. mit der Schaffung einer urbanen Grundausstattung ihrer Siedlungszentren und einer verfeinerten Lebensweise ihrer Bewohner einherging. Ein moderner siedlungsgeographischer Stadtbegriff findet folglich sehr wohl Anknüpfungspunkte in antiken Vorstellungen vom Aussehen der höchsten Siedlungskategorie. Wenn Rousseau¹⁶ zwischen der *cité* als Heimat des *citoyen* und der *ville* als Heimat des *bourgeois* unterscheidet, so hat er gewissermaßen die Zielrichtung unserer Fragestellung vorgegeben: Wir fragen heute nach der *ville*, nachdem man so lange in der Forschung nur nach der *cité* gefragt hat.

Diese Frage sollte nun aber m. E. nicht in den verschiedenen historischen Disziplinen mit jeweils gänzlich unterschiedlichen, der jeweiligen Befundlage angepassten Stadtbegriffen gestellt werden, gewissermaßen nach dem Motto: Jede Epoche und jede Kultur soll ihre eigene Stadt haben! Historische Begriffe sollten wir vielmehr dazu verwenden, *sinnvoll* zu differenzieren, die Eigenarten der verschiedenen Epochen herauszuarbeiten, und nicht dazu, Unterschiede zu verkleistern und den Weg zur Erkenntnis der zeitlichen und räumlichen Bedingtheit historischer Phänomene zu versperren. Ziel historischer Forschung kann es also nicht sein, unseren zwangsläufig modernen Begriffsapparat seiner heutigen Bedeutungen zu entleeren und rundum den Bedingtheiten einer vergangenen Epoche oder Kultur anzupassen. Vielmehr empfiehlt es sich, aus der historischen Erfahrung geschöpfte, klar umschriebene Begriffe zugrunde zu legen, um so analysieren zu können, ab wann und unter welchen Bedingungen bestimmte historische Phänomene aufgetreten sind, im konkreten Fall: die verschiedenen Erscheinungsformen dessen, was man auf der Grundlage eines

---

12 Vgl. F. Kolb, Rom. Die Geschichte der Stadt in der Antike (²München 2002) 61–64.
13 Paus. X 4,1.
14 Monumenta Asiae Minoris Antiqua VII, 1956, 69 ff. Nr. 305, bes. Z. 16–31.
15 Tac., *Agr.* 12.
16 J. J. Rousseau, Du Contrat Social, ed. B. Gagnebin/M. Raymond (Oeuvres complètes III, livre 1) (Paris 1964) 361 f.

einheitlich konzipierten Begriffes als Stadt bezeichnen kann, zu analysieren, aber gegebenfalls eben auch festzustellen, dass es in manchen Zeiträumen und Kulturen keine Städte im Sinne einer modernen siedlungsgeographischen Definition gab, weil die entsprechenden Voraussetzungen fehlten.
Es ist z.B. eine für die historische Erkenntnis unfruchtbare Vorgehensweise, wenn bei prähistorischen Feldforschungen aufgrund unterschiedlich großräumiger Keramikstreuungen nicht nur verschiedene Siedlungsgrößen festgestellt, sondern diese mit modernen Siedlungskategorien in Dorf, Stadt und Großstadt differenziert werden, ohne dass man die Siedlungsstruktur, die Bausubstanz und eventuelle Zentralortfunktionen kennt.[17] Ebenso wenig sinnvoll ist es, im Falle teilweise oder auch gänzlich ausgegrabener Siedlungen auf der Grundlage gewissermaßen beliebig niedrig angesetzter Zentralortfunktionen und nur rudimentär differenzierter baulicher Ausstattung mit aller Gewalt eine spezifisch prähistorische oder frühgeschichtliche Stadt zu konstruieren. Bei einem solchen Verfahren landet man schließlich bei einer paläolithischen Stadt, denn am Beginn „zentraler Orte der Steinzeit" stehen „die Höhlenheiligtümer des Jungpaläolithikums", wie es kürzlich der Prähistoriker KLAUS SCHMIDT formulierte.[18] Der Heidelberger Spezialist für vorderasiatische Archäologie, HARALD HAUPTMANN,[19] hat Bemühungen, in Anatolien und im Ägäisraum schon neolithische oder frühbronzezeitliche Städte nachzuweisen, zu Recht eine Absage erteilt, mit den Worten: „In der Forschung der ägäischen und anatolischen Frühzeit wird das Prädikat Stadt mit Vorliebe jedem größeren dörflichen Gemeinwesen verliehen, wenn es nur ein paar parallele Hauszeilen, eine durchgehende Straße und eine Befestigung aufweist."
Probleme anderer Art ergeben sich etwa bei der Kategorisierung altägyptischer und kretisch-minoischer Großsiedlungen, die sich zwar über weite Flächen erstrecken, aber in räumlich klar voneinander getrennte Siedlungskomplexe gegliedert sind, so dass z.B. im Falle der mittelminoischen Palastsiedlung von Mallia etwa zwei Drittel der 23–30 Hektar umfassenden Siedlungsfläche unbebaut sind. Da auch ein sie umgebender Mauerring, somit eine Abgrenzung des Siedlungsareals, fehlt, liegt keine geschlossene, zusammenhängende Siedlung vor. Es gibt ferner keine Indizien dafür, dass die in den jeweiligen Quartieren gefundenen Werkstätten über den Bedarf des jeweiligen Viertels hinaus produzierten, und es ist nicht einmal wahrscheinlich, dass es eine alle Siedlungskomplexe zusammenschließende Verwaltung gab. Ferner sind die üblichen Einwohnerschätzungen von 200 Personen je Hektar für prähistorische Siedlungen nach Meinung von HARALD HAUPTMANN viel zu hoch; er plädiert für 80 Personen pro Hektar, und damit würde z.B. die auf den ersten Blick recht weitläufige Palastsiedlung von Mallia mit nur 560–800 Einwohnern auch demographisch kaum den an eine städtische Siedlung zu richtenden Anforderungen entsprechen.[20] Es sei hier nur kurz darauf verwiesen, dass sich bezüglich etruskischer Großsiedlungen des 9./8. Jahrhunderts v. Chr. ganz ähnliche Probleme der Besiedlungsdichte, des Siedlungszusammenhanges und der administrativen Geschlossenheit ergeben. ULF HAILER hat im Dezember 2005 in diesem Kreis darüber referiert.
Im Falle der kretisch-minoischen wie auch der ägyptischen Palastsiedlungen kommt noch hinzu, dass sie keine wirklichen Indizien für Zentralortfunktionen für ein Umland aufweisen. Nur der Palast selbst verfügt über solche Funktionen. Das Gleiche trifft möglicherweise auf die hethitische Hauptstadt Hattuscha zu, für die jüngste Forschungen auf eine recht geringe und vielleicht ganz auf die Bedürfnisse des Palastes und der Tempelkomplexe innerhalb des Mauerringes orientierte Einwohnerschaft hindeuten.[21] Die Frage scheint berechtigt, ob man im Hinblick auch auf das spät-

---

17 So z.B. U. ESIN, Siedlungsordnung im östlichen Anatolien während des 4. und 3. Jhs. v. Chr. In: PAPENFUSS/STROCKA (Anm. 9) 73–91.
18 K. SCHMIDT, Die „Stadt" der Steinzeit. In: H. FALK (Hrsg.), Wege zur Stadt. Entwicklung und Formen urbanen Lebens in der alten Welt. Vergleichende Studien zu Antike und Orient 2 (Bremen 2005) 34.
19 H. HAUPTMANN, Die Entwicklung der frühbronzezeitlichen Siedlung auf dem Norsun Tepe in Ostanatolien. Arch. Korrbl. 6, 1976, 18 Anm. 15.
20 Vgl. V. STÜRMER, Siedlung, Stadt und Palast. Zur Entstehung der minoischen „Stadt" im 3. Jt. v. Chr. In: FALK (Anm. 18) 60–81. – Vgl. KOLB (Anm. 4) 36–40; 51–57.
21 J. SEEHER, Hattusa-Bogazköy – Hauptstadt des Reiches. In: Die Hethiter und ihr Reich. Ausstellungskat. (Bonn 2002) 156–163 bes. 160.

bronzezeitliche Anatolien überhaupt von Städten – geschweige denn von einer Stadtkultur – sprechen sollte, und Entsprechendes gilt für die mykenische Welt, für die bisher keine einzige größere Siedlung im Kontext der Burgen festgestellt werden konnte. Vielmehr scheinen hier Ballungssiedlungen erst in der Phase des Zusammenbruchs dieser Palastzivilisation entstanden zu sein, wie etwa in Tiryns.[22] Eine weitere Frage schließt sich an, nämlich inwieweit man in einem zivilisatorischen Ambiente, in dem der archäologische Befund nicht eine städtische Kultur, d.h. ein relativ enges Städtenetz, nahelegt, überhaupt mit Städten im siedlungsgeographischen Sinne rechnen kann. Denn wenn eine Zivilisation die Voraussetzungen für eine städtische Kultur in sich trägt, so wird es kaum bei ganz vereinzelten, geographisch weit voneinander entfernten städtischen Siedlungen bleiben. Wo eine nur dünne Streuung von Großsiedlungen auftritt, muss man folglich von der Möglichkeit ausgehen, dass diese als rein herrschaftsgebundene Agglomerationen, sei es im Dienste eines Fürsten, sei es einer aristokratischen Elite, die unter Umständen nicht in dieser Siedlung residieren, für bestimmte der Selbstversorgung dienende Zwecke geschaffen wurden, ohne über echte Zentralortfunktionen für ein Umland und dieser dienende öffentliche Bauten zu verfügen, es sei denn Kultstätten, die natürlich in jeder menschlichen Gemeinschaft zu erwarten sind. Gewiss sind auch römische und erst recht mittelalterliche Städte oft bzw. meist herrschaftliche Gründungen, aber mit dem Zweck zumindest einer Marktfunktion und meist weitergehender Zentralortfunktionen für ein Umland. Dies unterscheidet sie von bloßen Arbeiter- und Versorgungs-Agglomerationen.

Als Indiz für städtisches Niveau bedarf es mithin nicht nur einer bestimmten Ausdehnung einer Siedlung in der Fläche, sondern auch einer hohen Bebauungsdichte und einer differenzierten Bauausstattung, die z.B. auf Herrschafts- oder Verwaltungsfunktionen für ein Umland hindeutet; sodann einer arbeitsteiligen Wirtschaft, die über das dörfliche Niveau von Schmieden, Töpfern, Schustern, Maurern und häuslichen Webtätigkeiten hinausgeht und Überschüsse für ein weiteres Umland produziert; ferner nicht nur der Anzeichen für gewisse Beziehungen zwischen einem Ort und seinem Umland, sondern für einen intensiven, regelmäßigen Austausch, z.B. in Gestalt eines Marktes. Und alles dies muss nachgewiesen und nicht nur vermutet oder postuliert werden. Wenn man es nicht nachweisen kann, sollte man sich vergegenwärtigen, dass es Orte geben kann, welche weder Dorf noch Stadt sind, und sich nicht scheuen, eine Siedlung mit anderen Begriffen zu benennen, wobei es in den meisten Fällen nicht allzu schwierig sein dürfte, über das farblose Wort *Zentralort* hinaus bedeutungsvollere Termini zu finden, wie etwa Burgsiedlung, Stammeszentrum, Festungssiedlung, Wirtschafts- und Kultzentrum, Umschlagplatz usw. Damit würde man einer wünschenswerten historischen Differenzierung gerecht werden und nicht falsche Assoziationen wecken.

Der Berliner Prähistoriker BERNHARD HÄNSEL[23] hat zu Recht die Notwendigkeit begrifflicher Klarheit und Präzision für die Prähistorie betont, und das darf man durchaus auf die Frühgeschichte des europäischen Raumes übertragen. Er hat auf bestimmten archäologisch nachweisbaren und nachzuweisenden Kriterien insistiert, die eine ausschließlich auf das archäologische Material angewiesene Wissenschaftsdisziplin beachten müsse, um von einer Stadt reden zu dürfen:

1. Größe und Dichte der Nutzung von Siedlungsarealen, verbunden mit einer Einwohnerzahl, die eine soziale Differenzierung zulässt, in der Regel wenigstens 1000 Personen.
2. Zentralortfunktionen, insbesondere in wirtschaftlicher Hinsicht, einschließlich Fernhandelsbeziehungen.
3. Ökonomische Differenzierung mit einem hohen Grad an beruflicher Spezialisierung.
4. Ausgeprägte Differenzierung der Bausubstanz.
5. Geschlossenheit und planerische Organisation der Siedlung, möglichst auch Ummauerung.
6. Langlebigkeit der Siedlung (Nutzungsdauer).

---

22 K. KILIAN/CHR. PODZUWEIT, Ausgrabungen in Tiryns. Arch. Anz. 1978, 449–498.
23 B. HÄNSEL, Bronzezeitliche Siedlungssysteme und Gesellschaftsformen in Südosteuropa. In: C. BELARDELLI (Hrsg.), The Bronze Age in Europe and the Mediterranean (Forli 1996) 241–251; ders. in: FALK (Anm. 18) 188 f.

Ganz ähnlich liest sich der Kriterienkatalog, den Hans J. Nissen[24] für die vorderorientalische Stadt aufgestellt hat: Sie „ist das Zentrum eines Umlandes; ein größerer Teil der Einwohner ist nicht mit der Erzeugung der eigenen Nahrung beschäftigt; wir haben es mit einer ausgeprägten Arbeitsteilung zu tun, und vermutlich ist die Siedlung (er spricht vom frühen Uruk) von einer Mauer ... umgeben gewesen; sogar das Kriterium, dass eine Schrift vorhanden sein sollte, trifft zu."

Ich erlaube mir schließlich, darauf hinzuweisen, dass der von mir bereits 1984 formulierte Kriterienkatalog, anhand dessen ich die Entstehung und Eigenart von Städten im Altertum untersucht habe,[25] einen den Ausführungen von Hänsel und Nissen ganz entsprechenden Begriffs-Diskurs enthielt, natürlich in Anlehnung an siedlungsgeographische Untersuchungen zu zentralen Orten, wie jenen von Johann Heinrich von Thünen, Walter Christaller und – nicht zu vergessen – Max Weber. Alle diese inhaltlich übereinstimmenden Definitionen von Stadt konstituieren einen *Wissenschaftsbegriff* im Weber'schen Sinne, indem sie bestimmte Merkmale festlegen, welche von der individuellen Vielfalt abstrahierend dem empirisch vorliegenden Reservoir historischer Erscheinungen entnommen sind. Entscheidend ist, dass dieses siedlungsgeographische Kriterienbündel für ‚Stadt' offensichtlich den prähistorischen und vorderorientalischen Verhältnissen ebenso gerecht wird wie den antiken und neuzeitlichen, wahrscheinlich auch den mittelalterlichen. Damit hat es seine heuristische Ergiebigkeit unter Beweis gestellt; epochenübergreifende Anwendbarkeit ist der entscheidende Wertmaßstab für die komparatistische Eignung eines historischen Begriffes.

Dabei darf man allerdings nie vergessen, dass im Sinne Nietzsches kein historischer Begriff imstande ist, die geschichtliche Wirklichkeit voll und ganz in allen ihren Nuancen zu erfassen. So wird es immer wieder Siedlungen geben, bei denen man sich mit jeglichem begrifflichen Raster schwer tut. Ich nenne beispielshalber die an römischen Legionslagern sich herausbildenden *canabae*, sogenannte Lagerstädte,[26] z.B. Aquincum. Sie weisen scheinbar alle Kriterien einer Stadt auf; auch ein heutiger Besucher gewinnt den Eindruck einer urbanen Siedlung, aber es gibt keine nachweisbaren Zentralortfunktionen für ein Umland, denn diese Siedlungen waren gänzlich auf das Legionslager ausgerichtet, ein Anhängsel desselben, und in dieser Hinsicht wohl ägyptischen und minoischen Palastsiedlungen ähnlich. Im Hinblick auf die Bewertung keltischer Siedlungen sind vielleicht jüngste Erkenntnisse zum sizilischen Morgantina der archaischen Zeit nützlich: "The surveys around Morgantina are pointing out that the site was not an urban center. It is something very different. It is a walled place on a high point that is characterized by an enormous amount of sacred architecture and also by evidence pointing to craft production. One of the things we have discovered during the survey outside the walls of Morgantina was a very large settlement half the size of Morgantina, at the bottom of a hill, which is clearly where a lot of people would live. So, I do not see Morgantina any more as an urban center, as a residential center. It is something else, a sort of an acropolis. So we have been fooled for a long time seeing the walls and the architecture as signs of urbanism".[27] So entzieht sich die geschichtliche Wirklichkeit zumindest bisweilen oder teilweise der zweifellos notwendigen begrifflichen Abstraktion und verweist auf die Bedeutung des narrativen Elements, auf die beschreibende Erzählung, die das Individuelle zu erfassen vermag und das abstrakte Begriffs-Skelett mit Fleisch umhüllt.

---

24 H.J. Nissen, Vom Weiler zur Großstadt im frühen Orient. In: Falk (Anm. 18) 57.
25 Kolb (Anm. 4) 15.
26 Ebd. 185 f.
27 Zitat aus P. Attema u.a. (Hrsg.), New Developments in Italian Landscape Archaeology (Oxford 2002) 116.

Schlagwortverzeichnis

Historische Begriffe; Geschichtsbilder; Siedlungsgeographie; Stadtbegriff; Stadtrecht; Zentralort.

Anschrift des Verfassers

Prof. Dr. Frank Kolb
Eberhard-Karls-Universität Tübingen
Historisches Seminar
Abt. für Alte Geschichte
Wilhelmstrasse 36
72074 Tübingen

E-Mail: frank.kolb@uni-tüebingen.de

Frühe Germanen an Rhein und Neckar – Altes und Neues zur antiken Überlieferung*

Franz Fischer

Unser Thema gilt der ältesten Geschichte unseres Landes und ihrer Überlieferung. Einige Stichworte mögen Erinnerungen wachrufen: Der germanische Heerkönig Ariovist, der sich mit seiner Gefolgschaft im Oberelsass festgesetzt hatte, wurde im Jahre 58 v. Chr. vom römischen Prokonsul Caesar geschlagen und über den Rhein zurückgeworfen. Drei Stämme seines Aufgebotes saßen später, in der römischen Kaiserzeit, am linken Ufer des Oberrheins: die Triboker um Brumath im Unterelsass, die Nemeter um Speyer in der Pfalz und die Vangionen um Worms in Rheinhessen. Später traten rechts des Rheins an der Neckarmündung hinzu die Neckarsueben mit ihrem Mittelpunkt *Lopodunum*, heute Ladenburg – als römische Verwaltungseinheit *civitas Ulpia Sueborum Nicretum* oder *Nicrensium*, wie die Forschung sie seit kurzem nennt. Dazu gehört auch das nahebei auf dem Heiligenberg bei Heidelberg gelegene Heiligtum des *Mercurius Cimbrianus* – der gleichen Gottheit, die auch auf dem Greinberg bei Miltenberg am Main verehrt wurde; von dort stammt auch eine steinerne Säule mit der nur halbfertigen Inschrift *inter Toutonos*.

Diese Stichworte stehen in einem klaren Kontext. Es ist der Ausgriff Roms nach Norden, zuerst durch Caesar nach Gallien, der den Rhein von Basel an zur Grenze des *Imperium Romanum* machte, der in einem zweiten Schritt unter Augustus über die Alpen bis an die Donau führte. Der so zwischen den großen Strömen Rhein und Donau entstandene *sinus imperii* wurde drei Generationen später von den flavischen Kaisern mit der Vorverlegung der Grenze bis zum Limes gemildert, um 155 n. Chr. dann nochmals korrigiert.[1] Dies alles aber hängt zugleich unlösbar zusammen mit den Germanen, seit Caesar die eigentlichen Gegner Roms im Norden. Und schließlich steht dies alles vor dem Hintergrund der nur schattenhaft bekannten, älteren Geschichte des Landes und seiner Bewohner; auch davon werden wir zu sprechen haben.

Schon damit ist angedeutet, dass wir es hier mit einem breiten und zugleich komplizierten Spektrum der Wissenschaft zu tun haben. Wer auch nur einmal kurz Einblick in die Forschung hat nehmen können, der weiß, dass man sich dort auf einem schwierigen und zugleich ungewöhnlich glatten Parkett bewegt. Das beginnt schon mit der Überlieferung jener antiken Texte, die unserem Bild von den hier interessierenden Zuständen und Vorgängen zugrunde liegen, und das gilt erst recht für ihre Interpretation – sie blickt inzwischen auf mehr als fünf Jahrhunderte intensiver Studien zurück. Die Diskussion hat sich entsprechend weit verzweigt, einige Kapitel daraus werden wir streifen. Ein Überblick ist selbst für den auf diesem Gebiet Arbeitenden heute kaum mehr möglich, muss aber doch immer wieder versucht (um nicht zu sagen gewagt) werden.

---

* Der Text bietet im Wesentlichen den Vortrag, den ich am 10.5.2005 im Rahmen des Römer-Jahres im Stuttgarter Rathaussaal gehalten habe.
1 Zur Geschichte der römischen Besetzung Südwestdeutschlands: Ph. Filtzinger in: Ph. Filtzinger/D. Planck/B. Cämmerer (Hrsg.), Die Römer in Baden-Württemberg (³Stuttgart 1986) 23–116. Zum Alpenfeldzug: W. Zanier, Der Alpenfeldzug 15 v.Chr. und die Eroberung Vindelikiens. Bayer. Vorgeschbl. 64, 1999, 99–132; K. Dietz in: C.-M. Hüssen/W. Irlinger/W. Zanier (Hrsg.), Spätlatènezeit und frühe römische Kaiserzeit zwischen Alpenrand und Donau. Akten Koll. Ingolstadt 11. u. 12. Okt. 2001. Koll. Vor- u. Frühgesch. 8 (Bonn 2004) 1–23 und Zanier ebd. 237–264. Zur historischen Datierung der Vorverlegung des Neckarlimes vgl. G. Alföldy, Fundber. Baden-Württemberg 8, 1983, 55–67.

Das gilt besonders für das Stichwort ‚Germanen'. Die Wiederentdeckung der *Germania* des Tacitus im 15. Jahrhundert hat alsbald die nationalen Leidenschaften entfacht, schon weil sie gleich zu Anfang mit der Diskussion über die *Gravamina* der Deutschen gegen den Stuhl Sancti Petri verbunden war. Humanisten wie Conrad Celtis, Jakob Wimpfeling, Beatus Rhenanus und Ulrich von Hutten verliehen dieser Auseinandersetzung mit der Einbeziehung dieses Werks eine historische Tiefendimension, die das Nationalbewusstsein nachhaltig bestimmt hat.[2] Auch die Reformatoren studierten die *Germania* und weitere Schriften des Tacitus; schon Luther hat Arminius als „Hermann den Cherusker" bezeichnet.[3] Ein Historiker unserer Tage hat diese Entwicklung so formuliert: „Es sollten sich nicht mehr die eingewanderten Völker der Franken, Sachsen, Schwaben und Bayern unter der Kaiserkrone zu Deutschen vereinigt haben, vielmehr sollten nunmehr die Deutschen als ein Volk insgesamt die Ureinwohner ihres Landes sein, die sich erst nachträglich in verschiedene Teilvölker ausdifferenzierten".[4] Erst recht wurden die Germanen Caesars und Tacitus' in der gegen die Herrschaft Napoleons gerichteten Publizistik instrumentalisiert – Kleists „Hermannsschlacht" ist nur das bekannteste Beispiel. In der Romantik wurden aus diesen Germanen geradezu „Deutsche"; nicht nur Theodor Mommsen hat sie so genannt. Die viele Jahrzehnte herbeigesehnte, von Bismarck vollendete Vereinigung der Deutschen lebte publizistisch aus der Konfrontation historischer Legitimationen: den Deutschen, die sich auf die antiken Germanen beriefen, standen die Franzosen gegenüber, deren Bürgertum sich seit der Restaurationszeit als Nachkommen der antiken Gallier unter römischer Herrschaft und damit als legitime Erben der antiken Kultur sah – im Gegensatz zu dem pejorativ mit den „Barbaren" – den Franken – identifizierten Adel. Diese „Époque Gallo-Romaine" hat Napoléon III. auch politisch zu instrumentalisieren gesucht; seine Caesar-Studien wurden freilich von seinen Landsleuten zwiespältig aufgenommen, doch wirken sie in der Wissenschaft bis heute nach. Das Bedürfnis nach historischer Legitimation bezeugen bis heute die von Napoléon III. gestiftete Bronzestatue des Vercingetorix auf dem Burgfelsen von Alesia und das zur gleichen Zeit geschaffene, 1875 vollendete Hermannsdenkmal bei Detmold, das den gegen Rom siegreichen Arminius feiert.

In dieser geistesgeschichtlichen Situation ist auch die Germanenforschung entstanden. In der Romantik setzte sie mit der Erforschung von Recht und Sprache ein und hat vor allem die Germanistik als Disziplin begründet. Die Archäologie trat erst später und zu einer Zeit auf den Plan, als die Sprachwissenschaft die Urheimat der Indogermanen diskutierte. In dieser Zeit hat Gustaf Kossinna den Gedanken, dass sich historisch bezeugte „Völker" mit archäologischen Mitteln in weit vorhistorische Vergangenheit rückverfolgen ließen, mit seiner ‚siedlungsarchäologischen Methode' verifizieren zu können geglaubt und damit die ethnische Deutung archäologischer Kulturprovinzen begründet.[5] Das versteht man jedoch nur anhand der alten und noch heute verbreiteten Vorstellung (die ich hier mit den Worten des Historikers WERNER CONZE wiedergebe), „daß ein Stamm oder ein Volk eigentlich eine Abstammungs- und auch eine Spracheinheit sein müßten, daß Reinheit

---

2 Vgl. dazu U. MUHLACK, Die Germania im deutschen Nationalbewußtsein vor dem 19. Jahrhundert. In: H. JANKUHN/D. TIMPE (Hrsg.), Beiträge z. Verständnis der Germania des Tacitus. Abh. d. Akad. d. Wiss. Göttingen, Phil.-hist. Kl. 3/ 175 (Göttingen 1989) 128–154. – H. KLOFT, Die Idee einer deutschen Nation zu Beginn der frühen Neuzeit. Überlegungen zur *Germania* des Tacitus und zum Arminius Ulrichs von Hutten. In: R. WIEGELS/W. WOESLER (Hrsg.), Arminius und die Varusschlacht. Geschichte – Mythos – Literatur (^{2}Paderborn u. a. 1999) 197–210, ferner D. MERTENS, Die Instrumentalisierung der „Germania" des Tacitus durch die deutschen Humanisten. In: H. BECK/D. GEUENICH/H. STEUER/D. HAKELBERG (Hrsg.), Zur Geschichte der Gleichung „germanisch–deutsch". Sprache und Namen, Geschichte und Institutionen. RGA^2 Erg.-Bd. 34 (Berlin, New York 2004) 37–101.
3 Vgl. J. RIDÉ, Arminius in der Sicht der deutschen Reformatoren. In: WIEGELS/WOESLER (Anm. 2) 239–248. – Von „Herrmann dem Etrusker" sprach dagegen unlängst SIBYLLE TÖNNIES: FAZ vom 23.4.1996, S. 37 („Die Klagemeute").
4 MERTENS (in Anm. 2) 80.
5 So die vielbeachtete, Kossinna-kritische Arbeit von E. WAHLE, Zur ethnischen Deutung frühgeschichtlicher Kulturprovinzen. Sitzungsber. Heidelberger Akad. Wiss., Phil.-hist. Kl. 1940/41 Nr. 2 (Heidelberg 1941, ^{2}1952), dazu wichtig die Rezensionen von M. JAHN, Nachrbl. Dt. Vorzeit 17, 1941, 73–82; ders., Dt. Litztg. 74, 1953, 218 ff.; E. VOGT, Jahrb. SGU 43, 1953, 184–186.

also die Regel oder die Norm zu sein habe. So war es in der römisch-taciteischen Formel *tantum sui similis gens*, und so auch in den modernen nationalen Mythen oder Ideologien".[6] Dies verband nicht nur Kossinna mit dem Gedanken, dass „Völker" stabile soziale Gebilde mit charakteristischer, das heißt erkennbarer Kultur auf „geschlossenem Volksboden" seien. Die ausführliche Diskussion hat inzwischen ergeben, dass die Übereinstimmung von archäologischer Kultur und Ethnos zwar möglich, aber doch eher die Ausnahme von der Regel ist.[7] Dies bestätigte die davon ganz unabhängig gewonnene Einsicht (um Conze noch einmal zu zitieren), „daß alle ethnischen Einheiten, Stämme, Völker oder Nationen einem fortgesetzten Wandel unterworfen waren und noch sind".[8] Damit war der Gedanke einer Ursprungs-Rückprojektion der deutschen Nation auf die Germanen Caesars und Tacitus', dem der Historiker Johannes Haller schon 1923 widersprochen hatte,[9] brüchig geworden; kürzlich erst hat sich ein breit angelegtes Kolloquium ausführlich mit der Geschichte, den Irrungen und Wandlungen dieser Idee beschäftigt.[10] Man kann durchaus der Meinung sein, dass dabei die positiven Impulse, die von dieser vermeintlich historisch legitimierten Legende auch ausgingen, zu gering bewertet werden; schließlich stehen wir Deutsche in dieser Beziehung ja keineswegs allein.[11] Uns interessiert hier jedoch vor allem, dass dieser heutige Stand der Forschung die einstmals „vaterländisch" genannte Komponente unseres Themas von einigem Erwartungsdruck entlastet, so dass wir uns nunmehr unbeschwerter als ehedem mit den antiken Germanen befassen können.

Über den Namen *Germani* selbst und seine Bedeutung herrscht nach wie vor Unklarheit.[12] Er erscheint in der erhaltenen antiken Literatur vergleichsweise spät; das ist eine Folge der sehr allmählichen Erkundung der Alten Welt durch die Griechen,[13] den ersten, denen wir einschlägige Nachrichten überhaupt verdanken. Sie sind von ganz verschiedenen Seiten aus vorgedrungen. Mit der Kolonisation des 8. bis 6. vorchristlichen Jahrhunderts hatten sie die Küsten des Mittelmeers bis hin zu den „Säulen des Herakles" – der Straße von Gibraltar – im Westen erschlossen, waren anfangs sogar bis in die atlantische Küstenregion Galliens vorgedrungen. Um 530 v.Chr. freilich versperrten ihnen die Karthager die Durchfahrt durch die Meerenge für geraume Zeit nachhaltig, um die Konkurrenz im Zugang zu den Mineralschätzen Spaniens und der „Zinn-Inseln" (Bretagne und Cornwall) auszuschalten, denn das zur Bronze-Herstellung unentbehrliche Zinn war im Mittelmeergebiet außerordentlich rar und eben deshalb heiß begehrt. Die Bürger von Massalía – heute Marseille –, einer Kolonie des äolischen Phokaia, versuchten daraufhin mit Erfolg, sich auf dem Weg mitten durch Gallien Zugang zu den „Zinn-Inseln" zu verschaffen[14]; der berühmte, mannshohe Bronze-Krater aus dem Fürstengrab von Vix am Fuß des Mont Lassois nahe Châtillon-sur-Seine am Oberlauf der Seine – ein *cadeau diplomatique* höchsten Ranges – belegt diese Bemühungen eindrucksvoll.[15]

Nur wenig später, kurz vor der Mitte des 5. Jahrhunderts, bereiste Herodot die griechischen Kolonien am Schwarzen Meer, unter anderem Istria im Bereich der Donau-Mündung. Dort hörte er, der Istros – so hieß die Donau bei den Griechen – komme von den Kelten und der Stadt Pyrene her. Da

---

6   W. Conze in: Studien zur Ethnogenese. Abhandl. Rhein.-Westf. Akad. Wiss. 72 (Opladen 1985) 191.
7   Das Buch von S. Brather, Ethnische Interpretationen in der frühgeschichtlichen Archäologie. Geschichte, Grundlagen und Alternativen. RGA² Erg.-Bd. 42 (Berlin, New York 2004), das auch einen forschungsgeschichtlichen Überblick verspricht, konnte ich noch nicht einsehen. Zur Grundlage der kritischen Diskussion siehe Wahle (Anm. 5).
8   Conze (Anm. 6) 192.
9   J. Haller, Die Epochen der deutschen Geschichte (Stuttgart 1923) 21 f.; (⁴1942) 11 f. Dazu vgl. auch ders., Der Eintritt der Germanen in die Geschichte. In: Ders., Reden und Aufsätze zur Geschichte und Politik (²Stuttgart 1941) 1–46, eine trotz mancher inzwischen überholten Detail-Position auch heute noch lesenswerte Abhandlung.
10 Beck et. al. (Anm. 2).
11 Vgl. J. Ehlers, Erfundene Traditionen? Zum Verhältnis von Nationsbildung und Ethnogenese im deutschen und französischen Mittelalter. In: Beck et al. (Anm. 2) 131–162.
12 Vgl. dazu zuletzt St. Zimmer in: Beck et al. (Anm. 2) 1–23.
13 Vgl. RGA² VII (1989) 307–389 s. v. *Entdeckungsgeschichte* (D. Timpe).
14 Ebd. 325 ff.
15 Dazu zuletzt Cl. Rolley (Hrsg.), La tombe princière de Vix. 2 Bde. (Paris 2003).

er aber den Namen „Kelten" schon aus einer älteren Küstenbeschreibung im Hinterland der heute portugiesischen Algarve-Küste kannte (also jenseits der Enge von Gibraltar), schloss er, der Istros ströme mitten durch ganz Europa;[16] den Namen Pyrene konnte er deshalb nur als den einer Stadt verstehen. – Ein knappes Jahrhundert später wusste Aristoteles zwar, dass es sich bei „Pyrene" um ein Gebirge handelt, hielt es aber irrig für das Quellgebiet des Istros. Von größerem Interesse ist dagegen, dass er anschließend das Arkynia-Gebirge erwähnt – der älteste Beleg für die uns wohlbekannte *Hercynia silva* bei Caesar und jüngeren Autoren, und dazu bemerkt, dass alle Flüsse von diesem Gebirge nach Norden abfließen;[17] das kann er nur von Kaufleuten gehört haben, die vom Schwarzen Meer aus bis zur Ostsee agierten. Die Erkundung von Osten her ist also durchaus glaubwürdig.

Zuweilen wurde erwogen, ob sich hinter Herodots „Stadt Pyrene" ein Hinweis auf die frühkeltischen „Fürstensitze" im weiteren Umkreis der oberen Donau, also auf die Heuneburg oder den Hohenasperg verbergen könnte.[18] Das ist zwar eine interessante, aber letztlich nicht verifizierbare Spekulation. Mir scheint indessen, dass es sich trotzdem lohnt, den Gedanken im Auge zu behalten. Der Begriff „Fürstensitz" ist ja entstanden angesichts griechischer und etruskischer Importstücke sowohl in den so bezeichneten Siedlungen als auch – und vor allem – im Inventar von betont prunkvoll ausgestatteten Gräbern in ihrer Umgebung. Gemeint sind Bronzegefäße – der Krater von Vix ist ja nur das größte Prunkstück unter vielen – , griechische Vasen und anderes mehr, überwiegend Objekte, deren zeitgenössischer Wert einfaches Handelsgut sicher bei weitem übertraf und deshalb auch kaum von Händlern übermittelt worden sein kann.[19] Manche Objekte dieser Kategorie ließen sich literarisch im mediterranen Süden als Weihgeschenke, vor allem aber als Geschenke unter politischen Potentaten belegen.[20] Ein anderer Fall ist natürlich die Lehmziegelmauer der Heuneburg, deren Bau nur ein zugewanderter Grieche oder Etrusker organisiert haben kann. Der Phänotyp dieser Plätze zeigt aber, dass wenigstens die bedeutenderen ‚Fürstensitze' wie Mont Lassois, Heuneburg, Hohenasperg und, wie erst seit kurzem erschlossen, auch der Ipf Mittelpunkte und Sitze politischer Mächte waren. Geradezu ein Musterfall ist das phrygische Gordion; Herodot nannte dergleichen ἀρχή, zu deutsch „Herrschaft" jeweils eines Stammes- oder Volks-Königs (die übliche deutsche Übersetzung „Reich" klingt etwas zu vollmundig-idealistisch). Dieses historische Verständnis unserer ‚Fürstensitze' ist keineswegs neu; es wurde vielmehr seit einigen zwanzig Jahren wiederholt formuliert – wenn auch mit dem einschränkenden Hinweis, dass uns die archäologischen Befunde bisher noch nicht erlauben, die interne Struktur dieser frühen politischen Gebilde genauer zu bestimmen.[21]

Vor Jahren wurde die Vermutung ausgesprochen, dass es Metallhandwerker in den Werkstätten auf und bei der Heuneburg und um den Hohenasperg waren, die durch importierte Prunkstücke zu Nachbildungen und Neuschöpfungen angeregt wurden, die schließlich zur Kreation der frühkeltischen Kunst führten.[22] Der dritte Löwe des Bronzekessels von Hochdorf, dessen Vorbilder wir

---

16 Hdt. 2,33 f.; 4,49.
17 Aristot. meteor. 1,13 p. 350 a 36–350 b 10, vgl. J. STARK in: J. HERRMANN (Hrsg.), Griechische und lateinische Quellen zur Frühgeschichte Mitteleuropas 1 (Berlin 1988) 54–57; 436 mit Übersicht zur Forschungsgeschichte.
18 So u. a. W. GAUER in seiner Würdigung von Kurt Bittel in: H. WEIMERT (Hrsg.), Frühe Eisenverhüttung auf der Ostalb. 5. Heidenheimer Archäologie-Kolloquium (Heidenheim 1992) 2.
19 Zusammenstellung bei W. KIMMIG, Etruskischer und griechischer Import im Spiegel westhallstättischer Fürstengräber. In: L. AIGNER-FORESTI (Hrsg.), Etrusker nördlich von Etrurien. Etruskische Präsenz in Norditalien und nördlich der Alpen sowie ihre Einflüsse auf die einheimischen Kulturen. Symposium 2.–5. Oktober 1989 (Wien 1992) 281–328.
20 Dazu F. FISCHER, ΚΕΙΜΗΛΙΑ. Bemerkungen zur kulturgeschichtlichen Interpretation des sogenannten Südimports in der späten Hallstattzeit- und frühen Latène-Kultur des westlichen Mitteleuropa. Germania 51/2, 1973, 437–459.
21 So schon K. BITTEL in: ders./A. RIETH, Die Heuneburg an der oberen Donau, ein frühkeltischer Fürstensitz (Stuttgart 1951) 52 f., dann grundlegend W. KIMMIG, Zum Problem späthallstättischer Adelssitze. In: Siedlung, Burg und Stadt. Studien zu ihren Anfängen [Festschr. Paul Grimm]. Deutsche Akad. Wissensch. Berlin, Schr. Sektion Vor- u. Frühgesch. 25 (Berlin 1969) 95–113. Zum Begriff ‚Fürstensitz' zuletzt ausführlich F. FISCHER, Zum „Fürstensitz" Heuneburg. In: W. KIMMIG (Hrsg.), Importe und mediterrane Einflüsse auf der Heuneburg. Heuneburgstud. XI = Röm.-Germ. Forsch. 59 (Mainz 2000) 215–227.

ja kennen, und die Attache der Schnabelkanne aus dem Frühlatène-Grab des Kleinaspergle sind nur die sprechendsten Zeugen dieses Prozesses. In ihm erschienen aber auch östliche Elemente, genauer Formen, die der klassische Archäologe Paul Jacobsthal auf südrussische Skythen und das achämenidische Persien zurückführen konnte.[23] Unklar blieb indessen der Weg der Vermittlung; da entsprechende Fundobjekte im mittleren Donauraum fehlten, dachte man immer wieder an Italien, obgleich Objekte solcher ‚östlichen' Provenienz dort ebenso wenig nachweisbar sind. Dieses Problem wird neuerdings beleuchtet durch eine gläserne, bruchlos erhaltene Schale möglicherweise persisch-achämenidischer Herkunft aus einem Fürstengrab bei Ihringen am Kaiserstuhl,[24] die eine Vermittlung auf dem Donau-Weg nahe legt.

Hier muss ich freilich auf ein bisher ganz im Schatten stehendes Phänomen zurückgreifen. Bis ins spätere 15. Jahrhundert, als die Venezianer damit begannen, ständige Residenten an den Höfen der Großmächte zu unterhalten, vollzog sich der Verkehr zwischen politischen Machthabern aller Art ausschließlich durch Gesandtschaften; das Verfahren der Venezianer hat sich erst allmählich durchgesetzt, international sanktioniert wurde es auf dem Wiener Kongress im Jahre 1815, dessen Abmachungen bis heute grundlegend geblieben sind. Für das Altertum sind Gesandtschaften in großer Zahl überliefert, zuweilen über Distanzen von mehreren tausend Kilometern; beim Tod Alexanders d. Gr. sollen Gesandte selbst aus dem Bereich des westlichen Mittelmeers in Babylon geweilt haben.[25] Oft berichten die Quellen auch über die dabei gewechselten Geschenke, deren Kostbarkeit natürlich besonders interessierte. Anlässe für Gesandtschaften gab es immer – meistens Kriegszüge, die viele, selbst größere Potentaten aus nah und fern veranlassten, den siegreichen Feldherrn aufzusuchen, um sich auf ihn einzustellen oder gar mit ihm abzustimmen. In unserem Zusammenhang interessiert besonders der Skythenfeldzug des persischen Großkönigs Dareios I. im Jahre 512 v.Chr. Von Kleinasien kommend ging er über die Dardanellen und rückte durch Thrakien bis an die untere Donau vor; diesen Strom überschritt er dann auf einer Schiffsbrücke, um weiter gegen die Skythen zu ziehen, die Brücke wurde inzwischen von ionischen Griechen bewacht.[26] Angesichts des verständlichen Interesses, das der persische Großkönig dabei gerade den Fürsten Thrakiens widmete, und zwar weit über die Zeit des Feldzugs hinaus, darf man erwägen, dass unter den Gesandtschaften, die den Perserkönig oder später seine Vertreter aufsuchten, auch solche aus Regionen weit donauaufwärts, möglicherweise auch von unseren ‚Fürstensitzen' gewesen sein könnten.[27] Das regt einen Gedanken an, den ich aber nur noch als Frage zu formulieren wage: Spiegelt etwa auch die Nachricht Herodots, dass der Istros „von den Kelten herkommt", letztlich einen solchen Kontakt?[28]

Einen deutlichen Zuwachs an Kenntnis des europäischen Nordens hat erst wieder der Massaliote Pytheas mit seiner Nordlandreise im späten 4. Jahrhundert v. Chr. eingebracht.[29] Der Hintergrund

---

22 So P. Jacobsthal, Early Celtic Art (Oxford 1944, ²1969) 157 („Latènopolis"); W. Kimmig, Germania 49, 1971, 36 ff.; 59 f.; ders., Germania 51, 1973, 72 ff.; abschließend F. Fischer, Fundber. Baden-Württemberg 9, 1984, 223 ff. bes. 247.

23 P. Jacobsthal, Einige Werke keltischer Kunst. Die Antike 10, 1934, 17–45, bes. 38 ff.; ders. (Anm. 22) 156 ff. – Dazu auch der gedankenreiche Aufsatz von H. Luschey, Thrakien als ein Ort der Begegnung der Kelten mit der iranischen Metallkunst. In: R. M. Boehmer/H. Hauptmann (Hrsg.), Beiträge zur Altertumskunde Kleinasiens [Festschr. Kurt Bittel] (Mainz 1983) 313–329.

24 Vgl. R. Dehn, Arch. Ausgr. Baden-Württemberg 1993, 109–112 mit Abb. 61. – Die angebliche Seide aus Grab VI des ‚Hohmichele' hat sich inzwischen als irrige Materialbestimmung herausgestellt; vgl. J. Banck-Burgess, Hochdorf IV. Die Textilreste aus dem späthallstattzeitlichen Fürstengrab von Eberdingen-Hochdorf (Kreis Luwigsburg) und weitere Grabtextilien aus hallstatt- und latènezeitlichen Kulturgruppen. Forsch. u. Ber. Vor- u. Frühgesch. Baden-Württemberg 70 (Stuttgart 1999) 234 f.

25 Vgl. H. Berve, Das Alexanderreich auf prosopographischer Grundlage I (1926) 56 mit Anm. 4 unter Hinweis auf Arr., *anab.* 7,15,4–6; Diod. 113,2; Iust. 12,13,1–2.

26 Hdt. 4,83–87; 97 f.; 136–144.

27 Hierzu ist Luschey (Anm. 23) ebenfalls mit Nutzen heranzuziehen.

28 Hdt. 2,33,3; 4,49,3, dazu F. Fischer, Vom Oxus zum Istros. Istanbuler Mitt. 43, 1993, 319–329.

29 RE XXIV (1963) 314–366 s. v. *Pytheas von Massalia* (F. Gisinger); Timpe (Anm. 13) 325–332, zuletzt G. Dobesch, Das europäische „Barbaricum" und die Zone der Mediterrankultur. Ihre historische Wechselwirkung und das Geschichtsbild des Poseidonios. TYCHE Suppl.-Bd. 2 (Wien 1995) passim, bes. 33 mit Anm. 112.

war das begreifliche Interesse der regierenden Kaufherren seiner Vaterstadt Massalia, sich über ihre unmittelbaren wie die weiter entfernten Nachbarn im Inneren Galliens laufend so gut wie möglich zu informieren, um den Zugang zu den begehrten Metallschätzen der Zinn-Inseln vor der Bretagne zu sichern. Die Reise führte Pytheas über Gades – das heutige Cadiz – an den Kanal, an der Süd- und Ostküste Britanniens entlang nach Norden bis zu der „Insel Thule", auf dem Rückweg schließlich an die Südküste der Deutschen Bucht. Viele der Neuigkeiten, die er in seiner leider verlorenen Schrift „Über den Ozean" beschrieben hat, erschienen seinen Zeitgenossen unglaubwürdig, so etwa die Dimension, vor allem aber die Regelmäßigkeit von Ebbe und Flut – ein Phänomen, das man an den Küsten des Mittelmeers noch nicht bewusst wahrgenommen hatte – , aber auch die sommerliche Mitternachtssonne im hohen Norden. Dazu kam, dass es sich später als unmöglich erwies, die Insel Thule wiederzufinden. Viele hielten Pytheas deshalb für einen dreisten Lügner. Zwei Generationen später freilich hat Eratosthenes von Kyrene in Alexandria, einer der großen Mathematiker und Geographen des Altertums, den Wert dieser Beobachtungen erkannt und sie zu nutzen gewusst – und zwar nicht nur für seine Berechnung des Umfangs unseres Planeten. Die sehr bruchstückhafte Überlieferung des Pytheas-Berichts enthält indessen kaum Informationen über die Küstenbewohner Britanniens, Galliens und Germaniens; eine Notiz des älteren Plinius, dass Pytheas im Gebiet der Elbe-Mündung „Teutonen" angetroffen habe, gilt als zweifelhaft, „Germanen" werden jedenfalls nicht erwähnt.[30]

Am Beginn der Erschließung Galliens und damit auch der Entdeckung der Germanen steht der Kimbernzug mit seinen Folgen – zugleich schon im Zeichen römischer Eroberung.[31] Er berührt auch unsere Region: zweimal, in den Jahren 112 und 102 v. Chr., sind die Kimbern durch Süddeutschland gezogen, zuerst von Osten nach Westen, nach Gallien, beim zweitenmal von Gallien nach Osten auf dem Weg zur Alpenüberquerung nach Italien. Die Überlieferung weiß von ihrer Berührung mit den „goldreichen Helvetiern". Zwei Gaue ihres Stammesverbandes haben sich den Kimbern vorübergehend angeschlossen: die Tiguriner, mit deren Anführer Divico Caesar noch Jahrzehnte später verhandelt hat,[32] und die Tougener – nicht identisch mit den Teutonen, die ja lange (wenn nicht von Anfang an) mit den Kimbern verbündet gewesen waren.[33] Ob die von Poseidonios beschriebene Goldwäscherei bei den Helvetiern, die sich auf die Aare und ihre Zuflüsse beziehen lässt, einen Durchzug der Kimbern durch die Schweiz bezeugt, wurde ebenso wie ihre Marschroute ohne überzeugendes Ergebnis diskutiert.[34] Auch der vielberufene Toutonenstein vom Greinberg über Miltenberg mit seiner unvollendeten Inschrift, von der allein die Worte *inter Toutonos* lesbar sind, weist zwar auf eine Grenze hin – aber ob es sich um ein Zeugnis sitzengebliebener Teutonen handelt, ist völlig offen.[35]

Die Zeitgenossen waren freilich noch weit davon entfernt, Kimbern und Teutonen für etwas anderes denn Gallier – Kelten – zu halten; selbst Cicero hat sie noch so gesehen. Ihr Auftreten in den Jahren von 113 bis 101 v.Chr., vor allem ihre dauernde Bedrohung Galliens, Spaniens und schließlich auch Italiens hat aber die Beschäftigung mit den Völkerschaften des Nordens deutlich angeregt.

---

30 Plin., *nat.* 37,35. Zur Problematik siehe Timpe (Anm. 13) bes. 325–332, zu den von Plinius ebd. genannten *Guiones* als *Teutones* eigens 330. Vgl. dazu auch R. Wenskus, Plinius und der Bernsteinhandel. In: Kl. Düwel/H. Jankuhn/H. Siems/D. Timpe (Hrsg.), Untersuchungen zu Handel u. Verkehr der vor- und frühgeschichtlichen Zeit in Mittel- und Nordeuropa, Teil 1. Abhandl. Akad. Wiss. Göttingen, Phil.-Hist. Kl. 3/141 (Göttingen 1985) 84–108 bes. 100, sowie H. Ditten in: Herrmann (Anm. 17) 312 f. mit dem Kommentar auf S. 581.

31 Dazu Timpe (Anm. 13) 341 ff. ausführlich. – Enttäuschend unergiebig bleibt dagegen die Erlanger Dissertation von B. Freyberger, Südgallien im 1. Jahrhundert v. Chr. Phasen, Konsequenzen und Grenzen römischer Eroberung (125–27/22 v.Chr.). Geogr. Hist. 11 (Stuttgart 1999).

32 Caes., *Gall.* 1,12–13.

33 Dazu grundlegend K. Kraft, Tougener und Teutonen. Hermes 85, 1957, 367–378.

34 Vgl. die Diskussion zwischen E. Norden, Die germanische Urgeschichte in Tacitus Germania (⁴Stuttgart 1959) 219 ff., bes. 239 ff. und F. Staehelin, Die Schweiz in römischer Zeit (³Basel 1948) 53 ff.

35 Dazu J. Röder, Toutonenstein und Heunesäulen bei Miltenberg. Materialh. Bayer. Vorgesch. 15 (Kallmünz/Opf. 1967), dort 85 f. H. Nesselhauf zur Inschrift und ihrer Interpretation.

Auch hier aber verdanken wir die wesentlichsten Einsichten zunächst wieder einem Griechen: dem Philosophen und Historiker Poseidonios von Apameia. Auf Rhodos hatte er eine Schule gegründet, die alsbald hohen Ruf genoss; als angesehener Bürger von Rhodos hat er später, in reiferen Jahren, eine Gesandtschaft nach Rom geführt. Schon einige Zeit zuvor jedoch – kurz nach den Kimbernkriegen – hatte er aus wissenschaftlichem Interesse eine Reise in den Westen bis nach Gades (heute Cadiz) unternommen, um (unter anderem) die Gezeiten des Ozeans am dortigen Heraklestempel zu studieren. Unterwegs machte er längere Zeit Station in Massilia, wo ihm sein Gastfreund Charmoleon Zutritt zur herrschenden Aristokratie der großen Kaufherren vermittelte. Waren diese früher bestrebt gewesen, ihre Kenntnis Galliens und der Handelswege gegen alle Konkurrenz tunlichst abzuschirmen, so hatten sie doch die Römer, mit denen sie seit vielen Generationen verbündet waren, im Jahre 125 v.Chr. gegen ihre unmittelbaren Nachbarn um Hilfe bitten müssen. Nach der Beseitigung dieser Bedrängnis hatte Rom das Languedoc und Teile der Provence annektiert und als *Provincia Gallia transalpina* eingerichtet – gleichsam einen *cordon sanitaire* um das Territorium von Massilia. Nach dem Schrecken des Kimbernsturms war man in Massilia offenbar eher zu Auskünften bereit, vor allem wenn es sich um Personen handelte, von denen Handels-Konkurrenz nicht zu befürchten war. Jedenfalls hat Poseidonios diesen reichen Informations-Fundus intensiv ausgeschöpft, um sich über Gallien und seine Bewohner gründlich zu informieren. Auch hat er das Hinterland Massilias wenigstens im näheren Umkreis bereist und dabei auch das Schlachtfeld bei *Aquae Sextiae* (heute Aix-en-Provence) besucht, wo wenige Jahre zuvor Marius mit seiner Armee Teutonen und Ambronen vernichtend geschlagen hatte. Wie weit Poseidonios nach Norden gelangte, ist umstritten, doch dürfte er die Grenze des römischen Herrschaftsbereichs kaum überschritten haben; ein Vordringen bis ins freie Gallien, wie verschiedentlich vermutet, hätte die Überlieferung über den schon zu Lebzeiten berühmten Gelehrten kaum verschwiegen.[36]

Aufgrund dieser umfassenden Informationen hat Poseidonios einige Jahre später seine „Historien" mit der ersten umfassenden Ethnographie der Kelten Galliens geschrieben – und darin werden erstmals auch Germanen erwähnt, und zwar als keltischer Stamm weit im Norden. Obgleich das Werk viel gelesen wurde – auch Caesar hat es gekannt und benutzt –, ist es im Original untergegangen. Jüngere Autoren haben aber so zahlreiche Passagen teils wörtlich, teils in sachlichen Auszügen zitiert oder paraphrasiert, dass der Althistoriker Jürgen Malitz 1983 das Werk in einer kritisch kommentierten Rekonstruktion bequem benutzbar machen konnte.[37] Die von Poseidonios erwähnten Germanen sind aller Wahrscheinlichkeit nach jene *Germani cisrhenani*, die Caesar Jahrzehnte später beschrieben hat. Für diese Identifizierung wichtig ist auch der Zeitpunkt, zu dem der Name hier erstmals erscheint: kurz nach dem Beginn des letzten vorchristlichen Jahrhunderts. Schon damals waren Germanen also im nordöstlichen Gallien ansässig geworden – der berühmte ‚Namenssatz' in der *Germania* des Tacitus (2,3) gewinnt damit eine willkommene zeitliche Dimension.

Damit sind wir bei einem der wichtigsten Gewährsmänner angelangt, bei Gaius Iulius Caesar, der in den Jahren 58 bis 50 als Statthalter der *provincia Gallia transalpina* das bis dahin noch freie Gallien, die sogenannte *Gallia comata* erobert und der Herrschaft Roms unterworfen hat. Wir betreten damit scheinbar festen Boden, denn jeder von uns, der je Latein gelernt hat, ist Caesars *Commentarii belli Gallici* in der Schule begegnet. Aber ist dieser Bericht deshalb auch ‚bekannt'? In der Regel beschränkt sich die Kenntnis ja auf Auszüge unterschiedlichen Umfangs, zudem ist sie meist überschattet von den Nöten der Schulzeit, im besten Fall ergänzt durch Informationen, die im Geschichtsunterricht vermittelt wurden. Im allgemeinen Bewusstsein tritt hinzu die Verwendung von Caesars *bellum Gallicum* als Erstlektüre in der Schule, wo es im 19. Jahrhundert zuerst lange Stoff der Oberstufe war; das hat fast zwangsläufig zur Minderung seiner Wertschätzung geführt, wie sie sich auch im

---

36 Anders Dobesch (Anm. 29) 59, wozu ich mich in Germania 75, 1997, 353–355 kurz geäußert habe.
37 Vgl. J. Malitz, Die Historien des Poseidonios. Zetemata 79 (München 1983); Timpe (Anm. 13) 343 ff.; zuletzt Dobesch (Anm. 29) passim.

Rückgang einschlägiger Lehrveranstaltungen an deutschen Universitäten zeigt.[38] Vor allem aber leidet das Werk unter dem Misstrauen um nicht zu sagen der ideologisch verankerten Verachtung, mit der der Zeitgeist nicht nur dem *dictator perpetuus* Caesar, sondern auch seinen Schriften wegen ihres überwiegend militärischen Inhalts begegnet. Der Historiker wird demgegenüber auf die Bedeutung der Eroberung Galliens für die Geschicke Europas, zugleich aber auf Caesars „Gallischen Krieg" als Quelle für die frühe Geschichte auch unseres Landes verweisen und sich im übrigen seine persönliche Wertung vorbehalten. Deshalb muss ich hier etwas ausführlicher werden – selbst auf die Gefahr hin, nicht nur heitere Erinnerungen zu wecken.

Die eher distanzierte Einschätzung von Caesars *bellum Gallicum* ist offenkundig auch dadurch bedingt, dass es sich gar nicht primär um einen literarischen Text, sondern um das Werk eines souverän agierenden Politikers handelt, der auch abwesend mitten im politischen Getriebe Roms stand; von dorther muss es auch verstanden werden. Es richtete sich primär an die kriegs- und militärerfahrene römische Senatsaristokratie. Deshalb schließt es implizit auch die Kunst der Kriegführung, vor allem das römische Heerwesen seiner Zeit mit ein; Caesar setzt dessen intime Kenntnis ganz selbstverständlich voraus. Dieses sogenannte Vorverständnis meint jedoch nicht nur die politischen Kräfte Roms selbst in ihrem komplizierten Zusammenspiel und Wandel, sondern auch den publizistischen Niederschlag ihrer Auseinandersetzungen – die noch viele Generationen nachhallten.

Über die Entstehungszeit des Werks ist lange diskutiert worden; heute glaubt man mit gutem Grund zu wissen, dass Caesar seine *commentarii belli Gallici* im Winter 52/51 im Quartier hoch oben in Bibracte diktiert hat, also unmittelbar nach der Entscheidung vor und um Alesia, und dass er sie im Frühsommer 51 in Rom zusammen mit seinem Antrag publiziert hat, sich in Abwesenheit um ein zweites Konsulat bewerben zu dürfen.[39] Dabei haben wir zu bedenken, dass Caesar wie jeder Provinzstatthalter dem Senat zu berichten hatte; oft spricht er von seinen *litterae ad senatum*, Sueton hat sie 170 Jahre später noch gekannt.[40] Ihnen konnte Caesar in seinen *commentarii* natürlich nicht widersprechen, doch versteht sich ihre Benutzung von selbst – zuweilen wohl auch mit wörtlichem Zitat.[41] Caesar hat auch auf aktuelle Diskussionen in Rom reagiert. Indessen verführt die vielgerühmte Klarheit von Caesars Sprache allzu leicht dazu, die Verständnis-Schwierigkeiten gerade des *bellum Gallicum* zu unterschätzen; sie beginnen ja schon mit der Arbeit des Philologen im engeren Sinne, der Textkritik. Wer ihre Geschichte auch nur in Ausschnitten kennt, weiß die exorbitante Mühe zu würdigen, die schon hinter jeder Textkonstitution steckt. Denn hier muss nicht nur über Lesarten der Handschriften, sondern auch über die Kennzeichnung nachträglicher Einfügungen entschieden werden. Diese sogenannten Interpolationen haben die Forschung über Jahrzehnte in Atem gehalten. Offenkundig entstanden die ersten schon bei der Zusammenstellung des *Corpus Caesarianum* unmittelbar nach Caesars Ermordung; ihr deutlichster Beleg ist das achte Buch des *bellum Gallicum* aus der Feder von Aulus Hirtius mit dem Bericht über die Jahre 51 und 50 v.Chr., das die Lücke bis zum Beginn des *bellum civile* schließen sollte. Dazu kamen später zahlreiche kleinere und größere Ergänzungen – anfänglich wohl nur Randbemerkungen (,Glossen'), die Caesar mit seiner knappen Diktion geradezu provoziert hat.

Dies alles bleibt auch zu beachten bei der Beurteilung von Caesars Äußerungen über die Germanen. Im sechsten Buch des *bellum Gallicum* stellte er sie den Galliern als eigenes „Volk" gegenüber und beschrieb sie zugleich als die gefährlicheren Feinde Roms. Damit hatte er schon die Notwendigkeit begründet, Ariovist aus Gallien zu vertreiben: es müsse verhindert werden, dass die Germanen sich daran gewöhnten, den Rhein zu überschreiten, um sich in Gallien niederzulassen und schließlich

---

38 Dazu schon E. ZINN in: Lexikon der Alten Welt (Zürich u. a. 1965) Sp. 536 f., ebenso mit konkreten Daten J. LATACZ, Zu Caesars Erzählstrategie (BG I 1–29: Der Helvetierkrieg). Der Altsprachliche Unterricht 21/3 (Juli 1978) 70–87.
39 M. GELZER, Caesar. Der Politiker und Staatsmann ([6]Wiesbaden 1960) 155.
40 Suet., *Iul.,* 56,5 (*epistulae*).
41 Dazu etwa NORDEN (Anm. 34) 87–92, neuerdings auch B. KREMER, Das Bild der Kelten bis in augusteische Zeit. Historia Einzelschr. 88 (Stuttgart 1994) 114 f., dazu auch G. DOBESCH, Gnomon 71, 1999, 529 ff., bes. 531.

sogar Italien zu bedrohen.⁴² Die schon im dritten Satz des ersten Kapitels stehende Formulierung *Germani qui trans Rhenum incolunt* als Bezeichnung der Gegner, mit denen die *Belgae* kämpften, wurde zuweilen zu der plakativen Formel verkürzt, dass Caesar die Rheingrenze zwischen Gallien und der *Germania* ethnisch begründet habe – gelegentlich verbunden mit dem Vorwurf der Unglaubwürdigkeit wegen der an anderem Ort erwähnten *Germani cisrhenani*. Es kostet einige Mühe, die jeweils beigezogenen Stellen des *bellum Gallicum* im jeweiligen Kontext zu verstehen und die unterschiedlichen Zeitebenen zu sehen. Dann freilich wird klar: die *Germani cisrhenani* sind für Caesar längst in Gallien heimisch, was die Germanen-Notiz des Poseidonios bestätigt, und Caesar besaß genügend Augenmaß, um keinen Gedanken an eine Vertreibung dieser Gruppe aus Gallien zu verschwenden. Sein Bemühen galt vielmehr der Verhinderung und Abschreckung zeitgenössischer Versuche, den Rhein zu überschreiten, von Ariovist angefangen; daraus ergibt sich zwangsläufig die Grenze Galliens am Rhein im Sinne einer klar bestimmten Grenze römischer Herrschaft.⁴³

Nur am Rande interessiert hier die zuweilen verfochtene Meinung, Caesar habe die Germanen als Volk gewissermaßen ‚erfunden', weil die von ihm angeführten Unterschiede zu den keltischen Galliern nicht überzeugten; erstaunlicherweise wurde dafür auch die Sprache angeführt. Nun gibt es im *bellum Gallicum* Belege genug, die gerade diese Unterscheidung ausdrücklich bezeugen. Von Ariovist etwa wird gesagt, dass er das Gallische aufgrund langer Gewöhnung beherrsche – und das ist aus dem Zusammenhang nur so zu verstehen, dass er von Hause aus eben eine andere Sprache gesprochen hat.⁴⁴ Die mit dieser Behauptung begründete Absicht, Caesars ethnographische Leistung zu verkürzen, darf man also getrost vernachlässigen.

Unter literaturwissenschaftlichem Aspekt hat man gelegentlich von Caesars „Erzählstrategie" gesprochen.⁴⁵ Uns interessiert hier in erster Linie der Befund: die offensichtlich wohlbedachte Beschränkung Caesars auf diejenigen geographischen und ethnographischen (und damit zugleich politischen) Fakten, die ihm für das Verständnis seiner Darstellung wesentlich erschienen; sein Blick hat zweifellos nicht nur geographisch bedeutend weiter gereicht. Der Althistoriker Konrad Kraft hat mit Recht betont, „daß die geographische und ethnographische Aufklärung der Römer in den Räumen von Feinden schon aus simplen militärischen Gründen sehr intensiv sein mußte und auch war", und „daß militärische Erkundung sich bei den Römern genau so wie heute auch auf die staatlichen, wirtschaftlichen und militärischen Zustände und Organisationsformen erstrecken mußte. Diese Dinge waren für militärische und politische Entschlüsse von solcher Wichtigkeit, daß man sich gewiß nicht einfach nur mit dem begnügte, was in der griechischen Literatur zu finden war, wenn man diese natürlich auch zu Rate zog".⁴⁶ Die tatsächliche Reichweite von Caesars Blick erhellen seine Bemerkungen zur *Hercynia silva*, die wir schon kurz berührt haben.⁴⁷

Dies fällt besonders ins Gewicht für die Anfangsphase des ‚Gallischen Krieges'. Caesar hat dort seine staats- und kriegsrechtlichen Argumente in den Vordergrund gestellt, das Geschehen selbst aber bis zur ersten Feindberührung an der Saône eher lakonisch-straff behandelt. Dabei ist unschwer zu sehen, dass er sich schon früh in seinem Konsulatsjahr auf den Gegner Ariovist eingestellt hat. Kurz nachdem ihm im März 59 mit der *lex Vatinia* das Kommando in der *provincia Gallia cisalpina* samt *Illyricum* mit sofortiger Wirkung und für fünf Jahre übertragen worden war, starb in Rom der Statthalter der Provinz *Gallia transalpina*, Q. Caecilius Metellus Celer. An ihn hatte sich eine Gesandtschaft Ariovists gerichtet; deren Anliegen übernahm der Konsul Caesar und führte es im Senat bis

---

42 Caes., *Gall.* 1,33,2–5.
43 Vgl. Caes., *Gall.* 4,16,3 – von Caesar formulierte Antwort der Sugambrer: *populi Romani imperium Rhenum finire*. Der Rhein ist folglich vor allem Grenze der politischen (und militärischen) Herrschaft Roms.
44 Caes., *Gall.* 1,47,4.
45 Latacz (Anm. 38).
46 K. Kraft, Germania 42, 1964, 316 f. in seiner Besprechung des Buches von R. Hachmann/G. Kossack/H. Kuhn, Völker zwischen Germanen und Kelten. Schriftquellen, Bodenfunde und Namengut zur Geschichte des nördlichen Westdeutschlands um Christi Geburt (Neumünster 1962).
47 Caes., *Gall.*6,24. – Die anschließenden Kapitel 25–28 sind zweifelsfrei später interpoliert.

zur Anerkennung Ariovists als *rex et amicus populi Romani*. Gleichzeitig bemühte er sich erneut und intensiv um seinen Gönner Pompeius, wie dessen Heirat mit Caesars Tochter Iulia zeigt; vor allem aber gewann er ihn zu dem Antrag im Senat, ihm – Caesar – zusätzlich die soeben freigewordene *Gallia transalpina* als prokonsularischen Amtsbereich zu übertragen. Konsequent und energisch hat Caesar die damit entstandene Chance genutzt. Um die Nordostgrenze Italiens diplomatisch so weit abzusichern, dass er die in der *Gallia cisalpina* stehenden Legionen nach Gallien abziehen konnte, schloss er einen Vertrag mit den Japyden im Hinterland von *Illyricum*. Indessen bedurfte der dadurch mögliche Aufmarsch mit insgesamt sechs Legionen von Piemont über die Alpen und bis zur Saône nördlich Lyon auch gründlicher Kenntnisse der Geographie, besonders der Verkehrswege, aber auch der politischen Verhältnisse weit über die Grenzen der römischen Provinz hinaus; bei Licht besehen erweist sich dieses Unternehmen als ein strategisch-logistisches Meisterstück.[48] Auch der Feldzug gegen die nach Nordwesten enteilenden Helvetier, schließlich die Begründung der Rückweisung in ihre Heimat[49] zeigt, dass Caesar klare Vorstellungen von den geographischen Bedingungen und den ethnischen und politischen Zuständen in diesem gesamten Raum besessen haben muss.

Dasselbe gilt auch für den anschließenden Ariovist-Feldzug, dessen Begründung schon angeführt wurde. Ariovist stand mit seinem Feldlager im Oberelsass – offenbar in jenem Landes-Drittel, das die Sequaner an ihn hatten abtreten müssen. Nach einem ergebnislosen Treffen und einigem Manövrieren, bei dem sich Ariovist als geschickter Stratege erwies, gelang es Caesar, seinen Gegner zur Schlacht zu zwingen, die mit der Niederlage und Flucht der Germanen endete. Die Verfolgung ging über *milia passuum circiter quinquaginta* – rund 70 Kilometer – bis zum Rhein, über den Ariovist mit einem Teil seiner Gefolgschaft entkam.[50] *Caesar victos proelio Germanos Gallia expulit* heißt es dazu in der *perioche* 104 des Livius: das erste Kapitel der „Germanen am Oberrhein" war damit zu Ende.

Indessen schweigt Caesar hier ebenso wie zuvor hinsichtlich der Helvetier über die geographische Situation. Römer, vor allem die berittenen Offiziere haben die Flüchtigen verfolgt und viele von ihnen unterwegs oder gar erst am Rheinufer selbst niedergemacht, sind also bis an den Strom gelangt – möglicherweise auch Caesar selbst. Dort aber steht unübersehbar der Schwarzwald am oder hinter dem rechten Ufer. Da anzunehmen ist, dass Einheimische befragt wurden, ist es so gut wie sicher, dass dabei auch der Name des Gebirges bekannt wurde, den später Plinius erwähnt und der in vielen Inschriften belegt ist: *mons Abnoba*.[51]

Der Grund für Caesars Schweigen liegt jedoch auf der Hand: Für das Verständnis des Ariovist-Feldzugs war dieses geographische Detail unwichtig, zumal Caesar mit seinen Operationen später den Oberrhein nie mehr berührt hat. Es gab für ihn also keinen Grund, über den Schwarzwald, über weitere rechtsrheinische Dinge, so weit die Kenntnis reichen mochte, zu sprechen – nicht einmal über den Main, der immerhin bei Mainz in den Rhein mündet, gegenüber dem Gebiet der Treverer, mit denen er oft zu tun hatte. Und vielleicht liegt darin auch die Erklärung für die auf den ersten Blick rätselhaften (und darum auch viel diskutierten) Äußerungen über die Helvetier und ihre germanischen Nachbarn. Bekanntlich führt Caesar die Helvetier im ersten Kapitel des *bellum Gallicum* ein mit der Bemerkung, dass sie die übrigen Gallier an Kriegstüchtigkeit überragten, weil sie fast täglich in Gefechte mit Germanen verwickelt seien, indem sie diese von ihrem Gebiet abwehren oder selbst in deren Gebiet Krieg führen.[52] Diese Beschreibung kehrt indessen fast wörtlich wieder in der Rede, mit der Caesar im Feldlager vor *Vesontio* dem Murren seiner Truppe mit dem Hinweis begegnet, dass es sich bei der Gefolgschaft Ariovists ebenso um Germanen handle wie bei jenen

---

48 Ausführliche Analyse des Textes mit Rekonstruktion: F. Fischer, Caesars strategische Planung für Gallien. In: H. Heftner/K. Tomaschitz (Hrsg.), AD FONTES [Festschr. Gerhard Dobesch] (Wien 2004) 305–315.
49 Caes., *Gall.* 1,28,3–4.
50 Caes., *Gall.* 1,53,1. – Dass hier L (fünfzig) statt der in unseren Handschriften stehenden V (fünf) Meilen zu lesen ist, habe ich eingehend begründet Bonner Jahrb. 199, 1999 (2002) 31–68, bes. 60–64.
51 Plin., *nat.* 4,79: *ortus* (sc. *Hister*) *hic in Germania iugis montis Abnobae ex adverso Raurici Galliae oppidi*, ... Mit dem *oppidum* ist doch wohl das *caput coloniae* der *Augusta Raurica* gemeint.
52 Caes., *Gall.* 1,1,4. Die Übersetzung lehnt sich an diejenige von O. Schönberger an.

Gegnern, mit denen die Helvetier so häufig gefochten und sie meist nicht nur in ihrem, sondern auch in deren Gebiet besiegt hätten – und doch hätten die Helvetier dem römischen Heer nicht standhalten können.[53] Nach Lage der Dinge ist diese Rede der ursprüngliche Ort dieses Bildes.[54] In beiden Passagen ist vom Rhein nicht die Rede. Selbst wenn im ersten Kapitel die zuvor im Zusammenhang mit den *Belgae* gefallene Formulierung *Germani qui trans Rhenum incolunt* noch mitschwingt, so steht in der *Vesontio*-Rede vom Rhein eindeutig nichts; dieser Befund widerspricht also der Vorstellung, dass der Rhein die Grenze zwischen Germanen und Helvetiern bilde, und das gilt auch trotz der in der Begründung des Rückweisungsbefehls wiederkehrenden Formulierung *Germani qui trans Rhenum incolunt*.[55] Bei sorgfältiger Abwägung ergibt sich am Ende, dass das von Caesar zweimal fast wörtlich übereinstimmend gebrauchte Bild von den Kämpfen der Helvetier mit Germanen geographisch indifferent, ja geradezu abstrakt formuliert ist. Wie hätte Caesar sich hierzu auch genauer äußern können ohne einen geographischen Exkurs, der notwendig ohne Zusammenhang mit seinen militärischen Operationen geblieben wäre?

Wenn wir danach noch einmal fragen, wo denn nun eigentlich jene Germanen zu lokalisieren sein könnten, die Caesar am Vordringen bis zum Genfersee hindern wollte, haben wir Tacitus zu konsultieren, einen weiteren wichtigen Gewährsmann unserer frühen Landesgeschichte. Er hat im Jahre 98 n.Chr. seine kleine Schrift *de origine et situ Germaniae*, über Herkunft und Land der Germanen publiziert, die wir heute kurz *Germania* nennen. In Kapitel 28 knüpft er an Caesar an mit der Bemerkung, schon dieser habe glaubhaft über frühere Wanderungen von Galliern über den Rhein nach Osten gesprochen. So hätten einst die Helvetier zwischen der *Hercynia silva* und den Flüssen Rhein und Main gewohnt, jenseits die Boier, beides gallische Stämme. Mit den alten Wohnsitzen der Helvetier ist das Gebiet zwischen Rhein, Main und Bayerischem bzw. Böhmerwald gemeint – die Boier ‚jenseits' (der *Hercynia silva*) in Böhmen; unerwähnt bleibt die südliche Begrenzung, unter der hier die Donau als geographische Südgrenze der *Germania* stillschweigend vorausgesetzt ist. Die Nachricht über süddeutsche Sitze der Helvetier wird auf eigentümliche Weise bestätigt durch den Alexandriner Klaudios Ptolemaios. In seiner „Geographie" nennt er am Ende einer von Norden nach Süden verlaufenden Abfolge von rechtsufrigen Rhein-Anliegern die „Helvetier-Einöde" mit dem Zusatz „bis hin zur Schwäbischen Alb", also doch wohl mit südlicher Grenze am Albtrauf;[56] nach gängiger Meinung stammt diese Notiz aus augusteischer Zeit. Damit korrespondiert eine zweite, nicht weniger berühmte Nachricht in der *Germania* des Tacitus über die Bewohner der *decumates agri*:[57] Tacitus zählt sie nicht zu den Germanen, obgleich sie jenseits von Rhein und Donau – also

---

53 Caes., *Gall.* 1,40,7. – Es ist bezeichnend, dass dieses Argument in der zu einem rhetorischen Prunkstück ausgearbeiteten Wiedergabe dieser Rede bei Cassius Dio 38,36,1–46,4 fehlt.

54 Die Passage 1,1,4 hat Caesar natürlich erst geraume Zeit nach der Rede in *Vesontio* diktiert, die Priorität von *Vesontio* ist also der Sache nach gegeben. Dort waren sein Stab, die *cohors amicorum* und zahlreiche *centuriones* Augen- und Ohrenzeugen, so dass Caesars Wiedergabe seiner Rede in Gedankenführung und Argumentation als glaubwürdig gelten darf.

55 Die Beschreibung des Helvetier-Gebietes im 2. Kapitel, wo von dem „sehr breiten und sehr tiefen Rhein" *qui agrum Helvetium a Germanis dividit* gesprochen wird, taugt nicht als Einwand. Im Licht der angeführten Passagen erweisen sie sich, wie seit langem erkannt, als nachträgliche ‚Vervollständigung', also Ergänzung; nicht zuletzt sind auch die am Ende notierten Dimensionen erst erkennbar jüngerer Entstehung und können dementsprechend nur sekundär eingefügt worden sein. Zur Begründung vgl. schon F. Kraner/W. Dittenberger/H. Meusel (Ed.), C. Iulii Caesaris Commentarii De Bello Gallico 1 ([18]Dublin, Zürich 1968) 86 f.; 348 mit weiteren Literatur-Belegen. Die Hypothesen, die H. Philipp bei Norden (Anm. 34) 472 ff. daran geknüpft hat, sind mit Recht überwiegend auf Widerspruch gestoßen; daran halte ich fest gegen G. Dobesch, der sie neuerdings RGA² XIV (1999) 351–374 s. v. *Helvetier-Einöde* wieder positiv bewertet hat.

56 Ptol., *Geogr.* 2,11,6: ... καὶ ἡ τῶν Ἐλουητίων ἔρημος μέχρι τῶν εἰρημένων Ἀλπείων ὀρέων. Das „mit den Alpen gleichnamige Gebirge" hatte Ptolemaios schon zuvor wie folgt beschrieben (2,11,5): ... καὶ τὰ ὁμώνυμα τοῖς Ἀλπείοις (sc. ὄρεα) καὶ ὄντα ὑπὲρ τὴν Δανούβιον, ὧν τὰ ἄκρα ἐπέχει μοίρας (es folgen die astronomischen Daten).

57 Tac., *Germ.* 29,3: *Non numeraverim inter Germaniae populos, quamquam trans Rhenum Danuviumque consederint, eos qui decumates agros exercent: levissimus quisque Gallorum et inopia audax dubiae possessionis solum occupavere; mox limite acto promotisque praesidiis sinus imperii et pars provinciae habentur.*

in Germanien – wohnen, weil sie lauter gallische Nichtsnutze seien, die, aus Not kühn geworden, diesen Landstrich zweifelhafter (politischer) Herrschaft besetzt hätten; seit die Grenze und die Kastelle vorgeschoben wurden, seien sie ein Teil der Provinz. Nach langer Diskussion ist man sich heute weitgehend darüber einig, dass es sich bei diesen *decumates agri* um das Gebiet am mittleren Neckar handelt, das unter dem Kaiser Domitian Teil der Provinz *Germania superior* wurde.[58]

Diese zeitliche Abfolge der Vorgänge, wie sie Tacitus durchscheinen lässt, wird von der Notiz des Ptolemaios bestätigt. Die regionale Abgrenzung wird man sich wohl so vorstellen müssen, dass die Angabe des Tacitus *inter Hercyniam silvam Rhenumque et Moenum amnes* (*Germania* 28,2) im Sinne eines Raumes zu verstehen ist, in dem einst die Helvetier tonangebend waren – was aber keineswegs bedeutet, dass ihr Territorium diesen Raum damals auch gänzlich ausgefüllt hat; jedenfalls kann man sich Helvetier in Mittel- und Oberfranken sowie in der Oberpfalz schwer vorstellen.

Die hier angeführten Nachrichten werden seit langem im Sinne einer Abwanderung der Helvetier nach Süden, in die Schweiz verstanden. Das eigentliche Problem dabei war und ist bis heute die Zeit, in der sich dieser Abzug abgespielt hat. Der zweimalige Durchzug der Kimbern in den Jahren 112 und 102 v.Chr. wurde in diesem Zusammenhang oft, aber ohne schlüssige Ergebnisse beigezogen (vgl. oben S. 316 f.). Die erste archäologische Bearbeitung der keltischen Latène-Periode in Württemberg durch Kurt Bittel im Jahre 1934, die für die Zeit vom 5. Jahrhundert bis um Christi Geburt einen allmählichen Rückgang von Siedlungszeugnissen vor allem auf der Schwäbischen Alb zeigte, wurde vor allem von Historikern als Indiz einer allmählichen Abwanderung verstanden, ohne immer gebührend zu berücksichtigen, dass umgekehrt eine archäologisch erkennbare Zuwanderung in der Schweiz von fachlich kompetenter Seite strikt bestritten wurde.[59] Die archäologische Forschung hat inzwischen gelehrt, dass von einer völligen Entvölkerung Südwestdeutschlands keine Rede sein kann, dass es aber sehr wohl Veränderungen gegeben hat;[60] vor allem werden Grabfunde im Laufe der Latènezeit immer seltener – aus welchen Gründen auch immer. Das gewaltige Oppidum ‚Heidengraben' auf der Uracher Alb, dessen Namen *Riusiava* Rolf Nierhaus in der „Geographie" des Ptolemaios nachgewiesen hat,[61] ist etwa zur Zeit von Caesars Feldzügen in Gallien verlassen worden, ohne dass aber das Umland völlig von Siedlungen entleert wurde. Günther Wieland hat auch eine Kontinuität handwerklicher Traditionen bis weit in die frühe römische Kaiserzeit aufgezeigt, was ohne die Existenz einer gewissen einheimischen Bevölkerung gar nicht denkbar ist.[62] Mit anderen Worten: die aufgrund der antiken Nachrichten vermutete Abwanderung der Helvetier aus Süddeutschland ist archäologisch nicht eindeutig zu fassen.

In dieser Situation sind neue Überlegungen gefordert. So klar Tacitus in seinen Bemerkungen zur Geschichte des ehemaligen Helvetiergebietes in Süddeutschland eine zeitliche Abfolge erkennen

---

58 Übersetzung und Interpretation stützen sich hier wesentlich auf G. Perl, Tacitus Germania (Berlin 1990) 107–109 sowie auf J. Heiligmann in: ANRW II, 33,3 (1991) 2226–2242.

59 K. Bittel, Die Kelten in Württemberg. Röm.-Germ. Forsch. 8 (Berlin, Leipzig 1934) 119; dazu später W. Krämer, Das keltische Gräberfeld von Nebringen (Kreis Böblingen). Veröff. Staatl. Amt Denkmalpfl. Stuttgart A 8 (Stuttgart 1964) 22. Vgl. auch Staehelin (Anm. 34) 88 ff. sowie E. Meyer in: Ur- u. Frühgesch. Arch. Schweiz 4 (Basel 1974) 198 f. – Leider enthält die jüngste Darstellung der eisenzeitlichen Archäologie der Schweiz keinerlei Versuch einer siedlungsgeschichtlich-historischen Auswertung, die hier Aufschluss geben könnte: F. Müller/G. Kaenel/G. Lüscher (Hrsg.), Die Schweiz vom Paläolithikum bis zum frühen Mittelalter Bd. IV: Eisenzeit (Basel 1999), was ich schon in meiner Rez. Germania 80, 2002, 324–331 mit Bedauern angemerkt habe.

60 Grundlegend G. Wieland, Die Spätlatènezeit in Württemberg. Forschungen zur jüngeren Latènekultur zwischen Schwarzwald und Nördlinger Ries. Forsch. u. Ber. Vor- u. Frühgesch. Baden-Württemberg 63 (Stuttgart 1996). Zuletzt W. Zanier, Ende der keltischen Viereckschanzen in früher römischer Kaiserzeit? Fundber. Baden-Württemberg 28/1, 2005, 207–236.

61 R. Nierhaus, Zu den topographischen Angaben in der „Geographie" des Klaudios Ptolemaios über das heutige Süddeutschland. Fundber. Baden-Württemberg 6, 1981 [Festschr. Hartwig Zürn] 475–500, zu Ptol., *Geogr.* 2,11,15 *Riusiava* eigens 485 ff. – Zum Oppidum selbst F. Fischer, Der Heidengraben bei Grabenstetten. Ein keltisches Oppidum auf der Schwäbischen Alb bei Urach. Führer Arch. Denkmäler Baden-Württemberg 2 (³Stuttgart 1982).

62 Vgl. zuletzte G. Wieland, Zur Frage der Kontinuität von der Spätlatènezeit in die frühe römische Kaiserzeit an der oberen Donau. In: Hüssen u.a. (Anm. 1) 113–122 (mit weiterer Literatur).

lässt, so wenig sagt er über deren zeitliche Dimensionen. Für die „Helvetier-Einöde" des Ptolemaios ist eine Quelle augusteischer Zeit zu vermuten. Caesar hat sich zum Zustand seiner Zeit zwar indifferent, doch so geäußert, dass man annehmen darf, die Helvetier hätten seiner Zeit noch südwestdeutsche Gebiete östlich des Schwarzwaldes innegehabt – wenigstens bis zu ihrer Auswanderung im Jahre 58, und dass ihre Kämpfe mit Germanen, deren Nachrücken Caesar verhindert wissen wollte, sich am nördlichen Rand dieser Region in Richtung Main abgespielt haben (siehe oben S. 321 f.). Jedenfalls ist seine Formel *Germani qui trans Rhenum incolunt,* wie gezeigt, viel zu pauschal, um sie geographisch präzisieren zu können, und auch nicht geeignet, eine großflächige Besetzung Südwestdeutschlands durch Germanen belegen zu können. Vom archäologischen Befund her stehen einige Viereckschanzen-Funde am mittleren Neckar und die Siedlungsbelege im Oppidum Heidengraben für einheimisch-keltische, also helvetische Siedler in der Zeit bis wenigstens 58,[63] während germanische Funde im unteren Maingebiet bis nahe an das Neckarknie bei Mosbach, die überwiegend erst danach einsetzen, als Siedlungs-Niederschlag für eine gewisse Beruhigung sprechen. Der aus den wenigen antiken Schriftquellen erschlossene Rückzug der Helvetier aus der Region am mittleren Neckar – aus der „Helvetier-Einöde" – muss wohl auch in erster Linie politisch, jedenfalls nicht ohne weiteres im Sinne einer siedlungsgeschichtlichen Evakuierung verstanden werden.

Dieses Ergebnis stimmt mit Caesars Darstellung insoweit gut überein, als nach der Vertreibung Ariovists über den Rhein dort, in Südwestdeutschland, keine Unruhe entstanden zu sein scheint, selbst wenn einige Helvetier in ihre früheren Wohnsitze zurückgekehrt sind – vermutlich weniger als ausgezogen waren; die Oppida Heidengraben und Finsterlohr blieben jedenfalls verlassen und wurden nicht mehr besiedelt. Wohin sich die zurückflutenden Germanen zurückgezogen haben, lässt sich bestenfalls vermuten anhand der Sitze der Markomannen am mittleren bis oberen Main, aus denen sie später Marbod nach Böhmen geführt hat.

Die Geschichte der Ariovist-Germanen am südlichen Oberrhein war somit sicher eine kurzfristige Episode; sie dürfte nicht mehr als bestenfalls 8 Jahre gedauert haben. Sie hat sich aber in anderer Weise einige Jahrzehnte später wiederholt. Drei Stämme in Ariovists Aufgebot, die Caesar in seiner Darstellung der Entscheidungsschlacht genannt hatte, finden wir in der römischen Kaiserzeit auf dem linken Rheinufer wieder: die Triboker im Unterelsass, die Nemeter um Speyer und die Vangionen um Worms. Theodor Mommsen hatte gemeint, Caesar selbst habe sie dort angesiedelt, und das hat zu lang anhaltenden Bemühungen geführt, sie dort auch archäologisch nachzuweisen. Die Vergeblichkeit dieser Versuche mündete in eine methodologische Zwickmühle, die erst der Freiburger Althistoriker Herbert Nesselhauf 1950 aufgebrochen hat. Anhand der antiken Quellen wies er nach, dass die genannten Germanen frühestens in spätaugusteischer Zeit in ihren linksrheinischen Wohnsitzen angesiedelt worden sind; den Übergang der Triboker vom rechten auf das linke Rheinufer hat ja Strabon im Zusammenhang mit Nachrichten, die ihm in Rom im Jahre 17 zuflossen, ausdrücklich gemeldet.[64] Dort wurden diese Germanen korrekt als römische *civitates* organisiert und dem Imperium Romanum eingegliedert – möglicherweise anfänglich noch mit dem Auftrag, notfalls die Rheingrenze zu schützen. Dem entsprechen auch neuere Interpretationsversuche germanischer Funde dieser und etwas jüngerer Zeit in diesen Regionen, die eine allmähliche Zuwanderung mit nachfolgender Assimilierung andeuten.[65]

Weniger klar stellt sich die Entwicklung auf dem rechten Rheinufer dar. Hier hat Rolf Nierhaus Grund gelegt mit seiner großen Monographie über das „elbgermanische" Gräberfeld von Diersheim

---

[63] Dazu inzwischen auch Zanier (Anm. 60).
[64] Strab., *Geogr.* 4,3,4 p. 193 C. Dazu grundlegend H. Nesselhauf, Die Besiedlung der Oberrheinlande in römischer Zeit. Bad. Fundber. 19, 1951, 71–85, nachgedruckt in: E. Schwarz (Hrsg.), Zur germanischen Stammeskunde. Aufsätze zu neuen Forschungen. Wege Forsch. 244 (Darmstadt 1972) 125–145.
[65] Ich beziehe mich hier auf die Darlegungen von G. Lenz-Bernhard und H. Bernhard, Das Oberrheingebiet zwischen Caesars Gallischem Krieg und der flavischen Okkupation (58 v. – 75 n. Chr.). Eine siedlungsgeschichtliche Studie. Mitt. Hist. Ver. Pfalz 89, 1991 (ganzes Heft), vor allem 327–340. Leider bedürfen diese Darlegungen kritischer Prüfung, weil die unterschiedlichsten Argumentationsebenen vielfach vermengt werden.

wenig nördlich von Kehl, weil er in dessen Betrachtung alle Schriftbelege und alle archäologischen Zeugnisse der frühen römischen Kaiserzeit am rechten Oberrhein, die Germanen zugeschrieben werden dürfen, mit einbezogen hat. Die Karte zeigt außer dem Diersheimer Gräberfeld breitgestreute Belege im Gebiet der Neckarmündung und, weiter im Norden, Fundgruppen im hessischen Starkenburg und um Groß-Gerau. Im Umkreis der Neckarmündung, wo Kaiser Trajan um 100 n. Chr. die *civitas Ulpia Sueborum Nicrensium* mit dem Zentrum in *Lopodunum* – heute Ladenburg – gegründet hat, können wir schon die älteren Funde mit einem Namen belegen: es sind die sogenannten Neckar-Sueben. Diese Gruppe erscheint als erste schon in augusteischer Zeit; sie steht räumlich in engem Kontakt mit den Germanen auf dem linken Rheinufer gegenüber bei Speyer, die wir unter dem Namen Nemeter kennen. Dagegen setzen die Funde der anderen Gruppen erst deutlich später ein, etwa zwischen 40 und 50 n.Chr. Nierhaus hat richtig gesehen, dass diese Gruppen aufgrund ihrer weithin übereinstimmenden Ausstattung alle aus dem sogenannten elbgermanischen Kreis stammen müssen, der vom nördlichen Böhmen nach Norden bis in das Elbe-Saale-Gebiet und nach Thüringen reichte, schon früh aber auch an den oberen Main und bis nach Franken ausgegriffen hat. Für die Diersheimer Gruppe, die wir bis jetzt nur aus Grabfunden kennen, hat Rainer Wiegels inzwischen eine Identifizierung als Boier vorgeschlagen, die später die Mannschaft des *numerus exploratorum Tribocorum et Boiorum* gestellt haben, also zusammen mit den gegenüber auf dem linken Rheinufer sitzenden Tribokern.[66] Auch die Boier gehörten in ihrer Heimat Böhmen zu diesem Kreis.

Diese rechtsrheinischen germanischen Gruppen, die anfänglich und bis zu ihrer Einbeziehung in die Provinz *Germania superior* in ihren Gräbern Waffen führten, dürften von der römischen Heerführung vor der Rheingrenze angesiedelt worden sein in dem von Tacitus formulierten Gedanken *ut arcerent, non ut custodirentur* (*Germ.* 28,4), also als Grenzwache – und zwar wahrscheinlich aufgrund eines Vertrages. Ob Rom diese Germanen von sich aus gerufen hat oder ob diese infolge der Querelen, die dem Ende der Herrschaft des Markomannen Marbod folgten, aus eigenem Antrieb nach Westen auswichen, wissen wir nicht. Man hat mit gutem Grund vermutet, dass ihre Ansiedlung planmäßig gegenüber römischen Lagern auf dem linken Rheinufer erfolgte. Sicher ist nur, dass diese germanischen Milizen, wie man sie genannt hat, mit dem Vorschieben der römischen Grenztruppen in rechtsrheinisches Gebiet, das im Jahre 73 n.Chr. unter Kaiser Vespasian begann, von seinem Sohn Domitian fortgeführt und von Trajan vorläufig abgeschlossen wurde, ihre Funktion verloren; prompt hört auch die Waffenbeigabe in ihren Gräbern auf. Sie wurden assimiliert und in römischen *civitates* organisiert – so wenigstens die *Suebi Nicrenses,* die anderen Gruppen vielleicht auch schon bestehenden *civitates* angeschlossen. Sie sind damit im *Imperium Romanum* aufgegangen. Für die Diersheimer Gruppe hat Nierhaus festgestellt, dass sie in der Mitte des 2. Jahrhunderts erneut Beziehungen zum Elbgermanengebiet aufgenommen hat, diesmal aber zu dessen nördlicher Region; wie das zu erklären sein könnte, ist bis jetzt völlig offen.

Wir haben diese frühen Germanen am Oberrhein somit als eine historisch zwar interessante, aber vorübergehende Episode zu bewerten. Ähnliches gilt wohl auch für die bisher nur archäologisch bestimmbaren germanischen Fundgruppen an Tauber und Kocher, wie sie etwa in Tauberbischofsheim[67] und Ingelfingen[68] zutage getreten sind, vielleicht auch die an der Sole-Quelle in Schwäbisch Hall,[69] die aber alle vor dem vorderen Limes und damit außerhalb der Militärgrenze des Imperiums

---

66 R. Wiegels, *Numerus exploratorum Tribocorum et Boiorum*. Epigr. Stud. 12, 1981, 309–331, hierzu 322 ff. Ders., Zeugnisse der 21. Legion aus dem südlichen und mittleren Oberrheingebiet. Zur Geschichte des obergermanischen Heeres um die Mitte des 1. Jahrhunderts n.Chr. Ebd. 13, 1983, 1–42, hierzu 32 mit Anm. 95. Vgl. auch RGA² V (1985) 418–422 s. v. *Diersheim* (R. Nierhaus) hierzu bes. 422.

67 Vgl. A. Dauber, Germania 40, 1962, 147–155; auch Fundber. Baden-Württemberg 17/2, 1992, 88–90. Dazu auch die Bemerkungen zu den Funden aus der Viereckschanze von Gerichtstetten von R.-H. Behrends in: Fundber. Baden-Württemberg 6, 1981 [Festschr. Hartwig Zürn] 311–326; zuletzt Zanier (Anm. 60) 208–210.

68 Vgl. R. Koch, Fundber. Schwaben N.F. 19, 1971, 124–174 mit der Karte Abb. 32.

69 Vgl. H. Zürn, Katalog Schwäbisch Hall. Veröff. Staatl. Amt Denkmalpfl. Stuttgart A 9 (Stuttgart 1965) 39 f.

liegen. Dagegen können die Germanen am Main und in den ostfränkischen Landschaften[70] wohl eher als echte Vorboten der Alamannen gelten, die zuerst zur Zeit des Kaisers Caracalla in Erscheinung getreten sind. Im 3. Jahrhundert aber nutzten sie dann nach Kräften die innere Krise des Reichs, überrannten den Limes zuerst 233, dann wieder in den Jahren 260 und 272 und setzten ihn damit endgültig als Militärgrenze außer Funktion.[71] Die Nachfahren ihrer einstigen Stammesgenossen an Rhein und Neckar waren inzwischen ‚Römer' geworden und teilten deren Schicksale.

Schlagwortverzeichnis

Germanen; Kelten; Kimbern; Helvetier; Oberrhein; Neckar; Caesar; Ariovist; Ptolemaios; ‚Helvetier-Einöde'; Gallischer Krieg; 1. Jh. v. Chr.; 1. Jh. n. Chr.; Tacitus.

Anschrift des Verfassers

Prof. em. Dr. Franz Fischer
Hausdorffstraße 91
53129 Bonn

---

70 Ältere Übersicht bei Chr. Pescheck, Die germanischen Bodenfunde der Römischen Kaiserzeit in Mainfranken. Münchner Beitr. Vor- u. Frühgesch. 27 (München 1978); dazu D. Rosenstock in: Aus Frankens Frühzeit [Festgabe Peter Endrich] (Würzburg 1986) 113–132.
71 Zu den Datierungsfragen zuletzt K.-H. Lenz in: Ber. RGK 86, 2005, 356 mit Anm. 20 f. (vor allem Lit.).

Fundmaterial aus dem Mithrasheiligtum von Riegel am Kaiserstuhl

Petra Mayer-Reppert* mit Vorbemerkungen von Gerhard Fingerlin

Inhaltsverzeichnis

Vorbemerkungen (Gerhard Fingerlin)	328
Anfänge der Forschung in Riegel, Lage im Wegenetz, strategische Aspekte	328
Vom Lagerdorf zum Hauptort einer Civitas	330
Zwei Grabungen im Riegeler Mithraeum	331
Restaurierung des Mithraeums, museale Gestaltung	334
Offene Fragen	335
1. Einleitung: Ausgangslage, Schwerpunkt und Zielsetzung der Arbeit	336
2. Die Lage des Mithräums im römischen Gesamtplan von Riegel	337
3. Grabungsbefund von 1932 und 1974	338
4. Fundmaterial	341
1. Stein	341
2. Bronze	342
3. Eisen	342
4. Keramik und Glas	343
5. Der Befund im Spiegel des Fundmaterials: Auswertung der Befunde 1–15	367
6. Die Ausstattung des Mithräums	372
7. Die Mithrasgemeinde von Riegel im Spiegel des Fundmaterials	393
8. Der römische Fundplatz Riegel und die Fundstelle ‚Beim Kloster' im Spiegel des Fundmaterials	393
5. Schlusswort	394
6. Abgekürzt zitierte Literatur	395
7. Grafiken 1–51	400
8. Fundlisten	412
9. Ausstattungsliste	434
10. Katalog	437
Fundabbildungen	473

---

* Ursprünglich war eine Veröffentlichung in der Reihe ‚Materialhefte' vorgesehen. Aus Zeit- und Kostengründen wurde der Veröffentlichung in den ‚Fundberichten' der Vorzug gegeben. Den Herren Prof. Dr. G. Fingerlin und Dr. B. Cämmerer sei für die Überlassung des Fundmaterials an dieser Stelle herzlich gedankt. Die Manuskriptteile Grabungsbefund 1974 (B. Cämmerer), Altäre (B. Cämmerer) und Kultschwert (E. Schwertheim) lagen bei Redaktionsschluss nicht vor.

Vorbemerkungen

Anfänge der Forschung in Riegel, Lage im Wegenetz, strategische Aspekte

Als im frühen 19. Jahrhundert der Historiker Heinrich Schreiber die Siedlung von Riegel „einen der merkwürdigsten Plätze des römischen Breisgaus" genannt hat, legte er damit den Grundstein für einen künftigen Arbeitsschwerpunkt der Freiburger archäologischen Forschung und Denkmalpflege.[1] Schreiber hat aber nicht nur wissenschaftliches Interesse geweckt, sondern auch ein klares Ziel vorgegeben, wenn er an anderer Stelle hinzufügt, dass der Platz „ohne Zweifel von den Römern sogleich nach ihrer Besitznahme des Landes in seiner Wichtigkeit erkannt und zu einem Hauptpunkt der Umgebung erhoben" wurde.[2] Nicht alle Gründe dafür waren schon damals erkennbar und doch traf Schreibers Feststellung: „Die Lage von Riegel ist vortrefflich, man mag sie sowohl in militärischer als bürgerlicher Beziehung erwägen" genau das Richtige (Abb. 1). Denn nur wenig östlich des Ortes kreuzten sich, wie wir heute wissen, zwei wichtige Fernstraßen.[3] Die eine, bis vor kurzem nur in ihrem Verlauf von Riegel nach Westen bekannt, führte, vom Inneren Frankreichs her, über den Rhein, nördlich am Kaiserstuhl vorbei und dann durch den Südschwarzwald zur oberen Donau, letztlich eine Verbindung von Gallien mit den Donauprovinzen. Die andere, vom Schweizer Mittelland und vom Rhônetal (Burgundische Pforte) kommende Route, meist als rechtsrheinische Straße Basel–Mainz bezeichnet, verlief mehr oder weniger parallel zum Strom, der für den Schiffsverkehr damals schon große Bedeutung hatte. Von Riegel aus konnte man in kurzer Zeit zwei nur ca. 10 bzw. 12 km entfernte (vermutete) Anlegestellen erreichen.[4]

Erheblich gesteigert wurde der strategische Wert des Platzes dann noch durch die Sperrwirkung des steil aus der Ebene aufragenden vulkanischen Kaiserstuhlgebirges. Der ganze Verkehr auf der Rheintalstraße musste durch die heute so genannte ‚Riegeler Pforte', eine nur 2,5 km breite Engstelle zwischen Kaiserstuhl und Vorbergzone des Schwarzwaldes, deren Passage durch drei gerade hier stark mäandrierende Flüsse (Dreisam, Glotter, Elz) und ausgedehnte Sumpfgebiete zusätzlich erschwert wurde.

So ist es nicht überraschend, dass die römische Heeresleitung diesen für die Beherrschung des Raumes und der Verkehrswege gleichermaßen wichtigen Knotenpunkt schon seit Beginn der Okkupation rechtsrheinischen Gebietes, spätestens ab der Mitte bis gegen Ende des 1. nachchristlichen Jahrhunderts mit einer Garnison gesichert hat.[5] Die Straße nach Osten, über den Schwarzwald, stellte zugleich die Verbindung her mit einer in Hüfingen/*Brigobannis* beginnenden Kastellreihe entlang der Donau.[6] Gleichzeitig sicherten Lager bei Sasbach auf dem rechten und Biesheim/Oedenburg auf dem linken Rheinufer die rückwärtigen Versorgungslinien.[7] Im Hinblick auf den militärischen

---

1 H. Schreiber, Über die neuentdeckte römische Niederlassung zu Riegel im Breisgau. Freiburger Gymnasiumsprogramm (Freiburg 1825). Zur Forschungsgeschichte neuerdings A. Bräuning, Neue Forschungen zu einem alten Ort. In: Riegel – Römerstadt am Kaiserstuhl. Das neue Bild von einem alten Fundplatz. Arch. Inf. Baden-Württemberg 49 (Freiburg 2004) 8–14.

2 Schreiber selbst hat die Forschung in Riegel nach Möglichkeit vorangetrieben. 1855 und 1869 erschienen wichtige Beiträge aus seiner Feder: H. Schreiber, Über die Siegelsteine alter Augenärzte überhaupt und den neuentdeckten Riegeler Siegelstein insbesondere. Mitt. Hist. Ver. Steiermark 6, 1855, 63–82. – Ders., Die römische Töpferei zu Riegel im Breisgau. Zeitschr. Ges. Beförderung Gesch.-, Altert.- u. Volkskde. von Freiburg, Breisgau u. angrenzenden Landschaften 1, 1867–69, 1–55.

3 Zusammenfassend R. Asskamp, Das südliche Oberrheingebiet in frührömischer Zeit. Forsch. u. Ber. Vor- u. Frühgesch. Baden-Württemberg 33 (Stuttgart 1989) 165–167. – Zur Strecke Riegel–Hüfingen: J. Humpert, Eine römische Straße durch den südlichen Schwarzwald. Arch. Nachr. Baden 45, 1991, 19–32.

4 Anlegestellen werden vermutet in Sasbach (‚Dorfinsel') und bei Jechtingen (‚Sponeck'). Für Jechtingen ist in spätantiker Zeit eine Anlegestelle indirekt durch das Kastell nachgewiesen.

5 Asskamp (Anm. 3) 123–137. – Chr. Dreier, Am Anfang war ... das Militär. In: Riegel – Römerstadt am Kaiserstuhl (Anm. 1) 17–21.

6 Ph. Filtzinger in: Ders./D. Planck/B. Cämmerer (Hrsg.), Die Römer in Baden-Württemberg (³Stuttgart 1986) 42 Abb. 8.

7 Sasbach: Asskamp (Anm. 3) 142–149. – Biesheim-Oedenburg: H. U. Nuber/M. Reddé, Le site romain d'Oedenburg (Biesheim/Kunheim, Haut Rhin, France). Germania 80/1, 2002, 169 ff.

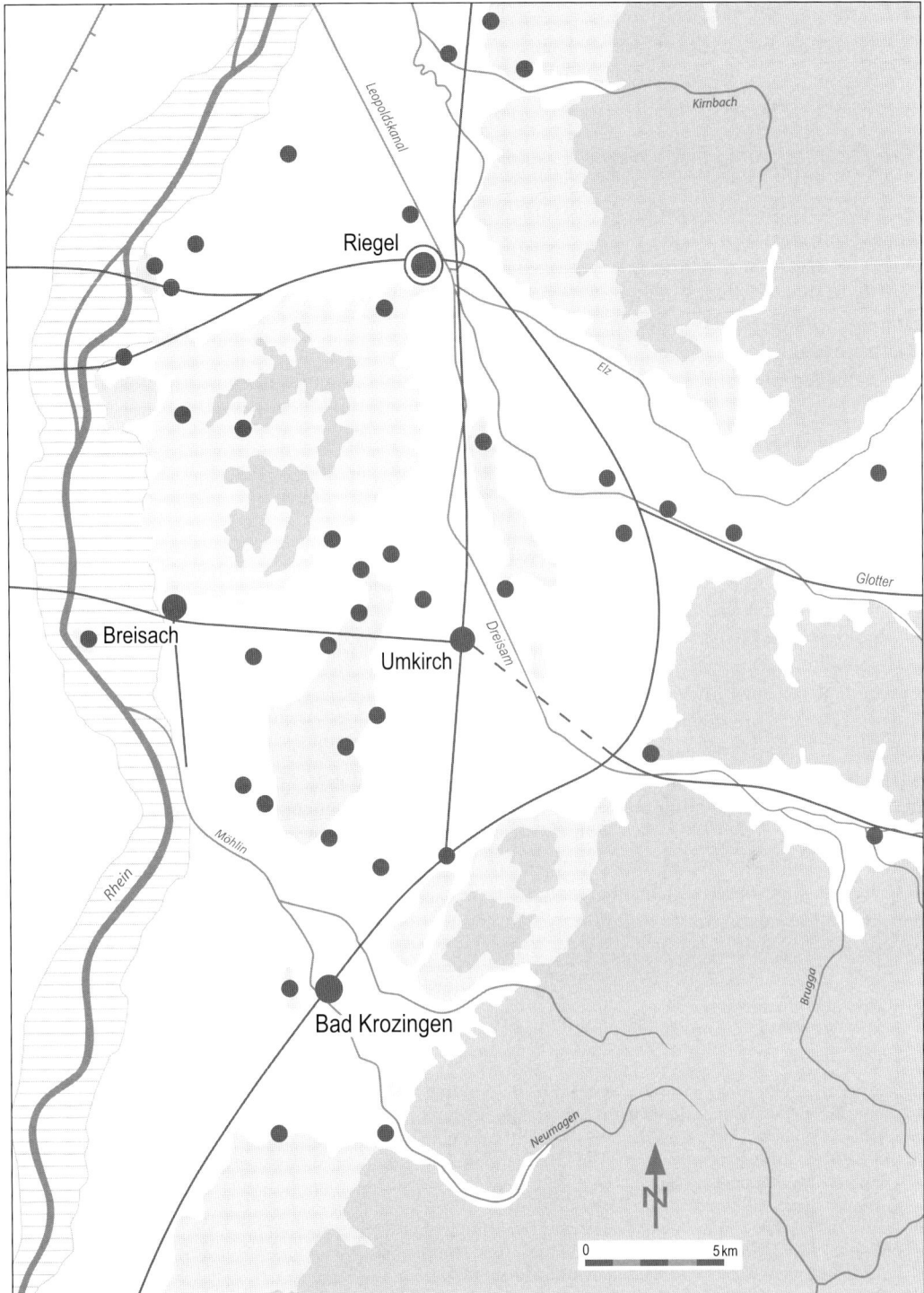

Abb. 1 Lage von Riegel im römischen Breisgau (1.–3. Jahrhundert). Durchgezogene Linien: Hauptstraßen. Große Punkte: *vici*. Kleine Punkte: Gutshöfe bzw. Siedlungsplätze unbestimmten Charakters.

Stellenwert haben sich also Heinrich Schreibers Erwartungen bestätigt, wenn auch der archäologische Nachweis für die Anwesenheit römischer Truppen lange auf sich warten ließ (1974 bzw. 1994).[8]

Vom Lagerdorf zum Hauptort einer Civitas

Auch die ‚bürgerliche' Entwicklung des Ortes nach dem Abzug des Militärs erschloss sich nur schrittweise. Früh schon war Riegel als wichtiger Stützpunkt für den Straßenverkehr erkannt worden, mit einem breit gefächerten Angebot an Dienstleistungen, zu denen ärztliche Betreuung, Herstellung und Vertrieb von Medikamenten, Versorgung der Reisenden mit Lebensmitteln, aber auch Reparaturen an Pferdegeschirr oder Wagen gehörten. Größere Manufakturen (Ziegeleien, Töpfereien) und handwerkliche Betriebe (z.B. Bronzegießereien), die nicht nur für den lokalen Markt produzierten, ließen ebenfalls schon seit langem Versorgungsfunktionen für das Umland erkennen.[9] Aber erst 1997 brachte die partielle Aufdeckung einer großen Marktbasilika mit anschließendem Forum die Gewissheit, dass Riegel, dessen antiker Name (*Helvetum*?) nicht zweifelsfrei überliefert ist,[10] der lange gesuchte Hauptort einer *civitas* im südlichen Oberrheintal war, deren Name und Ausdehnung allerdings immer noch unbekannt sind.

Zu dieser Gewissheit trägt nicht unwesentlich auch eine 1986 veröffentlichte neue Lesung der Dedikationsinschrift auf dem schon 1932 gefundenen Altarstein für Mithras bei (Abb. 2), der die Lokalisierung des hier in Teilaspekten behandelten Mithraeums am Südrand der römischen Ortschaft ermöglicht hat.[11] Nach dieser neuen, und zweifellos auch endgültigen Textversion war der Stifter des Altars Sklave und Stellvertreter *(vicarius)* seines Herrn und Vorgesetzten, eines kaiserlichen Sklaven und Verwalters *(dispensator)*. Auch wenn dessen administrative Tätigkeit nicht näher bezeichnet wird, ist jedenfalls an eine „Aufgabe in der Reichsverwaltung" zu denken, hier vielleicht in Zusammenhang mit der Versorgung der jetzt am Limes stehenden obergermanischen Truppen „mit Lebensmitteln oder ... anderen Nachschubgütern".[12] Ein *civitas*-Hauptort mit seiner Infrastruktur bot zweifellos die besten Voraussetzungen für eine derart weitreichende und verantwortungsvolle Tätigkeit.

Dies gilt auch für Entstehung und Entwicklungsmöglichkeiten besonderer religiöser Korporationen, deren Mitglieder nicht selten aus anderen Provinzen des Reiches kamen und sich vorzugsweise an Orten mit städtischer Struktur und einer gewissen ‚Zentralität' niederließen. So ist es kein Zufall, dass wir die im späteren 2. Jahrhundert n. Chr. hier entstandene Kultgemeinschaft des Mithras mit der *familia Caesaris*' in Verbindung bringen können. Denn gerade aus der kaiserlichen Verwaltung rekrutierte sich auch andernorts ein großer Teil der Anhängerschaft, neben Armeeangehörigen und Kaufleuten, die ebenfalls in diesen nur Männern zugänglichen kleinen und exklusiven Zirkeln überproportional vertreten sind.[13]

---

8 G. Fingerlin in: Arch. Nachr. Baden 14, 1975, 9–11 u. Abb. 6 (Arbeitsbericht für 1974). – Chr. Dreier, Vorflavische und andere wichtige Befunde zur Topographie der römischen Siedlung von Riegel a. K., Kreis Emmendingen. Arch. Ausgr. Baden-Württemberg 1994, 107–114 m. Plan Abb. 60.

9 Interessante Ergänzungen zum örtlichen Handwerk ergaben sich bei den mehrjährigen Grabungen am Nordrand der Siedlung. Zusammenfassend: J. Klug-Treppe, Neue Ausgrabungen im Nord- und Nordwestvicus von Riegel a. K. In: Riegel – Römerstadt am Kaiserstuhl (Anm. 1) 38–45.

10 Chr. Dreier, Die Forumsbasilika der römischen Siedlung von Riegel am Kaiserstuhl. Arch. Nachr. Baden 70, 2005, 30–42. – H. Steger, *Regula*/Riegel am Kaiserstuhl – *Helvetum?* In: Römer und Alamannen im Breisgau. Studien zur Besiedlungsgeschichte in Spätantike und frühem Mittelalter. Freiburger Forsch. Erstes Jt. Südwestdeutschland 6 (Sigmaringen 1994) 233–361.

11 G. Alföldy, Die Mithras-Inschrift aus Riegel am Kaiserstuhl. Germania 64/2, 1986, 433–440.

12 Alföldy (Anm. 11) 439. – Wenig südlich von Riegel wurde in dem ebenfalls an der Rheintalstraße gelegenen Vicus von Umkirch ein großes, aus Holz errichtetes *horreum* (Getreidespeicher) mit integrierter Schreibstube gefunden, das als Sammelstelle für die Truppenversorgung gedeutet werden könnte. Plan: M. Wagschal in: Arch. Ausgr. Baden-Württemberg 1988, 128 Abb. 102.

13 E. Schwertheim, Mithras. Seine Denkmäler und sein Kult. Antike Welt 10, Sondernr., 1979.

Abb. 2 Der 1932 gefundene große Altarstein für Mithras (DEO INVICT[O]) mit dem Namen des Stifters VICTOR, vielleicht der Begründer der mithrischen Kultgemeinschaft in Riegel (Museum für Ur- und Frühgeschichte Freiburg).

Zwei Grabungen im Riegeler Mithraeum

Wie gesagt kam der große Riegeler Mithrasaltar schon 1932 zum Vorschein und gab damals Anlass zu einer Ausgrabung, die mehr sondierenden Charakter hatte und den für Mithraeen bezeichnenden Grundriss nur unvollständig erfasste. Erkennbar war aber damals schon, dass sich in diesem Heiligtum ein großer Teil des Kultinventars erhalten hatte, anders als in entsprechenden Anlagen des linksrheinischen Gebiets, die in spätantiker Zeit nicht selten von christlichen Fanatikern ausgeräumt und zerstört worden sind.[14] Trotzdem unterblieb eine weitere Erforschung dieses ungewöhnlichen Befundes, wofür Krieg und Nachkriegszeit wie so oft die Erklärung liefern. Erst 1974 erhielt die Freiburger Denkmalpflege, bis dahin am Ort vor allem mit Notgrabungen im Bereich der römischen Zivilsiedlung beschäftigt, durch eine von der Gemeinde geplante Baumaßnahme Anstoß und Chance zugleich, hier eine abschließende Untersuchung vorzunehmen.[15] Da nämlich die Planung schon sehr weit fortgeschritten war, schien es zunächst fast unmöglich, die Zerstörung des unterirdisch noch erhaltenen Befundes zu verhindern. Dank der Unterstützung durch Monsignore WASMER, damals Leiter des erzbischöflichen Kinderheims St. Anton in Riegel, sowie eines engagierten Plädoyers des Emmendinger Landrats Dr. L. MAYER gelang es dann aber doch, einen vertretbaren Kompromiss

---

14 Das gilt generell für die Mithraeen innerhalb der spätantiken Reichsgrenzen. Beispiel: J. GARBSCH, Das Mithraeum von Pons Aeni. Bayer. Vorgeschbl. 50, 1985, 355–462 bes. 445. – Vgl. auch SCHWERTHEIM (Anm. 13) 72.

15 Solche Planungen erreichten damals die Denkmalpflege nicht immer rechtzeitig, obwohl Träger öffentlicher Belange grundsätzlich gehört werden mussten. Desto wichtiger war es, örtliche Mitarbeiter zu finden, die sich regelmäßig auf dem Rathaus blicken ließen, aber auch alle Bodeneingriffe kontrollierten. In Riegel konnte nach längerer Unterbrechung erst in den 1980er Jahren wieder ein Ortsansässiger für diese ehrenamtliche Tätigkeit gewonnen werden.

Abb. 3   Das Mithraeum von Riegel nach der Freilegung (1974). Blick über den dunkel sich abzeichnenden Vorraum *(narthex)* ins Hauptschiff, dessen Gliederung in zwei seitliche Podien und einen breiten Mittelgang am stehengebliebenen Querprofil gut ablesbar ist.

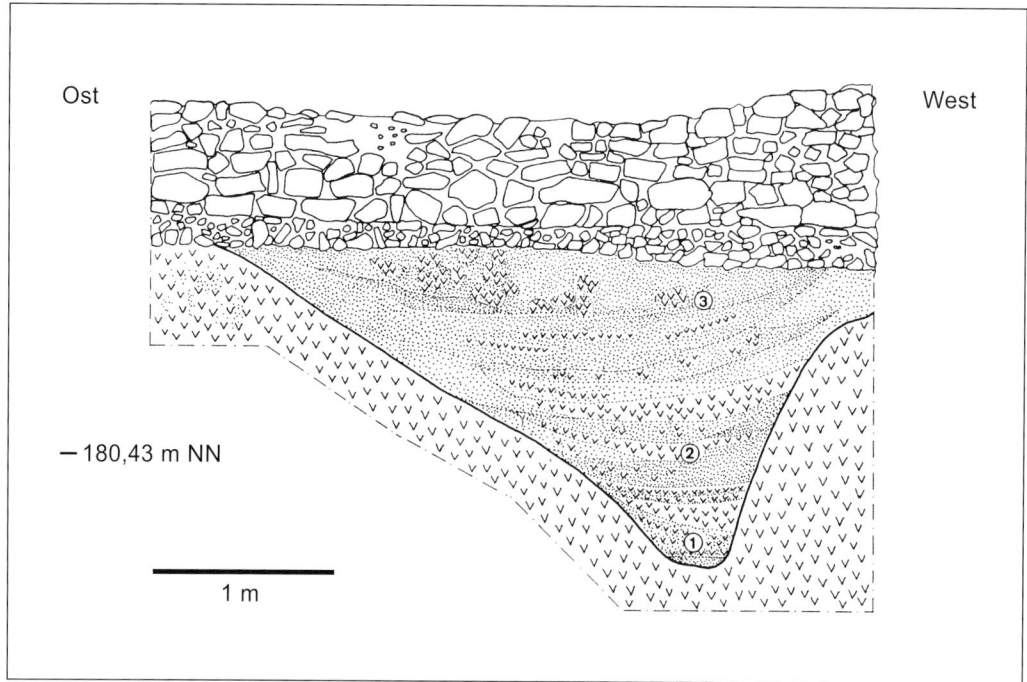

Abb. 4   Profil durch den Graben von Lager I unter dem Mithraeum, überbaut von Apsis und Südmauer.

zu finden. Unter der Voraussetzung, dass die Anlage nach der Ausgrabung restauriert und der Öffentlichkeit zugänglich gemacht würde, verzichtete die Gemeinde auf die Realisierung des Bebauungsplans und machte den schon getätigten Verkauf der Grundstücke wieder rückgängig.

Da dieser Fall für ein lange gesuchtes, gemeinsames Projekt der Außenstelle Freiburg des Landesdenkmalamts mit dem Badischen Landesmuseum Karlsruhe geeignet erschien, wurde die Ausgrabung dem damaligen Konservator für Provinzialrömische Archäologie am Badischen Landesmuseum, Dr. BERNHARD CÄMMERER, übertragen. Er wurde in der Geländearbeit zeitweise von Dr. R. DEHN vom Denkmalamt unterstützt, in anderer Hinsicht (Verhandlungen vor Ort, Restaurierung) vom Verfasser dieser Vorbemerkungen.[16]

Da nun keine störenden Besitzgrenzen mehr zu beachten waren, konnte das Mithraeum vollständig freigelegt werden (Abb. 3), wobei auf die geplante Präsentation des Befundes Rücksicht zu nehmen war. Trotzdem wurden neue Erkenntnisse zum Ablauf des Geschehens an dieser Stelle gewonnen:

1. Unter dem Mithraeum, von seinem Fundament überlagert, verlief der Graben des Lagers aus vespasianischer Zeit (Abb. 4). Nach dessen Auflassung wurde er noch im Lauf des 1. Jahrhunderts verfüllt (wahrscheinlich in domitianischer Zeit).

Abb. 5   Das ‚Theaterschwert' von Riegel, bisher einmaliges Requisit aus einem mithrischen Kultinventar. Das Stück ist erkennbar einem römischen *gladius* nachgebildet. BLM Karlsruhe.

2. Das ehemalige Kastellareal wird Teil eines Gewerbegebiets, in dem sich u. a. eine Töpferei niederlässt.
3. Bau des Mithraeums im späteren 2. Jahrhundert n. Chr. (auf zugewiesenem Fiskalland?).
4. Nach Auflassung und allmählichem Zerfall des Mithraeums unbestimmte weitere Nutzung (?).

Nach der vollständigen Freilegung, die über das schon Bekannte hinaus vor allem den Nachweis eines in Holz konstruierten Vorraums *(narthex)* brachte, ließ sich das Mithraeum als relativ kleiner, deutlich eingetiefter Bau charakterisieren, errichtet in Fachwerktechnik auf trocken gemauertem Steinsockel. Für ein Tonnengewölbe in leichter Holz-Flechtwerkbauweise ergaben sich Anhaltspunkte, ebenso für ein mit Schindeln gedecktes Dach.

Wichtige Ergänzungen brachte die Grabung auch für das Inventar, wobei in erster Linie das in seiner Art bis heute einmalig gebliebene ‚Theaterschwert' zu erwähnen ist (Abb. 5), das vielleicht als

---

16   Erster Vorbericht: R. DEHN/G. FINGERLIN in: Arch. Nachr. Baden 14, 1975, 11 f. Abb. 8 u. 9 (Arbeitsber. f. 1974).

Abb. 6   Das ‚neue', rekonstruierte Mithraeum von Riegel (über dem darunter konservierten Original) nach Abschluss der Restaurierung.

Requisit szenischer Aufführungen im Kultgeschehen oder symbolischer Todeserfahrung während der Initiationsriten erklärt werden kann.[17]

Die Vorlage des Grabungsbefundes, auf den die Keramikbearbeiterin selbstverständlich zugreifen konnte, soll so rasch wie möglich an anderer Stelle erfolgen, am besten durch den Ausgräber selbst. Dabei sind dann auch die jetzt nicht behandelten Teile der Ausstattung nachzutragen, vor allem die Nebenaltäre und das ‚Theaterschwert'.

Restaurierung des Mithraeums, museale Gestaltung

Bei der Restaurierung der Anlage ergab sich u. a. das Problem, dass die trocken aufgesetzten Bruchsteinmauern, Sockel für die in Fachwerk ausgeführten Wände, im Freien nicht dauerhaft gesichert werden konnten. Da ein geschlossener Schutzbau nicht in Frage kam, eine schlichte Überdachung für die empfindliche Bausubstanz aber auch nicht ausreichte, entschied man sich dafür, auf das in typischer Weise eingetiefte sakrale Bauwerk eine möglichst getreue Kopie zu setzen. Das Original wurde also zugeschüttet, sein Bodenniveau liegt etwas mehr als 0,50 m unter dem heutigen Mittelgang (Abb. 6).

Bei der Neukonstruktion wurde das Trockenmauerwerk rückseitig in einen unsichtbaren Betonrahmen eingebunden, wodurch eine stabile Struktur entstand, ohne dass der Eindruck locker aufgesetzter Steine verloren ging. Wegen des fehlenden Schutzdachs ließ sich auch der Bretterbelag der Podien und des Mittelgangs nicht rekonstruieren. Holzverwendung im Innenraum konnte deshalb nur durch Abgrenzung der höhergelegenen Podien mit einer Reihe senkrecht gestellter eichener

---

17   E. SCHWERTHEIM, Ein Kultgegenstand aus dem neuen Mithräum in Riegel/Kaiserstuhl. Antike Welt 10, Sondernr., 1979, 72–74; 29 m. Abb. 39.

Bahnschwellen mit hoher Witterungsbeständigkeit angedeutet werden. In gleicher Weise wurden die Holzwände des Vorraums nachgezeichnet. Im Mittelgang stehen Kunststeinabgüsse des Hauptaltars und der beiden kleinen Nebenaltäre. Nur für diese zwei ist der Standort unmittelbar am Rand des südlichen Podiums durch die Grabung gesichert. Die rechteckige Apsis für das fehlende Kultbild, möglicherweise eine bemalte Holztafel, blieb leer. Es wurde in gewisser Weise durch den Kunststeinabguss eines zweiseitigen, also drehbaren Reliefs (aus dem hessischen Rückingen) ersetzt, aufgestellt bei den Informationstafeln außerhalb des Gebäudes. Mit seiner geringen Größe und recht bescheidenen künstlerischen Qualität passt dieser Stein sehr gut zum Gesamteindruck des Riegeler Heiligtums.

Offene Fragen

Mit der Vorlage der keramischen Funde aus dem Mithraeum sowie der darüberliegenden Auffüllschicht verfolgt die Verfasserin das ehrgeizige Ziel, „eine Zusammenschau der Keramikentwicklung einer römischen Zivilsiedlung am Oberrhein von der Mitte des 1. bis mindestens zur Mitte des 4. Jahrhunderts n. Chr. zu erstellen". Das wirft einige Fragen auf, zunächst die nach den Kriterien, mit denen das Kultinventar gegen die Masse der Keramik in der Verfüllung (immerhin 81,6%) abgegrenzt wird. Zweifellos gibt es einen ‚Kernbestand', der sich aus den für solche Anlagen ‚typischen' Gefäßformen zusammensetzt, hier z.B. Schlangentöpfe oder die teilweise ineinandergestapelten Räucherkelche. Anderes, wie Lampen, Krüge, Becher oder Essgeschirr, ist vom Befund her als zugehörig erwiesen (so der Inhalt von Schränken oder Regalen im Vorraum). Auch Gebrauchsspuren, wie sie etwa bei der Verwendung von Krügen zum Räuchern entstanden sind, geben dafür eindeutige Hinweise. Wie weit der Leser aber der ‚Rekonstruktion' des Kultinventars insgesamt folgen will, muss er selbst entscheiden.

Gleiches gilt für die chronologischen Vorschläge, mit denen die Autorin ihre auch schon in anderem Zusammenhang geäußerte Meinung zum Weiterleben römischer Siedlungen im ehemaligen rechtsrheinischen Obergermanien im 4. Jahrhundert untermauern will.[18] Auf nicht ohne weiteres nachvollziehbare Keramikvergleiche gestützt, schlägt sie für das Riegeler Mithraeum ein Enddatum von ca. 350 n. Chr. vor. Die weitere Nutzung des Areals soll dann sogar bis 430 n. Chr., also fast bis in die Mitte des 5. Jahrhunderts, gedauert haben.

Daraus ergeben sich Konsequenzen für das Weiterleben der römischen Siedlung bis in die jüngere Völkerwanderungszeit, die mit den bisherigen Vorstellungen radikal brechen. Denn mehr als Indizien für einen kleinen militärischen Stützpunkt, eingerichtet in der ersten Hälfte des 4. Jahrhunderts, gab es bisher nicht (Ziegel mit Stempel der LEGIO I MARTIA, Zwiebelknopffibel, Münzen). Im Vorfeld der befestigten Rheingrenze (Kastelle von Breisach ‚Münsterberg', Jechtingen ‚Sponeck' und Biesheim-Oedenburg) dürfte eine Interpretation als vorgeschobener Posten zur Überwachung der wichtigen Flussübergänge bei Sasbach und Jechtingen vertretbar sein.[19] Eine zivile Komponente ist dabei nicht ausgeschlossen, für die es jedoch keine gesicherten archäologischen Hinweise gibt.[19a] Aber jetzt, nur auf Grund weniger, keineswegs eindeutig zu beurteilender Keramikfunde, ein ganz neues Bild des alten Riegel? Zweifel sind angebracht.

Gerhard Fingerlin

---

18 P. Mayer-Reppert, Das römische Hüfingen/Brigobannis nach dem Limesfall. In: Chr. Bücker u. a. (Hrsg.), Regio Archaeologica. Archäologie und Geschichte an Ober- und Hochrhein [Festschr. G. Fingerlin]. Internat. Arch. Stud. honoraria 18 (Rahden/Westf. 2002) 83–97.

19 Chr. Dreier, Zwei spätantike Neufunde aus Riegel a. K., Kreis Emmendingen – Hinweise auf einen Militärposten? Fundber. Baden-Württemberg 23, 1999, 253–259. Dreier spricht von einer „militärischen Anlage – vielleicht mit kleiner zugehöriger Siedlung", beides am ehesten auf dem ‚Fronhofbuck' zu lokalisieren (S. 259).

19a Damit ist nicht das Weiterleben von Teilen der provinzialrömischen Bevölkerung in Frage gestellt. Vgl. dazu G. Fingerlin, Badenweiler und seine Thermen in nachrömischer Zeit. In: Führer Arch. Denkmäler Baden-Württemberg 22 (Stuttgart 2002) 94–101 bes. 97 f.

1. Einleitung: Ausgangslage, Schwerpunkt und Zielsetzung der Arbeit

Das Mithräum im Gewann ‚Beim Kloster' wurde während zwei zeitlich weit auseinander liegenden Kampagnen ergraben. Die erste, eine Notbergung unter W. Schleiermacher im Winter 1932/33, erbrachte einen Teilgrundriss und die Einordnung des Befundes als Mithräum sowie die Sicherstellung des Stifteraltares, eines Geschirrensembles sowie weiterer Kleinfunde. Die zweite Kampagne erfolgte in den Jahren 1974/1975 und war in sich zweigeteilt. Die Mannschaft um B. Cämmerer widmete sich ausschließlich dem Mithräum, während die Befunde des 1. bis mittleren 2. Jahrhunderts n. Chr. unter der örtlichen Leitung von K. Hietkamp erfasst wurden. Mit Blick auf eine Konservierung der Anlage wurde im Mithräum eine befunderhaltende Grabungstechnik eingesetzt. Tief greifende landwirtschaftliche bzw. gärtnerische Eingriffe in den Boden (Holländern/Rigolen) hatten zudem die Befunde bis ca. 60 cm unter Humuskante in eine einheitliche ‚Kulturschicht' umgewandelt, was sich vor allem bei der Deutung der jüngsten Befunde erschwerend auswirkte.

Während die Publikation der Grabung von 1933 und die Vorlage der lagerzeitlichen Befunde zeitnah erfolgen konnten,[20] verzögerte sich jedoch die Bearbeitung des Mithräums. Die Befunde aus der ersten Hälfte des 2. Jahrhunderts n. Chr. bleiben einer Gesamtaufarbeitung des römischen *Helvetum* (?)/Riegel vorbehalten.

Mit der Publikation von Funden aus einem Mithräum betritt die Verfasserin ein wenig erforschtes Territorium. Bislang existieren nur wenige Fundvorlagen aus modern und gut gegrabenen Mithräen. Die provinzialrömische Archäologie verfügt kaum über Vergleichsmöglichkeiten, etwa was die Regelausstattung eines Mithräums in den Nordwestprovinzen des Imperium Romanum angeht.[21]

Aus dieser Ausgangslage ergeben sich zwangsläufig die Schwerpunkte der Arbeit: Der Grundriss der Anlage ist problemlos einzuordnen und wirft weiter keine Fragen auf. Die Zusammensetzung der Ausstattung jenseits der beiden Geschirrensembles ließ sich jedoch weitestgehend ermitteln. Soweit möglich erfolgen auch Vergleiche mit anderen Mithräen.[22] Von besonderer Wichtigkeit für die Landesarchäologie ist auch die chronologische Einordnung der Fundstelle ‚Beim Kloster' in die römische Geschichte von Riegel und der Region.

Bei der Auswertung des zu etwa 93% aus Keramik bestehenden Fundmaterials wurden vor allem statistische Methoden eingesetzt, ebenso mussten an die speziellen Verhältnisse angepasste Arbeitsweisen entwickelt werden. Dementsprechend ist diese Arbeit in weiten Teilen als Keramikpublikation zu verstehen.

Vor allem aber zielt die Arbeit darauf ab, die Lokal- und Regionalgeschichte fortzuschreiben und gleichzeitig ein kleinstädtisches Mithräum des späten 2. bis mittleren 4. Jahrhunderts n. Chr. exemplarisch vorzustellen.

An der archäologischen Untersuchung, der Konservierung der Anlage und der späteren wissenschaftlichen Auswertung hatten viele Personen maßgeblichen Anteil:
B. Cämmerer; Zeichner: T. Merz, V. Ramunno, D. Tonn, C. Urbans; Fotografen: T. Goldschmidt, H. P. Vieser; Restauratoren: B. Bombach-Heidbrink, N. Freivogel-Sippel, A. Hipp-Mannschott, T. Raeder, K.-P. Stief; Kollegen: J. Biel, A. Bräuning, R. Dehn, M. Dieke, C. Dreier, G. Fingerlin, A. Hensen, K. Hietkamp, H. Hiller, K. Horst, I. Huld-Zetsche, G. Keller-Schwanke, U. Kinzinger, J. Klug-Treppe, K. Kortüm, A. Neth, V. Nübling, D. Planck, S. Plouin, C. Unz; Redaktion: G. Wesselkamp. Ihnen allen sei an dieser Stelle herzlich gedankt.

---

20 Schleiermacher 1933. Asskamp 1989.
21 Garbsch 1985. Martens/de Boe 2004. An dieser Stelle sei A. Neth und K. Kortüm besonders für ihre Diskussionsbereitschaft und die Informationen über die Mithräen von Güglingen gedankt.
22 Für die Auswertung standen der Bearbeiterin dabei acht Wochen zur Verfügung, so dass eine dem Thema angemessene Auswertung schon aus Zeitgründen nicht möglich war. Die vorliegende Arbeit ist daher über weite Strecken nur als Materialvorlage zu verstehen. Vgl. bereits erschienene Aufsätze der Autorin zu diesem Komplex: Mayer-Reppert 2004b; dies. 2005.

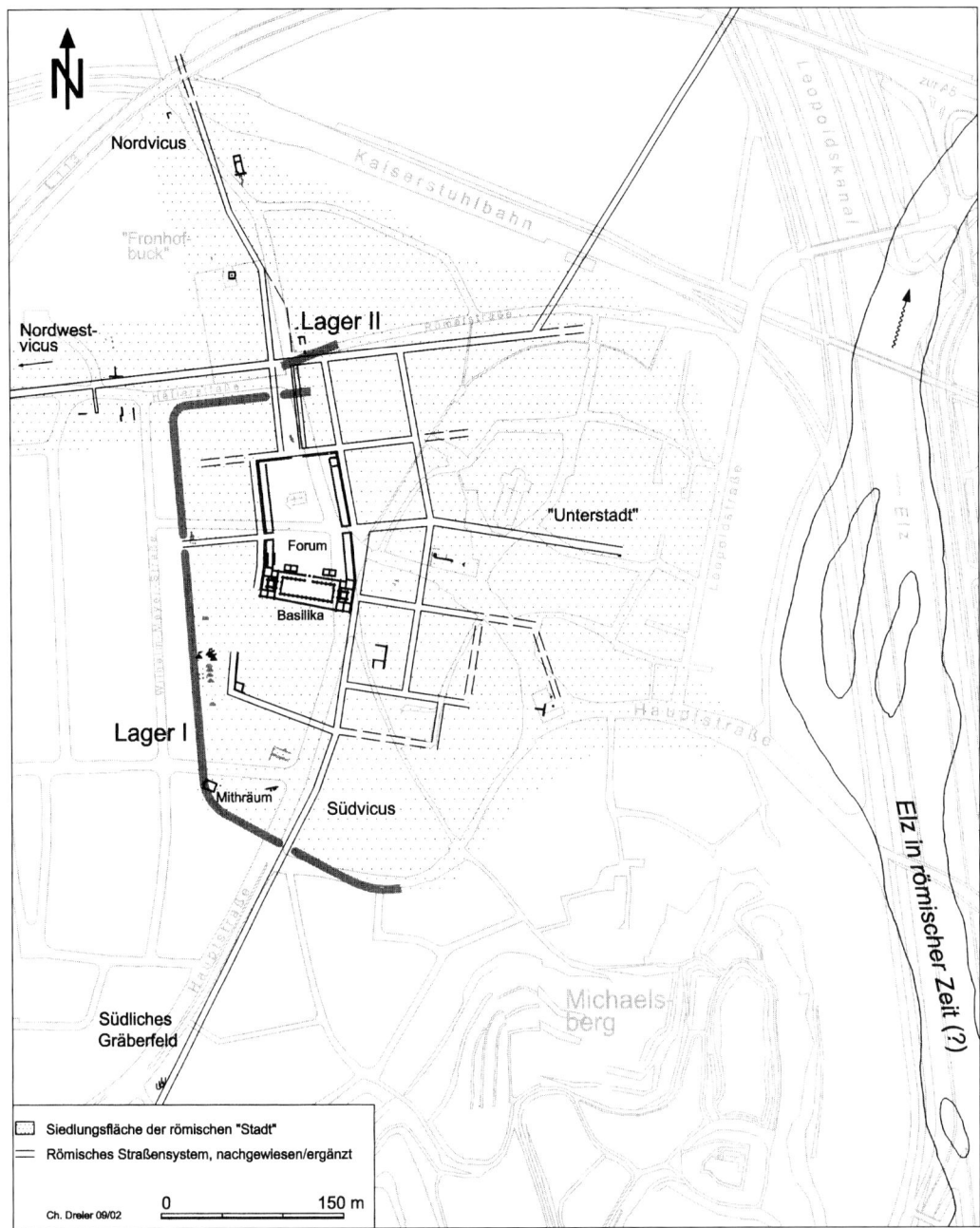

Abb. 7 Gesamtplan von *Helvetum*/Riegel. Nach Chr. Dreier.
In: Dreier 2003, 587 Abb. 46.

2. Die Lage des Mithräums im römischen Gesamtplan von Riegel

Nach der Auflassung von Lager I entwickelte sich auf dem ehemaligen Lagerareal eine zivile Siedlung, der sog. Südvicus (Abb. 7). Die Fundstelle ‚Beim Kloster' liegt, bezogen auf den Gesamtplan des römischen *Helvetum* (?), am Rande des Südvicus. Das Mithräum selbst wurde über dem zum Zeitpunkt der Erbauung längst zugefüllten Lagergraben errichtet.

Die Ortsrandlage des Mithräums ist gekennzeichnet von unmittelbarer Nähe zu Handwerksbetrieben wie Töpfereien, Glasschmelzen und Metallverarbeitungsbetrieben. Ganz in der Nähe begannen auch die Gräberfelder. Darüber hinaus gibt es Hinweise auf einen weiteren Kultbezirk in unmittelbarer Nachbarschaft. Eine ganz ähnliche Situation ist neuerdings für die Mithräen von Güglingen (Lkr. Heilbronn),[23] Biesheim (F, Dép. Haut-Rhin),[24] Großkrotzenburg, Heidelberg-Neuenheim, Künzing und Wiesloch nachgewiesen,[25] ebenso für das Mithräum von Mühlthal (Gem. Prutting, Lkr. Rosenheim).[26]

Für die Merowingerzeit konnte etwas weiter nördlich, beim ‚Fronhofbuck' eine Hofstelle erfasst werden.[27] Möglicherweise ist das beigabenlose Kindergrab im Mithräum zeitgleich einzustufen.

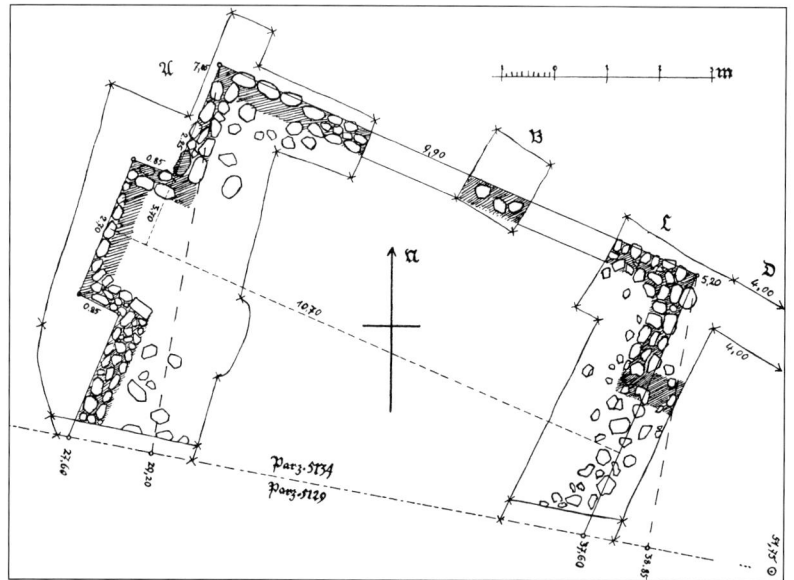

Abb. 8   Der Grabungsplan von W. Schleiermacher (1933, 70 Abb. 31).

3. Grabungsbefund von 1932 und 1974

Die Notbergung von W. Schleiermacher erfasste die wesentlichen Teile des Grundrisses, allerdings ohne den hölzernen *narthex* (Abb. 8).[28]

Die Fundamentierung ist eher schwach und reicht bis 1,3 m unter die moderne Oberfläche.[29] Das Mauerwerk ist durchschnittlich 0,8 m hoch im Aufgehenden erhalten;[30] es ist in die Erde gesetzt und nur zur Raumseite hin werden teilbehauene Quader verwendet.[31] Es handelt sich um Trockenmauerwerk.[32]

---

23   Joachim 1999, 141; Kortüm/Neth 2002, 119.
24   Freundl. Mitteilung S. Plouin.
25   Hensen 2004, 103 m. Anm. 36.
26   Garbsch 1985, 444.
27   Trumm 2000, 131 f. Drauschke 2001, 121 f.
28   Schleiermacher 1933, 69–73; 78 Abb. 32 u. 33.
29   Ebd. 70 f.
30   Ebd. 70.
31   Ebd. 70 f.
32   Ebd. 71.

Abb. 9 Befund der Kultbildnische nach Entfernung des Stifteraltars. SCHLEIERMACHER, 1933, Abb. 32. Vorlage: LDA Freiburg.

Abb. 10 Rollierung unter dem Stifteraltar vor der Kultbildnische. Vorlage: LDA Freiburg.

Abb. 11 Ansatz der Treppenwange beim Eingang in das *spelaeum*. SCHLEIERMACHER 1933, Abb. 33. Vorlage: LDA Freiburg.

Abb. 12 Profil in der Nordostecke des Mithräums. Vorlage: LDA Freiburg.

Die Nische für das Kultbild wird zum Innenraum hin mit einer Schwellrollierung abgegrenzt, deren Oberkante auf der Höhe des Fundamentabsatzes liegt und die ca. 0,1 m unter das Mauerfundament reicht (Abb. 9 u. 10).[33]

Auch der Eingang zum Kultraum ist durch eine Schwellrollierung markiert.[34] Der Ansatz einer Treppenwange konnte nachgewiesen werden(Abb. 11),[35] nicht jedoch die Stufen der Treppe.[36]

Als Baumaterial findet hauptsächlich der östlich der Michaelskapelle anstehende Hauptrogenstein Verwendung, vereinzelt auch Sandsteine und Lößkindel.[37] Zahlreiche Kalksteine, besonders der Westmauer, wiesen Spuren von Feuereinwirkung auf.[38]

Das Gelände – und dementsprechend die Schichtenfolge – fällt nach Nordwesten leicht ab.[39]

Profilzeichnungen sind nicht vorhanden, Schleiermacher beschreibt ersatzweise die Abfolge der Schichten (Abb. 12): Über dem gewachsenen Boden der vorrömischen Zeit (1), einem eingeschwemmten Löß, der stellenweise durchsetzt ist von lehmigen oder kiesigen Streifen,[40] steht der gewachsene Boden der römischen Zeit (2) an, eine stark verlehmte Schicht von durchschnittlich 0,5 m Mächtigkeit.[41] Darüber liegt lehmiger Schutt (3) von 0,4–0,5 m Mächtigkeit mit eingeschlossenen Kulturresten.[42] Die die Schichtenfolge nach oben abschließende moderne Humusschicht (4) weist eine Mächtigkeit von 0,3–0,4 m auf.[43]

Etwa einen Meter von der Innenkante der Mauern aus gemessen stieß man bis in eine Tiefe von ca. 1,5 m unter der modernen Oberkante, also in den gewachsenen Boden eingreifend, auf die Kulturschicht (3).[44] Hier zeichnet sich im Befund der Mittelgang des *spelaeum* ab.[45] Die übrige Fläche war mit lehmigem Schutt angefüllt bis annähernd auf die Höhe des erhaltenen Mauerwerks.[46] Damit gelang Schleiermacher auch der Nachweis der Podien, nicht jedoch deren genaue Konstruktion. Er vermutete aber eine Holzkonstruktion.[47]

Weitere Hinweise zum Gebäude gab es nicht, da der Befund vor allem im Bereich des Stifteraltars stark gestört war.[48]

Allerdings konnten mit Hilfe einiger Indizien weitere Schlüsse gezogen werden. So fiel dem Ausgräber die geringe Anzahl von Ziegelbruchstücken auf, was ihn an eine Sekundärverwendung an anderer Stelle denken ließ.[49] Reste von (Hütten?)Lehm zwischen den Mauersteinen in der obersten erhaltenen Lage weisen auf einen Fachwerkoberbau hin.[50]

Schleiermacher deutet seinen Grabungsbefund richtig als Mithräum, das er mit Holz- oder Fachwerkwänden und einem Ziegeldach rekonstruiert.[51]

Die Ausgrabung 1974/75 bestätigte Schleiermachers Grundriss und ergänzte ihn um den hölzernen *narthex*.

---

33 Schleiermacher 1933, 70.
34 Ebd. 71.
35 Ebd. u. Abb. 33.
36 Ebd. 71 f.
37 Ebd. 70.
38 Ebd. 70 f.
39 Ebd. 69.
40 Ebd.
41 Ebd.
42 Ebd.
43 Ebd.
44 Ebd. 71.
45 Ebd. 72.
46 Ebd. u. Abb. 32.
47 Ebd. 72.
48 Ebd.
49 Ebd.
50 Ebd. 72 f.
51 Ebd. 78.

4. Das Fundmaterial

Das Fundmaterial umfasst 1195 Katalognummern. 91 Objekte (7,62%) sind aus nicht-keramischem Material (Stein, Metall, Glas) (Tab. 1).

4.1 Stein

Neben den drei Altären (Altar 1, Altar 2 und Stifteraltar; fehlender Beitrag B. Cämmerer) liegen vier Objekte aus Stein vor.
Schleiermacher 1933, 73 f. zur Lage des Stifteraltars: mit der Schriftseite schräg nach oben im Innern des Gebäudes vor der Schwelle zur Nische.

Abb. 13   Unterarm einer unterlebensgroßen Sandsteinstatue oder eines Halbreliefs (Bef. 9, Inv.Nr. 108). Vorlage: BLM Karlsruhe.

Abb. 14   „Stein-Ei" aus der Grabung Schleiermacher. Vorlage: LDA Freiburg.

4.1.2 Statuenfragment

Ein figürlich geformtes Fragment aus sekundär verbranntem Sandstein kann als Unterarm einer unterlebensgroßen Statue oder eines Halbreliefs gedeutet werden (Abb. 13).[52] Wahrscheinlich gehörte es zu einer Darstellung von Cautes oder Cautopates.[53]

4.1.3 Sonstige Funde aus Stein

Ein ovaler Sandsteingegenstand könnte in einem mithrischen Zusammenhang stehen (Abb. 14).[54]
Ob eine Sandsteinscheibe[55] und ein Sandsteinsplitter[56] inhaltlich zum Mithräum gehören, lässt sich anhand des Befundes nicht entscheiden.
Unbearbeitete Feuersteinsplitter im Schutt in der Nähe des Stifteraltars stehen wohl nicht in Verbindung mit dem Mithräum.[57] Kalkspat steht geologisch an der Fundstelle an (Abb. 15).[58]

---

52 Inv.Nr. 108, Bef.Nr. 9.
53 Kortüm/Neth 2002, 119 Abb. 96.
54 Grabung Schleiermacher 1933. Nur im Fotoarchiv dokumentiert. Foto-Nr. 1258.
55 Inv.Nr. 19/8, Bef.Nr. 7.1.
56 Inv.Nr. 20.1, Bef.Nr. 11.
57 Schleiermacher 1933, 74.
58 Inv.Nr. 18/12, Bef.Nr. 6.1.

Materialgruppe	Objekt	Anzahl	Gesamtzahl	Prozent
Bronze	Beschläge	5	5	0,42%
Eisen	Kultschwert	1	80	6,69%
	Zirkel	1		
	Messer	4		
	Hufeisen	1		
	Bleche	2		
	Nägel	71		
Glas	Becher	1		
	Schale	1	2	0,17%
Stein		4	4	0,33%
Keramik			1104	92,72%
Lampen		8		
Räucherkelche		29		
Schlangengefäße		7		
Terra sigillata	Reliefierte Terra sigillata	24		
	Glatte Terra sigillata	88	112	
Braungestrichene Ware		2		
Helvetische TS-Imitation		29		
Terra nigra		17		
Terra rubra		3		
Bemalte Ware in Spätlatènetradition		6		
Glanztonware		114		
Tongrundig-glattwandige Gebrauchskeramik		46		
Tongrundig-rauwandige Gebrauchskeramik		263		
Bemalte Ware		423		
Reibschalen		13		
Amphoren		14		
Dolia		10		
Schmelztiegel		1		
Ziegel		7		

Tabelle 1 Fundmaterial aus dem Mithräum (n = 1195).

4.2 Bronze

Neben vier Bronzeblechen ist besonders ein Kästchenbeschlag (Abb. 42,5.2-1) hervorzuheben, der auf dem Gehniveau des Mittelgangs lag.[59] Das Winkelband lässt sich chronologisch nicht näher als zwischen dem 1. und dem 3. Jahrhundert n. Chr. einordnen.[60]

4.3 Eisen

Insgesamt liegen 80 antike Eisenobjekte vor (Tab. 1).

4.3.1 Kultschwert

Der vorgesehene Beitrag von E. SCHWERTHEIM lag bei Redaktionsschluss nicht vor.

---

59 MARTIN-KILCHER 1976, 58–63; 87 f.
60 Ebd., 61 Abb. 15; A. RADNÓTI, Spätrömische Gräber aus Burgheim. Bayer. Vorgeschbl. 23, 1958, 83–101 bes. 86 f. Abb. 4.

Abb. 15 (links) Unbearbeiteter Kalkspat (Bef. 6,1, Inv.Nr. 18/12). Vorlage: BLM Karlsruhe. – Abb. 16 (rechts) Eisenschlüssel von der Fundstelle ‚Beim Kloster'. Ohne Inv.Nr. Vorlage: BLM Karlsruhe.

4.3.2 Messer

Ein Schlachtermesser[61] (Abb. 33,5.1-1) war mit dem Versturz des Podiums, auf dem man es hatte liegen lassen, in den Mittelgang gerutscht. Das Messer datiert ins 3. Jahrhundert n. Chr.[62]
Aus der Verfüllung liegen drei weitere Messerklingen vor (Abb. 50,7.1-2 u. 64,9-3).[63]

4.3.3 Sonstige Funde aus Eisen

Ebenfalls aus der Verfüllung stammt ein Zirkel (Abb. 64,9-2), der in das 2. und in die erste Hälfte des 3. Jahrhunderts datiert.[64]
Eines der beiden Eisenbleche aus der Verfüllung diente wohl als Türbeschlag (Abb. 64,9-4).[65]
Das Hufeisen ist wohl erst in nachrömischer Zeit in die Verfüllung geraten.[66]
Die Grabung 1974/75 erbrachte insgesamt 71 römische Eisennägel bzw. Nagelfragmente. Ausgesprochene Baunägel befinden sich nicht darunter. Keiner der Nägel ist sekundär verbrannt oder weist auch nur Brandspuren auf.
SCHLEIERMACHER führt im Fundinventar seiner Grabung darüber hinaus noch drei Eisenteile auf: zwei Eisenbrocken, nicht gesichert römisch, eine Eisenschlacke sowie ein dünnes, stark verbeultes Bleiblech.[67]
Außerhalb des eigentlichen Fundkontextes steht noch ein Schlüssel, der möglicherweise aufgrund der Lage innerhalb der Verfüllung zum Heiligtum gehört haben könnte (Abb. 16).

4.4 Keramik und Glas

Das Fundmaterial besteht zu 92,7% aus Keramik (Abb. 88 u. 89; Tab. 1; Grafik 1).
Die mit Abstand dominierende Warengruppe ist die bemalte Ware mit 35,4%, gefolgt von der tongrundig-rauwandigen Ware (22%). Terra sigillata und Glanztonware sind mit 9,4% bzw. 9,5% praktisch gleich stark vertreten.
Die für eine Kultanlage spezifischen Warengruppen der Räuchergefäße, Schlangengefäße und Lampen haben am Gesamtbestand nur einen Anteil von 3,7%.
Die Mehrzahl der Funde ist chronologisch zwischen 170 und 320 n. Chr. einzuordnen (Grafik 2).

---

61 Inv.Nr. 8174, Bef.Nr. 5.1. ROTHKEGEL 1994 Taf. 103,1129; MARTIN-KILCHER 1980, 63 m. Anm. 316.
62 ROTHKEGEL 1994, 160; MARTIN-KILCHER 1980, 63 f. u. Taf. 57,2.
63 Inv.Nr. 17/23, 34/2, 97/11, Bef.Nr. 7.1 und 9.
64 Inv.Nr. 75/5, Bef.Nr. 9. PIETSCH 1983 Taf. 21,516.517.
65 Inv.Nr. 51, Bef.Nr. 9.
66 Inv.Nr. 95/11, Bef.Nr. 9.
67 SCHLEIERMACHER 1933, 74.

Die Funde stammen überwiegend aus der Verfüllung (81,6%). Zeitlich decken sie die Spanne zwischen 40 n. Chr. und 430 n. Chr. ab (Grafik 1).
Da die Funde weder aus ihrem Schichtzusammenhang heraus noch durch datierende Beifunde zeitlich einzuordnen sind, musste die jeweilige Datierung von außen durch fest datierte Vergleichsstücke gewonnen werden. Auf dieser Basis wurde für jedes einzelne Stück eine ungefähre Laufzeit ermittelt, die dann auch in die Statistiken einfließt. Vergleiche wurden soweit möglich aus der Region gezogen, vor allem aus fest datierten Zusammenhängen von Zivilsiedlungen der Nordwestschweiz.[68]
Aussagen zur chronologischen Entwicklung einzelner Gefäßformen sind anhand des Fundmaterials nicht möglich. Auf die erneute Wiedergabe allseits bekannter Fakten wird daher verzichtet. Vielmehr ergeben sich aufgrund der Besonderheit der Fundstelle und der relativ großen Menge des zu bearbeitenden Materials andere Fragestellungen, die im Folgenden kurz skizziert werden sollen.
Statistische Methoden, die bereits bei anderen Fundvorlagen entwickelt und erprobt wurden,[69] können nun erstmals an einem nicht durch Auslese verzerrten Fundmaterial angewandt werden. So ist es möglich, eine Zusammenschau der Keramikentwicklung einer römischen Zivilsiedlung am Oberrhein von der Mitte des 1. bis mindestens zur Mitte des 4. Jahrhunderts n. Chr. zu erstellen. Besonders das Verhältnis zwischen Importkeramik, hier in erster Linie der Terra sigillata, und den lokalen Keramikgruppen steht hierbei im Mittelpunkt.[70] Diese Fragestellung ist gerade mit Blick auf das 3. und 4. Jahrhundert n. Chr. von besonderer Wichtigkeit, wenn es um die Herausarbeitung von Siedlungs- und Kontinuitätsindikatoren im Fundmaterial geht.[71]
Bereits auf den ersten Blick zeigen sich in Grafik 1 die dominierenden Keramikgattungen, nämlich Glanztonbecher, rauwandige Gebrauchskeramik und bemalte Ware. Besonders die beiden letzteren entpuppen sich in der chronologischen Verteilung als die wesentlichen Indikatoren für das 3. und 4. Jahrhundert n. Chr. (Grafik 1).[72] Die Terra sigillata – dies gilt sowohl für die reliefierte als auch für die glatte Terra sigillata – hingegen ist für die fragliche Zeit kein geeigneter Indikator.[73] Eine Fokussierung auf die Terra sigillata birgt – aufgrund der langen Laufzeit – vielmehr die Gefahr, die Gebrauchskeramik zu früh zu datieren.[74] Speziell auf diese Aspekte wird unten S. 378 f. nochmals zurückzukommen sein.
Bei der Analyse der einzelnen Materialgruppen werden besonders die Fragestellungen verfolgt, die das Material selbst aufwirft.

4.4.1 Lampen

Die sechs (bzw. acht, s. u.) Lampen gehören zur Ausstattung (Tab. 2).
Die Firmalampe Loeschcke 9 B (Abb. 42,5.2-4) kann aufgrund ihrer Datierung um die Mitte des 2. Jahrhunderts n. Chr. als Altstück angesprochen werden. Die übrigen Lampen decken mit ihrer Laufzeit von etwa 180–300 n. Chr. die gesamte Nutzungsphase des Mithräums ab (Grafik 3).
Besondere Beachtung verdient die Firmalampe Loeschcke 10 aus Terra sigillata (Abb. 51,7.1-7), die, der Warengruppe nach zu schließen, aus einer ostgallischen Töpferei stammt. Sie findet eine gut datierte Entsprechung in einem Grab in Worms, das sicher in die zweite Hälfte des 3. Jahrhunderts n. Chr. gehört.[75]

---

68 So z. B. FURGER 1992; SCHUCANY et al. 1999; RYCHENER 1984; ders. 1986; ders. 1988.
69 MAYER-REPPERT 2001; dies. 2004a.
70 So auch J. EWALD in: FURGER 1992, 9.
71 MAYER-REPPERT 2001, 92; 107.
72 Zur Methodik der Verlustratenkurven: MAYER-REPPERT 2001, 112 f. – Tongrundig-rauwandige Gebrauchskeramik als Datierungsinstrument auch bei GILLES 1985, 44.
73 Ähnliche Beobachtungen: MAYER-REPPERT 2004a, 488 Abb. 8; dies. 2001, 114 mit Anm. 368 f.; 120 f. mit Anm. 384–387; 263 Grafik 11; 267 Grafik 17; 270 Grafik 20 im Vergleich.
74 So z. B. auch ORTISI 2001, 67.
75 GRÜNEWALD 1990, 248 Grab 78.

Abb. 17   Öllampe des Titus der Form Loeschcke 4. L. 8 cm (Kat.Nr. 4-13).

Abb. 18   Firmalampe der Form Loeschcke 9 B. L. 9,5 cm (Kat.Nr. 4-14).

Form	Materialgruppe	Anzahl	Prozent
Bildlampe Loeschcke 1 C	Bemalte Ware	1	12,5%
Firmalampe Loeschcke 4	Bemalte Ware	1	12,5%
Firmalampe Loeschcke 9 B	Bemalte Ware	2	25,0%
Firmalampe Loeschcke 10	Terra sigillata	1	12,5%
Firmalampe Loeschcke 10	Bemalte Ware	1	12,5%
Firmalampe	Bemalte Ware	2	25,0%

Tabelle 2 Lampen (n = 8).

Typ	Material-gruppe	Brand-spuren	Datierung	Anzahl	Prozent
Typ 1				5	17,2%
Schucany et al. 1999 Abb. 38,5	TGW 3	2	100–200	2	6,9%
Schucany et al. 1999 Abb. 38,5	BW 1	1	100–200	2	6,9%
Schucany et al. 1999 Abb. 38,5	BW 5		100–200	1	3,5%
Typ 2				3	10,4%
Gose 1972 Abb. 392,32	TGW 3	1	150–225	1	3,5%
Gose 1972 Abb. 392,32	BW 1		150–225	1	3,5%
Gose 1972 Abb. 392,32	BW 5		150–225	1	3,5%
Typ 3				9	31%
Gose 447	TGW 3	1	200–250	2	6,9%
Gose 447	BW 1		200–250	3	10,4%
Gose 447	BW 3		200–250	2	6,9%
Gose 447	BW 4	1	200–250	2	6,9%
Typ 4				5	17,2%
v. Schnurbein 1977 Taf. 11,3 Grab 832	TGW 3	2	240–260	3	10,4%
v. Schnurbein 1977 Taf. 11,3 Grab 832	BW 3		240–260	2	6,9%
Typ 5				4	13,8%
Gose 448	TGW 3		300–325	1	3,5%
Gose 448	BW 3	2	300–325	2	6,9%
Gose 448	BW 4		300–325	1	3,5%
WS, BS				3	10,4%
WS	BW 1			1	3,5%
WS	BW 3			1	3,5%
BS	BW 3			1	3,5%

Tabelle 3 Räucherkelche (n = 29).

Nachtrag

Am 16.3.2006 wurden der Verfasserin zwei Lampen aus dem Mithräum von Riegel übergeben, die „kürzlich bei Aufräumarbeiten im Depot (des Badischen Landesmuseums)" aufgefunden wurden (Abb. 17 u. 18).[76]

---

76 Die Funde mussten bis dahin aufgrund der desolaten Lage im Depot als Verlust gebucht werden. – An dieser Stelle sei K. Horst, Badisches Landesmuseum Karlsruhe, nochmals für die konstruktive Zusammenarbeit gedankt.

Da die Drucklegung des Manuskripts zu diesem Zeitpunkt bereits weit fortgeschritten war, musste auf eine komplette Einarbeitung der beiden ‚Fundstücke' in die Auswertung leider verzichtet werden.
Beide Lampen tragen die Fundzettelnummer 8156 und sind somit Befund 4 zuzuordnen, d. h. einer Lage auf dem südlichen Podium.
Sie gehören zur Ausstattung des Mithräums und wurden bei seiner Auflassung an Ort und Stelle nach der letzten Benutzung im Rahmen eines Gottesdienstes zurückgelassen.
Für das Mithräum sind somit insgesamt acht Lampen nachgewiesen. Sie sind alle als Einzelstücke anzusprechen.

4.4.2 Räucherkelche *(turibula)* und andere Räuchergefäße

Es liegen insgesamt 29 *turibula* vor (Tab. 3). Schleiermacher spricht von „mindestens zehn" Räucherkelchen,[77] acht konnten für Befund 12 nachgewiesen werden (Abb. 81 u. 82). Von den 21 Räucherkelchen, die von B. Cämmerer geborgen wurden, stammen fünf aus Befundzusammenhängen (Abb. 42,5.2–5 u. 75,11-2 u. -3). 16 wurden wohl durch die intensive gärtnerische Nutzung in höher gelegene Strata verschleppt und sind nur durch Fragmente nachgewiesen.
Die *turibula* lassen sich in fünf Typen untergliedern (Tab. 3). Typ 1 kann nur allgemein ins 2. Jahrhundert n. Chr. datiert werden und gehört wohl ebenso wie Typ 2, der eine Laufzeit von der Mitte des 2. bis ins erste Viertel des 3. Jahrhunderts n. Chr. hat, zur Erstausstattung des Mithräums. Die insgesamt 18 *turibula* der Typen 3–5 wurden wohl im Lauf des 3. und 4. Jahrhunderts n. Chr. zur Ergänzung und Erweiterung der Bestände nachgekauft (Grafik 4).
Zehn Räucherkelche der Warengruppe ‚glattwandige Ware 3' wurden vor Ort in *Helvetum* (?) produziert.[78] Die übrigen, überwiegend weiß bemalten[79] oder mit Goldglimmerengobe[80] überzogenen Exemplare wurden wohl aus der Region, eventuell aus Augst, bezogen. Die Mehrzahl der Gefäße weist einen Randdurchmesser vom 18–21 cm auf; der kleinste erhaltene Randdurchmesser beträgt 10,6 cm, der größte 27,6 cm.
An zehn Räucherkelchen wurden Brandspuren festgestellt.[81] Die acht Räucherkelche aus der Grabung von Schleiermacher weisen keine Brandspuren auf.[82] Er zog daher eine andere Funktion, etwa zu Libations- bzw. Lustrationszwecken oder als Lampe, in Erwägung.[83] Heute ist jedoch unstrittig, dass es die Aufgabe der *leones* war, während der Gottesdienste zu räuchern,[84] und dass dabei auch *turibula* benutzt wurden.[85]
Allerdings ist kaum vorstellbar, dass 19 unbenutzte, zum Teil sogar noch aus der Erbauungszeit des Mithräums stammende Gefäße von der Gemeinde quasi gehortet wurden. Vielmehr müssen wir davon ausgehen, dass *turibula* im Rahmen von Kulthandlungen vielseitig eingesetzt wurden.[86]

---

77 Schleiermacher 1933, 75.
78 Siehe unten Katalog S. 439.
79 Weiße Bemalung ist möglicherweise auf die beabsichtigte Nachahmung von Alabaster oder Marmor zurückzuführen. So auch Fiedler/Höpken 2004, 510; Höpken 2004, 241.
80 Goldglimmerengobe als Imitation von Metallgefäßen.
81 Geringe Brandspuren in Ausnahmefällen: Höpken 2004, 240.
82 Schleiermacher 1933, 75 f. u. Abb. 36 u. 37. – Dieselbe Beobachtung: Fiedler/Höpken 2004, 511.
83 Schleiermacher 1933, 78. – Der Nachweis für die Verwendung von *turibula* als Libationsgefäß und Lampe in Apulum: Fiedler/Höpken 2004, 512; Höpken 2004, 241–243. Interpretation als Fruchtschale o. ä.: Ebd. 2004, 244.
84 So z. B. Clauss 1990, 136; 142 f. Merkelbach 1984, 100–109 bes. 101.
85 Forrer 1915, 35: Im Mithräum von Straßburg-Königshofen waren mindestens sechs *turibula* mit Brandspuren im Mittelgang verteilt. Bird 2004, 198; Höpken 2004, 241.
86 So auch Fiedler/Höpken 2004, 512; Höpken 2004, 244. – Nur geringfügige Gebrauchsspuren stellte auch Martens 2004, 34 fest.

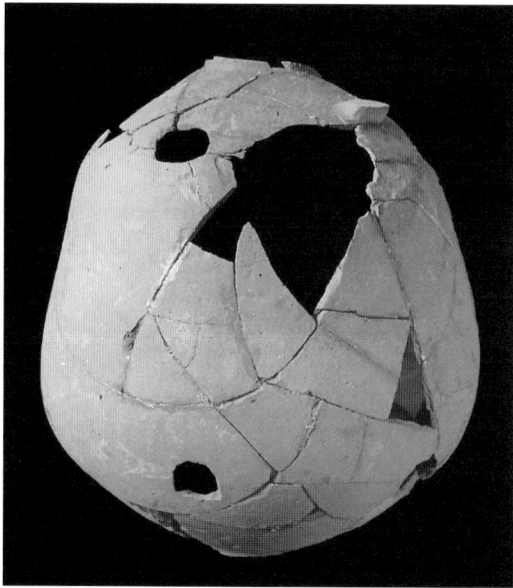

Abb. 19   Amphore Dressel 23 in Sekundärverwendung als Räuchergefäß.
H. 49,2 cm. Vorlage: Städtische Museen Freiburg.

Ein Räucherkelch wurde vor dem Brand mit einem Grafitto im Gefäßboden versehen (Abb. 81,12-5).[87] Das Gefäß vom Typ 4 ist zeitlich der Mitte des 3. Jahrhunderts n. Chr. zuzuordnen. Es wurde vor Ort hergestellt und möglicherweise aufgrund einer Bestellung mit dem Namen des Käufers und späteren Nutzers versehen.

Neben den Räucherkelchen fanden in dem *spelaeum* noch weitere Räuchergefäße Verwendung, eine Amphore der Form Dressel 23 in Sekundärnutzung als Weihrauchfass (Abb. 19 u. 50),[88] ebenso vier Krüge.

4.4.3 Schlangengefäße

Sieben der für kultische Zusammenhänge typischen Gefäße konnten nur anhand ihrer charakteristischen Verzierung in Form von Schlangenauflagen nachgewiesen werden (Tab. 4).[89]

Ein Krater oder großer Dreihenkelkrug ist aufgrund des weißen Terrakottascherbens mit hellbrauner Engobe als Import aus dem Rheinland anzusprechen (Abb. 51,7.1-9).[90] Als Datierung kommen wohl am ehesten die Jahre vom Ende des 2. bis zur Mitte des 3. Jahrhunderts n. Chr. in Frage.[91] Möglicherweise gehört der Krater zur Erstausstattung des Mithräums.

Sechs Gefäße sind mit ihrem flaschenförmigen Gefäßkörper typisch für die Region.[92] Nur die Schlangenauflagen kennzeichnen sie als Kultgefäße. Eines davon wurde sicher aus Augst bezogen (Abb. 57,7.1-12). Die Kombination von Tongruppe, Gefäßform, Bodenform, Randform und Schlan-

---

87   Schleiermacher 1933, 75 f.
88   Ebd. 74, Abb. 35; 75.
89   Eine Deutung als Gefäße für Honig oder Räucherwerk bei Bird 2004, 196. Eine Deutung als Weinmischgefäß bei Höpken 2004, 244.
90   Gose 1950, 38. – Die aus *Vindonissa* und Augst bekannten Kratere sind rottonig: Schmid 1991, 23–25; 95. Der Krater aus Pocking ist rottonig: Ulbert 1963, 58. Die Schlangengefäße aus *Carnuntum* weisen überwiegend rottonig-bemalte Ware auf: Gassner 1990, 651 f.
91   Gassner 1990, 652; Ulbert 1963, 66. – Die Augster Stücke datieren vom zweiten Viertel bis ans Ende des 1. Jh.s n. Chr.: Schmid 1991, 25.
92   Ebd. 27.

Herkunft	Form	Anzahl	Prozent
Import	Krater/Dreihenkelkrug?	1	14,3%
Regionalproduktion	Schlangengefäß Schmid 1991	4	71,4%
	Schlangengefäß Spycher/Schucany 1997	1	
Lokalproduktion	Schlangengefäß Schmid 1991, TRW 3	1	14,3%

Tabelle 4 Schlangengefäße (n = 7).

genkörper ergibt kein klares Bild.[93] Eine Datierung der Riegeler Schlangengefäße in die zweite Hälfte des 2. und bis zum Ende des 3. Jahrhunderts n. Chr. ist gesichert.[94]
Sicher in *Helvetum* (?) hergestellt wurde das Schlangengefäß Abbildung 59,7.2-1, das in der charakteristischen rauwandigen Ware 3 getöpfert wurde. Es lässt sich formal problemlos den Augster Schlangentöpfen der Gruppe A anschließen.
Chronologisch sind die Gefäße in ihrer Mehrzahl von der Mitte des 2. bis zur Mitte des 3. Jahrhunderts n. Chr. einzuordnen (Grafik 5).
Aufgrund der auffallenden Häufung von Schlangengefäßen in Befund 7.1 und 7.2 kann eine gemeinsame Aufbewahrung dieser Gefäße – wohl in einem Regal – im südlichen *narthex* angenommen werden.

4.4.4 Terra sigillata

Die Fundstelle ‚Beim Kloster' hat in beiden Grabungskampagnen insgesamt 112 Sigillatagefäße erbracht (Tab. 5). 33 können der Ausstattung des Mithräums zugewiesen werden. Die übrigen sind als verlagertes älteres Material aus der vormithräumszeitlichen Nutzung des Areals einzustufen.

Reliefsigillata
Die Reliefsigillata ist mit 24 Gefäßen vertreten (Tab. 6 u. 7), drei Schüsseln der Form Drag. 37 gehören zur Ausstattung.
Die südgallische Reliefsigillata kann der flavisch–traianischen Zeit zugewiesen werden.[95]
Aus Lezoux gelangten Gefäße der Gruppen Heiligmann I und III nach *Helvetum* (?).[96] Mithin ist – vorbehaltlich der kleinen Anzahl – hier eine gewisse Ähnlichkeit zum „Helvetischen Belieferungskreis" gegeben.[97]
Aus einer Werkstatt des Töpfers SATTO stammen zwei Gefäße. Einem Produktionsort konnten sie nicht zugeordnet werden. Sie datieren in das zweite Viertel des 2. Jahrhunderts n. Chr.[98]
Auch die beiden Schüsseln aus der Produktion des Töpferpaares CIBISVS/VERECVNDVS konnten nicht mit Sicherheit einem Produktionsort zugewiesen werden. Zeitlich ist das dritte Viertel des 2. Jahrhunderts n. Chr. anzusetzen.[99]
Drei Randscherben der Form Drag. 37 könnten zu Schüsseln des SATTO bzw. des CIBISVS/VERECVNDVS gehören.
Der Töpfer A. GIAMILVS ist mit drei Gefäßen vertreten. Aufgrund der räumlichen Nähe zur Werkstatt in Freiburg-Umkirch ist dies leicht erklärlich. Der Produktionszeitraum dieses Töpfers ist wohl zwischen 100 und 140 n. Chr. anzusetzen.[100]

---

93 So auch Schmid 1991, 31.
94 So auch Ulbert 1963, 66; Gassner 1990, 652; Reuter 2003, 48. Anders Schmid 1991, 59.
95 Mayer-Reppert 2001, 27–40; 50–57.
96 Heiligmann 1990, 155–157.
97 Mayer-Reppert 2001, 59; 124.
98 Ebd. 60 Anm. 132.
99 Roth-Rubi 1986, 22–24; Mayer-Reppert 2001, 64 f.
100 Ebd. 65–69.

Töpfereizentrum	Reliefsigillata Anzahl	Reliefsigillata Prozent	Glatte Sigillata Anzahl	Glatte Sigillata, Prozent
Südgallien	4	16,7%	8	9,1%
Mittelgallien	4	16,7%	28	31,8%
Ostgallien/Obergermanien	7	29,2%	15/9	17,1%/10,2%
Freiburg-Umkirch	3	12,5%	6	6,8%
Rheinzabern	6	25,0%	22	25,0%
Summe	**24**		**88**	

Tabelle 5 Herkunft der Terra sigillata (n = 112).

Form	Herkunft	Anzahl	Prozent
Drag. 29	Südgallien	3	100,0%
		3	12,5%
Drag. 37	Südgallien	1	5,0%
	Lezoux	3	15,0%
	Ostgallien/Obergermanien	7	35,0%
	Freiburg-Umkirch	3	15,0%
	Rheinzabern	6	3,0%
		20	83,3%
Déch. 68	Lezoux	1	100,0%
		1	4,2%

Tabelle 6 Verteilung der Reliefsigillata nach Gefäßformen (n = 24).

Die Fundstelle lieferte an Rheinzaberner Ware zwei Scherben des IANVS, jeweils eine aus der Werkstatt des IANV I[101] (Bernhard Gruppe Ia, Mees Gruppe 1, 155–180 n. Chr.) und des IANV II[102] (Bernhard Gruppe IIIa, Mees Gruppe 2, 180–220 n. Chr.).

Eine weiter gehende Auswertung der Reliefsigillata erscheint an dieser Stelle aufgrund der kleinen Anzahl nicht sinnvoll und sollte einer Gesamtpublikation des römischen Riegel vorbehalten bleiben. Mit aller gegebenen Vorsicht jedoch ist das oberrheinische *Helvetum* (?) noch zum ‚Helvetischen Belieferungskreis' zu rechnen.[103]

Glatte Terra sigillata
Die 88 Gefäße verteilen sich auf Teller, Schälchen und Becher (Tab. 8), 30 zählen zur Ausstattung. Die Zuordnung zu einem Produktionszentrum erfolgte auf dem Weg der Referenzscherbenmethode.[104]

---

101 Mayer-Reppert 2001, 73.
102 Ebd. 79.
103 Urner-Astholz 1946, 19. Mayer-Reppert 2001, 125 f.
104 Ebd. 93 f.
105 Siehe unten Fundlisten S. 416 u. Abb. 86.

Töpfereizentrum	Stilgruppe/Töpfergruppe	Gefäßform	Anzahl
Südgallien	Mayer-Reppert Stilgruppe 4a	Drag. 29	1
	Mayer-Reppert Stilgruppe 5a	Drag. 29	1
	Mayer-Reppert Stilgruppe 5	Drag. 29	1
			3
	Mayer-Reppert Stilgruppe 4b/5a	Drag. 37	1
			1
Lezoux	Heiligmann Gruppe I	Drag. 37	1
	Heiligmann Gruppe III	Drag. 37	2
			3
	Heiligmann Gruppe III?	Déch. 68	1
			1
SATVRNINVS/SATTO		Drag. 37	2
CIBISVS/VERECVNDVS		Drag. 37	2
Ostgallien		Drag. 37	3
			7
Freiburg-Umkirch		Drag. 37	3
			3
Rheinzabern	Bernhard Gruppe Ia (IANV I)	Drag. 37	1
	Bernhard Gruppe IIIa (IANV II)	Drag. 37	1
		Drag. 37	4
			6

Tabelle 7 Verteilung der Reliefsigillata nach Herkunft, Stilgruppen bzw. Töpfergruppen und Gefäßformen (n = 24).

Stempel auf glatter Terra sigillata
Die sieben Töpferstempel auf glatter Terra sigillata verteilen sich auf die Töpfereien von Lezoux (1), Heiligenberg (3) und Rheinzabern (3).[105]

Graffiti auf glatter Terra sigillata
Insgesamt liegen sieben Grafitti auf vier Gefäßen glatter Terra sigillata vor.[106] Alle vier Gefäße, drei Teller der Form Drag. 31 und ein Schälchen der Form Drag. 40 gehören zur Ausstattung des Mithräums. Der Teller Abbildung 51,7.1-15 weist drei Besitzerinschriften auf: PA..., RI... und SIAM.... Leider lassen sich daraus keine Namen rekonstruieren. Der Teller gehörte sicher zur Erstausstattung des Mithräums und wechselte im Lauf der Zeit offenbar mindestens zweimal den Benutzer. Der ebenfalls zur Erstausstattung gehörende Teller Abbildung 51,7.1-19 mit zwei Inschriften nennt einen Benutzer IK... und die Preisangabe „X".[107] Die Markierung „M" auf dem ebenfalls zur Erstausstattung gehörenden Teller Drag. 31 ist wohl als Besitzerinschrift zu deuten (Abb. 76,11-5), ebenso wie die Markierungen auf dem Schälchen Drag. 40 (Abb. 76,11-10).

---

106 Siehe unten Fundliste S. 416 u. Abb. 86.

Typ	Variante	Herkunft	Anzahl	Prozent
Teller:			**49**	**55,7%**
Drag. 15/17		Südgallien	1	
			1	2,1%
Drag. 18	Curle 1	Südgallien	2	
			2	4,1%
Drag. 18/31		Obergermanien	1	
		Freiburg-Umkirch	3	
			4	8,2%
Drag. 31	Bet/Montineri 55 = Lud. Tq	Lezoux	7	
	Lud. Tq	Obergermanien	1	
	Lud. Tq	Rheinzabern	1	
	Bet/Montineri 56 = Lud. Sa/Sb	Lezoux	3	
	Lud. Sa	Obergermanien	1	
		Ostgallien	3	
		Obergermanien	3	
		Rheinzabern	6	
			26	53,1%
Drag. 32	Lud. Ta	Ostgallien	2	
	Lud. Ta	Rheinzabern	1	
		Rheinzabern	3	
			6	12,3%
Drag. 36	Bet/Montineri 15	Lezoux	2	
		Südgallien	2	
		Ostgallien	1	
		Freiburg-Umkirch	1	
		Rheinzabern	1	
			7	14,3%
Drag. 42	Bet/Montineri 17/25	Lezoux	1	
		Ostgallien	1	
			2	4,1%
Lud. Tb		Rheinzabern	1	
			1	2,1%
Schälchen:			**27**	**30,7%**
Drag. 27		Südgallien	2	
		Ostgallien	1	
	Ludovici Sb	Rheinzabern	1	
			4	14,8%
Drag. 35	Bet/Montineri 14	Lezoux	1	
			1	3,7%
Drag. 33	Bet/Montineri 36	Lezoux	5	
	Curle 18	Ostgallien	3	
	Curle 18	Obergermanien	1	
	Pudding Pan Rock 13	Ostgallien	1	
	Oelmann 9	Obergermanien	1	
	Oelmann 9	Rheinzabern	1	
		Ostgallien	3	
		Obergermanien	1	
		Freiburg-Umkirch	2	
		Rheinzabern	1	
			19	70,4%

Typ	Variante	Herkunft	Anzahl	Prozent
Drag. 46		Ostgallien	1	
			1	3,7%
Drag. 40	Bet/Montineri 3	Lezoux	1	
	Oelmann 10	Rheinzabern	1	
			2	7,4%
Becher:			**9**	**10,2%**
Déch. 72	Bet/Montineri 102	Lezoux	7	
			7	77,8%
Lud. VS		Rheinzabern	2	
			2	22,2%
Form unbest.			3	3,4%

Tabelle 8 Verteilung der glatten Terra sigillata nach Herkunft und Gefäßformen (n = 88).

Zusammenfassung
Die Terra sigillata hat einen Anteil von 9,37% am keramischen Gesamtbestand (Grafik 1).
Chronologisch deckt sie für die Fundstelle ‚Beim Kloster' die Spanne von tiberischer Zeit bis zum zweiten Drittel des 3. Jahrhunderts n. Chr. ab (Grafik 2).
Die Reliefsigillata hat, insbesondere in der ersten Hälfte des 1. Jahrhunderts n. Chr. und ab dem Ende des 2. Jahrhunderts n. Chr. nur sehr geringe Anteile. Sie ist daher kein geeigneter Datierungsindikator, weder für die Frühzeit noch für die Kontinuitätsfragen des 3. Jahrhunderts n. Chr.[108] Auch sollte das Phänomen längerer Laufzeiten gerade der Reliefsigillata künftig stärker beachtet werden.[109]
Besser geeignet ist die glatte Terra sigillata. Der starke Anstieg der Kurve in spätantoninisch-severischer Zeit ist auf die 30 Gefäße der Erstausstattung zurückzuführen. Doch auch die glatte Terra sigillata ist ab der zweiten Hälfte des 3. Jahrhunderts n. Chr. als Indikator der Siedlungstätigkeit nicht mehr geeignet.
Der gegenläufige Verlauf der Verlustratenkurven von reliefverzierter und glatter Terra sigillata ist auch an anderen Fundplätzen beobachtet worden und kann somit für das südliche Obergermanien als typisch gelten.[110]

4.4.5 Braungestrichene Ware

Zwei Gefäße dieser für die spätrömische Zeit typischen Warengruppe fanden sich in den obersten Schichten der Verfüllung. Sie stammen demnach nicht mehr aus dem Mithräum selbst, sind aber ein Nachweis für die Nutzung des Areals nach dessen Auflassung. Sie gehören zur selben Warengruppe.
Der Teller LOESCHCKE 1921a Typ 2 (Unverzagt 7) (Abb. 52,7.1-23) kommt in allen Schichten der Trierer Kaisertthermen vor[111] und ist auch in den Barbarathermen vertreten.[112] Das Stück datiert in constantinische Zeit. Auch die Schüssel LOESCHCKE 1922b Typ 10 (Unverzagt 5) (Abb. 66,9-43) findet ihre besten Parallelen in constantinischer Zeit.

---
108 Dieselbe Beobachtung schon MAYER-REPPERT 2004a, 488 m. Abb. 8; dies. 2001, 263 Abb. 11a; 267 Abb. 17a.
109 Ebd. 121 mit Anm. 387.
110 Ebd. 116.
111 HUSSONG/CÜPPERS 1972, Thermenerbauung Typ 2, Kellergang Typ 3a, Thermenumbau Typ 3.
112 LOESCHCKE 1921a Typ 2a.

4.4.6 Helvetische TS-Imitation

Zur helvetischen TS-Imitation werden nur Stücke, die tatsächlich Sigillataformen imitieren, gerechnet.[113] Sie werden gleichzeitig mit den entsprechenden Sigillataformen datiert.[114] Tabelle 9 zeigt die Verteilung der 29 Gefäße auf Formen und Techniken.[115] Dabei dominieren die Schüsseln der Form Drack 19–21.[116] Die Verlustratenkurve (Grafik 2) zeigt einen parabelförmigen Verlauf, wie er auch andernorts beobachtet wurde und wohl für typisch gelten kann.[117]

Form	Warengruppe	Anzahl	Prozent
Teller:		**1**	**3,5%**
Drack 3 Db	Drack Ware 5 hell	1	
Schälchen:		**2**	**6,9%**
Vindonissa 416	Drack Ware 4 = TGW 5	1	
Vindonissa 223	TN	1	
Schüsseln:		**26**	**89,7%**
Drack 15 A	Drack Ware 5 hell	1	3,9%
Drack 19 A	TN	2	7,7%
Drack 19 B	TN	2	7,7%
Drack 19	TR	3	11,5%
Drack 19	TN	4	15,4%
Drack 19	Drack Ware 4 = TGW 5	5	19,2%
		17	61,5%
Drack 20	TR	1	3,9%
Drack 20	TN	3	11,5%
		4	15,4%
Drack 21 B	Drack Ware 5 hell	2	7,7%
Drack 21	TR	1	3,9%
Drack 21	TN	2	7,7%
		5	19,2%

Tabelle 9 Helvetische TS-Imitation (n = 29).

4.4.7 Terra nigra

Zur Terra nigra zählen Teller, Schalen, Becher und Flaschen (Tab. 10). Die Becher dominieren mit 52,9%. Mit durchgehend geringen Anteilen ist sie von der Mitte des 1. bis zum Ende des 3. Jahrhunderts n. Chr. durchgängig vertreten (Grafik 2).

4.4.8 Terra rubra

Die Terra rubra spielt mit drei Gefäßen nur eine untergeordnete Rolle. Der Teller Vindonissa 180/378 (Abb. 46,6.2-5) und die Tonne (Abb. 59,7.2-6) datieren in flavisch–traianische Zeit. Die Flasche (Inv.Nr. P8/Du, Db) datiert in die zweite Hälfte des 2. Jahrhunderts n. Chr.

---

113 Mayer-Reppert 2004a, 464.
114 Ebd.
115 Die Warengruppen entsprechen den von Drack 1945, 43–45 beschriebenen Techniken.
116 Dieselbe Beobachtung Mayer-Reppert 2004a, 464–466 u. Tab. 15.
117 Ebd. 466 Abb. 4; 488 Abb. 8.

4.4.9 Bemalte Ware in Spätlatènetradition

Bei der bemalten Ware in Spätlatènetradition dominieren vor allem Tonnen und Flaschen.[118] Die Tonnen laufen von flavischer Zeit bis ins dritte Viertel des 2. Jahrhunderts n. Chr. unverändert durch. Diese schlicht streifenbemalten Gefäße sind der zweiten Hälfte des 1. Jahrhunderts n. Chr. und der Spätlatène-Renaissance des 2. Jahrhunderts n. Chr. zuzuordnen.[119]

Form	Warengruppe	Anzahl	Prozent
Teller:		1	**5,9%**
Teller Furger 1992 Abb. 52,20/25	TN 3	1	
Schalen:		6	**35,3%**
Rychener et al. 1986 Taf. 75,925	TN 2	1	
Rychener et al. 1986 Taf. 75,925	TGW 5	1	
Schale mit eingebogenem Rand	TN 2	2	
Schale mit eingebogenem Rand	TGW 5	1	
Schale mit Wulstrand	TN 2	1	
Becher:		9	**52,9%**
Kaenel 1	TN 1	1	
Kaenel 1	TN 2	1	
Kaenel 5/6	TN 2	1	
Becher mit Karniesrand	TN 1	1	
Becher Furger 1992 Taf. 81,20/61	TN 2	1	
Tonne	TN 1	1	
Tonne	TN 2	1	
Topf	TN 2	1	
Topf	TGW 5	1	
Flaschen:		1	**5,9%**
Flasche	TGW 5	1	

Tabelle 10 Terra nigra (n = 17).

Während die Flasche Vindonissa 14 ein typischer Vertreter der Flaschen des 1. Jahrhunderts n. Chr. ist, können zwei Flaschen nach ihren Parallelen in Wurmlingen in severische Zeit datiert werden.[120]

4.4.10 Glanztonware

Mit 9,5% nehmen die Glanztonbecher denselben Stellenwert ein wie die Terra sigillata.
Formal können sie überwiegend dem Typus des raetischen Bechers (Var. Oelmann 32a und c) zugeordnet werden,[121] Becher mit Karniesrand machen ein knappes Viertel aus (Tab. 11).[122] Faltenbecher der Form Oelmann 33 sind selten.[123] Die Bezüge zu Augst und der Nordschweiz sind so stark, dass

---

118 Siehe unten Fundliste S. 418.
119 Hochuli-Gysel 1986, 98.
120 Reuter 2003, 47.
121 Furger 1992, 78 f.
122 Ebd. 77. – Die hier vorgelegten Becher lassen sich in die Typologie von Kortüm 1995, 260–263 einbinden.
123 So auch Furger 1992, 79 f.

Form	Warengruppe	Dekorgruppe	Anzahl	Prozent
Becher mit Karniesrand:			25	22,5%
Ettlinger 1949 Taf. 22,17	GTW 1	Schweizer Dekorgruppe	1	
Ettlinger 1949 Taf. 22,17	GTW 1	–	3	
Ettlinger 1949 Taf. 22,17	GTW 2	Schweizer Dekorgruppe	2	
Ettlinger 1949 Taf. 22,17	GTW 2	–	1	
Ettlinger 1949 Taf. 22,17	GTW 3	–	1	
			8	
Schucany et al. 1999 Abb. 34,6	GTW 1 mit metallischem Glanz	–	2	
Furger 1992 Taf. 62,16/81	GTW 1	Schweizer Dekorgruppe	2	
Furger 1992 Taf. 62,16/81	GTW 1	–	4	
Furger 1992 Taf. 62,16/81	GTW 2	Schweizer Dekorgruppe	1	
Furger 1992 Taf. 62,16/81	GTW 2	–	1	
Furger 1992 Taf. 62,16/81	GTW 3	Schweizer Dekorgruppe	1	
			9	
Schucany et al. 1999 Abb. 34,9	GTW 1		1	
Furger 1992 Taf. 80,20/36.40	GTW 1		2	
Furger 1992 Taf. 89,22/48	GTW 1		1	
	GTW 4		2	
Becher mit zylindrischem Hals:			4	3,6%
Rychener 1984 Abb. 53 C 493	GTW 1		1	
Schucany et al. 1999 Abb. 44,3	GTW 1		1	
Schucany et al. 1999 Abb. 48,4	GTW 4		1	
Furger 1992 Taf. 86,21/31	GTW 1		1	
Becher mit umgelegtem Rand:			3	2,7%
Walke 1965 Taf. 51,5	GTW 2		1	
Schucany et al. 1999 Abb. 44,2	GTW 4		2	
Zylindrischer Becher:			1	0,9%
Schucany et al. 1999 Abb. 44,5	GTW 1 mit metallischem Glanz		1	
Raetischer Gurtbecher:			1	0,9%
Faber 1998 Taf. 49,22	GTW 1		1	

Form	Warengruppe	Dekorgruppe	Anzahl	Prozent
Raetische Becher:			**71**	**63,9%**
Furger 1992 Taf. 81,20/61	GTW 1		4	
Furger 1992 Taf. 81,20/61	GTW 4		5	
			9	
Furger 1992 Taf. 81,20/62	GTW 1	Drexel Stil 3	1	
Furger 1992 Taf. 81,20/62	GTW 1	–	5	
Furger 1992 Taf. 81,20/62	GTW 2		1	
Furger 1992 Taf. 81,20/62	GTW 4		4	
			9	
Furger 1992 Taf. 81,20/63	GTW 1	Schweizer Dekorgruppe	1	
Furger 1992 Taf. 81,20/63	GTW 1		9	
Furger 1992 Taf. 81,20/63	GTW 2		1	
Furger 1992 Taf. 81,20/63	GTW 4		3	
			14	
Furger 1992 Taf. 81,20/64	GTW 1		2	
Furger 1992 Taf. 81,20/64	GTW 2		1	
Furger 1992 Taf. 81,20/64	GTW 4		2	
			5	
	GTW 1	Drexel Stil 2/3	6	
	GTW 1	Drexel Stil 3	1	
	GTW 1	Schweizer Dekorgruppe	8	
	GTW 1	–	8	
	GTW 2	Schweizer Dekorgruppe	4	
	GTW 3	Drexel Stil 2/3	1	
	GTW 4	Drexel Stil 2/3	2	
	GTW 4	–	4	
			34	
Becher mit Griesbewurf:	GTW 4		**2**	**1,8%**
Becher mit Barbotinetupfen:	GTW 2		**1**	**0,9%**
Faltenbecher:			**6**	**5,4%**
Furger 1992 Taf. 56,15/73	GTW 1		3	
Furger 1992 Taf. 56,15/73	GTW 4		1	
			4	
	GTW 1		2	

Tabelle 11 Glanztonbecher (n = 114).

wohl alle Becher mit hoher Wahrscheinlichkeit aus Augst importiert wurden. Auch bei den Dekorgruppen liegt das Verhältnis der Schweizer Dekorgruppe zu den Stilgruppen 2 und 3 nach Drexel bei 20 : 11.

Ab hadrianischer Zeit stellen die Glanztonbecher nennenswerte Anteile am gesamten Fundanfall und sind dann vor allem im zweiten und dritten Viertel des 3. Jahrhunderts n. Chr. ein wichtiges Leitfossil (Grafik 2).[124] Die Becher des 2. Jahrhunderts n. Chr. sind charakterisiert durch die Warengruppen 1 bis 3[125] und den Bodentyp 1.[126] Für die späteren Becher des 3. Jahrhunderts ist typisch die Warengruppe 4[127] sowie ein durchgesackter Profilverlauf (Abb. 76,11-13 u. 14) in Kombination mit Bodentyp 2.[128]

4.4.11 Glattwandige Gebrauchskeramik

Die glattwandige Gebrauchskeramik ist nur mit 3,9% am Gesamtbestand vertreten (Grafik 1). Sie erreicht ihre höchsten Anteile im zweiten und dritten Viertel des 2. Jahrhunderts n. Chr., weist aber auch ab dem zweiten Viertel des 3. Jahrhunderts n. Chr. bis in die Mitte des 4. Jahrhunderts nennenswerte Anteile auf (Grafik 2). Ein Großteil der glattwandigen Gebrauchskeramik stammt mithin aus der Nutzungsphase als Industriegebiet und steht in engem Zusammenhang mit den Töpferöfen auf dem Areal der Fundstelle. So ist Ware 3 durch Fehlbrände als Riegeler Produkt belegt. Aber auch zur Ausstattung des Mithräums gehört glattwandige Ware, vornehmlich Räucherkelche und Krüge, darunter ein Importstück aus weißem Terrakottaton Gose 383 (Abb. 77,11-26). Acht Gefäße können dem späten 3. und 4. Jahrhundert n. Chr. zugewiesen werden. Eine charakteristische Warengruppe konnte nicht beobachtet werden (Tab. 12).

4.4.12 Rauwandige Gebrauchskeramik

Die rauwandige Gebrauchskeramik stellt 22% des gesamten Keramikbestands (Grafik 1). Das Formenspektrum verteilt sich auf Becher, Töpfe, Deckel, Platten, Schüsseln und Krüge (Tab. 13). Ihr Anteil am Gesamtbestand steigt kontinuierlich an und erfährt seinen Höhepunkt im 3. Jahrhundert n. Chr. (Grafik 2).

Ware 2 und 3 sind durch Fehlbrände als lokale Produkte gekennzeichnet. Mit Hilfe der Funde aus Töpferofen M lässt sich eine zunehmende Tendenz zur Rauwandigkeit, ausgehend von tongrundig-glattwandiger Ware 3 über rauwandige Ware 3 zu rauwandiger Ware 2, beobachten.[129] Aufgrund der stagnierenden Formentwicklung im 3. Jahrhundert n. Chr. ist Rauwandigkeit ein wichtiger Indikator für tongrundige Gebrauchskeramik des 3. und 4. Jahrhunderts n. Chr.[130]

Mit Ware 6 ist der Import von Lahrer Ware nachgewiesen.[131] Ware 4 ist wohl als regionale Imitation von Eifelware zu werten.[132]

4,4% sind helltonig, 73,9% grautonig und 21,1% rottonig.

---

124 So auch FURGER 1992, 77.
125 Siehe unten Katalog S. 438.
126 FURGER 1992 Taf. 81, 20/63.
127 Siehe unten Katalog S. 438.
128 FURGER 1992 Taf. 81, 20/61.62.64.
129 Siehe unten Katalog S. 439. HUSSONG/CÜPPERS 1972, 20. Zum Vergleich: OELMANN 1914, 57–70: 25 Typen glattwandiges Geschirr; 70–80: 33 Typen rauwandiges Geschirr. UNVERZAGT 1916, 11; 24: zwei Typen glattwandiges Geschirr; 31–36: sechs Typen rauwandiges Geschirr.
130 R. SCHREG, Keramik aus Südwestdeutschland (Tübingen 1998) 164.
131 Siehe unten Katalog S. 439. WAGNER-ROSER 1999.
132 Siehe unten Katalog S. 439.
133 Siehe unten Katalog S. 439.

Form	Warengruppe	Anzahl	Prozent
Becher:		4	8,7%
Tonne	Helltonig	1	
Tonne	Grautonig	2	
Kaenel 1	Grautonig	1	
Töpfe:		11	23,9%
Topf	Rottonig	1	
Schultertopf	Helltonig	5	
Schultertopf	Grautonig	3	
Topf mit umgelegtem Rand Oelmann 87	Grautonig	1	
Topf mit herzförmigem Profil Nachf. Loeschcke 1922a Typ 47/ Loeschcke 1921b Typ 67	Grautonig	1	
Deckel:		5	10,9%
Deckel	Rottonig	2	
Deckel	Helltonig	3	
Platten:		3	6,5%
Platten	Rottonig	2	
Platten	Helltonig	1	
Schüsseln:		7	15,2%
Schüssel mit eingezogenem Rand	Rottonig	1	
Schüssel mit Wandknick	Rottonig	1	
Schüssel mit Wulstrand	Rottonig	1	
Schüssel mit Wulstrand	Helltonig	2	
Schüssel mit Wulstrand	Grautonig	1	
Schüssel mit Deckelfalz	Grautonig	1	
Krüge:		7	15,2%
Krug Gose 383	Weißtonig	1	
Krug mit Kerbleiste	Helltonig	1	
Krug mit einfachem Wulst	Helltonig	1	
Krug Oelmann 62a	Helltonig	3	
Krug Gose 382	Helltonig (Lokalprod.)	1	

Tabelle 12 Tongrundig-glattwandige Gebrauchskeramik (n = 46).

4.4.13 Bemalte Ware

Die bemalte Ware ist mit 35,4% am keramischen Fundmaterial vertreten (Grafik 1). Sie ist das wichtigste keramische Leitfossil des 3. und 4. Jahrhunderts n. Chr. (Grafik 2).
Das Formenspektrum umfasst Backplatten, Schüsseln und Krüge sowie Töpfe (?) und Deckel (Tab. 14). Es ließen sich sechs Warengruppen unterscheiden.[133]

Form	Warengruppe	Anzahl	Prozent
Becher:		16	6,1%
Tonnen	Grautonig	16	
Töpfe:		89	33,8%
Topf mit verdicktem Steilrand	Helltonig	4	
Topf mit verdicktem Steilrand	Rottonig	9	
Topf mit verdicktem Steilrand	Grautonig	12	
Topf mit Steilrand	Grautonig	5	
Topf mit umgelegtem Rand Oelmann 87	Rottonig	1	
Topf mit umgelegtem Rand Oelmann 87	Grautonig	12	
Topf mit Deckelfalz	Rottonig	2	
Topf mit Deckelfalz	Grautonig	16	
Topf mit Trichterrand	Grautonig	3	
Schultertopf	Grautonig	1	
Topf mit herzförmigem Randprofil Oelmann 89	Grautonig	24	
Deckel:		19	7,2%
Deckel	Helltonig	4	
Deckel	Rottonig	3	
Deckel	Grautonig	12	
Platten:		16	6,1%
Steilwandige Backplatte	Grautonig	3	
Backplatte mit ausgebogenem Rand	Grautonig	1	
Backplatte mit eingezogenem Rand	Rottonig	2	
Backplatte mit eingezogenem Rand	Grautonig	7	
Backplatte mit Deckelfalz	Grautonig	3	
Schüsseln:		38	14,5%
Kumpf	Rottonig	6	
Schüssel mit Wandknick	Rottonig	3	
Schüssel mit Wandknick	Grautonig	2	
Schüssel mit Wulstrand	Rottonig	4	
Schüssel mit Wulstrand	Grautonig	7	
Schüssel mit eingezogenem Rand	Rottonig	6	
Schüssel mit eingezogenem Rand	Grautonig	5	
Schüssel mit auswärts gebogenem Rand	Rottonig	1	
Schüssel mit herzförmig gekehltem Profil Oelmann 103	Grautonig	4	
Krüge:		2	0,8%
Krug Oelmann 100b		1	
Krug mit Kammstrichzier	Rottonig	1	

Tabelle 13 Tongrundig-rauwandige Gebrauchskeramik (n = 263).

Als Sonderfall wurden zwei Backplatten mit ausgebogenem Rand (Abb. 38,5.1-66 u. 75,9-145) in geflammter Ware bei der bemalten Ware eingereiht. Sie datieren ins 3. Jahrhundert n. Chr.
Bei den Warengruppen kristallisierten sich deutliche Schwerpunkte heraus.
Bei den chronologisch undifferenzierten Warengruppen dominiert die weiße Bemalung bei den Krügen,[134] ähnlich, aber nicht so deutlich sieht die Verteilung bei der rosabeigen Bemalung aus, die auch auf einer Schüssel Var. Chenet 316 auftritt.[135]
Pompejanischrote Bemalung ist typisch für Backplatten, kommt aber auch auf Schüsseln vor, darunter einer Schüssel der Var. Chenet 316.[136]
Goldglimmerware ist überwiegend bei Schüsseln und Backplatten vertreten.[137]
Die spät zu datierende rehbraune Ware konnte in Form von zehn Backplatten, 15 Schüsseln mit Wandknick bzw. Wulstrand und sieben (Topf-?)Böden nachgewiesen werden.

4.4.14 Reibschalen

Die Fundstelle lieferte insgesamt 13 Reibschalen (Tab. 15), neun gehören aufgrund ihrer Datierung in vormithräumszeitliche Zusammenhänge.

4.4.15 Amphoren

Unter den 14 Amphoren dominieren die spanischen Ölamphoren (Tab. 16).

4.4.16 Dolia

Bei den Dolien ließen sich keine Schwerpunkte feststellen (Tab. 17), da sie im 1. und 2. Jahrhundert n. Chr. gleichermaßen vertreten sind.

4.4.17 Graffiti auf Gebrauchskeramik

Es liegen vier Graffiti auf Gebrauchskeramik vor (Abb. 87).[138]
Ein Graffito ... TIAM ... ist als Besitzerinschrift zu deuten. Die drei Zahlzeichen „X", alle auf Krügen angebracht, sind als Preisangaben zu werten.

4.4.18 Sonderformen

Ein Schmelztiegel (Abb. 42,5.1-100) steht wohl in Zusammenhang mit der Nutzung des umliegenden Areals als Industriegebiet, in dem auch Glas- und Bronzeschmelzereien angesiedelt waren.

4.4.19 Ziegel

Beide Grabungen lieferten insgesamt sechs römische Ziegelfragmente, eine *tegula*, zwei *imbrices* und zwei *tubuli*.[139]

---

[134] 38 Krüge, eine Schüssel mit eingezogenem Rand, zwei Deckel, 10 Topf(?)böden späte Datierung.
[135] Eine Backplatte mit eingezogenem Rand, eine Schüssel Var. Unverzagt 316, ein Deckel, 16 Krüge, ein Topf(?)boden späte Datierung.
[136] 76 Backplatten, 29 Schüsseln, eine Schüssel Var. Unverzagt 316, ein Deckel, 7 Topf(?)böden späte Datierung.
[137] 14 Backplatten, 39 Schüsseln, zwei Deckel, 7 Krüge, ein Topf(?)boden späte Datierung.
[138] Siehe unten Fundlisten S. 433.
[139] Siehe unten Fundlisten S. 433.

Form	Warengruppe	Anzahl	Prozent
Backplatten:		104	24,59%
Backplatte mit ausgebogenem Rand	Geflammte Ware	2	
Backplatte mit ausgebogenem Rand	Pompejanischrot	3	
Backplatte mit ausgebogenem Rand	Späte rehbraune Ware	2	
Backplatte mit auswärts gebogener Lippe	Pompejanischrot	2	
Backplatte mit auswärts gebogener Lippe	Späte rehbraune Ware	1	
Backplatte mit eingezogenem Rand	Pompejanischrot	71	
Backplatte mit eingezogenem Rand	Goldglimmerware	13	
Backplatte mit eingezogenem Rand	Rosabeige	1	
Backplatte mit einge zogenem Rand	Späte rehbraune Ware	7	
Backplatte mit Deckelfalz	Goldglimmerware	1	
Backplatte mit eingezogenem Rand – sek. verbr.	?	1	
Schüsseln:		86	20,33%
Schüssel mit Wandknick	Pompejanischrot	16	
Schüssel mit Wandknick	Goldglimmerware	16	
Schüssel mit Wandknick	Späte rehbraune Ware	9	
Schüssel mit Wulstrand	Pompejanischrot	4	
Schüssel mit Wulstrand	Goldglimmerware	9	
Schüssel mit Wulstrand	Späte rehbraune Ware	6	
Schüssel mit eingezogenem Rand	Weiße Bemalung	1	
Schüssel mit eingezogenem Rand	Pompejanischrot	9	
Schüssel mit eingezogenem Rand	Goldglimmerware	13	
Schüssel mit gekehltem Rand	Goldglimmerware	1	
Schüssel Var. Chenet 316	Pompejanischrot	1	
Schüssel Var. Chenet 316	Rosabeige	1	
Deckel:		6	1,42%
Deckel	Weiße Bemalung	2	
Deckel	Pompejanischrot	1	
Deckel	Goldglimmerware	2	
Deckel	Rosabeige	1	
Krüge:		227	53,66%
Krug mit Kragenrand	Weiße Bemalung	3	
Krug mit Trichterrand	Weiße Bemalung	6	
Krug mit Trichterrand	Rosabeige	4	
Krug mit Wulstrand	Weiße Bemalung	18	
Krug mit Wulstrand	Goldglimmerware	2	
Krug Schucany et al. 1999 Taf. 8,18	Rosabeige	1	
Krug Oelmann 61	Weiße Bemalung	1	
Krug Oelmann 62a	Weiße Bemalung	5	
Krug Oelmann 62a	Rosabeige	10	
Krug Oelmann 67b	Weiße Bemalung	1	
Krug Oelmann 67b	Rosabeige	1	
Vorratskrug/Doppelhenkelkrug	Weiße Bemalung	4	
Vorratskrug/Doppelhenkelkrug	Goldglimmerware	5	
Topfboden Ettlinger 1963 Taf. 8,19	Weiße Bemalung	6	
Topfboden Ettlinger 1963 Taf. 8,19	Pompejanischrot	7	
Topfboden Ettlinger 1963 Taf. 8,19	Späte rehbraune Ware	3	
Topfboden Furger 1992 Taf. 83,20/118	Weiße Bemalung	1	

Form	Warengruppe	Anzahl	Prozent
Krüge:		227	53,66%
Topfboden Furger 1992 Taf. 83,20/118	Goldglimmerware	1	
Topfboden Furger 1992 Taf. 83,20/118	Rosabeige	1	
Topfboden Furger 1992 Taf. 83,20/118	Späte rehbraune Ware	2	
Topfboden Furger 1992 Taf. 69,17/53	Weiße Bemalung	3	
Topfboden Furger 1992 Taf. 69,17/53	Späte rehbraune Ware	1	
Topfboden Furger 1992 Taf. 78,19/117	Späte rehbraune Ware	1	
Krüge WS und BS	Weiße Bemalung	18	
Krughenkel	Weiße Bemalung	34	
Krüge WS und BS	Goldglimmerware	7	
Krughenkel	Goldglimmerware	3	
Krüge WS und BS	Rosabeige Bemalung	10	
Krughenkel	Rosabeige Bemalung	3	
Krughenkel	sek. verbr.	1	

Tabelle 14 Bemalte Ware (n = 423). Bei den Krügen wurden nur bestimmbare Formen in die Tabelle aufgenommen.

Form	Warengruppe	Anzahl	Prozent
Raetische Reibschalen:	BW 2 (Pompejanischrot)	2	15,4%
Imitation raetischer Reibschalen:		6	46,3%
Reibschalen	Goldglimmerware	4	
Reibschale	Rosabeige	1	
Reibschale	Weiße Bemalung	1	
Tongrundige Reibschalen:		5	38,5%
Glattwandig-rottonig		2	
Glattwandig-helltonig		1	
Rauwandig-rottonig		2	

Tabelle 15 Reibschalen (n = 13).

4.4.20 Glas

Die Fundstelle erbrachte zwei Bruchstücke von Glasgefäßen. Ein fußloser Becher lag Verf. zur Bearbeitung vor (Abb. 64,9-10). Schleiermacher konnte 1933 eine Glasschale bergen, die Bestandteil seines Geschirrdepots war.[140]

Gefäße aus Glas sind in den untersuchten Mithräen generell selten nachgewiesen.[141]

---

140 Schleiermacher 1933, 76. – Die Schale wurde in den 1980er Jahren aus der Fundkiste entnommen und ist seither unauffindbar.
141 Martens 2004, 38. Straßburg-Königshofen: Forrer 1915, 37 f.: eine Glasflasche, eine Rippenschale, ein unbest. Gefäß. Tienen: Martens 2004, 38: eine Glasflasche Isings 50, ein Becher Isings 85b, eine Rippenschale Isings 3, ein Spielstein.

Form	Herkunft	Anzahl	Prozent
Ölamphoren:	Spanien	**8**	**57,1%**
Dressel 20/23		2	
Dressel 23		6	
Fischsaucenamphoren:	Mittleres Rhônetal	**1**	**7,1%**
Dressel 9 similis		1	
Weinamphoren:		**2**	**14,3%**
Gauloise 4	Gallien	1	
Dressel 30 Var. Augst Form 15	Nordafrika	1	
Amphorenzapfen	Spanien?	**1**	**7,1%**

Tabelle 16 Amphoren (n = 14).

Form	Warengruppe	Anzahl	Prozent
Rychener et al. 1986 Abb. 85 B 302	TGW 5	1	10%
Rychener et al. 1986 Abb. 85 C 467	TRW 2	1	10%
Furger 1992 Abb. 72,9/76	TRW 3	2	20%
Furger 1992 Abb. 72,15/112	TRW 5	1	10%
Furger 1992 Taf. 64,16/115	TRW 5	1	10%
Wagner-Roser 1999 T2	TRW 6	2	20%
Form unbekannt	TRW 4	2	20%

Tabelle 17 Dolien (n = 10).

4.4.21 Zusammenfassung

Glatte Terra sigillata und helvetische TS-Imitation sind die Siedlungsindikatoren des 1. Jahrhunderts n. Chr. in der Region.[142] Als Siedlungsindikatoren des 3. und 4. Jahrhunderts n. Chr. hingegen konnten rauwandige Gebrauchskeramik und bemalte Ware herausgearbeitet werden (Grafik 2).
Die Zusammensetzung des Keramikbestandes der Fundstelle ‚Beim Kloster' erwies sich als für die Region typisch. Anhand der Warengruppen und/oder eindeutiger Zuweisung der Gefäßform konnte von 229 Gefäßen die Herkunft eruiert werden (Tab. 18). Lediglich 1% kann als Import aus dem Rheinland angesprochen werden. 27% der zuweisbaren Gebrauchskeramik wurde aus Lahr bezogen, 72% vor Ort hergestellt. Darüber hinaus weisen alle Gefäßformen eindeutige Bezüge zu Augst und der Nordschweiz auf. Besonders das feinere Gebrauchsgeschirr wie zum Beispiel die Glanztonbecher dürfte aus Augst stammen.

---

142 Ähnliche Beobachtungen Mayer-Reppert 2004a, 488 Abb. 8; dies. 2001, 157; 263 Abb. 11; 268 Abb. 18. So auch A. Mees in R. Hänggi/C. Doswald/K. Roth-Rubi, Die frühen römischen Kastelle und der Kastell-Vicus von Tenedo-Zurzach. Veröff. Ges. Pro Vindonissa 11 (Brugg 1994) 354.

Form	Warengruppe	Anzahl	Prozent
Import:		**2**	**0,9%**
Krug Gose 383 (Rheinland)	Weißtonig	1	
Krug Oelmann 100b	?	1	
Lahr:		**62**	**27,1%**
Tonne B1	TRW 6	4	
Topf T1	TRW 6	6	
Topf T2	TRW 6	1	
Topf T3	TRW 6	22	
Topf T4	TRW 6	2	
Topf T6	TRW 6	1	
Topf T8	TRW 6	1	
Topf B2	TRW 6	2	
Topf WS mit Kammstrich	TRW 6	11	
Deckel D1	TRW 6	1	
Platte P2	TRW 6	3	
Schüssel S4/1	TRW 6	2	
Schüssel S7/2	TRW 6	4	
Dolium T2	TRW 6	2	
Riegel:		**165**	**72,1%**
Glattwandige Gebrauchskeramik:		20	
Räucherkelch Schucany et al. 1999 Abb. 38,5	TGW 3	2	
Räucherkelch Gose 1972 Abb. 392,32	TGW 3	1	
Räucherkelch Gose 447	TGW 3	2	
Räucherkelch Schnurbein 1977 Taf. 11,3	TGW 3	3	
Räucherkelch Gose 448	TGW 3	1	
Deckel Furger 1992 Taf. 43,12/65	TGW 3	1	
Deckel Rychener 1984 Abb. 63 D 709	TGW 3	1	
Platte Furger 1992 Abb. 67,16/121	TGW 3	1	
Schüssel mit Wulstrand Martin-Kilcher 1980 Taf. 28,5	TGW 3	1	
Schüssel mit Wulstrand Martin-Kilcher 1980 Taf. 28,8	TGW 3	1	
Krug Furger 1992 Abb. 70,11/81	TGW 3	1	
Krug Furger 1992 Abb. 70,19/111	TGW 3	1	
Krug Oelmann 62a	TGW 3	3	
Krug Gose 382	TGW 3	1	
Rauwandige Gebrauchskeramik:		141	
Schlangengefäß Schmid 1991	TRW 3	1	
Tonne Rychener 1984 Abb. 57 C 383	TRW 3	2	
Tonne	TRW 3	7	
Topf Furger 1992 Abb. 65,14/54	TRW 2	1	
Topf Furger 1992 Abb. 65,12/61	TRW 2	1	
Topf Jauch 1997 Taf. 35,544	TRW 2	2	
Topf Martin-Kilcher 1980 Taf. 33,9	TRW 2	1	
Topf Martin-Kilcher 1980 Taf. 33,16	TRW 2	2	
Topf Furger 1992 Taf. 71,18/36	TRW 2	2	
Topf Furger 1992 Taf. 71,18/41	TRW 2	1	
Topf Furger 1992 Taf. 81,20/80	TRW 2	1	
Topf Furger 1992 Taf. 68,17/41	TRW 2	6	

Tabelle 18/1; Fortsetzung nächste Seite.

Form	Warengruppe	Anzahl	Prozent
Topf Furger 1992 Abb. 65,19/87	TRW 2	1	
Topf Furger 1992 Abb. 65,19/90	TRW 2	2	
Topf Furger 1992 Taf. 86,21/55	TRW 2	2	
Rauwandige Gebrauchskeramik:			
Topf WS mit Kammstrich	TRW 2	6	
Topf WS	TRW 2	7	
Topf Martin-Kilcher 1980 Taf. 35,3	TRW 3	1	
Topf Rychener 1984 Taf. 34 C 465	TRW 3	1	
Topf Furger 1992 Abb. 65,11/71	TRW 3	2	
Topf Furger 1992 Abb. 65,15/54	TRW 3	1	
Topf Furger 1992 Abb. 65,12/61	TRW 3	1	
Topf Furger 1992 Abb. 65,12/62	TRW 3	1	
Topf Martin-Kilcher 1980 Taf. 33,9	TRW 3	1	
Topf Jauch 1997 Taf. 35,545	TRW 3	2	
Topf Jauch 1997 Taf. 35,550.551	TRW 3	1	
Topf Furger 1992 Abb. 65,16/111	TRW 3	1	
Topf Furger 1992 Abb. 65,16/115	TRW 3	1	
Topf Furger 1992 Taf. 71,18/36	TRW 3	2	
Topf Furger 1992 Abb. 65,18/38	TRW 3	2	
Topf Furger 1992 Abb. 65,18/40	TRW 3	2	
Topf Furger 1992 Abb. 65,20/82	TRW 3	2	
Topf Furger 1992 Abb. 65,20/87	TRW 3	2	
Topf Furger 1992 Abb. 65,20/88	TRW 3	2	
Topf Furger 1992 Abb. 65,20/90	TRW 3	2	
Topf Martin-Kilcher 1980 Taf. 34,1	TRW 3	1	
Topf Martin-Kilcher 1980 Taf. 34,8	TRW 3	1	
Topf Furger 1992 Taf. 68,17/41	TRW 3	1	
Topf Furger 1992 Abb. 65,19/84	TRW 3	2	
Topf Furger 1992 Abb. 65,19/87	TRW 3	2	
Topf Furger 1992 Taf. 76,19/88	TRW 3	4	
Topf Furger 1992 Abb. 65,19/92	TRW 3	1	
Topf Furger 1992 Abb. 65,21/53	TRW 3	1	
Topf Furger 1992 Taf. 86,21/55	TRW 3	3	
Topf Furger 1992 Abb. 65,22/91	TRW 3	1	
Topf Martin-Kilcher 1980 Taf. 34,16	TRW 3	1	
Topf Ettlinger 1963 Taf. 7,26	TRW 3	1	
Topf Schucany et al. 1999 Taf. 79,6	TRW 3	1	
Topf WS mit Rollrädchen	TRW 3	1	
Topf WS mit Kammstrich	TRW 3	6	
Topf WS	TRW 3	6	
Deckel	TRW 2	1	
Deckel Rychener 1984 Abb. 63 C 323	TRW 3	2	
Deckel Rychener 1984 Abb. 63 D 640	TRW 3	5	
Deckel Rychener 1984 Abb. 63 D 704	TRW 3	1	
Deckel	TRW 3	2	
Platte Furger 1992 Abb. 67,22/105	TRW 2	3	
Platte Schucany et al. 1999 Taf. 55,20	TRW 3	1	
Platte Furger 1992 Abb. 67,18/43	TRW 3	1	
Platte Furger 1992 Taf. 88,22/18	TRW 3	2	
Platte Furger 1992 Abb. 67,22/98	TRW 3	1	
Platte Furger 1992 Abb. 67,22/105	TRW 3	3	
Platte Furger 1992 Abb. 67,22/108	TRW 3	2	
Schüssel Furger 1992 Abb. 60,13/66	TRW 2	1	
Schüssel Martin-Kilcher 1980 Taf. 24,9	TRW 2	1	
Schüssel Furger 1992 Abb. 60,19/68	TRW 2	1	

Tabelle 18/2; Fortsetzung nächste Seite.

Form	Warengruppe	Anzahl	Prozent
Schüssel Rychener 1984 Abb. 61 C 497	TRW 3	1	
Schüssel Furger 1992 Abb. 59,13/68	TRW 3	1	
Schüssel Furger 1992 Abb. 59,12/53	TRW 3	1	
Schüssel Martin-Kilcher 1980 Taf. 24,9	TRW 3	1	
Schüssel Furger 1992 Abb. 60,19/78	TRW 3	1	
Schüssel Furger 1992 Abb. 60,19/68	TRW 3	2	
Schüssel Furger 1992 Abb. 60,21/49	TRW 3	1	
Schüssel Martin-Kilcher 1980 Taf. 24,14	TRW 3	1	
Schwerkeramik:		4	
Reibschale Rychener 1984 Abb. 64 D 619	TGW 3	1	
Dolium Rychener et al. 1986 Abb. 85 C 467	TRW 2	1	
Dolium Furger 1992 Abb. 72,9/76	TRW 3	2	

Tabelle 18/3 Verteilung der Gebrauchskeramik nach Import, regionalem Handel (Augst, Lahr) und Lokalproduktion (n = 229).

4.5 Der Befund im Spiegel des Fundmaterials: Auswertung der Befunde 1–15

An den Befundstrukturen des Mithräums ließen sich keine Umbauten oder Veränderungen beobachten.[143]

Anhand der Grabungsunterlagen von W. Schleiermacher und B. Cämmerer konnten insgesamt 15 Befunde definiert werden. Manche dieser Befunde, wie zum Beispiel Befund 1, wurden in beiden Grabungskampagnen angeschnitten.

Das Fundmaterial aus diesen Befunden wurde statistisch auf der Basis von Verlustratenkurven ausgewertet.[144]

Befund 1: Mauerfundamentgrube
Schleiermacher schnitt in seiner Grabung mehrfach die Baugrube der westlichen, nördlichen und östlichen Außenmauer an (Abb. 8). Cämmerer hintergrub zur Klärung der Fundamentkonstruktion die nordwestliche Ecke des Gebäudes. Die Funde hieraus sind in Befund 1 zusammengefasst und beinhalten verlagertes Material aus dem Lager und dem zeitlich anschließenden Töpferbezirk. Die jüngsten datierungsrelevanten Stücke sind je eine Scherbe Drag. 37 des CIBISVS/VERECVNDVS und des IANV I. Der Peak im dritten Viertel des 2. Jahrhunderts n. Chr. rührt von der Entsorgung von Abfallmaterialien in der Baugrube während der Bauzeit her (Grafik 6).

Befund 2: Cellaverfüllung zwischen Planum 1 und 3
Der unruhige Kurvenverlauf deckt im Wesentlichen die römische Nutzungsdauer im Areal ‚Beim Kloster' ab und zeigt besonders den Baubeginn im dritten Viertel des 2. Jahrhunderts n. Chr. an (Grafik 7).

Befund 3: Nördliches Podium
Befund 3.1: Verfüllung über dem nördlichen Podium
Das Material aus der Verfüllung spiegelt deutlich die lagerzeitliche und die mithräumszeitliche Nutzung des Areal wider (Grafik 8).

---

143 So auch Garbsch 1985, 442.
144 Mayer-Reppert 2001; dies. 2004a.

Befund 3.2: auf dem nördlichen Podium
Auf dem Podium stehend fanden sich Teile der Ausstattung: ein Teller Drag. 31, Lud. Tq, ein Schälchen Drag. 46, ein raetischer Gurtbecher sowie eine Schüssel mit eingebogenem Rand (Abb. 32,3.2 u. 88 a). Dabei handelt es sich um Teile der Erstausstattung. Dies gibt auch die Verlustratenkurve wider (Grafik 9).
Wahrscheinlich wurden diese Gefäße durch ihr Alter als besonders ehrwürdig erachtet und könnten daher besonders ausgezeichneten und hochrangigen Gemeindemitgliedern vorbehalten gewesen sein.[145]

Befund 4: Auf dem südlichen Podium
Auf dem südlichen Podium lagen ein Teller Drag. 31, je ein Schälchen Drag. 35 und Drag. 33, ein Teller Drack 3 Db, eine Schüssel Drack 19 A, vier Becher, mindestens ein Topf, eine Backplatte, eine Schüssel mit Wandknick und vier Krüge (Abb. 32, 33,4 u. 88 a). Der Verlauf der Verlustratenkurve (Grafik 10) ist verlaufsgleich mit dem der Gesamtkurve der Ausstattung (Grafik 29).

Befund 5: Mittelgang
Befund 5.1: Verfüllung zwischen Podiumshöhe und Laufhorizont.
Die Zusammensetzung der Funde zeigt Schwerpunkte zur Zeit der Nutzung als Industriegebiet und der späteren Phase der mithräumszeitlichen Nutzung an (Grafik 11).
Befund 5.2: Auf dem Laufhorizont
Auf dem Boden des Mittelganges standen nicht nur am letzten Ort ihrer Benutzung belassene Lampen und Räucherkelche, vielmehr lagen dort auch von den Podien heruntergefallene Teile des Ess- und Trinkgeschirrs (Abb. 88 a). Der Verlauf der Verlustratenkurve (Grafik 12) hat Ähnlichkeit mit dem der Gesamtkurve der Ausstattung (Grafik 29).
Befund 5.3: Altarfundamentgrube
Der Befund der Altarfundamentgrube wurde 1933 bei der Bergung des Stifteraltars durch SCHLEIERMACHER gestört. Das Material weist Beimischungen aus der Grabenfüllung des Lagers auf. Der Peak bei 180 n. Chr. entspricht dem Peak im Verlauf der Verlustratenkurve von Befund 1 (Grafik 6) und datiert die Errichtung des Altars. Jüngeres Material aus der Verfüllung rutschte bei der Bergung des Altars in die Baugrube nach (Abb. 43,5.3 u. Grafik 13).

Befund 6: Nördlicher *narthex*
Befund 6.1: Verfüllung (Planum 0–2)
Die Verfüllung des nördlichen *narthex* ist zeitlich in die Benutzungszeit des Mithräums einzuordnen (Grafik 14).
Befund 6.2
In Befund 6.2 waren die Funde aufgrund der Dokumentation leider nicht präzise zu trennen. Befund 6.2 fasst zusammen Planum 3–5 und Planum 5, den Laufhorizont, im Eingangsbereich.
Der Peak im Kurvenverlauf zwischen 110 und 150 n. Chr. betont deutlich die Industriegebietszeit. Auch die mithräumszeitliche Nutzung ist im Kurvenverlauf gut ablesbar (Grafik 15).
Befund 6.3
Befund 6.3 umfasst das Fundmaterial aus Planum 3–5 im Bereich der übrigen Fläche. Der Kurvenverlauf zeigt strukturelle Ähnlichkeiten mit Grafik 15 (Grafik 16).

---

145 Kulträume sind *triclinia*, an deren Gastgeberseite der Gott respektive sein Stellvertreter, der *pater* platziert ist. So auch: SCHATZMANN 2004,13. Anders: EGELHAAF-GAISER 2000, 272: Doppelfunktion des Gottes als Gastgeber und Ehrengast zugleich. – Bezogen auf das Mithräum von Riegel bedeutet der Platz auf dem nördlichen Podium, zur Linken des "Gastgebers Mithras" zu liegen. Dies entspricht dem *locus consularis* bei einem *symposium*, so dass hier der Platz des *pater* zu vermuten ist.

Befund 6.4
Als Befund 6.4 wird die auf Planum 5 stehende Amphore in Zweitverwendung als Räuchergefäß angesprochen, die bereits SCHLEIERMACHER geborgen hatte (Abb. 19 u. 50).[146] Daher wurde keine Grafik erstellt. Das Gefäß datiert zwischen 270 und 400 n. Chr.

Befund 7: Südlicher *narthex*
Befund 7.1: Verfüllung (Planum 0–2)
Ein kleiner Peak stellt den Bezug zur Lagerzeit her. Besonders deutlich hebt sich die Mithräumsphase ab (Grafik 17).
Befund 7.2: Verfüllung (Planum 3–4)
Der Verlauf der Verlustratenkurve ist strukturell ähnlich zum Verlauf von Grafik 17, betont jedoch stärker die Nutzung des Areals als Töpferviertel (Grafik 18).
Befund 7.3: Unterer Bereich der Verfüllung (Planum 4–5)
Der Verlauf der Verlustrate deckt vor allem die Mithräumsphase ab, und zwar besonders die spätere Zeit (Grafik 19).
Die Konzentration von Teilen der Ausstattung im südlichen *narthex* legt nahe, dass hier ebenfalls ein Geschirrschrank zu Unterbringung von kultrelevanten Gefäßen aufgestellt war (Abb. 88b). Sein Inhalt bestand aus einer Lampe, drei *turibula* ohne Brandspuren, drei Krügen mit Brandspuren in Sekundärverwendung als Räuchergefäß, sieben Schlangengefäßen, fünf Sigillata-Tellern, 14 Platten, sechs Schüsseln, zwei Bechern und einem Krug (Grafik 20).

Befund 8: Schwellrollierung im Mittelgang
Aus diesem Befund liegen nur zwei Funde vor.[147] Diese betonen die Lager- und Industriegebietszeit (Grafik 21).

Befund 9: Verfüllung
Die durch tief greifende gärtnerische Eingriffe entstandene Kulturschicht ist über das gesamte Areal zwischen Planum 0 und 4 zu einem Befund zusammengefasst.
Die Verlustratenkurve der Verfüllung spiegelt den Besiedlungsverlauf der Fundstelle wider (Grafik 22): flavisches Lager, Industriegebiet von ca. 120 bis 170 n. Chr., Mithräum von 170/180 bis 350 n. Chr., nachmithräumszeitliche Nutzung von ca. 350 bis 450 n. Chr.

Befund 10: Splittkonzentration im Mittelgang
Von den Ausgräbern wurde der Befund als „Handwerkerarbeitsplatz" beim Bau des Mithräums gedeutet,[148] ist jedoch als Fußbodenrollierung zu interpretieren. Der Befund ist fundleer.

Befund 11: 1974 im nördlichen *narthex* ergrabenes „Kultgeschirrdepot" (Abb. 20 u. 89a)
Der Befund muss als Geschirrschrank oder Regal an der Westmauer des nördlichen *narthex* interpretiert werden. In der Zusammensetzung der Funde[149] können Altstücke mit einer Datierung ab ca. 140 n. Chr. nachgewiesen werden. Die Erstausstattung ist zeitlich anzusetzen zwischen 180 und 220 n. Chr. Peaks weisen auf Ergänzungen und Neuanschaffungen um die Jahre 230, 270 und 330 n. Chr. hin. Das Ende des Mithräums wird um 350 n. Chr. fassbar (Grafik 23).

---

146 SCHLEIERMACHER 1933, 75 u. 74 Abb. 35.
147 Siehe unten Katalog S. 459.
148 Freundl. Mitteilung R. DEHN.
149 Siehe unten Katalog S. 467 u. Abb. 75–80.

Befund 12: 1933 im nördlichen Seitenschiff des *spelaeum* ergrabenes „Kultgeschirrdepot" (Abb. 21 u. 89 b)
Die auffallende Häufung von Funden, darunter Räucherkelche und Krüge, im Aufschluss C, zwischen der Treppenwange an der Ostmauer und der Nordmauer interpretierte Schleiermacher als Regal an der Nordwand des *spelaeum*.[150]
Der Verlauf der Verlustratenkurve (Grafik 24) zeigt große strukturelle Ähnlichkeiten mit Grafik 23.

Befund 13: Grube außerhalb des Mithräums in Fläche C
Aus der Grube liegen nur drei Funde vor.[151] Da Knochen im Grubeninhalt fehlen, ist eine Interpretation als Kultgrube ist nicht zulässig. Vielmehr scheint es sich um eine kleine Abfallgrube zu handeln, was durch den unspezifischen Verlauf der Verlustratenkurve gestützt wird (Grafik 25).

Befund 14: Mittelalterliches Kindergrab. Skelett. Fundleer (Abb. 22)

Befund 15: Jüngerer Töpferofen M[152]
Die Ofenfüllung ergibt eine Nutzungsdauer für die Jahre zwischen 110 und 170 n. Chr. (Grafik 26).

Zusammenfassung der Aussagen zum Befund auf der Basis der Materialanalyse:
– Das Mithräum von Riegel liegt in Ortsrandlage des antiken Vicus.[153]
– Das Areal wird zuerst militärisch, dann bis zur Errichtung des Mithräums als Industriegebiet genutzt.[154]
– In der Nähe befindet sich ein Tempelbezirk.[155]
– Das Gebäude bestand aus einer Fachwerkkonstruktion.[156]
– Es besaß ein Tonnengewölbe aus Flechtwerk mit Lehmverputz (Abb. 23).[157]
– Der Boden bestand vermutlich aus Stampflehm.[158]
– Die Podien bestanden aus dem gewachsenen Boden mit einer Holzverschalung.[159]
– Da Dachziegel von der Fundstelle fast völlig fehlen, bestand die Dacheindeckung vermutlich aus Holzschindeln.[160] In vielen Mithräen konnte aber auch eine Eindeckung mit Ziegeln nachgewiesen werden.[161]

---

150 Schleiermacher 1933, 76.
151 Siehe unten Katalog S. 470 u. Abb. 85.
152 Die Funde werden hier nicht vorgelegt. Die Durchsicht des Materials ermöglichte dankenswerterweise Chr. Dreier. Die Grafik beruht auf einer Grobdatierung.
153 Parallelen: Biesheim, freundl. Mitteilung S. Plouin, ebenso Pétry/Kern 1978, 16; 20. Güglingen: Kortüm/Neth 2003, 114 Abb. 85. Königshofen: Forrer 1915, 12 u. Abb. 3. Martigny: Wiblé 2004, 135. Tienen: Martens 2004, 26. Tirlemont: Brulet/Vilvorder 2004, 23. Eine Lage außerhalb der Siedlungsgrenzen: Wiesloch: Hensen 1994, 34.
154 Parallelen: Tienen: Das unmittelbar angrenzende Areal wird industriell genutzt. Martens 2004, 27. Liber-Pater-Bezirk *Apulum*: Höpken 2004, 239.
155 Parallelen: Biesheim: freundl. Mitteilung S. Plouin. Königshofen: Forrer 1915, 10. Martigny: Wiblé 2004, 135. Tienen: Das Mithräum wurde Ende des 3. Jhs. auf einem kultisch genutzten Areal claudischer Zeitstellung errichtet, das keine Spuren zwischenzeitlicher anderweitiger Nutzung aufwies. Martens 2004, 26.
156 Parallelen: Heidelberg-Neuenheim 2: Hensen 2004, 103 m. Anm. 35. Königshofen: Forrer 1915, 13–16. *Pons Aeni*: Garbsch 1985, 360. Tienen: Martens 2004, 28. Wiesloch: Hensen 1994, 31.
157 Vitr., VII,3,1–3. Parallele: Hensen 1994, 31.
158 Parallelen: Königshofen: Forrer 1915, 14.
159 Parallelen: Königshofen: Ebd. 14–16.
160 Parallelen: Wiesloch: Hensen 1994, 31.
161 Heidelberg-Neuenheim: Hensen 2004, 103. Königshofen: Forrer 1915, 14; 26 f. *Pons Aeni*: Garbsch 1985, 360.

Abb. 20   Das „Kultgeschirrdepot" 1974 bei der Ausgrabung in situ.
Publiziert: Schwertheim 1979, 75 Abb. 89.

Abb. 21   Teilensembleaufnahme von Befund 12.
Publiziert: Schleiermacher 1933, 75 Abb. 36.

Abb. 22   Mittelalterliches Kindergrab bei der
Ausgrabung in situ. Vorlage: E. Schwertheim.

Abb. 23 Bruchstück von Hüttenlehm aus der Tonne des Gewölbes mit Abdrücken des Flechtwerks. Vorlage: BLM Karlsruhe.

– Der *narthex* ist ein polyfunktionaler Raum, für den zwei Geschirrschränke in der nördlichen und der südlichen Raumhälfte nachgewiesen sind.[162]
– *Spelaea* haben unter anderem auch die Funktion eines *triclinium* (Speiseraum).[163]

Der Zeitpunkt der Errichtung des Mithräums lässt sich an der integrierten Verlustratenkurve der Befunde 1, 5.3, 8 und 15 ablesen (Grafik 27). Charakteristisch für einen Baubeginn ist der Abbruch im Verlauf der Verlustratenkurve, hier um 170/180 n. Chr. Dieser Zeitpunkt kann als Baubeginn für das Mithräum angesetzt werden.

Die Benutzungsdauer des Mithräums ergibt sich aus der integrierten Verlustratenkurve der Befunde 3.2, 4, 5.2, 6.2, 6.3, 7.3, 11 und 12. Der erste Peak liegt mit dem Baubeginn und der Erstausstattung um 170/180 n. Chr. Das Ende des Mithräums kann mit dem Abbruch des letzten Peaks als Terminus post quem mit 330 n. Chr. angegeben werden (Grafik 28).

Den Zeitpunkt der Verfüllung des Mithräums liefert die integrierte Verlustrate der Befunde 2, 3.1, 5.1, 6.1, 6.2, 6.3, 7.1, 7.2 und 9. Als Terminus post quem kann auch hier der Abbruch des letzten Peaks um 350 n. Chr. gelten (Grafik 29).

4.6 Die Ausstattung des Mithräums

4.6.1 Die Gesamtausstattung

214 Katalognummern können inklusive der Altäre der Ausstattung des Mithräums zugeordnet werden, das entspricht 17,9% des Fundmaterials.

Der keramische Anteil der Ausstattung umfasst 206 Katalognummern (Tab. 19; Grafik 30). Chronologisch umfasst er – unter Berücksichtigung der Altstücke – die Spanne von ca. 140 n. Chr. bis ca. 350 n. Chr. (Grafik 31; 32).

Die Gefäße sind nach ihrer Funktion im Kultgeschehen geordnet. Im Mittelgang auf Gehniveau fand sich der Kästchenbeschlag. Der Anteil der Gefäße, die unmittelbar mit dem Kultgeschehen zusammenhängen, beträgt 23,7% der Ausstattung (Tab. 19).

---

162 Mithin ist hier eine Funktion als *cellariolum* oder auch *apparatorium* nachgewiesen: Egelhaaf-Gaiser 2000, 281 f. Parallelen: Martigny, Pons Aeni: Schatzmann 2004, 13 f. Biesheim: Pétry/Kern 1978, 19. Mundelsheim: Planck 1989, 179 f. Straßburg-Königshofen: Forrer 1915, 56–58. Aufbewahrungsort für Vorräte: Forrer 1915, 37.
163 Schatzmann 2004, 13.

Form	Anzahl	Prozent
Lampen:	8	3,86%
Bildlampe Loeschcke 1C	1	
Firmalampe Loeschcke 4	1	
Firmalampe Loeschcke 9b	2	
Sigillata-Firmalampe Loeschcke 10	1	
Firmalampe Loeschcke 10	1	
Firmalampe	2	
Räucherkelche und Räuchergefäße:	34	16,43%
Typ 1	5	
Typ 2	3	
Typ 3	9	
Typ 4	5	
Typ 5	4	
WS, BS	3	
Krug FURGER 1992 Taf. 58,15/110	1	
Krug FURGER 1992 Taf. 65,16/141	2	
Krug FURGER 1992 Taf. 78,19/115.116	1	
Amphore Dressel 23	1	
Schlangengefäße:	7	3,38%
Krater/Dreihenkelkrug	1	
Flaschenartige Schlangengefäße	6	
Spardose:	1	0,48%
Krug Oelmann 62a/LOESCHCKE 1921b Typ 50	1	
Geschirr für das Kultmahl:	143	69,08%
Sigillata-Teller:	15	10,5%
Drag. 31	11	
Drag. 32	3	
Lud. Tb	1	
Sigillata-Schälchen:	10	7%
Drag. 33	6	
Drag. 27	1	
Drag. 35	1	
Drag. 46	1	
Drag. 40	1	
Sigillata-Schüsseln:	3	2,1%
Drag. 37	3	
Glas-Schale	1	0,7%

Tabelle 19/1; Fortsetzung nächste Seite.

Form	Anzahl	Prozent
Sigillata-Becher:	5	3,5%
Déch. 72	5	
Teller/Platten:	30	21%
Platte Schucany et al. 1999 Taf. 55,26 (geflammte Ware)	2	
Platte Schucany et al. 1999 Taf. 55,26 (bemalte Ware)	3	
Backplatte Oelmann 53a	1	
Backplatte Schucany et al. 1999 Taf. 55,20	2	
Backplatte Furger 1992 Abb. 67,16/121	3	
Backplatte Furger 1992 Abb. 67,18/43	2	
Backplatte Furger 1992 Abb. 67,18/44	5	
Teller Furger 1992 Abb. 52,20/25	1	
Backplatte Furger 1992 Taf. 88,22/98	4	
Backplatte Furger 1992 Abb. 67,22/102	1	
Backplatte Furger 1992 Abb. 67,22/105	6	
Schüsseln:	16	11,2%
Schüssel mit eingezogenem Rand Martin-Kilcher 1980 Taf. 24,10*	1	
Schüssel mit eingezogenem Rand Furger 1992 Abb. 60,19/67	1	
Schüssel mit Wandknick Schucany et al. 1999 Abb. 35,4	1	
Schüssel mit Wandknick Schucany et al. 1999 Abb. 35,5	2	
Schüssel mit Wandknick Furger 1992 Abb. 59,19/70	1	
Schüssel mit Wandknick Furger 1992 Abb. 60,19/73	1	
Schüssel mit Wandknick Ettlinger 1963 Taf. 5,3	1	
Schüssel mit Wandknick Ettlinger 1963 Taf. 5,4	2	
Schüssel mit Wandknick Ettlinger 1963 Taf. 5,10	2	
Schüssel mit Deckelfalz Martin-Kilcher 1980 Taf. 29,1	1	
Schüssel Var. Chenet 316	2	
Becher:	27	18,9%
Raetischer Gurtbecher Faber 1998 Taf. 49,22*	1	
Becher mit Karniesrand Furger 1992 Taf. 62,16/81	8	
Becher mit Karniesrand Furger 1992 Taf. 80,20/36.44	3	
Becher mit Karniesrand Furger 1992 Taf. 89,22/48	1	
Becher mit Karniesrand Schucany et al. 1999 Abb. 34,6	1	
Becher mit Karniesrand Schucany et al. 1999 Taf. 146,1	1	
Becher Kaenel 1	1	
Becher Furger 1992 Taf. 81,20/61	1	
Becher Furger 1992 Taf. 81,20/62	2	
Raetischer Becher Furger 1992 Taf. 81,20/63	4	
Faltenbecher Oelmann 32d	4	
Krüge:	36	25,2%
Krug Furger 1992 Taf. 58,15/110	2	
Krug Furger 1992 Abb. 70,16/134	1	
Krug Furger 1992 Abb. 70,16/135	1	
Krug Furger 1992 Taf. 72,18/53	2	
Krug Furger 1992 Taf. 72,18/54	1	
Krug Furger 1992 Taf. 78,19/112	1	
Krug Furger 1992 Taf. 78,19/114	1	
Krug Furger 1992 Taf. 78,19/115.116	3	
Krug Schucany et al. 1999 Taf. 8,18	1	
Krug Schucany et al. 1999 Taf. 9,28	1	
Oelmann 61 = Loeschcke 1921b Typ 52	1	

Tabelle 19/2; Fortsetzung nächste Seite.

Form	Anzahl	Prozent
Krüge:		
Oelmann 62a = LOESCHCKE 1921b Typ 50	19	
Oelmann 67b	1	
Oelmann 100b = WAGNER-ROSER 1999 ZK6	1	
Kochgeschirr:	**12**	**5,8%**
Topf FURGER 1992 Taf. 71,18/36	1	
Topf FURGER 1992 Abb. 65,19/87	2	
Topf FURGER 1992 Abb. 65,22/91	1	
Topf JAUCH 1997 Taf. 35,550.551	1	
Topf WAGNER-ROSER 1999 T3 Taf. 73,2	1	
Topf Oelmann 87	1	
Topf Oelmann 89/Oelmann 27	1	
Deckel FURGER 1992 Taf. 77/19,94	1	
Deckel Oelmann 120a = FURGER 1992 Taf. 64,16/116.117	1	
Schüssel WAGNER-ROSER 1999 S7/2	1	
Reibschale RYCHENER 1984 Abb. 64 D 619*	1	
Vorratsgefäße:	**2 [4]**	**0,97%**
Spanische Ölamphore Dressel 23	1	
Gallische Fischsaucenamphore Dressel 9 similis	1	
? [Gallische Weinamphore Gauloise 4	1]	
? [Nordafrikanische Weinamphore Dressel 30 Var. Augst Form 15?	1]	

* Altstück. – ? [Zugehörigkeit zur Ausstattung nicht völlig gesichert]

Tabelle 19/3 Zusammensetzung der keramischen Ausstattung (n = 207 inkl. Glasschale).

Bei den acht Lampen handelt es sich ausnahmslos um Einzelstücke, die nach und nach zur Beleuchtung des *spelaeum* angeschafft wurden (Grafik 3). Zwei standen im Gang, eine wurde wohl gemeinsam mit den Schlangengefäßen in einem Regal oder Schrank im südlichen *narthex* aufbewahrt und eine zusammen mit dem Ess- und Trinkgeschirr im Geschirrschrank im nördlichen *narthex*. Anderes Beleuchtungsgerät konnte nicht nachgewiesen werden.

Es liegen 29 *turibula* vor, die fünf chronologisch unterscheidbaren Typen zuzuordnen sind (Grafik 4). Davon wurden 10 Kelche aufgrund ihrer Brandspuren definitiv als Räuchergefäße benutzt, die übrigen hatten im Rahmen des Kultgeschehens wohl andere Funktionen. Vier Krüge dienten in Sekundärverwendung als Räuchergefäße, auf der Basis ihrer konventionellen Datierung in den Niederbieber-Horizont wohl erst im Verlauf des 4. Jahrhunderts[164] Ebenfalls eine Sekundärnutzung als Weihrauchfass ist für die Amphore Dressel 23 nachgewiesen, die fest im Eingangsbereich des *spelaeum* installiert war. Die *turibula* waren im Heiligtum wie folgt verteilt: von den Kelchen mit Brandspuren befanden sich fünf im Geschirrschrank in dem *spelaeum*, drei im Geschirrschrank im nördlichen *narthex*, zwei stammen aus der Verfüllung. Von den *turibula* ohne Brandspuren wurden drei im Geschirrschrank in dem *spelaeum*, einer im Geschirrschrank im nördlichen *narthex* und drei bei den Schlangengefäßen im südlichen *narthex* aufbewahrt, einer stand im Mittelgang, zwei stam-

---

164 Krug mit Brandspuren innen, 58/75, 8153, 7.1, 160–200 n. Chr. Dergl., 14.1/20, 8093, 5.1, 180–260 n. Chr. Dergl., 58/22, 8153, 7.1, 180–260 n. Chr. Dergl., 21/17, 8152, 7.1, 200–300 n. Chr.

men aus der Verfüllung des nördlichen *narthex* und acht Randscherben ohne Brandspuren ganz allgemein aus der Verfüllung. Von den Krügen mit Brandspuren fanden sich drei im südlichen *narthex* und einer in der Verfüllung des Mittelgangs. Die sieben Schlangengefäße wurden wohl geschlossen in einem Schrank im südlichen *narthex* verwahrt (Grafik 5). Sie mögen als Libations- oder auch Vorratsgefäße gedient haben. Die Spardose, ein dem späten Niederbieber-Horizont zuzurechnender Krug in Sekundärverwendung, stand im Geschirrschrank im nördlichen *narthex*.[165] Sie war leer. Auch das Kultschwert hatte seinen Platz im Geschirrschrank im nördlichen *narthex*. Das Messer war von seinem ursprünglichen Platz auf dem Podium in die Verfüllung des Mittelgangs gerutscht.

Ess- und Trinkgeschirr, also das Geschirr für das Kultmahl, machen 69,1% der Ausstattung aus (Tab. 19).[166] Das Geschirr für das Kultmahl ist in seiner Zusammensetzung in einer Momentaufnahme zum Zeitpunkt der Auflassung des Mithräums festgehalten und beinhaltet Gefäße der Erstausstattung sowie solche, die im 3. und 4. Jahrhundert angeschafft wurden. Die Peaks weisen deutlich darauf hin, dass in regelmäßigen Abständen von ca. 30 Jahren das Geschirr für das Kultmahl ergänzt werden musste (Grafik 31). Dabei wurden nach und nach die Sigillata-Gefäße der Erstausstattung (Grafik 33) durch Gebrauchsware ersetzt (Grafik 34–36). Eine Ausnahme bilden dabei die Sigillata-Schälchen, für die es in Gebrauchsware keinen adäquaten Ersatz gab und die bis zur Auflassung des Mithräums benutzt wurden (Grafik 37). Bei den Krügen dagegen kam von Anfang an nur Gebrauchsware zum Einsatz (Grafik 38). Die meisten Gefäßtypen sind mehrfach vorhanden (Tab. 19). Dies zeigt, dass beim Nachkauf auf Gleichartigkeit geachtet wurde, also im weitesten Sinn ein ‚Servicecharakter' angestrebt wurde.

Koch- und Vorratsgeschirr umfassen nur 5,8% bzw. 1% (Tab. 19).[167]

Die Töpfe, Deckel und Amphoren datieren schwerpunktmäßig in die spätere Benutzungszeit des Mithräums (Grafik 39; 40).

Dies lässt darauf schließen, dass im Mithräum von *Helvetum* (?) nicht gekocht wurde, sondern an anderer Stelle zubereitete Gerichte verzehrt wurden.

Insgesamt können in der Ausstattung des Mithräums als essentielle Funktionsträger im Kult[168] nachgewiesen werden: drei Altäre, mindestens eine unterlebensgroße Statue aus Sandstein, sechs Lampen, 29 *turibula* als Räucher- und Libationsgefäße, dazu vier Krüge und eine eigens ‚zugerichtete' Amphore in Sekundärverwendung als Räuchergefäße, wohl nachdem sie in ihrer ursprünglichen Funktion benutzt worden waren, sieben Schlangengefäße, ein Kästchen und eine Spardose, und zwar ein Krug in Sekundärverwendung, wohl nachdem er in seiner ursprünglichen Form benutzt worden war, sowie ein Kultschwert, zum Einsatz bei ‚Mysterienspielen', Opferzeremonien und Initiationsriten und ein Schlachtermesser, zum Einsatz bei Opferzeremonien, möglicherweise auch beim Zubereiten des Kultmahles. Ebenfalls essentieller Funktionsträger im Kult, jedoch stark geprägt von kultexternen Alltagsrealitäten[169] ist das Geschirr für das Kultmahl. Dazu gehören 45 Teller, davon 15 aus Terra sigillata, zehn Schälchen, alle aus Terra sigillata, 19 Schüsseln, davon drei aus Terra sigillata, 32 Becher, davon fünf aus Terra sigillata sowie 36 Krüge. Das Koch- und Vorratsgeschirr umfasst acht Töpfe, zwei Deckel, eine Reibschale,[170] einen Amphorenzapfen, und zwei Amphoren. Bei den Amphoren handelt es sich um eine Ölamphore der Form Dressel 23 und eine Fischsaucenamphore der Form Dressel 9 similis. Nicht gesichert ist die Zugehörigkeit von zwei Weinamphoren zur Ausstattung.

---

165 Krug Loeschcke 1921b Typ 50.
166 So auch Höpken 2004, 245. Anders Schatzmann 2004, 17: er postuliert einen Anteil von Ess- und Trinkgeschirr an der Ausstattung von 50%, die übrigen 50% erwartet er für Kochgeschirr.
167 So auch Höpken 2004, 245 f. Anders Schatzmann 2004, 17: er postuliert einen Anteil von Kochgeschirr an der Ausstattung von 50%.
168 Ebd. 12.
169 Ebd.
170 Ebd. 13. Schatzmann, der für die Ausstattung des Mithräums von Riegel „zahlreiche" Reibschalen nennt, kannte die Ergebnisse der Auswertung noch nicht.

Form	Anzahl	Prozent
Lampen:	2	3,33%
Firmalampe Leibundgut 23, Loeschcke 9b	1	
Bildlampe	1	
Räucherkelche:	8	13,3%
Typ 1	5	
Typ 2	3	
Schlangengefäße:	3	5%
Terrakotta-Krater	1	
SCHMID 1991 Randform 1	1	
SCHMID 1991 Taf. 17,85	1	
Geschirr für das Kultmahl:	45	75%
Teller:	15	33,3%
Drag. 31	11	
Drag. 32	3	
Lud. Tb	1	
Schälchen:	10	22,2%
Drag. 33	6	
Drag. 35	1	
Drag. 27	1	
Drag. 46	1	
Drag. 40	1	
Schüsseln:	4	8,8%
Drag. 37	3	
Glasschale	1	
Becher:	13	28,8%
Déch. 72	5	
Raetischer Gurtbecher FABER 1998 Taf. 49,22	1	
Zylinderhalsbecher ETTLINGER 1949 Taf. 22,17	1	
Becher Kaenel 1	1	
Karniesbecher SCHUCANY et al. 1999 Abb. 34,6	1	
Faltenbecher Oelmann 32d	4	
Krüge:	3	6,6%
Krug FURGER 1992 Taf. 58,15/110	3	
Kochgeschirr:	2	3,33%
Topf JAUCH 1997 Taf. 35,550.551	1	
Reibschale RYCHENER 1984 Abb. 64 D 619	1	

Tabelle 20: Zusammensetzung der keramischen Erstausstattung (n = 61 inkl. Glasschale).

Die Ausstattung des Mithräums fügt sich ganz und gar in das Spektrum der lokal und regional verfügbaren Keramik ein. Ausgefallene oder in besonderer Weise auf den Kult bezogene Gefäße kamen nicht zum Einsatz. Dies ist auch in anderen Mithräen der Fall.[171]

4.6.2 Die Erstausstattung

Zur Erstausstattung können 61 Gefäße sowie der Stifteraltar gerechnet werden (Tab. 20; Grafik 41–43), das entspricht 5,1% des Fundmaterials und umfasst 28,5% der gesamten, zum Zeitpunkt der Auflassung vorhandenen Ausstattung.

Chronologisch umfasst sie – unter Berücksichtigung der Altstücke – die Spanne von ca. 80 n. Chr. bis ca. 300 n. Chr. (Grafik 42; 43).

Die Gefäße sind nach ihrer Funktion im Kultgeschehen geordnet.

Der Anteil der Gefäße, die unmittelbar mit dem Kultgeschehen zusammenhängen, beträgt 21,3% der Ausstattung (Tab. 20).

Die beiden Lampen sind jeweils Einzelstücke und standen beide im Mittelgang.

Von den acht *turibula* wurden sechs in den drei Geschirrschränken angetroffen, zwei waren sekundär in die Verfüllung verschleppt. Sie gehören zu den Typen 1 und 2. Jeweils vier *turibula* wiesen Brandspuren im Bodeninneren, bzw. keine Brandspuren auf.

Zu den Schlangengefäßen der Erstausstattung zählt auch der – wohl aus dem Rheinland – importierte Krater aus weißem Terrakottaton.

Ess- und Trinkgeschirr, also das Geschirr für das Kultmahl, machen 73,8% der Erstausstattung aus (Tab. 20). Mithin stammen zum Zeitpunkt der Auflassung des Heiligtums noch 31,5% vom Geschirr für das Kultmahl aus der Erstausstattung.

73,3% der beim Kultmahl eingesetzten Gefäße waren in der Anfangszeit aus Terra sigillata.

Die Zusammensetzung der Teller spricht vom Anspruch, eine Einheitlichkeit in der Ausstattung zu erreichen.[172]

Die Existenz von Einzelstücken mag auf ‚Ersatzbeschaffung' aus den Haushalten von Gemeindemitgliedern hindeuten.[173]

Auch die Zusammensetzung der Schälchen weist auf einen ‚Servicegedanken' bei der Zusammenstellung der Erstausstattung hin.[174] Aber auch spätere Zukäufe sind feststellbar.[175]

Die Zugehörigkeit der Glasschale aus dem Geschirrschrank in dem *spelaeum* zur Erstausstattung ist nur Vermutung, ist jedoch mit dem Bemühen, ein qualitativ anspruchsvolles Ensemble zusammenzustellen, gut vereinbar.[176]

Die Reliefschüsseln der Form Drag. 37 wurden beim letzten Kultmahl nochmals eingesetzt und wurden auf den Podien stehen gelassen, von wo sie in die Verfüllung des Mittelgangs rutschten. Die Schüssel mit eingezogenem Rand fand sich noch auf ihrem ursprünglichen Platz auf dem nördlichen Podium.[177]

Die fünf Sigillata-Becher der Form Déch. 72 gehören sicher zu Erstausstattung. Auch die vier Faltenbecher der Form Oelmann 32d verweisen wieder auf einen ‚Servicegedanken'. Die übrigen vier Einzelstücke sind hingegen nicht so leicht zu deuten.[178] Die Glanztonbecher könnten möglicherweise als Geschirr für niedere Weihegrade interpretiert werden.

---

171 So auch SCHATZMANN 2004, 16.
172 Die vier Teller der Form Drag. 32 sind möglicherweise bereits erste Ersatz- oder Zukäufe.
173 So z.B. ein Exemplar der Form Lud. Tb.
174 Drei Schälchen könnten aufgrund ihrer Datierung auch Altstücke sein, die später als Ersatz in die Ausstattung gelangten, z.B. aus dem Haushalt eines Gemeindemitglieds.
175 Ein Exemplar der Form Drag. 40, das gut zu den Tellern Drag. 32 passt.
176 Das Gefäß ist weder in Beschreibung, Zeichnung oder Fotografie dokumentiert.
177 Bei dieser Schüssel könnte es sich um ein Altstück oder einen späteren Ersatz aus dem Haushalt eines Gemeindemitglieds handeln.

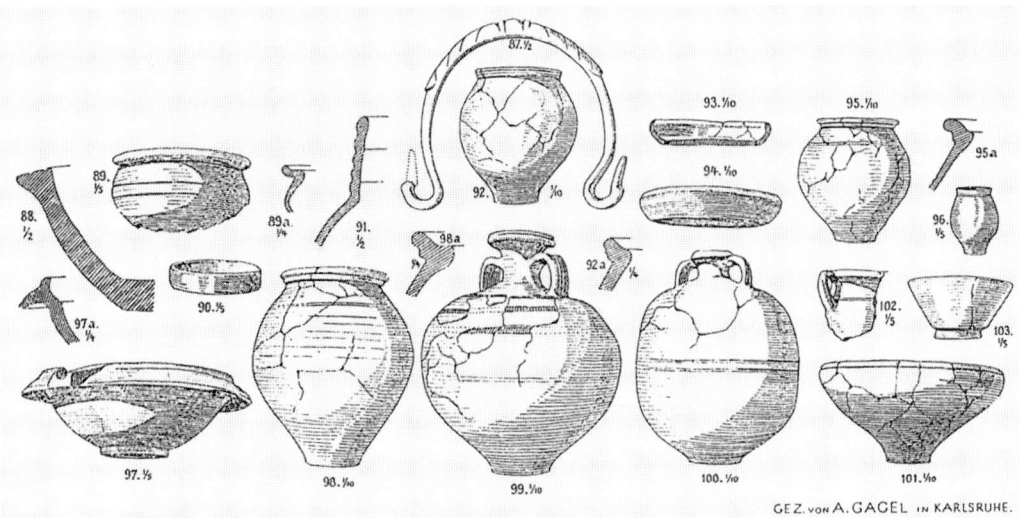

Abb. 24 Gefäße aus dem Geschirrschrank im *caldarium* von
Bad I in Neckarburken. Vorlage: ORL V B 53 und 53.1 Taf. 4.

Zwei der Krüge aus der Erstausstattung wurden noch in ihrer ursprünglichen Funktion genutzt, einer jedoch aufgrund der Brandspuren im Inneren in Sekundärverwendung als Räuchergefäß. Einer der Krüge fand sich auf dem südlichen Podium und einer in der Verfüllung des nördlichen *narthex*, während der ‚Räucherkrug' im Geschirrschrank im südlichen *narthex* untergebracht war.
Nur zwei Gefäße (3,8%) sind dem Kochgeschirr zuzuordnen (Tab. 20), ein Topf und die einzige Reibschale, die im Mithräum benutzt wurde.[179]

4.6.3 Vergleichbare geschlossene Ensembles des 3. und 4. Jahrhunderts

Das Ess- und Trink- sowie das Kochgeschirr der Ausstattung sind in ihrer Zusammensetzung in einer Momentaufnahme zum Zeitpunkt der Auflassung des Mithräums festgehalten. Folglich kann es auch als geschlossenes Geschirrensemble aus der Mitte des 4. Jahrhunderts gelten und ist, was die Zusammensetzung der Formen angeht, beispielhaft für das zu dieser Zeit verwendete Haushaltsgeschirr anzusehen. Das Ensemble soll daher im Folgenden mit geschlossenen Ensembles des 3. und 4. Jahrhunderts, die in ihrer Funktion als Geschirrschrank anzusprechen sind, verglichen werden.[180]

Geschirrschrank im *caldarium* von Bad I in Neckarburken (Neckar-Odenwald-Kreis) (n = 17)[181]
Sigillatagefäße des 2. Jahrhunderts[182] sind kombiniert mit Gebrauchskeramiktypen des späten Niederbieber-Horizontes und der S-Schicht bzw. Raum 107 der Trierer Kaiserthermen, sowie brauner oberrheinischer Nigra. Das Ensemble kann als Haushaltsgeschirr frühconstantinischer Zeit interpretiert werden (Abb. 24; Grafik 44).

---

178 Wiederum kann nicht zwischen der Interpretation als Altstück oder späterer Ersatz aus dem Haushalt eines Gemeindemitglieds entschieden werden.
179 Zum Abnutzungsgrad: Die Körnung ist innen abgerieben. Sonst ist das Gefäß wenig abgenutzt, wurde also wohl wenig benutzt.
180 In der Kürze der für die Auswertung zur Verfügung stehenden Zeit konnte Vollständigkeit nicht angestrebt werden. Der Vergleich musste sich daher auf einige wenige publizierte Befunde aus der Region beschränken.
181 Durch Verf. in Bearbeitung im Rahmen einer Materialvorlage der Badeanlage. Publiziert und abgebildet: ORL B 53/53,1 Neckarburken 34 f. u. Taf. 4.
182 Drag. 18/31, Stempel BELINICCI.M, Lezoux. 90–100/120 n. Chr. Drag. 33, Pudding Pan Rock 12, 140–200 n. Chr.

Abb. 25   Gefäße aus dem Geschirrschrank mit Lararium aus *Vitudurum*.
Vorlage: Ebnöther/Kaufmann-Heinimann 1996, Farbtaf. B 2.

Schrank mit Lararium des 3. Jahrhunderts aus *Vitudurum*[183]
Ein hölzerner Daubeneimer[184], eine eiserne Schöpfkelle mit Parallelen aus dem Baggerfund von Neupotz,[185] drei Lavezbecher[186] sowie ein Glasbecher mit Warzendekor Isings 96[187] bilden ein Trinkservice, das zusammen mit Ess- und Auftragsgeschirr aus Terra sigillata, einem Teller Curle 23/Oelmann 3[188] und einer Schüssel Drag. 37 des Rheinzaberner Töpferpaares JVLIVS II – JVLIANVS I[189] in einem Schrank mit aufgesetzter *aedicula* aufbewahrt wurde.[190] Vorratsgeschirr, weitere Flüssigkeitsbehälter und Kochgeschirr sind nicht vertreten. Bei dem Schrankinhalt handelt es sich wohl um die Auswahl eines Tafelservices, das von seinen Besitzern als besonders wertvoll angesehen wurde (Abb. 25; Grafik 45).[191]

Geschirrschrank Kaiseraugst-Schmidmatt[192]
Das geschlossene Ensemble umfasst den Inhalt eines Geschirrschranks im Schankraum eines Gewerbehauses mit Schankstätte (Raum 2, Keller Ost).[193] Der Schrank diente gleichzeitig als Stauraum für Ess- und Trinkgeschirr wie auch als Vorratskammer.[194] Die Zerstörung des Gebäudes erfolgte durch einen Brand im 3. Drittel des 3. Jahrhunderts und ist möglicherweise mit den Zerstörungen anlässlich der Alamanneneinfälle in den 270er Jahren in Verbindung zu bringen (Abb. 26; Grafik 46).[195] Die Fundstelle ist nach Ausweis von Münzen und Keramik bis in die Mitte des 4. Jahrhunderts wohl in geringem Umfang weiter besiedelt.[196]

---

183 Ebnöther/Kaufmann-Heinimann 1996.
184 Ebd. 241.
185 Ebd. 241 Anm. 1472.
186 Ebd. 242: mittleres 3. Jh.
187 Rütti in: Ebd., 242 Anm. 1482–1494: Mitte und 2. Hälfte 3. Jh.
188 Ebd. 241 Anm. 1475: Stempel des Töpfers PRIMITIVVS aus einer helvetischen Manufaktur, der ab der zweiten Hälfte des 2. Jhs. vorkommt und in Fundensembles des 3. Jhs. häufig nachgewiesen ist.
189 Ebd. 242: 2. Viertel 3. Jh.
190 Ebd. 245.
191 Ebd. 247.
192 U. Müller, Die römischen Gebäude in Kaiseraugst-Schmidmatt. Arch. Schweiz 8, 1985, 15–29, bes. 19 f. u. Abb. 9 u. 10. Furger 1989, 213–224. Zusammenstellung des Inventars: Ebd. 256.
193 Ebd. 213–224.
194 Ebd. 266.
195 Ebd. 264; 266.
196 M. Hartmann, Spätrömisches aus Kaiseraugst-Schmidmatt. Arch. Schweiz 8, 1985, 39–43.

Abb. 26   Gefäße aus dem Geschirrschrank von Kaiseraugst-Schmidmatt. Vorlage: Furger 1989, 265 Abb. 100.

Kellerraum der Villa rustica von Zürich-Altstetten, Loogarten[197]
Der geschlossene Befund beinhaltet Gefäße aus einer im zweiten Viertel des 3. Jahrhunderts in einen Keller eingefüllten Brandschicht (Abb. 27 a–f u. Grafik 47).[198] Es handelt sich wohl um einen Ausschnitt aus dem Hausrat, der bei einem Schadensfeuer zerstört wurde, das Ensemble wirkt formal einheitlich.[199] Als Terminus post quem kann der Stempel des PERVINCVS auf einem Teller der Form Drag. 32 gelten.[200] E. Ettlinger datiert den Befund um die Mitte des 3. Jahrhunderts.[201] Von einem Neubau der Anlage „vor der Jahrhundertmitte" kann ausgegangen werden.[202] K. Roth-Rubi datiert den Komplex über den Vergleich der Gefäßtypen mit den Funden aus der benachbarten Villa rustica von Stutheien, die um 260 n. Chr. aufgegeben wurde.[203] Fast alle Gefäßformen sind auch in Stutheien anzutreffen.[204] Im Vergleich der beiden Fundorte ergibt sich für Zürich-Altstetten ein Terminus ante quem von circa 250 n. Chr.[205] Dem Fehlen des Bechers Oelmann 33 in Loogarten kann dabei chronologische Bedeutung zugemessen werden,[206] da dieser Typus erst im dritten Drittel des 3. Jahrhunderts in der Region aufkommt.[207] Daher muss die Verfüllung des Kellers ungefähr um 230 n. Chr. angesetzt werden.[208]

Kellerraum der Villa rustica von Seeb (ZH)[209]
Im Keller von Gebäude E (Ökonomiegebäude) konnte ein münzdatierter Zerstörungshorizont der Jahre 270–305 n. Chr. auf der Basis von 13 Münzen des fortgeschrittenen 3. Jahrhunderts, darunter der Schlussmünze von 305 n. Chr., nachgewiesen werden. Die Keramik datiert „um 260".[210]

---

197 Roth-Rubi/Ruoff 1987.
198 Ebd. 146.
199 Ebd. 147.
200 Ebd. 147: Bernhard Gruppe III.
201 Ebd. 147 u. Anm. 10.
202 Ebd. 148.
203 Ebd. 147.
204 Ebd.
205 Ebd. 148.
206 Ebd. 147 f.
207 Ebd. 148.
208 Ebd.
209 Ch. Meyer-Freuler in: Drack 1990, 161 f. u. 166–177. Eine vergleichende Auswertung in Form einer Verlustratenkurve ist anhand der Publikation leider nicht möglich.
210 W. Drack in: Drack 1990, 269 f.

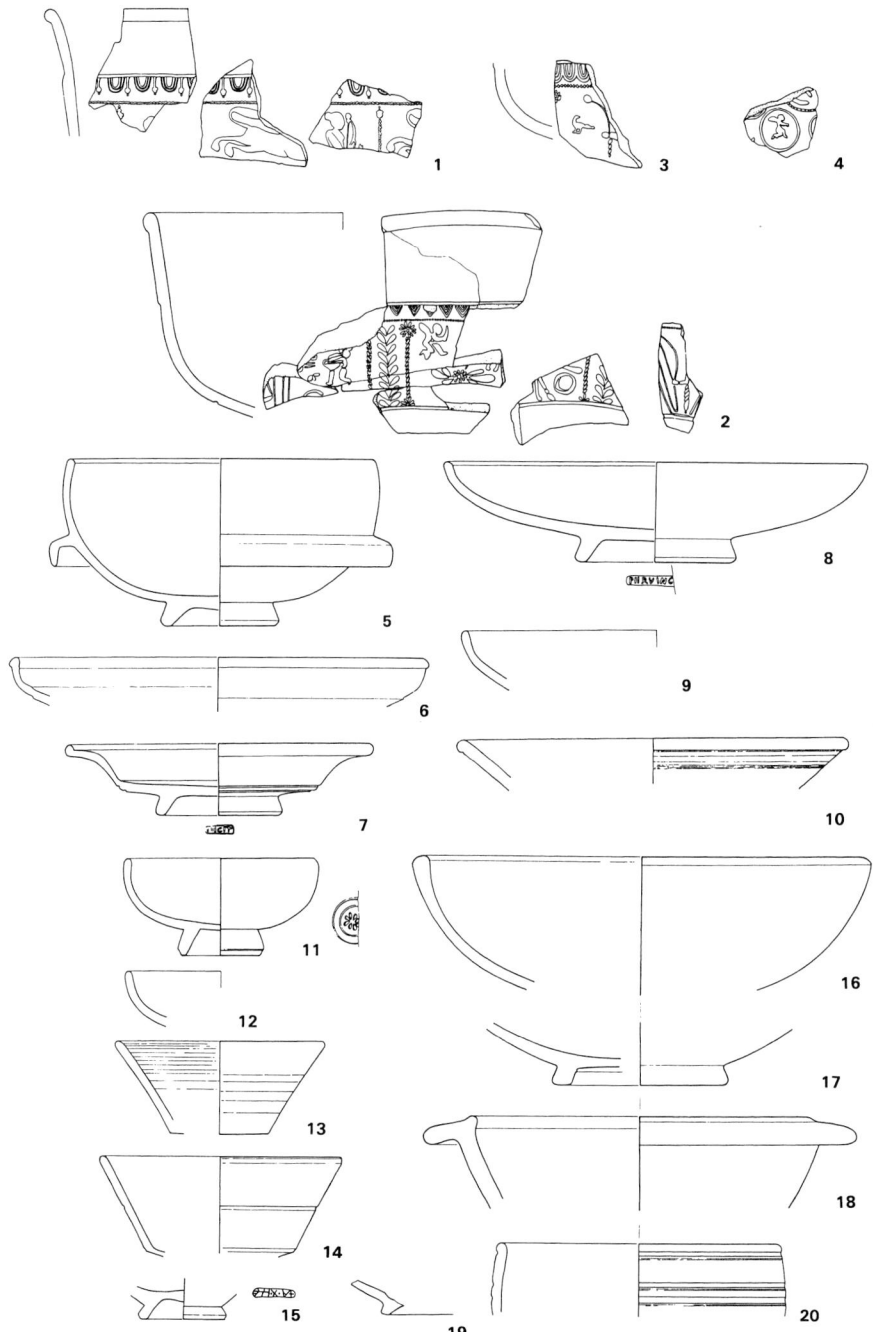

Abb. 27a Gefäße aus dem Keller der Villa rustica von Zürich-Altstetten, Loogarten.
Vorlage: Roth-Rubi/Ruoff 1987, 149–155. Ohne Maßstab.

Aus dem Komplex liegen 130 Gefäße vor (Abb. 28). Das Ensemble kann entweder als Verkaufslager des hauseigenen Töpferbetriebs oder als Depot von Hausrat interpretiert werden.[211] Als Basisvergleich der Gefäßtypen kann der severisch datierende Töpfereiabfall aus Augst genannt werden.[212] Die Laufzeit der Keramik umfasst jedoch sicher „einige Jahrzehnte", was gestützt wird durch 35 Münzen der zweiten Hälfte des 3. Jahrhunderts.[213] Die Villa selbst war bis ins 4. Jahrhundert besiedelt.[214]

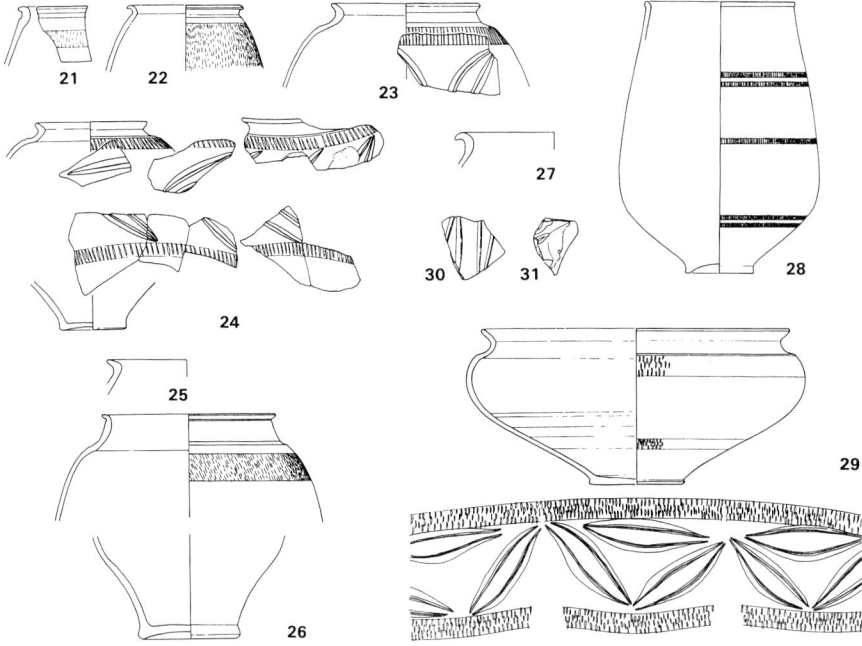

Abb. 27 b Gefäße aus dem Keller der Villa rustica von Zürich-Altstetten, Loogarten.
Vorlage: Roth-Rubi/Ruoff 1987, 149–155. Ohne Maßstab.

Zusammenfassung

Alle fünf hier aufgeführten geschlossenen Ensembles decken das gesamte Formenspektrum von Tisch- und Küchengeschirr des 3. und 4. Jahrhunderts ab.

Bei allen Fundkomplexen stellt sich, wie auch bei der Ausstattung des Riegeler Mithräums, die Frage nach der Datierung in besonders drängender Weise, geht es hier doch auch um historische Aussagen im Zusammenhang mit einer schwierigen Phase römischer Geschichte an Hoch- und Oberrhein, in einer Region, für die für jeden Fundort jeweils Einzelaussagen herauszuarbeiten sind.

Damit ist – man ist fast versucht zu sagen: ‚wieder einmal' – das Problem der Beurteilung von Laufzeiten spätrömischer Keramik, und zwar vom 3. Jahrhundert an, anzusprechen. Zusammen mit der stagnierenden Formentwicklung des so genannten Niederbieber-Horizontes ist hier die Wurzel unserer Datierungsprobleme zu sehen, die es uns fast unmöglich machen, den Nachweis von Siedlungskontinuität speziell in der zweiten Hälfte des 3. Jahrhunderts zu erbringen.

Im Zusammenhang mit der Bearbeitung des Riegeler Materials und aufgrund der Beobachtungen an den hier kurz vorgestellten Fundkomplexen im südlichen Obergermanien können aber Indizien für den Horizont des „Helvetischen Keramikkreises"[215] der zweiten Hälfte des 3. Jahrhunderts bis in die constantinische Zeit herausgearbeitet werden.

Formal hat sich für das nördliche Obergermanien die Typologie des ‚Niederbieber-Horizontes' bewährt.[216]

---

211 Ch. Meyer-Freuler in: Drack 1990, 162.
212 Ebd.
213 Ebd.
214 Ebd. u. Anm. 331.
215 Urner-Astholz 1946, 19.
216 Kortüm 1995, 269 f.

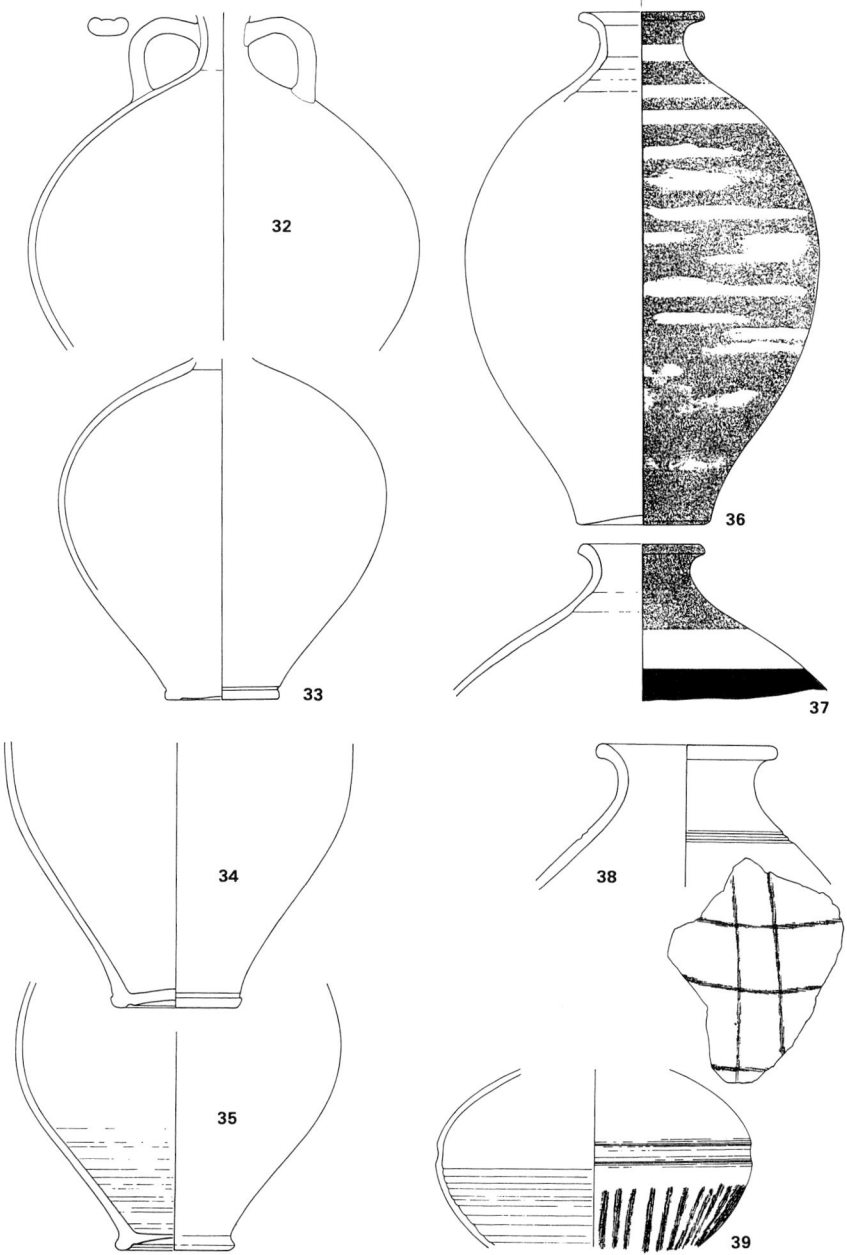

Abb. 27 c   Gefäße aus dem Keller der Villa rustica von Zürich-Altstetten, Loogarten.
Vorlage: ROTH-RUBI/RUOFF 1987, 149–155. Ohne Maßstab.

Für das südliche Obergermanien und die Nordschweiz, also den ‚helvetischen' Keramikkreis, fehlt bislang eine vergleichbare Typologie.[217]

Vor allem ist eine Untergliederung des ‚Niederbieber-Horizontes' bislang fast unmöglich, weil engmaschig datierbare Fundkomplexe fehlen.[218] Auch die Laufzeiten der einzelnen Gefäßformen sind derzeit in der Regel nicht klar definierbar.[219]

Allerdings kristallisieren sich allmählich Indikatorformen heraus, die in geschlossenen Ensembles und sauberen Stratigraphien, Datierungshinweise geben können:

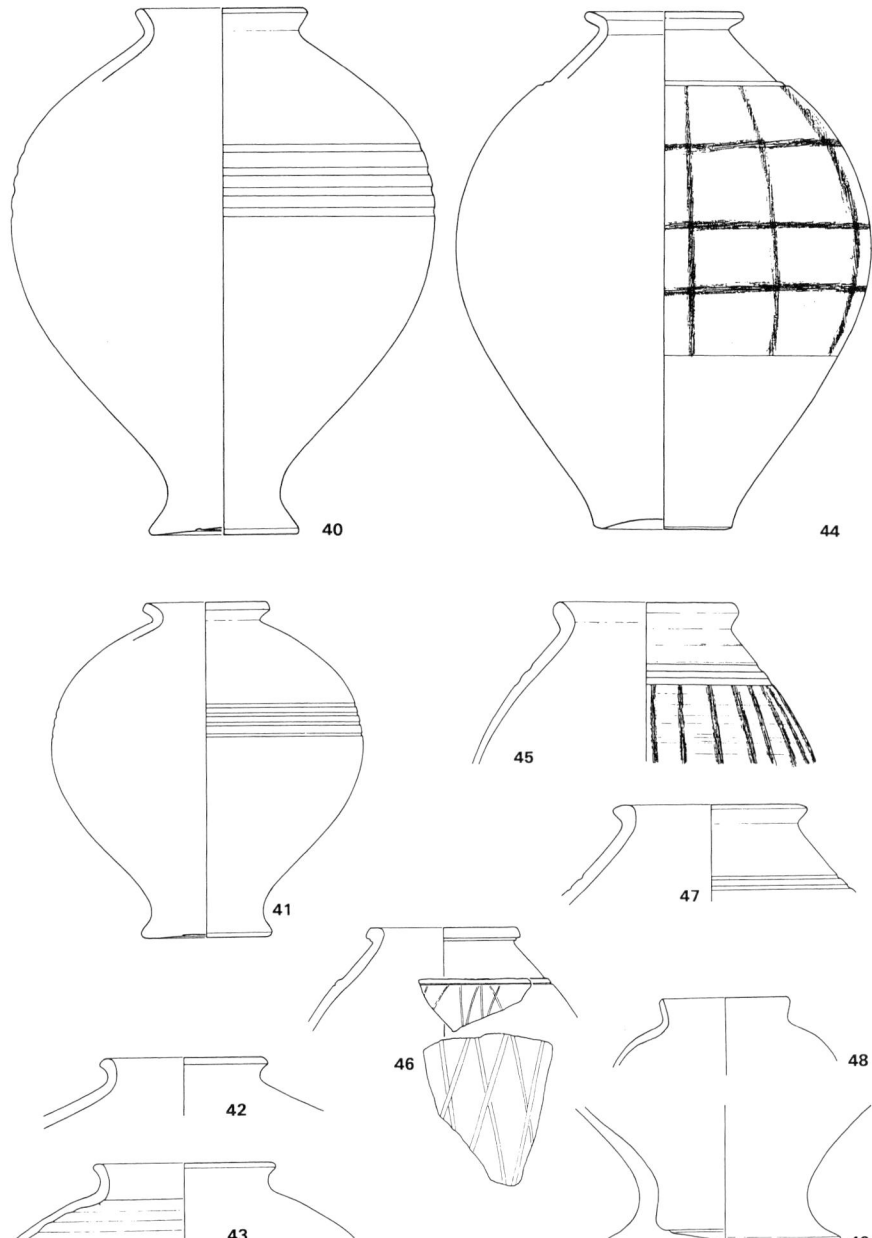

Abb. 27 d Gefäße aus dem Keller der Villa rustica von Zürich-Altstetten, Loogarten.
Vorlage: Roth-Rubi/Ruoff 1987, 149–155. Ohne Maßstab.

Hier sind zum Beispiel die Glanztonbecher zu nennen. Karniesrandbecher sind vor allem im zweiten und dritten Viertel des 3. Jahrhunderts n. Chr. ein wichtiges Leitfossil.[220] Sie sind charakterisiert

---

217 Grundlage könnte sein: Schucany et al. 1999.
218 So auch Roth-Rubi/Ruoff 1987, 148 u. Anm. 21.
219 So auch ebd. 158 u. Anm.13; Ch. Meyer-Freuler in: Drack 1990, 162.
220 So auch Furger 1992, 77.

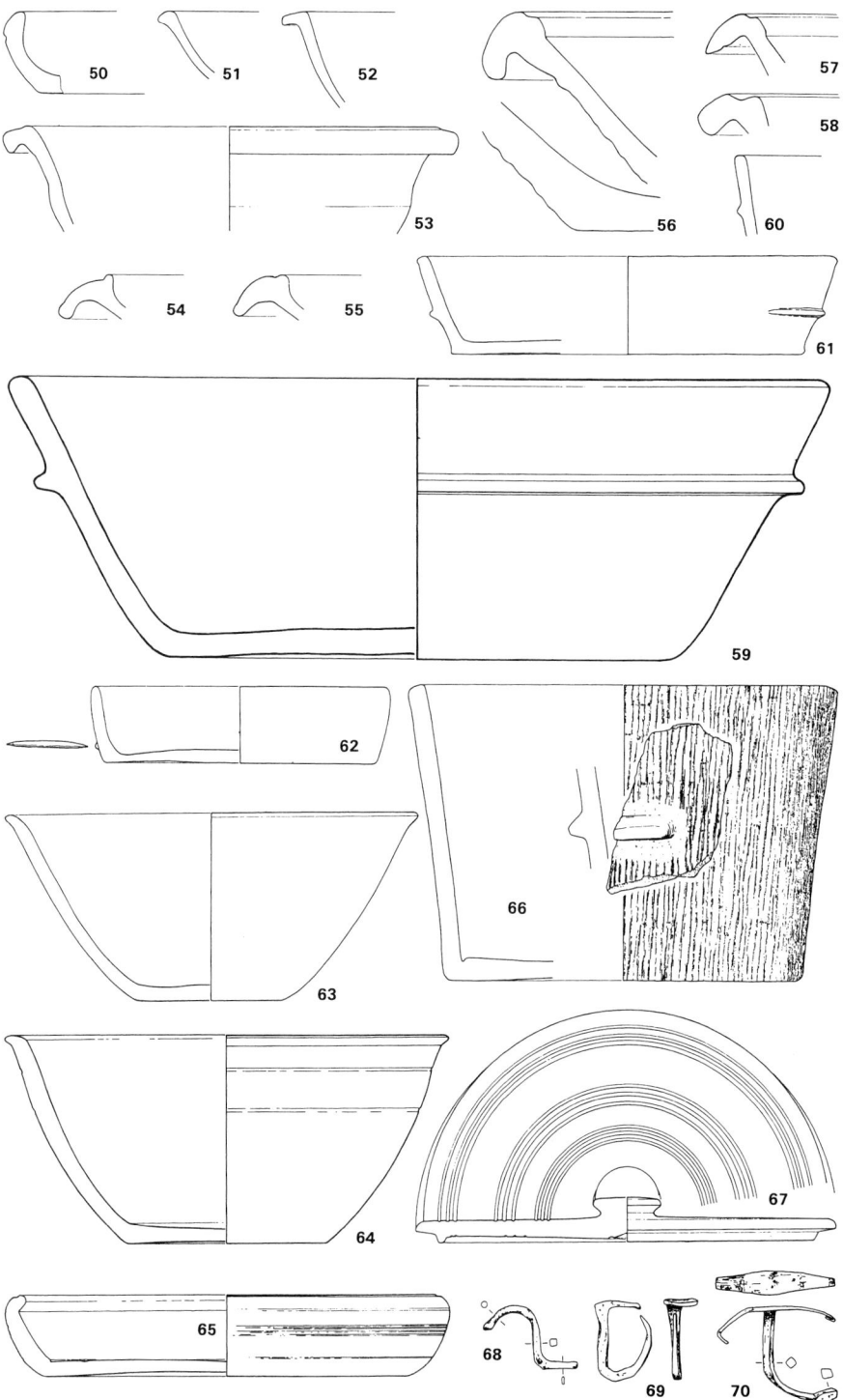

Abb. 27 e Gefäße aus dem Keller der Villa rustica von Zürich-Altstetten, Loogarten.
Vorlage: ROTH-RUBI/RUOFF 1987, 149–155. Ohne Maßstab.

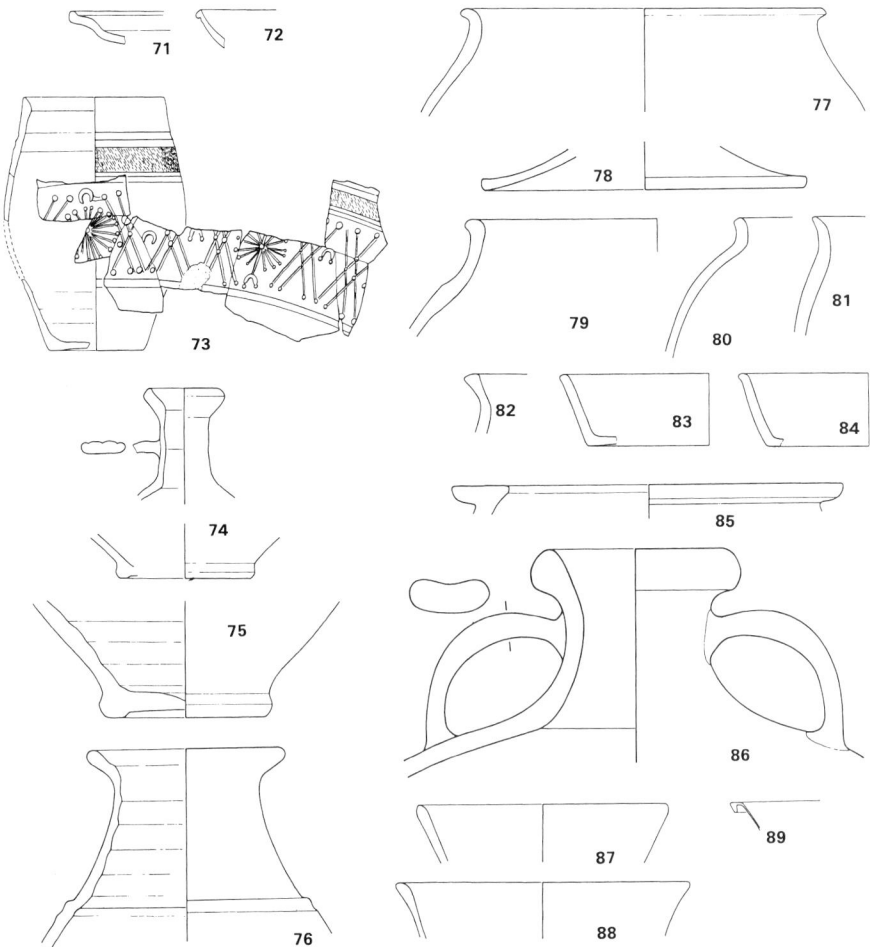

Abb. 27 f Gefäße aus dem Keller der Villa rustica von Zürich-Altstetten, Loogarten.
Vorlage: Roth-Rubi/Ruoff 1987, 149–155. Ohne Maßstab.

durch Dickwandigkeit, durchgesackten Profilverlauf und den knaufartigen Bodentyp 2 (Abb. 76,11-13 u. 14).[221] Bei den Becher-Typen des ‚Niederbieber-Horizontes' ist die gängige Formentwicklung im fortgeschrittenen 3. Jahrhundert mit gelängten Proportionen zu beobachten.[222] Speziell der Becher Oelmann 33 kann als eine solche Indikatorform dienen, da er nicht vor dem zweiten Drittel des 3. Jahrhunderts in unserer Region üblich wird.[223]

Neben dem Vorhandensein bestimmter Gefäßtypen und deren formaler Entwicklung kann auch die Vergesellschaftung bestimmter Typen Datierungshinweise geben. A. Furger konnte solche Vergesellschaftungen für den Zerstörungshorizont in Augst um 270 n. Chr. definieren.[224]

Auch bei der Gebrauchskeramik gibt es Tendenzen und Indikatoren für die zweite Hälfte des 3. Jahrhunderts n. Chr.

---

221 Furger 1992, Taf. 81, 20/61.62.64. Kortüm 1995, 260–263. Becher mit Karniesrand, Ware 1, Furger 1992 Taf. 80, 20/36.40, 200–280 n. Chr., Bef.Nr. 11, Inv.Nr. B3.
222 Ch. Meyer-Freuler in: Drack 1990, 162 Abb. 194.
223 Roth-Rubi/Ruoff 1987, 147 f.
224 Furger 1989, 262 u. Anm. 51–54.

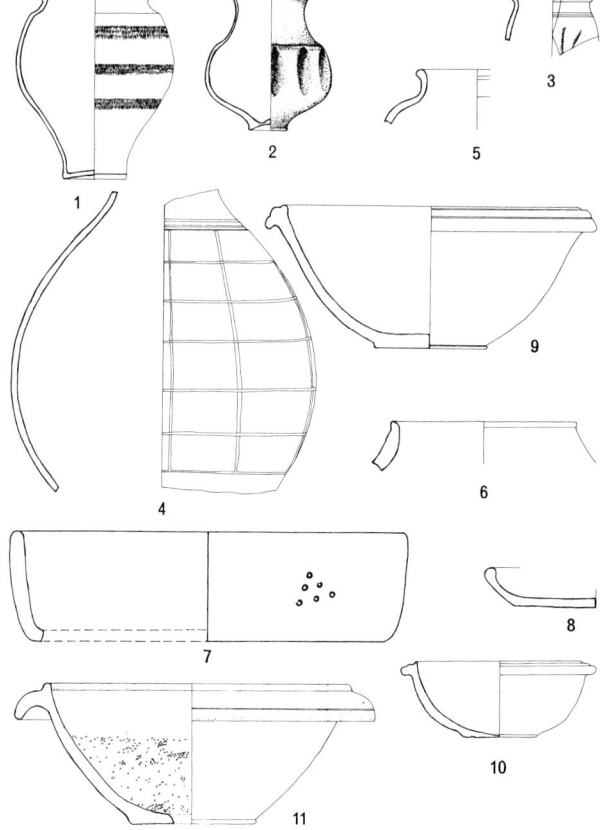

Abb. 28 Gefäße aus dem Keller des Ökonomiegebäudes der Villa rustica von Seeb (ZH).
Vorlage: DRACK 1990, 162 Abb. 194. Ohne Maßstab.

Wichtigster keramischer Indikator ist die bemalte Ware. Lokale Warengruppen sind offenkundig an ein spätes Formenspektrum gebunden.[225] Bei der bemalten Ware ist eine Warengruppe mit rehbraunem Tonschlickerauftrag charakteristisch für die zweite Hälfte des 3. und die erste Hälfte des 4. Jahrhunderts.[226]

Bei tongrundiger Ware ist eine zunehmende Tendenz zur Rauwandigkeit zu beobachten und zwar sowohl qualitativ als auch quantitativ. Tongrundig-rauwandige Ware ist der zweitwichtigste keramische Indikator.

Die jüngsten Exemplare der tongrundig-glattwandigen Gebrauchskeramik gehören dem constantinischen Horizont der Trierer Kaiserthermen an.[227]

---

[225] Besonders Ware 6: Ton rötlich beige mit Glimmereinschlüssen, sandig, hart, Bemalung rehbraun. Aber auch die bereits früher einsetzende Ware 4: Ton dunkelziegelrot mit grauem Kern, mit gelblichen Einschlüssen. Bemalung rosabeige. Ebenso die Ware 2: Ton rosabeige, gelbliche und viele Glimmereinschlüsse, hart, schiefriger Bruch. Bemalung pompeianisch rot, die bei späten Krügen zu finden ist.

[226] Schüssel mit Wandknick SCHUCANY et al. 1999 Abb. 35,4, Ware 6, 250–350 n. Chr., Bef.Nr. 11, Inv.Nr. S1. Schüssel mit Wulstrand LOESCHCKE 1922a Typ 38, HUSSONG/CÜPPERS 1972, Thermenerbauung Typ 66a, Umbaukeramik Typ 26b u. 35b, Ware 6, 400–430 n. Chr., Bef.Nr. 7.1, Inv.Nr. 20.2/14. Platte SCHUCANY et al. 1999 Taf. 55,26, Ware 6, 190–300 n. Chr., Bef.Nr. 11, Inv.Nr. 95/10.

[227] Deckel HUSSONG/CÜPPERS 1972 Taf. 7,61, Ware 1, 300–325 n. Chr., Bef.Nr. 6.3, Inv.Nr. 7/7. Schüssel mit Wulstrand LOESCHCKE 1922a Typ 38, HUSSONG/CÜPPERS 1972, Thermenerbauung Typ 66a, Ware 1, 275–325 n. Chr., Bef.Nr. 9, Inv.Nr. 86/13. Schüssel mit Wulstrand MARTIN-KILCHER 1980 Taf. 28,8, Ware 5, 200–325 n. Chr., Bef. Nr. 6.2, Inv.Nr. 116/13.

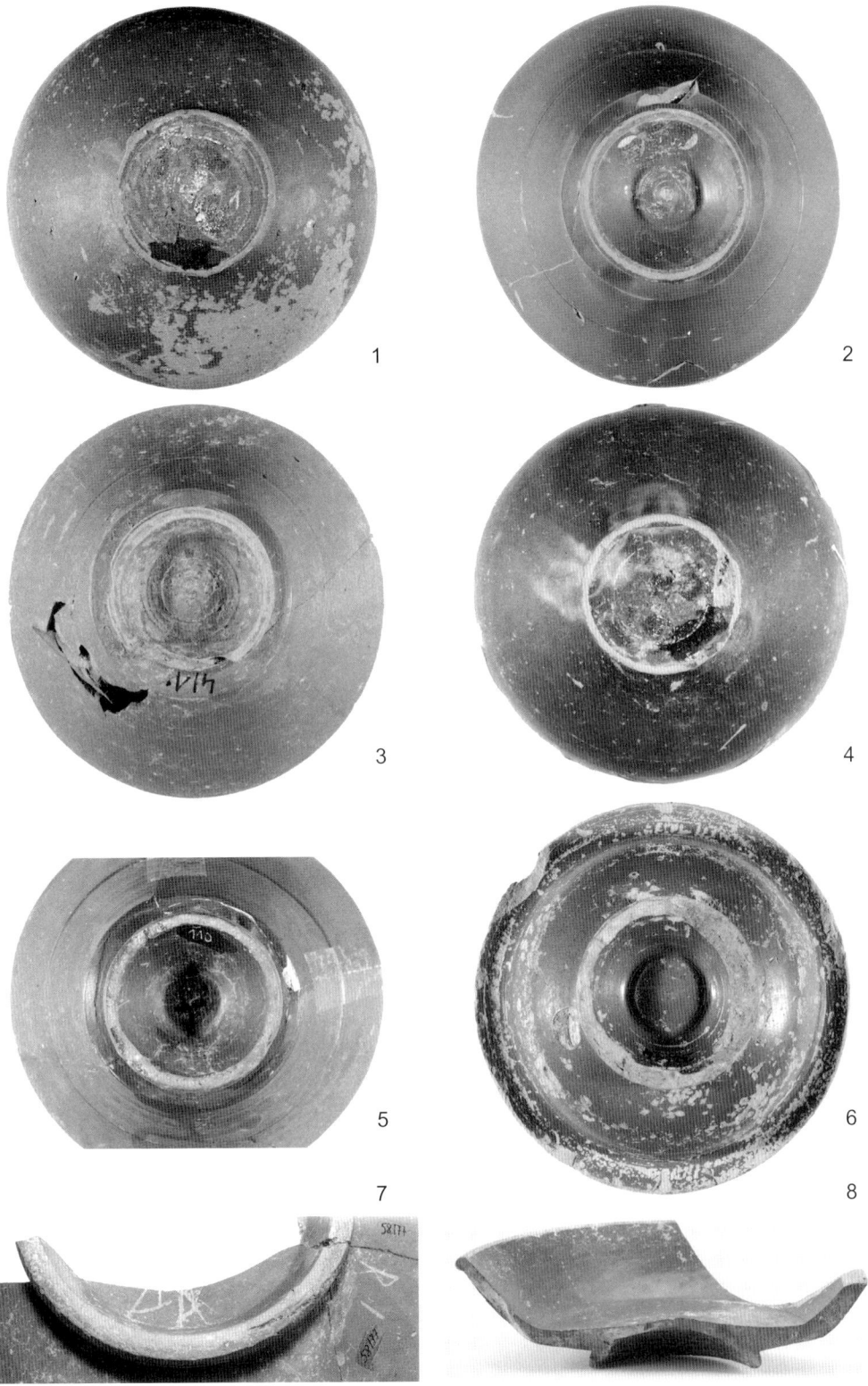

Abb. 29 Abgenutzte Standringe von Terra-sigillata-Gefäßen und Glanztonbechern.
Vorlage: BLM Karlsruhe. Ohne Maßstab.

Die jüngsten Exemplare der tongrundig-rauwandigen Ware haben ihre besten Parallelen in der Nordschweiz.[228]

Die gängigen Typen der Gebrauchskeramik sind einerseits von Langlebigkeit geprägt,[229] andererseits gibt es durchaus auch feinchronologische Indikatoren.[230]

Außerdem lassen sich gewisse Tendenzen festmachen:

Hier sind zunächst formale Kriterien bei der Formgebung zu nennen, wie sie FURGER am Beispiel des Geschirrschranks von Kaiseraugst-Schmidmatt beschreiben konnte.[231]

Daneben sind bei allen Gefäßarten Qualitätseinbußen festzustellen. Viele Gefäße können als "zweite Wahl" bezeichnet werden und haben schon fast den Charakter eines Fehlbrands.[232]

Diese Indikatoren kommen in Fundvergesellschaftungen zusammen mit stark abgenutzter Terra sigillata antoninischer bis frühseverischer Zeitstellung vor (Abb. 29,2.3.5–7).[233]

Mit Hilfe dieser Indikatoren sollte in Zukunft der Nachweis des späteren 3. Jahrhunderts leichter gelingen.

Für die constantinische Zeit werden schließlich mit dem Alzei-Horizont neue Gefäßformen fassbar.[234]

Die chronologisch jüngste feinkeramische Gattung der Fundstelle ‚Beim Kloster' ist die braungestrichene Ware.[235]

Eine Variante der Schüssel Chenet 316 ist zweimal vertreten, in unterschiedlichen Warengattungen der bemalten Ware.[236]

---

228 Topf FURGER 1992 Abb. 65, 22/92, Ware 4, 240–310 n. Chr., Bef.Nr. 9, Inv.Nr. 112/6. Topf T3, Ware 6, MARTIN-KILCHER 1980 Taf. 34,16, 250–325 n. Chr., Bef.Nr. 9, Inv.Nr. 39/3. Deckel HUSSONG/CÜPPERS 1972 Taf. 3,36; 7,61; 14,96, Ware 5, 320–375 n. Chr., Bef.Nr. 9, Inv.Nr. 15/8. Backplatte FURGER 1992 Abb. 67,22/105, Ware 2, 240–310 n. Chr., Bef.Nr. 5.1, Inv.Nr. 8096/15.

229 So auch FURGER 1989, 263.

230 Ebd.

231 Ebd. 264 f.: „Das Geschirrensemble gehört aufgrund dieser Ausführungen in das dritte Viertel des 3. Jh. Ein Brand im Gebäudekomplex Kaiseraugst-Schmidmatt schon in den Jahren um 253/254 oder 259/260 scheint aufgrund der späten Krüge und insbesondere der Kochtöpfe unmöglich, da diese in Augst und Kaiseraugst in mehreren Fällen mit Münzen nach Gallienus (Claudius II, Victorinus, Tetricus usw.) vergesellschaftet sind. Sämtliche anderen Gefäße aus dem Schrankraum im Keller Ost fügen sich nahtlos in das Zeitbild ein: Sehr typische Vertreter dieses Horizontes sind etwa die Sigillatareibschüsseln, Faltenbecher und raetischen Reibschüsseln. Aber auch für die an sich längerlebigen Einhenkelkrüge, gallischen Weinamphoren und sogar für die Tonnen und Honigtöpfe konnten Entsprechungen mit ähnlichen formalen Details aus dem mittleren 3. Jh. beigebracht werden.
Der Inhalt der Geschirr- und Vorratskammer umfasst 41–42 Gefäße. Im Gegensatz zu den flachen Formen wie Backplatten, Reibschüsseln und Tellern ist den bauchigen Formen ein einheitlicher Formensinn oder ‚Zeitgeist' unverkennbar: Den Krügen, Bechern, Honigtöpfen. Kochtöpfen und Weinamphoren ist eine gewisse Eleganz und Leichtigkeit nicht abzusprechen. Erzeugt wird dieser Eindruck durch die bei allen Stücken mehr oder weniger deutlich ausgeprägten kleinen Standflächen, die hochsitzenden größten Durchmesser und die relativ engen Mündungen (bei den Faltenbechern zusätzlich durch die hochgezogenen Ränder). Detailelemente wie die einfachen Randprofile der Einhenkelkrüge können sich – wie wir gesehen haben – sehr lange halten und auch an später Ware noch beobachtet werden, die aufgrund ihrer Gesamtform und Proportion jünger ist, als man es von der Randbildung allein annehmen müsste. Diese gemeinsamen Formtendenzen beschränken sich selbstredend nicht auf eine einzige Töpferei, sondern mindestens auf den Wirtschaftsraum für Töpfereiprodukte des täglichen Bedarfs um Augusta Raurica. Die beiden gallischen Weinamphoren in unserem Depot sowie Beobachtungen an den Krügen von Avenches machen wahrscheinlich, dass es sich bei diesem Phänomen um einen etwas weitläufigeren Trend handelt, der sich im Norden allerdings nicht einmal bis zum Limes verfolgen lässt."

232 Becher mit Karniesrand, Ware 1, FURGER 1992 Taf. 80,20/36.40, 200–280 n. Chr., Bef.Nr. 11, Inv.Nr. B3. Krug Oelmann 67b, Ware 5, FURGER 1992 Abb. 70,21/63, 200–300 n. Chr., Bef.Nr. 11, Inv.Nr. K12. Krug GOSE 382, LOESCHCKE 1921b Typ 50, Ware 3, Fehlbrand, FURGER 1992 Abb. 70,17/50, 250–300 n. Chr., Bef.Nr. 11, Inv.Nr. K5.

233 Gut nachvollziehbar bei: FURGER 1992. Geschirrschrank Neckarburken: Abb. ORL V B 53 und 53.1 Taf. 4. – EBNÖTHER/KAUFMANN-HEINIMANN 1996, 229–251. – CH. MEYER-FREULER in: DRACK 1990, 161 f. u. Katalogteil 166–177. – ROTH-RUBI/RUOFF 1987, 145–158. FURGER 1989, 213–268.

234 UNVERZAGT 1916. HUSSONG/CÜPPERS 1972.

235 UNVERZAGT 1916 Typ 7 und UNVERZAGT 1916 Typ 5.

236 MEYER-FREULER 1974 Taf. 2,45. Eine aus Befund 11, eine aus Befund 7.1. Einmal Warengruppe 4, einmal Warengruppe 2.

Die jüngsten Exemplare der tongrundig-glattwandigen Gebrauchskeramik gehören dem constantinischen Horizont der Trierer Kaiserthermen an.[237]
Die jüngsten Exemplare der tongrundig-rauwandigen Gebrauchskeramik gehören dem Alzei-Horizont an.[238]

4.6.4 Vergleiche mit der Ausstattung anderer Mithräen

Die Frage nach der ‚typischen' Ausstattung eines Mithräums ist auf der Basis des Riegeler Fundmaterial nicht zu lösen.[239] Bislang wurde nur von wenigen Mithräen die vollständige Ausstattung vorgelegt,[240] was eine vergleichende Auswertung sehr erschwert. Daher konnten nur die Ausstattungen regional benachbarter Mithräen ähnlicher Zeitstellung auf der Basis des derzeitigen Publikationsstandes berücksichtigt werden.[241] Eine Differenzierung in Erstausstattung und Ergänzungskäufe ist nach Publikationslage zurzeit in der Regel nicht möglich. Die Vergleiche der Gesamtausstattung beschränken sich daher auf die Mithräen von Straßburg-Königshofen, Biesheim und Mackwiller. Hier seien kurz die wesentlichen Informationen zu den Anlagen zusammengefasst:

- Straßburg-Königshofen: Mithräum eines Vicus. Beginn: 140/150 n. Chr.[242] Ende zwischen 350 und 395 n. Chr.[243] Das Geschirr für das Kultmahl war in der Nähe des Eingangs in Schränken oder Regalen untergebracht (Grafik 48).[244]
- Biesheim: Mithräum eines Vicus. Beginn: 140/150 n. Chr., Ende: Ende 4. Jahrhundert n. Chr.(Grafik 49).[245]
- Mackwiller: Mithräum einer Villa rustica, bindet ein älteres Quellheiligtum mit ein. Beginn: um 150 n. Chr.[246] Ende: Ende 4. Jahrhundert n. Chr. (Grafik 50).[247]
- Tienen: Mithräum eines Vicus. In Gruben im unmittelbaren Umfeld des Mithräums deponiertes Geschirr eines Kultfestes.[248] Beginn des Mithräums: 1. Hälfte 3. Jahrhundert n. Chr.[249] Ende des Mithräums: Ende 4. Jahrhundert n. Chr.[250] Datierung der Kultgruben: 250–270 n. Chr.(Grafik 51).[251]

Die Ausstattung des Riegeler Mithräums besteht im Wesentlichen aus haushaltsüblicher, lokal verfügbarer Keramik. Dies ist auch bei vergleichbaren Anlagen zu beobachten.[252] Besondere Gefäße sind in der Regel eher Weihegaben[253] oder aber persönlicher Besitz des *pater*.[254]

---

237 Deckel Hussong/Cüppers 1972 Taf. 7,61, Ware 1, 300–325 n. Chr., Bef.Nr. 6.3, Inv.Nr. 7/7. Schüssel mit Wulstrand Loeschcke 1922a Typ 38, Hussong/Cüppers 1972, Thermenerbauung Typ 66a, Ware 1, 275–325 n. Chr., Bef.Nr. 9, Inv.Nr. 86/13. Schüssel mit Wulstrand Martin-Kilcher 1980 Taf. 28,8, Ware 5, 200–325 n. Chr., Bef. Nr. 6.2, Inv.Nr. 116/13.
238 Deckel Hussong/Cüppers 1972 Taf. 3,36; 7,61; 14,96. Ware 5. 320–375 n. Chr. Bef.Nr. 9. Inv.Nr. 15/8.
239 Dazu auch Gassner 2004, 229.
240 So verzichtet z. B. Garbsch 1985, 441 auf eine genaue Abgrenzung der Ausstattung vom Gesamtinventar der Fundstelle und eine Auswertung mit Verweis auf die uneinheitliche Publikationslage und die ausstehende Publikation des Riegeler Inventars. – Grundsätzliche Kritik auch bei Sauer 2004, 327.
241 Für die wissenschaftliche Auswertung und die Beratung bei der Erstellung der wissenschaftlichen Dokumentation standen Verf. rund 300 Arbeitsstunden zur Verfügung.
242 Forrer 1915, 86.
243 Ebd. 91.
244 Ebd. 35.
245 Pétry/Kern, 1978, 19.
246 Hatt 1957, 76.
247 Ebd. 73.
248 Martens 2004, 41–45.
249 Ebd. 47.
250 Ebd. 41.
251 Ebd. 43.
252 So auch Schatzmann 2004,16. *Apulum*: Höpken 2004, 245. Tienen: Martens 2004, 32.
253 So z. B. Straßburg-Königshofen: Forrer 1915, 36 f. Abb. 25; 33.
254 Dies trifft für die Graffiti des Riegeler Mithräums zu. So auch Schatzmann 2004, 16 f.

Beim Kauf der Gefäße wurde jeweils eine größtmögliche Gleichartigkeit angestrebt. Dieser ‚Servicegedanke' ist auch in anderen Mithräen nachweisbar.[255]

Als ‚Geschirr-Set' für das Kultmahl kann als Mindestausstattung eines Mysten Becher, Krug, Teller und eventuell ein Saucenschälchen angenommen werden.[256] Ergänzend ist mit Auftrage- und Vorlegegeschirr für mehrere Personen gleichzeitig zu rechnen.[257] Auch scheint jedem Mysten standardmäßig ein *turibulum* zur Verfügung zu stehen.[258]

Die Lampen hingegen dienten der besonderen (Effekt-)Beleuchtung von Altären und Räuchergefäßen, was aufgrund ihrer Lage im Mittelgang nachgewiesen ist.[259]

Opfermesser und Militaria sind nur in einzelnen Exemplaren vorhanden, da sie eine im Kultgeschehen festgelegte Rolle spielten und nicht von mehreren Mysten gleichzeitig benötigt wurden.[260]

17,9% des Fundmaterials, das im Mithräum geborgen wurde, können tatsächlich als Ausstattung des Heiligtums angesprochen werden. Als Vergleich dazu kann nur Straßburg-Königshofen angeführt werden, wo 28% des gesamten Fundmaterials zur Ausstattung gehören.[261]

Das Verhältnis von Kultgefäßen zu Tafelgeschirr zu Küchen- und Vorratsgeschirr innerhalb der Ausstattung beträgt 23,7% zu 69,1% zu 6,8%. Eine Küche wurde nicht nachgewiesen. Dies lässt darauf schließen, dass beim Kultmahl an anderer Stelle zubereitete Speisen verzehrt wurden. In Straßburg-Königshofen liegen die Vergleichszahlen bei 8% zu 58% zu 18% (Grafik 48),[262] in Mackwiller bei 78% Tafelgeschirr zu 22% Kochgeschirr (Grafik 50).[263] In Orbe betragen die Vergleichszahlen 2,4% zu 49,4% zu 48,2%.[264] Hier ist eine Küche nachgewiesen.[265] In Tienen, bei etwas anderen Voraussetzungen, lauten die Vergleichszahlen 18% zu 46% zu 36% (Grafik 51).[266]

Auf der Basis der chronologischen Auswertung der Ausstattung konnte der Nachweis erbracht werden, dass in regelmäßigen Abständen Ersatzkäufe für zu Bruch gegangenes Geschirr getätigt wurden (Grafik 31). Dabei wurde auf Einheitlichkeit bei den Neuerwerbungen geachtet.[267]

Nach- und Ersatzkäufe sind auch in Straßburg-Königshofen[268] und Mackwiller[269] zu beobachten.

Teile der Erstausstattung (28,5% der Ausstattung) blieben erhalten und wurden bis zuletzt bei kultischen Handlungen benutzt. Dies lässt sich auch für die Mithräen von Straßburg-Königshofen,[270] Mackwiller[271] und Orbe[272] sagen.

In allen Fällen bestand die Erstausstattung zur Gänze oder überwiegend aus den gängigen Gefäßtypen der Terra sigillata. Spätere Nachkäufe orientieren sich an der lokalen Verfügbarkeit von Fein- und Gebrauchskeramik.

Auch ein retardierender Charakter der Ensembles ist in allen Fällen auffallend.[273]

---

255 Selbe Beobachtung: Martens 2004, 34.
256 Selbe Beobachtung ebd. 41.
257 Selbe Beobachtung: Höpken 2004, 245. Im Falle von Tienen diente diesem Zweck wohl der individuell mitgebrachte Topf. Martens 2004, 32.
258 Dies ergibt sich aus den Zahlenverhältnissen von Tienen: Ebd.
259 Parallelen: Straßburg-Königshofen: Forrer 1915, 34.
260 Opfermesser: Mackwiller: Hatt 1957, Abb. 10. Straßburg-Königshofen: Forrer 1915, 40 u. Taf. 12,6. Tienen: Martens 2004, 38. – Militaria: Straßburg-Königshofen: Forrer 1915, 38 f. Tienen: Martens 2004, 28.
261 Forrer 1915, 100.
262 Ebd. 98 f.
263 Hatt 1957, 76 Abb. 17.
264 Luginbühl et al. 2004, 129 Tab. 1 u. 2. Vgl. Schatzmann 2004, 17.
265 Luginbühl et al. 2004, 115.
266 Martens 2004, 43.
267 Siehe Tab. 19.
268 Forrer 1915, 39 Abb. 37 u. Taf. 11.
269 Hatt 1957, 64 Abb. 9, 76 Abb. 17.
270 Forrer 1915, 38.
271 Hatt 1957, 39 Abb. 37 u. Taf. 11.
272 Luginbühl et al. 2004, 113–115.
273 Forrer 1915, 38; 101. Pétry/Kern 1978, 19. Hatt 1957, 73; 76. Luginbühl 2004, 113–115.

4.7 Die Mithrasgemeinde von Riegel im Spiegel des Fundmaterials

Der große Weihaltar wurde von VICTOR, Sklave und *vicarius* des kaiserlichen Sklaven und dispensator ABASCANTVS, gestiftet. In der Person des VICTOR haben wir ein hochrangiges Mitglied des römischen *Helvetum*(?) und seiner Mithrasgemeinde vor uns. Möglicherweise war er sogar Gründungsmitglied, Stifter des Heiligtums und *pater* der Gemeinde.
Auch von anderer Stelle gibt es Hinweise, dass sich in der Mithrasgemeinde die Honoratioren des Ortes zusammengeschlossen hatten.[274]
Dieser Eindruck wird durch die Zusammensetzung der Erstausstattung, soweit sie sich nachweisen lässt, unterstützt. Für Kulthandlungen wurden Räucherkelche, Lampen und Schlangengefäße neu angeschafft, darunter ein Krater(?), der aus dem Rheinland importiert wurde. Das Geschirr für das Kultmahl bestand im Wesentlichen aus den gängigen Sigillata-Typen der zweiten Hälfte des 2. Jahrhunderts, vermutlich ergänzt durch einige wenige Glasgefäße. Neben den Bechern Déch. 72 gehörten auch Glanztonbecher und Krüge zur Erstausstattung. Auch eine Schüssel, ein Topf und eine Reibschale wurden bis zuletzt benutzt. Diese Erstausstattung war weder aufwändig, noch ausgefallen oder kostbar, aber neu, solide und gediegen.
Auch die ersten Nachkäufe, die sich in den vier Tellern Drag. 32 und dem Schälchen Drag. 40 fassen lassen, bestätigen diese Tendenz.
In den Folgejahren des 3. und 4. Jahrhunderts wurde nach Maßgabe des Möglichen zu Bruch gegangenes Geschirr durch Neukäufe ersetzt. Der Versuch, möglichst hochwertige Ersatzanschaffungen zu tätigen, spiegelt sich zum Beispiel in den marmorierten Platten mit ausgebogenem Rand.[275]
Zuletzt waren im Mithräum 34 *turibula*, 45 Teller, 19 Schüsseln, 10 Schälchen, 32 Becher und 36 Krüge in Benutzung. Die Kultgemeinde könnte also durchaus bis zum Schluss rund 30 Mysten umfasst haben.

4.8 Der römische Fundplatz Riegel und die Fundstelle ‚Beim Kloster' im Spiegel des Fundmaterials

Die ältesten römischen Strukturen der Fundstelle ‚Beim Kloster' sind die lagerzeitlichen Befunde des so genannten Lagers I (Abb. 7). Das Lager, das in Zusammenhang mit den militärischen Aktivitäten während der Statthalterschaft des Cn. Pinarius Cornelius Clemens zu bringen ist, war wahrscheinlich nur kurzfristig besetzt,[276] längstens jedoch bis um das Jahr 100 n. Chr., wo die Verlustratenkurve der Fundstelle einen deutlichen Einbruch aufweist (Grafik 2).
Bis um 180 n. Chr. wurde das Areal kontinuierlich als Industriegebiet genutzt (Grafik 2; 26).[277]
Um 180 n. Chr. wurde das Mithräum nach Einebnung der bestehenden Strukturen errichtet (Grafik 2; 31).
Möglicherweise könnten Brandspuren an der W-Mauer des Mithräums[278] in Zusammenhang mit dem in der Region und für Riegel mehrfach nachgewiesenen Erdbeben der Mitte des 3. Jahrhunderts stehen.[279] Am Befund der Anlage sind jedoch keine Hinweise auf Reparaturen, Um- oder Neubauten festzumachen.
Derzeit ist für Riegel eine römisch geprägte Siedlungskontinuität mit militärischer Grundprägung bis in die Mitte des 4. Jahrhunderts n. Chr. nachgewiesen.[280]

---

274 ALLASON-JONES 2004, 186–188.
275 Inv.Nr. 8095/79 und 123.
276 DREIER 2003, 586.
277 Ebd.
278 SCHLEIERMACHER 1933, 70 f.
279 DREIER 2003, 587 f.
280 Ebd. 588.

Um die Mitte des 4. Jahrhunderts wurde das Mithräum aufgegeben (Grafik 2 u. 31).[281] Der Befund lässt auf eine teilweise Räumung des Heiligtums schließen, bei der die Kultbilder entfernt und die Gemeindekasse geleert wurde.[282] Altäre, Räuchergefäße, Lampen, Schlangengefäße, Kultschwert und Messer sowie das Geschirr für das Kultmahl verblieben jedoch in dem Gebäude, teilweise sogar am Ort ihrer letzten Benutzung, wie die auf den Podien liegenden Gefäße beweisen.[283]
Das Gebäude wurde wohl einem langsamen Verfall überlassen.[284] Jedenfalls gibt es keine Hinweise im Befund auf Planierung und Umnutzung des Areals.[285] Sicher ist jedoch auf der Basis der Materialanalyse (Grafik 2) eine – wie auch immer geartete – Nutzung des Areals bis in die Mitte des 5. Jahrhunderts. Dieses jüngste Fundmaterial hat rein römischen Charakter. Die Deutung dieses Befundes muss vorläufig offen bleiben. Denkbar wäre auch eine kontinuierliche Weiternutzung des Gebäudes ins frühe Mittelalter hinein, wie dies für das Mithräum von Straßburg-Königshofen belegt ist.[286]
Die Siedlungstätigkeit im Gewann ‚Beim Kloster' endet definitiv in frühmittelalterlicher Zeit. Im Südwesten des römischen Siedlungsareals ist eine frühmittelalterliche Siedlungsstelle bekannt. Der Besiedlungsschwerpunkt verlagert sich jedoch zum Michaelsberg und zum Fronhofbuck hin.[287] Beide Anlagen sind mit hoher Wahrscheinlichkeit als fränkisches Königsgut anzusprechen.[288] Sicheres Indiz für den ruinösen Zustand des Areals ‚Beim Kloster' ist das frühmittelalterliche Kindergrab auf der Mauer des Mithräums (Abb. 22).[289]
Der Flurname ‚Beim Kloster' tradiert das Wissen der Bevölkerung um ehemalige Steinbauten. Häufig wurden solche Stätten bis in die Neuzeit gemieden. Ein Befund von Straßburg-Königshofen wirft ein interessantes Schlaglicht auf diesen Sachverhalt: um 1654 wurde der Ort zum Gießen von „Freikugeln" aufgesucht.[290]

5. Schlusswort

Die römischen Besiedlungsstrukturen im Gewann ‚Beim Kloster' mit Beginn in der Mitte des 1. Jahrhunderts n. Chr. und Ende um die Mitte des 5. Jahrhunderts fügen sich in den zeitlichen Rahmen von *Helvetum* (?)/*Regula* (?)/Riegel ein.
Von der militärischen Nutzung über ein Industriegebiet in Ortsrandlage bis hin zur Errichtung des Mithräums konnten mehrfache Änderungen im Flächennutzungsplan des Areals beobachtet werden.
Während das Heiligtum keine nennenswerten architektonischen Ergebnisse erbringt, erhält es aufgrund seiner vollständig erhaltenen keramischen Ausstattung eine überregionale Bedeutung. Die Zusammensetzung dieses geschlossenen Geschirrensembles ermöglicht weitreichende Erkenntnisse über Entwicklungstendenzen von Haushaltskeramik in der Region im 3. und 4. Jahrhundert.
Aus mithrischer Sicht sind vor allen die Schlaglichter auf ‚Innenansichten' einer durchschnittlichen kleinstädtischen Kultgemeinde von Bedeutung.

---

281 Ein Beispiel für ein aufgelassenes Mithräum mit heiliger Bestattung: Bonn-Sechtem: ULBERT 2004, 87. – Eine Nutzung bis zum Ende des 4. Jhs. ist nachgewiesen für: Biesheim: PÉTRY/KERN 1978, 19 (Zerstörung). Bonn-Sechtem: ULBERT 2004, 87. Straßburg-Königshofen: FORRER 1915, 79 (Zerstörung). Mackwiller: HATT 1957, 64 (Zerstörung). Martigny: WIBLÉ 2004, 139. Orbe: LUGINBÜHL et al. 2004, 113 f. Saarburg: FORRER 1915, 79 (Zerstörung).
282 Dies entspricht der Definition von SAUER 2004, 337 f. für ein aufgelassenes Mithräum.
283 Als Beispiel für ein systematisch geräumtes Mithräum können gelten: Wiesloch: HENSEN 1994, 34.
284 Parallelen: Martigny: WIBLÉ 2004, 139. Tienen: MARTENS 2004, 38; 41.
285 Beispiele für anderweitige Nutzung nach Auflassung des Mithräums: Wiesloch: HENSEN 1994, 37 (Deponie für Siedlungsabfälle).
286 FORRER 1915, 22; 91–94.
287 DREIER 2003, 588 f.
288 Ebd. 588. Straßburg-Königshofen bietet hierzu Analogien: FORRER 1915, 94 f.
289 Ein weiteres Kindergrab, ins 7. Jh. datiert, im Vorfeld der Forumsbasilika: DREIER 2003, 588. Frühmittelalterliche Gräber im Umfeld des Mithräums von Straßburg-Königshofen: FORRER 1915, 81; 96.
290 Ebd. 97.

6. Abgekürzt zitierte Literatur

ALLASON-JONES 2004	L. ALLASON-JONES, Mithras on Hadrian's Wall. In: MARTENS/DE BOE 2004, 183–189.
ASSKAMP 1989	R. ASSKAMP, Das südliche Oberrheingebiet in frührömischer Zeit. Forsch. u. Ber. Vor- u. Frühgesch. Baden-Württemberg 33 (Stuttgart 1989).
BERNHARD 1981	H. BERNHARD, Zur Diskussion um die Chronologie Rheinzaberner Relieftöpfer. Germania 59/1, 1981, 79–93.
BET/MONTINERI 1990	P. BET/D. MONTINERI, La sigillée lisse de Lezoux. Typologie des formes du Haut-Empire. Rev. Arch. Sites 43, 1990, 5–13.
BETZ 2003	H. D. BETZ, The „Mithras Liturgy". Text, Translation, and Commentary (Tübingen 2003).
BIEGERT/LAUBER 1995	S. BIEGERT/J. LAUBER, Töpferstempel auf glatter Terra Sigillata vom vorderen/westraetischen Limes. Fundber. Baden-Württemberg 20, 1995, 547–666.
BIRD 2004	J. BIRD, Incense in Mithraic ritual: the evidence of the finds. In: MARTENS/DE BOE 2004, 191–199.
BITTNER 1986	F.-K. BITTNER/I. HULD-ZETSCHE, Zur Fortsetzung der Diskussion um die Chronologie der Rheinzaberner Relieftöpfer. Bayer. Vorgeschbl. 51, 1986, 233–259.
BRULET/VILVORDER 2004	R. BRULET/F. VILVORDER (Hrsg.), La céramique cultuelle et le rituel de la céramique en Gaule du Nord. Catalogue d'exposition publié à l'occasion du XXIVe Congrès International des Rei Cretariae Romanae Fautores. Coll. Arch. Joseph Mertens 15 (Louvain-la-Neuve 2004).
CLAUSS 1990	M. CLAUSS, Mithras. Kult und Mysterien (München 1990).
CURLE 1911	J. CURLE, A Roman frontier post and its people; the fort of Newstead in the parish of Melrose (Glasgow 1911).
DELORT 1953	E. DELORT, Vases ornés de la Moselle (Nancy 1953).
DRACK 1945	W. DRACK, Die helvetische Terra sigillata-Imitation des 1. Jahrhunderts n. Chr. (Basel 1945).
DRACK 1990	W. DRACK, Der römische Gutshof bei Seeb, Gem. Winkel. Ausgrabungen 1958–1969. Ber. Zürcher Denkmalpfl., Arch. Monogr. 8 (Zürich 1990).
DRAUSCHKE 2001	J. DRAUSCHKE, Zum Abschluss der Ausgrabungen auf dem „Fronhofbuck" im Randbereich des römischen *vicus* von Riegel a. K., Kreis Emmendingen. Arch. Ausgr. Baden-Württemberg 2001, 118–122.
DREIER 2003	RGA² 24 (2003) 584–589 s. v. *Riegel* (C. DREIER).
EBNÖTHER/KAUFMANN-HEINIMANN 1996	CH. EBNÖTHER/A. KAUFMANN-HEINIMANN in: Beiträge zum römischen Oberwinterthur – VITUDURUM 7. Ausgrabungen im Unteren Bühl. Die Funde aus Metall. Ein Schrank mit Lararium des 3. Jahrhunderts. Monogr. Kantonsarch. Zürich 27 (Zürich, Egg 2002) 229–251.
EGELHAAF-GAISER 2000	U. EGELHAAF-GAISER, Kulträume im römischen Alltag. Das Isisbuch des Apuleius un der Ort von Religion im kaiserzeitlichen Rom. Potsdamer Altwiss. Beitr. 2 (Stuttgart 2000).
ETTLINGER 1949	E. ETTLINGER, Die Keramik der Augster Thermen. (Insula XVII). Ausgrabung 1937–38. Mongr. Ur- u. Frühgesch. Schweiz 6 (Basel 1949).
ETTLINGER 1963	E. ETTLINGER, Eine gallorömische Villa rustica bei Rheinfelden (Görbelhof). Argovia 75, 1963, 15–35 u. 40 f.
ETTLINGER/SIMONETT 1952	E. ETTLINGER/CH. SIMONETT, Römische Keramik aus dem Schutthügel von Vindonissa. Veröff. Ges. Pro Vindonissa 3 (Basel 1952).
FABER 1998	A. FABER, Das römische Gräberfeld auf der Keckwiese in Kempten. II. Gräber der mittleren Kaiserzeit und Infrastruktur des Gräberfelds sowie Siedlungsbefunde im Ostteil der Keckwiese. Cambodunumforschungen VI. Materialh. Bayer. Vorgesch. A 75 (Kallmünz/Opf 1998).

Fiedler/Höpken 2004	M. Fiedler/C. Höpken, Wein oder Weihrauch? – „Turibula" aus Apulum. In: L. Ruscu u. a. (Hrsg.), Orbis antiquus [Studia in honorem Ioannis Pisonis] (Cluj-Napoca 2004) 510–516.
Fischer 1990	T. Fischer, Das Umland des römischen Regensburg. Münch. Beitr. Vor- u. Frühgesch. 42 (München 1990).
Forrer 1911	R. Forrer, Die römischen Terrasigillata-Töpfereien von Heiligenberg-Dinsheim und Ittenweiler im Elsass (Stuttgart 1911).
Forrer 1915	R. Forrer, Das Mithra-Heiligtum von Königshofen bei Strassburg (Stuttgart 1915).
Furger 1989	A. R. Furger, Der Inhalt eines Geschirr- oder Vorratsschrankes aus dem 3. Jahrhundert von Kaiseraugst-Schmidmatt. Jahresber. Augst u. Kaiseraugst 10, 1989, 213–268.
Furger 1992	A. R. Furger/S. Deschler-Erb, Das Fundmaterial aus der Schichtenfolge beim Augster Theater. Forsch. Augst 15 (Augst 1992).
Garbsch 1966	J. Garbsch, Der Moosberg bei Murnau. Veröff. Komm. Arch. Erforsch. Spätröm. Raetien Bayer. Akad. Wiss. 6. Münchner Beitr. Ur- u. Frühgesch. 12 (München 1966).
Garbsch 1985	J. Garbsch, Das Mithraeum von Pons Aeni. Bayer. Vorgeschbl. 50, 1985, 355–462.
Gassner 1990	V. Gassner, Schlangengefäße aus Carnuntum. In: H. Vetters/M. Kandler (Hrsg.), Akten des 14. Internationalen Limeskongresses 1986 in Carnuntum. RLÖ 36/2 (Wien 1990) 651–656.
Gassner 2004	V. Gassner, Snake-decorated vessels from the *canabae* of Carnuntum – evidence for another *mithraeum*? In: Martens/de Boe 2004, 229–238.
Gilles 1985	K.-J. Gilles, Spätrömische Höhensiedlungen in Eifel und Hunsrück. Beih. Trierer Zeitschr. 7 (Trier 1985).
Gose 1950	E. Gose, Gefäßtypen der römischen Keramik im Rheinland. Bonner Jahrb. Beih. 1 (Kevelaer 1950).
Gose 1972	E. Gose, Der gallo-römische Tempelbezirk im Altbachtal zu Trier. Als Manuskript hrsg. von R. Schindler. Trierer Grabungen u. Forsch. 7 (Mainz 1972).
Grünewald 1990	M. Grünewald, Der römische Nordfriedhof bei Worms. Funde von der Mainzer Straße (Worms 1990).
Hatt 1957	J.-J. Hatt, Découverte à Mackwiller d'un Sanctuaire de Mithra. Cahiers Alsaciens Arch. 1, 1957, 51–81.
Heiligmann 1990	J. Heiligmann, Der „Alb-Limes". Ein Beitrag zur römischen Besetzungsgeschichte Südwestdeutschlands. Forsch. u. Ber. Vor- u. Frühgesch. Baden-Württemberg 35 (Stuttgart 1990).
Hensen 1994	A. Hensen, Das Mithräum im Vicus von Wiesloch. Arch. Nachr. Baden 51/52, 1994, 30–37.
Hensen 2004	A. Hensen, Das „zweite" Mithräum von Heidelberg. In: Martens/de Boe 2004, 95–107.
Hochuli-Gysel 1986	A. Hochuli-Gysel/A. Siegfried-Weiss/E. Ruoff/V. Schaltenbrand, Chur in römischer Zeit. Band I: Ausgrabungen Areal Dosch. Antiqua 12 (Basel 1986).
Hofmann 1971/72	B. Hofmann, Catalogue des estampilles sur vaisselle sigillée. Groupe d'archéologie antique du T.C.F. Notice technique 21 et 22 (o. O. 1971/72).
Höpken 2004	C. Höpken, Die Funde aus Keramik und Glas aus einem Liber Pater-Bezirk in Apulum (Dakien). Ein erster Überblick. In: Martens/de Boe 2004, 239–257.
Hussong/Cüppers 1972	L. Hussong/H. Cüppers, Die Trierer Kaiserthermen. Die spätrömische und frühmittelalterliche Keramik. Trierer Grabungen u. Forsch. 1,2 (Mainz 1972).
Jauch 1997	V. Jauch, Eschenz – Tasgetium. Römische Abwasserkanäle und Latrinen. Arch. Thurgau 5 (Frauenfeld 1997).

Joachim 1999	W. Joachim, Ein römisches Mithräum mit römischen und alamannischen Siedlungsresten in Güglingen, Kreis Heilbronn. Arch. Ausgr. Baden-Württemberg 1999, 139–143.
Knorr 1912	R. Knorr, Die Terra-Sigillata-Gefäße von Aislingen. Jahrb. Hist. Ver. Dillingen 25, 1912, 316–392.
Kortüm 1995	K. Kortüm, PORTUS – Pforzheim. Untersuchungen zur Archäologie und Geschichte in römischer Zeit. Quell. u. Stud. Gesch. Stadt Pforzheim 3 (Sigmaringen 1995).
Kortüm/Neth 2002	K. Kortüm/A. Neth, Römer im Zabergäu: Ausgrabungen im *vicus* von Güglingen, Kreis Heilbronn. Arch. Ausgr. Baden-Württemberg 2002, 116–121.
Kortüm/Neth 2003	K. Kortüm/A. Neth, Markt und Mithras – Neues vom römischen *vicus* in Güglingen, Kreis Heilbronn. Arch. Ausgr. Baden-Württemberg 2003, 113–117.
Leibundgut 1977	A. Leibundgut, Die römischen Lampen in der Schweiz (Bern 1977).
Lerat/Jeannin 1960	L. Lerat/Y. Jeannin, La céramique sigillée de Luxeuil. Ann. Lit. Univ. Besançon 31. Arch. 9 (Paris 1960).
Loeschcke 1921a	S. Loeschcke, Keramik der Barbarathermen. Jahresber. Provinzialmus. Trier 1919. Beil. Bonner Jahrb. 126, 1921, 56–58 m. Taf. 4.
Loeschcke 1921b	S. Loeschcke, Töpfereiabfall des Jahres 259/260 in Trier: römische Grube Louis-Lintz-Straße. Jahresber. Provinzialmus. Trier 1921, Beil. 2, 103–107 m. Taf. 11 u. 12.
Loeschcke 1922a	S. Loeschcke, Speicher. Jahresber. Provinzialmus. Trier 1920. Trierer Jahresber. 13, N. F. 13, 1923, 56–58 m. Taf. 10. = Bonner Jahrb. 127, 1922, 320–322 m. Taf. 10.
Loeschcke 1922b	S. Loeschcke, Tonindustrie von Speicher und Umgebung. Trier. Heimatbl. 1, 1922, 5–13.
Ludowici V	W. Ludowici, Katalog V Stempel-Namen und Bilder römischer Töpfer, Legions-Ziegel-Stempel, Formen von Sigillata und anderen Gefäßen aus meinen Ausgrabungen in Rheinzabern 1904–1914 (Jockgrim 1927).
Luginbühl 2004 et al.	T. Luginbühl/J.Monnier/Y.Mühlemann, Le *mithraeum* de la villa d'Orbe-Boscéaz (Suisse): du mobilier aux rites. In: Martens/de Boe 2004, 109–133.
Lutz 1968	M. Lutz, Catalogue des poinçons employés par le potier CIBISVS. Gallia 26, 1968, 55–117.
Lutz 1977	M. Lutz, La sigillée de Boucheporn (Moselle). Gallia Suppl. 32 (Paris 1977).
Martens 2004	M. Martens, The *Mithraeum* in Tienen (Belgium): small finds and what they can tell us. In: Martens/de Boe 2004, 25–56.
Martens/de Boe 2004	M. Martens/G. de Boe (Hrsg.), Roman Mithraism: the Evidence of the Small Finds. Arch. Vlaanderen Monogr. 4 (Brussel 2004).
Martin-Kilcher 1976	St. Martin-Kilcher, Das römische Gräberfeld von Courroux im Berner Jura. Basler Beitr. Ur- u. Frühgesch. 2 (Derendingen 1976).
Martin-Kilcher 1980	St. Martin-Kilcher, Die Funde aus dem römischen Gutshof von Laufen-Müschhag. Ein Beitrag zur Siedlungsgeschichte des nordwestschweizerischen Jura (Bern 1980).
Martin-Kilcher 1987	St. Martin-Kilcher, Die römischen Amphoren aus Augst und Kaiseraugst. Ein Beitrag zur römischen Handels- und Kulturgeschichte 1. Forsch. Augst 7/1 (Augst 1987).
Martin-Kilcher 1994	St. Martin-Kilcher, Die römischen Amphoren aus Augst und Kaiseraugst. Ein Beitrag zur römischen Handels- und Kulturgeschichte 2 u. 3. Forsch. Augst 7/2–3 (Augst 1994).
May 1916	T. May, The pottery found at Silchester (Reading 1916).
Mayer-Reppert 2001	P. Mayer-Reppert, Die Terra Sigillata aus der römischen Zivilsiedlung von Hüfingen-Mühlöschle (Schwarzwald-Baar-Kreis) (Ungedr. Diss. Freiburg 2001).

Mayer-Reppert 2004a	P. Mayer-Reppert, Römische Funde aus Konstanz. Vom Siedlungsbeginn bis zur Mitte des 3. Jahrhunderts n. Chr. Fundber. Baden-Württemberg 27, 2004, 441–554.
Mayer-Reppert 2004b	P. Mayer-Reppert, Das römische Mithräum "Beim Kloster" in Riegel am Kaiserstuhl. Arch. Nachr. Baden 68/69, 2004, 33–43.
Mayer-Reppert 2005	P. Mayer-Reppert, Keramik des 3.–5. Jhs. n. Chr. aus dem Mithräum von Riegel am Kaiserstuhl, Kreis Emmendingen, Baden-Württemberg, D. Acta RCRF 39, 2005, 193–199.
Mees 1993	A. Mees, Zur Gruppenbildung Rheinzaberner Modelhersteller und Ausformer. Jahresber. Augst u. Kaiseraugst 14, 1993, 227–255.
Mees 1995	A. Mees, Modelsignierte Dekorationen auf südgallischer Terra Sigillata. Forsch. u. Ber. Vor- u. Frühgesch. Baden-Württemberg 54 (Stuttgart 1995).
Merkelbach 1984	R. Merkelbach, Mithras (Hain 1984).
Meyer-Freuler 1974	Ch. Meyer-Freuler, Römische Keramik des 3. und 4. Jahrhunderts aus dem Gebiet der Friedhofserweiterung von 1968–70. Jahresber. Ges. Pro Vindonissa 1974, 17–47.
Nierhaus 1959	R. Nierhaus, Das römische Brand- und Körpergräberfeld „Auf der Steig" in Stuttgart-Bad Cannstatt. Veröff. Staatl. Amt Denkmalpfl. Stuttgart A 5 (Stuttgart 1959).
Nuber 1989	H. U. Nuber, A. Giamilus – ein Sigillatatöpfer aus dem Breisgau. Arch. Nachr. Baden 42, 1989, 3–9.
Oelmann 1914	F. Oelmann, Die Keramik des Kastells Niederbieber. Mat. Röm.-Germ. Keramik 1 (Frankfurt 1914).
Ortisi 2001	S. Ortisi, Die Stadtmauer der raetischen Provinzhauptstadt Aelia Augusta – Augsburg. Die Ausgrabungen Lange Gasse 11, Auf dem Kreuz 58, Heilig-Kreuz-Str. 26 und 4. Augsburger Beitr. Arch. 2 (Augsburg 2001).
Oswald/Pryce 1966	F. Oswald/T. D. Pryce, An Introduction to the Study of Terra Sigillata (London 1920, Nachdr. ebd. 1966).
Petry/Kern 1978	F. Petry/E. Kern, Un Mithraeum à Biesheim (Haut-Rhin). Cahiers Alsaciens Arch. 21, 1978, 5–32.
Pietsch 1983	M. Pietsch, Die römischen Eisenwerkzeuge von Saalburg, Feldberg und Zugmantel. Saalburg-Jahrb. 39, 1983, 5–132.
Planck 1989	D. Planck, Ein römisches Mithräum bei Mundelsheim, Kreis Ludwigsburg. Arch. Ausgr. Baden-Württemberg 1989, 177–183.
Ricken 1948	H. Ricken, Die Bilderschüsseln der römischen Töpfer von Rheinzabern. = W. Ludowici, Katalog VI meiner Ausgrabungen in Rheinzabern 1901–1914. Tafelband (^{2}Speyer 1948).
Ricken/Fischer 1963	H. Ricken, Die Bilderschüsseln der römischen Töpfer von Rheinzabern. Textband mit Typenbildern zu Katalog VI der Ausgrabungen von Wilhelm Ludowici in Rheinzabern 1901–1914. Berarb. von Ch. Fischer. Mat. Röm.-Germ. Keramik 7 (Bonn 1963).
Reuter 2003	M. Reuter, Die römisch-frühvölkerwanderungszeitliche Siedlung von Wurmlingen, Kreis Tuttlingen. Materialh. Arch. Baden-Württemberg 71 (Stuttgart 2003).
Rogers 1974	G. B. Rogers, Poteries Sigillées de la Gaule Centrale. I. – Les motifs non figurés. Gallia Suppl. 28 (Paris 1974).
Roth-Rubi 1986	K. Roth-Rubi, Die Villa von Stutheien/Hüttwilen TG. Ein Gutshof der mittleren Kaiserzeit. Antiqua 14 (Basel 1986).
Roth-Rubi/Ruoff 1987	K. Roth-Rubi/U. Ruoff, Die römische Villa im Loogarten, Zürich-Altstetten – Wiederaufbau vor 260 n. Chr.? Jahrb. SGUF 70, 1987, 145–158.
Rothkegel 1994	R. Rothkegel, Der römische Gutshof von Laufenburg/Baden. Forsch. u. Ber. Ur- u. Frühgesch. Baden-Württemberg 43 (Stuttgart 1994).

Rütti 1991	B. Rütti, Die römischen Gläser aus Augst und Kaiseraugst. Forsch. Augst 13 (Augst 1991).
Rychener 1984	J. Rychener, Der Kirchhügel von Oberwinterthur. Die Rettungsgrabungen von 1976, 1980 und 1981. Beiträge zum römischen VITUDURUM – Oberwinterthur 1. Ber. Zürcher Denkmalpfl., Monogr. 1 (Zürich 1984).
Rychener et al. 1986	J. Rychener/P. Albertin/Ch. Jacquat, Beiträge zum römischen VITUDURUM – Oberwinterthur 2. Ein Haus im Vicus Vitudurum – die Ausgrabungen an der Römerstraße 186. Römerzeitliche Pflanzenfunde aus Oberwinterthur. Ber. Zürcher Denkmalpfl., Monogr. 2 (Zürich 1986).
Rychener 1988	J. Rychener, Beiträge zum römischen Oberwinterthur – VITUDURUM 3. Die Rettungsgrabungen 1983–1986. Ber. Zürcher Denkmalpfl., Monogr. 6 (Zürich 1988).
Sauer 2004	E. Sauer, Not just small change – Coins in *Mithraea*. In: Martens/de Boe 2004, 327–353.
Schallmayer 1985	E. Schallmayer, Punzenschatz südgallischer Terra sigillata-Töpfer (Stuttgart 1985).
Schatzmann 2004	A. Schatzmann, Möglichkeiten und Grenzen einer funktionellen Topographie von Mithrasheiligtümern. In: Martens/de Boe 2004, 11–24.
Schleiermacher 1933	W. Schleiermacher, Ein Mithreum in Riegel. Bad. Fundber. 3, 1933–36, 69–78.
Schmid 1991	D. Schmid, Die römischen Schlangentöpfe aus Augst und Kaiseraugst. Forsch. Augst 11 (Augst 1991).
v. Schnurbein 1977	S. v. Schnurbein, Das römische Gräberfeld von Regensburg. Arch. Forsch. in Regina Castra – Reganesburg 1. Materialh. Bayer. Vorgesch. A 31. 2 Bde. (Kallmünz/Opf 1977).
Schucany et al. 1999	C. Schucany/S. Martin-Kilcher/L. Berger/D. Paunier (Hrsg.), Römische Keramik in der Schweiz. Antiqua 31 (Basel 1999).
Schwertheim 1979	E. Schwertheim, Ein Kultgegenstand aus dem neuen Mithräum in Riegel/Kaiserstuhl. Antike Welt 10, Sondernr., 1979, 72–76.
Spycher/Schucany 1997	H. Spycher/C. Schucany (Hrsg.), Die Ausgrabungen im Kino Elite im Rahmen der bisherigen Untersuchungen der Solothurner Altstadt. Antiqua 29 (Basel 1997).
Trumm 2000	J. Trumm, Römische und früh- bis hochmittelalterliche Siedlungsbefunde am Nordrand von Riegel, Kreis Emmendingen. Arch. Ausgr. Baden-Württemberg 2000, 129–132.
Ulbert 1963	T. Ulbert, Römische Gefäße mit Schlangen- und Eidechsenauflagen aus Bayern. Bayer. Vorgeschbl. 28, 1963, 57–66.
Ulbert 2004	C. Ulbert, Das *Mithräum* von Bornheim-Sechtem bei Bonn: Baubefunde und Fundumstände. In: Martens/de Boe 2004, 81–88.
Unverzagt 1916	W. Unverzagt, Die Keramik des Kastells Alzei. Mat. Röm.-Germ. Keramik 2 (Frankfurt a. M. 1916).
Urner-Astholz 1942	H. Urner-Astholz, Die römerzeitliche Keramik von Eschenz-Tasgetium. Ein schweizerischer Beitrag zur provinzialen Keramik der römischen Kaiserzeit. Thurgauische Beitr. Vaterländische Gesch. 78 (Frauenfeld 1942) 7–156.
Urner-Astholz 1946	H. Urner-Astholz, Die römerzeitliche Keramik von Schleitheim-Juliomagus. Schaffhauser Beitr. Vaterländische Gesch. 23 (Thayngen 1946) 5–205.
Wagner-Roser 1999	S. Wagner-Roser, Ausgewählte Befunde und Funde der römischen Siedlung von Lahr-Dinglingen von 1824–1982. Edition Wiss.: R. Altwiss. 3 (Marburg 1999).
Walke 1965	N. Walke, Das römische Donaukastell Straubing – Sorviodurum. Limesforsch. 3 (Berlin 1965).
Wiblé 2004	F. Wiblé, Les petits objets du *mithraeum* de Martigny/*Forum Claudii Vallensium*. In: Martens/de Boe 2004, 135–145.

7. Grafiken 1–51

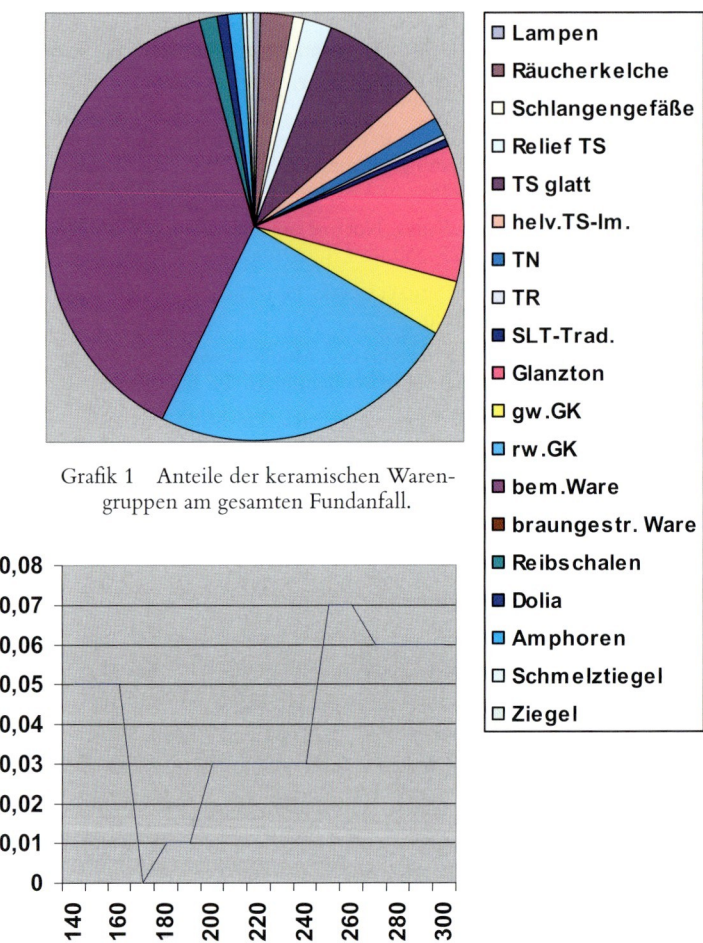

Grafik 1   Anteile der keramischen Warengruppen am gesamten Fundanfall.

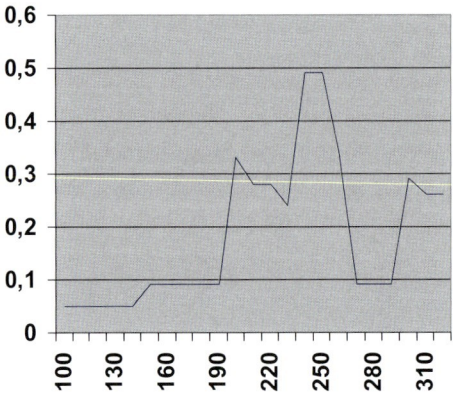

Grafik 3   Laufzeitenkurve der Lampen.

Grafik 4   Laufzeitenkurve der Räuchergefäße.

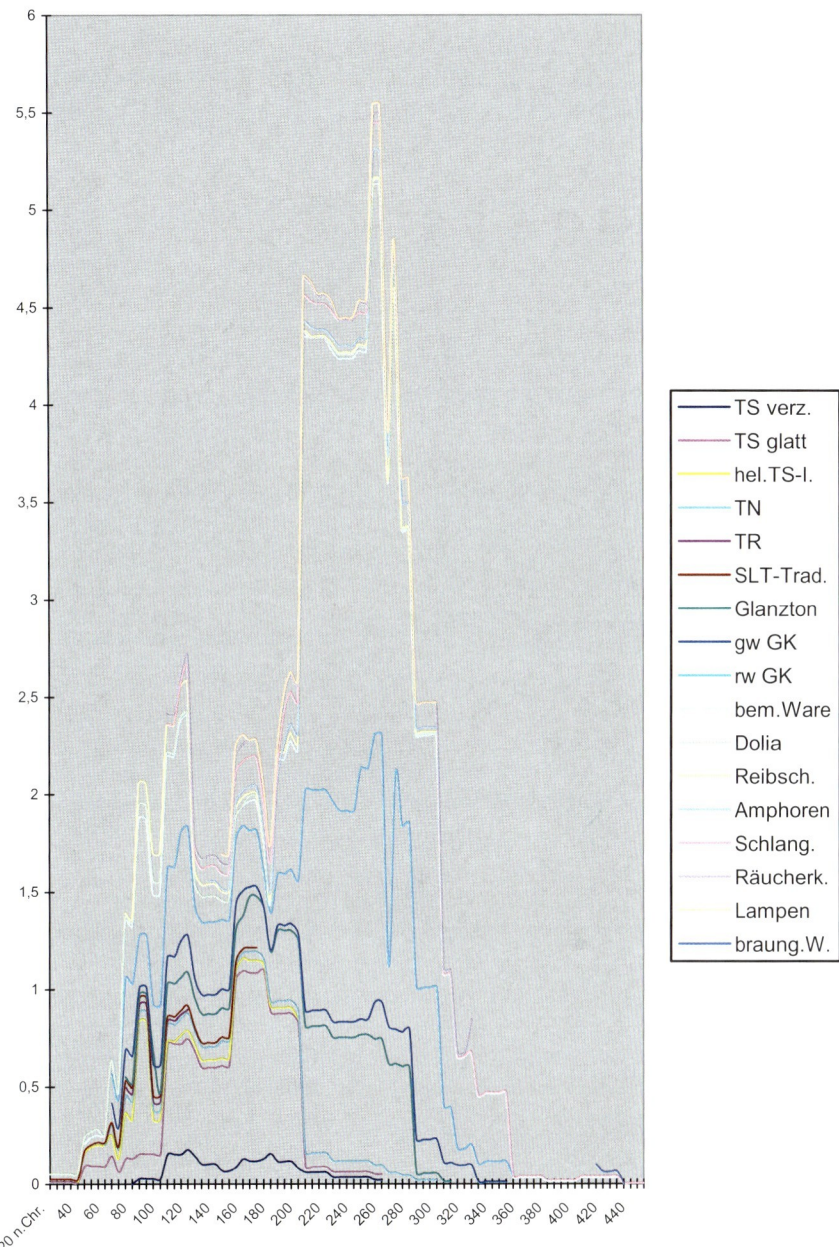

Grafik 2 Verlustratenkurve der keramischen Warengruppen bezogen auf den gesamten Fundanfall.

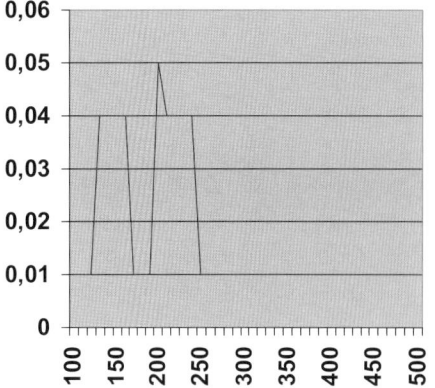

Grafik 5 Laufzeitkurve der Schlangengefäße.

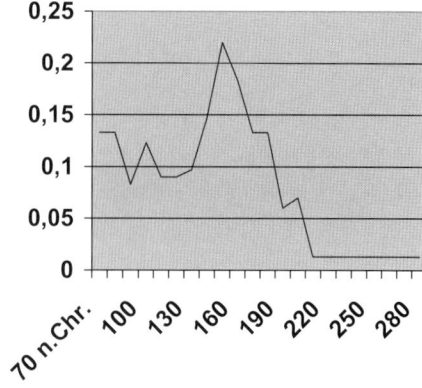

Grafik 6 Verlustratenkurve der Keramik aus Befund 1.

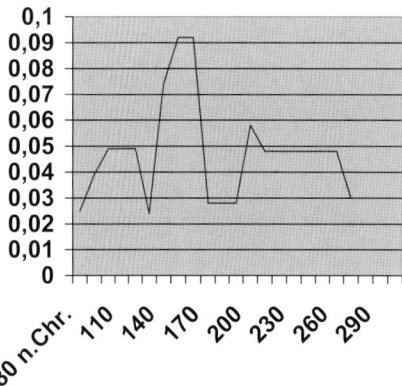

Grafik 7 Verlustratenkurve der Keramik aus Befund 2.

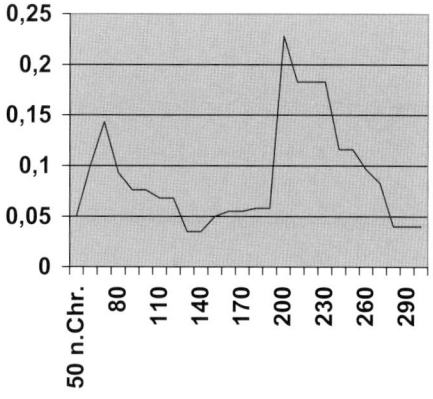

Grafik 8 Verlustratenkurve der Keramik aus Befund 3.1.

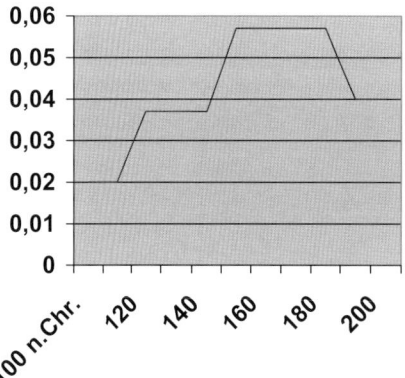

Grafik 9 Verlustratenkurve der Keramik aus Befund 3.2.

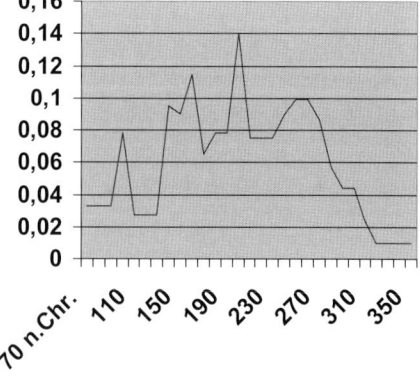

Grafik 10 Verlustratenkurve der Keramik aus Befund 4.

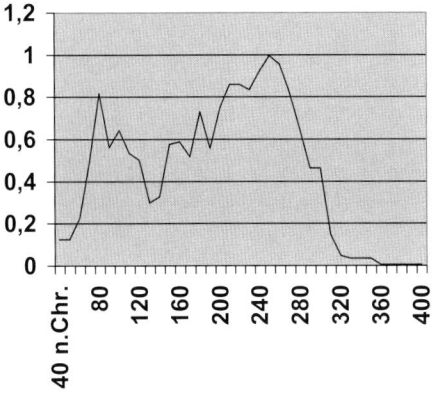

Grafik 11 Verlustratenkurve der Keramik aus Befund 5.1.

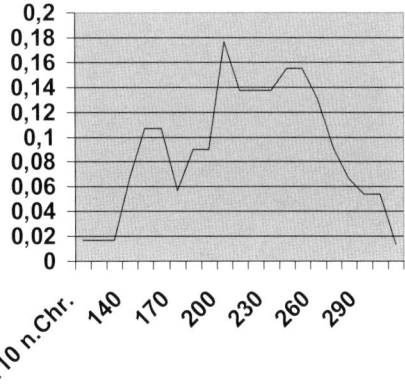

Grafik 12 Verlustratenkurve der Keramik aus Befund 5.2.

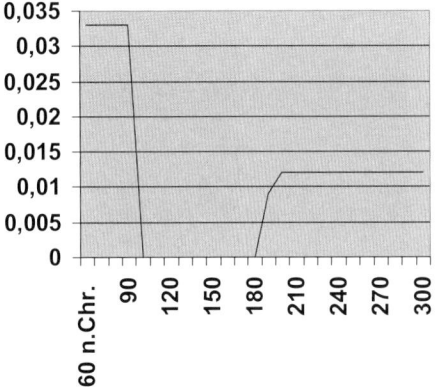

Grafik 13 Verlustratenkurve der Keramik aus Befund 5.3.

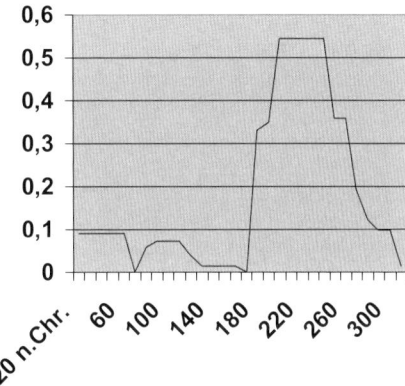

Grafik 14 Verlustratenkurve der Keramik aus Befund 6.1.

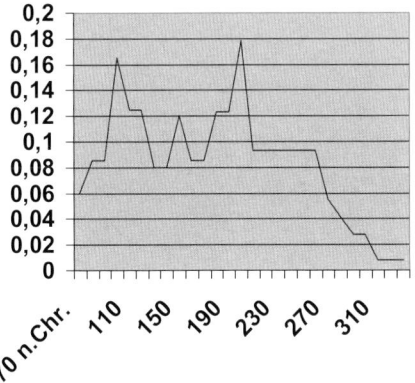

Grafik 15 Verlustratenkurve der Keramik aus Befund 6.2.

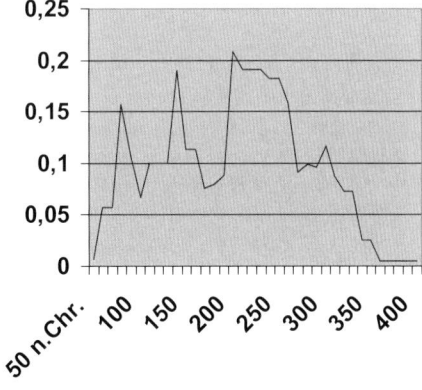

Grafik 16 Verlustratenkurve der Keramik aus Befund 6.3.

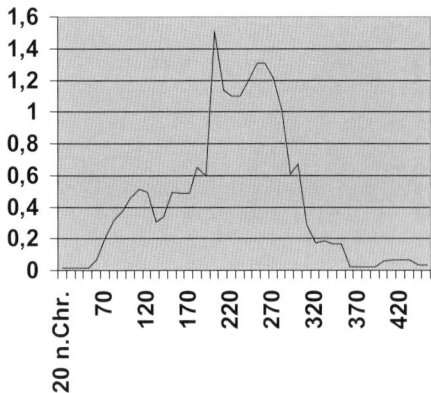

Grafik 17 Verlustratenkurve der Keramik aus Befund 7.1.

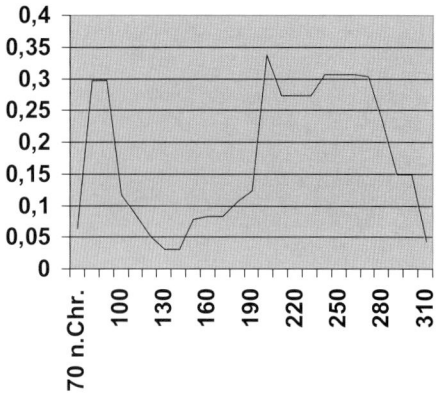

Grafik 18 Verlustratenkurve der Keramik aus Befund 7.2.

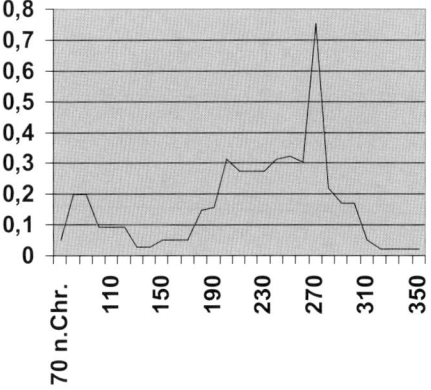

Grafik 19 Verlustratenkurve der Keramik aus Befund 7.3.

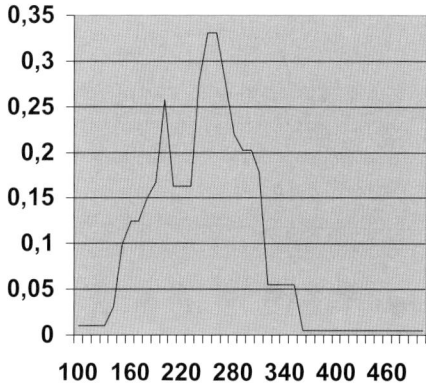

Grafik 20 Verlustratenkurve der Keramik aus dem Geschirrschrank in Befund 7.

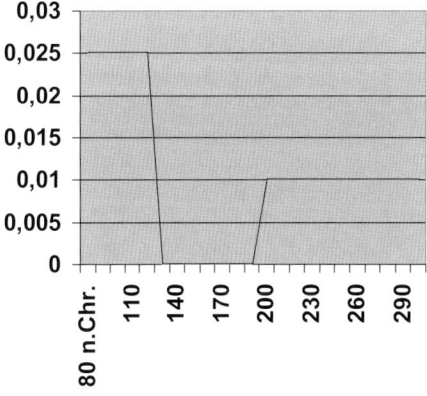

Grafik 21 Verlustratenkurve der Keramik aus Befund 8.

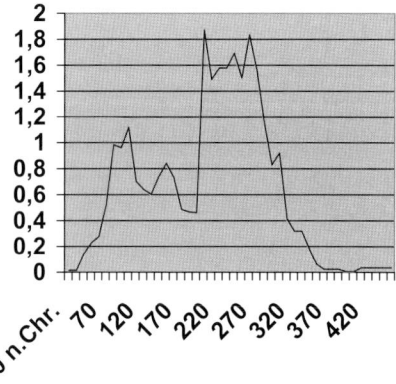

Grafik 22 Verlustratenkurve der Keramik aus Befund 9.

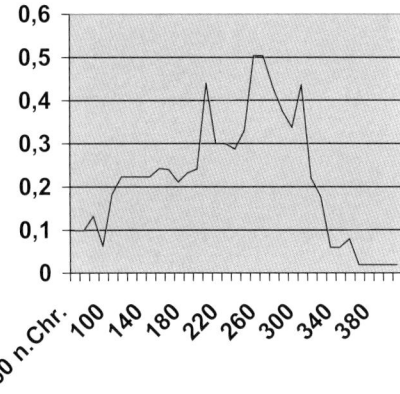

Grafik 23   Verlustratenkurve der Keramik aus Befund 11.

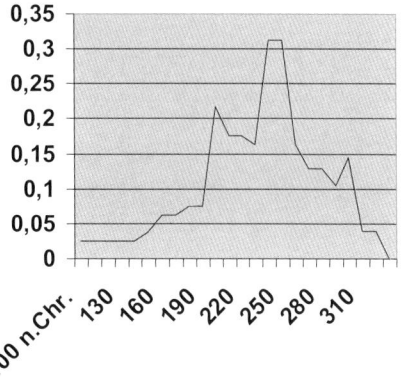

Grafik 24   Verlustratenkurve der Keramik aus Befund 12.

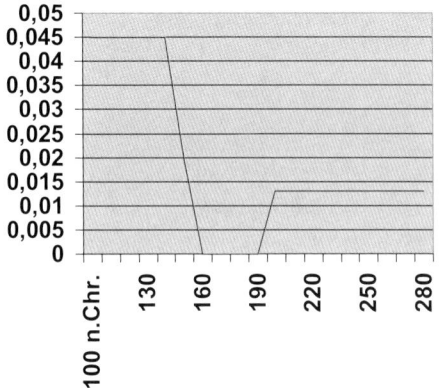

Grafik 25   Verlustratenkurve der Keramik aus Befund 13.

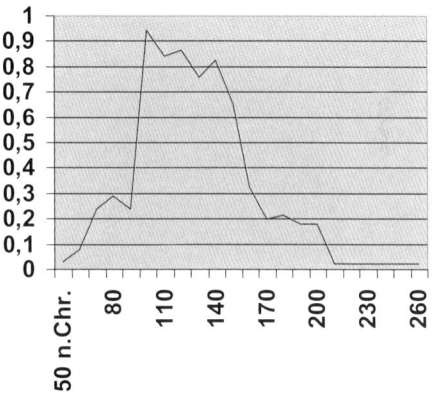

Grafik 26   Verlustratenkurve der Keramik aus Befund 15.

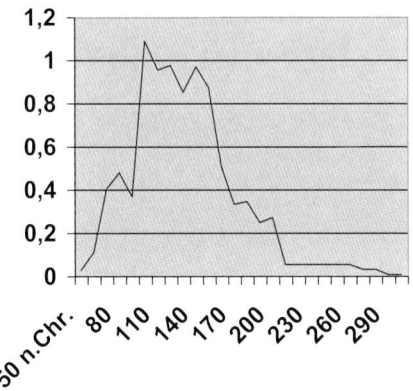

Grafik 27   Integrierte Verlustratenkurve der Keramik aus den Befunden 2, 5.3, 8 und 15.

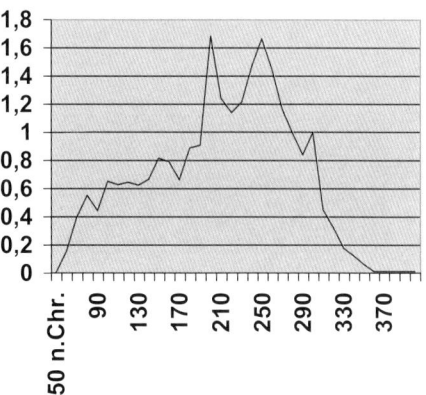

Grafik 28   Integrierte Verlustratenkurve der Keramik aus den Befunden 3.2, 4, 5.2, 6.2, 6.3, 6.4, 7.3, 11 und 12.

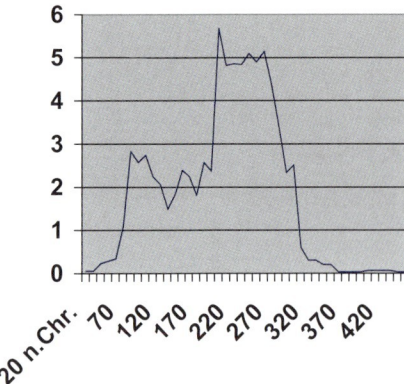

Grafik 29 Integrierte Verlustratenkurve der Keramik aus den Befunden 2, 3.1, 5.1, 6.1, 6.2, 6.3, 7.1, 7.2 und 9.

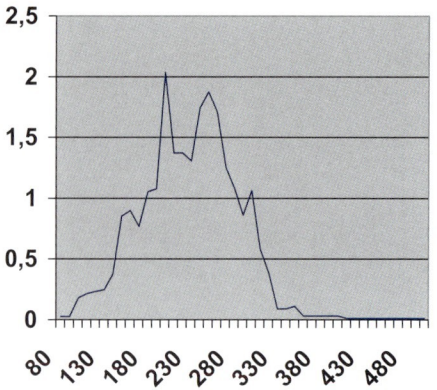

Grafik 31 Verlustratenkurve der Ausstattung.

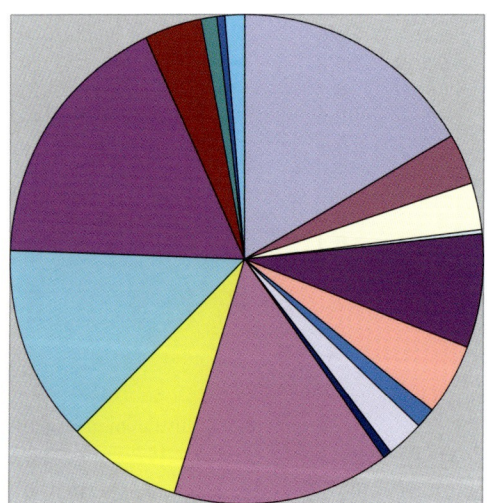

Grafik 30 Zusammensetzung der keramischen Ausstattung.

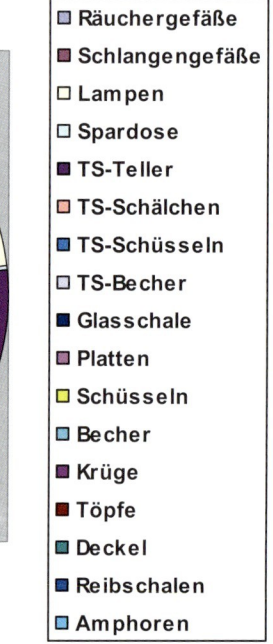

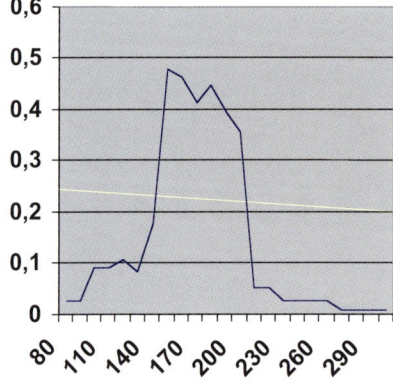

Grafik 33 Ausstattung des Mithräums: Terra sigillata.

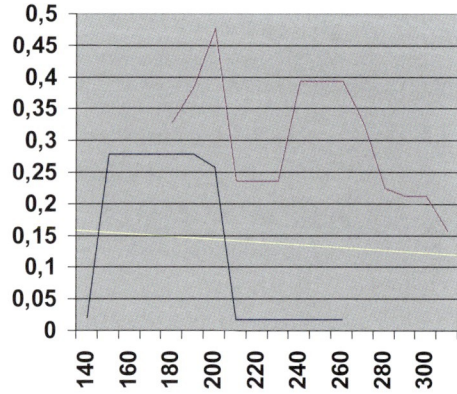

Grafik 34 Ausstattung des Mithräums: Teller (blau) und Platten (violett).

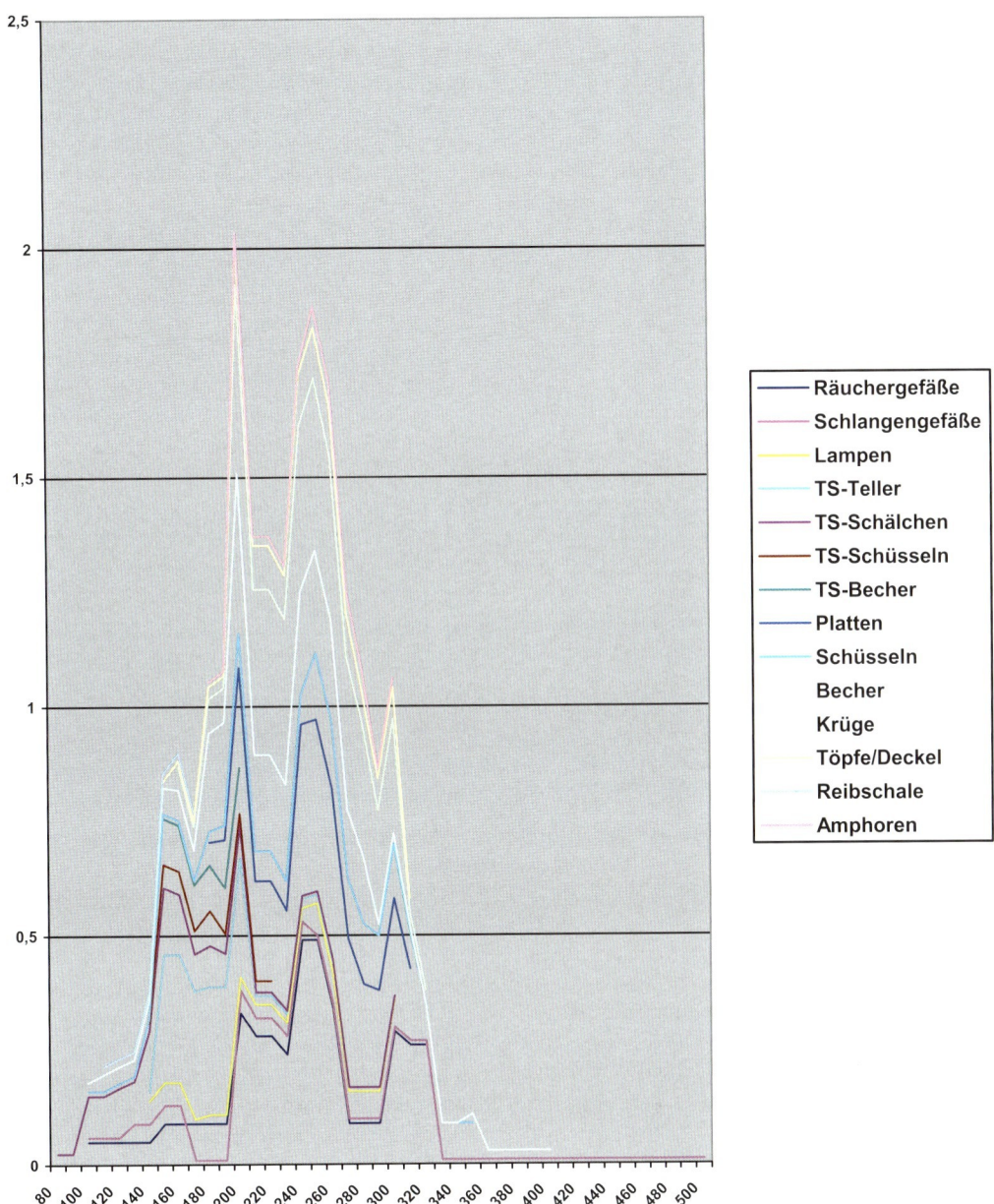

Grafik 32 Differenzierte Verlustratenkurve der Ausstattung nach Fundgattungen.

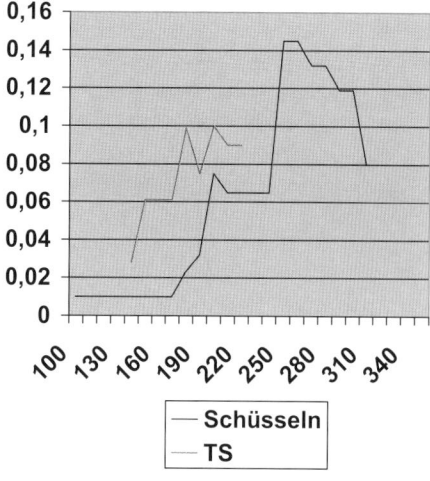

Grafik 35   Ausstattung des Mithräums: Schüsseln.

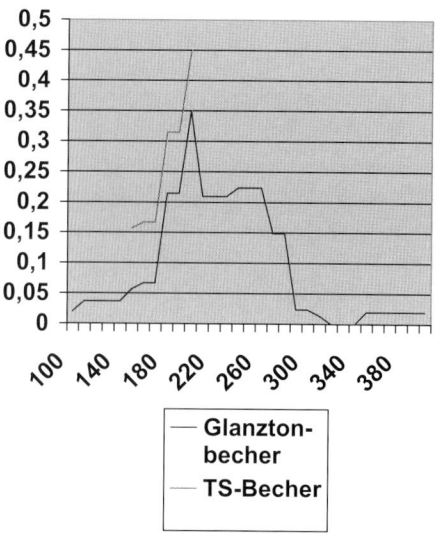

Grafik 36   Ausstattung des Mithräums: Becher.

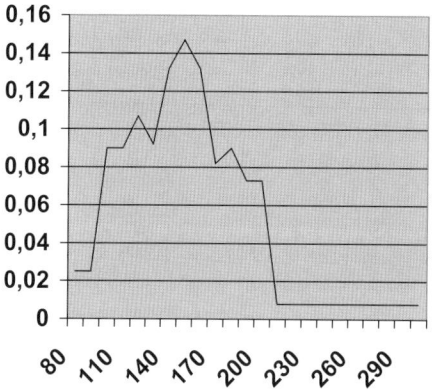

Grafik 37   Ausstattung des Mithräums: Schälchen.

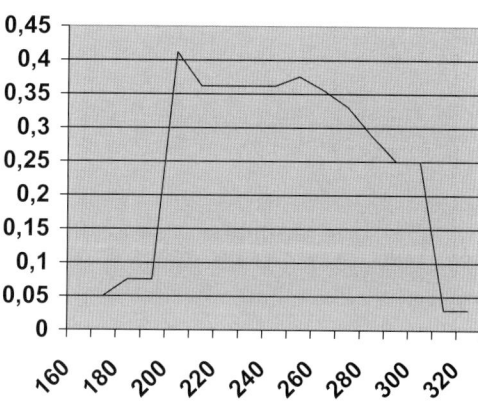

Grafik 38   Ausstattung des Mithräums: Krüge.

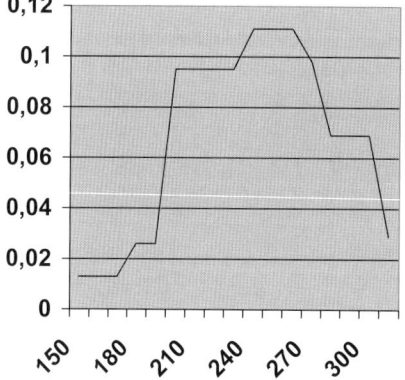

Grafik 39   Ausstattung des Mithräums: Töpfe/Deckel.

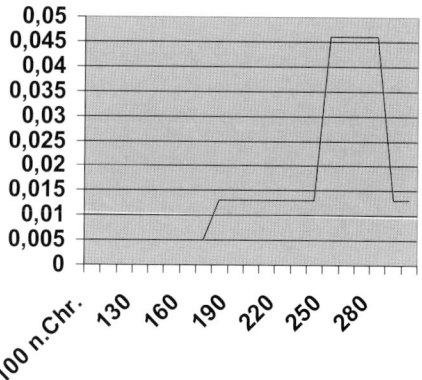

Grafik 40   Ausstattung des Mithräums: Amphoren.

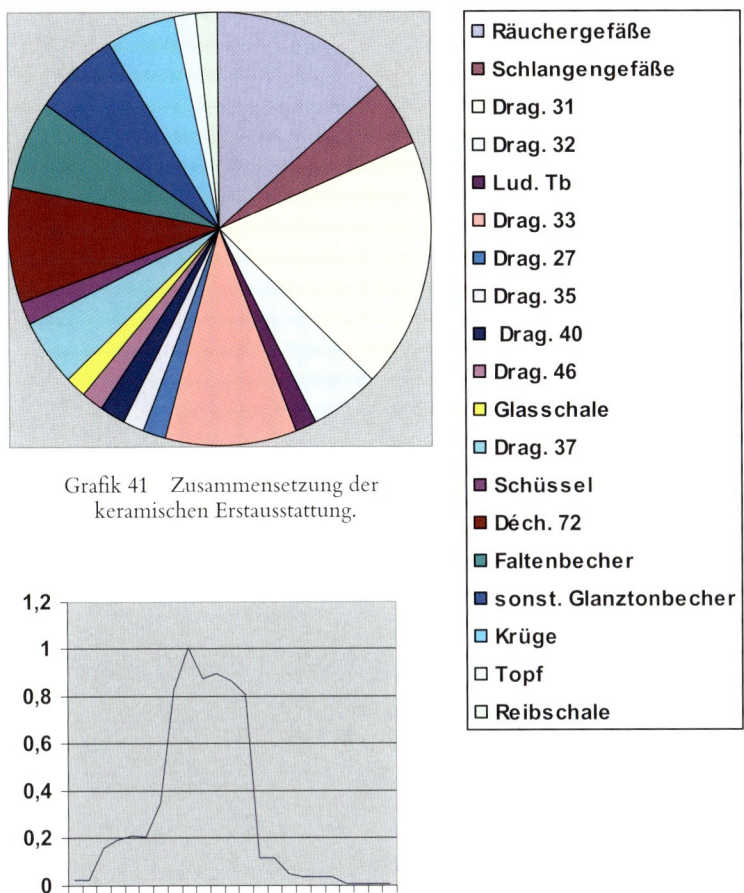

Grafik 41 Zusammensetzung der keramischen Erstausstattung.

Grafik 42 Verlustratenkurve der Erstausstattung.

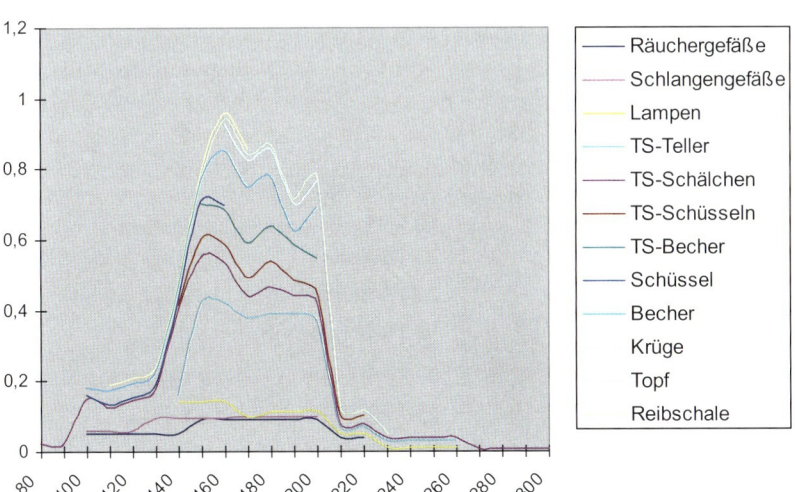

Grafik 43 Differenzierte Verlustratenkurve der Erstausstattung nach Fundgattungen.

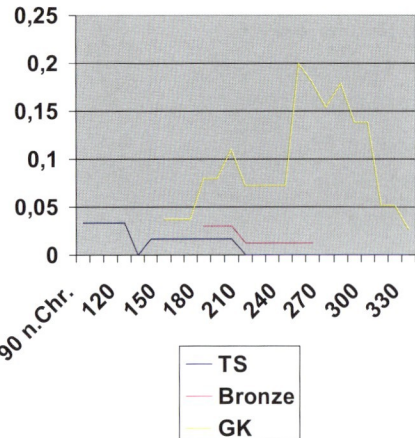

Grafik 44 Verlustratenkurve der Keramik aus dem Geschirrschrank im *caldarium* von Bad I in Neckarburken.

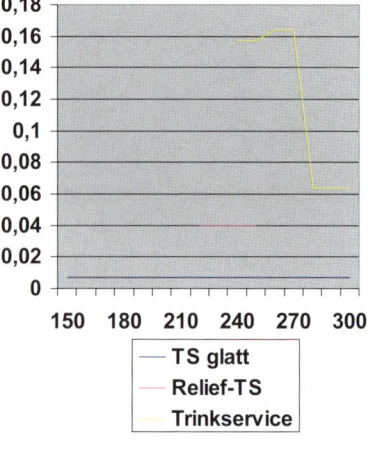

Grafik 45 Verlustratenkurve der Keramik aus dem Geschirrschrank mit Lararium aus Vitudurum.

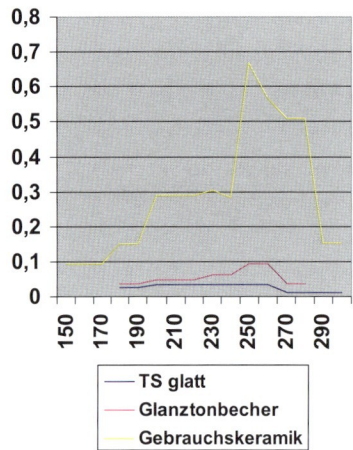

Grafik 46 Verlustratenkurve der Keramik aus dem Geschirrschrank von Kaiseraugst-Schmidmatt.

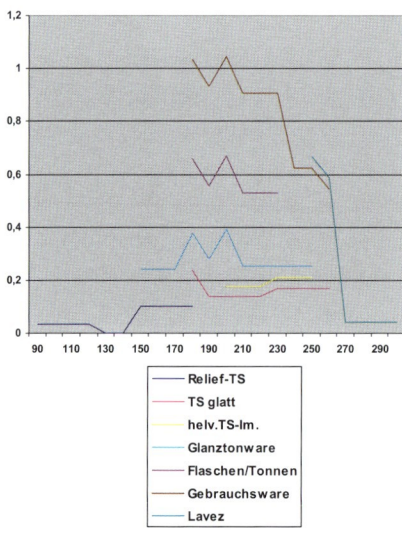

Grafik 47 Verlustratenkurve des Hausrats aus der Villa rustica von Zürich-Altstetten, Loogarten.

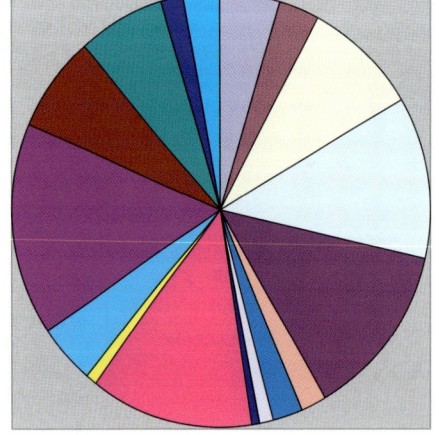

Grafik 48 Ausstattung des Mithräums von Straßburg-Königshofen nach FORRER 1915, 98 f.

Fundmaterial aus dem Mithrasheiligtum von Riegel am Kaiserstuhl 411

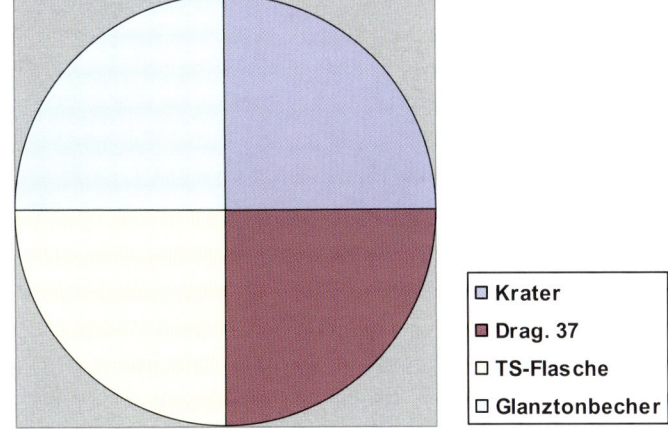

Grafik 49 Ausstattung des Mithräums von Biesheim nach Petry/Kern 1978.

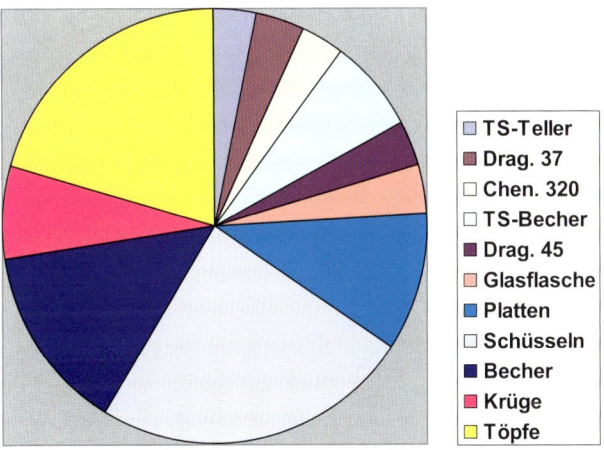

Grafik 50 Ausstattung des Mithräums von Mackwiller nach Hatt 1957.

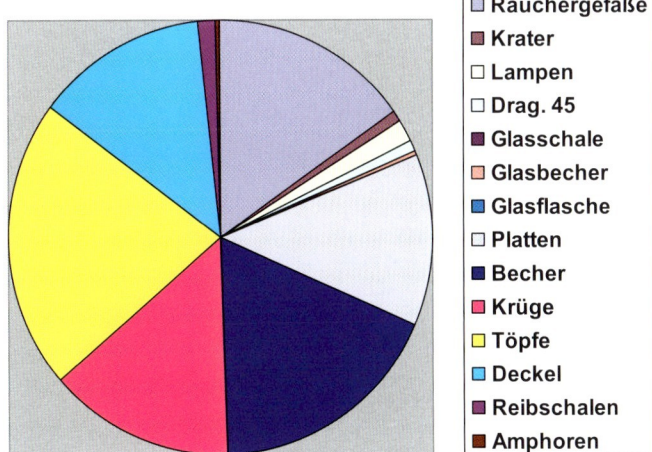

Grafik 51 Ausstattung der Kultgruben des Mithräums von Tienen nach Martens 2004.

8. Fundlisten (n = 1195)

Vorbemerkung: Die an die Befund-Nummern mit Bindestrich angehängte Nummer ist gleichzeitig die Katalog- und Abbildungsnummer.

Bronze (n = 5)

1. Bronzeblech. Kästchenbeschlag. Bef.Nr. 5.2-1. Inv.Nr. 52
2. Tüllenförmiges Bronzeblech. Bef.Nr. 9. Inv.Nr. 8079
3. Bronzeblech. Beschlag. Bef.Nr. 7.1. Inv.Nr. 19/8
4. Bronzeblech. Beschlag. Bef.Nr. 9-1. Inv.Nr. 121/4
5. Bronzebrst. Bef.Nr. 9. Inv.Nr. 52

Eisen (n = 80 + ein moderner Nagel)

1. Kultschwert – 180–260 n. Chr. – Bef.Nr. 11 – o. Inv.Nr., *Abb. 5.*
2. Zirkel? – Pietsch 1983 Taf. 21,516. 517. – 100–260 n. Chr. – Bef.Nr. 9-2 – Inv.Nr. 75/5
3. Schlachtermesser – Klinge – Rothkegel 1994 Taf. 103,1129 – Bef.Nr. 5.1-1 – Inv.Nr. 8174
4. Hufeisen – Bef.Nr. 9 – Inv.Nr. 95/11
5. Messerklinge – Bef.Nr. 7.1-2 – Inv.Nr. 17/23
6. Messerklinge – Bef.Nr. 9-3 – Inv.Nr. 34/2
7. Messerklinge – Bef.Nr. 9 – Inv.Nr. 97/11
8. Eisenblech – Tür(?)beschlag – Bef.Nr. 9-4 – Inv.Nr. 51
9. Eisenblech – Bef.Nr. 9 – Inv.Nr. 105
10. Nagel – Bef.Nr. 2 – Inv.Nr. 35.1/2
11. Nagel – Bef.Nr. 2 – Inv.Nr. 35.1/3
12. Nagel – Bef.Nr. 2 – Inv.Nr. 35.1/4
13. Nagel – Bef.Nr. 2 – Inv.Nr. 35.1/5

14–30. 17 Nägel – Bef.Nr. 2 – Inv.Nr. 35.1; 62

31. Nagel (Griffel?) – Bef.Nr. 5.1-2 – Inv.Nr. 14/2
32. Nagel – Bef.Nr. 5.1-3 – Inv.Nr. 14/3
33. Nagel – Bef.Nr. 5.1-4 – Inv.Nr. 37.2/25
34. Nagel – Bef.Nr. 5.1-5 – Inv.Nr. 37.2/26
35. Nagel – Bef.Nr. 5.1 – Inv.Nr. 98/1
36. Nagel – Bef.Nr. 5.2-2 – Inv.Nr. 16/10
37. Nagel – Bef.Nr. 5.2 – Inv.Nr. 52
38. Nagel – Bef.Nr. 5.3-1 – Inv.Nr. 37.1/3
39. Nagel – Bef.Nr. 6.1-1 – Inv.Nr. 18/14
40. Nagel – Bef.Nr. 7.1-3 – Inv.Nr. 58/48
41. Nagel – Bef.Nr. 7.1-4 – Inv.Nr. 21.1/11
42. Nagel – Bef.Nr. 7.1-5 – Inv.Nr. 21.1/10
43. Nagel – Bef.Nr. 7.1-6 – Inv.Nr. 21.1/14

44–48. 5 Nägel – Bef.Nr. 7.1 – Inv.Nr. 21.1
49–51. 3 Nägel – Bef.Nr. 7.1 – Inv.Nr. 99/33,34,35

52. Nagel – Bef.Nr. 9-5 – Inv.Nr. 86/17
53. Nagel – Bef.Nr. 9-6 – Inv.Nr. 16/10
54. Nagel – Bef.Nr. 9-7 – Inv.Nr. 35.2/12
55. Nagel – Bef.Nr. 9-8 – Inv.Nr. 18.1/14
56. Nagel – Bef.Nr. 9-9 – Inv.Nr. 39/7

57/58. 2 Nägel – Bef.Nr. 9 – Inv.Nr. 78/27,28

59. Nagel – Bef.Nr. 9 – Inv.Nr. 86/16

60–63. 4 Nägel – Bef.Nr. 9 – Inv.Nr. 114

64. Nagel – Bef.Nr. 9 – Inv.Nr. 115

65–68. 4 Nägel – Bef.Nr. 9 – Inv.Nr. 118 A
69/70. 2 Nägel – Bef.Nr. 9 – Inv.Nr. 120
71–80. 10 Nägel – Bef.Nr. 9 – Inv.Nr. 124

81. Moderner Nagel – Bef.Nr. 9 – Inv.Nr. 75/4

Glas (n = 2)

1. Fußloser Becher m. nach außen gebogenem Rand AR 53.2. Bef.Nr. 9-10. Inv.Nr. 121/5
2. Glasschale Schleiermacher 1933, 76, 2 BS. Bef.Nr. 12. Verloren. Inv.Nr. P8/Dp

Stein (n = 4)

1. Sek. verbr. Sandstein. Evt. Unterarm unterlebensgroßer Statue?. Bef.Nr. 9. Inv.Nr. 108
2. Kalkspat. Unbearbeitet. Bef.Nr. 6.1. Inv.Nr. 18/12
3. Sandsteinscheibe. Bef.Nr. 7.1-1. Inv.Nr. 19/8
4. Sandsteinsplitter. Bef.Nr. 11. Inv.Nr. 20.1

Keramik

Lampen (n = 8)

1. Firmalampe Loeschcke 10. Terra sigillata. GRÜNEWALD 1990 248 Grab 78. Ostgallien. Bef.Nr. 7.1-7. Inv.Nr. 35.1/6
2. Bildlampe Loeschcke 1 C. FISCHER 1990 Taf. 82 B 1. Herkunft ?. Bef.Nr. 5.2-3. Inv.Nr. 20.1/9
3. Firmalampe. Lokalproduktion. Bef.Nr. 9. Inv.Nr. 34/4
4. Firmalampe. Lokalproduktion. Bef.Nr. 9. Inv.Nr. 97/3
5. Firmalampe Loeschcke 9 B. NIERHAUS 1959 Taf. 2G. Stempel CARTO/F o. Vgl. Lokalproduktion. Bef.Nr. 5.2-4. Inv.Nr. 109
6. Firmalampe Loeschcke 10. Ähnl. GARBSCH 1966 Taf. 52,1. Lokalproduktion. Bef.Nr. 11-1. Inv.Nr. 0e 1
7. Firmalampe Loeschcke 4. Stempel: TITVS (?). BW 4. Bef.Nr. 4-13. Inv.Nr. 8156/1.
8. Firmalampe Loeschcke 9B/Leibundgut 23. BW 1. Lokalproduktion. Bef.Nr. 4-14. Inv.Nr. 8156/2.

Räucherkelche (n = 29)

1. Räucherkelch SCHUCANY et al. 1999 Abb. 38,5. Vollständig. TGW 3. Lokalproduktion. Bef.Nr. 12-1. Inv.Nr. R2 P8/Dh3
2. Räucherkelch SCHUCANY et al. 1999 Abb. 38,5. Vollständig. TGW 3. Lokalproduktion. Bef.Nr. 12-2. Inv.Nr. R3/1 P8/Dh7
3. Räucherkelch SCHUCANY et al. 1999 Abb. 38,5. 1 RS. BW 5. Lokalproduktion. Bef.Nr. 11-2. Inv.Nr. R5
4. Räucherkelch SCHUCANY et al. 1999 Abb. 38,5. 1 RS. BW 1. Lokalproduktion. Bef.Nr. 9-11. Inv.Nr. 100/18
5. Räucherkelch SCHUCANY et al. 1999 Abb. 38,5. 1 RS. BW 1. Lokalproduktion. Bef.Nr. 9. Inv.Nr. 15/11
6. Räucherkelch GOSE 1972 Abb. 392,32. Vollständig. BW 5. Lokalproduktion. Bef.Nr. 12-3. Inv.Nr. R4 P8/Dh5
7. Räucherkelch GOSE 1972 Abb. 392,32. 1 RS. TGW 3. Lokalproduktion. Bef.Nr. 11-3. Inv.Nr. R3
8. Räucherkelch GOSE 1972 Abb. 392,32. 1 RS. BW 1. Lokalproduktion. Bef.Nr. 7.1-8. Inv.Nr. 30/3
9. Räucherkelch Gose 447. Vollständig. TGW 3. Lokalproduktion. Bef.Nr. 12-4. Inv.Nr. R6 P8/Dh
10. Räucherkelch Gose 447. 2 RS. BW 3. Lokalproduktion. Bef.Nr. 5.2-5. Inv.Nr. 16/2,7
11. Räucherkelch Gose 447. 1 RS. BW 1. Lokalproduktion. Bef.Nr. 6.1-2. Inv.Nr. 6/11
12. Räucherkelch Gose 447. 1 RS. BW 1. Lokalproduktion. Bef.Nr. 6.3-1. Inv.Nr. 12/11
13. Räucherkelch Gose 447. 1 WS. BW 4. Lokalproduktion. Bef.Nr. 6.3. Inv.Nr. 12/7
14. Räucherkelch Gose 447. 1 RS. BW 1. Lokalproduktion. Bef.Nr. 7.3-1. Inv.Nr. 23/11
15. Räucherkelch Gose 447. 1 RS. TGW 3. Lokalproduktion. Bef.Nr. 9-2. Inv.Nr. 77/2
16. Räucherkelch Gose 447. 1 RS. BW 3. Lokalproduktion. Bef.Nr. 9. Inv.Nr. 118/9
17. Räucherkelch Gose 447. 1 RS. BW 4. Lokalproduktion. Bef.Nr. 9. Inv.Nr. 71/5
18. Räucherkelch v. SCHNURBEIN 1977 Taf. 111,3 Grab 832. Vollständig. Graffito im Boden: SIIVI. TGW 3. Lokalproduktion. Bef.Nr. 12-5. Inv.Nr. R1 P8/Dh
19. Räucherkelch v. SCHNURBEIN 1977 Taf. 111,3 Grab 832. Vollständig. TGW 3. Lokalproduktion. Bef.Nr. 12-6. Inv.Nr. R3/2 P8/Dh4
20. Räucherkelch v. SCHNURBEIN 1977 Taf. 111,3 Grab 832. 1 RS. TGW 3. Lokalproduktion. Bef.Nr. 12-7. R3/3 P8/Dh1
21. Räucherkelch v. SCHNURBEIN 1977 Taf. 111,3 Grab 832. 2 RS. BW 3. Lokalproduktion. Bef.Nr. 9. Inv.Nr. 100/4,9
22. Räucherkelch v. SCHNURBEIN 1977 Taf. 111,3 Grab 832. 1 BS, 5 WS. BW 3. Lokalproduktion. Bef.Nr. 9-13. Inv.Nr. 16.1/11,15,16
23. Räucherkelch Gose 448. 1 RS. TGW 3. Lokalproduktion. Bef.Nr. 12-8. Inv.Nr. R7
24. Räucherkelch Gose 448. 1 WS. BW 3. Lokalproduktion. Bef.Nr. 11. Inv.Nr. 20/3
25. Räucherkelch Gose 448. 1 WS. BW 3. Lokalproduktion. Bef.Nr. 11. Inv.Nr. 20/2
26. Räucherkelch Gose 448. 1 RS. BW 4. Lokalproduktion. Bef.Nr. 9-14. Inv.Nr. 59/4
27. Räucherkelch. 1 WS. BW 1. Lokalproduktion. Bef.Nr. 7.1. Inv.Nr. 21/44
28. Räucherkelch. 3 WS. BW 3. Lokalproduktion. Bef.Nr. 9. Inv.Nr. 114/7
29. Räucherkelch. 1 BS. BW 3. Lokalproduktion. Bef.Nr. 9. Inv.Nr. 16/3

Schlangengefäße (n = 7)

1. Krater oder großer Dreihenkelkrug. Weißer Terrakottaton m. hellbrauner Engobe. 2 Dreistabhenkel. Import. Bef. Br. 7.1-9. Inv.Nr. 21/40, 58/35
2. Schlangengefäß. TN 2 = Schmid 1991 Tongruppe 2. Körperverlauf 2b. Schlangenkörperform 1/3. Bef.Nr. 7.1-12. Inv.Nr. 19/22
3. Schlangengefäß. TRW 3. Schmid 1991 Gefäßform 2. Bodenform 1. Bef.Nr. 7.2-1. Inv.Nr. 33/22
4. Schlangengefäß. BW 2. Spycher/Schucany 1997 Taf. 53,554. Bef.Nr. 7.1-11. Inv.Nr. 58/37
5. Schlangengefäß. BW 3. Schmid 1991 Randform 1. Bef.Nr. 7.1-10. Inv.Nr. 17.1/36
6. Schlangengefäß. BW 5. Schmid 1991 Taf. 16,82. Bef.Nr. 9-15. Inv.Nr. 15/14
7. Schlangengefäß. BW 5. Schmid 1991 Taf. 17,85; 23,202. Bef.Nr. 9-16. Inv.Nr. 4/13

Terra sigillata

Reliefsigillata (n = 24)

La Graufesenque
1. Drag. 29. Heiligmann Gruppe 4a, Mayer-Reppert Stilgruppe 4a. Bef.Nr. 1-1. Inv.Nr. Ü 1933/74.1
2. Drag. 29. Planck Gruppe 4/5, Heiligmann Gruppe 4b/5, Mayer-Reppert Stilgruppe 5a. Bef.Nr. 1-2. Inv.Nr. P8/Dm1,2
3. Drag. 29. Mayer-Reppert Stilgruppe 5. Inv.Nr. P8/Dm4
4. Drag. 37. Planck Gruppe 4, Heiligmann Gruppe 4b, Mayer-Reppert Stilgruppe 4b/5a. Bef.Nr. 6.2-1. Inv.Nr. 81/5

Lezoux
1. Drag. 37. Töpfer m. der Rosette. Heiligmann Gruppe I. Bef.Nr. 9-17. Inv.Nr. 16/9
2. Drag. 37. CINNAMVS. Heiligmann Gruppe III. Bef.Nr. 5.1-6. Inv.Nr. 64/8
3. Drag. 37. PVGNVS. Heiligmann Gruppe III. Bef.Nr. 9-18. Inv.Nr. 15/40
4. Déch. 68. Bef.Nr. 7.1-13. Inv.Nr. 19/16

Ostgallien und Obergermanien
1. Drag. 37. SATVRNINVS/SATTO. Chémery/Mittelbronn. Bef.Nr. 1-3. Inv.Nr. P8/Dm3
2. Drag. 37. SATVRNINVS/SATTO. Chémery/Mittelbronn. Bef.Nr. 9-19. Inv.Nr. 76/1
3. Drag. 37. CIBISVS/VERECVNDVS. Stempel-Nr.1. Ittenweiler/Mittelbronn. Bef.Nr. 5.1-8. Inv.Nr. Ü1933/74
4. Drag. 37. CIBISVS/VERECVNDVS. Chémery/Mittelbronn. Bef.Nr. 1-3. Inv.Nr. P8/Dm5
5. Drag. 37. RS. Bef.Nr. 9-20. Inv.Nr. 21.1/2
6. Drag. 37. RS. Ostgallien. Bef.Nr. 5.1-7. Inv.Nr. 8095/53
7. Drag. 37. WS. Ostgallien. Bef.Nr. 5.1. Inv.Nr. 8096/4

GIAMILVS
1. Drag. 37. Bef.Nr. 9-21. Inv.Nr. 71/7
2. Drag. 37. Bef.Nr. 9-22. Inv.Nr. 60/5
3. Drag. 37. Bef.Nr. 9-23. Inv.Nr. 80/1

Rheinzabern
1. Drag. 37. IANV I. Bernhard Gruppe Ia, Bittner Großgruppe 1,1, Mees Gruppe 1. Bef.Nr. 1. Inv.Nr. 65/4
2. Drag. 37. IANV II. Bernhard Gruppe IIIa, Bittner Großgruppe 1,4, Mees Gruppe 2. Bef.Nr. 5.1-9. Inv.Nr. 11/1,32
3. Drag. 37. Töpfer der Gruppe Bernhard II/III. Bef.Nr. 6.3-2. Inv.Nr. 7/6
4. Drag. 37. Töpfer unbestimmbar. Bef.Nr. 5.1. Inv.Nr. 8096/3
5. Drag. 37. Töpfer unbestimmbar. Bef.Nr. 7.1-14. Inv.Nr. 21/33
6. Drag. 37. Töpfer unbestimmbar. Bef.Nr. 9. Inv.Nr. 112/11

Stempel auf verzierter Terra sigillata (n = 1) (Abb. 86)
1. Drag. 37. CIBISVS/VERECVNDVS. Ittenweiler. Bef.Nr. 5.1-8. Inv.Nr. Ü1933/74

Glatte Terra sigillata (n = 88)

La Graufesenque
1. Drag. 15/17. Bef.Nr. 9-24. Inv.Nr. 15/38
2. Drag. 18. Curle 1. Bef.Nr. 9-25. Inv.Nr. 100/13

3. Drag. 18. Curle 1. Bef.Nr. 9-26. Inv.Nr. 15/39
4. Drag. 27. Knorr 1912 Taf. 16,20. Bef.Nr. 9-36. Inv.Nr. 107/1
5. Drag. 27. Knorr 1912 Taf. 16,18. Bef.Nr. 9-35. Inv.Nr. 78/3
6. Drag. 36. Bef.Nr. 1. Inv.Nr. P8/Dm6
7. Drag. 36. Bef.Nr. 5.1. Inv.Nr. 8096/2
8. Form unbestimmbar. Bef.Nr. 9. Inv.Nr. 92/1

Lezoux
1. Drag. 31. Bet/Montineri 55. Bef.Nr. 6.2. Inv.Nr. 81/4
2. Drag. 31. Bet/Montineri 55. Bef.Nr. 7.1-16. Inv.Nr. 24/9,10
3. Drag. 31. Bet/Montineri 55. Bef.Nr. 5.1. Inv.Nr. 11/40
4. Drag. 31. Bet/Montineri 55. Bef.Nr. 6.2-2. Inv.Nr. 81/13
5. Drag. 31. Bet/Montineri 55. Bef.Nr. 7.1. Inv.Nr. 99/9
6. Drag. 31. Bet/Montineri 55. Lud. Tq. Bef.Nr. 9-28. Inv.Nr. 68/4
7. Drag. 31. Bet/Montineri 55. Lud. Tq. Bef.Nr. 9-29. Inv.Nr. 84/3
8. Drag. 31. Bet/Montineri 56. Lud. Sa/Sb. Pudding Pan Rock 10. MACERATVS. Stempel Nr. 3. Graffito Nr. 2-4. Bef.Nr. 7.1-15. Inv.Nr. 58/77
9. Drag. 31. Bet/Montineri 56. Lud. Sb. Bef.Nr. 9-27. Inv.Nr. 28/15
10. Drag. 31. Bet/Montineri 56. Lud. Sb. Bef.Nr. 6.2-3. Inv.Nr. 38/6
11. Drag. 36. Bet/Montineri 15. Bef.Nr. 1-5. Inv.Nr. P8/DC
12. Drag. 36. Bet/Montineri 15. Bef.Nr. 9. Inv.Nr. 67/3
13. Drag. 42. Bet/Montineri 17/25. Bef.Nr. 5.1. Inv.Nr. 8095/56
14. Drag. 35. Bet/Montineri 14. Pudding Pan Rock 6. Bef.Nr. 4-1. Inv.Nr. 32/14
15. Drag. 33. Bet/Montineri 36. Bef.Nr. 6.1-3. Inv.Nr. 113/2,4,5
16. Drag. 33. Bet/Montineri 36. Bef.Nr. 9-37. Inv.Nr. 4/1
17. Drag. 33. Bet/Montineri 36. Curle 18. Bef.Nr. 7.1-21. Inv.Nr. 58/4
18. Drag. 33. Bet/Montineri 36. Pudding Pan Rock 13. Bef.Nr. 6.3-3. Inv.Nr. 2/3
19. Drag. 33. Bet/Montineri 36. Lud. Ba. Bef.Nr. 9-38. Inv.Nr. 93/3
20. Drag. 40. Bet/Montineri 3. Bef.Nr. 9-39. Inv.Nr. 15/41
21. Déch. 72. Bet/Montineri 102. Bef.Nr. 5.1-13. Inv.Nr. 91/6+94/10
22. Déch. 72. Bet/Montineri 102. Bef.Nr. 5.1-14. Inv.Nr. 8096/5
23. Déch. 72. Bet/Montineri 102. Bef.Nr. 5.1-15. Inv.Nr. 8095/55
24. Déch. 72. Bet/Montineri 102. Bef.Nr. 5.2-6. Inv.Nr. 18.1/10
25. Déch. 72. Bet/Montineri 102. Bef.Nr. 7.2-2. Inv.Nr. 33/42,43,46,47
26. Déch. 72. Bet/Montineri 102. Bef.Nr. 9-40. Inv.Nr. 28/29
27. Déch. 72. Bet/Montineri 102. Bef.Nr. 9-41. Inv.Nr. 28/14
28. Déch. 72. Bet/Montineri 102. Bef.Nr. 9. Inv.Nr. 28

Ostgallien
1. Drag. 31. Lud. Sb/Tq. Bef.Nr. 7.1-17. Inv.Nr. 58/33
2. Drag. 31. Bef.Nr. 1. Inv.Nr. 65/3
3. Drag. 31. Bef.Nr. 6.2. Inv.Nr. 81/7
4. Drag. 32. Lud. Ta. Bef.Nr. 5.1-10. Inv.Nr. 94/10
5. Drag. 32. Bef.Nr. 7.1-20. Inv.Nr. 21.1/9
6. Drag. 36. Bef.Nr. 7.1. Inv.Nr. 30
7. Drag. 27. Bef.Nr. 5.1. Inv.Nr. 64/2
8. Drag. 33. Oswald/Pryce 1966 Taf. 51,10. Bef.Nr. 5.1-12. Inv.Nr. 8095/1
9. Drag. 33. Oswald/Pryce 1966 Taf. 51,12. Bef.Nr. 4-2. Inv.Nr. 32/3
10. Drag. 33. Bef.Nr. 9. Inv.Nr. 95/2
11. Drag. 33. Curle 18. Bef.Nr. 11-6. Inv.Nr. 8/9
12. Drag. 33. Curle 18. Bef.Nr. 11-7. Inv.Nr. 122/2,3
13. Drag. 33. Curle 18/Lud. Ba. Bef.Nr. 11-8. Inv.Nr. S2/23
14. Drag. 33. Pudding Pan Rock 13. Bef.Nr. 2-1. Inv.Nr. 62/7
15. Drag. 46. Oswald/Pryce 1966 Taf. 55,21. Bef.Nr. 3.2-2. Inv.Nr. P8/Dn1

Heiligenberg/Ittenweiler
1. Drag. 18/31. MARINVS. Stempel Nr. 5. Bef.Nr. 13-2. Inv.Nr. 111/2
2. Drag. 31. GEMINVS. Stempel Nr. 3. Bef.Nr. 9-30. Inv.Nr. 10/5
3. Drag. 31. Lud. Sa. Bef.Nr. 9-31. Inv.Nr. 74/20
4. Drag. 31. DROMBVS. Stempel Nr. 2. Bef.Nr. 7.1-18. Inv.Nr. 58/74
5. Drag. 31. Lud. Tq. Graffito Nr. 1, 5. Bef.Nr. 7.1-19. Inv.Nr. 63/2,3
6. Drag. 31. Kortüm 1995 Taf. 74,T2f. Bef.Nr. 11-5. Inv.Nr. P8/Dt

7. Drag. 33.Lud. Ba. Bef.Nr. 11-9. Inv.Nr. 55/1
8. Drag. 33. Bef.Nr. 11. Inv.Nr. 8/17
9. Drag. 33. Oelmann 9. Bef.Nr. 5.2-7. Inv.Nr. 110

GIAMILVS
1. Drag. 18/31. Bef.Nr. 9. Inv.Nr. 107/4
2. Drag. 18/31. Bef.Nr. 9. Inv.Nr. 28/22
3. Drag. 18/31. Bef.Nr. 12-3. Inv.Nr. 111/1
4. Drag. 36. Bef.Nr. 9-34. Inv.Nr. 69/4
5. Drag. 33. Bef.Nr. 6.3-4. Inv.Nr. 2/1
6. Drag. 33. Bef.Nr. 6.3-5. Inv.Nr. 2/2

Rheinzabern
1. Drag. 31. Lud. Sb/Tq. Bef.Nr. 9-33. Inv.Nr. 92/3
2. Drag. 31. Lud. Tq. Bef.Nr. 3.2-1. Inv.Nr. 66/5
3. Drag. 31. KORTÜM 1995 T2g. BITVNVS. Stempel Nr. 1. Grafitto Nr. 6. Bef.Nr. 11-5. Inv.Nr. P8/Dt
4. Drag. 31. MARITVS. Stempel Nr. 6. Bef.Nr. 9-32. Inv.Nr. 4/12
5. Drag. 31. Bef.Nr. 4. Inv.Nr. 32/5
6. Drag. 31. Bef.Nr. 5.1. Inv.Nr. 64/4
7. Drag. 31. Bef.Nr. 5.1. Inv.Nr. 8095/56
8. Drag. 32. Lud. Ta. Bef.Nr. 7.3-3. Inv.Nr. 29/19
9. Drag. 32. MAY 1916 Taf. 32,33. Bef.Nr. 6.2-4. Inv.Nr. 81/3
10. Drag. 32. Bef.Nr. 7.2. Inv.Nr. 25/7
11. Drag. 32. Bef.Nr. 9. Inv.Nr. 89/1
12. Drag. 36. Bef.Nr. 9. Inv.Nr. 115/4
13. Lud. Tb. Bef.Nr. 7.3-2. Inv.Nr. 29/1
14. Drag. 27. Lud. Sb. Bef.Nr. 5.1-11. Inv.Nr. 22/15
15. Drag. 33. Oelmann 9. Bef.Nr. 7.1-22. Inv.Nr. 58/27
16. Drag. 33. REGINVS. Stempel Nr. 7. Bef.Nr. 1-6. Inv.Nr. 1933/74.2
17. Drag. 40. Oelmann 10. Grafitto Nr. 7. Bef.Nr. 11-10. Inv.Nr. P8/D1
18. Lud. VSe. Bef.Nr. 9-42. Inv.Nr. 16/8
19. Lud. VS. Bef.Nr. 1. Inv.Nr. P8/DC
20. Form unbestimmbar. Bef.Nr. 2. Inv.Nr. 10.1
21. Form unbestimmbar. Bef.Nr. 9. Inv.Nr. 10/2–5
22. Form unbestimmbar. Bef.Nr. 11. Inv.Nr. 3

Stempel auf glatter Terra sigillata (n = 7) (Abb. 86)
1. BITVNVS. Bitunus. Rheinzabern. LUDOWICI V 211b. Drag. 31. Graffito Nr. 6. Bef.Nr. 11-5. Inv.Nr. P8/Dt
2. DRONBV ... Drombus. Heiligenberg. FORRER 1911 Taf. 15,19c. Drag. 31. Bef.Nr. 7.1-18. Inv.Nr. 58/74
3. CEMINVS. Geminus. Heiligenberg. Ähnl. HEILIGMANN 1990 Taf. 151,19. Drag. 31. Bef.Nr. 9-30. Inv.Nr. 10/5
4. MACER ... Maceratus. Lezoux. HOFMANN 1971/72 No.107.1. Drag. 31. Graffito Nr. 2-4. Bef.Nr. 7.1-15. Inv. Nr. 58/77
5. MARINVS. Marinus. Heiligenberg. Ähnl. HEILIGMANN 1990 Taf. 151,24. Drag. 18/31. Bef.Nr. 13-1. Inv.Nr. 111/2
6. MAR ... Maritus. Rheinzabern. KORTÜM 1995 Taf. 71,264. Drag. 31. Bef.Nr. 9-32. Inv.Nr. 4/12
7. ... S.FEC. Reginus. Rheinzabern. LUDOWICI V 227g. Drag. 33. Bef.Nr. 1-6. Inv.Nr. Ü1933/74.2

Graffiti auf glatter Terra sigillata (n = 7) (Abb. 86)
1. IK ... Außenwand unterhalb des Wandknicks. Heiligenberg. Drag. 31. Lud. Tq. Graffito Nr. 5. Bef.Nr. 7.1-19. Inv.Nr. 63/2,3
2. PA ... Boden innerhalb des Standrings. Lezoux. Drag. 31. Pudding Pan Rock 10. Stempel Nr. 4. Graffito Nr. 3, 4. Bef.Nr. 7.1-15. Inv.Nr. 58/77
3. RI ... Außenwand unterhalb des Wandknicks. Lezoux. Drag. 31. Pudding Pan Rock 10. Stempel Nr. 4. Graffito Nr. 2, 4. Bef.Nr. 7.1-15. Inv.Nr. 58/77
4. SIAM ... Außenwand unterhalb der Lippe. Lezoux. Drag. 31. Pudding Pan Rock 10. Stempel Nr. 4. Graffito Nr. 2, 3. Bef.Nr. 7.1-15. Inv.Nr. 58/77
5. X. Preisangabe. Außenwand unterhalb des Wandknicks. Heiligenberg. Drag. 31. Lud. Tq. Graffito Nr. 1. Bef. Nr. 7.1-19. Inv.Nr. 63/2,3
6. M. Standfläche des Standrings. Rheinzabern. Drag. 31. KORTÜM 1995 T2g. Stempel Nr. 1. Bef.Nr. 11-5. Inv. Nr. P8/Dt
7. ✕, \. Innenwand am Übergang von Wand zu Boden. Rheinzabern. Drag. 40. Oelmann 10. Bef.Nr. 11-10. Inv.Nr. P8/D1

Braungestrichene Ware (n = 2)

1. LOESCHCKE 1921a Typ 2. Unverzagt 7. Bef.Nr. 7.1-23. Inv.Nr. 58/28a
2. LOESCHCKE 1922b Typ 10. Unverzagt 5. Bef.Nr. 9-43. Inv.Nr. 100/5

Helvetische TS-Imitation (n = 29)

1. Drack 3 Db. Drack Ware 5, hell. Bef.Nr. 4-3. Inv.Nr. 37.3/31
2. Vindonissa 416. Drack Ware 4 = TGW 5. Bef.Nr. 9-46. Inv.Nr. 31/13
3. Vindonissa 223. TN 1. Bef.Nr. 9-45. Inv.Nr. 7/3
4. Drack 15 A. Drack Ware 5, hell. Bef.Nr. 9-44. Inv.Nr. 7/4
5. Drack 19 A. TN 2. Bef.Nr. 4. Inv.Nr. 37/32
6. Drack 19 Ab. TN. Bef.Nr. 9-48. Inv.Nr. 35.2/11
7. Drack 19 Ba. TN 2. Bef.Nr. 7.2-4. Inv.Nr. 25/2
8. Drack 19 Ba. TN 3. Bef.Nr. 7.3-4. Inv.Nr. 23/6.8
9. Drack 19. TR 1. Bef.Nr. 6.2-6. Inv.Nr. 38/5
10. Drack 19. TR 1. Bef.Nr. 7.2-3. Inv.Nr. 25/15
11. Drack 19. TR 1. Bef.Nr. 9-47. Inv.Nr. 60/8
12. Drack 19. TN 1. Bef.Nr. 6.3. Inv.Nr. 54
13. Drack 19. TN 1. Bef.Nr. 3.1. Inv.Nr. P8/Du,Db
14. Drack 19. TN 1. Bef.Nr. 6.2. Inv.Nr. 54
15. Drack 19. TN 1. Bef.Nr. 5.1. Inv.Nr. 8096/9
16. Drack 19. Drack Ware 4 = TGW 5. Bef.Nr. 9-49. Inv.Nr. 97/5
17. Drack 19. Drack Ware 4 = TGW 5. Bef.Nr. 6.3-6. Inv.Nr. 12/17
18. Drack 19. Drack Ware 4 = TGW 5. Bef.Nr. 7.2. Inv.Nr. 25/11
19. Drack 19. Drack Ware 4 = TGW 5. Bef.Nr. 9-143. Inv.Nr. P8/Dd
20. Drack 19. Drack Ware 4 = TGW 5. Bef.Nr. 7.2-5. Inv.Nr. 25/5
21. Drack 20. TR 1. Bef.Nr. 3.1-1. Inv.Nr. P8/Du,Db
22. Drack 20 B. TN 2. Bef.Nr. 5.1-16. Inv.Nr. 22/17
23. Drack 20. TN 2. Bef.Nr. 7.1-24. Inv.Nr. 21/47
24. Drack 20. TN 3. Bef.Nr. 5.1. Inv.Nr. 8096/8
25. Drack 21 B. Drack Ware 5, hell. Bef.Nr. 5.1-17. Inv.Nr. 14.1/23
26. Drack 21 B. Drack Ware 5, hell. Bef.Nr. 9-50. Inv.Nr. 4/6
27. Drack 21. TN 2. Bef.Nr. 5.1-18. Inv.Nr. 22/13
28. Drack 21. TN 3. Bef.Nr. 5.1. Inv.Nr. 8096/26
29. Drack 21. TR 1. Bef.Nr. 3.1. Inv.Nr. P8/Du,Db

Terra nigra (n = 17)

1. Teller FURGER 1992 Abb. 52,20/25. TN 3. Bef.Nr. 9-142. Inv.Nr. P8/Da
2. Schale RYCHENER et al. 1986 Taf. 75,924. TN 2. Bef.Nr. 7.1. Inv.Nr. 17/21
3. Schale RYCHENER et al. 1986 Taf. 75,924. TGW 5. Bef.Nr. 7.1-25. Inv.Nr. 58/21
4. Schüssel m. eingeb. Rand. TN 2. FURGER 1992 Abb. 55,5/73. Bef.Nr. 9-51. Inv.Nr. 39/1
5. Schale m. eingeb. Rand. TGW 5. FURGER 1992 Abb. 60,19/66. Bef.Nr. 7.1-26. Inv.Nr. 58/46
6. Schüssel m. eingeb. Rand. TN 2. Bef.Nr. 9. Inv.Nr. 121/1
7. Schüssel m. Wulstrand. TN 2. FURGER 1992 Abb. 59,19/70. Bef.Nr. 6.1-4. Inv.Nr. 18.1/13
8. Becher Kaenel 1. TN 1. Bef.Nr. 9. Inv.Nr. 92/7,10
9. Becher Kaenel 1. TN 2. Bef.Nr. 5.1. Inv.Nr. 91/8
10. Becher Kaenel 5/6. TN 2. Bef.Nr. 7.1-27. Inv.Nr. 19/23
11. Becher m. Karniesrand. TN 1. SCHUCANY et al. 1999 Abb. 34,9. Bef.Nr. 6.3-7. Inv.Nr. 12/18
12. Becher. TN 2. FURGER 1992 Taf. 81,20/61. Bef.Nr. 7.1-28. Inv.Nr. 61/7
13. Tonne. TN 1. Bef.Nr. 9. Inv.Nr. 95/5
14. Tonne. TN 3. Bef.Nr. 9. Inv.Nr. P8/Da
15. Topf. TN 2. FURGER 1992 Abb. 62,14/53. Bef.Nr. 7.1-29. Inv.Nr. 19/24
16. Topf. TGW 5. FURGER 1992 Abb. 62,18/35. Bef.Nr. 11-11. Inv.Nr. 8/15,16
17. Flasche. TGW 5. RYCHENER 1984 Taf. 29 C 398. Bef.Nr. 9-52. Inv.Nr. 15/25

Terra rubra (n = 3)

1. Vindonissa 180/378. TR 1. Bef.Nr. 6.2-5. Inv.Nr. 38/1
2. Tonne ETTLINGER 1949 Taf. 23,2. TR 1. Bef.Nr. 7.2-6. Inv.Nr. 33/9
3. Flasche FURGER 1992 Taf. 57,15/81. TR 1. Bef.Nr. 3.1. Inv.Nr. P8/Du,Db

Bemalte Ware in Spätlatènetradition (n = 6)

1. Vindonissa 14. BW SLT 1. Bef.Nr. 7.1-30. Inv.Nr. 21/38
2. Flasche. BW SLT 1. Reuter 2003 Taf. 16,44. Bef.Nr. 3.1. Inv.Nr. P8/Du,Db
3. Flasche. BW SLT 1. Reuter 2003 Taf. 16,44. Bef.Nr. 9. Inv.Nr. 4; 15; 78/2,5
4. Tonne Rychener 1984 Abb. 55 C 376; 57 D 685. BW SLT 1. Bef.Nr. 3.1. Inv.Nr. P8/Du,Db
5. Tonne Rychener 1984 Abb. 55 C 376; 57 D 685. BW SLT 1. Bef.Nr. 7.2-7. Inv.Nr. 25/3
6. Tonne Rychener 1984 Abb. 55 C 376; 57 D 685. BW SLT 1. Bef.Nr. 7.3-5. Inv.Nr. 29/15B

Glanztonware (n = 114)

1. Becher m. Karniesrand. GTW 1. Schweizer Dekorgruppe. Ettlinger 1949 Taf. 22,17. Bef.Nr. 7.1. Inv.Nr. 21.1/6
2. Becher m. Karniesrand. GTW 2. Schweizer Dekorgruppe. Ettlinger 1949 Taf. 22,17. Bef.Nr. 1. Inv.Nr. 65/1
3. Becher m. Karniesrand. GTW 2. Schweizer Dekorgruppe. Ettlinger 1949 Taf. 22,17. Bef.Nr. 7.2. Inv.Nr. 33/40,41
4. Becher m. Karniesrand. GTW 1. Ettlinger 1949 Taf. 22,17. Bef.Nr. 4-4. Inv.Nr 32/8
5. Becher m. Karniesrand. GTW 1. Ettlinger 1949 Taf. 22,17. Bef.Nr. 7.1. Inv.Nr. 19/18
6. Becher m. Karniesrand. GTW 1. Ettlinger 1949 Taf. 22,17. Bef.Nr. 9-54. Inv.Nr. 93/4
7. Becher m. Karniesrand. GTW 2. Ettlinger 1949 Taf. 22,17. Bef.Nr. 11-19. Inv.Nr. 5/6
8. Becher m. Karniesrand. GTW 3. Ettlinger 1949 Taf. 22,17. Bef.Nr. 9. Inv.Nr. 100/8
9. Becher m. Karniesrand. GTW 1 m. metallischem Glanz. Bef.Nr. 2-2. Inv.Nr. 62/4
10. Becher m. Karniesrand. GTW 1 m. metallischem Glanz. Schucany et al. 1999 Abb. 34,6. Bef.Nr. 5.1-20. Inv. Nr. 36/13
11. Becher m. Karniesrand. GTW 1. Schweizer Dekorgruppe. Furger 1992 Taf. 62,16/81. Bef.Nr. 6.2-7. Inv.Nr. 38/3
12. Becher m. Karniesrand. GTW 1. Schweizer Dekorgruppe. Furger 1992 Taf. 62,16/81. Bef.Nr. 11-15. Inv.Nr. B4
13. Becher m. Karniesrand. GTW 2. Schweizer Dekorgruppe. Furger 1992 Taf. 62,16/81. Bef.Nr. 4-5. Inv.Nr. 32/6,11,12
14. Becher m. Karniesrand. GTW 3. Schweizer Dekorgruppe. Furger 1992 Taf. 62,16/81. Bef.Nr. 6.1. Inv.Nr. 13/5,6
15. Becher m. Karniesrand. GTW 1. Furger 1992 Taf. 62,16/81. Bef.Nr. 5.2-8. Inv.Nr. 79/18
16. Becher m. Karniesrand. GTW 1. Furger 1992 Taf. 62,16/81. Bef.Nr. 6.1-5. Inv.Nr. 13/2,3,4
17. Becher m. Karniesrand. GTW 1. Furger 1992 Taf. 62,16/81. Bef.Nr. 6.1. Inv.Nr. 18.2/18
18. Becher m. Karniesrand. GTW 1. Furger 1992 Taf. 62,16/81. Bef.Nr. 7.1-31. Inv.Nr. 58/44
19. Becher m. Karniesrand. GTW 2. Furger 1992 Taf. 62,16/81. Bef.Nr. 6.1. Inv.Nr. 13/35
20. Becher m. Karniesrand. GTW 1. Schucany et al. 1999 Abb. 34,9. Bef.Nr. 7.2-8. Inv.Nr. 33/38
21. Becher m. Karniesrand. GTW 1. Furger 1992 Taf. 80,20/36.40. Bef.Nr. 11-13. Inv.Nr. B1
22. Becher m. Karniesrand. GTW 1. Furger 1992 Taf. 80,20/36.40. Bef.Nr. 11-14. Inv.Nr. B3
23. Becher m. Karniesrand. GTW 1. Furger 1992 Taf. 89,22/48. Bef.Nr. 11-12. Inv.Nr. B2
24. Becher m. Karniesrand. GTW 4. Bef.Nr. 12-10. Inv.Nr. P8/Do4
25. Becher m. Karniesrand. GTW 4. Bef.Nr. 12-11. Inv.Nr. P8/Do4
26. Becher m. zylindr. Hals. GTW 1. Rychener 1984 Abb. 53 C 493. Bef.Nr. 9-53. Inv.Nr. 118/7
27. Becher m. zylindr. Hals. GTW 1. Schucany et al. 1999 Abb. 44,3. Bef.Nr. 7.1-33. Inv.Nr. 19/17
28. Becher m. zylindr. Hals. GTW 4. Schucany et al. 1999 Taf. 48,4. Bef.Nr. 7.1-34. Inv.Nr. 17.1/31
29. Becher m. zylindr. Hals. GTW 1. Furger 1992 Taf. 86,21/31. Bef.Nr. 5.1-19. Inv.Nr. 106/1
30. Becher m. abgesetztem Hals u. umgelegtem Rand. GTW 2. Walke 1965 Taf. 51,5. Bef.Nr. 7.1-40. Inv.Nr. 21/18
31. Becher m. umgelegtem Rand. GTW 4. Schucany et al. 1999 Abb. 44,2. Bef.Nr. 9. Inv.Nr. 112/20, 21, 26
32. Becher m. umgelegtem Rand. GTW 4. Schucany et al. 1999 Abb. 44,2. Bef.Nr. 9-55. Inv.Nr. 118/1,3
33. Zylindr. Becher. GTW 1 m. metallischem Glanz. Schucany et al. 1999 Abb. 44,5. Bef.Nr. 7.1-39. Inv.Nr. 58/5
34. Raet. Gurtbecher. GTW 1. Ähnl. Faber 1998 Taf. 49,22. Bef.Nr. 3.2-3. Inv.Nr. 66/4
35. Raet. Becher. GTW 1. Furger 1992 Taf. 81,20/61. Bef.Nr. 7.1. Inv.Nr. 21.1/8
36. Raet. Becher. GTW 1. Furger 1992 Taf. 81,20/61. Bef.Nr. 7.1. Inv.Nr. 58/42
37. Raet. Becher. GTW 1. Furger 1992 Taf. 81,20/61. Bef.Nr. 7.1-35. Inv.Nr. 58/69
38. Raet. Becher. GTW 1. Furger 1992 Taf. 81,20/61. Bef.Nr. 7.3-6. Inv.Nr. 68/2
39. Raet. Becher. GTW 1. Furger 1992 Taf. 81,20/61. Bef.Nr. 9. Inv.Nr. 104/1,2
40. Raet. Becher. GTW 4. Furger 1992 Taf. 81,20/61. Bef.Nr. 5.1-21. Inv.Nr. 11/6
41. Raet. Becher. GTW 4. Furger 1992 Taf. 81,20/61. Bef.Nr. 6.1-7. Inv.Nr. 13/36
42. Raet. Becher. GTW 4. Furger 1992 Taf. 81,20/61. Bef.Nr. 7.1. Inv.Nr. 21.1/7

43. Raet. Becher. GTW 4. Furger 1992 Taf. 81,20/61. Bef.Nr. 9-56. Inv.Nr. 28/20,23
44. Raet. Becher. GTW 4. Furger 1992 Taf. 81,20/61. Bef.Nr. 9. Inv.Nr. 93/6, 120/2
45. Raet. Becher. GTW 1. Drexel Stil 3. Furger 1992 Taf. 81,20/62. Bef.Nr. 9-57. Inv.Nr. 93/10
46. Raet. Becher. GTW 1. Furger 1992 Taf. 81,20/62. Bef.Nr. 7.1. Inv.Nr. 17/1
47. Raet. Becher. GTW 1. Furger 1992 Taf. 81,20/62. Bef.Nr. 7.1. Inv.Nr. 21/46
48. Raet. Becher. GTW 1. Furger 1992 Taf. 81,20/62. Bef.Nr. 7.1-36. Inv.Nr. 37/2
49. Raet. Becher. GTW 1. Furger 1992 Taf. 81,20/62. Bef.Nr. 7.1. Inv.Nr. 58/2
50. Raet. Becher. GTW 1. Furger 1992 Taf. 81,20/62. Bef.Nr. 7.3-7. Inv.Nr. 29/15A
51. Raet. Becher. GTW 2. Furger 1992 Taf. 81,20/62. Bef.Nr. 4-6. Inv.Nr. 32/13
52. Raet. Becher. GTW 4. Furger 1992 Taf. 81,20/62. Bef.Nr. 5.1-22. Inv.Nr. 36/5
53. Raet. Becher. GTW 4. Furger 1992 Taf. 81,20/62. Bef.Nr. 7.1. Inv.Nr. 19/7
54. Raet. Becher. GTW 4. Furger 1992 Taf. 81,20/62. Bef.Nr. 7.1. Inv.Nr. 21.1/5
55. Raet. Becher. GTW 4. Furger 1992 Taf. 81,20/62. Bef.Nr. 7.1. Inv.Nr. 58/60
56. Raet. Becher. GTW 1. Schweizer Dekorgruppe. Furger 1992 Taf. 81,20/63. Bef.Nr. 6.1-6. Inv.Nr. 18.2/17
57. Raet. Becher. GTW 1. Furger 1992 Taf. 81,20/63. Bef.Nr. 7.1. Inv.Nr. 17/2
58. Raet. Becher. GTW 1. Furger 1992 Taf. 81,20/63. Bef.Nr. 7.1. Inv.Nr. 21/23
59. Raet. Becher. GTW 1. Furger 1992 Taf. 81,20/63. Bef.Nr. 7.1. Inv.Nr. 30/9
60. Raet. Becher. GTW 1. Furger 1992 Taf. 81,20/63. Bef.Nr. 7.1. Inv.Nr. 58/26
61. Raet. Becher. GTW 1. Furger 1992 Taf. 81,20/63. Bef.Nr. 7.1. Inv.Nr. 58/34
62. Raet. Becher. GTW 1. Furger 1992 Taf. 81,20/63. Bef.Nr. 7.1. Inv.Nr. 58/68
63. Raet. Becher. GTW 1. Furger 1992 Taf. 81,20/63. Bef.Nr. 7.1-37. Inv.Nr. 99/16
64. Raet. Becher. GTW 1. Furger 1992 Taf. 81,20/63. Bef.Nr. 7.2-9. Inv.Nr. 33/44
65. Raet. Becher. GTW 1. Furger 1992 Taf. 81,20/63. Bef.Nr. 7.3-8. Inv.Nr. 29/6
66. Raet. Becher. GTW 2. Furger 1992 Taf. 81,20/63. Bef.Nr. 7.2. Inv.Nr. 33/6,10
67. Raet. Becher. GTW 4. Furger 1992 Taf. 81,20/63. Bef.Nr. 6.1-8. Inv.Nr. 13/1
68. Raet. Becher. GTW 4. Furger 1992 Taf. 81,20/63. Bef.Nr. 6.1. Inv.Nr. 18.1/9
69. Raet. Becher. GTW 4. Furger 1992 Taf. 81,20/63. Bef.Nr. 7.2. Inv.Nr. 33/36
70. Raet. Becher. GTW 1. Furger 1992 Taf. 81,20/64. Bef.Nr. 7.1. Inv.Nr. 19/10
71. Raet. Becher. GTW 1. Furger 1992 Taf. 81,20/64. Bef.Nr. 7.1-38. Inv.Nr. 58/17
72. Raet. Becher. GTW 2. Furger 1992 Taf. 81,20/64. Bef.Nr. 7.1. Inv.Nr. 58/43
73. Raet. Becher. GTW 4. Furger 1992 Taf. 81,20/64. Bef.Nr. 5.1-23. Inv.Nr. 14.1/11
74. Raet. Becher. GTW 4. Furger 1992 Taf. 81,20/64. Bef.Nr. 9-58. Inv.Nr. 60/2
75. Raet. Becher. GTW 1. Drexel Stil 2/3. Bef.Nr. 1. Inv.Nr. 65/11
76. Raet. Becher. GTW 1. Drexel Stil 2/3. Bef.Nr. 5.1. Inv.Nr. 22/16
77. Raet. Becher. GTW 1. Drexel Stil 2/3. Bef.Nr. 5.1. Inv.Nr. 79/6,15,16
78. Raet. Becher. GTW 1. Drexel Stil 2/3. Bef.Nr. 7.1. Inv.Nr. 17.1/44
79. Raet. Becher. GTW 1. Drexel Stil 2/3. Bef.Nr. 7.1. Inv.Nr. 99/22
80. Raet. Becher. GTW 1. Drexel Stil 2/3. Bef.Nr. 9. Inv.Nr. 15/37
81. Raet. Becher. GTW 3. Drexel Stil 2/3. Bef.Nr. 5.1. Inv.Nr. 8096/6
82. Raet. Becher. GTW 4. Drexel Stil 2/3. Bef.Nr. 6.1. Inv.Nr. 13.1/28
83. Raet. Becher. GTW 4. Drexel Stil 2/3. Bef.Nr. 7.1. Inv.Nr. 61/9
84. Raet. Becher. GTW 1. Drexel Stil 3. Bef.Nr. 9. Inv.Nr. 124/4
85. Raet. Becher. GTW 1. Schweizer Dekorgruppe. Bef.Nr. 2. Inv.Nr. 35.1
86. Raet. Becher. GTW 1. Schweizer Dekorgruppe. Bef.Nr. 6.3. Inv.Nr. 12/12
87. Raet. Becher. GTW 1. Schweizer Dekorgruppe. Bef.Nr. 7.1. Inv.Nr. 21.1/1
88. Raet. Becher. GTW 1. Schweizer Dekorgruppe. Bef.Nr. 7.1. Inv.Nr. 58/29
89. Raet. Becher. GTW 1. Schweizer Dekorgruppe. Bef.Nr. 7.1. Inv.Nr. 99/17,20,30
90. Raet. Becher. GTW 1. Schweizer Dekorgruppe. Bef.Nr. 9. Inv.Nr. 74/13,17
91. Raet. Becher. GTW 1. Schweizer Dekorgruppe. Bef.Nr. 9. Inv.Nr. 78/1,20
92. Raet. Becher. GTW 1. Schweizer Dekorgruppe. Bef.Nr. 9. Inv.Nr. 108/5, 8079
93. Raet. Becher. GTW 2. Schweizer Dekorgruppe. Bef.Nr. 6.3. Inv.Nr. 2/4
94. Raet. Becher. GTW 2. Schweizer Dekorgruppe. Bef.Nr. 7.1. Inv.Nr. 19/15
95. Raet. Becher. GTW 2. Schweizer Dekorgruppe. Bef.Nr. 7.1. Inv.Nr. 21/48
96. Raet. Becher. GTW 2. Schweizer Dekorgruppe. Bef.Nr. 11. Inv.Nr. 55/6
97. Raet. Becher. GTW 1. Bef.Nr. 4. Inv.Nr. 32
98. Raet. Becher. GTW 1. Bef.Nr. 5.2. Inv.Nr. 16/6
99. Raet. Becher. GTW 1. Bef.Nr. 7.1. Inv.Nr. 21/4
100. Raet. Becher. GTW 1. Bef.Nr. 7.1. Inv.Nr. 58/57
101. Raet. Becher. GTW 1. Bef.Nr. 9. Inv.Nr. 28/26,29,50
102. Raet. Becher. GTW 1. Bef.Nr. 9. Inv.Nr. 108/6,8,10
103. Raet. Becher. GTW 1. Bef.Nr. 11. Inv.Nr. 122/1
104. Raet. Becher. GTW 4. Bef.Nr. 5.1. Inv.Nr. 98/6
105. Raet. Becher. GTW 4. Bef.Nr. 7.1. Inv.Nr. 21/28

106. Becher m. Griesbewurf. GTW 4. Bef.Nr. 7.1. Inv.Nr. 35/1
107. Becher m. Griesbewurf. Bef.Nr. 5.1. Inv.Nr. 8014
108. Becher m. Barbotinetupfen. GTW 2. Bef.Nr. 9. Inv.Nr. 93/7
109. Faltenbecher. GTW 1. Furger 1992 Taf. 56,15/73. Bef.Nr. 11-16. Inv.Nr. FB1
110. Faltenbecher. GTW 1. Furger 1992 Taf. 56,15/73. Bef.Nr. 11-17. Inv.Nr. 78/7,8
111. Faltenbecher. GTW 1. Furger 1992 Taf. 56,15/73. Bef.Nr. 11-18. Inv.Nr. 8/1,2
112. Faltenbecher. GTW 4. Furger 1992 Taf. 56,15/73. Bef.Nr. 12-12. Inv.Nr. P8/Do3
113. Faltenbecher. GTW 1. Bef.Nr. 5.1. Inv.Nr. 22
114. Faltenbecher. GTW 1. Bef.Nr. 7.1. Inv.Nr. 21/3

Glattwandige Gebrauchskeramik (n = 46)

1. Tonne Rychener 1984 Abb. 57 C 383. TGW 2. Bef.Nr. 9-59. Inv.Nr. 118/8
2. Becher Kaenel 1. Rychener 1984 Taf. 50 D 667. TGW 5. Bef.Nr. 5.1-24. Inv.Nr. 11/11,13,15,16
3. Tonne Rychener 1984 Taf. 22 C 283. TGW 5. Bef.Nr. 5.1. Inv.Nr. 37.2/25
4. Tonne Schucany et al. 1999 Abb. 49,4. TGW 5. Bef.Nr. 9. Inv.Nr. 7/2
5. Topf. Kammstrich. TGW 1. Bef.Nr. 6.1. Inv.Nr. 13/17
6. Topf Furger 1992 Abb. 62,9/64. TGW 5. Bef.Nr. 5.1-25. Inv.Nr. 8095/60
7. Topf Furger 1992 Abb. 65,14/54. TGW 5. Bef.Nr. 9-60. Inv.Nr. 28/28
8. Topf Jauch 1997 Taf. 35,544. TGW 5. Bef.Nr. 5.1-57. Inv.Nr. 8095/57
9. Topf Oelmann 87. TGW 5. Bef.Nr. 5.1-27. Inv.Nr. 8095/58
10. Topf Hussong/Cüppers 1972 Taf. 8,68a. TGW 5 Bef.Nr. 5.1-28. Inv.Nr. 8096/17
11. Topf Furger 1992 Abb. 65,5/88. TGW ?, Oberfläche stark verrollt. Bef.Nr. 11-39. Inv.Nr. 8/5
12. Topf Furger 1992 Abb. 65,5/88. TGW ?, Oberfläche stark verrollt. Bef.Nr. 11. Inv.Nr. 8/6
13. Topf Furger 1992 bb. 65,11/71. TGW ?, Oberfläche stark verrollt. Bef.Nr. 11. Inv.Nr. 8/12,14
14. Topf Furger 1992 Abb. 65,11/71. TGW ?, Oberfläche stark verrollt. Bef.Nr. 11-40. Inv.Nr. 8/12
15. Topf Furger 1992 Abb. 65,12/62. TGW ?, Oberfläche stark verrollt. Bef.Nr. 11-41. Inv.Nr. 8/7
16. Deckel Rychener 1984 Abb. 63 D 640. TGW 1. Bef.Nr. 6.3. Inv.Nr. 123/1
17. Deckel Hussong/Cüppers 1972 Taf. 7,61. TGW 1. Bef.Nr. 6.3-8. Inv.Nr. 7/7
18. Deckel Furger 1992 Taf. 64,16/116.117. TGW 2. Bef.Nr. 12-22. Inv.Nr. P8/Do6
19. Deckel Furger 1992 Taf. 43,12/65. TGW 3. Bef.Nr. 2-5. Inv.Nr. 62/8
20. Deckel Rychener 1984 Abb. 63 D 709. TGW 3. Bef.Nr. 9-61. Inv.Nr. 15/24
21. Backplatte Schucany et al. 1999 Taf. 55,20. TGW 1. Bef.Nr. 5.1-29. Inv.Nr. 37.2/21
22. Backplatte Schucany et al. 1999 Taf. 55,20. TGW 1. Bef.Nr. 6.1. Inv.Nr. 6/13
23. Backplatte Furger 1992 Abb. 67,16/121. TGW 3. Bef.Nr. 9-66. Inv.Nr. 34/3
24. Schüssel m. eingez. Rand Furger 1992 Abb. 60,20/68. TGW 1. Bef.Nr. 6.1-16. Inv.Nr. 13.1/12
25. Schüssel m. Wandknick Ettlinger 1963 Taf. 5,10. TGW 1. Bef.Nr. 9-64. Inv.Nr. 108/1,14
26. Schüssel m. Wulstrand Loeschke 1922a Typ 38, Hussong/Cüppers 1972 Thermenerbauung Typ 66a. TGW 1. Bef.Nr. 9-65. Inv.Nr. 86/13
27. Schüssel m. Wulstrand Martin-Kilcher 1980 Taf. 28,5. TGW 3. Bef.Nr. 9-63. Inv.Nr. 31/10
28. Schüssel m. Wulstrand Martin-Kilcher 1980 Taf. 28,8. TGW 3. Bef.Nr. 11-47. Inv.Nr. 6/5
29. Schüssel m. Deckelfalz Martin-Kilcher 1980 Taf. 29,1. TGW 5. Bef.Nr. 9-62. Inv.Nr. 77/1
30. Schüssel m. Wulstrand Martin-Kilcher 1980 Taf. 28,8. TGW 5. Bef.Nr. 6.2. Inv.Nr. 116/13
31. Krug Gose 383. Loeschke 1921b Typ 50. Weißer Terrakottaton. Import. Grünewald 1990 Grab 69, 233,6. Bef.Nr. 11-26. Inv.Nr. K 11
32. Krug Furger 1992 Taf. 78,19/118.119. TGW 1. Bef.Nr. 3.1. Inv.Nr. P8/Du,Db
33. Krug. WS. TGW 1. Bef.Nr. 9. Inv.Nr. 84/2
34. Krug. WS. TGW 1. Bef.Nr. 13. Inv.Nr. 85
35. Krug Furger 1992 Abb. 70,11/81. TGW 3. Bef.Nr. 9-67. Inv.Nr. 82/7
36. Krug Furger 1992 Abb. 70,19/111. TGW 3. Bef.Nr. 9. Inv.Nr. 4/11
37. Krug Oelmann 62a. Loeschke 1921b Typ 50. TGW 3. Furger 1992 Abb. 70,17/40. Bef.Nr. 11-27. Inv.Nr. K4
38. Krug Oelmann 62a. Loeschke 1921b Typ 50. TGW 3. Furger 1992 Abb. 70,17/50. Bef.Nr. 11-28. Inv.Nr. K9
39. Krug Oelmann 62a. Loeschke 1921b Typ 50. TGW 3. Furger 1992 Taf. 83,20/119. Bef.Nr. 11-25. Inv.Nr. K7
40. Krug Gose 382. Loeschke 1921b Typ 50. TGW 3. Furger 1992 Abb. 70,17/50. Bef.Nr. 11-29. Inv.Nr. K5
41. Krug. Zweistabhenkel. TGW 3. Bef.Nr. 6.1. Inv.Nr. 6/14
42. Krug. Zweistabhenkel. TGW 3. Bef.Nr. 9. Inv.Nr. 4/3
43. Krug. WS. TGW 3. Bef.Nr. 1. Inv.Nr. 65/5
44. Krug. WS. TGW 3. Bef.Nr. 2. Inv.Nr. 35.1
45. Krug. WS. TGW 3. Bef.Nr. 6.1. Inv.Nr. 13
46. Krug. BS. TGW 5. Bef.Nr. 5.1. Inv.Nr. 8096/32

Rauwandige Gebrauchskeramik (n = 263)

1. Tonne. TRW 3. Rychener 1984 Abb. 57 C 383. Bef.Nr. 5.1-30. Inv.Nr. 105/5,6
2. Tonne. TRW 3. Rychener 1984 Abb. 57 C 383. Bef.Nr. 9-68. Inv.Nr. 97/6
3. Tonne. TRW 3. Kammstrich. Bef.Nr. 7.1. Inv.Nr. 17.1/37
4. Tonne. TRW 3. Bef.Nr. 5.1. Inv.Nr. 91/3
5. Tonne. TRW 3. Bef.Nr. 9. Inv.Nr. 74/5
6. Tonne. TRW 3. Bef.Nr. 9. Inv.Nr. 95
7. Tonne. TRW 3. Bef.Nr. 9. Inv.Nr. 104/7,9,32,33,38
8. Tonne. TRW 3. Bef.Nr. 9. Inv.Nr. 119/3
9. Tonne. TRW 3. Bef.Nr. 9. Inv.Nr. 126
10. Tonne B1. TRW 6. Rychener 1984 Taf. 22 C 283. Bef.Nr. 7.1-42. Inv.Nr. 58/23
11. Tonne B1. TRW 6. Rychener 1984 Abb. 57 C 293. Bef.Nr. 5.1-31. Inv.Nr. 14.1/30
12. Tonne B1. TRW 6. Rychener 1984 Abb. 57 C 383. Bef.Nr. 7.1-41. Inv.Nr. 99/11
13. Tonne B1. TRW 6. Bef.Nr. 5.1. Inv.Nr. 22/14
14. Topf Furger 1992 Abb. 65,5/88. TRW 1. Bef.Nr. 5.1-37. Inv.Nr. 8095/65
15. Topf Furger 1992 Abb. 65,11/71. TRW 1. Bef.Nr. 5.1. Inv.Nr. 8095/64
16. Topf Furger 1992 Abb. 65,12/63. TRW 1. Bef.Nr. 9-144. Inv.Nr. 125
17. Topf. Kammstrich. TRW 1. Bef.Nr. 6.3. Inv.Nr. 123/2
18. Topf Furger 1992 Taf. 29,9/62. TRW 2. Bef.Nr. 5.1-38. Inv.Nr. 8096/29
19. Topf Furger 1992 Abb. 65,14/54. TRW 2. Bef.Nr. 7.1-45. Inv.Nr. 21/24
20. Topf Furger 1992 Taf. 43,12/61. TRW 2. Bef.Nr. 5.1. Inv.Nr. 8095/72
21. Topf Jauch 1997 Taf. 35,544. TRW 2. Bef.Nr. 7.1-47. Inv.Nr. 58/48
22. Topf Jauch 1997 Taf. 35,544. TRW 2. Bef.Nr. 9. Inv.Nr. 107/2,3
23. Topf Martin-Kilcher 1980 Taf. 33,9. TRW 2. Bef.Nr. 9-75. Inv.Nr. 59/12
24. Topf Martin-Kilcher 1980 Taf. 33,16. TRW 2. Bef.Nr. 9-76. Inv.Nr. 4/22
25. Topf Martin-Kilcher 1980 Taf. 33,16. TRW 2. Bef.Nr. 9. Inv.Nr. 112/22,24,25
26. Topf Furger 1992 Taf. 71,18/36. TRW 2. Bef.Nr. 4-7. Inv.Nr. 37.3/29
27. Topf Furger 1992 Taf. 71,18/36. TRW 2. Bef.Nr. 7.3-9. Inv.Nr. 29/14
28. Topf Furger 1992 Taf. 71,18/41. TRW 2. Bef.Nr. 7.1-53. Inv.Nr. 21/21
29. Topf Furger 1992 Taf. 81,20/80. TRW 2. Bef.Nr. 9-80. Inv.Nr. 95/1
30. Topf Furger 1992 Taf. 68,17/41. TRW 2. Bef.Nr. 2-3. Inv.Nr. 62/1
31. Topf Furger 1992 Taf. 68,17/41. TRW 2. Bef.Nr. 5.1-57. Inv.Nr. 8095/71
32. Topf Furger 1992 Taf. 68,17/41. TRW 2. Bef.Nr. 7.1. Inv.Nr. 58/14
33. Topf Furger 1992 Taf. 68,17/41. TRW 2. Bef.Nr. 9. Inv.Nr. 4/17
34. Topf Furger 1992 Taf. 68,17/41. TRW 2. Bef.Nr. 9. Inv.Nr. 31/4
35. Topf Furger 1992 Taf. 68,17/41. TRW 2. Bef.Nr. 9. Inv.Nr. 92/9,11,12
36. Topf Furger 1992 Abb. 65,19/87. TRW 2. Bef.Nr. 12-23. Inv.Nr. P8/Ds
37. Topf Furger 1992 Abb. 65,19/90. TRW 2. Bef.Nr. 9-84. Inv.Nr. 108/2,7
38. Topf Furger 1992 Abb. 65,19/90. TRW 2. Bef.Nr. 9. Inv.Nr. 67/6, 74/9,21,22,23, 78
39. Topf Furger 1992 Taf. 86,21/55. TRW 2. Bef.Nr. 7.1-61. Inv.Nr. 17.1/45
40. Topf Furger 1992 Taf. 86,21/55. TRW 2. Bef.Nr. 7.1. Inv.Nr. 58/16
41. Topf. Kammstrich. TRW 2. Bef.Nr. 1. Inv.Nr. 65/8,9,10
42. Topf. Kammstrich. TRW 2. Bef.Nr. 4. Inv.Nr. 37.3/28
43. Topf. Kammstrich. TRW 2. Bef.Nr. 6.2. Inv.Nr. 81/2,6,9
44. Topf. Kammstrich. TRW 2. Bef.Nr. 7.1. Inv.Nr. 58/19
45. Topf. Kammstrich. TRW 2. Bef.Nr. 9. Inv.Nr. 70, 78
46. Topf. Kammstrich. TRW 2. Bef.Nr. 9. Inv.Nr. 86/12,14,15
47. Topf. TRW 2. Bef.Nr. 5.1. Inv.Nr. 64/14,15,16, 79/9,10,11, 94/10,13
48. Topf. TRW 2. Bef.Nr. 6.3. Inv.Nr. 12/13
49. Topf. TRW 2. Bef.Nr. 7.1. Inv.Nr. 99/5,23,24
50. Topf. TRW 2. Bef.Nr. 9. Inv.Nr. 97/6,8
51. Topf. TRW 2. Bef.Nr. 9. Inv.Nr. 101/1,2,3
52. Topf. TRW 2. Bef.Nr. 9. Inv.Nr. 104
53. Topf. TRW 2. Bef.Nr. 9. Inv.Nr. 115/9
54. Topf Martin-Kilcher 1980 Taf. 35,3. TRW 3. Bef.Nr. 6.3-9. Inv.Nr. 53/1,3
55. Topf Rychener 1984 Taf. 34 C 465. TRW 3. Bef.Nr. 9-69. Inv.Nr. 59/8
56. Topf Furger 1992 Abb. 65,11/71. TRW 3. Bef.Nr. 5.1. Inv.Nr. 8095/63
57. Topf Furger 1992 Abb. 65,11/71. TRW 3. Bef.Nr. 5.1-40. Inv.Nr. 8095/66
58. Topf Furger 1992 Abb. 65,15/54. TRW 3. Bef.Nr. 9-70. Inv.Nr. 15/31
59. Topf Furger 1992 Taf. 43,12/61. TRW 3. Bef.Nr. 5.1-42. Inv.Nr. 8095/68
60. Topf Furger 1992 Abb. 65,12/62. TRW 3. Bef.Nr. 7.1-46. Inv.Nr. 99/27
61. Topf Martin-Kilcher 1980 Taf. 33,9. TRW 3. Bef.Nr. 9-71. Inv.Nr. 59/9,10

62. Topf JAUCH 1997 Taf. 35,545. TRW 3. Bef.Nr. 7.1-48. Inv.Nr. 24/5,6
63. Topf JAUCH 1997 Taf. 35,545. TRW 3. Bef.Nr. 9-73. Inv.Nr. 10/3
64. Topf JAUCH 1997 Taf. 35,550.551. TRW 3. Bef.Nr. 5.1-44. Inv.Nr. 22/7
65. Topf FURGER 1992 Abb. 65,16/111. TRW 3. Bef.Nr. 6.3-11. Inv.Nr. 7/8
66. Topf FURGER 1992 Abb. 65,16/115. TRW 3. Bef.Nr. 5.1-45. Inv.Nr. 8095/59
67. Topf FURGER 1992 Taf. 71,18/36. TRW 3. Bef.Nr. 5.1-49. Inv.Nr. 22/6
68. Topf FURGER 1992 Taf. 71,18/36. TRW 3. Bef.Nr. 7.1-51. Inv.Nr. 58/71
69. Topf FURGER 1992 Abb. 65,18/38. TRW 3. Bef.Nr. 5.1-48. Inv.Nr. 8096/20
70. Topf FURGER 1992 Abb. 65,18/38. TRW 3. Bef.Nr. 7.3-10. Inv.Nr. 68/1
71. Topf FURGER 1992 Abb. 65,18/40. TRW 3. Bef.Nr. 7.2-12. Inv.Nr. 33/31,34
72. Topf FURGER 1992 Abb. 65,20/82. TRW 3. Bef.Nr. 7.1-54. Inv.Nr. 19/3,24
73. Topf FURGER 1992 Abb. 65,20/82. TRW 3. Bef.Nr. 7.2-13. Inv.Nr. 33/26
74. Topf FURGER 1992 Abb. 65,20/87. TRW 3. Bef.Nr. 5.2-9. Inv.Nr. 16/4
75. Topf FURGER 1992 Abb. 65,20/87. TRW 3. Bef.Nr. 7.1-55. Inv.Nr. 17.1/40
76. Topf FURGER 1992 Taf. 82,20/88. TRW 3. Bef.Nr. 7.1-56. Inv.Nr. 19/4
77. Topf FURGER 1992 Taf. 82,20/88. TRW 3. Bef.Nr. 7.3-11. Inv.Nr. 29/2
78. Topf FURGER 1992 Abb. 65,20/90. TRW 3. Bef.Nr. 6.3-12. Inv.Nr. 53/2
79. Topf FURGER 1992 Abb. 65,20/90. TRW 3. Bef.Nr. 7.2-14. Inv.Nr. 33/19
80. Topf MARTIN-KILCHER 1980 Taf. 34,1. TRW 3. Bef.Nr. 9-87. Inv.Nr. 28/27
81. Topf MARTIN-KILCHER 1980 Taf. 34,8. TRW 3. Bef.Nr. 7.2-15. Inv.Nr. 25/4,13
82. Topf FURGER 1992 Taf. 68,17/41. TRW 3. Bef.Nr. 7.1. Inv.Nr. 1/1
83. Topf FURGER 1992 Abb. 65,19/84. TRW 3. Bef.Nr. 6.1-18. Inv.Nr. 6/12
84. Topf FURGER 1992 Abb. 65,19/84. TRW 3. Bef.Nr. 9-82. Inv.Nr. 4/21
85. Topf FURGER 1992 Abb. 65,19/87. TRW 3. Bef.Nr. 7.1-59. Inv.Nr. 35.3/17
86. Topf FURGER 1992 Abb. 65,19/87. TRW 3. Bef.Nr. 11-42. Inv.Nr. 20/1
87. Topf FURGER 1992 Taf. 76,19/88. TRW 3. Bef.Nr. 5.2-10. Inv.Nr. 102/1,2
88. Topf FURGER 1992 Taf. 76,19/88. TRW 3. Bef.Nr. 7.1-60. Inv.Nr. 58/45a
89. Topf FURGER 1992 Taf. 76,19/88. TRW 3. Bef.Nr. 9-83. Inv.Nr. 4/20
90. Topf FURGER 1992 Taf. 76,19/88. TRW 3. Bef.Nr. 11. Inv.Nr. 122/2
91. Topf FURGER 1992 Abb. 65,19/92. TRW 3. Bef.Nr. 9-85. Inv.Nr. 15/33
92. Topf FURGER 1992 Abb. 65,21/53. TRW 3. Bef.Nr. 6.3-13. Inv.Nr. 2/6
93. Topf FURGER 1992 Taf. 86,21/55. TRW 3. Bef.Nr. 7.1. Inv.Nr. 58/13
94. Topf FURGER 1992 Taf. 86,21/55. TRW 3. Bef.Nr. 9. Inv.Nr. 4/18
95. Topf FURGER 1992 Taf. 86,21/55. TRW 3. Bef.Nr. 9. Inv.Nr. 15/30
96. Topf FURGER 1992 Abb. 65,22/91. TRW 3. Bef.Nr. 5.1-52. Inv.Nr. 36/12
97. Topf MARTIN-KILCHER 1980 Taf. 34,16. Bef.Nr. 9. Inv.Nr. 71/11
98. Topf ETTLINGER 1963 Taf. 7,26. TRW 3. Bef.Nr. 9. Inv.Nr. 26/5
99. Topf SCHUCANY et al. 1999 Taf. 79,6. TRW 3. Bef.Nr. 7.1-63. Inv.Nr. 30/6
100. Topf. Rollrädchen. TRW 3. Bef.Nr. 3.1. Inv.Nr. P8/Du,Db
101. Topf. Kammstrich. TRW 3. Bef.Nr. 1. Inv.Nr. 65/12,13,14
102. Topf. Kammstrich. TRW 3. Bef.Nr. 6.1. Inv.Nr. 9/2
103. Topf. Kammstrich. TRW 3. Bef.Nr. 6.2. Inv.Nr. 81/11,12,13
104. Topf. Kammstrich. TRW 3. Bef.Nr. 9. Inv.Nr. 71/2,9, 78
105. Topf. Kammstrich. TRW 3. Bef.Nr. 9. Inv.Nr. 82/11,12,13,14,15
106. Topf. Kammstrich. TRW 3. Bef.Nr. 3.2. Inv.Nr. 66/6,10
107. Topf. TRW 3. Bef.Nr. 5.1. Inv.Nr. 14, 64, 79, 87, 88, 94
108. Topf. TRW 3. Bef.Nr. 6.3. Inv.Nr. 12/14
109. Topf. TRW 3. Bef.Nr. 7.1. Inv.Nr. 24, 58,99
110. Topf. TRW 3. Bef.Nr. 7.3. Inv.Nr. 23/9
111. Topf. TRW 3. Bef.Nr. 9. Inv.Nr. 67/4,5, 78
112. Topf. TRW 3. Bef.Nr. 9. Inv.Nr. 104
113. Topf SCHUCANY et al. 1999 Taf. 68,36. TRW 4. Bef.Nr. 7.2-10. Inv.Nr. 25/12
114. Topf MARTIN-KILCHER 1980 Taf. 34,2. TRW 4. Bef.Nr. 9-88. Inv.Nr. 28/8
115. Topf SCHUCANY et al. 1999 Taf. 9,27. TRW 4. Bef.Nr. 7.2-17. Inv.Nr. 33/29
116. Topf FURGER 1992 Taf. 76,19/88. TRW 4. Bef.Nr. 5.2-11. Inv.Nr. 57/4,5
117. Topf FURGER 1992 Abb. 65,22/92. TRW 4. Bef.Nr. 9. Inv.Nr. 112/6
118. Topf. Kammstrich. TRW 4. Bef.Nr. 2. Inv.Nr. 62/6
119. Topf. Kammstrich. TRW 4. Bef.Nr. 7.1. Inv.Nr. 19/2
120. Topf. Kammstrich. TRW 4. Bef.Nr. 7.1. Inv.Nr. 21/19
121. Topf. Kammstrich. TRW 4. Bef.Nr. 7.1. Inv.Nr. 21/34
122. Topf. Kammstrich. TRW 4. Bef.Nr. 7.1. Inv.Nr. 21/42
123. Topf. Kammstrich. TRW 4. Bef.Nr. 7.1. Inv.Nr. 58/25
124. Topf. Kammstrich. TRW 4. Bef.Nr. 7.1. Inv.Nr. 58/63

125. Topf. TRW 4. Bef.Nr. 6.2. Inv.Nr. 27/3
126. Topf Martin-Kilcher 1980 Taf. 35,4. TRW 5. Bef.Nr. 7.1-43. Inv.Nr. 19/6
127. Topf Furger 1992 Abb. 65,11/73. TRW 5. Bef.Nr. 7.1-44. Inv.Nr. 17.1/41
128. Topf Martin-Kilcher 1980 Taf. 36,3. TRW 5. Bef.Nr. 7.1. Inv.Nr. 58/58
129. Topf Martin-Kilcher 1980 Taf. 36,3. TRW 5. Bef.Nr. 7.1-49. Inv.Nr. 58/64
130. Topf Jauch 1997 Taf. 35,551. TRW 5. Bef.Nr. 6.3-10. Inv.Nr. 2/7
131. Topf Martin-Kilcher 1980 Taf. 34,12. TRW 5. Bef.Nr. 7.1-50. Inv.Nr. 58/30
132. Topf Martin-Kilcher 1980 Taf. 34,3. TRW 5. Bef.Nr. 9-89. Inv.Nr. 28/19
133. Topf Furger 1992 Taf. 86,21/55. TRW 5. Bef.Nr. 9. Inv.Nr. 28/11
134. Topf Furger 1992 Abb. 65,22/91. TRW 5. Bef.Nr. 11-43. Inv.Nr. 6/7,8,9,10
135. Topf T1. TRW 6. Rychener 1984 Taf. 22 C 283. Bef.Nr. 7.1-42. Inv.Nr. 58/23
136. Topf T1. TRW 6. Martin-Kilcher 1980 Taf. 37,1. Bef.Nr. 9-77. Inv.Nr. 28/9
137. Topf T1. TRW 6. Schucany et al. 1999 Taf. 9,27. Bef.Nr. 7.2-16. Inv.Nr. 33/23
138. Topf T1/1. TRW 6. Jauch 1997 Taf. 35,543.544. Bef.Nr. 9-72. Inv.Nr. 50/3
139. Topf T1/1. TRW 6. Jauch 1997 Taf. 35,545. Bef.Nr. 9-74. Inv.Nr. 60/7
140. Topf T1/1. TRW 6. Jauch 1997 Taf. 35,545. Bef.Nr. 5.1-43. Inv.Nr. 8096/19
141. Topf T2. TRW 6. Wagner-Roser 1999 Taf. 72,3. Bef.Nr. 5-50. Inv.Nr. 8095/90
142. Topf T3. TRW 6. Martin-Kilcher 1980 Taf. 34,13. Bef.Nr. 5.1-46. Inv.Nr. 8096/22
143. Topf T3. TRW 6. Martin-Kilcher 1980 Taf. 34,13. Bef.Nr. 7.1. Inv.Nr. 20/15
144. Topf T3. TRW 6. Martin-Kilcher 1980 Taf. 34,13. Bef.Nr. 9-78. Inv.Nr. 100/2
145. Topf T3. TRW 6. Kortüm 1995 Taf. 100,R41e. Bef.Nr. 5.1-47. Inv.Nr. 8096/21
146. Topf T3. TRW 6. Martin-Kilcher 1980 Taf. 34,16. Bef.Nr. 9-90. Inv.Nr. 39/3
147. Topf T3. TRW 6. Ettlinger 1963 Taf. 7,26. Bef.Nr. 9-91. Inv.Nr. 59/11
148. Topf T3. TRW 6. Ettlinger 1963 Taf. 7,26. Bef.Nr. 9. Inv.Nr. 92/6,8,13
149. Topf T3. TRW 6. Ettlinger 1963 Taf. 7,26. Bef.Nr. 9. Inv.Nr. 100/1,3
150. Topf T3. TRW 6. Ettlinger 1963 Taf. 7,26. Bef.Nr. 9. Inv.Nr. 104/18,24
151. Topf T3. TRW 6. Ettlinger 1963 Taf. 7,26. Bef.Nr. 9. Inv.Nr. 114/4,6,10,11
152. Topf T3. TRW 6. Ettlinger 1963 Taf. 7,26. Bef.Nr. 9. Inv.Nr. 119/2,6
153. Topf T3. TRW 6. Furger 1992 Taf. 71,18/41. Bef.Nr. 6.1-17. Inv.Nr. 18.2/16
154. Topf T3. TRW 6. Furger 1992 Taf. 68,17/41. Bef.Nr. 7.2-18. Inv.Nr. 33/30
155. Topf T3. TRW 6. Furger 1992 Taf. 68,17/41. Bef.Nr. 9-81. Inv.Nr. 93/8
156. Topf T3. TRW 6. Furger 1992 Taf. 76,19/88. Bef.Nr. 6.1-19. Inv.Nr. 18.1/5
157. Topf T3. TRW 6. Furger 1992 Taf. 86,21/55. Bef.Nr. 9-86. Inv.Nr. 31/12
158. Topf T3/2. TRW 6. Furger 1992 Taf. 71,18/36. Bef.Nr. 7.1-52. Inv.Nr. 58/20
159. Topf T3/2. TRW 6. Furger 1992 Taf. 71,18/36. Bef.Nr. 7.2-11. Inv.Nr. 33/21
160. Topf T3/2. TRW 6. Furger 1992 Taf. 68,17/41. Bef.Nr. 5.1. Inv.Nr. 14/17, 98/3,7
161. Topf T3/2. TRW 6. Furger 1992 Taf. 68,17/41. Bef.Nr. 7.1. Inv.Nr. 17.1/25
162. Topf T3/2. TRW 6. Furger 1992 Taf. 68,17/41. Bef.Nr. 9. Inv.Nr. 35/7
163. Topf T3/4. TRW 6. Martin-Kilcher 1980 Taf. 34,7. Bef.Nr. 7.1-62. Inv.Nr. 17.1/30
164. Topf T4/2. TRW 6. Schucany et al. 1999 Taf. 57,58. Bef.Nr. 9-79. Inv.Nr. 26/7
165. Topf T4/2. TRW 6. Martin-Kilcher 1980 Taf. 39,6. Bef.Nr. 5.1-53. Inv.Nr. 14.1/6
166. Topf T6. TRW 6. Furger 1992 Taf. 72,6. Bef.Nr. 5.1-41. Inv.Nr. 8095/62
167. Topf T8. TRW 6. Martin-Kilcher 1980 Taf. 35,6. Bef.Nr. 5.1-39. Inv.Nr. 22/9
168. Topf B2. TRW 6. Furger 1992 Taf. 86,21/55. Bef.Nr. 2-4. Inv.Nr. 62/2
169. Topf B2. TRW 6. Wagner-Roser 1999 Taf. 77,5. Bef.Nr. 5.1-51. Inv.Nr. 8096/24
170. Topf. Kammstrich. TRW 6. Bef.Nr. 2. Inv.Nr. 62/5
171. Topf. Kammstrich. TRW 6. Bef.Nr. 3.1. Inv.Nr. P8/Du,Db
172. Topf. Kammstrich. TRW 6. Bef.Nr. 5.1. Inv.Nr. 11/2
173. Topf. Kammstrich. TRW 6. Bef.Nr. 5.1. Inv.Nr. 8096/7
174. Topf. Kammstrich. TRW 6. Bef.Nr. 5.2. Inv.Nr. 57/7
175. Topf. Kammstrich. TRW 6. Bef.Nr. 6.2. Inv.Nr. 38/8
176. Topf. Kammstrich. TRW 6. Bef.Nr. 7.1. Inv.Nr. 58/31
177. Topf. Kammstrich. TRW 6. Bef.Nr. 7.1. Inv.Nr. 58/70
178. Topf. Kammstrich. TRW 6. Bef.Nr. 7.1. Inv.Nr. 58/54
179. Topf. Kammstrich. TRW 6. Bef.Nr. 9. Inv.Nr. 60/1
180. Topf. Kammstrich. TRW 6. Bef.Nr. 9. Inv.Nr. 112/23
181. Deckel. TRW 1. Bef.Nr. 1. Inv.Nr. 65/2
182. Deckel Furger 1992 Taf. 77,19/95. TRW 1. Bef.Nr. 3.1-3. Inv.Nr. P8/Du,Db
183. Deckel. TRW 1. Bef.Nr. 5.1. Inv.Nr. 88/3
184. Deckel. TRW 1. Bef.Nr. 5.1. Inv.Nr. 94/11
185. Deckel. TRW 2. Bef.Nr. 9. Inv.Nr. 97/2
186. Deckel Rychener 1984 Abb. 63 C 323. TRW 3. Bef.Nr. 5.1-54. Inv.Nr. 37.2/18
187. Deckel Rychener 1984 Abb. 63 C 323. TRW 3. Bef.Nr. 7.1-64. Inv.Nr. 21/37

188. Deckel Rychener 1984 Abb. 63 D 640. TRW 3. Bef.Nr. 3.2. Inv.Nr. 66/7
189. Deckel Rychener 1984 Abb. 63 D 640. TRW 3. Bef.Nr. 6.3-17. Inv.Nr. 123/4
190. Deckel Rychener 1984 Abb. 63 D 640. TRW 3. Bef.Nr. 11. Inv.Nr. 8/3,4,10
191. Deckel Rychener1984 Abb. 63 D 640. TRW 3. Bef.Nr. 7.1. Inv.Nr. 99/3,6,25
192. Deckel Rychener1984 Abb. 63 D 640. TRW 3. Bef.Nr. 11-37. Inv.Nr. 56/2
193. Deckel Rychener 1984 Abb. 63 D 704. TRW 3. Bef.Nr. 5.2-12. Inv.Nr. 20.1/8
194. Deckel. TRW 3. Bef.Nr. 9. Inv.Nr. 92/2,5
195. Deckel. TRW 3. Bef.Nr. 9. Inv.Nr. 95/6,8
196. Deckel Furger 1992 Taf. 77,19/94. TRW 4. Bef.Nr. 11-38. Inv.Nr. 56/1
197. Deckel Rychener 1984 Abb. 63 C 325. TRW 5. Bef.Nr. 9-92. Inv.Nr. 31/2
198. Deckel Hussong/Cüppers 1972 Taf. 3,36'; 7,61; 14,96. TRW 5. Bef.Nr. 9-93. Inv.Nr. 15/8
199. Deckel D1. TRW 6. Furger 1992 Taf. 82,20/96. TRW 6. Bef.Nr. 7.1-65. Inv.Nr. 58/38
200. Backplatte Furger 1992 Abb. 67,22/105. TRW 2. Bef.Nr. 5.1-32. Inv.Nr. 8096/15
201. Backplatte Furger 1992 Abb. 67,22/105. TRW 2. Bef.Nr. 7.1-83. Inv.Nr. 63/1
202. Backplatte Furger 1992 Abb. 67,22/105. TRW 2. Bef.Nr. 9. Inv.Nr. 74/12
203. Backplatte Schucany et al. 1999 Taf. 55,20. TRW 3. Bef.Nr. 7.2-22. Inv.Nr. 33/27
204. Backplatte Furger 1992 Abb. 67,18/43. TRW 3. Bef.Nr. 7.2. Inv.Nr. 33/24-23
205. Backplatte Furger 1992 Taf. 88,22/18. TRW 3. Bef.Nr. 7.1-82. Inv.Nr. 58/72
206. Backplatte Furger 1992 Taf. 88,22/18. TRW 3. Bef.Nr. 7.2-24. Inv.Nr. 33/25
207. Backplatte Furger 1992 Abb. 67,22/98. TRW 3. Bef.Nr. 7.3-18. Inv.Nr. 29/13
208. Backplatte Furger 1992 Abb. 67,22/105. TRW 3. Bef.Nr. 4. Inv.Nr. 32/7
209. Backplatte Furger 1992 Abb. 67,22/105. TRW 3. Bef.Nr. 7.3-19. Inv.Nr. 23/10
210. Backplatte Furger 1992 Abb. 67,22/105. TRW 3. Bef.Nr. 11-44. Inv.Nr. 5/3
211. Backplatte Furger 1992 Abb. 67,22/108. TRW 3. Bef.Nr. 9-100. Inv.Nr. 15/32
212. Backplatte Furger 1992 Abb. 67,22/108. TRW 3. Bef.Nr. 9. Inv.Nr. 15/35
213. Backplatte Schucany et al. 1999 Taf. 73,1. TRW 4. Bef.Nr. 6.1-20. Inv.Nr. 18.1/8
214. Backplatte Furger 1992 Abb. 67,18/44. TRW 5. Bef.Nr. 7.1-80. Inv.Nr. 58/43
215. Backplatte P2. TRW 6. Bef.Nr. 5.1. Inv.Nr. 98/4
216. Backplatte P2. TRW 6. Bef.Nr. 6.3-16. Inv.Nr. 12/15,16
217. Backplatte P2. TRW 6. Bef.Nr. 9-99. Inv.Nr. 15/28
218. Kumpf Martin-Kilcher 1980 Taf. 27,13. TRW 4. Bef.Nr. 7.3-20. Inv.Nr. 23/5
219. Kumpf Martin-Kilcher 1980 Taf. 40,6. TRW 4. Bef.Nr. 7.1-84. Inv.Nr. 17.1/28
220. Kumpf Martin-Kilcher 1980 Taf. 40,6. TRW 4. Bef.Nr. 7.1. Inv.Nr. 19/10,21
221. Kumpf Martin-Kilcher 1980 Taf. 40,8. TRW 4. Bef.Nr. 7.1-85. Inv.Nr. 17.1/26
222. Kumpf Furger 1992 Taf. 83,20/108. TRW 4. Bef.Nr. 7.1-86. Inv.Nr. 21/14
223. Kumpf Furger 1992 Taf. 83,20/108. TRW 4. Bef.Nr. 7.1. Inv.Nr. 61/1,5
224. Kumpf Furger 1992 Taf. 71,18/47. TRW 5. Bef.Nr. 6.2-14. Inv.Nr. 38/12
225. Schüssel m. Wandknick Furger 1992 Abb. 60,13/66. TRW 2. Bef.Nr. 5.1-33. Inv.Nr. 88/9
226. Schüssel m. Wulstrand Martin-Kilcher 1980 Taf. 24,9. TRW 2. Bef.Nr. 6.3-14. Inv.Nr. 123/3
227. Schüssel m. eingez. Rand Furger 1992 Abb. 60,19/68. TRW 2. Bef.Nr. 9. Inv.Nr. 121/2
228. Schüssel m. Wulstrand Rychener 1984 Abb. 61 C 497. TRW 3. Bef.Nr. 9-94. Inv.Nr. 4/19
229. Schüssel m. Wulstrand Furger 1992 Abb. 59,13/68. TRW 3. Bef.Nr. 2-7. Inv.Nr. 62/3
230. Schüssel m. Wulstrand Furger 1992 Abb. 59,12/53. TRW 3. Bef.Nr. 5.1-34. Inv.Nr. 106/2
231. Schüssel m. Wulstrand Martin-Kilcher 1980 Taf. 24,9. TRW 3. Bef.Nr. 6.2-8. Inv.Nr. 37.3/30
232. Schüssel m. Wandknick Furger 1992 Abb. 60,19/78. TRW 3. Bef.Nr. 5.3-3. Inv.Nr. 37.1/12
233. Schüssel m. eingez. Rand Furger 1992 Abb. 60,19/68. TRW 3. Bef.Nr. 5.3-2. Inv.Nr. 37.1/10
234. Schüssel m. eingez. Rand Furger 1992 Abb. 60,19/68. TRW 3. Bef.Nr. 6.3-15. Inv.Nr. 2/5
235. Schüssel m. eingez. Rand Furger 1992 Abb. 60,21/49. TRW 3. Bef.Nr. 7.1-93. Inv.Nr. 58/8
236. Schüssel m. eingez. Rand Martin-Kilcher 1980 Taf. 24,14. TRW 3. Bef.Nr. 9-98. Inv.Nr. 39/2
237. Schüssel m. Wulstrand Furger 1992 Abb. 59,12/55. TRW 4. Bef.Nr. 7.1-88. Inv.Nr. 21/31
238. Schüssel m. eingez. Rand Furger 1992 Abb. 60,19/68. TRW 4. Bef.Nr. 7.1-90. Inv.Nr. 19/5
239. Schüssel m. eingez. Rand Furger 1992 Abb. 60,19/68. TRW 4. Bef.Nr. 7.1. Inv.Nr. 19/11
240. Schüssel m. eingez. Rand Furger 1992 Abb. 60,19/68. TRW 4. Bef.Nr. 7.2-25. Inv.Nr. 33/14
241. Schüssel m. Wandknick Furger 1992 Abb. 60,19/72. TRW 4. Bef.Nr. 7.1-92. Inv.Nr. 21/25
242. Schüssel m. Wulstrand Martin-Kilcher 1980 Taf. 24,5. TRW 4. Bef.Nr. 9-96. Inv.Nr. 28/16
243. Schüssel m. Wulstrand Martin-Kilcher 1980 Taf. 24,8. TRW 4. Bef.Nr. 9-97. Inv.Nr. 28/6
244. Schüssel m. Wulstrand Furger 1992 Abb. 59,22/77. TRW 4. Bef.Nr. 7.2-27. Inv.Nr. 25/9
245. Schüssel m. auswärts gebogenem Rand Furger 1992 Abb. 60,13/66. TRW 5. Bef.Nr. 7.1-87. Inv.Nr. 58/36
246. Schüssel m. eingez. Rand Martin-Kilcher 1980 Taf. 24,10. TRW 5. Bef.Nr. 3.2-4. Inv.Nr. 66/3
247. Schüssel m. Wandknick Furger 1992 Abb. 60,16/102. TRW 5. Bef.Nr. 5.1-35. Inv.Nr. 37.2/22
248. Schüssel m. Wandknick Schucany et al. 1999 Abb. 35,5. TRW 5. Bef.Nr. 4-8. Inv.Nr. 32/1
249. Schüssel m. eingez. Rand Furger 1992 Abb. 60,19/68. TRW 5. Bef.Nr. 5.1. Inv.Nr. 14.1/28
250. Schüssel m. eingez. Rand Furger 1992 Abb. 60,19/68. TRW 5. Bef.Nr. 5.1-36. Inv.Nr. 106/4

251. Schüssel S4/1 m. Wulstrand MARTIN-KILCHER 1980 Taf. 24,9. TRW 6. Bef.Nr. 7.1-89. Inv.Nr. 99/7
252. Schüssel S4/1 m. Wulstrand MARTIN-KILCHER 1980 Taf. 24,9. TRW 6. Bef.Nr. 9-95. Inv.Nr. 4/16
253. Schüssel S7/2. TRW 6. Bef.Nr. 7.1-91. Inv.Nr. 30/7,8
254. Schüssel S7/2. TRW 6. Bef.Nr. 7.1. Inv.Nr. 33/33
255. Schüssel S7/2. TRW 6. Bef.Nr. 7.1. Inv.Nr. 58/73
256. Schüssel S7/2. TRW 6. Bef.Nr. 7.2-26. Inv.Nr. 33/28,32,35,39
257. Einhenkelkrug Oelmann 100b. Import. Bef.Nr. 11-36. Inv.Nr. 69/117b[291]
258. Krug FURGER 1992 Taf. 69,17/53. TRW 5. Bef.Nr. 5.1. Inv.Nr. 8095/70
259. Krug m. Kammstrichzier auf der Schulter. TRW 5. Bef.Nr. 5.1. Inv.Nr. 8095/94
260. Vorratskrug. 1 RS, 1 WS, 2 BS, 2 Dreistabhenkel. TRW 5. Bef.Nr. 9. Inv.Nr. 50, 59, 108/13, 117
261. Krug. Einstabhenkel. TRW 5. Bef.Nr. 9. Inv.Nr. 10/2
262. Krug. Zweistabhenkel. TRW 5. Bef.Nr. 9. Inv.Nr. 26/9
263. Krug. Vierstabhenkel. TRW 5. Bef.Nr. 9. Inv.Nr. 7/1

Bemalte Ware (n = 423)

1. Platte SCHUCANY et al. 1999 Taf. 55,26. Geflammte Ware. Bef.Nr. 5.1-66. Inv.Nr. 8095/79
2. Platte SCHUCANY et al. 1999 Taf. 55,26. Geflammte Ware. Bef.Nr. 9-145. Inv.Nr. 123
3. Backplatte Oelmann 53a. BW 2. Bef.Nr. 5.1-67. Inv.Nr. 8096/12
4. Backplatte FURGER 1992 Abb. 67,16/121. BW 2. Bef.Nr. 7.1-94. Inv.Nr. 17.1/32
5. Backplatte FURGER 1992 Abb. 67,16/121. BW 2. Bef.Nr. 9-101. Inv.Nr. 95/10
6. Backplatte SCHUCANY et al. 1999 Taf. 55,20. BW 2. Bef.Nr. 5.1-68. Inv.Nr. 36/6
7. Backplatte SCHUCANY et al. 1999 Taf. 55,20. BW 2. Bef.Nr. 6.1-22. Inv.Nr. 13/29
8. Platte SCHUCANY et al. 1999 Taf. 55,26. BW 2. Bef.Nr. 6.3-21. Inv.Nr. 2/8
9. Platte SCHUCANY et al. 1999 Taf. 55,26. BW 2. Bef.Nr. 7.1-95. Inv.Nr. 17.1/27
10. Platte SCHUCANY et al. 1999 Taf. 55,26. BW 2. Bef.Nr. 7.3-22. Inv.Nr. 29/3
11. Backplatte FURGER 1992 Abb. 67,18/43. BW 2. Bef.Nr. 5.1-69. Inv.Nr. 11
12. Backplatte FURGER 1992 Abb. 67,18/43. BW 2. Bef.Nr. 5.1. Inv.Nr. 14/10
13. Backplatte FURGER 1992 Abb. 67,18/43. BW 2. Bef.Nr. 5.1. Inv.Nr. 36/7
14. Backplatte FURGER 1992 Abb. 67,18/43. BW 2. Bef.Nr. 6.2. Inv.Nr. 81/10
15. Backplatte FURGER 1992 Abb. 67,18/43. BW 2. Bef.Nr. 7.3-23. Inv.Nr. 29/10
16. Backplatte FURGER 1992 Abb. 67,18/44. BW 2. Bef.Nr. 3.1-5. Inv.Nr. P8/Du,Db
17. Backplatte FURGER 1992 Abb. 67,18/44. BW 2. Bef.Nr. 5.1-70. Inv.Nr. 14.1/7
18. Backplatte FURGER 1992 Abb. 67,18/44. BW 2. Bef.Nr. 5.1. Inv.Nr. 64/3
19. Backplatte FURGER 1992 Abb. 67,18/44. BW 2. Bef.Nr. 5.1. Inv.Nr. 8095/85
20. Backplatte FURGER 1992 Abb. 67,18/44. BW 2. Bef.Nr. 5.1. Inv.Nr. 8095/87
21. Backplatte FURGER 1992 Abb. 67,18/44. BW 2. Bef.Nr. 5.1. Inv.Nr. 79/4
22. Backplatte FURGER 1992 Abb. 67,18/44. BW 2. Bef.Nr. 5.2. Inv.Nr. 87/3,8
23. Backplatte FURGER 1992 Abb. 67,18/44. BW 2. Bef.Nr. 5.1. Inv.Nr. 94/7,12
24. Backplatte FURGER 1992 Abb. 67,18/44. BW 2. Bef.Nr. 5.2-16. Inv.Nr. 16/5
25. Backplatte FURGER 1992 Abb. 67,18/44. BW 2. Bef.Nr. 6.1-23. Inv.Nr. 18.1/1,3,4,7
26. Backplatte FURGER 1992 Abb. 67,18/44. BW 2. Bef.Nr. 6.1. Inv.Nr. 18.1/11
27. Backplatte FURGER 1992 Abb. 67,18/44. BW 2. Bef.Nr. 6.1. Inv.Nr. 18.1/12
28. Backplatte FURGER 1992 Abb. 67,18/44. BW 2. Bef.Nr. 6.3-22. Inv.Nr. 12/10
29. Backplatte FURGER 1992 Abb. 67,18/44. BW 2. Bef.Nr. 7.1. Inv.Nr. 30/2
30. Backplatte FURGER 1992 Abb. 67,18/44. BW 2. Bef.Nr. 7.1. Inv.Nr. 58/7
31. Backplatte FURGER 1992 Abb. 67,18/44. BW 2. Bef.Nr. 7.1-97. Inv.Nr. 63/4
32. Backplatte FURGER 1992 Abb. 67,18/44. BW 2. Bef.Nr. 7.1. Inv.Nr. 58/67
33. Backplatte FURGER 1992 Abb. 67,18/44. BW 2. Bef.Nr. 7.2-29. Inv.Nr. 33/12
34. Backplatte FURGER 1992 Abb. 67,18/44. BW 2. Bef.Nr. 7.2. Inv.Nr. 33/14
35. Backplatte FURGER 1992 Abb. 67,18/44. BW 2. Bef.Nr. 7.3-24. Inv.Nr. 29/11
36. Backplatte FURGER 1992 Abb. 67,18/44. BW 2. Bef.Nr. 9. Inv.Nr. 4/2
37. Backplatte FURGER 1992 Abb. 67,18/44. BW 2. Bef.Nr. 9. Inv.Nr. 4/4,14,15
38. Backplatte FURGER 1992 Abb. 67,18/44. BW 2. Bef.Nr. 9. Inv.Nr. 4/8
39. Backplatte FURGER 1992 Abb. 67,18/44. BW 2. Bef.Nr. 9. Inv.Nr. 15/5
40. Backplatte FURGER 1992 Abb. 67,18/44. BW 2. Bef.Nr. 9. Inv.Nr. 15/22
41. Backplatte FURGER 1992 Abb. 67,18/44. BW 2. Bef.Nr. 9. Inv.Nr. 26/8
42. Backplatte FURGER 1992 Abb. 67,18/44. BW 2. Bef.Nr. 9. Inv.Nr. 28
43. Backplatte FURGER 1992 Abb. 67,18/44. BW 2. Bef.Nr. 9. Inv.Nr. 28/13

---

291 Das Gefäß war bei Arbeitsaufnahme der Verf. im Badischen Landesmuseum Karlsruhe nicht mehr auffindbar. Es existiert nur die im Katalog abgebildete Zeichnung aus den 1970er Jahren.

44. Backplatte Furger 1992 Abb. 67,18/44. BW 2. Bef.Nr. 9. Inv.Nr. 31
45. Backplatte Furger 1992 Abb. 67,18/44. BW 2. Bef.Nr. 9. Inv.Nr.35/8,10
46. Backplatte Furger 1992 Abb. 67,18/44. BW 2. Bef.Nr. 9. Inv.Nr. 59/3
47. Backplatte Furger 1992 Abb. 67,18/44. BW 2. Bef.Nr. 9. Inv.Nr. 74/11,16,18
48. Backplatte Furger 1992 Abb. 67,18/44. BW 2. Bef.Nr. 9. Inv.Nr. 78/14
49. Backplatte Furger 1992 Abb. 67,18/44. BW 2. Bef.Nr. 9. Inv.Nr. 82/3
50. Backplatte Furger 1992 Abb. 67,18/44. BW 2. Bef.Nr. 9. Inv.Nr. 93/3
51. Backplatte Furger 1992 Abb. 67,18/44. BW 2. Bef.Nr. 9. Inv.Nr. 93/5
52. Backplatte Furger 1992 Abb. 67,18/44. BW 2. Bef.Nr. 9. Inv.Nr. 97/4,7
53. Backplatte Furger 1992 Abb. 67,18/44. BW 2. Bef.Nr. 9. Inv.Nr. 100/7
54. Backplatte Furger 1992 Abb. 67,18/44. BW 2. Bef.Nr. 9. Inv.Nr. 104/6,33
55. Backplatte Furger 1992 Abb. 67,18/44. BW 2. Bef.Nr. 9. Inv.Nr. 108/3,9,11
56. Backplatte Furger 1992 Abb. 67,18/44. BW 2. Bef.Nr. 9-103. Inv.Nr. 112/2
57. Backplatte Furger 1992 Abb. 67,18/44. BW 2. Bef.Nr. 11-46. Inv.Nr. 5/7
58. Backplatte Furger 1992 Abb. 67,18/44. BW 2. Bef.Nr. 11. Inv.Nr. 5/8
59. Backplatte Furger 1992 Abb. 67,18/44. BW 2. Bef.Nr. 11. Inv.Nr. 6/1
60. Backplatte Furger 1992 Abb. 67,18/47. BW 2. Bef.Nr. 9-105. Inv.Nr. 4/7
61. Backplatte Furger 1992 Abb. 67,20/99. BW 2. Bef.Nr. 5.1-71. Inv.Nr. 8095/86
62. Backplatte Furger 1992 Abb. 67,17/44. BW 2. Bef.Nr. 5.1-72. Inv.Nr. 8096/13
63. Backplatte Furger 1992 Abb. 67,19/98. BW 2. Bef.Nr. 2-6. Inv.Nr. P2/Da
64. Backplatte Furger 1992 Abb. 67,19/98. BW 2. Bef.Nr. 9-106. Inv.Nr. 73/2
65. Backplatte Furger 1992 Abb. 67,19/102. BW 2. Bef.Nr. 5.1-74. Inv.Nr. 8096/11
66. Backplatte Furger 1992 Abb. 67,21/58. BW 2. Bef.Nr. 5.1-75. Inv.Nr. 8096/14
67. Backplatte Furger 1992 Abb. 67,22/98. BW 2. Bef.Nr. 5.1-76. Inv.Nr. 8095/81
68. Backplatte Furger 1992 Abb. 67,22/98. BW 2. Bef.Nr. 5.1. Inv.Nr. 8095/82
69. Backplatte Furger 1992 Abb. 67,22/98. BW 2. Bef.Nr. 9. Inv.Nr. 15/9
70. Backplatte Furger 1992 Abb. 67,22/98. BW 2. Bef.Nr. 9. Inv.Nr. 37/1
71. Backplatte Furger 1992 Abb. 67,22/98. BW 2. Bef.Nr. 9-107. Inv.Nr. 84/1
72. Backplatte Furger 1992 Abb. 67,22/98. BW 2. Bef.Nr. 9. Inv.Nr. 113/1,3
73. Backplatte Furger 1992 Abb. 67,22/102. BW 2. Bef.Nr. 7.1-98. Inv.Nr. 61/10
74. Backplatte Furger 1992 Abb. 67,22/103. BW 2. Bef.Nr. 5.1-77. Inv.Nr. 8096/16
75. Backplatte Furger 1992 Abb. 67,22/105. BW 2. Bef.Nr. 6.1-24. Inv.Nr. 13.1/30
76. Backplatte Furger 1992 Abb. 67,22/105. BW 2. Bef.Nr. 7.1-99. Inv.Nr. 58/59
77. Backplatte Furger 1992 Abb. 67,22/105. BW 2. Bef.Nr. 7.1-83. Inv.Nr. 63/1
78. Backplatte Oelmann 53a. BW 2. Bef.Nr. 5.1. Inv.Nr. 8096/18
79. Backplatte Furger 1992 Abb. 67,16/121. BW 3. Bef.Nr. 6.1-21. Inv.Nr. 13.1/18
80. Backplatte Furger 1992 Abb. 67,16/121. BW 3. Bef.Nr. 6.3-20. Inv.Nr. 12/9
81. Backplatte Furger 1992 Abb. 67,16/121. BW 3. Bef.Nr. 9. Inv.Nr. 73/1,3,5,6
82. Backplatte Schucany et al. 1999 Taf. 55,20. BW 3. Bef.Nr. 5.3-5. Inv.Nr. 37.1/5
83. Backplatte Schucany et al. 1999 Taf. 55,20. BW 3. Bef.Nr. 7.2-28. Inv.Nr. 33/4
84. Backplatte Furger 1992 Abb. 67,18/43. BW 3. Bef.Nr. 7.1-96. Inv.Nr. 19/9
85. Backplatte Furger 1992 Abb. 67,18/43. BW 3. Bef.Nr. 9-104. Inv.Nr. 31/7
86. Backplatte Furger 1992 Abb. 67,18/44. BW 3. Bef.Nr. 9. Inv.Nr. 112/7,10,12,16
87. Backplatte Furger 1992 Abb. 67,18/44. BW 3. Bef.Nr. 9. Inv.Nr. 28/17
88. Backplatte Furger 1992 Abb. 67,18/44. BW 3. Bef.Nr. 9. Inv.Nr. 59/5
89. Backplatte Furger 1992 Abb. 67,18/47. BW 3. Bef.Nr. 6.1. Inv.Nr. 13.1/31
90. Backplatte Furger 1992 Abb. 67,20/99. BW 3. Bef.Nr. 5.1. Inv.Nr. 8095/88
91. Backplatte Furger 1992 Abb. 67,19/68. BW 3. Bef.Nr. 5.1-73. Inv.Nr. 8096/10
92. Backplatte Furger 1992 Abb. 67,19/98. BW 3. Bef.Nr. 5.3-6. Inv.Nr. 37.1/4
93. Backplatte Furger 1992 Abb. 67,20/102. BW 4. Bef.Nr. 9-146. Inv.Nr. 127
94. Backplatte Oelmann 53a. BW 6. Bef.Nr. 3.1-4. Inv.Nr. P8/Du,Db
95. Platte Schucany et al. 1999 Taf. 55,26. BW 6. Bef.Nr. 9-102. Inv.Nr. 72/2
96. Platte Schucany et al. 1999 Taf. 55,26. BW 6. Bef.Nr. 11-45. Inv.Nr. 95/10
97. Backplatte Furger 1992 Abb. 67,22/98. BW 6. Bef.Nr. 6.3-23. Inv.Nr. 12/8
98. Backplatte Furger 1992 Taf. 88,22/18. BW 6. Bef.Nr. 7.1-81. Inv.Nr. 58/12
99. Backplatte Furger 1992 Abb. 67,22/105. BW 6. Bef.Nr. 5.2-15. Inv.Nr. 20.1/4,7
100. Backplatte Furger 1992 Abb. 67,22/105. BW 6. Bef.Nr. 7.1. Inv.Nr. 20.2/19
101. Backplatte Furger 1992 Abb. 67,22/105. BW 6. Bef.Nr. 7.1. Inv.Nr. 35.3/13,14,19
102. Backplatte Furger 1992 Abb. 67,22/105. BW 6. Bef.Nr. 7.1-100. Inv.Nr. 58/24
103. Backplatte Furger 1992 Abb. 67,22/105. BW 6. Bef.Nr. 7.2-30. Inv.Nr. 113/6,7
104. Backplatte Furger 1992 Abb. 67,18/43. Bef.Nr. 9. Inv.Nr. 74/24
105. Schüssel m. eingez. Rand Furger 1992 Abb. 60,20/67. BW 1. Bef.Nr. 9. Inv.Nr. 86/1
106. Schüssel m. Wandknick Rychener 1984 Abb. 61 C 628. BW 2. Bef.Nr. 9-109. Inv.Nr. 50/2

107. Schüssel m. Wandknick Rychener 1984 Abb. 61 C 628. BW 2. Bef.Nr. 9. Inv.Nr. 100/11
108. Schüssel m. Wandknick Furger 1992 Abb. 60,13/66. BW 2. Bef.Nr. 7.1-103. Inv.Nr. 58/52
109. Schüssel m. Wandknick Furger 1992 Abb. 60,13/66. BW 2. Bef.Nr. 8. Inv.Nr. 83/2
110. Schüssel m. Wandknick Furger 1992 Abb. 60,20/74. BW 2. Bef.Nr. 9-111. Inv.Nr. 108/12
111. Schüssel m. Wandknick Furger 1992 Abb. 60,20/74. BW 2. Bef.Nr. 9. Inv.Nr. 92/4
112. Schüssel m. Wandknick Furger 1992 Abb. 60,20/76. BW 2. Bef.Nr. 5.1-85. Inv.Nr. 11/10
113. Schüssel m. Wandknick Furger 1992 Abb. 60,20/76. BW 2. Bef.Nr. 9-112. Inv.Nr. 34/6
114. Schüssel m. Wandknick Furger 1992 Abb. 60,17/35. BW 2. Bef.Nr. 9-113. Inv.Nr. 15/27
115. Schüssel m. Wandknick Furger 1992 Abb. 60,17/36. BW 2. Bef.Nr. 11-48. Inv.Nr. 8/8
116. Schüssel m. Wandknick Furger 1992 Abb. 59,19/70. BW 2. Bef.Nr. 5.1-86. Inv.Nr. 87/1
117. Schüssel m. Wandknick Furger 1992 Abb. 60,19/72. BW 2. Bef.Nr. 6.1-25. Inv.Nr. 13/21
118. Schüssel m. Wandknick Furger 1992 Abb. 60,19/73. BW 2. Bef.Nr. 7.3. Inv.Nr. 29/18
119. Schüssel m. Wandknick Furger 1992 Abb. 60,19/73. BW 2. Bef.Nr. 9-115. Inv.Nr. 60/9
120. Schüssel m. Wandknick Furger 1992 Abb. 60,19/79. BW 2. Bef.Nr. 9-117. Inv.Nr. 26/3
121. Schüssel m. Wulstrand Martin-Kilcher 1980 Taf. 28,4. BW 2. Bef.Nr. 5.1-81. Inv.Nr. 14.1/14
122. Schüssel m. Wulstrand Martin-Kilcher 1980 Taf. 28,5. BW 2. Bef.Nr. 9-119. Inv.Nr. 97/1
123. Schüssel m. Wulstrand Martin-Kilcher 1980 Taf. 28,8. BW 2. Bef.Nr. 7.1-107. Inv.Nr. 99/2
124. Schüssel m. Wulstrand Martin-Kilcher Taf. 28,8. BW 2. Bef.Nr. 9-120. Inv.Nr. 39/4
125. Schüssel m. eingez. Rand Furger 1992 Abb. 60,20/67. BW 2. Bef.Nr. 6.2. Inv.Nr. 81/8
126. Schüssel m. eingez. Rand Furger 1992 Abb. 60,20/67. BW 2. Bef.Nr. 9. Inv.Nr. 73/4
127. Schüssel m. eingez. Rand Furger 1992 Abb. 60,19/67. BW 2. Bef.Nr. 5.1-78. Inv.Nr. 8095/80
128. Schüssel m. eingez. Rand Furger 1992 Abb. 60,19/67. BW 2. Bef.Nr. 5.1. Inv.Nr. 8095/89
129. Schüssel m. eingez. Rand Furger 1992 Abb. 60,21/49. BW 2. Bef.Nr. 5.1. Inv.Nr. 8095/83
130. Schüssel m. eingez. Rand Furger 1992 Abb. 60,21/49. BW 2. Bef.Nr. 5.1. Inv.Nr. 8095/84
131. Schüssel m. eingez. Rand Furger 1992 Abb. 60,21/49. BW 2. Bef.Nr. 5.1-80. Inv.Nr. 8096/23
132. Schüssel m. eingez. Rand Furger 1992 Abb. 60,21/49. BW 2. Bef.Nr. 9-118. Inv.Nr. 31/6
133. Schüssel m. eingez. Rand Furger 1992 Abb. 60,21/49. BW 2. Bef.Nr. 9. Inv.Nr. 124
134. Schüssel Var. Chenet 316. Meyer-Freuler 1974 Taf. 2,45. BW 2. Bef.Nr. 7.1-111. Inv.Nr. 63/5
135. Schüssel Rychener 1984 Abb. 61 C 570. BW 3. Bef.Nr. 7.1-101. Inv.Nr. 61/3
136. Schüssel m. Wandknick Rychener 1984 Abb. 61 C 388. BW 3. Bef.Nr. 9-108. Inv.Nr. 15/17
137. Schüssel m. Wandknick Rychener 1984 Abb. 61 C 628. BW 3. Bef.Nr. 9. Inv.Nr. 26/6
138. Schüssel m. Wandknick Furger 1992 Abb. 60,20/70. BW 3. Bef.Nr. 5.1-83. Inv.Nr. 11/7
139. Schüssel m. Wandknick Furger 1992 Abb. 60,20/74. BW 3. Bef.Nr. 5.1-84. Inv.Nr. 8095/61
140. Schüssel m. Wandknick Furger 1992 Abb. 60,19/73. BW 3. Bef.Nr. 7.3-25. Inv.Nr. 23/7
141. Schüssel m. Wandknick Furger 1992 Abb. 60,19/78. BW 3. Bef.Nr. 5.1. Inv.Nr. 88/7
142. Schüssel m. Wandknick Furger 1992 Abb. 60,19/78. BW 3. Bef.Nr. 7.1-105. Inv.Nr. 21/45
143. Schüssel m. Wandknick Furger 1992 Abb. 60,19/78. BW 3. Bef.Nr. 9. Inv.Nr. 60/6
144. Schüssel m. Wandknick Furger 1992 Abb. 60,19/78. BW 3. Bef.Nr. 9-116. Inv.Nr. 112/3
145. Schüssel m. Wandknick Furger 1992 Abb. 60,19/78. BW 3. Bef.Nr. 9. Inv.Nr. 112/1,9
146. Schüssel m. Wandknick Furger 1992 Abb. 60,19/78. BW 3. Bef.Nr. 9. Inv.Nr. 118/5
147. Schüssel m. Wandknick Furger 1992 Abb. 60,19/79. BW 3. Bef.Nr. 5.1-87. Inv.Nr. 22/3
148. Schüssel m. Wandknick Furger 1992 Abb. 60,19/79. BW 3. Bef.Nr. 6.1-26. Inv.Nr. 13.1/22
149. Schüssel m. Wandknick Furger 1992 Abb. 60,10/79. BW 3. Bef.Nr. 8. Inv.Nr. 83/1
150. Schüssel m. Wandknick Furger 1992 Abb. 60,21/51. BW 3. Bef.Nr. 7.2-31. Inv.Nr. 33/5
151. Schüssel m. Wandknick Furger 1992 Abb. 60,21/51. BW 3. Bef.Nr. 11. Inv.Nr. 122/4
152. Schüssel m. Wulstrand Martin-Kilcher 1980 Taf. 24,2. BW 3. Bef.Nr. 7.1-102. Inv.Nr. 61/8
153. Schüssel m. Wulstrand Furger 1992 Abb. 59,16/99. BW 3. Bef.Nr. 5.2-17. Inv.Nr. 57/1
154. Schüssel m. Wulstrand Furger 1992 Abb. 59,16/99. BW 3. Bef.Nr. 9. Inv.Nr. 108/4
155. Schüssel m. Wulstrand Furger 1992 Abb. 59,16/99. BW 3. Bef.Nr. 9. Inv.Nr. 112/5,8,13,19
156. Schüssel m. Wulstrand Furger 1992 Abb. 59,16/99. BW 3. Bef.Nr. 9. Inv.Nr. 118/2,4
157. Schüssel m. Wulstrand Martin-Kilcher 1980 Taf. 28,5. BW 3. Bef.Nr. 7.1. Inv.Nr. 58/10
158. Schüssel m. Wulstrand Martin-Kilcher 1980 Taf. 28,5. BW 3. Bef.Nr. 7.1. Inv.Nr. 58/61
159. Schüssel m. Wulstrand Martin-Kilcher 1980 Taf. 28,5. BW 3. Bef.Nr. 7.1-106. Inv.Nr. 61/2,6
160. Schüssel m. Wulstrand Martin-Kilcher 1980 Taf. 28,5. BW 3. Bef.Nr. 9. Inv.Nr. 31/9
161. Schüssel m. eingez. Rand Furger 1992 Abb. 60,20/67. BW 3. Bef.Nr. 1. Inv.Nr. 65/6,7
162. Schüssel m. eingez. Rand Furger 1992 Abb. 60,20/67. BW 3. Bef.Nr. 5.1-79. Inv.Nr. 22/1
163. Schüssel m. eingez. Rand Furger 1992 Abb. 60,20/67. BW 3. Bef.Nr. 9-110. Inv.Nr. 60/10
164. Schüssel m. eingez. Rand Furger 1992 Abb. 60,20/67. BW 3. Bef.Nr. 9. Inv.Nr. 71/3
165. Schüssel m. eingez. Rand Furger 1992 Abb. 60,20/67. BW 3. Bef.Nr. 9. Inv.Nr. 74/10
166. Schüssel m. eingez. Rand Furger 1992 Abb. 60,20/67. BW 3. Bef.Nr. 9. Inv.Nr. 97/10
167. Schüssel m. eingez. Rand Furger 1992 Abb. 60,19/66. BW 3. Bef.Nr. 7.1-104. Inv.Nr. 19/1
168. Schüssel m. eingez. Rand Furger 1992 Abb. 60,19/67. BW 3. Bef.Nr. 5.2-18. Inv.Nr. 57/6
169. Schüssel m. eingez. Rand Furger 1992 Abb. 60,19/67. BW 3. Bef.Nr. 6.1-27. Inv.Nr. 13.1/23

170. Schüssel m. eingez. Rand Furger 1992 Abb. 60,19/67. BW 3. Bef.Nr. 9. Inv.Nr. 100/15
171. Schüssel m. eingez. Rand Furger 1992 Abb. 60,19/67. BW 3. Bef.Nr. 9. Inv.Nr. 104/19,27,29
172. Schüssel m. eingez. Rand Furger 1992 Abb. 60,19/67. BW 3. Bef.Nr. 9. Inv.Nr. 119/4,5, 120/1
173. Schüssel m. eingez. Rand Martin-Kilcher 1980 Taf. 28,5. BW 3. Bef.Nr. 6.3-24. Inv.Nr. 12/4
174. Schüssel Var. Chenet 316. Meyer-Freuler 1974 Taf. 2,45. BW 4. Bef.Nr. 11-52. Inv.Nr. S3[292]
175. Schüssel m. Wandknick Schucany et al. 1999 Abb. 35,4. BW 6. Bef.Nr. 11-51. Inv.Nr. S1[293]
176. Schüssel m. Wandknick Schucany et al. 1999 Abb. 35,5. BW 6. Bef.Nr. 9-121. Inv.Nr. 93/2,5
177. Schüssel m. Wandknick Ettlinger 1963 Taf. 5,3. BW 6. Bef.Nr. 7.1-108. Inv.Nr. 58/55,56,57,58,62
178. Schüssel m. Wandknick Ettlinger 1963 Taf. 5,4. BW 6. Bef.Nr. 7.1. Inv.Nr. 17.1/29
179. Schüssel m. Wandknick Ettlinger 1963 Taf. 5,4. BW 6. Bef.Nr. 7.1-109. Inv.Nr. 61/4
180. Schüssel m. Wandknick Ettlinger 1963 Taf. 5,4. BW 6. Bef.Nr. 11-49. Inv.Nr. 5/4,5
181. Schüssel m. Wandknick Ettlinger 1963 Taf. 5,4. BW 6. Bef.Nr. 11. Inv.Nr. 8/13
182. Schüssel m. Wandknick Ettlinger 1963 Taf. 5,10. BW 6. Bef.Nr. 5.1-88. Inv.Nr. 37.2/15,17
183. Schüssel m. Wandknick Ettlinger 1963 Taf. 5,10. BW 6. Bef.Nr. 11-50. Inv.Nr. 6/3
184. Schüssel m. Wulstrand Furger 1992 Abb. 59,22/77. BW 6. Bef.Nr. 5.1-82. Inv.Nr. 8096/27
185. Schüssel m. Wulstrand Martin-Kilcher 1980 Taf. 28,6. BW 6. Bef.Nr. 7.1. Inv.Nr. 20.2/11
186. Schüssel m. Wulstrand Martin-Kilcher 1980 Taf. 28,6. BW 6. Bef.Nr. 7.1-110. Inv.Nr. 58/41
187. Schüssel m. Wulstrand Martin-Kilcher 1980 Taf. 28,6. BW 6. Bef.Nr. 9. Inv.Nr. 95/7
188. Schüssel m. Wulstrand Martin-Kilcher 1980 Taf. 28,6. BW 6. Bef.Nr. 9. Inv.Nr. 114/2
189. Schüssel m. Wulstrand Loeschcke 1922a Typ 38, Hussong/Cüppers 1972 Thermenerbauung Typ 66a, Umbaukeramik Typ 26b u. 35b. BW 6. Bef.Nr. 7.1-112. Inv.Nr. 20.2/14
190. Schüssel m. Wandknick Furger 1992 Abb. 60,17/36. Bef.Nr. 9-114. Inv.Nr. 26/2
191. Deckel. BW 1. Bef.Nr. 9. Inv.Nr. 114/1
192. Deckel. BW 1. Bef.Nr. 9. Inv.Nr. 118/6
193. Deckel Furger 1992 Taf. 34,10/48. BW 2. Bef.Nr. 5.1-89. Inv.Nr. 22/2
194. Deckel Rychener 1984 Abb. 63 C 355. BW 3. Bef.Nr. 9-122. Inv.Nr. 59/6
195. Deckel Rychener 1984 Abb. 63 C 457. BW 3. Bef.Nr. 7.3-21. Inv.Nr. 29/12
196. Deckel. BW 4. Bef.Nr. 9. Inv.Nr. 115/3,11
197. Krug Rychener et al. 1986 Abb. 83 C 528. BW 1. Bef.Nr. 7.1. Inv.Nr. 21/29
198. Krug Rychener et al. 1986 Abb. 83 C 596. BW 1. Bef.Nr. 7.1-77. Inv.Nr. 58/3
199. Krug ähnl. Furger 1992 Taf. 27,8/56. BW 1. Bef.Nr. 7.3-12. Inv.Nr. 23/3
200. Krug Furger 1992 Abb. 70,10/56. BW 1. Bef.Nr. 6.1-10. Inv.Nr. 13.1/10
201. Krug Furger 1992 Abb. 70,12/79. BW 1. Bef.Nr. 9-123. Inv.Nr. 28/7
202. Krug Furger 1992 Abb. 70,12/79. BW 1. Bef.Nr. 11-20. Inv.Nr. 55/4
203. Krug Furger 1992 Taf. 58,15/110. BW 1. Bef.Nr. 6.2-9. Inv.Nr. 38/11
204. Krug Furger 1992 Abb. 70,16/134. BW 1. Bef.Nr. 11. Inv.Nr. 8/11
205. Krug Furger 1992 Abb. 70,16/135. BW 1. Bef.Nr. 6.1-12. Inv.Nr. 13.1/8
206. Krug Furger 1992 Abb. 70,16/135. BW 1. Bef.Nr. 11-22. Inv.Nr. 6/6
207. Krug Furger 1992 Abb. 70,16/141. BW 1. Bef.Nr. 6.1. Inv.Nr. 13/32
208. Krug Furger 1992 Abb. 70,16/141. BW 1. Bef.Nr. 7.1. Inv.Nr. 17.1/42
209. Krug Furger 1992 Abb. 70,16/141. BW 1. Bef.Nr. 7.1. Inv.Nr. 17.1/43
210. Krug Furger 1992 Abb. 70,16/141. BW 1. Bef.Nr. 9-127. Inv.Nr. 93/2
211. Krug Furger 1992 Abb. 70,16/141. BW 1. Bef.Nr. 11-23. Inv.Nr. 6/4
212. Krug Furger 1992 Taf. 72,18/52. BW 1. Bef.Nr. 6.1-14. Inv.Nr. 13.1/16
213. Krug Furger 1992 Taf. 72,18/53. BW 1. Bef.Nr. 6.2. Inv.Nr. 27/4
214. Krug Furger 1992 Taf. 72,18/53. BW 1. Bef.Nr. 6.2-11. Inv.Nr. 38/10,13
215. Krug Furger 1992 Taf. 72,18/53. BW 1. Bef.Nr. 9. Inv.Nr. 39/6
216. Krug Furger 1992 Taf. 72,18/53. BW 1. Bef.Nr. 9-128. Inv.Nr. 93/9
217. Krug Oelmann 62a. Loeschcke 1921b Typ 50. BW 1. Furger 1992 Taf. 81,20/63. Bef.Nr. 11-24. Inv.Nr. K3
218. Krug Furger 1992 Taf. 78,19/112. BW 1. Bef.Nr. 5.1-61. Inv.Nr. 14.1/8
219. Krug Furger 1992 Taf. 78,19/112. BW 1. Bef.Nr. 7.1. Inv.Nr. 19/12
220. Krug Furger 1992 Taf. 78,19/112. BW 1. Bef.Nr. 7.1-75. Inv.Nr. 20.2/13
221. Krug Furger 1992 Taf. 78,19/112. BW 1. Bef.Nr. 7.3-16. Inv.Nr. 29/5
222. Krug Furger 1992 Taf. 78,19/112. BW 1. Bef.Nr. 9-133. Inv.Nr. 93/1
223. Krug Furger 1992 Taf. 78,19/115.116. BW 1. Bef.Nr. 5.1-62. Inv.Nr. 11/3
224. Krug Furger 1992 Taf. 78,19/115.116. BW 1. Bef.Nr. 5.2-14. Inv.Nr. 20.1/5,20
225. Krug Furger 1992 Taf. 78,19/115.116. BW 1. Bef.Nr. 6.2-13. Inv.Nr. 27/2

---

292 Das Gefäß ging während des Transports innerhalb des BLM vom Depot zum Fotoatelier verloren und wurde bis zum 15.11.2004 nicht wieder aufgefunden.
293 wie Anm. 292.

226. Krug Furger 1992 Taf. 78,19/115.116. BW 1. Bef.Nr. 7.1. Inv.Nr. 17.1/33
227. Krug Furger 1992 Taf. 78,19/115.116. BW 1. Bef.Nr. 7.1. Inv.Nr. 21/17
228. Krug Furger 1992 Taf. 78,19/115.116. BW 1. Bef.Nr. 7.1. Inv.Nr. 17.1/38
229. Krug Furger 1992 Taf. 78,19/115.116. BW 1. Graffito Nr. 1 auf GK: ... TIAM ... Bef.Nr. 7.1-76. Inv.Nr. 58/76
230. Krug Furger 1992 Abb. 70,19/111. BW 1. Bef.Nr. 6.1-15. Inv.Nr. 18.1/6
231. Krug Furger 1992 Abb. 70,19/111. BW 1. Bef.Nr. 7.1-74. Inv.Nr. 21/27
232. Krug Furger 1992 Abb. 70,19/111. BW 1. Bef.Nr. 9-130. Inv.Nr. 78/6
233. Krug Furger 1992 Abb. 70,19/111. BW 1. Bef.Nr. 9. Inv.Nr. 114/9
234. Krug Schucany et al. 1999 Taf. 9,28. BW 1. Bef.Nr. 9-131. Inv.Nr. 18/1
235. Krug Martin-Kilcher 1980 Taf. 48,6. BW 1. Bef.Nr. 7.1-78. Inv.Nr. 99/19
236. Krug Ettlinger 1963 8,19. BW 1. Bef.Nr. 5.1. Inv.Nr. 22/5
237. Krug Ettlinger 1963 Taf. 8,19. BW 1. Bef.Nr. 7.1. Inv.Nr. 30/1
238. Krug Ettlinger 1963 Taf. 8,19. BW 1. Bef.Nr. 7.1. Inv.Nr. 17.1/24
239. Krug Ettlinger 1963 Taf. 8,19. BW 1. Bef.Nr. 7.3-17. Inv.Nr. 29/4
240. Krug. WS. BW 1. Graffito Nr. 2: X. Bef.Nr. 5.1-64. Inv.Nr. 14.1/18
241. Krughals. BW 1. Bef.Nr. 6.1. Inv.Nr. 9/1
242. Doppelhenkelkrug Furger 1992 Abb. 70,20/114. BW 1. Bef.Nr. 7.1-73. Inv.Nr. 21/35
243. Doppelhenkelkrug. Krughals. BW 1. Bef.Nr. 9. Inv.Nr. 39/5
244. Zweistabhenkel. BW 1. Bef.Nr. 5.1. Inv.Nr. 106/5
245. Zweistabhenkel. BW 1. Bef.Nr. 7.1. Inv.Nr. 17/39
246. Zweistabhenkel. BW 1. Bef.Nr. 7.1. Inv.Nr. 19/14
247. Zweistabhenkel. BW 1. Bef.Nr. 7.1. Inv.Nr. 58/45b
248. Zweistabhenkel. BW 1. Bef.Nr. 7.1. Inv.Nr. 58/65
249. Zweistabhenkel. BW 1. Bef.Nr. 9. Inv.Nr. 15/7
250. Zweistabhenkel. BW 1. Bef.Nr. 9. Inv.Nr. 15/8
251. Zweistabhenkel. BW 1. Bef.Nr. 9. Inv.Nr. 15/20
252. Zweistabhenkel. BW 1. Bef.Nr. 11. Inv.Nr. 5/2
253. Dreistabhenkel. BW 1. Bef.Nr. 5.1. Inv.Nr. 14.1/5
254. Dreistabhenkel. BW 1. Bef.Nr. 6.3. Inv.Nr. 12/6
255. Krug. WS. BW 1. Bef.Nr. 5.1. Inv.Nr. 14/4,15,16
256. Krug. WS. BW 1. Bef.Nr. 5.1. Inv.Nr. 22/8
257. Krug. WS. BW 1. Bef.Nr. 5.1. Inv.Nr. 64/1
258. Krug. WS. BW 1. Bef.Nr. 5.1. Inv.Nr. 79/2
259. Krug. WS. BW 1. Bef.Nr. 5.1. Inv.Nr. 91/4
260. Krug. WS. BW 1. Bef.Nr. 5.1. Inv.Nr. 94/2
261. Krug. WS. BW 1. Bef.Nr. 6.2. Inv.Nr. 38
262. Krug. WS. BW 1. Bef.Nr. 6.2. Inv.Nr. 38/4
263. Krug. WS. BW 1. Bef.Nr. 6.2. Inv.Nr. 81/1
264. Krug. WS. BW 1. Bef.Nr. 7.1. Inv.Nr. 1/2,3,4; 17/35, 19, 58/6
265. Krug. BS. BW 1. Bef.Nr. 8. Inv.Nr. 83/3
266. Krug. WS, BS. Bef.Nr. 9. Inv.Nr. 82/1,2,4,6,8,9,10
267. Krug. RS. Bef.Nr. 9. Inv.Nr. 101/4
268. Krug. BS. Bef.Nr. 9. Inv.Nr. 104/8,10,12
269. Krug. WS. Bef.Nr. 11. Inv.Nr. 56
270. Krug Rychener et al. 1986 Abb. 83 C 528. BW 1 a. Bef.Nr. 7.1-66. Inv.Nr. 21/43
271. Krug Furger 1992 Abb. 70,10/56. BW 1 a. Bef.Nr. 7.1-67. Inv.Nr. 21/39
272. Vorratskrug Furger 1992 Abb. 70,12/82. BW 1 a. Bef.Nr. 5.1-57. Inv.Nr. 37.2/19
273. Vorratskrug Furger 1992 Abb. 70,12/82. BW 1 a. Bef.Nr. 7.1. Inv.Nr. 21/36
274. Krug Furger 1992 Taf. 58,15/110. BW 1 a. Bef.Nr. 5.1-58. Inv.Nr. 36/8
275. Krug Furger 1992 Taf. 58,15/110. BW 1 a. Bef.Nr. 7.1. Inv.Nr. 58/40
276. Krug Furger 1992 Taf. 58,15/110. BW 1 a. Bef.Nr. 7.1-69. Inv.Nr. 58/75
277. Krug Furger 1992 Abb. 70,16/135. BW 1 a. Bef.Nr. 5.2-13. Inv.Nr. 57/2,3
278. Krug Furger 1992 Abb. 70,16/135. BW 1 a. Bef.Nr. 6.2. Inv.Nr. 38/9
279. Krug Furger 1992 Abb. 70,16/135. BW 1 a. Bef.Nr. 7.1-70. Inv.Nr. 21/22
280. Krug Furger 1992 Abb. 70,16/135. BW 1 a. Bef.Nr. 7.2-20. Inv.Nr. 33/3
281. Krug Furger 1992 Abb. 70,16/136. BW 1 a. Bef.Nr. 9-125. Inv.Nr. 28/21
282. Krug Furger 1992 Taf. 65,16/141. BW 1 a. Bef.Nr. 5.1-59. Inv.Nr. 14.1/12
283. Krug Furger 1992 Taf. 65,16/141. BW 1 a. Bef.Nr. 5.1. Inv.Nr. 14.1/20
284. Krug Furger 1992 Taf. 65,16/141. BW 1 a. Bef.Nr. 7.1-71. Inv.Nr. 58/22
285. Krug Oelmann 62a. BW 1 a. Bef.Nr. 3.1-8. Inv.Nr. 90/3
286. Krug Furger 1992 Taf. 72,18/54. BW 1 a. Bef.Nr. 7.1. Inv.Nr. 24/8
287. Krug Furger 1992 Taf. 69,17/53. BW 1 a. Bef.Nr. 9. Inv.Nr. 26/4

288. Krug Furger 1992 Taf. 69,17/53. BW 1 a. Bef.Nr. 9-132. Inv.Nr. 31/11
289. Krug Furger 1992 Abb. 70,19/111. BW 1 a. Bef.Nr. 4-11. Inv.Nr. 32/2,9
290. Krug Furger 1992 Taf. 78,19/112. BW 1 a. Bef.Nr. 5.1. Inv.Nr. 22/4
291. Krug Furger 1992 Taf. 78,19/112. BW 1 a. Bef.Nr. 9. Inv.Nr. 28/3
292. Krug Furger 1992 Taf. 78,19/114. BW 1 a. Bef.Nr. 3.1-10. Inv.Nr. 90/2
293. Krug Furger 1992 Taf. 78,19/115.116. BW 1 a. Bef.Nr. 4-12. Inv.Nr. 37.3/27
294. Krug Furger 1992 Taf. 78,19/115.116. BW 1 a. Bef.Nr. 5.1. Inv.Nr. 37.2/16
295. Krug Furger 1992 Taf. 78,19/115.116. BW 1 a. Bef.Nr. 7.1. Inv.Nr. 21/50
296. Krug Furger 1992 Abb. 70,20/116. BW 1 a. Bef.Nr. 9-150. Inv.Nr. 129
297. Krug Oelmann 62a. Furger 1992 Abb. 70,21/63. BW 1 a. Bef.Nr. 12-13. Inv.Nr. P8/Di4-97
298. Krug Oelmann 61. Loeschcke 1921b Typ 52. BW 1 a. Grünewald 1990 46; Grab 51, 198,2. Bef.Nr. 11-26. Inv.Nr. K1
299. Krug Ettlinger 1963 Taf. 8,19. BW 1 a. Bef.Nr. 9. Inv.Nr. 59/2
300. Zweistabhenkel. BW 1 a. Bef.Nr. 7.1. Inv.Nr. 20.2/18
301. Zweistabhenkel. BW 1 a. Bef.Nr. 7.1. Inv.Nr. 58/9
302. Zweistabhenkel. BW 1 a. Bef.Nr. 7.2. Inv.Nr. 33/18
303. Krug. WS. BW 1 a. Bef.Nr. 5.1. Inv.Nr. 22/10
304. Krug. WS. BW 1 a. Bef.Nr. 5.1. Inv.Nr. 22/11
305. Krug. WS. BW 1 a. Bef.Nr. 5.1. Inv.Nr. 64/6
306. Krug. WS. BW 1 a. Bef.Nr. 5.1. Inv.Nr. 79/5
307. Krug. WS. BW 1 a. Bef.Nr. 5.1. Inv.Nr. 91/10
308. Krug. WS. BW 1 a. Bef.Nr. 5.1. Inv.Nr. 94/3
309. Krug. WS. BW 1 a. Bef.Nr. 7.3. Inv.Nr. 23/4, 29/9,16
310. Krug. WS, BS. BW 1 a. Bef.Nr. 9. Inv.Nr. 112/4,14,15,17,18
311. Krug. WS. BW 1 a. Bef.Nr. 9. Inv.Nr. 132
312. Krug Ettlinger 1963 Taf. 8,19. BW 2. Bef.Nr. 3.2. Inv.Nr. 66/1,2,8,9
313. Krug Ettlinger 1963 Taf. 8,19. BW 2. Rußsp. Bef.Nr. 5.1-63. Inv.Nr. 87/7
314. Krug Ettlinger 1963 Taf. 8,19. BW 2. Bef.Nr. 6.3-19. Inv.Nr. 12/2
315. Krug Ettlinger 1963 Taf. 8,19. BW 2. Bef.Nr. 7.1-79. Inv.Nr. 20.2/16
316. Krug Ettlinger 1963 Taf. 8,19. BW 2. Bef.Nr. 7.3. Inv.Nr. 23/2
317. Krug Ettlinger 1963 Taf. 8,19. BW 2. Graffito Nr. 4: X kurz oberhalb Bodenumbruch. Bef.Nr. 9-134. Inv. Nr. 4/5
318. Krug Ettlinger 1963 Taf. 8,19. BW 2. Bef.Nr. 9. Inv.Nr. 50, 71/4,6,8,10, 8009
319. Zweihenkelkrug Furger 1992 Taf. 27,8/68. BW 3. Bef.Nr. 5.3-4. Inv.Nr. 37.1/6
320. Vorratskrug Furger 1992 Abb. 70,12/82. BW 3. Bef.Nr. 9. Inv.Nr. 31/1
321. Vorratskrug Furger 1992 Abb. 70,12/82. BW 3. Bef.Nr. 9. Inv.Nr. 101/3
322. Krug Furger 1992 Abb. 70,16/134. BW 3. Bef.Nr. 6.1-11. Inv.Nr. 13.1/7
323. Krug Furger 1992 Abb. 70,16/134. BW 3. Bef.Nr. 11-21. Inv.Nr. K10
324. Vorratskrug Furger 1992 Abb. 70,16/137. BW 3. Bef.Nr. 9-125. Inv.Nr. 15/1
325. Krug Furger 1992 Taf. 65,16/141. BW 3. Bef.Nr. 9. Inv.Nr. 31/3
326. Krug Furger 1992 Taf. 72,18/54. BW 3. Bef.Nr. 7.1. Inv.Nr. 17.1/34
327. Krug Furger 1992 Taf. 78,19/115.116. BW 3. Bef.Nr. 6.3-18. Inv.Nr. 7/5
328. Krug Furger 1992 Taf. 78,19/115.116. BW 3. Bef.Nr. 7.1. Inv.Nr. 21/32
329. Vorratskrug Furger 1992 Abb. 70,20/113. BW 3. Bef.Nr. 9-129. Inv.Nr. 15/10
330. Krug Furger 1992 Taf. 83,20/118. BW 3. Bef.Nr. 13-2. Inv.Nr. 96
331. Krug Furger 1992 Taf. 83,20/119. BW 3. Bef.Nr. 6.2-12. Inv.Nr. 81/6
332. Vorratskrug. Zweistabhenkel. BW 3. Bef.Nr. 9. Inv.Nr. 26/1
333. Vorratskrug. Zweistabhenkel. BW 3. Bef.Nr. 9. Inv.Nr. 28/10
334. Vorratskrug. Vierstabhenkel. BW 3. Bef.Nr. 5.1. Inv.Nr. 11/4
335. Krug. WS. BW 3. Bef.Nr. 5.1. Inv.Nr. 22/12
336. Krug. WS. BW 3. Bef.Nr. 5.1. Inv.Nr. 64/9
337. Krug. WS. BW 3. Bef.Nr. 5.1. Inv.Nr. 64/10
338. Krug. WS. BW 3. Bef.Nr. 5.1. Inv.Nr. 79/7
339. Krug. WS. BW 3. Bef.Nr. 5.1. Inv.Nr. 94/6
340. Krug. WS. BW 3. Bef.Nr. 5.1. Inv.Nr. 94/8
341. Krug. WS. BW 3 a. Bef.Nr. 7.1. Inv.Nr. 20/17
342. Krug Furger 1992 Taf. 21,6/56. BW 4. Bef.Nr. 5.1. Inv.Nr. 8095/67
343. Krug Furger 1992 Taf. 21,6/56. BW 4. Bef.Nr. 5.1. Inv.Nr. 8096/30
344. Krug Rychener et al. 1986 Abb. 83 C 596. BW 4. Bef.Nr. 5.1-56. Inv.Nr. 105/4
345. Krug Furger 1992 Taf. 30,9/74. BW 4. Bef.Nr. 9-148. Inv.Nr. 133
346. Krug Furger 1992 Abb. 70,10/56. BW 4. Bef.Nr. 7.2-19. Inv.Nr. 33/2
347. Krug Furger 1992 Abb. 70,11/81. BW 4. Bef.Nr. 7.1-68. Inv.Nr. 21/44
348. Krug Furger 1992 Abb. 70,11/81. BW 4. Bef.Nr. 7.3-13. Inv.Nr. 68/5

349. Krug Furger 1992 Taf. 39,11/89. BW 4. Bef.Nr. 5.1. Inv.Nr. 8095/75
350. Krug Furger 1992 Taf. 39,11/89. BW 4. Bef.Nr. 5.1. Inv.Nr. 8095/76
351. Krug Furger 1992 Taf. 58,15/110. BW 4. Bef.Nr. 4-9. Inv.Nr. 32/10
352. Krug Furger 1992 Taf. 65,16/141. BW 4. Bef.Nr. 7.1. Inv.Nr. 58/39
353. Krug Furger 1992 Taf. 65,16/141. BW 4. Bef.Nr. 7.3-15. Inv.Nr. 23/1
354. Krug Furger 1992 Taf. 72,18/53. BW 4. Bef.Nr. 3.1-9. Inv.Nr. 90/1
355. Krug Furger 1992 Taf. 72,18/53. BW 4. Bef.Nr. 3.1. Inv.Nr. P8/Du,Db
356. Krug Furger 1992 Taf. 18/54. BW 4. Bef.Nr. 4-10. Inv.Nr. 32/4
357. Krug Furger 1992 Taf. 18/54. BW 4. Bef.Nr. 7.1. Inv.Nr. 30/5
358. Krug Furger 1992 Taf. 18/54. BW 4. Bef.Nr. 7.1. Inv.Nr. 58/28
359. Krug Furger 1992 Taf. 83,20/118. BW 4. Bef.Nr. 9-151. Inv.Nr. 128
360. Krug Oelmann 62a. Loeschcke 1921b Typ 50. BW 4. Furger 1992 Taf. 83,20/119. Bef.Nr. 12-18. Inv.Nr. P8/Dk
361. Krug Oelmann 62a. Loeschcke 1921b Typ 50. BW 4. Furger 1992 Abb. 70,17/49. Bef.Nr. 12-14. Inv.Nr. P8/Di101
362. Krug Oelmann 62a. Loeschcke 1921b Typ 50. BW 4. Furger 1992 Abb. 70,17/50. Bef.Nr. 9-152. Inv.Nr. 134
363. Krug Oelmann 62a. Loeschcke 1921b Typ 50. BW 4. Furger 1992 Abb. 70,17/50. Bef.Nr. 11-30. Inv.Nr. K8
364. Krug Oelmann 62a. Loeschcke 1921b Typ 50. BW 4. Sek. Verwendung als Spardose. Martin-Kilcher 1980 Taf. 48,6. Bef.Nr. 11-32. Inv.Nr. K2
365. Krug Oelmann 62a. Loeschcke 1921b Typ 50. BW 4. Martin-Kilcher 1980 Taf. 48,6. Bef.Nr. 12-20. Inv.Nr. P8/Dk
366. Krug Oelmann 62a. Loeschcke 1921b Typ 50. BW 4. Furger 1992 Abb. 70,19/111. Bef.Nr. 12-15. Inv.Nr. P8/Di98
367. Krug Oelmann 62a. Loeschcke 1921b Typ 50. BW 4. Furger 1992 Taf. 87,21/62 Bef.Nr. 12-16. Inv.Nr. P8/Di95
368. Krug Oelmann 62a. Loeschcke 1921b Typ 50. BW 4. Furger 1992 Abb. 70,21/63 Bef.Nr. 12-17. Inv.Nr. P8/Di96
369. Krug Oelmann 62a. Loeschcke 1921b Typ 50. BW 4. Bef.Nr. 12-19. Inv.Nr. P8/Dk
370. Krug Oelmann 67b. BW 4. Bef.Nr. 12-21. Inv.Nr. P8/Dk
371. Krug Furger 1992 Taf. 78,19/112. BW 4. Bef.Nr. 7.2-21. Inv.Nr. 33/1
372. Krug Schucany et al. 1999 Taf. 8,18. BW 4. Bef.Nr. 11-35. Inv.Nr. K6
373. Krug. RS. BW 4. Bef.Nr. 5.1. Inv.Nr. 88/2
374. Krug. WS, Graffito Nr. 3: X auf Schulter. BW 4. Bef.Nr. 5.1-65. Inv.Nr. 8095/93
375. Krug. WS. BW 4. Bef.Nr. 5.1. Inv.Nr. 8095/74
376. Krug. WS. BW 4. Bef.Nr. 12. Inv.Nr. P8/Dn1
377. Krug. WS, BS. BW 4. Bef.Nr. 7.1. Inv.Nr. 24/4, 30/4, 99/12, 13
378. Krug. WS. BW 4. Bef.Nr. 7.2. Inv.Nr. 25/6
379. Krug. BS. BW 4. Bef.Nr. 8. Inv.Nr. 83/4
380. Krug. BS, WS. BW 4. Bef.Nr. 9. Inv.Nr. 74/8,12,15,19
381. Krug. BS. BW 4. Bef.Nr. 9. Inv.Nr. 78/4,17,25
382. Krug. BS. BW 4. Bef.Nr. 9. 135
383. Zweistabhenkel. BW 4. Bef.Nr. 5.1. Inv.Nr. 8095/77
384. Dreistabhenkel. BW 4. Bef.Nr. 5.1. Inv.Nr. 8095/78
385. Dreistabhenkel. BW 4. Bef.Nr. 5.1. Inv.Nr. 8096/25
386. Krug Furger 1992 Taf. 9,3/65. BW 5. Bef.Nr. 6.1-9. Inv.Nr. 13.1/24
387. Krug Furger 1992 Abb. 70,5/93. BW 5. Bef.Nr. 3.1-6. Inv.Nr. P8/Du,Db
388. Krug Furger 1992 Abb. 70,6/58. BW 5. Bef.Nr. 5.1-55. Inv.Nr. 8095/73
389. Krug Furger 1992 Abb. 70,6/62. BW 5. Bef.Nr. 3.1-7. Inv.Nr. P8/Du,Db
390. Krug Furger 1992 Abb. 70,8/59. BW 5. Bef.Nr. 9-147. Inv.Nr. 130
391. Krug Furger 1992 Abb. 70,10/56. BW 5. Bef.Nr. 7.1. Inv.Nr. 20.2/10
392. Krug Furger 1992 Abb. 70,12/82. BW 5. Bef.Nr. 9-124. Inv.Nr. 50/1
393. Krughals. BW 5. Bef.Nr. 7.1. Inv.Nr. 20.2/12
394. Krughals. BW 5. Bef.Nr. 7.1. Inv.Nr. 24/3
395. Krug Furger 1992 Abb. 70,16/134. BW 5. Bef.Nr. 7.3-14. Inv.Nr. 29/17
396. Krug Furger 1992 Abb. 70,16/134. BW 5. Bef.Nr. 9-149. Inv.Nr. 131
397. Krug Furger 1992 Abb. 70,16/135. BW 5. Bef.Nr. 6.2-10. Inv.Nr. 27/1
398. Krug Furger 1992 Taf. 65,16/141. BW 5. Bef.Nr. 6.1-13. Inv.Nr. 18/2/15
399. Krug Furger 1992 Taf. 72,18/54. BW 5. Bef.Nr. 7.1-72. Inv.Nr. 19/20
400. Krug Furger 1992 Taf. 69,17/53. BW 5. Bef.Nr. 7.1-77. Inv.Nr. 58/3
401. Krug Furger 1992 Abb. 70,19/111. BW 5. Bef.Nr. 11-33. Inv.Nr. 55/3
402. Krug Furger 1992 Taf. 78,19/115.116. BW 5. Bef.Nr. 7.1. Inv.Nr. 21/30

403. Krug Oelmann 67b. BW 5. Furger 1992 Ab. 70,21/63. Bef.Nr. 11-31. Inv.Nr. K12
404. Krug Ettlinger 1963 Taf. 8,19. BW 5. Bef.Nr. 7.1. Inv.Nr. 24/2
405. Einstabhenkel. BW 5. Bef.Nr. 6.1. Inv.Nr. 13.1/20
406. Einstabhenkel. BW 5. Bef.Nr. 6.1. Inv.Nr. 13.1/27
407. Einstabhenkel. BW 5. Bef.Nr. 6.2. Inv.Nr. 38/7
408. Einstabhenkel. BW 5. Bef.Nr. 7.1. Inv.Nr. 58/66
409. Vorratskrug. Zweistabhenkel. BW 5. Bef.Nr. 5.1. Inv.Nr. 36/2
410. Vorratskrug. Zweistabhenkel. BW 5. Bef.Nr. 5.2. Inv.Nr. 16/1
411. Vorratskrug. Zweistabhenkel. BW 5. Bef.Nr. 6.2. Inv.Nr. 38/2
412. Vorratskrug. Zweistabhenkel. BW 5. Bef.Nr. 7.1. Inv.Nr. 21/41
413. Vorratskrug. Zweistabhenkel. BW 5. Bef.Nr. 7.1. Inv.Nr. 24/1
414. Vorratskrug. Zweistabhenkel. BW 5. Bef.Nr. 7.2. Inv.Nr. 33/7
415. Vorratskrug. Dreistabhenkel. BW 5. Bef.Nr. 9. Inv.Nr. 60/4
416. Krug Furger 1992 Taf. 83,20/118. BW 6. Bef.Nr. 5.1. Inv.Nr. 8095/69
417. Krug Furger 1992 Taf. 83,20/118. BW 6. Bef.Nr. 5.1-60. Inv.Nr. 8096/28
418. Krug Furger 1992 Taf. 69,17/53. BW 6. Bef.Nr. 3.1. Inv.Nr. P8/Du,Db
419. Krug Furger 1992 Taf. 78,19/117. BW 6. Bef.Nr. 3.1. Inv.Nr. P8/Du,Db
420. Krug Ettlinger 1963 Taf. 8,19. BW 6. Bef.Nr. 6.3. Inv.Nr. 12/3
421. Krug Ettlinger 1963 Taf. 8,19. BW 6. Bef.Nr. 7.1. Inv.Nr. 21/49
422. Krug Ettlinger 1963 Taf. 8,19. BW 6. Bef.Nr. 9. Inv.Nr. 124/3
423. Zweistabhenkel. Bef.Nr. 5.2. Inv.Nr. 20.1/6

Reibschalen (n = 13)

1. Raet. Reibschale Furger 1992 Abb. 69,11/77. BW 2. Bef.Nr. 9-135. Inv.Nr. 15/6
2. Raet. Reibschale Furger 1992 Abb. 69,16/128. BW 2. Bef.Nr. 3.1-11. Inv.Nr. P8/Du,Db
3. Reibschale Rychener 1984 Abb. 64 C 583. BW 3. Bef.Nr. 5.1-90. Inv.Nr. 14.1/13
4. Reibschale Furger 1992 Abb. 69,12/69. BW 3. Bef.Nr. 5.1-91. Inv.Nr. 11/8
5. Reibschale Furger 1992 Abb. 69,20/112. BW 3. Bef.Nr. 6.1-28. Inv.Nr. 13.1/19
6. Reibschale Furger 1992 Abb. 69,19/109. BW 3. Bef.Nr. 6.1-29. Inv.Nr. 13.1/14
7. Reibschale Rychener 1984 Abb. 64 C 468. BW 4. Bef.Nr. 9-136. Inv.Nr. 28/1
8. Reibschale Rychener 1984 Abb. 64 C 470. BW 5. Bef.Nr. 5.1-92. Inv.Nr. 106/3
9. Reibschale Furger 1992 Abb. 69,20/110. TGW 1. Bef.Nr. 9-137. Inv.Nr. 86/10
10. Reibschale. TGW 1. Bef.Nr. 9. Inv.Nr. 67/2, 84/4
11. Reibschale Rychener 1984 Abb. 64 D 619. TGW 3. Bef.Nr. 11. Inv.Nr. 3/1
12. Reibschale Rychener 1984 Abb. 64 C 470. TRW 5. Bef.Nr. 7.3-26. Inv.Nr. 29/8
13. Reibschale Furger 1992 Abb. 69,12/71. TRW 5. Bef.Nr. 6.1-30. Inv.Nr. 13.1/11

Schwerkeramik

Amphoren (n = 14)

1. Dressel 20/23. Martin-Kilcher 1987 Tongruppe 5. Bodenform 5. Martin-Kilcher 1987 Abb. 28,4.5.6. Bef.Nr. 7.1. Inv.Nr. 17/46
2. Dressel 20/23. Martin-Kilcher 1987 Tongruppe 5. Bodenform 5. Bef.Nr. 9. Inv.Nr. 124/1
3. Dressel 23. Martin-Kilcher 1987 Tongruppe 8. Bodenform 5. Bef.Nr. 5.1-96. Inv.Nr. 106/6
4. Dressel 23. Martin-Kilcher 1987 Tongruppe 9. Sekundäre Benutzung als Räuchergefäß. Abb.: Schleiermacher 1933 Abb. 35. Martin-Kilcher 1987 Abb. 28,7; Taf. 50,834. Bef.Nr. 6.4-1. Inv.Nr. P8/D1
5. Dressel 23. Martin-Kilcher 1987 Tongruppe 5/7/9. Henkelform 15. Martin-Kilcher 1987 Taf. 61,922. Bef.Nr. 5.1-97. Inv.Nr. 125/1
6. Dressel 23. Martin-Kilcher 1987 Tongruppe 5/7/9. Henkelform 15. Martin-Kilcher 1987 Taf. 61,922. Bef.Nr. 9-138. Inv.Nr. 107/6
7. Dressel 23. Martin-Kilcher 1987 Tongruppe 11. Henkelform 16/17. Profilgruppe G/H. Bef.Nr. 5.1-95. Inv. Nr. 36/1
8. Dressel 23. Martin-Kilcher 1987 Tongruppe 11. Henkelform 16/17. Profilgruppe G/H. Bef.Nr. 6.3-25. Inv. Nr. 12/5
9. Dressel 9 similis. Martin-Kilcher 1994 Tongruppe 23. Henkelform 2. Gruppe 10. Martin-Kilcher 1994 Taf. 225,4994; 226,5009.5010. Rest eines *titulus pictus*. Bef.Nr. 12-24. Inv.Nr. P8/Dl
10. Gauloise 4. Martin-Kilcher 1994 Tongruppe 27. Martin-Kilcher 1994 Taf. 147,2799. Bef.Nr. 9-139. Inv. Nr. 59/1,7
11. Dressel 30 Var. Augst Form 15. Ton grau, klingend hart. Martin-Kilcher 1994 Abb. 152,2. Bef.Nr. 7.1-113. Inv.Nr. 21/20
12. Amphore. Tongruppe 5. Bef.Nr. 5.1. Inv.Nr. 88

13. Amphore. Tongruppe 5. Bef.Nr. 9. Inv.Nr. 16, 8009
14. Amphorenzapfen. MARTIN-KILCHER 1987 Tongruppe 5. WALKE 1965 Taf. 58,14. Bef.Nr. 5.1-98. Inv.Nr. A1

Dolia (n = 10)

1. Dolium RYCHENER et al. 1986 Abb. 85 B 302. TGW 5. Bef.Nr. 6.1-31. Inv.Nr. 9/3
2. Dolium RYCHENER et al. 1986 Abb. 85 C 467. TRW 2. Bef.Nr. 6.2-15. Inv.Nr. 116/1
3. Dolium FURGER 1992 Abb. 72,9/76. TRW 3. Bef.Nr. 5.1-93. Inv.Nr. 8095/92
4. Dolium FURGER 1992 Abb. 72,9/76. TRW 3. Bef.Nr. 7.1-114. Inv.Nr. 21/15
5. BS Dolium. TRW 4. Bef.Nr. 6.2. Inv.Nr. 38
6. WS Dolium. TRW 4. Bef.Nr. 6.3. Inv.Nr. 2
7. Dolium FURGER 1992 Abb. 72,15/112. TRW 5. Bef.Nr. 5.1-99. Inv.Nr. 14.1/22
8. Dolium FURGER 1992 Taf. 64,16/115. TRW 5. Bef.Nr. 9-140. Inv.Nr. 67/6
9. Dolium T2. WAGNER-ROSER 1999 Taf. 72,3. TRW 6. Bef.Nr. 9-141. Inv.Nr. 31/5
10. Dolium T2. WAGNER-ROSER 1999 Taf. 72,3. TRW 6. Bef.Nr. 5.1-94. Inv.Nr. 8095/91

Graffiti auf Gebrauchskeramik (n = 4) (Abb. 87)

1. ... TIAM ... Krug FURGER 1992 Taf. 78,19/115.116. Umzieht die stärkste Stelle des Bauches. BW 1. Brennriss im Boden. Bef.Nr. 7.1-76. Inv.Nr. 58/76
2. Zahlzeichen X. WS Krug. Lage ?. BW 1. Bef.Nr. 5.1-64. Inv.Nr. 14.1/18
3. Zahlzeichen X. Krug. Schulter. BW 4. Bef.Nr. 5.1-65. Inv.Nr. 8095/93
4. Zahlzeichen X. Krug ETTLINGER 1963 Taf. 8,19. Kurz oberhalb des Bodenumbruchs. BW 2. Bef.Nr. 9-134. Inv.Nr. 4/5

Sonderformen (n = 1)

1. Schmelztiegel. Starke Brandsp. Bef.Nr. 5.1-100. Inv.Nr. 14/25

Ziegel (n = 7)

1. *Imbrex*. Bef.Nr. 5.1. Inv.Nr. B8096/34
2. *Imbrex*. Bef.Nr. 9. Inv.Nr. 35/2
3. *Tegula*. Bef.Nr. 9. Inv.Nr. 104/11, 115/7
4. *Tubulus*. Bef.Nr. 1. Inv.Nr. 65/15
5. *Tubulus*. Bef.Nr. 9. Inv.Nr. 4/10
6. Ziegelbrst. Bef.Nr. 9. Inv.Nr. 35/9, 8009
7. Mittelalterlicher Ziegel. Bef.Nr. 9. Inv.Nr. 28

9. Ausstattungsliste (n = 212 inklusive der Altäre)

Vorbemerkung: Die mit „E" gekennzeichneten Nummern stellen gleichzeitig die Erstausstattung des Mithräums dar (n = 62).

Ansprache – Inv.Nr. – Fundzettel-Nr. – Befund-Nr.

Altäre
1. Hauptaltar – 2
2. Altar 1 – 5.2
3. Altar 2 – 5.2

Statue?
1. Sek. verbr. Unterarmbrst. (Sandstein) einer unterlebensgroßen Statue – 108 – 9

Räuchergefäße
E1. Räucherkelch – 100/18 – 8176 – 9-11
E2. Räucherkelch – 15/11 – 8024 – 9
E3. Räucherkelch – R2-P8/Dh3 – 12-1
E4. Räucherkelch – R3/1-P8/Dh7 – 12-2
E5. Räucherkelch – R5 – 11-3
E6. Räucherkelch – 30/3 – 8101 – 7.1-8
E7. Räucherkelch – R4-P8/Dh5 – 12-3
E8. Räucherkelch – R3 – 8029 – 11-3
E9. Krug mit Brandsp. innen – 58/75 – 8153 – 7.1-69
10. Krug mit Brandsp. innen – 14.1/20 – 8093 – 5.1
11. Krug mit Brandsp. innen – 58/22 – 8153 – 7.1-71
12. Räucherkelch – 16.2/7 – 8066 – 5.2-5
13. Räucherkelch – 6/11 – 8191 – 6.1-2
14. Räucherkelch – 12/11 – 8194 – 6.3-1
15. Räucherkelch – 12/7 – 8194 – 6.3
16. Räucherkelch – 23/11 – 8186 – 7.3-1
17. Räucherkelch – 77/2 – 8069 – 9-2
18. Räucherkelch – 118/9 – 9
19. Räucherkelch – 71/5 – 8160 – 9
20. Räucherkelch – R6-P8/Dh – 12-4
21. Krug mit Brandsp. innen – 21/17 – 8152 – 7.1
22. Dressel 23 mit Brandsp. innen – P8/D1 – 6.4-1
23. Räucherkelch – 16.1/11–16 – 8167 – 9-23
24. Räucherkelch – 100/4,9 – 8176 – 9
25. Räucherkelch – R1-P8/Dh – 12-5
26. Räucherkelch – R3/2-P8/Dh4 – 12-6
27. Räucherkelch – R3/3-P8/Dh1 – 12-7
28. Räucherkelch – 59/4 – 8072 – 9-14
29. Räucherkelch – R7-P8/Dh2 – 12-8
30. Räucherkelch – 20/3 – 8057 – 11
31. Räucherkelch – 20/2 – 8057 – 11
32. Räucherkelch – 21/44 – 8152 – 7.1
33. Räucherkelch – 114/7 – 8082 – 9
34. Räucherkelch – 16/3 – 8167 – 9

Schlangengefäße
E1. Schlangengefäß – 17.1/36 – 8155 – 7.1-10
E2. Schlangengefäß – 4/13 – 8169 – 9-16
E3. Schlangengefäß (Import) – 21/40+58/35 – 8152/8153 – 7.1-9
4. Schlangengefäß – 58/37 – 8153 – 7.1-11
5. Schlangengefäß – 19/22 – 8151 – 7.1-12
6. Schlangengefäß – 33/22 – 8154 – 7.2-1
7. Schlangengefäß – 15/14 – 8024 – 9-15

Lampen
E1. Firmalampe Leibundgut 23, Loeschcke 9b – 109 – 814 – 5.2-4
E2. Bildlampe – 20.1/9 – 8159 – 5.2-3
3. Lampe Loeschcke 10 – 35.1/6 – 8159 – 7.1-7
4. Firmalampe Leibundgut 31, Loeschcke 10 – Oe 1 – 11-1
5. Lampe – 34/4 – 8067 – 9
6. Lampe – 97/3 – 8088 – 9
7. Firmalampe Loeschcke 4. Stempel: TITVS (?). – 8156/1 – 4-13
8. Firmalampe Loeschcke 9B/Leibundgut 23. BW 1. – 8156/2 – 4-14

Kästchen
E1. Kästchenbeschlag – 52 – 8052 – 5.2-1

Spardose
1. Krug – K2 – 11-32

Kultschwert
1. Kultschwert – 11

Messer
1. Schlachtermesser – 8174 – 5.1-1

Teller
E1. Drag. 31 – 58/77 – 8079/8103/8153/8187 – 7.1-15
E2. Drag. 31 – 66/5 – 8017 – 3.2-1
E3. Drag. 31 – 32/5 – 8156 – 4
E4. Drag. 31 – 11/40 – 8098 – 5.1
E5. Drag. 31 – 81/13 – 8197 – 6.2-2
E6. Drag. 31 – 81/7 – 8197 – 6.2
E7. Drag. 31, Lud. Sb – 38/6 – 8199 – 6.2-3
E8. Drag. 31 – 24/9,10 – 8187 – 7.1-16
E9. Drag. 31 – P8/Dt – 11-5
E10. Drag. 31 – P8/Dt – 11-4
E11. Drag. 31, Lud. Tq – 63/2,3 – 8152/8180/8186/8187/8200 – 7.1-19
E12. Drag. 32, Lud. Ta – 94/10 – 8162 – 5.1-10[294]
E13. Lud. Tb – 29/1 – 8189 – 7.3-2
E14. Drag. 32 – 81/3 – 8197 – 6.2-4
E15. Drag. 32, Lud. Ta – 29/19 – 8189 – 7.3-3
16. Platte – 8096/12 – 8096 – 5.1-67
17. Platte – 17.1/32 – 8155 – 7.1-94
18. Platte – 95/10 – 8092 – 9-101

---

294 4 Teller Drag. 32 möglicherweise bereits erste Ersatz- oder Zukäufe.

19. Platte – 73/1,3,5,6 – 8013 – 9
20. Platte – 8095/79 – 8095 – 5.1-66
21. Platte – 36/6 – 8163 – 5.1-68
22. Platte – 81/10 – 8199 – 6.2
23. Platte – 33/4 – 8154 – 7.2-28
24. Platte – 123 – 9
25. Platte – 72/2 – 8178 – 9-102
26. Platte – 95/10/22 – 11-45
27. Platte – 14.1/7 – 8093 – 5.1-70
28. Platte – 18.1/1,3,4,7 – 8192 – 6.1-23
29. Platte – 63/4 – 8155 – 7.1-97
30. Platte – 33/24 – 8154 – 7.2-23
31. Platte – 29/10 – 8189 – 7.3-23
32. Platte – 29/11 – 8189 – 7.3-24
33. Platte – 112/2 – 8026 – 9-103
34. Teller – P8/Da – 9-142
35. Platte – 58/12 – 8153 – 7.1-81
36. Platte – 61/10 – 8102 – 7.1-98
37. Platte – 58/59 – 8153 – 7.1-99
38. Platte – 58/24 – 8153 – 7.1-100
39. Platte – 63/1 – 8155 – 7.1-101
40. Platte – 113/6,7 – 8154 – 7.2-30
41. Platte – 29/13 – 8189 – 7.3-18
42. Platte – 29/10 – 8189 – 7.3-23
43. Platte – 84/1 – 8065 – 9-107
44. Platte – 113/1,3 – 8065 – 9
45. Platte – 5/3 – 8049 – 11-44

Schälchen
E1. Drag. 33 – 113/2,4,5 – 8033/8135/8192 – 6.1-3[295]
E2. Drag. 33 – 32/3 – 8156 – 4-2.
E3. Drag. 33, Curle 18 – 8/9 – 8054 – 11-6
E4. Drag. 33, Curle 18 – 122/2,3 – 11-7
E5. Drag. 46 – P8/Dnl – 3.2-2
E6. Drag. 35, Pudding Pan Rock 6 – 32/14 – 8156 – 4-1
E7. Drag. 33, Oelmann 9 – 110 – 8080/8165 – 5.2-7
E8. Drag. 33 – S2/23 – 11-8
E9. Drag. 27 – 22/15 – 8175 – 5.1-11
E10. Drag. 40, Oelmann 10 – P8/Dl – 11-10[296]

Glasschale
E1. Glasschale Schleiermacher 1933, 76, 2BS – verloren – P8/Dp[297]

Schüsseln
E1. Schüssel mit eingezogenem Rand – 66/3 – 8017 – 3.2-4[298]
E2. Drag. 37 – 64/8 – 5.1-6
E3. Drag. 37 – Ü1933/74 – 5.1-8
E4. Drag. 37 – 11/1,32 – 8098 – 5.1-9
5. Schüssel mit Deckelfalz – 77/1 – 8069 – 9-62
6. Knickwandschüssel – 29/3 – 8189 – 7.3-22
7. Schüssel mit eingezogenem Rand – 22/1 – 8175 – 5.1-79

8. Knickwandschüssel – 32/1 – 8156 – 4-8
9. Knickwandschüssel – 87/1 – 8099 – 5.1-86
10. Knickwandschüssel – 37.2/15,17 – 8023 – 5.1-88
11. Knickwandschüssel – 58/55-62 – 8153 – 7.1-108
12. Knickwandschüssel – 61/4 – 8102 – 7.1-109
13. Knickwandschüssel – 17.1/29 – 7.1
14. Knickwandschüssel – 108/1,14 – 8074 – 9-64
15. Knickwandschüssel – 93/2,5 – 8157 – 9-121
16. Knickwandschüssel – S1 – 11-51
17. Schüssel Var. Chenet 316 – 63/5 – 8155 – 7.1-111
18. Schüssel – S3 – 8155 – 11-52
19. Schüssel S7/2 – 33/28,32,35,39 – 8154 – 7.2-26

Becher
E1. Raet. Gurtbecher – 66/4 – 8017 – 3.2-3[299]
E2. Zylinderhalsbecher – 32/8 – 8156 – 4-4
E3. Becher Kaenel 1 – 11/11,13,15,16 – 8098 – 5.1-24
E4. Déch. 72 – 91/6+94/10 – 8100 – 5.1-13[300]
E5. Déch. 72 – 8096/5 – 8096 – 5.1-14
E6. Déch. 72 – 8095/55 – 8095 – 5.1-15
E7. Déch. 72 – 18.1/10 – 8066 – 5.2-6
E8. Déch. 72 – 33/42, 43, 46, 47 – 8154 – 7.2-2
E9. Karniesrandbecher – 36/13 – 8163 – 5.1-20
E10. Faltenbecher – FB 1 – 11-16
E11. Faltenbecher – 78/7,8 – 11-17
E12. Faltenbecher – 8/1,2 – 8054 – 11-18
E13. Faltenbecher – P8/Do3 – 12-12
14. Zylinderhalsbecher – 13/2,3,4 – 8033 – 6.1-5
15. Zylinderhalsbecher – 13/5,6 – 8033 – 6.1
16. Karniesrandbecher – 32/6,11,12 – 8156 – 4-5
17. Karniesrandbecher – 79/18 – 8173 – 5.2-8
18. Karniesrandbecher – 38/3- 8199 – 6.2-7
19. Karniesrandbecher – B4 – 11-15
20. Karniesrandbecher – B1 – 11-13
21. Karniesrandbecher – P8/Do4 – 12-10
22. Karniesrandbecher – P8/Do4 – 12-11
23. Raet. Becher – 18.2/17 – 8192 – 6.1-6
24. Becher – 32/13 – 8156 – 4-6
25. Becher – 11/6 – 8098 – 5.1-21
26. Becher – 36/5 – 8163 – 5.1-22
27. Becher – 13/1 – 8033 – 6.1-8
28. Becher – 18.1/9 – 8192 – 6.1
29. Becher – 99/16 – 8200 – 7.1-37
30. Zylinderhalsbecher – 106/1 – 8181 – 5.1-19
31. Karniesrandbecher – B2 – 11-12
32. Karniesrandbecher – B3 – 11-14

Krüge
E1. Krug – 32/10 – 8156 – 4-9
E2. Krug – 38/11 – 8199 – 6.2-9
3. Krug – 27/1 – 8198 – 6.2-10
4. Krug – K10 – 11-21
5. Krug – 90/3 – 8027 – 3.1-8
6. Krug – 90/1 – 8027 – 3.1-9
7. Krug – 32/4 – 8156 – 4-10

---

295 Nr. 1, 2 und 5 könnten auch Altstücke sein, die später als Ersatz in die Ausstattung gelangten (z.B. aus dem Haushalt eines Gemeindeglieds).
296 Wohl eher Ersatz- oder Zukauf.
297 Vermutung.
298 Altstück? Späterer Ersatz aus Haushalt?
299 Kann man die Glanztonbecher als Erstausstattung evt. für niedere Weihegrade ansprechen?
300 Die TS-Becher sind sicher als Erstausstattung anzusprechen.

8. Krug – 38/10,13 – 8199 – 6.2-11
9. Krug – 81/6 – 8197 – 6.2-12
10. Krug – K3 – 11-14
11. Krug – K7 – 11-25
12. Krug – 90/2 – 8027 – 3.1-10
13. Krug – 37.3/27 – 8097 – 4-12
14. Krug – 32/2,9 – 8156 – 4-11
15. Krug – 14.1/8 – 8093 – 5.1-61
16. Krug – 27/2 – 8198 – 6.2-13
17. Krug – 58/76 – 8163 – 7.1-76
18. Krug – 18/1 – 8081 – 9-131
19. Krug – K11 – 11-26
20. Krug – K4 – 11-27
21. Krug – K9 – 11-28
22. Krug – K5 – 11-29
23. Krug – K8 – 11-30
24. Krug – K12 – 11-31
25. Krug – P8/Di4-97 – 12-13
26. Krug – P8/Di-101 – 12-14
27. Krug – P8/Di-98 – 12-15
28. Krug – P8/Di-95 – 12-16
29. Krug – P8/Di-96 – 12-17
30. Krug – P8/Dk – 12-18
31. Krug – P8/Dk – 12-19
32. Krug – P8/Dk – 12-20
33. Krug – P8/Dk – 12-21
34. Krug – K1 – 11-34
35. Krug – K6 – 11-35
36. Krug – 69/117b – 8041/8198 – 11-36

Töpfe
E1. Topf – 22/7 – 8175 – 5.1-44
2. Topf – 37.3/29 – 8097 – 4-7
3. Topf T3 – 18.2/16 – 8192 – 6.1-17
4. Topf – 8096/17 – 8096 – 5.1-28
5. Topf – 20/1 – 8057 – 11-42
6. Topf – P8/Ds – 12-23
7. Topf – 8095/58 – 8095 – 5.1-27
8. Topf – 6/7-10 – 8038 – 11-43

Deckel
1. Deckel – P8/Do6 – 12-22
2. Deckel – 56/1 – 8048 – 11-38

Reibschalen
E1. Reibschale – 3/1 – 8044 – 11-53

Amphoren
1. Amphorenzapfen – A1 – 2028 – 5.1-98
2. Dressel 23 – 125/1 – 8028 – 5.1-97
3. Dressel 9 similis – P8/Dl – 12-24

Insgesamt können als Ausstattung des Mithräums nachgewiesen werden:

– 3 Altäre,
– Mindestens 1 unterlebensgroße Statue aus Sandstein,
– 6 Lampen,
– 34 Räuchergefäße, davon vier Krüge und eine eigens „zugerichtete" Amphore in Sekundärverwendung, wohl nachdem sie in ihrer ursprünglichen Funktion benutzt worden waren,
– 7 Schlangengefäße,
– 1 Kästchen,
– 1 Spardose, und zwar ein Krug in Sekundärverwendung, wohl nachdem er in seiner ursprünglichen Form benutzt worden war,
– 1 Kultschwert, zum Einsatz bei ‚Mysterienspielen', Opferzeremonien und Initiationsriten,
– 1 Schlachtermesser, zum Einsatz bei Opferzeremonien, möglicherweise auch beim Zubereiten des Kultmahles,
– Kultgeschirr:
  – 45 Teller, davon 15 aus Terra sigillata,
  – 10 Schälchen, alle aus Terra sigillata,
  – 19 Schüsseln, davon 3 aus Terra sigillata,
  – 32 Becher, davon 5 aus Terra sigillata,
  – 36 Krüge und 5 Krüge in Sekundärverwendung: vier als Räuchergefäß und einer als Spardose,
  – 8 Töpfe,
  – 2 Deckel,
  – 1 Reibschale,
  – 1 Amphorenzapfen, 2 Amphoren und 1 Amphore in Sekundärverwendung als Räuchergefäß. Bei beiden Amphoren handelt es sich um Ölamphoren der Form Dressel 23.

10. Katalog

Inhalt

	Seite	Abb.
Warengruppen	438	
Abkürzungsverzeichnis	439	
Abbildungsmaßstäbe	441	
Befund-Nr. 1	441	30
Befund-Nr. 2	441	30
Befund-Nr. 3.1	442	31
Befund-Nr. 3.2	442	32
Befund-Nr. 4	443	32
Befund-Nr. 5.1	443	33
Befund-Nr. 5.2	448	42
Befund-Nr. 5.3	448	43
Befund-Nr. 6.1	449	44
Befund-Nr. 6.2	450	46
Befund-Nr. 6.3	451	47
Befund-Nr. 6.4	452	50
Befund-Nr. 7.1	452	50
Befund-Nr. 7.2	457	59
Befund-Nr. 7.3	458	62
Befund-Nr. 8	459	
Befund-Nr. 9	459	64
Befund-Nr. 10	467	
Befund-Nr. 11	467	75
Befund-Nr. 12	469	81
Befund-Nr. 13	470	85
Befund-Nr. 14	471	
Befund-Nr. 15	471	
Stempel und Graffiti auf Terra sigillata	471	86
Graffiti auf Gebrauchs- und Schwerkeramik	471	87
Schlagwortverzeichnis, Anschriften	472	
Fundabbildungen	473	

Warengruppen

Terra sigillata (T 1–8 mit E 1–8)

Ton	Engobe
La Graufesenque	
T 1: dunkelmattorange mit gelblichen und Glimmereinschlüsseln, hart	*E 1:* rotbraun, matter Seidenglanz
Lezoux	
T 2: schwarzorangerot mit gelblichen und Glimmereinschlüssen, hart	*E 2:* rotbraun, matter Seidenglanz
Ostgallien	
T 3: orange, Glimmer- und Quarzeinschlüsse, hart	*E 3:* orangebraun, lederartig, matt
T 4: orange, Glimmer- und Quarzeinschlüsse, mehlig	*E 4:* orange, stumpf
Heiligenberg/Ittenweiler	
T 5: schwarzorangerot mit weißlichen Einschlüssen, hart	*E 3* *E 5:* orangebraun, matt
A. GIAMILVS	
T 6: orange mit weißlichen und Glimmereinschlüssen, hart	*E 6:* orangebraun, hart
Rheinzabern	
T 7: ziegelrot mit weißlichen und Glimmereinschlüssen, hart	*E 7:* rotbraun, matter Glanz
T 8: schwarzorangerot mit Glimmereinschlüssen, mehlig	*E 8:* rotbraun, stumpf, lederartig

Terra nigra (TN 1–3)

Ware 1: Ton hellgrau ohne erkennbare Einschlüsse, mehlig. Engobe schwarz, dick.
Ware 2: Ton an der Oberfläche rosabeige, im Kern dunkelgrau, fein geschlemmt, mit weißlichen Einschlüssen und Glimmereinschlüssen. Engobe schwarz, eher wie Bemalung.
Ware 3: Ton wie tongrundig glattwandige Ware 5, Reste eines dünnen schwarzen Überzugs.

Terra rubra (TR 1)

Ware 1: Ton ziegelrot mit vereinzelten gelblichen Einschlüssen, hart. Engobe dick, matt, pompeianisch rot, schwammartiger Auftrag.

Bemalte Ware in Spätlatènetradition (BW SLT 1)

Ware 1: Ton rosabeige mit hellgrauem Kern, sehr fein geschlemmt, mit weißlichen und Glimmereinschlüssen. Engobe dicke rote und weiße Streifen, weiße Bemalung auf der Innenseite.

Glanztonware (GTW 1–4)

Ware 1: Ton ziegelrot, mit Glimmer- und gelblichen Einschlüssen, mehlig, Engobe rot, rotbraun oder schwarz.
Ware 2: Ton rosabeige, klingend hart, ohne erkennbare Einschlüsse, metallisch glänzender Goldglimmerüberzug.
Ware 3: Ton ziegelrot mit zahlreichen Glimmereinschlüssen, kreidig, Engobe pompeianisch rot.
Ware 4: Ton ziegelrot, mit Glimmer- und gelblichen Einschlüssen, grob sandig, Überzug dicht, fleckig, rot, rotbraun oder schwarz, Gefäße sind dickwandig!.

Tongrundig-glattwandige Ware (TGW 1–5)

Ware 1: Ton orange, im Bruch ziegelrot mit breitem dunkelgrauem Kern, fein geschlemmt, kreidig, vereinzelt Glimmereinschlüsse und feinste Quarzpartikel.
Ware 2: rosabeige, dunkelbraune und Glimmereinschlüsse, mehlig.
Ware 3: beige, fein geschlemmt, hoher Glimmeranteil, kreidig. Durch Fehlbrände aus der Verfüllung des Mithräums als einheimische Produktion gekennzeichnet.
Ware 4: rosabeige, gelbliche und viele Glimmereinschlüsse, schiefriger Bruch, hart.
Ware 5: hellgrau, fein geschlemmt, weißliche und Glimmereinschlüsse, kreidig, leicht, schiefriger Bruch = Drack Technik 4.

Tongrundig-rauwandige Ware (TRW 1–6)

Ware 1: olivbraun, im Bruch ziegelrot bis orange, weißliche und Quarzeinschlüsse, sandig.
Ware 2: Oberfläche warzig und pockig, Oberflächenfarbe variiert von beige über beigegrau nach anthrazit, Kern schwarz, grob gemagert mit Kieseleinschlüssen. Durch Fehlbrände aus der Verfüllung des Mithräums als einheimische Produktion gekennzeichnet.
Ware 3: wie Ware 2, jedoch feiner. Durch Fehlbrände aus der Verfüllung des Mithräums als einheimische Produktion gekennzeichnet.
Ware 4: Oberflächenfarbe zwischen rosabeige und ziegelrot, Quarz- Augit- und Glimmereinschlüsse, schiefriger Bruch. Eifelware oder regionale Imitation.
Ware 5: orange, im Bruch grau, Glimmer-, Quarz- und Kieselmagerung, rau, hart.
Ware 6: hellgrau, schwarze, Quarz- und Kieseleinschlüsse, hart. Grautonige Lahrer Ware.

Bemalte Ware (BW 1–6)

Ware 1: Ton rosabeige, dunkelbraune und Glimmereinschlüsse, mehlig. Bemalung rosabeige. Teilweise mit zusätzlicher weißer Bemalung.
Ware 2: Ton rosabeige, gelbliche und viele Glimmereinschlüsse, hart, schiefriger Bruch. Bemalung pompeianisch rot.
Ware 3: Ton dunkelziegelrot mit grauem Kern, gelbliche und sehr viele Glimmereinschlüsse. Bemalung rosabeige mit starker Glimmerbeimengung („Goldglimmerware").
Ware 4: Ton dunkelziegelrot mit grauem Kern, mit gelblichen Einschlüssen. Bemalung rosabeige.
Ware 5: Ton orange mit grauem Kern, Glimmer-, Quarz- und Kieselmagerung, rau, hart. Bemalung weiß.
Ware 6: Ton rötlich beige mit Glimmereinschlüssen, sandig, hart. Bemalung rehbraun.

Abkürzungsverzeichnis

B.	Breite
Bdm.	Bodendurchmesser
Bef.Nr.	Befund-Nummer.
Bernhard Gruppe	BERNHARD 1981
Bet/Montineri	BET/MONTINERI 1990
Bittner Großgruppe	BITTNER 1986
Brandsp.	Brandspuren
Brst.	Bruchstück
BS	Bodenscherbe
BW	Bemalte Ware
BW SLT	Bemalte Ware in Spätlatènetradition
Chenet	G. CHENET, La céramique Gallo-Romaine d'Argonne du IVE siècle et la terre sigillée décorée a la molette (Macon 1941).
Curle	CURLE 1911
D.	Dicke
Dm.	Durchmesser
Drack	DRACK 1945
Drag.	H. DRAGENDORFF, Terra sigillata. Bonner Jahrb. 96/97, 1895, 18–155.
Dressel	H. DRESSEL, Di un grande deposito di anfore rinvenuto nel nuovo quatiere del Castro Pretorio. Bull. Comm. Arch. Roma 7, 1879, 36–112; 143–196.
Drexel	ORL B 66 c Faimingen (F. DREXEL) 80 f.

E	Engobe
eingeb.	eingebogenem
eingez.	eingezogenem
Gauloise	F. LAUBENHEIMER, La production des amphores en Gaule Narbonnaise. Ann. Lit. Univ. Besançon 327 (Paris 1985).
GK	Gebrauchskeramik
Gose	GOSE 1950
GTW	Glanztonware
H.	Höhe
Heiligmann Gruppe	HEILIGMANN 1990, 140–153
HL	Hüttenlehm
Inv.Nr.	Inventarnummer
Isings	C. ISINGS, Roman Glass from Dated Finds. Arch. Traiectina 2 (Djakarta 1957).
Kaenel	G. KAENEL, Aventicum I. Céramiques Gallo-Romaines décorées. Production locale des 2e et 3e siècles. Cahiers Arch. Romande 1 (Lausanne 1974).
L.	Länge
Leibundgut	LEIBUNDGUT 1977
Loeschcke	S. LOESCHCKE, Lampen aus Vindonissa. Ein Beitrag zur Geschichte von Vindonissa und des antiken Beleuchtungswesen (Zürich 1919).
Lud.	LUDOWICI V
m.	mit
Mayer-Reppert Stilgruppe	MAYER-REPPERT 2001
Mdm.	Mitteldurchmesser
Mees Gruppe	MEES 1993
Oelmann	OELMANN 1914
OZ	Oberzone
Planck Gruppe	D. PLANCK, ARAE FLAVIAE I. Neue Untersuchungen zur Geschichte des römischen Rottweil. Forsch. u. Ber. Vor- u. Frühgesch. Baden-Württemberg 6 (Stuttgart 1975) 141–145 m. Tab. 8 u. 9.
Pudding Pan Rock	R. A. SMITH, On the wreck on Pudding Pan Rock, Herne Bay, Kent, and on the Gallo-Roman red ware recently recovered from the rock. Proc. Soc. Antiq. London II.21, 1905/07, 268–291; II.22, 1907/09, 395–414.
Raet.	Raetische
Rdm.	Randdurchmesser
Ricken/Fischer	RICKEN/FISCHER 1963
Rogers	ROGERS 1974
RS	Randscherbe
Rußsp.	Rußspuren
Schallmayer	SCHALLMAYER 1985
Sek. ver.	Sekundär verbrannt
St.	Stärke/Stücke
T.	Ton
TGW	Tongrundig-glattwandige Ware
TN	Terra nigra
TR	Terra rubra
TRW	Tongrundig-rauwandige Ware
Unverzagt	UNVERZAGT 1916
UZ	Unterzone
Vindonissa	ETTLINGER/SIMONETT 1952
WS	Wandscherbe
zylindr.	zylindrischer/m

Abbildungsmaßstäbe

1 : 1	Töpferstempel auf Terra sigillata (Abb. 88) und Graffiti (Abb. 86 u. 87) und Bodenmarke Öllampe (Abb. 42)
2 : 3	Bronze
1 : 2	Eisen, Glas, reliefverzierte Terra sigillata, Öllampen
1 : 3	Glatte Terra sigillata, übrige Keramik und Räucherkelche

Ausnahmen stehen bei dem jeweiligen Objekt

Abb. 30

Befund-Nr. 1

1. Drag. 29, UZ, 1 WS. T 1, E 1. La Graufesenque. Rosette MEES 1995 Taf. 180,4, Kranz MEES 1995 Taf. 180,4, Zickzackstab m. Rosette MEES 1995 Taf. 180,4. Ähnl. MEES 1995 Taf. 180,4. Metopenfries, Heiligmann Gruppe 4a, Mayer-Reppert Stilgruppe 4a. 70–80 n. Chr. Inv.Nr. Ü1933/74.1
2. Drag. 29, UZ, 1 WS. T 1, E 1. La Graufesenque. Diana n. r. Schallmayer M 244, Zickzackstab m. Rosette Schallmayer O 1398/1407, Fries Schallmayer R 76, Dreiecksblatt Schallmayer P 2475. MEES 1995 Taf. 182,7. Metopen, Heiligmann Gruppe 4b/5, Mayer-Reppert Stilgruppe 5a. 90–120 n. Chr. Inv.Nr. P8/Dm1,2
* Drag. 29, UZ, 1 WS. T 1, E 1. La Graufesenque. Punzreste, unbest. Mayer-Reppert Stilgruppe 5. 90–150 n. Chr. Inv.Nr. P8/Dm4
3. Drag. 37, 1 WS. T 4, E 4. Chémery/Mittelbronn. Victoria o.Vgl., Zierelement LUTZ 1977, 162 Abb. 54. SATTO. 125–150 n. Chr. Inv.Nr. P8/Dm3
4. Drag. 37, 1 WS. T 3, E 3. Chémery/Mittelbronn. Korb LUTZ 1968 G43. CIBISVS/VERECVNDVS. 150–180 n. Chr. Inv.Nr. P8/Dm5
* Drag. 37, 1 WS. T 7, E 7. Rheinzabern. Blattkreuz Ricken/Fischer O 31. IANV I. Bernhard Gruppe Ia, Bittner Großgruppe 1,1, Mees Gruppe 1. 155–180 n. Chr. Inv.Nr. 65/4
* Drag. 36, 1 RS. T 1, E 1. La Graufesenque. 70–100 n. Chr. Inv.Nr. P8/Dm6
5. Drag. 36, Bet/Montineri 15, 1 RS, Rdm. 17,9 cm. T 2, E 2. Lezoux. 100–150 n. Chr. Inv.Nr. P8/DC
* Drag. 31, 1 RS. T 3, E 3. Ostgallien. 150–200 n. Chr. Inv.Nr. 65/3
6. Drag. 33, 1 BS, Bdm. 4,5 cm. T 8, E 8. Rheinzabern. Stempel Nr. 7, REGINVS FEC, LUDOWICI V 227g, BIEGERT/LAUBER 1995 Abb. 32,790. 140–160 n. Chr. Inv.Nr. 1933/74.2
* Lud. VS, 1 WS. T 8, E 8. Rheinzabern. 150–200 n. Chr. Inv.Nr. P8/DC
* Becher m. Karniesrand, 1 RS. GTW 2. ETTLINGER 1949 Taf. 22,17. 100–200 n. Chr. Inv.Nr. 65/1
* Raet. Becher, 1 WS. GTW 1. Drexel Stil 2/3. Inv.Nr. 65/11
* Schüssel m. eingebogenem Rand FURGER 1992 Abb. 60,20/67, 2 RS. BW 3. 200–280 n. Chr. Inv.Nr. 65/6,7
* Deckel, 1 RS. TGW 2. Inv.Nr. 65/2
* Topf, 3 WS. TRW 2, Kammstrich. Inv.Nr. 65/8,9,10
* Topf, 3 WS. TRW 3, Kammstrich. Inv.Nr. 65/12,13,14
* Krug, 1 BS. TGW 3. Inv.Nr. 65/5
* *Tubulus*, 1 Brst., sek. verbr. Inv.Nr. 65/15
* 500 g WS GK

Abb. 30

Befund-Nr. 2

* 1 Nagel. Inv.Nr. 35.1/2
* 1 Nagel. Inv.Nr. 35.1/3
* 1 Nagel. Inv.Nr. 35.1/4
* 1 Nagel. Inv.Nr. 35.1/5
* 15 Nägel. Inv.Nr. 35.1, 62
* 2 Nägel, vollständig m. Sinter überzogen. Inv.Nr. 35.1
1. Drag. 33, Pudding Pan Rock 13, 1 RS. T 3, E 3. Ostgallien. 140–160 n. Chr. Inv.Nr. 62/7
* Form unbestimmbar, 1 WS. T 7, E 7. Rheinzabern. 150–260 n. Chr. Inv.Nr. 10.1
2. Becher m. Karniesrand, 1 RS, Rdm. 11 cm. GTW 1 m. metallischem Glanz. 100–200 n. Chr. Inv.Nr. 62/4
* Raet. Becher, 1 WS. GTW 1, schweizer Dekorgruppe. Inv.Nr. 35.1

3. Topf Furger 1992 Taf. 68,17/41, 1 BS, Bdm. 9 cm. TRW 2. 200–300 n. Chr. Inv.Nr. 62/1
4. Topf B2, Wagner-Roser 1999 Taf. 77,5, Furger 1992 Taf. 86,21/55, 1 BS, Bdm. 11,2 cm. TRW 6. 200–300 n. Chr. Inv.Nr. 62/2
* Topf, 1 WS. TRW 4, Kammstrich. Inv.Nr. 62/6
* Topf, 1 WS. TRW 6, Kammstrich. Inv.Nr. 62/5

Abb. 31

5. Deckel Furger 1992 Taf. 43,12/65, 1 RS, Rdm. 3,1cm. TGW 3. 90–160 n. Chr. Inv.Nr. 62/8
6. Backplatte Furger 1992 Abb. 67,19/98, 1 RS, Rdm. 38 cm, Bdm. 32,8 cm. BW 2. 200–300 n. Chr. Inv.Nr. P2/Da
7. Schüssel m. Wulstrand Furger 1992 Abb. 59,13/68, 1 RS, Rdm. 27,6 cm. TRW 3. 80–120 n. Chr. Inv.Nr. 62/3
* Krug, 2 WS. TGW 3. Inv.Nr. 35.1
* 350 g WS GK
* Neuzeitliche Keramik, 2 WS

Befund-Nr. 3.1

* TS, 5 RS, WS, BS. Verloren. Inv.Nr. P8/Dn3
* TS, 5 RS, WS, BS. Verloren. Inv.Nr. P8/Do2
* Drack 19, 1 RS, Rdm. 38,4 cm. Furger 1992 Abb. 54,12/50. 90–120 n. Chr. Inv.Nr. P8/Du,Db
1. Drack 20, 1 RS, Rdm. 31 cm. TR 1. Furger 1992 Abb. 54,13/51. 110–150 n. Chr. Inv.Nr. P8/Du,Db
* Drack 21, 1 WS. TR 1. Furger 1992 Abb. 55,3/49. 70–100 n. Chr. Inv.Nr. P8/Du,Db
* Flasche, 1 WS. TR 1 m. Rollrädchendekor. Furger 1992 Taf. 57,15/81. 160–200 n. Chr. Inv.Nr. P8/Du,Db
2. Tonne, 1 RS, Rdm. 14 cm. BW SLT 1. Rychener 1984 Abb. 55 C 376; 57 D 685. 70/80–160/170 n. Chr. Inv.Nr. P8/Du,Db
* Flasche, 1 WS. BW SLT 1. Reuter 2003 Taf. 16,44. 200–230 n. Chr. Inv.Nr. P8/Du,Db
* Topf, 2 WS. TRW 3, Rollrädchendekor. Inv.Nr. P8/Du,Db
* Topf, 3 WS. TRW 6, Kammstrich. Inv.Nr. P8/Du,Db
3. Deckel Furger 1992 Taf. 77,19/95, 1 RS, Rdm. 15,1 cm. TRW 1, Rußsp. 200–300 n. Chr. Inv.Nr. P8/Du,Db
4. Backplatte Oelmann 53a, 1 RS, Rdm. 15,1 cm. BW 6. 180–260 n. Chr. Inv.Nr. P8/Du,Db
5. Backplatte Furger 1992 Abb. 67,18/44, 1 RS, Rdm. 26,4 cm. BW 2. 200–270 n. Chr. Inv.Nr. P8/Du,Db
6. Krug m. Kragenrand Furger 1992 Abb. 70,5/93, 1 RS, Rdm.8,6 cm. BW 5. 50–70 n. Chr. Inv.Nr. P8/Du,Db
7. Krug Furger 1992 Abb. 70,6/62, 1 RS, Rdm. 9,1 cm. BW 5, Brandsp. 60–80 n. Chr. Inv.Nr. P8/Du,Db
* Krug Furger 1992 Taf. 69,17/53, 1 BS, Bdm. 15 cm. BW 6. 200–230 n. Chr. Inv.Nr. P8/Du,Db
8. Krug Oelmann 62a, 1 BS, Bdm. 5,4 cm. BW 1a. 200–250 n. Chr. Inv.Nr. 90/3
9. Krug Furger 1992 Taf. 72,18/53, 1 BS, Bdm. 4,8 cm. BW 4. 200–270 n. Chr. Inv.Nr. 90/1
* Krug Furger 1992 Taf. 72,18/53, 1 BS, Bdm. 9,6 cm. BW 4. 200–270 n. Chr. Inv.Nr. P8/Du,Db
10. Krug Furger 1992 Taf. 78,19/44, 1 WS. BW 1a. 200–300 n. Chr. Inv.Nr. 90/2
* Krug m. Kerbleiste auf der Schulter Furger 1992 Taf. 78,19/118.119, 2 WS. TGW 1.200–300 n. Chr. Inv.Nr. P8/Du,Db
* Krug Furger 1992 Taf. 78,19/117, 1 BS, Bdm. 11,8 cm. BW 6. 200–300 n. Chr. Inv.Nr. P8/Du,Db
11. Raet. Reibschale Furger 1992 Abb. 69,16/128, 1 RS, Rdm. 23,8 cm. BW 2. 150–200 n. Chr. Inv.Nr. P8/Du,Db
* RS, WS, BS. TRW. Verloren. Inv.Nr. P8/Do7
* RS GK. Verloren. Inv.Nr. P8/Do1
* 5 RS, WS, BS GK. Verloren. Inv.Nr. P8/Do2
* 250 g WS GK

Abb. 32

Befund-Nr. 3.2

1. Drag. 31, Lud. Tq, 1 RS, Rdm. 20 cm. T 7, E 7. Rheinzabern. 150–200 n. Chr. Inv.Nr. 66/5
2. Drag. 46, Oswald/Pryce 1966 Taf. 55,21, 1 RS, Rdm.16,8 cm. T 3, E 3. Ostgallien. 120–180 n. Chr. Inv.Nr. P8/Dn1
3. Raet. Gurtbecher Faber 1998 Taf. 49,22, 1 RS, Rdm. 6,7 cm. GTW 1. 100–200 n. Chr. Inv.Nr. 66/4
4. Schüssel m. eingebogenem Rand Martin-Kilcher 1980 Taf. 24,10, 1 RS, Rdm. 27,6 cm. TRW 5. 100–200

n. Chr. Inv.Nr. 66/3
* Topf, 2 WS. TRW 3. Inv.Nr. 66/6,10
* Deckel, 1 RS. TRW 3. Brandsp. auf Deckelunterseite. Inv.Nr. 66/7
* Krug, 3 BS, 1 WS. BW 2. Inv.Nr. 66/1,2,8,9
* 500 g WS GK

Befund-Nr. 4

* Drag. 31, 1 RS. T 7, E 7. Rheinzabern. 150–200 n. Chr. Inv.Nr. 32/5
1. Drag. 35, Pudding Pan Rock 6, 1 RS, Rdm. 9,2 cm, Mdm. 3,7 cm, Bdm. 3,6 cm. T 2, E 2. Lezoux. 140–160 n. Chr. Inv.Nr. 32/14
2. Drag. 33, OSWALD/PRYCE 1966 Taf. 51,12, 1 RS, Rdm. 12 cm. T 3, E 3. Ostgallien. 100–140 n. Chr. Inv.Nr. 32/3
3. Drack 3 Db, 1 RS, Rdm. 16,7 cm. Drack Ware 5, hell. 70–100 n. Chr. Inv.Nr. 37.3/31
* Drack 19 A, 1 RS. TN 2. 100–200 n. Chr. Inv.Nr. 37/32
4. Becher m. Karniesrand ETTLINGER 1949 Taf. 22,17, 1 RS, Rdm. 9,8 cm. GTW 1. 100–200 n. Chr. Inv.Nr. 32/8
5. Becher m. Karniesrand, 1 RS, 3 WS, Rdm. 6,1 cm. GTW 2, schweizer Dekorgruppe. FURGER 1992 Taf. 62,16/81. 180–260 n. Chr. Inv.Nr. 32/6,11,12
6. Raet. Becher, 1 BS, Rdm. 4,8 cm. GTW 2. FURGER 1992 Taf. 81,20/62. 200–280 n. Chr. Inv.Nr. 32/13
* Raet. Becher, 1 WS. GTW 1. Inv.Nr. 32
7. Topf FURGER 1992 Taf. 71,18/36, 1 BS, Bdm. 26,2 cm. TRW 2. 200–270 n. Chr. Inv.Nr. 37.3/29
* Topf, 1 WS. TRW 2. Inv.Nr. 37.3/28
* Backplatte FURGER 1992 Abb. 67,22/105, 1 RS. TRW 3. 240–310 n. Chr. Inv.Nr. 32/7
8. Schüssel m. Wandknick SCHUCANY et al. 1999 Abb. 35,5, 2 RS, Rdm. 36 cm, Mdm. 29,8 cm. TRW 5. 250–350 n. Chr. Inv.Nr. 32/1

Abb. 33

9. Krug FURGER 1992 Taf. 58,15/110, 1 BS, Bdm. 4 cm. BW 4. 160–200 n. Chr. Inv.Nr. 32/10
10. Krug FURGER 1992 Taf. 72,18/54, 1 BS, Bdm. 4,8 cm. BW 1 a. 200–270 n. Chr. Inv.Nr. 32/4
11. Krug FURGER 1992 Abb. 70,19/111, 1 RS, 1 WS, Rdm. 4 cm. BW 1 a. 200–300 n. Chr. Inv.Nr. 32/2,9
12. Krug FURGER 1992 Taf. 78,19/115.116, 1 BS, Bdm. 5,7 cm. BW 1 a. 200–300 n. Chr. Inv.Nr. 37.3/27
* 750 g WS GK

Nachtrag Befund 4

13. Lampe mit Volutenschnauze Loeschcke 4/Leibundgut 13 mit glattem Spiegel und Punktpunzierung an den Voluten. L. 8,0 cm, Dm. 5,2 cm, H. 2,2 cm. BW 4. Rußsp. an Schnauze. Schulter Loeschcke 6b. Stempel: TITVS (?). Um 150–200 n. Chr. (?).[302] Inv.Nr. 8156/1 *(Abb. 17 a u. b)*
14. Firmalampe Loeschcke 9B/Leibundgut 23. L. 9,5 cm, Dm. 5,2 cm, H. 2,6 cm. BW 1. Rußsp. an Wandung und Griffunterseite. Lokalproduktion. Um 150 n. Chr. (?). Inv.Nr. 8156/2 *(Abb. 18)*

Befund-Nr. 5.1

1. Schlachtermesser. ROTHKEGEL 1994 Taf. 103,1129. Inv.Nr. 8174
2. 1 Nagel (Griffel?). Inv.Nr. 14/2
3. 1 Nagel. Inv.Nr. 14/3
4. 1 Nagel. Inv.Nr. 37.2/25
5. 1 Nagel. Inv.Nr. 37.2/26
* 1 Nagel. Inv.Nr. 98/1
* Räucherkelch, 1 BS. BW 1, keine Brandsp. Inv.Nr. 98
6. Drag. 37, 1 RS. T 2, E 2. Eierstab Rogers I B182. CINNAMVS. Heiligmann Gruppe III. Lezoux. 140–195 n. Chr. Inv.Nr. 64/8
7. Drag. 37, 1 RS, Rdm. 27 cm. T 4, E 4. Ostgallien. 150–180 n. Chr. Inv.Nr. 8095/53

---

[302] Befunddatierung in Vitudurum: 50/100–230/250 n. Chr.: L. RASELLI-NYDEGGER, Terrakotten und Lampen. In: Beiträge zum römischen Oberwinterthur – VITUDURUM 8. Ausgrabungen im Unteren Bühl. Monogr. Kantonsarch. Zürich 30 (Zürich, Egg 1998) 112.

Abb. 34

8. Drag. 37, 1 WS. T 4, E 5. Eierstab Roth-Rubi 1986 E 2, Perlstab Lutz 1968 L1, Pfau n.l. Lutz 1968 A10, Kessel Lutz 1968 G45, Blatt Lutz 1968 V16. Stempel-Nr. 1. CIBISVS F/, Lutz 1960, 118 Abb. 4. CIBISVS. Ittenweiler/Mittelbronn. Urner-Astholz 1942 Taf. 14,2. 150–180 n. Chr. Inv.Nr. Ü1933/74
* Drag. 37, 1 WS. T 3, E 3. Ostgallien. Punzreste unbest. 150–180 n. Chr. Inv.Nr. 8096/4
9. Drag. 37, 2 WS. T 8, E 4. Eierstab Ricken/Fischer E 63a, Arkaden: Astragalstab Ricken/Fischer O 246, Halbbogen Ricken/Fischer KB 73, Dreiecksblatt Ricken/Fischer wohl P 26, Kreis Ricken/Fischer K 35, Rosette Ricken/Fischer O 51, Stütze Ricken/Fischer O 161a. ähnl. Ricken 1948 Taf. 19,7; 20,1. IANV II. Bernhard Gruppe IIIa, Bittner Großgruppe 1,4, Mees Gruppe 2. Rheinzabern. 180–220 n. Chr. Inv.Nr. 11/1,32
* Drag. 37, 1 WS. T 8, E 8. Rheinzabern. Punzreste unbest. 160–260 n. Chr. Inv.Nr. 8096/3
* Drag. 36, 1 RS, Rdm. 17,8 cm. T 1, E 1. La Graufesenque. 70–100 n. Chr. Inv.Nr. 8096/2
* Drag. 31, 1 RS. T 2, E 2. Lezoux. 150–200 n. Chr. Inv.Nr. 11/40
* Drag. 31, 1 RS. T 7, E 8. Rheinzabern. 150–200 n. Chr. Inv.Nr. 64/4
* Drag. 31, 1 WS. T 7, E 7. Rheinzabern. 150–200 n. Chr. Inv.Nr. 8095/56
10. Drag. 32, Lud. Ta, 1 RS, Rdm. 11,8 cm. T 3, E 3. Ostgallien. 150–200 n. Chr. Inv.Nr. 94/10
* Drag. 42, Bet/Montineri 17/25, 1 WS. T 2, E 2. Lezoux. 100–200 n. Chr. Inv.Nr. 8095/56
* Drag. 27, 1 RS. T 3, E 3. Ostgallien. 100–150 n. Chr. Inv.Nr. 64/2
11. Drag. 27, 1 RS, Rdm. 15,2 cm, Mdm. 13,3 cm.T 7, E 8. Rheinzabern. 160–200 n. Chr. Inv.Nr. 22/15
12. Drag. 33, Oswald/Pryce 1966 Taf. 51,10, 1 RS, Rdm. 14,8 cm. T 3, E 3. Ostgallien. 80–120 n. Chr. Inv.Nr. 8095/1
13. Déch. 72, Bet/Montineri 102, 2 RS, Rdm. 5 cm. T 2, E 2. Lezoux. 150–200 n. Chr. Inv.Nr. 91/6+94/10
14. Déch.72, Bet/Montineri 102, 1 BS, Bdm. 3,6 cm. T 2, E 2, Abnützungssp. auf der Standringunterseite. Lezoux. 150–200 n. Chr. Inv.Nr. 8096/5
15. Déch.72, Bet/Montineri 102, 1 BS, Bdm. 3,6 cm. T 2, E 2. Lezoux. 150–200 n. Chr. Inv.Nr. 8095/55
* Drack 19, 1 WS. TN 1. Furger 1992 Abb. 54,21/46. 200–260 n. Chr. Inv.Nr. 8096/9
16. Drack 20, 1 RS, Rdm. 22,6 cm. TN 2. Rychener 1984 Abb. 51 D 666. 110–170 n. Chr. Inv.Nr. 22/17
* Drack 20, 1 RS, Rdm. 11,4 cm. TN 3. Furger 1992 Abb. 54,13/51. 110–150 n. Chr. Inv.Nr. 8096/8

Abb. 35

17. Drack 21 B, 1 RS, Rdm. 15 cm. Drack Ware 5, hell. 70–100 n. Chr. Inv.Nr. 14.1/23
18. Drack 21, 1 RS, Rdm. 13,2 cm. TN 2. Rychener 1984 Abb. 52 B 148. 40–80 n. Chr. Inv.Nr. 22/13
* Drack 21, 1 WS. TN 3. Furger 1992 Abb. 55,3/49. 40–50 n. Chr. Inv.Nr. 8096/26
* Becher, 1 RS. TN 2. Inv.Nr. 91/8
19. Becher m. zylindr. Hals Ettlinger 1949 Taf. 22,17, vollständig, Rdm. 5,7 cm, Mdm. 8,2 cm, Bdm. 3,5 cm, H. 8,6 cm. GTW 1. Furger 1992 Taf. 86,21/31. 200–300 n. Chr. Inv.Nr. 106/1
* Raet. Becher, 1 WS. GTW 1. Drexel Stil 2/3. Inv.Nr. 22/16
* Raet. Becher, 1 WS. GTW 3. Drexel Stil 2/3. Inv.Nr. 8096/6
20. Becher m. Karniesrand, 1 RS, Rdm. 8,4 cm, Mdm. 7,5 cm. GTW 1 m. metallischem Glanz. Schucany et al. 1999 Abb. 34,6. 150–200 n. Chr. Inv.Nr. 36/13
21. Raet. Becher, 1 BS, Bdm. 5,2 cm. GTW 4. Furger 1992 Taf. 81,20/61. 200–280 n. Chr. Inv.Nr. 11/6
22. Raet. Becher, 1 BS, Bdm. 5,4 cm. GTW 4. Furger 1992 Taf. 81,20/62. 200–280 n. Chr. Inv.Nr. 36/5
23. Raet. Becher, 1 BS, Bdm. 5,2 cm. GTW 4. Furger 1992 Taf. 81,20/64. 200–280 n. Chr. Inv.Nr. 14.1/11
* Faltenbecher, 1 WS. GTW 1. Inv.Nr. 22
* Raet. Becher, 3 WS. GTW 1. Drexel Stil 2/3. Inv.Nr. 79/6,15,16
* Raet. Becher, 1 WS. GTW 4. Inv.Nr. 98/6
* Becher, 3 WS. sek. verbr., Griesbewurf. Inv.Nr. 8014
24. Becher Kaenel 1, 3 RS, 10 WS, Rdm. 15 cm. TGW 5. Rychener 1984 Taf. 50 D 667. 110–170 n. Chr. Inv. Nr. 11/11,13,15,16
25. Topf m. nach außen umgelegtem Rand Furger 1992 Abb. 62,9/64, 1 RS, Rdm. 11 cm. TGW 5. 70–80 n. Chr. Inv.Nr. 8095/60
26. Topf Jauch 1997 Taf. 35,544, 1 RS, Rdm. 16 cm. TGW 5, Kammstrich. 100–200 n. Chr. Inv.Nr. 8095/57
27. Schultertopf Oelmann 87, 1 RS, Rdm. 17,6 cm. TGW 5, Kammstrich. Furger 1992 Abb. 62,22/83. 240–310 n. Chr. Inv.Nr. 8095/58
28. Topf m. herzförmigem Profil Oelmann 89, Unverzagt 27, 1 RS, Rdm. 13,4 cm. TGW 5, Rußsp. Hussong/Cüppers 1972 Taf. 8,68a u. Abb. 12q. 200–300 n. Chr. Inv.Nr. 8096/17
* Tonne Rychener 1984 Taf. 22 C 283. TGW 5. 70–120 n. Chr. Inv.Nr. 37.2/25
29. Backplatte Schucany et al. 1999 Taf. 55,20, 1 RS. TGW 1. 190–300 n. Chr. Inv.Nr. 37.2/21
* Krug, 1 BS, Bdm. 4,5 cm. TGW 3. Inv.Nr. 8096/32
30. Tonne, 1 RS, 8 WS, 1 BS, Rdm. 12,1 cm, Mdm. 18,1 cm, Bdm. 7,8 cm, H. 18,4 cm. TRW 3. Rychener 1984 Abb. 57 C 383. 70–120 n. Chr. Inv.Nr. 105/5,6

*	Tonne, 1 RS. TRW 3. Inv.Nr. 91/3
31.	Tonne B1, 1 RS, Rdm. 10,2 cm. TRW 6. Wagner-Roser 1999 Taf. 76,4. Rychener 1984 Abb. 57 C 293. 70–120 n. Chr. Inv.Nr. 14.1/30
*	Tonne, 1 BS. TRW 6. Inv.Nr. 22/14

Abb. 36

32.	Backplatte m. eingez. Rand Furger 1992 Abb. 67,22/105, 1 RS, Rdm. 27,6 cm. TRW 2. 240–310 n. Chr. Inv. Nr. 8096/15
*	Backplatte P2, 1 BS. TRW 6. 200–300 n. Chr. Inv.Nr. 98/4
33.	Schüssel m. Wandknick Furger 1992 Abb. 60,13/66, 1 RS, Rdm. 15,3 cm. TRW 2. 80–120 n. Chr. Inv.Nr. 88/9
34.	Schüssel m. Wulstrand Furger 1992 Abb. 59,12/53, 1 RS, Rdm. 25 cm. TRW 3. 90–160 n. Chr. Inv.Nr. 106/2
35.	Schüssel m. Wandknick Furger 1992 Abb. 60,16/102, 1 RS, Rdm. 15 cm. TRW 5. 180–260 n. Chr. Inv.Nr. 37.2/22
36.	Schüssel m. eingez. Rand Furger 1992 Abb. 60,19/68, 1 RS. TRW 5. 200–300 n. Chr. Inv.Nr. 106/4
*	Schüssel m. eingez. Rand Furger 1992 Abb. 60,19/68, 1 RS, Rdm. 28 cm. TRW 5. 200–300 n. Chr. Inv.Nr. 14.1/28
37.	Topf Furger 1992 Abb. 65,5/88, 1 RS, Rdm. 13,6 cm. TRW 1. 60–80 n. Chr. Inv.Nr. 8095/65
38.	Topf Furger 1992 Taf. 29,9/62, 1 BS, Bdm. 7,5 cm. TRW 2, Kammstrich. 80–100 n. Chr. Inv.Nr. 8096/29
39.	Topf T8 Martin-Kilcher 1980 Taf. 35,6, 1 RS, Rdm. 15,1 cm. TRW 6. 80–120 n. Chr. Inv.Nr. 22/9
40.	Topf Furger 1992 Abb. 65,11/71, 1 RS, Rdm. 11,6 cm. TRW 3. 80–140 n. Chr. Inv.Nr. 8095/66
*	Topf Furger 1992 Abb. 65,11/71, 1 RS, Rdm. 14,8 cm. TRW 3. 80–140 n. Chr. Inv.Nr. 8095/63
*	Topf Furger 1992 Abb. 65,11/71, 1 RS, Rdm. 18,4 cm. TRW 1. 80–140 n. Chr. Inv.Nr. 8095/64
41.	Topf T6 Furger 1992 Abb. 65,14/55, 1 RS, Rdm. 11,6 cm. TRW 6, Kammstrich. 80–200 n. Chr. Inv.Nr. 8095/62
42.	Topf Furger 1992 Taf. 43,12/61, 1 BS, Bdm. 6,8 cm. TRW 3, Kammstrich. 90–160 n. Chr. Inv.Nr. 8095/68
*	Topf Furger 1992 Taf. 43,12/61, 1 BS, Bdm. 14,2 cm. TRW 2, Kammstrich. 90–160 n. Chr. Inv.Nr. 8095/72
43.	Topf T1/1 Jauch 1997 Taf. 35,545, 1 RS, Rdm. 16,5 cm. TRW 6. 100–200 n. Chr. Inv.Nr. 8096/19
44.	Topf Jauch 1997 Taf. 35,550.551, 1 RS, Rdm. 16,6 cm. TRW 3. 150–230 n. Chr. Inv.Nr. 22/7
45.	Topf Furger 1992 Abb. 65,16/115, 1 RS, Rdm. 14,2 cm. TRW 3. 180–260 n. Chr. Inv.Nr. 8095/59
46.	Topf T3 Martin-Kilcher 1980 Taf. 34,13, 1 RS, Rdm. 13,6 cm. TRW 6, Kammstrich. 180–260 n. Chr. Inv. Nr. 8096/22
47.	Topf T3 Kortüm 1995 Taf. 100,R41e, 1 RS, Rdm. 17.8 cm. TRW 6, Kammstrich. 180–260 n. Chr. Inv.Nr. 8096/21

Abb. 37

48.	Topf Furger 1992 Abb. 65,18/38, 1 RS, Rdm. 13,8 cm. TRW 3. 200–270 n. Chr. Inv.Nr. 8096/20
49.	Topf Furger 1992 Taf. 71,18/36, 1 BS, Bdm. 5,8 cm. TRW 3. 200–270 n. Chr. Inv.Nr. 22/6
50.	Topf T2 Wagner-Roser 1999 Taf. 72,3, 1 RS, Rdm. 14 cm. TRW 6. 200–300 n. Chr. Inv.Nr. 8095/90
51.	Topf B2, Wagner-Roser 1999 Taf. 77,5, 1 RS, Rdm. 16 cm. TRW 6. 200–300 n. Chr. Inv.Nr. 8096/24
*	Topf Furger 1992 Taf. 68,17/41, 1 BS, Bdm. 8,4 cm. TRW 2, Kammstrich. 200–300 n. Chr. Inv.Nr. 8095/71
*	Topf T3/2, Furger 1992 Taf. 68,17/41, 3 BS. TRW 6. 200–300 n. Chr. Inv.Nr. 14/17, 98/3,7
52.	Topf Furger 1992 Abb. 65,22/91, 1 RS, Rdm. 15,7 cm. TRW 3. 240–310 n. Chr. Inv.Nr. 36/12
53.	Topf T4/2, Martin-Kilcher 1980 Taf. 39,6, 1 RS, Rdm. 15,2 cm. TRW 6. 250–325 n. Chr. Inv.Nr. 14.1/6
*	Topf, 8 WS. TRW 2. Inv.Nr. 64/14,15,16, 79/9,10,11, 94/10,13
*	Topf, 11 WS, 8 BS. TRW 3. Inv.Nr. 14/9,19,21,24,26,27, 64/11,12,13, 79/12,14, 87/4,5,6, 88/4,6,8, 94/14,15
*	Topf, 1 WS. TRW 6, Kammstrich. Inv.Nr. 11/2
*	Topf, 1 WS. TRW 6, Kammstrich. Inv.Nr. 8096/7
*	Deckel, 1 RS. TRW 1. Inv.Nr. 88/3
*	Deckel, 1 RS. TRW 1, starke Rußsp. Inv.Nr. 94/11
54.	Deckel Rychener 1984 Abb. 63 C 323, 1 RS, Rdm. 16,6 cm. TRW 3. 70–120 n. Chr. Inv.Nr. 37.2/18
*	Krug, 1 WS. TRW 5, Kammstrichverzierung auf der Schulter. 200–300 n. Chr. Inv.Nr. 8095/94
*	Krug Furger 1992 Taf. 69,17/53, 1 BS, Bdm. 7,6 cm. TRW 5. 200–300 n. Chr. Inv.Nr. 8095/70.
55.	Krug Furger 1992 Abb. 70,6/58, 1 RS, Rdm. 6 cm. BW 5. 60–80 n. Chr. Inv.Nr. 8095/73
*	Krug Furger 1992 Taf. 21,6/56, 1 BS, Bdm. 9,6 cm. BW 4. 60–80 n. Chr. Inv.Nr 8095/67

*   Krug FURGER 1992 Taf. 21,6/56, 1 BS, Bdm. 7,8 cm. BW 4. 60–80 n. Chr. Inv.Nr. 8096/30
56. Krug RYCHENER et al. 1986 Abb. 83 C 596, 1 RS, Rdm. 3,8 cm. BW 4. 70–120 n. Chr. Inv.Nr. 105/4
*   Krug FURGER 1992 Taf. 39,11/89, 1 BS, Bdm. 4,2 cm. BW 4, sek. verbr. 80–140 n. Chr. Inv.Nr. 8095/76
*   Krug FURGER 1992 Taf. 39,11/89, 1 BS, Bdm. 3,8 cm. BW 4. 80–140 n. Chr. Inv.Nr. 8095/75
57. Vorratskrug FURGER 1992 Abb. 70,12/82, 1 RS, Rdm. 8,5 cm. BW 1 a. 90–160 n. Chr. Inv.Nr. 37.2/19
58. Krug FURGER 1992 Taf. 58,15/110, 1 BS, Bdm. 4,8 cm. BW 1 a. 160–200 n. Chr. Inv.Nr. 36/8
59. Krug FURGER 1992 Taf. 65,16/141, 1 BS, Bdm. 8,5 cm. BW 1 a. 180–260 n. Chr. Inv.Nr. 14.1/12
*   Krug FURGER Taf. 65,16/141, 1 BS, Bdm. 6,4 cm. BW 1 a, Innenwandung sek. verbr. 180–260 n. Chr. Inv.Nr. 14.1/20
60. Krug FURGER 1992 Taf. 83,20/118, 1 BS, Bdm. 7,8 cm. BW 6. 200–280 n. Chr. Inv.Nr. 8096/28
*   Krug FURGER 1992 Taf. 83,20/118, 1 BS, Bdm. 9,8 cm. BW 6. 200–280 n. Chr. Inv.Nr. 8095/69
61. Krug FURGER 1992 Taf. 78,19/112, 1 BS, Bdm. 13,2 cm. BW 1. 200–300 n. Chr. 200–300 n. Chr. Inv.Nr. 14.1/8
*   Krug FURGER 1992 Taf. 78,19/112, 1 BS, Bdm. 11,6 cm. BW 1 a. 200–300 n. Chr. Inv.Nr. 22/4
62. Krug FURGER 1992 Taf. 78,19/115.116, 1 BS, Bdm. 4,4 cm. BW 1. 200–300 n. Chr. Inv.Nr. 11/3
*   Krug FURGER 1992 Taf. 78,19/115.116, 1 BS, Bdm. 4 cm. BW 1 a. 200–300 n. Chr. Inv.Nr. 37.2/16
63. Krug ETTLINGER 1963 Taf. 8,19, 1 BS, Bdm. 8,4 cm. BW 2, Rußsp. 250–350 n. Chr. Inv.Nr. 87/7
*   Krug ETTLINGER 1963 Taf. 8,19, 1 BS, Bdm. 11,6 cm. BW 1. 250–350 n. Chr. Inv.Nr. 22/5
64. Krug, 1 WS, Graffito auf GK Nr.2, Zahlzeichen X. BW 1. Inv.Nr. 14.1/18

Abb. 38

65. Krug, 2 WS, Graffito auf GK Nr. 3, Zahlzeichen X. BW 4. Inv.Nr. 8095/93
*   Krug, 1 RS. BW 4. Inv.Nr. 88/2
*   Krug, 3 WS. BW 1. Inv.Nr. 14/4,15,16
*   Krug, 1 WS. BW 4. Inv.Nr. 8095/74
*   17 Krüge, 17 WS, 1 BS. BW 1, 1 a, 3. Inv.Nr. 22/8,10–12, 64/1,6,7,9,10, 79/2,5,7, 91/4,10, 94/2,3,6,8
*   Zweistabhenkel. BW 1, 4, 5. 3 WS. Inv.Nr. 36/2, 106/5, 8095/77
*   Dreistabhenkel. BW 1, 4. 3 WS. Inv.Nr. 14.1/5, 8095/78, 8096/25
*   Vierstabhenkel. BW 3. 1 WS. Inv.Nr. 11/4
66. Platte SCHUCANY et al. 1999 Taf. 55,26, 1 RS, Rdm. 46,2 cm, Bdm. 35 cm, H. 7 cm. Geflammte Ware. 190–300 n. Chr. Inv.Nr. 8095/79
67. Backplatte Oelmann 53a, 1 RS, Rdm. 28 cm, Bdm. 25,6 cm, H.4,8 cm. BW 2. 180–260 n. Chr. Inv.Nr. 8096/12
*   Backplatte Oelmann 53a, 1 RS, Rdm. 21,2 cm. BW 3. 180–260 n. Chr. Inv.Nr. 8096/18
68. Backplatte SCHUCANY et al. 1999 Taf. 55,20, 1 RS, Rdm. 18,4 cm, Bdm. 15,6 cm, H. 3,1 cm. BW 2, Rußsp. 190–300 n. Chr. Inv.Nr. 36/6
69. Backplatte FURGER 1992 Abb. 67,18/43, 1 RS, Rdm. 20,4 cm. BW 2, Rußsp. 200–270 n. Chr. Inv.Nr. 36/7
*   2 Backplatten FURGER 1992 Abb. 67,18/43, 3 WS. BW 2. 200–270 n. Chr. Inv.Nr. 11, 14/10
70. Backplatte FURGER 1992 Abb. 67,18/44, 1 RS, Rdm. 36,4 cm, Bdm. 32 cm, H. 4,5 cm. BW 2, sek. verbr. 200–270 n. Chr. Inv.Nr. 14.1/7
*   6 Backplatten FURGER 1992 Abb. 67,18/44, 7 RS, 1 BS. BW 2, 2 x Rußsp. 200–270 n. Chr. Inv.Nr. 64/3, 79/4, 87/3,8, 94/7,12, 8095/85, 8095/87
71. Backplatte FURGER 1992 Abb. 67,20/99, 1 RS, Rdm. 38 cm. BW 2. 200–280 n. Chr. Inv.Nr. 8095/86
*   Backplatte FURGER 1992 Abb. 67,20/99, 1 RS, Rdm. 22,6 cm. BW 3. 200–280 n. Chr. Inv.Nr. 8095/88
72. Backplatte FURGER 1992 Abb. 67,17/44, 1 RS, Rdm. 27,6 cm, Bdm. 24 cm, H. 4 cm. BW 2. 200–300 n. Chr. Inv.Nr. 8096/13

Abb. 39

73. Backplatte FURGER 1992 Abb. 67,19/68, 1 RS, Rdm. 20,4 cm. BW 3. 200–300 n. Chr. Inv.Nr. 8096/10
74. Backplatte FURGER 1992 Abb. 67,19/102, 1 RS, Rdm. 23,6 cm. BW 2. 200–300 n. Chr. Inv.Nr. 8096/11
75. Backplatte FURGER 1992 Abb. 67,21/58, 1 RS, Rdm. 19,6 cm, Bdm. 16,9 cm, H. 4 cm. BW 2. 200–300 n. Chr. Inv.Nr. 8096/14
76. Backplatte FURGER 1992 Abb. 67,22/98, 1 RS, Rdm. 38 cm. BW 2. 240–310 n. Chr. Inv.Nr. 8095/81
*   Backplatte FURGER 1992 Abb. 67,22/98, 1 RS, Rdm. 36.4 cm. BW 2. 240–310 n. Chr. Inv.Nr. 8095/82
77. Backplatte FURGER 1992 Abb. 67,22/103, 1 RS, Rdm. 18 cm. BW 2. 240–310 n. Chr. Inv.Nr. 8096/16
*   2 Backplatten, 2 BS, Bdm. 12 cm, 15,8 cm. BW 2, Rußsp., Schnittsp. 100–300 n. Chr. Inv.Nr. 8096/31, 33
78. Schüssel m. eingebogenem Rand FURGER 1992 Abb. 60,19/67, 1 RS, Rdm. 35,6 cm. BW 2. 200–300 n. Chr. Inv.Nr. 8095/80

*	Schüssel m. eingebogenem Rand Furger 1992 Abb. 60,19/67, 1 RS, Rdm. 29,4 cm. BW 2. 200–300 n. Chr. Inv.Nr. 8095/89
79.	Schüssel m. eingez. Rand Furger 1992 Abb. 60,20/67, 1 RS, Rdm. 29,2 cm. BW 3. 200–280 n. Chr. Inv.Nr. 22/1
80.	Schüssel m. eingebogenem Rand Furger 1992 Abb. 60,21/49, 1 RS, Rdm. 36,6 cm. BW 2. 200–300 n. Chr. Inv.Nr. 8096/23
*	Schüssel m. eingebogenem Rand Furger 1992 Abb. 60,21/49, 1 RS, Rdm. 22,4 cm. BW 2. 200–300 n. Chr. Inv.Nr. 8095/83
*	Schüssel m. eingebogenem Rand Furger 1992 Abb. 60,21/49, 1 RS, Rdm. 25 cm. BW 2. 200–300 n. Chr. Inv.Nr. 8095/84
*	8 Schüsseln m. eingebogenem Rand, 8 RS. BW 3. Inv.Nr. 64/9, 79/3,8, 87/2, 88/1, 94/1,4,9
81.	Schüssel m. Wulstrand Martin-Kilcher 1980 Taf. 28,4, 1 RS, Rdm. 26,2 cm. BW 2. 180–300 n. Chr. Inv. Nr. 14.1/14

Abb. 40

82.	Schüssel m. Wulstrand Furger 1992 Abb. 59,22/77, 4 WS, Mdm. 34,4 cm. BW 6. 240–310 n. Chr. Inv.Nr. 8096/27
*	Schüssel m. Wandknick Furger 1992 Abb. 60,19/78, 1 RS. BW 3. 200–280 n. Chr. Inv.Nr. 88/7
83.	Schüssel m. Wandknick Furger 1992 Abb. 60,20/70, 1 RS, Rdm. 14,4 cm. BW 3, Brandsp. 200–280 n. Chr. Inv.Nr. 11/7
84.	Schüssel m. Wandknick Furger 1992 Abb. 60,20/74, 1 RS, Rdm. 19,4 cm. BW 3. 200–280 n. Chr. Inv.Nr. 8095/61
85.	Schüssel m. Wandknick Furger 1992 Abb. 60,20/76, 1 RS. BW 2. 200–280 n. Chr. Inv.Nr. 11/10
86.	Schüssel m. Wandknick Furger 1992 Abb. 59,19/70, 1 RS, Rdm. 22,1 cm, Mdm. 18,6 cm. BW 2. 200–300 n. Chr. Inv.Nr. 87/1
87.	Schüssel m. Wandknick Furger 1992 Abb. 60,19/79. 1 RS, Rdm. 23 cm. BW 3. 200–300 n. Chr. Inv.Nr. 22/3
88.	Schüssel m. Wandknick Ettlinger 1963 Taf. 5,10, 1 RS, Rdm. 25 cm. BW 6. 250–350 n. Chr. Inv.Nr. 37.2/15,17
89.	Deckel Furger 1992 Taf. 34,10/48, 1 RS, Rdm. 4,5 cm. BW 2. 80–110 n. Chr. Inv.Nr. 22/2
90.	Reibschale Rychener 1984 Abb. 64 C 583, 1 RS, Rdm. 38 cm. BW 3. 80–120 n. Chr. Inv.Nr. 14.1/13
91.	Reibschale Furger 1992 Abb. 69,12/69, 2 RS, Rdm. 39 cm. BW 3. 90–160 n. Chr. Inv.Nr. 11/8

Abb. 41

92.	Reibschale Rychener 1984 Abb. 64 C 470, 1 RS, Rdm. 31,4 cm. BW 5. 70–120 n. Chr. Inv.Nr. 106/3
93.	Dolium Furger 1992 Abb. 72,9/76, 1 BS, Bdm. 38,6 cm. TRW 4. 80–100 n. Chr. Inv.Nr. 8095/92
94.	Dolium T2 Wagner-Roser 1999 Taf. 72,3, 1 RS, Rdm. 23,2 cm. TRW 6. 200–300 n. Chr. Inv.Nr. 8095/91
95.	Amphore Dressel 23, 1 WS, Henkel. Martin-Kilcher 1987 Tongruppe 11, Henkelform 16/17.150–280/250–400 n. Chr., Profilgruppe G/H. 200–400 n. Chr. Inv.Nr. 36/1
96.	Amphore Dressel 23, 1 BS. Martin-Kilcher 1987 Tongruppe 8, Bodenform 5. 150–200 n. Chr. Inv.Nr. 106/6
97.	Amphore Dressel 23. 1 RS, Rdm. 12,2 cm, Mdm. 31 cm. Martin-Kilcher 1987 Tongruppe 5/7/9, Henkelform 15. Martin-Kilcher 1987 Taf. 61,922. 250–280 n. Chr. Inv.Nr. 125/1

Abb. 42

98.	Amphorenzapfen, vollständig, Rdm. 3,4 cm, Mdm. 5,8 cm, Bdm. 2,9 cm, H. 10,1 cm. Martin-Kilcher 1987 Tongruppe 5. Walke 1965 Taf. 58,14. 180–260 n. Chr. Inv.Nr. A1
*	Amphore, 1 WS. Inv.Nr. 88
99.	Dolium Furger 1992 Abb. 72,15/112, 1 RS, Rdm. 18 cm. TRW 5. 160–200 n. Chr. Inv.Nr. 14.1/22
*	Fehlbrand, 1 WS. TRW 3. Inv.Nr. 98
100.	Schmelztiegel, 1 BS. starke Brandsp. Inv.Nr. 14/25
*	5050 g WS GK
*	*Imbrex*, 1 Brst. Inv.Nr. B8096/34
*	Neuzeitliche Keramik, 2 RS, 1 WS. Inv.Nr. 14.1/29, 88/5, 94/5
*	Knochen: 1 kalziniertes Brst. Inv.Nr. 37.2. 2 Tierzähne Inv.Nr. 36. Knochen Inv.Nr. 79/17. Wirbelknochen Inv.Nr. 8077. 3 Knochen, davon 1 m. Schnittspuren Inv.Nr. B8096

Befund-Nr. 5.2

- * Altar 1 (Cämmerer)
- * Altar 2 (Cämmerer)
- 1. Bronzeblech, Kästchenbeschlag. L. 3,0 cm, B. 1,7 cm, St. 0,05 cm. Inv.Nr. 52
- 2. Nagel. Inv.Nr. 16/10
- * Nagel. Inv.Nr. 52
- 3. Bildlampe Loeschcke 1 C = Leibundgut 18, vollständig. L. 8,6 cm, D. 6,5 cm, H. 2,7 cm. BW 1, sek. verbr. Sitzender/Lesender n. r. Nachträglich vergrößertes Dochtloch, nachträglich eingebrochenes Einfüllloch im Spiegel. Fischer 1990 Taf. 82 B 1. Lokalproduktion. 180–260 n. Chr. Inv.Nr. 20.1/9
- 4. Firmalampe Loeschcke 9 B, vollständig. L. 6,5cm, D. 3,6cm, H. 1,6cm. TGW 3, sek. verbr. Einfüllloch und Dochtloch vergrößert. Nierhaus 1959 Taf. 2G. Stempel CARTO/F o.Vgl. Lokalproduktion. um 150 n. Chr. Inv.Nr. 109
- 5. Räucherkelch Gose 447, 2 RS, Rdm. 13,5 cm. BW 3. Lokalproduktion. keine Brandsp. 200–250 n. Chr. Inv. Nr. 16/2,7
- 6. Déch. 72, 1 RS, Rdm. 5,1cm. T 2, E 2. Lezoux. 150–200 n. Chr. Inv.Nr. 18.1/10
- 7. Drag. 33, Oelmann 9, 1 RS, Rdm. 13 cm, Mdm. 6,5 cm, Bdm. 5,2 cm. T 5, E 5. Heiligenberg. 150–200 n. Chr. Inv.Nr. 110
- 8. Becher m. Karniesrand, 7 RS, 1 WS, 1 BS, Rdm. 6,5 cm, Mdm. 8,8 cm, Bdm. 3,5 cm, H. 7,8 cm. GTW 1, schweizer Dekorgruppe. Furger 1992 Taf. 62,81. 180–260 n. Chr. Inv.Nr. 79/18
- * Becher, 1 WS. GTW 1. Inv.Nr. 16/6
- 9. Topf Furger 1992 Abb. 65,20/87, 1 RS, Rdm. 13,5 cm. TRW 3. 200–280 n. Chr. Inv.Nr. 16/4
- 10. Topf Furger 1992 Taf. 76,19/88, 1 BS, Bdm. 7,5 cm. TRW 3. 200–300 n. Chr. Inv.Nr. 102/1,2
- 11. Topf Furger 1992 Taf. 76,19/88, 2 BS, Bdm. 14 cm. TRW 4. 200–300 n. Chr. Inv.Nr. 57/4,5
- * Topf, 1 WS. TRW 6, Kammstrich. Inv.Nr. 57/7
- 12. Deckel Rychener 1984 Abb. 63 D 704, 1 RS, Rdm. 18,4 cm. TRW 3. 110–170 n. Chr. Inv.Nr. 20.1/8

Abb. 43

- 13. Krug Furger 1992 Abb. 70,16/135, 1 RS, Rdm. 2,8 cm. BW 1 a. 180–260 n. Chr. Inv.Nr. 57/2,3
- 14. Krug Furger 1992 Taf. 78,19/115.116, 1 BS, Bdm. 13,2 cm. sek. verbr. 200–300 n. Chr. Inv.Nr. 20.1/5,20
- * Zweistabhenkel. BW 5, sek. verbr. Inv.Nr. 16/1, 20.1/6
- 15. Backplatte Furger 1992 Abb. 67,22/105, 2 RS, Rdm. 20,7 cm. BW 3. 240–310 n. Chr. Inv.Nr. 20.1/4,7
- 16. Backplatte Furger 1992 Abb. 67,18/44, 1 RS, Rdm. 14,6 cm. BW 2. 200–270 n. Chr. Inv.Nr. 16/5
- 17. Schüssel m. Wulstrand Furger 1992 Abb. 59,16/99, 1 RS, Rdm. 24 cm. BW 3. 180–260 n. Chr. Inv.Nr. 57/1
- 18. Schüssel m. eingez. Rand Furger 1992 Abb. 60,19/67, 1 RS, Rdm. 21,4 cm. BW 3. 200–300 n. Chr. Inv.Nr. 57/6
- * 750 g WS GK
- * 1 Brst. HL. Inv.Nr. 102
- * Knochen. Inv.Nr. 57
- * Stierhörner

Befund-Nr. 5.3

- 1. 1 Nagel. Inv.Nr. 37.1/3
- 2. Schüssel m. eingez. Rand Furger 1992 Abb. 60,19/68, 1 RS, Rdm. 21,2 cm. TRW 3. 200–300 n. Chr. Inv. Nr. 37.1/10
- 3. Schüssel m. Wandknick Furger 1992 Abb. 60,19/78, 1 RS, Rdm. 29 cm. TRW 3. 200–300 n. Chr. Inv.Nr. 37.1/12
- 4. Zweihenkelkrug Furger 1992 Taf. 27,8/58, 1 RS, Rdm. 10,2 cm. BW 3. 60–90 n. Chr. Inv.Nr. 37.1/6
- 5. Backplatte Schucany et al. 1999 Taf. 55,20, 1 RS, Rdm. 19,8 cm. BW 3. 190–300 n. Chr. Inv.Nr. 37.1/5
- 6. Backplatte Furger 1992 Abb. 67,19/98, 1 RS, Rdm. 19,5 cm, Bdm. 16,6 cm, H. 2,9 cm. BW 3, Rußsp. 200–300 n. Chr. Inv.Nr. 37.1/4
- * 400 g WS GK

Abb. 44

Befund-Nr. 6.1

- * Kalkspat. unbearbeitet. Inv.Nr. 18/12
- 1. Nagel. Inv.Nr. 18/14
- 2. Räucherkelch Gose 447, 1 RS, Rdm. 15,6 cm. BW 1. Lokalproduktion. keine Brandsp. 200–250 n. Chr. Inv. Nr. 6/11
- 3. Drag. 33. Oswald/Pryce 1966 Taf. 51,10. 1 RS, Rdm. 14,4 cm, Mdm. 7,2 cm, Bdm. 5,8 cm. T 2, E 2. Lezoux. 80–120 n. Chr. Inv.Nr. 113/2,4,5
- 4. Schüssel m. Wulstrand Furger 1992 Abb. 59,19/70, 1 RS, Rdm. 20,2 cm. TN 2. 200–300 n. Chr. Inv.Nr. 18.1/13
- 5. Becher m. zylindr. Hals Ettlinger 1949 Taf. 22,17, 2 RS, 3 WS, Rdm. 6,2 cm, Mdm. 8,6 cm. GTW 1. Furger 1992 Taf. 62,16/81. 180–260 n. Chr. Inv.Nr. 13/2,3,4
- * Becher m. zylindr. Hals Ettlinger 1949 Taf. 22,17, 1 RS, Rdm. 7 cm. GTW 1. Furger 1992 Taf. 62,16/81. 180–260 n. Chr. Inv.Nr. 18.2/18
- 6. Raet. Becher, 1 RS, 1 BS, Rdm. 7 cm, Mdm. 9,1 cm, Bdm. 3,7 cm. GTW 1, schweizer Dekorgruppe. Furger 1992 Taf. 81,20/63. 200–280 n. Chr. Inv.Nr. 18.2/17
- * Becher m. zylindr. Hals, 1 RS, Rdm. 6 cm. GTW 2. Furger 1992 Taf. 62,16/81. 180–260 n. Chr. Inv.Nr. 13/35
- * Becher m. zylindr. Hals, 1 RS, 1 WS. Rdm. 11 cm. GTW 3, schweizer Dekorgruppe. Furger 1992 Taf. 62,16/81. 180–260 n. Chr. Inv.Nr. 13/5,6
- 7. Raet. Becher, 1 BS, Bdm. 2,9 cm. GTW 4. Furger 1992 Taf. 81,20/61. 200–280 n. Chr. Inv.Nr. 13/36
- 8. Raet. Becher, 1 BS, Bdm. 3,2 cm. GTW 4. Furger 1992 Taf. 81,20/63. 200–280 n. Chr. Inv.Nr. 13/1
- * Raet. Becher, 1 BS, Bdm. 2,6 cm. GTW 4. Furger 1992 Taf. 81,20/63. 200–280 n. Chr. Inv.Nr. 18.1/9
- * Raet. Becher, 1 WS. GTW 4, Drexel Stil 2/3. Inv.Nr. 13.1/28
- 9. Krug Furger 1992 Taf. 9,3/65. 1 RS, Rdm. 5 cm. BW 5. 40–60 n. Chr. Inv.Nr. 13.1/24
- 10. Krug Furger 1992 Abb. 70,10/56, 1 RS, Rdm. 4,4 cm. BW 1. 80–110 n. Chr. Inv.Nr. 13.1/10
- 11. Krug Furger 1992 Abb. 70,16/134, 1 RS, Rdm. 3,2 cm. BW 3. 180–260 n. Chr. Inv.Nr. 13.1/7
- 12. Krug Furger 1992 Abb. 70,16/135, 1 RS, Rdm. 3,6 cm. BW 1. 180–260 n. Chr. Inv.Nr. 13.1/8
- 13. Krug Furger 1992 Taf. 65,16/141, 1 BS, Bdm. 4,8 cm. BW 5. 180–260 n. Chr. Inv.Nr. 18.2/15
- * Krug Furger 1992 Taf. 65,16/141, 1 BS, Bdm. 5,4 cm. BW 1. 180–260 n. Chr. Inv.Nr. 13/32
- 14. Krug Furger 1992 Taf. 72,18/52, 1 RS, Rdm. 8 cm. BW 1. 200–270 n. Chr. Inv.Nr. 13.1/16
- 15. Krug Furger 1992 Abb. 70,19/111, 1 RS, Rdm. 4,4 cm. BW 1. 200–300 n. Chr. Inv.Nr. 18.1/6
- * Krughals, 1 WS. BW 1. Inv.Nr. 9/1
- * Krug, Einstabhenkel. BW 5. Inv.Nr. 13.1/20, 13.1/27
- * Krug, Zweistabhenkel. TGW 3. Inv.Nr. 6/14
- * Krug, 4 WS. TGW 3. Inv.Nr. 13
- * Topf, 1 WS. TGW 1, stark verrollt, Kammstrich. Inv.Nr. 13/17
- * Backplatte Schucany et al. 1999 Taf. 55,20, 1 RS. TGW 1. 190–300 n. Chr. Inv.Nr. 6/13
- 16. Schüssel m. eingez. Rand Furger 1992 Abb. 60,20/68, 1 RS, Rdm. 32 cm. TGW 1. 200–280 n. Chr. Inv.Nr. 13.1/12
- 17. Topf T3, Wagner-Roser 1999 Taf. 73,2, Furger 1992 Taf. 71,18/41, 1 BS. Bdm. 8 cm. TRW 6. 200–270 n. Chr. Inv.Nr. 18.2/16
- 18. Topf Furger 1992 Abb. 65,19/84, 1 RS, Rdm. 13,4 cm. TRW 3. 200–300 n. Chr. Inv.Nr. 6/12
- 19. Topf T3, Wagner-Roser 1999 Taf. 73,4, Furger 1992 Taf. 76,19/88, 1 BS, Bdm. 7 cm. TRW 6. 200–300 n. Chr. Inv.Nr. 18.1/5
- * Topf. 1 WS. TRW 3. Kammstrich. Inv.Nr. 9/2
- 20. Backplatte Schucany et al. 1999 Taf. 73,1, 1 RS, Rdm. 18,4 cm. TRW 4. 180–240 n. Chr. Inv.Nr. 18.1/8

Abb. 45

- 21. Backplatte Furger 1992 Abb. 67,16/121, 1 RS, Rdm. 30 cm. BW 3. 180–260 n. Chr. Inv.Nr. 13.1/18
- * Backplatte Furger 1992 Abb. 67,18/47. BW 3. 200–270 n. Chr. Inv.Nr. 13.1/31
- 22. Backplatte Schucany et al. 1999 Taf. 55,20, 1 RS, Rdm. 19,4 cm. BW 2. 190–300 n. Chr. Inv.Nr. 13/29
- 23. Backplatte Furger 1992 Abb. 67,18/44, 4 RS, Rdm. 26 cm, Bdm. 23,8 cm, H. 3,9 cm. BW 2. 200–270 n. Chr. Inv.Nr. 18.1/1,3,4,7
- * Backplatte Furger 1992 Abb. 67,18/44, 1 RS, Rdm. 29,6 cm. BW 2. 200–270 n. Chr. Inv.Nr. 18.1/11
- * Backplatte Furger 1992 Abb. 67,18/44, 1 BS. BW 2. 200–270 n. Chr. Inv.Nr. 18.1/12
- 24. Backplatte Furger 1992 Abb. 67,22/105, 1 RS, Rdm. 24,8 cm. BW 2. 240–310 n. Chr. Inv.Nr. 13.1/30
- 25. Schüssel m. Wandknick Furger 1992 Abb. 60,19/72. 1 RS, Rdm. 16,2 cm. BW 2. 200–300 n. Chr. Inv.Nr. 13/21

26. Schüssel m. Wandknick Furger 1992 Abb. 60,19/79, 1 RS, Rdm. 18,8 cm. BW 3. 200–300 n. Chr. Inv.Nr. 13.1/22
27. Schüssel m. eingez. Rand Furger 1992 Abb. 60,19/68, 1 RS, Rdm. 25 cm. BW 3. 200–300 n. Chr. Inv.Nr. 13.1/23
28. Reibschale Furger 1992 Abb. 69,20/112, 1 RS, Rdm. 22,2 cm. BW 3. 200–280 n. Chr. Inv.Nr. 13.1/19
29. Reibschale Furger 1992 Abb. 69,19/109, 1 RS, Rdm. 22,2 cm. BW 3. 200–300 n. Chr. Inv.Nr. 13.1/14
30. Reibschale Furger 1992 Abb. 69,12/71, 1 RS, Rdm. 29,2 cm. TRW 5. 90–160 n. Chr. Inv.Nr. 13.1/11
31. Dolium Rychener et al. 1986 Abb. 85 B 302, 1 RS. Rdm. 16,8 cm. TGW 5. 20–55 n. Chr. Inv.Nr. 9/3
* 1150 g WS GK
* Neuzeitliche Keramik. Inv.Nr. 13.1/13,15,33,34
* Fehlbrand, 1 WS. TRW 2. Inv.Nr. 9/2-3
* Knochen. Inv.Nr. 8104

Abb. 46

Befund-Nr. 6.2

1. Drag. 37, 1 WS. T 1, E 1. Metopen. Zickzackstab verdr., Rosette verdr., Mitteldarstellung abgeschlagen. Planck Gruppe 4, Heiligmann Gruppe 4b, Mayer-Reppert Stilgruppe 4b/5a. La Graufesenque. 80–120 n. Chr. Inv.Nr. 81/5
* Drag. 31, 1 RS. T 2, E 2. Lezoux. 100–150 n. Chr. Inv.Nr. 81/4
2. Drag. 31, 1 RS, Rdm. 19,2 cm. T 2, E 2. Lezoux. 150–200 n. Chr. Inv.Nr. 81/13
* Drag. 31, 1 RS. T 3, E 3. Ostgallien. 150–200 n. Chr. Inv.Nr. 81/7
3. Drag. 31, Lud. Sb. T 2, E 2. Lezoux. 150–200 n. Chr. Inv.Nr. 38/6
4. Drag. 32. May 1916 Taf. 32,33, 1 RS, Rdm. 21,8 cm. T 7, E 8. Rheinzabern. 150–200 n. Chr. Inv.Nr. 81/3
5. Vindonissa 180/378, 1 RS, Rdm. 34 cm, Bdm. 23,2 cm. TR 1. 75–100 n. Chr. Inv.Nr. 38/1
6. Drack 19 Ab, 1 RS, Rdm. 30,8 cm. TR 1. Rychener et al. 1986 Taf. 50 C2 573. 70–120 n. Chr. Inv.Nr. 38/5
* Drack 19, 1 RS. TN 1. 100–200 n. Chr. Inv.Nr. 54
7. Becher m. Karniesrand, 1 RS, 1 BS, Rdm. 7,1 cm, Mdm. 8,6 cm, BW. 3,2 cm, H. 7,4 cm. GTW 1, schweizer Dekorgruppe. Furger 1992 Taf. 62,16/81. 180–260 n. Chr. Inv.Nr. 38/3
* Schüssel m. Wulstrand Martin-Kilcher 1980 Taf. 28,8. 1 RS. TGW 5. 200–325 n. Chr. Inv.Nr. 116/13
* Topf, 3 WS. TRW 2, Kammstrich. Inv.Nr. 81/2,6,9
* Topf, 3 WS. TRW 3, Kammstrich. Inv.Nr. 81/11,12,13
* Topf, 1 WS. TRW 4. Inv.Nr. 27/3
* Topf, 1 WS. TRW 6, Kammstrich. Inv.Nr. 38/8
8. Schüssel m. Wulstrand Martin-Kilcher 1980 Taf. 24,9, 1 RS, Rdm. 24 cm. 100–200 n. Chr. Inv.Nr. 37.3/30
9. Krug Furger 1992 Taf. 58,15/110, 1 BS, Bdm. 5,8 cm. BW 1. 160–200 n. Chr. Inv.Nr. 38/11
10. Krug Furger 1992 Abb. 70,16/135, 1 RS, Rdm. 3,2 cm. BW 5. 180–260 n. Chr. Inv.Nr. 27/1
* Krug Furger 1992 Abb. 70,16/135. 1 RS, Rdm. 3 cm. BW 1 a. 180–260 n. Chr. Inv.Nr. 38/9

Abb. 47

11. Krug Furger 1992 Taf. 72,18/53, 1 BS, Bdm. 5,3 cm. BW 1. 200–270 n. Chr. Inv.Nr. 38/10,13
* Krug Furger 1992 Taf. 72,18/53, 1 BS, Bdm. 6,4 cm. BW 1. 200–270 n. Chr. Inv.Nr. 27/4
12. Krug Furger 1992 Taf. 83,20/119, 1 BS, Bdm. 4 cm. BW 3. 200–280 n. Chr. Inv.Nr. 81/6
13. Krug Furger 1992 Taf. 78,19/115.116, 1 BS, Bdm. 4,8 cm. BW 1. 200–300 n. Chr. Inv.Nr. 27/2
* Krug, Einstabhenkel. BW 5. Inv.Nr. 38/7
* Krug, Zweistabhenkel. BW 5. Inv.Nr. 38/2
* 3 Krüge, 3 WS. BW 1. Inv.Nr. 38/4, 38, 81/1
14. Kumpf Furger 1992 Taf. 71,18/47, 1 RS, Rdm. 31,2 cm. TRW 5. 200–270 n. Chr. Inv.Nr. 38/12
* Schüssel m. eingebogenem Rand Furger 1992 Abb. 60,20/67, 1 RS. BW 2. 200–300 n. Chr. Inv.Nr. 81/8
* Backplatte Furger 1992 Abb. 67,18/43, 1 RS. BW 2. 200–270 n. Chr. Inv.Nr. 81/10
15. Dolium Rychener et al. 1986 Abb. 85 C 467, 1 RS, 25 WS, Rdm. > 30 cm. TRW 2. 70–120 n. Chr. Inv.Nr. 116/1
* Dolium, 1 BS. TRW 4. Inv.Nr. 38
* 1600 g WS GK
* Neuzeitliche Keramik. Inv.Nr. 116
* Ofensau und Schlacke aus Rennofen. Inv.Nr. 116

Befund-Nr. 6.3

1. Räucherkelch Gose 447, 1 RS, Rdm. 16 cm. BW 1. Lokalproduktion. keine Brandsp. 200–250 n. Chr. Inv. Nr. 12/11
* Räucherkelch Gose 447, 1 WS, Mdm. 17,2 cm. BW 4. Lokalproduktion. Brandsp. Boden innen. 200–250 n. Chr. Inv.Nr. 12/7
2. Drag. 37, 1 WS. T 7, E 8. gelapptes Spitzblatt Ricken/Fischer P 75c. Töpfer der Gruppe Bernhard II/III. Rheinzabern. 170–250 n. Chr. Inv.Nr. 7/6
3. Drag. 33, Pudding Pan Rock 13, 1 RS. T 2, E 2. Lezoux. 140–160 n. Chr. Inv.Nr. 2/3
4. Drag. 33, 1 RS, Rdm. 13,4 cm, Mdm. 9,8 cm. T 6, E 6. A. GIAMILVS. 100–140 n. Chr. Inv.Nr. 2/1
5. Drag. 33, 1 RS. T 6, E 6. A. GIAMILVS. 100–140 n. Chr. Inv.Nr. 2/2
* Drack 19, 1 RS. TN 1. 50–200 n. Chr. Inv.Nr. 54
6. Drack 19, 1 RS, Rdm. 22 cm. Drack Ware 4 = TGW 5. Furger 1992 Abb. 59,8/43. 80–90 n. Chr. Inv.Nr. 12/17
7. Becher m. Karniesrand, 1 RS, Rdm. 5,4 cm. TN 1. Schucany et al. 1999 Abb. 34,9. 180–280 n. Chr. Inv.Nr. 12/18
* Raet. Becher, 1 WS. GTW 1, schweizer Dekorgruppe. Inv.Nr. 12/12
* Raet. Becher, 1 WS. GTW 2, schweizer Dekorgruppe. Inv.Nr. 2/4
* Deckel Rychener 1984 Abb. 63 D 640, 1 WS. TGW 1. 110–170 n. Chr. Inv.Nr. 123/1
8. Deckel Hussong/Cüppers 1972 Taf. 7,61, 1 RS, Rdm. 20 cm. TGW 1. 300–325 n. Chr. Inv.Nr. 7/7

Abb. 48

9. Topf Martin-Kilcher 1980 Taf. 35,3, 1 RS, Rdm. 13 cm. TRW 3. 60–80 n. Chr. Inv.Nr. 53/1,3
10. Topf Jauch 1997 Taf. 35,551, 1 RS, Rdm. 19,2 cm. TRW 5. 150–230 n. Chr. Inv.Nr. 2/7
11. Topf Furger 1992 Abb. 65,16/111, 1 RS, Rdm. 12,2 cm. TRW 3. 180–260 n. Chr. Inv.Nr. 7/8
12. Topf Furger 1992 Abb. 65,20/90, 1 RS, Rdm. 19,8 cm. TRW 3. 200–280 n. Chr. Inv.Nr. 53/2
13. Topf Furger 1992 Abb. 65,21/53, 1 RS, Rdm. 9,5 cm. TRW 3. 200–300 n. Chr. Inv.Nr. 2/6
* Topf, 1 WS. TRW 1, Kammstrich. Inv.Nr. 123/2
* Topf, 1 WS. TRW 2. Inv.Nr. 12/13
* Topf, 1 WS. TRW 3. Inv.Nr. 12/14
14. Schüssel m. Wulstrand Martin-Kilcher 1980 Taf. 24,9, 1 RS, Rdm. 22,3 cm. TRW 2. 100–200 n. Chr. Inv. Nr. 123/3
15. Schüssel m. eingez. Rand Furger 1992 Abb. 60,19/68, 1 RS. TRW 3. 200–300 n. Chr. Inv.Nr. 2/5
16. Backplatte P2, Wagner-Roser 1999 Taf. 64,2 RS, Rdm. 29,6 cm. TRW 6. 200–300 n. Chr. Inv.Nr. 12/15,16
17. Deckel Rychener 1984 Abb. 63 D 640, 1 RS, Rdm. 22,7 cm. TRW 3. 110–170 n. Chr. Inv.Nr. 123/4

Abb. 49

18. Krug Furger 1992 Taf. 78,19/115.116, 1 BS, Bdm. 4 cm. BW 3. 200–300 n. Chr. Inv.Nr. 7/5
19. Krug Ettlinger 1963 Taf. 8,19, 1 BS, Bdm. 15,8 cm. BW 2. 250–350 n. Chr. Inv.Nr. 12/2
* Krug Ettlinger 1963 Taf. 8,19, 1 BS, Bdm. 6 cm. BW 6. 250–350 n. Chr. Inv.Nr. 12/3
* Krug, Dreistabhenkel. BW 1. Inv.Nr. 12/6
* Vorratskrug, 7 WS. TGW 5. Inv.Nr. 2
20. Backplatte Furger 1992 Abb. 67,16/121, 1 RS, Rdm. 30 cm. BW 3. 180–260 n. Chr. Inv.Nr. 12/9
21. Backplatte Schucany et al. 1999 Taf. 55,26, 1 RS, Rdm. 30,2 cm. BW 2. 190–300 n. Chr. Inv.Nr. 2/8
22. Backplatte Furger 1992 Abb. 67,18/44, 1 BS, Bdm. 21,7 cm, H. 4 cm. BW 2. 200–270 n. Chr. Inv.Nr. 12/10
23. Backplatte Furger 1992 Abb. 67,22/98, 1 RS, Rdm. 15,8 cm. BW 6. 240–310 n. Chr. Inv.Nr. 12/8
24. Schüssel m. eingez. Rand Martin-Kilcher 1980 Taf. 28,5, 1 RS, Rdm. 22,2 cm. BW 3. 200–325 n. Chr. Inv. Nr. 12/4
25. Amphore Dressel 23, 1 WS, Henkel. Martin-Kilcher 1987 Tongruppe 11, Henkelform 16/17, Profilgruppe G/H. 200–400 n. Chr. Inv.Nr. 12/5
* Dolium, 5 WS. TRW 4. Inv.Nr. 2
* 1100 g WS GK
* Neuzeitliche Keramik. Inv.Nr. 12/1
* 1 Brst. HL. Inv.Nr. 53

Abb. 50

Befund-Nr. 6.4

1. Amphore Dressel 23, 30 WS. Augst Tongruppe 9, Innenwandung sek. verbr., nachträglich eingeschlagene Löcher in der Wandung. Martin-Kilcher 1987 Abb. 28,7, Taf. 50,834. 270–400 n. Chr. Schleiermacher 1933, 75 u. Abb. 35. Sekundäre Verwendung als Räuchergefäß. Inv.Nr. P8/D1

Befund-Nr. 7.1

1. Sandsteinscheibe. Inv.Nr. 19/8
* Bronzeblech. Beschlag. L. 6,6 cm, B. 6,2 cm, St. 0,1 cm. Inv.Nr. 19/8
2. Eiserne Messerklinge. L. 9,2 cm, B. 1,8 cm, St. 0,2 cm. Inv.Nr. 17/23
3. 1 Nagel. Inv.Nr. 58/48
4. 1 Nagel. Inv.Nr. 21.1/11
5. 1 Nagel. Inv.Nr. 21.1/10
6. 1 Nagel. Inv.Nr. 21.1/14
* 5 Nägel. Inv.Nr. 21.1
* 3 Nägel. Inv.Nr. 99/33,34,35

Abb. 51

7. Firmalampe Loeschcke 10, vollständig. L. 6,8 cm, D. 3,7 cm, H. 2,3 cm. Terra sigillata. T 4, E 4. Ostgallien. Grünewald 1990 248 Grab 78. 250–300 n. Chr. Inv.Nr. 35.1/6
8. Räucherkelch Gose 1972 Abb. 392,32. 1 RS, Rdm. 17 cm. BW 1. Lokalproduktion. keine Brandsp. 150–225 n. Chr. Inv.Nr. 30/3
* Räucherkelch, 1 WS. Mdm. 15 cm. BW 1. Lokalproduktion. starke Brandsp. Boden innen. Inv.Nr. 21/44
9. Schlangengefäß. weißer Terrakottaton m. hellbrauner Engobe. 2 Dreistabhenkel. Krater oder krugartiges Gefäß. Import. 180–260 n. Chr. Inv.Nr. 21/40; 58/35
10. Schlangengefäß. BW 3. 1 RS, Rdm. 18,2 cm. Randform 1. 100–200 n. Chr. Inv.Nr. 17.1/36
11. Schlangengefäß. BW 2, Rußsp. auf Bodenunterseite. 1 BS, Bdm. 15,6 cm. Gefäßform 2, Bodenform 2. Spycher/Schucany 1997 Taf. 53,554. 250–400 n. Chr. Inv.Nr. 58/37
12. Schlangengefäß. TN 2 = Schmid 1991 Tongruppe 2. 1 WS. Körperverlauf 2b, Schlangenkörperform 1/3. Inv.Nr. 19/22
13. Déch. 68, 1 WS. T 2, E 2. Abundancia n.r. kleiner als Oswald 803, die Punze wirkt wie nachgeschnitten. Lezoux. 140–195 n. Chr. Inv.Nr. 19/16
14. Drag. 37, 1 WS. T 8, E 4. wohl Seepferd Ricken/Fischer T 190e oder 190f. Rheinzabern. 160–260 n. Chr. Inv.Nr. 21/33
15. Drag. 31, Lud. Sa/Sb=Pudding Pan Rock 10, 1 RS, Rdm. 28,6 cm, Mdm. 19 cm, Bdm. 11,1cm. T 2, E 2. Stempel Nr. 4: MACERATVS. Hofmann 1971/72 No. 107.1. Lezoux. Graffito Nr. 2, 3, 4: Besitzerinschriften. 140–190 n. Chr. Inv.Nr. 58/77
16. Drag. 31, 1 BS, Bdm. 10,1 cm. T 2, E 2. Lezoux. 150–200 n. Chr. Inv.Nr. 24/9,10
* Drag. 31, 1 RS, T 2, E 2. Lezoux. 150–200 n. Chr. Inv.Nr. 99/9
17. Drag. 31, Lud. Sb/Tq, Oswald/Pryce 1966 Taf. 46,51 RS, Rdm. 24 cm. T 3, E 3. Ostgallien. 120–180 n. Chr. Inv.Nr. 58/33
18. Drag. 31, 1 BS. T 5, E 3. Stempel Nr. 2: DROMBVS. Forrer 1911 Taf. 15,19c. Heiligenberg. 150–175 n. Chr. Inv.Nr. 58/74
19. Drag. 31, Lud. Tq, 1 RS. Rdm. 27,2 cm, Mdm. 18,8 cm, Bdm. 18,8 cm. T 5, E 5. Heiligenberg. Graffito Nr. 1, 5: Besitzerinschrift, Preisangabe. 150–200 n. Chr. Inv.Nr. 63/2,3
20. Drag. 32, 1 RS, Rdm. 18,1 cm. T 4, E 4. Ostgallien. 150–200 n. Chr. Inv.Nr. 21.1/9
* Drag. 36, 1 BS. T 4, E 4. Ostgallien. 150–200 n. Chr. Inv.Nr. 30
21. Drag. 33, Curle 18, 1 RS, Rdm. 13,1 cm, Mdm. 8,4 cm, Bdm. 5,8 cm. T 2, E 2. Lezoux. 100–150 n. Chr. Inv. Nr. 58/4
22. Drag. 33, Oelmann 9, 1 RS, Rdm. 20 cm. T 8, E 8. Rheinzabern. 180–200 n. Chr. Inv.Nr. 58/27

Abb. 52

23. Teller Loeschcke 1921a Typ 2, 1 RS, Rdm. 28 cm. T. braun, fein geschlemmt ohne erkennbare Einschlüsse, Engobe schokoladenbraun. Braungestrichene Ware. 415–450 n. Chr. Inv.Nr. 58/28a
24. Drack 20, 1 RS, Rdm. 23,6 cm. TN 2. Rychener 1984 Abb. 51 D 666. 110/120–160/170 n. Chr. Inv.Nr. 21/47

25. Schale Rychener et al. 1986 Taf. 75,924, 1 RS, Rdm. 28,4 cm. Drack Ware 4 = TGW 5. 100–150 n. Chr. Inv.Nr. 58/21
* Schale Rychener et al. 1986 Taf. 75,924, 1 RS, Rdm. 25,2 cm. TN 2. 100–150 n. Chr. Inv.Nr. 17/21
26. Schale m. eingebogenem Rand, 1 RS. Drack Ware 4 = TGW 5. Furger 1992 Abb. 60,19/66. 200–300 n. Chr. Inv.Nr. 58/46
27. Becher Kaenel 5/6, 1 RS, Rdm. 14,1 cm. Rychener 1984 Abb. 54 E 781. 160–220 n. Chr. Inv.Nr. 19/23
28. Becher, 1 BS, Bdm. 5,7 cm. TN 2. Furger 1992 Taf. 81,61. 200–280 n. Chr. Inv.Nr. 61/7
29. Topf Furger 1992 Abb. 62,14/52.53, 1 RS, Rdm. 26,2 cm. TN 2. 80–200 n. Chr. Inv.Nr. 19/24
30. Bemalte Flasche in Spätlatènetradition Vindonissa 14. 1 RS, Rdm. 5,7 cm. BW SLT 1. 20–101 n. Chr. Inv.Nr. 21/38
31. Becher m. Karniesrand, 1 RS, Rdm. 7 cm, Mdm. 8,8 cm. GTW 1. Furger 1992 Taf. 62,16/81. 180–260 n. Chr. Inv.Nr. 58/44
32. Becher m. Karniesrand, 1 RS, Rdm. 6,4 cm. GTW 1, schweizer Dekorgruppe. Ettlinger 1949 Taf. 22,17. 100–200 n. Chr. Inv.Nr. 21.1/6
* Raet. Becher, 1 RS, Rdm. 11 cm. GTW 1, schweizer Dekorgruppe. Ettlinger 1949 Taf. 22,17. 100–200 n. Chr. Inv.Nr. 21.1/1
* Becher m. Karniesrand, 1 RS, Rdm. 10 cm. GTW 1. Ettlinger 1949 Taf. 22,17. 100–200 n. Chr. Inv.Nr. 19/18
33. Becher m. zylindr. Hals, 1 RS, Rdm. 6,3 cm. GTW 1. Schucany et al. 1999 Abb. 44,3. 100–200 n. Chr. Inv. Nr. 19/17
34. Becher m. zylindr. Hals, 1 RS, Rdm. 16,3 cm. GTW 4. Schucany et al. 1999 Taf. 48,4. 160–210 n. Chr. Inv. Nr. 17.1/31
35. Raet. Becher, 1 BS, Bdm. 3 cm. GTW 1. Furger 1992 Taf. 81,20/61. 200–280 n. Chr. Inv.Nr. 58/69
* Raet. Becher, 1 BS, Bdm. 3 cm. GTW 1. Furger 1992 Taf. 81,20/61. 200–280 n. Chr. Inv.Nr. 58/42
* Raet. Becher, 1 BS, Bdm. 2,3 cm. GTW 1. Furger 1992 Taf. 81,20/61. 200–280 n. Chr. Inv.Nr. 21.1/8
* Raet. Becher, 1 BS, Bdm. 5,8 cm. GTW 4. Furger 1992 Taf. 81,20/61. 200–280 n. Chr. Inv.Nr. 21.1/7
36. Raet. Becher, 1 BS, Mdm. 11,1 cm, Bdm. 5,6 cm. GTW 1. Furger 1992 Taf. 81,20/62. 200–280 n. Chr. Inv. Nr. 37/2
* Raet. Becher, 1 BS, Bdm. 3,6 cm. GTW 1. Furger 1992 Taf. 81,20/62. 200–280 n. Chr. Inv.Nr. 58/2
* Raet. Becher, 1 BS, Bdm. 4,6 cm. GTW 1. Furger 1992 Taf. 81,20/62. 200–280 n. Chr. Inv.Nr. 21/46
* Raet. Becher, 1 BS, Bdm. 6,4 cm. GTW 1. Furger 1992 Taf. 81,20/62. 200–280 n. Chr. Inv.Nr. 17/1
* Raet. Becher, 1 BS, Bdm. 3,8 cm. GTW 4. Furger 1992 Taf. 81,20/62. 200–280 n. Chr. Inv.Nr. 19/7
* Raet. Becher, 1 BS, Bdm. 3,5 cm. GTW 4. Furger 1992 Taf. 81,20/62. 200–280 n. Chr. Inv.Nr. 58/60
* Raet. Becher, 1 BS, Bdm. 5 cm. GTW 4. Furger 1992 Taf. 81,20/62. 200–280 n. Chr. Inv.Nr. 21.1/5
37. Raet. Becher, 1 BS, Mdm. 8,4 cm, Bdm. 3,5 cm. GTW 1. Furger 1992 Taf. 81,20/63. 200–280 n. Chr. Inv. Nr. 99/16
* Raet. Becher, 1 BS, Mdm. 8,3 cm, Bdm. 3 cm. GTW 1. Furger 1992 Taf. 81,20/63. 200–280 n. Chr. Inv.Nr. 17/2
* Raet. Becher, 1 BS, Bdm. 3 cm. GTW 1. Furger 1992 Taf. 81,20/63. 200–280 n. Chr. Inv.Nr. 58/34
* Raet. Becher, 1 BS, Mdm. 8 cm, Bdm. 3,3 cm. GTW 1. Furger 1992 Taf. 81,20/63. 200–280 n. Chr. Inv.Nr. 30/9
* Raet. Becher, 1 BS, Bdm. 3,8 cm. GTW 1. Furger 1992 Taf. 81,20/63. 200–280 n. Chr. Inv.Nr. 58/68
* Raet. Becher, 1 BS, Bdm. 3,2 cm. GTW 1. Furger 1992 Taf. 81,20/63. 200–280 n. Chr. Inv.Nr. 58/26
* Raet. Becher, 1 BS, Bdm. 6,2 cm. GTW 1. Furger 1992 Taf. 81,20/63. 200–280 n. Chr. Inv.Nr. 21/23
38. Raet. Becher, 1 BS, Bdm. 3 cm. GTW 1. Furger 1992 Taf. 81,20/64. 200–280 n. Chr. Inv.Nr. 58/17
* Raet. Becher, 1 BS, Bdm. 2,8 cm. GTW 1. Furger 1992 Taf. 81,20/64. 200–280 n. Chr. Inv.Nr. 19/10
* Raet. Becher, 1 BS, Bdm. 3,4 cm. GTW 2. Furger 1992 Taf. 81,20/64. 200–280 n. Chr. Inv.Nr. 58/43
* Raet. Becher, 1 WS. GTW 1. Drexel Stil 2/3. Inv.Nr. 17.1/44
* Raet. Becher, 1 WS. GTW 1, schweizer Dekorgruppe. Inv.Nr. 58/29
39. Zylindr. Raet. Becher, 1 WS. GTW 1 m. metallischem Glanz, schweizer Dekorgruppe. Schucany et al. 1999 Abb. 44,5. 100–200 n. Chr. Inv.Nr. 58/5
40. Becher m. abgesetztem Hals und umgelegtem Rand, 1 RS, Rdm. 6 cm. GTW 2. Walke 1965 Taf. 51,5. 100–200 n. Chr. Inv.Nr. 21/18
* Raet. Becher, 1 WS. GTW 1. Drexel Stil 2/3. Inv.Nr. 99/22
* Raet. Becher, 1 WS. GTW 4. Drexel Stil 2/3. Inv.Nr. 61/9
* Raet. Becher, 2 BS, 2 WS. GTW 1, schweizer Dekorgruppe. Inv.Nr. 99/17,20,30
* Raet. Becher, 1 WS. GTW 2, schweizer Dekorgruppe. Inv.Nr. 19/15
* Raet. Becher, 1 WS. GTW 2, schweizer Dekorgruppe. Inv.Nr. 21/48
* 2 Raet. Becher, 2 WS. GTW 1. Inv.Nr. 21/4, 58/57
* Raet. Becher, 1 WS. GTW 4. Inv.Nr. 21/28
* Becher, 1 WS. GTW 4, Griesbewurf. Inv.Nr. 35/1
* Faltenbecher, 1 WS. GTW 1. Inv.Nr. 21/3

41. Tonne B1, 1 RS, Rdm. 13,1 cm. TRW 6. Wagner-Roser 1999 Taf. 76,6. Rychener 1984 Abb. C 383. 70–120 n. Chr. Inv.Nr. 99/11
42. Topf T1, 1 RS, Rdm. 13 cm. TRW 6. Wagner-Roser 1999 Taf. 72. Rychener 1984 Taf. 22 C 283. 70–120 n. Chr. Inv.Nr. 58/23
* Tonne, 1 WS. TRW 3, Kammstrich. Inv.Nr. 17.1/37
43. Topf Martin-Kilcher 1980 Taf. 35,4, 1 RS, Rdm. 15,8 cm. TRW 5. 60–80 n. Chr. Inv.Nr. 19/6

Abb. 53

44. Topf Furger 1992 Abb. 65,11/73, 1 RS, Rdm. 17,4 cm. TRW 5. 80–140 n. Chr. Inv.Nr. 17.1/41
45. Topf Furger 1992 Abb. 65,14/54, 1 RS, Rdm. 19,4 cm. TRW 2. 80–150 n. Chr. Inv.Nr. 21/24
46. Topf Furger 1992 Abb. 65,12/62, 1 RS, Rdm. 9 cm. TRW 3. 90–160 n. Chr. Inv.Nr. 99/27
47. Topf Jauch 1997 Taf. 35,544. 1 RS, Rdm. 18 cm. TRW 2. 100–200 n. Chr. Inv.Nr. 58/48
48. Topf Jauch 1997 Taf. 35,545. 1 RS, Rdm. 14,5 cm. TRW 3. 100–200 n. Chr. Inv.Nr. 24/5,6
49. Topf Martin-Kilcher 1980 Taf. 36,3. 1 RS, Rdm. 14,8 cm. TRW 5. 120–180 n. Chr. Inv.Nr. 58/64
* Topf Martin-Kilcher 1980 Taf. 36,3, 1 RS, Rdm. 16,8 cm. TRW 5. 120–180 n. Chr. Inv.Nr. 58/58
50. Topf Martin-Kilcher 1980 Taf. 34,12, 1 RS, Rdm.14,6 cm. TRW 5. 180–260 n. Chr. Inv.Nr. 58/30
* Topf T3 Martin-Kilcher 1980 Taf. 34,13, 1 WS. TRW 6. Brandsp. außen. 180–260 n. Chr. Inv.Nr. 20/15
51. Topf Furger 1992 Taf. 71,18/36, 1 BS, Bdm. 11 cm. TRW 3. 200–270 n. Chr. Inv.Nr. 58/71
52. Topf T3/2. Wagner-Roser 1999 Taf. 74,3.4. Furger 1992 Taf. 71,18/36. 1 BS, Bdm. 11 cm. TRW 6. 200–270 n. Chr. Inv.Nr. 58/20
53. Topf Furger 1992 Taf. 71,18/41, 1 BS, Bdm. 23,2 cm. TRW 2. 200–270 n. Chr. Inv.Nr. 21/21
54. Topf Furger 1992 Abb. 65,20/82, 2 RS, Rdm. 21,4 cm. TRW 3. 200–280 n. Chr. Inv.Nr. 19/3,24
55. Topf Furger 1992 Abb. 65,20/87, 1 RS, Rdm. 16,1 cm. TRW 3. 200–280 n. Chr. Inv.Nr. 17.1/40
56. Topf Furger 1992 Abb. 82,20/88. 1 BS, Bdm. 8,7 cm. TRW 3. 200–280 n. Chr. Inv.Nr. 19/4

Abb. 54

57. Topf Furger 1992 Taf. 68,17/41, 1 BS, Bdm. 10,8 cm. TRW 2. 200–300 n. Chr. Inv.Nr. 58/14
* Topf Furger 1992 Taf. 68,17/41, 1 BS, Bdm. 6,2 cm. TRW 3. 200–300 n. Chr. Inv.Nr. 1/1
58. Topf T3/2, Wagner-Roser 1999 Taf. 74,3.4. Furger 1992 Taf. 68,17/41. 1 BS, Bdm. 8,4 cm. TRW 6. 200–300 n. Chr. Inv.Nr. 17.1/25
59. Topf Furger 1992 Abb. 65,19/87, 1 RS, Rdm. 16,4 cm. TRW 3. fehlbrandartig durchgeglüht. 200–300 n. Chr. Inv.Nr. 35.3/17
60. Topf Furger 1992 Taf. 76,19/88, 1 BS, Bdm. 6,8 cm. TRW 3. 200–300 n. Chr. Inv.Nr. 58/45a
61. Topf Furger 1992 Taf. 86,21/55, 1 BS, Bdm. 12 cm. TRW 2. 200–300 n. Chr. Inv.Nr. 58/16
* Topf Furger 1992 Taf. 86,21/55, 1 BS, Bdm. 7,5 cm. TRW 2. 200–300 n. Chr. Inv.Nr. 17.1/45
* Topf Furger 1992 Taf. 86,21/55, 1 BS, Bdm. 19 cm. TRW 3. 200–300 n. Chr. Inv.Nr. 58/13
62. Topf T3/4, Wagner-Roser 1999 Taf. 74,6. Martin-Kilcher 1980 Taf. 34,7, 1 RS, Rdm. 11 cm. TRW 6. 200–300 n. Chr. Inv.Nr. 17.1/30
63. Topf Schucany et al. 1999 Taf. 79,6, 1 RS, Rdm. 28,2 cm. TRW 3. 330–400 n. Chr. Inv.Nr. 30/6
* Topf, 1 WS. TRW 2, Kammstrich. Inv.Nr. 58/19
* Topf, 3 WS. TRW 2. Inv.Nr. 99/5,23,24
* Topf, 1 BS, 4 WS. TRW 3. Inv.Nr. 24/7, 58/15, 99/28,29,32
* Topf, 1 WS. TRW 4, Kammstrich. Inv.Nr. 19/2
* Topf, 1 WS. TRW 4, starke Rußsp., Kammstrich. Inv.Nr. 21/19
* Topf, 1 WS. TRW 4, Kammstrich. Inv.Nr. 21/34
* Topf, 1 WS. TRW 4, Kammstrich. Inv.Nr. 21/42
* Topf, 1 WS. TRW 4, Kammstrich. Inv.Nr. 58/25
* Topf, 1 WS. TRW 4, Kammstrich. Inv.Nr. 58/63
* Topf, 1 WS. TRW 6, Kammstrich. Inv.Nr. 58/54
* Topf, 1 WS. TRW 6, Kammstrich. Inv.Nr. 58/31
* Topf, 1 WS. TRW 6, Kammstrich. Inv.Nr. 58/70
64. Deckel Rychener 1984 Abb. 63 C 323, 1 RS, Rdm. 17 cm. TRW 3. 70–120 n. Chr. Inv.Nr. 21/37
65. Deckel D1, Wagner-Roser 1999 Taf. 78,2. Furger 1992 Taf. 82,20/96. 1 RS, Rdm. 25,4 cm. TRW 6. 200–280 n. Chr. Inv.Nr. 58/38
* Deckel, 3 RS. TRW 3. Inv.Nr. 99/3,6,25
66. Krug Rychener et al. 1986 Abb. 83 C 528, 1 RS, Rdm. 4 cm. BW 1 a. 70–120 n. Chr. Inv.Nr. 21/43
* Krug 2 Rychener et al. 1986 Abb. 83 C 528, 1 RS, Rdm. 3,4 cm. BW 1. 70–120 n. Chr. Inv.Nr. 21/29
67. Krug Furger 1992 Abb. 70,10/56, 1 RS, Rdm. 4,6 cm. BW 1 a. 80–110 n. Chr. Inv.Nr. 21/39

*   Krug Furger 1992 Abb. 70,10/56, 1 RS, Rdm. 2,5 cm. BW 5. 80–110 n. Chr. Inv.Nr. 20.2/10
68. Krug Furger 1992 Abb. 70,11/81, 1 RS, Rdm. 3,2 cm. BW 4. 80–140 n. Chr. Inv.Nr. 21/44
*   Krughals, 1 WS. BW 5. 100–200 n. Chr. Inv.Nr. 20/2/12
*   Krughals, 1 WS. BW 5. 100–200 n. Chr. Inv.Nr. 24/3
69. Krug Furger 1992 Taf. 58,15/110, 1 BS, Bdm. 6,2 cm. BW 1 a, Innenwandung sek. verbr. 160–200 n. Chr. Inv.Nr. 58/75
*   Krug Furger 1992 Taf. 58,15/110, 1 BS, Bdm. 5,8 cm. BW 1 a. 160–200 n. Chr. Inv.Nr. 58/40
70. Krug Furger 1992 Abb. 70,16/135, 1 RS, Rdm. 3,7 cm. BW 1 a. 180–260 n. Chr. Inv.Nr. 21/22
71. Krug Furger 1992 Taf. 65,16/141, 1 BS, Bdm. 6,5 cm. BW 1 a. Innenwandung sek. verbr. 180–260 n. Chr. Inv.Nr. 58/22
*   Krug Furger 1992 Taf. 65,16/141, 1 BS, Bdm. 5 cm. BW 4. Brennriss im Boden. 180–260 n. Chr. Inv.Nr. 58/39
*   Krug Furger 1992 Taf. 65,16/141, 1 BS, Bdm. 5,5 cm. BW 1. 180–260 n. Chr. Inv.Nr. 17.1/42
*   Krug Furger 1992 Taf. 65,16/141, 1 BS, Bdm. 7 cm. BW 1. 180–260 n. Chr. Inv.Nr. 17.1/43
*   Vorratskrug Furger 1992 Abb. 70,12/82. BW 1 a. 90–160 n. Chr. Inv.Nr. 21/36
72. Krug Furger 1992 Taf. 72,18/54, 1 BS, Bdm. 11,3 cm. BW 5. 200–270 n. Chr. Inv.Nr. 19/20
*   Krug Furger 1992 Taf. 72,18/54, 1 BS, Bdm. 5 cm. BW 3. 200–270 n. Chr. Inv.Nr. 17.1/34
*   Krug Furger 1992 Taf. 72,18/54, 1 BS, Bdm. 7 cm. BW 1 a. 200–270 n. Chr. Inv.Nr. 24/8
*   Krug Furger 1992 Taf. 72,18/54, 1 BS, Bdm. 5,3 cm. BW 4. 200–270 n. Chr. Inv.Nr. 30/5
*   Krug Furger 1992 Taf. 72,18/54, 1 BS, Bdm. 6,2 cm. BW 4. 200–270 n. Chr. Inv.Nr. 58/28

Abb. 55

73. Doppelhenkelkrug Furger 1992 Abb. 70,20/114, 1 WS, Dm. Schulter 7,6 cm. BW 1. 200–280 n. Chr. Inv. Nr. 21/35
74. Krug Furger 1992 Abb. 70,19/111, 1 RS, Rdm. 4 cm. BW 1. 200–300 n. Chr. Inv.Nr. 21/27
75. Krug Furger 1992 Taf. 78,19/112, 1 BS, Bdm. 8,2 cm. BW 1. 200–300 n. Chr. Inv.Nr. 20.2/13
*   Krug Furger 1992 Taf. 78,19/112, 1 BS, Bdm. 6,5 cm. BW 1. 200–300 n. Chr. Inv.Nr. 19/12
76. Krug Furger 1992 Taf. 78,19/115.116, 1 BS, Bdm. 4,4 cm. Graffito auf GK Nr. 1 ... TIAM ... BW 1, Brennriss im Boden. 200–300 n. Chr. Inv.Nr. 58/76
*   Krug Furger 1992 Taf. 78,19.115/116, 1 BS, Bdm. 7,5 cm. BW 1. 200–300 n. Chr. Inv.Nr. 17.1/33
*   Krug Furger 1992 Taf. 78,19/115.116, 1 BS, Bdm. 5,5 cm. BW 1. 200–300 n. Chr. Inv.Nr. 17.1/38
*   Krug Furger 1992 Taf. 78,19/115.116, 1 BS, Bdm. 4,7 cm. BW 1, Innenwandung sek. verbr. 200–300 n. Chr. Inv.Nr. 21/17
*   Krug Furger 1992 Taf. 78,19/115.116, 1 BS, Bdm. 7,4 cm. BW 5. 200–300 n. Chr. Inv.Nr. 21/30
*   Krug Furger 1992 Taf. 78,19/115.116, 1 BS, Bdm. 5,8 cm. BW 3. 200–300 n. Chr. Inv.Nr. 21/32
*   Krug Furger 1992 Taf. 78,19/115.116, 1 BS, Bdm. 5,2 cm. BW 1 a. 200–300 n. Chr. Inv.Nr. 21/50
77. Krug Furger 1992 Taf. 69,17/53, 1 BS, Bdm. 9 cm. BW 5. 200–300 n. Chr. Inv.Nr. 58/3
78. Krug Martin-Kilcher 1980 Taf. 48,6, 1 BS, Bdm. 3,5 cm. BW 1. 200–300 n. Chr. Inv.Nr. 99/19
79. Krug Ettlinger 1963 Taf. 8,19, 1 BS, Bdm. 9 cm. BW 2. 250–350 n. Chr. Inv.Nr. 20.2/16
*   Krug Ettlinger 1963 Taf. 8,19, 1 BS, Bdm. 10 cm. BW 1, teerartige Verschmutzung auf der Innenwandung. 250–350 n. Chr. Inv.Nr. 17.1/24
*   Krug Ettlinger 1963 Taf. 8,19, 1 BS, Bdm. 5 cm. BW 6. 250–350 n. Chr. Inv.Nr. 21/49
*   Krug Ettlinger 1963 Taf. 8,19, 1 BS, Bdm. 11 cm. BW 5. 250–350 n. Chr. Inv.Nr. 24/2
*   Krug Ettlinger 1963 Taf. 8,19, 1 BS, Bdm. 6 cm. BW 1. 250–350 n. Chr. Inv.Nr. 30/1
*   Krug, Einstabhenkel. BW 5. Inv.Nr. 58/66
*   Krüge, Zweistabhenkel. BW 1, 1 a, 5. Inv.Nr. 17/39, 19/14, 20.2/18, 21/41, 24/1, 58/9, 58/45b, 58/65
*   Krug, 7 WS. BW 1. Inv.Nr. 1/2,3,4, 17/35, 19, 58/6
*   Krug, 1 WS. BW 3 a. Inv.Nr. 20/17
*   Krug, 2 BS, 2 WS. BW 4. Inv.Nr. 24/4, 30/4, 99/12, 13
80. Backplatte Furger 1992 Abb. 67,18/44, 1 BS, Bdm. 15,6 cm. TRW 5. 200–270 n. Chr. Inv.Nr. 58/43
81. Backplatte Furger 1992 Taf. 88,22/18, 1 RS, Rdm. 20 cm, Bdm. 16,4 cm, H. 4 cm. BW 6. 240–310 n. Chr. Inv.Nr. 58/12
82. Backplatte Furger 1992 Taf. 88,22/18, 1 RS, Rdm. 19,8 cm. TRW 3. 240–310 n. Chr. Inv.Nr. 58/72
83. Backplatte Furger 1992 Abb. 67,22/105, 1 RS, Rdm. 26,6 cm, Bdm. 22,8 cm, H. 5,2 cm. TRW 2. 240–310 n. Chr. Inv.Nr. 63/1
*   Backplatte Furger 1992 Abb. 67,22/105. 1 RS, Rdm. 24,2 cm. BW 6. 240–310 n. Chr. Inv.Nr. 20.2/19
*   Backplatte Furger 1992 Abb. 67,22/105, 3 RS, Rdm. 21 cm. BW 6. 240–310 n. Chr. Inv.Nr. 35.3/13,14,19
84. Kumpf Martin-Kilcher 1980 Taf. 40,6, 1 RS, Rdm. 31,2 cm. TRW 4. 180–300 n. Chr. Inv.Nr. 17.1/28
*   Kumpf Martin-Kilcher 1980 Taf. 40,6, 2 RS. TRW 4, Kammstrich. 180–300 n. Chr. Inv.Nr. 19/10,21

Abb. 56

85. Kumpf Martin-Kilcher 1980 Taf. 40,8, 1 RS, Rdm. 29,6 cm. TRW 4. 180–300 n. Chr. Inv.Nr. 17.1/26
86. Kumpf Furger 1992 Taf. 83,20/108, 1 RS, Rdm. 26,6 cm. TRW 4. 200–280 n. Chr. Inv.Nr. 21/14
* Kumpf Furger 1992 Taf. 83,20/108, 1 WS. TRW 4, Kammstrich. 200–280 n. Chr. Inv.Nr. 61/1,5
87. Schüssel Furger 1992 Abb. 60,13/66, 1 RS, Rdm. 18 cm. TRW 5. 80–120 n. Chr. Inv.Nr. 58/36
88. Schüssel m. Wulstrand Furger 1992 Abb. 59,12/55, 1 RS. TRW 4. 90–160 n. Chr. Inv.Nr. 21/31
89. Schüssel S4/1 m. Wulstrand, Wagner-Roser 1999 Taf. 67,4, 1 RS, Rdm. 27,2 cm. TRW 6. Martin-Kilcher 1980 Taf. 24,9. 100–200 n. Chr. Inv.Nr. 99/7
90. Schüssel m. eingez. Rand Furger 1992 Abb. 60,19/68, 1 RS, Rdm. 28,4 cm. TRW 4. 200–300 n. Chr. Inv. Nr. 19/5
* Schüssel m. eingez. Rand Furger 1992 Abb. 60,19/68, 1 RS, Rdm. 33,6 cm. TRW 4. 200–300 n. Chr. Inv. Nr. 19/11
91. Schüssel S7/2, Wagner-Roser 1999 Taf. 70,2 RS, Rdm. 18,2 cm. TRW 6. 200–300 n. Chr. Inv.Nr. 30/7,8
* Schüssel S7/2, Wagner-Roser 1999 Taf. 70,1 RS, Rdm. 18 cm. TRW 6. 200–300 n. Chr. Inv.Nr. 33/33
* Schüssel S7/2, Wagner-Roser 1999 Taf. 70,1 RS, Rdm. 18 cm. TRW 6. 200–300 n. Chr. Inv.Nr. 58/73
92. Schüssel m. Wandknick Furger 1992 Abb. 60,19/72, 1 RS, Rdm. 20,4 cm. TRW 4. 200–300 n. Chr. Inv.Nr. 21/25
93. Schüssel m. eingez. Rand Furger 1992 Abb. 60,21/49, 1 RS, Rdm. 18,4 cm. TRW 3. 200–300 n. Chr. Inv. Nr. 58/8

Abb. 57

94. Backplatte Furger 1992 Abb. 67,16/121, 1 RS, Rdm. 23,2 cm, Bdm. 20,8 cm, H. 3,7 cm. BW 2. 180–260 n. Chr. Inv.Nr. 17.1/32
95. Backplatte Schucany et al. 1999 Taf. 55,26, 1 RS, Rdm. 34 cm. BW 2. 190–300 n. Chr. Inv.Nr. 17.1/27
96. Backplatte Furger 1992 Abb. 67,18/43, 1 BS, Bdm. 18 cm. BW 3. 200–270 n. Chr. Inv.Nr. 19/9
97. Backplatte Furger 1992 Abb. 67,18/44, 2 RS, Rdm. 26 cm, Bdm. 23,6 cm, H. 4,4 cm. BW 2. 200–270 n. Chr. Inv.Nr. 63/4
* Backplatte Furger 1992 Abb. 67,18/44, 1 BS, Bdm. 30,4 cm. BW 2, Rußsp. 200–270 n. Chr. Inv.Nr. 58/7
* Backplatte Furger 1992 Abb. 67,18/44, 1 BS, Bdm. 19,6 cm. BW 2, Rußsp. 200–270 n. Chr. Inv.Nr. 58/67
* Backplatte Furger 1992 Abb. 67,18/44, 1 BS. BW 2. 200–270 n. Chr. Inv.Nr. 30/2
98. Backplatte Furger 1992 Abb. 67,22/102, 1 RS, Rdm. 31,6 cm, 27 cm, H. 4,8 cm. BW 2, Rußsp. 240–310 n. Chr. Inv.Nr. 61/10
99. Backplatte Furger 1992 Abb. 67,22/105, 1 RS, Rdm. 26,4 cm, Bdm. 23 cm, H. 4,4 cm. BW 2. 240–310 n. Chr. Inv.Nr. 58/59
100. Backplatte Furger 1992 Abb. 67,22/105, 1 RS, Rdm. 38 cm, Bdm. 34,6 cm, H. 4,3 cm. BW 6. 240–310 n. Chr. Inv.Nr. 58/24
101. Schüssel Rychener 1984 Abb. 61 C 570, 1 RS, Rdm. 18 cm. BW 3. 70–120 n. Chr. Inv.Nr. 61/3
102. Schüssel m. Wulstrand Martin-Kilcher 1980 Taf. 24,2, 1 RS, Rdm. 28,8 cm. BW 3, 70–120 n. Chr. Inv.Nr. 61/8

Abb. 58

103. Schüssel m. Wandknick Furger 1992 Abb. 60,13/66, 1 RS, Rdm. 24,2 cm. BW 2. 80–120 n. Chr. Inv.Nr. 58/52
104. Schüssel m. eingez. Rand Furger 1992 Abb. 60,19/66, 1 RS, Rdm. 31,4 cm. BW 3. 200–300 n. Chr. Inv.Nr. 19/1
105. Schüssel m. Wandknick Furger 1992 Abb. 60,19/78, 1 RS, Rdm. 21 cm. BW 3. 200–300 n. Chr. Inv.Nr. 21/45
106. Schüssel m. Wulstrand Martin-Kilcher 1980 Taf. 28,5, 2 RS, Rdm. 22 cm. BW 3. 200–325 n. Chr. Inv.Nr. 61/2,6
* Schüssel m. Wulstrand Martin-Kilcher 1980 Taf. 28,5, 1 RS, Rdm. 23,4 cm. BW 3, Rußsp. 200–325 n. Chr. Inv.Nr. 58/61
* Schüssel m. Wulstrand Martin-Kilcher 1980 Taf. 28,5, 1 RS, Rdm. 28 cm. BW 3, Rußsp. 200–325 n. Chr. Inv.Nr. 58/10
107. Schüssel m. Wulstrand Martin-Kilcher 1980 Taf. 28,8, 1 RS, Rdm. 27 cm. BW 2. 200–325 n. Chr. Inv.Nr. 99/2
108. Schüssel m. Wandknick Ettlinger 1963 Taf. 5,3, 3 RS, 2 WS, Rdm. 32,6 cm, Mdm. 26,2 cm. BW 6. 250–350 n. Chr. Inv.Nr. 58/55,56,57,58,62
109. Schüssel m. Wandknick Ettlinger 1963 Taf. 5,4, 1 RS, Rdm. 17 cm, Mdm. 13,6 cm. BW 6. 250–350 n. Chr. Inv.Nr. 61/4

* Schüssel m. Wandknick Ettlinger 1963 Taf. 5,4, 1 RS, Rdm. 16,5 cm, Mdm. 13,2 cm. BW 6, Rußsp. 250–350 n. Chr. Inv.Nr. 17.1/29
110. Schüssel m. Wulstrand Martin-Kilcher 1980 Taf. 28,6, 1 RS, Rdm. 27 cm. BW 6. 300–350 n. Chr. Inv.Nr. 58/41
* Schüssel m. Wulstrand Martin-Kilcher 1980 Taf. 28,6, 1 RS, Rdm. 19 cm. BW 6. 300–350 n. Chr. Inv.Nr. 20.2/11

Abb. 59

111. Schüssel Var. Chenet 316, 1 RS, Rdm. 15,1 cm. Meyer-Freuler 1974 Taf. 2,45. BW 2. 300–350 n. Chr. Inv. Nr. 63/5
112. Schüssel m. Wulstrand Loeschcke 1922a Typ 38, Hussong/Cüppers 1972 Thermenerbauung Typ 66a, Hussong/Cüppers 1972 Umbaukeramik Typ 26b, 35b, 1 RS, Rdm. 34,4 cm. BW 6. 400–430 n. Chr. Inv. Nr. 20.2/14
* Amphore Dressel 20/23, 1 BS. Martin-Kilcher 1987 Tongruppe 5, Bodenform 5. Martin-Kilcher 1987 Abb. 28,4.5.6. 150–300 n. Chr. Inv.Nr. 17/46
113. Amphore Dressel 30 Var., Augst 15, 1 BS, Bdm. 5 cm. T.: grau, klingend hart. Martin-Kilcher 1994 Abb. 152,2. 250–275 n. Chr. Inv.Nr. 21/20
114. Dolium Furger 1992 Abb. 72,9/76, 1 BS, Bdm. 18 cm. TRW 3. 80–100 n. Chr. Inv.Nr. 21/15
* 4500 g WS GK
* Neuzeitliche Keramik. Inv.Nr. 17/19, 24/11,12,13, 35/1, 58/1, 59, 99 (12 Brst.)
* Knochen. Inv.Nr. 19, 24. verbrannt Inv.Nr. 17. kalziniert Inv.Nr. 24

Befund-Nr. 7.2

1. Schlangengefäß. TRW 3, 1 BS, Bdm. 5,6 cm. Schmid 1991 Bodenform 1, Gefäßform 2. 150–300 n. Chr. Inv. Nr. 33/22
* Drag. 32, 1 RS, T 7, E 8. Rheinzabern. 150–200 n. Chr. Inv.Nr. 25/7
2. Déch. 72, 1 RS, T 2, E 2. Lezoux. 150–200 n. Chr. Inv.Nr. 33/42,43,46,47
3. Drack 19, 1 RS, Rdm. 30 cm, Kragen 35,2 cm. TR 1. Furger 1992 Abb. 59,8/43. 80–90 n. Chr. Inv.Nr. 25/15
4. Drack 19 Ba, 1 RS, Rdm. 30,8 cm, Kragen 37,2 cm. TN 2. 70–100 n. Chr. Inv.Nr. 25/2
* Drack 19, 1 RS, Rdm. 24,4 cm, Kragen 30,2 cm. Drack Ware 4 = TGW 5. Furger 1992 Abb. 59,8/43. 80–90 n. Chr.Inv.Nr. 25/11
5. Drack 19, 1 RS, Rdm. 31,6 cm, Kragen 38,2 cm. Drack Ware 4 = TGW 5. Furger 1992 Abb. 59,15/82. 160–200 n. Chr. Inv.Nr. 25/5
6. Tonne Ettlinger 1949 Taf. 23,2, 1 RS, Rdm. 15,8 cm. TR 1. Rychener 1984 Abb. 57 C 292. 70–120 n. Chr. Inv.Nr. 33/9
7. Bemalte Tonne in Spätlatènetradition, 1 RS, Rdm. 13,4 cm. BW SLT 1. Rychener 1984 Abb. 55 C376; 57 D 685. 70–170 n. Chr. Inv.Nr. 25/3
8. Becher m. Karniesrand, 1 RS, Rdm. 6,7 cm. GTW 1. Schucany et al. 1999 Abb. 34,9. 180–280 n. Chr. Inv. Nr. 33/38
* Becher m. Karniesrand, 2 RS, Rdm. 7 cm. GTW 2, schweizer Dekorgruppe. Schucany et al. 1999 Abb. 34,9. 180–280 n. Chr. Inv.Nr. 33/40,41
9. Raet. Becher, 1 BS, Bdm. 3,3 cm. GTW 1. Furger 1992 Taf. 81,20/63. 200–280 n. Chr. Inv.Nr. 33/44
* Raet. Becher, 2 BS, Bdm. 3,5 cm. GTW 2. Furger 1992 Taf. 81,20/63. 200–280 n. Chr. Inv.Nr. 33/6,10
* Raet. Becher, 1 BS, Bdm. 2,6 cm. GTW 4. Furger 1992 Taf. 81,20/63. 200–280 n. Chr. Inv.Nr. 33/36

Abb. 60

10. Topf Schucany et al. 1999 Taf. 68,36, 1 RS, Rdm. 22,6 cm. TRW 4. 100–150 n. Chr. Inv.Nr. 25/12
11. Topf T3/2, Furger 1992 Taf. 71,18/36, 1 BS, Bdm. 11,6 cm. TRW 6. 200–270 n. Chr. Inv.Nr. 33/21
12. Topf Furger 1992 Abb. 65,18/40, 2 RS, Rdm. 17 cm. TRW 3. 200–270 n. Chr. Inv.Nr. 33/31,34
13. Topf Furger 1992 Abb. 65,20/82, 1 RS, Rdm. 21,4 cm. TRW 3. 200–280 n. Chr. Inv.Nr. 33/26
14. Topf Furger 1992 Abb. 65,20/90, 1 RS, Rdm. 22,8 cm. TRW 3. 200–280 n. Chr. Inv.Nr. 33/19
15. Topf Martin-Kilcher 1980 Taf. 34,8, 2 RS, Rdm. 14 cm. TRW 3. 200–300 n. Chr. Inv.Nr. 25/4,13
16. Topf T1, Wagner-Roser 1999 Taf. 72,1, Schucany et al. 1999 Taf. 9,27, 1 RS, Rdm. 20,5 cm. TRW 6. 200–300 n. Chr. Inv.Nr. 33/23
17. Topf Schucany et al. 1999 Taf. 9,27, 1 RS, Rdm. 20 cm. TRW 4. 200–300 n. Chr. Inv.Nr. 33/29
18. Topf T3, Wagner-Roser 1999 Taf. 73,4, Furger 1992 Taf. 68,17/41, 1 BS, Bdm. 10,2 cm. TRW 6. 200–300 n. Chr. Inv.Nr. 33/30

Abb. 61

19. Krug Furger 1992 Abb. 70,10/56, 1 RS, Rdm. 4 cm. BW 4. 80–110 n. Chr. Inv.Nr. 33/2
20. Krug Furger 1992 Abb. 70,16/135, 1 RS, Rdm. 3,8 cm. BW 1 a. 180–260 n. Chr. Inv.Nr. 33/3
21. Krug Furger 1992 Taf. 78,19/112, 1 BS, Bdm. 5,8 cm. BW 4. 200–300 n. Chr. Inv.Nr. 33/1
* Zweistabhenkel. BW 1 a. Inv.Nr. 33/18
* Dreistabhenkel. BW 5. Inv.Nr. 33/7
* Krug, 1 WS. BW 4. anpassend an 24/4. Inv.Nr. 25/6
22. Backplatte Schucany et al. 1999 Taf. 55,20, 1 RS, Rdm. 23,6 cm. TRW 3. 190–300 n. Chr. Inv.Nr. 33/27
23. Backplatte Furger 1992 Abb. 67,18/43, 1 RS, Rdm. 30 cm, Bdm. 27 cm, H. 3,3 cm. TRW 3, sehr starke Rußsp. 200–270 n. Chr. Inv.Nr. 33/24
24. Backplatte Furger 1992 Taf. 88,22/18, 1 RS, Rdm. 30,8 cm. TRW 3. 240–310 n. Chr. Inv.Nr. 33/25
25. Schüssel m. eingez. Rand Furger 1992 Abb. 60,19/68, 1 RS. Rdm. 31,2 cm. TRW 4. 200–300 n. Chr. Inv. Nr. 33/14
26. Schüssel S7/2, Wagner-Roser 1999 Taf. 70,1 RS, Rdm. 17,6 cm. TRW 6. 200–300 n. Chr. Inv.Nr. 33/28,32,35,39
27. Schüssel m. Wulstrand Furger 1992 Abb. 59,22/77, 1 RS, Rdm. 20,6 cm. TRW 4. Rußsp. 240–310 n. Chr. Inv.Nr. 25/9
28. Backplatte Schucany et al. 1999 Taf. 55,20, 1 RS, Rdm. 31,4 cm, Bdm. 27 cm, H. 4,7 cm. BW 3. 190–300 n. Chr. Inv.Nr. 33/4
29. Backplatte Furger 1992 Abb. 67,18/44, 1 BS, Rdm. 26,8 cm, Bdm. 22,4 cm, H. 3 cm. BW 2. 200–270 n. Chr. Inv.Nr. 33/12
* Backplatte Furger 1992 Abb. 67,18/44, 1 RS, Rdm. 28,8 cm. BW 2. 200–270 n. Chr. Inv.Nr. 33/14

Abb. 62

30. Backplatte Furger 1992 Abb. 67,22/105, 2 RS, Rdm. 34 cm, Bdm. 30 cm, H. 4 cm. BW 6. 240–310 n. Chr. Inv.Nr. 113/6,7
31. Schüssel m. Wandknick Furger 1992 Abb. 60,21/51, 1 RS, Rdm. 27 cm. BW 3. 200–300 n. Chr. Inv.Nr. 33/5
* 1150 g WS GK
* Neuzeitliche Keramik. Inv.Nr. 25/1
* Kalzinierter Knochen. Inv.Nr. 25/10

Befund-Nr. 7.3

1. Räucherkelch Gose 447, 1 RS, Rdm. 10,6 cm. BW 1. Lokalproduktion. keine Brandsp. 200–250 n. Chr. Inv. Nr. 23/11
2. Lud. Tb, 1 RS, Rdm. 20 cm, Mdm. 16,8 cm. T 8, E 7. Rheinzabern. 150–200 n. Chr. Inv.Nr. 29/1
3. Drag. 32, Lud. Ta, 1 RS, Rdm. 16,2 cm. T 7, E 4. Rheinzabern. 150–200 n. Chr. Inv.Nr. 29/19
4. Drack 19 Ba, 2 RS, Rdm. 26,8 cm, Kragen 33,6 cm. TN 3. Rychener et al. 1986 Taf. 50,573. 70–120 n. Chr. Inv.Nr. 23/6,8
5. Bemalte Tonne in Spätlatènetradition, 1 RS, Rdm. 12,3 cm. BW SLT 1. Rychener 1984 Abb. 55 C 376; 57 D 685. 70–170 n. Chr. Inv.Nr. 29/15 B
6. Raet. Becher, 1 BS, Bdm. 5,4 cm. GTW 1. Furger 1992 Taf. 81,20/61. 200–280 n. Chr. Inv.Nr. 68/2
7. Raet. Becher, 1 BS, Bdm. 3,5 cm. GTW 1. Furger 1992 Taf. 81,20/62. 200–280 n. Chr. Inv.Nr. 29/15A
8. Raet. Becher, 1 BS, Bdm. 3,2 cm. GTW 1. Furger 1992 Taf. 81,20/63. 200–280 n. Chr. Inv.Nr. 29/6
9. Topf Furger 1992 Taf. 71,18/36, 1 BS, Bdm. 10,2 cm. TRW 2. 200–270 n. Chr. Inv.Nr. 29/14
10. Topf Furger 1992 Abb. 65,18/38, 1 RS, Rdm. 12,7 cm. TRW 3. 200–270 n. Chr. Inv.Nr. 68/1
11. Topf Furger 1992 Taf. 82,20/88, 1 BS, Bdm. 12 cm. TRW 3. 200–280 n. Chr. Inv.Nr. 29/2
* Topf, 1 BS. TRW 3. Inv.Nr. 23/9
12. Krug ähnl. Furger 1992 Taf. 27,8/56, 1 RS, Rdm. 7 cm. BW 1. 80–90 n. Chr. Inv.Nr. 23/3

Abb. 63

13. Krug Furger 1992 Abb. 70,11/81, 1 RS, Rdm. 3,2 cm. BW 4. 80–140 n. Chr. Inv.Nr. 68/5
14. Krug Furger 1992 Abb. 70,16/134, 1 RS, Rdm. 3 cm. BW 5. 180–260 n. Chr. Inv.Nr. 29/17
15. Krug Furger 1992 Taf. 65,16/141, 1 BS, Bdm. 4,8 cm. BW 4. 180–260 n. Chr. Inv.Nr. 23/1
16. Krug Furger 1992 Taf. 78,19/112, 1 BS, Bdm. 4,8 cm. BW 1. 200–300 n. Chr. Inv.Nr. 29/5
17. Krug Ettlinger 1963 Taf. 8,19, 1 BS, Bdm. 8 cm. BW 1. 250–350 n. Chr. Inv.Nr. 29/4

| * | Krug ETTLINGER 1963 Taf. 8,19, 1 BS, Bdm. 5,8 cm. BW 2. 250–350 n. Chr. Inv.Nr. 23/2
| * | Krug, 3 WS. BW 1 a. Inv.Nr. 23/4, 29/9,16
| 18. | Backplatte FURGER 1992 Abb. 67,22/98, 1 RS, Rdm. 20,4 cm, Bdm. 17,8 cm, H. 5,4 cm. TRW 3. 240–310 n. Chr. Inv.Nr. 29/13
| 19. | Backplatte FURGER 1992 Abb. 67,22/105, 1 RS, Rdm. 24,6 cm, Bdm. 21,6 cm, H. 5,1 cm. TRW 3. 240–310 n. Chr. Inv.Nr. 23/10
| 20. | Kumpf MARTIN-KILCHER 1980 Taf. 27,13, 1 RS. TRW 4. 180–300 n. Chr. Inv.Nr. 23/5
| 21. | Deckel RYCHENER 1984 Abb. 63 C 457, 1 RS, Rdm. 18 cm. BW 3. 70–120 n. Chr. Inv.Nr. 29/12
| 22. | Backplatte SCHUCANY et al. 1999 Taf. 55,26, 1 RS, Rdm. 30 cm, Bdm. 20,3 cm, H. 4,9 cm. BW 2. 190–300 n. Chr. Inv.Nr. 29/3
| 23. | Backplatte FURGER 1992 Abb. 67,18/43, 1 RS, Rdm. 17,2 cm, Bdm. 14 cm, H. 4 cm. BW 2. 200–270 n. Chr. Inv.Nr. 29/10

Abb. 64

24. Backplatte FURGER 1992 Abb. 67,18/44, 1 RS, Rdm. 31,8 cm, Bdm. 28,4 cm, H. 4,2 cm. 200–270 n. Chr. Inv.Nr. 29/11
25. Schüssel m. Wandknick FURGER 1992 Abb. 60,19/73, 1 RS, Rdm. 18,6 cm, Mdm. 16,8 cm. BW 3. 200–300 n. Chr. Inv.Nr. 23/7
* Schüssel m. Wandknick FURGER 1992 Abb. 60,19/73, 1 RS, Rdm. 16 cm. BW 2. 200–300 n. Chr. Inv.Nr. 29/18
26. Reibschale RYCHENER 1984 Abb. 64 C 470. 583, 1 RS, Rdm. 28,6 cm. TRW 5. 80–120 n. Chr. Inv.Nr. 29/8
* 1250 g WS GK
* Neuzeitliche Keramik. Inv.Nr. 29/7
* 1 Brst. HL

Befund-Nr. 8

* Krug, 1 BS. BW 1. Inv.Nr. 83/3
* Krug, 1 BS. BW 4. Inv.Nr. 83/4
* Schüssel m. Wandknick FURGER 1992 Abb. 60,13/66, 1 RS. BW 2. Rußsp. 80–120 n. Chr. Inv.Nr. 83/2
* Schüssel m. Wandknick FURGER 1992 Abb. 60,19/79, 1 RS. BW 3. 200–300 n. Chr. Inv.Nr. 83/1
* 250 g WS GK

Befund-Nr. 9

1. Bronzeblech. Beschlag. L. 5,9 cm, B. 1,1 cm, St. 0,1 cm. Inv.Nr. 121/4
* Tüllenförmiges Bronzeblech. Inv.Nr. 8079
* Bronzebrst. Inv.Nr. 52
2. Eisenzirkel (?), PIETSCH 1983 Taf. 21,516.517L. 12 cm, B. 2,9 cm, St/D. 0,6 cm. 100–260 n. Chr. Inv.Nr. 75/5
3. Eiserne Messerklinge. L. 12,3 cm, St. 0,4 cm, D. 0,5 cm. Inv.Nr. 34/2
* Eiserne Messerklinge. Inv.Nr. 97/11
4. Eisenblech. (Tür?)Beschlag. L. 4,8 cm, B. 10,5 cm, St. 0,2 cm. Inv.Nr. 51
* Eisenblech. Inv.Nr. 105
* Hufeisen. Inv.Nr. 95/11
5. 1 Nagel. Inv.Nr. 86/17
6. 1 Nagel. Inv.Nr. 16/10
7. 1 Nagel. Inv.Nr. 35.2/12
8. 1 Nagel. Inv.Nr. 18.1/14
9. 1 Nagel. Inv.Nr. 39/7
* 2 Nägel. Inv.Nr. 78/27,28
* 1 Nagel. Inv.Nr. 86/16
* 4 Nägel. Inv.Nr. 114
* 1 Nagel. Inv.Nr. 115/2
* 4 Nägel. Inv.Nr. 118 A
* 2 Nägel. Inv.Nr. 120
* 10 Nägel. Inv.Nr. 124
* 4 Nägel. Inv.Nr. 8009
* 1 moderner Nagel. Inv.Nr. 75/4
* 1 Sandsteinbrst. sek. verbr. Unterarm einer unterlebensgroßen Statue? Inv.Nr. 108

10. Fußloser Glasbecher m. nach außen gebogenem Rand AR 53.2. 1 WS. dunkles gelb-grün, irisierende Patina. Rütti 1991 Taf. 53,1230–1236 180–280 n. Chr. Inv.Nr. 121/5
* Firmalampe, 1 WS. BW 4. Inv.Nr. 34/4
* Firmalampe, 1 WS. BW 4. Inv.Nr. 97/3

Abb. 65

11. Räucherkelch Schucany et al. 1999 Abb. 38,5. 1 RS, Rdm. 13,5 cm, Mdm. 10,4 cm. BW 1. Lokalproduktion. 100–200 n. Chr. Inv.Nr. 100/18
* Räucherkelch Schucany et al. 1999 Abb. 38,5, 1 RS, Rdm. 18 cm. BW 1. Lokalproduktion. 100–200 n. Chr. Inv.Nr. 15/11
12. Räucherkelch Gose 447. 1 RS, Rdm. 21 cm. TGW 3. Lokalproduktion. keine Brandsp. 200–250 n. Chr. Inv. Nr. 77/2
* Räucherkelch Gose 447, 1 RS, Rdm. 18,6 cm. BW 3. Lokalproduktion. keine Brandsp. 200–250 n. Chr. Inv. Nr. 118/9
* Räucherkelch Gose 447, 1 RS, Rdm. 19,6 cm. BW 4. Lokalproduktion. keine Brandsp. 200–250 n. Chr. Inv. Nr. 71/5
13. Räucherkelch v. Schnurbein 1977 Grab 832, 1 BS, 5 WS, Mdm. 14,6 cm, Bdm. 8,8 cm. BW 3. Lokalproduktion. keine Brandsp. 240–260 n. Chr. Inv.Nr. 16.1/11–16
* Räucherkelch v. Schnurbein 1977 Grab 832, 2 RS, Rdm. 20 cm. BW 3. Lokalproduktion. keine Brandsp. 240–260 n. Chr. Inv.Nr. 100/4,9
14. Räucherkelch Gose 448, 1 RS, Rdm. 27,6 cm. BW 4. Lokalproduktion. keine Brandsp. 300–325 n. Chr. Inv. Nr. 59/4
* Räucherkelch, 3 WS. BW 3. Lokalproduktion. keine Brandsp. Inv.Nr. 114/7
* Räucherkelch, 1 BS. BW 3. Lokalproduktion, starke Brandsp. Boden innen. Inv.Nr. 16/3
15. Schlangengefäß, 1 WS. BW 5. Schmid 1991 Taf. 16,82; 17,85. 150–300 n. Chr. Inv.Nr. 15/14
16. Schlangengefäß, 1 WS. BW 5. Schmid 1991 Taf. 17,85; 23,202. 150–300 n. Chr. Inv.Nr. 4/13
17. Drag. 37, 1 WS. T 2, E 2. Girlande Rogers I F75. Töpfer m. der Rosette, Heiligmann Gruppe I. Lezoux. 100–125 n. Chr. antike Flickung. Inv.Nr. 16/9
18. Drag. 37, 1 WS. T 2, E 2. Eierstab Rogers I B42. PVGNVS, Heiligmann Gruppe III. Lezoux. 140–195 n. Chr. Inv.Nr. 15/40
19. Drag. 37, 1 WS. T 3, E 3. hängender Halbbogen Delort 1953 Taf. 25,22/36, Adler Delort 1953 Taf. 43,9160. SATVRNINVS/SATTO. Chémery/Mittelbronn. 140–160 n. Chr. Inv.Nr. 76/1
20. Drag. 37, 1 RS, Rdm. 13,1 cm. T 3, E 3. Ostgallien. 120–160 n. Chr. Inv.Nr. 21.1/2
21. Drag. 37, 1 RS, Rdm. 19,2 cm. T 6, E 6. Eierstab Nuber 1989 Abb. 2,11, Erote n.l. Lerat/Jeannin 1960 Taf. 6,67, Blüte Nuber 1989 Abb. 2,11. A.GIAMILVS. Freiburg-Umkirch. 100–140 n. Chr. Inv.Nr. 71/7
22. Drag. 37, 1 WS. T 6, E 6. Eierstab Nuber 1989 Abb. 2,11, Bacchus n.r. Nuber 1989 Abb. 2,12.8, Hercules n.l. Nuber 1989 Abb. 2,8. A.GIAMILVS. Freiburg-Umkirch. 100–140 n. Chr. Inv.Nr. 60/5
23. Drag. 37, 1 RS, Rdm. 19,5 cm. T 6, E 6. A.GIAMILVS. Freiburg-Umkirch. 100–140 n. Chr. Inv.Nr. 80/1
* Drag. 37, 1 WS. T 7, E 7. Rheinzabern. Töpfer unbestimmbar. 150–260 n. Chr. Inv.Nr. 112/11

Abb. 66

24. Drag. 15/17. T 1, E 1. La Graufesenque. 60–80 n. Chr. Inv.Nr. 15/38
25. Drag. 18, Curle 1, 1 RS, Rdm. 18 cm. T 1, E 1. La Graufesenque. 70–100 n. Chr. Inv.Nr. 100/13
26. Drag. 18, Curle 1. T 1, E 1. La Graufesenque. 70–100 n. Chr. Inv.Nr. 15/39
* Drag. 18/31, 1 BS. T 6, E 6. A. GIAMILVS. Freiburg-Umkirch. 100–140 n. Chr. Inv.Nr. 107/4
* Drag. 18/31, 1 BS. T 6, E 6. A. GIAMILVS. Freiburg-Umkirch. 100–140 n. Chr. Inv.Nr. 28/22
27. Drag. 31, Lud. Sb, 1 RS, Rdm. 21 cm. T 2, E 2. Lezoux. 120–200 n. Chr. Inv.Nr. 28/15
28. Drag. 31, Lud. Tq, Oswald/Pryce 1966 Taf. 46,4, 1 RS, Rdm. 19,2 cm, Mdm. 15,6 cm. T 2, E 2. Lezoux. 100–140 n. Chr. Inv.Nr. 68/4
29. Drag. 31, Lud. Tq, 1 RS, Rdm. 18,7 cm, Mdm. 13,3 cm. T 2, E 2. Lezoux. 150–200 n. Chr. Inv.Nr. 84/3
30. Drag. 31. 1 BS, Bdm. 9,7 cm. T 5, E 5. Stempel Nr. 3: GEMINVS. ähnl. Heiligmann 1990 Taf. 151,19. Heiligenberg. 100–120 n. Chr. Inv.Nr. 10/5
31. Drag. 31, Lud. Sa, 1 RS, Rdm. 28,4 cm. T 5, E 3. Heiligenberg. 100–150 n. Chr. Inv.Nr. 74/20
32. Drag. 31, 1 WS. T 8, E 8. Stempel Nr. 6: MARITVS. Kortüm 1995 Taf. 71,264. Rheinzabern. 150–200 n. Chr. Inv.Nr. 4/12
33. Drag. 31, Lud. Sb/Tq, 1 RS, Rdm. 18,2 cm, Mdm. 12,1 cm. T 7, E 8. Rheinzabern. 150–180 n. Chr. Inv.Nr. 92/3
* Drag. 36, 1 RS. T 2, E 2. Lezoux. 100–150 n. Chr. Inv.Nr. 67/3
34. Drag. 36, 1 RS, Rdm. 14,2 cm. T 6, E 6. A.GIAMILVS. Freiburg-Umkirch. 100–140 n. Chr. Inv.Nr. 69/4

*	Drag. 36. T 7, E 7. Rheinzabern. 150–200 n. Chr. Inv.Nr. 115/4
*	Drag. 32, 1 BS. T 7, E 8. Rheinzabern. 150–200 n. Chr. Inv.Nr. 89/1
35.	Drag. 27, KNORR 1912 Taf. 16,18, 1 RS, Rdm. 12,3 cm, Mdm. 9,5 cm. T 1, E 1. La Graufesenque. 40–65 n. Chr. Inv.Nr. 78/3
36.	Drag. 27, KNORR 1912 Taf. 16,20, 1 RS, T 1, E 1. La Graufesenque. 40–65 n. Chr. Inv.Nr. 107/1
37.	Drag. 33, OSWALD/PRYCE 1966 Taf. 51,10, 1 RS, Rdm. 10,3 cm, Mdm. 5,1 cm, Bdm. 4,1 cm. T 2, E 2. Lezoux. 80–120 n. Chr. Inv.Nr. 4/1
38.	Drag. 33, Lud. Ba, 1 RS, Rdm. 14,1 cm. T 2, E 2. Lezoux. 140–160 n. Chr. Inv.Nr. 93/3
*	Drag. 33, 1 RS, T 3, E 3. Ostgallien. 100–150 n. Chr. Inv.Nr. 95/2
39.	Drag. 40, T 2, E 2. Lezoux. 150–200 n. Chr. Inv.Nr. 15/41
40.	Déch. 72, 1 RS, Rdm. 8,4 cm. T 2, E 2. Lezoux. 150–200 n. Chr. Inv.Nr. 28/29
41.	Déch. 72, 1 BS, 2 WS, Bdm. 4,0 cm. T 2, E 2. Lezoux. 150–200 n. Chr. Inv.Nr. 28/14
*	Déch. 72, 1 WS. T 2, E 2. Lezoux. 150–200 n. Chr. Inv.Nr. 28
42.	Lud. VSe, 1 WS, Ratterdekor. T 8, E 8. Rheinzabern. 150–200 n. Chr. Inv.Nr. 16/8
*	Form unbestimmbar, 1 WS. T 1, E 1. La Graufesenque. 20–120 n. Chr. Inv.Nr. 92/1
*	Form unbestimmbar, 1 WS. T 8, E 8. Rheinzabern. 150–260 n. Chr. Inv.Nr. 10/2-5
43.	Schüssel LOESCHCKE 1922b 10, Unverzagt 5, 1 WS, Mdm. 22 cm. T. braun, fein geschlemmt, ohne erkennbare Einschlüsse, Engobe schokoladenbraun. Braungestrichene Ware. 415–450 n. Chr. Inv.Nr. 100/5

Abb. 67

44.	Drack 15 A, 1 RS, Rdm. 6,8 cm. DRACK Ware 5, hell. 70–100 n. Chr. Inv.Nr. 7/4
45.	Vindonissa 223/265/266, 1 RS, Rdm. 12,8 cm. TN 1. 40–60 n. Chr. Inv.Nr. 7/3
46.	Vindonissa 416, 1 RS, Rdm. 10,7 cm. Drack Ware 4 = TGW Ware 5. 45–75 n. Chr. Inv.Nr. 31/13

Nachtrag Abb. 74,142. Fußloser Teller FURGER 1992 Abb. 52,20/25. TN 3

47.	Drack 19, 1 RS, Rdm. 24 cm. TR 1. FURGER 1992 Abb. 59,8/43. 80–90 n. Chr. Inv.Nr. 60/8
48.	Drack 19 Ab, 1 RS, Rdm. 20,8 cm. TN, sek. verbr. 50–70 n. Chr. Inv.Nr. 35.2/11
49.	Drack 19, 1 RS. Drack Ware 4 = TGW 5. FURGER 1992 Abb. 59,8/41. 80–90 n. Chr. Inv.Nr. 97/5

Nachtrag Abb. 74,143. Drack 19. Drack Ware 4

50.	Drack 21 B. 1 RS. Drack Ware 5, hell. 70–100 n. Chr. Inv.Nr. 4/6
*	Flasche, 4 WS. BW in SLT-Tradition 1. REUTER 2003 Taf. 16,44. 200–230 n. Chr. Inv.Nr. 4, 15, 78/2,5
51.	Schüssel m. eingebogenem Rand, 1 RS, Rdm. 20,6 cm, Mdm. 22,8 cm. Drack Ware 4 = TGW 5. FURGER 1992 Abb. 55,5/73. 60–80 n. Chr. Inv.Nr. 39/1
*	Schüssel m. eingebogenem Rand, 1 RS. TN 2. Inv.Nr. 121/1
*	Becher Kaenel 1, 2 RS. TN 1. Inv.Nr. 92/7,10
*	Tonne, 1 RS. TN 1. Inv.Nr. 95/5
*	Tonne, 1 WS. TN 3, Rollrädchendekor. 80–100 n. Chr. Inv.Nr. P8/Da
52.	Flasche RYCHENER 1984 Taf. 29 C 398, 1 BS, Bdm. 7,6 cm. Drack Ware 4 = TGW 5. 70–120 n. Chr. Inv.Nr. 15/25
53.	Becher m. zylindr. Hals, 1 RS, Rdm. 10,5 cm. GTW 1. Rychener 1984 Abb. 53,493. 70–120 n. Chr. Inv.Nr. 118/7
54.	Becher m. Karniesrand, 1 RS, Rdm. 10 cm. GTW 1. ETTLINGER 1949 Taf. 22,17. 100–200 n. Chr. Inv.Nr. 93/4
*	Becher m. zylindr. Hals, 1 RS. GTW 3. ETTLINGER 1949 Taf. 22,17. 100–200 n. Chr. Inv.Nr. 100/8
55.	Becher m. umgelegtem Rand, 1 RS, 1 BS, Rdm. 6,6 cm. GTW 4. SCHUCANY et al. 1999 Abb. 44,2. 100–200 n. Chr. Inv.Nr. 118/1,3
*	Becher m. umgelegtem Rand, 3 RS, Rdm. 11,5 cm. GTW 4. SCHUCANY et al. 1999 Abb. 44,2. 100–200 n. Chr. Inv.Nr. 112/20,21,26
*	Raet. Becher, 2 BS. GTW 1. FURGER 1992 Taf. 81,20/61. 200–280 n. Chr. Inv.Nr. 104/1,2
56.	Raet. Becher, 3 BS, Bdm. 3,7 cm. GTW 4. FURGER 1992 Taf. 81,20/61. 200–280 n. Chr. Inv.Nr. 28/20,23
*	Raet. Becher, 2 BS, Bdm. 4,3 cm. GTW 4. FURGER 1992 Taf. 81,20/61. 200–280 n. Chr. Inv.Nr. 93/6, 120/2
57.	Raet. Becher, 1 BS, Bdm. 5 cm. GTW 1, Drexel Stil 2/3. FURGER 1992 Taf. 81,20/62. 200–280 n. Chr. Inv. Nr. 93/10
58.	Raet. Becher, 1 BS, Bdm. 3 cm. GTW 4, sek. verbr. FURGER 1992 Taf. 81,20/64. 200–280 n. Chr. Inv.Nr. 60/2
*	Raet. Becher, 1 WS. GTW 1, Drexel Stil 2/3. Inv.Nr. 15/37
*	Raet. Becher, 2 RS, 1 WS, 1 BS, Drexel Stil 3. Inv.Nr. 124/4
*	Raet. Becher, 3 WS, GTW 1, schweizer Dekorgruppe. Inv.Nr. 108/5, 8079
*	Raet. Becher, 1 WS, 1 BS. GTW 1, schweizer Dekorgruppe. Inv.Nr. 74/13,17
*	Raet. Becher, 2 WS. GTW 1, schweizer Dekorgruppe. Inv.Nr. 78/1,20
*	Raet. Becher, 1 RS, 3 WS, GTW 1. Inv.Nr. 28/26,29, 50

	Raet. Becher, 2 RS, 1 BS, GTW 1. Inv.Nr. 108/6,8,10
*	Becher m. Barbotinetupfen, 1 WS. GTW 2. Inv.Nr. 93/7
59.	Tonne, 1 RS, Rdm. 11,6 cm. TGW 2. Rychener 1984 Abb. 57 C 383. 70–120 n. Chr. Inv.Nr. 118/8
*	Tonne, 1 WS. TGW 5, Rollrädchen. Schucany et al. 1999 Abb. 49,4. 140–160 n. Chr. Inv.Nr. 7/2
60.	Topf Furger 1992 Abb. 65,14/54, 1 RS, Rdm. 20 cm. TGW 5. 80–150 n. Chr. Inv.Nr. 28/28
61.	Deckel Rychener 1984 Abb. 63 D 709, 1 RS, Rdm. 21,6 cm. TGW 3. 110–170 n. Chr. Inv.Nr. 15/24
62.	Schüssel m. Deckelfalz Martin-Kilcher 1980 Taf. 29,1, 1 RS, Rdm. 19 cm. TGW 5. 180–260 n. Chr. Inv. Nr. 77/1

Abb. 68

63. Schüssel m. Wulstrand Martin-Kilcher Taf. 28,5, 1 RS, Rdm. 25,4 cm. TGW 3, Rußsp. 200–325 n. Chr. Inv.Nr. 31/10
64. Schüssel m. Wandknick Ettlinger 1963 Taf. 5,10, 2 RS, Rdm. 17,2 cm, Mdm. 14,8 cm. TGW 1. 250–350 n. Chr. Inv.Nr. 108/1,14
65. Schüssel m. Wulstrand Loeschcke 1922a Typ 38, Hussong/Cüppers 1972 Thermenerbauung Typ 66a, 1 RS, Rdm. 33 cm. TGW 1. 275–325 n. Chr. Inv.Nr. 86/13
66. Backplatte Furger 1992 Abb. 67,16/121, 1 RS, Rdm. 28,4 cm. TGW 3. Rußsp. 180–260 n. Chr. Inv.Nr. 34/3
67. Krug Furger 1992 Abb. 70,11/81, 1 RS, Rdm. 2,8 cm. TGW 3. 80–140 n. Chr. Inv.Nr. 82/7
* Zweistabhenkel. TGW 3. Inv.Nr. 4/3
* Krug, 1 WS. TGW 1. Inv.Nr. 84/2
68. Tonne, 1 RS, Rdm. 14,3 cm. TRW 3. Rychener 1984 Abb. 57 C 383. 70–120 n. Chr. Inv.Nr. 97/6
* Tonne, 1 RS. TRW 3. Inv.Nr. 74/5
* Tonne, 1 RS. TRW 3. Inv.Nr. 119/3
* Tonne, 1 WS. TRW 3. Inv.Nr. 95
* Tonne, 1 WS. TRW 3. Inv.Nr. 126
* Tonne, 5 WS. TRW 3. Inv.Nr. 104/7,9,32,33,38
69. Topf Rychener 1984 Taf. 34 C 465, 1 BS, Bdm. 9,6 cm. TRW 3. 70–120 n. Chr. Inv.Nr. 59/8
70. Topf Furger 1992 Abb. 65,14/54, 1 RS, Rdm. 10,6 cm. TRW 3. 80–150 n. Chr. Inv.Nr. 15/31

Nachtrag Abb. 74,144. Topf Furger 1992 Abb. 65,12/63. TRW 3

71. Topf Martin-Kilcher 1980 Taf. 33,9, 1 RS, Rdm. 13 cm. TRW 3. 100–150 n. Chr. Inv.Nr. 59/9,10
* Topf Jauch 1997 Taf. 35,544, 1 RS, 1 WS. TRW 2. 100–200 n. Chr. Inv.Nr. 107/2,3
72. Topf T1/1, Wagner-Roser 1999 Taf. 72,2, Jauch 1997 Taf. 35,543.544, 1 RS, Rdm. 20 cm. TRW 6. 100–200 n. Chr. Inv.Nr. 50/3
73. Topf Jauch 1997 Taf. 35,545, 1 RS, Rdm. 12 cm. TRW 3. 100–200 n. Chr. Inv.Nr. 10/3
74. Topf T1/1, Wagner-Roser 1999 Taf. 72,2, Jauch 1997 Taf. 35,545. 1 RS, Rdm. 16,2 cm. TRW 6. 100–200 n. Chr. Inv.Nr. 60/7
75. Topf Martin-Kilcher 1980 Taf. 33,9, 1 RS, 1 WS, Rdm. 13 cm. TRW 2. 150–200 n. Chr. Inv.Nr. 59/12
* Topf Martin-Kilcher 1980 Taf. 33,15, 1 RS, 1 WS, 1 BS. TRW 2. 150–200 n. Chr. Inv.Nr. 112/22,24,25

Abb. 69

76. Topf Martin-Kilcher 1980 Taf. 33,16, 1 RS, Rdm. 20,2 cm. TRW 2. 150–200 n. Chr. Inv.Nr. 4/22
77. Topf T1, Wagner-Roser 1999 Taf. 72,1, Martin-Kilcher 1980 Taf. 37,1, 1 RS, Rdm. 14,2 cm. 180–260 n. Chr. Inv.Nr. 28/9
78. Topf T3, Wagner-Roser 1999 Taf. 73,2, Martin-Kilcher 1980 Taf. 34,13, 1 RS, Rdm. 14,4 cm. TRW 6. 180–260 n. Chr. Inv.Nr. 100/2
79. Topf T4/2, Wagner-Roser 1999 Taf. 75,6, Schucany et al. 1999 Taf. 57,58, 1 RS, Rdm. 15,4 cm. TRW 6. 190–300 n. Chr. Inv.Nr. 26/7
80. Topf Furger 1992 Taf. 82,20/80, 1 BS, 2 WS, Bdm. 8,7 cm. TRW 2. 200–280 n. Chr. Inv.Nr. 95/1
81. Topf T3, Wagner-Roser 1999 Taf. 73,2, Furger 1992 Taf. 68,17/41, 1 BS, Bdm. 10,7 cm. TRW 6. 200–300 n. Chr. Inv.Nr. 93/8
* Topf Furger 1992 Taf. 68,17/41, 1 BS, Bdm. 7,3 cm. TRW 2. 200–300 n. Chr. Inv.Nr. 4/17
* Topf Furger 1992 Taf. 68,17/41, 1 BS, Bdm. 8,2 cm. TRW 2. 200–300 n. Chr. Inv.Nr. 31/4
* Topf Furger 1992 Taf. 68,17/41, 3 BS. TRW 2. 200–300 n. Chr. Inv.Nr. 92/9,11,12
* Topf T3/2. Furger 1992 Taf. 68,17/41, 1 BS. TRW 6. 200–300 n. Chr. Inv.Nr. 35/7
82. Topf Furger 1992 Abb. 65,19/84, 1 RS, Rdm. 16,6 cm. TRW 3. 200–300 n. Chr. Inv.Nr. 4/21
83. Topf Furger 1992 Taf. 76,19/88, 1 BS, Bdm. 9 cm. TRW 3, 200–300 n. Chr. Inv.Nr. 4/20
84. Topf Furger 1992 Abb. 65,19/90, 1 RS, Rdm. 13,2 cm. TRW 2. 200–300 n. Chr. Inv.Nr. 108/2,7
* Topf Furger 1992 Abb. 65,19/90, 1 RS, 8 WS. TRW 2. 200–300 n. Chr. Inv.Nr. 67/6, 74/9,21–23

85. Topf Furger 1992 Abb. 65,19/92, 1 RS, Rdm. 12,3 cm. TRW 3. 200–300 n. Chr. Inv.Nr. 15/33
86. Topf T3, Wagner-Roser 1999 Taf. 73,4, Furger 1992 Taf. 86,21/55, 1 BS, Bdm. 9,8 cm. TRW 6. 200–300 n. Chr. Inv.Nr. 31/12
* Topf Furger 1992 Taf. 86,21/55, 1 BS, Bdm. 10 cm. TRW 3, 200–300 n. Chr. Inv.Nr. 4/18
* Topf Furger 1992 Taf. 86,21/55, 1 BS, Bdm. 11 cm. TRW 3. 200–300 n. Chr. Inv.Nr. 15/30
* Topf Furger 1992 Taf. 86,21/55, 1 BS, Bdm. 8 cm. TRW 5. 200–300 n. Chr. Inv.Nr. 28/11
87. Topf Martin-Kilcher 1980 Taf. 34,1, 1 RS, Rdm. 16 cm. TRW 3. 200–300 n. Chr. Inv.Nr. 28/27
88. Topf Martin-Kilcher 1980 Taf. 34,2, 1 RS, Rdm. 18 cm. TRW 4. 200–300 n. Chr. Inv.Nr. 28/8
89. Topf Martin-Kilcher 1980 Taf. 34,3, 1 RS, Rdm. 16 cm. TRW 5. 200–300 n. Chr. Inv.Nr. 28/19
* Topf Furger 1992 Abb. 65,22/92, 1 RS. TRW 5. 240–310 n. Chr. Inv.Nr. 112/6
* Topf Martin-Kilcher 1980 Taf. 34,16, 1 RS, Rdm. 15,6 cm. 250–325 n. Chr. Inv.Nr.71/11
90. Topf T3, Wagner-Roser 1999 Taf. 73,2, Martin-Kilcher 1980 Taf. 34,16. 1 RS, Rdm. 11,6 cm. TRW 6. 250–325 n. Chr. Inv.Nr. 39/3
* Topf T3, Ettlinger 1963 Taf. 7,26, 2 RS, 1 BS. TRW 6. 250–350 n. Chr. Inv.Nr. 92/6,8,13
* Topf Ettlinger 1963 Taf. 7,26, 1 RS, Rdm. 14,2 cm. TRW 3. 250–350 n. Chr. Inv.Nr. 26/5

Abb. 70

91. Topf T3, Wagner-Roser 1999 Taf. 73,2, Ettlinger 1963 Taf. 7,26. 1 RS, Rdm. 10,2 cm. TRW 6. 250–350 n. Chr. Inv.Nr. 59/11
* Topf T3, Wagner-Roser 1999 Taf. 73,2, Ettlinger 1963 Taf. 7,26, 2 RS. TRW 6. 250–350 n. Chr. Inv.Nr. 100/1,3
* Topf T3, Ettlinger 1963 Taf. 7,26, 2 RS. TRW 6. 250–350 n. Chr. Inv.Nr. 104/18,24
* Topf T3, Ettlinger 1963 Taf. 7,26, 2 RS, 2 WS. TRW 6. 250–350 n. Chr. Inv.Nr. 114/4,6,10,11
* Topf T3, Ettlinger 1963 Taf. 7,26, 2 RS. TRW 6. 250–350 n. Chr. Inv.Nr. 119/2,6
* Topf, 2 WS. TRW 2. Inv.Nr. 97/6,8
* Topf, 3 WS. TRW 2. Inv.Nr. 101/1,2,3
* Topf, 1 RS, 3 WS, 1 BS. TRW 2. Inv.Nr. 104
* Topf, 1 BS. TRW 2. Inv.Nr. 115/9
* Topf, 7 WS. TRW 2, Kammstrich. Inv.Nr. 70, 78
* Topf, 3 RS. TRW 2, Kammstrich. Inv.Nr. 86/12,14,15
* Topf, 5 WS. TRW 3. Inv.Nr. 66/6,10, 67/4,5, 78
* Topf, 2 RS, 4 WS, 1 BS. TRW 3. Inv.Nr. 104
* Topf, 1 RS, 3 WS. TRW 3, Kammstrich. Inv.Nr. 71/2,9, 78
* Topf, 1 RS, 4 WS. TRW 3, Kammstrich. Inv.Nr. 82/11,12,13,14,15
* Topf, 1 WS. TRW 6, Kammstrich. Inv.Nr. 60/1
* Topf, 1 WS. TRW 6, Kammstrich. Inv.Nr. 112/23
* Deckel, 1 RS. TRW 2. Inv.Nr. 97/2
* Deckel, 2 RS. TRW 3. Inv.Nr. 92/2,5
* Deckel, 2 RS. TRW 3. Inv.Nr. 95/6,8
92. Deckel Rychener 1984 Abb. 63 C 325, 1 RS. TRW 5. 70–120 n. Chr. Inv.Nr. 31/2
93. Deckel Hussong/Cüppers 1972 Taf. 3,36'; 7,61; 14,96, 1 RS, Rdm. 18,4 cm. TRW 5. 320–375 n. Chr. Inv.Nr. 15/8
94. Schüssel m. Wulstrand Rychener 1984 Abb. 61 C 497, 1 RS, Rdm. 30 cm. TRW 3. 70–120 n. Chr. Inv.Nr. 4/19
* Schüssel m. Wandknick Furger 1992 Abb. 60,19/78, 1 RS. TRW 3. 200–300 n. Chr. Inv.Nr. 115/10
* Schüssel m. eingebogenem Rand Furger 1992 Abb. 60,19/68, 1 RS. TRW 2. 200–300 n. Chr. Inv.Nr. 121/2
95. Schüssel S4/1 m. Wulstrand, Wagner-Roser 1999 Taf. 67,3, 1 RS, Rdm. 31 cm. TRW 6. 200–300 n. Chr. Inv.Nr. 4/16
96. Schüssel m. Wulstrand Martin-Kilcher 1980 Taf. 24,5, 1 RS, Rdm. 18 cm. TRW 4. 200–325 n. Chr. Inv.Nr. 28/16
97. Schüssel m. Wulstrand Martin-Kilcher 1980 Taf. 24,8, 1 RS, Rdm. 20,4 cm. TRW 4. 200–325 n. Chr. Inv.Nr. 28/6
98. Schüssel m. eingez. Rand Martin-Kilcher 1980 Taf. 24,14, 1 RS, Rdm. 24 cm. TRW 3. 250–300 n. Chr. Inv.Nr. 39/2
99. Backplatte P2, Wagner-Roser 1999 Taf. 64,1 RS, Rdm. 18,6 cm. TRW 6. 200–300 n. Chr. Inv.Nr. 15/28
* Backplatte Furger 1992 Abb. 67,22/105, 1 RS. TRW 2. 240–310 n. Chr. Inv.Nr. 74/12
100. Backplatte Furger 1992 Abb. 67,22/108, 1 RS, Rdm. 21 cm. TRW 2. 240–310 n. Chr. Inv. Nr. 15/32
* Backplatte Furger 1992 Abb. 67,22/108, 1 RS, Rdm. 26,8 cm. TRW 3. 240–310 n. Chr. Inv.Nr. 15/35
* Vorratskrug, 1 RS, 1 WS, 1 BS, 2 Dreistabhenkel. TRW 5. Inv.Nr. 50, 59, 108/13, 117
* Einstabhenkel. TRW 5. Inv.Nr. 10/2

- *   Zweistabhenkel. TRW 5. Inv.Nr. 26/9
- *   Vierstabhenkel. TRW 5. Inv.Nr. 7/1

Nachtrag Abb. 75,145. Platte SCHUCANY et al. 1999 Taf. 55,26. Geflammte Ware

- 101. Backplatte FURGER 1992 Abb. 67,16/121, 1 RS, Rdm. 27, Bdm. 24,4 cm, H. 4,4 cm. BW 2. 180–260 n. Chr. Inv.Nr. 95/10
- *   Backplatte FURGER 1992 Abb. 67,16/121, 4 RS, Rdm. 28,8 cm, Bdm. 25,2 cm, H. 4,5 cm. BW 3. 180–260 n. Chr. Inv.Nr. 73/1,3,5,6
- 102. Backplatte SCHUCANY et al. 1999 Taf. 55,26, 3 RS, Rdm. 41 cm, Bdm. 28,4 cm, H. 6,6 cm. BW 6. 190–300 n. Chr. Inv.Nr. 72/2

Abb. 71

- 103. Backplatte FURGER 1992 Abb. 67,18/44, 1 RS, Rdm. 25,4 cm, Bdm. 22 cm, H. 3,3 cm. BW 2. 200–270 n. Chr. Inv.Nr. 112/2
- *   Backplatte FURGER 1992 Abb. 67,18/44, 1 RS. BW 2. 200–270 n. Chr. Inv.Nr. 4/2
- *   Backplatte FURGER 1992 Abb. 67,18/44, 1 RS, 2 WS. BW 2. 200–270 n. Chr. Inv.Nr. 4/4,14,15
- *   Backplatte FURGER 1992 Abb. 67,18/44, 1 RS, 1 BS, Rdm. 28,4 cm, Bdm. 27 cm, H. 4,5 cm. BW 2. 200–270 n. Chr. Inv.Nr. 4/8
- *   Backplatte FURGER 1992 Abb. 67,18/44, 1 RS, Rdm. 20,6 cm. BW 2. starke Rußsp. 200–270 n. Chr. Inv.Nr. 15/22
- *   Backplatte FURGER 1992 Abb. 67,18/44, 1 RS, Rdm. 19,6 cm. BW 2. 200–270 n. Chr. Inv.Nr. 26/8
- *   Backplatte FURGER 1992 Abb. 67,18/44, 1 RS, Rdm. 26,6 cm. BW 2. 200–270 n. Chr. Inv.Nr. 28/13
- *   Backplatte FURGER 1992 Abb. 67,18/44, 2 BS, 2 WS. BW 2. 200–270 n. Chr. Inv.Nr. 28, 31, 35/8,10
- *   Backplatte FURGER 1992 Abb. 67,18/44, 1 RS, Rdm. 23 cm. BW 2, sek. verbr. 200–270 n. Chr. Inv.Nr. 59/3
- *   Backplatte FURGER 1992 Abb. 67,18/44, 2 RS, 1 WS. BW 2. 200–270 n. Chr. Inv.Nr. 74/11,16,18
- *   Backplatte FURGER 1992 Abb. 67,18/44, 1 RS. BW 2. 200–270 n. Chr. Inv.Nr. 78/14
- *   Backplatte FURGER 1992 Abb. 67,18/44, 1 RS. BW 2. 200–270 n. Chr. Inv.Nr. 82/3
- *   Backplatte FURGER 1992 Abb. 67,18/44, 1 RS, 1 WS. BW 2. 200–270 n. Chr. Inv.Nr. 93/3
- *   Backplatte FURGER 1992 Abb. 67,18/44, 2 RS. BW 2. 200–270 n. Chr. Inv.Nr. 97/4,7
- *   Backplatte FURGER 1992 Abb. 67,18/44, 1 WS. BW 2. 200–270 n. Chr. Inv.Nr. 100/7
- *   Backplatte FURGER 1992 Abb. 67,18/44, 1 RS, 2 WS. BW 2. 200–270 n. Chr. Inv.Nr. 104/6,33
- *   Backplatte FURGER 1992 Abb. 67,18/44, 1 RS, 2 WS. BW 2. 200–270 n. Chr. Inv.Nr. 108/3,9,11
- *   Backplatte FURGER 1992 Abb. 67,18/44, 1 RS, Rdm. 32,4 cm, Bdm. 29,6 cm, H. 4 cm. BW 3. 200–270 n. Chr. Inv.Nr. 28/17
- *   Backplatte FURGER 1992 Abb. 67,18/44, 1 BS, Bdm. 15 cm. BW 2. 200–270 n. Chr. Inv.Nr. 15/5
- *   Backplatte FURGER 1992 Abb. 67,18/44, 1 BS, Bdm. 14 cm. BW 2, sehr starke Rußsp. 200–270 n. Chr. Inv. Nr. 93/5
- *   Backplatte FURGER 1992 Abb. 67,18/44, 1 BS, Bdm. 17 cm. BW 3. 200–270 n. Chr. Inv.Nr. 59/5
- 104. Backplatte FURGER 1992 Abb. 67,18/43, 1 RS. BW 3. 200–270 n. Chr. Inv.Nr. 31/7
- *   Backplatte FURGER 1992 Abb. 67,18/43, 1 RS. BW 3. 200–270 n. Chr. Inv.Nr. 74/8
- *   Backplatte FURGER 1992 Abb. 67,18/43, 4 RS. BW 3. 200–270 n. Chr. Inv.Nr. 112/7,10,12,16
- *   Backplatte FURGER 1992 Abb. 67,18/43, 1 RS, sek. verbr. 200–270 n. Chr. Inv.Nr. 74/24
- 105. Backplatte FURGER 1992 Abb. 67,18/47, 1 RS, Rdm. 21,2 cm. BW 2. 200–270 n. Chr. Inv.Nr. 4/7

Nachtrag Abb. 75,146. Backplatte FURGER 1992 Abb. 67,20/102. BW 4

- 106. Backplatte FURGER 1992 Abb. 67,19/98, 1 RS, Rdm. 30,2 cm. BW 2. 200–300 n. Chr. Inv.Nr. 73/2
- 107. Backplatte FURGER 1992 Abb. 67,22/98, 2 RS, Rdm. 24,8 cm, Bdm. 22,4 cm, H. 4,3 cm. BW 2. 240–310 n. Chr. Inv.Nr. 84/1
- *   Backplatte FURGER 1992 Abb. 67,22/98, 1 RS, 1 BS, Rdm. 26 cm, Bdm. 23,6 cm, H. 4,1 cm. BW 2. 240–310 n. Chr. Inv.Nr. 113/1,3
- *   Backplatte FURGER 1992 Abb. 67,22/98, 1 RS, Rdm. 19,6 cm. BW 2. 240–310 n. Chr. Inv.Nr. 15/9
- *   Backplatte FURGER 1992 Abb. 67,22/98, 1 RS, Rdm. 29,4 cm. BW 2. 240–310 n. Chr. Inv.Nr. 37/1
- 108. Schüssel m. Wandknick RYCHENER 1984 Abb. 61 C 388, 1 RS, Rdm. 17 cm. BW 3. 70–120 n. Chr. Inv.Nr. 15/17
- 109. Schüssel m. Wandknick RYCHENER 1984 Abb. 61 C 628, 1 RS, Rdm. 20,4 cm. BW 2. 70–120 n. Chr. Inv.Nr. 50/2
- *   Schüssel m. Wandknick RYCHENER 1984 Abb. 61 C 628, 1 RS, Rdm. 19,8 cm. BW 3, Rußsp. 70–120 n. Chr. Inv.Nr. 26/6
- *   Schüssel m. Wandknick RYCHENER 1984 Abb. 61 C 628, 1 RS, Rdm. 22,6 cm. BW 2. 70–120 n. Chr. Inv.Nr. 100/11
- *   Schüssel m. Wulstrand FURGER 1992 Abb. 59,16/99, 1 RS. BW 3. 180–260 n. Chr. Inv.Nr. 108/4
- *   Schüssel m. Wulstrand FURGER 1992 Abb. 59,16/99, 1 RS. BW 3. 180–260 n. Chr. Inv.Nr. 112/5,8,13,19

* Schüssel m. Wulstrand Furger 1992 Abb. 59,16/99, 2 RS. BW 3. 180–260 n. Chr. Inv.Nr. 118/2,4
110. Schüssel m. eingez. Rand Furger 1992 Abb. 60,20/67. 1 RS, Rdm. 25,6 cm. BW 3. 200–280 n. Chr. Inv.Nr. 60/10
* Schüssel m. eingez. Rand Furger 1992 Abb. 60,20/67, 1 RS, Rdm. 27 cm. BW 2. 200–280 n. Chr. Inv.Nr. 73/4
* Schüssel m. eingez. Rand Furger 1992 Abb. 60,20/67. 1 RS. BW 1. 200–280 n. Chr. Inv.Nr. 86/1
* Schüssel m. eingez. Rand Furger 1992 Abb. 60,20/67. 1 RS. BW 3. 200–280 n. Chr. Inv.Nr. 71/3
* Schüssel m. eingez. Rand Furger 1992 Abb. 60,20/67. 1 RS. BW 3. 200–280 n. Chr. Inv.Nr. 74/10
* Schüssel m. eingez. Rand Furger 1992 Abb. 60,20/67. 1 RS. BW 3. 200–280 n. Chr. Inv.Nr. 97/10
111. Schüssel m. Wandknick Furger 1992 Abb. 60,20/74, 1 RS, Rdm. 30 cm. BW 2. 200–280 n. Chr. Inv.Nr. 108/12
* Schüssel m. Wandknick Furger 1992 Abb. 60,20/74, 1 RS. BW 2. 200–280 n. Chr. Inv.Nr. 92/4
112. Schüssel m. Wandknick Furger 1992 Abb. 60,20/76, 1 RS, Rdm. 31 cm. BW 2, Rußsp. 200–280 n. Chr. Inv. Nr. 34/6
113. Schüssel m. Wandknick Furger 1992 Abb. 60,17/35, 1 RS, Rdm. 18 cm. BW 2. 200–300 n. Chr. Inv.Nr. 15/27

Abb. 72

114. Schüssel m. Wandknick Furger 1992 Abb. 60,17/36, 1 RS, Rdm. 30 cm. BW, sek. verbr. 200–300 n. Chr. Inv.Nr. 26/2
* Schüssel m. eingez. Rand Furger 1992 Abb. 60,19/67, 1 RS. BW 3. 200–300 n. Chr. Inv.Nr. 100/15
* Schüssel m. eingez. Rand Furger 1992 Abb. 60,19/67, 3 RS. BW 3. 200–300 n. Chr. Inv.Nr. 104/19,27,29
* Schüssel m. eingez. Rand Furger 1992 Abb. 60,19/67. 2 RS. BW 3. 200–300 n. Chr. Inv.Nr. 119/4,5, 120/1
115. Schüssel m. Wandknick Furger 1992 Abb. 60,19/73, 1 RS, Rdm. 21 cm. BW 2, sek. verbr. 200–300 n. Chr. Inv.Nr. 60/9
116. Schüssel m. Wandknick Furger 1992 Abb. 60,19/78, 1 RS, Rdm. 31,4 cm. BW 3. 200–300 n. Chr. Inv.Nr. 112/3
* Schüssel m. Wandknick Furger 1992 Abb. 60,19/78. 1 RS, Rdm. 26,6 cm. BW 3. 200–300 n. Chr. Inv.Nr. 60/6
* Schüssel m. Wandknick Furger 1992 Abb. 60,19/78, 2 RS. BW 3. 200–300 n. Chr. Inv.Nr. 112/1,9
* Schüssel m. Wandknick Furger 1992 Abb. 60,19/78, 1 RS. BW 3. 200–300 n. Chr. Inv.Nr. 118/5
117. Schüssel m. Wandknick Furger 1992 Abb. 60,19/79, 1 RS, Rdm. 30,4 cm. BW 2, Rußsp. 200–300 n. Chr. Inv.Nr. 26/3
118. Schüssel m. eingez. Rand Furger 1992 Abb. 60,21/49, 1 RS, Rdm. 30 cm. BW 2. 200–300 n. Chr. Inv.Nr. 31/6
* Schüssel m. eingez. Rand Furger 1992 Abb. 60,21/49, 1 RS, Rdm. 27 cm. BW 2. 200–300 n. Chr. Inv.Nr. 124
119. Schüssel m. Wulstrand Martin-Kilcher 1980 Taf. 28,5, 1 RS, Rdm. 26,2 cm. BW 2. 200–325 n. Chr. Inv. Nr. 97/1
* Schüssel m. Wulstrand Martin-Kilcher 1980 Taf. 28,5, 1 RS, Rdm. 14 cm. BW 3. 200–325 n. Chr. Inv.Nr. 31/9
120. Schüssel m. Wulstrand Martin-Kilcher 1980 Taf. 28,8, 1 RS, Rdm. 28,4 cm. BW 2. 200–325 n. Chr. Inv. Nr. 39/4
121. Schüssel m. Wandknick Schucany et al. 1999 Abb. 35,5, 2 RS, 5 WS, 1 BS. Rdm. 19,6 cm, Mdm. 17,7 cm, Bdm. 8 cm. BW 6. 250–350 n. Chr. Inv.Nr. 93/2,5
* Schüssel m. Wulstrand Martin-Kilcher 1980 Taf. 28,6, 1 RS. BW 6. 300–350 n. Chr. Inv.Nr. 95/7
* Schüssel m. Wulstrand Martin-Kilcher Taf. 28,6, 1 RS. BW 6. Rußsp. 300–350 n. Chr. Inv.Nr. 114/2
* Deckel, 1 RS. BW 1. Inv.Nr. 114/1
* Deckel, 1 RS. BW 1. Inv.Nr. 118/6
122. Deckel Rychener 1984 Abb. 63 C 355, 1 RS, Rdm. 20 cm. BW 3. 70–120 n. Chr. Inv.Nr. 59/6
* Deckel, 2 RS. BW 4. Inv.Nr. 115/3,11
Nachtrag Abb. 75,147. Krug Furger 1992 Abb. 70,8/59. BW 5
Nachtrag Abb. 75,148. Krug Furger 1992 Taf. 30,9/74. BW 4

Abb. 73

123. Krug Furger 1992 Abb. 70,12/79, 1 RS, Rdm. 3,7 cm. BW 1. 90–160 n. Chr. Inv.Nr. 28/7
124. Vorratskrug Furger 1992 Abb. 70,12/82, 1 RS, Rdm. 7,2 cm. BW 5. 90–160 n. Chr. Inv.Nr. 50/1
* Vorratskrug Furger 1992 Abb. 70,12/82, 1 RS, Rdm. 14 cm. BW 3. 90–160 n. Chr. Inv.Nr. 31/1

* Vorratskrug FURGER 1992 Abb. 70,12/82, 1 RS, Rdm. 12 cm. BW 3. 90–160 n. Chr. Inv.Nr. 101/3
* Krughals. BW 1. 100–200 n. Chr. Inv.Nr. 39/5

Nachtrag Abb. 75,149. Krug FURGER 1992 Abb. 70,16/134. BW 5

125. Krug FURGER 1992 Abb. 70,16/136, 1 RS, Rdm. 3,8 cm. BW 1 a. 180–260 n. Chr. Inv.Nr. 28/21
126. Krug FURGER 1992 Abb. 70,16/137, 1 RS, Rdm. 6,2 cm. BW 3. 180–260 n. Chr. Inv.Nr. 15/1
127. Krug FURGER 1992 Taf. 65,16/141, 1 BS, Bdm. 4,7 cm. BW 1. 180–260 n. Chr. Inv.Nr. 93/2
* Krug FURGER 1992 Taf. 65,16/141, 1 BS, Bdm. 4,5 cm. BW 3. 180–260 n. Chr. Inv.Nr. 31/3
128. Krug FURGER 1992 Taf. 72,18/53, 1 BS, Bdm. 4,8 cm. BW 1. 200–270 n. Chr. Inv.Nr. 93/9
* Krug FURGER 1992 Taf. 72,18/53, 1 BS, Bdm. 4,2 cm. BW 1. 200–270 n. Chr. Inv.Nr. 39/6
129. Vorratskrug FURGER, Augst Abb. 70,20/113, 1 RS, Rdm. 15,5 cm. BW 3. 200–280 n. Chr. Inv.Nr. 15/10

Nachtrag Abb. 75,150. Vorratskrug FURGER 1992 Abb. 70,20/116. BW 1a
Nachtrag Abb. 75,151. Vorratskrug FURGER 1992 Taf. 83,20/118. BW 4
Nachtrag Abb. 75,152. Krug LOESCHCKE 1921b Typ 50. BW 4

130. Krug FURGER 1992 Abb. 70,19/111, 1 RS, Rdm. 3,4 cm. BW 1. 200–300 n. Chr. Inv.Nr. 78/6
* Krug FURGER 1992 Abb. 70,19/111, 1 RS, Rdm. 3,3 cm. BW 1. 200–300 n. Chr. Inv.Nr. 114/9
* Krug FURGER 1992 Abb. 70,19/111, 1 RS, Rdm. 3 cm. TGW 3. 200–300 n. Chr. Inv.Nr. 4/11
131. Krug SCHUCANY et al. 1999 Taf. 9,28, 1 BS, Bdm. 4,4 cm, Mdm. 11,2 cm. BW 1. 200–300 n. Chr. Inv.Nr. 18/1
132. Krug FURGER 1992 Taf. 69,17/53, 1 BS, Bdm. 9,7 cm. BW 1 a. 200–300 n. Chr. Inv.Nr. 31/11
* Krug FURGER 1992 Taf. 69,17/53. 1 BS, Bdm. 10 cm. BW 1 a. 200–300 n. Chr. Inv.Nr. 26/4
133. Krug FURGER 1992 Taf. 78,19/112, 1 BS, Bdm. 5,6 cm. BW 1. 200–300 n. Chr. Inv.Nr. 93/1
* Krug FURGER 1992 Taf. 78,19/112, 1 BS, Bdm. 11,8 cm. BW 1 a. 200–300 n. Chr. Inv.Nr. 28/3
134. Krug ETTLINGER 1963 Taf. 8,19, 1 BS, Bdm. 8,8 cm. BW 2. Zahlzeichen X oberhalb Bodenumbruch, Graffito Nr. 4 auf GK. 250–350 n. Chr. Inv.Nr. 4/5
* Krug ETTLINGER 1963 Taf. 8,19, 1 BS, Bdm. 6,5 cm. BW 1 a. 250–350 n. Chr. Inv.Nr. 59/2
* Krug ETTLINGER 1963 Taf. 8,19, 1 BS. BW 6. 250–350 n. Chr. Inv.Nr. 124/3
* Zweistabhenkel. BW 1, 3. Inv.Nr. 15/7, 15/8, 15/20, 26/1, 28/10
* Dreistabhenkel. BW 5. Inv.Nr. 60/4
* Krug, 1 RS, 5 WS, 1 BS. BW. Inv.Nr. 82/1,2,4,6,8,9,10
* Krug, 1 RS. BW 1. Inv.Nr. 101/4
* Krug, 3 BS. BW 1. Inv.Nr. 104/8,10,12
* Krug, 1 WS. BW 1a. Inv.Nr. 132
* Krug, 4 WS, 1 BS. BW 1 a. Inv.Nr. 112/4,14,15,17,18
* Krug, 4 BS, 3 WS. BW 2. Inv.Nr. 50, 71/4,6,8,10, 8009
* Krug, 2 BS, 2 WS. BW 4. Inv.Nr. 74/8,12,15,19
* Krug, 2 BS, 1 WS. BW 4. Inv.Nr. 78/4,17,25
* Krug, 1 BS, Bdm. 4,4 cm. BW 4. Inv.Nr. 135
135. Raet. Reibschale FURGER 1992 Abb. 69,11/77, 1 RS, Rdm. 33 cm. BW 2. 80–140 n. Chr. Inv.Nr. 15/6
136. Reibschale RYCHENER 1984 Abb. 64 C 468, 1 RS, Rdm. 25 cm. BW 4. 80–120 n. Chr. Inv.Nr. 28/1
137. Reibschale FURGER 1992 Abb. 69,20/110, 1 RS, 2 WS, Rdm. 30,8 cm. TGW 1. 200–280 n. Chr. Inv.Nr. 86/10
* Reibschale, 2 RS. TGW 1. Inv.Nr. 67/2, 84/4
* Amphore DRESSEL 20/23, MARTIN-KILCHER 1987 Tongruppe 5, Bodenform 5. 150–300 n. Chr. Inv.Nr. 124/1

Abb. 74

138. Amphore DRESSEL 23. MARTIN-KILCHER 1987 Tongruppe 5/7/9, Henkelform 15. MARTIN-KILCHER 1987 Taf. 61,922. 250–280 n. Chr. Inv.Nr. 107/6
139. Amphore Gauloise 4, MARTIN-KILCHER 1994 Tongruppe 27. MARTIN-KILCHER 1994 Taf. 147, 2799. 130–210 n. Chr. Inv.Nr. 59/1,7
* Amphore, 3 WS. TRW 5. Inv.Nr. 16, 8009
140. Dolium FURGER 1992 Taf. 64,16/115, 1 RS, Rdm. 20 cm. TRW 5. 180–260 n. Chr. Inv.Nr. 67/6
141. Dolium T2, WAGNER-ROSER 1999 Taf. 72,3, 1 RS, Rdm. 24 cm. TRW 6. 200–300 n. Chr. Inv.Nr. 31/5
* 14500 g WS GK
* Neuzeitliche Keramik. Inv.Nr. 10/4,4a, 15/3,4,13,15,16,23,26 (+8x), 28/2,12, 34/5, 60/3, 74/1,3,4,6,7, 86/3,4,6,7,8,9,11, 95/4
* *Imbrex*, 1 Brst. Inv.Nr. 35/2
* *Tegula*, 2 Brst. Inv.Nr. 104/11, 115/7
* *Tubulus*, 1 Brst. Inv.Nr. 4/10
* Ziegel, 2 Brst. z. T. Brandspuren. Inv.Nr. 35/9, 8009
* Mittelalterlicher Ziegel, 1 Brst. Inv.Nr. 28

* 20 Brst. HL. Inv.Nr. 51, 104 (je 10)
* Fehlbrand, 1 WS. TRW 2. Inv.Nr. 120
* 2 St. Glasschlacke. Inv.Nr. 118 A, 120
* 2 Brst. HK. Inv.Nr. 31
* 2 St. Kalksinter. Inv.Nr. 105, 115
* Knochen. Inv.Nr. 31, 121. verbrannt Inv.Nr. 78/24
142. Fußloser Teller Furger 1992 Abb. 52,20/25, 1 RS, Rdm. 25 cm, Bdm. 21 cm, H. 3,6 cm. TN 3. 200–280 n. Chr. Inv.Nr. P8/Da
143. Drack 19, 1 RS, Rdm. 31 cm. Drack Technik 4. Furger 1992 Taf. 29,9/58. 80–100 n. Chr. Inv.Nr. P8/Dd
144. Topf Furger 1992 Abb. 65,12/63, 1 RS, Rdm. 12 cm. TRW 1. 90–160 n. Chr. Inv.Nr. 125

Abb. 75

145. Platte Schucany et al. 1999 Taf. 55,26, 1 RS, Rdm. 36,4 cm. Geflammte Ware. 190–300 n. Chr. Inv.Nr. 123
146. Backplatte Furger 1992 Abb. 67,20/102, 1 BS, Bdm. 18,6 cm. BW 4. 200–280 n. Chr. Inv.Nr. 127
147. Krug Furger 1992 Abb. 70,8/59, 1 RS, Rdm. 4,8 cm. BW 5. 80–90 n. Chr. Inv.Nr. 130
148. Krug Furger 1992 Taf. 30,9/74, 1 BS, Bdm. 5,3 cm. BW 4. 80–100 n. Chr. Inv.Nr. 133
149. Krug Furger 1992 Abb. 70,16/134, 1 RS, Rdm. 4,1 cm. BW 5. 180–260 n. Chr. Inv.Nr. 131
150. Vorratskrug Furger 1992 Abb. 70,20/116, 1 RS, Rdm. 8,1 cm. BW 1a. 200–280 n. Chr. Inv.Nr. 129
151. Vorratskrug Furger 1992 Taf. 83,20/118, 1 BS, Bdm. 11,3 cm. BW 4. 200–280 n. Chr. Inv.Nr. 128
152. Krug Loeschcke 1921b Typ 50, 1 BS, Bdm. 4,2 cm. BW 4. 200–300 n. Chr. Inv.Nr. 134

Befund-Nr. 10: fundleer

Befund-Nr. 11

* 1 Sandsteinsplitter. Inv.Nr. 20.1
* Kultschwert. Fe. L. 55,3 cm, B. 4,5 cm. o.Inv.Nr. *(Abb. 5)*
1. Firmalampe Loeschcke 10, vollständig. L. 7,8 cm, D. 4,1 cm, H. 2,3 cm. TGW 2, Brandsp. an der Schnauze. ähnl. Garbsch 1966 Taf. 52,1. Lokalproduktion. 250–300 n. Chr. Inv.Nr. 0e 1
2. Räucherkelch Schucany et al. 1999 Abb. 38,5, 1 RS, Rdm. 18,5 cm, Mdm. 15,5 cm, H. 12,3 cm. BW 5. Lokalproduktion. keine Brandsp. 100–200 n. Chr. Inv.Nr. R5
3. Räucherkelch Gose 1972 Abb. 392,32, 1 RS, Rdm. 19,8 cm, Mdm. 17,5 cm. TGW 3. Lokalproduktion. Brandsp. Boden innen. 150–225 n. Chr. Inv.Nr. R3
* Räucherkelch Gose 448, 1 WS. BW 3. Lokalproduktion. Brennriss im Boden, 2. Wahl. Brandsp. Boden innen. 300–325 n. Chr. Inv.Nr. 20/3
* Räucherkelch Gose 448, 1 WS. BW 3. Lokalproduktion. Brandsp. Boden innen und Außenseite unten. 300–325 n. Chr. Inv.Nr. 20/2
4. Drag. 31, Kortüm 1995 Taf. 74,TS 2f, 1 RS, Rdm. 19,2 cm, Bdm. 8,4 cm. T 5, E 5. Heiligenberg/Ittenweiler. 150–200 n. Chr. Inv.Nr. P8/Dt

Abb. 76

5. Drag. 31, Kortüm 1995 Taf. 74,T2g, 1 RS, Rdm. 19,4 cm, Bdm. 9 cm. T 7, E 7. Rheinzabern. Stempel Nr. 1 BITVNVS, Ludowici V 211b, Biegert/Lauber 1995 Abb. 18,302. Graffito Nr. 6. 160–200 n. Chr. Inv.Nr. P8/Dt
6. Drag. 33, Curle 18, 1 RS, Rdm. 12 cm, Mdm. 7,5 cm, Mdm. 5 cm. T 3, E 3. Ostgallien. 100–150 n. Chr. Inv. Nr. 8/9
7. Drag. 33, Curle 18, 1 RS, Rdm. 11 cm. T 3, E 3. Ostgallien. 100–150 n. Chr. Inv.Nr. 122/2,3
8. Drag. 33, Curle 18/Lud. Ba. T 3, E 3. Ostgallien. 100–150 n. Chr. Inv.Nr. S2/23
9. Drag. 33, Lud. Ba, 1 RS, Rdm. 14,2 cm. T 5, E 5. Heiligenberg. 100–150 n. Chr. Inv.Nr. 55/1
* Drag. 33, 1 RS. T 5, E 5. Heiligenberg. 100–150 n. Chr. Inv.Nr. 8/17
10. Drag. 40, Oelmann 10, 4 RS, Rdm. 9,9 cm, Bdm. 4,7 cm. T 8, E 8. Rheinzabern. Grafitto Nr. 7. 180–300 n. Chr. Inv.Nr. P8/D1
* Form unbestimmbar. T 8, E 7. Rheinzabern. 150–260 n. Chr. Inv.Nr. 3
11. Topf Furger 1992 Abb. 62,18/35, 2 RS. Drack Ware 4 = TGW 5. 200–270 n. Chr. Inv.Nr. 8/15,16
12. Becher m. Karniesrand, vollständig, Rdm. 5,8 cm, Mdm. 8,3 cm, Bdm. 3 cm, H. 7,4 cm. GTW 1. Furger 1992 Taf. 89,22/48. 240–310 n. Chr. Inv.Nr. B2
13. Becher m. Karniesrand, vollständig, Rdm. 6,2 cm, Mdm. 8,2 cm, Bdm. 3,2 cm, H. 8,6 cm. GTW 1. Furger 1992 Taf. 80,20/36.44. 200–280 n. Chr. Inv.Nr. B1

14. Becher m. Karniesrand, vollständig, Rdm. 6,2 cm, Mdm. 8 cm, Bdm. 3,3 cm, H. 8,1 cm. GTW 1. Schucany et al. 1999 Taf. 146,1. 350–400 n. Chr. Inv.Nr. B3
15. Becher m. Karniesrand, vollständig, Rdm. 6,3 cm, Mdm. 8,5 cm, Bdm. 3,3 cm, H. 8 cm. GTW 1, schweizer Dekorgruppe. Furger 1992 Taf. 62,16/81. 180–260 n. Chr. Inv.Nr. B4
16. Faltenbecher Oelmann 32d, vollständig, Rdm. 5,8 cm, Mdm. 8 cm, Bdm. 3,2 cm, H. 9 cm. GTW 1. Furger 1992 Taf. 56,15/73. 160–200 n. Chr. Inv.Nr. FB 1
17. Faltenbecher Oelmann 32d, 2 RS, Rdm. 6,5 cm. GTW 1. Furger 1992 Taf. 56,15/73.160–200 n. Chr. Inv. Nr. 78/7,8
18. Faltenbecher Oelmann 32d, 2 RS, 2 WS. Rdm. 6 cm. GTW 1. Furger 1992 Taf. 56,15/73. 160–200 n. Chr. Inv.Nr. 8/1,2
19. Becher m. Karniesrand, 1 RS, Rdm. 7,1 cm. GTW 2. Ettlinger 1949 Taf. 22,17. 100–200 n. Chr. Inv.Nr. 5/6
* Raet. Becher, 1 WS. GTW 2, schweizer Dekorgruppe. Inv.Nr. 55/6
* Raet. Becher, 1 WS. GTW 1. Inv.Nr. 122/1
20. Krug Furger 1992 Abb. 70,12/79, 1 RS, Rdm. 3,3 cm. BW 1. 90–160 n. Chr. Inv.Nr. 55/4
21. Krug Furger 1992 Abb. 70,16/134, 1 RS, Rdm. 4,5 cm. BW 3. 180–260 n. Chr. Inv.Nr. K10
* Krug Furger 1992 Abb. 70,16/134, 1 RS, Rdm. 3,2 cm. BW 1. 180–260 n. Chr. Inv.Nr. 8/11
22. Krug Furger 1992 Abb. 70,16/135, 1 RS, Rdm. 3,5 cm. BW 1. 180–260 n. Chr. Inv.Nr. 6/6
23. Krug Furger 1992 Taf. 65,167141, 1 BS, Bdm. 6,2 cm. BW 1. 180–260 n. Chr. Inv.Nr. 6/4

Abb. 77

24. Krug Furger 1992 Taf. 81,20/63, 1 BS, Bdm. 4 cm, Bauch-Dm. 11,8 cm, Schulter-Dm. 3 cm, H. 17 cm. BW 1. 200–280 n. Chr. Inv.Nr. K3
25. Krug Furger 1992 Taf. 83,20/119, 1 BS, Bdm. 4,6 cm, Bauch-Dm. 14,3 cm, Schulter-Dm. 3,6 cm, H. 18 cm. TGW 3. 200–280 n. Chr. Inv.Nr. K7
26. Krug Gose 383, vollständig. Rdm. 3,8 cm, Schulter-Dm. 3 cm, Bauch-Dm. 12 cm, Bdm. 3,8 cm, H. 15 cm. weißer Terrakottaton. Loeschcke 1921b Typ 50. Import aus dem Rheinland. Grünewald 1990 Grab 69, 233,6. 250–300 n. Chr. Inv.Nr. K11
27. Krug Oelmann 62a, Loeschcke 1921b Typ 50, vollständig, Rdm. 4 cm, Schulter-Dm. 3,2 cm, Bauch-Dm. 12,4 cm, Bdm. 4 cm, H. 17,9 cm. TGW 3. Furger 1992 Abb. 70,17/40. 250–300 n. Chr. Inv.Nr. K4
28. Krug Oelmann 62a, Loeschcke 1921b Typ 50, vollständig, Rdm. 2 cm, Schulter-Dm. 2,4 cm, Bauch-Dm. 13 cm, Bdm. 4 cm, H. 16,8 cm. TGW 3. Furger 1992 Abb. 70,17/50. 250–300 n. Chr. Inv.Nr. K9
29. Krug Gose 382, Loeschcke 1921b Typ 50, vollständig, Rdm. 3,6 cm, Schulter-Dm. 3 cm, Bauch-Dm. 10,6 cm, Bdm. 4,2 cm, H. 14,6 cm. TGW 3, Fehlbrand. Rand stark verzogen. Furger 1992 Abb. 70,17/50. 250–300 n. Chr. Inv.Nr. K5

Abb. 78

30. Krug Oelmann 62a, Loeschcke 1921b Typ 50, vollständig, Rdm. 2,7 cm, Schulter-Dm. 2,4 cm, Bauch-Dm. 11,8 cm, Bdm. 3,5 cm, H. 17,4 cm. BW 4. Furger 1992 Abb. 70,17/50. 250–300 n. Chr. Inv.Nr. K8
31. Krug Oelmann 67b, vollständig, Rdm. 4 cm, Schulter-Dm. 3,5 cm, Bauch-Dm. 14,6 cm, Bdm. 5 cm, H. 21 cm. BW 5. Furger 1992 Abb. 70,21/63. 200–300 n. Chr. Inv.Nr. K12
32. Krug Oelmann 62a, Loeschcke 1921b Typ 50, 1 BS, Bdm. 3,8 cm, Bauch-Dm. 14 cm, Schulter-Dm. 4 cm, H. 17,6 cm. BW 4. sek. Verwendung als Spardose. Martin-Kilcher 1980 Taf. 48,6. 200–300 n. Chr. Inv.Nr. K2
33. Krug Furger 1992 Abb. 70,19/111, 1 RS, Rdm. 2,5 cm. BW 5. 200–300 n. Chr. Inv.Nr. 55/3
34. Krug Oelmann 61, Loeschcke 1921b Typ 52, 1 BS, Bdm. 6,4 cm, Bauch-Dm. 25,2 cm, Schulter-Dm. 5,9 cm, H. 27,3 cm. BW 1 a. Grünewald 1990 46; Grab 51, 198,2. 200–325 n. Chr. Inv.Nr. K1
35. Krug Schucany et al. 1999 Taf. 8,18, 1 BS, Bdm. 4,6 cm, Bauch-Dm. 12,8 cm, Schulter-Dm. 3 cm, H. 15,6 cm. BW 4, Brandsp. am Bauch. 200–325 n. Chr. Inv.Nr. K6

Abb. 79

36. Krug Oelmann 100b, ähnl. Wagner-Roser 1999 ZK 6, vollständig, Rdm. 8,7 cm, Bauch-Dm. 24,2 cm, Bdm. 8 cm, H. 19,7 cm. Import. 250–320 n. Chr. Inv.Nr. 69/117b
* Zweistabhenkel. BW 1. Inv.Nr. 5/2
* Krug, 5 WS. BW 1. Inv.Nr. 56
37. Deckel Rychener 1984 Abb. 63 D 640, 1 RS, Rdm. 22,8 cm. TRW 3. 110–170 n. Chr. Inv.Nr. 56/2

	Deckel RYCHENER 1984 Abb. 63 D 640, 1 RS, Rdm. 21,8 cm. TRW 3. 110–170 n. Chr. Inv.Nr. 8/3,4,10
38.	Deckel FURGER 1992 Taf. 77,19/94, 1 RS, Rdm. 20 cm. TRW 4. 200–300 n. Chr. Inv.Nr. 56/1
39.	Topf FURGER 1992 Abb. 65,5/88, 1 RS, Rdm. 15,2 cm. TGW, sek. verbr. 60–80 n. Chr. Inv.Nr. 8/5
*	Topf FURGER 1992 Abb. 65,5/88, 1 RS, Rdm. 12,1 cm. TGW, Oberfläche abgerieben, stark verrollt. 60–80 n. Chr. Inv.Nr. 8/6
40.	Topf FURGER 1992 Abb. 65,11/71, 1 RS. TGW wie 8/6. 80–140 n. Chr. Inv.Nr. 8/12
*	Topf FURGER 1992 Abb. 65,11/71, 2 RS. TGW wie 8/6. 80–140 n. Chr. Inv.Nr. 8/12,14
41.	Topf FURGER 1992 Abb. 65,12/62, 1 RS. TGW wie 8/6. 90–160 n. Chr. Inv.Nr. 8/7
42.	Topf FURGER 1992 Abb. 65,19/87, 2 RS, Rdm. 12,7 cm. TRW 3. 200–300 n. Chr. Inv.Nr. 20/1
*	Topf FURGER 1992 Taf. 76,19/88, 1 BS. TRW 3. 200–300 n. Chr. Inv.Nr. 122/2
43.	Topf FURGER 1992 Abb. 65,22/91, 1 RS, 8 WS, Rdm. 13,6 cm. TRW 5, starke Rußsp. 240–310 n. Chr. Inv. Nr. 6/7,8,9,10
44.	Backplatte FURGER 1992 Abb. 67,22/105, 1 RS, Rdm. 32 cm, Bdm. 30 cm, H. 5,2 cm. TRW 3. 240–310 n. Chr. Inv.Nr. 5/3

Abb. 80

45.	Backplatte SCHUCANY et al. 1999 Taf. 55,26, vollständig, Rdm. 40,4 cm, Bdm. 29 cm, H. 6,9 cm. BW 6. 190–300 n. Chr. Inv.Nr. 95/10
46.	Backplatte FURGER 1992 Abb. 67,18/44, 1 RS. BW 2. 200–270 n. Chr. Inv.Nr. 5/7
*	Backplatte FURGER 1992 Abb. 67,18/44, 1 RS. BW 2. 200–270 n. Chr. Inv.Nr. 5/8
*	Backplatte FURGER 1992 Abb. 67,18/44, 1 BS, Bdm. 17 cm. BW 2. 200–270 n. Chr. Inv.Nr. 6/1
47.	Schüssel m. Wulstrand MARTIN-KILCHER 1980 Taf. 28,8, 1 RS, Rdm. 27,4 cm. TGW 3. 200–325 n. Chr. Inv. Nr. 6/5
48.	Schüssel m. Wandknick FURGER 1992 Abb. 60,19/36, 1 RS, Rdm. 23,2 cm. BW 2. 200–300 n. Chr. Inv.Nr. 8/8
*	Schüssel m. Wandknick FURGER 1992 Abb. 60,21/51, 1 RS. BW 3. 200–300 n. Chr. Inv.Nr. 122/4
49.	Schüssel m. Wandknick ETTLINGER 1963 Taf. 5,4, 2 RS, Rdm. 24 cm. BW 6. 250–350 n. Chr. Inv.Nr. 5/4,5
*	Schüssel m. Wandknick ETTLINGER 1963 Taf. 5,4, 1 RS, Rdm. 24 cm. BW 6. 250–350 n. Chr. Inv.Nr. 8/13
50.	Schüssel m. Wandknick ETTLINGER 1963 Taf. 5,10, 1 RS, Rdm. 24,6 cm. BW 6. 250–350 n. Chr. Inv.Nr. 6/3
51.	Schüssel m. Wandknick SCHUCANY et al. 1999 Abb. 35,4, vollständig, Rdm. 16,6 cm, Mdm. 13,6 cm, Bdm. 5,3 cm. BW 6. 250–350 n. Chr. Inv.Nr. S1
52.	Schüssel Var. Chenet 316, vollständig, Rdm. 17,3 cm, Mdm. 15,5 cm, Bdm. 6,3 cm, H. 7,2 cm. BW 4. MEYER-FREULER 1974 Taf. 2,45. 300–350 n. Chr. Inv.Nr. S3
53.	Reibschale RYCHENER 1984 Abb. 64 D 619, 1 RS, Rdm. 28 cm, Bdm. 10,8 cm, H. 13 cm. TGW 3. 110–170 n. Chr. Inv.Nr. 3/1
*	1950 g WS GK
*	530 g HL, darunter 1 großes, gebogenes Brst. m. Abdrücken vom Flechtwerk eines Tonnengewölbes. Inv. Nr. 69
*	1 Brst. HL. Sek. verbr. Inv.Nr. 122
*	3 kalzinierte Knochen. Inv.Nr. 55/5, 122 (2)

Abb. 81

Befund-Nr. 12: Schleiermacherdepot

*	Glasschale SCHLEIERMACHER 1933, 76, 2 BS. Verloren. Inv.Nr. P8/Dp
1.	Räucherkelch SCHUCANY et al. 1999 Abb. 38,5, vollständig, Rdm. 18,8 cm, Mdm. 17 cm, Bdm. 9,4, H. 13,2 cm. TGW 3, Lokalproduktion, Brandsp. Boden innen. 100–200 n. Chr. Inv.Nr. R2 P8/Dh3
2.	Räucherkelch SCHUCANY et al. 1999 Abb. 38,5. vollständig, Rdm. 19,3 cm, Mdm. 15,1 cm, Bdm. 9 cm, H. 13,6 cm. TGW 3, Lokalproduktion, Brandsp. Boden innen. 100–200 n. Chr. Inv.Nr. R3/1 P8/Dh7
3.	Räucherkelch Gose 1972 Abb. 392,32, vollständig, Rdm. 14,8 cm, Mdm. 12 cm, Bdm. 7 cm, H. 9,2 cm. BW 5, Lokalproduktion, keine Brandsp. 150–225 n. Chr. Inv.Nr. R4 P8/Dh5
4.	Räucherkelch Gose 447. vollständig, Rdm. 15 cm, Mdm. 11,8 cm, Bdm. 6.8 cm, H. 8,8 cm. TGW 3, Lokalproduktion, Brandsp. Außenwand unten. 200–250 n. Chr. Inv.Nr. R6 P8/Dh
5.	Räucherkelch v. SCHNURBEIN 1977 Grab 832, vollständig, Rdm. 19,3 cm, Mdm.16,5 cm, Bdm. 9,5 cm, H. 14,9 cm. TGW 3, Lokalproduktion, Brandsp. Außenwand unten, Graffito SIIVI Bodenunterseite. 240–260 n. Chr. Inv.Nr. R1 P8/Dh

6. Räucherkelch v. Schnurbein 1977 Grab 832, vollständig, Rdm. 20,8cm, Mdm. 16,6 cm, H. 15,2 cm. TGW 3, Lokalproduktion, Brandsp. gesamte Innenseite. 240–260 n. Chr. Inv.Nr. R3/2 P8/Dh4
7. Räucherkelch v. Schnurbein 1977 Grab 832, 1 RS, Rdm. 25 cm, Mdm. 19 cm. TGW 3, Lokalproduktion. 240–260 n. Chr. Inv.Nr. R3/3 P8/Dh1

Abb. 82

8. Räucherkelch Gose 448, 1 RS, Rdm. 19,8 cm, Mdm. 17 cm. TGW 3, Lokalproduktion, keine Brandsp. 300–325 n. Chr. Inv.Nr. R7 P8/Dh2
9. ineinander verbackene Räucherkelche von oben nach unten: R3/2, R3/1, R3/3
10. Becher m. Karniesrand, 1 WS, Mdm. 10,4 cm. GTW 4. Furger 1992 Taf. 80,20/36.44. 200–280 n. Chr. Inv. Nr. P8/Do4
11. Becher m. Karniesrand, 1 WS, Mdm. 7,8 cm. GTW 4. Furger 1992 Taf. 80,20/36.44. 200–280 n. Chr. Inv. Nr. P8/Do4

Abb. 83

12. Faltenbecher Oelmann 32d, 3 WS, Mdm. 16 cm. GTW 4. Furger 1992 Taf. 56,15/73. 160–200 n. Chr. Inv. Nr. P8/Do3
13. Krug Oelmann 62a, Loeschcke 1921b Typ 50, vollständig, Rdm. 3,6 cm, Mdm. 5 cm, Bdm. 4,9 cm, H. 23,8 cm. BW 1 a. Furger 1992 Abb. 70,21/63. 200–300 n. Chr. Inv.Nr. P8/Di4-97
14. Krug Oelmann 62a, Loeschcke 1921b Typ 50, vollständig, Rdm. 4,4 cm, Mdm. 3,7 cm, Bdm. 5,6 cm, H. 23,1 cm. BW 4. Furger 1992 Abb. 70,17/49. 200–300 n. Chr. Inv.Nr. P8/Di101
15. Krug Oelmann 62a, Loeschcke 1921b Typ 50, vollständig, Rdm. 4,4 cm, Mdm. 4,9 cm, Bdm. 6,6 cm, H. 26 cm. BW 4. Furger 1992 Abb. 70,19/111. 200–300 n. Chr. Inv.Nr. P8/Di98
16. Krug Oelmann 62a, Loeschcke 1921b Typ 50, vollständig, Rdm. 4,2 cm, Mdm. 4,5 cm, Bdm. 6,1 cm, H. 26,4 cm. BW 4. Furger 1992 Taf. 87,21/62. 200–300 n. Chr. Inv.Nr. P8/Di95

Abb. 84

17. Krug Oelmann 62a, Loeschcke 1921b Typ 50, vollständig, Rdm. 4,4 cm, Mdm. 5,6 cm, Bdm. 6,3 cm, H. 29,9 cm. BW 4. Furger 1992 Abb. 70,21/63. 200–300 n. Chr. Inv.Nr. P8/Di96
18. Krug Oelmann 62a, Loeschcke 1921b Typ 50, 1 RS, Rdm. 3,7 cm, Mdm. 5,3 cm. BW 4. Furger 1992 Abb. 70,17/40; Taf. 83,20/119. 200–300 n. Chr. Inv.Nr. P8/Dk
19. Krug Oelmann 62a, Loeschcke 1921b Typ 50, 1 RS, Rdm. 3,7 cm. BW 4. 200–300 n. Chr. Inv.Nr. P8/Dk
20. Krug Oelmann 62a, 1 BS, Bdm. 3,9 cm. BW 4. Martin-Kilcher 1980 Taf. 48,6. 200–300 n. Chr. Inv.Nr. P8/Dk
21. Krug Oelmann 67b, 1 BS, Bdm. 4,2 cm. BW 4. Grünewald 1990, 46. 200–300 n. Chr. Inv.Nr. P8/Dk
* Krug, 1 WS. BW 4. Inv.Nr. P8/Dn1
22. Deckel Oelmann 120a, 1 RS, 10 WS, Rdm. 18,4cm, H. 5,6 cm. TGW 2, Rußsp. Furger 1992 Taf. 64,16/116.117. 180–260 n. Chr. Inv.Nr. P8/Do6
23. Topf Furger 1992 Abb. 65,19/87, 4 RS, 20 WS, 2 BS, Rdm. 18,6 cm, Bdm. 12,5 cm. TRW 2, Kammstrich. 200–300 n. Chr. Inv.Nr. P8/Ds

Abb. 85

24. Amphore Dressel 9 similis, 1 RS, Rdm. 18,2 cm. Martin-Kilcher 1994 Tongruppe 23. Martin-Kilcher 1994 Gruppe 10, Henkelform 2. Martin-Kilcher 1994 Taf. 225,4994; 226,5009.5010. Mittleres Rhônetal. Rest eines *titulus pictus*.100–300 n. Chr. Inv.Nr. P8/Dl

Befund-Nr. 13: Grube 1

1. Drag. 18/31, 1 BS, Bdm. 8 cm. T 5, E 5. Stempel Nr. 5: MARINVS. ähnl. Heiligmann 1990 Taf. 151,24. Heiligenberg. 100–150 n. Chr. Inv.Nr. 111/2
* Drag. 18/31, 1 WS, T 6, E 6. A.GIAMILVS. Freiburg-Umkirch. 100–140 n. Chr. Inv.Nr. 111/1
2. Krug Furger 1992 Taf. 83,20/118, 1 BS, Bdm. 7,4 cm. BW 3. 200–280 n. Chr. Inv.Nr. 96
* Krug, 1 WS. TGW 1. Inv.Nr. 85
* 250 g WS GK

Befund-Nr. 14: mittelalterliches Kindergrab

* 5 WS römische GK. Inv.Nr. 8015, 8016
* Skelett
* Knochen?

Befund-Nr. 15: römischer Töpferofen (Ofen M)

Die Funde stehen hier nicht zur Bearbeitung.

Abb. 86

Stempel auf Terra sigillata

5.1-8.   Stempel-Nr. 1 auf verzierter TS. Drag. 37. Töpfer: CIBISVS/VERECVNDVS. Lesung: CIBISVS F/. Faksimile: Lutz 1960, 118 Abb. 4. Cibisus. Ittenweiler/Mittelbronn. Urner-Astholz 1942 Taf. 14,2. 150–180 n. Chr. Bef.Nr. 5.1. Inv.Nr. Ü1933/74

11-5.   Stempel-Nr. 1 auf glatter TS. Drag. 31. Töpfer: Bitunus. Lesung: BITVNVS. Faksimile: Ludowici V 211b. Rheinzabern. 160–200 n. Chr. Graffito Nr. 6. Bef.Nr. 11. Inv.Nr. P8/Dt

7.1-18. Stempel-Nr. 2 auf glatter TS. Drag. 31. Töpfer: Drombus. Lesung: DRONBV. Faksimile: Forrer 1911 Taf. 15,19c. Heiligenberg. 150–175 n. Chr. Bef.Nr. 7.1. Inv.Nr. 58/74

9-30.   Stempel-Nr. 3 auf glatter TS. Drag. 31. Töpfer: Geminus. Lesung: CEMINVS. Faksimile: ähnl. Heiligmann 1990 Taf. 151,19. Heiligenberg. 100–120 n. Chr. Bef.Nr. 9. Inv.Nr. 10/5

7.1-15. Stempel-Nr. 4 auf glatter TS. Drag. 31. Töpfer: Maceratus. Lesung: MACER ... Faksimile: Hofmann 1971/72 No.107.1. Lezoux. 140–190 n. Chr. Graffito Nr. 2-4. Bef.Nr. 7.1. Inv.Nr. 58/77

13-1.   Stempel-Nr. 5 auf glatter TS. Drag. 18/31. Töpfer: Marinus. Lesung: MARINVS. Faksimile: ähnl. Heiligmann 1990 Taf. 151,24. Heiligenberg. 100–150 n. Chr. Bef.Nr. 13. Inv.Nr. 111/2

9-32.   Stempel-Nr. 6 auf glatter TS. Drag. 31. Töpfer: Maritus. Lesung: MAR ... Faksimile: Kortüm 1995 Taf. 71,264. Rheinzabern. 150–200 n. Chr. Bef.Nr. 9. Inv.Nr. 4/12

1-6.   Stempel-Nr. 7 auf glatter TS. Drag. 33. Töpfer: Reginus. Lesung: S.FEC. Faksimile: Ludowici V 227g. Rheinzabern. 140–160 n. Chr. Bef.Nr. 1. Inv.Nr. Ü1933/74.2

Graffiti auf glatter Terra sigillata (n=7)

7.1-19. Graffito-Nr. 1. IK ..., Drag. 31, Lud. Tq. Außenwand unterhalb des Wandknicks. Heiligenberg. 150–200 n. Chr. Graffito Nr. 5. Bef.Nr. 7.1. Inv.Nr. 63/2,3

7.1-15. Graffito-Nr. 2. PA ..., Drag. 31, Pudding Pan Rock 10. Boden innerhalb des Standrings. Lezoux. 140–190 n. Chr. Stempel Nr. 4, Graffito Nr. 3, 4. Bef.Nr. 7.1. Inv.Nr. 58/77

7.1-15. Graffito-Nr. 3. RI ..., Drag. 31, Pudding Pan Rock 10. Außenwand unterhalb des Wandknicks. Lezoux. 140–190 n. Chr. Stempel Nr. 4, Graffito Nr. 2, 4. Bef.Nr. 7.1. Inv.Nr. 58/77

7.1-15. Graffito-Nr. 4. SIAM ... (Zuweisung nicht gesichert), Drag. 31, Pudding Pan Rock 10. Außenwand unterhalb der Lippe. Lezoux. 140–190 n. Chr. Stempel Nr. 4, Graffito Nr. 2, 3. Bef.Nr. 7.1. Inv.Nr. 58/77

7.1-19. Graffito-Nr 5. X, Preisangabe, Drag. 31, Lud. Tq. Außenwand unterhalb des Wandknicks. Heiligenberg. 150–200 n. Chr. Graffito Nr. 1. Bef.Nr. 7.1. Inv.Nr. 63/2,3

11-5.   Graffito-Nr. 6. M, Drag. 31, Kortüm 1995 T2g. Standfläche des Standrings. Rheinzabern. 160–200 n. Chr. Stempel Nr. 1. Bef.Nr. 11. Inv.Nr. P8/Dt

11-10.   Graffito-Nr. 7. ✕, \, Drag. 40, Oelmann 10. Innenwand am Übergang von Wand zu Boden. Rheinzabern. 180–300 n. Chr. Bef.Nr. 11. Inv.Nr. P8/D1

Abb. 87

Graffiti auf Gebrauchs- und Schwerkeramik

7.1-76. Graffito-Nr. 1. ... TIAM ... (Zuweisung nicht gesichert), Krug Furger 1992 Taf. 78,19/115.116. Umzieht die stärkste Stelle des Bauches. BW 1, Brennriss im Boden. 200–300 n. Chr. Bef.Nr. 7.1. Inv.Nr. 58/76

5.1-64. Graffito-Nr. 2. Zahlzeichen X. WS Krug. Lage ?. BW 1. Bef.Nr. 5.1. Inv.Nr. 14.1/18

5.1-65. Graffito-Nr. 3. Zahlzeichen X. Krug. Schulter. BW 4. Bef.Nr. 5.1. Inv.Nr. 8095/93

9-134.   Graffito-Nr. 4. Zahlzeichen X. Krug Ettlinger 1963 Taf. 8,19. Kurz oberhalb des Bodenumbruchs. BW 2. 250–350 n. Chr. Bef.Nr. 9. Inv.Nr. 4/5

12-5.   Graffito-Nr. 5. SIIVI. Räucherkelch v. Schnurbein 1977 Taf. 111,3 Grab 832. Im Boden. TGW 3, Brandsp. Unterseite außen. 240–260 n. Chr. Bef.Nr. 12. Inv.Nr. R1

12-24. Graffito-Nr. 6. Dressel 9 similis. MARTIN-KILCHER 1994 Tongruppe 23, Henkelform 2, Gruppe 10. MARTIN-KILCHER 1994 Taf. 225,4994; 226,5009.5010. 100–300 n. Chr. Rest eines titulus pictus. Bef.Nr. 12. Inv.Nr. P8/Dl

Schlagwortverzeichnis

Römische Epoche; Riegel am Kaiserstuhl; Keramik; Mithraskult.

Anschrift der Verfasser

Prof. Dr. GERHARD FINGERLIN
Holzmattenstraße 4a
79117 Freiburg i. Br.

Dr. PETRA MAYER-REPPERT M. A.
Welfenstr. 35
76137 Karlsruhe

E-Mail: petra.mayer-reppert@t-online.de

Bef. 1

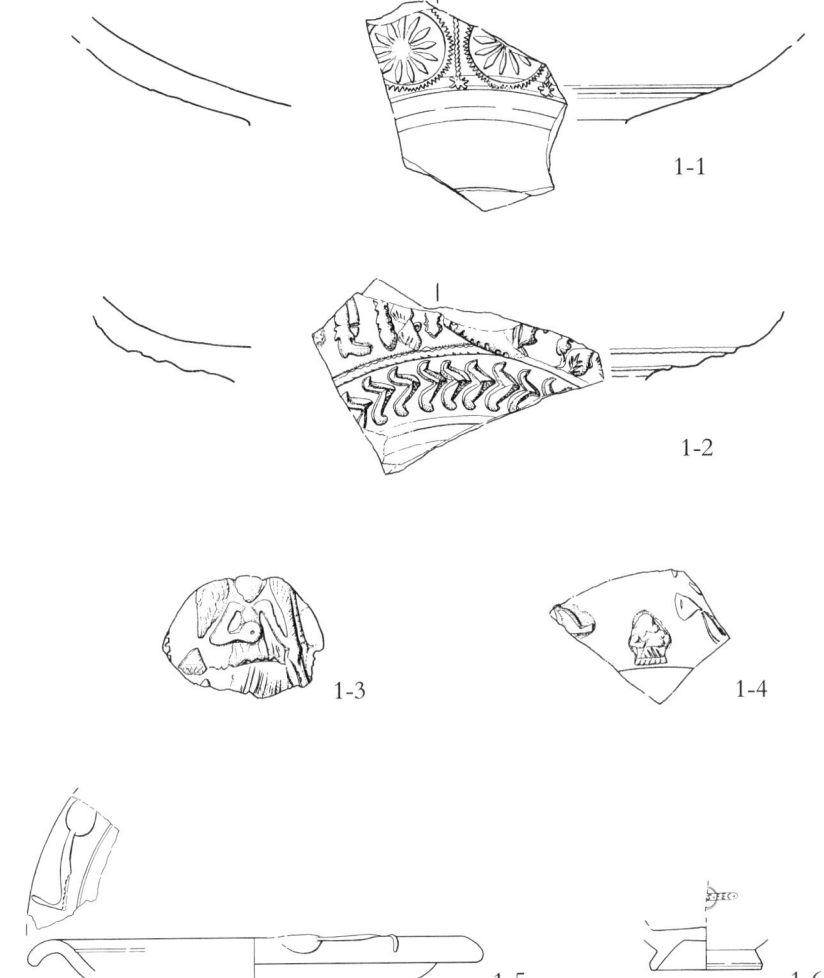

Bef. 2

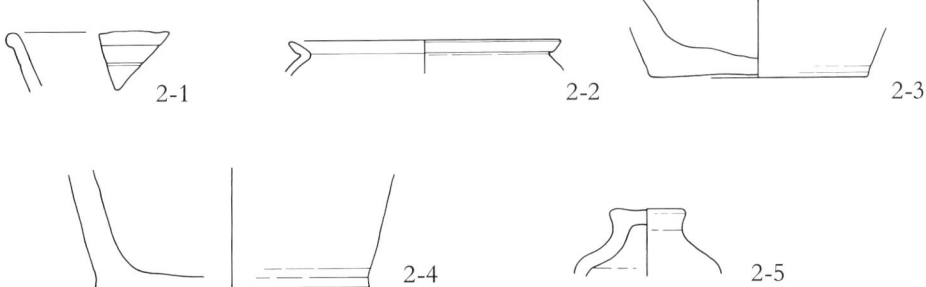

Abb. 30

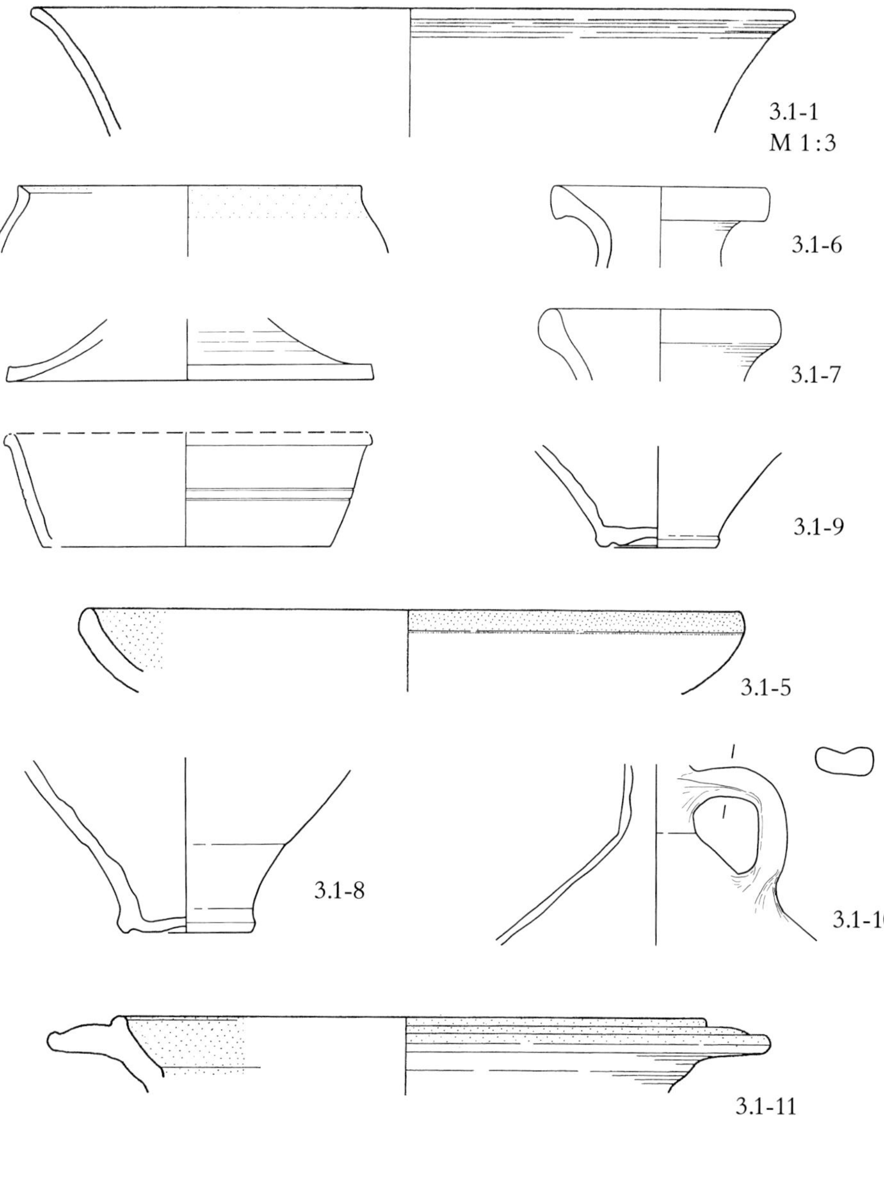

Abb. 31

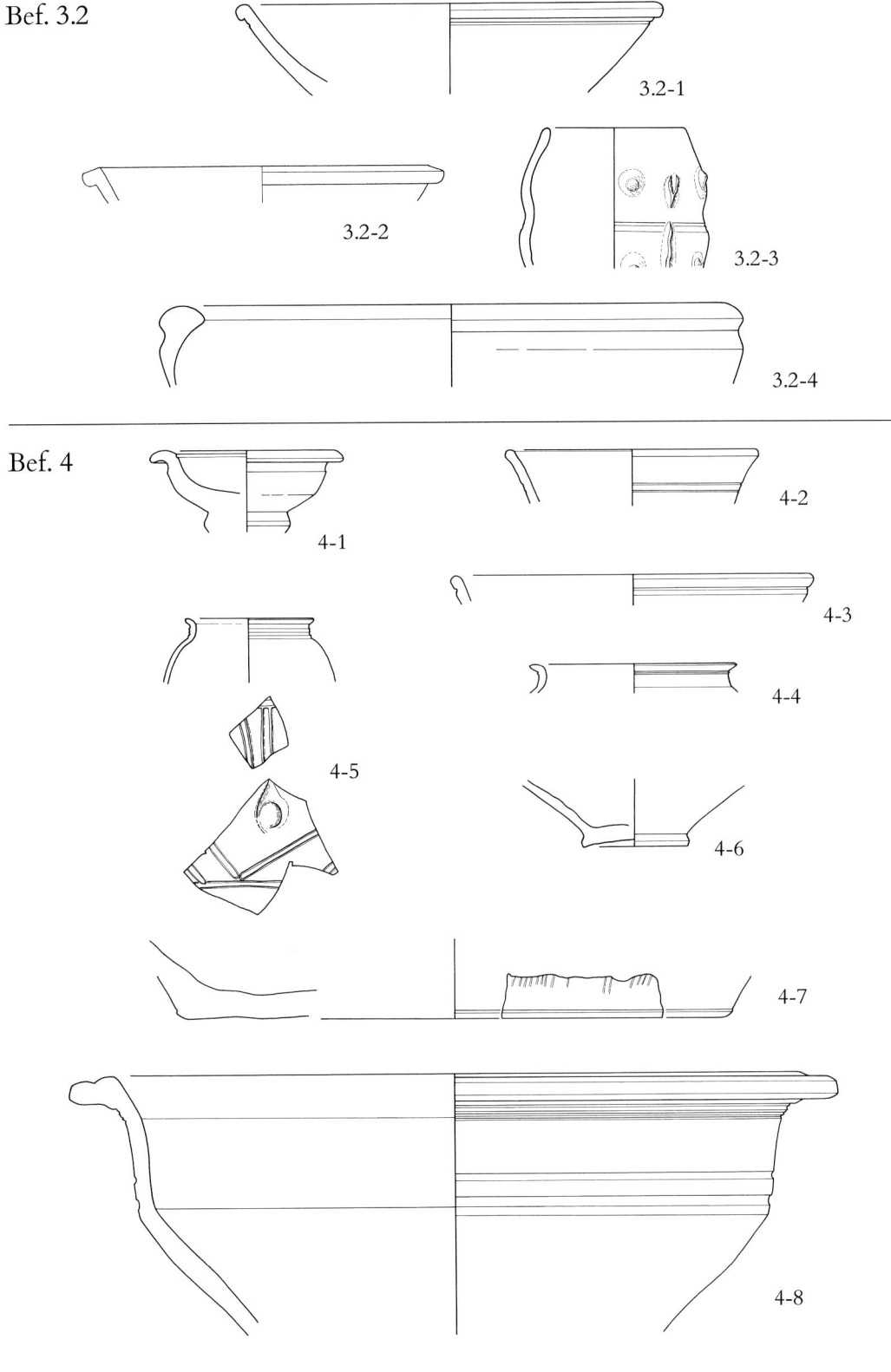

Abb. 32

476 Petra Mayer-Reppert

Bef. 4

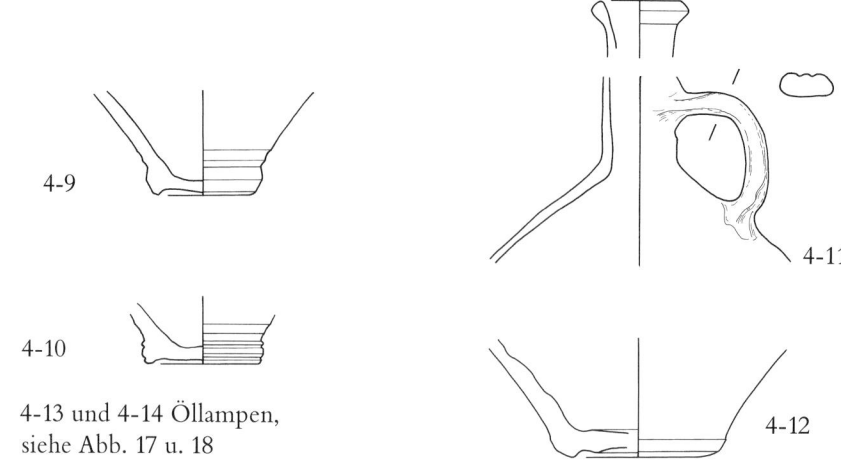

4-9

4-10

4-13 und 4-14 Öllampen,
siehe Abb. 17 u. 18

4-11

4-12

Bef. 5.1

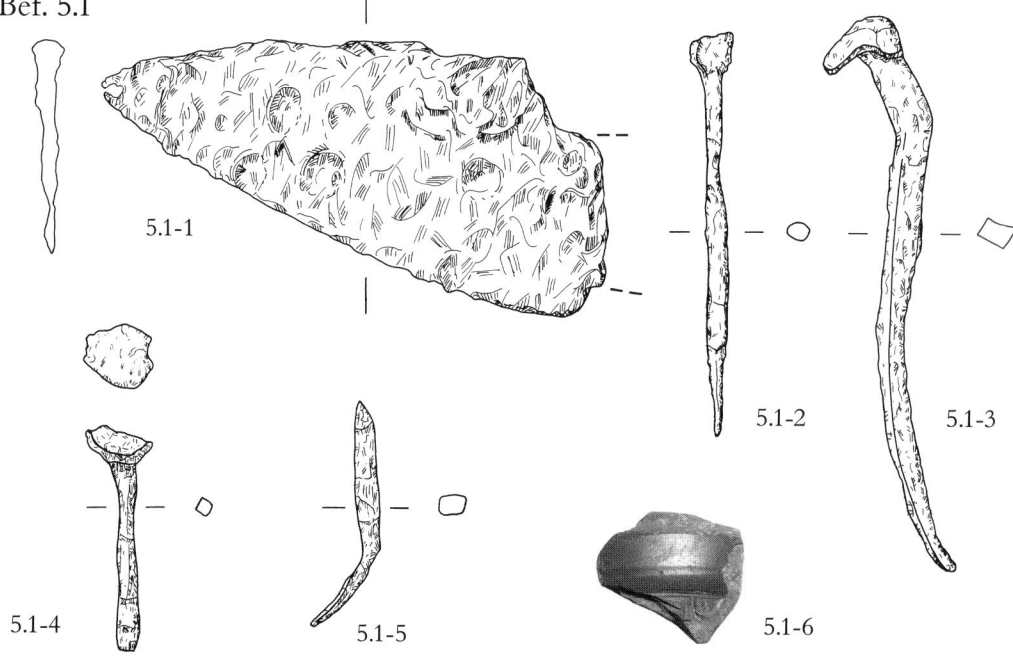

Abb. 33

Bef. 5.1

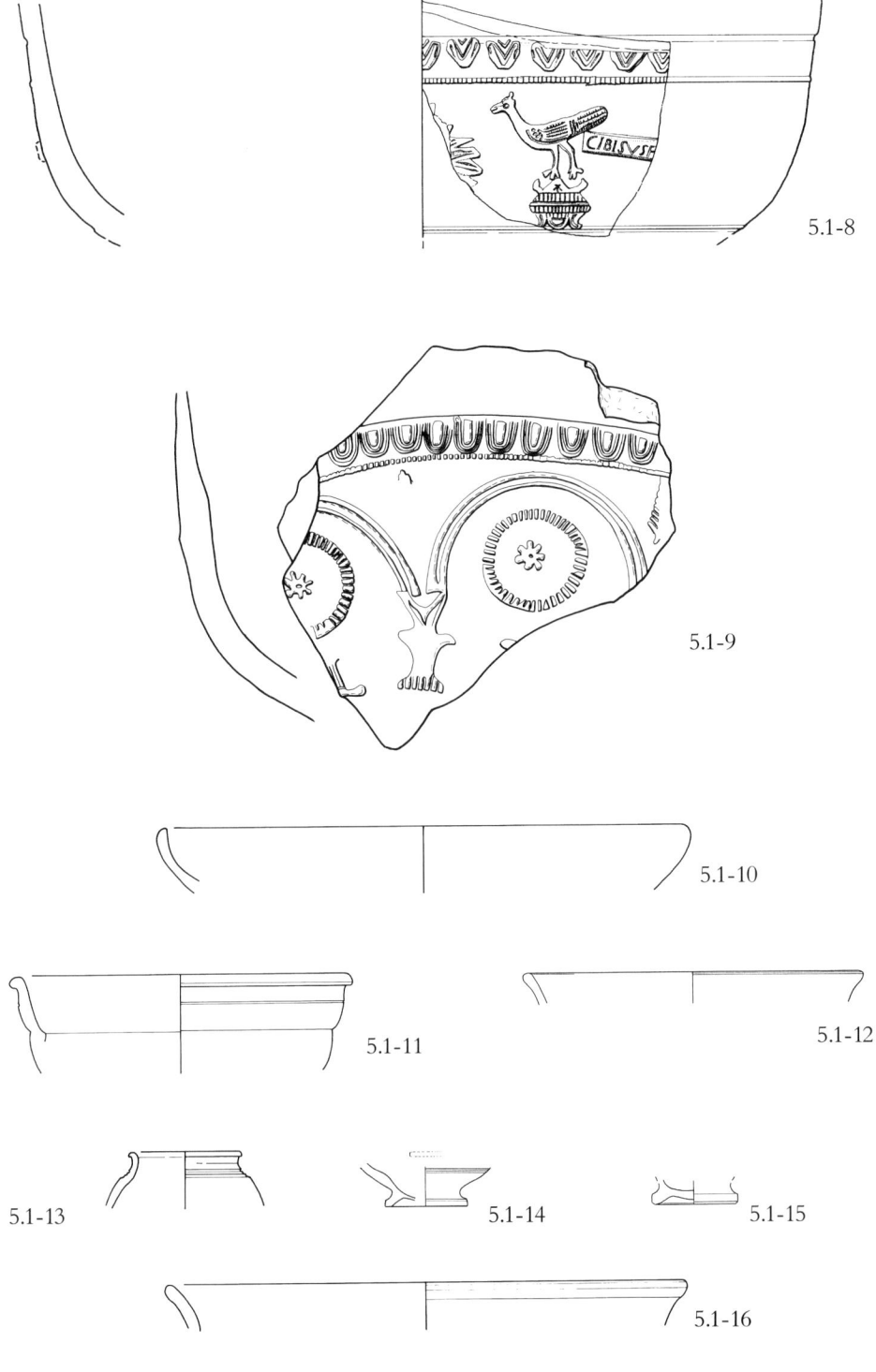

Abb. 34

Bef. 5.1

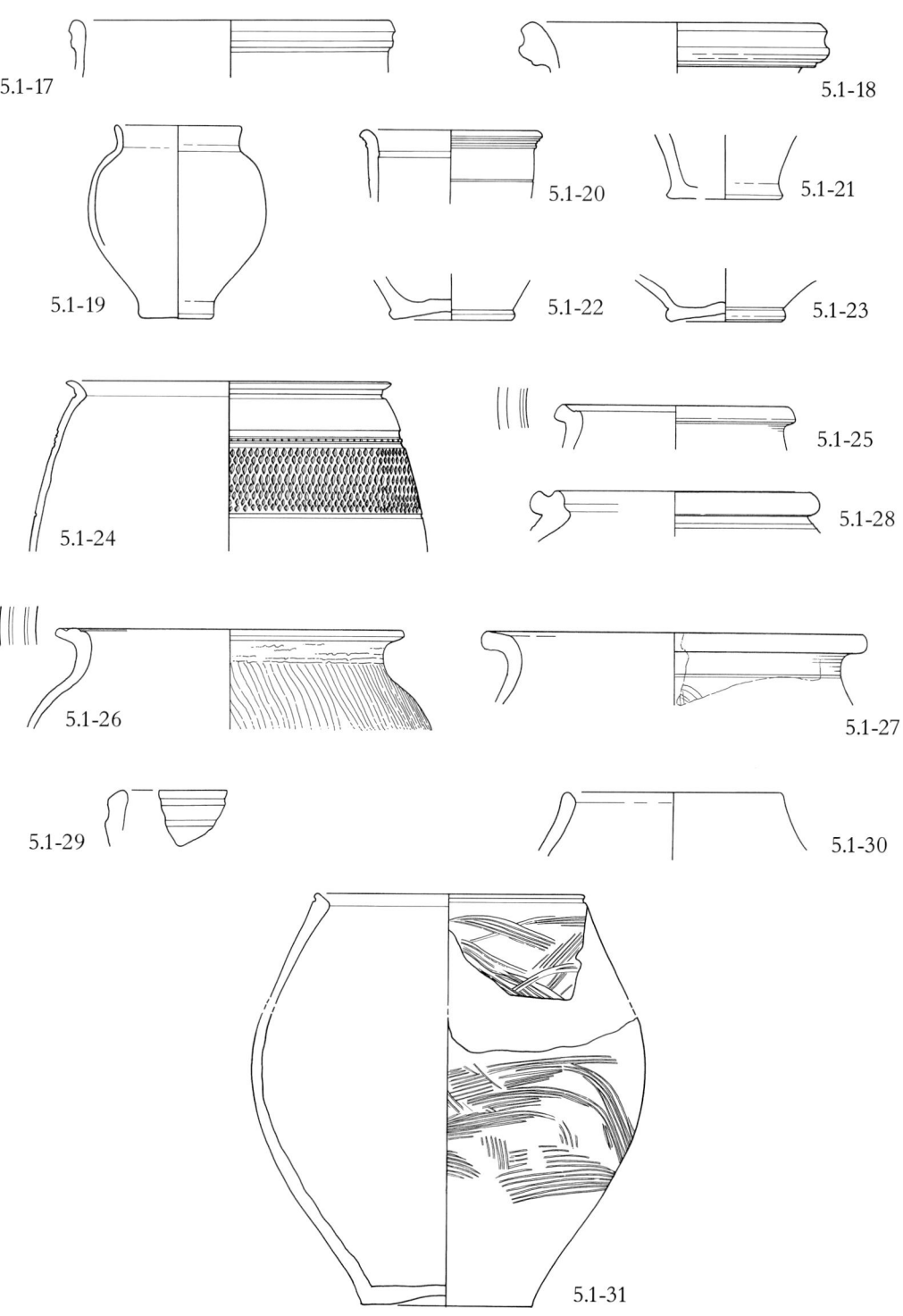

Abb. 35

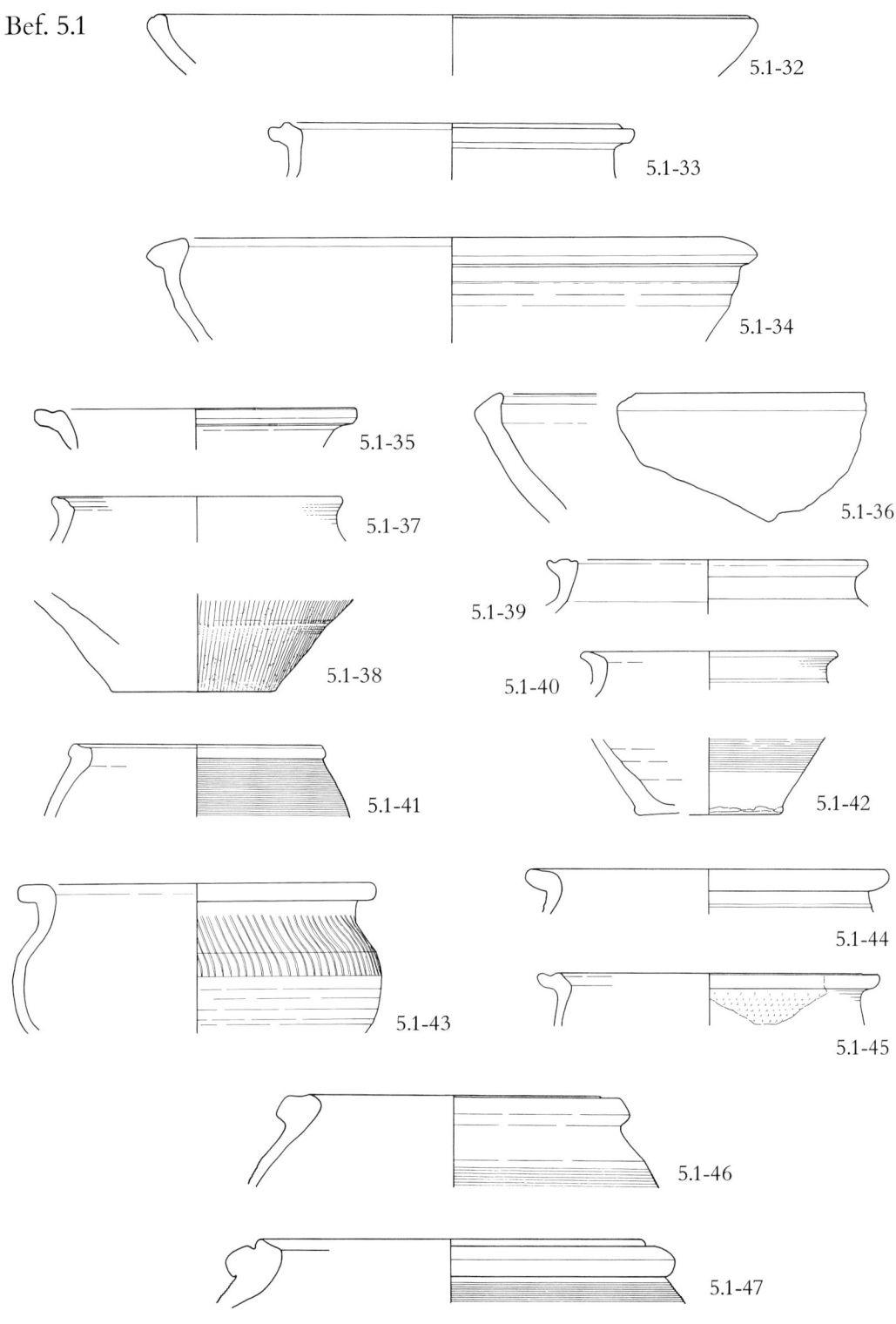

Abb. 36

Bef. 5.1

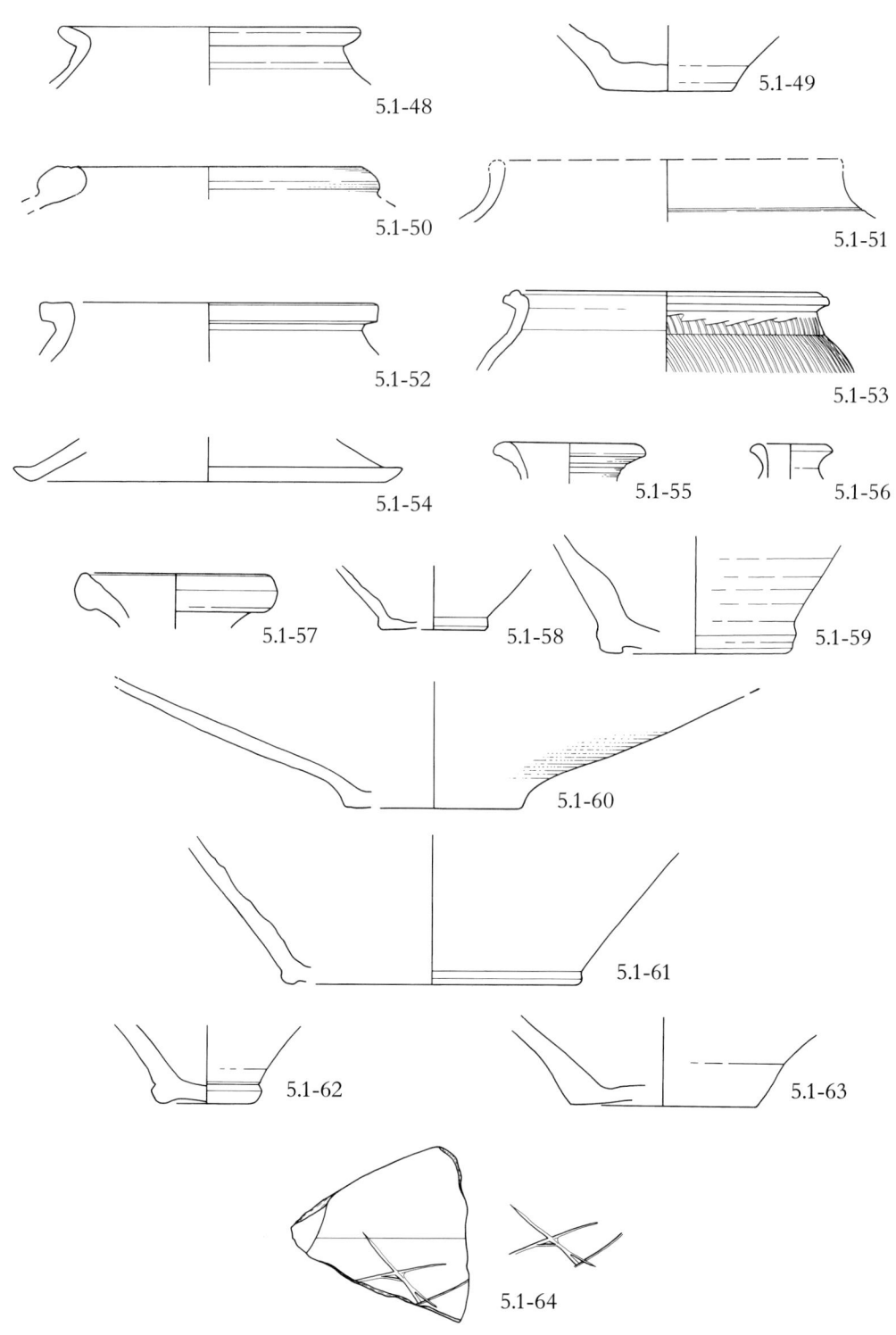

Abb. 37

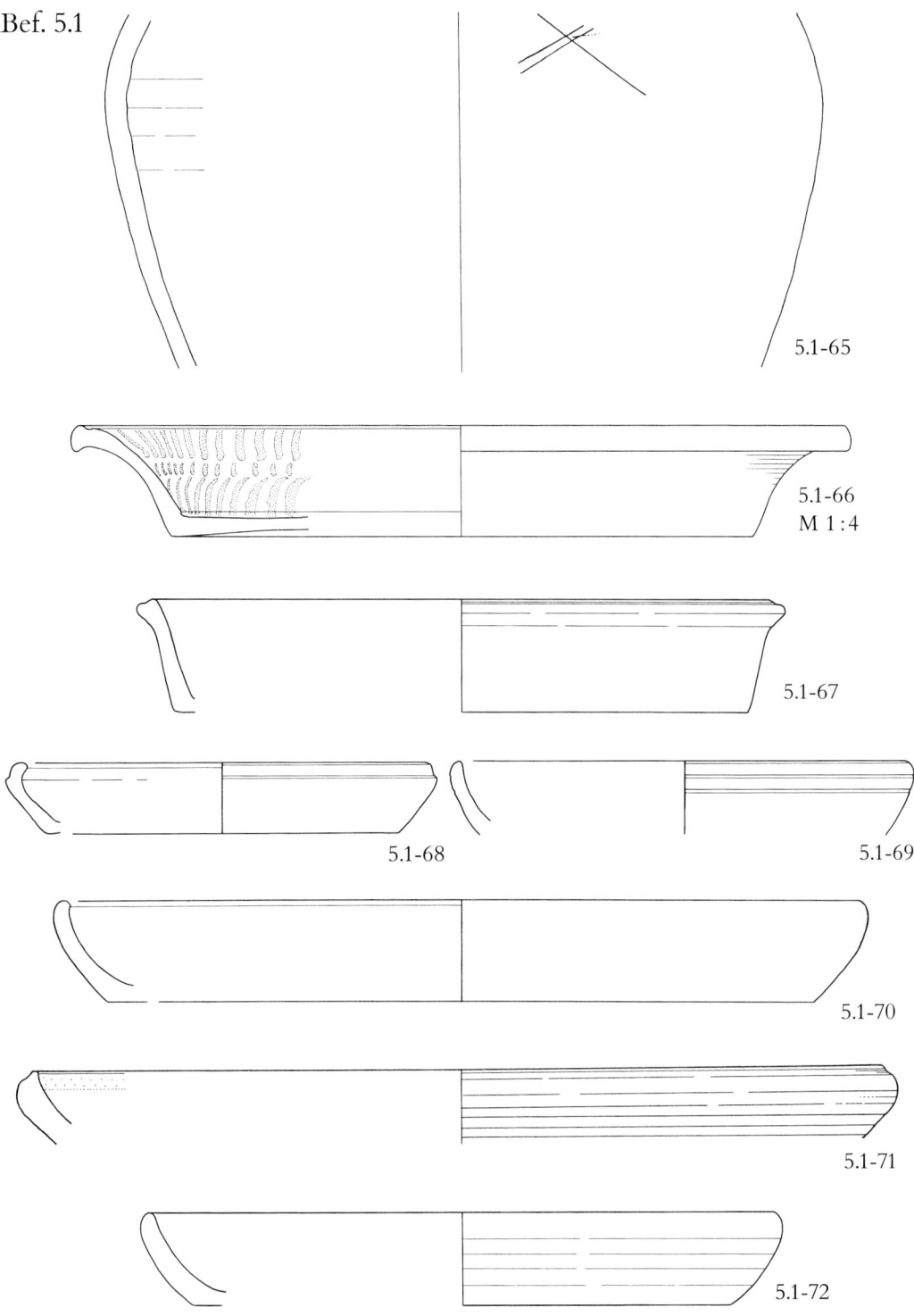

Abb. 38

Bef. 5.1

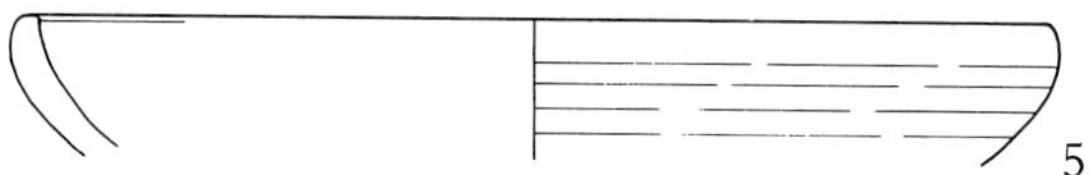

5.1-73

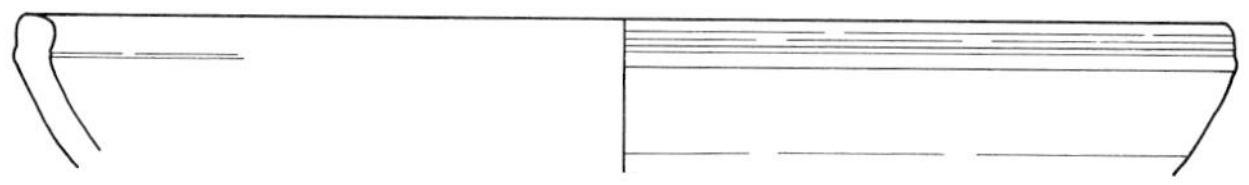

5.1-74

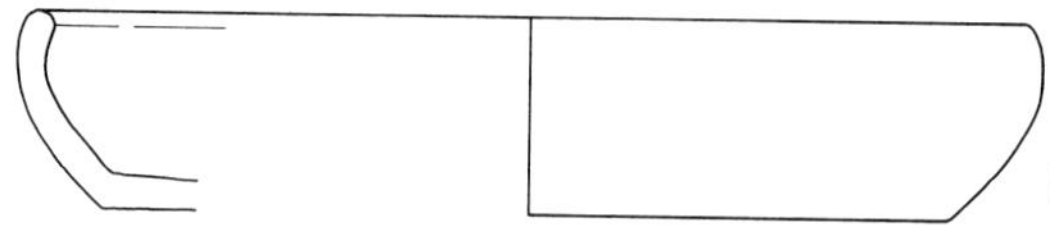

5.1-75

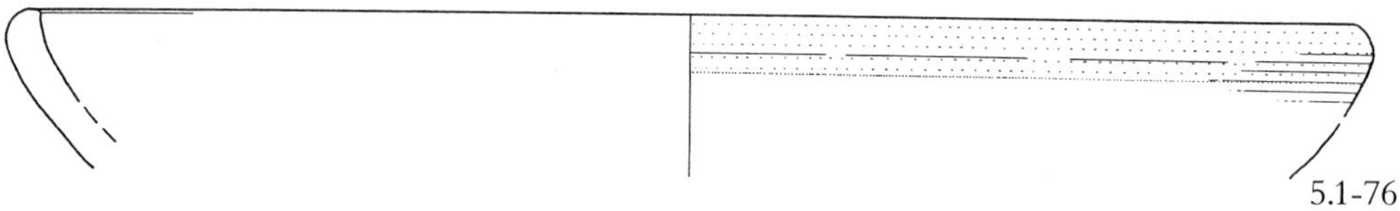

5.1-76

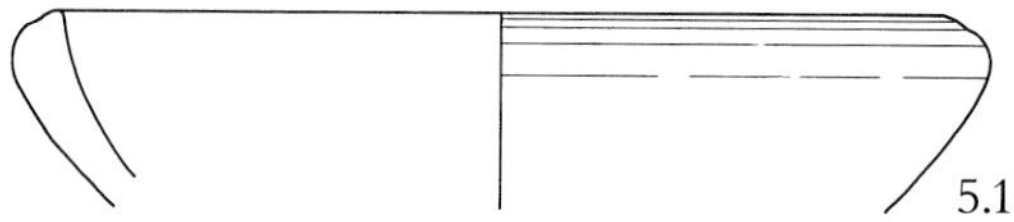

5.1-77

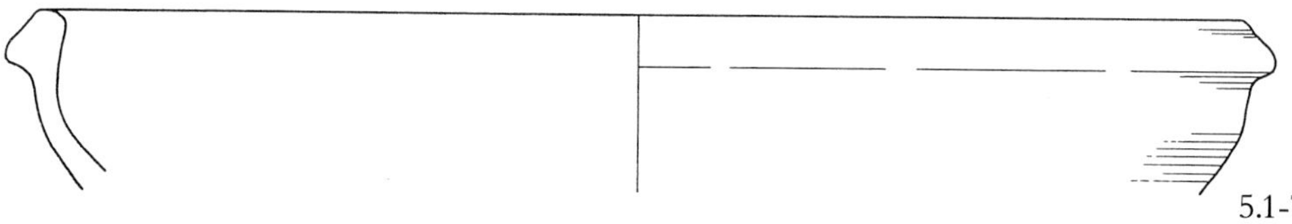

5.1-78

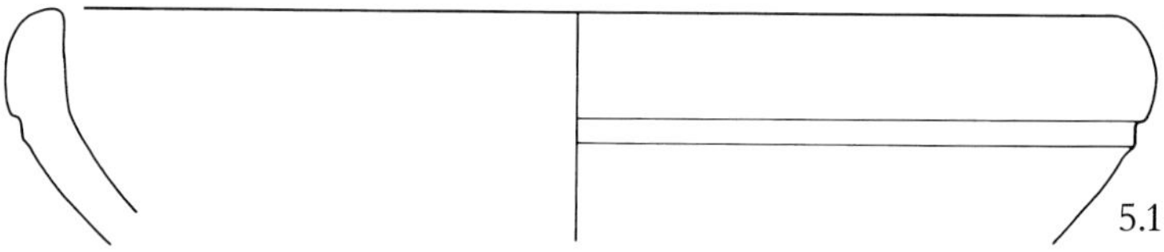

5.1-79

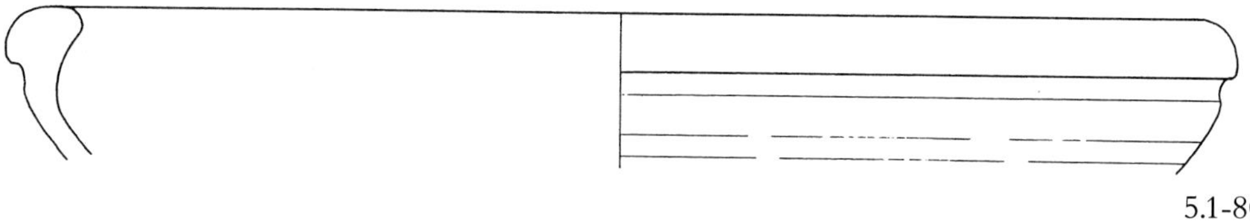

5.1-80

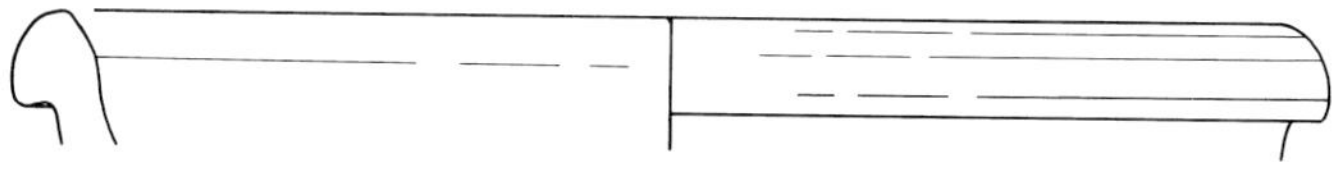

5.1-81

Abb. 39

Bef. 5.1

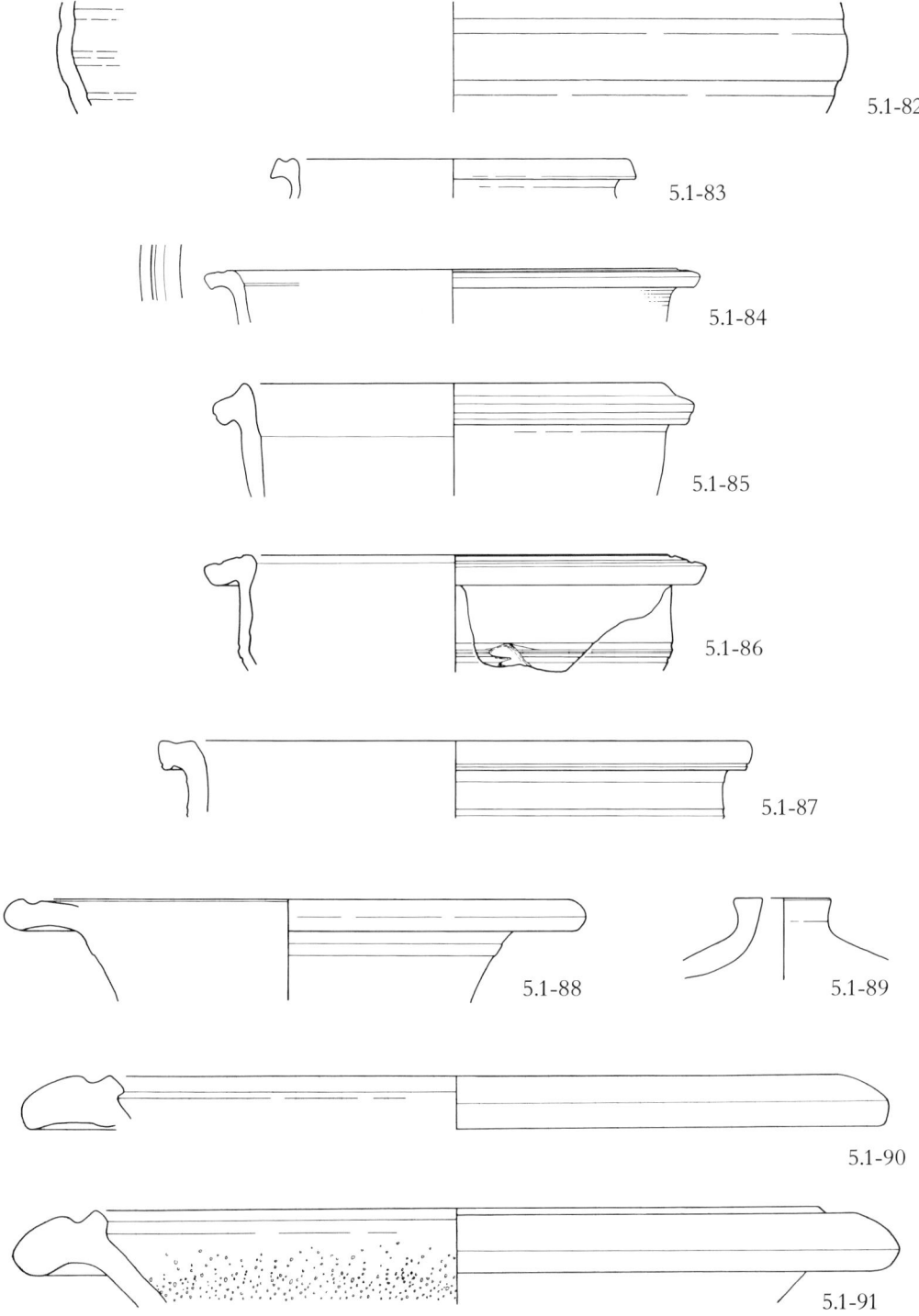

Abb. 40

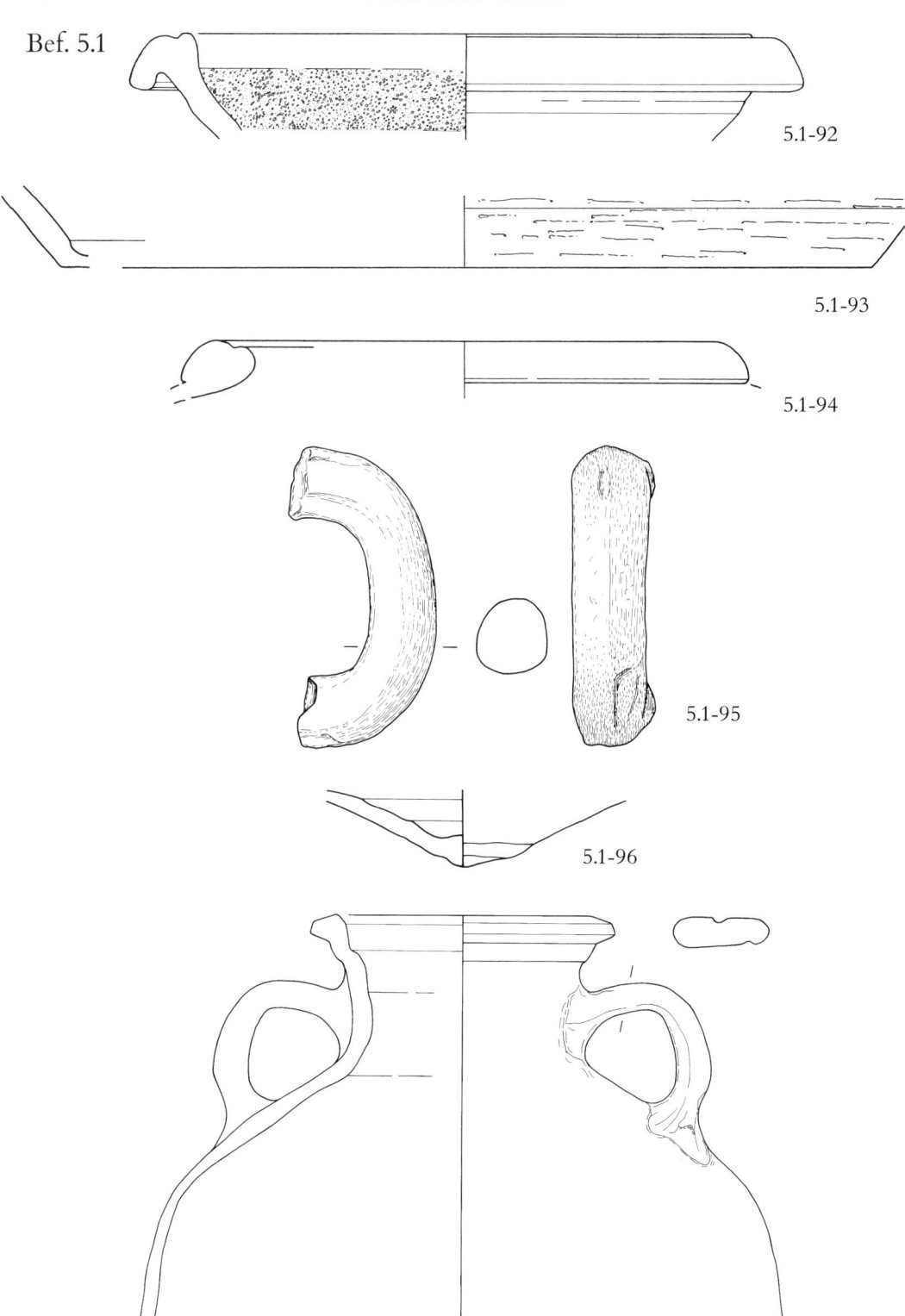

Abb. 41

Bef. 5.1
5.1-98
5.1-99
5.1-100
M 1:2
Bef. 5.2
5.2-1
5.2-2
5.2-3
CAHTO
F
5.2-4
5.2-5
5.2-6
5.2-7
5.2-8
5.2-9
5.2-10
5.2-10
5.2-12

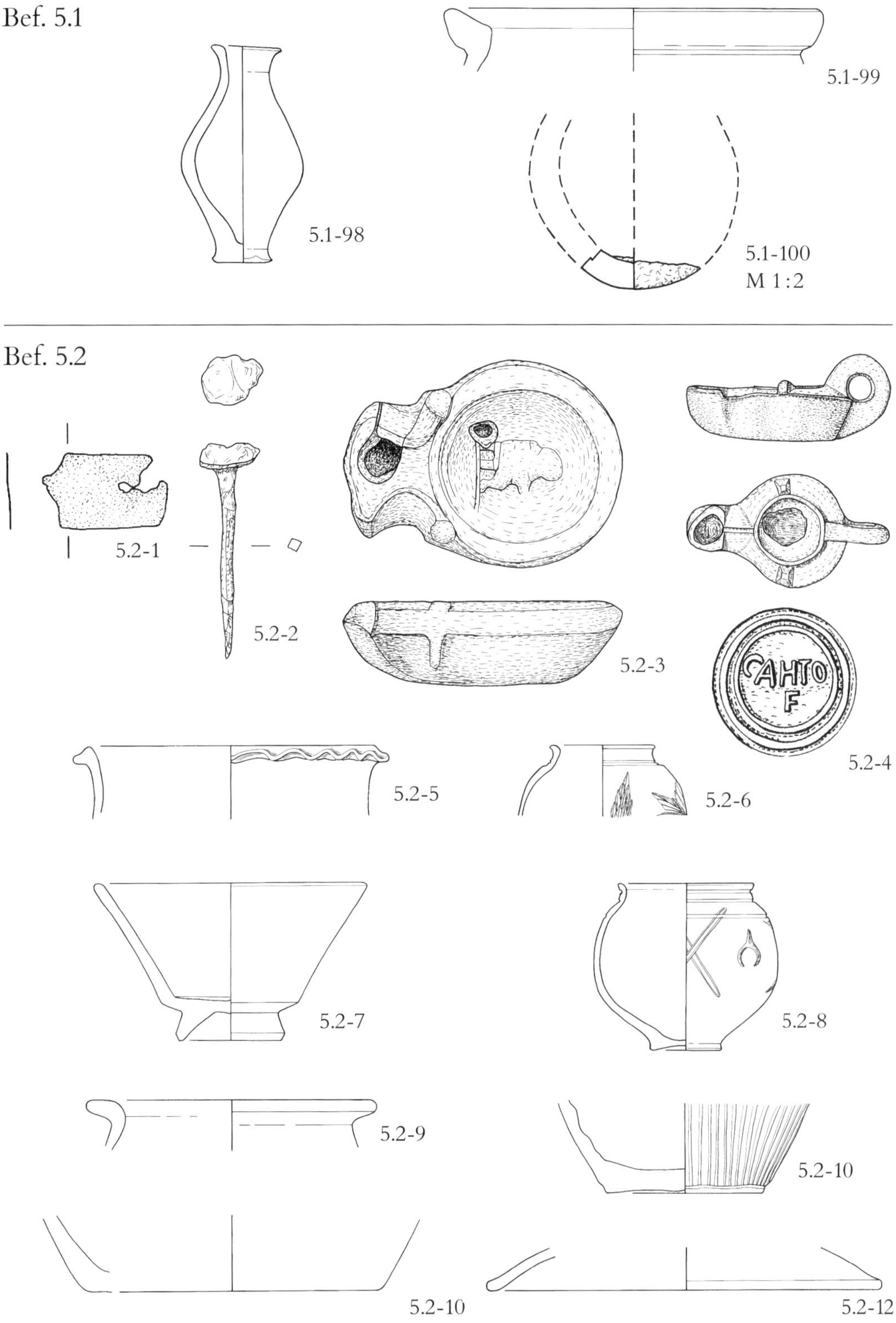

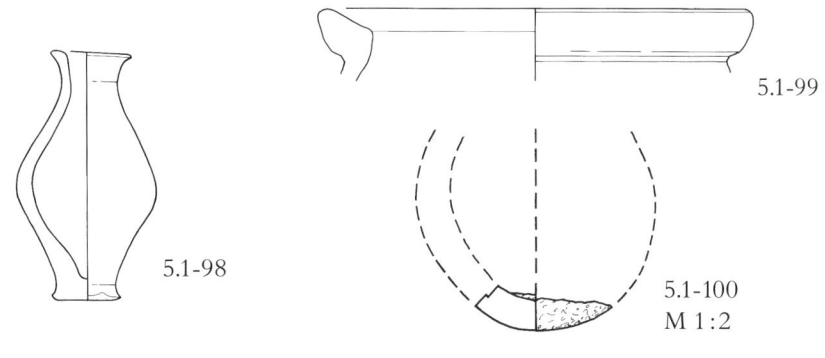

Abb. 42

Bef. 5.2

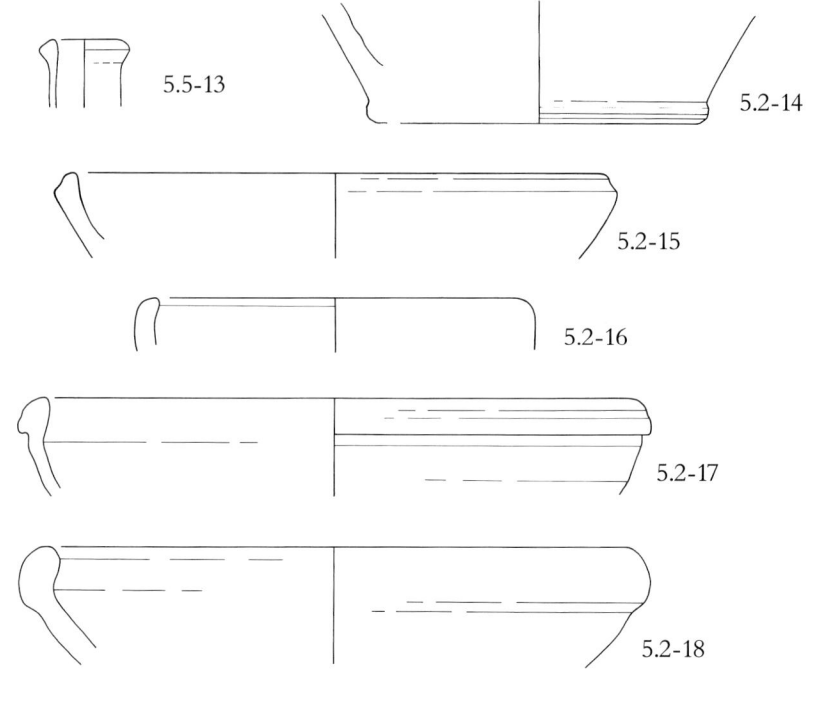

Bef. 5.3

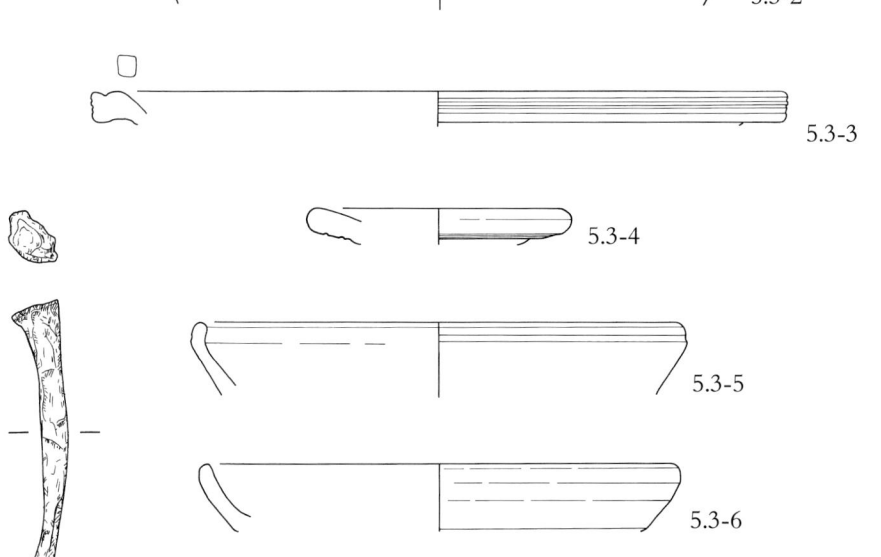

Abb. 43

Bef. 6.1

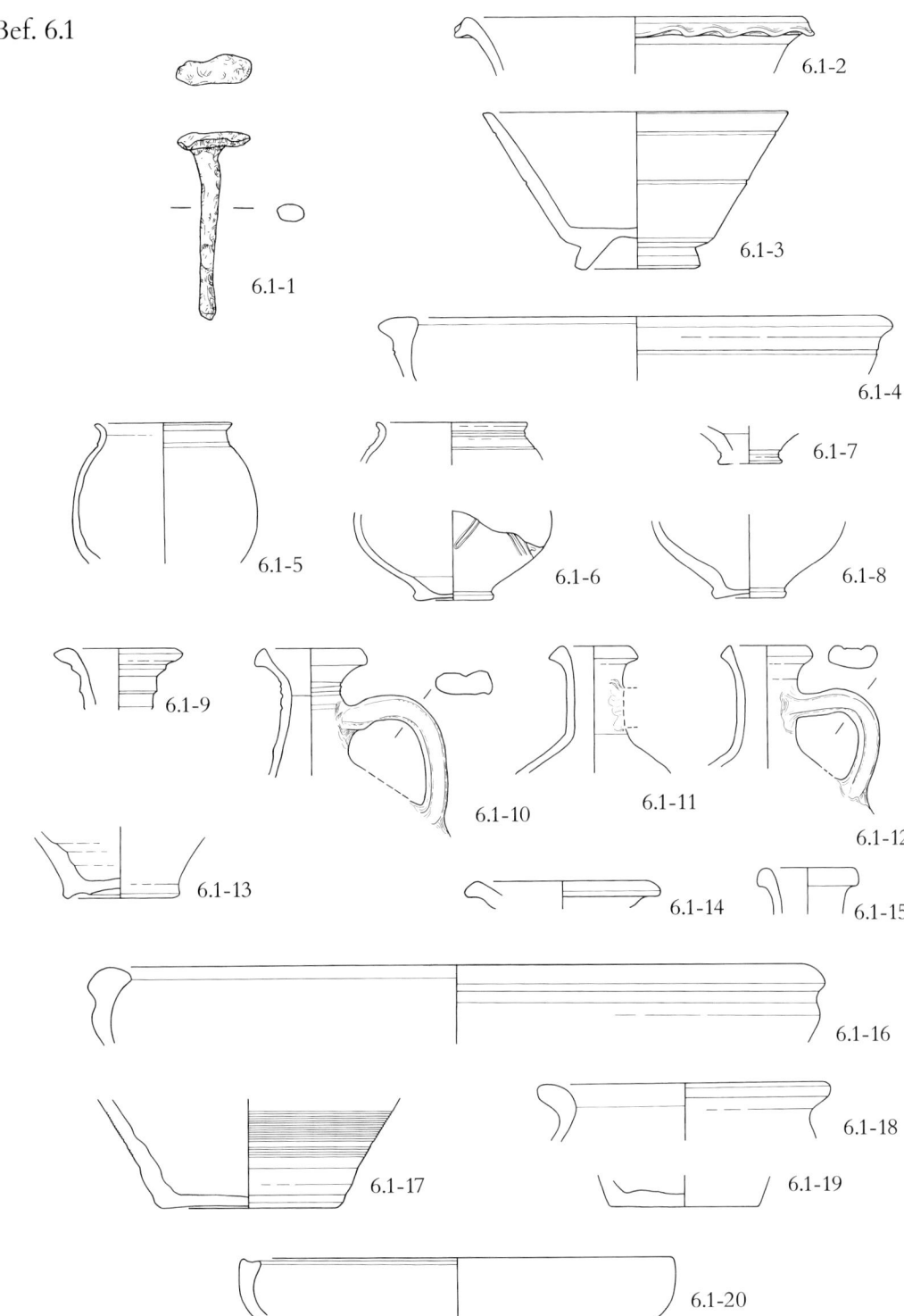

Abb. 44

Bef. 6.1

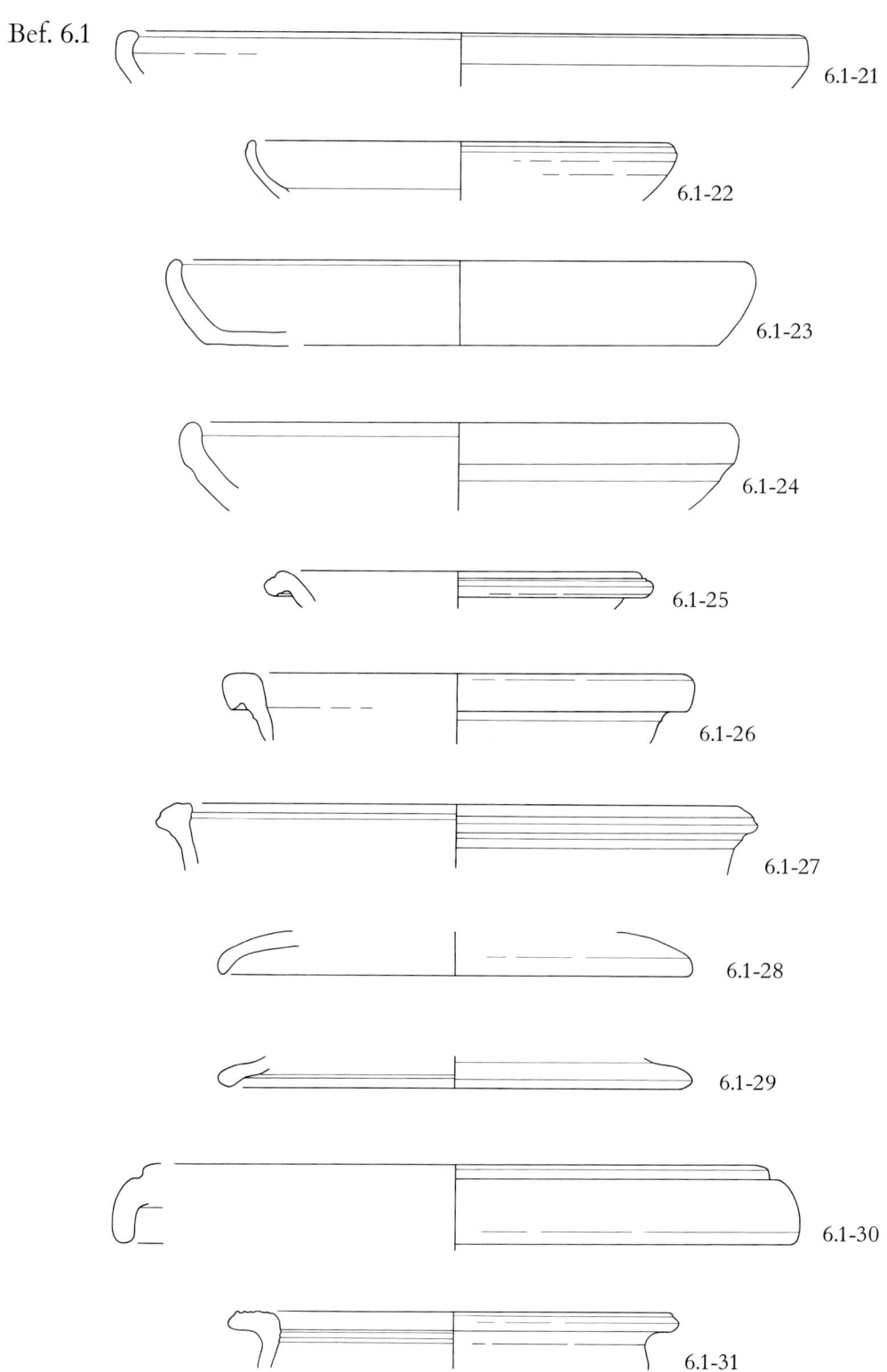

Abb. 45

Bef. 6.2

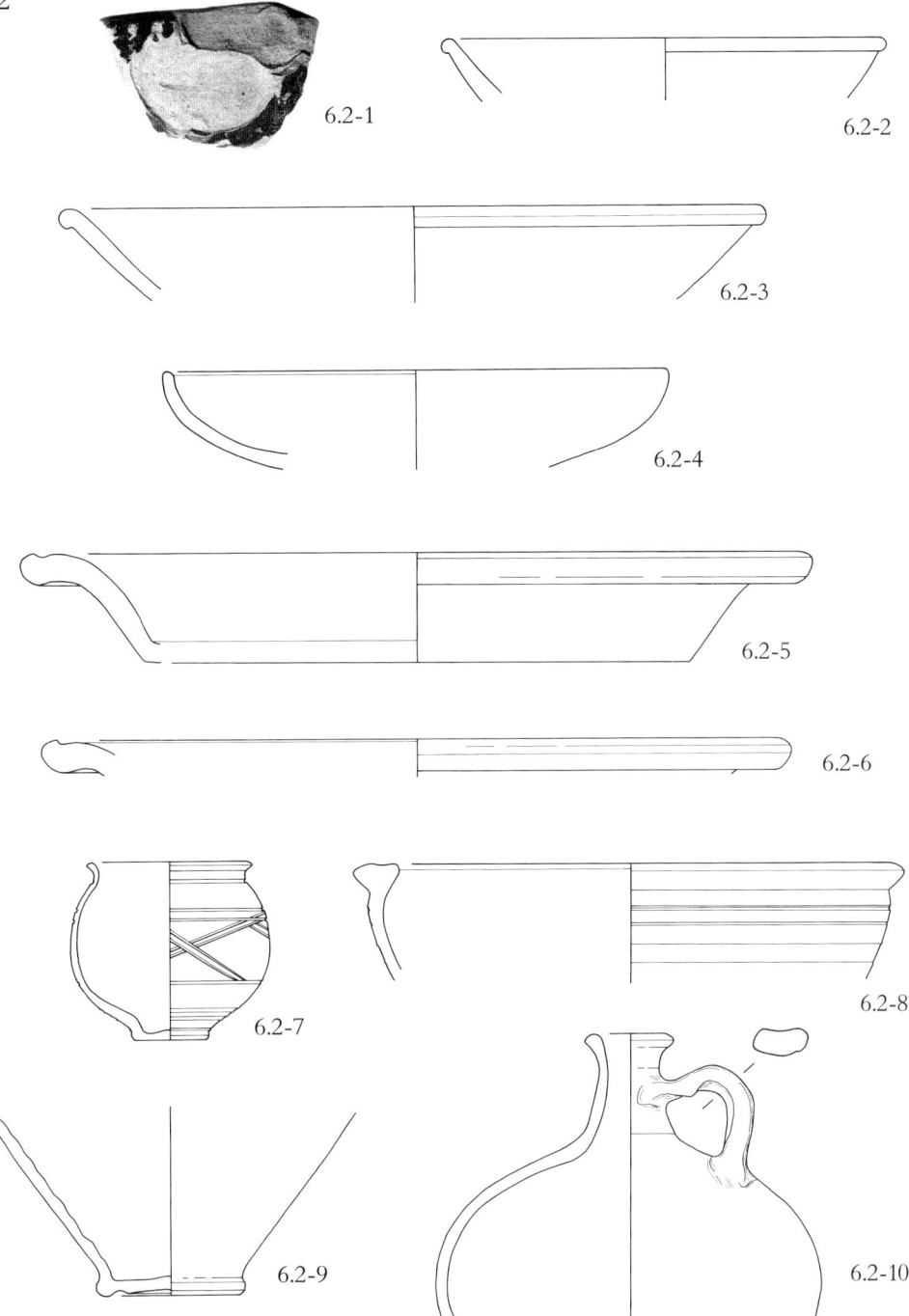

Abb. 46

Bef. 6.2

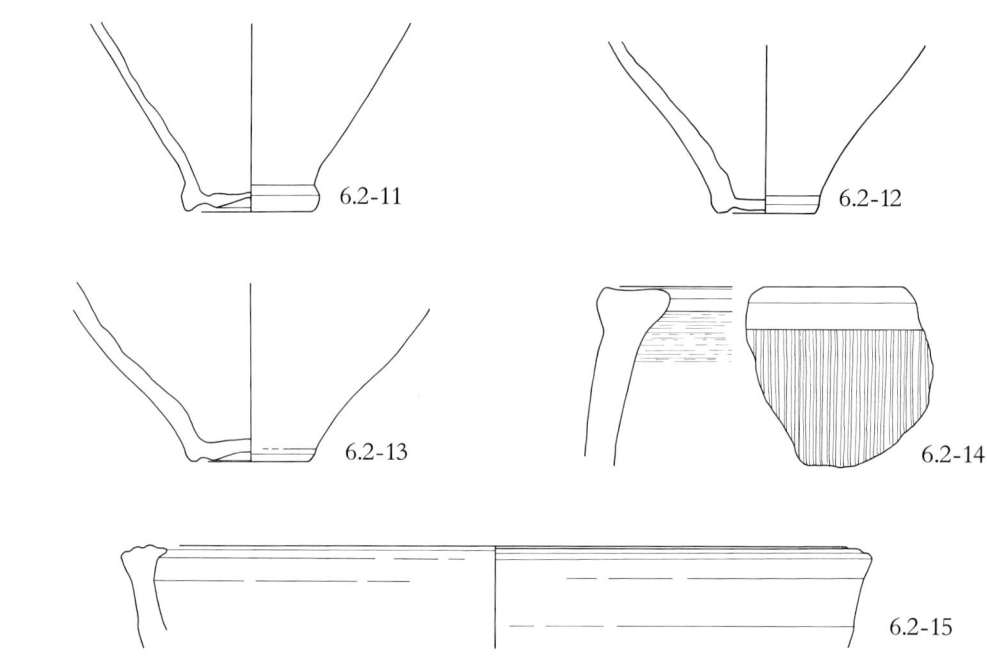

Bef. 6.3

Abb. 47

Bef. 6.3

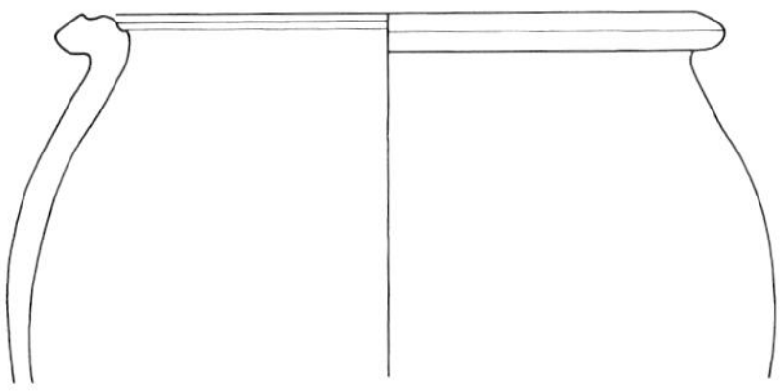

6.3-9

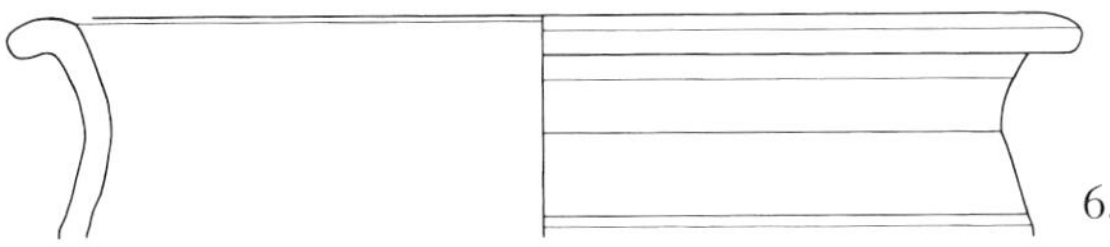

6.3-10

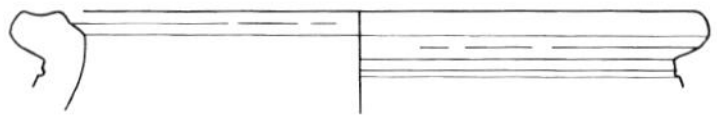

6.3-11

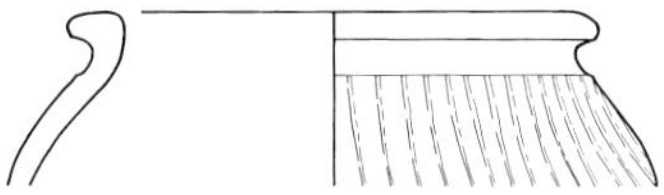

6.3-13

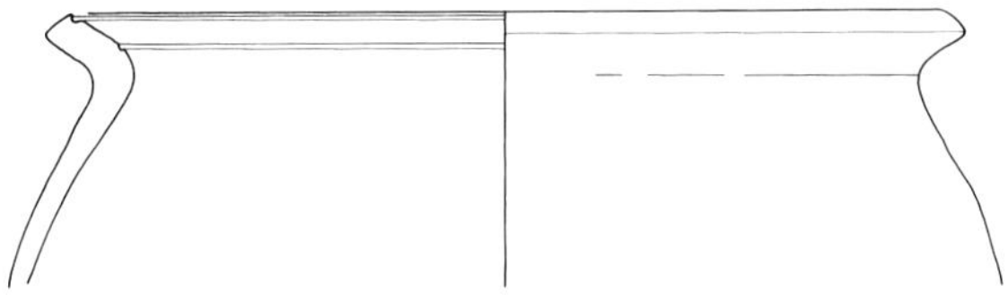

6.3-12

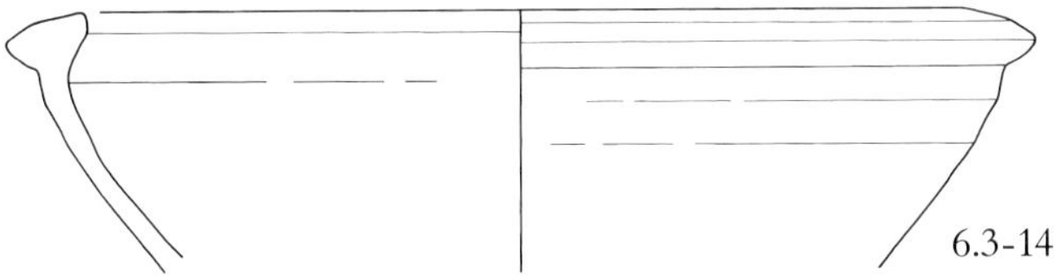

6.3-14

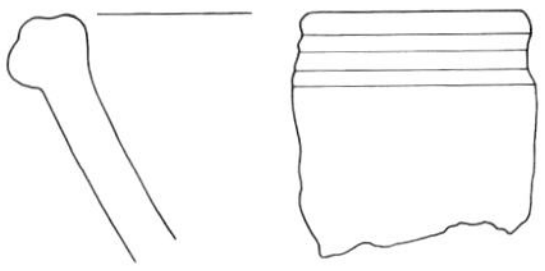

6.3-15

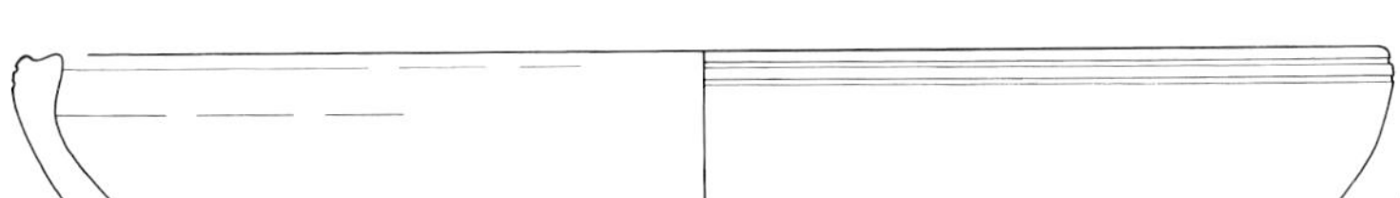

6.3-16

6.3-17

Abb. 48

Bef. 6.3

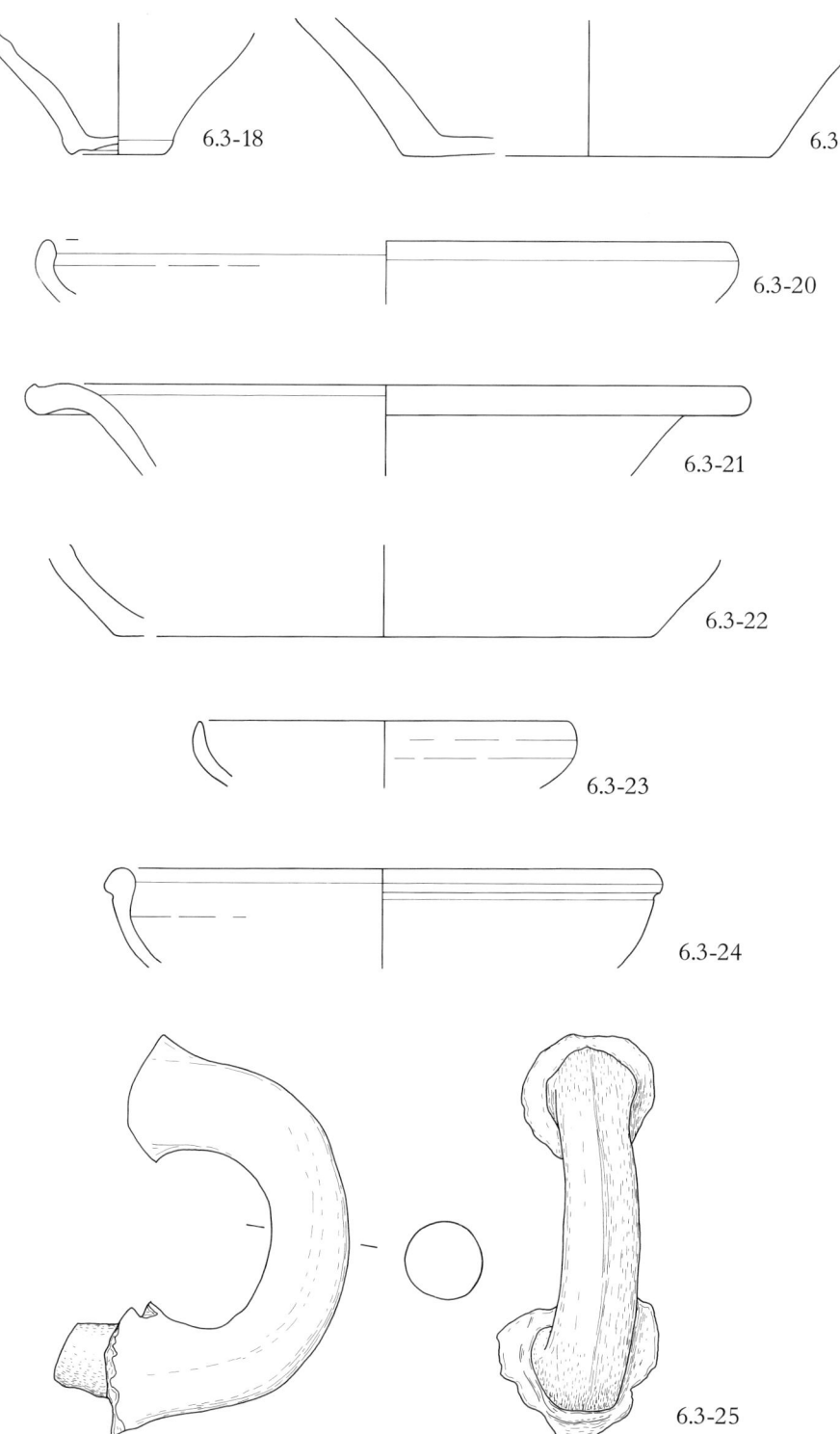

Abb. 49

Bef. 6.4

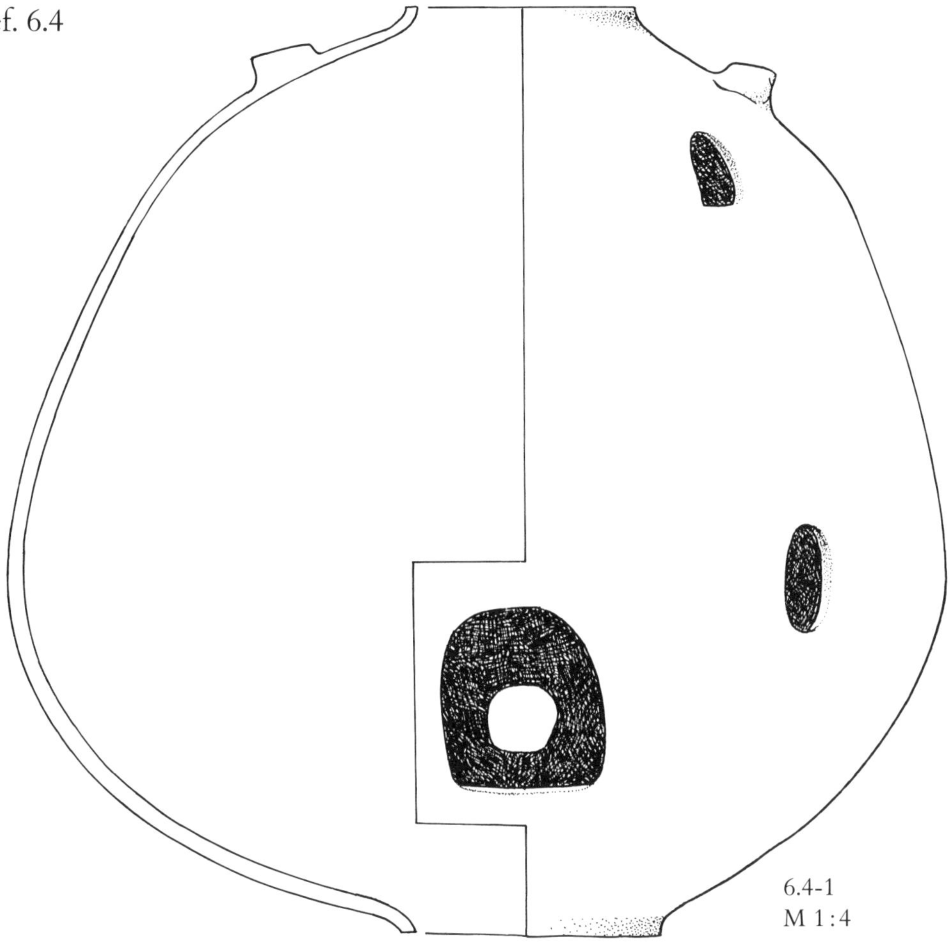

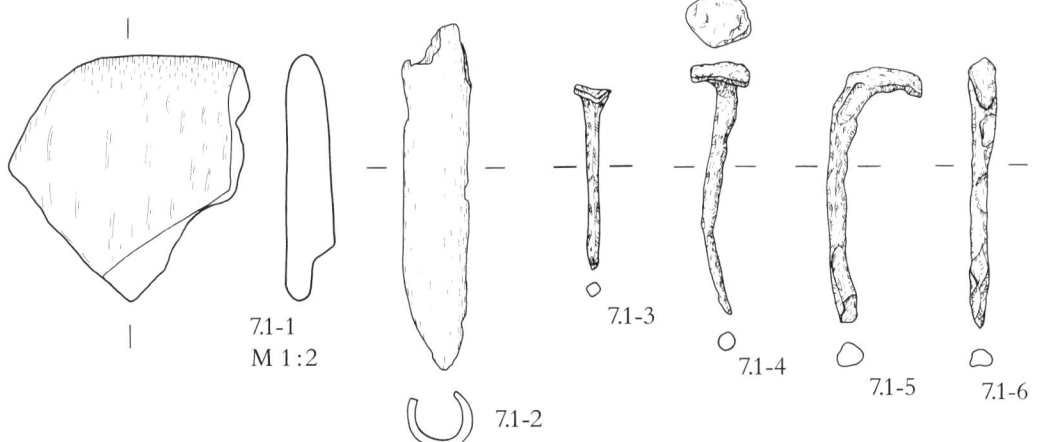

6.4-1
M 1:4

Bef. 7.1

7.1-1
M 1:2

7.1-2

7.1-3

7.1-4

7.1-5

7.1-6

Abb. 50

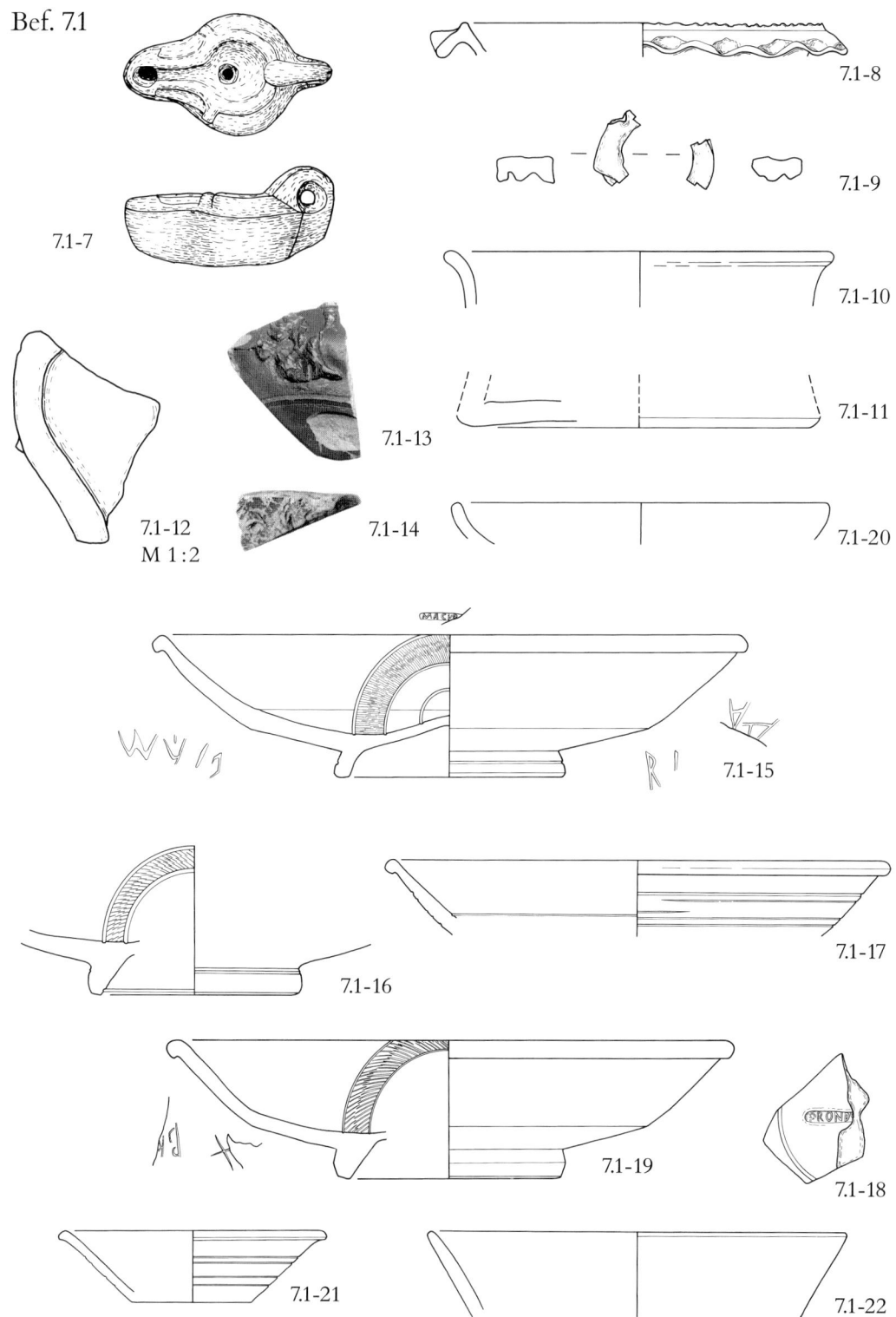

Abb. 51

Bef. 7.1

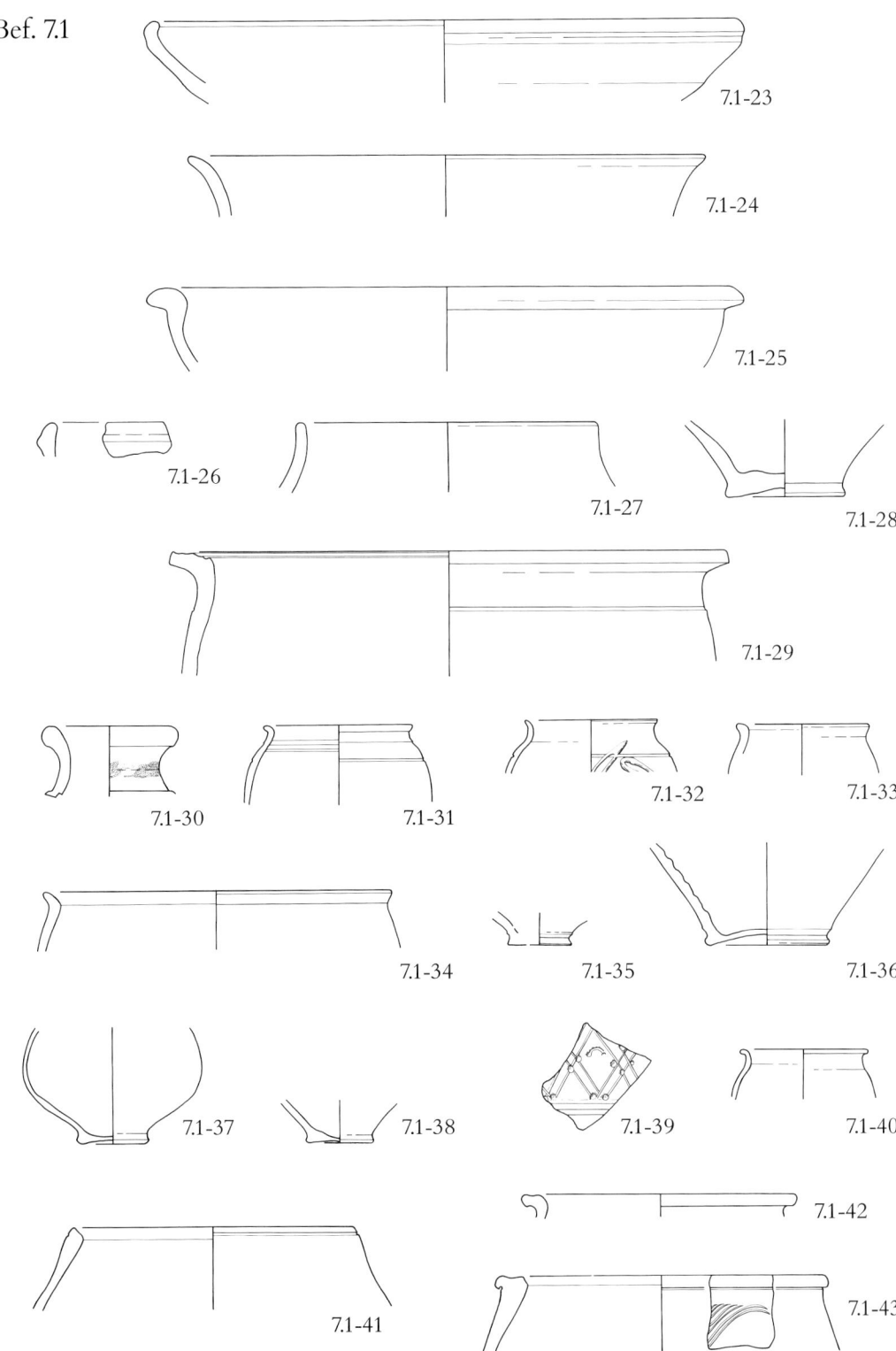

Abb. 52

Bef. 7.1

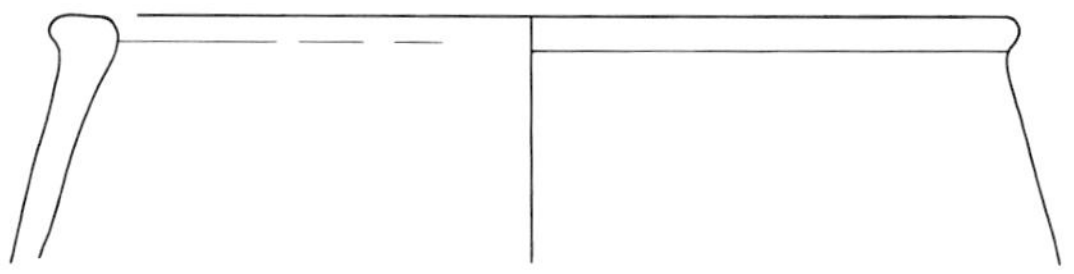

7.1-44

7.1-45

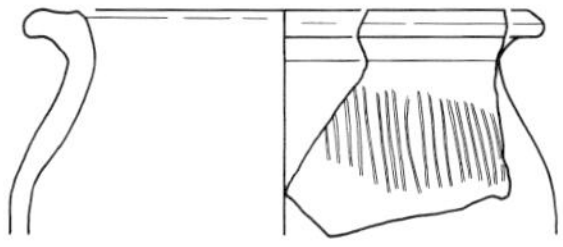

7.1-46

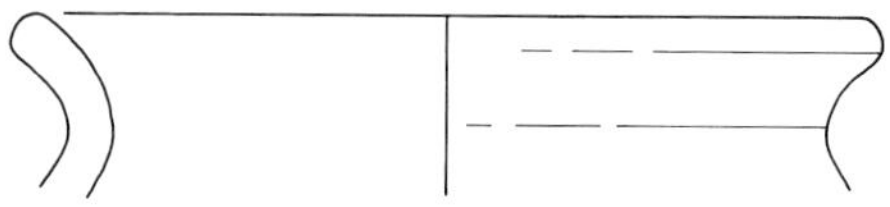

7.1-47

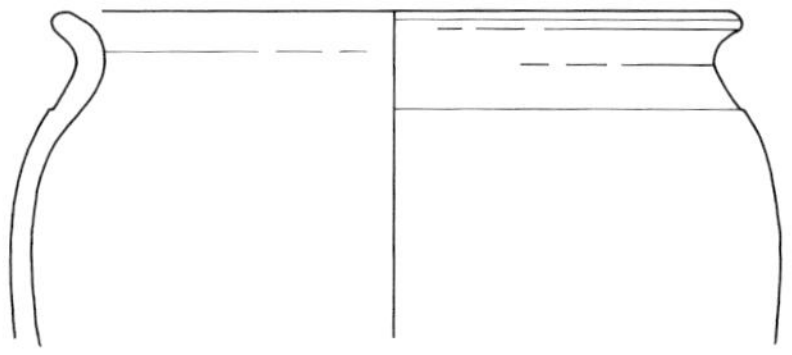

7.1-48

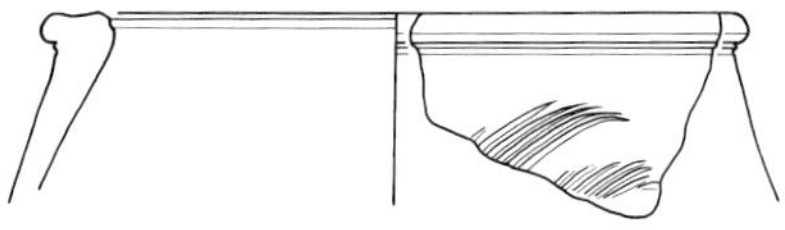

7.1-49

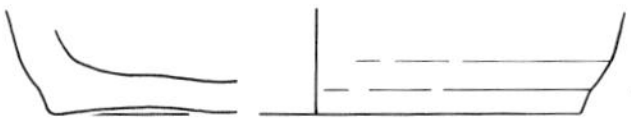

7.1-50

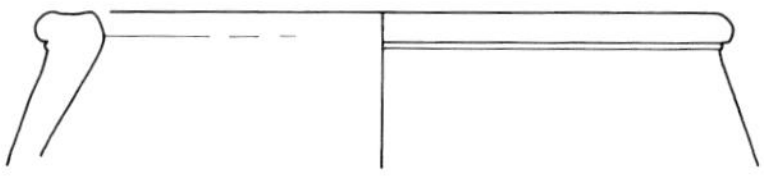

7.1-51

7.1-52

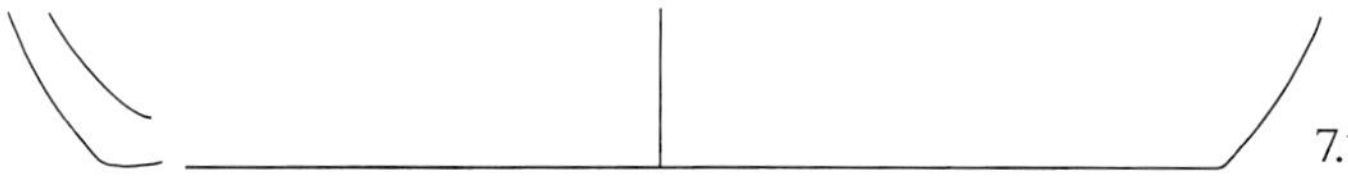

7.1-53

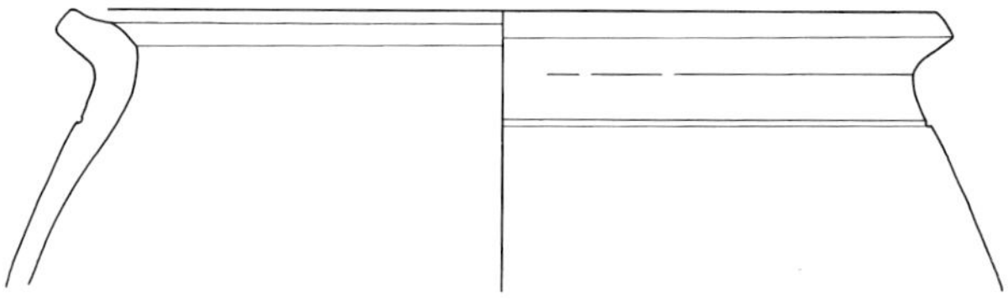

7.1-54

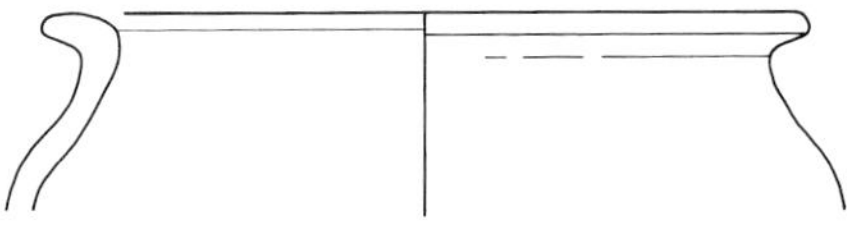

7.1-55

7.1-56

Abb. 53

Bef. 7.1

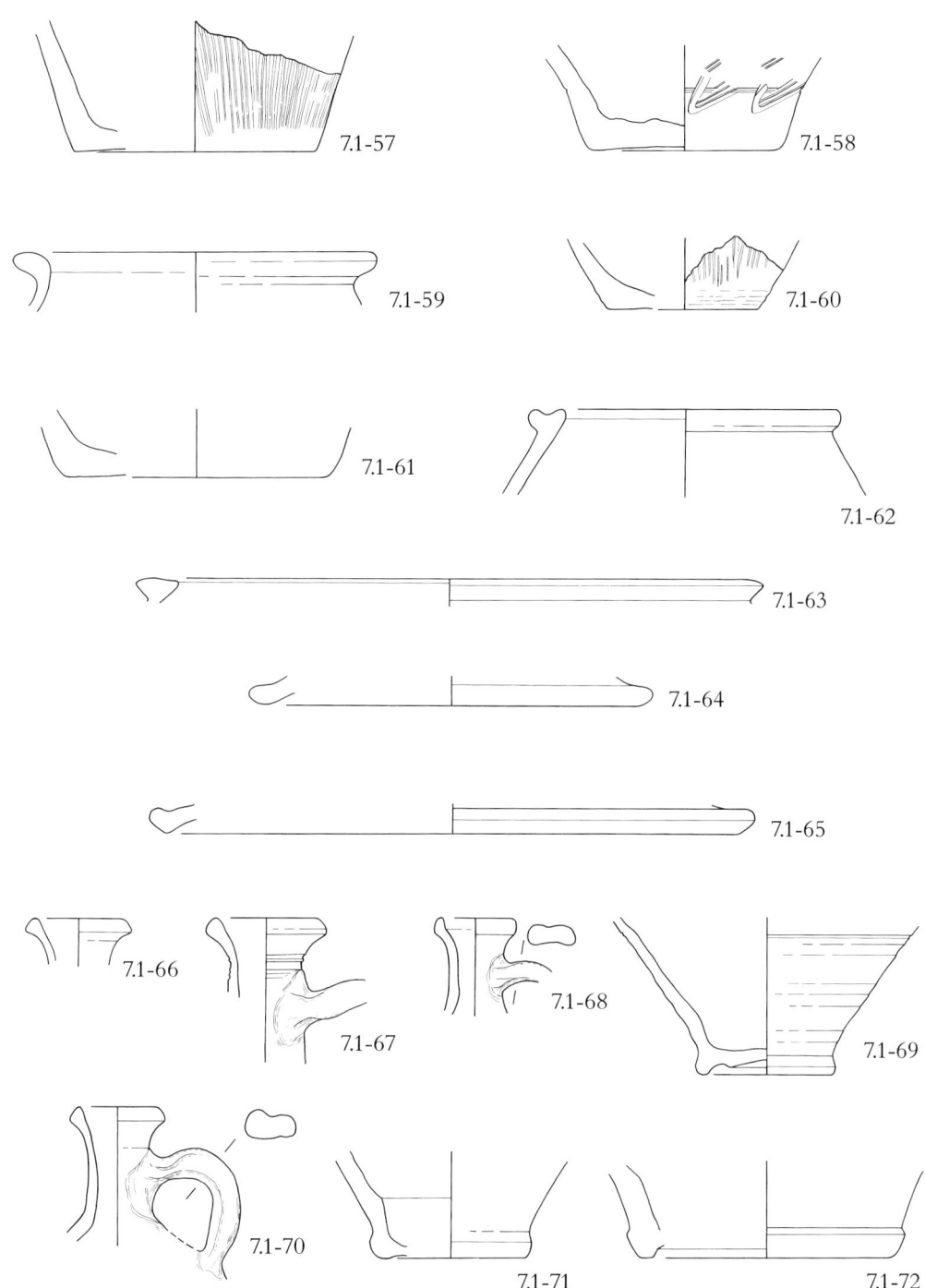

Abb. 54

Bef. 7.1

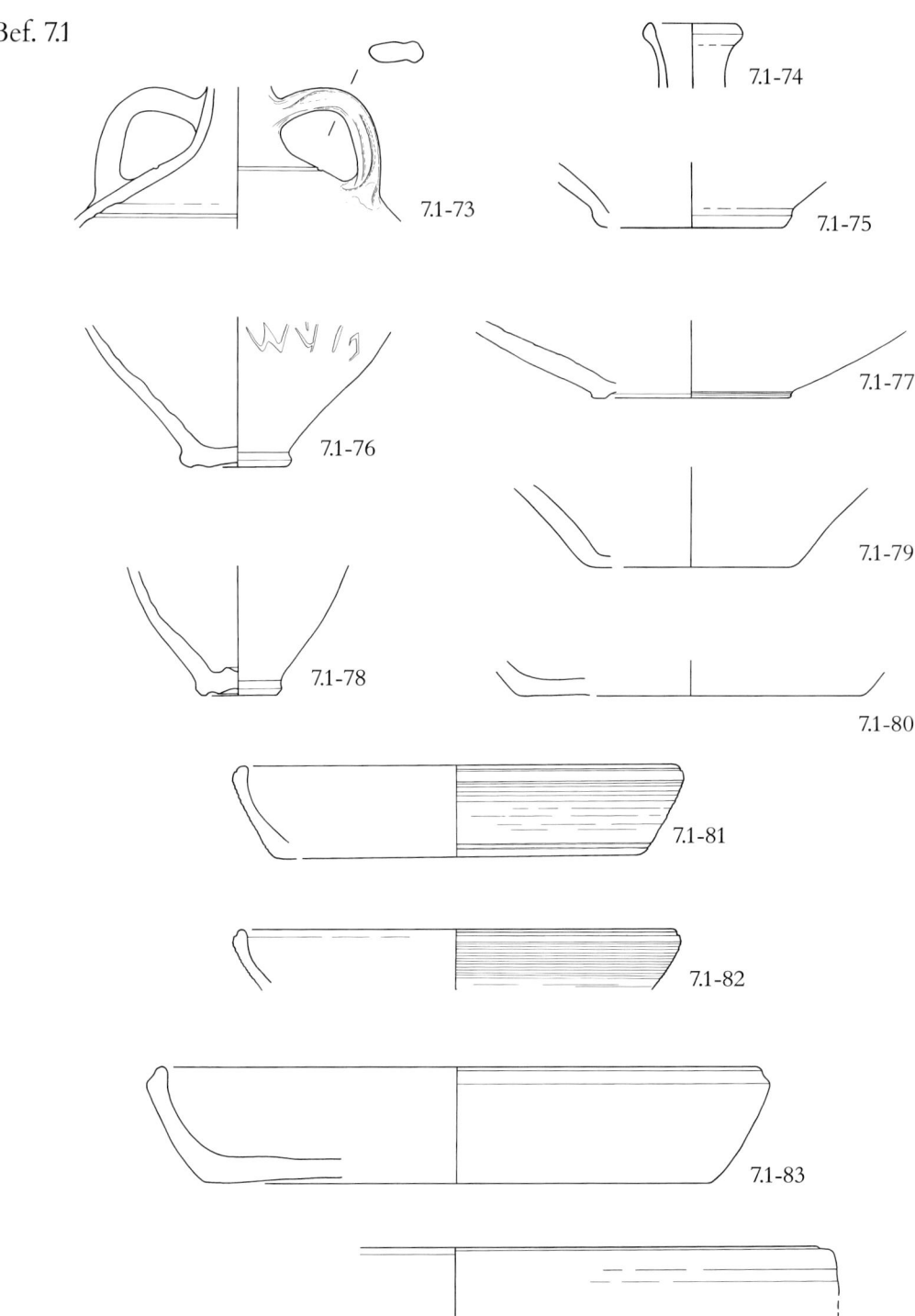

Abb. 55

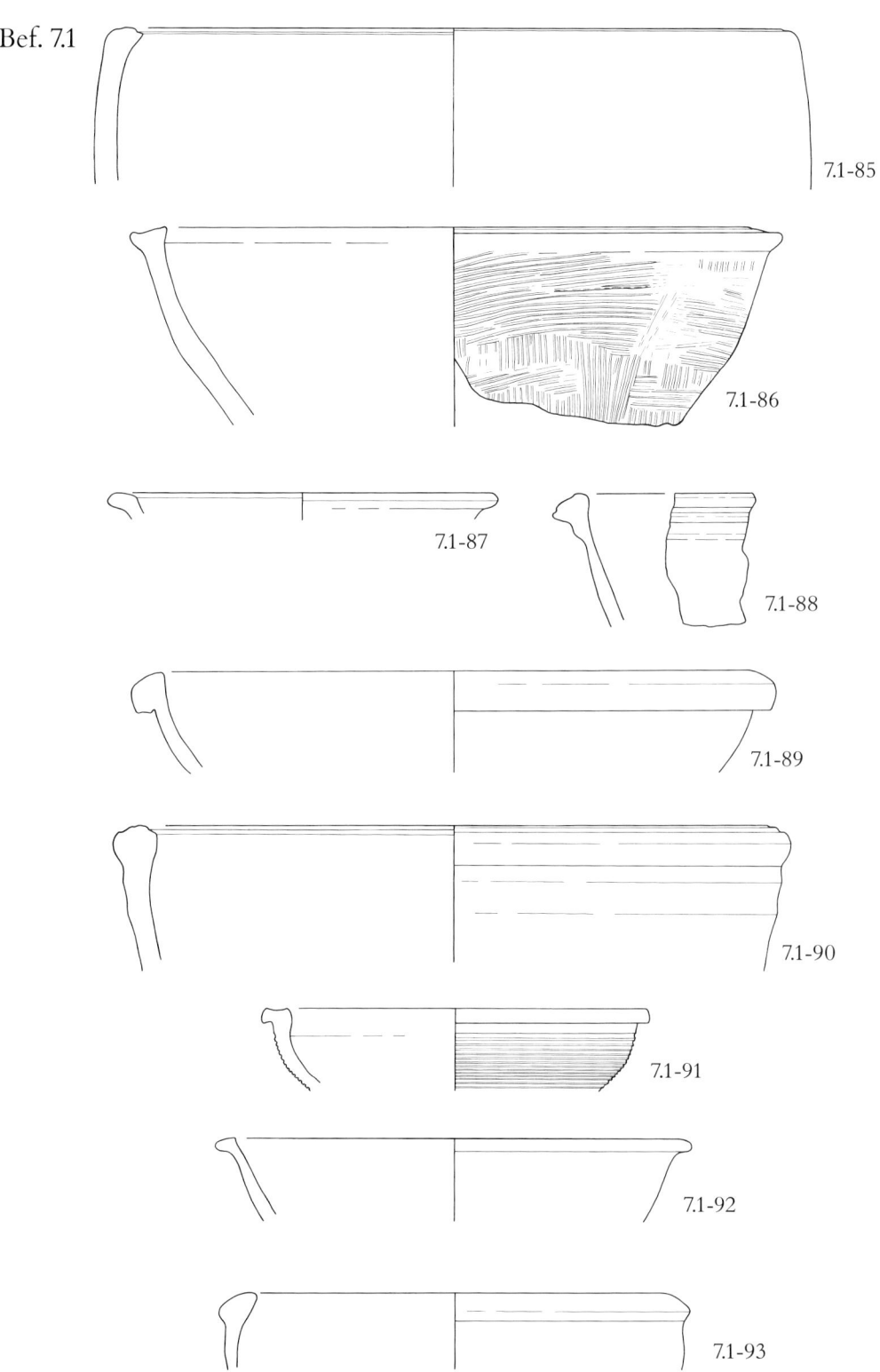

Abb. 56

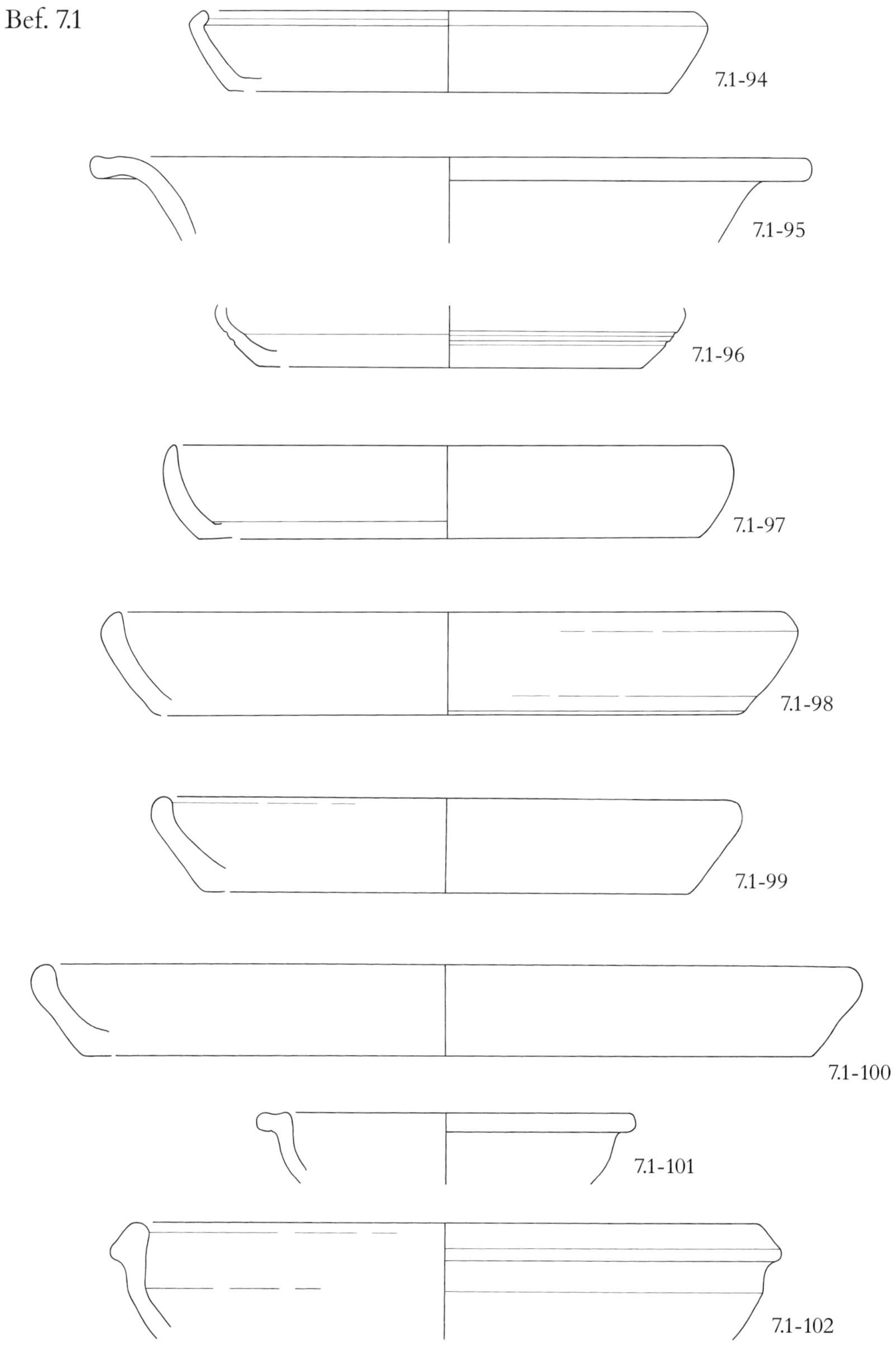

Bef. 7.1

7.1-94

7.1-95

7.1-96

7.1-97

7.1-98

7.1-99

7.1-100

7.1-101

7.1-102

Abb. 57

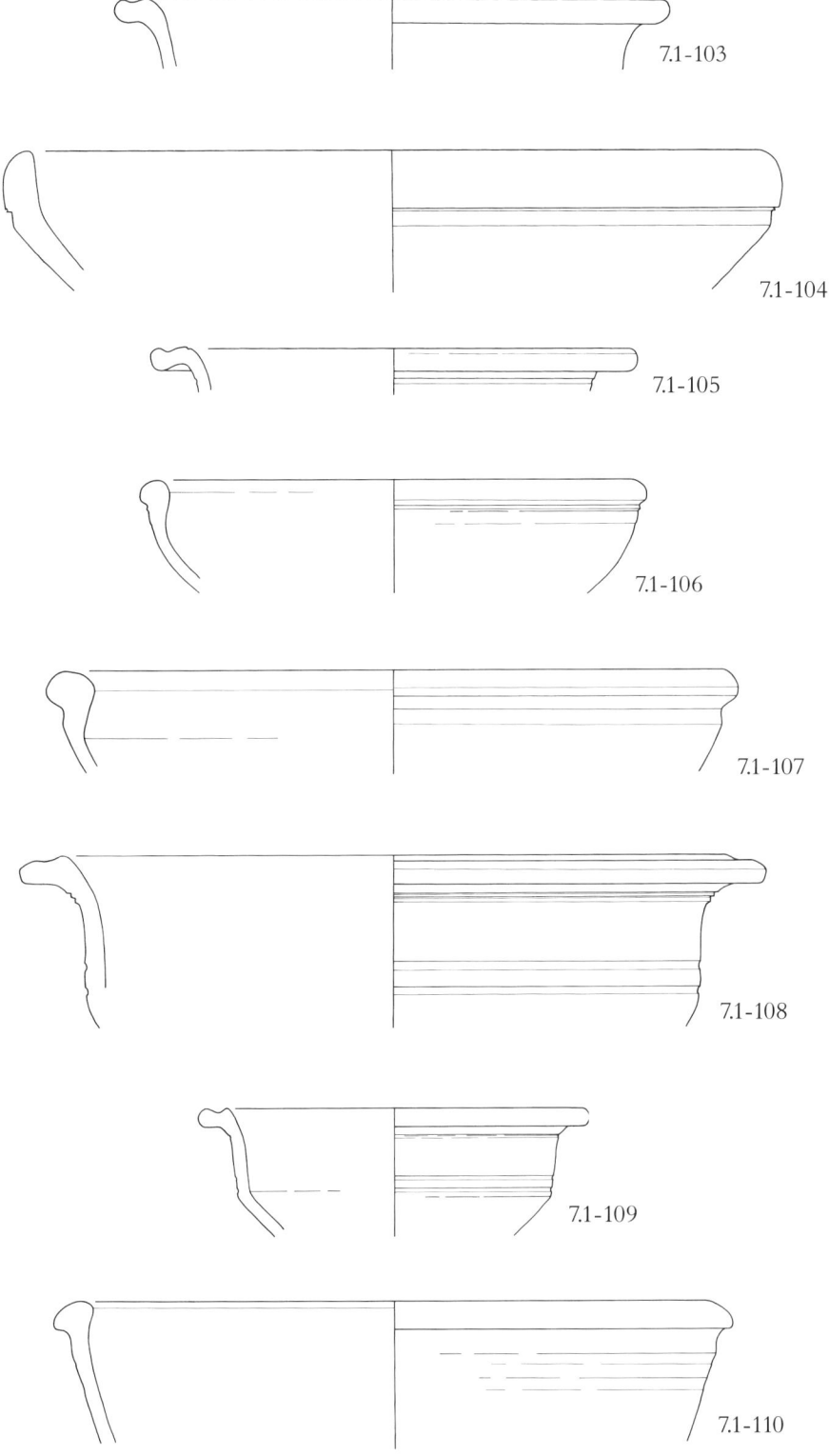

Abb. 58

Bef. 7.1

7.1-111

7.1-112

7.1-113

7.1-114

Bef. 7.2

7.2-1

7.2-2

7.2-3

7.2-4

7.2-5

7.2-6

7.2-8

7.2-7

7.2-9

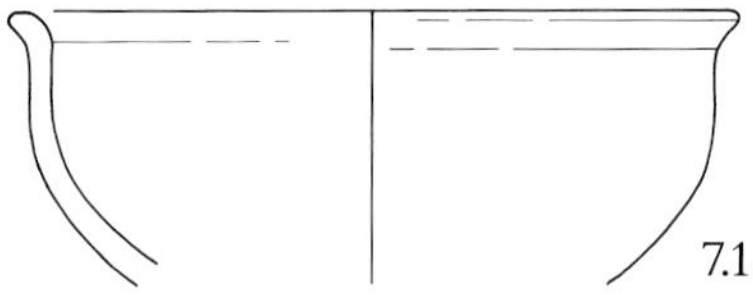

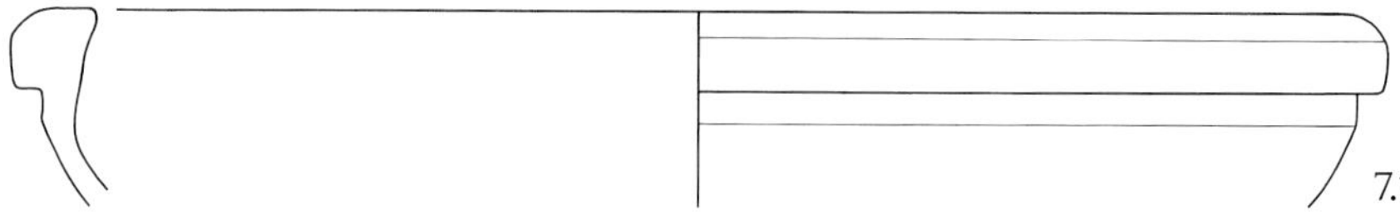

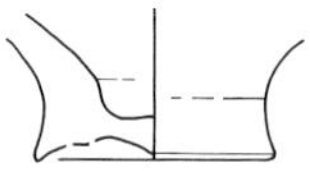

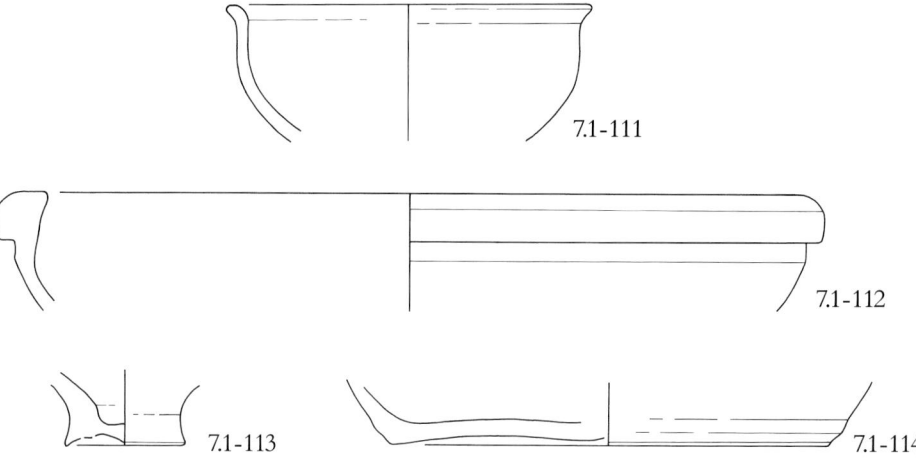

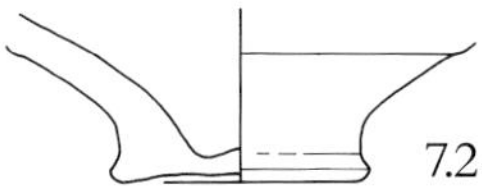

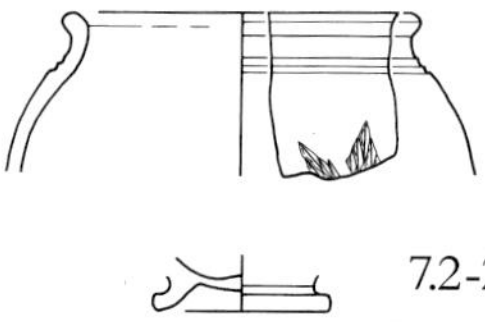

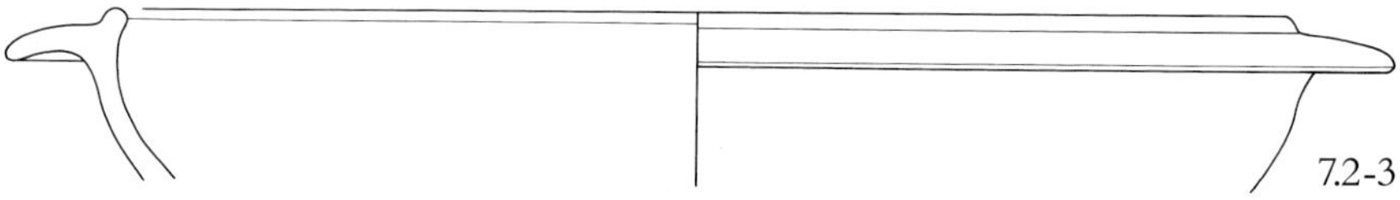

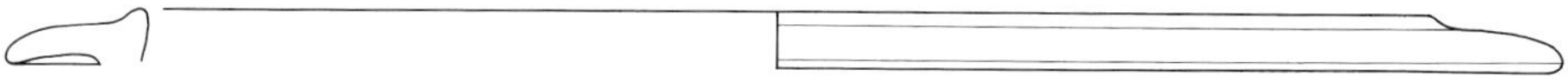

Abb. 59

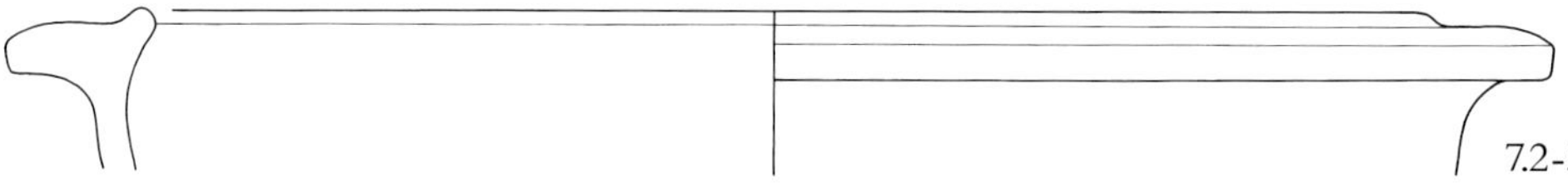

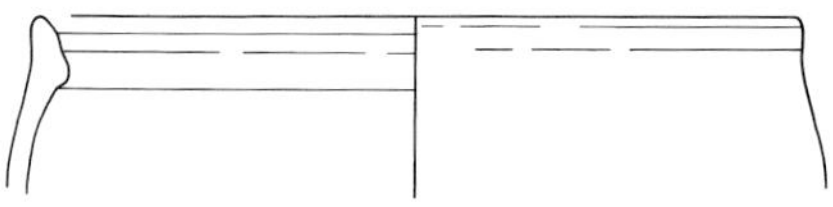

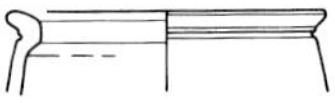

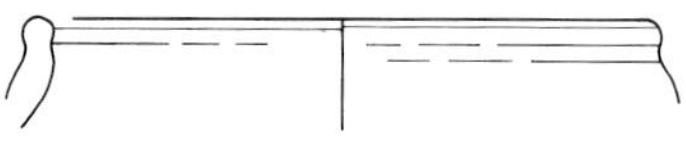

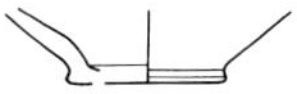

Bef. 7.2

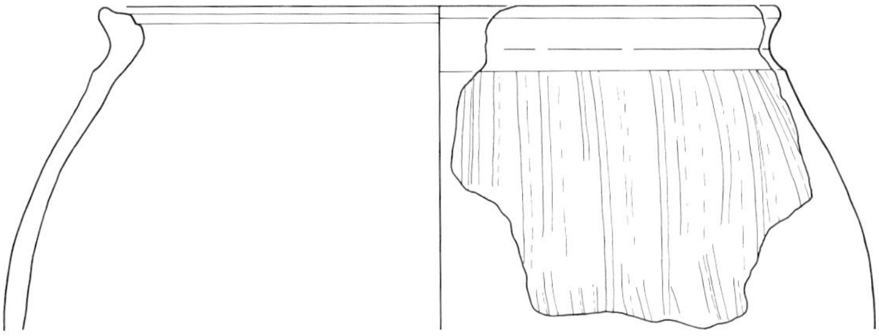

7.2-10

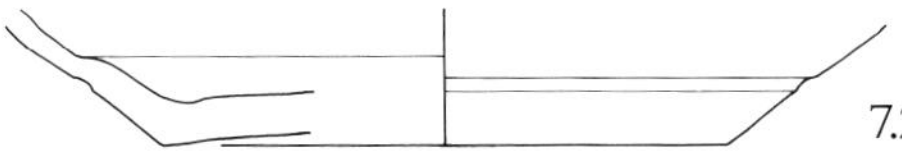

7.2-11

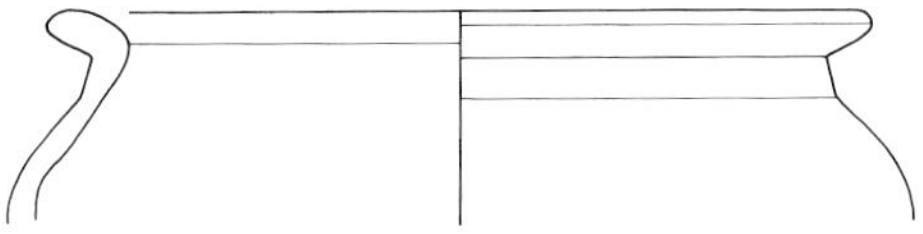

7.2-12

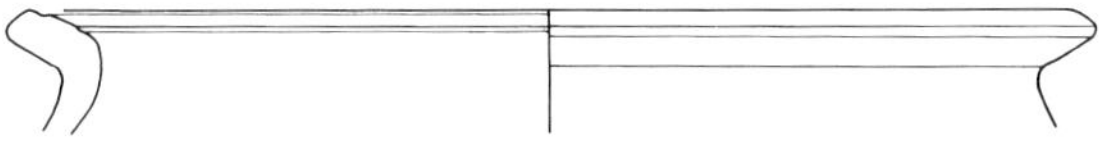

7.2-13

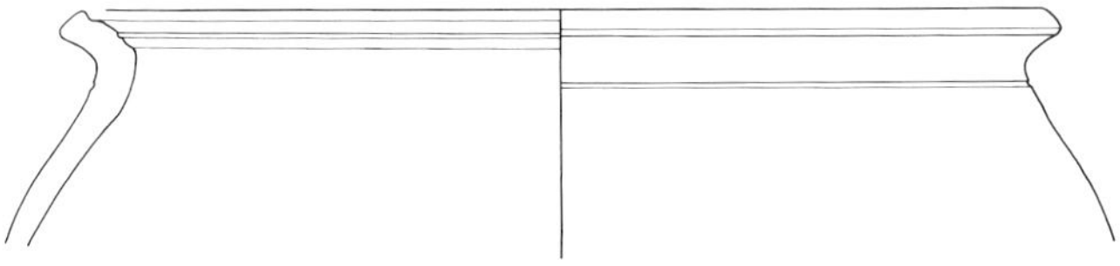

7.2-14

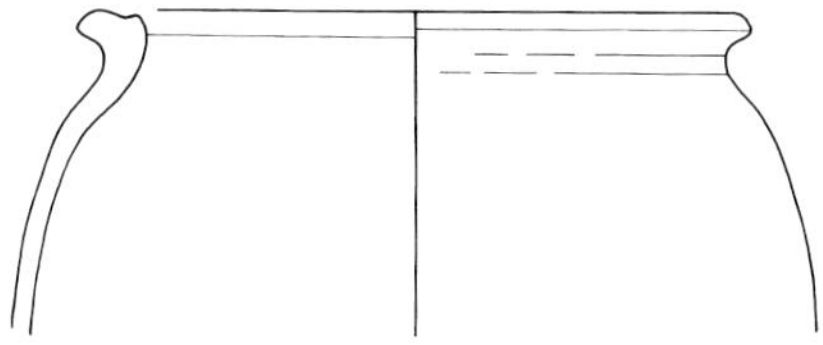

7.2-15

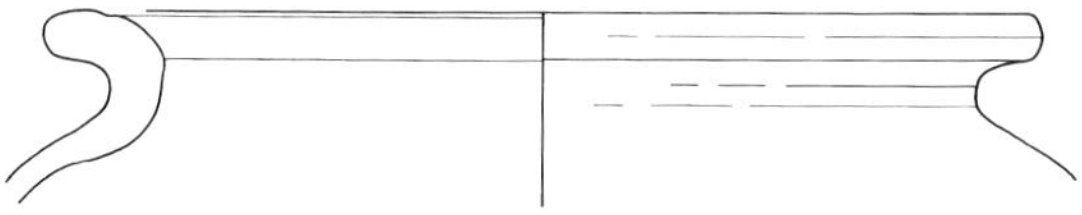

7.2-16

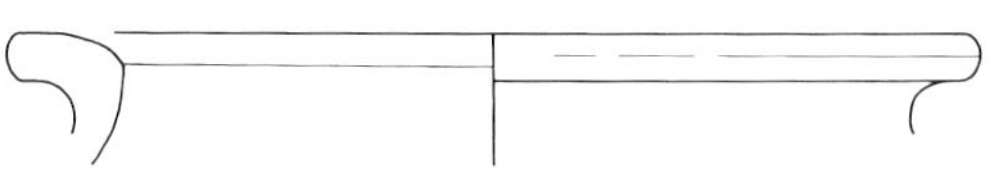

7.2-17

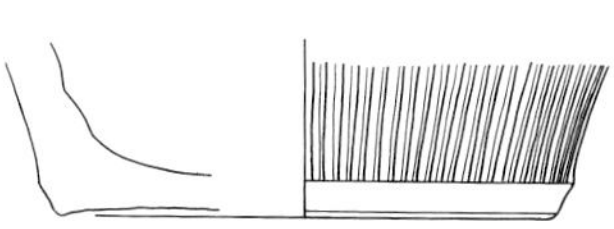

7.2-18

Abb. 60

Bef. 7.2

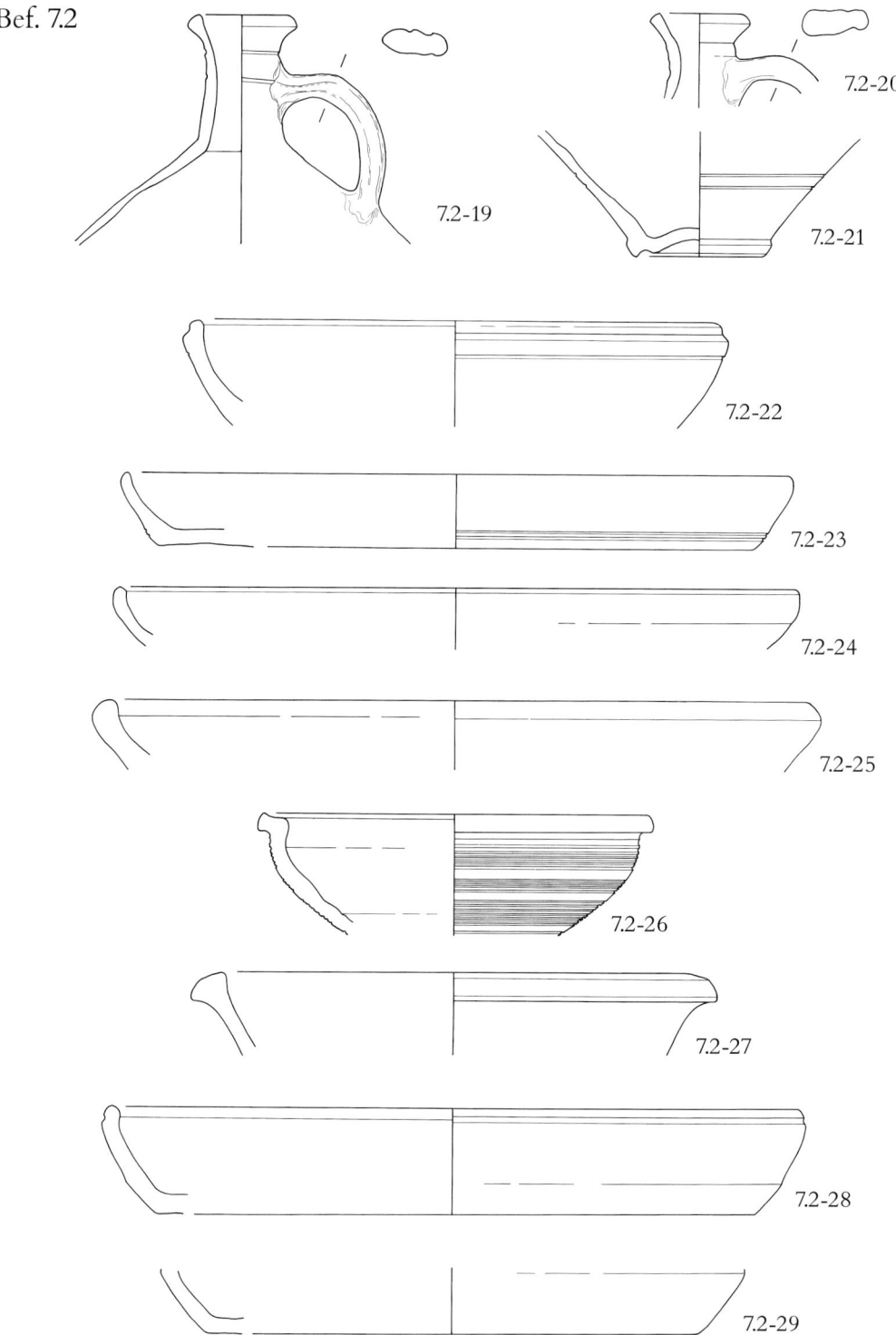

Abb. 61

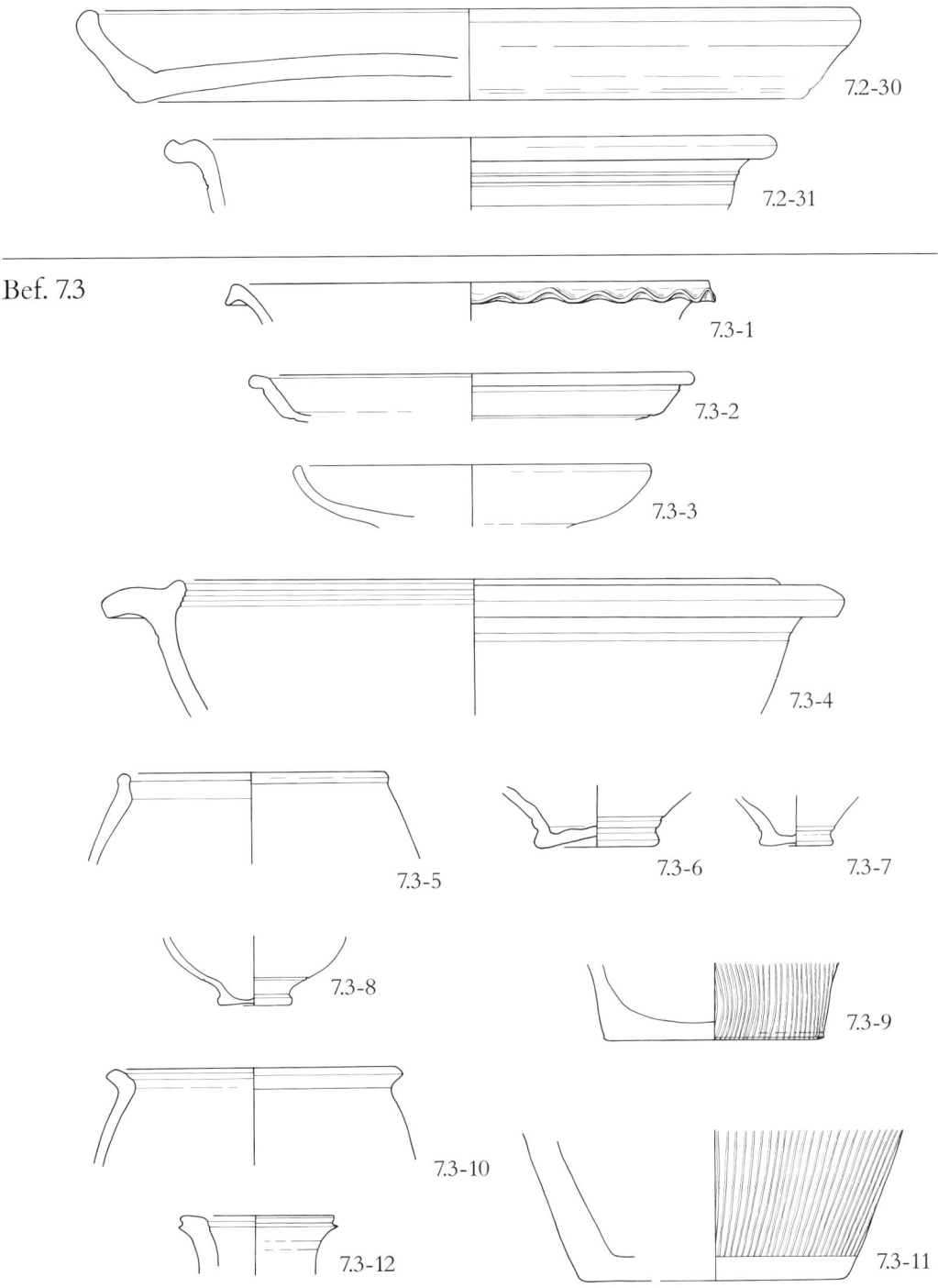

Abb. 62

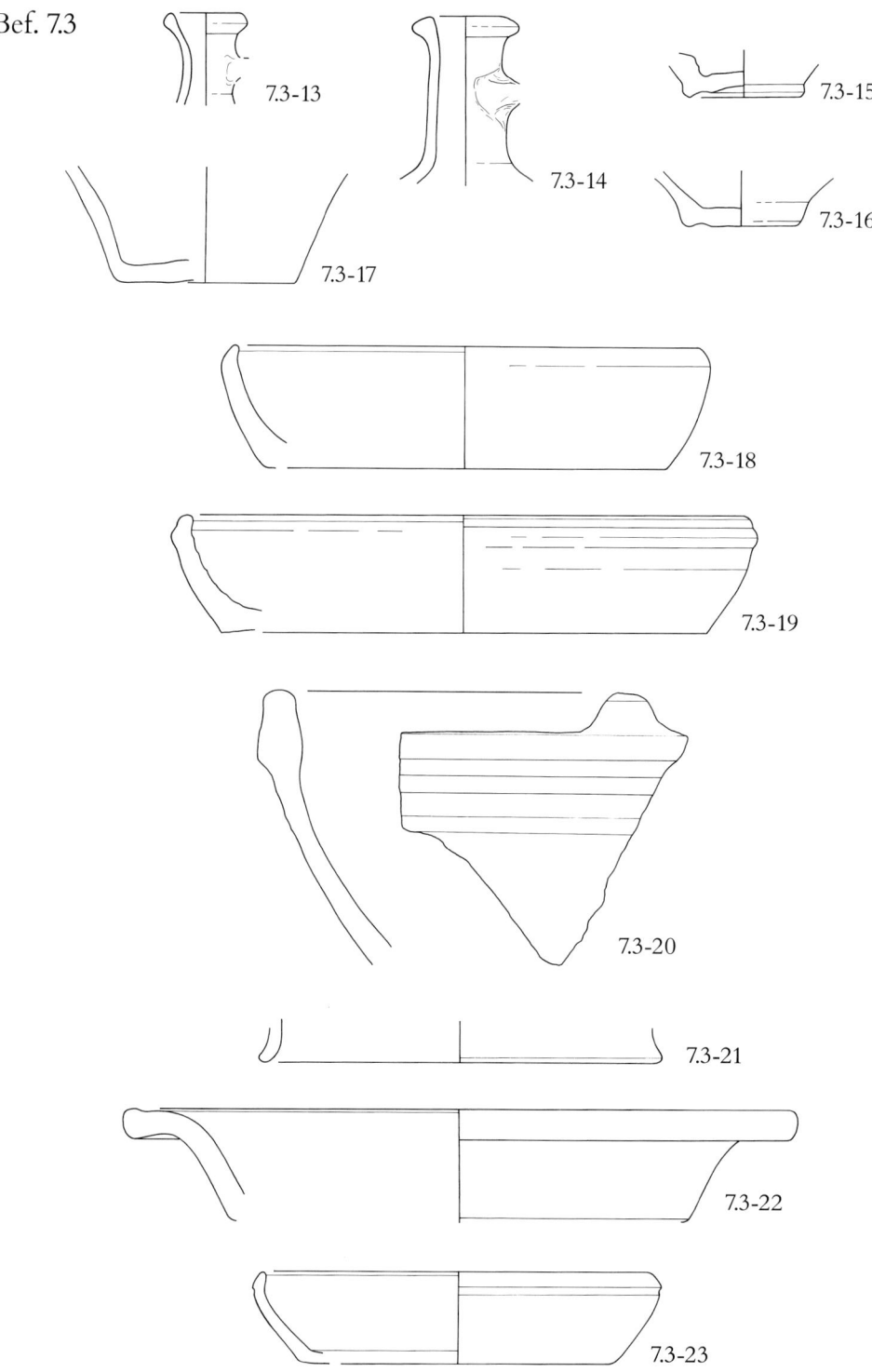

Abb. 63

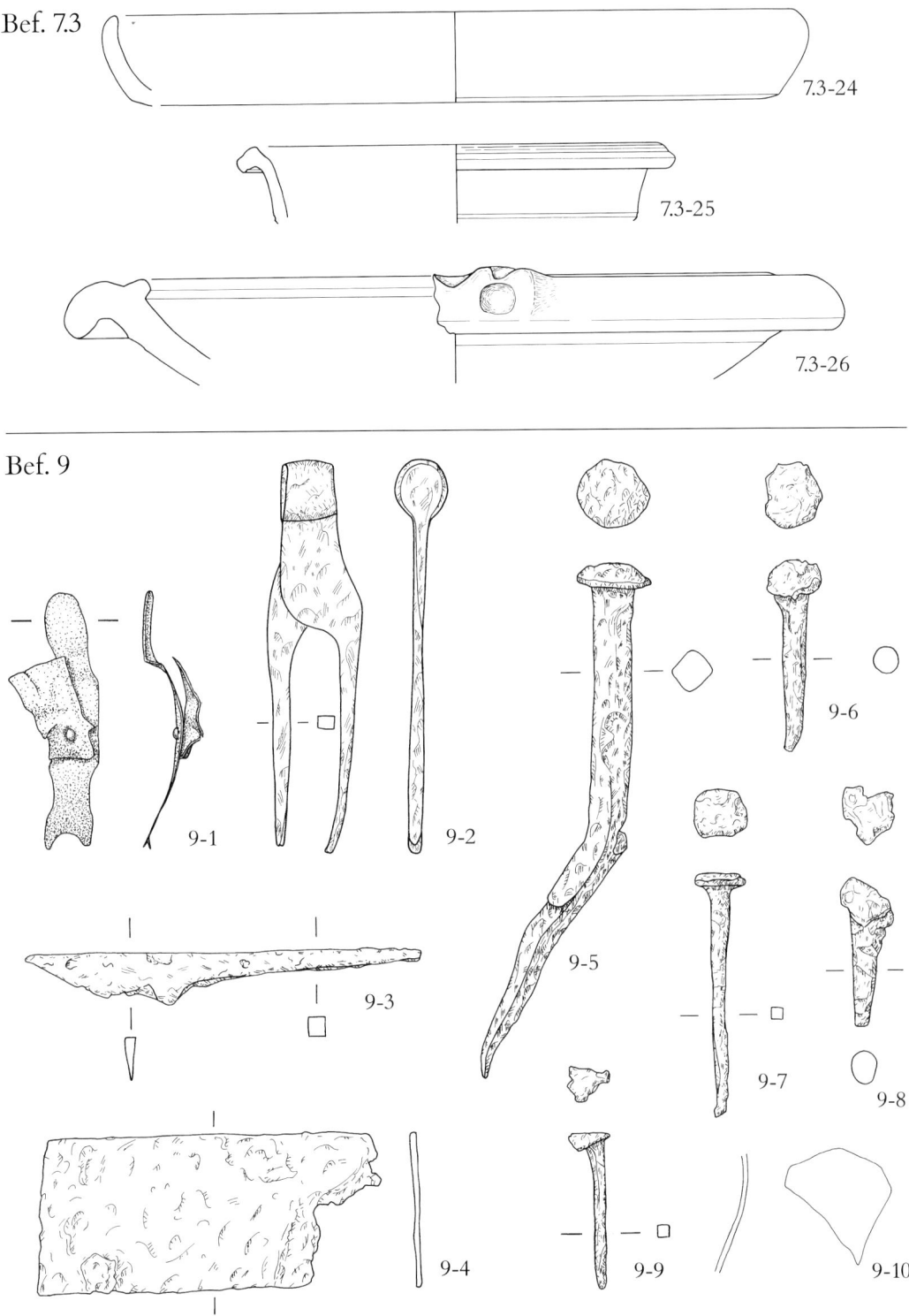

Abb. 64

Bef. 9

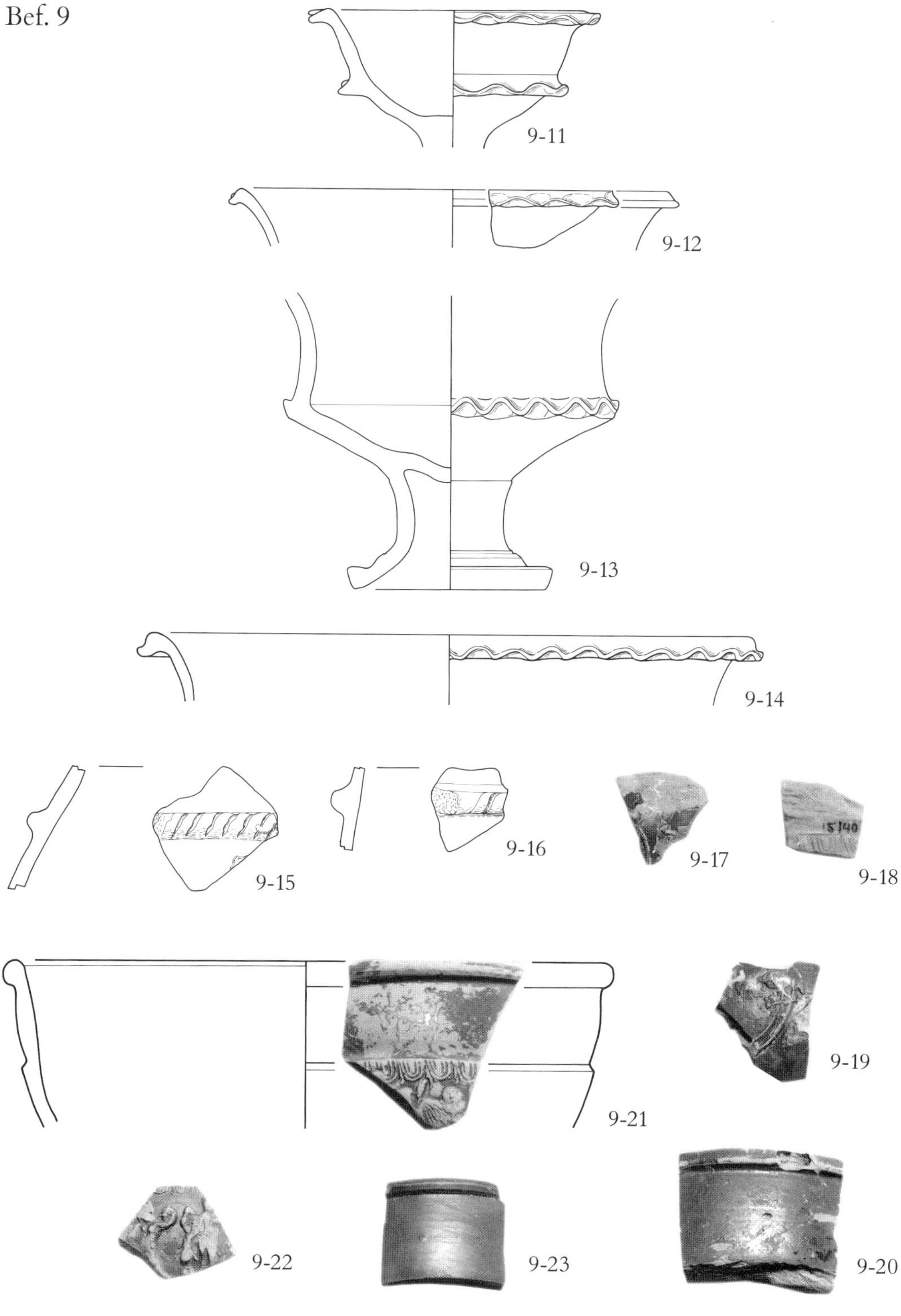

Abb. 65

Bef. 9

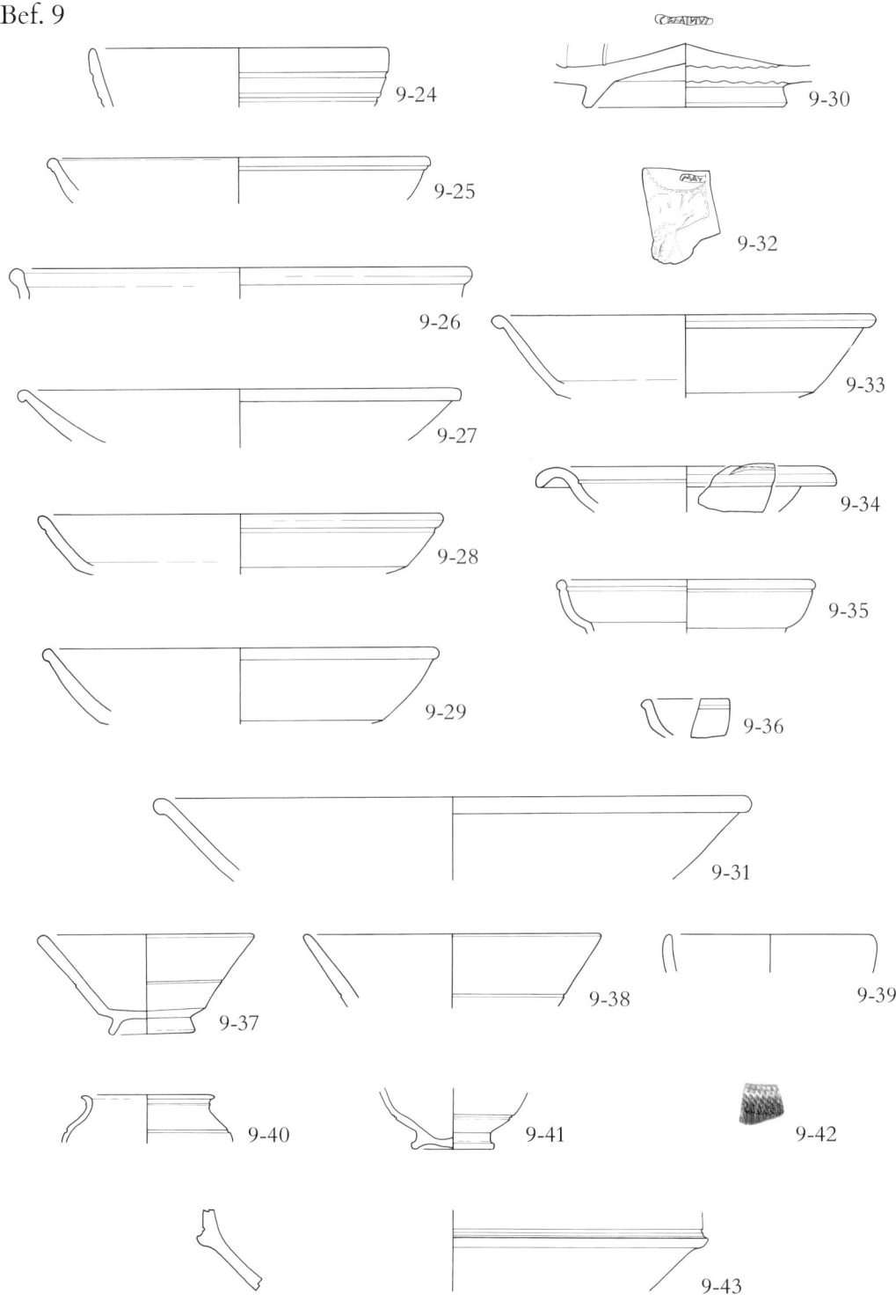

Abb. 66

Bef. 9

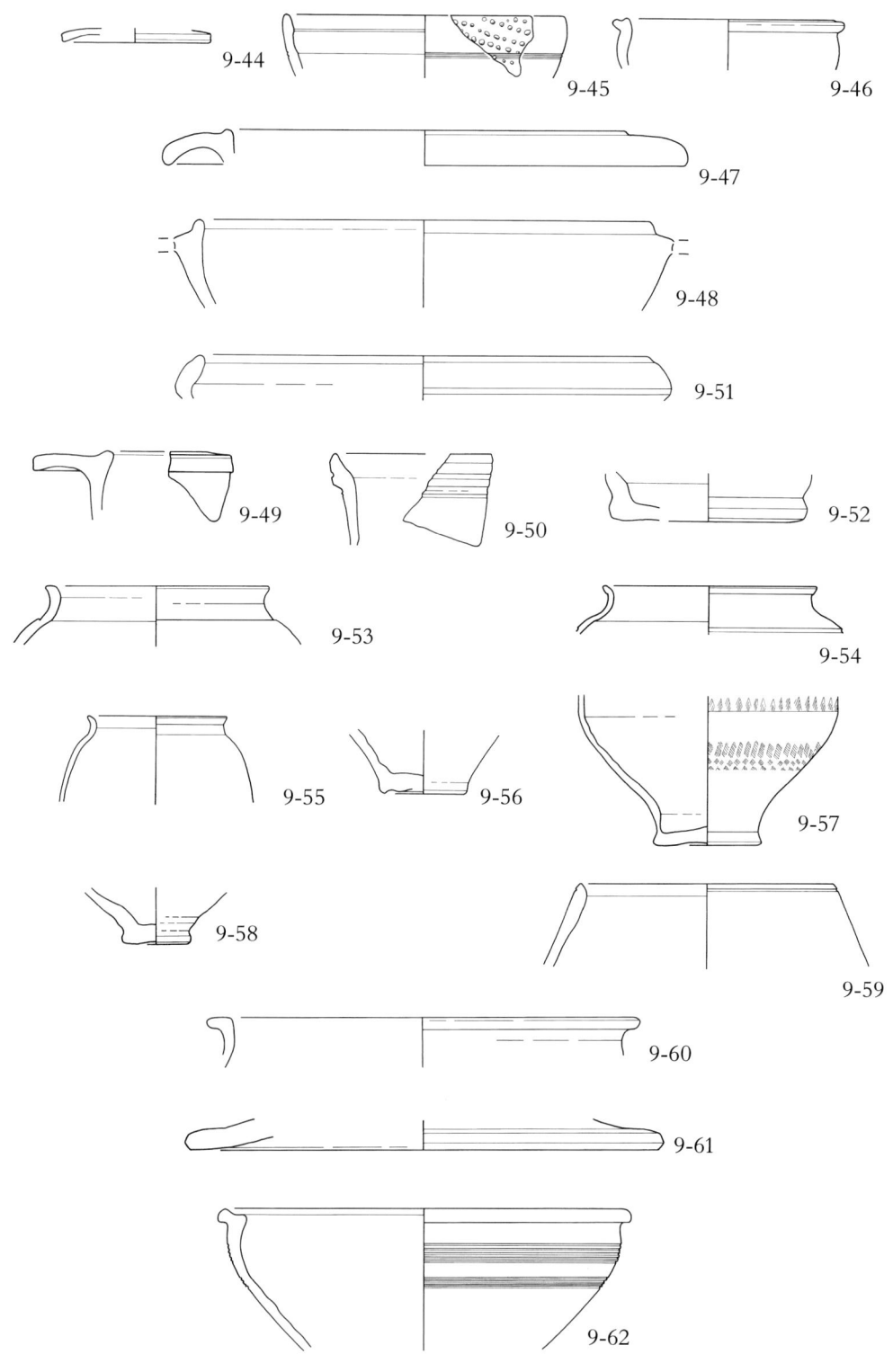

Abb. 67

Bef. 9

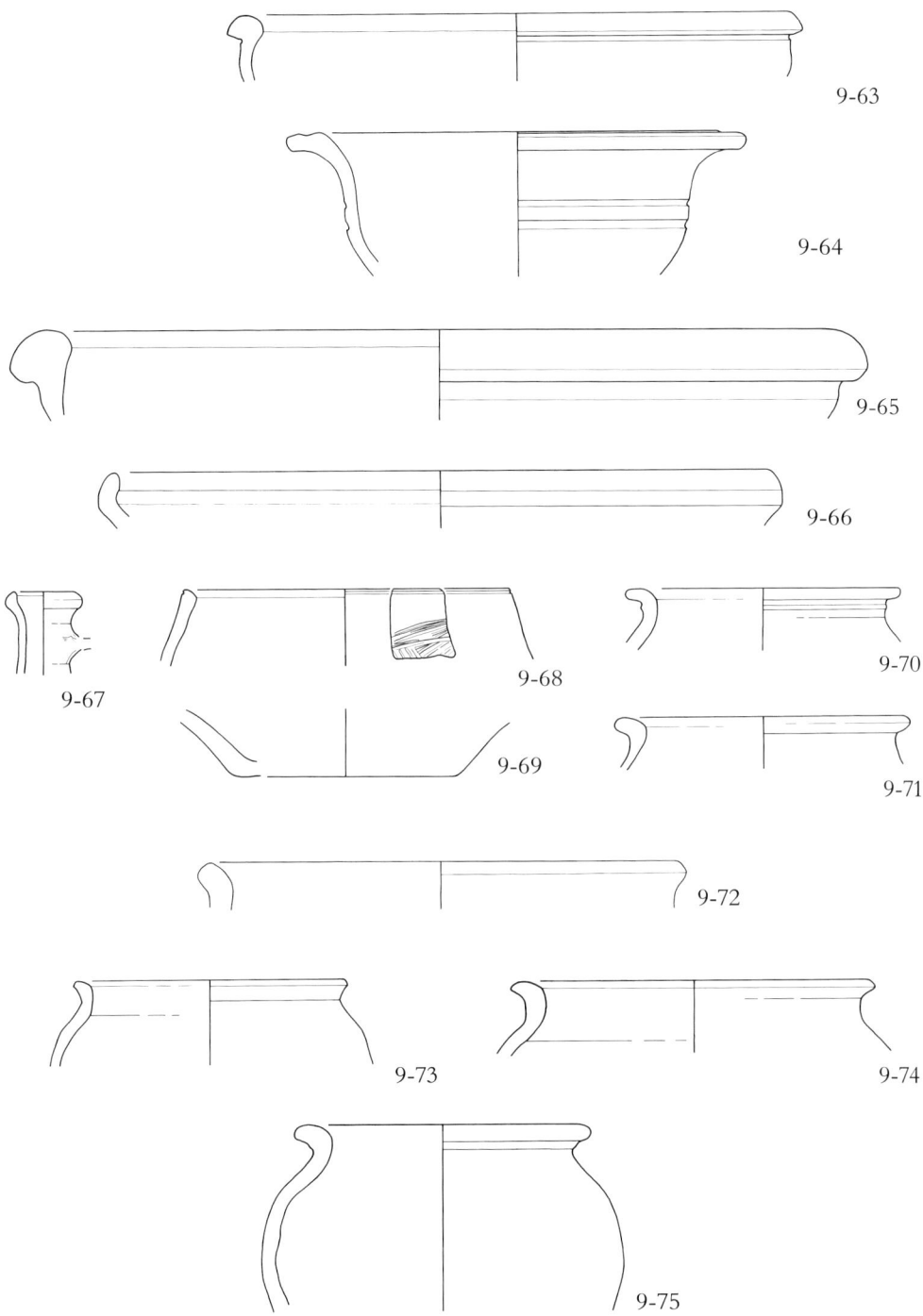

Abb. 68

Bef. 9

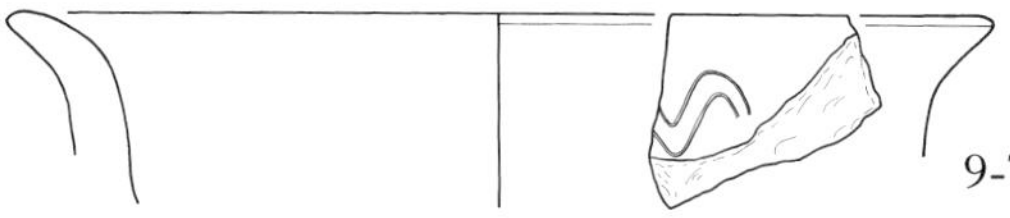

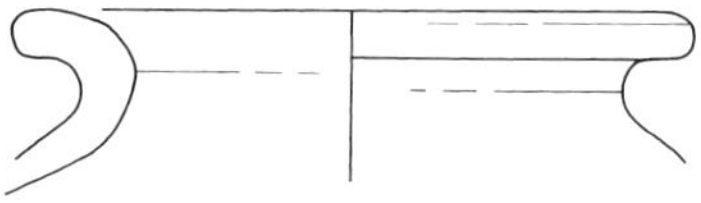

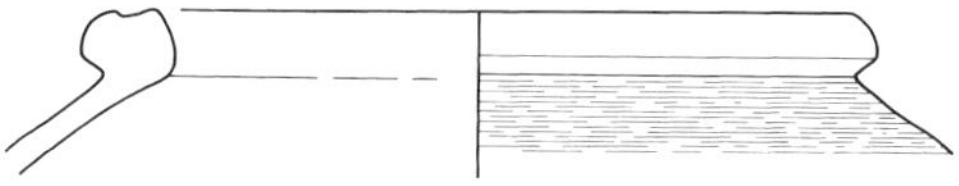

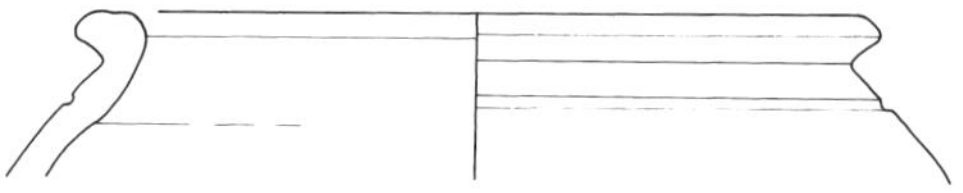

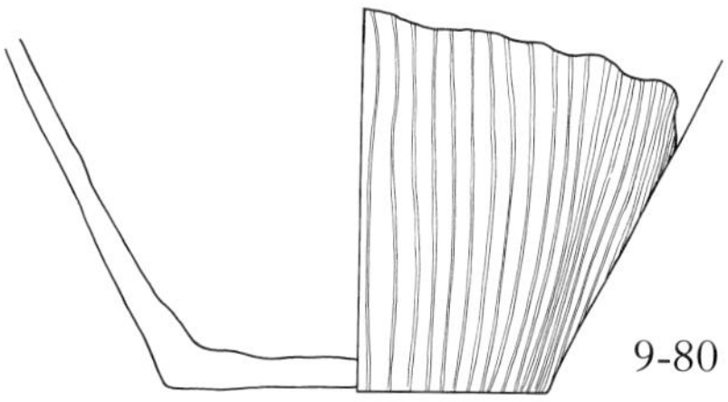

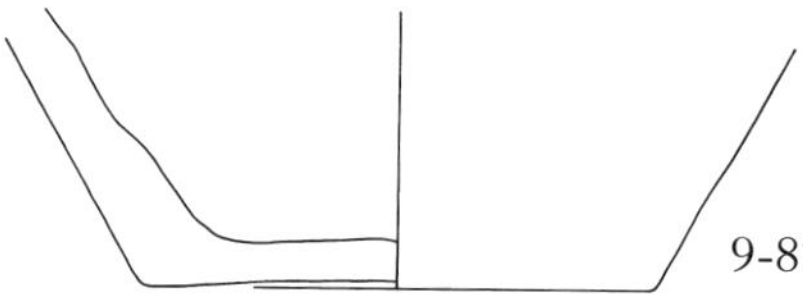

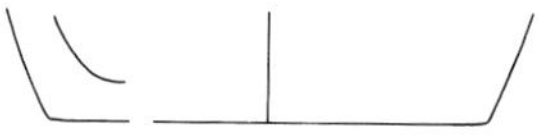

Abb. 69

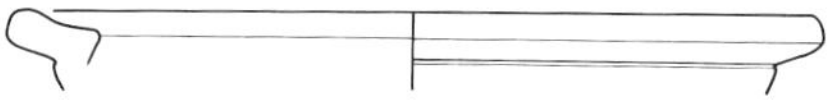

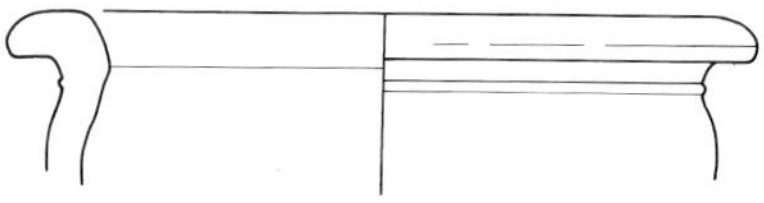

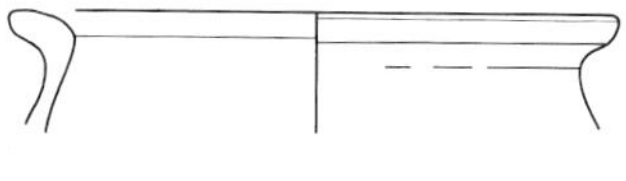

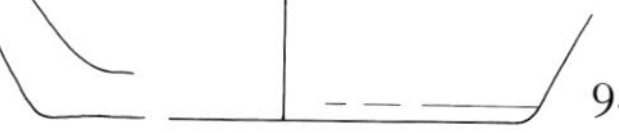

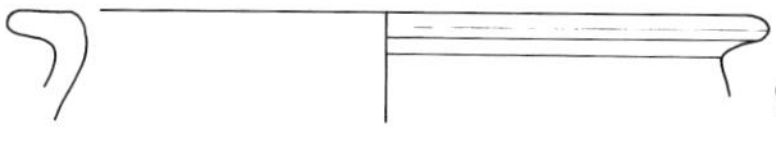

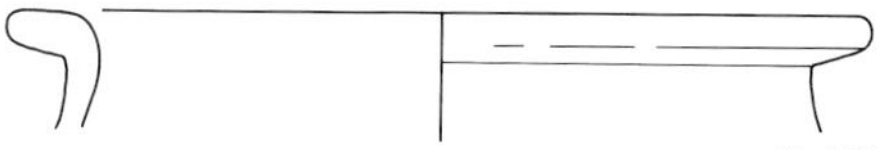

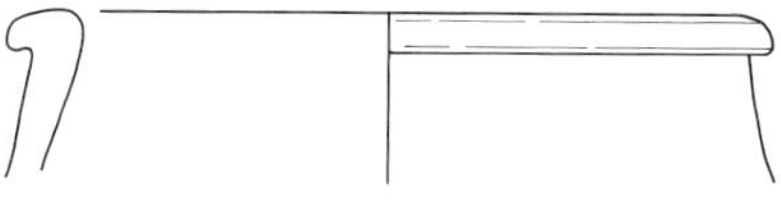

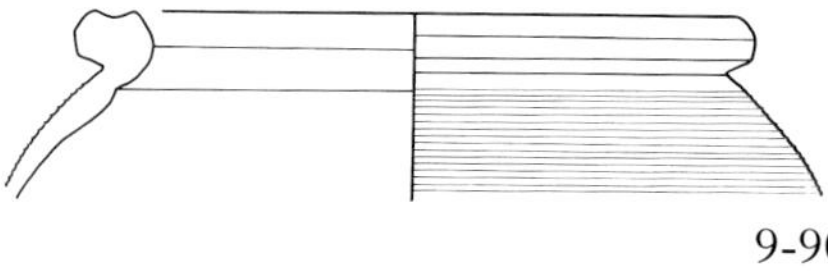

Bef. 9

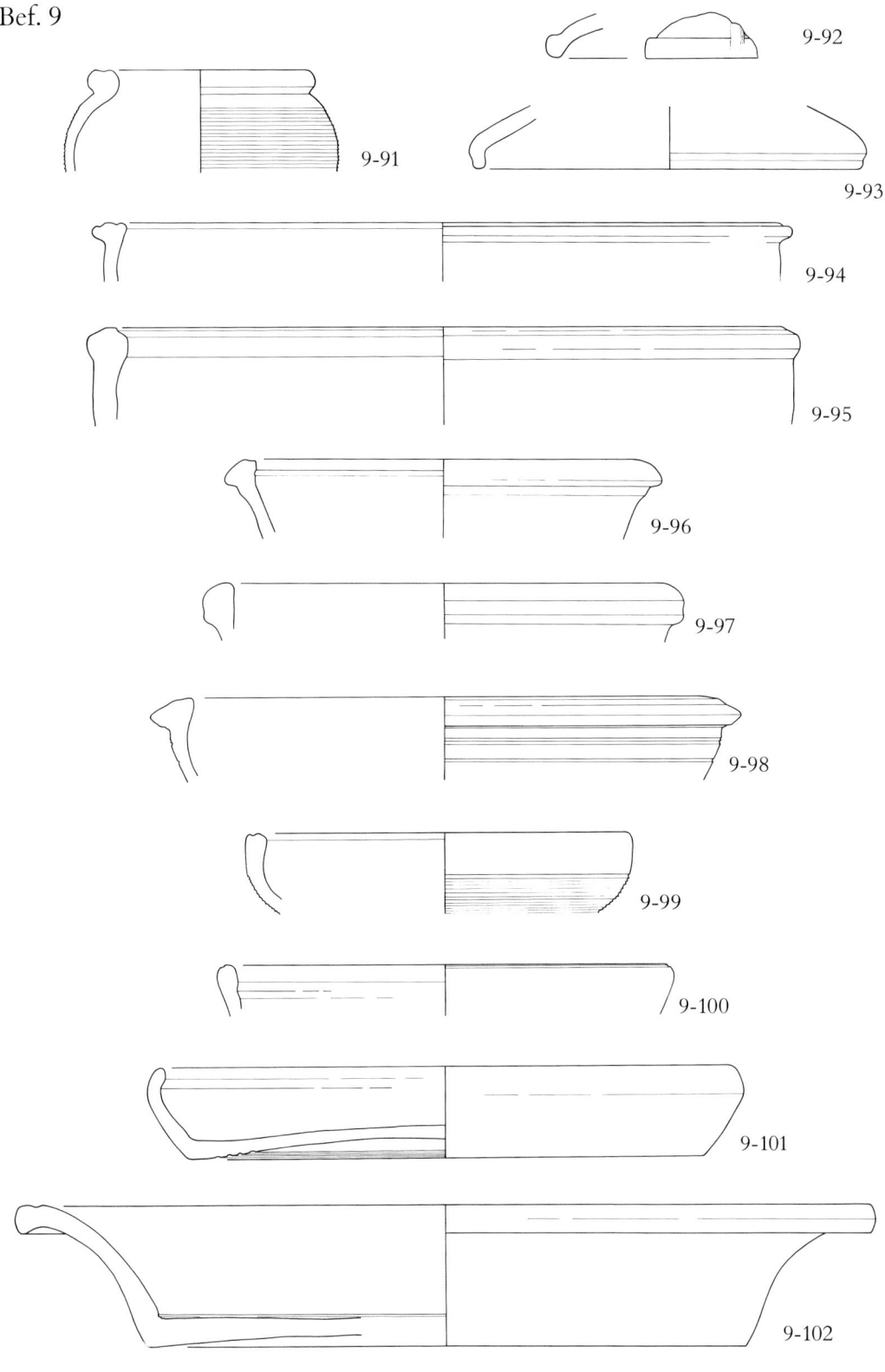

Abb. 70

Bef. 9

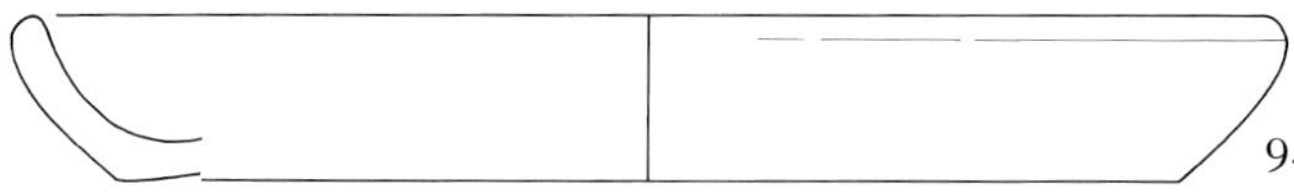

9-103
9-104 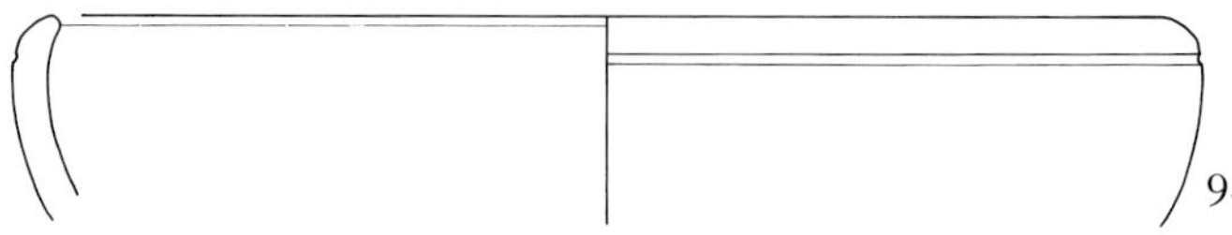
9-105 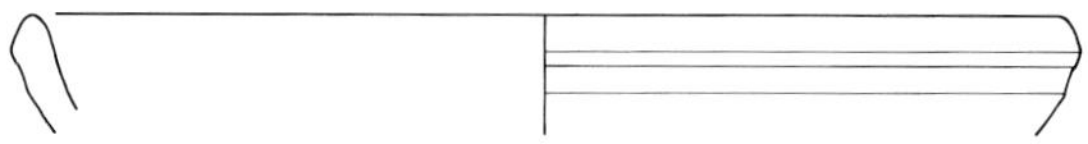
9-106 
9-107 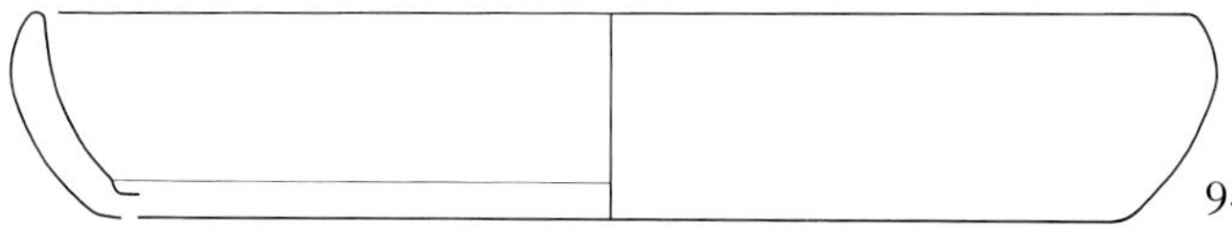
9-108 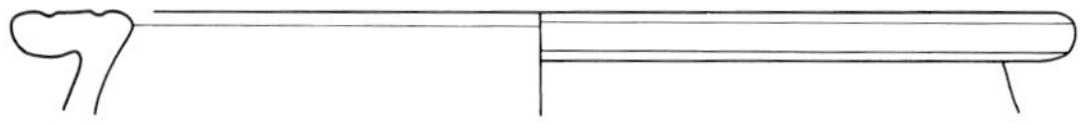
9-109 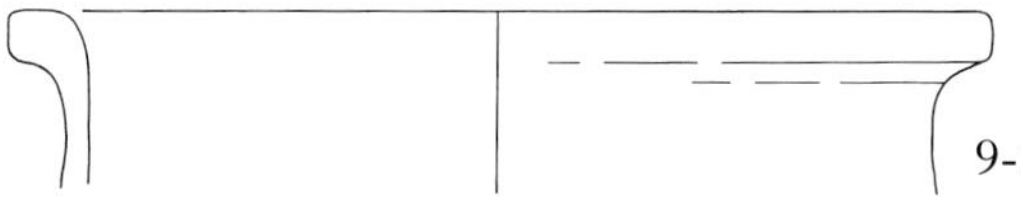
9-110 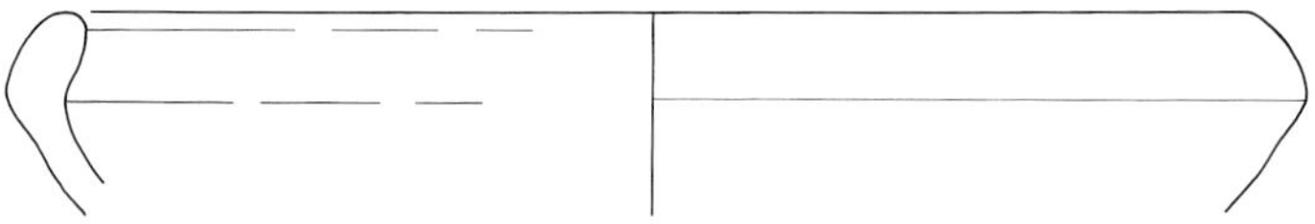
9-111 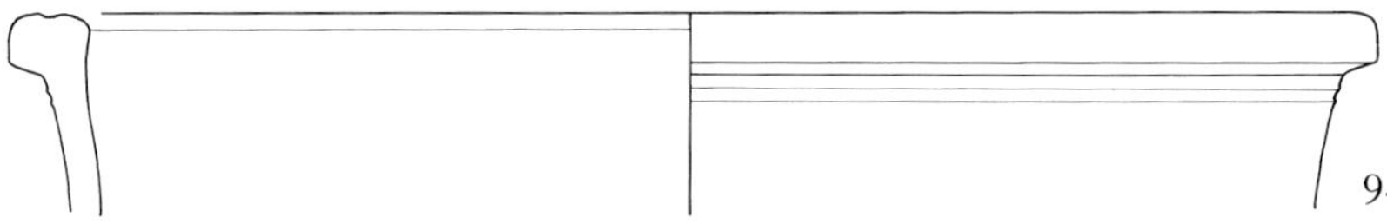
9-112 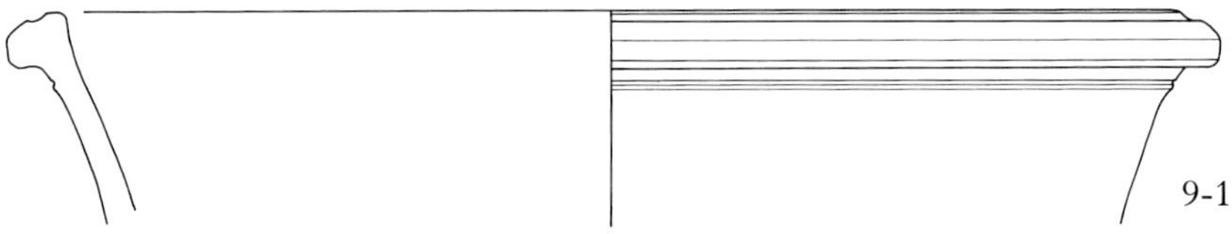
9-113 

Abb. 71

Bef. 9

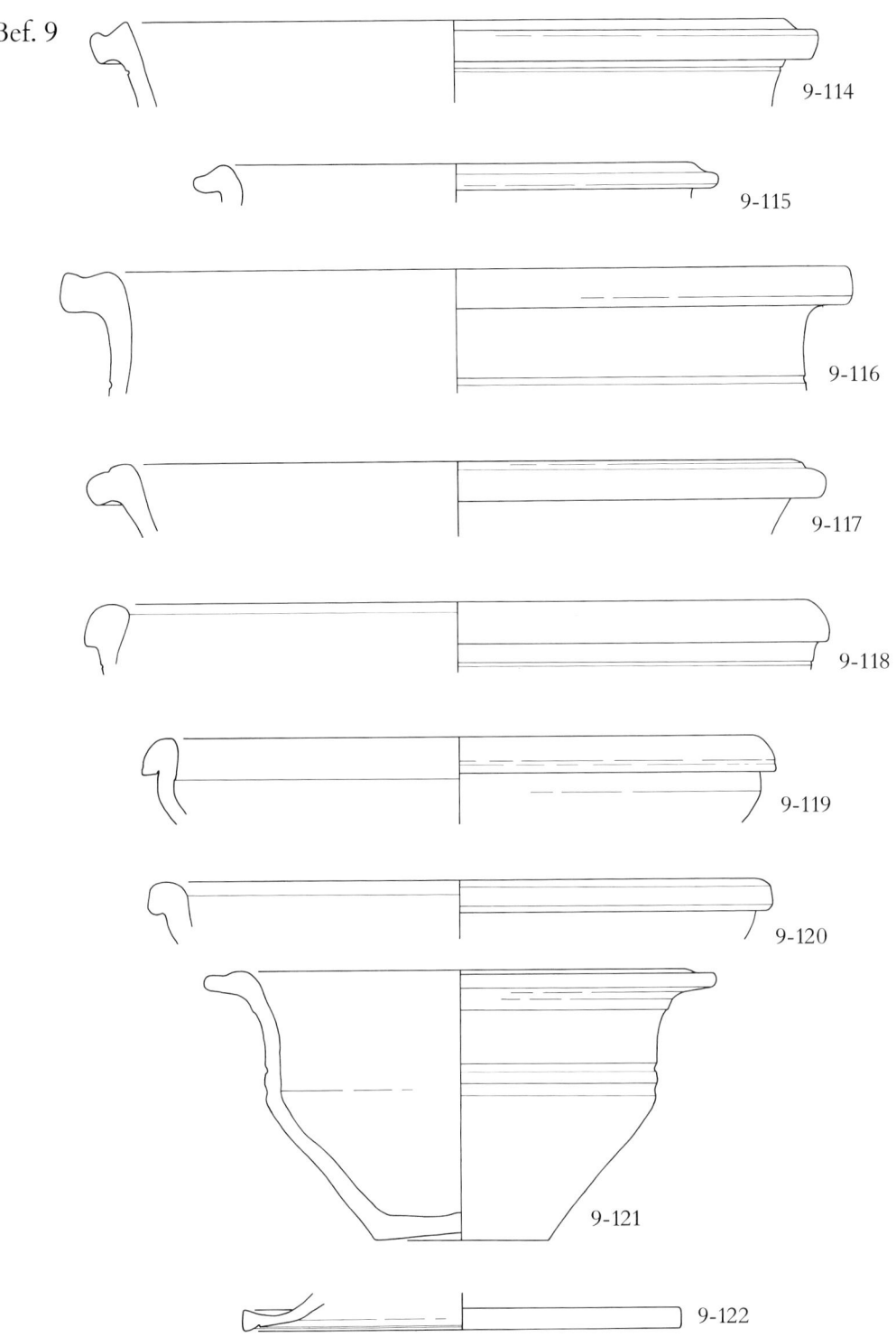

Abb. 72

Bef. 9

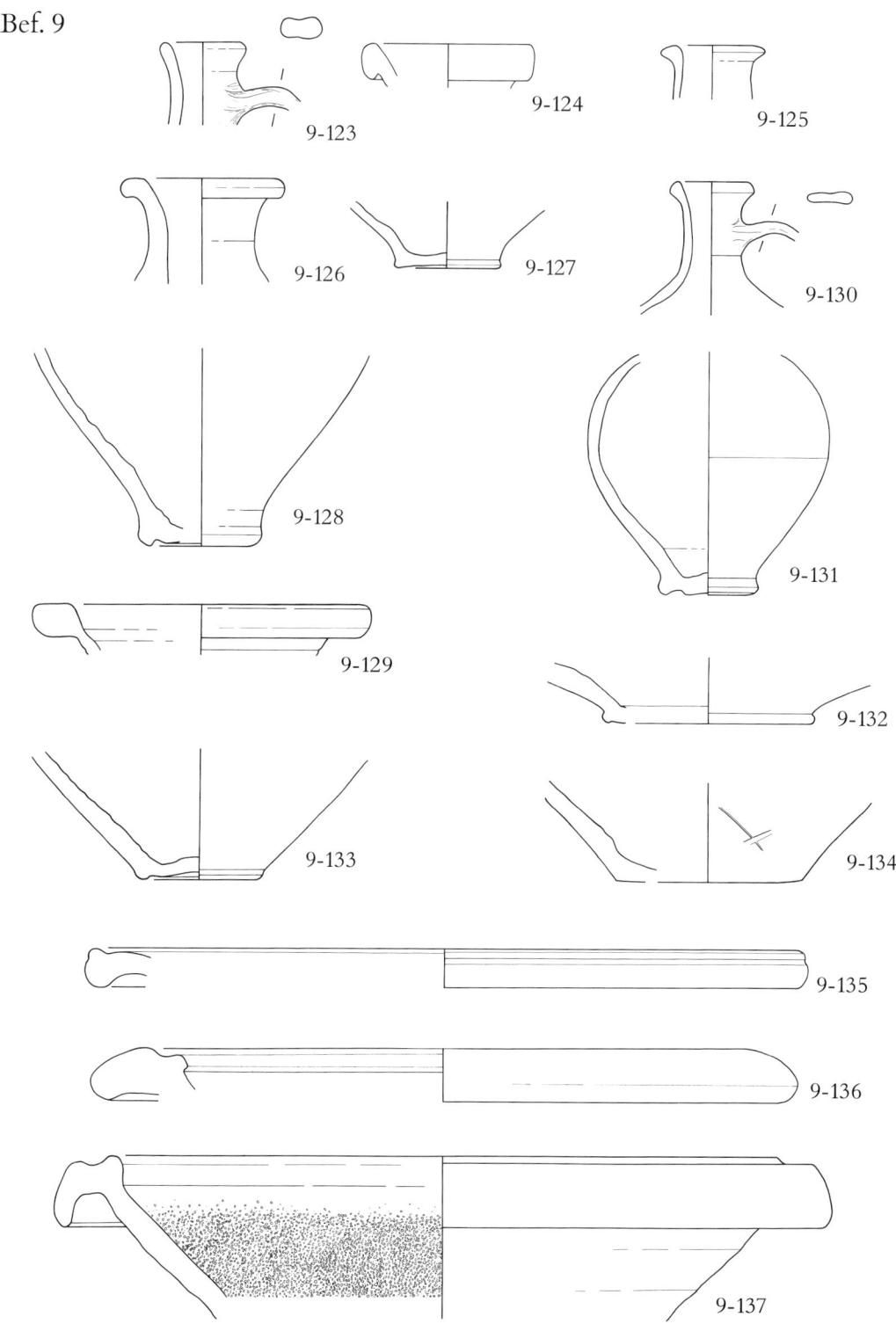

Abb. 73

Bef. 9

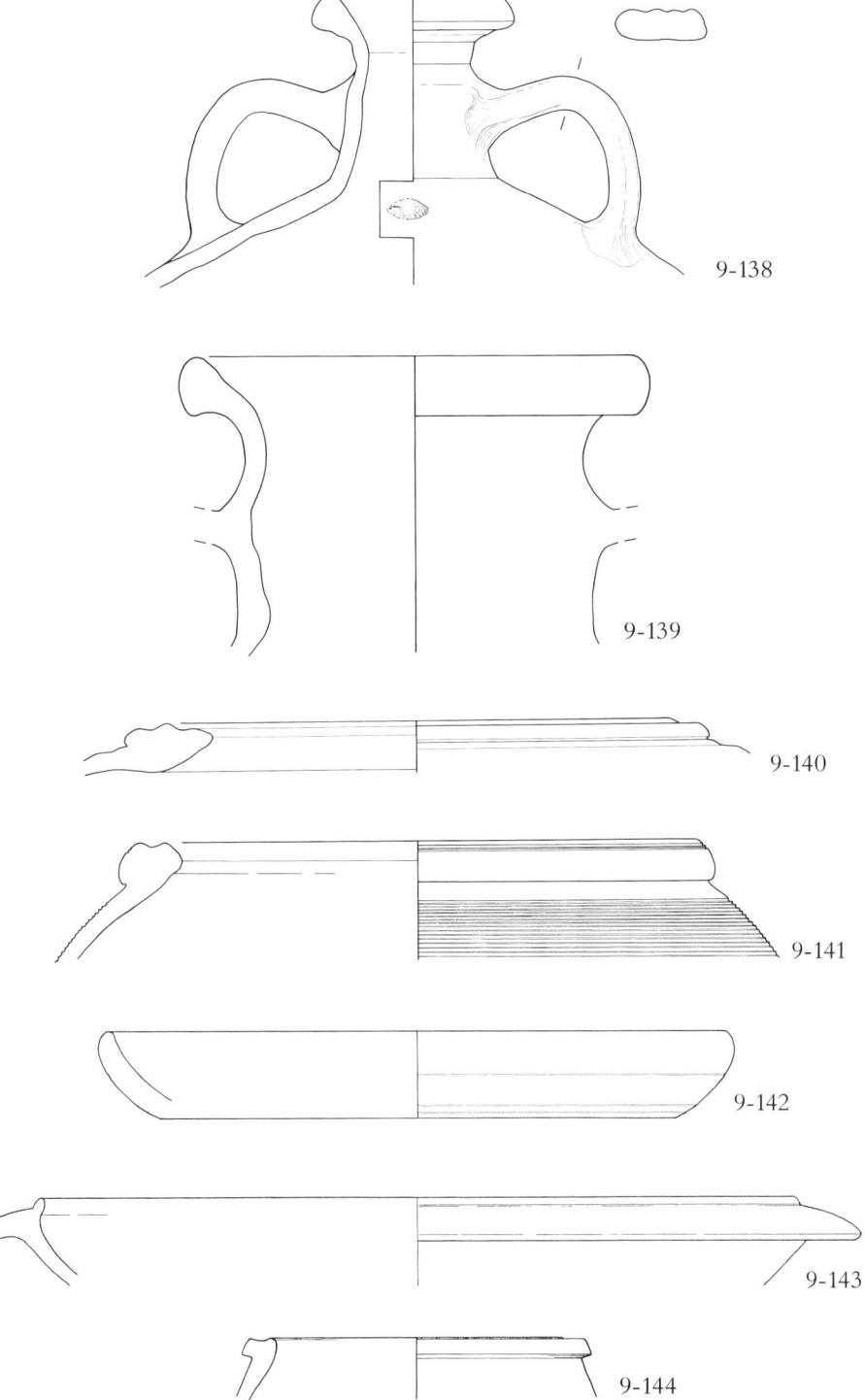

Abb. 74

Bef. 9

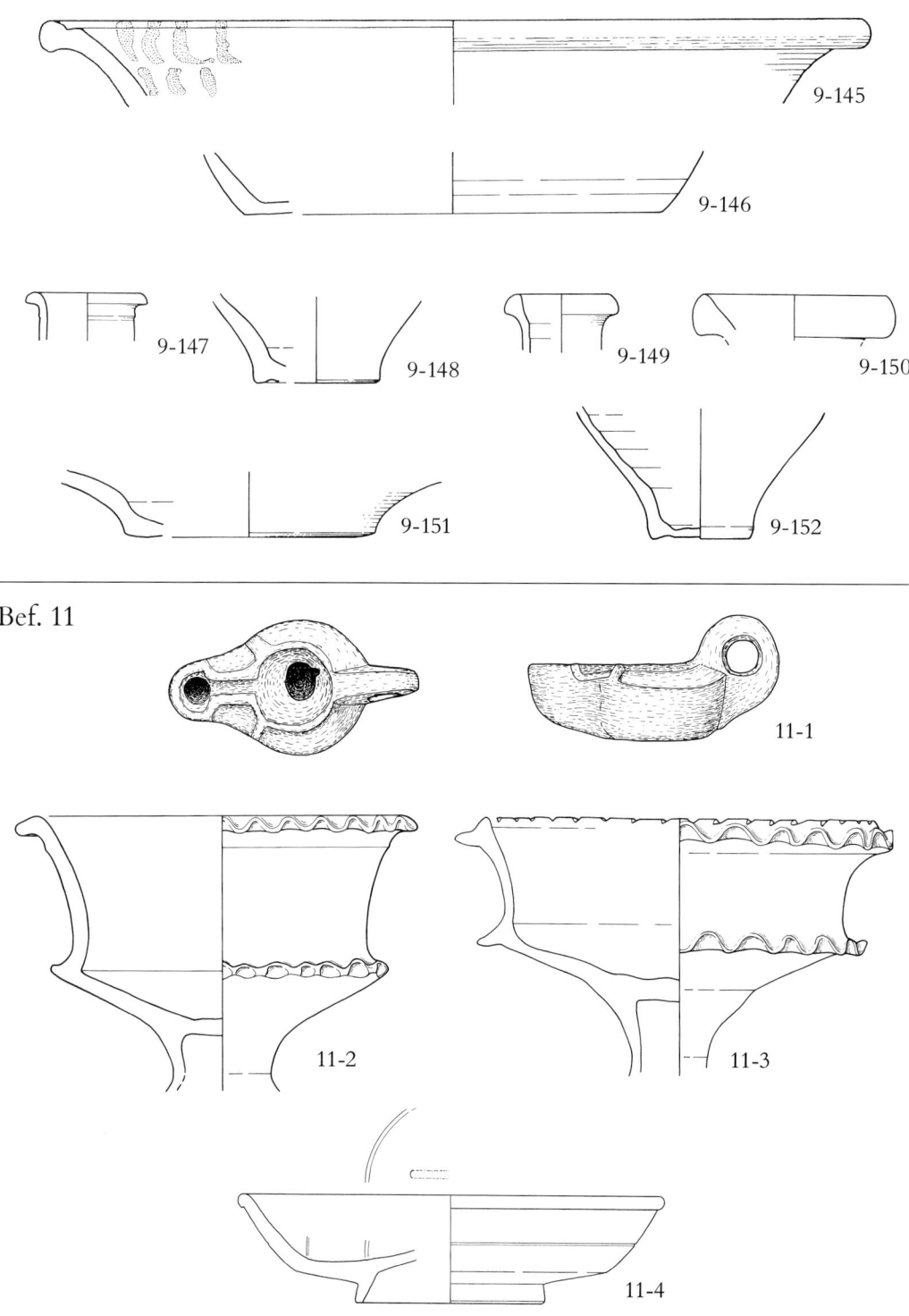

Bef. 11

Abb. 75

Bef. 11

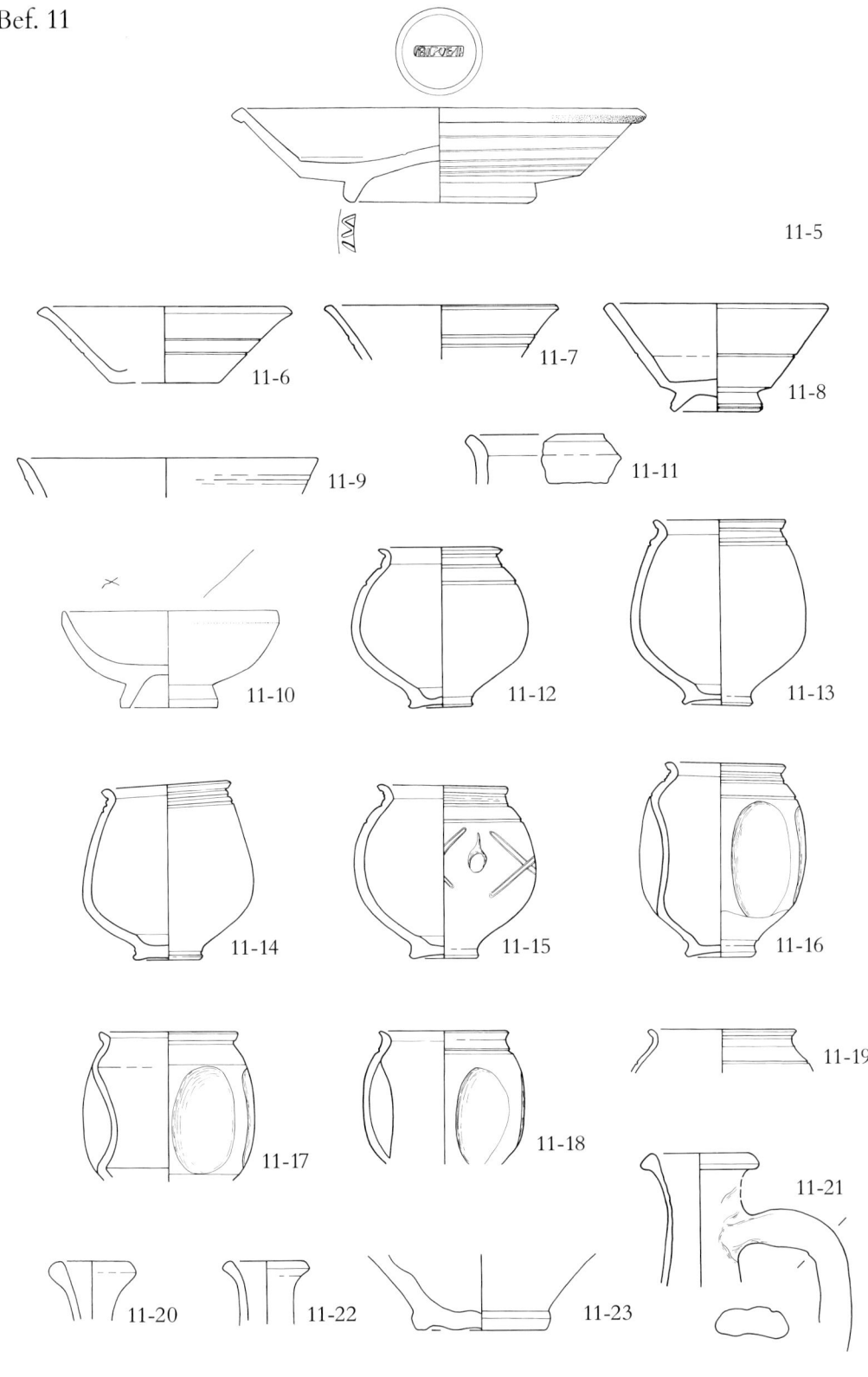

Abb. 76

Bef. 11

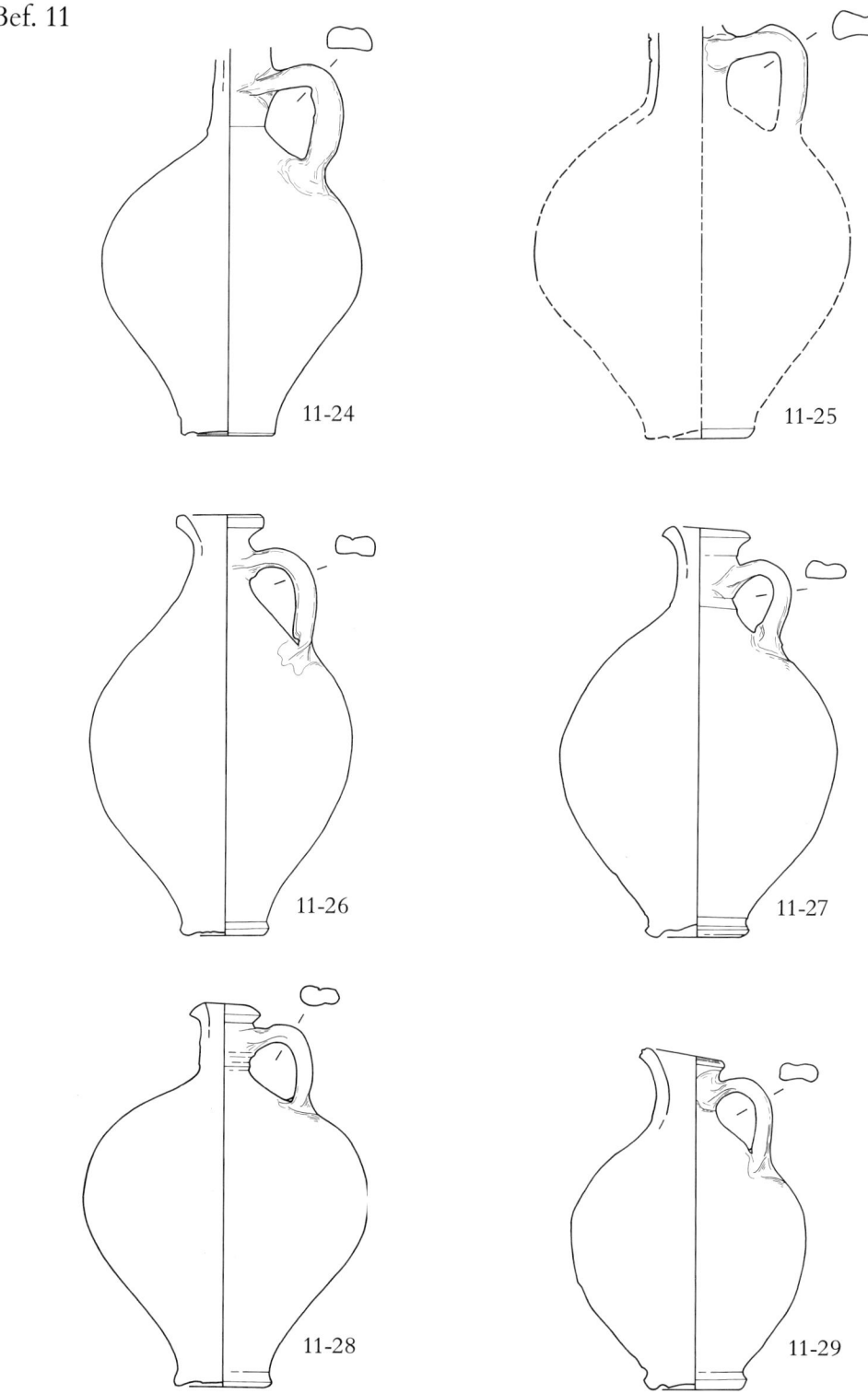

Abb. 77

Bef. 11

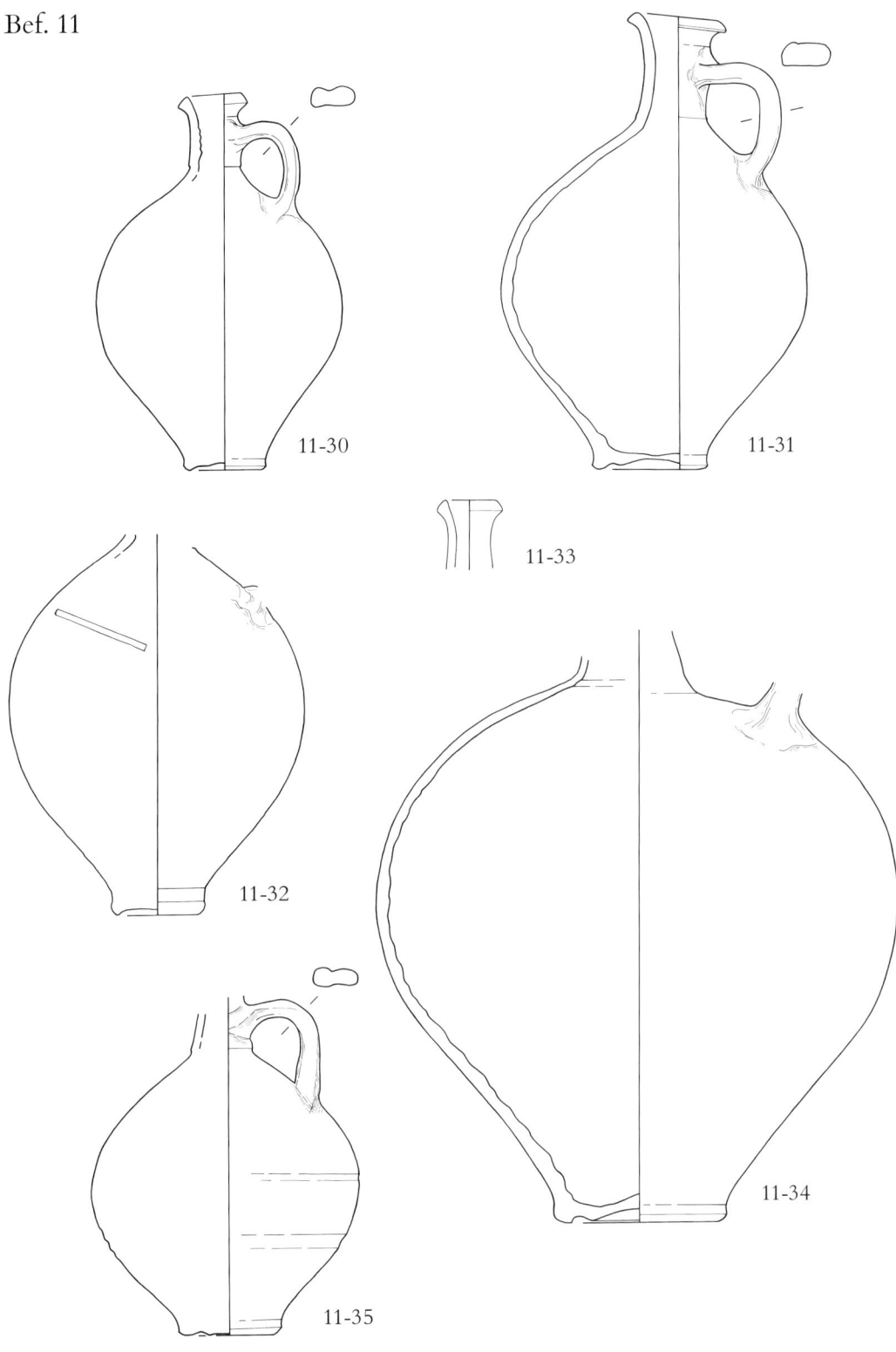

Abb. 78

Bef. 11

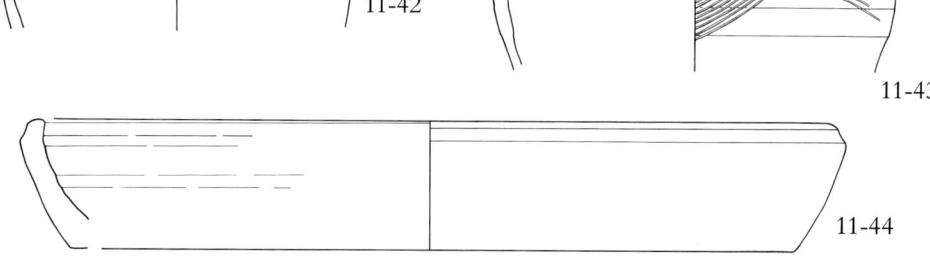

Abb. 79

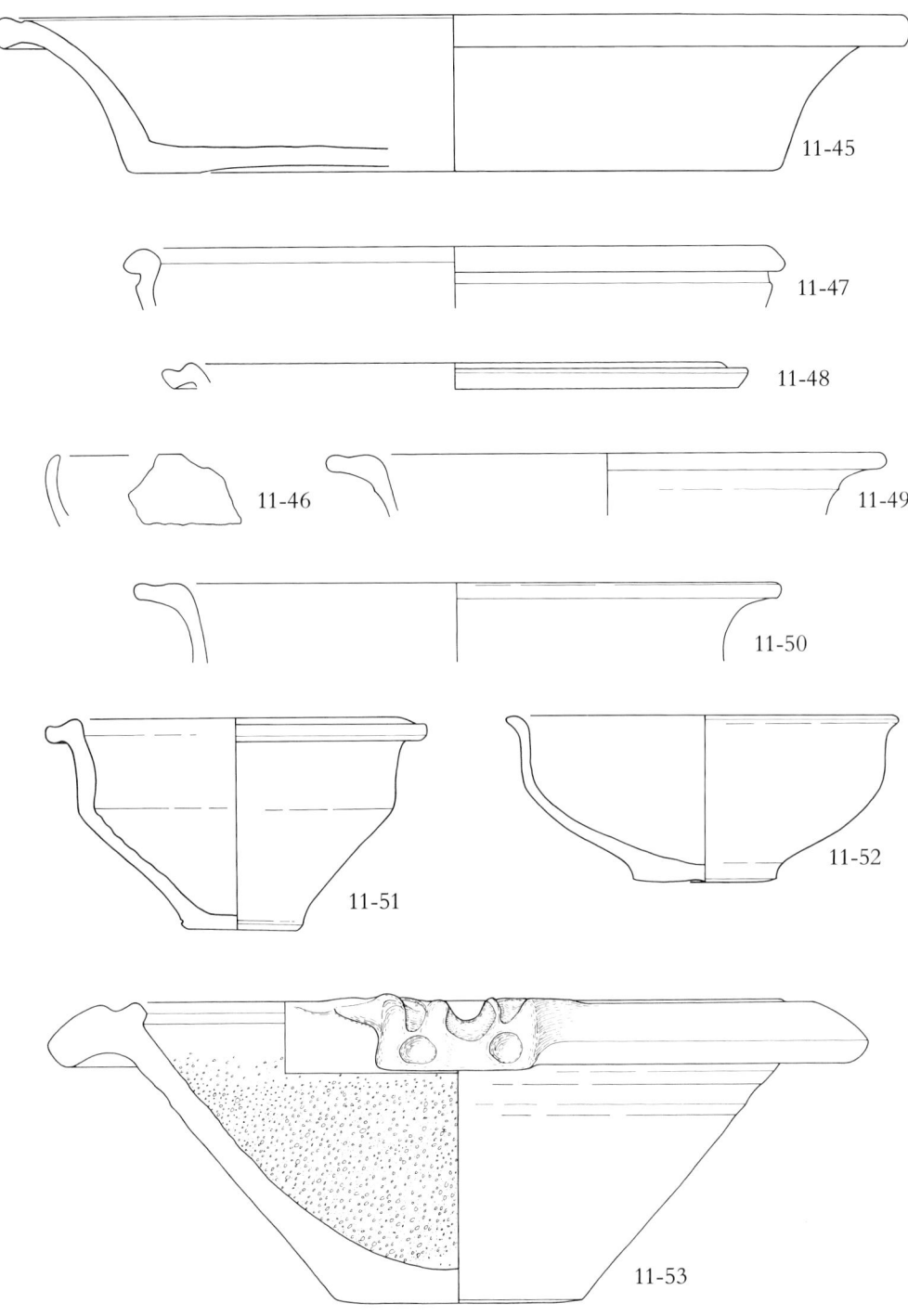

Abb. 80

Bef. 12

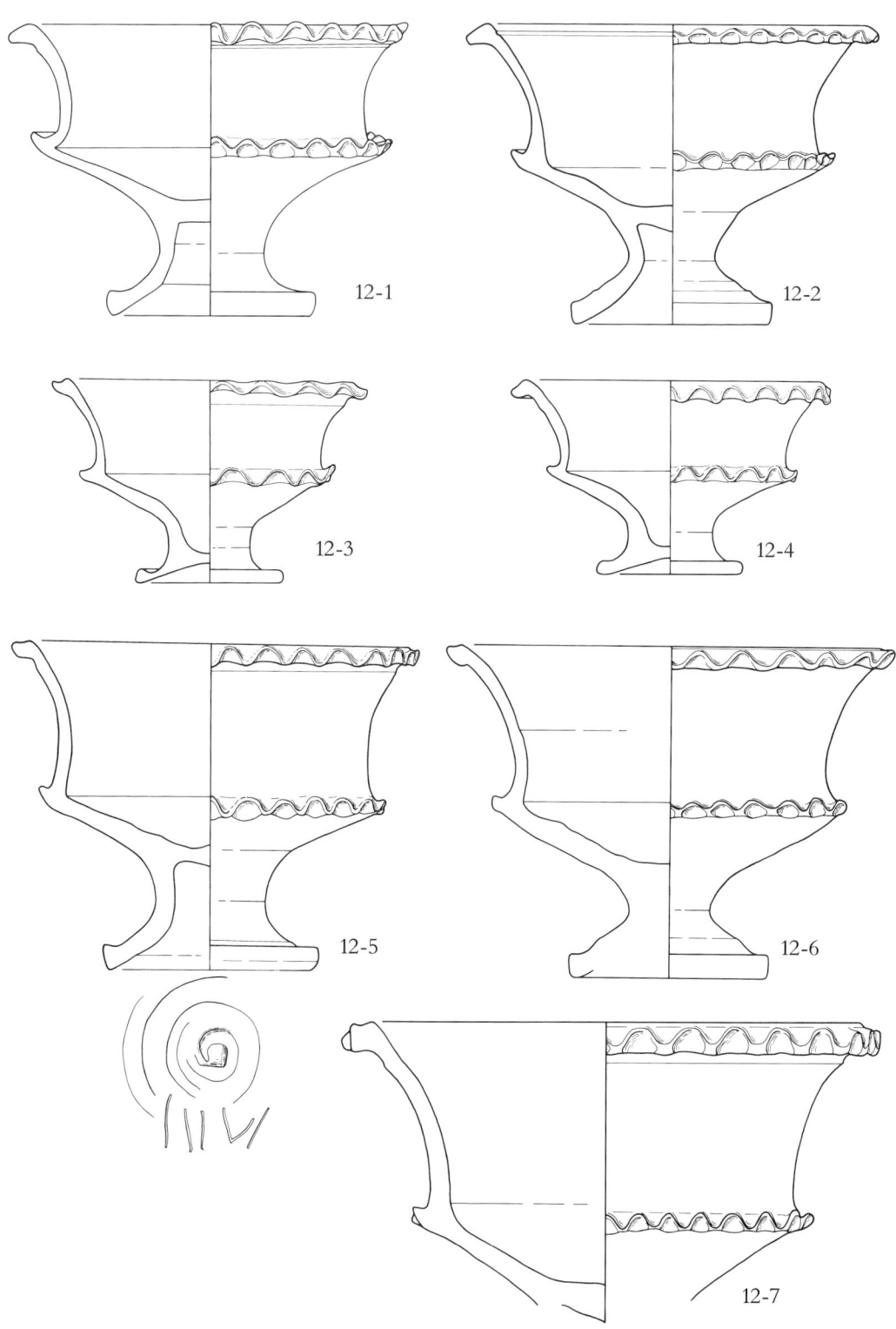

Abb. 81

Bef. 12

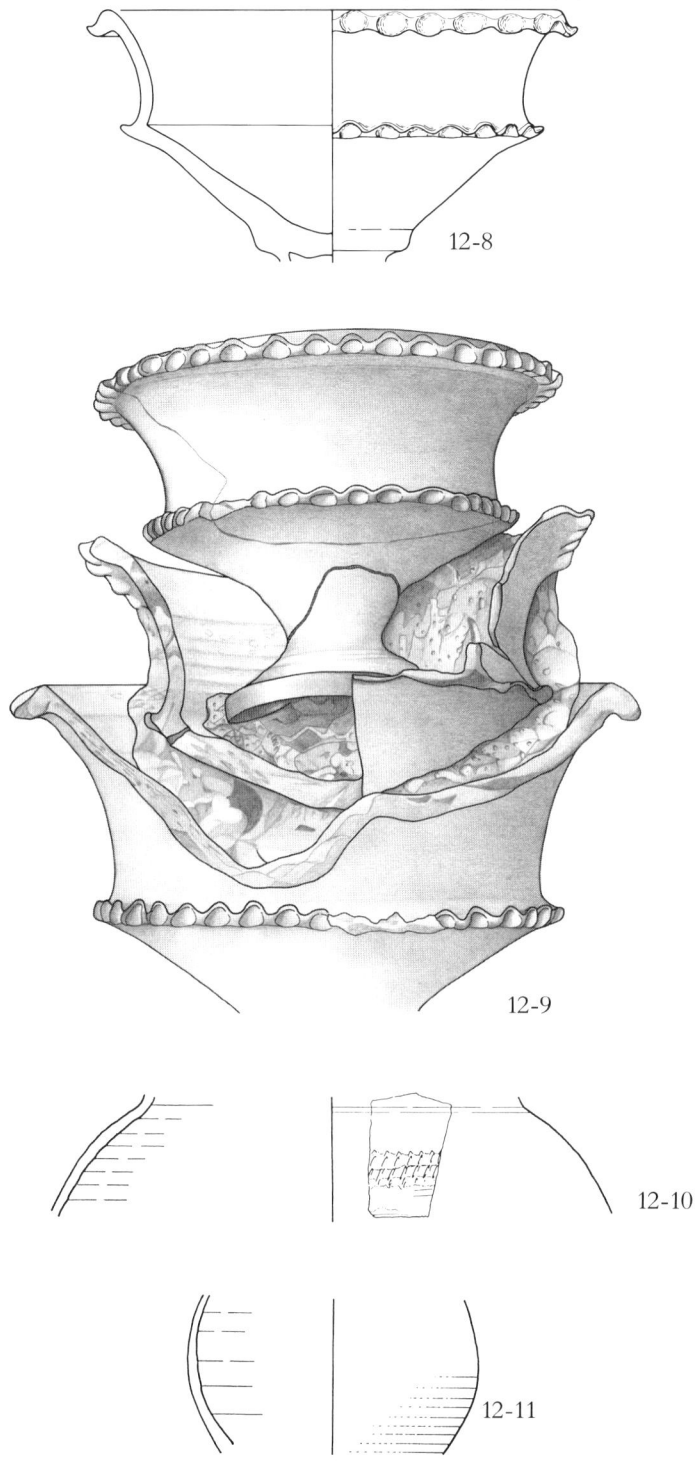

Abb. 82

Bef. 12

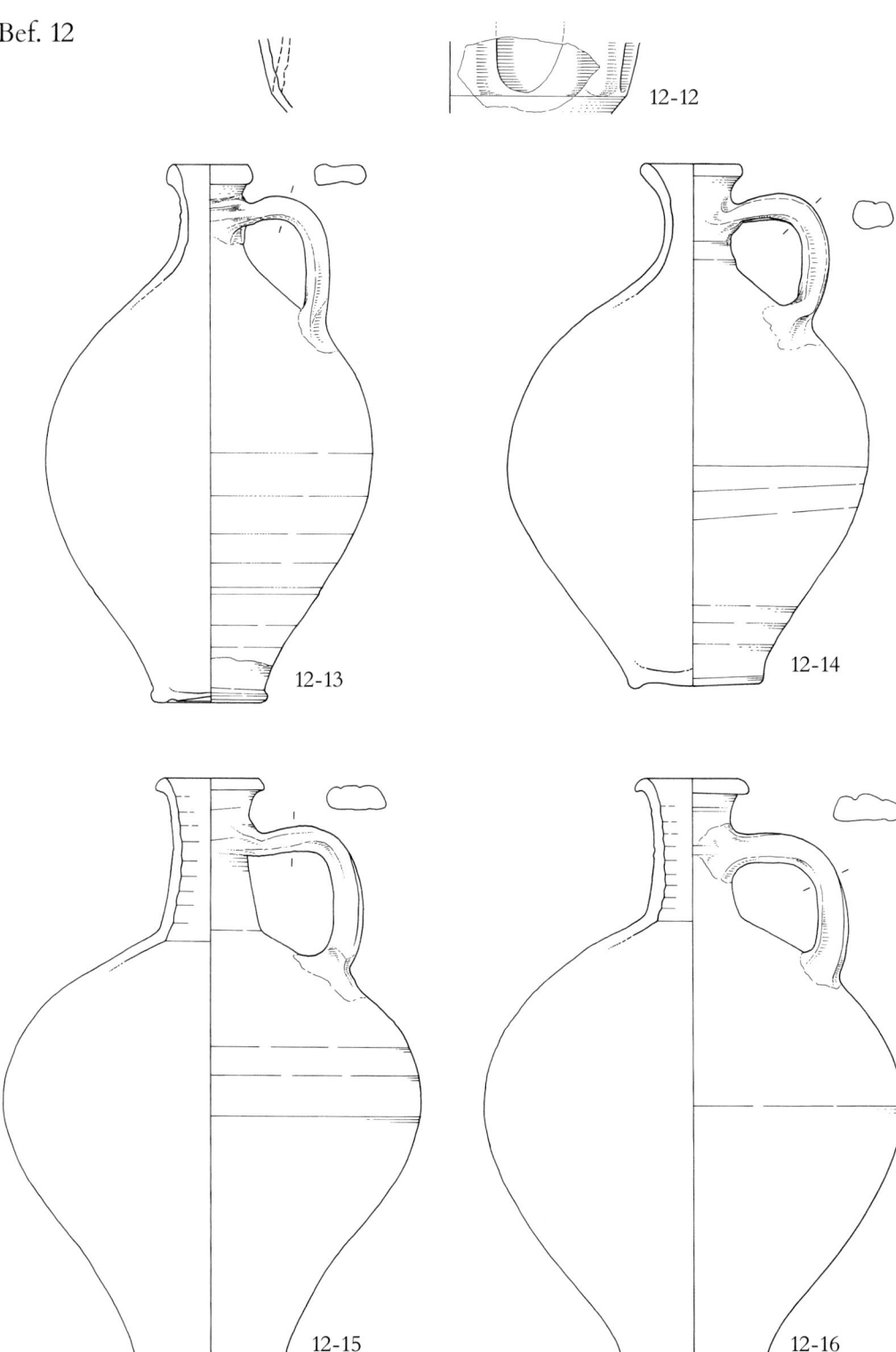

Abb. 83

Bef. 12

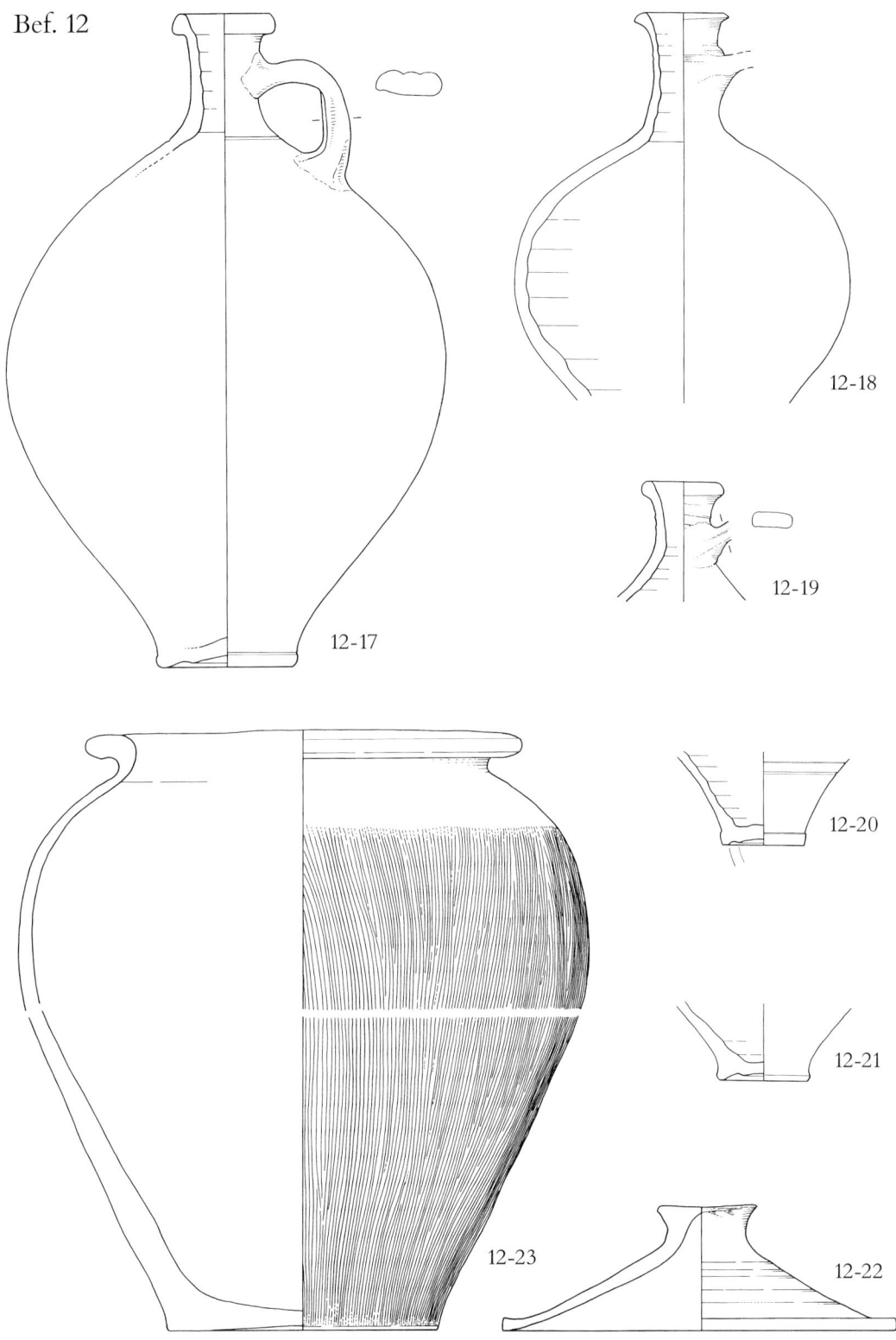

Abb. 84

Bef. 12

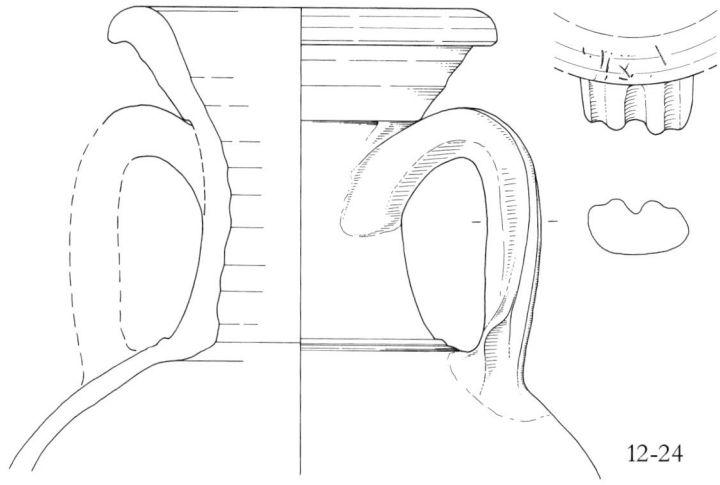

12-24

Bef. 13

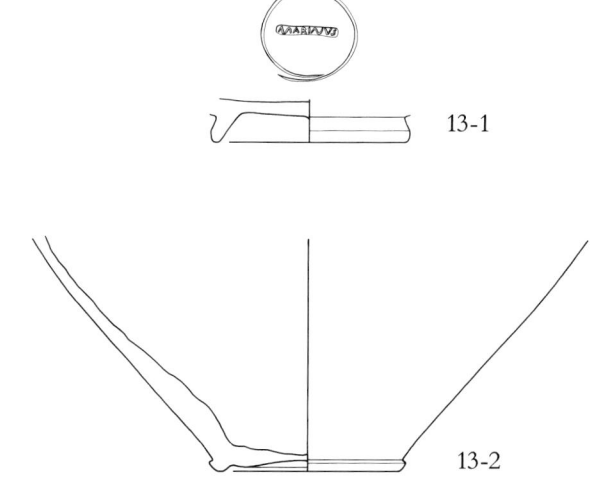

13-1

13-2

Abb. 85

Fundmaterial aus dem Mithrasheiligtum von Riegel am Kaiserstuhl

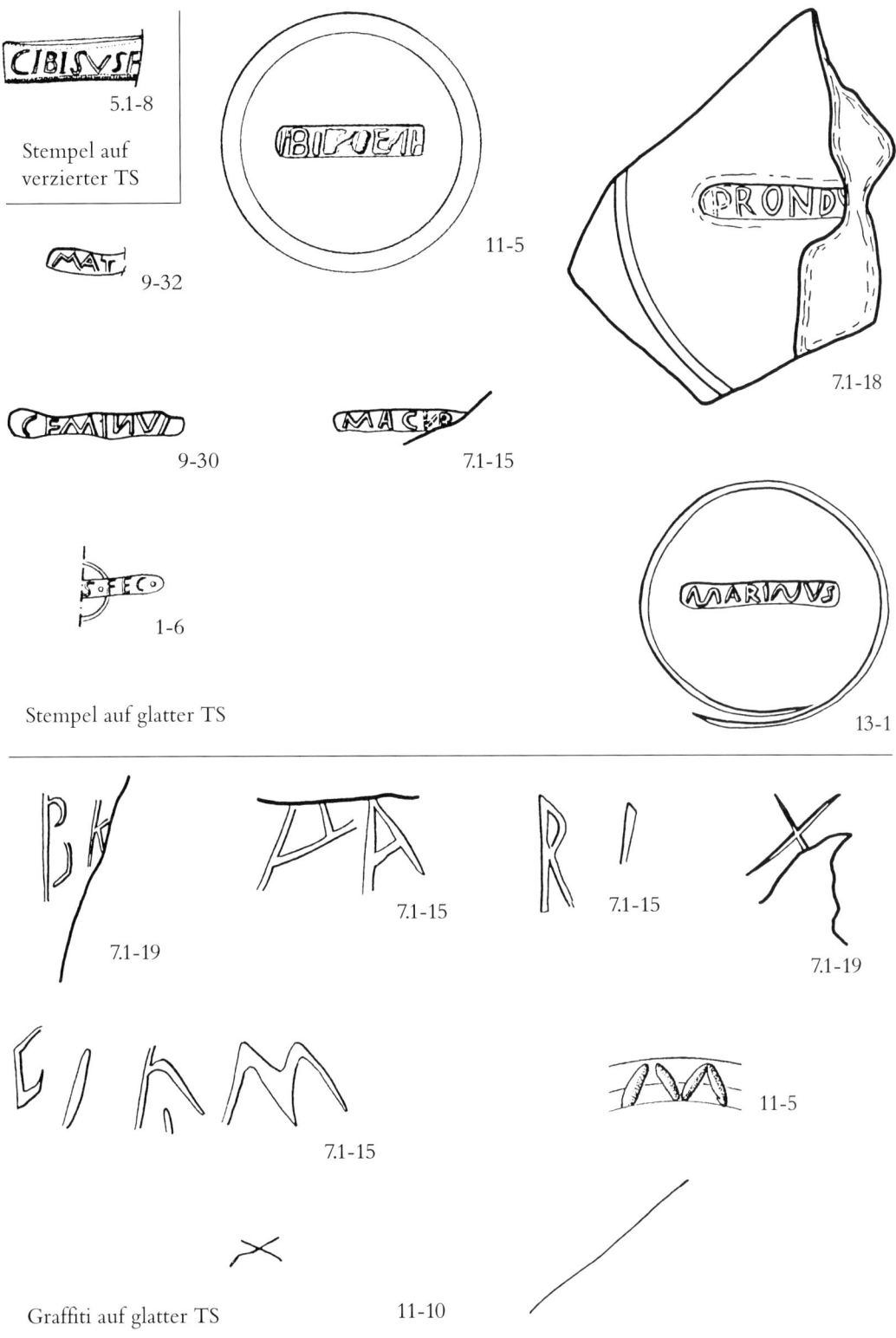

Abb. 86

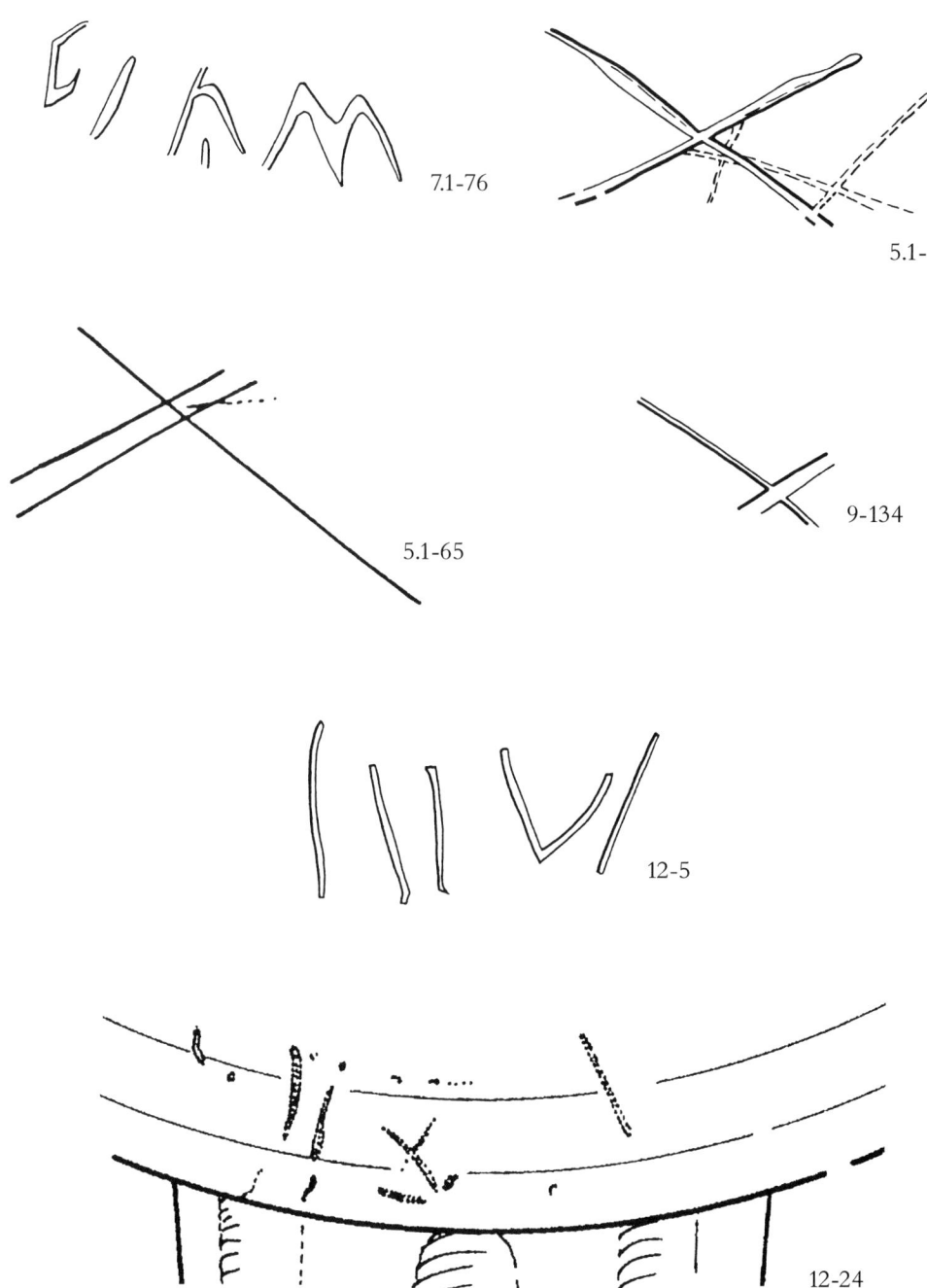

Abb. 87 Graffiti auf Gebrauchskeramik.

Abb. 88a Ausstattungsgegenstände aus dem *spelaeum*: Beleuchtungsgerät und Geschirr für das Kultmahl aus den Podien und im Mittelgang. Foto: T. Goldschmidt, BLM Karlsruhe. Ohne Maßstab.

Abb. 88b Ausstattungsgegenstände aus dem Geschirrschrank im südlichen *narthex* (Bef. 7).
Foto: T. Goldschmidt, BLM Karlsruhe. Ohne Maßstab.

Abb. 89 a Ausstattungsgegenstände aus dem nördlichen *narthex* (Bef. 11).
Foto: T. Goldschmidt, BLM Karlsruhe. Ohne Maßstab.

Abb. 89 b Ausstattungsgegenstände aus dem Geschirrschrank in dem *spelaeum* (Bef. 12).
Foto: H. P. Vieser, Städtische Museen Freiburg. Ohne Maßstab.

Schauplätze der spätrömischen Landschafts- und Umweltgeschichte am Oberrhein

Hans-Peter Kuhnen

In der Erkenntnis, „dass eine räumlich gesehene Welt reicher, komplexer, mehrdimensionaler ist",[1] besinnt sich die Geschichtswissenschaft nach jahrzehntelanger Dominanz von Ereignis- und Sozialgeschichte[2] neuerdings wieder auf den Zusammenhang von Zeit und Raum. Dieses Thema ist für die Vor- und Frühgeschichtsforschung doppelt interessant, einerseits aufgrund der Notwendigkeit, durch Analysen der Fundlandschaft präventive ‚Erhaltungsstrategien' in der archäologischen Denkmalpflege zu konzipieren,[3] andererseits durch den Dialog mit der Ökologiebewegung und den historisch arbeitenden Naturwissenschaften, die gemeinsam mit der Archäologie die vor- und frühgeschichtliche Landschaftsentwicklung untersuchen.[4] Wesentliche Impulse kamen bereits im 19. Jahrhundert in Süddeutschland und der Schweiz durch die Pfahlbauarchäologie,[5] dann durch die interdisziplinäre Zusammenarbeit von Vor- und Frühgeschichte und Geografie, speziell im Kreis des Heidelberger Prähistorikers Ernst Wahle, bis diese Forschungsrichtung in den 1930er Jahren durch die Hinwendung der Prähistorie zu politisch konformer Rassen-und Volkstumskunde in den Hintergrund trat.[6]

Im Oberrheintal, das in der Spätantike eine nicht immer friedliche Symbiose zwischen Rom und dem Barbaricum erlebte,[7] begünstigte die politische und wirtschaftliche Entwicklung des zusammenwachsenden Europa nach 1945 das Wiederaufleben interdisziplinärer und grenzüberschreitender Forschungen zur vormittelalterlichen Landschaftsgeschichte. Durch dichte denkmalpflegerische Betreuung haben hier Archäologen und Naturwissenschaftler aus Frankreich, Deutschland und der Schweiz eine große Zahl von Fundstellen erkundet, die sich wie Mosaiksteine zu einem Bild von Siedlung, Wirtschaft und Landschaft zwischen späten Römern und frühen Alamannen zusammen-

---

1 Schlögel 2006, 15.
2 Kurz A. Gestrich in: ders./P. Knoch/H. Merkel (Hrsg.), Biographie – sozialgeschichtlich (Göttingen 1988) 5–23.
3 Aktuell zum Diskussionsstand: die Referate der Jahrestagungen des Verbands der Landesarchäologen in der Bundesrepublik Deutschlands vom 4.5.2004 und der AG Theorie des Nordwestdeutschen Verbandes für Altertumsforschung am 21.10.2004, abgedruckt und zusammengefasst in: Arch. Nachrbl. 10, 2005, 107–267.
4 Th. Knopf, Mensch und Umwelt in der Archäologie – Alte Ansätze und neue Perspektiven. Arch. Nachrbl. 10, 2005, 211–219. Siehe auch G. Ermischer, Kulturlandschaft – Archäologen gestalten den Wandel. Arch. Inf. 26, 2003, 77–83; S. Ostritz, Thematische Oberflächen – ein vielversprechender methodischer Ansatz für die prähistorische Raumanalyse. Forsch. Arch. Land Brandenburg 8, 2003, 229–250. – Zu Baden-Württemberg M. Rösch in: Planck 1988, 483–514. Allg. RGK (Hrsg.), Spuren der Jahrtausende. Archäologie und Geschichte in Deutschland (Stuttgart 2002) 446–477.
5 E. Keefer (Hrsg.), Die Suche nach der Vergangenheit. 120 Jahre Archäologie am Federsee. Ausstellungskat. Stuttgart (Stuttgart 1992) 54 ff.
6 Zur geschichtstheoretischen Ausrichtung Wahles vgl. D. Hakelberg, Deutsche Vorgeschichte als Geschichtswissenschaft – Der Heidelberger Extraordinarius Ernst Wahle im Kontext seiner Zeit. In: H. Steuer (Hrsg.), Eine hervorragend nationale Wissenschaft. Deutsche Prähistoriker zwischen 1900 und 1995. RGA Erg. Bd. 29 (Berlin 2001) 199–310.
7 Als Überblick zur historisch-archäologischen Situation H.-U. Nuber in: Katalog Spätantike am Oberrhein 12–29.

setzen lassen.⁸ Allerdings erscheinen gerade die landschaftsgeschichtlich aussagekräftigen Befunde oft nur als abstrakte Messgrößen oder statistische Datenreihen. Dass Phantasie notwendig ist, um daraus ein zusammenhängendes Bild zu gewinnen, bemerkte 1937 schon ERNST WAHLE: „Natürlich ist das heutige Antlitz des Oberrheingebietes nicht schon dasjenige der frühgeschichtlichen Zeit gewesen. Wir haben uns die Fülle der Einflüsse des Menschen auf das Landschaftsbild hinwegzudenken ...".⁹ Um dies anschaulicher zu machen, sei der folgende Überblick als fiktive Reise zu ausgewählten Schauplätzen angeordnet, etwa so, als gehe es um ein Drehbuch für einen Landeskundefilm beispielsweise des SWR, vielleicht unter dem Titel „Fahr mal zurück: Der Oberrhein als Siedlungs- und Wirtschaftsraum von Römern und Alamannen".¹⁰

Die Rheinauen als amphibisches Biotop: Neupotz und Hagenbach, Lkr. Germersheim

Nach Recherchen in den Denkmalämtern, Universitäten und Museen der Oberrheinanlieger Hessen, Rheinland-Pfalz, Baden-Württemberg, der Kantone Basel, Basel-Land und Aargau und der Region Alsace könnten die Dreharbeiten in den Auewäldern zwischen Hagenbach und Neupotz nordwestlich von Karlsruhe beginnen, wo Hobbyarchäologen beim Kiesbaggern in ca. 8 m Tiefe Hunderte von Metallgegenständen entdeckten, die während der zweiten Hälfte des 3. Jahrhunderts n. Chr. höchstwahrscheinlich als Beutegut aus Plündererhand in den Boden gelangt waren.¹¹ „Boden" meint hier ein Feuchtbiotop, das mit Booten leichter zu durchqueren war als mit Fuhrwerken oder zu Fuß, denn, wie es der Mainzer Schiffsarchäologe OLAF HÖCKMANN formuliert: „Jedes Frühjahrshochwasser konnte den Lauf des Hauptstroms verändern, sodass der bisherige Talweg (sc. des Stroms) zu einem Nebenarm wurde, der schließlich als Altrhein verlandete. Hierdurch entstand ein Geflecht von Wasserarmen in allen Stadien der Verlandung, die eine Fülle von Kiesbänken und Inseln bildeten. Diese einst großenteils sumpfige Auewaldzone wird im Westen von einem ca. 10 m hohen steilen Hochufer begrenzt ... Das einstige Ambiente ist heute nur noch an wenigen Stellen erhalten. Altrheinlandschaften wie z. B. bei Hagenbach ... vermitteln aber noch eine Vorstellung davon, wie schwierig es einst war, die Aue zu durchqueren. Hierbei ist nicht nur an Wasser und Sumpfwald zu denken, sondern auch an eine schwer zu beschreibende Mückenplage ... . Vor der Korrektion war das Land am Oberrhein Malariagebiet"¹² (Abb. 1).
Durch häufige Überschwemmungen und hohen Grundwasserspiegel bildeten die Rheinauen mit wasserliebendem Baumbestand aus Eichen, Erlen, Eschen, Pappeln und Weiden, Feuchtwiesen und entsprechender Tierwelt ein amphibisches Biotop, das für den Menschen ein interessanter Wirtschaftsraum war.¹³ Der Film müsste alle Landschaftselemente wegretuschieren, die entstanden, als der badische Wasserbaumeister JOHANN GOTTLIEB TULLA 1817–1828 die zahlreichen Flussschleifen des bis dahin stark mäandrierenden Oberrheins durchstieß und den Strom durch Dämme in ein neues, begradigtes Hauptbett zwang. „Die stellenweise mehrere Kilometer breite Rheinniederung war

---

8 Eine vergleichende länderübergreifende archäologische Forschung am Oberrhein ist ein Desiderat. Die aktuellen Arbeiten zur Forschungsgeschichte der Region orientieren sich hauptsächlich an den politischen Grenzen der Gegenwart oder des Altertums; vgl. D. PLANCK in: Katalog Roms Provinzen 22–27; R. STUPPERICH in: Katalog Spätantike am Oberrhein 80–85; K. ECKERLE in: R.-H. BEHRENDS (Hrsg.), Faustkeil – Urne – Schwert. Archäologie in der Region Karlsruhe (Karlsruhe 1996) 20–28; BAATZ/HERRMANN 1989, 13–37; CÜPPERS 1990, 13–38; BAUD u. a. 1991, 13–22; dazu die Aufsätze von ST. KRAUS, K. ECKERLE, M. STROBEL und D. PLANCK in: Arch. Nachrichtenbl. 5, 2000, 207–241.
9 E. WAHLE, Vorzeit am Oberrhein. Neujahrsbl. Badische Hist. Komm. 19 (Heidelberg 1937) 8.
10 Eine stark gekürzte Version des nachfolgenden Beitrags erschien unter dem Titel „Landschafts- und Umweltgeschichte am Oberrhein zwischen Römern und Alamannen" im Katalog Spätantike am Oberrhein 52–61.
11 Zu Hagenbach H. BERNHARD u. a., Der römische Schatzfund von Hagenbach (Mainz 1990) 6 ff.; zu Neupotz KÜNZL 1993, 3 ff. Zu den Fundorten R. SCHULTZ u. H. BERNHARD in: Katalog Barbarenschatz 65–67; 72–75; CÜPPERS 1990, 378 f. (Hagenbach) und 494 f. (Neupotz).
12 O. HÖCKMANN in: KÜNZL 1993, 25 ff.
13 GRADMANN 1977, 18 f.; STIKA 1996, 124 ff. u. 138.

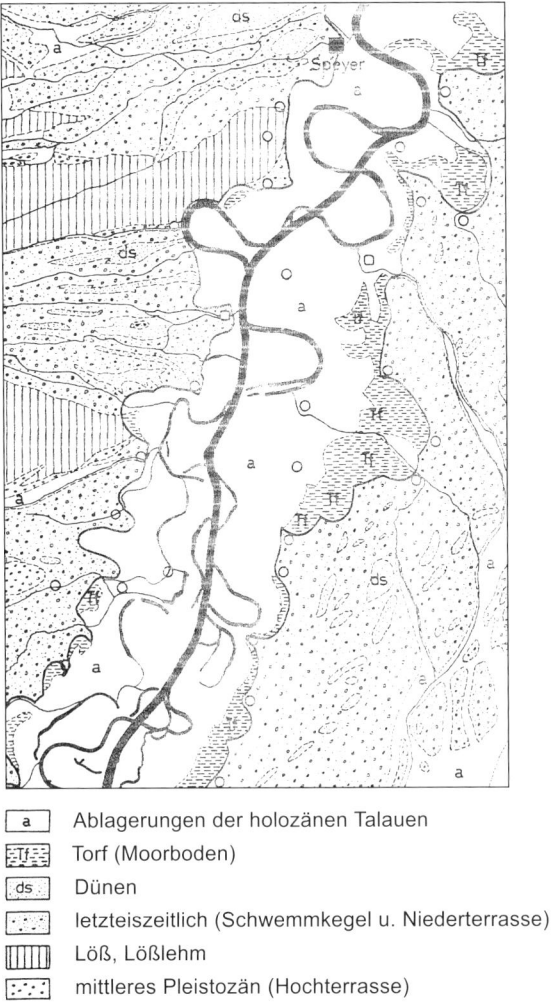

- a Ablagerungen der holozänen Talauen
- Torf (Moorboden)
- ds Dünen
- letzteiszeitlich (Schwemmkegel u. Niederterrasse)
- Löß, Lößlehm
- mittleres Pleistozän (Hochterrasse)

Abb. 1   Die Quartärgeologie der Oberrheinebene zwischen Speyer und Karlsruhe.

vor der Korrektion von einem Geflecht von Flußarmen durchzogen, die sich um eine Vielzahl von Kies- und Sandbänken wanden, die sich ständig veränderten und wanderten".[14] Die Schlamm- und Schuttmassen, die der Rhein bei Hochwasser vor sich herschob, verschütteten vor der Korrektion die Mündungen der Nebenflüsse und bewirkten dadurch sog. Flussverschleppungen mit Vernässung an den Rändern der Ebene,[15] was archäobotanische Befunde beispielhaft am Kraichbach bei Stettfeld, Lkr. Bruchsal,[16] oder bei Mengen, Gem. Schallstadt-Wolfenweiler, für das 3. Jahrhundert n. Chr. untermauern.[17]

---

14 Zur Rheinkorrektion H. MUSALL, Die Entwicklung der Rheinniederung zwischen Karlsruhe und Speyer vom Ende des 16. bis zum Ende des 19. Jahrhunderts. Heidelberger Geogr. Arbeiten 22 (Heidelberg 1969) 197–202; E. REINHARD, Die Veränderung der Kulturlandschaft durch die Rheinkorrektion seit 1817. Hist. Atlas Baden-Württemberg Beih. IV, 18–19 (Stuttgart 1974) 2 ff.; CHR. BERNHARDT, Die Rheinkorrektion. Der Bürger im Staat 50/2, 2000, 5 ff. - Siehe auch F. FEZER, Topographischer Atlas Baden-Württemberg: eine Landeskunde in 110 Karten (hrsg. Landesvermessungsamt Baden-Württemberg) (Neumünster 1979) 26 f.; H. LIEDTKE/G. SCHARF/W. SPERLING, Topographischer Atlas Rheinland-Pfalz (hrsg. Landesvermessungsamt Rheinland-Pfalz) (Neumünster 1973) 148 f.

15 GRADMANN 1977, 6–12.

16 STIKA 1996, 83 ff.

17 Arch. Ausgr. Baden-Württemberg 2003, 148 ff.

Statt des heute kanalisierten Stroms mit den scharf abgegrenzten, infolge Überdüngung und Müll modernden Altwassern und Kiesgruben müsste der Film Karten aus der Zeit vor der Rheinkorrektion[18] oder Bildmaterial aus entfernteren Landschaftsräumen einblenden, beispielsweise aus dem Donauried oder dem Spreewald, wo vergleichbare Lebens- und Wirtschaftsformen bis in das Zeitalter der Fotografie erhalten blieben (Abb. 2).

Jahrringkalender der Sedimentationsgeschichte

Eindrucksvolle Erinnerungsstücke kann das Aufnahmeteam am Rand von Kiesgruben der Rheinebene filmen, wo die Schwimmbagger immer wieder sog. subfossile Auewald- oder Mooreichen der Nacheiszeit aus dem nassen Kies heben. Die schwarzgrau ausgelaugten Eichenriesen waren vor Jahrtausenden an flussnahen Standorten im Auebereich durch mächtige Hochwasserfluten entwurzelt und weggespült worden, bis sie stromabwärts hängen blieben, und im Lauf der Jahrhunderte unter mehreren Meter mächtigen Geröllschichten begraben wurden, aus denen sie erst der Kieshunger des 20. Jahrhunderts zu Tausenden wieder an die Oberfläche beförderte (Abb. 3).[19]
Der Dendrochronologe BERND BECKER von der Universität Stuttgart-Hohenheim datierte die Fällungs- bzw. Entwurzelungsdaten solcher Stämme und ermittelte daraus statistisch die Häufigkeit von Hochwasserkatastrophen bis zum Anfang des Industriezeitalters. Einer der Höhepunkte lag zwischen dem 1. und 3. Jahrhundert n. Chr, worin BECKER ein Ergebnis der extensiven römischen Landnutzung sieht:[20] „Eine Übersicht der jahrgenauen Datierungen von Eichen aus Flußablagerungen über die Jahrtausende hinweg zeigt nun eine ganz markante Häufung der Stammfunde in den ersten beiden nachchristlichen Jahrhunderten. An Main und Donau ... wurden weite Auewaldbereiche im Verlaufe rasch aufeinander folgender Hochwässer vernichtet. ... Dies kann man auch dadurch nachweisen, daß im zweiten und vor allem dann am Ende der Hochwasserphase in der ersten Hälfte des 3. Jahrhunderts immer ältere Bäume in den Fluß geraten sind. ... Die starke Ausweitung der landwirtschaftlichen Flächen war allerdings mit der Rodung großer Waldgebiete verbunden. ... Von den abgeholzten Hängen des Einzugsgebietes mußte sich der oberflächliche Abfluss der Niederschläge in die großen Flüsse beschleunigen, ein Vorgang, dem wir in unserer heutigen Kulturlandschft durch aufwendige Wasserschutzmaßnahmen (Regenrückhaltebecken) zu begegnen versuchen. Die Flüsse zur Römerzeit reagierten jedenfalls auf die jetzt in immer kürzerer Zeit aus dem Einzugsgebiet herangeführten Wassermengen mit Hochwässern, Flußlaufverlegungen und seitlicher Erweiterung der von Flußläufen durchzogenen Talbereiche. ... Die römischen Rodungen haben also nachhaltige Störungen des Wasserhaushaltes der Landschaften verursacht." Durch den Zusammenbruch der gewinnorientierten römischen Landwirtschaft nach dem Ende des Limes gehen nach BECKER östlich des Rheins die Hochwasseraktivitäten von Main und Donau drastisch zurück: „Im vierten Jahrhundert bleiben in den Flußtälern Funde subfossiler Eichenstämme geradezu schlagartig aus. Gleichzeitig erobert eine neue Generation von Bäumen die neu geschaffenen waldfreien Talbereiche. ... Mit dem Ende der hochentwickelten römischen Landnutzung am Ende des 3. Jahrhunderts hat sich der Wald wohl sehr rasch wieder auf ehemals gerodeten Flächen ausbreiten können. ... Die in der vorausgegangenen römerzeitlichen Hochwasserperiode neu geschaffenen und erweiterten Flussbahnen konnten nun den verringerten Zufluss mühelos bewältigen. Damit hat sich aber die Zahl

---

18 Überblick über den Bestand H. MUSALL/J. NEUMANN/E. REINHARD/M. SALABA/H. SCHWARZMAIER, Landkarten aus vier Jahrhunderten. Kat. Ausst. Generallandesarchiv Karlsruhe Mai 1986. Karlsruher Geowissenschaftl. Schr. A 13 (Karlsruhe 1986) 47–202.
19 B. BECKER in: KUHNEN 1992, 71 ff.
20 BECKER 1982, 109 ff. – Dazu mit teilweise anderen Interpretationen aus klimageschichtlicher Sicht B. SCHMIDT/W. GRUHLE, Klimaextreme in römischer Zeit: Eine Strukturanalyse dendrochronologischer Daten. Arch. Korrbl. 33, 2003, 424 f.; dies., Niederschlagsschwankungen in Westeuropa während der letzten 8000 Jahre: Versuch einer Rekonstruktion mit Hilfe eines neuen dendrochronologischen Verfahrens. Ebd. 281–300.

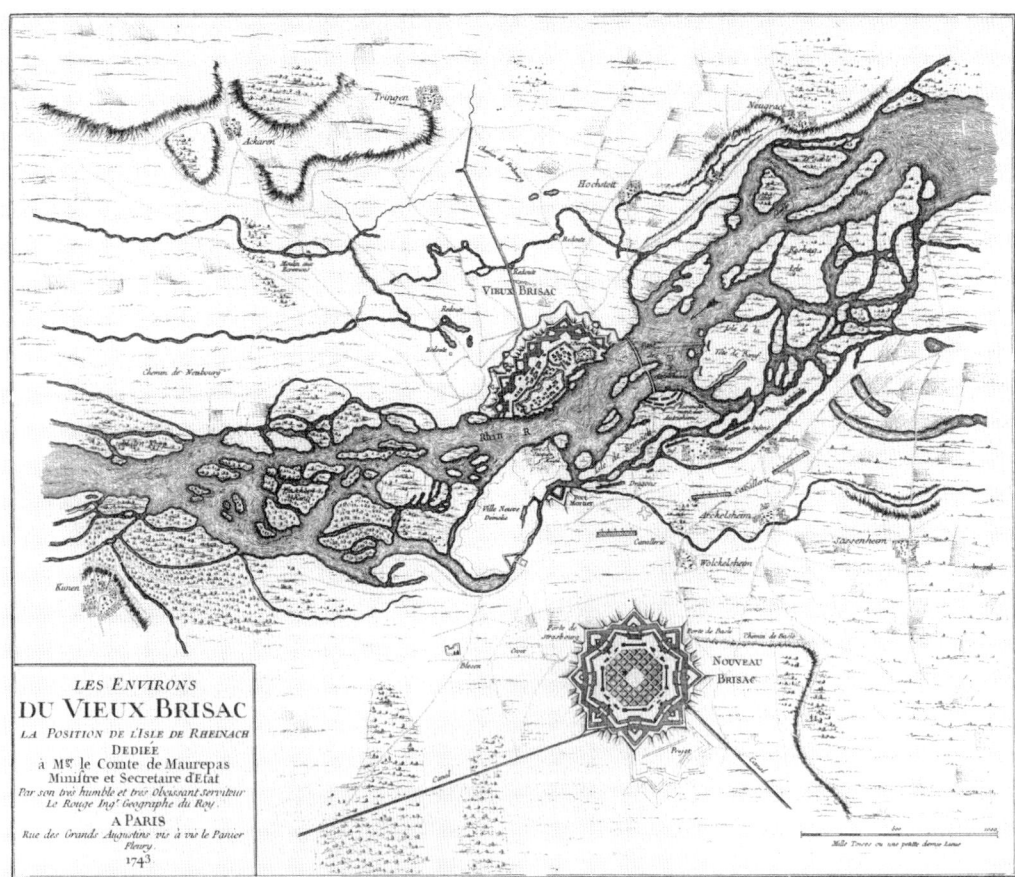

Abb. 2 Der Oberrhein bei Breisach auf einer französischen Militärkarte von 1743.

und die Stärke der regelmäßigen Hochwässer rasch und deutlich reduziert."[21] BECKERS Ergebnisse wurden inzwischen durch den Archäobotaniker HANS W. SMETTAN für das Neckarland bestätigt,[22] wogegen am Rhein Hochwasseraktivitäten nach einer Ruhephase während der zweiten Hälfte des 3. Jahrhunderts in der ersten Hälfte des 4. Jahrhunderts wieder zunahmen, wohl weil linksrheinisch die intensive Bewirtschaftung durch römische Güter mit ausgedehnten erosionsgefährdeten Acker- und Weinbergsflächen bis in das späte 4. oder frühe 5. Jahrhundert fortbestand und damit die Faktoren weiter wirkten, die für Hochwasser und Erosion verantwortlich waren.
Das unruhige Flussgeschehen des 1. bis 3. Jahrhunderts n. Chr. brachte durch wandernde Kiesbänke und häufige Veränderungen der Uferlinie (Abb. 4) auch Flussschiffern besondere Risiken, wie sie MARK TWAIN nach seinen Erfahrungen als Dampfbootlotse auf dem Mississippi um 1880 anschaulich beschreibt: „Das Lotsen wird aber eine ganz andere Sache, wenn es sich um ungeheure Ströme ... handelt, wo die angeschwemmten Ufer sich fortwährend aushöhlen und verändern, die treibenden Baumstämme fortwährend neue Plätze aufsuchen, die Sandbänke nie zur Ruhe kommen, das Fahrwasser ewig Winkelzüge und Abweichungen macht, und die Hindernisse bei jeder Dunkelheit und

---

21 B. BECKER in: KUHNEN 1992, 72.
22 H. W. SMETTAN, Besiedlungsschwankungen von der Latènezeit bis zum frühen Mittelalter im Spiegel südwestdeutscher Pollendiagramme. Fundber. Baden-Württemberg 23, 1999, 779–807; ders. in: Katalog Roms Provinzen 41 f.; siehe auch H.-J. KÜSTER, Geschichte der Landschaft in Mitteleuropa. Von der Eiszeit bis zur Gegenwart (München 1995) 84 ff.

Abb. 3a Bäume an flussnahen Standorten des Auewaldes sind bei Hochwasser in besonderem Maß von Abspülung bedroht.

Abb. 3b In Kiesgruben kommen sie als Auewaldeichen beim Kiesbaggern wieder zum Vorschein.

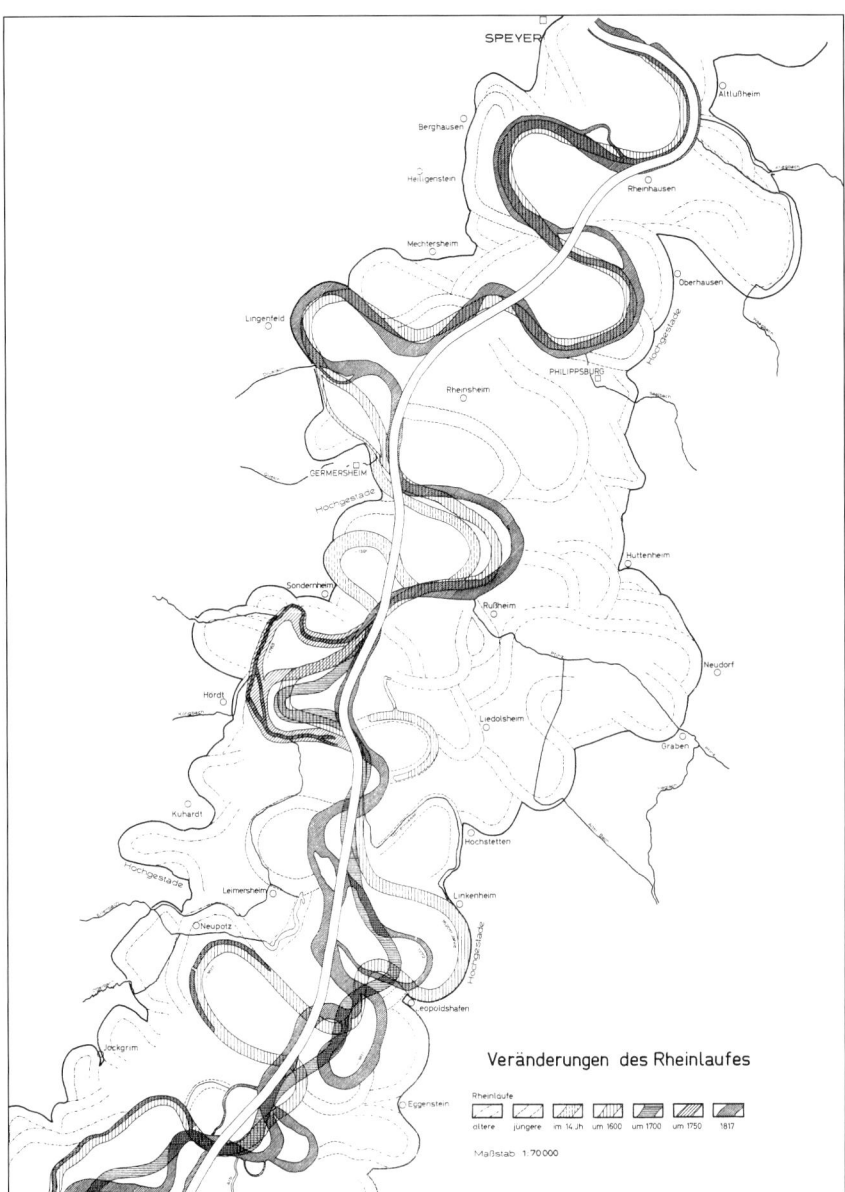

Abb. 4   Ausgewählte Veränderungen der Uferlinie des Rheins
zwischen dem 14. und 19. Jahrhundert.

jedem Wetter bekämpft werden müssen."[23] Eine Erinnerung an entsprechende Erfahrungen bewahren Inschriften auf Weihegaben, die wie beispielsweise auf Funden aus Heidenheim und Marbach die Dankbarkeit der Stifter für die Errettung aus Schiffbruch ausdrückten.[24] Dagegen stabilisierte der langsamere Oberflächenabfluss seit dem späten 3. Jahrhundert n. Chr. Fahrrinnen und Uferlinien,

---

23   M. Twain, Life on the Mississippi (New York 1883, Nachdruck 1981) 49 (deutsche Übersetzung: Leben auf dem Mississippi [Erlangen 1989] 267).
24   J. Hahn/S. Mratschek, Erycina in Rätien. Fundber. Baden-Württemberg 10, 1985, 153 f.; M. Reuter/M. Scholz, Geritzt und entziffert – Schriftzeugnisse der römischen Informationsgesellschaft. Schr. Limesmus. Aalen 57 (Stuttgart 2004) 77 f.; H.-U. Nuber in: Katalog Roms Provinzen 418 f.

was den Schiffsführern entgegenkam und Roms Flotte im 4. Jahrhundert die Kontrolle des Stroms erleichterte (Abb. 5).[25]

Nach diesem Exkurs zur Flussgeschichte könnte das Drehbuch Aufnahmen der Hortfunde aus den Kiesgruben bei Neupotz und Hagenbach vorsehen, wie sie in den Museen von Speyer und Rheinzabern ausgestellt sind, und dazu erörtern lassen, ob das Plünderungsgut durch einen Bootsunfall, Angriffe einer römischen Schiffspatrouille oder religiös motivierte Handlungen untergegangen war.[26] Dass nicht nur Auewaldeichen und Beutegut, sondern auch die hoch beweglichen spätrömischen Patrouillenschiffe vom Strom begraben wurden, wird am nächsten Drehort, dem „Schiffsfriedhof" unter dem Mainzer Hilton Hotel dargestellt.

Flussgeschichte am Mainzer Rheinufer

Dort, zwischen Löhrstraße und Rheinufer, markiert ein in Bronze originalgetreu nachgegossenes spätrömisches Schiffswrack die Stelle, an der die Archäologische Denkmalpflege Mainz im November 1981 in einer Baugrube Rumpfteile von mindestens fünf Schiffen, einen Einbaum sowie Floßbalken und Treibhölzer des späten 3. Jahrhunderts n. Chr. aufdeckte. Nach Aufnahmen der originalen Schiffsfunde im nahen ‚Museum für antike Schiffahrt'[27] sieht das Drehbuch historische Grabungsaufnahmen vom Winter 1981/1982 vor. Sie zeigen, wie der heutige Landesarchäologe GERD RUPPRECHT zwischen Spundwänden in etwa 6 m Tiefe die Schiffsteile im Schwemmkies freilegt. In seiner Publikation von 1982 erklärt er, dass die Schiffe nach ihrer letzten Fahrt in einem verlandenden Uferbereich etwa 30 m östlich der römischen Stadtmauer verlassen und im Lauf der Jahrhunderte von angeschwemmtem Sand und Kies bedeckt wurden: „Seit dem späten 2. Jahrhundert n Chr. rückte die Uferzone des Rheins ... mehr und mehr aus dem Bereich des schnell fließenden Wassers heraus, da es zu dieser Zeit verstärkt zur Ablagerung von feinem, leichtem fast schlickartigem Material kam, ein Vorgang, der nur bei wenig bewegtem Wasser eintreten konnte. ... Durch Hochwasser immer wieder abgetragen, gemischt und erneut angelagert sowie vielleicht auch durch wasserbautechnische Maßnahmen in der weiteren Umgebung hervorgerufen, bot sich hier eine Ufersituation, die geprägt war von Wasserarmen, Rinnsalen, Buchten, Tümpeln, Sandbänken, Schilf, Wasserpflanzen und Büschen. ... Einzig und allein um Müll abzukippen, haben die Stadtbewohner dieses Gebiet aufgesucht ..."[28] In den Schwemmschichten identifizierte der Mollyskologe RAGNAR KINZELBACH Mikroorganismen, die charakteristisch sind für verlandende Flachwassertümpel. Zusammen mit den ebenfalls gefundenen Siedlungsabfällen sehen wir vor uns ein unangenehm riechendes und wohl von Mücken beherrschtes Feuchtbiotop zwischen Stadtmauer und Rhein, möglicherweise ein verfallenes Hafenbecken (Abb. 6).[29]

Wieviel Schlamm der Rhein nach einem Hochwasser hinterlässt, können Archivaufnahmen des SWR von Reinigungsarbeiten nach Absinken des Pegels veranschaulichen. Bei nur 10 cm Schlammfracht pro Überschwemmung wären weniger als 100 Hochwasserereignisse notwendig, um die Schiffe 6 m

---

25 Konsequenzen der neuen Rheingrenze des 4. Jahrhunderts für die Sicherheitslage: HÖCKMANN 1986, 369 ff.; PFERDEHIRT 2005, 8–16; dies. in: Katalog Spätantike am Oberrhein 190–193; R. BOCKIUS in: Katalog Barbarenschatz 40–43.
26 Vgl. die Interpretationen von KÜNZL und WEIDEMANN in: KÜNZL 1993, 473 ff. u. 505 ff.; dazu kritisch: H. BERNHARD u. R. PETROVSZKY in: Katalog Barbarenschatz 202–207. – Zu den spätrömischen Horten allgemein B. HANEMANN in: Katalog Spätantike am Oberrhein 102–110; P. HAUPT, Römische Münzhorte des 3. Jhs. in Gallien und den germanischen Provinzen (Grunbach 2001) 73 ff.; L. HEDEAGER, Iron-Age Societies: From tribe to state in Northern Europe, 500 BC to AD 700 (Oxford 1992) 31 ff.
27 PFERDEHIRT 1995; R. BOCKIUS in: MENGHIN/PLANCK 2002, 241.
28 G. RUPPRECHT in: ders. 1982, 14 f. u. 21 ff.; PFERDEHIRT 2005, 8 f. Abb. 4–6.
29 K. ANGSTEN/K.-H. EMMERMANN in: RUPPRECHT 1982, 25 f. – Zur Hafensituation M. WITTEYER in: F. DUMONT/F. SCHERF/F. SCHÜTZ (Hrsg.), Mainz – die Geschichte der Stadt (Mainz 1998) 1038 ff.; anders HÖCKMANN 1986, 371 ff. – Zum Mainzer Rheinufer S. MARTIN-KILCHER/M. WITTEYER, Fischsaucenhandel und Rheinufertopographie in Mogontiacum. Mainzer Arch. Zeitschr. 5/6, 1998/99, 83–121.

Abb. 5a und b   Rekonstruierte Ansicht eines charakteristischen Flusstales in mittel- und spätrömischer Zeit.

tief mit Kies zu bedecken, wobei die Dynamik innerhalb von Flusskiesschichten nicht berücksichtigt ist. Bei einer erosionsbedingten Abspülung von durchschnittlich einer Tonne pro Jahr und Hektar lässt sich unschwer vorstellen, wie sehr das fließende Wasser das Geländerelief veränderte.

Der Rhein als Wirtschaftsader

Nach dem Rhein als Hochwasserbringer müsste das Drehbuch anschließend den Strom als Arterie eines Wirtschaftsraumes behandeln. An der Sammlung nachgebauter römischer Schiffsmodelle des Museums für antike Schiffahrt des Römisch-Germanischen Zentralmuseums Mainz lässt sich anschaulich darstellen, wie die Römer Binnenschiffe unter anderem durch geringen Tiefgang und eine breite Bugrampe konstruktiv optimal an die Fahrt auf unregulierten Flüssen und das Anlegen an unbefestigten Flachwasserufern anpassten.[30] Im Werkstatthof des Schifffahrtsmuseums ist dann einer der drei Floßbalken zu sehen, die 1981 über einem der Römerschiffe am Mainzer Hilton Hotel gefunden wurden. Die dendrochronologische Datierung in die Jahre um 275 n. Chr. beweist, dass auf dem Rhein der in frührömischer Zeit ausgeprägte Handel mit Floßholz auch in spätrömischer Zeit fortdauerte.[31]

An eine weitere Besonderheit der Wirtschafts- und Verkehrsgeschichte des Rheintals erinnern die befestigten Schiffsländen am rechten Rheinufer zwischen Neuwied und Speyer, die in Abständen zwischen ca. 20 und 40 km an den Mündungen rechtsrheinischer Nebenflüsse lagen – beispielsweise in Neuwied-Engers, Wiesbaden-Biebrich, Biblis-Zullestein, Mannheim-Neckarau und Ladenburg.[32] Nahe der durch die Flurbereinigung modern umgestalteten Weschnitzmündung ist heute als konservierte Ruine sichtbar der wehrhafte Turm (*burgus*) von Biblis-Zullestein. Er verkörpert mit seinen U-förmig zum Ufer hin abknickenden Umfassungsmauern den Typus eines umwehrten Lande- und Liegeplatzes für Schiffe, Fracht und Besatzung.[33] Aufgrund der Lagebeziehungen ist anzunehmen, dass Schiffsländen dieses Typs nicht nur die Flussschiffahrt, sondern auch die wirtschaftliche Erschließung der rechtsrheinischen Nebenflüsse sichern sollten. In Neuwied-Engers fanden die Ausgräber im *burgus* einen größeren Getreidevorrat. In Biblis-Zullestein vermutet die hessische Denkmalpflege, dass die Römer die Weschnitz unter anderem zum Abtransport schwerer Granitblöcke aus den berühmten Steinbrüchen des Felsbergs im Odenwald nutzten, indem sie den Fluss bei Bensheim so umleiteten, dass er Lastkähnen oder Schwerlastflößen aus dem Odenwald den Weg zum Rhein öffnete.[34]

Blühende Landschaften im Westen: Römische Luxusvillen der Pfalz

Während die römischen Landbesitzer rechts des Rheins im 3. Jahrhundert abgewirtschaftet hatten und Alamannen in ihre Fußstapfen traten,[35] hielten die römischen Gutsherren links des Rheins bis in das frühe 5. Jahrhundert ihre Betriebe in wirtschaftlicher Blüte, vielleicht gestützt auf den Zuzug von Germanen und unterbrochen allenfalls durch Phasen vorübergehender Unruhezeiten.[36] Aus

---

30 Zum römischen Flusshandel H. von PETRIKOVITS, Römischer Handel am Rhein und an der oberen und mittleren Donau. In: K. DÜWEL/H. JANKUHN/H. SIEMS/D. TIMPE (Hrsg.), Untersuchungen zu Handel und Verkehr der vor- und frühgeschichtlichen Zeit in Mittel- und Nordeuropa I (Göttingen 1985) 314 f. u. 327 f.; F. DE IZARRA, Le fleuve et les hommes en Gaule Romaine (Paris 1993) 80 ff.; H.-P. KUHNEN in: ders. 2001, 159–180; speziell zum Handel auf dem Rhein vgl. die Beiträge von D. ELLMERS, M. HASSELL und K. GREENE in: J. DU PLAT TAYLOR/H. CLEERE (Hrsg.), Roman shipping and trade: Britain and the Rhine provinces. CBA Research Report 24 (London 1978). – Zu den Schiffstypen R. BOCKIUS in: KUHNEN 2001, 143 f. – O. HÖCKMANN in: LÖBER/ROST 1991, 50 f.

31 S. BAUER in: KUHNEN 2001, 31 ff. - Dies., Römische Floßhölzer und Fässer aus Mainz – Auf den Spuren der Flößer und Böttcher in Obergermanien. In: L. WAMSER/B. STEIDL (Hrsg.), Neue Forschungen zur römischen Besiedlung zwischen Oberrhein und Ems. Kolloquium Rosenheim 2000. Schriftenr. Arch. Staatsslg. 3 (München 2002) 208 ff.; KÜSTER 1998, 79 f.; D. ELLMERS in: LÖBER/ROST 1991, 39 f.

32 HÖCKMANN 1986, 369 ff.; Ergänzungen A. WIECZOREK, Zu den spätrömischen Befestigungsanlagen des Neckarmündungsgebietes. Mannheimer Geschichtsbl. N.F. 2, 1995, 77 ff. Abb. 30; BAATZ/HERRMANN 1989, 495 ff.; CÜPPERS 1990, 501 f. (Neuwied); s. a. M. MARTIN in: RGZM 1981, 70 f.; B. PFERDEHIRT in: Katalog Spätantike am Oberrhein 190–193; B. RABOLD in: ebd. 194–197.

33 BAATZ/HERRMANN 1989, 505 ff.; F.-R. HERRMANN, Der Zullenstein an der Weschnitzmündung. Führungsblatt zu dem spätrömischen Burgus, dem karolingischen Königshof und der Veste Stein bei Biblis-Nordheim, Kreis Bergstraße (Wiesbaden 1989) 2 ff.

34 Fahlbusch u. a. 1993, 68 f. Abb. 36.

35 Zum Niedergang der römischen Besiedlung H.-U. NUBER in: Katalog Roms Provinzen 447–450. – Speziell zur Villenwirtschaft B. GRALFS/H.-P. KUHNEN in: KUHNEN 1992, 32–35; KUHNEN/RIEMER 1994, 80 ff. Anfänge der alamannischen Besiedlung G. FINGERLIN in: Katalog Alamannen 127–131; ders. in: Katalog Roms Provinzen 456–461; M. REUTER in: Katalog Spätantike am Oberrhein 111–118.

36 H. BERNHARD, Germanische Funde in römischen Siedlungen der Pfalz. In: TH. FISCHER/G. PRECHT/J. TEJRAL (Hrsg.), Germanen beiderseits des spätantiken Limes. Spisy archeologickeho ustavu av cr Brno 14 (Köln, Brno 1999) 15–46; ders., Mitt. Hist. Ver. Pfalz 95, 1997, 98–106.

Abb. 6   Die Mainzer Römerschiffe 1981/2 in Flusssedimenten der Baugrube des Hilton Hotels Mainz.

dem Flugzeug hätten sie westlich des Rheins zwischen einem dichten Netz von Villen und *vici* eine über 300 Jahre intensiv bewirtschaftete, streng parzellierte Agrarlandschaft gesehen, in der Güter auf ca. 100–200 ha Nutzland Getreide, Hackfrucht und Sonderkulturen anbauten, während das Land östlich des Stroms mehr einem unregelmäßigen Fleckenteppich glich, in dem inselartige Wirtschaftsflächen mit unauffälligen Dörfern in Holzbauweise zwischen ausgedehnten Brachen und Wiederbewaldung abwechselten.[37] Zur Illustration eignen sich Luftaufnahmen der zwischen rebflurbereinigten Weinbergen eingebetteten Luxusvillen von Bad Dürkheim-Annaberg, Wachenheim-Osthof und Ungstein-Weilberg, die der Speyerer Denkmalpfleger HELMUT BERNHARD ausgegraben und rekonstruiert hat.[38] Dass diese Stätten nur einen kleinen Bruchteil des ursprünglichen Bestandes darstellen, offenbart die digitale Fundstellenkarte PGIS der Archäologischen Denkmalpflege Speyer.[39] Neben der Dichte der Besiedlung lässt die Kartierung auch unterschiedliche Muster der Landnutzung erkennen: Auf den ertragreichen Lössböden der Haardthügel liegen die römischen Gutshöfe weiter voneinander entfernt als in der östlichen Hälfte der Niederterrasse, wo die Parzellen größere Auebereiche mit schlechteren Böden einschlossen und deshalb besser für Viehwirtschaft taugten; daneben ist an geeigneten Standorten auch mit Wirtschaftsgrünland zu rechnen, das für die Heugewinnung gepflegt wurde.[40] An Getreide wies die Archäobotanikerin ULRIKE PIENING in

---

37   F. SPRATER, Die Pfalz unter den Römern I (Speyer 1929); O. ROLLER in: CÜPPERS 1990, 279–290; BERNHARD 2002, 68 ff.; ders., Beiträge zur römischen Besiedlung im Hinterland von Speyer. Mitt. Hist. Ver. Pfalz 73, 1976, 45 ff.

38   BERNHARD 1981, 25 ff. – SCHUMANN 1995, 74 ff. Siehe auch CÜPPERS 1990, 315 f. (Bad Dürkheim Annaberg); 316 ff. (Ungstein-Weilberg); 654 f. (Wachenheim-Osthof); H. BERNHARD in: Katalog Spätantike am Oberrhein 141–145. Allg. zum Weinbau B. HANEMANN in: L. WAMSER (Hrsg.), Die Römer zwischen Alpen und Nordmeer – Zivilisatorisches Erbe einer europäischen Militärmacht. Ausstellungskat. Rosenheim (Mainz 2000) 189 ff. – Zur modernen agrarischen Nutzung W. SPERLING/E. STRUNK, Luftbildatlas Rheinland-Pfalz (Neumünster 1970) 116–119.

39   H. BERNHARD in: Archäologie in der Pfalz. Jahresber. 2000, 259; ders., Jahresber. 2001, 26 f. Abb. 8; Ausgangskarte: ders., Römerzeitliche Gutshöfe. In: Pfalzatlas IV (Speyer 1994) 2242 f. Karte 159.

40   KÜSTER 1998, 78 f.; U. KÖRBER-GROHNE, Wirtschaftsgrünland in römischer und vorrömischer Eisenzeit. In: KALIS/MEURERS-BALKE 1993, 105–112.

Ungstein-Weilberg fast ausschließlich Nacktweizen mit geringen Anteilen von Einkorn und Roggen nach, in Wachenheim-Osthof dagegen die Spelzgetreide Dinkel bzw. Emmer und Gerste,[41] was in etwa den Häufigkeiten in einem Massenfund des 2.–3. Jahrhunderts aus dem *vicus* von Speyer entspricht.[42] Der geringe Anteil an Unkräutern lässt auf gepflegte Felder und sorgfältige Reinigung der Getreidevorräte schließen. Das rekonstruierte Kelterhaus von Ungstein-Weilberg illustriert den spätrömischen Weinbau in der Pfalz, der nach modernen Schätzungen allein in Ungstein-Weilberg auf einer für heutige Betriebe extrem großen Rebfläche von ca. 20–30 ha Erträge von schätzungsweise 200 000–300 000 l Wein pro Jahr erreichte.[43]

An die Weidegründe, Ackerflächen und Weinberge der Rheinebene schlossen sich nach Westen hin am Fuß des Pfälzer Waldes Kalk- und Sandsteinbrüche, Eisenerzgruben sowie Holzeinschläge und Köhlerplatten im Innern des Waldgebirges an.[44] Die notwendigen Arbeitskräfte kamen aus den nahegelegenen Gemeinschaftssiedlungen (*vici*) der minderprivilegierten Landbevölkerung, wie der Straßensiedlung Eisenberg oder der Höhensiedlung Limburg bei Bad Dürkheim.[45] In Eisenberg und Ungstein boten spätrömische Kleinbefestigungen des Typs *burgus* Sicherheit gegen äußere und innere Feinde der Ordnung Roms.[46] Für den Transport landwirtschaftlicher Massengüter bevorzugte der Fernhandel statt teurer und langsamer Ochsen- und Pferdegespanne die kostengünstigere Schiffsfracht. Ungeachtet ihrer je nach Standort unterschiedlichen Produktionsschwerpunkte waren deshalb die Gutsbetriebe für den kostengünstigen Vertrieb ihrer Produkte auf den Wasserweg angewiesen,[47] der flussaufwärts bis nach Österreich und in die Schweiz, flussabwärts an den Niederrhein und nach England reichte, vorausgesetzt, dass das Verbreitungsgebiet der als Beifracht mitgeführten Feinkeramik aus Rheinzabern und Trier die Handelswege landwirtschaftlicher Erzeugnisse auch für die Spätzeit korrekt umschreibt.[48]

---

41 U. Piening, Verkohlte Pflanzenreste aus zwei römischen Gutshöfen bei Bad Dürkheim (Pfalz): Gekeimtes Getreide aus archäologischen Ausgrabungen. In: H.-J. Küster (Hrsg.), Der prähistorische Mensch und seine Umwelt [Festschrift U. Körber-Grohne]. Forsch. u. Ber. Vor- u. Frühgesch. Baden-Württemberg 31 (Stuttgart 1988) 328–340.

42 M. König, Römerzeitliche Pflanzenfunde aus Speyer. In: Kalis/Meurers-Balke 1993, 121–132.

43 Schumann 1995, 80 ff.; Bernhard 2002, 79 ff. Siehe auch J.-P. Brun/K.-J. Gilles, La viticulture antique en Rhénanie. Gallia 58, 2001, 17 f.

44 Zur wirtschaftlichen Erschließung des Pfälzer Waldes in römischer Zeit Bernhard 2002, 66 ff.; O. Roller, Die wirtschaftliche Entwicklung des Pfälzer Raumes während der Kaiserzeit (Speyer 1968) 19 ff. – Zu Steinbrüchen R. Bedon, Les carrières et les carriers de la Gaule romaine (Paris 1984) 44 ff.; D. Lukas in: J.-C. Bessac/R. Sablayrolles (Hrsg.), Carrières antiques de la Gaule. Gallia 59, 2002, 155–174.

45 Bernhard 1981, 62 ff. Abb. 42; siehe auch Cüppers 1990, 319 f.; F. Sprater, Das römische Eisenberg. Seine Eisen- und Bronzeindustrie (Speyer 1952). – H. Walling, Der Erzbergbau in den Pfalz (Mainz 2005) 62 f.

46 Bernhard 1981, 75 f. Kritisch van Ossel 2005, 165 f.

47 Zu Transportfragen F. Vittinghoff (Hrsg.), Europäische Wirtschafts- und Sozialgeschichte in der römischen Kaiserzeit. Handbuch der europäischen Wirtschafts- und Sozialgeschichte I (Stuttgart 1990) 466 ff. – Zum Umgang mit Massenfracht W. Kuhoff, Der Handel im römischen Süddeutschland. Münstersche Beitr. Antike Handelsgesch. 3, 1984, 87 f.; H.-P. Kuhnen, Die Privatziegelei des Gaius Longinius Speratus in Großbottwar, Ldkr. Ludwigsburg. Münstersche Beitr. Antike Handelsgesch. 13, 1994, 23 ff.; J. Dolata, Archäologische und naturwissenschaftlich-technische Untersuchungen zur Beschaffung römischer Baukeramik im nördlichen Obergermanien. In: K. Strobel (Hrsg.), Forschungen zur römischen Keramikindustrie. Produktions-, Rechts- und Distributionsstrukturen. Akten des 1. Trierer Symposiums zur antiken Wirtschaftsgeschichte (Mainz 2001) 193–208.

48 Zeitlich indifferente Verbreitungskarte von Terra sigillata aus Rheinzabern: R. Schulz/W. Schellenberger, Museumskatalog Terra-Sigillata in Rheinzabern. Ausstellungskat. Terra Sigillata Mus. Rheinzabern (Rheinzabern 1996) 22 f. Abb. 8. – Zur überregionalen Verbreitung der Trierer Schwarzfirnisware S. Künzl, Die Trierer Spruchbecherkeramik. Dekorierte Schwarzfirniskeramik des 3.-4. Jhs. n. Chr. Trierer Zeitschr. Beih. 21 (Trier 1997) 107–118; A. Desbat/F. Wilvorder, Die Trierer Schwarzfirnisware. Produktion und Handel. In: Strobel (Anm. 47) 184. – Für die sog. Mayener Ware: M. Redknap, Die römischen und mittelalterlichen Töpfereien in Mayen, Kreis Mayen-Koblenz. Ber. Arch. Mittelrhein u. Mosel 6 (Trier 1999) 347 Abb. 101; Ur- und frühgeschichtliche Archäologie der Schweiz (Basel 1975) 176 ff. Abb. 9. – Verbreitung von Terra sigillata als Indikator für den Transport landwirtschaftlicher Güter K. Greene, The archaeology of the Roman Economy (London 1986) 161 ff.

Durch die breite Auezone vom Rhein getrennt, waren die Weingüter der Pfalz gegenüber der Konkurrenz an der Mittelmosel benachteiligt, da hier die Weinberge unmittelbar am Fluss lagen, so dass der Wein aus den Kelter- und Vorratshäusern unmittelbar auf Schiffe geladen werden konnte. Daher lagerten, wie die Archäobotanikerin Margarethe König vom Trierer Landesmuseum nachwies, in den betreffenden Anlagen auch andere landwirtschaftliche Erzeugnisse wie Gerste, Dinkel und Hirse, ferner Erbsen, Hanf und Obst, womit erstmalig im Rheinland das komplette Produktionsspektrum römischer Gutshöfe botanisch erfasst wurde.[49]

Zur Illustration kann der Film verschiedene konservierte Grabungsstätten zeigen – den Steinbruch Kriemhildenstuhl bei Bad Dürkheim,[50] Ausgrabungen der Straßensiedlung Eisenberg,[51] einen experimentell nachgebauten Rennfeuer-Verhüttungsofen, die teilweise rekonstruierten spätrömischen Kelterhäuser von Brauneberg, Erden, Graach, Maring-Noviand und Piesport an der Mosel[52] oder die Höhensiedlung Limburg bei Bad Dürkheim an der Weinstraße. Von dieser könnte ein Kameraschwenk nach Osten über die Rheinebene hinweg zum Odenwald auf die wirtschaftsgeografischen Kontraste zum Landschaftsbild des östlichen Rheinufers hinweisen. Vorher geht es allerdings rheinaufwärts in die unmittelbar nach Caesars Gallischem Krieg gegründete Veteranenkolonie Augusta Raurica im Kanton Basel-Land und deren spätantike Nachfolgesiedlung *castrum rauracense*, um darzustellen, wie sich ein städtischer Wirtschaftsraum zwischen 3. und 5. Jahrhundert veränderte.

Augst am Rhein: Wandel eines städtischen Wirtschaftsraumes

Da die archäologische Zone von Augst und Kaiseraugst im Gegensatz zu Köln, Mainz, Straßburg und Trier nicht von einer mittelalterlichen und neuzeitlichen Großstadt begraben wurde, vermitteln die Kantonsarchäologien der Kantone Basel-Land und Aargau unserem erdachten Aufnahmeteam umfassender als in anderen Römerstädten, wie die im frühen 3. Jahrhundert noch ca. 100 ha große Römerstadt mit ihren über 50 Insulae durch die Unruhen des späten 3. Jahrhunderts schrumpfte,[53] sodass die Bevölkerung die vornehmen Wohnquartiere der Oberstadt dem Verfall preisgab, um sich in eine nur noch rund 2,5 ha große provisorisch befestigte Restfläche auf der Anhöhe ‚Kastelen' zurückzuziehen.[54] Von diesem Refugium übersiedelten die Bewohner Anfang des 4. Jahrhunderts n. Chr. rund 500 m weiter nach Norden an den Rand der früheren Unterstadt, wo sie unmittelbar am Hochufer des Rheins das mit Wehrmauer und Türmen befestigte *castrum rauracense* errichteten.[55] Quer durch dieses ca. 3,5 ha große *castrum* zog von Süden her die römische Fernstraße und überquerte den Rhein, zu bestimmten Zeiten auf einer steinernen Brücke zum nördlich vorgelagerten Brückenkopf Wyhlen.[56] Damit lag das *castrum rauracense* an einem wichtigen Kreuzungspunkt von

---

49 M. König, Die spätantike Agrarlandschaft an der Mosel II: Weinbau und Landwirtschaft im Umfeld der spätantiken Kaiserresidenz Trier. Funde u. Ausgr. Bezirk Trier 33, 2001, 96–102. – Zum siedlungsarchäologischen Kontext H.-P. Kuhnen, Die spätantike Agrarlandschaft an der Mosel I: Fundstellenerfassung und Aspekte der Siedlungsarchäologie. Funde u. Ausgr. Bezirk Trier 33, 2001, 67–95.; Van Ossel 1992, 85 ff.
50 Bernhard 2002, 88 f.
51 H. Stickl in: Archäologie in Rheinland-Pfalz 2004, 53 ff.
52 K.-J. Gilles, Bacchus und Sucellus. 2000 Jahre römische Weinkultur an Mosel und Rhein (Briedel 1999) 69 f. u. 172 ff.
53 Schwarz 2002, 421 ff. – Überblick R. Laur-Belart, Führer durch Augusta Raurica. Bearb. L. Berger (⁵Basel 1988) 16 ff.
54 Zusammenfassend A. R. Furger, Die urbanistische Entwicklung von Augusta Raurica vom 1. bis zum 3. Jahrhundert. Jahresber. Augst u. Kaiseraugst 15, 1994, 36 ff.; Schwarz 2002, 246 ff.; ders., Die Nordmauer und die Überreste der Innenbebauung der spätrömischen Befestigung auf Kastelen in Augusta Rauricorum. Jahresber. Augst u. Kaiseraugst 13, 1992, 65 ff.
55 Zum unterschiedlichen sozialen Niveau der verschiedenen Wohnquartiere von Augst aufgrund der Tierknochenfunde J. Schibler/A. Furger, Die Tierknochenfunde aus Augusta Raurica (Grabungen 1955–1974). Forsch. Augst 9 (Augst 1988) 174 ff.; speziell zur Befestigung auf Kastelen Schwarz 2002, 434 f.
56 G. Fingerlin in: RGZM 1981, 259 ff.

Straßen- und Flussverkehr, woraus die Bewohner Wohlstand schöpften,[57] so dass sie sich neben Wohngebäuden eine Thermenanlage, Lagerhäuser, einen Getreidespeicher sowie eine Kirche leisten konnten.[58]

Mit dem Umzug an den Rheinübergang reagierten die Bewohner auf Veränderungen nicht nur der Sicherheits-, sondern auch der Verkehrs- und Wirtschaftsgeografie:[59] Je mehr die Kaiser im 4. Jahrhundert n. Chr. den Unterhalt der Reichsstraßen vernachlässigten, desto mehr wurde der Rhein Hauptverkehrsachse, Sicherheitszone und amphibischer Wirtschaftsraum gleichermaßen. Wirtschaftlich interessant war der Umlade- und Stapelplatz am Kaiseraugster Rheinübergang auch durch die benachbarten Tonlagerstätten der Niederterrasse, aus denen die Ziegeleien der Legio I Martia ein Absatzgebiet aareaufwärts bis in die Westschweiz und rheinabwärts bis mindestens Straßburg bedienten.[60] Ferner weideten die Anwohner ihr Vieh in der Auezone, fingen dort Fische und gingen auf die Jagd, sodass wie an anderen vergleichbaren Standorten Wild häufiger auf den Tisch kam als im 2.–3. Jahrhundert. Die durch Tannen aufgelockerten Eichen-Buchenmischwälder des hügeligen Hinterlandes bedeckten ausgedehntere Flächen als heute und lieferten Brenn- und Bauholz, wobei nach Makrorestanalysen aus dem Augster Stadtgebiet zwischen 1. und 3. Jahrhundert n. Chr. der Anteil von Eiche durch Übernutzung zurückging und Rotbuche zur dominierenden Brennholzart wurde.[61]

In der Archäobotanikausstellung des Römerhauses Augst kann die Kamera aufnehmen, was aus den rund 60–80 römischen Gutshöfen des Umlandes nach Augst und Kaiseraugst geliefert wurde – neben Hülsenfrüchten wie Linse, Bohne und Erbse auch Lein, Schlafmohn und besonders Getreide samt zugehöriger Unkräuter, und zwar überwiegend – wie in den Städten Köln und Xanten – Nacktweizen, während Roggen, Emmer, Dinkel und Gerste seltener und als Wintergetreide angebaut wurden.[62] Nackt- oder Saatweizen war als Brotgetreide geschätzt, aber empfindlicher als Spelzgetreide, das jedoch vor der Weiterverarbeitung durch einen zusätzlichen Arbeitsgang entpelzt werden musste und deshalb geringeren Gewinn einbrachte. Roggen, ebenfalls ein Nacktgetreide, war robuster, aber weniger schmackhaft als Weizen und wurde ebenfalls zum Brotbacken verwendet. In den Römerstädten am Niederrhein kommt er seltener vor als in Augst, im römischen Südwestdeutschland und in der *Germania*, was auf eine Einwanderung aus Osten und auf einen Zusammenhang mit germanischer Bevölkerung deuten könnte.[63] In Augster Proben des 3. Jahrhunderts fällt gegenüber den zeitgleichen Funden der Pfalz und den älteren Augster Funden des 1. bis 2. Jahrhunderts der hohe Anteil an Unkrautsamen auf, der entweder mit Vernachlässigung der Felder oder mit schlechter Reinigung der Getreidevorräte zusammenhängt; beides dürfte auf lange Sicht die Ausbreitung robusterer Getreidesorten wie Roggen und Hafer begünstigt haben.

Nicht nur Pflug, Hacke und Axt veränderten die Kulturlandschaft um Augst, sondern auch Erosion und Akkumulation infolge von Niederschlägen, fließendem Wasser und Wind sowie Stein-

---

57   L. Berger, Ein Fingerring mit jüdischen Symbolen aus Kaiseraugst. Germania 80, 2002, 529 ff. – Ders., Der Menoraring von Kaiseraugst. Forsch. Augst 36 (Augst 2005).
58   Kaiseraugst: Laur-Belart (Anm. 53) 176 ff.
59   Phasenbilder zur Rekonstruktion der Siedlungslandschaft in Augst im 3.–4. Jh. P.-A. Schwarz, Die spätrömische Befestigung auf Kastelen in Augst BL – Ein Vorbericht. Jahresber. Augst u. Kaiseraugst 11, 1990, 25 ff. Abb. 5–7.
60   M. Maggetti/G. Galetti, Die Baukeramik von Augusta Raurica – eine mineralogisch-chemisch-technische Untersuchung. Jahresber. Augst u. Kaiseraugst 14, 1993, 199 ff. Abb. 1; 2; 9; Zur Legio I Martia Drack/Fellmann 1988, 279 ff.
61   Zu den Befunden aus Augst H. Albrecht, Die Brandschicht der Holzbauten des Forums von Augst: Spuren einer Feuerstelle oder einer Brandkatastrophe? Jahresber. Augst u. Kaiseraugst 10, 1989, 339 ff. – Zur Methodik allgemein U. Willerding, Zur Rekonstruktion der Vegetation im Umkreis früher Siedlungen. In: F.-M. Andraschko/W.-R. Teegen (Hrsg.), Gedenkschrift für Jürgen Driehaus (Mainz 1990) 97–129.
62   Jacomet u.a. 1988, 271–310; dies. 2000, 225–230; dies. in: Schwarz 2002, 295 f. – Siehe auch H.-J. Küster, Getreidevorräte in römischen Siedlungen an Rhein, Neckar und Donau. In: Kalis/Meurers-Balke 1993, 133–138.
63   Vorkommen von Roggen: Jacomet u.a. 1988, 290 f.; M. Peters in: S. Gairhos, Archäologische Untersuchungen zur spätrömischen Zeit in Curia/Chur GR. Jahrb. SGUF 83, 2000, 126 f. – Allgemein U. Körber-Grohne, Nutzpflanzen in Deutschland. Kulturgeschichte und Biologie (Stuttgart 1987) 41 ff.

bruchtätigkeit und dem Abbau von Tonlagern auf der Niederterrasse.⁶⁴ Gleichzeitig beschleunigten im Hügelland südlich der *colonia* Rodungen und extensiver Ackerbau die Erosion, die ab dem 4. Jahrhundert die Ruinen des südlichen Stadtgebietes mit Schutt und Schlamm bedeckte, mehrfache Verlagerungen des Ergolzbaches am Westrand des ehemaligen Stadtareals erforderlich machte und durch Unterspülung die gemauerte römische Wasserleitung von Lausen nach Augst und ein römisches Grabmonument südlich der Stadt sowie vermutlich die Pfeiler der solide gemauerten römischen Straßenbrücke über den Violenbach abtrugen.⁶⁵

Erosion: Das Beispiel Wittnauer Horn, Kanton Aargau (Schweiz)

Mit den fatalen Langzeitfolgen der Bodenerosion konfrontiert ein Abstecher zur spätrömischen Höhensiedlung ‚Wittnauer Horn' bei Wittnau, Kanton Aargau. Auf der steil emporragenden Kalksteinkuppe entdeckten die Archäologen Gerhard Bersu und Ludwig Berger bei Ausgrabungen 1934/35 und 1980/82, dass die Gebäudereste innerhalb der mächtigen Abschnittsbefestigung bis unter Fußbodenniveau abgeschwemmt waren.⁶⁶ Im Hangbereich waren selbst die tiefer liegenden Fußböden und Herdstellen der bronze- und eisenzeitlichen Hütten der Erosion zum Opfer gefallen und konnten nur noch dort erfasst werden, wo sie auf künstlich in den Fels eingetieften Terrassenflächen auflagen. Die zeitlich zugehörigen Kleinfunde befanden sich vor allem in den von der Kuppe abgespülten Schwemmschichten am Fuß des Berges oder auf der umwehrten Kuppe in Gruben, die dem Oberflächenabfluss weniger ausgesetzt waren.

Erosionsschäden wie am Wittnauer Horn sind charakteristisch für viele zeitgleiche Höhensiedlungen der waldreichen Mittelgebirge zwischen Vogesen und Schwäbischer Alb,⁶⁷ lassen sich aber auch allgemein bei hoch gelegenen Bauwerken in entsprechenden topografischen Lagen beobachten, beispielsweise dem galloromischen Höhenheiligtum Schauernburgerflue bei Augst (Abb. 7 u. 8).⁶⁸ Allerorts hat die Erosion Gebäudereste und fundhaltigen Schichten der Siedlungsplateaus stark zugesetzt und mindestens Teile davon hangabwärts verlagert, wobei die Abspülung ihren Höhepunkt nach Auflassung der Siedlung und vor der Rückkehr dichter Vegetation erreichte.⁶⁹ Obwohl besonders erosionsgefährdet und abgelegen, zogen Höhensiedlungen zwischen späterem 3. und dem 5. Jahrhundert n. Chr. Bevölkerungsgruppen an, die ihren Lebensunterhalt mit der Gewinnung

---

64 C. Claereboots, Topochronologie von Augusta Raurica in antiker und nachantiker Zeit. Jahresber. Augst u. Kaiseraugst 15, 1994, 239–252 v. a. Abb. 11 u. 12. – G. Lassau, Die Grabung 1994.13 im Gräberfeld Kaiseraugst „Im Sager". Jahresber. Augst u. Kaiseraugst 16, 1995, 79 f.

65 Zur Erosion M. Schaub, Die Brücke über den Violenbach beim Osttor von Augusta Rauricorum (Grabung 1969.52). Jahresber. Augst u. Kaiseraugst 14, 1993, 145–149 Abb. 14–16. – Zur Akkumulation R. Schatzmann, Das Südwestquartier von Augusta Raurica. Untersuchungen zu einer städtischen Randzone. Forsch. Augst 33 (Augst 2003) 237.

66 G. Bersu, Das Wittnauer Horn. Monogr. Ur- u. Frühgesch. Schweiz IV (Basel 1945) 48 f. u. 71 f. – L. Berger u. a., Sondierungen auf dem Wittnauer Horn 1980–1982. Basler Beitr. Ur- u. Frühgesch. 14 (Derendingen 1996) 49 ff. (mit weiterer Literatur). – Allg. Drack/Fellmann 1988, 559 f.

67 Als Überblick S. Spors-Gröger in: Katalog Spätantike am Oberrhein 210–214; H. Steuer in: Katalog Alamannen 149–161; ders. 1990, 139 ff.; ders., Die Alamannen auf dem Zähringer Burgberg. Arch. Inf. Baden-Württemberg 13 (Stuttgart 1990) 13 ff.

68 Zum Fundort Th. Strübin, Ein galloromisches Höhenheiligtum auf der Schauenburgerflue. In: Kommission für archäologische Forschung und Altertumsschutz des Kantons Basel-Land (Hrsg.), Baselbieter Heimatbuch 12 (Liestal 1973) 220 f. Abb. 8–10; ders., Das galloromische Höhenheiligtum auf der Schauenburgerflue. Helvetia Arch. 18, 1974, 34–46.

69 Zur Erosionsrate von Höhensiedlungen im Karst (ca. 1 t/ha/a) J. Schmidgall, Bodenkundlich-sedimentologische Untersuchungen zum anthropogen indizierten Landschaftswandel in Karstgebieten am Beispiel des Schlossbergs von Kallmünz (Diss. Regensburg 2004). – J. Wunderlich, Versuche zur Qualifizierung und Quantifizierung vorzeitlicher Bodenerosion. In: P. Schauer (Hrsg.), DFG-Graduiertenkolleg 462: „Paläoökosystemforschung und Geschichte". Beiträge zu Siedlungsarchäologie und Landschaftswandel. Ergebnisse zweier Kolloquien in Regensburg 9.–10.10. und 2.–3.11.2000 (Regensburg 2001) 57 f. – Zur Erosion allgemein G. Richter (Hrsg.), Bodenerosion – Aspekte und Bilanz eines Umweltproblems (Darmstadt 1998) 21–23.

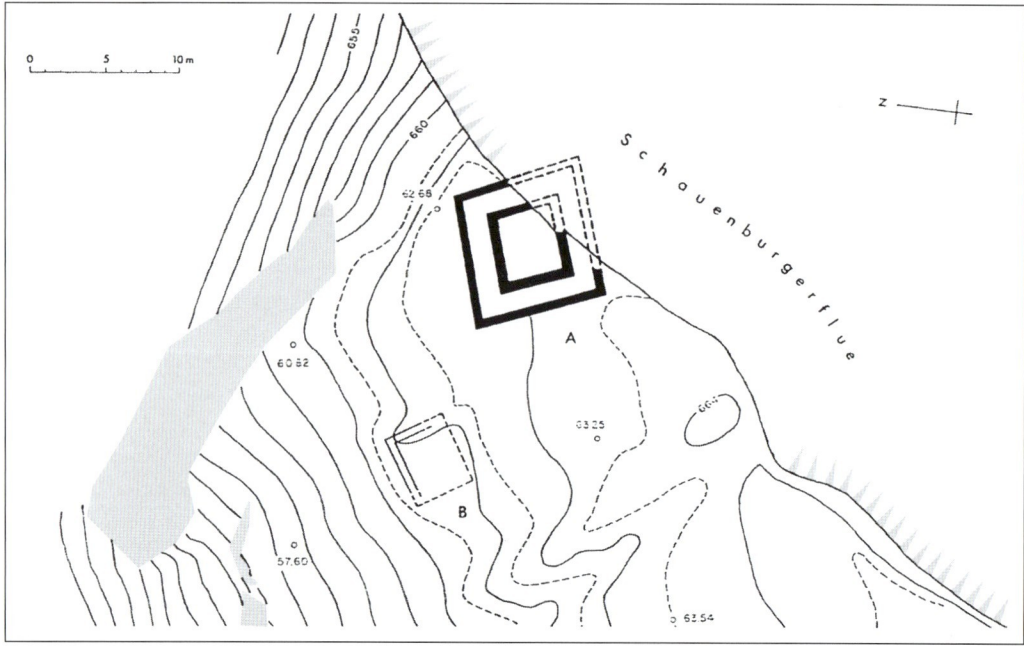

Abb. 7 Erosionsschäden am Umgangstempel des gallorömischen Höhenheiligtums Schauenburgerflue bei Augst, Kt. Basel-Land: oben Grundrissplan; unten Foto der rekonstruierten Grundmauern.

Abb. 8 Moderne Erosion nach einem Gewitterregen im Mai 1992 auf einem Acker bei Pommertsweiler, Ostalbkreis.

und Weiterverarbeitung von Rohstoffen, besonders Holz, Metall und Stein, mit Jagd oder mit Viehhaltung und den damit zusammenhängenden Gewerben verdienten. Besonders begehrte Standorte waren die Ausläufer der Waldgebirge an den Nebenflüssen von Rhein und Donau, wo Flößer den Abtransport der Hölzer übernehmen konnten.[70] Befestigungen aus Wall oder Steinmauer und Graben sollten Banditen, Plünderer und Kriegsleute fernhalten. Das Fundgut der Siedlungen und ihrer Gräberfelder lässt auf eher bescheidenen Wohlstand schließen und weist Beziehungen zum germanischen Stammeskreis auf.[71]

Dem Potential der Landschaft angepasst: Die spätrömische Station Sponeck am Kaiserstuhl und ihr siedlungsgeografisches Umfeld

Als weiterer Drehort mag die Siedlungskammer um die mittelalterliche Burg Sponeck bei Jechtingen, Kreis Emmendingen, dienen, die über dem Hochufer zur Rheinaue auf einem Ausläufer des Kaiserstuhlmassivs liegt. Unter der mittelalterlichen Burg hat die Archäologin ROKSANDRA M. SWOBODA Reste einer spätrömischen Befestigung des späten 4. und 5. Jahrhunderts n. Chr. ausgegraben.[72] Deren Bewohner konnten von ihrer hohen Warte aus Flussaue und Niederterrasse des Rheins kontrollieren und – in den Worten SWOBODAS – „... den Strom als den strategisch wichtigen Transportweg sichern. ... So gesehen bildete der Grenzstrom nicht eine Trennungslinie zwischen dem zweifachen Kordon, sondern wurde – im Gegenteil – in gewissem Sinne zum Binnenstrom."[73] Dass die Bewohner der Sponeck die Uferzonen des Stroms wirtschaftlich nutzten, verrät der Tierknochenabfall der Siedlung – vorwiegend Rinder verschiedener Rassen, seltener Schweine oder Pferde –, alle jedoch aus eigener Schlachtung, was auf Haustierhaltung am Ort schließen lässt. Häufiger als in Siedlungen fern der Rheinauen reicherten große Süsswasserfische und Wild den Speisezettel an, vor allem Wildschwein und Hirsch, dessen Geweihstangen Beinschnitzer in der Siedlung weiterverarbeiten. Als besondere Leckerbissen identifizierte die Archäozoologin ANGELA VON DEN DRIESCH die heute in der Region ausgestorbenen Arten des Waldrapps, des Lachses und der Sumpfschildkröte.[74] Insgesamt konstatierte der Anthropologe PETER SCHRÖTER anhand der Skelette des Gräberfeldes eine gute Ernährungslage. An waschechte römische Berufssoldaten kann man allerdings kaum glauben, da im untersuchten Skelettmaterial Männer und Frauen etwa gleich häufig vorkamen und Beigabenausstattung sowie Körperbau eher zum germanischen als zum romanischen Kulturkreis passen.[75]
Wer auch immer hier wohnte, bezog jedenfalls Fleisch und Fisch aus den unmittelbar angrenzenden Jagd- und Weidegründen der Rheinauen und bedurfte dazu keiner militärischen Logistik, wie es bei den Kastellbesatzungen am arabischen Limes der Fall war.[76] Allenfalls Wurmkuren könnten auf der Sponeck gelegentlich notwendig geworden sein, wenn das Rindfleisch von flussnahen Weiden, wie in Ladenburg beobachtet, gelegentlich Parasiten auf den Menschen übertrug.[77]
Wirtschaftsgeografisch erlebten die spätrömischen Siedler die Sponeck als Grenzlage zwischen Rheinaue, Niederterrasse und Ausläufern des Kaiserstuhls, von wo aus sie unterschiedliche Biotope bewirtschaften konnten (Abb. 9). Auch in anderen Kleinräumen des südlichen Oberrheintals zwischen Ortenau, Breisgau und dem Vorland von Augst/Kaiseraugst bevorzugten die germanischen

---

70 M. SCHAAB, Burgen im Land am Unteren Neckar. Hist. Atlas Baden-Württemberg Beiwort V,5 (Stuttgart 1977) 6 f.
71 Zum Forschungsstand H.-W. BÖHME in: MENGHIN/PLANCK 2002, 295–300; KUHNEN 1992, 48 f.
72 SWOBODA 1986, 68 ff. – Zur Interpretation H.-P. KUHNEN, Rez. zu SWOBODA 1986. Bayer. Vorgeschbl. 52, 1987, 322 ff.
73 SWOBODA 1986, 116 ff.
74 A. VON DEN DRIESCH in: SWOBODA 1986, 192 ff. Zu neueren Vergleichsbefunden aus Augst-Kastelen vgl. SCHWARZ 2002, 438 f.
75 P. SCHRÖTER in: SWOBODA 1986, 186 f.
76 H.-P. KUHNEN, Rez. zu M. GICHON, Das Kastell En Boqeq. Bonner Jahrb. 196, 1996, 827 f.
77 A. GOPPELSRÖDER, Die organischen Reste einer römerzeitlichen Latrinenverfüllung und anderer Befunde in Ladenburg, Merkurplatz 5. Fundber. Baden-Württemberg 21, 1996, 401 ff.

Abb. 9　Flussaue, Niederterrasse und Hochterrasse des Rheins bei Steinenstadt im Markgräflerland als unterschiedliche Wirtschaftsräume auf einem Kartengemälde von Hans Bock aus dem Jahr 1602.

Siedlergemeinschaften des 4.–5. Jahrhunderts n. Chr. Standorte an der Grenze zwischen Rheinaue und Niederterrasse oder an den Ausläufern von Schwarzwald und Kaiserstuhl, wo eine Reihe von Höhenstationen die besondere Aufmerksamkeit der südbadischen Landesarchäologie auf sich zogen, beispielsweise der Zähringer Burgberg, der Kügeleskopf bei Ortenberg, der Geißkopf bei Burghaupten und andere. Die erhöhte, wehrhaft anmutende Lage der Stationen, Funde wie aus der Rüstkammer des römischen Heeres und die Nachbarschaft zu römischen Kastellen entlang des Oberrheins schienen eine militärische Funktion der Plätze zu präjudizieren, die im Dreieck zwischen Grenzverteidigung, Straßensicherung und Aufmarschbasis vermutet und durch Berichte von Ammianus Marcellinus und anderen römischen Geschichtsschreibern illustriert wurde. Die wirtschaftsgeografischen Aspekte dieser Höhenstationen gerieten demgegenüber ins Hintertreffen, obwohl vielfältige Einzelbeobachtungen auch dieses Feld beleuchten.[78] So ist für fast alle Höhenstationen die Nähe zu Verkehrswegen zu konstatieren, die vom Rheintal durch den Schwarzwald in Richtung der Oberen Donau führen. Ein weiteres Charakteristikum ist die Standortwahl an der Grenze zwischen Hoch- und Niederterrasse, die wirtschaftliche Betätigungen zwischen Ackerbau, Holz- und Weidewirtschaft zulässt. Spuren von Eisenverarbeitung weisen auf einen weiteren Erwerbszweig hin, der auf leichte Brennholz- und Holzkohlegewinnung in den benachbarten Wäldern angewiesen war. Ebenso ist die Verarbeitung von Geweihen ein standortspezifischer Erwerbszweig, der geeignete

---

78　Hoeper 2003, 25–28 Abb. 2. Siehe auch G. Fingerlin, Kastellorte und Römerstraßen im frühmittelalterlichen Siedlungsbild des Kaiserstuhls. In: J. Werner/E. Ewig (Hrsg.), Von der Spätantike zum Frühen Mittelalter. Aktuelle Probleme in historischer und archäologischer Sicht. Vortr. u. Forsch. 25 (Sigmaringen 1979) 379–409; M. Martin, Die spätrömisch-frühmittelalterliche Besiedlung am Hochrhein und im schweizerischen Jura und Mittelland. In: ebd. 410–446.

Jagdgründe voraussetzt.⁷⁹ Sieht man die Höhenstationen in Zusammenhang mit den umliegenden frühalamannischen Flachlandstationen,⁸⁰ entsteht das Bild eines kleinräumig differenzierten Wirtschaftskosmos, der sich in seinen Grundstrukturen sowohl östlich der postulierten Rheingrenze, in den Mittelgebirgen von Schwäbischer und Fränkischer Alb bis hin nach Thüringen und in den Ostalpenraum findet,⁸¹ aber ebenso westlich des Rheins in den Höhenstationen der spätrömischen Provinzen zwischen Ardennen,⁸² Eifel,⁸³ Pfälzer Wald⁸⁴ und Vogesen.⁸⁵ Je mehr das Phänomen spätrömischer Höhenstationen über die angenommene ‚Reichsgrenze' entlang des Rheins hinweggeht, desto unbefriedigender wird eine rein militärische Deutung dieses siedlungsgeschichtlichen Phänomens. Zu hinterfragen sind nicht nur die literarischen Quellen zur spätantiken Geschichte des Oberrheintals – speziell die Texte des ‚Kriegsberichterstatters' Ammianus Marcellinus –,⁸⁶ sondern auch Funktion und Interpretation der auf dem rechten Rheinufer angenommenen römischen Kastelle und ihrer linksrheinisch vorgelagerten ‚Brückenköpfe'. Diese lagen, wie neuere Prospektionen ergaben, in nächster Nachbarschaft zu alamannischen Niederlassungen. Da ihr Fundgut germanische ebenso wie romanische Elemente umfasst und sich von zeitgleichen Höhenstationen nur marginal unterscheidet, folgert der Freiburger Frühmittelalterarchäologe MICHAEL HOEPER, „dass Ausrüstung und zivilisatorischer Zuschnitt der Besatzungen in den Kastellen und Brückenköpfen sich nur im Detail von der Umgebung unterschieden. … Beiderseits des Rheinlaufes herrschte ein teilweise einheitlicher Lebenszuschnitt bei Galloromanen und Alamannen, sodass militärische und politische Gegensätze oder auch Verständigungen sich nicht archäologisch unmittelbar fassen lassen."⁸⁷ Auch Althistoriker betonen, dass das römische Verständnis des Begriffs ‚Grenze' nicht mit dem modernen Gebrauch gleichgesetzt werden könne, sondern vor dem Hintergrund des spätrömischen Foederatentums relativiert werden müsse – was BENYAMIN ISAAC in der These zusammenfasst, dass „das Konzept einer Reichsgrenze für die Römer wenig Bedeutung hatte".⁸⁸ Unter diesem Blickwinkel verliert der Abzug der römischen Truppen 408 n. Chr. viel an Bedeutung für das Ende römischen Lebens am Rhein, zumal einerseits die angrenzenden Provinzen bereits seit dem 3. Jahrhundert germanisch infiltriert wurden, andererseits die alamannischen Siedlungsgebiete rechts des Rheins auch nach dem ‚Limesfall' römische Elemente fortleben sahen.⁸⁹ Wenn bis spät in das 4. Jahrhundert n. Chr. rechtsrheinische Steinbrüche am Kaiserstuhl und im Odenwald linksrheinische Großbau-

---

79 CIGLENECKI 1987, 144–146 spricht für den Ostalpenraum von „isolierten Zentren, die sich selbst versorgten", was vom Grundgedanken her der Deutung als Militäranlagen widerstrebt.
80 HOEPER 2001, 53 ff. Abb. 13.
81 Ostalpenraum s. CIGLENECKI 1987, 13–108; ders., Le fortificazioni di altura dell'epoca tardo-antica in Slovenia. Arch. medievale 17, 1990. – Allg. H.-W. BÖHME in: MENGHIN/PLANCK 2002, 295–299; s. a. S. CIGLENECKI (Hrsg.), Symposium über die spätantiken Höhenbefestigungen (Regensburg 19.–20.10.1993). Arh. Vestnik 45, 1994, 143 f. u. 239–266.
82 R. BRULET, La Gaule septentrionale au Bas-Empire – Nordgallien in der Spätantike. Trierer Zeitschr. Beih. 11 (Trier 1990) 153–190; G. LAMBERT, Le Luxembourg romain (Andenne 1990) 128–130.
83 K.-J. GILLES, Spätrömische Höhensiedlungen in Eifel und Hunsrück. Trierer Zeitschr. Beih. 7 (Trier 1985) 101–237; ders., in: C. BRIDGER/K.-J. GILLES (Hrsg.), Spätrömische Befestigungsanlagen in den Rhein- und Donauprovinzen. BAR Internat. Ser. 704 (Oxford 1998) 71–76.
84 BERNHARD 2002, 70 ff. Abb. 15–17; ders., in: MENGHIN/PLANCK 2002, 309 ff.
85 BAUD u. a. 1991, 76 f. u. 117 ff.; ST. FICHTL u. a., Recherches actuelles sur les enceintes de hauteur de Basse-Alsace de la protohistoire au Bas-Empire. Rev. Alsace 123, 1997, 3–18 Abb. 1; M. ZEHNER, Haut Rhin. Carte archéologique de la Gaule 68 (Paris 1998) 80 ff. Abb. 14. – Zur Wirtschaftsweise M. LUTZ, Considérations sur la civilisation dite des sommets vosgiens à la lumière des découvertes récents. Ann. Soc. Hist. Lorraine 1961, 81 f.
86 Zu Ammianus J. F. DRINKWATER, Julian and the Franks and Valentinian I and the Alamanni: Ammianus on Romano-German Relations. Francia 24/1, 1988, 1 ff.
87 HOEPER 2003, 160; ders. 2001, 55 f.
88 B. ISAAC, The Limits of Empire. The Roman Army in the East (²Oxford 1993) 417; ders., An open frontier. In: P. BRUN/S. VAN DER LEEUW/CH. R. WHITTAKER (Hrsg.), Frontières d'Empire. Nature et Signification des frontières romaines. Mem. Mus. Préhist. Ile de France 5 (Nemours 1993) 108 f. – Zum verbindenden Charakter sog. Flussgrenzen P. MARZOLFF, Die Flussgrenze. In: E. OLSHAUSEN (Hrsg.), Stuttgarter Kolloquium zur Historischen Geographie des Altertums 4. Geographica Historica 7 (Amsterdam 1994) 351 ff.
89 Vgl. die Beiträge von J. OLDENSTEIN u. E. SCHALLMAYER in: F. STAAB (Hrsg.), Zur Kontinuität zwischen Antike und Mittelalter am Oberrhein. Oberrhein. Stud. 11 (Sigmaringen 1994) 53–68; 69–113.

Abb. 10 Die befestigte spätrömische Schiffslände von Ladenburg, Rhein-Neckar-Kreis, als Modell des Kurpfälzischen Museums Heidelberg.

vorhaben in Obergermanien und der Belgica beliefern[90] und römische Wehranlagen am Oberrhein die Nähe alamannischer Siedlungskonzentrationen suchen, spricht dies mehr für eine Symbiose von Römern und Germanen als für Konfrontation und Abgrenzung.[91] Höhenstationen als Zentren agrarischer und gewerblicher Produktion in der Nachbarschaft spätantiker Verkehrswege bilden so wichtige Zentren des Güteraustauschs, die Gewerbetreibenden, Händlern und Reisenden gleich welcher Nationalität die notwendige Infrastruktur bieten – Funktionen, die in der Anfangsphase römischer Herrschaft ebenfalls auf hoch gelegenen Siedlungen wie beispielsweise dem Auerberg bei Kempten, dem Magdalensberg in Kärnten oder dem Titelberg in Luxemburg angesiedelt waren und die nun in einem Zeitalter veränderter politischer Identitäten an solche Standorte zurückkehren.[92]

Zwischen Niederterrasse und Flussaue: frühe Alamannen in Ladenburg

Ein weiterer Drehort, an dem die Symbiose zwischen späten Römern und frühen Alamannen erfahrbar wird, ist das baden-württembergische Römerzentrum Lopodunum – Ladenburg, das nicht nur wegen der erwähnten römerzeitlichen Spulwürmer, sondern wegen seiner interessanten frühalamannischen Funde Beachtung verdient.[93] Als Zentrum der germanischen Neckarsueben erlebte der Ort nach einer Blüte im 1.–2. Jahrhundert während des 3. Jahrhunderts ähnliche Schrumpfungsprozesse wie Augst und die meisten anderen Römerstädte im Hinterland des Limes zwischen Rhein und oberer Donau. Dennoch riss die Besiedlung nicht ab: wohl im späten 4. Jahrhundert n. Chr. erhielt der Ort eine befestigte Schiffslände (Abb. 10), in deren Nachbarschaft möglicherweise noch

---

90   Kaiserstuhl: W. Wimmenauer, Vulkanische Gesteine des Kaiserstuhls in römischen Bauten der Oberrheinregion. Arch. Korrbl. 24, 2004, 255–262. Odenwald: W. Jorns in: Fahlbusch u. a. 1985, 18 ff. Abb. 7 u. 8.
91   Vgl. G. Fingerlin und L. Bakker in Katalog Alamannen 110 bzw. 111–118.
92   Zum Identitätswandel Galliens in der Spätantike J. Drinkwater/H. Elton, Fifth Century Gaul: A crisis of Identity (Cambridge 1992); Ch. R. Whittaker, What happens when frontiers come to an end? In: Brun u. a. (Anm. 88) 135–139.
93   Als Überblick Sommer 1998 bes. 178 f. – Siehe auch B. Rabold/C. S. Sommer, Lopodunum 98: Vom Kastell zur Stadt. Ausstellungskat. Ladenburg (Ladenburg, Stuttgart 1998) 11 ff.; Ph. Filtzinger/D. Planck/B. Cämmerer (Hrsg.), Die Römer in Baden-Württemberg (³Stuttgart 1986) 383 ff.; B. Rabold in: D. Planck (Hrsg.), Die Römer in Baden-Württemberg. Römerstätten und Museen von Aalen bis Zwiefalten (Stuttgart 2005) 161 ff.

eine Befestigung und weitere Gebäude bestanden.[94] Knapp 1 km südlich dieses *burgus*, auf dem Gelände des römischen Gutshofes ‚Ziegelscheuer' am Südrand des Ortes, hatten sich seit dem 3. Jahrhundert n. Chr. Alamannen niedergelassen.[95] Mit ihrer Entscheidung für diesen Siedlungsstandort am Übergang von der Niederterrasse zur Flussaue verhielten sie sich ebenso wie ihre Zeitgenossen im Breisgau und im nördlichen Hessischen Ried, die analoge Grenzlagen zwischen den beiden unterschiedlichen Wirtschaftsräumen aufsuchten.[96] Die unmittelbare Nachbarschaft zu spätrömischen Befunden ist ebenfalls typisch für zahlreiche römische Villen und Gemeinschaftssiedlungen im Hinterland des obergermanisch-raetischen Limes. Während sie früher strikt chronologisch als Aufeinanderfolge unterschiedlicher Herrschaftssysteme interpretiert wurde, sieht man sie heute mehr als Nebeneinander verschiedenartiger Siedlergemeinschaften am Übergang von römischer zu alamannischer Herrschaft.[97]

Die Gebäude, die die alamannischen Neuankömmlinge auf dem Gutshof von Ladenburg-Ziegelscheuer errichteten, waren aus Holz und Lehm, eine Bautechnik, die sich schon vor den Römern bewährt hatte und in Gallien und Germanien während des 4.–5. Jahrhunderts wieder zur beherrschenden Bauweise wurde.[98] Der Wandel führte dazu, dass Holz Stein als Baustoff verdrängte, sodass das Steinbaugewerbe, angefangen von Steinmetzen über Kalkbrenner und Maurer bis zu Stukkateuren und Wandmalern seine Existenzgrundlage verlor und Steinbrüche wieder an die Natur zurückfielen. Was zählte, waren Mischwälder mit alten, hochwüchsigen Eichen und Buchen als Bau- und Brennholzlieferanten. Da aber die römische Feld- und Weidewirtschaft bis zum 3. Jahrhundert den Wald aus der Rheinebene und den angrenzenden flacheren Hügelzonen weitgehend verdrängt hatte, zogen die Holzfällertrupps und Köhler in die schwer durchdringlichen, waldreichen Mittelgebirgslagen von Eifel und Hunsrück, Westerwald, Taunus, Odenwald, Schwarzwald, Vogesen und nordschweizer Alpenvorland.[99] Dort ‚boomten' im 4. und 5. Jahrhundert die Höhensiedlungen und zogen neben martialisch auftretenden Personen besonders Bevölkerungsgruppen an, die von Holzwirtschaft, Metallgewinnung, Jagd und Viehhaltung lebten.[100]

---

94 Sommer 1998, 180 f.
95 Zu Ladenburg G. Lenz-Bernhard, Lopodunum III: Die neckarswebische Siedlung und Villa rustica im Gewann Ziegelscheuer. Eine Untersuchung zur Besiedlungsgeschichte des Oberrheingrabens (Stuttgart 2002) 157 ff.; dies., Alamannische Funde aus Ladenburg, Gewann Ziegelscheuer. Arch. Nachr. Baden 40/41, 1988, 45–57. Siehe auch B. Rabold, Ladenburg „Ziegelscheuer" – Von der neckarsuebischen Siedlung zur römischen Villa. In: Katalog Roms Provinzen 95 f.
96 Bücker 1999, 22 f. Abb. 2; Hoeper 2001, 447 ff. Abb. 12 u. 13; Th. Maurer, Das Nördliche Hessische Ried in römischer Zeit. Archäologisch-historische Untersuchungen zur Besiedlung zwischen Rhein, Main und Modau vom 1.–5. Jh. (Magisterarbeit Univ. Frankfurt 2003); http://web.uni-frankfurt.de/fb08/provroem/frames/ried.html. Siehe auch ders. in: Arch. Nachrichtenbl. 9, 2004, 334 ff.
97 Zur alamannischen Besiedlung des Decumatlandes K. Frank, D. Geuenich, G. Fingerlin u. a. in Katalog Alamannen 69–134 passim; H.-W. Böhme in: Menghin/Planck 2002, 299 f. – M. Reuter, Die römisch-frühvölkerwanderungszeitliche Siedlung von Wurmlingen, Kreis Tuttlingen. Materialh. Arch. Baden-Württemberg 71 (Stuttgart 2003) 105 f.; S. F. Pfahl, Römer und frühe Alamannen im ländlichen Raum zwischen Donau, Brenz und Nau. Heimat- und Altertumsverein Heidenheim/Br., Jahrb. 2001/2002, 129 ff.; ders., Die römische und frühalamannische Besiedlung zwischen Donau, Brenz und Nau. Materialh. Arch. Baden-Württemberg 48 (Stuttgart 1999); H. Schach-Dörges, Zur frühalamannischen Siedlung nordwestlich der Altstadt von Kirchheim unter Teck, Kr. Esslingen. Fundber. Baden-Württemberg 23, 1999, 289 ff.; H. Bernhard in: Menghin/Planck 2002, 308 ff.
98 Van Ossel 1992, 182 ff. („la géneralisation d'un habitat en bois ..."); ders., Die Gallo-Romanen als Nachfahren der römischen Provinzbevölkerung. In: Katalog Franken 105 ff.
99 Stika 1996, 138 ff.
100 Hoeper 2003, 146 f.
101 Zur Siedlungsgeografie F. Monheim, Agrargeographie des Neckarschwemmkegels. Historische Entwicklung und heutiges Bild einer kleinräumig differenzierten Agrarlandschaft (Heidelberg, München 1961) 11–18; F. Trautz, Das untere Neckarland im früheren Mittelalter (Heidelberg 1953) 10–53.
102 U. Gross, Bemerkenswerte Funde völkerwanderungszeitlicher Keramik auf dem Heiligenberg bei Heidelberg. Arch. Nachr. Baden 42, 1989, 13 ff. – Überblick R. Ludwig/P. Marzolff, Der Heiligenberg bei Heidelberg. Führer Arch. Denkmäler Baden Würtemberg 20 (Stuttgart 1999) 53 ff.; P. Marzolff, Der Heiligenberg. In: E. Mittler (Hrsg.), Heidelberg – Geschichte und Gestalt (Heidelberg 1996) 38 ff.

Der Oberrhein in der Spätantike: Kommunikationsraum, nicht Grenze

Einen abschließenden Blick auf den spätantiken Wirtschaftsraum am Oberrhein gewinnt unser fiktives Aufnahmeteam auf dem Heiligenberg bei Heidelberg-Neuenheim, wo der Neckar unter Bildung eines breiten Schwemmkegels vom Odenwald in die Rheinebene hinaustritt.[101] Auf der seit der Jungsteinzeit besiedelten Bergkuppe sind heute eine keltische Wallanlage, ein römischer Tempel, Ruinen von zwei mittelalterlichen Klöstern, völkerwanderungszeitliche Siedlungsreste und eine ‚Thingstätte' aus der NS-Zeit zu besichtigen.[102] Vom Turm des Michaelsklosters kann die Kamera mit einem großen Schwenk die geografische Landschaftsgliederung einfangen und durch ein begleitendes Statement nochmals auf die wesentlichen Merkmale der Kulturlandschaft des 3.–5. Jahrhunderts hinweisen: Im Osten, gewissermaßen als Nahaufnahme, den Odenwald als unmittelbar angrenzenden Wirtschaftswald, aus dem das geschlagene Holz auf dem Neckar kostengünstig abtransportiert und in die Siedlungen flussabwärts geschafft werden konnte, wo nach dem Niedergang des römischen Steinbaugewerbes Holz wieder zum Baustoff der Zukunft wurde. Der Schwenk nach Westen auf die Rheinebene lässt bei geschickter Fokussierung durch Ausblenden der modernen Industrie- und Wohnflächen Anmutungen der Landnutzung in der Spätzeit der römischen Gutshöfe zu. Mit Teleobjektiv könnte ein Zoom den Pfälzer Wald ‚heranholen', aus dem sich die linksrheinischen Siedlungsgebiete mit Bau- und Brennholz und anderen Rohstoffen versorgten. Ein entsprechendes Siedlungsbild bietet sich zwischen Schwarzwald, nordschweizer Voralpenland und den Vogesen,[103] wo ebenfalls Höhensiedlungen in charakteristischen Lagen die Ränder der Rheinebene und der angrenzenden Hügelzone säumen.[104]

Der durch ein animiertes Kartenbild ergänzbare Kameraschwenk vom Heiligenberg würde einen Wirtschaftsraum einfangen, der über demografische Unterschiede der Besiedlung hinweg ackerbaulich intensiv genutzte Landstriche in der Rheinebene und den weiteren Mündungstälern der Nebenflüsse ebenso einschloss wie Weideland in den Auebereichen, Tonabbau und -verarbeitung in Flussnähe sowie Standorte für Holz-, Eisen-, Stein- und sonstige Rohstoffgewinnung in den angrenzenden Mittelgebirgen. Die quellenbedingt erst in Ansätzen erkennbare, der Landesnatur angepasste Arbeitsteilung und räumliche Spezialisierung würde sich noch deutlicher abzeichnen, wenn das Netz archäobotanischer und archäozoologischer Befunde vor allem westlich des Rheins dichter und so eine differenziertere Beurteilung der landwirtschaftlichen Produktion möglich wäre. Voraussetzung der geschilderten Verhältnisse ist in jedem Fall ein gut funktionierender Güteraustausch zwischen den verschiedenen Produktionszentren, was aufgrund der geringen Kapazitäten des antiken Landverkehrs langfristig nur durch Transport auf dem Wasserweg sicherzustellen war. Dessen Rückgrat war das Flusssystem des Rheins und seiner Nebenflüsse. Damit verliert in der Spätantike der große Strom siedlungs- und wirtschaftsgeschichtlich gesehen den Charakter einer Militärgrenze und bildet stattdessen die Hauptarterie eines weit verzweigten Kommunikationsraums. Wirtschaftlich zusammengehörig und verkehrsgeografisch durch den großen Strom miteinander verbunden, erscheinen die Landschaften des Oberrheintals somit als früher Vorläufer einer modernen Großregion, in der Grenzen, so sie überhaupt wahrnehmbar waren, kein Hindernis für grenzüberschreitendes Wirtschaften und Gestalten bedeuteten. Die scheinbar klaren Konturen militärischer Ereignisse und politischer Strukturen verschwimmen oder schrumpfen zu Episoden der Überlieferung und brechen sich mit quer laufenden Entwicklungsmomenten der Siedlungs- und Wirtschaftsgeschichte. Der

---

103 Waldwirtschaft in den Vogesen: J. P. Husson, Les hommes et la forêt en Lorraine (Paris 1991) 60 ff.; siehe auch J. Schweitzer, L'habitat rural en Alsace au Haut Moyen Age (Riedheim 1984) 174 ff. – Allgemein Zehner (Anm. 85) 79 ff. Abb. 14.

104 Hoeper 2003, 13 ff.; ders. in: Katalog Spätantike am Oberrhein 219–225 mit Karte S. 219, die allerdings die Höhensiedlungen westlich des Rheins (vgl. Anm. 85) ausspart und so ein einseitiges Kartenbild erzeugt. – A. Friedmann, Die spät- und postglaziale Landschafts- und Umweltgeschichte des südlichen Oberrheintieflands und des Schwarzwalds. Freiburger Geogr. H. 62 (Freiburg 2004). – R. Schneider, Landschafts- und Umweltgeschichte im Einzugsgebiet der Enz (Diss. Univ. Freiburg 2000) 145 ff.; Hoeper 2001, 47 ff.

Großraum, der heute gerne als Ergebnis europäischer Einigungspolitik gesehen wird, hat historische Vorläufer, die schon in der Spätantike sichtbar waren. Insofern bezeichnet das Zusammenwachsen des Oberrheintals in der Gegenwart die „Wiederkehr des Raumes",[105] und verlängert die spätrömische Landschaftsgeschichte bis in die Gegenwart.

Literatur

Baatz/Hermann 1989	D. Baatz/F.-R. Herrmann (Hrsg.), Die Römer in Hessen (²Stuttgart 1989).
Baud u. a. 1991	Chr. Baud/Chr. Jeunesse/M. u. Chr. Voegtlin, L'archéologie en Alsace (Paris 1991).
Becker 1982	B. Becker, Dendrochronologie und Paläoökologie subfossiler Baumstämme aus Flußablagerungen. Ein Beitrag zur nacheiszeitlichen Auenentwicklung im südlichen Mitteleuropa. Mitt. Komm. Quartärforsch. 5 (Wien 1982).
Bernhard 1981	H. Bernhard, Die spätrömischen burgi von Bad Dürkheim und Eisenberg. Eine Untersuchung zum spätantiken Siedlungswesen in ausgewählten Teilgebieten der Pfalz. Saalburg-Jahrb. 37, 1981, 25 ff.
Bernhard 2002	H. Bernhard, Die römische Geschichte der Pfalz. In: K.-H. Rothenberger/K. Scherer/F. Staab/J. Keddigkeit (Hrsg.), Pfälzische Geschichte 1 (²Kaiserslautern 2002).
Bücker 1999	Chr. Bücker, Frühe Alamannen im Breisgau. Untersuchungen zu den Anfängen der germanischen Besiedlung im Breisgau während des 4. und 5. Jahrhunderts n. Chr. Freiburger Forsch. 1. Jt. Südwestdeutschland 9 (Sigmaringen 1999).
Ciglenecki 1987	S. Ciglenecki, Höhenbefestigungen aus der Zeit vom 3. bis 6. Jh. im Ostalpenraum (Ljubljana 1987).
Cüppers 1990	H. Cüppers (Hrsg.), Die Römer in Rheinland-Pfalz (Stuttgart 1990).
Drack/Fellmann 1988	W. Drack/R. Fellmann, Die Römer in der Schweiz (Stuttgart 1988).
Fahlbusch u. a. 1985	K. Fahlbusch/W. Jorns/G. Löwe/J. Röder, Der Felsberg im Odenwald. Führer Hessische Vor- u. Frühgesch. 3 (Wiesbaden).
Gradmann 1977	R. Gradmann, Süddeutschland. 2: Die einzelnen Landschaften (Stuttgart 1931, Nachdr. Darmstadt 1977).
Höckmann 1986	O. Höckmann, Römische Schiffsverbände auf dem Ober- und Mittelrhein und die Verteidigung der Rheingrenze in der Spätantike. Jahrb. RGZM 33, 1986, 369 f.
Hoeper 2001	M. Hoeper, Alamannische Siedlungsgeschichte im Breisgau. Zur Entwicklung von Besiedlungsstrukturen im frühen Mittelalter. Freiburger Beitr. Arch. u. Gesch. 1. Jt. 11 (Rahden/Westf 2001).
Hoeper 2003	M. Hoeper, Völkerwanderungszeitliche Höhenstationen am Oberrhein. Geißkopf bei Berghaupten und Kügeleskopf bei Ortenberg. Mit Beiträgen von Chr. Bücker, J. Lienemann und H. Steuer (Sigmaringen 2003).
Jacomet u. a. 1988	St. Jacomet u. a., Verkohlte pflanzliche Makroreste aus Grabungen in Augst und Kaiseraugst. Kultur- und Wildpflanzenfunde als Informationsquellen der Römerzeit. Jahresber. Augst u. Kaiseraugst 9, 1988, 271–310.
Jacomet 2000	St. Jacomet, Ein römerzeitlicher verkohlter Getreidevorrat aus dem 3. Jh. n. Chr. von Augusta Raurica (Kaiseraugst). Jahresber. Augst u. Kaiseraugst 21, 2000, 225–230.
Kalis/Meurers-Balke 1993	A. J. Kalis/J. Meurers-Balke (Hrsg.), 7000 Jahre bäuerliche Landwirtschaft. Entstehung – Erforschung – Erhaltung [Festschr. K.-H. Knörzer]. Archaeo-Physika 13 (Bonn, Köln 1993).

---

105 Schlögel 2006, 11 f.

Katalog Alamannen	Archäologisches Landesmuseum Baden-Württemberg (Hrsg.), Die Alamannen. Ausstellungskat. Stuttgart, Zürich, Augsburg (⁴Stuttgart 2001).
Katalog Franken	Reiss Museum Mannheim (Hrsg.), Die Franken. Wegbereiter Europas. Vor 1500 Jahren: König Chlodwig und seine Erben. Ausstellungskat. Mannheim, Paris (Mainz 1996).
Katalog Barbarenschatz	Historisches Museum der Pfalz Speyer (Hrsg.), Geraubt und im Rhein versunken. Der Barbarenschatz. Ausstellungskat. Speyer (Stuttgart 2006).
Katalog Roms Provinzen	Archäologisches Landesmuseum Baden-Württemberg (Hrsg.), Imperium Romanum. Roms Provinzen an Neckar, Rhein und Donau. Ausstellungskat. Stuttgart (Esslingen 2005).
Katalog Spätantike am Oberrhein	Badisches Landesmuseum Karlsruhe (Hrsg.), Imperium Romanum. Römer, Christen, Alamannen – Die Spätantike am Oberrhein. Ausstellungskat. Karlsruhe (Stuttgart 2005).
Künzl 1993	E. Künzl (Hrsg.), Die Alamannenbeute aus dem Rhein bei Neupotz. RGZM Monogr. 34, I–IV (Mainz 1993).
Küster 1998	H.-J. Küster, Die Landschaft der Spätantike aus vegetationsgeschichtlicher Sicht. In: C. Bridger/K.-J. Gilles (Hrsg.), Spätrömische Befestigungsanlagen in den Rhein- und Donauprovinzen. BAR Internat. Ser. 704 (Oxford 1988) 77–82.
Kuhnen 1992	H.-P. Kuhnen (Hrsg.), Gestürmt – geräumt – vergessen? Der Limesfall und das Ende der Römerzeit in Südwestdeutschland. Württ. Landesmus. Stuttgart, Arch. Slg., Führer und Bestandskat. (Stuttgart 1992).
Kuhnen 2001	H.-P. Kuhnen (Hrsg.), Abgetaucht, aufgetaucht: Flussfundstücke, aus der Geschichte, mit ihrer Geschichte. Ausstellungskat. Trier (Trier 2001).
Kuhnen/Riemer 1994	H.-P. Kuhnen/E. Riemer, Landwirtschaft der Römerzeit. Römischer Weinkeller Oberriexingen. Ausstellungskat. Stuttgart (Stuttgart 1994).
Löber/Rost 1991	U. Löber/C. Rost (Hrsg.), 2000 Jahre Rheinschiffahrt. Ausstellungskat. Koblenz (Koblenz 1991).
Menghin/Planck 2002	W. Menghin/D. Planck (Hrsg.), Menschen – Zeiten – Räume. Archäologie in Deutschland. Ausstellungskat. Berlin, Bonn (Stuttgart 2002).
Pferdehirt 1995	B. Pferdehirt, Das Museum für antike Schiffahrt I. (Mainz 1995).
Pferdehirt 2005	B. Pferdehirt, Die römische Flotte im Dienst. Antike Welt 36, 2005, 8–16.
Planck 1988	D. Planck (Hrsg.), Archäologie in Württemberg. Ergebnisse und Perspektiven archäologischer Forschung von der Altsteinzeit bis zur Neuzeit (Stuttgart 1988).
RGZM 1981	Römisch-Germanisches Zentralmuseum Mainz (Hrsg.), Lörrach und das rechtsrheinische Vorland von Basel. Führer Vor- u. Frühgesch. Denkmäler 47 (Mainz 1981).
Rupprecht 1982	G. Rupprecht (Hrsg.), Die Mainzer Römerschiffe. Berichte über Entdeckung, Ausgrabung und Bergung (²Mainz 1982).
Schlögel 2006	K. Schlögel, Im Raume lesen wir die Zeit. Über Zivilisationsgeschichte und Geopolitik (Frankfurt/M. 2006).
Schumann 1995	F. Schumann, Römischer Weinbau in der Pfalz. In: K.-J. Gilles u.a., Neuere Forschungen zum römischen Weinbau an Mosel und Rhein. Schriftenr. Rhein. Landesmus. Trier 11 (Trier 1995).
Schwarz 2002	P.-A. Schwarz, Kastelen. 4: Die Nordmauer und die Überreste der Innenbebauung der spätrömischen Befestigung auf Kastelen. Die Ergebnisse der Grabung 1991–1993.51 im Areal der Insulae 1 und 2 von Augusta Raurica. Forsch. Augst 24 (Augst 2002).
Sommer 1998	C. S. Sommer, Vom Kastell zur Stadt. In: H.-J. Probst (Hrsg.), Ladenburg. Aus 1900 Jahren Stadtgeschichte (Ubstadt-Weiher 1998) 81–201.

STEUER 1990	H. STEUER, Höhensiedlungen des 4. und 5. Jahrhunderts in Südwestdeutschland. Einordnung des Zähringer Burgberges. Gemeinde Gundelfingen, Kreis Breisgau-Hochschwarzwald. In: H.-U. NUBER/K. SCHMID/H. STEUER/TH. ZOTZ (Hrsg.), Archäologie und Geschichte des ersten Jahrtausends in Südwestdeutschland. Freiburger Forsch. 1. Jt. Südwestdeutschland (Sigmaringen 1990) 139–205.
STIKA 1996	H.-P. STIKA, Römerzeitliche Pflanzenreste aus Baden-Württemberg. Materialh. Arch. Baden-Württemberg 36 (Stuttgart 1996).
SWOBODA 1986	R. M. SWOBODA, Die spätrömische Befestigung Sponeck am Kaiserstuhl. Münchener Beitr. Vor- u. Frühgesch. 36 (München 1986).
VAN OSSEL 1992	P. VAN OSSEL, Etablissements ruraux de l'antiquité tardive dans le nord de la Gaule. 51e Suppl. à Gallia (Paris 1992).

Abbildungsnachweise

Abb. 1: Quartärgeologie der Rheinebene: Nach H. MUSALL, Die Entwicklung der Kulturlandschaft der Rheinniederung zwischen Karlsruhe und Speyer vom Ende des 16. bis zum Ende des 19. Jahrhunderts. Heidelberger Geograph. Arbeiten 22 (Heidelberg 1969) Beil. 7.
Abb. 2: Der Oberrhein bei Breisach auf einer französischen Militärkarte von 1783. Nach: H. MUSALL u. a. (Bearb.), Landkarten aus vier Jahrhunderten. Ausstellungskat. Generallandesarchiv Karlsruhe 1986 (Karlsruhe 1986) 87 Abb. B 5.
Abb. 3: Bäume an flussnahen Standorten des Auewaldes (a). Auewaldeichen beim Kiesbaggern (b): Aufnahmen Verf.
Abb. 4: Veränderungen der Uferlinie des Rheins zwischen 1784 und 1791: Nach MUSALL (wie Abb. 1 a) Beil. 5.
Abb. 5 a u. b: Rekonstruierte Ansicht eines charakteristischen Flusstales in mittel- und spätrömischer Zeit. Nach: KUHNEN 1992.
Abb. 6: Die Mainzer Römerschiffe: Landesamt für Denkmalpflege Rheinland-Pfalz Abt. Archäologische Denkmalpflege Amt Mainz. Mit freundlicher Genehmigung von Dr. GERD RUPPRECHT.
Abb. 7: Höhenheiligtum Schauenburgerflue bei Augst, Kt. Basel-Land: a) Nach TH. STRÜBIN, Das gallo-römische Hohenheiligtum auf der Schauenburgerflue. Helvetia Arch. 18, 1974, Abb. S. 40. b) Foto Verf.
Abb. 8 Aufnahmen Verf.
Abb. 9: Kartengemälde von HANS BOCK aus dem Jahr 1602, Vorlage: Landesarchiv Baden-Württemberg, Generallandesarchiv Karlsruhe.
Abb. 10: Aufnahme E. KEMMET, Kurpfälzisches Museum Heidelberg. Mit freundlicher Genehmigung des Kurpfälzischen Museums Heidelberg

Schlagwortverzeichnis

Oberrhein; Spätantike; Alamannen; Gewässerarchäologie; Landschafts- und Umweltgeschichte; Wirtschaftsgeschichte.

Anschrift des Verfassers

Dr. HANS-PETER KUHNEN
Institut für Archäologie und Naturwissenschaften
Hofstr. 258
56077 Koblenz

E-Mail: kuhnen.ian@gmx.de

Anthropologische Untersuchungen zur Bevölkerungsstruktur und Lebensweise der frühmerowingerzeitlichen Population von Horb-Altheim (450–510 n. Chr.)

Zuzana Obertová und Joachim Wahl

Einleitung

Die frühmerowingerzeitliche Skelettserie von Horb-Altheim datiert von der Mitte des 5. bis zum Beginn des 6. Jahrhunderts (450–510 n. Chr.). Aus dieser Zeitperiode liegen im südwestdeutschen Raum nur sehr wenige Nekropolen vor.[1] Andere alamannische Gräberfelder, wie z. B. Pleidelsheim und Neresheim, setzen mit ihrer Belegung zwar ebenfalls in dieser Periode ein, gehen allerdings in der Nutzungsdauer deutlich darüber hinaus. Die Besonderheit dieser frühen Grablegen ergibt sich durch ihre Position in dem Zeitfenster, das der europäischen Völkerwanderungszeit – ihrerseits charakterisiert durch ausgreifende Migrationsbewegungen größerer Bevölkerungseinheiten, Kultur- und Sittenaustausch sowie kriegerische Auseinandersetzungen – entspricht bzw. diachron zwischen den Bestattungsplätzen der römischen Kaiserzeit und des Frühmittelalters liegt. Sie nehmen somit eine Schlüsselstellung für Untersuchungen hinsichtlich der Kontinuität oder evtl. Wandlungsprozesse im Vergleich aufeinander folgender Populationsstichproben ein.

Bei der anthropologischen Bearbeitung des Skelettmaterials aus Horb-Altheim standen daher drei Themenkomplexe im Vordergrund:

1. Rekonstruktion von Lebensweise und Umwelt;
2. verwandtschaftliche Beziehungen innerhalb der vorliegenden Stichprobe und
3. Stellung der Population von Horb-Altheim im Vergleich zu anderen zeitgleichen sowie älter und jünger datierten Serien aus Baden-Württemberg bzw. West- und Mitteleuropa.

Der Friedhof von Horb-Altheim, Flur ‚Talberg', wurde in den Jahren 1999–2001 fast vollständig ergraben. Insgesamt konnten 75 Individuen geborgen werden. Viele Gräber waren außergewöhnlich reich ausgestattet und dokumentieren möglicherweise eine ausgeprägte soziale Hierarchie. Zudem wurden zwei grundlegend unterschiedliche Grabtypen angetroffen. Neben den einfachen Grabgruben kamen so genannte Nischengräber zum Vorschein, die durch in einer Nische deponierte Keramik- oder Glasgefäße gekennzeichnet sind. Nach den bislang vorliegenden, vorläufigen archäologischen Untersuchungen deutet diese Art der Beisetzung, wie auch einige der enthaltenen Ausstattungsmerkmale, auf eine möglicherweise ortsfremde Herkunft der Bestatteten (etwa aus dem Mitteldonaugebiet) hin.[2] Zum Vergleich wurden die mit Horb-Altheim nahezu zeitgleiche Serie von Hemmingen (450–530 n. Chr.)[3] mit 57 Individuen sowie die älteren, derselben Zeitspanne zugeordneten Bestattungen aus

---

1 Der vorliegende Beitrag basiert auf der Dissertation von Z. Obertová, The Early Medieval Alamannic population at Horb-Altheim, Germany (450–510 AD): A bioarchaeological approach to trace its History (Tübingen 2005).
2 B. Rabold, Ein neues alamannisches Gräberfeld in Altheim, Stadt Horb, Kreis Freudenstadt. Arch. Ausgr. Baden-Württemberg 1999, 149–152. – G. Wieland, Abschließende Untersuchungen im Bereich des frühmerowingerzeitlichen Friedhofes auf dem Talberg bei Horb-Altheim, Kreis Freudenstadt. Arch. Ausgr. Baden-Württemberg 2000, 137–140.
3 Der Bestattungsplatz von Hemmingen ähnelt dem von Horb-Altheim in der Qualität und Quantität der Grabausstattung sowie in der Präsenz der Nischengräber. Für die vorliegende Untersuchung waren insgesamt 57

Fortsetzung nächste Seite

dem Gräberfeld von Pleidelsheim (450–530 n. Chr.)[4] mit 61 Individuen hinzugezogen. Des weiteren eine kleinere Serie (21 Individuen) aus Wyhl,[5] die ins ausgehende 4. bis in die erste Hälfte des 5. Jahrhunderts datiert.[6]

Sonstige Vergleichsdaten z.B. zur Paläodemographie, Metrik und Paläopathologie für andere frühmittelalterliche (5.–8. Jh. n. Chr.) und römische Skelettserien aus Baden-Württemberg und anderen west- und mitteleuropäischen Ländern wurden der Literatur entnommen.

Methoden

Um eine einheitliche Beurteilung zu gewährleisten, erschien es sinnvoll, das bereits bearbeitete und publizierte Skelettmaterial von Hemmingen[7] und Pleidelsheim[8] unter gleichen Konditionen erneut zu begutachten, damit die Vergleichsdaten dem breiten Spektrum von Merkmalen entsprechen, die bei den Skeletten aus Horb-Altheim erfasst und ausgewertet wurden. Die bisher noch unveröffentlichten Knochenreste von Horb-Altheim und Wyhl wurden nach modernsten Kriterien untersucht und dokumentiert.

Der Erhaltungszustand der Horb-Altheimer Skelette war aufgrund der lokalen Bodenbeschaffenheit relativ schlecht. In vielen Fällen fehlten die Knochen des Gesichtsschädels fast vollständig, Zähne waren dagegen meist gut erhalten. Eine größere Zahl von Skeletten war im Block geborgen worden, womit zumindest die komplette Überlieferung der vorhandenen Skelettreste gewährleistet war und die Präparation und Untersuchung unter optimierten Bedingungen im Labor erfolgen konnte.

Um Ergebnisse mit möglichst großer Aussagekraft zu erzielen, kamen verschiedene methodische Verfahren zum Ansatz. So wurden z.B. bei der Altersbestimmung sowohl konventionelle morphologische Methoden[9] als auch die Histologie in Form der so genannten TCA (Tooth-Cementum-Annulation)-Methode[10] angewandt. Im Rahmen der Geschlechtsbestimmung erwachsener Individuen wurden die diagnostischen Merkmale am Becken[11] gegenüber allen anderen am stärksten gewichtet. Weitere Hinweise auf das Geschlecht liefern die Merkmale am Schädel, vor allem diejenigen der Stirn- und Nackenregion (Glabella, Arcus superciliaris, Margo supraorbitalis, Tubera frontalia, Planum nuchale, Protuberantia occipitalis externa), aber auch diejenigen an den Schädelseiten (Tubera

---

Fortsetzung Anm. 3

    Individuen zugänglich, wovon 10 aus Nischengräbern stammen: H. F. Müller, Das alamannische Gräberfeld von Hemmingen (Kreis Ludwigsburg). Forsch. u. Ber. Vor- u. Frühgesch. Baden-Württemberg 7 (Stuttgart 1976).

4 Das Gräberfeld von Pleidelsheim wurde zwischen 430 und 450 n. Chr. angelegt und bis ins 7. Jh. genutzt. Es wird chronologisch in 10 Phasen untergliedert. Insgesamt wurden 209 Individuen geborgen. 61 davon konnten den frühen Phasen 1–4 (dem Belegungszeitraum von Horb-Altheim entsprechend) zugeordnet und im Rahmen dieser Studie ausgewertet werden. – U. Koch, Das alamannisch-fränkische Gräberfeld bei Pleidelsheim. Forsch. u. Ber. Vor- u. Frügesch. Baden-Württemberg 60 (Stuttgart 2001).

5 Die archäologische Untersuchung der kleinen Gräbergruppe von Wyhl zeigte, dass es sich hier um den Sitz einer alamannischen Adelsfamilie handelt, die im Rahmen eines *foedus* in Diensten Roms den Rheinübergang an dieser Stelle kontrollierte: G. Fingerlin, Frühalamannische Grabfunde aus Wyhl am Kaiserstuhl, Kreis Emmendingen. Arch. Ausgr. Baden-Württemberg 1982, 159–162. – Ders., Frühe Alamannen in Breisgau. Zur Geschichte und Archäologie des 3.–5. Jahrhunderts zwischen Basler Rheinknie und Kaiserstuhl. In: H. U. Nuber/K. Schmid/H. Steuer/T. Zotz (Hrsg.), Archäologie und Geschichte des ersten Jahrtausends in Südwestdeutschland. Archäologie und Geschichte. Freiburger Forsch. 1. Jt. Südwestdeutschland 1 (Sigmaringen 1990) 97–137.

6 Die Serien von Horb-Altheim und Wyhl werden im Osteologischen Archiv des Landesamts für Denkmalpflege in Rottenburg a. N. aufbewahrt. Die Skelettserie aus Hemmingen ist in der Osteologischen Sammlung der Universität Tübingen untergebracht, wo kurzfristig auch die Serie aus Pleidelsheim zugänglich war (jetzt im Zentralen Fundarchiv des Archäologischen Landesmuseums Baden-Württemberg in Rastatt). – Aus der mit weit über 400 Grablegen vom frühen 5. bis ins 7. Jh. belegten Nekropole von Herrenberg sind ebenfalls Nischengräber bekannt geworden. Vgl. Cl. Oeftiger/K.-D. Dollhopf, Fortsetzung der Ausgrabungen im alamannischen Gräberfeld ‚Zwerchweg' bei Herrenberg, Kreis Böblingen. Arch. Ausgr. Baden-Württemberg 2000, 140–145. Bislang liegen jedoch noch keine systematischen archäologischen und anthropologischen Untersuchungen vor.

7 Müller (Anm. 3).

8 Koch (Anm. 4).

parietalia, Crista supramastoidea, Processus mastoideus) sowie am Unterkiefer (Kinnform, Unterkieferwinkel).[12] Allgemeine Merkmale wie Robustizität/Grazilität und Muskelmarkenrelief fanden ebenfalls Beachtung, aufgrund der starken Abhängigkeit von exogenen Faktoren allerdings mit wesentlich geringerer Gewichtung. In einigen Fällen wurde ergänzend auf populationsspezifische, an den langen Extremitätenknochen errechnete Diskriminanzfunktionen zurückgegriffen.

Infolge des ungünstigen Erhaltungszustands war es häufig nicht möglich, die nötige Zahl konventioneller morphognostischer Merkmalen zu beobachten. Aus diesem Grund wurden zusätzlich Abgüsse zur Bestimmung von Oberflächenstruktur und Verlaufs des ‚Meatus acusticus internus' am Felsenbein hergestellt.[13] Diese Abgussmethode erwies sich als ausgesprochen hilfreich, da die ‚Pars petrosa ossis temporalis' bekanntlich zu den am meisten erhaltenen Skelettteilen gehört. Zudem ermöglicht sie eine Geschlechtsbestimmung nicht nur bei Erwachsenen, sondern ebenso bei Kindern

---

9 Das Sterbealter bei Kindern und Jugendlichen wurde anhand folgender Kriterien bestimmt: Entwicklungsstadien von Milch- und Dauerzähnen bzw. des Zahndurchbruchs nach D. H. UBELAKER, Human Skeletal Remains. Excavation, Analysis, Interpretation (Washington, DC 1989); Stadien des Epiphysenverschlusses nach M. STLOUKAL/ M. DOBISÍKOVÁ/V. KUŽELKA/P. STRÁNSKÁ/P. VELEMÍNSKÝ/L. VYHNÁNEK/K. ZVÁRA, Antropologie (Praha 1999); Größenentwicklung der Langknochen nach M. STLOUKAL/H. HANÁKOVÁ, Die Länge der Längsknochen altslawischer Bevölkerungen unter besonderer Berücksichtigung von Wachstumsfragen. Homo 29, 1978, 53–69. Bei Erwachsenen beruhen die Altersschätzungen auf dem endo- und ektokranialen Nahtverschluss nach F. W. RÖSING, Methoden und Aussagemöglichkeiten der anthropologischen Leichenbrandbearbeitung. Arch. Naturwissensch. 1, 1977, 53–80; A. CZARNETZKI (MS unpubl.); der Zahnkronenabrasion nach A. E. W. MILES, The dentition in the assessment of individual age in skeletal material. In: D. R. BROTHWELL, Dental Anthropology (London 1963) 191–209; B. H. SMITH, Patterns of molar wear in hunter-gatherers and agriculturalists. Am. Journal Phys. Anthr. 63, 1984, 39–56 sowie dem Zustand der Symphysenfuge und der Facies auricularis des Beckens nach J. E. BUIKSTRA/ D. H. UBELAKER (Hrsg.), Standards for Data Collection from Human Skeletal Remains. Arkansas Arch. Survey Research Ser. 44 (Fayetteville 1994). Zusätzlich kann bei Jugendlichen/jüngeren Erwachsenen der Verschluss anderer Wachstumsfugen (z. B. Clavicula, Sphenobasilarfuge, Wirbelkörperdeckplatten) herangezogen werden.

10 Im Gegensatz zu den traditionellen makroskopischen Altersschätzungen, die prinzipiell nur das biologische Sterbealter anzeigen, kann mit der Zahnzementannulationsmethode (‚TCA') das chronologische Sterbealter mit einer Genauigkeit von ±3 Jahren ermittelt werden. Einen weiteren Vorteil der Methode bildet ihre Unabhängigkeit von einer Referenzpopulation: vgl. P. KAGERER/G. GRUPE, On the validity of individual age-at-death diagnosis by incremental lines counts in human dental cementum. Technical considerations. Anthr. Anz. 59, 2001, 331–342. – U. WITTWER-BACKOFEN/H. BUBA, Age estimation by tooth cementum annulation: perspectives of a new validation study. In: R. D. HOPPA/J. W. VAUPEL (Hrsg.), Paleodemography: Age distributions from skeletal samples (Cambridge 2002) 107–128. Die Vorbereitung der Dünnschnitte und die Auswertung der Präparate erfolgte nach den methodischen Empfehlungen von P. KAGERER, Die Zahnzementzuwachsringe – Stumme Zeugen oder dechiffrierbare Annalen in der Paläopathologie, Paläodemographie und Rechtsmedizin? Dissertation (München 2000). – P. KAGERER/G. GRUPE, Age-at-death diagnosis and determination of life-history parameters by incremental lines in human dental cementum as an identification aid. Forensic Science Int. 118, 2001, 75–82. Für die Bestimmung der Zuwachsringe wurden einwurzelige Prämolaren des Ober- oder Unterkiefers verwendet. Die individuelle Altersbestimmung erfolgte durch Addition des stabilsten Wertes der Zählungen mit dem Durchbruchsalter des jeweiligen Zahnes nach G. H. SCHUMACHER/H. SCHMIDT/H. BÖRING/W. RICHTER, Anatomie und Biochemie der Zähne (Stuttgart 1990).

11 Zu nennen sind vor allem der Sulcus praeauricularis sowie der Verlauf der Incisura ischiadica major und des Arc composé: V. NOVOTNÝ, Sex determination of the pelvic bone: A systems approach. Anthropologie (Brno) 24, 1986, 197–206. – J. BRUZEK, A method for visual determination of sex, using the human hip bone. Am. Journal Phys. Anthr. 117, 2002, 157–168. Wegen des schlechten Erhaltungszustandes konnten andere gängige Merkmale, die bei D. FEREMBACH/I. SCHWIDETZKY/M. STLOUKAL, Empfehlungen für die Alters- und Geschlechtsdiagnose am Skelett. Homo 30, 1979, 1–32, aufgelistet sind, wie z.B. die Größe des Angulus subpubicus, Form des Foramen obturatum, Crista iliaca und Sacrum, nur selten berücksichtigt werden.

12 G. ACSÁDI/J. NEMESKÉRI, History of Human Life Span and Mortality (Budapest 1970). – FEREMBACH et al. 1979 (Anm. 11).

13 J. WAHL, Ein Beitrag zur metrischen Geschlechtsdiagnose verbrannter und unverbrannter menschlicher Knochenreste – ausgearbeitet an der Pars petrosa ossis temporalis. Zeitschr. Rechtsmed. 86, 1981, 79–101. – M. AHLBRECHT, Geschlechtsdifferenzierung an der Pars petrosa ossis temporalis. Dissertation (Tübingen 1997). – S. K. FORSCHNER, Die Geschlechtsbestimmung an der juvenilen Pars petrosa ossis temporalis im Kontext forensischer Identifikationsuntersuchungen. Dissertation (Tübingen 2001). – M. GRAW, Morphometrische und morphognostische Geschlechtsdiagnostik an der menschlichen Schädelbasis. In: M. OEHMICHEN/G. GESERICK (Hrsg.), Osteologische Identifikation und Altersschätzung (Lübeck 2001) 103–121.

und Jugendlichen mit vergleichsweise hoher Trefferquote. Das Geschlecht von Nichterwachsenen wurde daneben über Diskriminanzfunktionen für Zahnmaße der Milch- und Dauerzähne[14] (soweit vorhanden) eruiert.

Die Genauigkeit der Alters- und Geschlechtsdiagnose ist von entscheidender Bedeutung für die paläodemographische Analyse, die ihrerseits Angaben über die Altersstruktur, Lebenserwartung und zur Größe der Bevölkerung liefert. Für alle in die Untersuchung miteinbezogenen (Teil-)Populationen wurden Sterbetafeln[15] erstellt. Maße und Indices wurden nach MARTIN/SALLER aufgenommen bzw. berechnet.[16] Da vielfach keine vollständig erhaltenen Langknochen zur Verfügung standen, wurden Bestimmungen der maximalen Längen aus Teilstrecken vorgenommen.[17] Auf der Basis von Messungen an verschiedenen Extremitätenknochen wurde die Körperhöhe der Individuen bestimmt.[18]

Das Vorkommen krankhafter Veränderungen liefert Angaben über die Krankheitsbelastung, evtl. Arbeitsteilung sowie über die Umweltbedingungen, die auf die Population einwirkten. Folgende pathologische Erscheinungen wurden dazu ausgewertet: 1. Cribra orbitalia, 2. unspezifische Infektionen (u. a. Periostose), 3. Traumata, 4. degenerative Gelenkerkrankungen, 5. Enthesopathien (sog. aktivitätsbezogene Veränderungen), 6. Zahnschmelzhypoplasien und 7. andere Zahnerkrankungen wie Karies, Zahnstein, Parodontose, periapikale Alterationen, und intravitaler Zahnverlust.[19]

Bei der archäologischen Auswertung des Fundgutes aus Horb-Altheim waren Fragen hinsichtlich der Herkunft der Population aufgekommen. Dieses Problem wurde mittels anthropologischer und anderer naturwissenschaftlicher Methoden angegangen. Die anthropologischen Methoden beinhalten dabei die Verwandtschaftsanalyse, d. h. die Auswertung epigenetischer/odontologischer und metrischer Merkmale im Hinblick auf die Ähnlichkeiten oder Unterschiede innerhalb der Serie von Horb-Altheim sowie zwischen dieser Population und Vergleichsserien aus Baden-Württemberg und west- und mitteleuropäischen Ländern.

Als naturwissenschaftliche Methode kam die in jüngster Zeit immer häufiger verwendete Analyse der Strontiumisotopen ($^{87}Sr/^{86}Sr$) zum Einsatz.[20] Dabei wird der Unterschied bezüglich der Relation der

---

14   T. K. BLACK, Sexual dimorphism in the tooth-crown diameters of the deciduous teeth. Am. Journal Phys. Anthr. 48, 1978, 77–82.
15   ACSÁDI/NEMESKÉRI (Anm. 12).
16   R. MARTIN/K. SALLER, Lehrbuch der Anthropologie in systematischer Darstellung mit besonderer Berügsichtigung der anthropologischen Methoden 1 (Stuttgart 1957). Für den Schädel setzt sich das Ensemble aus 25 Maßen und 5 Indices zusammen. Am postkranialen Skelett wurden 42 Maßstrecken (jeweils an beiden Körperseiten) erhoben und 8 Indices berechnet.
17   G. MÜLLER, Zur Bestimmung der Länge beschädigter Extremitätenknochen. Anthr. Anz. 12, 1935, 70–72. – D. G. STEELE, Estimation of stature from fragments of long limb bones. In: T. D. STEWART (Hrsg.), Personal identification in mass disasters (Washington, DC 1970) 85–97. – K. JACOBS, Estimating femur and tibia length from fragmentary bones: an evaluation of Steele's (1970) method using a prehistoric European sample. Am. Journal Phys. Anthr. 89, 1992, 333–345.
18   Um den Vergleich mit bereits publizierten Serien zu ermöglichen, kamen bei der Schätzung der Körperhöhe vier unterschiedliche Verfahren zur Anwendung: E. BREITINGER, Zur Berechnung der Körperhöhe aus den langen Gliedmaßenknochen. Anthr. Anz. 14, 1937, 249-274. – H. BACH, Zur Berechnung der Körperhöhe aus den langen Gliedmaßenknochen weiblicher Skelette. Anthr. Anz. 29, 1965, 12–21. – G. OLIVIER/C. AARON/G. FULLY/G. TISSIER, New estimations of stature and cranial capacity in modern man. Journal Hum. Evol. 7, 1978, 513–518. – M. TROTTER/G. C. GLESER, Estimation of stature from long bones of American Whites and Negroes. Am. Journal Phys. Anthr. 10, 1952, 463–514. – M. TROTTER/G. C. GLESER, A re-evaluation of estimation of stature based on measurements of stature taken during life and of long bones after death. Am. Journal Phys. Anthr. 16, 1958, 79–123. Die Berechnung nach verschiedenen Methoden erbrachte unterschiedliche Ergebnisse: Während bei den Männern der ermittelte Durchschnittswert nach TROTTER/GLESER (1958) um ca. 2,5 cm höher liegt als bei den anderen beiden Methoden, ist es bei den Frauen die Berechnung nach BACH (1965), die eine ähnliche Differenz aufweist.
19   Die einzelnen pathologischen Veränderungen und Krankheitsbilder wurden anhand der Beschreibungen von D. J. ORTNER/W. G. J. PUTSCHAR, Identification of Pathological Conditions in Human Skeletal Remains (Washington 1981) und A. AUFDERHEIDE/C. RODRIGUEZ-MARTIN, Cambridge Encyclopedia of Human Paleopathology (Cambridge 1998) sowie Stücken aus der Vergleichssammlung der Universität Tübingen diagnostiziert.
20   Das Verhältnis der Strontium-Isotopen $^{87}Sr/^{86}Sr$ wurde an der Ludwig-Maximilian-Universität in München analysiert. Dazu wurden die ersten Dauermolaren der insgesamt 27 erwachsenen Individuen aus Horb-Altheim (17 aus Nischengräbern und 10 aus einfachen Grabgruben) untersucht. Wir danken Frau Prof. Dr. G. GRUPE und Dr. M. SCHWEISSING für die Durchführung dieser Arbeiten.

beiden Isotope $^{87}Sr/^{86}Sr$ zwischen dem Muttergestein am Fundort und den beprobten Zähnen der Skelettindividuen ausgewertet. Das ortstypische Verhältnis manifestiert sich über die Nahrungskette in den Zähnen und Knochen des Menschen. Da Zahnschmelz seine chemische Zusammensetzung für den Rest des Lebens nicht mehr ändert, Knochenmaterial dagegen mit einer Umbaurate von durchschnittlich 10–20 Jahren kontinuierlich umgebaut wird, kann aus gemessenen Unterschieden herausgelesen werden, ob eine Person möglicherweise an einem (geologisch) anderen Ort geboren wurde bzw. aufgewachsen ist und somit erst später an den Ort seiner Bestattung zugewandert ist.[21] Um die Individuen aus den Nischengräbern besser charakterisieren zu können, werden sie den übrigen Bestattungen in folgenden Analysen gegenübergestellt. Nur so lässt sich, unter Abwägung aller Gesichtspunkte, klären, ob hier vielleicht Fremdstämmige oder Angehörige einer bestimmten sozialen Schicht beigesetzt wurden.

Ergebnisse

Paläodemographie

Aufgabe der Paläodemographie ist v. a. die Darstellung der Altersstruktur und Geschlechtsverteilung einer Population. Daneben gilt es, Einblicke in deren Lebenserwartung, Sterblichkeitsmuster, Zu- und Abwanderungen, evtl. Wachstumstendenzen u. ä. zu gewinnen.

In Tabelle 1 werden die paläodemographischen Daten für die Gesamtpopulation von Horb-Altheim sowie für die Untergruppen aus den Nischengräbern und einfachen Grabgruben zusammengefasst. Von den 75 Individuen, die auf dem Gräberfeld bestattet wurden, sind 32 (42,7%) männlichen und 42 (56,0%) weiblichen Geschlechts; bei einem Individuum konnte die Geschlechtszugehörigkeit nicht ermittelt werden. Die Verteilung beider Geschlechter über das Gräberfeld lässt keine Schwerpunkte oder Häufungen in bestimmten Bereichen erkennen.

Von 62 Erwachsenen können 26 (41,9%) als männlich und 36 (58,1%) als weiblich bestimmt werden. Daraus resultiert ein Maskulinitätsindex[22] von 72, d. h. auf 100 Frauen kommen weniger als 75 Männer: es existiert ein deutlicher Frauenüberschuss. Bezogen auf die 15-jährigen und älteren Individuen liegt der MI bei 69 (vgl. Tab. 2). Der Anteil der 0–14-jährigen männlichen und weiblichen Individuen ist in etwa ausgeglichen.[23] Der Anteil der nichterwachsenen Individuen unter 15 Jahren beträgt 17,3%.

Auf dem Gräberfeld von Horb-Altheim fanden sich insgesamt 20 Nischengräber; die Mehrheit der Bestatteten war in einfachen Grabgruben beigesetzt worden. In den Nischengräbern fanden sich Frauen doppelt so häufig wie Männer. Das Geschlechterverhältnis innerhalb der einfachen Grabgruben ist dagegen mit 1 : 1,25 (Männer : Frauen) relativ ausgeglichen.

---

21 T. D. Price/G. Grupe/P. Schröter, Reconstruction of migration patterns in the Bell Beaker period by stable strontium isotope analysis. Appl. Geochem. 9, 1994, 413–417. – M. M. Schweissing/G. Grupe, Stable strontium isotopes in human teeth and bone: A key to migration events of the Late Roman period in Bavaria. Journal Arch. Science 30, 2003, 1373–1383. – C. Knipper, Die Strontiumisotopen-Analyse: Eine naturwissenschaftliche Methode zur Erfassung von Mobilität in der Ur- und Frühgeschichte. Jahrb. RGZM 51, 2004, 589–685.

22 Maskulinitätsindex (MI) bzw. Geschlechterverhältnis (GV) = Anzahl der Männer x 100 / Anzahl der Frauen (siehe Acsádi/Nemeskéri [Anm. 12]). Für rezente Populationen wird der MI in Tausenden angegeben, die Angabe für Horb-Altheim würde demnach 722 lauten. Da allerdings in den Bevölkerungsgruppen aus dem Frühmittelalter keine so großen Siedlungen/Menschenansammlungen angetroffen wurden, kann man annehmen, dass die Hunderter-Angaben besser die damalige Realität widerspiegeln.

23 Individuen älter als 15 Jahre wurden als erwachsen bezeichnet, obwohl die biologische, und zur Zeit auch die soziologische Altersgrenze bei 18–21 Jahren liegt. In den mittelalterlichen Gesellschaften wurden die 15-jährigen als (sozial) erwachsen angesehen. – S. Shahar, Childhood in the Middle Ages (London 1990). – K. G. Kokkotidis, Belegungsablauf und Bevölkerungsstruktur auf dem alamannischen Gräberfeld von Fridingen an der Donau, Kreis Tuttlingen. Fundber. Baden-Württemberg 20, 1995, 737–801.

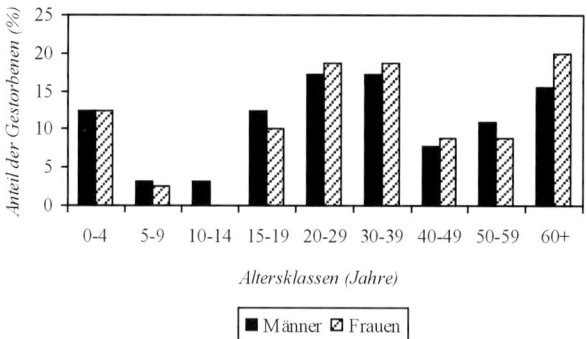

Abb. 1 Horb-Altheim: Relative Anzahl der Gestorbenen (dx) in den einzelnen Altersgruppen.

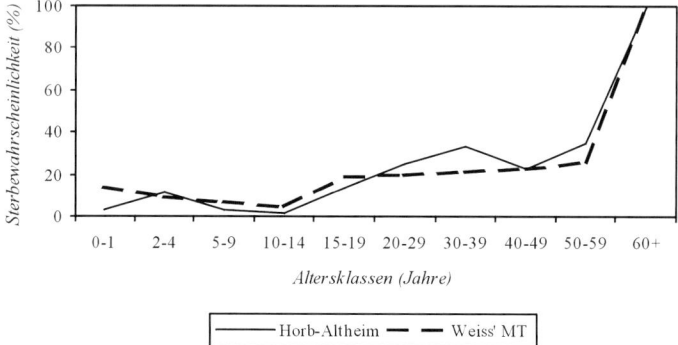

Abb. 2 Vergleich der Sterbewahrscheinlichkeit von Horb-Altheim
mit der Modellpopulation (MT 20.0–70.0) nach Weiss (Anm. 25).

Die relative Anzahl der Gestorbenen in den einzelnen Altersgruppen (d_x) wird in Abbildung 1 dargestellt.[24] Das Maximum der Subadulten ist bei den 0–4-jährigen zu finden, in den folgenden beiden Altersklassen liegen die Werte auf deutlich niedrigerem Niveau. Bei den juvenilen Individuen beginnt die Sterberate allmählich wieder zu steigen, wobei der Anteil der gestorbenen Männer in dieser Kategorie höher ist als der der Frauen. Ab dem 20. Lebensjahr zeigt sich ein noch deutlicherer Anstieg der Anzahl der Gestorbenen, mit einem deutlichen Überwiegen der Frauen bis zum Alter von 40–49 Jahren. In dieser Altersklasse sinkt dann die Sterberate auf das Erwachsenenminimum, um in der nächsten Kategorie wieder leicht anzusteigen, besonders bei den Männern, die in dieser Gruppe überwiegen. Relativ viele Individuen, mehr Frauen als Männer, erreichten das senile Alter. Die Lebenserwartung (e_x) drückt die Anzahl der Jahre aus, die ein Individuum beim Erreichen einer bestimmten Altersklasse durchschnittlich noch zu leben hat. Aus den Daten der vorliegenden Serie, also ohne Korrektur des Kleinkinderdefizits, ergibt sich eine mittlere Lebenserwartung bei der Geburt von 30,8 Jahren. Ein zwanzigjähriger Mann aus Horb-Altheim hatte durchschnittlich noch 22,5 Jahre zu leben, eine gleichaltrige Frau etwa 22,7 Jahre.

Die ermittelte Kurve der Sterbewahrscheinlichkeit für die Bevölkerung aus Horb-Altheim wurde mit der Modellpopulation MT 20.0–70.0[25] verglichen (Abb. 2). In der ersten Altersklasse (0–1 Jahre) ist eine deutliche Abweichung festzustellen, wobei eine viel geringere Sterblichkeit für Horb-Altheimer Kleinkinder zu beobachten ist. Der übrige Verlauf der Kurve erscheint fast deckungsgleich,

---

24 Nur zwei Erwachsene konnten nicht näher als ‚adult oder älter' (über 20 Jahre) eingestuft werden. Diese wurden in die Berechnung der Sterbetafeln nicht mit aufgenommen.
25 K. M. Weiss, Demographic models for anthropology. Mem. Soc. Am. Arch. 27, 1973.

Demographische Parameter	Gesamtpopulation	Nischengräber	Einfache Grabgruben
Anzahl der Individuen	75	20	55
Anteil Nichterwachsener (0–14-jährige)	17,3%	15,0%	18,2%
Anzahl der Männer (15 Jahre und älter)	26	6	20
Anzahl der Frauen (15 Jahre und älter)	36	11	25
Maskulinitätsindex (15 Jahre und älter)	72	55	80
Lebenserwartung bei der Geburt	30,8 Jahre	27,8 Jahre	31,9 Jahre
Lebenserwartung der 20-jährigen Männer	22,5 Jahre	14,2 Jahre	25,6 Jahre
Lebenserwartung der 20-jährigen Frauen	22,7 Jahre	20,0 Jahre	23,8 Jahre

Tabelle 1   Paläodemographische Parameter der gesamten Skelettserie und Teilgruppen von Horb-Altheim.

Gräberfeld	Zeitstellung[a]	MI[b]
Heidenheim-Großkuchen	**FFMA**	**33**[c]
Hemmingen	**FFMA**	**46**
Horb-Altheim	**FFMA**	**69**
Neresheim	**(F)FMA**	**72**
Donzdorf	**FFMA**	**84**
Schankweiler	**RKZ**	**85**
Eichstetten	**FMA**	**89**
Stettfeld	**RKZ**	**89**
Sontheim/Brenz	**FMA**	**91**
Munzingen	**FMA**	**98**
Mengen (Gem. Schallstadt)	FMA	100
Schretzheim	FMA	100
Weingarten	FMA	105
Hailfingen	(F)FMA	107
Dirlewang	FMA	111
Holzgerlingen	FMA	113
Kirchheim/Ries	FMA	114
Bischoffingen	FMA	117
Stetten/Donau	FMA	121
Oberndorf-Beffendorf	FMA	128
Kösingen	FMA	129
Kirchheim/Teck	(F)FMA	131
Pleidelsheim	FFMA	132
Nusplingen	(F)FMA	144
Fridingen	FMA	147
Schelklingen	FMA	182
Wyhl	FFMA	240

a   RKZ: Römische Kaiserzeit; FFMA: frühes Frühmittelalter (4.–Anfang 6. Jh. n.Chr.); (F)FMA: übergreifende Datierung, meist 5.–8. Jh. n. Chr; FMA: Frühmittelalter (6.–8. Jh. n. Chr.)
b   Relation der Anzahl von Männern zu Frauen im Alter von über 20 Jahren
c   MI < 100 = Serien mit Frauenüberschuss durch Fettdruck hervorgehoben

Tabelle 2   Maskulinitätsindices (MI) in verschiedenen Vergleichspopulationen.

außer den gegenüber der Modellkurve höheren Werten der Sterbewahrscheinlichkeit bei den 30–39-jährigen. Diese Daten weisen darauf hin, dass die vorliegende Populationsstichprobe aus Horb-Altheim unter demographischen Aspekten nicht als repräsentativ angesehen werden kann. Es fehlt offensichtlich ein gewisser Anteil von Subadulten, insbesondere Neugeborene und Kleinkinder, für die entweder Sonderbestattungen anzunehmen sind, oder deren Grablegen nicht überdauert haben. Demzufolge kann das Kleinkinderdefizit nach der Sterbewahrscheinlichkeit der Modellbevölkerung rechnerisch korrigiert werden. Es beträgt neun Individuen für die erste Altersklasse. Ausgehend von 82 Individuen der Gesamtpopulation ergibt die daraus errechnete modifizierte Sterbetafel für die Gesamtbevölkerung eine Lebenserwartung bei der Geburt von 27,4 Jahren. Der zunächst ermittelte Wert sinkt durch die vorgenommene Korrektur um 3,4 Jahre, der Nichterwachsenenanteil steigt auf 26% an. Da auch diese Daten noch (weit) entfernt von demographischen Erwartungswerten (z. B. Subadultenanteil zwischen 40 und 60%) liegen, werden derartige mathematische Prozeduren ebenso wie auch die Stimmigkeit der Erwartungswerte in Fachkreisen heftig diskutiert.[26]

Die Individuen aus den Nischengräbern von Horb-Altheim hatten im Vergleich eine niedrigere Lebenserwartung bei der Geburt (e_0 = 27,8 Jahre) als diejenigen aus den einfachen Grabgruben (e_0 = 31,9 Jahre). Deutlich höhere Werte erreicht die Sterbewahrscheinlichkeit bei den 20–49-jährigen Individuen aus den Nischengräbern. Besonders hoch war sie für die 30–39-jährigen Männer sowohl im Vergleich mit den Männern und Frauen aus den einfachen Grabgruben als auch zu den Frauen mit derselben, aufwändigeren Grabgestaltung (Abb. 3).

Da archäologische Angaben etwa zur Siedlungsstruktur oder Hauszahl bislang fehlen, bietet sich als Anhaltspunkt für die Schätzung der zum Gräberfeld gehörigen, gleichzeitig lebenden Bevölkerung lediglich der anhand der Sterbedaten ermittelte Wert an.[27] Ohne Berücksichtigung der Korrektur des Kleinkinderdefizits und ausgehend von einer Belegungsdauer des Friedhofs von 60 Jahren lässt sich für Horb-Altheim eine Bevölkerungsgröße von etwa 42 Individuen berechnen.

In Tabelle 2 sowie den Abbildungen 4 und 5 werden die ermittelten Angaben zum Geschlechterverhältnis und der Lebenserwartung den Daten aus anderen Skelettserien gegenübergestellt. Das Hauptgewicht liegt dabei auf dem Vergleich mit Skelettserien aus dem südwestdeutschen Raum und der Zeit zwischen 0 und 800 n. Chr. Der Maskulinitätsindex liegt für die meisten in den vorliegenden Vergleich einbezogenen Gruppen über 100, d. h. es lässt sich fast durchgehend ein mehr oder weniger deutlicher Männerüberschuss feststellen. In Horb-Altheim fällt dagegen der hohe Anteil an Frauen auf. Ein Frauenüberschuss wurde jedoch ebenso in den beiden römischen Skelettserien aus Stettfeld und Schankweiler und auch in den mit Horb-Altheim zeitgleichen Stichproben aus Hemmingen, Donzdorf, Heidenheim-Großkuchen und Neresheim festgestellt. Innerhalb der 15 jünger zu datierenden frühmittelalterlichen Serien liegt allerdings nur dreimal eine Überzahl an Frauen vor.

Die Lebenserwartung zum Zeitpunkt der Geburt (e_0) ist in den untersuchten Skelettserien als eher niedrig zu bezeichnen. In Horb-Altheim beträgt sie 30,8 Jahre, in Hemmingen 33,2 Jahre, in Wyhl 30,9 Jahre und in Pleidelsheim nur 28,0 Jahre (alles unkorrigierte Werte).

Bei der Population aus Horb-Altheim zeigte sie generell große Übereinstimmungen mit den römischen und den meisten frühmittelalterlichen Populationen. Die Werte liegen in der Regel bei etwa 30 Jahren, mit der Ausnahme von drei Serien aus dem 7. Jahrhundert (Eichstetten, Stetten/Donau und Oberndorf-Beffendorf), bei denen eine um zehn Jahre höhere Lebenserwartung bei der Geburt gefunden wurde.

---

26 S. Kölbl, Das Kinderdefizit im frühen Mittelalter – Realität oder Hypothese? Zur Deutung demographischer Strukturen in Gräberfeldern. Dissertation (Tübingen 2004). – F. Langenscheidt, Methodenkritische Untersuchungen zur Paläodemographie am Beispiel zweier fränkischer Gräberfelder. Mat. Bevölkerungswiss. Sonderh. 2 (Wiesbaden 1985).

27 Acsádi/Nemeskéri (Anm. 12).

Anthropologische Untersuchungen zur Bevölkerungsstruktur von Altheim   567

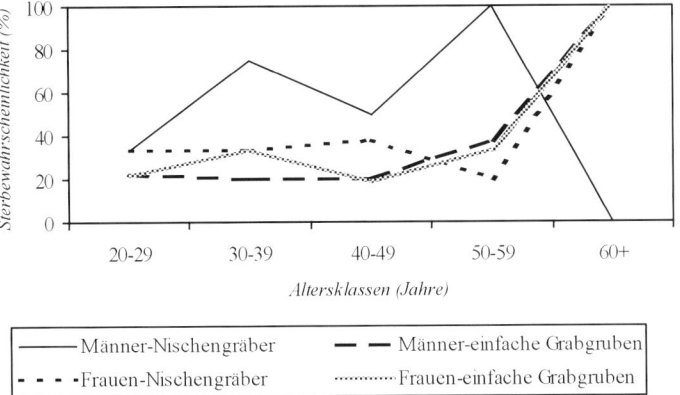

Abb. 3   Horb-Altheim: Sterbewahrscheinlichkeit nach Geschlechtern und Bestattungsform.

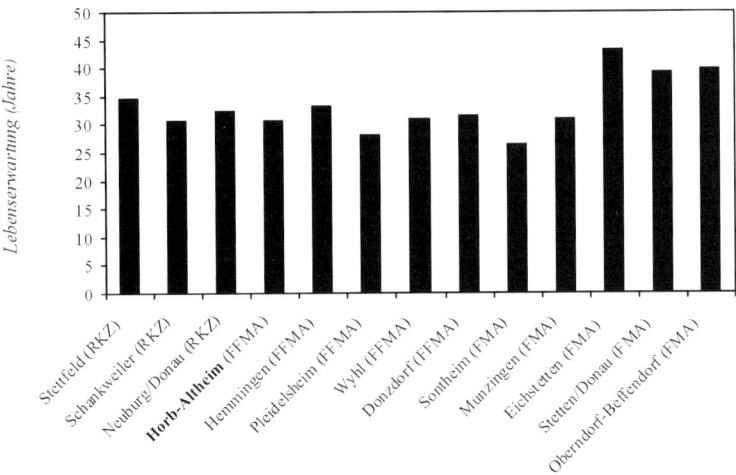

Abb. 4   Lebenserwartung bei der Geburt im regionalen Vergleich.

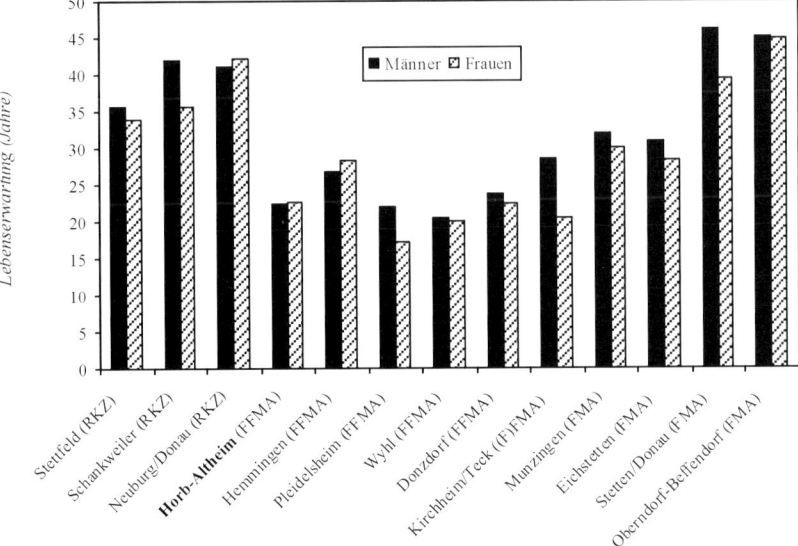

Abb. 5   Lebenserwartung der 20-jährigen Männer und Frauen im regionalen Vergleich.

Die Lebenserwartung der 20-jährigen Männer und Frauen in der römischen Zeit (außer in Schankweiler) sowie im frühen Frühmittelalter war für beide Geschlechter fast identisch, im späteren Frühmittelalter (6.–8. Jh. n. Chr.) lebten die Frauen meistens kürzer als die Männer. Die Werte liegen für die römische Männer und Frauen und für beide Geschlechter zweier Serien aus dem 7. Jahrhundert (Stetten/Donau und Oberndorf-Beffendorf) über 35 Jahren, die Werte für Horb-Altheim und weitere Serien aus dem frühen Frühmittelalter zwischen etwa 20 und 25 Jahren. Auch hier gilt zu berücksichtigen, dass die wenigsten Skelettserien demographisch repräsentativ und (vermeintliche?) Fehlbestände nur unter größtem Vorbehalt abzuschätzen sind.

Pathologie

Zu den allgemeinen Lebensumständen einer Population gehören u.a. die Häufigkeiten verschiedener Erkrankungen, in denen sich womöglich infektiöse, erb- oder ernährungsbedingte Einflüsse manifestieren. Dabei können aus prähistorischem Kontext lediglich diejenigen Krankheiten diagnostiziert werden, die Spuren am Knochen oder den Zähnen hinterlassen. Die Erstellung einer Morbiditätsstatistik ist auch nur dann sinnvoll, wenn eine ausreichend große Stichprobe an Skelettindividuen vorhanden ist. Diese Bedingung wird von den vorliegenden Serien zwar nicht erreicht, doch lassen sich die Individuenzahlen für die frühe Merowingerzeit nicht willkürlich erhöhen. Um Vergleiche mit älteren und jüngeren Gräberfeldern zu ermöglichen, muss mit dem vorhandenen, bescheidenen Kontingent vorlieb genommen werden. Nur so sind überhaupt auch nur tendenzielle Aussagen möglich.

An den untersuchten Skelettresten wurden verschiedenartige pathologische Erscheinungen festgestellt, von denen die häufigsten im Folgenden kurz vorgestellt werden. Der Schwerpunkt liegt dabei – erwartungsgemäß – auf den erwachsenen Individuen. Das Vorkommen von Krankheiten bei Kindern und Jugendlichen wird nur kurz angesprochen.

Obwohl pathologische Veränderungen in den meisten Arbeiten über frühmittelalterliche Skelettserien aus Baden-Württemberg behandelt werden, ist der Vergleich durch unterschiedliche Präsentation der Daten vielfach erschwert. Deshalb konzentrieren sich die nachstehenden Gegenüberstellungen meist auf die drei nach denselben Kriterien ausgewerteten Serien aus Hemmingen, Pleidelsheim und Wyhl.

Cribra orbitalia

Cribra orbitalia (poröse Veränderungen im Bereich des Orbitadaches) werden im Allgemeinen als Anzeiger für Mangelerkrankungen (v.a. Eisenmangel, unzureichende Versorgung mit Vitamin C) angesehen, die durch Parasitenbefall und/oder ungünstige Ernährungsbedingungen hervorgerufen werden.[28] In der Serie aus Horb-Altheim kamen derartige Porositäten nur in leichteren Ausprägungsgraden vor. 19 Individuen (31,3%) wiesen entsprechende Veränderungen auf, wobei der Anteil der Frauen mit 34,3% den der Männer (26,9%) übersteigt. In den Vergleichsserien wurden sie deutlich häufiger beobachtet, in Hemmingen bei 60,0%, in Pleidelsheim bei 52,3% und in Wyhl bei 66,7% der Individuen. Die Häufigkeit der Cribra orbitalia bei den Individuen aus den Nischengräbern war generell sehr niedrig (17,6%) und beträgt damit weniger als die Hälfte im Vergleich zu den Individuen aus den einfachen Grabgruben (36,4%).

---

28 O. P. Hengen, Cribra orbitalia: Pathogenesis and probable etiology. Homo 22, 1971, 57–75. – R. P. Mensforth/ C. O. Lovejoy/J. W. Lallo/G. J. Armelagos, The role of constitutional factors, diet, and infectious disease in the etiology of porotic hyperostosis and periosteal reactions in prehistoric infants and children. Med. Anthr. 2, 1978, 1–59. – P. Stuart-Macadam, Porotic hyperostosis: A new perspective. Am. Journal Phys. Anthr. 87, 1992, 39–47.

Periostose

Anzeichen unspezifischer Infektionserscheinungen, die durch Bakterien verursacht und häufig als Symptom von Wundinfektionen angesehen werden, weisen u. a. auf ein erhöhtes Unfallrisiko hin.[29] Am häufigsten konnten Periostosen im Bereich des Unterschenkels, an der Tibia und/oder Fibula festgestellt werden. Die tibiale Periostose wurde bei 26 (66,7%) Individuen aus Horb-Altheim beobachtet, die Männer (71,4%) waren häufiger betroffen als die Frauen (61,1%). Im Vergleich zwischen Nischengräbern (88,9%) und den übrigen Individuen (60,0%) zeigt sich eine deutlich höhere Inzidenzrate der Periostose bei ersteren. In der Gesamtpopulation von Hemmingen kam die tibiale Periostose nur bei 28,9% der Individuen vor, in Wyhl dagegen waren 80,0% betroffen. Eine ähnliche Häufigkeit wie Horb-Altheim weisen auch die Stichproben aus Pleidelsheim (64,6%) und Neresheim (65%)[30] auf.

Obwohl periostotische Knochenauflagerungen zu den diagnostischen Merkmalen für verschiedene spezifische Infektionen (u. a. Syphilis) gehören,[31] scheinen diese in den vorliegenden Serien generell eher auf traumatische Irritationen zurückzuführen zu sein.

Traumata

Die vorgefundenen traumatischen Befunde können in zwei Kategorien eingeteilt werden: 1. Hiebverletzungen am Schädel, die meistens auf interpersonelle Gewalt schließen lassen, und 2. Frakturen im Bereich des Extremitätenskeletts, die im Einzelfall ebenso Anzeichen von Gewalt darstellen können, weitaus häufiger allerdings durch (Arbeits-)Unfälle verursacht sind.[32] Die Männer aus Horb-Altheim erlitten viermal häufiger als die Frauen so genannte Colles-Frakturen, Brüche im Bereich der distalen Radiusmetaphyse, die meistens durch Stürze auf die ausgestreckte Hand entstehen. Diese sowie Ober- und Unterschenkelknochenbrüche wurden gehäuft und z. T. ausschließlich bei Männern aus den einfachen Grabgruben beobachtet. Bei den Frauen wurden dagegen keine Frakturen der unteren Extremitäten festgestellt. Schädeltraumata kamen wiederum häufiger bei den Individuen aus den Nischengräbern, insbesondere bei den Männern vor. Zusätzlich erlitten zwei Männer aus den Nischengräbern Humerusschaftbrüche. Die Frakturen sind in den meisten Fällen gut verheilt und wahrscheinlich medizinisch versorgt worden. Die Gesamthäufigkeit verheilter Frakturen war bei den Männern aus Horb-Altheim (42,3%) und Hemmingen (42,9%) nahezu identisch, wohingegen die Männer aus Pleidelsheim (27,6%) und Wyhl (25,0%) deutlich seltener Knochenbrüche hatten. Bei den Frauen war die Frakturenhäufigkeit allgemein geringer als bei den Männern, und relativ ähnlich in allen untersuchten Serien.

Im Populationsvergleich waren bei den Horb-Altheimern die Schädelfrakturen am seltensten, die Colles-Frakturen am häufigsten vertreten (Tab. 3). Als Vergleichswert für die Römerzeit seien die unverbrannt bestatteten Männer aus Stettfeld genannt. Dort liegt die Frequenz verheilter Frakturen bei 22,2%; es handelt sich durchweg um ältere Individuen. Es wurden u. a. eine Fibula- und eine Colles-Fraktur beobachtet.[33] Auch in den Serien aus Neresheim (450–700 n. Chr.), Heidenheim-Großkuchen (450–525 n. Chr.) und Munzingen (7. Jh. n. Chr.) wurden gehäuft Unterarm- und Un-

---

29 Ortner/Putschar (Anm. 19).
30 R. Hahn, Die menschlichen Skelettreste aus den Gräberfeldern von Neresheim und Kösingen, Ostalbkreis. In: M. Knaut, Die alamannischen Gräberfelder von Neresheim und Kösingen. Forsch. u. Ber. Vor- u. Frühgesch. Baden-Württemberg 48 (Stuttgart 1993) 357–428.
31 Ortner/Putschar (Anm. 19).
32 P. L. Walker, Cranial Injuries as an Index for Violence Among Southern California Indians. Am. Journal Phys. Anthr. 80, 1989, 313–323. – C. A. Roberts/K. M. Manchester, The Archaeology of Disease (Ithaca 1995). – M. A. Judd/C. A. Roberts, Fracture trauma in a medieval British farming village. Am. Journal Phys. Anthr. 109, 1999, 229–243.
33 J. Wahl/M. Kokabi, Das römische Gräberfeld von Stettfeld I. Osteologische Untersuchung der Knochenreste aus dem Gräberfeld. Forsch. u. Ber. Vor- u. Frühgesch. Baden-Württemberg 29 (Stuttgart 1988).

terschenkelbrüche vorgefunden. In Munzigen wurden zudem auch zwei Frakturen des Oberarmes und des Oberschenkels beobachtet. Für Neresheim wurden Hiebverletzungen an Schädeln mehrerer erwachsener Männer berichtet.[34] Solche Verletzungen waren auch in den Serien von Dirlewang, Stetten/Donau und Sontheim aus dem späteren Frühmittelalter festzustellen.[35]

Degenerative Veränderungen

Als Osteoarthrose werden degenerative Veränderungen der synovialen Gelenke[36] bezeichnet, die durch erhöhte Aktivität und wiederholte Belastung entstehen können, aber auch altersabhängig sind.[37] Die degenerativen Veränderungen an der Wirbelsäule – Spondylose, Spondylarthrose und so genannte Schmorlsche Knötchen (Einbrüche der Wirbelkörperdeckplatten) – treten ebenfalls mit zunehmendem Alter und körperlichem Stress vermehrt in Erscheinung.[38]

Am vorliegenden Skelettmaterial wurden generell nur leichtere Ausprägungsgrade von Verschleißerscheinungen an den Gelenken festgestellt. In der Bevölkerung von Horb-Altheim sind bei beiden Geschlechtern die Hüftgelenke am häufigsten betroffen. Die Männer sind tendenziell häufiger von degenerativen Veränderungen an Ellenbogen, Hüften und Füßen betroffen, die Frauen demgegenüber stärker im Bereich der Handgelenke und Hände (Abb. 6). Bei den Individuen aus den Nischengräbern kamen im Vergleich zu denen aus einfachen Grabgruben häufiger Verschleißerscheinungen an Schulter, Ellenbogen und Hüften vor (Abb. 7).

Die Verteilung degenerativer Veränderungen an den Skeletten aller untersuchten Serien zeigt große Übereinstimmungen (Tab. 4). Die Gesamtfrequenzen liegen in der Serie aus Hemmingen am höchsten. Die Schulter-, Hand-, Knie- und Fußgelenke waren sogar signifikant häufiger betroffen als in der Population von Horb-Altheim. Im Vergleich zu der Stichprobe aus Pleidelsheim litten dagegen die Horb-Altheimer häufiger an arthrotischen Veränderungen an den Handgelenken und Händen. In den Serien aus Stettfeld (2.–3. Jh. n. Chr.), Neresheim (450–700 n. Chr.) und Heidenheim-Großkuchen (450–525 n. Chr.) wurden häufig Schulterarthrosen beobachtet.[39] Die Hüftgelenke waren am häufigsten in den Populationen aus Neresheim und Munzingen (7. Jh. n. Chr.) arthrotisch verändert.[40]

---

34 Hahn (Anm. 30). – A. Czarnetzki, Vorläufiger anthropologischer Bericht über die Skelettreste aus dem merowingerzeitlichen Gräberfeld von Heidenheim-Großkuchen ‚Gassenäcker'. In: A. Heege, Grabfunde der Merowingerzeit aus Heidenheim-Großkuchen. Materialh. Vor- u. Frühgesch. Baden-Württemberg 9 (Stuttgart 1987) 193–208. – E. Burger-Heinrich, Die menschlichen Skelettreste aus dem Gräberfeld von Munzingen, Stadt Freiburg. In: A. M. Groove, Das alamannische Gräberfeld von Munzingen/Stadt Freiburg. Materialh. Arch. Baden-Württemberg 54 (Stuttgart 2001) 347–418.

35 R. Christlein, Das alamannische Gräberfeld von Dirlewang bei Mindelheim. Materialh. Bayer. Vorgesch. 25 (Kallmünz/Opf. 1971). – N. Creel, Die Skelettreste aus dem Reihengräberfriedhof Sontheim an der Brenz. In: C. Neuffer-Müller, Ein Reihengräberfriedhof in Sontheim an der Brenz (Kreis Heidenheim). Veröff. Staatl. Amt Denkmalpfl. A 11 (Stuttgart 1966) 73–103. – P. Konieczka/M. Kunter, Die menschlichen Skelettreste aus dem alamannischen Gräberfeld von Stetten an der Donau (Kreis Tuttlingen). In: M. Weiss, Ein Gräberfeld der späten Merowingerzeit bei Stetten an der Donau. Materialh. Arch. Baden-Württemberg 40 (Stuttgart 1999) 238–327.

36 Als diagnostische Merkmale für degenerative Gelenkveränderungen wurden Randzackenbildung, porotische Gelenkoberfläche, subchondrale Zysten und Eburnation bewertet: J. Rogers/T. Waldron/P. Dieppe/I. Watt, Arthropathies in palaeopathology: the basis of classification according to most probable cause. Journal Arch. Science 14, 1987, 179–193.

37 Siehe z.B. R. D. Jurmain, Stress and the etiology of osteoarthritis. Am. Journal Phys. Anthr. 46, 1977, 353–366. – D. Resnick/G. Niwayama, Diagnosis of Bone and Joint Disorders (Philadelphia 1981). – P. S. Bridges, Prehistoric arthritis in the Americas. Ann. Rev. Anthr. 21, 1992, 67–91.

38 Siehe z.B. Resnick/Niwayama 1981 (Anm. 37). – C. F. Merbs, Patterns of Activity Induced Pathology in a Canadian Inuit Population. Arch. Survey Canada 119 (Ottawa 1983). – P. S. Bridges, Vertebral arthritis and physical activities in the prehistoric southeastern United States. Am. Journal Phys. Anthr. 93, 1994, 83–93.

39 Wahl/Kokabi (Anm. 33). – Hahn (Anm. 30). – Czarnetzki (Anm. 34).

40 Hahn (Anm. 30). – Burger-Heinrich (Anm. 34).

Skelettteil	Männer				Frauen			
	Horb-Altheim	Hemmingen	Pleidelsheim	Wyhl	Horb-Altheim	Hemmingen	Pleidelsheim	Wyhl
Gesamt	42,3ª (26)	42,9 (14)	27,6 (29)	25,0 (12)	13,9 (36)	10,0 (30)	10,0 (20)	0 (5)
Cranium	7,7ᵇ (26)	40,0 (10)	11,5 (26)	20,0 (10)	5,9 (34)	4,5 (22)	13,3 (15)	0 (5)
Radius	16,7 (24)	9,1 (11)	3,4 (29)	0 (10)	4,0 (25)	0 (29)	0 (19)	0 (4)
Femur	3,8 (26)	0 (11)	0 (28)	11,1 (9)	0 (31)	0 (27)	0 (18)	0 (4)
Tibia	9,5 (21)	0 (11)	7,1 (28)	0 (10)	0 (27)	0 (27)	0 (20)	0 (4)

a Prozentsatz der betroffenen Individuen; Anzahl der beurteilbaren Individuen in Klammern
b Prozentsatz der betroffenen Skelettteile; Anzahl der beurteilbaren Skelettteile in Klammern

Tabelle 3   Frakturhäufigkeit und -verteilung bei Männern und Frauen.

Skelettteil	Männer				Frauen			
	Horb-Altheim	Hemmingen	Pleidelsheim	Wyhl	Horb-Altheim	Hemmingen	Pleidelsheim	Wyhl
Schulter	33,3ª (18)	88,9 (9)	21,4 (28)	37,5 (8)	30,0 (10)	60,0 (15)	15,8 (19)	0 (2)
Ellbogen	30,0 (20)	50,0 (10)	13,8 (29)	25,0 (12)	11,1 (18)	31,6 (19)	10,5 (19)	–
Handgelenk	14,3 (7)	85,7 (7)	3,5 (29)	12,5 (8)	33,3 (3)	46,2 (13)	0 (18)	0 (2)
Hand	20,0 (10)	40,0 (10)	3,7 (27)	0 (7)	27,3 (11)	37,5 (16)	0 (20)	0 (2)
Hüfte	72,7 (22)	80,0 (10)	35,7 (28)	75,0 (8)	47,1 (17)	80,0 (25)	50,0 (18)	0 (2)
Knie	9,5 (21)	72,7 (11)	14,3 (28)	10 (10)	11,1 (18)	40,0 (20)	10,0 (20)	0 (2)
Fußgelenk	16,7 (18)	75,0 (12)	0 (26)	37,5 (8)	0 (10)	43,5 (23)	5,3 (18)	0 (1)

a Prozentsatz der betroffenen Skelettteile; Anzahl der untersuchten Skelettteile in Klammern

Tabelle 4   Häufigkeit und Verteilung degenerativer Gelenkveränderungen bei Männern und Frauen.

Wirbelsäulen-region[a]	Männer	Frauen	Individuen aus Nischengräbern	einfachen Grabgruben	Gesamt
Spondylose					
vc[b]	23,5 (17)[c]	30,0 (10)	0 (5)	31,8 (22)	25,9 (27)
vt	60,0 (5)	0 (1)	0 (1)	60,0 (5)	50,0 (6)
vl	80,0 (5)	50,0 (2)	50,0 (2)	80,0 (5)	71,4 (7)
Gesamt	**52,6 (19)**	**33,3 (12)**	**16,7 (6)**	**52,0 (25)**	**45,2 (31)**
Spondylarthrose					
vc	21,1 (19)	31,3 (16)	18,2 (11)	29,2 (24)	25,7 (35)
vt	6,7 (15)	20,0 (10)	16,7 (6)	10,5 (19)	12,0 (25)
vl	10,0 (10)	44,4 (9)	28,6 (7)	25,0 (12)	26,3 (19)
Gesamt	**30,0 (20)**	**42,1 (19)**	**38,5 (13)**	**34,6 (26)**	**35,9 (39)**
Schmorlsche Knötchen					
vc	5,9 (17)	20,0 (10)	20,0 (5)	9,1 (22)	11,1 (27)
vt	40,0 (5)	100 (1)	0 (1)	60,0 (5)	50,0 (6)
vl	20,0 (5)	50,0 (2)	50,0 (2)	20,0 (5)	28,6 (7)
Gesamt	**15,8 (19)**	**25,0 (12)**	**16,7 (6)**	**20,0 (25)**	**19,4 (31)**

a Prozentsätze beziehen sich auf die Anzahl der Regionen (Individuen), nicht auf die Anzahl der untersuchten Wirbel
b vc = Halswirbel, vt = Brustwirbel, vl = Lendenwirbel
c Prozentsatz der betroffenen Wirbelsäulenregionen (Individuen); Anzahl der untersuchten Individuen in Klammern

Tabelle 5   Horb-Altheim: Häufigkeit und Verteilung degenerativer Veränderungen der Wirbelsäule.

Auch die Veränderungen an der Wirbelsäule sind meist nur schwach ausgeprägt. Die Häufigkeiten von Spondylose, Spondylarthrose und Schmorlschen Knötchen in den einzelnen Wirbelsäulenbereichen[41] der Individuen aus Horb-Altheim sind in Tabelle 5 zusammengefasst. Anzeichen von Spondylose wurden häufiger bei Männern (52,6%) als bei Frauen (33,3%) beobachtet, der Schwerpunkt liegt für beide Geschlechter eindeutig im Bereich der Lendenwirbel. Bei den Männern waren auch die Brustwirbel stärker betroffen. Insgesamt zeigen die Wirbelkörper der Individuen aus den einfachen Grabgruben mit 52,0% signifikant häufiger Abnutzungserscheinungen als diejenigen aus den Nischengräbern (16,7%).

Schmorlsche Knötchen treten eher bei Frauen in Erscheinung (25,0% vs. 15,8%), wobei in beiden Geschlechtern typischerweise die Brustwirbel am meisten betroffen sind. Zwischen den Individuen aus den Nischengräbern und den einfachen Grabgruben lassen sich diesbezüglich Unterschiede in der Verteilung auf die einzelnen Wirbelsäulenabschnitte feststellen. Bei den Individuen aus den Nischengräbern sind entsprechende Symptome häufiger an Lendenwirbeln, bei denen aus einfachen Grabgruben eher an Brustwirbeln zu erkennen.

Die Zwischenwirbelgelenke zeigen in Horb-Altheim bei 30,0% der Männer und 42,1% der Frauen die für Spondylarthrose typischen Erscheinungen. Bezogen auf die einzelnen Bereiche der Wirbelsäule wird deutlich, dass bei den Frauen bevorzugt die Hals- und Lendenwirbel, bei den Männern

---

41 Da Wirbel nur selten und dazu meist fragmentarisch erhalten sind, wurde die Häufigkeit der krankhaften Änderungen auf die einzelnen Wirbelsäulenabschnitte umgerechnet, nicht auf die jeweilige Wirbelanzahl.

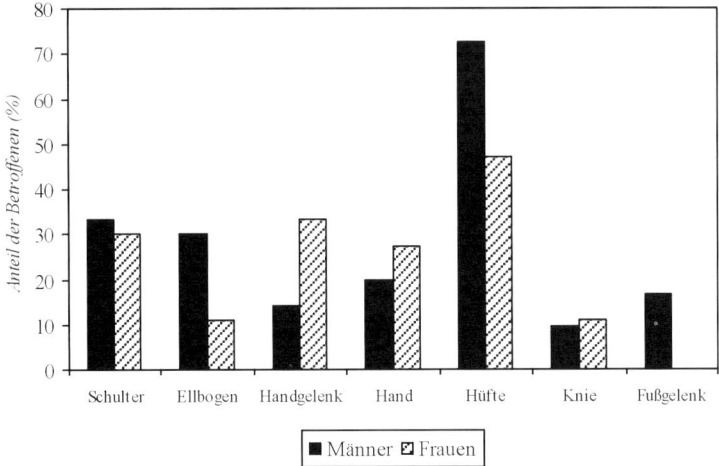

Abb. 6 Häufigkeit und Verteilung degenerativer Gelenkveränderungen bei den Männern und Frauen in Horb-Altheim.

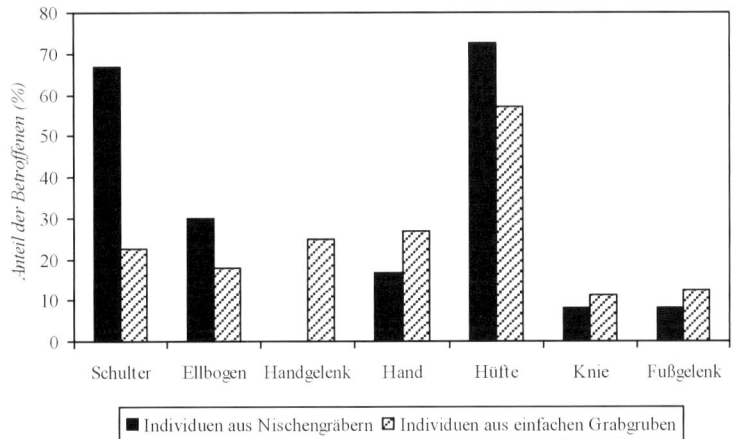

Abb. 7 Häufigkeit und Verteilung degenerativer Gelenkveränderungen bei den Individuen aus den Nischengräbern und einfachen Grabgruben von Horb-Altheim.

dagegen hauptsächlich die Halswirbel betroffen sind. Vergleicht man die prozentualen Häufigkeiten der Spondylarthrose bei den Individuen aus den Nischengräbern und den einfachen Grabgruben, so ergibt sich die höchste Inzidenzrate für diejenigen aus den Nischengräbern im Lendenwirbelbereich, darauf folgt der Hals- und der Brustwirbelbereich, bei den Individuen aus den einfachen Grabgruben war am häufigsten der Halswirbelbereich, dann die Lendenwirbel und am wenigsten die Brustwirbel in Mitleidenschaft gezogen.

Zwischen den untersuchten Skelettserien zeigt das Vorkommen von Spondylose und Schmorlschen Knötchen keine wesentlichen Unterschiede. Lediglich die Spondylarthrose der Thorakalwirbel wurde häufiger bei den Individuen aus Hemmingen und Wyhl als bei denen aus Horb-Altheim beobachtet. Eine ähnliche Verteilung der spondylotischen Änderungen auf die einzelnen Wirbelbereiche wurde für die Serien aus Munzingen und Stetten/Donau (beide 7. Jh. n. Chr.) berichtet, d.h. die Lumbarwirbel wurden im Allgemeinen am häufigsten betroffen, wobei bei den Männern an zweiter Stelle die Brust- und bei Frauen die Halswirbel folgten.[42]

---

42 BURGER-HEINRICH (Anm. 34). – KONIECZKA/KUNTER (Anm. 35).

Entsprechende Untersuchungen haben für die Leichenbrände aus dem römischen Stettfeld ähnliche Ergebnisse erbracht.[43] Die Spondylose tritt bei beiden Geschlechtern an der Hals- und Brustwirbelsäule etwa in gleicher Häufigkeit auf. Hinsichtlich der Lumbalwirbel sind jedoch die Männer markant häufiger betroffen, was auf eine stärkere körperliche Beanspruchung hindeutet. Anzeichen von Spondylarthrose kommen in vergleichbarer Frequenz bei Männern und Frauen an Hals- und Lendenwirbeln vor. Die männlichen Thorakalwirbel sind dagegen fast doppelt so oft verändert wie die weiblichen. Hier zeichnen sich offenbar, ähnlich den frühmittelalterlichen Befunden, geschlechtsdifferente Belastungs- bzw. Tätigkeitsmuster ab.

Enthesopathien

Veränderungen im Bereich der Muskelansatzstellen (sog. Enthesopathien) zeichnen sich in Form von Osteophyten (Exostosen), Läsionen und in manchen Fällen als Myositis ossificans ab.[44] Derartige Alterationen entstehen durch lang andauernde und übermäßige Belastung der jeweiligen Muskeln.[45] Hinsichtlich ihrer Ausprägung können allerdings auch andere Faktoren wie Alter, Geschlecht, Körpergewicht, Gesundheitsstatus und Ernährung eine Rolle spielen.[46] Die Muskelansatzstellen wurden an oberen und unteren Extremitäten, einschließlich der Clavicula, bewertet. Zur Beurteilung der Oberflächenstrukturen kam eine dreistufige Skala zum Einsatz. Dabei werden die für die jeweiligen Muskelinsertionsstellen ermittelten Werte der oberen und unteren Extremitäten separat addiert und ein Mittelwert (sog. mean muscle score ‚MMS'), daraus gebildet. Je größer MMS, desto stärker war die Beanspruchung der jeweiligen Extremität des Individuums.

Alles in allem wurden zwischen den Männern und Frauen aus Horb-Altheim keine signifikanten Unterschiede bezüglich ihrer MMS-Werte festgestellt (Tab. 6). Bei den 15–19-jährigen Frauen zeigen sich allerdings deutlich höhere MMS für die obere Extremität (1,8 vs. 1,2) und zusätzlich eine Seitenpräferenz für den rechten Arm (1,7 vs. 1,4). Im Vergleich der Individuen aus den Nischengräbern und derjenigen, die in einfachen Grabgruben bestattet waren, wurden wiederum nur geringe Abweichungen ermittelt. Die Werte waren bei den Männern und Frauen aus den einfachen Grabgruben stets etwas höher, mit Ausnahme der oberen Extremität der Männer (Tab. 6).

Bei der Untersuchung der Skelettreste fiel u. a. auf, dass in einigen Fällen die Ansatzstelle des Musculus vastus medialis[47] an der medio-anterioren Fläche des proximalen Oberschenkels eine ausgeprägte Eintiefung bildet. Eine solche Eintiefung ist bei beiden Geschlechtern zu beobachten, allerdings bei Männern häufiger links (20,8% vs. 10,3%) und bei Frauen häufiger auf der rechten Seite (19,4% vs. 10,3%).

Zahnerkrankungen

An den Zähnen und Kiefern wurden folgende Befunde ausgewertet: Karies, Parodontopathien, Zahnschmelzhypoplasien, Konkrementablagerungen (Zahnstein) und periapikale Prozesse. Zahn-

---

43 WAHL/KOKABI (Anm. 33).
44 D. E. HAWKEY/C. F. MERBS, Activity-induced musculoskeletal stress markers (MSM) and subsistence strategy changes among ancient Hudson Bay Eskimos. Intern. Journal Osteoarch. 5, 1995, 324–338.
45 Belastungsinduzierte Erkrankungen können infolge verschiedener Aktivitätsmuster entstehen, u. a. durch schwere Arbeit, Extrembewegungen, einseitige, statische Zwangshaltung, kurzzyklische, stereotype Belastung und schnelle, ruckartige Bewegungen: A. VON ELLING, Arbeit und körperlicher Verschleiß der Bewegungsorgane. Projektträger ‚Humanisierung des Arbeitslebens'. Forschung Fb 575 (Bonn 1989).
46 MERBS (Anm. 38). – K. A. R. KENNEDY, Skeletal markers of occupational stress. In: M. Y. IŞCAN/K. A. R. KENNEDY (Hrsg.), Reconstruction of life from the skeleton (New York 1989) 129–160. – C. J. KNÜSEL/C. A. ROBERTS/A. BOYLSTON, When Adam delved ... an activity-related lesion in three human skeletal populations. Am. Journal Phys. Anthr. 100, 1996, 427–434.
47 Der Musculus vastus medialis wirkt bei der Streckung des Beines mit: H. FENEIS/W. DAUBER, Pocket Atlas of Human Anatomy (Stuttgart 2000).

	Männer			Frauen		
	n[a]	MMS	SD[b]	n	MMS	SD
Obere Extremität						
Gesamt	22	**1,5**	**0,4**	22	**1,6**	**0,5**
Nischengräber	6	1,5	0,5	6	1,5	0,4
einfache Grabgruben	16	1,5	0,4	16	1,6	0,6
Untere Extremität						
Gesamt	25	**1,5**	**0,3**	27	**1,5**	**0,4**
Nischengräber	6	1,3	0,2	8	1,2	0,3
einfache Grabgruben	19	1,5	0,3	19	1,5	0,4

a n = Anzahl der beurteilbaren Individuen
b SD = Standardabweichung

Tabelle 6   Horb-Altheim: Mean Muscle Score (MMS) der oberen und unteren Extremitäten.

schmelzhypoplasien können makroskopisch in der Form von punktförmigen Vertiefungen oder Querriefen im Zahnschmelz beobachtet werden. Sie entstehen durch vorübergehende Störungen der Ameloblastenfunktion während der Schmelzmatrixsekretion.[48] Als mögliche Ursachen dieser Entwicklungsstörung werden verschiedene Faktoren (u.a. Mangelernährung, Stoffwechselerkrankungen oder Infektionskrankheiten) diskutiert.[49] Da sie während der Zahnbildung, also in der Kindheit, entstehen, ermöglicht ihre Auswertung nicht nur Einblicke in den Gesundheitsstatus während der Wachstumsphase, sondern auch hinsichtlich des Alters, in dem die entsprechenden Beeinträchtigungen auftraten.[50]
An den Skelettresten aus Horb-Altheim kann bei 35 (47,9%) der Individuen Schmelzhypoplasie festgestellt werden; Männer sind mit 65,4% häufiger betroffen als Frauen (47,1%). Bei den Bestatteten aus den Nischengräbern (64,7%) liegt die Frequenz höher als bei den übrigen Individuen (51,2%). Innerhalb der Vergleichsgruppen ist die Gesamthäufigkeit von Schmelzhypoplasien bei der Population aus Pleidelsheim am höchsten (54,2%) und bei der Serie aus Wyhl am niedrigsten (30,8%). In Hemmingen weisen 41,5% der Skelette mit Zahnresten Spuren hypoplastischer Episoden auf. In der Bevölkerung von Horb-Altheim wurden die typischen Linien am häufigsten im Alter von 2,5–3 Jahren und 4–4,5 Jahren gebildet. Die Gesamtverteilung zeichnet sich bei allen untersuchten Populationen durch zwei Maxima ab (Abb. 8).

---

48 A. H. Goodman/R. J. Song, Sources of variation in estimated ages at formation of linear enamel hypoplasias. In: R. D. Hoppa/C. H. Fitzgerald (Hrsg.), Human Growth in the Past: Studies From Bones and Teeth (Cambridge 1999) 210–240.
49 A. H. Goodman/J. C. Rose, Assessment of systemic physiological perturbations from dental enamel hypoplasias and associated histological structures. Yearbook Phys. Anthr. 33, 1990, 59–110. – A. H. Goodman/C. Martinez/A. Chavez, Nutritional supplementation and the development of linear enamel hypoplasias in children from Tezonteopan, Mexico. Am. Journal Clin. Nutr. 53, 1991, 773–781.
50 Das Entstehungsalter der hypoplastischen Episoden wurde anhand der Entfernung des Schmelzdefektes von der Schmelz-Zement-Grenze bestimmt. Schmelzhypoplasien an mehreren Zähnen eines Individuums wurden zusammengefasst, wenn sie während derselben Halbjahres-Periode entstanden sind. – M. Massler/I. Schour/H. G. Poncher, Developmental pattern of the child as reflected in the calcification pattern of the teeth. Am. Journal Diseases Child. 62, 1941, 33–67. – T. Swärdstedt, Odontological Aspects of a Medieval Population from the Province of Jämtland/Mid-Sweden (Stockholm 1966). – Goodman/Song (Anm. 48).

| Befund | Männer | | Frauen | | Individuen aus | | | | Gesamt | |
| | | | | | Nischen-gräbern | | einfachen Grabgruben | | | |
	n/N[a]	%	n/N	%	n/N	%	n/N	%	n/N	%
Karies	20/26	76,9	28/34	82,4	15/17	88,2	33/43	76,7	48/60	80,0
intravitaler Zahnverlust	12/26	46,2	13/34	38,2	6/17	35,3	19/43	44,2	25/60	41,7
periapikale Änderungen	15/26	57,7	22/34	64,7	12/17	70,6	25/43	58,1	37/60	61,7
Parodontose	9/22	40,9	12/20	60,0	7/14	50,0	14/28	50,0	21/42	50,0
Zahnstein	23/26	88,5	32/34	94,1	17/17	100	38/43	88,4	55/60	91,7

a n = Anzahl der betroffenen Individuen; N = Anzahl der untersuchten Individuen

Tabelle 7   Horb-Altheim: Häufigkeiten von Zahn- und Kiefererkrankungen.

Anhand der Inzidenzrate von kariösen Defekten, Zahnsteinanhaftungen, periapikalen Prozessen[51] und entzündlichen Reaktionen am Kieferknochen können Informationen über die Ernährung und die Mundhygiene gewonnen werden.[52] Karies wird durch das gestörte chemische Gleichgewicht in der Mundhöhle hervorgerufen, das durch bakterielle Infektionen (v.a. Streptococcus), die Zusammensetzung der Nahrung (v.a. Anteil an Kohlenhydraten) und z.T. durch genetische Disposition beeinflusst wird.[53] Das Vorkommen von Zahnstein wird begünstigt durch eine alkalische Umgebung infolge proteinreicher Nahrung.[54] Parodontose bildet zusammen mit den periapikalen Veränderungen (u.a. verursacht durch starke Abrasion und nachfolgende Infektion) die Hauptursache für intravitalen Zahnverlust.[55]

Die Verteilung der Zahn- und Kiefererkrankungen bei den Individuen aus Horb-Altheim ist in der Tabelle 7 dargestellt.[56] Bei 48 der 60 untersuchten Individuen (80,0%) können eine oder mehrere kariöse Läsionen angesprochen werden. Von insgesamt 1152 untersuchten Dauerzähnen weisen 158 Karies auf. Die Karieshäufigkeit für das gesamte Untersuchungsmaterial beträgt demnach 13,7%. Die Frauen weisen sowohl bei der Einzelzahnstatistik als auch bezogen auf die Zahl der Gebisse (82,4%) häufiger Karies auf als die Männer (76,9%). Die Individuen aus den Nischengräbern (88,2%) litten häufiger an Karies als die aus den einfachen Grabgruben (76,7%).

---

51 Unter dem Begriff ‚periapikale/r Prozess/Veränderung' werden alle mit einer Vereiterung im Bereich der Zahnwurzelspitze einhergehenden, im fortgeschrittenen Stadium meist den Kieferknochen durchbrechenden Befunde zusammengefasst.

52 Befunde an den Zähnen selbst waren häufiger zu registrieren als Befunde an den Kieferknochen. Die Oberkiefer, seltener die Unterkiefer, waren in vielen Fällen beschädigt oder so schlecht erhalten, dass nur noch isolierte Zähne befundet werden konnten.

53 S. W. Hillson, Diet and dental disease. World Arch. 11, 1979, 147–162. – P. Caselitz, Caries–Ancient plague of humankind. In: K. W. Alt/F. W. Rösing/M. Teschler-Nicola (Hrsg.), Dental Anthropology (Wien 1998) 203–226.

54 Hillson (Anm. 53). – In jüngsten Untersuchungen an frühmittelalterlichen Skelettresten aus Bayern wurde eine Korrelation zwischen anthropologischen und archäologischen Kriterien zum sozialen Status mit dem Konsum tierischen Eiweißes gefunden: A. Czermak/A. Ledderose/N. Strott/Th. Meier/G. Grupe, Social Structures and Social Relations – An Archaeological and Anthropological Examination of three Early Medieval Separate Burial Sites in Bavaria. Anthrop. Anz. 64, 2006, 297–310.

55 K. W. Alt/J. C. Türp/R. Wächter, Periapical lesion s– Clinical and anthropological aspects. In: Alt et al. (Anm. 53) 247–276. – T. F. Strohm/K. W. Alt, Periodontal disease – Etiology, classification and diagnosis. In: Ebd. 227–246.

56 Die aufgeführten Prozentsätze beziehen sich auf die Anzahl aller Individuen mit mindestens einem erkrankten oder intravital verloren gegangenen Zahn aus der Gesamtheit aller untersuchten Individuen. Nur die Kariesfrequenz (Karieshäufigkeit) wird auf der Grundlage von Einzelzähnen errechnet. Zu Lebzeiten ausgefallene Zähne werden in der vorliegenden Studie weder zu den kariösen noch zu den parodontal erkrankten Zähnen gezählt.

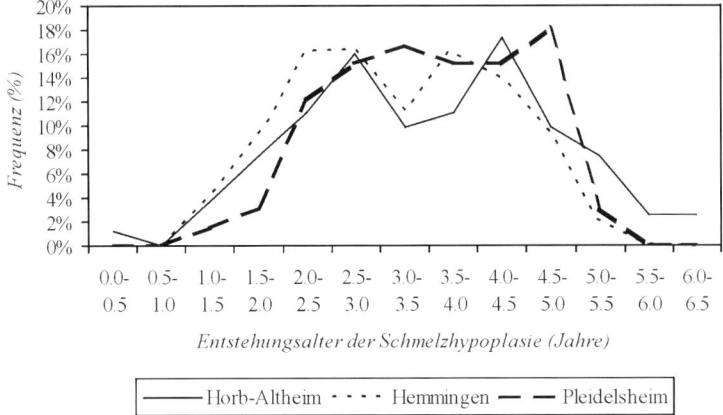

Abb. 8   Verteilung des Entstehungsalters von Schmelzhypoplasien im Vergleich.

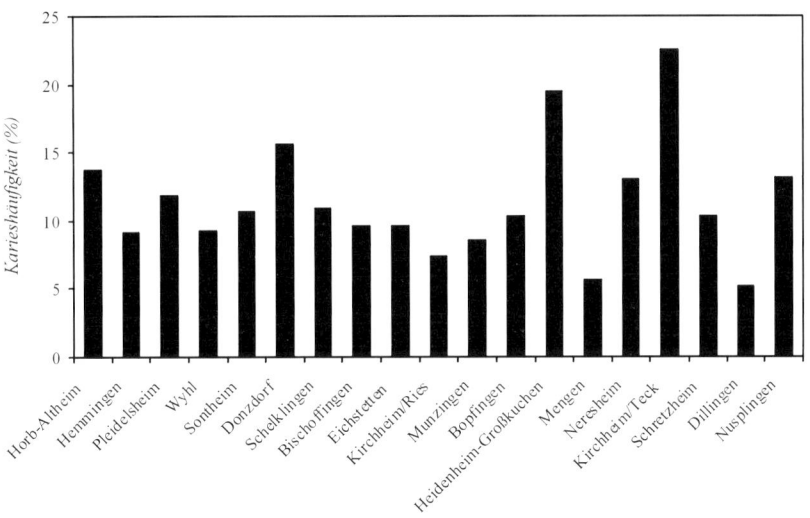

Abb. 9   Karieshäufigkeit im regionalen Vergleich.

Lücken als Folge intravital verloren gegangener Zähne sind insgesamt bei 41,7% der Horb-Altheimer zu beobachten.[57] Die Männer waren mit 46,2% häufiger betroffen, als die Frauen (38,2%), die Individuen aus den einfachen Grabgruben (44,2%) häufiger als die aus den Nischengräbern (35,3%). Periapikale Veränderungen können insgesamt bei 61,7% der Skelette aus Horb-Altheim diagnostiziert werden, davon kommen 57,7% an männlichen und 64,7% an weiblichen Kieferresten vor. Die Bestatteten aus den einfachen Grabgruben (58,1%) weisen im Vergleich zu den Individuen aus den Nischengräbern (70,6%) eine etwas geringere Häufigkeit auf. Symptome von Parodontalerkrankungen sind bei der Hälfte aller Individuen aus Horb-Altheim zu erkennen (Frauen 60,0%, Männer 40,9%). Zwischen den Individuen aus den Nischengräbern und den einfachen Grabgruben lässt sich kein Unterschied finden. In beiden Gruppen liegt die Quote bei 50%.

---

57   Da in Horb-Altheim relativ viele ältere Erwachsene vorliegen, scheint es eher unwahrscheinlich, dass diese auch in höherem Alter noch alle Zähne hatten. Es wurde festgestellt, dass bei den senilen Individuen (über 60 Jahre; 11 Individuen) durchschnittlich 8 Zähne pro Individuum vorhanden waren bzw. geborgen wurden, bei den 30–45-jährigen Individuen (n = 13) 22 Zähne pro Individuum. Dieses Verhältnis zeigt, dass die geringe Frequenz an Zahnverlusten durch die relativ geringe Anzahl der für die Untersuchung zur Verfügung stehenden Alveolen beeinflusst wird, und sicherlich nicht der tatsächlichen Häufigkeit entspricht.

Das Vorkommen von Zahnbetterkrankungen steht in engem Zusammenhang mit der Zahnsteinbildung. Im vorliegenden Material wiesen mehr als 90% aller Gebisse Zahnsteinablagerungen auf. Es lässt sich ein leichter Trend zu verstärkter Belagsbildung bei Frauen (94,1%) gegenüber den Männern (88,5%), und bei Individuen aus den Nischengräbern (100%) gegenüber denen aus den einfachen Grabgruben (88,4%) ansprechen.

Die Individuen aus Horb-Altheim weisen eine höhere Kariesrate sowie eine höhere Frequenz an periapikalen Veränderungen auf als diejenigen aus Hemmingen. Dies gilt ebenso im Vergleich mit den Skeletten aus Pleidelsheim. Anderseits verloren die Horb-Altheimer seltener Zähne zu Lebzeiten als die Hemminger und Pleidelsheimer. Zahnsteinauflagerungen wurden bei allen Vergleichsserien viel seltener beobachtet als in der Bevölkerung von Horb-Altheim.[58]

Die Karieshäufigkeiten liegen für die Vergleichsserien mit 9,2% (Hemmingen), 9,3% (Wyhl) und 11,9 (Pleidelsheim) relativ nahe beieinander. Für verschiedene andere frühmittelalterliche Populationen werden Karieshäufigkeiten zwischen 5,2% (Dillingen) und 22,5% (Kirchheim/Teck) aufgeführt (Abb. 9). Für Horb-Altheim liegt sie mit 13,7% zwar innerhalb dieser Variationsbreite, allerdings zusammen mit Donzdorf, Heidenheim-Großkuchen und Kirchheim/Teck in der Gruppe mit dem höchsten Kariesvorkommen insgesamt.

Für die römische Kaiserzeit in den Nordwestprovinzen lässt sich der Kariesbefall nur schwer ermitteln, da Zahnkronen die Einäscherung des Leichnams nicht überdauern und Zahnreste in Leichenbränden überhaupt nur unvollständig überliefert sind. Auch stellen die auf den gemischt belegten Friedhöfen unverbrannt Bestatteten in der Regel keinen repräsentativen Querschnitt der Bevölkerung dar. Unter Vorbehalt der eingeschränkten Aussagemöglichkeiten kremierter Skelettreste lassen sich z. B. für Stettfeld folgende Werte für sonstige pathologische Veränderungen des Kauapparats festhalten: Parodontopathien bei 63,5% aller Erwachsenen (Männer 66,7%, Frauen 64,9%), Zahnstein bei 47,1% (58,3%, 45,8%), und intravitaler Zahnverlust bei 40,9% (45,2%, 40,4%).[59]

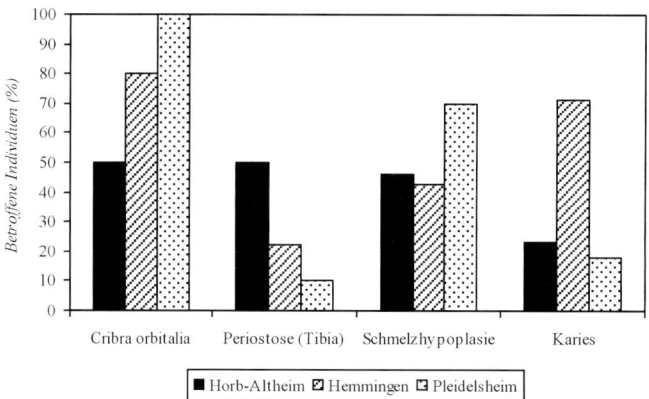

Abb. 10 Häufigkeiten pathologischer Veränderungen bei den Nichterwachsenen von Horb-Altheim.

Die Häufigkeiten einzelner Krankheitsanzeichen an den Skelettresten von Nichterwachsenen aus den untersuchten Serien sind in der Abbildung 10 zusammengefasst. Die subadulten Individuen aus Horb-Altheim weisen allgemein seltener Spuren von Zahn- oder Skeletterkrankungen als diejenigen aus Hemmingen und Pleidelsheim auf. Die Hemminger Kinder und Jugendlichen haben eine auffallend hohe Kariesfrequenz. In Pleidelsheim geben sich im Vergleich zu Horb-Altheim und Hemmingen wiederum häufiger Cribra orbitalia und Schmelzhypoplasien zu erkennen.

---

58 Da Zahnstein relativ brüchig ist und bei Temperatur- und Feuchtigkeitsschwankungen zu Absplitterung neigt, muss angenommen werden, dass sowohl im Zuge der Reinigungsarbeiten als auch durch die längere Aufbewahrung des Materials aus Hemmingen und Pleidelsheim ein Teil dieser Beläge verloren gegangen ist.
59 WAHL/KOKABI (Anm. 33).

Metrik

Die metrische Analyse dient der populationsspezifischen Erfassung und Dokumentation von Form- und Größenverhältnissen bzw. Körperproportionen. Für die Männer aus Horb-Altheim ergibt sich eine durchschnittliche Körperhöhe von 174,0 cm mit einer Variationsbreite von 1,67 bis 1,80 m. Die Frauen waren im Mittel 163,3 cm groß, die kleinste 1,56 m, die größte 1,69 m. Die Männer aus den Nischengräbern erreichten im Durchschnitt 176,3 cm, die Frauen 166,0 cm. Ihre Geschlechtsgenossen/innen aus den einfachen Grabgruben waren dagegen deutlich kleiner (Männer 173,2 cm, Frauen 162,5 cm).

Im interseriellen Vergleich zeigen sich die Männer aus Horb-Altheim signifikant größer als diejenigen aus Pleidelsheim aber kleiner als die Männer aus Hemmingen und Wyhl.[60] Die Mittelwerte der Frauen zeigen jedoch nur geringe Unterschiede zwischen den einzelnen Gräberfeldern auf (Tab. 8). Für das römische Gräberfeld von Stettfeld wurde z.B. für die brandbestatteten Männer eine durchschnittliche Körperhöhe von 171,1 cm und für die Frauen eine solche von 159,6 cm errechnet.[61] Die entsprechenden Werte für die unverbrannt Bestatteten liegen bei 169,8 cm (Variationsbreite von 1,62 bis 1,76 m) bzw. 159,7 cm (1,56 bis 1,64 m).

Für die metrische Charakterisierung des Schädels wurden drei Standardmaße (M1, M8, M20)[62] sowie drei Indices[63] ausgewählt (Tab. 9). Aufgrund des Erhaltungszustands konnten einige Individuen aus Horb-Altheim nicht oder nur zum Teil gemessen werden. Bei Männern und Frauen überwiegen lange Schädel. Die Männer hatten eher schmale, Frauen eher mittelbreite Schädel. Bei den Individuen aus den Nischengräbern lässt sich eine deutlichere Tendenz zu schmalen Schädeln erkennen als bei denen aus den einfachen Grabgruben. Die Gesamtpopulation ist durch meistens niedrige Hirnschädel charakterisiert, wobei solche Schädel am häufigsten bei Frauen aus Nischengräbern vorkommen.

Innerhalb der Serie von Horb-Altheim dominieren die ovoiden und elipsoiden Schädelformen. Die Frauen bzw. die Individuen aus den Nischengräbern weisen eher ovoide Schädel als Männer bzw. als die Individuen aus den einfachen Grabgruben auf. Der Längen-Breiten-Index belegt, dass in der Population aus Horb-Altheim gleichermaßen Meso- und Dolichokranie vertreten ist; kein einziger Hirnschädel weist einen brachykranen Index auf. Die weiblichen Individuen liegen eher im mesokranen, die männlichen zur Hälfte im meso- und dolichokranen Bereich.

Beim Längen-Ohr-Bregmahöhen-Index fallen alle messbaren Schädel aus Horb-Altheim in die orthokrane Gruppe. Hinsichtlich des Breiten-Ohr-Bregmahöhen-Index fallen die Männer mehr in den metriokranen, die Frauen in den tapeinokranen Bereich. In der Gesamtserie kamen Tapeino- und Metriokranie fast gleich häufig vor. Der Vergleich der Individuen aus den Nischengräbern und einfachen Grabgruben weist Erstere eher in die meso- und tapeinokrane Kategorie, Letztere häufiger den Dolicho- und Metriokranen zu.

---

60 Die überdurchschnittliche Körperhöhe der Männer aus Wyhl unterstützt die archäologische Ansicht, nach der Wyhl als Sitz von *foederati* interpretiert wird (s. FINGERLIN 1983, Anm. 5). Auch andere Teilergebnisse, u. a. der deutliche Männerüberschuss (5 : 1), das Vorkommen von Hiebverletzungen und kräftigen Muskelmarken deuten auf eine besondere Auswahl der Männer für diesen Verteidigungsposten.
61 WAHL/KOKABI (Anm. 33).
62 MARTIN/SALLER (Anm. 16).
63 Der Längen-Breiten-Index des Schädels ermöglicht die Einteilung in drei Kategorien: Individuen mit relativ langem Schädel sind dolichokran (LBI bis 74,9), die mit relativ kurzem Schädel brachykran (LBI ab 80,0), dazwischen liegen die mesokranen. Die Individuen werden anhand des Längen-Ohr-Bregmahöhen-Index als chamaekran (im Verhältnis zur Länge niedrig), orthokran (im Verhältnis zur Länge mittelhoch) und hypsikran (im Verhältnis zur Länge hoch) bezeichnet. Anhand des Breiten-Ohr-Bregmahöhen-Index werden die Kategorien tapeinokran (im Verhältnis zur Breite niedrig), metriokran (im Verhältnis zur Breite mittelhoch) oder akrokran (im Verhältnis zur Breite hoch) verwendet (nach MARTIN/SALLER [Anm. 16]). Der Ohr-Bregmahöhen-Index wurde aufgrund der größeren Individuenzahlen als aussagekräftiger herangezogen.

Gräberfeld	Männer			Frauen		
	n[a]	MW[b]	SD[c]	n	MW	SD
Horb-Altheim	24	174,0[d]	3,2	19	163,3	3,3
Hemmingen	10	176,0	3,2	23	163,5	3,6
Pleidelsheim	29	172,0	3,5	19	162,4	4,6
Wyhl	10	177,8	2,9	2	164,0	0,0

a n = Anzahl der ausgewerteten Individuen
b MW = Mittelwert
c SD = Standardabweichung
d Körperhöhe in cm

Tabelle 8 Durchschnittliche Körperhöhen von Horb-Altheim und zeitgleichen (Teil-) Serien im Vergleich.

Maß	Männer		Frauen		Individuen aus Nischengräbern		einfachen Grabgruben		Gesamt	
	n/N[a]	%	n/N	%	n/N	%	n/N	%	n/N	%
M1[b]										
kurz	0/10	0,0	0/7	0,0	0/5	0,0	0/12	0,0	0/17	0,0
mittel	2/10	20,0	0/7	0,0	0/5	0,0	2/12	16,7	2/17	11,8
lang	8/10	80,0	7/7	100,0	5/5	100,0	10/12	83,3	15/17	88,2
M8										
schmal	9/13	69,2	9/20	45,0	5/7	71,4	13/26	50,0	18/33	54,5
mittel	3/13	23,1	11/20	55,0	2/7	28,6	12/26	46,2	14/33	42,4
breit	1/13	7,7	0/20	0,0	0/7	0,0	1/26	3,8	1/33	3,0
I1										
dolichokran	4/8	50,0	2/6	33,3	0/3	0,0	6/11	54,5	6/14	42,9
mesokran	4/8	50,0	4/6	66,7	3/3	100,0	5/11	45,5	8/14	57,1
brachykran	0/8	0,0	0/6	0,0	0/3	0,0	0/11	0,0	0/14	0,0
M20										
niedrig	4/9	44,4	5/9	55,6	3/4	75,0	6/14	42,9	9/18	50,0
mittelhoch	4/9	44,4	3/9	33,3	1/4	25,0	6/14	42,9	7/18	38,9
hoch	1/9	11,1	1/9	11,1	0/4	0,0	2/14	14,3	2/18	11,1
I4										
chamaekran	0/6	0,0	0/3	0,0	0/3	0,0	0/6	0,0	0/9	0,0
orthokran	6/6	100,0	3/3	100,0	3/3	100,0	6/6	100,0	9/9	100,0
hypsikran	0/6	0,0	0/3	0,0	0/3	0,0	0/6	0,0	0/9	0,0
I5										
tapeinokran	2/7	28,6	5/9	55,6	2/3	66,7	5/13	38,5	7/16	43,8
metriokran	4/7	57,1	3/9	33,3	1/3	33,3	6/13	46,2	7/16	43,8
acrokran	1/7	14,3	1/9	11,1	0/3	0,0	2/13	15,4	2/16	12,5

a n = Anzahl der Individuen mit dem Maß in der jeweiligen Kategorie;
   N = Anzahl der auswertbaren Individuen
b Bezeichnungen der Maße und Indices nach MARTIN/SALLER (Anm. 16)

Tabelle 9 Horb-Altheim: Ausgewählte Schädelmaße und -indices.

Metrischer Vergleich

An dieser Stelle sollen einige der Messdaten zu Horb-Altheim in geraffter Form weiteren Serien aus Südwestdeutschland, anderen Regionen innerhalb Deutschlands sowie verschiedenen europäischen Ländern, die in die Zeitspanne von 0 bis 800 n. Ch. datieren, gegenübergestellt werden. Als Vergleichswerte dienen die Körperhöhe (Abb. 11), die Proportionen der oberen und unteren Extremitäten (Abb. 12 und 13) und der Längen-Breiten-Index des Schädels (Abb. 14 u. 15).

Die Gegenüberstellung der Körperhöhen zeigt, dass die Männer und Frauen der römischen Kaiserzeit im Durchschnitt kleinwüchsiger waren als ihre Geschlechtsgenossen aus dem frühen Frühmittelalter. Die Populationen, die der Zeitperiode zwischen 400 und 550 n. Ch. zuzuschreiben sind,

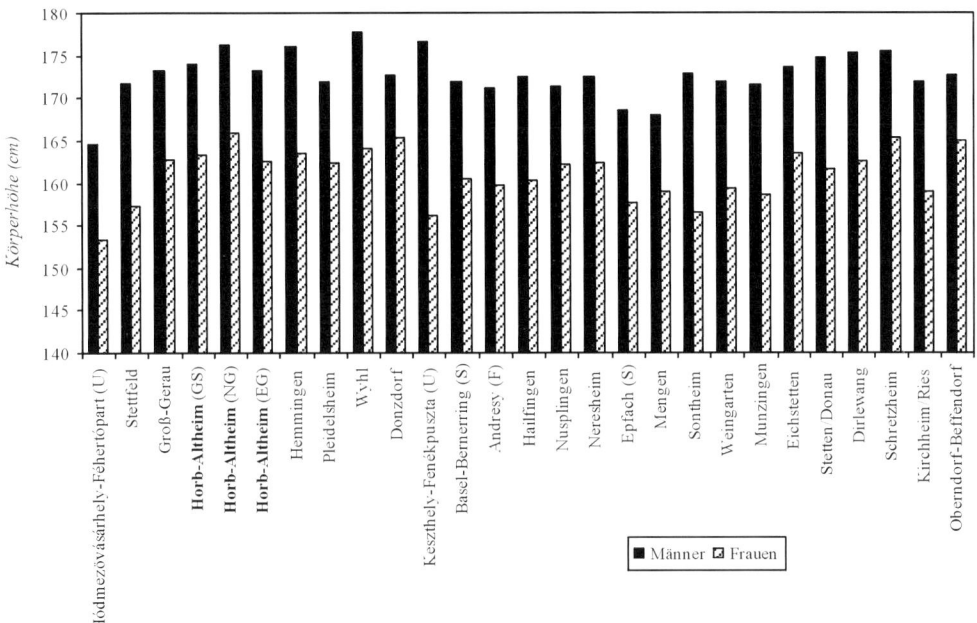

Abb. 11   Mittlere Körperhöhen von Männern und Frauen im chronologischen und überregionalen Vergleich.

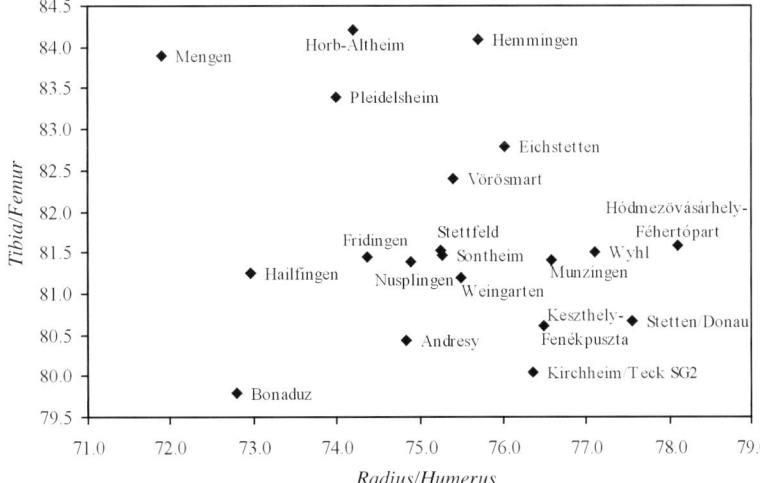

Abb. 12   Proportionen der oberen und unteren Extremitäten bei Männern im überregionalen Vergleich.

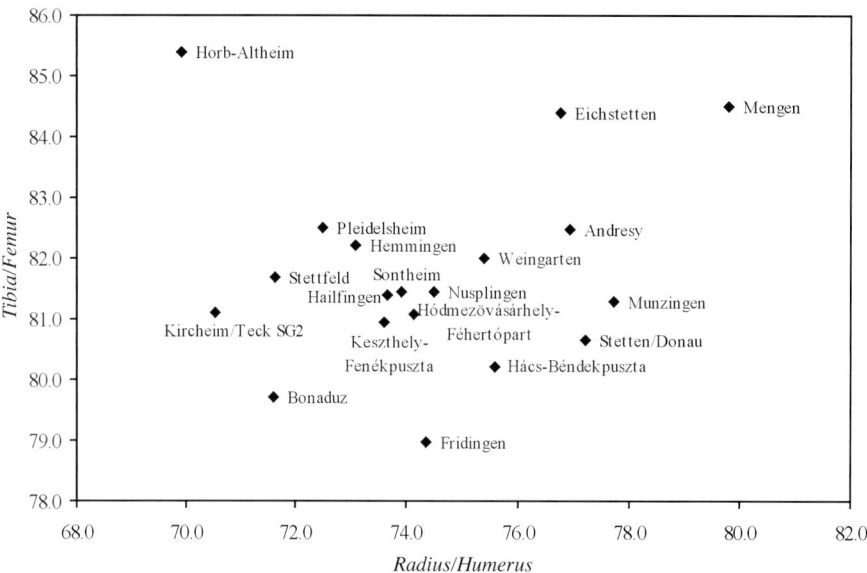

Abb. 13   Proportionen der oberen und unteren Extremitäten bei Frauen im überregionalen Vergleich.

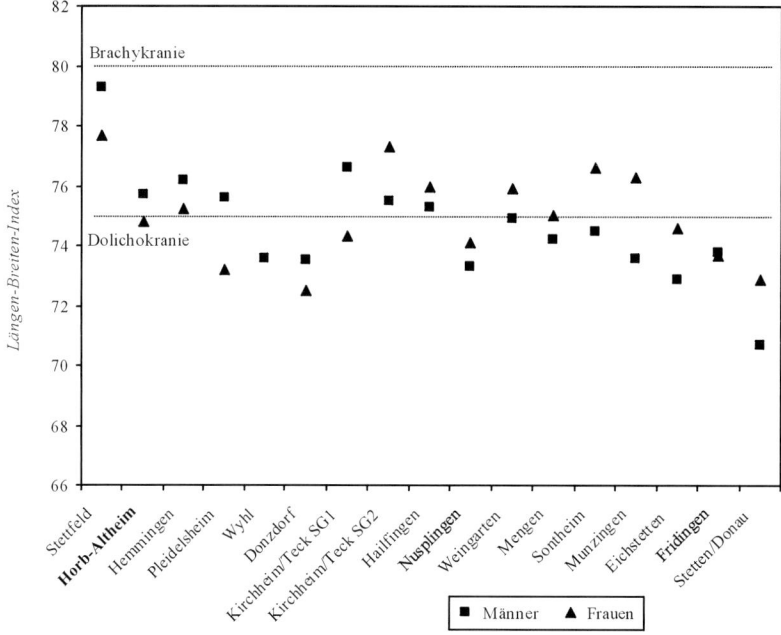

Abb. 14   Längen-Breiten-Index des Schädels bei Männern und Frauen im regionalen Vergleich.

gehörten offenbar zu den größtgewachsenen überhaupt. Die Männer aus den Nischengräbern von Horb-Altheim sowie die Männer aus Hemmingen, Wyhl, und dem ungarischen Keszthely-Fenékpuszta zeigen die höchsten Werte aller Serien. In ähnlicher Weise dokumentieren die Frauen aus den Nischengräbern von Horb-Altheim zusammen mit den Frauen aus Donzdorf und Schretzheim die größten Durchschnittswerte. Die Gruppe der in den einfachen Grabgruben bestatteten Horb-

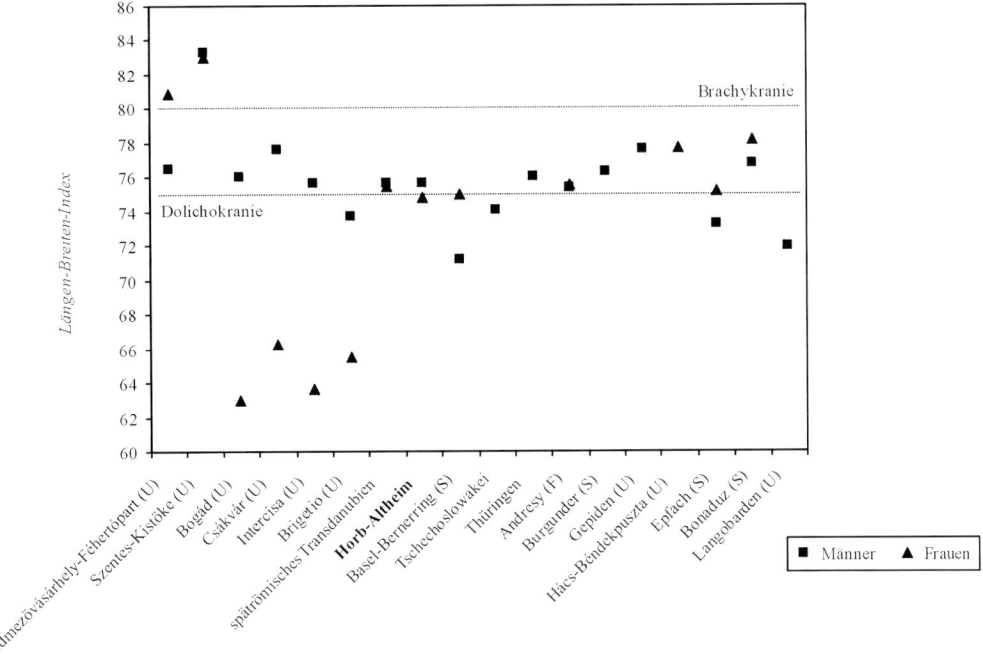

Abb. 15 Längen-Breiten-Index des Schädels bei Männern und Frauen im überregionalen Vergleich.

Altheimer zeigt weder für das männliche noch für das weibliche Geschlecht wesentliche Abweichungen von den durchschnittlichen Körperhöhen anderer frühmittelalterlicher Skelettserien auf. Zur Charakterisierung der Körperproportionen wurden die Verhältnisse zwischen Ober- und Unterarm (sog. Humero-Radial-Index) bzw. Ober- und Unterschenkel (sog. Femoro-Tibial-Index) herangezogen. Die Proportionen der Extremitätenanteile zueinander erlauben einen weiteren Blick auf mögliche genetische Gemeinsamkeiten und/oder ähnliche Umweltadaptationen der jeweiligen Bevölkerungen. Die Individuen aus Horb-Altheim, insbesondere die Frauen, liegen außerhalb bzw. im Randbereich der Proportionswerte, die für andere Stichproben berechnet wurden.[64] Die ermittelten Indices zeigen, dass sie relativ längere Unterschenkel im Verhältnis zu den Oberschenkeln hatten. Bei den Frauen scheinen dagegen die Unterarme eher kürzer gewesen zu sein. Die Werte der Männer variieren stärker, die meisten weiblichen Individuen finden sich im mittleren Bereich des Rasters wieder.

Beim Vergleich der Durchschnittswerte des Längen-Breiten-Index liegt keine der baden-württembergischen Serien im brachykranen Bereich. Es findet sich eine Tendenz von überwiegender Mesokranie in der Römerzeit zur Dolichokranie im frühen Frühmittelalter. In Horb-Altheim sind die Männer mehrheitlich mesokran, die Frauen eher dolichokran. Im späteren Frühmittelalter steigen die Index-Werte zum Teil wieder in den mesokranen Bereich. Insbesondere die Frauen des 6. bis 8. Jahrhunderts zeigen eine deutliche Tendenz in diese Richtung. Die Männer sind eher dolichokran. Beim überregionalen Vergleich lassen sich brachykrane Werte in der ungarischen Sarmatenzeit beobachten, in der Römerzeit andererseits extrem dolichokrane Werte bei den Frauen und Meso- bis Dolichokranie bei den Männern. In den frühmittelalterlichen Serien wurden am häufigsten Durchschnittswerte im mesokranen Bereich angetroffen.

---

64 Ähnliche Werte für den Humero-Radial-Index der Frauen wurden nur bei Kirchheim/Teck (niedriger sozialer Status) beobachtet. Bezüglich Horb-Altheim muss jedoch die kleine Stichprobenanzahl weiblicher Individuen berücksichtigt werden.

Odontologisches Merkmal	Männer n/N[a]	Frauen n/N	P-Wert (F-Test)
Kronenkompression (18[b]+28)	6/14	1/14	**0,0768**[c]
Wurzelanzahl 1 (18+28)	10/14	1/14	**0,0013**
Foramen molare (48+38)	4/19	0/16	**0,0740**
Höckeranzahl 4 (46+36)	1/19	6/20	*0,0529*[d]
Y-Muster (46+36)	7/19	2/20	**0,0527**
Schaufelform (12+22)	10/21	4/20	**0,0616**

a n = Anzahl der Individuen, bei denen das Merkmal vorhanden ist;
   N = Anzahl der auswertbaren Individuen
b Bezeichnung der Zahnpositionen nach internationaler Nomenklatur
c fett = höhere Frequenz für Männer
d kursiv = höhere Frequenz für Frauen

Tabelle 10   Horb-Altheim: Häufigkeiten seltener Zahnmerkmale bei Männern und Frauen.

Odontologisches Merkmal	Individuen aus Nischengräbern n/N[a]	einfachen Grabgruben n/N	P-Wert (F-Test)
Größenreduktion der Krone (18[b] +28)	6/10	4/18	**0,0570**[c]
Höckeranzahl 3 (18+28)	8/10	6/18	**0,0461**
Schmelzzunge (17+27)	3/13	1/26	**0,0991**
Höckeranzahl 5 (48+38)	8/13	7/22	**0,0865**
+ Muster (47+37)	5/15	19/26	*0,0212*[d]
Foramen molare (46+36)	3/15	13/24	*0,0361*
Wurzelanzahl 2 (15+25)	3/13	1/30	**0,0753**
Wurzelanzahl 2 (14+24)	8/14	8/32	**0,0396**
Dens invaginatus (13+23)	4/14	2/28	**0,0138**

a n = Anzahl der Individuen, die das Merkmal tragen;
   N = Anzahl der beurteilbaren Individuen
b siehe Tab. 10
c fett = höhere Frequenz für Individuen aus Nischengräbern
d kursiv = höhere Frequenz für Individuen aus einfachen Grabgruben

Tabelle 11   Horb-Altheim: Häufigkeiten seltener Zahnmerkmale bei den Individuen
             aus den Nischengräbern und den einfachen Grabgruben.

Epigenetische/odontologische Merkmale

Zur Frage der Herkunft der Alamannen von Horb-Altheim wurde neben den metrischen Vergleichen die Verwandtschaftsanalyse mit Hilfe der Diskreta eingesetzt, die seit Jahrzehnten an Lebenden (Zahnmerkmale) sowie Skelettresten unter Berücksichtigung der erblichen Formvarianten des menschlichen Körpers durchgeführt wird und zu der in der Literatur inzwischen entsprechende Datensätze zu finden sind. Das gehäufte Auftreten seltener Skelett- und Zahnvarianten ermöglicht es unter Umständen, evtl. vorhandene Verwandtschaftsbeziehungen zwischen einzelnen Individuen sowie Ähnlichkeiten zwischen Bevölkerungsgruppen zu rekonstruieren.[65]

Odontologisches Merkmal	Horb-Altheim n/N[a]	Hemmingen n/N	P-Wert (F-Test)
Wurzelanzahl 1 (18[b]+28)	18/28	2/9	**0,0338**[c]
Schmelzperle (18+28)	2/28	3/9	*0,0812*[d]
Größenreduktion der Krone (48+38)	6/35	0/17	**0,0797**
Tuberculum paramolare-Komplex (48+38)	9/35	1/17	**0,0875**
Foramen molare (48+38)	4/35	6/17	*0,0500*
Wurzelanzahl 2 (14+24)	16/46	0/20	**0,0012**
Tuberculum dentis (13+23)	14/42	1/18	**0,0197**
Schaufelform (12+22)	14/41	2/18	**0,0605**

a   n = Anzahl der Individuen, bei denen das Merkmal vorhanden ist;
    N = Anzahl der auswertbaren Individuen
b   siehe Tab. 10
c   fett = höhere Frequenz für Horb-Altheim
d   kursiv = höhere Frequenz für Hemmingen

Tabelle 12   Häufigkeiten seltener Zahnmerkmale im Vergleich zwischen Horb-Altheim und Hemmingen.

Odontologisches Merkmal (F-Test)	Horb-Altheim n/N[a]	Wyhl n/N	P-Wert
Wurzelanzahl 1 (18[b]+28)	18/28	0/6	**0,0060**[c]
Wurzelanzahl 4 (18+28)	1/28	2/6	*0,0735*[d]
Kronenkompression (17+27)	4/39	3/7	*0,0601*
Tuberculum paramolare-Komplex (48+38)	9/35	0/9	**0,0996**
x-Muster (48+38)	9/35	6/9	*0,0298*
Foramen molare (47+37)	7/41	6/9	*0,0058*
Y-Muster (46+36)	9/39	0/11	**0,0846**
Tuberculum dentis (13+23)	14/42	0/9	**0,0409**

a   n = Anzahl der Individuen, bei denen das Merkmal vorhanden ist;
    N = Anzahl der auswertbaren Individuen
b   siehe Tab. 10
c   fett = höhere Frequenz für Horb-Altheim
d   kursiv = höhere Frequenz für Wyhl

Tabelle 13   Häufigkeiten seltener Zahnmerkmale im Vergleich zwischen Horb-Altheim und Wyhl.

Im Rahmen der vorliegenden Untersuchung liegt der Schwerpunkt der Analyse im Vergleich zwischen den Individuen aus den Nischengräbern und den einfachen Grabgruben. Dabei wurden die Zahnvarianten[66] gegenüber den Schädelmerkmalen vorgezogen, da sie einfach zu identifizieren sind

---

65   K. W. ALT, Odontologische Verwandtschaftsanalyse (Stuttgart 1997).
66   Von den Zahnvarianten wurden u. a. Wurzel- und Höckeranzahl der einzelnen Zähne, Schaufelform der Incisivi, Tuberculum dentis und Dens invaginatus der Frontzähne, Schmelzperlen und -lingulae, Foramen molare und Furchenmuster der Zahnkronen der Molaren aufgenommen. Auf eine systematische Erfassung der Zahnfehlstellungen (Eng- u. Drehstände usw.), die ebenso als Hinweise auf individuelle Verwandtschaft gedeutet werden können, wurde angesichts der zahlreichen Fälle, in denen nur isolierte Zähne geborgen werden konnten, verzichtet.

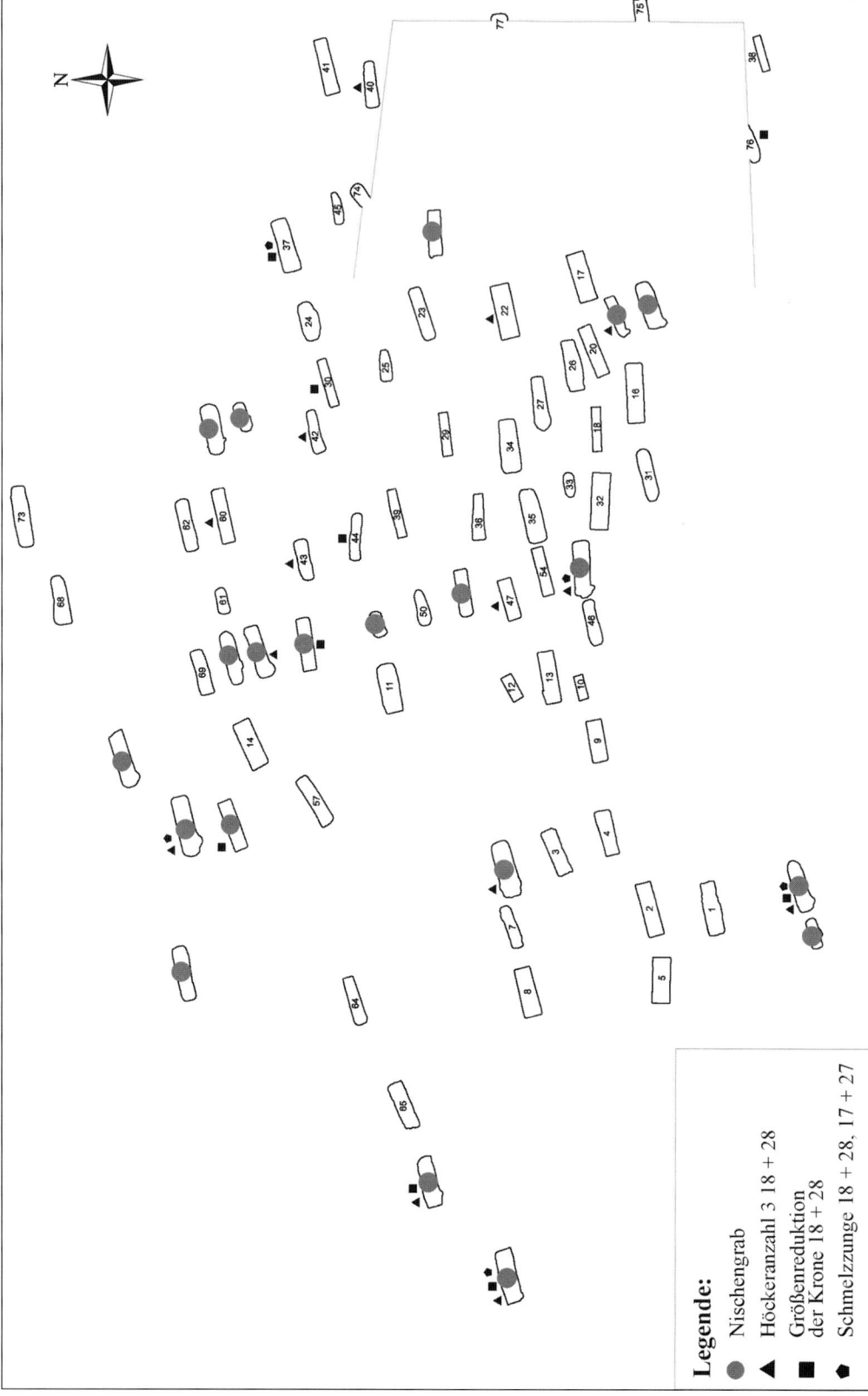

Abb. 16 Verteilung seltener Zahnmerkmale auf dem Gräberfeld von Horb-Altheim. Ohne Maßstab. Der Gräberfeldplan und die archäologischen Informationen zum Grabbau wurden von Frau D. Beilharz M.A. freundlicherweise vorab zur Verfügung gestellt. Sie repräsentieren den Bearbeitungsstand des Jahres 2004.

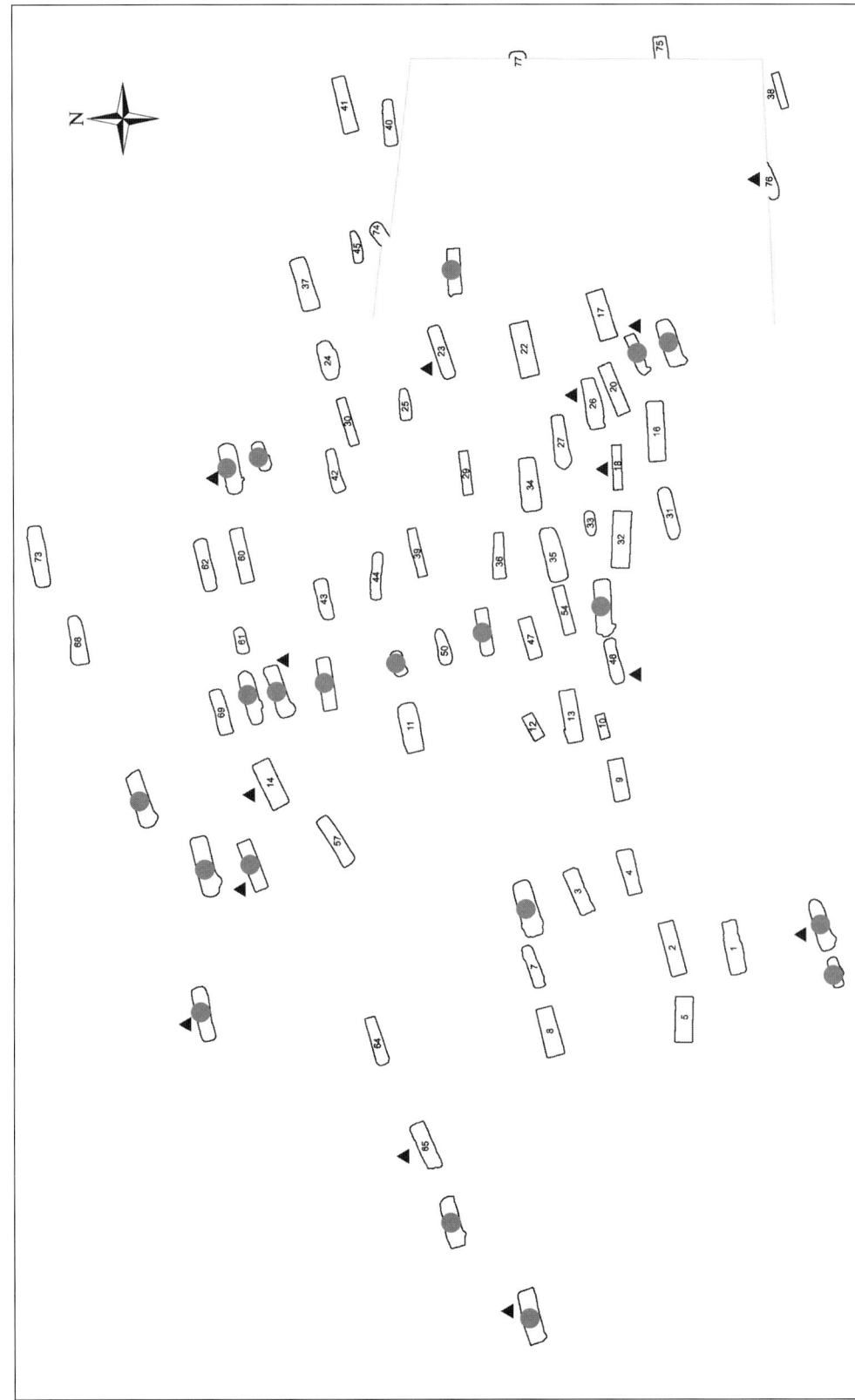

Abb. 17 Verteilung des Merkmals ‚marginale Einschnürung der Frontzähne' (▲) auf dem Gräberfeld von Horb-Altheim. Der Gräberfeldplan und die archäologischen Informationen zum Grabbau wurden von Frau D. BEILHARZ M.A. freundlicherweise vorab zur Verfügung gestellt. Sie repräsentieren den Bearbeitungsstand des Jahres 2004.

und auf Grund bekannter, durch klinische Studien bestätigter, Heritabilität als besonders aussagekräftig für die Bestimmung der genetischen Verwandtschaft eingestuft werden.[67] Sie erfüllen die Voraussetzungen für eine solche Analyse sowohl in qualitativer als auch quantitativer Hinsicht, meist auch bei fragmentarisch erhaltenem Material.

Bei den Männern von Horb-Altheim treten Häufungen seltener Zahnmerkmale öfter auf als bei Frauen (Tab. 10). Die meisten signifikanten Unterschiede[68] lassen sich allerdings zwischen den Individuen aus den Nischengräbern und den einfachen Grabgruben registrieren, wobei Erstere durch mehrfache Repräsentanz von sieben seltenen Merkmalen auffallen (Tab. 11). In den jeweiligen Gruppen können zwischen den Männern und Frauen aus den Nischengräbern ein einziger, zwischen den Männern und Frauen aus den einfachen Grabgruben dagegen vier Frequenzunterschiede bei seltenen Merkmalen beobachtet werden. Für die Männer aus den einfachen Grabgruben erweist sich ein Komplex von Zahnkronenkompression und einwurzeligem dritten Oberkiefermolaren als spezifisch.

Im Vergleich zu Hemmingen zeigt die Bevölkerung von Horb-Altheim sechs Merkmale signifikant häufiger, zwei Merkmale treten bei der Serie aus Hemmingen gehäuft in Erscheinung (Tab. 12). Die Gegenüberstellung von Horb-Altheim mit der Serie aus Wyhl belegt für jede Population jeweils vier spezifische Merkmalshäufungen (Tab. 13). Aus den interseriellen Vergleichen geht deutlich hervor, dass die Zahnmerkmale Tuberculum dentis (an den Zähnen 13 und 23), Tuberculum-paramolare-Komplex (38 und 48) sowie reduzierte Wurzelzahl (Einwurzligkeit bei 18 und 28) für Horb-Altheim als charakteristisch bzw. populationsspezifisch angesehen werden darf.

Um der Frage nachzugehen, ob es sich bei den Individuen aus den Nischengräbern um eine genetisch/herkunftsmäßig abgesonderte Gruppe handeln kann, wurde zusätzlich das Auftreten von drei weiteren Zahnmerkmalen (reduzierte Kronengröße, reduzierte Anzahl der Kronenhöcker und Schmelzzungen, Schmelzperlen an den zweiten und dritten Dauermolaren) ausgewertet. Aus Abbildung 16 geht hervor, dass diese Merkmale tatsächlich gehäuft bei Individuen aus den Nischengräbern auftreten. Das gemeinsame Vorkommen aller drei seltenen Zahnmerkmale lässt sich an zwei Bestattungen junger Erwachsener festmachen, dem Mann aus Grab 66 und der Frau aus Grab 72. Auch wenn diese beiden Grablegen räumlich nicht unmittelbar beieinander liegen, darf auf Grund der gefundenen Gemeinsamkeiten eine nahe Verwandtschaft vermutet werden. Zu diesem Merkmalkomplex kommt noch ein für Horb-Altheim typisches Merkmal: die marginale Einschnürung an den Frontzähnen, vorwiegend an den oberen zweiten Schneidezähnen. Dieses besondere Zahnmerkmal zeigt auf dem Gräberfeld generell ein bemerkenswertes räumliches Verteilungsmuster (Abb. 17). Ein deutliches Cluster findet sich bei den Individuen aus den Nischengräbern des nördlichen Belegungsareals,[69] eine weitere Konzentration im südlichen Teil des Gräberfeldes.

Ob es sich bei den Individuen, die in den Nischengräbern bestattet wurden, tatsächlich um eine zugewanderte Gruppe handeln könnte, wurde zudem noch mittels der Strontium-Isotopen-Analyse überprüft.[70] Der Auswertungsansatz dieser Untersuchungsmethode wurde bereits weiter oben beschrieben.[71] Die Verteilung der gefundenen Strontium-Isotopen-Daten zeigt Abbildung 18. Die

---

67 ALT (Anm. 65).
68 Die Stichprobegröße spielt eine entscheidende Rolle bei der Bestimmung der Signifikanzgrenzen. Bei einer kleinen Stichprobe kann das 0,1-Niveau durchaus einen signifikanten Unterschied bedeuten, bei großen Stichproben sollte das 0,05- oder 0,01-Niveau maßgebend sein. Wegen der relativ kleinen Stichprobenanzahl in der vorliegenden Untersuchung, werden die Signifikanzangaben des so genannten exakten Tests von Fischer, die die 10%-Grenze nicht übersteigen, aufgeführt. Dieser Test eignet sich für kleine Stichproben besser als der gängigere χ^2-Test: G. L. COWGILL, The trouble with significance tests and what we can do about it. Am. Antiquity 42, 1977, 350–368.
69 Die Frau aus Grab 14 war zwar in einer einfachen Grabgrube beigesetzt, allerdings mit außergewöhnlich reichen Beigaben ausgestattet worden.
70 Anhand der Untersuchung der ersten Dauermolaren werden die Ergebnisse der Strontium-Isotopen-Analyse durch die lokale Zusammensetzung des Sediments beeinflusst, von der die Nahrung in den ersten drei Lebensjahren stammt.
71 PRICE et al.; SCHWEISSING/GRUPPE; KNIPPER (Anm. 21).

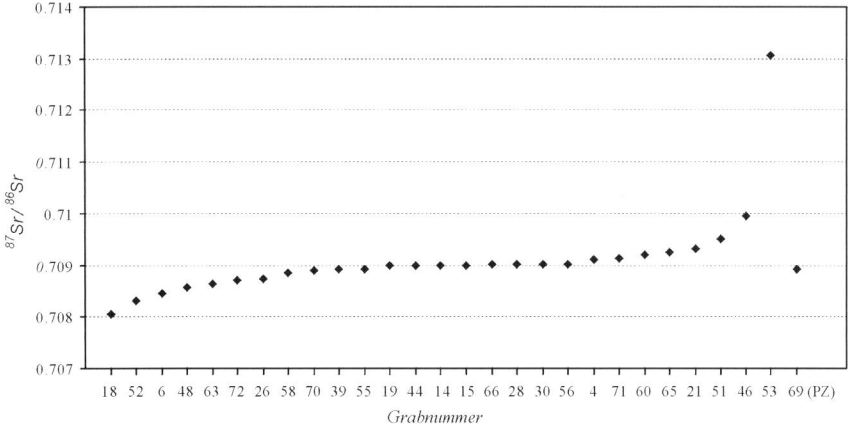

Abb. 18   Verteilung der Strontium-Isotopen-Daten ($^{87}Sr/^{86}Sr$)
der Zähne einzelner Individuen aus Horb-Altheim.

Messwerte weisen eine Spanne von 0,7081 bis 0,7131 auf und entsprechen damit der Fundregion, die überwiegend durch Muschelkalk mit einem charakteristischen $^{87}Sr/^{86}Sr$-Wert von 0,7085 (Variationsbreite von 0,7078 bis 0,7089) geprägt wird.[72] Die Verteilung zeigt, dass lediglich die 45–55-jährige Frau aus dem Nischengrab Nr. 53 als ortsfremd eingestuft werden kann. Der Strontiumgehalt ihres Zahnmaterials (0,7131) entspricht den granitischen Gebieten (z.B. Schwarzwald oder Böhmisches Massiv),[73] wobei die Werte aller anderen Personen den lokalen Kalkstein widerspiegeln. Ein möglicher Unterschied zum Herkunftsort kann jedoch nur erfasst werden, wenn sich die jeweiligen Lokalgesteine in ihrem Strontiumgehalt unterscheiden. Es wäre also möglich, dass einige Individuen aus einer anderen Gegend mit Kalksteinboden zugewandert sind (z.B. mittlerer Donauraum). In diesem Fall ließe sich kein Unterschied in der Strontium-Isotopie detektieren.[74]

Diskussion

Demographie

Basierend auf den Alters- und Geschlechtsdiagnosen lassen sich die wesentlichen demographischen Parameter einer Bevölkerung beschreiben. Für die Skelettserie aus Horb-Altheim wurden eine Lebenserwartung von ca. 30 Jahren und eine annähernde Siedlungsgröße von etwa 42 Individuen ermittelt. Bei der Gegenüberstellung der Sterbewahrscheinlichkeitskurve für Horb-Altheim mit der Modellverteilung von Weiss[75] kamen zwei Unterschiede zum Ausdruck: Erstens ein Kleinkinderdefizit bei den 0–1-jährigen und zweitens eine erhöhte Sterbewahrscheinlichkeit der 30–39-jährigen.

Fragen hinsichtlich eines (möglichen) Defizits von (Klein-) Kindern und Jugendlichen in frühmittelalterlichen Skelettserien werden in anthropologischen Arbeiten fast regelmäßig diskutiert. Die aufgeführten Gründe für das Fehlen von Subadulten sind vielfältig (s. o.). Zum einen wird unvollständige Erfassung der Kinderskelette aufgrund schlechterer Erhaltung oder geringer Grabtiefe in

---

72   Knipper (pers. Mitteilung).
73   Knipper (pers. Mitteilung).
74   Obwohl die archäologischen Untersuchungen eine Verbindung zum Mitteldonauraum vermuten lassen, kann zurzeit keine genauere Ortsangabe gemacht werden. So lässt sich auch nicht prüfen, um welche ‚geologische' Gegend es sich handeln könnte (Kalkstein, Granit ...). Außerdem stehen noch Untersuchungen zu den Strontiumdaten für Wasser und Sediment an vielen europäischen Lokalitäten aus.
75   Weiss (Anm. 25).

Betracht gezogen, die mit der Sorgfalt der Ausgrabung aber auch mit Bodenverhältnissen korreliert werden. Daneben ist mit einer abweichenden Behandlung von (Klein-) Kindern im Totenbrauchtum zu rechnen.[76] Da bei den anderen subadulten Altersgruppen von Horb-Altheim keine auffallenden Unterschiede zur Modellpopulation bestehen, wäre zu vermuten, dass in dieser Bevölkerung lediglich die 0–1-jährigen unterrepräsentiert sind.

Der gesamte Anteil an Nichterwachsenen beträgt in Horb-Altheim 17,3%. In den Serien aus Hemmingen und Pleidelsheim liegt er für kindliche und jugendliche Individuen unter 15 Jahren bei etwa 20%, in der Wyhler Stichprobe lediglich bei 14,3%. Diese Prozentsätze weichen erheblich von dem Erwartungswert von 45–60% ab, mit dem die Nichterwachsenen vertreten sein müssten, um als repräsentativ gelten zu können.[77]

Auch nach Korrektur anhand der Anteile in den Modelltabellen wird ein solcher Subadultenanteil für Horb-Altheim nicht erreicht. Der rechnerisch korrigierte Wert von 26% stimmt allerdings mit neueren Studien überein, die argumentieren, dass die Erwartungswerte in den Kalkulationen von Donat/Ullrich viel zu hoch angesetzt wurden. In keiner bislang untersuchten frühmittelalterlichen Serie aus Baden-Württemberg liegt der tatsächlich gefundene Subadultenanteil über 30%.[78] Auch in rezenten Bevölkerungen, die unter kriegerischen Auseinandersetzungen oder andauernden Hungersnöten leiden, übersteigt der Anteil der gestorbenen Kinder und Jugendlichen unter 15 Jahren die 40%-Grenze nicht.[79]

Das deutliche Überwiegen adulter Individuen in der Sterbegemeinschaft wird häufig mit katastrophalen Bedingungen in Verbindung gebracht, u. a. in Populationen, die von akuten Infektionskrankheiten, Krieg oder auch in gewisser Weise von Nahrungsknappheit betroffen sind.[80] Der hohe Anteil an verstorbenen Frauen in solchen Altersphasen wird im Allgemeinen in Zusammenhang mit erhöhten Risiken und Belastungen während Schwangerschaft, Geburt und Kindbett gebracht.[81] Im vorliegenden Fall sind die Unterschiede zwischen den Geschlechtern jedoch nur schwach ausgeprägt. Auch die jüngeren Männer von Horb-Altheim, insbesondere die aus den Nischengräbern, waren offenbar in höherem Maße lebensbedrohenden Situationen ausgesetzt. Ein Befund, der mit den Ergebnissen der pathologisch-traumatologischen Auswertung korreliert. Krankhafte Veränderungen, v. a. unspezifische Infektionen, sowie Spuren von Verletzungen treten bei dieser Gruppe vergleichsweise häufig auf.[82] Ihre hohe Sterblichkeitsrate könnte demnach ursächlich in einer Stellung oder Lebensumständen begründet sein, die sie verstärkt interpersoneller Gewalt oder bestimmten Krankheitsrisiken ausgesetzt hat.[83]

---

76 I. Schwidetzky, Sonderbestattungen und ihre paläodemographische Bedeutung. Homo 16, 1965, 230–247. – J. Wahl, Zur Ansprache und Definition von Sonderbestattungen. In: M. Kokabi/J. Wahl (Hrsg.), Beiträge zur Archäozoologie und Prähistorischen Anthropologie. Forsch. u. Ber. Vor- u. Frühgesch. Baden-Württemberg 53 (Stuttgart 1994) 85–106.

77 P. Donat/H. Ullrich, Einwohnerzahlen und Siedlungsgröße der Merowingerzeit. Zeitschr. Arch. 5, 1971, 234–265.

78 J. Wahl/U. Wittwer-Backofen/M. Kunter, Zwischen Masse und Klasse: Alamannen im Blickfeld der Anthropologie. In: Die Alamannen. Ausstellungskat. (Stuttgart 1997) 337–348. – K.-D. Dollhopf, Die verschwundenen Kinder. Arch. Korrbl. 32, 2002, 151–159.

79 Kölbl (Anm. 26).

80 B. J. Margerison/C. J. Knüsel, Paleodemographic comparison of a catastrophic and an attritional death assemblage. Am. Journal Phys. Anthr. 112, 2002, 181–190.

81 Acsádi/Nemeskéri (Anm. 12). – Wahl et al. (Anm. 78). – S. Donié, Soziale Gliederung und Bevölkerungsentwicklung einer frühmittelalterlichen Siedlungsgemeinschaft. Untersuchungen zum Gräberfeld bei Schretzheim. Saarbr. Beitr. Altkde. 66 (Bonn 1999).

82 M. Schultz, Krankhafte Veränderungen an den menschlichen Skeletten aus dem merowingerzeitlichen Reihengräberfeld von Kleinlangheim/Ldkr. Kitzingen. Dissertation (Frankfurt am Main 1978) und J. Sperl, Analyse der Harris-Linien an den Skeletten des alemannischen Reihengräberfeldes von Kirchheim unter Teck. Dissertation (Ulm 1990) dokumentieren höhere Frequenzen von Harris-Linien bei Männern aus gehobenen sozialen Schichten und schreiben dies dem größeren Eltern-Investment in Form besserer Nahrung und Pflege für männliche Nachkommen zu. Es wäre denkbar, dass in der Kindheit kränkliche Jungen durch bessere Pflege überleben konnten, diese im Erwachsenenalter allerdings nicht länger überleben konnten.

Eine niedrigere Lebenserwartung verbunden mit einer höheren Morbidität, die u. a. in den erhöhten Frequenzen von Zahnschmelzhypoplasie und periostotischen Veränderungen zum Vorschein kommt, wurde auch bei den Frauen und Älteren aus den Nischengräbern im Vergleich zu denen aus den einfachen Grabgruben beobachtet. Hinsichtlich der Autochthonie bestimmter Bevölkerungsteile wäre in diesem Zusammenhang ein Phänomen zu diskutieren, das bei heutigen Touristen in fremden Ländern beobachtet wird. Diese haben im Gegensatz zur Lokalbevölkerung häufiger Gesundheitsprobleme, u. a. in Form von Magen-Darmstörungen aufgrund der unterschiedlichen bakteriellen Zusammensetzung des Wassers. Die Männer und Frauen aus den Nischengräbern könnten also von außerhalb nach Horb-Altheim zugewandert und evtl. noch nicht an die dortigen Lebensverhältnisse und Umweltbedingungen angepasst gewesen sein.

Im Gegensatz zur Mehrheit frühmittelalterlicher Gräberfelder sind auf dem Friedhof von Horb-Altheim relativ häufig senile Individuen anzutreffen. Ähnlich hohe Frequenzen wurden in Hemmingen und Lauchheim[84] festgestellt. Zur Erklärung bieten sich zwei Schlussfolgerungen an:

1. Männer und Frauen sind trotz aller Umweltrisiken tatsächlich relativ alt geworden. Es könnten besonders günstige Bedingungen hinsichtlich Ernährung, erblicher Disposition, medizinischer Versorgung o. ä. bestanden haben.

2. Unter Berücksichtigung des geringen Kinderanteils und der erhöhten Sterbewahrscheinlichkeit jüngerer Erwachsener ergäbe sich ein Muster der Altersverteilung, das charakteristisch ist für eine aussterbende Bevölkerung.[85]

Die rechnerisch ermittelte Lebenserwartung bei der Geburt zeigt bei der Population aus Horb-Altheim, den römischen sowie den meisten frühmittelalterlichen Populationen große Übereinstimmungen. Generell hatten römische Frauen und Frauen in der frühen Phase des Frühmittelalters eine fast identische Lebenserwartung – vergleichbar derjenigen der Männer. In den späteren frühmittelalterlichen Serien (6.–8. Jh. n. Chr.) sehen die Verhältnisse jedoch anders aus, die Männer leben tendenziell länger. Das Gesamtbild deutet, wenn zwischen den Geschlechtern keine grundsätzlichen Unterschiede in der Ernährung oder medizinischen Versorgung angenommen werden und die Sterberisiken für die Männer gleich geblieben sind, eher darauf hin, dass sich der soziale Status der Frauen im späteren Frühmittelalter verschlechtert hatte, und daraus u. a. ein größeres Sterberisiko im gebärfähigen Alter resultierte.

Die meisten frühmittelalterlichen Gräberfelder aus Baden-Württemberg weisen einen mehr oder weniger ausgeprägten Männerüberschuss auf. Horb-Altheim hebt sich dagegen durch einen Frauenüberschuss ab. Eine Überzahl an Frauen wurde ebenso in einigen Serien aus dem frühen Frühmittelalter und der Römerzeit beobachtet. Als eine mögliche Ursache für den höheren Anteil erwachsener Männer wurde die patriarchalische Struktur der germanischen Völker aufgeführt, wobei weiblicher Nachwuchs als eher unerwünscht gegolten hätte.[86] Diese Erklärung erweist sich jedoch für die Population aus Horb-Altheim als unpassend, da das Verhältnis der (gestorbenen bzw.) beerdigten Jungen und Mädchen ausgeglichen ist, und bei den Erwachsenenskeletten die Frauen überwiegen. Es zeichnen sich demnach eher günstigere Lebensumstände für Frauen im frühen Frühmittelalter ab, nicht zuletzt auch im Zusammenhang mit deren Stellung innerhalb von Familie und Gesellschaft.

---

83 Unter den Vergleichspopulationen konnte auch bei den 30–39-jährigen Männern aus Pleidelsheim eine erhöhte Sterblichkeit festgestellt werden. Die meisten Männer in dieser Altersklasse wurden der höheren Sozialschicht zugewiesen. Andererseits waren offenbar alle Männer über 50 Jahre eher niederen Stands. Eine Erklärungsmöglichkeit für die große Anzahl adulter Männer auf den Gräberfeldern von Horb-Altheim und Pleidelsheim könnte darin bestehen, dass die älteren Individuen weniger und weniger qualitätvolle Beigaben ins Grab bekamen (in dem Fall von Horb-Altheim keine Grube mit einer Nische), und deshalb archäologisch als sozial niedrig stehend bewertet werden. – Kokkotidis (Anm. 23).

84 Wahl et al. (Anm. 78).

85 L. Sattenspiel/H. Harpending, Stable populations and skeletal age. Am. Antiquity 48, 1983, 489–498.

86 Creel (Anm. 35). – I. Becker, Zur Konstitution der frühgeschichtlichen Bevölkerung von Kirchheim unter Teck. Diplomarbeit (Ulm 1985).

Die Gründe für Schwankungen in der Geschlechterverteilung können von Gräberfeld zu Gräberfeld und in verschiedenen Zeitabschnitten variieren. Dabei sind unterschiedliche Parameter in Betracht zu ziehen, wie etwa spezifische Sterblichkeitsmuster in einzelnen Altersklassen oder die Zuwanderung von der Altersstruktur her heterogener Populationseinheiten, im Falle von Horb-Altheim möglicherweise vorwiegend von Frauen, was zu einem Frauenüberschuss geführt hätte. Besonders deren Überzahl in den Nischengräbern könnte auf Heiratssitten zurückgeführt werden, die mit einer Bevorzugung von Frauen aus einem bestimmten Kulturkreis, einer bestimmten Region oder Bevölkerungsgruppe einhergingen. Ein Frauenüberschuss ergäbe sich ebenso, wenn ein (größerer) Teil der Männer durch Kriegszüge o. ä. außerhalb ihres Wohnortes zu Tode gekommen und nicht auf dem heimischen Gräberfeld bestattet worden wäre.

Pathologie

Die Untersuchung menschlicher Skelette erlaubt u. a. wesentliche Rückschlüsse auf die vorherrschenden Arbeits- und Lebensverhältnisse, die Umweltbedingungen und Ernährungssituation.[87] Als Symptom von Mangelernährung (speziell Eisenmangel) und/oder Parasitenbefall wurde z. B. die Cribra orbitalia angesprochen. Ihre Frequenz liegt in Horb-Altheim im Vergleich zu den anderen Stichproben auf einem deutlich niedrigeren Niveau. Sie erreicht sowohl gegenüber den untersuchten zeitgleichen als auch den jüngeren Serien, z. B. den Populationen aus Neresheim (57,6 %)[88] und Nusplingen (60,2 %),[89] nur etwa halb so hohe Werte und lässt damit auf eine Umwelt mit relativ geringen Stressfaktoren im Sinne von chronischen Erkrankungen und Mangelernährung schließen. Die Verteilung der Knochenfrakturen und Enthesiopathien weist auf unterschiedliche Belastungen und somit eine gewisse Arbeitsteilung zwischen den Geschlechtern sowie den Gruppen aus den Nischengräbern und den einfachen Grabgruben hin. Das häufige Vorkommen von Colles-Frakturen des distalen Radius bei den Männern zeigt, dass sie in deutlich höherem Maße als die Frauen mit unfallträchtigeren, (schweren) Feld- und/oder Bauarbeiten o. ä. beschäftigt waren. Da die Frauen aus Horb-Altheim zudem keine Frakturen der unteren Extremitäten erlitten, können für sie eher leichtere Haus- oder Gartenarbeiten angenommen werden.[90] Die Häufung von Frakturen des Vorderarms, sowie Ober- und Unterschenkelbrüche bei Männern aus den einfachen Grabgruben lässt bei dieser Gruppe eine stärkere körperliche Aktivität und Belastung als bei denjenigen aus den Nischengräbern vermuten.[91] Frakturen des Unterschenkels können durch direkte Gewalteinwirkung (z. B. Hufschlag beim Melken) oder als Folge eines Sturzes aus größerer Höhe entstehen.[92] Zwei Männer aus den Nischengräbern erlitten Frakturen des Humerusschafts, die eher bei kämpferischen Auseinandersetzungen oder Stürzen vom Pferd zu erwarten sind.[93]

Niedrigere durchschnittliche MMS-Werte der unteren Extremitäten bei den Individuen aus den Nischengräbern deuten darauf hin, dass die in den einfachen Grabgruben Bestatteten häufiger anstrengende Tätigkeiten verrichteten, u. a. Tragen schwerer Lasten, Arbeiten auf unebenem Terrain.

---

87 Siehe z. B. Kennedy (Anm. 46). – C. S. Larsen, Bioarchaeology (Cambridge 1997). – L. Capasso/K. A. R. Kennedy/C. A. Wilczak, Atlas of Occupational Markers on Human Remains. Journal Paleopathol., Monograph. Publ. 3 (Teramo 1999).
88 Hahn (Anm. 30).
89 Hengen (Anm. 28).
90 In mehreren Studien, u. a. G. Duby, Krieger und Bauern. Die Entwicklung von Wirtschaft und Gesellschaft im frühen Mittelalter (Frankfurt am Main 1977). – Z. Smetánka, Legenda o Ostojovi (Praha 1992). – Judd/Roberts (Anm. 32) vermuten, dass den Frauen in der Landwirtschaft die körperlich leichteren Arbeiten zufielen.
91 R. Jurmain, Paleoepidemiology of trauma in a prehistoric central California population. In: D. J. Ortner/A. C. Aufderheide (Hrsg.), Human Paleopathology: Current Syntheses and Future Options (Washington, DC 1991) 241–248. – Larsen (Anm. 87). – Judd/Roberts (Anm. 32).
92 N. C. Lovell, Trauma analysis in paleopathology. Ybk Phys. Anthr. 40, 1997, 139–170. – Judd/Roberts (Anm. 32).
93 Judd/Roberts (Anm. 32).

Obwohl diesbezüglich keine signifikanten Unterschiede zwischen beiden Geschlechtern festgestellt wurden, könnten relativ hohe Werte für die obere, vorzugsweise rechte, Extremität der Frauen der wiederholten Anstrengung des Armes z. B. beim Getreidemahlen zugeschrieben werden.[94]

Starke körperliche Belastungen und arbeitsintensive Tätigkeiten führen schon bei jungen Erwachsenen zu degenerativen Veränderungen im Bereich der Wirbelsäule und an den Gelenken. Speziell Lastenheben, -tragen, Arbeiten in gebeugter Haltung und ruckartige Seitwärtsbewegungen wirken sich nachteilig aus.[95] Bei den untersuchten Serien scheinen die Verschleißerscheinungen in ihrer Ausprägung einerseits auf regelmäßig wiederkehrende Bewegungsabläufe hinzudeuten, da sie schon in jungem Erwachsenenalter beobachtet wurden, andererseits kommen sie meistens nur in leichten Ausprägungsgraden vor. Das könnte bedeuten, dass keine übermäßigen Belastungen erfolgten.[96] Bei den Männern aus Horb-Altheim wurden tendenziell häufiger Veränderungen an Ellbogen, Hüften und Füßen beobachtet, bei den Frauen sind eher Handgelenke und Hände betroffen. Spondylotische Erscheinungen können wiederum häufiger bei Männern festgestellt werden. Bezogen auf die einzelnen Abschnitte der Wirbelsäule wird deutlich, dass bei Frauen bevorzugt die Hals- und Lendenwirbel, bei Männern verstärkt Brust- und Lendenwirbel betroffen sind. Weibliche Individuen weisen dagegen vermehrt Schmorlsche Knötchen[97] auf. Entsprechende Symptome zeigen sich bei beiden Geschlechtern am häufigsten im Bereich der Thorakalwirbel. In dieser Verteilung der Gelenk- und Wirbelkörperveränderungen spiegeln sich unterschiedliche körperliche Aktivitäten, die zweifellos im Sinne einer geschlechtsspezifischen Arbeitsteilung zu deuten sind.[98]

Bei den Individuen aus den Nischengräbern wurden im Vergleich zu denen aus einfachen Grabgruben häufiger Verschleißerscheinungen an Schultern, Ellbogen und Hüften diagnostiziert. Bei den Individuen aus den einfachen Gräbern liegt wiederum die Spondylosefrequenz deutlich höher. Randzacken an den Wirbelkörpern treten bei den Individuen aus den Nischengräbern ausschließlich im Bereich der Lendenwirbelsäule auf. Die Individuen aus den einfachen Grabgruben zeigen Schmorlsche Knötchen etwas häufiger als diejenigen aus den Nischengräbern; erstere häufiger an Brust-, letztere verstärkt an Lendenwirbeln. Eine Erklärung dieser abweichenden Verteilung kann ebenfalls in unterschiedlichen Tätigkeiten dieser beiden Gruppen gesucht werden, wobei zum Ausdruck kommt, dass die Bestatteten aus den Nischengräbern durchaus ebenfalls gewissen Belastungen ausgesetzt waren.

In allen im Rahmen der vorliegenden Studie ausgewerteten Skelettserien zeigt das Hüftgelenk am häufigsten Belastungsanzeigen. Frühere Untersuchungen belegen, dass Hüftgelenkarthrosen in hohem Maße bei Ackerbauern auftreten.[99] In der Serie aus Horb-Alheim sind v. a. die Schultergelenke

---

94 P. S. Bridges, Degenerative joint disease in huntergatherers and agriculturalists from the southeastern United States. Am. Journal Phys. Anthr. 85, 1991, 379–391.

95 G. Schmorl/H. Junghanns, Die gesunde und die kranke Wirbelsäule in Röntgenbild und Klinik (^{5}Stuttgart 1968). – Jurmain (Anm. 37). – von Elling (Anm. 45).

96 Die Entstehung und der Ausprägungsgrad degenerativer Veränderungen an der Wirbelsäule und den Extremitätengelenken können durch verschiedene Faktoren, wie Alter, Geschlecht, Ernährung, Körperhaltung, Übergewicht, Kondition, genetische Prädisposition, hormonelle Änderungen, ergonomisch korrekte Ausübung der Arbeiten, Geschwindigkeit/Intensität der Bewegungen, Schmerzschwelle, Zeit zur Erholung/Entspannung beeinflusst werden: Jurmain (Anm. 37). – K. E. Kahl/M. O. Smith, The pattern of spondylosis deformans in prehistoric samples from West-Central New Mexico. Int. Journal Osteoarch. 10, 2000, 432–446. – C. J. Knüsel/S. Göggel/D. Lucy, Comparative degenerative joint disease of the vertebral column in the medieval monastic cemetery of the Gilbertine priory of St. Andrew, Fishergate, York, England. Am. Journal Phys. Anthr. 103, 1997, 481–495.

97 Die Schmorlschen Knötchen gelten als Anzeichen schwerer Arbeit bei Jugendlichen und jungen Erwachsenen. Sie entstehen durch unphysiologische Beugung der Wirbelsäule (besonders beim Heben schwerer Lasten). – Schmorl/Junghanns (Anm. 95). – Capasso et al. (Anm. 87).

98 M. Stloukal/L. Vyhnánek/F. W. Rösing, Spondylosehäufigkeit bei mittelalterlichen Population. Homo 21, 1970, 46–53. – Knüsel et al. (Anm. 96). – Bridges (Anm. 38). – G. Höppler, Epigenetische Variation und Familienstruktur bei den merowingerzeitlichen Alemannen von Kirchheim unter Teck. Magisterarbeit (Ulm 1990) teilt ähnliche Ergebnisse für die Serie aus Kirchheim/Teck mit.

99 u. a. P. Croft/D. Coggon/M. Cruddas/C. Cooper, Osteoarthritis of the hip: an occupational disease in farmers. Br. Med. Journal 304, 1992, 1269–1272.

vergleichsweise häufig betroffen. Ein vermehrtes Vorkommen von Omarthrosen wurden bei Bergleuten, Holzfällern und Schmieden beobachtet.[100]

Anhand der Ausbildung spezifischer Muskelansatzstellen und Abnutzungserscheinungen an bestimmten Gelenken kann auf regelmäßig ausgeübte Bewegungen geschlossen werden. Um die Ursache degenerativer Veränderungen, bzw. konkreter Tätigkeiten eingrenzen zu können, müssen sowohl die archäologischen sowie historischen schriftlichen und bildlichen Quellen mit einbezogen als auch die ökonomischen und ökologischen Gegebenheiten im Umfeld der betreffenden Population oder des konkreten Individuums berücksichtigt werden. Bei den Bestatteten aus Horb-Altheim können, wie bei den meisten frühmittelalterlichen Bevölkerungen, diesbezüglich zwei Tätigkeiten betrachtet werden, Reiten bei Männern und Spinnen bei Frauen.

Einige Männer zeigen eine Kombination skelettaler Anpassungserscheinungen, zu denen eine ausgeprägte Eintiefung der Ansatzstelle des Musculus vastus medialis am Oberschenkel, die superiore Verziehung der Hüftgelenkspfanne und die Poirier-Facette an der anterioren Fläche des Oberschenkelkopfes (auch Reiterfacette genannt) gehören. Dieser Merkmalkomplex wurde u. a. bei berittenen nordamerikanischen Indianern festgestellt.[101] Zusätzlich könnte die erhöhte Frequenz der tibialen Periostose bei den Männern mit dem häufigen Reiben der Schienbeine an den Pferdeflanken zusammenhängen. Die beobachteten Schulterarthrosen könnten z. T. auch durch ruckartige Bewegungen beim Zügeln des Pferdes bedingt sein. Die Annahme, dass es sich bei diesen um Reiter handeln könnte, wird zusätzlich durch die Entdeckung einiger Pferdebestattungen auf den Gräberfeldern von Horb-Altheim und Pleidelsheim gestützt.[102] Auch römische Schriften bezeugen, dass Reiter aus den germanischen Gebieten als Verbündete an Seiten der Römer oder gegen sie gekämpft haben.[103]

Bei einer Anzahl von Frauen aus Horb-Altheim sind Verschleißerscheinungen der Handgelenke und der Halswirbelsäule mit spezifischen Veränderungen an bestimmten Muskelansatzstellen des Oberschenkels zu beobachten. Die Abbildung einer Frau aus der ‚Velislav-Bibel' zeigt die geneigte Kopfhaltung, die Handarbeit sowie die stützende Haltung der Beine beim Spinnen (Abb. 19). Diese würden den an den Skeletten gefundenen Veränderungen entsprechen.

Die insgesamt relativ hohe Frequenz von Zahnschmelzhypoplasien in Horb-Altheim verweist auf häufige Stresseinwirkungen während der Entwicklung bzw. in der Kindheit.[104] Die hypoplastischen Episoden sind allerdings nur schwach ausgebildet, was auf eher kurzfristige und leichte Störungen schließen lässt.[105] Als anfälligste Altersphasen können die zweite Hälfte des dritten und die erste Hälfte des fünften Lebensjahres angesprochen werden. Diese beiden Höhepunkte zeichnen sich in der Verteilung bei allen untersuchten (Teil-)Serien ab.[106] Es wird vermutet, dass das erste Maximum mit dem Zeitraum der Entwöhnung zusammenhängt und das zweite mit dem Alter einher geht, in

---

100 S. Mays, The Archaeology of Human Bones (London 1998). – Capasso et al. (Anm. 87).
101 K. J. Reinhard/L. Tieszen/K. L. Sandness/L. M. Beiningen/E. Miller/A. M. Ghazi/C. E. Miewald/S. V. Barnum, Trade, contact, and female health in northeast Nebraska. In: C. S. Larsen/G. R. Milner (Hrsg.), In the wake of contact: biological responses to conquest (New York 1994) 63–74.
102 Konkret handelt es sich in Horb-Altheim um das Grab 69, der zu dem Männergrab 52 gehört, und in Pleidelsheim sind es die Männerbestattungen 39 und 91, denen ein Pferdegrab zugeordnet wurde (s. auch Z. Obertová, The osteological evidence of Alamannic horse-riders and warriors during the Migration Period. Abstracts of the 16th European Meeting of the Paleopathology Association, Santorini, Greece [Athens 2006] 99).
103 H. W. Hammerbacher, Die hohe Zeit der Sueben und Alamannen (Offenbach am Main 1974). – F. Stein, Alamannische Siedlung und Kultur (Sigmaringen 1991). – J. B. Rives, Tacitus Germania (Oxford 1999).
104 Goodman/Rose (Anm. 49). – Larsen (Anm. 87).
105 Goodman/Rose (Anm. 49).
106 Ähnliche Verteilungen der hypoplastischen Defekte nach dem Entstehungsalter wurden u. a. in der römischen Serie aus Vallerano – A. Cucina/R. Vargiu/D. Mancinelli/R. Ricci/E. Santandrea/P. Catalano/A. Coppa, The Necropolis of Vallerano (Rome, 2nd–3rd Century AD): An Anthropological Perspective on the Ancient Romans in the Suburbium. Internat. Journal Osteoarch. 16, 2006, 104–117; in der mittelalterlichen Bevölkerung aus Jämtland (Schweden) – Swärdstedt (Anm. 50); und in der slawischen Population aus Mikulčice – P. Trefný/P. Velemínský, Hypoplastické defekty skloviny u Slovanů z pohřebiste Mikulčice-Kostelisko. Bull. Slov. antropol. Spoloč. 4, 2001, 209–211, gefunden.

Abb. 19   Frau beim Spinnen (Darstellung aus der ‚Velislav-Bibel').

dem die Kinder mobiler werden und die Wachstumsansprüche höher sind.[107] Die größere Mobilität birgt höhere Unfallrisiken und bringt vermehrte zwischenmenschliche Kontakte mit sich, die zu erhöhtem Infektions- bzw. Erkrankungsrisiko führen können.

Aus dem Verteilungsbild der Zahnerkrankungen kann für die Population aus Horb-Altheim gefolgert werden, dass beide Geschlechter – sowohl aus den einfachen Grabgruben wie auch den Nischengräbern – vergleichbare Nahrung zu sich genommen haben. Das häufige Vorkommen von Zahnstein und Karies weist auf eine gemischte Kost mit überwiegendem Eiweißanteil (u. a. Fleisch und Milchprodukte) sowie Kohlenhydraten (u. a. Getreide und möglicherweise Honig als Süßstoff) hin.[108] Der erhöhte Zahnsteinbefall kann auch auf einen hohen Obstkonsum hindeuten.[109] Die Ernährungssituation kann demnach allgemein als ausgewogen und ausreichend eingestuft werden.[110] Bezüglich der leicht höheren Karies- und Parodontosefrequenz bei den Frauen könnte deren spezielle Hormonsituation mit einer temporären Veränderung der Mundflora während der Schwan-

---

107 R. S. CORRUCCINI/J. S. HANDLER/K. P. JACOBI, Chronological distribution of enamel hypoplasias and weaning in a Caribbean slave population. Hum. Biol. 57, 1985, 699–711. – M. MEČÍŘ, Pečujeme o nemocné dítě (Praha 1988). – P. B. EVELETH/J. M. TANNER, Worldwide Variation in Human Growth (Cambridge 1990). – K. DITTMAN/G. GRUPE, Biochemical and palaeopathological investigations on weaning and infant mortality in the early Middle Ages. Anthr. Anz. 58, 2000, 345–355.

108 DUBY (Anm. 90).

109 MARTIN/SALLER (Anm. 16).

110 J. LITTLETON/B. FRÖHLICH, Fish-eaters and farmers: dental pathology in the Arabian Gulf. Am. Journal Phys. Anthr. 92, 1993, 427–447, berichten, dass hohe Karies- und Zahnsteinfrequenzen sowie häufiges Vorkommen periapikaler Prozesse und intravitaler Zahnverluste für landwirtschaftliche Populationen typisch sind.

gerschaft und Stillzeit im Hintergrund stehen.[111] Häufiger intravitaler Zahnverlust bei den Männern aus Horb-Altheim könnte durch geschlechtsspezifische Unterschiede in der Beanspruchung des Zahnapparates oder unterschiedlicher Schmerzempfindung erklärt werden. Da extensive, meist zur Pulpeneröffnung führende Kariesläsionen, gefolgt von periapikalen Änderungen sehr schmerzhaft sein können, wäre es möglich, dass Männer sich früher zur Extraktion befallener Zähne entschlossen haben.

Im Vergleich zu anderen Serien zeigt sich für die Individuen aus Horb-Altheim eine relativ hohe Krankheitsbelastung im Bereich der Mundhöhle. Unter anderem könnte ein vergleichsweise höherer Lebensstandard dazu geführt haben, dass vermehrt eiweißreiche Nahrung verzehrt wurde. Als Erklärung kämen ebenso fehlende oder ungenügende Zahnpflegegewohnheiten in Frage.

Typologische Ähnlichkeit/Verwandtschaft

Anhand ausgewählter Körpermaße und seltener epigenetischer Merkmale wurden inter- und intraserielle Vergleiche vorgenommen, um die Gemeinsamkeiten und Unterschiede zwischen Horb-Altheim und den anderen Skelettserien sowie innerhalb der Lokalpopulation von Horb-Altheim im zeitlichen und regionalen Rahmen festzuhalten. Dabei erweist sich diese zusammen mit den anderen Stichproben aus der Zeitperiode zwischen 400–550 n. Chr. gegenüber den römischen und späteren frühmittelalterlichen Bevölkerungen als diejenige mit der durchschnittlich größten Körperhöhe.

Die Männer und Frauen aus den Nischengräbern von Horb-Altheim waren signifikant größer als die aus den einfachen Grabgruben, was als Hinweis darauf gewertet werden könnte, dass sie eine höhere Sozialschicht repräsentieren. In verschiedenen Untersuchungen konnte eine Korrelation zwischen Körperhöhe und sozialem Status aufgezeigt werden.[112] Sie beruht auf der Annahme, dass die größere Körperhöhe zumindest teilweise auf eine bessere Ernährungssituation und einen allgemein besseren Gesundheitszustand zurückzuführen ist.[113] Bei der Gegenüberstellung der Häufigkeiten pathologischer Veränderungen zeigen sich jedoch fast keine signifikanten Unterschiede zwischen den Individuen aus den Nischengräbern und denen aus den einfachen Grabgruben. Daraus lässt sich schließen, dass die relativ große Körperhöhe der Bestatteten aus den Nischengräbern eher genetisch bedingt ist und auf verwandtschaftlichen Beziehungen innerhalb dieser Gruppe basiert.[114]

Die Männer aus Horb-Altheim waren allgemein groß gewachsen. Zudem weisen sie mehrere Häufungen seltener odontologischer Merkmale auf. Sie dürften somit eine homogenere Gruppe als die Frauen darstellen. Die deutlichsten Frequenzunterschiede bei den Zahnmerkmalen finden sich jedoch zwischen den Gruppen aus den einfachen Grabgruben und den Nischengräbern, wobei besonders die Frauen aus den Nischengräbern untereinander sehr ähnlich, im Vergleich zu den übri-

---

111 K. H. R. Ott, Epidemiologie der Karies und der Parodontopathien (Berlin 1997) konstatiert, dass nicht die Menge an Kohlenhydraten, sondern die Zahl der Mahlzeiten am Tag zur erhöhten Karieshäufigkeit führt. Diese Annahme könnte z. T. den höheren Anteil der Frauen mit kariösen Zähnen erklären, die möglicherweise beim Zubereiten des Essens häufiger gekostet haben. Außer Hauses arbeitende Männer haben dagegen wohl eher seltener Mahlzeiten zu sich genommen. Der stärkere Kariesbefall weiblicher Gebisse erinnert an die Redewendung „Ein Kind = ein Zahn".

112 Creel (Anm. 35). – W. A. Haviland, Stature at Tikal, Guatemala: implications for ancient Maya demography and social organization. Am. Antiquity 32, 1967, 316–325. – M. N. Cohen, Health and the rise of civilization (New Haven 1989).

113 Trotz des hohen Erbanteils von ca. 90% wird die Körperhöhe des Menschen durch eine Reihe äußerer Faktoren mitbestimmt. Wesentliche Einflüsse üben in diesem Zusammenhang die Ernährung (v. a. tierisches Eiweiß), Krankheits- und Arbeitsbelastung in jungen Jahren aus: Eveleth/Tanner (Anm. 107).

114 Unter Umständen könnte auch der verhältnismäßig hohe Eiweißkonsum, der sich in der Verteilung der Zahnerkrankungen widerspiegelt, einen wachstumsfördernden Einfluss gehabt haben. Dieser müsste sich allerdings eher gleichmäßig bei beiden Gruppen zeigen, da keine signifikanten Unterschiede bezüglich der Ernährung festgestellt wurden.

gen Frauen allerdings unterschiedlich sind. Als Erklärungsmöglichkeit für diesen Befund bieten sich das Partnerwahlverhalten bzw. die Auswirkungen der selektiven Rolle der Homogamie an, wonach sich die groß gewachsenen Männer (relativ) große Frauen aus einer bestimmten Region oder einem bestimmten Kulturkreis ausgesucht hätten.[115] Die vorgefundene Merkmalsverteilung könnte also auf Exogamie und Patrilokalität zurückzuführen sein.[116]

Im regionalen Vergleich der Schädelmaße ließ sich eine Tendenz von überwiegend mesokranen Gruppen in der Römerzeit zu dolichokranen im frühen Frühmittelalter feststellen, gefolgt von durchschnittlich eher dolichokranen Männern und mesokranen Frauen im späteren Frühmittelalter (6.–8. Jh. n. Chr.). Im überregionalen Vergleich wurden brachykrane Bevölkerungen der ungarischen Sarmatenzeit, dolicho- bis mesokrane Männer und Frauen in der Römerzeit und überwiegend mesokrane frühmittelalterliche Skelettserien beobachtet. Bei den Individuen aus Horb-Altheim sind gleichermaßen Meso- und Dolichokranie vertreten, allerdings kein einziger brachykraner Schädel. Die Frauen gehören eher in den mesokranen, die männlichen zur Hälfte in den meso- und dolichokranen Bereich. Die Individuen aus den Nischengräbern bilden eher eine mesokrane Gruppe, diejenigen aus den einfachen Grabgruben repräsentieren eher den dolichokranen Typenpol. Dabei scheint eine ovoide Schädelform für die Gruppe aus den Nischengräbern typisch zu sein.

Angesichts der Körperhöhenverhältnisse und Häufungen anatomischer Skelettvarianten wurde bereits erwogen, dass die relativ hochwüchsigen Frauen aus den Nischengräbern als eine relativ einheitliche, wahrscheinlich nach Horb-Altheim zugewanderte Gruppe angesehen werden könnten. Einen weiteren Hinweis auf eine möglicherweise ortsfremde Herkunft dieser Frauen lieferte die Strontium-Isotopen-Analyse, bei der eine ältere Frau aus einem Nischengrab Werte aufwies, die auf ihre Zuwanderung aus einem granitischen Gebiet auf den Kalksteinboden von Horb-Altheim hindeuten.[117] Die Individuen aus den einfachen Grabgruben zeigten im Allgemeinen eine große Ähnlichkeit zu den zeitgleichen Populationen aus nahe gelegenen Gräberfeldern auf, was auf ihren lokalen Ursprung hinweist.

Alles in allem zeigt sich in der frühmerowingerzeitlichen Serie von Horb-Altheim eine große Formenvielfalt. Sie lässt den Schluss zu, dass dort keine homogene Bevölkerung lebte. Da das Gräberfeld in die europäische Völkerwanderungszeit datiert wird, sollte eine Durchmischung von verschiedenen genetischen Populationen zu erwarten sein.[118] Auch im Vergleich mit zeitgleichen Bevölkerungsgruppen kommen u. a. recht variable Frequenzen epigenetisch-odontologischer Merkmale zum Vorschein. Von besonderer Bedeutung sind in diesem Zusammenhang die festgestellten Unterschiede zwischen Horb-Altheim und Hemmingen, da es sich bei beiden Serien um kontemporäre Populationen mit ähnlicher Bevölkerungsgröße und dem Vorkommen von Nischengräbern handelt. Das deutet erwartungsgemäß darauf hin, dass im Südwesten im Frühmittelalter gleichzeitig verschiedene Populationen mit unterschiedlichem genetischem Hintergrund siedelten und die bestehenden Heiratskreise nicht nur Herkunftsschranken überwunden, sondern auch gewisse räumliche Distanzen eingeschlossen haben.[119]

---

115 Zu vergleichbaren Ergebnissen kam auch BECKER (Anm. 86).
116 F. W. RÖSING/I. SCHWIDETZKY, Sozialanthropologische Diferenzierungen bei mittelalterlichen Bevölkerungen. Acta Mus. Nat. Pragae XLIII, 1987, 77–102. – K. W. ALT/M. MUNZ/W. VACH, Hallstattzeitliche Grabhügel im Spiegel ihrer biologischen und sozialen Strukturen am Beispiel des Hügelgräberfeldes von Dattingen, Kr. Breisgau-Hochschwarzwald. Germania 73, 1995, 281–316.
117 Siehe auch Kap. Ergebnisse.
118 Hier bieten sich die üblichen Methoden an wie anatomische Varianten (d. h. epigenetische Merkmale), Körperformen und -proportionen (d. h. Maße und Indices) oder letztlich DNA-Analysen. – R. STRAUB, Zur Kontinuität der voralamannischen Bevölkerung. Bad. Fundber. 20, 1956, 127–137. – KOCH (Anm. 4).
119 Im Gegensatz zur vorliegenden Studie vermuten K. W. ALT/B. RIEMENSPERGER/W. VACH/G. KREKELER, Zahnwurzellänge und Zahnhalsdurchmesser als Indikatoren zur Geschlechtsbestimmung an menschlichen Zähnen. Anthr. Anz. 56, 1998, 131–144, auf der Basis von Untersuchungen metrischer und epigenetischer Zahnmerkmale in den Serien aus Pleidelsheim und Eichstetten zwischen den frühmittelalterlichen Serien aus Südwestdeutschland eher eine genetische Proximität.

Zusammenfassung

Die vorliegende Studie beschäftigt sich mit der frühmerowingerzeitlichen Skelettserie von Horb-Altheim, der Rekonstruktion der zugehörigen alamannischen Bevölkerung, ihrer Lebensweise und ihrer kulturellen und genetischen Beziehungen zu zeitlich und regional benachbarten Gruppen. Der Friedhof von Horb-Altheim wird in die europäische Völkerwanderungszeit datiert. Die damaligen Verhältnisse lassen sich in dem untersuchten Material festhalten, sei es in Form von Verletzungshäufigkeiten, der Verteilung von Verschleißerscheinungen an den Gelenken sowie der Ausprägung der Muskelansatzstellen, im demographischen Muster, oder in der heterogenen genetischen Zusammensetzung der Bestatteten. Die vorgefundenen Verteilungen von Frakturen, degenerativen Veränderungen und Anpassungserscheinungen fügt sich gut in das Bild frühmittelalterlicher Ackerbaugesellschaften ein. Generell waren die Männer stärkeren Belastungen durch schwere Arbeiten und daher auch häufiger unfallträchtigeren Situationen ausgesetzt als die Frauen. Wie Anzeichen interpersoneller Gewalt belegen, hinterließen die ‚unruhigen' Zeiten der Völkerwanderung ihre Spuren auch in der dortigen Bevölkerung.

Die überdurchschnittlich große Körperhöhe zusammen mit der Häufung ovoider, niedriger und dolichokraner Schädel sowie seltener odontologischer Merkmale bei den Individuen aus den Nischengräbern lassen vermuten, dass es sich bei diesen um eine untereinander enger verwandte und bezüglich der Frauen wahrscheinlich nach Horb-Altheim zugewanderte Gruppe handelt. Anhand der Untersuchungsergebnisse sind die verschiedenartigen Bestattungsformen in den Nischengräbern und einfachen Grabgruben eher auf kulturell abweichende (Herkunfts-) Traditionen als auf eine unterschiedliche soziale Stellung zurückzuführen.

In Relation zu der großen Zahl umfangreicherer und jünger datierter, frühmittelalterlicher Populationsstichproben stellt eine Individuenzahl von 75 Individuen eine schwächere Vergleichsbasis dar. Inwieweit sie für die Bevölkerung aus der zweiten Hälfte des 5. bis zum Beginn des 6. Jahrhunderts von Horb-Altheim repräsentativ ist, müssen weitere Forschungen ergeben. Zusammen mit den Teilserien aus Hemmingen und Pleidelsheim liefern sie jedoch erste interessante Einblicke in die Zeitspanne zwischen der römischen Kaiserzeit und den späteren Phasen des frühen Mittelalters.

Danksagung

Wir danken Herrn Dr. G. Wieland, RP Karlsruhe, Ref. 25 Denkmalpflege, für weiterführende Informationen zur Grabung, zum Befund sowie für die Bereitstellung von Grabungsunterlagen. Die archäologische Bearbeitung des Gräberfelds von Horb-Altheim erfolgt im Rahmen einer Dissertation durch Frau Denise Beilharz M. A. an der Philipps-Universität Marburg. Die archäologischen Details zum Grabbau wurden dankenswerterweise von ihr zur Verfügung gestellt und repräsentieren den Stand der Bearbeitung im Jahr 2004.

Schlagwortverzeichnis

Horb-Altheim; menschliche Skelettreste; Alamannen; Südwestdeutschland; Migration; Populationsvergleich.

Anschrift der Verfasser

Dr. Zuzana Obertová
Institut für Ur- und Frühgeschichte
Naturwissenschaftliche Archäologie
Paläoanthropologie
Rümelinstraße 23
72074 Tübingen

E-Mail: zuzanaobertova@yahoo.com

Priv.-Doz. Dr. Joachim Wahl
Regierungspräsidium Stuttgart
Landesamt für Denkmalpflege
Arbeitsstelle Konstanz, Osteologie
Stromeyersdorfstraße 3
78467 Konstanz

E-Mail: Joachim.Wahl@rps.bwl.de

Gräberfeld (Land)[a]	Datierung	Referenzen
Andresy (F)	400–600	W. Bernhard, Die Ethnogenese der Germanen aus der Sicht der Anthropologie. In: W. Bernhard/A. Kandler-Pálsson (Hrsg.), Ethnogenese europäischer Völker (Stuttgart 1986) 257–284.
Basel-Bernerring (S)	540–580	M. Martin, Das fränkische Gräberfeld von Basel-Bernerring (Basel 1976).
Bischoffingen (B-W)	7. Jh.	E. Burger-Heinrich, Die menschlichen Skelettreste aus dem Gräberfeld von Munzingen, Stadt Freiburg. In: A M. Groove, Das alamannische Gräberfeld von Munzingen/Stadt Freiburg. Materialh. Arch. Baden-Württemberg 54 (Stuttgart 2001) 347–418.
Bogád (U)	3.–4. Jh.	S. Wenger, Data to the anthropology of a Late Roman Period population in the SE Transdanubia. Ann. Hist.-Nat. Mus. Nat. Hung. 60, 1968, 313–342.
Bonaduz (S)	300–700	W. Bernhard, Die Ethnogenese der Germanen aus der Sicht der Anthropologie. In: W. Bernhard/A. Kandler-Pálsson (Hrsg.), Ethnogenese europäischer Völker (Stuttgart 1986) 257–284.
Bopfingen (B-W)	6.–7. Jh.	U. G. Elsässer, Vergleichende Untersuchungen zur Paläostomatologie der Merowingerzeit im Bereich der Ostalb (Diss. Univ. Tübingen 2002).
Brigetio (U)	3.–4. Jh.	S. Wenger, Data to the anthropology of a Late Roman Period population in the SE Transdanubia. Ann. Hist.-Nat. Mus. Nat. Hung. 60, 1968, 313–342.
(S-Burgunder)	400–600	W. Bernhard, Die Ethnogenese der Germanen aus der Sicht der Anthropologie. In: W. Bernhard/A. Kandler-Pálsson (Hrsg.), Ethnogenese europäischer Völker (Stuttgart 1986) 257–284.
Csákvár (U)	4.–5. Jh.	S. Wenger, Data to the anthropology of a Late Roman Period population in the SE Transdanubia. Ann. Hist.-Nat. Mus. Nat. Hung. 60, 1968, 313–342.
Dillingen (B)	500–750	P. Caselitz, Ernährungsmöglichkeiten und Ernährungsgewohnheiten prähistorischer Bevölkerungen. BAR Internat. Ser. 314 (Oxford 1986).
Dirlewang (B)	575–700	R. Christlein, Das alamannische Gräberfeld von Dirlewang bei Mindelheim. Materialh. Bayer. Vorgesch. 25 (Kallmünz/Opf. 1971).
Donzdorf (B-W)	6. Jh.	B. U. Abels/H. Gaebele/P. Schröter, Die menschlichen Skelettreste aus dem Reihengräberfriedhof von Donzdorf, Kr. Göppingen. In: E. M. Neuffer, Der Reihengräberfriedhof von Donzdorf (Kreis Göppingen). Forsch. u. Ber. Vor- u. Frühgesch. Baden-Württemberg 2 (Stuttgart 1972) 109–118. – S. F. Auernhammer, Zahnerhaltung und Lebenserwartung alamannischer Populationsstichproben aus der Merowingerzeit in Baden-Württemberg (Diss. Univ. Tübingen 1978).
Eichstetten (B-W)	6.–7. Jh.	B. Hollack/M. Kunter, Die menschlichen Skelettreste aus dem frühmittelalterlichem Gräberfeld von Eichstetten am Kaiserstuhl. In: B. Sasse, Ein frühmittelalterliches Reihengräberfeld bei Eichstetten am Kaiserstuhl. Forsch. u. Ber. Vor- u. Frühgesch. Baden-Württemberg 75 (Stuttgart 2001) 441–474.
Epfach (B)	450–700	W. Bernhard, Die Ethnogenese der Germanen aus der Sicht der Anthropologie. In: W. Bernhard/A. Kandler-Pálsson (Hrsg.), Ethnogenese europäischer Völker (Stuttgart 1986) 257–284. – P. Caselitz, Ernährungsmöglichkeiten und Ernährungsgewohnheiten prähistorischer Bevölkerungen. BAR Internat. Ser. 314 (Oxford 1986).
Fridingen (B-W)	500–750	K. G. Kokkotidis, Belegungsablauf und Bevölkerungsstruktur auf dem alamannischen Gräberfeld von Fridingen an der Donau, Kreis Tuttlingen. Fundber. Baden-Württemberg 20 (Stuttgart 1995) 737–801.

Tabelle 14. Fortsetzung nächste Seite.

Gräberfeld (Land)[a]	Datierung	Referenzen
(U-Gepiden)	400–600	W. BERNHARD, Die Ethnogenese der Germanen aus der Sicht der Anthropologie. In: W. BERNHARD/A. KANDLER-PÁLSSON (Hrsg.), Ethnogenese europäischer Völker (Stuttgart 1986) 257–284.
Groß-Gerau (H)	1. Jh.	J. WAHL, Leichenbranduntersuchungen. Ein Überblick über die Bearbeitungs- und Aussagemöglichkeiten von Brandgräbern. Prähist. Zeitschr. 57, 1982, 1–125.
Hács-Béndekpuszta (U)	5. Jh.	P. LIPTÁK, Germanische Skelettreste von Hács-Béndekpuszta aus dem 5. Jh. Acta Arch. Hung. 13, 1961, 231–246.
Hailfingen (B-W)	5.–8. Jh.	H. J. SCHLUNK, Die Knochenfunde aus dem alemannischen Friedhof Hailfingen, O. A. Rottenburg (Diss. Univ. Tübingen 1934).
Heidenheim-Großkuchen (B-W)	450–525	A. CZARNETZKI, Vorläufiger anthropologischer Bericht über die Skelettreste aus dem merowingerzeitlichen Gräberfeld von Heidenheim-Großkuchen „Gassenäcker". In: A. HEEGE, Grabfunde der Merowingerzeit aus Heidenheim-Großkuchen. Materialh. Vor- u. Frühgesch. Baden-Württemberg 9 (Stuttgart 1987) 193–208.
Hódmezővásárhely-Fehértópart (U)	1.–2. Jh.	L. BARTUCZ, Anthropologische Beiträge zur I. und II. Periode der Sarmatenzeit in Ungarn. Acta Arch. Hung. 13, 1961, 179–221.
Holzgerlingen (B-W)	500–650	P. DONAT/H. ULLRICH, Einwohnerzahlen und Siedlungsgröße der Merowingerzeit. Zeitschr. Arch. 5, 1971, 234–265.
Intercisa (U)	4. Jh.	S. WENGER, Data to the anthropology of a Late Roman Period population in the SE Transdanubia. Ann. Hist.-Nat. Mus. Nat. Hung. 60, 1968, 313–342.
Keszthely-Fenékpuszta (U)	5. Jh.	I. PAP, Data to the problem of artificial cranial deformation, Part 1. Ann. Hist.-Nat. Mus. Nat. Hung. 75, 1983, 339–350. – I. PAP, Data to the problem of artificial cranial deformation, Part 2. Ann. Hist.-Nat. Mus. Nat. Hung. 76, 1984, 335–350.
Kirchheim/Ries (B-W)	7. Jh.	R. HAHN, Die menschlichen Skelettreste aus den Gräberfeldern von Neresheim und Kösingen, Ostalbkreis. In: M. KNAUT, Die alamannischen Gräberfelder von Neresheim und Kösingen. Forsch. u. Ber. Vor- u. Frühgesch. Baden-Württemberg 48 (Stuttgart 1993) 357–428. – E. WITTEMBERG, Zur Frage des Einflusses unterschiedlicher Biotope auf die Paläostomatologie der Merowingerzeit (Diss. Univ. Tübingen 1999).
Kirchheim/Teck (B-W)	450–700	I. BECKER, Zur Konstitution der frühgeschichtlichen Bevölkerung von Kirchheim unter Teck (Diplomarbeit Univ. Ulm 1985). – W. M. GRUNDGEIR, Soziale und geographische Differenzierungsmuster von Ernährung und Lebensweise in prähistorischen Zeiten, untersucht am Beispiel der extrem hohen Kariesfrequenz der Alamannen von Kirchheim/Teck (Univ. Ulm 1987). – G. HÖPPLER, Epigenetische Variation und Familienstruktur bei den merowingerzeitlichen Alemannen von Kirchheim unter Teck (Magisterarbeit Univ. Ulm 1990).
Kösingen (B-W)	525–700	R. HAHN, Die menschlichen Skelettreste aus den Gräberfeldern von Neresheim und Kösingen, Ostalbkreis. In: M. KNAUT, Die alamannischen Gräberfelder von Neresheim und Kösingen. Forsch. u. Ber. Vor- u. Frühgesch. Baden-Württemberg 48 (Stuttgart 1993) 357–428.
Langobarden (U)	500–800	W. BERNHARD, Die Ethnogenese der Germanen aus der Sicht der Anthropologie. In: W. BERNHARD/A. KANDLER-PÁLSSON (Hrsg.), Ethnogenese europäischer Völker (Stuttgart 1986) 257–284.
Transdanubia (U)	4. Jh.	S. WENGER, Data to the anthropology of a Late Roman Period population in the SE Transdanubia. Ann. Hist.-Nat. Mus. Nat. Hung. 60, 1968, 313–342.
Mengen (B-W) (Gem. Schallstadt)	500–700	W. BERNHARD, Die Ethnogenese der Germanen aus der Sicht der Anthropologie. In: W. BERNHARD/A. KANDLER-PÁLSSON (Hrsg.), Ethnogenese europäischer Völker (Stuttgart 1986) 257–284.
Munzingen (B-W)	7. Jh.	E. BURGER-HEINRICH, Die menschlichen Skelettreste aus dem Gräberfeld von Munzingen, Stadt Freiburg. In: A. M. GROOVE, Das alamannische Gräberfeld von Munzingen/Stadt Freiburg. Materialh. Arch. Baden-Württemberg 54 (Stuttgart 2001) 347–418.

Gräberfeld (Land)[a]	Datierung	Referenzen
Neresheim (B-W)	450–700	R. Hahn, Die menschlichen Skelettreste aus den Gräberfeldern von Neresheim und Kösingen, Ostalbkreis. In: M. Knaut, Die alamannischen Gräberfelder von Neresheim und Kösingen. Forsch. u. Ber. Vor- u. Frühgesch. Baden-Württemberg 48 (Stuttgart 1993) 357–428. – U. G. Elsässer, Vergleichende Untersuchungen zur Paläostomatologie der Merowingerzeit im Bereich der Ostalb (Diss. Univ. Tübingen 2002).
Nusplingen (B-W)	5.–8. Jh.	J. Eble, Die Reihengräberskelette von Nusplingen (Diss. Univ. Tübingen 1955). – E. Wittemberg, Zur Frage des Einflusses unterschiedlicher Biotope auf die Paläostomatologie der Merowingerzeit (Diss. Univ. Tübingen 1999).
Oberndorf-Beffendorf (B-W)	575–675	R. Wörner, Das alamannische Ortsgräberfeld von Oberndorf-Beffendorf, Kreis Rottweil. Materialh. Arch. Baden-Württemberg 44 (Stuttgart 1999).
Schankweiler (R-P)	10–70	J. Wahl, Die Leichenbrände des römischen Gräberfeldes von Schankweiler, Kreis Bitburg-Prüm. Trierer Zeitschr. 51, 1988, 367–422.
Schelklingen (B-W)	7. Jh.	E. Burger-Heinrich, Die menschlichen Skelettreste aus dem Gräberfeld von Munzingen, Stadt Freiburg. In: A M. Groove, Das alamannische Gräberfeld von Munzingen/Stadt Freiburg. Materialh. Arch. Baden-Württemberg 54 (Stuttgart 2001) 347–418.
Schretzheim (B)	550–750	H. W. Hitzeroth, Morphogenetische Untersuchung der Schretzheimer Reihengräber. Anthr. Anz. 29, 1965, 96–107. – U. Koch, Das Reihengräberfeld bei Schretzheim. Germ. Denkmäler Völkerwanderungszeit A 13 (Berlin 1977). – U. Maurer, Die Stomatologie der merowingerzeitlichen Bevölkerung von Schretzheim/Donau (Diss. Univ. Tübingen 2000).
Sontheim/Brenz (B-W)	575–700	N. Creel, Die Skelettreste aus dem Reihengräberfriedhof Sontheim an der Brenz. In: C. Neuffer-Müller, Ein Reihengräberfriedhof in Sontheim an der Brenz (Kreis Heidenheim). Veröff. Staatl. Amt Denkmalpfl. A 11 (Stuttgart 1966) 73–103. – S. F. Auernhammer, Zahnerhaltung und Lebenserwartung alamannischer Populationsstichproben aus der Merowingerzeit in Baden-Württemberg (Diss. Univ. Tübingen 1978).
Stetten/Donau (B-W)	7. Jh.	P. Konieczka/M. Kunter, Die menschlichen Skelettreste aus dem alamannischen Gräberfeld von Stetten an der Donau (Kreis Tuttlingen). In: M. Weiss, Ein Gräberfeld der späten Merowingerzeit bei Stetten an der Donau. Materialh. Arch. Baden-Württemberg 40 (Stuttgart 1999) 238–327.
Stettfeld (B-W)	2.–3. Jh.	J. Wahl/M. Kokabi, Das römische Gräberfeld von Stettfeld I. Osteologische Untersuchung der Knochenreste aus dem Gräberfeld. Forsch. u. Ber. Vor- u. Frühgesch. Baden-Württemberg 29 (Stuttgart 1988).
Szentes-Kistöke (U)	1.–2. Jh.	L. Bartucz, Anthropologische Beiträge zur I. und II. Periode der Sarmatenzeit in Ungarn. Acta Arch. Hung. 13, 1961, 179–221+.
Vörösmart (U)	4. Jh.	S. Wenger, Data to the anthropology of a Late Roman Period population in the SE Transdanubia. Ann. Hist.-Nat. Mus. Nat. Hung. 60, 1968, 313–342.
Weingarten (B-W)	500–700	N. M. Huber, Anthropologische Untersuchungen an den Skeletten aus dem alamannischen Reihengräberfeld von Weingarten, Kr. Ravensburg (Diss. Univ. Tübingen 1967).
Tschechoslowakei	400–600	W. Bernhard, Die Ethnogenese der Germanen aus der Sicht der Anthropologie. In: W. Bernhard/A. Kandler-Pálsson (Hrsg.), Ethnogenese europäischer Völker (Stuttgart 1986) 257–284.
(Thüringen)	450–600	W. Bernhard, Die Ethnogenese der Germanen aus der Sicht der Anthropologie. In: W. Bernhard/A. Kandler-Pálsson (Hrsg.), Ethnogenese europäischer Völker (Stuttgart 1986) 257–284.

Tabelle 14   Liste der zum Vergleich herangezogenen Gräberfelder/Serien. – a: B: Bayern; B-W: Baden-Württemberg; F: Frankreich; H: Hessen; R-P: Rheinland-Pfalz; S: Schweiz; U: Ungarn.

Zum frühmerowingerzeitlichen Begräbnisplatz bei Stetten auf den Fildern, Lkr. Esslingen

Helga Schach-Dörges

Fundplatz und Bestattungsform

Von 1995 bis 2004, also zehn Jahre lang, wurden am nordöstlichen Ortsrand von Stetten auf den Fildern, Stadt Leinfelden-Echterdingen (Abb. 1), in Flur ‚Zeiläcker' archäologische Ausgrabungen durchgeführt (Abb. 2). 2005 fanden erstmals keine Untersuchungen statt. Da vorläufig keine weiteren Sondagen geplant sind, soll nunmehr wenigstens ein Teilkomplex der Funde, nämlich die kleine Grabgruppe der frühen Merowingerzeit, vorgestellt werden.[1] Archäologische Zeugnisse dieser Epoche sind nach wie vor nicht allzu zahlreich, so dass jeder noch so kleine Zuwachs Interesse beanspruchen darf.

Die Ausgrabungen waren in mehrfacher Hinsicht bemerkenswert. Von Anbeginn haben sich die Seniorenfachberatung der Stadt Leinfelden-Echterdingen und der Stadtseniorenrat in diesem Projekt stark engagiert. In jeder Grabungskampagne fanden sich 15 bis 20 interessierte Seniorinnen und Senioren zusammen, die ehrenamtlich mit großem Einsatz vorbildliche Arbeit leisteten. Ihnen gilt besonderer Dank für ihre Ausdauer, zumal beachtliche Ergebnisse erzielt werden konnten, von denen schon mehrfach berichtet wurde.[2]

Der Ortsteil Stetten liegt am westlichen Rand der fruchtbaren lößbedeckten Filderebene, die heute intensiv ackerbaulich genutzt wird. Durch eine markante Geländestufe von etwa 60 m ist das Gebiet von den bewaldeten Höhen des Schönbuchs getrennt. Diese klimatisch und geologisch stark begünstigte Landschaftszone hat in vor- und frühgeschichtlicher Zeit immer wieder Siedler angezogen. Hiervon zeugen die archäologischen Hinterlassenschaften in Flur ‚Zeiläcker', eine der reichsten Fundstellen auf den Fildern. Es seien hier nur die wesentlichsten genannt.[3] Aus dem Neolithikum gibt es Siedlungsspuren der Bandkeramik. Funde der späten Hallstatt- und frühen Latènezeit belegen die Nutzung des Areals in dieser eisenzeitlichen Epoche. Für die Spätlatènezeit ist eine überdurchschnittlich große ‚Viereckschanze' nachgewiesen (vgl. Abb. 2). Von dem schon länger bekannten römischen Gutshof konnte ein Eckrisalitgebäude mit nach Osten auf die Filderebene gerichteter Portikus ausgegraben werden. Römische Funde kamen aber auch westlich und südlich der Flur ‚Zeiläcker' in größerem Umfang immer wieder zutage, da die Böden durch den Ackerbau stark erodiert sind. 1996 wurden aus Siedlungsgruben frühalamannische Keramik und ein Dreilagenkamm mit dreieckiger Griffplatte geborgen (Abb. 3); drei Jahre später fand sich in einer anderen Grube im Bereich des römischen Gebäudes eine alamannische Keramikflasche mit Standring, Knubbenzier auf dem Bauchumbruch und einer umlaufenden Schulterdekoration aus Sparrenband, Dreieckkerben und Rillen (Abb. 4).[4] Ein Jahr später kamen wiederum Fragmente ei-

---

[1] Herrn Prof. Dr. R. Krause, jetzt Frankfurt a. M., sei für die Publikationserlaubnis bestens gedankt. Herrn A. Koch, Stetten a. d. Fildern, einem der langjährigen Ausgräber, gilt mein herzlichstes Dankeschön für die liebenswürdige Unterstützung, die Bereitstellung von Dokumentationsmaterial, Überlassung von fotografischen Aufnahmen und stets großzügige Hilfsbereitschaft!
[2] Arch. Ausgr. Baden-Württemberg 1995, 147 ff. – Ebd. 1999, 144 ff. – Ebd. 2000, 145 ff. – Ebd. 2002, 42 f.
[3] Guter Überblick: Arch. Ausgr. Baden-Württemberg 2000, 145 mit Plan auf Abb. 129.
[4] Arch. Ausgr. Baden-Württemberg 1999, 146 mit Abb. 99; 100.

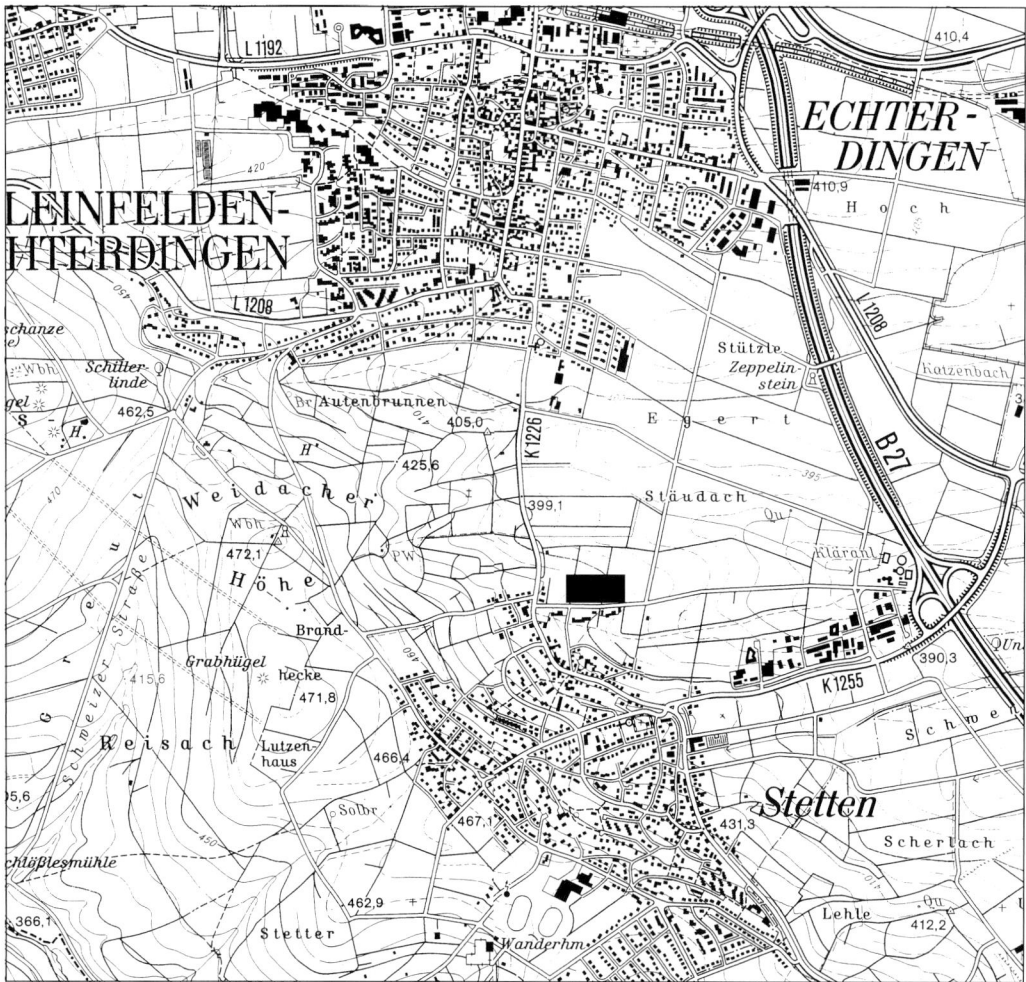

Abb. 1   Lage der Fundstelle in Flur ‚Zeiläcker' im Norden der Gemarkung Stetten, Stadt Leinfelden-Echterdingen, Kreis Esslingen. Kartengrundlage: Topographische Karte 1:25 000, Ausschnitte aus den Blättern 7320 und 7321. © Landesvermessungsamt Baden-Württemberg (http://www.lv-bw. de), Az.: 2851.3-A/218.

nes frühalamannischen Kammes mit dreieckiger Griffplatte aus einer großen Siedlungsgrube zutage, die sich zwischen den frühmerowingerzeitlichen Gräbern 2 und 4 erstreckte. Dort fand sich darüber hinaus der punzverzierte rechteckige Blechbeschlag einer Schnalle aus Buntmetall.[5] Die Datierung dieser Funde in das 4. Jahrhundert ist eindeutig.[6] Da die beiden Grubenkomplexe mehr als 150 m voneinander entfernt liegen, ist ablesbar, dass in frühalamannischer Zeit ein ausgedehnteres Areal besiedelt war. Und einmal mehr ist somit belegt, dass sich die landnehmenden Elbgermanen gerne in der Nähe römischer Gutshöfe niederließen.[7] Konnten sie zwar die ihren Siedlungsgewohnheiten

---

5   Mitt. A. Koch, Stetten a. d. Fildern.

6   Zur Datierung der Kämme: H. Schach-Dörges, Zu einreihigen Dreilagenkämmen des 3. bis 5. Jahrhunderts aus Südwestdeutschland. Fundber. Baden-Württemberg 19/1, 1994, 661 ff. bes. 680 ff. – Zu Flaschen: S. Spors-Gröger, Der Runde Berg bei Urach XI. Die handgemachte frühalamannische Keramik aus den Plangrabungen 1967–1984. Heidelberg. Akad. Wiss. Komm. Alam. Altkde. 17 (Heidelberg 1997) 72 ff.

7   z.B. M. Luik/H. Schach-Dörges, Römische und frühalamannische Funde von Beinstein, Gde. Waiblingen, Rems-Murr-Kreis. Fundber. Baden-Württemberg 18, 1993, 349 ff. bes. 409 f. – G. Fingerlin, Siedlungen und Siedlungstypen. In: Die Alamannen. Ausstellungskat. (Stuttgart 1997) bes. 128 ff.

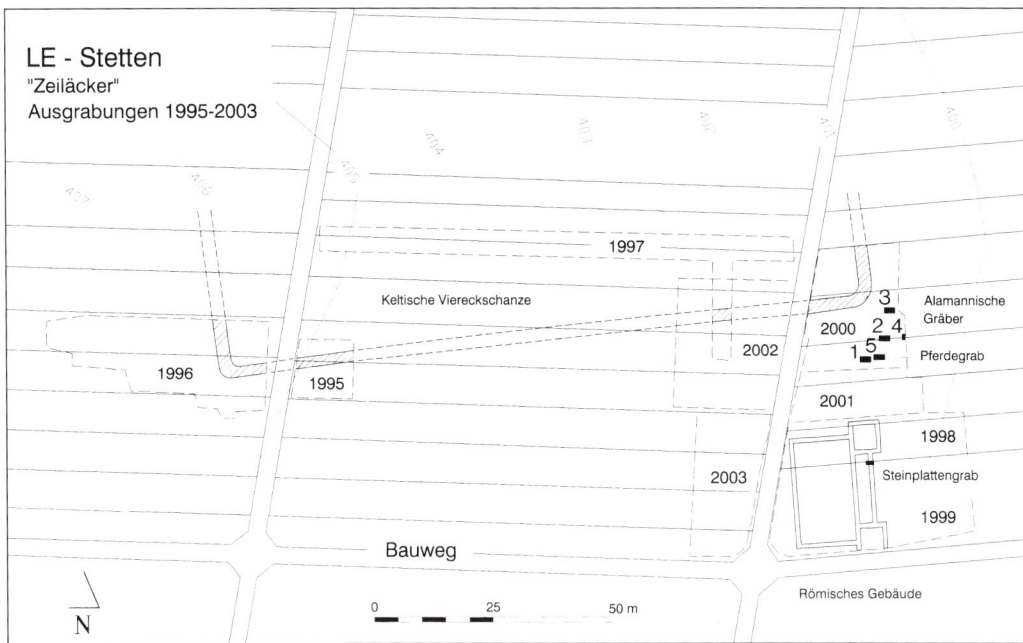

Abb. 2   Stetten, Stadt Leinfelden-Echterdingen. Plan der Ausgrabungen in den Jahren 1995 bis 2003. Lage der frühmerowingerzeitlichen Gräber zwischen der Südostecke der keltischen Viereckschanze und dem römischen Eckrisalitgebäude.

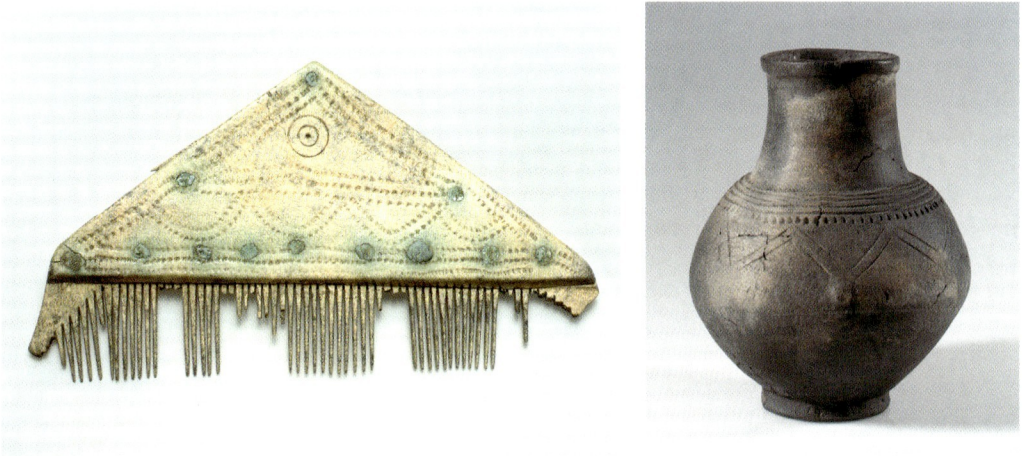

Abb. 3 (links)   Stetten. Dreilagenkamm aus einer frühalamannischen Siedlungsgrube; Fund von 1996. – Abb. 4 (rechts)   Stetten. Frühalamannische handgemachte Keramikflasche aus einer Siedlungsgrube innerhalb des Areals der ehem. römischen Villa; Fund von 1999. Beide ohne Maßstab.

fremden Steinruinen nicht in dem Sinne nutzen, dass sie diese wieder herrichteten, so konnten diese doch Unterschlupf für Menschen und Tiere bieten, auch profitierten die germanischen Siedler von der teilweise noch intakten römischen Infrastruktur.

Im Jahre 2000 wurden im nordöstlichen Grabungsareal überraschenderweise fünf Gräber aus frühmerowingischer Zeit aufgedeckt. Funde des 6. Jahrhunderts fehlen bisher. In der spätmerowingischen Periode wurde ein Einzelgrab angelegt, dessen Grabkammer aus römischen Handquadern trocken aufgemauert war (Abb. 5). Man hatte es exakt in die Portikusmauer des römischen Eckrisalitgebäudes eingebracht (vgl. Abb. 2). Hier hatte man einen 6–7-jährigen Knaben bestattet, dem man Pfeil, Messer und Kamm mitgegeben hatte.

Es zeichnet sich demnach eine seit der Spätlatènezeit nahezu ununterbrochene erstaunliche Siedlungskontinuität an diesem Platz bis in das 7. Jahrhundert ab.

Im Folgenden sollen die frühmerowingerzeitlichen Befunde und Funde vorgestellt und interpretiert werden.

Die kleine Gräbergruppe liegt auf einem sanft von West nach Ost zur Filderebene abfallenden Geländerücken, der von kleinen Wasserläufen begleitet wird. Mehrere Quellen begünstigten den in geringer Entfernung zu vermutenden Siedlungsplatz. In den Jahren 2001 bis 2003 wurden westlich und südlich des Bestattungsplatzes weitere Areale untersucht (Abb. 2). Hierbei wurde kein einziges Grab beobachtet. Geomagnetische Prospektionen, die im Oktober 2001 vom Büro für Geophysik Lorenz, Berlin, durchgeführt wurden und sich auf das Gelände östlich des frühmerowingerzeitlichen Bestattungsplatzes konzentrierten, brachten keine eindeutigen Ergebnisse. Das Messgebiet zeigte „flächenhaft vorhandene relativ starke magnetische … Anomaliestrukturen." „Um die Erkennbarkeit zu verbessern, wurden die Messwerte einer Tiefpassfilterung unterzogen und das Analytische Signal des geomagnetischen Vertikalgradienten berechnet" (Abb. 6). Das Fazit lautete: „Nördlich und östlich der Grabung sind die magnetisch differenzierbaren Untergrundbereiche eher durch kleine Anomaliestrukturen gekennzeichnet. Hier könnte es sich um Grabstellen handeln. Ab Rechtswert ca. x=260 m im zentralen Teil sind dann die etwas größeren Anomaliestrukturen, möglicherweise Hausgruben, erkennbar". Da sich nach diesen Recherchen weitere Gräber höchstens in dem etwa 10 m breiten östlich an das Grabungsareal anschließenden Geländestreifen befinden könnten, ist zu vermuten, dass es sich um einen nur kleinen, sicherlich kurzfristig belegten Friedhof handelt, ja, dass mit den fünf Bestattungen möglicherweise sogar die gesamte Nekropole erfasst wurde. Allerdings mahnen Befunde auf anderen, etwa gleichzeitigen Grabplätzen frühmerowingischer Zeit zur Vorsicht: Die noch nicht in geordneten Reihen angelegten Bestattungen, sondern wohl auf Verwandtschaft beruhenden Grabgruppen, sind gelegentlich durch beachtliche Entfernungen voneinander getrennt.[8]

Bekanntlich wurden in Südwestdeutschland seit der Mitte des 5. Jahrhunderts Friedhöfe gegründet, die von mehreren Generationen benutzt wurden.[9] Dennoch ist in dieser frühen merowingischen Zeit noch keine Regelhaftigkeit zu erkennen, denn außer diesen oft nur kleinen Nekropolen kennt man weiterhin Einzelgräber und Bestattungsplätze mit nur wenigen Toten, wie sie für die vorangehende Völkerwanderungszeit typisch waren.[10] D. Quast erklärte das Phänomen mit dem Festhalten eines Teiles der Bevölkerung an alten Traditionen, während andere dazu übergingen, ihre Toten auf Friedhöfen zu bestatten. Um die Situation zu verdeutlichen, seien einige Zahlen genannt, wenn auch einschränkend betont werden muss, dass es sich wegen der mangelhaften Materialbasis – sehr wenige Nekropolen sind vollständig ausgegraben! – nur um Annäherungswerte handeln kann. Im mittleren und oberen Neckarraum von Heilbronn bis Rottweil kennt man bisher etwa 40 Begräbnisplätze, auf denen Funde der zweiten Hälfte des 5. Jahrhunderts zutage kamen (Abb. 7). Etwa 60% von diesen wurden nach der Zeit um 500 nicht mehr belegt, andere bestanden weiter bis ins 6.

---

8 Vgl. hierzu neuerdings H. Ament, Der Beitrag der frühmittelalterlichen Grabfunde von Nieder-Erlenbach (Stadt Frankfurt a. M.) zur Kenntnis der Gräberfelder vom Typ Hemmingen. In: C. Dobiat (Hrsg.), Reliquiae gentium [Festschr. H. W. Böhme] (Rahden/Westf. 2005) 5 mit Anm. 26 u. Abb. 1. – Siehe auch G. Fingerlin, Ein alamannischer Adelshof im Tal der Breg. Schr. Ver. Gesch. u. Naturgesch. Baar 44, 2001, 20 mit Abb. 2.

9 D. Quast, Vom Einzelgrab zum Friedhof. In: Die Alamannen (Anm. 7) 171; 187 f. mit Abb. 172; 173. – Siehe auch schon U. Koch, Alamannische Gräber der ersten Hälfte des 6. Jahrhunderts in Südbayern. Bayer. Vorgeschbl. 34, 1969, 162 ff. – H. Ament, Das alamannische Gräberfeld von Eschborn (Main-Taunus-Kreis). Mat. Vor- u. Frühgesch. Hessen 14 (Wiesbaden 1992) 42 ff. – Außerdem M. C. Blaich, Die alamannischen Funde von Nagold, Kr. Calw. Fundber. Baden-Württemberg 23, 1999, 307 ff. bes. 340 ff.

10 Quast (Anm. 9) 187 f. – H. Schach-Dörges, „Zusammengespülte und vermengte Menschen". In: Die Alamannen (Anm. 7) 85 ff.

Abb. 5   Stetten. Knabengrab der späten Merowingerzeit, aufgedeckt in der Portikusmauer der römischen Villa.

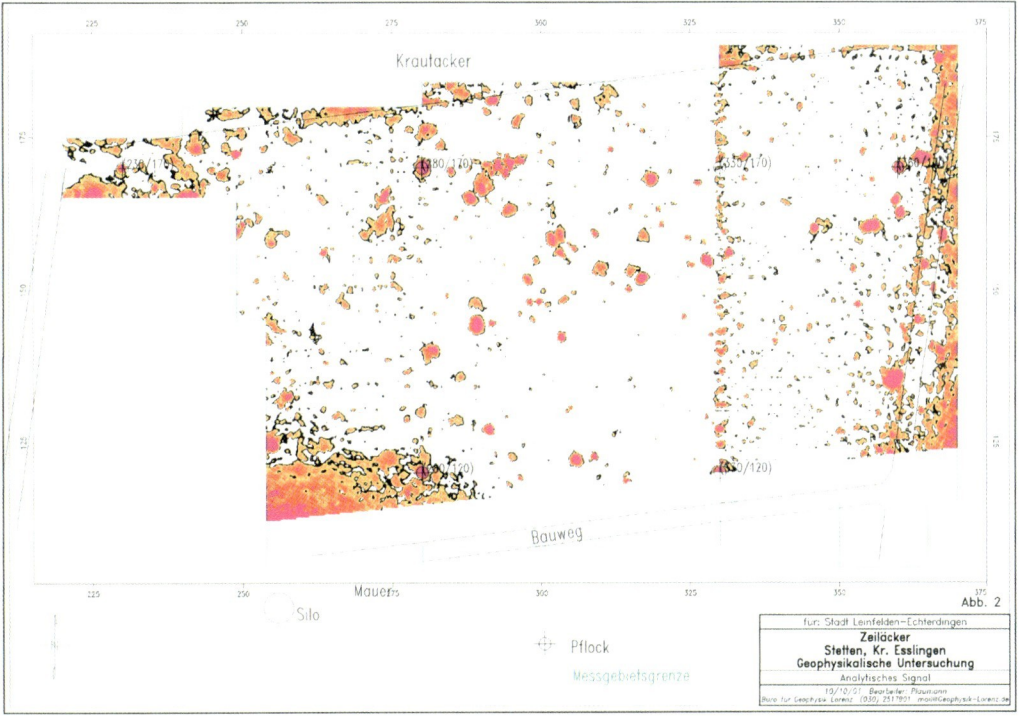

Abb. 6   Stetten. Geomagnetische Prospektion östlich der frühmerowingerzeitlichen Fundstelle.

und sogar auch späte 7. Jahrhundert. Die Grabzahlen variieren beträchtlich. Von etwa einem Viertel der Fundorte sind lediglich Einzelgräber bekannt (vgl. Abb. 7); auf den anderen Plätzen schwanken die Zahlen zwischen 4 und 75 Bestatteten. Die möglicherweise nur kleine Grabgruppe in Flur ‚Zeiläcker' in Stetten a. d. F. wäre insofern keineswegs außergewöhnlich.

Aufgedeckt wurden das Grab einer überdurchschnittlich gut ausgestatteten Frau (Grab 1; Abb. 8), das eines wohlhabenden Mannes (Grab 2), der vermutlich mit seinem Pferd (Grab 5) beerdigt worden war. Es fand sich darüber hinaus das Grab eines offenbar einfachen Mannes (Grab 3; Abb. 9). Von Grab 4 wurde allein der Schädel einer Frau geborgen, Ausstattungsstücke sind von dort nicht bekannt (Abb. 10).

Die Gräber 1, 2 und 4 waren mit 1,3 bis 1,4 m etwa gleich tief angelegt, Grab 3 mit 1,1 m Tiefe wenig flacher. Das Pferdegrab war nur etwa 1 m eingetieft. Die Breite der Grabgruben betrug 0,5 bis 0,75 m. Sie zählen somit zu dem von U. Koch herausgearbeiteten Bestattungstyp 1a, für den extrem enge Grabgruben charakteristisch sind. Dieser Typ ist insbesondere aus den frühmerowingerzeitlichen SD-Phasen 1–3 belegt.[11] In den Gräbern 1 bis 3 hatten sich Holzreste der Särge gut erhalten. Baumsargbestattung wird in allen drei Fällen vermutet. Die Maße der Baumsärge betrugen ca. 0,42 zu 1,70 m (Frauengrab 1), 0,52 zu 1,95 m (Männergrab 2) und 0,45 m Breite (Männergrab 3). Für Grab 2 wird von den Ausgräbern vermerkt, dass Reste des Sargdeckels als „dünne (ca. 1 mm) Kohleschicht wie ein Tuch über den Knochen" lagen. Handelt es sich tatsächlich um einen Baumsarg, so wäre nur die Hälfte des ausgehöhlten Stammes verwendet worden. Zur Abdeckung benutzte man möglicherweise ein weniger mächtiges Brett. Solche Befunde wurden auch anderwärts beobachtet.[12]

Das enge Schachtgrab mit Baumsargbestattung, das in Südwestdeutschland seit der Mitte des 5. Jahrhunderts angelegt wurde, ist nicht das einzige Kennzeichen einer neuen Grabsitte. Denn nicht mehr üblich – zumindest in Südwestdeutschland südlich des unteren Neckars[13] – sind die während des 4. und frühen 5. Jahrhunderts bei der Oberschicht beliebten reichen Geschirrensembles mit Speise-, z. B. Fleischbeigaben in großen Grabkammern.[14] Jetzt dominieren Trinkgefäße – Becher, Schale und Krug –, häufig als Einzelstücke beigegeben. Nach U. Koch mögen aus dem Elbegebiet zugezogene Germanen den neuen Grabritus mitgebracht haben.[15] Dem steht entgegen, dass aus Mitteldeutschland bisher keine Baumsargbestattungen aus den Stufen C3 bis D2 (Anfang des 4. bis gegen Mitte des 5. Jahrhunderts) bekannt sind. Sie scheinen dort – ebenso wie in Süddeutschland – erst in der zweiten Hälfte des 5. Jahrhunderts zu beginnen.[16]

Wegen mangelhafter Erhaltungsbedingungen ist die Verbreitung dieser Bestattungsart in der proto- und frühmerowingischen Phase noch nicht abschließend zu beurteilen. Auch fehlen chronologisch abgesicherte Beispiele, die zur Klärung der Herkunftsfrage beitragen könnten. Von der Nekropole Neuburg an der Donau sollen Baumsargbestattungen aus der Mitte des 4. Jahrhunderts (Zone 1) belegt sein, die einer elbgermanischen Bevölkerung zugeschrieben wurden.[17] Die Größe der Särge

---

11 U. Koch, Das alamannisch-fränkische Gräberfeld bei Pleidelsheim. Forsch. u. Ber. Vor- u. Frühgesch. Baden-Württemberg 60 (Stuttgart 2001) 89 ff.

12 S. Codreanu-Windauer, Pliening im Frühmittelalter. Materialh. Bayer. Vorgesch. A 74 (Kallmünz/Opf. 1997) 23. – U. Koch, Die Grabfunde der Merowingerzeit im Donautal um Regensburg. Germ. Denkmäler Völkerwanderungszeit A 10 (Berlin 1968) 17; 177. – H. F. Müller, Das alamannische Gräberfeld von Hemmingen (Kreis Ludwigsburg). Forsch. u. Ber. Vor- u. Frühgesch. Baden-Württemberg 7 (Stuttgart 1976) 126.

13 Abweichend sind die Befunde z.B. in Eschborn im Mainmündungsgebiet, vgl. Ament (Anm. 9) 4; 61 mit Abb. 18,2; 67 mit Abb. 20,2; 69 mit Abb. 21,1.3; 71 mit Abb. 22,4.

14 Zuletzt H. Schach-Dörges, Das frühmittelalterliche Gräberfeld bei Aldingen am mittleren Neckar. Materialh. Arch. Baden-Württemberg 74 (Stuttgart 2004) 85 mit Anm. 533.

15 Koch (Anm. 11) 93.

16 Mündl. Mitt. Prof. Dr. J. Bemmann, Bonn. Siehe außerdem J. Bemmann/E. M. Wesely-Arents, Liebersee – Ein polykultureller Bestattungsplatz an der sächsischen Elbe Bd. 5. Veröff. Landesamt Arch. mit Landesmus. Vorgesch. Bd. 48 (Dresden 2005) 305 mit Taf. 28 (Befund 2138); 319 mit Taf. 43 (Befund 2354); 320 mit Taf. 44 (Befund 2355); 322 mit Taf. 47 (Befund 2365) u. a. m.

17 E. Keller, Das spätrömische Gräberfeld von Neuburg an der Donau. Materialh. Bayer. Vorgesch. A 40 (Kallmünz/Opf. 1979) 19 f.; 50; 118; 124 mit Taf. 8,10; 9,13.

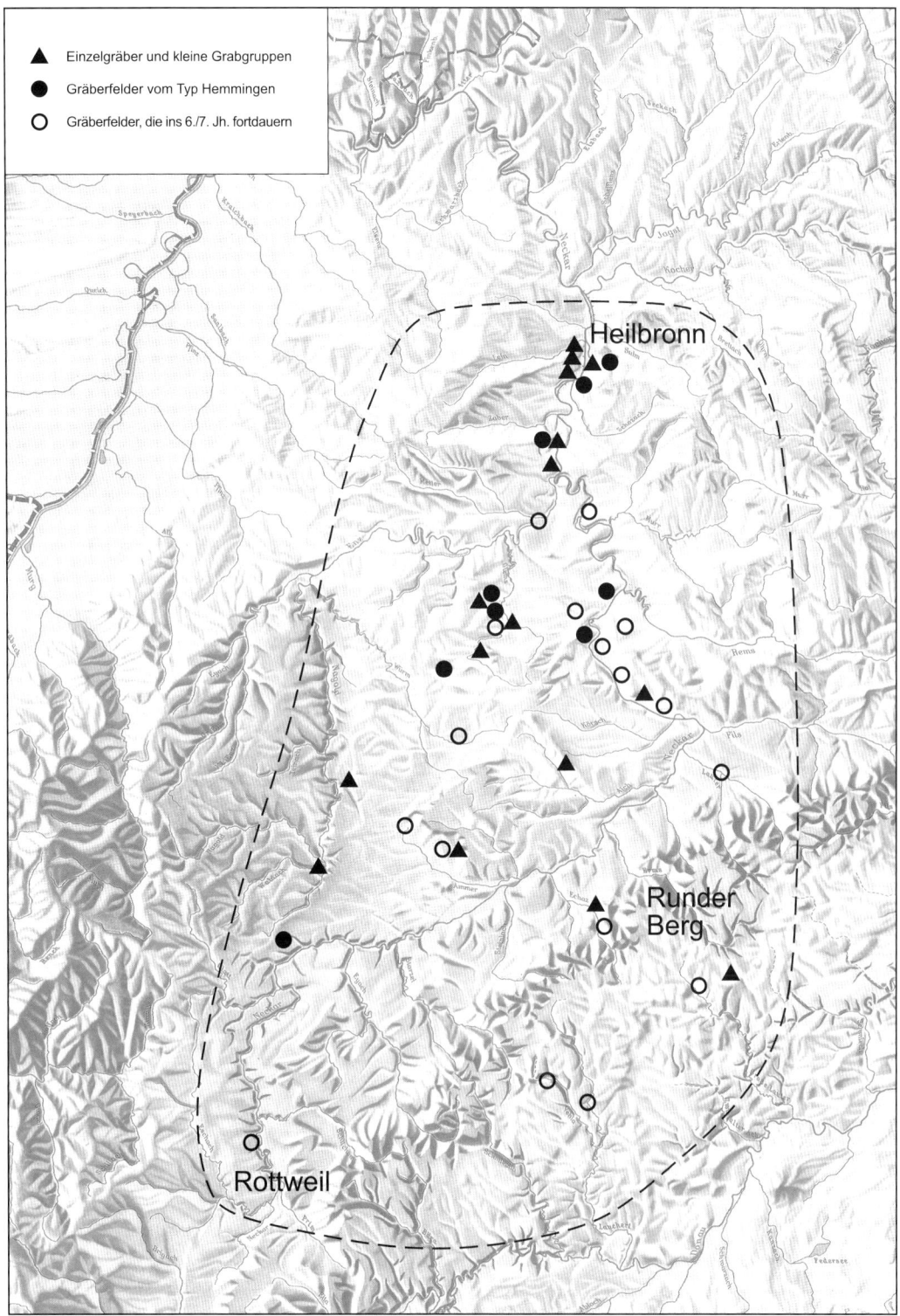

Abb. 7 Verbreitung der Einzelgräber, kleinen Grabgruppen und Friedhöfe aus der frühen Merowingerzeit (Stufe Flonheim-Gültlingen) im mittleren und oberen Neckarraum zwischen Heilbronn und Rottweil.

Abb. 8   Stetten. Frauengrab 1 während der Ausgrabung.

Abb. 9 (links)   Stetten. Männergrab 3 in situ. – Abb. 10 (rechts)   Stetten. Frauengrab 4, das nur im Profil angeschnitten wurde.

von etwa 230 zu 80 cm (Grab 13) und besonders 270 zu 95 cm (Grab 10) lässt allerdings stark zweifeln, dass es sich tatsächlich um Reste von Baumsärgen gehandelt hat. Auf jeden Fall sind sie nicht mit den engen Baumsargbestattungen der *Alamannia* zu vergleichen. Weitere Baumsargbefunde auf bajuwarischem Gebiet datieren aus dem späten 5. und 6. Jahrhundert,[18] sind also eher jünger als die frühesten Beispiele in Südwestdeutschland. Ein sicheres Zeugnis aus der Völkerwanderungszeit gibt es jedoch von der oberen Theiß im Karpatenbecken: In Kisvárda-Darusziget, Kom. Sabolcs-Szatmár, wurde um 400 n. Chr. ein etwa zehnjähriges Mädchen in einem Baumsarg mit Schlangenzier bestattet.[19] Sollten Einflüsse bzw. Immigranten aus dem mittleren Donauraum für die neue Grabform verantwortlich sein?

Das Aufkommen der Baumsargbestattung fällt zeitlich mit einem bis dahin ebenfalls fremden Phänomen zusammen, mit der Anlage von höher positionierten Grabnischen in Schädelnähe der Toten.[20] In diesen Nischen wurden vornehmlich einzelne Gefäße deponiert. S. CODREANU-WINDAUER hat sich ausführlich mit dem Problem der Nischengräber auseinandergesetzt.[21] Sie verwies auf Beispiele aus Kasachstan, dem unteren Wolgagebiet, aus Moldawien sowie Ungarn und konnte so die östliche Herkunft des Grabbrauches überzeugend darlegen. Die These wird darüber hinaus dadurch bekräftigt, dass in den Nischengräbern häufig Fundstücke „östlicher" Provenienz liegen.[22] Ein schönes Beispiel ist Männergrab 151 von Pliening in Oberbayern mit Nische, sehr wahrscheinlich Baumsargbestattung, Cloisonnéschnalle und glättverziertem Drehscheibentöpfchen.[23] Erinnert sei in diesem Zusammenhang auch an Grab 19 von Flaach, Kanton Zürich, ebenfalls mit Nische, möglicherweise Baumsarg und einer zum Teil ostgermanischen Schmuckausstattung, wie Vergleichsbeispiele aus dem ungarischen Raum nahelegen. Der in der Nische beigesetzte Krug hat ebenfalls Vorbilder im mittleren Donauraum. Die Autoren stellten sich deshalb die Frage, ob die breits im frühadulten Alter verstorbene reiche Germanin eine (gotische?) Immigrantin gewesen sei.[24]

Für Frauengrab 1 von Stetten muss offen bleiben, ob es zu den Nischengräbern zählt. Denn den Grabungsunterlagen lässt sich nicht entnehmen, ob das Glas in einer echten Nische westlich des Schädels beigegeben war.

Grab 1

Die im frühmaturen Alter[25] verstorbene Frau war in gestreckter Rückenlage bestattet worden, die Arme lagen offenbar seitlich am Körper (Abb. 8; 27). Eine starke Verwerfung der Knochen im Schädel-, Rippen-, Wirbel- und Lendenbereich lässt auf Beraubung schließen. Umso erstaunlicher ist, dass die Plünderer das Bügelfibelpaar oberhalb der Lendenwirbel zurückließen. Möglicherweise ist die Trachtausstattung nicht mehr vollständig. Sie zu rekonstruieren ist aber nicht zulässig, da in frühmerowingischer Zeit noch kein fester Ausstattungskanon bestand. Hinzukommt, dass Bügelfi-

---

18 CODREANU-WINDAUER (Anm. 12) 23. – Dies., Zwei neue frühmittelalterliche Grabgruppen in Burgweinting. Arch. Jahr Bayern 2003, 93 ff.
19 Germanen, Hunnen und Awaren. Schätze der Völkerwanderungszeit. Ausstellungskat. Germ. Natmus. Nürnberg (Nürnberg 1987) 218 f. mit Abb. V 5a.b.c.e. – Siehe außerdem I. BÓNA/M. NAGY, Gepidische Gräberfelder am Theißgebiet I. Mon. Germ. Arch. Hung. I (Budapest 2002) 83 ff. mit Abb. 39.
20 Bemerkenswerterweise gehen auch auf der Nekropole von Liebersee, Kr. Torgau an der Elbe, Nischen- und Baumsarggräber zusammen (vgl. BEMMANN Anm. 16). Man darf auf die kulturgeschichtliche Auswertung dieses interessanten Fundplatzes durch J. BEMMANN sehr gespannt sein. Herrn Prof. Dr. J. BEMMANN sei für Informationen herzlich gedankt!
21 CODREANU-WINDAUER (Anm. 12) 25 ff.
22 Auch hierzu CODREANU-WINDAUER (Anm. 12) 28. – Siehe auch: Die Völkerwanderung. Europa zwischen Antike und Mittelalter. Arch. Deutschland, Sonderh. 2005, 15.
23 CODREANU-WINDAUER (Anm. 12) 50 ff. 184 mit Taf. 19; 25; 34,1–3.
24 C. BADER/R. WINDLER, Eine reiche Germanin in Flaach. Arch. Schweiz 21, 1998/3, 117 ff.
25 Vgl. den Beitrag von J. WAHL hier S. 644.

Abb. 11   Stetten. Bügelfibeln aus Frauengrab 1 (vgl. Abb. 27,6.7). M 1:1.

beln des unten näher zu beschreibenden Typs auch anderwärts mehrfach das einzige Paar bilden, sie also nicht durch ein Kleinfibelpaar ergänzt sind.[26]

Der Randbereich der nördlichen Grabgrube ist modern gestört. Das Trachtzubehör und die Beigaben wurden jedoch sorgfältig eingemessen, lediglich die Position der Bügelfibeln im Lendenbereich blieb undokumentiert.

Die Bügelfibeln sind stark korrodiert (Abb. 11; 27,6.7). Vergoldung und Nielloeinlagen fehlen weitgehend, bei einem Exemplar außerdem die eiserne Spiralkonstruktion mit Nadel, bei dem anderen ist der Spiralapparat fragmentiert. Die chemische Zerstörung einer der beiden Fibeln ist so weit fortgeschritten, dass der Fibelfuß ‚blätterteigartig' gespalten ist.[27] Die halbrunden, doppelt abgeschnürten fünf Knöpfe der Kopfplatte sind mitgegossen. Die Kopfplatten tragen auswärts eingerollte Spiralen, die Randborten bestehen aus gegenständigen, ehedem niellierten Dreieckreihen. Die Bügelseiten zeigen kräftigen Dreieckkerbschnitt. Die breiten Mittelstege von Bügeln und Füßen sind wiederum

---

26   Vgl. die Befunde von Heidelberg-Kirchheim: P. H. Stemmermann, Ein Alamannenfriedhof von der Reichsautobahn bei Heidelberg-Kirchheim. Bad. Fundber. 14, 1938, 73 ff. mit Abb. 3,4a.b. – Heilbronn ‚Rosenberg': U. Koch, Alamannen in Heilbronn. museo 6, 1993, 54 mit Abb. 50. – Entringen (?): W. Veeck, Die Alamannen in Württemberg. Germ. Denkmäler Völkerwanderungszeit 1 (Berlin, Leipzig 1931) 255 mit Taf. S I,3a.b. – Alcagnano: V. Bierbrauer, Alamannische Funde der frühen Ostgotenzeit aus Oberitalien. In: Studien zur vor- und frühgeschichtlichen Archäologie II [Festschrift J. Werner]. Münchner Beitr. Vor- u. Frühgesch. Erg. Bd. 1/II (München 1974) 559 ff. bes. 563 mit Taf. 37,1.2.

27   Verantwortlich ist hierfür vermutlich der hohe Kupferanteil der Legierung. Interessant sind in diesem Zusammenhang Daten, die am Fibelfuß abgenommen wurden.
Oberfläche: Ag 87%; Cu 11%; Fe 2%
Kern: Ag 37%; Cu 55%; Fe 5%; Pb 2,5%
Für Beratung und intensive Gespräche danke ich den Restauratoren R.-D. Blumer, Landesamt für Denkmalpflege, Esslingen, und M. Paysan, Württ. Landesmuseum Stuttgart. Untersuchungen wurden dankenswerterweise durchgeführt am Forschungsinstitut für Edelmetalle und Metallchemie in Schwäbisch Gmünd (Dipl.-Ing. U. Heuberger) und am Institut für Gießereitechnik, Fachhochschule Aalen mit Hilfe des technischen Tomographen der Firma Wählischmiller (Dr. I. Pfeifer-Schäller).

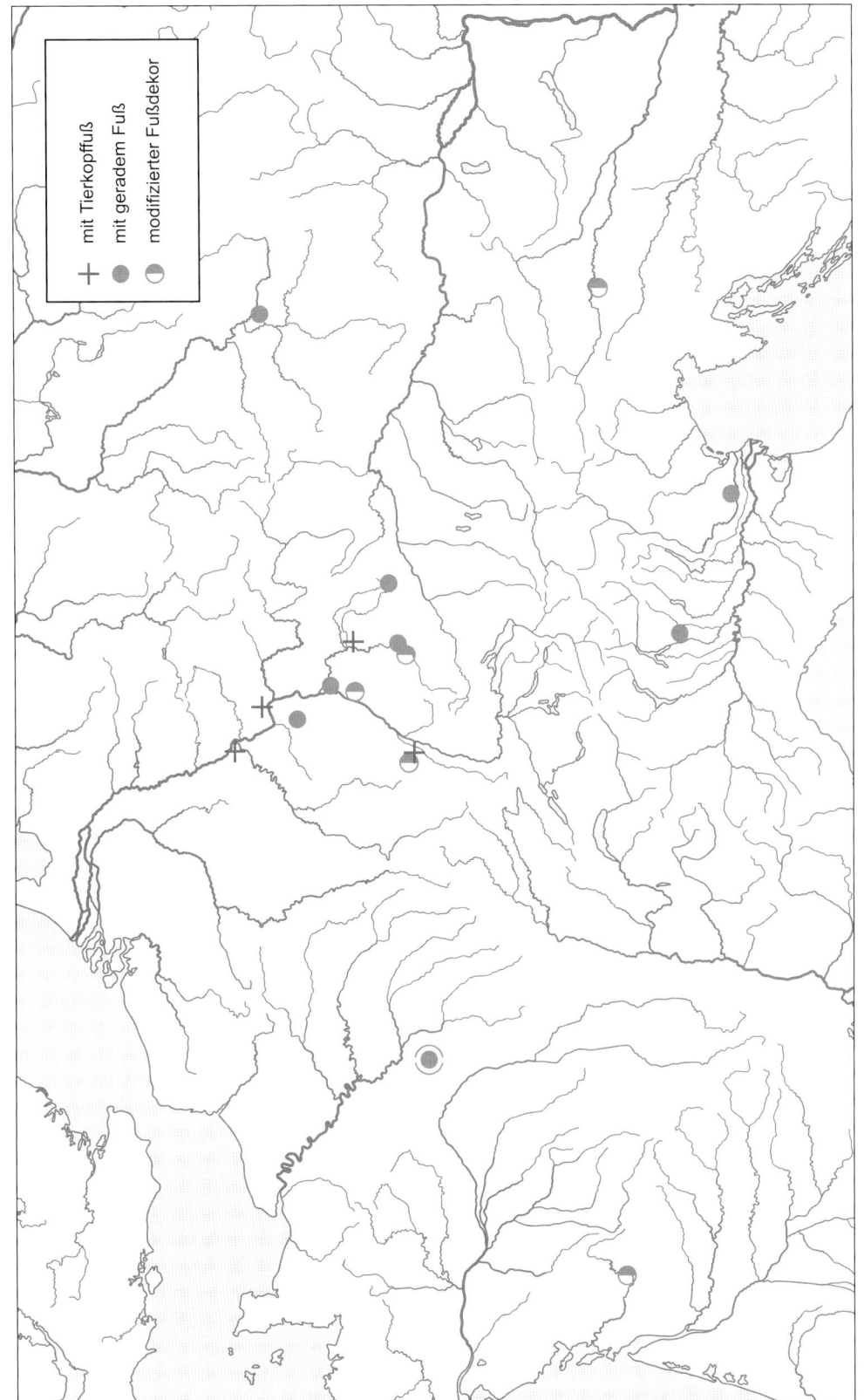

Abb. 12 Verbreitung der Fünfknopffibeln mit wechselnden Kerbschnittfeldern auf den Fußseiten (nach U. Koch mit Ergänzungen; vgl. Anm. 28 bis 30).

mit niellierten gegenständigen Dreiecken dekoriert. Es handelt sich somit um sehr geläufige Ornamente. Interessanter sind die seitlichen Kerbschnittfelder der gleichbreiten Füße: Sie sind je mit sechs Rechteckfeldern gefüllt, die im Wechsel durch Diagonalen und Würfeldekor gegliedert sind. Dieses charakteristische Ornament kehrt an anderen Fünfknopffibeln wieder.[28] Die Füße dieser Fibelgruppe schließen entweder mit einem Tierkopf,[29] häufiger jedoch mit geradem Fuß. Von den Exemplaren mit Tierkopfabschluss stehen sich die Stücke von Andernach, Wiesbaden-Schierstein und Niedernai Grab 33 im Elsass besonders nahe; alleine die Tierköpfe sind unterschiedlich gestaltet. Fibeln mit geradem Fußabschluss und wechselnden Kerbschnittfeldern auf den Fußseiten sind bisher von zwölf Fundplätzen belegt.[30] In Details des seitlichen Fußdekors gleichen dem Stettener Fibelpaar auffallend die Exemplare von Heidelberg-Kirchheim, Rommersheim und Fleinheim in Süddeutschland sowie Alcagnano und Fornovo in Oberitalien. Die Stücke von Bruchsal, Entringen, Niedernai Grab 48, Herpes, Dép. Charente, und dem Hemmaberg in Kärnten tragen geringfügig abweichende Motive.[31] Unter diesen Fibeln stehen sich das Paar von Entringen und das Einzelstück von Bruchsal besonders nahe, worauf U. Koch bereits aufmerksam machte.[32] Hinwiederum stimmen die Fibeln von Herpes und dem Hemmaberg durch den Wechsel von Zickzack- und Würfeldekor gut überein, darüber hinaus sind sie beide mit Laternenknöpfen ausgestattet.

Die Größe dieser Fünfknopffibeln mit dem Wechsel der Fußmotive schwankt zwischen 6,5 und 10,2 cm erheblich, und sowohl die Knopfformen als auch die Dekordetails sind variantenreich. Die auswärts gewendeten Spiralen der Kopfplatte verbinden die Stettener Fibeln mit Exemplaren von Fleinheim, Záluzí in Böhmen und Herpes in Frankreich. Der Dreieckkerbschnitt auf dem Bügel findet sich an Fibeln dieser Gruppe von Rommersheim, Niedernai Grab 33, Frankreich (Fo. u.) und dem Hemmaberg.

Die Verbreitung der Fünfknopffibeln mit wechselnden Kerbschnittfeldern auf den Füßen vornehmlich im Mittelrhein- und Neckarraum (Abb. 12) bezeugt diesen Dekor als typisch für das alamannische Kunsthandwerk. M. Martin zitierte neben anderem signifikantem Material gerade diese Fibelgattung, um die alamannische Expansion bis nach Andernach am Mittelrhein zu demonstrieren.[33]

Die vergleichbaren Funde vom Hemmaberg in Kärnten, von Alcagnano, Prov. Vicenza, und Fornovo, Prov. Bergamo,[34] gehörten wohl Alamanninnen der Oberschicht, die nach den verlorenen Kämpfen gegen die Franken nach Oberitalien unter den Schutz des Ostgotenkönigs Theoderich geflohen waren. Den archäologischen Befund bestätigt eine historische Quelle: Theoderich der Große bittet in einem Brief des Jahres 507 die Bewohner Binnennoricums, die durchziehenden Alamannen zu unterstützen, indem sie das übermüdete Vieh der Alamannen gegen eigenes ausgeruhtes tauschen.[35] Die Fibeln von französischem Boden mögen anzeigen, dass einige Alamanninnen im Westen Zuflucht gesucht hatten. Bemerkenswerterweise gleicht eines dieser beiden Fundstücke den Fibeln von Alcagnano auffallend, so dass sie wohl in den gleichen Kontext gestellt werden dürfen.

---

28 Kartierung bei Koch (Anm. 26) 55 Abb. 66. – Siehe auch dies., Besiegt, beraubt, vertrieben. In: Die Alamannen (Anm. 7) 196 f. mit Abb. 205; 206. – Zu diesem Fibeltyp schon früher Bierbrauer (Anm. 26) 559 ff. bes. 571 ff.

29 Koch (Anm. 26) 40 mit Abb. 50,2.3; 71 Fundliste 11 Nr. 2 und 3. – B. Schnitzler, À l'Aube du Moyen Âge. L'Alsace mérovingienne. Les collections Mus. Arch. 5 (Strasbourg 1997) 116 mit Abb. 9,3; 134 mit Abb. 16 (Grab 33).

30 1. Alcagnano, Prov. Vicenza: Bierbrauer (Anm. 26) Taf 37,1.2. – 2. Bruchsal: H. Kühn, Die germanischen Bügelfibeln der Völkerwanderungszeit in Süddeutschland II/1 (Graz 1974) Taf. 9,23. – 3. Entringen: Kühn ebd. II/1 Taf. 19,55.55a. – 4. Fleinheim: Fundber. Schwaben N. F. 16, 1962, Taf. 47 B 2. – 5. Fornovo, Prov. Bergamo: Bierbrauer (Anm. 26) Taf. 38,3. – 6. Heidelberg-Kirchheim Grab 7: Bad. Fundber. 14, 1938, Abb. 3,4a.b. – 7. Hemmaberg in Kärnten: S. Schretter, Fibeln vom Hemmaberg: Ausgrabungen 1990–1992. Carinthia 1, Jg. 183, 1993, 187 ff. bes. 191 ff. mit Abb. 2; 3. – 8. Herpes, Dép. Charente: Kühn ebd. II/2 Taf. 259,11.43. – 9. Niedernai, Dép. Bas-Rhin, Grab 48: Mitt. U. Koch, Mannheim. – 10. Rommersheim: Mainzer Zeitschr. 29, 1934, Taf. 14,1.2. – 11. Záluzí, Böhmen, Grab 1: B. Svoboda, Čechy v dobe stehování národu (Praha 1965) Taf. 87,9. – 12. Frankreich, Fo. u.: Kühn ebd. II/2 Taf. 249,59.11.

31 Soweit dies ohne Autopsie anhand der teilweise unzureichenden Abbildungen beurteilt werden kann.

32 Koch (Anm. 26) 54. – Siehe auch F. Damminger, Die Merowingerzeit im südlichen Kraichgau und in den angrenzenden Landschaften. Materialh. Arch. Baden-Württemberg 61 (Stuttgart 2002) 88 f. mit Abb. 49,1.

33 M. Martin, Historische Schlagzeilen, archäologische Trümmer. In: Die Alamannen (Anm. 7) 167.

34 Schretter (Anm. 30). – Ausführlich Bierbrauer (Anm. 26) 573 ff. – Auch Koch (Anm. 28) 196 f.

Abb. 13 Stetten. Knochenschnallen mit Eisendorn der Wadenbindengarnituren aus Frauengrab 1 (vgl. Abb. 27,1.2). Ohne Maßstab (Foto A. Koch, Stetten).

Die Grabfunde außerhalb des alamannischen Siedlungsgebietes, die so beispielhaft mit historischen Ereignissen zu verknüpfen sind, geben einen sicheren Anhaltspunkt für die Datierung des Grabes 1 von Stetten: Die erwachsene Frau dürfte um 500 n. Chr. zur Ruhe gebettet worden sein.[36]

Etwa in Höhe der Knie der frühmatur verstorbenen Frau fanden sich zwei übereinstimmende kleine Ovalschnallen ohne Beschlag aus Knochen (Abb. 13; 27,1.2). Nur bei einer von ihnen hatten sich Reste des eisernen Dornes erhalten. Die Bügel sind für die Dornhalterung und -auflage sorgfältig geschnitzt. Zweifellos gehörten sie zu einer Wadenbindengarnitur. Solche Trachtattribute besaßen in der älteren Merowingerzeit nur wenige Frauen der Oberschicht, deren gut ausgestatteten Gräber ihren Wohlstand eindrücklich bezeugen.[37] Mit drei Ausnahmen[38] waren alle diese Damen bereits im frühadulten bzw. adulten Alter verstorben.[39]

Bemerkenswert ist das Material der zierlichen Schnallen von Stetten. Sollten hier Schnallen aus Halbedelstein oder anderem organischem Material, also aus Achat, Alabaster oder Meerschaum, vorgetäuscht werden, die gerade in dieser Zeit – in der zweiten Hälfte des 5. und im frühen 6. Jahrhundert – bei der wohlhabenden Bevölkerung beliebt waren?[40] Diese kostbaren Stücke mussten

---

35 Cassiodor, var. 3,50. – Quellen zur Geschichte der Alamannen II. Heidelberger Akad. Wiss. Komm. Alam. Altkde. 3 (Heidelberg 1978) 103: „Und so bestimmen wir durch die vorliegende Verfügung, daß die Rinder der Alamannen, die offensichtlich wegen ihrer Körpergröße wertvoller, aber durch den langen Weg geschwächt sind, mit Euch ausgetauscht werden mögen gegen die, welche zwar kleiner sind von Körperbau, aber leistungsfähig, damit sowohl deren Weitermarsch durch kräftigere Tiere gefördert wird als auch Eure Felder mit Hilfe größerer Zugtiere bestellt werden. Dadurch wird bewirkt, daß die Alamannen kraftvolle, Ihr ansehnliche Tiere bekommt und daß, was selten sich herauszustellen pflegt, in einem Handel Ihr beide offensichtlich die erwünschten Vorteile erlangt habt."

36 Zur Datierung auch Bierbrauer (Anm. 26) 571. – G. Clauss, Reihengräberfelder von Heidelberg-Kirchheim. Bad. Fundber. Sonderh. 14 (Freiburg 1971) 16. – R. Marti, Das frühmittelalterliche Gräberfeld von Saint-Sulpice Vd. Cahiers Arch. Romande 52 (Lausanne 1990) 36. – Damminger (Anm. 32) 89.

37 z.B. U. Giesler-Müller, Das frühmittelalterliche Gräberfeld von Basel-Kleinhüningen. Basler Beitr. Ur- u. Frühgesch. 11 B (Derendingen, Solothurn 1992) 35 ff. (Grab 35). – Bader/Windler (Anm. 24) 116 ff. mit Abb. 20 (Grab 19). – Fundber. Baden-Württemberg 8, 1983, 402 ff. mit Taf. 224,5.6 (Mahlberg). – R. Schreg, Das Renninger Becken. Werden und Wandel einer Siedlungskammer in über 700 Jahren (Renningen 2004) 30 f. (Grab 5). – Ders., Archäologische Studien zur Genese des mittelalterlichen Dorfes in Südwestdeutschland (ungedr. Diss. Tübingen 2001) Taf. 55 A. – H. Geisler, Das frühbairische Gräberfeld Straubing-Bajuwarenstraße I. Internat. Arch. 30 (Rahden/Westf. 1998) Taf. 108 (Grab 355); Taf. 166; 167 (Grab 468); Taf. 174 (Grab 489); Taf. 208 (Grab 600).

38 Renningen Grab 5: spätmatur (Schreg [Anm. 37, 2001] 427). – Straubing Grab 489: senil (Geisler [Anm. 37] 178). Stetten: frühmatur. – Von Mahlberg sind keine Altersbestimmungen bekannt, frdl. Mitt. Prof. Dr. G. Fingerlin, Freiburg.

39 Kleinhüningen Grab 35: frühadult (Giesler-Müller [Anm. 37] 35). – Flaach Grab 19: frühadult (Bader/Windler [Anm. 24] 117). – Straubing Grab 355: frühadult; Grab 468: adult; Grab 600: frühadult (Geisler [Anm. 37] 113; 167; 212).

40 D. Quast, Merowingerzeitliche Grabfunde aus Gültlingen. Forsch. u. Ber. Vor- u. Frühgesch. Baden-Württemberg 52 (Stuttgart 1993) 54; 84.

allerdings aus dem byzantinisch-mediterranen Raum importiert werden.[41] Knochenschnallen, die ihnen äußerst ähnlich sahen,[42] konnten so ein günstiger Ersatz sein. Selbst die Schuhschnallen des „gepidischen Fürsten", der im dritten Viertel des 5. Jahrhunderts in Apahida, Bez. Cluj, in Siebenbürgen bestattet worden war, besaßen ‚nur' Bügel aus Knochen, obgleich sie mit Gold und Granaten aufwendigst geschmückt waren.[43] Und auch im reichen Grab mit Goldgriffspatha von Entringen/1927 lag eine beschlaglose kleine Ovalschnalle aus Knochen.[44] Hinsichtlich der geringen Größe stimmen die Schnallen von Entringen und Apahida gut mit den Stettener Exemplaren überein. Einen anderen Typ vertritt die kleine Rechteckschnalle im Frauengrab 14 von Hemmingen, die möglicherweise als Taschenverschluss gedient hatte.[45] Eine ähnliche Rechteckschnalle mit festem Beschlag lag außerdem im Männergrab 34 von Basel ‚Gotterbarmweg'; sie gehörte offenbar zur Saxhalterung.[46] Mehr als doppelt so groß ist eine kompakte ovale Knochenschnalle mit Bronzedorn aus Frauengrab 439 von Altenerding,[47] die allerdings eine andere Trachtfunktion hatte, denn sie lag auf der linken Hüfte der Toten. Aus dem gepidischen Gebiet sind zwei weitere Belege überliefert: Im Männergrab 60 von Szentes-Kökényzug, Kom. Csongrad, lag die ebenfalls relativ große Knochenschnalle mit Eisendorn im Becken des Toten; für die prächtigere Goldschnalle mit Knochenbügel von Guyalavári, Kom. Békés, ist der Lagebefund nicht übermittelt.[48]

Die beigezogenen Parallelen machen deutlich, dass die Herstellung kleiner ovaler und rechteckiger Knochenschnallen in der älteren Merowingerzeit (SD-Phasen 2 und 3) wohl auf Modeströmungen aus dem mittleren Donauraum zurückzuführen ist. Denn auffälligerweise findet sich in den zitierten Grabfunden von Hemmingen, Entringen und Basel ‚Gotterbarmweg' Material mit eindeutig östlichen Bezügen.[49] Als weiterer Beweis ist das Grab eines Goldschmiedes von Bobenheim-Roxheim südlich von Worms anzuführen.[50] In dem N–S orientierten Körpergrab war um die Mitte des 5. Jahrhunderts ein Mann bestattet worden, der sehr wahrscheinlich aus dem mittleren Donauraum zugewandert war. Dieses Urteil gründet u. a. auf seinen beiden bemerkenswerten Schuhschnallen mit kerbschnittverzierten ovalen Bronzebeschlägen und etwa D-förmigen Bügeln aus Knochen.

---

41 V. Bierbrauer, Die ostgotischen Grab- und Schatzfunde in Italien. Bibl. „Studi medievali" 7 (Spoleto 1975) 158 ff. – Quast (Anm. 40) 84. – Ders., Schmuckstein- und Glasschnallen des 5. und frühen 6. Jahrhunderts aus dem östlichen Mittelmeergebiet und dem „Sasanidenreich". Arch. Korrbl. 26, 1996, 333 ff.

42 Vgl. z. B. die „Stiefelgarnituren" aus dem Fürstengrab von Blučina-Cézavy in Mähren: Das Gold der Barbarenfürsten. Publ. Reiss-Mus. 3 (Stuttgart 2001) 167 Kat.Nr. 4.12.3.4. (Perlmutt oder Alabaster).

43 Ebd. 149 Kat.Nr. 4.8.3.9.

44 Veeck (Anm. 26) Taf. K 6.

45 Müller (Anm. 12) 30 ff. mit Taf. 4 A 6.

46 E. Vogt, Das alamannische Gräberfeld am alten Gotterbarmweg in Basel. Anz. Schweizer. Altkde. N. F. 32, 1930, Taf. 11,2. – Zu Knochenschnallen – weitgehend mit Rechteckbeschlag – des 6. und 7. Jhs. sowie Beinbeschlägen vielteiliger Gürtelgarnituren ausführlich zuletzt D. Quast, Fundber. Baden-Württemberg 19/1, 1994, 600 ff. – Siehe auch „Knochenarbeit". Artefakte aus tierischen Rohstoffen im Wandel der Zeit. Arch. Inf. Baden-Württemberg 27 (Stuttgart 1994) 95 f.

47 W. Sage, Das Reihengräberfeld von Altenerding in Oberbayern. Germ. Denkmäler Völkerwanderungszeit A 14 (Berlin 1984) 125 f. mit Taf. 55,6; 201,5.

48 D. Csallány, Archäologische Denkmäler der Gepiden im Mitteldonaubecken (454–568 u. Z.). Arch. Hung. N. S. 38 (Budapest 1961) 34 mit Taf. 15,2; 111 mit Taf. 191,2.

49 Müller (Anm. 12) Taf. 4 A 3.4 (Bügelfibeln). – Veeck (Anm. 26) Taf. K 7; N 7 (facettierte blaue Glasperle, Goldgriffspatha). – Vogt (Anm. 46) Taf. 11,8 (Schnalle und Langsax).

50 H. Bernhard, Die Merowingerzeit in der Pfalz. Mitt. Hist. Ver. Pfalz 95, 1997, 98 mit Abb. 58; 59. – Ders., Germanische Funde in römischen Siedlungen der Pfalz. In: Th. Fischer/G. Precht/J. Tejral (Hrsg.), Germanen beiderseits des spätantiken Limes. Spisy Arch. ústavu AV ČR Brno 14 (Köln, Brno 1999) 42 mit Abb. 18. – Imperium Romanum. Römer, Christen, Alamannen – Die Spätantike am Oberrhein. Ausstellungskat. (Stuttgart 2005) 137 Nr. 25.

51 Ausführlich zuletzt Schach-Dörges (Anm. 14) 44 ff.

52 Zu schnallenlosen Frauengräbern mit Gehängen vgl. Schach-Dörges (Anm. 14) 45. – Zur Befestigung an Bügelfibeln neuerdings B. Wührer, Das frühmittelalterliche Gräberfeld von Erpfting, Stadt Landsberg am Lech. In: Hüben und Drüben – Räume und Grenzen in der Archäologie des Frühmittelalter [Festschr. M. Martin]. Arch. u. Mus. Basellland 48 (Liestal 2004) 316 f.

Abb. 14   Stetten. Frauengrab 1 während der Ausgrabung. Die Verwerfungen im Oberkörperbereich sind deutlich zu erkennen. Die beiden Nägel oberhalb des Beckens markieren die Lage der bereits entnommenen Bügelfibeln. Eindeutig ist die Platzierung der Bernsteinperle im bronzenen Knotenring. Eine der beiden Knochenschnallen liegt zwischen den Knien, die andere neben dem rechten oberen Schienbein außen. Der schlichte Bronzering des Gehänges fand sich am rechten Fußende (Foto A. Koch, Stetten).

Zum Gürtelgehänge[51] der Frau gehörten ein Knotenring, eine Bernsteinperle und ein glatter Bronzering (vgl. Abb. 14). Da sich keine Gürtelschnalle fand, muss das Gehänge an einem Textil- oder Lederband oder an den im Becken der Toten aufgefundenen Bügelfibeln befestigt gewesen sein.[52] Während Knotenring und Perle dicht neben dem rechten unteren Oberschenkel außen lagen, war der glatte Ring zum rechten Außenfuß verlagert. Die eindeutigen Abnutzungsspuren an seinem rundstabigen Korpus (Abb. 27,5) beweisen aber, dass er zweifellos über längere Zeit an einem Band des Gehänges getragen worden war.
Die Kombination von Knoten- und glatten Ringen an in der Regel bis auf Kniehöhe getragenen Gehängen ist auch von anderen Grabfunden der älteren Merowingerzeit belegt;[53] eigenartigerweise schließen sich in Hemmingen beide Formen aus. Glatte Ringe aus Bronze, seltener aus Eisen, gehörten dort zu den Gehängen von sieben Mädchen bzw. Frauen.[54] Mit einer Ausnahme (Grab 27) – auf

---

53   z.B. Kleinhüningen Gräber 101 und 126: Giesler-Müller (Anm. 37) 92 f.; 115 ff. – Fridingen Grab 150: A. v. Schnurbein, Der alamannische Friedhof bei Fridingen an der Donau. Forsch. u. Ber. Vor- u. Frühgesch. Baden-Württemberg 21 (Stuttgart 1987) 136 f.

54   Müller (Anm. 12) 16 ff.: Grab 1 (Eisen, über 40 J.); 22 f.: Grab 6 (Bronze, älter als 45 J.); 27 f.: Grab 11 (Bronze, 40–60 J.); 53 f.: Grab 27 (Bronze, über 25 J.); 54 ff.: Grab 28 (Bronze, unter 13 J.); 63 ff.: Grab 35 (Eisen, 13–20 J.); 73 f.: Grab 43 (Bronze, 48–65 J.). Die Eisenringe in den Gräbern 23 und 50, die am Oberarm bzw. im Becken lagen, hatten wohl eine andere Funktion, so schon Müller ebd. 141 f.

Abb. 15 Stetten. Kugelbauchige Glasflasche aus Frauengrab 1
(vgl. Abb. 28,1). H. 12,5 cm (Foto Y. Mühleis, Esslingen).

sie ist noch zurückzukommen – waren alle diese entweder im juvenilen, vornehmlich aber maturen Alter verstorben. Die vier Knotenringe Hemmingens zählten hingegen zur Trachtausstattung frühadulter Frauen.[55]

Der kräftig profilierte Knotenring mit ‚kantigen Nasen' (Abb. 27,3) von Stetten hat gute Parallelen in Tübingen-Derendingen, Fellbach-Schmiden, Aldingen, Renningen, Hemmingen, Pleidelsheim, Heilbronn ‚Rosenberg' und Bruchsal, darüber hinaus in Neresheim, Schleitheim-Hebsack und Basel ‚Gotterbarmweg'.[56] Alle Stücke stehen sich durch ihre recht einheitliche Größe von 3,9 bis 4,6 cm Durchmesser weiterhin nahe. Sie sind mehrheitlich in die SD-Phase 3 datiert. Ein exzeptionelles silbernes Exemplar lag in Grab 101 von Basel-Kleinhüningen, das U. Koch der SD-Phase 2 zuwies.[57] Bemerkenswerterweise enthielten sieben der genannten Grabfunde Material mit eindeutigen Beziehungen zum mittleren Donauraum.[58] Es war daher vermutet worden, dass die Modeerscheinung mit südosteuropäischen Einflüssen zu verknüpfen ist.[59]

---

55 Müller (Anm. 12) Grab 10, 20, 36 und 59 sämtlich 20–30 J. – Vgl. auch Schach-Dörges (Anm. 14) 47. Hierzu weiter unten.

56 Ch. Morrissey, Die frühmittelalterlichen Grabfunde Tübingens. Beitr. Tübinger Gesch. 12 (Stuttgart 2003) 37 f. mit Abb. 17 (4,3 cm). – H. Roth, Ein Reihengräberfeld bei Fellbach-Schmiden, Rems-Murr-Kreis. Fundber. Baden-Württemberg 7, 1982, 519 mit Abb. 38,24.7 (Grab 24: 4,5 cm). – Schach-Dörges (Anm. 14) 106 mit Abb. 47,14 (Grab 18: 4,4 cm). – Schreg (Anm. 37, 2001) Taf. 54 C 5 (Grab 2: ca. 4 cm). – Müller (Anm. 12) 41 mit Taf. 5 C 6 (Grab 20: 4,6 cm); 66 mit Taf. 9 C 3 (Grab 36: 4,5 cm). – Koch (Anm. 11) 458 mit Taf. 46,10 (Grab 115: 4,6 cm). – Koch (Anm. 26) Abb. 40 rechts (ca. 4,5 cm). – Damminger (Anm. 32) 210 mit Abb. 49,11 (3,9 cm). – M. Knaut, Die alamannischen Gräberfelder von Neresheim und Kösingen. Forsch. u. Ber. Vor- u. Frühgesch. Baden-Württemberg 48 (Stuttgart 1993) 291 mit Taf. 20 C 3 (Grab 112: 4,1 cm). – W. U. Guyan, Das alamannische Gräberfeld von Schleitheim-Hebsack. Materialh. Ur- u. Frühgesch. Schweiz 5 (Basel 1965) (Grab 143: 4,3 cm). – Vogt (Anm. 46) 162 mit Taf. 11,33.2 (Grab 33: 4,2 cm).

57 Koch (Anm. 11) 48. In die SD-Phase 2 gehören außerdem Grab 18 von Aldingen und Grab 2 von Renningen: Schach-Dörges (Anm. 14) 84. – Schreg (Anm. 37, 2001) 158.

58 Vgl. Müller (Anm. 12) Taf. 9 C 1; Taf. 14 C 4.5. – Schach-Dörges (Anm. 14) Abb. 47,1.2.11.12. – Koch (Anm. 11) Taf. 46,7.8. – Vogt (Anm. 46) Taf. 11,4.5 (Grab 33). – Giesler-Müller (Anm. 37) Taf. 19,1.2.4 (Grab 101); 26,2.3; 27 (Grab 126). – Vgl. auch M. Martin, „Mixti Alamannis Suevi"? Der Beitrag der alamannischen Gräberfelder am Basler Rheinknie. In: J. Tejral (Hrsg.), Probleme der frühen Merowingerzeit im Mitteldonauraum. Spisy Arch. ústavu AV ČR Brno 19 (Brno 2002) 195 ff. bes. 200 mit Anm. 24.

59 Schach-Dörges (Anm. 14) 46.

Auffällig ist die Platzierung der Bernsteinperle im Zentrum des Knotenringes (Abb. 14). Dieser Befund wiederholt sich ähnlich in den Gräbern 19 von Flaach und 27 von Hemmingen.[60] Beide Frauen waren frühadult verstorben. Knotenringe sind vorwiegend ein Trachtattribut gebärfähiger Frauen;[61] vermutlich wurde in diesen Ringen also wohl ein Fruchtbarkeitssymbol gesehen.[62] Soweit Altersbestimmungen der Verstorbenen vorliegen, beträgt das Verhältnis von adulten zu maturen Frauen 4 zu 1; Kindergräber mit Knotenringen am Gehänge sind bisher unbekannt. Akzeptiert man diese Deutung des Knotenringes, liegt es dann nicht nahe, wenn er schützend einen ‚Kern' umgibt, in Stetten also die Bernsteinperle? Dieses Material war in der Antike gleich den Edelsteinen geachtet.[63] Ihm schrieb man darüber hinaus apotropäische Wirkung zu. Das Tragen von Bernsteinperlen war nicht Schmuck schlechthin, sondern galt als Gegenzauber, denn sie schützten vor Krankheiten und Dämonen. Der Rauch, der beim Verbrennen von Bernstein entstand, galt im Mittelalter als geburtsförderndes Mittel.[64] Angefügt sei, dass die in Grab 1 von Stetten Bestattete nach anthropologischem Gutachten mindestens eine Geburt überstanden hatte.

Der doppelreihige Dreilagenkamm war links zu Füßen der Toten beigegeben worden (vgl. Abb. 27). Eine derartige Deponierung ist in der frühen Merowingerzeit mehrfach zu beobachten.[65] Seltener wurden Kämme in Schädelnähe niedergelegt[66] oder gar – verwahrt in einem Futteral – am Gehänge getragen.[67] Kämme zählen zum Toilettegerät von Männern und Frauen aller Altersstufen; die Beigabe in dem Grab eines minderjährigen Knaben in Hemmingen ist allerdings eher ungewöhnlich.[68]

Der Stettener Kamm (Abb. 28,2) ist besonders sorgfältig gearbeitet. Seine Kennzeichen sind: geometrisch profilierte Schmalseiten mit je drei Durchlochungen, Mittelleisten mit etwa rechteckigem Querschnitt, die mit umlaufenden Rillen und Würfelaugengruppen akkurat dekoriert sind, sehr feine Zähnung von 6 bzw. 8 auf 1 cm. Alle drei Teile werden durch acht eiserne Niete zusammengehalten; erst nach der Endmontage sind die Zähne eingesägt worden.

Doppelreihige Kämme mit profilierten Schmalseiten stehen in spätrömischer Tradition und sind schon mehrfach ausführlich besprochen worden.[69] Die spätrömische Herkunft des Typs lässt sich gerade für das Stettener Exemplar sehr schön belegen, denn es gleicht auffallend einem Kamm von Alzey,[70] der in valentinianische Zeit datiert wurde. Allein die Anordnung der Würfelaugen und der Querschnitt der Mittelleisten unterscheiden beide Stücke.

---

60 BADER/WINDLER (Anm. 24) Abb. 15; 18: zwei Perlen im Knotenring. – MÜLLER (Anm. 12) Abb. 25: eine Perle im glatten Bronzering. – Auch im Gürtelgehänge der Frau des Befundes 163 von Mannheim-Seckenheim, Bösfeld, fand sich im Zentrum des bronzenen Knotenringes ein Amulett, nämlich eine radartige Zierscheibe aus Bronze: TH. LINK, Zwischen Adlern und Hamstern: fränkische Gräber im Hermsheimer Bösfeld, Mannheim-Seckenheim. Arch. Ausgr. Baden-Württemberg 2002, 163 ff. mit Abb. 142.
61 SCHACH-DÖRGES (Anm. 14) 47.
62 Inzwischen wurden drei weitere Knotenringe adulter Frauen publiziert: MORRISSEY (Anm. 56) 37 f. mit Abb. 17. – M.C. BLAICH, Messer, Glefen und vitis silvestris L. Zur Frühgeschichte des Weinbaus im Rheingau. Arch. Korrbl. 33, 2003, 427 ff. (Eltville Grab 459). – SCHREG (Anm. 37, 2001) 426 f.
63 Siehe z.B. J. BEMMANN, Zur Münz- und Münzersatzbeigabe in Gräbern der Römischen Kaiserzeit und Völkerwanderungszeit des mittel- und nordeuropäischen Barbaricums. Stud. Sachsenforsch. 15, 2005, 26.
64 H. BÄCHTOLD-STÄUBLI (Hrsg.), Handwörterbuch des deutschen Aberglaubens (Berlin, Leipzig 1927) Bd. 1, 1091.
65 z.B. MÜLLER (Anm. 12) 86 Abb. 45 (Grab 53). – KOCH (Anm. 11) 424 (Grab 47); 436 (Grab 74); 447 (Grab 93). – AMENT (Anm. 9) Abb. 17,2 (Grab 7). – VOGT (Anm. 46) 150 (Grab 6). – GIESLER-MÜLLER (Anm. 37) 68 (Grab 74). – Vgl. auch A. HEEGE, Grabfunde der Merowingerzeit aus Heidenheim-Großkuchen. Materialh. Vor- u. Frühgesch. Baden-Württemberg 9 (Stuttgart 1987) 75 Abb. 32 (Grab 21).
66 MÜLLER (Anm. 12) 56 Abb. 27 (Grab 29). – AMENT (Anm. 9) Abb. 19,1 (Grab 18); Abb. 21,3 (Grab 40, dort in einer Bronzeschale, also wohl einer Waschschüssel). – Siehe auch SCHREG (Anm. 37, 2004) 30 (Grab 5). - HEEGE (Anm. 65) 107 (Grab 25).
67 AMENT (Anm. 9) Abb. 19,2 (Grab 20); 21,2 (Grab 33).
68 MÜLLER (Anm. 12) 56 (Grab 29). – Vgl. auch SCHACH-DÖRGES (Anm. 14) 35 Abb. 22.
69 R. KOCH, Ein reiches frühmerowingisches Frauengrab aus Kirchheim am Neckar (Kr. Ludwigsburg). Fundber. Schwaben N.F. 18/1, 1967, 249 ff. – MÜLLER (Anm. 12) 58. – J.D. BOOSEN, Ein alamannisches Frauengrab des 5. Jahrhunderts von Graben-Neudorf, Kreis Karlsruhe. Fundber. Baden-Württemberg 10, 1986, 295 ff.; 308 f. (Fundlisten). – BLAICH (Anm. 9) 310 ff.; 361 ff. (Fundlisten). – KOCH (Anm. 11) 233.
70 BLAICH (Anm. 9) Abb. 3,1. – W. UNVERZAGT, Zur Zeitbestimmung des Kastells Alzey (Rheinhessen). Germania 13, 1929, 177 ff. mit Abb. 8,10.

Kämme, deren Mittelleisten rechteckigen Querschnitt besitzen, fasste M. C. Blaich in einer Gruppe 2 zusammen.[71] Für ihre Datierung schlug er die Zeit von 370/80 bis 480/90 vor. In Grabfunden der SD-Phasen 2 und 3 sind solche Kämme mehrfach vertreten.[72] Erst im jüngeren Abschnitt der SD-Phase 3 (um 500 n. Chr.) dürfte der Kamm von Stetten in den Boden gelangt sein.

Die kugelbauchige Glasflasche mit Röhrenhals und Omphalosboden (Abb. 15; 28,1) war offensichtlich außerhalb der Grabgrube, etwa 30 cm westlich des Sargendes und zwar einen halben Meter über dem Sargboden, niedergesetzt worden (vgl. Abb. 27). Die Beigabe in einer Grabnische[73] ist wahrscheinlich, konnte aber nicht dokumentiert werden.

Die hellgrün-luzide Flasche gehört mit ihrem nur wenig gedrückten, vom zylindrischen Hals abgesetzten Kugelbauch nach U. Koch zu den älteren Formen der frühen Merowingerzeit.[74] Der Typ ist aus römischen Befunden des späteren 3. und vor allem 4. Jahrhunderts wohl bekannt.[75] Von den spätantiken Flaschen mit nach innen gefaltetem Rand[76] unterscheiden sich die merowingerzeitlichen Stücke durch einen nach außen rund geschmolzenen Rand. Die Flasche von Stetten liegt mit einer Höhe von 12,5 cm im Mittel der Variationsbreite, die von 8,2 bis 15,0 cm reicht.[77] Ein gutes Vergleichsstück fand sich in dem Grab eines ostgermanischen Mädchens von Balleure, Dép. Saône-et-Loire, das im ersten Drittel des 5. Jahrhunderts zur Ruhe gebettet worden war.[78] Weitere Belege stammen aus der Zeit von der Mitte des 5. Jahrhunderts bis weit in das 6. Jahrhundert.[79] Für Grab 1 von Stetten wurde eine Datierung in die Zeit um 500 n. Chr. vorgeschlagen.

Kugelbauchige Glasflaschen mit Röhrenhals sind aus der *Alamannia* bisher selten belegt.[80] Das typologisch frühe Stück von Stetten, ein Import aus dem fränkischen Bereich, ist bisher nahezu singulär und unterstreicht somit den besonderen Status der im frühmaturen Alter verstorbenen Frau. Ein weiteres, etwas größeres Fläschchen kam in einem Kindergrab des 5. Jahrhunderts von Herrenberg ‚Zwerchweg' zutage.[81] Interessanterweise handelte es sich dort um ein sog. Nischengrab, wie es auch für Grab 1 vermutet wird.

Grab 2

Der Mann war im Alter von mindestens 60 Jahren verstorben. Mit einer kalkulierten Körperhöhe von etwa 1,77 m war er überaus stattlich;[82] allerdings dürfte sein rechtes Bein infolge einer verheilten

---

71 Blaich (Anm. 9) 313.
72 SD-Phase 2 z. B. Müller (Anm. 12) Gräber 29 und 53; Ament (Anm. 9) Grab 18; Vogt (Anm. 46) Grab 6. – SD-Phase 3: Koch (Anm. 11) Gräber 71 und 74; Giesler-Müller (Anm. 37) Grab 101.
73 Vgl. oben S. 611. Siehe außerdem offensichtlich übereinstimmende Befunde von Horb-Altheim und Herrenberg ‚Zwerchweg': Arch. Ausgr. Baden-Württemberg 1999, 150; ebd. 2000, 141.
74 Koch (Anm. 11) 347 f.; 591 f. Typ A oder B (Liste 50).
75 C. Isings, Roman glass from dated finds (Groningen, Djakarta 1957) 119 f. Form 101. – K. Goethert-Polaschek, Katalog der römischen Gläser des Rheinischen Landesmuseums Trier. Trierer Grab. u. Forsch. 9 (Mainz 1977) 125 ff. Form 79. – R. Pirling, Das römisch-fränkische Gräberfeld von Krefeld-Gellep. Germ. Denkmäler Völkerwanderungszeit B 2 (Berlin 1966) 103; ebd. B 8 (Berlin 1974) 75; ebd. B 10 (Berlin 1979) 52.
76 Siehe z. B. gutes Beispiel aus Grab 750 von Kaiseraugst: M. Martin, Das spätrömisch-frühmittelalterliche Gräberfeld von Kaiseraugst, Kt. Aargau. Basler Beitr. Ur- u. Frühgesch. 5 A (Derendingen, Solothurn 1991) 57 Taf. 47 D 4, datiert in die zweite Hälfte des 4. Jhs.; dort (Anm. 280) weitere zeitgleiche Parallelen benannt.
77 Vgl. die bei Koch (Anm. 11) 591 f. in Liste 50 angegebenen Daten für die Typen A und B.
78 Gold für die Barbarenfürsten (Anm. 42) 117. – J.-Y. Marin (Hrsg.), Attila, les influences danubiens dans l'ouest de l'Europe au Ve siècle. Mus. Normandie (Caen 1990) 76.
79 A. Wieczorek, Die frühmerowingischen Phasen des Gräberfeldes von Rübenach. Ber. RGK 68, 1987, 402 f. – B. Päffgen, Die Ausgrabungen in St. Severin zu Köln. Kölner Forsch. 5 (Mainz 1992) 356 f. – Koch (Anm. 11) 347 f.
80 Vgl. Koch (Anm. 11) 348; 591 f.: Hailfingen Grab 353 (Typ C), Pleidelsheim Grab 189 (Typ D). – Außerdem C. Oeftiger/K. D. Dollhopf, Fortsetzung der Ausgrabungen im alamannischen Gräberfeld ‚Zwerchweg' bei Herrenberg, Kreis Böblingen. Arch. Ausgr. Baden-Württemberg 2000, 140 ff. mit Abb. 124. – U. Gross, Funde aus fundarmer Zeit: eine Grabgruppe des 5. Jahrhunderts aus Heidelberg. Fundber. Baden-Württemberg 28/1, 2005, 293 ff. bes. 296 f. mit Abb. 6.

Abb. 16 Stetten. Männergrab 2; silberne Gürtelschnalle mit Textilfragmenten in situ (Foto A. Koch, Stetten).

Abb. 17 Stetten. Ober- und Unterseite der Gürtelschnalle aus Männergrab 2 (vgl. Abb. 29,4). M 1:1 (Foto Y. Mühleis, Esslingen).

Unterschenkelfraktur etwa 2 cm kürzer gewesen sein und er demzufolge gehinkt haben. Kräftig ausgebildete Reiterfacetten kennzeichnen den Mann als passionierten Reiter. Man hatte ihn offenbar in einem Baumsarg beerdigt (Abb. 29). Die Bestattung ist sehr wahrscheinlich ungestört, wenngleich der Schädel infolge der Verwesung verlagert ist. Der Unterkiefer des Toten lag noch in situ. Der Gürtel war mit einer qualitätvollen Silberschnalle versehen (Abb. 16). Silberne Schnällchen gehörten auch zum Verschluss der Schuhriemen. Rechts im Rücken, unter dem Arm, fand sich der Inhalt der Gürteltasche, bestehend aus Feuerstahl, Messer und Bronzepinzette (Abb. 29,5–7).[83]

Die Schnalle war geschlossen (Abb. 17; 29,4). Bemerkenswert sind die reichlichen, mehrlagigen Textilreste,[84] die sich vor allem auf der Schnallenunterseite fanden, die aber teilweise auch die Oberseite des Bügels sowie die Spitze des Schnallendorns bedeckten.[85] Reste des Ledergürtels fanden sich nicht. Weniger wahrscheinlich ist die Schnalle eingewickelt in Trachtlage ‚beigegeben' worden, vielmehr rühren die Stofffragmente offenbar vom Gewand des Toten her.[86]

---

81 Oeftiger/Dollhopf (Anm. 80) 142.
82 Vgl. Beitrag J. Wahl hier S. 646.
83 Bedauerlicherweise konnte weder durch Restaurierung noch Röntgenaufnahmen geklärt werden, ob sich in dem korrodierten, mit Textilien zusammengebackenen Konglomerat, an dem die Pinzette festgerostet war, weiteres Eisengerät verbirgt (vgl. Beitrag B. Nowak-Böck, hier S. 679–682).
84 Vgl. Beitrag Nowak-Böck, hier S. 679–682.
85 Vgl. ähnliche Befunde bei B. Sasse, ‚Westgotische' Gräberfelder auf der Iberischen Halbinsel. Madrider Beitr. 26 (Mainz 2000) 18 ff. Anders als dort vorgeschlagen (vgl. Abb. 8; 9b), können die Stoffreste der Stettener Schnalle wegen ihrer Lageposition und der Mehrschichtigkeit kaum Fragmente des zurückgeführten und verknoteten Gürtels sein.
Anm. 86 nächste Seite

Die schwere Schnalle des Grabes 2 mit nahezu rundstabigem, an der Dornauflage eingezogenem Bügel, Kolbendorn mit Mittelgrat und hochrechteckigem Beschlag mit vier kräftigen Silbernieten zeigt Merkmale, die für Schnallen der Stufe Flonheim-Gültlingen typisch sind.[87] Wichtiges Vergleichsstück ist eine Schnalle des Waffengurtes aus Männergrab 9 von Eschborn, die ebenfalls einen rechteckigen unverzierten Silberbeschlag mit markanten Silbernieten besitzt, wenngleich der Dorn – wiederum mit mittlerem Grat – mit granatbelegtem Schild schließt.[88] Grab 9 von Eschborn wurde in die Childerichzeit datiert.[89] Der Krieger war im adulten Alter von etwa 30 Jahren verstorben, der Stettener Tote hatte das doppelte Alter erreicht. Seine Bestattung könnte also wesentlich später erfolgt sein.

Eines der silbernen Schuhschnällchen fand sich geöffnet mit hoch erhobenem Dorn, das andere geschlossen (Abb. 29,1.2). Hatte man die Schuhriemen für die Bestattung gelöst,[90] und war der Dorn der einen Schnalle in seine Ruheposition zurückgefallen?

Die beschlaglosen Ovalschnallen sind durch rundstabige Bügel und Dorne mit mittlerem Grat charakterisiert. An der Dornwurzel einer der beiden Schnallen war ein etwa runder Silberniet ankorrodiert (Abb. 29,3), der als Zierniet den Schuhriemen schmückte, darüber hinaus der Befestigung des Riemens gedient haben könnte. Nach seiner Höhe zu urteilen, müsste der doppelte Schuhriemen eine Stärke von etwa 2 mm besessen haben. Seine Breite dürfte 1 cm nicht überschritten haben. Beschlaglose ovale Silberschnällchen dieses Typs sind aus der zweiten Hälfte des 5. Jahrhunderts wohlbekannt und fanden vielseitige Verwendung. Sie dienten als Taschenverschluss, zur Halterung des Schwertes und auch zur Befestigung der Strumpfbandgarnituren.[91] In ihrer Funktion als Schuhriemenzubehör sind sie nicht eben häufig, sondern waren einer wohlhabenden Schicht vorbehalten.

Das Tragen silberner Schuhschnallen geht auf Modeeinflüsse aus dem mittleren Donauraum zurück.[92] Die frühesten Belege im alamannischen Raum stammen aus der späten SD-Phase 2.[93] Runde Zierniete als Riemenbesatz sind in frühmerowingischer Zeit aus unterschiedlichem Material gefertigt worden. Silbernieten mit flachem Kopf schmückten die Wadenriemen eines jugendlichen Mannes (?) von Renningen;[94] eiserne flache Exemplare das Riemenwerk vom Kopfgestell eines Pferdes von Aldingen.[95] Niete mit silbernen Halbkugelköpfen und Bronzestiften hatten offenbar sowohl das Kopfgestell als auch die Sattelhalterung eines Pferdes von Renningen dekoriert.[96] Bronzeniete, deren Halbkugelköpfe mit Silber überzogen waren, fanden sich auch in einem Frauengrab der SD-Phase 2

---

86 Vgl. Nowak-Böck, hier S. 666. Zum Einwickeln von Beigaben vgl. z. B. A. Bartel, Schutz – Verpackung oder Zier? Schutzvorrichtungen an metallenen Trachtbestandteilen und Beigaben. Beobachtungen – Befunde – Rekonstruktionen. In: L. Bender Jørgensen/J. Banck-Burgess/A. Rast-Eicher (Hrsg.), Textilien aus Archäologie und Geschichte [Festschr. K. Tidow] (Neumünster 2003) 132 ff. – S. Möller-Wiering, Symbolträger Textil. Textilarchäologische Untersuchungen zum sächsischen Gräberfeld von Liebenau, Kreis Nienburg (Weser). Stud. Sachsenforsch. 5,8 (Oldenburg 2005) 12; 14; 38; 56 f.

87 Quast (Anm. 40) 27 f.; 86. – Siehe auch Koch (Anm. 11) 62: Schnallen mit geradem Kolbendorn = Code Y21 = typisch für die SD-Phasen 2 und 3.

88 Ament (Anm. 9) 27 mit Taf. 20,2. – Siehe auch M. Kazanski/M. Mastykova/P. Périn, Byzance et les royaumes barbares d'occident au début de l'époque mérovingienne. Probleme der frühen Merowingerzeit (Anm. 58) 173 mit Abb. 12 (außer Eschborn Grab 9 weitere Beispiele derartiger Schnallen als typisches Zubehör für den Waffengurt der Schmalsaxe).

89 Ament (Anm. 9) 27. – Quast (Anm. 40) 28.

90 Auch die Schnällchen der Wadenbindengarnitur aus Frauengrab 5 von Renningen waren „geöffnet", die Strumpfbänder also wohl kaum exakt angelegt, vgl. Schreg (Anm. 37, 2001) Taf. 55 A 16.17.

91 Müller (Anm. 12) 72 f. – Quast (Anm. 40) 84 ff. – Ament (Anm. 9) 28 f. – Koch (Anm. 26) 36. – Schach-Dörges (Anm. 14) 47 f. mit Anm. 244; 60.

92 Quast (Anm. 40) 84 mit Anm. 595. – Siehe auch J. Tejral, Neue Erkenntnisse zur Frage der donauländisch-ostgermanischen Krieger- beziehungsweise Männergräber des 5. Jahrhunderts. Fundber. Österreich 41, 2002, 496 ff. bes. 508 ff.

93 Schach-Dörges (Anm. 14) 48.

94 Schreg (Anm. 37, 2001) 427 mit Taf. 54 D 2b.

95 Schach-Dörges (Anm. 14) 102 mit Abb. 43,1–4.

96 Schreg (Anm. 37, 2001) 428 mit Taf. 56 A 5.6.

von Leonberg-Eltingen;[97] zu welchem Besatz sie gehörten, blieb wegen des gestörten Befundes ungeklärt. Mit je zwei bronzenen Scheibenkopfnieten waren die Schuhriemen einer senil verstorbenen Frau von Straubing ‚Bajuwarenstraße' beschlagen.[98] Zwei flache runde Silberniete mit gekerbtem Rand zählten darüber hinaus zur Gürtelgarnitur des Grabes 212 A von Basel-Kleinhüningen, das in die SD-Phase 3 datiert ist.[99] Hinsichtlich ihrer Größe unterscheiden sie sich mit einem Durchmesser von 0,8 cm kaum von dem Stettener Exemplar.[100] Welche Einflüsse möglicherweise die Vorliebe für nietbesetzte Riemen verstärkten, zeigt u. a. vielleicht Männergrab 4 von Velikaja Bakta, an der oberen Theiß im Karpatenbecken gelegen: Auch dort gehörten zu den silbernen Schuhschnallen runde Niete mit flachem Kopf; Gürtel oder Schwertriemen waren mit größeren Silberschnallen und „halbmondförmigen" Nieten mit gekerbtem Rand beschlagen.[101]

Die Gürteltasche muss wie üblich im Rücken rechts getragen worden sein, da sich ihr Inhalt zum Teil unter dem rechten Ellenbogen, unter einigen Rippen und dem oberen Beckenrand fand (vgl. Abb. 29).

Pinzette, Feuerstahl und Messer waren mit mehrlagigen, stellenweise faltigen Resten eines leinwandbindigen Gewebes zusammenkorrodiert.[102] Um den Stoffbefund nicht zu zerstören und weil die Korrosion der Geräte weit fortgeschritten war, wurde auf eine detaillierte restaurierende Untersuchung verzichtet; Röntgenaufnahmen brachten keine Erkenntnisse. Ob sich in dem mit der Pinzette zusammengerosteten Konglomerat noch Reste des Zundermaterials, Feuerschlagsteine oder anderes Gerät verbergen, blieb auf diese Weise ungeklärt.

Der Tascheninhalt des Mannes aus Grab 2 bietet nichts Überraschendes, denn Messer und Feuerstahl sind während der zweiten Hälfte des 5. Jahrhunderts diejenigen Geräte, die am häufigsten in Männergräbern auftreten, wohl jeder Zeit zur Hand gewesen waren und deshalb auch für das Jenseits mitgegeben worden sind.[103] Da die Textilreste auf der Schnalle und auf dem Tascheninhalt offenbar übereinstimmen, wurde postuliert, dass sie eher von einem Kleidungsstück des Toten stammen. Klarheit gibt es letztlich nicht, denn schließlich könnten beide Fundstücke ebenso gut vor der Bestattung mit demselben Stoff eingewickelt worden sein.

Vom eisernen Messer, das offenbar in einer Lederscheide verwahrt war, ist allein die noch 11,5 cm lange Klinge erhalten (Abb. 29,6). Weil sie stark korrodiert ist, konnte der Querschnitt nur ungenau ermittelt werden.

Der Feuerstahl aus Eisen zeigt eingerollte, zum Teil fragmentierte Enden. In der Mitte war im oberen Bereich offenbar ein Eisenschnällchen mit ovalem Bügel und nierenförmigem Beschlag aufgenietet (Abb. 29,5). Dieser Feuerstahltyp hat in der *Alamannia* zahlreiche Vergleichsstücke.[104] Er ist zuerst aus dem frühen letzten Drittel des 5. Jahrhunderts belegt, ebenso aber noch aus Grabinventaren der ersten Hälfte des 6. Jahrhunderts.[105] Besonders gut stimmt der Stettener Feuerstahl mit den frühen Exemplaren von Basel ‚Gotterbarmweg' (Grab 32) und Neresheim (Grab 45) überein.[106]

---

97 Fundber. Baden-Württemberg 8, 1983, 397 f. Taf. 220 A 8.
98 GEISLER (Anm. 37) 178 mit Taf. 174,9.10 (Grab 489).
99 GIESLER-MÜLLER (Anm. 37) 185 f. mit Taf. 45,6b.c; 55,11. – Zur Datierung KOCH (Anm. 11) 64.
100 Wurde ein weiterer Niet am anderen Fuß bei der Ausgrabung in Stetten übersehen?
101 TEJRAL (Anm. 92) 510 mit Taf. 13,1–6. – J. ČERKUN, Gräber aus der Völkerwanderungszeit bei Velikaja Bakta (Karpatoukraine). Slov. Arch. 42/1, 1994, 91 ff. mit Abb. 9,11–14 (russisch mit deutschem Res.).
102 Vgl. Beitrag NOWAK-BÖCK hier S. 665–668.
103 SCHACH-DÖRGES (Anm. 14) 61 ff. – Siehe auch die Befunde von Renningen: SCHREG (Anm. 37, 2001) 426 ff.: drei Feuerstahle aus vier Männergräbern.
104 Siehe SCHACH-DÖRGES (Anm. 14) 62 (Gräber 5 und 16). Zu den dort beigezogenen Parallelen sind noch hinzuzufügen ein Einzelfund von Bruchsal (DAMMINGER [Anm. 32] 210 mit Abb. 49,10), Grab 9 von Renningen (SCHREG [Anm. 37, 2001] Taf. 55 B 3) und Grab 77 von Basel-Kleinhüningen (GIESLER-MÜLLER [Anm. 37] Taf. 14,3; 82,7). – Siehe außerdem Exemplare aus Grab 501 von Altenerding (SAGE [Anm. 47] Taf. 70,37) und Grab 730 von Straubing ‚Bajuwarenstraße' (GEISLER [Anm. 37] Taf. 264,11).
105 SCHACH-DÖRGES (Anm. 14) 62.
106 VOGT (Anm. 46) Taf. 11,2. – KNAUT (Anm. 56) Taf. 8 A 4.

Chronologisch wichtig ist darüber hinaus ein auffallend exakt entsprechender Feuerstahl aus Grab 6 von Dachstein, Dép. Bas-Rhin, weil der mit etwa 30 Jahren verstorbene Mann einen künstlich verformten Schädel besaß. Das Grab dürfte wahrscheinlich im letzten Drittel des 5. Jahrhunderts angelegt worden sein.[107] Die einwärts gerollten Enden dieser Feuerstahle sind wohl als Rudimente von Vogelköpfen zu deuten, wie sie z. B. von tauschierten Feuerstahlen aus dem mittleren 5. Jahrhundert bekannt sind.[108]

Die unverzierte Bronzepinzette mit kontinuierlich zu den Klemmbacken verbreiterten Schenkeln (Abb. 29,7) ist die in dieser Periode geläufigste Form. Eher scheint bedeutsam, dass eine solche Bronzeausführung zum Eigentum des Verstorbenen gehört hatte, sind doch diese Stücke während der frühmerowingischen Zeit vornehmlich Besitz sozial höhergestellter Personen gewesen.[109] Dass der im beachtlichen Alter von mindestens 60 Jahren Verschiedene Angehöriger eines gehobenen Standes gewesen war, steht außer Zweifel. Als Belege sind seine qualitätvolle Gürtelschnalle und sein silberner Schuhriemenbesatz zu nennen, darüber hinaus die Tatsache, dass er offensichtlich zusammen mit seinem Reitpferd bestattet worden ist.

Für das Fehlen von Waffen in diesem Grab können mehrere Gründe verantwortlich sein. Zum einen war in dieser Periode Waffenbeigabe keineswegs obligatorisch, zum anderen könnte das hohe Alter des waffenuntauglichen Mannes ausschlaggebend gewesen sein.[110]

Wenn zwar einige Ausstattungsstücke des in Grab 2 gebetteten Mannes schon aus der frühen zweiten Hälfte des 5. Jahrhunderts stammen können, so ist doch eine Beerdigung des betagt Verstorbenen durchaus erst in der Zeit um 500 n. Chr. möglich.

Grab 3

Etwa 5 m nördlich von Grab 2, nur wenig nach Osten versetzt (vgl. Abb. 2), fand sich das dritte Körpergrab. Das Skelett war etwa 25 cm flacher beigesetzt als die Toten der Gräber 1 und 2. Die Bestattung war vollständig ungestört. Der in spätadultem Alter verstorbene Mann lag auf dem Rücken, die Arme waren seitlich am Körper ausgestreckt, beide Hände leicht angewinkelt, so dass sie auf den oberen Oberschenkeln ruhten (Abb. 9; 30). Auch dieser Mann war mit einer Körperhöhe von ca. 1,76 m überdurchschnittlich groß, außerdem kräftig gebaut, und auch er besaß deutliche ‚Reiterfacetten'.[111]

Grab 3 enthielt keinerlei Beigaben. Vom einzigen Trachtattribut hatten sich die Fragmente einer schlichten Eisenschnalle erhalten. Lediglich deren Dorn konnte zeichnerisch dokumentiert werden (Abb. 30,1). Durch diese Ärmlichkeit unterscheidet sich Bestattung 3 erheblich von den Gräbern 1 und 2. Hierauf wird noch zurückzukommen sein.

---

107 Schnitzler (Anm. 29) 84.82; 86.84. – Zur Datierung von Feuerstahlen mit eingerollten bzw. zurückgebogenen und auch geraden Enden in die Mitteldonauländischen Phasen 2 (=D3 450–470/80) und 3 (=E 470/80–510) vgl. außerdem J. Tejral, Zur Unterscheidung des vorlangobardischen und elbgermanisch-langobardischen Nachlasses. In: W. Pohl/P. Erhart (Hrsg.), Die Langobarden. Herrschaft und Identität. Forsch. Gesch. Mittelalter 9 (Wien 2005) 123; 131 f. mit Abb. 4 B 9. C 8; 6 B 2. – Ders. (Anm. 92) 502; 507 ff. mit Taf. 4,16.19; 5,5.11; 8,16; 12,4; 13,16.

108 R. Windler, Das Gräberfeld von Elgg und die Besiedlung der Nordschweiz im 5.–7. Jh. Züricher Denkmalpfl. Arch. Monogr. 13 (Zürich, Elgg 1994) 76 mit Abb. 105.

109 Schach-Dörges (Anm. 14) 63 mit Anm. 370–374. – Zu älteren frühalamannischen Belegen siehe auch Ch. Bücker/J. Wahl, Ein Kammergrab frühalamannischer Zeit aus Hilzingen im Hegau. In: Ch. Bücker u. a. (Hrsg.), Regio archaeologica [Festschr. G. Fingerlin] (Rahden/Westf. 2002) 155 ff. – Außerdem Tejral (Anm. 92) 511.

110 Schach-Dörges (Anm. 14) 57 mit Anm. 310; 75 ff. mit Abb. 26. – Zu Kriegerbestattungen ohne Waffenbeigabe im mittleren Donauraum vgl. Tejral (Anm. 92) 509 f. mit Taf. 12; 13.

111 Vgl. Beitrag J. Wahl hier S. 654. Herr Dr. Wahl machte mich freundlicherweise darauf aufmerksam, dass sog. Reiterfacetten auch durch andauernde Spreizhaltung während einer Tätigkeit entstehen können.

Abb. 18   Stetten. Pferdegrab 5 während der Ausgrabung (Foto A. Koch, Esslingen).

Grab 4

Reichlich 2 m östlich von Grab 2 wurde Grab 4 nur im Profil angeschnitten (Abb. 10). Man barg den Schädel einschließlich Unterkiefer und zweier Halswirbel. Nach der anthropologischen Autopsie ist der Schädel für frühmittelalterliche Vergleichsreihen eher atypisch. Es handelt sich um die Bestattung einer Frau von 25 bis 30 Jahren. Beigaben oder Ausstattungsstücke wurden nicht beobachtet.

Pferdegrab 5

Dicht nordöstlich des Frauengrabes 1 wurde ein Pferdegrab entdeckt (Abb. 2). Trotz der benachbarten Lage dieser beiden Bestattungen sind sie nicht miteinander in Beziehung zu setzen, denn noch niemals konnte bisher in Süddeutschland – weder bei den Alamannen noch bei den Bajuwaren – ein gezäumtes Reitpferd als Beigabe einer verstorbenen Frau nachgewiesen werden. Aus Frauengräbern sind lediglich Zaumzeugteile bekannt, die – sekundär verwendet – am Gürtelgehänge getragen worden waren.[112] Pferdegrab 5 von Stetten muss mit Männergrab 2 zusammengesehen werden, das nordnordöstlich in etwa 3,5 m Entfernung parallel eingebracht worden war. Gibt es aus der frühen Merowingerzeit in der *Alamannia* zwar erst sehr wenige Belege, wo Reiter und Pferd eindeutig aufeinander bezogen werden können,[113] so wiederholt sich doch die Stettener Befundsituation: In Aldingen war das Pferd etwa 3 m südlich von seinem Besitzer, annähernd parallel zum Reiter, begra-

---

112 J. Oexle, Studien zu merowingerzeitlichem Pferdegeschirr am Beispiel der Trensen. Germ. Denkmäler Völkerwanderungszeit A 16 (Mainz 1992) 15 f. – W. Bachran, Zaumzeug am Gürtel. In: Spurensuche [Festschr. H.-J. Kellner]. Kat. Prähist. Staatsslg. Beih. 3 (Kallmünz/Opf. 1991) 185 ff. – M. Nawroth, Das Gräberfeld von Pfahlheim und das Reitzubehör der Merowingerzeit. Wiss. Beibde. Anz. Germ. Natmus. 19 (Nürnberg 2001) 73 f. mit Anm. 407. – Siehe hierzu auch M. Müller-Wille, Pferdegrab und Pferdeopfer im frühen Mittelalter. Ber. ROB 20/21, 1970/71, 143 ff.; unter den dort aufgelisteten Befunden von Pferdeknochen in oder bei Frauengräbern findet sich für Süddeutschland kein einziger sicherer Beleg.

113 Schach-Dörges (Anm. 14) 80.

ben,[114] und ganz entsprechend ist die Situation in Basel-Kleinhüningen zwischen Pferdegrab 216 und dem vermuteten Reiter in Grab 212 A.[115] In allen drei Fällen waren die gezäumten und gesattelten[116] Pferde mit dem Schädel im Osten beigesetzt, was für die meisten frühmerowingerzeitlichen Gräber der *Alamannia* gilt.[117] Dem in Grab 216 von Kleinhüningen bestatteten Pferd war der Schädel zwar abgeschlagen und anderweitig entsorgt worden, doch lag die Trense in situ. Die Pferde ‚blickten' also ebenso nach Osten wie ihre Herren, wenngleich diese mit dem Schädel im Westen gebettet worden waren.

Das Pferdeskelett von Stetten ist vollständig erhalten, Verletzungsspuren waren nicht zu beobachten.[118] Wie in dieser Periode in der *Alamannia* die Regel, war das Pferd mit extrem angezogenen Beinen in einer sehr engen Grube beigesetzt (Abb. 18; 19; 30). Es muss auf jeden Fall vor Eintritt der Leichenstarre in die Grabgrube verbracht worden sein. Möglicherweise ist es mit zusammengeschnürten Beinen in die Grube gezwängt worden. Dort verendete es entweder durch Schächtung oder es war erstickt worden. Das Zusammenschnüren der Extremitäten ist offenbar noch im Mittelalter sehr üblich gewesen, sollte ein Pferd z. B medizinisch behandelt werden.[119] Belegt ist der Brauch durch eine illuminierte Handschrift aus dem 14. Jahrhundert (Abb. 20).

Das Stettener Pferd, ein Hengst von 8–10 Jahren,[120] war im besten Reitalter getötet worden. Es hatte seinem betagten Herrn nicht allzulange dienen können, geht man davon aus, dass Pferde erst im Alter von etwa drei Jahren zugeritten werden. Es sollte ihm jedoch im Jenseits zur Verfügung stehen, und es sollte ihn vor allem standesgemäß ins Totenreich geleiten. Es war zwar getötet worden, blieb aber aufgezäumt und deshalb im fiktiven Sinn zum sofortigen Ritt bereit. Das Pferd war nicht Opfer, sondern Beigabe.

Die Knebeltrense von Stetten gehört nach Oexle zur Form I.[121] Das zweigliedrige Gebissstück, dessen Querschnitt wegen Korrosion nicht sicher zu bestimmen ist, endet in einfachen Außenösen (Abb. 21; 22). In ihnen sitzen die Knebel mit flachovalem Querschnitt. Im Mittelteil der Knebel sind D-förmige Bügel herausgeschmiedet, in denen Zügel- und Backenriemen mit Hilfe relativ zierlicher rechteckiger und trianguliärer Zwingen verschlauft sind. Bemerkenswert ist die Messingtauschierung der Schauseite der Knebel durch breite, eng aufeinanderfolgende horizontale Streifen und Punktkreise sowohl auf den rechteckig verdickten Ansatzstellen der Bügel wie an den vierkantig verbreiterten Knebelenden.[122]

Streifentauschierung in Messing oder Silber findet sich innerhalb der *Alamannia* auch an Knebeltrensen der Form I aus Pleidelsheim, Renningen und Villingendorf.[123] Alle diese Exemplare aus dem mittleren und oberen Neckarraum tragen darüber hinaus tauschierte Motive in Form von Kreuzen, Punktkreisen und zahnradähnlichem Dekor. Die Trensen von Villingendorf und Stetten stehen sich durch messingfarbene Punktkreise im kompakten Mittelteil und an den Knebelenden besonders nahe.[124]

---

114 Schach-Dörges (Anm. 14) 80 mit Abb. 31.
115 Giesler-Müller (Anm. 37) Gräberplan in der Beilage.
116 Vgl. Schach-Dörges (Anm. 14) Abb. 28. – Giesler-Müller (Anm. 37) 189. – Für das Stettener Pferd ist eine Aufsattelung nicht sicher belegt.
117 Näheres zur Deponierung: Schach-Dörges (Anm. 14) 80 mit Anm. 510; 511.
118 Vgl. Beitrag E. Stephan hier S. 657.
119 K. Weitzmann, Studies in classical and byzantine manuscript illumination (Chicago, London 1971) 195 Abb. 177: Cod. gr. 2244, fol. 54ʳ Hippiatrica (Bibl. Nationale Paris).
120 Beitrag E. Stephan hier S. 660 f. – Zur Geschlechtsdiagnose und Altersbestimmung merowingerzeitlicher Pferde: J. Oexle, Merowingerzeitliche Pferdebestattungen – Opfer oder Beigaben? Frühmittelalterl. Stud. 18, 1984, 144 f. mit Abb. 11; 12.
121 Oexle (Anm. 112) 34 ff.
122 Nur eine der beiden Knebelspitzen ist erhalten, die andere fragmentiert. Ebenso sind die Knebelenden durch Korrosion stark beschädigt und ihre Form daher nicht sicher zu beurteilen.
123 Koch (Anm. 11) Taf. 2 B. – Arch. Inf. Baden-Württemberg 19 (Stuttgart 1991) 45 mit Abb. 29. – Die Alamannen (Anm. 7) 175 Abb. 180. – Auch die Trensenknebel aus Grab 69 von Horb-Altheim sind sehr wahrscheinlich streifentauschiert; Mitt. D. Beilharz M.A. Ob auch die Aldinger Trensenknebel ursprünglich tauschiert waren und nicht nur durch Rillen und Riefen im Fischgratmuster dekoriert, bleibt ungewiss: Schach-Dörges (Anm. 14) 82.

Abb. 19   Stetten. Detail des Pferdegrabes 5. Deutlich ist die Lage der Trense im Maul zu erkennen.

Abb. 20   Behandlung eines kranken Pferdes, dem zur Vorsicht die Beine gefesselt worden waren. Abbildung in einer Handschrift des 14. Jahrhunderts. Paris, Bibl. Nat. Cod. gr. 2244 fol. 54ʳ. Hippiatrica.

Die rechteckig verbreiterten Knebelspitzen teilt die Stettener Trense mit den Exemplaren von Pleidelsheim, Horb-Altheim und Kleinhüningen.[125] Dieses Merkmal wie auch die Streifentauschierung sind nach OEXLE bei Form I auf die Stufe AM I (zweite Hälfte 5. bis frühes 6. Jh.) beschränkt.[126]

---

124   Die Knebelspitzen des Stückes von Villingendorf enden hingegen kugelförmig. Punktkreise aus Messing tragen außerdem die Knebel einer Trense des gleichen Typs von Liebenau, Kr. Nienburg a. d. Weser, die als Einzelfund auf dem Gräberfeld geborgen wurde: Oexle (Anm. 112) 260 f. mit Taf. 199,440.1.
125   Koch (Anm. 11) Taf. 2 B. – Giesler-Müller (Anm. 37) Taf. 46,216.1; 63. – Für Auskünfte danke ich D. Beilharz M. A.
126   Oexle (Anm. 112) 45.

Abb. 21 Stetten. Trense mit Messingtauschierung aus Pferdegrab 5 (Foto A. Koch, Stetten).

Abb. 22 Stetten. Detail der Trense des Pferdegrabes 5: Knebel mit D-förmigem Bügel und verschlauften Zügel- und Backenriemen (Foto A. Koch, Stetten).

Zum frühmerowingerzeitlichen Begräbnisplatz bei Stetten a. d. F. 629

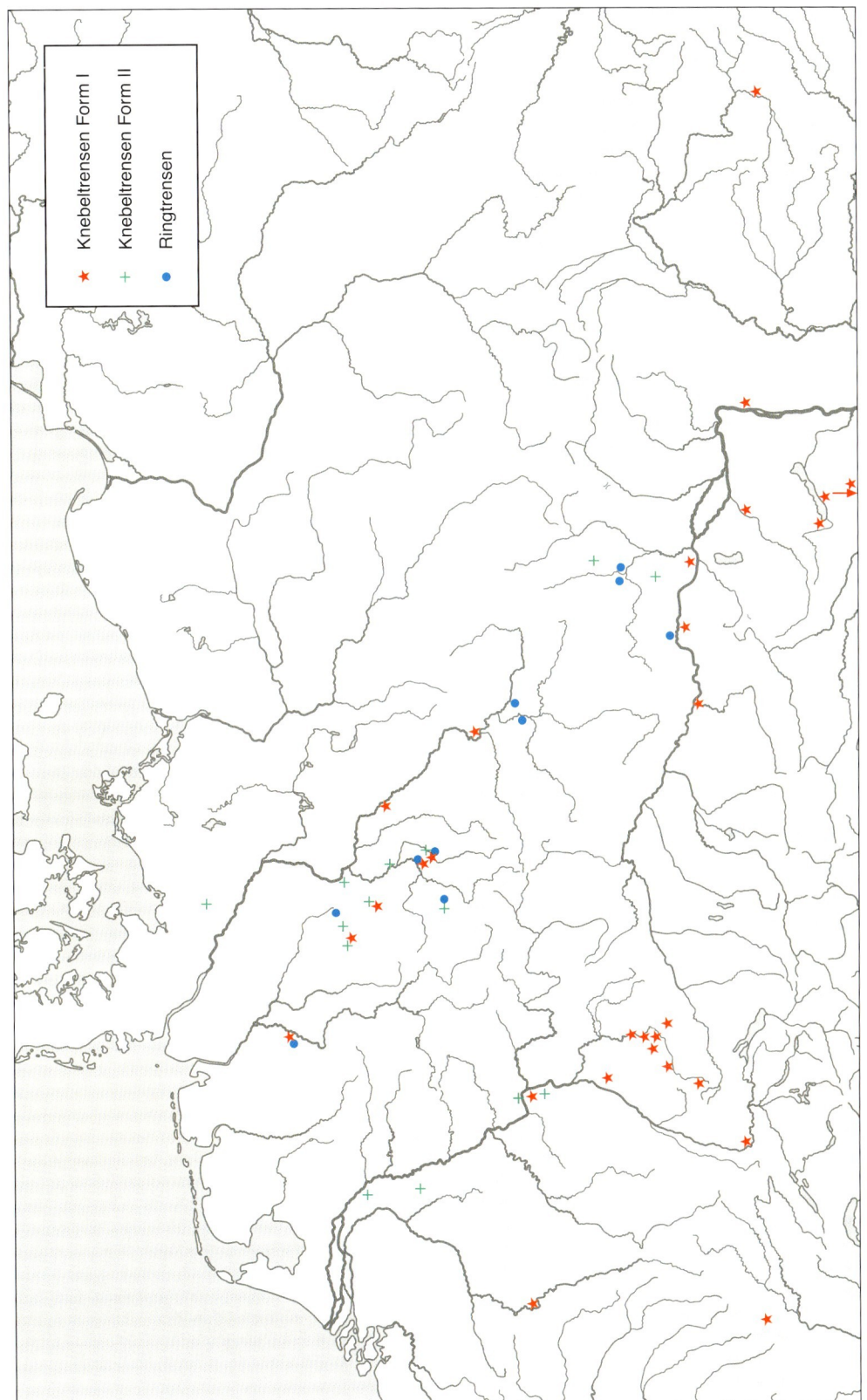

Abb. 23 Verbreitung der Knebel- und Ringtrensen aus Befunden der zweiten Hälfte des 5. und des frühen 6. Jahrhunderts (nach J. Oexle mit Ergänzungen).

Die enge Verwandtschaft der Trensen von Pleidelsheim, Aldingen, Kleinhüningen und auch Mézières hat OEXLE herausgearbeitet.[127] Das Grab von Mézières ist münzdatiert, denn es enthielt einen Triens des Zeno (474–491), der zwischen 485 und 490 in Norditalien geprägt worden war.[128] Pferdegrab 216 von Kleinhüningen, das auf das reiche Männergrab 212 A bezogen wird, ist in die SD-Phase 3 (480–510 n. Chr.) datiert,[129] also in dem gleichen chronologischen Kontext zu sehen wie das Männergrab von Mézières. Die Datierung des Reitergrabes 10 von Aldingen konnte inzwischen präzisiert werden: Es dürfte zusammen mit Pferdegrab 14 im frühen letzten Drittel des 5. Jahrhunderts angelegt worden sein.[130] Man wird demzufolge wohl Pferdegrab 5 von Stetten dem ausgehenden 5. Jahrhundert oder der Zeit um 500 n. Chr. zuweisen dürfen.

Die Wurzeln der Knebeltrensen mit einfachen Außenösen (Form I) hat OEXLE aufgezeigt: sie liegen im südrussischen reiternomadischen Milieu.[131] Die rasche Verbreitung solchen Reitzubehörs nach Westeuropa wurde durch die hunnische Expansion unter Attila erklärt, denn immerhin ist das westlichste Fundstück von Neuilly-lès-Dijon, Dép. Côte d'Or, bereits in der Mitte des 5. Jahrhunderts bei der Bestattung eines Reiters in den Boden gelangt.

Für den Raum zwischen unterem Main, Hoch- und Oberrhein kartierte OEXLE vor mehr als zehn Jahren für die frühmerowingische Periode AM I sechs Knebeltrensen der Form I.[132] Das Verbreitungsbild hat sich in der *Alamannia* in den letzten Jahren entscheidend verändert, denn fünf Komplexe sind hinzugekommen (Abb. 23).[133] Alle diese Stücke sind durch Details der Konstruktion oder Verzierung miteinander verknüpft, so dass an ihrer Datierung in frühmerowingische Zeit nicht zu zweifeln ist. Zwei (?) Belege gibt es aus Siedlungen,[134] ein Exemplar aus dem Reitergrab von Bretzenheim im Mainmündungsgebiet;[135] alle anderen acht Trensen stammen aus Pferdegräbern und lagen mit einer Ausnahme (Kleinhüningen Grab 216) in situ im Maul des getöteten Tieres.

Knebeltrensen mit einfacher Außenöse (Form I) sind während der zweiten Hälfte des 5. und bis ins frühe 6. Jahrhundert in der *Alamannia* die beherrschende Form. Denn anders als in Mitteldeutschland, Böhmen, Mähren und Niederösterreich gibt es nach der Fundaufnahme von OEXLE in dieser Periode in Süddeutschland südlich des Mains mit einer Ausnahme[136] weder Ring- noch Knebeltrensen mit Achterende (Form II). Diese sind erst aus den folgenden Perioden AM II und III (zweites und drittes Drittel des 6. Jhs.) bzw. aus noch jüngerer Zeit belegt.[137] Da nach OEXLE von allen frühmerowingerzeitlichen Trensentypen einzig die Knebeltrensen mit einfacher Außenöse hunnisch-alanischen Ursprungs sind,[138] erscheint einerseits ihre Ausschließlichkeit und andererseits ihre erhebliche Anzahl im Raum zwischen mittlerem und oberem Neckar, zwischen Schwarzwald und Schwäbischer Alb, bemerkenswert. Beachtlich ist darüber hinaus, wie häufig die Knebel aufwendig tauschiert sind. Die übereinstimmende Deponierung der Stücke im Pferdegrab, wobei mit

---

127 OEXLE (Anm. 112) 46 mit Abb. 5.
128 P. PÉRIN, Trois tombes de « chefs » du début de la période mérovingienne: les sépultures 66, 68 et 74 de la necropole de Mézières (Ardennes). Bull. Soc. Arch. Champenoise 65, 1972, 51.
129 KOCH (Anm. 11) 64.
130 SCHACH-DÖRGES (Anm. 14) 83 ff.
131 OEXLE (Anm. 112) 80 ff. – Zuletzt hierzu SCHACH-DÖRGES (Anm. 14) 83 mit Anm. 526.
132 OEXLE (Anm. 112) Taf. 221; 223. – Siehe auch dies. (Anm. 120) 125 mit Abb. 2.
133 SCHACH-DÖRGES (Anm. 14) 80 ff. mit Abb. 29. – Die Trense von Bruchsal (OEXLE Nr. 22) ist bei OEXLE mit dem Symbol einer ungewissen Datierung kartiert. Sie darf inzwischen aber nach DAMMINGER (Anm. 32) 76 als ebenfalls frühmerowingerzeitlich eingestuft werden.
134 OEXLE (Anm. 112) Nr. 61 (Lochenstein – Hausen am Tann); Nr. 142 (Runder Berg). Zur problematischen Datierung des Knebels vom Lochenstein vgl. OEXLE ebd. 40. – Siehe auch dies. (Anm. 120) 126 mit Abb. 2.
135 OEXLE (Anm. 112) Nr. 266 (Bretzenheim).
136 OEXLE (Anm. 112) Nr. 298 (Selzen). Aber gerade dieses Grab wird schon seit langem ebenso wie das genannte Reitergrab von Bretzenheim als Zeugnis fränkischer Landnahme unter Chlodwig gedeutet; beide werden demnach nicht als alamannisch betrachtet, das fügt sich gut zu den andersartigen Befunden. Vgl. H. AMENT, Fränkische Adelsgräber von Flonheim in Rheinhessen. Germ. Denkm. Völkerwanderungszeit B 5 (Berlin 1970) 164 ff.
137 OEXLE (Anm. 112) Taf. 217; 219; 225.
138 Ebd. 80 ff.

Abb. 24   Entringen, Lkr. Tübingen. Pferdegrab 1, Ausgrabung 1999.

zwei Ausnahmen (Kleinhüningen) sämtliche Kadaver mit Schädel bestattet worden waren, lässt weiterhin aufmerken und einen in der kurzen Periode von drei bis vier Jahrzehnten sehr einheitlichen Ritus erkennen.

In die gleiche Periode sind aus dem Neckarraum noch drei weitere Pferdegräber zu datieren. Diese Tiere waren allerdings ohne Reitzubehör oder nur mit einer Satteldecke versehen beigesetzt worden (Abb. 24).[139] Die beiden noch jungen Hengste oder Wallache von Entringen, nur fünf bzw. acht Jahre alt, konnten mit dem reichen Kriegergrab mit Goldgriffspatha, das 1927 entdeckt worden war, in Beziehung gesetzt werden. Sie sind demzufolge in der SD-Phase 2 (460–480 n. Chr.) beerdigt worden. So lässt sich jetzt ein viel dichteres Bild für die *Alamannia* zeichnen als es vor zwanzig Jahren möglich war,[140] und selbstverständlich ergeben sich auch andere Interpretationen. Man kann die Reiter- und Pferdegräber der *Alamannia* aus den SD-Phasen 2 und 3 (460–510 n. Chr.) kaum auf Einflüsse aus dem elbgermanischen Gebiet zurückführen bzw. sie durch Einwanderer von dort erklären.[141] Sie sind vielmehr Niederschlag direkter Beziehungen zum mittleren Donauraum.[142] Diese sind in der zweiten Hälfte des 5. Jahrhunderts bekanntlich vielfach in Tracht und Bewaffnung fassbar, darüber hinaus u. a. deutlich in der Keramikproduktion belegbar.[143] Donauländisch beeinflusste Keramik fand sich bisher vor allem auf Fundplätzen am mittleren Neckar (Abb. 25), gerade also in jenen Landschaften, in denen sich die Reitergräber mit Pferdebestattungen so auffällig häufen.

---

139 Koch (Anm. 11) 158 f. (Grab 146). – J. Hald/U. Laux, in: Arch. Ausgr. Baden-Württemberg 1999, 147 ff. – R. Baumeister/K. Steppan (Hrsg.), Vom Beutetier zum Gefährten. Die Archäologie des Pferdes (Bad Buchau 2005) 68 ff.
140 Oexle (Anm. 120) 133 mit Abb. 6.
141 Die ausführliche Begründung hierzu bei H. Schach-Dörges, Zur Pferdegrabsitte in der Alamannia während der frühen Merowingerzeit (in Vorbereitung).
142 Ähnlich schon Oexle (Anm. 120) 148.
143 z.B. Die Alamannen (Anm. 7) 167 mit Abb. 168; 177 ff. mit Abb. 182; 185; 187; 189. – U. Gross/E. Schmidt, Archäologische Untersuchungen im Randbereich des abgegangenen Dorfes Sülchen bei Rottenburg. Der Sülchgau 47/48, 2003/2004, 1 ff. bes. 5 ff; 13. – S. Spors-Gröger, Germanische Herrschaftssitze nördlich und östlich des Schwarzwaldes. In: Imperium Romanum. Römer, Christen, Alamannen – Die Spätantike am Oberrhein. Ausstellungskat. (Stuttgart 2005) 210 ff.

Es liegt nahe, alle diese Phänomene mit einer bemerkenswerten Immigration während der zweiten Hälfte des 5. Jahrhunderts zu verbinden.[144]

Der Bronzeniet mit Scheibenkopf (Abb. 30,2), der sich am Unterkiefer in der Nähe der Trense fand (Abb. 30), dürfte den Backenriemen geschmückt haben. Patinaspuren auf dem Nasenrücken des Pferdes und am linken Unterkieferast sind Beleg für weiteren Nietbesatz. Solcher Riemendekor aus Eisen, Bronze oder Silber – sowohl mit flachem als auch halbkugeligem Kopf – ist in dieser Periode durchaus geläufig.[145]

Zusammenfassender Ausblick

In Flur ‚Zeiläcker', am Nordostrand des Ortes Stetten auf den Fildern, Stadtteil von Leinfelden-Echterdingen, wurden im Jahre 2000 fünf Bestattungen aus frühmerowingischer Zeit ausgegraben. Ob alle Gräber der Nekropole erfasst wurden oder im östlich anschließenden Gelände weitere zu erwarten sind, konnte letztendlich nicht mit Sicherheit geklärt werden. Nach den zur Verfügung stehenden Unterlagen ist eher davon auszugehen, dass es sich um einen nur kleinen Begräbnisplatz einer einzigen Hofgemeinschaft handelt.

Bestattet wurde eine sehr wahrscheinlich im frühmaturen Alter verstorbene, durchaus wohlhabende Frau. Wie vor allem anhand ihrer Fibelausstattung zu erkennen war, muss sie um 500 n. Chr. zur Ruhe gebettet worden sein. Sie hatte mindestens ein Kind geboren, das offensichtlich aber nicht auf diesem Platz beerdigt worden ist.

Wenig nordöstlich der Frau hatte man einen Mann bestattet, der betagt im Alter von mehr als 60 Jahren verstorben war. Mit einer Körperhöhe von knapp 1,80 m war er außerordentlich stattlich, jedoch muss er infolge einer Beinfraktur gehinkt haben, denn nach der Heilung blieb sein rechtes Bein verkürzt. Hinsichtlich des Wohlstandes dürfte dieser Mann der Frau des Grabes 1 in keiner Weise nachgestanden haben. Beleg sind seine qualitätvolle Gürtelschnalle und seine silbernen Schuhschnallen, darüber hinaus sein neben ihm beerdigtes Reitpferd. Er hatte es erworben als er schon über 50 Jahre alt war. Dass er ein passionierter Reiter gewesen war, beweisen seine ausgeprägten sog. Reiterfacetten. Nichts spricht dagegen als Zeitraum der Beisetzung von Reiter und Pferd ebenfalls das ausgehende 5. oder beginnende 6. Jahrhundert anzunehmen. Ob die Frau (Grab 1) und der Mann (Grab 2) verwandtschaftlich verbunden waren, bleibt Spekulation. Da sie hinsichtlich des sozialen Ranges ebenbürtig waren und nahe beieinander bestattet wurden, ist eine Vertrautheit beider Personen eher wahrscheinlich.

Der im spätadulten Alter verstorbene Mann, der in Grab 3 lag, war ebenfalls auffallend groß und kräftig. Seine deutlich ausgebildeten Reiterfacetten weisen auch ihn als höchstwahrscheinlich Berittenen aus, doch wurde ihm keine Reitausrüstung für das Jenseits mitgegeben. Dies spricht einmal mehr dafür, dass die Beigabe von Sporen, Zaum- und Sattelzeug sowie Pferden als soziales Indiz zu werten ist und ihr Fehlen nichts über die Reitgewohnheiten der Lebenden aussagt.[146] Der Mann war ohne jede Beigabe bestattet worden. Einziges Trachtattribut war eine schlichte Eisenschnalle vom Leibgurt. Die Ausstattungsunterschiede zwischen Grab 2 und 3 sind so bedeutend, dass der Mann des Grabes 3 wohl berechtigterweise als Untergebener des Reiters aus Grab 2 angesehen werden darf. Der Zeitpunkt seiner Bestattung kann ebensowenig bestimmt werden wie derjenige der frühadult verstorbenen Frau, von der nur der Schädel geborgen werden konnte (Grab 4).

---

144 So schon Quast (Anm. 9) 177 ff. – Martin (Anm. 58) 195 ff. – Siehe auch H. W. Böhme, Neue Forschungen zur Spätantike. In: W. Menghin (Hrsg.), Menschen · Zeiten · Räume. Archäologie in Deutschland (Berlin, Stuttgart 2002) 302 ff.

145 Schach-Dörges (Anm. 14) 83. – Schreg (Anm. 37, 2001) 160 mit Taf. 56 A 5.6. – Damminger (Anm. 32) 210 mit Abb. 50 d. – Silberniete mit Halbkugelkopf gehörten auch zum Pferdegeschirr aus Grab 69 von Horb-Altheim, freundl. Mitt. D. Beilharz M.A.

146 U. v. Freeden, Das frühmittelalterliche Gräberfeld von Moos-Burgstall, Ldkr. Deggendorf in Niederbayern. Ber. RGK 68, 1987, 555 ff.; 593. – A. Rettner, Sporen der älteren Merowingerzeit. Germania 75/1, 1997, 152. – Schach-Dörges (Anm. 14) 72.

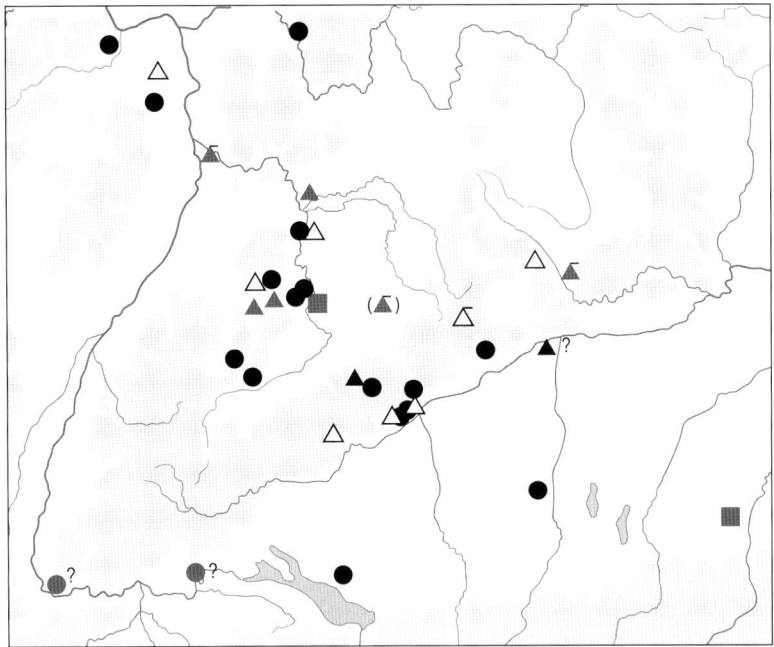

Abb. 25 Verbreitung der donauländisch beeinflussten Keramik. Ausgefüllte Signaturen: mit Glättverzierung (nach D. Quast [Anm. 9] Abb. 189).

Bemerkenswerterweise weisen die Schädel der beiden Individuen aus den Gräbern 3 und 4 Besonderheiten auf, die von der bisher vertrauten typologischen Spannbreite nicht abgedeckt werden.[147] Es wird interessant sein, anhand einer größeren Stichprobe frühmerowingerzeitlicher Kranien zu klären, ob die als ‚fremd' auffallenden Merkmale der beiden Stettener von Belang und vor allem deutbar sind, ob sie nämlich als Immigranten identifiziert werden können.[148]

Vieles spricht dafür, dass der kleine Begräbnisplatz von Stetten a. d. F. zu den nur kurzfristig belegten Nekropolen vom ‚Typ Hemmingen'[149] zählt, ja, dass sogar nur eine einzige Generation auf ihm bestattet wurde. Sowohl historisch als auch archäologisch ist hinreichend belegt, dass ein Teil der alamannischen Bevölkerung nach der vernichtenden Niederlage gegen die Franken das Land verlassen hat.[150] Unklar ist jedoch, welches Ausmaß dieser Exodus hatte. Übereinstimmung herrscht in der Auffassung, dass die uns bekannten Friedhöfe aus der zweiten Hälfte des 5. Jahrhunderts nur einen Bruchteil der alamannischen Bevölkerung spiegeln können, die in dieser Zeit ihre größte Machtentfaltung erreichte und als *innumerabilis natio* (zahlloses Volk) bezeichnet worden war.[151]. Es handelt sich mehrheitlich um Separatfriedhöfe der Oberschicht bzw. der Hofgemeinschaft hochan-

---

147 Vgl. Beitrag J. Wahl hier S. 649; 655 f.
148 Tejral machte auf einige Gräber der Kriegerelite der zweiten Hälfte des 5. Jhs. aufmerksam, deren Skelette durch ihren robusten physischen Habitus, besonders aber durch ihre ungewöhnliche Körpergröße von 170 bis 180 cm auffallen und somit die Durchschnittsgröße der donauländischen Population weit überschreiten (Anm. 92, 509). Es sind Bestattungen von Przemeczany in Südpolen, Prostějov in Mittelmähren und Košarevo in Westbulgarien, letztere bringt er „mit einer barbarischen Foederaten- oder Söldnergruppe, ganz gleich ob Hunnen, Goten oder Heruler, in Verbindung". Interessant ist, dass auch die beiden Männer von Stetten – möglicherweise Zugewanderte aus dem mittleren Donauraum – durch ihre ungewöhnliche Größe von 176 bzw. 177 cm auffallen. – Zu einem weiteren außergewöhnlich großen Mann von Horb-Altheim, ausgestattet u. a. mit Schmalsax und Cloisonnéschnalle, vgl. G. Wieland, Arch. Ausgr. Baden-Württemberg 2000, 138 f. mit Abb. 121; 122. – Auch in Flaach, Kt. Zürich, maßen einige männliche Skelette um 175 cm; für die Mitteilung sei Frau Dr. R. Windler bestens gedankt!
149 Bes. Ament (Anm. 9) 42 ff. mit Abb. 12; 13. – Ders. (Anm. 8) 1 ff.
150 Hierzu v. a. Koch (Anm. 28) 191 ff.
151 Quellen zur Geschichte der Alamannen II. Heidelberger Akad. Wiss. Komm. Alam. Altkde. 3 (Heidelberg 1978) 102.

gesehener adelsähnlicher Familien.¹⁵² Es wäre nur allzu verständlich, wenn gerade diese Elitekrieger der Unterwerfung unter die Franken durch Auswanderung ausgewichen wären.¹⁵³ Auf welch unsicherem Boden wir uns allerdings bewegen, zeigt die kürzlich von H. AMENT publizierte Studie.¹⁵⁴ Er konnte anhand der Grabfunde von Nieder-Erlenbach, Stadt Frankfurt a. M., nachweisen, dass Angehörige ein und derselben Siedlunsgemeinschaft – aus welchen Gründen auch immer – gegen Mitte des 6. Jahrhunderts den alten Friedhof aufgaben und in etwa 70 m Entfernung einen neuen anlegten. Nach AMENT sind für diesen Belegungsabbruch keinesfalls die fränkisch-alamannischen Auseinandersetzungen Anfang des 6. Jahrhunderts ausschlaggebend gewesen, „vielmehr scheinen die maßgeblichen Beweggründe ganz auf lokaler Ebene gelegen zu haben."¹⁵⁵

In den letzten Jahren konnte herausgearbeitet werden, in welchem intensiven Maße der südwestdeutsch-alamannische Raum mit dem Mitteldonauraum schon im zweiten Drittel des 5. Jahrhunderts und den nachfolgenden Jahrzehnten verflochten war. J. TEJRAL wies auf analog verlaufende Entwicklungen hin, „die zur Bildung neuer soziopolitischer und kultureller Strukturen und Machtverhältnisse führten".¹⁵⁶ Übereinstimmungen betreffen nicht nur Teile des archäologischen Fundmaterials, sondern auch so wichtige Dinge wie die Gründung der Kleinnekropolen und der Höhensiedlungen.¹⁵⁷

Einigkeit herrscht darüber, dass viele der in der *Alamannia* während der zweiten Hälfte des 5. Jahrhunderts zu beobachtenden Befunde und Funde ihre Wurzeln im Mitteldonauraum und Karpatenbecken haben. Ihre Verbreitung ist nicht allein auf kulturelle Einflüsse zurückzuführen, sondern es müssen bemerkenswerte Bevölkerungsteile zugewandert sein.¹⁵⁸ Das bestimmende Ethnos dieser Immigranten wird kontrovers diskutiert. M. MARTIN betont den vorwiegend elbgermanisch-suebischen Charakter.¹⁵⁹ Nach ihm sind „in den Jahrzehnten nach 454 Personengruppen aus verschiedenen Teilen des Donauraumes in die Alamannia zugezogen ... Sueben waren dabei ... die wichtigste, namengebende Komponente". TEJRAL definiert den Fundstoff im mittleren Donauraum und Karpatenbecken hingegen als zugehörig zu einem donauländisch-ostgermanischen Kulturkreis, der starke reiternomadische Einflüsse aufgenommen hat. Er räumt aber auch ein, dass „die ethnische Zusammensetzung der damals im Donauraum entstandenen neuen *gentes* durchaus heterogen war und unter der herrschenden Stammesschicht auch andere Bevölkerungsteile, darunter auch suebischer Provenienz, sicher vorauszusetzen sind".¹⁶⁰ TEJRAL konstatiert für die Kriegergräber der zweiten Hälfte des 5. Jahrhunderts eine erstaunlich einheitliche Ausstattung von der südwestdeutschen *Alamannia* bis ins Karpatenbecken. Und in der Tat könnte der Stettener Reiter, ausgestattet mit silberner Gürtelschnalle, mit silbernen Schuhschnallen und Ziernietenbesatz, eisernem Feuerstahl mit angenieteter Kleinschnalle und eingerollten Enden sowie Bronzepinzette ebenso im mittleren Donauraum zutage gekommen sein.

Der in die zweite Hälfte des 5. Jahrhunderts zu datierende Fundstoff hat sich für die südliche *Alamannia* im letzten Jahrzehnt erfreulich vermehrt. Eine detaillierte Analyse dieses Materials wird gewiss die ethnischen Fragen einer Lösung näher führen können. Wichtig im Zusammenhang der

---

152 AMENT (Anm. 9) 49. – MARTIN (Anm. 58) 205.
153 KOCH (Anm. 28) 191 f.
154 AMENT (Anm. 8).
155 Ebd. 6.
156 J. TEJRAL, Die spätantiken militärischen Eliten beiderseits der norisch-pannonischen Grenze aus der Sicht der Grabfunde. In: FISCHER/PRECHT/TEJRAL (Anm. 50) 272 f.
157 QUAST (Anm. 9) 171 ff. – MARTIN (Anm. 58) 197; 218. – SCHACH-DÖRGES (Anm. 14) 85. – Zuletzt hierzu umfassend TEJRAL (Anm. 107) 103 ff. bes. 114 ff.; 165 ff.
158 So schon QUAST (Anm. 9) 179. – MARTIN (Anm. 58) 206; 216.
159 MARTIN (Anm. 58) 195 ff. bes. 215 ff. – Vgl. in diesem Zusammenhang auch SCHACH-DÖRGES (Anm. 14). In den Grabinventaren von Aldingen fanden sich deutlich östliche Elemente wie z. B. die Zikadenfibeln, der massive Polyederohrring, Knotenringe, Schuhschnallen bei den Frauen und Schmalsax, Cloisonnéschnallen, glättverzierte Keramik und die Mitgabe eines aufgezäumten Reitpferdes bei den Knaben und Männern. Der Brauch, den Knaben Miniaturäxte und Pfeile mitzugeben, verriet aber eindeutig elbgermanisch-suebische Tradition.
160 TEJRAL (Anm. 107) bes. 115 ff.; 163; 168.

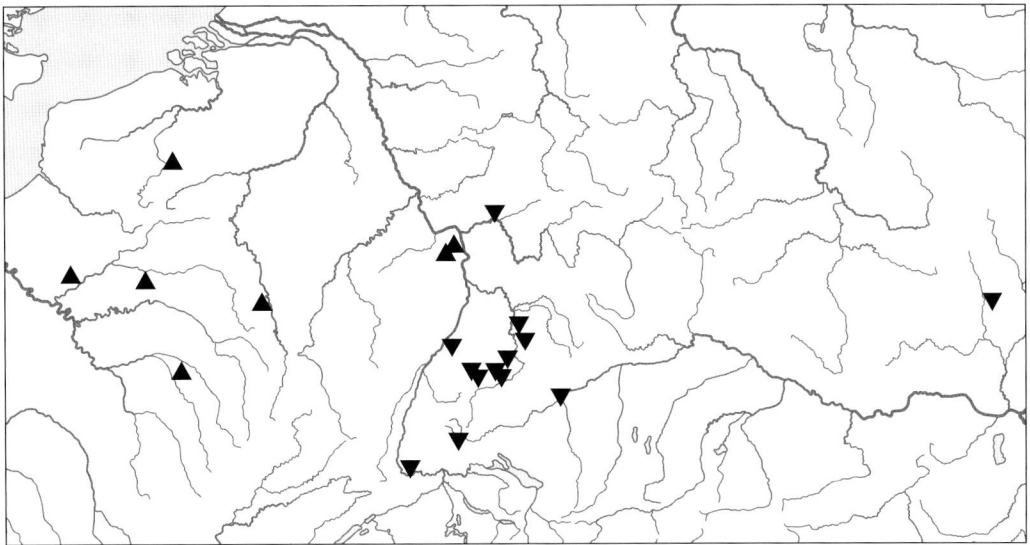

Abb. 26　Verbreitung der Gräber mit Goldgriffspathen (nach G. FINGERLIN [Anm. 8] Abb. 3).

alamannischen Ethnogenese scheint mir, dass es sich bei den Immigranten in der frühen zweiten Hälfte des 5. Jahrhunderts nicht um eine untergeordnete, schnell assimilierte und deshalb im archäologischen Befund rasch ‚abtauchende' Bevölkerungsschicht gehandelt hat, sondern um eine führende Elite[161] – eindeutig durch die hervorragenden Grabausstattungen belegt –, die entscheidende Impulse zur Machtentfaltung beigesteuert haben wird.

Betrachtet man die Verbreitungsbilder desjenigen Fundmaterials, das mit diesen Zuwanderern in Verbindung gebracht wird,[162] so hebt sich immer wieder im besonderen Maße das Gebiet um den mittleren und oberen Neckar ab. Hier in diesen fruchtbaren Landschaften, in denen noch aus der römischen Zeit wichtige Verkehrsverbindungen in N-S- und auch W-O-Richtung verliefen, wurden (?) die Elitekrieger mit ihren Familien angesiedelt.[163] Bekanntlich muss die in antiker Zeit eingerichtete Straße, die von Windisch über Zurzach – Rheinheim – Schleitheim – Hüfingen – Rottweil – Sulz – Rottenburg nach Köngen führte, noch in Benutzung gewesen sein.[164] In dieser Richtung reihen sich die Kriegergräber mit Pferdebestattungen, Goldgriffspathen und anderen kostbaren Ausstattungsstücken von der oberen Donau bis zum mittleren Neckar wie Perlen an einer Schnur (Abb. 23; 26). Und sicher nicht zufällig liegt hier am Rande der Schwäbischen Alb auf dem Runden Berg bei Urach das bedeutendste bisher bekannte alamannische Machtzentrum frühmerowingischer Zeit. Sicher gehörte zu den Aufgaben dieser adelsähnlichen Familien u.a. die Überwachung der strategisch wichtigen Verkehrswege. Ihre Höfe mögen darüber hinaus Verwaltungs- und Wirtschaftszentren gewesen sein.[165]

Die Machtkonzentration während der zweiten Hälfte des 5. Jahrhunderts zwischen Schwarzwald und Schwäbischer Alb am mittleren und oberen Neckar ist bemerkenswert. Man postierte sich nicht

---

161　Siehe hierzu MARTIN (Anm. 58) 216.
162　QUAST (Anm. 9) 180 mit Abb. 187; 182 mit Abb. 189. – Ders., Auf der Suche nach fremden Männern. In: FISCHER/ PRECHT/TEJRAL (Anm. 50) 122 mit Abb. 5. – H. STEUER, Herrschaft von der Höhe. In: Die Alamannen (Anm. 7) 149 mit Abb. 145 (Verbreitung der Goldgriffspathen). – SCHACH-DÖRGES (Anm. 14) 44 mit Abb. 17; 82 mit Abb. 29.
163　Wie man sich diese Ansiedlungen administrativ-organisatorisch vorstellen muss, ist noch völlig offen.
164　K. MILLER, Itineraria Romana (Stuttgart 1916). – L. DILLEMANN, La Cosmographie du Ravennate. Coll. Latomus 235 (Bruxelles 1997) 171 ff. – FINGERLIN (Anm. 8) 19 ff. mit Abb. 17.
165　Vgl. G. FINGERLIN, Bräunlingen, ein frühmerowingerzeitlicher Adelssitz an der Römerstraße durch den südlichen Schwarzwald. Arch. Ausgr. Baden-Württemberg 1997, 146 ff. – Ders. (Anm. 8) 27.

an den westlichen Hängen des Schwarzwaldes, dicht an der Grenzlinie zum spätrömischen Reich, obwohl deren Verteidigung Mitte des 5. Jahrhunderts aufgegeben worden war,[166] sondern wählte eine ‚geschütztere' geographische Situation im Landesinneren.

Katalog

Grab 1

Dokumentation: Befund 594 (Glasflasche)/595 (Grab); Fläche 2933/2934; Fundbuch-Nr. 472, 474–476 (Bezeichnung: Grab 4). Grabzeichnung *(Abb. 27)*, keine Detailzeichnungen; Grabungsaufnahmen *(Abb. 8; 14)*. Untersuchung vom 17.07. bis zum 03.08.2000.

Grab: W–O; T. der Grabsohle 1,37 m; B. 0,5–0,6 m; L. 1,92 m. Sargboden durch verkohlte Holzspuren deutlich erkennbar, aufgehende Wand noch zu etwa zwei Drittel das Skelett umgebend: B. 0,42 m; L. 1,70 m. Vermutlich Baumsarg. Gestört.

Skelett: Frau, 40–50 Jahre alt, starke Abnutzungsspuren. Gestreckte Rückenlage, Arme seitlich anliegend. Linker Unterschenkel nicht mehr in situ; im Schädel-, Oberkörper- und Lendenbereich Knochen stark verworfen.

Funde: Das Inventar ist möglicherweise nicht vollständig. Das Bügelfibelpaar (1.2) lag im Bauchbereich, Lagedetails sind unbekannt. Der Knotenring (3), in dessen Zentrum die Bernsteinperle (4) lag, fand sich außen neben dem rechten mittleren Oberschenkel, der einfache Bronzering (5) außen neben dem rechten Knöchel. Die eine der beiden Knochenschnallen (6) lag zwischen den Knien, die zweite (7) zum Teil unter dem rechten oberen Schienbein. Der Knochenkamm (8) lag etwa am linken Fußende. Die Glasflasche (9) war außerhalb der eigentlichen Grabgrube beigesetzt, etwa 0,30 m vom westlichen Sargende entfernt, WSW vom Schädel der Toten. Der Flaschenboden fand sich ca. 0,55 m höher als der Sargboden. Eine Grabnische, in der die Flasche stand, wurde nicht beobachtet.

1.2 Bügelfibelpaar
1 Fünfknopffibel: Silber, vergoldet, sehr stark korrodiert und patiniert, Spiralkonstruktion Eisen, Nadel fehlt; Bügel gebrochen und repariert. Knöpfe halbrund profiliert; Kopfplatte mit auswärts eingerollter Doppelspirale, Randborte mit doppeltem Dreieck-Nielloband; Bügel mittig mit vierfachem Dreieck-Niello, randlich Dreieck-Kerbschnitt; Fuß schließt gerade, Ende wenig abgeschrägt und unverziert, mittig ebenfalls vierfaches Dreieck-Nielloband, seitlich wechseln zwei geometrische Kerbschnittmuster: Rechteckfelder mit Diagonale und solche mit Würfeldekor. Unterseite flach, Kopfplatte mit Randsteg, Achshalter mitgegossen. L. 7,5 cm; Gew. 22,1 g *(Abb. 11; 27,7)*.
2 Fünfknopffibel: nahezu identisch mit 1. Keine Reste der Spiralkonstruktion, in Höhe der ehemaligen Spirale ist die Kopfplatte an einer Stelle durchkorrodiert. L. 7,5 cm; Gew. 17,4 g *(Abb. 11; 27,6)*.

3–5 Gürtelgehänge
3 Knotenring: Bronze; radial und seitlich umlaufende Reihe kantiger ‚Nasen', keine Abnutzungsspuren erkennbar. Gr. Dm. 4,6 cm; lichte W. 3,0 cm *(Abb. 14; 27,3)*.
4 Perle: Bernstein; flach-oval, Fadenloch und Querschnitt unsymmetrisch. Dm. etwa 2,2 cm; Fadenloch 0,5 cm *(Abb. 14; 27,4)*.
5 Ring: Bronze; leicht oval, Querschnitt etwa rund, an einer Stelle Abriebspuren. Äußerer Dm. 4,0 x 3,7 cm; lichte W. 3,1 x 2,9 cm *(Abb. 27,5)*.

6.7 Wadenbindengarnitur
6 Schnalle: Knochen; eingliedrig, ovaler Bügel mit kräftig eingezogener Dornauflage, Unterseite flach, Dorn fehlt. Maße 1,7 x 2,7 cm *(Abb. 13; 27,1)*.
7 Schnalle: Knochen mit Eisendorn; Typ identisch, aber Bügel weniger kompakt und korrodiert. Maße 1,7 x 2,6 cm *(Abb. 13; 27,2)*.

8 Kamm: Knochen; zweizeiliger Dreilagenkamm, Schmalseiten profiliert und je dreifach geöst, Zähnung 8 bzw. 6 auf 1 cm, rechteckige Griffplatten mit acht Eisennieten befestigt, mit je drei umlaufenden Randlinien und drei Gruppen von je drei Würfelaugen; Zähne am zusammengesetzten Objekt eingesägt. B. 11,8 cm *(Abb. 28,2)*.

9 Flasche: Glas, hellgrün-durchscheinend; nur wenig bei Ausgrabung beschädigt; unsymmetrischer Omphalosboden, Korpus gedrückt-bauchig, Zylinderhals abgesetzt, Rand nach außen rundgeschmolzen. H. 12,5 cm; Bauch-Dm. 9,8 cm *(Abb. 15; 28,1)*.

---

166 J. Oldenstein, Die letzten Jahrzehnte des römischen Limes zwischen Andernach und Selz unter besonderer Berücksichtigung des Kastells Alzey und der Notitia Dignitatum. In: F. Staab (Hrsg.), Zur Kontinuität zwischen Antike und Mittelalter am Oberrhein. Oberrhein. Stud. 11 (Sigmaringen 1994) 69 ff.

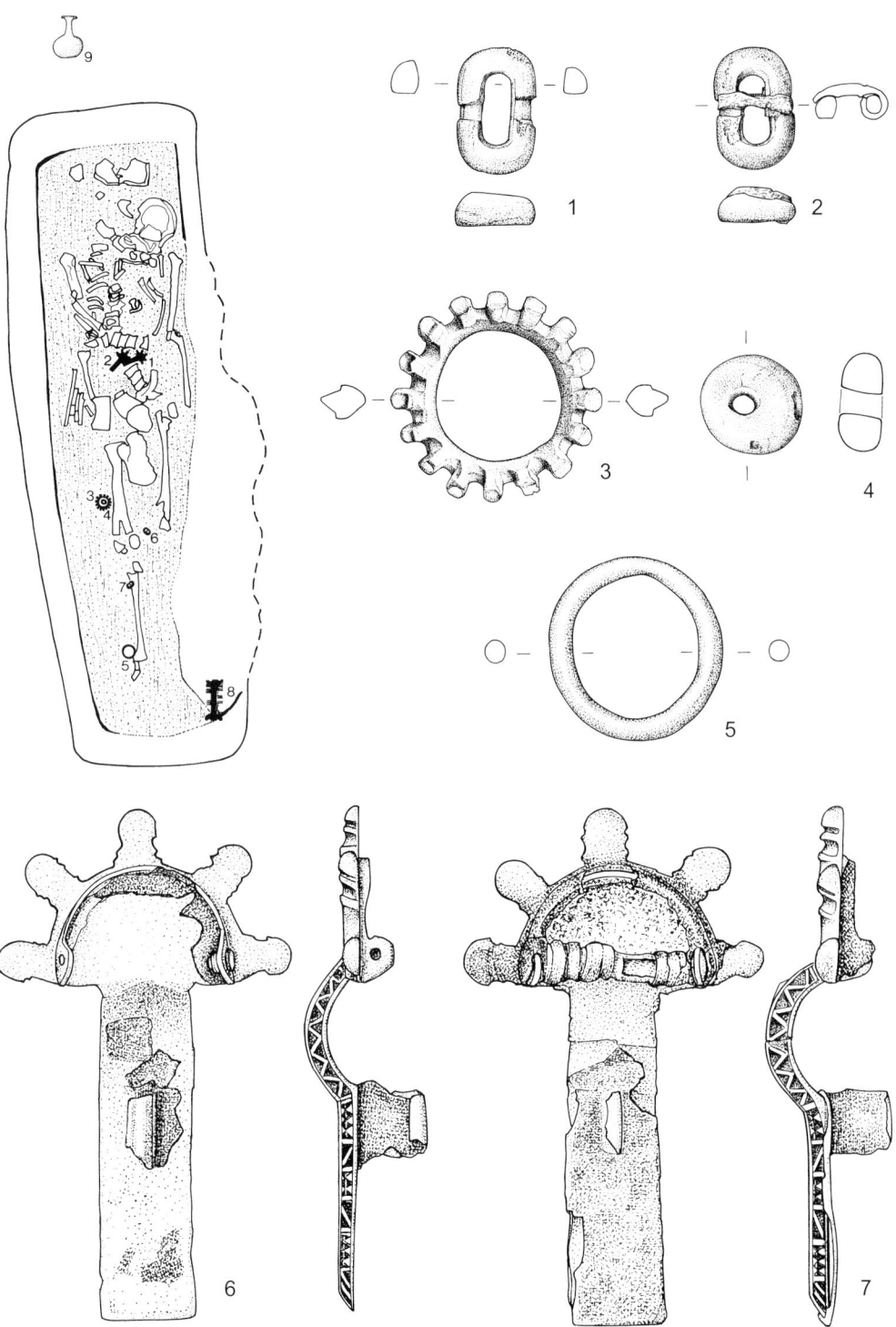

Abb. 27 Stetten Grab 1 (M 1:20). 1.2 Knochen mit Eisen; 3.5 Bronze; 4 Bernstein; 6.7 Silber vergoldet. 1–5 M 2:3; 6.7 M 1:1.

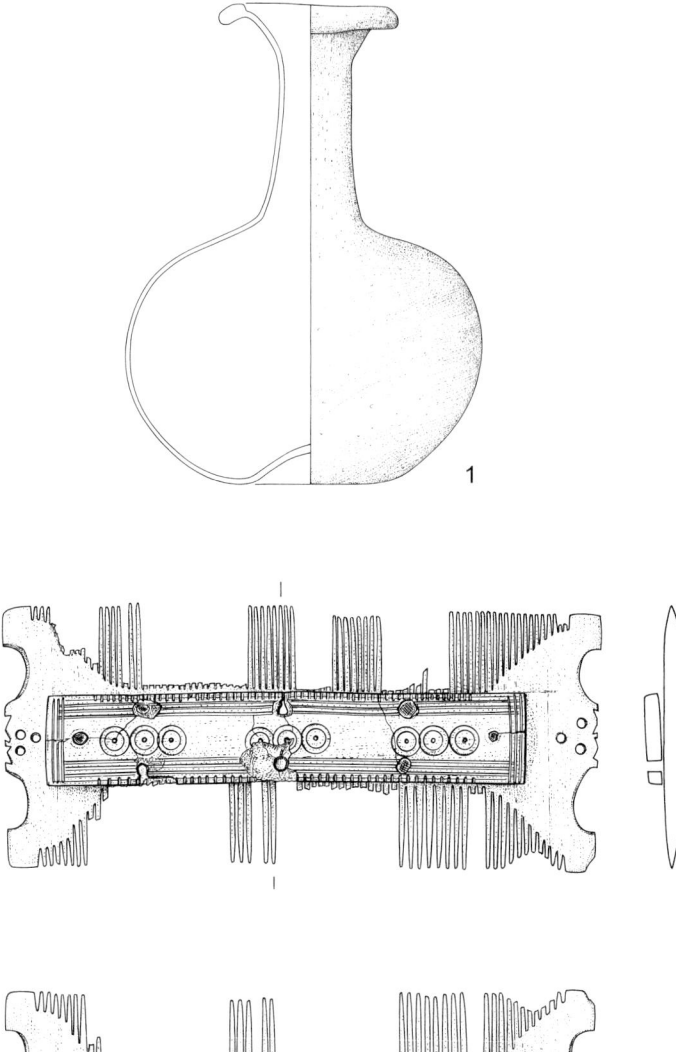

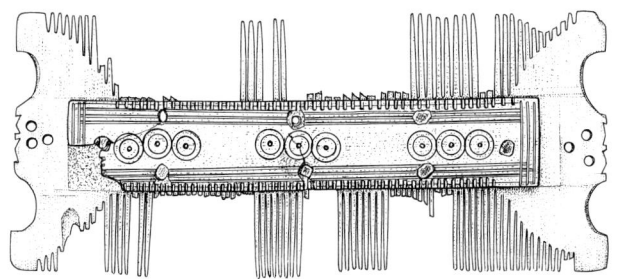

Abb. 28 Stetten Grab 1. 1 Glas; 2 Knochen mit Eisen. 1 M 1:2; 2 M 2:3.

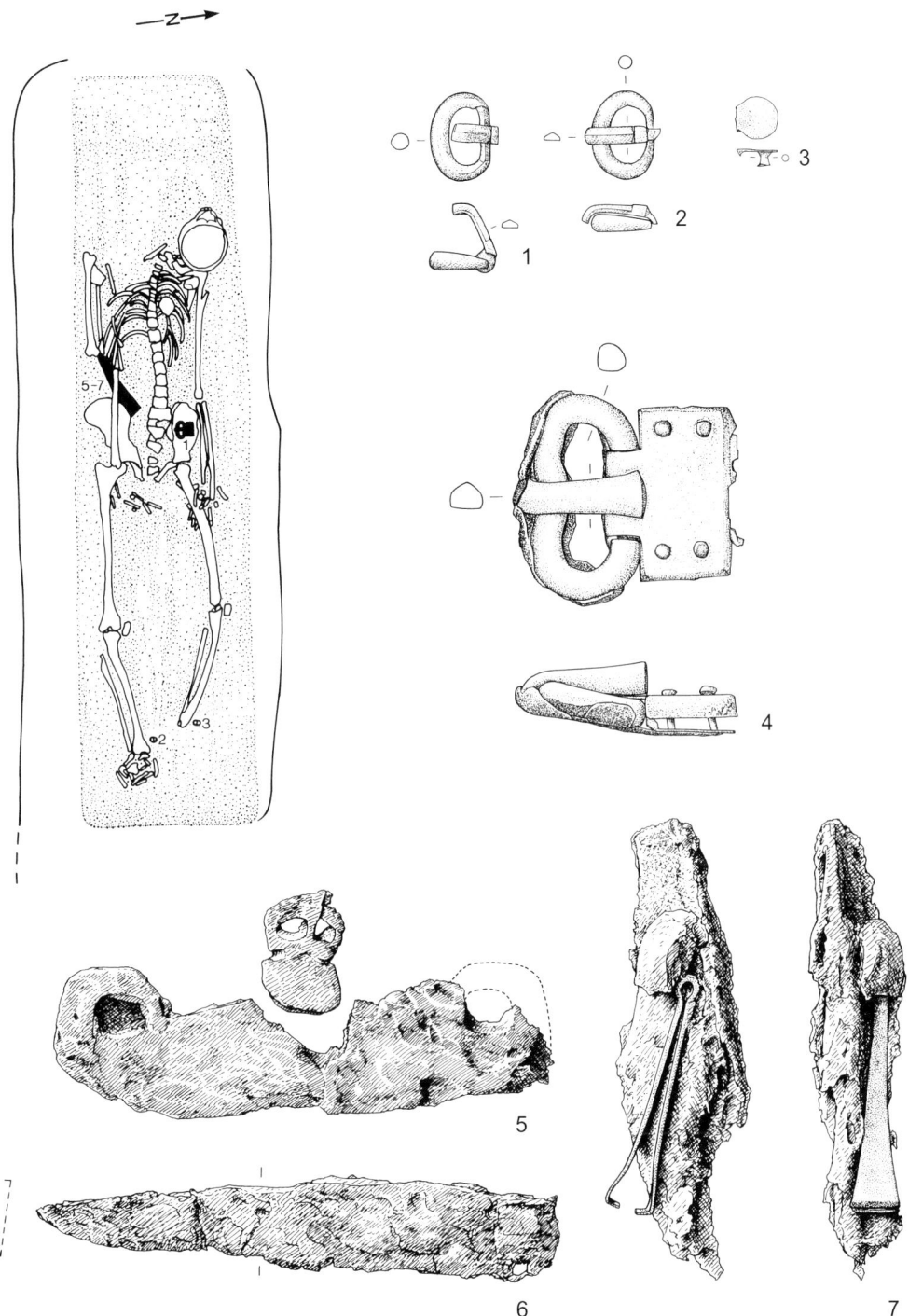

Abb. 29 Stetten Grab 2 (M 1:20). 1–4 Silber; 5.6 Eisen; 7 Bronze. M 2:3.

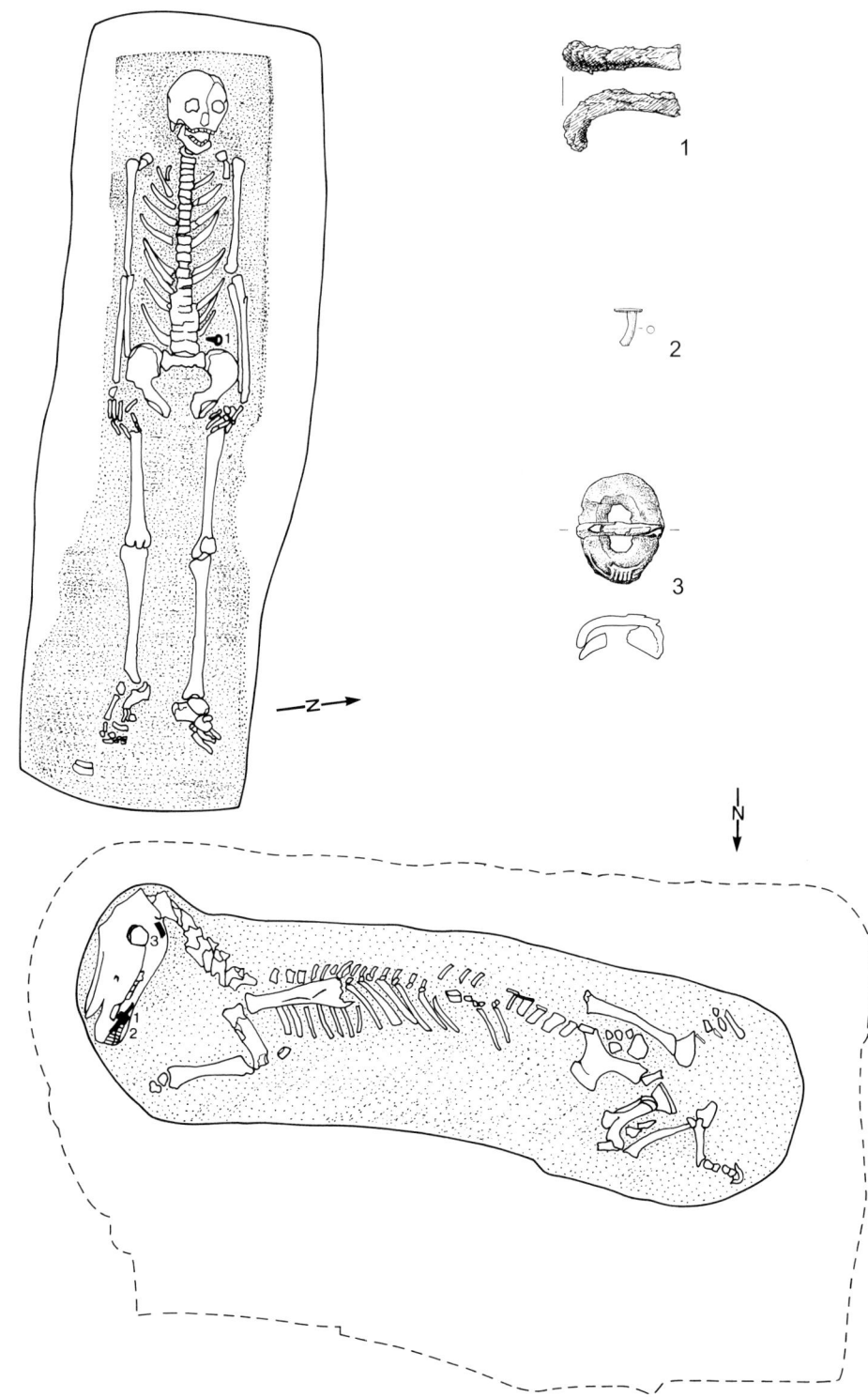

Abb. 30　Stetten Gräber 3 und 5 (M 1:20). 1 Eisen; 2 Bronze; 3 Eisen mit Silber. M 2:3.

Grab 2

Dokumentation: Befund 616; Fläche 3034; Fundbuch-Nr. 551, 557, 567 (Bezeichnung: Grab 5). Grabzeichnung *(Abb. 29)*, keine Detailzeichnungen. Untersuchung vom 06.09. bis zum 30.09.2000.

Grab: W–O; T. der Grabsohle etwa 1,40 m; B. 0,72 m; L. 2,35 m. Inkohlte Sargspuren deutlich: B. 0,52 m; L. 1,95 m. An der gesamten S-Seite ist ein bis zu 14 cm breiter Streifen des Sargdeckels erhalten, der restliche Sargdeckel lag „als dünne (ca. 1 mm) Kohleschicht wie ein Tuch über den Knochen". Wahrscheinlich Baumsarg. Ungestört.

Skelett: Mann, ca. 60 Jahre alt oder älter. Gestreckte Rückenlage, Arme seitlich anliegend, Schädel etwas nach N verlagert und 180° gedreht, Unterkiefer aber noch in situ.

Funde: Die Gürtelschnalle (1) lag im linken Becken, eine der beiden Schuhschnallen (2) innen neben dem rechten Knöchel, die andere (3) außen neben dem linken Knöchel. An welchem Fuß sich der Niet (4) befand – er saß dicht an der Basis eines Schnallendorns –, ist unbekannt. Schräg oberhalb des rechten Beckens, teilweise unter dem oberen Unterarm eine ca. 20 cm lange Eisenverfärbung (5–7), die en bloc geborgen wurde. Es handelte sich um den Tascheninhalt mit Pinzette, Messer und Feuerstahl, außerdem um mehrlagige Textilreste. Im rechten Fußbereich des Toten wurden fotografisch Patinaspuren dokumentiert, die vermutlich von der Schuhschnalle herrühren.

1 Schnalle: Silber; Bügel oval mit eingezogener Dornauflage, Querschnitt annähernd rund, Keulendorn, Beschlag hochrechteckig mit vier Silbernieten, Kastenform aus kräftigem Silberblech, unteres Beschlagblech nur dünn. Stärke des Riemens max. 3 mm; Lederfragmente nicht nachgewiesen. Oxydiertes feines Leinengewebe, offenbar in mehreren Lagen, auf der gesamten Unterseite, ebenfalls auf Teilen des Bügels und über der Dornspitze, außerdem Reste auf den Schmalseiten des Kastenbeschlages (vgl. Beitrag B. Nowak-Böck). Bügel-B. 4,5 cm; Maße des Beschlages 3,6 x 1,9 cm; Gew. 51,1 g *(Abb. 16; 17; 29,4)*.

2–4 Schuhschnallengarnitur
2 Schuhschnalle: Silber, fragmentiert; Bügel oval, Querschnitt rund, Stärke variierend, der lose Dorn mit deutlichem Mittelgrat, Basis wenig viereckig verbreitert. Bügel-B. 1,9 cm; Gew. 2,4 g *(Abb. 29,2)*.
3 Schuhschnalle: Silber; Typ wie 2, Dorn weit geöffnet, viereckige Basis mit Querrille. Bügel-B. 1,8 cm; Gew. 3,2 g *(Abb. 29,1)*.
4 Niet: Silber; Kopf annähernd rund, Niet exzentrisch. Stärke des Leders max. 2 mm. Dm. 0,9 cm. Dicht an einem der beiden Schnallenbügel ansitzend *(Abb. 29,3)*.

5–7 Tascheninhalt
5 Pinzette: Bronze, gut erhalten; Bügel zu den Klemmbacken verbreitert. Mit Eisen und mehreren Textillagen zusammengerostet. L. 5,0 cm; gr. B. 1,05 cm *(Abb. 29,7)*.
6 Messer: Eisen, fragmentiert. In Lederscheide. Klingen-L. noch 11,2 cm *(Abb. 29,6)*.
7 Feuerstahl: Eisen, fragmentiert; Enden eingerollt, zierliche Eisenschnalle mit wahrscheinlich nierenförmigem Beschlag. L. etwa 11 cm; Schnallen-B. 1,8 cm *(Abb. 29,5)*.

Grab 3

Dokumentation: Befund 631; Fläche 3134 (Bezeichnung: Grab 6). Grabzeichnung *(Abb. 30)*. Grabungsaufnahmen *(Abb. 9)*. Untersuchung vom 24.08. bis zum 08.09.2000.

Grab: W–O; T. der Grabsohle 1,14 m; B. 0,75 m; L. 2,23 m. Sargspuren nur im W und NW etwas deutlicher, B. 0,45 m. Ungestört.

Skelett: Mann, 35–40 Jahre alt. Gestreckte Rückenlage, Arme seitlich anliegend.

Funde: Oberhalb der linken Beckenschaufel, neben der Lendenwirbelsäule, das Fragment einer Schnalle (1).

1 *Schnalle:* Eisen, fragmentiert; nur Rest vom Schnallendorn *(Abb. 30,1)*.

Grab 4

Dokumentation: Befund 618; Fläche 3035 (Bezeichnung: Grab 8). Keine Grabzeichnung vorhanden. Grabungsaufnahmen *(Abb. 10)*. Untersuchung Oktober 2000.

Grab: W–O; T. der Grabsohle etwa 1,30 m; B. 0,35 m. Nur im Profil angeschnitten. In ältere Siedlungsgruben eingetieft.

Skelett: Frau, 25–30 Jahre alt; nur Schädel mit Unterkiefer und zwei Halswirbeln geborgen.

Keine Funde.

Grab 5

Dokumentation: Befund 587; Fläche 2934; Fundbuch-Nr. 504 (Bezeichnung: Pferdegrab bzw. Grab 7). Grabungszeichnung *(Abb. 30)*. Grabungsaufnahmen *(Abb. 18; 19)*. Untersuchung vom 05.07. bis zum 27.07.2000.

Grab: W–O; T. der Grabsohle ca. 1 m; B. 0,60–0,65 m; L. 2,10 m. Schädel im Osten, Kadaver auf der rechten Seite liegend, Beine stark angezogen; Schädel, Beine und Becken liegen relativ höher, Rippenkorpus eingesunken.

Skelett: Hengst, 8–10 Jahre alt. Widerristhöhe ca. 136 cm. Keine pathologischen Veränderungen an Wirbeln und Gelenken; keine Verletzungen, welche die Todesart erklären könnten.

Funde: Die Trense (1) lag im Maul des Pferdes, der Bronzeniet (2) fand sich unter dem Unterkiefer in Höhe der Trense; auf dem Nasenrücken rechts und am hinteren linken Unterkieferast Bronzepatinaspuren (3).

1 Knebeltrense: Eisen mit Messingtauschierung; Gebissstange zweigliedrig, Querschnitt abgerundet-rechteckig (?), äußere Enden ringförmig, Knebel mit flach-ovalem Querschnitt, Knebelspitzen sanft nach vorne aufgebogen, sie sowie die in der Gebissstange steckenden Knebelteile viereckig verbreitert und mit Würfelaugen tauschiert, Vorderseite der Knebel mit waagerechter, breiter, eng beieinander liegender Strichtauschierung, Knebelenden fragmentiert, ebenfalls mit Kreisaugentauschierung, D-Bügel aus den Knebeln herausgeschmiedet, darin hängend je zwei zierliche Riemenzwingen, teils mandelförmig, teils rechteckig. Gebissweite ca. 12 cm; Knebel-L. noch 12 cm *(Abb. 21; 22)*.

2 Niet: Bronze; scheibenförmiger Kopf. Dm. 0,6 cm; Niet-L. 0,9 cm *(Abb. 30,2)*.

Keinem Grab mit Sicherheit zuweisbar und daher Streufund: Schnalle: Eisen, mit silberner Strichtauschierung, stark korrodiert; Bügel oval, Querschnitt flach-oval, zierlicher Keulendorn. Bügel-B. 2,3 cm *(Abb. 30,3)*.

Schlagwortverzeichnis

Ältere Merowingerzeit; Baumsargbestattung; Fünfknopffibeln mit wechselnden Kerbschnittfeldern auf dem Fuß; Knochenschnallen der Wadenbindengarnitur; silberne Schuhschnallen; Pferdegrab; Knebeltrense Form I; Immigranten aus dem mittleren Donauraum.

Anschrift der Verfasserin

Dr. Helga Schach-Dörges
Gustav-Mahler-Straße 14
70195 Stuttgart

Anthropologische Untersuchung einer frühmerowingerzeitlichen Gräbergruppe aus Stetten auf den Fildern, Stadt Leinfelden-Echterdingen, Lkr. Esslingen

Joachim Wahl

Vorbemerkung

Die zur Untersuchung vorliegenden Skelettreste aus den Gräbern 1 bis 4 (nach der ursprünglichen Grabungsdokumentation Gräber 4, 5, 6 und 8) aus Stetten auf den Fildern, Stadt Leinfelden-Echterdingen, Flur ‚Zeiläcker' wurden zwischen Juli und September 2000 ausgegraben. Sie sind unter AR Nr. 2116 im Osteologischen Archiv des Landesamts für Denkmalpflege in Rottenburg am Neckar inventarisiert. Im Zuge der archäologischen Bearbeitung der Befunde erfolgte eine detaillierte Begutachtung des Knochenmaterials.

Das besondere Interesse an diesen Gräbern gründet sich auf deren früher Datierung um 500 n. Chr., einen Zeithorizont, der bislang auch im fundreichen Südwestdeutschland eher schwach durch Skelettfunde repräsentiert ist. Als zumindest phasenweise gleichzeitig belegte Gräberfelder bieten sich für eine Gegenüberstellung z.B. die Nekropolen von Aldingen, Hemmingen, Herrenberg, Horb-Altheim und Pleidelsheim an, die z.T. allerdings noch nicht anthropologisch untersucht sind.[1] Deren Auswertungsergebnisse lassen hinsichtlich einer möglichen Bevölkerungskontinuität im diachronen Kontext zwischen (spät)römischen sowie spätermerowingerzeitlichen und fränkischen Bevölkerungsstichproben interessante Einblicke erwarten.

Die Skelettreste werden grabweise vorgestellt, die Individualmaße und anatomischen Varianten (sog. epigenetische Merkmale) summarisch in den Tabellen 1 bis 3 aufgelistet.

Grab 1 (ehem. Grab 4, Befund 595)

Obwohl aus stark gestörtem Kontext stammend, ist das Knochenmaterial relativ gut erhalten. Bis auf das Manubrium sterni, die linke Kniescheibe sowie alle Hand- und mehrere Fußwurzelknochen, wenige Metapodien, einige Finger- und die Mehrzahl der Zehenglieder sind alle Elemente des Skeletts repräsentiert. Größere Fehlstellen finden sich im Bereich der Schulterblätter und Schlüsselbeine, am Sacrum und in der Knieregion, kleinere Ausbrüche an den langen Extremitätenknochen und in der Beckenpartie. Die Wirbelsäule ist nahezu komplett überliefert. Vom Schädel fehlen lediglich kleinere Abschnitte des linken Jochbeins und der Schädelbasis. Fünf Zähne (11, 22, 23, 26 und 32)[2] sind postmortal verlorengegangen. Der Gesichtsschädel ist geringfügig verdrückt, die Oberfläche der Langknochen teilweise korrodiert.

---

[1] Das Skelettmaterial aus Horb-Altheim, Wyhl und Hemmingen sowie den frühen Gräbern aus Pleidelsheim wurde kürzlich im Rahmen einer Dissertation bearbeitet: Z. Obertová, The Early Medieval Alamannic population at Horb-Altheim, Germany (450–510 AD): A bioarchaeological approach to trace its history (Diss. Tübingen 2005). Vgl. auch hier S. 559–601.

[2] Die Ansprache und Bezeichnung der einzelnen Zahnpositionen entspricht der internationalen Nomenklatur. Vgl. z.B. G.-H. Schumacher/H. Schmidt/W. Richter, Anatomie und Biochemie der Zähne (³Stuttgart 1983). – K. W. Alt/F. W. Rösing/M. Teschler-Nicola (Eds.), Dental anthropology – fundamentals, limits and prospects (Wien, New York 1998). – S. Hillson, Dental Anthropology (Cambridge 1998).

Der Schädel ist in der Aufsicht langgestreckt ovoid geformt, in der Profilansicht zeigt sich eine leichte postbregmatische Eindellung. Grünliche Verfärbungen, die auf kupferhaltige Gegenstände in unmittelbarer Nachbarschaft zurückzuführen sind, können an vier Lendenwirbeln, am rechten Oberschenkelknochen sowie am rechten Wadenbein festgestellt werden. Zwischen den menschlichen Skelettresten wurden acht Tierknochenfragmente und ein Tierzahnrest ausgelesen. Diese Teile sind nicht als Beigaben zu werten, sondern als zufällige Beimengung mit der Füllerde in den Grabzusammenhang geraten (vgl. Beitrag E. Stephan, hier S. 671–678).

Zur Bestimmung des Sterbealters können die üblichen Kriterien herangezogen werden.[3] Alle vorhandenen Epi- und Apophysen sind verwachsen, die Weisheitszähne sind durchgebrochen, die Sphenobasilarfuge ist geschlossen. Demnach handelt es sich zweifellos um ein erwachsenes Individuum. Das Relief der Symphysenfuge, die Struktur der Rippenenden und Verknöcherungstendenzen bestimmter Knorpelregionen weisen ebenso wie die degenerativen Veränderungen und starke Zahnkronenabrasion übereinstimmend auf ein fortgeschrittenes Alter hin. Die Verwachsung der Schädelnähte liefert demgegenüber widersprüchliche Hinweise. Während die Sutura coronalis sowohl endo- als auch ektokranial weitgehend verstrichen ist, was ebenfalls für höheres Alter spricht, sind die Suturae sagittalis und lambdoidea innen und außen noch offen und damit eher typisch für eine jüngere Person. In der Zusammenschau kann von maturem Alter um 50 Jahre ausgegangen werden, wobei die Tendenz mehr zu vierzig als zu sechzig Jahren neigt. Der abweichende Nahtbefund ist wahrscheinlich auf eine Wachstumsstörung zurückzuführen. Ob eine TCA-Analyse ein genaueres Datum liefern würde, ist fraglich, da das Gebiss einen starken Schwund des Alveolarknochens und in Teilbereichen Spuren von Zahnbettentzündungen aufweist.

Die Geschlechtsdiagnose ist unproblematisch. Alle einschlägigen Details am Becken weisen lehrbuchhaft auf weibliches Geschlecht hin. Die Incisura ischiadica major ist weit geschwungen, der Angulus pubis sehr groß und der Arc composé auf zwei Linien zu konstruieren. Dazu kommt ein ausgesprochen breiter und tiefer Sulcus praeauricularis als geburtstraumatisches Merkmal. Er liefert nicht nur eine Bestätigung der Diagnose weiblich, sondern auch den Hinweis, dass die Frau mindestens eine Geburt hinter sich hatte. Lediglich das Kreuzbein ist in seinen Proportionen atypisch. Am Schädel sind einige Indizien zwar weniger eindeutig, aber der ausgesprochen zierliche Processus mastoideus, der grazile Unterkiefer, das glatte Nackenmuskelfeld sowie das Felsenbein geben ebenfalls ein klares Votum in Richtung weiblich. Das postkraniale Skelett ist grazil-mittel, das Muskelmarkenrelief allgemein schwach-mittel ausgeprägt. Es handelt sich demnach zweifelsfrei um die Skelettreste einer Frau.

Die Schätzung der Körperhöhe ergibt sich aus den Maßen der Langknochen. Unter Verwendung der üblichen Referenztabellen ergibt sich eine Größe von ca. 1,62 m.[4]

Unter den angetroffenen ‚epigenetischen Merkmalen' seien zwei hervor gehoben. Das beidseitig vorhandene Foramen Huschke ist ein eher seltenes Merkmal, und die Sutura mastoidea kommt statistisch gesehen häufiger bei Männern vor. Möglicherweise liefern beide später einmal wichtige Hinweise auf eventuelle Gruppenzugehörigkeiten.

Der Kauapparat der Frau ist in ziemlich desolatem Zustand. Neben fortgeschrittener Parodontose und massiven Zahnsteinablagerungen lassen sich Granulome bzw. Abszesse (bei 16, 26, 27, 44, 45 und 47), Parodontitis (an 34, 36–38 und 46), Fissurenkaries (an 38) und weitgehender intravitaler Zahnverlust diagnostizieren. Nicht weniger als zwölf Zähne (12, 17, 24, 25, 27, 31, 41–46) waren bereits zu Lebzeiten ausgefallen. Die verbliebenen Zähne, insbesondere diejenigen des oberen

---

3 Zur Methode der Alters- und Geschlechtsbestimmung siehe die einschlägige Literatur: z.B. M. Y. Iscan/K. A. R. Kennedy (Eds.), Reconstruction of life from the skeleton (New York 1989). – B. Herrmann/G. Gruppe/S. Hummel/H. Piepenbrink/H. Schutkowski, Prähistorische Anthropologie. Leitfaden der Feld- und Labormethoden (Berlin, Heidelberg, New York 1990). – J. E. Buikstra/D. H. Ubelaker (Eds.), Standards for data collection from human skeletal remains (Fayetteville 1994).

4 Die Schätzung der Körperhöhen erfolgte nach den Formelvorschlägen von Bach/Breitinger bzw. Olivier et al. Zusammengestellt in: F. W. Rösing, Körperhöhenrekonstruktion aus Skelettmaßen. In: R. Knussmann, Anthropologie. Handbuch der vergleichenden Biologie des Menschen Bd. I/1 (Stuttgart, New York 1988) 586–600.

Frontgebisses, sind extrem stark und teilweise schräg abgekaut, in die abrasionsbedingt eröffneten Pulpahöhlen ist Sekundärdentin eingelagert.

Auch das postkraniale Skelett weist zahlreiche Hinweise auf pathologische Veränderungen auf. An den Halswirbeln sind starke arthritische Deformierungen, Spondylarthrosis deformans und Schliffusuren anzusprechen, die mit verschlissenen Gelenkknorpeln einhergehen. Ähnliche Symptome zeigen die Brust- und Lendenwirbel (letztere zusätzlich Anzeichen von Osteochondrose) sowie der oberste Sacralwirbel. Mehr oder weniger stark ausgeprägte Hinweise auf Arthrose finden sich z.B. auch an den Schulterblättern, Wirbel-Rippen-Gelenken, im Bereich des linken Ellenbogens, an den Fußwurzel- und Mittelfußknochen sowie am Rand der Auricularfläche. Dazu kommen ein etwa erbsengroßes Osteom auf dem linken Scheitelbein, kartilaginäre Exostosen am Beckenkamm und unregelmäßige, sehr feinporige Knochenauflagerungen am rechten Schlüsselbein, beiden Humerusdiaphysen und linken Schienbeinschaft, eine fragliche, verheilte Fraktur im distalen Teil der linken Elle und eine noch nicht vollständig abgeheilte Überlastungsfraktur am distalen Ende der linken Tibia. Die angesprochenen Knochenneubildungen lassen sich womöglich mit einer Stoffwechselstörung in Einklang bringen.

Zuletzt seien noch drei lineare Defekte am Kopf des rechten Oberschenkelknochens erwähnt. Diese liegen in vertikaler Richtung parallel zueinander, gehen auf die Einwirkung eines scharfkantigen Gerätes zurück und können am ehesten als Spuren im Rahmen der Beraubung interpretiert werden. Dass Grabräuber am Werk waren, beweist nicht zuletzt die chaotische Fundlage der Skelettreste. Vergleichbare Hinweise, allerdings als stichförmige Einwirkungen von Sonden zu interpretieren, sind z.B. aus den Nekropolen von Lauchheim und Herrenberg sowie aus Überauchen, Gem. Brigachtal, bekannt.[5]

Grab 2 (ehem. Grab 5, Befund 616)

Die Skelettreste wurden in weitgehend ungestörtem Zusammenhang angetroffen. Lediglich Schädel und Unterkiefer sind zur linken Schulter hin, der rechte Humerus nach lateral verschoben. Die Beine erscheinen im Kniebereich leicht nach außen gekippt, was den Eindruck von O-Beinigkeit vermittelt. Der Erhaltungszustand der Knochen ist mittel bis gut. Speziell die Partien der linken Körperseite weisen größere Fehlstellen und Oberflächenerosionen auf.

Es fehlen das Manubrium sterni, die linke Patella, die meisten Handwurzelknochen und Fingerphalangen sowie nahezu der gesamte linke Fuß. Größere Beschädigungen lassen sich feststellen an beiden Schulterblättern, am rechten Schlüsselbein, am linken Oberarmknochen und Radius, an der linken Beckenhälfte sowie am Sacrum. Die Epiphysenregionen von Femur, Tibia und Fibula links sind weitgehend zerstört, Corpus sterni und Unterkiefer nurmehr fragmentarisch überliefert. Der Schädel zeigt einen großflächigen Verwitterungsspiegel in der linken Schläfenregion (Abb. 1), vergleichbare Erscheinungen auf der rechten Seite und geringe postmortale Deformierungen im Bereich von Obergesicht und Schädelbasis. Der Hirnschädel ist lagerungsbedingt komprimiert und nur in Teilabschnitten unter Vorbehalt messbar. Eine nähere typologische Zuordnung muss demzufolge unterbleiben.

Die Vertikalansicht zeigt eine ovoide Schädelform. Am proximalen Ende des rechten Radius finden sich Rost- und Kupferspuren, auf der Innenseite der linken Beckenschaufel eine weitere, ca. 6 cm im Durchmesser messende rundliche Grünfärbung.

Die Altersbestimmung weist im vorliegenden Fall eine eindeutige Tendenz auf. Der Zahnbefund sowie der Verwachsungszustand der Epi- und Apophysen und die geschlossene Sphenobasilarfuge

---

5 Der Befund aus Überauchen, Gem. Brigachtal, wurde publiziert in J. Wahl/H. G. König, Verletzungsanalyse an ausgewählten prähistorischen Schädelfunden aus Südwestdeutschland. In: J. Piek/T. Terberger (Hrsg.), Frühe Spuren der Gewalt. Schädelverletzungen und Wundversorgung an prähistorischen Menschenresten aus interdisziplinärer Sicht. Workshop Rostock-Warnemünde 28.–30. 11. 2003. Beitr. Ur- u. Frühgesch. Meckenburg-Vorpommerns 41 (Schwerin 2006).

lassen keinen Zweifel daran, dass es sich um einen Erwachsenen handelt. Das Relief der Symphysenfuge, stärker und unregelmäßig verknöcherte Rippenenden, der partiell verknöcherte Kehlkopfknorpel, stark und teilweise bis auf das Zahnhalsniveau abgekaute Zähne und massive Degenerationserscheinungen an Wirbeln und Gelenken belegen, dass es sich um einen älteren Erwachsenen handeln muss. Der Nahtbefund bestätigt diesen Ansatz. Alle großen Schädelnähte sind sowohl endo- als auch ektokranial weitgehend verstrichen. Dazu kommen eine größere Zahl Foveolae granulares sowie Granulationen und teilweise unspezifische, streifige Knochenauflagerungen an verschiedenen Skelettelementen. In der Zusammenschau ergibt sich zwanglos ein Sterbealter von 60 Jahren oder mehr.

Die Merkmale, die Hinweise zum Geschlecht liefern, sprechen wiederum eine eindeutige Sprache. Während die Zähne, der Mastoidfortsatz und die Crista supramastoidea eher eine mittlere Größe dokumentieren, deuten die markante Ausprägung der Glabella (Broca Stufe 5–6), der kräftige Arcus superciliaris, die schwachen Tubera frontalia et parietalia, die fliehende Stirn, der massive Processus zygomaticus am Stirnbein, der eindeutig gerundete Orbitarand sowie der große, kräftige Unterkiefer zweifelsfrei auf männliches Geschlecht. Die Formmerkmale des Felsenbeins zielen in dieselbe Richtung.[6] Ebenso der mit 63 mm ausgesprochen große vertikale Durchmesser des Acetabulums und alle restlichen Kriterien am knöchernen Becken. Die Langknochen des senilen Mannes sind groß und relativ robust, ihr Muskelmarkenrelief im Mittel eher kräftig, lediglich das der Oberschenkelknochen nur (schwach-)mittel ausgeprägt. Dies könnte mit einer verheilten Unterschenkelfraktur zusammenhängen, einem Schrägbruch, der ca. 10 cm unterhalb des rechten Kniegelenks sowohl am Schien- als auch am Wadenbein zu diagnostizieren ist (Abb. 2). Die Bruchenden sind leicht disloziert und mit einer moderaten Verschiebung ad longitudinem verwachsen. Das betroffene Bein dürfte daraufhin um mindestens 2 cm kürzer gewesen sein.

Anhand der gängigen Kalkulationstabellen ergibt sich eine Körperhöhe von etwa 1,77 m. Der Mann war damit für seine Zeit überdurchschnittlich groß. In situ war eine Körperhöhe von 1,72 m gemessen worden. Der Größenverlust lässt sich durch Involutionserscheinungen infolge des höheren Sterbealters und evtl. lagerungsbedingte Schrumpfungsprozesse erklären. Die Verteilung der ‚epigenetischen Merkmale' zeigt keine Auffälligkeiten. Evtl. vorhandene Nahtvarianten und Schaltknochen entziehen sich der Beobachtung, da die Schädelnähte fast völlig verstrichen sind.

Der Zahnstatus weist fünf intravital ausgefallene (16, 26, 27, 36 und 45) und zwei postmortal verloren gegangene (11 und 21) Zähne, Zahnsteinanhaftungen v.a. am Unterkiefer, fortgeschrittene Parodontose, eine entzündlich erweiterte Alveole bei 48 und einen labialen Abszess bei 12 aus. Stellungsanomalien sind dokumentiert durch einen Drehstand bei 12, 14, 22–25 sowie einen elongierten 37, dessen Gegenbiss offensichtlich schon seit längerem fehlte.

Die einzelnen Abschnitte der Wirbelsäule zeigen mehr oder weniger deutliche degenerative Veränderungen, Spondylosis deformans, Spondylarthrose, Schmorlsche Knötchen, einzelne Brust- und Lendenwirbel zusätzlich Hinweise auf Osteochondrose und Discitis. Die Abnutzungserscheinungen im Bereich der Halswirbelsäule gehen bis zu Schliffusuren der Zwischenwirbelgelenke, v.a. linksseitig, so dass insgesamt von einer chronischen/rheumatischen Polyarthritis ausgegangen werden kann. Arthritische Randleisten finden sich ebenfalls im Bereich der Hüft- und Kniegelenke, am Auricularrand, im Schulter-, Ellenbogen- und Handgelenk, im Bereich der Fußwurzelknochen, Metapodien sowie Wirbel-Rippen-Gelenke, weitere Eburnisationen am rechten Daumen und der rechten Elle. Andere Veränderungen sind kartilaginäre Exostosen am Beckenkamm und am rechten Calcaneus. Dazu kommen Knochenauflagerungen am linken Schlüsselbein, Femur, Tibia und Fibula der linken Seite, die teilweise auf eine (verheilte) Periostitis bzw. Osteomyelitis zurückzuführen sind, eine (verheilte) Stirnhöhlenentzündung und ein fraglich rachitisch gekrümmter linker Schienbeinschaft.

---

6   Zur Geschlechtsbestimmung am Felsenbein siehe M. Ahlbrecht, Geschlechtsdifferenzierung an der Pars petrosa ossis temporalis (Diss. Tübingen 1997). – S.K. Forschner, Die Geschlechtsbestimmung an der juvenilen Pars petrosa ossis temporalis im Kontext forensischer Identifikations-Untersuchungen (Diss. Tübingen 2001). – J. Wahl/ M. Graw, Metric sex differentiation of the pars petrosa ossis temporalis. Internat. Journal Legal Med. 114, 2001, 215–223.

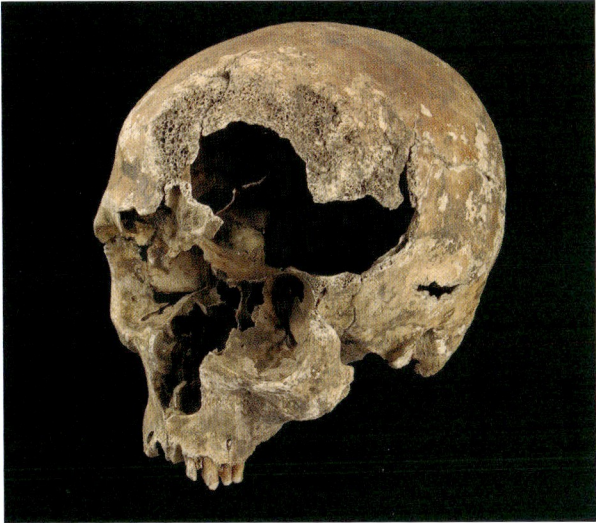

Abb. 1 Stetten a. d. F. ‚Zeiläcker'. So genannter Verwitterungsspiegel im linken Stirnbreich des senilen Mannes aus Grab 2. M ca. 1:3.

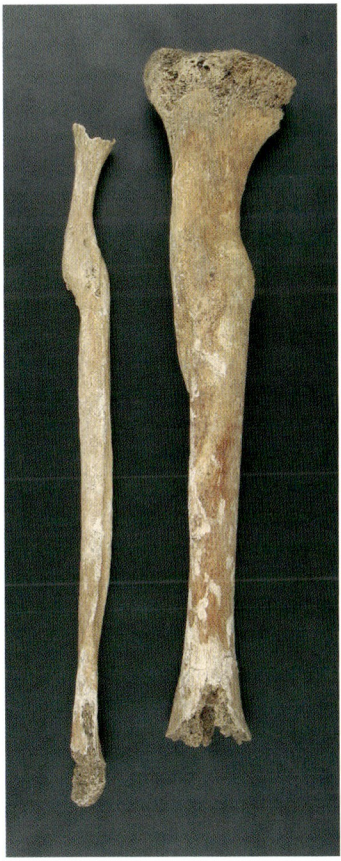

Abb. 2 Stetten a. d. F. ‚Zeiläcker'. Verheilte Schien- und Wadenbeinfraktur am rechten Unterschenkel des senilen Mannes aus Grab 2. M 1:4.

Alter Geschlecht	Martin Maß	Grab 1 (früh)matur weiblich	Grab 2 senil männlich	Grab 3 spätadult männlich	Grab 4 (früh)adult weiblich
Größte Hirnschädellänge	1	187	((200))	(183)	189
Schädelbasislänge	5	96	–	–	–
Länge d. Foramen magnum	7	41	40	–	(37)
Größte Hirnschädelbreite	8	138	((140–145))	137	(145)
Kleinste Stirnbreite	9	101	((108))	100	(101)
Größte Stirnbreite	10	117	((130))	114	128
Biauricularbreite	11	127	((133))	114	132
Größte Hinterhauptsbreite	12	–	((111))	(118)	(115)
Mastoidealbreite	13	109	((110))	111	105
Basion-Bregma-Höhe	17	134	(140)	–	(138)
Ohr-Bregma-Höhe	20	115	(116)	105	116
Ganze Ohrhöhe	21	113	–	106	115
Horizontalumfang	23	520	–	517	(535)
Transversalbogen	24	306	(315)	286	317
Mediansagittalbogen	25	380	–	(365)	(393)
Mediansagittaler Frontalbogen	26	122	–	119	(131)
Mediansagittaler Parietalbogen	27	139	–	(127)	135
Mediansagittaler Occipitalbogen	28	118	–	(118)	126
Mediansagittale Frontalsehne	29	109	–	106	(113)
Medinasagittale Parietalsehne	30	(123)	–	111	122
Mediansagittale Occipitalsehne	31	(99)	–	100	97
Schädelkapazität	38	1378,5	((1512,9))	(1288,5)	(1433,1)
Gesichtslänge	40	(83)	(96)	–	(87)
Untere Gesichtslänge	42	–	(112)	–	(104)
Obergesichtsbreite	43	106	((116))	110	105
Biorbitalbreite	44	–	((107))	101	(100)
Jochbogenbreite	45	134	–	(135)	(132)
Gesichtshöhe	47	(109)	–	119	(122)
Obergesichtshöhe	48	–	–	74	(75)
Vordere Interorbitalbreite	50	–	–	–	–
Orbitalbreite	51	l – r 40	–	l (38) r –	l 41 r 42
Orbitalhöhe	52	l – r 34	l – r 44	l 35 r 34	l 36 r (34)
Nasenbreite	54	24	27,5	24,5	(25)
Nasenhöhe	55	–	–	55	–
Maxilloalveolarlänge	60	(49)	(55)	51	47
Maxilloalveolarbreite	61	–	62	67	68
Gaumenlänge	62	(41)	((44))	–	–
Gaumenbreite	63	–	47	(43)	43
Kondylenbreite UK	65	117	–	133	139
Winkelbreite UK	66	100	–	112	104
Länge UK	68	71	–	84	72
Kinnhöhe	69	(29)	39	34	34
Asthöhe	70	l 58 r 61	–	77	l 64 r (60)
Astbreite	71	l 31 r 29	–	33,5	l 23,7 r 24,7
Ganzprofilwinkel	72	84°	–	88°	–
Astwinkel UK	79	125°	–	114°	131°

Tabelle 1/1   Legende siehe rechte Seite.

Martin Maß	Grab 1	Grab 2	Grab 3	Grab 4
Alter Geschlecht	(früh)matur weiblich	senil männlich	spätadult männlich	(früh)adult weiblich
Längen-Breiten-Index (8 x 100 : 1)	73,8	((71,3))	(74,9)	(76,7)
Längen-Höhen-Index (17 x 100 : 1)	71,7	((70,0))	–	(73,0)
Breiten-Höhen-Index (17 x 100 : 8)	97,1	((98,2))	–	(95,2)
Längen-Ohr/Bregmahöhen-Index (20 x 100 : 1)	61,5	((58,0))	(57,4)	61,4
Breiten-Ohr/Bregmahöhen-Index (20 x 100 : 8)	83,3	((81,4))	76,6	(80,0)
Gesichtsindex (47 x 100 : 45)	(81,3)	–	(88,1)	(92,4)
Obergesichtsindex (48 x 100 : 45)	–	–	(54,8)	(56,8)
Orbitalindex (52 x 100 : 51)	l – r 85,0	–	l (92,1) r (89,5)	l 87,8 r (81,0)
Nasalindex (54 x 100 : 55)	–	–	44,5	–

Tabelle 1/2   Stetten a. d. F. ‚Zeiläcker'. Individualmaße und -indizes, Schädel. (Angaben in mm; Schädelkapazität in cm^3; Werte in einfacher Klammer = Maß ergänzt, in Doppelklammer = Maß geschätzt; – = nicht messbar; l = links, r = rechts).

Als zusätzliche Besonderheit des Mannes sei die deutlich ausgebildete sog. Reiterfacette genannt, die sich am proximalen Ende des rechten Oberschenkelknochens (der linke Femurkopf fehlt) und deren Entsprechung sich an beiden Hüftgelenkspfannen ansprechen lassen. Dieser Befund passt dazu, dass in unmittelbarer Nähe ein Pferdegrab angetroffen wurde.

Grab 3 (ehem. Grab 6, Befund 631)

Die Skelettreste des spärlich ausgestatteten Toten sind nahezu optimal erhalten. Sie wurden in ungestörtem Zusammenhang in klassisch gestreckter Rückenlage mit seitlich an den Körper anliegenden Armen angetroffen. Ausbrüche finden sich lediglich in den fragilen Partien beider Schulterblätter und der Schädelbasis. Bei der Bergung verloren gegangen sind zwei Zähne (31 und 41), mehrere Handwurzelknochen und Fingerphalangen, die rechte Kniescheibe, das rechte Wadenbein, drei Fußwurzelknochen und einige Fußphalangen. Geringfügige Beschädigungen können im Bereich der Nasenwurzel, am Manubrium sterni, an der lateralen Kondyle des rechten Oberschenkelknochens, an der linken Patella, am linken Wadenbein, am rechten Schienbein sowie an zwei Fußwurzelknochen festgestellt werden. Die rechte Gesichtshälfte ist postmortal deformiert.
In der Aufsicht gibt sich ein ovoid(-rhomboid) geformter Schädel zu erkennen. Die Occipitalansicht zeigt scheitelwärts konvergierende Seitenwände. Im Profil fallen eine stark fliehende Stirnpartie sowie der ausgesprochen niedrige und occipitalwärts ausgezogene Hirnschädel typologisch aus dem Rahmen. Diesen Proportionen entsprechend weist das Hirnvolumen einen vergleichsweise geringen Wert auf. Vom Typus her ungewöhnlich ist ebenfalls der sog. Schaukelkiefer. Somit könnte das Individuum aus Grab 3 zwar als „fremd" eingestuft werden, womöglich repräsentiert es aber auch nur eine Variante, die innerhalb einer größeren Stichprobe unauffällig wäre. Einige Tierknochensplitter, u. a. vom Oberkiefer eines Schweins, stammen höchstwahrscheinlich aus der Füllerde des Grabs.
Das Sterbealter lässt sich anhand der vorliegenden Kriterien relativ genau eingrenzen. Zahnbefund und geschlossene Sphenobasilarfuge weisen das Individuum als erwachsen aus. Die Zahnkronenabrasion spricht für (früh)adultes Alter. Die Symphysenfuge und der Verwachsungszustand von Clavicula, Sacrum, Crista iliaca und Tuber ischiadicum entsprechen einer Person von ca. 30–35 Jahren. Die großen Schädelnähte sind endokranial weitgehend verstrichen, ektokranial nur im Seitenbereich der Sutura coronalis. Passend zu eher geringfügigen degenerativen Veränderungen kann alles in allem von spätadultem Alter (um 35–40 Jahre) ausgegangen werden.

Martin Maß		Grab 1		Grab 2		Grab 3		Grab 4	
Alter		(früh)matur		senil		spätadult		(früh)adult	
Geschlecht		weiblich		männlich		männlich		weiblich	
Seite		l	r	l	r	l	r	l	r
Humerus, Größte Länge	Hu 1	294	305	–	368	351	345	–	–
Epikondylenbreite	Hu 4	64	61	–	72	66	63	–	–
Größter Dm. Diaphyse	Hu 5	21,3	21,7	–	25,5	25,2	24,0	–	–
Kleinster Dm. Diaphyse	Hu 6	16,2	16,2	–	19,8	19,3	19,0	–	–
Kleinster Umfang Diaph.	Hu 7	56	56	–	69	68	65	–	–
Breitendm. proximal	Hu 9	41	41	–	–	47	46	–	–
Höhendm. proximal	Hu 10	44	44	48	49	50	49	–	–
Radius, Größte Länge	Ra 1	–	–	–	264	267	259	–	–
Funktionelle Länge	Ra 2	–	–	–	247	250	244	–	–
Ulna, Größte Länge	Ul 1	((240))	–	–	290	283	279	–	–
Funktionelle Länge	Ul 2	–	–	244	249	250	246	–	–
Femur, Größte Länge	Fe 1	((435))	((440))	–	488	496	488	–	–
Natürliche Länge	Fe 2	–	–	–	485	490	484	–	–
Sag. Dm. Diaph.mitte	Fe 6	24,3	24,9	31,5	32,8	29,4	29,6	–	–
Tv. Dm. Diaph.mitte	Fe 7	27,3	26,0	(31)	31,9	27,7	28,8	–	–
Umfang Diaph.mitte	Fe 8	80	80	(95)	99	88	90	–	–
Oberer tv. Dm. Diaph.	Fe 9	30,5	29,2	34,8	35,4	31,3	33,5	–	–
Oberer sag. Dm. Diaph.	Fe 10	21,7	20,3	27,8	29,6	29,0	26,3	–	–
Dm proximal	Fe 19	43	44	–	51	50	49	–	–
Epikondylenbreite	Fe 21	–	–	–	(88)	82	84	–	–
Tibia, Größte Länge	Ti 1a	–	((345))	–	388	400	398	–	–
Länge	Ti 1b	–	–	–	–	391	385	–	–
Epiphysenbreite proximal	Ti 3	–	–	–	–	79	80	–	–
Sag. Dm. Foramen nutr.	Ti 8a	29,2	29,5	(36)	–	37,0	38,2	–	–
Tv. Dm. Foramen nutr.	Ti 9a	21,7	21,9	–	–	27,3	28,1	–	–
Kleinster Umfang Diaph.	Ti 10b	68	70	–	78	78	77	–	–
Fibula, Größte Länge	Fi 1	–	–	–	–	–	–	–	–

Clavicula, Größte Länge	Cl 1	–	–	((150))	–	153	153
Pelvis, Beckenhöhe	Pe 1	(202)	203	–	233	222	224
Darmbeinbreite	Pe 12	–	161	–	–	168	–
Patella, Größte Höhe	Pa 1	–	–	–	–	45	–
Größte Breite	Pa 2	–	–	–	46	–	–
Größte Dicke	Pa 3	–	(19)	–	20	21,5	–
Calcaneus, Größte Länge	Ca 1	(72)	–	–	86	86	86
Talus, Größte Länge	Ta 1	57	(56)	–	(71)	–	–
Index platymericus (Fe 10 x 100 : Fe 9)		71,1	69,5	79,9	83,6	92,7	78,5
Index cnemicus (Ti 9a x 100 : Ti 8a)		74,3	74,2	–	–	73,8	73,6
Robustizitätsindex Femur (Fe 8 x 100 : Fe 1)		((18,4))	((18,2))	–	20,3	17,7	18,4
Robustizitätsindex Humerus (Hu 7 x 100 : Hu 1)		19,0	18,4	–	18,8	19,4	18,8

Tabelle 2 Stetten a. d. F. „Zeiläcker". Individualmaße und -indizes, Postkranium. (Angaben in mm; Werte in einfacher Klammer = Maß ergänzt, in Doppelklammer = Maß geschätzt; – = nicht messbar/Region fehlend). Abkürzungen: l = links, r = rechts; Diaph. = Diaphyse; Dm = Durchmesser; sag. = sagittal; tv. = transversal; nutr. = nutricium.

Alter Geschlecht	Grab 1 (früh)matur weiblich		Grab 2 senil männlich		Grab 3 spätadult männlich		Grab 4 (früh)adult weiblich	
Seite	l	r	l	r	l	r	l	r
Sutura frontalis	o						+	
For. supraorbitale	+	o	–	(+)	o	o	o	o
For. frontale	o	+	–	o	+	+	–	–
Nervenimpressionen Os frontale	o	o	–	–	+	+	o	o
Nahtknochen Coronalnaht	(+)	o	–	–	o	o	o	o
Bregma-Schaltknochen	o		–		o		o	
Nahtknochen Sagittalnaht	o		–		o		o	
Lambda-Schaltknochen	o		–		o		o	
Inkabein	o		–		o		o	
Sutura mendosa partialis	–	o	–	–	o	o	o	o
Nahtknochen Lambdanaht	+	o	–	–	(+)	+	+	+
For. parietale	(+)	o	–	–	o	o	+	+
Asterion-Schaltknochen	+	+	(+)	–	o	o	+	+
Schaltknochen Incisura pariet.	+	+	+	–	o	o	+	o
Canalis condylaris posterior offen	o	o	o	–	–	–	o	o
Canalis hypoglossi doppelt	o	o	o	–	–	–	+	o
Facies condylaris doppelt	o	(+)	o	+	o	o	+	o
Tuberculum pharyngeum	(+)	o	+	o	(+)	+	o	o
Tuberculum praecondylare	o	–	o	o	o	–	o	–
For. ovale unvollständig	o	–	o	o	o	–	o	–
For. spinosum offen	o	o	o	–	o	–	–	–
For. Huschke	+	+	o	–	o	o	o	o
For. mastoideum extrasutural	o	o	+	–	+	+	+	+
Torus acusticus	o	o	–	–	–	–	o	o
Os epiptericum	–	–	–	o	o	o	–	–
Sutura frontotemporalis	o	o	–	–	o	o	–	–
For. infraorbitale doppelt	o	o	o	o	+	o	o	+
Torus palatinus		o	o		o		o	
Torus maxillaris	o	o	o	o	o	o	–	o
For. palatinum majus doppelt	–	–	o	o	o	o	o	o

For. palatinum minus	–	–	–	–	+	+	+	+	+	+	+
For. palatinum minus doppelt	–	–	–	–	o	o	o	+	+	o	o
For. zygomaticofaciale	–	–	+	+	+	+	+	+	+	+	+
For. zygomaticofac. doppelt	–	(+)	+	–	–	+	+	o	+	o	o
M 3 oben	–	–	–	–	+	+	+	+	+	+	+
M 3 unten	+	+	–	+	+	+	+	+	+	o	+
Torus mandibularis	o	o	o	o	o	o	o	o	o	o	o
For. mentale doppelt	o	o	o	o	o	o	o	o	o	o	o
For. supratrochleare	o	+	–	–	–	–	–	–	–	–	–
Trochanter tertius	o	o	o	o	o	–	–	–	–	–	–
Sutura mastoidea	+	+	o	o	o	–	+	+	o	o	o

Tabelle 3 Stetten a. d. F. ,Zeiläcker'. Anatomische Varianten (Angaben in Klammern sind unsicher; + = Merkmal vorhanden, o = nicht vorhanden). Abkürzungen: l = links, r = rechts; – = Region fehlend oder nicht beurteilbar; For. = Foramen.

Die Geschlechtsbestimmung ist erneut unproblematisch. Schädel- und Beckenmerkmale zielen gleichlautend auf männliches Geschlecht. Hervorgehoben seien die relativ großen Zähne, der große und breite Processus mastoideus, das sowohl breite als auch stark reliefierte Os zygomaticum und der enge Angulus pubis. Der vertikale Durchmesser des Acetabulums beträgt 60 mm. Lediglich das Felsenbein, die Crista supramastoidea, der Arc composé und der S-Schwung der Crista iliaca sind uneindeutig, ersteres sogar mit einer leichten Tendenz zum Weiblichen, ausgeprägt. Die Knochen des Stylo- und Zygopodiums sind groß, diejenigen der Arme etwas robuster als Femur und Tibia. Entsprechend ist auch das Muskelmarkenrelief der oberen Extremitäten etwas kräftiger als im Bereich der Beinknochen. An der Diagnose männlich besteht demzufolge kein Zweifel.

Aus der Messung der langen Extremitätenknochen ergibt sich eine Körperhöhe von ca. 1,76 m, ein Wert, der auch nach heutigen Vergleichstabellen als ‚groß' einzustufen ist. Die außergewöhnlich gute Erhaltung der Skelettreste erlaubt noch die Erfassung einiger weiterer Maße, für die in der Literatur bislang kaum Vergleichsdaten gefunden werden können, u. a. die Obere gerade Breite des Sacrums (Martin Maß 5: 114 mm) und die Größte Beckenbreite (Martin Maß 2: 257 mm). Hinsichtlich der Diskreta erscheint der spätadulte Mann eher unauffällig, lediglich zwei anatomische Varianten heben ihn innerhalb der vorliegenden Miniserie von den übrigen Individuen ab. Er weist als einziger beidseitig ein Tuberculum praecondylare sowie ein doppeltes Foramen infraorbitale (links) auf. Als zusätzliche Besonderheit ist ein Hiatus sacralis partialis anzusprechen.[7] Die mögliche Exklusivität dieser Details kann allerdings, wie bei den Proportionen des Schädels, erst im Kontext einer weit größeren Stichprobe beurteilt werden.

Der Kauapparat weist Parodontose, bei drei Zähnen Parodontitis (27, 28 und 48) und an fünf Positionen intravitale Zahnverluste auf (25–27, 46 und 47), wobei der Alveolenverschluss teilweise noch nicht abgeschlossen ist. Das deutet darauf hin, dass die betreffenden Zähne erst relativ kurz vor dem Tode des Mannes ausgefallen sind. Des Weiteren lassen sich partiell massive Zahnsteinanhaftungen, Approximalkaries profunda (36 und 37), Stellungsanomalien (Kippstand bei 28 und 48; Drehstand bei 22 und 33) und diskrete Schmelzhypoplasien feststellen. Letztere deuten auf moderate Wachstumsstörungen im Kindesalter infolge phasenweiser Mangelernährung oder durchlebter Infektionskrankheiten hin. Cribra cranii und eine leichte Cribra orbitalia zeigen in dieselbe Richtung. Im Bereich der Wirbelsäule sind mehr oder weniger altersgemäße Degenerationserscheinungen zu diagnostizieren, beginnende Spondylarthrose, Spondylosis deformans bis maximal Stufe 2. Wobei die Halswirbel mit Ausnahme der apikalen Verknöcherung am Dens axis und arthrotischen Randleisten an der Fovea dentis des Atlas schwächer betroffen sind. Ähnliches findet sich am Auricularrand sowie den Wirbel-Rippen-Gelenken.

Weitere Veränderungen sind kartilaginäre Exostosen im Bereich der Crista iliaca (rechts stärker als links), Spuren einer verheilten Knochenhautentzündung an beiden Schienbeinen sowie einer fraglichen, verheilten, länglichen Impressionsfraktur in der linken Stirnregion und deformierte Großzehen an beiden Füßen (links stärker als rechts; Hallux valgus?). Dazu kommen – wie bei dem älteren Mann aus Grab 2 – deutliche Reiterfacetten. Alles in allem ergibt sich das Bild eines großen, kräftigen und körperlich aktiven Mannes.

Grab 4 (ehem. Grab 8, Befund 618)

Das Grab wurde bei der Ausgrabung nur unvollständig erfasst. An Skelettresten liegen lediglich der Schädel, der Unterkiefer und die beiden ersten Halswirbel vor. Beschädigungen finden sich im Bereich des Os sphenoidalis, an der Schädelbasis und der Nasenwurzel, kleinere Ausbrüche an

---

7   Die Häufigkeit des Hiatus sacralis partialis (Bögen von vs 4 und vs 5 offen) in einer Serie von 124 Kreuzbeinen aus Pompeji beträgt 36%. R. J. Henneberg/M. Henneberg, Variation in the closure of the sacral canal in the skeletal sample from Pompeji, Italy, 79 AD. Perspectives in Human Biology 4, 1999, 177–188. – Zur Ansprache und Häufigkeit einzelner epigenetischer Merkmale siehe z. B. G. Hauser/G. F. De Stefano, Epigenetic variants of the human skull (Stuttgart 1989).

beiden Schläfenbeinen und Unterkieferkondylen sowie der linken Maxilla. Der Gesichtsschädel ist postmortal leicht deformiert. In der Kalottenregion können olivgrüne Verfärbungen und Versinterungen festgestellt werden.

Der vergleichsweise große Schädel ist ovoid geformt, das knöcherne Gesicht relativ breit- und flach. Die Nasenscheidewand steht asymmetrisch. In der Seitenansicht zeigt er eine ausgeprägte alveolare Prognathie und ein steil abfallendes Hinterhaupt, insgesamt eine für frühmittelalterliche Kranien eher atypische Variante.

Der Bereich der Sphenobasilarfuge ist nicht erhalten. Trotzdem handelt es sich um den Schädel einer erwachsenen Person. Die unteren Weisheitszähne sind durchgebrochen und bis über die Kauebene elongiert, da ihre Antagonisten den Alveolarknochen (noch) nicht durchstoßen haben. Die großen Schädelnähte sind endo- und ektokranial noch offen, die Wirbelscheibe des Axis bereits verwachsen. Die Abrasion der Zähne spricht für frühadultes Alter, lediglich die 6er lassen kleinste Dentininseln erkennen. In der Zusammenschau ergibt sich ein Sterbealter von um (25–)30 Jahren. Dazu passend liegen noch keine degenerativen Veränderungen vor.

Auch wenn das knöcherne Becken fehlt, ist eine Geschlechtsdiagnose möglich. Der Schädel weist in den klassischen Details relativ eindeutig auf weibliches Geschlecht. Die Tubera frontalia et parietalia sind klar erkennbar, die Unterstirn steil, der Processus mastoideus (mittel-)klein und spitzig, der Processus zygomaticus des Os frontale grazil und die Margo supraorbitale (mittel-)scharfkantig. Die Unterkieferwinkel sind nur andeutungsweise ausgestellt und nicht profiliert, die Mandibula jedoch insgesamt zum Kalvarium passend relativ groß. Es handelt sich also mit einiger Sicherheit um den Schädel einer Frau.

Mit einem Hirnvolumen von über 1430 cm^3 erreicht sie fast den mitteleuropäischen Durchschnittswert für Männer (1450 cm^3), derjenige für Frauen liegt um 150 cm^3 niedriger. Unter den ‚epigenetischen Merkmalen' fällt lediglich die Sutura frontalis aus dem Rahmen. Die Häufigkeit dieses sog. Metopismus schwankt in rezenten und (prä)historischen Serien Mitteleuropas regelhaft zwischen acht und zwölf Prozent. Unter Verwandten tritt die Stirnmittelnaht häufiger in Erscheinung.

Der Zahnbefund dokumentiert ein vollständiges Gebiss mit 32 Zähnen, Parodontose sowie speziell im Molarenbereich Hinweise auf Parodontitis. Ein Zahn ist kariös (26). Es handelt sich um Approximalkaries, die bereits eine Kaverne bis in das Dentin ausgebildet hat. An allen Zahnhälsen lässt sich Zahnstein nachweisen, verstärkt auf der linken Seite. Das korrespondiert wiederum mit dem angesprochenen Kariesdefekt, auf Grund dessen die junge Frau offensichtlich eher auf der rechten Seite gekaut hat. Als weitere Befunde im Zusammenhang mit dem Kauapparat sind Stellungsanomalien infolge Engstand im unteren Frontzahnbereich und ein (deutlicher) Überbiss anzusprechen. Dazu kommen beginnende Cribra orbitalia und ein Befund, der noch differenzialdiagnostisch abzuklären ist, beidseitig nach caudal ‚lappig' ausgezogene Jochbeine mit geriefter Knochenoberfläche.

Zusammenfassende Beurteilung

Die vorliegende Ministichprobe rekrutiert sich aus vier erwachsenen Personen, einer frühadulten und einer (früh)maturen Frau sowie einem spätadulten und einem senilen Mann. Vom erstgenannten Individuum liegen lediglich der Schädel und wenige angrenzende Skelettelemente vor, die anderen sind mehr oder weniger komplett überliefert. Der Geschlechtsdimorphismus ist in allen Fällen deutlich ausgeprägt, eine molekulargenetische Prüfung/Bestätigung der morphognostischen Geschlechtsdiagnosen also nicht erforderlich. Hinsichtlich der bei der Frau aus Grab 1 (4) festgestellten Wachstumsstörungen ist die Bestimmung des Sterbealters unter Vorbehalt zu sehen. Die vorliegenden Befunde verdichten sich zwar im Bereich matur, stärkere degenerative Effekte könnten allerdings auch auf eine Stoffwechselstörung zurückgehen. Es ist nicht auszuschließen, dass sie noch in den späten Abschnitt der reproduktiven Phase einzugliedern ist, der allgemein mit 15 bis 45 Jahren angesetzt wird.

Bei den beiden Personen aus den Gräbern 3 (6) und 4 (8) ergeben sich Anhaltspunkte auf typologische Eigenheiten. Nachdem allerdings die vorliegende Individuenzahl nicht repräsentativ für eine größere Gruppe sein kann, muss beim derzeitigen Stand der Untersuchungen offen bleiben, ob sich in diesen Fällen tatsächlich fremdstämmige Elemente zu erkennen geben.

Bemerkenswert sind zumindest das weit überdurchschnittliche Sterbealter des Mannes aus Grab 2 (5) und die ebenfalls deutlich über dem zu erwartenden Durchschnitt liegenden Körperhöhen der beiden Männer.[8] Beides könnten Indizien für eine höhere soziale Stellung der Betroffenen sein. Damit einhergehend sind die festgestellten Degenerationserscheinungen eher als altersgemäß einzuschätzen als dass sie auf übermäßige körperliche Beanspruchungen schließen ließen. Dass die Menschen trotzdem kein beschauliches Leben führten, zeigen verschiedenartige Hinweise auf pathologische Befunde und Spuren traumatischer Ereignisse.

Schlagwortverzeichnis

Anthropologie; frühe Merowingerzeit; krankhafte Veränderungen; Reiterfacetten.

Anschrift des Verfassers

Priv.-Doz. Dr. Joachim Wahl
Regierungspräsidium Stuttgart
Landesamt für Denkmalpflege
Arbeitsstelle Konstanz, Osteologie
Stromeyersdorfstraße 3
78467 Konstanz

E-Mail: Joachim.Wahl@rps.bwl.de

---

8 Für die römische Kaiserzeit Südwestdeutschlands wurden Mittelwerte festgestellt, die für Männer bei 1,70 m und für Frauen bei 1,59 m liegen. Die entsprechenden Daten für das Frühmittelalter betragen 1,72 m bzw. 1,62 m. Vgl. auch J. Wahl/M. Kokabi, Das römische Gräberfeld von Stettfeld I. Osteologische Untersuchung der Knochenreste aus dem Gräberfeld. Forsch. u. Ber. Vor- u. Frühgesch. Baden-Württemberg 29 (Stuttgart 1988). – J. Wahl, Der Mensch. Vom Individuum zur Population. In: Imperium Romanum. Roms Provinzen an Neckar, Rhein und Donau. Ausstellungskat. Stuttgart. Hrsg. Arch. Landesmus. Baden-Württemberg (Stuttgart 2005) 344–348.

Die frühmittelalterliche Pferdebestattung von Stetten auf den Fildern, Stadt Leinfelden-Echterdingen, Lkr. Esslingen

Elisabeth Stephan

Bergung

Im Rahmen der Ausgrabungen in Stetten auf den Fildern bei Leinfelden-Echterdingen im Gewann ‚Zeiläcker' wurde im Jahr 2000 neben vier menschlichen Bestattungen auch eine Pferdebestattung aufgedeckt (Grab 5; ursprünglich: Grab 7; Befundnr. 587).[1] Das Pferd war in eine nur etwa 0,60–0,65 m breite und 2,10 m lange O–W ausgerichtete Grube gezwängt (siehe Abb. 18 im Beitrag Schach-Dörges, hier S. 625). Im Maul des Pferdes befand sich in Originallage eine tauschierte Trense aus Eisen (Abb. 1).

Die Pferdebestattung wurde unter großem Einsatz der ehrenamtlichen Mitarbeiter des Volunteers-Projekts des Stadt Leinfelden-Echterdingen und des Landkreises Esslingen in einem Erdblock geborgen, um die zukünftige museale Präsentation mit Originalbefunden zu bereichern (Abb. 2). In vielen Arbeitsstunden wurde der gesamte Block, d. h. sowohl das Pferdeskelett als auch das Hüllsediment, von der Volunteers-Gruppe mit Unterstützung der Gemeinde restauriert. Hierbei wurde das Skelett insbesondere im Bereich der linken Hirnschädelseite ergänzt. Abschließend wurde der gesamte Block passgenau in eine extra angefertigte, fahrbare Vitrine gesetzt und in dieser Form in der Ausstellung ‚Spurensuche. Archäologische Entdeckungen auf den Fildern' im Heimatmuseum Echterdingen im Jahr 2004 ausgestellt.

Den archäologischen Untersuchungen nach kann dieses Pferd der männlichen Bestattung in Grab 2 (ursprünglich Grab 5; Befundnr. 616) zugeordnet und in die Zeit um 500 n. Chr. datiert werden.[2]

Zoologische Untersuchung

Lage des Skeletts und Zustand der Knochen

Der hintere Rumpfbereich des Pferdes befindet sich in Bauchlage. Im Brustbereich beginnt eine Linksdrehung innerhalb des Rumpfes, die sich im Halsbereich bis zum Schädel fortsetzt. Der Schädel liegt vollständig auf der rechten Seite. Es erfolgt also innerhalb des Körpers ein Übergang von der ventrodorsalen Lage in eine rechte Seitenlage. Die Extremitäten und besonders die Hinterbeine sind stark angewinkelt.

Die Untersuchungen zeigen, dass der Skelettverband vollständig ist und sich alle Skelettelemente in anatomischer Anordnung befinden. Schnitt- und/oder Hackspuren sind nicht sichtbar. Es kann deshalb davon ausgegangen werden, dass das Pferd nach seiner Tötung vollständig und ohne weitere Manipulationen in der Grabgrube niedergelegt wurde. Hinweise auf die Art der Tötung wurden nicht festgestellt. Denkbar wäre eine Tötung durch einen Schwertstich ins Herz. Dieses Vorgehen ist schwierig, erfordert einige Erfahrung und kann – je nachdem wie es ausgeführt wird – Spuren am Skelett hinterlassen. Nahe liegender ist eine Tötung mittels Durchtrennen der Halsschlagader,

---

[1] Krause 2000.
[2] Vgl. Beitrag H. Schach-Dörges in diesem Band S. 625–630.

die i. d. R. keine Spuren an den Knochen hinterlässt. Das Pferd wurde wahrscheinlich an der Begräbnisstätte getötet und der noch bewegliche, schlaffe Körper gleich danach in die relativ kleine Grabgrube gepresst. Dies wäre nach Eintritt der Totenstarre (Rigor mortis) wenige Stunden nach dem Tod nicht mehr möglich gewesen. Die Lösung der Starre beginnt nach 2–3 Tagen und ist, abhängig von der Umgebungstemperatur, erst nach mehreren Tagen vollständig abgeschlossen. Auch im Anschluss an das Lösen der Totenstarre hätte eine dann immer noch vorhandene Steifigkeit der Beingelenke Schwierigkeiten bereitet, das tote Tier in der relativ kleinen Grube zu deponieren. Eine Niederlegung zu einem späteren Zeitpunkt nach der Tötung des Pferdes erscheint deshalb unwahrscheinlich.

Das Skelett konnte aufgrund der Blockbergung nur in situ untersucht werden, d.h. die Entnahme und vollständige Analyse einzelner Knochen war nicht möglich. Die erhobenen Daten sind deshalb fragmentarisch und die Ergebnisse beschränken sich auf wenige wichtige Aussagen. Vom Schädel sind der vollständige Unterkiefer, der etwas beschädigte Oberschädel sowie das Zungenbein vorhanden (Tab. 1). Die Erhaltung des Unterkiefers ist gut. Viscero- und Neurocranium sind aufgrund ihrer Morphologie weniger gut erhalten. Der Hirnschädel wurde auf der linken Seite während der Bodenlagerung eingedrückt. Gesichtsschädel und der linke Unterkieferast weisen Kupferoxidspuren auf. Diese wurden auch am ersten Halswirbel beobachtet. Vom postcranialen Skelett sind im derzeitigen Zustand an der Oberfläche sichtbar und somit einer zoologischen Untersuchung eingeschränkt zugänglich: Wirbelsäule, Rippen, Scapula, Pelvis, Humerus, Femur, Tibia, Talus und Calcaneus von beiden Körperseiten sowie das linke Vorderbein bis zu den Ossa tarsalia und das komplette linke Hinterbein (Tab. 2). Die Knochenerhaltung ist gut. Das Knochengewebe ist durch die Bodenlagerung braungelb verfärbt, aber glatt und fest. Auch die verknöcherten aber porösen Rippenknorpel sind überliefert.

	Erhaltungszustand	Gewicht	Bemerkungen
Viscerocranium (Gewichtsschädel)	vollständig	1280 g	Kupferoxidspuren
Neurocranium (Gehirnschädel)	nahezu vollständig, auf der linken Seite eingedrückt	425 g	
Mandibula (Unterkiefer)	vollständig	1400 g	Kupferoxidspuren am Ramus
Os hyoideum (Zungenbein)	fragmentiert	6,5 g	

Tabelle 1   Stetten auf den Fildern ‚Zeiläcker'. Pferdebestattung: Oberschädel und Unterkiefer (Gewicht vor der Restaurierung).

Individualalter

Die Epiphysen aller postcranialen Skelettelemente sowie die Schädelnähte sind verwachsen. Das Ersatzgebiss ist komplett und alle Zähne sind in Reibung. Das Backenzahngebiss ist mäßig stark abgekaut. Dadurch ist ein adultes, d.h. ausgewachsenes Individuum von mindestens fünf Jahren belegt. Eine detailliertere Altersbestimmung ist anhand der Schneidezähne (Incisivi) möglich. Zum einen variieren die Form des Querschnitts und der Kunde, einer im Zentrum des Zahns liegenden Zementeinlagerung, mit zunehmender Abkauung der Zähne. Zum anderen verändern sich sowohl die Ausrichtung der Schneidezähne als auch die Biegung des Schneidezahnbogens abhängig vom Individualalter.[3] Die Reibflächen aller Schneidezähne des Stettener Individuums sind queroval und

---

3   Habermehl 1975.

Abb. 1   Stetten auf den Fildern ‚Zeiläcker'. Pferdeskelett während der Ausgrabung 2000 in situ: Schädel mit Trense (Foto: A. Koch).

Abb. 2   Stetten auf den Fildern ‚Zeiläcker'. Pferdeskelett während der Ausgrabung 2000 in situ: Sedimentblock mit Skelett vor der Bergung (Foto: A. Koch).

Cranium (Oberschädel), Mandibula (Unterkiefer)
Columna vertebralis (Wirbelsäule)
Costae (Rippen)
Pelvis (Becken)

	Linke Körperseite	Rechte Körperseite
Scapula (Schulterblatt)	vorhanden	vorhanden
Humerus (Oberarmknochen)	vorhanden	vorhanden
Radius, Ulna (Speiche, Elle)	vorhanden	
Ossa carpalia teilweise (Fußwurzelknochen Vorderextremität)	teilweise vorhanden	
Femur (Oberschenkelknochen)	vorhanden	vorhanden
Tibia, Patella (Schienbein, Kniescheibe)	vorhanden	Tibia vorhanden
Talus, Calcaneus, restliche Ossa tarsalia (Rollbein, Fersenbein, restliche Fußwurzelknochen Hinterextremität)	vorhanden	Talus, Calcaneus vorhanden

Tabelle 2   Stetten auf den Fildern ‚Zeiläcker'. Pferdebestattung: Im derzeitigen Zustand in situ sichtbare Skelettelemente.

Maßstrecke	Maß (mm)
Cranium:	
Wangenbreite	156,3
Kleinste Breite zwischen den Orbitae	135,5
Maxilla (Oberkiefer) links: Länge der Backenzahnreihe	164,0
Maxilla (Oberkiefer) links: Länge Diastema	79,5
Mandibula (Unterkiefer) links:	
Länge der Backenzahnreihe	168,0
Länge Gonion caudale - Infradentale	377,0
Länge Diastema	76,6

Tabelle 3   Stetten auf den Fildern ‚Zeiläcker'. Pferdebestattung: Schädelmaße nach v. d. Driesch 1982.

Skelettelement linke Körperseite	LL (mm)	WRH (cm)*	GL (mm)	WRH (cm)**
Humerus	279,0	135,8		
Radius	314,7	135,9		
Femur	385,8	135,1	385,6	135,0
Tibia	315,2	137,5		

Tabelle 4 Stetten auf den Fildern ‚Zeiläcker'. Pferdebestattung: Laterale Länge (LL) und Größte Länge (GL) und daraus berechnete Widerristhöhe (WRH). * nach Kiesewalter 1888; May 1985; ** nach Vitt 1952; May 1985.

die Kunden noch vorhanden. Die Eckzähne (Canini) sind geringgradig abgekaut. Die Schneidezähne des Ober- und Unterkiefers stehen relativ senkrecht aufeinander, d.h. es handelt sich um ein so genanntes Zangengebiss, und der Zahnbogen ist halbmondförmig. Durch diese Beobachtungen kann das Individualalter auf ca. 8–10 Jahre präzisiert werden.

Geschlecht

Die Bestimmung des Geschlechts am Becken war nicht möglich. Bedingt durch die ventrodorsale Lagerung im Beckenbereich weisen die für eine Geschlechtsbestimmung aussagekräftigen Schambeine nach unten ins Sediment und konnten nicht untersucht werden. Das Vorhandensein der Eckzähne in Ober- und Unterkiefer belegt jedoch eindeutig, dass es sich um ein männliches Tier handelt. Da die Canini deutlich entwickelt sind, handelt es sich wahrscheinlich um einen Hengst und nicht um ein kastriertes Tier.

Pathologische Veränderungen

Pathologische Veränderungen an der Wirbelsäule oder an Gelenken der Extremitätenknochen sind am Pferdeskelett aus Stetten nicht zu beobachten.[4] Krankhafte Reaktionen des Knochengewebes weisen viele frühmittelalterliche Pferdeskelette im Bereich der caudalen Brust- und der Lendenwirbel, d.h. im Sattelbereich, sowie an den Extremitätenknochen ab den Fußwurzelgelenken auf.[5] Diese Veränderungen entstehen häufig als Reaktion auf zu starke und länger andauernde unphysiologische Belastungen bei intensiver Forderung als Reittiere. Für das Stettener Individuum wird deshalb eine gemäßigte Nutzung angenommen.

Größe und Wuchsform

Aufgrund der Seitenlage des Schädels in situ konnten nur wenige Maße genommen werden (Tab. 3). Am postcranialen Skelett wurden in situ die Größte Länge und die Laterale Länge von Humerus, Radius, Femur und Tibia der linken Körperseite gemessen (Maße nach v. D. DRIESCH 1982). Für die Ermittlung der Widerristhöhe (= Stockmaß) wurden die Faktoren von KIESEWALTER (1888) und VITT (1952) korrigiert nach MAY (1985) und v. D. DRIESCH und BOESSNECK (1974) verwendet (Tab. 4). Die errechneten Widerristhöhen streuen für die einzelnen Langknochen nur geringfügig zwischen 135,0 und 137,5 cm. Die mittlere Widerristhöhe beträgt 136 cm.

Das Pferd aus Stetten rangiert damit in der Mitte des Größenbereichs frühmittelalterlicher Pferde, deren Widerristhöhen sich überwiegend in einem Bereich von ca. 130 bis 140 cm bewegen (Abb. 3). Die maximale Variationsbreite der Widerristhöhen erstreckt sich zwischen ca. 120 und 150 cm. Die Extremwerte treten jedoch nur in Einzelfällen auf. Korrelationen zwischen der Größe der Tiere und ihrem Alter sowie ihrem Geschlecht sind nicht vorhanden. Da fast ausschließlich männliche Pferde bestattet wurden, muss aber davon ausgegangen werden, dass nur eine Auswahl des gesamten damaligen Pferdebestandes repräsentiert ist. Allgemein ist die Wuchsform der Pferde eher schlankwüchsig. Sie ist aber während des betrachteten Zeitraums relativ uneinheitlich. Unterschiede in Größe und Wuchsform zwischen den Pferden des 5. und 6. Jahrhunderts n. Chr. und den Bestattungen, die in das 7. und 8. Jahrhundert n. Chr. datieren, sind nicht feststellbar. Veränderung der Zuchtrichtung, die sich auf Größe und Wuchsform auswirken, und/oder das Auftreten bzw. das Einbringen anderer Pferderassen sind archäozoologisch für keinen Zeitabschnitt nachweisbar.

Nach heutigen Maßstäben handelt es sich bei den frühmittelalterlichen Pferden um Kleinpferde, die deutlich kleiner und leichter als moderne Reitpferde sind (siehe Abb. 3). Sie sind am besten mit Pferderassen wie Haflingern oder Koniks vergleichbar. Bei den Haflingern handelt es sich um ausgesprochen trittsichere und umgängliche Vielzweckpferde. Ihre Vorfahren könnten römische

---

4 Die Transversalfortsätze des 4. und 5. Lendenwirbels sind auf der rechten Seite zusammengewachsen. Dabei handelt es sich jedoch nicht um einen pathologischen Befund.
5 z. B. KLEINSCHMIDT 1967; AMBERGER/KOKABI 1985; MÜLLER 1985.

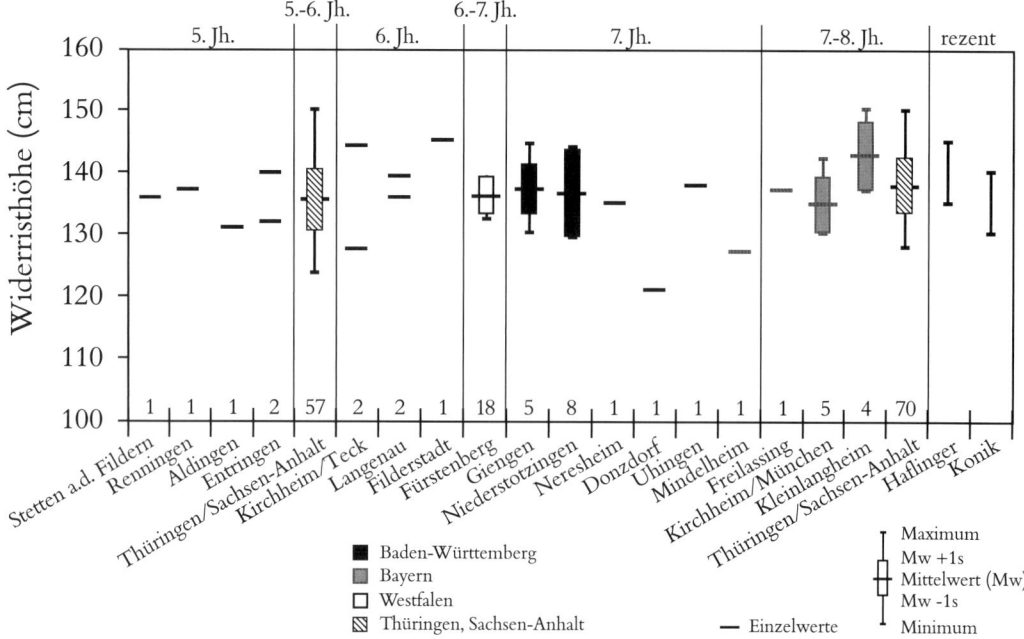

Abb. 3   Widerristhöhen frühmittelalterlicher Pferdebestattungen vom 5. bis zum 8. Jahrhundert n. Chr. im Vergleich mit rezenten kleinwüchsigen Pferderassen. (Zahlen oberhalb der Fundortnamen: Anzahl der Pferdebestattung je Fundort, für die die Widerristhöhe berechnet werden konnte; Fundorte: Baden-Württemberg: Renningen Wahl/Kokabi 1991; Aldingen, Giengen Amberger/Kokabi 1985; Entringen Hald 2000; Kirchheim/Teck, Filderstadt-Sielmingen, Langenau, Uhingen May/Bitzan 1990; Niederstotzingen Kleinschmidt 1967; Neresheim Knaut 1993; Donzdorf Kleinschmidt 1972; Westfalen: Wünnenberg-Fürstenberg Springhorn, 1991; Bayern: Mindelheim, Freilassing-Salzburghofen v. d. Driesch 1967; Kirchheim/München Schäffer/v. d. Driesch 1983; Kleinlangheim Boessneck/v. d. Driesch 1967; Thüringen, Sachsen-Anhalt: Müller 1985; rezent: Haflinger, Konik Sambraus 1986).

Saumpferde gewesen sein, die durch spätere Einkreuzung von Arabern graziler gezüchtet wurden. Koniks, die eine ähnliche Statur wie Haflinger besitzen, wurden dagegen aus einer primitiven Landrasse in Polen zu einem ursprünglichen Typ rückgezüchtet.[6]

Zusammenfassung

Das Pferd von Stetten auf den Fildern im Gewann ‚Zeiläcker' wurde in einer separaten Grabgrube beigesetzt. Da die Grube für ein Tier von der Größe eines Pferdes sehr knapp bemessen war, wurde das Pferd in einer gehockten Position in einer Mischung aus Bauch- und rechter Seitenlage deponiert; die Extremitäten waren dabei stark an den Rumpf gewinkelt. Die Niederlegung entspricht der im Frühmittelalter üblichen Bestattungsart von Pferden.[7] Wie andere Pferdebestattungen im alamannischen Raum aus dem 5. Jahrhundert n. Chr. ist das Pferd von Stetten nicht enthauptet.[8] Auch die Beigabe der Trense ist typisch für die ältere Merowingerzeit in Südwestdeutschland.
Die durch die Blockbergung und den Verbleib des Skeletts in seiner ursprünglichen Position nur eingeschränkt durchführbaren archäozoologischen Untersuchungen belegen, dass es sich – wie bei der

---

6 Sambraus 1986.
7 Vgl. z. B. Kleinschmidt 1967; Müller-Wille 1970/71; Oexle 1984; Amberger/Kokabi 1985; Müller 1985; v. d. Driesch/Boessneck 1988.
8 Vgl. z. B. Renningen: Wahl/Kokabi 1991; Aldingen: Amberger/Kokabi 1986; Entringen: Hald 2000.

Mehrzahl der frühmittelalterlichen Pferdebestattungen – um ein kleines schlankwüchsiges männliches Tier in gutem Nutzungsalter handelt.[9] Das Pferd erlangte eine Widerristhöhe von 136 cm und wurde ungefähr 8–10 Jahre alt. Allgemein gilt das Alter zwischen dem 5. und 12. Lebensjahr als das beste Nutzungsalter bei Pferden. Bei heutigen Kleinpferden, mit denen die frühmittelalterlichen Pferde vergleichbar sind, liegen die Phasen der höchsten Leistung etwas später, zwischen 8 und 18 Jahren.[10] Das Skelett weist keine pathologischen Veränderungen auf, die auf eine Überbelastung hindeuten. Es wurde demnach kein unbrauchbares Tier entsorgt, sondern ein zu Lebzeiten wenig oder gemäßigt genutztes Pferd beim Tod seines Besitzers getötet und zusammen mit ihm bestattet.

Die Frage, ob diese Pferde als Beigabe oder Opfer niedergelegt wurden, ist z.T. ausführlich diskutiert worden. Nach Oexle[11] handelt es sich bei diesen Pferden eindeutig um eine Beigabe von Reitpferden, da sie i.d.R. Reitergräbern zugeordnet sind und entweder den Reitern oder den Pferden Zaumzeug, Sattel und weitere Gegenstände der Reiterausrüstung beigegeben wurden. Oexle räumt aber selbst ein, dass diese Deutung der Pferde als reine Sachbeigabe der Vielschichtigkeit frühmittelalterlicher Religiosität nicht ganz gerecht wird: „Ohne Zweifel unterscheidet sich die Mitgabe belebter Wesen von der Mitgabe unbelebter Sachgüter, denn es vollzog sich mit der Tötung der Pferde auf dem Friedhof unstreitig ein blutiger Vorgang".[12] Wahrscheinlich kann nicht scharf zwischen einer Beigabe und einem Opfer am Grab mit Deposition des Opfertieres getrennt werden, da eine Tiertötung im Rahmen der Bestattungszeremonie sicher auch rituellen Charakter hat. Quast[13] nimmt an, dass die Pferde aufgezäumt und gesattelt beigesetzt wurden, um ihren Herren, die in benachbarten Gräbern beigesetzt waren, für den Ritt ins Jenseits zu dienen.

Literatur

Amberger/Kokabi 1986	G. Amberger/M. Kokabi, Pferdeskelette aus den alamannischen Gräberfeldern Aldingen, Giengen an der Brenz und Kösingen. Fundber. Baden-Württemberg 10, 1985, 257–280.
Boessneck/v. d. Driesch 1967	J. Boessneck/A. v. d. Driesch, Die Tierknochenfunde des fränkischen Reihengräberfeldes in Kleinlangheim, Landkreis Kitzingen. Zeitschr. Säugetierkde. 32/4, 1967, 193–215.
v. d. Driesch 1967	A. v. d. Driesch, Neue Pferdeskelettfunde aus Reihengräberfeldern in Bayern. Bayer. Vorgeschbl. 32, 1967, 186–194 Taf. 20–23.
v. d. Driesch 1982	A. v. d. Driesch, Das Vermessen von Tierknochen aus vor- und frühgeschichtlichen Siedlungen (²München 1982).
v. d. Driesch/Boessneck 1974	A. v. d. Driesch/J. Boessneck, Kritische Anmerkungen zur Widerristhöhenberechnung. Säugetierkundl. Mitt. 22, 1974, 325–348.
v. d. Driesch/Boessneck 1988	A. v. d. Driesch/J. Boessneck, Haustierhaltung, Jagd und Fischfang bei den Bajuwaren. In: H. Dannheimer/H. Dopsch (Hrsg.), Die Bajuwaren. Von Severin bis Tassilo 488–788 (München, Salzburg 1988) 198–206.
Habermehl 1975	K. H. Habermehl, Altersbestimmung bei Haus- und Labortieren (²Hamburg, Berlin 1975).
Hald 2000	J. Hald, Goldgriffschwert und Pferdegrab. Die Alamannen in Entringen. Begleitheft zur Sonderausstellung in der Volksbank Ammerbuch-Entringen 10.09.–13.10.2000 (Tübingen 2000).
Kiesewalter 1888	L. Kiesewalter, Skelettmessungen am Pferde als Beitrag zur theoretischen Grundlage der Beurteilungslehre des Pferdes (Diss. Univ. Leipzig 1888).

---

9 Vgl. z.B. Müller-Wille 1970/71; Oexle 1984.
10 Müller 1985.
11 Oexle 1984.
12 Ebd. 150.
13 Quast 1997a; b.

Kleinschmidt 1967	A. Kleinschmidt, Die Tierreste. In: P. Paulsen, Alemannische Adelsgräber von Niederstotzingen, Kr. Heidenheim. Veröff. Staatl. Amt Denkmalpfl. Stuttgart A 12/II (Stuttgart 1967) 33–45.
Kleinschmidt 1972	A. Kleinschmidt, Die Pferdeknochenfunde aus dem Reihengräberfriedhof von Donzdorf (Kr. Göppingen). Forsch. u. Ber. Vor- u. Frühgesch. Baden-Württemberg 2 (Stuttgart 1972) 119–131.
Knaut 1993	M. Knaut, Die alamannischen Gräberfelder von Neresheim und Kösingen, Ostalbkreis. Forsch. u. Ber. Vor- u. Frühgesch. Baden-Württemberg 48 (Stuttgart 1993).
Krause 2000	R. Krause, Sechs Jahre Volunteers-Projekt: Archäologische Ausgrabungen bei Stetten auf den Fildern, Stadt Leinfelden-Echterdingen, Kreis Esslingen. Arch. Ausgr. Baden-Württemberg 2000, 145–147.
May 1985	E. May, Widerristhöhe und Langknochenmaße bei Pferden – ein immer noch aktuelles Problem. Zeitschr. Säugetierkde. 50/6, 1985, 368–382.
May/Bitzan 1990	E. May/M. G. Bitzan, Osteologische Bearbeitung von merowingerzeitlichen Pferdeskeletten aus dem süddeutschen Raum. Fundber. Baden-Württemberg 15, 1990, 305–351.
Müller 1985	H. H. Müller, Frühgeschichtliche Pferdeskelettfunde im Gebiet der Deutschen Demokratischen Republik. Beitr. Archäozoologie 4 (Weimar 1985).
Müller-Wille 1970/71	M. Müller-Wille, Pferdegrab und Pferdeopfer im frühen Mittelalter. Ber. ROB 20/21, 1970/71, 119–248.
Oexle 1984	J. Oexle, Merowingerzeitliche Pferdebestattungen – Opfer oder Beigaben? In: K. Hauck, Frühmittelalterliche Studien. Jahrb. Inst. Frühmittelalterforsch. Univ. Münster 18, 1984, 122–172.
Quast 1997a	D. Quast, Vom Einzelgrab zum Friedhof. Beginn der Reihengräbersitte im 5. Jahrhundert. In: Die Alamannen. Ausstellungskat. (Stuttgart 1997) 171–190.
Quast 1997b	D. Quast, Opferplätze und heidnische Götter. Vorchristlicher Kult. In: Die Alamannen. Ausstellungskat. (Stuttgart 1997) 433–440.
Sambraus 1986	H. H. Sambraus, Farbatlas Nutztierrassen (⁶Stuttgart 1986).
Schäffer/v. d. Driesch 1983	J. Schäffer/A. v. d. Driesch, Die Tierknochenfunde aus fünf frühmittelalterlichen Siedlungen Altbayerns. Documenta Naturae 15 (München 1983).
Springhorn 1991	R. Springhorn, Die Pferde des frühmittelalterlichen Körpergräberfriedhofes von Wünnenberg-Fürstenberg. Bodenaltertümer Westfalens 25, 1991, 133–160.
Vitt 1952	V. O. Vitt, Die Pferde der Kurgane von Pasyrik. Sowjetskaja Archeologija XVI, 1952 (Russisch).
Wahl/Kokabi 1991	J. Wahl/M. Kokabi, Naturwissenschaftliche Beiträge zu den Grabfunden. In: ... mehr als 1 Jahrtausend ... Leben im Renninger Becken vom 4. bis 12. Jh. Arch. Inf. Baden-Württemberg 19 (Stuttgart 1991) 52 f.

Schlagwortverzeichnis

Archäozoologie; Pferdebestattungen; frühe Merowingerzeit.

Anschrift der Verfasserin

Dr. Elisabeth Stephan
Regierungspräsidium Stuttgart
Landesamt für Denkmalpflege
Arbeitsstelle Konstanz, Osteologie
Stromeyersdorfstrasse 3
78467 Konstanz

E-Mail: elisabeth.stephan@rps.bwl.de

Untersuchung der mineralisierten Textilien an den Metallfunden aus Grab 2 von Stetten auf den Fildern, Stadt Leinfelden-Echterdingen, Lkr. Esslingen

Britt Nowak-Böck

Zur Untersuchung der mineralisierten Textilien aus Grab 2 standen eine silberne Gürtelschnalle, im Befund auf der linken Beckenschaufel gelegen, sowie ein Eisenmesser in Verbindung mit einer bronzenen Pinzette aus dem rechten Hüftbereich zur Verfügung.[1]

Gürtelschnalle

Im Gegensatz zu der Schnallenoberseite, auf der keinerlei organische Reste zu dokumentieren waren, erhielten sich auf der Unterseite fast flächendeckend mineralisierte Gewebestrukturen (Abb. 1–3). Stellenweise lag das leinwandbindige Gewebe doppelschichtig, in einem Bereich auch dreischichtig vor.[2] Es konnten weder Webkanten noch Verarbeitungs- oder Verzierungsspuren an dem Textil erkannt werden. Den mikroskopischen Untersuchungen zufolge bestanden die Kett- und Schussfäden aus identischem, pflanzlichem Fasermaterial (Leinen?).[3]

Bei der Untersuchung der silbernen Gürtelschnalle waren keinerlei Überreste eines einstigen Gürtels auszumachen. Der Schnallendorn, über dessen Spitze sich von der Rückseite her das Textil hinweg zog, lag geschlossen auf dem Schnallenbügel auf.

Bronzepinzette und Eisenmesser

Die Pinzette und das Messer lagen im Befund unmittelbar nebeneinander und sind durch ihre Nähe untrennbar zusammenkorrodiert. Auf einer Seite der Objekte haben sich in der umgebenden Eisenkorrosion mehrschichtige Gewebereste und Lederstrukturen erhalten.

Entlang der Messerschneide konnten stark abgebaute Lederreste dokumentiert werden. Aufgrund des starken Abbaugrades war eine interpretierbare Oberfläche mit charakteristischer Narbenstruktur nicht mehr zu fassen und somit die Lederart optisch nicht zu bestimmen. Hinweise auf Verarbeitungsmerkmale wie Nahtreste oder Materialkanten fehlten ebenso.

Nach vorsichtiger Präparierung und mechanischer Reinigung konnten die Strukturen und der Verlauf der mineralisierten Textilien auf dem Leder besser verfolgt werden. Vorwiegend in der Eisenkorrosion erhalten, zeichnete sich auch hier eine gleichmäßig gewebte Leinwandbindung mit

---

1 Vgl. Beitrag H. Schach-Dörges hier S. 620–624.
2 Analyse: Gewebetechnik: Leinwandbindung, sehr kompakt und gleichmäßig.
   Fadensystem 1: Material: pflanzl. Faser (Leinen?), Farbe: jetzt beige-grünlich, Drehung: z, Fäden/cm: ca. 16–17;
   Fadensystem 2: Material: pflanzl. Faser (Leinen?), Farbe: jetzt beige-grünlich, Drehung: z, Fäden/cm: ca. 14–17.
3 Die Faserpräparate zeigten bei Betrachtung im Durchlichtmikroskop regelmäßige, gut erkennbare ‚Wachstumsknoten'. Für eine exakte Ansprache und Differenzierung des botanischen Materials wären weitere Untersuchungen wie Faserquerschnitts-Untersuchungen, REM-Aufnahmen und anderes nötig.

Abb. 1   Stetten, Grab 2: Rückseite der Silberschnalle mit mineralisierten Gewebresten.

Abb. 2   Stetten, Grab 2: Leinwandbindige Textilstrukturen auf der Schnallenrückseite.

z-tordierten Fäden in beiden Fadensystemen ab.[4] Die textilen Schichten waren mehrlagig und stellenweise faltig auf der Schneide und auf dem Messerrücken ankorrodiert (Abb. 4).

Auswertung

Verschiedene Merkmale, wie das optisch vergleichbare, leinwandbindige Gewebebild mit nahezu identischer Fadendichte und die Übereinstimmung der Fadentorsion weisen darauf hin, dass es sich offensichtlich bei den mineralisierten Textilresten auf der Gürtelschnalle, dem Messer und der Pinzette aus Grab 2 um ein und dasselbe mittelfeine Gewebe handelte.[5]

Aufgrund der stratigraphischen Situation des Textils auf der Unterseite der Schnalle, kann es als Rest eines ‚gegürteten' Gewandes interpretiert werden. Die Mehrschichtigkeit der Textilstruktur deutet darauf hin, dass der Stoff im Gürtelbereich faltig zu liegen kam. Diese Annahme wird durch die mehrschichtigen, faltigen Gewebereste auf dem Messer und der Pinzette bestätigt.

Aufgrund fehlender Hinweise bleibt unklar, ob die Gegenstände in einem Täschchen bzw. Beutel oder offen auf dem Gewand – wohl am Gürtel befestigt – getragen wurden.

Das Messer steckte zudem in einer ledernen Messerscheide, was sich anhand der wenigen Lederreste entlang der Metalloberfläche belegen ließ. Form, Aufhängung und Machart waren nicht mehr zu konkretisieren, ebenso fehlten organische Reste vom einstigen Messergriff gänzlich.

Glossar[6]

Drehung: Ist ein Einzelfaden durch Spinnen oder Verdrillen um eine eigene Achse gedreht, ergibt sich eine Drehung. Die Drehung wird nach ihrer Richtung entsprechend der Achse der Buchstaben s oder z angegeben.
Fadenzahl (Fäden/cm): Die Anzahl der Kettfäden in 1 cm der Stoffbreite oder der Schussfäden in 1 cm der Stofflänge.
Kette: Mit Kette bezeichnet man die Gesamtheit der für ein Gewebe bestimmten Längsfäden, die auf den Webstuhl, bzw. das Webgerät aufgezogen werden. Der einzelne Faden wird Kettfaden genannt.
Leinwandbindung: Grundbindung mit einem Rapport aus zwei Kett- und zwei Schussfäden. Die Kettfäden laufen abwechselnd über bzw. unter einem Schussfaden. Die Verkreuzungsart wechselt von Faden zu Faden. Ober- und Unterseite des Stoffes sind gleich.
Schuss: Mit Schuss bezeichnet man den Querfaden in einem Gewebe, der durch das Fach in die Kette eingetragen wird und mit dieser eine Fadenverkreuzung ergibt.

---

4   Analyse: Gewebetechnik: Leinwandbindung.
    Fadensystem 1: Material: nicht mehr bestimmbar, Farbe: jetzt bräunlich-rot, Drehung: z, Fäden/cm: ca. 14.
    Fadensystem 2: Material: nicht mehr bestimmbar, Farbe: jetzt bräunlich-rot, Drehung: z, Fäden/cm: ca. 12.
5   Zum Gewebetyp siehe L. Bender Jørgensen, North European Textiles until AD 1000 (Aarhus 1992) 72.
6   Aus: Vokabular der Textiltechniken, Centre International d'Étude des Textiles Anciens (C.I.E.T.A.) 1971 (gekürzte Version).

Untersuchung der mineralisierten Textilien von Stetten

667

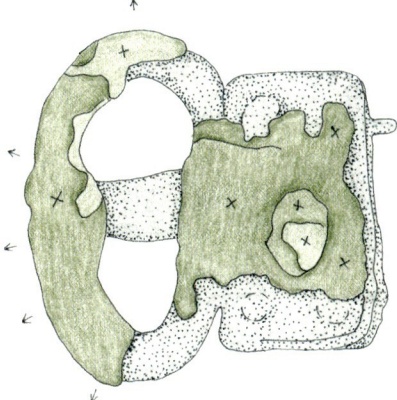

Abb. 3 Stetten, Grab 2: Rückseite der silbernen Gürtelschnalle mit mehrschichtigen Geweberesten (grün). M 1 : 1.

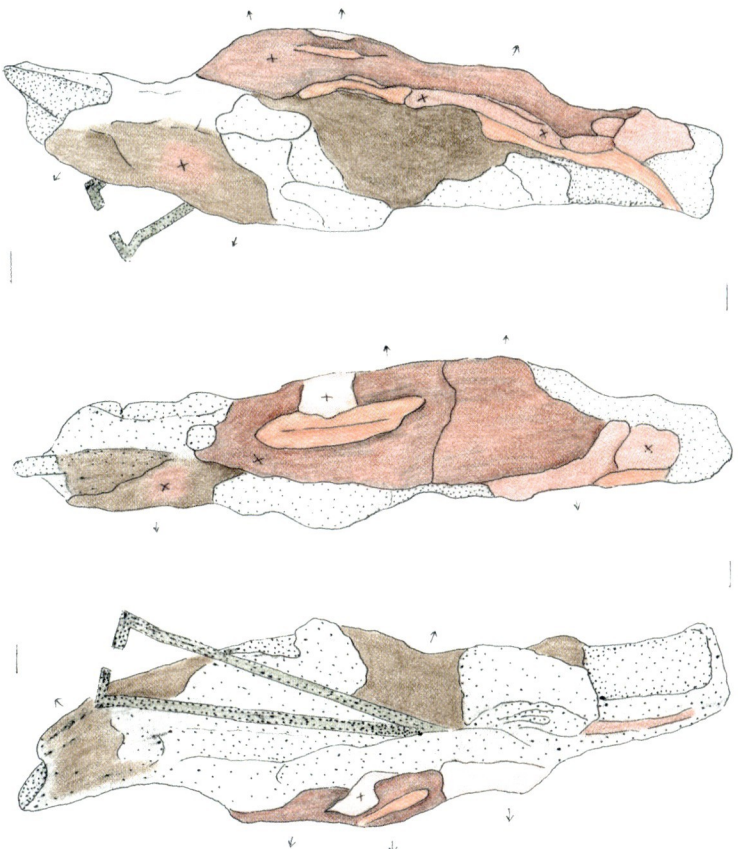

Abb. 4 Stetten, Grab 2: Eisenmesser und Bronzepinzette mit mehrschichtigen Textilstrukturen (rot) und Resten der ledernen Messerscheide (braun). M 1 : 1.

Abbildungsnachweis

Alle Abbildungen und Zeichnungen wurden von B. Nowak-Böck erstellt.

Schlagwortverzeichnis

Mineralisierte Textilien; organische Reste; Leinwandbindung; Leder.

Anschrift der Verfasserin

Dipl.-Rest. Britt Nowak-Böck
Bayerisches Landesamt für Denkmalpflege
Restaurierung Archäologie
Hofgraben 4
80539 München

E-Mail: Britt.Nowak-Boeck@blfd.bayern.de

Eine Riemenzunge mit Tierornamentik im Tassilokelchstil aus dem ehemaligen spätantiken Kastell von Konstanz

Timo Hembach

Die groß angelegten archäologischen Untersuchungen auf dem Münsterplatz in Konstanz in den Jahren 2003 bis 2005 lieferten nicht nur sensationelle Ergebnisse wie das lang gesuchte spätantike Kastell von Konstanz[1] (Abb. 1), sondern auch zahlreiche sehr beachtenswerte und wichtige Fundstücke. In unmittelbarer Nähe zur einstigen spätrömischen Befestigungsmauer kam eines der interessantesten Stücke zum Vorschein, das hier im Folgenden vorgelegt und diskutiert werden soll: eine Riemenzunge mit Tierornamentik im Tassilokelchstil (Abb. 2).
Von der ehemals längeren Riemenzunge ist nur noch der untere Teil mit u-förmigem Ende auf einer Länge von 5,7 cm erhalten. Das Stück ist aus Silber, teilweise vergoldet und mit reichhaltiger Ornamentik auf beiden Seiten versehen.
Die Ornamentik auf der Vorderseite (Abb. 3 links) ist von der ebenen Oberfläche aus eingeschnitten. In einem zentralen, vergoldeten Bildfeld befinden sich, begrenzt durch drei in Niello-Technik verzierte Noppen, zwei voneinander getrennte Tiere im Tassilokelchstil. Aufgrund des schlechten Erhaltungszustandes in diesem Bereich sind die Köpfe der Tiere nicht eindeutig zu identifizieren. Lediglich die für den Tassilokelchstil typischen Schenkelspiralen sind stellenweise zu erkennen. Der Schwanz des einen Tieres wickelt sich um den untersten Noppen. Oberhalb des ersten Noppen befindet sich ein Dreipassknoten mit spitz zulaufenden Biegungen. Die beiden ebenfalls vergoldeten Außenkanten sind u-förmig eingezogen und vom zentralen Bildfeld durch eine in Niello-Technik verzierte Leiste mit Punkten abgesetzt. Auf den Feldern der Außenkanten befindet sich ein dichtes Geflecht von Band- und Linienwerk, wobei eine sichere Identifizierung aufgrund des bereits erwähnten teilweise schlechten Erhaltungszustandes nicht immer möglich ist. Auf dem linken Außenfeld sind s-förmige, verschlungene Körper, Vorder- und Hinterläufe sowie mehrere Schenkelspiralen zu erkennen. Hier ist lediglich ein einziger entenförmiger Kopf mit mandelförmigem Auge und trompetenartigem Maul eindeutig zu identifizieren. Die Mäuler sämtlicher Tiere in den diversen Feldern auf der Riemenzunge sind geschlossen. Am u-förmigen unteren Rand der Riemenzunge ist ein eng verschlungenes Tier mit ähnlichem Kopf mit ebenfalls mandelförmigem Auge, trompetenartigem Maul und Schenkelspiralen zu sehen. Das rechte Außenfeld ist besser erhalten, und dementsprechend sind die einzelnen Ornamente eindeutiger anzusprechen. Es handelt sich um zwei Tiere, deren s-förmige Körper miteinander verschlungen sind. Deutlich erkennbar sind zwei Köpfe mit trompetenartigen Mäulern, mehrere Schenkelspiralen sowie drei teilweise gezackte Klauen. Das obere Tier hat einen etwas schmaleren Kopf mit gezacktem Auge, das untere ein mandelförmiges Auge. Bei letzterem Tier fällt eine dreieckige schraffierte Erweiterung der Schenkelspirale auf. Das obere Tier weist eine ebenfalls schraffierte Erweiterung des Halses auf. Sowohl der schraffierte Hals als auch das schraffierte Schenkeldreieck sind an keinen weiteren Tierkörpern in anderen Feldern der Vorderseite zu finden.

---

[1] Siehe Heiligmann/Röber 2004, 132–136. – Dies. 2005, 134–141.

Abb. 1 Blick auf einen Teilbereich der Ausgrabung am Konstanzer Münster mit Resten der spätantiken Befestigung.

Die Rückseite der Riemenzunge (Abb. 3 rechts) weist die gleiche Unterteilung wie die Vorderseite auf: ein zentrales Bildfeld sowie u-förmig eingezogene Außenfelder. Das zentrale Bildfeld ist in Niello-Technik verziert, wobei sich die Einlage nicht erhalten hat. Es handelt sich um drei Kreise, die auf beiden Seiten durch jeweils zwei entgegengesetzte, geschlossene ‚Spiralhaken' flankiert werden, eventuell ein stark stilisiertes Ranken- bzw. Palmettenmotiv. Dazu kommen kleine symmetrisch angeordnete Punkte.

Die beiden Außenfelder sind vollständig vergoldet. Ein Perlenkranz umgibt das zentrale Bildfeld und S-Voluten bzw. S-Schleifen zieren den äußeren Rand. An der Abbruchkante ist der Ansatz eines runden oder ovalen Perlenkranzes erkennbar, der eventuell ein Bildmotiv in der Mitte der Riemenzunge eingerahmt hat.

Die Elemente des Dekors der Vorderseite gehören, wie bereits mehrfach erwähnt, zu dem Formenkanon eines Tierstils, der als „Tassilokelchstil"[2], als „insularer Tierstil kontinentaler Prägung"[3] oder auch als „anglo-karolingischer Tierstil"[4] bezeichnet wird. Charakteristisch für diesen Tierstil sind die entenförmigen Köpfe mit stangenförmigen oder trompetenartigen Mäulern bzw. Kiefern, die bandförmigen und s-förmig geschwungenen Körper, die Schenkelspiralen, die Wahl der Seitenansicht, tatzenartige Füße, schraffierte Erweiterungen und flechtbandartige Ornamente.[5] Diese Form des Dekors ist auf liturgischem Gerät, Schmuck, Trachtbestandteilen, Reitzeug und Waffen

---

2 Stein 1967, 46.
3 Werner 1959, 191. – Bierbrauer 2001, 89 ff.
4 Ypey 1968, 175–191.
5 Schmauder 2005, 294.

zu finden.⁶ Die Riemenzungen bzw. Knopfriemenzungen machen dabei mehr als die Hälfte der bisher bekannten Gegenstände mit derartiger Tierornamentik aus.⁷ Hauptverbreitungsgebiet dieses Zierstils ist das Rhein-Main- und Main-Gebiet, der untere Rhein sowie das Maasgebiet (Abb. 4).⁸ Die Bezeichnung „anglo-karolingischer Tierstil" wird eher selten verwendet und stark diskutiert, da die Bezeichnung „anglo-" die Herkunft dieses Tierstils zu sehr auf den angelsächsischen Bereich einengt.⁹ Die Benennung als „Tassilokelchstil" dagegen setzt voraus, dass die gesamte Ornamentik des Tassilokelches, also ebenfalls seine von den Bildfeldern mit Tierfiguren abgetrennten Evangelistenbilder und die Pflanzenornamentik als stilkennzeichnend angesehen wird, auch wenn nur wenige

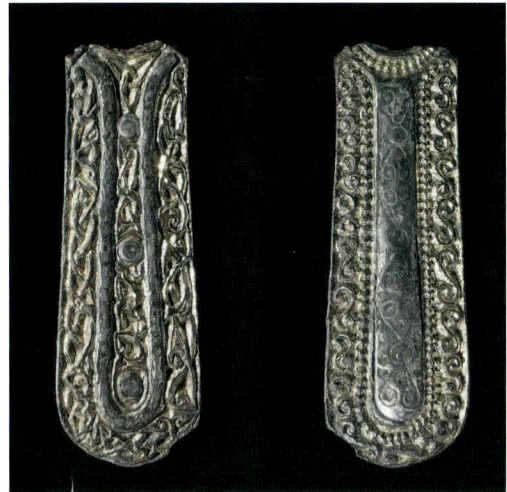 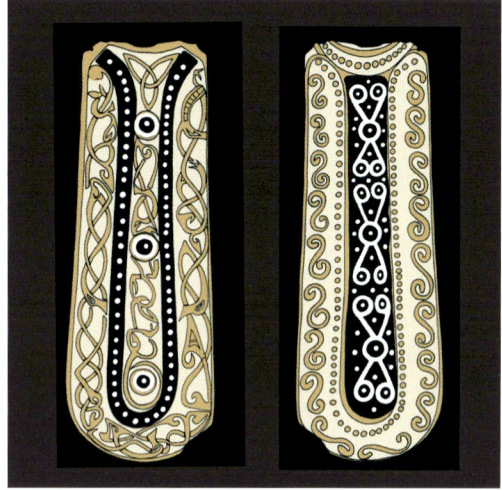

Abb. 2 Riemenzunge mit Tierornamentik im Tassilokelchstil. Links: Vorderseite, rechts: Rückseite.

Abb. 3 Umzeichnung der Riemenzunge. M 1:1.

bisher gefundene Stücke mehrere dieser Zierelemente aufweisen. Im Gegenzug wird der Begriff des „insularen Tierstils kontinentaler Prägung" immer wieder als unzulässige Vereinfachung angesehen, da er sich nur auf den Tierstil beschränkt.¹⁰ Da die Konstanzer Riemenzunge, wie gezeigt, lediglich Tierornamentik aufweist und keinerlei weiteren Zierelemente des Tassilokelches, ist klar, dass sich die Benennung als „Tassilokelchstil" innerhalb dieser Abhandlung nur auf die entsprechende charakteristische Tierornamentik bezieht. Auch eine Benennung als „insularer Tierstil kontinentaler Prägung" scheint, da nur den Tierstil betreffend, in diesem Fall vertretbar und kann nicht als Vereinfachung angesehen werden.
Seit dem Erscheinen der grundlegenden Arbeit über den namengebenden Kelch des Baiernherzogs Tassilo III. von G. HASELOFF¹¹ wird diese Form der Ornamentik pauschal in die zweite Hälfte des 8. Jahrhunderts und den Beginn des 9. Jahrhunderts datiert.¹² Obwohl derartiger Tierdekor in den Miniaturen der ältesten angelsächsischen Handschriften auf dem Festland bereits Ende des 7. Jahrhunderts auftaucht,¹³ stützte sich diese Datierung bis dato auf einzelne, gut datierbare Objekte aus der zweiten Hälfte des 8. Jahrhunderts. Zu diesen Stücken zählen neben dem bereits mehrfach er-

---

6 WAMERS 1994, 32.
7 Nach Fundliste bei M. SCHULZE-DÖRRLAMM (1998, 143 ff.).
8 Ebd. Abb. 2.
9 HASELOFF 1976/77, 168 ff. – BIERBRAUER 2001, 89.
10 WAMERS 1994, 32.
11 HASELOFF 1951.
12 Ebd. 71. – WAMERS 1994, 35.
13 HASELOFF 1976/77, 170 ff. Abb. 26–28.

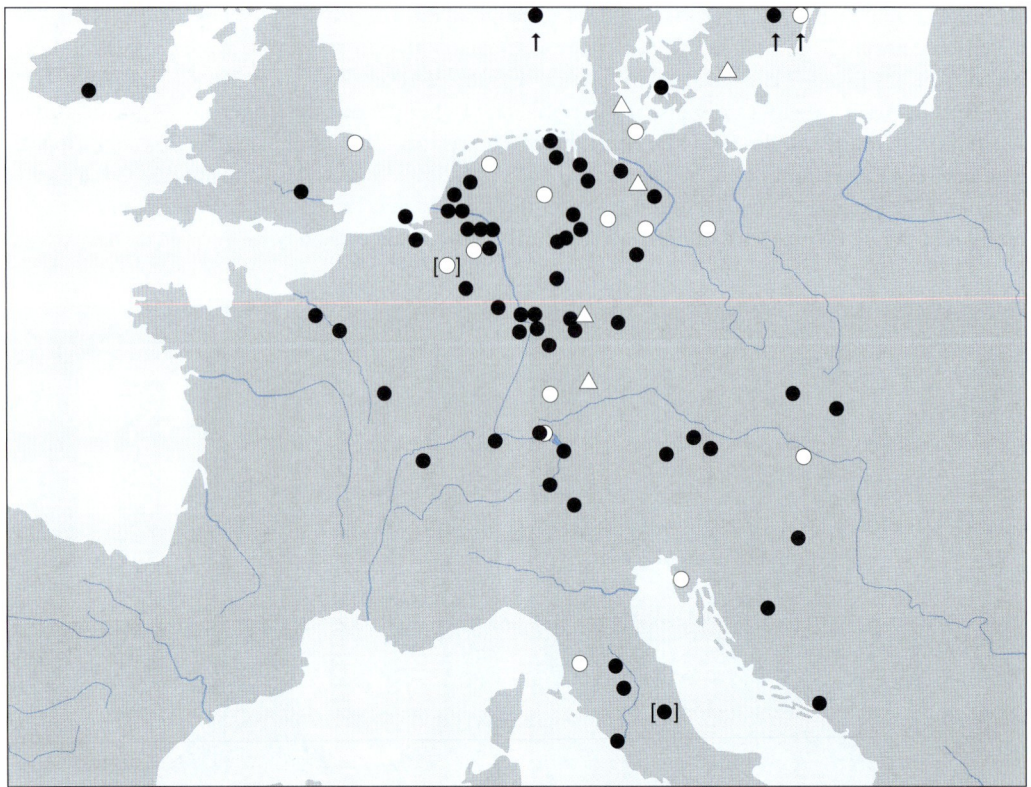

Abb. 4   Verbreitungskarte der Arbeiten mit Tierornamentik im Tassilokelchstil. ● Tassilokelch-Tierstil;
○ Degenerierter Tassilokelchstil; △ Laufendes, abstraktes Einzeltier; [ ] Genauer Fundort unbekannt.

wähnten Tassilokelch aus der Zeit zwischen 768/769 und 788 (vermutlich im Jahr 777 dem Kloster Kremsmünster gestiftet), den Chorschrankenfragmenten aus dem Kloster Müstair, das im letzten Viertel des 8. Jahrhunderts gegründet worden ist,[14] auch der ältere Lindauer Buchdeckel aus der Zeit um 800. Sämtliche dieser Stücke und auch vereinzelte entsprechende Grabfunde stammen aus den nördlichen wie südöstlichen Randgebieten des Karolingerreiches.[15]

Ein weiterer Anhaltspunkt für die vorgenommene Altersbestimmung war die Tatsache, dass Gegenstände mit derartiger Verzierung unter den Beigaben in alamannischen und bajuwarischen Gräbern aus der ersten Hälfte des 8. Jahrhunderts völlig fehlen.[16] M. Schulze-Dörrlamm konnte anhand einer neueren, sehr differenzierten Kartierung der bisher bekannten Objekte mit Tierornamentik im Tassilokelchstil, seiner Degenerationsformen und verwandter Tierornamente (Abb. 4) recht überzeugend darlegen, dass bis dato sowohl das Kerngebiet des Herzogtums Alamannien, also der Raum zwischen Neckar und Bodensee, als auch der Westen des Herzogtums Baiern trotz intensiver archäologischer Bodendenkmalpflege fundleer[17] geblieben sind. Wenn nun nicht der Forschungsstand ausschlaggebend für die Fundleere in Alamannien und dem westlichen Baiern sei, und demnach anscheinend Objekte dieses Stils überhaupt nicht in diesen Raum gelangt seien, könnten auch andere Gründe als chronologische dafür verantwortlich sein. Die Verbreitung könne also eine Folge von besonderen politischen, kirchlichen oder wirtschaftlichen Verhältnissen gewesen sein.

---

14 Haseloff 1980, 21–39.
15 Schulze-Dörrlamm 1998, 132.
16 Stein 1967, 108 f.
17 Lediglich aus Hohenhundersingen, Kr. Reutlingen, liegt ein einzelner Schwertgurtbeschlag mit stark degeneriertem, dem klassischen Stil kaum noch ähnelndem Tierdekor vor (Schulze-Dörrlamm 1998, 132; 146 Liste B 3).

Zudem merkt M. Schulze-Dörrlamm an, dass aus den fränkischen Siedlungsgebieten westlich des Rheins bisher keine Trachtbestandteile vorliegen, die mit denen aus alamannischen und bajuwarischen Gräbern des zweiten Viertels des 8. Jahrhunderts vergleichbar sind. Zu dieser Zeit könne im fränkischen Reich ein Formengut mit einem neuartigen Tierstil entstanden sein, der von der Tierornamentik in den bereits erwähnten ältesten angelsächsischen Handschriften auf dem Kontinent aus dem ausgehenden 7. und frühen 8. Jahrhundert beeinflusst worden sei.[18] Aus diesem Grund werde auch vom „insularen Tierstil kontinentaler Prägung" gesprochen.

Inzwischen lägen auch Belege vor, die darauf hinweisen würden, dass die frühesten Objekte mit derartigem Tierdekor bereits in der ersten Hälfte des 8. Jahrhunderts im Frankenreich hergestellt worden seien. So existierten beispielsweise einzelne Gegenstände, deren Form und Verzierung noch sehr enge Bezüge zu dem vor 676 geschaffenen Warnebertus-Reliquiar[19] aufweisen. Diese könnten kaum erst nach der Mitte des 8. Jahrhunderts entstanden sein.[20]

Außerdem legt Schulze-Dörrlamm zwei Grabfunde vor, die vor die Mitte des 8. Jahrhunderts datieren sollen: eine Knopfriemenzunge aus vergoldetem Messing mit einem vierfüßigen Tier im Tassilokelchstil aus einem Grab des frühen 8. Jahrhunderts aus der St. Lambertus-Kathedrale in Lüttich[21] sowie ein stark abgenutzter und wiederverwendeter Schwertgurtbeschlag aus vergoldeter Bronze mit zwei rückblickenden Tieren, gefunden in einem Frauengrab des Gräberfeldes in Maschen, Kr. Harburg, das in die erste Hälfte des 8. Jahrhunderts datiert wird.[22] Daneben existierten weitere Objekte mit Dekor im Tassilokelchstil, die aufgrund stilistischer Vergleiche ebenfalls eher älter zu sein scheinen. Dies seien beispielsweise zwei bronzevergoldete Sporne aus Welbsleben, Kr. Hettstedt, die in die zweite Hälfte des 7. Jahrhunderts datieren sollen und somit zu den frühesten Metallobjekten mit derartiger Ornamentik gehören würden. Zu diesen frühen Objekten zählten weiterhin ein schildförmiger, profilierter Beschlag aus vergoldeter Bronze, der in Mainz zutage kam und ebenfalls in die zweite Hälfte des 7. Jahrhunderts datiert wird, und das gleicharmige Kreuz aus vergoldetem Kupfer aus Baume-les-Messieurs, Dép. Jura, dessen Dekor stilistisch in eine frühe Phase des insularen Tierstils kontinentaler Prägung, die erste Hälfte des 8. Jahrhunderts, eingeordnet wird.[23]

Ungeachtet der anhaltenden Diskussion, ob die vorgelegten und gerade beschriebenen Stücke tatsächlich derartig früh datiert werden können,[24] wird der Beginn des Tassilokelchstils auf dem Kontinent inzwischen in die erste Hälfte des 8. Jahrhunderts gesetzt. Angesichts der bereits erwähnten Vorbilder in den angelsächsischen Handschriften vom Ende des 7. Jahrhunderts scheint eine „zeitnahe" Herausbildung des Stils eher denkbar, als dazwischen eine „Lücke" von einem halben Jahrhundert.[25] Einen weiteren Anhaltspunkt für eine frühe Datierung liefert ein zerschnittener, fragmentierter Besatz aus einer Doppelbestattung des kleinen Friedhofes von Etting, Stadt Ingolstadt, dessen Funktion ungeklärt ist. Die Tierornamentik darauf, drei ineinander verschlungene Tiere mit langen bandartigen Köpfen samt Nackenschopf und je einem Vorder- und Hinterbein weisen dieses Stück laut V. Bierbrauer als insulare Arbeit aus, die er in die Zeit um 700 bzw. ins frühe 8. Jahrhundert datiert.[26]

Sehr eng mit der Frage nach der Chronologie ist der Aspekt der Verbreitung des insularen Tierstils auf dem Kontinent verbunden. Diese wird immer wieder mit der angelsächsischen Mission zwischen dem Ende des 7. und der Mitte des 8. Jahrhunderts verknüpft. Auch wenn E. Wamers

---

18 Schulze-Dörrlamm 1998, 132.
19 Haseloff 1984, 195 ff. Abb. 2–10.
20 Schulze-Dörrlamm 1998, 132.
21 Ebd. 132 f. Abb. 3.
22 Ebd. 135 f. Abb. 4.
23 Ebd. 136 ff. Abb. 1, 5 u. 6.
24 Bierbrauer 2001, 96 Anm. 39. – Schmauder 2005, 300.
25 Bierbrauer 2001, 98.
26 Ebd. 122 ff. Anm. 164.

keinen Zusammenhang darin sieht,[27] ist die insulare Herkunft des Tassilokelchstil unumstritten,[28] folgt er doch in seinen Merkmalen dem Tierstil in insularen Handschriften und auf Metallarbeiten vom Ende des 7. und dem Beginn des 8. Jahrhunderts.[29] In der Zeit der Mission muss insulares Kulturgut in großer Zahl in Form von Handschriften, liturgischem bzw. sakralem Gerät und andere Metallarbeiten auf den Kontinent gelangt sein. Darunter befand sich auch solches mit insularer Tierornamentik, die dann die Grundlage bzw. das Vorbild für die Herausbildung des Tassilokelchstils gewesen sein dürfte.[30] Auch wenn dies außer Frage zu stehen scheint, bedeutet das nicht, dass die Verbreitung der Arbeiten mit Tassilokelchstil dem Missionsgebiet der damaligen Zeit entspricht. Schließlich macht die Ausbreitung dieser speziellen Tierornamentik mit einer Übertragung der Motive aus den Klosterwerkstätten in den profanen Handwerksbereich hinein keinen Halt an den Grenzen der Missionsgebiete.[31]

Der gehobene, ‚adelige' Personenkreis bezog seinen mit Tassilokelchtierstil verzierten Schmuck oder dementsprechendes Trachtzubehör von lokalen Goldschmieden. Gerade die kostbarsten Stücke wie diverse Sporne oder die Silberbecher aus Pettstadt und Fejø zeigen, dass es der Adel war, der mit den Klöstern als Trägern des insularen Tierstils in seiner hiesigen Form in Kontakt stand und diesen dann außerhalb des kirchlichen Bereichs verbreitete. Die neue Ornamentik wurde von sakralen Gegenständen wie Buchdeckeln, Kelchen oder Chorschranken auf profane Gegenstände wie Gürtelbeschläge, Schmuck oder Sporne übertragen.[32]

Abb. 5   Rekonstruktionszeichnung eines Beschlags aus der karolingischen Pfalz von Paderborn, Bronze vergoldet. Ohne Maßstab.

Auch wenn sich die Konstanzer Riemenzunge problemlos in die Reihe der bisher bekannten Stücke mit Tierornamentik im Tassilokelchstil einreihen lässt, sei an dieser Stelle auf einige Besonderheiten hingewiesen: auf dem rechten Außenfeld der Vorderseite befinden sich zwei Tiere, wobei bei dem einen eine dreieckige schraffierte Erweiterung der Schenkelspirale und bei dem anderen eine ebenfalls schraffierte Erweiterung des Halses zu erkennen sind. Die Besonderheit liegt darin, dass diese schraffierten Erweiterungen, wie bereits erwähnt, an keinem weiteren Tierkörper auf der gesamten Riemenzunge zu finden sind. Schraffierte Erweiterungen des Halses bzw. der Schenkelspiralen finden sich in fast identischer Form z. B. auf dem Fejø-Becher[33] und auf einem Beschlagfragment aus der karolingischen Pfalz von Paderborn (Abb. 5).[34] In zahlreicher Form sind solche schraffier-

---

27 Wamers 1994, 36. – Ders. 1999, 462 ff.
28 Bakka 1983, 19 f. – Bierbrauer 2001, 104 f.
29 Bierbrauer 2001, 120.
30 Ebd. 126 ff.
31 Ebd. 128 f.
32 Werner 1959, 188.
33 Wilson 1960, Pl. 1.
34 Bakka 1983, Abb. 1 u. 2.

Abb. 6   Sporn aus dem Hambacher Forst, Kr. Düren, mit
Tierstilverzierung und Niello-Verzierung. Ohne Maßstab.

ten Tierkörper beispielsweise auch auf dem älteren Lindauer Buchdeckel zu finden.[35] Bei diesen Stücken sind jedoch einheitlich alle Tiere derartig gestaltet. Der Grund für die in diesem Fall nicht ‚flächendeckende' Verzierung aller Tierkörper mit solchen Schraffuren bleibt ungeklärt.

Eine weitere Besonderheit liegt in der Gestaltung der Mäuler der Tierfiguren auf der Riemenzunge aus Konstanz. Die Tiere des Tassilokelchstils weisen an ihren entenförmigen Köpfen üblicherweise geöffnete Mäuler auf, wobei ‚Ober-' und ‚Unterkiefer' immer mehr oder weniger deutlich zu erkennen sind. Bei dem Stück aus Konstanz haben alle Tiere jedoch trompetenartige und geschlossene Mäuler.

Eher selten kommt die Tierornamentik in Verbindung mit Verzierung in Niello-Technik vor. Wie gezeigt, ist auf beiden Seiten der Riemenzunge aus Konstanz Dekor in Form von Niello-Zier vorhanden: auf der Vorderseite werden die u-förmig eingezogenen Außenfelder von dem zentralen Bildfeld durch eine in Niello-Technik verzierte, punktierte Leiste abgesetzt. Außerdem befinden sich im zentralen Bildfeld drei Noppen in Niello-Zier, zwischen denen zwei Tiere angeordnet sind. Auf der Rückseite ist das gesamte mittlere Bildfeld in Niello-Technik verziert: drei Kreise, die auf beiden Seiten durch jeweils zwei entgegengesetzte, geschlossene ‚Spiralhaken' flankiert werden sowie kleine symmetrisch angeordnete Punkte. Eines der wenigen weiteren Fundstücke, das sowohl Tierornamentik im Tassilokelchstil als auch Niello-Verzierung kombiniert, ist ein Reitersporn aus dem Hambacher Forst bei Jülich (Nordrhein-Westfalen), der in die zweite Hälfte des 8. Jahrhunderts datiert wird (Abb. 6).[36]

Neben dem Tierstil können auch für Form und weitere Dekorelemente der Konstanzer Riemenzunge Parallelen herangezogen werden. Sowohl die längliche Form mit abgerundetem Ende als auch die Aufteilung mit zentralem Bildfeld und u-förmig eingezogenen Außenfeldern finden sich bei einigen weiteren Stücken. So weist die in der Aula regia der Königspfalz von Ingelheim gefundene Riemenzunge eine ähnliche Aufteilung auf, wobei das zentrale Bildfeld mit Tierfiguren im Tassilokelchstil und die Außenfelder mit Rankenmotiven verziert sind.[37] Auch die Riemenzunge aus der Waal bei Rossum (Prov. Gelderland, Niederlande) ist derartig aufgeteilt und verziert (Abb. 7).[38]

---

35   Bakka 1983, Abb. 9.
36   Roth 1986, 280 Taf. 63 e. – Schmauder 2005, 298 Abb. 8.
37   Grewe 1999, 465 f. Abb. VII 26.
38   Ypey 1968, Abb. 1,5. – Roth 1986, Taf. 62 u. 280.

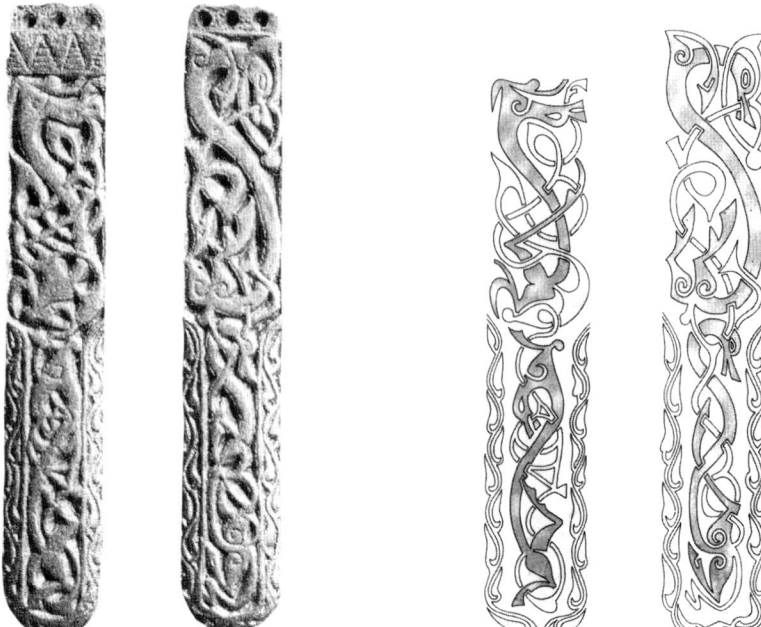

Abb. 7   Riemenzunge aus der Waal bei Rossum, Prov. Gelderland, Niederlande. M 1:1.

Oberhalb des zentralen Bildfeldes auf der Vorderseite der Riemenzunge aus Konstanz befindet sich ein Dreipassknoten mit spitz zulaufenden Biegungen. Diese sind ein häufiges Element in der christlichen Kunst des frühen Mittelalters: so z. B. auf Bruchstücken des Altarciboriums aus San Vitale in Ravenna, auf dem sogenannten Kamm des Bonifatius aus dem Domschatz zu Fritzlar und auf dem Tragaltar von Adelshausen. Deswegen werden derartige Dreipassknoten in der Regel als Symbol für die Dreieinigkeit gedeutet.[39] Auch in Illustrationen von Handschriften aus dem 8. Jahrhundert sind sie immer wieder zu finden.[40]

Die Außenfelder auf der Rückseite der Konstanzer Riemenzunge sind mit S-Voluten verziert. Dieser auch S-Schleifen genannte Dekor wird als stark schematisiertes Rankenornament gedeutet[41] und taucht immer wieder als verzierendes Element auf diversen Gegenständen auf. So sind S-Voluten zum Beispiel auf einem Spornpaar aus Borleben, Kr. Wolmisstedt,[42] und einem Armring aus Grab 7 des Gräberfeldes von Wijster, Provinz Drenthe, zu finden.[43] Letzterer wird von J. Kleemann in seine Stufe III der karolingischen Grabfunde Norddeutschlands eingeordnet und damit in den Zeitraum zwischen 730/40 und 760/70 datiert.[44] Ein Tragbügel einer Sax- oder Schwertscheide aus Jülich-Bourheim, Kr. Düren, weist neben dem Tassilokelchtierstil ebenfalls eine S-Volute in einem abgesetzten, nierenförmigen Mittelfeld auf.[45] Sowohl dieser Beschlag, der gerade aufgrund der S-Schleife in die Mitte des 8. Jahrhunderts datiert wird, als auch die Konstanzer Riemenzunge belegen, dass Tierornamentik im Tassilokelchstil und S-Volutendekor zumindest partiell nebeneinander existierten.[46]

---

39   Klein-Pfeuffer 1993, 131 f.
40   Ebd. Anm. 938.
41   Stein 1967, 52 f.
42   Ebd. Taf. 65,17.18.
43   Ebd. Taf. 69,12.13.
44   Kleemann 1992a, 29 ff.
45   Kleemann 1992b, 137 ff. Abb. 3.
46   Der alte Forschungsstand geht davon aus, dass einfaches Volutendekor vor dem Tassilokelchstil einsetzt. Siehe: Werner 1959, 188 ff. – Stein 1967, 56.

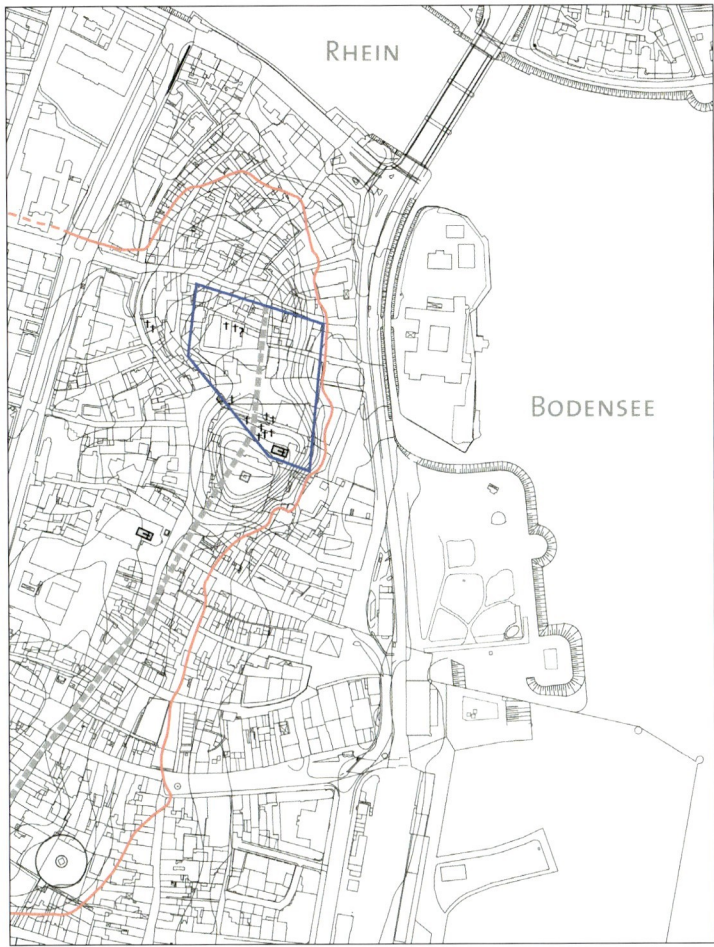

Abb. 8 Befunde des 7. Jahrhunderts mit rekonstruiertem Verlauf der Kastellmauern, der Bischofskirche innerhalb und St. Stephan außerhalb des Kastells sowie Gräbern in der Gerichtsgasse und fraglichen Bestattungen bei St. Johann innerhalb des Kastells. Rot: spätantike/frühmittelalterliche Uferlinie; blau: rekonstruierter Verlauf der Kastellmauern; gestrichelt: rekonstruierter Verlauf der auf das Kastell zuführenden Straße.

Abb. 9 Merowingische Gräber aus der Altstadt (Niederburg) in Konstanz.

Abb. 10 Beim Abriss des Kastells im 9. Jahrhundert umgestürztes Mauerstück.

Auch im awarischen Kulturkreis, wo in dem hier interessierenden Zeitraum immer noch die Beigabensitte gepflegt wurde und somit ein umfangreiches Fundspektrum vorliegt, ist die S-Volute ein häufiges Zierelement auf verschiedenen Gegenständen wie z.B. Riemenzungen, Beschlägen und Armringen. Besonders in der spätawarischen Zeit (8. Jh./ Beginn 9. Jh.) tauchen die S-Volute und daraus abgeleitete Rankenornamente immer wieder auf.[47]

Die in Niello-Technik ausgeführten stilisierten Palmetten bzw. die entgegengesetzten ‚Spiralhaken' auf der Rückseite können auch als sogenannte ‚schlaufenartige Ranken' gedeutet werden, allerdings ebenfalls in einer vereinfachten Variante. Diese Form des Rankenmotivs ist von der Krim bis nach Mitteleuropa verbreitet. So beispielsweise auch auf einer Schnalle aus dem 8. Jahrhundert, gefunden in Micheldorf, Oberösterreich,[48] das in der zweiten Hälfte des 8. Jahrhunderts in den bajuwarischen Machtbereich eingegliedert wurde.[49]

Rankenornamente, die aus einzelnen ‚Spiralhaken' gebildet werden, tauchen ebenfalls immer wieder auf Gegenständen aus dem awarischen Kulturkreis auf. So z.B. auf Beschlägen aus der Slowakei (8. Jh./Beginn 9. Jh.)[50] und auf den qualitätsvollen Gürtelbestandteilen (Schnallen, Riemenzungen und Beschläge) aus Hohenburg, Steiermark.[51] Letztere wurden zusammen mit einer karolingischen Spatha, datierend in die Mitte des 8. Jahrhunderts, in einem Grab gefunden und könnten eventuell sogar aus byzantinischen Werkstätten stammen.[52]

Die Konstanzer Riemenzunge mit Tierornamentik im Tassilokelchstil ist ein weiterer ‚Lichtblick' aus dem bisher sehr im Dunkeln liegenden frühmittelalterlichen Konstanz. Aufgrund fehlender archäologischer und schriftlicher Quellen konnte der Zeitraum zwischen dem Abzug der römischen Grenztruppen und der damit verbundenen Aufgabe des spätantiken Donau-Iller-Rhein-Limes im Jahre 401/402 n. Chr. und der Bistumsgründung rund 200 Jahre später bislang nur wenig beleuchtet werden. Auch über die Zeit danach liegen nur wenige Erkenntnisse über Konstanz vor. Erst für die Entwicklung ab dem 10. Jahrhundert existieren vermehrt Hinweise.

---

47 Winter 1997, 40 ff. – Pávei 1991, 363 ff.
48 Daim 2000, Abb. 25 a.b.
49 Ebd. 107 ff.
50 Profantová 1992, 750 Taf. 36,13–15.
51 Daim 2000, Abb. 61–72.
52 Ebd. 136 ff.

Gerade die Einrichtung des Bistums Konstanz um 600, die die Grundlagen für die weitere Entwicklung und den Aufschwung vom spätantiken Kastell bis hin zur mittelalterlichen Stadt schuf, erlaubt jedoch Rückschlüsse hinsichtlich der Geschichte in der Zeit davor. Obwohl viele Fragen ungeklärt sind, kann auch in Konstanz von einer durchgehenden Besiedlung und kontinuierlichen Entwicklung seit der Spätantike ausgegangen werden. Die Einrichtung des Bistums setzt eine gewisse Bedeutung des Ortes sowie eine größere Anzahl hier lebender Bevölkerung und Infrastruktur voraus, die durch das spätantike Kastell vorgegeben war.[53] Bischofssitze durften seit dem Konzil von Sardika (Sofia) im Jahr 343 n. Chr. nur in „volkreichen Städten",[54] also an Plätzen mit bereits bestehender Siedlung von Bedeutung und dementsprechend vorhandener Bevölkerungsdichte eingerichtet werden. Die Lokalität in Konstanz, der Münsterhügel, und auch die von Süden auf das Kastell zuführende Straße gaben zudem bereits den Rahmen für die spätere frühmittelalterliche Siedlung vor (Abb. 8). Das Befestigungswerk des spätrömischen Kastells konnte der verbliebenen Restbevölkerung und auch einer hier im frühen Mittelalter errichteten Kirche Schutz bieten.[55] Eventuell lässt sich zu Beginn des 7. Jahrhunderts nach wie vor eine romanische Restbevölkerung für Konstanz annehmen. Grund für diese Annahme ist, dass in der Gallus-Vita von der Wahl des Konstanzer Bischofs um 612 berichtet wird, bei der Gallus seinen Gefährten, den Diakon Johannes aus Grabs im St. Galler Rheintal, den Konstanzern als „*diaconus de plebe vestra*"[56] vorstellt. Dieser musste die Rede des Gallus für die Konstanzer Bevölkerung übersetzen.[57]

Auch die an der Ausfallstraße im Frühmittelalter entstandene und ebenfalls in der Gallus-Vita erwähnte Stephanskirche (Abb. 8) könnte für eine Besiedlungs- bzw. Beerdigungskontinuität sprechen. Die Stephanskirche könnte auf eine in spätantiker Zeit errichtete, *extra muros* gelegene Friedhofskirche zurückgehen, was durch wenige römische Grabfunde unterstützt wird.

Kurz nach der Gründung des Bistums wurde wahrscheinlich um die Bischofskirche, das Münster Unserer Lieben Frau, ein Friedhof angelegt, auf dem die niedere Geistlichkeit und Bedienste des Bischofs samt deren Angehörigen bestattet wurden. Eine weitere Nekropole aus merowingischer Zeit könnte sich bei der in der Niederburg gelegenen, erstmals im 10. Jahrhundert erwähnten Kirche St. Johann befunden haben. Auch in der westlich davon gelegenen Gerichtsgasse, außerhalb der Befestigung des spätantiken Kastells, wurde bestattet (Abb. 8). Bei einer neueren Ausgrabung konnten zwei Gräber des späten 7. Jahrhunderts dokumentiert werden (Abb. 9), von denen eines, ein Frauengrab, mit einem Ohrring und einem Kamm ausgestattet war.[58]

Abb. 11   Bronzene Scheibenfibel aus Konstanz mit ‚degeneriertem' Tassilokelchtierstil.

Durch die Ausgrabung am Münsterplatz konnte nicht nur die Existenz des spätantiken Kastells nachgewiesen werden, sondern es wurden auch Anhaltspunkte gewonnen über dessen Ende und den Zeitraum, wie lange die Umwehrung gestanden hat. Teile der Befestigungsmauer, die beim Abbruch umgestürzt sind und nicht entfernt wurden, liegen auf dem bereits erwähnten Friedhofs-

---

53 Hembach 2005, 56 f.
54 Kaiser 1983, 239.
55 Heiligmann/Röber 2005, 140.
56 „Diakon aus eurem Volke".
57 Maurer 1996, 23.
58 Fesser/Wahl 2004, 36.

horizont um das Münster (Abb. 10). Die Mauer ist an dieser Stelle demnach abgebrochen worden, als der Friedhof schon bestand. Die Ursache für den Abbruch der Mauer war die Vergrößerung des Münsters. Von diesem Kirchenbau ist lediglich die Krypta erhalten, deren ältesten Teile ins späte 8. bzw. die erste Hälfte des 9. Jahrhunderts datiert werden. Wahrscheinlich wurden die beim Abbruch der Mauer gewonnen Steine beim Kirchenbau wiederverwendet. Ungeklärt bleibt die Frage, ob bei der Vergrößerung des Münsters sämtliche Mauern des Kastells abgerissen wurden oder nur der Teil, der im Weg stand.

Spätestens Mitte des 10. Jahrhunderts dürfte es in Konstanz keine antiken Baureste mehr gegeben haben. Bischof Konrad (934–975) ließ in der von ihm beauftragten Mauritiuskapelle eine antike Inschrift einmauern, die er aus Winterthur hatte holen lassen. Bei dieser handelt es sich um eine Bauinschrift für das Kastell Vitudurum. Durch den darin enthaltenen Schriftzug „Constantius" wollte der Bischof auf das ehrwürdige Alter der Stadt hinweisen,[59] was nicht notwendig gewesen wäre, wenn die Antike im Stadtbild noch präsent gewesen wäre.[60]

Die vorgelegte Riemenzunge ist bereits das zweite Stück mit Tierornamentik im Tassilokelchstil aus Konstanz.[61] Bei dem anderen Gegenstand handelt es sich um eine bronzene Scheibenfibel,[62] deren Tierdekor von M. Schulze-Dörrlamm als „degenerierter Tassilokelchstil"[63] bezeichnet wird (Abb. 11). Auch wenn diese Scheibenfibel nicht direkt innerhalb der ehemaligen spätantiken Befestigung von Konstanz gefunden wurde, so doch in deren direktem Umfeld.

Diese beiden Stücke mit Tierstilverzierung im Tassilokelchstil und gerade die qualitätsvolle Riemenzunge belegen, dass auch für Konstanz gilt, was E. Wamers bereits für Paderborn aufgrund der dortigen Funde mit derartiger Tierornamentik festgestellt hat: nämlich „die Präsenz karolingischer Truppen und Herrschaft".[64] Und dies innerhalb der in der zweiten Hälfte des 8. Jahrhunderts noch stehenden Mauern des ehemaligen spätantiken Kastells von Konstanz. Der Bischofssitz samt seiner schützenden Mauern rechtfertigt bereits an sich die Anwesenheit von karolingischer ‚Herrschaft', den Trägern derartiger Stücke. Aber auch angesichts der unmittelbaren Nähe zu den beiden überregional bedeutenden karolingischen Reichsklöstern Reichenau und St. Gallen sowie zur Pfalz Bodman, der Regierungsstätte der fränkischen Könige im alamannischen Herzogtum, ist der Fund der Riemenzunge in Konstanz nicht verwunderlich.

Schlagwortverzeichnis

Riemenzunge; Silber; vergoldet; Tierornamentik; Tassilokelchstil; insularer Tierstil kontinentaler Prägung; anglokarolingischer Tierstil; Niello; Frühmittelalter; karolingisch; Konstanz; spätantikes Kastell; Münsterhügel; Kontinuität Spätantike – Frühmittelalter; karolingische Herrschaft.

Anschrift des Verfassers

Dr. Timo Hembach
Max-Baginski-Str. 32a
65812 Bad Soden am Taunus

E-Mail: timo.hembach@gmx.de

---

59   Maurer 1996, 70 f.
60   Heiligmann/Röber 2005, 140 f.
61   In der Literatur wird sogar ein drittes Stück vorgelegt, eine aus Geweih gearbeitete Riemenzunge mit Tierdekor im Tassilokelchstil, die aus einem ursprünglich größeren Dekorstück herausgeschnitten wurde. Auch dieses Stück stammt aus dem direkten Umfeld des ehemaligen spätantiken Kastells. Siehe: Oexle 1992, 57. – Erath 1996, 187 f. Taf. 14 e. – Meines Erachtens kann diese Riemenzunge aufgrund des wenig zu erkennenden Dekors jedoch nicht eindeutig den Stücken mit Tierornamentik im Tassilokelchstil zugeordnet werden.
62   Oexle 1992, 57.
63   Schulze-Dörrlamm 1998, 145 f. Nr. 6 in Fundliste B).
64   Wamers 1999, 463 f.

Literatur

Bakka 1983	E. Bakka, Westeuropäische und nordische Tierornamentik des achten Jahrhunderts in überregionalem Stil III. In: Stud. Sachsenforsch. 4 (= Veröff. Urgesch. Slg. Hannover 28) (Oldenburg 1983) 1–56.
Bierbrauer 2001	V. Bierbrauer, Kontinentaler und insularer Tierstil im Kunsthandwerk des 8. Jahrhunderts. In: M. Müller-Wille/L. O. Larsson (Hrsg.), Tiere – Menschen – Götter. Wikingerzeitliche Kunststile und ihre neuzeitliche Rezeption. Veröff. Joachim-Jungius-Gesellschaft Wiss. Hamburg 90 (Göttingen 2001) 89–130.
Daim 2000	F. Daim, „Byzantinische" Gürtelgarnituren des 8. Jahrhunderts. In: Ders. (Hrsg.), Die Awaren am Rand der byzantinischen Welt. Studien zu Diplomatie, Handel und Technologietransfer im Frühmittelalter. Monogr. Frühgesch. Mittelalterarch. 7 (Innsbruck 2000) 77–204.
Erath 1996	M. Erath, Studien zum mittelalterlichen Knochenschnitzerhandwerk Bd. 1 (Diss. Freiburg 1996). Im Internet veröffentlicht unter: http://www.freidok.uni-freiburg.de/volltexte/526/
Fesser/Wahl 2004	J. Fesser/J. Wahl, Merowinger in Konstanz. Arch. Deutschland 2004/6, 36.
Grewe 1999	H. Grewe, VII.26 – Riemenzunge aus Ingelheim. In: Kunst und Kultur der Karolingerzeit. Ausstellungskat. Bd. 2 (Paderborn 1999) 465–466.
Haseloff 1951	G. Haseloff, Der Tassilokelch. Münchener Beitr. Vor- u. Frühgesch. 1 (München 1951).
Haseloff 1976/77	G. Haseloff, Der Silberbecher aus der Regnitz bei Pettstadt, Landkreis Bamberg. Jahresber. Bayer. Bodendenkmalpfl. 17/18, 1976/77, 132–177.
Haseloff 1980	G. Haseloff, Die frühmittelalterlichen Chorschrankenfragmente in Müstair. Helvetia Arch. 41, 1980, 21–39.
Haseloff 1984	G. Haseloff, Das Warnebertus-Reliquiar im Stiftsschatz von Beromünster. Helvetia Arch. 57/60, 1984, 195–218.
Heiligmann/Röber 2004	J. Heiligmann/R. Röber, Konstanz, Münsterplatz: von Legionären und Domherren. Arch. Ausgr. Baden-Württemberg 2004, 132–136.
Heiligmann/Röber 2005	J. Heiligmann/R. Röber, Lange vermutet – endlich belegt: Das spätrömische Kastell Constantia. Erste Ergebnisse der Grabung auf dem Münsterplatz von Konstanz 2003–2004. In: Denkmalpflege in Baden-Württemberg. Nachrichtenbl. Landesdenkmalpfl. 2005/3, 134–141.
Hembach 2005	T. Hembach, Zeit des Umbruchs – der Bodenseeraum auf dem Weg von der Spätantike ins frühe Mittelalter. In: N. Hasler/J. Heiligmann/M. Höneisen/U. Leuzinger/H. Swozilek (Hrsg.), Im Schutze mächtiger Mauern. Spätrömische Kastelle im Bodenseeraum (Frauenfeld 2005) 54–61.
Kaiser 1983	LexMA II (1983) 239–245 s. v. *Bischofsstadt* (R. Kaiser).
Kleemann 1992a	J. Kleemann, Grabfunde des 8. und 9. Jahrhunderts im nördlichen Randgebiet des Karolingerreiches (Bonn 1992).
Kleemann 1992b	J. Kleemann, Ein Beschlag mit anglo-karolingischer Tierstil-Verzierung aus Jülich-Bourheim (Kreis Düren). In: Kölner Jahrb. 25, 1992, 137-141.
Klein-Pfeuffer 1993	M. Klein-Pfeuffer, Merowingerzeitliche Fibeln und Anhänger aus Pressblech. Marburger Stud. Vor- u. Frühgesch. 14 (Marburg 1993).
Maurer 1996	H. Maurer, Konstanz im Mittelalter Bd. 1: Von den Anfängen bis zum Konzil (²Konstanz 1996).
Oexle 1992	J. Oexle, Stadtportrait – Konstanz. In: Stadtluft, Hirsebrei und Bettelmönch – Die Stadt um 1300. Ausstellungskat. (Stuttgart 1992) 53–67.
Pávei 1991	É. Pávei, Az avar művészet indamotívumi (Die Rankenmotive der awarischen Kunst). In: A Móra Ferenc Múzeum Eukönyve, Szegad 1984/85-2 (1991) 363–384 (dt. Zusammenfassung 383).

Profantová 1992	N. Profantová, Awarische Funde aus den Gebieten nördlich der awarischen Siedlungsgrenzen. In: F. Daim (Hrsg.), Awarenforschung (Wien 1992) 605–801.
Roth 1986	H. Roth, Kunst und Handwerk im frühen Mittelalter. Archäologische Zeugnisse von Childerich I. bis zu Karl dem Großen (Stuttgart 1986).
Schmauder 2005	M. Schmauder, Ein Schwertgurtbesatz aus Jüchen-Garzweiler – Werke des insularen Tierstils kontinentaler Prägung aus dem Rheinland. In: B. Päffgen/ E. Pohl/M. Schmauder (Hrsg.), Cum grano salis. Beiträge zur europäischen Vor- und Frühgeschichte [Festschr. Volker Bierbrauer zum 65. Geburtstag] (Friedberg 2005) 293–301.
Schulze-Dörrlamm 1998	M. Schulze-Dörrlamm, Das karolingische Kreuz von Baume-les-Messiuers, Dép. Jura, mit Tierornamenten im frühen Tassilokelchstil. Arch. Korrbl. 28/1, 1998, 131–150.
Stein 1967	F. Stein, Adelsgräber des achten Jahrhunderts in Deutschland. Germ. Denkm. Völkerwanderungszeit A 9 (Berlin 1967).
Wamers 1994	E. Wamers, Die frühmittelalterlichen Lesefunde aus der Löhrstraße (Baustelle Hilton II) in Mainz. Mainzer Arch. Schr. 1 (Mainz 1994).
Wamers 1999	E. Wamers, Insulare Kunst im Reich Karls des Grossen. In: Chr. Stiegemann/ M. Wemhoff (Hrsg.), 799: Kunst und Kultur der Karolingerzeit. Ausstellungskat. Bd. 3 (Mainz 1999) 452–464.
Werner 1959	J. Werner, Frühkarolingische Silberohrringe von Rastede (Oldenburg). Beiträge zur Tierornamentik des Tassilokelches und verwandter Denkmäler. Germania 37, 1959, 179–192.
Wilson 1960	D. M. Wilson, The Fejø-Cup. Acta Arch. (Kopenhagen) 31, 1960, 147–173.
Winter 1997	H. Winter, Awarische Grab- und Streufunde aus Ostösterreich – Ein Beitrag zur Siedlungsgeschichte. Monogr. Frühgesch. u. Mittelalterarch. 4 (Innsbruck 1997).
Ypey 1968	J. Ypey, Fundstücke mit anglo-karolingischer Tierornamentik in niederländischen Sammlungen. Ber. ROB 18, 1968, 175–191.

Abbildungsnachweise

Abb. 1 und 10: David Bibby, Landesamt für Denkmalpflege Baden-Württemberg, RP Stuttgart.
Abb. 2: Manuela Schreiner, Archäologisches Landesmuseum Baden-Württemberg, Außenstelle Konstanz.
Abb. 3 und 11: Landesamt für Denkmalpflege Baden-Württemberg, RP Stuttgart, Christina von Elm, Die Zeichnerei, Tübingen.
Abb. 4: nach Schulze-Dörrlamm 1998, Abb. 2 bzw. Schmauder 2005, 299 Abb. 9 (Ergänzung durch Verf.).
Abb. 5: nach Bakka 1983, Abb. 1.
Abb. 6: nach Schmauder 2005, 298, Abb. 8.
Abb. 7: nach Roth 1986, Taf. 62 u. 280.
Abb. 8: Dr. Patrick Rau, Archäologisches Landesmuseum Baden-Württemberg, Außenstelle Konstanz nach Angaben von Dr. Jörg Heiligmann und Prof. Dr. Ralph Röber.
Abb. 9: Jörg Fesser, Landesamt für Denkmalpflege Baden-Württemberg, RP Stuttgart.

Frühmittelalterliche Keramik aus der Wüstung Muffenheim, Gemarkungen Ottersdorf und Plittersdorf, Stadt Rastatt

Uwe Gross

Aus dem abgegangenen Ort Muffenheim liegen dank der Grabungen des Referates für Archäologie des Mittelalters an der damaligen Aussenstelle Karlsruhe des Landesdenkmalamtes Baden-Württemberg in den Jahren 1977, 2001 und 2002 sowie der während mehrerer Jahrzehnte durchgeführten Begehungen von Franz Ruf, Rastatt-Ottersdorf, sehr umfangreiche Fundmaterialien vor. Sie decken fast das gesamte mittelalterliche Jahrtausend ab, denn der Ort existierte vom ausgehenden 6. Jahrhundert bis in die Zeit um 1500.[1]

Die Keramik der merowingisch-karolingischen Jahrhunderte ist im rheinnahen Baden bisher vor allem aus dem Raum zwischen Mannheim und Wiesloch/Walldorf[2] und Breisach–Freiburg[3] besser bekannt. Die Publikationslage für die dazwischen gelegenen Regionen am Oberrhein muß demge-

---

1 Zur schriftlichen Überlieferung siehe F. Ruf, Heimatbuch Ottersdorf (Rastatt 1994) 40 ff. – Bisherige Vorberichte zu den neueren Untersuchungen: F. Damminger/U. Gross, Archäologische Ausgrabungen in der Wüstung Muffenheim, Gemarkungen Ottersdorf und Plittersdorf, Stadt Rastatt. Arch. Ausgr. Baden-Württemberg 2001, 168 ff. – F. Damminger/U. Gross, Fortsetzung der Ausgrabungen in der Wüstung Muffenheim, Gemarkungen Ottersdorf und Plittersdorf, Stadt Rastatt. Arch. Ausgr. Baden-Württemberg 2002, 181 ff. – F. Damminger/U. Gross, Muffenheim – un habitat rural des VIe/VIIe–XVe siècles près de Rastatt (Allemagne). Actes du colloque de Nancy (im Druck). – U. Gross, Funde bislang unbekannter hochmittelalterlicher rollstempelverzierter Keramik aus der Wüstung Muffenheim, Gemarkungen Ottersdorf und Plittersdorf, Stadt Rastatt. Arch. Nachr. Baden 67, 2003, 30 ff.). – Zu den älteren Funden: U. Gross, Mittelalterliche Keramik im Raum zwischen Neckarmündung und Schwäbischer Alb. Bemerkungen zur räumlichen Entwicklung und zeitlichen Gliederung. Forsch. u. Ber. Arch. Mittelalter Baden-Württemberg 12 (Stuttgart 1991) Taf. 43 u. 44. – U. Gross, Keramikfunde aus der Wüstung Muffenheim. In: F. Ruf, Heimatbuch Ottersdorf (Rastatt 1994) 27 ff.

2 Beispiele: U. Gross, Mittelalterliche Keramik im Raum zwischen Neckarmündung und Schwäbischer Alb. Bemerkungen zur räumlichen Entwicklung und zeitlichen Gliederung. Forsch. u. Ber. Arch. Mittelalter Baden-Württemberg 12 (Stuttgart 1991) Taf. 1–5 (Mannheim-Vogelstang); 6–8 (Mannheim-Wallstadt); 9–11 (Mannheim-Neckarau); 13 (Mannheim-Seckenheim). – E. Schallmayer/U. Gross, Die mittelalterlichen und neuzeitlichen Befunde und Funde der Grabungen auf dem Gelände des ehem. Domhofes in Ladenburg, Rhein-Neckar-Kreis, 1980 und 1981. Forsch. u. Ber. Arch. Mittelalter Baden-Württemberg 8 (Stuttgart 1983) 79 ff. – I. Schneid, Früh- und hochmittelalterlicher Keramik aus Ladenburg a. N. Das Material der Grabungen an der Realschulstraße und am Kellereiplatz (Diss. Würzburg 1988). – C. S. Sommer/U. Gross, Eine neue frühmittelalterliche Siedlung in Ladenburg, Rhein-Neckar-Kreis. Arch. Ausgr. Baden-Württemberg 1992, 213 ff. sowie Fundber. Baden-Württemberg 28/2, 2006, Taf. 113 u. 114 (U. Gross). – U. Gross, Neue Funde aus der Wüstung Botzheim, Stadt Ladenburg, Rhein-Neckar-Kreis. Arch. Ausgr. Baden-Württemberg 1992, 257 f. sowie Fundber. Baden-Württemberg 22/2, 1998, Taf. 141 B–144 A (U. Gross). – U. Gross/L. Hildebrandt, Frühmittelalterliche Funde aus der Wüstung Lochhheim bei Sandhausen, Rhein-Neckar-Kreis. Arch. Nachrichten Baden 63, 2000, 49 ff. sowie Fundber. Baden-Württemberg 28/2, 2005, Taf. 125–133 (Wüstung Lochheim bei Sandhausen). – B. Heukemes/U. Gross, Ein Töpferofen der „älteren, gelbtonigen Drehscheibenware" aus Wiesloch, Rhein-Neckar-Kreis. Forsch. u. Ber. Arch. Mittelalter Baden-Württemberg 8 (Stuttgart 1983) 301 ff. – L. Hildebrandt/U. Gross, Frühmittelalterliche Siedlungsspuren in Wiesloch, Rhein-Neckar-Kreis. Arch. Ausgr. Baden-Württemberg 1989, 274 ff. – L. Hildebrandt/U. Gross, Ein frühmittelalterlicher Töpferofen aus Wiesloch, Rhein-Neckar-Kreis. Arch. Ausgr. Baden-Württemberg 1995, 312 ff. sowie Fundber. Baden-Württemberg 22/2, 1998, Taf. 177 C – 179 (U. Gross). – L. Hildebrandt/U. Gross, Eine spätantike, vergoldete Silberfibel und früh- und hochmittelalterliche Funde aus Walldorf. Kraichgau. Beiträge zur Landschafts- und Heimatforschung 17, 2001, 9 ff. sowie Fundber. Baden-Württemberg 26, 2002, Taf. 126 B; 127; 132 A (L. Hildebrandt/U. Gross) und Fundber. Baden-Württemberg 28/2, 2005, Taf. 137–142 (U. Gross). *Anm. 3 siehe nächste Seite*

genüber als recht unbefriedigend gelten.⁴ Deshalb sollen an dieser Stelle schon erste Ergebnisse der unlängst begonnenen Fundauswertung vorgelegt werden, die die Keramik des ältesten Siedlungsabschnitts betreffen. Bei der Älteren gelben Drehscheibenware sind entsprechend dem Aufarbeitungsstand neben den frühesten Stücken nur einige Sonderformen berücksichtigt.

Handgemachte Keramik (Kat.Nr. 1)

Es ließ sich im vorliegenden Bestand lediglich ein Randstück eines Topfes der handgefertigten Keramik (S. 700 Kat.Nr. 1) aussondern.

‚Nachgedrehte' Keramik (Kat.Nr. 2–4)

Ähnliches gilt für die ‚nachgedrehte' Keramik, die freilich nach derzeitiger Kenntnis entlang des Oberrheins nur im südlichen Baden und im Oberelsass im frühen bis hohen Mittelalter eine bedeutendere Rolle spielt.⁵ In Muffenheim konnten bisher nur zwei (?) möglicherweise in den jüngermerowingisch-karolingischen Zeitabschnitt datierende Ränder (Kat.Nr. 2 u. 3) sowie ein Wandungsfragment identifiziert werden (Kat.Nr. 4).

Drehscheibenware

Reibschale (Kat.Nr. 78)

Zu den auffälligsten Funden aus den Grabungen in Muffenheim gehört zweifellos das Fragment einer echten, d. h. innenseitig mit Steinchenbewurf versehenen Reibschale, welches innenseitig Glasur trägt (Kat.Nr. 78).
Da die Siedlung keinerlei spätantike Funde erbrachte, kann es sich nicht um eines jener *mortaria* handeln, wie sie in vormerowingischer Zeit in Sätzling/Rohrbach bei Augsburg⁶ hergestellt wurden und beispielsweise auf dem Runden Berg bei Urach⁷ im 4./5. Jahrhundert in Gebrauch waren.
In fränkischen Kontexten des 6. und 7. Jahrhunderts treten neben Derivaten ohne Steinchenrauung vereinzelt noch echte Reibschüsseln auf, so beispielsweise in Trier oder in Königshofen im Taubertal.⁸ Ihnen allen fehlt jedoch die an dem Muffenheimer Exemplar vorhandene Glasur.
Glasierte Gefäße des frühen Mittelalters – wenn auch von anderer Form – kann man aus dem nordöstlichen Frankreich und aus Südwestdeutschland jedoch durchaus benennen.

---

3   R. P. Lommerzheim, Die frühmittelalterlichen Siedlungen von Merdingen und Breisach-Hochstetten in Südbaden (Bonn 1986). – M. Châtelet, La céramique du haut Moyen Age (6–10e siècle) du sud de la vallée du Rhin supérieur (Alsace et Pays de Bade). Typologie, chronologie, technologie, économie et culture. Europe médiévale 5 (Montagnac 2002) Taf. 166–194.

4   Ein Ausschnitt aus einem umfangreicheren Material aus der Klosterkirche von Rheinmünster-Schwarzach im südlichen Kreis Rastatt publiziert in: Gross, Mittelalterliche Keramik (Anm. 1) Taf. 45–50.

5   Châtelet (Anm. 3) 166 Abb. 146.

6   W. Czysz/M. Maggetti/G. Galetti/H. Schwandner, Die spätrömische Töpferei und Ziegelei von Rohrbach im Landkreis Aichach-Friedberg. Bayer. Vorgeschbl. 49, 1984, 228 ff. mit Abb. 7–10. – W. Czysz, Die spätantiken Töpfereien von Rohrbach und Stätzling. In: W. Endres/W. Czysz, Archäologie und Geschichte der Keramik in Schwaben. Neusäßer Schr. 6 (Neusäß 1988) 112 ff.

7   R. Christlein, Die frühgeschichtlichen Kleinfunde außerhalb der Plangrabungen. Der Runde Berg bei Urach I (Heidelberg 1974) Taf. 25,2.

8   U. Gross, Frühmittelalterliche Reibschüsseln und Reibschüsselderivate. Arch. Inf. 13/2, 1990, 208 Abb. 1,6–8.16.17. – U. Gross, Zur merowingerzeitlichen Besiedlungsgeschichte an Tauber, Kocher und Jagst. Denkmalpfl. Baden-Württemberg. Nachrichtenbl. Landesdenkmalamt 1993/4, 221 Abb. 2,2.

Abb. 1   Fehlbrände der Älteren gelben Drehscheibenkeramik. Ohne Maßstab.

Abb. 2   Fehlbrände der Älteren gelben Drehscheibenkeramik. Ohne Maßstab.

Abb. 3   Fehlbrände der Älteren gelben Drehscheibenware. Ohne Maßstab.

Abb. 4   Versinterter Ofenlehm mit anhaftender Scherbe der Älteren gelben Drehscheibenware. Ohne Maßstab.

Schon lange bekannt sind zwei Knickwandgefäße aus Forstfeld bei Hagenau im Unterelsass und aus Metz sowie ein Fragment der Älteren gelben Drehscheibenware aus dem ebenfalls unterelsässischen St. Nabor/Niedermünster, dazu kommt neuerdings eine weiteres Bruchstück dieser Ware aus Neuwiller-les-Saverne.[9]

Aus den angrenzenden südwestdeutschen Regionen sind eine Feldflasche aus dem Knabengrab am Germansberg in Speyer,[10] die (teil)glasierten Krüge aus Singen und Hüfingen in Südbaden[11] sowie

---

9   G. HAUSER, Zu den Anfängen der glasierten Irdenware. In: J. NAUMANN (Hrsg.), Keramik vom Niederrhein (Köln 1988) 30 Abb. 3,2.3. – GROSS, Mittelalterliche Keramik (Anm. 1) 84 Abb. 31. – CHÂTELET (Anm. 3) 449 Taf. 45,4; 88,23.

10 H. POLENZ, Katalog der merowingerzeitlichen Funde in der Pfalz. Germ. Denkm. Völkerwanderungszeit B 12 (Stuttgart 1988) Taf. 161,4a–c.

11 HAUSER (Anm. 9) 30 ff. Abb. 3,4.6; 4,1.2; Taf. 1. – U. LOBBEDEY, Red painted and glazed pottery in Western Europe V: Germany. Medieval Arch. 13, 1969, 127 Abb. 44,1.2. – U. LOBBEDEY, Glasierte Keramik des frühen Mittelalters am Oberrhein. Bonner Jahrb. 164, 1964, 130 f. Abb. 1 u. 2.

aus Gomadingen auf der Schwäbischen Alb[12] anzuführen. Bei ihnen handelt es sich durchweg um Funde aus Reihengräberfeldern, sie können daher ins 6. Jahrhundert (Speyer, Hüfingen; Gomadingen) bzw. 7. Jahrhundert datiert werden.
Glasierte Reibschüsseln waren im Frühmittelalter im nördlichen Italien noch in Gebrauch.[13]
So wird man in der Muffenheimer Scherbe den Niederschlag von Südkontakten sehen dürfen.[14]

Knickwandtöpfe (Kat.Nr. 5–13)

Es liegen mehrere Fragmente von doppelkonischen Gefäßen vor. Sie sind zwar mehrheitlich nicht feintonig und geglättet, weisen jedoch die von zahlreichen Grabfunden bekannten typischen Ornamente (Stempel- bzw. Wellenbandzier) auf. In einem Fall ist zweizeilige Rechteckrollstempelung mit nierenförmigen Eindruckstempeln kombiniert (Kat.Nr. 11), auf einer anderen Scherbe kamen zwei unterschiedliche Eindruckstempel gemeinsam zur Anwendung (Kat.Nr. 10).
Unter Vorbehalt sollen hier auch ein unverziertes Randstück (Kat.Nr. 7) sowie ein Randfragment mit Rädchendekor (Kat.Nr. 6) eingeordnet werden.
Besonders die Gefäße mit den senkrechten mehrzeiligen Eindruckstempeln des jüngeren 6. und frühen 7. Jahrhunderts waren am südlicheren Oberrhein ausgesprochen beliebt.[15]
Behälter mit nierenförmigen Stempeln, oft in Kombination mit (Rechteck-)Rollstempel des 7. Jahrhunderts, trifft man ebenfalls häufig in diesen Landstrichen an, wie jüngst die Zusammenstellungen von M. Châtelet zeigten.[16] Bislang schienen sie am Oberrhein südlich von Karlsruhe zu fehlen.[17]
Im Gegensatz zu diesen ‚liegenden' nierenförmigen Stempeln sind ‚stehend' aufgebrachte halbmondförmige Stempel südlich der Höhe von Karlsruhe nicht unbekannt.[18] Wenn sie im Fundgut erscheinen, dann allerdings entweder zusammengesetzt[19] oder ohne weitere Eindrücke.[20] Alternierend mit senkrechten mehrzeiligen Eindruckstempeln wie hier in Muffenheim wurden sie bislang noch nicht beobachtet.
Knickwandgefäße mit Wellenbandzier, die seit der zweiten Hälfte des 6. Jahrhunderts hergestellt wurden,[21] fanden innerhalb Südwestdeutschlands eine weite Verbreitung. Die Stücke aus Muffenheim schließen gemeinsam mit Vorkommen im Ober- und Unterelsass[22] eine Lücke, die U. Koch noch unlängst zu erkennen glaubte.[23]

---

12 D. Quast, Die frühalamannische und merowingerzeitliche Besiedlung im Umland des Runden Berges bei Urach. Forsch. u. Ber. Vor- u. Frühgesch. Baden-Württemberg 84 (Stuttgart 2006) Taf. 36 B 1.
13 M. Sannazaro, La ceramica invetriata tra età romana e medioevo. In: S. Lusuardi Siena (Hrsg.), Ad mensam (Udine 1994) 251; 253 Taf. 11,1–3. – M. Sannazaro, La ceramica invetriata tardoantica-altomedievale in Lombardia. Le produzioni piu tardi. In: S. Patucci Uggeri (Hrsg.), La ceramica altomedievale in Italia. Quaderni di Archeologia Medievale VI (Florenz 2004) 103–118.
14 Zu weiteren keramischen Belegen: U. Gross, Anmerkungen zur Keramik aus Grab 318 in Hüfingen, Schwarzwald-Baar-Kreis. Germania 78/1, 2000, 198 ff. – Die in süddeutschen Gräbern (zuletzt: F. Damminger, Die Merowingerzeit im südlichen Kraichgau und in den angrenzenden Landschaften. Materialh. Arch. Baden-Württemberg 61 (Stuttgart 2002) 115 ff. mit Verbreitungskarte Abb. 36) sporadisch auftretenden Stengelgläser dürften wenigstens teilweise ebenso italische Importe darstellen wie die gegossenen „koptischen" Bronzegefäße.
15 Châtelet (Anm. 3) 445 Abb. 41.
16 Ebd. 445 f. Abb. 41 u. 42.
17 Gross, Mittelalterliche Keramik (Anm. 1) 151 Abb. 73.
18 Kartierung: W. Hübener, Absatzgebiete frühgeschichtlicher Töpfereien in der Zone nördlich der Alpen (Bonn 1969) Karte 43.
19 Als „Pilz": Châtelet (Anm. 3) 424 Taf. 20,6.7.
20 Châtelet (Anm. 3) 425 Taf. 21,2.3.
21 U. Koch, Das alamannisch-fränkische Gräberfeld bei Pleidelsheim, Kr. Ludwigsburg. Forsch. u. Ber. Vor- u. Frühgesch. Baden-Württemberg 60 (Stuttgart 2001) 317 ff.
22 Châtelet (Anm. 3) 431 ff. Abb. 27–30.
23 Koch (Anm. 21) 318 Abb. 123.

Wölbwandtöpfe (Kat.Nr. 14–60)

Gemeinsam mit der doppelkonischen Keramik stellen reduzierend gebrannte Wölbwandtöpfe die Hauptmasse des Geschirrs des frühesten Muffenheimer Siedlungsabschnittes.
Im Vergleich mit den andernorts – sowohl in Siedlungs- wie in Grabfunden – im 6. und 7. Jahrhundert immer deutlich überwiegenden Töpfen mit Wulst- oder Leistenrändern in der Nachfolge der spätrömischen Alzei 32/33-Formen[24] (Kat.Nr. 14–37) treten hier Behälter mit Kehlrändern in der Tradition der Deckelfalztöpfe der Form Alzei 27 erstaunlich zahlreich auf (Kat.Nr. 38–60).
Mit Durchmessern von 10 bis 17 cm Weite (Konzentration zwischen 12 und 14 cm) sind sie deutlich kleiner als erstere (Werte zwischen 10 und 21 cm, Konzentration bei 15 und 18 cm).
Innerhalb der Wölbwandkeramik seien die recht dünnwandige Behälter mit Kehlrändern (Kat.Nr. 84–93) eigens erwähnt, da ihnen für die Entstehung der im Anschluss besprochenen frühesten Älteren gelben Drehscheibenware Bedeutung zukommt.
Rädchen- oder Eindruckstempelornamente sucht man völlig vergeblich, sie kommt unter den ‚rauwandigen' Gefäßen lediglich auf zwei Schüsseln vor.

Krüge (Kat.Nr. 61 u. 62)

Der Nachweis von Flüssigkeitsbehältern der reduzierend gebrannten, mehr oder weniger magerungsrauen Ware gelingt lediglich dank eines Randes mit Henkelansatz (Kat.Nr. 61) und eines Bruchstückes vom unteren Teil einer Handhabe (Kat.Nr. 62).

Schalen/Schüsseln (Kat.Nr. 63–73)

Offene Gefäße haben mit einem knappen Dutzend Randstücken einen nicht geringen Anteil an der merowingerzeitlichen ‚rauwandigen' Keramik (Kat.Nr. 63–73). Sie zeigen überwiegend einen geschwungenen Wandungsverlauf, konische Stücke mit gerader Wand sind in der Minderzahl (Kat. Nr. 63–66). Bei beiden Formausprägungen kommt je einmal einzeilige Rechteckrollstempel-Verzierung vor (Kat.Nr. 66 u. 69), zwei der kalottenförmigen Schüsseln weisen tiefe Rillen auf. Anders als bei der Älteren gelben Drehscheibenware (siehe unten) sind zu den unteren Abschlüssen keine Aussagen möglich.

Böden (Kat.Nr. 74–77)

Unter den Bodenstücken von Wölbwandtöpfen (Kat.Nr. 74–77) trifft man auch in Muffenheim auf die für jünger- und spätmerowingische Fundkomplexe charakteristischen, z.T. sehr massiven Bildungen (Kat.Nr. 74).

Ältere gelbe Drehscheibenware

Doppelkonische Gefäße (Kat.Nr. 79–83)

Neben den reduzierend gefeuerten Knickwandgefäßen (siehe oben) enthält das Muffenheimer Fundgut auch mindestens drei Scherben von oxidierend gelb gebrannten. Auf Gleichzeitigkeit mit

---

24 U. Gross, Rauhwandige Drehscheibenware der Völkerwanderungszeit und des frühen Mittelalters. Fundber. Baden-Württemberg 17, 1992, 425 ff.

ersteren lässt wenigstens bei einem von ihnen (Kat.Nr. 79) die identische Verzierung mittels abgerundet-hochrechteckigem, mehrzeiligem Eindruckstempel schließen.
Da bei der Älteren gelben Drehscheibenware Einzelstempel extrem selten bezeugt sind und bisher nur an bikonischen Grabgefäßen aus dem benachbarten Friedhof von Durmersheim, Kr. Rastatt,[25] und aus Hochfelden/Unterelsass[26] vorkommen, wird man auch für das zweite gestempelte Fragment (Kat.Nr. 81) eine frühe Entstehung um die Mitte oder spätestens in der zweiten Hälfte des 7. Jahrhunderts annehmen dürfen.
Die übrigen über bloße Riefung hinaus ornamentierten Behälter der Ware aus Bestattungen sind allesamt rollrädchenverziert, weit überwiegend mit Rechteckeindrücken.[27]
Seltene Beispiele für Winkelmotive[28] bzw. Gitterrollstempel[29] lassen sich aber auch anführen.[30]
Engmündigkeit und das Vorhandensein eines Halswulstes deuten an, dass zwei weitere Oberteile ebenfalls von bikonischen Gefäßen der Älteren gelben Drehscheibenware stammen könnten (Kat. Nr. 82 u. 83).
Die Muffenheimer Doppelkonusse bestätigen gemeinsam mit den im Anschluss zu behandelnden Wölbwandtöpfen die schon vor nunmehr zwanzig Jahren geäußerte Vermutung der Existenz einer noch ganz und gar jüngermerowingerzeitlichen Frühphase der Älteren gelben Drehscheibenware.[31]

Töpfe (Kat.Nr. 84–126)

Eine Gruppe von dünnwandigen, oxidierend gelblich gebrannten Muffenheimer Fragmenten (Kat. Nr. 84–93) hat gute Entsprechungen bei den reduzierend gefeuerten Wölbwandtöpfen mit späten Deckelfalzrändern (vgl. Kat.Nr. 49–59). Wie Letztere sind sie (noch) dekorlos, von einzelnen Rillen einmal abgesehen (Kat.Nr. 88). Das Fehlen von jeglicher Verzierung kennzeichnet auch zwei vollständig erhaltene Grabgefäße aus Durmersheim und Marlenheim im Elsass.[32]
Behälter mit ganz kurzen Schrägrändern erscheinen ebenfalls sowohl bei der reduzierend wie bei der oxidierend gebrannten Ware, bei dieser allerdings gerillt oder mit gerieft[33] (Kat.Nr. 123 u. 124).
Eher schwache Riefung tragen einige Oberteilfragmente, deren rundliche Abschlüsse an die Ränder der ‚klassischen' rollstempeldekorierten und/oder kräftig gerieften Töpfe der voll entwickelten Älteren gelben Drehscheibenware erinnern (Kat.Nr. 111–113).

---

25 Châtelet (Anm. 3) Taf. 45,1.
26 Ebd. Taf. 45,2.
27 Beispiele bei Châtelet (Anm. 3) Taf. 45,4.5.8.9 (Forstfeld, Colmar, Urloffen, Hegenheim); 46,7.10.11.17.18 (Sessenheim, Brumath, Sasbach). – Dazu aus dem rechtsrheinischen Südwestdeutschland noch Hailfingen (H. Stoll, Die Alamannengräber von Hailfingen in Württemberg. Germ. Denkm. Völkerwanderungszeit 4 [Berlin 1939] Taf. 35,7. – Hübener [Anm. 18] Taf. 48,2) und möglicherweise Karlsruhe-Knielingen (U. Lobbedey, Untersuchungen mittelalterlicher Keramik, vornehmlich aus Südwestdeutschland [Berlin 1968] Taf. 14,9. – Damminger [Anm. 14] Taf. 16 E). – Aus der Pfalz: Insheim (M. Münzer, Insheim, Kr. Südliche Weinstraße, Neubaugebiet „Auf der Stirn". Die fränkischen Gräber. Archäologie in der Pfalz. Jahresber. 2000 [Speyer 2001] 92 Abb. 69 a [links außen]), Frankenthal-Eppstein (Ch. Engels, Das merowingerzeitliche Gräberfeld Eppstein, Stadt Frankenthal [Pfalz]. Germania 83/2, 2005, 314 Abb. 3,1 [für Hinweise auf weitere Gefäße danke ich Ch. Engels, Esslingen]), Bockenheim (unpubliziert; Archäologische Denkmalpflege Speyer). – Das von U. Lobbedey (a. a. O. Taf. 14,7) als frühmittelalterlich angesprochene Gefäß aus Wollmesheim in der Südpfalz ist tatsächlich keltisch und kann somit außer Betracht bleiben.
28 Châtelet (Anm. 3) Taf. 46,11: Sasbach.
29 Ebd. Taf. 46,10: Brumath; 46,17.18: Sasbach.
30 Unklar bleibt die Situation in Leonberg-Eltingen ‚Beim alten Kirchhof'. Die dort im Bereich der merowingischen Gräber 63 und 139 gefundenen rädchendekorierten Scherben der Älteren gelben Drehscheibenware könnten auch durch Siedlungsaktivitäten sekundär an die Auffindungsstelle gelangt sein (Hinweis I. Stork, Esslingen).
31 Gross, Mittelalterliche Keramik (Anm. 1) 36 ff.
32 Châtelet (Anm. 3) Taf. 45,13.14.
33 Ganz unverziert ist das Gefäß aus Grab 27 in Iffezheim: ebd. Taf. 45,11.

Eine kleine Gruppierung zeigt Rechteckrollstempel-Verzierung im Bereich direkt unter dem Rand (Kat.Nr. 125 u. 126).

Krüge und Kannen (Kat.Nr. 127–152)

Bei engen Oberteilfragmenten mit intentionell schnauzenartig nach außen gedrückten Partien des Randes – nicht zu verwechseln mit unabsichtlich im Ofen deformierten Stücken – muss es sich um solche von Krügen handeln (Kat.Nr. 127–130). Vergleiche lassen sich unter den rauwandigen Krügen der jüngeren Merowingerzeit ausfindig machen, so etwa in Tagolsheim/Oberelsass.[34] Innerhalb der Älteren gelben Drehscheibenware sind das zusammen mit einem unvollständigen Gefäß aus Niedernai[35] die ersten Nachweise für diese Form überhaupt.

Dass Engmündigkeit allein kein sicheres Kriterium für die Zuweisung von Fragmenten zu Krügen abgibt, beweist ein Muffenheimer Randstück mit nur 10 cm Mündungsweite, bei dem man deutlich den Ansatz einer Ausgusstülle erkennt[36] (Kat.Nr. 137). Daher sollte bei einer ganzen Reihe von Rändern die einstige Zugehörigkeit zu Krügen oder einhenkligen Kannen offen bleiben. Auch kleine Töpfe können vereinzelt entsprechende Oberteile aufweisen, wie beispielsweise ein Fund aus Baden-Baden zeigt.[37]

Bei zwei Oberteilen mit Öffnungen von 16 (?) bzw. 21 cm Größe sowie einigen, deren Durchmesser nicht zu ermitteln war (Kat.Nr. 154–157), ist man geneigt, an topfartig breite Krüge zu denken, wie sie mehrfach in Gräbern der jüngeren und ausgehenden Merowingerzeit im Friedhof von Duisburg-Walsum am Niederrhein angetroffen wurden. Sie besitzen auf der der Schnauze gegenüber liegenden Seite einen engen, randständigen Bandhenkel.[38]

Eine große Scherbe mit Wellenlinien- und Rillendekor (Kat.Nr. 158) könnte nach Durchmesserwert und geschwungenem Wandungsverlauf ebenfalls zu einem Krug gehört haben.

Als außergewöhnlich müssen die auf der Außenseite flächig zwei- oder dreizeilig mit Rechteckrollstempel-Eindrücken bedeckten Ränder gelten, da die insgesamt recht seltene Randverzierung ansonsten auf der Oberseite aufgebracht wurde (Kat.Nr. 146 u. 147).

Eine nahezu unversehrte, schlanke Tülle, die einst frei auf der Wandung gestanden haben muss, zeigt eine für die Kannen der Älteren gelben Drehscheibenware ungewöhnliche Form (Kat.Nr. 152). Ihre Tüllen sind meist gedrungen, in der Aufsicht rund oder ‚gequetscht', jedoch nicht so sauber ‚kleeblattförmig' ausgeführt wie das vorliegende Beispiel.[39]

Gute Entsprechungen findet man dafür zahlreich unter den reduzierend gebrannten doppelkonischen oder rundlichen Kannen in den Gräberfeldern der Region.[40]

Zu den Erzeugnissen der Älteren gelben Drehscheibenware, die zweifelsfrei in der merowingischen Keramik verwurzelt sind, zählen ebenfalls Kannen mit kragenartiger Erweiterung des Randes (Kat. Nr. 150 u. 151). Die Bruchstücke sind jeweils groß genug, um eine sichere Orientierung zu gewährleisten und somit eine Verwechslung mit Spät- und Nachfolgeformen der antiken Reibschüsseln[41] ausschließen zu können.

---

34 Châtelet (Anm. 3) 438 Taf. 34,6.
35 Ebd. Taf. 45,6.
36 Eine ganz erhaltene Kanne aus Straßburg: ebd. 531 Taf. 123,1.
37 Lobbedey (Anm. 27) Taf. 16,13.
38 R. Stampfuss, Der spätfränkische Sippenfriedhof von Walsum (Leipzig 1939) Taf. 4,8; 6,1; 9,1; 16,1;17,2; 19 (Stadtgebiet Duisburg).
39 Am nächsten kommt der Muffenheimer Ausgusstülle noch die an der Kanne in Grab 76 von Pfinztal-Berghausen: U. Koch, Die fränkischen Gräberfelder von Bargen und Berghausen in Nordbaden. Forsch. u. Ber. Vor- u. Frühgesch. Baden-Württemberg 12 (Stuttgart 1982) Taf. 39 C 3.
40 Châtelet (Anm. 3) 420 Taf. 16; 439 ff. Taf. 35–40.
41 Gross, Reibschüsseln (Anm. 8) 207 ff.

Als Ahnen dieser Muffenheimer Kannen sind Flüssigkeitsbehälter wie jene aus den Reihengräberfriedhöfen von Obrigheim,[42] Landau in der Südpfalz,[43] Rheinsheim bei Bruchsal[44] oder Berghausen bei Karlsruhe[45] anzuführen.

Hängegefäß (?) (Kat.Nr. 153)

Für einen echten Henkel ist die weniger als 2 cm messende Öffnung eines bogensegmentförmigen Scherbens (Kat.Nr. 153) zu klein. Am wahrscheinlichsten kommt deshalb eine Deutung als Ösenhenkel in Frage. Solche auf den Rand aufgesetzten, unterschiedlich hohen Vorrichtungen treten an frühmittelalterlicher Keramik hin und wieder in Erscheinung.[46]
Für die Ältere gelbe Drehscheibenware ist dergleichen bisher nur ein Mal sicher bezeugt.[47] Die einfache Durchbohrung unterhalb des Randes konnte an einem Gefäß dieser Warenart im oberelsässischen Ensisheim beobachtet werden.[48]
Weniger zahlreich erscheinen südlich der Mainlinie Behälter mit tüllenförmigen Aufhängevorrichtungen,[49] die im Norden als ‚Schwalbennesthenkel' geläufig sind.[50] Zudem sind sie tendenziell jünger.

Schalen mit Tüllengriff (Kat.Nr. 179–182)

Bis zur Vorlage eines einschlägigen, in seiner Zeitstellung jedoch noch nicht erkannten Exemplars aus der Wüstung Winternheim bei Speyer[51] war die Existenz solcher Formen innerhalb der Älteren gelben Drehscheibenware gänzlich unbekannt. MADELEINE CHÂTELET konnte kürzlich ein weiteres, nun auch als früh angesprochenes Stück aus dem Elsass bekannt geben.[52]
Die einschlägigen Muffenheimer Griffe (Kat.Nr. 179–182) zeigen einerseits, dass es neben Ausführungen mit randständigen ‚Tüllen' auch solche mit unterrandständigen gab, andererseits, dass die Handhaben auch auf die geschlossene Wandung aufgesetzt sein konnten.

---

42 POLENZ (Anm. 10) Taf. 115,4; 135,10.
43 Ebd. Taf. 72,25; 85,11.
44 HÜBENER (Anm. 18) Taf. 80,1.
45 KOCH (Anm. 39) Taf. 31 D 3; 43 C 8; 44 A 12.
46 U. GROSS, Vom Versuch, einen tönernen Kochkessel zu imitieren. Denkmalpfl. Baden-Württemberg. Nachrichtenbl. Landesdenkmalamt 20/3, 1991, 123 Abb. 5,1–4. – E. JEMILLER, Gräber der jüngeren Merowingerzeit aus Weissenburg i. Bay. Jahresber. Bayer. Bodendenkmalpfl. 36/37, 1995/96, Taf. 28,12. – D. WISSKIRCHEN, Die mittelalterliche Wüstung Eltingen-Ezach, Stadt Leonberg (ungedr. Magisterarbeit Bamberg 1992) Taf. 27,2. – M. REDKNAP, Die römischen und mittelalterlichen Töpfereien in Mayen. Ber. Arch. Mittelrhein u. Mosel (= Trierer Zeitschr. Beiheft 24) (Trier 1999) 290 Abb. 79 F 31.1.
47 CHÂTELET (Anm. 3) 96 Abb. 69. – Die Zugehörigkeit eines einschlägigen Fragmentes vom Heiligenberg bei Heidelberg ist unsicher: P. MARZOLFF/U. GROSS, Zwischen Merkur und Michael. Der Heiligenberg bei Heidelberg in Völkerwanderungszeit und Frühmittelalter. In: H. STEUER/V. BIERBRAUER (Hrsg.), Höhensiedlungen zwischen Antike und Mittelalter von den Ardennen bis zur Adria. RGA Ergänzungsband (im Druck).
48 GROSS (Anm. 46) 123 Abb. 5,5. – CHÂTELET (Anm. 3) Taf. 164,1.
49 GROSS (Anm. 46) 120 f. Abb. 1 u. 2 (Wülfingen). – Ein weiteres unfertiges Stück stammt aus Ettlingen (R. ROSMANITZ, Untersuchungen von drei Hinterhofbereichen in Ettlingen, Kreis Karlsruhe, Arch. Ausgr. Baden-Württemberg 1990, 247 Abb. 157 (rechts unten). – T. MITTELSTRASS, Stadtkernarchäologie in München – Ausgrabungen am Dreifaltigkeitsplatz und im Alten Hof. Arch. Jahr Bayern 1995, 178 Abb. 130,5 a (München). – Mannheim-Vogelstang ‚Hinter der Nachtweide' (unveröffentlichter Neufund).
50 H. STILKE, Die früh- bis spätmittelalterliche Keramik von Emden. Probleme Küstenforsch. 22, 1995, 55 ff. – U. HALLE, Anmerkungen zur Verbreitung, Datierung und Funktion der Kochtöpfe mit Schwalbennesthenkeln. In: Archäologische Beiträge zur Geschichte Westfalens [Festschrift K. Günther]. Studia Honoraria 2 (Rhaden/Westf. 1997) 259 ff.
51 H. SCHENK, Die Keramik der früh- bis hochmittelalterlichen Siedlung Speyer „Im Vogelgesang". Arch. Forsch. Pfalz 1 (Speyer 1998) Taf. 72 B 10.
52 CHÂTELET (Anm. 3) 475 Taf. 69 (Roeschwoog/Unterelsass). – Möglicherweise eher zu einer Tüllengriffschale als zu einer Kanne gehörig: ebd. 601 Taf. 189,7 (Breisach-Hochstetten).

Die flachbodigen Schalen der Älteren gelben Drehscheibenware haben – außer der Funktion – nichts mit den Dreifußpfannen des späten Mittelalters seit dem 13. Jahrhundert zu tun und können nicht als ihre unmittelbaren Vorläufer gelten. Mit ihnen werden nun aber auch südlich des Mains Gefäße besser fassbar,[53] die man seit längerem aus frühmittelalterlichen Zusammenhängen in Norddeutschland gut kennt.[54] Sollte es sich bei einem beschädigten Gefäß aus dem Gräberfeld von Odenheim bei Bruchsal im Kraichgau tatsächlich um ein solches mit Tüllengriff handeln,[55] so stünde mit diesen Schalen der Älteren gelben Drehscheibenware eine weitere Gefäßform in merowingischer Töpfertradition.

Schüsseln (Kat.Nr. 164–178; 183–185)

Die Schüssel mit Ausgussschnauze (Kat.Nr. 169) ist das einzige nahezu vollständige Gefäß der Älteren gelben Drehscheibenware aus Muffenheim, sieht man von einem Altfund der ersten amtlichen Grabung des Jahres 1977 einmal ab.[56]
Unter den offenen Gefäßformen muß sie wegen der Schnauze als singulär gelten, da solche Ausgussvorrichtungen im Frühmittelalter nur bei Reibschüsseln und ihren Derivaten auftreten.[57]
Wie bei diesem Stück, so ist auch bei einem knappen halben Dutzend weiterer (Kat.Nr. 164–168) zu fragen, ob die merklich einziehenden Ränder noch mit einer Verwandtschaft mit den spätantiken Schalen des Alzei-Typs 29 zu erklären ist, die in Gräbern des 7. Jahrhunderts jedoch nicht mehr enthalten sind. Anders als alle konischen Formen (Kat.Nr. 171–176) und mehrere Schüsseln mit kräftiger, leistenartiger Randbildung (Kat.Nr. 177 u. 178) besitzen sie in keinem Falle Rädchenverzierung.
Letztere repräsentieren im Muffenheimer Bestand die seltenen Ausprägungen mit geschwungener Wandung, die man – gleichfalls mit Rollstempelornamenten – aus Straßburg[58] und der oberelsässischen Wüstung Leibersheim bei Riedisheim,[59] oder unverziert aus der Wüstung Wülfingen bei Forchtenberg am Kocher,[60] aus Kirchhausen und Offenau im Kreis Heilbronn[61] nennen kann.
Die Verbundenheit der oder zumindest einiger Muffenheimer Schüsseln und Schalen mit der ‚rauwandigen' Keramik wird auch am Vorhandensein dreier massiver, standplattenartig abgesetzter Unterteile deutlich (Kat.Nr. 183–185). Ähnliche Bildungen kennt man von Erzeugnissen der jüngeren Merowingerzeit vor allem im Mittelrhein-und Moselraum.[62]

---

53 Siehe ähnliche Stücke aus anderen Warenarten: Renningen (U. Gross, Die Funde. In: S. Arnold/U. Gross/ I. Stork, ... mehr als 1 Jahrtausend. Leben im Renninger Becken vom 4. bis 12. Jahrhundert. Arch. Inf. Baden-Württemberg 19 [Stuttgart 1991] 38 Abb. 24,4). – Wüstung Ezach (D. Wisskirchen, Die mittelalterliche Wüstung Eltingen-Ezach, Stadt Leonberg [ungedr. Magisterarbeit Bamberg 1992] Taf. 36,3). – Berslingen (K. Zubler, Wiedererstandenes Leben im Mittelalterdorf Berslingen – Das Fundmaterial. In: K. Bänteli/M. Höneisen/K. Zubler, Berslingen – ein verschwundenes Dorf bei Schaffhausen. Schaffhauser Arch. 3 [Schaffhausen 2000]) 404 Taf. 15,41.
54 Stilke (Anm. 50) 173 Taf. 37. – H. Stilke, Grauware des 8. bis 11. Jahrhunderts. In: H. Lüdtke/K. Schietzel (Hrsg.), Handbuch zur mittelalterlichen Keramik in Nordeuropa. Schr. Arch. Landesmus. 6 (Neumünster 2001) Taf. 45,15; 51,11; 59,19.20; 72,10; 77,12.
55 F. Damminger, Keramik vom Typ Friedenhain-Prest'ovice im Kraichgau? Antiquarische und siedlungsgeschichtliche Bemerkungen zu einer frühmerowingischen Bestattung aus Odenheim, Stadt Östringen, Kr. Karlsruhe. Fundber. Baden-Württemberg 27, 2003, 772 Abb. 36,9.
56 Ruf (Anm. 1) Abb. S. 59.
57 Gross, Reibschüsseln (Anm. 8) 207 ff.
58 Gross, Mittelalterliche Keramik (Anm. 1) Taf. 181,3.4. – Châtelet (Anm. 3) Taf. 128,1.2.
59 Châtelet (Anm. 3) 565 Taf. 155,5.
60 M. Schulze, Die Keramik der Wüstung Wülfingen am Kocher, Stadt Forchtenberg, Hohenlohekreis. Forsch. u. Ber. Arch. Mittelalter Baden-Württemberg 7 (Stuttgart 1981) 74 Abb. 11,1.
61 R. Koch, Frühmittelalterliche Siedlungsfunde aus Kirchhausen und Jagstfeld. Jahrb. Hist. Ver. Heilbronn 26, 1969, 25 ff. Abb. 14,3; 20,11.
62 H. Ament, Die fränkischen Grabfunde aus Mayen und der Pellenz. Germ. Denkm. Völkerwanderungszeit B 9 (Berlin 1976) Taf. 8,8; 75,1 (Kottenheim). – W. Melzer, Das fränkische Gräberfeld von Saffig, Kreis Mayen-Koblenz. Internat. Arch. 17 (Buch am Erlbach 1993) Taf. 7,11; 9,1; 28,7. – Stampfuss (Anm. 38) Taf. 6,2; 7,7.

Bei einer Bodenscherbe aus der Sindelfinger St. Martinskirche[63] könnte es sich trotz hochmittelalterlicher Fundumstände um ein verlagertes Altstück aus der spätmerowingisch-karolingischen Frühzeit der Besiedlung dieses Platzes handeln.

Becher (Kat.Nr. 186–189)

Zu den schon von anderen Plätzen gut bekannten Formen gehören die beutelförmigen Becher der bemalten Variante (Rotbemalte Elsässer Ware) vom Typ Buchsweiler[64] (Kat.Nr. 189).
In Muffenheim wird nun vielleicht erstmalig ein unbemaltes Exemplar fassbar (Kat.Nr. 188). Es könnte eines der bisher fehlenden Bindeglieder zu den reihengräberzeitlichen Beutelbechern[65] sein.

Deckel (Kat.Nr. 190–192)

Gefäßverschlüsse waren bislang von der Älteren gelben Drehscheibenware, sieht man von den Stücken der bemalten Variante (Rotbemalte Elsässer Ware) einmal ab,[66] sehr selten.[67]
Für andere frühmittelalterliche Warenarten liegen im Oberrheingebiet zwei Nachweise vor.[68]
Bei den immerhin drei in Muffenheim entdeckten Verschlüssen handelt es sich zwei Mal ebenfalls um Hohldeckel mit einer Zarge (Kat.Nr. 190 u. 191), von denen einer erstmals überhaupt Rollrädchenzier trägt. Ein Unikat ist der mit drei Wellen verzierte Deckel mit breitem Rand (Kat.Nr. 192).

Kacheln (?) (Kat.Nr. 193 u. 194)

Unter Vorbehalt seien zwei Oberteile (Kat.Nr. 193 u. 194) zu den frühen Kacheln gezählt, welche für die Ältere gelbe Drehscheibenware am Oberrhein bisher am besten in Straßburg *(Place des Bateliers)* bezeugt sind.[69]

Fehlbrände der Älteren gelben Drehscheibenware (Kat.Nr. 195–221; Abb. 1–4)

Schon im ersten Vorbericht über die neuen Untersuchungen in Muffenheim wurde auf mögliche Töpfereiaktivitäten in der Siedlung oder ihrem unmittelbaren Umfeld hingewiesen.[70] Dieser Verdacht erhärtete sich in der Zwischenzeit weiter, denn es kamen in großen Zahl verfärbte und/oder

---

63 B. Scholkmann, Archäologische Untersuchungen in der ehem. Stiftskirche St. Martin in Sindelfingen. Forsch. u. Ber. Arch. Mittelalter Baden-Württemberg 4 (Stuttgart 1977) 65 Abb. 28,21.
64 Die bis dato bekannten Vorkommen zusammengestellt bei Gross, Mittelalterliche Keramik (Anm. 1) 73.
65 Vgl. Gross, Mittelalterliche Keramik (Anm. 1) 73 Anm. 631. – Zu dem hölzernen Exemplar aus Grab 160 von Oberflacht: P. Paulsen, Die Holzfunde aus dem Gräberfeld bei Oberflacht. Forsch. u. Ber. Vor- u. Frühgesch. Baden-Württemberg 41 (Stuttgart 1992) Taf. 79,5.
66 Gross, Mittelalterliche Keramik (Anm. 1) 74 Abb. 25,2 (Tagolsheim/Unterelsass); Taf. 48,20.21 (Rheinmünster-Schwarzach). – Châtelet (Anm. 3) 450 Taf. 46,16; 500 Taf. 94,21.22; 516 Taf. 110,11.
67 Schenk (Anm. 51) Taf. 57 A 6. – Châtelet (Anm. 3) 508 Taf. 102,1 (steht auf dem Kopf).
68 Châtelet (Anm. 3) 419 Taf. 15,1.2 (Hugstetten bei Freiburg und Kurtzenhous/Unterelsass).
69 M. Châtelet, Les plus anciens témoins de l'usage du poêle: les pots de poêle du haut moyen âge découverts en Alsace. Rev. Arch. Est et Centre-Est 45, 1994, 481 ff. – M. Châtelet/J. J. Schwien, Strasbourg, place des Bateliers: la céramique de poêle du haut Moyen Âge. In: Archéologie du poêle du haut Moyen Âge à l'époque moderne. Technologie, décors, aspects culturels. Actes de la table ronde de Montbéliard, 23–24 mars 1995. Rev. Arch. Est, 15e supplément (Dijon 2000) 15 ff.
70 Damminger/Gross, Ausgrabungen (Anm. 1) 170 f. mit Abb. 152.
71 Untersuchungen von Lehmbrocken aus frühmittelalterlichen Befunden ergaben leider keinen Zusammenhang mit der gleichzeitigen Älteren gelben Drehscheibenware. – Zu den naturwissenschaftlichen Ergebnissen der Suche nach den Ursprungsorten der Älteren gelben Drehscheibenware: M. Châtelet/M. Picon/G. Thierrin-Michael/Y. Waksman, Une centralisation des ateliers de céramiques au VIIe siècle ? Bilan d'un programme d'analyses sur la production de la céramique en Alsace et en Pays de Bade pendant la période du haut Moyen Âge. Arch. Médiévale (Paris) 35, 2005, 11 ff.

deformierte Scherben sowohl aus den Grabungen wie aus den Begehungen von Franz Ruf zum Vorschein.[71] Ofenbefunde wurden jedoch leider nicht aufgedeckt.

Hier sollen einige einschlägige Proben vorgelegt werden; eine vollständige Übersicht ist naturgemäß noch nicht möglich.

Bei den überfeuerten Rand- und Wandscherben mit Dekor fällt auf, dass nur einfache Rechteckrollstempel-Zier vorhanden ist (Kat.Nr. 217–221). Im übrigen Siedlungsmaterial kommen jedoch auch zahlreiche weitere Muster vor; es liegt somit nahe, für sie eine andere Provenienz – wenigstens teilweise wohl das nahe benachbarte Soufflenheim/Unterelsass[72] – anzunehmen.

Ein Indiz für einen frühen, noch vor die Entstehung der Älteren gelben Drehscheibenware zurückreichenden Beginn der vermuteten Töpfertätigkeiten könnte das sehr leichte, nahezu völlig ,entmaterialisierte' Bruchstück eines im Ofen mißratenen Wölbwandtopfes mit Kehlrand liefern (Kat.Nr. 195).

Will man diese Indizien als ausreichend gelten lassen, so ist Muffenheim der erste rechtsrheinische Produktionsort früher Älterer gelber Drehscheibenware. Die in Wiesloch im südlichen Rhein-Neckar-Kreis untersuchten Öfen datieren schon in spätkarolingisch-ottonische Zeit,[73] die Fehlbrände in Eningen unter Achalm,[74] Kr. Reutlingen, und in Altdorf, Kr. Böblingen,[75] ins Hochmittelalter.

Zusammenfassung

Die hier zusammengetragene älteste Keramik ermöglicht es, den Siedlungsbeginn in Muffenheim näher einzugrenzen. Knickwandtöpfe mit Wellenbandzier oder mit Dekor aus zwei- oder dreireihigen hochovalen Eindruckstempeln gehören zu den frühesten ,echten' Exemplaren mit gerader, nicht mehr einschwingender Oberwand, die seit der zweiten Hälfte des 6. Jahrhunderts auftreten.

Handgemachte Keramik, welche anderenorts im Oberrheinraum – trotz oft geringerer Fundmengen – weitaus höhere Anteile erreicht,[76] wird gerade nur ein einziges Mal fassbar. Dies könnte als weiterer Hinweis auf etwas spätere Zeitstellung, bereits nach der Blütezeit des handgemachten Geschirrs im frühen und mittleren 6. Jahrhundert, zu werten sein, als mit dem Beginn der planmäßigen fränkischen Aufsiedlung zahlreiche (nordsee- und elbgermanische) Zuzügler aus peripheren Gebieten des Merowingerreiches an den Oberrhein kamen.[77]

---

72 Châtelet et al. (Anm. 71) 25 ff.
73 Heukemes/Gross (Anm. 2) 301 ff. – Hildebrandt/Gross, Töpferofen (Anm. 2) 312 ff.
74 E. Schmidt, Hochmittelalterliche Siedlungsstrukturen aus Eningen unter Achalm, Kreis Reutlingen. Arch. Ausgr. Baden-Württemberg 1991, 302 ff.
75 R. Schreg/U. Meyerdirks, Töpfereiabfälle der älteren gelben Drehscheibenware aus Altdorf, Kreis Böblingen. Arch. Ausgr. Baden-Württemberg 2002, 243 f.
76 Châtelet (Anm. 3) Taf. 47,1–3; 48,7 (Strasbourg-Koenigshoffen); 49,5.6 (Durmersheim); 54,1–3; 56,1–3 (Strasbourg-Saint-Thomas); 58,1.2.4–9 (Benfeld); 137,1–7; 138,1; 139,1–3; 140,1–7 (Wüstung Leibersheim bei Riedisheim).
77 M. Martin, Das fränkische Gräberfeld von Basel-Bernerring. Basler Beitr. Ur- u. Frühgesch. 1 (Basel, Mainz 1976) 103 ff. – U. Gross, Das Zeugnis der handgemachten Tonware. Fränkische Siedlungspolitik im Spiegel der südwestdeutschen Rippen- und Buckelkeramik. In: Arch. Landesmus. Baden-Württemberg (Hrsg.), Die Alamannen. Begleitband zur Ausstellung in Stuttgart, Zürich, Augsburg (Stuttgart 1997) 233 ff. – U. Gross, Funde von Keramik aus dem Nordseeküstenraum im fränkischen Reich. In: Über allen Fronten – Nordwestdeutschland zwischen Augustus und Karl dem Großen. Begleitband zur Ausstellung in Oldenburg (Oldenburg 1999) 91 ff. – U. Koch, Der Beginn fränkischer Besiedlung im Rhein-Neckar-Raum. Gräber von Mannheim-Vogelstang und Mannheim-Straßenheim. Mannheimer Geschichtsbl. N. F. 7/2000, 81 ff. – M. Châtelet, Le peuplement du sud du Rhin Supérieur entre la fin du Ve et le milieu du VIIe siècle – Le témoingnage de la céramique. In: Burgondes, Alamans, Francs et Romains dans l'Est de la France, le Sud-Ouest d'Allemagne et la Suisse. V[e]–VIIe siècles après J.-C. Actes des XXI journées internationales d'archéologie mérovingienne. Besançon, 20–22 octobre 2000 (Besançon 2003) 221 ff. – M. C. Blaich, Thüringisches und südskandinavisches Fundgut in Gräbern des frühmittelalterlichen Friedhofs von Eltville und im Rhein-Main-Gebiet. Kommentar zu vier Verbreitungskarten. In: Neue Forschungsergebnisse zur nordwesteuropäischen Frühgeschichte unter besonderer Berücksichtigung der altsächsischen Kultur im heutigen Niedersachsen (= Stud. Sachsenforsch. 15) (Oldenburg 2005) 73 ff. mit Abb. 7.

Darüber hinaus belegt die in einiger Menge vorhandene typische ‚rauwandige' Drehscheibenware eine merowingerzeitliche Siedlungstätigkeit vor Beginn der Älteren gelben Drehscheibenware im mittleren 7. Jahrhundert. Sie schlägt sich aber durch keinerlei bauliche Aktivitäten im ergrabenen Areal nieder (die ältesten erfassten Grubenhäuser enthalten alle bereits Ältere gelbe Drehscheibenware). Dieses vielerorts zu beobachtende Phänomen des Fehlens zeitgleicher Gebäude zu den ältesten Keramik- und Kleinfunden könnte man mit der schlechten Nachweisbarkeit ebenerdiger Häuser und der Nicht-Anlage von Grubenhütten begründen. Während an spätantiken und völkerwanderungszeitlichen Plätzen Grubenhäuser öfter zu fehlen scheinen,[78] fällt es jedoch schwer, für die Merowingerzeit entsprechende Beispiele anzuführen. Größerflächig ergraben und ohne Grubenhäuser geblieben ist anscheinend nur die Siedlung von Kelheim-Gmünd.[79]

Die Wüstung Winternheim bei Speyer liefert eine andere, wohl plausiblere Erklärungsmöglichkeit. Kartiert man nämlich die Vorkommen von Knickwandtöpfen und Rauwandiger Drehscheibenware (Punkte) im gesamten ergrabenen Bereich,[80] so erkennt man eine weite Streuung. Einschlägige Scherben kommen noch bis zu einer Entfernung von mehr als 200 m vom Siedlungsareal des späten 5. bis mittleren 7. Jahrhunderts vor.

Die Herausbildung der frühesten Älteren gelben Drehscheibenware (auf westliche Impulse hin?) aus dem merowingischen keramischen ‚Milieu' ist in Muffenheim in aller Deutlichkeit zu beobachten. Mit einigen doppelkonischen Formen, darunter einer Scherbe mit der regionstypischen Verzierung durch hochovale Eindruckstempel, ist die Gleichzeitigkeit mit den bis um die Mitte des 7. Jahrhunderts in Gräbern auftretenden ‚klassischen' Knickwandtöpfen klar bezeugt. Die in einiger Anzahl vorhandenen glattwandigen, noch ungerieften, aber bereits oxydierend gelblich gebrannten ‚Wölbwandtöpfe' finden die besten Entsprechungen im nicht weit entfernten unterelsässischen Roeschwoog. Dort konnte die Frühestphase der Älteren gelben Drehscheibenware erstmals dank Dendrodaten von Hölzern aus einem Brunnen im zweiten Drittel des 7. Jahrhunderts verankert werden.[81]

Eines der augenfälligsten Merkmale der frühen gelben Ware ist die schlichte Dekorationsweise mittels einfacher Rechteckrollrädchen-Eindrücke. Die Vielgestaltigkeit der Rollstempelzier scheint erst in der nächsten Entwicklungsphase im späten 7./frühen 8. Jahrhundert erreicht zu werden. Der Muffenheim nächst benachbarte Fundort, an dem dies gut ablesbar wird, ist Kloster Schwarzach im südlichen Landkreis Rastatt.[82] Für die mit hoher Wahrscheinlichkeit anzunehmende Produktion am Ort selbst bleibt die schlichte Form der Ornamentierung (Kat.Nr. 217–221) wohl die einzige, wurden bislang doch keine verfärbten, gerissenen oder überfeuerten Rand- und Wandscherben mit abweichenden Mustern registriert.

---

[78] Beispiele: Großsachsen (A. Hagedorn, Die Villa rustica von Großsachsen, Gem. Hirschberg, Rhein-Neckar-Kreis. Ein römischer Gutshof im Spiegel seiner zentralen Gebäude. Materialh. Arch. Baden-Württemberg 45 [Stuttgart 1999] 174 f.) – Vörstetten (Ch. Bücker, Vörstetten; Ein Siedlungsplatz der frühen Alamannen im Vorfeld der spätantiken Rheingrenze. Arch. Nachr. Baden 65, 2001, 7 Abb. 3), Wüstung Wülfingen bei Forchtenberg (M. Schulze, Die Wüstung Wülfingen am Kocher. Jahrb. RGZM 23/24, 1976/77 [T. 3] 154 ff. Beil. 2 [unten]. – Siehe auch B. Steidl, Die Wetterau vom 3. bis 5. Jahrhundert n. Chr. Mat. Vor- u. Frühgesch. Hessen 22 [Wiesbaden 2000] 9 ff.).

[79] B. Engelhardt, Archäologisches zur früh- und hochmittelalterlichen Geschichte Kelheims. Ein Vorbericht. In: K. Spindler (Hrsg.), Vorzeit zwischen Main und Donau (Erlangen 1980) 276.

[80] Schenk (Anm. 51) Beil. 4.

[81] M. Châtelet, L'habitat du haut Moyen Âge de Roeschwoog « Schwartzacker » (Bas-Rhin): découverte d'un four à chaux et d'un nouveau site de référence de céramique. Rev. Arch. Est 49, 2000, 249 ff.

[82] Gross, Mittelalterliche Keramik (Anm. 1) Taf. 45 u. 46. – Châtelet (Anm. 3) 498 f. Taf. 92 u. 93.

Katalog

Vorbemerkung, Abkürzungen

Die Fundstücke sind mit Ausnahme der bezeichneten Objekte („ohne Abb.") im Anschluss an den Katalog fortlaufend im Maßstab 1:2 abgebildet.

Bef.	Befund	BS	Bodenscherbe
erh.	erhalten (360 Grad = vollständig erhaltener Rand)	LF	Lesefund
RS	Randscherbe	WS	Wandscherbe

Handgemachte Ware

1 RS, Dm. 12 cm (?), erh. 20 Grad; Bef. 241/834

‚Nachgedrehte' Ware

2 RS, Dm. 22 cm (?), erh. 30 Grad; Bef. 994/1127
3 RS, Dm. 12 cm (?), erh. 16 Grad; Bef. 495/614
4 WS, oben ein tiefer Fingereindruck; Bef. 994/1127

Knickwandgefäße

5 RS, Dm. 10 cm, erh. 80 Grad; Rillen- und Wellenbanddekor; Bef. 241/845
6 RS, Dm. 11 cm, erh. 42 Grad; Rollstempeldekor; LF
7 RS, Dm. 8 cm, erh. 60 Grad; LF
8 WS, dreizeiliger Eindruckstempeldekor; Bef. 241/845
9 WS, dreizeiliger Eindruckstempeldekor; LF
10 WS, Eindruckstempeldekor; LF
11 WS, Eindruck- und Rollstempeldekor; LF
12 WS, Wellendekor; LF
13 BS; LF

Wölbwandtöpfe

14 RS, Dm. 15 cm, erh. 38 Grad; Bef. 241
15 RS, Dm. 18 cm, erh. 60 Grad; Bef. 142
16 RS, Dm. 15 cm, erh. 80 Grad; Bef. 1576
17 RS, Dm. 12 cm, erh. 28 Grad; LF
18 RS, Dm. 18 cm, erh. 30 Grad; LF
19 RS, Dm. 18 cm, erh. 24 und 40 Grad; LF
20 RS, Dm. 18 cm, erh. 40 Grad; LF *(o. Abb.)*
21 RS, Dm. 14 cm (?), erh. 18 Grad; Bef. 1551
22 RS, Dm. 21 cm, erh. 60 Grad; Bef. 711
23 RS, Dm. 15 cm, erh. 42 Grad; LF
24 RS, Dm. 18 cm, erh. 20 Grad; LF
25 RS, Dm. 14 cm, erh. 90 Grad; LF
26 RS, Dm. 18 cm, erh. 34 Grad; Bef. 1128
27 RS, Dm. ? cm; Bef. 614
28 RS, Dm. 15 cm, erh. 34 Grad; Bef. 1551
29 RS, Dm. 11 cm, erh. 50 Grad; Bef. 1576
30 RS, Dm. 11 cm, erh. 40 Grad; Bef. 1576
31 RS, Dm. 10 cm, erh. 30 Grad; Bef. 1576
32 RS, Dm. ? cm; Bef. 1576
33 RS, Dm. ? cm; Bef. 1576
34 RS, Dm. 12 cm, erh. 48 Grad; Bef. 1576
35 RS, Dm. 15 cm, erh. 82 Grad; LF
36 RS, Dm. 17 cm (?), erh. 20 Grad; Bef. 241/478/750–755
37 RS, Dm. 16 cm, erh. 44 Grad; Bef. 241/478/750–755
38 RS, Dm. 14 cm, erh. 42 Grad; LF
39 RS, Dm. 15 cm, erh. 42 Grad; Bef. 1128
40 RS, Dm. 14 cm, erh. 24 Grad; Bef. 365

41 RS, Dm. 14 cm, erh. 50 Grad; LF
42 RS, Dm. 13 cm, erh. 44 Grad; LF
43 RS, Dm. 16 cm, erh. 30 Grad; LF
44 RS, Dm. 10 cm, erh. 40 Grad; Bef. 241/478
45 RS, Dm. 13 cm, erh. 38 Grad; LF
46 RS, Dm. 12 cm, erh. 74 Grad; LF
47 RS, Dm. 14 cm, erh. 24 Grad; LF
48 RS, Dm. 13 cm, erh. 44 Grad; Bef. 241/478/750–755
49 RS, Dm. ? cm; Bef. 118/1358/1360
50 RS, Dm. 12 cm, erh. 90 Grad; Bef. 241/834
51 RS, Dm. 13 cm, erh. 44 Grad; Bef. 241
52 RS, Dm. 17 cm, erh. 26 Grad; LF
53 RS, Dm. 14,5 cm, erh. 56 Grad; LF
54 RS, Dm. 12 cm (?), erh. 14 Grad; Bef. 241
55 RS, Dm. 12 cm, erh. 40 Grad; Bef. 241/845
56 RS, Dm. 14 cm, erh. 52 Grad; Bef. 241/845
57 RS, Dm. 16 cm, erh. 20 Grad; LF
58 RS, Dm. 15 cm, erh. 80 Grad; Bef. 241/834
59 RS, Dm. 12 cm, erh. 26 Grad; LF
60 RS, Dm. 13 cm, erh. 32 Grad; LF

Krüge

61 RS, Dm. 10 cm, erh. 60 Grad; Bef. 750
62 Henkelfragment; Bef. 121

Schalen/Schüsseln

63 RS, Dm. ? cm; Bef. 16
64 RS, Dm. 15 cm, erh. 28 Grad; Bef. 614
65 RS, Dm. 14 cm, erh. 20 Grad; LF
66 RS, Dm. 16 cm, erh. 20 Grad; Bef. 122
67 RS, Dm. 13 cm (?), erh. 12 Grad; LF
68 RS, Dm. 16 cm, erh. 22 Grad; LF
69 RS, Dm. ? cm, Rollstempeldekor; LF
70 RS, Dm. 18 cm (?), erh. 18 Grad; LF
71 RS, Dm. 18 cm, erh. 38 Grad; Bef. 1591 *(ohne Abb.)*
72 RS, Dm. 21 cm (?), erh. 28 Grad; Rillendekor; Bef. 490/749/756–76
73 RS, Dm. 21 cm (?), erh. 20 Grad; Rillendekor; Bef. 490/749/756–76
74 BS, Dm. 9 cm; LF
75 BS, Dm. 8 cm; LF
76 BS, Dm. 9 cm; Bef. 750
77 BS, Dm. 6,5 cm; LF

Glasierte Reibschale

78 WS innen glasierte Reibschale; Bef. 844

Ältere gelbe Drehscheibenware

Töpfe

79 WS, zweizeiliger Eindruckstempeldekor; LF
80 WS, Rillen- und runder Eindruckstempeldekor; LF
81 WS; Bef. 95
82 RS, Dm. 12 cm, erh. 24 Grad; LF
83 RS, Dm. 10 cm, erh. 24 Grad; LF
84 RS, Dm. 12 cm, erh. 82 Grad; LF
85 RS, Dm. 16 cm, erh. 64 Grad; LF
86 RS, Dm. 16 cm, erh. 44 Grad; LF
87 RS, Dm. 14 cm, erh. 64 Grad; LF *(ohne Abb.)*
88 RS, Dm. 13 cm, erh. 48 Grad; Bef. 844
89 RS, Dm. 10 cm, erh. 56 Grad; Bef. 241/478/750–755

90 RS, Dm. 14 cm, erh. 32 Grad; Bef. 241/845
 91 RS, Dm. ? cm; Bef. 468
 92 RS, Dm. 13 cm, erh. 52 Grad; Bef. 596/728-731
 93 RS, Dm. 16 cm, erh. 18 Grad; Bef. 495/614
 94 RS, Dm. ? cm; LF
 95 RS, Dm. 12 cm, erh. 32 Grad; LF
 96 RS, Dm. ? cm; Bef. 1064
 97 RS, Dm. ? cm; Bef. 418
 98 RS, Dm. 14 cm, erh. 36 Grad; Bef. 468 *(o. Abb.)*
 99 RS, Dm. 15 cm, erh. 40 Grad; Bef. 241
100 RS, Dm. 12 cm, erh. 38 Grad; Bef. 241
101 RS, Dm. 13 cm, erh. 40 Grad; LF
102 RS, Dm. 16 cm, erh. 26 Grad; LF
103 RS, Dm. 13 cm, erh. 42 Grad; Bef. 1191
104 RS, Dm. 14 cm (?), erh. 24 Grad; LF
105 RS, Dm. 12 cm, erh. 30 Grad; LF
106 RS, Dm. 13 cm, erh. 42 Grad; Bef. 241/845
107 RS, Dm. 15 cm, erh. 44 Grad; LF
108 RS, Dm. 18 cm (?), erh. 24 Grad; LF
109 RS, Dm. 13 cm, erh. 20 Grad; Bef. 545 *(ohne Abb.)*
110 RS, Dm. 15 cm, erh. 22 Grad; LF
111 RS, Dm. 11 cm, erh. 64 Grad; Bef. 614
112 RS, Dm. 14 cm, erh. 32 Grad; Bef. 495/614
113 RS, Dm. 15 cm, erh. 44 Grad; Bef. 486/128
114 RS, Dm. 13 cm, erh. 22 Grad; Bef. 1128
115 RS, Dm. 13 cm, erh. 42 Grad; Bef. 711
116 RS, Dm. 13 cm (?), erh. 20 Grad; LF
117 RS, Dm. 14 cm, erh. 40 Grad; Bef. 711
118 RS, Dm. 14 cm, erh. 36 Grad; Bef. 241
119 RS, Dm. 13 cm, erh. 64 Grad; Bef. 614
120 RS, Dm. 15 cm, erh. 30 Grad; Bef. 241
121 RS, Dm. 11 cm, erh. 82 Grad; Bef. 711
122 RS, Dm. 14 cm, erh. 24 Grad; LF
123 RS, Dm. 15 cm, erh. 36 Grad; LF
124 RS, Dm. 15 cm (?), erh. 16 Grad; LF
125 RS, Dm. 14 cm, erh. 42 Grad; LF
126 RS, Dm. 16 cm, erh. 24 Grad; LF

Krüge und Kannen

127 RS, Dm. 8 cm, erh. 14 Grad; LF
128 RS, Dm. 9 cm (?); Bef. 1725
129 RS, Dm. 13 cm, erh. 38 Grad; LF
130 RS, Dm. ? cm; LF
131 RS, Dm. 11 cm, erh. 26 Grad; Bef. 15864 *(ohne Abb.)*
132 RS, Dm. 9 cm, erh. 46 Grad; LF
133 RS, Dm. 11 cm, erh. 22 Grad; LF
134 RS, Dm. 10 cm, erh. 40 Grad; LF
135 RS, Dm. 8 cm, erh. 30 Grad; Bef. 1576
136 RS, Dm. 9 cm, erh. 60 Grad; Bef. 122
137 RS, Dm. 10 cm, erh. 40 Grad; LF
138 RS, Dm. 10 cm, erh. 32 Grad; Bef. 614/711
139 RS, Dm. 11 cm, erh. 32 Grad; Rollstempeldekor; LF
140 RS, Dm. 11 cm, erh. 52 Grad; Rollstempeldekor; Bef. 386
141 RS, Dm. 10 cm, erh. 30 Grad; Rollstempeldekor; Bef. 418
142 RS, Dm. 9 cm, erh. 32 Grad; Rollstempeldekor; LF
143 RS, Dm. 11 cm, erh. 20 Grad; Rollstempeldekor; Bef. 711
144 RS, Dm. 12 cm, erh. 20 Grad; Rollstempeldekor; Bef. 1984
145 RS, Dm. 12 cm, erh. 40 Grad; Rollstempeldekor; Bef. 1725
146 RS, Dm. 8 cm, erh. 40 Grad; Rollstempeldekor; LF
147 RS, Dm. 10 cm, erh. 26 Grad; Rollstempeldekor; LF
148 RS, Dm. 10 cm, erh. 44 Grad; Rollstempeldekor; LF
149 RS, Dm. 11 cm, erh. 40 Grad; Bef. 494/241

150 RS, Dm. 12 cm, erh. 40 Grad; Rollstempeldekor; LF
151 RS, Dm. 11 cm, erh. 28 Grad; LF
152 Ausgußtülle; Bef. 351
153 Ausgußtülle; LF
154 RS, Dm. ? cm; Bef. 486/128
155 RS, Dm. 16 cm (?); Bef. 14
156 RS, Dm. 21 cm, erh. 46 Grad; Bef. 164
157 RS, Dm. ? cm; LF
158 WS, Rillen- und Wellendekor; LF
159 WS, Wellendekor; LF
160 WS, Wellendekor; LF
161 WS, Rollstempeldekor; Bef. 711
162 WS, Rollstempeldekor; LF
163 WS, Rollstempel- und Wellendekor; LF

Schalen/Schüsseln

164 RS, Dm. ? cm; LF
165 RS, Dm. 18 cm, erh. 20 Grad; Bef. 163
166 RS, Dm. ? cm; LF
167 RS, Dm. 12 cm, erh. 56 Grad; Bef. 425
168 RS, Dm. 17 cm, erh. 20 Grad; LF
169 RS, Dm. 18 cm, erh. 280 Grad; Bef. 519/520
170 RS, Dm. 14 cm, erh. 20 Grad; Bef. 945/1004
171 RS, Dm. ? cm, Rollstempeldekor; Bef. 468
172 RS, Dm. 16 cm, erh. 20 Grad; Rollstempeldekor; Bef. 486/128
173 RS, Dm. 14 cm (?), erh. 20 Grad; Rollstempeldekor; LF
174 RS, Dm. 18 cm, erh. 52 Grad; Rollstempeldekor; LF
175 RS, Dm. 12 cm (?), erh. 20 Grad; Rollstempeldekor; LF
176 RS, Dm. 16 cm (?), erh. 14 Grad; Rollstempeldekor; LF
177 RS, Dm. 22 cm (?), erh. 20 Grad; Rollstempeldekor; LF
178 RS, Dm. 20 cm, erh. 26 Grad; Rollstempeldekor; Bef. 468

Grifftüllen

179 Tülle, Dm. oben 3 cm; Bef. 1725
180 Tüllenfragment; Bef. 711
181 Tülle, Dm. oben 4 cm; Bef. 425
182 Tülle, Dm. oben 3,5 cm; Bef. 1128

Böden

183 BS, Dm. 6 cm; LF
184 BS, Dm. 7,5 cm; LF
185 BS, Dm. 10 cm; LF

Becher

186 RS, Dm. 7 cm, erh. 30 Grad; Rollstempeldekor; LF
187 RS, Dm. 5 cm, erh. 40 Grad; LF
188 RS, Dm. 9 cm, erh. 29 Grad; LF
189 RS mit Rotbemalung, Dm. 8,5 cm, erh. 42 Grad; Bef. 6/851/856/857

Deckel

190 Deckelfragment, Dm. 11 cm; Rollstempeldekor; LF
191 Deckelfragment, Dm. 14 cm (?), erh. 18 Grad; LF
192 Deckelfragment, Dm. 13 cm; erh. 50 Grad; Wellendekor; LF

Kacheln?

193 RS, Dm. 9 cm, erh. 30 Grad; LF
194 RS, Dm. 10 cm, erh. 56 Grad; Bef. 486/128

Fehlbrände

195 RS, Dm. 12 cm, erh. 30 Grad, „leicht"; LF
196 RS, Dm. 14 cm, erh. 36 Grad, gerissen; LF
197 RS, Dm. ? cm, gerissen; Bef. 108
198 RS, Dm. 12 cm, erh. 40 Grad, Luftblase auf dem Rand; LF
199 RS, Dm. 10 cm, erh. 50 Grad; Luftblase; LF
200 RS, Dm. 13 cm, erh. 32 Grad, deformiert, Luftblase; LF
201 RS, Dm. 12 cm, erh. 30 Grad, deformiert; Bef. 241
202 RS, Dm. 17 cm (?), erh. 52 Grad (?), deformiert; Bef. 728
203 RS, Dm. ? cm, deformiert; Bef. 614
204 RS, Dm. ? cm, deformiert; LF
205 RS, Dm. ? cm, deformiert; Bef. 241/478/750-755
206 RS, Dm. ? cm, deformiert; LF
207 RS, Dm. 9 cm (?), erh. 46 Grad (?), deformiert; LF
208 RS, Dm. ? cm, deformiert; Bef. 614
209 RS, Dm. ? cm, deformiert; Bef. 614
210 RS, Dm. 8 cm (?), erh. 22 Grad (?), überfeuert; LF
211 RS, Dm. 8 cm, erh. 40 Grad, überfeuert; LF
212 RS, Dm. 15 cm, erh. 60 Grad, überfeuert; LF
213 RS, Dm. 16 cm, erh. 44 Grad, überfeuert; LF
214 RS, Dm. 14 cm, erh. 22 Grad, überfeuert; LF
215 RS, Dm. 13 cm, erh. 32 Grad, überfeuert; LF
216 RS, Dm. 12 cm, erh. 60 Grad, überfeuert; LF
217 WS, zweizeiliger Rechteckrollstempel, überfeuert; LF
218 WS, einzeiliger Rechteckrollstempel, überfeuert; LF
219 WS, einzeiliger Rechteckrollstempel, überfeuert; LF
220 WS, einzeiliger Rechteckrollstempel, überfeuert, Oberfläche stellenweise abgeplatzt; LF
221 WS, einzeiliger Rechteckrollstempel, überfeuert und völlig flach; LF

Schlagwortverzeichnis

Frühmittelalter; Keramik; Glasur; Töpferei; Wüstung; Muffenheim; Oberrhein.

Anschrift des Verfassers

Dr. Uwe Gross
Regierungspräsidium Stuttgart
Landesamt für Denkmalpflege
Archäologische Denkmalpflege
Berliner Str. 12
73728 Esslingen

E-Mail: uwe.gross@rps.bwl.de

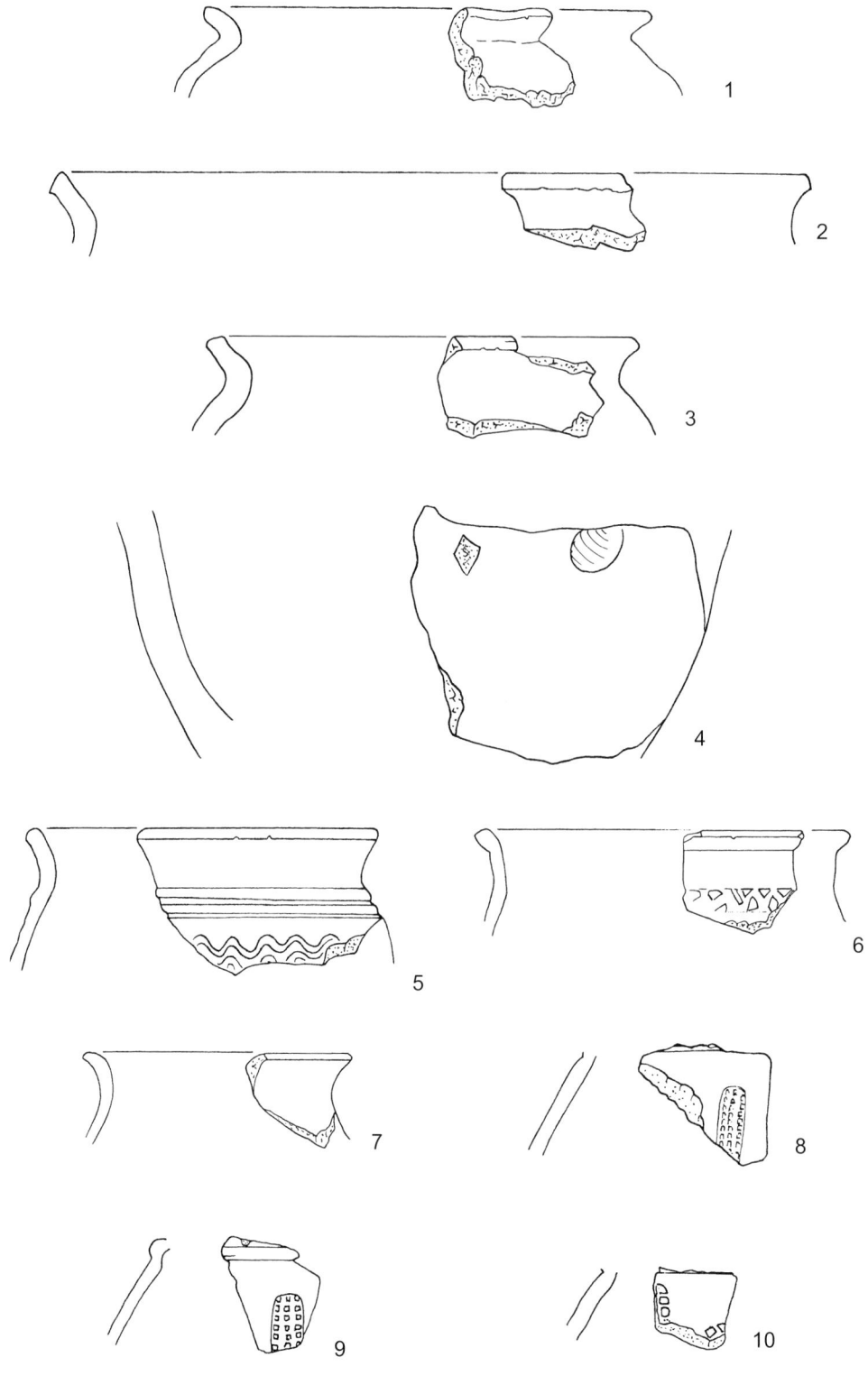

Wüstung Muffenheim. Keramikfunde. M 1:2.

Frühmittelalterliche Keramik aus der Wüstung Muffenheim

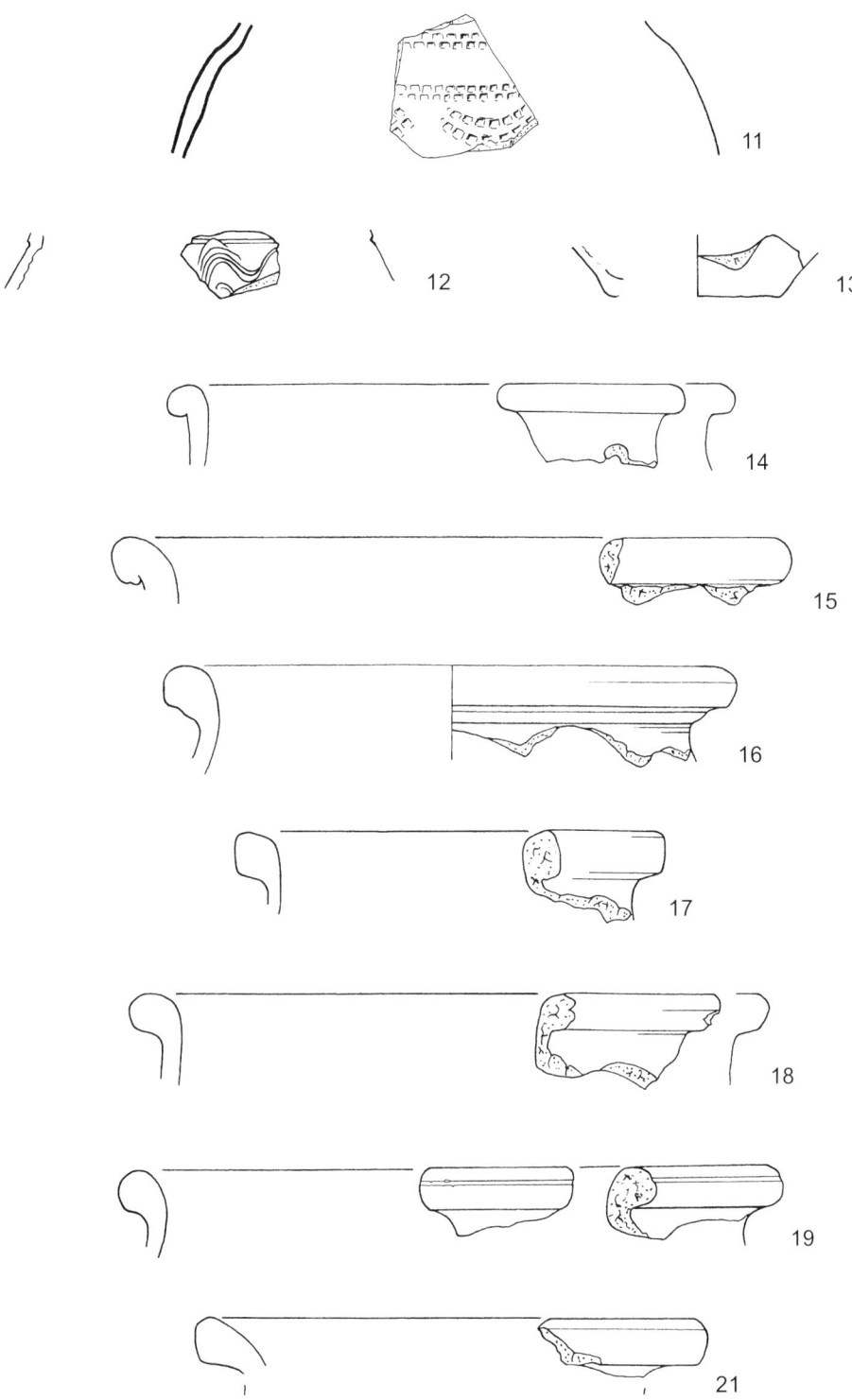

Wüstung Muffenheim. Keramikfunde. M 1:2.

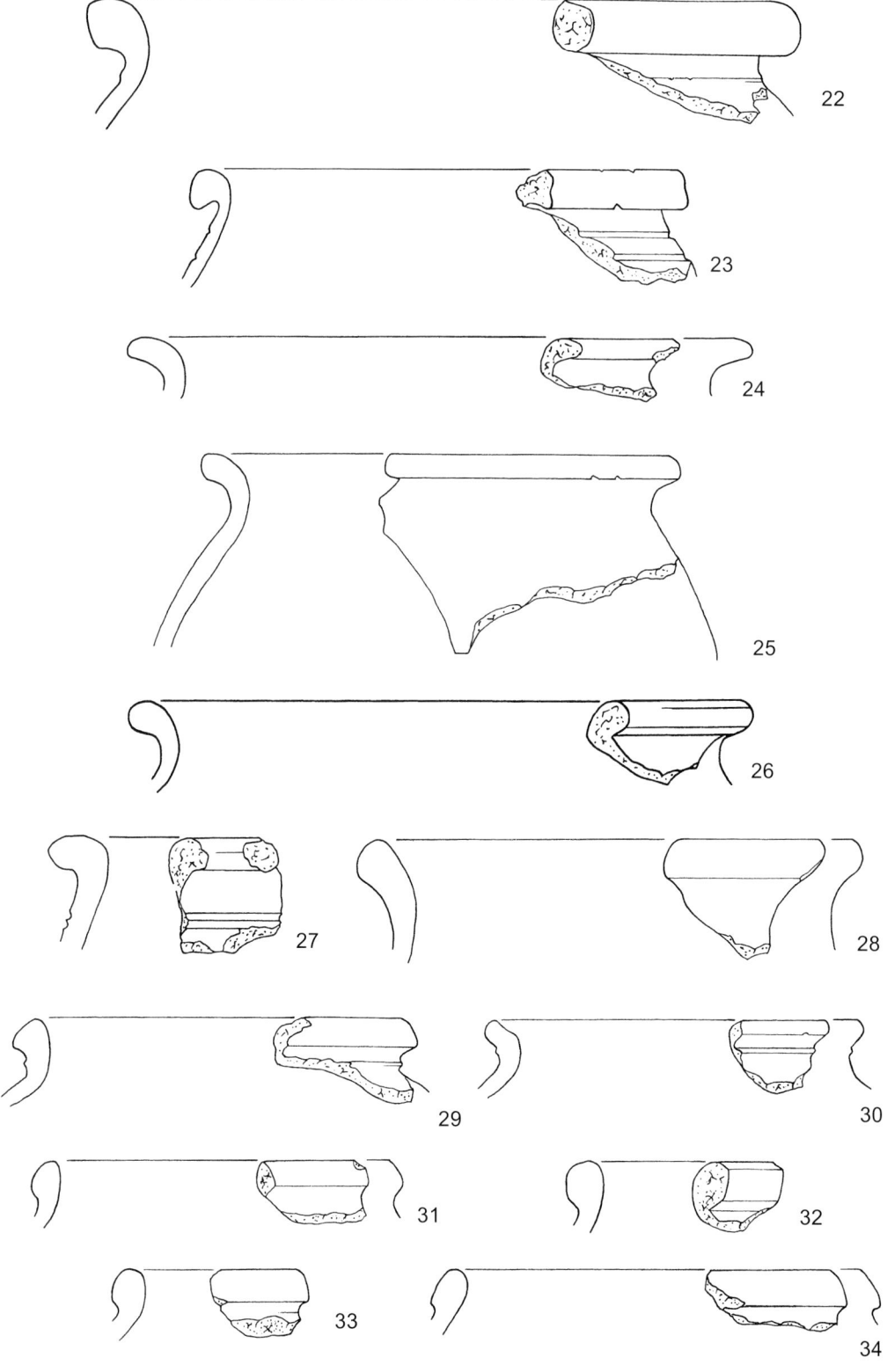

Wüstung Muffenheim. Keramikfunde. M 1:2.

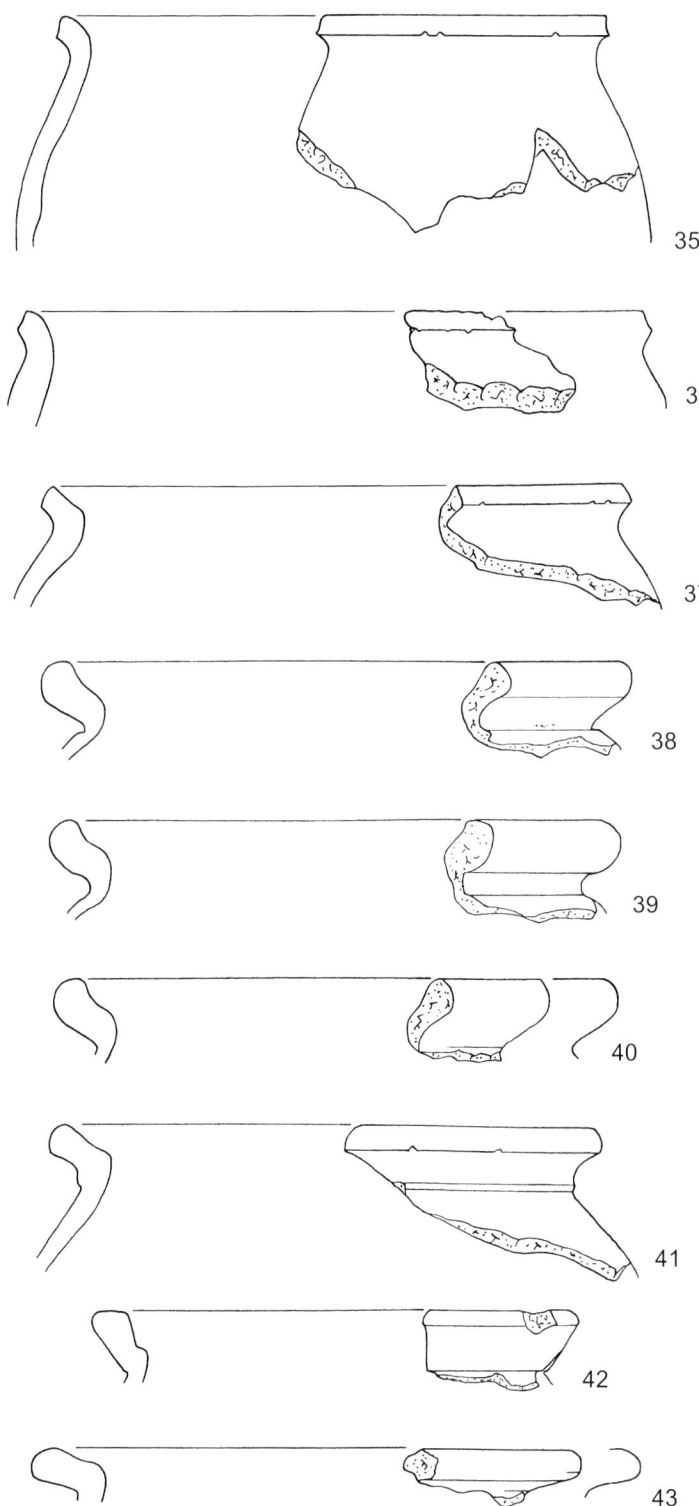

Wüstung Muffenheim. Keramikfunde. M 1:2.

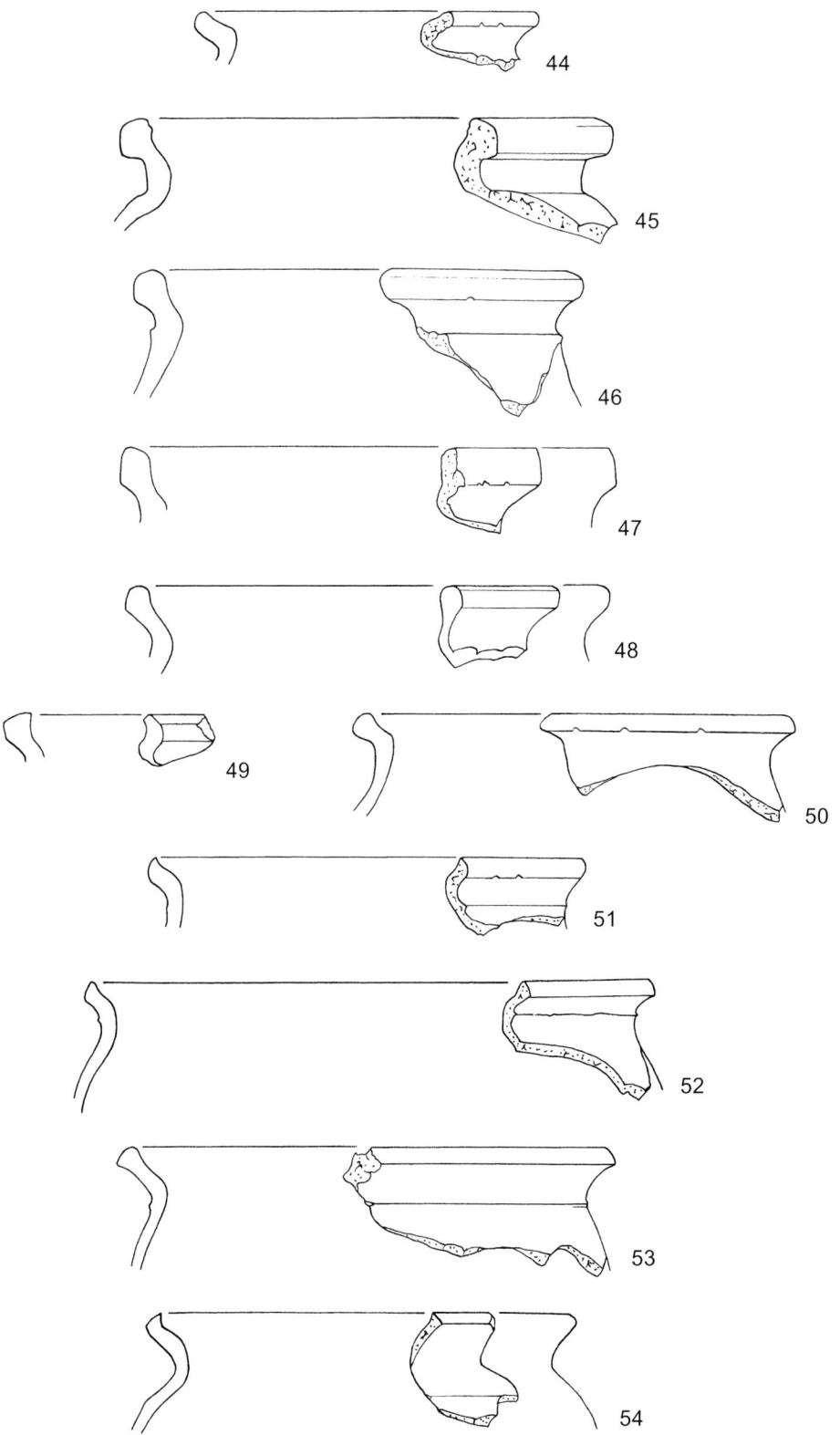

Wüstung Muffenheim. Keramikfunde. M 1:2.

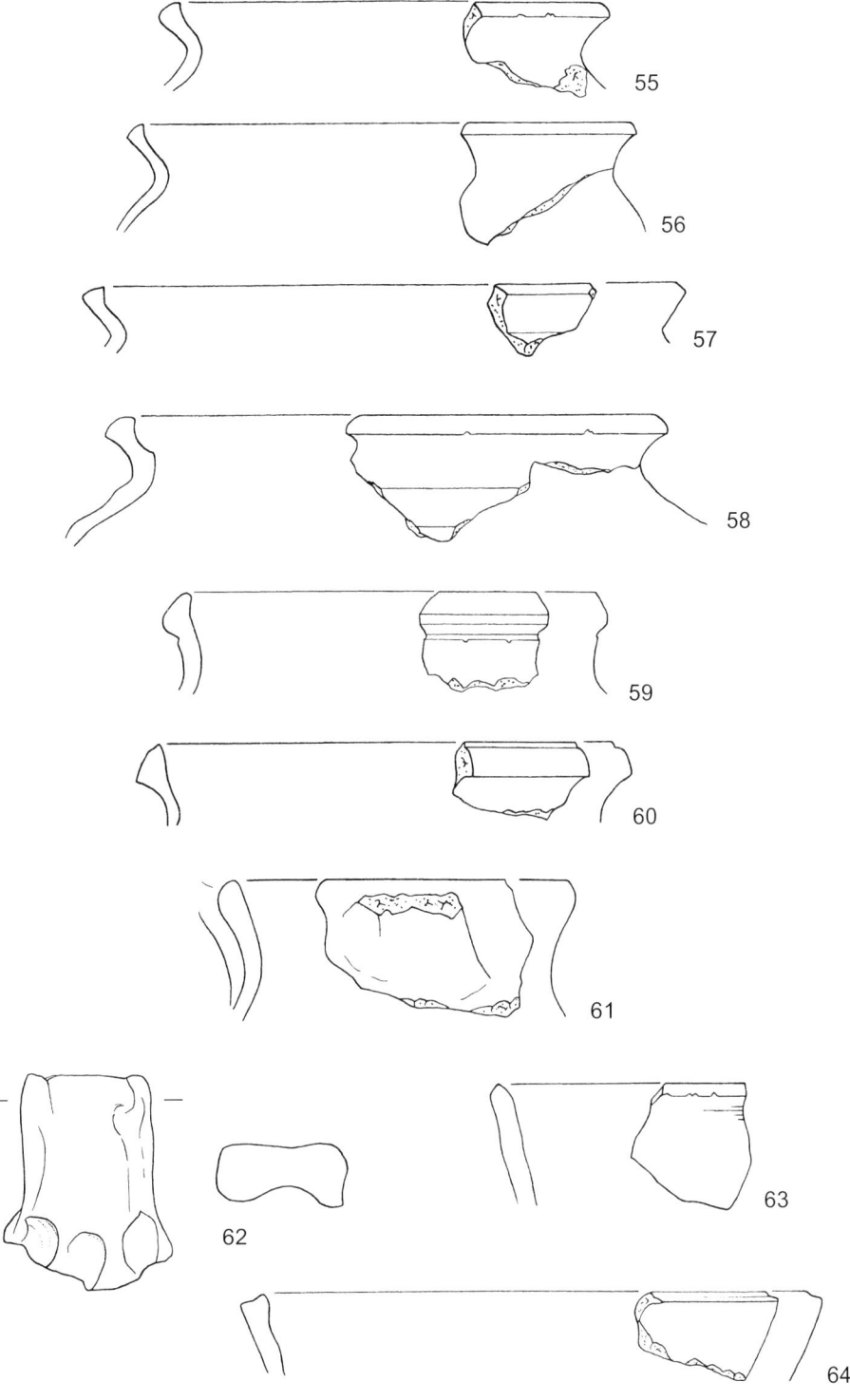

Wüstung Muffenheim. Keramikfunde. M 1:2.

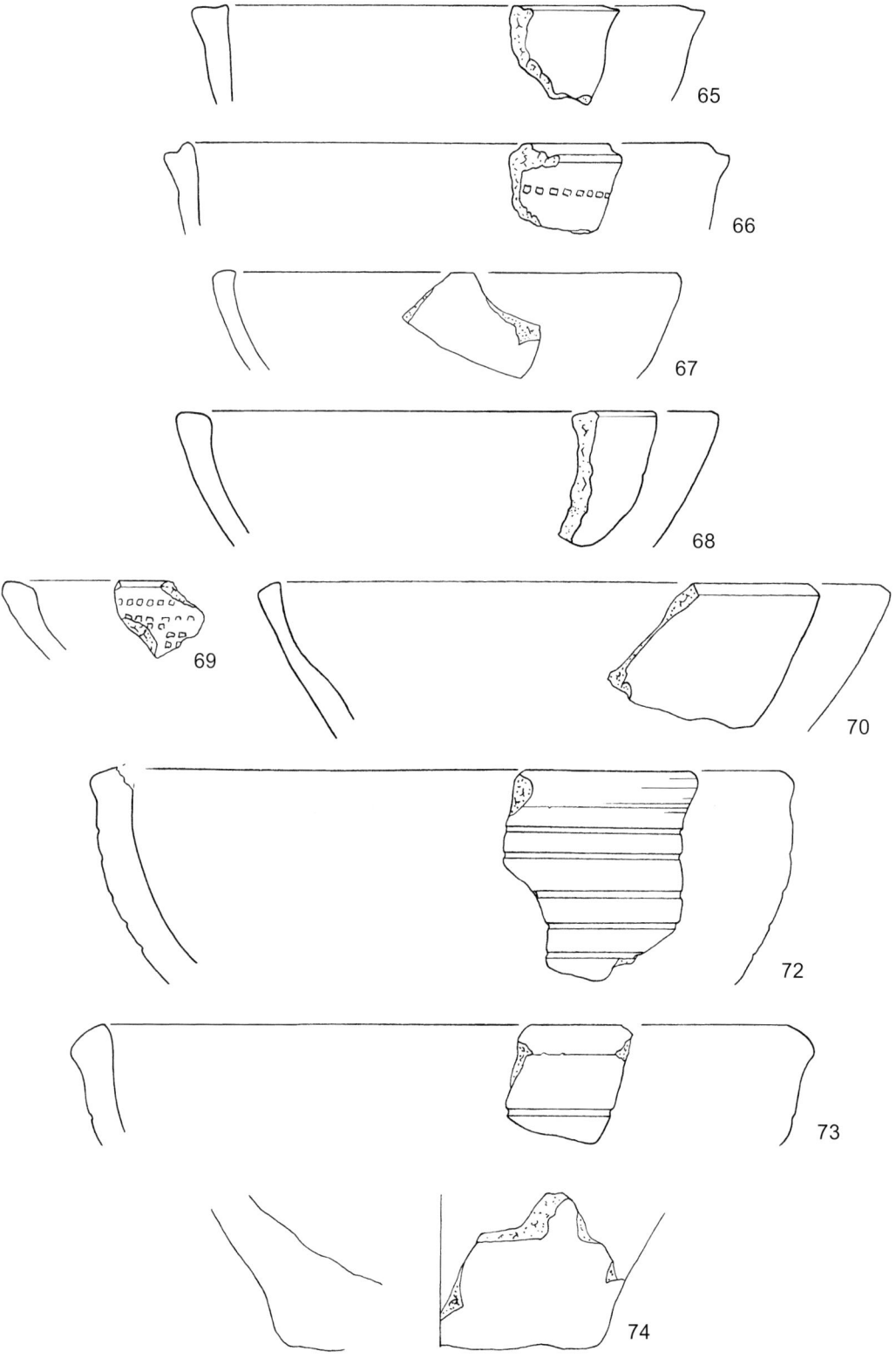

Wüstung Muffenheim. Keramikfunde. M 1:2.

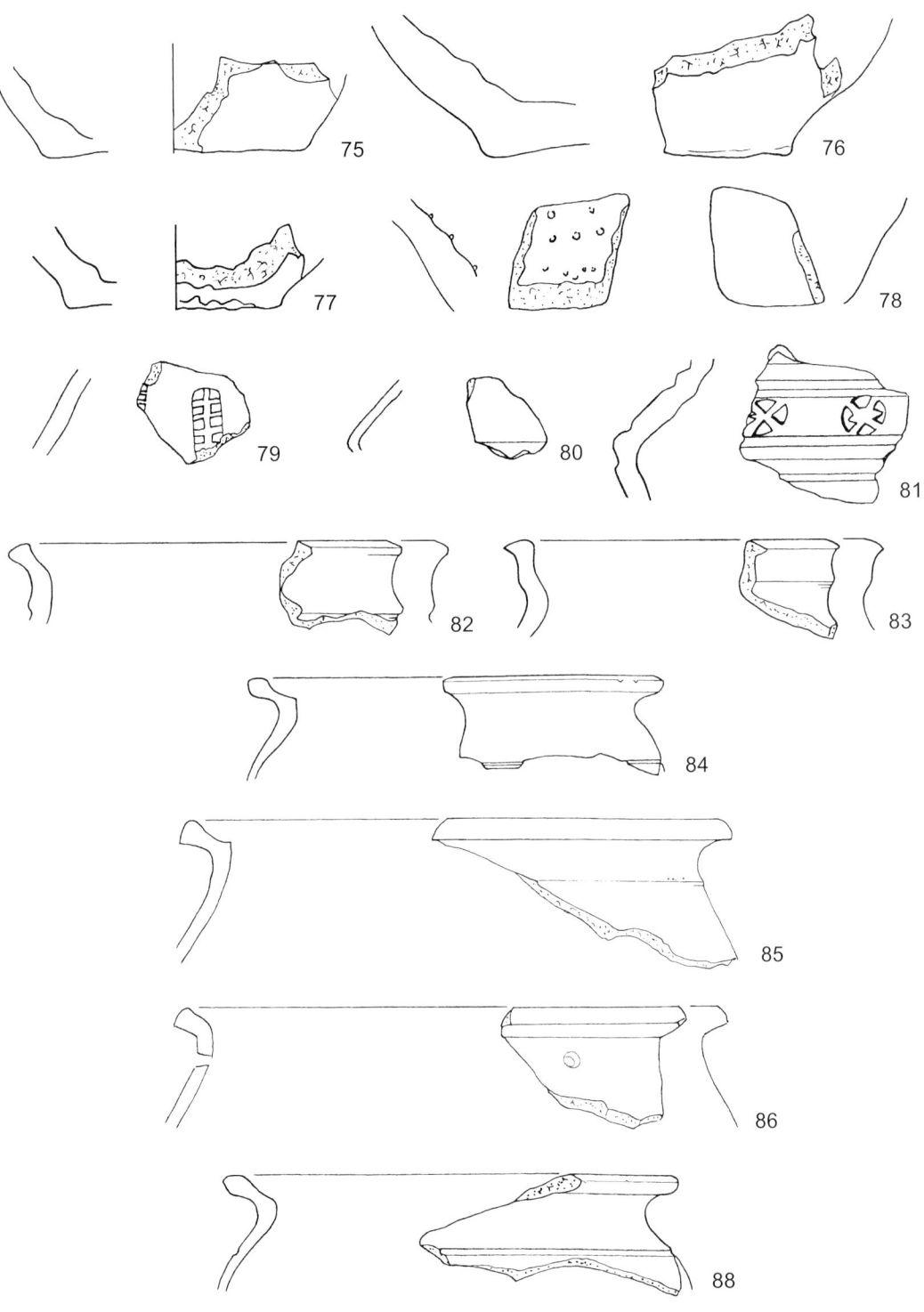

Wüstung Muffenheim. Keramikfunde. M 1:2.

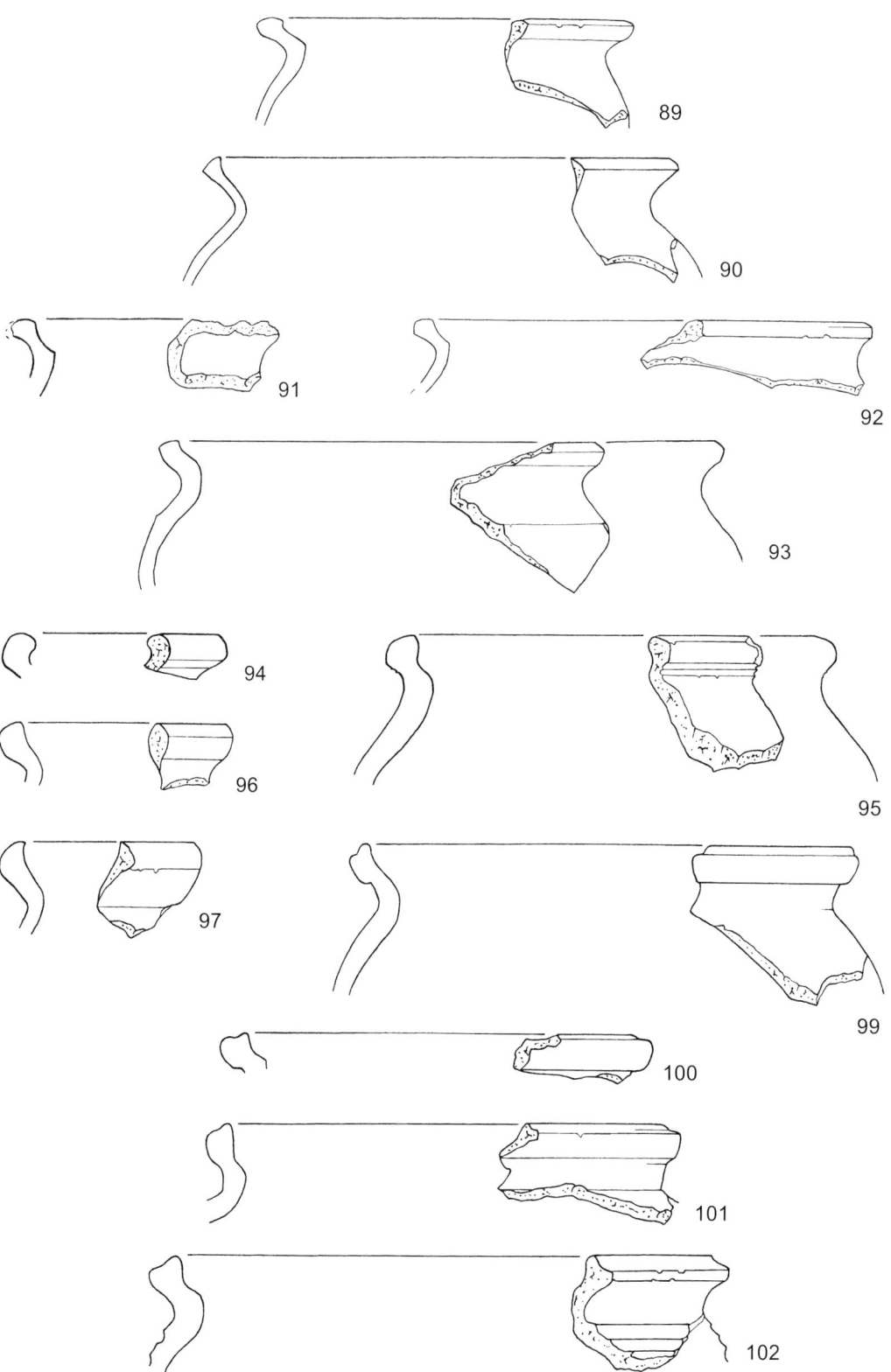

Wüstung Muffenheim. Keramikfunde. M 1:2.

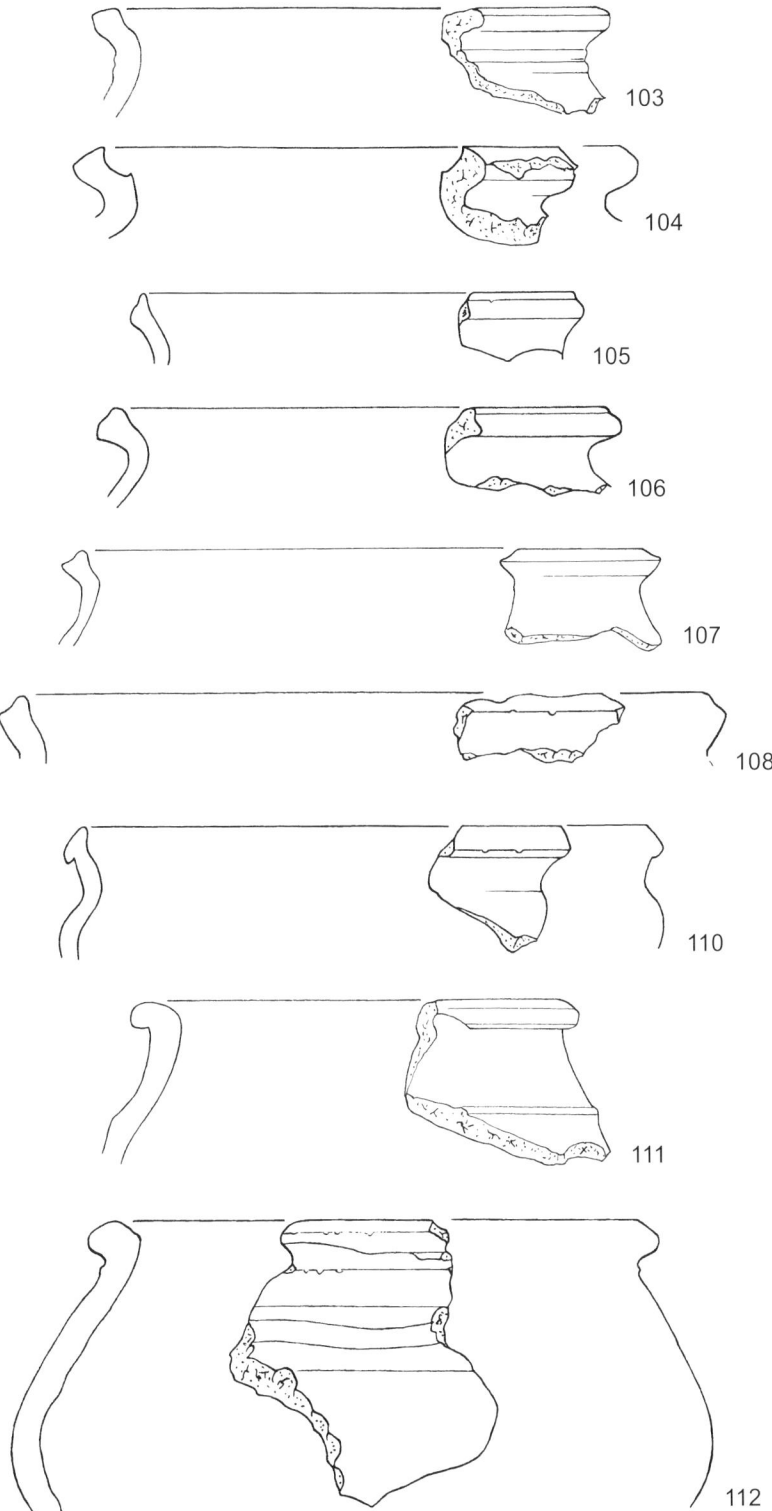

Wüstung Muffenheim. Keramikfunde. M 1:2.

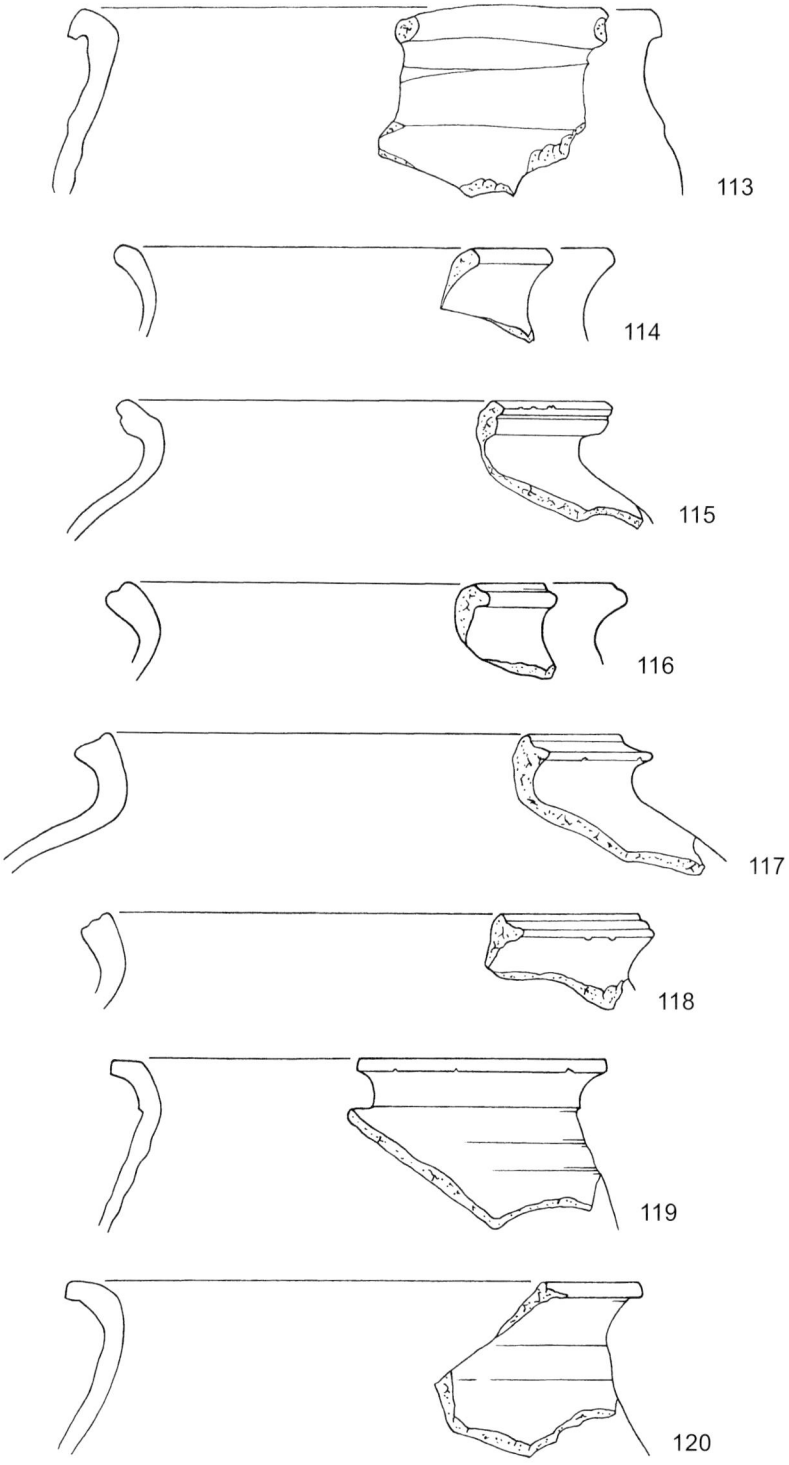

Wüstung Muffenheim. Keramikfunde. M 1:2.

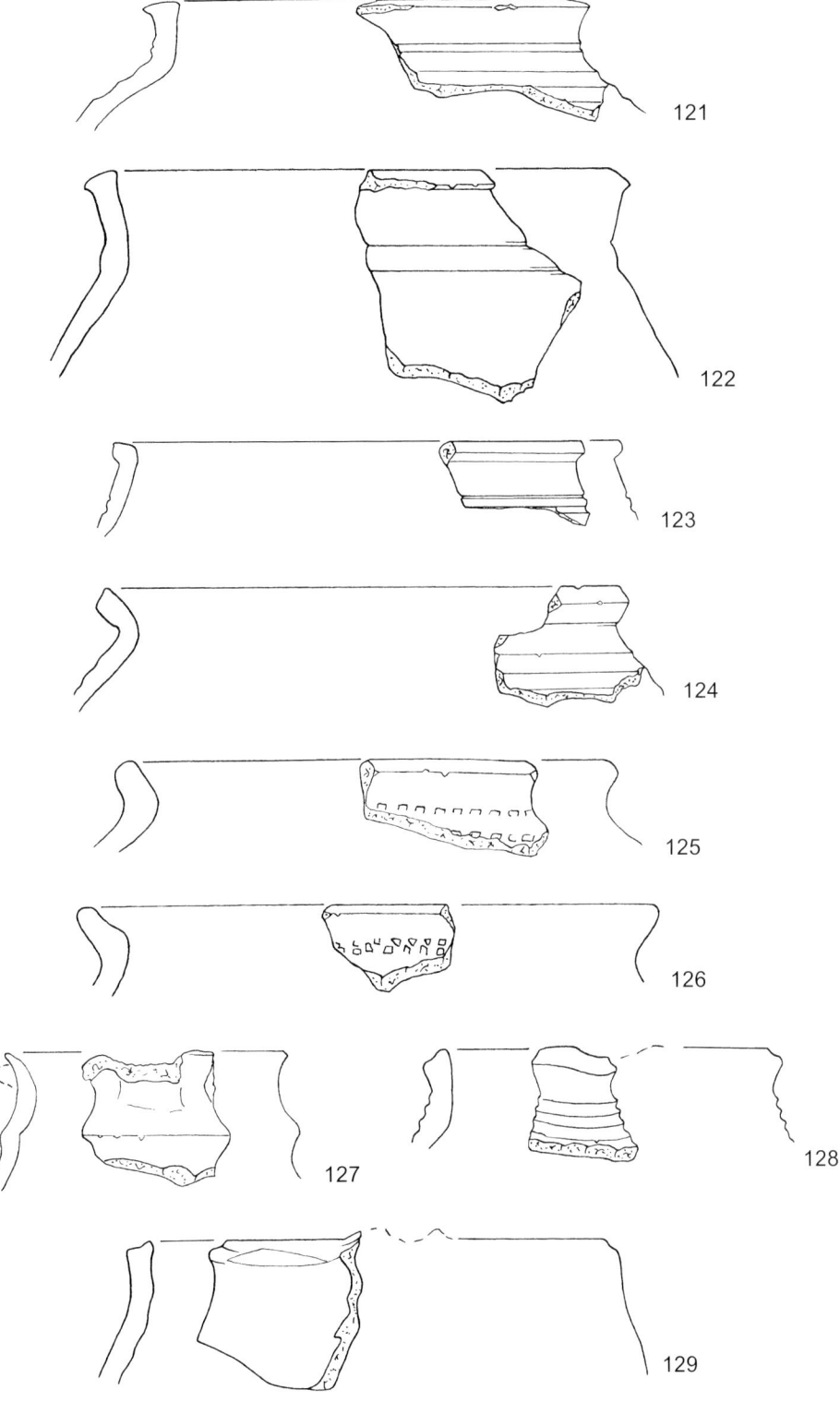

Wüstung Muffenheim. Keramikfunde. M 1:2.

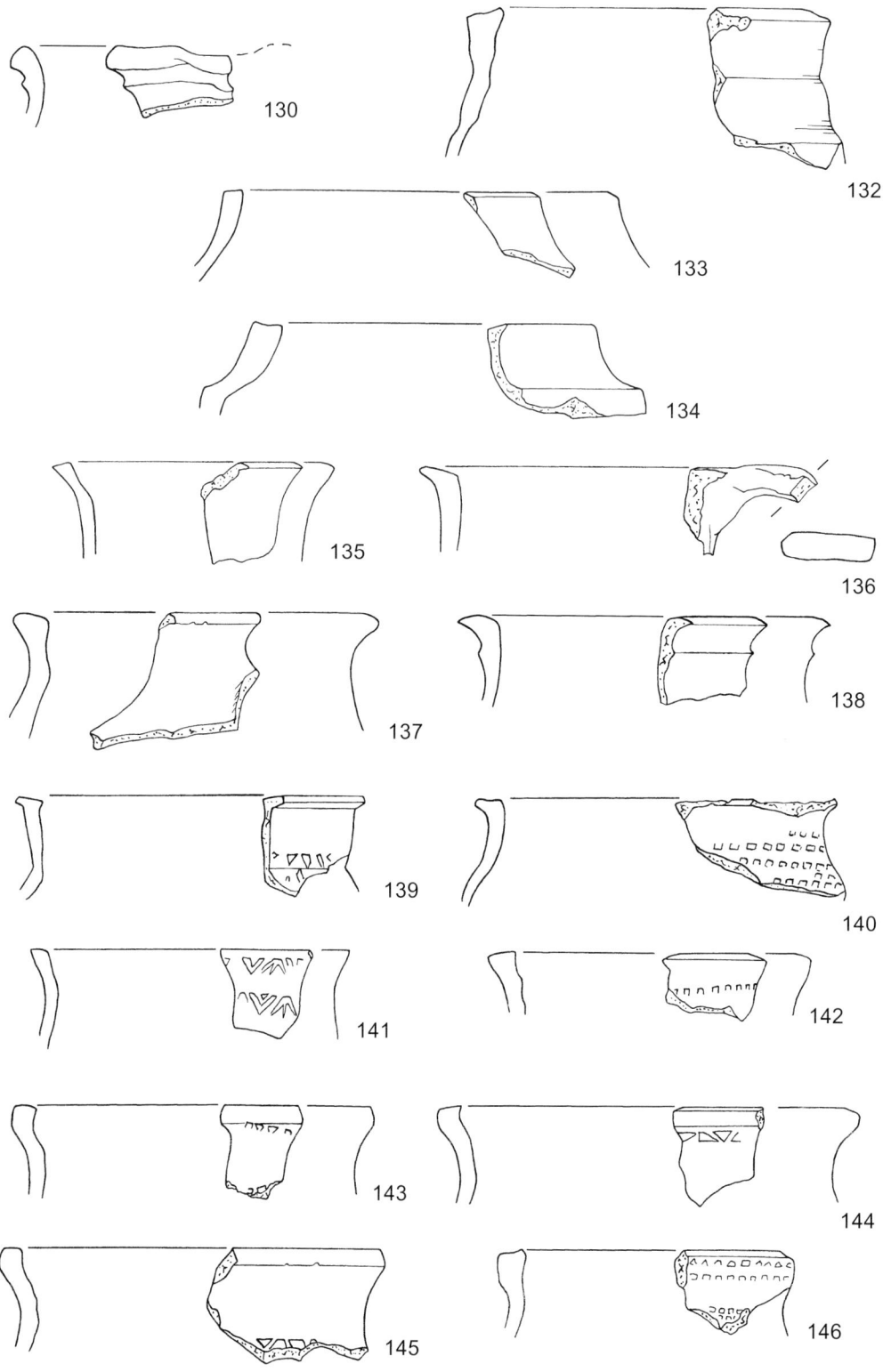

Wüstung Muffenheim. Keramikfunde. M 1:2.

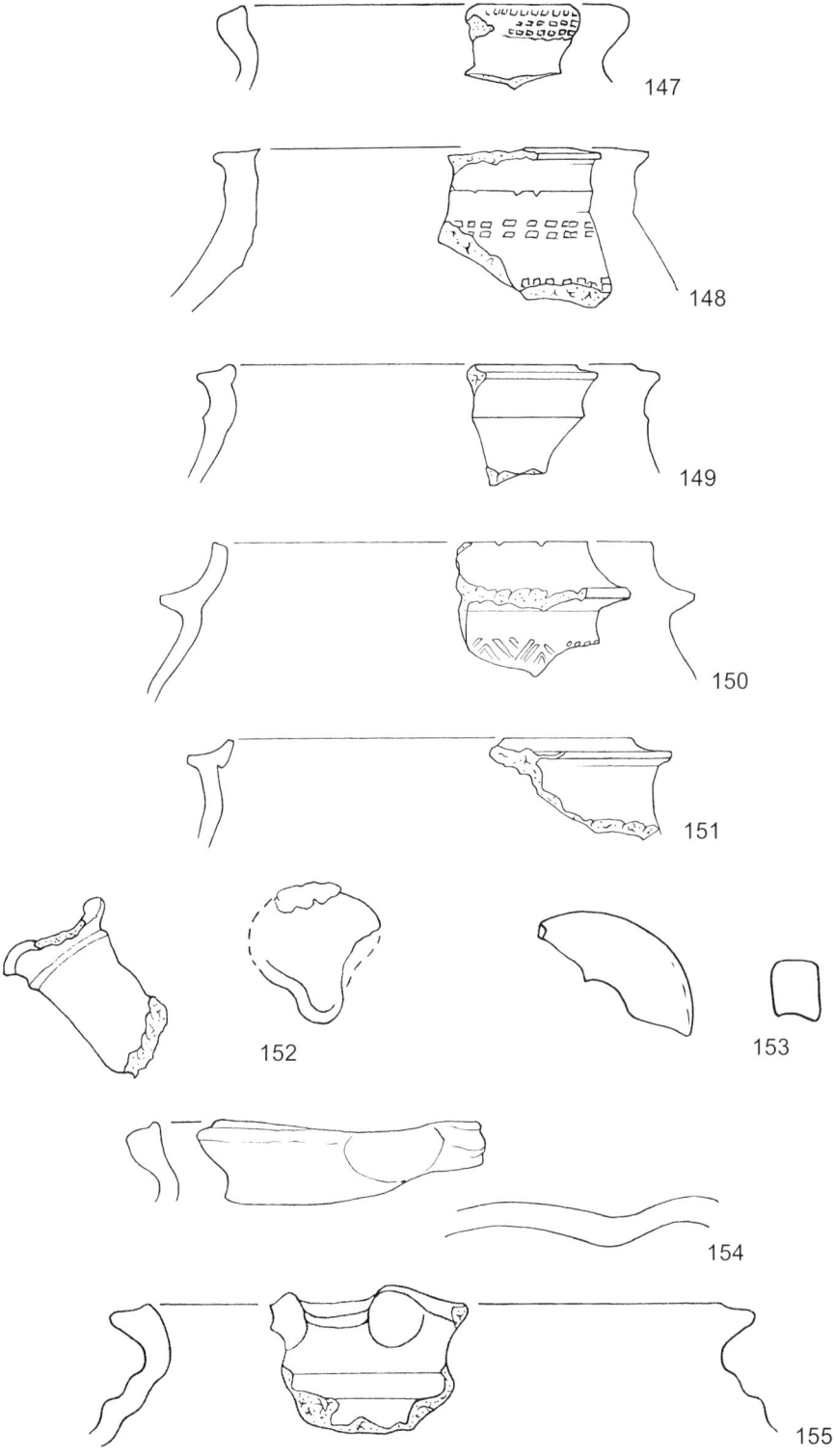

Wüstung Muffenheim. Keramikfunde. M 1:2.

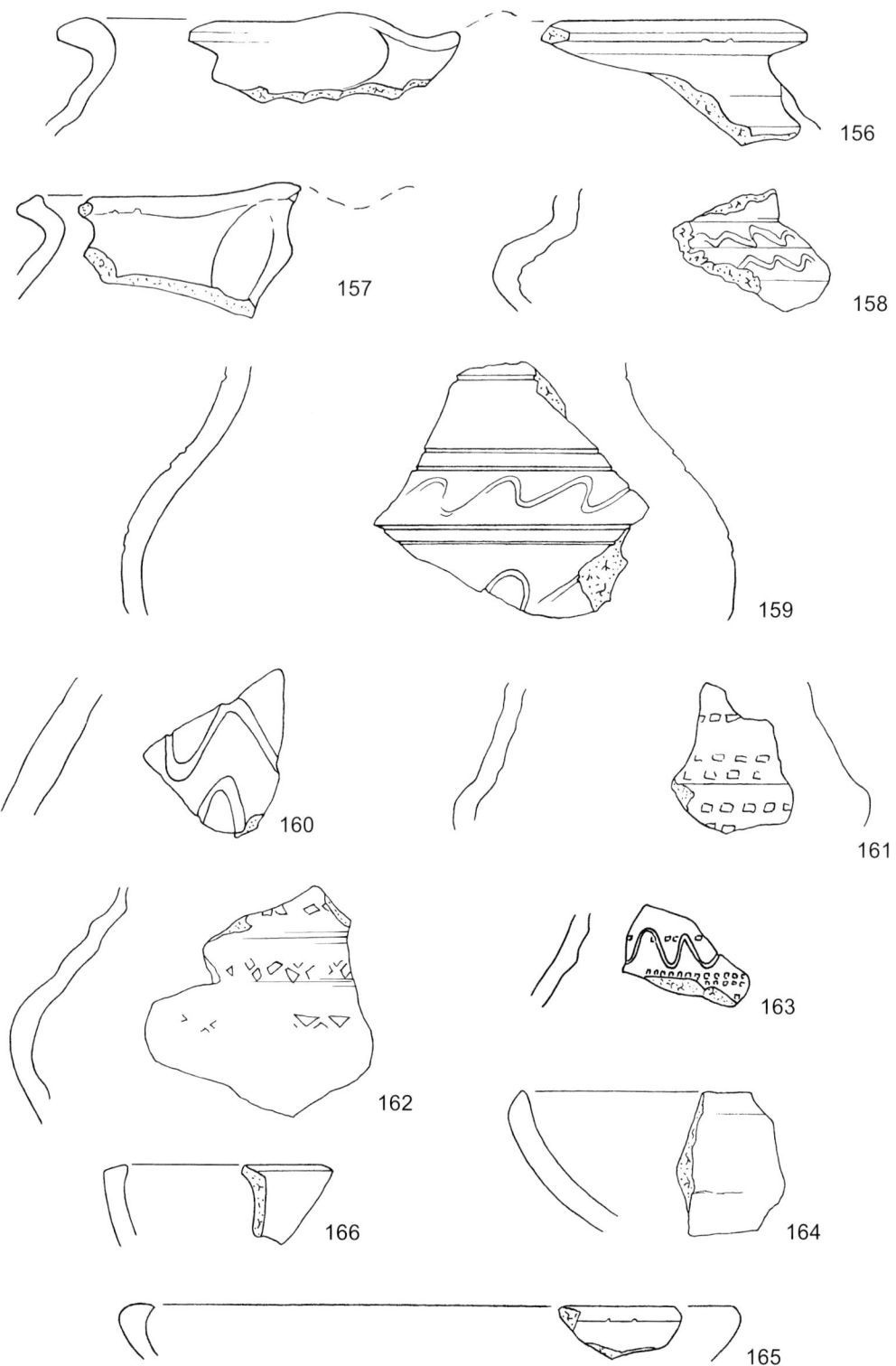

Wüstung Muffenheim. Keramikfunde. M 1:2.

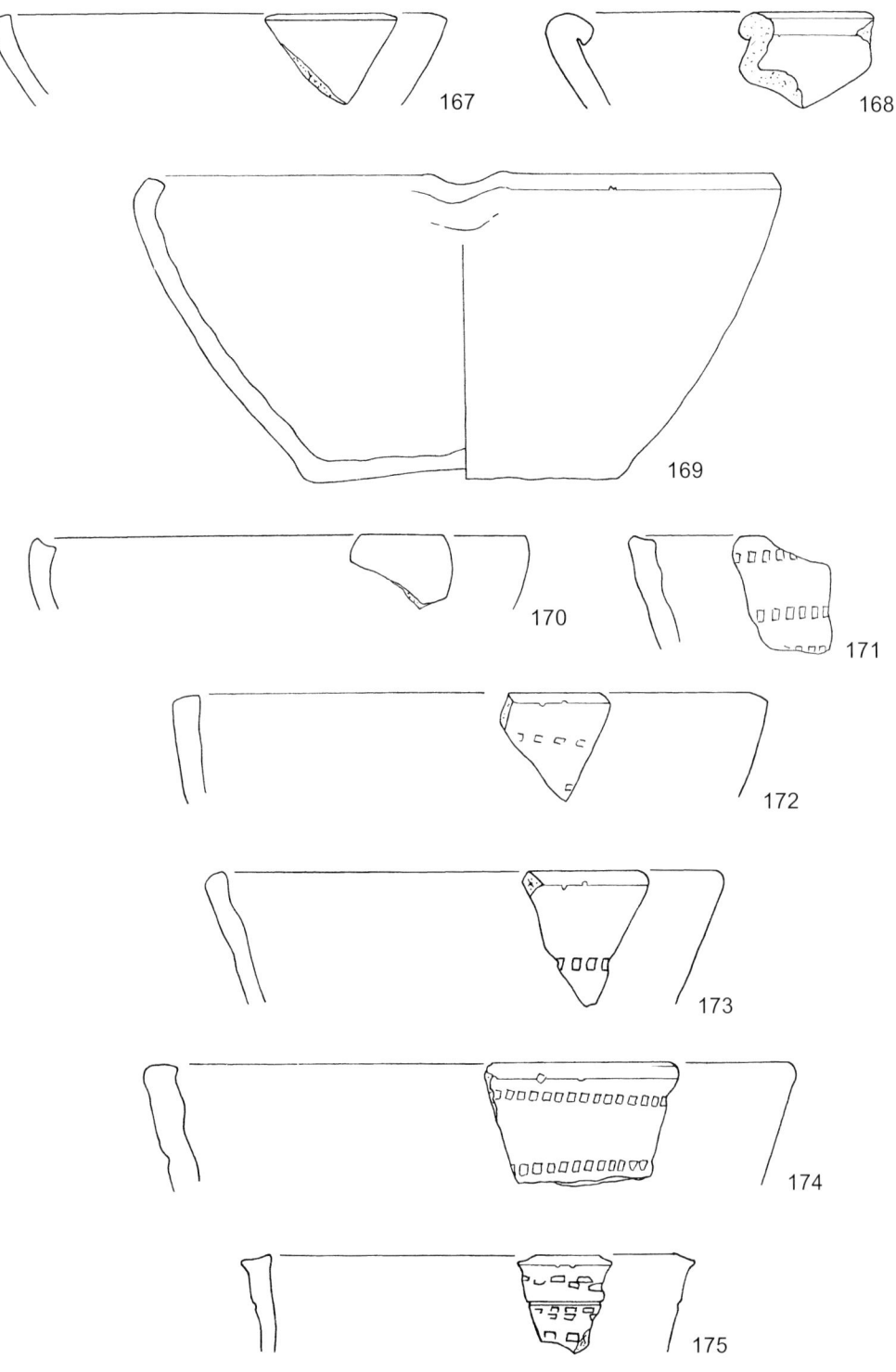

Wüstung Muffenheim. Keramikfunde. M 1:2.

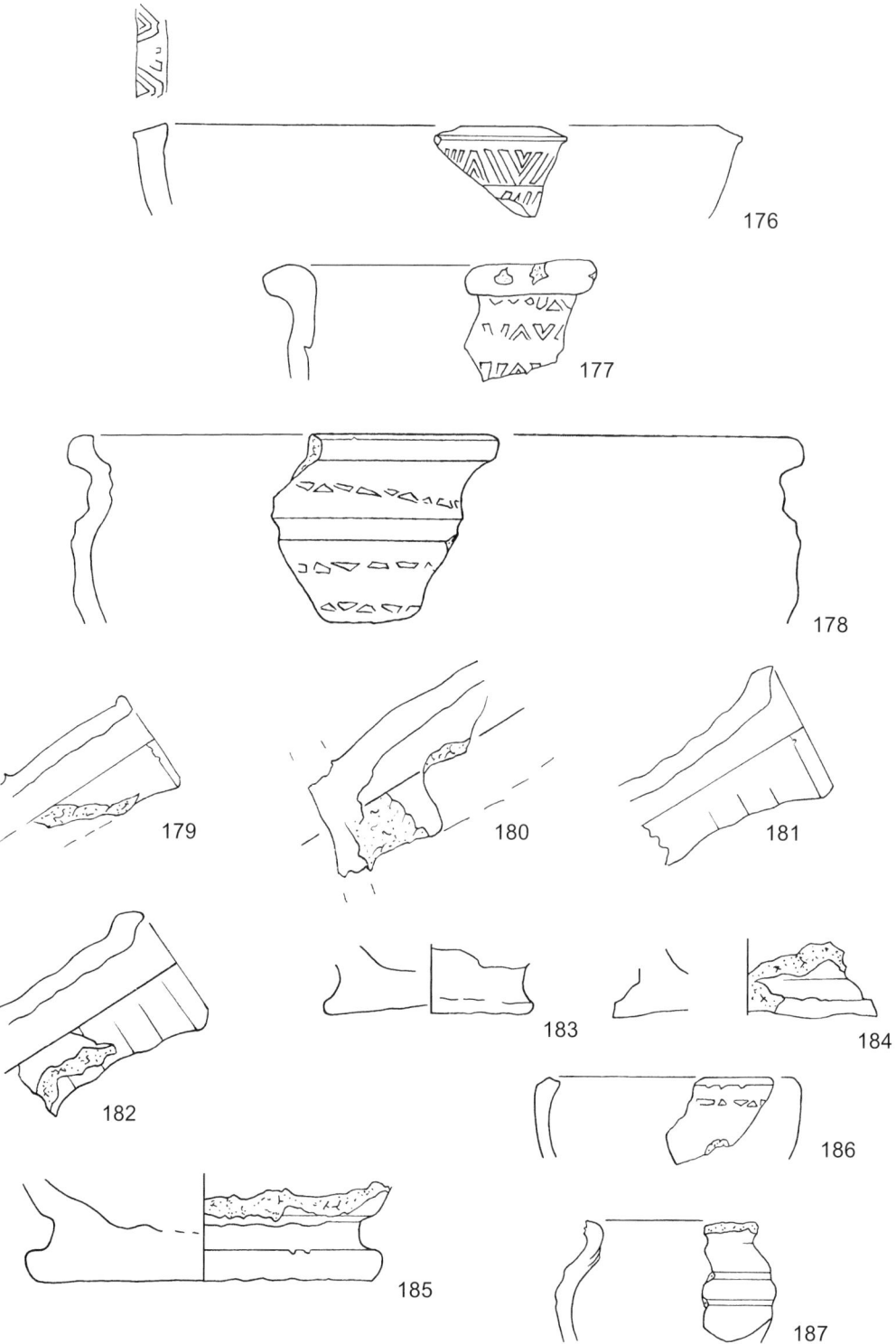

Wüstung Muffenheim. Keramikfunde. M 1:2.

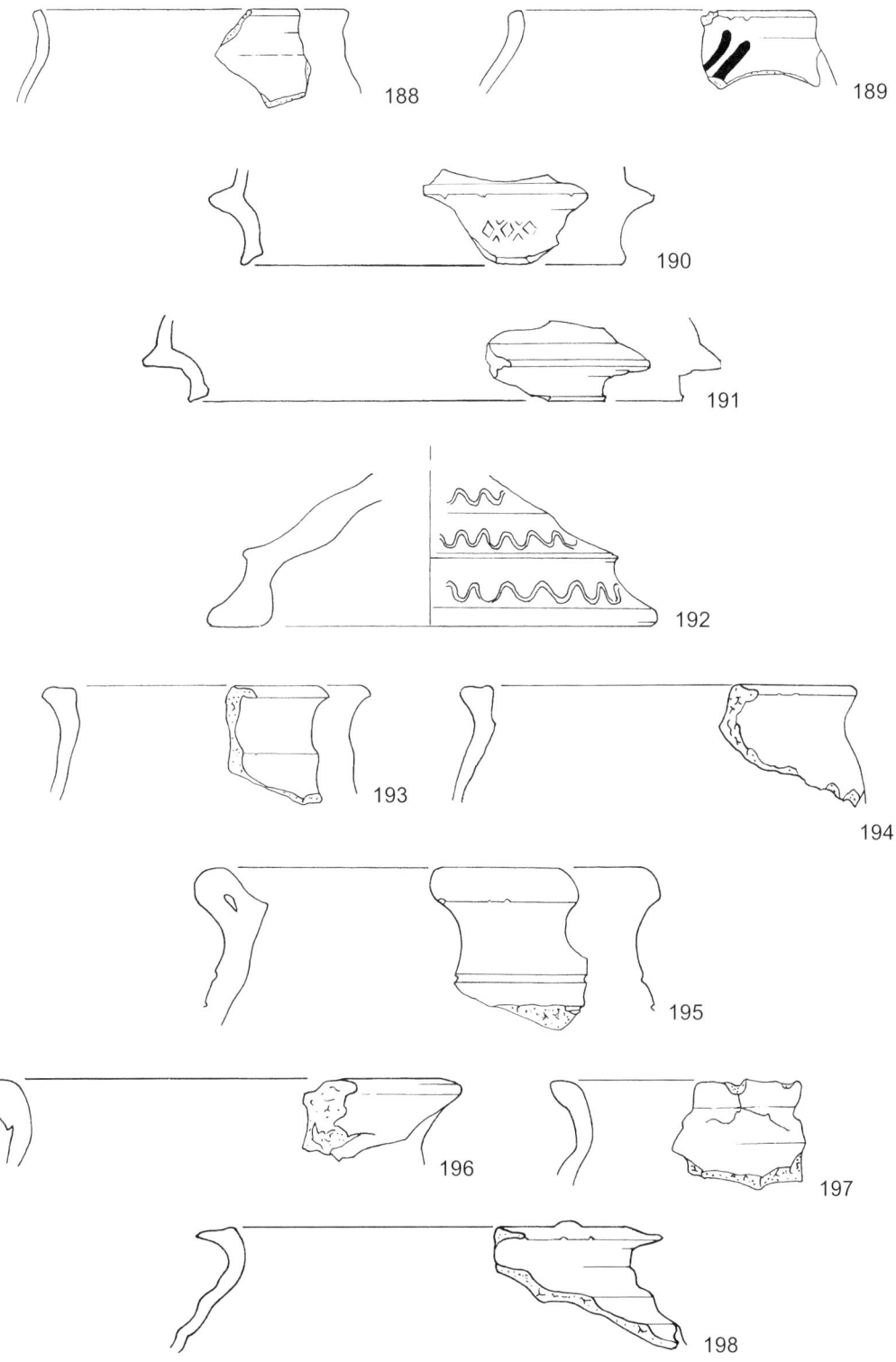

Wüstung Muffenheim. Keramikfunde. M 1:2.

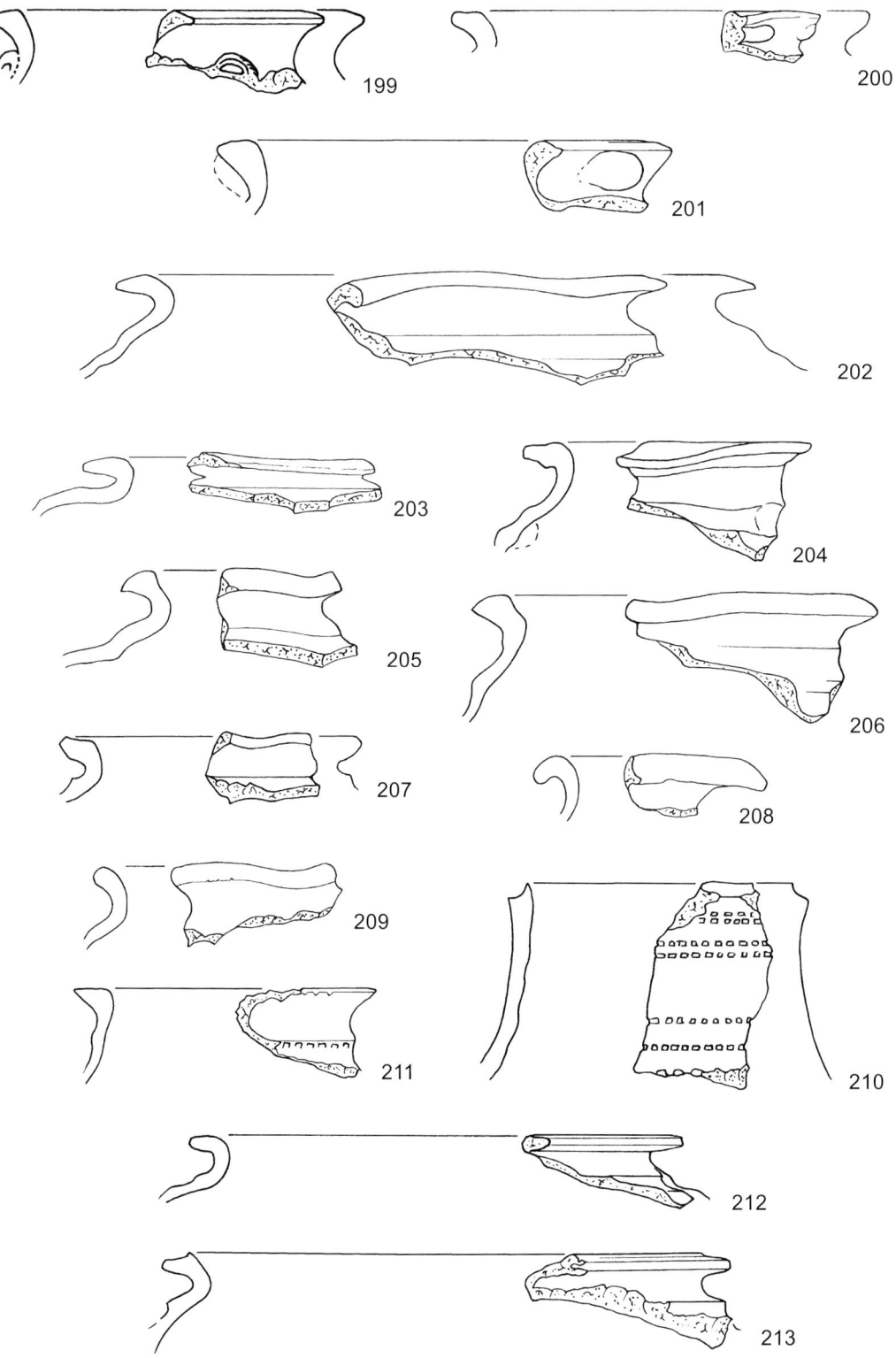

Wüstung Muffenheim. Keramikfunde. M 1:2.

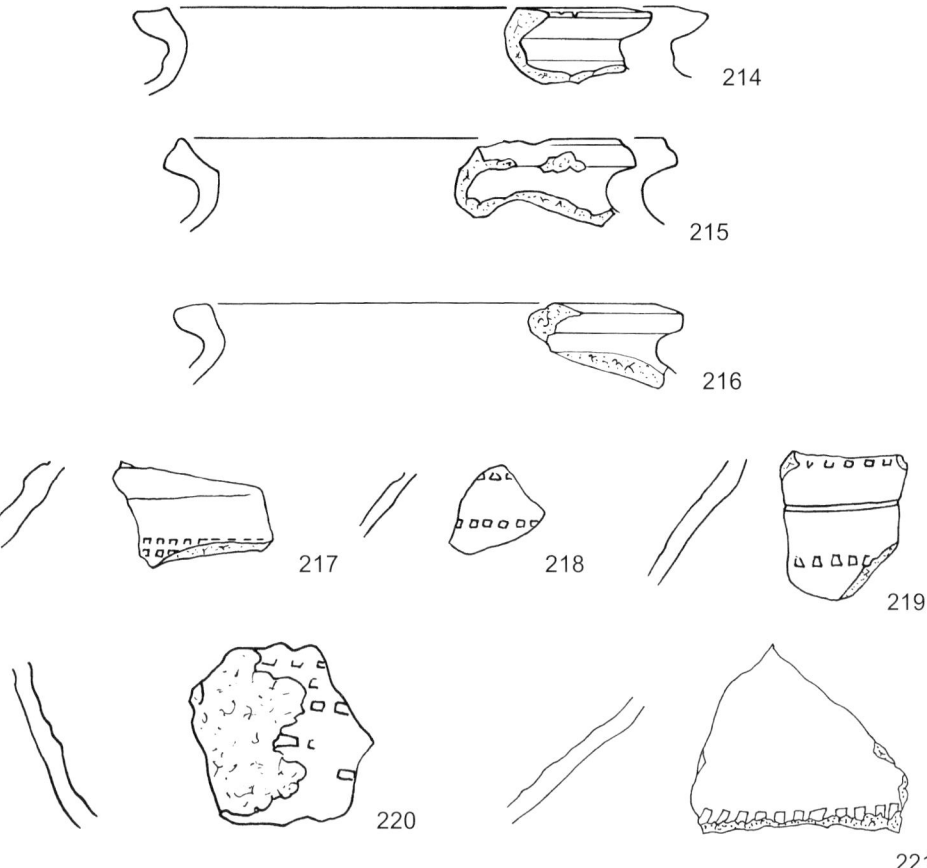

Wüstung Muffenheim. Keramikfunde. M 1:2.

Ein Pilgerzeichen des 16. Jahrhunderts aus Santiago de Compostela vom Runden Berg bei Urach (Lkr. Reutlingen)

Dieter Quast

Santiago de Compostela war im Mittelalter eines der bedeutendsten Ziele europäischer Pilger. Der Eremit Pelagius hatte hier auf wundersame Weise im frühen 9. Jahrhundert das Grab des Jakobus – Apostel und Bruders des Evangelisten Johannes – entdeckt, der 44 n. Chr. in Palästina enthauptet worden war. Schnell breitete sich der Jakobskult aus, und bereits im 11. und 12. Jahrhundert erreichten die Pilgerzüge erste Höhepunkte. Bis heute ist der Jakobsweg der wohl bekannteste europäische Pilgerweg.[1] Ein erster Pilgerführer ist aus dem 12. Jahrhundert überliefert, daneben berichten mittelalterliche und frühneuzeitliche Reiseberichte eindrucksvoll von der Reise.[2] Auch in der bildenden Kunst fanden Pilgerfahrten und Jakobskult einen Niederschlag, und zwar sowohl auf Tafelbildern als auch in der Bauskulptur.[3] Daneben werden aber seit einigen Jahren auch die Pilgerzeichen, die häufig aus archäologischen Ausgrabungen stammen, als Zeugnisse ausgewertet.[4]

Das bekannteste Zeichen der Jakobspilger war zweifellos die sog. Jakobsmuschel – *pecten maximus* –, doch wurden (später) auch an anderen Pilgerorten, z.B. am Mont Saint-Michel, Muscheln als Andenken verkauft, die häufig auch aus anderen Materialien gefertigt waren.[5] In diesem Kontext ist wohl das kleine versilberte eiserne Pilgerzeichen in Muschelform aus Sindelfingen (Lkr. Böblingen) zu sehen.[6]

Als Zeichen der absolvierten Pilgerfahrt gelangten die Muscheln relativ häufig mit den Pilgern ins Grab. Erste archäologische Nachweise dafür finden sich in Gräbern des 11. Jahrhunderts in Frankreich, etwa in Saint-Avit-Senieur (Dép. Dordogne). Pilgergräber sind vor allem in Frankreich, aber auch in Norddeutschland, Dänemark, vereinzelt auch in Schweden und Norwegen nachgewiesen.[7] Die Lage der Muschel in den jeweiligen Bestattungen lässt erkennen, dass sie zunächst auf der Tasche aufgenäht waren. Erst später wurden sie auch an Mantel und Hut befestigt.[8] In Südwestdeutschland und in der Schweiz sind Pilgermuscheln aber scheinbar auffällig rar. Eine erste Zusammenstellung von Kurt Köster aus dem Jahre 1983 nennt nur die Exemplare aus Esslingen, diejenige von Andreas Haasis-Berner aus dem Jahr 2003 ergänzt lediglich Unterregenbach und Burg Lützelhardt

---

1   Sehr gute Einführung K. Herbers, Jakobsweg. Geschichte und Kultur einer Pilgerfahrt (München 2006). – Santiago de Compostela. 1000 ans de pèlerinage Européen. Ausstellungskat. (Gent 1985).
2   K. Herbers (Hrsg.), Libellus Sancti Jacobi. Jakobus-Stud. 8 (Tübingen 1997). – Ders. (Hrsg.), Deutsche Jakobspilger und ihre Berichte. Jakobus-Stud. 1 (Tübingen 1988). – U. Ganz-Blättler, Andacht und Abenteuer. Berichte europäischer Jerusalem- und Santiago-Pilger. Jakobus-Stud. 4 (Tübingen 1991).
3   Vgl. exemplarisch die einzelnen Aufsätze in dem Sammelband K. Herbers/R. Plötz (Hrsg.), Der Jakobuskult in „Kunst" und „Literatur". Jakobus-Stud. 9 (Tübingen 1998).
4   Zuletzt mit weiterer Lit.: A. Haasis-Berner, Pilgerzeichen des Mittelalters. Veröff. Volkskde. u. Kulturgesch. 94 (Würzburg 2003).
5   K. Köster, Pilgerzeichen und Pilgermuscheln von mittelalterlichen Santiagostraßen. Ausgr. Schleswig 2 (Neumünster 1983) 143 f.
6   B. Scholkmann, Sindelfingen/Obere Vorstadt. Eine Siedlung des hohen und späten Mittelalters. Forsch. u. Ber. Arch. Mittelalter Baden-Württemberg 3 (Stuttgart 1978) 103 mit Abb. 35,28; 63,9.
7   Köster (Anm. 5) 124 ff. (Fundliste). – D. Bruna, Les enseignes de pèlerinage et les coquilles Saint-Jacques dans les sépultures du Moyen Age en Europe occidentale. Bull. Soc. Nat. Antiqu. France 1991, 178 ff.
8   Köster (Anm. 5) 148 ff.

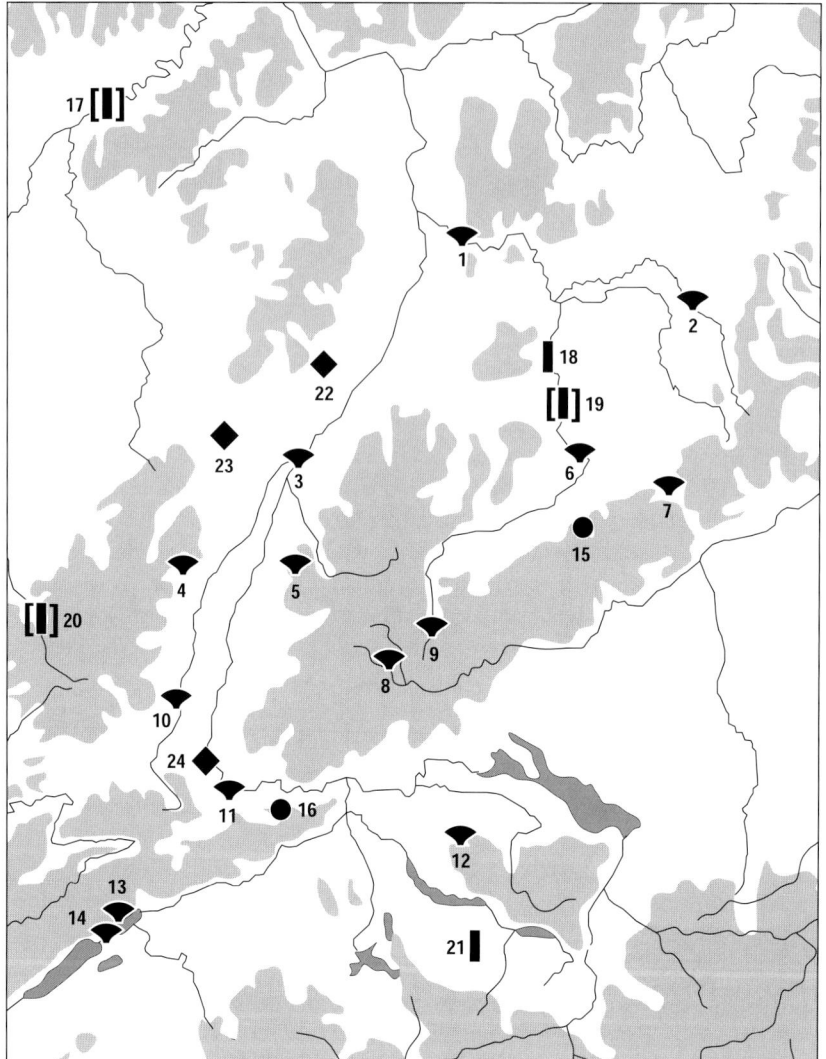

Abb. 1 Pilgerandenken aus Santiago de Compostela in Baden-Württemberg und angrenzenden Gebieten.
◆ Muschel. ■ Jakobusfigur aus Gagat. ● Gagatperle. ◆ Sonstige Formen aus Gagat. ‚Museums-Fundorte' eingeklammert. (Nachweise vgl. Fundliste).

bei Seelbach.[9] Einige Nachträge aus Baden-Württemberg, der Schweiz und dem Elsass verdichten das Bild (Abb. 1), wenngleich aber bedacht werden muss, dass die kartierten Muschelfunde über mehrere Jahrhunderte verteilt sind.
Den Pilgergräbern wurde in der Forschung bislang großes Interesse entgegengebracht.[10] Handelt es sich um auf der Reise Verstorbene oder wurden sie in ihrem Heimatort mit den Zeichen der vollendeten Wallfahrt beigesetzt? Im ersten Fall könnte man die Gräber zur Rekonstruktion der Wegverläufe heranziehen, was besonders in den Gebieten östlich des Rheins interessant wäre. Ein Blick auf

---

9 Köster (Anm. 5). – Haasis-Berner (Anm. 4) 55 Nr. 16 u. 43.
10 B. Thier, „Godes denest buten lande". Die Pilgerdarstellung des Oldenburger Sachsenspiegels im Lichte archäologischer Hinweise zur Wallfahrt nach Santiago de Compostela. In: M. Fansa (Hrsg.), Der sassen speyghel. Bd. 2: Aus dem Leben gegriffen – Ein Rechtsbuch spiegelt seine Zeit. (=Arch. Mitt. Nordwestdeutschland; Beih. 10) (Oldenburg 1995) 351 ff. bes. 355 f. – Haasis-Berner (Anm. 4) 32 ff.

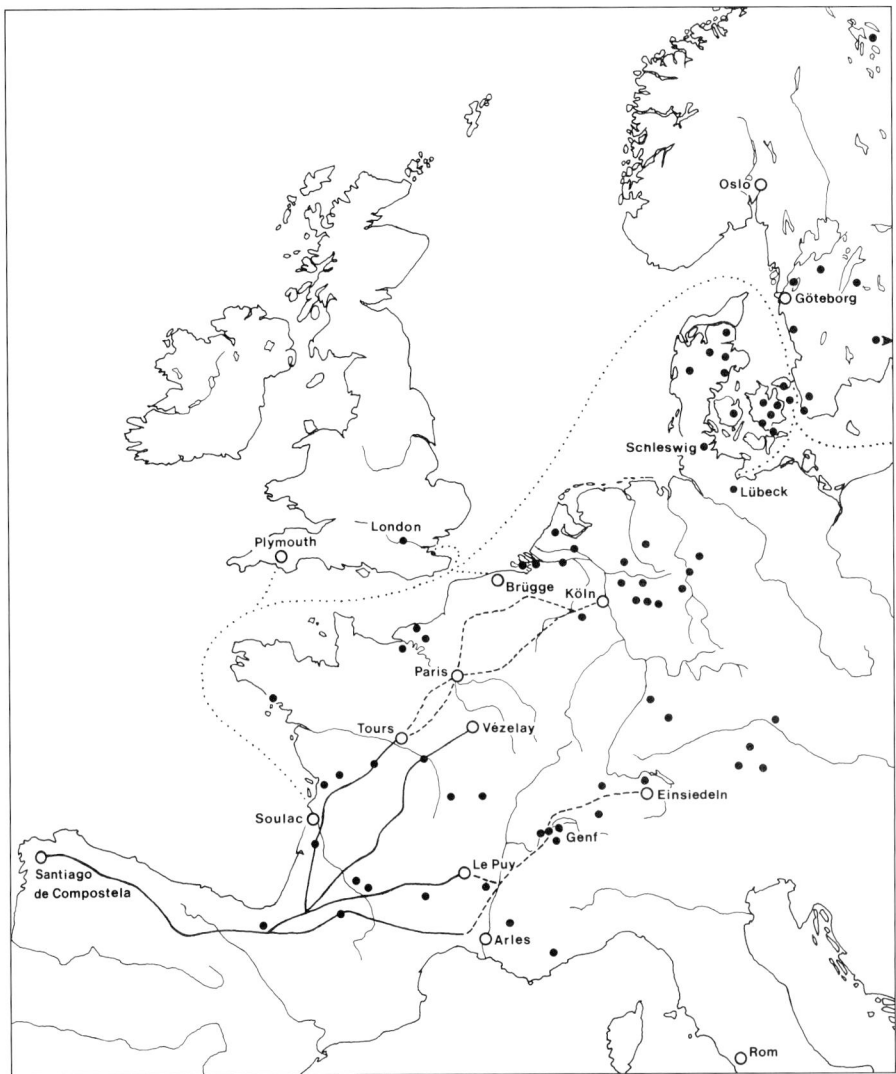

Abb. 2   Pilgergräber mit Jakobsmuschel und Pilgerwege (nach THIER [Anm. 10] 357 Abb. 6).

die Lage der französischen Pilgergräber in Bezug auf die unterschiedlichen Routen des Jakobsweges könnte diese These unterstreichen (Abb. 2), ebenso Pilgergräber aus Santiago de Compostela.[11] Allerdings gibt es einige Pilgergräber, die an so prominenter Stelle innerhalb von Kirchen liegen, dass kaum vorstellbar ist, dort seien auf der Durchreise verstorbene Personen beigesetzt worden.[12] Man sollte daher nicht nach einer monokausalen Erklärung suchen, denn zweifellos sind beide aufgezeigten Möglichkeiten zu belegen.

Neben den Muscheln wurden in Santiago auch andere Devotionalien vertrieben. Vor allem die aus Gagat gefertigten Objekte – sog. Azabaches – sind weit verbreitet. Der erstmals in spanischen Quellen des 11. Jahrhunderts überlieferte Begriff leitet sich aus dem arabischen *az-zabach* her und wurde mit den Pilgerandenken verbreitet, so dass die ursprüngliche Materialbezeichnung für alle daraus

---

11 THIER (Anm. 10) 357 Abb. 6. – HAASIS-BERNER (Anm. 4) 60 Nr. 145.
12 THIER (Anm. 10) 356.

Abb. 3 Jakobusfiguren aus Gagat. 1.2. Einsiedeln (Kt. Schwyz; CH). 3. Bönnigheim (Lkr. Ludwigsburg). 4. Fundort unbekannt, Rheinisches Landesmuseum Trier. 5. Fundort unbekannt, Württembergisches Landesmuseum Stuttgart. M 1:1. (Nachweise vgl. Fundliste Nr. 17–21).

gefertigten Objekte übernommen wurde.[13] Das Material – eine bitumenreiche Kohle – stand in der Umgebung der Stadt an und wurde vermutlich seit dem 13. Jahrhundert abgebaut und verarbeitet.[14] Gagat wird in heißem Wasser weich und lässt sich gut drechseln, schnitzen und polieren.[15] Darüber hinaus wurden dem Material apotropäische Wirkungen und Heilkräfte zugeschrieben, so dass die Schutzfunktion der Pilgerzeichen noch zusätzlich gesteigert wurde.[16]

Charakteristische Azabaches sind etwa Muscheln[17] und vor allem die kleinen Jakobusfiguren, von denen eine aus einem Grab vom Friedhof in Bönnigheim (Lkr. Ludwigsburg) stammt (Abb. 3,3).[18]

---

13 A. Franco Mata, E azabache en España. Compostellanum 34, 1989, 311 ff. bes. 313. – J. M. Bos, Azabaches: pelgrimsbeeldjes uit git. Westerheem 32, 1983, 218 ff. bes. 219.

14 B. Thier, Ein spätmittelalterliches Pilgerzeichen aus Gagat, gefunden in Ottendorf-Westerwörden, Ldkr. Cuxhaven. Nachr. Niedersachsen Urgesch. 62, 1993, 331 ff. bes. 334.

15 Köster (Anm. 5) 145.

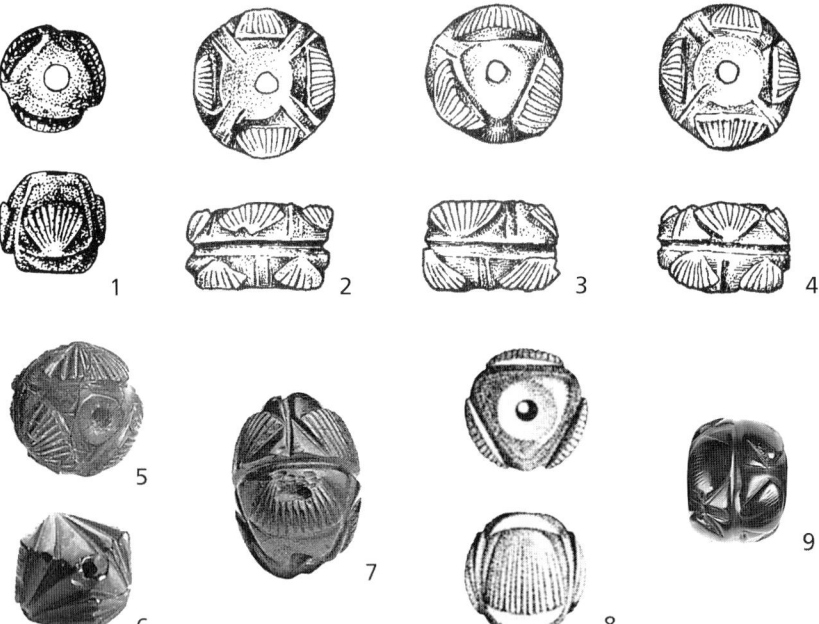

Abb. 4 Gagatperlen mit Muschelverzierung. 1. Runder Berg bei Urach (Lkr. Reutlingen). 2–4. Minden, Fischerstadt. 5. Middelburg (Prov. Seeland; NL). 6. Nieuwlande (Prov. Drenthe; NL). 7. Dronrijp (Prov. Friesland; NL). 8. Gelterkinden (Kt. Basel-Land; CH). 9. Sammlung Herstatt, Köln, jetzt Rheinisches Landesmuseum Bonn. M 1 : 1. (Nachweise Anm. 26 und Fundliste Nr. 15 u. 16. – 9: Rheinisches Landesmuseum Bonn; Aufnahme St. Taubmann).

Die z. T. nur wenige Zentimeter großen Figuren sind mehrfach aus den Niederlanden bekannt, doch auch aus Norddeutschland, Bayern, Österreich und sogar aus Irland und Danzig.[19] Vermutlich handelt es sich auch bei dem im *Journal von Gemälden und Sculpturen, die der Maria, verwitweten Königin von Ungarn (1558)* verzeichneten *Sainct Jacques de Jayet* um eine solche Figur.[20] Zwei solcher Figuren wurden bereits vor 1869 in Einsiedeln, dem Beginn der sog. Oberstrasse, die von hier aus über das Rhônetal und Südfrankreich zu den Pyrenäen führte, bei der dortigen Kapelle der aussätzigen Pilgrime gefunden (Abb. 3,1.2).[21] Ein weiteres, fundortloses Exemplar befindet sich im Rheinischen Landesmuseum in Trier und galt bislang als römisch (Abb. 3,4). Trotz des fehlenden Kopfes kann das Stück aufgrund des Pilgerstabes in der rechten und dem Buch in der linken Hand aber eindeutig als Jakobus identifiziert werden.[22] Schließlich ist noch auf einen mit 14,5 cm relativ großen Jakobus

---

16 E. Odinius, Der „Azabache" aus Bönnigheim. In K. Herbers/D. R. Bauer (Hrsg.), Der Jakobuskult in Süddeutschland. Jakobus-Stud. 7 (Tübingen 1995) 265 ff. bes. 270 f. mit Belegen. – M. Schmauder, Mittelalterliche Pilgerandenken m Oldenburger Raum. Arch. Mitt. Nordwestdeutschland 14, 1991, 69 ff. bes. 74.

17 Thier (Anm. 14) 334.

18 S. Arnold/J. Wahl, Ein Dokument spätmittelalterlicher Jakobspilgerfahrt aus Südwestdeutschland. Fundber. Baden-Württemberg 19, 1994, 703 ff. – Odinius (Anm. 16) 265 ff.

19 H. J. E. van Beuningen/A. M. Koldeweij/D. Kicken, Heilig en Profaan 2. Rotterdam Papers 12 (Cothen 2001) 268 Nr. 1140–1144. – Bos (Anm. 13) 218 ff. – Thier (Anm. 14) 331 ff. – Wallfahrt kennt keine Grenzen. Ausstellungskat. (München 1984) 144 ff. – Das Exemplar aus Danzig ist erwähnt bei A. Haasis-Berner, Archäologische Funde von mittelalterlichen Pilgerzeichen und Wallfahrtsandenken in Westfalen. Westfalen 78, 2000 (2002) 351 Anm. 32.

20 Zitiert nach F. Keller, Bilder von St. Jacob, dem ältern. Anz. Schweizer. Altkde. 1868–71 (1872) 76 ff.

21 Keller (Anm. 20) 76 ff. mit Taf. 7,1.2.

22 W. Hagen, Kaiserzeitliche Gagatarbeiten aus dem rheinischen Germanien. Bonner Jahrb. 142, 1937, 77 ff. bes. 139 mit Taf. 38,3.

aus der Kunstkammer der Württemberger Herzöge (heute im Württembergischen Landesmuseum Stuttgart) hinzuweisen (Abb. 3,5.)[23]

Weniger auffällig sind kleine Rosenkranzperlen aus Gagat, und so ist es kaum verwunderlich, dass einer solchen Perle vom Runden Berg bei Urach (Lkr. Reutlingen) (Abb. 4,1) in dem vor wenigen Jahren vorgelegten, zusammenfassenden Artikel über die spätmittelalterlichen und frühneuzeitlichen Siedlungsspuren nicht die Aufmerksamkeit zuteil wurde, die sie eigentlich verdient hatte.[24] Deshalb soll nun in Form eines kleinen Nachtrages diese Pilgerandenken vorgestellt werden. Bislang wurde die Perle der frühalamannischen Periode zugewiesen, d. h. dem 4. Jahrhundert n. Chr. Parallelen konnten zwar nicht benannt werden, doch legte die Befundsituation scheinbar eine Werkstätte auf der Bergmitte nahe, die durch entsprechende Funde, eine doppelt durchbohrte flache spätrömische Perle, datiert wurde.[25] Da auf der Schwäbischen Alb wichtige Gagatvorkommen liegen, spricht nichts gegen diese Annahme, allerdings gehört die kleine Gagatperle mit plastischen Verzierungen in Form dreier Jakobsmuscheln nicht in diesen Kontext. Derartige Perlen wurden in Santiago de Compostela als Pilgerandenken hergestellt.

Vergleichbare Perlen sind als Bestandteile von Rosenkränzen aus dem Nationalmuseum Kopenhagen (in Kombination mit zwei Jakobusfiguren aus Gagat), aus Gelterkinden (Kt. Basel-Land; CH) (Abb. 4,8; 5), aus Lienz (Tirol; A) und aus Lüneburg bekannt.[26] Einzelfunde kennt man beispielsweise aus Minden (drei Exemplare) (Abb. 4,2–4), Middelburg (Prov. Seeland; NL) (Abb. 4,5), Dronrijp (Prov. Friesland; NL) (Abb. 4,7), Nieuwlande (Prov. Drenthe; NL) (Abb. 4,6) und aus der Sammlung Herstatt (Abb. 4,9), wo sie gemeinsam mit römischen Gagatperlen aus der Kölner Ursulagartenstraße aufgefädelt sind.[27] Die Gagatarbeiten aus Santiago werden allgemein als „spät" angesehen und zum Großteil ins 15. und frühe 16. Jahrhundert datiert, wenngleich sie vermutlich noch bis ins 18. Jahrhundert hergestellt wurden.[28] Bei den angeführten Azabaches erweist sich die Datierung oftmals als schwierig, da sie zumeist ohne Kontext überliefert sind. Das Bönnigheimer Grab 4 ordnet Susanne Arnold „gegen Ende der Belegungszeit" des 1549 aufgelassenen Friedhofes ein.[29] Die Perle aus Gelterkinden ist auf einen Rosenkranz aufgefädelt, der auch eine silberne Figur des heiligen Sebastian und eine 1506 geprägte Münze Maximilians I. enthielt (Abb. 5). In ihrem Täschchen waren der Frau zwei weitere Münzen beigegeben: ein Basler Plappart vom Ende des 15. Jahrhunderts und ein Solothurner Batzen aus der Zeit zwischen 1500 und 1530.[30] Auch der Rosenkranz aus der Pfarrkirche St. Andreas in Lienz datiert ins frühe 16. Jahrhundert. Er wurde in

---

23 „Ora pro nobis". Bildzeugnisse spätmittelalterlicher Heiligenverehrung. Ausstellungskat. (Karlsruhe 1992) 78 Kat. Nr. 41.

24 D. Quast, Die spätmittelalterlichen und frühneuzeitlichen Siedlungsspuren auf dem Runden Berg bei Urach (Kreis Reutlingen). Fundber. Baden-Württemberg 27, 2003, 1009 ff. – Ich danke A. Haasis-Berner für den wichtigen Hinweis. Er hat die Perle an etwas versteckter Stelle bereits richtig eingeordnet: ders. (Anm. 19) 351 Anm. 32.

25 U. Koch, Der Runde Berg bei Urach. VI: Die Glas- und Edelsteinfunde aus den Plangrabungen 1967–1983 (Heidelberg 1987) 350 f. Nr. 605. – Dies., Die frühgeschichtlichen Perioden auf dem Runden Berg. In: Der Runde Berg bei Urach. Führer Arch. Denkm. Baden-Württemberg 14 (Stuttgart 1991) 83 ff. bes. 93 mit Abb. 39,1.

26 H. D. Schepelern, Stene kom på Kunstkammert. Nationalmuseet Arbejdsmark 1992, 159 ff. bes. 164 mit Abb. 4. – J. Ewald, Die Ausgrabungen in der Kirche zu Gelterkinden 1969. Baselbieter Heimatbuch 12 (Liestal 1973) 232 ff. bes. 277 ff. mit Abb. 24,4. – H. Bauckner, Die Wallfahrt nach Santiago de Compostela – Spuren in unserer Heimat. Das Markgräflerland 1985 (2) 57 ff. bes. 71 mit Abb. 9. – J. Wittstock, Pilgerzeichen und andere Wallfahrtsdevotionalien in Norddeutschland. In: Aus dem Alltag der mittelalterlichen Stadt. Ausstellungskat. (Bremen 1982) 193 ff. bes. 197 f. mit Abb. 11. – Haasis-Berner (Anm. 19) 351 Anm. 32.

27 G. Isenberg/H.-W. Peine, Was sucht das Gold im Schlamm? Archäologische Spurensuche in der Mindener Bäckerstrasse (Minden 1998) 35. – Beuningen et al. (Anm. 19) 269 Nr. 1145–46. – H. J. E. van Beuningen/A. M. Koldeweij, Heilig en Profaan. Rotterdam Papers 8 (Cothen 1993) 167 Nr. 230. – Hagen (Anm. 22) 125 Nr. 48 mit Taf. 27,2 (vierte Perle von rechts).

28 Hagen (Anm. 22) 104. – Köster (Anm. 5) 145. – Thier (Anm. 14) 335.

29 Arnold/Wahl (Anm. 18) 706 f.

30 Ewald (Anm. 26) 279. – Zu den Münzen vgl. E. B. Cahn, Münzfunde bei Kirchengrabungen in der Schweiz IV. Schweizer Münzbl. 20, 1970, 119 ff. bes. 121 Nr. 22.

Abb. 5 Rosenkranz mit Figur des Hl. Sebastian und Prägung (Probe-Dicken) Maximilians I. aus Grab 31 der reformierten Kirche in Gelterkinden (Kt. Basel-Land; CH); ohne Maßstab (nach EWALD [Anm. 26] 262 Abb. 15; 278 Abb. 29).

der Gruft 2 gefunden, der ‚Wolkensteiner Guft', in der Michael von Wolkenstein-Rodenegg († 15.4. 1523) und seine Frau Barbara von Thun († 29.8.1509) – vermutlich mit ihren im jugendlichen Alter verstorbenen Kindern Bianca und Philipp – bestattet waren.[31]

Für die kleine Gagatperle vom Runden Berg gibt es darüber hinaus lediglich einige vage Anhaltspunkte für eine zeitliche Einordnung. Einen Terminus ante quem liefert wohl die Reformation in Württemberg (1534/35). Archäologisch sind spätmittelalterliche Nutzungsspuren auf dem Plateau vereinzelt seit dem 13., aber verstärkt erst wieder vom 14. bis zum 15./16. Jahrhundert nachweisbar. Es handelt sich aber keinesfalls um eine permanente Besiedlung, sondern um eine nur temporäre Nutzung.[32] Dies unterstreicht eine Urkunde der nahe gelegenen Kartause Güterstein von 1444, nach der die strenger Klausur unterliegenden Eremiten-Mönche *ascensum montis dictus hohenberg et totam planiciem in vertice eiusdem montis versus castrum vrach*, also das gesamte Plateau des Runden Berges, für

---

31 L. ZEMMER-PLANK, Die Ausgrabungen in der Pfarrkirche St. Andreas in Lienz. Veröff. Tiroler Landesmus. Ferdinandeum 54, 1974, 251 ff. bes. 266; 281. – 750 Jahre Stadt Lienz 1242–1992 (Lienz 1992) 135; 139 f. Nr. 12.15.
32 QUAST (Anm. 24) 1009 ff.

ihre *spaciamenti* nutzen durften.[33] Eine noch vor wenigen Jahren aufgrund der Oberamtsbeschreibungen aus dem Jahre 1909 dort vermutete Michaelskapelle ist wohl einem Übertragungsfehler zuzuschreiben. Es handelt sich um die Kapelle St. Michael auf dem Hochberg OSO der Stadt. Dieser wurde früher auch als auf Hohenberg bezeichnet, so dass eine Verwechslung mit dem als Hohenburg bezeichneten Runden Berg zumindest nachvollziehbar ist.[34]

Ob das Pilgerandenken von einem durchreisenden Pilger auf dem Plateau des Runden Berges verloren wurde oder Zeugnis einer abgeschlossenen Reise nach Santiago war, muss natürlich unklar bleiben. Wahrscheinlich war es ein Mönch von der Gütersteiner Kartause, der die Perle aus seinem Rosenkranz auf dem Runden Berg bei einem seiner Spaziergänge verlor. Eine Inkuabel mit einem Rosenkranzgebet des 15. Jahrhunderts, das in Güterstein entstanden sein soll, zeigt die Bedeutung derartiger Gebetsschnüre in der Kartause.[35] Immerhin hatte ein Kartäuser – Dominikus von Preußen – den Rosenkranz erfunden.[36]

Liste der Pilgerandenken aus Santiago de Compostela aus Baden-Württemberg und angrenzenden Gebieten (Elsass, Schweiz, südl. Rheinland-Pfalz)

a) Muscheln (12.–16. Jahrhundert)

1. Heidelberg, Heiligenberg, Grabfund
   Lit.: U. GROSS, in Druckvorbereitung.

2. Langenburg-Unterregenbach (Lkr. Schwäbisch-Hall)
   Lit.: G. P. FEHRING, Unterregenbach. Forsch. u. Ber. Arch. Mittelalter Baden-Württemberg 1 (Stuttgart 1972) 164 Abb. Beil. 46. – HAASIS-BERNER (Anm. 4) 55 Nr. 16.

3. Strasbourg
   Lit.: Leben im Mittelalter. 30 Jahre Mittelalterarchäologie im Elsass. Ausstellungskat. (Speyer 1992) 305. – Encyclopedie de l'Alsace 12 (Strasbourg 1986) 7566 ff. s. v. *Vie matérielle en Alsace au Moyen Age et à la Renaissance* (J. BURNUF/J.-P. RIEB) bes. 7573.

4. Haut-Koenigsbourg bei Selestat (Dép. Bas-Rhin; F)
   Lit.: Leben im Mittelalter (wie Nr. 3) 305. – Encyclopedie (wie Nr. 3) 7573.

5. Burg Lützelhardt bei Seelbach (Ortenaukreis)
   Lit.: HAASIS-BERNER (Anm. 4) 55 Nr. 43. – Allgem. K. HAMMEL, Burgruine Lützelhardt bei Seelbach, Ldkrs. Lahr. Badische Fundber. 19, 1951, 87 ff.

6. Esslingen, St. Dionysius, mehrere Grabfunde
   Lit.: G. SCHMID, Pilgermuscheln. In: G. P. FEHRING/B. SCHOLKMANN, Die Stadtkirche St. Dionysius in Esslingen a. N. Forsch. u. Ber. Arch. Mittelalter Baden-Württemberg 13/1 (Stuttgart 1995) 423 ff. – HAASIS-BERNER (Anm. 4) 55 Nr. 17–42.

7. Geislingen-Altenstadt (Lkr. Göppingen), aus Gräbern und aus dem Schutt eines ausgebrannten Wehrtums
   Lit.: A. KLEY, Der Lindenhof. In: Von Gizelingen zum Ulmer Tor. Spurensuche im mittelalterlichen Geislingen. Ausstellungskat. (Geislingen 1993) 29 ff. bes. 36 mit Abb. 12.

8. Bräunlingen-Mistelbrunn (Schwarzwald-Baar-Kreis), aus der Kirche, ohne Kontext
   Lit.: W. ERDMANN, Die Kapelle St. Marcus in Mistelbrunn. Schr. Ver. Gesch. u. Naturgesch. Baar 29, 1972, 7 ff. bes. 15.

---

33 Den Hinweis auf die nur kopial überlieferte Urkunde verdanke ich Dr. R. DEIGENDESCH, Münsingen. Hauptstaatsarchiv Stuttgart H 14 Bd. 119a fol. 103v. Diese Stelle neuerlich in späterer Urkunde, ebd. A 486 Urk. 21.
34 QUAST (Anm. 24) 1011. – Beschreibung des Oberamts Urach (hrsg. Statistisches Landesamt) (²Stuttgart 1909) 559. – Der Landkreis Reutlingen. Bd. 1 (Sigmaringen 1997) 503.
35 R. DEIGENDESCH, Die Kartause Güterstein. Geschichte, geistiges Leben und personales Umfeld. Schr. Südwestdeutsche Landeskde. 39 (Leinfelden 2001) 225 ff.
36 K. J. KLINKHAMMER, Adolf von Essen und seine Werke. Der Rosenkranz in der geschichtlichen Situation seiner Entstehung und in seinem bleibenden Anliegen. Frankfurter Theologische Stud. 13 (Frankfurt 1972) passim; bes. auch 198 ff. – LexMA VII (1995) 1035 s. v. *Rosenkranz* (K. KÜPPERS). – Vgl. auch T. MITTELSTRASS, Zur Archäologie der christlichen Gebetskette. Zeitschr. Arch. Mittelalter 27/28, 1999/2000, 219 ff.

9. Rottweil, Neufund aus der Stadt
   Lit.: unpubl.; freundlicher Hinweis U. Gross.

10. Ensisheim (Dép. Haut-Rhin; F)
    Lit.: Leben im Mittelalter (wie Nr. 3) 167 f. Nr. 1.89. – Encyclopedie (wie Nr. 3) 7573.

11. Basel, Barfüssergasse; 1 Grabfund; 2 fragmentierte Siedlungsfunde
    Lit.: D. Rippmann et al., Basel-Barfüsserkirche. Grabungen 1975–1977. Schweizer Beitr. Kulturgesch. u. Arch. Mittelalter 13 (Olten, Freiburg i. Br. 1987) 56 Abb. 26; Taf. 51,22.23. – Haasis-Berner (Anm. 4) 60 Nr. 135.

12. Winterthur (Kt. Zürich; CH), Stadtkirche St. Laurentius, Grab 111 (13. Jh.)
    Lit.: J. Jäggi/H.-R. Meier/R. Windler/M. Illi, Die Stadtkirche St. Laurentius in Winterthur. Züricher Denkmalpfl., Arch. Monogr. 14 (Zürich, Egg 1993) 71 f. mit Abb. 73; 87 Taf. 12,246.

13. Twann (Kt. Bern; CH), Grabfund aus der Pfarrkirche
    Lit.: P. Eggenberger/G. Descœudres, Klöster, Stifte, Bettelordenshäuser, Beginen und Begarden. In: Stadtluft, Hirsebrei und Bettelmönch. Die Stadt um 1300. Ausstellungskat. Zürich, Stuttgart (Stuttgart 1992) 437 ff. bes. 449.

14. Le Landeron (Kt. Neuchâtel; CH)
    Lit.: P. Hofmann Rognon, Le Landeron – Les Carougets. Vestiges protohistoriques, villa romaine, tombes et habitat médiévaux. Arch. Neuchâteloise 32 (Hauterive 2005) 130 Taf. 40,17.

b) „Azabaches" (16. Jahrhundert; evtl. auch jünger)

15. Runder Berg bei Urach (Lkr. Reutlingen) (Perle) *(Abb. 4,1)*
    Lit.: vgl. Anm. 25

16. Gelterkinden (Kt. Basel-Land; CH), Kirchengrab (Perle) *(Abb. 4,8)*
    Lit.: Ewald, Ausgrabungen (Anm. 26) 277 mit Abb. 24,4. – Bauckner, Wallfahrt (Anm. 26) 71 mit Abb. 9.

17. ohne Fundort, Rheinisches Landesmuseum Trier (Jakobusfigur) *(Abb. 3,4)*
    Lit.: W. Hagen, Kaiserzeitliche Gagatarbeiten aus dem rheinischen Germanien. Bonner Jahr. 142, 1937, 77 ff. bes. 139 Nr. 4 mit Taf. 38,3.

18. Bönnigheim (Lkr. Ludwigsburg), Grab 4 (Jakobusfigur) *(Abb. 3,3)*
    Lit.: vgl. Anm. 18.

19. ohne Fundort, Württembergisches Landesmuseum Stuttgart (Jakobusfigur) *(Abb. 3,5)*
    Lit.: „Ora pro nobis". Bildzeugnisse spätmittelalterlicher Heiligenverehrung. Ausstellungskat. (Karlsruhe 1992) 78 Kat.Nr. 41.

20. ohne Fundort, Musée Municipal de Remiremont (Dép. Vosges; F) (Jakobusfigur)
    Lit.: Encyclopedie (wie Nr. 3) 7596 Anm. 8.

21. Einsiedeln (Kt. Schwyz; CH) (2 Jakobusfiguren) *(Abb. 3,1.2)*
    Lit.: Keller (Anm. 20) 76 ff. mit Taf. 7,1.2.

22. Saverne (Dép. Bas-Rhin; F), Muschel mit Jakobusfigur
    Lit.: Encyclopedie (wie Nr. 3) 7572 Abb. 63.

23. Wissembourg (Dép. Bas-Rhin; F), Muschel mit Jakobusfigur
    Lit.: Encyclopedie (wie Nr. 3) 7572 Abb. 62. – Für zusätzliche Hinweise und den Literaturhinweis danke ich Dr. R. Schellmanns, Lampertsloch.

24. Petit-Landau, Butenheim (Dép. Haut-Rhin; F), Fragment mit Muschel
    Lit.: Encyclopedie (wie Nr. 3) 7572 Abb. 64. – Leben im Mittelalter (wie Nr. 3) 352 Nr. 3.112.

Schlagwortverzeichnis

16. Jahrhundert; Pilgerzeichen; Santiago de Compostela; Gagat; Runder Berg bei Urach; Azabaches; Jakobsfiguren; Jakobsmuscheln.

Anschrift des Verfassers

Dr. Dieter Quast M.A.
Römisch-Germanisches Zentralmuseum
Forschungsinstitut für Vor- und Frühgeschichte
Ernst-Ludwig-Platz 2
55116 Mainz

E-Mail: quast@rgzm.de

Die ehemalige Beinhauskapelle St. Andreas auf dem Freiburger Münsterplatz und Reste von frühneuzeitlichen Anatomieskeletten

Peter Schmidt-Thomé, Simone Krais und Joachim Wahl

Der archäologische Befund

Der Grabungsbefund

Bei der Verlegung von Versorgungsleitungen rund um das Freiburger Münster im Winter 1973/1974 wurden unter anderem unvermutet die Überreste des mittelalterlichen Beinhauses entdeckt. In etwa 5 m Abstand vom nördlichen Querhausportal stieß der Bagger auf die Umfassungsmauern eines 10,90 x 6,40 m großen, annähernd Ost–West ausgerichteten, kellerartig eingetieften Raumes. Sein Boden liegt fast 4 m unter dem heutigen Pflaster (Fb 274,14 m NN, erhaltene Wandhöhe 277,50–277,70 m NN, OK Pflaster 278,05 m NN). In der östlichen Schmalseite öffnet sich eine halbrunde Apsis von 4,20 m Breite und 2,50 m Tiefe. Der Apsisbogen ist in sorgfältiger Quadertechnik ausgeführt, ansonsten bestehen die Wände aus verputztem Bruchsteinmauerwerk (Abb. 1–4).

Die östliche Hälfte des Raumes und die Apsis sind bis auf eine Höhe von über 2 m über dem Bodenniveau mit menschlichen Skelettteilen, neben Schädeln vor allem Langknochen, Beckenteile und sonstige massive Knochen, angefüllt. Bei der Wiederentdeckung war der gesamte freie Raum mit Bauschutt, vermutlich vom Abbruch des Oberbaues, überdeckt. Nach mühsamen Verhandlungen erreichte die Denkmalpflege, dass im Bereich des Beinhauses die Leitungsführung umgeplant wurde. Die Gruft erhielt eine Betondecke und ist über zwei Schachtabdeckungen im Pflaster begehbar. Der Umriss des Bauwerkes wurde durch andere Steinformate im Pflaster gekennzeichnet.

Die Auswertung des Befundes und der Quellen wurde 1994 von Ralf Burgmaier durchgeführt. Seine Ergebnisse sollen hier zusammengefasst und, in einigen Punkten ergänzt, vorgestellt werden zum besseren Verständnis des nachfolgenden Berichtes über einen außergewöhnlichen Fundkomplex.[1]

Die Quellen

Man darf mit Gewissheit davon ausgehen, dass bereits um die erste Freiburger Stadtpfarrkirche des 12. Jahrhunderts ein Begräbnisplatz bestand. Anders, als bei manchen Gründungsstädten in Südwestdeutschland (z. B. Villingen oder Rottweil) ist für Freiburgs Frühzeit keine ältere Pfarrkirche *„extra muros"* überliefert.

Erstmals für das Jahr 1267 ist im Zusammenhang mit einem Rechtsgeschäft, das *„in cimiterio ante fores parrochialis ecclesie Vriburg[ensis]"* abgewickelt wurde, die Existenz des Friedhofs eindeutig belegt.[2] Im Jahr 1515 wird der Friedhof auf Veranlassung Kaiser Maximilians, unter anderem aus Sorge um die Gesundheit der Bevölkerung, geschlossen und ein neuer Friedhof in der nördlichen Vorstadt Neu-

---

1 R. Burgmaier, Der Freiburger Münsterplatz im Mittelalter – ein archäologisches Mosaik. Münsterblatt 3, 1996, 5–21 (zur Andreaskapelle 6–9).
2 F. Hefele (Hrsg.), Freiburger Urkundenbuch (FUB) 1, 1940, 203 Nr. 229.

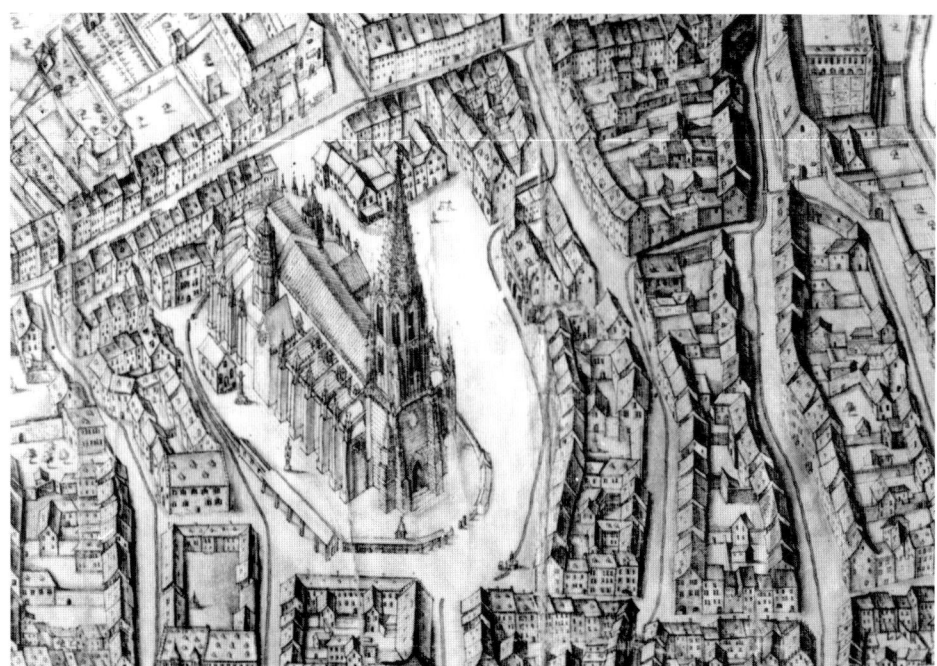

Abb. 1   Das Freiburger Münster mit der Beinhauskapelle. Ausschnitt aus einem Festungsplan der Stadt Freiburg um 1710. Original: Tuschezeichnung auf Pergament. Augustinermuseum Freiburg (Foto P. Schmidt-Thomé).

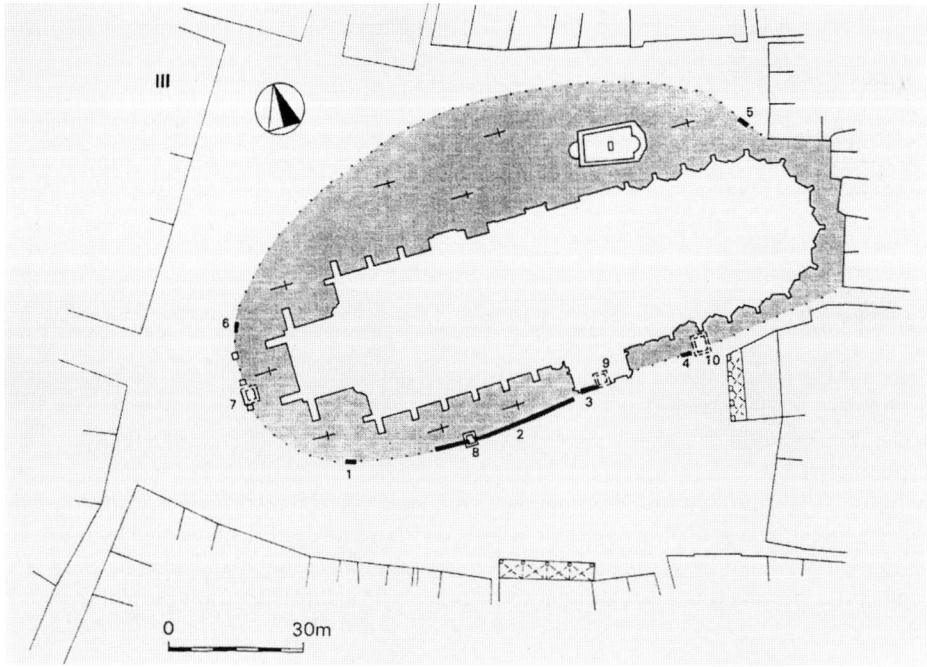

Abb. 2   Der Freiburger Münsterplatz mit Eintragung der archäologischen Befunde zum Friedhof rund um das Münster, nördlich die Andreaskapelle (nach Burgmaier 1996).

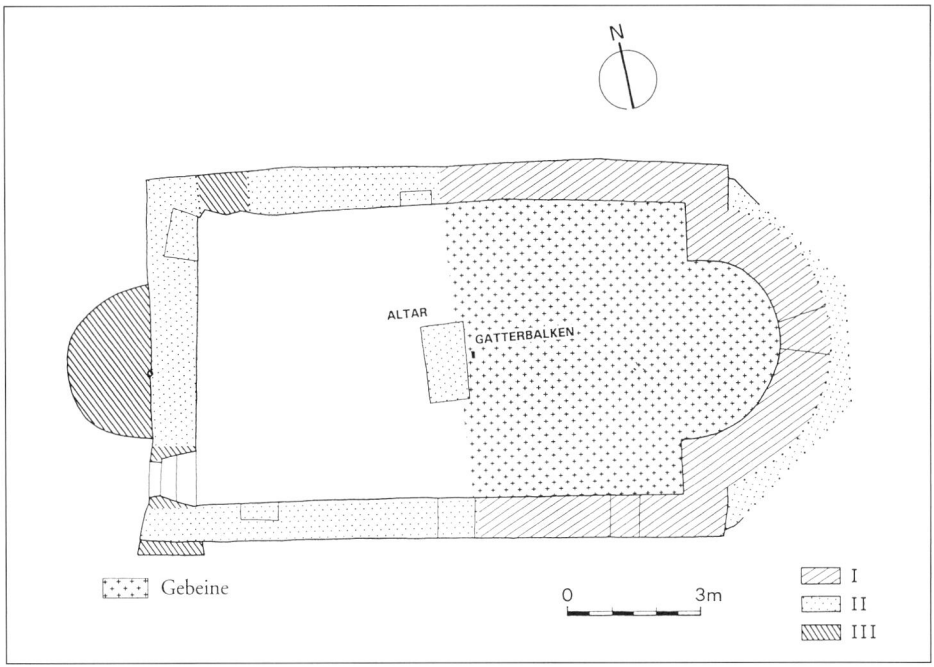

Abb. 3 Grundriss des Beinhauses unter der ehemaligen Andreaskapelle nach den Grabungsbefunden von 1973 (nach BURGMAIER 1996). I: Bau 2. Hälfte 12. Jahrhundert; II: Erweiterung des späten Mittelalters; III: Veränderungen 16./17. Jahrhundert.

Abb. 4 Apsis des späten 12. Jahrhunderts.

burg eingerichtet.³ Als ummauerter Kirchhof blieb er bis zur endgültigen Auflassung 1785 bestehen. Während der mehrfachen Belagerungen im dreißigjährigen Krieg und in den Franzosenkriegen fanden dort wiederholt Bestattungen statt. Vor allem wurden auf ihm mehrere Massengräber für gefallene oder an Epidemien verstorbene Soldaten angelegt.⁴

Von einer dem hl. Andreas geweihten Kapelle auf dem Friedhof spricht erstmals eine Urkunde aus dem Jahr 1314.⁵ Anlässlich der Stiftung eines ewigen Lichtes im Jahr 1384 ist dann auch die Rede von einem Beinhaus unter der Andreaskapelle.⁶ Noch wenige Jahre vor der Schließung des Friedhofes, 1506, stiftet die Bäckerzunft eine „ampell in den Gerner von sant Andres Capellen".⁷ Im Jahr 1570 erfuhr die Kapelle eine grundlegende Erneuerung durch das Basler Domkapitel, das seit Einführung der Reformation in Freiburg im Exil weilte.⁸ Bei der Beschießung der Stadt im Jahr 1744 wurde der nördliche Hahnenturm am Münster schwer beschädigt. Vermutlich wurde dabei auch die unmittelbar davor liegende Andreaskapelle in Mitleidenschaft gezogen, woraufhin sie 1752 abgebrochen wurde.⁹ Mit der Pflasterung des Münsterplatzes ging die Erinnerung an die vielhundertjährige Tradition des Münsterfriedhofes und seiner besonderen Einrichtungen endgültig verloren. So sind auch die Vorgänge um die rücksichtslose Planung der Versorgungsleitungen 1973 etwas verständlicher.

Das Bauwerk

Aus den im Boden erhaltenen Überresten lässt sich in groben Zügen die Baugeschichte und die Baugestalt der Andreaskapelle erschließen. Ein erster Bau, bestehend aus Apsis und etwa der Hälfte des heute noch bestehenden Gruftraumes, dürfte nach der charakteristischen Steinbearbeitung der Werksteine des Apsisbogens in die zweite Hälfte des 12. Jahrhunderts einzuordnen sein (Abb. 4 u. 5). Zunächst scheint also der Gruftraum einen nahezu quadratischen Grundriss mit Apsis besessen zu haben. Der Kämpferpunkt des Apsisbogens liegt ca. 1,90 m über dem Fußbodenniveau; der Bogenscheitel lässt sich mit ca. 4 m Höhe rekonstruieren. Im Apsisscheitel ist dicht unterhalb der Abbruchkante der linke Ansatz einer einfach in das Mauerwerk eingeschnittenen Fensterleibung und einer Sohlbankschräge erhalten. Das somit zu ergänzende Fenster befindet sich also in der Mitte der Apsiskalotte. Diese für romanische Bauten ungewöhnliche Anordnung ist nur dadurch zu erklären, dass der Gruftraum in den Boden eingetieft ist. Sichere Hinweise für die Geländeoberflä-

---

3 U. ECKER, Andreas-Kapelle, Esel und Bäckerlicht. In: H. HAUMANN/H. SCHADEK (Hrsg.), Geschichte der Stadt Freiburg I (Stuttgart 1996) 376–379. Zum Friedhof in der Neuburg siehe: C. MAISE, Archäologische Untersuchungen in der Freiburger „Neuburg". Arch. Ausgr. Baden-Württemberg 2003, 222–225; zum Friedhof 224 f.

4 Im Mai 1938 wurde auf dem nördlichen Münsterplatz beim Aufrichten eines Maibaumes eines der Massengräber entdeckt. Es war in gleicher Weise gebaut wie die für Freiburg typischen mittelalterlichen Abfallgruben: ein ‚falsches' Gewölbe mit rundem Durchmesser aus Bruchsteinen in Trockenmauerwerk. Durchmesser 3,65 m, Scheitelhöhe über 5 m; die Öffnung ca. 1,70 m unter Pflasterniveau war abgedeckt mit einem großen Schleifstein und zwei Werkstücken, wie sie zur Abdeckung von Mauerkronen dienten. Der Grund der Grube war kein natürlich gelagerter Schotter, sondern eine künstliche Auffüllung, die der Beschreibung nach derjenigen von anderen derartigen Gruben ähnelte. Vermutlich war der Schacht ursprünglich als Abfallgrube angelegt und reichte noch wesentlich tiefer in den Untergrund. Aus der Lage der Skelette war zweifelsfrei zu entnehmen, dass es sich hier um Bestattungen handelte. Zwischen den Skelettresten von ca. 300 Individuen wurden Kostümdetails, Münzen und Medaillons gefunden, die eine Datierung in die Zeit der beiden großen Belagerungen von 1713 und 1744 erlauben. Die Archivalien sprechen von insgesamt fünf Gruben, die jeweils 200 bis 350 Leichen aufnehmen konnten. Siehe dazu: W. SCHMIKING, Schädelfunde aus dem Anfang des 18. Jhd. von dem Freiburger Münsterplatz (Diss. Freiburg 1940). Zum Befund S. 6 und Abb. 1. Die Arbeit entstand unter dem damaligen rassistischen Forschungsschwerpunkt der Freiburger Universität.

5 FUB (Anm. 2) 3, 1956, 227 Nr. 311.

6 ECKER (Anm. 3) 378.

7 F. KEMPF, Das Freiburger Münster und seine Baupflege in alter und neuer Zeit. Zeitschr. Freiburger Geschichtsver. 38, 1925, 27.

8 Ratsprotokoll vom 7. Juni 1570, Stadtarchiv Freiburg, B 5 XII A, 23 a.

9 Eintrag im Bruderschaftsbuch der „Marianischen Sodalität": ECKER (Anm. 3) 378.

Abb. 5   Nördlicher Bogenansatz der Apsis mit typischer
Steinbearbeitung der 2. Hälfte des 12. Jahrhunderts.

che zur Erbauungszeit waren nicht mehr feststellbar. Sie dürfte aber annähernd der Abbruchkante des Gruftmauerwerkes entsprochen haben. Nach oben hin wurde der rechteckige Raum sicher von einer Balkendecke abgeschlossen. Deren Auflager gingen aber beim Abtrag der Mauern verloren. Die Baugestalt des eigentlichen Kapellenbaus über der Beingruft bleibt ungewiss. BURGMAIER nimmt an, dass bereits von Anfang an ein längsgestreckter Rechteckbau vorhanden war, der nur in seiner östlichen Hälfte unterkellert war.[10] Den Zugang zur Gruft vermutet er über eine Treppe im westlichen Teil der Kapelle. Es ist aber ebenso denkbar, dass über der annähernd quadratischen Gruft ein Obergeschoss mit gleichen Abmessungen folgte, ebenfalls mit halbrunder Apsis, die auf derjenigen der Gruft ruhte. Damit bekäme die Andreaskapelle den Charakter eines kleinen Zentralbaus und wäre dann an die insbesondere in Bayern und Österreich vertretenen, hier allerdings meist runden Kapellen anzuschließen. Diese Bauweise wird als eine Nachbildung des Heiligen Grabes in Jerusalem gedeutet.[11]

---

10   BURGMAIER (Anm. 1) 8 mit Abb. 2 a. Er führt verschiedene ebenfalls nur in Teilen unterkellerte Beinhäuser aus dem 12./13. Jahrhundert an und folgert aus den sehr aufwendig erscheinenden Renovierungen durch das Basler Domkapitel diese eher ungewöhnliche Baugestalt. Möglicherweise lässt sich auch ein Ablassbrief zugunsten des „Baus" der Andreaskapelle vom 22. 12. 1491 (Freiburger Münsterarchiv – Urkunden) dahin deuten, dass zu jener Zeit Baumaßnahmen an der Kapelle geplant oder durchgeführt wurden (W. MÜLLER, Mittelalterliche Formen kirchlichen Lebens am Freiburger Münster. In: Ders. (Hrsg.), Freiburg im Mittelalter. Veröff. Alemann. Inst. 29 [Bühl/Baden 1970] 141–181, hier 178 mit Anm. 254).

11   Beispiele bei S. ZILKENS, Karner-Kapellen in Deutschland. Untersuchungen zur Baugeschichte und Ikonographie doppelgeschossiger Beinhaus-Kapellen (Köln 1983).

Abb. 6   Beinhauskapelle von oben. Links der nachträgliche Zugang zum Untergeschoss, darüber das nachträglich angefügte Fundament der Treppe zum Kapellenraum.

Abb. 7   Westwand des Beinhauses mit den Balkenlöchern für die Empore.

Die nachträgliche Erweiterung der Gruft zum heute noch erhaltenen Rechteckraum ist an beiden Längswänden etwa in der Raummitte als Baunaht deutlich abzulesen (Abb. 3 u. 6). Hier ist auch unter dem schadhaften Wandverputz der Wechsel von einem Mauerwerk ausschließlich aus Flussgeröllen und Bruchstein im Ostteil zu einem stark mit Ziegelbrocken durchsetzten Mischmauerwerk im Westteil erkennbar. In diesem treten auch vielfach Spolien auf.

Im Bereich der Mauerkrone sind an mehreren Stellen unterschiedlich breite Sohlbankschrägen von ehemals höher gelegenen Fenstern zu erkennen: eine nahe der Baunaht in der Mitte der Nordwand, drei an der Südwand und eine sehr breite nahe der Nordwestecke an der Westwand. Nur die östlichste auf der Südseite befindet sich im älteren Bauteil.

Abb. 8   Altar der Beinhauskapelle, dahinter die aufgetürmten
Skelettteile, in der Mitte Balkenrest des Holzgatters.

Nahe der Nordwestecke weist die Nordwand eine vermauerte Türöffnung auf. Daraus lässt sich ein Außenzugang entlang der nördlichen Längswand erschließen, der später aufgegeben wurde.
Eine Fehlstelle in der Mauerkrone der Westwand nahe deren Südwestecke mit drei Stufen weist auf einen weiteren, wohl nachträglich angelegten Zugang hin (Abb. 6 u. 7). Von hier muss eine Holztreppe nach unten ergänzt werden. Vier hochrechteckige Aussparungen in der Wandfläche zwischen der Türöffnung und der genannten Fensterschräge, deren Oberkanten knapp 2 m über dem Fußboden liegen, weisen auf die Balkenlagen einer kleinen Empore hin. Eine Verputzkante dicht über der Bodenlage dieser Empore reicht bis an die Türöffnung heran. Offensichtlich war dieser Bereich als ein gesonderter Andachtsraum mehrfach erneuert worden.
Einige Befunde im Fundamentmauerwerk lassen auch Rückschlüsse auf die Baugestalt der Kapelle im Obergeschoss zu. Das Fußbodenniveau muss höher angenommen werden als das ursprüngliche Geländeniveau, da für die Fenster zum Gruftraum, auf welche die Sohlbankschrägen hinweisen, auch eine nur ungefähr bestimmbare zusätzliche Wandhöhe angenommen werden muss. Eine zeichnerische Rekonstruktion des Apsisbogens ergibt für diesen eine Scheitelhöhe von mindestens 4 m über dem Bodenniveau. Hinzugerechnet die ungefähre Quaderhöhe des Bogens und eine Deckenbalkenlage darf man eine Raumhöhe von ca. 4,50 m annehmen. Demnach käme das Bodenniveau der Kapelle etwa 0,50 m über das heutige Pflasterniveau zu liegen. Vor der Mitte der Westwand ist ein halbrundes Fundamentmassiv erhalten, das zu einer Außentreppe in den Kapellenraum gehören dürfte. Eine nachträgliche Vormauerung an der Südwestecke könnte auf einen Strebepfeiler an derselben hinweisen; möglicherweise hatte die nachträgliche Anbringung des Gruftzuganges diese Mauerecke geschwächt (Abb. 6).

Auch die Außenseite der Apsis wurde durch eine Fundamentvormauerung nachträglich verstärkt. Der Fundamentumriss könnte darauf hindeuten, dass die ursprüngliche Apsis der Kapelle im Obergeschoss durch einen dreiseitigen Chorschluss ersetzt wurde.

Die Ansicht der Andreaskapelle auf dem Pergamentplan der Festung Freiburg von etwa 1710 (aus der Vogelschau von Nordwesten gesehen, Abb. 1) zeigt viele der genannten Details: ein einzelnes Gruftfenster in der Nordwand, Fenster und Gruftzugang seitlich sowie den höher liegenden Kapellenzugang mittig in der Westwand. Für den sonstigen Baubestand gibt es verständlicherweise keine Belege mehr.

Einige Aussagen für die Innenraumgestaltung der Gruft sind ebenfalls möglich. Die gesamte Osthälfte einschließlich der Apsis ist auf mehr als zwei Meter Höhe mit Skeletten angefüllt. Etwa in der Raummitte steht unmittelbar vor den aufgetürmten Skeletten noch heute ein gemauerter Altar (Abb. 8), in dessen Frontseite das geleerte Reliquiengrab erkennbar ist. Hinter dem Altar ragt ein 3 m hoch erhaltener, querrechteckiger Balken auf. In seine Schmalseiten sind Nuten eingearbeitet. Hierbei handelt es sich wohl um den letzten Rest eines Holzgatters, das üblicherweise den Bereich der Skelette abgrenzte und auch für Freiburg in den Schriftquellen belegt ist.[12] Der Fußboden zumindest des Westteils war mit Ziegeln belegt.

Die ersten überlieferten Baunachrichten zu Andreaskapelle und Beinhaus stammen aus dem Jahr 1570, als das im Freiburger Exil residierende Basler Domkapitel beschloss, die Kapelle von Grund auf zu erneuern. In der Quelle heißt es, dass die Mauern unterfangen werden müssten. „Weil aber das gebein unden in der kruft muß herausgetan werden, damit man zu dem fundament komm, soll dasselbige uf den Kirchhof neben der capell begraben werden etwan an abent, damit nit vil volks zulaufe".[13] Die beabsichtigte Ausräumung scheint aber letztlich unterblieben zu sein, doch wurden möglicherweise aus Anlass dieser Erneuerungsmaßnahmen die Skelette so in den Ostteil verlagert, dass auch die ursprünglich sicher als Altarraum dienende Apsis damit angefüllt wurde.

Welche der oben beschriebenen baulichen Veränderungen letztlich den Aktivitäten des Basler Domkapitels zuzuschreiben sind, lässt sich anhand der Befunde nicht entscheiden.

Entgegen der Annahme von Burgmaier vermute ich, dass die Vergrößerung der Kapelle und Gruft bereits zu einem früheren Zeitpunkt erfolgte, als der Münsterfriedhof noch in voller Funktion war. Wann genau die nachfolgend behandelten Skelettteile in die Gruft gelangten, ist auch nicht näher zu bestimmen. Sie lagen jedenfalls auf der Oberfläche des Skeletthaufens und wurden bereits bei der Freilegung desselben aufgesammelt. Es ist nicht auszuschließen, dass auch weitere Teile bei dieser, teilweise mit dem Bagger ausgeführten Aktion verloren gingen.[14]

Peter Schmidt-Thomé

---

12 In den Münsterfabrikrechnungen im Erzbischöflichen Archiv Freiburg findet sich in den Abrechnungen für das Jahr 1570 der Vermerk, nach dem ein Schreiner Geld erhielt „für ein neu Gatter im Beinhäusle zu fertigen". Diese Maßnahme steht also in unmittelbarem Zusammenhang mit den Bauarbeiten des Basler Domkapitels an der Kapelle. Siehe Burgmaier (Anm. 1) 9.

13 Wie Anmerkung 8. Bei den genannten Fundamentarbeiten könnte es sich u. a. um die nachträgliche Ummantelung der Apsis handeln. Zum Aufenthalt des Basler Domkapitels in Freiburg: F. J. Gemmert, Das Basler Domkapitel in Freiburg. Schauinsland 84/85, 1966/1967, 125–159.

14 Bei der Entdeckung der montierten Skelettteile 1973 wurde vorübergehend von kirchlicher Seite die Vermutung geäußert, es könne sich auch um die Reste im Zuge der Aufklärung „entrümpelter" Skelette aus Reliquienschreinen handeln. Diese waren insbesondere seit dem 17. Jahrhundert auf zahlreichen Altären zu finden und sind auch für das Freiburger Münster bezeugt. Allerdings erfolgte ihre Entfernung erst im Zusammenhang mit den Josefinischen Reformen im letzten Viertel des 18. Jahrhunderts. Außerdem sprechen die eindeutig medizinischen Beschriftungsspuren gegen diese Annahme.

Der anthropologische Befund

Unter den im November 1973 im Rahmen einer Notbergung auf dem Münsterplatz in Freiburg im Bereich der ehemaligen ‚Andreaskapelle' entdeckten Skelettresten fanden sich solche, die durchbohrt, teilweise mit Drähten verbunden waren und grünliche oder rostfarbene Verfärbungen sowie Reste einer Beschriftung mit roter Farbe aufwiesen.[15] Die im ausgehenden 12. oder frühen 13. Jahrhundert erbaute doppelstöckige Kapelle, deren Untergeschoss als Karner genutzt worden war, wurde im Krieg 1744 beschädigt und ein Jahr später geschleift. Das vorliegende Knochenmaterial wurde oberhalb einer Schicht angetroffen, die mit der für 1570 überlieferten (vermeintlichen?) Aushebung des Beinhauses im Zusammenhang steht und stammt damit aus dem Zeitraum zwischen dem Ende des 16. und der ersten Hälfte des 18. Jahrhunderts.

	Anzahl	Prozent
Schädel	26	11,1
Postkranium		
Schultergürtel (Clavicula, Scapula, Sternum)	6	2,6
Wirbelsäule (ohne Sacrum)	72	30,8
Rippen	65	27,8
Beckengürtel (inkl. Sacrum)	9	3,8
Große Langknochen	8	3,4
Autopodien		
Handknochen	16	6,8
Fußknochen	32	13,7
Summe	**234**	**100**

Tabelle 1   Freiburg, ‚Andreaskapelle'. Verteilung der vorliegenden Knochenreste über das Skelett.

Erhaltungszustand und Überlieferung

Die zur Untersuchung vorliegenden Skelettreste sind stark fragmentiert, wenig widerstandsfest, fragil und erscheinen papierartig ausgelaugt. Sie sind elfenbeinfarbig, schmutzigweiß bis hellbeigefarben, weisen also nicht die für erdgelagerte Knochen typische Patinierung auf. Zudem lassen sie fast durchweg rezente Beschädigungen erkennen, die auf die Störung des Befundes duch den Bagger zurückzuführen sein dürften. Die Frakturen sind allesamt als Sprödbrüche anzusprechen.

Das Knochenmaterial setzt sich aus 234 Einzelknochen bzw. -fragmenten zusammen, die v. a. dem Stammskelett und den Autopodien, seltener dem Schädel oder den großen Langknochen der Extremitäten zuzuordnen sind (vgl. Tab 1). 65% der Skelettelemente stammen von Wirbeln, Rippen sowie Teilen des Schulter- oder Beckengürtels und mehr als 20% von Hand- oder Fußknochen. Letztere sind im Gegensatz zu denen des Stammskeletts meist vollständig überliefert. Vom Schädel sind lediglich Einzelteile repräsentiert, von den langen Extremitätenknochen nur vier größere Diaphysenabschnitte, drei fragliche Schaftbruchstücke von Femur und Tibia sowie das proximale

---

15   Die Ausgrabung fand unter Leitung von Herrn Dr. P. Schmidt-Thomé vom Regierungspräsidium Freiburg, Referat 25 Denkmalpflege (damals Landesdenkmalamt Baden-Württemberg, Außenstelle Freiburg) und E. Schmidt (ehemals Tübingen) statt. Beteiligt waren seinerzeit u. a. Frau Dr. M. Seifert, die einen Grabungskatalog erstellte, und Herr Prof. Dr. P. Volk, der auch die vorliegende Studie mit großem Interesse und hilfreichen Hinweisen begleitete. Ihnen allen sei an dieser Stelle ganz herzlich gedankt.

Ende eines rechten Humerus. Damit stellen gerade die spongiosareichen Partien und die kleineren Skelettelemente, die unter ‚normalen' Umständen im Boden schlechter überdauern, das Hauptkontingent des Fundguts dar. Und dies offenbar nicht nur, weil sie teilweise durch Drähte miteinander im Verband gehalten wurden (s. u.), sondern einerseits günstige Erhaltungsbedingungen geherrscht haben und andererseits eine gewisse Selektion bei der Deponierung stattgefunden haben muss.

Verdrahtung, Verfärbung, Beschriftung und andere Spuren

Bereits bei der Bergung der Knochenteile war aufgefallen, dass einzelne Skelettpartien miteinander verdrahtet oder mit Eisenstiften versehen waren, Durchbohrungen und/oder grünliche bzw. rostfarbene Verfärbungen aufweisen. Dazu kamen an einigen Stücken Spuren einer in roter Farbe ausgeführten Beschriftung sowie isolierte, größere und kleinere, meist in engen Windungen unregelmäßig verbogene und miteinander verdrillte Drahtreste. Die Grünfärbungen variieren zwischen zartem Lindgrün, türkisfarbenen Nuancen und intensivem Dunkelgrün. Sie treten lediglich auf kleineren Flächen begrenzt, meist jedoch in unmittelbarer Nachbarschaft von Durchbohrungen auf und sind zweifelsfrei auf eingewanderte Kupfer-Ionen zurückzuführen.[16] Durch einige dieser Perforationen ziehen sich noch Reste der Verdrahtung. Eisenverfärbungen sind wesentlich seltener als Kupferverfärbungen. Spuren roter Farbe treten an zehn Knochenteilen in Erscheinung.[17] Insgesamt können derartige Hinweise einzeln oder in Kombination an mehr als 75% aller vorliegenden Knochen(-fragmente) festgestellt werden. Sie belegen, dass es sich hierbei um montierte Skelettteile handelt, die im klinischen Bereich oder zur Ausbildung von Ärzten Verwendung fanden.
Bei der Montage der einzelnen Skelettelemente in anatomisch korrekter Abfolge kamen v. a. Kupferdrähte in drei verschiedenen Stärken und unterschiedlicher Verarbeitungstechnik zum Einsatz. In einem Fall waren zwanzig Wirbelkörper (vc 3[18] – vl 3) zentral in Richtung der Körperlängsachse durchbohrt und auf einen Draht mit einem Durchmesser von 2,4 mm aufgereiht worden (Abb. 9). Dieser Wirbelsäulenabschnitt ist bei der Bergung durch den Bagger oder im Rahmen der Deponierung in zwei Teile zerbrochen (worden). Von einer zweiten Wirbelsäule fanden sich ebenfalls zwei Teilstücke mit insgesamt 17 Wirbeln (vc 3 – vt 5 und vt 11 – vl 5) aufgefädelt auf einem Draht von lediglich 1,1 mm Durchmesser. Eine zusätzliche Stabilisierung wurde in diesem Fall dadurch erreicht, dass die Zwischenwirbelgelenke (jeweils rechter und linker Processus articularis inferior mit den entsprechenden superioren Gelenkflächen des nachfolgenden Wirbels) mit einem dünnen Draht verbunden wurden. Hierfür und für die meisten anderen Verbindungen (z. B. Manubrium sterni – Clavicula, Rippen – Rippenknorpel, Kondylen der Schädelbasis – Atlas) ist ein Draht mit einem Durchmesser von 0,8 mm verwendet worden. Die doppelte Fixierung zwischen den Processus transversales der Brustwirbel und den ansetzenden Rippen sowie die dreifache Verknüpfung zwischen den Kreuzbeinflügeln und den jeweils anliegenden Beckenteilen und der beiden Beckenhälften im Bereich der Schambeinfuge dürften ebenfalls aus Gründen der Stabilität notwendig gewesen sein. Die einzeln hervorstehenden Drahtenden wurden entweder flach spiralig oder konisch schneckenartig aufgedreht. Zur Fixierung des Brustkorbs und zur Wahrung des Zwischenraums sind zwischen den Rippen zudem zwei fortlaufend und gegenläufig um die Rippen gewundene Drähte angebracht

---

16 Vgl. S. C. Otto/F. Schweinsberg/M. Graw/J. Wahl, Über Aussagemöglichkeiten von Grün- und Schwarzfärbungen an (prä)historischem Knochenmaterial. Fundber. Baden-Württemberg 27, 2003, 59–77.
17 Die rote Farbe wird von P. Volk als wasserlöslich beschrieben. Nach seiner Erinnerung waren die Gebeine mit ihren jeweiligen lateinischen Namen – z. B. Clavicula für das Schlüsselbein – beschriftet (schriftl. Mitt. vom 5. 5. 2006). Dass heute nurmehr wenige Skelettelemente eine solche Signatur aufweisen, könnte bedeuten, dass diese beim Reinigen der Knochen versehentlich entfernt wurde oder infolge ungünstiger Lagerung im Laufe der Jahre verblasst ist.
18 Die Abkürzungen bedeuten: vc = Halswirbel (vertebra cervicalis), vt = Brustwirbel (vertebra thoracica), vl = Lendenwirbel (vertebra lumbalis); die arabische Ziffer gibt die Position im jeweiligen Wirbelsäulenabschnitt an.

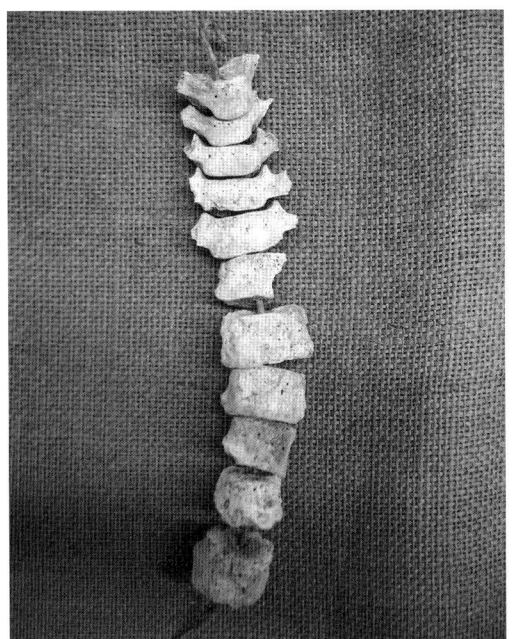

Abb. 9 Auf Kupferdraht aufgezogene Teilwirbelsäule (Hals- und Brustwirbel) mit Spuren roter Beschriftung. Das hakenförmige Ende könnte zur Aufhängung gedient haben.

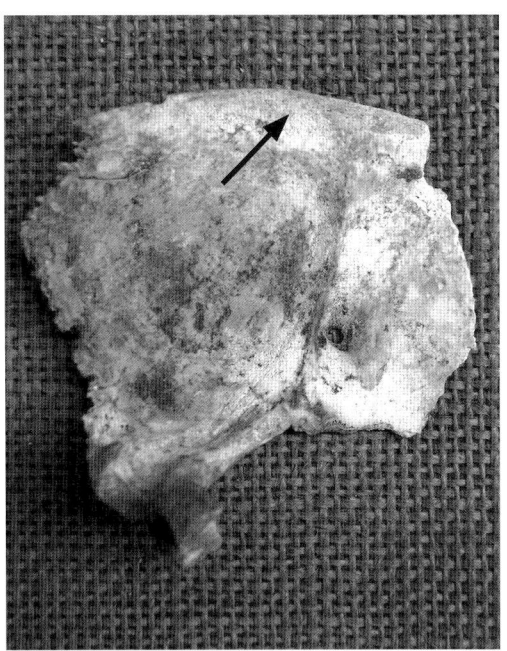

Abb. 10 Fragment des Os occipitale (Hinterhauptsbein) eines Kindes mit glattrandiger Sägekante (Pfeil) als Hinweis auf einen horizontal im Verlauf der „Hutlinie" angelegten Sektionsschnitt.

Abb. 11 Fußwurzelknochen (Os cuneiforme intermedium), Mittelfußknochen (Metatarsus) sowie Phalanx proximalis, media und distalis des 2. Strahls des rechten Fußes in anatomischer Abfolge mit Resten der Verdrahtung, Beschriftung und Rostspuren.

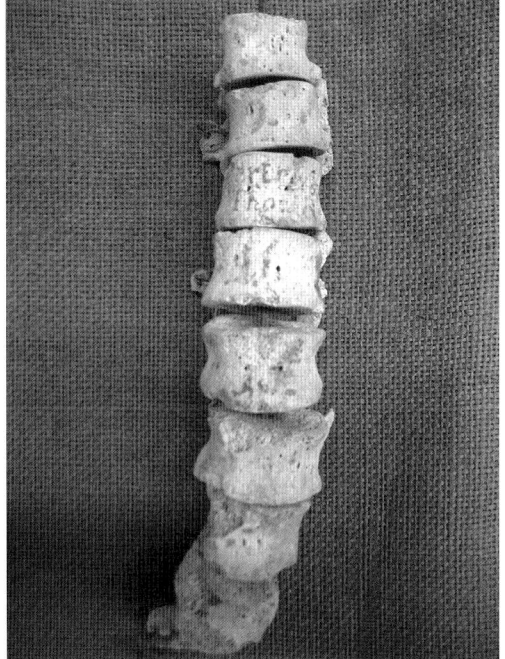

Abb. 12 Teilwirbelsäule (Brust- und Lendenwirbel) eines jüngeren Erwachsenen mit teilweise noch lesbaren Spuren der Beschriftung (anatomische Bezeichnung und Nummerierung).

worden. Nach demselben Prinzip verbunden und gleichzeitig einen gewissen Abstand gewährleistend fanden sich vier Mittelfußknochen des rechten Fußes (Mt I[19] – Mt IV) eines Erwachsenen und drei Mittelhandknochen der linken Hand (Mc II – Mc IV) eines Jugendlichen. In diesen Fällen wurden die beiden Drahtenden miteinander verzwirbelt

Da weitere Wirbelkörper vorliegen, die keine Durchbohrung aufweisen, könnte ursprünglich noch eine dritte Montagevariante vorgelegen haben: die Aufreihung der Wirbelsäule auf einem Stab oder einer ähnlichen Halterung, die im Bereich des Wirbelkanals verlief – vergleichbar der Befestigung, wie sie auch bei modernen Anatomieskeletten zu finden ist.[20] Im Allgemeinen waren offenbar auch die Bandscheiben durch vergängliches Material ersetzt worden.

Stark korrodierte Reste kräftiger Eisenstifte sind zweimal erhalten. Im ersten Fall wurde ein rechter Oberschenkelknochen unter Ausnutzung der Markhöhle längs durchstoßen, im zweiten das linke Sprung- und Fersenbein fest miteinander verbunden. Der Talus selbst ist in Richtung der anderen Fußwurzelknochen mehrfach durchbohrt, und es finden sich vereinzelte Kupferdrahtreste in situ. So war in dieser Richtung in engen Grenzen eine gewisse Beweglichkeit der Konstruktion gegeben. Dünnerer Eisendraht wurde scheinbar nur ausnahmsweise, evtl. zur Ausbesserung, verwendet: bei einer Wirbel-Rippen-Verbindung und an dem bereits erwähnten proximalen Gelenkende des rechten Humerus eines jüngeren Erwachsenen, in dem sowohl Kupfer- als auch Eisendrahtreste stecken.

Zwei nach Form- und Größenmerkmalen wohl zum selben, eher männlichen Erwachsenen gehörigen Schläfenbeine lassen im Bereich des Tuberculum articulare zum Kiefergelenk hin je eine Durchbohrung erkennen, deren Umgebung jedoch keinerlei Verfärbungen aufweist. Der zugehörige Unterkiefer wurde zwar nicht gefunden, war aber offenbar nur mittels einer vergänglichen Schnur o. Ä. verbunden. Fehlende Aussplitterungen im Randbereich der beiden Perforationen könnten ebenso darauf hinweisen, dass sie letztlich doch nicht genutzt wurden. Ähnliches ist auch für zwei Bohrungen anzunehmen, die an einem 2. Halswirbel zum Atlas hin angebracht, aber nicht verdrahtet worden sind. Hier könnte ein Zusammenhang mit dem o. g. 1. Halswirbel bestehen, der an die Schädelkondylen fixiert ist. Wahrscheinlich sollte ermöglicht werden, den Schädel bei Bedarf zur näheren Inspektion von der Wirbelsäule abnehmen zu können.

Die in roter Farbe vorgenommene Beschriftung einzelner Skelettteile erfolgte unter Verwendung arabischer Zahlen und lateinischer Nomenklatur.[21] Eindeutig verifizieren lässt sie sich nur noch an zwei Metatarsalia des rechten Fußes eines eher männlichen Erwachsenen (der Mt II trägt die Aufschrift „2.", der Mt III „3. Metatarsi") sowie auf der Ventralseite von vier Wirbelkörpern eines frühadulten Individuums (vt 9: „9"; vt 10: „Vertebrae Thoracis"; vt 11: „11"; vt 12: „12"; vgl. Abb. 12). Die Metapodien und die Wirbel waren demnach entsprechend der medizinisch korrekten Bezeichnung benannt und durchnummeriert. Nicht mehr entzifferbar sind dagegen die Reste roter Beschriftung an einem rechten Oberschenkelknochen, an zwei Rippenbruchstücken und einem Wirbelfragment.

Zwei darüber hinaus bemerkenswerte Spuren weist das Hinterhauptsbein eines ca. 2-jährigen Kindes auf (s. Abb. 10): einen horizontalen Sägeschnitt oberhalb der Protuberantia occipitalis interna/externa sowie eine Durchbohrung in der Sagittalebene nur wenig über dem Foramen magnum. Ersterer ist mit Sicherheit einer zeitgenössischen Sektion zuzuschreiben, letztere diente höchstwahrscheinlich der Befestigung des Schädels auf einer Unterlage oder im Skelettverband.

---

19 Die Abkürzungen bedeuten: Mt = Metatarsus, Mc = Metacarpus; die lateinische Zahl gibt den jeweiligen Strahl (I = Daumen bzw. Großzehe bis V = kleiner Finger bzw. kleine Zehe) an.
20 Heute wird in der Regel ein der natürlichen Rückgratkrümmung entsprechend, doppelt S-förmig gebogenes Stahlband verwendet, das im Rückenmarkskanal verläuft. Die Zwischenwirbelscheiben werden durch Filzeinlagen simuliert.
21 Nach P. Volk handelt es sich um eine zeitgenössische Schrift aus dem 18. Jahrhundert.

Besonderheiten, Maße und Mindestindividuenzahl

Der fragmentarischen Überlieferung der vorliegenden Knochenreste entsprechend, liefern sie über grobe Anhaltspunkte zur Alters- und Geschlechtsdiagnose hinaus nur wenige metrische Daten sowie punktuelle Hinweise auf anatomische Besonderheiten und pathologische Veränderungen. Diese seien der Vollständigkeit halber und im Hinblick auf evtl. spätere Vergleiche mit zeitgleichen Skelettserien im Nachfolgenden kurz und zusammenfassend aufgelistet:

1. Atlas (eher männlich, erwachsen) mit offenem Arcus posterior;
2. Clavicula li (eher männlich, erwachsen) größte Länge ca. 135,[22]
3. Pelvis re (eher männlich?, spätadult(–frühmatur)) Dm. Acetabulum 55;
4. Maxilla li (männlich, erwachsen) mit Anzeichen von Sinusitis maxillaris, labialem Wurzelabszess (21[23] und 22) und intravitalem Zahnverlust (26–28);
5. Femur re (männlich?, erwachsen) oberer Dm. tv[24] 32, sag 26; Diaphysenmitte Dm. tv 27,3, Dm. sag 27,8, Umfang 85; geschätzte größte Länge um 430;
6. Femur li (eher männlich, juvenil (oder älter)) oberer Dm. tv 29,7, sag 18,2; Diaphysenmitte Dm. tv 24,8, sag 23,2, Umfang 74; geschätzte größte Länge um 380/90;
7. Maxilla li (unbest., erwachsen) mit Wurzelabszess (23), reduziertem 27; Nasenbreite um 24; Gaumenbreite um 40.

Aus dem gesamten Sammelsurium von 234 Skelettteilen ergibt sich eine Mindestindividuenzahl von vier (bis fünf) Personen. Diese lassen sich wie folgt charakterisieren:

A Spätadult(–frühmatur), (eher) männlich; repräsentiert durch beide Temporalia, Teile der Schädelbasis, 21 Wirbel (Atlas, Axis-vt 7, vt 11-vl 5) Fragmente von Scapula re, Clavicula li, Manubrium sterni, Humerus re, Pelvis re und li, 32 Fußknochen re und li (z.B. Abb. 11) sowie 7 Rippenbruchstücke; fraglich zugehörig sind Teile von Maxilla und Os zygomaticum li, Femur re, 2 Tibiafragmente;

B Juvenil (um 16–18 Jahre), (eher) männlich; repräsentiert durch 2 Brustwirbel (vt 7 und vt 8?), Fragmente von Sacrum, Radius re, 16 Handknochen li sowie mindestens 8 Rippenbruchstücke, Pelvis re und li; fraglich zugehörig sind Teile von: Femur li (?), div. Kalottenfragmente;

C Infans I (um 2 Jahre), Geschlecht unbestimmt; repräsentiert durch mehrere Kalottenfragmente, beide Temporalia, Os occipitale, Bruchstücke von Humerus re sowie mindestens 15 Wirbel- und Rippenfragmente;

D Frühadult (um 25 Jahre), Geschlecht unbestimmt, vielleicht eher weiblich; repräsentiert durch Os parietale re, 5 Hals-, 12 Brust- und 4 Lendenwirbel, Manubrium sterni sowie mindestens 3 Rippenbruchstücke; fraglich zugehörig ist ein Teil der Maxilla li.

Nicht eindeutig zuzuweisen sind eine Anzahl von Wirbel- u. Rippenfragmenten sowie je ein Bruchstück des Os frontale und des Os temporale li. Sie könnten möglicherweise ein drittes (vielleicht ebenfalls männliches) erwachsenes Individuum repräsentieren. Voneinander abweichende Proportionen zwischen Atlas und Axis von A lassen zudem vermuten, dass bei der Montage auch innerhalb eines Skelettes Teile von verschiedenen Individuen verwendet wurden.

---

22 Maße nach R. Martin, Lehrbuch der Anthropologie (Jena 1927). Angaben in mm.
23 Bezeichnungen der Zahnpositionen nach internationaler Nomenklatur.
24 Die Abkürzungen bedeuten: tv = transversal, sag = sagittal.

Schlussfolgerungen

Das vorliegende Knochenmaterial stellt zweifellos die Überreste von Skeletten dar, die im 17. und/oder 18. Jahrhundert zu Anschauungszwecken bzw. für anatomische Studien im Rahmen der Medizinerausbildung unter Verwendung von Kupfer- und Eisendrähten rekonstruiert und terminologisch korrekt beschriftet worden sind. Sie repräsentieren mindestens vier Individuen: je einen Erwachsenen beiderlei Geschlechts (wobei die Geschlechtsdiagnose ‚weiblich' bei Individuum D nur als Tendenz zu erfassen ist) sowie ein kindliches und ein jugendliches Individuum und liefern in dieser Kombination eine ideale Grundlage für den Anatomie-Unterricht, um sowohl Wachstumsvorgänge als auch den Geschlechtsdimorphismus am menschlichen Skelett zu dokumentieren. Sie gewähren darüber hinaus interessante Einblicke in die Montagetechniken der damaligen Präparatoren.

Das Fundgut setzt sich vorwiegend aus kleinteiligen und fragilen Knochenteilen zusammen, die unter normalen Inhumierungsbedingungen schlechtere Erhaltungschancen haben. Größere Skelettelemente sind nur bruchstückhaft vertreten. Große Langknochen, die üblicherweise besser überdauern, fehlen weitestgehend. Nimmt man jedes Fragment stellvertretend für einen vollständigen Knochen, stellen die vorhandenen 234 Teil(-stück)e nur rund ein Viertel aller Knochen dar, die bei vollständiger Überlieferung der vier Individuen zu erwarten gewesen wären. Das bedeutet ebenfalls, dass die Anatomieskelette entweder nicht komplett entsorgt oder bei der Ausgrabung nicht in toto erfasst wurden.

Die medizinische Fakultät der Universität Freiburg reicht bis ins 16. Jahrhundert zurück. Vom anatomischen Institut sind allerdings infolge eines Brandes im 2. Weltkrieg kaum historische Dokumente erhalten.[25] Aus welchen Gründen die Lehr-Skelette spätestens im Jahre 1744 im Beinhaus unter der ‚Andreaskapelle' deponiert wurden, ist heute leider nicht mehr zu klären. Immerhin hat man für eine pietätvolle Entsorgung gesorgt.

SIMONE KRAIS und JOACHIM WAHL

Abbildungsnachweise

Zeichnungen 2 u. 3 LOES SWART, 1996); Photos 4–8 Landesdenkmalamt Baden-Württemberg, Außenstelle Freiburg, 1973; Photos 9–12 RP Stuttgart, Landesamt für Denkmalpflege, Arbeitsstelle Konstanz.

Schlagwortverzeichnis

Freiburg Münsterplatz; ‚Andreaskapelle'; Südwestdeutschland; Renaissance; Anatomie; Medizinerausbildung; montierte Skelette; Beinhaus; Kupfer- und Eisenverfärbungen.

Anschriften der Verfasser

Dr. PETER SCHMIDT-THOMÉ
Regierungspräsidium Freiburg im Breisgau
Ref. 25 Denkmalpflege
Sternwaldstraße 14
79102 Freiburg i. Br.

E-Mail: peter.schmidt-thome@rpf.bwl.de

SIMONE KRAIS
Institut für Humangenetik und Anthropologie
Universität Freiburg
Albertstraße 7
79104 Freiburg i. Br.

E-Mail: simone.krais@uniklinik-freiburg.de

Priv.-Doz. Dr. JOACHIM WAHL
Regierungspräsidium Stuttgart
Landesamt für Denkmalpflege
Arbeitsstelle Konstanz, Osteologie
Stromeyersdorfstraße 3
78467 Konstanz

E-Mail: Joachim.Wahl@rps.bwl.de

---

25 Entsprechende Recherchen wurden von S. KRAIS durchgeführt.

Die Zahnzementannulation im Vergleich zu konventionellen Methoden der Sterbealtersbestimmung an den bandkeramischen Skelettresten aus dem Gräberfeld von Schwetzingen[1]

Michael Francken und Joachim Wahl

Vorbemerkung

Bei der Untersuchung menschlicher Knochenreste besteht einer der ersten und für die spätere Auswertung wesentlichen Schritte in der möglichst genauen Bestimmung des Sterbealters der vorliegenden Skelettindividuen. Aufgrund einer Vielzahl unterschiedlicher endo- und exogener Faktoren sind insbesondere bei Erwachsenen die konventionellen Verfahren nicht in der Lage, über einen Näherungswert hinaus exakte Angaben zu liefern. So sind z. B. die Obliteration der Schädelnähte u. a. abhängig vom Geschlecht, von pathologischen oder traumatischen Befunden und evtl. genetischen Dispositionen, und die Zahnkronenabrasion von der Härte und Dicke des Zahnschmelzes, von Bissdysfunktionen sowie der Nahrungszusammensetzung und -aufbereitung oder der Verwendung des Gebisses als ‚dritte Hand'. Degenerative Veränderungen im Bereich des Postkraniums sind nicht nur altersabhängig, sondern können infolge starker körperlicher Belastungen auch in jungen Jahren erhebliche Ausmaße erreichen. Zudem erlaubt dieses Methodenspektrum lediglich Hinweise auf das biologische Alter einer Person, das durchaus nicht unerheblich vom chronologischen Alter abweichen kann. Diesen Unsicherheitsfaktoren wird in der Regel dadurch Rechnung getragen, dass das individuelle Sterbealter in Form einer Altersspanne angegeben wird.

In den 1950er Jahren wurde eine Methode zur Altersdiagnose von Wildtieren entwickelt, die seit über zwanzig Jahren auch verstärkt bei menschlichen Überresten angewendet wird.[2] Sie basiert auf der mit fortschreitendem Alter kontinuierlich stattfindenden Anlagerung von Zahnzement in Ringform um die Zahnwurzel eines jeden Zahnes und ist unter der Bezeichnung „Zahnzementannulation", abgekürzt TCA (von Tooth Cementum Annulation), bekannt.[3] Im Gegensatz zu den bisherigen Altersbestimmungsmethoden soll auf diese Weise das kalendarische (= chronologische) Alter eines Individuums ermittelt werden können.[4] Die TCA kam im Rahmen einer Studie an den Skeletten des bandkeramischen Friedhofs von Schwetzingen, Rhein-Neckar-Kreis, zum Einsatz. Die Ergebnisse wurden mit denjenigen der üblichen konventionellen, auf morphognostischen Parametern beruhenden Methoden verglichen.

---

1 Der vorliegende Beitrag basiert auf der Magisterarbeit von M. Francken, Zahn um Zahn – Die Zahnzementannulation als Methode zur Altersdiagnose (Tübingen 2006).
2 R. M. Laws, A new method of age determination for mammals. Nature 169, 1952, 972 f.
3 Inzwischen ist eine größere Zahl von Publikationen zu diesem Phänomen erschienen; z. B.: P. Kagerer/G. Grupe, On the validity of individual age-at-death diagnosis by incremental line counts in human dental cementum. Technical considerations. Anthr. Anz. 59, 2001, 331–342. – U. Wittwer-Backofen/H. Buba, Age estimation by tooth cementum annulation: perspectives of a new validation study. In: R. D. Hoppa/J. W. Vaupel (eds.), Paleodemography. Age distributions from skeletal samples (Cambridge u. a. 2002) 107–128. – U. Wittwer-Backofen/J. Gampe/J. Vaupel, Tooth cementum Annulation for Age Estimation: Results From a Large Known-Age Validation Study. Am. Journal Physical Anthr. 123/2, 2004, 119–129. – S. Lenz, Altersdiagnose der Alemannen von Kirchheim Teck durch Zahnzementringe (Diss. Ulm 2004).
4 Bei genauerer Betrachtung beinhaltet jedoch auch diese Methode durch Einbeziehung des Zahndurchbruchs einen Anteil biologischen Alters (s. u.).

Das Fundmaterial

Das linearbandkeramische Gräberfeld von Schwetzingen wurde im Zuge von Erschließungsmaßnahmen für das Wohngebiet ‚Schälzig' im Herbst 1988 entdeckt. Bei Arbeiten an einem Abwasserkanal stieß K. Fichtner auf Bruchstücke von Keramik und menschlichen Knochen. Die daraufhin stattfindende Notuntersuchung unter der Leitung von C. Eibner[5] erbrachte die Reste von zwei Gräbern. Weitere sechs Bestattungen wurden bei einer anschließenden Begehung entdeckt. Sie ließen sich anhand des beiliegenden Scherbenmaterials durchgehend der bandkeramischen Kultur zuordnen.

Dank der milden Witterung konnte bereits im Januar des Folgejahres mit der Ausgrabung begonnen und diese nach neun Monaten abgeschlossen werden. Insgesamt wurden 214 Bestattungen geborgen, darunter Körper- und Brandgräber sowie einige wenige Doppelbestattungen. Die Körpergräber setzen sich aus Skeletten von 76 Kindern und Jugendlichen und 135 Erwachsenen zusammen. Von den 135 Erwachsenen sind 50 als Männer und 63 als Frauen bestimmt, während bei 22 Individuen aufgrund schlechter Knochenerhaltung oder zweifelhafter Formmerkmale eine Geschlechtsdiagnose unterbleibt. Alles in allem sind über 56% der Bestatteten jünger als 20 Jahre einzustufen.[6]

Nach Schätzungen des Ausgräbers R.-H. Behrends waren durch die Bauarbeiten vermutlich ca. 25 Gräber zerstört worden, bevor sie archäologisch erfasst werden konnten. Der größte Teil der Brandgräber dürfte infolge der intensiven landwirtschaftlichen Nutzung der Fläche verloren gegangen sein. Wie acht teilweise erhaltene Beispiele zeigen, waren diese nur flach eingetieft. Ihr ursprünglicher Anteil kann nur grob geschätzt werden, allerdings sind neben den vorhandenen acht Brandgräbern noch bei sieben Körperbestattungen Leichenbrandreste gefunden worden.[7] Die Frage, ob es sich bei diesen um intentionelle, birituelle Doppelbestattungen oder zufällige Beimengungen durch bei der Grablege aufgearbeitete, ältere Brandgräber handelt, muss meist zugunsten letzterer entschieden werden. 18 Fundpunkte werden als Reste abgepflügter Körperbestattungen angesprochen.[8]

Die meisten Bestattungen waren verhältnismäßig reichhaltig mit Beigaben versehen. Den größten Anteil daran haben Steinartefakte und Keramik. Eine zum Gräberfeld gehörige Siedlung ist bislang nicht gefunden worden, allerdings wurden in einem benachbarten Neubaugebiet angeschnittene Siedlungsgruben beobachtet.

Ausgehend von Form, Technik und Verzierung des Scherbenmaterials datiert die Schwetzinger Nekropole in die Linienbandkeramik. Die feinchronologische Einstufung deutet auf eine Zweiteilung des Gräberfelds hin,[9] nach der neben der älteren Linienbandkeramik auch eine Belegung während der mittleren Linienbandkeramik stattfand. Der Fundplatz ähnelt damit dem bekannten Gräberfeld von Stuttgart-Mühlhausen.[10]

Material und Methode

Für die vorliegende Studie wurden aus der Gruppe der dokumentierten Bestattungen 109 Individuen ausgewählt, die einer Reihe von Kriterien entsprachen. Von besonderer Bedeutung waren

---

5 Institut für Ur- und Frühgeschichte Heidelberg.
6 Die Voruntersuchungen von J. Wahl sind bislang noch unveröffentlicht.
7 I. Trautmann, Cremations of the Linearbandkeramik Culture in Relation to the Burial Practices of Early Neolithic Communities in South-Western Germany. The Cemeteries of Schwetzingen und Fellbach-Oeffingen (Magisterarbeit Tübingen 2003).
8 R.-H. Behrends, Ein Gräberfeld der Bandkeramik von Schwetzingen, Rhein-Neckar-Kreis. Arch. Ausgr. Baden-Württemberg 1989, 45–48.
9 Die archäologische Untersuchung des Fundguts erfolgte durch Claudia Gerling im Rahmen ihrer Magisterarbeit: Das linienbandkeramische Gräberfeld von Schwetzingen, Rhein-Neckar-Kreis (Würzburg 2006).
10 Zuletzt u. a. T. D. Price/J. Wahl/C. Knipper/E. Burger-Heinrich/G. Kurz/R. A. Bentley, Das bandkeramische Gräberfeld vom ‚Vieshäuser Hof' bei Stuttgart-Mühlhausen: Neue Untersuchungsergebnisse zum Migrationsverhalten im frühen Neolithikum. Fundber. Baden-Württemberg 27, 2003, 23–58.

dabei die Vollständigkeit des Skeletts sowie das Erreichen des Erwachsenenalters. Hinsichtlich der Vergleichbarkeit der Ergebnisse wurde bei der TCA darauf geachtet, bei allen Individuen jeweils den gleichen Zahn auszuwählen. Da in der Literatur einwurzelige Zähne empfohlen und der erste rechte Prämolar des Unterkiefers[11] am häufigsten überliefert war, wurde dieser Zahn bevorzugt für die Untersuchung entnommen. War dieser infolge prä- oder postmortaler Defekte bzw. Verlusts nicht nutzbar, wurde auf den entsprechenden Prämolar der linken Seite zurückgegriffen.[12] Stand auch dieser nicht zur Verfügung, kamen andere einwurzelige Zähne in Frage. Insgesamt stammen 62% der untersuchten Zähne von der primär angepeilten Zahnposition – entweder als isolierte Stücke oder nach behutsamer Lösung aus dem Kieferverband.

Nach der Entnahme wurden die Zähne für die mikroskopische Untersuchung weiter aufbereitet. Dazu wurden sie in Kunstharz eingebettet und aus der Zahnwurzel horizontal bis zu fünf Scheibchen mit einer Dicke von jeweils maximal 70–80 µm herausgeschnitten. Unter dem Mikroskop erfolgte die Auszählung der Ringe bei 200- bis 400facher Vergrößerung, wobei die hellen oder die dunklen Ringe gezählt wurden. Um eine möglichst breite Datenbasis zu erhalten, wurde jedes Präparat an verschiedenen Stellen des Querschnitts mehrfach ausgezählt, im Idealfall an fünf Positionen. In der Theorie sollten diese 25 Zählungen ein identisches Ergebnis liefern. In der Praxis traf dies in keinem Fall zu. Dementsprechend konzentriert sich ein großer Teil der Arbeit auf die Überprüfung der möglichen Ursachen für die teilweise enormen Spannweiten innerhalb einzelner Zahnproben. Die Zählergebnisse wurden hinsichtlich evtl. Fehler bei der Auszählung, von Abhängigkeiten von der Zahnposition, Geschlecht sowie mutmaßlichem Alter und Zahnpathologien des jeweiligen Individuums untersucht. Abhängig von der zugrunde liegenden Methode, wurde aus den Ergebnissen entweder ein Mittelwert berechnet[13] oder der häufigste Wert der Auszählungen verwendet.[14] In beiden Fällen wird die gefundene Ringzahl mit dem durchschnittlichen Durchbruchsalter des Zahnes[15] addiert und die mittlere Abweichung des Zahndurchbruchs von 2,5 Jahren als Fehlerspanne hinzugefügt. Die individuelle Altersangabe ergibt sich dann nach dem Schema:

$$\text{Ringzahl} + \text{Durchbruchsalter} = \text{Sterbealter} \pm 2{,}5 \text{ Jahre}.$$

Zu Vergleichszwecken wurden die so beprobten Skelette mit drei der gängigsten, traditionellen, und einem bislang noch unpublizierten morphologischen Verfahren altersbestimmt. Es waren dies die kombinierte Methode von ACSÁDI/NEMESKÉRI,[16] die Obliteration der Schädelnähte nach Perizonius,[17] die Zahnkronenabrasion nach BROTHWELL[18] und die Nahtverknöcherung nach CZARNETZKI.[19]

---

11 Zahnposition 44 nach internationaler Nomenklatur.
12 Zahnposition 34 nach internationaler Nomenklatur.
13 B. GROSSKOPF, Möglichkeiten der Altersbestimmung an bodengelagerten menschlichen Zähnen durch Bestimmung der Zuwachsringe im Zement (Diplomarbeit Göttingen 1988) 20.
14 P. KAGERER/G. GRUPE, Age-at-death diagnosis and determination of life-history parameters by incremental lines in human dental cementum as an identification aid. Forensic Science Internat. 118, 2001, 77.
15 G.-H. SCHUMACHER/H. SCHMIDT/W. RICHTER, Anatomie und Biochemie der Zähne (³Stuttgart 1983) 137.
16 G. ACSÁDI/J. NEMESKÉRI, History of Human Lifespan and Mortality. Akadémiai Kiadó (Budapest 1970). Die Methode bezieht vier Merkmalkomplexe am Skelett mit ein: Die endokraniale Nahtverknöcherung, das Relief der Symphysenfuge am Becken sowie die Spongiosastruktur am proximalen Humerus- und Femurgelenk.
17 W. R. K. PERIZONIUS, Closing and Non-closing Sutures in 256 Crania of Known Age and Sex from Amsterdam (A. D. 1883–1909). Journal Human Evolution 13, 1984, 201–216. – Siehe auch F. W. RÖSING, Methoden der Aussagemöglichkeiten der anthropologischen Leichenbrandbearbeitung. Arch. u. Naturwiss. 1, 1977, 53–80. – H. V. VALLOIS, La durée de la vie chez l'homme fossile. Anthropologie (Paris) 47, 1937, 499–532. – G. OLIVIER, Pratique Anthropologique (Paris 1960).
18 D. R. BROTHWELL, Digging up Bones (²London 1972). – Speziell zur Bandkeramik siehe auch T. REITH, Untersuchungen zur Altersbestimmung der Individuen zweier frühneolithischer Skelettserien aus Baden-Württemberg anhand verschiedener Abrasionsphänomene (Diss. Tübingen 1990).
19 A. CZARNETZKI, bislang unveröffentlichtes Vorlesungsskript. Die Methode basiert auf der Erkenntnis, dass die Verknöcherung der Suturen durch das Vorhandensein von Schaltknochen o. a. Nahtvarianten verzögert und durch traumatische oder pathologische Prozesse am Schädel beschleunigt werden kann.

Ein guter Überblick über das gesamte Spektrum osteomorphognostischer und -metrischer Verfahren zur Altersbestimmung findet sich bei A. KEMKES-GROTTENTHALER.[20] Die beschränkte Auswahl einiger der gebräuchlichsten Methoden begründet sich in erster Linie mit der Fragestellung, ob und wenn ja welche Korrelationen zwischen den Ergebnissen der Zahnzementmethode und denen konventioneller Altersbestimmungsmethoden existieren. Andere Methoden zur Altersbestimmung adulter Individuen, wie z.B. die Metamorphose der sternalen Rippenepiphysen,[21] konnten nicht zur Anwendung kommen, da die entsprechenden Skelettregionen im Schwetzinger Material nicht in ausreichendem Umfang erhalten sind.

Ergebnisse

Bei der Auszählung der Wurzelquerschnitte fällt als erstes auf, dass die Spannweite der Zählwerte für einzelne Zähne unvermutete Dimensionen erreicht. Die maximale Spannweite innerhalb der gesamten Serie liegt für TCA-Probe 104 bei 34 Ringen.[22] Ausgehend von der Annahme, dass ein Ring einem Lebensjahr entspricht, würde das eine Schätzdifferenz von 34 Jahren bedeuten. In dieser Größenordnung handelt es sich zwar um eine Ausnahme, allerdings zeigt Abbildung 1, dass auch in anderen Fällen größere Abstände zwischen den gezählten Minimal- und Maximalwerten gefunden wurden. Über die gesamte Stichprobe hinweg liegt der errechnete Mittelwert der Spannweite bei 13,3 Ringen.

Die Frage, ob die Spannweite der Auszählungsergebnisse möglicherweise von der Zahnposition abhängt, d. h. evtl. die ersten Prämolaren des Unterkiefers (stets) eine höhere Variabilität der Ringzahl aufweisen, kann anhand des vorliegende Materials nicht beantwortet werden, da von jedem Indivi-

Ringzählungen	Mittelwert
5	40
10	40
15	41
20	42
24	42

Tabelle 1   Veränderungen des Mittelwertes mit zunehmendem Umfang der Stichprobe 74 (Grab 140; n = 109).

duum nur ein Zahn beprobt wurde. Ein solches Phänomen wurde allerdings bislang auch in keiner anderen Untersuchung festgestellt. Es muss demnach andere Ursachen geben.

Die teilweise erheblichen Spannweiten innerhalb einzelner Zählproben könnten, wenn man einen hormonellen Einfluss auf die Zementapposition postulieren möchte, z.B. mit dem Geschlecht des Individuums zusammenhängen. In der untersuchten Teilserie liegt der Anteil der Frauen mit 55% über dem der Männer mit 40%. Die restlichen 5% der 109 untersuchten Personen konnten hinsichtlich ihres Geschlechts nicht näher bestimmt werden. Bei der Häufigkeit größerer oder kleinerer Spannweiten scheint jedoch dieser Faktor kaum eine Rolle zu spielen. Wie in Abbildung 1 zu sehen ist, präsentieren sich, neben der Gesamthäufigkeit der Spannweiten, die Verteilungen getrennt nach Männern, Frauen und unbestimmten Erwachsenen ähnlich. Man erkennt eine – sowohl bei

---

20   A. KEMKES-GROTTENTHALER, Kritischer Vergleich osteomorphognostischer Verfahren zur Lebensaltersbestimmung Erwachsener (Diss. Mainz 1993).
21   M. Y. ISCAN/S. R. LOTH/R. K. WRIGHT, Metamorphosis at the sternal rip. A new method to estimate age at death in males. Am. Journal Physical Anthr. 65, 1984, 147–156.
22   TCA-Probe 104 stammt aus Grab Nr. 200.

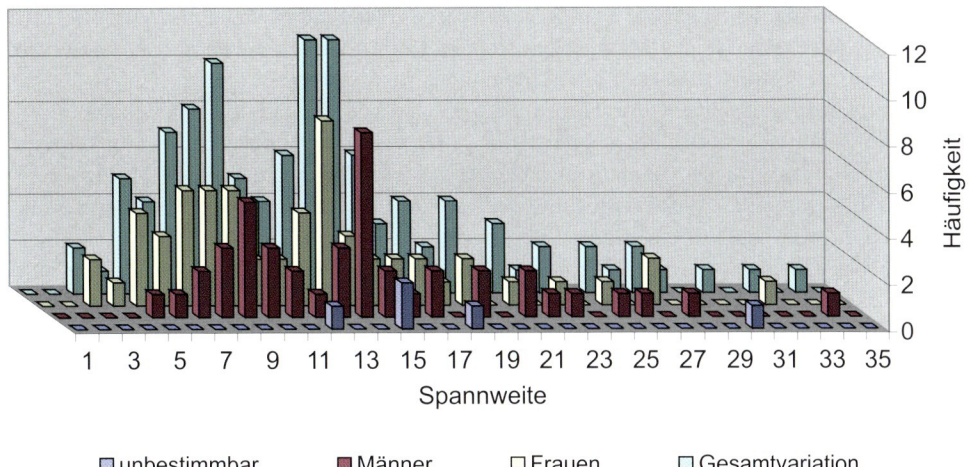

Abb. 1   Häufigkeit der Spannweite (gesamt und differenziert nach Geschlechtern).

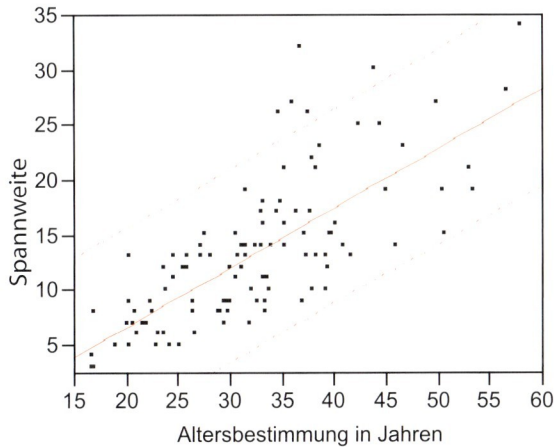

Abb. 2   Abhängigkeit der Spannweite vom Sterbealter (n = 109);
Spannweite = –4,204137 + 0,5407185 Altersbestimmung.

Männern als auch bei Frauen ungefähr gleich besetzte – nach links verschobene Normalverteilung. Die arithmetischen Mittelwerte differieren mit rund 14,3 Ringen für Männer und 12,3 Ringen für Frauen nur geringfügig voneinander, und die Standardabweichungen beider Gruppen sind einander sehr ähnlich (Männer 6,33; Frauen 6,45). Demnach kann keines der beiden Geschlechter für die Extremwerte verantwortlich gemacht werden, die eine Schieflage der Normalverteilung bewirken. Ein weiterer potenzieller Unsicherheitsfaktor ist die Auszählung selbst. Gerade bei älteren Individuen mit einer größeren Anzahl von Ringen steigt das Risiko eines Zählfehlers. Die hier vorliegenden Ergebnisse entstanden durch dreimaliges Abzählen ein und derselben Position. Zudem wurden – sofern die Qualität des Präparats dies erlaubte – von jedem Zahn fünf Schnitte hergestellt, die jeweils an fünf verschiedenen Stellen gezählt wurden. Die Zahl der am Mikroskop ausgezählten Positionen pro Zahn betrug also bis zu 25, die minimale im konkreten Fall sieben. Im Durchschnitt konnten pro Zahn 18 Zählungen durchgeführt werden. Ob die Anzahl der Zählungen allerdings tatsächlich von großer Bedeutung ist, soll am Beispiel der Zählwerte aus TCA-Probe 74 (Grab 140) verdeutlicht werden:
Die Gesamtzahl der Ringzählungen beträgt 24 bei 5 Schnitten mit einem errechneten Mittelwert von 42 Ringen. Tabelle 1 zeigt, wie sich der Mittelwert mit zunehmender Anzahl der Zählungen

ändert. Auch wenn die Unterschiede in diesem Fall nicht gravierend erscheinen, bleibt die Tatsache bestehen, dass überhaupt welche festzustellen sind. Es kann demnach davon ausgegangen werden, dass die Genauigkeit proportional mit dem Umfang der Stichprobe zunimmt.

Zusätzlich erfolgte eine zweite Kontrollauszählung anhand von Digitalbildern. In diesem Fall wurden von jeder Zahnprobe vier Bilder angefertigt, die später am Computer weiter bearbeitet wurden. Bei deren Auswertung wurde nunmehr der Median anstelle des arithmetischen Mittelwertes der beiden Auszählungen miteinander verglichen, da dieser nach mathematischen Erfahrungswerten bei kleinen Stichprobenumfängen einen genaueren statistischen Vergleich erlaubt. Das Ergebnis: Nur in knapp 16% der Fälle differiert der Median um mehr als fünf Ringe. Die maximale Abweichung liegt bei 13 Ringen, die minimale rein rechnerisch bei weniger als einem Ring. Demnach lässt sich festhalten, dass bei der ersten Zählung keine gravierenden Fehler bei der Beurteilung der einzelnen Proben begangen wurden und die vorliegenden Daten ein tatsächlich vorhandenes Spektrum an Zählungen darstellen. Dennoch kommt es in Verbindung mit anderen Fehlern offenbar zu größeren Abweichungen.

Frühere Studien an Zähnen altersbekannter Individuen zeigten eine ansteigende Differenz zwischen dem Ergebnis der TCA und dem tatsächlichen Sterbealter mit zunehmendem Alter auf.[23] Als Erklärung dafür werden eine Reihe biologischer Faktoren angeführt. Das vorliegende Material kann einer solchen Prüfung nicht unterzogen werden, da das tatsächliche Alter der Individuen nicht bekannt ist. Dennoch besteht auch bei dieser Serie die begründete Annahme, dass das Sterbealter einen Einfluss auf mögliche Abweichungen der Zählwerte vom reellen Alter haben könnte. Um diese Aussage zu stützen, können folgende Anhaltspunkte herangezogen werden: In Abbildung 2 wird die Spannweite der Auszählungen gegen die Altersbestimmung aufgetragen. Erstellt man eine den vorliegenden Werten entsprechende Funktion, ergibt sich die dargestellte Gerade (Spannweite = –4,204137 + 0,5407185 Altersbestimmung). Von den insgesamt 109 einbezogenen Werten flossen alle in die Berechnung ein. Innerhalb der beiden Grenzen ober- und unterhalb der Geraden liegen 95% der verfügbaren Punkte. Besonders auffällig sind jedoch fünf Punkte, die jenseits dieser Grenze liegen und eine größere Spannweite dokumentieren. Altersmäßig befinden sie sich in einem Raum zwischen 35 und 44 Jahren. Für die übrigen Punkte zeigt sich eine deutliche Konzentration in dem Abschnitt von 5–39 Jahren. Inklusive der drei Punkte jenseits der eingezeichneten Grenze handelt es sich dabei um 85% der gesamten Werte. Aus der Darstellung geht ebenfalls hervor, dass die Spannweite mit zunehmendem Alter steigt. Besonders ab einem Alter von 35 Jahren scheint sie markant anzuschwellen. Bemerkenswerterweise sind auch Individualwerte zu erkennen, die dieser Beobachtung nicht entsprechen. Sie zeigen teilweise sogar eine geringere Spannweite auf als bei Individuen, die jünger als 35 Jahre sind: z.B. der Wert von TCA-Probe 22 (Alter 37, Spannweite 9). Dennoch gibt sich ein prinzipieller Trend zu erkennen, der für eine Zunahme der Spannweite mit zunehmendem Alter spricht.

Bei der Interpretation der Daten muss jedoch beachtet werden, dass es sich bei den Werten der Altersbestimmung um die Summe aus dem Mittelwert der Auszählungen und dem Mittelwert der für die jeweiligen Zähne aus der Literatur entnommenen Durchbruchsalter handelt. Beide Werte beinhalten also schon von sich aus eine gewisse Fehlerspanne. Um deren Einfluss so weit wie möglich zu minimieren, soll nun die Abhängigkeit von Spannweite und Alter durch zwei andere Wertegruppen überprüft werden. Dabei wird neben dem Mittelwert der Auszählung die errechnete Standardabweichung des Mittelwerts verwendet. Es zeigt sich, dass eine logarithmische Funktion die Streuung der Werte am besten erklären kann (Abb. 3). Das Resultat ist ein ähnliches Bild wie bei Abbildung 2, eine Konzentration der Werte im unteren und mittleren Bereich der X-Achse sowie eine sukzessive höhere Standardabweichung. Auffällig ist die gleichermaßen zunehmende Abweichung der Werte von der Funktionsgleichung (Log [Standardabweichung] = 0,2894794 + 0,0410627 x Mittelwert der

---

[23] S. Pilloud, Lässt sich mittels der Altersbestimmung anhand des Zahnzements auch bei älteren Individuen ein signifikanter Zusammenhang zwischen histologischem und reellem Alter finden? Anthr. Anz. 62, 2004, 231–239.

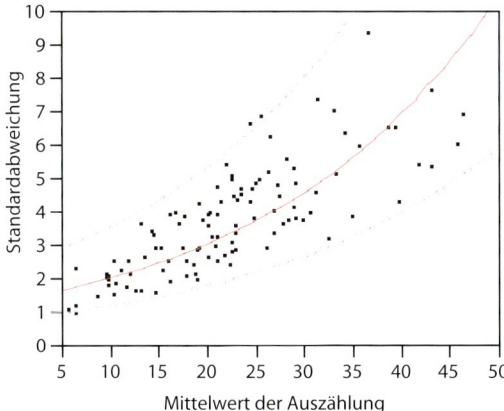

Abb. 3 Zunehmende Standardabweichung mit steigendem Mittelwert (n = 109); Log(Standardabweichung) = 0,2894794 + 0,0410627 Mittelwert der Auszählung.

Auszählung) mit steigendem Mittelwert. Während die Grenzen der Konfidenzintervalle bei einem Mittelwert von fünf nur um etwa einen Wert der Standardabweichung von der Funktionsgleichung entfernt liegen, beträgt der Abstand bei einem Mittelwert von 35 das Drei- bis Vierfache, mit weiterhin steigender Tendenz. Auffällig ist ebenfalls, dass die Konfidenzintervalle einen unterschiedlich großen Raum abdecken. Mit zunehmendem Mittelwert klaffen die Grenzen weiter auseinander, die Standardabweichung wächst also parallel zum Mittelwert.

Aus diesen Ergebnissen können zwei Schlüsse gezogen werden. Sowohl in Abbildung 2 als auch in Abbildung 3 zeichnet sich eine Zunahme der Abweichung bei steigendem Alter bzw. Mittelwert ab. Diese Zunahme ist allerdings nicht konstant, sondern wird durch Fälle niedriger Spannweite oder Standardabweichung destabilisiert. Als Resultat lässt sich daher festhalten, dass Zementappositionen mit dem Alter immer variabler werden, was sowohl einen genauen als auch einen ungenauen Mittelwert bzw. eine exakte oder auch weniger exakte Sterbealtersbestimmung bedeuten kann. Welche Faktoren im Detail für diese Variabilität verantwortlich sind, kann anhand der vorliegenden Untersuchung nicht beantwortet werden.

Hinsichtlich der Zahnpathologien wurde besonders auf Parodontose/itis und vorhandene Zahnfehlstellungen geachtet. Es zeigt sich, dass Parodontopathien innerhalb des Materials weit verbreitet sind. Nur bei sechs Individuen (5,5% der einbezogenen Kieferreste) konnten keine entsprechenden Anhaltspunkte gefunden und in sieben Fällen (6,4%) aufgrund schlechter Erhaltung keine Aussage gemacht werden. Alle anderen Individuen litten unter Parodontose/itis in mehr oder weniger starker Ausprägung. Der Schweregrad war abhängig von der Ausbreitung der Krankheit. Zeigten sich erste Anzeichen oder war nur das erste Drittel der Wurzel sichtbar, galt dies als ‚schwache Ausprägung'. War das zweite Drittel der Wurzel sichtbar, wurde dies als ‚mittelstarke Ausprägung' gewertet, während Formen, die darüber hinaus gingen als ‚starke Ausprägung' aufgenommen wurden. Als ‚unbestimmbar' galten isoliert aufgefundene Zähne ohne zugehörigen Kiefer oder Kiefer in schlechtem Erhaltungszustand.

Der weitaus größte Teil des Materials (56,9%) weist nur schwache Hinweise auf Parodontopathien auf. Zusammen mit den Zähnen ohne Spuren von Zahnfleischschwund machen sie einen Anteil von 62,4% der gesamten Serie aus. Von den übrigen 31,2% mit positivem Befund zeigen lediglich 1,8% eine weit fortgeschrittene Form. Bei 6,4% konnte keine Aussage über den Schweregrad getroffen werden.

Um zu überprüfen, ob zwischen Parodontose/itis und der Spannweite der Zählungen ein Zusammenhang besteht, werden beide Parameter in einem Diagramm zusammengeführt (Abb. 4). 0 entspricht dabei der Gruppe von Individuen ohne Befund, während 1 bis 3 stellvertretend für eine schwache, mittelstarke und starke Ausprägung stehen.²⁴ Wie sich herausstellt, gibt es keinen eindeutigen Zusammenhang zwischen Spannweite und Schweregrad. Die Bandbreite der Spannweiten innerhalb eines Schweregrades ist sowohl bei den Werten der ‚schwachen Ausprägung' (3–32 Ringe) und denen der ‚mittelstarken Ausprägung' (6–34 Ringe) sehr ähnlich. Die beiden Individuen mit einer ‚starken Ausprägung' zeigen eine Spannweite von 27 bzw. 14 Ringen. Die Werte der sechs Individuen ‚ohne Befund' verteilen sich ebenfalls auf einen relativ großen Raum (Spannweite 7–30 Ringe), so dass auch hier keine wirkliche Tendenz zu erkennen ist. Insgesamt gesehen, lässt sich demnach keine Abhängigkeit feststellen. Alle einbezogenen Gruppen spiegeln eine große Variation wider.

Hinsichtlich der übrigen Befunde am Gebiss, wie z. B. Zahnfehlstellungen oder Gebissanomalien,²⁵ verhält es sich ähnlich wie bei den Parodontopathien. Es besteht offenbar keine Korrelation zwischen großer oder kleiner Spannweite und pathologischem Befund.

Nach den bisherigen Ergebnissen kann die Spannweite der Zählwerte weder auf zahnspezifische Variabilitäten oder das Geschlecht noch auf pathologische Veränderungen oder simple Zählfehler zurückgeführt werden. Keiner dieser Faktoren scheint alleine für die teilweise erheblichen Schwankungen verantwortlich zu sein. Lediglich beim Sterbealter konnte eine Korrelation mit der Spannweite nachgewiesen werden. Möglicherweise handelt es sich um das kumulative Produkt aller Faktoren, die in ihrer Gesamtheit eine solche Spannweite ergeben. Vielleicht müssen aber auch Gründe dafür verantwortlich gemacht werden, die bisher noch nicht weiter untersucht wurden. In Betracht kämen z. B. eine genetische Komponente oder ein exogener Reiz, wie Ernährung oder jahreszeitliche Rhythmen, die die Ausbildung der Zementringe steuert.

Tatsache ist, dass der eigentliche Taktgeber für die (kontinuierlich) zunehmende, (zirka)annuale Anlagerung von Zahnzement mit steigendem Lebensalter bis heute noch nicht eindeutig identifiziert werden konnte. Das Phänomen additiver Ringbildung durch Zementapposition mit fortschreitendem Alter besteht. Bestehend bleibt ebenso die Erkenntnis, dass in jedem Alter eine gewisse Spannweite existiert. Dies wirft die Frage auf, ob die bisher angenommene Genauigkeit der Zahnzementannulation als Abbild des chronologischen Alters tatsächlich in dieser Form existiert oder ob die bei der Altersdiagnose pauschal angegebene Fehlerspanne des Zahndurchbruchs nicht zumindest um die bei der Berechnung des Mittelwerts aus den Ergebnissen der Einzelauszählungen einer Probe entstandene Standardabweichung ergänzt werden müsste.²⁶

Die TCA im Vergleich mit konventionellen Verfahren

Bei einer Gegenüberstellung der Altersdiagnosen, die sich aus den angewandten Methoden ergeben, zeigen sich z. T. erhebliche Differenzen zwischen den einzelnen Verfahren, sowohl im Vergleich der gängigen Ansätze untereinander als auch in Relation zur Zahnzementannulation (Abb. 5). Besonders anschaulich wird dies durch die Anordnung der Proben der TCA nach ansteigendem Alter. Vergleicht man die Einzelwerte der Altersangabe der Zahnzementannulation, stimmen bei keiner anderen Methode mehr als 9% der Ergebnisse direkt überein. Bei der kombinierten Methode liegt dieser Anteil bei 0%. Alle morphognostischen Verfahren ergeben im Durchschnitt ein höheres Alter als bei der TCA. Basierend auf der Nahtobliteration und der Zahnkronenabrasion betrifft das knapp

---

24 Die Gruppe von Zähnen, bei der keine Aussage über den Schweregrad möglich war (6,4%), wurde nicht in die Abbildung mit aufgenommen, weil sie keine verwertbaren Ergebnisse lieferte.

25 Unter dem Begriff ‚Zahnfehlstellungen' fallen alle Phänomene wie Drehstellung, Engstand, Kippung, Kulissenstellung usw., während unter dem Begriff ‚Gebissanomalien' Befunde wie zum Beispiel Kopfbiss, Hochbiss, Überbiss und alveolare Prognathie zusammengefasst sind.

26 Ein weiteres Problem stellen die Erosionsdefekte dar, die keine pathologische Ursache haben, sondern während der Liegezeit der Skelettreste entstanden sein und ebenso zum Verlust einer unbestimmten Anzahl äußerer Zementringe führen können. Es stellt sich zwangsläufig die Frage, ob bei bodengelagerten Zähnen in jedem Fall tatsächlich die ursprünglich vorhandene (= maximale) Ringzahl überliefert ist.

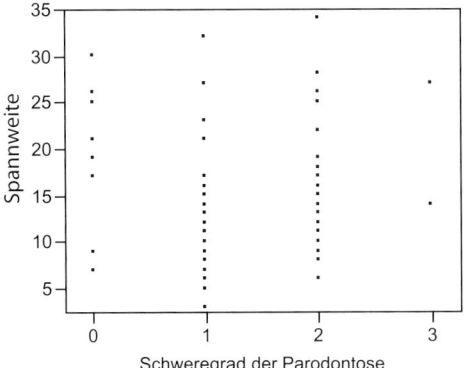

Abb. 4 Verteilung der Schweregrade der Parodontose im Bezug zur Spannweite der Zählungen (0 = keine Parodontose; 1 = schwache Ausprägung; 2 = mittelstarke Ausprägung; 3 = starke Ausprägung; n = 102).

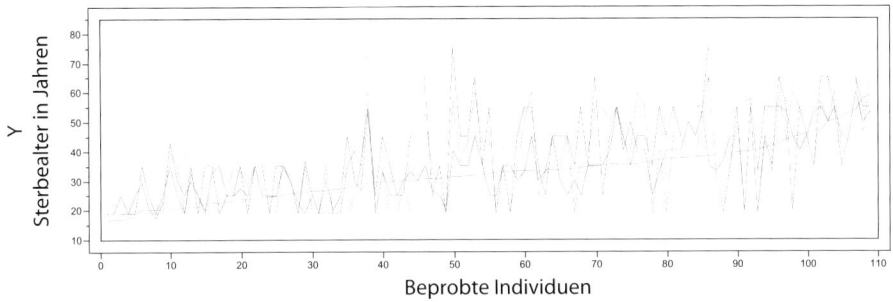

Abb. 5 Abweichung der Ergebnisse morphognostischen Altersbestimmungen von denen der TCA. Rot = TCA; blau = Schädelnahtverknöcherung nach Czarnetzki; hellgrün = Schädelnahtverknöcherung; dunkelgrün = Zahnkronenabrasion; graue Punkte = kombinierte Methode (n = 109).

zwei Drittel der Werte, für die kombinierte Methode sogar 90% aller Altersangaben. Hinsichtlich der beiden Methoden, die auf der Verwachsung der Schädelnähte beruhen, lassen sich die festgestellten Unterschiede, abhängig von der Spanne der Abweichung zur TCA, grob in drei Abschnitte gliedern. Insgesamt reichen die Diskrepanzen bei der Bestimmung des Sterbealters zwischen der Zahnzementannulation und den anderen Verfahren von durchschnittlich sechs Jahren (TCA : Zahnkronenabrasion) bis zu 18 Jahren (TCA : kombinierte Methode).

Da es sich bei der Altersangabe aufgrund der TCA im Grunde ebenfalls um eine Zeitspanne von fünf Jahren und nicht um einen jahrgenauen Einzelwert handelt, zeigt ein erneuter Vergleich ein verändertes Bild. Der Anteil an Mittelwerten, die innerhalb dieser Spanne liegen, wächst bei allen konventionell ermittelten Daten um ein Vielfaches (Tab. 2). Die geringste Quote an Übereinstimmungen ergibt sich zur kombinierten Methode (12%), die größte für die Zahnkronenabrasion mit immerhin 63%. Die Nahtbefunde liegen mit 33% bzw. 39% (d.h. Abweichungen von 67% bzw. 61%) im Mittelfeld. Für die vorliegende Stichprobe lässt sich damit am ehesten eine Korrelation zwischen der TCA und der Zahnkronenabrasion feststellen.

Die ermittelten Größenordnungen könnten zumindest für die Altersdiagnose zeitlich und räumlich vergleichbarer Serien zur Berechnung von ‚Korrekturfaktoren' herangezogen werden. Eine endgültige Wertung der Stimmigkeit, d.h. welche der verwendeten Methoden letztlich die genaueste ist, muss offen bleiben, da das tatsächliche Sterbealter der Schwetzinger nicht bekannt ist.[27]

---

27 Eine groß angelegte Studie mit vergleichbarer Fragestellung wurde vor Jahren an der frühmittelalterlichen Skelettserie aus dem Gräberfeld von Lauchheim ‚Wasserfurche' durchgeführt. Die Ergebnisse sind bislang noch nicht im Detail veröffentlicht.

Altersbestimmungsmethode	Einzelwerte (= TCA)	Altersspanne (= TCA)
Kombinierte Methode (n=34)	0%	12%
Konventionelle Schädelnahtverknöcherung (n=105)	2%	39%
Schädelnahtverknöcherung nach CZARNETZKI (n=105)	3%	33%
Zahnkronenabrasion (n=107)	9%	63%

Tabelle 2 Zusammenfassung der Anteile an Übereinstimmungen der konventionellen Altersbestimmungsmethoden im Vergleich zu den Einzelwerten und der Altersspanne der Zahnzementannulation.

Alter	a	D_x	d_x	l_x	q_x	L_x	T_x	e_x
0–4	5	23	10,9	100,0	10,9	472,7	2746,7	27,5
5–9	5	27,58	13,1	89,1	14,7	412,8	2274,0	25,5
10–14	5	15,357	7,3	76,0	9,6	361,9	1861,2	24,5
15–19	5	11,787	5,6	68,7	8,1	329,7	1499,3	21,8
20–24	5	21,273	10,1	63,1	16,0	290,5	1169,6	18,5
25–29	5	18,273	8,7	53,1	16,3	243,7	879,1	16,6
30–34	5	21,193	10,0	44,4	22,6	196,9	635,4	14,3
35–39	5	21,193	10,0	34,3	29,3	146,6	438,5	12,8
40–44	5	10,126	4,8	24,3	19,8	109,5	291,9	12,0
45–49	5	10,126	4,8	19,5	24,6	85,5	182,4	9,4
50–54	5	12,209	5,8	14,7	39,4	59,0	96,9	6,6
55–59	5	12,209	5,8	8,9	65,0	30,1	37,9	4,3
60–x		6,584	3,1	3,1	100,0	7,8	7,8	2,5
Gesamt	–	210,9	80,5	–	–	2564,3	–	–

Tabelle 3 Sterbetafel des Gräberfeldes Schwetzingen (a = Spanne der Altersstufen; D_x = Anzahl der Gestorbenen; d_x = relative Anzahl der Gestorbenen in Prozent; l_x = Überlebende in Prozent; q_x = Sterbewahrscheinlichkeit in Prozent; L_x = gelebte Jahre; T_x = Summe der noch zu lebenden Jahre; e_x = Lebenserwartung).

Alter	a	D_x	d_x	l_x	q_x	L_x	T_x	e_x
20–29	10	2,3	6,9	100,0	6,9	965,7	3219,9	32,2
30–39	10	5,6	16,4	93,1	17,6	849,2	2254,3	24,2
40–49	10	7,4	21,8	76,7	28,4	658,0	1405,1	18,3
50–59	10	7,7	22,6	54,9	41,1	436,2	747,1	13,6
60–69	10	6,6	19,4	32,3	59,9	226,6	310,9	9,6
70–79	10	3,7	11,0	13,0	85,0	74,6	84,3	6,5
80–x		0,7	1,9	1,9	100,0	9,7	9,7	5,0
Gesamt	–	33,9	100,0	–	–	3219,9	–	–

Tabelle 4 Gekürzte Sterbetafel, aufgestellt nach den Ergebnissen der kombinierten Methode für das Gräberfeld von Schwetzingen (a = Spanne der Altersstufen; D_x = Anzahl der Gestorbenen; d_x = relative Anzahl der Gestorbenen in Prozent; l_x = Überlebende in Prozent; q_x = Sterbewahrscheinlichkeit in Prozent; L_x = gelebte Jahre; T_x = Summe der noch zu lebenden Jahre; e_x = Lebenserwartung).

Alter	a	D_x	d_x	l_x	q_x	L_x	T_x	e_x
20–29	10	38,9	29,4	100,0	29,4	852,9	1897,1	19,0
30–39	10	41,9	31,7	70,6	44,9	547,3	1044,3	14,8
40–49	10	19,6	14,8	38,9	38,1	314,7	497,0	12,8
50–59	10	23,6	17,9	24,1	74,2	151,3	182,3	7,6
60–x		8,2	6,2	6,2	100,0	31,0	31,0	5,0
Gesamt	–	132,2	100,0	–	–	1897,1	–	–

Tabelle 5   Gekürzte Sterbetafel des Gräberfeldes Schwetzingen (a = Spanne der Altersstufen; D_x = Anzahl der Gestorbenen; d_x = relative Anzahl der Gestorbenen in Prozent; l_x = Überlebende in Prozent; q_x = Sterbewahrscheinlichkeit in Prozent; L_x = gelebte Jahre; T_x = Summe der noch zu lebenden Jahre; e_x = Lebenserwartung).

Demographische Bedeutung

Die Anwendung unterschiedlicher Methoden zur Altersdiagnose wirft Fragen hinsichtlich der Vergleichbarkeit von Skelettserien auf, die auf der Basis verschiedener Kriterien altersbestimmt wurden. Dies betrifft nicht nur die Individualdaten, sondern ebenso die daraus berechneten demographischen Strukturen einer Populationsstichprobe. Welche Größenordnungen sich in diesem Zusammenhang ergeben, soll am Beispiel der Schwetzinger Skelettserie in Form von Sterbetafeln gezeigt werden. Als Datenbasis dienen die bislang unveröffentlichten Untersuchungsergebnisse, die anhand einer Kombination konventioneller Methoden erzielt wurden.
Die erste Sterbetafel (Tab. 3) steht für das gesamte Gräberfeld, inklusive der Kinder und Jugendlichen sowie der Erwachsenen, die nicht in die TCA-Untersuchung eingeflossen sind. Insgesamt konnten 211 Individuen berücksichtigt werden. Demnach lag die durchschnittliche Lebenserwartung der Menschen bei 27,5 Jahren, die Säuglingssterblichkeit in den ersten vier Jahren bei ca. 11% und die Kindersterblichkeit in den ersten zehn Jahren bei insgesamt 24,1%. 3,1% der Individuen erreichten ein Alter jenseits der 60.
Ab der Zeitstufe ‚spätmatur' wird die Diagnose problematisch, da die meisten Altersbestimmungsmethoden keine zuverlässigen Daten mehr liefern können. Zudem steigt die Wahrscheinlichkeit, dass die Differenz zwischen chronologischem und biologischem Alter größer wird. Hier könnte die Methode der Zahnzementannulation neue Antworten liefern. Das Sterbealter seniler Individuen müsste exakter bestimmt werden können, sofern noch intakte Zähne vorliegen. Auch wenn die Ungenauigkeit der TCA mit zunehmendem Alter steigt, bleibt prinzipiell das Potential bestehen, überhaupt ein Alter angeben zu können. Innerhalb der Sterbetafel wird dadurch die Auflösung weiter erhöht, da ältere Individuen nicht mehr über mehrere Altersklassen verteilt werden müssen.
In Tabelle 4 sind die Ergebnisse dargestellt, die alleine auf der kombinierten Methode beruhen. Zunächst fällt der kleine Stichprobenumfangs (n = 34) auf, da nur ein kleinerer Prozentsatz der Skelette den notwendigen Erhaltungszustand aufweist. Es fragt sich, ob diese die gesamte Population hinreichend repräsentieren. Bemerkenswert ist weiterhin die Verschiebung der Alterskurve in den Bereich der 40–49-jährigen bzw. der 50–59-jährigen im Vergleich zu Tabelle 3. Dort sind allerdings auch die Nichterwachsenen enthalten. Wird das Gesamtkontingent auf die Erwachsenen reduziert, bleiben die genannten Unterschiede dennoch erhalten (Tab. 5). Die durchschnittliche Lebenserwartung für ‚frühadulte' Individuen liegt bei 19 Jahren, im Gegensatz zu 32,2 Jahren, die anhand der kombinierten Methode errechnet wurden. Das verzerrte Bild auf der Basis der kombinierten Methode dürfte somit v. a. auf den geringen Umfang an Daten zurückgehen.
Bezogen auf die für die TCA geeignete Teilserie (109) konnte an 96% (105) des untersuchten Materials auch eine Altersbestimmung anhand der Obliteration der Schädelnähte durchgeführt werden. Für den unmittelbaren Vergleich fließen wiederum nur die Erwachsenen in die Sterbetafel ein (s. Tab. 6). Die durchschnittliche Lebenserwartung mit Eintritt ins ‚frühadulte' Stadium beträgt

23,9 Jahre. Laut Berechnung starben 14% der Erwachsenen innerhalb dieses Zeitraums. Im Gegensatz zur kombinierten Methode finden sich die meisten Sterbefälle innerhalb der ‚spätadulten' Phase (30,6%), d. h. im Alter zwischen 30 und 39 Jahren. In den folgenden Altersstufen nimmt der Anteil mehr oder weniger kontinuierlich ab. Eine annähernd differenzierte Altersbestimmung erscheint bestenfalls bis Ende 60 möglich, darüber hinaus sind alle Individuen in einer Gruppe zusammengefasst.

Ebenso wie bei der konventionellen Nahtobliteration konnten durch die Verwachsung der Schädelnähte nach Czarnetzki 96% des Umfangs der TCA-Stichprobe altersbestimmt werden. Erneut werden ausschließlich die Erwachsenen berücksichtigt (Tab. 7). Die Gesamtzahl der Individuen in der Sterbetafel beträgt hier 83,8. Der Unterschied zwischen beiden Methoden zur Nahtverknöcherungen erklärt sich durch die jeweils zugrunde liegenden unterschiedlichen Parameter sowie die daraus resultierende Gewichtung auf die Altersklassen ‚spätjuvenil' und ‚frühadult'. Nach dem ersten Anschein zeigen sich zwischen beiden Sterbetafeln (Tab. 6 u. 7) große Ähnlichkeiten. Die für die einzelnen Altersgruppen berechneten Lebenserwartungen stimmen mit Abweichungen von maximal 0,8 Jahren in hohem Maße überein. Der Anteil der Gestorbenen in der Altersspanne der 40–49-jährigen liegt jedoch annähernd gleichhoch wie bei den 50–59-jährigen (21,1% vs. 20,5%), während die konventionelle Obliteration eine Abnahme aufzeigt. Die modifizierte Methode nach Czarnetzki erfasst also offensichtlich einen höheren Anteil an ‚spätmaturen' Individuen.

Die Ähnlichkeiten der Ergebnisse von Zahnzementannulation und Zahnkronenabrasion sind bereits angesprochen worden (Abb. 5). Inwieweit sich diese auf die Sterbetafel und Alterskurve auswirken, zeigt Tabelle 8. 107 Proben lieferten Daten für eine Altersbestimmung anhand der Zahnkronenabrasion. Das entspricht einem Anteil von 98% am Gesamtumfang der TCA-Serie. Der Anteil an Erwachsenen liegt bei 91% (97,6 Individuen). Auffällig ist vorab das Fehlen von Personen mit einem Sterbealter von 70 oder mehr Jahren, da Abrasionsschemata für eine Differenzierung innerhalb der senilen Altersgruppe fehlen und aufgrund der vorgenannten Kriterien auch wenig sinnvoll sind. Bei der Lebenserwartung kommt es im Vergleich zur Obliteration zu einer Verschiebung der Altersstufen. Ursache dafür dürfte das Fehlen von ‚spätsenilen' Individuen sein. Ähnlich wie bei der modifizierten Nahtverknöcherung liegt das Maximum der Sterbedaten im Bereich der ‚spätadulten' Altersstufe.

Die Überlegung, die der Erstellung der Sterbetafeln zugrunde liegt, ist die Hypothese, dass die Zahnzementannulation in der Lage ist, das Sterbealter exakter fassen zu können. Dies hätte zur Folge, dass man bei der Erstellung einer Sterbetafel mit konkreten Altersangaben arbeiten könnte, anstelle – wie bisher – mit gewichteten, die sich häufig auch noch über mehrere Altersklassen verteilen. So ließen sich einerseits die ‚senilen' Individuen besser differenzieren und andererseits so genannte virtuelle Senile, die sich z. B. durch Bestimmungen wie ‚matur oder älter' ergeben, vermeiden. Dennoch muss im Auge behalten werden, dass auch bei der TCA eine Zeitspanne und nicht ein jahrgenauer Einzelwert ermittelt wird. Die Ergebnisse der Untersuchung mittels TCA sind in Tabelle 9 aufgeführt. Besonders hervorzuheben ist, dass keine Individuen der Altersstufen 60–69 bzw. 70–x vertreten sind, während sich ca. 47% der Werte im Bereich der 30–39-jährigen konzentrieren. Die Sterbewahrscheinlichkeit innerhalb dieses Alterssegments steigt damit auf 73%. Die entsprechenden Vergleichswerte für die anderen Methoden liegen zwischen 17,6% und 49,8%. Auf dieses Maximum folgt bei der TCA ein steiler Abfall der Alterskurve. Nur etwas mehr als 18% der Werte verteilen sich noch auf die beiden letzten Altersstufen (11,5% auf die 40–49-jährigen und 6,7% auf die 50–59-jährigen). Inwieweit der immense Prozentsatz ‚spätadulter' und das absolute Fehlen ‚seniler' Individuen tatsächlich die Realität widerspiegelt, darüber kann nur spekuliert werden. Die Datenbasis erscheint – nach heutigem Forschungsstand methodisch betrachtet – zwar am genauesten, das Ergebnis jedoch zumindest diskussionswürdig. Auch wenn es prinzipiell vorstellbar wäre, dass vielleicht aufgrund einer Epidemie oder einer kriegerischen Auseinandersetzung ein größerer Anteil einer bestimmten Altersgruppe zu Tode gekommen sein könnte.

In Abbildung 6 sind zum besseren Vergleich alle relativen Anteile der Gestorbenen in Prozent (d_x) der zuvor vorgestellten Sterbetafeln in einem Diagramm abgebildet. Bei der Betrachtung der

Alter	a	D_x	d_x	l_x	q_x	L_x	T_x	e_x
20–29	10	10,6	14,0	100,0	14,0	929,8	2390,1	23,9
30–39	10	23,1	30,6	86,0	35,6	706,6	1460,3	17,0
40–49	10	18,1	24,0	55,4	43,3	433,8	753,6	13,6
50–59	10	13,2	17,5	31,4	55,7	226,5	319,9	10,2
60–69	10	8,7	11,5	13,9	82,9	81,5	93,4	6,7
70–x		1,8	2,4	2,4	100,0	11,9	11,9	5,0
Gesamt	–	75,5	100,0	–	–	2390,1	–	–

Tabelle 6   Gekürzte Sterbetafel, aufgestellt nach den Ergebnissen der konventionellen Schädelnahtverknöcherung für das Gräberfeld von Schwetzingen (a = Spanne der Altersstufen; D_x = Anzahl der Gestorbenen; d_x = relative Anzahl der Gestorbenen in Prozent; l_x = Überlebende in Prozent; q_x = Sterbewahrscheinlichkeit in Prozent; L_x = gelebte Jahre; T_x = Summe der noch zu lebenden Jahre; e_x = Lebenserwartung).

Alter	a	D_x	d_x	l_x	q_x	L_x	T_x	e_x
20–29	10	14,5	17,3	100,0	17,3	913,5	2311,5	23,1
30–39	10	25,0	29,8	82,7	36,1	677,8	1398,0	16,9
40–49	10	17,7	21,1	52,9	40,0	423,0	720,2	13,6
50–59	10	17,2	20,5	31,7	64,7	214,8	297,1	9,4
60–69	10	7,2	8,6	11,2	76,6	69,2	82,3	7,3
70–x		2,2	2,6	2,6	100,0	13,1	13,1	5,0
Gesamt	–	83,8	100,0	–	–	2311,5	–	–

Tabelle 7   Gekürzte Sterbetafel, aufgestellt nach den Ergebnissen der Schädelnahtverknöcherung nach CZARNETZKI für das Gräberfeld von Schwetzingen (a = Spanne der Altersstufen; D_x = Anzahl der Gestorbenen; d_x = relative Anzahl der Gestorbenen in Prozent; l_x = Überlebende in Prozent; q_x = Sterbewahrscheinlichkeit in Prozent; L_x = gelebte Jahre; T_x = Summe der noch zu lebenden Jahre; e_x = Lebenserwartung).

Alter	a	D_x	d_x	l_x	q_x	L_x	T_x	e_x
20–29	10	31,6	32,4	100,0	32,4	838,1	1692,6	16,9
30–39	10	32,9	33,7	67,6	49,8	507,7	854,5	12,6
40–49	10	17,3	17,7	33,9	52,3	250,5	346,8	10,2
50–59	10	14,3	14,7	16,2	90,5	88,6	96,3	5,9
60–69	10	1,5	1,5	1,5	100,0	7,7	7,7	5,0
70–x		0,0	0,0	0,0	0,0	0,0	0,0	0,0
Gesamt	–	97,6	100,0	–	–	1692,6	–	–

Tabelle 8   Gekürzte Sterbetafel, aufgestellt nach den Ergebnissen der Zahnkronenabrasion für das Gräberfeld von Schwetzingen (a = Spanne der Altersstufen; D_x = Anzahl der Gestorbenen; d_x = relative Anzahl der Gestorbenen in Prozent; l_x = Überlebende in Prozent; q_x = Sterbewahrscheinlichkeit in Prozent; L_x = gelebte Jahre; T_x = Summe der noch zu lebenden Jahre; e_x = Lebenserwartung).

Alter	a	D_x	d_x	l_x	q_x	L_x	T_x	e_x
20–29	10	34,0	32,7	100,0	32,7	836,5	1423,1	14,2
30–39	10	51,0	49,0	67,3	72,9	427,9	586,5	8,7
40–49	10	12,0	11,5	18,3	63,2	125,0	158,7	8,7
50–59	10	7,0	6,7	6,7	100,0	33,7	33,7	5,0
60–69	10	0,0	0,0	0,0	0,0	0,0	0,0	0,0
70–x		0,0	0,0	0,0	0,0	0,0	0,0	0,0
Gesamt	–	104,0	100,0	–	–	1423,1	–	–

Tabelle 9 Gekürzte Sterbetafel, aufgestellt nach den Ergebnissen der Zahnzementannulation für das Gräberfeld von Schwetzingen (a = Spanne der Altersstufen; D_x = Anzahl der Gestorbenen; d_x = relative Anzahl der Gestorbenen in Prozent; l_x = Überlebende in Prozent; q_x = Sterbewahrscheinlichkeit in Prozent; L_x = gelebte Jahre; T_x = Summe der noch zu lebenden Jahre; e_x = Lebenserwartung).

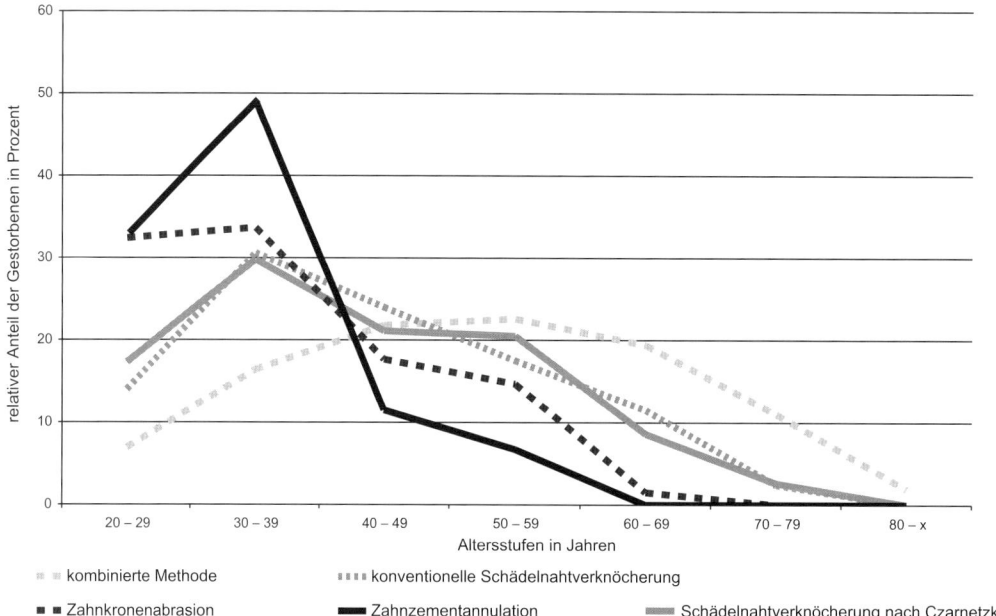

Abb. 6 Zusammenfassende Darstellung von d_x (relativer Anteil der Gestorbenen in Prozent) aller Sterbetafeln.

Sterbetafeln und Verteilungskurven zeigt sich, dass insbesondere die Ergebnisse der kombinierten Methode weit von den Werten entfernt liegen, die durch die anderen Verfahren erbracht wurden. Allerdings basieren diese Berechnungen auf dem kleinsten Stichprobenumfang. Bei den übrigen Methoden kann im Bereich der ‚spätadulten' Altersstufe ein gemeinsames Maximum beobachtet werden, das jedoch durch einen unterschiedlichen Prozentsatz von Individuen repräsentiert wird. Bei der Zahnzementannulation endet die Alterskurve bei 59 Jahren, obwohl gerade durch diese Methode auch eindeutig ältere Individuen detektiert werden sollen, bei der Zahnkronenabrasion endet sie eine Altersstufe später. Bei den Methoden zur Schädelnahtverknöcherung ist auch die Altersstufe von 70-x belegt, und bei der kombinierten Methode muss die Sterbetafel sogar bis 80-x Jahre aufgestockt werden.

Alles in allem lässt sich anhand der vorliegenden Stichprobe darlegen, dass die morphognostischen Altersbestimmungsmethoden im Vergleich zur TCA eine (deutliche) Tendenz zu höheren Werten haben. Das könnte darin begründet liegen, dass sie aus methodischen Gründen einen größeren

Anteil virtueller älterer Individuen enthalten. Unter Umständen zeichnet sich an dieser Stelle aber auch der Unterschied zwischen annähernd chronologischem Alter (TCA) und biologischem Alter (konventionelle Methoden) ab. In diesem Zusammenhang darf aber nicht vergessen werden, dass zum Ergebnis der Zahnzementannulation noch die Standardabweichung der Zählwerte und die Fehlerspanne des Zahndurchbruchs gehören. Der Unterschied zwischen den Methoden ist bei einem Vergleich der Altersspannen nicht ganz so groß wie bei einem Vergleich der Einzelwerte. Es bleibt abzuwarten, ob auch andere Untersuchungen dieser Art ähnliche Resultate erbringen.

Diskussion

Die vermeintlichen Vorteile der Sterbealtersbestimmung mit Hilfe der Zahnzementannulation gegenüber konventionellen morphognostischen Methoden sind klar definiert: Exaktere Altersdiagnose durch reproduzierbare Ergebnisse, Unabhängigkeit gegenüber Vergleichspopulationen und die Möglichkeit, das chronologische Alter zu bestimmen. Ein weiterer Vorteil liegt in der Stabilität der Zähne. Sie gehören zu den dauerhaftesten Bestandteilen des Skeletts und sind damit sehr häufig, unter ungünstigen Bedingungen manchmal ausschließlich, im archäologischen Material vertreten. Untersuchungen von B. Grosskopf,[28] P. Kagerer[29] und G. Caplazi[30] zeigten außerdem, dass die Anlagerungsprozesse im Bereich des Zahnzements resistent sind gegenüber einer Vielzahl von endo- und exogenen Einflüssen wie Tuberkulose, Schwankungen im Hormonspiegel, Leber- und Schilddrüsenerkrankungen, Mangelversorgung sowie Nahrungszusammensetzung oder Lebensraum. Diese Vorzüge charakterisieren die TCA offensichtlich zu einer revolutionären Methode bei der Bestimmung des Sterbealters.

Im Verlauf der vorliegenden Studie zeigte sich, dass die vermeintliche Genauigkeit nicht ganz so hoch zu sein scheint wie angenommen. Aus der Literatur ist eine Fehlerspanne für beschleunigten oder verzögerten Zahndurchbruch von etwa ±2,5 Jahren dokumentiert. Damit liegt das ermittelte Sterbealter inmitten einer möglichen Zeitspanne von 5 Jahren – ausgehend von dem durch die TCA festgestellten Ergebnis. Gegenüber den konventionellen morphognostischen Methoden, die in der Regel mit Zehnjahresspannen gehandhabt werden, stellt dies immer noch eine entscheidende Verbesserung der Genauigkeit dar. Zusätzlich zu diesem Fünfjahresintervall muss allerdings noch ein weiterer Unsicherheitsfaktor berücksichtigt werden. Die Auswertung der Zählwerte der einzelnen Zahnproben erbrachte auch bei hoher Zählfrequenz an verschiedenen Schnitten desselben Zahns teilweise enorme Spannweiten. Um dennoch einen jahrgenauen Wert zu erhalten, bedienen sich die Anwender in der Regel zweier verschiedener Methoden. Entweder wird der am häufigsten auftretende Zählwert (Median) als wahrscheinlichstes Ergebnis ermittelt oder der arithmetische Mittelwert aus allen Einzelzählungen berechnet.[31] Im letzteren Fall ergibt sich durch die mathematische Prozedur eine Standardabweichung, die grundsätzlich zur später angegebenen Fehlerspanne, die sich bei der derzeit üblichen Handhabung der Methode alleine aus der Unsicherheit des Durchbruchsalters ergibt, hinzugefügt werden müsste. Auf diese Weise entsteht eine individuelle Altersspanne, deren Breite aus der Summe von ±2,5 Jahren und der Standardabweichung aus der Spannweite der Auszählungsergebnisse resultiert. Im konkreten Fall konnten so bei der Altersbestimmung des Materials aus Schwetzingen eine durchschnittliche Spanne von ±5,8 Jahren und eine maximale Spanne von ±10,1 Jahren (Grab 190) berechnet werden. Damit relativiert sich der Vorteil der TCA in ihrer

---

28 B. Grosskopf, Individualaltersbestimmung mit Hilfe von Zuwachsringen im Zement bodengelagerter, menschlicher Zähne. Zeitschr. Rechtsmed. 103, 1990, 351–359.
29 P. Kagerer, Die Zahnzementzuwachsringe. Stumme Zeugen oder dechiffrierbare Annalen in der Paläopathologie, Paläodemographie und Rechtsmedizin? (Diss. München 2000).
30 G. Caplazi, Untersuchung über die Auswirkungen von Tuberkulose auf Anlagerungsfrequenz und Beschaffenheit der Zementringe des menschlichen Zahnes (Diplomarbeit Zürich 2001).
31 In manchen Fällen werden vor der Berechnung des Durchschnittswerts zunächst noch die Extremwerte gestrichen.

Genauigkeit gegenüber konventionellen Methoden der Altersbestimmung.

Auch wenn das Untersuchungsgut keineswegs in allen Punkten statistischen Anforderungen genügt, konnte bei der im vorliegenden Rahmen möglichen Überprüfung von Faktoren wie Fehler bei der Auszählung, Geschlecht, Alter, Zahnpathologien und Zahnposition keine Ursache direkt für die variable Spannweite verantwortlich gemacht werden. Auch bei R. Jankauskas et al.[32] wird eine variable und insbesondere höhere Spannweite bei älteren Individuen angegeben, ohne dass eine Begründung dafür gefunden wurde. Ein Auszählungsfehler wird allerdings ausgeschlossen.

Beim Vergleich der Ergebnisse der konventionellen, morphognostischen Methoden zur Altersbestimmung mit denen der Zahnzementannulation wurde deutlich, dass bei allen anderen Verfahren eine Tendenz zur Überschreitung der TCA-Werte zu beobachten ist. Der Grad dieser Tendenz ist abhängig von der Methode. Die Ergebnisse der kombinierten Methode weichen sehr viel stärker ab als die der Schädelnahtverknöcherung oder der Zahnkronenabrasion. Dies mag im vorliegenden Material in der kleinen Individuenzahl begründet liegen, die in die kombinierte Methode eingeflossen ist. Interessanterweise liegen die Ergebnisse der Altersdiagnosen auf der Basis der Zahnzementannulation und der Zahnkronenabrasion sehr dicht beieinander. Dies erstaunt umso mehr, als Letztere in der Regel als ausgesprochen variable und ungenaue Altersbestimmungsmethode gilt. Möglicherweise gibt sich hier ein Zusammenhang zwischen Abrasion und Zementapposition zu erkennen. Die mit zunehmendem Alter fortschreitende Anlagerung von azellulärem Fremdfaserzement könnte als Reaktion auf die sukzessive stärkere mechanische Beanspruchung der Zähne aufgefasst werden.

Ob es sich bei den beobachteten Tendenzen zur Über- und in einigen Fällen auch Unterschreitung des Schätzalters um die Differenzen zwischen biologischem und chronologischem Alter handelt, kann nach den vorliegenden Ergebnissen weder bestätigt noch verneint werden, da das tatsächliche Sterbealter der Betroffenen nicht bekannt ist.

So gesehen, könnte man annehmen, dass diese Untersuchung aufgrund des Mangels an Kontrollmöglichkeiten keine haltbaren Resultate zu liefern vermochte. Dabei muss jedoch beachtet werden, dass weder in der Fragestellung noch bei der Auswertung der Daten im Vordergrund stand, das tatsächliche Alter der Schwetzinger festzustellen. Sie zielte vielmehr auf die Anwendung der TCA-Methode als solche und deren Gegenüberstellung mit den Ergebnissen der konventionellen Verfahren zur Altersdiagnose. Es ging nicht darum, absolute (Alters-)Daten zu eruieren, sondern um die relative Vergleichbarkeit der Methoden untereinander.

Unbekannt ist immer noch, welche Faktoren für die Zementapposition im Bereich der Zahnwurzeln verantwortlich sind. Unbekannt ist ebenfalls, in welchem absoluten Zeitraum jeweils ein heller und ein dunkler Ring im steten Wechsel angelagert werden. Ohne den Taktgeber, d. h. den physiologischen Hintergrund, zu kennen, wird regelhaft ein Zeitraum von einem Jahr angenommen. Doch könnte es sich ebenso um etwas weniger oder etwas mehr als ein Jahr handeln. Die Auswirkungen eines solchen ‚zirka-annualen Rhythmus' zeigen sich auch beim Vergleich mit altersbekanntem Material erst im Laufe des Alterungsprozesses. Braucht der Zahn weniger als ein Jahr, um einen Ring anzulagern, erscheinen die Individuen älter als sie in Wirlichkeit sind bzw. waren. Dauert es länger als ein Jahr, erscheinen sie jünger.

Andere Arbeiten haben gezeigt, dass mit fortschreitendem Alter die Differenz zwischen dem Ergebnis der TCA und dem chronologischen Alter zunimmt.[33] Durch die vorliegenden Ergebnisse kann diese Aussage gestützt werden. Für die Spannweiten der Auszählungen ist mit zunehmendem Mittelwert und damit letztlich mit zunehmendem Sterbealter eine steigende Variabilität zu beobachten.[34] Dies kann sowohl eine größere als auch eine kleinere Spannweite bedeuten, welche wie-

---

32 R. Jankauskas/S. Barakauskas/R. Bojarun, Incremental lines of dental cementum in biological age estimation. Homo 52, 2001, 59–71.
33 Pilloud (Anm. 23).
34 Jankauskas et al. (Anm. 32).

derum verantwortlich für den Umfang der Abweichung des Endergebnisses ist. Hierin findet sich womöglich ein Zeichen für die Differenz zwischen chronologischem und biologischem Alter. Unbestreitbare Vorteile der TCA sind die Reproduzierbarkeit der Ergebnisse sowie die nach bisherigen Erkenntnissen sich abzeichnende Unabhängigkeit von populationsspezifischen Faktoren. Auch wenn die Aufbereitung und Auswertung der Zahnproben einigen Aufwand erfordert, hat die Zahnzementannulation durchaus Potential und kann als wertvolle Ergänzung innerhalb des Spektrums der Altersbestimmungsmethoden angesehen werden.

Schlagwortverzeichnis

Zahnzementannulation; Altersbestimmung; Anthropologie; Bandkeramik; Schwetzingen; Zählfehler; Standardabweichung.

Anschriften der Verfasser

Michael Francken M.A.
Eberhard-Karls-Universität Tübingen,
Naturwissenschaftliche Archäologie/
Arbeitsbereich Paläoanthropologie
Rümelinstr. 23
72070 Tübingen

E-Mail: michaelfrancken@web.de

Priv.-Doz. Dr. Joachim Wahl
Regierungspräsidium Stuttgart
Landesamt für Denkmalpflege
Arbeitsstelle Konstanz, Osteologie
Stromeyersdorfstraße 3
78467 Konstanz

E-Mail: Joachim.Wahl@rps.bwl.de

Buchbesprechungen

Johannes Müller (Hrsg.), *Alter und Geschlecht in ur- und frühgeschichtlichen Gesellschaften. Tagung Bamberg 20.–21. Februar*. Universitätsforschungen zur prähistorischen Archäologie 126 (Bonn 2005). Verlag Dr. Rudolf Habelt GmbH, Bonn. 194 Seiten, 80 Abbildungen, 26 Tabellen. Preis 45,00 €. ISBN 3-7749-3364-2.

Vorbemerkung

Die Rezension eines Buches sollte nicht nur dessen Inhalt in geraffter Form wiedergeben, sondern sich zudem kritisch damit auseinandersetzen. Ein solcher Anspruch sowie die Tatsache, dass durch die Behandlung eines Fragenkatalogs zwischen verschiedenartigen Disziplinen wie Vor- und Frühgeschichte, provinzialrömischer und klassischer Archäologie, Völkerkunde, Sozialwissenschaften und Anthropologie das zur Diskussion stehende Werk in höchstem Maße interdisziplinär angelegt ist, stellen im vorliegenden Fall eine besondere Herausforderung dar. Es dürfte kaum einen Anthropologen geben, der sich in der aktuellen Literatur aller beteiligten Nachbardisziplinen hinreichend auskennt, um allen Aspekten gerecht werden können. Dasselbe gilt für Prähistoriker *vice versa*. In Absprache mit der Redaktion der Fundberichte aus Baden-Württemberg sollte daher für diese Besprechung der Schwerpunkt auf dem Bezug zu naturwissenschaftlich-statistisch-anthropologischen Methoden und Aussagemöglichkeiten liegen.

Zum Inhalt

Unter dem o. g. Titel präsentiert J. Müller in der seit 1989 von verschiedenen Instituten zur Veröffentlichung von Examensarbeiten und aktuellen Forschungen genutzten und federführend vom Institut für Ur- und Frühgeschichte der Universität Kiel herausgegebenen Reihe „Universitätsforschungen zur prähistorischen Archäologie" die Ergebnisse einer Tagung, die vom 21.–22. Februar 2004 unter gleich lautendem Motto und mit 20 Teilnehmern an der Professur für Ur- und frühgeschichtliche Archäologie der Otto-Friedrich-Universität Bamberg stattgefunden hat. Ziel der Veranstaltung war die Untersuchung der Rolle von Alter und Geschlecht im sozialen Gefüge und diachronen Vergleich ausgewählter neolithischer bis frühmittelalterlicher Populationen Mitteleuropas. Abweichend vom üblichen Modus in Form von Einzelvorträgen äußerten sich die einzelnen Referent(inn)en jeweils alternierend zu einem vorgefertigten Fragenkatalog. Als Fachvertreter für die Anthropologie war H. Bruchhaus aus Jena und als Repräsentantin der Klassischen Archäologie A. Schwarzmaier aus Berlin hinzu gebeten worden. Der Band gliedert sich in elf chronologisch geordnete Beiträge von insgesamt 20 Autoren mit Umfängen zwischen fünf und 45 Seiten.
Am Beginn steht der Beitrag von M. Jung über *„Möglichkeiten und Grenzen des diachronen Vergleichs von Grabfunden"* (S. 11–17), in dem einige wesentliche erkenntnistheoretische Grundlagen zum Hauptthema andiskutiert werden. Auf eloquente Weise wird vom Autor u. a. auf den Unterschied zwischen biologischem und sozialem Geschlecht hingewiesen. Ein besonderes Augenmerk gilt außerdem den allgemeinen Problemen des diachronen Vergleichs von Gräbern, deren Anlage und Inventar nicht durchgehend direkt und ausschließlich vom Alter und Geschlecht des Bestatteten abhängen, sondern zuvorderst die jeweiligen kulturspezifischen Todes- und Jenseitsvorstellungen widerspiegeln. Am Beispiel des späthallstattzeitlichen Fürstengrabs von Hochdorf werden die unterschiedlichen Deutungsmöglichkeiten vorgestellt, die bei der Interpretation von Grabausstattungen

grundsätzlich in Erwägung zu ziehen sind: Beigaben, die die Reise ins Jenseits oder das Weiterleben ebendort ermöglichen, solche, die zum persönlichen Besitz des Verstorbenen gehören, quasi mit ihm gestorben und damit für die Nachwelt unbrauchbar geworden sind, sowie diejenigen Gegenstände, die möglicherweise als Relikte der Bestattungszeremonie(n) angesprochen werden können. Der „etwas rhapsodische Charakter" dieser Ausführungen wird vom Autor selbst bereits in seiner Vorbemerkung angemerkt und ist dem o. g. Modus der Veranstaltung am „Runden Tisch" geschuldet. In der Tat hätte sich der Leser an dieser einführenden Stelle einen etwas ausführlicheren Beitrag gewünscht, der u. a. auch auf die – je nach kulturellem Kontext – problematische Definition von Sonderbestattungen, die Deutung von Siedlungsbestattungen oder das vielfach anzutreffende Kinderdefizit Bezug nimmt.[1]

Unter Annahme einer ausgeprägten Arbeitsteilung bäuerlicher Gesellschaften und in Anlehnung an die von J. LÜNING 1996 propagierte Grobeinteilung des Neolithikums in drei Chronologieperioden[2] präsentiert J. MÜLLER im zweiten Abschnitt Fakten und Deutungsansätze *„Zur Rolle von Alter und Geschlecht in neolithischen Gesellschaften Mitteleuropas"* (S. 19–25). Gleich zu Beginn und später zum wiederholten Mal weist er auf ein entscheidendes Desiderat hin – dass die Aussagemöglichkeiten dazu infolge häufig fehlender anthropologischer Untersuchungen erheblich eingeschränkt sind. Für das Frühneolithikum werden auf der Basis von Beigabenausstattungen, sog. epigenetischen Merkmalen und Isotopenanalysen u. a. Hinweise auf eine geschlechtsspezifische Arbeitsteilung sowie patrilokale Verhältnisse konstatiert. Der Zugang zu exotischen Gütern wie Spondylusmuscheln scheint prinzipiell nicht altersabhängig gewesen zu sein, „bei ausreichender Stichprobengröße" deutet sich hinsichtlich anderer Ausstattungsgegenstände aber durchaus eine derartige Korrelation an. Diese Aussage bezieht der Autor auf das Beispiel des bandkeramischen Gräberfelds von Aiterhofen-Ödmühle, wonach die „Chance, mehr als zwei Dechsel mit ins Grab zu bekommen", mit höherem Alter zunimmt. Aus der Grafik in Abbildung 1 (S. 20) geht hervor, dass lediglich zwei von sechs senilen Männern mit jeweils drei Dechseln ausgestattet waren, alle jüngeren männlichen Individuen (auch Kinder und Jugendliche!) maximal mit zwei Steinbeilen. Da ein seniler Mann keines und drei weitere Männer dieser Altersstufe nur je eines bei sich hatten, ergibt sich für die senilen Männer insgesamt ein Durchschnittswert von 1,8 Steinbeilen. Die juvenilen kommen bei gleichem Rechenansatz auf 1,5, die adulten auf 1,6 und die maturen auf 1,2 Dechsel pro Individuum. Problematisch erscheinen in diesem Zusammenhang die (geringe) Anzahl seniler Individuen sowie die zugrunde liegenden Alters- und Geschlechtsdiagnosen, die im Rahmen einer Diplomarbeit von R. LANTERMANN vor über 25 Jahren durchgeführt wurden.[3] In dieser Studie werden sieben Männer als senil ausgewiesen, einer davon als „ca. 60", ein zweiter als „Anfang 60", zwei als „eher männlich" mit uneindeutigen Geschlechtsmerkmalen und die restlichen fünf als „männlich" eingestuft, allerdings ohne dass jegliche Beckenreste erhalten wären. Die Bestimmung des Sterbealters basiert auf der Obliteration der Schädelnähte sowie der Zahnkronenabrasion – nicht auf histologischen Methoden, die heute üblicherweise mit einbezogen werden. Die Grenze zwischen spätmatur und senil ist aufgrund dieser Kriterien kaum verlässlich zu ziehen. Speziell die Verwachsung der Schädelnähte ist ein eher vages Kriterium, das Vorhandensein von Naht- bzw. Schaltknochen vermag die Obliteration

---

1 Unter anderem S. KÖLBL, Das Kinderdefizit im frühen Mittelalter – Realität oder Hypothese? Zur Deutung demographischer Strukturen in Gräberfeldern (Diss. Tübingen 2003). – J. ORSCHIEDT, Bandkeramische Siedlungsbestattungen in Südwestdeutschland. Archäologische und anthropologische Befunde. Internat. Arch. 43 (Rahden 1998). – I. SCHWIDETZKY, Sonderbestattungen und ihre paläodemographische Bedeutung. Homo 16, 1965, 230–247. – U. VEIT, Studien zum Problem der Siedlungsbestattung im europäischen Neolithikum. Tübinger Schr. Ur- u. Frühgesch. Arch. 1 (Münster, New York 1996). – J. WAHL, Zur Ansprache und Definition von Sonderbestattungen. In: M. KOKABI/J. WAHL (Hrsg.), Beiträge zur Archäozoologie und prähistorischen Anthropologie. Forsch. u. Ber. Vor- u. Frühgesch. Baden-Württemberg 53 (Stuttgart 1994) 85–106.

2 J. LÜNING, Erneute Gedanken zur Benennung der neolithischen Perioden. Germania 74/1, 1996, 233–237.

3 R. LANTERMANN, Anthropologische Untersuchungen an den Skeletten des bandkeramischen Gräberfeldes von Aiterhofen, Lkr. Straubing-Bogen (Diplomarbeit Frankfurt/Main 1980). Siehe auch CHR. PESCHEL, Regel und Ausnahme. Linearbandkeramische Bestattungssitten in Deutschland und angrenzenden Gebieten, unter besonderer Berücksichtigung der Sonderbestattungen. Internat. Arch. 9 (Buch am Erlbach 1992).

zu verzögern, traumatische Ereignisse wirken womöglich beschleunigend und dazu kommt noch ein gewisser Unterschied zwischen den Geschlechtern. Mit höherem Alter zunehmend weicht das biologische z. T. erheblich vom chronologischen Alter ab. Die Abnutzung der Zähne ist außer von genetischen Faktoren insbesondere von der Nahrung und deren Zubereitung sowie der Verwendung des Gebisses als „dritte Hand" abhängig. R. Lantermann erwähnt in ihrer Studie wiederholt die auffallend geringe Zahnkronenabrasion der von ihr als senil eingestuften Männer und Frauen. Eine später durchgeführte zahnmedizinische Dissertation am selben, lediglich durch wenige Gräber ergänzten, Skelettmaterial weist dem entsprechend als ältestes Individuum der gesamten Serie eine spätmature Frau und keine einzige senile Person aus.[4] Eine Nachuntersuchung und Evaluation der anthropologischen Daten wäre demnach dringend geboten, um den Archäologen eine solide Ausgangsbasis zur Interpretation unterschiedlicher Beigabenensembles an die Hand geben zu können. Für das Mittelneolithikum wird das Gräberfeld von Trebur mit bevorzugter Schweinebeigabe bei Männern und Schafsbeigabe bei Frauen angesprochen. Altersabhängige Unterschiede scheinen dort bei der Wegzehrung fürs Jenseits nicht bestanden zu haben. Hinsichtlich des Jung- und Spätneolithikums wird u. a. das Problem der Kollektivgräber thematisiert.

Im Endneolithikum zeigen sich deutliche alters- und geschlechtsspezifische Unterschiede in Grabbau, Totenhaltung und Ausstattung. Die Archäologen nehmen „eher egalitäre Gesellschaften" an. Nach einer Modellrechnung von Chr. Strahm wird diskutiert, ob der schnurkeramische Gräberbestand Böhmens als repräsentativ für diese Kultur anzusehen sei (S. 24).[5] Demnach wäre eine zusätzliche Bestattungssitte, die womöglich keine Spuren hinterlassen hätte, nicht anzunehmen. Um diese These halten zu können, bliebe neben der absoluten Zahl an Gräbern allerdings noch zu prüfen, ob auch die demographische Struktur der Bestatteten ein plausibles Bild ergibt. In früheren Arbeiten war noch konstatiert worden, dass ein erheblicher Anteil der Bevölkerung nicht in den Gräbern vertreten sei (S. 48). Die Klärung der alters-, geschlechts- und sozialschichtenspezifischen Repräsentanz ist allerdings von alles entscheidender Bedeutung für jegliche Theorienbildung auf der Grundlage von Grabfunden überhaupt. So liegen z. B. in den drei bislang untersuchten größeren Skelettserien aus dem Taubertal die Anteile von Subadulten zwar bei 60% und mehr, und erfüllen damit den demographischen Erwartungswert, allerdings fehlen Neugeborene in den jeweiligen Ensembles fast vollständig, unter den Erwachsenen ist kein einziges explizit als senil einzustufendes Individuum festzustellen und der Maskulinitätsindex, der bei paritätischer Verteilung beider Geschlechter einen Wert um 1000 ergibt, liegt in Tauberbischofsheim-Dittigheim bei 1571 in Tauberbischofsheim-Impfingen bei 2667,[6] was auf einen beträchtlichen Männerüberschuss hinweist: Anhaltspunkte genug, um über weiter differenzierte Bestattungspraktiken – vielleicht im Zusammenhang mit Migrationsbewegungen, gruppenspezifischen Lebensformen oder der gleichzeitigen Nutzung verschiedener Nekropolen – nachzudenken.

Bezogen auf das Frühneolithikum hätte man sich noch eine Erörterung der bandkeramischen Brandgräber gewünscht, die in unterschiedlichen Prozentsätzen auf verschiedenen Friedhöfen angetroffen wurden, alleine in Aiterhofen fast ein Drittel aller Grablegen ausmachen und vielleicht noch deutlicher eine von Status, Ethnie oder sonstigen Parametern abhängige Bestattungsform dokumentieren als Variationen innerhalb der Körpergräber.[7]

---

4 N. Baum, Paläodontologische Untersuchungen an Skeletten aus dem bandkeramischen Gräberfeld von Aiterhofen-Ödmühle, Kreis Straubing-Bogen, Niederbayern (Diss. Erlangen, Nürnberg 1988).

5 Chr. Strahm, Tradition und Wandel der sozialen Strukturen vom 3. zum 2. vorchristlichen Jahrtausend. In: J. Müller (Hrsg.), Vom Endneolithikum zur Frühbronzezeit: Muster sozialen Wandels? Tagung Bamberg 2001. Univforsch. Prähist. Arch. 90 (Bonn 2002) 175–194.

6 V. Dresely, Schnurkeramik und Schnurkeramiker im Taubertal. Forsch. u. Ber. Vor- u. Frühgesch. Baden-Württemberg 81 (Stuttgart 2004).

7 z. B. I. Trautmann/J. Wahl, Leichenbrände aus linearbandkeramischen Gräberfeldern Südwestdeutschlands – Zum Bestattungsbrauch in Schwetzingen und Fellbach-Oeffingen. Fundber. Baden-Württemberg 28/1 (Stuttgart 2005) 7–18. – Veit (Anm. 1).

Den mit Abstand umfangreichsten Beitrag zum Gesamtwerk steuerte ein zehnköpfiges Autorenkollektiv aus dem Institut für Ur- und Frühgeschichte und Archäologie des Mittelalters der Universität Freiburg bei: S. Dornheim, B. Lissner, S. Metzler, A. Müller, S. Ortolf, S. Sprenger, A. Stadelbacher, Chr. Strahm, K. Wolters und R. R. Wiermann, „Sex *und* gender, *Alter und Kompetenz, Status und Prestige: Soziale Differenzierung im 3. vorchristlichen Jahrtausend"* (S. 27–71). Dem o. g. Tagungskonzept entsprechend werden hier die einzelnen Fundkomplexe und Zeithorizonte nicht kompakt präsentiert, sondern – wie im Titel ausgewiesen – unter bestimmten Aspekten fraktioniert vorgestellt. Daraus ergeben sich insgesamt 39 (!) Einzelabschnitte mit jeweils wechselnder Autorenschaft. Einzelne Details zu den angesprochenen Populationsstichproben oder Fundprovinzen müssen vom Leser aus bis zu fünf verschiedenen Passagen zusammengestellt werden.

Gleich zu Beginn wird der Erkenntnis Rechnung getragen, dass jegliche kulturelle Entwicklung in die gegebene Klimaentwicklung und Landschaftsgeschichte eingebettet ist. So sind die zweite Hälfte des 4. Jahrtausends von starken klimatischen Schwankungen, das 3. Jahrtausend von einer markanten Warmphase und im jüngeren Abschnitt durch stärkere Niederschläge geprägt.

Zu den Parametern, die abhängig vom Geschlecht unterschiedlich gehandhabt worden sein können, gehören Grabbau, Totenhaltung und Beigabenausstattung. Sie verweisen auf das kulturelle Geschlecht (*gender*), anthropologische Untersuchungen hingegen ausschließlich auf das biologische Geschlecht (*sex*), wobei wir heute im Einzelfall nur vermuten können, welches von beiden seinerzeit den entscheidenden Impuls für ein bestimmtes Totenritual geliefert hat. An dieser Stelle seien die sog. „Weibmänner" oder *berdache* erwähnt. Hierzu liefern ethnographische Analogien keine fertigen Erklärungsmuster, sondern lediglich Anhaltspunkte zur Erweiterung des interpretatorischen Spielraums.

Von besonderer Bedeutung ist die „bipolar geschlechtsdifferenzierte Totenlage", die bereits U. Fischer in seiner legendären, nunmehr fünfzig Jahre alten Abhandlung über das Saale-Gebiet als typisch für die Schnurkeramik beschrieben hat.[8] Danach wurden die Männer in rechtsseitiger Hocklage mit dem Kopf im Westen und die Frauen in linker Seitenlage mit dem Kopf im Osten niedergelegt. Die einander entgegen gesetzte Orientierung der Geschlechter findet sich ebenso in glockenbecherzeitlichen Gräbern (jedoch mit bevorzugter Nord-Süd-Ausrichtung und Blick nach Osten) sowie in bronzezeitlichen Nekropolen, in denen allerdings die Frauen eher als rechts- und die Männer als linksseitige Hocker angetroffen werden. Diese „Norm" kam indes keineswegs durchgängig zur Anwendung. Auf dem größten bisher untersuchten schnurkeramischen Friedhof im Taubertal in Lauda-Königshofen stimmt die geschlechtsspezifische Seitenlage nur in knapp 23% der Gräber mit den Erwartungen überein. Lage und Ausrichtung waren hier bei der Anlage von Gräbern für Männer und Frauen offenbar weniger „wichtig" als z.B. die Ausstattung mit bestimmten Beigaben. Immerhin liegen aus dem gesamten Taubertal inzwischen Daten über 253 Individuen aus 165 Gräbern vor, von den meisten davon auch anthropologische Untersuchungen – viele aufgrund des schlechten Erhaltungszustands jedoch nur mit Näherungscharakter. Keramische Gefäße und Steinbeile erscheinen erst im Erwachsenenalter als geschlechtsspezifische Beigaben, bei jüngeren Individuen treten sie bei beiden Geschlechtern auf (S. 33 f.). Eine Aussage, die sich laut Abbildung 2 auf lediglich drei mature von insgesamt acht erwachsenen Frauen und laut Abbildung 3 auf jeweils ein männliches und weibliches Individuum der Altersstufen infans I und juvenil stützt. Einschränkend dazu sei auf den – im Gegensatz zu den unweit gelegenen, o. g. Friedhöfen – deutlichen Überschuss an weiblichen Individuen (Maskulinitätsindex = 821)[9] dieser Serie sowie die prinzipiell heikle, nur mehr auf morphognostischen und morphometrischen Merkmalen basierende Geschlechtsdiagnose an den Skelettresten von Subadulten hingewiesen, die die zugrunde liegende Datenbasis als äußerst dürftig und die Deutungsmöglichkeiten trotz günstig erscheinender Ausgangssituation bestenfalls

---

8   U. Fischer, Die Gräber der Steinzeit im Saalegebiet. Studien über neolithische und frühbronzezeitliche Grab- und Bestattungsformen in Sachsen-Thüringen. Vorgesch. Forsch. 15 (Berlin 1956).

9   M. Menninger, Die schnurkeramischen Bestattungen von Lauda-Königshofen. Steinzeitliche Hirtennomaden im Taubertal? (Dissertation Tübingen 2005).

als tendenziell beschreiben lassen. Ein Phänomen, dass ebenso in anderen Skelettserien eine Rolle spielt (s. u.). Für die Gräber mit Mansfelder Keramik hebt die Autorin das eklatante Defizit an anthropologischen Untersuchungen noch einmal explizit hervor.

Aus dem Glockenbecherkomplex liegen u. a. Frauen mit Armschutzplatten und Kupferdolchen, also eigentlich „typisch männlichen Attributen", vor. Ein weiterer Hinweis darauf, dass wir den zugrunde liegenden Kanon noch nicht hinreichend durchschaut haben, dieser vielleicht auch schon damals nur als grobe Richtschnur galt oder ausschließlich von bestimmten Bevölkerungsgruppen eingehalten und ausgeübt wurde. Aus demselben Kontext sind erneut Brandgräber überliefert, mit graduell abnehmender Häufigkeit aus dem Verbreitungsgebiet von Osten (Ungarn 90%, Mähren 23%, Polen 13%) nach Westen (Bayern 8%, Mitteldeutschland 3%). Welche ‚Normen' sich hinter einer derartig abweichenden Bestattungsform verbergen mögen, bedarf noch einer näheren Erörterung.

Für die ältere Frühbronzezeit wird beispielhaft auf das Gräberfeld von Singen am Hohentwiel Bezug genommen.[10] Aus 95 Gräbern sind 97 Individuen nachgewiesen. Doch in über 60% (!) der Gräber waren keine Skelettreste erhalten, lediglich 39% der Individuen konnten anthropologisch altersbestimmt und 21% einem der beiden Geschlechter zugewiesen werden. Neugeborene fehlen komplett und Hinweise auf geschlechtstypische Rituale können im Endeffekt nur von sieben (teilweise sogar nur tendenziell als) Frauen- bzw. elf Männergräbern abgeleitet werden. Dazu kommt ein vermuteter Fehlbestand von einigen Dutzend Gräbern, die im Randbereich der Nekropole abgegangen sind – also mit Sicherheit keine ausreichende Datenbasis.

Für das mit über 700 Bestattungen größte frühbronzezeitliche Gräberfeld Mitteleuropas (Franzhausen, Niederösterreich) wurden insgesamt 31 „Abweichungen" bezüglich Orientierung, Seitenlage und/oder Ausstattung festgestellt, allerdings sind nur vier davon „sicher anthropologisch bestimmt" (S. 40). Bei gestörten bzw. beraubten Grablegen wurden die Beigabenensembles anhand von Grünfärbungen am Skelettmaterial rekonstruiert, aus verschiedenen Parametern ein sog. „Sozialindex" berechnet und daraus eine vierstufige Sozialstruktur abgeleitet. Angesichts unwägbarer taphonomischer Prozesse und (Metall-) Beigaben, die möglicherweise zu weit vom Knochen entfernt lagen um entsprechende Spuren zu hinterlassen, erscheint diese Vorgehensweise zwar legitim, aber mit erheblichen Prämissen und Unsicherheiten behaftet.

Hinsichtlich *Alter und Kompetenz* steht an vorderster Stelle der wichtige Hinweis, dass im archäologischen Kontext das Alter eher sozial als durch eine exakte Zahl an Lebensjahren definiert ist. Erkennbare somatische Veränderungen wie Stimmbruch, Bartwuchs und Menarche, die Ausbildung verschiedener körperlicher Merkmale wie Größe und Fitness sowie das Erlernen bestimmter Fähigkeiten, erste Jagderfolge o. ä. dürften für die anstehenden *rites de passage* – unterschiedlich gewichtet – eine entscheidende Rolle gespielt haben. Durch die Variation zwischen früh- und spätreifen Individuen ergibt sich zudem zwanglos eine gewisse Spannweite bezüglich des chronologischen Lebensalters.

Für die böhmischen Schnurkeramiker wurden aus einer großen Sammelserie Zusammenhänge zwischen dem Sterbealter und Grabgrubengrößen, Armhaltungstypen und/oder Beigaben erkannt. Mit dem Erreichen des etwa 50sten Lebensjahres (matur II) setzt bei Männern offenbar die Beigabe einer Axt oder eines Keulenkopfes, bei Frauen die Ausstattung mit Kupfer-, Muschel- oder Zahnschmuck aus. Die zugehörige Grafik (Abb. 5) weist 13 von 25 Männern der Altersstufe matur I, sechs von 12 Männern der Altersstufe adult II und sieben von 18 Männern der Altersstufe adult I mit entsprechenden Beigaben aus. Von 16 Frauen der Altersstufe matur I war eine, von den 10 Frauen der Altersstufe adult II waren zwei und den 19 Frauen der Altersstufe adult I acht Individuen mit besagtem Schmuck ausgestattet. Die als matur II (zwei Männer und acht Frauen) und senil (zwei Männer und vier Frauen) erfassten Individuen waren beigabenlos beigesetzt worden. Damit stehen 55 „jüngere" Männer (adult I bis matur I) mit insgesamt 26 Äxten oder Keulenköpfen, d. h. durchschnittlich fast

---

10 R. Krause, Die endneolithischen und frühbronzezeitlichen Grabfunde auf der Nordstadtterrasse von Singen am Hohentwiel. Forsch. u. Ber. Vor- u. Frühgesch. Baden-Württemberg 32 (Stuttgart 1988).

ein halbes dieser Steingeräte pro Mann, vier „älteren" Männern (matur II bis senil) ohne Steingeräte gegenüber. Bei den Frauen ergeben sich für 45 Individuen mit 11 mal Schmuckbeigabe ein entsprechender Durchschnittswert von 0,24 (d.h. nur etwa ein Viertel der „jüngeren" Frauen war mit derartigen Pretiosen versehen) bzw. 12 „ältere" Frauen ohne derartiges Beiwerk. Unterzieht man diese Werte einem Signifikanztest nach PEARSON (χ^2-Test),[11] ergibt sich, dass die beobachteten Häufigkeiten innerhalb der Zufallsgrenzen liegen, d.h. die „Merkmale" Alter und Beigabe in diesem Ensemble statistisch gesehen unabhängig voneinander sind. Gleichzeitig erscheinen der – auf Mitte der 60er Jahre publizierten Untersuchungen basierende – absolute Sterblichkeitsgipfel bei den frühmaturen Männern sowie die Relation zwischen den Männern der Altersstufe matur I und matur II von 25:2 auf der Basis neuerer Methoden zur Altersbestimmung überprüfungsbedürftig.

Für das Taubertal wurden mit steigendem Alter zunehmend größere Grabgruben ermittelt, lediglich bei maturen Frauen werden sie wieder kleiner. Falls die Größe der Grabgrube ein Statussymbol war, ein deutlicher Hinweis auf altersabhängige Veränderungen des Sozialprestiges. Unter den Gräbern der älteren Frühbronzezeit mit dem höchsten Sozial-Index finden sich erneut keine senilen Individuen, wobei unter den 38 anthropologisch Altersbestimmten aus dem Singener Gesamtensemble von knapp einhundert Individuen insgesamt überhaupt nur vier Männer als spät- (bzw. hoch-) matur bis senil (entsprechend 50 Jahre oder älter) und eine Frau explizit als senil eingestuft wurden. Ein Unterschied in der Grabgrubengröße zwischen Subadulten und Erwachsenen ist ebenfalls nicht festzustellen. In Franzhausen kann dagegen den senilen Frauen durchweg ein höherer Sozial-Index zugewiesen werden, die Größen der Grabgruben korrelieren nicht eindeutig mit dem Sterbealter. Es zeigt sich, dass wir im gegebenen Untersuchungsgebiet und -zeitraum mit erheblichen regionalen und diachronen Unterschieden zu rechnen haben.

Status und Prestige finden Ausdruck in bestimmten Ausstattungsmerkmalen, die auf einen speziellen Personenkreis schließen lassen, z.B. Handwerker, herausgehobene Persönlichkeiten, *berdache* o.ä. und einem Objekt wird dann Prestigewert zuerkannt, wenn es sich durch die Verwendung ausgesuchten Materials gegenüber der Masse heraushebt, eine besonders aufwändige Verzierung aufweist oder dessen Anfertigung mit einem höheren Arbeitsaufwand einher ging. Zudem gilt Status als institutionalisierte, d.h. vererbbare Einrichtung. Nach dieser Definition kann für das 3. Jahrtausend v. Chr. eine deutlich stratifizierte Gesellschaft angenommen werden. Ganz allgemein lässt sich feststellen, dass Kinder und Jugendliche mit hochwertigen Beigaben auf bestimmte Verwandtschaftsbeziehungen (*lineages*?) hindeuten, deren soziale Position offenbar mit einem entsprechenden Zugangsprivileg gekoppelt war. Da Kinder noch kein Prestige erworben haben konnten, handelt es sich bei derart herausragenden Gegenständen um Statusobjekte (S. 47). Entsprechend ausgestattete Kindergräber sind aus schnurkeramischem, glockenbecher- und frühbronzezeitlichem Kontext nachgewiesen.

Ein Männergrab mit besonders hoher Zahl und Qualität prestigeträchtiger Güter ist aus dem böhmischen Vikletice überliefert. Dem Bestatteten, der als *big man*, Lokalhäuptling oder *head* zu bezeichnen ist, und der im Zentrum einer Gräbergruppe liegt, die ebenfalls hochwertige Beigaben enthielt, wird eine „institutionalisierte Führungsposition" zugeschrieben (S. 48). In den schnurkeramischen Grablegen des Taubertals wird u.a. Tierzahnschmuck als Statussymbol diskutiert, ebenso die Anbringung und Trageweise der (Caniden-)Zähne als Ketten oder Besatz von Kleidungsstücken, Decken o.ä. Bezug nehmend auf die aus Thüringen bekannten „Fransenketten" (ein- oder mehrreihig aufgezogene Tierzähne) werden deren Träger auch als „Kettenhocker" bezeichnet. Während dort offenbar vorwiegend Frauen in geschlechtstypisch linker Seitenlage auf diese Weise ausgestattet wurden, deuten die anthropologischen Untersuchungen der entsprechenden Gräber im Taubertal eher auf männliche Individuen hin. Keine grundsätzlichen Unterschiede in beiden Fundprovinzen bestehen hinsichtlich der Beigabe von Beilen bei Männern und Keramik bei Frauen. Hierbei stellt sich allerdings die Frage, inwieweit Gerätschaften des täglichen Bedarfs als Statusobjekte zu

---

11 P. IHM, Statistik in der Archäologie. Problem der Anwendung, allgemeine Methoden, Seriation und Klassifikation. Archaeo-Physika 9 (Bonn 1978). – E. WEBER, Grundriss der biologischen Statistik für Naturwissenschafter, Landwirte und Medizin (⁵Jena 1964).

bezeichnen sind, bzw. ob der Begriff „Status" prinzipiell mit einem hierarchischen Grundgedanken verbunden wird oder lediglich der Kennzeichnung einer bestimmten Personengruppe dient, die womöglich alleine durch Tätigkeit, Alter oder Geschlecht definiert ist. Graduelle Varianten zwischen Böhmen und dem Taubertal sind angesichts der bereits auf engem Raum feststellbaren lokalen Abweichungen zwischen den drei Nekropolen des Taubertals nicht verwunderlich.

Für die Mansfelder Gruppe zeigen sich prestigeträchtige Unterschiede u. a. anhand von Grabbau und Muschelbeigabe. Die sog. Mansfelder Wannen und Tonzylinder sind wohl im Zusammenhang mit der Salzgewinnung zu sehen. Deren Besitzern wird eine tragende Funktion innerhalb der Gesellschaft zugeschrieben.

In der Ostgruppe der Glockenbechergräber gelten Kupferdolche und Armschutzplatten sowie Grabhügel mit Kreisgräben als Privileg. Da auch einige Frauen entsprechend ausgerüstet waren, muss diesen ebenso eine Führungsposition zuerkannt werden. Spätestens an dieser Stelle wäre allerdings zu diskutieren, ob die Ausstattung im Grab tatsächlich ein Spiegelbild des täglichen Lebens darstellt? Hervorzuheben ist, dass vereinzelt auch glockenbecherzeitliche Brandgräber mit reichen Beigaben gefunden wurden. Besonderes Augenmerk verdienen die in verschiedenen Provinzen nachgewiesenen Nachbestattungen, die sich fast ausschließlich auf Vorbestattungen der Schnurkeramik oder Einzelgrabkultur beziehen. Die „Prestige-Indikatoren" sowie die Behandlung der Skelettreste der Erstbestattungen sprechen für komplexe Bestattungsriten und eine bewusste Kontinuität über mehrere Belegungsphasen hinweg.

In der älteren Frühbronzezeit Süddeutschlands finden sich Männer, Frauen und Kinder innerhalb der Gruppe mit dem höchsten „Sozial-Index", jedoch keine Senilen. Wie bereits erwähnt, waren auf dem Gräberfeld von Singen am Hohentwiel überhaupt nur eine handvoll spätmatur-senile bzw. senile Individuen nachgewiesen worden, so dass wir über diese Altersgruppe eigentlich keine näheren Aussagen machen können. Die vierstufige frühbronzezeitliche Sozialstruktur der Bestattungsgemeinschaft von Franzhausen I weist in der höchsten Stufe bei den „Männern" Individuen der Altersstufen infans II bis senil und bei den „Frauen" solche von juvenil bis senil auf. Zumindest hier erfahren die Über-60-jährigen gegenüber den jüngeren und maturen Erwachsenen offenbar keinen Ansehensverlust.

In der „entwickelten Frühbronzezeit" ist die deutliche hierarchische Gliederung der Gesellschaft v. a. durch die Gold- und Depotfunde eindrücklich belegt, u. a. in den bekannten Prunk- und Häuptlingsgräbern der Aunjetitzer Kultur. Die Aufteilung der sozialen Stratigraphie ist zweifellos mit dem Zugang zur und der Kontrolle über die Metallverarbeitung einher gegangen.

Unter der Zwischenüberschrift *Erinnerungsmerkmale und Selbstdarstellungen* wird auf das weitgehende Fehlen von Grabüberschneidungen (d. h. oberirdische Kennzeichnung) und die im Gegensatz zur Mehrzahl der als (Einzel-)Flachgräber konzipierten Grablegen bisweilen nachweisbare Überhügelung verwiesen. Beide Phänomene können als „Erinnerungsmale" gewertet werden. Im Böhmischen konnten vereinzelt auch Steinkistengräber nachgewiesen werden. Die dortigen Grabhügel waren scheinbar männlichen Erwachsenen vorbehalten. Als Besonderheit der Frühbronzezeit ist die Steinkammer von Treuchtlingen-Wettelsheim zu nennen, in der Skelettreste von mindestens 15 Personen (auch Kinder) angetroffen wurden, die offenbar sukzessive eingebracht worden waren. Selbstdarstellungen treten im Laufe des Neolithikums in Form lebensgroßer anthropomorpher Stelen in der Alpenregion und südlich davon in Erscheinung.

Der folgende Beitrag von F. FALKENSTEIN über *„Aspekte von Alter und Geschlecht im Bestattungsbrauchtum der nordalpinen Bronzezeit"* (S. 73–90) beginnt mit der nomenklatorischen Gegenüberstellung „funktioneller anthropologischer" (Alter, Geschlecht, Konstitution usw.) und „intentionaler archäologischer" (z. B. Grabbau, Bestattungsart, Beigabenausstattung) Daten. Daneben betont der Autor den „Filtereffekt" der individuellen Projektion des jeweiligen Bearbeiters auf den zu interpretierenden Befund. Anhand „locker miteinander verbundener" Fallbeispiele werden in ansprechender Form und außergewöhnlich präziser Ausdrucksweise vier Aspekte in ihrem Bezug auf Alter und Geschlecht der Bestatteten abgeklopft: Steinkistengräber, Urnengrößen, Armringtracht und Kollektivgräber.

Hinsichtlich der steinernen Kammergräber der Hügelgräberbronze- und Urnenfelderzeit, die sich in puncto Ausrichtung und Vorherrschaft von Körpergräbern markant von den zeitgleichen Erdbestattungen absetzen und damit eine herausragende Statusgruppe repräsentieren, ergibt sich keine Bevorzugung einer bestimmten Altersgruppe oder eines der beiden Geschlechter. Daraus kann gefolgert werden, dass alle Angehörigen eines definierten Sozialverbands gleichermaßen berücksichtigt wurden. Neben der geringen Zahl anthropologisch determinierter Individuen werden als glaubhafte Hinweise auf jüngeres Sterbealter (z. B. Sauggefäße, Tonspielzeug) oder Geschlecht (Männer: Waffen, Rasiermesser und Metallgefäße vs. Frauen: mehrteiliger oder paariger Trachtschmuck) und in Anbetracht der altersspezifischen Unschärfe lediglich Erwachsene (adult–senil) und Nichterwachsene (infans I–juvenil) einander gegenüber gestellt. Durch die bewusste Vergröberung des Datensatzes ergeben sich tatsächlich statistisch relevante Größenordnungen.

Bezüglich der Urnengrößen wird für 642 Leichenbrandgefäße, meist sekundär verwendete Hauskeramik, ein Index aus Gefäßhöhe und Bauchdurchmesser berechnet. Die wenigen anthropologisch bestimmten Leichenbrände sowie die methodischen Unsicherheiten bei der Bearbeitung von Brandknochen erlauben allerdings bestenfalls, Tendenzen festzustellen. Demnach scheint die Urnengröße bis hin zu den Maturen und Senilen mit dem Sterbealter des Bestatteten zu korrelieren. Dass erwachsene Frauen insgesamt im Mittel etwas kleinere Urnen als Männer aufweisen, könnte demnach – wie vom Autor selbst in Erwägung gezogen – auch mit deren durchschnittlich niedrigerer Lebenserwartung zusammenhängen. Für die weibliche Armringtracht lässt sich auf der Basis des altersbedingt steigenden Durchmessers unabhängig von Trachtvarianten ebenfalls eine eindeutige Korrelation zum Sterbealter darstellen.

Der wahrscheinlich auf perinatalen Sterblichkeitsrisiken basierende, hohe Anteil an jüngeren Frauen (juvenil–frühadult) scheint mit dem Anlegen des paarigen Ringschmucks als mögliches Zeichen der Verheiratung bzw. Mutterschaft einher zu gehen.

Unter den Kollektivgräbern finden sich Körperbestattungen, birituelle Gruppierungen und Brandgräber. Für die Beurteilung der Brandgräber wurden die Altersangaben aus den o. g. Gründen in vier Stufen zusammengefasst: foetal und neonatus, infans I und II, juvenil, adult und älter. Die Altersverteilung insgesamt verkörpert offenbar einen repräsentativen Querschnitt der Bevölkerung. Die häufigste Kombination ist Erwachsener und Kind auch deswegen, weil sie bei der anthropologischen Bearbeitung von Leichenbränden leichter zu erkennen ist als z. B. die Vergesellschaftung zweier (evtl. gleichgeschlechtlicher) Erwachsener. Auch beim Nachweis von Mann und Frau im selben Leichenbrand gilt es, die methodischen Standardkriterien zu beachten: doppelte Teile, Repräsentativität nach Körperregionen und Menge. Der Verbrennungsgrad mag verschieden sein, da auch der Zeitpunkt der Einäscherung nicht identisch sein muss. Aus diesem Grund wird bei den birituellen Kombinationen diskutiert, ob der eingeäscherte „Partner" nicht womöglich schon längere Zeit vor dem Körperbestatteten verstorben sein könnte. Der Verbrennungsgrad kann jedoch auch innerhalb einer Einzelbestattung stark variieren und so, durch unterschiedliche Schrumpfung verschiedener Skelettregionen, über vermeintliche Robustizitätsunterschiede und abweichende Färbung das Vorliegen einer zweiten Person suggerieren. Ein Sachverhalt, dem auch von den Leichenbrandbearbeitern selbst nicht immer gebührende Beachtung zuteil wird.

Der chronologischen Gliederung folgend, präsentieren S. BURMEISTER und N. MÜLLER-SCHEESSEL mit „*Der Methusalemkomplex – Methodologische Überlegungen zu Geschlecht, Alter und Sozialstatus am Beispiel der Hallstattzeit Süddeutschlands*" den zweitlängsten Beitrag des Gesamtwerks (S. 91–125). Dieser basiert in weiten Teilen auf der 1999 abgeschlossenen und ein Jahr später publizierten Dissertation des Erstautors.[12] Um Redundanzen weitestgehend zu vermeiden, sei daher an dieser Stelle auf die 2004 erschienene Rezension dieser Arbeit hingewiesen.[13] Dort wird sowohl auf die Handhabung

---

12 S. BURMEISTER, Geschlecht, Alter und Herrschaft in der Späthallstattzeit Württembergs. Tübinger Schr. Ur- u. Frühgesch. Arch. 4 (Münster u. a. 2000).

13 J. BIEL/J. WAHL, Besprechung S. Burmeister, Geschlecht, Alter und Herrschaft in der Späthallstattzeit Württembergs. Tübinger Schr. Ur- u. Frühgesch. Arch. 4 (Münster u. a. 2000). In: Bonner Jahrb. 201, 2001 (2004) 505–509.

der verwendeten Seriations- und Wichtungsprogramme (archan87/gebühr, einfache und kanonische Korrespondenzanalyse, materialimmanente Beigabenauswertung) als auch die räumliche und zeitliche Gliederung der späthallstattzeitlichen Fundprovinzen im Südwesten detailliert eingegangen.

Von anthropologischer Seite ist anzumerken, dass insbesondere die Frage der Repräsentanz hinsichtlich der Relation und Aussagemöglichkeiten z. B. von Grabhügelgräbern zu Flachgräberfeldern, Körpergräbern zu Brandbestattungen und demographischen Struktur einzelner Fundkomplexe nur marginal behandelt wird. Unter den mehr als einhundert körperbestatteten Individuen vom Magdalenenberg sind z. B. Kinder und Jugendliche nur mit 16,3 % vertreten, Neugeborene und Säuglinge fehlen komplett und lediglich für zwei der acht Leichenbrände liegen verwertbare Geschlechtsdiagnosen vor.

In ihrem Vorspann weisen die Autoren auf die vielfach fehlenden anthropologischen Untersuchungen hin, die für eine Analyse altersabhängiger „unabdingbare", hinsichtlich geschlechtsspezifischer Strukturen „nützliche Voraussetzungen" seien (S. 92). Aus ihrer Sicht sind demnach anthropologische Untersuchungen nicht (unbedingt) notwendig, um bestimmte Merkmale von Grabbau und -ausstattung als geschlechtstypisch klassifizieren zu können. Für die Fundlistenseriation der Grabinventare vom Magdalenenberg (Tab. 2) sowie aus Nordwürttemberg (Tab. 3) mit jeweils 93 Fundeinheiten werden 28 bzw. 19 anthropologisch Geschlechtsbestimmte als ausreichend erachtet (S. 96), d. h. nur wenig mehr als 30 % bzw. knapp über 20 % des Bestandes. Zöge man davon noch die lediglich eingeschränkt diagnostizierten Individuen ab, blieben nur mehr acht (9 %) bzw. neun (10 %) als eindeutige Vergleichsbasis für eine abgesicherte geschlechtsspezifische Ausstattung übrig.

Erwartungsgemäß lassen sich typisch männliche (Waffen) und weibliche (Schmuck) Beigabeninventare gegeneinander absetzen. Neben regionalen und chronologischen Varianten erwähnen die Autoren zu Recht auch noch die große Zahl „arm" ausgestatteter oder beigabenloser Gräber/Individuen (S. 98), die ebenfalls alle Altersstufen und beide Geschlechter enthalten, sich aber einer soziologischen Beurteilung entziehen.

Zur Erörterung evtl. Altersabhängigkeiten werden die Untersuchungen zweier Anthropologen an den Skelettresten aus (bis auf eine kleine Teilserie) verschiedenen Gräberfeldern verglichen, um im Fachjargon sog. Bearbeitercluster zu belegen (S. 100 f.). Mögliche reale Unterschiede werden als „eher unwahrscheinlich" eingestuft, dazu angenommen, „... die Methoden dürften bei beiden Bearbeitern dieselben sein ..." Die Legende zur vergleichenden Darstellung (Abb. 1) weist allerdings einen nicht genannten Anteil nach einem nicht genannten Modus „geringer gewichtet(er)" Individuen aus, so dass die Ausführungen für den Leser im Einzelnen nicht nachvollziehbar sind. Gerade der detaillierte Abgleich der zugrunde liegenden Bestimmungsmethoden wäre jedoch für die endgültige Beurteilung der Ergebnisse von entscheidender Bedeutung gewesen.

Für beide Geschlechter wird ein vierphasiger Lebenszyklus postuliert: Die Kindheit im 1. Lebensjahrzehnt ohne geschlechtstypische Ausstattungsmerkmale, das 2. Lebensjahrzehnt mit ersten Hinweisen auf männliche und weibliche Inventare, das jüngere Erwachsenenalter (ca. 20 bis 40 Jahre), in dem bei Männern erstmals Waffen mitgegeben wurden und die Sterblichkeitskurve der Frauen ihren – durch perinatale Risiken verursachten – Gipfel aufweist, sowie das ältere Erwachsenenalter (über 40 Jahre), in dem einige Männer mit exzeptionellen Beigaben von besonders hohem Statuswert ausgerüstet wurden. Nachdem zunächst die Größen der Grabkammern mit dem Alter der Bestatteten beiderlei Geschlechts ansteigen und auch bei maturen und senilen Männern diesen Trend beibehalten, bei den älteren Frauen dagegen wieder abnehmen, scheint das Senioritätsprinzip in der jüngeren Hallstattzeit nicht durchgehend angewendet worden zu sein. Nach dem Schwerpunkt der Waffenbeigabe bei spätmaturen und senilen Männern wird konstatiert, dass Bewaffnung und Kampftechnik offenbar kaum Widerhall in der Grabausstattung gefunden haben (S. 104).

Der anschließende Beitrag über *Horizontale Sozialstrukturen auf den Urnenfriedhöfen der vorrömischen Eisenzeit in Schleswig-Holstein* von ST. KNÖPKE (S. 127–136) versucht, erste Hinweise auf eine „segmentäre" Gesellschaftsstruktur der sog. Jastorfkultur aufzuspüren. Als Materialgrundlage dienen dabei die vier Nekropolen aus Groß Timmendorf, Schwissel, Jevenstedt und Neumünster-Oberjörn mit insgesamt 2660 Gräbern. Das Gräberfeld von Schwissel gilt als frühester Beleg für einen

Frauenfriedhof. In der älteren vorrömischen Eisenzeit herrscht die Brandgrabsitte, Beigaben sind allgemein spärlich, gleichzeitig typologisch sehr variabel, im Schnitt mehr als die Hälfte der Gräber beigabenlos, Waffen eine absolute Seltenheit. Während in den älteren Phasen verschiedentlich noch kleinere Gräbergruppen angetroffen werden, die beide Geschlechter und alle Altersgruppen enthalten und mit verwandtschaftlichen Beziehungen einher gehen könnten, setzt sich in den jüngeren Abschnitten die „Flächenbelegung" durch, die vom Autor eher als Zeichen eines übergeordneten Stammes-Zugehörigkeits-Gefühls gedeutet wird.

Aus dem o.g. Gesamtensemble werden 562 Gräber, zu denen sowohl archäologische als auch anthropologische Datensätze vorliegen, hinsichtlich des Urnenvolumens in Relation zum Sterbealter des Bestatteten untersucht und dabei die von Seiten der Anthropologen gegebenen Altersspannen mit dem jeweiligen Minimal- und Maximalalter für jedes Individuum berücksichtigt. Es ergibt sich (erwartungsgemäß) eine eindeutige Korrelation von der kindlichen über die jugendliche bis zur adulten Altersgruppe – etwa ab 50 Jahren sinkt dann das Urnenvolumen wieder ab (wobei ältere Personen insgesamt jedoch mit deutlich geringeren Fallzahlen belegt sind). Das Sterbealter scheint also tatsächlich einen gewissen strukturierenden Einfluss gehabt zu haben. Unterschiede zwischen männlichen und weiblichen Individuen lassen sich dagegen nicht feststellen. Als zweites wurde dem Zusammenhang zwischen Leichenbrandmenge (bzw. -gewicht) und dem Fassungsvermögen der Urnen nachgegangen. Zwischen diesen beiden Parametern konnte keine statistisch relevante Abhängigkeit gefunden werden.

In diesem Kontext wäre vielleicht noch ein Verweis auf die gerade an norddeutschen Brandgräbern bereits mehrfach herausgearbeiteten Zusammenhänge zwischen Leichenbrandmenge und Sterbealter angebracht gewesen.[14]

Als Vertreterin der klassischen Archäologie steuert A. SCHWARZMAIER einen interessanten und in diesem Sammelwerk überaus wichtigen Beitrag über „*Die Rolle von Alter und Geschlecht in der athenischen Gesellschaft des 6. bis 4. Jahrhunderts v. Chr.*" bei (S. 137–149).[15] Die Möglichkeit des Rückgriffs auf verschiedenartige Schriftquellen und figürliche Darstellungen erlaubt Einblicke und Deutungshilfen bezüglich archäologischer Befunde, von denen Prähistoriker nur träumen können, und zeigt eindrücklich, wie facettenreich Alter und Geschlecht als Determinanten des Bestattungsrituals eingebettet in historische Entwicklungen wirken konnten, u.U. aber gleichzeitig keine realistischen, sondern ideologisch überhöhte Abbildungen im überlieferten Fundmaterial gefunden haben. So wurden mit der Ablösung der aristokratisch geprägten Gesellschaft durch die Demokratie im späten 6. Jahrhundert v. Chr. zugleich Gesetze erlassen, die eine strenge Reglementierung der Bestattungsfeierlichkeiten betrafen, insbesondere um die Zurschaustellung von Prunk und Pracht einzudämmen, Männer als Bürger mit Gemeinsinn und nicht ihrem Beruf entsprechend und Frauen in ehrwürdiger Position dargestellt, obwohl sie, wenn sie nicht zur Arbeiterklasse gehörten, im täglichen Leben kaum in der Öffentlichkeit anzutreffen waren. Die typischen Grabbeigaben für Frauen sind Schmink- bzw. Toilettegegenstände. Älteren Frauen wurde im Gegensatz zu gleichaltrigen Männern kein besonderer Stellenwert zugeschrieben. Spezielle Ehrungen wurden v.a. den im Dienste der Stadt gefallenen Soldaten zuteil.

---

14 U. ANER, Die anthropologische Untersuchung der Leichenbrände aus dem Urnenfriedhof Hamfelde, Kreis Herzogtum Lauenburg i. H. In: N. BANTELMANN, Hamfelde, Kreis Herzogtum Lauenburg. Ein Urnenfeld der römischen Kaiserzeit in Holstein. Offa-Bücher 24 (Neumünster 1971) 58–77. – P. CASELITZ, Quantitative Unterschiede im Leichenbrandgewicht von Kindern der römischen Kaiserzeit – Hinweis auf eine abweichende Bestattungssitte? Arch. Korrbl. 25, 1995, 321–329. – Ders., Die menschlichen Leichenbrände des jüngerbronze- und ältereisenzeitlichen Gräberfeldes von Godshorn. In: E. COSACK, Neue bronze- und eisenzeitliche Gräberfelder aus dem Regierungsbezirk Hannover. Materialh. Ur- u. Frühgesch. Niedersachsen A 26 (Hannover 1998) 177–216. – J. WAHL, Süderbrarup – Ein Gräberfeld der römischen Kaiserzeit und Völkerwanderungszeit in Angeln II. Anthropologische Untersuchungen. Offa-Bücher 64 (Neumünster 1988).

15 Der Beitrag von A. SCHWARZMAIER stellt zweifelsfrei eine echte Bereicherung des Bandes dar. Ihre Ausführungen erweitern den möglichen Interpretationshorizont und liefern Denkanstöße vergleichbar mit ethnographischen Analogien.

Zwischen Kindern und Erwachsenen lassen sich deutliche Unterschiede im Grabbrauch finden. Der Übergang zwischen Mädchen und Frau lag mit Hochzeit und erster Mutterschaft im Schnitt bei 13–15 Jahren. Der Knabe wurde mit dem Militärdienst gegen Ende des zweiten Lebensjahrzehnts zum Mann. Vor dem 6. Jahrhundert wurden Kinder offenbar formell nicht bestattet, im 6. und 5. Jahrhundert in separaten Bezirken und seit dem 4. Jahrhundert im Umfeld ihrer Familienangehörigen. Geschlechtstypische Beigaben treten erst bei älteren Kindern in Erscheinung, Säuglinge und Kleinkinder fanden keine Beachtung.

Ein bemerkenswertes Detail sind die Stellplätze der Urnen in den Prunkgräbern: Die Leichenbrände von Frauen wurden auf steinernen Thronen, diejenigen der Männer auf Klinen abgestellt – den üblichen Positionen beim Einnehmen der Mahlzeiten entsprechend, die Männer liegend und die Frauen sitzend.

Mit *„Bemerkungen zu Aussagekraft und Struktur kaiserzeitlicher Grabinventare"* resümiert M. BECKER Fakten und Deutungsansätze aus römischen Brand- und Körpergräbern Mitteldeutschlands (S. 151–155). Am Beginn stehen quellenkritische Überlegungen hinsichtlich der Repräsentativität von Grabinventaren, u.a. mit dem Hinweis, dass manche Objekte eine Verbrennung auf dem Scheiterhaufen wohl nicht in einem „auslesefähigen" Zustand überstanden haben dürften (S. 151). Ein interessanter Ansatz ist in diesem Zusammenhang die Frage, ob Verbrennung und anschließende Beisetzung der Brandreste im Rahmen des Bestattungsrituals gleichrangig, oder letzteres eher als nachrangige Versorgungsmaßnahme anzusehen sind? Dieser Zweistufigkeit wurde bislang noch wenig Beachtung geschenkt, obwohl in den Gräbern häufig verbrannte und unverbrannte Beigaben nebeneinander angetroffen werden.

Des Weiteren kommen mögliche chronologische Unterschiede im Leichenbrandgewicht und die mit gefundenen Tierreste zur Sprache. In Mitteldeutschland scheinen Männer vorzugsweise mit Teilen von Rindern, Kinder eher mit solchen von Schaf und Ziege versehen worden zu sein. Hier ist auch mit regionalen Abweichungen zu rechnen. Im römischen Stettfeld z.B. finden sich Reste von Schaf/Ziege bevorzugt bei Säuglingen und Erwachsenen, aber nicht bei älteren Kindern.[16] Hinsichtlich der Beigabe von Teilen oder ganzen Schweinen zeichnen sich dort Tendenzen ab, die auf eine differenzierte Ausstattung zwischen Männern und Frauen sowie verschiedener Altersgruppen Erwachsener hindeuten. In einigen Fällen kann zudem vermutet werden, dass das Alter und Geschlecht der Tiere demjenigen des Bestatteten kongruent war.

Grundsätzliche Unterschiede in der Behandlung und Ausstattung der Toten zwischen Körper- und Brandgräbern konnten für das o.g. Untersuchungsgebiet nicht festgestellt werden. Die Gleichbehandlung betrifft Erwachsene beiderlei Geschlechts und Kinder. Bemerkenswert ist die Tatsache, dass auch Objekte, die als Spielzeug angesprochen werden können, in Erwachsenengräbern angetroffen werden, also nicht zwangsläufig ein Kindergrab markieren. Es könnte sich um einen Hinweis auf die Herstellung solcher Gegenstände, die Beigabe eines trauernden Enkelkindes o.ä. Szenarien handeln.

Prunk und Reichtum sind relative Größen (S. 153). Als Bezugsgrößen dürfen zunächst nur Gräber oder Siedlungsbefunde aus dem unmittelbaren Umfeld herangezogen werden. „Arme" und „reiche" Grablegen finden sich sowohl unter den Körper- als auch den Brandgräbern.

Bezug nehmend auf das Ausgangsthema der Tagung wäre z.B. hinsichtlich der Repräsentanz von Neugeborenen und Säuglingen ein Hinweis auf die bekannten Textstellen von Plinius und Juvenal sowie entsprechende Untersuchungsergebnisse zumindest in anderen Fundregionen wünschenswert gewesen.[17]

---

16 M. KOKABI/J. WAHL, Tierknochen. In: J. WAHL/M. KOKABI, Das römische Gräberfeld von Stettfeld I. Osteologische Untersuchung der Knochenreste aus dem Gräberfeld. Forsch. u. Ber. Vor- u. Frühgesch. Baden-Württemberg 29 (Stuttgart 1988) 225–281.

17 R. FELLMANN, Texte zum Grabrecht und Grabbrauch. In: M. STRUCK (Hrsg.), Römerzeitliche Gräber als Quellen zu Religion, Bevölkerungsstruktur und Sozialgeschichte. Arch. Schr. Inst. Vor- u. Frühgesch. Johannes Gutenberg-Univ. 3 (Mainz 1993) 11–15. – J. WAHL in: WAHL/KOKABI (Anm. 16) 145 f.

Ausgehend von einer vertikal durch das Geschlecht, horizontal durch die soziale Stellung und diagonal durch Alter, Familienzugehörigkeit und Religion gegliederten Binnenstruktur steuert S. BRATHER einen aufschlussreichen Beitrag über *„Alter und Geschlecht zur Merowingerzeit – Soziale Strukturen und frühmittelalterliche Reihengräberfelder"* bei (S. 157–178). Dabei ist die Ausgangssituation für Betrachtungen über den Zeitraum von der Mitte des 5. bis zum frühen 8. Jahrhundert im Vergleich zu anderen Perioden nahezu optimal. Tausende von Gräbern, die nach einem relativ festen Kanon geschlechtstypisch ausgestattet sind, erlauben detaillierte Einblicke in die sozialen Verhältnisse und unterschiedlichsten Zuordnungen/Gruppierungen, in die jeder Einzelne aufgrund individueller Gegebenheiten eingebunden war. Dazu kommen schriftliche Überlieferungen, u.a. Rechtstexte, die (in)direkte Hinweise auf Stellung und „Wertigkeit" z.B. von Männern und (heiratsfähigen/verheirateten) Frauen liefern.

Während sich die Grabanlagen als solche zwischen den Geschlechtern nicht voneinander unterscheiden, sind einige Beigaben oder Kleidungsaccessoires nahezu ausschließlich auf Männer (v.a. Waffen und Feuerzeuge) bzw. Frauen (v.a. Schmuck und Spinnwirtel) beschränkt, andere können bei beiden Geschlechtern angetroffen werden (z.B. Gürtelteile, Wadenbindengarnituren, Kämme, Messer, Münzen und Keramik). Wieder anderen dürfte nach dem gefundenen Verteilungsmuster eine gewisse Symbolik innewohnen, z.B. Eier(schalen) bei Frauen im gebährfähigen Alter.[18]

Hinsichtlich des Sterbealters zeigen sich ebenfalls Abweichungen sowohl bei Kindern als auch Erwachsenen verschiedener Altersstufen, je nach Lebensabschnitt und/oder sozialen Komponenten. Ältere Männer und Frauen waren spärlicher ausgestattet als adulte oder mature. Eher die Ausnahme sind junge Mädchen mit Trachtbestandteilen erwachsener Frauen oder Knaben mit Waffenbeigaben. Als Erklärungsmöglichkeiten hinsichtlich des auf frühmittelalterlichen Nekropolen immer wieder vorgefundenen Kleinkinderdefizits werden Sonderbehandlung und geringere Eintiefung der Gräber angesprochen. Eindeutige Anhaltspunkte für Kindstötung oder bestimmte Friedhofsareale für Kinder, wie sie verschiedentlich erwogen werden, sind bislang noch nicht gefunden worden.

In weiteren Abschnitten werden sog Prunkgräber, „Gründergräber" und Erinnerungsdenkmäler diskutiert, u.a. Bezug nehmend auf die bekannten „Qualitätsstufen" nach R. CHRISTLEIN. Unter den prunkvoll ausgestatteten Grablegen finden sich neben den Adulten und Maturen beiderlei Geschlechts, die das gesellschaftliche Leben entscheidend geprägt haben dürften, auch Alte und Kinder.

Der vorletzte Beitrag von W.-R. TEEGEN über *„Jugendliche Mütter und ihre Kinder im archäologisch-anthropologischen Befund: Ein frühbronzezeitlicher Fall aus der Emilia-Romagna (Italien)"* wirkt außerhalb der chronologischen Gliederung des Gesamtbandes und ob seines Titels etwas exotisch (S. 179–188), trägt aber zweifellos noch einige wesentliche Erkenntnisse zur vorgegebenen Fragestellung bei. Auf der Basis einer Auswertung von 49 Doppelbestattungen (Brand- und Körpergräber) von Frauen mit Feten/Neugeborenen von der neolithischen Baalberg-Kultur bis zum Mittelalter aus acht europäischen Ländern (Schweden, Dänemark, Großbritannien, Frankreich, Deutschland, Tschechien, Italien und Schweiz) lässt sich die reproduktive Phase der Frauen auf die Altersspanne zwischen ca. 16 und 40 (45) Jahren eingrenzen. Doch ob es sich im Einzelfall tatsächlich um die leibliche Mutter des Kindes handelt, ist nur dann sicher, wenn der Fetus bzw. dessen Knochenreste noch *in utero* bzw. im Becken oder direkt im Geburtskanal der Frau angetroffen werden. Bei einer Lage zwischen den Beinen, in den Armen, auf dem Oberkörper oder neben der Frau ist die Mutterschaft fraglich aber durchaus möglich (und wahrscheinlich), wenn ihr Sterbealter innerhalb der genannten Altersspanne liegt. Ein endgültiger Beweis ist in diesen letztgenannten Fällen nur per DNA-Analyse möglich, allerdings nicht bei Leichenbränden, wenn der Verbrennungsgrad über ca. 600 °C liegt. Das Vorhandensein geburtstraumatischer Veränderungen am Becken der Frau könnte ebenso auf frühere Schwangerschaften hinweisen, die mit dem aktuell angetroffenen Fetus/Neonatus nicht

---

18 Im römischen Stettfeld fanden sich Reste von Eierschalen scheinbar vorzugsweise bei Frauen im späteren Abschnitt ihrer reproduktiven Phase. KOKABI/WAHL (Anm. 16) 268.

im Zusammenhang stehen. Prinzipiell könnte es sich bei der Frau auch um eine Schwester, Tante, Großmutter oder Nichtverwandte (Amme, Magd o. a.) handeln.

Als konkreter Fall wird der detaillierte Befund einer jugendlichen Mutter (16–20 Jahre) aus der frühbronzezeitlichen Höhle Grotta del Re Tibero bei Bologna beschrieben. Sie könnte an einem vereiterten Zahn gestorben sein. Für die o. g. Teilstichprobe von 25 Körper-Doppelbestattungen ergeben sich 16% Teenager-Schwangerschaften. Rezente Daten dazu schwanken zwischen 8% (Ostasien) und 55% (Westafrika). Als Ergänzung zu der Liste in Tabelle 3 seien an dieser Stelle ein Befund der Schnurkeramischen Kultur aus Stetten an der Donau sowie die Bestattung Schwangerer aus der späten Hallstattzeit in Rottenburg am Neckar und dem merowingerzeitlichen Gräberfeld von Dittigheim angeführt.[19] In Stetten lag das Neugeborene, allem Anschein nach ein Knabe, unter dem linken Arm einer etwa 30-jährigen Frau, die einen verheilten Lochdefekt am Schädel aufweist. Die Frau aus Rottenburg war ca. (20–)25 Jahre alt, der Fötus etwa im 5.–6. Monat.

Das Heiratsalter bzw. der (mögliche) Zeitpunkt von Erstschwangerschaften dürften allerdings in (prä)historischen Gesellschaften nicht nur von biologischen Faktoren (Menarchealter), sondern auch von einer Vielzahl verschiedenartiger, soziologisch geprägter Normen abhängig gewesen sein.

Den Schlussakkord des Buches setzt der Herausgeber J. MÜLLER unter dem Titel „*Geschlecht und Alter in ur- und frühgeschichtlichen Gesellschaften: Konsequenzen*" (S. 189–194), in dem die wesentlichen Erkenntnisse zu geschlechtsabhängiger Arbeitsteilung und Ausstattung ebenso wie zu altersabhängigen Strukturen oder Macht und Prestige zusammengefasst werden. Da Bestattungen nicht notwendigerweise ein Abbild der sozialen Wirklichkeit darstellen, bleiben noch viele Fragen offen. Obwohl sich für alle untersuchten Perioden mehr oder weniger geschlechtstypische oder mit dem Lebenszyklus des Menschen korrelierbare Ausstattungs- und Bestattungsmuster oder spätestens ab der Bronzezeit eine gewisse Dominanz der Männer zu erkennen geben, ist die Wertigkeit einzelner, vom Alter oder Geschlecht determinierter Komponenten der sozialen Differenzierung – auch in Anbetracht kleinräumiger Differenzen – schon innerhalb eines Zeithorizonts kaum einem durchgehenden Modus unterzuordnen.

Schlussbemerkung

Die vorliegende Publikation liefert schlaglichtartige Einblicke in das Bestattungswesen vom 6. Jahrtausend v. bis zum 1. Jahrtausend n. Chr. Es ist ein ambitioniertes Unterfangen, aus den im Boden überlieferten Befunden, in den jüngeren Epochen angereichert mit vereinzelten schriftlichen Zeugnissen, die durch Alter und Geschlecht bestimmten gesellschaftlichen und sozialen Strukturen abzuleiten. Dass dabei den anthropologischen Untersuchungen an Skelett- und Leichenbrandresten eine Schlüsselrolle zukommt, ist den beteiligten Autorinnen und Autoren genauso bewusst, wie die Tatsache, dass *in realiter* bis heute noch viel zu wenige derartige Analysen durchgeführt wurden, um statistisch relevante Aussagen formulieren zu können. Nahezu in jedem Beitrag wird zu Recht – in einigen mehrfach – auf diesen Mangel hingewiesen, Aussagen, die als Appell an alle für derartige Auswertungsprojekte zuständigen Entscheidungsträger verstanden werden sollten. Es ist das Verdienst des Herausgebers, der sich bereits in früheren Arbeiten den komplexen Zusammenhängen zwischen Alter, Geschlecht und Sozialstruktur ausführlich gewidmet hat, diese v. a. in der angelsächsischen Literatur schon länger fokussierte Fragestellung erneut thematisiert zu haben, nach der biologische Parameter auch einen kulturellen Faktor darstellen.[20]

---

19 J. WAHL/R. DEHN/M. KOKABI, Eine Doppelbestattung der Schnurkeramik aus Stetten an der Donau, Lkr. Tuttlingen. Fundber. Baden-Württemberg 15, 1990, 175–211. – H. REIM, Das keltische Gräberfeld bei Rottenburg am Neckar. Grabungen 1984–1987. Arch. Inf. Baden-Württemberg 3 (Stuttgart 1988) 19 ff. – Die anthropologischen Befunde aus der frühmittelalterlichen Nekropole von Tauberbischofsheim-Dittigheim sind bislang noch unpubliziert.

20 Zuletzt z. B. R. GOWLAND, Ageing the Past: Examining Age Identity from Funerary Evidence. In: Dies./CHR. KNÜSEL (Hrsg.), Social Archaeology of Funerary Remains. Stud. Funerary Arch. 1 (Oxford 2006) 143–154.

Das Kardinalproblem jeglicher Annäherung an die Problematik der deduktiven Erfassung Struktur bildender Parameter ist die Repräsentativität der untersuchten Stichprobe. Dabei lässt sich der Umfang eines ausgegrabenen Gräberfeld(abschnitt)es oder innerhalb einer bestimmten Region zur Auswertung verfügbaren Fundmaterials nicht beliebig vermehren. Weitere Einschränkungen ergeben sich bei schlechten Überlieferungsbedingungen oder infolge methodenimmanenter Schwierigkeiten z. B. bei der Bearbeitung von Leichenbränden oder limitierenden Faktoren bei der Durchführung von DNA-Analysen. Gerade deshalb ist die verstärkte Einbeziehung der Anthropologie zur weiteren Annäherung an den vorgegebenen Fragenkatalog unabdingbar. Die Situation ähnelt derjenigen, in der bereits vor 40 Jahren J. Lüning im Hinblick auf die Michelsberger Kultur detaillierte anthropologische Untersuchungen einforderte, die „... in der augenblicklichen Situation den wichtigsten Beitrag zu dem gesamten Fragenkomplex zu leisten ..." vermögen.[21] Die teilweise dürftige Datengrundlage kann selbstverständlich keinem der beteiligten Autoren angelastet werden.

Umso bedauerlicher ist daher, dass es dem Initiator der Tagung in Bamberg und Herausgeber dieses Bandes nicht gelungen ist, den einzig teilnehmenden Fachvertreter der Anthropologie für einen eigenen Beitrag zu gewinnen. So wurde mancher Aussage aus diesem Blickwinkel erst nachträglich eine stärkere Relativierung zuteil. Zudem hätten bereits in die Diskussion eingebrachte Hinweise z. B. auf detaillierte Studien zu demographischen Aspekten prähistorischer Populationsstichproben oder *genderstudies* ein näheres Augenmerk auf diese Faktoren bewirkt.[22]

Die vorliegende Publikation stellt einen wichtigen Schritt zur Aufdeckung alters- und geschlechtsabhängiger Gesellschaftsstrukturen in prähistorischer Zeit dar und sollte als Anregung zu weiteren Forschungen auf diesem Gebiet ermuntern.

Anschrift des Verfassers

Priv.-Doz. Dr. Joachim Wahl
Regierungspräsidium Stuttgart
Landesamt für Denkmalpflege
Arbeitsstelle Konstanz, Osteologie
Sromeyersdorfstraße 3
78467 Konstanz

E-Mail: Joachim.Wahl@rps.bwl.de

---

21 J. Lüning, Die Michelsberger Kultur. Ihre Funde in zeitlicher und räumlicher Gliederung. Ber. RGK 48, 1968, 1–350 bes. 133. Erste Ansätze dazu in J. Wahl, Menschliche Skelettreste aus Erdwerken der Michelsberger Kultur. In: M. Kokabi/E. May (Hrsg.), Beiträge zur Archäozoologie und prähistorischen Anthropologie II (Konstanz 1999) 91–100.
22 Unter anderem G. Grupe/K. Christiansen/I. Schröder/U. Wittwer-Backofen, Anthropologie. Ein einführendes Lehrbuch (Berlin u. a. 2005) bes. Kap. 3.3.3, 4.1 u. 4.2. – U. Wittwer-Backofen, Disparitäten der Alterssterblichkeit im regionalen Vergleich. Biologische versus sozioökonomische Determinanten. Regionale Studie im Raum Hessen. Mat. z. Bevölkerungswiss. H. 95, hrsg. Bundesinst. f. Bevölkerungsforsch. (Wiesbaden 1999). – R. D. Hoppa/J. W. Vaupel (Eds.), Paleodemography. Age distributions from skeletal samples. Cambridge Studies in Biological and evolutionary Anthropology 31 (Cambridge u. a. 2002). – Kölbl (Anm. 1). – F. Langenscheidt, Methodenkritische Untersuchungen zur Paläodemographie am Beispiel zweier fränkischer Gräberfelder. Mat. z. Bevölkerungswiss. SH 2, hrsg. Bundesinst. f. Bevölkerungsforsch. (Wiesbaden 1985).

Markus Egg, Diether Kramer, *Krieger – Feste – Totenopfer. Der letzte Hallstattfürst von Kleinklein in der Steiermark*. Mosaiksteine – Forschungen am Römisch-Germanischen Zentralmuseum Band 1 (Mainz 2005). 41 Seiten, 29 Abbildungen. Preis 12,50 €. ISBN 3-88467-089-1.

Jüngst ist der erste Band einer neuen Reihe des RGZM erschienen, genannt „Mosaiksteine – Forschungen am Römisch-Germanischen Zentralmuseum", die über die wissenschaftliche Arbeit des Forschungsinstitutes anhand von aktuellen Ergebnissen der Restaurierungsarbeiten an herausragenden und fachgeschichtlich bedeutenden Funden oder Altfunden, wie im vorliegenden Fall, berichten soll.

Der plakative, dramatisch klingende Titel, zugleich Motto einer zweimonatigen Ausstellung in Mainz, ist medien- und publikumswirksam gewählt und liegt im Trend seriöser wie auch pseudowissenschaftlicher Publikationen und Veranstaltungen zu archäologischen Themen.

Gegenstand des Buches sind die hallstattzeitlichen Sulmtalnekropolen und ihr Umfeld mit der temporär befestigten Höhensiedlung Burgstallkogel bei Kleinklein in der Steiermark. Im Mittelpunkt der Ausführungen steht jedoch die Separatnekropole mit den vier bekannten Großgrabhügeln Pommerkogel, den beiden Tumuli 1 und 2 des Hartnermichelkogels, insbesondere aber das erstmals komplett restaurierte Inventar des früher Schmied- und heute Kröllkogel genannten Grabhügels, des bislang reichsten Fürstengrabes des Osthallstattkreises.

Zu Recht wird darauf hingewiesen, dass unter dem Begriff „Osthallstattkultur" kulturmorphologisch keine homogene Erscheinung zu verstehen ist. Im Gegenteil: Sarkastisch, aber wohl zutreffend, wird bemerkt, „die Osthallstattkultur (läge) dort, wo Beamte und Wissenschaftler der österreichisch-ungarischen Doppelmonarchie tätig waren" (S. 1). Einige wenige verbindende Elemente wie gewisse Keramikformen, insbesondere Stierkopfgefäße, oder die Beilbewaffnung sind in den Regionen Niederösterreich, Burgenland, Steiermark, Kärnten, in Teilen der Slowakei und Westungarns, im Großteil Sloweniens und im Osten Kroatiens vertreten. Damit ist geographisch ein Raum umschrieben, der besonders an seiner Peripherie die unterschiedlichsten Einflüsse erkennen lässt, die zur Herausbildung eines Kulturkonglomerates beigetragen haben, das man als Osthallstattkreis bezeichnet.

Die räumliche Verbreitung der genannten Sachgüter kann aber bei Einzelbetrachtung der zahlreichen Kulturgruppen nicht über trennende konzeptionelle Kulturelemente hinwegtäuschen. Aus praktischen und terminologischen Gründen scheint es dennoch sinnvoll zu sein, diese Bezeichnung als *modus operandi* weiterhin beizubehalten.

Die sich aus der Urnenfelderkultur im 8. Jahrhundert v. Chr. entwickelnde Osthallstattkultur reicht in den westlichen Bereichen, an der Nahtstelle zum Westhallstattkreis, bis ans Ende der Hallstattzeit im 5. Jahrhundert v. Chr. und endet dagegen in den restlichen, östlich gelegenen Teilen bereits Mitte des 6. Jahrhunderts v. Chr.

Aufgrund erheblicher Unterschiede in Grabbrauch und Beigabensitte lassen sich mehrere Gruppen beschreiben, die sich dadurch auszeichnen, ranghohe Personen – wechselweise als „Fürsten", Kriegerfürsten, Eliten oder gar als oberste Eliten (!) bezeichnet – unter monumentalen Grabhügeln zu bestatten, wobei regional und bei den verschiedenen Gruppen erhebliche Unterschiede in der Ausstattungsqualität und -quantität zu verzeichnen sind.

Im Gegensatz zur Separatnekropole von Kleinklein mit extrem individualisiertem und prunkvollem Ausstattungsmuster sei hier lediglich der Riesengrabhügel Großmugl in Niederösterreich erwähnt, wo keramische Beigaben überwiegen und Metallgegenstände kaum eine Rolle in der Rangbewertung der Sach- und Symbolgüter spielen. Genannt seien auch die Familien/Sippen-Grabhügel der unterkrainischen Hallstattgruppe Sloweniens, wo die Verstorbenen konzentrisch angeordnet in der Hügelschüttung beigesetzt wurden; wenn Zentralgräber vereinzelt auftreten, dann unterscheiden sie sich in den Ausstattungen kaum von Nachbestattungen. Im Gegensatz zum slowenischen und nordostalpinen Hallstattraum, wo sich allmählich die Körperbestattung durchzusetzen beginnt, bleibt die hallstattzeitliche Sulmtalgruppe über den gesamten Belegungszeitraum urnenfelderzeitlichen Grab- und Bestattungssitten, auch der Brandbestattung, verpflichtet.

Deutlicher lässt sich wohl kaum die Heterogenität eines „Kulturkreises" vor Augen führen, so dass sich die Frage aufdrängt, ob die Diskrepanz der Ausstattungsmuster und -regeln, die Unterschiedlichkeit der Begräbnisrituale, in besonderem Maße auch der Grabarchitektur ausschließlich auf soziologische oder chronologische Entwicklungen zurückzuführen ist. Denn offensichtlich kommen im Osthallstattkreis nicht nur diverse Sozialgefüge mit den ihnen eigenen Traditionen und Wertevorstellungen zur Geltung, vielmehr zeigen sich deutlich die mit unterschiedlicher Geschwindigkeit und Intensität adaptierten Einflüsse benachbarter, mediterran geprägter Kulturräume Ober- und Mittelitaliens, des bis in hellenistische Zeit als ‚Barbarikum' betrachteten makedonisch-griechischen Balkanraumes und in geringerem Umfang auch aus dem nordostalpinen Hallstattbereich. Leider nicht nur in den Arbeiten von MARKUS EGG etwas in den Hintergrund der Forschung geraten sind Impulse, möglicherweise auch die Präsenz reiternomadischer Verbände aus dem pontischen Bereich, gerade was Bedeutung und Stellenwert des Reiterkriegers betrifft. Vielmehr ist der Blick auf das mittelitalische Picenum und den etruskischen Raum gerichtet.

Dies mag für Sachgüter durchaus zutreffen, im mentalen Bereich, archäologisch im Bestattungs- und Grabkult fassbar, sind Einflüsse aus dem skytho-thrakischen Kulturraum jedoch nicht zu übersehen.

Bei dem Versuch einer allgemeinen Charakterisierung des Osthallstattkreises vor dem Hintergrund seiner Sepulkralkultur kommen doch auch verbindende Grundzüge zum Vorschein. Dies sind das starke Nachwirken urnenfelderzeitlicher Gesellschaftsstrukturen und, auf diesem Substrat aufbauend, ein ausgeprägtes Imitationsverhalten und eine außerordentliche Aufnahmebereitschaft gegenüber externen Einflüssen.

Eingangs weisen die Autoren zu Recht auf die einmalige Situation eines Kleinraumes in der Steiermark hin, die durch eine mittlerweile klassisch zu nennende Konstellation von befestigten Höhensiedlungen und umliegenden Nekropolen gekennzeichnet ist. Dabei stellen die vier Fürstengräber von Kleinklein lediglich einen Teil der ursprünglich ca. 2000 Grabhügel umfassenden, vom 10. bis zum 6. Jahrhundert v. Chr. belegten Nekropolenlandschaft dar, wie die Autoren aus topographischen Erwägungen und aus Gründen widriger Erhaltungsbedingungen in der ackerbaulich genutzten Tallandschaft meinen interpolieren zu können.

Die im Westhallstattkreis, genauer gesagt an der Heuneburg bei Hundersingen an der Oberen Donau mit ihren Nekropolen entwickelte Trias Fürstensitz – Fürstengräber – mediterrane Sachgüter samt aufgegriffenen Ideenkomplexen dienten auch der vorliegenden Veröffentlichung modellhaft als Interpretationsgrundlage. Sie lässt sich jedoch keineswegs auf die archäologische Situation im Sulmtal übertragen.

Eine weitere Textpassage ist dem 458 Meter hohen Burgstallkogel gewidmet, einer zentral gelegenen kuppenartigen Anhöhe inmitten der 100–170 Meter tiefer liegenden Grabhügelfelder. Zwar sehen Kenner der örtlichen Topographie in der naturräumlichen Lage des Ortes einen nicht besonders begünstigten Platz, dennoch dürfte die Höhensiedlung im vielschichtigen Beziehungsgeflecht Siedlung – Nekropole – Umland epochenübergreifend immer wieder eine zentralörtliche Rolle gespielt haben.

Mehrere archäologische Untersuchungen erlauben nur eine vage Vorstellung von der Siedlungsgeschichte des Berges zu vermitteln. Der Besiedlungsablauf mit Schwerpunkten in der Späturnenfelderzeit und dann wieder in der Späthallstattzeit folgt dem bekannten mitteleuropäischen Belegungsmuster befestigter Höhensiedlungen, was besonders in der Jüngeren Hallstattzeit zur Entstehung „wichtiger überregionaler Zentren" (S. 6) führte.

Starke Erosion, Weinbau, Steinbrüche und Eisenerzabbau im 19. und 20. Jahrhundert, freilich ohne Hinweis auf eine ältere Eisenerzgewinnung, haben dem Gelände so schwer zugesetzt, dass bei archäologischen Untersuchungen in den 80er Jahren des vergangenen Jahrhunderts kaum noch intakte Schichten auf dem Plateau angetroffen wurden. Grabungsaktivitäten am Nordhang vermochten zwar mächtige urnenfelderzeitliche Schichtpakete des 10. und 9. Jahrhunderts v. Chr. freizulegen, die unzweifelhaft auf eine dichte Besiedlung hinweisen, aber die im Kontext der Fürstengräber interessierenden Schichten am Übergang der Älteren zur Jüngeren Eisenzeit waren als oberflächennahe Straten größtenteils schon der Erosion zum Opfer gefallen. Gegen Ende der großflächigen Siedlungstätigkeit scheinen auf dem Plateau und an den Hängen des Burgstallkogels umfangreiche Grabenwerke angelegt worden zu sein (S. 7), wie wir sie mittlerweile von der Heuneburg und dem Mont Lassois kennen. Weitere Hinweise auf Befestigungswerke sind zumindest obertägig nicht mehr erkennbar, was bei den erwähnten Erhaltungsbedingungen auch nicht weiter überraschen darf.

Berücksichtigt man den bruchstückhaften Kenntnis- und Forschungsstand am Burgstallkogel und vergegenwärtigt man sich auch die jüngsten archäologischen Entdeckungen im Bereich der westlichen Hallstatt-/Frühlatènekultur, wo durch gezielt eingesetzte Prospektions- und Grabungsmethoden unbekannte, kaum erwartete Baustrukturen zum Vorschein kamen, scheint es sicherlich verfrüht zu sein, sich auch nur annähernd ein Bild der ehemaligen Siedlungsaktivitäten und Sicherungsvorkehrungen auf dem Burgstallkogel machen zu können.

„Hinweise auf herrschaftliches Leben" (S. 7), was auch immer darunter zu verstehen ist, fanden sich bislang nicht.

Von Interesse in diesem Zusammenhang ist jedoch der Hinweis der Autoren, dass unter den Schlachttieren Kälber und Jungrinder überwiegen, was einen großzügigen, um nicht zu sagen „luxuriösen" Umgang mit tierischen Ressourcen belegt und für einen bemerkenswerten Wohlstand spricht.

In einer kurzen Schilderung wird die Geschichte der Funde von Kleinklein skizziert. Eine besondere Rolle spielten die Schwierigkeiten bei der Restaurierung der enormen Mengen an stark fragmentierten Metallfunden. Vorausgegangen war eine erfolgreiche Kooperation des Steiermärkischen Landesmuseums Ioanneum mit dem Römisch-Germanischen Zentralmuseum im Zusammenhang mit dem Projekt „Das Fürstengrab von Strettweg bei Judenburg in der Obersteiermark". Diese positive Erfahrung, wie auch erfolgreiche Nachgrabungen 1995 am Kröllkogel und ergiebige Recherchen in den Museumsbeständen in Graz waren dann schließlich Anlass, die Metallfunde in Mainz sowie die Keramik und Knochenfunde in Graz zu restaurieren und wissenschaftlich zu bearbeiten.

Bewegt und zugleich verwirrend stellen sich Entdeckungs- und Ausgrabungsgeschichte des Kröllkogels dar. 1860 wurde er zum ersten Mal vom Grundbesitzer Stiegler angegraben, wobei Bronzezisten, Deckel und die zwei Bronzehände zum Vorschein kamen. 1905 entdeckte Schrei, Besitzer des Kröllhofes, daher der Name Kröllkogel, beim Entfernen von mächtigen Steinpackungen auf seinem Acker zahlreiche Metallgegenstände, die er dem Museum Ioanneum in Graz verkaufte. 1906 wurden die Grabungen fortgesetzt, die durch die Aufzeichnungen eines Lehrers nützliche Informationen ergaben. 1917 fanden durch W. Schmid weitere Untersuchungen statt, wobei auch Teile der Kammer freigelegt wurden. Dieses Unternehmen führte in der Fachwelt durch seine unzureichende und missverständliche Dokumentation zu einer erheblichen Irritation, nicht zuletzt durch die ‚Erfindung' eines fiktiven fünften Hügels namens „Schmiedkogel", der in Wahrheit der längst bekannte Kröllkogel ist (S. 8).

Erst die drohende Zerstörung durch intensiven Ackerbau, Plünderungsversuche von Raubgräbern wie auch ein längst überfälliges wissenschaftliches Interesse in der Fachwelt führten zunächst zu geophysikalischen Prospektionen und schließlich 1995 zu einer abschließenden Nachuntersuchung. Dabei wurden weitere Keramikfragmente geborgen, die teilweise an Altfunde angepasst werden konnten, wodurch sich die stattliche Anzahl von 80 in der Kammer wie im Dromos deponierten Tongefäßen ergab. Wie etliche Scherbenfunde zeigten auch einige Bronzefragmente starke Hitzeeinwirkung, die die Metallgefäße verklumpen oder zu Tropfen verschmelzen ließ. Folglich wurden die Beigaben teils auf dem Scheiterhaufen verbrannt teils gelangten sie unversehrt in die Grabkammer. Da ein Teil der Metallbeigaben bis zur Unkenntlichkeit zerstört ist, lässt sich der Umfang der originären Grabausstattung definitiv nicht mehr erschließen.

Geklärt werden konnte glücklicherweise aber die Frage der Bestattungsart und der Anzahl der menschlichen und tierischen Individuen in Kammer und Dromos des Kröllkogels.

Bei der Nachuntersuchung konnten auch wichtige Beobachtungen zum Hügelaufbau, seiner Größe, zur steinernen Grabkammer und zum Bestattungsritual gewonnen werden. Demnach besaß der Hügel einen ursprünglichen Durchmesser von ca. 40 Metern bei einer geschätzten Höhe von

12 Metern. Die noch recht gut erhaltene Grabkammer maß 8 x 8 Meter und bestand ebenso wie der 12 Meter lange und 4,8 Meter breite Zugang (Dromos) aus Trockenmauerwerk. Die Kammer selbst war durch zwei schmale Trockenmäuerchen dreigeteilt, die als Unterzüge für einen Holzboden dienten. Beim etwa zeitgleichen Fürstengrab von Süttö in Ungarn konnten Holzpfosten nachgewiesen werden, die eine dachartige hölzerne Kammerabdeckung trugen, was auch in diesem Fall Sinn machen würde, um ein auch nach oben geschlossenes Gehäuse zu erhalten.

Steinkammergräber, auch solche mit Dromos, sind in den hallstattzeitzeitlichen Fürstengräbern Sloweniens, Kroatiens, Westpannoniens, der Steiermark und Mährens keine Seltenheit; ob sie sich ausschließlich von etruskischen Grabanlagen ableiten lassen, wozu die Autoren neigen, oder ob nicht doch auch Einflüsse aus dem östlichen Steppenraum mit eine Rolle gespielt haben, bedarf vergleichender Studien, die die Grabarchitektur im östlichen Balkan- und Schwarzmeergebiet mit berücksichtigt.

Zwei Leichenbrandkonzentrationen in der Nord- und Südecke der Kammer konnten als die Überreste von drei Individuen identifiziert werden. Ein Erwachsener und eine jugendliche Person wurden vermutlich in einer Urne mit Zinnapplikationen in der Südecke beigesetzt, eine weitere erwachsene Person in der Nordecke (S. 10). Durch die hohe Verbrennungstemperatur von über 800 °C war nach Aussage der Anthropologin K. WILTSCHKE-SCHROTTA eine Geschlechtsbestimmung nicht mehr möglich.

Verbrannte Tierkadaver traf man in zwei Konzentrationen im Dromos und im Eingangsbereich der Kammer an. Die osteologischen Untersuchungen durch C. GRILL sprechen für mindestens drei Pferde und die Überreste von Rind, Schwein und Schaf/Ziege.

Nahezu ein Idealbild früheisenzeitlicher Schutz- und Angriffswaffen stellt das Inventar der Kröllkogelkammer dar, wobei es sich nicht um das Waffenarsenal eines einzigen Kriegers handeln kann. Zieht man zeitgenössische Bilddarstellungen etwa auf Gürtelblechen heran, so reicht die vorhandene, nicht einmal vollständig erhaltene Ausstattung für drei Kämpfer.

Das Waffeninventar besteht aus Helm, Brustpanzer, Bronzeschwert, sechs bis sieben eisernen Lanzenspitzen, drei eisernen Tüllenbeilen und einer eisernen Pfeilspitze mit Widerhaken aus Eisenblech, die aber ebenso gut als Jagdwaffe dienen konnte, wie bildliche Darstellungen auf Situlen nahe legen. Auf Abbildung 10 – Rekonstruktion der Waffenausstattung – ist gestrichelt ein Ovalschild dargestellt, der durchaus bei diesem Waffenensemble einen Sinn macht, sich aber als organisches Objekt bei der Kremation nicht erhalten konnte, wie übrigens ja auch ein Bogen zu ergänzen wäre. Die zeitgenössische Bildersprache überliefert jedenfalls den Einsatz von Schilden bei Kriegern vergleichbarer Waffenausstattung.

Der aus zwei Bronzeblechen (Brust- und Rückenschale) plastisch und körpergerecht („maßgeschneidert" S. 11) gearbeitete Glockenpanzer besitzt ungewöhnliche Maße und lässt auf eine für hallstattzeitliche Verhältnisse überdurchschnittlich große Person von 1,8 m Größe und mit leichtem Bauchansatz schließen. Der von griechischen Vorbildern ableitbare Panzertypus ist im Ostalpenraum recht häufig vertreten wie die Panzergräber von Novo mesto und Stična zeigen. Allein in der Sulmtalnekropole kamen fünf Exemplare zum Vorschein. Glockenpanzer treten seit dem 8. Jahrhundert im ostalpinen Bereich auf, wo sie auch hergestellt wurden. Ursprünglich aus dem ägäischen Raum stammend, ist man sich noch nicht ausreichend im Klaren darüber, ob sie vom mittelitalischen Picenum oder direkt über den Balkan vermittelt wurden.

Ein weiteres exklusives Stück stellt der aus einem Krempen- und Kalottenteil bestehende Doppelkammhelm dar. Die über den Scheitel laufenden Stege dienten der Aufnahme eines Rosshaarkammes wie bei griechischen und etruskischen Helmen. Entwickelt wurden diese als einteilige Helme im ausgehenden 7. Jahrhundert in Mittelitalien und gelangten von dort über das *caput adriae* in den Ostalpenraum, wo sie als weiterentwickelte zweiteilige Helme im 6. Jahrhundert chronologisch die Jüngere Hallstattzeit (Ha D) anzeigen.

Neben diesen herausragenden, immerhin im kulturellen und zeitlichen Kontext möglichen Waffenensembles, fällt das beigegebene Bronzeschwert vom Typus Gündlingen in dreierlei Hinsicht völlig aus dem Rahmen des zu Erwartenden. Zum einen lösten im osthallstättischen Bereich spätestens im 7. Jahrhundert Streitäxte die Schwerter als Nahkampfwaffe ab. Des Weiteren setzte sich der neue Werkstoff Eisen bei Angriffswaffen seit dem 8./7. Jahrhundert durch. Und schließlich ist das Gündlinger Schwert eine typische Waffe des Westhallstattkreises und der nordwestlichen Nachbarräume bis nach Britannien gewesen und war im Osthallstattkreis niemals vertreten. Das Schwert ist also ein fossiler, zweihundert Jahre alter Fremdling in diesem Milieu und im 6. Jahrhundert, nachdem sich die Streitaxt durchgesetzt hatte, auch nicht mehr Bestandteil der Bewaffnung. Wie die Autoren meinen, diente der exotische, vor der Niederlegung zerbrochene Gegenstand, exklusiv als Element der Erinnerung an die Gräber der Kriegerkaste der Urnenfelder- und Älteren Eisenzeit und als Anknüpfung an die früher praktizierte Sitte der Schwertbeigabe. In diesem Fall ist das Schwert ein thesauriertes Symbol, vielleicht auch ein vererbtes Statuszeichen, das herrschaftliches Selbstverständnis belegen soll. Archäologisch gesehen ist es aber auch ein weiterer Beleg für die recht frühen Kontakte mit dem südwestlichen Mitteleuropa.

Ganz ungewöhnlich ist diese anachronistische Beigabensitte jedoch nicht, wie weitere Fürstengräber des 7. Jahrhunderts im Südostalpenraum zeigen, wo in einem Streitaxthorizont weiterhin Schwerter als Beigaben auftauchen. Neu ist dagegen die Tatsache der Langlebigkeit dieser Beigabensitte über das 7. Jahrhundert hinaus.

Sehr aufschlussreich hinsichtlich der sozialen Stellung der Zentralbestattung und der chronologischen Stellung des Grabes sind eine an der Kammerrückwand gefundene eiserne Pferdetrense und zwei zum Vorschein gekommene bronzene Riemenknöpfe, die zur Kopfschirrung eines Pferdes gehören. Auch sie sind typische westhallstättische Formen der Stufe Ha D 1 und bestätigen neben dem zweiteiligen Kammhelm – früher der einzige sichere chronologische Fixpunkt – die Datierung des Grabes in die erste Hälfte des 6. Jahrhunderts und sind ein weiterer Beleg für zeitgenössischen Kontakt mit der nordwestlich gelegenen Voralpenzone.

Die restlichen Waffen, lässt man den singulären Pfeil beiseite, sind, wie die Autoren zu Recht bemerken, sicher nicht nur der Zentralperson zuzuordnen, sondern, wenn man so will, auch dem Personal, worunter man sich nicht nur einen „Leibwächter, Schildträger beziehungsweise Knappen" (S. 14) vorstellen darf, sondern einen Gefolgsmann, der festgelegte und bindende Verpflichtungen in direkter Nähe zum Gefolgsherren wahrzunehmen hätte.

Es steht nicht fest, ob es sich bei dem zweiten Leichenbrand eines Erwachsenen in der Nordecke der Kammer um eine männliche oder weibliche Person gehandelt hat, da der anthropologische Befund darüber keine Aussage treffen kann.

Unbestritten weisen unter den weiteren Beigaben einige Gegenstände jedoch auf den weiblichen Bereich hin. Dies sind bandförmige Spiralröllchen, die als Ohr- und Haarschmuck dienten und zwei Bernsteinperlen mit Tierkopfprotomen, zahlreiche Perlen aus teilweise mit Goldfolie überzogener Bronze und unbestimmbare Bernstein- und Glasfragmente, die allesamt nach Befundlage zu einem Kollier gehört haben dürften. Ebenfalls der weiblichen Sphäre zuzurechnen sind tönerne Spinnwirtel. Die Schmuckgarnituren lagen in der Nähe der Urne, die die zwei Leichenbrände enthielt. Archäologisch begründbar könnte man folglich beim Leichenbrand der jugendlichen Person von einem Mädchen oder einer jungen Frau ausgehen.

Zur Männertracht schließlich gehören ein rhombischer bronzener Gürtelhaken und sechs mit Ringchen versehene Gürtelbeschläge. Dieser Typ Leibgurt hat seine Hauptverbreitung nördlich der Alpen und stellt eine Leitform von Ha D 1 dar.

Als Kuriosum im gesamten Hallstattraum anzusehen ist ein Ensemble, bestehend aus einer Maske und zwei linken Händen (!) aus Bronze. Die Schauseite der Maske ist im Stirn-, Augen- und Mundbereich in Punzbuckelzier gearbeitet, die angenieteten Ohren ebenfalls. Auch die Tatau artig verzierten Hände sind in derselben Technik hergestellt. Offensichtlich dienten sie nicht als Totenmaske bzw. Handbedeckung des Verstorbenen, da die Proportionen für einen Erwachsenen einerseits zu klein ausfallen, andererseits war, wie es scheint, die Maske mit Bronzenägeln auf einem Holzkörper befestigt, von dem sich im Inneren der Maske noch geringe Reste erhalten haben. Die Autoren rekonstruieren daraus eine idolartige Kleinplastik des Verstorbenen oder eines Ahnen desselben (S. 21 und Abb. 28). Als Modell für diese Interpretation dienen Darstellungen von Büsten in Adorantenhaltung auf einer Bronzeziste (Abb. 15) desselben Grabes und es wird auf ähnliche Erscheinungen in Etrurien des 7. Jahrhunderts verwiesen, wo Bronzemasken auf Tonurnen appliziert wurden, nicht aber kombiniert mit Bronzehänden. Diese wiederum fanden sich gleichfalls in Etrurien verbunden mit anthropomorphen Kleinplastiken.

Es sollte jedoch in diesem Zusammenhang auf die ins 6. bis 5. Jahrhundert, also wohl etwas jünger datierte, etwa gleich große, hier eher als Totenmaske ansprechbare Gesichtsmaske aus punziertem Goldblech aus einem reichen Fürstengrab der Nekropole von Trebenište am Ochridsee in Makedonien erinnert werden. Einen geistesgeschichtlichen Zusammenhang im Sinne einer Heroisierung exponierter Personen könnte man durchaus in Erwägung ziehen.

Das Gros der Beigaben, was toreutische und künstlerische Raffinesse angeht, stellen die 27 heute noch erhaltenen Bronzegefäße zur Aufnahme alkoholischer Getränke dar, deren Anzahl ursprünglich noch größer gewesen sein muss. Es sind hauptsächlich Situlen und Zisten unterschiedlicher Größe, Technik und Dekor. Die größte Situla erreicht immerhin die beachtliche Höhe von 76,5 cm. Einige symbolische Verzierungen, wie Wasservögel oder Sonnenbarken, gehen unzweifelhaft auf urnenfelderzeitliches Symbolgut und Glaubensvorstellungen zurück, die einige Jahrhunderte später zumindest als Ikonen einer mythischen Vergangenheit bildsprachlich verstanden wurden.

Einige der Bronzetassen, Schöpfkellen und Siebfragmente eines nicht komplett erhaltenen Services dienten der Aufbereitung der mit Ingredienzien versehenen Flüssigkeiten und sicherten den erfolgreichen Ablauf eines solchen Festes, um einen Begriff des Buchtitels aufzugreifen, das wohl ein *symposion* im klassisch-antiken Sinne hinsichtlich Prunkgebaren und Zurschaustellung weit übertreffen mag.

Das Trinkgeschirr der archaisch-barbarischen Gesellschaft der Älteren wie der Jüngeren Hallstattzeit ist elementarer Bestandteil festlicher Gelage mit religiös-rituellem Hintergrund, verbunden mit sportlichen und musischen Wettkämpfen, mitunter auch mit erotischen Inszenierungen und abenteuerlichen Jagderlebnissen (Abb. 22–25).

Diese Aktivitäten sind in zahlreichen Varianten auf osthallstättischen Bronzearbeiten überliefert, im Westhallstattkreis auch auf der Kline von Hochdorf, und schildern plastisch festliche Zeremonien und agonale Veranstaltungen der damaligen höfischen Gesellschaft.

Auf der sehr anschaulichen Abbildung 28 – Rekonstruktion der Grabausstattung – sind deutlich zwei Bratspieße zu sehen, die jedoch im Text kaum zur Sprache kommen.

Sie sind wohl als Indiz dafür zu werten, dass neben dem recht gut überlieferten Trinkgeschirr aus Metall hiermit ein Hinweis auf die Sphäre des Speisens gegeben ist. Die Befunde im Fürstengrab von Hochdorf haben diese selbstverständliche Zusammengehörigkeit sinnlicher Genüsse deutlich gemacht. Zu erwarten wären demnach dünnwandige bronzene Becken und Schüsseln, die natürlich rasch ein Opfer der immensen Glut des Scheiterhaufens geworden wären.

Auf den Seiten 27 f. mit Abbildung 21 wird eine gewisse Regelhaftigkeit der Zusammensetzung des Metallgeschirrs beschrieben. Im Mittelpunkt der Gefäßensembles stehen eine oder zwei Situlen umgeben von sieben bzw. vierzehn Zisten, meist mit Deckeln versehenen Eimern. Dieses im Kröllkogel vorhandene Ausstattungsmuster findet seine Entsprechung auch im benachbarten Pommerkogel, in dem bekannten Grab von Kurd in Westungarn, in der Býcí-skála-Höhle in Mähren, an weiteren Orten und, besonders überraschend, auch in dem Fürstengrab im Hügel 3 von Kappel am Oberrhein in Baden – also im Westhallstattkreis, dort mit zwei Situlen und neun Zisten.

Nach Meinung der Bearbeiter ist die Herkunft dieses speziellen Geschirrarrangements im mittelitalischen Picenum zu vermuten. Über die Art der Vermittlung und die kulturellen Hintergründe derartiger Gelage wird nichts geäußert.

Die Nachuntersuchungen des Kröllkogels 1995 führten auch zu einer realistischen Vorstellung über den Umfang der im Grab deponierten Keramikgefäße. Obwohl auch diese der Hitze des Scheiterhaufens ausgesetzt waren, gehen die Autoren von etwa 80 Tongefäßen aus, die größtenteils vor dem Verbrennungsgeschehen zerbrochen wurden, da etliche Gefäße schlackenartig verklumpt waren. Die wenigen Überreste, die sich formenkundlich und chronologisch noch ansprechen lassen, deuten, wie nicht anders zu erwarten, auf ein edles Festtagsgeschirr hin.

Die in umfangreichen Geschirrsätzen, zu Servicegruppen zusammengestellten Gefäße, Schüsseln, Schalen und Tassen unterschiedlichster Gestaltung, sind rot engobiert und graphitiert, teilweise auch mit Hörnerzier versehen (Abb. 26).

Mit Kreisaugen und Mäandern verzierte Knochenschnitzereien gehören ebenfalls zur Grabausstattung des Kröllkogels. Sie lagen auch auf dem Scheiterhaufen und entziehen sich einer näheren Ansprache. Am ehesten könnte man sie als Bestandteile der Frauenausstattung werten.

In einem weiteren Abschnitt gehen die Autoren „trotz einiger Unsicherheiten" (S. 33) auf die Lage der Funde ein (Abb. 27). Graphisch sehr anschaulich dargestellt, gewinnt man nach der vorausgegangenen Lektüre eine recht konkrete Vorstellung vom Arrangement der diversen Sachgütergruppen in der Grabkammer.

Im Folgenden wird kurz der mögliche Ablauf des Bestattungszeremonials geschildert (S. 34). Die archäologisch nicht nachweisbare Reinigung, Präparation, Aufbahrung des Leichnams und [wohl in Anlehnung an skythische Bestattungszeremonien; d. Rez.] die letzte Reise durch das Herrschaftsgebiet. Nun wird mit dem Bau einer vierten Grabstätte mit Dromos und einer großen Steinkammer in der Nähe der bereits bestehenden drei älteren Hügel begonnen. Dann wird ein großer Scheiterhaufen errichtet und die Bronzegefäße für die Grabausstattung angefertigt, was ich bei dem toreutischen Aufwand für etwas fraglich halte. Es sei denn, man misst der Beobachtung doch mehr Gewicht bei, dass alle Zisten ohne Henkel und Boden hergestellt waren, also „potemkinsche" Gefäße (S. 27) darstellen, die mit geringerem Aufwand speziell für die Bestattungszeremonie hergestellt wurden. Zwei in enger Bindung zum Verstorbenen stehende Personen werden getötet, um ihrem Herrn ins Grab zu folgen und ihm im Jenseits zu Diensten zu sein. Ebenfalls tötet man mindestens drei Pferde. Sie sind lebenswichtige Begleiter eines Reiterkriegers und stellen zugleich Status- und Prestigeobjekte dar. Auch Haustiere werden geschlachtet, die dem Verstorbenen als Wegzehrung und den Hinterbliebenen als Leichenschmaus dienen sollen. Dann bahrt man die Leichname auf dem Scheiterhaufen da auf, wo sich die Hitze am stärksten entwickeln kann. Die Tierkadaver werden an dessen Seiten niedergelegt. Symbolisch zerbricht man das Schwert und ein Großteil der Tongefäße wird zerschlagen. Anschließend entzündet man den Scheiterhaufen. Nach der Einäscherung und dem Aussortieren der verbrannten menschlichen Gebeine und der Tierknochen findet eine feierliche Deponierung mit den Beigaben im Dromos und der Kammer statt. Ein mächtiger Erdhügel wird aufgeschüttet und es werden Leichenspiele zur Ehren des Toten abgehalten (S. 34).

Soweit die Vorstellung der Autoren, die schließlich noch anregen, zu versuchen, den Verbrennungsplatz ausfindig zu machen und ihn archäologisch auszugraben, um weitere Aufschlüsse zu gewinnen.

Bei der Frage der Herrschaftsform wird auf einige Charakteristika der Hallstattkultur im Ostalpenraum hingewiesen wie das „militärische Gehabe" (S. 34) als Bestandteil der Selbstdarstellung. Selbst im Grab hätte die „oberste Elite" noch Anspruch auf militärische Führung erhoben (ebd.). Da bislang kein Fürstengrab mit rein weiblichen Beigaben bekannt geworden ist, hätten nur Männer Zugang zur obersten Ausstattungsgruppe gehabt. Zur Selbstdarstellung eines Reiterkriegers gehörte regelhaft auch die Beigabe eines oder mehrerer Pferde und, häufig im Osthallstattkreis praktiziert, die Totenfolge einer oder mehrerer Personen weiblichen und/oder männlichen Geschlechts. Darin soll eine Demonstration der Macht über Leben und Tod der Untergebenen des Fürsten zum Ausdruck kommen (S. 35). Charakteristisch für die steierischen Fürstengräber sind prunkvolle Bronzegefäße in beachtlicher Zahl. Wie die Verf. meinen, kennzeichnet dies „den Fürsten als Veranstalter großer religiös motivierter Feste und damit als religiöses Oberhaupt" (ebd.). Damit ist das Mode-Thema „sakrales Königtum" angesprochen.

Die gegenwärtige Diskussion versucht den forschungsgeschichtlich umstrittenen Begriff „Fürst" wenn nicht zu ersetzen, so doch inhaltlich und funktional zu erweitern, indem man diesem Personenkreis insbesondere auch sakrale Aspekte der Herrschaft zusprechen möchte.

Auf die kontrovers diskutierten soziologischen und ethnologischen Interpretationen kann hier nicht näher eingegangen werden, auch wenn die abschließenden Ausführungen in ihrer gedrängten Form Kritik erfordern (S. 39).

Den Autoren ist zu Recht daran gelegen, den kulturellen und zivilisatorischen Stellenwert des Osthallstattkreises mit seinen zahlreichen Stammesgesellschaften und beeindruckenden Prunkgräbern Fachkreisen wie auch einer interessierten Öffentlichkeit näher zu bringen. Deshalb werden auch gegen Ende des Buches die Besonderheiten der Osthallstattkultur und ihre Unterschiede zum Westhallstattkreis aufgeführt:

Die Grabarchitektur mit ihren spezifischen, aufwändigen Steinkammern und Zugängen, die sicherlich eine beachtliche bauliche Leistung erfordern und eindrucksvolle Grabmonumente darstellen, die den Vergleich mit Großgrabhügeln des Westhallstattkreises nicht zu scheuen brauchen.

Dagegen besteht ein wesentlicher Unterschied bei den Beigaben, insbesondere was die Ausstattung mit aus Gold angefertigten Schmuckgegenständen und Rangabzeichen angeht. Dieses Edelmetall taucht bekanntlich kaum in osthallstättischen Gräbern der Führungsschicht auf, was damit erklärt wird, dass man dem Gold „keine so vordergündige Bedeutung zu[maß]" wie „in Fürstengräbern des Westhallstattkreises" (S. 35).

Ein wesentlicher Unterschied ist auch im kulturellen Habitus zu sehen. Dem höfisch eleganten und geselligen Eindruck, den die westlichen Fürstengräber erwecken, steht eine kriegerische, um nicht zu sagen martialische Aura der östlichen Prunkgräber gegenüber, was durchaus Schlüsse auf die dahinter stehende Herrscheridentität und Herrschaftsform erlaubt – ein fruchtbarer Boden für die Mentalitätenforschung.

Es wird weiter festgestellt, dass sich zwar direkte Importe aus dem Mittelmeerbereich in Kleinklein im Gegensatz zu späthallstattzeitlichen Gräbern und auch Siedlungen in Südwestdeutschland, der Schweiz und Ostfrankreich nicht nachweisen lassen, dass aber die im Land hergestellten Objekte Panzer, Helm, Maske und Hände als Adaptionen aus dem Bereich der mediterranen Hochkulturen anzusehen sind und zeigen, dass man nicht „isoliert gelebt" hat. Diese Anregungen können nur über Kontakte zustande gekommen sein; in diesem Zusammenhang werden auch die vielfach belegten Beziehungen zur Este-Kultur Oberitaliens und zum mehrfach erwähnten Westhallstattkreis angesprochen. Wie man sich allerdings diese Kontakte vorzustellen hat, ob durch persönliche Begegnungen oder über einen gut organisierten Zwischenhandel, bleibt offen und berührt generell ein zentrales Problem des Kultur- und Gütertransfers.

Die Autoren weisen darauf hin, dass die Siedlungs- und Machtzentren im Osthallstattkreis, wie in diesem Fall der Burgstallkogel, an natürlichen Verkehrsverbindungen liegen, was weit gespannte Kontakte erst ermöglichte. In diesem Zusammenhang wird einem der desolate Forschungsstand am Burgstallkogel nochmals in Erinnerung gerufen, über dessen zentralörtliche Bedeutung man gerne mehr wüsste.

Eine größere Klarheit scheint sich bei den Nekropolen abzuzeichnen. Einmal die Tatsache, dass es sich bei den Großgrabhügeln um Separatbestattungsplätze handelt, die deutlich abgesetzt sind vom Gros der anderen Gräberfelder, und zweitens, dass sich eine zeitliche Belegungsabfolge feststellen lässt.

Der Hartnermichelkogel 1 dürfte der älteste Grabhügel der Nekropole sein, gefolgt von Pommer- und schließlich vom Kröllkogel. Unklar ist die Zeitstellung des Hartnermichelkogel 2, wo nur ein nicht näher datierbares Panzerfragment überliefert ist. Bei allen Grabhügeln sind nur die Zentralbestattungen (mit ihren Begleitpersonen) bekannt, über immerhin mögliche Nachbestattungen liegen keine Erkenntnisse vor. Die Autoren gehen davon aus, dass in jeder Generation nur ein Fürstengrab angelegt wurde, d. h. dass der Angehörige der fünften Generation anderenorts bestattet wurde, die Grablegung der vierten Generation erlebte oder gar „das Grab seines Vorgängers noch errichtet" hat (ebd.). In diesem Zusammenhang interessant ist auch die Beobachtung, dass von Generation zu Generation der Beigabenreichtum zunimmt, bis nach etwa 150 Jahren, um die Mitte des 6. Jahrhunderts, die Fürstengräber abbrechen, die Höhensiedlung Burgstallkogel aufgegeben wird und das Herrschaftssystem schlagartig verschwindet.

Ob die Belegungsabfolge von einem dynastischen, also blutverwandtschaftlich, familienbezogenen System oder von einem funktionsbezogenen Herrschaftskonzept ausgeht, bleibt vage durch Formulierungen wie „die Hügel standen mit größter Wahrscheinlichkeit in einer Beziehung zueinander,

was etwas mit Abstammung und mit der Legitimation von Herrschaft zu tun haben dürfte" (ebd.) oder es ist die Rede von einer „Sippe von fünf Generationen" (S. 37).
Es wird freilich auch kaum möglich sein, allein mit archäologischen Methoden eine solche Frage zu klären.
Als Ausweg aus diesem Dilemma wird ein „funktionierender Hofstaat von Beratern und Würdenträgern" als Modell vorgeschlagen. Da eine Sippe nicht über fünf Generation hinweg in der Lage wäre, „ständig charismatische Anführer" hervorzubringen, müsse man für vorgeschichtliche Verhältnisse mit einem hohen Grad einer „Institutionalisierung der Führungsrolle" rechnen, die in Kleinklein entwickelt worden sei. Dadurch könnten auch schwächere Herrscher unterstützend beraten werden, ohne dass die Gefahr bestünde, dass das gesamte System kollabiere (ebd.).
Diese eher rationalistisch-moderne, an dynastischen Vorstellungen orientierte Sichtweise teilen zu wollen, fällt einigermaßen schwer. Sie dürfte kaum den archaisch-alteuropäischen Herrschaftsformen und Legitimationsvorstellungen entsprechen, wie sie noch in der frühen antiken Literatur durchscheinen.
Skepsis ist auch bei dem Versuch angebracht, ethnographische Studien, wie hier über das sakrale Königtum in Zentralafrika, als Interpretationshilfe heranzuziehen. Auf Grund zeitlicher, räumlicher und kultureller Distanz entstehen hierbei unwillkürlich Probleme soziologischer und terminologischer Natur, die bestenfalls auf einem sehr allgemein gehaltenen Niveau Aussagen erlauben und dem Phänomen der hallstattzeitlichen Prunkbestattungen in Kleinklein nicht gerecht werden können.
Der außergewöhnliche und mühevoll rekonstruierte Befund verdient es jedenfalls, sich eingehend mit der Person und Funktion eines hochgestellten Reiterkriegers zu befassen, der sich in einer Umbruchzeit im Randbereich zu antiken Zentren ranggemäß in einer pompösen Selbstinszenierung bestatten ließ.
Die knappe, ausstellungsorientierte Darstellung eines komplexen Themas anhand außergewöhnlicher Funde und Befunde darf als gelungen gelten. Farbfotos, Grafik und Karten stehen zum Text in einem ausgewogenen Verhältnis und liefern zusätzlich nützliche Informationen (lediglich der zweimalige Abdruck der inhaltlich und grafisch identischen Karten Abbildung 4 und 29 „Hallstattnekropole Sulmtal [Steiermark]" irritiert ein wenig). Ein flüssiger und verständlicher Text weckt Erwartungen auf weitere Bände „Mosaiksteine" und natürlich auf die endgültige monographische Vorlage von Kleinklein. Ihr ist zu wünschen, dass sie der Hallstattforschung in Ost und West neue Impulse gibt und Einblicke in die wechselseitigen Beziehungen der beiden Hallstattkulturen ermöglicht.
Der neuen Reihe des RGZM ist mit ihrem ersten Band ein guter Start gelungen.

Anschrift des Verfassers

Dr. Claus Oeftiger
Regierungspräsidium Stuttgart
Landesamt für Denkmalpflege
Berliner Straße 12
73728 Esslingen am Neckar

E-Mail: claus.oeftiger@rps.bwl.de

Heinrich Ricken (†), *Die Dekorationsserien der Rheinzaberner Reliefsigillata. Katalog VI der Ausgrabungen von Wilhelm Ludowici in Rheinzabern 1901–1914.* Aus dem Nachlass bearbeitet von Manuel Thomas. Römisch-Germanische Kommission des Deutschen Archäologischen Instituts; Römerkastell Saalburg – Archäologischer Park. Materialien zur römisch-germanischen Keramik Heft 14 (Bonn 2005). Verlag Dr. Rudolf Habelt GmbH, Bonn. Textband 232 Seiten mit neun Textabbildungen; Tafelband 4 Seiten, 285 Tafeln. Preis 48,00 €. ISBN 3-7749-3315-4.

Auch die neueste Lieferung aus der Reihe „Materialien zur römisch-germanischen Keramik" präsentiert sich wieder in der gewohnt qualitätvollen Aufmachung. Nach fast genau fünfzig Jahren – die Veröffentlichung war ursprünglich für das Jahr 1954 angekündigt worden – liegt nun endlich der Textteil zu dem schon 1942 erschienenen Tafelband über die Dekorationsserien der Reliefsigillata der Manufaktur Rheinzabern/Pfalz vor. Praktischerweise wurde erneut dieser Tafelteil mit abgedruckt, nachdem auch die zweite Auflage von 1948 bereits seit längerem restlos vergriffen war. Eigens hervorzuheben ist die gute Qualität der darin enthaltenen Abbildungen.

Grundlage der sorgfältigen Edition ist ein Manuskript aus dem Nachlass von Heinrich Ricken (1887–1958), das im Saalburg-Archiv aufbewahrt wird. Die Vorbereitungen für seinen Druck waren schon sehr weit vorangekommen, jedoch gelangte es nie gänzlich zur Publikationsreife, da Ricken buchstäblich inmitten der Korrekturarbeiten verstarb. Es ist dem unermüdlichen Einsatz des Rheinzaberner Bürgers Manuel Thomas zu verdanken, dass dieser eminent wichtige Band endlich erscheinen konnte, dessen Fertigstellung von der Römisch-Germanischen Kommission des Deutschen Archäologischen Instituts und dem Saalburg-Museum in vielfältiger Weise gefördert und schließlich von beiden Institutionen gemeinsam herausgegeben wurde. Finanziert wurde der Druck selbst durch die Ceramica-Stiftung Basel, die hierbei von den Rei Cretariae Romanae Fautores tatkräftig unterstützt wurde.

Der Band wird zunächst mit einer ausführlichen Darstellung der Forschungsgeschichte der Rheinzaberner Sigillatamanufaktur im Allgemeinen, anschließend der einschlägigen Untersuchungen von Heinrich Ricken im Besonderen eröffnet (S. 1–10). Das allen wissenschaftlichen Untersuchungen bisher zugrunde liegende Fundmaterial stammt aus den Ausgrabungen, die der Ziegeleibesitzer Wilhelm Ludowici in den Jahren 1901–1914 teils großflächig auf den Feldern der Umgebung von Rheinzabern, teils punktuell im Ort selbst anlässlich von Bauarbeiten durchführen ließ, und deren Resultate er in fünf Monographien vorlegte, die bis heute grundlegend geblieben sind (Ludowici I–V).

Für die Erforschung der TS-Manufaktur stellt der Band II von 1905 einen wichtigen Schritt dar, da darin eine erste Vorlage von Punztypen enthalten war. Nach einem komplizierten Verfahren, das sich jedoch bald als wegweisend herausstellen sollte, ließ Ludowici die Punztypen aus den Formschüsseln ausformen und anschließend diese Abformungen photographieren; die Abbildung erfolgte im Maßstab 1 : 1. Schon anlässlich dieser Vorlage der Punztypen wurde bereits das Gliederungsprinzip in menschliche Figuren (M), Tiere (T), Pflanzen (P), Ornamente (O), Randfriese (R), Bogensegmente bzw. Kreise (B, K) befolgt, was dann später üblich werden sollte.

Bedingt durch den ersten Weltkrieg und seine unmittelbaren Folgen, konnte Ludowici den Band V erst mit beträchtlichem zeitlichem Abstand im Jahre 1927 veröffentlichen, welcher dann eine Zusammenstellung aller bis dahin bekannt gewordenen Punztypen mitsamt der Zuweisung zu bestimmten Dekorationsserien enthielt, womit ein praktikables Bestimmungswerk vorlag.

Ab den 30er-Jahren des 20. Jahrhunderts nahm dann der Gymnasiallehrer Heinrich Ricken seine Forschungen zur Terra sigillata auf (S. 6–10), der schließlich die von Ludowici entwickelten Leitlinien der Materialvorlage in mehreren wichtigen Punkten veränderte: Im Einzelnen modifizierte er das überkommene Bezeichnungssystem, das sich sowohl als zu unpräzise als auch zu wenig flexibel erwiesen hatte und somit ungeeignet für die systematische Erfassung der Dekorationsserien war. Auch war bisher das Problem der Bezeichnung der anonymen Dekorationsserien nur unzureichend berücksichtigt worden.

Die Vorlage der Punztypen betreffend, wurde zwar, wie bereits erwähnt, die von Ludowici gewählte Reihenfolge prinzipiell beibehalten, durch Neufunde ließ sich allerdings jetzt die Liste deutlich erweitern. Außerdem wurden jetzt auch werkstattfremde Punztypen konsequenter ausgeschieden, als es vorher der Fall war. In seiner endgültigen Fassung enthielt der Punzenkatalog für jede Punze die genaue Bezeichnung, ein Verzeichnis ihrer jeweiligen Verwendung für Dekorationsserien, sowie Hinweise auf mögliche Vorkommen in anderen Werkstätten, soweit erkennbar fallweise ergänzt durch die Angaben von Abhängigkeitsverhältnissen.

Des Weiteren unterzog sich Ricken der mühevollen Sichtung der einschlägigen Fachliteratur, die offenkundig nahezu vollständig bis zum Erscheinungsdatum 1955 erfasst wurde (s. auch Literaturverzeichnis, S. 223 f.). Von dem erst 1959 veröffentlichten, monumentalen Bestimmungswerk von Paul Karnitsch über die Reliefsigillata von *Ovilava* – Wels lagen zum Zeitpunkt der Korrekturarbeiten am Manuskript immerhin Abriebe von Reliefsigillaten vor. Nach den vorhandenen Archivunterlagen skizzierte Ricken die in diesen Werken enthaltenen Dekorationsmuster und fügte im Erläuterungstext der Bildtafeln entsprechende Hinweise ein. Zum Prinzip der Auswahl dieser Vergleichsstücke hat es Ricken versäumt, sich ausdrücklich zu äußern. In erster Linie beabsichtigte er anscheinend damit auf modelgleiche bzw. zumindest stilistisch ähnliche Sigillaten hinzuweisen, wohingegen offenbar weniger daran gedacht war, im Rheinzaberner Töpfereimaterial nicht vertretene Dekorationsmuster durch solche von Sigillaten aus dem Exportgebiet der Manufaktur zu ergänzen. Jedenfalls finden sich nur an wenigen Stellen entsprechende Textvermerke (z.B. S. 49 zu Taf. 31 Cobnertus I–III; S. 92 zu Taf. 82 Comitialis II).

Infolge der schwierigen Zeitumstände (zweiter Weltkrieg und die Nachkriegszeit), ergaben sich schließlich bei der Drucklegung des Tafelbandes gravierende Probleme (S. 8–10). Der eindrücklichen Schilderung der Ereignisse bis hin zur Veröffentlichung ist von Seiten des Rezensenten nichts hinzuzufügen!

Zwar erschien der von Ricken erstellte Punztypenkatalog in einer von Charlotte Fischer gründlich überarbeiteten Fassung bereits 1963 (H. Ricken/Ch. Fischer, Die Bilderschüsseln der römischen Töpfer von Rheinzabern. Textband mit Typenbildern zu Katalog VI der Ausgrabungen von Wilhelm Ludowici in Rheinzabern 1901–1914. Materialien zur römisch-germanischen Keramik 7), während jedoch aus heute nicht mehr näher bekannten Gründen die gleichfalls unerlässliche Veröffentlichung der Erläuterungstexte zum Tafelband von 1942/1948 unterblieb.

Die nunmehr vorgelegte Edition überzeugt durch die sorgfältige sprachliche und inhaltliche Redigierung des Nachlasstextes (zu den Richtlinien der Überarbeitung S. 11 ff.). Außerdem wurde das Register von 1963 der Fund- und Aufbewahrungsorte überprüft und nötigenfalls ergänzt. Des Weiteren wurden einige wichtige seitherige Forschungsergebnisse eingearbeitet, im Einzelnen berücksichtigt wurden geänderte Bezeichnungen von bestimmten Töpfern (Ware E 8: jetzt Lucanus II; Ware E 31: Pervincus II), später erschienene wichtige Literaturtitel, von denen Ricken den zugrunde liegenden Fundstoff bereits gekannt und in seine Erläuterungstexte eingearbeitet hatte (J. Garbsch; Karnitsch, *Ovilava*), und schließlich die Arbeit über den Töpfer IANV, die erste monographische Bearbeitung eines bedeutenden Rheinzaberner Sigillataproduzenten, welche M. Gimber vorgenommen hat.

Weitere Forschungen über die bedeutendste Sigillatamanufaktur Ostgalliens sind damit auf eine völlig neue, solide Grundlage gestellt. Die Edition des Manuskriptes von Ricken durch Thomas ist an sich schon eine schöne Leistung, deren Bedeutung dadurch noch gesteigert wird, dass der Autor den Band neben seiner eigentlichen Berufstätigkeit als Ingenieur, sozusagen als Freizeitbeschäftigung fertig gestellt hat. Es soll daher auch keineswegs als Schmälerung dieser vorbildlichen Arbeitsleistung missverstanden werden, wenn im Folgenden einige kritische Anmerkungen geäußert werden, die sich hauptsächlich auf den Forschungsstand zur Rheinzaberner TS-Manufaktur insgesamt beziehen. Fest steht, dass nunmehr die Leistungen von Heinrich Ricken auf völlig veränderter Grundlage beurteilbar sind. Dem Anliegen der vorliegenden Edition hätten aber nach Meinung des Rez. zweifellos einige weitere Überlegungen zu der Frage gedient, auf welchen methodischen Grundlagen denn eigentlich Ricken zu seiner Abfolge der Rheinzaberner Töpfer gelangt ist. Auch zu diesem Forschungsproblem hat sich nämlich Ricken nicht geäußert, gerade diese relative Abfolge der Rheinzaberner Produzenten und daraus sich ergebende Schlussfolgerungen für die absolute Chronologie haben jedoch die Forschung seither maßgeblich beschäftigt, vor allem auch in den letzten Jahren. Möglichkeiten und Methoden der modernen elektronischen Datenverarbeitung, wie sie heute von ausgewiesenen Spezialisten – auf durchaus kontrovers diskutierter Grundlage – angewandt werden (H. Bernhard, F.-K. Bittner, A. Mees), standen Ricken jedenfalls nicht zur Verfügung. Aus seinen Darlegungen lässt sich eine mehrstufige Vorgehensweise rekonstruieren: Offenbar über die Analyse von Namensstempeln, bei Punzenstempeln vorrangig von Eierstäben und Randfriesen, nachgeordnet auch von übrigen Motiven, und schließlich wohl auch mithilfe von stilistischen Überlegungen gelangte Ricken zur Aufstellung einer Töpferabfolge, die von ihm nur im Sinne einer groben chronologischen Reihenfolge gemeint gewesen sein kann. Es ist umso erstaunlicher, dass sich diese Anordnung im Großen und Ganzen bis auf den heutigen Tag bewährt hat!

Auf gewisse strukturelle Schwächen und Unstimmigkeiten dabei hat die Forschung bereits wiederholt hingewiesen (z. B. Abgrenzung der Töpferserien Pupus und Pupus – Iuvenis II bzw. der Töpferserien der Primitivus-Gruppe, s. A. Mees, Organisationsformen römischer Töpfer-Manufakturen am Beispiel von Arezzo und Rheinzabern. Monogr. RGZM 52 [Mainz 2002] Bd. 1, 22; Bd. 2, 340; 350). Die vorliegende Textedition lässt jetzt sehr viel deutlicher erkennen, dass die Rheinzaberner Töpfereiwerkstätten insgesamt sehr ungleichmäßig vertreten sind. Frühe Töpfer (Ianu I, Reginus I, Cobnertus I–III) überwiegen quantitativ sehr stark gegenüber den eher späten Produzenten. Auch stützt sich Ricken bei der Besprechung dieser frühen Dekorationsserien fast ausschließlich auf Fundstücke vom Produktionsort selbst (z. B. Ianu I: 175 Dekorationsserien, von denen 130 abgebildet werden, davon wiederum 7 aus dem Exportgebiet), bei den erwähnten späten in sehr viel stärkerem Maße auf Exportfunde, vermutlich aus dem Grund, da diese Produzenten im Rheinzaberner Fundbestand der Grabungsjahre 1901–1914 kaum vertreten waren.

Viel klarer ist jetzt auch erkennbar, dass vom Exportgebiet zwar das Rheinland und Süddeutschland gut erfasst wurden (v. a. Arbeiten von Robert Knorr, Materialvorlagen im ORL), hingegen der gesamte mittlere Donauraum schon sehr viel weniger Berücksichtigung fand, wohin jedoch gerade im Zeitabschnitt nach den Markomannenkriegen (ab ca. 180 n. Chr.) massenhaft Ware aus Rheinzabern geliefert wurde, wie die Forschung inzwischen klar herausgearbeitet hat (Großwerkstätten des Comitialis und Primitivus); im Übrigen eine logische Konsequenz des damaligen Publikationsstands, von dem natürlich selbst ein Meister seines Fachs wie Heinrich Ricken abhängig war.

Es ist also zu befürchten, dass trotz aller bisher erbrachten enormen Anstrengungen, nicht zuletzt eben von Heinrich Ricken, vom Produktionsspektrum der Rheinzaberner TS-Manufaktur bisher nur gewisse Teilausschnitte bekannt sind, obgleich selbstredend höchst beachtliche. Auf diesem Hintergrund erscheint nur die breit angelegte, monographische Aufarbeitung einzelner Großwerkstätten, unter Behandlung sowohl der vom Produktionsort selbst als auch aus dem Exportgebiet stammender Fundstücke, als einzig möglicher Weg, um zukünftig zu noch differenzierteren Aussagen zu betriebstechnischen und chronologischen Fragen gelangen zu können. Bei diesen Untersuchungen sollte auch das enorme Fundmaterial aus den neueren Grabungen noch stärker beachtet werden, die in Rheinzabern seit 1975 laufend durchgeführt wurden. Für alle zukünftigen Fragestellungen bietet der vorliegende Doppelband von Heinrich Ricken und Manuel Thomas eine solide Grundlage. Die Veröffentlichung alter Manuskripte stellt stets eine zwiespältige Angelegenheit dar. In dem vorliegenden Fall hat sie sich wahrhaftig gelohnt!

Anschrift des Verfassers

Priv.-Doz. Dr. Martin Luik
Ludwig-Maximilians-Universität
Institut für Vor- und Frühgeschichtliche
Archäologie und Provinzialrömische Archäologie
Geschwister-Scholl-Platz 1
80539 München

E-Mail: martin.luik@vfpa.fak12.uni-muenchen.de

Beate Schmid, *Die Ausgrabung Mainz-Tritonplatz 1993. Teil I: Die hochmittelalterliche bis neuzeitliche Geschirrkeramik.* Mainzer Archäologische Schriften 3 (Mainz 2004). Verlag Philipp von Zabern, Mainz. 228 Seiten mit 195 Zeichnungen, 18 Abbildungen, 86 zum Teil farbige Tafeln, CD-ROM. Preis 56,50 €. ISBN 3-8053-3275-0.

Die Vorlage eines größeren Keramikkomplexes des Mittelalters und der frühen Neuzeit aus Mainz schließt eine empfindliche regionale Lücke in der Kenntnis mittelalterlicher Keramik. Für die Archäologie des Mittelalters in Baden-Württemberg ist dies von Bedeutung, da sich insbesondere am Unteren Neckar wichtige Beziehungen nach Norden rheinabwärts ergeben. Beispielsweise fehlen in Heidelberg wie in Mainz die spätmittelalterlichen Karniesränder, die für weite Teile Südwestdeutschlands so typisch sind.
1993 wurden am Tritonplatz in Mainz archäologische Grabungen durchgeführt, deren Zielsetzung einmal nicht der römischen Stadt, sondern der mittelalterlichen und neuzeitlichen Geschichte galt. Recht spät setzte damit in einer der bedeutendsten deutschen Städte eine mittelalterarchäologisch orientierte Stadtarchäologie ein. Noch zu Beginn der 1980er Jahre fielen zugunsten römischer Funde bedeutende Befunde zur frühmittelalterlichen Geschichte an der Löhrstraße unbeobachtet dem Bagger zum Opfer – Zeugnis von der Bedeutung der Fundstelle legen die vom Abraum geborgenen Funde ab (E. Wamers u. a., Die frühmittelalterlichen Lesefunde aus der Löhrstraße [Baustelle Hilton II] in Mainz. Mainzer archäologische Schriften 1 [Mainz 1994]). Einige wenige ältere Notgrabungen mittelalterlicher Befunde verfügten nicht über einen ausreichenden fachwissenschaftlichen Hintergrund und blieben darum im Weiteren unbearbeitet.
Wie so oft, geht die Bearbeitung der Funde der Aufarbeitung der Befunde voraus. 10 Jahre nach Abschluss der Grabung legt Beate Schmid – die Leiterin der Grabung 1993 – die Funde aus ausgewählten Grabungsbefunden der Grabung Tritonplatz und einer 1996 durchgeführten Notgrabung in der Bahnhofstraße (Exkurs S. 110) vor. Sie hat die Funde hinsichtlich der Leittypen und Warenarten analysiert und damit die Grundlagen für eine lokale Keramikchronologie gelegt.
Der Tritonplatz liegt im Kern der mittelalterlichen Stadt. Nach den Zerstörungen des Zweiten Weltkriegs wurde das Gelände als Parkplatz genutzt und allenfalls mit kleinen, nicht unterkellerten Gebäuden überbaut. Abgesehen von römischen Resten stellt ein beigabenloser hochmittelalterlicher Friedhof zur Kirche Lützel St. Johann den ältesten Befund dar. Mitte des 12. Jahrhunderts wird er durch eine städtische Bebauung abgelöst. Während die Fuststraße im Westen und die Betzelstraße im Norden des Grabungsgeländes auf alte römische Straßenführungen zurückgehen, ist die Alte Universitätsstraße erst in nachrömischer Zeit angelegt worden. Sie diente offenbar als Wirtschaftsweg für das Franziskanerkloster, die Domsängerei und die Dompropstei, die südlich außerhalb der Grabungsfläche zu lokalisieren sind.
Innerhalb des Grabungsgeländes wurden 23 Latrinen angetroffen, die sich im Wesentlichen auf zwei Reihen verteilen. Die südliche Latrinenreihe wurde in der frühen Neuzeit verfüllt und zeigt damit offenbar die Umstrukturierungen des Geländes nach dem Dreißigjährigen Krieg. Beim derzeitigen Stand der Befundauswertung ist es jedoch nicht möglich, die mittelalterliche Parzellenstruktur ohne weiteres zu erschließen.
90% der bearbeiteten Funde stammen aus den Latrinenverfüllungen. In geringer Menge wurden andere Befunde herangezogen, so ein Brunnen, eine Zisterne (?), eine Kellergrube und Baugruben von Fundamenten. Darüber hinaus fanden herausragende Einzelfunde Berücksichtigung.
Nachdem in der Einleitung (Kapitel 1, S. 1 ff.) die referierten Informationen zur Fundstelle und zur Befundsituation gegeben wurden, stellt die Autorin ihre Definitionen der Gefäßformen dar (Kapitel 2, S. 5 ff.). Sie unterscheidet dabei verschiedene Grundformen mit jeweils mehreren Typen, die ihrerseits oftmals in mehrere Varianten differenziert werden. Zu jeder Form gibt es eine Textabbildung, es werden die Vorkommen in den bearbeiteten Grabungsbefunden aufgeführt und in einer knappen Liste die Vergleichsfunde mit ihrer Datierung angegeben. Nicht selten wird hier auf Funde aus Heidelberg, Schwäbisch Hall oder Schwäbisch Gmünd verwiesen. Es folgt jeweils ein kurzer Kommentar mit Beobachtungen zur Vergesellschaftung und zur Häufigkeit der Form.

Die Ordnung der Formen erfolgt nach funktionalen Gesichtspunkten: Die Autorin unterscheidet Küchengeschirr (S. 5 ff.), Tischgeschirr (S. 41 ff.) und Geschirr mit Sonderfunktionen (S. 90 ff.). Dabei rechnet sie Töpfe, Henkeltöpfe, Dreibeingefäße, offene Formen wie Bräter, Pfännchen und Siebe sowie Deckel zum Küchengeschirr, Tüllenkannen, Kannen, Krüge/Flaschen, hohe sowie flache Trinkgefäße – Becher und Humpen bzw. Trinkschalen, Koppchen, Tassen und Untertassen – Schüsseln, Henkelschüsseln sowie Schalen und Teller zum Tischgeschirr. Beim Geschirr mit Sonderfunktionen umfasst die Funktionsgruppe „Medizin" (S. 90 ff.) Apotheker- und Abbindegefäße sowie Tiegel, die Gruppe „Hygiene" (S. 92 ff.) Handwaschbecken und Nachttöpfe, die Gruppe „Beleuchtung" (S. 95 ff.) Lämpchen, Leuchter und Räuchergefäße und die Gruppe „Kaufmännisches" (S. 98 ff.) Sparbüchsen und Schreibgarnituren. Die letzte Funktionsgruppe „Miniaturgefäße" (S. 100 ff.) bleibt in ihrer Interpretation im Einzelfall unsicher. Die Autorin verweist zwar auf modernes Puppengeschirr, betont aber die Möglichkeit, dass diese, überwiegend neuzeitlichen Gefäße auch zur Aufbewahrung und/oder zum Servieren kleinster Mengen Lebensmittel verwendet werden konnten. Eine solche Vorlage nach Funktionsgruppen ist im Hinblick auf eine Sachkulturforschung, die über eine rein chronologische Betrachtung hinausführen soll, höchst sinnvoll, doch ist zu bedenken, dass die funktionale Gliederung außerordentlich problematisch ist.

Die methodisch-theoretischen Grundlagen werden zu Beginn des Kapitels leider nur knapp skizziert (S. 5). In der Regel genügt es heute dazu auf die einschlägige Literatur zu verweisen, doch entwickelt die Autorin ein bislang kaum praktiziertes Bewertungsschema zur Berücksichtigung des Erhaltungszustandes. Dabei werden folgende Bewertungen verwendet:

vollständige Gefäße = 1;
größere Fragmente = 0,5;
einzelne Wandscherbe = 0,1;
zwei bis maximal zehn Wandscherben, Henkel- und Tüllenfragmente = 0,2;
über 10 Wandscherben = 0,4;
über 10 Rand- und Bodenscherben = 2.

Man hätte sich hier eine genauere Begründung der Bewertungen sowie etwas mehr Reflektion über deren Aussagekraft gewünscht. Der interessante Ansatz hätte durchaus eine kritische Würdigung verdient, indem zumindest für einzelne Befunde Bewertungszahlen, Mindestindividuenzahlen und Scherbenzahlen einander gegenübergestellt werden und so wenigstens eine empirische Einschätzung über den Wert dieses Ansatzes möglich wäre. So wird er kaum Akzeptanz finden, obwohl geeignete statistische Aufnahme- und Auswertungsverfahren noch immer zu den Desideraten insbesondere der mittelalterarchäologischen Keramikforschung zählen.

Das folgende Kapitel 3 stellt die Befunde mit keramischen Fundkomplexen (ergänzend werden die restlichen fundleeren Latrinen mit aufgeführt) im Einzelnen vor (S. 105 ff.). Ausgewählt wurden Latrinen- und Kellerverfüllungen. Sie werden in chronologischer Folge vorgelegt. Den stratifizierten Latrinen 09 (S. 117 ff.) und 10 (S. 127 ff.), der neuzeitlichen Latrine 14 (S. 149 ff.) sowie der Dompropstei mit Latrine 15 (S. 152 ff.) werden dabei eigene Unterkapitel gewidmet. Leider beschränkt sich das Abbildungsmaterial dabei auf die Übersichtspläne der Grabung (Abb. 3–5), während auch bei den stratifizierten Befunden eine genauere Befunddarstellung fehlt. Immerhin gibt es zu den Latrinen 09 und 10 Grabungsfotos, die einen allgemeinen Eindruck von der Verfüllung vermitteln (Abb. 12 u. 14).

In Kapitel 4 formuliert die Autorin ihre Ergebnisse (S. 175 ff.). Es bildet die Synthese der beiden vorausgehenden fund- bzw. befundorientierten Darstellungen.

In einem ersten Teil (S. 175 ff.) werden die Leittypen der Keramikchronologie herausgearbeitet. Dies geschieht auf Grundlage der Fundvergesellschaftungen und bedingt auch der stratigraphischen Beobachtungen in den Latrinen sowie aufgrund der andernorts datierten, in Kapitel 2 aufgeführten typologischen Vergleiche. Eine wesentliche Grundlage dieser Synthese stellt die statistische Auswertung der Fundspektren dar. Sie sind in 323 Diagrammen dargestellt, die sich im EXCEL-Format auf der beiliegenden CD finden. Dabei handelt es sich mehrheitlich um Darstellungen als Kuchen-Diagramme, die entweder die Verteilung der Gefäßformen auf die Befunde oder aber die Fundspektren in den einzelnen Befunden, oft getrennt nach den Funktionsgruppen, darstellen. Vergleichende Diagramme, die die Spektren der Befunde einander gegenüber stellen würden, werden nicht gegeben, vor allem aber fehlen auch die zugrunde liegenden Daten, mit denen man entsprechende weitergehende Analysen vornehmen könnte. Interessant wäre beispielsweise ein Vergleich der Keramikspektren, bei denen Über- und Unterrepräsentation einzelner Gefäßformen oder Warengruppen in den verschiedenen Befunden dargestellt ist.

Ein zweiter Teil der Ergebnisse gilt der Darstellung der Warengruppen (S. 205 ff.). SCHMID unterscheidet dabei zwischen Warengruppen und Warenarten. Eine exakte Definition des Begriffes Warengruppe gibt SCHMID nicht, sie grenzt ihn lediglich gegen die Kategorien der Gefäßtypen und Warenarten ab. Demnach sind es vor allem Kriterien der Oberflächenstruktur, die für eine Zuweisung zu einer Warengruppe wesentlich sind, während „Warenart" zusätzlich die Scherbenbeschaffenheit inklusive Magerung und „Gefäßtyp" neben der Form auch die Art des Brandes und der Oberflächenbehandlung berücksichtigt. Warenarten fasst sie als Gruppen auf, die „möglicherweise bestimmten Produktionsstätten und -zeiträumen zuzuordnen wären," (S. 205) für deren Definition sie den Einsatz naturwissenschaftlicher Untersuchungsmethoden für erforderlich hält. Da solche Untersuchungen für die Mainzer Funde nicht vorliegen, verzichtet sie auf eine Differenzierung auf der Ebene der Warenarten.

Ein abschließender Teil der Ergebnisse geht auf die Besiedlungsgeschichte im Bereich Mainz-Tritonplatz ein (S. 215 ff.). Diese werden angesichts der ausstehenden Befundbearbeitung nur als ein vorläufiges Zwischenergebnis formuliert. Dabei wird auch deutlich, wie wenig wir tatsächlich bisher über die mittelalterliche Stadt Mainz und ihre Entwicklung und Parzellierung wissen.

Die beiliegende CD enthält neben den angesprochenen Diagrammen auch die Tabellen 1 bis 10, die den Fundbestand der einzelnen berücksichtigten Befunde wiedergeben. Die für die einzelnen Befunde verwendeten Kürzel erschließen sich zwar aus dem Text, sind aber leider nicht nochmals aufgeführt. Die alleinige Angabe der Summe der Bewertungszahlen des oben skizzierten Bewertungsschemas macht es unmöglich, den Fundbestand im einzelnen zu überblicken. Nicht ohne weiteres verständlich ist es, weshalb in manchen der Tabellen eine Warenartspalte vorhanden ist, in anderen aber nicht.

Aus südwestdeutscher Sicht liegt die Bedeutung der Publikation darin, dass sie für das späte Mittelalter einen wichtigen Vergleichskomplex für das Untere Neckarland erschließt, vor allem aber auch, dass hier eine systematische Bearbeitung frühneuzeitlicher Keramik vorliegt, für die es in Baden-Württemberg noch kaum Vergleichbares gibt. Zumindest bis zur ausführlichen Bearbeitung wichtiger frühneuzeitlicher Fundkomplexe, wie sie aus Heidelberg oder Schwäbisch Hall durch Vorberichte bzw. Ausstellungen bekannt geworden sind, werden die Funde aus Mainz unverzichtbares Referenzmaterial darstellen.

Anschrift des Verfassers

Dr. RAINER SCHREG
Römisch-Germanisches Zentralmuseum
Forschungsinstitut für Vor- und Frühgeschichte
Ernst-Ludwig-Platz 2
55116 Mainz

E-Mail: schreg@rgzm.de

KURT BITTEL, *Reisen und Ausgrabungen in Ägypten, Kleinasien, Bulgarien und Griechenland 1930–1934*. Abhandlungen der Geistes- und Sozialwissenschaftlichen Klasse, Jahrgang 1998, Nr. 5. Akademie der Wissenschaften und der Literatur Mainz (Stuttgart 1998). Franz Steiner Verlag, Stuttgart. 510 Seiten, 16 Abbildungen. Kart. Preis 74,00 €. ISBN 3-515-07328-0.

Veröffentlichte persönliche Aufzeichnungen eines international anerkannten und geehrten Archäologen vom Range KURT BITTELS sind eine Seltenheit, und es ist einer glücklichen Fügung zu verdanken, dass sein nur wenige Jahre umfassendes Tagebuch zugänglich geworden ist. Denn in diesen vier erlebnisreichen Jahren seiner Stipendiatenreise ist der weitere berufliche Werdegang BITTELS entscheidend geprägt worden.

Das Tagebuch beginnt im April 1930 mit seinem Dienstantritt in Frankfurt a. Main als Wissenschaftlicher Hilfsarbeiter bei der Römisch-Germanischen Kommission des Archäologischen Instituts des Deutschen Reiches und endet unvermittelt mit der zweiten Reise nach Troia im April 1934.

Ein gutes Jahrzehnt später, im Sommer und Herbst 1945, hat BITTEL die anhand von Tagebüchern und sonstigen Notizen entstandenen Darstellungen der Sekretärin der befreundeten Familie Dr. WERNER WALZ in Heidenheim diktiert.

BITTEL, zuletzt Direktor beim Archäologischen Institut des Deutschen Reiches, Zweigstelle Istanbul (1942–1945), und Lektor für Vor- und Frühgeschichte an der Universität Istanbul (1942–1944), war nach Abbruch der diplomatischen Beziehungen zwischen Deutschland und der Türkei und Schließung der Zweigstelle durch die Türkische Republik im August 1944 nach Heidenheim zurückgekehrt.

1993 wurden die Tagebuchaufzeichnungen als Xerokopie von einem Durchschlag des nicht mehr verfügbaren Originals von seinem Sohn Dr. CHRISTOPH BITTEL für eine Veröffentlichung der „Mainzer Akademie der Wissenschaften und der Literatur" zur Verfügung gestellt und von BERNARD ANDREAE in einer Plenarsitzung am 24. Juni 1995 der Akademie vorgelegt. Das Manuskript wurde noch in derselben Sitzung genehmigt und ist schließlich 1998 in unveränderter Form, versehen mit einem etwas knappen, dennoch aufschlussreichen Vorwort und ausgestattet mit einem sehr nützlichen Personen- und Ortsregister als Band 5 der „Abhandlungen der Geistes- und Sozialwissenschaftlichen Klasse" erschienen. Der Band umfasst 510 Seiten, ist mit 15 Abbildungen versehen und dankenswerterweise ausgestattet mit einem sehr nützlichen Personen- und Ortsregister.

Folgende Zeilen sollen keine Buchbesprechung im herkömmlichen Sinne sein, vielmehr sind sie als Hinweis auf ein außergewöhnliches und für Fachkreise aufschlussreiches Dokument zu verstehen. Es ist an dieser Stelle auch nicht erforderlich, die wissenschaftliche Leistung des Gelehrten zu würdigen. Dies ist bereits mehrfach geschehen.

Mir ist vielmehr daran gelegen, auf das kontinuierliche wissenschaftliche Wirken im Okzident und Orient und auf das von politischen Irritationen distanzierte Leben eines schwäbischen Archäologen von internationalem Format hinzuweisen, insbesondere auch auf seine bis ins hohe Alter konsequent erfolgten Tätigkeiten für die Landesarchäologie.

Doch zunächst ist wahrzunehmen, dass die Tagebuchaufzeichnungen BITTELS in Prähistorikerkreisen nahezu unbemerkt geblieben sind, wofür nicht nur das geographisch und archäologisch abgelegene Thema verantwortlich zu machen ist.

Auf den ersten Blick mag diese Anzeige in den „Fundberichten aus Baden-Württemberg" ungewöhnlich erscheinen, insofern „Reisen und Ausgrabungen" die Vor- und Frühgeschichte des östlichen Mittelmeerraumes und des anatolischen Hochlandes zum Inhalt hat. Dennoch ist es nicht fehl am Platz, BITTELS Tagebuch hier anzuzeigen, zumal es auch aufschlussreiche Bezüge zur frühen württembergischen archäologischen Forschung enthält.

Ein weiterer Grund ist in der aus Heidenheim an der Brenz stammenden Person BITTELS selbst zu sehen, dessen 100. Geburtstag sich am 5. Juli 2007 jährt.

Sein 1934 erschienenes Werk über „Die Kelten in Württemberg" hat die süddeutsche Forschung zur Latènezeit in ihrer archäologischen, historischen und kulturgeschichtlichen Tiefe nachhaltig beeinflusst.

Bittels früh entwickelte Weltoffenheit und Gewandtheit waren niemals ein Hinderungsgrund gewesen, zeitlebens seine Heimat aufzusuchen, dort seinen Lebensabend zu verbringen und sich in späteren Jahren Forschungen im keltischen Kernland zuzuwenden.

Mögen die genannten Eigenschaften durchaus nicht typische Merkmale schwäbischen Naturells sein, so ist die Überraschung umso größer, zu lesen, wie es bei einer Exkursion ins oberägyptische Faijum zu einer denkwürdigen Begegnung kam.

Der Geograph Robert Gradmann, der Geologe Georg Wagner, beide Hochschullehrer und Koryphäen auf ihrem Gebiet, und ein geologisch interessierter Lehrer aus Schwäbisch Gmünd waren soeben aus den Wüstengebieten Transjordaniens gekommen und planten eine Besichtigung des Faijums, wohin auch Bittel aufbrach. Dabei erneuerten Bittel und Wagner ihre alte Bekanntschaft, die 1922 von einer gemeinsamen Exkursion entlang des Obergermanischen Limes unter Leitung von Peter Goessler herrührte. Bittel kommentiert diese Begegnung in der Fremde: „Wir freuten uns alle an dem zufälligen Zusammentreffen von vier schwäbischen Landsleuten". Es folgen dann sprachlich meisterhafte Schilderungen der einzigartigen Landschaft und der archäologischen Denkmäler. Bereits hier zeigen sich seine Begabung und persönliche Auffassung, Landschaften, geologische Formationen, klimatische Gegebenheiten, im weiten Sinne also die naturräumliche Umgebung, in einen Zusammenhang mit dem archäologischen Denkmal zu bringen und literarisch vollendet in Form zu gießen.

Es sind frühe Ansätze einer ganzheitlichen Archäologie unter Einbeziehung auch der Naturwissenschaften, wie schon seine ersten Grabungskampagnen in Anatolien zeigten, wo Paläozoologie und Paläobotanik zum festen Bestandteil der archäologischen Untersuchungen gehörten.

Durchwoben sind die Aufzeichnungen des bei Antritt der Stipendiatenreise nicht einmal Dreiundzwanzigjährigen mit einer Fülle von Eindrücken, Beobachtungen und Schilderungen von Personen und Institutionen aus dem Kreis des Archäologischen Instituts des Deutschen Reiches, von Mitarbeitern der Römisch-Germanischen Kommission in Franfurt am Main und dem universitären Umfeld des damals noch recht jungen Faches im In- und Ausland. In Marburg promovierte Bittel, angeregt durch Peter Goessler, 1930 im Alter von 22 Jahren bei Gero Mehrhart von Bernegg über „Latène in Württemberg".

So gesehen, sind die Tagebuchaufzeichnungen eine zeitgeschichtlich aufschlussreiche Dokumentation der 20er und 30er Jahre des vergangenen Jahrhunderts und ein gehaltvoller Beitrag zur Fach- und Wissenschaftsgeschichte. Die Aufzeichnungen kommen daher einem Vademekum der frühen Altertumsforschung und verwandter Disziplinen gleich, welche jüngeren Generationen einen authentischen Eindruck vermitteln können. Durch die seinem Tagebuch eigenen zeitlichen Rückgriffe auf Jugend- und Studienzeit, auf die ersten Monate bei der RGK, immer schon verbunden mit Ausgrabungen an vorgeschichtlichen und provinzialrömischen Denkmälern im In- und Ausland, erfährt man Wissenswertes über Personen, Forschungstätigkeiten und Organisationsformen einer maßgeblichen Institution. Bei den ihm gestellten Aufgaben konnte Bittel schon früh detaillierte Fachkenntnisse sammeln. Erinnert sei an die Ausgrabung am Zangentor des Oppidums „Burgstall" bei Finsterlohr im Taubergrund, die viel beachtete archäologische Aufschlüsse erbrachte, zugleich aber auch das Problem spätkeltischer, stadtartiger Anlagen hinsichtlich ihrer Funktion ins Bewusstsein der Forschung rückte. Auch führte der Umgang mit den damals entscheidenden Persönlichkeiten zu einer für Menschen dieses Alters ungewöhnlichen menschlichen und intellektuellen Reife. Dabei kommt ein wesentliches Merkmal der Persönlichkeit Bittels zum Vorschein, nämlich seine Gabe, Personen und Sachverhalte präzise und in einem hohen Maße objektiv zu betrachten und wiederzugeben. Dies gelingt ihm selbst bei Charakterstudien über bekanntermaßen schwierige Persönlichkeiten.

Subtil sind auch die Bemerkungen Bittels über die erstaunlich rasch erfolgten personellen und ideologischen Veränderungen in den auswärtigen Niederlassungen des Deutschen Reiches nach 1933 in Athen und Istanbul. Gedanklich vertieft und um einige Erfahrungen reicher, werden sie 10 Jahre später niedergeschrieben.

Aus verständlichen Gründen besitzt das Buch für die Vorderasiatische Archäologie und die Altorientalistik einen hohen Stellenwert und wurde von diesen Fächern auch dankbar zur Kenntnis genommen. Gerade für diese Fachbereiche sind seine Aufzeichnungen über Ausgrabungen, ihre Methoden und Ergebnisse, antike Stätten, Landschaften, Personen und Institutionen ein hochkarätiges und unentbehrliches Quellenmaterial aus erster Hand.

Das Tagebuch kann auch heute noch uneingeschränkt zur Standardlektüre eines Jeden zählen, der sich mit vorderorientalischen Kulturen der Antike wie auch mit den zeitgenössischen Gesellschaften des östlichen Mittelmeerraumes befasst. Dies kommt besonders eindringlich bei Passagen zum Ausdruck, die die damaligen archäologisch-wissenschaftlichen wie auch politischen, gesellschaftlichen und wirtschaftlichen Verhältnisse in der Türkei zur Blütezeit des Kemalismus schildern. Auch seine Einschätzungen und Prognosen zur zukünftigen politischen und kulturellen Entwicklung in der Levante zeugen von einer enormen Vertrautheit mit dem Land und einer intimen Kenntnis vom Wesen seiner Bewohner.

BITTELS Interesse an den Denkmälern des Altertums wurde durch das Elternhaus geweckt und gepflegt. Schon in der Jugendzeit machten ihn sein Großvater und der ebenfalls in Heidenheim wirkende Gymnasialprofessor FRIEDRICH HERTLEIN mit den Denkmälern der näheren Umgebung vertraut, hauptsächlich mit Grabhügeln und Viereckschanzen, aber auch mit römischen Hinterlassenschaften. Immerhin stand das elterliche Haus inmitten des römischen Kastells Aquileia. 1921 begleitete BITTEL seinen Vater auf einer mehrtägigen Exkursion des Württembergischen Anthropologischen Vereins an die Obere Donau, zur Großen und Kleinen Heuneburg, zur Alten Burg bei Langenenslingen und zum Bussen, zu Viereckschanzen und zahlreichen Grabhügelgruppen und Großgrabhügeln. Dabei bot sich ihm die Gelegenheit, wichtige Personen der württembergischen Altertumsforschung kennen zu lernen, besonders PETER GOESSLER.

Die seinerzeit gemachten Beobachtungen und Erfahrungen schärften den Blick des Jugendlichen für topographische und naturräumliche Gegebenheiten. Er erkannte die spezifischen Zusammenhänge von Landschaft und archäologischem Monument, wie auch die Wechselbeziehung von Mensch und Landschaft.

BITTELS Sichtweise geschichtlicher Entwicklung von Kulturräumen erinnert an FERNAND BRAUDEL (1902–1985), den großen französischen Historiker, profunden Kenner der Geschichte der Mittelmeerwelt von der Antike bis in die Frühe Neuzeit und Begründer der „Annales". Auch er sieht in den Wechselbeziehungen von Mensch und naturräumlichen Faktoren langfristige kulturelle Wandlungsprozesse und Geschichtabläufe („longue durée") im Gegensatz und in Ergänzung zur historisch fixierten Ereignisgeschichte („histoire événementuelle").

Diese früh gewonnenen Erkenntnisse kamen dem Stipendiaten, der sich innerlich auf ein intensives Kennenlernen Italiens eingestellt hatte, aber in seiner Anstellung vertraglich anders verpflichtet wurde, bei seinen Aufenthalten in Ägypten, Kleinasien, Bulgarien und Griechenland, also in einer ihm zunächst fremden Welt außerordentlich zugute. Ebenso ermöglichte ihm seine umfassende humanistische Bildung mit ihrem soliden kulturanthropologischen und historischen Fundament neue Aufgaben in einer neuen Umgebung zu erfüllen.

In seiner Tübinger Zeit, zuerst als Außerordentlicher, dann als Ordentlicher Professor und Leiter des Instituts für Vor- und Frühgeschichte (1946–1951), fanden 1950 auch die ersten Grabungen mit Studenten, gemeinsam mit ADOLF RIETH, dem Vertreter der Denkmalpflege in Tübingen, auf der Heuneburg bei Hundersingen statt. Nicht nur Reminiszenzen an frühere Exkursionen haben BITTEL und andere Personen dazu bewogen, an diesen denkwürdigen Ort zurückzukehren, um in zwei Kampagnen archäologische Untersuchungen durchzuführen. Die Ergebnisse waren durch die Entdeckung eines bislang unbekannten Mauertyps (der berühmten Lehmziegelmauer) und eines Scherbens eines aus dem Süden importierten Gefäßes so Erfolg versprechend, dass sich bis heute, abgesehen von wenigen Unterbrechungen, ein großes Forschungsunternehmen daraus entwickelt hat.

Nach den Jahren als Ordentlicher Professor für europäische und vorderasiatische Vor- und Frühgeschichte an der Universität Istanbul (1951–1960) und als Präsident des Deutschen Archäologischen Instituts in Berlin (1960–1972) kehrte BITTEL nach Heidenheim in den Ruhestand zurück. In den folgenden zwei Jahrzehnten knüpfte er an seine früheren Tätigkeiten und Erfahrungen auf dem

Gebiet der Vorgeschichte und der Provinzialrömischen Archäologie an. Zu erwähnen sind die von BITTEL ins Leben gerufenen Grabungen im römischen Kastell *Phoebiana* – Faimingen in Bayerisch-Schwaben und die Ausgrabungen im spätkeltischen Oppidum auf dem Donnersberg in der Pfalz. Neben seinen publizistischen Verpflichtungen und Interessen im Zusammenhang mit seinen Ausgrabungen in Kleinasien, insbesondere der Erforschung der hethitischen Hauptstadt Boğazköy/Ḫattuša in Zentralanatolien, standen Publikationen und Forschungsvorhaben zur geistigen und materiellen Welt der Kelten im Vordergrund. Dabei sah BITTEL schon früh eine Kontinuität von der Älteren zur Jüngeren Eisenzeit. Seine Gedanken hierzu flossen auch ein in die langjährigen Vorbereitungen und Arbeiten am Atlaswerk über die keltischen Viereckschanzen in Baden-Württemberg. Dabei kamen seine langjährigen Erfahrungen auf dem Gebiet der archäologischen Topographie umfassend zur Geltung und trugen maßgeblich zum Gelingen des Vorhabens bei.

Wie eingangs erwähnt, brechen die Aufzeichnungen 1934 abrupt ab, was auf eine Unterbrechung in dem Sinne hindeuten könnte, sie später fortzusetzen. Die persönlichen Absichten BITTELS sind jedoch nicht bekannt geworden, so dass man sich auch die Frage stellen kann, ob eine Veröffentlichung überhaupt vorgesehen war.

Die Tagebücher der Jahre 1930–1934 sind nun zugänglich, was man ihrer wissenschaftsgeschichtlichen Bedeutung wegen als großen Gewinn betrachten darf. Was aber die Lektüre des Buches darüber hinaus so einzigartig macht, sind Sprache und Stil BITTELS. Wenige Forscher und Gelehrte vermochten ihre beruflichen Tätigkeiten und persönlichen Wahrnehmungen textlich so vollendet und auf einem so hohen intellektuellen Niveau zu vermitteln, wie es BITTEL gelungen ist.

BITTELS Buch „Reisen und Ausgrabungen" ist Literatur und ein seltenes Zeugnis von Wissenschaftsprosa.

Anschrift des Verfassers

Dr. CLAUS Oeftiger
Regierungspräsidium Stuttgart
Landesamt für Denkmalpflege
Berliner Straße 12
73728 Esslingen am Neckar

E-Mail: claus.oeftiger@rps.bwl.de

Fundschau

Altsteinzeit

F e l d b e r g siehe **Müllheim** (Lkr. Breisgau-Hochschwarzwald)

L i e l siehe **Schliengen** (Lkr. Lörrach)

M e n g e n siehe **Schallstadt** (Lkr. Breisgau-Hochschwarzwald)

Müllheim F e l d b e r g (Lkr. Breisgau-Hochschwarzwald). Am 18.1.2006 übergab F. Gröteke aus Müllheim dem Referat 25 des RP Freiburg ein Artefakt aus rot-gelb gebändertem Bohnerzjaspis, das er im Gewann ‚Steinacker' aufgelesen hatte. Es handelt sich um eine gestielte Spitze (L. 4,4 cm, B. 1,5 cm, D. 0,7 cm) (Abb. 1). Der Stiel sowie eine Kante sind einseitig lateral retuschiert, während die Flächen unbearbeitet geblieben sind, so dass sich ein dachförmiger Querschnitt ergibt. Typologisch gehört die Spitze damit zu den Stielspitzengruppen des Spätpaläolithikums. Die Fundstelle liegt an einem Südwesthang eines nach Süden verlaufenden Tales. Dort wurden bereits mehrere Funde aus verschiedenen steinzeitlichen Epochen aufgesammelt. Darunter Mikrogeräte, sowie eine flächenretuschierte Pfeilspitze, das Fragment eines Schuhleistenkeiles und das Nackenbruchstück eines spitznackigen Steinbeiles.
TK 8211 – Verbleib: Privatbesitz   F. Gröteke (A. Hanöffner)

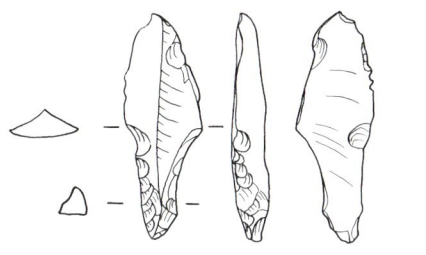  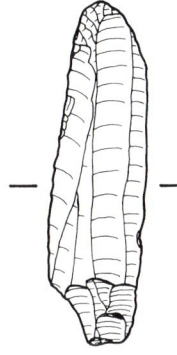

Abb. 1 (oben links und Mitte)   Müllheim F e l d b e r g ‚Steinacker' (Lkr. Breisgau-Hochschwarzwald). Gestielte Silexspitze; Zeichnung und Foto M 2:3.

Abb. 2 (rechts)   Schallstadt M e n g e n (Lkr. Breisgau-Hochschwarzwald). Silexklinge. M 2:3.

Schallstadt M e n g e n (Lkr. Breisgau-Hochschwarzwald). Im April 1980 wurde vom Berichterstatter in Flur ‚Spielhofern', eine ca. 6,8 cm lange Klinge aus Jurahornstein der Region Olten (Kt. Solothurn) entdeckt. Auf deren Dorsalseite sind mehrere, annähernd parallel verlaufende Klingennegative zu erkennen (Abb. 2). Die Qualität der Klinge lässt auf ein jungpaläolithisches Alter schließen. Von der Flur ‚Spielhofern' sind keine weiteren Funde bekannt.
TK 8012 – Verbleib: Privatbesitz   M. Kaiser

Schliengen L i e l (Lkr. Lörrach). Siehe S. 829; 831; 833 f. (Neolithikum)

Mittelsteinzeit

L i e l siehe **Schliengen** (Lkr. Lörrach)

Müllheim V ö g i s h e i m (Lkr. Breisgau-Hochschwarzwald). Am 21.2.2006 fand F. Gröteke in einem Abraumhaufen im Baugebiet Vögisheim-Ost, Gewann ‚Straßburgeracker', einen Dreieckmikrolithen aus weißem Bohnerzjaspis, welcher aus einem Abschlag durch einseitiges Überarbeiten der Oberfläche hergestellt worden war (Abb. 3). Lediglich die Spitze des Kleingerätes ist abgebrochen (L. noch 1,3 cm, B. 1,0 cm, D. 0,3 cm).
TK 8211 – Verbleib: Privatbesitz   F. Gröteke (A. Hanöffner)

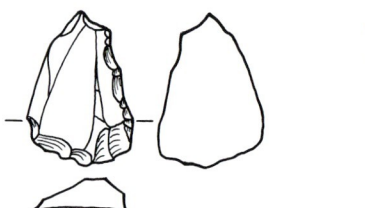 

Abb. 3   Müllheim V ö g i s h e i m (Lkr. Breisgau-Hochschwarzwald).
Dreieckmikrolith. Zeichnung und Foto M 3 : 2.

Schliengen L i e l (Lkr. Lörrach). Siehe S. 826 f.; 829; 833 f. (Neolithikum)

Schwörstadt (Lkr. Lörrach). Siehe S. 881 f. (Fundstellen und Funde unbestimmten Alters)

V ö g i s h e i m siehe **Müllheim** (Lkr. Breisgau-Hochschwarzwald)

Jungsteinzeit

Abtsgmünd H o h e n s t a d t (Ostalbkreis). Im Bett des Maisenbachs, ca. 60 m südlich des Ortsrands von Maisenhäuser am Ende der ‚Christklinge', entdeckte der Grundstückseigentümer Kurt Schermann im Januar 2003 zufällig einen seitlich durchbohrten, alt- bis mittelneolithischen Schuhleistenkeil mit geradem Nacken aus graugrünem Hornblendeschiefer (L. 18 cm, B. 5 cm, H. 3 cm). Vor Jahren gab es offenbar einen starken Erdrutsch vom östlich gelegenen Hang über den Weg in den Bach. Es ist also naheliegend, dass das Fundstück von der Hochfläche östlich des Maisenbachs mit dem Flurnamen ‚Burren' abgerutscht ist und in den Bach gespült wurde. Der Fundplatz war bisher nicht bekannt.
TK 7025 – Verbleib: Geschichts- u. Heimatverein Schechingen   H. Kaiser (C. Pankau)

Badenweiler S c h w e i g h o f (Lkr. Breisgau-Hochschwarzwald). Im südlichen Bereich des Ringwalles im Gewann ‚Beim Alten Schloß' (‚Krafftekopf') fand H. Wagner 1997 eine Spitze und einen Abschlagsplitter aus Bohnerzjaspis. Die blattförmige Spitze (L. 2,5 cm, B. 1,7 cm) weist eine unregelmäßige Retusche an beiden Kanten auf (Taf. 1 A). Eine Ansprache als Pfeilspitze ist nahe liegend, demzufolge ist eine allgemeine Datierung in das Neolithikum anzunehmen.
TK 8112 – Verbleib: RP Freiburg Ref. 25   H. Wagner (A. Hanöffner)

B e r n h a u s e n siehe **Filderstadt** (Lkr. Esslingen)

B l a n s i n g e n siehe **Efringen-Kirchen** (Lkr. Lörrach)

B o h l i n g e n siehe **Singen (Hohentwiel)** (Lkr. Konstanz)

Ebringen (Lkr. Breisgau-Hochschwarzwald). Im Gewann ‚Scharretenacker' wurde ab 1991 ein merowingerzeitliches Gräberfeld untersucht (M. Hoeper, Neue Ausgrabungen im Bereich des alamannischen Reihengräberfeldes Ebringen »Scharretenacker«, Kreis Breisgau-Hochschwarzwald. Arch. Ausgr. Baden-Württemberg 1991, 200–202). Die Fundstelle liegt im unteren Bereich des Nordhanges des Dürrenbergs, südlich des Nussbachs. Dort befindet sich eine 2 m dicke Schwemmlößschicht, die vom Dürrenberg erosionsbedingt abgetragen und hier abgelagert worden ist. Bei der Freilegung der Grabschächte, die manchmal durch die Schwemmlößschicht hindurch bis in den anstehenden Löß reichten, wurde eine wichtige Beobachtung gemacht: zwischen dem anstehenden Löß und der Schwemmschicht befand sich ein dunkles, humoses Band, das „vorgeschichtliche Keramikscherben und einige Feuersteinabschläge" führte. Mit dieser Schicht korrespondierte wohl ein Befund „Grube Baumloch oder Grab", aus dem ein im Rössener Stil verziertes Bruchstück eines Kugeltopfes stammt (Abb. 4). Das Wandfragment setzt sich aus 20 Scherben zusammen und umfasst das S-förmige Profil des Hals-, Schulter- und Bauchbereichs. Der unverzierte Gefäßhals wird durch eine Reihe von vertikalen Spateleindrücken mit dem grob spatelgerauten Schulterbereich verbunden. In diesen spatelgerauten Bereich greift eine Reihe von fünfzeiligen, nach oben zeigenden Furchenstich-Winkeln, die oben und unten von einer Reihe vertikaler Dreieckseinstiche begleitet wird. Unterhalb der Fugen zwischen den Winkeln hängen vertikale dreieckeinstichgesäumte Einstichreihen herab. Das Gefäß ist durchweg graubraun und weist innen und außen eine geglättete Oberfläche auf. Die Wandstärke beträgt 0,4–0,5 cm. Als Magerung sind feiner Sand von einer Korngröße bis zu 0,08 cm sowie Schamotte feststellbar.

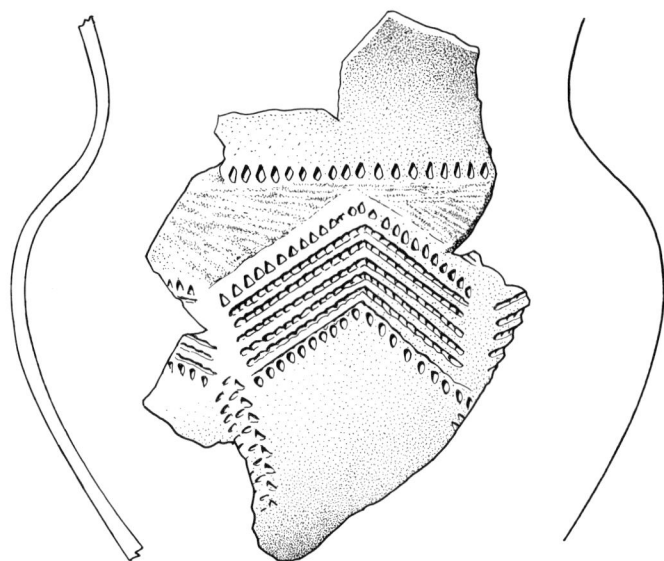

Abb. 4   Ebringen (Lkr. Breisgau-Hochschwarzwald) ‚Scharretenacker'.
Rössener Kugeltopf. M 1:2.

Nach den Verzierungselementen zu urteilen, ist das Gefäß in der Stufenabfolge der Rössener Gefäße in die Spätphase der Rössener Kultur einzuordnen. Hierfür spricht vor allem das Motiv des Furchenstich-Winkelbandes mit den davon abhängenden Dreiecken, welches als Leitmotiv des späten Rössen gilt.
Mit welchem Befund wir es zu tun haben – ob Grab, Siedlungsgrube oder rezente Störung – wird wohl nicht endgültig zu klären sein. Unweit der hier besprochenen Fundstelle kamen während der Grabungskampagne 1991 ein menschlicher Unterkiefer und Knochen zusammen mit Keramikscherben und Silex zutage. Aber auch hier ist der Fundzusammenhang unklar. Sicher ist jedoch, dass Siedlungsspuren aus dem Neolithikum – darunter auch Funde aus der Rössener Kultur – auf dem nahe gelegenen Schönberg seit langem bekannt sind (Bad. Fundber. 13, 1937, 8).
TK 8012 – Verbleib: RP Freiburg Ref. 25   A. Hanöffner

Efringen-Kirchen B l a n s i n g e n (Lkr. Lörrach). Im nördlichen Bereich der Flur ‚Am Maurenweg' wurden von J. und U. Kaiser zwischen 1990 und 2001 verschiedene Keramikscherben, Silex- und Feldgesteinartefakte entdeckt.
Unter den insgesamt 17 Silexartefakten befinden sich ein vermutlicher, kurzer Dolch mit abgebrochenem Schaftdorn (Taf. 1 B 1), zwei Kratzer (Taf. 1 B 2 u. 3), ein ausgesplittertes Stück, sechs Kernsteine und ein Klopfstein. An Silex-Rohmaterialien lassen sich Trigonodus-Hornstein (Taf. 1 B 2), Muschelkalk-Chalcedon (Taf. 1 B 3), weißer Jaspis vom Isteiner Klotz sowie weiß-grauer (Taf. 1 B 1) und gelb-roter Bohnerzjaspis belegen.
Die drei Steinbeilklingen sind eine mittelgroße Klinge aus Knotenschiefer von St. Amarin (Taf. 1 B 4), eine aufgrund ihrer Größe herausragende Klinge aus Pelitquarz von Plancher-les-Mines (Taf. 1 B 5) sowie eine große flache Klinge aus nicht näher bestimmtem metamorphem Gestein (Taf. 2 A).
Sind die genannten Silexartefakte typologisch in das Jung- bis Endneolithikum einzuordnen, so gehören die ca. 50, meist kleinstückigen Keramikscherben, darunter Exemplare mit Fingertupfenleisten (Taf. 1 B 6 u. 7), vermutlich in die Hügelgräberbronzezeit.
TK 8311 – Verbleib: RP Freiburg Ref. 25   J. u. U. Kaiser (M. Kaiser)

– H u t t i n g e n (Lkr. Lörrach). 1. Im Februar 2002 wurden in der Flur ‚Hungerberg' fünf unspezifische prähistorische Keramikscherben sowie sechs Silices entdeckt. Unter Letzteren befinden

sich eine gestielte Pfeilspitze aus weißem Jaspis vom Isteiner Klotz (Taf. 1 C) und ein Kratzer aus Jurahornstein der Region Olten, Kt. Solothurn.
TK 8311 – Verbleib: RP Freiburg Ref. 25 M. Kaiser

2. 2002 wurde im Gewann ‚Vordere Wallistannen' im Rahmen einer Ortsbesichtigung durch V. Nübling auf der Hochfläche eines bewaldeten Bergsporns des Buchgrabens ein sorgfältig spitz zuretuschiertes Artefakt aus nicht näher bestimmten Kreidefeuerstein entdeckt (Taf. 1 D).
TK 8311 – Verbleib: RP Freiburg Ref. 25 V. Nübling (M. Kaiser)

Fellbach (Rems-Murr-Kreis). An der Rommelshauser Straße in Fellbach, gegenüber der Einmündung der Bühlstraße zwischen den Straßen ‚Im Hasentanz' und ‚Im Krautgärtle', beobachtete W. Joachim 1993 in einer Baugrube weitere Befunde einer bekannten bandkeramischen Siedlung (siehe zuletzt Fundber. Baden-Württemberg 5, 1980, 20 Nr. 1 u. 2). An Funden barg er u. a. einige Hüttenlehmbrocken, Tierknochenfragmente, Silexartefakte sowie zahlreiche Scherben. Hervorzuheben sind vier verzierte RS bzw. WS von Kümpfen (Taf. 2 B 1–4), ein Ösenhenkelfragment (Taf. 2 B 5) und eine verzierte WS mit Knubben- oder Henkelansatz (Taf. 2 B 6).
TK 7121 – Verbleib: ALM Rastatt W. Joachim (C. Pankau)

Filderstadt B e r n h a u s e n (Lkr. Esslingen). In Flur ‚Neuhäuser Weg', ca. 1,2 km östlich des Ortszentrums von Bernhausen, las M. Hoch im November 2004 in der direkt nördlich der Straße Bernhausen–Sielmingen gelegenen Parz. 1303 neben einigen unspezifischen Wandscherben drei stichverzierte, mittelneolithische Scherben (eine RS, zwei WS) und wenige Silexartefakte auf. Die Funde stammen aus locker gestreuten Grubenbefunden. Die offensichtlich hier befindliche, bisher nicht bekannte mittelneolithische Siedlung könnte mit der ca. 550 m weiter östlich auf Gemarkung Sielmingen (siehe nachfolgende Fundmeldung) nachgewiesenen identisch sein.
TK 7321 – Verbleib: ALM Rastatt M. Hoch (C. Pankau)

– S i e l m i n g e n (Lkr. Esslingen). In Flur ‚Teubinger Äcker', ca. 900 m nordöstlich des Ortszentrums von Sielmingen, las M. Hoch im November 2004 in den nördlich der Straße Bernhausen–Sielmingen gelegenen Parz. 643–648 neben unverzierten Wandscherben auch einige stichverzierte, mittelneolithische Scherben, eine durchstochene Knubbe, einige Silexartefakte und ein Läuferfragment auf. Unter den Silexartefakten ist eine sehr kleine, trianguläre Pfeilspitze mit leicht konkaver Basis und Kantenretusche hervorzuheben (L. 1,7 cm). Die Funde stammen aus sich als schwarze Verfärbungen abzeichnenden Grubenbefunden, die nordöstlich des Abzweiges nach Sielmingen eine besondere Verdichtung aufweisen. Die offensichtlich hier befindliche, bisher nicht bekannte mittelneolithische Siedlung könnte mit der ca. 550 m weiter westlich auf Gemarkung Bernhausen (siehe vorhergehende Fundmeldung) nachgewiesenen identisch sein.
TK 7321 – Verbleib: ALM Rastatt M. Hoch (C. Pankau)

Forchheim (Lkr. Emmendingen). 1. Am 4.3.2000 fand H. Stöckl im Gewann ‚Neuer Brunnen' an einer leicht nach Norden hin abschüssigen Fläche einen stirnretuschierten Kratzer (Taf. 3 A) aus weißem Kreidefeuerstein von 4 cm Länge, 2,2 cm Breite und 0,6 cm Dicke. An einer anderen Stelle entdeckte er eine augitgemagerte, wohl mittelneolithische WS. Eine Luftaufnahme (L7912/049-06) zeigt an dieser Stelle eine dunkle Verfärbung.
TK 7812 – Verbleib: RP Freiburg Ref. 25 H. Stöckl (A. Hanöffner)

2. Zwischen dem 8.2.1995 und dem 21.3.2003 sammelte H. Stöckl im Gewann ‚Wagrain' 31 WS der Bandkeramik auf. Darunter befanden sich acht feinkeramische Scherben, zwei davon weisen Reste von Ritzlinien auf. 23 Scherben stammen von groben Gefäßen, einige zeigen charakteristische Merkmale der Bandkeramik:
– Eine WS mit Fingerzwickleiste (Taf. 2 C 1). – Eine WS mit leistenförmiger Knubbe mit deutlichen Fingerzwickeindrücken (Taf. 2 C 2). – Eine WS mit leistenförmiger Knubbe (Taf. 2 C 3). – Eine WS

mit horizontal durchbohrter Knubbe. Der Ton der Grobkeramik ist mit Quarzgrus, Feldspat und Schamotte gemagert, während die Feinkeramik eine sehr kleinkörnige Sandmagerung aufweist.
Im Bereich der Scherben lagen außerdem zwei Schlagreste und eine Pfeilspitze aus Bohnerzjaspis aus dem Markgräflerland. Die Pfeilspitze mit konkaver Basis ist dorsal überarbeitet und ventral beidseitig lateral retuschiert (Taf. 3 B).
Die genannten Funde und einige Klumpen Hüttenlehm von der Fundstelle sprechen für einen Siedlungsplatz der Bandkeramischen Kultur. Eine stark abgeschliffene WS mit mehreren Einstichreihen lässt sich hingegen mittelneolithischer Feinkeramik zuordnen.
Daneben fand sich noch eine RS mittelalterlicher grauer, unglasierter Keramik mit Horizontalrand.
TK 7812 – Verbleib: RP Freiburg Ref. 25 H. Stöckl (A. Hanöffner)

Freiburg im Breisgau O p f i n g e n. In den 1990er Jahren wurden im Gewann ‚Bodenlei' zahlreiche vorgeschichtliche Scherben aufgelesen. Die Fundstelle hatte bereits neben umfangreichen bandkeramischen Funden Keramik der Rössener Kultur, der Hügelgräberbronzezeit und der Urnenfelderkultur geliefert (M. Gallay, Die Besiedlung der südlichen Oberrheinebene in Neolithikum und Frühbronzezeit. Bad. Fundber. Sonderh. 12 [Freiburg 1970] 127; B. Grimmer-Dehn, Die Urnenfelderkultur im südöstlichen Oberrheingraben. Materialh. Vor- u. Frühgesch. Baden-Württemberg 15 [Stuttgart 1991] 115 f.).
Unter den Lesefunden waren 104 unverzierte WS von vorgeschichtlicher Grobkeramik mit Sand- und Kalkanteilen in der Magerung; davon weisen sieben Scherben grobe Kalkstücke von ca. 5 mm Durchmesser auf, an 42 anderen Scherben wurden Glimmeranteile festgestellt. Als Feinkeramik ist nur eine dünnwandige WS mit geglätteter Oberfläche anzusprechen.
Zu diesen Wandscherben gehören einige Stücke mit signifikanten Merkmalen der Bandkeramik. Eine Zuweisung zu einzelnen Stufen der Bandkeramik wird – falls möglich – bei der Beschreibung der einzelnen Stücke vorgenommen.
– RS eines Topfes mit leicht ausschwingendem Rand, raue Oberfläche, Sandmagerung mit Glimmeranteilen (Taf. 3 C 1). – RS eines feinkeramischen Kumpfes mit Ritzlinienverzierung, glatte Oberfläche, Sandmagerung mit Glimmer (Taf. 3 C 2). – RS eines Topfes mit Fingertupfenband im Halsbereich, raue Oberfläche, Sandmagerung mit Glimmer (Taf. 3 C 3). – RS eines Topfes mit Fingernageleindruckreihe unterhalb der Randlippe, raue Oberfläche, Sandmagerung mit Glimmer (Taf. 3 C 4). – Feinkeramische WS mit Punkteinstichen und Ritzlinienverzierung, glatte Oberfläche, feine Sandmagerung mit Glimmeranteilen (Taf. 3 C 5). – RS eines Kumpfes mit glatter Oberfläche und Sandmagerung (Taf. 3 C 6). – WS mit Öse, raue Oberfläche, Sandmagerung mit Glimmer (Taf. 3 C 7). – WS mit kalkhaltiger Sandmagerung, Fingerzwickeindruck auf der rauen Oberfläche (Taf. 3 C 8). – WS mit vertikal gekerbter Knubbe, starke Kalkmagerung (Taf. 3 C 9). – RS eines Topfes mit leicht ausbiegendem Rand, raue Oberfläche, Sandmagerung mit Glimmer (Taf. 3 C 10). – WS mit vertikaler Öse, raue Oberfläche, Sandmagerung mit Kalkanteilen (Taf. 3 C 11). – WS mit Knubbe, starke Sandmagerung (Taf. 3 C 12). – WS mit Knubbe, starke Sandmagerung mit Kalkanteilen (Taf. 3 C 13). – WS mit aufgesetzter horizontaler Öse, aus der Gefäßwand herausmodellierter Zapfgrat gut erkennbar; raue Oberfläche, starke Sandmagerung (Abb. 5,1; Taf. 3 C 14). – WS mit Knubbe, geglättete Oberfläche, Sandmagerung mit Kalk (Taf. 3 C 15). – WS mit Fragment von Handhabe, raue Oberfläche, starke Sandmagerung (Taf. 3 C 16). – RS von Kumpf mit leicht einziehendem Rand, raue Oberfläche, Sandmagerung mit Kalkanteilen (Taf. 3 C 17). – WS mit dreifacher Bandverzierung, geglättete Oberfläche, Sandmagerung (Taf. 4 A 1). Älteste oder ältere Bandkeramik. – WS mit leicht einziehendem Rand, raue Oberfläche, Sandmagerung mit Kalkanteilen (Taf. 4 A 2). – WS mit Fingernageleindruckverzierung, raue Oberfläche, Sandmagerung (Taf. 4 A 3). – BS eines bauchigen Gefäßes mit geradem Standboden, Sandmagerung mit Augit (Taf. 4 A 4). – Silexklinge aus weißem Muschelkalkhornstein mit einseitiger lateraler Retusche (Abb. 5,2; Taf. 4 A 5). Das Rohmaterial stammt aus dem Gebiet Hegau–Randen.

Abb. 5 Freiburg im Breisgau O p f i n g e n ‚Bodenlei'. 1 WS mit aufgesetzer, horizontaler Öse; 2 Silexklinge. M 2:3.

Eine WS mit Augitmagerung, sowie eine WS mit rotbrauner geglätteter Oberfläche und eine WS aus feinem Ton mit cremefarbener Oberfläche dürften einem späteren Zeithorizont angehören.
TK 7912 – Verbleib: RP Freiburg Ref. 25   A. Hanöffner

Grünsfeld G r ü n s f e l d h a u s e n (Main-Tauber-Kreis). Im Bereich der bekannten linearbandkeramischen Siedlung in Flur ‚Hölzernes Bild' (früher unter den Flurnamen ‚Hohes Kreuz' und ‚Hohe Steinmauer' – vgl. Fundber. Baden-Württemberg 8, 1983, 115 Nr. 1 u. 2; 9, 1984, 573), ca. 800 m NW von Grünsfeldhausen und direkt östlich der BAB A 3, hat K. Voit in den Parz. 315–317 seit 1996 zahlreiche Funde aufgelesen, die aus Siedlungs- und Pfostengruben herausgepflügt wurden. Es handelt sich um Keramikscherben, Silexartefakte sowie Dechsel- und Mahlsteinfragmente.
TK 6324 – Verbleib: Privatbesitz   K. Voit (C. Pankau)

G r ü n s f e l d h a u s e n siehe **Grünsfeld** (Main-Tauber-Kreis)

H o h e n s t a d t siehe **Abtsgmünd** (Ostalbkreis)

H u t t i n g e n siehe **Efringen-Kirchen** (Lkr. Lörrach)

K e m n a t siehe **Ostfildern** (Lkr. Esslingen)

Kirchzarten Z a r t e n (Lkr. Breisgau Hochschwarzwald). Eine Begehung im Gewann ‚Fischerrain' durch H. Kaiser lieferte eine Anzahl prähistorischer und römischer Scherben (siehe S. 859) sowie eine Pfeilspitze aus weißem Muschelkalkhornstein und zwei Lamellenfragmente aus dem gleichen Material. Die geflügelte Pfeilspitze (Taf. 4 B) ist aus einer Lamelle gefertigt (L. 2,4 cm, B. 1,1 cm, D. 0,3 cm). Die Basis und beide Kanten sind dorsal retuschiert.
TK 8013 – Verbleib: RP Freiburg Ref. 25   H. Kaiser (A. Hanöffner)

Köngen (Lkr. Esslingen). Im Bereich der bekannten vorgeschichtlichen Siedlungsfundstelle in Flur ‚Am Steinackerweg' (vgl. Fundber. Baden-Württemberg 2, 1975, 321), am Westrand von Köngen am sanften Südhang oberhalb des Neckars gelegen, beobachtete T. Prinzing im Frühjahr 2003 im Neubaugebiet zwischen Steinackerstraße und Schlehenweg mittelneolithische Siedlungsbefunde, darunter Siedlungsgruben mit Brandlehm, Tierknochenresten und Holzkohle, Pfostengruben und wohl eine Feuerstelle. An Funden konnte er einige flächig ritz- und stichverzierte mittelneolithische RS und WS bergen sowie drei kleine Silexklingen.

TK 7322 – Verbleib: ALM Rastatt   T. Prinzing (C. Pankau)

L i e l siehe **Schliengen** (Lkr. Lörrach)

Müllheim (Lkr. Breisgau-Hochschwarzwald). Auf dem ‚Rötebuck' wurde am 21. 5. 1981, beim Graben eines Gartenteiches für Haus ‚Am Eichwald 40' eine 8,6 cm lange Steinbeilklinge aus Nephrit entdeckt. Sie ist flächig überschliffen und besitzt einen annähernd rechteckigen Querschnitt von 2,5 x 1,2 cm (Taf. 4 C).

TK 8111 – Verbleib: RP Freiburg Ref. 25   M. Kaiser

O b e r b e r g e n siehe **Vogtsburg im Kaiserstuhl** (Lkr. Breisgau-Hochschwarzwald)

Öhningen W a n g e n (Lkr. Konstanz). Beim Pflügen mit einem Kuhgespann fand sich um 1948 auf einem Pachtfeld (Gemeindeland) oberhalb von Bellavista am Waldrand in der Flur ‚Hardt' eine Beilklinge (Taf. 5 A). Das 281 g schwere Stück aus Grüngestein ist schwach geschliffen, ansonsten gepickt bzw. korrodiert. 1993 wurde die Beilklinge von W. Stöckle aus seiner Sammlung an das Museum Wangen übergeben.

TK 8319 – Verbleib: Museum Fischerhaus   H. Schlichtherle

O p f i n g e n siehe **Freiburg im Breisgau**

Ostfildern K e m n a t (Lkr. Esslingen). Im Bereich der bekannten linearbandkeramischen Fundstelle in Flur ‚Haschberg' (vgl. Fundber. Baden-Württemberg 2, 1975, 27 Nr. 1), ca. 1,3 km NNW von Kemnat gelegen, entdeckten K. und I. Maier im März 2003 etliche WS, darunter auch Knubben, von Grobkeramik der Linearbandkeramik sowie wenige verzierte RS und WS von Feinkeramik. Hinzu kommen Tierknochen, Brandlehmfragmente und einige Silexartefakte. (Latènezeitliche Funde siehe S. 848).

TK 7221 – Verbleib: ALM Rastatt   K./I. Maier (C. Pankau)

Pfedelbach W i n d i s c h e n b a c h (Hohenlohekreis). Im Bereich der bekannten neolithischen Fundstelle auf dem ‚Lindelberg' (siehe Württ. Franken 26/27, 1951/52, 13; Fundber. Schwaben N. F. 18/II, 1967, 45) las P. Menzel im März 1991 in Parz. 804 der Flur ‚Forlesacker', ca. 500 m W von Lindelberg, zwei Silexartefakte auf, darunter eine kleine Klinge.

TK 6822 – Verbleib: ALM Rastatt   P. Menzel (C. Pankau)

Rainau S c h w a b s b e r g (Ostalbkreis). Im Herbst 1995 fand B. Kuhn bei Erdarbeiten für einen Fahrsilo auf Parz. 42/2, ca. 70 m NNW der Kirche von Schwabsberg, eine gestielte, flächig retuschierte, 5 cm lange Spitze aus grauem Silex (Abb. 6,1). Vermutlich von der gleichen Fundstelle, auf jeden Fall aber aus Schwabsberg, stammen eine beidseitig kantenretuschierte, gestielte, trianguläre Pfeilspitze (Abb. 6,2) (L. 3,9 cm) sowie ein dolchartiges Gerät aus Plattensilex (Abb. 6,3) mit Kortexresten (L. 18,6 cm).

TK 7026 – Verbleib: Privatbesitz   B. Kuhn/B. Hildebrand (C. Pankau)

Riegel (Lkr. Emmendingen). 1. Beim Ausheben der Baugrube für einen Neubau des Caritasheimes in der Hauptstraße 64 im Gewann ‚Beim Kloster' wurde im Dezember 1999 von F. Stadelbacher und H. Stöckl eine Siedlungsgrube (Befund 99/9) der Jungsteinzeit über vier Tage hinweg vollständig ausgegraben und dokumentiert. Der Befund lieferte Scherben und Steingeräte der Rössener Kultur. Es handelt sich dabei um eine Grube von 3,5 m Länge und 1,0 m Breite (Abb. 7). Unterhalb

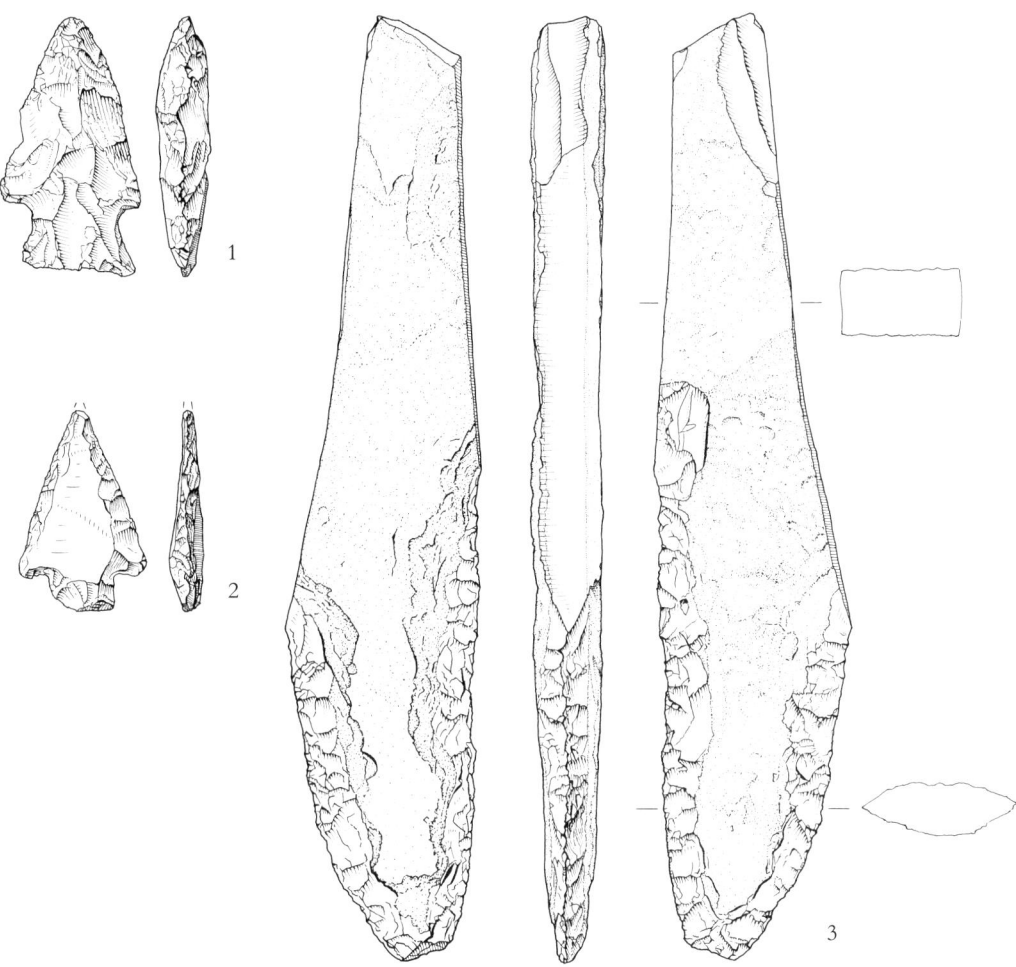

Abb. 6 Rainau S c h w a b s b e r g (Ostalbkreis). Silex. 1 Spitze; 2 Pfeilspitze; 3 dolchartiges Gerät. M 2 : 3.

des Baggerplanums war sie noch bis zu einer Tiefe von 0,4 m vorhanden. Bereits vor der Ausgrabung wurden in der unmittelbaren Umgebung der Fundstelle verschiedene Gegenstände aufgelesen, darunter ein Steinbeilfragment (Taf. 4 D 1).

Grobkeramik:
– Zwei RS und 14 WS einer schrägwandigen Schale. Feiner dunkelgrauer Ton mit rötlichbrauner Oberfläche (Taf. 4 D 2). – RS und zwei WS eines engmundigen Topfes mit kurzem, leicht ausschwingendem Hals; dunkelgraubrauner Ton mit starker Augitmagerung (Taf. 5 B 1).
– Vier BS eines flachbodigen Topfes mit leichtem Wulst, dunkelgraubrauner Ton mit Augitmagerung (Taf. 5 B 2). – RS und WS eines Topfes mit leicht ausschwingendem Hals und schräg gekerbter Randlippe; dunkelgrauer Ton mit Augitmagerung. Die Oberfläche ist orange- bis ockerfarben (Taf. 5 B 3).
– RS eines Topfes mit leicht geschwungenem Hals und gekerbter Randlippe, dunkelgrauer Ton mit Schamottemagerung, Außenseite rotbraun, geglättete Oberfläche (Taf. 5 B 4). – RS eines Topfes mit einfachem Rand, dunkelgrauer Ton mit Schamottemagerung, Außenseite ockergelb (Taf. 5 B 5). – RS eines Gefäßes mit ausgebogenem einfachem Rand, dunkelgrau bis rötlich gefärbt, Schamotte- und Augitanteile (Taf. 5 B 6). – RS eines Gefäßes mit leicht ausschwingendem Rand und leicht ausgezogener Lippe, graubrauner Ton, Außenseite ockergelb, Schamotte- und Augitanteile (Taf. 5 B 7). – RS eines Gefäßes mit leicht ausgestelltem Rand und schräg gekerbter Randlippe. Der Ton ist rotbraun

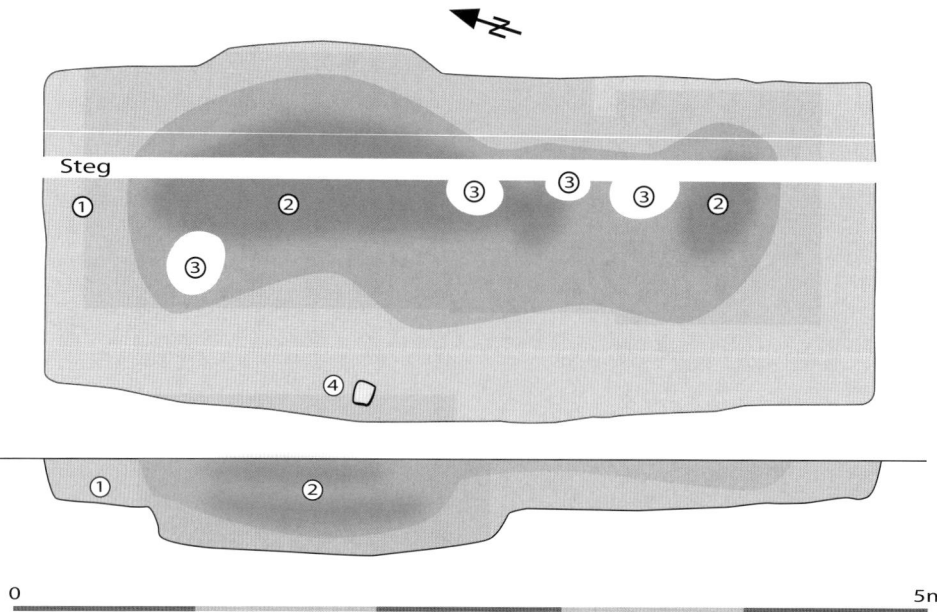

Abb. 7 Riegel (Lkr. Emmendingen) ‚Beim Kloster'. Siedlungsgrube Bef. 99/9. – 1 Verlehmter Löß (Substrat), hellbraun bis beige; 2 Verlehmter Löß (Grubenfüllung), dunkelbraun bis graubraun (hauptfundführender Bereich); 3 Mischung von 1 und 2; wenige Funde; 4 Sandstein mit Schleiffläche.

gebrannt, die Magerung besteht aus Schamotte und Augit (Taf. 5 B 8). – Zwei RS und fünf WS eines schrägwandigen Topfes mit ausgebogenem und schräg gekerbtem Rand. Die äußere Gefäßoberfläche besitzt eine ockergelbe bis rötlichbraune Farbe, während der Kern graubraun gebrannt ist. Zur Magerung wurden Augit und Schamotte beigemengt (Taf. 5 B 9). – WS von Grobkeramik mit Öse. Der rotbraune Ton ist stark sandhaltig, weshalb die Oberfläche sehr rau erscheint. Zur Magerung ist außerdem eine geringe Menge Schamotte beigegeben (Taf. 5 B 10). Als Weiteres drei WS desselben Gefäßes. – WS mit Öse von Grobkeramik, außen rotbraun, innen dunkelgrauer Ton mit starker Augitmagerung von einer Korngröße bis zu 1 mm, raue Oberfläche (Taf. 5 B 11). Als Weiteres vier WS desselben Gefäßes. – WS mit Öse von Grobkeramik. Der Ton ist rotbraun gebrannt, mit rauer Oberfläche. Starke Magerung aus relativ feinem Sand mit hohem Augitanteil (Taf. 5 B 12). Als Weiteres vier WS desselben Gefäßes. – WS mit subkutan durchbohrter Knubbe von Grobkeramik. Magerung aus feinen Augitkörnchen, Schamotte und Sand, geglättete cremefarbene bis mittelbraune Oberfläche (Taf. 5 B 13). Als Weiteres zwei WS desselben Gefäßes. – Eine unverzierte WS mit Spuren von Pech auf der Außenseite und an der Bruchstelle, dunkelgrauer Ton mit Schamottemagerung (Abb. 8,1). – 11 RS, innen dunkelgrau, außen orangerot gebrannt, Magerung mit Schamotte und feinem Sand. – 10 WS, dunkelgraubraun gebrannt, innen mit ockerfarbenem Überzug, Magerung mit Schamotte. – 13 WS, rotbraun gebrannt, Magerung mit Augit und Schamotte. – 16 WS, rotbraun bis ockerfarben mit starker Schamottemagerung. – Zwei WS, dunkelgraubraun gebrannt, Magerung aus Schamotte und Kalkgrus von bis zu 4 mm Korngröße.

Feinkeramik:
– WS mit vierzeiliger horizontaler Einstichleiste, darunter dreieckige Einzelstichreihe und Freizone mit darauf folgender, durch Abrieb unkenntlicher Verzierungsreihe. Heller Ton mit feiner Augitmagerung, dunkelgraue Oberfläche (Taf. 6,1). – WS mit doppelreihigen dreieckigen Einstichen. Dunkelgrauer feiner Ton mit hellbrauner Oberfläche (Taf. 6,2). – RS mit leicht ausbiegendem Rand aus feinem dunkelgraubraunem Ton mit rötlicher Einfärbung (Taf. 6,3). – Zwei WS mit horizontalen, dreizeiligen, eng gesetzten Schrägstichreihen, die durch eine vertikale Freizone voneinander

Abb. 8   Riegel (Lkr. Emmendingen) ‚Beim Kloster'. 1 WS mit Pechrest; 2–4 Silices.
1 ohne Maßstab, 2–4 M 1:1.

abgesetzt sind; darüber ein durchlaufendes horizontales Band aus einzelnen Dreifachstichen. Dunkelgraubrauner, feiner Ton (Taf. 6,4 u. 5). – Zwei WS mit schraffiertem Feld aus Ritzlinien und abschließendem horizontalem Band aus schräg gesetzten dreieckigen Einstichen; dunkelgraubrauner Ton mit feiner Schamottemagerung (Taf. 6,6). – WS mit schraffierter Fläche und abschließendem horizontalem Band aus dreieckigen Einstichen, mittelgraubrauner Ton; gehört evtl. zur vorhergehenden Scherbe (Taf. 6,7). – WS mit zwei Blöcken von vierzeiligen horizontalen Einstichleisten, dunkelgraubrauner Ton mit feiner Sandmagerung (Taf. 6,8). – WS mit Einstichen, mittelgraubrauner Ton mit feiner Schamottemagerung; Außenseite rotbraun gebrannt, Oberfläche dunkelgraubraun gefärbt (Taf. 6,9). – WS mit Stempeleindrücken und Stichreihe, dunkelgraubrauner feiner Ton (Taf. 6,10). – Fünf stark abgeriebene WS mit Resten von Stich- und Ritzverzierungen; dunkelgraubrauner Ton mit hell- bis rotbrauner Oberfläche. – WS mit Öse aus dunkelgrauem Ton mit einem 5 mm großen Kalksteinkorn, sonst mit feiner Sandmagerung (Taf. 6,11).
– WS eines Kugelbechers mit eingestochenem, vierfach horizontalem Winkelband, Zwickelfüllung aus geordneten Einstichreihen; Halsansatz mit horizontaler Reihe von eingestochenen Dreiecken. Dunkelgraubrauner Ton mit feiner Schamotte- und Sandmagerung (Taf. 6,12). – 18 unverzierte dunkelgraue bis ockerfarbene WS von Feinkeramik mit feiner Sandmagerung.
– Zylinderförmiger Netzsenker aus mittelgraubraunem, mit feinem Sand gemagertem Ton;
L. 1,8 cm, B. 1,7 cm (Taf. 6,13).

Silices:
– Fragment einer Klinge aus Bohnerzjaspis mit beidseitiger monofazialer Kantenretusche; L. 2,3 cm, B. 1,9 cm (Taf. 6,14). – Zwei Abschläge aus Bohnerzjaspis. – Kratzer/Stichel mit beidseitiger monofazialer Kantenretusche und Stirnretusche aus ockerfarbenem gebändertem Hornstein; L. 2,3 cm, B. 1,9 cm (Abb. 8,2; Taf. 6,15). – Bohrer aus weiß-grauem Muschelkalkhornstein; L. 2,3 cm, B. 1,3 cm (Abb. 8,3; Taf. 6,16). – Klinge mit beidseitiger monofazialer Kantenretusche aus braunem Hornstein; L. 4,5 cm, B. 2,2 cm (Abb. 8,4; Taf. 6,17). – Mehrere Abschläge und Trümmer verschiedener Silices.

Felsgestein:
– Fragment eines Objektes aus geschliffenem Felsgestein mit runder Kante. Die beiden plan geschliffenen Seiten stehen in einem Winkel von etwa 25° zueinander und sind über die abgerundete Kante miteinander verbunden. Vermutlich handelt es sich um ein Bruchstück eines Scheibenarmringes. L. 4,4 cm, B. 2,7 cm, H. 1,8 cm (Taf. 7 A 1). – Fragment einer Dechsel, der Nacken fehlt; L. 4,2 cm, B. 3,7 cm, H. 1,2 cm (Taf. 7 A 2). – Fragment eines Steinbeils; L. 7,0 cm, B. 4,1 cm, H. 3,1 cm (Taf. 4 D 1). – Fragment einer Reibplatte aus Buntsandstein; L. 13,4 cm, B. 13,0 cm; H. 4,0 cm (Taf. 7 A 3). – Kreisförmiger handlicher Reibstein (Handstück) aus Buntsandstein; D. 8,0 cm, H. 3,7 cm (Taf. 7 A 4). – Kleine Reibplatte aus Sandstein; L. 10,5 cm, B. 9,0 cm, H. 2,5 cm (Taf.

7 A 5). – Geröll mit Schlagspuren an der Stirnkante; L. 11,8 cm, B. 6,1 cm, H. 2,4 cm. – Geröll mit Schlagspuren an beiden Enden; L. 7,5 cm, B. 5,4 cm, H. 3,4 cm. – Fünf mittlere und ca. 25 kleinere Geröllkiesel ohne Schlagspuren. – Drei Fragmente von Sandsteinplatten mit polierten Flächen (Mahlsteine?). – Drei Fragmente von flachen Sandsteinplatten von 1,1 cm bis 1,8 cm Dicke mit gegenüber liegenden polierten Flächen.

Sonstige Funde:
– Fragment von Metapodium eines kleinen Wiederkäuers, distales Gelenk.
– ca. 20 kleine Stücke Rotlehm.

TK 7812 – Verbleib: RP Freiburg Ref. 25   H. Stöckl/F. Stadelbacher (A. Hanöffner)

Riegel (Lkr. Emmendingen). 2. Im Verlauf der Baustellenbeobachtung im Neubaugebiet ‚Breite II' wurden auf den Grundstücken Nr. 10034 und 10035 im Jahre 1998 drei vorgeschichtliche Befunde (98/3, 98/4 und 98/5) dokumentiert. Auch die weitere Erschließung des Neubaugebietes erforderte erneut die archäologische Untersuchung mehrerer Baugrundstücke. Auf dem Grundstück Lgb.-Nr. 10022 wurden im September 2000 von Mitarbeitern der archäologischen Denkmalpflege Freiburg mehrere vorgeschichtliche Befunde ausgegraben, so die Gruben 5, 6, 18 und 34 (s. Gesamtübersicht Abb. 9).

1. Grube 98/3
Die wenigen Funde aus der Trichtergrube 98/3 ließen sich zeitlich nicht näher einordnen.

2. Grube 98/4
Die Grube mit der laufenden Nummer 98/4 wurde auf der Baugrubensohle, etwa 1,10 m unter der heutigen Oberfläche, als Planum 1 zeichnerisch erfasst und anschließend – soweit es die Umstände zuließen – ausgegraben. Die Grube zeichnete sich im fahlgelben Löß als dunkelgrauer, Nordwest–Südost ausgerichteter Befund von 4,50 m Länge und 2,80 m Breite, mit ovaler Grundform und konkaver Aussparung an der nordwestlichen Seite ab. Im Profil war der Randverlauf allem Anschein nach wannenförmig (Abb. 10). Eine genauere Ansprache ist wegen der unvollständigen Ausgrabung nicht möglich. Die Verfüllung bestand aus kompaktem, homogenem Lehm. Darin eingeschlossen waren vereinzelt kleinere Kiesel bis zu 3 cm Durchmesser und sehr wenige größere Kiesel bis zu 8 cm Durchmesser; auch fanden sich Holzkohleeinschlüsse. Außerdem beinhaltete die Grube Keramikfragmente. Alle hier beschriebenen Funde wurden unterhalb von Planum 1 geborgen.
Keramik:
1. RS eines Topfes mit umgefalztem und fest gestrichenem Rand und dadurch entstandenem Wulst unterhalb des Randes. Farbe rotbraun, außen etwas dunkler, Oberfläche rau, Magerung aus Quarzgrus und Glimmer. Wandstärke 1,0–1,4 cm, Rdm. 25 cm (Taf. 7 B 1).
2. RS eines Topfes mit nach außen gebogenem Rand. Farbe dunkelrotbraun, Oberfläche glatt gewischt, Magerung aus feinem Quarzgrus bis 2 mm Korngröße, Glimmer und Schamotteanteilen. Wandstärke 0,8 cm, Rdm. 19 cm (Taf. 7 B 2).
3. BS eines Topfes mit flachem Standboden. Farbe rotbraun, Oberfläche rau, Magerung aus grobem Quarzgrus bis zu 4 mm Kornstärke, Glimmer und vereinzelten Kieseln – ein Kiesel mit 0,9 cm Durchmesser ist vorhanden. Wandstärke 1,0 cm, Bodendicke 1,2 cm, Bdm. 17 cm (Taf. 7 B 3). Gehört zu Nr. 1.
4. WS eines dünnwandigen Gefäßes. Verzierung in Form von zwei zweizeiligen Einstichreihen von einem Gerät mit halbmondförmiger Spitze; Rest einer dritten Einstichreihe ist erkennbar. Farbe außen graubraun, innen cremefarben, im Bruch schwarz. Oberfläche rau, Magerung aus feinem Sand mit Schamotte; Wandstärke 0,4 cm (Taf. 7 B 4).
5. Abgeplatzte, horizontal durchbohrte Öse mit 4,1 cm Bohrungslänge und 0,5 cm Öffnungsweite der Bohrung. Farbe rötlich-mittelbraun, Oberfläche glatt gestrichen, Magerung aus feinem Quarzgrus, Glimmer und Schamotteanteilen (Taf. 7 B 5).

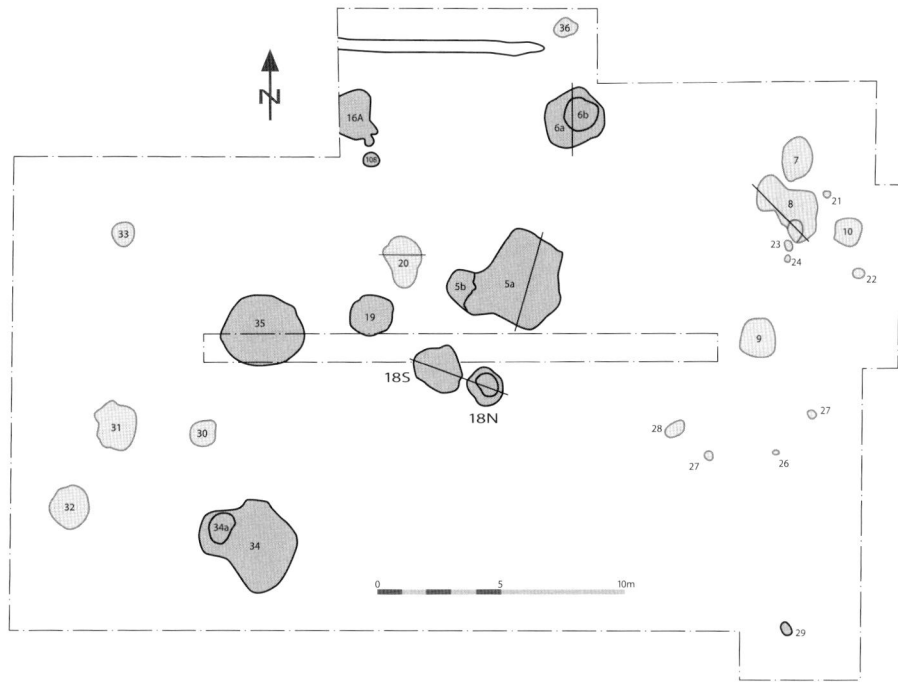

Abb. 9 Riegel (Lkr. Emmendingen) ‚Breite II'. Vorgeschichtliche Befunde; Übersicht.

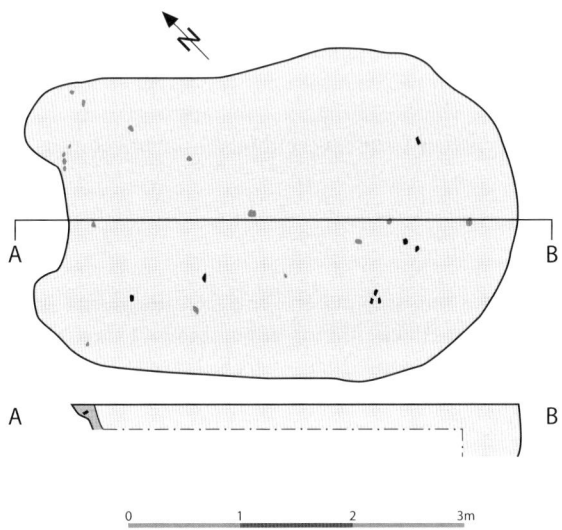

Abb. 10 Riegel (Lkr. Emmendingen) ‚Breite II'. Grube 98/4.

6. WS eines Topfes mit Knubbe. Farbe dunkelrotbraun, Oberfläche glatt gestrichen, Magerung aus Quarzgrus bis zu 0,4 cm Korngröße, Glimmer und feinen Schamotteanteilen; Wandstärke 0,8 cm (Taf. 8,1). Gehört zu Nr. 2.

7. 19 WS eines grobkeramischen Gefäßes. Farbe außen rotbraun, innen schwarz, im Bruch graubraun; Oberfläche außen glatt gestrichen, innen rau, Magerung aus Quarzgrus bis zu 0,5 cm Korngröße und Glimmer.

8. WS eines feinkeramischen Gefäßes. Farbe graubraun, Oberfläche rau, Magerung aus feinem Quarzgrus und Glimmer; Wandstärke 0,7 cm.

9. WS eines rotbraunen Gefäßes mit glatt gestrichener Außenseite und rauer Innenseite. Magerung aus feinem Quarzgrus; Wandstärke 0,8 cm.
10. Zwei WS eines dünnwandigen Gefäßes. Farbe graubraun, Oberfläche außen geglättet, Magerung aus feinkörnigem Quarzgrus und Glimmer; Wandstärke 0,5 cm.
11. Zwei WS eines Topfes mit geschwungenem Profil. Farbe außen cremefarben, innen graubraun, im Bruch graubraun, Oberfläche glatt gewischt; Wandstärke 0,8 cm.
12. WS eines bauchigen Gefäßes. Farbe rotbraun, Oberfläche geglättet, Magerung aus feinem Sand, Glimmer und Schamotte; Wandstärke 0,6 cm.
Datierung:
Die Formen der Grobkeramik entsprechen den frühjungneolithischen Formen der Gruppen Straßburg und Wauwil im Breisgau. Dazu gehören flachbodige weitmundige Töpfe mit ausbiegendem Rand und umgefalzter Randlippe, die oft eine Knubbe auf oder über der Schulter tragen.

3. Grube 98/5
Die Grube 98/5 wurde im Planum 1 auf der Sohle der Baugrube als Nordwest–Südost ausgerichtete, mittelbraune Verfärbung von 6,40 m Länge und bis zu 2,90 m Breite aufgenommen. Da sich die Baugrubensohle in einer Schicht aus fahlgelbem Löß und damit vermischter rotbrauner Erde befand, waren die Befundgrenzen nicht sehr deutlich erkennbar. Als sich beim Abtiefen zeigte, dass man es mit zwei getrennten, aber sehr eng aneinander liegenden Befunden zu tun hatte, benannte man die nordwestlich gelegene Grube in 5b und die südöstlich gelegene in 5a um. Die Ausmaße des kreisförmigen Befundes 5a betragen somit 2,90 m im Durchmesser; die annähernd rechteckige Grube 5b erstreckt sich hingegen 2,90 m in die Länge und 1,10 m in die Breite (Abb. 11). Wie schon Befund 98/4 reichte auch dieser Grubenkomplex weiter in die Tiefe, als aus bautechnischen Gründen gegraben werden durfte; lediglich 40 cm konnten noch abgetieft werden. Im Profil zeigte Grube 5a einen wannenförmigen Umriss, die tiefer gelegene Grabensohle blieb jedoch undokumentiert. Grube 5b aber konnte mitsamt ihrer muldenförmigen Sohle vollständig erfasst werden. Die Verfüllungen der beiden Gruben waren nach Aussage der Ausgräber sehr ähnlich: es handelte sich um mittelgraubraunen Lößlehm, welcher in Befund 5a eine etwas grauere, in 5b hingegen eine etwas brauere Ausprägung hatte. Aus den Grubenverfüllungen unter Planum 1 wurden einige wenige Funde geborgen.

3.1 Grube 98/5a
Keramik:
1. RS eines weitmundigen Topfes mit nach außen geneigtem Rand und umgefalzter, fest gestrichener Randlippe. Farbe rotbraun, im Bruch und innen graubraun, Oberfläche innen und außen glatt, Magerung aus Glimmer und zerstoßenem Quarz- und Kalkgrus. Wandstärke 0,9 cm, Rdm. 20 cm (Taf. 8,2).
2. RS eines Topfes mit schräg nach außen geneigtem Rand und außen durch aufgesetzte und verstrichene Leiste verdickter Randlippe. Farbe rotbraun, im Bruch und innen graubraun, Oberfläche glatt, Magerung aus Kalk- und Quarzgrus mit einer Korngröße bis zu 0,3 cm und Glimmer. Wandstärke 0,9 cm, Rdm. 23 cm (Taf. 8,3).
3. RS, BS und acht WS eines Topfes mit fest gestrichenem Falzrand und flachem Boden, Orientierung unsicher. Farbe orangerotbraun bis graubraun, Oberfläche rau mit hervortretenden Magerungspartikeln. Sehr dichte Magerung aus grobkörnigem Quarzgrus bis zu 0,4 cm Korngröße, in Ausnahmefällen bis zu 0,8 cm. Wandstärke 0,9 cm, Bodenstärke 1,3 cm, Rdm. unbestimmbar (Taf. 8,4).
4. Zwei WS von bauchigen Gefäßen. Farbe rotbraun, Oberfläche innen und außen glatt, Magerung aus grobkörnigem Quarzgrus bis zu 0,4 cm Korngröße und Glimmer.
5. WS eines bauchigen Topfes. Farbe rotbraun, im Bruch und innen grau, Oberfläche innen und außen glatt, Magerung aus Quarzgrus bis zu 0,3 cm Korngröße; Wandstärke 1,2 cm.

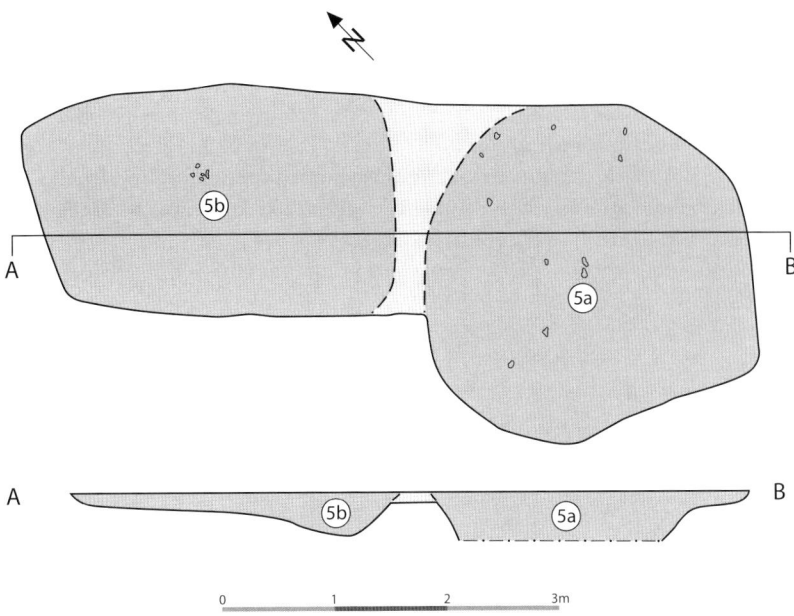

Abb. 11 Riegel (Lkr. Emmendingen) ‚Breite II'. Grube 98/5.

6. WS eines Topfes mit gerader Wandung. Farbe mittelgraubraun, Oberfläche außen glatt, innen rau, Magerung aus grobkörnigem Quarzgrus bis zu 0,3 cm Korngröße und Glimmer; Wandstärke 0,9 cm.
7. Acht WS eines Gefäßes; Farbe rotbraun, Oberfläche außen glatt, innen rau, Magerung aus feinem Quarzgrus; Wandstärke 0,6 bis 0,8 cm.
Silex:
Klingenfragment aus dunkelgrauem Muschelkalkhornstein mit Sichelglanz (Taf. 8,5); L. 3,1 cm, B. 2,1 cm, D. 0,6 cm (= Sicheleinsatz?).
Sonstiges:
Zahnfragment eines Großsäugers mit deutlichen Glättspuren (= Glättwerkzeug?).

3.2 Grube 98/5b
Keramik:
1. WS eines Gefäßes; Farbe graubraun, im Bruch und innen grau/schwarz, Oberfläche glatt, Magerung aus Quarzgrus bis zu 0,5 cm Korngröße; Wandstärke 0,8 cm.
2. BS eines flachbodigen Topfes; Farbe orangerotbraun, im Bruch grau, Magerung aus grobkörnigem Quarzgrus bis zu 0,4 cm Korngröße; Bodenstärke 1,1 cm. Gehört zu Bef. 98/5a Nr. 3.
Sonstiges:
Steinbeilfragment aus Aphanit (‚Pelitquarz') aus den Südvogesen. Erhaltene Länge mit Klinge 6,6 cm, Breite 5,4 cm und Dicke 2,5 cm (Taf. 8,6).
Datierung:
Aufgrund des Formenspektrums der Keramik, insbesondere der Randscherben mit den umgefalzten und verstrichenen Rändern und aufgrund der Herstellungstechnik mit sehr groben Magerungszusätzen aus Quarzgrus und Glimmer ist das Material kulturgeschichtlich in das beginnende Jungneolithikum einzuordnen. Die Form des Beiles aus Grube 98/5 widerspricht dieser Zuordnung nicht.

4. Grube 5

Die fundreiche jungneolithische Grube enthielt neben Keramik zahlreiche Faunenreste. Der Befund war im Planum auf der Baugrubensohle als unregelmäßige dunkelbraune Verfärbung von 1,6 m Durchmesser im anstehenden Lößboden erkennbar. Im Profil zeigte sich ein oberer, heller muldenförmiger Bereich, von dessen Sohle aus sich nach unten eine dunklere trichterförmige Erweiterung anschloss (Abb. 12). Deutlich erkennbare Sedimentschichten im oberen Bereich des Befundes zeugten davon, dass es sich dabei um eine Vorratsgrube gehandelt haben muss, die nach dem Einsturz des überkragenden Randbereiches zusedimentiert ist.

Während der Ausgrabung wurde der Grubeninhalt in einen oberen und in einen unteren Bereich aufgeteilt. Auffällig war das Vorkommen von 881 Geröllkieseln – mit einem Gesamtgewicht von 12,3 kg – im oberen Bereich der Grube. Dort lag auch die Masse der Tierknochen und der Keramik.

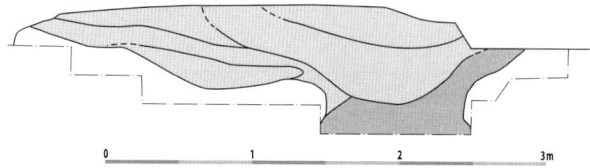

Abb. 12   Riegel (Lkr. Emmendingen) ‚Breite II'. Grube 5.

4.1 Funde im oberen Bereich

Keramik:

1. Abgeplatztes Fragment einer subkutan durchbohrten Öse. Graubraune, glattgewischte Oberfläche, feine Sandmagerung; Durchmesser der Öffnung 5 mm (Taf. 8,7).

2. WS eines dünnwandigen Bechers mit Einstichverzierung mittels eines spitzen Gerätes mit rechteckigem Querschnitt. In den Einstichen sind Reste von Inkrustation erhalten. Graubraune Oberfläche, im Bruch schwarzgrau, Magerung mit wenig feinem Sand; Wandstärke 0,4 cm.

3. WS mit Fragment einer horizontal subkutan durchbohrten Knubbe. Als Magerung Kalk, feiner Sand und Glimmer. Oberfläche geglättet, Farbe rotbraun, im Bruch grau. Durchmesser der Öffnung 6 mm, Wandstärke 6 mm (Taf. 8,8).

4. WS mit Ansatz einer Knubbe (gehört eventuell zu Nr. 3). Magerung aus feinem Sand, Kalk, Glimmer und Schamotte, Oberfläche geglättet, Farbe rotgrau, im Bruch und innen dunkelgrau; Wandstärke 5 mm (Taf. 8,9).

5. WS mit Verzierung in Form von ritzliniengefüllten vertikalen Parallelbändern und horizontal stehenden Reihen schräger Ritzlinien. Magerung aus feinem Sand, Glimmer und Kalk, Oberfläche rau, innen geglättet, Farbe graubraun; Wandstärke 4–7 mm (Taf. 8,10).

6. WS mit parallelen, teilweise unterbrochenen Ritzlinienbahnen. Magerung aus bis zu 4 mm großen Quarzgruskörnern, Kalk und mittelfeinem Sand bis 2 mm Korngröße. Oberfläche geglättet, Farbe graubraun; Wandstärke 5–7 mm (Taf. 8,11).

7. Vier WS mit leicht geschwungenem Profil und punktförmigen, sich überlagernden Einstichverzierungen; in den Vertiefungen haben sich Reste einer weißen Masse erhalten. Magerung aus feinem Sand mit Glimmer, Oberfläche poliert, Farbe rotbraun, im Bruch rot; Wandstärke 5–6 mm (Taf. 8,12).

8. WS mit Verzierung in Form von zwei parallelen zwei- oder mehrzeiligen Einstichreihen. Die Einstiche stammen von einem Werkzeug mit langrechteckigem Querschnitt. Magerung aus Sand mit einer Korngröße von bis zu 2 mm, Oberfläche geglättet, Farbe rotbraun; Wandstärke 0,5 mm (Taf. 8,13).

9. WS mit kreisförmigen Stempeleindrücken, hergestellt mit einem hohlen Werkzeug; Durchmesser der Eindrücke ca. 4 mm. Magerung aus feinem Sand mit Glimmer, Oberfläche rau, Farbe graubraun; Wandstärke 0,7 mm (Taf. 8,14).

10. WS mit Bündel aus parallelen vertikalen Ritzlinien und schachbrettartigem Muster sowie schräg gestellten Ritzlinien. Magerung aus feinem Sand, Kalk, Glimmer und organischen Resten; Oberfläche geglättet, Farbe graubraun, im Bruch rotbraun. Wandstärke 6–8 mm (Taf. 8,15).

11. RS, acht WS und sechs BS eines gegliederten Tulpenbechers mit kalottenförmigem Boden; sekundäre Brandspuren auf Gefäßaußenseite. Magerung aus Quarzgrus bis zu 6 mm Korngröße, feinem Sand und Kalk, Oberfläche geglättet, im oberen Gefäßbereich poliert; Farbe rotbraun. Rdm. 18 cm, Wandstärke 5–7 mm (Taf. 8,16).

12. Drei RS und 21 WS von kugelförmiger Flasche mit einfachem vertikalem abgestrichenem Rand. Magerung aus Bohnerzkörnern bis zu 4 mm Korngröße, Schamotte und feinem Sand; Oberfläche glatt, Farbe außen beigegrau und rotbraun gemischt, innen beigefarben. Rdm. 10,2 cm, Wandstärke 7 mm (Taf. 9,1).

13. Zwei RS und WS von Tulpenbecher mit spitzem Boden. Magerung aus feinem Sand und Schamotte, Oberfläche außen weich, innen rau, Farbe beige, im Bruch schwarz. Rdm. 18,3 cm, Wandstärke 8 mm (Taf. 9,2).

14. Drei WS und zwei RS eines Tulpenbechers, Boden unklar. Magerung aus feinem Sand mit Glimmer, im Bruch porös durch verwitterte (ausgebrannte?) organische Magerungsbestandteile. Oberfläche geglättet, weich, Farbe beige, im Bruch schwarz. Rdm. 16,2 cm, Wandstärke 7 mm (Taf. 9,3).

15. Drei RS eines Topfes mit weiter Mündung. Im Schulterbereich eine Knubbe (von vier?) erhalten. Rand sehr unregelmäßig geformt, innen Finger- und Fingernageleindrücke erkennbar. Als Magerung feiner Sand, Kalk und Gesteinsgrus bis zu 4 mm Korngröße. Oberfläche uneben, glatt gewischt, innen rau; Farbe rotbraun, im Bruch und innen graubraun. Rdm. 16,8 cm, Wandstärke 5 mm (Taf. 9,4).

16. Drei RS und sechs WS evtl. eines Tulpenbechers. Als Magerung Kalk, feiner Sand, ausgewitterte organische Bestandteile; Oberfläche poliert, Farbe beige, im Bruch grau. Rdm. 20 cm, Wandstärke 7 mm (Taf. 9,5).

17. RS, zwei BS und 16 WS eines bikonischen Topfes mit Falzrand und Knubbe im Schulterbereich. Magerung aus Quarzgrus mit einer Korngröße bis zu 6 mm und sehr viel feinem Glimmer (Muskovit). Weiche Oberfläche außen mit Glättspuren, innen rau mit zahlreichen Fingereindrücken. Farbe außen braun, innen braun/schwarz. Rdm. 27 cm, Bdm. 11,7 cm, Wandstärke 7 mm, Bodendicke 9 mm (Taf. 9,6 u. 7).

18. Zwei RS, zwei WS und eine BS eines Topfes mit Falzrand. Dichte Magerung aus Quarzgrus mit einer Korngröße von bis zu 6 mm und feinem Glimmer (Muskovit). Oberfläche außen geglättet (Glättspuren sichtbar), innen rau mit durch die Wand dringenden Magerungspartikeln; Farbe außen braun, im Bruch rotbraun, innen rotbraun. Rdm. 31,5 cm, Bdm. unklar, Wandstärke 11 mm, Bodendicke 10 mm (Taf. 9,8).

19. Fünf RS eines weitmundigen Topfes mit Falzrand. Dichte Magerung aus Quarzgrus bis zu 5 mm Korngröße und Glimmer; Oberfläche außen und innen geglättet, Farbe rotbraun. Rdm. 24 cm, Wandstärke 8 mm (Taf. 10,1).

20. RS eines weitmundigen Topfes mit einfachem, unregelmäßigem Rand. Dichte Magerung aus Quarzgrus bis zu 5 mm Korngröße; Oberfläche geglättet, Farbe graubraun, im Bruch und innen grau. Rdm. ca. 20 cm, Wandstärke 7 mm (Taf. 10,2).

21. RS eines weitmundigen Topfes. Magerung aus Quarzgrus von einer Korngröße bis zu 3 mm, Oberfläche geglättet, Farbe außen rotbraun, im Bruch schwarz, innen graubraun. Rdm. 20 cm, Wandstärke 6 mm (Taf. 10,3).

22. RS eines weitmundigen Topfes mit umgefalztem Rand. Magerung aus Quarzgrus und Glimmer, Oberfläche außen glatt gewischt, innen rau; Farbe rotbraun, im Bruch schwarzgrau. Rdm. unbestimmbar, Wandstärke 9 mm (Taf. 10,4).

23. RS eines weitmundigen Topfes mit umgefalztem Rand. Dichte Magerung aus Quarzgrus bis zu 5 mm Korngröße, Oberfläche rau; Farbe mittelbraun, im Bruch graubraun, innen rotbraun; Wandstärke 6 mm (Taf. 10,5).

24. RS eines Topfes mit umgefalztem Rand, Ausrichtung unklar. Magerung aus Sand und sehr viel Glimmer (Muskovit); Oberfläche glatt, Farbe graubraun, im Bruch grau. Rdm. unklar, Wandstärke 6 mm (Taf. 10,6).

25. RS eines weitmundigen Topfes mit umgefalztem Rand. Sehr dichte Quarzgrusmagerung bis zu 4 mm Korngröße, Oberfläche glatt, innen rau, Farbe rotbraun. Rdm. unklar, Wandstärke 11 mm (Taf. 10,7).

26. RS eines Topfes mit umgefalztem Rand und unregelmäßiger Randlippe, Ausrichtung unklar, sekundär gebrannt (?). Magerung aus feinem Sand und Kalk, Oberfläche stark abgeplatzt, Farbe graubraun. Rdm. unklar, Wandstärke 8 mm (Taf. 10,8).

27. RS eines steilwandigen Topfes mit unregelmäßiger Randlippe. Magerung aus Quarzgrus von bis zu 3 mm Korngröße; Oberfläche glatt gewischt, Farbe graubraun; Wandstärke 11 mm (Taf. 10,9).

28. RS eines steilwandigen Gefäßes mit einfacher, abgestrichener Randlippe. Magerung aus grobem Kalk- und Quarzgrus, Oberfläche geglättet, Farbe graubraun; Wandstärke 7 mm (Taf. 10,10).

29. RS wohl einer kalottenförmigen Schale. Magerung aus Quarzgrus mit bis zu 2 mm großen Körnern, Oberfläche geglättet, Farbe dunkelbraun; Wandstärke 6 mm (Taf. 10,11).

30. RS eines Topfes mit einfacher abgestrichener Lippe. Magerung aus Sand und Quarzgrus, Oberfläche geglättet, Farbe beige (Taf. 10,12).

31. BS eines flachbodigen Topfes, Wand auf Bodenplatte aufgesetzt. Als Magerung Quarzgrus von bis zu 5 mm Korngröße, Oberfläche geglättet, Farbe außen beigegrau, innen graubraun. Bdm. 13,2 cm, Wandstärke 7 mm, Bodendicke 9 mm (Taf. 10,13).

32. Vier BS und drei WS von flachbodigem Topf, Wand auf Boden aufgesetzt, innen Spuren von verkohlter organischer Substanz. Dichte Quarzgrusmagerung von bis zu 4 mm Korngröße, Oberfläche glatt, Farbe außen rotbraun/graubraun, im Bruch grau, innen schwarzgrau. Bdm. 11 cm, Wandstärke 9 mm, Bodendicke 5 mm (Taf. 10,14).

33. Zwei BS eines flachbodigen Topfes. Magerung aus Quarzgrus mit einer Korngröße von bis zu 4 mm, Oberfläche glatt gewischt, Farbe rotbraun. Wandstärke 5 mm, Bodendicke 15 mm (Taf. 10,15).

34. BS eines flachbodigen Topfes, Wand auf Boden aufgesetzt. Magerung aus Sand und Gesteinsgrus, Oberfläche außen glatt, innen rau, Farbe rotbraun. Bdm. 11,7 cm, Wandstärke 8 mm, Bodendicke 9 mm (Taf. 10,16).

35. BS eines flachbodigen Topfes, abgeplatzter Wandungsansatz. Magerung aus Quarzgrus von bis zu 4 mm Korngröße und Schamotte, Oberfläche rau, Farbe orangerot. Bdm. unklar, Bodendicke 12 mm (Taf. 10,17).

36. Zwei Fragmente von zwei zylindrischen Tonperlen. Feine Sandmagerung, Oberfläche glatt, Farbe graubraun bzw. beige. Länge 2,9 cm, Breite 1,4 cm (Taf. 10,18).

37. 44 WS von Großgefäßen mit grober Kalkgrusmagerung von einer Korngröße bis 6 mm. Oberfläche meist geglättet, innen oft rau; Wandstärke 6–11 mm.

38. 156 kleine WS von mittelgroßen Gefäßen; Wandstärke 3–8 mm.

39. 30 WS eines Topfes mit grober Quarzgrusmagerung. Oberfläche außen glatt, innen rau, Farbe rotbraun; Wandstärke 8–10 mm.

40. 30 WS eines Topfes mit grober Quarzgrus- und sehr dichter Glimmermagerung. Farbe graubraun/rotbraun, Oberfläche glatt, innen rau; Wandstärke 7 mm.

41. 49 WS von verschiedenen mittelgroßen bis großen Gefäßen.

42. 22 WS von feinkeramischen Gefäßen mit Wandstärken zwischen 4 und 7 mm.

43. 45 WS und zwei RS von feinkeramischen Gefäßen; Wandstärke 5–6 mm.

44. WS eines kugelförmigen Gefäßes. Sand- und Glimmermagerung. Außen geglättet, innen rau, Farbe hellbraun bis graubraun; Wandstärke 6 mm.

45. 5 WS eines S-profilierten Topfes mit dichter Sand- und Glimmermagerung. Oberfläche geglättet, Farbe graubraun; Wandstärke 8 mm.

Silices:
(Rohmaterialbestimmung durch M. Kaiser, Freiburg)
1. Trianguläre Pfeilspitze mit gerader Basis aus weiß-grauem Bohnerzjaspis; L. 28 mm, B. 17 mm, D. 5 mm (Taf. 10,19).
2. Trianguläre Pfeilspitze mit konkaver Basis aus weißem Jaspis; L. 28 mm, B. 16 mm, D. 5 mm (Taf. 10,20).
3. Trianguläre Pfeilspitze mit konkaver Basis aus rotem Radiolarit; L. 23 mm, B. 16 mm, D. 4,5 mm (Taf. 10,21).
4. Abschlag von einem Klopfstein mit Kantenretusche aus rotem Bohnerzjaspis mit Spuren von Hitzeeinwirkung; L. 35 mm, B. 20 mm, D. 7 mm (Taf. 11,1).
5. Abschlag mit Gebrauchsretusche aus gelblichem Bohnerzjaspis; L. 25 mm, B. 13 mm, D. 5 mm (Taf. 11,2).
6. Abschlag aus weiß-grauem Bohnerzjaspis; L. 24 mm, B. 13 mm, D. 3 mm (Taf. 11,3).
7. 13 weitere Abschläge aus verschiedenen Rohmaterialien: Trigonodus-Hornstein (2), Bohnerzjaspis (3), Randen-Silex (2), weißer Jaspis (1), Jurahornstein, unbest.(1), Hornstein, unbest. (3), Silex, unbest. (1).
8. Lamellenfragment aus rot-grauem Bohnerzjaspis, Spuren von Hitzeeinwirkung; L. 18 mm, B. 10 mm, D. 2 mm (Taf. 11,4).
9. Lamellenfragment aus Trigonodus-Hornstein vom Schönberg; L. 19 mm, B. 12 mm, D. 3,5 mm.
10. Kratzer aus grauem Randen-Silex, Spuren von Hitzeeinwirkung; L. 19 mm, B. 15,5 mm, D. 5 mm (Taf. 11,5).
11. Fragmentierter Kratzer aus grauem Randen-Silex, Spuren von Hitzeeinwirkung; L. 19,5 mm, B. 18,5 mm, D. 5 mm (Taf. 11,6).
12. Kratzer aus rotem Randen-Silex; L. 27 mm, B. 23 mm, D. 16,5 mm.
13. End- und Kantenretusche aus graurotem Jaspis, Spuren von Hitzeeinwirkung; L. 26 mm, B. 13 mm, D. 4 mm (Taf. 11,7).
14. Kantenretusche aus grauem Jaspis, Spuren von Hitzeeinwirkung; L. 21 mm, B. 9 mm, D. 6 mm (Taf. 11,8).
15. Fünf weitere Kantenretuschen aus verschiedenen Rohmaterialien: roter Bohnerzjaspis (1), weiß-grauer Bohnerzjaspis (2), dunkelgrauer Kreideflint (1), roter Radiolarit (1).
16. Klingenspitze aus weiß-gelbem Randen-Silex; L. 41 mm, B. 12 mm, D. 5 mm (Taf. 11,9).
17. Klingenspitze aus weiß-grauem Bohnerzjaspis; L. 32 mm, B. 10 mm, D. 3 mm (Taf. 11,10).
18. Klingenspitze aus weißem Jaspis; L. 59 mm, B. 13 mm, D. 7 mm (Taf. 11,11).
19. Bohrer aus rotem Randen-Silex, Spuren von Hitzeeinwirkung; L. 30 mm, B. 13 mm, D. 4,5 mm (Taf. 11,12).
20. Kernfuß aus weiß-grauem Bohnerzjaspis.
21. 12 Splitter von verschiedenen Rohmaterialien: Bohnerzjaspis (6), Jaspis (1), Hornstein, unbest. (1), Randen-Silex (1), Silex, unbest. (3).
22. Sechs Trümmer von verschiedenen Rohmaterialien: Bohnerzjaspis (2), Muschelkalk-Chalcedon (1), Silex, unbest. (3).

Schleif- und Mahlsteine:
1. Fragmentierte Platte aus feinem Sandstein mit einer erhaltenen rechtwinklig zugeschnittenen Ecke, eine Flachseite mit Abnutzungsmulde; L. 8,2 cm, B. 7,1 cm, D. 2,3 cm.
2. Fragment einer Platte oder eines Blockes aus feinem Sandstein, Oberfläche glatt geschliffen; L. 10,6 cm, B. 8,6 cm, D. 2,7 cm.
3. Handliches Fragment einer Platte aus grobkörnigem Sandstein, eine Flachseite mit Schleifspuren; L. 9,8 cm, B. 4,4 cm, D. 4,3 cm.
4. Acht Splitter von feinem und grobkörnigem Sandstein.

Sonstiges:
Im oberen Teil der Grube befanden sich einige Reste von rot verziegeltem Lehm, jedoch ohne Abdrücke von Holz. Des Weiteren wurden zwei handtellergroße Quarzstücke geborgen, die als Rohstoff für Magerungszusätze gedient haben könnten.

4.2 Funde im unteren Bereich
Keramik:
1. Fragment (zwei RS und vier WS) eines gegliederten Tulpenbechers mit betontem Einzug über der Gefäßschulter. Magerung aus feinem bis mittelgrobem Sand und Schamotte; Oberfläche außen glatt abgewischt, innen rau. Im Gefäßinneren ist der Bodenbereich durch Gebrauch glatt poliert, Farbe rotbraun bis graubraun. Gefäßdurchmesser 18,5 cm, Wandstärke 6 mm (Taf. 11,13).
2. RS eines Trichterrandgefäßes mit gröberer Sandmagerung. Oberfläche außen spatelgeglättet, innen rau, Farbe rotbraun; Wandstärke 7 mm (Taf. 11,14).
3. WS eines kreisstempelverzierten Kugelbechers. Die Einstiche wurden mit einem Gerät ausgeführt, dessen Druckfläche einen kreisrunden Querschnitt und eine randnahe Höhlung besaß; denkbar wäre ein kleiner Tierknochen. Feine Kalkgrusmagerung, Oberfläche innen und außen geglättet, Farbe hellgraubraun. Auf der äußeren Oberfläche sind Spuren von Baumpech erkennbar. Sekundäre Brandmerkmale an Bruchstelle vorhanden. Wandstärke 5 mm (Taf. 11,15).
4. Fünf WS von einem Gefäß mit geschwungenem Profil. Die Oberfläche ist sowohl außen als auch innen poliert, Farbe rotbraun; Wandstärke 6 bis 8 mm.
5. Zwei WS von einem Gefäß mit geschwungenem Profil. Magerung aus Kalkgrus, Oberfläche rau, Farbe grau.
6. Drei WS eines gewölbten Gefäßes mit grober Gesteinsgrusmagerung. Oberfläche außen geglättet, innen rau mit hervorstehenden Magerungsbestandteilen, Farbe dunkelrotbraun; Wandstärke 8 mm.
7. Drei WS eines gewölbten Gefäßes mit grober Kalkgrusmagerung. Oberfläche innen und außen glatt gewischt, Farbe orange-rotbraun; Wandstärke 8 mm.
Gebäudereste:
1. Mehrere kleine Scheiben von ungebranntem Lehm mit z.T. beidseitigen Abdrücken von glatten Holzoberflächen. Darin eingeschlossen sind zahlreiche Holzkohlestücke und verziegelte Lehmanteile. Hierbei handelt es sich sicherlich um Reste von Lehmverstrich aus den Zwischenräumen der Holzkonstruktion eines Hauses.
2. Ein größeres Stück Hüttenlehm mit verwaschenen Abdrücken von Spalthölzern.
Gesteine:
1. Fragment eines Sandsteines mit planer Oberfläche (Mahlstein/Schleifstein); Dicke 4,7 cm, Länge 6,6 cm, Breite 5,4 cm.
2. Zwei kleinere Sandsteinfragmente ohne Bearbeitungsspuren.
3. 19 Flusskiesel, z.T. mit Spuren von Hitzeeinwirkung.
Geweihartefakte:
Fragment eines Zwischenfutters aus Hirschgeweih. Erhalten ist eine Seite des entlang der Längsachse gebrochenen Gerätes. Der Steckzapfen zur Befestigung im Holzschaft ist ebenfalls abgebrochen. Der abgeschrägte Anlauf zur Zapfenbasis ist durch Gebrauch stark verschliffen. Zur Gewinnung des Werkstückes wurde die Kompakta einer Geweihstange glatt bis zur Spongiosa durchschnitten und diese dann durchgebrochen. Länge 6,2 cm, Breite 4,1 cm, Dicke 1,9 cm (Taf. 11,16).
Tierknochen:
– Die Masse des Materials stammt aus dem oberen Bereich der Grube, im unteren Teil konnten lediglich zwei Knochen geborgen werden. Insgesamt ergab die Bestimmung durch Frau Dr. E. STEPHAN, LAD Konstanz, mehrheitlich Rind und Schaf/Ziege; außerdem liegen einige wenige Knochen vom Schwein vor. Außer einem Geweihstangenfragment eines Rothirsches mit Bearbeitungs- und Nutzungsspuren ist mit einem einzelnen Humerusfragment ein Hase als einziges sicher nachweisbares Wildtier belegt. Schließlich liegen auch noch einige Reste von Flussmuscheln und Bänderschne-

cken vor. Anhand des Zustands des untersuchten Materials kann man davon ausgehen, dass es sich um gewöhnlichen Nahrungsabfall handelt.

Datierung:

Nummer 11 aus dem oberen Bereich der Grube entspricht der Form eines gegliederten Tulpenbechers mit rundem Boden vom Typ 1 Variante 1 nach Lüning (s. J. LÜNING, Die Michelsberger Kultur. Ihre Funde in zeitlicher und räumlicher Gliederung. Ber. RGK 48, 1967, 1–350 bes. Beil. 5). Hingegen passt aufgrund seiner Bauchgestaltung der Tulpenbecher Nr. 1 aus dem unteren Bereich der Grube eher zu Lünings Typ 2. Auch subkutan durchbohrte Ösen, wie sie die beiden vorliegenden Fragmente Nr. 1 und 3 besitzen, treten erstmals mit Beginn des frühen Michelsberg auf. Insgesamt lassen sich die genannten Merkmale also zu einer Frühstufe der MK I/II zusammenfassen.

Die kreisstempelverzierten Kugelbecherscherben (oberer Grubenbereich Nr. 7 und Nr. 9, unterer Grubenbereich Nr. 3) jedoch sind als typisches Element der Enzheimer Gruppe bekannt. Mehrere ritzverzierte Scherben aus dem oberen Teil der Grube (Nrn. 2, 5, 6, 8 und 10) stammen ebenfalls von Gefäßen mit Enzheimer Verzierungselementen. Weiterhin gehören zum Formenschatz der dieser Gruppe die weitmundigen Töpfe mit glatten Falzrändern (oberer Bereich Nr. 17 bis 25 und Nr. 28) und flachen Standböden (oberer Bereich Nr. 31 bis 35).

Nach Dieckmann (B. DIECKMANN, Zum Mittel- und Jungneolithikum im Kaiserstuhlgebiet [Diss. Freiburg 1991] 205–208) ist das gemeinsame Auftreten von Enzheim und Michelsberg im Kaiserstuhlgebiet nicht ungewöhnlich, allerdings handelt es sich in den bisher bekannten Fällen um Elemente eines entwickelten Michelsberg (MK III), während der hier vorliegende Komplex deutlich einer früheren Stufe angehört (MK I/II).

5. Grube 6

Diese Grube wurde etwa 50 cm vor Erreichen des Bagger-Planums auf der Baugrubensohle im anstehenden Löß als Befund erkannt, der sich aus einer kreisförmigen Verfärbung von ca. 2,5 m Durchmesser und einer darin exzentrisch eingeschlossenen dunkleren, ebenfalls kreisförmigen Verfärbung von 1,40 m Durchmesser zusammensetzte (Abb. 13). Funde wurden hauptsächlich aus dem inneren,

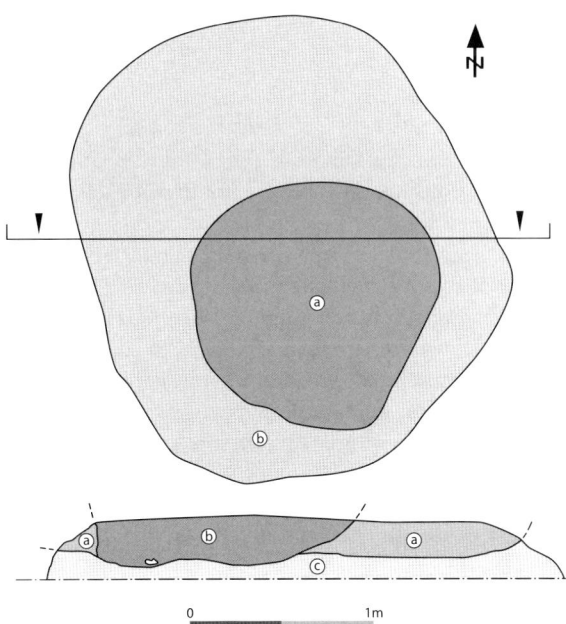

Abb. 13 Riegel (Lkr. Emmendingen) ‚Breite II'. Grube 6. a) mittelbrauner bis dunkelbrauner Lehm mit Kieseln und Keramik; b) mittelbrauner Lehm ohne Einschlüsse; c) anstehender fahlgelber Löß.

dunklen Bereich des Befundes geborgen. Dessen Profil ist wannenförmig ausgebildet, wobei die westliche Begrenzung steil senkrecht ansteigt, die östliche aber in einem Winkel von 45° verläuft. Im Profil zeichnete sich das noch in einer Dicke von ca. 40 cm vorhandene Paket aus dunklem Lehm deutlich gegen den umgebenden mittelbraunen kompakten Lehm ab.

Keramik:
1. Fragmente eines feintonigen, dünnwandigen Kugelbechers, Verzierung aus feinen paarigen Korneinstichreihen, z. T. rechtwinklig aufeinander treffend. Oberfläche geglättet, Farbe orangerotbraun, im Bruch schwarz, Magerung mit sehr feinem Kalkgrus; Wandstärke 0,4 cm, Rdm. ca. 10 cm (Taf. 12,1).
2. RS mit einfachem Rand, Verzierung in Form einer Schrägstrichreihe unterhalb des Randes. Oberfläche geglättet, Farbe graubraun, Wandstärke 0,6 cm.
3. 30 WS eines Topfes mit geschwungenem Profil; Oberfläche geglättet, Farbe rotbraun, Magerung aus feinem Sand und sehr grobem Quarzgrus von einer Korngröße zwischen 1,5 und 5 mm.
4. 27 WS und eine BS eines konischen Topfes. Im Bruch ist deutlich erkennbar, dass der Topf in Wulsttechnik aufgebaut wurde, bei welcher der jeweils obere Wulst den darunter liegenden an der Innenseite überlappt. Farbe durchgehend orangegrau bis rotbraun, Oberfläche außen geglättet, innen rau mit durch die Oberfläche dringenden Magerungspartikeln, grobe Magerung mit Quarzgrus von bis zu 4 mm Korngröße und Glimmer; Wandstärke 0,9 cm, Bodenstärke 1,0 cm (Taf. 12,2).
5. 19 kleine WS von feintonigen Gefäßen mit geglätteter Oberfläche. Farbe graubraun, Magerung aus feinstem Kalkgrus und Schamotte; Wandstärke 0,5 bis 0,7 cm.
6. Zwei WS und zwei BS von Gefäßen mit rauer Oberfläche. Farbe orangebraun bis rotbraun, Magerung aus Augit und Schamotte; Wandstärke 0,8 bis 0,9 cm.

Sonstiges:
1. Sandsteinfragment mit rechteckiger Grundform, Schleifmulde an der Oberseite, Sägespuren an beiden Längsseiten; L. 7,1 cm, B. 6,0 cm. H. 3,6 cm.
2. Fragment eines Kratzers aus graubraunem gebändertem Hornstein.
3. Mehrere Tierknochenfragmente (unbestimmbar).

Datierung:
Das als geschlossen geltende Grubeninventar ist nach den Verzierungselementen des Kugelbechers und der Machart der Grobkeramik der Gruppe Bruebach-Oberbergen (Wauwil) des frühen Jungneolithikums zuzuordnen.

6. Grube 18
Von dem ehrenamtlichen Mitarbeiter des Landesdenkmalamtes H. Stöckl, der das Grabungsteam des Amtes unterstützte, wurde eine neolithische Siedlungsgrube (Grube 18) untersucht. Bereits beim Ausheben der Baugrube ließ sich der Befund erkennen, und noch bevor ein Planum auf der Baugrubensohle angelegt werden konnte, gelang die Bergung der ersten Funde. Es handelt sich dabei um Scherben von mehreren bauchigen Töpfen mit S-förmigen Halsprofilen, glatt gestrichenen Falzrändern und geglätteter Oberfläche an der Außenseite der Gefäße, wie sie für das beginnende Jungneolithikum typisch sind. Der Ton ist mit zerstoßenem Quarz gemagert, der vereinzelt Korngrößen bis zu 4 mm erreicht; organische Magerung ist kaum vorhanden. Die Farbe der Oberfläche reicht von hellorange über rotbraun bis graubraun und zeugt von einer uneinheitlichen Brandatmosphäre; insgesamt ist die Keramik von geringer Bruchfestigkeit.

6.1 Funde oberhalb des Planums
Keramik:
1. BS einer flachbodigen Flasche; Dm. 12 cm, Wandstärke 0,7 cm (Taf. 12,3).
2. Fünf RS und zwei anpassende WS einer Flasche mit umgefalztem, verstrichenem Rand; Rdm. ca. 16 cm, Wandstärke 0,7 cm (Taf. 12,4).
3. RS und acht WS eines Topfes mit umgefalztem und verstrichenem Rand; Rdm. ca. 20 cm, Wandstärke 0,8 cm (Taf. 12,5).

4. Zwei RS eines Topfes mit umgefalztem Rand und gerade abgestrichener Lippe; Rdm. unbestimmt, Wandstärke 0,6 cm (Taf. 12,6).
5. RS eines kleineren weitmundigen Topfes mit umgefalztem Rand und gerade abgestrichener Lippe; Rdm. unbestimmt, Wandstärke 0,5–0,6 cm (Taf. 12,7).
6. 39 WS, größtenteils zu den oben erwähnten RS gehörig.
7. Zwei WS von fein gemagerter und beidseitig sorgfältig geglätteter Keramik; Wandstärke 0,9 bzw. 0,8 cm. An der einen Scherbe sind Ansätze von mehreren parallelen Ritzlinien erkennbar (Taf. 12,8).

Sonstiges:
1. Sechs Rotlehmklumpen.
2. Klopfstein aus einem Flusskiesel mit starken Abnutzungsspuren.
3. 16 kleinere Flusskiesel.

Tierknochen (Schwein):
1. 12 Rippenfragmente, stark verbrannt.
2. Rest eines Metapodiumgelenkes, stark verbrannt.
3. Zwei Zahnfragmente.

6.2 Funde unterhalb des Planums
Keramik:
1. RS und neun WS von einem Topf mit umgefalztem Rand; Wandstärke 1,0 cm. Gehört zu Nr. 3, oberhalb des Planums.
2. BS eines bauchigen Topfes mit beidseitig sorgfältig geglätteter Oberfläche; Wandstärke 0,8 cm, Dm. 9,0 cm (Taf. 12,9).
3. WS mit beidseitig sorgfältig geglätteter Oberfläche; Wandstärke 0,6 cm.
4. Sechs WS mit geglätteter Oberfläche außen, feine Kammstrichverzierung; Wandstärke 0,6 cm.
5. WS eines Kugelbechers mit Kreisaugenstempel- und Ritzlinienverzierung, vertikal durchbohrte doppelte Knubbe. Wandstärke 0,6 cm, Dm. an der größten Weite 15 cm (Taf. 12,10).

Silex:
Beidseitig lateral retuschierte Spitze aus graubraunem Trigonodus-Hornstein mit starken Brandspuren; L. 3,6 cm, B. 1,5 cm, D. 0,5 cm (Taf. 12,11). Das Material stammt vom Schönberg bei Freiburg (Bestimmung M. Kaiser, Freiburg).

Sonstiges:
15 kleinere Flusskiesel.

Tierknochen:
1. Rest eines Langknochens mit Bearbeitungsspuren. An der Oberfläche Reste von Kalkpaste, deren Beschaffenheit mit dem Material von inkrustationsverzierten Gefäßen identisch zu sein scheint (Taf. 12,12).
2. Vier Rippenfragmente.
3. Rest eines Gelenkes.

Datierung:
Die Zusammengehörigkeit der Funde oberhalb des Planums mit denen unterhalb des Planums ist nicht anzuzweifeln, zumal sich zusammenpassende Scherben aus beiden Schichten finden.
Das Formenspektrum der Grobkeramik mit weitmundigen Töpfen und den umgefalzten Rändern entspricht den Funden des beginnenden Jungneolithikums im Kaiserstuhlgebiet, wie sie von Dieckmann (s. o.) beschrieben wurden. In dieses Bild passt auch der Kugelbecher mit seinen Verzierungselementen. Die mit Hilfe eines Röhrchens eingestochenen Kreisaugen sind ebenso wie die von einem einzinkigen Gerät stammenden vertikalen Ritzlinien typisch für die frühjungneolithische (Straßburger) Entzheimer Gruppe des Breisgau. Als Besonderheit jedoch ist die vertikal gelochte Doppelöse anzusehen. Bis auf sehr wenige Ausnahmen (Bötzingen ‚Schneckenbühl') sind die Ösen auf verzierten Gefäßen dieser Keramikgruppe immer horizontal gelocht und einzeln angebracht.

7. Grube 34

Das Inventar dieser Grube mit der Befundnummer 2000/34 lässt sich der frühjungneolithischen Straßburger Gruppe zuordnen. Vergleichsbeispiele finden sich in den Grubeninventaren von Bleichheim ‚Rebeneck'. Die in Bleichheim angewendete Verzierungstechnik der Punkteinstiche mittels eines Röhrchens von bis zu 3 mm Durchmesser findet hier ihre Entsprechung.

Keramik:
1. 55 WS, eine BS und drei RS eines flachbodigen, steilwandigen Topfes mit umgefalztem Rand und vier Knubben auf der Gefäßschulter. Die Magerung besteht aus sehr grobem Quarzgrus mit einer Korngröße von bis zu 5 mm. Die Farbe ist durchweg rötlich-braun, auf der Innenseite ab der Gefäßmitte zum Boden hin schwarz; Wandstärke 0,6 bis 0,8 cm, Bodenstärke 1,1 cm, Rdm. 24,4 cm, Bdm. 17 cm (Taf. 13,1).
2. 11 WS eines steilwandigen Topfes mit Knubbe. Die Magerung besteht aus grobem Quarzgrus von bis zu 4 mm Korngröße und viel glimmerhaltigem Sand. Die Farbe variiert zwischen rotbraun und dunkelrotbraun.
3. Zwei RS und zwei WS eines feinkeramischen Kugelbechers mit Punkteinstichverzierung. Die Einstiche wurden sorgfältig mit einem ca. 2 mm dicken, im Querschnitt runden, wahrscheinlich hohlen Gerät angebracht. Die größte Weite des Topfes beträgt ca. 17 cm, der Rdm. 10 cm und die Wandstärke 0,4 cm (Taf. 13,2).
3. 11 WS eines kugeligen feinkeramischen Gefäßes.

Silex:
Schlagrest von weißgrauem Bohnerzjaspis.

Felsgestein:
1. Bruchstück eines Sandsteines mit rechtwinklig zugerichteter Kante (6,0 x 3,0 x 4,5 cm).
2. Fünf Kieselsteine, z. T. fragmentiert (Hitzeeinfluss).

Tierknochen:
1. Fragment einer **S**capula eines kleinen Säugers (Schaf/Ziege oder Schwein).
2. Fragment einer Pelvis eines kleinen Säugers (Schaf/Ziege oder Schwein).

TK 7812 – Verbleib: RP Freiburg Ref. 25   A. Hanöffner

Riegel (Lkr. Emmendingen). 3. Im Gewann ‚Hinterer Berg' auf dem Michaelsberg wurde von M. Hummel im Spätsommer 1996 neben einigen kleinen Abschlagsplittern verschiedener Silices das Fragment einer Pfeilspitze mit konkaver Basis aus beigefarbenem Jurahornstein aufgesammelt (Taf. 14 A). Die Basis ist 2,4 cm breit, und das etwa in der Mitte schräg abgebrochene Stück besitzt – ohne die fehlende Spitze – eine Länge von 1,8 cm. An den Kanten sowie an der Basis ist es beiderseits gleichmäßig retuschiert, die dorsale Seite weist eine flächige Retusche auf, während die ventrale, ohnehin glatte Kernfläche unbearbeitet geblieben ist. Aufgrund der Form erscheint eine zeitliche Einordnung in das Mittel- bis Endneolithikum zulässig.

TK 7812 – Verbleib: RP Freiburg Ref. 25   M. Hummel (A. Hanöffner)

Riegel (Lkr. Emmendingen). 4. Im Gewann ‚Schafläger' wurden von H. Stöckl mehrere neolithische Scherben aufgesammelt, woraufhin 1989 vom LDA Freiburg eine große Grube mit mittelneolithischem Inventar ausgegraben wurde (Grube 89/1).
Das Inventar dieser Grube umfasst folgende Funde:

Keramik:
1. 56 WS eines grobkeramischen Gefäßes aus rotem Ton mit rauer Oberfläche, starke Augit- und Schamottemagerung. Die Scherben sind im Bruch und auf der Innenseite dunkelgrau bis graubraun. Eine RS desselben Gefäßes hat einen gekerbten Rand. Die Wandstärke beträgt 9 mm bis 6 mm am Rand (Taf. 14 B 1).
2. Zwei RS und zwei WS, vermutlich von demselben Gefäß (Taf. 14 B 2).
3. 35 WS einer großen Flasche mit vertikalen Ösen am Bauchumbruch (zwei erhalten). Sehr hart

gebrannter Ton mit mittelstarker Augit- und Kalkmagerung, Oberfläche geglättet. Die Wandstärke beträgt 5–7 mm. Die Färbung ist aufgrund des unregelmäßigen Brandes sehr unterschiedlich, wobei das Spektrum von dunkel- über mittelgrau bis graubraun und rotbraun reicht. Die Färbung der Innenseite und des Bruches entspricht der Oberflächenfärbung (Taf. 14 B 3).

4. 20 Scherben (16 WS und vier RS) eines Topfes mit Knubben unterhalb eines schräg gekerbten Randes. Weniger hart gebrannt, Oberfläche geglättet. Die Magerung besteht aus Schamotte und Augit. Die Färbung der Innenseite ist dunkelgrau, auf der Außenseite variiert die Farbe von ockergrau bis dunkelgraubraun (Taf. 14 B 4).

5. RS einer Schale mit einer Innenrandverzierung in Form einer dreiteiligen Zickzackreihe aus Einzelstichen; Wandstärke 7 mm (Taf. 14 B 5).

6. RS eines feinkeramischen Kleingefäßes mit schräg gekerbtem Rand, graubraune, geglättete Oberfläche, keine Magerung erkennbar; Wandstärke 4 mm.

7. RS und WS eines feinkeramischen Kleingefäßes mit einfachem Rand und einer Einstichreihe. Graubraune, geglättete Oberfläche, feine Sandmagerung; Wandstärke 4,5 mm (Taf. 15 A 1).

8. WS eines feinkeramischen Gefäßes mit Ritzlinien, graubraune Oberfläche, feine Sandmagerung; Wandstärke 4 mm.

9. RS eines Schrägrandgefäßes (Schale?) mit schräg gekerbtem Rand, Oberfläche geglättet, Innenseite dunkelgraubraun, Außenseite mittelgraubraun bis ockerfarben. Magerung aus sehr feinen Augit- und Kalkbestandteilen; Wandstärke 7 mm (Taf. 15 A 2).

10. RS eines Topfes mit leicht nach außen geneigtem, gekerbtem Rand. Oberfläche poliert, Färbung auf beiden Seiten und im Bruch schwarzgrau. Die Magerung besteht aus Sand und Schamotte; Wandstärke 8 mm (Taf. 15 A 3).

11. Zwei RS eines Topfes mit schräg gekerbtem Rand. Die Oberfläche ist geglättet, auf beiden Seiten zeigt sich eine rötlich-braune Färbung, der Bruch ist dunkelgrau. Als Magerungszusätze wurden Augit und feiner Sand beigemengt; Wandstärke 9 mm (Taf. 15 A 4).

12. RS eines feinkeramischen Gefäßes mit schräg gekerbtem Rand, geglättete Oberfläche. Außen cremefarben, innen dunkelgraubraun gefärbt, fein sandgemagert; Wandstärke 6 mm (Taf. 15 A 5).

13. RS einer Schale mit schräg gekerbtem Rand. Die Oberfläche ist geglättet; innen und außen sowie im Bruch ist das Gefäß rot gebrannt; Wandstärke 7 mm (Taf. 15 A 6).

14. WS eines flachbodigen Topfes mit Anschluss zum Gefäßboden. Erkennbar ist die plane Unterkante der Wand mit innen und außen ansetzenden Resten von verstrichenem Ton. Das Stück könnte eventuell auch zu einem Gefäß mit Standboden gehören. Die Scherbe ist innen graubraun gefärbt, mit rauer Oberfläche, außen ist sie dunkelgrau gebrannt und mit einem feinen, nass verwischten Tonschlicker überzogen. Die Magerung besteht aus Schamotte und wenig Augit; Wandstärke 6 mm (Taf. 15 A 7). Zwei BS aus demselben Material gehören vermutlich dazu. Die Dicke ist wegen der einseitig abgeplatzten Oberfläche nicht feststellbar.

15. Zwei BS eines rundbodigen Topfes (Kumpf) aus durchweg graubraunem Ton. Die Magerung besteht aus Schamotte und feinem Kalkgrus; Wandstärke 5–7 mm.

16. 52 kleine und kleinste Scherben verschiedener grobkeramischer Gefäße.

Silices:

1. Zierliche Pfeilspitze mit konkaver Basis, Spitze abgebrochen, stark verbrannt, aus Jaspis aus dem Markgräflerland (bzw. Jurahornstein); L. 1,6 cm, B. 1,3 cm, D. 0,5 cm (Abb. 14,1; Taf. 15 A 8).

2. Schlagrest aus Jaspis aus dem Markgräflerland (Abb. 14,2; Bestimmung M. Kaiser).

Abb. 14   Riegel (Lkr. Emmendingen) ‚Schafläger'. Grube 89/1. 1 Pfeilspitze; 2 Schlagrest. Jaspis. M 1 : 1.

Felsgestein:
1. Fünf kleine Bruchstücke von Buntsandstein.
2. Buntsandsteinfragment mit Schleifrille (Taf. 15 A 9).

Sonstige Funde:
1. Drei kleine Stücke Hüttenlehm.
2. Phalanx secunda eines Boviden.

Datierung:
Die Formen der Keramikgefäße aus der Grube 89/1 lassen sich der mittelneolithischen Rössener Kultur zuweisen. Für einen späten Zeitpunkt innerhalb der Rössener Entwicklung spricht die Innenverzierung der einen Randscherbe (Nr. 5) in Form eines eingestochenen Fischgrätmusters.
TK 7812 – Verbleib: RP Freiburg Ref. 25   A. Hanöffner

Schliengen L i e l (Lkr. Lörrach). Das auf einer Sattelfläche zwischen dem Stocken im Norden und dem Erlenboden im Süden gelegene Fundareal ‚Großer Ameisenbuck' bei Liel ist als die vermutlich ehemals bedeutendste jungsteinzeitliche Siedlungsstelle der Region zu bezeichnen. Sie ist bereits in den 1970er Jahren durch äußerst umfangreiche Lesefunde bekannt geworden und erstreckt sich über eine Fläche von ca. 10 Hektar. Bereits im 28. Band der Fundberichte aus Baden-Württemberg konnten die zusammen annähernd 2000 Fundstücke der Aufsammlungen von Fritz Schäck (†), Sammeltätigkeit: 1973, 1975 und 1976) und Werner Mähling (†), Sammeltätigkeit: ca. 1973 bis 1994) vorgestellt werden. Auf diesen Bericht ist hier, gerade auch wegen den dort umfangreichen Darstellungen zur Fundortsituation, zu verweisen.
Mit dem zweiten Fundschaubeitrag zum ‚Großen Ameisenbuck' können jetzt auch die Lesefunde aus der bedeutenden Sammlung von Johannes und Ulrike Kaiser (Freiburg) vorgestellt werden. Zwischen 1979 und 2004 entdeckten sie dort, in den Anfangsjahren oftmals zusammen mit ihren drei Kindern Friederike, Georg und Michael, insgesamt ca. 1300 Fundstücke: 1126 Silexartefakte, darunter alleine 112 Silex-Pfeilspitzen, 82 Steinbeilklingen und -fragmente, 23 Klopfsteine aus Felsgestein, 17 Mahl- und Schleifsteine sowie wenige Keramikscherben. Ihre Aufsammlungen der Silices erfolgten selektiv, indem bevorzugt modifizierte Artefakte mitgenommen wurden. Aus diesem Grund fehlen in Ihren Sammlungsbeständen Trümmerstücke, Splitter und kleinteilige Klingen- und Abschlagfragmente weitgehend.
Sind umfangreiche Vorlagen neolithischer Silex- und Felsgesteinartefakte bislang überwiegend von Seeufersiedlungen bekannt, so kann mit den Funden vom ‚Großen Ameisenbuck' bei Liel der Gesamtbestand einer bedeutenden Landsiedlung präsentiert werden. Die ausführliche Dokumentation der Steinartefakte erlaubt es, einen guten Überblick gerade zum jung- und endneolithischen Typenspektrum der Region Markgräfler Hügelland zu vermitteln. Darunter befinden sich dort zuvor noch nicht belegte Formen. Die an den Artefakten durchgeführten Rohmaterialbestimmungen lassen Austauschbeziehungen in benachbarte Regionen aufzeigen; mit einem Einzelstück sogar bis nach Belgien.
Das inzwischen als weitgehend abgesammelt zu bezeichnende Fundareal ‚Großer Ameisenbuck' wurde von J. Kaiser in die den heutigen Ackerflächen entsprechenden Bereiche „blau", „rot", „grün", „gelb" und „lila" gegliedert. Innerhalb dieser finden sich mehrere Fundkonzentrationen (Abb. 15), welche den Kartierungen W. Mählings entsprechen (vgl. Fundber. Baden-Württemberg 28/2, 2005, 82 Abb. 23) und sie um weitere Fundstellen ergänzen. Die schematische Flächeneinteilung durch Kaiser bedingt, dass mehrere Fundkonzentrationen durch sie geschnitten werden. Es kann aber auch vorkommen, dass sich eine Fläche (z.B. „rot") über verschiedene, räumlich abgrenzbare Fundbereiche erstreckt. Aus diesem Grund ist eine Aufgliederung des Artefaktmaterials nach einzelnen Fundkonzentrationen nicht möglich. Hierfür lässt sich aber eine vollständige Sortierung gerade der modifizierten Artefakte nach den Flächen „rot", „blau", „grün" etc. durchführen. In der hier wiederzugebenden Form erfolgte sie durch J. Kaiser, in der Regel anhand der als vorbildlich zu bezeichnenden Einzelbeschriftung der Funde. Die vom Finder gebräuchliche Fundstellenbezeichnung lautet: „Karlshof, Liel".

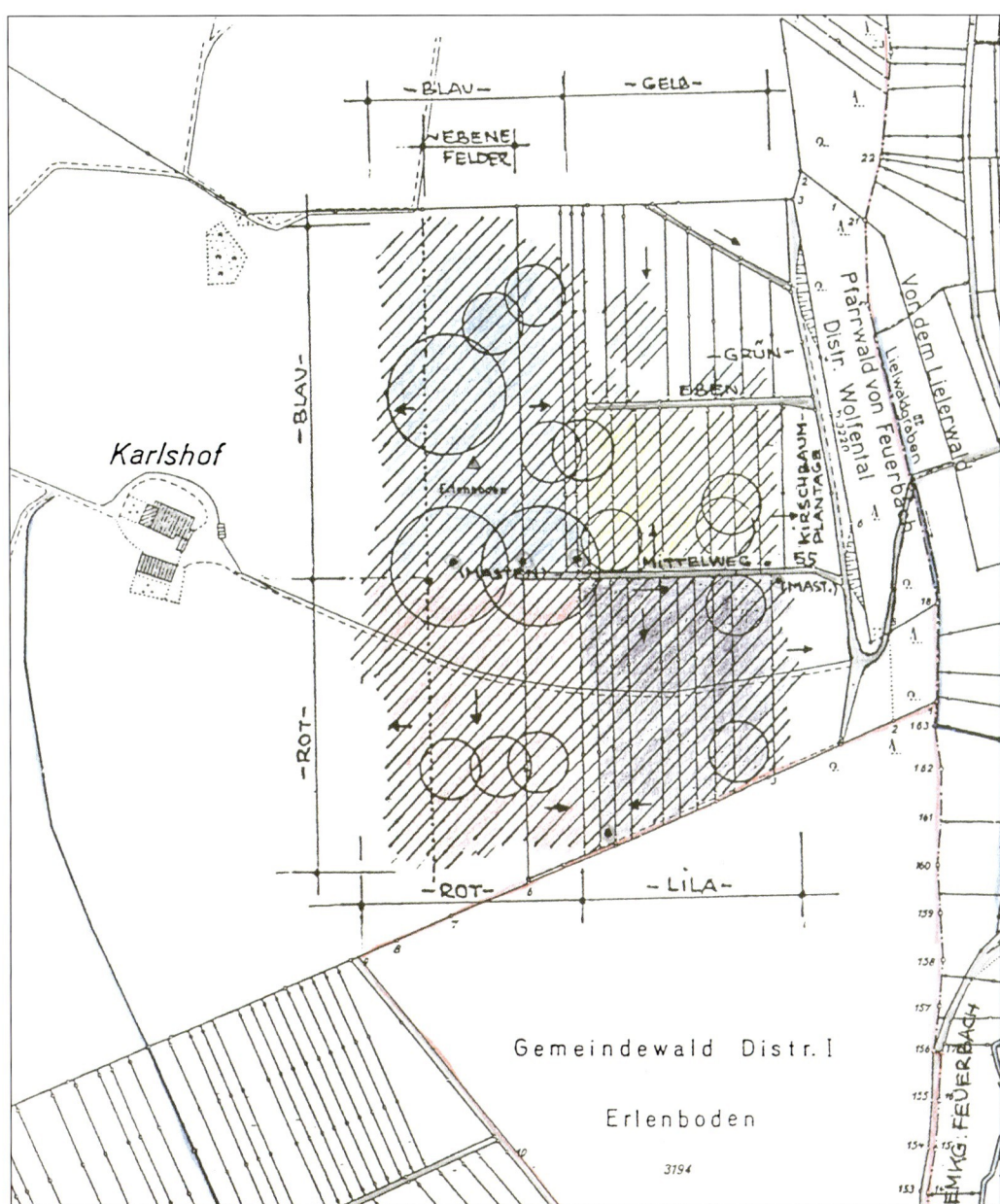

Abb. 15 Schliengen L i e l (Lkr. Lörrach) ‚Großer Ameisenbuck'. Verteilung der Fundkonzentrationen (Kreise) und Fundstellen (farbige Flächen). Kartierung: J. Kaiser (Kartengrundlage: Bl. 8211.19 Feuerbach-West). Ohne Maßstab. © Landesvermessungsamt Baden-Württemberg (http://www.lv-bw.de), Az.: 2851.3-A/218.

Die Vorstellung des Fundmaterials aus der Sammlung Kaiser erfolgt hier nach den Flächen ‚grün', ‚gelb', ‚blau', ‚rot' und ‚lila'. Die Zeichnungen des Tafelteils stammen vom Berichterstatter sowie zum kleineren Teil von J. Kaiser, der dem LAD Freiburg, Ref. 25, zu seinen Sammlungsbeständen bereits 1989 umfangreiche Fundberichte mit Karten, Zeichnungen und Fotografien vorlegte. Die im Tafelteil abgebildeten Fotografien wurden vom Berichterstatter angefertigt, für die freundliche Unterstützung der Fotoarbeiten sei C. Urbans gedankt.

Im Folgenden werden die verschiedenen Fundstellen nach den Materialgruppen Keramikscherben, Silices, Steinbeilklingen, Klopfsteine sowie Mahl- und Schleifsteine vorgestellt. Anschließend erfolgt eine chronologische Einschätzung der jeweilgen Fundstelle und zum Abschluss eine zusammenfassende Gesamtbeurteilung des steinzeitlichen Siedlungsareals.

Zur Ausführung der Rohmaterialbestimmungen und zur Herkunft der wichtigsten analysierten Silex- und Felsgestein-Rohmaterialien sowie zur Artefaktansprache (Silices, Beilklingen, Klopfsteine etc.) siehe Fundberichte aus Baden-Württemberg 28/2, 2005, 82–84.

Fundstelle	grün	gelb	blau	rot	lila	ges.
Muschelkalk-Hornsteine	1	7	31	11	13	63
Jurahornsteine						
Region Olten		2	2	2	1	7
Randen-Silex	1	1	4	7	2	15
Lampenberg-Silex			1			1
weißer Jaspis, Isteiner Klotz			66	24	10	100
weiß-grauer Bohnerzjaspis	6	54	342	115	66	583
gelb-roter Bohnerzjaspis	2	18	106	53	26	205
nicht näher bestimmter Jaspis	1	2	87	24	4	118
Jurahornstein unbest. Herkunft			8	1	3	12
Kreidefeuerstein	1		5			6
Ölquarzit			2	2		4
Radiolarit			2			2
Gangquarz					1	1
Bergkristall			1			1
unbestimmter Silex		1	6		1	8
Summe:	**12**	**85**	**663**	**239**	**127**	**1126**

Tabelle 1   Die Silex-Rohmaterialien vom ‚Großen Ameisenbuck' bei Liel, Gde. Schliengen (Slg. Kaiser).

Fundstelle	grün	gelb	blau	rot	lila	ges.
Grundproduktion						
Trümmer			7	8	7	22
Splitter			18		2	20
Kernsteine	1	10	35	19	10	75
Kerntrümmer			11	3	3	17
Kernkanten			4	1	1	6
Kernscheiben			2			2
Abschläge		6	79	30	26	141
Abschlagfragmente			12	1	4	17
Klingen		6	41	10	5	62
Klingenfragmente			22	2	4	28
Absplisse			3	8		11
Summe:	**1**	**22**	**234**	**82**	**62**	**401**

Tabelle 2   Die Silex-Grundproduktion vom ‚Großen Ameisenbuck' bei Liel, Gde. Schliengen (Slg. Kaiser).

Fundstelle	grün	gelb	blau	rot	lila	ges.
Geräte						
Pfeilspitzen						
trianguläre Pfeilspitzen	1	12	48	18	6	85
breitstielige Pfeilspitzen		1	5	2		8
schmalstielige Pfeilspitzen			2	1		3
unbest. Fragmente	1		10	5		16
Pfeilspitzen-Halbfabrikate	1	1	3	3	2	10
Mikrolithen						
Mikrospitzen	1		3		2	6
Sonderformen			5	1		6
Kratzer	1	5	43	9	8	66
Spitzenvarietäten						
Bohrer		5	16	5	4	30
Spitzklingen/Klingenspitzen		3	5	3		11
diverse Spitzen		4	10	16	2	32
Stichel/Pseudostichel			3			3
Schabervarietäten ("Handmesser")			10		1	11
seitlich gekerbte Messer		2		1		3
Kombinationsgeräte			1	2		3
Kantenretuschen	4	16	114	39	17	190
Endretuschen			15	5	2	22
End- u. Kantenretuschen		7	43	24	4	78
Geröllgeräte					1	
Abnutzungsgeräte						
Gebrauchsretuschen	1		45	12	9	67
ausgesplitterte Stücke		3	24	2	5	34
Feuerschlagsteine			2			2
Klopfsteine	1	4	21	9	3	38
Summe:	**11**	**63**	**429**	**157**	**65**	**725**

Tabelle 3   Die Silexgeräte vom ‚Großen Ameisenbuck' bei Liel, Gde. Schliengen (Slg. Kaiser).

Fundstelle ‚grün'

1. Silex

Die insgesamt 12 Silexfunde von der Fundstelle ‚grün' (Tab. 1–3) bestehen überwiegend aus weißgrauem Bohnerzjaspis (sechs Stück). Zudem liegen zwei Artefakte aus gelb-rotem Bohnerzjaspis sowie je eines aus nicht näher bestimmtem Jaspis, Randen-Silex (Taf. 15 B 4) und einmal Kreidesilex vom ‚Spiennes'-Typ vor (Taf. 15 B 3).

Die Grundproduktion ist einzig durch einen Kernstein vertreten. Unter den modifizierten Geräten fallen zunächst eine bifacial flächenretuschierte Pfeilspitze mit konkaver Basis, ein kleines Fragment sowie eine Mikrospitze auf (Taf. 15 B 1). Weiter liegen ein Mikrokratzer (Taf. 15 B 2) und je zwei kantenretuschierte Abschläge und Klingen vor (Taf. 15 B 4). An Abnutzungsgeräten gibt es einen Silex-Klopfstein und eine Klinge mit kräftiger Gebrauchsretusche (Taf. 15 B 3). Letztere ist von besonderem Interesse, da sie offensichtlich aus einer geschliffenen Silexbeilklinge geschlagen worden war, jedenfalls zeigt sie distal die Überreste einer gewölbt geschliffenen Fläche. Eine Verwechslung mit natürlichem Schliff ist auszuschließen. Vermutlich war die Klinge nicht an ihrem Fundort geschlagen worden. Das Rohmaterial lässt sich als Silex vom Typ ‚Spiennes' identifizieren. Die exakte

Herkunft muss dabei offen bleiben, obwohl gerade bei den neolithischen Feuersteinbergwerken von Spiennes und Petit Spiennes (Belgien) Silexbeilklingen in sehr großen Mengen gefertigt wurden. Die Klinge ist der bislang erstmalige Nachweis von Spiennes-Silex im Markgräflerland.

Chronologische Einschätzung der Lesefunde von der Fundstelle ‚grün'
Die Lesefunde der Fundstelle "grün" lassen zwei verschiedene zeitliche Stufen erkennen. Die Mikrospitze und der Mikrobohrer (Taf. 15 B 1 u. 2) gehören sehr wahrscheinlich dem Mesolithikum an. Die aus einer Silex-Beilklinge geschlagene Klinge (Taf. 15 B 3) darf als jungneolithisch angesprochen werden. Geschliffene Beilklingen sind im südöstlichen Oberrheingebiet bislang nur für Munzigen, häufiger für das Elsass belegt.

Fundstelle ‚gelb'

1. Keramik
Von der Fundstelle ‚gelb' liegt lediglich eine prähistorische Keramik-Wandscherbe vor.

2. Silex
Von insgesamt 85 Silices (Tab. 1–3) bestehen sieben Stück aus Trigonodus-Hornstein und -Chalcedon, zwei Artefakte aus Jurahornstein der Region von Olten sowie eines aus Randen-Silex. Markgräfler Jaspis ist mit 74 Exemplaren vertreten, wovon sich 54 als weiß-grauer und 18 als gelb-roter Bohnerzjaspis bestimmen lassen. Drei Jaspisstücke sind durch Hitzeeinwirkung verfärbt, ein Silex blieb unbestimmt.
22 Silices entfallen auf die Grundproduktion. Es handelt sich um 10 Kernsteine sowie um jeweils sechs Abschläge und Klingen. Hiervon lässt sich ein kräftiger Abschlag an einen Kernstein aus Trigonodus-Chalcedon anpassen.
Von den 12 triangulären Pfeilspitzen besitzt der Hauptteil (10 Stück) eine gerade Basis (Taf. 16,1–3) und je ein Exemplar eine konkave und konvexe Basis, zudem liegt das basale Fragment einer breitstieligen Pfeilspitze vor. Ein Artefakt ist als Pfeilspitzen-Halbfabrikat anzusprechen. An Kratzern fallen insbesondere ein 5,3 cm langer und 2,7 cm breiter Klingenkratzer und ein Mikrokratzer auf (Taf. 16,4). Unter den zusammen 12 Spitzenvarietäten (mit Fragmenten) finden sich fünf Bohrer verschiedener Stärke (Taf. 16,6) und drei Klingenspitzen. Von Letzteren ist eine besonders sorgfältig flächenretuschiert (Taf. 16,5), die andere besitzt Sichelglanz (Taf. 16,9). Besonders hervorzuheben sind zudem zwei seitlich schwach eingekerbte Messer (Taf. 16,7 u. 8), welche bereits stark an die endneolithischen ‚Racloirs à enchoches' erinnern. Weiter liegen zusammen 14 kantenretuschierte Abschläge und Klingen (Taf. 16,10) und zwei partiell kantenretuschierte Abschläge vor; zudem sieben end- und kantenretuschierte Stücke (Taf. 16,11).
An Abnutzungsgeräten sind drei ausgesplitterte Stücke und vier Silex-Klopfsteine zu nennen.

3. Steinbeilklingen
Ein sehr kleines, vollständig überschliffenes Rechteckbeil (1,8 cm hoch, 2,0 cm breit und, 0,8 cm dick) besteht aus unbestimmten Grünstein (Taf. 17 A 1). Zudem liegt das Nackenfragment eines kleineren Halbfabrikates aus Knotenschiefer und das Schneidenfragment einer mittelgroßen Klinge aus Pelitquarz (‚Aphanit') vor.

4. Klopfsteine aus Felsgestein
Ein etwa zu ¾ erhaltener kugeliger Klopfstein aus Granit zeigt bandartig umlaufende Abnutzungsspuren.

5. Mahlsteine
Das Endbruchstück eines kleinen, im erhaltenen Bereich 13 cm breiten und 4,5 cm dicken Handmühlen-Unterliegers besteht aus Buntsandstein (Taf. 17 A 2).

Chronologische Einschätzung der Lesefunde von der Fundstelle ‚gelb'
Das Artefaktmaterial lässt zwei zeitliche Stufen erkennen. Der Mikrokratzer (Taf. 16,4) und zwei kleine Kernsteine gehören sehr wahrscheinlich dem Mesolithikum an. Für das Endneolithikum typische Geräte sind die beiden seitlich schwach eingekerbten Messer (Taf. 16,7 u. 8) sowie dolchartige Erntemesserklingen, wie sie hier durch die Klingenspitze mit Sichelglanz (Taf. 16,9) repräsentiert werden. Der große Bohrer, die sorgfältig zuretuschierten Klingen (Taf. 16,5 u. 11) und das Fragment einer breitstieligen Pfeilspitze gehören vermutlich in die gleiche Zeitstufe. Das kleine Rechteckbeil aus Grünstein kann ebenfalls, wenn auch nicht eindeutig, als endneolithisch angesprochen werden. Für die Masse der übrigen Artefakte, gerade für die triangulären Pfeilspitzen (Taf. 16,1–3) und die Beilklinge aus Pelitquarz kommt auch ein jungneolithisches Alter in Frage.

Fundstelle ‚blau'

1. Keramik
Unter den 36 als prähistorisch ansprechbaren Keramikscherben befindet sich ein gut erhaltenes Randstück, welches möglicherweise zu einem jungneolithischen Trichterrandgefäß gehört (Taf. 17 B 1). Sämtliche Scherben sind mit Granitgrus gemagert. Ihre Oberfläche ist oft stark angewittert, gelegentlich zeigt sich Fingerstrichrauung, geglättete Stücke sind selten. Die Dicke der Scherben liegt bei ca. 0,7–1,8 cm.

2. Silex
Von den 663 Silexartefakten (Tab. 1–3) bestehen 21 aus dem Hornstein und neun aus dem Chalcedon des Dinkelberger Trigonodus-Dolomits, hinzu kommt ein Klopfstein aus nicht näher bestimmten Muschelkalk-Hornstein. Die Hauptmasse machen Jurahornsteine aus. Hierunter finden sich zwei Jurahornsteine aus der Region Olten, vier Klettgau-Randen-Silices und ein Kratzer (Taf. 19,1) aus möglicherweise Séquanien-Hornstein der Umgebung des Kohlbergs südlich Bendorf (Dép. Haut-Rhin). Ein Abspliss aus Séquanien-Hornstein vom Lampenberg-Stälzer (Kt. Basel-Land) stammt vermutlich von einem Glis-Weisweil-Feuersteinbeil. Dieser Verdacht beruht darauf, dass diese Beilklingen überwiegend aus Lampenberg-Silex hergestellt wurden; zudem sind im Markgräflerland außer solchen Beilklingen bislang keine anderen Objekte aus diesem Rohmaterial belegt. Mit 401 Exemplaren ist der Markgräfler Jaspis am häufigsten vertreten. Hiervon entfallen 66 Stück auf den weißen Jaspis vom Isteiner Klotz, 342 auf weiß-grauen und 106 auf gelb-roten Bohnerzjaspis. Kreidefeuersteine sind mit fünf Artefakten vertreten, weiter gibt es je zwei Radiolarite und Ölquarzite und einen Bergkristall (Taf. 17 B 2). 14 Silices waren nicht zu bestimmen, 66 zeigen thermische Einwirkungen.

Aufgrund der selektiven Aufsammlung von Artefakten entfallen lediglich 234 der 663 Silices auf die Grundproduktion. 35 Kernsteine und 11 Bruchstücke von solchen belegen zusammen mit vier Kernkanten und zwei Kernscheiben die Rohmaterialzerlegung vor Ort. Unbearbeitet blieben, zusammen mit Fragmenten, 91 Abschläge und 63 Klingen. Von den Abschlägen zeigen einzelne deutlich facettierte Schlagflächen (Taf. 17 B 3), davon sind zwei möglicherweise nach der Levallois-Methode zugerichtet worden (Taf. 17 B 4 u. 5). Unter den Klingen befinden sich für die Region besonders große, qualitativ herausragende Exemplare (Taf. 17 B 6–8).

Der Gesamtbestand an 429 Geräten umfasst allein 65 Pfeilspitzen und drei Pfeilspitzen-Halbfabrikate. Es überwiegen trianguläre Exemplare unterschiedlichster Form und Größe. Von den vollständigen triangulären Pfeilspitzen haben 20 eine gerade (Taf. 18,1), 22 eine konkave (Taf. 18,2–5) und sechs eine konvexe Basis (Taf. 18,6). Breitstielige Pfeilspitzen liegen mit fünf Exemplaren vor (Taf. 18,7 u. 8), darunter ein auffallend großes Fragment, für das auch eine Dolchfunktion denkbar ist (Taf. 18,9). Zwei Pfeilspitzen sind zur Ausbildung eines kurzen schmalen Stiels und einer leichten Flügelung basal eingekerbt (Taf. 18,10 u. 11). Mikrolithen sind mit drei verschiedenen Mikrospitzen (Taf. 18,12–14) und fünf Sonderformen vertreten.

An weiteren modifizierten Geräten sind zunächst 43 Kratzer (Taf. 19,1 u. 2) und 16 Bohrer (Taf. 18,15–17) unterschiedlichster Form und Größe zu nennen. Klingenspitzen sind mit fünf variierend ausgeprägten Exemplaren vertreten (Taf. 19,3–5), zudem liegen 10 diverse weitere Spitzen und -fragmente (Taf. 19,6) sowie drei mögliche Stichel vor. Zehn ‚Handmesser' bis schaberartige Artefakte (Taf. 19,7–10; 20,1–6) sind aufgrund ihrer variablen, oft unspezifischen Ausbildung typologisch nur schwer anzusprechen, aber gerade aus diesem Grund besonders bemerkenswert (s. u.). Ungewöhnlich erscheint auch ein Geröllgerät mit stark abgenutzter Schneide (Taf. 21,1).
Insgesamt liegen 113 Abschläge, Klingen und Fragmente mit partieller, uni- und bilateraler Retuschierung vor, darunter regional herausragende Stücke (Taf. 20,7; 21,2–7; 22,1). Ein kantenretuschierter Abschlag (Taf. 22,2) zeigt, ebenso wie eine unretuschierte Klinge (Taf. 22,3), Sichelglanz. Endretuschierte Artefakte liegen mit 15 Exemplaren vor, 43 weisen sowohl eine End- als auch eine Kantenretusche auf (Taf. 22,4–6).
An Abnutzungsgeräten sind 47 Abschläge und Klingen mit Gebrauchsretusche (Taf. 22,7), 24 ausgesplitterte Stücke sowie zwei Feuerschlagsteine (Taf. 22,8) zu nennen, zudem 13 Silex-Klopfsteine und acht Fragmente von solchen.

3. Steinbeilklingen
Zunächst ist an dieser Stelle erneut ein Axtfragment aus Amphibolit zu nennen, welches bereits im Bericht des Vorjahres (Slg. SCHÄCK und Slg. MÄHLING) vorgestellt wurde (Fundber. Baden-Württemberg 28/2, 2005, 85 Taf. 28,8). Ein Teilstück war von Herrn MÄHLING entdeckt worden, das zweite Fragment im Dezember 1997 von Herrn J. KAISER, der eine Zeichnung anfertigte (Taf. 22,9).
Von den 62 Steinbeilklingen, -fragmenten und Halbfabrikaten besteht der überwiegende Teil (32 Stück) aus Pelitquarz, sieben sind aus Knotenschiefer und acht aus Taveyannaz-Sandstein.
Bei Letzteren handelt es sich um zwei mittelgroße bis große Klingen mit konisch zugepicktem Nacken (Taf. 23,1 u. 2), zwei Nackenfragmente großer Walzenbeilklingen, das Schneidenfragment einer bikonischen Klinge (Taf. 23,3) sowie vier Halbfabrikate. Die Halbfabrikate, darunter eines für ein Flachbeil (Taf. 23,4), zwei für große, walzenförmige Klingen (Taf. 23,5 u. 6) und ein Fragment, lassen die Klingenproduktion in verschiedenen Arbeitsstadien erkennen. Aus Taveyannaz-Sandstein liegt zudem ein Breitabschlag vor, der distal zu einer dünnen Schneide ausgeschliffen ist (Taf. 24,1). Ein größerer Walzenbeilrohling besteht aus Grauwacke, ebenso ein nicht näher anzusprechendes Fragment. Drei weitere Bruchstücke, davon je eines aus Serpentinit, Kalksandstein und unbestimmtem Felsgestein, gehörten zu größeren Klingen. Aus Knotenschiefer liegen eine kleine Klinge mit abgesplittertem Nacken, eine mittelgroßen, flache, trapezförmige Klinge (Taf. 24,2), das Fragment einer großen Klinge, drei konische Nackenfragmente und ein mittelgroßer Rohling (Taf. 24,3) vor. Unter den Beilklingen aus Pelitquarz fallen zunächst drei große, vollständig überschliffene Stücke auf. Davon ist eine breit und flach (Taf. 24,4), eine annähernd triangulär (Taf. 24,5) und eine langschmal mit linsenförmigem Längsquerschnitt (Taf. 24,6). Nahezu vollständig überschliffen sind zudem drei mittelgroße, annähernd trapezförmige Klingen (Taf. 24,7 u. 8), darunter ein auffallend flaches Exemplar (Taf. 24,9). Drei weitere Pelitquarz-Klingen besitzen einen konisch zugepickten Nacken (Taf. 24,10–12). Die insgesamt 25 Beilfragmenten aus diesem Rohmaterial, darunter ein vermutlicher Rohling, entsprechen im Wesentlichen den genannten Typen. Zwei Nackenbruchstücke und ein Mittelteil von Walzenbeilen bestehen möglicherweise aus Mikrodiorit. Ein schweres Nackenfragment wurde bereits in den 1980er Jahren freundlicherweise durch Herrn Prof. Dr. W. WIMMENAUER genauer untersucht. Es handelt sich um einen möglicherweise aus dem Münstertal (Südschwarzwald) stammenden Granitporphyr. Zuletzt sind eine mittelgroße, längliche Klinge mit gepicktem Nacken aus nicht näher identifiziertem Sedimentgestein (Taf. 25,1), der konisch zugeschliffene Nacken einer Klinge aus Serpentinit, eine kleine Klinge mit ovaloidem Umriss aus Gneis (Taf. 25,2), das Schneidenbruchstück einer solchen, aber etwas größeren Klinge aus Porphyr und ein Schneidenbruchstück aus Granit zu nennen.

4. Klopfsteine aus Felsgestein
Insgesamt liegen 14 Klopfsteine vor. Sie bestehen überwiegend aus Quarzit (sieben Stück), hinzu kommen einzelne Exemplare aus Sandstein, Taveyannaz-Sandstein, Grauwacke, Pelitquarz, Porphyr, Granit (?) sowie aus einem nicht näher bestimmter Metamorphit.
Die Form ist bei drei vollständig erhaltenen Exemplaren und drei größeren Fragmenten als kugelig anzugeben. Die Abnutzungsspuren sind bandartig umlaufend bis allseitig verteilt. Das größte Exemplar hat einen Durchmesser von ca. 9 cm, das kleinste einen von ca. 4,5 cm. Weiter liegen zwei ovaloid-eiförmige Klopfsteine, drei walzenförmige und drei Fragmente von solchen vor, deren ursprüngliche Form nicht mehr zu erkennen ist.

5. Schleifsteine
Das Bruchstück eines Schleifsteins aus feinkörnigem Buntsandstein besitzt eine flacheinwölbend abgenutzte Oberseite und eine brotlaibförmig ausgewölbte Unterseite.

6. Mahlsteine
Vom Fundareal ‚blau' liegen insgesamt acht Handmühlen und -fragmente aus Granit sowie sieben aus Buntsandstein vor. Bei den Exemplaren aus Granit handelt es sich um einen fast vollständigen Unterlieger (Taf. 25,3) und Fragmente von solchen, lediglich ein kleineres Bruchstück gehört möglicherweise zu einem Läufer. Aus Buntsandstein bestehen ein vollständiger (Taf. 26 A 1) und ein nahezu vollständiger (Taf. 26 A 2) Läufer, ein kleines Läuferbruchstück, ein Unterliegerfragment (Taf. 26 A 3) und fünf nicht genau ansprechbare Fragmente, meist Endstücke (Taf. 25,4).

Chronologische Einschätzung der Lesefunde von der Fundstelle ‚blau'
Unter den Keramikscherben von der Fundstelle ‚blau' befindet sich ein möglicherweise jungneolithischer Trichterrand (Taf. 17 B 1). Die übrigen sind nur allgemein in das Neolithikum einzuordnen. Demgegenüber lassen die Silex- und Felsgesteinartefakte umfassendere chronologische Aussagen zu.
Zuerst sollen hier verschiedene, an mittelpaläolithische Werkzeuge erinnernde Schaberformen und Abschläge aufgeführt werden. Die Ersteren bestehen aus Trigonodus-Hornstein (Taf. 19,7 u. 9; 20,1), weißem Jaspis (Taf. 20,3) und weiß-grauem Bohnerzjaspis (Taf. 19,8 u. 10; 20,4 u. 6). Zudem gibt es zwei diesen formal nahestehende Abschläge aus weiß-grauem Bohnerzjaspis (Taf. 20,2) und Ölquarzit (Taf. 20,5). Letztere erinnern stark an Levallois-Artefakte, ebenso wie zwei Abschläge. Davon besteht einer aus weiß-grauem Bohnerzjaspis und einer aus äußerst feinkörnigem Ölquarzit. Vergleichbare Formen sind von mittelpaläolithischen Fundstellen, etwa der Bocksteinschmiede im Lonetal bekannt. Schaberartige Geräte sind aber auch im Endneolithikum verbreitet, wie beispielsweise stratifizierte Funde der Schnurkeramik-Kultur von Zürich-Mozartstraße belegen. Gerade der Spitzschaber Tafel 20,6 entspricht am weitesten den dort verbreiteten Typen. Nach mündlicher Aussage von Prof. Dr. C.-J. Kind, LAD Esslingen (im Juli 2005), wurden im Endneolithikum sehr unterschiedliche Methoden zur Silexbearbeitung eingesetzt, die u. a. auch mittelpaläolithisch anmutende Geräte zum Ergebnis hatten. Ob es sich daher bei den genannten Artefakten vom ‚Großen Ameisenbuck' bei Schliengen tatsächlich um einen mittelpaläolithischen Fundniederschlag handelt, ist, jedenfalls solange eindeutige Levallois-Kerne oder etwa Faustkeile fehlen, nicht sicher zu bestimmen. Gerade aber die Nutzung von Trigonodus-Hornsteinen und insbesondere von Ölquarziten ist für das lokale Neolithikum nur selten zu belegen, während diese Rohmaterialien an benachbarten (noch unpublizierten) mittelpaläolithischen Fundplätzen gehäuft auftreten.
Wenige, dafür deutlichere Belege liegen für das Mesolithikum vor, welches durch Mikrospitzen (Taf. 18,12–14) und drei Mikrokratzer zu belegen ist.
Unter den neolithischen Pfeilspitzen finden sich neben der Masse an triangulären Formen breitstielige (Taf. 18,7 u. 8) und schmalstielige, leicht geflügelte Varianten. Treten Erstere hierzulande ab dem entwickelten Jungneolithikum auf, so sind Letztere überwiegend im Endneolithikum verbrei-

tet. Nach mündlicher Mitteilung durch Dr. I. Matuschik, (im Juli 2005) handelt es sich dabei um typische Formen der Glockenbecherkultur. Eine Eingrenzung der meisten übrigen Silexartefakte auf das Jung- oder Endneolithikum ist schwierig. Zwei Artefakte mit Sichelglanz (Taf. 22,2 u. 3) haben möglicherweise frühjungneolithisches Alter; ebenso wie der mögliche Abspliss eines Glis-Weiswil-Feuersteinbeils aus Lampenberg-Silex. Zwei retuschierte Klingen erinnern stark an Einsatzklingen von Faustmessern, wie sie gerade für die Horgener Kultur belegt sind (Taf. 21,6; 22,4).

Das Fragment einer Lochaxt ist leider zu unspezifisch, um darin einen speziellen jung- oder endneolithischen Typ erkennen zu können. Die Masse der großen Walzenbeilklingen sowie der Klingen aus Knotenschiefer und Pelitquarz gehören vermutlich in das Jungneolithikum. Für endneolithische Knieholmschäftungen charakteristische trapezförmige Beilklingen liegen nicht vor.

Fundstelle ‚rot'

1. Keramik

Die 24 meist kleinstückigen Keramikscherben lassen sich in dickwandige und grobwandige unterscheiden. Erstere besitzen eine Stärke von ca 1,5 cm, letztere sind zwischen 0,5 und 1,0 cm dick. Das Magerungsmittel ist jeweils Granitgrus, die Oberfläche ist meist vollständig abgeplatzt. Ein kleines Randstück besitzt einen schräg nach innen abgestrichenen Rand (Taf. 26 B 1), zudem liegt eine Scherbe mit erhaltenem inneren Wandknick und die eines gerundeten Bodens vor (Taf. 26 B 2). Ein Teil der Scherben besitzt neben Granitgrus auch Bohnerzeinschlüsse, was auf eine Nutzung örtlich verbreiteter tertiärer Tone zurückzuführen ist.

2. Silex

Von den insgesamt 239 Silexfunden besteht die Hauptmasse aus Jurahornstein (Tab. 1–3). Lediglich achtmal liegt Trigonodus-Hornstein und drei mal Trigonodus-Chalcedon vom Dinkelberg vor. 216 Artefakte bestehen aus Markgräfler Jaspis, von diesen 24 aus weißem Jaspis vom Isteiner Klotz, 115 aus weiß-grauem und 53 aus gelb-rotem Bohnerzjaspis. Aus Jurahornstein von Olten bestehen lediglich zwei (Taf. 29,7) und aus solchem des Klettgau-Randen-Gebietes sieben Artefakte (Taf. 27,10). Die Herkunft eines Jurahornsteins (Taf. 29,5) war nicht zu ermitteln. Zwei Artefakte, darunter ein Kernstein, bestehen aus Ölquarzit. Thermischen Einflüssen waren 23 der insgesamt 226 Jurahornsteine ausgesetzt.

Auf die Silex-Grundproduktion entfallen, zusammen mit acht Trümmerstücken, 82 der 239 Artefakte. Zu nennen sind 19 Kernsteine, drei Kerntrümmer, ein Kernkantenabschlag, 30 Abschläge, zehn Klingen (Taf. 26 B 7), drei Fragmente von solchen und acht Absplisse.

An modifizierten Geräten fallen zunächst 26 Pfeilspitzen auf. Von den vollständigen Exemplaren besitzen 18 Stück eine trianguläre Form, davon sind 13 mit gerader (Taf. 26 B 3–6; 27,1–3), vier mit konkaver (Taf. 27,4–6) und eine mit konvexer Basis. Weiter gibt es zwei breitstielige Pfeilspitzen (Taf. 27,7 u. 8) und ein schmalstieliges Exemplar (Taf. 27,9). Drei Artefakte lassen sich als Pfeilspitzen-Halbfabrikate ansprechen (Taf. 27,10 u. 11).

Von den insgesamt zehn Kratzern verschiedener Größe (Taf. 27,12–14) ist ein Exemplar als Kratzer-Messer-Kombinationsgerät anzusprechen (Taf. 28,1). Unter den Spitzenvarietäten finden sich fünf Bohrer (Taf. 28,2–6), drei Spitzklingen bzw. Klingenspitzen (Taf. 28,7) und 16 spitz zuretuschierte Artefakte unspezifischer Form. Ein schweres Feuersteinmesser besitzt einen abgestumpften Rücken, eine bogenförmige Schneide und offenbar für eine Schnurumwicklung zugerichtete Enden (Taf. 28,8; vgl. Taf. 16,7). Es ist damit als ein den endneolithischen ‚Racloirs à enchoches' formal nahe stehendes Werkzeug anzusprechen. Partiell, uni- oder bilateral kantenretuschierte Abschläge und Klingen liegen einschließlich einiger Fragmente mit zusammen 39 Exemplaren vor (Taf. 28,9–12; 29,1–4). Weiter gibt es fünf einfach endretuschierte sowie 24 end- und kantenretuschierte Artefakte (Taf. 29,5 u. 6).

Unter den Abnutzungsgeräten finden sich 12 Exemplare mit Gebrauchsretusche (Taf. 29,7), zwei ausgesplitterte Stücke und neun Klopfsteine.

3. Steinbeilklingen
Die 30 Beilklingen, -fragmente und Halbfabrikate bestehen zum überwiegenden Teil aus Knotenschiefer (sieben Stück) und Pelitquarz (neun Stück). Zudem lassen sich neun weitere Rohmaterialien unterscheiden.

Aus Gneis besteht eine mittelgroße Klinge mit halbkreisförmig ausgeschliffener Schneide und konischem Nacken (Taf. 29,8). Der Rohling einer große Walzenbeilklinge mit abgebrochenen Nacken ist aus feinkristallinem Gestein zugerichtet, aus möglicherweise Mikrodiorit liegt ein großes Schneidenfragment vor (Taf. 29,9). Der regulär für die Beilklingenproduktion genutzte Taveyannaz-Sandstein liegt mit einer kleinen, annähernd trapezförmigen Klinge und zwei Nackenfragmenten von Walzenbeilen vor. Aus nicht näher bestimmter Grauwacke bestehen zwei große walzenförmige Beilklingen (Taf. 29,12) und das vermutliche Halbfabrikat einer großen, flachen Klinge. Die Oberflächen dieser Stücke sind sehr stark verwittert. Knotenschieferbeile liegen mit einer kleinen Klinge (Taf. 29,10), einem möglichen Meißel-Schneidenfragment (Taf. 29,11), zwei spitzen Nacken sowie mit drei Schneidenfragmenten vor. Aus Pelitquarz bestehen ein ca. 9,5 cm langer Meisel mit rundlichem Querschnitt (Taf. 29,13), eine mittelgroße und eine große, annähernd trapezförmige Klinge (Taf. 29,14; 30 A 1), das Schneidenteil einer kleinen, flachen Trapezklinge, eine mittelgroße Klinge mit konisch zulaufendem, gepicktem Nacken (Taf. 29,15), das Fragment oder Halbfabrikat einer solchen sowie drei Schneidenfragmente. Von Letzteren gehört eines zu einer großen Klinge mit linsenförmigem Längsquerschnitt (vgl. Taf. 24,6). Aus Serpentinit gibt es lediglich das Schneidenfragment einer großen Klinge (Taf. 30 A 2). Ein Nackenfragment und ein kleines stark trapezförmiges Halbfabrikat (Taf. 30 A 3) bestehen aus nicht näher bestimmten Grünstein. Schließlich ist das Schneidenfragment einer kleinen Klinge aus Quarz (Taf. 30 A 4) und einer größeren aus möglicherweise feinkristallinem Allalin-Gabbro zu nennen.

4. Klopfsteine aus Felsgestein
Von den acht Klopfsteinen und -fragmenten besteht ein großer, gedrückt kugelförmiger, mit bandartig umlaufenden Abnutzungsspuren aus Granit. Aus verschiedenen fein- bis grobkörnigen Quarziten bestehen ein allseitig und ein bandartig umlaufend abgenutzter kugeliger Klopfsteine sowie ein walzenförmiges Exemplar mit abgenutzten Enden, zudem vier Klopfsteinfragmente.

5. Schleifsteine
Das Bruchstück eines feinkörnigen Schleifsteins besitzt an der Oberseite eine muldenförmig eingetiefte Nutzfläche. Es besteht aus rötlichem Buntsandstein. Die Unterseite ist brotlaibförmig ausgewölbt.

6. Mahlsteine
Es liegen insgesamt sechs Fragmente von Handmühlen aus mittel- bis grobkörnigen Buntsandstein vor. Darunter befinden sich das Mittelstück eines kleinen Unterliegers (Taf. 30 A 5), das Endstück eines weiteren (Taf. 30 A 6), zwei Läuferbruchstücke (Taf. 30 A 7) und zwei nicht näher ansprechbare Mühlenfragmente.

Chronologische Einschätzung der Lesefunde von der Fundstelle ‚rot'
An den Keramikscherben und Steinartefakte von der Fundstelle ‚rot' lassen sich verschiedene neolithische Formen erkennen. Für einen unsicher als solchen ansprechbaren Levallois-Kern aus Ölquarz kommt zudem eine mittelpaläolithische Zeitstellung in Frage. Die möglicherweise ältesten neolithischen Artefakte sind kleine, dem Dickenbännli-Typus entsprechende Bohrer (Taf. 28,2–4). Die chronologische Aussagekraft der triangulären Pfeilspitzen ist recht gering, doch liegen mit den beiden breitstieligen Pfeilspitzen (Taf. 27,7 u. 8) spätjungneolithische bis endneolithische Formen, und mit einer schmalstieligen Pfeilspitze (Taf. 27,9) auch eine endneolithisch bis bronzezeitliche Variante vor. Ein den ‚Racloirs à enchoches' nahe stehendes Artefakt ist wahrscheinlich dem Endneolithikum zuzuordnen (Taf. 28,8). Die Beilklingen, gerade die walzenförmigen Exemplare und jene

aus Knotenschiefer und Pelitquarz, sind vermutlich überwiegend jungneolithischen Alters. Einzelne kleine, vollständig überschliffene Exemplare aus Grünstein (Taf. 30 A 3) und Quarz (Taf. 30 A 4) sind möglicherweise endneolithisch. Damit lässt sich an den Funden das frühe Jung- bis Endneolithikum fassen.

Fundstelle ‚lila'

1. Keramik

Von den ca. 15 Keramikscherben sind sieben Wandscherben vermutlich neolithisch. Sieben weitere, darunter auch Rand- und Bodenscherben, lassen sich nach freundlicher Bestimmung durch Dr. R. Dehn, ehem. LAD Freiburg, typologisch in die Frühlatènezeit datieren.

2. Silex

Von den zusammen 127 Silexartefakten (Tab. 1–3) bestehen sechs Stück aus Trigonodus-Hornstein und sieben aus Trigonodus-Chalcedon. Weit häufiger sind Jurahornsteine vertreten, davon neun Exemplare sind offenbar thermisch beeinflusst. Die 106 Markgräfler Jaspisse lassen sich wie folgt näher bestimmen: zehn mal Jaspis vom Isteiner Klotz, 66-mal weiß-grauer und 26-mal gelb-roter Bohnerzjaspis. Ein end- und kantenretuschierter Abschlag besteht aus Jurahornstein von Olten, eine Pfeilspitze und ein Kratzer aus Randen-Silex. Vier Hornsteine waren bislang nicht genauer zu identifizieren, zwei davon stammen möglicherweise aus den Kimmeridge-Lagerstätten von Löwenburg-Pleigne (Taf. 31,2). Nur einmal vertreten ist klar bis milchig durchscheinender Gangquarz (Taf. 31,1).

56 Silices sind der Grundproduktion zuzuordnen. Es handelt sich dabei zunächst um sieben Trümmer, zwei Splitter, zehn Kernsteine, zwei Kerntrümmer und einen Kernkantenabschlag. Unter den Kernsteinen befinden sich u. a. drei auffallend kleine, regelmäßig abgebaute Exemplare (Taf. 30 B 1). Produkte der Grundproduktion sind, einschließlich der Fragmente, insgesamt 35 Abschläge und Klingen (Taf. 30 B 2).

Unter den Geräten befinden sich sechs trianguläre Pfeilspitzen. Von diesen sind vier bifacial kantenretuschiert mit mehr oder weniger gerader Basis. Zwei bifacial flächig retuschierte Exemplare besitzen eine konkave, annähernd geflügelte Basis. Von den beiden vermutlichen Pfeilspitzen-Halbfabrikaten sollte eine offenbar eine trianguläre Form und die andere eine breitstielige Form erhalten. Weiter liegen zwei Mikrospitzen aus Trigonodus-Hornstein (Taf. 30 B 4) und möglicherweise getempertem Jaspis vor (Taf. 30 B 3). Von den insgesamt acht Kratzern ist wenigstens ein Exemplar als Mikrokratzer anzusprechen (Taf. 30 B 5 u. 6). Spitzenvarietäten liegen mit vier Bohrern unterschiedlicher Größe, einer sorgfältig zuretuschierten Spitze aus unbestimmtem (oolithischem?) Hornstein (Taf. 30 B 7) und einem atypischen Exemplar vor.

Unter den kantenretuschierten Artefakten fallen zunächst zwei schaberartige Exemplare auf, darunter ein ungewöhnlicher Schaber aus Gangquarz (Taf. 31,1) und ein bogenförmig zuretuschiertes Stück aus möglicherweise Jurahornstein von Löwenburg-Pleigne (Taf. 31,2). Auffällig ist zudem eine besonders große kantenretuschierte Klinge aus Trigonodus-Hornstein (Taf. 31,3). Die 15 weiteren, oft nur partiell kantenretuschierten Abschläge, Klingen und Fragmente sind unspezifisch.

Die beiden auffälligsten der insgesamt vier end- und kantenretuschierten Artefakte sind eine Art ‚Handmesser' (Taf. 31,4) sowie ein bilateral fein retuschierter Abschlag mit formatierten, stumpfen Enden (Taf. 31,5). Zudem liegen zwei ausschließlich endretuschierte Abschläge vor.

Zur Gruppe der Abnutzungsgeräte gehören neun Abschläge und Klingen mit Gebrauchsretusche, fünf ausgesplitterte Stücke sowie zwei Klopfsteine und ein -fragment.

3. Steinbeilklingen

Von den 16 Steinbeilklingen und -fragmenten bestehen eine aus Gneis, drei aus Taveyannaz-Sandstein, eine aus unbestimmter Grauwacke, drei aus Knotenschiefer, fünf aus Pelitquarz, eine aus Serpentinit, eine aus unbestimmten Grünstein und ein Rohling aus unbestimmtem Felsgestein.

Aus Gneis ist das Schneidenteil einer flachen, mittelgroßen Klinge, aus Taveyannaz-Sandstein sind das Nackenstück und der Rohling je eines großen Walzenbeiles (Taf. 31,6) sowie eine mittelgroße, vollständige Klinge mit konisch zugepicktem Nacken (Taf. 31,9). Ein weiteres Walzenbeil besteht aus nicht näher bestimmter Grauwacke. Knotenschieferbeile liegen mit einer größeren, allseitig geschliffenen Klinge mit rechteckigem Querschnitt (Taf. 31,7), einer kleinen, flach-konischen Klinge (Taf. 31,11) und einem vermutlichen Halbfabrikat vor. Aus Pelitquarz bestehen eine größere, allseitig geschliffene Klinge mit rechteckigem Querschnitt (Taf. 31,8), das Schneidenfragment eine großen Klinge mit linsenförmigem Längsquerschnitt, ein konisch zugepicktes Nackenfragment, die Längshälfte einer mittelgroßen Klinge mit konischem Nacken und ein Schneidenbruchstück. Von zwei kleinen, sorgfältig zugeschliffenen Klingen aus Grüngestein (Taf. 31,10 u. 12) besteht die etwas größere aus Serpentinit.

4. Klopfsteine aus Felsgestein
Es liegen ausschließlich Klopfsteine aus Silex vor (s. o.).

Chronologische Einschätzung der Lesefunde von der Fundstelle ‚lila'
Die Silex- und Felsgesteinartefakte lassen zwei zeitliche Stufen unterscheiden. Die beiden Mikrospitzen sowie der Mikrokratzer und -kern (Taf. 30 B 1.3–5) gehören wahrscheinlich dem Mesolithikum (Beuronien) an. Nach Aussage der Pfeilspitzen und Beilklingen ist der Hauptanteil vermutlich neolithisch. Die Beilklingen aus Knotenschiefer, Pelitquarz sowie der große Rohling einer Walzenbeilklinge deuten ein jungneolithisches Alter an. Für einzelne Artefakte kommt aber auch ein endneolithisches Alter in Frage, so etwa für das Halbfabrikat einer breitstieligen Pfeilspitze, eine Spitze (Taf. 30 B 7) und zwei schaberartige Geräte (Taf. 31,1 u. 2). Für die beiden zuletzt genannten Artefakte ist selbst eine mittelpaläolithische Datierung vorstellbar, gerade für jenes aus dem für neolithische Komplexe vergleichsweise ungewöhnlichen Rohmaterial Gangquarz (Taf. 31,1).

Zusammenfassende Beurteilung der Lesefunde vom ‚Großen Ameisenbuck'

Die dokumentarisch zusammengestellten Lesefunde vom ‚Großen Ameisenbuck' bei Schliengen-Liel ergänzen die bereits im 28. Band der Fundberichte aus Baden-Württemberg vorgestellten Artefakte der Sammlungsbestände von F. Schäck und W. Mähling nicht nur quantitativ, sondern auch um neue Aspekte.

In den Sammlungsbeständen von W. Mähling waren bereits ein Backtellerfragment und Randstücke von Trichtertöpfen aufgefallen (siehe Fundber. Baden-Württemberg 28/2, 2005, 84 m. Taf. 21 C 1; 86 m. Taf. 30,1). Zu ergänzen sind diese jungneolithischen Formen jetzt um eine Trichterrandscherbe von der Fundstelle ‚blau' (Taf. 17 B 1) sowie um eine Schrägrandscherbe (Taf. 26 B 1) und eine Bauchscherbe (Taf. 26 B 2) von der Fundstelle ‚rot'. Die beiden Letzteren stammen möglicherweise von etwa für die Michelsberger Kultur typischen Becherschalen (siehe: S. Reiter, Die beiden Michelsberger Anlagen von Bruchsal ‚Aue' und ‚Schelkopf': Zwei ungleiche Nachbarn. Materialh. Arch. Baden-Württemberg 65 [Stuttgart 2005] Beil. 1). Darüber hinaus stammen von der Fundstelle ‚lila' auch einzelne frühlatènezeitliche Keramikscherben.

Von den insgesamt 1126 Silexartefakten der Sammlung Kaiser sind, aufgrund der selektiven Sammeltätigkeit, lediglich 401 Stück (35,6 %) der Grund- bzw. Primärproduktion zuzuordnen. Unter den insgesamt 725 Geräten (64,4 %) fallen gerade von der Fundstelle ‚blau' verschiedene Schaber (Taf. 19,7–10; 20,1 u. 4), mögliche Levallois-Abschläge (Taf. 17 B 4 u. 5; 20,2 u. 5) und ein möglicher Levallois-Kern auf, die an mittelpaläolithische Formen erinnern. Ebenso wie ein schaberartiges Werkzeug von der Fundstelle ‚lila' (Taf. 31,1) bestehen sie häufig aus Rohmaterialien, die für eine reguläre Klingenproduktion nur schlecht geeignet sind. Ob diese Stücke, wie auch einzelne Schaber der Sammlungsbestände W. Mähling (Fundber. Baden-Württemberg 28/2, 2005, Taf. 21 C 3; 28,1 u. 2; 34,8), tatsächlich in das Mittelpaläolithikum datieren oder ob sie neolithisch sind, ist in Ermangelung von Befunden nicht eindeutig zu entscheiden.

Deutlich ist anhand der neu aufgenommenen Sammlungsbestände das Mesolithikum zu fassen. Es handelt sich insbesondere um typische Mikrospitzen des Beuronien (Taf. 15 B 1; 18,13 u. 14; 30 B 4) sowie um Mikrokratzer (Taf. 15 B 2; 16,4; 30 B 4) und -kerne (Taf. 30 B 1). Diese Artefakte verteilen sich auf das gesamte Fundareal.

Die neolithische Besiedlung des ‚Großen Ameisenbucks' begann vermutlich im frühen Jungneolithikum (‚Hornstaad-Horizont'). Hierfür sprechen gerade typische Dickenbännli-Bohrer (Taf. 28,2–4) und der mögliche Abspliss eines Glis-Weisweil-Feuersteinbeils von der Fundstelle ‚blau'. Auch zwei Klingen mit Sichelglanz (Taf. 22,2 u. 3), ebenfalls von der Fundstelle ‚blau', gehören möglicherweise in diese früheste neolithische Besiedlungsphase.

In das entwickelte Jungneolithikum (‚Michelsberg-Horizont') datiert vermutlich die aus einer Feuersteinbeilklinge geschlagene Klinge (Taf. 15 B 3) von der Fundstelle ‚grün'.

Das Endneolithikum gibt sich insbesondere durch den ‚Racloires à enchoches' formal nahe stehenden Messertypen (Taf. 16,7 u. 8; 28,8) zu erkennen, wie ein Exemplar auch aus den Sammlungsbeständen von W. Mähling vorliegt (siehe Fundber. Baden-Württemberg, 28/2, 2005, Taf. 38,3). Als endneolithisch sind zudem ein ‚Handmesser' bzw. Spitzschaber (Taf. 20,6) und eine dolchartige Spitze mit Sichelglanz (Taf. 16,9) anzusprechen. Diese Funde stammen von den Fundarealen ‚gelb', ‚blau' und ‚rot'.

Die insgesamt 85 triangulären Pfeilspitzen sind vermutlich mehrheitlich jungneolithisch, die acht breitstieligen Exemplare gehören in das entwickelte Jungneolithikum oder Endneolithikum und die drei schmalstieligen eher in das Endneolithikum.

Die zusammen 82 Steinbeilklingen sind zum Großteil in das Jungneolithikum einzuordnen. Dies gilt insbesondere für jene aus Knotenschiefer und Pelitquarz sowie für die Walzenbeile und -halbfabrikate. In das Endneolithikum datieren offenbar nur wenige Exemplare, etwa eine kleine Rechteckbeilklinge von der Fundstelle ‚gelb', zudem möglicherweise die Schneide einer großen Klinge aus Serpentinit (Taf. 30 A 2) und eine kleine, vollständig überschliffene Klinge (Taf. 30 A 3), beide von der Fundstelle ‚rot'.

Das an den Pfeilspitzen und Beilklingen ansatzweise zu erkennende Verhältnis Jungneolithikum – Endneolithikum – typische Formen des Endneolithikums sind selten – ist vermutlich auf den Hauptbestand der vom ‚Großen Ameisenbuck' bekannten Artefaktfunde zu übertragen. Die bedeutendste Siedlungsphase ist folglich für das Jungneolithikum, gerade für das entwickelte Jungneolithikum anzunehmen.

Über die Rohmaterialbestimmungen der Silexartefakte und Beilklingen der Sammlung Kaiser lassen sich jetzt noch ausgedehntere Beziehungen in die Nachbarregionen aufzeigen, als es an den Aufsammlungen von F. Schäck und W. Mähling möglich war. Zur chronologischen Verteilung dieser Rohmaterialbezüge sind allerdings nur sehr eingeschränkt Aussagen möglich.

Unter den 1126 Silices dominiert deutlich der regional verbreitete Markgräfler Jaspis. Hiervon entfallen 100 Stück auf weißen Jaspis vom Isteiner Klotz, 583 auf weiß-grauen Bohnerzjaspis und 205 auf gelb-roten Bohnerzjaspis. Weiter sind Jurahornsteine aus der Region Olten (sieben Stück), dem Hegau-Klettgau-Randen-Gebiet zusammen mit der Schaffhauser Gegend (15 Stück), dem Lampenberg im Liestal (Kt. Basel-Land, ein Stück) sowie Einzelstücke möglicherweise von Löwenburg (Kt. Jura) und vom Kohlberg (Dép. Haut-Rhin) vertreten. Regulär liegen zudem Muschelkalk-Hornsteine und -Chalcedone vom Dinkelberg-Typus (63 Stück) vor. Aus dem Bodenseeraum oder Hochrheingebiet stammen vermutlich die vier Ölquarzit- und zwei Radiolarit-Artefakte. Besonders auffällig ist ein alpiner Bergkristall (Taf. 17 B 2), der möglicherweise in mesolithischer Zeit nach Liel gelangte. Unter den sechs Kreidefeuersteinen war nur ein Exemplar genauer zu bestimmen, es handelt sich dabei um einen belgischen Silex vom ‚Spiennes'-Typ (Taf. 15 B 3).

Die Beilklingen bestehen zum überwiegenden Teil aus dem im Oberrheinschotter verbreiteten Taveyannaz-Sandstein (Abb. 16) und dem in den Südvogesen während des Neolithikums bergmännisch gewonnenen Knotenschiefer und Pelitquarz (Abb. 17). Einzelne Exemplare aus Mikrodiorit stammen möglicherweise aus den Nordvogesen. Für das Rohmaterial (Granitporphyr) des Nackenfragmentes eines Walzenbeils kommt eine Herkunft aus dem Münstertal (Südschwarzwald) in Fra-

Abb. 16 (oben) Schliengen L i e l (Lkr. Lörrach) ‚Großer Ameisenbuck'. Beilklingen und Halbfabrikate aus Taveyannaz-Sandstein mit Klopfkugel aus Quarzit. Foto: M. Kaiser.

Abb. 17 (links) Schliengen L i e l (Lkr. Lörrach) ‚Großer Ameisenbuck'. Beilklingen aus Pelitquarz von Plancher-les-Mines, Dép. Haut-Saône. Foto: M. Kaiser.

ge. Die Beilklingen-Rohmaterialien Serpentinit etc. dürften aus Rhein- oder Bodenseeschottern stammen.

Nur schwer zu beurteilen ist die Frage, ob es sich bei den jungsteinzeitlichen Funden vom ‚Großen Ameisenbuck' um den Niederschlag lang andauernder Siedlungsphasen mit vielleicht nur wenigen, dafür häufig neu errichteten Gebäuden oder um den Niederschlag von nur kurzzeitigen Siedlungsphasen mit einer großflächigen Bebauung handelt. Gerade die großen Artefaktkonzentrationen im Bereich der Fundstellen ‚blau'-Süd und ‚rot'-Nord (Slg. Kaiser) und 2 A–C u. 2 F–G (Slg. Mähling) sprechen für eine größere, möglicherweise über mehrere Jahrzehnte angelegte Siedlung. Die kleineren Fundstreuungen, etwa der Fundstellen ‚grün', ‚gelb' und ‚lila' (Slg. Kaiser) sowie 2 D und 2 O (Slg. Mähling) sprechen hingegen für kleinere, nur wenige Jahre bis Jahrzehnte bestandene Siedlungen.

Durch die mehrschichtige Besiedlung des ‚Großen Ameisenbucks' wird die hohe Fundzahl von über 3000 Artefakten relativiert. Allein der zeitliche Rahmen, in welchem die jungsteinzeitlichen Lesefunde in etwa anzusetzen sind, liegt vermutlich zwischen 4000 und 2500 v. Chr. Den Schwerpunkt bildet dabei offensichtlich das Jungneolithikum.

TK 8211 – Verbleib: RP Freiburg Ref. 25   J. u. U. Kaiser (M. Kaiser)

S c h w a b s b e r g siehe **Rainau** (Ostalbkreis)

S c h w e i g h o f siehe **Badenweiler** (Lkr. Breisgau-Hochschwarzwald)

S i e l m i n g e n siehe **Filderstadt** (Lkr. Esslingen)

Singen (Hohentwiel) B o h l i n g e n (Lkr. Konstanz). Siehe S. 882, Fdst. 1 (Fundstellen und Funde unbestimmten Alters)

Vogtsburg im Kaiserstuhl O b e r b e r g e n (Lkr. Breisgau-Hochschwarzwald). Im Magazin der Freiburger Bodendenkmalpflege befindet sich eine kleine Fundschachtel mit vier Knochenfragmenten und zwei Schneidenfragmenten von Steinäxten. Laut beiliegendem Fundzettel stammen diese aus einem neolithischen Grab aus Oberbergen ‚Bassgeige' und sollen bei anthropologischen Untersuchungen von Prof. K. Gerhardt bei dem Skelett gefunden worden sein.

Für das Gewann ‚Bassgeige' kann in diesem Fall nur die Rebflurbereinigung von 1978 in Betracht gezogen werden, bei der mehrere neolithische Bestattungen aufgedeckt wurden. Da die Geräte von dem Anthropologen Gerhardt entdeckt worden sein sollen, kommen nur Bestattungen in Frage, die als Block geborgen und im Labor freigelegt werden konnten. Eine „Begleitkarte für Knochenfunde" im Freiburger Denkmalamt bezeugt, dass 1978 ein Hockergrab (78/2) eingegipst an Prof. Gerhardt übergeben wurde. Dessen Gutachten vom 20. 11. 1979 zeigt, dass das auf der Sohle einer bandkeramischen Siedlungsgrube gefundene Grab wohl zwei Bestattungen enthielt: 78/2a mit dem Skelett einer hochmaturen bis senilen weiblichen Person und 78/2b mit den Überresten eines vier- bis fünfjährigen Individuums von unbestimmbarem Geschlecht. Welcher der beiden Bestattungen die Fundstücke jedoch zuzuordnen sind, ist heute nicht mehr nachvollziehbar.

Bei den Steinaxtfragmenten handelt es sich zum einen um ein Schneidenfragment von 6,2 cm Länge, 3 cm Breite und 2,6 cm Dicke und zum anderen um ein Schneidenfragment von 10,1 cm Länge, 3,9 cm Breite und 4,8 cm Dicke. Beide Stücke bestehen aus blaugrauem Knotenschiefer.

Bei den Steingeräten befanden sich eine Mandibula eines Caniden und drei unbestimmbare Langknochenbruchstücke. Weiterführende Literatur: B. Dieckmann, Neue neolithische Funde bei Oberbergen im Kaiserstuhl. Arch. Nachr. Baden 21, 1978, 11–17.

TK 7811 – Verbleib: RP Freiburg Ref. 25   A. Hanöffner

W a n g e n siehe **Öhningen** (Lkr. Konstanz)

Weissach im Tal (Rems-Murr-Kreis). Im August 2002 fand Mathis Paul Hermann etwa 1 km südöstlich von Weissach im Tal im Gewann ‚Aichholzhof', das Fragment eines Steinbeils (Taf. 32 A). Das Bruchstück ist noch 8,5 cm lang und 5,6 cm breit und besteht aus grüngrauem Grünblendschiefer, die Oberfläche ist teilweise angegriffen. Das Steinbeil ist als Flachhacke mit D-förmigen Querschnitt zu bezeichnen und gehört in die Linearbandkeramik.
TK 7022 – Verbleib: Privatbesitz M. P. Hermann (C.-J. Kind)

Windischenbach siehe **Pfedelbach** (Hohenlohekreis)

Wyhl (Lkr. Emmendingen). Siehe S. 882–887, Fdst. 2 (Fundstellen und Funde unbestimmten Alters)

Zarten siehe **Kirchzarten** (Lkr. Breisgau-Hochschwarzwald)

Bronzezeit

Bad Bellingen R h e i n w e i l e r (Lkr. Lörrach). Am 10. 4. 1998 wurden vom Berichterstatter bei Feldbegehungen auf der Ostseite des ‚Kreisberges' spätbronzezeitliche Keramikscherben und ein Silexartefakt entdeckt. Unter den insgesamt zehn Scherben befindet sich ein Randstück mit Fingertupfenzier (Taf. 32 B 1), ein Schulterstück mit drei horizontal verlaufenden Parallelriefen (Taf. 32 B 2) und ein kleines Henkelfragment (Taf. 32 B 3). Bei dem Silexartefakt handelt es sich um einen retuschierten Abschlag aus durch Hitzeeinwirkung verfärbtem Markgräfler Jaspis (Taf. 32 B 4).
TK 8211 – Verbleib: RP Freiburg Ref. 25   M. Kaiser

B l a n s i n g e n siehe **Efringen-Kirchen** (Lkr. Lörrach)

Bopfingen (Ostalbkreis). Siehe S. 839 (Urnenfelderzeit)

Efringen-Kirchen B l a n s i n g e n (Lkr. Lörrach). Siehe S. 800 (Neolithikum)

Gaienhofen G u n d h o l z e n (Lkr. Konstanz). Siehe S. 843 (Hallstattzeit)

G u n d h o l z e n siehe **Gaienhofen** (Lkr. Konstanz)

Neuhausen auf den Fildern (Lkr. Esslingen). Siehe S. 841 f., Fdst. 3 (Urnenfelderzeit)

R h e i n w e i l e r siehe **Bad Bellingen** (Lkr. Lörrach)

Riegel (Lkr. Emmendingen). M. Hummel fand 1995 im Gewann ‚Schmiedegässle' in den Flurstücken 4244 und 4244/2 16 vorgeschichtliche Scherben und übergab diese der archäologischen Denkmalpflege Freiburg (vgl. Latènezeit S. 851). Fünf WS mit grober Quarzgrusmagerung, außen dunkelrot bis schwarz, innen rot gebrannt, sind aller Wahrscheinlichkeit nach als bronzezeitlich einzustufen.
TK 7812 – Verbleib: RP Freiburg Ref. 25   M. Hummel (A. Hanöffner)

Singen (Hohentwiel) Ü b e r l i n g e n a m R i e d (Lkr. Konstanz). Bei der Begehung eines Feldes in der Flur ‚Erlenbreite' fand sich 1994 ein gezähnter Silex-Sicheleinsatz aus grauem Jurahornstein mit schwachem Glanz vom bronzezeitlichen Typ (Abb. 18). Die Fundstelle liegt im Hangfußbereich zur Radolfzeller Aachniederung.
TK 8219 – Verbleib: RP Stuttgart Ref. 115   H. Schlichtherle

Ü b e r l i n g e n a m R i e d siehe **Singen (Hohentwiel)** (Lkr. Konstanz)

Wyhl (Lkr. Emmendingen). Siehe S. 882–887, Fdst. 2 (Fundstellen und Funde unbestimmten Alters)

Urnenfelderzeit

Bopfingen (Ostalbkreis). Auf dem Plateau und der Südterrasse des Ipfs las R. Vogelmann zahlreiche vorgeschichtliche Keramikscherben auf, von denen hier eine kleine Auswahl vorgelegt wird. Neben einer auf der Schulter stich- und ritzverzierten bronzezeitlichen WS (Taf. 32 C 1) sind zwei graphitierte WS mit Horizontalriefen bzw. mit Horizontalriefen und Rillen (Taf. 32 C 2 u. 3) sowie eine graphitierte RS eines an der Randinnenseite leicht gekehlten Trichterrandgefäßes (Taf. 32 C 4) vertreten. Des Weiteren ist eine RS mit verdicktem, ausschwingendem Rand zu erwähnen (Taf. 32 C 5). Die Scherben auf Tafel 32 C 2–5 dürften urnenfelder- bis hallstattzeitlich zu datieren sein.
TK 7128 – Verbleib: ALM Rastatt   R. Vogelmann (C. Pankau)

Eichstetten (Lkr. Breisgau-Hochschwarzwald). In der Goethestraße 21 im Gewann ‚Innere Breite' wurde im Februar/März 1998 eine Baugrube für ein Mehrfamilienhaus ausgehoben. Die Baggerarbeiten beobachtete vor Ort der ehrenamtliche Mitarbeiter der archäologischen Denkmalpflege Freiburg H. Stöckl. In einer Tiefe von ca. 1,50 m wurden von ihm einige Objekte aus Keramik und Felsgestein aus dem Profil in der NW-Ecke geborgen. Befunde waren jedoch nicht erkennbar. Da der Fundort unterhalb des Ostabhanges des Wannenberges liegt, muss man damit rechnen, dass die Funde mit dem abgeschwemmten Kolluvium verlagert worden waren. Jedoch ist der Erhaltungszustand der Scherben aufgrund der wenig abgerundeten Bruchkanten und der zum Teil noch vorhandenen Graphitierung als gut zu bezeichnen.

Als archäologisch aussagekräftig können folgende Keramikfunde angeführt werden:
– RS von Steilrandgefäß aus rotbraunem, unregelmäßig gebranntem Ton mit umgefalztem Rand. Der Kern des feintonigen glimmerhaltigen Bruchstücks ist schwarz (Taf. 32 D 1). – RS eines Zylinderhalsgefäßes mit ausgewinkelter Randlippe. Die Oberfläche des dunkelgraubraunen Gefäßes ist auf beiden Seiten geglättet. In der relativ feinen Magerung sind Kalk und Augit enthalten (Taf. 33 A 1). – RS einer steilwandigen Schüssel oder eines Zylinderhalsgefäßes mit Graphitbemalung außen und innen. Dünnwandig, rotbrauner Ton mit graubraunem Kern und feine Magerung aus Sand und Schamotte (Taf. 32 D 2). – RS einer steilwandigen Schale oder eines Zylinderhalsgefäßes aus dunkelgrauem Ton mit abgestrichener Randlippe und geglätteter Oberfläche (Taf. 33 A 2). – RS einer Schale mit geglätteter Oberfläche aus dunkelgraubraunem Ton. Die feine Magerung enthält Schamotte und Augit (Taf. 33 A 4). – RS eines Steilrandgefäßes aus rotbraunem Ton mit Schamottemagerung (Taf. 33 A 3). – WS einer Schrägrandschale mit Ritzverzierung innen in Form von schraffurgefüllten Dreiecken. Hellroter Ton mit Magerung aus Augit und Schamotte (Taf. 33 A 5). – WS mit eingestochener plastischer Leiste auf dem Umbruch und geglätteter Oberfläche. Rotbrauner un-

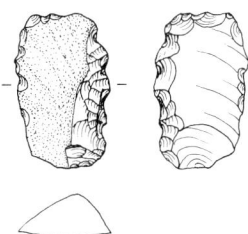

Abb. 18 (zur Bronzezeit)   Singen (Hohentwiel) Ü b e r l i n g e n a m R i e d (Lkr. Konstanz) ‚Erlenbreite'. Sicheleinsatz aus Silex. M 2:3.

regelmäßig gebrannter Ton mit Magerungsbestandteilen aus Augit und Kalk (Taf. 33 A 6). – Kleine WS mit Ritzlinie. – 48 WS von Grobkeramik aus rotbraunem Ton, davon ca. 30 augithaltig. – 5 WS dünnwandiger, dunkelgraubrauner, feintoniger Keramik. – BS mit Bodenwulst und grober Oberfläche aus rotbraunem Ton mit schwarzem Kern und grober Kalkmagerung (Taf. 33 A 7). – BS aus rotbraunem Ton mit ebener Oberfläche. In der Magerung sind Schamotte, Kalk und Augit enthalten (Taf. 33 A 8). – BS aus rotbraunem Ton mit Augitmagerung.

Daneben kamen eine Handvoll verziegelten Lehms, zwei Bruchstücke von Flusskieseln und ein ca. 5 cm langes Fragment einer Eisenklinge zutage, die aber vermutlich neuzeitlich sein dürfte. Bemerkenswert ist schließlich noch das Auftreten dreier stark augithaltiger Gesteinsbruchstücke.

Aufgrund der erkennbaren Gefäßformen, der Verzierungselemente auf den Gefäßscherben und der Zusammensetzung, Größe und Dichte der Magerungsbestandteile gehören die Fundstücke in die Spätphase der Urnenfelderkultur.

TK 7912 – Verbleib: RP Freiburg Ref. 25   H. STÖCKL (A. HANÖFFNER)

Freiburg im Breisgau. Siehe S. 880 (Fundstellen und Funde unbestimmten Alters)

Gaienhofen G u n d h o l z e n (Lkr. Konstanz). Siehe S. 843 (Hallstattzeit)

G u n d h o l z e n siehe **Gaienhofen** (Lkr. Konstanz)

H a r d t siehe **Nürtingen** (Lkr. Esslingen)

Kirchheim unter Teck (Lkr. Esslingen). Im Mai 2000 wurden auf dem Grundstück Jesinger Straße 6 im Vorfeld einer Baumaßnahme drei älterurnenfelderzeitliche Brandgräber ausgegraben (vgl. Arch. Ausgr. Baden-Württemberg 2000, 198 f.), wovon eines (Befund 5) hier näher vorgestellt werden soll. Das Grab enthielt neben reichlich Leichenbrand zwei stark zerscherbte, aber vollständig rekonstruierbare Keramikgefäße:
– ein Zylinderhalsgefäß mit leicht trichterförmigem, geblähtem Hals und scharf nach außen abknickendem Randabschluss, verziert durch drei horizontal umlaufende Rillen auf der Schulter (Taf. 33 B 1),
– eine gewölbte Schale mit breit horizontal ausbiegendem, konzentrisch kanneliertem Rand und leicht einziehendem Boden (Taf. 33 B 2).
Im Bereich der Scherben lagen folgende Bronzeobjekte:
– das Oberteil einer Nadel mit doppelkonischem, horizontal geripptem Kopf und unterhalb des Kopfes rundem, dann vierkantigem Schaftquerschnitt (Taf. 33 B 3),
– ein dünnes Fragment eines vierkantigen Nadelschaftes, vermutlich vom Spitzenbereich der doppelkonischen Nadel (Taf. 33 B 4),
– drei vierkantige, eingerollte Fragmente, möglicherweise Kopfstücke von Rollenkopfnadeln (Taf. 33 B 5–7),
– ein Nadelschaft mit Spitze und rundem Querschnitt (Taf. 33 B 8),
– ein vollständig erhaltenes Griffdornmesser mit umgeschlagenem Dornende und keilförmigem Klingenquerschnitt, auf dem Klingenrücken verziert durch drei Gruppen von Querstrichen (Taf. 34 A 1),
– das Griffende eines weiteren Griffdornmessers mit umgeschlagenem Dornende (Taf. 34 A 2),
– zwei vollständig erhaltene kleine Ringe mit ovalem Querschnitt (Taf. 33 B 9 u. 10) und Bruchstücke eines weiteren (Taf. 33 B 11).

TK 7322 – Verbleib: ALM Rastatt   R. LASKOWSKI (C. PANKAU)

Neuhausen auf den Fildern (Lkr. Esslingen). 1. Etwa an der Grenze zwischen der Flur ‚Garnweidach' und der östlich an diese angrenzenden Flur ‚Krugswiesen', ca. 1,4 km SW vom Neuhausener Ortszentrum gelegen, las M. HOCH im Februar 2005 an einem leicht nach Süden geneigten Hang am Rande des Rohrbachs ein Stück Brandlehm sowie einige älterurnenfelderzeitliche Scherben auf, darunter der Rand einer Knickwandschale. Die Fundstelle grenzt direkt westlich an ein Kleingartengelände an. In einem etwa 5 m breiten Streifen waren kleine dunkle Verfärbungen mit ausgepflügter Keramik zu beobachten. Aus den umliegenden Äckern stammen nur sehr wenige Funde.

Aus dem östlichen Teil der Flur ‚Garnweidach' sind jedoch bereits in den 1960er und 70er Jahren linearbandkeramische und latènezeitliche Funde bekannt geworden wie auch eine urnenfelderzeitliche Scherbe (vgl. Fundber. Baden-Württemberg 2, 1975, 36 Nr. 1; 122 Nr. 4).

TK 7321 – Verbleib: ALM Rastatt   M. Hoch (C. Pankau)

2. In Flur ‚Hangweide', ca. 1,2 km O vom Ort nahe der Hangkante zum Sulzbach, beobachtete M. Hoch im Winter 2002/2003 an der Grenze zwischen den Parz. 866/3 und 866/4 im ausgepflügten Acker einen Grubenbefund mit zahlreichen jüngerurnenfelderzeitlichen Scherben, der sich tiefschwarz von seiner Umgebung abhob. Eine oberflächliche Schürfung bis zur Pflugtiefe erbrachte eine unregelmäßig geformte Grube von ca. 3 x 2 m, die zumindest in den Randbereichen sehr flach war. Einige Meter südlich davon konnte Hoch weitere schwächer ausgeprägte Bodenverfärbungen feststellen. An Funden barg er neben einigen Hüttenlehmbrocken ca. 120 Scherben, darunter eine fragmentarisch erhaltene Tasse mit kleinem, leicht überrandständigem Bandhenkel (Taf. 34 B 1), vier Scherben von Gefäßen mit trichterförmig ausbiegendem Rand (Taf. 34 B 2–5), eines davon direkt unterhalb des Randknicks mit tiefen Schrägkerben verziert (Taf. 34 B 2), sowie sechs Scherben von Schalen bzw. Schüsseln (Taf. 34 B 6–9; 35 A 1 u. 2). Der Fundplatz war zuvor nicht bekannt.

TK 7321 – Verbleib: ALM Rastatt   M. Hoch (C. Pankau)

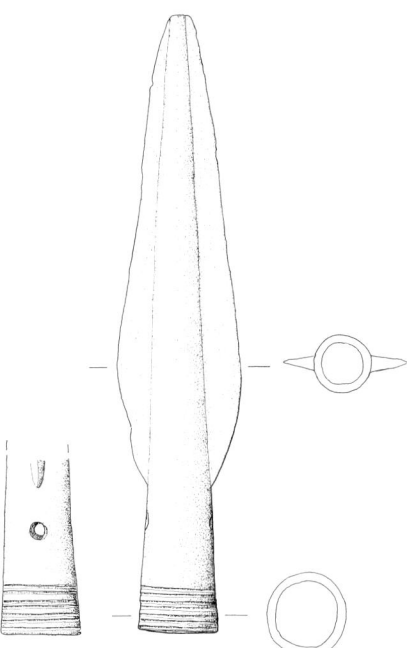

Abb. 19   Neuhausen auf den Fildern (Lkr. Esslingen) ‚Hulb'. Lanzenspitze aus Bronze. M 1:2.

3. In Flur ‚Hulb', ca. 500 m östlich des heutigen Ortsrands auf leicht nach W geneigtem Acker, wurde von Landwirt Bayer Anfang der 1970er Jahre beim Pflügen in Parz. 1309 eine bronzene Lanzenspitze (Abb. 19) der Urnenfelderzeit zusammen mit einem heute verschollenen Bronzeschwert gefunden. Das Schwert war laut Fundbericht „in der Mitte verbogen". Die durchlochte Tülle der Lanzenspitze ist an ihrem Ansatz durch horizontale Rillen verziert. Sie dürfte damit dem von Clausing (Chr. Clausing, Untersuchungen zu den urnenfelderzeitlichen Gräbern mit Waffenbeigaben

vom Alpenkamm bis zur Südzone des Nordischen Kreises. Eine Analyse ihrer Grabinventare und Grabformen. BAR Internat. Ser. 1375 [Oxford 2005] 55 f.) definierten Typ der „Lanzenspitzen mit gerripptem Tüllenmund" zuzuordnen sein, der in Ha B 3 zu stellen ist. Der Fundplatz war bisher nicht bekannt.

Im Januar 2005 konnte M. Hoch in Parz. 1366 derselben Flur einige mittelalterliche Scherben, darunter das Henkelfragment einer Bügelkanne der Buocher Ware (Bestimmung durch U. Gross, LAD), sowie eine bronzezeitliche, durch schräg aneinanderstoßende Ritzlinienbündel verzierte Scherbe auflesen.

TK 7321 – Verbleib: Privatbesitz und ALM Rastatt   M. Hoch (C. Pankau)

Nürtingen H a r d t (Lkr. Esslingen). Im Bereich des bekannten Urnengräberfelds in Flur ‚Kreuzsteinäcker' (vgl. Fundber. Baden-Württemberg 2, 1975, 77), 0,5 km NW von Hardt, entdeckte M. Hoch bei einer Begehung im Dezember 2002 ein weiteres Urnengrab. Direkt unter dem Pflughorizont wurde die in eine kreisrunde Grube gesetzte Graburne angetroffen. Zur Auffüllung des verbliebenen Raumes um die Urne wurden wohl die Holzkohlen- und Aschenrückstände des Feuers verwendet. Außer sehr geringen Spuren von Leichenbrand war diese Verfüllung fundleer.

In der am Schulterknick abgepflügten Urne (Taf. 35 B 1) lagen noch Scherben von zwei Beigefäßen: a) einer großen, flachen, innen horizontal kannelierten Schale, die möglicherweise als Deckschale diente (Taf. 35 B 2), und b) eines kleinen, dünnwandigen, doppelkonischen Gefäßes mit scharf nach außen geknicktem Rand (Taf. 35 B 3). Der Leichenbrand befand sich als kompakte Masse ebenfalls in der Urne. Spuren von Metallgegenständen wurden nicht beobachtet.

Die hier bestattete Person ist nach der Leichenbranduntersuchung durch J. Wahl, LAD, im Alter von 30–40 Jahren gestorben, das Geschlecht ist nicht bestimmbar, tendenziell vielleicht eher männlich. Im Leichenbrand (Gew. ca. 900 g) sind sämtliche Körperregionen vertreten.

TK 7321 – Verbleib: ALM Rastatt   M. Hoch (C. Pankau)

Riegel (Lkr. Emmendingen). Siehe S. 844, Fdst. 2 (Hallstattzeit)

Wyhl (Lkr. Emmendingen). Siehe S. 883 f.; 886, Fdst. 2 (Fundstellen und Funde unbestimmten Alters)

Hallstattzeit

Bad Bellingen H e r t i n g e n (Lkr. Lörrach). In Flur ‚Oberfeld' wurden vom Berichterstatter im Februar 2001 wenige prähistorische und zwei wohl römische Keramikscherben, verschiedene unspezifische Silices sowie zwei Klopfsteinfragmente und der Rest eines Schleifsteins entdeckt. Im Frühjahr 2006 kamen weitere Funde hinzu, darunter hervorzuheben ist eine Konzentration mit verziegelten Lehmbrocken und hallstattzeitlichen Keramikscherben. Unter Letzteren befindet sich die Randscherben je eines Kerbrand-, Krangenrand- (Taf. 35 C 1) und Trichterrandgefäßes (Taf. 35 C 2).
TK 8211 – Verbleib: RP Freiburg Ref. 25   M. KAISER

B e n z e n z i m m e r n siehe **Kirchheim am Ries** (Ostalbkreis)

Bopfingen (Ostalbkreis). Siehe S. 839 (Urnenfelderzeit)

Endingen am Kaiserstuhl K ö n i g s c h a f f h a u s e n (Lkr. Emmendingen). Im November 2004 fand Frau H. KUBLIN in der Erde des Aushubs einer Baugrube in der Gausbergstraße 18 einige vorgeschichtliche Scherben, die sie umgehend an die Archivarin des Stadtarchivs Endingen, M. MICHELS, übergab. Diese reichte die Funde an das RP Freiburg weiter. Es handelt sich hierbei um eine RS (Taf. 35 D) und fünf WS von hallstattzeitlichen Gefäßen mit starker Augitmagerung.
TK 7811 – Verbleib: RP Freiburg Ref. 25   H. KUBLIN/M. MICHELS (†) (A. HANÖFFNER)

Freiburg im Breisgau. Siehe S. 880 (Fundstellen und Funde unbestimmten Alters)

Gaienhofen G u n d h o l z e n (Lkr. Konstanz). In der Flur ‚Breite' kamen 1998 im Zuge einer von R. VOGT durchgeführten bodenkundlichen Baggersondage prähistorische Keramikscherben in verschiedenen Kolluvienhorizonten zum Vorschein. In 85–88 cm unter der Oberfläche hallstattzeitliche Ware, bei 95 cm vermutlich urnenfelderzeitliche Scherben, in 103 cm zahlreiche Hitzesteine und stark verrollte Keramik eines wohl mittelbronzezeitlichen Horizontes. Naturwissenschaftliche Datierungen stützen die aufgrund des kleingescherbten Fundmaterials nur annäherungsweise mögliche Fundansprache.
TK 8219 – Verbleib: RP Stuttgart Ref. 115   H. SCHLICHTHERLE

G u n d h o l z e n siehe **Gaienhofen** (Lkr. Konstanz)

H e r t i n g e n siehe **Bad Bellingen** (Lkr. Lörrach)

Kirchheim am Ries B e n z e n z i m m e r n (Ostalbkreis). Vom bekannten mehrperiodigen Fundplatz am O-Hang des ‚Ohrenberg' (siehe zuletzt Fundber. Baden-Württemberg 15, 1990, 521; 592 ff.), 1 km SW der Kirche von Benzenzimmern, legte E. BÜTTNER folgende Oberflächenfunde vor: Den Fußteil einer späthallstattzeitlichen bronzenen Fußzierfibel mit erhaltener Nadelrast, deren Bügel wohl sekundär abgekniffen und zu einem Vogelköpfchen umgearbeitet wurde (Abb. 20,1), zwei Fragmente einer winzigen Paukenfibel aus Bronze mit Spiralkonstruktion (Abb. 20,2) und das Fragment einer jüngerlatènezeitlichen Glasperle aus blauem Glas mit zweifacher gelber, zickzackförmiger Fadenauflage (Abb. 20,3).
TK 7128 – Verbleib: ALM Rastatt   E. BÜTTNER (C. PANKAU)

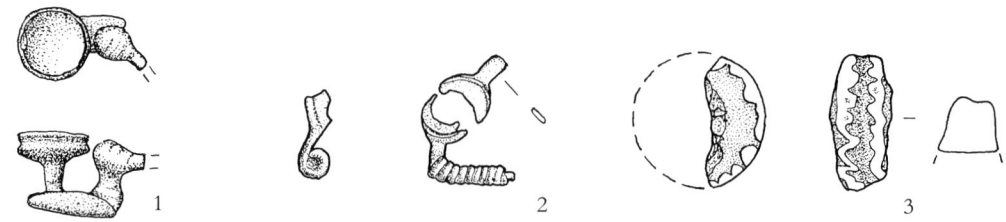

Abb. 20   Kirchheim am Ries B e n z e n z i m m e r n (Ostalbkreis), O-Hang des ‚Ohrenberg'.
1 Fußzierfibel; 2 Paukenfibel (beide aus Bronze); 3 Glasperle.

Kirchzarten Z a r t e n (Lkr. Breisgau Hochschwarzwald). Eine Begehung im Gewann ‚Fischerrain' durch H. Kaiser lieferte eine Anzahl prähistorischer Scherben, darunter eine RS und mehrere WS eines hallstattzeitlichen Schrägrandtopfes.
TK 8013 – Verbleib: RP Freiburg Ref. 25   H. Kaiser (A. Hanöffner)

K ö n i g s c h a f f h a u s e n siehe **Endingen am Kaiserstuhl** (Lkr. Emmendingen)

Oberboihingen (Lkr. Esslingen). Siehe S. 848 (Latènezeit)

Riegel (Lkr. Emmendingen). 1. M. Hummel sammelte 1995 am Fuß des Osthanges des Michaelsberges 13 kleinere prähistorische Wandscherben auf. Vier davon stammen mit einiger Sicherheit von hallstattzeitlicher augitgemagerter Gebrauchskeramik.
TK 7812 – Verbleib: RP Freiburg Ref. 25   M. Hummel (A. Hanöffner)

2. Im Gewann ‚Halde' am südlichen Abhang des Michaelsberges fand M. Hummel im Frühjahr und Herbst 1995 ebenfalls 20 vorgeschichtliche Scherben, darunter zwei RS von hallstattzeitlichen Näpfen und eine RS eines hallstattzeitlichen Topfes mit Resten eines Graphitauftrags, sowie vier mit Augit gemagerte WS. Vier WS mit grober Sandmagerung stammen von urnenfelderzeitlichen Gefäßen.
TK 7812 – Verbleib: RP Freiburg Ref. 25   M. Hummel (A. Hanöffner)

Wyhl (Lkr. Emmendingen). Siehe S. 882; 885–887, Fdst. 2 (Fundstellen und Funde unbestimmten Alters)

Z a r t e n siehe **Kirchzarten** (Lkr. Breisgau-Hochschwarzwald)

Latènezeit

Aalen (Ostalbkreis). Aus dem Stadtgebiet von Aalen stammt das Bruchstück einer Lt-B-zeitlichen Fibel, die von Frau H. Aisslinger laut Recherche von M. Luik wohl in einer Baugrube entdeckt wurde. Genauer Fundort und sonstige Fundumstände sind unbekannt. Die Sammlung Aisslinger ist mittlerweile versteigert worden. Die Fibel hat eine sechsschleifige Spirale mit oberer Sehne und einen rankenverzierten Bügel. Fußbereich und Nadel sind abgebrochen (Abb. 21).
TK 7126 – Verbleib: Privatbesitz   H. Aisslinger/M. Luik (C. Pankau)

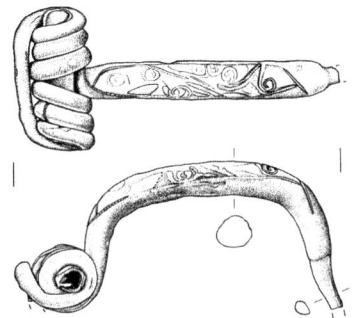

Abb. 21   Aalen (Ostalbkreis). Fibel. M 2:3.

Blansingen siehe **Efringen-Kirchen** (Lkr. Lörrach)

Bohlingen siehe **Singen (Hohentwiel)** (Lkr. Konstanz)

Bopfingen Oberdorf am Ipf (Ostalbkreis). Im abgeschobenen Humus der Renaturierungsarbeiten am Bachbett der Sechta fand H. Menzel im August 1999 etwa 0,3 km NW vom Fuß des Ipfs das Randstück eines Graphittontopfes (Taf. 36 A). Er gab den Fund beim Römischen Museum Augsburg ab, von wo er an das Landesdenkmalamt gemeldet wurde. Die Fundstelle liegt im Bereich der Flur ‚Beuge', Parz. 726–728. Bei einer anschließenden Begehung durch St. Wirth und G. Wieland fanden sich weitere vorgeschichtliche Scherben auf den Abraumhaufen. Graphittontöpfe mit gedrücktem Wulstrand, Halsrippe und regelmäßigem Kammstrich gehören in die Mittellatènezeit (Lt C). Wie auf der Südostseite des Ipf im Egertal bestand vermutlich auch hier an der Talaue der Sechta eine Siedlung der jüngeren Latènezeit. Immer mehr zeigt sich, dass die imposanten Befestigungswerke des Ipf inmitten einer dicht besiedelten vorgeschichtlichen Landschaft lagen.
TK 7128 – Verbleib: ALM Rastatt   St. Wirth/G. Wieland

Dorfmerkingen siehe **Neresheim** (Ostalbkreis)

Efringen-Kirchen Blansingen (Lkr. Lörrach). In der Flur ‚Schlosseracker' und dem daran angrenzenden Bereich der Flur ‚Maurenfeld' wurden durch J. und U. Kaiser zwischen 1980 und 2004 u. a. verschiedene, in die Latènezeit datierende Keramikscherben und ein KALETEDOU-Quinar entdeckt (Abb. 22). Diese Funde wurden bereits in der Arbeit von G. Weber-Jenisch (Der Limberg bei Sasbach und die spätlatènezeitliche Besiedlung des Oberrheingebietes. Materialh. Arch.

Baden-Württemberg 29 [Stuttgart 1995] bes. 137) genannt und können hier erstmals auch abgebildet werden.

Der 1985 entdeckte KALETEDOU-Quinar gehört dem Typ 4 an (vgl. A. Burkhardt in: Fundber. Baden-Württemberg 27, 2003, 325 Abb. 24) und besteht, nach Aussage der freundlicherweise von Dr. A. Burkhardt (Basel) durchgeführten Metallanalyse, aus einer für die spätkeltische Zeit typischen Silberlegierung: 96,77% Silber, 2,49% Kupfer, 0,39% Blei und 0,35% Gold (ED-XRF Analyse mit Fischerscope XRay-XAN). Die Maße des Quinars betragen 13,3 x 11,6 x 2,1 mm, das Gewicht 1,8 g.

Unter den Keramikscherben befinden sich mit Kammstrich und Grübchen verzierte Grobkeramik (Taf. 36 B 1–3), eine mit punktgefülltem Vertikalband verzierte Scherbe (Taf. 36 B 4), die Randscherbe eines zylinderförmigen Topfes (Taf. 36 B 5), Schüsselfragmente (Taf. 36 B 6) sowie verschiedene Scherben von Drehscheibenware (Taf. 36 B 7).

TK 8311 – Verbleib: RP Freiburg Ref. 25, Privatbesitz (Münze) J. u. U. Kaiser (M. Kaiser)

Abb. 22   Efringen-Kirchen B l a n s i n g e n (Lkr. Lörrach) ‚Schlosseracker'/‚Maurenfeld'. KALETEDOU-Quinar. VS (links) und RS. M 2 : 1.

Ehrenkirchen E h r e n s t e t t e n (Lkr. Breisgau-Hochschwarzwald). Im Frühjahr und Herbst 1993 entdeckten R. Dehn, H. Kaiser und F. Olheide im Gewann ‚Lehnacker' eine größere Menge an Keramikscherben. Von 2000 bis 2002 wurde die Fundstelle wiederholt von A. Lehmkuhl begangen. Das Fundareal liegt unmittelbar unterhalb des spätlatènezeitlichen Oppidums auf dem Kegelriss.

Das Spektrum der Keramik umfasst vor allem Grobkeramik. Unter den Randformen sind fast nur solche von Kochtöpfen und Dolien zu erkennen. Vergleichbare Exemplare finden sich in den spätlatènezeitlichen Befunden von Basel-Gasfabrik (A. Furger-Gunti/L. Berger, Katalog und Tafeln der spätkeltischen Siedlung Basel-Gasfabrik [Derendingen 1980]).

Dolien:
– RS mit stark nach innen geneigter Schulter und nach außen gefaltetem Rand. An der Gefäßoberfläche ist der sandgemagerte Ton graubraun, im Kern aber rötlich (Taf. 36 C 1). – RS mit einwärts geneigtem und nach außen gefaltetem Rand. Im Bruch erscheint der Ton rötlich-orange, die Oberfläche ist mit einem hellgraubraunen Überzug versehen; Sandmagerung (Taf. 36 C 2). – RS mit gerilltem Horizontalrand und spitz auslaufendem Randende; grauer, hart gebrannter Ton mit Sandmagerung (Taf. 36 C 3). – RS mit kurzem, dickem gerilltem Horizontalrand; rotbrauner sandgemagerter Ton mit Resten eines grauen Überzuges (Taf. 36 C 4).

Unter dem Fundmaterial befinden sich zahlreiche Wandscherben von sandgemagerter Ware mit einer Wanddicke von ca. 1 cm, die zu den Dolien gehören könnten.

Töpfe:
– RS mit Keulenrand; mittelgraubrauner Ton mit Sandmagerung, Reste eines dunkelgrauen Überzugs sind vorhanden (Taf. 36 C 5). – RS mit Keulenrand, Magerung und Oberfläche wie vorherige Scherbe (Taf. 36 C 6). – RS mit horizontal abgestrichener Lippe und spitz auslaufendem Randende; graubrauner Ton mit Sandmagerung (Taf. 36 C 7). – RS mit stark ausladendem Rand und abgestri-

chener Lippe; graubrauner Ton mit Sandmagerung (Taf. 36 C 8). – RS mit einfachem ausgewinkeltem Rand; graubrauner Ton mit Sandmagerung (Taf. 36 C 9). – RS mit nach innen geneigtem, außen verdicktem Rand; rotbrauner Ton mit Sandmagerung (Taf. 36 C 10). – RS mit Keulenrand; grauer Ton mit Sandmagerung (Taf. 36 C 11). – RS mit spitz auslaufendem Horizontalrand und breiter Kehle auf der Oberseite; graubrauner Ton mit Sandmagerung (Taf. 36 C 12). – RS mit außen stark verdicktem Rand; rotbrauner sandgemagerter Ton mit grauem Überzug (Taf. 37 A 1). – RS mit Keulenrand; mittelbrauner Ton mit Sandmagerung (Taf. 37 A 2). – RS mit gerilltem Horizontalrand und spitz auslaufendem Randende; grauer Ton mit Sandmagerung (Taf. 37 A 3).
Schalen:
– RS mit verdicktem Rand und kegelförmiger Knubbe (Taf. 37 A 4). – RS mit einfachem, schwach eingebogenem Rand; graubrauner Ton mit mittelgrauem Überzug (Taf. 37 A 5). – RS mit einfachem, gestrecktem Rand; graubrauner Ton mit Sandmagerung (Taf. 37 A 6).
Verzierungen:
– WS mit Kammstrichwellenband und horizontalen Riefen; graubrauner Ton mit starker Sandmagerung, vereinzelt Sandkörner von 5 mm Durchmesser, Wandstärke 1 cm (Taf. 37 A 7). – WS mit horizontalem und vertikalem Kammstrich; graubrauner Ton mit Sandmagerung, Wandstärke 1,2 cm (Taf. 37 A 8). – Zahlreiche weitere sandgemagerte Wandscherben ohne Verzierung weisen auf eine große Anzahl von Gefäßen hin.
Silex:
– Ein Abschlag (Taf. 37 A 9) war zum Zeitpunkt der Bearbeitung nicht auffindbar.
Datierung:
Aufgrund der Randprofile der Dolien liegt eine Datierung in die zweite Hälfte des ersten Jahrhunderts v. Chr. und somit in die fortgeschrittene Spätlatènezeit nahe (evtl. auch römerzeitl., 2. Jh. n. Chr. [Red.]).
TK 8012 – Verbleib: RP Freiburg Ref. 25   R. Dehn/H. Kaiser/A. Lehmkuhl/
F. Olheide (A. Hanöffner)

Ehrenstetten siehe **Ehrenkirchen** (Lkr. Breisgau-Hochschwarzwald)

Forchheim (Lkr. Emmendingen). 1. Etwa in der Mitte eines ebenen Feldes im Gewann ‚Dritte Schoren' fand der ehrenamtliche Mitarbeiter der Freiburger Denkmalpflege H. Stöckl am 19.2.2000 eine latènezeitliche scheibengedrehte RS (Taf. 37 B) aus feinsandigem, schamottegemagertem Ton mit einfachem, stark nach außen gebogenem Rand und rauer, dunkelgrauer Oberfläche. Vom gleichen Feld stammt auch eine stark sandgemagerte mittelalterliche RS mit Kragleistenrand.
TK 7812 – Verbleib: RP Freiburg Ref. 25   H. Stöckl (A. Hanöffner)

2. Am 28.3.2001 beging H. Stöckl im Gewann ‚Gruben unter dem Mühlweg' einen Acker mit einer dunkel verfärbten Fläche von ca. 5 m Durchmesser. Dort entdeckte er neben einer Schlacke eine BS (Taf. 37 C 1) und eine RS mit Riefenzier unter dem Rand (Taf. 37 C 2) von frühlatènezeitlicher dunkelgraubrauner Drehscheibenware. Außerdem eine weitere scheibengedrehte RS aus rötlichbraunem Ton (Taf. 37 C 3) sowie zwei WS handaufgebauter metallzeitlicher Keramik. Die Fundstelle entspricht der südöstlichsten einer Gruppe von sechs dunklen Stellen, die auf einer Luftaufnahme (L7912/110-04) erkennbar sind.
TK 7812 – Verbleib: RP Freiburg Ref. 25   H. Stöckl (A. Hanöffner)

3. Das Gewann ‚Ob dem Mühlweg' zeigt im Luftbild an drei Stellen eine Gruppe dunkler Flecken. 1998 und im April 1999 sammelte H. Stöckl dort mehrere Lesefunde auf. Es handelt sich dabei um fünf WS von rotbrauner Grobkeramik mit feiner Magerung aus Kalkgrus, eine WS mit graubraunem Überzug sowie Quarzgrus und Feldspat als Magerung, drei WS von Grobkeramik mit graubrauner, glatt gestrichener Oberfläche und Augitmagerung, eine rotbraune grobkeramische WS mit feiner Sandmagerung und Augit- sowie Schamotteanteilen, drei WS mit glatter rotbrauner Ober-

fläche und feiner Sandmagerung, sieben WS mit dunkelgrauer glatter Oberfläche und vereinzelten Quarzkörnern als Magerung sowie eine WS und eine BS mit Quarzgrusmagerung. Diese Scherben sind nur allgemein als vorgeschichtlich einzuordnen.

Eine RS von Drehscheibenware mit ausbiegendem, einfachem Rand und eine wohl dazugehörige WS (Taf. 37 D 2), eine WS aus dunkelgrauem Ton mit beidseitigen Fingerwischspuren, zwei WS und eine RS mit ausbiegendem Rand von handaufgebauter Keramik, versehen mit großen Quarzstücken (Taf. 37 D 1), sowie eine kleine Scherbe von feiner Keramik mit Resten eines Graphitauftrags sind als latènezeitlich anzusprechen.

Dazu gehören auch eine BS eines scheibengedrehten Gefäßes aus orangerotem Ton und eine BS von einem handaufgebauten Topf aus dunkelgraubraunem Ton (Taf. 37 D 3), vermutlich nachgedreht und relativ hart gebrannt.

TK 7812 – Verbleib: RP Freiburg Ref. 25   H. Stöckl (A. Hanöffner)

K e m n a t siehe **Ostfildern** (Lkr. Esslingen)

Kirchheim am Ries B e n z e n z i m m e r n (Ostalbkreis). Siehe S. 843 (Hallstattzeit)

Lauchheim (Ostalbkreis). Im Sommer 1998 entdeckte O. Braasch in Flur ‚Wolfsbach', ca. 300 m W von Stetten, aus der Luft als positives Bewuchsmerkmal eine bisher unbekannte Viereckschanze (Abb. 23). Nur ca. 500 m nordwestlich liegt mit dem ‚Burstel' eine weitere, bereits altbekannte Viereckschanze (K. Bittel/S. Schiek/D. Müller, Die keltischen Viereckschanzen. Atlas Arch. Geländedenkmäler Baden-Württemberg 1 [Stuttgart 1990] 234–238).

TK 7127   O. Braasch (C. Pankau)

L i e l siehe **Schliengen** (Lkr. Lörrach)

L i p p a c h siehe **Westhausen** (Ostalbkreis)

Neresheim D o r f m e r k i n g e n (Ostalbkreis). Im Sommer 1997 entdeckte O. Braasch in Flur ‚Großes Feld', ca. 420 m S der Hofgruppe Hohenlohe, aus der Luft als positives Bewuchsmerkmal eine Viereckschanze (Abb. 24) (publiziert bereits in Arch. Ausgr. Baden-Württemberg 1998, 19 f. mit Abb. 6).

TK 7127   O. Braasch (C. Pankau)

O b e r b e t t r i n g e n siehe **Schwäbisch Gmünd** (Ostalbkreis)

Oberboihingen (Lkr. Esslingen). Aus Oberboihingen soll der auf Tafel 38 A vorgelegte, späthallstatt- bis frühlatènezeitliche Bronzering stammen. Laut Fundzettel wurde er mittels Metalldetektor „beim Gasthaus des Schützenvereins" entdeckt; präzisere Angaben zur Fundstelle und den Fundumständen liegen bislang nicht vor. Es handelt sich um einen geschlossenen, außen durch feine Rippung verzierten Bronzering von maximal 12,5 cm Durchmesser.

TK 7322 – Verbleib: ALM Rastatt   C. Pankau

O b e r d o r f a m I p f siehe **Bopfingen** (Ostalbkreis)

Ostfildern K e m n a t (Lkr. Esslingen). Im Bereich der bekannten linearbandkeramischen Fundstelle in Flur ‚Haschberg' (vgl. Fundber. Baden-Württemberg 2, 1975, 27 Nr. 1), ca. 1,3 km NNW von Kemnat gelegen, entdeckten K. und I. Maier im März 2003 auch einige jüngerlatènezeitliche Scherben, darunter solche aus Graphitton. (Neolithische Funde siehe S. 804).

TK 7221 – Verbleib: ALM Rastatt   K./I. Maier (C. Pankau)

Abb. 23   Lauchheim (Ostalbkreis) ‚Wolfsbach'. Viereckschanze
(L7126/125-03; Foto: O. Braasch, 2001).

Abb. 24   Neresheim D o r f m e r k i n g e n (Ostalbkreis) ‚Großes Feld'. Viereckschanze
(L7126/024-03; Foto: O. Braasch, 1997).

Abb. 25 Westhausen L i p p a c h (Ostalbkreis) ‚Bienenberg'. Viereckschanze (L7126/102-02; Foto: O. Braasch, 1998).

Abb. 26 Westhausen L i p p a c h (Ostalbkreis) ‚Weiler'. Viereckschanze (L7126/149-02; Foto: O. Braasch, 2001).

Riegel (Lkr. Emmendingen). M. Hummel fand 1995 im Gewann ‚Schmiedegässle' in den Flurstücken 4244 und 4244/2 16 vorgeschichtliche Scherben und übergab diese dem LDA Freiburg. 11 Scherben gehören zu einem scheibengedrehten Becher mit flachem Standring und leicht konischem Gefäßkörper, der an der Schulter leicht zu einem geraden Rand umknickt (Taf. 37 E). Konische Becher dieser Art kommen u.a. in den spätlatènezeitlichen Schichten am Basler Münster (A. Furger-Gunti, Die Ausgrabungen im Basler Münster I [Derendingen 1980]) und in der Siedlung Basel-Gasfabrik (A. Furger-Gunti/L. Berger, Katalog und Tafeln der spätkeltischen Siedlung Basel-Gasfabrik [Derendingen 1980] Taf. 123–126) vor.
TK 7812 – Verbleib: RP Freiburg Ref. 25   M. Hummel (A. Hanöffner)

Schliengen L i e l (Lkr. Lörrach). Siehe S. 832, Fdst. ‚lila' (Neolithikum)

Schwäbisch Gmünd O b e r b e t t r i n g e n (Ostalbkreis). Auf einem ca. 1 km NNW der Ortsmitte von Oberbettringen befindlichen Geländesporn, im Bereich der Flur ‚Burgstalläcker', Parz. 1090, las Th. Zanek eine kleine, vollständig erhaltene, latènezeitliche Ringperle von durchscheinend dunkelblauer Farbe auf (Dm. 1 cm). Von der Flur sind abgesehen vom mittelalterlichen Burgstall bisher nur mesolithische Funde bekannt geworden (vgl. Fundber. Baden-Württemberg 19/2, 1994, 2 f.).
TK 7225 – Verbleib: Privatbesitz   Th. Zanek (C. Pankau)

Singen (Hohentwiel) B o h l i n g e n (Lkr. Konstanz). Siehe S. 882, Fdst. 1 (Fundstellen und Funde unbestimmten Alters)

Westhausen L i p p a c h (Ostalbkreis). 1. Im Januar 1998 wurde in Flur ‚Bienenberg' unweit südlich von Lippach eine sich als Schneemerkmal abzeichnende Viereckschanze (Abb. 25) im Luftbild entdeckt (publiziert bereits in Arch. Ausgr. Baden-Württemberg 1998, 19 mit Taf. 1).
TK 7127   O. Braasch (C. Pankau)

2. Im Juli 2001 entdeckte O. Braasch in Flur ‚Weiler', ca. 500 m NO von Lindorf, eine sich sehr deutlich als Bewuchsmerkmal abzeichnende Viereckschanze (Abb. 26).
TK 7027   O. Braasch (C. Pankau)

Wyhl (Lkr. Emmendingen). Siehe S. 882–884, Fdst. 2 (Fundstellen und Funde unbestimmten Alters)

Römische Zeit

Albbruck A l b e r t (Lkr. Waldshut). Zusammen mit einer römischen Silbermünze (Denar aus der Zeit der römischen Republik: Fundber. Baden-Württemberg 22/2, 1998, 299) wurde das Fragment einer emailverzierten Fibel vorgelegt. Es ist – wie die Münze – mit einer Metallsonde 1993 im Gewann ‚Römersmatt' entdeckt worden. Die Fibel hat blaue, grüne und weiße Emaileinlagen (Abb. 27) und gehört in das zweite Jahrhundert n. Chr. Sie ist also wesentlich jünger als die Silbermünze.
TK 8414 – Verbleib: RP Freiburg Ref. 25   J. Hessel/G. Fingerlin (V. Nübling)

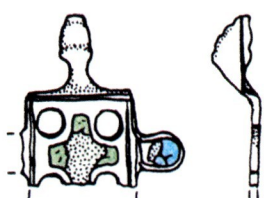

Abb. 27   Albbruck A l b e r t (Lkr. Waldshut) ‚Römersmatt'. Emailverzierte Fibel. M 1:1.

A l b e r t siehe **Albbruck** (Lkr. Waldshut)

Bad Bellingen H e r t i n g e n (Lkr. Lörrach). Siehe S. 843 (Hallstattzeit)

Bad Säckingen (Lkr. Waldshut). Im März 1963 fand der ehrenamtliche ‚Kreispfleger' Emil Gersbach auf einem Acker im Gewann ‚Unter Kalkdarren' (Lgb.-Nr. 1239) das Fragment eines ungestempelten römischen Leistenziegels. In seinem Fundbericht weist er darauf hin, daß 1949 bei Kanalisationsarbeiten im östlich anschließenden Gewann ‚Lange Fuhren' (Lgb.Nr. 1246, 1248, 1379) eine „spätrömische Schuttschicht" angeschnitten wurde, aus der ein Leistenziegelfragment mit dem Rest eines Stempels der LEGIO I MARTIA stammt (Taf. 38 B). Trotz des klaren Hinweises wurde dieser Ziegelstempel, der seit seiner Auffindung im Hochrheinmuseum Bad Säckingen verblieben war, bei einer Inventarisation der 60er Jahre in seiner Bedeutung nicht erkannt (Inv.Nr. Sä 705). Erst bei einer erneuten Durchsicht des Magazins durch J. Trumm in Zusammenhang mit seiner Dissertation über den römischen Klettgau wurde er ‚wiederentdeckt' und stellt Säckingen in die Reihe der rechtsrheinischen Fundplätze dieser aus Kaiseraugst bei Basel *(Castrum Rauracense)* stammenden Legionsziegel. Allerdings bleibt offen, ob der Ziegel ursprünglich zu einem militärischen Gebäude auf der ufernahen Rheininsel (Altstadt Säckingen) gehört hat und erst sekundär an seine Fundstelle gelangt ist, oder ob die „spätrömische Schuttschicht" von 1949 und der Leistenziegel von 1963 tatsächlich auf einen Bau des vierten Jahrhunderts auf der Niederterrasse hinweisen. Auf jeden Fall aber steht dieser Fund in Zusammenhang mit der fortifikatorischen Sicherung der römischen Reichsgrenze am Hochrhein in spätantiker Zeit.
TK 8413 – Verbleib: ALM Rastatt   E. Gersbach (†)/J. Trumm (G. Fingerlin)

B i t t e l b r u n n siehe **Engen** (Lkr. Konstanz)

Bopfingen (Ostalbkreis). Auf dem bisher als frühalamannisch bekannten Fundplatz im Gewann ‚Unteres Johannisfeld' (vgl. Fundber. Baden-Württemberg 17/2, 1992, 162 Nr. 2), ca. 1,3 km nordöst-

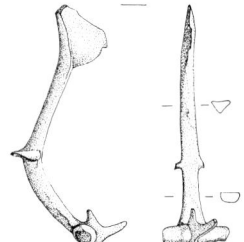
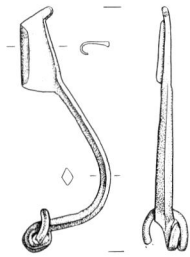

Abb. 28 Bopfingen (Ostalbkreis) ‚Unteres Johannisfeld'. Bügelfibel aus Bronze. M 2:3.

Abb. 29 Bopfingen O b e r d o r f   a m   I p f (Ostalbkreis). Spiralfibel aus Bronze. M 2:3.

lich von Bopfingen am Südufer der Eger gelegen, fand E. Weber eine römische Bronzefibel des 1./2. Jahrhunderts n. Chr. (Abb. 28) sowie ein kleines, nicht näher ansprechbares Bronzefragment. Die Fibel hat eine Hülsenscharnierkonstruktion. In der Hülse ist die eiserne Achse erkennbar, von der Nadel hat sich nur noch ein Ansatz mit dem Dornfortsatz erhalten. Der ansonsten unverzierte Bügel ist ungefähr mittig durch eine kammförmige Leiste querprofiliert. Ein Teil des Fußes fehlt heute.
TK 7128 – Verbleib: ALM Rastatt

E. Weber (C. Pankau)

– O b e r d o r f   a m   I p f (Ostalbkreis). R. Stahl legte eine römische Bronzefibel (Abb. 29) vor, die angeblich schon längere Zeit vor dem zweiten Weltkrieg auf dem Hochplateau des Ipfs gefunden wurde. Es handelt sich um eine eingliedrige, drahtförmige Spiralfibel mit unterer Sehne und vierkantigem Bügel, die Nadel ist abgebrochen. Der Fuß hat einen kleinen, nach oben gerichteten Fortsatz (Almgren 15).
TK 7128 – Verbleib: Privatbesitz

R. Stahl (C. Pankau)

– T r o c h t e l f i n g e n (Ostalbkreis). 1. Im Sommer 1997 entdeckte O. Braasch im Gewann ‚Judensteig', ca. 1,3 km SO von Trochtelfingen, zwei Gebäudegrundrisse wohl einer Villa rustica, die sich als negative Bewuchsmerkmale im Luftbild abzeichneten (Abb. 30). Auch die innere Raumaufteilung ist gut erkennbar.
TK 7128

O. Braasch (C. Pankau)

2. 1990 entdeckte O. Braasch im Gewann ‚Unter dem Eisenbühl', ca. 450 m N von Trochtelfingen, eine bis dahin unbekannte Villa rustica. Deutlich zeichneten sich als negative Bewuchsmerkmale die Grundrisse des Eckrisalitbaus sowie zweier rechteckiger Nebengebäude ab (L7128/257-01) (Abb. 31). Wenige hundert Meter nordöstlich von dieser Stelle liegt Fdst. 3.
TK 7128

O. Braasch (C. Pankau)

3. 1990 entdeckte O. Braasch bei einer Befliegung im Gewann ‚Unter dem Eisenbühl', N von Trochtelfingen, wenige hundert Meter nordöstlich von Fdst. 2, einen weiteren Gebäudegrundriss (L7128/257-03) (Abb. 32).
TK 7128

O. Braasch (C. Pankau)

– U n t e r r i f f i n g e n (Ostalbkreis). 1997 entdeckte O. Braasch im Gewann ‚Schockenried' beim Schlosshof, ca. 2 km W von Unterriffingen, zwei rechteckige Gebäudegrundrisse (Abb. 33), die sich deutlich durch Bewuchsmerkmale abzeichneten. Möglicherweise sind sie Teil einer Villa rustica.
TK 7127

O. Braasch (C. Pankau)

Engen B i t t e l b r u n n (Lkr. Konstanz). Aus der Höhle Petersfels bei Singen sind während der Ausgrabungen durch das Institut für Urgeschichte Tübingen 1974 bis 1976 gut 50 römische Keramikfragmente geborgen worden. Bis auf ein fragliches Wandstück lagen alle in der Höhle selbst.

Abb. 30 Bopfingen T r o c h t e l f i n g e n (Ostalbkreis) ‚Judensteig'. Villa rustica (?) (L7128/258-02; Foto: O. Braasch, 1998).

Abb. 31 Bopfingen T r o c h t e l f i n g e n (Ostalbkreis) ‚Unter dem Eisenbühl' Fdst. 2. Villa rustica (L7128/257-01; Foto: O. Braasch, 1997).

Abb. 32 Bopfingen T r o c h t e l f i n g e n (Ostalbkreis) ‚Unter dem Eisenbühl' Fdst. 3. Gebäudegrundriss (L7128/257-03; Foto: O. Braasch, 2001).

Abb. 33 Bopfingen U n t e r r i f f i n g e n (Ostalbkreis) ‚Schockenried'. Villa rustica (?) (L7126/073-02; Foto: O. Braasch, 2000).

Die Scherben sind klein und meist stark verschliffen, insbesondere die Gebrauchskeramik. Die 20 Terra-sigillata-Scherben verteilen sich auf etwa ein Dutzend Gefäße südgallischer Herkunft: Ein bis zwei Schalen Drag. 27; ein bis zwei Schalen Drag. 35; zwei bis drei Teller Drag. 18 und 18/31; zwei bis drei unbestimmbare Teller (ein Drag. 15/17?); eine Schüssel Curle 11; eine Schüssel Drag. 29; zwei bis drei Schüsseln Drag. 37.

Die Sigillata lässt sich trotz der z. T. sehr kleinen Fragmente mit großer Wahrscheinlichkeit in neronisch-flavische Zeit datieren. Zu den älteren Formen zählen das Randstück Drag. 27 und zwei Wandstücke eines zierlichen Tellers Drag. 18. Das Wandfragment einer Schüssel Drag. 29 ist sehr schlecht erhalten, stammt jedoch von einem späten, flavischen Exemplar. Die zwei bis drei Schüsseln Drag. 37 gehören in die flavische Zeit (einzige erkennbare Reliefverzierung ist der Rest eines nach unten gerichteten Pfeilbogens). Auch die Schüssel Curle 11 gehört in flavische Zeit.

Dieses Bild bestätigt, soweit erkennbar, die übrige, sehr schlecht erhaltene Gebrauchskeramik. Zu den älteren Formen gehört das Randstück einer Schüssel aus TS-Imitation Drack 21 aus beigebräunlichem Ton; Reste eines Überzugs sind nicht erhalten. In die durch die Sigillata umrissene Zeitspanne passen auch die Reste von zwei bis drei Steilrandtöpfen und beigefarbene Krugfragmente.

Höhlen wurden auch in römischer Zeit aufgesucht. Einer der Gründe war Schutzbedürfnis; ob dies im Falle des Petersfels zutrifft, bleibt offen.

TK 8118 – Verbleib: RP Freiburg Ref. 25 St. Martin-Kilcher

Forchheim (Lkr. Emmendingen). Im Zuge einer Feldbegehung am 24. 1. 1995 und am 25. 2. 1996 fand H. Stöckl im Gewann ‚Murath' auf einem ebenen Acker, ca. 300 m nördlich von Forchheim, auf einer Fläche von ca. 10 x 50 m zwei Schlacken und 33 römische Scherben sowie ein Leistenziegelfragment. Unter den Scherben befinden sich eine RS eines TS-Napfs der Form Drag. 33 (Taf. 38 C 1) und eine RS eines TS-Napfs der Form Drag. 40 (Taf. 38 C 2). Hinzu kommen eine RS einer großen Schale oder eines Tellers aus orangefarbenem Ton (Taf. 38 C 3), eine RS und eine BS einer Reibschüssel (Taf. 38 C 4), zwei Bandhenkelfragmente aus orangefarbenem Ton, eine BS eines Topfes aus orangefarbenem Ton, eine WS einer Schale mit einziehendem einfachem Rand aus orangefarbenem Ton mit Resten eines roten Überzuges, 17 WS von Grobkeramik aus orangefarbenem Ton, eine RS eines Vorratsgefäßes aus grauem Ton (Taf. 38 C 5) sowie fünf WS von Grobkeramik aus grauem Ton.

Vier weitere Scherben aus dem Areal sind eher als vorgeschichtlich anzusprechen.

TK 7812 – Verbleib: RP Freiburg Ref. 25 H. Stöckl (A. Hanöffner)

Grenzach-Wyhlen W y h l e n (Lkr. Lörrach). Bei Aushubarbeiten im Jahr 1994 für eine größere Wohnanlage am Kirchplatz, zwischen der katholischen Kirche St. Georg und der Hochrheinhalle (früher Gewann ‚Hutmatten'), bemerkte ein Anwohner eine „ungewöhnliche geologische Schicht" in ca. 1,00–1,50 m Tiefe. Der sofort herbeigerufene ehrenamtliche Beauftragte des Landesdenkmalamts, Dr. E. Richter aus Grenzach, erkannte an einem darin gefundenen Leistenziegel „eine bisher unbekannte römische Fundstelle" vorerst noch unbestimmbaren Charakters. Im Einvernehmen mit dem Bauherrn wurden die Baggerarbeiten für eine genauere Untersuchung unterbrochen, die E. Richter im Auftrag des Landesdenkmalamts durchführte, unterstützt von Mitgliedern der „Arbeitsgruppe Archäologie im Verein für Heimatgeschichte Grenzach-Wyhlen e. V." Dabei kam etwa 1,5 m unter der heutigen Oberfläche eine Art Pflasterung zum Vorschein, darauf eine Bronzemünze des vierten nachchristlichen Jahrhunderts. Zunächst dachte man an die Befestigung eines Vorplatzes, zog aber auch eine Deutung als Rest einer Straße oder als Versturzschicht einer Mauer in Betracht. Eine definitive Klärung jedenfalls blieb abhängig von weiteren Beobachtungen und eventuellen Ausgrabungen.

Die Möglichkeit dazu ergab sich im Februar 1995. Jetzt konnte der Bereich zwischen Baugrube und Kirchstraße, direkt gegenüber dem katholischen Gemeindehaus, planmäßig untersucht werden. Dabei wurde etwa in Tiefe der Pflasterung auf 8,5 m Länge eine annähernd ost–westlich verlaufende

Abb. 34 Grenzach-Wyhlen W y h l e n (Lkr. Lörrach). Fundament (siehe Text).

Mauer freigelegt, deren Fortsetzung nach Westen schon 1994 beim Baggern unbemerkt zerstört worden war (Abb. 34). Nach Osten verwehrte die Kirchstraße eine weitere Freilegung bis zur Gebäudeecke. Möglich war es aber jetzt, die „Pflasterung" von 1994 als Versturzschicht anzusprechen. Die im Fundament 0,60 m, im Aufgehenden knapp 0,50 m starke Mauer ist in der typischen Zweischalen-Bauweise errichtet worden. Dabei lag die Unterkante des Fundaments bei etwa 1,70 m unter der Oberfläche. Der verwendete Kalkstein stammt vom nahegelegenen Dinkelberg. Da südlich dieser Mauer reiner Lehm anstand, nördlich davon aber viele Bruchsteine und Ziegelreste gefunden wurden, muss sich das Gebäude in dieser Richtung erstreckt haben. Dafür spricht auch, dass der Fundament-Vorsprung auf dieser Seite der Mauer liegt, die damit als Teil der südlichen Außenwand des Gebäudes gelten kann. Bei dieser Orientierung ist es naheliegend, an das Wohnhaus einer Villa rustica zu denken, wobei das festgestellte Mauerstück zwischen zwei Eckrisaliten liegen könnte. Doch sind selbstverständlich auch andere Grundrisslösungen denkbar.

Ein römisches Gebäude unmittelbar neben der St. Georgskirche (deren älteste Bauphasen aber bislang nicht erforscht sind) lässt an die gerade im Markgräflerland mehrfach nachgewiesenen Fälle einer ganz besonderen Art der Nutzung römischer Ruinenareale denken, und zwar durch den Bau frühmittelalterlicher Steinkirchen am Platz ehemaliger Gutshöfe oder anderer römischer Siedlungen (z. B. Schopfheim im Wiesental, Weil am Rhein, Fischingen, Müllheim oder Badenweiler). Dabei wurden gelegentlich auch die stabilen Fundamente genutzt, die man bei den Erdarbeiten antraf, auf jeden Fall aber das reichlich vorhandene Baumaterial in Form mehr oder weniger sorgfältig zugeschlagener Handquader. In Wyhlen verläuft die römische Mauer exakt rechtwinklig zur Kirchenachse, was kaum ein Zufall sein kann (Abb. 34). Vielleicht sind auch hier vorgefundene Strukturen genutzt worden, so wie in Breisach, wo die Südwand des Münster-Querschiffs unmittelbar einer antiken Mauer aufsitzt (vgl. dazu S. Eismann, Eine kleine Phänomenologie der Kirchen über römischen Grundmauern in Baden. Arch. Nachr. Baden 66, 2002, 25–38).

Unter den spärlichen Funden ist das Fragment eines durchbrochenen Bronzebeschlags hervorzuheben (Abb. 35), datierbar ins 2./3. Jahrhundert n. Chr. Deutlich später ist die zwischen 351 und 353 nach Chr. in *Lugdunum* (Lyon) geprägte Maiorina des Magnentius für Decentius (Münztyp RIC 143, Bestimmung E. Nuber, Freiburg). Von der Gemarkung Wyhlen sind damit 12 spätantike Münzen bekannt, drei davon vom Brückenkopf gegenüber Kaiseraugst *(Castrum Rauracense)*. Sie lassen zumindest den starken Einfluss erkennen, der im vierten Jahrhundert n. Chr. immer noch von der römischen Seite ausging und das Leben in der Grenzregion an Hoch- und Oberrhein spürbar geprägt hat. (Zu den Münzen: E. Nuber in: Fundber. Baden-Württemberg 10, 1986, 680 f. und ebd. 12, 1987, 665–667; zum Fundplatz: E. Richter, Römische Siedlungsplätze im rechtsrheinischen Vorfeld von Augst. Ausgrabungen von 1981–2002. Sonderh. Ver. Heimatgesch. Grenzach-Wyhlen e.V. [Schopfheim 2001] 54–56).

TK 8412 – Verbleib: ALM Rastatt   G. Fingerlin/E. Richter (G. Fingerlin)

Abb. 35   Grenzach-Wyhlen W y h l e n (Lkr. Lörrach). Bronzebeschlag. Ohne Maßstab.

H a r s b e r g siehe **Pfedelbach** (Hohenlohekreis)

H e r t i n g e n siehe **Bad Bellingen** (Lkr. Lörrach)

Illerrieden W a n g e n (Alb-Donau-Kreis). Siehe S. 863 (Alamannisch-fränkische Zeit)

Kirchzarten Z a r t e n (Lkr. Breisgau Hochschwarzwald). Eine Begehung im Gewann ‚Fischerrain' durch H. Kaiser lieferte eine Anzahl prähistorischer Scherben, darunter aber auch eine WS eines römischen Glanztonbechers und eine RS einer grautonigen Schüssel mit Kolbenrand.
TK 8013 – Verbleib: RP Freiburg Ref. 25   H. Kaiser (A. Hanöffner)

Neresheim O h m e n h e i m (Ostalbkreis). 1. In Flur ‚Dürre Flecken', ca. 1,2 km O von Ohmenheim gelegen und unmittelbar östlich angrenzend an die Römerstraße, las Th. Richter eine bronzene Ringperle römischer Zeitstellung auf, die wohl von einem Pferdegeschirr stammt. Der Fundplatz war bisher nicht bekannt.
TK 7228 – Verbleib: ALM Rastatt   Th. Richter/B. Hildebrand (C. Pankau)

2. In Flur ‚Heiligenäcker', 1,7 km N von Ohmenheim und unmittelbar westlich angrenzend an die Römerstraße, fand Th. Richter eine bislang unbestimmte römische Münze (Dupondius). Der Fundplatz war bisher nicht bekannt.
TK 7228 – Verbleib: ALM Rastatt   Th. Richter/B. Hildebrand (C. Pankau)

O b e r d o r f a m I p f siehe **Bopfingen** (Ostalbkreis)

Offenburg (Ortenaukreis). 1. Am 12.7.2005 beobachtete J. Schrempp bei Erdarbeiten für einen Kabelgraben, der von der Ecke Kornstraße/Hauptstraße parallel zur Hauptstraße gezogen wurde, flächig eine graubraune, lehmige Planierschicht. Aus dieser Schicht konnten einige kleine römische Keramikscherben und Tierknochen geborgen werden.
TK 7513 – Verbleib: Magazin des Museums im Ritterhaus Offenburg   J. Schrempp

2. Im Rahmen eines großflächigen Tiefgaragenbaus auf dem Marktplatz in der Offenburger Altstadt wurde im voraus der nördliche Teil durch das LDA Freiburg archäologisch untersucht; die Erdarbeiten im Süden des Areals wurden baubegleitend zwischen August 2002 und Juni 2003 von J. Schrempp beobachtet. Durch das rasche Ausheben des knapp 4000 m² großen südlichen Areals konnten ausschließlich tiefer in den anstehenden Löss reichende Befunde dokumentiert und Fundmaterial geborgen werden. Die Sohle der Baugrube lag in einer Tiefe von ca. 9 m unter Straßenniveau. Der anstehende Verwitterungs-Lößlehm war mit Ausnahme einiger Bereiche bis auf wenige Dezimeter in nachrömischer Zeit abgetragen worden. Einen Großteil der 35 dokumentierten Befunde bilden neuzeitlich verfüllte Brunnenschächte, ferner spätmittelalterliche und neuzeitliche Latrinen sowie römische Befunde. Eine Bearbeitung der Fundmengen steht jedoch noch aus.
Im Nordwesten des Areals konzentrierten sich drei unförmige Gruben (Bef. 18, 29 u. 30) und eine quadratische, holzverschalte Grube (Bef. 33). Aus Bef. 18 und 33 konnten viele römische Keramikscherben geborgen werden, Bef. 29 und 30 waren fundarm. Im Südwesten des Areals, unmittelbar östlich des Hauses Kornstraße 7, wurde ein Erdkeller (Bef. 3) angeschnitten, in dem einige römische Keramikscherben (Fragmente von Terra sigillata, Reibschüsseln und Töpfen) gefunden wurden. In diesem Bereich befand sich auch eine sehr große Grube oder ein Graben (Bef. 2; N-S-Ausdehnung mindestens 16 m; ca. 6 m breite, sich diffus abgrenzende Sohle im Querschnitt). Im Süden, d.h. östlich der heutigen Einfahrtsspirale der Tiefgarage, wurde eine sich stufenartig verjüngende Grube (Bef. 6) größeren Umfangs dokumentiert. In den Brandschutt- und Bauschuttschichten fanden sich zahlreiche römische Keramikscherben (Terra sigillata Drag. 29, 37 u. 18; Terra nigra, Fragmente von Backplatten, Amphoren, Krügen, Bechern und Töpfen), Ziegelbruch und eine Melonenperle. Ein Kalkbrennofen (Bef. 8), dessen Brennraum mit stark zersetzten Kalkbruchsteinen trocken ausgekleidet war, wurde am Südende der Baugrube, nahe der Kittelgasse, angeschnitten. Aufgrund der Lage und des Aufbaus kann der Brennofen in römische Zeit datiert werden.
Siehe auch Mittelalter–Neuzeit, Fdst. 3, S. 874 f.
TK 7513 – Verbleib: Magazin des Museums im Ritterhaus Offenburg   J. Schrempp

3. Am 26.3.2004 wurde im Ost-Profil einer Baugrube zwischen dem Rathaus und der Tiefgarage des Marktplatzes eine kleine unförmige Grube, die sich nur schwach von dem anstehendem Lößlehm abgrenzte, von J. Schrempp dokumentiert. Neben einigen Kalksteinbruchstücken konnte das Fragment eines römischen Leistenziegels geborgen werden.
TK 7513 – Verbleib: Magazin des Museums im Ritterhaus Offenburg   J. Schrempp

O h m e n h e i m siehe **Neresheim** (Ostalbkreis)

Pfedelbach H a r s b e r g (Hohenlohekreis). Bei der Rekultivierung eines Weges im Zuge der Flurbereinigung wurden im November 1996 im Gewann ‚Geißberg', ca. 400 m W von Harsberg, die Fundamentreste des Wachtturms Nr. 48, Strecke 9 des obergermanischen Limes, teilweise frei-

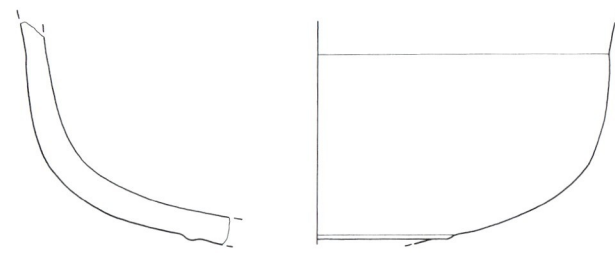

Abb. 36   Reichenbach an der Fils (Lkr. Esslingen) ‚Steinegert'. Terra-sigillata-Schüssel. Zeichnung M 1:2.

gelegt. Das zutage getretene, im Aufgehenden noch einreihig erhaltene, zweischalige Mauerwerk dokumentierte A. Funk auf einer Fläche von ca. 4 x 2,50 m, Funde wurden nicht geborgen.
TK 6823   A. Funk (C. Pankau)

Reichenbach an der Fils (Lkr. Esslingen). Im Sommer 1991 entdeckte W. Erz im Bereich der bekannten römischen Fundstelle im Wald ‚Steinegert' (Fundber. Baden-Württemberg 5, 1980, 229), ca. 300 m N Siegenberg, im Wurzelteller einer vom Sturm umgerissenen Buche einige hundert römische Keramikscherben, von denen hier eine Auswahl vorgelegt wird. Die Fundstelle liegt direkt an der Gemarkungsgrenze zu Plochingen.
Vertreten sind neben einer WS einer reliefverzierten Terra-sigillata-Schüssel Drag. 37 Schwäbische Ware (Abb. 36), die RS von Reibschüsseln (Taf. 39,1–5), Schüsseln mit gerillten Horizontalrändern (Taf. 39,6 u. 7; 40 A 1), ein Topf (Taf. 40 A 2) sowie RS und WS von Dolien (Taf. 40 A 3–5), z. T. mit verzierter Wandung. Des Weiteren ist die RS eines sog. Räucherkelches (Taf. 40 A 6) hervorzuheben (für Letztere vgl. W. Czysz u. a., Die römische Keramik aus dem Vicus Wimpfen im Tal. Forsch. u. Ber. Vor- u. Frühgesch. Baden-Württemberg 11 [Stuttgart 1981] Taf. 19).
TK 7222 – Verbleib: Privatbesitz   W. Erz (C. Pankau)

Reute (Lkr. Emmendingen). Siehe S. 881 (Fundstellen und Funde unbestimmten Alters)

Rheinfelden (Baden) W a r m b a c h (Lkr. Lörrach). Beim Bau einer Abwasserleitung zwischen der Kläranlage Herten am Rheinhochufer und dem Stadtgebiet Rheinfelden (Frühjahr 1976) wurden im Gewann ‚Unteres Hölzle', in teilweise sumpfigem Gelände, eine römische Kulturschicht und andere zugehörige Befunde angeschnitten. Nach früheren Oberflächenfunden war hier eine Siedlungsstelle vermutet worden, weshalb der Aushub auf diesem Teilstück in zwei Schichten erfolgte. Trotz sorgfältiger Beobachtung konnten weder Fundamente von Steinbauten noch sonstige Hinweise auf eine Überbauung des offenliegenden Areals gefunden werden.

Die Kulturschicht selbst beginnt unmittelbar unter dem Humus und erreicht 0,40–0,50 m Mächtigkeit. Zwischen Schacht 15 (an der Bahnlinie) und Schacht 14 (südlich davon) wurden Profil und Plana aufgenommen. Bei den hier dokumentierten Befunden, zu denen zwei muldenförmige Gruben (?), Steinpflasterungen und ein Brunnen (?) gehören, handelt es sich anscheinend nicht um Siedlungsniederschlag. Das Ganze macht eher den Eindruck einer Tonentnahmestelle für Keramik- oder Ziegelbrennöfen, die vermutlich ganz in der Nähe betrieben wurden. Nach Abbau der hier anstehenden grau-grünen Tonschicht (im Grabenprofil noch auf ca. 30 m nachweisbar) brachte man zunächst eine Art Pflasterung, stellenweise eine Rollierung aus groben Kieseln ein und füllte dann mit Abfällen aus der Werkstatt bzw. der zugehörigen Siedlung auf. Damit sollte wohl der anmoorige Boden befestigt und besser begehbar bzw. befahrbar gemacht werden. In dieser Auffüll- bzw. ‚Kulturschicht' lagen einige Scherben, jedoch keine Fehlbrände. Der brunnenartige Schacht (vielleicht zur Entwässerung angelegt?) war schon nach Abtrag der Humusschicht erkennbar, zunächst durch seine ‚Baugrube' von 3,80 x 4,00 m Größe mit abgerundeten Ecken. In 1,70 m Tiefe hatte der jetzt im Querschnitt runde Schacht einen Durchmesser von 2,00 m, ab 3,00 m Tiefe musste aus technischen Gründen die Untersuchung eingestellt werden. Aus der Füllung stammen Keramikscherben, darunter auch TS, und Leistenziegel.

TK 8412 – Verbleib: ALM Rastatt W. ZWERNEMANN (G. FINGERLIN)

Riegel (Lkr. Emmendingen). 1. 1997 sammelte H. WAGNER im Gewann ‚Burg' einige vorgeschichtliche WS und eine BS eines römischen Topfes mit Standring sowie eine kleine RS eines feinkeramischen Gefäßes mit schrägem Rand und rotem Überzug auf.

TK 7812 – Verbleib: RP Freiburg Ref. 25 H. WAGNER (A. HANÖFFNER)

2. Im Gewann ‚Hinterer Berg' wurde von M. HUMMEL 1995 eine Randscherbe eines römischen Doliums mit eingezogenem, verdicktem Rand aufgelesen (Taf. 40 B). Sie besteht aus hart gebranntem dunkelgrauem Ton mit Sandmagerung und rauer Oberfläche.

TK 7812 – Verbleib: RP Freiburg Ref. 25 M. HUMMEL (A. HANÖFFNER)

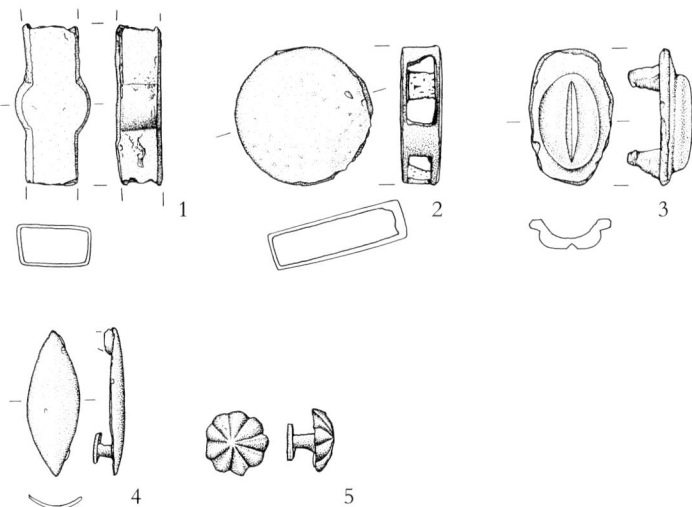

Abb. 37 Schorndorf (Rems-Murr-Kreis) Richterweg 28. Bronzenes Pferdegeschirr.
1.2 Riemenverteiler; 3.4 Beschläge; 5 Knopf. M 2:3.

Schorndorf (Rems-Murr-Kreis). Auf dem Grundstück Richterweg 28, welches nördlich an das in Fundber. Baden-Württemberg 9, 1984, 695 f. (vgl. auch ebd. 8, 1983, 346 Nr. 1) beschriebene römische Fundareal anschließt, hat R. Zeyher im Jahr 1989 während einer Baumaßnahme einige römische Siedlungsreste geborgen, darunter zahlreiche eiserne Nägel sowie Schlackenreste. Besonders hervorzuheben sind fünf überwiegend dem Pferdegeschirr zuzuordnende Bronzeobjekte: ein im Querschnitt rechteckiger, mittig ausgebauchter Riemendurchzug (Abb. 37,1), ein kreisrunder Riemenverteiler (Abb. 37,2), ein an den Rändern beschädigter Beschlag mit Vulvamotiv und zwei Gegenknöpfen auf der Rückseite (Abb. 37,3), ein spitzovaler Beschlag ebenfalls mit zwei Gegenknöpfen (Abb. 37,4) und ein kleiner Knopf (Abb. 37,5).
TK 7123 – Verbleib: ALM Rastatt R. Zeyher (C. Pankau)

T r o c h t e l f i n g e n siehe **Bopfingen** (Ostalbkreis)

U n t e r r i f f i n g e n siehe **Bopfingen** (Ostalbkreis)

W a n g e n siehe **Illerrieden** (Alb-Donau-Kreis)

W a r m b a c h siehe **Rheinfelden (Baden)** (Lkr. Lörrach)

W y h l e n siehe **Grenzach-Wyhlen** (Lkr. Lörrach)

Z a r t e n siehe **Kirchzarten** (Lkr. Breisgau-Hochschwarzwald)

Alamannisch-fränkische Zeit

Buggingen (Lkr. Breisgau-Hochschwarzwald). Im Gewann ‚Heidenloch' (‚Im vorderen neuen Berg') wurden 1963 im Zuge der Straßenerweiterung drei Steinkisten freigelegt. In der Auffüllung über diesen fanden sich Scherben eines Topfes der späten Merowingerzeit (Taf. 40 C).
TK 8111 – Verbleib: RP Freiburg Ref. 25 A. Hanöffner

Illerrieden W a n g e n (Alb-Donau-Kreis). Bei der Begehung eines Ackers am 4.4.1998 zusammen mit P. Wischenbarth und seinen Eltern, Vöhringen, wurden in der Flur ‚Steige', ca. 0,5 km nördlich des Ortes, in einem schmalen Streifen die Spuren von mehreren angepflügten Gruben, verfüllt mit Holzkohlepartikeln und wenig Hüttenlehm, beobachtet. Aus diesen Verfärbungen stammen zwei kleine dunkelgrautonige Wandscherben sowie die Randscherbe eines freigeformten und teilweise überdrehten Bechers mit Eindruckstempelzier (Abb. 38):

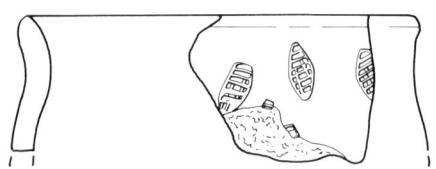 

Abb. 38 Illerrieden W a n g e n (Alb-Donau-Kreis) ‚Steige'. Becher mit Eindruckstempelzier. M 1:2; Stempel M 1:1.

– Schwach S-förmiges Profil, leicht trichterförmiger, verrundeter überdrehter Rand. Auf Hals und Schulter neben- und versetzt übereinander angeordnete Eindruckstempel in Form von länglichen, gegitterten Rauten. Tongrundig, fast glattwandig, geglättete Außenseite, Rdm. 10,5 cm. Ton außen braun/dunkelbraun fleckig, innen dunkelgrau, im Kern beigegrau; Magerung fein, sehr stark glimmerhaltig, wenige Quarzkörner (0,3–1 mm), einzelne rostbraune oder schwarze Partikel (0,4–1,3 mm). Mittelhart. Leicht verwittert.
Das Gefäß lässt sich mit einem etwas kleineren Becher aus Grab 319 von Schretzheim vergleichen. Dieses Grab wird von U. Koch der Stufe 3 der von ihr erarbeiteten Stufen des Schretzheimer Gräberfeldes zugewiesen (U. Koch, Das Reihengräberfeld bei Schretzheim. Germ. Denkmäler Völkerwanderungszeit A 13 [Berlin 1977] 36 Abb. 8 A; 42; 142–148; Bd. 2: 73 Taf. 84,22). Dies entspricht nach den neueren Forschungen U. Kochs der SD-Phase 6 (555–580 n. Chr.) (RGA² 27 [2004] 294–302 s. v. *Schretzheim* [U. Koch]). Der Vergleich mit den übrigen Keramikgefäßen des Schretzheimer Gräberfeldes (siehe auch die Zusammenstellung auf Koch a. a. O. [1977] Abb. 8 A unter Berücksichtigung der neuen SD-Phasen) zeigt, dass das hier zu besprechende Gefäß in die zweite Hälfte des 6. Jahrhunderts, evtl. auch noch in das frühe 7. Jahrhundert zu datieren ist.
Vielleicht handelt es sich bei der Kulturschicht um eine sekundäre Ablagerung, da die Schichtung auf der Ackeroberfläche unterhalb einer Böschung Hangabrutschungen nahelegt. Die Befunde lassen auf eine kleine merowingerzeitliche Siedlung an diesem Platz schließen, der, wie mittlerweile Funde aus verschiedenen Zeiten zeigen, immer wieder von Menschen bewohnt wurde (Fundber. Baden-Württemberg 17/2, 1992, 17 f.).
Nahebei fanden sich an gleicher Stelle wie früher wenige römische Gefäßkeramikscherben.
TK 7726 – Verbleib: Privatbesitz M. G. Meyer

Nendingen (Lkr. Tuttlingen). Dem ehrenamtlichen Mitarbeiter der archäologischen Denkmalpflege Freiburg R. Berka wurden von dem Schüler Marius Müller aus Nendingen am 21. 11. 2002 „ein paar alte Sachen" übergeben. Es handelt sich dabei um eine eiserne Lanzenspitze, einen Sax und das Fragment einer Spatha. Nach eigenen Angaben habe er diese von einem Bauarbeiter einer Tuttlinger Firma erhalten. Vermutlich stammen diese Gegenstände aus unbeobachteten Bautätigkeiten im Gewann ‚Im Lett', auf dem sich ein merowingerzeitliches Gräberfeld befindet. Ob die Funde aus einem einzigen Grab oder aus mehreren Gräbern stammen, ist nicht mehr zu klären.
– Lanzenspitze (Taf. 40 D) mit einer runden, nicht geschlitzten Tülle und glattem Blatt mit rhombischem Querschnitt (L. 37,5 cm, B. 3,7 cm). – Sax (Taf. 41 D 1) mit Resten des Griffstücks aus Horn und Lederresten der Scheide auf der Klinge, Spitze abgebrochen. Auf beiden Seiten ist eine Doppelrille erkennbar (L. 48,5 cm, B. 5,2 cm). – Bruchstück einer Spathaklinge (Taf. 41 D 2) mit Holzresten, Griff und Spitze fehlen (L. 46,3 cm, B. 5,2 cm).
TK 7919 – Verbleib: RP Freiburg Ref. 25   M. Müller/R. Berka (A. Hanöffner)

Offenburg (Ortenaukreis). Mit der Bezeichnung „Schildbuckel" versehen, befand sich im Museum Offenburg der Bügel einer eisernen Schnalle (Taf. 41 B). Möglicherweise stammt er aus dem seit 1846 bekannten Gräberfeld auf dem Gewann ‚Im Krummer' (F. Garscha, Die Alamannen in Südbaden [Berlin 1970] 232 f.). Dort wurde in den Jahren 1969 und 1970 eine Großgrabung durchgeführt, nachdem immer wieder bei Bauarbeiten Gräber aufgedeckt worden waren. Das hier vorliegende Stück ist 4,7 cm lang und 3,2 cm breit, der Dorn fehlt. Soweit bei der stark korrodierten Oberfläche erkennbar, ist die Schnalle gänzlich unverziert.
TK 7513 – Verbleib: RP Freiburg Ref. 25   A. Hanöffner

Sulz am Neckar (Lkr. Rottweil). Im Gewann ‚Unter dem Gähnenden Stein' am Fuß des Gähnenden Steines befindet sich ein merowingerzeitliches Gräberfeld, von dem 1919 bereits sieben Gräber geöffnet wurden, deren Beigaben sich heute im WLM befinden. 1962 entdeckte man bei Bauarbeiten ein weiteres, jedoch beigabenloses Skelett. Die ehrenamtlichen Mitarbeiter des Landesdenkmalamtes A. Danner und H. Matull legten 1974 erneut 10 Gräber frei, nachdem Planierarbeiten und durch schlechtes Wetter begünstigter Hangversturz eine Notbergung unumgänglich werden ließen.
Unter diesen befanden sich zwei beigabenführende Gräber, die hier vorgestellt werden sollen.
Zum einen handelt es sich um die Bestattung einer weiblichen Person, die von der Baggerschaufel bereits zur Hälfte zerstört worden war (Grab 1). Die Ost–West ausgerichtete Grabgrube hatte eine Breite von 0,7 m und eine noch intakte Länge von 1,0 m. Der Grubenrand wies zum Teil noch eine Auskleidung mit Steinen auf, eine Abdeckplatte war aber nicht vorhanden. Unter dem Skelett – von der Mitte der Oberschenkel abwärts mitsamt dem linken Unterarm und einem Finger der rechten Hand erhalten – befanden sich die Reste eines Totenbrettes.
Folgende Beigaben wurden geborgen:
– Am linken Unterarm ein schwerer, bronzener, offener Armreif, D. 7,5 cm (Taf. 41 C 1). – Am Finger der rechten Hand zwei Fingerringe aus dünnem Bronzedraht, D. 1,8 cm (Taf. 41 C 2).
– Entlang des linken Unterschenkels und Fersenbeines eine Riemenzunge aus Bronze mit drei Bronzenieten, L. 13 cm, B. 2,8 cm (Taf. 42,1). – Zwei quadratische Beschlagplatten aus Bronze am linken Unterschenkel mit vier Bronzenieten, L. 3,1 cm, B. 3,1 cm (Taf. 41 C 3). – Eine bronzene Riemenzunge mit drei Bronzenieten zwischen dem linken Fersenbein und dem rechten Unterschenkel, L. 13,0 cm, B. 3,0 cm (Taf. 42,3). – Eine trapezförmige Beschlagplatte aus Bronze mit drei Bronzenieten direkt im Anschluss an die Riemenzunge zwischen den Fersenbeinen, L. 3,2 cm, H. 2,8 cm (Taf. 42,5). – Eine ebensolche trapezförmige Beschlagplatte außen am rechten Unterschenkel, eine Niete ist herausgefallen (Taf. 42,6). – Eine bronzene Riemenzunge mit zwei Bronzenieten zwischen den Fersenbeinen, L. 9,7 cm, B. 1,5 cm (Taf. 42,7). – Ein adäquates Gegenstück, ebenfalls zwischen den Fersenbeinen, L. 9,6 cm, B. 1,5 cm (Taf. 42,8).

An der Außenseite des rechten Knies befanden sich organische Reste, die von einem Gürtelgehänge stammen könnten. Dabei lagen folgende Gegenstände:
– An zwei Bronzeringen zwei U-förmige Blechstreifen, vielleicht Randbeschläge einer Schwertscheide? (Taf. 43 A 1). – Ein eiserner Schlüssel an einem Eisenring, L. 14,0 cm, B. 0,9 cm (Taf. 43 A 2). – Ein weiterer Eisenring, D. 4,5 cm (Taf. 43 A 4). – Ein Bronzering, D. 3,0 cm (Taf. 42,4). – Ein Messer, L. 7,5 cm, B. 1,3 cm (Taf. 43 A 3). – Eine Riemenzunge aus Bronze mit zwei Nietlöchern, L. 3,5 cm, B. 0,9 cm (Taf. 42,2).

Abb. 39   Sulz am Neckar (Lkr. Rottweil) ‚Unter dem Gähnenden Stein',
Grab 6. Ohrring aus Bronze. M 2:3.

Auch das zweite, ebenfalls Ost–West ausgerichtete Grab (Grab 6) beinhaltete die Bestattung einer weiblichen Person. Die Grabgrube hatte eine Größe von 1,50 x 0,52 m und war von einer Trockenmauer umgeben, deren Nordseite gleichzeitig die Seitenwand eines weiteren Grabes bildete. Abdeckplatten ließen sich auch hier nicht nachweisen. Der Erhaltungszustand des Skeletts ist als äußerst schlecht zu bezeichnen, der Schädel wurde vollkommen zerdrückt vorgefunden. Links und rechts des Schädels befand sich jeweils ein großer Ohrring mit Ritzverzierung und Hakenverschluss aus Bronzedraht von 0,5 cm Stärke, D. 8,3 cm (Abb. 39; Taf. 43 B 1 u. 2).
Bei den restlichen acht Bestattungen wurden keine Beigaben gefunden. Alle Gräber hatten jedoch eine Auskleidung in Form eines Trockenmauerwerks. 1984 wurden im Zuge der Straßentrassierung vier weitere Gräber des späten siebten Jahrhunderts durch das Landesdenkmalamt freigelegt.
TK 7617 – Verbleib: RP Freiburg Ref. 25   A. Danner/R. Matull (A. Hanöffner)

W a n g e n   siehe **Illerrieden** (Alb-Donau-Kreis)

Mittelalter–Neuzeit

Aalen U n t e r k o c h e n (Ostalbkreis). D. Eberth entdeckte Ende der 1990er Jahre bei Begehungen der ‚Kocherburg' (vgl. Fundber. Baden-Württemberg 9, 1984, 279–288), 2 km O von Unterkochen, auf dem ‚Schloßbaufeld' an mehreren Stellen Hinweise auf Eisenverhüttung in Form von Schlacken- und Luppenteilen sowie Holzkohle, u. a. ca. 15 m hinter dem nördlichen Teil des oberen Abschnittwalls.
TK 7126 – Verbleib: ALM Rastatt   D. Eberth (C. Pankau)

A l t e n h e i m siehe **Neuried** (Ortenaukreis)

Balgheim (Lkr. Tuttlingen). Im Gewann ‚Hühneräcker' wurden im April 1999 in den Parz. 1282–1286 beim Verlegen von Rohren fünf mittelalterliche Scherben geborgen. Darunter ein Karniesrand und eine WS des 14. Jahrhunderts mit plastischer Leiste sowie ein flacher Standboden eines Topfes. Eine WS aus rotbraunem, hart gebranntem Ton besitzt eine vertikale plastische Fingerzwickleiste (Taf. 44 A).
TK 7918 – Verbleib: RP Freiburg Ref. 25   R. Berka (A. Hanöffner)

B i e t i n g e n siehe **Gottmadingen** (Lkr. Konstanz)

Breisach am Rhein H o c h s t e t t e n (Lkr. Breisgau-Hochschwarzwald). Im September 2006 wurde der Fund einer Kanonenkugel gemeldet. Laut dem Finder wurde die Kugel vor ungefähr 7 Jahren, also etwa 1999, bei Kanalarbeiten in Breisach-Hochstetten entdeckt. Die Fundstelle liegt in der Hochstetter Straße vor Haus Nr. 2 in jenem Straßenabschnitt, der Richtung Westen von der heutigen Haupttrasse abbiegt und in einen Feldweg ausläuft. Der Fund wurde in etwa einer Tiefe von 2 bis 3 m angetroffen. Die Kanonenkugel ist massiv aus Eisen gegossen und hat bei einem Durchmesser von 16 cm ein Gewicht von 14,4 kg. Die Gegend um Breisach gehörte in der frühen Neuzeit zu den heftig umkämpften Gebieten des so genannten oberrheinischen Kriegstheaters; eine Datierung in das 17./18. Jahrhundert ist daher anzunehmen.
TK 7911 – Verbleib: Privatbesitz   M. Strotz

Emmendingen (Lkr. Emmendingen). Das um 1158 im hinteren Tal des Brettenbachs gegründete Zisterzienserkloster Tennenbach (*Porta Coeli*/Himmelspforte) zählt zu den bedeutendsten Klöstern im mittelalterlichen Breisgau. Während wir durch das Mitte des 14. Jahrhunderts entstandene Güterbuch über den Besitz der Zisterze bestens unterrichtet sind, kennen wir kaum Quellen, die das Aussehen des wohlhabenden Klosters belegen.
Die aus Konvent und Wirtschaftstrakt bestehende Klosteranlage erfuhr mehrere Aus- und Umbauten. Die Kirche wurde 1210 vollendet. Ab dem 15. Jahrhundert kam es zu mehreren Zerstörungen und anschließendem Wiederaufbau: 1444 wurde Tennenbach von den Armagnaken verwüstet – das Kloster war über 30 Jahre unbewohnt –, 1525 verbrannte es im Bauernkrieg, 1632 und 1636 wurde es im Dreißigjährigen Krieg schwer zerstört. 1723 brannte die gesamte Klosteranlage außer der Kirche nieder, wurde aber wieder vollständig aufgebaut. Das Kloster wurde 1807 säkularisiert, 1813 nutzte man die leer stehenden Gebäude als Militärlazarett. 1829 wurde die Klosterkirche abgebaut und in Freiburg als protestantische Ludwigskirche wieder aufgebaut. Von der Klosteranlage existieren im Aufgehenden heute nur noch eine Kapelle und ein ehemaliges Wirtschaftsgebäude, das heutige Gasthaus zum Engel.

Abb. 40 Emmendingen (Lkr. Emmendingen). Luftbild des Klosters Tennenbach von Süden (L7812/112-01; 25.8.1991; Foto: O. Braasch). Im Wiesengelände zeichnen sich die Fundamente der Klosteranlage des 17. Jahrhunderts ab. Östlich die erhaltene Kapelle, im Süden das ehemalige Wirtschaftsgebäude (Gasthaus Engel). Westlich des Klosters liegt der untersuchte Geländestreifen 1991-100.

Bisher war der Grundriss des Klosters nur anhand zeitgenössischer Abbildungen vage bekannt. Luftbilder aus dem trockenen Sommer 1991 geben Aufschluss über die umfangreiche Klosteranlage mit ihren Nebengebäuden. Im Wiesengelände zeichnen sich die Mauerzüge als hellere Strukturen deutlich ab (Abb. 40).
Der Standort des ehemaligen Zisterzienserklosters Tennenbach ist seit 1984 in das Denkmalbuch eingetragen, was eine besondere Verpflichtung der Denkmalpflege bei der Überwachung aller Bodeneingriffe im fraglichen Bereich mit sich bringt. 1991 war geplant, eine Abwasserleitung zu verlegen, die von der nördlich liegenden Weihermatte kommend, auf einer Länge von etwas über 400 m das Gelände in Höhe der Brücke queren und westlich des Gasthauses zum Engel an die vorhandene Abwasserleitung anschließen sollte, somit das Klostergelände auf ganzer Länge durchschneiden. Erstmals wurde ein Bodeneingriff im Kloster Tennenbach archäologisch begleitet. Die von H. Rudolph durchgeführte Untersuchung trägt die Grabungsnummer 1991-100.
Ein 140 m langer und 13 m breiter abgeschobener Geländestreifen, der zahlreiche archäologische Strukturen beinhaltete, wurde intensiv beobachtet (Abb. 40). Ein Vergleich mit aussagekräftigen Luftbildern machte schon im Vorfeld deutlich, dass der Kernbereich des Klosters durch diesen Kanalgraben nicht tangiert werden würde. Der Aufschluss versprach jedoch Details zum wirtschaftlich genutzten Umfeld des Klosters zu erbringen. Die wesentlichen Befunde sind im Folgenden von Süden nach Norden beschrieben:
Insbesondere im Anschluss an die Brücke zeichnete sich in Profil 1 der älteste Baubefund ab (Abb. 41). Es war eine etwa Nord–Süd verlaufende Mauer (Abb. 41,4), deren Südende gerade abgemauert war. Die aus Buntsandstein aufgesetzte und mit Mörtel verbundene Mauer durchschnitt den gewachsenen Auelehm (Abb. 41,1). Südlich lagerte sich ein 1–3 cm starker Bauhorizont mit vielen Beimengungen von weißlich-hellgrauem Mörtel an das Mauerwerk an (Abb. 41,2.3). Dieser Befund

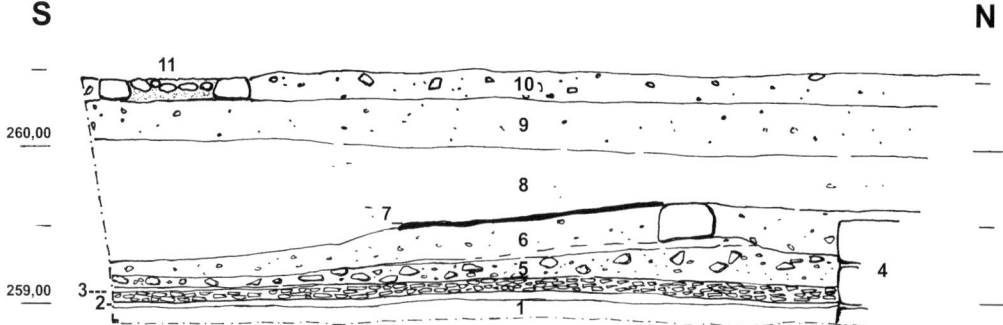

Abb. 41 Emmendingen (Lkrs. Emmendingen) Tennenbach. Profil 1 (S-Teil). 1 gewachsener Auelehm; 2.3 Bauhorizont; 4 Fundamentmauer eines spätmittelalterlichen Wirtschaftsgebäudes; 5–7 Abbruchhorizonte; 8–10 Auffüllschichten 17. Jahrhundert; 11 Weg. M 1 : 30.

war Teil eines wirtschaftlich genutzten Gebäudes aus der Frühzeit des Klosters im Westen der Klausur. Dieses Gebäude wurde – wohl nach seiner Zerstörung im Dreißigjährigen Krieg – systematisch abgebrochen, so dass lediglich noch die unteren drei Steinlagen erhalten blieben. Südlich lagerte sich der Abbruchschutt an den Mauerstumpf an (Abb. 41,5–7). Zuunterst lag eine bis zu 5 cm mächtige Schicht aus kleingeschlagenen, orangeroten Dachziegeln, überdeckt von einer 3–30 cm starken keilförmigen Lage Abbruchschutt mit Mörtel- und Steinbrocken. Schließlich folgte eine sandig-lehmige Auffüllung mit Mörtel- und Ziegelstücken, die über den Mauerstumpf hinweg zog. An ihrer Oberfläche konnte eine Brandschicht festgestellt werden.

Nach dem Abbruch des Gebäudes wurde das Gelände aufgefüllt (Abb. 41,8.9). Zunächst trug man eine 40–80 cm mächtige Schicht aus dunkelgrauem, altem Oberboden auf, der von etwa 50 cm starken Planierschichten überlagert wurde. Diese Geländeaufhöhung steht wohl im Zusammenhang mit dem Wiederaufbau des Klosters im 17. Jahrhundert, da in der obersten Planierschicht ein Weg zu erkennen ist (Abb. 41,11), der im Plan des Klosterbanns von 1759 eingezeichnet ist. Dieser Ost–West verlaufende Weg war 1 m breit und mit einem Katzenkopfpflaster versehen, das seitlich von Sandsteinen eingefasst war.

Im Planum des abschobenen Streifens wurde 30–35 m nördlich der Straße die Nordostecke eines etwa Nord–Süd orientierten Gebäudes angeschnitten. Seine Fundamente waren aus größeren Werksteinen aus Buntsandstein gesetzt.

Etwa 75 m nördlich der Straße konnten Strukturen eines weiteren, spätmittelalterlichen Gebäudes erfasst werden. Markantestes Zeugnis waren drei im Abstand von 4 m voneinander liegende quadratische Postamente oder Punktfundamente, die alle eine Seitenlänge von etwa 75 cm aufwiesen. 1,5–3 m nördlich davon wurde ein etwa 2 m breiter Streifen einer Abbruchschicht erfasst, die viele Fragmente von Backsteinen und Bodenfliesen sowie verziegelte, bis 5 cm große Hüttenlehmfragmente enthielt. Die Befunde lassen sich zusammenfassend als Überreste eines etwa 9 m breiten und mindestens 12 m langen Fachwerkbaus mit einer Reihe von Mittelstützen auf Punktfundamenten interpretieren. Das vermutlich als Scheune oder Speicher genutzte Gebäude ist nachweislich der verkohlten Hüttenlehmfragmente abgebrannt, darauf weist auch eine ausgedehnte Brandschicht südlich des Baus hin.

90 m nördlich der Straße wurde eine etwa Ost–West verlaufende Mauer erfasst. Sie war einschalig nach Süden versetzt und nur etwa 50 cm breit. Die aus Buntsandsteinen aufgesetzte Mauer, von der bis zu drei Lagen erhalten waren, war nach Norden gegen die Erde gesetzt. Die Mauer liegt in etwa auf der Flucht eines im Plan von 1759 verzeichneten Kanals. Das Fehlen der Gegenmauer widerspricht allerdings einer Deutung als Einfassung eines älteren Kanals. Eher handelte es sich um eine Terrassenstützmauer für das höher liegende Gelände im Norden.

Ca. 125 m nördlich der Straße wurde eine weitere Stützmauer erfasst. Die etwa Nord–Süd verlaufende, einschalig nach Westen versetzte Mauer bestand aus Buntsandsteinen.

Die Umfassungsmauer des Klosters wurde ca. 140 m nördlich der Straße angeschnitten. Die Ost–West verlaufende Mauer war zweischalig aufgebaut und 1,5 m breit. Die Mauerschalen bestanden aus grob bearbeiteten, lagig vermörtelten Buntsandsteinen. Die Schalenfüllung bestand aus kleinformatigen Steinen, die mit Mörtel vergossen waren.

In geringer Tiefe unter der Grasnarbe haben sich im Bereich des ehemaligen Klosters somit umfangreiche Baubefunde erhalten. Im untersuchten Bereich wurden mindestens drei Gebäude in Ausschnitten erfasst, die dem Wirtschaftshof des Klosters vor seiner Zerstörung im Spätmittelalter zuzurechnen sind. Sie waren bislang nicht belegt und auch auf dem bekannten Klosterplan nicht ausgewiesen. Zwei als Hangstützmauern der frühen Bauphase des Klosters zu interpretierende Befunde liegen im Bereich der im 18. Jahrhundert kartographisch erfassten Kanäle. Im Norden wurde die Umfassungsmauer des Klosters nachgewiesen.

Durch die Geländeaufhöhung im Zuge des Neubaus im 17. Jahrhundert zeichnen sich ältere Baustrukturen im Luftbild nicht mehr ab. Die gute Befunderhaltung im westlichen Randbereich lässt darauf schließen, dass die unterirdischen Baureste im Kernbereich des Klosters weitgehend intakt sind.

TK 7813 – Verbleib: ALM Rastatt   B. Jenisch

Endingen am Kaiserstuhl (Lkr. Emmendingen), ‚Bei der oberen Kirche 2'. Bei der Renovierung der Wallfahrtskirche St. Martin im Jahr 2002 wurden von Frau M. Michels (†) zwischen halbvergangenen, mit Mörtel bedeckten Holzbalken unterhalb des hölzernen Fußbodens zwei Kerzenständer aus glasierter Keramik gefunden, die ins 19. Jahrhundert zu datieren sind. Des Weiteren wurden aus derselben Fundstelle diverse Fragmente von Keramik des 19. Jahrhunderts, ein Stück Wandverputz, ein langer Eisennagel, ein Knochenfragment sowie diverse Glasfragmente unter denen sich auch der Boden eines kleinen Trinkglases befand, geborgen. Die Funde stehen mit einem Kirchenumbau in der Mitte des 19. Jahrhunderts in Zusammenhang.

TK 7812 – Verbleib: ALM Rastatt, Inv.-Nr. 2002-31   Ph. Sulzer (B. Jenisch)

Engen (Lkr. Konstanz). Die erste urkundliche Nennung des im Stadtkern von Engen gelegenen Krenkinger Schlosses erfolgte um 1400. Die älteste Bausubstanz reicht bis ins 12. Jahrhundert zurück. Das Schloss wurde im 16. Jahrhundert im Süden um einen Zwinger erweitert, dessen Unterkonstruktion dank einer senkrechten Kluft im karstigen Untergrund heute einsehbar ist. Unter dem Zwinger befindet sich eine Karsthöhle, deren diverse Klüften bereits im Mittelalter immer wieder mit Abraum von Vorgängerbauten der Burg verfüllt wurden. Diese Verfüllschichten erodierten durch die Sickerwässer und lagerten sich am Boden der Karsthöhle ab. In diesen Ablagerungen wurden bei einer Begehung der Höhle durch R. Berka datierbare Keramikbruchstücke geborgen (Taf. 44 B 1 u. 2). Es handelt sich hierbei um sechs Scherben von Geschirrkeramik aus grauer und roter Irdenware. Darunter sind Fragmente von Töpfen mit Kragenrand und von Dreibeintöpfen, deren älteste ins 14. Jahrhundert zurückreichen. Die jüngeren Scherben, aus einer regional typischen, klingend hart gebrannten Keramik, reichen ins 16. Jahrhundert. Aus diesem Material besteht auch eine Gluthaube, mit ca. 5 cm großen Löchern, die mit Fingerkniffen verziert sind (Taf. 44 B 3). Des Weiteren wurden Kügelchen von oolithischem Bohnerz gefunden. Die Datierung der Funde deckt sich mit dem aus Schrift- und Bildquellen erschlossenen Beginn der Umbauten im 16. Jahrhundert.

TK 8118 – Verbleib: ALM Rastatt, Inv.-Nr. 2006-34   Ph. Sulzer (B. Jenisch)

Forchheim (Lkr. Emmendingen). Siehe S. 847, Fdst. 1 (Latènezeit)

Freiburg im Breisgau. Im Nachlass Karl Hammel existiert unter anderem ein Fundkomplex mit Lesefunden aus der sogenannten Alten Universität (heute Bertoldstraße 17), der drei Fundkisten füllt. Eine der Kisten (Nr. 030010010000341588) enthält auch mittelalterliche bis frühneuzeitliche Funde aus der Predigerstraße, die von jenen aus der Alten Universität durch die Beschriftung „PR" geschieden werden können. Wie aus einem nicht publizierten Manuskript von U. Lobbedey hervorgeht, agierte Hammel in Freiburg vornehmlich in der ersten Hälfte der 1950er Jahre, wo er baubegleitend mehrere Fundstellen der damals noch von Kriegsschäden gezeichneten Stadt beobachtete. Die Fundstücke aus der Predigerstraße dürften daher, ohne dass nähere Angaben vorliegen, aus der Zeit um 1954 stammen, als die Ruinen des kriegszerstörten Vinzeniuskrankenhauses dem heutigen Verwaltungsbau der Sparkasse weichen mussten.

Im Mittelalter stand an dieser Stelle der Kern des Dominikaner- oder Predigerklosters, dem die Fundstücke zuzuordnen sind. Die Dominikaner waren nachweislich der erste Medikantenorden, der sich innerhalb der mittelalterlichen Stadtmauer Freiburgs niedergelassen hatte. Das ursprüngliche Klosterareal umfasste ein Gebiet, das zwischen der heutigen Merianstraße, Kleiner Friedrichring, Fahnenbergplatz und Unterlinden lag. Die heutige Predigerstraße existiert erst seit 1804, als die Freiburger Albert-Ludwigs-Universität als Rechtsnachfolger des 1790 säkularisierten Klosters den Besitz aufteilte und an verschiedene Privathände veräußerte. Letzte aufgehende Reste des Freiburger Predigerklosters, wie das Langhaus und Teile der Klausur, die sich in der Baustruktur des Vinzeniushauses erhalten hatten, wurden einhergehend mit dessen Abriss zerstört. Die aus dem Nachlass Hammel stammenden Scherben sind bis dato die ersten archäologischen Fundstücke. Es handelt sich dabei um zehn Gefäßkeramikbruchstücke aus roter, hart gebrannter Irdenware, die fein gemagert ist. Sämtliche Exemplare sind innen glasiert, wobei der Auftrag sowohl direkt auf den Scherben (Taf. 44 C 1.3–5 u. 9) als auch auf einer hellen, weißlichen Engobe erfolgen konnte. Bei letzteren Stücken ist die Glasurfarbe hellgrün (Taf. 44 C 2.6.8 u. 10) bzw. in einem Fall dunkelgrün (Taf. 44 C 7). Die Färbung der ohne Engobe aufgetragenen Glasuren ist entweder bei sattem Auftrag hellbraun (Taf. 44 C 5 u. 9) oder variiert zwischen einem dunklen olivgrün/-braun (Taf. 44 C 1.3 u. 4).

Unter den Fundstücken dominiert als Gefäßform der Dreibeintopf. Lediglich drei unterschnittene karniesartige Ränder sind Henkeltöpfen zuzuordnen (Taf. 44 C 1.2 u. 8), deren Datierungsspanne vom ausgehenden 14. Jahrhundert bis Anfang des 16. Jahrhunderts reicht.

Vier nach außen ausbiegende und horizontal bzw. leicht nach innen abgestrichene Ränder gehören zu Dreibeintöpfen (Taf. 44 C 3–5 u. 7). Die Randformen zeigen leichte Variationen. Während bei zwei Exemplaren der Rand nach innen kantig abgestrichen ist und eine deutliche Innenkehle erkennbar ist, fehlt den anderen beiden Stücken letztgenanntes Merkmal (Taf. 44 C 3 u. 7). In einem Fall ist zudem der Rand weich abgestrichen (Taf. 44 C 7), während im anderen Fall der Rand kantig umgeschlagen ist (Taf. 44 C 3). Die Merkmale der beiden letztgenannten Stücke stellen bereits jüngere Entwicklungen seit der zweiten Hälfte des 15. Jahrhunderts dar, während die anderen Randformen bereits seit dem Ausgehenden 14./erste Hälfte 15. Jahrhundert festzustellen sind. Sämtlich hier genannte Formen haben eine Laufzeit bis in die erste Hälfte des 16. Jahrhunderts.

Zu den jüngsten Ausformungen der Dreibeintöpfe gehören drei steilwandige Randstücke, die stark durch Rillen profiliert sind (Taf. 44 C 6.9 u. 10). Bei ihnen ist eine Datierung nicht vor der ersten Hälfte des 17. Jahrhunderts anzusetzen.

Das vorliegende Fundmaterial reicht nicht in die Frühzeit des Klosters zurück, das nach historischen Quellen seit den 30er Jahren des 13. Jahrhunderts existierte. Im Sommer 2007 soll das Sparkassengebäude nun seinerseits einem Neubau weichen, für den eine mehrstöckige Tiefgarage vorgesehen ist. Für die Denkmalpflege bietet sich hier die letzte Chance, archäologische Aufschlüsse über das älteste Kloster Freiburgs zu erhalten, eine Chance, die vor über 50 Jahren vertan wurde.

TK 8013 – Verbleib: ALM Rastatt M. Strotz

Gottmadingen Bietingen (Lkr. Konstanz). Bei Kanalisationsarbeiten 1995 im Ortsbereich zerstörte der Bagger Teile einer hölzernen Wasserleitung. Stark zerdrückte Fragmente eines Rohres wurden in Richtung der heutigen Straßenachse etwa in der Mitte der Straße erkannt. Es wurden keine Reste geborgen. Vermutlich handelt es sich um eine mittelalterliche Anlage.

TK 8218 J. Aufdermauer (A. Hanöffner)

Hochstetten siehe **Breisach am Rhein** (Lkr. Breisgau-Hochschwarzwald)

Hohberg N i e d e r s c h o p f h e i m (Ortenaukreis). Im Gewann ‚Zixenberg' der Gemeinde Niederschopfheim, etwa 200 m nördlich der Kreuzung von Haupt- und Alter Landstraße, springt eine Muschelkalkscholle in die Ebene vor, auf der sich ein Burgareal befindet. Im März 2005 barg H. Widera bei einer Begehung am Nordhang des Burghügels folgende Lesefunde: Einen Mönch-Nonne-Ziegel, ein Stück Hüttenlehm mit Stakenabdrücken, Fragmente grün glasierter mittelalterlicher Ofenkeramik, diverse mittelalterliche Keramikfragmente von glasierter Gebrauchskeramik und unglasierter roter Irdenware.
TK 7513 – Verbleib: ALM Rastatt, Inv.-Nr. 2005-91   Ph. Sulzer (B. Jenisch)

Kehl (Ortenaukreis). Im Mai 1995 wurde bei Aushubarbeiten in der Hauptstraße 2 (Flst. Nr. 3720, 3720/1) zum Neubau eines Bankgebäudes ein Teil der 1681–88 errichteten Vaubanbefestigung (Ravelin) angeschnitten. Südwestlich des Ost–West orientierten Befestigungsrestes trat ein weiterer, diesmal Nord–Süd verlaufender Mauerzug einer ca. 2,50 m breiten Schalenmauer zutage. Diese ist Teil einer älteren Befestigung des Brückenkopfes Kehl nach 1622. Zur Beschreibung der Baubefundes vgl. Archäologischer Stadtkataster Kehl, 41–43.

Am Schnittpunkt dieser beiden Festungswerke kam im verfüllten Grabenbereich eine eiserne Kreuzhacke des 17. Jahrhunderts zutage, die nicht eindeutig einer der beiden Phasen zugerechnet werden kann (Taf. 44 D). Die Hacke ist 30,5 cm lang und besitzt in der Mitte eine runde Tülle mit einem Innendurchmesser von 3,5 cm. Durch zwei Nagellöcher konnte die Hacke am hölzernen Stiel fixiert werden. Das obere Ende ist als 13,5 cm langer und bis zu 2,5 cm breiter Picke ausgebildet, während das untere Ende zu einem 12,5 cm langen und 7 cm breiten quer geschäfteten Blatt mit leicht gerundeter Schneide ausgeschmiedet ist. Das Werkzeug diente zur Lockerung und zum Lösen insbesondere schwerer Böden, um das Material dann wegschaufeln zu können. Kreuzhacken dieser Art fanden bei Pionieren bzw. Sapeuren im 17. Jahrhundert Verwendung, um Schanzgräben anzulegen oder wie in Kehl eine Festung zu errichten.
Lit.: B. Jenisch, Kehl. Archäologischer Stadtkataster Baden-Württemberg 25 (Esslingen 2004).
TK 7412 – Verbleib: RP Freiburg, Ref. 25   B. Jenisch

Kirchzarten Z a r t e n (Lkr. Breisgau-Hochschwarzwald). Eine Begehung im Gewann ‚Fischerrain' durch H. Kaiser lieferte eine Anzahl von Scherben aller Zeiten, darunter eine grautonige BS des Wackelbodens eines Kochtopfes.
TK 8013 – Verbleib: RP Freiburg Ref. 25   H. Kaiser (A. Hanöffner)

K ö n d r i n g e n siehe **Teningen** (Lkr. Emmendingen)

Konstanz. 1. Bei Kanalisationsarbeiten in der Kanzleistraße wohl 1994 wurde von Frau I. Boecker aus dem Bauaushub eine Buntmetallschnalle geborgen (Abb. 42). Das Stück mit einer Länge von 2,0 cm und einer Breite von 2,5 cm gehört zu den D-förmigen Typen mit spitz ausgezogener Dornrast und dürfte in die Zeit vom 12. bis 14. Jahrhundert einzuordnen sein.
TK 8321 – Verbleib: ALM Rastatt   R. Röber

2. Von Herrn M. Beck stammen einige Funde, die aus einem Baumwurf mitten im Parkgelände des Büdingenareals geborgen wurden. Unter diesen ragt ein zwischen 1359 und 1378 in Pavia geprägter Pegione hervor (Bestimmung Dr. H. Derschka, Konstanz). In diesen Zeitrahmen passt auch das übrige Fundmaterial, das einige Tierknochen, etwas Schiefer und Fensterglas sowie ein größeres Fragment einer rot engobierten Bügelkanne und einen Grapenrand umfasst. Da dieses Freigelände in absehbarer Zeit bebaut werden soll, wird im Vorfeld eine archäologische Untersuchung notwendig sein, um die Frage der Besiedlungsgeschichte dieses am Rand des Dorfs Petershausen liegenden Grundstücks zu erhellen.
TK 8321 – Verbleib: ALM Rastatt   R. Röber

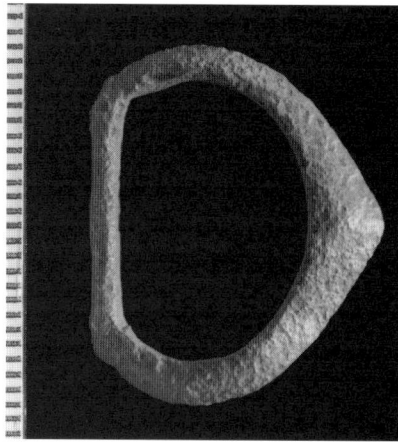

Abb. 42   Konstanz. Fdst. 1. D-förmige Buntmetallschnalle. Ohne Maßstab.

3. Ein bisher als Hinterhof genutztes Grundstück an der Oberen Laube 77 in Konstanz sollte mit einem Wohnhaus überbaut werden. Das Areal bildet den rückwärtigen Bereich eines zur Hussenstraße orientierten Grundstückes. Die Hussenstraße ist die Nord-Süd-Achse der Altstadt, die Obere Laube folgt dem westlichen Verlauf der hochmittelalterlichen Stadtmauer. Das Grundstück verbindet also zwei markante Gliederungselemente der mittelalterlichen Stadttopografie. Es wurde wahrscheinlich im dritten Viertel des 13. Jahrhunderts in die ummauerte Stadt einbezogen.

Während der von August bis Oktober 2004 währenden Grabung wurde ein Südost–Nordwest gerichteter, 13 m langer und 5,50 m breiter Streifen ergraben. Dabei gelang es vor allem, im Nordwesten die mittelalterliche Stadtmauer zu lokalisieren. Diese wurde unmittelbar unter der modernen Hofbefestigung auf etwa 400,50 m NN angetroffen und bis auf eine Tiefe von 398,52 m NN freigelegt. Die Unterkante des Fundaments wurde jedoch nicht erreicht. Die Mauer war in der in Konstanz üblichen Technik errichtet, zwei aus einer unregelmäßigen Folge lagerecht gesetzter Wacker- und Sandsteine unterschiedlicher Größe aufgemauerte Schalen wurden mit Gussmauerwerk gefüllt. Die Schalen waren zum Teil ausgebrochen, die erhaltene Mauerbreite betrug zwischen 1,10 und 1,40 m. Das erhaltene Stück war bis zur festgestellten Tiefe verputzt. Da die Konstanzer Stadtmauerfundamente in den untersten Schichten üblicherweise aus einigen Lagen unvermörtelt gesetzter Wackersteine bestehen, ist davon auszugehen, dass die Mauer noch mindestens 60 cm tiefer reicht.

Nach dem Bau der Mauer wurde das Gelände stadtseitig um bis zu 1,50 m durch Aufplanierungen erhöht. In diesen Schichten fand sich umgelagert ältere Keramik des 12. und 13. Jahrhunderts, die durch reduzierend gebrannte Topffragmente mit Wellenbandverzierung auf der Schulter sowie Becherkachelreste repräsentiert werden. In die Planierschichten waren ein Ofen, Feuerstellen und Abfallgruben des ausgehenden Mittelalters und der frühen Neuzeit eingetieft. Des Weiteren fanden sich mehrere Mauerstücke, die als Reste von leichten Hinterhofbauten zu interpretieren sind. Eine Erschließung des ansonsten unbefestigten Hinterhofes ermöglichte ein Kiesweg von etwa 50–70 cm Breite, der vom Ostrand der Grabung leicht gebogen nach Westen zog und spätestens bei der Anlage einer Grube, die mit Gefäßkeramik und Ofenkacheln des 15. bis 17. Jahrhunderts verfüllt war, außer Funktion geriet. Anfangs- und Endpunkt des Weges waren durch Störungen und moderne Überbauung nicht mehr feststellbar.

Als weiterer Befund ist eine Abwasserleitung zu erwähnen, die über eine Länge von sechs Metern festgestellt werden konnte. Der höchste Punkt lag etwa einen Meter vor der nördlichen Grundstücksgrenze in der Mitte der östlichen Grabungshälfte. Von hier aus fiel die Leitung nach Osten und nach Westen ab. Das Gefälle betrug gut drei Prozent (10 cm auf drei Meter). Der Verlauf der Leitung war nach Westen parallel zur Grundstücksgrenze ausgerichtet, nach Osten bewegte sie sich in einem 30-Grad-Winkel von dieser fort. Unterschiedlich war auch die Konstruktion. Vom Ostteil wurde eine etwa 40 cm breite Steinschüttung festgestellt, die aus Kieselsteinen, kleinen Wacken und Ziegelsteinen gebildet wurde und die sich im Profil ringförmig um eine humose Verfüllung schloss, wohl der Rest einer Holzleitung. Im Westen dagegen wurden aus je zwei gegeneinander gestülpten Hohlziegeln Leitungssegmente gebildet, die gegen das Gefälle ineinander verschoben wurden und so ein geschlossenes Leitungsrohr bildeten. Die hohe Lage des Scheitelpunktes (ca. 400,50 m NN) deutet darauf hin, dass es sich um eine Anlage handelt, die Regenwasser von einem Fallrohr aufnehmen sollte. Damit wäre hier ein Hinweis auf eine ehemals vorhandene Hinterhofbebauung gegeben. Wegen der Lage des Ableitungsrohres müsste diese dem nördlichen Nachbargrundstück zugeordnet werden.

Im 17. Jahrhundert erhielt die Stadt ein modernes Befestigungssystem mit vorgelagerten Bastionen. Offenbar wurde nun die Notwendigkeit nicht mehr empfunden, die mittelalterliche Stadtmauer zu unterhalten. Einen Hinweis auf eine beginnende Zerstörung der Mauer gab ein rechteckiger, etwa 1,10 auf 1,30 m großer Anbau auf der Mauerinnenseite, bei dessen Anlage die äußere Mauerschale zum Teil ausgebrochen und die Mauer unterhöhlt wurde. Der Anbau war mit gegen die Grubenwand gesetzten und vermörtelten Sand- und Wackersteinen verkleidet. Die Verfüllung wurde bis auf ein Niveau von 399,80 m NN ausgenommen. Sie enthielt vor allem Gefäßkeramik und Ofenkacheln des 16. und 17. Jahrhunderts. Der Zweck des Anbaus ist unklar. Eine Latrine wäre denkbar, doch gibt es außer der Lage am Rand des Grundstücks keinen Beleg für eine solche These. Eine Entsorgungseinrichtung legt der Durchlass unter der Mauer nahe. Auf diese Weise konnte man das Grundstück zwar vorschriftswidrig, aber jedenfalls auf die einfachste Weise von flüssigem oder halbflüssigem Unrat befreien.

Die Funde entsprechen dem durchschnittlichen städtischen Standard im Konstanz der Frühneuzeit. Gefunden wurde fast ausschließlich lokal produzierte Ware. Dies lässt sich zumindest für einige Fragmente von Tapetenkacheln belegen, die durch ihr Muster eindeutig der Produktpalette der von etwa 1650 bis mindestens 1683 in Konstanz arbeitenden Töpferei Vogler zugewiesen werden können.

Die Nutzung des ausgegrabenen Geländes muss im Zusammenhang mit dem Haupthaus an der Hussenstraße gesehen werden. Dieser rückwärtige Teil wurde offenbar vor allem als Entsorgungsplatz von Abfall, vielleicht auch von Fäkalien genutzt. Da Hinweise auf eine Bebauung nur schwach vorliegen, gab es wohl nur Bauten von geringerem Format und Ausführung, die flexibel den Erfordernissen der jeweiligen Bewohner des Haupthauses angepasst wurden.

TK 8321 – Verbleib: ALM Rastatt   J. Fesser

Neuhausen auf den Fildern (Lkr. Esslingen). 1. In einer Baugrubenwand an der Ecke Haldenweg 2/Kapellenweg am südwestlichen Ortsrand beobachtete M. Hoch im Oktober 1998 zwei Gruben im Profil. Eine der Gruben konnte näher untersucht werden. Ihre graue Verfüllung zeichnete sich im anstehenden gelben Lehm deutlich ab. Zu erkennen waren viele z. T. große Holzkohleeinschlüsse sowie einige Hüttenlehmfragmente. An Funden konnten einige wahrscheinlich metallzeitliche Scherben geborgen werden. Der Fundplatz war zuvor nicht bekannt. In den südlich anschließenden Streuobstwiesen Richtung Horber Wald wurden immer wieder in den Maulwurfshügeln kleine vorgeschichtliche Scherben gefunden.

TK 7321 – Verbleib: ALM Rastatt   M. Hoch (C. Pankau)

2. Siehe S. 841 f., Fdst. 3 (Urnenfelderzeit)

Neuried A l t e n h e i m (Ortenaukreis). Im ehemaligen Gewann ‚Rohrburg' der Gemarkung Altenheim finden sich die Überreste einer Niederungsburg, die an der Schutter gelegen war. Das Areal, welches sich ca. 2 km NO der Ortsgrenze von Altenheim befindet, deckt sich zum größten Teil mit dem heutigen Gewann ‚Reineckische Hanfbühn'. Bei einer Begehung des Burghügels im April 2005 wurden durch H. Widera folgende Oberflächenfunde geborgen: Mittelalterliche Keramikfragmente aus teilweise glasierter Irdenware, ein Fragment elsassischen Faststeinzeugs, ein Becherkachelfragment, ein Glasfragment, ein Bleiartefakt (wohl eine Bleimuffe) sowie diverse Bruchstücke von Dachziegeln verschiedener Formen.

TK 7513 – Verbleib: ALM Rastatt, Inv.-Nr. 2005-92   Ph. Sulzer (B. Jenisch)

Niederschopfheim siehe **Hohberg** (Ortenaukreis)

Offenburg (Ortenaukreis). 1. Am 17. 6. 2004 wurde bei Kanalisationsarbeiten mitten im Straßenzug der Glaserstraße (Höhe Glaserstr. 4) von J. Schrempp eine Grube im S-Profil der Baugrubenwand beobachtet. Die Ausdehnung konnte nicht ermittelt werden (mindestens 2,5 m O-W-Ausdehnung); die Ostwand fiel wannenförmig flach zur Sohle ab. Die Sohle mit grün-mineralischen Ausfällungen lag in einer Tiefe von 1,4 m unter Straßenniveau. Die Verfüllung bestand aus feuchtem, dunkelgrauem, dichtem, tonigem Lehm. Einige kleine Keramikscherbenfragmente (13./14. Jahrhundert) konnten geborgen werden.

TK 7513 – Verbleib: Magazin des Museums im Ritterhaus Offenburg   J. Schrempp

2. Bei Erdarbeiten bei einem Parkplatz, Nähe Kittelgasse Nr. 18 dokumentierten B. Schärger, J. Schrempp und S. Löggler eine ca. 1,5 m lange, ovale, im Schnitt wannenförmige Grube, die unter einer neuzeitlichen Planie zum Vorschein kam. Der Form nach dürfte es sich um eine Lehmentnahmegrube handeln. Neben Mörtel- und Ziegelstücken fanden sich zahlreiche Keramikfragmente und teilweise komplett erhaltene engobierte Pilzkacheln und grün glasierte Napfkacheln des Spätmittelalters.

TK 7513 – Verbleib: Magazin des Museums im Ritterhaus Offenburg   J. Schrempp

3. Im Rahmen eines großflächigen Tiefgaragenbaus auf dem Marktplatz in der Offenburger Altstadt wurde im Voraus der nördliche Teil durch das LDA Freiburg archäologisch untersucht; die Erdarbeiten im Süden des Areals wurden baubegleitend zwischen August 2002 und Juni 2003 von J. Schrempp beobachtet. Durch das rasche Ausheben des knapp 4000 m² großen südlichen Areals konnten ausschließlich tiefer in den anstehenden Löss reichende Befunde dokumentiert und Fundmaterial geborgen werden. Die Sohle der Baugrube lag in einer Tiefe von ca. 9 m unter Straßenniveau. Der anstehende Verwitterungs-Lößlehm war mit Ausnahme einiger Bereiche bis auf wenige Dezimeter in nachrömischer Zeit abgetragen abgetragen worden. Einen Großteil der 35 dokumentierten Befunde bilden neuzeitlich verfüllte Brunnenschächte, ferner spätmittelalterliche und neuzeitliche Latrinen und römische Befunde. Eine Bearbeitung der Fundmengen steht jedoch noch aus.

Mittelalterliche Befunde: Verstreut über die gesamte Baugrube konnten fünf Latrinen (Bef. 1, 4, 20, 21, 32) des 13.–14. Jahrhunderts dokumentiert werden. Keiner der Befunde reichte tiefer als 4,5 m unter das Straßenniveau. Alle Latrinen zeichneten sich durch eine leichte bis starke mineralisch-grüne Ausfällung im Sohlenbereich aus. Aus der ältesten Latrine (Bef. 21) konnten drei komplette Keramiktöpfe (nachgedrehte, grobgemagerte Ware, schulterbetont, rollrädchendekoriert, Leistenrand) geborgen werden. Im Südwesten der Baugrube wurde in einer Latrine (Bef. 1) eine ca. 8 cm hohe, weißtonige, modelgepresste Figur einer Maria lactans gefunden; die Keramik dieser Latrine (massive Karnisränder, Schulterriefen) wird ins 14. Jahrhundert datiert. Im Nordwesten wurde eine Latrine (Bef. 32) angeschnitten, aus der eine kleine, komplett erhaltene, außen grün glasierte Kanne mit konisch zulaufender Tülle und gegenüberliegendem Henkel stammt. Ein (unverschalter) Brunnen, den man im 15. Jahrhundert mit Bauschutt und Keramik verfüllte, wurde im Süden dokumentiert.

Neuzeitliche Befunde: Insgesamt befanden sich auf dem untersuchten Areal 16 Brunnen, die als kreisrunde, unverschalte Schächte deutlich tiefer als 9 m unter Straßenniveau reichten (Bef. 10–17, 19, 23, 24, 26, 28, 31 u. 35) und welche in der frühen Neuzeit (16./17. Jahrhundert) mit Erde, Bauschutt und Keramik verfüllt wurden, bzw. als Latrinen dienten. Die meisten Brunnenschächte konnten nicht vollständig untersucht werden, jedoch entnahm man zur Datierung der Verfüllung wenige

Keramik- und Glasfragmente. Große Mengen an Fundmaterial beinhaltete der Brunnen Bef. 31, darunter einige komplett erhaltene Keramik- und Glasgefäße des 16. Jahrhunderts. Auffällig war eine Reihung von Brunnen (Bef. 11–17, 23, 31) im Nordwesten, die keine Parallelen zu Baustrukturen in diesem Stadtviertel aufweisen. Zwei neuzeitliche Latrinen lagen im Osten nahe dem Rathaus.
Siehe auch Römerzeit, Fdst. 2, S. 859.
TK 7513 – Verbleib: Magazin des Museums im Ritterhaus Offenburg   J. Schrempp

4. Am 27.1.2000 wurde von J. Schrempp nordöstlich des Hauses Nr. 20 bei Erdarbeiten in der Schlossergasse unter einer neuzeitlichen Planie eine graue Lehmschicht, deren Sohle aus einer dünnen, schwarzen Schicht bestand, dokumentiert.
Wenige Keramikfragmente (Ofenkachel, Gefäßkeramik aus dem 13./14. Jahrhundert) und Tierknochen konnten aus der grauen Lehmschicht geborgen werden.
TK 7513 – Verbleib: Magazin des Museums im Ritterhaus Offenburg   J. Schrempp

Reichenau W a l d s i e d l u n g (Lkr. Konstanz). Von Herrn Pecher wurde dem Verfasser eine 5,7 cm hohe, 5,2 cm breite und 2,7 cm dicke Applike einer menschenähnlichen Maske zur Begutachtung übergeben, die aus modernen Aufschüttungen zutage kam (Abb. 43). Der Kopf besitzt runde Backen sowie kräftig ausgeprägte Nase und Kinn. Augen und Lippen sind durch wulstige Striche gezeichnet. Die Haare fallen fransenartig in die Stirn, zu den Seiten endet die Frisur an den anatomisch viel zu hoch angebrachten Ohrmuscheln. Die Bereiche von den Ohren hinab bis unter das Kinn sind mit Ton verstrichen, der zum Angarnieren benutzt wurde.
Die Maske besteht aus oxidierend orange gebranntem Ton und weist eine rote Engobe auf, die an etlichen Stellen abgestoßen ist. Der Ton ist sehr sandig mit einem hohen Anteil an Glimmer. Orange

Abb. 43   Reichenau W a l d s i e d l u n g (Lkr. Konstanz). Applike. M 1:1.

brennender Ton und Engobe sind in dieser Gegend typische Kennzeichen von Bügelkannen. Diese sind in der Regel unverziert, aus Konstanz sind nur zwei Exemplare mit Auflagen bekannt geworden. Ein sehr fragmentarisches Stück aus der Grabung Wessenbergstraße/Katzgasse trägt neben einer fünfblättrigen Rosette ein Gesicht mit einfach gestalteten Zügen (Abb. 44), das sich in der Machart deutlich von dem Reichenauer Fund abhebt. Zwar ist das Gesicht ebenfalls mit einem Model geformt, aber im Nachhinein noch stark überarbeitet. Ähnlicher ist dagegen eine Gesichtsauflage bei einer Kanne von der 2002/2003 durchgeführten Grabung im rechtsrheinisch gelegenen Konstanz Petershausen (Abb. 45). Diese kam in einem Areal zu Tage, das dem ehemals westlich des Klosters

Abb. 44 Reichenau W a l d s i e d l u n g (Lkr. Konstanz). Bügelkanne. Ohne Maßstab.

situierten Unterdorf zugewiesen werden kann. In vergleichbarer Weise sind hier Augen und Mund gestaltet, und auch die Ohren sitzen ähnlich hoch am Kopf. Trotz ihrer Ähnlichkeit dürften die Stücke nicht von einer Hand oder aus einer Werkstatt stammen. Dagegen spricht die auffallend dichte Sandmagerung des Reichenauer Fundstücks, die in Konstanz keine Parallelen hat und eher auf eine Fertigung an einem anderen Ort am Bodensee hindeutet.

Diese Masken kommen an den Konstanzer Gefäßen kombiniert mit anderen Auflagen wie Wappen oder Blüten vor, so dass der dekorative Aspekt ausschlaggebend für die Anbringung gewesen

Abb. 45 Reichenau W a l d s i e d l u n g (Lkr. Konstanz). Bügelkanne. M ca. 1:3.

sein dürfte. Das Stück von der Reichenauer Waldsiedlung wird ebenso wie die anderen beiden menschengestaltigen Appliken in die zweite Hälfte des 13. beziehungsweise in das 14. Jahrhundert gehören.

TK 8320 – Verbleib: Privatbesitz R. Röber

St. Märgen (Lkr. Breisgau-Hochschwarzwald). 1. H. Maus (†) barg 1979 im Gewann ‚Glasberg' südlich des Glasberghangs bis zum Ufer des Glaserbaches eine Reihe von Lesefunden, welche die Fläche als ehemaligen Standort einer Glashütte auszeichnen. So erbrachte die Fundstelle Bruchstücke feinkörnigen Sandsteins mit anhaftendem amethystfarbenen, blauem, grünem und farblosem Glasfluss, schlackige, zum Teil sehr schaumige, dunkelgraue Glasgalle, hellgrünes, dunkelgrünes und braunes Rohglas. Neben farblosem und grünem Hohlglas konnten 0,5–2 mm starkes hell-, dunkelgrünes und farbloses Tafelglas sowie hellgelbgrüne und hellgrüne Butzenscheibenfragmente von 10–11 cm Durchmesser geborgen werden.
Literatur: H. Maus/B. Jenisch, Schwarzwälder Waldglas. Glashütten, Rohmaterial und Produkte der Glasmacherei vom 12.–19. Jahrhundert. Alemannisches Jahrbuch 1997/1998, bes. 449.
TK 7914 – Verbleib: ALM Rastatt, Inv.-Nr. 1979-20 Ph. Sulzer (B. Jenisch)

2. Bei einer Begehung des Bereichs zwischen der Landstraße nach Furtwangen und dem Glaserbach auf Höhe des Scheibenfelsens im Gewann ‚Altglashütte' im Jahr 1995 stellte H. Kaiser durch zahlreiche Lesefunde den Standort einer frühneuzeitlichen Glashütte fest. Das Areal hat eine Maximalausdehnung von 100 m in N-S-Richtung und deckt die Fläche zwischen Glaserbach und Landstraße in voller Breite ab. Zu den sämtlich ins 17. Jahrhundert und jünger datierten Funden zählen ein gläsernes Spinnwirtelfragment (Abb. 46), eine kobaltblaue Glasnuppe, diverse Stücke Glasproduktionsabfall in Tropfen- und Stabform, mehrere Glasscherben unterschiedlicher Funktion und Zeitstellung sowie diverse Fragmente tönerner Glasschmelztiegel. Des Weiteren fanden sich ein Pfeifenkopffragment sowie Pfeifenschaftfragmente aus Ton, eine tönerne Murmel und Glasknöpfe jüngerer Zeitstellung.
TK 7914 – Verbleib: ALM Rastatt, Inv.-Nr. 2006-37 Ph. Sulzer (B. Jenisch)

Abb. 46 St. Märgen (Lkr. Breisgau-Hochschwarzwald) ‚Altglashütte'. Gläsernes Spinnwirtelfragment des 17. Jahrhunderts. Dm. ehem. 2,5 cm.

Teningen K ö n d r i n g e n (Lkr. Emmendingen). Am östlichen Ortsrand von Köndringen, im Gewann ‚Bürgle'/‚Alte Burg', zwischen Landecker- und Mundingerweg, befindet sich ein Burgareal aus dem Mittelalter. Im Juli 2004 fand H. Widera bei einer Feldbegehung auf dem Plateau der Burgstelle in den frisch angelegten Rebflächen folgende Objekte: Scherben mittelalterlicher Keramik, darunter nachgedrehte und scheibengedrehte Irdenware, Eisennägel, ein Glasfragment sowie ein Bleisenkel und eine Bleischeibe.
TK 7812 – Verbleib: ALM Rastatt, Inv.-Nr. 2006-36   Ph. Sulzer (B. Jenisch)

U n t e r k o c h e n siehe **Aalen** (Ostalbkreis)

Vörstetten (Lkr. Emmendingen). Etwa 800 m nördlich des Ortsrands von Vörstetten finden sich, unter anderem im Distrikt ‚Untere Wald' und dem Gewann ‚Langer Brunnacker' die Reste der Wüstung ‚Thirmendingen'. Auf dem Areal dieser mittelalterlichen Siedlung barg P. Pietsch im Jahr 2004 bei einer Begehung 13 spätmittelalterliche Keramikscherben aus roter und grauer Irdenware.
TK 7913 – Verbleib: ALM Rastatt, Inv.-Nr. 2006-29   Ph. Sulzer (B. Jenisch)

W a l d s i e d l u n g siehe **Reichenau** (Lkr. Konstanz)

Z a r t e n siehe **Kirchzarten** (Lkr. Breisgau-Hochschwarzwald)

Fundstellen und Funde unbestimmten Alters

Blumberg Riedböhringen (Schwarzwald-Baar-Kreis). P. Revellio führte in den 1920er Jahren Sondagegrabungen auf dem ‚Bürglebuck' durch, welche Befunde aus dem Jungneolithikum und der Latènezeit ergaben. Im Bereich der alten Grabungsschnitte von Revellio wurde 1992 ein ca. 7,5 x 5 cm großes Bruchstück eines Mahlsteins aus Buntsandstein aufgelesen. Leider wurde der Name des Finders nicht vermerkt.
TK 8117 – Verbleib: RP Freiburg Ref. 25   A. Hanöffner

Bohlingen siehe **Singen (Hohentwiel)** (Lkr. Konstanz)

Bopfingen Härtsfeldhausen (Ostalbkreis). Bei einer Begehung des Waldgebiets ‚Schnallenberg', ca. 450 m SW von Härtsfeldhausen, entdeckte R. Krause im Oktober 2002 zusammen mit dem Revierförster A. Braun eine bisher unbekannte Grabhügelgruppe. Zu dieser gehören mindestens sieben kleine Grabhügel, die sich dadurch auszeichnen, dass sie – wie viele andere Grabhügel in der Umgebung – aus Weißjurakalksteinen aufgeschüttet sind.
TK 7128   R. Krause (C. Pankau)

Ehrenkirchen Ehrenstetten (Lkr. Breisgau-Hochschwarzwald). 1988 fand H. Wagner bei der Begehung des Hangschuttes unterhalb der ‚Grottenburg' auf dem Gewann ‚Ölberg' einen Splitter eines graubraunen Gesteines (Quarzit?) mit Resten einer Kantenretusche. Durch die Lage im Hangschutt ist von einer Umlagerung des Fundes entweder aus den Höhlen und Felsnischen oder von der Ringwallanlage auszugehen.
Eine Begehung der Wallanlage im Frühjahr 1989 erbrachte einige klein fragmentierte Reste vorgeschichtlicher Grobkeramik und einen geschliffenen Sandstein, vermutlich ein Läufer einer Handmühle. Des Weiteren wurden mittelalterliche und neuzeitliche Scherben aufgesammelt.
TK 8012 – Verbleib: RP Freiburg Ref. 25   H. Wagner (A. Hanöffner)

Ehrenstetten siehe **Ehrenkirchen** (Lkr. Breisgau-Hochschwarzwald)

Forchheim (Lkr. Emmendingen). 1. Auf dem Gewann ‚Gruben unter dem Mühlweg' zeigt eine Luftaufnahme (L7912/110) einige unbestimmte dunkle Verfärbungen. Eine Feldbegehung durch H. Stöckl am 19.2.2000 ergab in einem Bereich von 50 m Durchmesser ein mittelalterliches oder neuzeitliches Dachziegelfragment sowie drei kleine vorgeschichtliche Wandscherben, davon zwei augithaltig und eine mit Sand- und Glimmermagerung.
TK 7812 – Verbleib: RP Freiburg Ref. 25   H. Stöckl (A. Hanöffner)

2. Am 21.2.2001 fand H. Stöckl im Gewann ‚Hardererhag' an einem leicht nach Südosten abfallenden Hang zwei einzelne Wandscherben, offensichtlich von prähistorischer Grobkeramik. Die eine weist eine dichte Augitmagerung auf, die andere hat viele Quarz- und Feldspatanteile.
TK 7812 – Verbleib: RP Freiburg Ref. 25   H. Stöckl (A. Hanöffner)

3. Eine Luftaufnahme (L7912/049-04) zeigt auf einem Feld im Gewann ‚Hirschacker' vier ausgedehnte dunkle Flecken. Dort fand H. Stöckl am 1.4.2000 einen Schlagrest von einem weiß-grauen Muschelkalkhornstein, sowie eine augithaltige vorgeschichtliche WS. Außerdem wurden acht WS

und ein Henkelfragment von grauer und orangeroter unglasierter, allem Anschein nach mittelalterlicher Gebrauchskeramik aufgelesen.
TK 7812 – Verbleib: RP Freiburg Ref. 25 H. Stöckl (A. Hanöffner)

4. H. Stöckl fand 1998 im ‚Jägerpfad im Boden' ein Buntsandsteinbruchstück mit einer geglätteten Fläche und einer gegenüberliegenden gepickten Fläche. Das Stück ist als Fragment eines vorgeschichtlichen Reibsteines anzusprechen.
TK 7812 – Verbleib: RP Freiburg Ref. 25 H. Stöckl (A. Hanöffner)

5. Am 25.2.1996 und am 7.3.2001 führte H. Stöckl Feldbegehungen im Gewann ‚Murath' durch. Auf einer ebenen Ackerfläche konnte er an drei verschiedenen Stellen Funde aufsammeln.
Fundstelle a: zwei RS und eine WS von dünnwandigen Töpfen, alle unglasiert. – Eine RS eines Topfes mit stark ausgewitterter Kalkmagerung (Taf. 45 A), vermutlich mittelalterlich.
Fundstelle b: Buntsandsteinfragment mit einer planen Schleiffläche und einer konvexen Unterseite. Vermutlich handelt es sich um ein Fragment eines vorgeschichtlichen Mahlsteines.
Fundstelle c: zwei WS vorgeschichtlicher Keramik.
Siehe auch S. 856 (Römerzeit).
Ca. 200 m nördlich liegt eine Fundstelle der Bandkeramik.
TK 7812 – Verbleib: RP Freiburg Ref. 25 H. Stöckl (A. Hanöffner)

6. Eine Feldbegehung im Gewann ‚Niemandsplätzle' am Südhang einer flachen Erhebung erbrachte etwa 1998 zwei vorgeschichtliche WS mit grober (Quarz-)Sandmagerung, die an der gesamten Oberfläche der Scherbe hervortritt.
TK 7812 – Verbleib: RP Freiburg Ref. 25 H. Stöckl (A. Hanöffner)

7. Bei der Verlegung einer Trinkwasserleitung im Gewann ‚Ob dem Mühlweg' (Lgb.-Nr. 5013) wurde westlich des Weges auf einem 6 m breiten Streifen der Humus abgeschoben. H. Stöckl las dort am 6.3.2003 zwei vorgeschichtliche WS auf.
TK 7812 – Verbleib: RP Freiburg Ref. 25 H. Stöckl (A. Hanöffner)

8. Entlang einer tiefer gepflügten Stelle zwischen zwei Äckern im Gewann ‚Rebacker' wurden von H. Stöckl am 30.1.2001 einige Funde aufgelesen. Von Bedeutung ist lediglich eine vorgeschichtliche Wandscherbe eines handaufgebauten Gefäßes aus relativ hart gebranntem dunkelgraubraunem Ton mit glatter Oberfläche; Magerungszusätze sind keine erkennbar. An dieser Stelle hatte der Finder bereits im Vorjahr eine Anzahl latènezeitlicher Scherben aufgesammelt (siehe Fundber. Baden-Württemberg 28/2, 2005, 170 Fdst. 2). Die Fundstelle ist auch auf einem Luftbild (L7912/026-2) als Ansammlung mehrerer dunkler Stellen erkennbar.
TK 7812 – Verbleib: RP Freiburg Ref. 25 H. Stöckl (A. Hanöffner)

9. Am 23.3.1986 wurde das Gewann ‚Salzweg' von H. Stöckl begangen. An einem nach Norden abfallenden Hang fand er im Umkreis von ca. 10 m verstreut drei WS und eine BS vorgeschichtlicher Machart.
TK 7812 – Verbleib: RP Freiburg Ref. 25 H. Stöckl (A. Hanöffner)

10. Im Gewann ‚Wagrain' wurden am 06.3.1999 von H. Stöckl an einem leicht nach Südosten abfallenden Hang fünf vorgeschichtliche augithaltige WS und ein Schlackestück aufgelesen.
TK 7812 – Verbleib: RP Freiburg Ref. 25 H. Stöckl (A. Hanöffner)

Freiburg im Breisgau. Am 5.6.1993 fand H. Wagner an der Westflanke des Südgipfels des ‚Lorettobergs' eine BS und 17 WS von teilweise augitgemagerter Grobkeramik. Wahrscheinlich sind die Scherben in Zusammenhang mit einer metallzeitlichen (UK/Ha) Besiedlung des Areals zu sehen.
TK 8013 – Verbleib: RP Freiburg Ref. 25 H. Wagner (A. Hanöffner)

H ä r t s f e l d h a u s e n siehe **Bopfingen** (Ostalbkreis)

I z n a n g siehe **Moos** (Lkr. Konstanz)

Kirchzarten Z a r t e n (Lkr. Breisgau-Hochschwarzwald) siehe S. 858 (Römerzeit)

Moos I z n a n g (Lkr. Konstanz). Bei Begehungen im Gewann ‚Lommenwiesen' fanden sich in den 1990er-Jahren entlang des Feldweges ‚Am Rußgässle' mehrere Silices. Der Feldweg verläuft auf einem subfossilen Strandwall.
TK 8219 – Verbleib: RP Stuttgart Ref. 115   A. Kalkowski/H. Schlichtherle

Moos W e i l e r (Lkr. Konstanz). Im Rahmen einer Exkursion 1997 machte Herr Stege im Gewann ‚Bühl' auf eine Reihe von Krautäckern aufmerksam, die auf einer flachen Erhöhung zwischen Weiler und Iznang gelegen sind und in deren Bereich von Schülern Silexartefakte gefunden worden sind. Angeblich habe der Radolfzeller Schulleiter Wieland seine Schüler in den 1930er-Jahren losgeschickt, um Steinwerkzeuge zu sammeln, und sie seien auf den Äckern im Gewann ‚Bühl' fündig geworden. Bei der Exkursion fand Herr Elbs einen Silex. Ein weiterer Silex wurde am 19. 2. 1998 abgesammelt.
TK 8219 – Verbleib: RP Stuttgart Ref. 115   J. Elbs/H. Schlichtherle

Öhringen S c h w ö l l b r o n n (Hohenlohekreis). In Flur ‚Möhriger Feld', 450 m NW von Möhrig, las P. Menzel im März 1991 Hüttenlehm und WS vorgeschichtlicher Machart auf. Der Fundplatz war bisher nicht bekannt.
TK 6722 – Verbleib: WLM Stuttgart   P. Menzel (C. Pankau)

– V e r r e n b e r g (Hohenlohekreis). Anlässlich der Ausgrabungen auf dem ‚Golberg' beobachtete P. Menzel im März 1991 von dessen Hochfläche aus im Gewann ‚Flur', ca. 500 m W von Verrenberg, in Parz. 720/721 dunkle Verfärbungen. In diesem Bereich konnte er neun unverzierte vorgeschichtliche WS und eine kleine WS mit parallelen Riefen auflesen. Des Weiteren fanden sich neun Silexartefakte, darunter eine Klinge und ein Klingenfragment. Der Fundplatz war vorher nicht bekannt.
TK 6822 – Verbleib: ALM Rastatt   P. Menzel (C. Pankau)

Reute (Lkr. Emmendingen). Im Magazin der archäologischen Denkmalpflege Freiburg befindet sich eine Fundschachtel mit kleinen, z. T. stark korrodierten Eisenfragmenten aus dem Gewann ‚Neuer Waldacker'. Alle Stücke entziehen sich durch ihren schlechten Erhaltungszustand einer eindeutigen Bestimmung. Die Fundstelle liegt unweit der östlich von Reute verlaufenden römischen Straße, so dass man eine römische Zeitstellung in Betracht ziehen könnte.
TK 7913 – Verbleib: RP Freiburg Ref. 25   A. Hanöffner

R i e d b ö h r i n g e n siehe **Blumberg** (Schwarzwald-Baar-Kreis)

Riegel (Lkr. Emmendingen). Siehe S. 861, Fdst. 1 (Römerzeit)

S c h w ö l l b r o n n siehe **Öhringen** (Hohenlohekreis)

Schwörstadt (Lkr. Lörrach). W. Mähling sammelte 1985 bei einer Begehung im Gewann ‚Gigeräcker' auf dem Plateau des Ossenbergs mehrere aller Wahrscheinlichkeit nach mesolithische Artefakte auf, so zum Beispiel einige Abschläge aus weißgrauem Muschelkalkhornstein und einen Klopfstein aus Quarzit. Bemerkenswert ist eine trianguläre Spitze aus graubraunem grobkörnigem Quarzit mit einer Länge von 5,4 cm, einer Breite von 4,0 cm und 1,1 cm Dicke (Taf. 45 B 1). Das Stück weist ventral einen deutlichen Bulbus auf und trägt dorsal drei Abschlagnegative. Nennenswert ist außerdem ein in lamellarer Technik ausgeführter Kratzer am distalen Ende eines kleinen

Abschlages aus graubraunem Hornstein mit parallelen Kanten und dreieckigem Querschnitt (Taf. 45 B 2). Ein Artefakt aus dunkelgrauem gebändertem Hornstein kann am ehesten als Stichel an der distalen Bruchkante eines kleinen Abschlages mit parallelen Kanten und dreieckigem Querschnitt angesprochen werden, bei dem die Stichelbahn am distalen Ende links liegt (Taf. 45 B 3). Aus dem gleichen Material liegt ein Nucleus vor.

TK 8413 – Verbleib: RP Freiburg Ref. 25   W. Mähling (A. Hanöffner)

Singen (Hohentwiel) B o h l i n g e n (Lkr. Konstanz). 1. 1993 fand H. Schlichtherle auf einem Acker ‚Im Laimen', westlich der Aachschlaufe, bei Bohlingen 10 vorgeschichtliche Scherben. Darunter eine 0,7 cm dicke sandgemagerte WS mit kleiner horizontaler Knubbe von einem mittelneolithischen Gefäß, eine vorgeschichtliche sandgemagerte RS mit einfacher abgestrichener Lippe sowie die RS eines Topfes mit einfachem abgestrichenem Rand. Weitere Fundstücke dürften aus verschiedenen Perioden der Latènezeit stammen: eine RS eines Schrägrandgefäßes sowie eine kleine WS mit Kammstrichverzierung, eine RS einer Schale mit einziehendem Rand, eine kleine dünnwandige WS mit Kammstrich und zwei RS von Töpfen mit ausbiegendem verdicktem Rand. Keine der Scherben kann mit Sicherheit als scheibengedreht identifiziert werden.

TK 8219 – Verbleib: RP Freiburg Ref. 25   H. Schlichtherle (A. Hanöffner)

2. Auf einem frisch gepflügten Acker an der Aach in der Flur ‚Im Laimen' fand sich bei einer kurzen Begehung am 25. 11. 1994 eine etwa 3–4 m lang aufgepflügte dunklere Verfärbung. Sie war auf etwa zwei bis drei Pflugrillen hochgebracht und enthielt dunkelgraues bis schwärzliches Bodenmaterial im ansonsten helleren, sandigen Oberboden. Aus dieser dunklen Verfärbung wurden fünf vorgeschichtliche Scherben geborgen, davon einzelne noch in deutlichem Kontakt mit dem dunklen Bodenmaterial. Hier dürfte eine Grube oder eine Siedlungsschicht angepflügt worden sein.

TK 8219 – Verbleib: Verbleib: RP Stuttgart Ref. 115   H. Schlichtherle

V e r r e n b e r g siehe **Öhringen** (Hohenlohekreis)

W e i l e r siehe **Moos** (Lkr. Konstanz)

Wittnau (Lkr. Breisgau-Hochschwarzwald). Am 15. 10. 1992 fand H. Wagner auf einem abgeernteten Maisfeld an der Straße von Au nach Sölden nördlich des Gewanns ‚Dohlenbrunnen' und südwestlich des Gewanns ‚Kindsmatt' ein kleines Fragment von weißgrauem Hornstein und ca. 18 kleine mittelalterliche bzw. neuzeitliche Scherben.

TK 8012 – Verbleib: RP Freiburg Ref. 25   H. Wagner (A. Hanöffner)

Wyhl (Lkr. Emmendingen). 1. H. Stöckl sammelte im Frühjahr 1999 auf einem Acker im Gewann ‚Oberbruckweg' zwei vorgeschichtliche WS mit Augitmagerung auf, die nur allgemein als ‚metallzeitlich' anzusprechen sind. Bereits 1983 wurden dort von demselben Finder einige urnenfelderzeitliche Scherben aufgelesen.

TK 7812 – Verbleib: RP Freiburg Ref. 25   H. Stöckl (A. Hanöffner)

2. H. Stöckl führte in den Jahren von 1990 bis 2000 mehrere Feldbegehungen im Gewann ‚Wolfhaag' durch, die eine Anzahl von Scherben prähistorischer Keramik lieferten. Das Fundareal erstreckt sich über eine Fläche von ca. 325 x 175 m auf ganz leicht nach Süden ansteigendem Gelände. Der Finder benannte die einzelnen Fundkonzentrationen (im Folgenden „Fundstellen") alphabetisch von A bis Q. Er unterteilte das gesamte Gebiet in fünf Bereiche, in denen jeweils mehrere Fundstellen zusammengefasst sind. Zeitlich reicht das Spektrum der datierbaren Funde vom Frühneolithikum bis zum Mittelalter, wobei Schwerpunkte in der Bronze- und Hallstattzeit zu erkennen sind; auch scheint die Bandkeramik gut vertreten zu sein. Hierbei ist zu beachten, dass die Masse der Scherben

aus schwer bestimmbaren, unverzierten grobkeramischen Wandfragmenten besteht, während die gut datierbare, verzierte Feinkeramik nur zu einem geringen Prozentsatz vorhanden ist.

1.1 Bereich I – ohne Fundstellenangabe

Neolithikum:
– RS eines dickwandigen Topfes mit einfacher abgestrichener Lippe und ausgezogener Handhabe an der Randlippe. Starke Augitmagerung, Wandstärke 0,9 cm, Farbe rotbraun (Taf. 45 C 1).

Bronzezeit:
– Sechs WS und eine RS eines Topfes mit einfachem abgestrichenem Rand und plastischer Fingertupfenleiste am Halsansatz; unterhalb der Leiste hängende Dreiecke aus Ritzlinienbündeln (?). Graubrauner Ton, feine Magerung aus glimmerhaltigem Sand und Augit; Wandstärke 0,7 bis 0,8 cm, Farbe graubraun (Taf. 45 C 2). – Drei anpassende WS eines feintonigen Topfes mit Fingerzwickdekor; Wandstärke 0,9 cm, Farbe dunkelgraubraun (Taf. 45 C 3). – WS mit parallelen Ritzlinien aus dunkelgraubraunem, feinem Ton, Wandstärke 0,7 cm (Taf. 45 C 4). – WS mit plastischer Fingertupfenleiste (Taf. 45 C 5). – WS mit plastischer Fingertupfenleiste aus orangerotem Ton mit Augitmagerung, Wandstärke 1,1 cm (Taf. 45 C 6).
– WS mit plastischer Fingertupfenleiste aus dunkelgraubraunem, fein gemagertem Ton, Wandstärke 0,8 cm (Taf. 45 C 7). – RS eines Topfes mit einfachem abgestrichenem Rand und leichter Lippenbildung außen. Farbe rotbraun, starke Augitmagerung, Wandstärke 1,1 cm (Taf. 45 C 8). – RS mit einfachem abgestrichenem Rand und leichter Lippenbildung außen. Farbe rotbraun, starke Augitmagerung, Wandstärke 0,8 cm (Taf. 45 C 9). – WS aus graubraunem, fein gemagertem Ton mit Leiterbandmotiv, Innenseite abgeplatzt. – RS eines Kegelhalsgefäßes mit plastischen Leisten am Rand und im Halsbereich. Dunkelgrauer Ton, fein gemagert, Wandstärke 0,7 cm. – WS aus dunkelgraubraunem, augitgemagertem Ton mit Kanneluren, Wandstärke 0,8 cm. – WS eines graubraunen Gefäßes mit feiner Sandmagerung und aufgesetzter Fingertupfenleiste, Wandstärke 1,1 cm.
– Graubraune, fein gemagerte WS mit Fischgrätritzung, stark abgerollt, Wandstärke 0,6 cm. – RS aus rotbraunem, augitgemagertem Ton mit einfachem abgestrichenem Rand, Wandstärke 1,0 cm. – BS aus braunem, stark augitgemagertem Ton mit abgesetztem Standboden, Wandstärke 0,9 cm. – Ansatz eines Bandhenkels aus rotbraunem Ton mit Augit als Magerungszusatz, Wandstärke 1,4 cm.

Frühlatènezeit:
– 13 WS und eine RS mit einfachem Rand von einem handaufgebauten dünnwandigen, fein gemagerten Gefäß mit Resten von Graphitüberzug; Wandstärke zwischen 0,5 und 0,6 cm. – Eine WS eines ähnlichen Gefäßes mit Ansätzen von zwei parallelen Doppelstrichritzungen (Taf. 45 C 10). – Eine wohl dazugehörige RS mit einfachem ausgezogenem Rand und Resten von Graphitauftrag (Taf. 45 C 11). – Eine RS von einem schrägwandigen, gut geglätteten Gefäß mit einfachem ausgezogenem Rand und sehr feiner Magerung; Wandstärke 0,6 cm (Taf. 45 C 12).

Unsichere Datierung:
– 187 unverzierte WS von handaufgebauter, grob gemagerter Keramik, ein Großteil davon mit Augitmagerung. Das Farbspektrum der Scherben reicht von orangerot über rotbraun bis graubraun, wobei auf den Gefäßinnenseiten graubraun vorherrscht.

Sonstiges:
– Mahl-/Schleifsteinfragment aus Gneis; H. 7,5 cm, B. 9,0 cm, L. 8,0 cm. – Fragment eines augithaltigen Gesteins. – Schlacke.

1.2 Bereich I – Fundstelle ‚J'

Bronzezeit/Urnenfelderzeit:
– Bandhenkelfragment aus dunkelgraubraunem Ton mit glatter Oberfläche, feine Glimmermagerung. – Henkelfragment aus rotbraunem Ton mit Augitmagerung. – WS von dunkelgraubrauner,

fein augitgemagerter Keramik mit Ritzverzierung in Form von strichgefüllten Dreiecken, die von horizontalen Linien herabhängen; Wandstärke 0,7 cm (Taf. 45 D 1). – WS von dunkelgraubraunem Gefäß mit feiner Augitmagerung, Verzierung in Form von parallelen Ritzlinien (Taf. 45 D 2).
Unsichere Datierung:
– 18 WS von prähistorischer Keramik, zum Teil mit Augitmagerung.

1.3 Bereich I – Fundstelle ‚K'

Bronzezeit:
– WS von dunkelgraubrauner Keramik mit Sand-Augitmagerung, Verzierung aus parallelen Ritzlinien, Wandstärke 0,6 cm (Taf. 45 E). – WS von rotbrauner augitgemagerter Keramik, Wandstärke 0,9 cm.

1.4 Bereich I – Fundstelle ‚L'

Bronzezeit:
– RS von rotbraunem, augitgemagertem Gefäß mit randständigem Henkel, Wandstärke 0,8 cm (Taf. 46 A 1). – RS von dunkelgraubraunem Kegelhalsgefäß mit einfachem abgestrichenem Rand und polierter Oberfläche, Wandstärke 0,4 cm (Taf. 46 A 2). – RS eines dunkelgraubraunen, augitgemagerten Vorratsgefäßes mit gerade abgestrichenem Rand und leichter Lippe außen; auf der Schulter sitzende plastische Fingertupfenleiste. Gefäßhals glatt gestrichen, sonst schlickgeraut, Wandstärke 1,2 cm (Taf. 46 A 3). – Fragment eines dunkelgraubraunen dünnwandigen Gefäßes mit Fingerzwickverzierung, Wandstärke 0,6 cm.
Unsichere Datierung:
– 22 WS von prähistorischer Keramik, größtenteils augitgemagert.

2.1 Bereich II – ohne Fundstellenangabe

Neolithikum (Bandkeramik):
– WS eines rotbraunen, augitgemagerten Gefäßes mit parallelen Ritzlinien, Wandstärke 0,6 cm (Taf. 46 B 1).
Bronzezeit:
– In Plattentechnik aufgebaute rotbraune WS mit aufgesetzter plastischer Fingerkniffleiste; feine Augit-Sandmagerung, Wandstärke 0,7 cm (Taf. 46 B 2). – Rotbraune WS mit plastischer Fingertupfenleiste; feine Augit-Sandmagerung, Wandstärke 0,8 cm (Taf. 46 B 3). – WS mit Henkelansatz von einem graubraunen augitgemagerten Gefäß. Parallele horizontale Ritzlinien mit davon abhängigen Dreiecken aus Ritzlinienbündeln; Wandstärke 0,7 cm (Taf. 46 B 4). – RS eines rotbraunen Topfes mit ausgezogener randständiger Knubbe, starke Augitmagerung, Wandstärke 1,2 cm.
Latènezeit:
– RS eines graubraunen augitgemagerten Topfes mit einfachem, außen verdicktem Rand, Wandstärke 0,9 cm (Taf. 46 B 5).
Mittelalter:
– RS eines Topfes mit Karniesrand; Farbe rotbraun/grau, Oberfläche rau, Magerung aus Sand und Schamotte, Wandstärke 0,6 cm (Taf. 46 B 6).
Unsichere Datierung:
– 180 WS von prähistorischer handaufgebauter Keramik, größtenteils mit Augitmagerung.

2.2 Bereich II – Fundstelle ‚A'

Mittelneolithikum:
– Kleine WS aus graubraunem feinem Ton mit Kornstichverzierung, Wandstärke 0,5 cm.

Bronzezeit:
– WS eines graubraunen augitgemagerten Topfes mit aufgesetzter plastischer Leiste, Wandstärke 0,9 cm (Taf. 46 C).
Unsichere Datierung:
– 12 unverzierte WS von prähistorischer Keramik mit einer Dicke von 0,5 bis 1,3 cm.

2.3 Bereich II – Fundstelle ‚M'

Neolithikum:
– WS eines rotbraunen handaufgebauten Gefäßes mit Knubbe und seitlich davon angebrachten Spateleinstichen; Magerung mit wenig Augit und anderem zerstoßenem vulkanischem Gesteinsgrus, Wandstärke 0,9 bis 1,3 cm.
Bronzezeit:
– Rotbraune WS mit grober Quarzgrusmagerung, Wandstärke 1,2 cm.
Hallstattzeit:
– Rotbraune RS mit einfachem, leicht nach außen geneigtem Rand; Wandstärke 0,5 cm, Magerung mit Augit. – WS eines graubraunen Gefäßes mit scharfem Wandumbruch, feine Sandmagerung, Wandstärke 0,9 cm. – WS eines graubraunen Gefäßes mit Henkelansatz, feine Sandmagerung, Wandstärke 0,6 cm.
Unsichere Datierung:
– 15 WS von prähistorischer rotbrauner, augitgemagerter Keramik, Wandstärke 0,8 bis 1,1 cm.

2.4 Bereich II – Fundstelle ‚N'

Neolithikum:
– WS eines graubraunen, fein gemagerten bandkeramischen Gefäßes mit zwei parallelen Ritzlinien, Wandstärke 0,6 cm. – Rotbraune augitgemagerte WS eines neolithischen Gefäßes mit Knubbe, Wandstärke 1,0 cm (Taf. 46 D 1). – Vertikal gekerbte Knubbe eines bandkeramischen Vorratsgefäßes aus graubraunem Ton mit Kalk- und Schamottemagerung.
Bronzezeit:
– WS eines dünnwandigen Topfes mit Fingerzwickverzierung; graubrauner Ton mit feiner Augitmagerung, Wandstärke 0,6 cm. – WS eines rotgrauen Topfes mit Augitmagerung mit aufgesetzter Fingertupfenleiste, Wandstärke 0,9 cm. – WS eines hellbraunen Topfes mit aufgesetzter plastischer Fingertupfenleiste, Wandstärke 1,3 cm (Taf. 46 D 2). – RS eines rotbraunen augitgemagerten Gefäßes mit einfachem abgestrichenem Rand, Wandstärke 0,9 cm (Taf. 46 D 3).
Hallstattzeit:
– WS eines rotbraunen, augitgemagerten Topfes mit Fingernageleindruckreihe, Wandstärke 0,8 cm (Taf. 46 D 4).
Unsichere Datierung:
– 43 WS von unverzierter prähistorischer Keramik.

3.1 Bereich III – Fundstelle ‚D'

Bronzezeit:
– Graubraune WS mit schlickgerauter Oberfläche; handaufgebaut, starke Sandmagerung, Wandstärke 0,5 cm.
Hallstattzeit:
– Fünf rotbraune, bzw. graubraune WS von prähistorischer augitgemagerter Grobkeramik, wohl metallzeitlich, Wandstärke 0,8–1,0 cm.

3.2 Bereich III – Fundstelle ‚E'

Neolithikum (Schnurkeramik):
– WS eines brauntonigen, dünnwandigen handaufgebauten Gefäßes mit zweizeiliger Furchenstichverzierung; Oberfläche geglättet, sehr feine Augit- und Sandmagerung, Wandstärke 0,6 cm (Taf. 46 E 1).
Urnenfelderzeit:
– WS einer graubraunen Schale mit feinen vierfachen Bogenritzlinien, Wandstärke 0,6 cm (Taf. 46 E 2).
Hallstattzeit:
– WS eines rotbraunen Kegelhalsgefäßes mit starker Augitmagerung, Wandstärke 1,0 cm.
– WS eines rotbraunen, glimmerhaltigen geglätteten Topfes mit ausschwingendem Rand und einstichverzierter Randlippe; Wandstärke 0,7 cm (Taf. 46 E 3).
Unsichere Datierung:
– Fünf WS von rotbrauner, augitgemagerter prähistorischer Keramik, Wandstärke 0,7–1,0 cm.
– Vier WS von graubraunen bzw. rotbraunen prähistorischen Gefäßen mit glimmerhaltiger feiner sandiger Magerung.

3.3 Bereich III – Fundstelle ‚F'

Bronzezeit:
– RS eines rotbraunen Topfes mit Schamotte- und Augitmagerung; glatt abgestrichener einfacher Rand mit leichter Randlippe außen, Wandstärke 1,1 cm (Taf. 46 F 1).
– Bandhenkelfragment aus graubraunem, fein gemagertem Ton; auf beiden Seiten randbegleitende doppelte Ritzlinien, parallel dazu jeweils eine Punktreihe; Dicke 0,8 cm (Taf. 46 F 1).
Unsichere Datierung:
– 15 WS von prähistorischer Keramik, größtenteils mit Augit gemagert.

3.4 Bereich III – Fundstelle ‚G'

Unsichere Datierung:
– 16 WS von metallzeitlicher Keramik, zum Teil augitgemagert.

3.5 Bereich III – Fundstellen ‚B, C, H, I'
Keine eindeutig bestimmbaren Scherben.

4.1 Bereich IV – ohne Fundstellenangabe

Mittelneolithikum:
– WS eines graubraunen mittelneolithischen Gefäßes mit dicht gesetzter Kornstichverzierung, Wandstärke 0,7 cm.
Bronzezeit:
– Drei rotbraune WS mit starker Sandmagerung, Wandstärke 0,8–1,3 cm.
Hallstattzeit:
– RS eines graubraunen augitgemagerten Topfes mit ausschwingendem Rand und einfacher abgestrichener Lippe, Wandstärke 0,6 cm. – 41 WS von rotbrauner bis graubrauner prähistorischer Grobkeramik mit Augitmagerung, Wandstärke 0,7–1,6 cm.
Unsichere Datierung:
– 18 WS von prähistorischer Grobkeramik mit feiner Glimmer-Sand-Magerung, Wandstärke 0,7–1,3 cm. – 40 WS von rotbrauner bis graubrauner Farbe mit mäßiger bis kaum vorhandener Sandmagerung, Wandstärke 0,5–0,7 cm.

5.1 Bereich V – ohne Fundstellenangabe

Neolithikum (Bandkeramik):
– Rotbraune WS eines feintonigen Gefäßes mit Ritzlinienverzierung, Wandstärke 0,5 cm. – Graubraune WS eines handaufgebauten Topfes mit Verzierung in Form paralleler Ritzlinien mit Punktfüllung, Wandstärke 0,4 cm. – 13 dunkelgraubraune WS von handaufgebauter Keramik, z. T. entlang der Fugen gebrochen (bei den in Plattentechnik aufgebauten Gefäßen); feine Magerung mit Schamotteanteilen.
Hallstattzeit:
– 15 WS von rotbrauner, augitgemagerter Keramik, Wandstärke 0,6–1,2 cm.

5.2 Bereich V – Fundstelle ‚O'

Neolithikum (Bandkeramik):
– WS eines dunkelgraubraunen, mit feinem Sand gemagerten Gefäßes mit zwei parallelen geschwungenen Ritzlinien; Wandstärke 0,6 cm (Taf. 46 G).
Unsichere Datierung:
– 10 WS von prähistorischer Grobkeramik mit Augit- und Sandmagerung.

5.3 Bereich V – Fundstelle ‚P'

Neolithikum (Bandkeramik):
– RS eines dunkelgraubraunen Kumpfes mit feiner Sandmagerung, verziert mit zwei im spitzen Winkel aufeinander treffenden Ritzlinien; Wandstärke 0,6 cm (Taf. 46 H). – Zwei WS von bandkeramischen Großgefäßen mit Sandmagerung, Wandstärke 1,0 cm.

5.4 Bereich V – Fundstelle ‚Q'

Hallstattzeit:
– RS von rotbrauner, augitgemagerter handaufgebauter Keramik mit leicht nach außen geneigtem Rand mit einfacher, nach außen abgestrichener Lippe; Wandstärke 0,9 cm.
– 22 WS von rotbrauner bis graubrauner Grobkeramik, eine davon mit deutlichen Fingerstrichen; augitgemagert, Wandstärke 0,9–1,4 cm. – Vier WS von dünnwandiger augitgemagerter Keramik, Wandstärke 0,6 cm.
Unsichere Datierung:
– WS von graubrauner prähistorischer Keramik mit Schamottemagerung.

Es wurden auch noch einige Silices aufgesammelt, diese lagen zum gegenwärtigen Zeitpunkt aber nicht zur Bearbeitung vor.

TK 7812 – Verbleib: RP Freiburg Ref. 25 H. Stöckl (A. Hanöffner)

Z a r t e n   siehe **Kirchzarten** (Lkr. Breisgau-Hochschwarzwald)

Register zur Fundortkarte

Die Zuordnung der Ortsteile zu Gemeinden, Kreisen und Regierungsbezirken beruht auf dem Verzeichnis „Gemeinden und Gemeindeteile in Baden-Württemberg", herausgegeben vom Landesvermessungsamt Baden-Württemberg Stuttgart (Ausgabe 1994). Die Reihenfolge der Regierungsbezirke und der Kreise in ihnen ist geographisch begründet, denn sie schreitet etwa von Norden nach Süden fort; die einzelnen Fundorte sind in den jeweiligen Kreisen in der gleichen Weise durchnummeriert, allerdings sind die Ortsnamen der Teilgemeinden stets nachgeordnet.

Regierungsbezirk Stuttgart

1 Main-Tauber-Kreis

1 Grünsfeld Ortst. Grünsfeldhausen

2–5 Hohenlohekreis

2 Öhringen Ortst. Schwöllbronn
3 – Ortst. Verrenberg
4 Pfedelbach Ortst. Windischenbach
5 – Ortst. Harsberg

6–8 Rems-Murr-Kreis

6 Weissach im Tal
7 Fellbach
8 Schorndorf

9–23 Ostalbkreis

9 Abtsgmünd Ortst. Hohenstadt
10 Rainau Ortst. Schwabsberg
11 Westhausen Ortst. Lippach
12 Lauchheim
13 Bopfingen Ortst. Oberdorf am Ipf
14 Kirchheim am Ries Ortst. Benzenzimmern
15 Bopfingen
16 – Ortst. Trochtelfingen
17 Aalen
18 – Ortst. Unterkochen
19 Bopfingen Ortst. Unterriffingen
20 – Ortst. Härtsfeldhausen
21 Neresheim Ortst. Dorfmerkingen
22 – Ortst. Ohmenheim
23 Schwäbisch Gmünd Ortst. Oberbettringen

24–32 Landkreis Esslingen

24 Ostfildern Ortst. Kemnat
25 Reichenbach an der Fils
26 Neuhausen auf den Fildern
27 Köngen
28 Filderstadt Ortst. Bernhausen
29 – Ortst. Sielmingen
30 Nürtingen Ortst. Hardt
31 Oberboihingen
32 Kirchheim unter Teck

Regierungsbezirk Freiburg

33–36 Ortenaukreis

33 Kehl
34 Neuried Ortst. Altenheim
35 Offenburg
36 Hohberg Ortst. Niederschopfheim

37 Landkreis Rottweil

37 Sulz am Neckar

38–45 Landkreis Emmendingen

38   Wyhl
39   Forchheim
40   Endingen am Kaiserstuhl Ortst. Königschaffhausen
41   Riegel
42   Teningen Ortst. Köndringen
43   Emmendingen
44   Reute
45   Vörstetten

46 und 47 Stadtkreis Freiburg im Breisgau

46   Freiburg im Breisgau Ortst. Opfingen
47   Freiburg im Breisgau

48–61 Landkreis Breisgau-Hochschwarzwald

48   Vogtsburg im Kaiserstuhl Ortst. Oberbergen
49   Eichstetten
50   Breisach am Rhein Ortst. Hochstetten
51   Kirchzarten Ortst. Zarten
52   St. Märgen
53   Schallstadt Ortst. Mengen
54   Ebringen
55   Ehrenkirchen Ortst. Ehrenstetten
56   Wittnau
57   Buggingen
58   Müllheim
59   Badenweiler Ortst. Schweighof
60   Müllheim Ortst. Vögisheim
61   – Ortst. Feldberg

62–69 Landkreis Lörrach

62   Schliengen Ortst. Liel
63   Bad Bellingen Ortst. Hertingen
64   – Ortst. Rheinweiler
65   Efringen-Kirchen Ortst. Blansingen
66   – Ortst. Huttingen
67   Grenzach-Wyhlen Ortst. Wyhlen
68   Rheinfelden (Baden) Ortst. Warmbach
69   Schwörstadt

70 und 71 Landkreis Waldshut

70   Bad Säckingen
71   Albbruck Ortst. Albert

72 und 73 Landkreis Tuttlingen

72   Balgheim
73   Nendingen

74 Schwarzwald-Baar-Kreis

74   Blumberg Ortst. Riedböhringen

75–85 Landkreis Konstanz

75   Engen Ortst. Bittelbrunn
76   Engen
77   Gottmadingen Ortst. Bietingen
78   Singen (Hohentwiel) Ortst. Überlingen am Ried
79   – Ortst. Bohlingen
80   Moos Ortst. Iznang
81   – Ortst. Weiler
82   Öhningen Ortst. Wangen
83   Gaienhofen Ortst. Gundholzen
84   Reichenau Ortst. Waldsiedlung
85   Konstanz

Regierungsbezirk Tübingen

86 Alb-Donau-Kreis

86   Illerrieden Ortst. Wangen

Fundortverzeichnis

Hinter jedem Ortsnamen steht kursiv und in Klammern gesetzt die Ortskennziffer, die sich auf der Übersichtskarte (in einer Tasche des Einbanddeckels) wiederfindet. Die Ortskennziffer erlaubt eine Korrelation zwischen dem numerisch geordneten ‚Register zur Fundortkarte' und dem alphabetisch angelegten ‚Fundortverzeichnis'. Über diese Kennziffer ist außerdem die Kreiszugehörigkeit jedes Ortes zu erschließen. Auf die Ortskennziffer folgen die einzelnen Seitenverweise.

Aalen *(17)* 845
– Ortst. Unterkochen *(18)* 866
Abtsgmünd Ortst. Hohenstadt *(9)* 799
Albbruck Ortst. Albert *(71)* 852
Bad Bellingen Ortst. Hertingen *(63)* 843
– Ortst. Rheinweiler *(64)* 838
Bad Säckingen *(70)* 852
Badenweiler Ortst. Schweighof *(59)* 799
Balgheim *(72)* 866
Blumberg Ortst. Riedböhringen *(74)* 879
Bopfingen *(15)* 839, 852, 853
– Ortst. Härtsfeldhausen *(20)* 879
– Ortst. Oberdorf am Ipf *(13)* 845, 853
– Ortst. Trochtelfingen *(16)* 853
– Ortst. Unterriffingen *(19)* 853
Breisach am Rhein Ortst. Hochstetten *(50)* 866
Buggingen *(57)* 863
Ebringen *(54)* 799, 800
Efringen-Kirchen Ortst. Blansingen *(65)* 800, 845, 846
– Ortst. Huttingen *(66)* 801, 802
Ehrenkirchen Ortst. Ehrenstetten *(55)* 846, 847, 879
Eichstetten *(49)* 839, 840
Emmendingen *(43)* 866–869
Endingen am Kaiserstuhl Ortst. Königschaffhausen *(40)* 843, 869
Engen *(76)* 869
– Ortst. Bittelbrunn *(75)* 853
Fellbach *(7)* 801
Filderstadt Ortst. Bernhausen *(28)* 801
– Ortst. Sielmingen *(29)* 801
Forchheim *(39)* 801, 802, 847, 848, 856, 879, 880
Freiburg im Breisgau *(47)* 869, 870, 880
– Ortst. Opfingen *(46)* 802, 803
Gaienhofen Ortst. Gundholzen *(83)* 843

Gottmadingen Ortst. Bietingen *(77)* 870
Grenzach-Wyhlen Ortst. Wyhlen *(67)* 856–858
Grünsfeld Ortst. Grünsfeldhausen *(1)* 803
Hohberg Ortst. Niederschopfheim *(26)* 871
Illerrieden Ortst. Wangen *(86)* 863
Kehl *(33)* 871
Kirchheim am Ries Ortst. Benzenzimmern *(14)* 843
Kirchheim unter Teck *(32)* 840
Kirchzarten Ortst. Zarten *(51)* 803, 844, 858, 871
Köngen *(27)* 803, 804
Konstanz *(85)* 871–873
Lauchheim *(12)* 848
Moos Ortst. Iznang *(80)* 881
– Ortst. Weiler *(81)* 881
Müllheim *(58)* 804
– Ortst. Feldberg *(61)* 797
– Ortst. Vögisheim *(60)* 798
Nendingen *(73)* 864
Neresheim Ortst. Dorfmerkingen *(21)* 848
– Ortst. Ohmenheim *(22)* 858, 859
Neuhausen auf den Fildern *(26)* 840–842, 873
Neuried Ortst. Altenheim *(34)* 873, 874
Nürtingen Ortst. Hardt *(30)* 842
Oberboihingen *(31)* 848
Offenburg *(35)* 859, 864, 874, 875
Öhningen Ortst. Wangen *(82)* 804
Öhringen Ortst. Schwöllbronn *(2)* 881
– Ortst. Verrenberg *(3)* 881
Ostfildern Ortst. Kemnat *(24)* 804, 848
Pfedelbach Ortst. Harsberg *(5)* 859, 860
– Ortst. Windischenbach *(4)* 804
Rainau Ortst. Schwabsberg *(10)* 804
Reichenau Ortst. Waldsiedlung *(84)* 875–877
Reichenbach an der Fils *(25)* 860
Reute *(44)* 881

Rheinfelden (Baden) Ortst. Warmbach *(68)* 860, 861
Riegel *(41)* 804–822, 838, 844, 851, 861
Schallstadt Ortst. Mengen *(53)* 797
Schliengen Ortst. Liel *(62)* 822–836
Schorndorf *(8)* 862
Schwäbisch Gmünd Ortst. Oberbettringen *(23)* 851
Schwörstadt *(69)* 881, 882
Singen (Hohentwiel) Ortst. Bohlingen *(79)* 882
– Ortst. Überlingen am Ried *(78)* 838
St. Märgen *(52)* 877
Sulz am Neckar *(37)* 864, 865
Teningen Ortst. Köndringen *(42)* 878
Vogtsburg im Kaiserstuhl Ortst. Oberbergen *(48)* 836
Vörstetten *(45)* 878
Weissach im Tal *(6)* 837
Westhausen Ortst. Lippach *(11)* 851
Wittnau *(56)* 882
Wyhl *(38)* 882–887

Verzeichnis der Abkürzungen

ALM Rastatt	Archäologisches Landesmuseum Baden-Württemberg, Zentrales Fundarchiv Rastatt	Mus.	Museum
		N	Norden/nördlich
		O	Osten/östlich
B.	Breite	Parz.	Parzelle/n
Bdm.	Bodendurchmesser	Rdm.	Randdurchmesser
BLM	Badisches Landesmuseum Karlsruhe	RP	Regierungspräsidium
BS	Bodenscherbe	RS	Randscherbe
D.	Dicke	S	Süden/südlich
Dm.	Durchmesser	TK	Topographische Karte
Gew.	Gewicht	TS	Terra sigillata
H.	Höhe	W	Westen/westlich
L.	Länge	W.	Weite
LAD	Landesamt für Denkmalpflege	WLM	Württembergisches Landesmuseum Stuttgart
LDA	Landesdenkmalamt		
M	Maßstab	WS	Wandscherbe

Literatur

Almgren	O. Almgren, Studien über nordeuropäische Fibelformen der ersten nachchristlichen Jahrhunderte mit Berücksichtigung der provinzialrömischen und südrussischen Funde. Mannus-Bibl. 32 (²Leipzig 1923).
Drack	W. Drack, Die helvetische Terra sigillata-Imitation des 1. Jahrhunderts n. Chr. Schr. Inst. Ur- u. Frühgesch. Schweiz 2 (Basel 1945).
Drag.	H. Dragendorff, Terra Sigillata. Bonner Jahrb. 96/97, 1895, 18–155.
Lüning	J. Lüning, Die Michelsberger Kultur. Ihre Funde in zeitlicher und räumlicher Gliederung. Ber. RGK 48, 1967, 1–350 bes. Beil. 5.

Abbildungsnachweis

Beiträge Röber/Fesser (Reichenau und Konstanz): 42–45 Archäologisches Landesmuseum Baden-Württemberg, Außenstelle Konstanz, Foto Frau M. Schreiner.

Verzeichnis der Mitarbeiter an der Fundschau

Aisslinger †, H., Aalen
Aufdermauer, Dr. Jörg, Ob den Reben 19, 78224 Singen

Berka, Roland, Mettenbergstraße 47, 78532 Tuttlingen-Möhringen
Braasch, Dr. h. c. Otto, Matthias-Hösl-Straße 6, 84034 Landshut
Büttner, Emil, Bahnhofstraße 14-1, 73441 Bopfingen

Danner, Alfred, Brühlstraße 15, 78727 Oberndorf/N.
Dehn, Dr. Rolf, Stadtstraße 17, 79104 Freiburg i. Br.

Eberth, Dieter, Forstweg 6, 89551 Königsbronn
Elbs, Josef, Zum Kastenbühl 6, 78224 Singen-Bohlingen
Erz, Walter, Neuffenstraße 57, 73262 Reichenbach

Fesser M. A., Jörg, Meerfeldstr. 17, 68163 Mannheim
Fingerlin, Prof. Dr. Gerhard, Hauptkonservator i. R., Holzmattenstraße 4a, 79117 Freiburg i. Br.
Funk, Adolf, Nonnenbergweg 20, 74629 Pfedelbach

Gersbach †, Emil, Bad Säckingen
Gröteke, Friedhelm, Waldstraße 12, 79379 Müllheim

Hanöffner M. A., Andreas, Regierungspräsidium Freiburg Ref. 25, Günterstalstraße 67,
    79100 Freiburg i. Br.
Hermann, Mathis Paul, Seeberg 22, 77554 Weissach i. T.
Hessel, Joachim, Birkinger Weg 8, 79774 Albbruck-Kiesenbach
Hildebrand, Dr. Bernhard, Landratsamt Ostalbkreis, Stuttgarter Straße 41, 73430 Aalen
Hoch, Martin, Gartenstraße 53, 73765 Neuhausen
Hummel, Matthias, Regierungspräsidium Freiburg Ref. 25, Sternwaldstraße 14,
    79102 Freiburg i. Br.

Jenisch, Dr. Bertram, Regierungspräsidium Freiburg Ref. 25, Sternwaldstraße 14,
    79102 Freiburg i. Br.
Joachim, Walter, Pelikanstraße 12, 70378 Stuttgart

Kaiser, Hasso, Hornbergstraße 28, 73529 Schwäbisch Gmünd
Kaiser, Helmut, Littenweilerstraße 37, 79117 Freiburg i. Br.
Kaiser, Johannes und Ulrike, Auwaldhof 4, 79110 Freiburg i. Br.
Kaiser M. A., Michael, Marchstraße 9, 79106 Freiburg i. Br.
Kalkowski, Almut, Regierungspräsidium Stuttgart Ref. 115, Fischersteig 9, 78343 Gaienhofen
Kind, Prof. Dr. Claus-Joachim, Regierungspräsidium Stuttgart, Archäologische Denkmalpflege,
    Berliner Straße 12, 73728 Esslingen
Krause, Prof. Dr. Rüdiger, Johann Wolfgang Goethe-Universität, Institut für Archäologische
    Wissenschaften, Vor- und Frühgeschichte, Grüneburgplatz 1, 60323 Frankfurt (Main)

Kublin, Hildegard, Gausbergstraße 18, 79346 Königschaffhausen
Kuhn, Benjamin, Schloßberg 14, 73492 Rainau-Schwabsberg

Laskowski, Rainer, Städtisches Museum im Kornhaus, Max-Eyth-Straße 19,
    73230 Kirchheim unter Teck
Lehmkuhl, Achim, Ketternhalde 12, 72461 Albstadt
Luik, Priv.-Doz. Dr. Martin, Silcherstraße 27, 73257 Köngen

Mähling †, Dr. Werner, Freiburg i. Br.
Maier, Kurt und Irmgard, Kohlerstraße 6, 70619 Stuttgart
Martin-Kilcher, Prof. Dr. Stephanie, Institut für Ur- und Frühgeschichte und Archäologie der
    römischen Provinzen, Bernastr. 15 A, CH-3005 Bern
Matull, Reinhard, Dresdner Straße 18, 72172 Sulz
Menzel, Peter, Marienstraße 4, 72131 Ofterdingen
Meyer M. A., Marcus, Abt. f. Provinzialrömische Archäologie, Univ. Freiburg, Glacisweg 7,
    79098 Freiburg i. Br.
Michels †, Mechthild, Riegel
Müller, Marius, Tannenweg 4, 78532 Nendingen

Nübling, Dr. Verena, Regierungspräsidium Freiburg Ref. 25, Günterstalstraße 67,
    79100 Freiburg i. Br.

Olheide M. A., Frank, Poststraße 19, 76669 Bad Schönborn

Pankau M. A., Claudia, Johann Wolfgang Goethe-Universität, Institut für Archäologische
    Wissenschaften, Vor- und Frühgeschichte, Grüneburgplatz 1, 60323 Frankfurt (Main)
Prinzing, Dr. Theo, Rotenberger Steige 11, 70327 Stuttgart

Richter, Dr. Erhard, Talmatten 3, 79639 Grenzach-Wyhlen
Richter, Thomas, Ringstraße 18, 73450 Neresheim
Röber, Prof. Dr. Ralph, Archäologisches Landesmuseum Außenstelle Konstanz,
    Benediktinerplatz 5, 78467 Konstanz
Rudolph, Helga, Engelfriedshalde 92, 72076 Tübingen

Schlichtherle, Dr. Helmut, Regierungspräsidium Stuttgart Ref. 115, Fischersteig 9,
    78343 Gaienhofen
Schrempp, Johann, Abt. f. Provinzialrömische Archäologie, Univ. Freiburg, Glacisweg 7,
    79098 Freiburg i. Br.
Stadelbacher, Franz Peter, Frankenstraße 1, 79359 Riegel
Stahl, Rainer, Fürnheimer Straße 10, 86736 Auhausen-Dornstadt
Stöckl, Dr. Horst, Eichhorngasse 6a, 76889 Oberotterbach
Strotz M. A., Martin, Regierungspräsidium Freiburg Ref. 25, Sternwaldstraße 14,
    79102 Freiburg i. Br.
Sulzer, Philipp, Freiburg Ref. 25, Sternwaldstraße 14, 79102 Freiburg i. Br.

Trumm, Dr. Jürgen, Kantonsarchäologie Aargau, Industriestr. 3, CH-5200 Brugg

Vogelmann, Rolf, Steinadlerweg 39, 89231 Neu-Ulm
Voit, Kurt, Spitalstraße 2, 97900 Külsheim

Wagner, Dr. Heiko, Otto-Molz-Straße 1, 79117 Freiburg i. Br.
Weber, Eberhard, Ahornweg 3, 73441 Bopfingen-Trochtelfingen
Wieland, Dr. Günther, Regierungspräsidium Karlsruhe, Archäologische Denkmalpflege, Moltkestraße 74, 76133 Karlsruhe
Wirth, Dr. Stefan, Université de Bourgogne, 6, bâtiment Gabriel, F-21000 Dijon

Zanek †, Theodor, Schwäbisch Gmünd
Zeyher, Reinhold, Dürerweg 8, 73614 Schorndorf
Zwernemann, Winfried, Regierungspräsidium Freiburg Ref. 25, Günterstalstraße 67, 79100 Freiburg i. Br.

Tafeln 1–46

Tafel 1

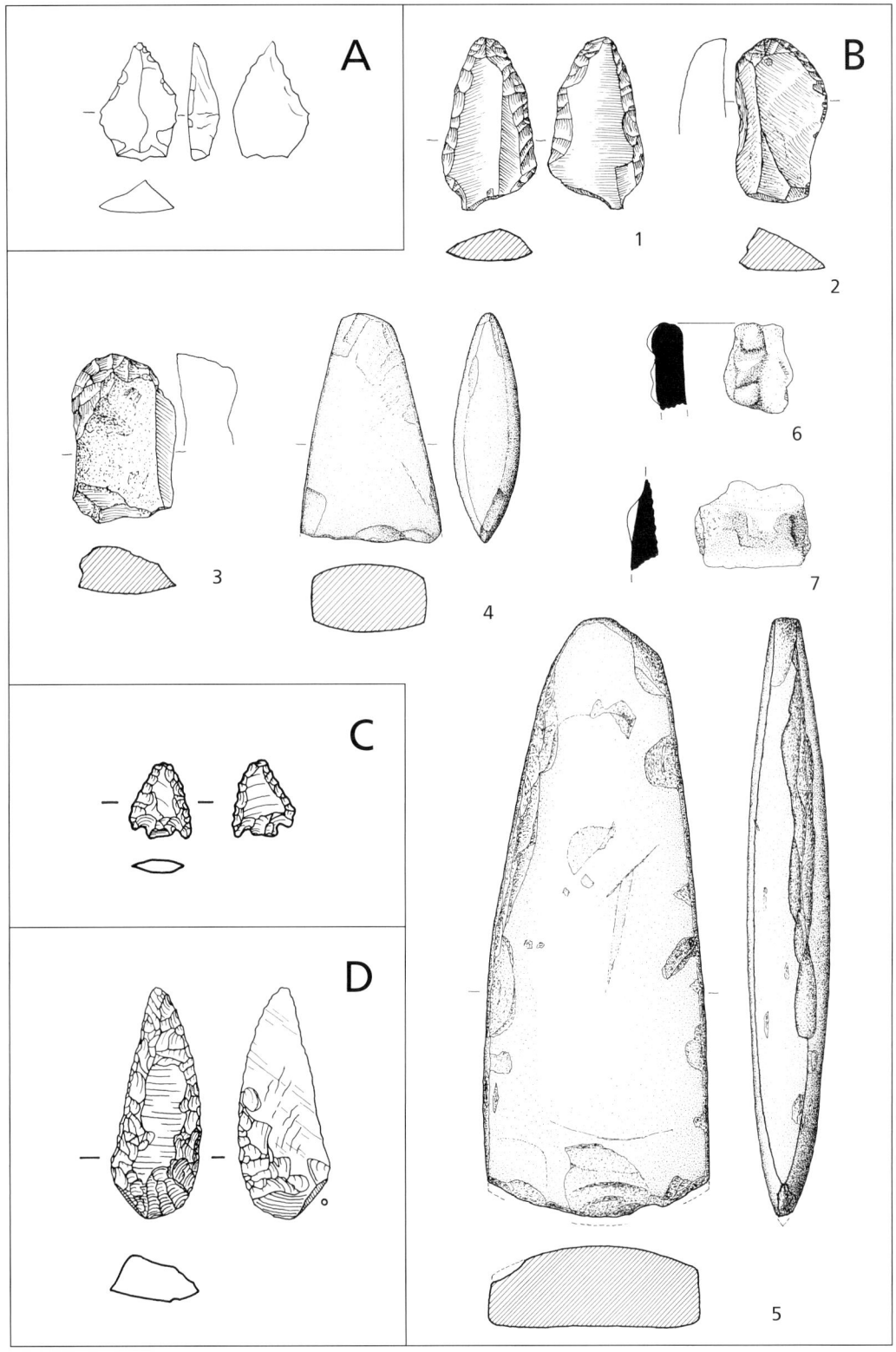

A Badenweiler S c h w e i g h o f (Lkr. Breisgau-Hochschwarzwald). M 2:3. – B Efringen-Kirchen B l a n s i n g e n (Lkr. Lörrach). 1–3 M 2:3; 4–7 M 1:2. – C Efringen-Kirchen H u t t i n g e n (Lkr. Lörrach). Fdst. 1. M 2:3. – D Efringen-Kirchen H u t t i n g e n (Lkr. Lörrach). Fdst. 2. M 2:3.

Tafel 2

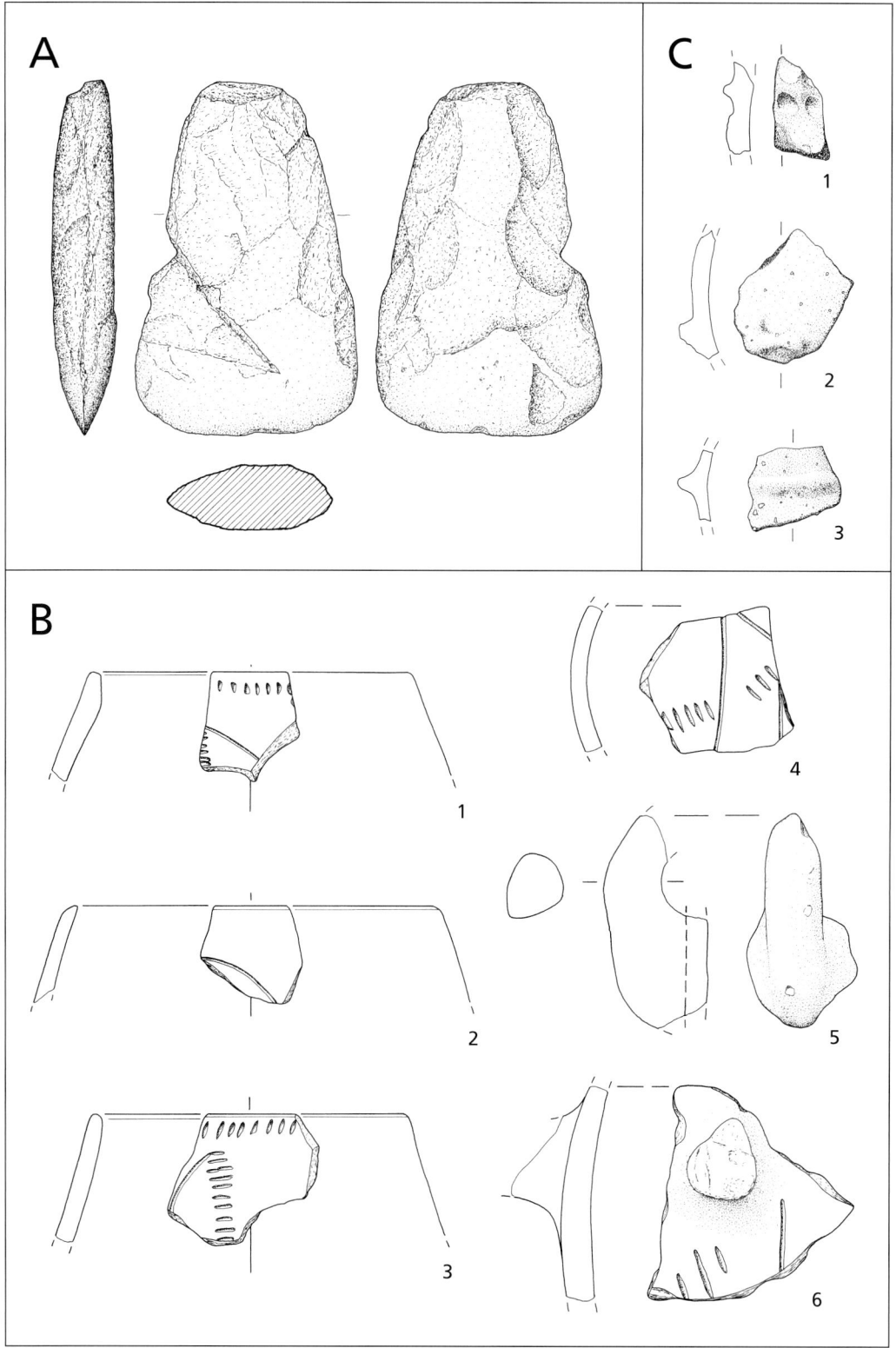

A Efringen-Kirchen B l a n s i n g e n (Lkr. Lörrach). M 1:2. – B Fellbach (Rems-Murr-Kreis). M 1:2. – C Forchheim (Lkr. Emmendingen). Fdst. 2. M 1:3.

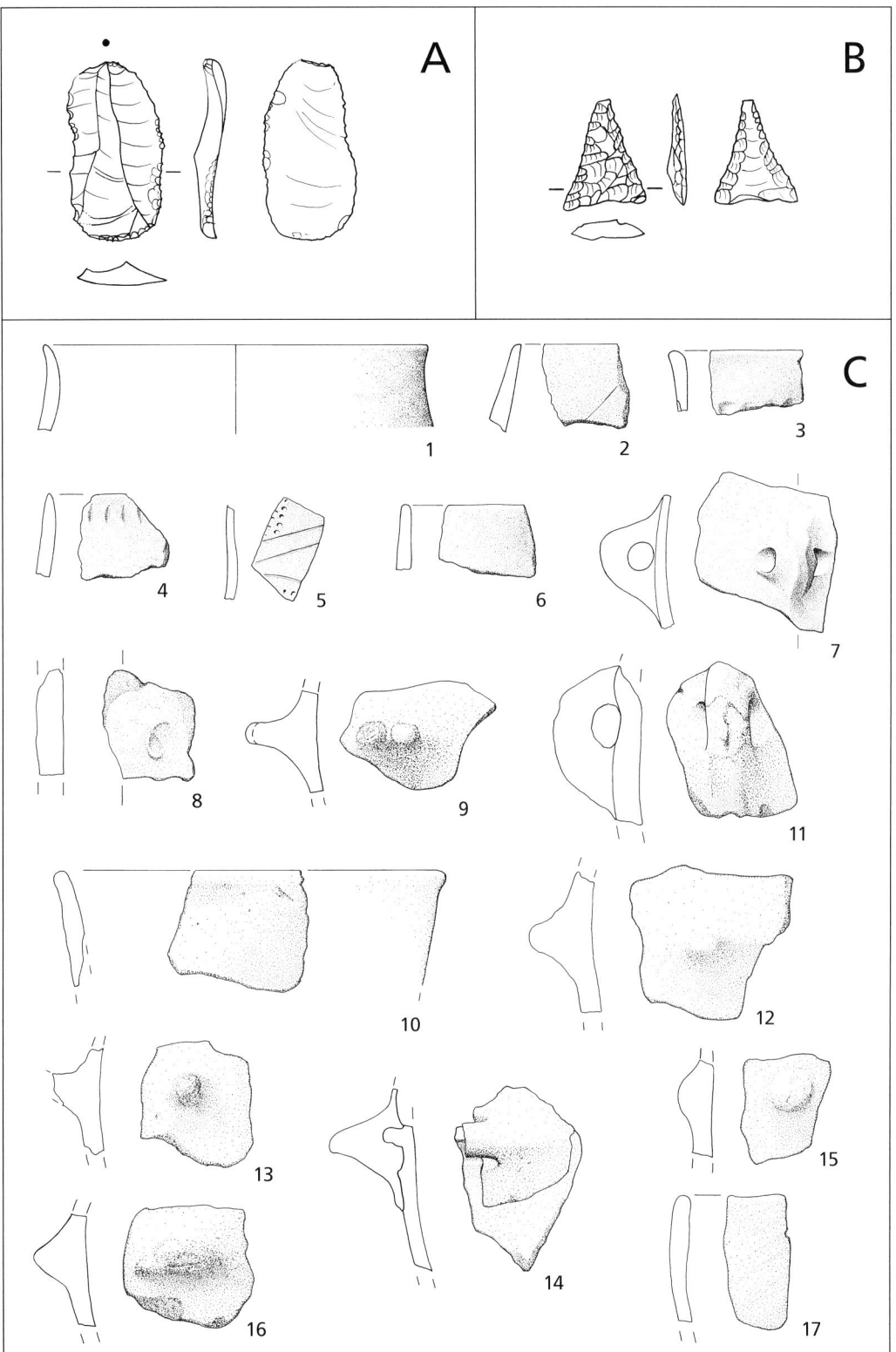

A Forchheim (Lkr. Emmendingen). Fdst. 1. M 2:3. – B Forchheim (Lkr. Emmendingen). Fdst. 2. M 2:3. – C Freiburg im Breisgau O p f i n g e n. M 1:3.

Tafel 4

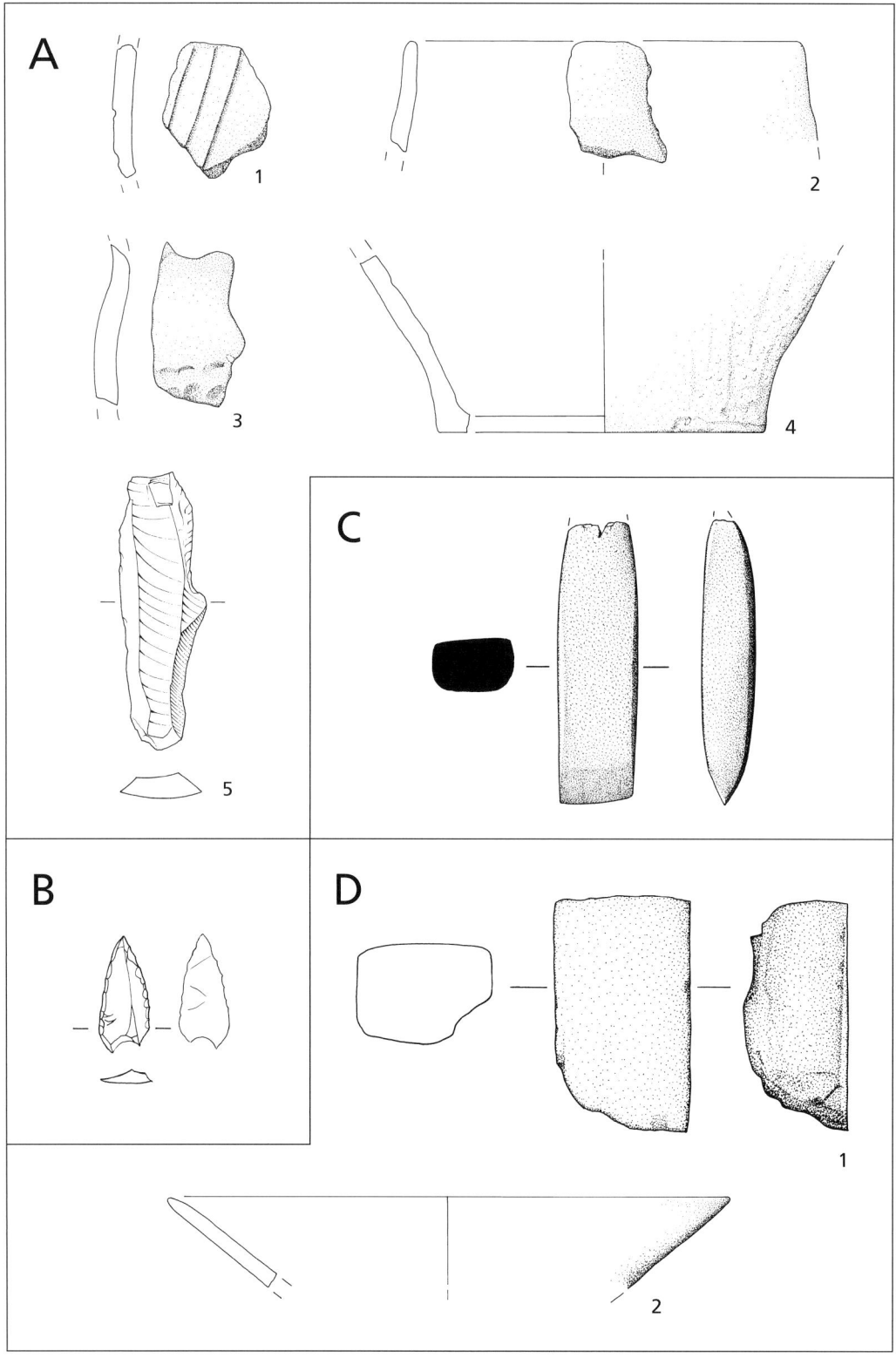

A Freiburg im Breisgau O p f i n g e n. 1–4 M 1:3; 5 M 2:3. – B Kirchzarten Z a r t e n (Lkr. Breisgau-Hochschwarzwald). M 2:3. – C Müllheim (Lkr. Breisgau-Hochschwarzwald). M 1:2. – D Riegel (Lkr. Emmendingen). Fdst. 1. 1 M 1:2; 2 M 1:3.

Tafel 5

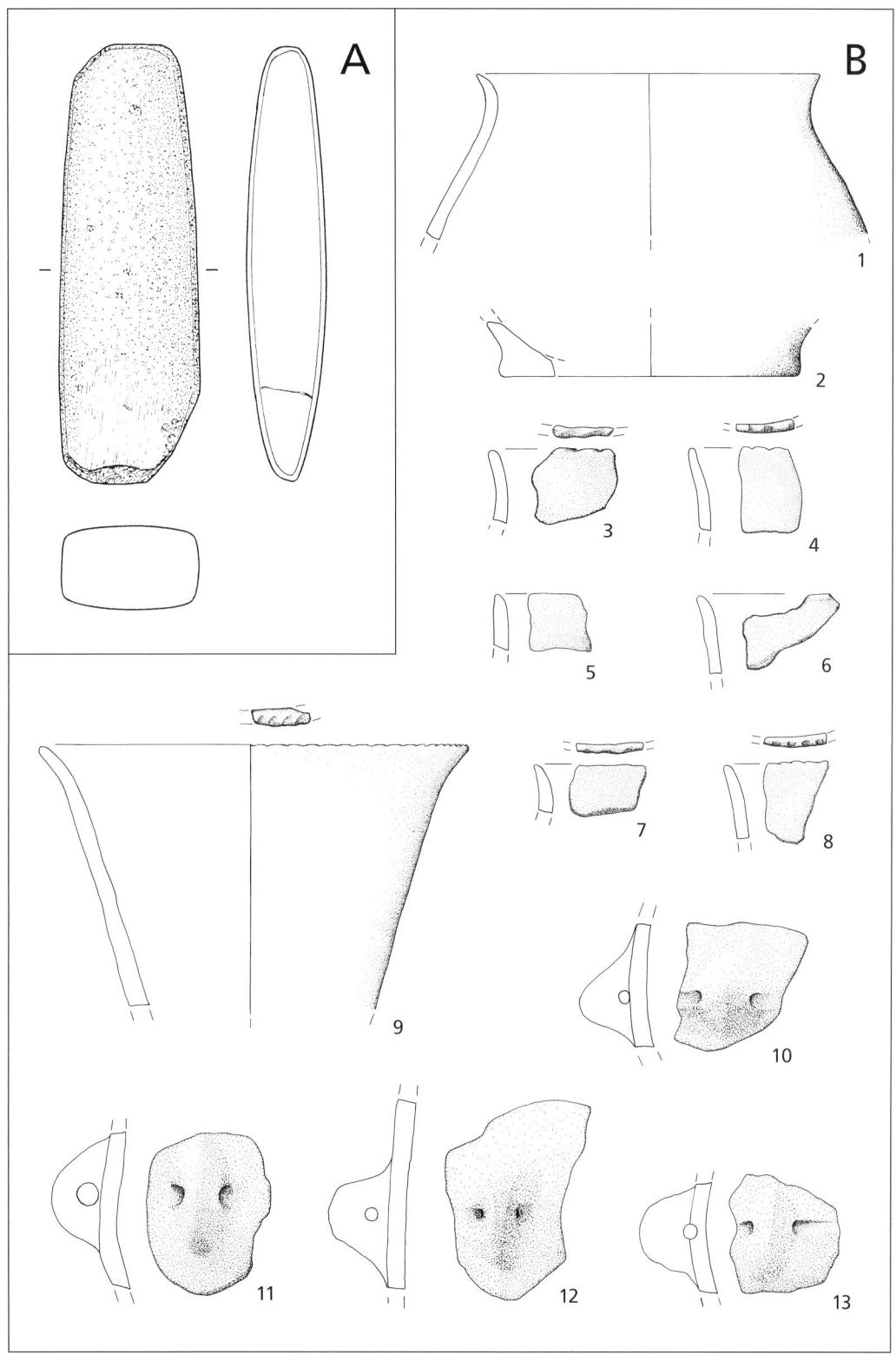

A Öhningen W a n g e n (Lkr. Konstanz). M 1:2. – B Riegel (Lkr. Emmendingen). Fdst. 1. M 1:3.

Tafel 6

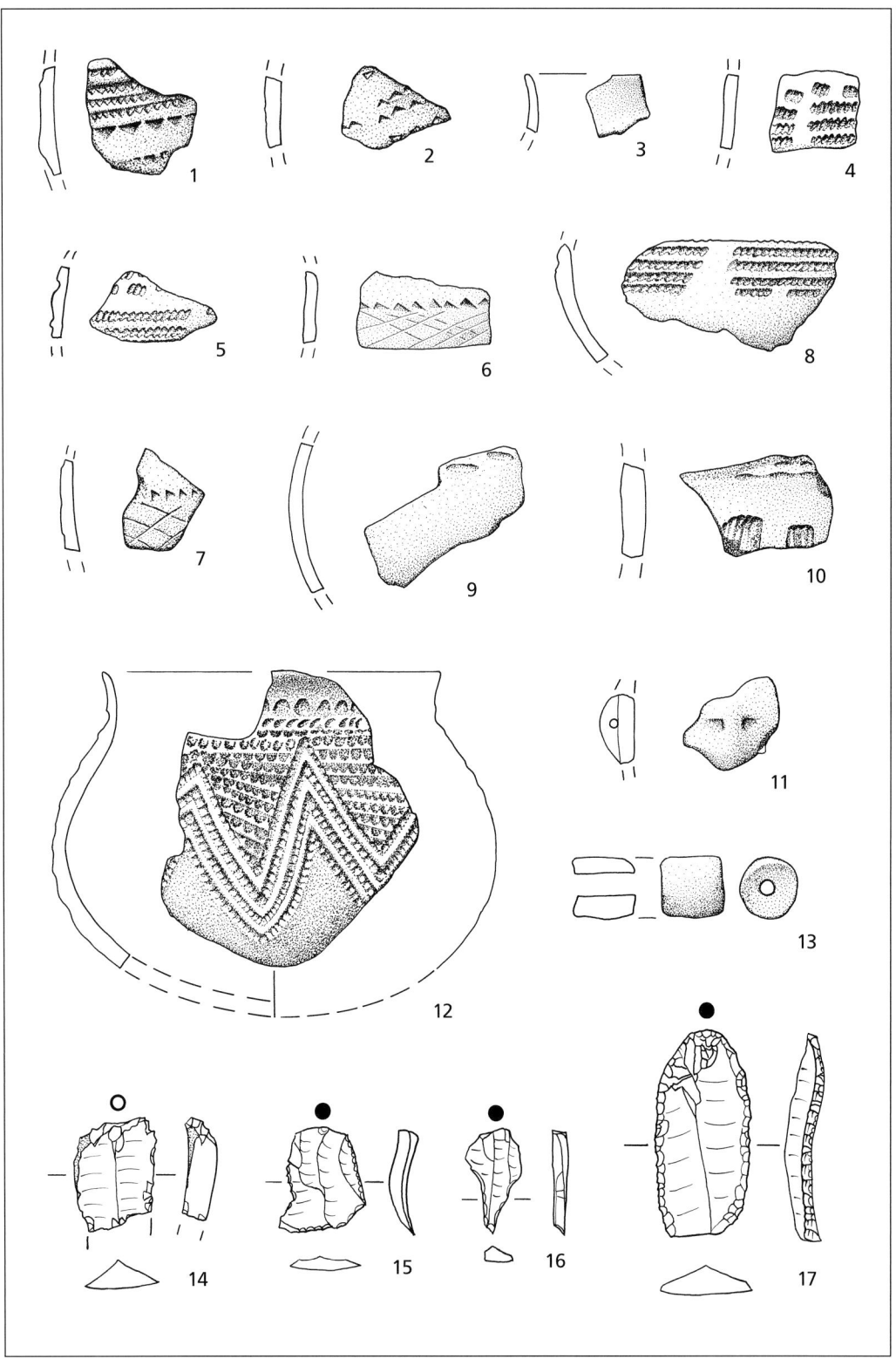

Riegel (Lkr. Emmendingen). Fdst. 1. 1–13 M 1:2; 14–17 M 2:3.

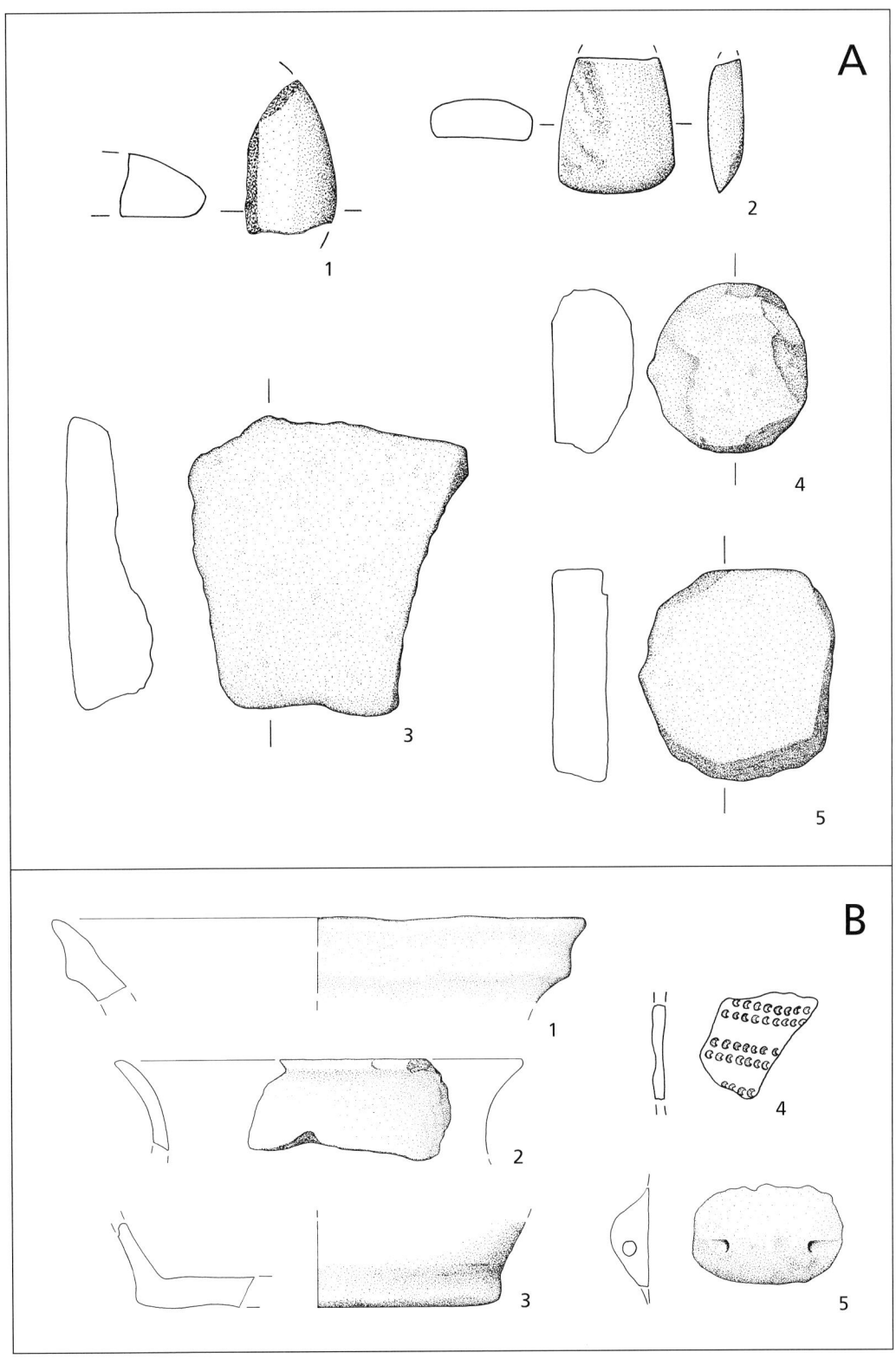

A Riegel (Lkr. Emmendingen). Fdst. 1. 1 u. 2 M 1:2; 3–5 M 1:3. – B Riegel (Lkr. Emmendingen). Fdst. 2. 1–3 u. 5 M 1:3; 4 M 1:2.

Tafel 8

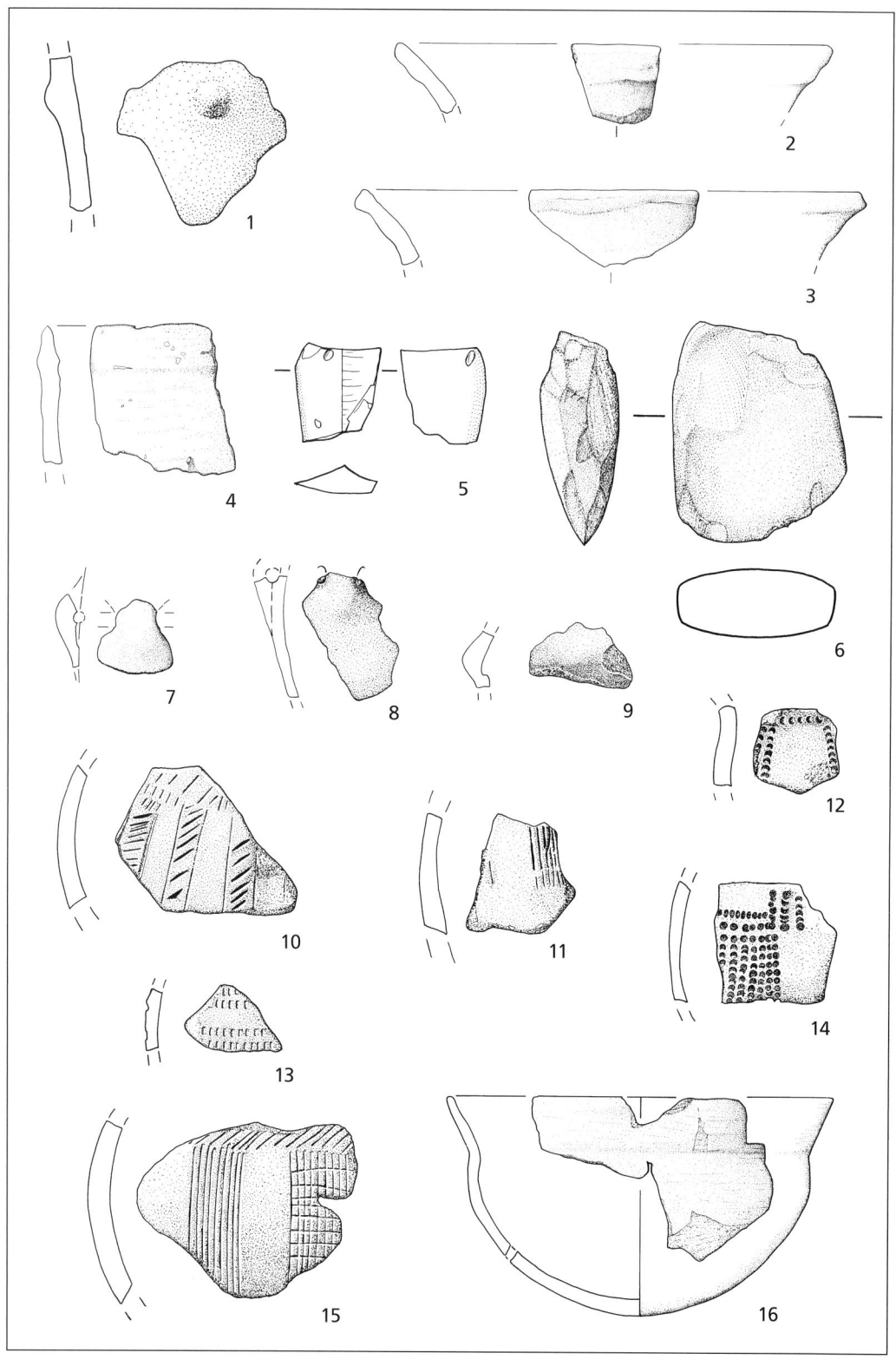

Riegel (Lkr. Emmendingen). Fdst. 2. 1–4.7–9 u. 16 M 1:3; 5 M 2:3; 6.10–15 M 1:2.

Tafel 9

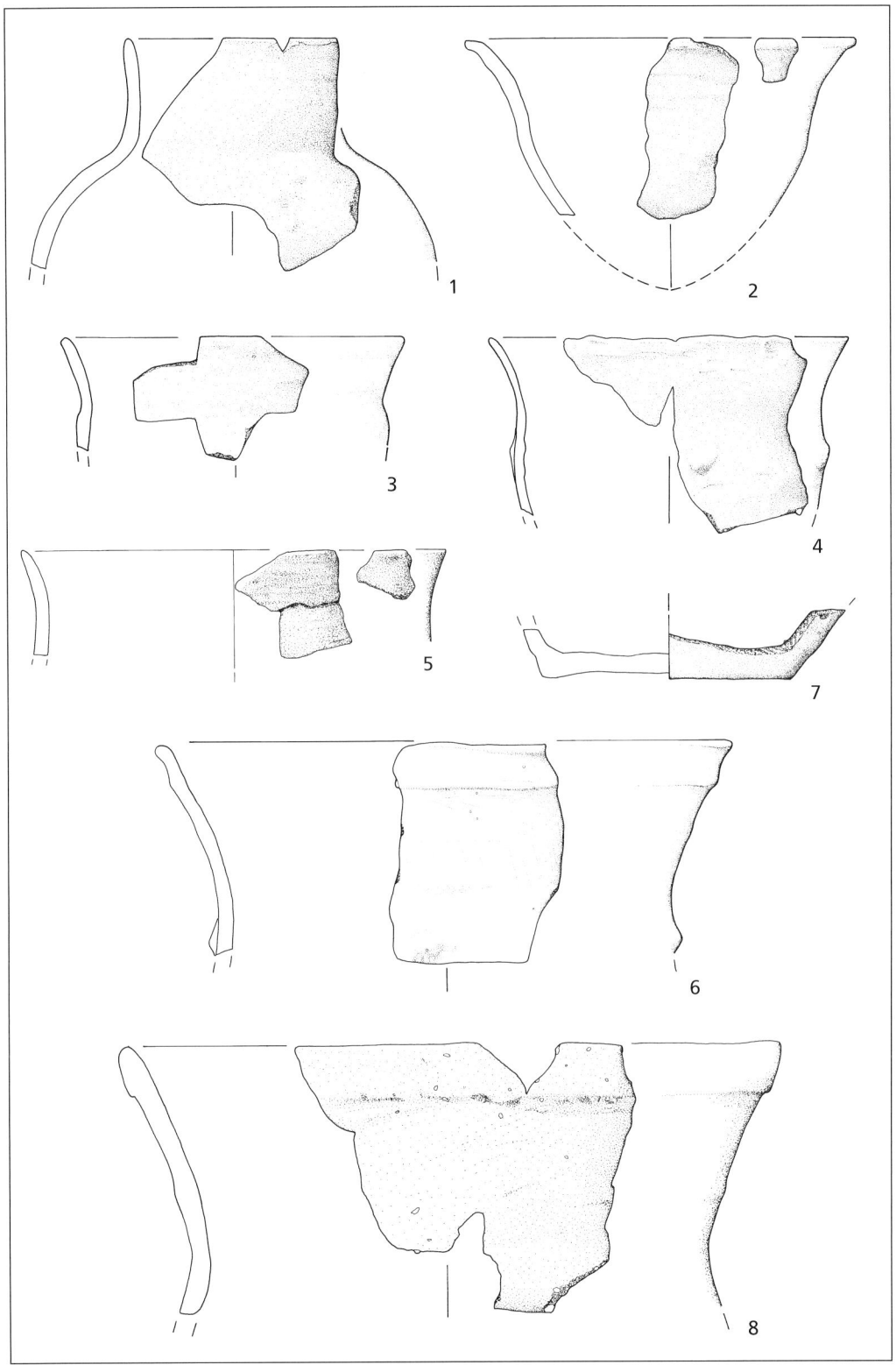

Riegel (Lkr. Emmendingen). Fdst. 2. M 1:3.

Tafel 10

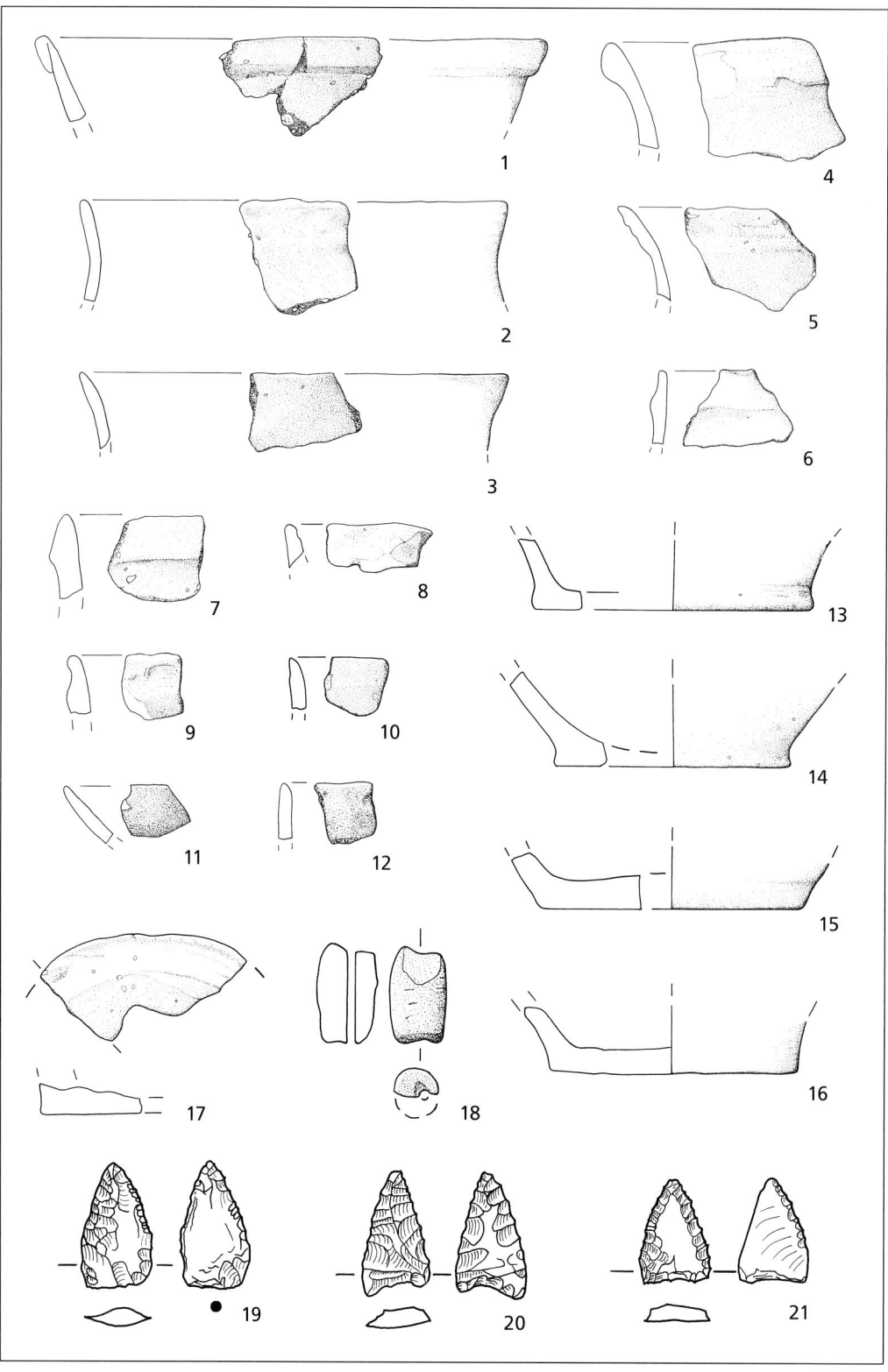

Riegel (Lkr. Emmendingen). Fdst. 2. 1–17 M 1:3; 18 M 1:2; 19–21 M 2:3.

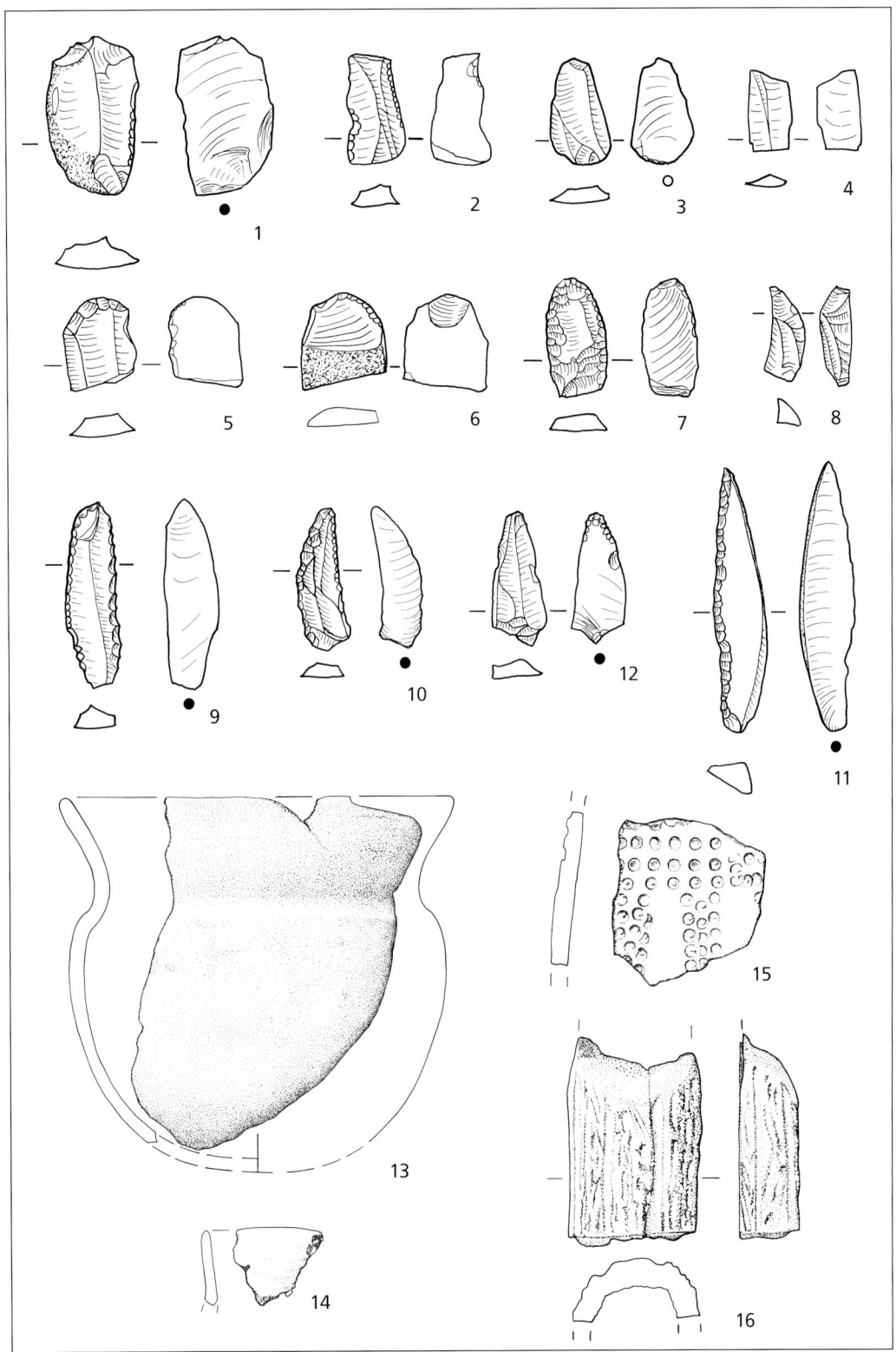

Riegel (Lkr. Emmendingen). Fdst. 2. 1–12 M 2:3; 13 u. 14 M 1:3; 15 u. 16 M 1:2.

Tafel 12

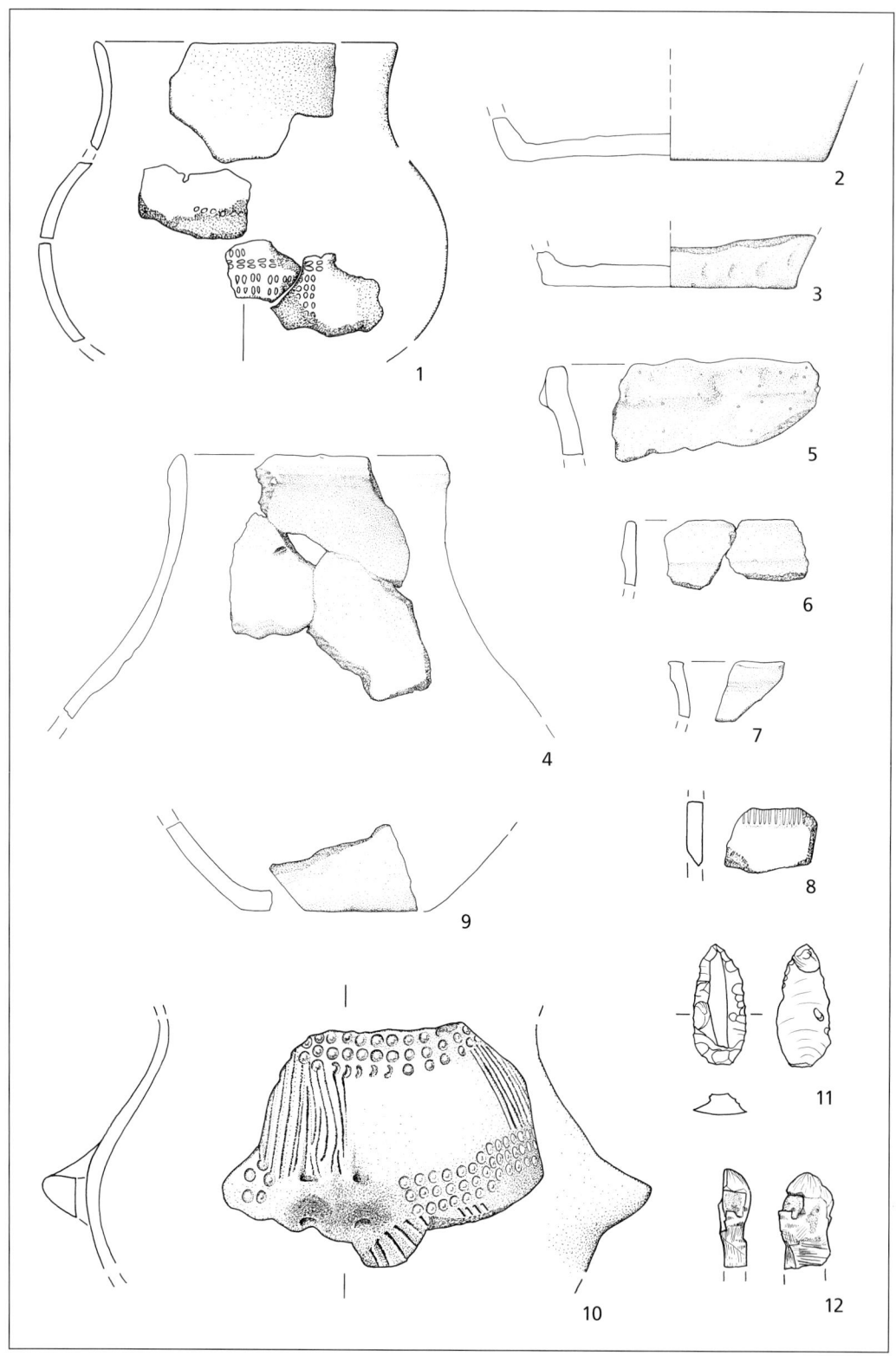

Riegel (Lkr. Emmendingen). Fdst. 2. 1.8.10–12 M 1:2; 2.3–7 u. 9 M 1:3.

TAFEL 13

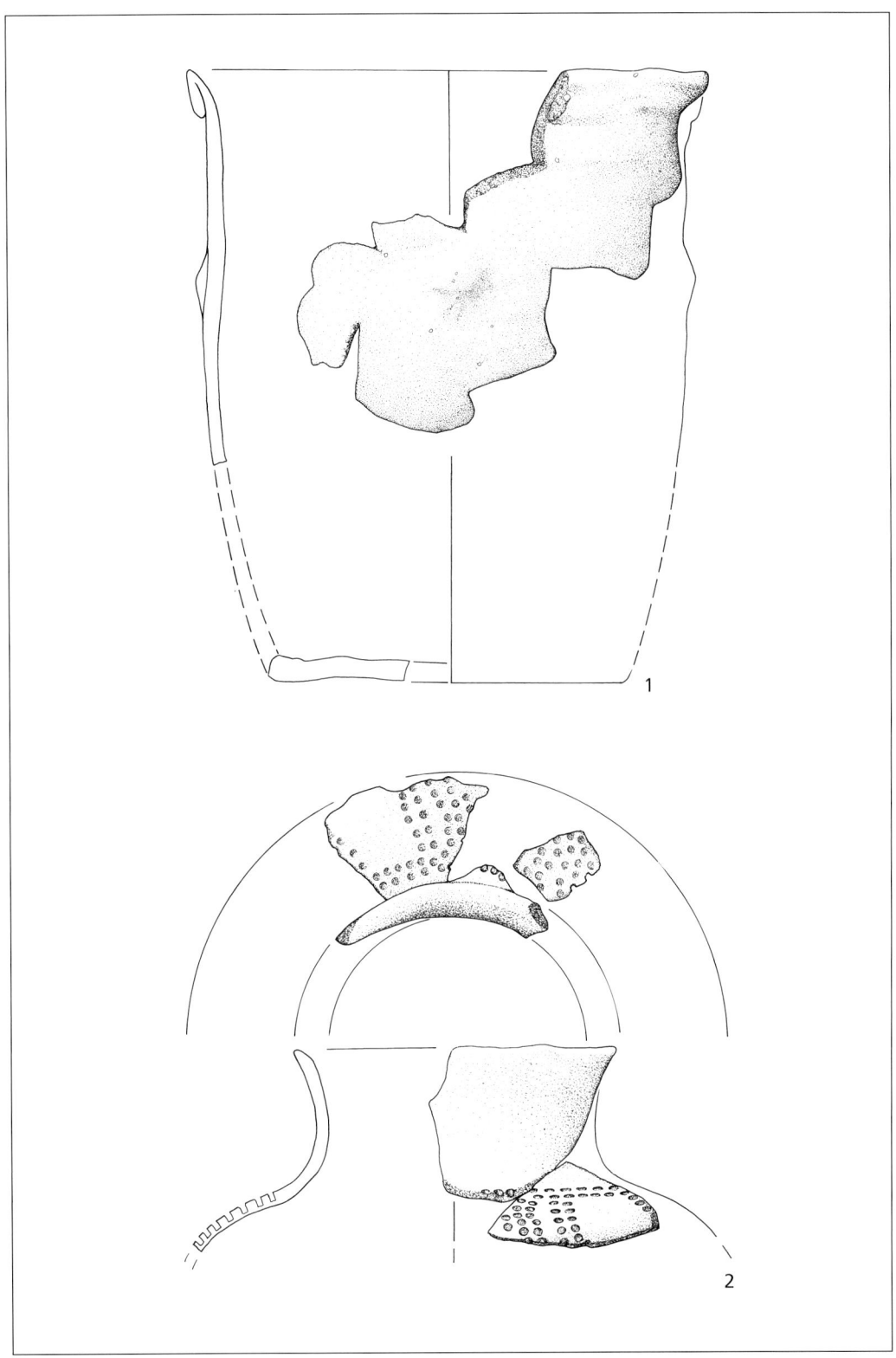

Riegel (Lkr. Emmendingen). Fdst. 2. 1 M 1:3; 2 M 1:2.

Tafel 14

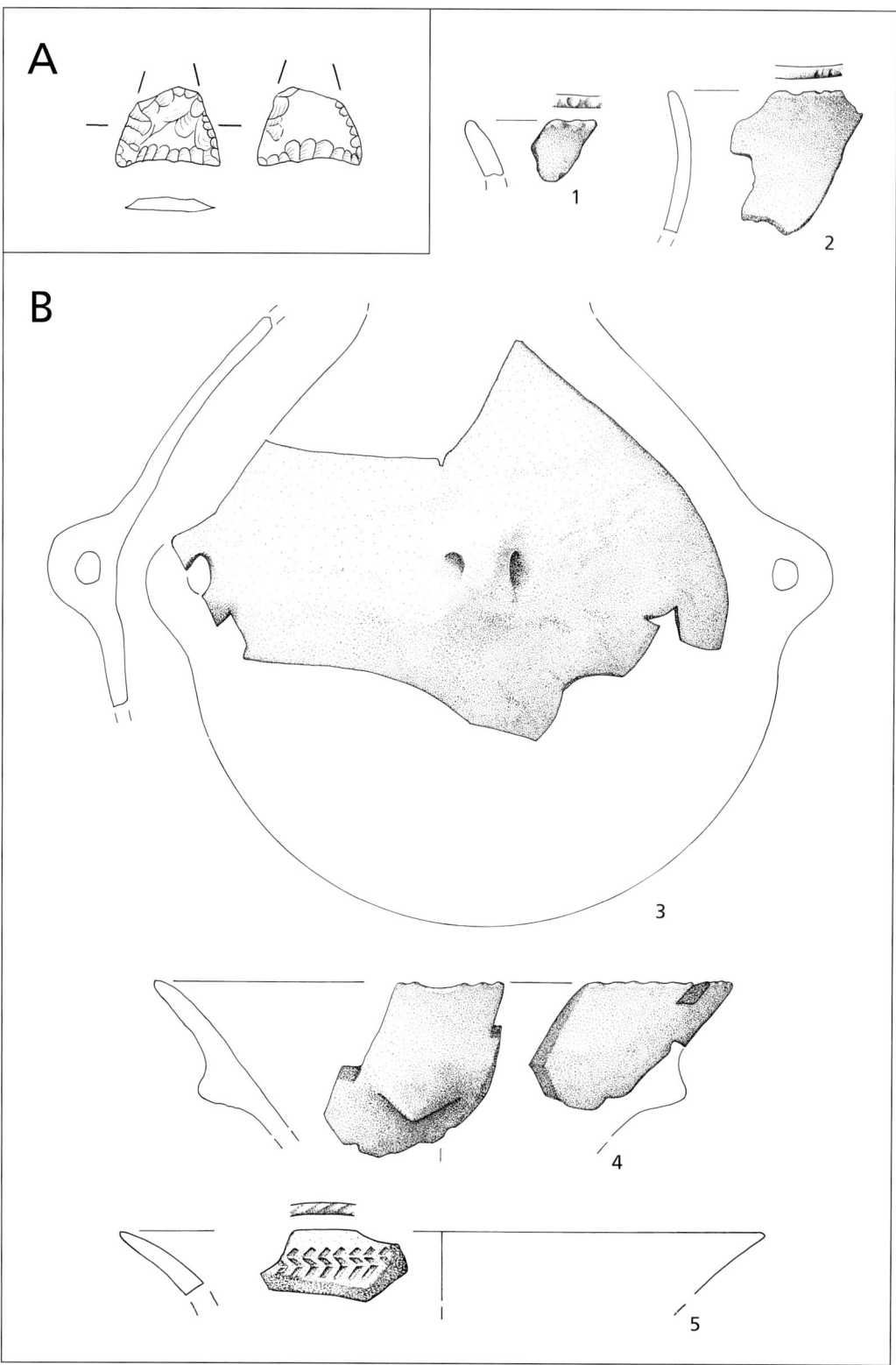

A Riegel (Lkr. Emmendingen). Fdst. 3. M 2:3. – B Riegel (Lkr. Emmendingen). Fdst. 4.
1–4 M 1:3; 5 M 1:2.

Tafel 15

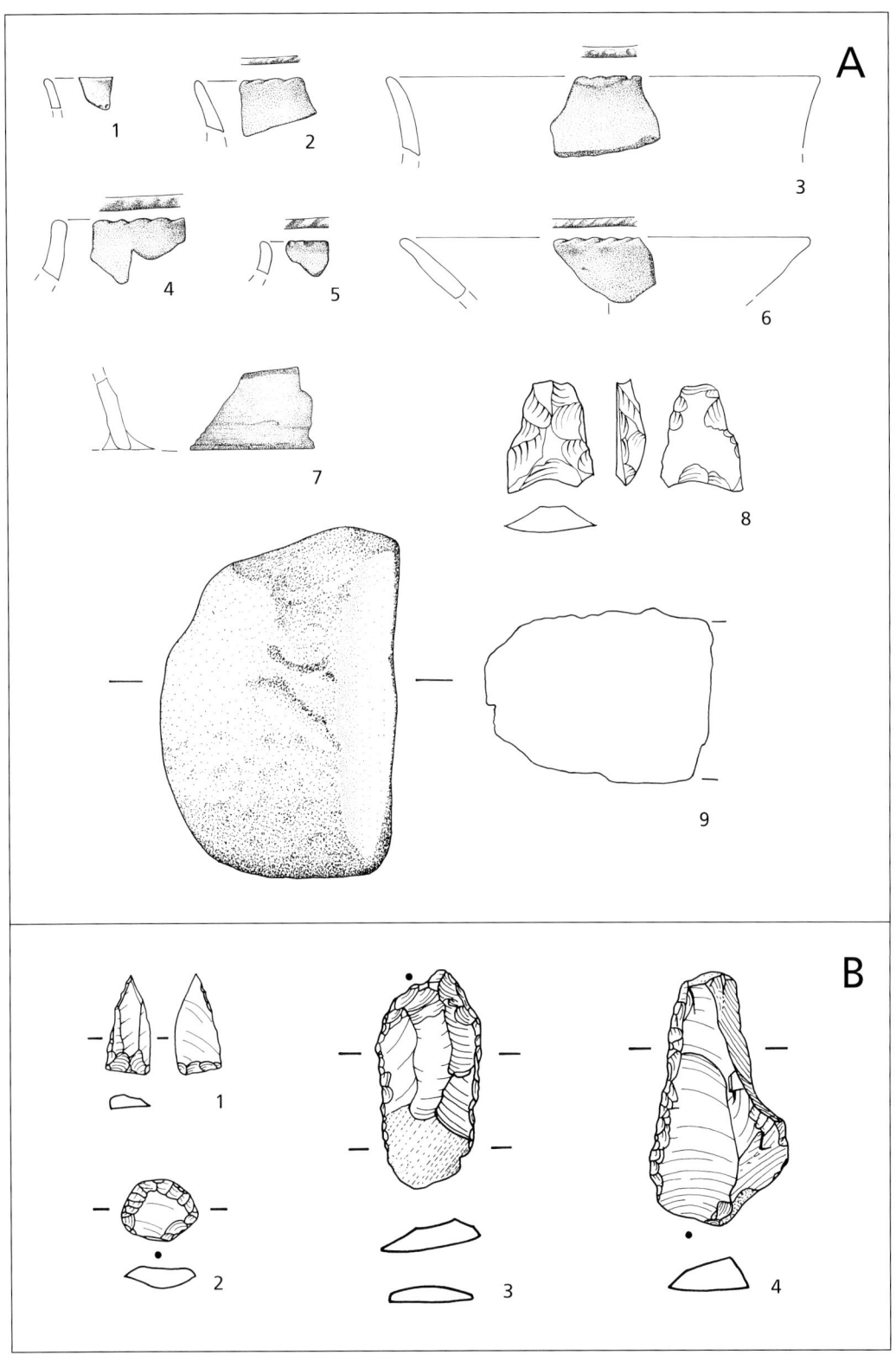

A Riegel (Lkr. Emmendingen). Fdst. 4. 1–7 M 1:3; 8 M 1:1; 9 M 1:2. –
B Schliengen L i e l (Lkr. Lörrach). Fdst. ‚grün'. M 2:3.

Tafel 16

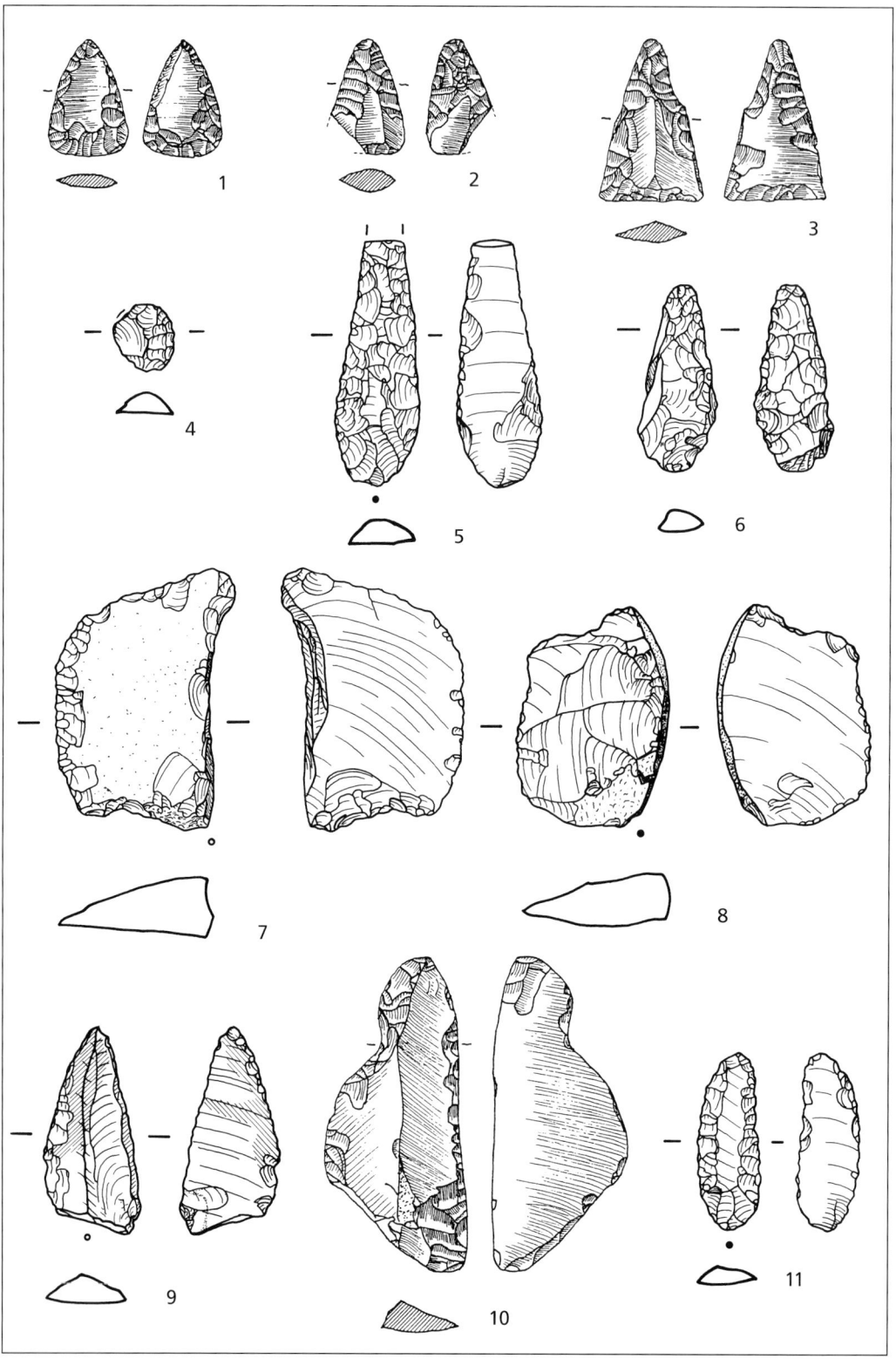

A Schliengen L i e l (Lkr. Lörrach). Fdst. ‚gelb'. M 2 : 3.

Tafel 17

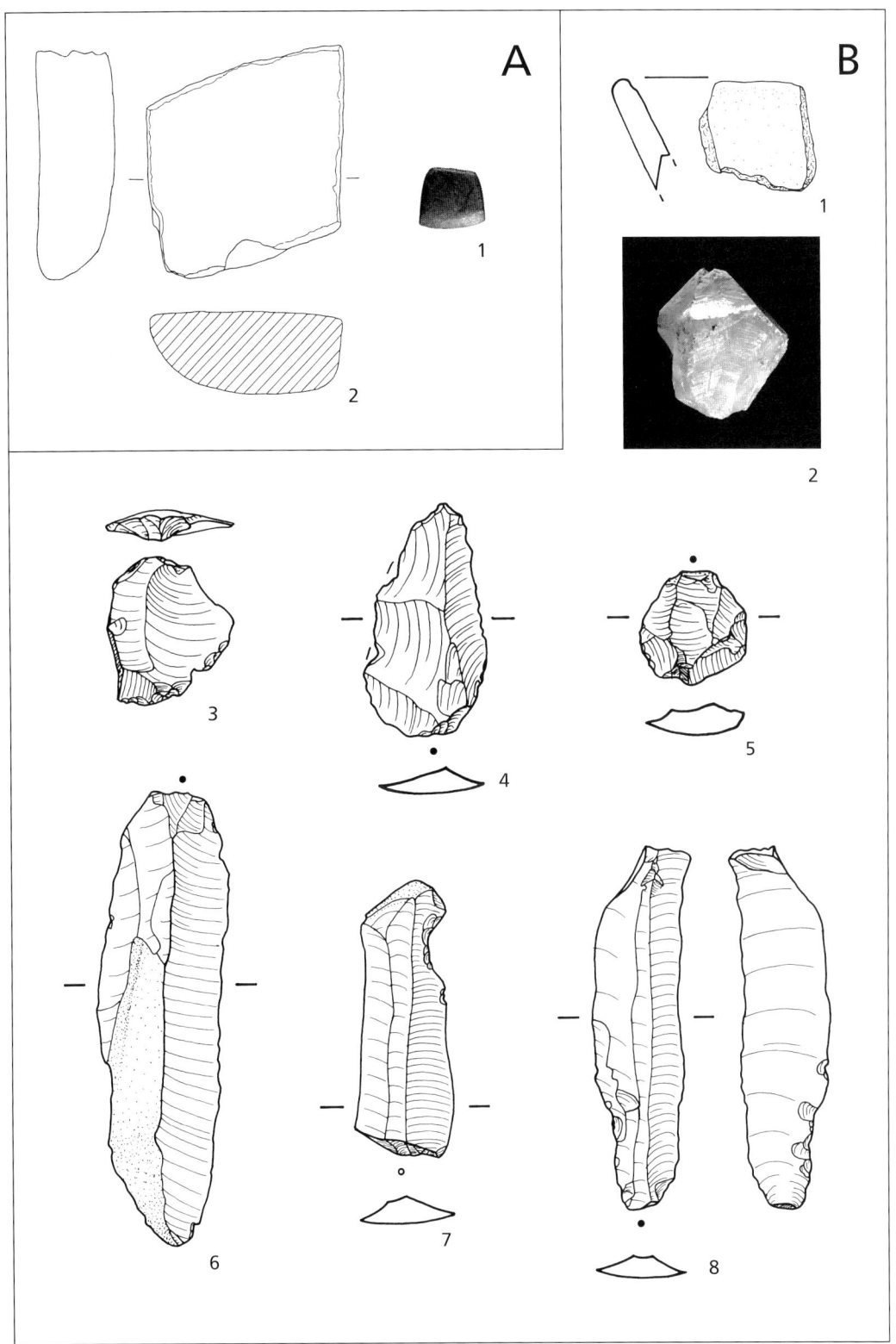

A Schliengen L i e l (Lkr. Lörrach). Fdst. ‚gelb'. 1 M 1:2; 2 M 1:4. –
B Schliengen L i e l (Lkr. Lörrach). Fdst. ‚blau'. 1 M 1:2; 2–8 M 2:3.

Tafel 18

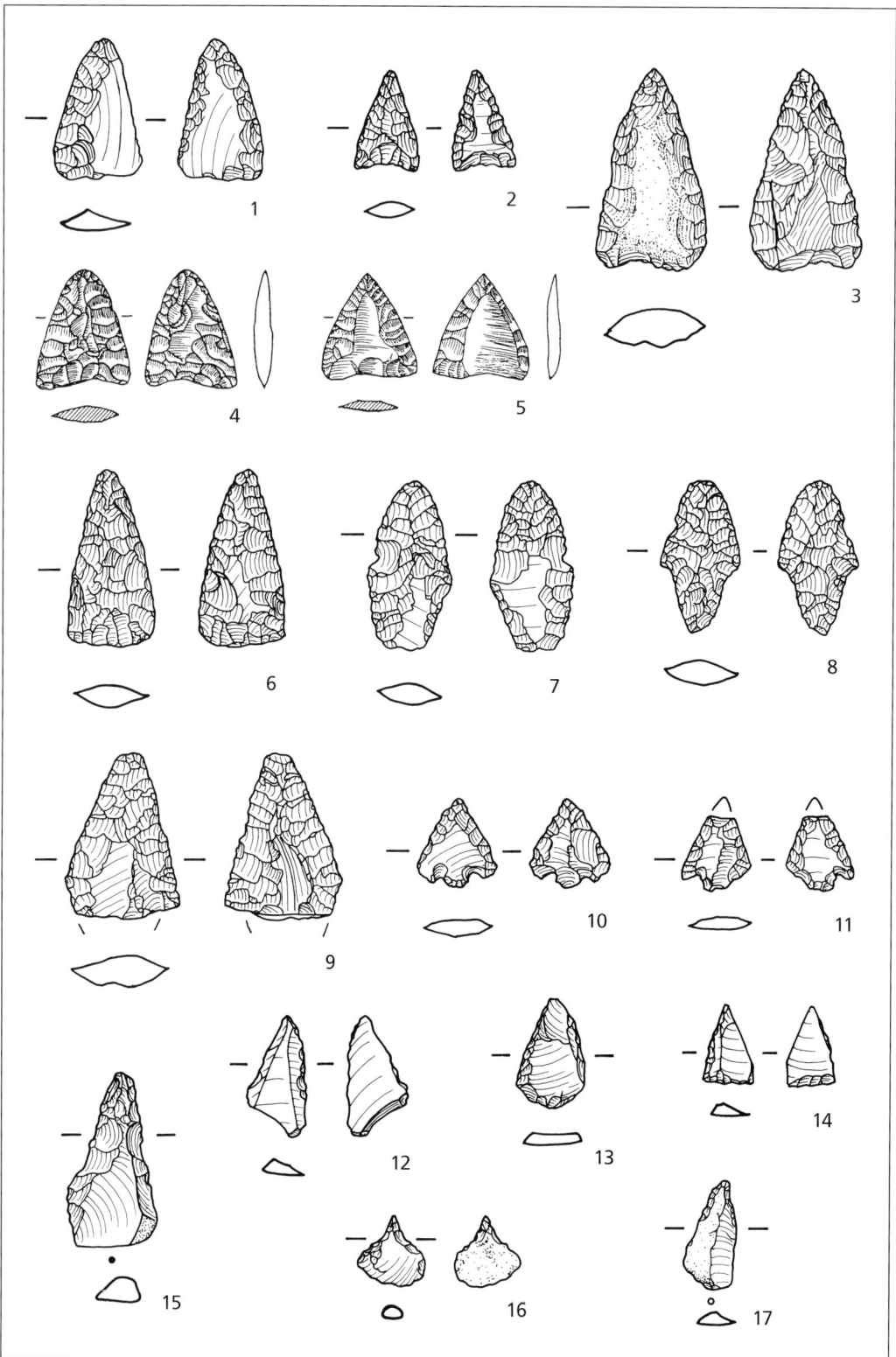

A Schliengen L i e l (Lkr. Lörrach). Fdst. ‚blau'. M 2:3.

Tafel 19

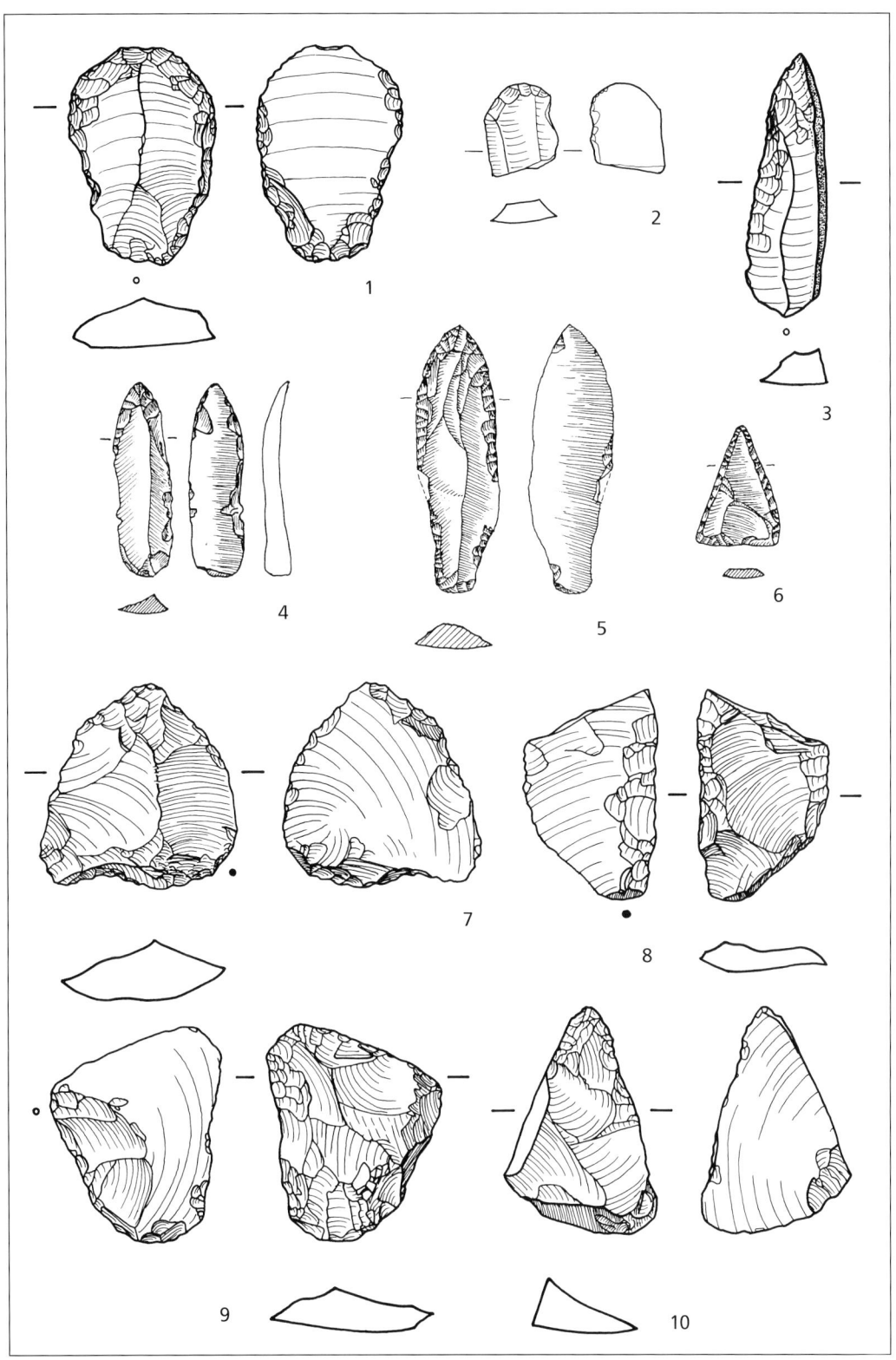

A Schliengen L i e l (Lkr. Lörrach). Fdst. ‚blau'. M 2:3.

Tafel 20

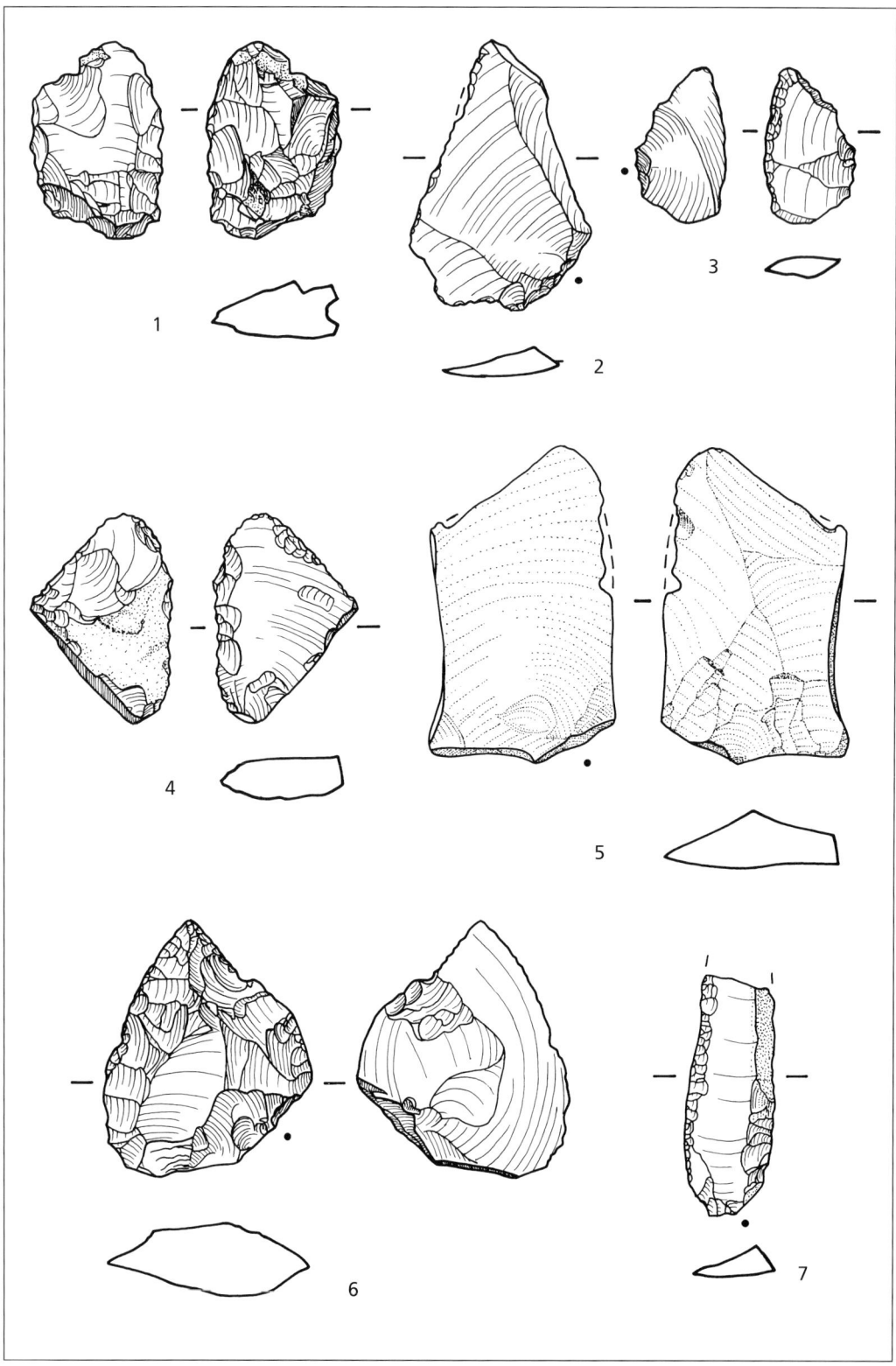

Schliengen L i e l (Lkr. Lörrach). Fdst. ‚blau'. M 2:3.

Tafel 21

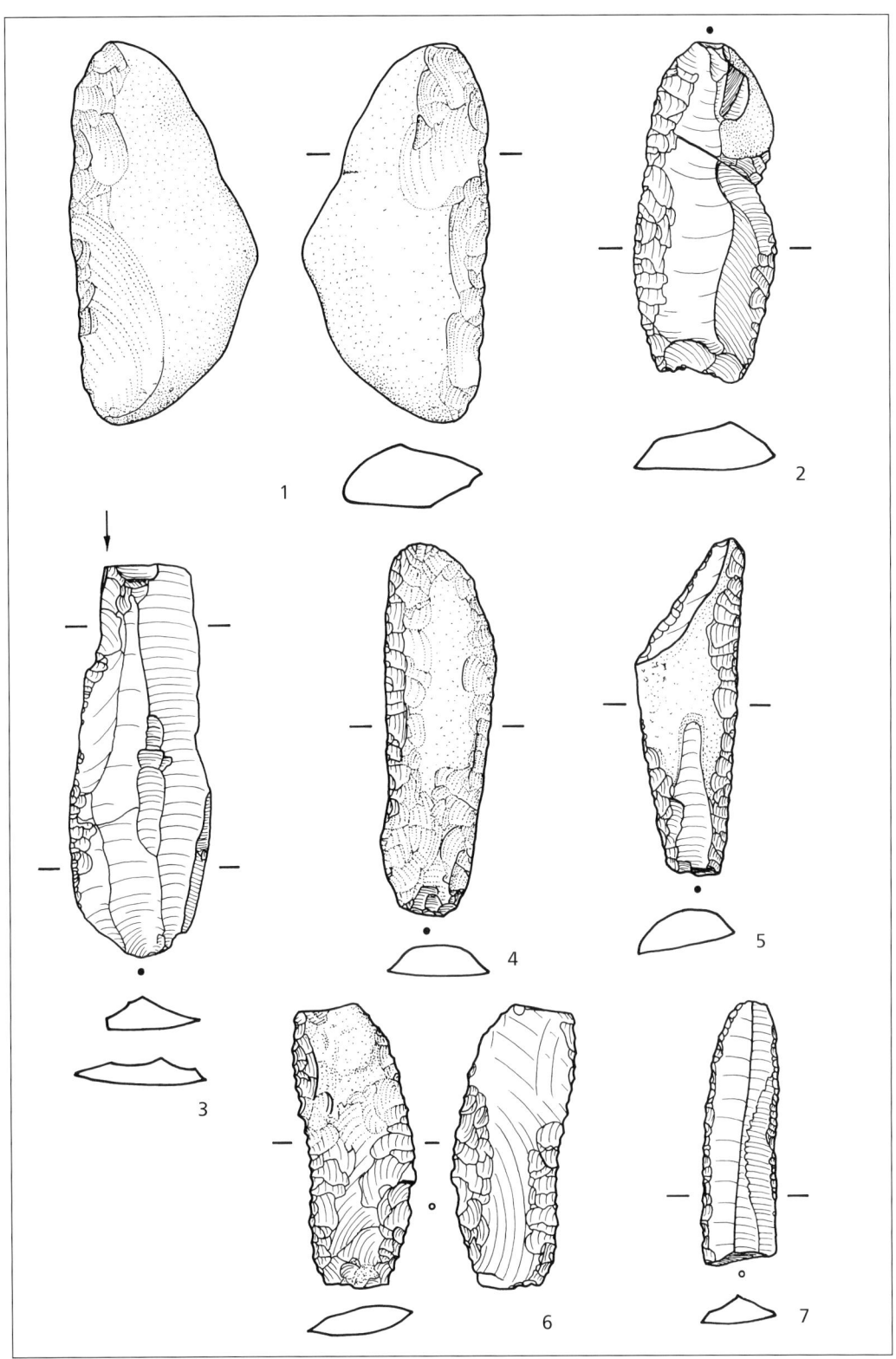

Schliengen L i e l (Lkr. Lörrach). Fdst. ‚blau'. M 2:3.

Tafel 22

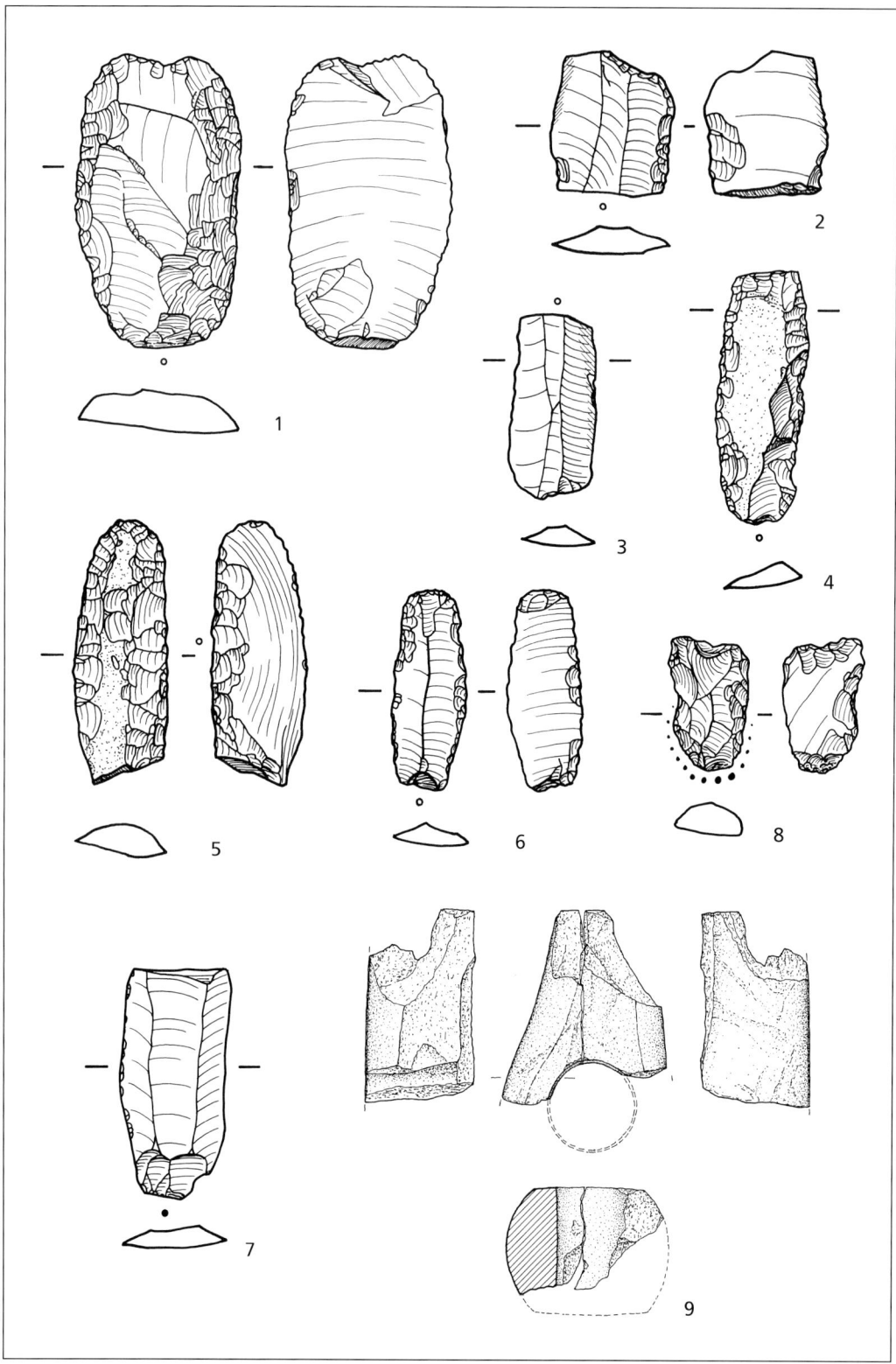

Schliengen L i e l (Lkr. Lörrach). Fdst. „blau". 1–8 M 2:3; 9 M 1:2.

Tafel 23

Schliengen L i e l (Lkr. Lörrach). Fdst. ‚blau'. M 1:2.

Tafel 24

Schliengen L i e l (Lkr. Lörrach). Fdst. ‚blau'. M 1:2.

Tafel 25

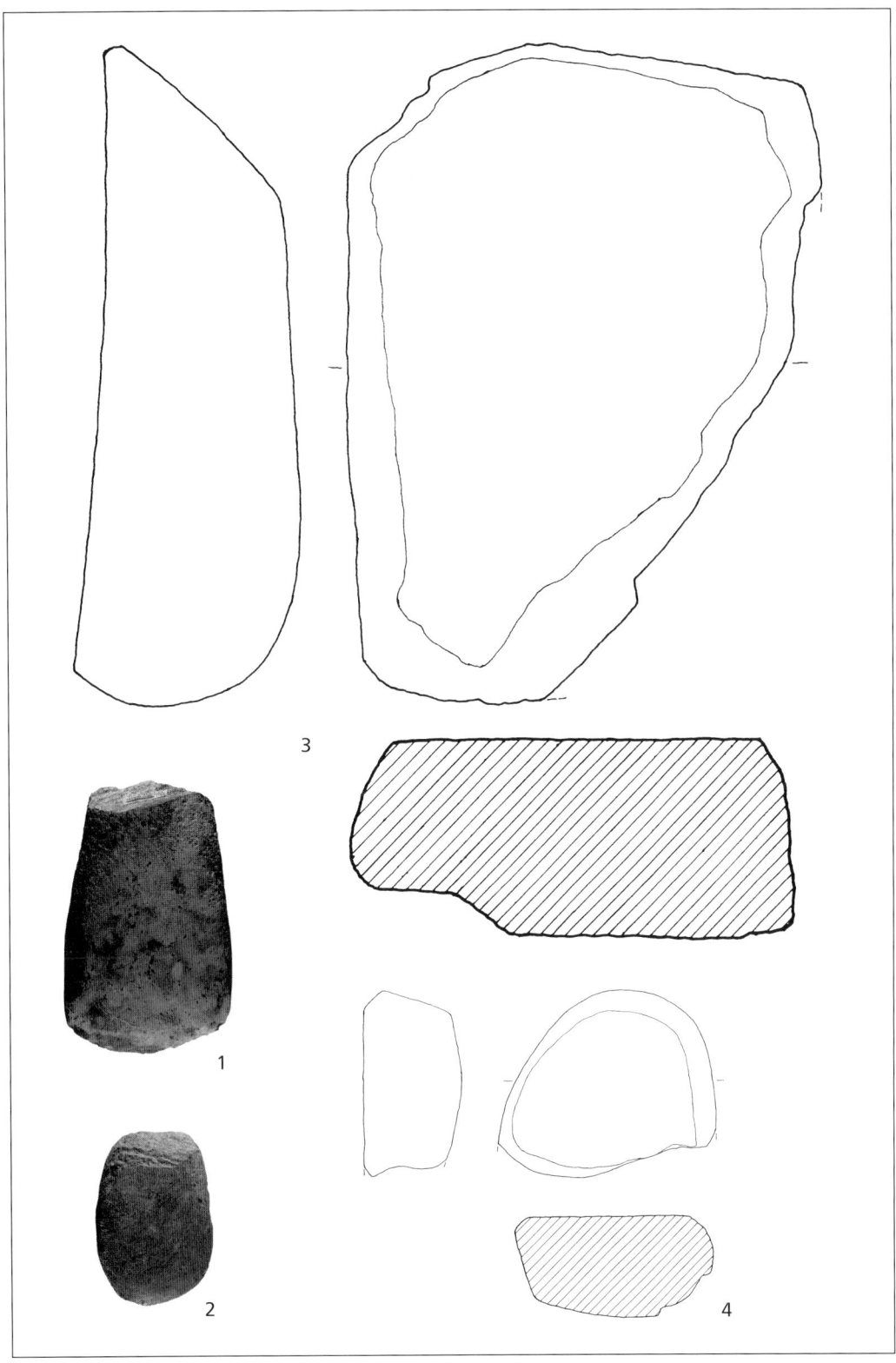

Schliengen L i e l (Lkr. Lörrach). Fdst. ‚blau'. 1 u. 2 M 1:2; 3 M 1:5; 4 M 1:4.

Tafel 26

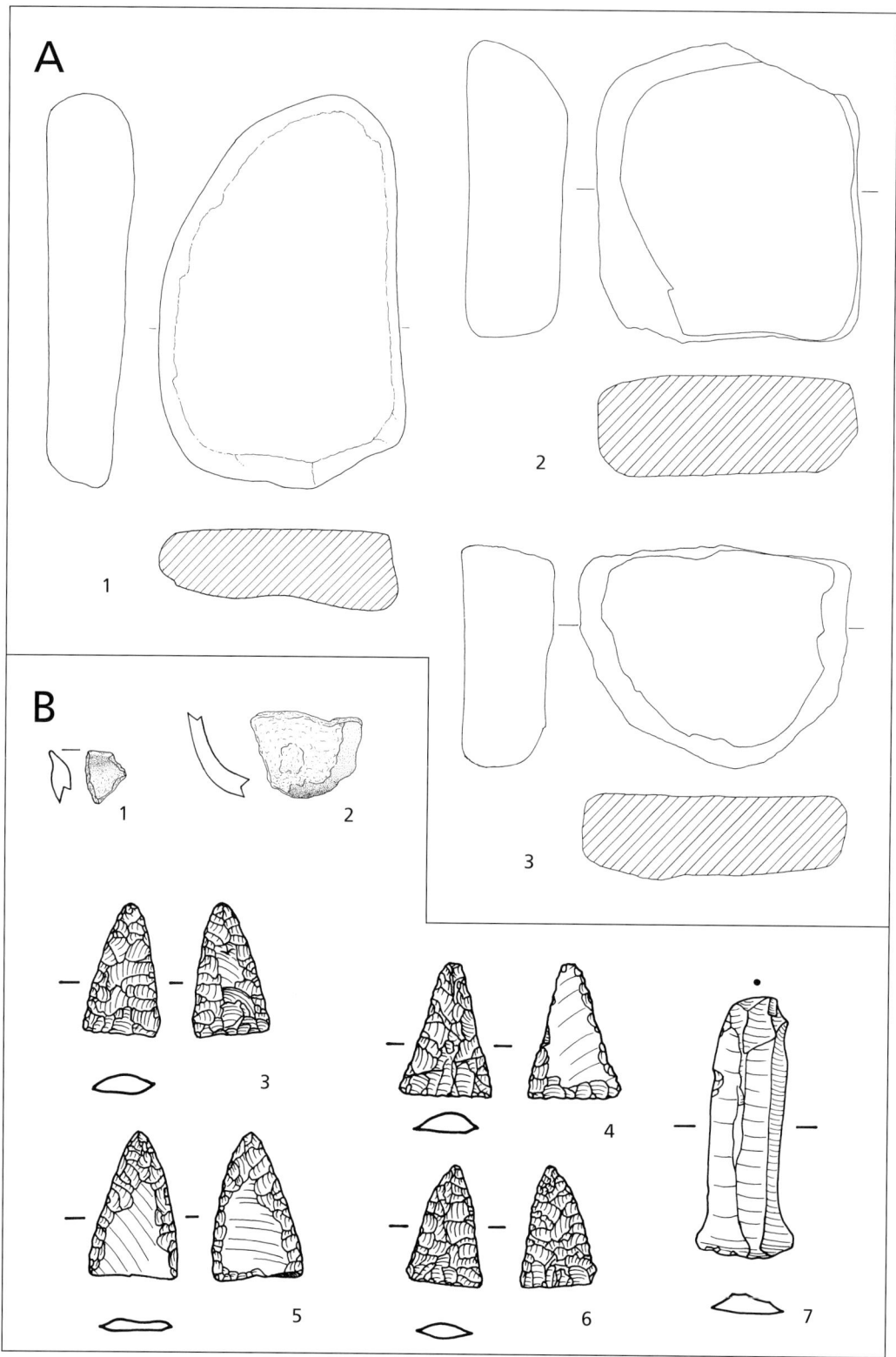

A Schliengen L i e l (Lkr. Lörrach). Fdst. ‚blau'. M 1:4. – B Schliengen L i e l (Lkr. Lörrach). Fdst. ‚rot'. 1 u. 2 M 1:3; 3–7 M 2:3.

Tafel 27

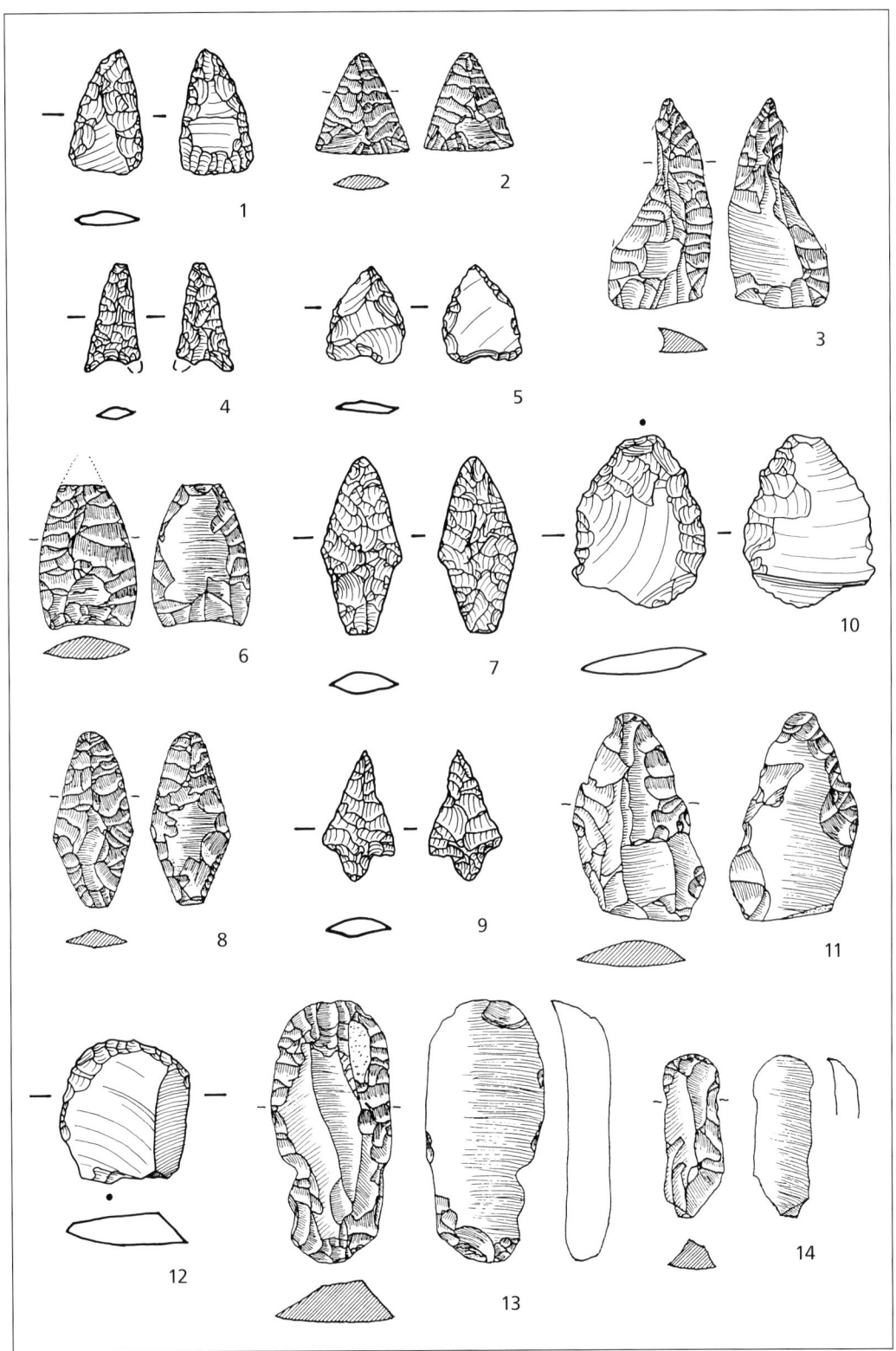

Schliengen L i e l (Lkr. Lörrach). Fdst. ‚rot'. M 2:3.

Tafel 28

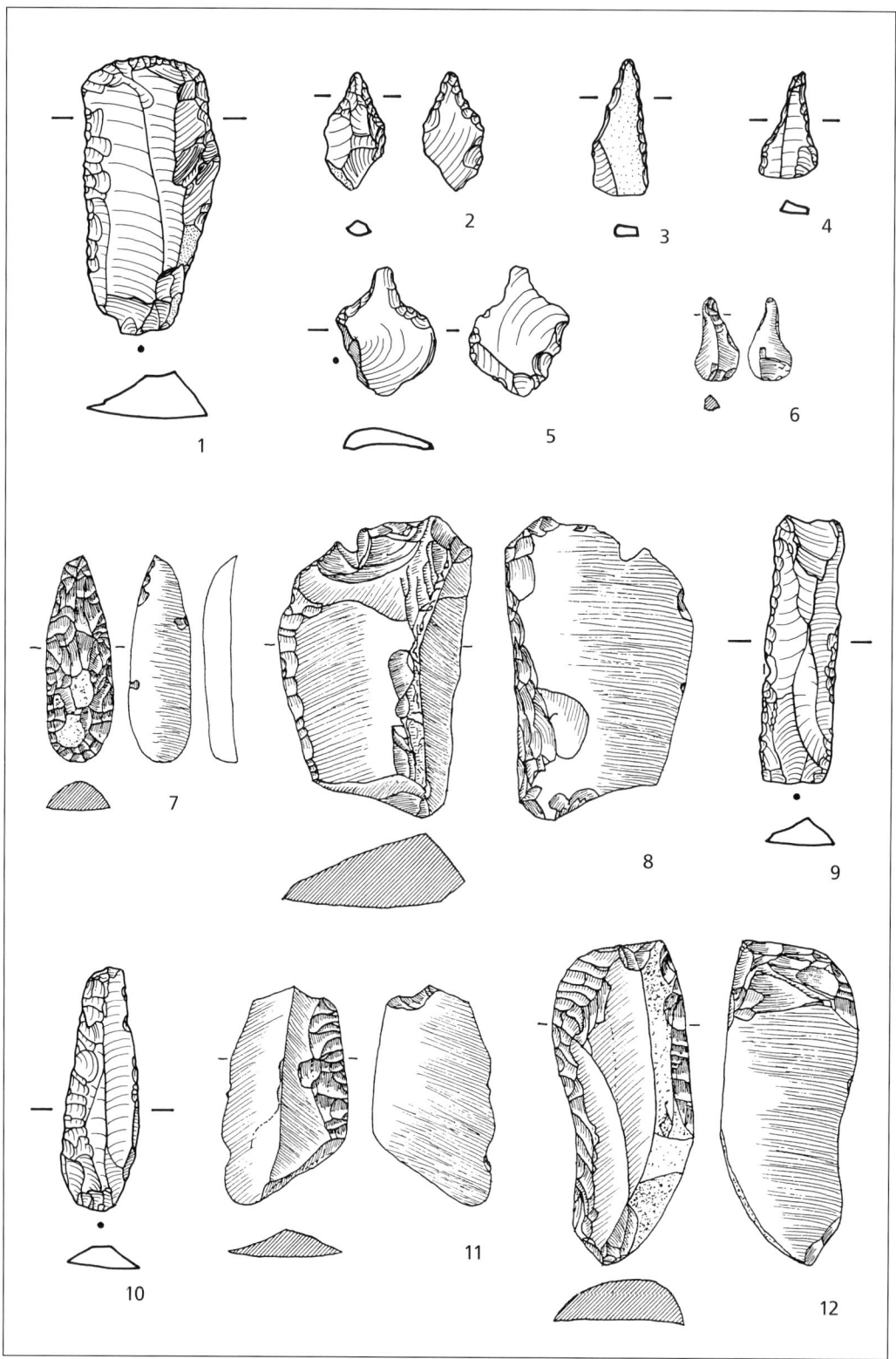

Schliengen L i e l (Lkr. Lörrach). Fdst. ‚rot'. M 2:3.

Tafel 29

Schliengen L i e l (Lkr. Lörrach). Fdst. ‚rot'. 1–7 M 2:3; 8–15 M 1:2.

Tafel 30

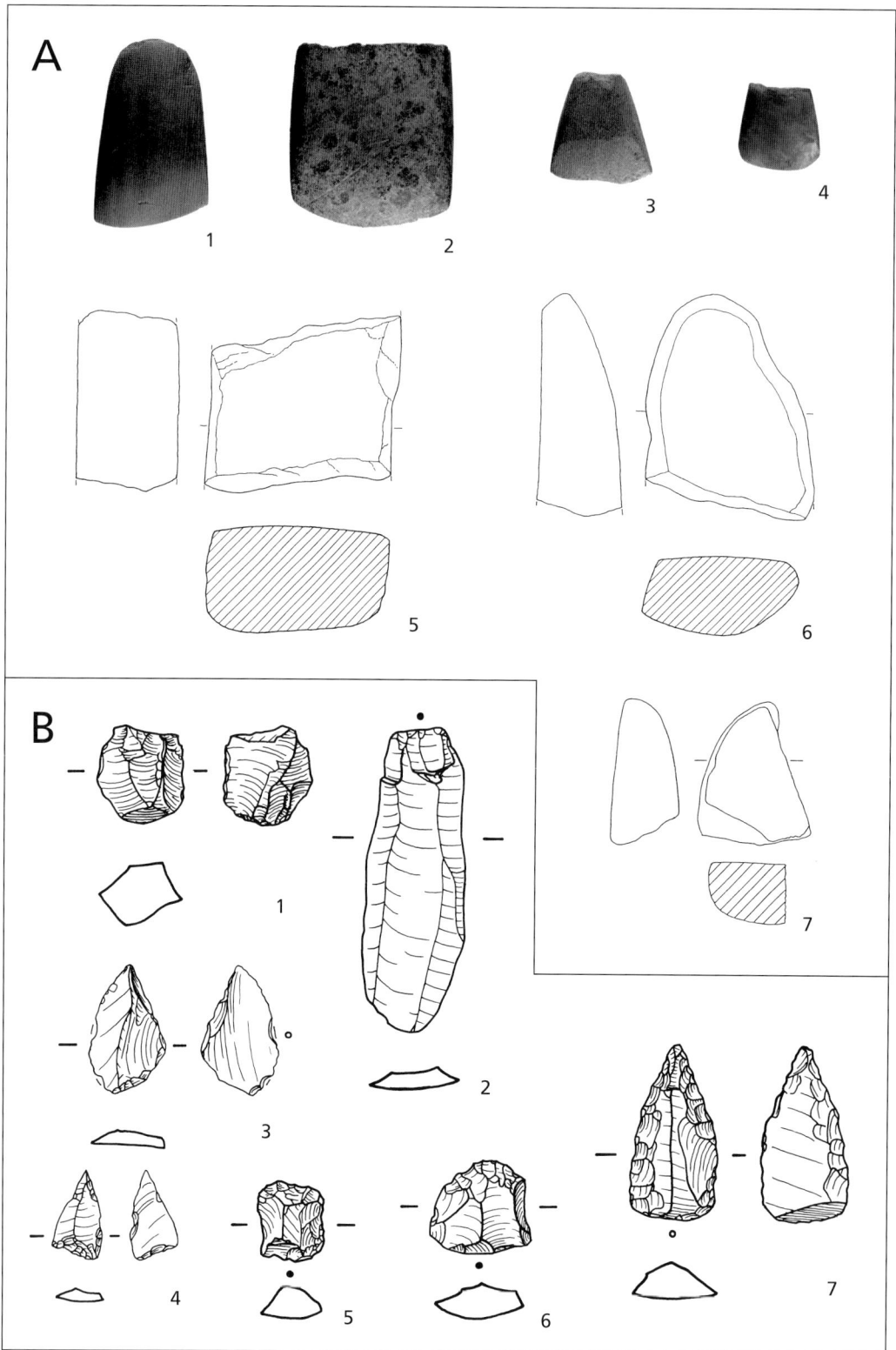

A Schliengen L i e l (Lkr. Lörrach). Fdst. ‚rot'. 1–4 M 1:2; 5–7 M 1:4. –
B Schliengen L i e l (Lkr. Lörrach). Fdst. ‚lila'. M 2:3.

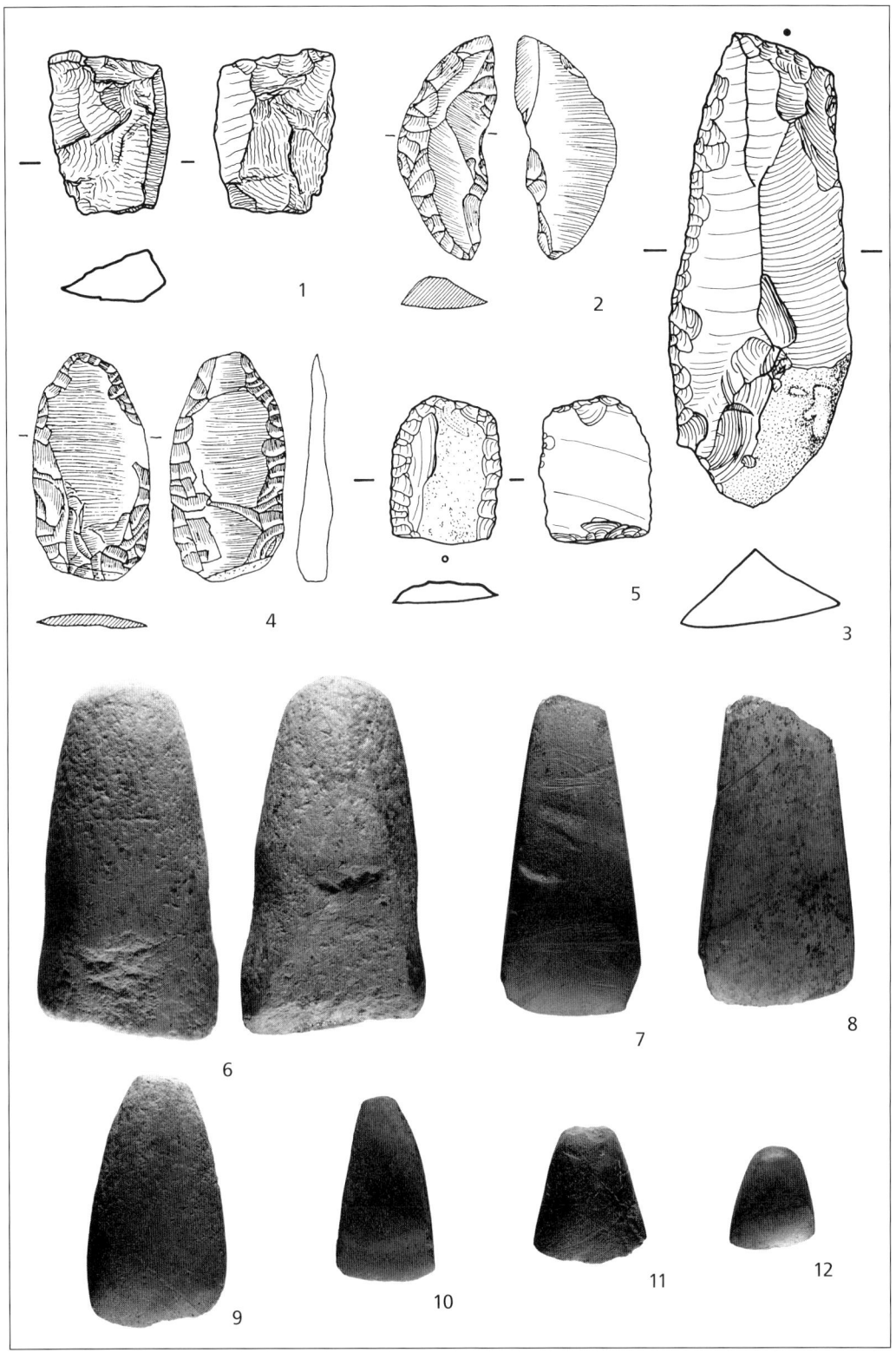

Schliengen L i e l (Lkr. Lörrach). Fdst. „lila". 1–5 M 2:3; 6–12 M 1:2.

Tafel 32

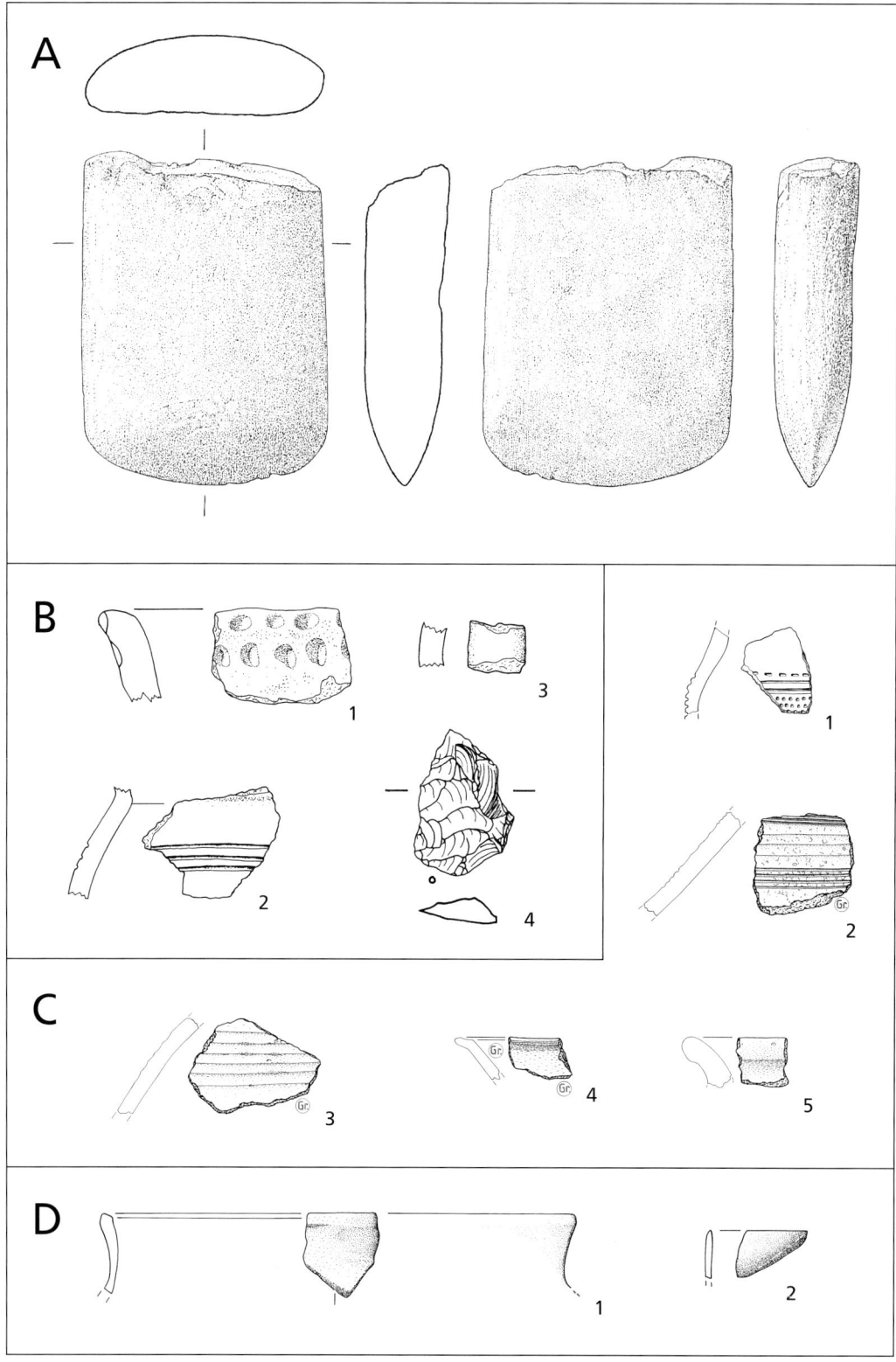

A Weissach im Tal (Rems-Murr-Kreis). M 1:2. – B Bad Bellingen R h e i n w e i l e r (Lkr. Lörrach). 1–3 M 1:2; 4 M 2:3. – C Bopfingen (Ostalbkreis). M 1:3. – D Eichstetten (Lkr. Breisgau-Hochschwarzwald). M 1:3.

Tafel 33

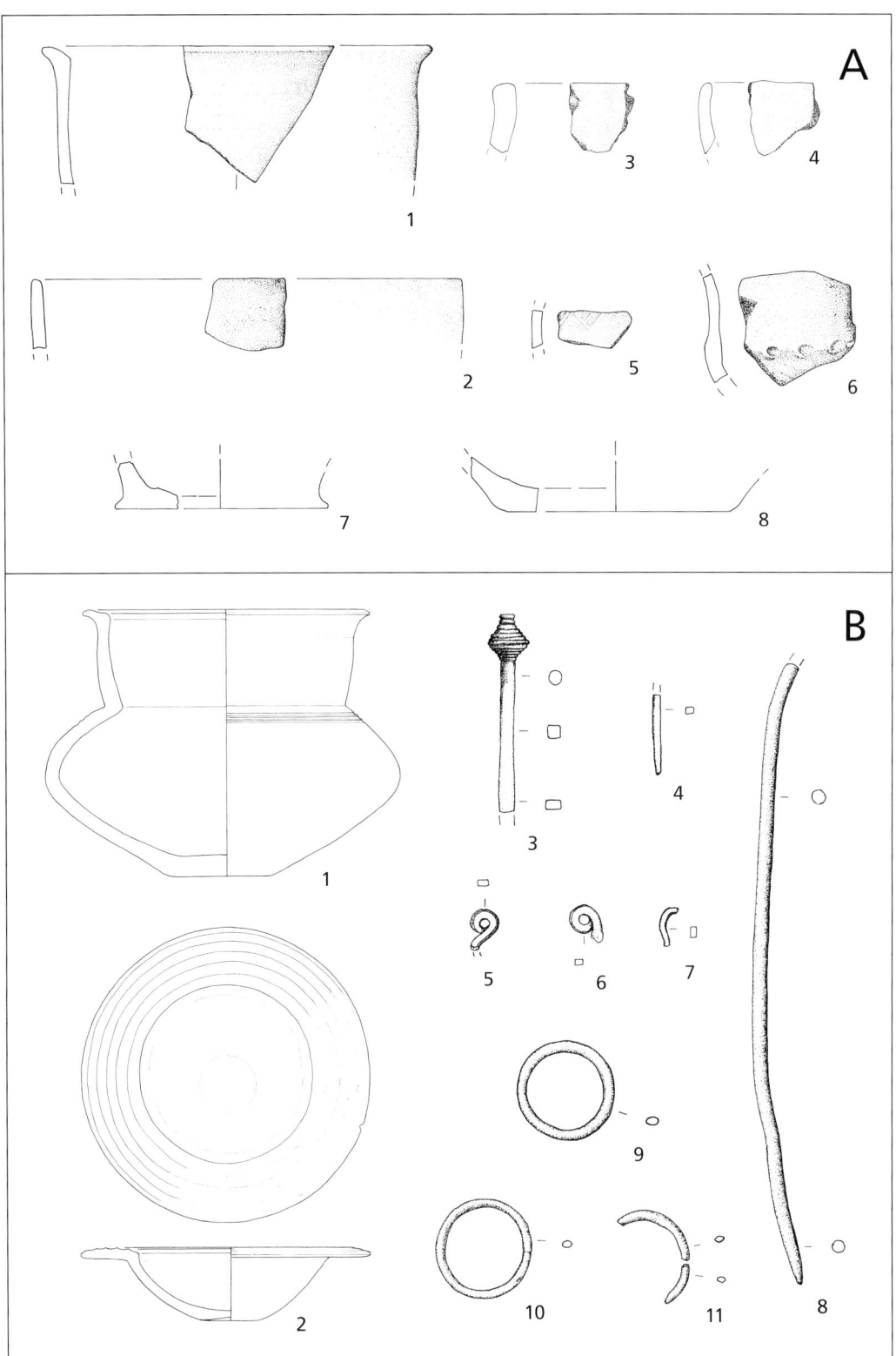

A Eichstetten (Lkr. Breisgau-Hochschwarzwald). M 1:3. – B Kirchheim unter Teck (Lkr. Esslingen). 1 u. 2 M 1:3; 3–11 M 2:3.

Tafel 34

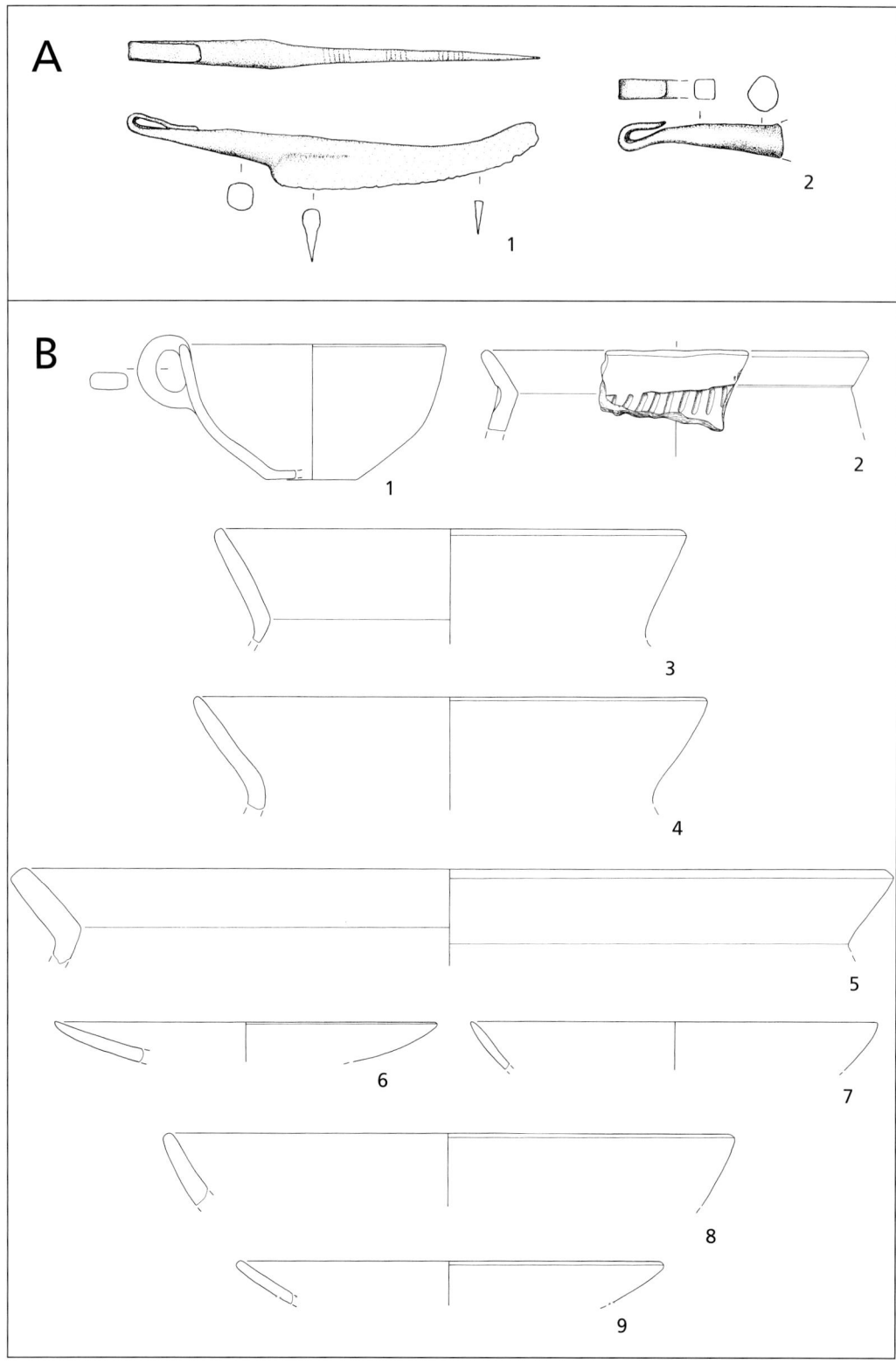

A Kirchheim unter Teck (Lkr. Esslingen). M 2:3. – B Neuhausen auf den Fildern (Lkr. Esslingen). Fdst. 2. M 1:3.

Tafel 35

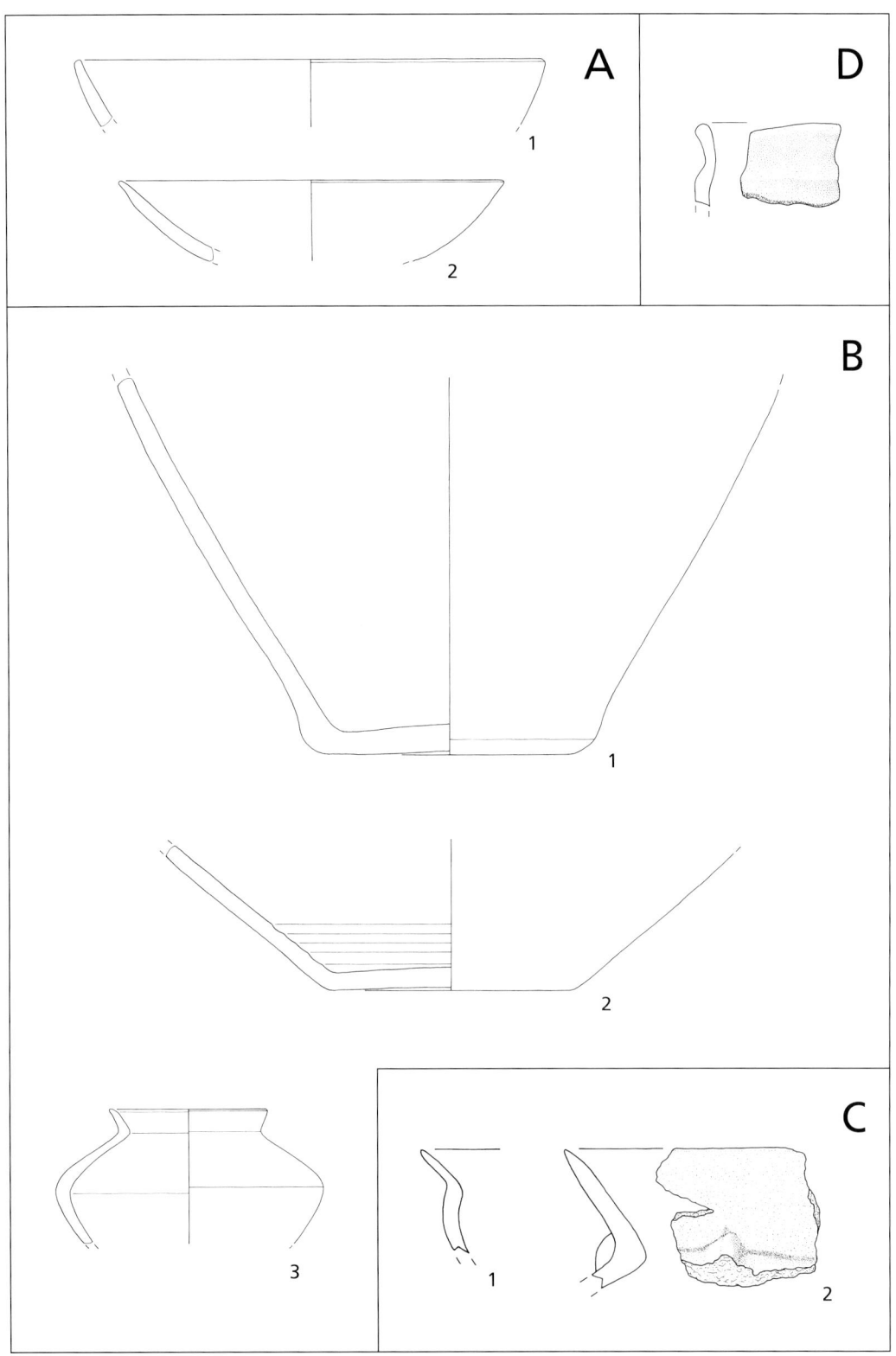

A Neuhausen auf den Fildern (Lkr. Esslingen). Fdst. 2. M 1:3. – B Nürtingen H a r d t (Lkr. Esslingen). M 1:3. – C Bad Bellingen H e r t i n g e n (Lkr. Lörrach). M 1:3. – D Endingen am Kaiserstuhl K ö n i g s c h a f f h a u s e n (Lkr. Emmendingen). M 1:3.

Tafel 36

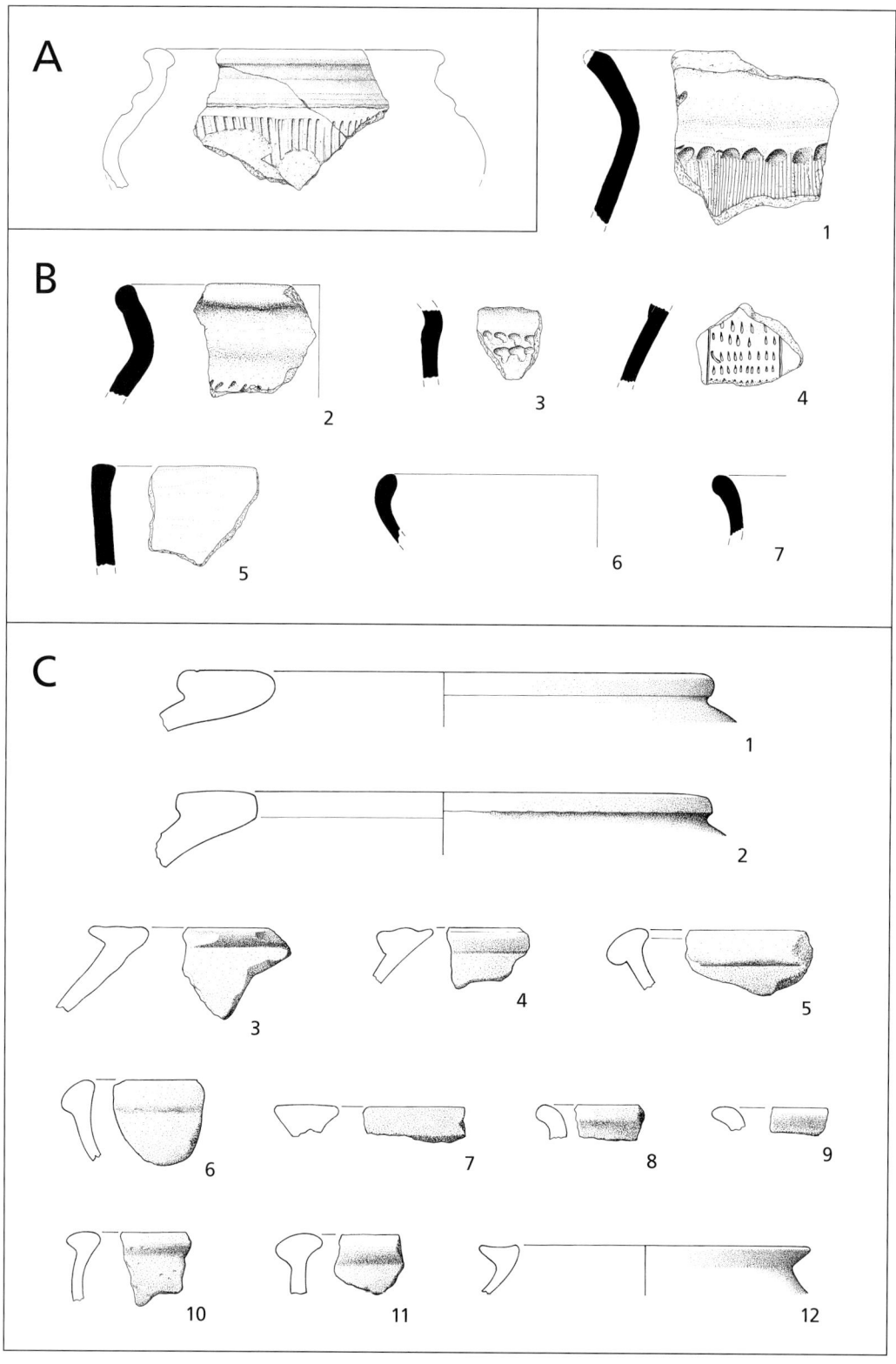

A Bopfingen O b e r d o r f a m I p f (Ostalbkreis). M 1:3. – B Efringen-Kirchen B l a n s i n g e n (Lkr. Lörrach). M 1:3. – C Ehrenkirchen E h r e n s t e t t e n (Lkr. Breisgau-Hochschwarzwald). M 1:3.

Tafel 37

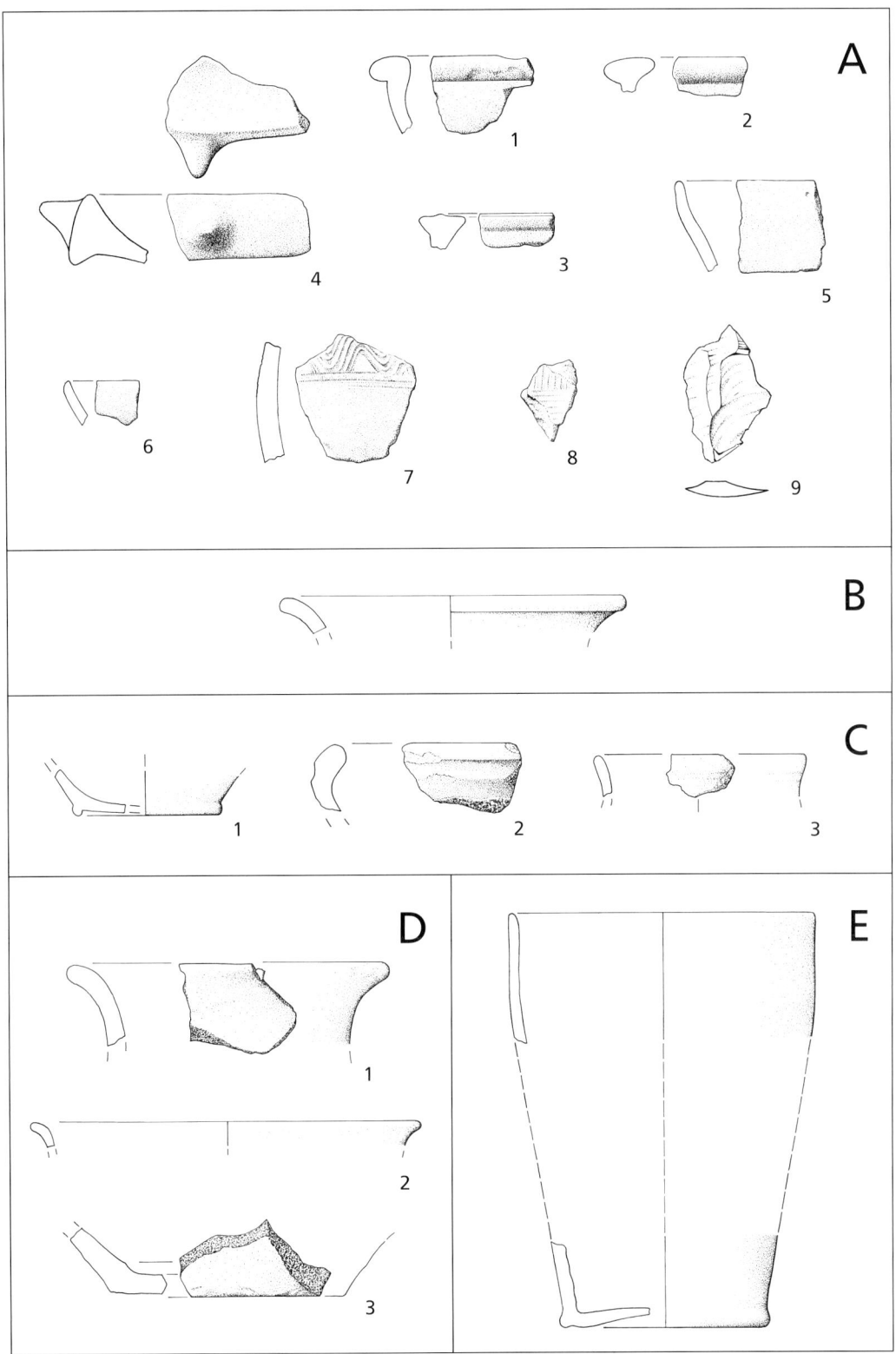

A Ehrenkirchen E h r e n s t e t t e n (Lkr. Breisgau-Hochschwarzwald). 1–8 M 1:3; 9 M 1:2. – B Forchheim (Lkr. Emmendingen). Fdst. 1. M 1:3. – C Forchheim (Lkr. Emmendingen). Fdst. 2. M 1:3. – D Forchheim (Lkr. Emmendingen). Fdst. 3. M 1:3. – E Riegel (Lkr. Emmendingen). M 1:3.

Tafel 38

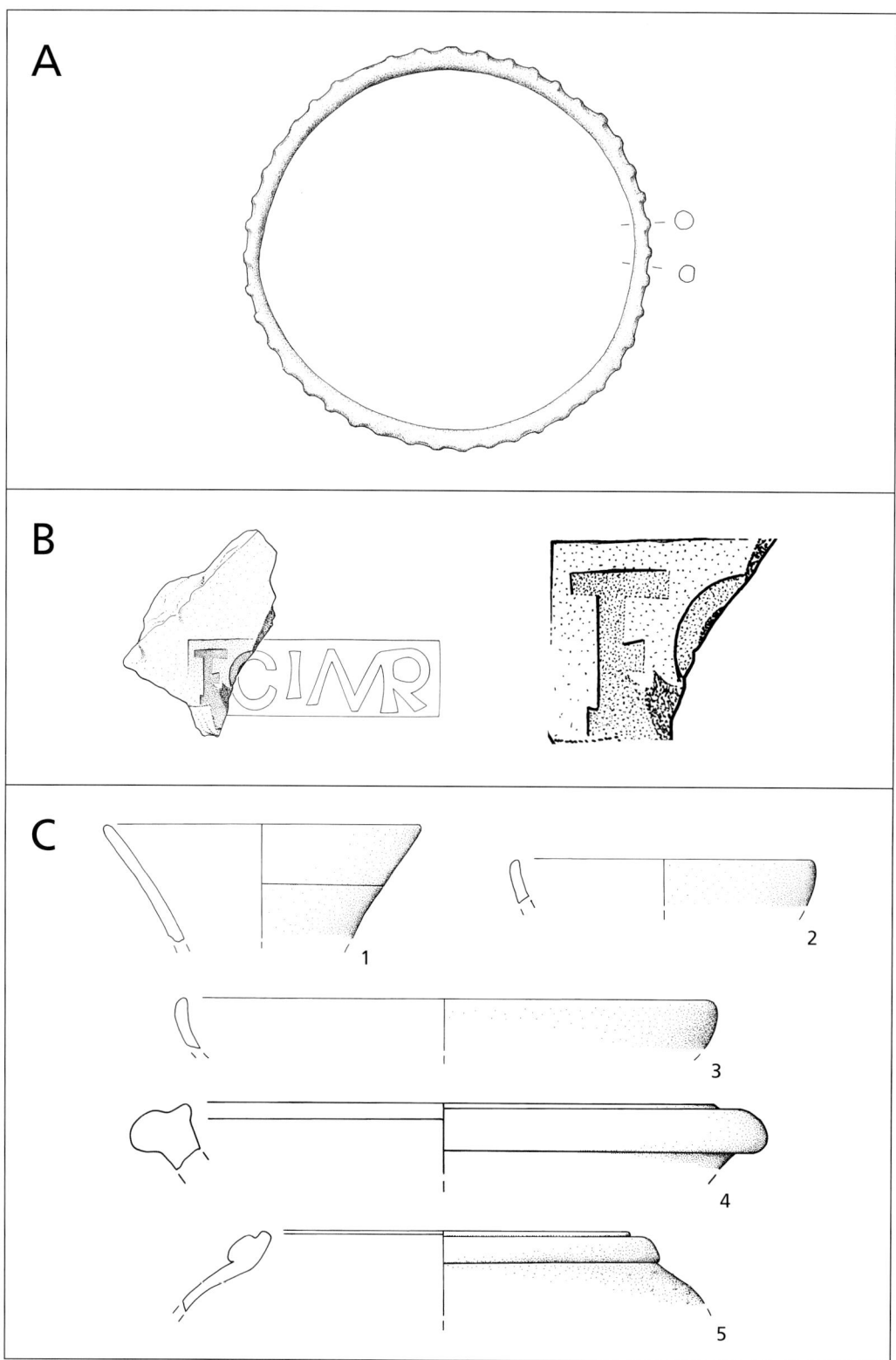

A Oberboihingen (Lkr. Esslingen). M 1:2. – B Bad Säckingen (Lkr. Waldshut). M 1:3; Stempel M 1:1. – C Forchheim (Lkr. Emmendingen). M 1:3.

Tafel 39

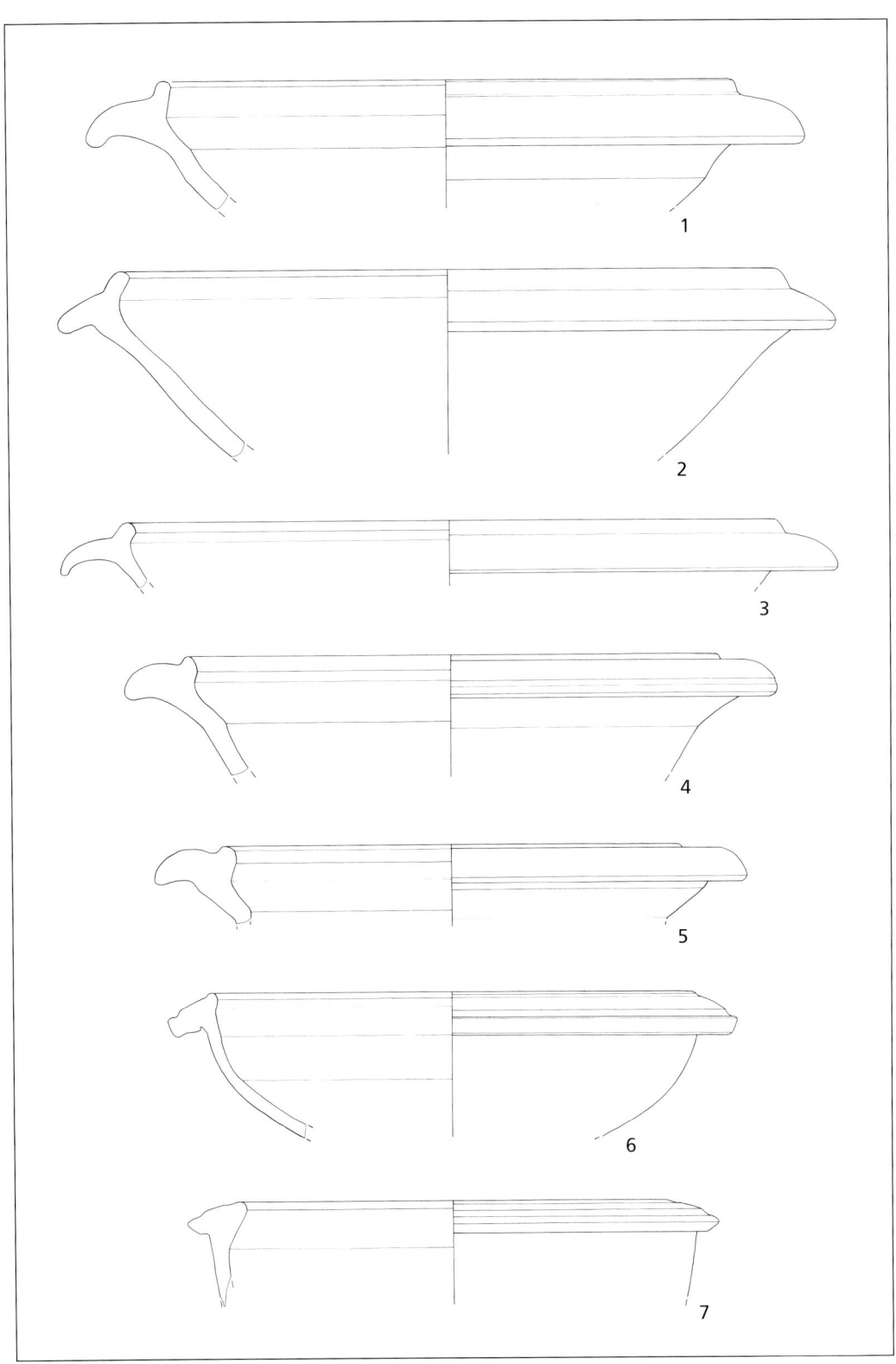

Reichenbach an der Fils (Lkr. Esslingen). M 1:3.

Tafel 40

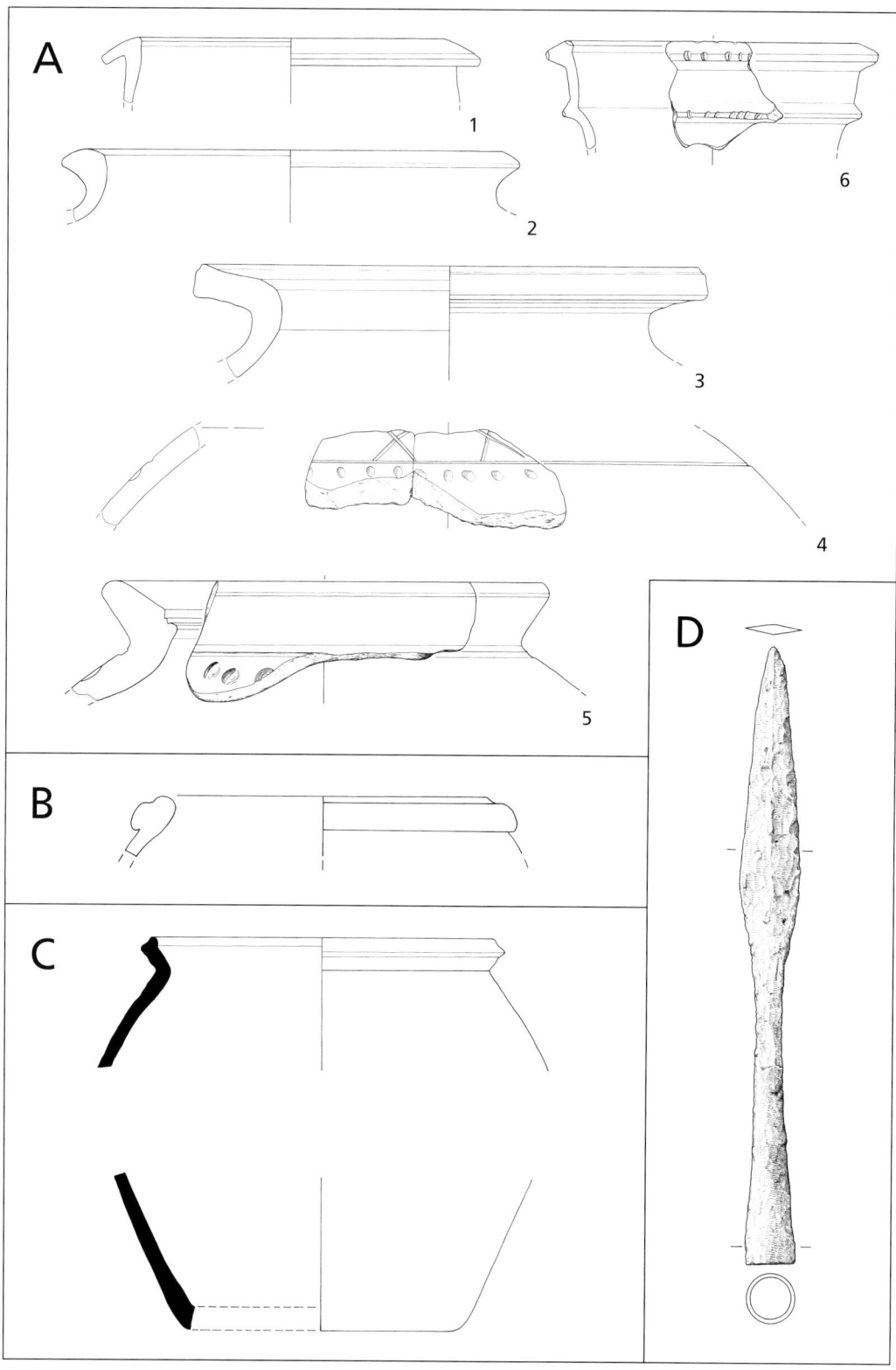

A Reichenbach an der Fils (Lkr. Esslingen). 1–3, 5 u. 6 M 1:3; 4 M 1:4. – B Riegel (Lkr. Emmendingen). Fdst. 2. M 1:3. – C Buggingen (Lkr. Breisgau-Hochschwarzwald). M 1:3. – D Nendingen (Lkr. Tuttlingen). M 1:4.

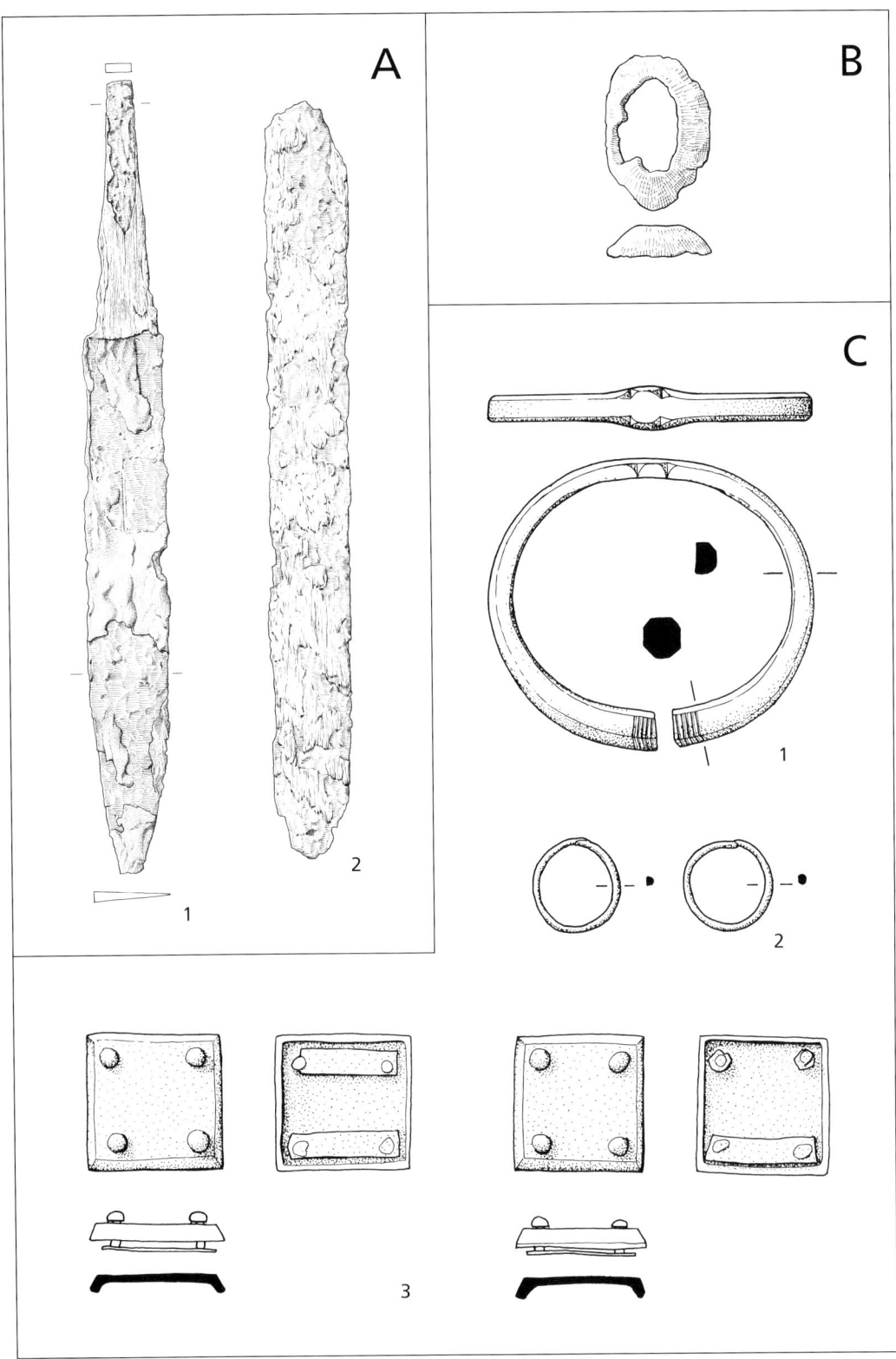

A Nendingen (Lkr. Tuttlingen). M 1:4. – B Offenburg (Ortenaukreis). M 1:3. – C Sulz am Neckar (Lkr. Rottweil). M 2:3.

Tafel 42

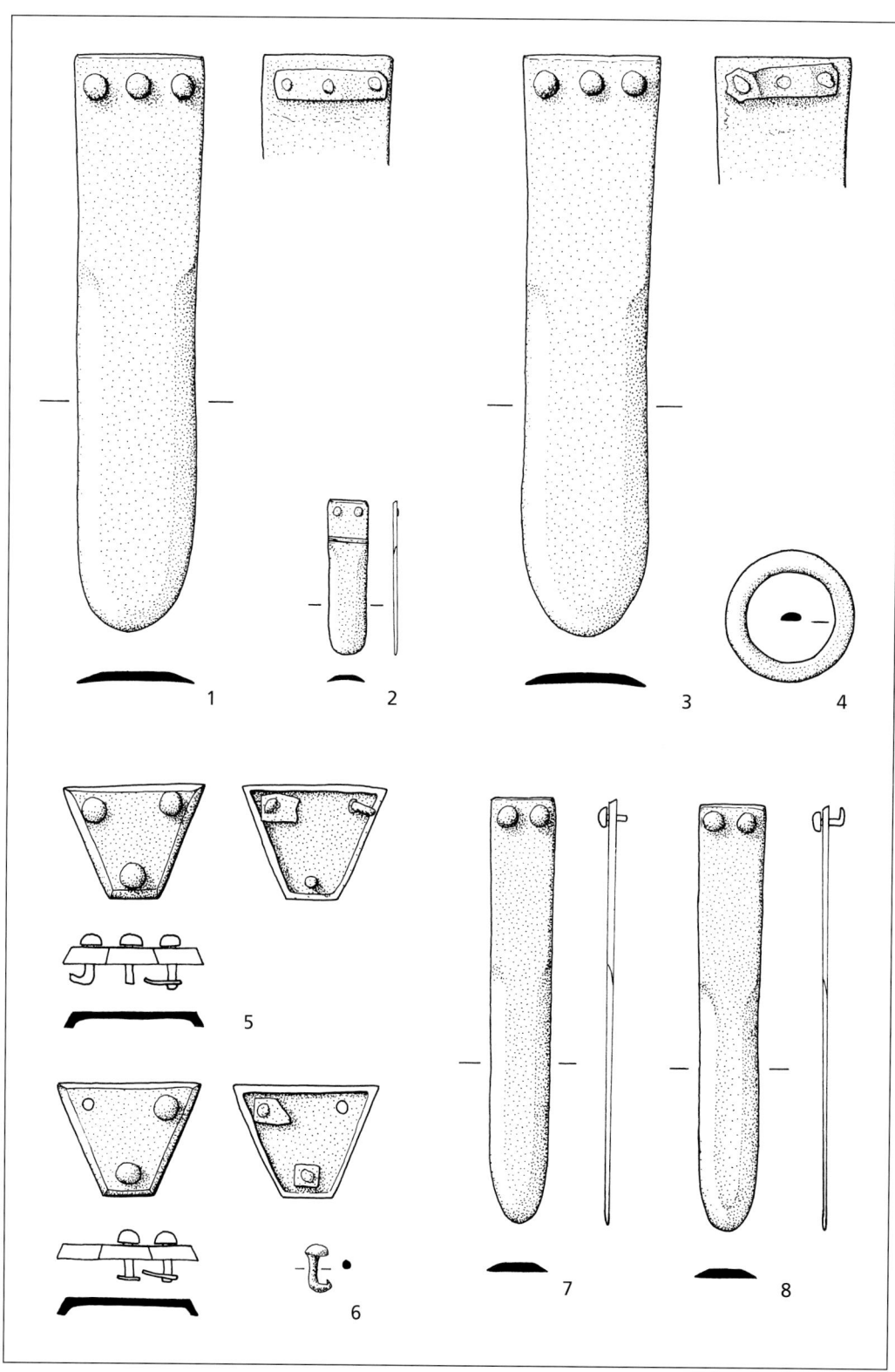

Sulz am Neckar (Lkr. Rottweil). Grab 1. M 2:3.

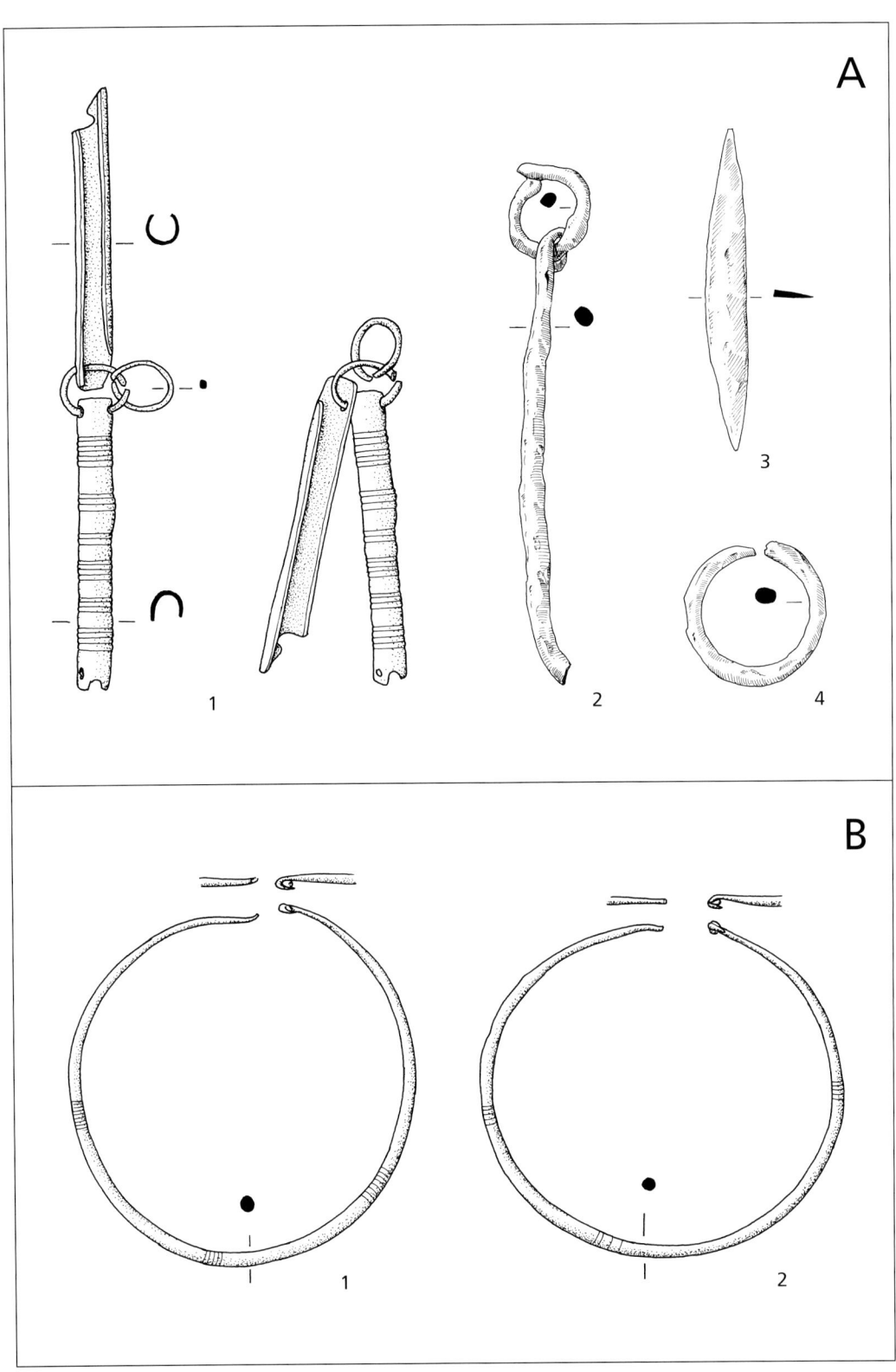

A Sulz am Neckar (Lkr. Rottweil). Grab 1. 1 M 2:3; 2–4 M 1:2. –
B Sulz am Neckar (Lkr. Rottweil). Grab 6. M 2:3.

Tafel 44

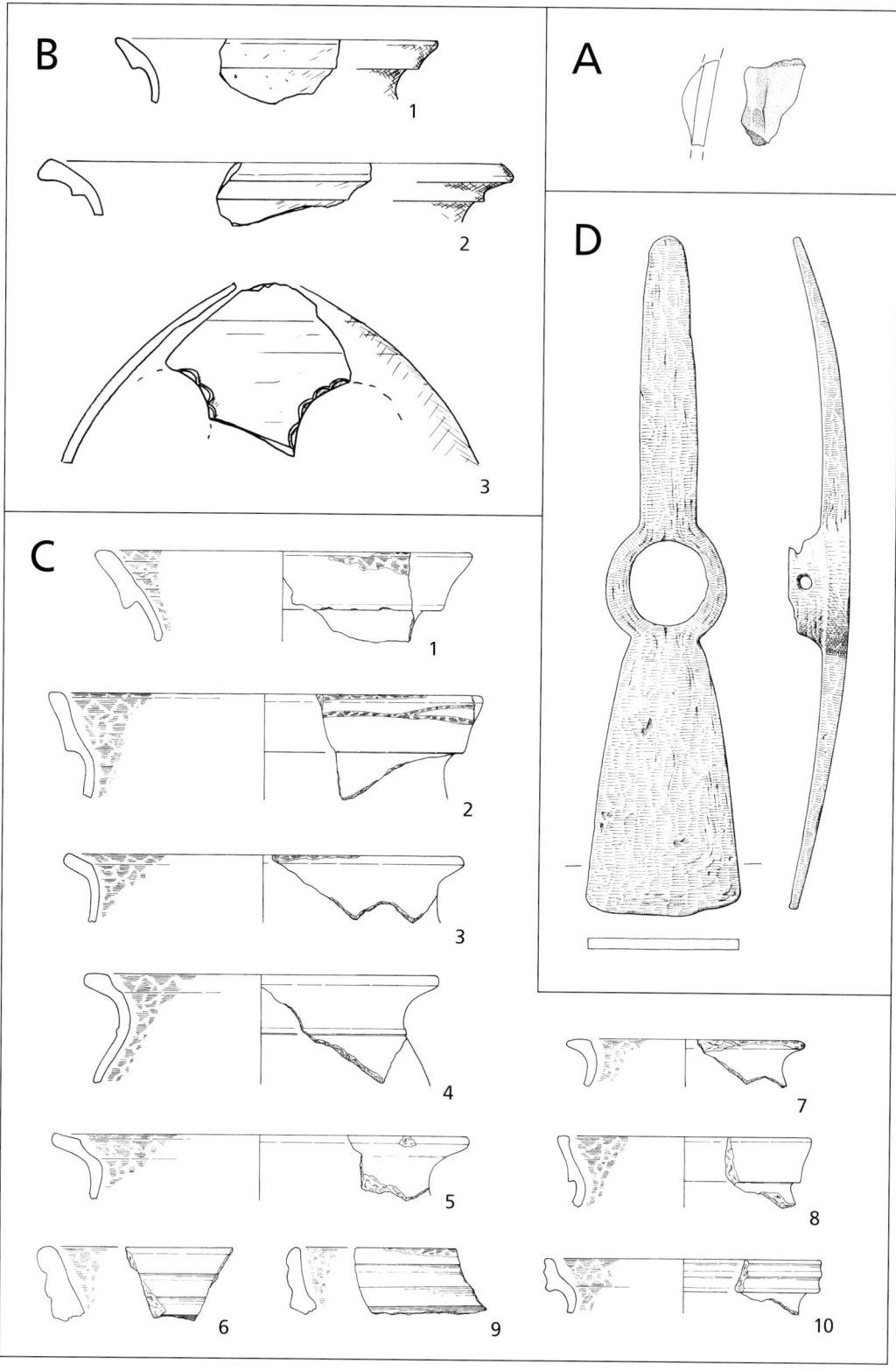

A Balgheim (Lkr. Tuttlingen). M 1:3. – B Engen (Lkr. Konstanz). M 1:3. –
C Freiburg im Breisgau. M 1:3. – D Kehl (Ortenaukreis). M 1:3.

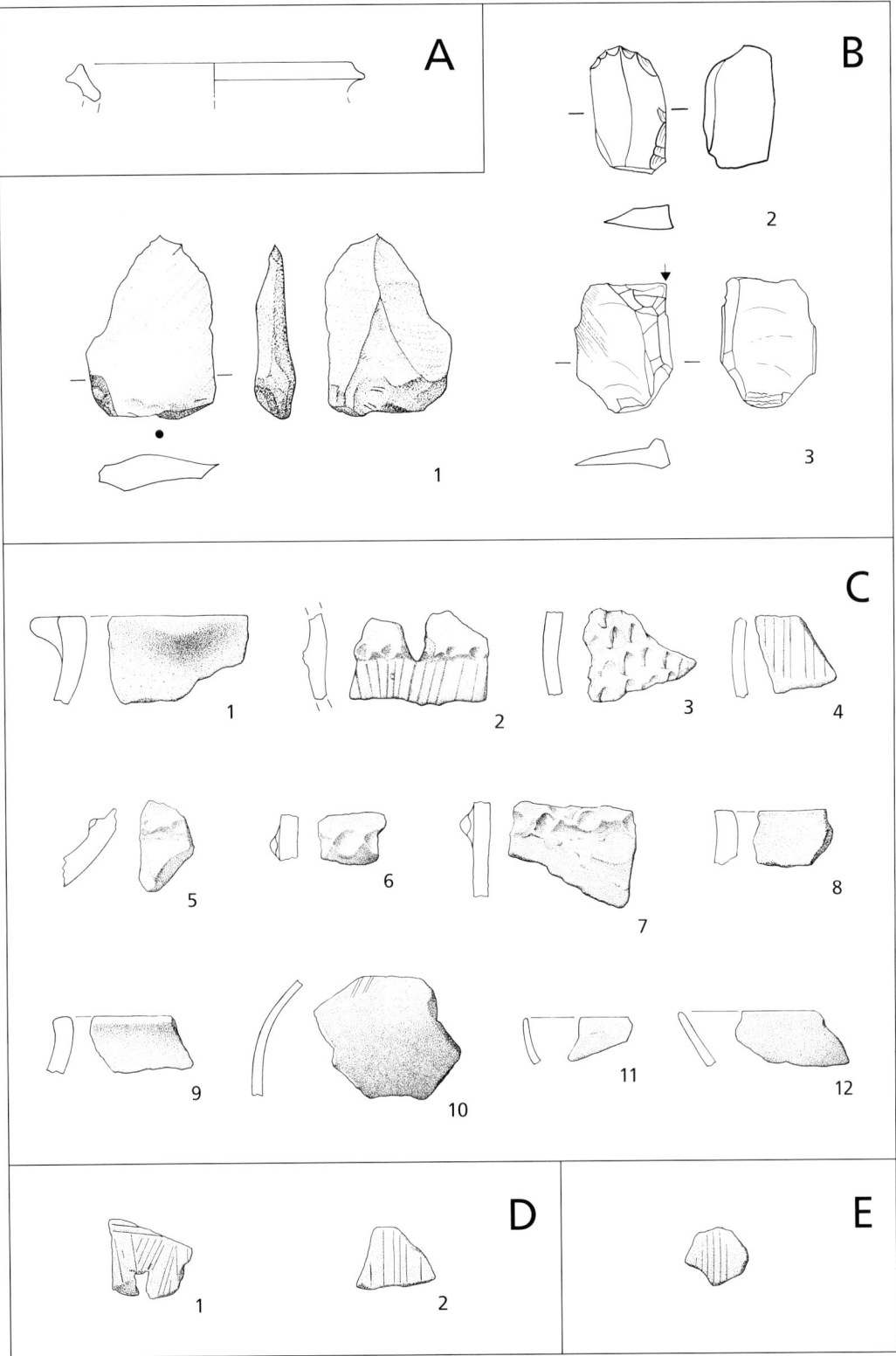

A Forchheim (Lkr. Emmendingen). M 1:3. – B Schwörstadt (Lkr. Lörrach). 1 M 1:2; 2 u. 3 M 2:3. – C Wyhl (Lkr. Emmendingen). Fdst. 2, Bereich I, ohne Fdst.-Angabe. M 1:3. – D Wyhl (Lkr. Emmendingen). Fdst. 2, Bereich I, Fdst. ‚J'. M 1:3. – E Wyhl (Lkr. Emmendingen). Fdst. 2, Bereich I, Fdst. ‚K'. M 1:3.

Tafel 46

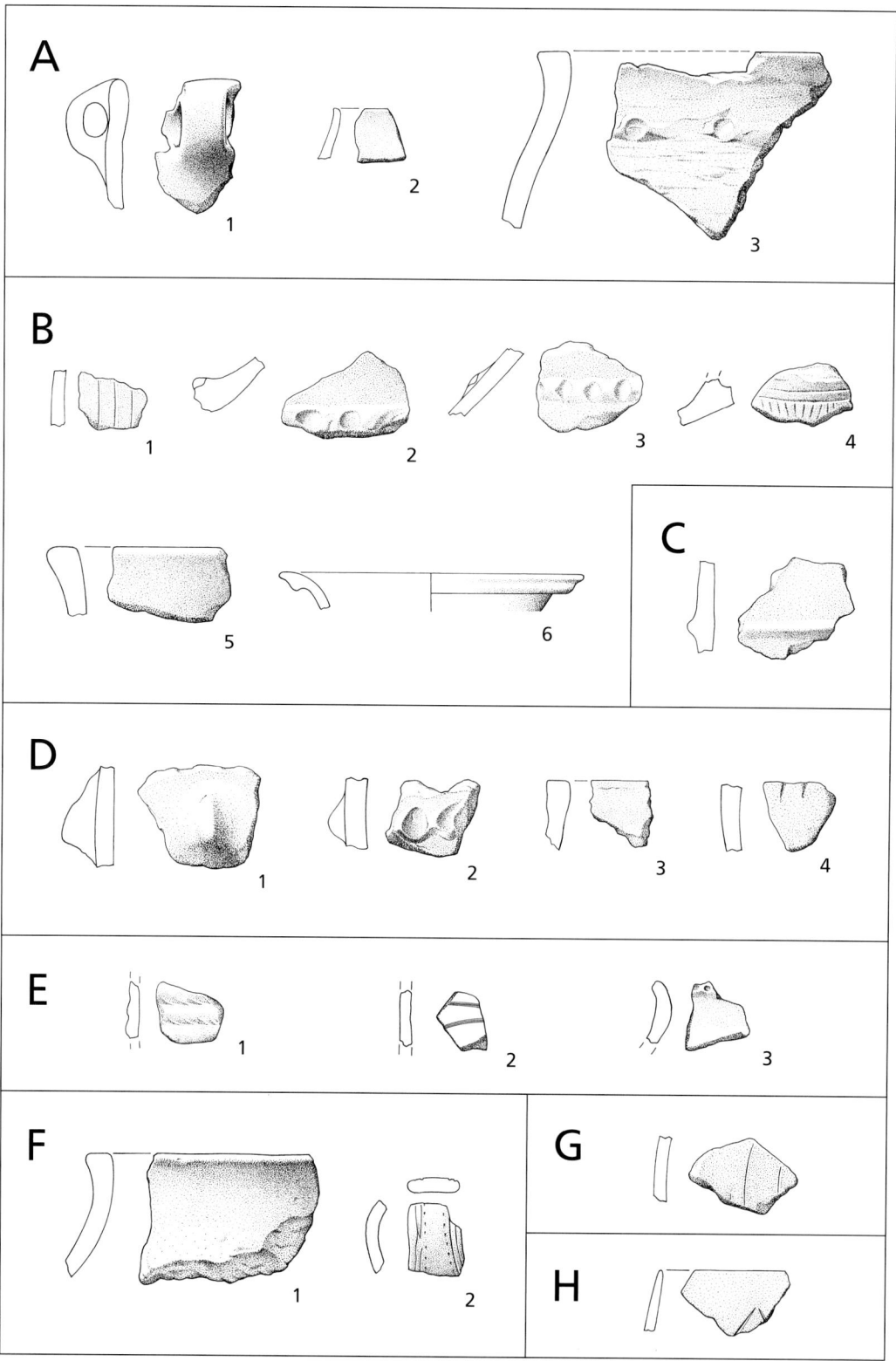

A–H Wyhl (Lkr. Emmendingen), Fdst. 2. M 1:3. A Bereich I, Fdst. ‚L'. – B Bereich II, ohne Fdst.-Angabe. – C Bereich II, Fdst. ‚A'. – D Bereich II, Fdst. ‚N'. – E Bereich III, Fdst. ‚E'. – F Bereich III, Fdst. ‚F'. – G Bereich V, Fdst. ‚O'. – H Bereich V, Fdst. ‚P'.